MINISTÈRE DE LA MAISON DE L'EMPEREUR ET DES BEAUX-ARTS.

ARCHIVES DE L'EMPIRE.

INVENTAIRES ET DOCUMENTS

PUBLIÉS

PAR ORDRE DE L'EMPEREUR.

LAYETTES
DU TRÉSOR DES CHARTES
PAR M. A. TEULET
ARCHIVISTE AUX ARCHIVES DE L'EMPIRE.

TOME DEUXIÈME
DE L'ANNÉE 1224 A L'ANNÉE 1246.

PARIS
HENRI PLON, IMPRIMEUR-ÉDITEUR
10, RUE GARANCIÈRE.
1866.

LAYETTES

DU

TRÉSOR DES CHARTES

PARIS, TYPOGRAPHIE DE HENRI PLON,
IMPRIMEUR DE L'EMPEREUR,
8, RUE GARANCIÈRE.

MINISTÈRE DE LA MAISON DE L'EMPEREUR ET DES BEAUX-ARTS

ARCHIVES DE L'EMPIRE

INVENTAIRES ET DOCUMENTS

PUBLIÉS

PAR ORDRE DE L'EMPEREUR

SOUS LA DIRECTION DE M. LE MARQUIS DE LABORDE

DIRECTEUR GÉNÉRAL DES ARCHIVES DE L'EMPIRE
MEMBRE DE L'INSTITUT

LAYETTES
DU
TRÉSOR DES CHARTES

PAR
M. ALEXANDRE TEULET
ARCHIVISTE AUX ARCHIVES DE L'EMPIRE

TOME DEUXIÈME

PARIS
HENRI PLON, IMPRIMEUR-ÉDITEUR
10, RUE GARANCIÈRE, 10

1866

Monsieur le Directeur général,

Chargé d'examiner, comme Chef de la Section historique, le travail de l'Inventaire des layettes du Trésor des Chartes, je me suis assuré que M. Teulet, en y apportant tout le soin et l'exactitude désirables, s'est conformé au plan que vous avez arrêté pour la rédaction des Inventaires. Je vous prie de vouloir bien autoriser l'impression du deuxième volume, que j'ai l'honneur de vous présenter.

Le Chef de la Section historique,

A. DE BEAUCHESNE.

Approuvé,

LE DIRECTEUR GÉNÉRAL.

INDEX CHRONOLOGIQUE.

INDEX CHRONOLOGIQUE

DES DOCUMENTS CONTENUS DANS LE DEUXIÈME VOLUME

DU MOIS DE JUILLET 1223 — AU MOIS DE DÉCEMBRE 1246

(LOUIS VIII. LOUIS IX; PREMIÈRE PARTIE DU RÈGNE.)

Nota. L'*italique* indique les pièces reproduites intégralement. Les Notices sont indiquées par le caractère romain.

Nos d'ordre.	DATES. ANNÉE.	MOIS.	SOMMAIRES.	COTES DES PIÈCES.	NATURE DES PIÈCES.	PAGES.
			LUDOVICUS VIII. *Regnare incipit die 14 julii 1223;— moritur die 8 novembris 1226.*			
1591	1223	Juillet.	Archembaudus dominus Borbonii sese obligat ad quasdam forteritias Ludovico regi tradendas.	J. 399. Promesses, n° 23.	Original.	1
1592	1223	1er août.	Privilegia et libertates civibus Autissiodorensibus a Mathilde I comitissa Nivernensi concessa.	J. 260. Auxerre, n° 4.	Copie authent.	1
1593	1223	1er août.	Statutum consulum Montispessulani de bajulis, subbajulis, vicariis, tabellionibus, etc.	J. 339. Montpellier et Magualone, I, n° 23.	Copie ancienne.	4
1594	1223	Août.	Litteræ Amalrici de Credonio super conventionibus a se cum domino rege habitis.	J. 179. Craon, n° 3.	Original scellé.	10
1595	1223	Août.	Alix ducissa Burgundiæ sese obligat ad matrimonium non nisi voluntate domini regis contrahendum.	J. 247. Bourgogne, I, n° 8.	Original scellé.	10
1596	1223	Août.	Gratia facta a domino rege Beatrici comitissæ Cabilonensi de homagio præstando.	J. 253. Châlon-sur-Saône, n° 2.	Copie authent.	10
1597	1223	Août.	Litteræ Petri abbatis et conventus S. Dionysii de joellis præfatæ ecclesiæ a Philippo Augusto legatis.	J. 156. Saint-Denis, n° 1.	Original scellé.	11
1598	1223	Août.	Litteræ Milonis Belvacensis episcopi de chacia et custodia forestæ Telæ.	J. 731. Eaux et Forêts, n° 36.	Original scellé.	11
1599	1223	Août.	Charta Erardi de Brena super usuagio quod habet in foresta de Otha.	J. 195. Champagne, III, n° 66.	Original.	11
1600	1223	3 septembre.	Litteræ Beatricis comitissæ Cabilonensis de homagio a se inter manus archiepiscopi Lugdunensis regi præstito.	J. 253. Châlon-sur-Saône, n° 1.	Original scellé.	11
1601	1223	3 septembre.	Litteræ Rainaldi Lugdunensis archiepiscopi de receptione prædicti homagii.	J. 253. Châlon-sur-Saône, n° 2.	Original scellé.	12
1602	1223	Septembre.	Fidelitas facta domino regi a burgensibus civitatis Petragoricensis.	J. 627. Serments de villes, n° 6 ter.	Original scellé.	12
1603	1223	Septembre.	Charta communiæ Sarlatensis, ejusdem argumenti et formæ.	J. 627. Serments de villes, n° 6 bis.	Original scellé.	13
1604	1223	Septembre.	Droco de Melloto se advocatiam abbatiæ Cormeriacensis de rege tenere profitetur.	J. 178. Anjou, n° 4.	Original scellé.	13
1605	1223	Septembre.	Charta Haimerici vicecomitis Thoarcii de treugis a se cum rege initis.	J. 394. Securitates, n° 74.	Original scellé.	13
1606	1223	Septembre.	Charta Thomæ de Cociaco et Mathildis uxoris ejus de proventibus terræ suæ de Triabardoli et de Charmentreio quos majori et juratis Meldensibus vendiderunt.	J. 203. Champagne, XI, n° 16.	Original.	13

INDEX CHRONOLOGIQUE.

N°s d'ordre	DATES. ANNÉE.	MOIS.	SOMMAIRES.	COTES DES PIÈCES.	NATURE DES PIÈCES.	PAGES.
1607	1223	Octobre.	Litteræ Galterii Senonensis archiepiscopi de compositione inita inter Ansellum et Johannem de Gallanda.	J. 163. Valois, III, n° 15.	Original scellé.	13
1608	1223	Octobre.	Charta Petri de Barris militis de compositione inita a Johanne de Gallanda, fratre suo, cum Ansello de Gallanda.	J. 165. Valois, III, n° 13.	Original.	14
1609	1223	Octobre.	Charta Odonis de Barris militis, ejusdem argumenti et formæ.	J. 165. Valois, III, n° 20.	Original.	14
1610	1223	8 novembre.	Stabilimentum Ludovici regis et baronum Franciæ de Judeis.	J. 427. Juifs, n° 5.	Original scellé.	14
1611	1223	Novembre.	Hugo abbas et conventus Longipontis domino regi restituunt eleemosynas quas ab Agatha domina Petræfontis habuerant.	J. 422. Obligations, II, n° 8.	Original scellé.	15
1612	1223	Novembre.	Charta Theobaldi comitis Campaniæ de Judeis domini regis a se non retinendis.	J. 423. Juifs, n° 7.	Original scellé.	15
1613	1223	Novembre.	Litteræ Guillelmi Remensis archiepiscopi de expensis factis in coronamento Ludovici regis.	J. 206. Reims, n° 3.	Original.	15
1614	1223	Novembre.	Galterus de Avesnis, comes Blesensis, feodum de Andegnies et de Villers a rege accipit, ad ejus beneplacitum reddibile.	J. 174. Blois, n° 3.	Original scellé.	15
1615	1223	Novembre.	Litteræ Mathildis Nivernensis comitissæ domino regi de facto Judeorum.	J. 427. Juifs, n° 6.	Original scellé.	16
1616	1223	Novembre.	Quittance donnée par S. de Montesquien et Peitavis, son frère, à Raymond de Dornba.	J. 318. Toulouse, IX, n° 23.	Original roman.	16
1617	1223	Novembre.	Sacramentum fidelitatis a Mauricio Cenomanensi episcopo domino regi præstitum.	J. 346. Régale, I, n° 4.	Original scellé.	16
1618	1223	17 décembre.	Charta Auberti abbatis et conventus Latiniacensis de concordia quam cum comite Campaniæ inierunt.	J. 203. Champagne, XI, n° 15.	Original scellé.	16
1619	1223	31 décembre.	Conditiones pacis initæ inter Guillelmum de Dampetra et comitem Campaniæ.	J. 195. Champagne, III, n° 9.	Original.	17
1620	1223	Décembre.	Charta comitis Campaniæ de Judeis domini regis a se non retinendis.	J. 199. Champagne, VII, n° 25.	Original scellé.	18
1621	1223	. . . .	Charta communiæ hominibus Bellimontis a Ludovico rege concessæ.	J. 168. Beaumont-sur-Oise, n° 24.	Original scellé.	18
1622	1223	. . . .	Immunitates ab Ansello de Garlanda hominibus suis de Turnomio concessæ.	J. 165. Valois, III, n° 9.	Copie ancienne.	22
1623	1223	. . . .	Litteræ H. vicedomini Carnotensis de compositione inita inter A. et J. de Gallanda.	J. 165. Valois, III, n° 10.	Déficit.	22
1624	1223	. . . .	Juramentum fidelitatis a Guillelmo episcopo Andegavensi domino regi præstitum.	J. 622. Hommages, II, n° 2.	Déficit.	22
1625	1223	. . . .	De quadam eleemosyna facta a Philippo comite Boloniæ ecclesiæ B. Mariæ de Victoria.	J. 238. Boulogne, I, n° 12. 1.	Copie authent.	22
1626	Vers 1223	. . . .	Rogerus abbas et conventus Montisburgi quidquid juris habebant in decima canagii de Vernone domino regi dimittunt.	J. 218. Vernon, n° 4.	Original scellé.	22
1627	Vers 1223	. . . .	Litteræ conventus S. Taurini Ebroicensis domino regi pro confirmatione electionis abbatis sui obtinenda.	J. 347. Régale, I, n° 114.	Original.	22
1628	1224	Janvier.	Litteræ Agnetis de Alneto, vicedominæ Carnotensis, super domo de Husseia.	J. 165. Valois, III, n° 11.	Original scellé.	23
1629	1224	Février.	Litteræ Philippi comitis Boloniæ de comitatibus Moritolii, Clarimontis et Albæmallæ.	J. 238. Boulogne, I, n° 47.	Original scellé.	23
1630	1224	Février.	Charta ejusdem de debitis Judæorum in terra Normanniæ a domino rege retentis.	J. 238. Boulogne, I, n° 10.	Déficit.	24

INDEX CHRONOLOGIQUE.

Nos d'ordre	ANNÉE	MOIS	SOMMAIRES	COTES DES PIÈCES	NATURE DES PIÈCES	PAGES
1631	1224	Février.	Amalricus de Monteforti comitatum Tolosanum et terram Albigesii domino regi dono transfert.	J. 310. Toulouse, V, n° 43.	Original scellé.	24
1632	1224	Février.	Obligatio Johannis de Gallanda quoad domum fortem de Husseia.	J. 165. Valois, III, n° 17.	Original scellé.	24
1633	1224	Février.	Obligatio ejusdem de xL. libratis annui redditus Ansello de Tornan præstandis.	J. 165. Valois, III, n° 12.	Original scellé.	25
1634	1224	Février.	Charta permutationis factæ inter conventum Humolariensem et dominum regem.	J. 229. Picardie, n° 6.	Original scellé.	25
1635	1224	Février.	Gerardus Noviomensis episcopus præcedentem chartam a se confirmatam declarat.	J. 229. Picardie, n° 5.	Original scellé.	25
1636	1224	Février.	De piscatione apud Essentiam a Giroldo abbate et conventu Curiæ-Dei domino regi vendita.	J. 731. Eaux et Forêts, n° 39.	Original scellé.	25
1637	1224	17 mars.	Laurentia, uxor Poncii de Cuysello, se ratam habere declarat venditionem, nomine suo, comiti Campaniæ factam.	J. 195. Champagne, III, n° 8.	Original.	25
1638	1224	29 mars.	Litteræ Honorii papæ III quod rex Franciæ in locis interdicto suppositis divina audire valeat.	J. 689. Bulles de priviléges, n° 129.	Original scellé.	26
1639	1224	Mars.	Daniel, advocatus Atrebatensis et Bethuniæ dominus, altam justitiam in terra sua totam domino regi pertinere recognoscit.	J. 229. Picardie, n° 53.	Original scellé.	26
1640	1224	Mars.	Litteræ Milonis de Noerio super conventionibus inter se et Theobaldum comitem Campaniæ initis.	J. 196. Champagne, IV, n° 15.	Original.	26
1641	1224	3 avril.	Poncius de Cuysello et Laurentia ejus uxor venditionem comiti Campaniæ factam ratam habent.	J. 195. Champagne, III, n° 64.	Original scellé.	27
1642	1224	Avril. Avant Pâques.	Charta Odoardi marescalli Campaniæ de prædicta venditione.	J. 195. Champagne, III, n° 65.	Original.	27
1643	1224	Avril. Avant Pâques.	Symon de Passavant notum facit quibus conditionibus homo ligius Theobaldi comitis Campaniæ devenerit.	J. 193. Champagne, I, n° 18.	Original.	27
1643²	1224	8 avril.	Litteræ Honorii papæ III pro personis et villa Montispessulani.	J. 339. Montpellier et Magnelone, I, n° 23.	Copie ancienne.	647
1644	1224	22 avril.	Litteræ ejusdem de excommunicatione in comitem Flandriæ pronuntianda casu quo a conventionibus cum rege initis resiliret.	J. 533. Flandre, I, sac 3, n° 3.	Original scellé.	28
1645	1224	27 avril.	Litteræ cardinalium Ludovico Francorum regi pro liberatione Ferrandi Flandriæ comitis obtinenda.	J. 533. Flandre, I, sac 3, n° 6.	Original scellé.	28
1646	1224	Avril. Après Pâques.	Theobaldus de Bellomonte miles molendina de Ballolio a domino rege conducit.	J. 160. Senlis, n° 2.	Original.	29
1647	1224	Avril. Après Pâques.	Matheus abbas et conventus Monasterii in Argona et bona sua protectioni comitis Campaniæ committunt.	J. 197. Champagne, V, n° 19.	Original.	29
1648	1224	1er mai.	Litteræ Guillelmi de Dampetra super concordia inter se et comitem Campaniæ inita quoad forteritiam de Sompnis et quoad Judeos.	J. 202. Champagne, X, n° 7.	Original.	30
1649	1224	Mai.	Declaratio Johannis domini Nigellæ de feodis quæ tenet ab episcopo Noviomensi.	J. 624. Hommages, III, n° 4.	Original.	30
1650	1224	Mai.	De homagio pro vicecomitatu Castri-Eraudi et castro Voventi domino regi a Gaufrido de Lezeyniaco præstando.	J. 270. La Marche, n° 5.	Original.	31
1651	1224	Mai.	Litteræ Gaufridi abbatis et conventus Sacræ-Cellæ de thesauro invento in quadam vinea dictæ abbatiæ.	J. 158. Gâtinais, n° 9.	Original.	32

INDEX CHRONOLOGIQUE.

N°ˢ d'ordre.	DATES. ANNÉE.	MOIS.	SOMMAIRES	COTES DES PIÈCES.	NATURE DES PIÈCES.	PAGES.
1652	1224	Juin.	De forteritia Monsterolii a Guillelmo de Maineriis domino regi vendita.	J. 231. Amiens, n° 4.	Original scellé.	32
1653	1224	Juin.	Litteræ Gaufridi de Barro super conventionibus inter se et Theobaldum comitem Campaniæ initis.	J. 193. Champagne, I, n° 20.	Original.	32
1654	1224	Juin.	H. et R. de Thoarcio sese obligant ad servandas conventiones ab Haimerico vicecomite, ipsorum fratre, cum rege initas.	J. 373. Seigneurs de Thouars, n° 2.	Original scellé.	33
1655	1224	Fin Juin.	Charta Ludovici regis pro confirmatione privilegiorum Pictavensibus a Philippo II concessorum.	J. 192. Poitou, II, n° 3.	Copie authent.	33
1656	1224	Juillet. Avant le 3.	Charta ejusdem de furnis et veteri mercato apud Niortum Richardo filio Willelmi Coci confirmatis.	J. 190 A. Poitou, I, n° 4.	Copie ancienne.	33
1657	1224	6 juillet.	De compositione inita inter ecclesiam Trecensem et Theobaldum comitem quoad justitiam, sede vacante, exercendam.	J. 198 A. Champagne, VI, n° 54.	Original.	33
1658	1224	Juillet.	Instrumentum homagii Raimundo comiti Tolosano a Raimundo de Andusia præstiti.	J. 310. Toulouse, V, n° 44.	Original.	34
1659	1224	Juillet.	Litteræ Ludovici regis quibus burgensibus Niorti jus communiæ concedit.	J. 329. Toulouse, XX, n° 2.	Copie.	35
1660	1224	7 août.	Charta de captenio quod Petrus de Magrennio cum Raimundo comite Tolosano iniuit.	J. 317. Toulouse, VIII, n° 14.	Original.	35
1661	1224	13 août.	Charta fidelitatis juratæ domino regi a communia Rupellensi.	J. 627. Serments de villes, n° 6.	Original scellé.	36
1662	1224	24 août.	R. Tolosæ comes castrum de Baucio et alia Isnardo Carpentoratensi episcopo restituit.	J. 311. Toulouse, V, n° 56. 4.	Copie authent.	36
1663	1224	Août.	Charta Ludovici regis pro communia S. Johannis Angeliacensis.	J. 190 A. Poitou, I, n° 5. J. 190 B. Poitou, I, n° 80.	Copies anciennes.	36
1664	1224	Août.	Litteræ ejusdem quibus homagium et servitium Emerici de Chavurcho Stephano archiepiscopo Cantuariensi concedit.	J. 190 B. Poitou, I, n° 78.	Copie authent.	37
1665	1224	Août.	Litteræ ejusdem de pondere Rupellæ Petitæ et ejus heredibus concesso.	J. 192. Poitou, II, n° 4.	Copie authent.	38
1666	1224	Août.	Litteræ ejusdem pro Girardo de Camera burgensi Rupellæ et ejus heredibus.	J. 190 B, Poitou, I, n°ˢ 83 et 84.	Copies.	38
1667	1224	Août.	Litteræ ejusdem quibus fructus regalium episcopatus Lemovicensis Hugoni de Lizegnano concedit.	J. 347. Régale, I, n° 126. J. 270. La Marche, n° 6 bis.	Original. Déficit.	38
1668	1224	Août.	Litteræ Hugonis de Lizegnano super compromisso a se cum domino rege inito.	J. 374. Comtes de la Marche, n° 1. 3.	Original scellé.	39
1669	1224	Août.	Litteræ conventus B. Salvii de Monsterolio ut regalia Simoni abbati suo tradantur.	J. 346. Régale, I, n° 5.	Original scellé.	39
1670	1224	Septembre.	Litteræ Leberti decani et capituli S. Crucis Aurelianensis de manumissionibus.	J. 170. Orléans, n°ˢ 12. 1. et 12. 2.	Originaux scellés.	39
1671	1224	Octobre.	Giroldus abbas et conventus Curiæ-Dei declarant qui hospites in domo sua apud Boscum-communem sint admittendi.	J. 426. Obligations, IV, n° 4.	Original scellé.	39
1672	1224	Octobre.	Richardus abbas et conventus Liræ quidquid habebant in foresta Britolii domino regi concedunt, accepta compensatione.	J. 731. Eaux et Forêts, n° 42.	Original scellé.	40
1673	1224	Novembre.	Amalricus dux Narbonæ Heliam Rudelli, dominum Brageriaci, homagio suo solutum declarat.	J. 318. Toulouse, IX, n° 28. 1.	Copie ancienne.	40
1674	1224	Novembre.	Charta homagii quod prædictus Helias Rudelli domino regi præstitit.	J. 622. Hommages, II, n° 12.	Original scellé.	40

INDEX CHRONOLOGIQUE.

Nos d'ordre.	ANNÉE.	MOIS.	SOMMAIRES.	COTES DES PIÈCES.	NATURE DES PIÈCES.	PAGES.
1675	1224	Novembre.	Ludovicus rex sese obligat ad homagium Heliæ Rudelli e manu regia nunquam amovendum.	J. 318. Toulouse, IX, n° 28. 2.	Copie ancienne.	40
1676	1224	Novembre.	Bernardus abbas et conventus de Pratellis sedes quorumdam molendinorum super Dieppam domino regi vendunt.	J. 215. Neuchâtel, n° 1.	Original scellé.	40
1677	1224	Décembre.	De pactionibus conjugalibus inter Arnaldum de Vadegia et ejus uxorem initis.	J. 320. Toulouse, XI, n° 36.	Original.	41
1678	1224	Décembre.	Galeranus de Ivriaco, vicecomes Meledunensis, quidquid habebat apud Bellumfortem domino regi cedit, pretio accepto.	J. 178. Anjou, n° 5.	Original.	41
1679	1224	Décembre.	Pactiones initæ inter Galterum Risnelli et burgenses de Novo-Castro.	J. 197. Champagne, V, n° 20.	Original.	41
1680	1224	Décembre.	Charta permutationis factæ inter Matfredum de Rabastens et Raimundum comitem Tolosanum.	J. 330. Toulouse, XXI, n° 11.	Original.	41
1681	1224	Décembre.	Raimundus de Roca et ejus consortes quidquid habebant apud Podiumcelsum Raimundo comiti vendunt.	J. 330. Toulouse, XXI, n° 10.	Original.	43
1682	1224	. . . .	Sententia arbitralis lata a Radulpho de Breis inter Raginaudum de S. Martino et Florentiam de la Broce.	J. 726. Pierre de la Broce, n° 3.	Original scellé.	44
1683	1224	. . . .	Charta Ludovici Francorum regis pro confirmatione communiæ Belvacensibus a Philippo rege ann. 1182 concessæ.	J. 167. Beauvais, n° 1.	Original.	44
1684	1224	. . . .	Litteræ Herberti abbatis et conventus S. Genovefæ de prioria a se apud Rooni sub beneplacito domini regis constructa.	J. 153. Paris, III, n° 5.	Original scellé.	44
1685	1224	. . . .	Theobaldus Campaniæ comes fratres et bona Monasterii in Argona se sub sua speciali protectione suscipere declarat.	J. 198 A. Champagne, VI, n° 53.	Copie.	44
1686	1225	5 janvier.	Inquesta qua constat canonicos S. Audomari nullam justitiam habere apud Horinkohan, Motam et Eske.	J. 734. Titres mêlés, n° 11.	Original.	44
1687	1225	14 janvier.	Obligatio Willelmi abbatis et conventus B. Johannis Senonensis de forteritia de Noulum domino regi ad ejus voluntatem tradenda.	J. 261. Sens, n° 4.	Original scellé.	45
1688	1225	14 janvier.	Galterus Senonensis archiepiscopus se præcedentem obligationem confirmare declarat.	J. 261. Sens, n° 3.	Original scellé.	46
1689	1225	Janvier.	Litteræ capituli Remensis de compositione inter se et Blancham Campaniæ comitissam inita super nemoribus Maurimontis.	J. 206. Reims, n° 4.	Original scellé.	46
1690	1225	Janvier.	Litteræ Severini abbatis et conventus Fontis Johannis de quodam arpento terræ apud Maudignum sibi dato a Ludovico rege.	J. 731. Eaux et Forêts, n° 38.	Original scellé.	46
1691	1225	Janvier.	Litteræ Leberti decani et capituli Aurelianensis de hominibus suis territorii Stampensis manumittendis.	J. 170. Orléans, n° 13.	Original scellé.	46
1692	1225	Janvier.	Bernard Bels déclare mettre sa personne et tous ses biens en la puissance de R. de Dornha, qui lui promet aide et protection.	J. 323. Toulouse, XIV, n° 69.	Original roman.	46
1693	1225	13 février.	Litteræ Honorii papæ III baronibus Franciæ pro Romano S. Angeli diacono cardinali ad partes Narbonenses legato.	J. 428. Albigeois, n° 3.	Copie authent.	47
1694	1225	14 février.	Litteræ ejusdem papæ prælatis Franciæ de eodem.	J. 428. Albigeois, n° 3.	Copie authent.	47
1695	1225	Février.	Securitas facta domino regi a Renaldo Montisfalconis de forteritia Montis-rotundi.	J. 399. Promesses, n° 24.	Original.	49

INDEX CHRONOLOGIQUE.

Nos d'ordre.	ANNÉE.	MOIS.	SOMMAIRES.	COTES DES PIÈCES.	NATURE DES PIÈCES.	PAGES.
1696	1225	Février.	Guillelmus Remensis archiepiscopus domino regi et Th. de Bellomonte quitat acquisitiones a Johanne, quondam comite Bellimontis, in dicto comitatu factas.	J. 168. Beaumont-sur-Oise, n° 27.	Original scellé.	49
1697	1225	Février.	Litteræ Hugonis de Fontibus domino regi de modo solvendorum debitorum in præpositura Ambianensi usitato.	J. 231. Amiens, n° 2.	Original scellé.	49
1698	1225	Février.	Litteræ Alermi de Ambianis, ejusdem argumenti et formæ.	J. 231. Amiens, n° 3.	Original scellé.	49
1699	1225	Février.	Johannes abbas et conventus S. Victoris Parisiensis recognoscunt se nullum usuarium habere in foresta Lagii, nisi ex regis licentia.	J. 731. Eaux et Forêts, n° 41.	Original scellé.	49
1700	1225	31 mars.	Mandatum Friderici II imperatoris Raimundo comiti ut de feodis Imperii, indebite alienatis, ad se revocandis studeat.	J. 307. Toulouse, IV, n° 46.	Original scellé.	50
1701	1225	Mars.	Litteræ Mathei de Montemorenciaco, constabularii Franciæ, super vivario de Beu, sibi a rege, sub certis conditionibus, donato.	J. 731. Eaux et Forêts, n° 37.	Original scellé.	50
1702	1225	Mars.	Litteræ Richardi abbatis et conventus Liræ de usuagio quod habebant in foresta Britolii.	J. 731. Eaux et Forêts, n° 40.	Original scellé.	50
1703	1225	21 avril.	Petrus Bernardus Balderia partem suam hereditatis paternæ Guillelmo fratri suo vendit.	J. 330. Toulouse, XXI, n° 12.3.	Copie authent.	50
1704	1225	Mai.	Litteræ Petri Meldensis episcopi de moneta.	J. 459. Monnaies, n° 1.	Original scellé.	50
1705	1225	Mai.	Odo de Mongroisin, miles, ecclesiæ B. Mariæ de Victoria decem arpenta nemoris apud Coyam siti in perpetuum confirmat.	J. 238. Boulogne, I, n° 12.8.	Copie authent.	51
1706	1225	12 juin.	Statutum consulum Montispessulani de gerente vices domini regis, de bajulo, judicibus, notariis et advocatis.	J. 339. Montpellier et Maguelone, I, n° 23.	Copie ancienne.	51
1707	1225	Juin.	Litteræ Johannæ comitissæ Flandriæ de reddendis domino regi decem millibus librarum Parisiensium et de forteritiis diruendis.	J. 533. Flandre, I, sac 3, n° 10. 2.	Copie ancienne.	53
1708	1225	Juin.	Obligatio Roberti comitis Drocarum de forteritia in terra Bonolii vel Altæ Fontanæ, absque voluntate regis, non construenda.	J. 218. Dreux, n° 11.	Original scellé.	54
1709	1225	Juin.	Odo de Montegroisini, miles, unum arpentum nemoris apud Coyam ecclesiæ B. Mariæ de Victoria vendit.	J. 238. Boulogne, I, n° 12.7.	Copie authent.	54
1710	1225	Juin.	Testamentum Ludovici VIII.	J. 403. Testaments, I, n° 2. N° 2 bis.	Original. Copie.	54
1711	1225	1er juillet.	Charte d'affranchissement pour cause de mariage.	J. 322. Toulouse, XIII, n° 49.	Original roman.	55
1712	1225	30 juillet.	Instrumentum compositionis initæ inter Sicardum de Novilla, et Ramundum de Baolanis super hereditate Amelii de Novilla.	J. 304. Toulouse, II, n° 52.	Original.	56
1713	1225	Juillet.	Litteræ Mariæ comitissæ Pontivi de conventis inter se et dominum regem initis quoad hereditatem Willelmi comitis patris sui.	J. 235. Ponthieu, n° 46.	Copie authent.	56
1714	1225	Juillet.	Litteræ Bernardi Lemovicensis episcopi de fructibus regalium dicti episcopatus a se in Hugonem de Liziniaco non repetendis.	J. 346. Régale, I, n° 6.	Original scellé.	57
1715	1225	Juillet.	Homagium domino regi Franciæ ab Aymerico vicecomite Thoarcii præstitum pro feodis Andegaviæ et Pictaviæ.	J. 373. Seigneurs de Thouars, n° 3.	Original scellé.	57
1716	1225	4 août.	Litteræ Friderici II imperatoris Ludovico regi adversus cives Cameracenses.	J. 610. Empereurs d'Allemagne, n° 3.	Original scellé.	57
1717	1225	2 août.	Charta manumissionis pro Willelma filia R. Beraudi.	J. 320. Toulouse, XI, n° 37.	Original.	58

INDEX CHRONOLOGIQUE.

N.os d'ordre.	DATES. ANNÉE.	MOIS.	SOMMAIRES.	COTES DES PIÈCES.	NATURE DES PIÈCES.	PAGES.
1718	1225	21 août.	Charta manumissionis pro Guairalda filia Stephani Aimerii de Valle Beraldo.	J. 320. Toulouse, XI, n° 38.	Original.	59
1719	1225	31 août.	Litteræ Guillelmi de Vallegrinosa pro ecclesia B. Mariæ de Victoria.	J. 238. Boulogne, I, n° 12. 5.	Copie authent.	59
1720	1225	4 septembre.	Litteræ Humberti de Bellojoco de homagio quod Robertus comes Branæ comiti Campaniæ præstitit.	J. 202. Champagne, X, n° 10.	Original.	59
1721	1225	4 septembre.	Litteræ Anselli de Possessa, ejusdem argumenti et formæ.	J. 202. Champagne, X, n° 9.	Original.	60
1722	1225	4 septembre.	Similes litteræ Hugonis de Castellione.	J. 198 A. Champagne, VI, n° 57.	Original.	60
1723	1225	4 septembre.	— — Petri Meldensis episcopi.	J. 198 A. Champagne, VI, n° 55.	Original.	60
1724	1225	4 septembre.	— — Philippi de Nantolio.	J. 202. Champagne, X, n° 8.	Original scellé.	60
1725	1225	Octobre.	Charta donationis factæ Bernerio et ejus heredibus a Buchardo domino Marliaci et Mosterolii.	J. 180. Poitou, n° 1.	Original.	60
1726	1225	Octobre.	Litteræ Durandi abbatis et conventus Bellosannæ de quadam particula nemoris dictæ ecclesiæ ab Hugone de Gornaio donata.	J. 731. Eaux et Forêts, n° 43.	Original scellé.	60
1727	1225	Octobre.	Litteræ Conradi abbatis Præmonstratensis de præfata donatione.	J.731. Eaux et Forêts, n°43 bis.	Original scellé.	60
1728	1225	9 novembre.	Litteræ Anselmi Laudunensis episcopi de compositione a se cum Radulpho de Nigella, comite Suessionensi, inita.	J. 233. Laon, n° 9.	Original scellé.	60
1729	1225	Novembre.	Litteræ Ludovici regis de abbatia Cormeriacensi.	J. 178. Anjou, n° 6.	Original scellé.	61
1730	1225	1er décembre.	Instrumentum concordiæ initæ inter Petrum de Auriaco et Petrum de Montibus.	J. 320. Toulouse, XI, n° 39.	Original.	61
1731	1225	1er décembre.	Alterum concordiæ inter eosdem initæ instrumentum cum modificationibus.	J. 317. Toulouse, VIII, n°15.	Original.	61
1732	1225	20 décembre.	Litteræ Hugonis domini Brecarum de hominibus castellaniæ Brecarum Theobaldo Campaniæ comiti impignoratis.	J. 196. Champagne, IV, n°16.	Original.	62
1733	1225	Décembre.	Maria comitissa Pontivi recognoscit se a domino rege duo millia librarum recepisse.	J. 236. Ponthieu, n° 84.	Original scellé.	62
1734	1225	Décembre.	Querimoniæ Hugonis de Leziniaco et septem aliorum magnatum Franciæ contra clericos.	J. 350. Gravamina, n° 2.	Original scellé.	62
1735	1225	. . . .	Charta Ludovici regis pro privilegiis Corbeiensis communiæ confirmandis.	J. 231. Corbie, n° 4.	Original scellé.	63
1736	1225	. . . .	Charta ejusdem pro confirmatione privilegiorum villæ Montisferrandi.	J. 303. Toulouse, I, n° 1. J. 421. Obligations, I, n°1 bis.	Copie ancienne. Copie authent.	63
1737	Vers 1225	. . . .	Litteræ Ramnulphi episcopi et cleri Petragoricensis Ludovico regi ut diœcesim Petragoricensem sub sua protectione suscipiat.	J. 202. Périgord, n° 1.	Original scellé.	63
1738	1226	19 janvier.	Litteræ Othonis, Burgundiæ comitis, de matrimonio contrahendo inter Othonem filium suum et filiam comitis Campaniæ.	J. 198 A. Champagne, VI, n° 56.	Original scellé.	64
1739	1226	26 janvier.	Charta pariagii initi inter R. de Noerio, B. de Saysses, etc., pro castris de Fossereto et de Sanars construendis.	J. 328. Toulouse, XIX, n° 8. J. 327. Toulouse, XVIII, n° 2.	Original scellé. Copie.	66
1740	1226	Janvier.	Hugo de Lezignano comes Marchiæ quidquid habebat apud Mausiacum domino regi quittat pro cccc. libris annualibus.	J. 374. Comtes de la Marche, n° 1. J. 270. La Marche, n° 6.	Original scellé. Déficit.	68
1741	1226	Janvier.	Charta Roberti comitis Drocensis de quatuor modiis bladi annualibus pro molta Bonolii cum rege excambiatis.	J. 218. Dreux, n° 10.	Original scellé.	68

INDEX CHRONOLOGIQUE.

Nos d'ordre	DATES. ANNÉE.	MOIS.	SOMMAIRES.	COTES DES PIÈCES.	NATURE DES PIÈCES.	PAGES.
1742	1226	Janvier.	Magnates Franciæ Ludovicum regem hortantur ad negotium terræ Albigesii suscipiendum.	J. 428. Albigeois, n° 1 bis.	Original scellé.	68
1743	1226	Janvier.	Romanus Sedis Apostolicæ legatus et prælati Franciæ notum faciunt sub quibus conditionibus Ludovicus rex crucem in Albigenses susceperit.	J. 428. Albigeois, n° 2.	Original scellé.	69
1744	1226	Janvier.	Ingelranus dominus Couciaci suum Johanni domino de Condren in nemore de Coulomroier usuagium et quædam alia concedit.	J. 234. Coucy, n° 1.	Original scellé.	70
1745	1226	Janvier.	Charta Egidii de Estrees super feodo a se Hugoni de Castellione translato.	J. 383. G. et H. de Châtillon, n° 9.	Original.	70
1746	1226	Février.	Litteræ consulum et totius communitatis Montisferrandi de fidelitate a se domino regi præstita.	J. 421. Obligations, I, n° 1.	Original scellé.	70
1747	1226	16 mars.	Ramundus de Rochafolio ad omnimodam voluntatem domini legati et regis Franciæ se supponit.	J. 337. Narbonne, n° 4.	Original.	71
1748	1226	Mars.	Homagium a Bertrando de Gordonio domino regi præstitum.	J. 620. Hommages, I, n° 6.	Original scellé.	72
1749	1226	Mars.	Homagium a Guillelmo comite Montisferrandi domino regi præstitum.	J. 270. Beaujeu, n° 1. J. 273. Auvergne, II, n° 9.	Original. Copie.	72
1750	1226	Mars.	Salvus conductus pro burgensibus Montisferrandi.	J. 303. Toulouse, I, n° 1. J. 421. Obligations, I, n° 1 bis.	Copies.	72
1751	1226	Mars.	Obligatio Henrici Autissiodorensis episcopi de sexcentis libris a se domino regi, loco servitii militaris, solvendis.	J. 260. Auxerre, n° 3.	Original.	72
1752	1226	14 avril.	Litteræ Poncii de Tesano quibus ad omnimodam Ecclesiæ et domini regis voluntatem se exponit.	J. 305. Toulouse, III, n° 1.	Original scellé.	73
1753	1226	14 avril.	Litteræ Petri Raimundi de Corneliano, ejusdem argumenti et formæ.	J. 305. Toulouse, III, n° 55.	Original.	73
1754	1226	14 avril.	Similes litteræ Berenguerii de Podio Soriguerio.	J. 305. Toulouse, III, n° 56.	Original.	74
1755	1226	14 avril.	— — Frotardi de Olargio.	J. 305. Toulouse, III, n° 58.	Original scellé.	74
1756	1226	14 avril.	— — Guillelmi Petri de Vintrono.	J. 337. Béziers, n° 4.	Original scellé.	74
1757	1226	14 avril.	Litteræ Poncii de Olargio, ejusdem argumenti et formæ, cum additamentis.	J. 628. Angleterre, II, n° 18.	Original scellé.	74
1758	1226	15 avril.	Edictum Jacobi I, Aragoniæ regis, ne heretici recipiantur in regno suo.	J. 428. Albigeois, n° 4.	Original scellé.	75
1759	1226	15 avril.	Epistola O. Garini et G. Melchini fratrum qua fidem, devotionem et servitium domino regi offerunt.	J. 400. Promesses, n° 51.	Original.	75
1760	1226	15 avril.	B. de Alion omnimodam Ecclesiæ obedientiam et domino regi fidelitatem promittit.	J. 734. Titres mêlés, n° 4.	Déficit. Regist. curiæ.	75
1761	1226	Avril. Avant Pâques.	Ludovicus rex Franciæ declarat quibus conditionibus Ferrandus comes Flandriæ e carcere sit liberandus.	J. 533. Flandre, I, sac 3, n° 5.	Original.	76
1762	1226	Avril. Avant Pâques.	Litteræ Ferrandi comitis Flandriæ et Johannæ ejus uxoris de præcedenti tractatu.	J. 533. Flandre, I, sac 3, n° 5. 2.	Original.	77
1763	1226	Avril. Avant Pâques.	Litteræ Johannæ comitissæ Flandriæ de juramento a se infra instantem Palmarum diem præstando.	J. 533. Flandre, I, sac 3, n° 4. Ibid., n° 10. 3.	Original. Copie.	77
1764	1226	Avril. Avant Pâques.	Hugo dominus Brecarum villam de Banna et D. arpenta nemoris comiti Campaniæ vendit.	J. 195. Champagne, III, n° 10.	Original scellé.	78
1765	1226	Avril. Avant Pâques.	Litteræ Gaucheri de Commarceio quibus sese ad homagium prædicto comiti pro præfatis villa et nemore præstandum obligat.	J. 193. Champagne, I, n° 21.	Original.	78

INDEX CHRONOLOGIQUE.

N°⁵ d'ordre.	ANNÉE.	MOIS.	SOMMAIRES.	COTES DES PIÈCES.	NATURE DES PIÈCES.	PAGES.
1766	1226	22 avril.	Petrus de Villanova omnimodum A. S. legato et Franciæ regi obsequium promittit.	J. 318. Toulouse, IX, n° 27.	Original.	78
1767	1226	29 avril.	Juramentum civium Biterrensium de obsequio Ecclesiæ et domino regi præstando.	J. 337. Béziers, n° 2.	Original scellé.	78
1768	1226	29 avril.	Litteræ N. Sancii comitis Rossilionis Ludovico Francorum regi cui suum contra hereticos auxilium promittit.	J. 428. Albigeois, n° 13.	Original.	79
1769	1226	Avril. Après Pâques.	Charta Hugonis de Castellione pro fundatione abbatiæ Pontis B. Mariæ.	J. 383. G. et H. de Chât., n° 10. J. 461. Fondations, II, n° 6.	Copies authent.	79
1770	1226	Avril. Après Pâques.	Litteræ Guidonis de Monteforti quibus castrum S. Antonini domino regi concedit.	J. 295. Languedoc, n° 3.	Original scellé.	80
1771	1226	Avril. Après Pâques.	Rotroldus de Monteforti sese ad homagium comitissæ Campaniæ præstandum obligat pro omni eo quod sibi de excasura comitatus Perticensis obveniet.	J. 198 A. Champagne, VI, n° 60.	Original scellé.	80
1772	1226	Avril. Après Pâques.	Charta Aalidis de Fracta Valle, ejusdem argumenti et formæ.	J. 198 A. Champagne, VI, n° 58.	Original.	80
1773	1226	Avril. Après Pâques.	Charta Gaufridi vicecomitis Castriduncnsis, ejusdem argumenti et formæ.	J. 198 A. Champagne, VI, n° 59.	Original.	80
1774	1226	Avril. Après Pâques.	Charta Heimerici de Castro Ernaudi, ejusdem argumenti et formæ.	J. 198 A. Champagne, VI, n° 60.	Original.	81
1775	1226	Avril. Après Pâques.	Epistola B. Otonis domini castri de Lauraco qua Ludovico regi de dejectione Tolosani comitis gratulatur, etc.	J. 400. Promesses, n° 71.	Original scellé.	81
1776	1226	Avril. Après Pâques.	Epistola Guillelmi de Cervaria Ludovico regi qua ei suum adjuvamen offert pro expellendis hereticis.	J. 428. Albigeois, n° 14.	Original.	81
1776²	1226	8 mai.	Epistola S. prioris ecclesiæ S. Antonini et consilii dictæ villæ Ludovico regi qua de sua erga eum fidelitate protestantur.	J. 627. Serments, n° 15.	Original.	647
1776³	1226	10 mai.	Litteræ Honorii papæ III pro villa Montispessulani.	J. 339. Montpellier et Maguelone, I, n° 23.	Copie ancienne.	648
1777	1226	22 mai.	Traité d'alliance entre le comte de Toulouse et la ville d'Agen contre le roi de France.	J. 305. Toulouse, III, n° 57.	Original roman.	82
1778	1226	27 mai.	Instrumentum de castris Belliquadri et de Malaucena, cum toto Venaissino, Avenionensibus a Raimundo comite impignoratis.	J. 309. Toulouse, V, n° 4.	Original scellé.	83
1779	1226	Mai.	Charta Emmelinæ relictæ Johannis de Monte Gumberti pro ecclesia Vallis-serenæ.	J. 731. Eaux et Forêts, n° 44.	Original scellé.	83
1780	1226	Mai.	Bouchardus Marliaci chaciam ad magnam bestiam in foresta Cruyæ domino regi cedit.	J. 731. Eaux et Forêts, n° 45.	Original scellé.	83
1781	1226	Mai.	Litteræ Roberti de Pissiaco, de prædicta chacia.	J. 731. Eaux et Forêts, n° 46.	Original scellé.	83
1782	1226	Mai.	Jacobus Suessionensis episcopus recognoscit se centum viginti libras domino regi debere pro servitio militari unius anni.	J. 392. Dettes dues au Roi, n° 1.	Original scellé.	84
1783	1226	Mai.	Quod Theobaldus comes Campaniæ de feodo Nogenti super Sequanam extra curiam S. Dionysii nunquam trahatur.	J. 196. Champagne, IV, n° 17.	Original.	84
1784	1226	Mai.	Johannes de Oigniaco, dominus Genvriaci, partem sibi in pedagio Calniaci contingentem domino regi concedit.	J. 232. Vermandois, n° 1.	Déficit.	84
1785	1226	3 juin.	Consules et universitas castri Arenarum et civitatis Nemausensis ad omnimodam regis Franciæ voluntatem sese supponunt.	J. 335. Nîmes, n° 1.	Original scellé.	84
1786	1226	8 juin.	Sicardus Podii Laurentii se et omnia sua domini regis et Ecclesiæ voluntati supponit.	J. 626. Hommages, III, n° 150.	Original scellé.	84
1787	1226	9 juin.	Declaratio Romani Apostolicæ Sedis legati adversus Avenionenses.	J. 428. Albigeois, n°⁵ 5 et 6.	Originaux scellés	85

INDEX CHRONOLOGIQUE.

Nos d'ordre.	DATES. ANNÉE.	DATES. MOIS.	SOMMAIRES.	COTES DES PIÈCES.	NATURE DES PIÈCES.	PAGES.
1787[2]	1226	12 juin.	Consules et universitas villæ Castrensis Ludovici regis misericordiam implorant eique omnimodam subjectionem offerunt.	J. 627. Serments, n° 14.	Original scellé.	648
1788	1226	14 juin.	Domini et tota universitas castri S. Pauli ad omnimodam voluntatem domini regis sese offerunt.	J. 400. Promesses, n° 73.	Original.	87
1788[2]	1226	16 juin.	Charta de juramento fidelitatis a consulibus et universitate Carcassonæ præstito.	J. 627. Serments, n° 13.	Original scellé.	649
1789	1226	Juin.	Epistola quorumdam prælatorum et baronum Franciæ Friderico II imperatori qua ei Avenionensium proditionem exponunt.	J. 428. Albigeois, n° 10.	Original scellé.	87
1790	1226	Juin.	Litteræ Ludovici regis quibus consules et universitatem Montispessulani sub sua speciali protectione suscipit.	J. 340. Montpellier et Maguelone, II, n° 36. 2.	Copie ancienne.	89
1791	1226	Juin.	R. Arnaudi de Podio sese obligat ad mandata Ecclesiæ servanda et castrum Carcassonæ domino regi Franciæ tradendum.	J. 399. Promesses, n° 27.	Original scellé.	89
1792	1226	Juin.	Homagium a Guigone domino de Tornon, domino regi præstitum.	J. 622. Hommages, II, n° 14.	Original.	89
1793	1226	28 août.	Accord entre l'abbaye et la ville de Moissac.	J. 320. Toulouse, XI, n° 41.	Cop. anc. Roman.	89
1794	1226	Août.	Charta homagii quod Bernardus comes Convenarum domino regi præstitit.	J. 293. Armagnac, n° 1.	Déficit. Registr. curiæ.	90
1795	1226	Août.	Acte par lequel Raymond de Dornha engage entre les mains de G. Esquirol certaines redevances à lui dues par P. Pairolers.	J. 320. Toulouse, XI, n° 40.	Original roman.	90
1796	1226	14 septembre.	B. de Marestan se et barones suos ad Ecclesiæ et domini regis voluntatem supponit.	J. 399. Promesses, n° 25.	Original scellé.	90
1797	1226	14 septembre.	Charta Rogerii d'Aspel, ejusdem argumenti et formæ.	J. 620. Hommages, I, n° 7.	Original scellé.	91
1798	1226	14 septembre.	Charta Bernardi Convenarum, domini de Saves, ejusdem argumenti et formæ.	J. 622. Hommages, II, n° 48.	Original.	91
1799	1226	26 septembre.	Bertrandus Jordanus se et barones suos ad voluntatem domini regis et Ecclesiæ, datis obsidibus, supponit.	J. 620. Hommages, I, n° 9.	Original scellé.	91
1800	1226	26 septembre.	Litteræ B. Jordani de Insula, ejusdem argumenti.	J. 624. Hommages, III, n° 6.	Original scellé.	92
1801	1226	Septembre.	Litteræ Ludovici regis de forteritia a se apud villam S. Andreæ construenda.	J. 424. Obligations, III, n° 2.	Original scellé.	92
1802	1226	Septembre.	Litteræ conventus S. Andreæ de dicta forteritia.	J. 295. Languedoc, n° 4.	Original scellé.	92
1803	1226	Septembre.	Litteræ Bremundi abbatis et conventus S. Andreæ de eadem.	J. 295. Languedoc, n° 4 bis.	Original.	93
1804	1226	7 octobre.	Charta Bernardi comitis Convenarum de submissione Willelmi B. de Marcafava.	J. 622. Hommages, II, n° 15.	Original.	93
1805	1226	Octobre.	Litteræ Petri Narbonensis archiepiscopi de CL. libris annui redditus Agneti vicecomitissæ Biterrensi assignatis.	J. 337. Béziers, n° 3.	Original scellé.	93
1806	1226	Octobre.	Charta homagii quod Nuno Sancii, Rossilionis comes, pro vicecomitatu Fenoleti et Petræ-pertusæ regi præstitit.	J. 622. Hommages, II, n° 13.	Original.	93
1807	1226	Octobre.	Homagium a Guillelmo de Calvomonte domino regi præstitum.	J. 620. Hommages, I, n° 8.	Original.	94
1808	1226	Octobre.	Litteræ Petri Narbonensis archiepiscopi de conventionibus inter se et dominum regem initis.	J. 337. Narbonne, n° 5.	Original scellé.	94
1809	1226	Octobre.	Mauritius sacrista et canonici S. Antonini Appamiensis Appamiarum castrum domino regi commendant.	J. 336. Pamiers, n° 1.	Original scellé.	95

INDEX CHRONOLOGIQUE.

Nos d'ordre.	ANNÉE.	MOIS.	SOMMAIRES.	COTES DES PIÈCES.	NATURE DES PIÈCES.	PAGES.
1810	1226	Octobre.	Gualhardus Figiacensis abbas sese obligat ad castrum de Petrucia domino regi tradendum.	J. 399. Promesses, n° 26.	Original scellé.	96
1811	1226	3 novembre.	Charta prælatorum et magnatum Franciæ qua sese obligant ad coronandum in regem Ludovicum, L. regis primogenitum.	J.363. Couronnement de saint Louis, n° 1.	Original scellé.	96
1812	1226	Avant le 8 novembre.	Promissum Simonis Bituricensis archiepiscopi de filio primogenito Ludovici regis coronando.	J.363. Couronnement de saint Louis, n° 4.	Original scellé.	97
1813	1226	Avant le 8 novembre.	Attestatio R. Didaci de Camberis, de ultima voluntate Alphonsi IX Castellæ regis erga filios Ludovici regis.	J. 599. Castille, n° 1.	Original scellé. (Sceau d'argent.)	97
1814	1226	Avant le 8 novembre.	Litteræ Gondissalvi Petri de Molina quibus præcedens testimonium a se confirmatum declarat.	J. 599. Castille, n° 1. 2.	Original scellé.	98
1815	1226	Avant le 8 novembre.	Similes litteræ R. Gondissalvi de Orvaneza.	J. 599. Castille, n° 1. 3.	Original scellé.	99
1816	1226	—	— — S. Petri de Gavara.	J. 599. Castille, n° 1. 4.	Original.	99
1817	1226	—	— — A. Gondissalvi de Orvaneza.	J. 599. Castille, n° 1. 5.	Original.	99
1818	1226	—	— — P. Gondissalvi de Maranon.	J. 599. Castille, n° 1. 6.	Original.	99
1819	1226	—	— — P. Didaci.	J. 599. Castille, n° 1. 7.	Original scellé.	99
1820	1226	—	— — Garciæ Odonex de Roda.	J. 599. Castille, n° 1. 8.	Original.	99
1821	1226	—	— — G. comitis Ferrariæ.	J. 599. Castille, n° 1. 9.	Original.	99
1822	Sans date.	....	Declaratio consuetudinum in comitatu Laudunensi domino comiti pertinentium.	J. 233. Laon, n° 39.	Copie ancienne.	99

LUDOVICUS IX SANCTUS.

Regnare incipit die 8 novembris 1226; — moritur die 25 augusti 1270.

1823	1226	Novembre.	Litteræ duodecim prælatorum et baronum Franciæ archiepiscopo Rothomagensi pro coronamento Ludovici IX.	J.363. Couronnement de saint Louis, n°s 5 et 6.	Originaux scellés.	101
1824	1226	Novembre.	Similes litteræ Nivernensi, Autissiodorensi et Trecensi episcopis ab eisdem directæ.	J.363. Couronnement de saint Louis, n° 7.	Original scellé.	101
1825	1226	Novembre.	Similes litteræ Eduensi, Matisconensi et Cabilonensi episcopis directæ.	J.363. Couronnement de saint Louis, n° 8.	Original scellé.	101
1826	1226	Novembre.	Similes litteræ constabulario Normanniæ, Richardo de Vernone, et aliis directæ.	J.363. Couronnement de saint Louis, n° 2.	Original scellé.	102
1827	1226	Novembre.	Similes litteræ vicecomitibus Toarcensi, Bellimontis, Castriduni et aliis directæ.	J.363. Couronnement de saint Louis, n° 3.	Original scellé.	102
1828	1226	Novembre.	Litteræ testimoniales de ballio et custodia regni et liberorum suorum a Ludovico VIII Blanchæ reginæ attributis.	J. 401. Régences, n° 1.	Original scellé.	102
1829	1226	Novembre.	Charta compositionis initæ cum domino rege super rachato terræ Britholii.	J. 392. Dettes dues au Roi, n° 2.	Original scellé.	102
1830	1226	Décembre. Avant le 6.	Commissio pro securitatibus militum et villarum Flandriæ recipiendis.	J. 534. Flandre, I, sac 3, n° 16.	Original scellé.	102
1831	1226	6 décembre.	Securitas facta Ludovico regi et Blanchæ reginæ ab universitate villæ Insulensis.	J. 534. Flandre, I, sac 3, n° 14. 16.	Original scellé.	102
1832	1226	14 décembre.	Litteræ Johannis de Machaliuis, ejusdem argumenti et formæ.	J. 534. Flandre, I, sac 3, n° 15. 26.	Original scellé.	103
1833	1226	14 décembre.	Similes litteræ Rogerii castellani Insulensis, et quorumdam aliorum.	J. 534. Flandre, I, sac 3, n° 15. 35.	Original scellé.	103
1834	1226	14 décembre.	— — Rasonis de Gavera, Hellini de Mauritania et quorumdam aliorum.	J. 534. Flandre, I, sac 3, n° 15. 37.	Original scellé.	103

INDEX CHRONOLOGIQUE.

N°s d'ordre.	ANNÉE.	MOIS.	SOMMAIRES.	COTES DES PIÈCES.	NATURE DES PIÈCES.	PAGES.
1835	1226	14 décembre.	Similes litteræ Arnulfi de Audenarda.	J.534.Fland.,I,sac 3,n°15.39.	Original scellé.	103
1836	1226	15 décembre.	— — Hugonis de Lotharingia.	J.534.Fland.,I,sac 3,n°15.6.	Original scellé.	103
1837	1226	15 décembre.	— — Walteri de Drincherem.	J.534.Fland.,I,sac 3,n°15.13.	Original scellé.	104
1838	1226	15 décembre.	— — Walteri de Hondescotes.	J.534.Fland.,I,sac 3,n°15.19.	Original scellé.	104
1839	1226	15 décembre.	— — Willelmi de Hondescotes.	J.534.Fland.,I,sac 3,n°15.27.	Original scellé.	104
1840	1226	15 décembre.	— — Balduini de Comines.	J.534.Fland.,I,sac 3,n°15.30.	Original scellé.	104
1841	1226	15 décembre.	— — Radulfi de Hasebroc.	J.534.Fland.,I,sac 3,n°15.31.	Original scellé.	104
1842	1226	15 décembre.	— — Petri de Mansnilio.	J.534.Fland.,I,sac 3,n°15.33.	Original scellé.	104
1843	1226	15 décembre.	— — Riquardi Blavoet.	J.534.Fland.,I,sac 3,n°15.38.	Original scellé.	104
1844	1226	15 décembre.	— — Willelmi præpositi Insulensis, Rabodi de Rume et Karoni ejus filii.	J. 534. Flandre, I, sac 3, n° 15. 36.	Original scellé.	104
1845	1226	16 décembre.	— — communiæ de Mardic.	J.534.Fland.,I,sac 3,n°14.3.	Original scellé.	104
1846	1226	16 décembre.	— — communiæ Bergensis.	J.534.Fland.,I,sac 3,n°14.13.	Original scellé.	104
1847	1226	16 décembre.	— — communiæ de Ypra.	J.534.Fland.,I,sac 3,n°14.18.	Original scellé.	105
1848	1226	16 décembre.	— — communiæ de Thorout.	J.534.Fland.,I,sac 3,n°14.20.	Original scellé.	105
1849	1226	16 décembre.	— — Danielis de Poperinghe.	J.534.Fland.,I,sac 3,n°15.16.	Original scellé.	105
1850	1226	16 décembre.	— — Willelmi de Ypra.	J.534.Fland.,I,sac 3,n°15.21.	Original scellé.	105
1851	1226	17 décembre.	— — communiæ de Dam.	J.534.Fland.,I,sac 3,n°14.10.	Original scellé.	105
1852	1226	17 décembre.	— — communiæ de Audenborg.	J.534.Fland.,I,sac 3,n°14.15.	Original scellé.	105
1853	1226	17 décembre.	— — communiæ Brugensis.	J.534.Fland.,I,sac 3,n°14.23.	Original scellé.	105
1854	1226	17 décembre.	— — Philippi de Waestinis.	J.534.Fland.,I,sac 3,n°15.3.	Original scellé.	105
1855	1226	17 décembre.	— — Johannis de Formesellis.	J.534.Fland.,I,sac 3,n°15.8.	Original scellé.	105
1856	1226	17 décembre.	— — Walteri de Zieccle.	J.534.Fland.,I,sac 3,n°15.10.	Original scellé.	105
1857	1226	17 décembre.	— — Andreæ ballivi Brugensis.	J.534.Fland.,I,sac 3,n°15.12.	Original scellé.	106
1858	1226	17 décembre.	— — Rogeri de Winghine.	J.534.Fland.,I,sac 3,n°15.15.	Original scellé.	106
1859	1226	17 décembre.	— — Walteri de Ghistella.	J.534.Fland.,I,sac 3,n°15.18.	Original scellé.	106
1860	1226	17 décembre.	— — Balduini de Prato.	J.534.Fland.,I,sac 3,n°15.25.	Original scellé.	106
1861	1226	18 décembre.	— — communiæ de Rodenberg.	J.534.Fland.,I,sac 3,n°14.4.	Original scellé.	106
1862	1226	18 décembre.	— — communiæ de Borborg.	J.534.Fland.,I,sac 3,n°14.7.	Original scellé.	106
1863	1226	18 décembre.	— — communiæ de Grevelinghes.	J.534.Fland.,I,sac 3,n°14.18.	Original scellé.	106
1864	1226	18 décembre.	— — communiæ de Dixmude.	J.534.Fland.,I,sac 3,n°14.12.	Original scellé.	106
1865	1226	18 décembre.	— — communiæ de Novo-Portu.	J.534.Fland.,I,sac 3,n°14.17.	Original scellé.	106
1866	1226	18 décembre.	— — communiæ Casletensis.	J.534.Fland.,I,sac 3,n°14.19.	Original scellé.	107
1867	1226	18 décembre.	— — communiæ de Furnis.	J.534.Fland.,I,sac 3,n°14.21.	Original scellé.	107
1868	1226	18 décembre.	— — communiæ de Dunkerca.	J.534.Fland.,I,sac 3,n°14.24.	Original scellé.	107
1869	1226	18 décembre.	— — Eustachii de Ristune.	J.534.Fland.,I,sac 3,n°15.2.	Original scellé.	107
1870	1226	18 décembre.	— — Riquardi de Straten.	J.534.Fland.,I,sac 3,n°15.20.	Original scellé.	107
1871	1226	18 décembre.	— — Alardi de Hole.	J.534.Fland.,I,sac 3,n°15.23.	Original scellé.	107
1872	1226	18 décembre.	— — Willelmi de Bethunia.	J.534.Fland.,I,sac 3,n°15.24.	Original scellé.	107
1873	1226	18 décembre.	— — Thomæ Canis.	J.534.Fland.,I,sac 3,n°15.14.	Original scellé.	107
1874	1226	18 décembre.	— — Willelmi præpositi Brugensis.	J.534.Fland.,I,sac 3,n°15.40.	Original scellé.	107
1875	1226	19 décembre.	— — Thirrici de Beverne.	J.534.Fland.,I,sac 3,n°15.41.	Original scellé.	108
1876	1226	20 décembre.	— — communiæ de Hulst.	J.534.Fland.,I,sac 3,n°14.	Original scellé.	108
1877	1226	20 décembre.	— — communiæ de Audenarda.	J.534.Fland.,I,sac 3,n°14.2.	Original scellé.	108
1878	1226	20 décembre.	— — communiæ Gandavensis.	J.534.Fland.,I,sac 3,n°14.5.	Original scellé.	108
1879	1226	20 décembre.	— — communiæ Geraldimontis.	J.534.Fland.,I,sac 3,n°14.6.	Original scellé.	108

INDEX CHRONOLOGIQUE.

N^{os} d'ordre.	DATES. ANNÉE.	MOIS.	SOMMAIRES.	COTES DES PIÈCES.	NATURE DES PIÈCES.	PAGES.
1880	1226	20 décembre.	Similes litteræ communiæ Curtracensis.	J.534. Fland., I, sac 3, n°14.9.	Original scellé.	108
1881	1226	20 décembre.	— — communiæ de Alost.	J.534.Fland.,I,sac3,n°14.11.	Original scellé.	108
1882	1226	20 décembre.	— — communiæ Rupelmondæ.	J.534.Fland.,I,sac3,n°14.14.	Original scellé.	108
1883	1226	20 décembre.	— — communiæ de Haxele.	J.534.Fland.,I,sac3,n°14.22.	Original scellé.	108
1884	1226	20 décembre.	— — scabinorum de Ponte-Brebanti.	J. 534. Flandre, I, sac 3, n° 14. 26.	Original scellé.	109
1885	1226	20 décembre.	— — Riquardi de Beverne.	J. 534. Flandre, I, sac 3, n°15.	Original.	109
1886	1226	20 décembre.	— — Luciæ dominæ de Bolliers.	J.534. Fland., I, sac 3, n°15.4.	Original scellé.	109
1887	1226	20 décembre.	— — Walteri de Zomerghem.	J.534.Fland.,I,sac 3,n°15.5.	Original scellé.	109
1888	1226	20 décembre.	— — Johannis de Axele.	J.534. Fland., I, sac 3, n°15.7.	Original scellé.	109
1889	1226	20 décembre.	— — Mariæ dominæ de Nivella.	J.534.Fland.,I,sac3,n°15.11.	Original scellé.	109
1890	1226	20 décembre.	— — Hugonis de Robais.	J.534.Fland.,I,sac3,n°15.17.	Original.	109
1891	1226	20 décembre.	— — Johannis de Leden.	J.534.Fland.,I,sac3,n°15.28.	Original scellé.	109
1892	1226	20 décembre.	— — Gilleberti de Sotthenghem.	J.534.Fland.,I,sac3,n°15.29.	Original scellé.	109
1893	1226	20 décembre.	— — Henrici de Morsleda.	J.534.Fland.,I,sac3,n°15.32.	Original scellé.	110
1894	1226	21 décembre.	— — Arnulfi domini de Landast.	J.534.Fland.,I,sac3,n°15.22.	Original.	110
1895	1226	Décembre.	Litteræ Ferrandi et Johannæ, comitis et comitissæ Flandriæ et Hainoniæ, de conventionibus a se cum rege Franciæ initis.	J. 533. Flandre, I, sac 3, n°s 7 et 8. — Ibid., n°s 7. 2. et 7. 4.	Originaux scellés. Copies.	110
1896	1226	Décembre.	Litteræ Ludovici regis de præcedentibus conventionibus.	J. 533. Flandre, I, sac 3, n° 10. 4.	Copie.	111
1897	1226	Décembre.	Litteræ comitis et comitissæ Flandriæ quoad exsecutionem præfati tractatus.	J.533. Fland., I, sac 3, n°s 9.1. et 9. 2. — Ibid., n° 9. 3.	Originaux scellés. Copie authent.	111
1898	1226	Décembre.	Obligatio Johannæ comitissæ Flandriæ de conditionibus prædicti tractatus fideliter observandis.	J. 533. Flandre, I, sac 3, n° 7. 3.	Original scellé.	112
1899	1226	Décembre.	Amalricus comes Montisfortis se pro dicta comitissa, erga regem, plegium constituit.	J. 533. Flandre, I, sac 3, n° 11.	Original scellé.	112
1900	1226	Décembre.	Similes litteræ Mathei de Montemorenciaco, Franciæ constabularii.	J. 533. Flandre, I, sac 3, n° 12.	Original scellé.	113
1901	1226	Décembre.	— — Hugonis de Castellione.	J.533.Fland.,I,sac3,n°12.2.	Original scellé.	113
1902	1226	Décembre.	— — Johannis comitis Carnotensis.	J. 533. Flandre, I, sac 3, n° 12. 3.	Original scellé.	113
1903	1226	Décembre.	— — Johannis comitis Rociaci.	J.533.Fland.,I,sac3,n°12.4.	Original scellé.	113
1904	1226	Décembre.	— — Arnulphi de Audenarda.	J.533.Fland.,I,sac3,n°12.5.	Original scellé.	113
1905	1226	Décembre.	— — Guillelmi de Domnapetra.	J.533.Fland.,I,sac3,n°12.6.	Original scellé.	113
1906	1226	Décembre.	— — Michaelis de Harnis.	J.533.Fland.,I,sac3,n°12.7.	Original scellé.	114
1907	1226	Décembre.	— — Milonis Belvacensis episcopi.	J.533.Fland.,I,sac3,n°12.8.	Original scellé.	114
1908	1226	Décembre.	— — Stephani de Sacrocesare.	J.533.Fland.,I,sac3,n°12.9.	Original scellé.	114
1909	1226	Décembre.	Litteræ Philippi comitis Boloniæ de fortenitiis Moretonii et Insulæ-bonæ, et de comitatu S. Pauli sibi a rege donatis.	J. 238. Boulogne, I, n° 48.	Original scellé.	114
1910	1226	. . . .	Litteræ capituli S. Sepulchri Cadomensis de anniversario Philippi regis celebrando.	J. 461. Fondations, II, n° 7.	Original scellé.	114
1911	1227	2 janvier.	Securitas facta regi a Margareta de Dampetra pro comite et comitissa Flandriæ.	J. 534. Flandre, I, sac 3, n° 15. 9.	Original scellé.	115
1912	1227	5 janvier.	Similes litteræ scabinorum et totius communitatis villæ Duaci.	J. 534. Flandre, I, sac 3, n° 14. 25.	Original scellé.	115
1913	1227	6 janvier.	Charta communiæ pro villa de Fimes a comite Campaniæ concessa.	J. 197. Champagne, V, n° 22.	Copie ancienne.	115
1914	1227	10 janvier.	Litteræ præceptoris militiæ Templi in Francia, de duabus præbendis domino regi concessis.	J. 232. Saint-Quentin, n° 7.	Original.	117

INDEX CHRONOLOGIQUE.

Nos d'ordre.	DATES. ANNÉE.	DATES. MOIS.	SOMMAIRES.	COTES DES PIÈCES.	NATURE DES PIÈCES.	PAGES.
1915	1227	Janvier.	*Homagium Johannæ de Credona pro senescalcia Andegaviæ, Cenomanniæ et Turoniæ.*	J. 179. Craon, n° 4.	Original scellé.	117
1916	1227	Janvier.	*B. de Mercorio recognoscit castrum Gredonense sibi ad vitam a domino rege fuisse concessum.*	J. 295. Languedoc, n° 5.	Original scellé.	117
1917	1227	Janvier.	*Erardus de Brena et Philippa ejus uxor quidquid habebant apud Herbiciam, Richeborg, etc., comiti Campaniæ vendunt.*	J. 195. Champagne, III, n° 11.	Original scellé.	118
1918	1227	15 février.	*Instrumentum de quinquaginta eminatis garrigæ Rostagno Rufo et ejus sociis ad rumpendum concessis.*	J. 322. Toulouse, XIII, n° 50.	Original.	118
1919	1227	Février.	*De medietate totius mandatici furnorum apud Podium Laurentii R. Cogot et ejus sociis a R. de Dornano ad acaptum datis.*	J. 326. Toulouse, XVII, n° 24.	Original.	118
1920	1227	Mars.	*Litteræ Philippi comitis Boloniæ de sex millibus libris annui redditus sibi a rege in feodum concessis.*	J. 238. Boulogne, I, n° 11.	Original scellé.	118
1921	1227	Mars.	*Theobaldus Campaniæ comes se feoda Britolii, Millenceii et Remorentini regi cedere declarat.*	J. 199. Champagne, VII, n° 26.	Original scellé.	119
1922	1227	Mars.	*Litteræ Petri ducis Britanniæ de pactionibus matrimonii inter Yolendim filiam suam et Johannem de Francia contrahendi.*	J. 241. Bretagne. Coffre, n° 4.	Original scellé.	119
1923	1227	Mars.	*Litteræ Petri abbatis et conventus S. Dionysii de excambio cum rege inito.*	J. 168. Beaumont-sur-Oise, n° 28.	Original scellé.	121
1924	1227	Mars.	*Isabella regina Angliæ recognoscit sibi de dotalitio suo competentem a rege Franciæ factum fuisse recompensationem.*	J. 628. Angleterre, II, n° 10.	Original scellé.	121
1925	1227	Avril. Avant Pâques.	*Homagium ligium ab Hugone vicecomite Thoarcii domino regi Franciæ præstitum.*	J. 373. Seigneurs de Thouars, n° 4.	Original scellé.	121
1926	1227	Avril. Après Pâques.	*Litteræ comitis Richardi, fratris regis Angliæ, de treugis a se cum domino rege Franciæ initis.*	J. 628. Angleterre, II, n° 12.	Original scellé.	122
1927	1227	Mai.	*De compositione inita inter conventum S. Dionysii et comitem Campaniæ super foresta de Maant.*	J. 198. B. Champagne, VI, n° 61.	Original.	123
1928	1227	Mai.	*Serment de fidélité fait au comte de Toulouse par les seigneurs de Najac contre l'Église et le roi de France.*	J. 305. Toulouse, III, n° 59.	Original scellé. Roman.	123
1929	1227	Mai.	*Meldensis episcopus ratam habet sententiam arbitralem inter se et comitem Campaniæ pronuntiatam.*	J. 203. Champagne, XI, n° 19.	Original.	123
1930	1227	5 juin.	*Litteræ Romani cardinalis de solvenda decima in concilio Bituricensi Ludovico regi per quinquennium concessa.*	J. 428. Albigeois, n° 7.	Copie ancienne.	124
1931	1227	21 juin.	*Securitas facta Blanchæ comitissæ Campaniæ a Matheo de Montemorenciaco de excasura comitatus Perticensis.*	J. 198 B. Champagne, VI, n° 62.	Original.	124
1932	1227	Juin.	*Compositio per arbitros ordinata inter Ansellum de Garlanda et homines de Malla.*	J. 165. Valois, III, n° 23.	Original.	125
1933	1227	Juin.	*Theobaldus Campaniæ comes Guillermum de Belloramo in hominem ligium accipit.*	J. 193. Champagne, I, n° 22.	Original.	125
1934	1227	Juillet.	*Litteræ Erardi de Brena de pace a se cum comite et comitissa Campaniæ inita.*	J. 209. Champagne, XIV, nos 7 et 27.	Originaux.	125
1935	1227	Juillet.	*Litteræ Philippæ, uxoris præfati Erardi, ejusdem argumenti et formæ.*	J. 209. Champagne, XIV, nos 28 et 29.	Originaux.	128
1936	1227	Juillet.	*Odardus de Alneto marescalliam Campaniæ Theobaldo comiti cedit.*	J. 198 B. Champagne, VI, n° 63.	Original.	128

INDEX CHRONOLOGIQUE.

N^{os} d'ordre	DATES. ANNÉE.	MOIS.	SOMMAIRES.	COTES DES PIÈCES.	NATURE DES PIÈCES.	PAGES.
1937	1227	9 août.	Litteræ Richardi, Ebroicensis episcopi, de bonorum cessione quam fecit Lambertus Cadulci e custodia liberatus.	J. 216. Évreux, n° 9.	Original scellé.	129
1938	1227	10 août.	Lambertus Cadulci miles, pro solvenda pecunia a se regi debita, cessionem omnium bonorum suorum facit.	J. 473. Quittances, I, n° 3.	Original scellé.	129
1939	1227	30 août.	Gregorius papa IX comitissam et comitem Campaniæ sub sua speciali protectione suscipit.	J. 198 B. Champagne, VI, n° 132.	Original scellé.	130
1940	1227	30 août.	Litteræ ejusdem papæ Ludovico regi ut causam successionis Campaniæ in suspenso teneat.	J. 209. Champagne, XIV, n° 54.	Original scellé.	130
1941	1227	Août.	Litteræ Erardi de Brena et Philippæ ejus uxoris de assisia terræ sibi a comite et comitissa Campaniæ facta.	J. 209. Champagne, XIV, n° 8.	Original.	131
1942	1227	Août.	Obligatio archiepiscopi Senonensis et episcopi Carnotensis de M. V. C. libris annuatim regi solvendis pro negotio Albigesii.	J. 428. Albigeois, n° 8.	Original scellé.	133
1943	1227	27 septembre.	Litteræ Gregorii papæ IX pro exsecutione præcedentis bullæ, n° 1939, comiti Campaniæ et ejus matri concessæ.	J. 198 B. Champagne, VI, n° 131.	Original scellé.	133
1944	1227	27 septembre.	Litteræ ejusdem papæ quod Aalidis regina Cypri Romæ citetur de natalibus responsura.	J. 209. Champagne, XIV, n° 55.	Original scellé.	133
1945	1227	Septembre.	Erardus de Brena et ejus uxor dominium H. Poilevilain et ejus liberorum, quantum ad personas, comiti Campaniæ transferunt.	J. 209. Champagne, XIV, n° 9.	Original.	134
1946	1227	Octobre.	Charta homagii quod Bernardus Convenarum comes domino regi præstitit.	J. 293. Armagnac, n° 2.	Original scellé.	135
1947	1227	Octobre.	Charta compositionis ordinatæ inter capitulum B. Mariæ de Vitriaco et presbyterum Vitriaci.	J. 197. Champagne, V, n° 26.	Original.	135
1948	1227	19 novembre.	Comes Tolosæ recognoscit se Durando de S. Barcio M. solidos Tolosanos debere.	J. 320. Toulouse, XI, n° 42.	Original.	135
1949	1227	19 novembre.	Concordia inita inter comitem Tolosanum et Durandum de Sancto Barcio.	J. 317. Toulouse, VIII, n° 16.	Original.	136
1950	1227	Novembre.	De quibusdam nemoribus monasterio B. Mariæ de Victoria venditis.	J. 238. Boulogne, I, n° 12. 6.	Copie authent.	136
1951	1227	Novembre.	Échange de serfs conclu entre R. de Dorna et Gausbert de Puylaurens.	J. 322. Toulouse, XIII, n° 51.	Original roman.	136
1952	1227	Novembre.	Confirmation de fiefs accordés par R. de Dorna à R. de Frontorgue.	J. 326. Toulouse, XVII, n° 25.	Original roman.	136
1953	1227	5 décembre.	Litteræ Gregorii papæ IX de votis a Blancha Franciæ regina inconsiderate emissis.	J. 688. Bulles de priviléges, n° 111.	Original scellé.	136
1954	1227	22 décembre.	De IV. arpentis nemoris Ansello de Gallanda a J. de Jauna et ejus uxore venditis.	J. 165. Valois, III, n° 22. 1.	Original scellé.	137
1955	1227	Décembre.	De XX. arpentis nemoris apud Coyam monasterio B. Mariæ de Victoria concessis.	J. 238. Boulogne, I, n° 12. 10.	Copie authent.	137
1956	1227	Décembre.	Odo de Mongroisin et ejus uxor quasdam particulas nemorum apud Coyam præfato monasterio confirmant.	J. 238. Boulogne, I, n° 38. 2.	Copie authent.	137
1957	1227	. . . . . .	De quodam usuario in nemore de Tornan Ansello de Gallanda a J. de Jauna vendito.	J. 165. Valois, III, n° 22. 2.	Original scellé.	137
1958	Vers 1227	. . . . . .	Attestatio Alani de Jovincort de Nisiaco feodo quod tenet dominus Turni.	J. 205. Champagne, XIII, n° 27.	Original.	137
1959	1228	Janvier.	Homagium domino regi a Johanne comite Rociaci pro feodo de Sissonia præstitum.	J. 380. J. comte de Roucy, n° 3.	Original scellé.	138
1959[2]	1228	1er février.	Juramentum hominum S. Juniani de Ouygen.	J. 627. Serments, n° 8. 9.	Original.	650

INDEX CHRONOLOGIQUE.

Nos d'ordre.	DATES. ANNÉE.	MOIS.	SOMMAIRES.	COTES DES PIÈCES.	NATURE DES PIÈCES.	PAGES.
1959[3]	1228	10 février.	Simile juramentum consulum et proborum hominum civitatis Lemovicensis.	J. 627. Serments, n° 8 a.	Original.	650
1960	1228	Février.	Litteræ consulum et universitatis castri Lemovicensis de homagio quod domino regi præstiterunt.	J. 271. Auvergne, I, n° 1.	Original.	138
1961	1228	Février.	Compositio inter comitem Campaniæ et decanum Meldensem inita.	J. 203. Champagne, XI, n° 17.	Original scellé.	138
1962	1228	Février.	Homagium Ludovico regi et Blanchæ reginæ ab Hugone vicecomite Thoarcii præstitum.	J. 373. Seigneurs de Thouars, n° 5.	Original scellé.	138
1963	1228	Février.	Homagium a Margarita vicecomitissa Thoarcii domino regi præstitum.	J. 373. Seigneurs de Thouars, n° 6.	Original scellé.	139
1964	1228	Février.	De compositione inita inter comitem Campaniæ et Renardum personam S. Mauricii de Musterolo.	J. 203. Champagne, XI, n° 18.	Original.	139
1965	1228	Février.	Litteræ Philippi de Nantolio juvenis de homagio quod Daniel de Masquelines miles comiti Campaniæ præstitit.	J. 205. Champagne, XIII, n° 14.	Original.	139
1965[2]	1228	Février.	Litteræ Ludovici regis de homagio quod sibi Bertrandus de Gordonio præstitit.	J. 622. Hommages, II, n° 16.2.	Original.	650
1966	1228	18 mars.	Homagium ab Hugone de Talniaco Hugoni comiti Marchiæ præstitum.	J. 270. La Marche, n° 7.	Original scellé.	140
1967	1228	6 mai.	Henricus III rex Angliæ Ph. de Albiniaco et Radulfum ad Ludovicum regem legat pro treugis ineundis.	J. 655. Angleterre, sans date, n° 13.	Original scellé.	140
1968	1228	6 juin.	Hugo de Leziniaco se fidejussorem pro Willelmo Archiepiscopi erga regem Franciæ et Blancham reginam constituit.	J. 270. La Marche, n° 8.	Original.	140
1969	1228	25 juin.	Litteræ Gregorii papæ IX pro matrimonio inter fratrem Ludovici regis et Johannam filiam comitis Tolosæ contrahendo.	J. 435. Dispenses de mariage, n° 1. 2.	Original scellé.	140
1970	1228	Juin.	Instrumentum treugarum inter Ludovicum IX et Henricum III regem Angliæ initarum.	J. 628. Angleterre, II, n° 13.	Original scellé.	141
1971	1228	26 juin.	Litteræ Gregorii papæ IX pro monasterio S. Mariæ Urbionis.	J. 343. Abb. de la Grasse, n° 4.	Copie authent.	142
1972	1228	20 juillet.	Henricus Romanorum rex bona sita apud Luxovium Ottoni comiti Burgundiæ, Meraniæ duci, concedit.	J. 610. Empereurs d'Allemagne, n° 1.	Original scellé.	142
1973	1228	25 juillet.	De parte cujusdam molendini in capicio comitis Tolosæ S. et G. Balderia a G. Poncio vendita.	J. 330. Toulouse, XXI, n° 12. 1.	Copie ancienne.	142
1974	1228	Juillet.	Walcherus vicecomes S. Florentini quidquid habebat apud Jauges et Chau in homagium ligium a comite Campaniæ reaccipit.	J. 196. Champagne, IV, n° 18.	Original.	142
1975	1228	Juillet.	Litteræ Anselli de Dampetra de hominibus suis manentibus apud Chateler in salvamento comitis Campaniæ positis.	J. 197. Champagne, V, n° 24.	Original.	143
1976	1228	Septembre.	De gruería, quam comes Campaniæ in foresta de Bie habebat, Johanni comiti Carnotensi concessa.	J. 197. Champagne, V, n° 25.	Original.	143
1976[2]	1228	22 octobre.	Litteræ majoris et parium civitatis Rothomagensis Ludovico regi de homagio quod ei præstiterunt.	J. 627. Serments, n° 8. 15.	Original scellé.	651
1977	1228	Octobre.	Ludovicus rex jura et libertates communiæ S. Johannis Angeliacensis a se confirmata declarat.	J. 190 A. et B. Poitou, I, n°s 5 et 80.	Copies anciennes.	143
1978	1228	Octobre.	Abbas et conventus S. Faronis Meldensis usuarium quod habebant in foresta de Medunto comiti Campaniæ cedunt.	J. 203. Champagne, XI, n° 20.	Original.	143

INDEX CHRONOLOGIQUE.

N°s d'ordre.	DATES. ANNÉE.	MOIS.	SOMMAIRES.	COTES DES PIÈCES.	NATURE DES PIÈCES.	PAGES.
1979	1228	Octobre.	Litteræ majoris et parium communiæ Cambliacensis de fidelitate quam domino regi, inter manus Johannis de Vineis, ballivi Gisorcii, juraverunt.	J. 205. Champagne, XIII, n° 15.	Original.	143
1979 2	1228	Octobre.	Similes litteræ communiæ Bellimontis.	J. 627. Serments, n° 8. 6.	Original scellé.	651
1979 3	1228	Octobre.	— — communiæ Belvacensis.	J. 627. Serments, n° 8. 17.	Original scellé.	651
1979 4	1228	Octobre.	— — communiæ Calvimontis.	J. 627. Serments, n° 8. 5.	Original.	651
1979 5	1228	Octobre.	— — communiæ Medontensis.	J. 627. Serments, n° 8 c.	Original.	651
1979 6	1228	Octobre.	— — communiæ Pontisarensis.	J. 627. Serments, n° 8. 16.	Original scellé.	651
1979 7	1228	Octobre.	Litteræ majoris et scabinorum Ambianensium quibus notum faciunt se domino regi et Blanchæ reginæ, ejus matri, juramentum fidelitatis præstisse.	J. 627. Serments, n° 8. 13.	Original scellé.	651
1979 8	1228	Octobre.	Similes litteræ majoris et juratorum communiæ Brueriarum.	J. 627. Serments, n° 8. 18.	Original scellé.	652
1979 9	1228	Octobre.	— — communiæ Cerniaci.	J. 627. Serments, n° 8 f.	Original.	652
1979 10	1228	Octobre.	— — communiæ Chauniaci.	J. 627. Serments, n° 8 k.	Original scellé.	652
1979 11	1228	Octobre.	— — communiæ Compendii.	J. 627. Serments, n° 8. 21.	Original scellé.	652
1979 12	1228	Octobre.	— — communiæ Corbyensis.	J. 627. Serments, n° 8. 4.	Original scellé.	652
1979 13	1228	Octobre.	— — communiæ Crispiaci.	J. 627. Serments, n° 8. 8.	Original scellé.	652
1979 14	1228	Octobre.	— — communiæ Dollencii.	J. 627. Serments, n° 8. 7.	Original.	652
1979 15	1228	Octobre.	— — communiæ Hesdini.	J. 627. Serments, n° 8 p.	Original.	652
1979 16	1228	Octobre.	— — communiæ Laudunensis.	J. 627. Serments, n° 8 e.	Original scellé.	652
1979 17	1228	Octobre.	— — communiæ Montis Desiderii.	J. 627. Serments, n° 8 q.	Original.	653
1979 18	1228	Octobre.	— — communiæ Noviomensis.	J. 627. Serments, n° 8. 3.	Original.	653
1979 19	1228	Octobre.	— — communiæ de Roya.	J. 627. Serments, n° 8 d.	Original scellé.	653
1979 20	1228	Octobre.	— — communiæ S. Quintini.	J. 627. Serments, n° 8 g.	Original scellé.	653
1979 21	1228	Octobre.	— — communiæ Silvanectensis.	J. 627. Serments, n° 8. 12.	Original scellé.	653
1979 22	1228	Octobre.	— — communiæ Suessionensis.	J. 627. Serments, n° 8. 19.	Original scellé.	653
1979 23	1228	Octobre.	— — communiæ Velliaci.	J. 627. Serments, n° 8 o.	Original scellé.	653
1979 24	1228	Octobre.	— — communiæ Vernolii.	J. 627. Serments, n° 8 j.	Original scellé.	653
1979 25	1228	Novembre.	— — communiæ Atrebatensis.	J. 627. Serments, n° 8. 2.	Original scellé.	653
1979 26	1228	Novembre.	— — communiæ de Atheis.	J. 627. Serments, n° 8 i.	Original scellé.	654
1979 27	1228	Novembre.	— — communiæ Braii.	J. 627. Serments, n° 8 h.	Original scellé.	654
1979 28	1228	Novembre.	— — communiæ Capiavi.	J. 627. Serments, n° 8. 20.	Original scellé.	654
1979 29	1228	Novembre.	— — communiæ de Hamis.	J. 627. Serments, n° 8 m.	Original scellé.	654
1979 30	1228	Novembre.	— — communiæ de Lens.	J. 627. Serments, n° 8.	Original scellé.	654
1979 31	1228	Novembre.	— — communiæ Mosterolii.	J. 627. Serments, n° 8 n.	Original.	654
1979 32	1228	Novembre.	— — communiæ Peronensis.	J. 627. Serments, n° 8 l.	Original scellé.	654
1979 33	1228	Novembre.	— — communiæ de Ponpoig.	J. 627. Serments, n° 8. 14.	Original scellé.	654
1979 34	1228	Novembre.	— — communiæ S. Richarii.	J. 627. Serments, n° 8. 10.	Original scellé.	654
1979 35	1228	Novembre.	— — communiæ Tornacensis.	J. 627. Serments, n° 8. 11.	Original scellé.	654
1980	1228	21 novembre.	Oliverius et Bernardus de Terminis, fratres, se castrum de Terminis domino regi cedere declarant.	J. 295. Languedoc, n° 6.	Original scellé.	144
1981	1228	. . . .	Compositio inita abbates de Caladia et de Maurimonte super quibusdam nemoribus apud Bienne sitis.	J. 197. Champagne, V, n° 23.	Original.	144
1982	1228	. . . .	Sententia arbitralis qua patronatus cujusdam capellaniæ in ecclesia Creciaci Hugoni comiti S. Pauli adjudicatur.	J. 383. G. et H. de Châtillon, sires de Crécy, n° 11.	Original scellé.	145

INDEX CHRONOLOGIQUE.

Nos d'ordre.	DATES. ANNÉE.	MOIS.	SOMMAIRES.	COTES DES PIÈCES.	NATURE DES PIÈCES.	PAGES.
1983	1229	6 février.	Litteræ Romani cardinalis Ludovico regi pro Nicolao Noviomensi episcopo.	J. 346. Régale, I, n° 8.	Original scellé.	145
1984	1229	10 février.	Litteræ conventus B. Dionysii Ludovico regi de regalibus Odoni abbati suo nuper electo concedendis.	J. 346. Régale, I, n° 7.	Original scellé.	145
1985	1229	19 février.	Litteræ Gregorii papæ IX quibus personas et villam Montispessulani sub sua speciali protectione suscipit.	J. 339. Montpellier et Maguelone, I, n° 23.	Copie ancienne.	145
1986	1229	19 février.	Litteræ ejusdem papæ quibus officium consulatus Montispessulani confirmat.	J. 339. Montpellier et Maguelone, I, n° 23.	Copie ancienne.	146
1987	1229	7 mars.	Litteræ ejusdem pro consulibus et populo Montispessulani.	J. 339. Montpellier et Maguelone, I, n°-23.	Copie ancienne.	146
1987[2]	1229	21 mars.	Guido abbas B. Petri de Huserchia domino regi juramentum fidelitatis præstat.	J. 627. Serments, n° 8. r.	Original.	655
1988	1229	Mars.	Obligatio Matisconensis episcopi de pecunia a Matisconensibus comiti Matisconensi solvenda.	J. 259. Mâcon, n° 2. 1.	Original scellé.	146
1989	1229	Mars.	Obligatio decani et capituli Matisconensis de solutione emendæ qua erga comitem Matisconensem mulctati fuerunt.	J. 259. Mâcon, n° 2. 2.	Original scellé.	146
1990	1229	4 avril.	Johannes Matisconensis comes et Aales ejus uxor L. libras perpetui redditus J. Grosso, in augmentum feodi, conferunt.	J. 259. Mâcon, n° 1.	Original scellé.	147
1991	1229	11 avril.	Romanus cardinalis conditiones pacis, a Raimundo comite Tolosano cum Ecclesia et rege initæ, auctoritate apostolica confirmat.	J. 305. Toulouse, III, n°s 3. 4 et 7.	Originaux scellés.	147
1992	1229	12 avril.	Litteræ Raimundi comitis de pace inter se, ecclesiam Romanam et regem Franciæ Parisius inita.	J. 305. Toulouse, III, n° 60, et J. 331. Toulouse, lay. n° 3. J. 305. Toul., III, n°s 2 et 6.	Originaux scellés. Copies.	147
1993	1229	Avril. Avant Pâques.	Litteræ Ludovici regis de predicta pace Parisius inita.	J. 306. Toulouse, III, n° 61.	Original scellé.	152
1994	1229	Avril. Avant Pâques.	Nomina ostagiorum datorum de muris Tolosæ diruendis.	J. 310. Toulouse, V, n° 45.	Original scellé.	152
1995	1229	Avril. Avant Pâques.	Quod homines Theobaldi comitis Campaniæ a domino rege apud Senones, Villam novam et Dymon non receptentur.	J. 199. Champagne, VII, n° 27.	Original scellé.	153
1996	1229	Avril. Avant Pâques.	Litteræ ejusdem comitis de Judæis domini regis a se non retinendis.	J. 427. Juifs, n° 9.	Original.	153
1997	1229	25 avril.	Litteræ Gregorii IX Magalonensi episcopo ut Jacobum regem Aragoniæ in possessione jurisdictionis Montispessulani manuteneat.	J. 291. Provence, n° 1. 2.	Copie authent.	153
1998	1229	25 avril.	Raimundus Tolosæ comes comitem Fuxi hortatur ut Ecclesiæ et regis Franciæ voluntati se subjiciat.	J. 332. Foix et Comminges, n° 2.	Copie authent.	154
1999	1229	Avril. Après Pâques.	Litteræ Centulli comitis Asteracensis de pactionibus a se cum domino rege initis.	J. 190 A. Poitou, I, n° 7.	Original scellé.	154
2000	1229	Avril. Après Pâques.	Amalricus de Montefortí quidquid juris sibi in comitatu Tolosano et in conquesta Albigesii competebat, domino regi cedit.	J. 310. Toulouse, V, n° 46.	Original.	155
2001	1229	Mai.	Quittance donnée par Ramond de Rocafort à Raimond de Dornia.	J. 323. Toulouse, XIV, n° 71.	Original roman.	155
2002	1229	11 juin.	Obligatio Mathei ducis Lothoringiæ de Theobaldo comite Campaniæ contra filios Henrici comitis adjuvando.	J. 681. Lorraine, I, n° 7.	Copie authent.	155
2003	1229	16 juin.	Instrumentum reconciliationis Rogerii Bernardi comitis Fuxensis.	J. 332. Foix et Comminges, n° 2.	Original scellé.	156
2004	1229	16 juin.	Litteræ prælatorum et baronum quibus formam submissionis præfati comitis approbant et accipiunt.	J. 306. Toulouse, III, n° 63.	Original scellé.	157

INDEX CHRONOLOGIQUE.

N°s d'ordre	DATES. ANNÉE.	MOIS.	SOMMAIRES.	COTES DES PIÈCES.	NATURE DES PIÈCES.	PAGES.
2005	1229	25 juin.	Waldemarus II, rex Danorum, se ratum habere declarat dotalitium a filio suo Alienoræ de Portugalia, ejus uxori, constitutum.	J. 418. Danemark, n° 1.	Original.	157
2006	1229	26 juin.	Scripta, inquisitiones, etc., de lite versata inter capitulum B. Hylarii Pictavensis et dominam Bellijoci.	J. 192. Poitou, II, n° 63.	Copie.	158
2007	1229	Juin.	Michael de Harnis et ejus filius avenam quam habebant in Gabolo apud Attrebatum domino regi vendunt.	J. 229. Picardie, n° 7.	Original scellé.	158
2008	1229	Juin.	Raimundus Tolosæ comes sententiam arbitralem, inter se et dominum regem prolatam, ratam habet.	J. 306. Toulouse, III, n° 62.	Original scellé.	158
2009	1229	Juin.	Licentia Romani cardinalis pro matrimonio inter Alfonsum de Francia et Johannam filiam Tolosani comitis contrahendo.	J. 318. Toulouse, IX, n° 24.	Original.	158
2010	1229	Juin.	Obligatio Tolosani comitis de stando juri in curia regis Franciæ quoad Amilianum.	J. 309. Toulouse, V, n° 5.	Original.	159
2011	1229	Juin.	Mandatum Ludovici regis fidelibus suis Ruthenensis diœcesis ut comiti Tolosæ fidelitatem faciant.	J. 309. Toulouse, V, n° 6.	Original.	159
2012	1229	Juin.	De licentia Guidoni de Dampetra a comite Campaniæ concessa pro quibusdam nemoribus, sitis in foresta de Otha, vendendis.	J. 195. Champagne, III, n° 67.	Original.	159
2013	1229	Juin.	Litteræ capituli Meldensis de quadraginta solidis annui redditus sibi super pedagio Columbarii a comite Campaniæ assignatis.	J. 203. Champagne, XI, n° 22.	Original.	159
2014	1229	21 juillet.	Litteræ Gregorii papæ IX de matrimonio inter comitem Britanniæ et reginam Cypri prohibendo.	J. 209. Champagne, XIV, n° 36.	Original.	160
2015	1229	30 juillet.	Theobaldus Campaniæ comes feudum de Chierrevi Evrardo de Chierrevi, fideli suo, confirmat et augmentat.	J. 196. Champagne, IV, n° 20.	Original.	160
2016	1229	Juillet.	Litteræ Ludovici regis de villa Chableiarum quam in protectione sua suscepit.	J. 254. Bourgogne, VI, n° 45. 2.	Copie ancienne.	160
2017	1229	Août.	Charta communiæ villæ de Escul a Theobaldo comite Campaniæ concessa.	J. 197. Champagne, V, n° 27.	Original.	160
2018	1229	Août.	De decima Corcellarum et Mesnilii ecclesiæ B. Thomæ de Lupara impignorata.	J. 165. Valois, III, n° 25.	Original.	162
2019	1229	Septembre.	Homagium domino regi a comite Fuxensi pro mille libris annui redditus præstitum.	J. 332. Foix et Comminges, n° 4.	Original scellé.	162
2020	1229	Septembre.	Homagium domino regi ab Athone Ernaudi de castro Verduno pro quinquaginta libris annui redditus præstitum.	J. 620. Hommages, I, n° 11.	Original.	163
2021	1229	Novembre.	Litteræ Petri Meldensis episcopi de compositione inita inter Ansellum de Garlanda et homines de Malla.	J. 165. Valois, III, n° 24.	Original scellé.	163
2022	1229	9 décembre.	Litteræ Romani cardinalis de compositione inita inter abbatem Grassæ et A. de Milliaco gerentem vices domini regis.	J. 343. Abbaye de la Grasse, n°s 2. 1. et 2. 2.	Originaux scellés.	164
2023	1229	18 décembre.	Romanus cardinalis episcopum Tolosanum et duos abbates delegat ad causam inter abbatem Moysiaci et comitem Tolosanum dijudicandam.	J. 309. Toulouse, V, n° 7. 1.	Copie ancienne.	164
2024	1229	20 décembre.	Litteræ ejusdem quibus judices delegat de lite inter abbatem Moysiacensem et homines Moysiaci dirimenda.	J. 309. Toulouse, V, n° 7. 3.	Copie ancienne.	164
2025	1229	20 décembre.	Litteræ ejusdem de terra comitis Tolosani in Provincia et ultra Rodanum domino regi Franciæ commissa.	J. 306. Toulouse, III, n° 64.	Original scellé.	165

Nos d'ordre.	DATES. ANNÉE.	MOIS.	SOMMAIRES.	COTES DES PIÈCES.	NATURE DES PIÈCES.	PAGES.
2026	1229	30 décembre.	Litteræ Romani cardinalis de compositione inita inter Biterrensem episcopum et dominum regem quoad bona hereticorum.	J. 337. Béziers, n° 5.	Original scellé.	165
2027	1229	Décembre.	Securitas facta domino regi a Valentia relicta Theobaldi de Blazone.	J. 395. Securitates, n° 88.	Original scellé.	165
2028	1229	Décembre.	Theobaldus Campaniæ comes tertiam partem in essartis et vendis forestæ de Ria Johanni comiti Carnotensi concedit.	J. 197. Champagne, V, n° 28.	Copie authent.	166
2029	1229	Décembre.	Gilo de Corberex et Adam Bolie se plegios constituunt pro Ansello de Garlanda erga ecclesiam S. Thomæ de Lupara.	J. 165. Valois, III, n° 26.	Original scellé.	166
2030	1229	. . . .	Ludovicus rex Tolosæ comiti inhibet ne aliquid de terra ei demissa extra manum suam ponat.	J. 305. Toulouse, III, n° 5.	Original scellé.	166
2031	1229	. . . .	Sententia Petri de Collemedio de fidelitate abbati Moysiacensi ab universitate Moysiaci juranda.	J. 309. Toulouse, V, n° 7. 2.	Copie ancienne.	166
2032	1229	. . . .	Coutumes accordées aux habitants d'Auxonne par Étienne, comte de Bourgogne, Jean, comte de Châlon, et la comtesse Agnès.	J. 252. Bourgogne, V, n° 28.	Copie authent.	167
2033	Vers 1229	. . . .	Mémorandum des prétentions élevées par l'abbé de Moissac et réponses à lui faire.	J. 310. Toulouse, V, n° 40.	Minute. Roman.	168
2034	1230	3 janvier.	Juramentum fidelitatis Theobaldo comiti Campaniæ ab Henrico comite Grandis Prati præstitum.	J. 202. Champagne, X, n° 11.	Original.	169
2035	1230	Janvier.	Homagium domino regi a Jocelino de Chanchevrier præstitum.	J. 620. Hommages, I, n° 10.	Original scellé.	169
2036	1230	Janvier.	Haimericus de Bleu compensationem a domino rege accipit pro terra quam sibi abstulit Savaricus de Malo Leone.	J. 190 A. Poitou, I, n° 6.	Original scellé.	170
2037	1230	Janvier.	Litteræ Ludovici regis de compositione inita inter conventus S. Albini Andegavensis et Fontis Ebraldi quoad Pontem Saiaci.	J. 178. Anjou, n° 7.	Original.	170
2038	1230	Février.	Litteræ Delphini comitis Claromontis et Roberti ejus nepotis de pace quam cum domino rege inierunt.	J. 271. Auvergne, I, n° 2.	Original.	171
2039	1230	Février.	Litteræ Guillelmi comitis Claromontis, filii Delphini, de præfata pace a se firmiter tenenda.	J. 426. Obligations, IV, n° 5.	Original scellé.	172
2040	1230	Février.	Securitas facta domino regi ab Hugone de Chualuz pro Delphino et Roberto ejus nepote.	J. 395. Securitates, n° 89.	Original.	172
2041	1230	Février.	Charta Bertrandi de Broco ejusdem argumenti et formæ.	J. 395. Securitates, n° 90.	Original scellé.	173
2042	1230	Février.	Ludovicus rex donationem a Johanne rege Angliæ Beatrici et Aliciæ, monialibus Fontis Ebraldi, factam confirmat.	J. 179. Anjou, n° 82.	Copie authent.	173
2042[2]	1230	26 mars.	Homagium a P. de Malamorte domino regi præstitum.	J. 622. Hommages, II, n° 17. 1.	Original scellé.	655
2042[3]	1230	26 mars.	Litteræ G. de Malamorte ejusdem argumenti et formæ.	J. 622. Hommages, II, n° 17. 2.	Original scellé.	655
2042[4]	1230	26 mars.	Litteræ Raimundi S. Martialis Lemovicensis abbatis de fidelitate quam domino regi præstitit.	J. 627. Serments, n° 8 b.	Original.	655
2043	1230	Mars.	Th. Campaniæ comes decem sextarios vini, annui redditus, Domui-Dei de Pruvino a patre suo donatos confirmat.	J. 203. Champagne, XI, n° 21.	Original scellé.	173
2044	1230	Mars.	Litteræ Johannis de Sailenaio super conventionibus inter se et Theobaldum comitem Campaniæ initis.	J. 196. Champagne, IV, n° 19.	Original.	173

INDEX CHRONOLOGIQUE.

Nos d'ordre.	DATES. ANNÉE.	MOIS.	SOMMAIRES.	COTES DES PIÈCES.	NATURE DES PIÈCES.	PAGES.
2045	1230	26 avril.	Litteræ decani et capituli Rothomagensis de gratia sibi facta nomine regis.	J. 213. Archevêques de Rouen, n° 2.	Original.	173
2046	1230	29 avril.	Litteræ Guidonis domini Arceiarum de homagio comiti Campaniæ a se præstando.	J. 196. Champagne, IV, n° 21.	Original.	174
2047	1230	Avril. Après Pâques.	Litteræ Mainardi abbatis B. Juliani Turonensis de compositione inter se et Droconem de Melloto inita.	J. 176. Tours, II, n° 6.	Original scellé.	174
2048	1230	Avril. Après Pâques.	Guillermus, miles, notam facit compositionem inter se et conventum B. Mariæ de Victoria inita.	J. 238. Boulogne, I, n° 12. 3.	Copie authent.	174
2049	1230	Avril. Après Pâques.	Pactum a Johanne, filio comitis Suessionensis, cum domino rege initum de Judeis.	J. 427. Juifs, n° 10.	Original scellé.	174
2050	1230	Avril. Après Pâques.	Charta donationis factæ a Petro de Cornillon milite Hugoni S. Pauli comiti.	J. 383. G. et H. de Châtillon, n° 12.	Original scellé.	174
2051	1230	4 mai.	Litteræ Petri Meldensis episcopi de magistro Domus-Dei Meldensis amovendo.	J. 203. Champagne, XI, n° 23.	Original.	175
2052	1230	30 mai.	Litteræ Hugonis de Leziniaco super pactionibus inter se et dominum regem habitis.	J. 374. Comtes de la Marche et d'Angoulême, n° 1. 3.	Original scellé.	175
2053	1230	Mai.	Homagium domino regi a Gaufrido domino Argentonii præstitum.	J. 190 B. Poitou, I, n° 81.	Original scellé.	176
2054	1230	Mai.	Litteræ Ludovici regis Caturcensi episcopo ut studeat ne in diœcesi sua possessiones Tolosani comitis injuste usurpentur.	J. 306. Toulouse, III, n° 65.	Original.	177
2055	1230	Mai.	Litteræ Raimundi vicecomitis Thoarcii de quinquaginta libris annui redditus Roberto de Mallebrario, fideli suo, a se donatis.	J. 373. Seigneurs de Thouars, n° 7.	Original scellé.	177
2056	1230	Juin.	Sententia a magnatibus Franciæ in Petrum comitem Britanniæ prolata.	J. 241. Bretagne. Coffre, n° 5. J. 240. Bretagne. Lay., n° 27.	Original scellé. Traduction.	178
2057	1230	Juin.	Litteræ Ludovici regis de pactionibus a se cum Andrea de Vitriaco initis.	J. 241. Bretagne. Coffre, n° 6.	Original scellé.	178
2058	1230	Juin.	Litteræ Andreæ domini Vitriaci de præfatis pactionibus.	J. 241. Bretagne. Coffre, n° 9. 2.	Original scellé.	179
2059	1230	Juin.	Homagium domino regi ab Andrea de Vitriaco præstitum.	J. 241. Bretagne. Coffre, n° 7. Ibid., n° 9. 1.	Original scellé. Copie authent.	180
2060	1230	Juin.	Homagium a Raimundo vicecomite Thoarcii pro feodis Pictaviæ et Andegaviæ præstitum.	J. 373. Seigneurs de Thouars, n° 8.	Original scellé.	180
2061	1230	Juin.	Litteræ ejusdem de quingentis libris annui redditus sibi a rege donatis usque ad recuperationem Marolii castri.	J. 373. Seigneurs de Thouars, n° 9.	Original scellé.	180
2062	1230	Juin.	Homagium domino regi a Guidone de Thoarcio, domino Theofaugi, præstitum.	J. 624. Hommages, III, n° 7.	Original scellé.	181
2063	1230	Juin.	Ludovicus rex donum factum Roberto de Maloleporario confirmat.	J. 396. Dons, n° 5.	Original.	181
2064	1230	Juin.	Litteræ Mathei de Montemorenciaco, constabularii Franciæ, de parte Jacobo Castri Gonterii, genero suo, attributa in partitione comitatus Pertici.	J. 198 B. Champagne, VI, n° 65.	Original.	181
2065	1230	Juin.	Litteræ Isabellis comitissæ Marchiæ de matrimonio contrahendo inter Elisabeth de Francia et H. filium comitis Marchiæ.	J. 270. La Marche, n° 9.	Original.	182
2066	1230	Juin.	Bail à cens du tiers des fournages des fours de Puylaurens consenti par R. de Dornia à Raimond del Potz et à ses héritiers.	J. 323. Toulouse, XIV, n° 72.	Original roman.	183
2067	1230	Juin.	Bail à cens de la moitié des redevances des fours de Puylaurens conclu entre les mêmes parties.	J. 323. Toulouse, XIV, n° 73.	Original roman.	183

INDEX CHRONOLOGIQUE.

N°s d'ordre.	DATES. ANNÉE.	MOIS.	SOMMAIRES.	COTES DES PIÈCES.	NATURE DES PIÈCES.	PAGES.
2068	1230	Juin.	Isabellis comitissa Marchiæ regi Franciæ Issoldunum et Langestum cedit.	J. 628. Angleterre, II, n° 11.	Original.	183
2069	1230	28 juillet.	Obligatio Erardi de Brena quoad forteritiam apud Baigniaux constructam.	J. 196. Champagne, IV, n° 23.	Original.	184
2070	1230	Juillet.	Communia burgensibus de Niorto a Ludovico rege concessa.	J. 190 A. Poitou, I, n° 8. 1.	Copie ancienne.	184
2071	1230	19 et 20 août.	Inquesta facta de quodam Roberto Double an sit burgensis de Perona vel homo ecclesiæ de Lihons.	J. 232. Péronne, I, n° 4.	Minute.	184
2072	1230	13 septembre.	Accord conclu entre Bertrand Forasis et Capel de Bessières.	J. 325. Toulouse, XVI, n° 3. 2.	Copie. Roman.	184
2073	1230	25 septembre.	Litteræ Gregorii papæ IX pro comite Tolosano ut dictus comes tallias hominibus ecclesiarum terræ suæ imponere valeat.	J. 696. Bulles. Mélanges, n° 2.	Original scellé.	184
2074	1230	Septembre.	Simon comes Pontivi et Maria comitissa ejus uxor Ricardo Marescallo, fideli suo, quoddam feodum apud Arenas conferunt.	J. 237. Ponthieu, n° 112.	Original scellé.	185
2075	1230	Septembre.	Franchises et coutumes accordées à la ville de Provins par Th., comte de Champagne.	J. 203. Champagne, XI, n° 24. Ibid. n° 46.	Copie ancienne. Copie authent.	185
2076	1230	4 octobre.	Abbas et conventus de Moris quidquid habebant in foresta Beroart Theobaldo Campaniæ comiti dimittunt.	J. 195. Champagne, III, n° 12.	Original.	187
2077	1230	10 octobre.	Instrumentum duplex pariagii initi a Bernardo Alacri cum Tolosæ comite pro villa de Borrello juxta Virdunum.	J. 321. Toulouse, XII, n°s 61 et 62.	Originaux.	187
2078	1230	Octobre.	P. de Saint-Praiss, bailli du comte de Toulouse à Lavaur, donne en fief à Arnaud del Cung et consorts la moitié du lieu dit le Port.	J. 322. Toulouse, XIII, n° 53.	Original roman.	188
2079	1230	7 novembre.	Instrumentum de civitate inferiori Massiliensi Tolosæ comiti ad vitam a Massiliensibus concessa.	J. 308. Toulouse, IV, n° 62.	Original scellé.	188
2080	1230	Novembre.	Archembaudus dominus Soliaci recognoscit Fessardum esse de feodo domini regis.	J. 622. Hommages, II, n° 18.	Original.	190
2081	1230	12 décembre.	Sentence arbitrale rendue par Philippe, comte de Boulogne, et Thibaud, comte de Champagne, entre le duc de Lorraine et le comte de Bar.	J. 681. Lorraine, I, n°s 8 et 9.	Copie authent.	191
2082	1230	Décembre.	Instrumentum partitionis bonorum inter Bernardum et Oliverium de Penna fratres.	J. 307. Toulouse, IV, n° 4.	Copie ancienne. Roman.	192
2083	1230	Décembre.	Statutum Ludovici regis et baronum Franciæ de Judeis.	J. 427. Juifs, n° 11. 2.	Original scellé.	192
2084	1230	. . . .	Litteræ Roberti comitis Drocarum de licentia sibi data a domino rege quoad domum de Sorello.	J. 218. Dreux, n° 12.	Original.	193
2085	1230	. . . .	De decem solidis annui redditus prioratui de Turnomio a Reginaldo de Fontaneto et ejus uxore persolvendis.	J. 165. Valois, III, n° 28.	Original scellé.	194
2086	1231	10 février.	De quibusdam prædiis apud Vecerias Ratmundo Chatgerio a W. de Gamevilla in feodum concessis.	J. 325. Toulouse, XVI, n° 2. Ibid., n° 4.	Original. Copie ancienne.	194
2087	1231	17 février.	De quibusdam domibus apud Vecerias Durando Raterio a præfato W. de Gamevilla ad acaptum seu feodum datis.	J. 324. Toulouse, XV, n° 6.	Original.	194
2088	1231	Février.	Amalricus comes Montisfortis terram, quam pater suus tenebat in Anglia, ab Henrico rege vindicat.	J. 628. Angleterre, II, n° 14. 5.	Copie ancienne.	194
2089	1231	Février.	Radulphus Lusarchiarum dominus griariam in centum arpentis bosci apud Coyam abbatiæ B. Mariæ de Victoria confirmat.	J. 238. Boulogne, I, n° 12. 2.	Copie authent.	195

INDEX CHRONOLOGIQUE.

N°s d'ordre.	ANNÉE.	MOIS.	SOMMAIRES.	COTES DES PIÈCES.	NATURE DES PIÈCES.	PAGES.
2090	1231	2 mars.	Securitas facta domino regi a Guidone de Ponches pro Simone comite et Maria comitissa Pontivi.	J. 395. Securitates, n° 93.	Original scellé.	195
2091	1231	2 mars.	Similes litteræ Mathei de Roya.	J. 395. Securitates, n° 96.	Original.	195
2092	1231	2 mars.	— — Eustachii de Auxi.	J. 395. Securitates, n° 98.	Original.	195
2093	1231	2 mars.	— — Alelmi de Fontanis.	J. 395. Securitates, n° 99.	Original.	196
2094	1231	2 mars.	— — Willelmi de Durcat.	J. 395. Securitates, n° 100.	Original.	196
2095	1231	2 mars.	— — Hugonis de Aussyaco.	J. 395. Securitates, n° 103.	Original scellé.	196
2096	1231	2 mars.	— — Galterii de S. Mauxencio.	J. 395. Securitates, n° 108.	Original.	196
2097	1231	2 mars.	— — Alermi de Bello Ramo.	J. 395. Securitates, n° 113.	Original.	196
2098	1231	2 mars.	— — Eustachii vicecomitis Pontis Remigii.	J. 395. Securitates, n° 114.	Original scellé.	196
2099	1231	2 mars.	— — Willelmi de Caen.	J. 395. Securitates, n° 117.	Original scellé.	196
2100	1231	Mars.	— — Guillermi de Alneto.	J. 395. Securitates, n° 118.	Original scellé.	196
2101	1231	Mars.	— — Willelmi de Bello Sarto.	J. 395. Securitates, n° 119.	Original scellé.	197
2102	1231	Mars.	— — Simonis de Dargies.	J. 395. Securitates, n° 120.	Original.	197
2103	1231	Mars.	— — Hugonis de Castellione, comitis S. Pauli.	J. 395. Securitates, n° 121.	Original scellé.	197
2104	1231	Mars.	— — Willelmi Crespins.	J. 395. Securitates, n° 122.	Original.	197
2105	1231	Mars.	— — Theobaldi de Bellomonte.	J. 395. Securitates, n° 123.	Original.	197
2106	1231	Mars.	— — Gualterii de Vuaben.	J. 395. Securitates, n° 97.	Déficit.	197
2107	1231	Mars.	— — Gerardi vicedomini de Piquiniaco.	J. 395. Securitates, n° 107.	Déficit.	197
2108	1231	2 mars.	— — majoris, scabinorum et communiæ de Abbatisvilla.	J. 395. Securitates, n° 109.	Original.	197
2109	1231	2 mars.	— — communiæ de Pontoiles.	J. 395. Securitates, n° 95.	Original scellé.	197
2110	1231	2 mars.	— — communiæ d'Estranlians.	J. 395. Securitates, n° 102.	Original.	198
2111	1231	2 mars.	— — communiæ de Waben.	J. 395. Securitates, n° 104.	Original.	198
2112	1231	2 mars.	— — communiæ de Rua.	J. 395. Securitates, n° 106.	Original.	198
2113	1231	2 mars.	— — communiæ de Nigella.	J. 395. Securitates, n° 107.	Original scellé.	198
2114	1231	2 mars.	— — communiæ de Ergnies.	J. 395. Securitates, n° 110.	Original.	198
2115	1231	2 mars.	— — communiæ de Arguel.	J. 395. Securitates, n° 111.	Original scellé.	198
2116	1231	2 mars.	— — communiæ S. Judoci.	J. 395. Securitates, n° 112.	Original scellé.	198
2117	1231	2 mars.	— — communiæ de Mahoc.	J. 395. Securitates, n° 116.	Original scellé.	198
2118	1231	Mars.	— — communiæ de Vuisgermont.	J. 395. Securitates, n° 94.	Déficit.	199
2119	1231	Mars.	— — communiæ de Creciaco.	J. 395. Securitates, n° 101.	Déficit.	199
2120	1231	Mars.	— — communiæ de Mareskina.	J. 395. Securitates, n° 115.	Déficit.	199
2121	1231	Mars.	S. comes Pontivi conventiones, inter Mariam uxorem suam et regem Franciæ initas, ratas habet et regi homagium præstat.	J. 235. Ponthieu, n° 46.	Original scellé.	199
2122	1231	Mars.	Robertus de Pissiaco se pro comite Pontivi erga dominum regem usque ad ducentas marchas plegium constituit.	J. 395. Securitates, n° 124.	Original scellé.	200
2123	1231	Mars.	Similes litteræ Willelmi de Alneto, usque ad ducentas marchas.	J. 395. Securitates, n° 125.	Original.	200
2124	1231	Mars.	— — Radulphi de Arenis, usque ad centum marchas.	J. 395. Securitates, n° 126.	Original scellé.	200
2125	1231	Mars.	— — Bartholomei de Thoiriaco, usque ad centum marchas.	J. 395. Securitates, n° 127.	Original scellé.	200
2126	1231	Mars.	— — Simonis de Montenaio, usque ad centum marchas.	J. 395. Boulogne, I, n° 13.	Déficit.	201

INDEX CHRONOLOGIQUE.

Nos d'ordre.	ANNÉE.	MOIS.	SOMMAIRES.	COTES DES PIÈCES.	NATURE DES PIÈCES.	PAGES.
2127	1231	8 mars.	Litteræ Roberti Spernacensis abbatis de sua resignatione.	J. 198 B. Champagne, VI, n° 64.	Original.	201
2128	1231	Mars.	Litteræ Radulphi domini Fulgeriarum de conventionibus a se cum rege initis.	J. 241. Bretagne. Coffre, n° 8. Ibid., n° 9. 4.	Original scellé. Copie authent.	201
2129	1231	Mars.	Securitas facta domino regi a Fulcone Paganelli pro Radulpho de Fulgeriis.	J. 395. Securitates, n° 91.	Original scellé.	202
2130	1231	12 avril.	Testificatio privilegiorum piscatorum et nautarum Tolosæ.	J. 318. Toulouse, IX, n° 29.	Copie authent.	202
2131	1231	Avril.	Litteræ Radulphi vicecomitis Bellimontis de homagio, pro feodis suis comitatus Perticensis, comiti Campaniæ a se præstando.	J. 198 B. Champagne, VI, n° 66.	Original.	203
2132	1231	Avril.	Petrus abbas et conventus B. Jacobi de Pruvino in arbitros componunt de controversia inter se et comitem Campaniæ versata.	J. 203. Champagne, XI, n° 25.	Original scellé.	204
2133	1231	18 mai.	Galcherus de Joviniaco senescalliam Nivernensem comitissæ Nivernensi pro trecentis et viginti libratis terræ cedit.	J. 256. Nevers, n° 11.	Original.	204
2134	1231	Mai.	Coutumes accordées aux habitants de Saint-Menge par le comte de Champagne et l'abbé de Saint-Menge-lez-Châlons.	J. 197. Champagne, V, n° 29.	Copie ancienne.	205
2135	1231	Mai.	Litteræ Henrici de Avaugour super conventionibus a se cum domino rege initis.	J. 241. Bretagne. Coffre, n° 9. 3. J. 240. Bret. Lay., nos 32 et 33.	Original scellé. Copie ancienne.	208
2136	1231	Mai.	Guidomarcus de Leone notum facit sub quibus conditionibus domino regi homagium præstiterit.	J. 622. Hommages, II, n° 19. J. 240. Bretag. Layette, nos 32 et 33.	Original. Copie ancienne.	209
2137	1231	11 juin.	Litteræ capituli Cabilonensis pro regalibus Willelmo episcopo Cabilonensi, nuper electo, obtinendis.	J. 346. Régale, I, n° 11.	Original.	209
2138	1231	13 juin.	Raimundus comes Tolosæ Belido judæo donat honores ab eo et ejus fratre in territorio de Rozeriis acquisitos.	J. 324. Toulouse, XV, n° 7.	Copie authent.	209
2139	1231	Juin.	Henricus de Avaugour sese obligat ad castrum Guerclini domino regi, ad ejus voluntatem, tradendum.	J. 399. Promesses, n° 28. 1. J. 240. Bretagne. Layette, nos 32 et 33.	Original scellé. Copie.	209
2140	1231	Juin.	Promissum Auberti de Plaisseto de homagio a duobus filiis suis comiti Campaniæ præstando.	J. 196. Champagne, IV, n° 22.	Original.	210
2141	1231	4 juillet.	Litteræ Petri ducis Britanniæ et Ranulphi comitis Cestriæ de treugis a se, pro rege Angliæ, cum rege Franciæ initis.	J. 241. Bretagne. Coffre, n° 34.	Original scellé.	210
2142	1231	27 juillet.	Charta privilegiorum a Guidone comite Nivernensi Nivernensibus burgensibus concessorum.	J. 256. Nevers, n° 12.	Copie ancienne.	211
2143	1231	27 juillet.	De domo forti apud Marolium ab Eustachio de Conflans, ex licentia comitis Campaniæ, construenda.	J. 202. Champagne, X, n° 13.	Original scellé.	214
2144	1231	Juillet.	Litteræ Petri ducis Britanniæ de conditionibus sibi, per treugarum tempus, a rege impositis.	J. 241. Bretagne. Coffre n° 10.	Original scellé.	214
2145	1231	10 août.	Instrumentum conventionum initarum inter Ramundum de Dornhano et R. comitem Tolosæ de quibusdam castris.	J. 322. Toulouse, XIII, n° 54.	Original.	214
2146	1231	15 août.	Litteræ Gaufridi Cenomanensis episcopi pro restitutione regalium a rege obtinenda.	J. 346. Régale, I, n° 9.	Original.	216
2147	1231	15 août.	Juhellus archiepiscopus Turonensis dictum Gaufridum apud regem commendat.	J. 346. Régale, I, n° 10.	Original scellé.	216
2148	1231	17 août.	Pactiones initæ inter Tarasconenses et comitem Tolosæ de bello in comitem Provinciæ gerendo.	J. 310. Toulouse, V, n° 48.	Original scellé.	216

INDEX CHRONOLOGIQUE.

Nos d'ordre.	DATES. ANNÉE.	DATES. MOIS.	SOMMAIRES.	COTES DES PIÈCES.	NATURE DES PIÈCES.	PAGES.
2149	1231	31 août.	Ganfridus de Duyleio recognoscit se Duyleii castellum de comite Campaniæ tenere.	J. 202. Champagne, X, n° 14. J. 681. Lorraine, I, n° 11. 1.	Original. Copie authent.	217
2150	1231	31 août.	Charta ejusdem de feodo quod habebat in nundinis Campaniæ.	J. 681. Lorraine, I, n° 11. 2.	Copie authent.	217
2151	1231	Août.	*Amalricus comes Montisfortis Henricum Angliæ regem certiorem facit se Simoni fratri suo totam terram suam Angliæ cessisse.*	J. 628. Angleterre, II, n° 14. 4.	Copie ancienne.	217
2152	1231	Août.	Galterus de Capis sese obligat ad terram suam de Parreceio in feodo dominæ Juliaci ponendam.	J. 196. Champagne, IV, n° 25.	Original.	218
2153	1231	Août.	*Charte de commune accordée par le comte de Champagne aux habitants de Châtillon et de Dormans.*	J. 197. Champagne, V, n° 30.	Original.	218
2154	1231	Août.	Fratres S. Lazari Meldensis suum usuarium in nemore de Medunto comiti Campaniæ cedunt, recompensatione accepta.	J. 203. Champagne, XI, n° 26.	Original.	220
2155	1231	2 septembre.	Instrumentum doni facti ab Arnaldo Willelmo de S. Barcio cuidam judæo nomine Bellido.	J. 324. Toulouse, XV, n° 12.	Copie authent.	220
2156	1231	6 septembre.	Litteræ prioris et conventus B. Katherinæ Rothomagensis pro licentia abbatis eligendi.	J. 344. Élections, n° 2.	Original.	220
2157	1231	Septembre.	Abbas et conventus Alchiacenses recognoscunt sibi a Ludovico rege satisfactum fuisse de octo libris annui redditus dicto monasterio ab ejus patre debitis.	J. 229. Picardie, n° 8.	Original scellé.	220
2158	1231	5 octobre.	De locale domus apud Vecerias in feodum Bernardo de Manso a W. de Gamevilla concesso.	J. 325. Toulouse, XVI, n° 5.	Original.	221
2159	1231	13 octobre.	*Instrumentum compositionis initæ inter abbatem S. Theodardi de Montealbano et comitem Tolosæ.*	J. 310. Toulouse, V, n° 49. J. 309. Toulouse, V, n° 9.	Original scellé. Minute.	221
2160	1231	13 octobre.	*Instrumentum compositionis initæ inter comitem Tolosæ et abbatem Galliaci.*	J. 309. Toulouse, V, n° 8. J. 310. Toulouse, V, n° 50.	Original scellé. Copie ancienne.	223
2161	1231	20 octobre.	Charta Galteri de Ardileriis super compositione quam cum comite Campaniæ inivit de garda castelli Vitriacensis.	J. 197. Champagne, V, n° 34.	Original.	226
2162	1231	Octobre.	Præfatus Galterus recognoscit se teneri ad dictam gardam per tres menses annuatim faciendam.	J. 197. Champagne, V, n° 33.	Original.	226
2163	1231	Octobre.	Theobaldus comes Campaniæ quosdam redditus Henrico de Oya, falconario suo, in feodum confert.	J. 197. Champagne, V, n° 32.	Copie authent.	226
2164	1231	18 novembre.	*Litteræ R. comitis Tolosani de quinque millibus librarum a se abbatiæ Cistercii solvendis.*	J. 309. Toulouse, V, n° 10. 2.	Copie authent.	226
2165	1231	18 novembre.	*Litteræ ejusdem comitis Agennensi episcopo de præfato debito.*	J. 309. Toulouse, V, n° 10. 4.	Copie authent.	227
2166	1231	30 novembre.	Instrumentum quo ordinatur de dotibus uxoris Willelmi Saisseti et uxoris Raimundi Saisseti, filii dicti Willelmi.	J. 320. Toulouse, XI, n° 44.	Original.	227
2167	1231	Novembre.	Theobaldus comes Campaniæ Guiardo Perinol, fideli suo, viginti libras annui redditus in perpetuum feodum confert.	J. 196. Champagne, IV, n° 26.	Original.	228
2168	1231	Novembre.	*Mandatum comitis Tolosani de pecunia super redditu Marmandæ monasterio Cisterciensi annuatim solvenda.*	J. 309. Toulouse, V, n° 10. 3.	Copie authent.	228
2169	1231	Décembre.	Litteræ decani et capituli Parisiensis de licentia sibi a comite Campaniæ concessa pro nemoribus Vernoti essartandis.	J. 203. Champagne, XI, n° 27.	Original.	228

INDEX CHRONOLOGIQUE.

N°s d'ordre.	ANNÉE.	MOIS.	SOMMAIRES.	COTES DES PIÈCES.	NATURE DES PIÈCES.	PAGES.
2170	1231	. . . .	Franchises et coutumes accordées aux habitants de Saint-Florentin par Thibaud, comte de Champagne.	J. 195. Champagne, III, n° 13.	Copie ancienne.	228
2171	1232	18 janvier.	Instrumentum permutationis initæ inter comitem Tolosanum et Arnaldum de Vadigia.	J. 303. Toulouse, I, n° 2.	Original.	230
2172	1232	18 janvier.	Arnaldus de Vadigia et ejus filius comitem Tolosanum, quoad præfatam permutationem, de omni reclamatione assecurant.	J. 320. Toulouse, XI, n° 43.	Original.	231
2173	1232	Janvier.	Litteræ Petri de Malle super amicabili compositione inter se et canonicos B. Radegundis Pictavensis ordinata.	J. 191. Poitou, I, n° 108.	Minute.	231
2174	1232	Février.	Litteræ Remensis archiepiscopi quod sibi non licet forteritiam apud Gueuz exstruere absque comitis Campaniæ consensu.	J. 197. Champagne, V, n° 31.	Original.	232
2175	1232	7 mars.	Litteræ conventus de Cruce S. Leufridi domino regi pro Radulpho abbate suo nuper electo.	J. 346. Régale, I, n° 13.	Original.	232
2176	1232	17 mars.	Litteræ Rothomagensis archiepiscopi domino regi pro Thoma Bajocensi episcopo.	J. 346. Régale, I, n° 12.	Original.	233
2177	1232	Mars.	Theobaldus Campaniæ comes quidquid habebat in terragio de Rue Guidoni de Vaucemain, fideli suo, in feodum confert.	J. 196. Champagne, IV, n° 24.	Copie.	233
2178	1232	Mars.	Charta compositionis initæ inter Robertum comitem Drocensem et dominum regem pro hominibus Bonolii.	J. 218. Dreux, n° 13.	Original.	233
2179	1232	Avril. Du 11 au 30.	Litteræ capituli Rothomagensis de fossato quod sibi dominus rex concessit ad domum fratrum Minorum dilatandam.	J. 213. Archevêques de Rouen, n° 3.	Original.	233
2180	1232	Avril. Du 11 au 30.	Odo de Monchi forteritiam de Monchi a se domino regi venditam fuisse declarat.	J. 231. Amiens, n° 5.	Original scellé.	233
2181	1232	Avril. Du 11 au 30.	Elysabeth uxor prædicti Odonis se præfatam venditionem ratam habere declarat.	J. 473. Quittances, I, n° 4.	Original.	234
2182	1232	Mai.	Securitas facta domino regi a Roberto de Curtiniaco pro munitione Castri-Renardi.	J. 399. Promesses, n° 29.	Original scellé.	234
2183	1232	Mai.	Galcherus de Jovigniaco se pro dicto Roberto erga regem plegium constituit.	J. 399. Promesses, n° 30.	Déficit.	235
2184	1232	Mai.	Litteræ Galteri de Capis quod comes Campaniæ nullum damnum accipiat ex quadam plegiatione pro se facta.	J. 195. Champagne, III, n° 68.	Original.	235
2185	1232	Mai.	H. de Castellione, comes S. Pauli, L. solidos annui redditus R. de Mutiauz fideli suo et ejus heredibus in feodum confert.	J. 383. G. et H. de Châtillon, n° 13.	Original.	235
2186	1232	Mai.	Compositio inita a Richardo episcopo Ebroicensi cum domino rege super collatione beneficiorum in ecclesia Galiionis.	J. 460. Fondations, I, n° 10. 1.	Original scellé.	235
2187	1232	Mai.	Decanus et capitulum Ebroicenses præfatam compositionem se ratam habere declarant.	J. 460. Fondations, I, n° 10. 2.	Original scellé.	235
2188	1232	25 juin.	Theobaldus comes Campaniæ se fidejussorem constituit de XL. libris annuatim Johanni Bretel a civitate Trecarum solvendis.	J. 195. Champagne, III, n° 14.	Original.	235
2189	1232	25 juin.	Similes præfati comitis litteræ de XXX. libris annuatim Hatoni Revel a prædicta civitate solvendis.	J. 195. Champagne, III, n° 69.	Copie authent.	236
2190	1232	Juin.	Amalricus comes Montisfortis se Simoni fratri suo cessisse declarat totam terram quam ipsorum pater tenebat in Anglia.	J. 628. Angleterre, II, n° 14. 1.	Copie ancienne.	236
2191	1232	Juin.	Charta excambii facti ab Amicia abbatissa et conventu S. Anthonii Parisiensis cum Ansello de Gallanda.	J. 165. Valois, III, n° 29. 1.	Original scellé.	236

INDEX CHRONOLOGIQUE.

Nos d'ordre.	ANNÉE.	MOIS.	SOMMAIRES.	COTES DES PIÈCES.	NATURE DES PIÈCES.	PAGES.
2192	1232	Juin.	Guillelmus episcopus Parisiensis præfatum excambium ratum habet.	J. 165. Valois, III, n° 29. 2.	Original scellé.	236
2193	1232	Juin.	C. Alverniæ comitissa domui Portus S. Mariæ in donum transfert quidquid a regibus Franciæ vindicare posset vel poterit.	J. 180. Poitou, n° 5.	Original scellé.	237
2194	1232	Juin.	R. Columbensis abbas unum e monachis dicti monasterii concedit ad missam in capella castri de Nogento quotidie celebrandam.	J. 460. Fondations, I, n° 9.	Original scellé.	237
2195	1232	2 juillet.	Litteræ conventus S. Katherinæ de Monte Rothomagensis Ludovico regi pro licentia abbatis eligendi.	J. 344. Élections, n° 4.	Original.	237
2196	1232	Juillet.	Major, scabini etc. Trecenses comitem Campaniæ indemnem servare promittunt de plegiatione quam pro dicta civitate præstitit.	J. 195. Champagne, III, n° 69.	Original scellé.	237
2197	1232	Juillet.	Litteræ conventus S. Præjecti, Noviomensis diœcesis, Ludovico regi pro licentia abbatis eligendi.	J. 344. Élections, n° 3.	Original.	237
2198	1232	13 septembre.	Litteræ H. decani B. Martini Andegavensis de indemnitate quam propter clausuram fortalitiæ Andegavensis a rege accepit.	J. 178. Anjou, n° 10.	Original scellé.	238
2199	1232	17 septembre.	Litteræ decani et capituli Bituricensis domino regi pro Petro archiepiscopo nuper electo, de regalibus obtinendis.	J. 346. Régale I, n° 14.	Original scellé.	238
2200	1232	22 septembre.	Litteræ episcopi et capituli Andegavensis de quittatione damnorum quæ ex clausura civitatis Andegavensis sustinuerunt.	J. 178. Anjou, n° 9.	Original.	238
2201	1232	22 septembre.	De c. libris quas moniales eleemosynariæ Hanelon propter clausuram Andegavensem acceperunt.	J. 178. Anjou, n° 15.	Original scellé.	239
2202	1232	Septembre.	Litteræ prioris S. Egidii de Viridario Andegavensis de indemnitate sibi soluta propter clausuram Andegavi.	J. 178. Anjou, n° 12.	Original scellé.	239
2203	1232	Septembre.	Similes litteræ Gaufridi prioris domus eleemosynariæ Beati Johannis evangelistæ Andegavensis.	J. 178. Anjou, n° 13.	Original scellé.	239
2204	1232	Septembre.	Similes litteræ Philippi abbatis S. Sergii Andegavensis.	J. 178. Anjou, n° 18.	Original scellé.	239
2205	1232	Septembre.	Th. comes Campaniæ Godemero servienti suo unum modium bladi annuatim in granario Castri-Theodorici percipiendum donat.	J. 197. Champagne, V, n° 36.	Original.	239
2206	1232	Septembre.	Litteræ Anselmi Laudunensis episcopi quod sibi regalia a domino rege concedantur.	J. 346. Régale, I, n° 15.	Original.	239
2207	1232	Octobre.	Litteræ Theobaldi comitis Campaniæ super feodis Petro de Janicuria a se collatis.	J. 193. Champagne, I, n° 23.	Copie ancienne.	240
2208	1232	4 décembre.	Petrus de Turre se tenet pro bene pacato de omnibus illis debitis quæ comes Tolosæ et alii sibi debebant.	J. 318. Toulouse, IX, n° 30.	Original.	240
2209	1232	Décembre.	Johannes comes Carnotensis et Isabella ejus uxor feodum, quod de se tenebat Stephanus Floherius, ejus filio transferunt.	J. 171. Chartres, I, n° 2.	Original scellé.	240
2210	1232	Décembre.	Litteræ abbatis et conventus Fossatensis de permutatione quam cum Ansello domino Turnomii inierunt.	J. 165. Valois, III, n° 4.	Original.	240
2211	1232	Décembre.	Litteræ Huyonis comitis Marchiæ de compositione a se per arbitros inita cum ecclesia B. Radegundis.	J. 192. Poitou, II, n° 62.	Minute.	241
2212	1232	Décembre.	Theobaldus comes Campaniæ quidquid habebat apud Marec Petro domino Janicuriæ in augmentum feodi concedit.	J. 193. Champagne, I, n° 27.	Copie authent.	241

INDEX CHRONOLOGIQUE.

N°s d'ordre.	DATES. ANNÉE.	MOIS.	SOMMAIRES.	COTES DES PIÈCES.	NATURE DES PIÈCES.	PAGES.
2213	1232	. . . .	Litteræ Præmonstratensium abbatum, in capitulo generali congregatorum, Ludovico regi de orationibus pro eo faciendis.	J. 461. Fondations, II, n° 8. 1.	Original.	241
2214	1232	. . . .	Similes litteræ ad Blancham reginam inscriptæ.	J. 461. Fondations, II, n° 8. 2.	Original.	241
2215	1232	. . . .	*Litteræ abbatis et conventus S. Albini Andegavensis de indemnitate quam propter clausuram Andegavensem acceperunt.*	J. 178. Anjou, n° 11.	Original scellé.	242
2216	1232	. . . .	Similes litteræ decani et capituli B. Laudi Andegavensis.	J. 178. Anjou, n° 8.	Original scellé.	242
2217	1232	. . . .	— — conventus B. Mariæ de Karitate Andegavensis.	J. 178. Anjou, n° 14.	Original scellé.	242
2218	1232	. . . .	— — conventus Omnium Sanctorum Andegavi.	J. 178. Anjou, n° 16.	Déficit.	242
2219	1232	. . . .	— — conventus B. Georgii super Ligerim.	J. 178. Anjou, n° 17.	Original scellé.	243
2220	1232	. . . .	— — conventus S. Nicholai Andegavensis.	J. 178. Anjou, n° 18. 2.	Original scellé.	243
2221	1232	. . . .	Litteræ conventus ecclesiæ Christi Cantuariensis Blanchæ reginæ de participatione ei concessa in suis orationibus.	J. 461. Fondations, II, n° 9.	Original scellé.	243
2222	1232	. . . .	Déclaration des fiefs et redevances qui appartiennent au comte de Toulouse à Villemur.	J. 320. Toulouse, XI, n° 45.	Original roman.	243
2223	1232	. . . .	Déclaration des droits seigneuriaux qui appartiennent au comte de Toulouse en la seigneurie de Villemur.	J. 303. Toulouse, I, n° 47.	Original roman.	243
2224	1232	. . . .	Semblable déclaration pour les oblies et les acaptes.	J. 303. Toulouse, I, n° 49.	Copie. Roman.	243
2225	Vers 1232	. . . .	Rôle des fiefs de la seigneurie de Villemur.	J. 303. Toulouse, I, n° 46.	Original roman.	243
2226	1233	9 janvier.	A. de Dampetra pro ulnario, quod ipse et homines de Verreriis in forestis comitis Campaniæ habebant, recompensationem accipit.	J. 197. Champagne, V, n° 35.	Original.	243
2227	1233	Janvier.	*Philippus comes Boloniæ recognoscit se a domino rege octo millia librarum recepisse pro damnis sibi a comite Flandriæ illatis.*	J. 426. Obligations, IV, n° 6.	Original scellé.	244
2228	1233	Janvier.	*Charta compositionis initæ inter majorem juratosque Laudunenses et Laudunensem episcopum.*	J. 233. Laon, n° 10.	Original scellé.	244
2229	1233	Février.	*Litteræ Ludovici regis pro Isabelli domina Kaylliaci.*	J. 424. Obligations, III, n° 3.	Original.	245
2230	1233	12 mars.	R. Tolosanus comes recognoscit se a filiis Arnaldi Guilaberti c. solidos de reacapto recepisse.	J. 317. Toulouse, VIII, n° 19.	Original.	245
2231	1233	Mars.	Litteræ R. Trecensis episcopi de pactionibus conjugalibus initis inter comitem Campaniæ et filiam domini de Borbonio.	J. 198 B. Champagne, VI, n° 68.	Original scellé.	245
2232	1233	Mars.	Litteræ Roberti Lingonensis episcopi ejusdem argumenti et formæ.	J. 198 B. Champagne, VI, n° 67.	Original scellé.	247
2233	1233	17 avril.	Litteræ Gregorii papæ IX de testibus audiendis super facto Henrici comitis Campaniæ.	J. 209. Champagne, XIV, n° 57.	Original scellé.	247
2234	1233	20 avril.	Statuta Raimundi comitis Tolosæ in hereticos et de quibusdam aliis rebus.	J. 306. Toulouse, III, n° 66.	Original.	248
2235	1233	26 avril.	Litteræ Gregorii papæ IX comiti Barriducis ut a fidelitate comitis Campaniæ non recedat.	J. 209. Champagne, XIV, n° 58.	Original scellé.	250
2236	1233	Avril. Après Pâques.	Guillaume Jordas et don Jordas, son frère, afferment pour dix ans leur moitié du domaine de Port à Arnaut del Cung.	J. 317. Toulouse, VIII, n° 20.	Original roman.	251

INDEX CHRONOLOGIQUE.

XXXI

Nos d'ordre.	DATES. ANNÉE.	MOIS.	SOMMAIRES.	COTES DES PIÈCES.	NATURE DES PIÈCES.	PAGES.
2237	1233	Avril. Après Pâques.	Homagium a comite S. Pauli, pro terra Isabellæ matris suæ, domino regi præstitum.	J. 376. Comtes de Saint-Paul, n° 3.	Original scellé.	251
2238	1233	Avril. Après Pâques.	Odo abbas et conventus S. Dionysii querelas inter se et comitem Campaniæ versatas judicio arbitrorum committunt.	J. 195. Champagne, III, n°70.	Original scellé.	251
2239	1233	7 mai.	Litteræ Gregorii papæ IX de pecuniæ summa comiti Campaniæ ab abbate Clarevallis restituenda.	J. 708. Bulles. Mélanges, n° 294.	Original scellé.	252
2240	1233	18 mai.	Obligatio Hugonis domini Brecarum quoad forteritium apud Brecas construendam.	J. 195. Champagne, III, n°16.	Original.	252
2241	1233	26 mai.	Litteræ Gregorii papæ IX comiti Tolosano de injuriis archiepiscopo Narbonensi illatis.	J. 430. Bulles contre les hérétiques, n° 17.	Original scellé.	252
2242	1233	1er juin.	Milo decanus et Trecense capitulum Ludovicum regem de morte Roberti episcopi sui certiorem faciunt.	J. 344. Élections, n° 7.	Original scellé.	253
2243	1233	Juin.	Obligatio Gaufridi de Pruylliaco quoad domum Boscheti domino regi tradendam.	J. 399. Promesses, n° 32.	Original scellé.	253
2244	1233	Juin.	Litteræ conventus S. Crispini majoris Suessionensis pro licentia abbatis eligendi.	J. 344. Élections, n° 6.	Original.	253
2245	1233	6 juillet.	Litteræ decani et capituli Trecensis ut Nicholaum, episcopum suum canonice electum, de regalibus investiatur.	J. 346. Régale, I, n° 16.	Original.	253
2246	1233	Juillet.	Litteræ Ludovici regis comiti Campaniæ ut regalia tradat Nicholao Trecensi electo.	J. 198. B. Champagne, VI, n° 70.	Original.	254
2247	1233	18 août.	Litteræ Mauricii Rothomagensis archiepiscopi de resignatione Adæ abbatis S. Audoeni.	J. 347. Régale, I, n° 128.	Original.	254
2248	1233	27 août.	De vinea a Tolosæ comite B. S. de Corruncio in feodum concessa.	J. 304. Toulouse, II, n° 64.	Original.	254
2249	1233	27 août.	Charta compositionis ordinatæ inter comitem Campaniæ et ecclesiam Trecensem.	J. 195. Champagne, III, n°17.	Original.	254
2250	1233	Août.	De financia Petro de Chabliis, falso militi, exigenda et ab ecclesia Turonensi cum rege partienda.	J. 176. Tours, II, n° 7.	Original scellé.	254
2251	1233	Août.	Litteræ abbatissæ et conventus Paraclitensis de compositione quam cum comite Campaniæ inierunt super nemoribus.	J. 195. Champagne, III, n°15.	Original.	255
2252	1233	Août.	Litteræ abbatis et conventus Joyaci de usuario quod habebant in quodam nemore comitis Campaniæ.	J. 195. Champagne, III, n°71.	Original.	255
2253	1233	2 septembre.	Litteræ Henrici de Avaugor super quitatione et excambio Pontis Ursionis.	J. 224. Avranches, n° 1.	Original.	255
2254	1233	15 septembre.	De præcedenti excambio a Margarita uxore Henrici de Avaugor confirmato.	J. 211. Normandie, II, n° 6.	Original scellé.	256
2255	1233	Septembre.	H. de Avaugor et Margarita ejus uxor præfatum excambium rursus confirmant.	J. 224. Avranches, n° 1. 2.	Original scellé.	256
2256	1233	Septembre.	De compositione cum comite Campaniæ a capitulo B. Quiriaci inita super novis stallis apud Pruvinum constructis.	J. 203. Champagne, XI, n° 29.	Original.	256
2257	1233	Octobre.	Guido de Autolio quosdam redditus pro aliis ejusdem valoris cum domino rege permutat.	J. 473. Quittances, I, n° 6.	Original scellé.	256
2258	1233	Novembre.	Litteræ comitis Campaniæ de compositione a se cum ecclesia de Argenteolis inita.	J. 197. Champagne, V, n° 37.	Original.	256
2259	1233	10 décembre.	Conventus B. Ebrulfi Michaelem de Novo Mercato abbatem suum nuper electum apud dominum regem commendant.	J. 346. Régale, I, n° 17.	Original.	257
2260	1233	. . . .	Hugo de Fontanis miles et filius ejus notum faciunt excambium a se cum Symone comite et Maria comitissa Pontivi initum.	J. 235. Ponthieu, n° 22.	Copie ancienne.	257

INDEX CHRONOLOGIQUE.

N° d'ordre.	DATES. ANNÉE.	MOIS.	SOMMAIRES.	COTES DES PIÈCES.	NATURE DES PIÈCES.	PAGES.
2261	1233	. . . . . .	Vente par dame Comtors à Toudud de Paolhac de tout ce qu'elle possédait à Paolhac.	J. 328. Toulouse, XIX, n° 1. 3.	Copie. Roman.	257
2262	1233	. . . . . .	Litteræ conventus Glannafoliensis pro licentia abbatis eligendi.	J. 344. Élections, n° 5.	Original.	257
2262²	Vers 1233	. . . . . .	Litteræ conventus S. Nicolai Andegavensis pro licentia abbatis eligendi.	J. 344. Élections, n° 24.	Original.	655
2263	1234	2 janvier.	Litteræ Gregorii IX pro matrimonio inter Ludovicum regem et Margaretam de Provincia contrahendo.	J. 435. Bulles. Dispenses, n° 2. 2.	Original scellé.	257
2264	1234	2 janvier.	Litteræ ejusdem papæ de capellis regiis non interdicendis.	J. 686. Bulles. Priviléges, n° 69.	Original scellé.	258
2265	1234	2 janvier.	Consimile privilegium ab eodem papa Blanchæ reginæ concessum.	J. 688. Bulles. Priviléges, n° 109.	Original scellé.	258
2266	1234	Janvier.	Homagium triplex a Mathilde comitissa Boloniæ domino regi præstitum.	J. 238. Boulogne, I, n° 49.	Original scellé.	259
2267	1234	Janvier.	Litteræ ejusdem comitissæ de forteritiis Boloniæ et Kaleti, ad decem annos, domino regi traditis.	J. 238. Boulogne, I, n° 50.	Original scellé.	259
2268	1234	Janvier.	Philippus de Stampis et Emelina uxor ejus communitati carnificum Parisiensium quamdam plateam cedunt.	J. 151 A. Paris, II, n° 3.	Original scellé.	259
2269	1234	12 février.	Gregorius papa IX Ludovicum regem hortatur ad inducias cum rege Angliæ ineundas.	J. 696. Bulles. Mélanges, n°3.	Original scellé.	259
2269²	1234	Février.	Litteræ Ysembardi Molismensis abbatis de quadam associatione cum comite Campaniæ inita quoad Essoyam, Warpillerias etc.	J. 195. Champagne, III, n° 72.	Original.	656
2270	1234	Février.	Comes et comitissa Provinciæ controversias inter se et comitem Tolosæ versatas arbitrio regis et reginæ Franciæ supponunt.	J. 318. Toulouse, IX, n° 31.	Original scellé.	260
2271	1234	Février.	Petrus de Chemilliaco sese obligat ad castrum de Breschesac domino regi tradendum.	J. 399. Promesses, n° 31.	Original scellé.	260
2272	1234	Février.	Securitas facta domino regi a Reginaldo de Malebrario pro Petro de Chemilliaco.	J. 399. Promesses, n° 33.	Original.	261
2273	1234	Février.	Alix comitissa Augi terram de Forz, quam in pignore tenebat, domino regi dimittit.	J. 473. Quittances, I, n° 5.	Original.	261
2274	1234	Février.	Litteræ decani et capituli B. Quiriaci Pruvinensis de quadam compositione a se cum comite Campaniæ inita.	J. 203. Champagne, XI, n° 28.	Original.	261
2275	1234	Mars.	Raimundus comes Tolosæ controversias inter se et comitem Provinciæ motas arbitrio regis et reginæ Franciæ supponit.	J. 312. Toulouse, VI, n° 52.	Original scellé.	261
2276	1234	Mars.	Mandatum Ludovici regis clero Albigesii de acquisitionibus in feodis comitis Tolosani, invito dicto comite factis.	J. 311. Toulouse, V, n° 51.	Original.	262
2277	1234	Mars.	J. de Thorota notum facit quibus conditionibus, ex licentia comitis Campaniæ, forteritium apud Ayllebaudieres construxerit.	J. 196. Champagne, IV, n° 28.	Original.	262
2278	1234	1er avril.	Garsias de Saubolena quidquid habebat apud Caramannum Willelmo Petrario et ejus fratri vendit.	J. 321. Toulouse, XII, n° 63.	Copie authent.	262
2279	1234	6 avril.	Litteræ Gregorii papæ IX pro pace inter regem Franciæ et ecclesiam Belvacensem componenda.	J. 167. Beauvais, n° 2.	Original scellé.	262
2280	1234	6 avril.	Litteræ ejusdem papæ Blanchæ reginæ ut filium suum ad pacem inducat.	J. 696. Bulles. Mélanges, n° 4.	Original scellé.	264
2280²	1234	30 avril.	Litteræ comitis et comitissæ Provinciæ de impignoratione castri Tarasconensis a Friderico imperatore confirmanda.	J. 610. Empereurs d'Allemagne, n° 2.	Original scellé.	656

INDEX CHRONOLOGIQUE.

Nos d'ordre.	ANNÉE.	MOIS.	SOMMAIRES.	COTES DES PIÈCES.	NATURE DES PIÈCES.	PAGES.
2281	1234	1er mai.	Guillelma quoddam malolium situm apud Montem Galardum Petro Boerio marito suo donat.	J. 304. Toulouse, II, n° 57.	Original.	264
2282	1234	Du 2 au 30 mai.	Vente d'une terre par G. de Cantamerle et son frère à Bertolmeu de Saint-Paul.	J. 323. Toulouse, XIV, n° 75.	Original roman.	264
2283	1234	31 mai.	Poncius de Garsano et frater ejus quoddam malolium Willelmæ sorori suæ vendunt.	J. 304. Toulouse, II, n° 55.	Original.	264
2284	1234	Mai.	Charta Archembaudi de Borbonio pro Judæis in terra sua morantibus.	J. 427. Juifs, n° 11.	Original.	264
2285	1234	13 Juin.	Epistola M. præcentoris Ambianensis Johanni de Curia, canonico Parisiensi, pro Ambianensi episcopo.	J. 231. Amiens, n° 6.	Original.	264
2286	1234	Juin.	Litteræ Ludovici IX de nova compositione a se cum Bertrando episcopo Agathensi ordinata.	J. 303. Toulouse, I, n° 3. 2.	Copie authent.	265
2287	1234	Juin.	Litteræ Nicolai Trecensis episcopi de donis monasterio B. Mariæ de Prato juxta Trecas ab H. de S. Mauritio et ejus uxore factis.	J. 195. Champagne, III, n° 19.	Copie authent.	266
2288	1234	17 juillet.	Ramundus Faber de Castro-veteri se, cum omni progenie et bonis suis, Raimundo comiti Tolosano dat in hominem.	J. 314. Toulouse, VII, n° 12.	Original.	266
2289	1234	Avant le 19 juillet.	Henricus de Avaugor sese obligat ad castrum Werclini domino regi tradendum.	J. 399. Promesses, n° 34.	Original scellé.	266
2290	1234	19 juillet.	Theobaldus de Matefelon se plegium constituit pro Henrico de Avaugor, usque ad mille libras Turonensium.	J. 399. Promesses, n° 28. 2.	Original scellé.	266
2291	1234	19 juillet.	Similes litteræ Gaufridi domini de Poenon.	J. 399. Promesses, n° 28. 3.	Original scellé.	267
2292	1234	19 juillet.	— — R. vicecomitis de Bellomonte.	J. 399. Promesses, n° 28. 5.	Original scellé.	267
2293	1234	19 juillet.	— — Richardi de Bellomonte.	J. 399. Promesses, n° 28. 4.	Original scellé.	267
2294	1234	30 juillet.	De panetaria Campaniæ Petro de Janicuria a comite Campaniæ ad vitam concessa.	J. 198 B. Champagne, VI, n° 76.	Copie authent.	267
2295	1234	Juillet.	Homagium a Manassero fratre comitis Regiatestensis comiti Campaniæ præstitum.	J. 202. Champagne, X, n° 15.	Original.	267
2296	1234	Juillet.	Accord entre Raymond de Dornia et Pierre de Bonnegarde.	J. 304. Toulouse, II, n° 54.	Original roman.	267
2297	1234	3 août.	Litteræ Gregorii papæ IX ut regina Cypri Romæ iterum citetur de natalibus suis responsura.	J. 209. Champagne, XIV, n° 59.	Original scellé.	268
2298	1234	10 août.	Bertrandus episcopus et dignitates ecclesiæ Agathensis compositionem cum Lndovico rege initam confirmant.	J. 303. Toulouse, I, n° 3. 1.	Copie authent.	268
2299	1234	23 août.	Litteræ capituli S. Maglorii Parisiensis Ludovico regi pro Andrea abbate suo nuper electo.	J. 346. Régale, I, n° 19.	Original.	268
2300	1234	28 août.	Instrumentum quo testamentum P. de Naiaco declaratur.	J. 307. Toulouse, IV, n° 5.	Original roman.	268
2301	1234	Août.	Homagium domino regi ab H. comite S. Pauli pro hereditagio Castriduni præstitum.	J. 174. Blois, n° 4.	Original scellé.	269
2302	1234	Août.	Litteræ Petri ducis Britanniæ de exsecutione treugarum a se cum rege initarum.	J. 241. Bretagne. Coffre, n° 11. 2.	Original.	269
2303	1234	Août.	J. comes Matisconensis pro P. comite Britanniæ, fratre suo, super totam terram suam se plegium constituit.	J. 241. Bretagne. Coffre, n° 17. 6.	Original scellé.	269
2304	1234	Août.	Hugo dux Burgundiæ pro dicto comite usque ad tria millia marcharum se plegium constituit.	J. 241. Bretagne. Coffre, n° 12. 3.	Original scellé.	269
2305	1234	Août.	Similes litteræ Hugonis comitis S. Pauli quibus se plegium constituit usque ad duo millia marcharum.	J. 241. Bretagne. Coffre, n° 12. 1.	Original scellé.	270

INDEX CHRONOLOGIQUE.

N^{os} d'ordre.	ANNÉE.	MOIS.	SOMMAIRES.	COTES DES PIÈCES.	NATURE DES PIÈCES.	PAGES.
2306	1234	Août.	Similes litteræ Johannis, filii primogeniti comitis Suessionis, quibus se plegium constituit usque ad mille marchas.	J. 241. Bretagne. Coffre, n° 12. 2.	Original scellé.	270
2307	1234	Août.	Litteræ Hugonis comitis Marchiæ de treugis a rege Franciæ cum rege Angliæ ineundis.	J. 270. La Marche, n° 10.	Original scellé.	270
2308	1234	Août.	Litteræ Henrici de Avalgorio super castro Gaisclini Solino avunculo suo ad custodiendum tradito.	J. 399. Promesses, n° 28. 6.	Original.	270
2309	1234	Septembre.	Fredericus II Romanorum imperator R. Tolosæ comiti terram Venesini et dignitatem marchionatus Provinciæ restituit.	J. 419. Bulles d'or, n° 2. J. 311. Toulouse, V, n° 52.	Original scellé. Original.	270
2310	1234	Septembre.	Litteræ Theobaldi Campaniæ comitis de feodis suis comitatuum Carnotensis, Blesensis, etc., regi a se venditis.	J. 173. Chartres, III, n° 4.	Original scellé.	271
2311	1234	Septembre.	De canonicis S. Laudi Andegavensis ad ecclesiam S. Germani translatis.	J. 178. Anjou, n° 19.	Original scellé.	272
2312	1234	Septembre.	Litteræ Aelidis reginæ Cypri de pace a se cum Theobaldo comite Campaniæ inita.	J. 209. Champ., XIV, n°s 12. 13 et 32. — Ibid., n° 36.	Originaux scellés. Copie authent.	272
2313	1234	Septembre.	Litteræ comitis Campaniæ de duobus millibus libratis terræ a se reginæ Cypri assignatis.	J. 433. Chypre, n° 1.	Original scellé.	274
2314	1234	Septembre.	Aelis regina Cypri Ludovicum regem deprecatur ut cessionem, a se comiti Campaniæ factam, confirmare velit.	J. 433. Chypre, n° 2.	Original scellé.	275
2315	1234	Septembre.	Litteræ decani et capituli ecclesiæ Cenomanensis Ludovico regi ut Gaufrido episcopo suo nuper electo regalia restituat.	J. 346. Régale, I, n° 18.	Original.	275
2316	1234	26 octobre.	Gausbertus de Doma, Caturcensis miles, se hominem ligium comitis Tolosæ profitetur.	J. 314. Toulouse, VII, n° 13.	Original.	275
2317	1234	Octobre.	Prior et conventus Karitatensis Willelmum priorem B. Mariæ de Porta S. Leonis procuratorem suum constituunt.	J. 397. Pariages, n° 6. 2.	Original scellé.	275
2318	1234	Octobre.	Litteræ præfatorum prioris et conventus de societate quam cum domino rege inierunt pro villa de Grangiis et quibusdam aliis.	J. 397. Pariages, n° 6.	Original scellé.	276
2318²	1234	22 novembre.	Litteræ Gregorii papæ IX comiti Tolosano quod ab heretica peste profliganda non desistat.	J. 430. Bulles contre les hérétiques, n° 18.	Original scellé.	656
2319	1234	Novembre.	Litteræ quibus Petrus dux Britanniæ se supponit voluntati domini regis.	J. 241. Bretagne. Coffre, n° 11. 1.	Original scellé.	276
2320	1234	Novembre.	Litteræ ejusdem de fide domino regi a se promissa et de castris S. Jacobi Beveronis, Belismi et Petrariæ eidem traditis.	J. 241. Bretagne. Coffre, n° 14. J. 240. Bretagne. Layette, n° 4.	Original scellé. Copie.	277
2321	1234	Novembre.	Cession faite à Raymond de Paders et à ses héritiers des services dus au comte de Toulouse par A. Rocas et sa femme.	J. 322. Toulouse, XIII, n° 55.	Original roman.	277
2322	1234	Novembre.	Aelis regina Cypri venditionem domino regi a comite Campaniæ factam approbat.	J. 433. Chypre, n° 4.	Original scellé.	277
2323	1234	Novembre.	Laudunensis et Cathalaunensis episcopi præcedentem approbationem testimonio suo corroborant.	J. 433. Chypre, n° 3.	Original scellé.	278
2324	1234	16 décembre.	A. bajulus S. Romani quamdam particulam horti Petro Boerio in feodum confert.	J. 304. Toulouse, II, n° 56.	Original.	278
2325	1234	18 décembre.	De prædiis apud Paolhacum a G. Affidato Thomæ Borcello et ejus uxori venditis.	J. 328. Toulouse, XIX, n° 1. 10.	Copie.	278
2326	1234	Décembre.	Litteræ Ludovici regis de partitione bonorum Guillelmi et Giraudi Bertrandi.	J. 199. Champagne, VII, n° 28.	Original scellé.	279
2327	1234	. . . . . .	Litteræ decani et capituli B. Nicholai de Sezanna super compositione quam cum comite Campaniæ inierunt.	J. 203. Champagne, XI, n° 31.	Original.	279

INDEX CHRONOLOGIQUE.

XXXV

Nos d'ordre.	DATES. ANNÉE.	DATES. MOIS.	SOMMAIRES.	COTES DES PIÈCES.	NATURE DES PIÈCES.	PAGES.
2328	1234	. . . . . .	Litteræ abbatis et conventus Corméliarum de licentia sibi data a domino rege in nemore de Noione sicco.	J. 213. Rouen, II, n° 3.	Original.	279
2329	1235	2 janvier.	Litteræ conventus S. Quintini in Insula domino regi pro licentia abbatis eligendi.	J. 344. Élections, n° 8.	Original.	279
2330	1235	28 janvier.	Litteræ Hugonis ducis Burgundiæ de conventionibus inter se et Theobaldum regem Navarræ initis.	J. 198 B. Champagne, VI, n° 69.	Original.	279
2331	1235	Janvier.	Declaratio Ludovici regis quod Johannes et Balduinus de Avesnis ad ætatem sui juris pervenerunt.	J. 535. Flandre, I, sac 4, n° 1.	Original scellé.	280
2332	1235	Janvier.	Mandatum præfati regis B. Frigidimontis abbati ut curam testamenti Philippi quondam comitis Boloniæ suscipiat.	J. 238. Boulogne, I, n° 14.	Déficit.	280
2333	1235	Janvier.	M. comitissa Boloniæ, uxor quondam Philippi comitis, prædictum abbatem de cura dicti testamenti suscipienda deprecatur.	J. 238. Boulogne, I, n° 15.	Déficit.	280
2334	1235	3 février.	Alamannus de Roaxio comitem Tolosæ solutum declarat de IIII. millibus et CL. solidis quos habebat super condaminam dicti comitis.	J. 320. Toulouse, XI, n° 46.	Original.	281
2335	1235	Février.	Litteræ Mathildis comitissæ Boloniæ de filia sua, absque consensu domini regis, non maritanda.	J. 238. Boulogne, I, n° 52.	Original scellé.	281
2336	1235	Février.	Litteræ Simonis comitis Pontivi quibus, de præfatis pactionibus, se plegium constituit.	J. 238. Boulogne, I, n° 18.	Original scellé.	281
2337	1235	Février.	Similes litteræ G. vicedomini de Piquiniaco.	J. 238. Boulogne, I, n° 26.	Original scellé.	282
2338	1235	Février.	— — Mathei de Tria.	J. 395. Securitates, n° 128.	Original scellé.	282
2339	1235	Février.	— — Philippi de Nantolio.	J. 238. Boulogne, I, n° 49.	Original scellé.	282
2340	1235	Février.	— — Galteri de Alneto.	J. 238. Boulogne, I, n° 22.	Original scellé.	282
2341	1235	Février.	— — Guillermi de Braeseyvra.	J. 238. Boulogne, I, n° 30.	Original scellé.	282
2342	1235	Février.	— — Symonis de Loveis.	J. 238. Boulogne, I, n° 25.	Original scellé.	283
2343	1235	Février.	— — Manasseri de Conthi.	J. 238. Boulogne, I, n° 28.	Original scellé.	283
2344	1235	Février.	— — Rogeri Pecheveron.	J. 238. Boulogne, I, n° 31.	Original scellé.	283
2345	1235	Février.	— — Anselli de Insula.	J. 238. Boulogne, I, n° 23.	Original scellé.	283
2346	1235	Février.	— — Guillelmi Buticulari.	J. 238. Boulogne, I, n° 17.	Déficit.	283
2347	1235	Février.	— — Guillelmi de Milliaco.	J. 238. Boulogne, I, n° 21.	Original.	283
2348	1235	Février.	— — Theobaldi de Ambianis.	J. 238. Boulogne, I, n° 27.	Original.	283
2349	1235	Février.	— — Roberti de Pissiaco.	J. 238. Boulogne, I, n° 24.	Original.	283
2350	1235	Février.	— — Guillelmi Crespin.	J. 238. Boulogne, I, n° 20.	Original scellé.	284
2351	1235	Février.	— — Guillelmi de Bellosartu.	J. 238. Boulogne, I, n° 29.	Original scellé.	284
2352	1235	Février.	— — Johannis de Crepicordio.	J. 238. Boulogne, I, n° 16.	Déficit.	284
2353	1235	Février.	Litteræ Mathildis comitissæ Boloniæ de matrimonio a se, non nisi licentia domini regis, contrahendo.	J. 238. Boulogne, I, n° 51.	Original scellé.	284
2354	1235	Février.	Litteræ prioris et conventus B. Juliani de Sezannia super nova hala a comite Campaniæ apud Sezanniam constructa.	J. 203. Champagne, XI, n° 30.	Original scellé.	284
2355	1235	10 mars.	Litteræ Roberti Lingonensis episcopi de Domo-Dei apud Calvummontem construenda.	J. 201. Champagne, IX, n° 14.	Original.	284
2356	1235	21 mars.	Hugo de Antoygneio sese obligat ad homagium infra annum domino regi et ejus matri præstandum.	J. 624. Hommages, III, n° 5.	Original scellé.	285
2357	1235	27 mars.	P. A. de Verduno et ejus nepotes, receptis bonis dominæ Militis, sese obligant ad necessaria ei, quamdiu vixerit, suppeditanda.	J. 318. Toulouse, IX, n° 32. J. 323. Toulouse, XIV, n° 74.	Originaux.	285

INDEX CHRONOLOGIQUE.

N^{os} d'ordre.	DATES. ANNÉE.	MOIS.	SOMMAIRES.	COTES DES PIÈCES.	NATURE DES PIÈCES.	PAGES.
2358	1235	27 mars.	Cavaers, filia dominæ Militis, quidquid habebat apud Fanumjovis, Calavum, etc., P. Arnaldo et ejus nepotibus donat.	J. 323. Toulouse, XIV, n° 76.	Original.	285
2359	1235	Mars.	Litteræ Raimundi Tolosæ comitis de villa Laurani sibi ad vitam a rege concessa.	J. 309. Toulouse, V, n° 12.	Original.	285
2360	1235	Mars.	Donum factum a Symone, filio Symonis de Poissiaco, ecclesiæ B. Mariæ de Victoria.	J. 237. Boulogne, I, n° 12. 9.	Copie authent.	285
2361	1235	Avril. Avant Pâques, du 1er au 7.	De porprisia in qua manent fratres Minores, Parisius.	J. 152. Paris, III, n° 7.	Original scellé.	285
2362	1235	Avril. Avant Pâques.	Litteræ J. Cathalaunensis archidiaconi de sigillo conventus Avenaiensis.	J. 197. Champagne, V, n° 38.	Original.	286
2363	1235	Avril. Avant Pâques.	Juramentum fidelitatis ab Aanore Drocarum comitissa domino regi præstitum.	J. 218. Dreux, n° 14.	Original scellé.	286
2364	1235	Avril. Avant Pâques.	Litteræ præfatæ comitissæ de XLVI. modiis bladi a se domino regi annuatim reddendis.	J. 218. Dreux, n° 16.	Original scellé.	286
2365	1235	Avril. Avant Pâques.	Litteræ Hugonis ducis Burgundiæ de v. millibus marchis argenti a se domino regi solvendis.	J. 247. Bourgogne, I, n° 7.	Original scellé.	287
2366	1235	Avril. Avant Pâques.	Conventiones initæ ab Amalrico comite Montisfortis cum Simone fratre suo.	J. 628. Angleterre, II, n° 14. 3.	Copie.	287
2367	1235	Avril. Avant le 20.	Litteræ M. de Tria et S. de Leviis super partitione comitatus Moritolii et Domnifrontis.	J. 211. Normandie, II, n° 7.	Original scellé.	287
2368	1235	20 avril.	Litteræ Mathildis comitissæ Boloniæ quibus Moretolium pro dotalitio suo acceptat.	J. 238. Boulogne, I, n° 32.	Original scellé.	288
2369	1235	24 avril.	D. de Sancto Barcio et filius ejus comitem Tolosæ penitus absolvunt de toto hoc quod eis debitum erat ratione vicariæ Tolosæ.	J. 320. Toulouse, XI, n° 48.	Original.	288
2370	1235	Avril. Après Pâques. du 8 au 30.	Abbas et conventus S. Victoris Parisiensis profitentur justitiam cujusdam domus, apud Semesium, domino regi pertinere.	J. 152. Paris, III, n° 9.	Original scellé.	288
2371	1235	Avril. Après Pâques.	Litteræ Aelidis reginæ Cypri de nemoribus Woissiaci et Medunti sibi a comite Campaniæ traditis.	J. 197. Champagne, V, n° 39.	Original.	288
2372	1235	Avril. Après Pâques.	Th. Campaniæ comes et Aelidis regina Cypri compositionem inter se initam comiti Tolosæ et duci Burgundiæ significant.	J. 209. Champagne, XIV, n° 14.	Original.	288
2373	1235	Avril. Après Pâques.	Litteræ similes Johannæ Flandrensi comitissæ inscriptæ.	J. 209. Champagne, XIV, n° 20.	Original.	289
2374	1235	Avril. Après Pâques.	Litteræ similes archiepiscopo Senonensi, Lingonensi et Autissiodorensi episcopis inscriptæ.	J. 209. Champagne, XIV, n° 33.	Original.	289
2375	1235	Avril. Après Pâques.	A. regina Cypri H. Cypri regem filium suum et filias suas certiores facit de compositione inter se et comitem Campaniæ inita.	J. 209. Champagne, XIV, n° 34.	Original.	289
2376	1235	Avril. Après Pâques.	Capitulum S. Machuti de Barro-super-Albam in arbitros compromittit de discordia inter se et comitem Campaniæ versata.	J. 201. Champagne, IX, n°s 15 et 16.	Originaux.	289
2377	1235	Avril. Après Pâques.	Constitutio comitis et baronum comitatus Nivernensis pro excessibus reprimendis.	J. 256. Nevers, n° 24.	Copie authent.	289
2378	1235	23 mai.	Armoda domina Insulæ sese obligat ad castrum Rupisfortis domino regi tradendum.	J. 399. Promesses, n° 35.	Original.	290
2379	1235	28 mai.	P. Meldensis episcopus et Th. comes Campaniæ in arbitros compromittunt de nominatione magistri leprosariæ Meldensis.	J. 203. Champagne, XI, n° 34.	Original.	290
2380	1235	28 mai.	Instrumentum quo declaratur ulterius testamentum Ugonis Johannis.	J. 330. Toulouse, XXI, n° 25.	Copie ancienne.	290

INDEX CHRONOLOGIQUE.

XXXVII

N°s d'ordre	DATES. ANNÉE.	MOIS.	SOMMAIRES.	COTES DES PIÈCES.	NATURE DES PIÈCES.	PAGES.
2381	1235	30 mai.	Hugo Sagiensis episcopus regalia pro Mabilia de S. Lothario in abbatissam Almaniscensem nuper electa vindicat.	J. 346. Régale, I, n° 21.	Original.	291
2382	1235	Mai.	Ordinatio de relevamento feodorum in Vulcassino Gallico.	J. 157. Vexin français, n° 1.	Déficit. Ex registro Ph. Aug.	291
2383	1235	Mai.	De pensionibus domino regi ab abbate et conventu B. Carauni Carnotensis pro quadam domo solvendis.	J. 172. Chartres, II, n° 7.	Original scellé.	292
2384	1235	Mai.	Restitutio facta abbatissæ et conventui Paracliti a comite Campaniæ.	J. 203. Champagne, XI, n° 32.	Original.	292
2385	1235	Mai.	Litteræ Hugonis de Valeriaco super divisione bonorum quam cum Johanne domino Valeriaci, fratre suo, ordinavit.	J. 208. Vallery, n° 1.	Original scellé.	292
2386	1235	1er juin.	Statutum consulum Montispessulani in calumniatores et falsos denuntiatores.	J. 339. Montpellier et Maguelone, I, n° 23.	Copie ancienne.	292
2387	1235	Juin.	Litteræ J. Flandriæ comitissæ de matrimonio inter Mariam filiam suam et Robertum de Francia contrahendo.	J. 535. Flandre, I, sac 4, n° 1 bis.	Original.	293
2388	1235	Juin.	Franco Brugensis præpositus et quidam alii Flandriæ magnates se præfatum matrimonium ratum habere declarant.	J. 535. Flandre, I, sac 4, n° 2.	Original scellé.	294
2389	1235	Juin.	Litteræ Petri ducis Britanniæ de compositione inita inter Guidonem Malumvicinum et Radulphum de Fougeriis.	J. 241. Bretagne. Coffre, n° 13.	Original scellé.	294
2390	1235	Juin.	Securitas facta domino regi a R. de Fougeriis, de præfata compositione observanda.	J. 395. Securitates, n° 134.	Original scellé.	295
2391	1235	Juin.	Guillelmus Paganelli se plegium pro R. de Fougeriis constituit de supradicta compositione observanda.	J. 395. Securitates, n° 129.	Original scellé.	295
2392	1235	Juin.	Similes litteræ Guillelmi de Homet, constabularii Normanniæ.	J. 395. Securitates, n° 92.	Original scellé.	296
2393	1235	Juin.	— — Johannis de Musiaco.	J. 395. Securitates, n° 132.	Original scellé.	296
2394	1235	Juin.	— — Roberti de Malebrario.	J. 395. Securitates, n° 130.	Original scellé.	296
2395	1235	Juin.	A. de Montangleaut et Maria ejus uxor jura quæ habebant in foresta de Maant Theobaldo comiti Campaniæ vendunt.	J. 203. Champagne, XI, n° 33.	Original.	296
2396	1235	Juin.	J. comes Matisconensis et Aaleis ejus uxor fideli suo Steph. de Vilars gardam de Cheuriaco in augmentum feodi conferunt.	J. 259. Mâcon, n° 3.	Original scellé.	296
2397	1235	Juin.	H. abbas et conventus S. Genovefæ Parisiensis H. comiti S. Pauli quasdam terras in donum offerunt.	J. 383. G. et H. de Châtillon, n° 14.	Original scellé.	296
2398	1235	8 juillet.	Instrumentum admonitionis datæ a G. vicario Tolosani comitis canonicis S. Stephani Tolosæ.	J. 322. Toulouse, XIII, n° 56.	Original.	296
2399	1235	Juillet.	Ansellus de Insula se plegium pro Guidone Malivicini constituit de pace cum Radulpho de Fougeriis observanda.	J. 395. Securitates, n° 131.	Original scellé.	297
2400	1235	Juillet.	Litteræ Guillelmi de Malovicino, ejusdem argumenti et formæ.	J. 395. Securitates, n° 133.	Original scellé.	297
2401	1235	15 août.	Prior et conventus S. Sulpicii Bituricensis Stephanum abbatem suum nuper electum apud regem commendant.	J. 346. Régale, I, n° 20.	Original scellé.	297
2402	1235	20 août.	De quadam pecia terræ Petro Boerio de S. Romano ab A. et R. Berella in feodum data.	J. 304. Toulouse, II, n° 53.	Original.	297
2403	1235	17 septembre.	Petrus de Escag recognoscit sibi satisfactum fuisse de vino quod pro comite Tolosæ commendaverat.	J. 320. Toulouse, XI, n° 47.	Original.	298

INDEX CHRONOLOGIQUE.

Nos d'ordre.	ANNÉE.	MOIS.	SOMMAIRES.	COTES DES PIÈCES.	NATURE DES PIÈCES.	PAGES.
2404	1235	Septembre.	Querimoniæ a magnatibus Franciæ Gregorio papæ IX delatæ de usurpationibus prælatorum.	J. 350. Gravamina, n° 3.	Original scellé.	298
2405	1235	11 novembre.	Geraldus bajulus S. Romani, nomine Raimundi Tolosani comitis, quamdam terram Petro Boerio in feudum confert.	J. 304. Toulouse, II, n° 58.	Original.	299
2406	1235	Novembre.	Bail à cens d'un pré situé à Font Domargal; ledit bail consenti par W. de Gamevila à B. Faure.	J. 325. Toulouse, XVI, n° 6.	Original roman.	299
2407	1235	Novembre.	Bail à cens d'une vigne située à Bessières, consenti par W. de Gamevila à W. de Columbiac.	J. 325. Toulouse, XVI, n° 7.	Original roman.	299
2408	1235	Novembre.	Bail à cens d'une pièce de pré, consenti par W. de Gamevila à R. Faure et à ses héritiers.	J. 325. Toulouse, XVI, n° 8.	Original roman.	299
2409	1235	Novembre.	Major, jurati et tota communia Spernaci quidquid juris habebant in nemore Baticio Theobaldo comiti cedunt.	J. 197. Champagne, V, n° 40.	Original.	299
2410	1235	Décembre, du 1er au 29.	Bail à cens du pré de Fontazalra ; ledit bail consenti par W. de Gamevila à Rebisbe et à ses héritiers.	J. 325. Toulouse, XVI, n° 9.	Original roman.	300
2411	1235	Décembre, du 1er au 29.	Bail à cens d'un jardin; ledit bail consenti par Druaz à Ar. Martel.	J. 325. Toulouse, XVI, n° 10.	Original roman.	300
2412	1235	31 décembre.	Sicardus Galanibrons tertiam partem honoris Podii Airaudi Raimundo Laurentio et ejus ordinio vendit.	J. 322. Toulouse, XIII, n° 57.	Original.	300
2413	1235	Décembre.	Diploma Frederici II quo terram Venessini et dignitatem marchionatus Provinciæ R. comiti Tolosano in donum confert.	J. 419. Bulles d'or, n° 3.	Original scellé.	300
2414	1235	Décembre.	Diploma ejusdem quo R. Tolosanum comitem superiorem dominum Insulæ, Carpentoratis etc., constituit.	J. 309. Toulouse, V, n° 13. J. 277. Dauphiné, I, n° 1.	Original scellé. Copie ancienne.	301
2415	1235	Décembre.	Litteræ Petri de Collemedio super inhibitione sibi facta a rege quoad Belvacense negotium.	J. 167. Beauvais, n° 3.	Original.	302
2416	1235	Décembre.	Ph. de Planceio ponit in augmentum feodi, quod tenet de comite Campaniæ, quoddam nemus situm apud Estorvi et Melisiacum.	J. 196. Champagne, IV, n° 29.	Original.	302
2417	1235	. . . .	Communes petitiones Britonum et inquisitio super eisdem apud S. Briocum facta.	J. 240. Bretagne. Layette, n° 37.	Minute.	302
2418	1235	. . . .	Charta inquisitionis factæ pro domino de Avaugor.	J. 241. Bretagne. Coffre, n° 29.	Minute.	303
2419	1235	. . . .	Inquisitio de damnis a comite Britanniæ illatis episcopo Dolensi et abbati Veteris Vallis.	J. 240. Bretagne. Layette, n° 36.	Minute.	303
2420	1235	. . . .	M. comitissa Boloniæ quamdam domum sitam apud Credulium G. de Palesel, cambellano suo, in donum confert.	J. 238. Boulogne, I, n° 33.	Original scellé.	304
2421	1235	. . . .	Litteræ H. Remensis archiepiscopi de compositione inita inter Th. Campaniæ comitem et A. reginam Cypri.	J. 209. Champagne, XIV, n° 35.	Original.	305
2422	1235	. . . .	Similes litteræ G. Senonensis archiepiscopi.	J. 209. Champagne, XIV, n° 31.	Original.	305
2423	1235	. . . .	— — Roberti Lingonensis episcopi.	J. 209. Champagne, XIV, n° 10.	Original.	305
2424	1235	. . . .	— — Johannæ comitissæ Flandriæ.	J. 209. Champagne, XIV, n° 11.	Original.	305
2425	1235	. . . .	— — Hugonis ducis Burgundiæ.	J. 209. Champagne, XIV, n° 30.	Original scellé.	305
2426	1235	. . . .	G. abbé de Gaillac concède à Vidal Borgarel et consorts la viguerie de Buzet.	J. 328. Toulouse, XIX, n° 9.	Original roman.	305
2427	1235	. . . .	Th., comte de Champagne, donne en accroissement de fief à H. de Châtillon, comte de Saint-Paul, les bois de Buci et d'Ermières.	J. 383. G. et H. de Châtillon, n° 15.	Original.	305

INDEX CHRONOLOGIQUE.

N.os d'ordre.	DATES. ANNÉE.	DATES. MOIS.	SOMMAIRES.	COTES DES PIÈCES.	NATURE DES PIÈCES.	PAGES.
2428	Vers 1235	. . . .	Articuli super exactionibus capellanorum Tolosæ.	J. 318. Toulouse, XI, n° 78.	Original.	306
2429	Vers 1235	. . . .	Charta fidelitatis juratæ domino regi ab universitate Carcassonæ.	J. 627. Serments de villes, n° 17.	Original scellé.	309
2430	1236	6 janvier.	Statuta consulum Montispessulani de bonis puellarum dividendis, de matrimonio minorum, etc.	J. 339. Montpellier et Maguelone, I, n° 23.	Copie ancienne.	310
2431	1236	12 janvier.	De quibusdam redditibus apud Briolam ab A. de Gallanda ecclesiæ S. Pauli de Virduno assignatis.	J. 165. Valois, III, n° 30.	Copie authent.	310
2432	1236	16 janvier.	Litteræ P. ducis Britanniæ de pactionibus conjugalibus initis inter J. filium suum et Bl. filiam Th. Campaniæ comitis.	J. 198 B. Champagne, VI, n° 71.	Original.	311
2433	1236	Janvier.	De conventionibus initis inter W. de Nihella et comitem Pontivi pro duobus molendinis super Nibellam construendis.	J. 235. Ponthieu, n° 20.	Copie ancienne.	311
2434	1236	Janvier.	Eustachius vicecomes Pontis-Remigii se præfatorum molendinorum constructionem approbare declarat.	J. 235. Ponthieu, n° 26.	Original scellé.	312
2435	1236	20 février.	Conventus Fossatensis electionem Guillermi abbatis sui domino regi notificat.	J. 346. Régale, I, n° 23.	Original scellé.	312
2436	1236	1er mars.	Prior et conventus S. Martini Sagiensis dominum regem certiorem faciunt de electione Petri de Mauritania abbatis sui.	J. 346. Régale, I, n° 24.	Original.	312
2437	1236	6 mars.	Litteræ Hugonis Sagiensis episcopi de præfata electione.	J. 346. Régale, I, n° 22.	Original.	312
2438	1236	8 mars.	De centum solidis annualibus comitissæ Nivernensi ab abbate et conventu Quinciaci solvendis.	J. 256. Nevers, n° 14.	Original scellé.	312
2439	1236	15 mars.	De venditione quam Constancia, relicta Willelmi de Caramannho, fecit Galterio filio suo.	J. 322. Toulouse, XIII, n° 52.3.	Copie ancienne.	312
2440	1236	21 mars.	Aymericus de Rocaforte partem quam habebat in villa S. Romani Raimundo Tolosæ comiti, accepto pretio, tradit.	J. 328. Toulouse, XIX, n° 10. 1 et 2.	Original.	313
2441	1236	Mars.	De quindecim libris annui redditus conventui B. Mariæ Exoldunensis a Blancha regina assignatis super novis halis Exolduni.	J. 189. Issoudun, n° 3.	Original scellé.	313
2442	1236	Mars.	De decem libris annualibus comitissæ Nivernensi a conventu Verziliacensi solvendis.	J. 256. Nevers, n° 13.	Original scellé.	313
2443	1236	13 avril.	Litteræ Hugonis comitis Marchiæ et Isabellis uxoris ejus de rege Navarræ, ad requisitionem ducis Britanniæ, adjuvando.	J. 198 B. Champagne, VI, n° 72.	Original.	313
2444	1236	27 avril.	Vente du quart du château et de la terre de Bessières, par Armeng de S. Andrieu à Bertrand de Bessières.	J. 324. Toulouse, X, n° 9. 2.	Copie. Roman.	313
2445	1236	28 avril.	Litteræ Gregorii papæ IX Viennensi archiepiscopo ut comitem Tolosæ iterum moneat, et reluctantem excommunicatum declaret.	J. 329. Toulouse, XX, n° 13.	Copie ancienne.	314
2446	1236	Avril.	Decanus et capitulum B. Austregisili Bituratam habent compositionem initam inter Bl. reginam et Domum-Dei de Duno.	J. 189. Berri, III, n° 4.	Original scellé.	316
2447	1236	Avril.	Litteræ Andreæ domini Vitriaci de indemnitate sibi a domino rege assignata.	J. 473. Quittances, I, n° 7.	Original scellé.	316
2448	1236	27 mai.	Gregorius papa IX dispensationem confirmat pro matrimonio inter Alfonsum de Francia et filiam comitis Tolosæ contrahendo.	J. 435. Bulles, Dispenses, n° 1.	Original scellé.	317
2449	1236	Mai.	Litteræ Mathildis comitissæ Boloniæ de compositione a se cum Ludovico rege inita.	J. 238. Boulogne, I, n° 34.	Original scellé.	317

INDEX CHRONOLOGIQUE.

Nos d'ordre.	ANNÉE.	MOIS.	SOMMAIRES.	COTES DES PIÈCES.	NATURE DES PIÈCES.	PAGES.
2450	1236	Mai.	Th. rex Navarræ, etc., Michaeli Raso, civi Trecensi, piscariam fossatorum Trecensium pro dimidia parte concedit.	J. 195. Champagne, III, n° 20.	Original.	318
2451	1236	Mai.	Litteræ ejusdem regis quibus nemus de Maignis monasterio S. Jacobi de Vitriaco in donum confert.	J. 197. Champagne, V, n° 41.	Original.	318
2452	1236	13 juin.	Gregorius papa IX consules et universitatem Montispessulani sub sua speciali protectione suscipit.	J. 339. Montpellier et Maguelone, I, n° 23.	Copie ancienne.	318
2453	1236	Juin.	De pariagio inito a Templariis cum domino rege pro villis de Paluel et Lalaic.	J. 273. Auvergne, II, n° 1. J. 295. Languedoc, n° 7.	Originaux scellés.	319
2454	1236	Juin.	Hugo comes S. Pauli Gaufrido de Sargines fideli suo concedit ut fiat homo ligius domini regis.	J. 174. Blois, n° 5.	Original scellé.	319
2455	1236	3 juillet.	Instrumentum conventionum initarum inter Raimundum Tolosæ comitem et dominos Cadarossæ.	J. 311. Toulouse, V, n° 53.	Original scellé.	319
2456	1236	31 juillet.	Epistola P. archiepiscopi Narbonensis, Aymerici vicecomitis, G. abbatis S. Pauli et consulum Narbonæ Ludovico regi de flagitiis in burgo Narbonæ denuo perpetratis.	J. 307. Toulouse, IV, n° 50.	Original.	321
2457	1236	12 août.	Homagium Raimundo comiti Tolosano a Raimundo vicecomite Turennæ præstitum.	J. 316. Toulouse, VII, n° 102. J. 314. Toulouse, VII, n° 73.	Original scellé. Copie ancienne.	323
2458	1236	13 août.	Homagium eidem comiti ab Austorgo de Aureliciaco præstitum.	J. 311. Toulouse, V, n° 54.	Original.	324
2459	1236	26 août.	Securitas facta ab universitate burgi Narbonæ R. Tolosano comiti de fidejussione quam pro se erga regem Franciæ præstitit.	J. 311. Toulouse, V, n° 55.	Original scellé.	324
2460	1236	27 août.	Petrus Bernardus de Brancalone sese cum omnibus bonis suis in captenio et amparantia Raimundi comitis ponit.	J. 317. Toulouse, VIII, n° 21.	Original.	326
2461	1236	19 septembre.	Abbas et conventus Viziliacenses anniversarium perpetuum pro Ludovico VIII in suo monasterio instituunt.	J. 462. Fondations, II, n° 37.	Original.	326
2462	1236	5 octobre.	Bernardus de Pulcra Costa se hominem R. Tolosani comitis recognoscit.	J. 316. Toulouse, VII, n° 103.	Original.	326
2463	1236	9 novembre.	G. de Lantario, bajulus S. Romani, nomine præfati comitis, quamdam domum Petro Boerio in feudum confert.	J. 304. Toulouse, II, n° 59.	Original.	326
2464	1236	9 novembre.	Similis charta pro eodem, de quadam terra.	J. 304. Toulouse, II, n° 60.	Original.	327
2465	1236	13 novembre.	Litteræ Gregorii papæ IX de capellis regiis non interdicendis.	J. 686. Bulles de priviléges, n° 69. 2.	Original scellé.	327
2466	1236	18 novembre.	Litteræ Trenorchiensis abbatis, domini Bellijoci et domini Branciduni de recognitione facta a comite Matisconensi.	J. 259. Mâcon, n° 4.	Original scellé.	327
2467	1236	Novembre.	Accord entre les fils de B. Pons de Paolhag pour le partage de l'héritage paternel.	J. 328. Toulouse, XIX, n° 1. 2.	Copie. Roman.	327
2468	1236	Novembre.	Decanus et capitulum Carnotenses in arbitros cum domino rege compromittunt de collatione quarumdam præbendarum.	J. 172. Chartres, II, n° 16.	Original scellé.	327
2469	1236	4 décembre.	Aicelina filia quondam Raimundi Maliberinæ quidquid habebat in honore patris sui Raimundo comiti derelinquit.	J. 326. Toulouse, XVII, n° 26.	Original.	328
2470	1236	16 décembre.	Instrumentum homagii quod Jacobus rex Aragonum Johanni de Montelauro, Magalonensi episcopo, præstitit.	J. 340. Montpellier et Maguelone, II, n°s 18 et 19. J. 598. Majorque, n° 1. 1.	Copies. Copie authent.	328
2471	1236	17 décembre.	Forma homagii a prædicto rege Magalonensi episcopo præstiti.	J. 340. Montpellier et Maguelone, II, n°s 18 et 19. J. 598. Majorque, n° 1. 2.	Copies. Copie authent.	329

INDEX CHRONOLOGIQUE.

N°s d'ordre.	DATES. ANNÉE.	MOIS.	SOMMAIRES.	COTES DES PIÈCES.	NATURE DES PIÈCES.	PAGES.
2472	1236	24 décembre.	Aymericus de Castronovo et Mabilia uxor ejus quidquid habebant apud S. Romanum Raimundo comiti Tholosæ vendunt.	J. 328. Toulouse, XIX, n° 12.	Original.	330
2473	1236	Décembre.	Traité fait par le comte de Saint-Paul avec la comtesse de Boulogne pour le mariage de Gaucher, son neveu, avec Jeanne, fille de ladite comtesse.	J. 238. Boulogne, I, n° 53.	Original scellé.	330
2474	1236	Décembre.	Lettres de Pierre, évêque de Meaux, sur les conventions précédentes.	J. 383. H. et G. de Châtillon, n° 17.	Original scellé.	331
2475	1236	. . . .	Litteræ Roberti de Praeriis pro quittatione vicecomitatus Abrincensis.	J. 224. Avranches, n° 2.	Déficit. Ex Registr. XXXI.	331
2476	1237	4 janvier.	Securitas facta domino regi a communitate villæ Duacensis pro Johanna comitissa Flandriæ.	J. 535. Flandre, I, sac 4, n° 5. 18.	Original scellé.	331
2477	1237	5 janvier.	B., R. et H. de Rocovilla quidquid habebant in forcia de Faia et alibi Estolto de Rocovilla vendunt et homines emptoris fiunt.	J. 322. Toulouse, XIII, n° 59.	Original.	332
2478	1237	10 janvier.	Securitas facta domino regi a R. senescallo Flandriæ pro Johanna comitissa.	J. 536. Flandre, I, sac 4, n° 6. 48.	Original scellé.	332
2479	1237	13 janvier.	Inquisitio de juribus regi Angliæ apud Regulam pertinentibus.	J. 628. Angleterre, II, n° 15.	Copie authent.	332
2480	1237	Janvier, du 1er au 29.	Vente par Gangers à Hugues Le Clerc de Mongobert, de certaines maisons sises en la ville de Bessières.	J. 324. Toulouse, XV, n° 8.	Original roman.	333
2481	1237	Janvier.	J. Flandriæ comitissa Wagonem ballivum Duacensem in sui locum constituit ad castrum Duacense recipiendum.	J. 533. Flandre, I, sac 3, n° 13.	Original.	334
2482	1237	8 février.	G. de Boissa sese, cum omni progenie sua, comiti Tolosano in donum tradit, et ei ubique sicut domino suo servire promittit.	J. 314. Toulouse, VII, n° 14.	Original.	334
2483	1237	10 février.	Pilisfortis de Rabastencis quidquid habebat in villa de Buzeto comiti Tholosano pro v. millibus solidis Caturcensibus vendit.	J. 328. Toulouse, XIX, n° 13.	Original.	334
2484	1237	22 février.	Sponderii Raimundi Unaldi quidquid habebat in forcia et territorio de Lugaunho, comiti Tolosano vendunt.	J. 322. Toulouse, XIII, n° 58. J. 323. Toulouse, XIV, n° 77.	Originaux.	334
2485	1237	Février.	Litteræ Beraldi marescalli Borbonii de homagio quod, inter manus suas, Petrus de Lotuac domino regi præstitit.	J. 622. Hommages, II, n° 58.	Original.	334
2486	1237	12 mars.	Dulcia de Murmirione omnia bona sua P. de Cairana præceptori Hospitalis Iherosolymitani Aurasicensis in donum confert.	J. 309. Toulouse, V, n° 17. 1.	Copie authent.	335
2487	1237	15 mars.	B. A. de Paleriis principale dominium, quod in castro de S. Guavella et in fortia de Grazaco habebat, comiti Tolosano cedit.	J. 307. Toulouse, IV, n° 6.	Original.	335
2488	1237	26 mars.	Testimonium quorumdam proborum hominum super limitibus feodorum Buzeti.	J. 328. Toulouse, XIX, n° 11.	Original.	335
2489	1237	31 mars.	Litteræ Gregorii papæ IX quibus prolem Buchardi de Avesnis illegitimam declarat.	J. 437. Dispenses, n° 36. 2. J. 538. Fland., I, sac 5, n° 12. 4.	Copie authent. Original scellé.	335
2490	1237	Mars.	Hugo comes S. Pauli notum facit compositionem inter comitem Campaniæ et burgenses Castellionis initam de novis halis.	J. 205. Champagne, XIII, n° 24.	Original.	336
2491	1237	12 avril.	Serment de fidélité fait au roi par Jeanne, comtesse de Flandre et de Hainaut.	J. 535. Flandre, I, sac 4, n° 3.	Original scellé.	336
2492	1237	12 avril.	Jeanne, comtesse de Flandre, renonce à tout projet de mariage avec Simon de Montfort.	J. 535. Flandre, I, sac 4, n° 4.	Original scellé.	336
2493	1237	Avril. Avant Pâques.	Balduinus de Aria domino regi securitatem facit de conventionibus Peronensibus a Flandriæ comitissa fideliter observandis.	J. 536. Fland., I, sac 4, n° 6. 3.	Original scellé.	337

Nos d'ordre.	DATES. ANNÉE.	DATES. MOIS.	SOMMAIRES.	COTES DES PIÈCES.	NATURE DES PIÈCES.	PAGES.
2494	1237	Avril. Avant Pâques.	Similes litteræ Hugonis de Antoing.	J.536. Fland.,I,sac 4,n° 6.13.	Original.	337
2495	1237	Même date.	— — Walteri de Asnapia.	J.536. Fland.,I,sac 4,n° 6.85.	Original scellé.	337
2496	1237	Même date.	— — Roberti advocati Atrebatensis.	J.536. Fland.,I,sac 4,n° 6.58.	Original.	337
2497	1237	Même date.	— — Arnulphi de Audenarda.	J.536. Fland.,I,sac 4,n° 6.44.	Original scellé.	337
2498	1237	Même date.	— — Guillelmi de Bethunia.	J.536. Fland.,I,sac 4,n° 6.42.	Original.	337
2499	1237	Même date.	— — Margaretæ de Dampetra.	J.536. Fland.,I,sac 4,n° 6.67.	Original.	337
2500	1237	Même date.	— — Johannis de Derven.	J.536. Fland.,I,sac 4,n° 6.87.	Original.	338
2501	1237	Même date.	— — Girardi cambellani Flandriæ.	J.536. Fland.,I,sac 4,n° 6.21.	Original scellé.	338
2502	1237	Même date.	— — Roberti senescalli Flandriæ.	J.536. Fland.,I,sac 4,n° 6.59.	Original scellé.	338
2503	1237	Même date.	— — Galteri de Formoiseles.	J.536. Fland.,I,sac 4,n° 6.78.	Original.	338
2504	1237	Même date.	— — Johannis de Formisellis.	J.536. Fland.,I,sac 4,n° 6.32.	Original.	338
2505	1237	Même date.	— — Rassonis de Gavera.	J.536.Fland.,I,sac 4,n° 6.111.	Original scellé.	338
2506	1237	Même date.	— — Galteri de Guistell.	J.536. Fland.,I,sac 4,n° 6.55.	Original.	338
2507	1237	Même date.	— — Mahælini de Methe.	J.536. Fland.,I,sac 4,n° 6.56.	Original scellé.	338
2508	1237	Même date.	— — W. castellani S. Audomari.	J.536. Fland.,I,sac 4,n° 6.24.	Original scellé.	338
2509	1237	Avril. Après Pâques.	— — Gerardi de Marbais.	J.536. Fland.,I,sac 4,n° 6.41.	Original.	339
2510	1237	Avril. Après Pâques.	Déclaration des prud'hommes et anciens de Bessières au sujet du fief de Vermatz, tenu par B. Forazis et R. Lombartz.	J. 325. Toulouse, XVI, n° 3. 4.	Copie. Roman.	339
2511	1237	5 mai.	Instrumentum venditionis factæ Cicardo de Miramon a R. de Benca et ejus uxore.	J. 326. Toulouse, XVII, n° 27.	Original.	339
2512	1237	11 mai.	Remise de xxvi. sous de Toulouse par H. Agumal de Paulhac à Tondoz de Paolhac, sur le prix de la seigneurie de Gemil.	J. 328. Toulouse, XIX, n° 1. 4.	Copie. Roman.	339
2513	1237	16 mai.	Charta Arnaldi Marc de Escorcinco super compositione quam inivit cum Raimundo de Borniano.	J. 304. Toulouse, II, n° 63.	Original.	339
2514	1237	18 mai.	Gregorius papa IX Tolosæ comitem monet ut Massilienses adjuvare desistat et malefacta sua emendet.	J. 696. Bulles. Mélanges, n° 6.	Original scellé.	339
2515	1237	20 mai.	Raimundus Tolosæ comes quasdam villas Raimundo de Baucio principi Aurasicensi in feudum confert.	J. 322. Toulouse, XII, n° 60.	Copie ancienne.	341
2516	1237	20 mai.	Instrumentum quo constat eumdem comitem bastidam de Monte Alavernegue in feodum Willelmo de Sabrano contulisse.	J. 317. Toulouse, VIII, n° 22.	Original.	341
2517	1237	Mai.	H. castellanus Vitriaci Th. comiti Campaniæ significat a se aquam suam de Merlan abbatiæ S. Jacobi de Vitriaco venditam fuisse.	J. 197. Champagne, V, n° 42.	Original scellé.	342
2518	1237	Mai.	De quibusdam redditibus domino regi ab Alberico Rivaldi de Vendolio venditis.	J. 229. Picardie, n° 9.	Original scellé.	342
2519	1237	Mai.	Securitas facta domino regi a Guidone de Bergis pro Johanna comitissa de conventionibus Peronensibus.	J.536. Fland.,I,sac 4,n° 6.31.	Original scellé.	342
2520	1237	Mai.	Similes litteræ Willelmi Platelli de Bergis.	J.536. Fland.,I,sac 4,n° 6.53.	Original scellé.	342
2521	1237	Mai.	— — Gyleberti castellani Bergensis.	J. 538. Flandre,I,sac 5,n° 6.8.	Original scellé.	342
2522	1237	Mai.	— — Fr. Brugensis præpositi.	J.536. Fland.,I,sac 4,n° 6.51.	Original scellé.	343
2523	1237	Mai.	— — Balduini de Commines.	J.536.Fland.,I,sac 4,n° 6.105.	Original scellé.	343
2524	1237	Mai.	— — Hugonis de Cornehuns.	J.536. Fland.,I,sac 4,n° 6.95.	Original scellé.	343
2525	1237	Mai.	— — Philippi de Diergnau.	J.536. Fland.,I,sac 4,n° 6.30.	Original scellé.	343
2526	1237	Mai.	— — Guillelmi de Duaco.	J.536. Fland.,I,sac 4,n° 6.96.	Original scellé.	343
2527	1237	Mai.	— — Henrici præpositi Duacensis.	J.536. Fland.,I,sac 4,n° 6.79.	Original.	343

INDEX CHRONOLOGIQUE.

Nos d'ordre.	DATES. ANNÉE.	MOIS.	SOMMAIRES.	COTES DES PIÈCES.	NATURE DES PIÈCES.	PAGES.
2528	1237	Mai.	Similes litteræ Willelmi de Henla.	J.536. Fland., I, sac 4, n° 6.57.	Original.	343
2529	1237	Mai.	— — Willelmi de Hondeschota.	J.536. Fland., I, sac 4, n° 6.65.	Original scellé.	343
2530	1237	Mai.	— — Johannis de Hondeschota.	J.536. Fland., I, sac 4, n° 6.101.	Original scellé.	343
2531	1237	Mai.	— — Johannis castellani Insulensis.	J.536. Fland., I, sac 4, n° 6.102.	Original scellé.	343
2532	1237	Mai.	— — Petri de Lanbres.	J.536. Fland., I, sac 4, n° 6.45.	Original scellé.	344
2533	1237	Mai.	— — G. castellani de Maulingam.	J.536. Fland., I, sac 4, n° 6.81.	Original scellé.	344
2534	1237	Mai.	— — Balduini de Plauches.	J.536. Fland., I, sac 4, n° 6.100.	Original scellé.	344
2535	1237	Mai.	— — Hellini de Menillio.	J.536. Fland., I, sac 4, n° 6.18.	Original scellé.	344
2536	1237	Mai.	— — Seiri de Cortraco.	J.536. Fland., I, sac 4, n° 6.110.	Original scellé.	344
2537	1237	Mai.	Similes litteræ communiæ Audenardensis.	J.535. Fland., I, sac 4, n° 5.40.	Original scellé.	344
2538	1237	Mai.	— — communiæ Bergensis.	J.535. Fland., I, sac 4, n° 5.5.	Original scellé.	344
2539	1237	Mai.	— — communiæ Broburgensis.	J.535. Fland., I, sac 4, n° 5.7.	Original scellé.	344
2540	1237	Mai.	— — communiæ Brugensis.	J.535. Fland., I, sac 4, n° 5.9.	Original scellé.	344
2541	1237	Mai.	— — communiæ Curtracensis.	J.535. Fland., I, sac 4, n° 5.13.	Original.	344
2542	1237	Mai.	— — communiæ de Dam.	J.535. Fland., I, sac 4, n° 5.15.	Original scellé.	345
2543	1237	Mai.	— — communiæ Duacensis.	J.535. Fland., I, sac 4, n° 5.19.	Original scellé.	345
2544	1237	Mai.	— — communiæ de Dunkerque.	J.535. Fland., I, sac 4, n° 5.22.	Original scellé.	345
2545	1237	Mai.	— — communiæ Dykemutensis.	J.535. Fland., I, sac 4, n° 5.17.	Original.	345
2546	1237	Mai.	— — communiæ Furnensis.	J.535. Fland., I, sac 4, n° 5.24.	Original scellé.	345
2547	1237	Mai.	— — communiæ Gandensis.	J.535. Fland., I, sac 4, n° 5.26.	Original scellé.	345
2548	1237	Mai.	— — communiæ Gravelinguensis.	J.535. Fland., I, sac 4, n° 5.29.	Original scellé.	345
2549	1237	Mai.	— — communiæ Insulensis.	J.535. Fland., I, sac 4, n° 5.32.	Original scellé.	345
2550	1237	Mai.	— — communiæ Kasletensis.	J.535. Fland., I, sac 4, n° 5.10.	Original scellé.	345
2551	1237	Mai.	— — communiæ Mardikensis.	J.535. Fland., I, sac 4, n° 5.34.	Original scellé.	345
2552	1237	Mai.	— — communiæ de Novoportu.	J.535. Fland., I, sac 4, n° 5.36.	Original scellé.	345
2553	1237	Mai.	— — communiæ de Osteburg.	J.535. Fland., I, sac 4, n° 5.38.	Original scellé.	346
2554	1237	Mai.	— — communiæ de Rodemburgh.	J.535. Fland., I, sac 4, n° 5.43.	Original scellé.	346
2555	1237	Mai.	— — communiæ de Trohost.	J.535. Fland., I, sac 4, n° 5.46.	Original scellé.	346
2556	1237	Mai.	— — communiæ Yprensis.	J.535. Fland., I, sac 4, n° 5.48.	Original scellé.	346
2557	1237	9 juin.	De auxilio pro exercitu a capitulis Senonensi, Aurelianensi et Antissiodorensi suppeditando.	J. 206. Meaux, n° 2.		346
2558	1237	13 juin.	Litteræ A. Ambianensis episcopi de vivario du Biés domino regi a B. de Marolio et ejus uxore vendito.	J. 231. Amiens, n° 7.	Original scellé.	346
2559	1237	15 juin.	De comitatu Cabilonensi a J. comite Burgundiæ cum H. duce Burgundiæ pro Bracone, Villaufans et aliis villis excambiato.	J. 252. Bourgogne, V, n° 1. J. 257. Bourgogne, VII, n° 23.	Original scellé. Copie authent.	347
2560	1237	16 juin.	R. Lombardus et R. Willelmus ejus nepos quidquid habebant apud Veceiras W. de Gamevilla vendunt.	J. 325. Toulouse, XVI, n° 11.	Original.	347
2561	1237	28 juin.	Instrumentum quo constat quomodo Matfridus de Castronovo in fidelitatem R. comitis Tolosani intraverit.	J. 309. Toulouse, V, n° 14.	Original scellé.	348
2562	1237	Juin.	Litteræ Roberti comitis Atrebatensis de apanagio quod sibi Ludovicus rex frater suus constituit.	J. 530. Artois, n° 2.	Original scellé.	349
2563	1237	9 juillet.	Bernardus et Petrus de Carrovol fratres se homines ligios R. de Dornanio profitentur.	J. 316. Toulouse, VII, n° 104.	Original.	349
2564	1237	23 juillet.	Litteræ decani et capituli ecclesiæ Aniciensis de licentia quam ab episcopo suo obtinuerunt pro quadam clausura exstruenda.	J. 338. Le Puy, n° 3.	Original scellé.	349

N°s d'ordre.	DATES.		SOMMAIRES.	COTES DES PIÈCES.	NATURE DES PIÈCES.	PAGES.
	ANNÉE.	MOIS.				
2565	1237	28 juillet.	Litteræ Gregorii papæ IX archiepiscopo Viennensi pro Tolosano comite.	J. 696. Bulles. Mélanges, n° 8.	Original scellé.	350
2566	1237	Juillet.	Sententia arbitralis ab Henrico comite Barri-Ducis inter H. Remensem archiepiscopum et A. comitem de Los pronuntiata.	J. 207. Mouzon, n° 3.	Original.	350
2567	1237	Juillet.	Arnulphus comes de Los et de Chigni notum facit compositionem inter se et Remensem archiepiscopum initam.	J. 207. Mouzon, n° 5.	Original.	350
2568	1237	12 août.	Testamentum seu ultimæ dispositiones Bernardi de Miramonte.	J. 328. Toulouse, XIX, n° 24.	Copie authent.	350
2569	1237	23 août.	Charta infeodamenti.	J. 304. Toulouse, II, n° 61.	Original.	350
2570	1237	23 août.	De vin. sextaratis terræ Petro Boerio S. Romani a Gardubio in feodum datis.	J. 304. Toulouse, II, n° 62.	Original.	351
2571	1237	Août.	Vente par B. Delmas à B. Bisbe et à ses enfants de diverses maisons et d'un jardin situés à Bessières.	J. 325. Toulouse, XVI, n° 12.	Original roman.	351
2572	1237	Septembre.	De licentia abbatis eligendi ecclesiæ de Cautumernla a vicegerente Theobaldi comitis Campaniæ concessa.	J. 198 A. Champagne, VI, n° 73.	Original.	351
2573	1237	Septembre.	Hommage lige d'Arnaud Guillaume d'Agramont à Thibaud, roi de Navarre, comte de Champagne.	J. 209. Champagne, XIV, n° 18.	Copie authent. Catalan.	351
2574	1237	6 octobre.	Litteræ Gregorii papæ IX quod nec rex Franciæ nec ejus familia excommunicationis vinculo astringantur etiam cum excommunicatis participando.	J. 684. Bulles de priviléges, n° 28.	Original scellé.	352
2575	1237	6 octobre.	Litteræ ejusdem papæ pro Blancha regina.	J. 688. Bulles. Privil., n° 108.	Original scellé.	353
2576	1237	6 octobre.	Litteræ ejusdem archiepiscopis et episcopis Franciæ ne interdicti sententias inconsiderate in terras regis Franciæ proferant.	J. 686. Bulles de priviléges, n° 68.	Original scellé.	353
2577	1237	30 octobre.	Gregorius papa IX Blancham reginam hortatur ut imperium Constantinopolitanum contra Græcos quam citius adjuvet.	J. 696. Bulles. Mélanges, n° 5.	Original scellé.	353
2578	1237	9 novembre.	Ugno Arnaldus miles se hominem ligium Raimundi Tolosani comitis profitetur.	J. 316. Toulouse, VII, n° 105.	Original.	354
2579	1237	15 novembre.	Pactum initum a Raimundo de Ponte et ejus consortibus cum Raimundo comite pro quibusdam debitis recuperandis.	J. 317. Toulouse, VIII, n° 24.	Original.	354
2580	1237	18 novembre.	Simile pactum a Bernardo de Avignone cum eodem comite initum.	J. 317. Toulouse, VIII, n° 23.	Original.	354
2581	1237	27 novembre.	I. de Dornha et J. de Sayco, frater ejus, recognoscunt se quidquid apud Podium Laurentium ex hereditate paterna obtinuerunt de R. Tolosano comite tenere.	J. 314. Toulouse, VII, n° 74.	Original.	354
2582	1237	13 décembre.	A. Bostincius et Bertrandus ejus frater tertium quod habebant in villa de Buzeto Raimundo comiti vendunt.	J. 328. Toulouse, XIX, n° 14.	Original.	355
2583	1237	Décembre.	Sententia Laudunensis, Lingonensis et Noviomensis episcoporum, parium Franciæ, de forma homagii domino regi a comite et comitissa Flandriæ præstandi.	J. 536. Flandre, I, sac 4, n° 8.	Original scellé.	355
2584	1237	Décembre.	Th. Flandriæ comes et J. comitissa, ejus uxor, notum faciunt quibus conditionibus homagium suum a domino rege receptum fuerit.	J. 536. Flandre, I, sac 4, n° 7.	Original scellé.	356
2585	1237	Décembre.	Securitas facta domino regi ab Arnulpho de Audenarda pro comite et comitissa Flandriæ.	J. 536. Flandre, I, sac 4, n° 6. 8.	Original scellé.	357
2586	1237	Décembre.	Similes litteræ Guillelmi de Betunia.	J. 536. Fland., I, sac 4, n° 6.90.	Original scellé.	358

INDEX CHRONOLOGIQUE.

N°s d'ordre	DATES. ANNÉE.	MOIS.	SOMMAIRES.	COTES DES PIÈCES.	NATURE DES PIÈCES.	PAGES.
2587	1237	Décembre.	Similes litteræ Roberti senescalli Flandriæ.	J.536.Fland.,I,sac4,n°6.109.	Original scellé.	358
2588	1237	Décembre.	— — Balduini comitis Guinarum.	J. 536. Fland., I, sac 4, n° 6.2.	Original scellé.	358
2589	1237	Décembre.	— — Galteri de Guitellis.	J. 536. Fland., I, sac 4, n° 6.29.	Original scellé.	358
2590	1237	Décembre.	— — Maelini de Meteren.	J. 536. Fland., I, sac 4, n° 6.63.	Original scellé.	358
2591	1237	Décembre.	Securitas facta domino regi, inter manus nuntiorum ejus, ab Hugone de Antoing pro comite et comitissa Flandriæ.	J.536.Fland.,I,sac4,n°6.107.	Original scellé.	358
2592	1237	Décembre.	Similes litteræ Alermi de Auby.	J. 536. Fland., I, sac 4, n° 6.98.	Original.	359
2593	1237	Décembre.	— — Philippi de Derquau.	J. 536. Fland., I, sac 4, n° 6.82.	Original scellé.	359
2594	1237	Décembre.	— — Guillelmi de Donniel.	J. 536. Fland., I, sac 4, n° 6.77.	Original scellé.	359
2595	1237	Décembre.	— — Henrici præpositi de Duaco.	J.536. Fland., I, sac 4, n° 6.52.	Original scellé.	359
2596	1237	Décembre.	— — Petri de Duaco.	J.536. Fland., I, sac 4, n° 6.97.	Original scellé.	359
2597	1237	Décembre.	— — Walteri castellani Duacensis.	J.536. Fland., I, sac 4, n° 6.20.	Original scellé.	359
2598	1237	Décembre.	— — Arnulphi de Landast.	J. 536. Fland., I, sac 4, n° 6.13.	Original scellé.	359
2599	1237	Décembre.	— — Hellini don Maisnil.	J. 536. Fland., I, sac 4, n° 6.71.	Original scellé.	359
2600	1237	Décembre.	— — Arnulphi de Moretengne.	J. 536. Fland., I, sac 4, n° 6.75.	Original scellé.	359
2601	1237	Décembre.	— — Gossuini de Sancto Aubino et Galteri de Hanaples.	J. 536. Fland., I, sac 4, n° 6.62.	Original.	360
2602	1237	Décembre.	— — scabinorum et communitatis villæ Duacensis.	J. 535. Fland., I, sac 4, n° 5.20.	Original scellé.	360
2603	1237	Décembre.	— — Rogeri de Covinguen.	J. 536. Fland., I, sac 4, n° 6.26.	Original scellé.	360
2604	1237	Décembre.	— — Sygeri de Courtrai.	J. 536. Fland., I, sac 4, n° 6.76.	Original scellé.	360
2605	1237	Décembre.	— — Petri et Johannis de Laubres.	J. 536. Fland., I, sac 4, n° 6.28.	Original scellé.	360
2606	1237	Décembre.	Petrus domicellus don Meinil se villam de Givri domino suo Theobaldo regi Navarræ, Campaniæ comiti, vendere declarat.	J. 201. Champagne, IX, n° 17.	Original.	360
2607	1237	Décembre.	Homagium a comitissa Drocensi pro castro Gamachiarum domino regi præstitum.	J. 218. Dreux, n° 15.	Original scellé.	360
2608	1237	. . . .	Jacobus Tempalus dux Venetiæ, etc., Simonem episcopum, legatum suum, apud Ludovicum regem commendat.	J. 494. Venise, n° 1.	Déficit.	361
2609	1238	8 janvier.	Litteræ Gregorii papæ IX ad Ludovicum regem pro ecclesia Parisiensi.	J. 696. Bulles. Mélanges, n° 9.	Original scellé.	361
2610	1238	28 janvier.	Litteræ ejusdem papæ de Mornatio et quibusdam aliis castris a comite Tolosano detentis et ab Arelatensi archiepiscopo vindicatis.	J. 696. Bulles. Mélanges, n° 7.	Original scellé.	362
2611	1238	Janvier.	Securitas facta domino regi a scabinis et tota communitate villæ de Alost pro comite et comitissa Flandriæ.	J. 535. Flandre, I, sac 4, n° 5.	Original scellé.	362
2612	1238	Janvier.	Similes litteræ villæ de Audenarda.	J.535. Fland., I, sac 4, n° 5.39.	Original scellé.	362
2613	1238	Janvier.	— — villæ de Axele.	J.535. Fland., I, sac 4, n° 5.2.	Original scellé.	363
2614	1238	Janvier.	— — villæ de Baillolio.	J. 535. Fland., I, sac 4, n° 5.3.	Original scellé.	363.
2615	1238	Janvier.	— — villæ de Bergis.	J. 535. Fland., I, sac 4, n° 5.4.	Original scellé.	363
2616	1238	Janvier.	— — villæ de Broborg.	J. 535. Fland., I, sac 4, n° 5.6.	Original scellé.	363
2617	1238	Janvier.	— — villæ de Brugis.	J. 535. Fland., I, sac 4, n° 5.8.	Original scellé.	363
2618	1238	Janvier.	— — villæ Caseletensis.	J. 535. Fland., I, sac 4, n° 5.11.	Original scellé.	363
2619	1238	Janvier.	— — villæ de Courtray.	J. 535. Fland., I, sac 4, n° 5.12.	Original scellé.	363
2620	1238	Janvier.	— — villæ de Dam.	J. 535. Fland., I, sac 4, n° 5.14.	Original scellé.	363
2621	1238	Janvier.	— — villæ de Dikemue.	J. 535. Fland., I, sac 4, n° 5.16.	Original scellé.	363
2622	1238	Janvier.	— — villæ de Dunkerque.	J. 535. Fland., I, sac 4, n° 5.21.	Original scellé.	364
2623	1238	Janvier.	— — villæ Furnensis.	J. 535. Fland., I, sac 4, n° 5.23.	Original scellé.	364

INDEX CHRONOLOGIQUE.

Nos d'ordre	DATES. ANNÉE.	MOIS.	SOMMAIRES.		COTES DES PIÈCES.	NATURE DES PIÈCES.	PAGES.
2624	1238	Janvier.	Similes litteræ	villæ de Gandavo.	J.535. Fland., I, sac 4, n° 5.25.	Original scellé.	364
2625	1238	Janvier.	— —	villæ de Granmont.	J.535. Fland., I, sac 4, n° 5.27.	Original scellé.	364
2626	1238	Janvier.	— —	villæ de Gravelingis.	J.535. Fland., I, sac 4, n° 5.28.	Original scellé.	364
2627	1238	Janvier.	— —	villæ de Hulst.	J.535. Fland., I, sac 4, n° 5.30.	Original scellé.	364
2628	1238	Janvier.	— —	villæ Insulensis.	J.535. Fland., I, sac 4, n° 5.31.	Original scellé.	364
2629	1238	Janvier.	— —	villæ de Mardique.	J.535. Fland., I, sac 4, n° 5.33.	Original scellé.	364
2630	1238	Janvier.	— —	villæ de Novo-portu.	J.535. Fland., I, sac 4, n° 5.35.	Original scellé.	364
2631	1238	Janvier.	— —	villæ de Ostborg.	J.535. Fland., I, sac 4, n° 5.37.	Original scellé.	365
2632	1238	Janvier.	— —	villæ de Oudenbourg (Wadenbourc).	J.535. Fland., I, sac 4, n° 5.47.	Original scellé.	365
2633	1238	Janvier.	— —	villæ de Ponte-Brabantii.	J.535. Fland., I, sac 4, n° 5.41.	Original scellé.	365
2634	1238	Janvier.	— —	villæ de Rodemborc.	J.535. Fland., I, sac 4, n° 5.42.	Original scellé.	365
2635	1238	Janvier.	— —	villæ de Rupplemonde.	J.535. Fland., I, sac 4, n° 5.44.	Original scellé.	365
2636	1238	Janvier.	— —	villæ de Torhout.	J.535. Fland., I, sac 4, n° 5.45.	Original scellé.	365
2637	1238	Janvier.	— —	villæ de Yseudique.	J.535. Fland., I, sac 4, n° 5.49.	Original scellé.	365
2638	1238	Janvier.	Similes litteræ	Philippi de le Wastine.	J.536. Fland., I, sac 4, n° 6.9.	Original scellé.	365
2639	1238	Janvier.	— —	Balduini de Prat.	J.536. Flandre, I, sac 4, n° 6.	Original scellé.	366
2640	1238	Janvier.	— —	G. castellani Berguensis.	J.536. Fland., I, sac 4, n° 6.22.	Original scellé.	366
2641	1238	Janvier.	— —	Riquardi Blavot.	J.536. Fland., I, sac 4, n° 6.94.	Original scellé.	366
2642	1238	Janvier.	— —	Balduini d'Ersebruc et G. de Ziercele.	J.536. Fland., I, sac 4, n° 6.92.	Original scellé.	366
2643	1238	Janvier.	— —	Guillelmi de Grenbergis.	J.536. Fland., I, sac 4, n° 6.12.	Original scellé.	366
2644	1238	Janvier.	— —	Boidini de Havekerque.	J.536. Fland., I, sac 4, n° 6.19.	Original scellé.	366
2645	1238	Janvier.	— —	Guillelmi et Alardi de Heule.	J.536. Fland., I, sac 4, n° 6.68.	Original scellé.	366
2646	1238	Janvier.	— —	Dierquini de Lake.	J.536. Fland., I, sac 4, n° 6.89.	Original scellé.	366
2647	1238	Janvier.	— —	Johannis de Ledde.	J.536. Fland., I, sac 4, n° 6.93.	Original scellé.	366
2648	1238	Janvier.	— —	Girardi de Lens.	J.536. Fland., I, sac 4, n° 6.37.	Original scellé.	366
2649	1238	Janvier.	— —	Guillelmi de Mallenguien.	J.536. Fland., I, sac 4, n° 6.60.	Original scellé.	367
2650	1238	Janvier.	— —	Danielis de Masquelines.	J.536. Fland., I, sac 4, n° 6.25.	Original scellé.	367
2651	1238	Janvier.	— —	Eustachii de Ristune.	J.536. Fland., I, sac 4, n° 6.49.	Original.	367
2652	1238	Janvier.	— —	Guillelmi de S. Audomaro.	J.536. Fland., I, sac 4, n° 6.80.	Original scellé.	367
2653	1238	Janvier.	— —	Rogeri de Winguines.	J.536. Fland., I, sac 4, n° 6.64.	Original scellé.	367
2654	1238	Janvier.	— —	Balduini de Aria.	J.536. Fland., I, sac 4, n° 6.46.	Original scellé.	367
2655	1238	Janvier.	— —	Rogeri de Aulenguien.	J.536. Fland., I, sac 4, n° 6.23.	Original scellé.	367
2656	1238	Janvier.	— —	Girardi de Marbais.	J.395. Securitates, n° 135.	Original scellé.	367
2657	1238	Janvier.	— —	Johannis castellani Insulensis.	J.536. Fland., I, sac 4, n° 6.69.	Original scellé.	367
2658	1238	Janvier.	— —	Gossuini de Manin.	J.536. Fland., I, sac 4, n° 6.11.	Original scellé.	368
2659	1238	Janvier.	— —	Francisci de Mallenguien.	J.536. Fland., I, sac 4, n° 6.16.	Original scellé.	368
2660	1238	Janvier.	— —	Seeri de Mosere.	J.536. Fland., I, sac 4, n° 6.39.	Original scellé.	368
2661	1238	Janvier.	— —	Phylippi de Nantolio.	J.536. Fland., I, sac 4, n° 6.91.	Original scellé.	368
2662	1238	Janvier.	— —	Gossuini de le Victe.	J.536. Fland., I, sac 4, n° 6.73.	Original scellé.	368
2663	1238	Janvier.	— —	Johannis de Formescelles.	J.536. Fland., I, sac 4, n° 6.99.	Original scellé.	368
2664	1238	Janvier.	— —	H. castellani de Gandavo.	J.536. Fland., I, sac 4, n° 6.34.	Original scellé.	368
2665	1238	Janvier.	— —	Wetini de le Haverie.	J.536. Fland., I, sac 4, n° 6.5.	Original scellé.	368
2666	1238	Janvier.	— —	Balduini de Nivelle.	J.536. Fland., I, sac 4, n° 6.83.	Original scellé.	368
2667	1238	Janvier.	— —	Galteri de Pouke.	J.536. Fland., I, sac 4, n° 6.38.	Original scellé.	369
2668	1238	Janvier.	— —	Anselli de Alesnes.	J.536. Fland., I, sac 4, n° 6.72.	Original scellé.	369
2669	1238	Janvier.	— —	Alardi et H. de Borguele.	J.536. Fland., I, sac 4, n° 6.74.	Original scellé.	369

INDEX CHRONOLOGIQUE.

N°s d'ordre.	ANNÉE.	MOIS.	SOMMAIRES.	COTES DES PIÈCES.	NATURE DES PIÈCES.	PAGES.
2670	1238	Janvier.	Similes litteræ R. advocati Atrebatensis.	J. 536. Fland., I, sac 4, n° 6.7.	Original scellé.	369
2671	1238	Janvier.	— — Balduini de Commines.	J. 536. Fland., I, sac 4, n° 6.40.	Original scellé.	369
2672	1238	Janvier.	— — Amorrici de Landast.	J. 536. Fland., I, sac 4, n° 6.70.	Original scellé.	369
2673	1238	Janvier.	— — Galteri de Lingue.	J. 535. Fland., I, sac 4, n° 6.35.	Original scellé.	369
2674	1238	Janvier.	— — Henrici de Moretengne.	J. 536. Fland., I, sac 4, n° 6.6.	Original scellé.	369
2675	1238	Janvier.	— — Karoni de Itume.	J. 536. Fland., I, sac 4, n° 6.88.	Original scellé.	369
2676	1238	Janvier.	— — Johannis de Wellenguehain.	J. 536. Fland., I, sac 4, n° 6.50.	Original scellé.	370
2677	1238	Janvier.	— — Hugonis de Cornhuz.	J. 536. Fland., I, sac 4, n° 6.43.	Original scellé.	370
2678	1238	Janvier.	— — Rasconis de Gavres.	J. 536. Fland., I, sac 4, n° 6.54.	Original scellé.	370
2679	1238	Janvier.	— — Johannis de Hondescote.	J. 536. Fland., I, sac 4, n° 6.61.	Original scellé.	370
2680	1238	Janvier.	— — Ph. de Hondescote.	J. 536. Fland., I, sac 4, n° 6.14.	Original scellé.	370
2681	1238	Janvier.	— — Baldoini de Hissenguien.	J. 536. Fland., I, sac 4, n° 6.27.	Original scellé.	370
2682	1238	Janvier.	— — Philippi de Yppra.	J. 536. Fland., I, sac 4, n° 6.104.	Original scellé.	370
2683	1238	Janvier.	— — Guillelmi de la Warde.	J. 536. Fland., I, sac 4, n° 6.17.	Original scellé.	370
2684	1238	Janvier.	— — Galteri de Fourtmeselles.	J. 536. Fland., I, sac 4, n° 6.10.	Original.	370
2685	1238	Janvier.	— — Johannis de Yppra.	J. 536. Fland., I, sac 4, n° 6.4.	Original scellé.	370
2686	1238	Janvier.	— — Aelidis dominæ de Boulers.	J. 536. Fland., I, sac 4, n° 6.33.	Original scellé.	371
2687	1238	Janvier.	— — G. dicti Diaboli de Gandavo.	J. 536. Fland., I, sac 4, n° 6.84.	Original scellé.	371
2688	1238	Janvier.	— — Hugonis de Estrelan.	J. 536. Fland., I, sac 4, n° 6.36.	Original scellé.	371
2689	1238.	Janvier.	— — Egidii de Hallud.	J. 536. Fland., I, sac 4, n° 6.86.	Original scellé.	371
2690	1238	Janvier.	— — Guillelmi de Hostekerque.	J. 536. Fland., I, sac 4, n° 6.106.	Original scellé.	371
2691	1238	Janvier.	— — Henrici de Nuevuiglyse.	J. 536. Fland., I, sac 4, n° 6.47.	Original.	371
2692	1238	Janvier.	Litteræ Ph. Bituricensis archiepiscopi de quibusdam domibus apud Exoldunum Blanchæ reginæ a G. de Uriaco venditis.	J. 189. Berri, III, n° 5.	Original scellé.	371
2693	1238	9 février.	De compositione inita inter præceptorem hospitalis Jerosolymitani Aurasicensis et R. de Carumbo super bonis dicto hospitali a R. de Murmirione donatis.	J. 309. Toulouse, V, n° 17. 3.	Copie authent.	371
2694	1238	Février.	Litteræ Alberici Carnotensis episcopi de arbitris a se et a domino rege electis super collatione beneficiorum, sede Carnotensi vacante vacantium.	J. 172. Chartres, II, n° 8 et 10.	Originaux scellés.	371
2695	1238	Février.	Securitas facta domino regi, inter manus Galteri Dallos, ejus servientis, a Sigero de Gant pro comite et comitissa Flandriæ.	J. 536. Fland., I, sac 4, n° 6.66.	Original scellé.	372
2696	1238	Février.	Litteræ Sigeri d'Aienguiem militis, ejusdem argumenti et formæ.	J. 536. Fland., I, sac 4, n° 6.103.	Original scellé.	372
2697	1238	Février.	Securitas directe facta domino regi pro dictis comite et comitissa a Margareta domina de Dampetra.	J. 536. Fland., I, sac 6, n° 6.108.	Original scellé.	372
2698	1238	10 mars.	Decanus et capitulum Carnotenses ratum habent compromissum inter regem et Carnotensem episcopum initum.	J. 172. Chartres, II, n° 9.	Original scellé.	372
2699	1238	23 mars.	Ferrandus rex Castellæ Ludovicum regem deprecatur ut conventiones, inter se et socerum suum Pontivi comitem initas, confirmare dignetur.	J. 599. Castille, n° 2.	Original scellé.	372
2700	1238	23 mars.	Litteræ Johannæ reginæ Castillæ pro dicta confirmatione obtinenda.	J. 599. Castille, n° 3.	Original scellé.	373
2701	1238	Mars.	Clementia domina Sanquevillæ collationem præbendarum Sanquevillæ domino regi pro medietate concedit.	J. 360. Patronages en Normandie, n° 1.	Original scellé.	373

INDEX CHRONOLOGIQUE.

Nos d'ordre.	DATES. ANNÉE.	MOIS.	SOMMAIRES.	COTES DES PIÈCES.	NATURE DES PIÈCES.	PAGES.
2702	1238	Mars.	Charta venditionis factæ Henrico Remensi archiepiscopo a capitulo B. Mariæ Magdalenæ Virdunensis.	J. 207. Mouzon, n° 5.	Original scellé.	373
2703	1238	23 avril.	Radulfus Virdunensis episcopus prædictam venditionem a se confirmatam declarat.	J. 207. Mouzon, n° 6.	Original scellé.	374
2704	1238	Avril. Après Pâques.	Litteræ Ludovici regis pro executoribus testamenti Philippi comitis Boloniæ.	J. 238. Boulogne, I, n° 35.	Original scellé.	374
2705	1238	Avril. Après Pâques.	Johannes dux Britanniæ castrum de Beverone et quædam alia domino regi in perpetuum concedit.	J. 241. Bret. Coffre, n° 15. 1. J. 240. Bret. Layette, n°s 5 et 10.	Original scellé. Copies.	374
2706	1238	Avril. Après Pâques.	Litteræ Petri de Brena super quittatione castri de Beverone et aliis.	J. 241. Bret. Coffre, n° 15. 2. J. 240. Bretagne. Layette, n° 3.	Original scellé. Copie.	375
2707	1238	Avril. Après Pâques.	Litteræ Petri Rothomagensis archiepiscopi de lignaminibus sibi a domino rege concessis pro duabus domibus ædificandis.	J. 212. Rouen, I, n° 4.	Original scellé.	376
2708	1238	Avril. Après Pâques.	Quod Ruffus de Murmirione se et omnia bona sua, in articulo mortis, domui Aurasicensi donavit.	J. 309. Toulouse, V, n° 17. 2.	Copie authent.	376
2709	1238	6 mai.	Déclaration des limites qui séparent la seigneurie de Gémil de la seigneurie de la Serre.	J. 328. Toulouse, XIX, n° 1. 9.	Copie. Roman.	376
2710	1238	11 mai.	Instrumentum de feodis Raimundo Tolosano comiti a domina Gentili de Jenciaco propter defectum homagii derelictis.	J. 326. Toulouse, XVII, n°s 28 et 29.	Originaux.	376
2711	1238	13 mai.	Litteræ Gregorii papæ IX quod sententia excommunicationis, in homines comitis Tolosani lata, per tres menses suspendatur.	J. 430. Bulles contre les hérétiques, n° 19.	Original scellé.	377
2712	1238	13 mai.	Alteræ ejusdem papæ litteræ Agenensi episcopo inscriptæ.	J. 430. Bulles contre les hérétiques, n° 20.	Original scellé.	377
2713	1238	14 mai.	Instrumentum de bonis Tolosano comiti ab Aimerico de Castro-novo derelictis.	J. 330. Toulouse, XXI, n° 13.	Original.	377
2714	1238	23 mai.	Isarns, vicomte de S. Antonin, concède à son neveu R. de Caussade tout ce qu'il possède en la ville de S. Antonin.	J. 328. Toulouse, XIX, n° 4. 2.	Copie. Roman.	378
2715	1238	23 mai.	Rédaction latine de l'acte précédent.	J. 328. Toulouse, XIX, n° 3. 2.	Copie.	378
2716	1238	26 mai.	Bernardus Guillelmus Gayta-Podium sextam partem cujusdam molendini Bernardæ relictæ Tolosani de Murello concedit.	J. 330. Toulouse, XXI, n° 5. 2.	Copie.	378
2717	1238	3 juin.	Petrus Major et Bartholomeus ejus frater, se, progeniem suam, et omnia bona sua comiti Tolosano in perpetuum tradunt.	J. 329. Toulouse, XX, n° 7.	Copie.	378
2718	1238	15 juin.	De relevamine castellaniæ Mosomensis Remensi archiepiscopo a Nicholao Mosomensi castellano recognito et reddito.	J. 307. Mouzon, n° 7.	Original scellé.	378
2719	1238	20 juin.	Nuncupativum testamentum Raimundi Berengarii Provinciæ comitis.	J. 407. Testaments des Lusignans, n° 1.	Copie ancienne.	378
2720	1238	20 juin.	Amarricus de Corcellis, ballivus Arverniæ, dominum regem deprecatur ut homagium Astorgii de Mayencac recipere velit.	J. 271. Auvergne, I, n° 4.	Original.	383
2721	1238	25 juin.	R. relicta B. de Miramonte, quidquid a patre suo acceperat in dotem apud villam de Cepeto et alibi fratribus suis derelinquit.	J. 330. Toulouse, XXI, n° 14.	Copie ancienne.	383
2722	1238	Juin. Du 7 au 28.	Bail à cens de diverses maisons situées à Bessières.	J. 325. Toulouse, XVI, n° 18.	Original roman.	383
2723	1238	Juin. Du 7 au 28.	Bail d'une pièce de pré située à Astrex.	J. 325. Toulouse, XVI, n° 20.	Original roman.	383
2724	1238	29 juin.	A. de Corcellis, ballivus Arverniæ, dominum regem deprecatur ut homagium domini de Orleirgue recipiat.	J. 271. Auvergne, I, n° 5.	Original.	383

INDEX CHRONOLOGIQUE.

N^{os} d'ordre.	ANNÉE.	MOIS.	SOMMAIRES.	COTES DES PIÈCES.	NATURE DES PIÈCES.	PAGES.
2725	1238	Juin. Du 1er au 29.	Bail d'une pièce de terre située à Bessières consenti par G. de Gamevila à B. Grimant.	J. 325. Toulouse, XVI, n° 22.	Original roman.	383
2726	1238	Juin.	De compositione quam cum rege magister Templi in Francia inivit super vicaria cujusdam capellaniæ in ecclesia Pissiacensi.	J. 360. Patronages en Normandie, n° 3.	Original scellé.	383
2727	1238	Juin.	Litteræ Simonis Columbensis abbatis de capella sub invocatione S. Egidii a domino rege in ecclesia S. Germani instituta.	J. 461. Fondations, II, n° 10.	Original scellé.	384
2728	1238	6 juillet.	Amaricus de Corcellis, ballivus Arverniæ, dominum regem deprecatur ut homagium Stephani de Pratloba recipiat.	J. 271. Auvergne, I, n° 3.	Original scellé.	384
2729	1238	20 juillet.	Gregorius papa IX Blancham reginam Franciæ hortatur ut ad relevationem imperii Romaniæ adjuvet.	J. 696. Bulles. Mélanges, n° 5 bis.	Original scellé.	384
2730	1238	Juillet.	Obligatio Erardi de S. Remigio de garda Sanctæ Menchildis.	J. 197. Champagne, V, n° 44.	Original scellé.	384
2731	1238	Juillet.	Litteræ A. præpositi de castro Seprio, quod excommunicationis sententiæ, occasione cujusdam præbendæ Pontisarensis latæ, revocentur.	J. 360. Patronages en Normandie, n° 2.	Original scellé.	385
2732	1238	Juillet.	De villa Mortuæ-aquæ Gilleberto de Calvomonte ab Hugone de Fisca impignorata et ab eodem recuperata.	J. 193. Champagne, I, n° 26.	Original.	385
2733	1238	Juillet.	Theobaldus rex Navarræ, etc., donationem a Gilone de Capella de Lacon ecclesiæ de Argencolis factam confirmat.	J. 197. Champagne, V, n° 45.	Original.	385
2734	1238	Juillet.	Isabellis de Brana pondus et quidquid juris tenebat apud Pruvinum Theobaldo, regi Navarræ, etc., cedit.	J. 203. Champagne, XI, n° 36.	Original.	385
2735	1238	Juillet.	Johannes comes Matisconensis præcedentem cessionem ab Isabelli sorore sua factam confirmat.	J. 202. Champagne, X, n° 17.	Original scellé.	386
2736	1238	10 août.	Litteræ Gregorii papæ IX domino regi Franciæ de absolutione comiti Tolosano concessa.	J. 446. Croisades, 1er sac, n° 39.	Original scellé.	386
2737	1238	13 août.	R. Guillelmus de Villamuro et ejus frater quidquid habebant apud Columbiacum Bertrando de Veceriis vendunt.	J. 324. Toulouse, XV, n° 9. 1.	Copie ancienne.	386
2738	1238	20 août.	Gregorius papa IX episcopo Soranensi injungit ut comitem Tolosanum excommunicatione absolvat.	J. 696. Bulles. Mélanges, n° 10.	Original scellé.	386
2739	1238	20 août.	Orguolhosius de Orguolhio, Trauca et Guordonus R. Tolosano comiti pro villa de Orguolhio homagium præstant.	J. 314. Toulouse, VII, n° 75.	Original.	387
2740	1238	28 août.	De villa Montispessulani et castro de Latis comiti Tolosano ab episcopo Magalonensi in feudum datis.	J. 323. Toulouse, XIV, n° 78.	Copie ancienne.	387
2741	1238	Août.	Securitas facta domino regi ab Hugone de Valeriaco pro Johanne de Tociaco.	J. 395. Securitates, n° 136.	Original scellé.	389
2742	1238	3 septembre.	De homagio et dominio castri et villæ de Bainac comiti Tolosano a Guiraldo abbate Sarlatensi translatis.	J. 309. Toulouse, V, n° 16.	Original scellé.	389
2743	1238	3 septembre.	Raimundus Tolosæ comes castrum et villam de Bainac Galhardo de Bainac et ejus heredibus in feodum confert.	J. 309. Toulouse, V, n° 15.	Original scellé.	390
2744	1238	4 septembre.	De sacrosancta corona spinea N. Quirino a bajulo, constabulo et marescallo imperii Constantinopolitani pignori data.	J. 155. Sainte-Chapelle de Paris, n°s 1 et 2.	Original scellé. Copie.	391
2745	1238	20 octobre.	A. Carnotensis episcopus capellam infra muros castri Meduntæ sitam in parochialem ecclesiam erigit.	J. 172. Chartres, II, n° 6.	Original scellé.	392

INDEX CHRONOLOGIQUE.

Nos d'ordre.	DATES. ANNÉE.	DATES. MOIS.	SOMMAIRES.	COTES DES PIÈCES.	NATURE DES PIÈCES.	PAGES.
2746	1238	20 octobre.	Sentence rendue contre W. de Deime et ses hommes par les consuls de Montguiscard.	J. 317. Toulouse, VIII, n° 26.	Original roman.	392
2747	1238	12 novembre.	Concordia inita inter comitem Pontivensem et Drocensem comitissam pro electione arbitrorum.	J. 225. Ponthieu, n° 25. Ibid., nos 6 et 16.	Original. Copies anciennes.	392
2748	1238	Novembre.	Odo abbas S. Dionysii et M. comitissa Boloniæ boscum suum de Aioto hominibus de Vernulio et de Kiu ad censum tradunt.	J. 156. Saint-Denis en France, n° 2.	Original scellé.	393
2748²	1238	Novembre.	Geraldus abbas Sarlatensis domino regi fidelitatem jurat.	J. 627. Serments, n° 9.	Original scellé.	656
2749	1238	Décembre.	Bail d'une terre située à Bessières, consenti par W. de Guamevila à Ros de Bessières.	J. 325. Toulouse, XVI, n° 14.	Original roman.	394
2750	1238	Décembre.	Bail d'un jardin sis à Bessières, consenti par W. de Guamevila à P. Sabateir.	J. 325. Toulouse, XVI, n° 16.	Original roman.	394
2751	1238	Décembre.	Bail de diverses maisons situées à Bessières, consenti par le même à W. Gelis.	J. 325. Toulouse, XVI, n° 21.	Original roman.	394
2752	1238	Décembre.	Ada domina de Hans se feminam recognoscit Th. Campaniæ comitis.	J. 202. Champagne, X, n° 18.	Original scellé.	394
2753	1238	Décembre.	Litteræ magnatum imperii Romaniæ N. Quirino ut, accepto pignoris pretio, sacrosanctam coronam restituat.	J. 155. Sainte-Chapelle de Paris, n° 2.	Déficit. Texte d'après le Reg. JJ. F.	395
2754	1238	Décembre.	J. de Barris, miles, allodium suum Congiaci in augmentum feodi, quod tenebat de comite Campaniæ, ponit.	J. 205. Champagne, XIII, n° 19.	Original.	395
2755	1238	Décembre.	Ph. Bituricensis archiepiscopus recognoscit se a ballivo Bituricensi cui. libras et ii. sol. pro vino regali recepisse.	J. 346. Régale, I, n° 25.	Original scellé.	395
2756	1238	Décembre.	J. de Tociaco sese obligat ad castrum Vallis-Guidonis domino regi tradendum.	J. 399. Promesses, n° 36.	Original scellé.	395
2757	1238	....	Securitas facta domino regi pro dicto J. de Tociaco ab H. domino Soliaci.	J. 399. Promesses, n° 37.	Déficit.	396
2758	1239	26 janvier.	B. de Rocovilla et ejus fratres quidquid habebant apud Faiam, Tricinilhium et Lantare comiti Tholosæ vendunt.	J. 323. Toulouse, XIV, n° 79.	Original.	396
2759	1239	29 janvier.	Pactum initum inter Centullum de Condomio et comitem Tholosæ pro pecunia in partibus Britanniæ recuperanda.	J. 317. Toulouse, VIII, n° 25.	Original.	396
2760	1239	Janvier.	Confirmation de fief par W. de Guamevila à W. Vidal de Bessières.	J. 325. Toulouse, XVI, n° 18.	Original roman.	396
2761	1239	Janvier.	Litteræ Henrici domini Soliaci de rachato comitatus Drocensis.	J. 218. Dreux, n° 17.	Original.	396
2762	1239	Janvier.	O. Ragoz, dominus S. Sepulchri, a comite Campaniæ rogat ut manumissionem H. de Chauviniaco et ejus familiæ confirmare velit.	J. 196. Champagne, IV, n° 30.	Original.	397
2763	1239	Janvier.	Litteræ H. Claromontensis episcopi, de permutatione feodorum quam cum E. domino Montis Buxerii inivit.	J. 395. Languedoc, n° 8.	Original scellé.	397
2764	1239	4 février.	Litteræ magistrorum universitatis Tolosæ Soranensi episcopo de salario quod a comite Tolosæ acceperunt.	J. 307. Toulouse, IV, n° 7.	Déficit. Texte d'après D. Vaissete.	397
2765	1239	5 février.	P. B. de Raimundivilla et ejus fratres se et omnem progeniem suam comiti Tolosano in perpetuum concedunt.	J. 314. Toulouse, VII, n° 15.	Original.	397
2766	1239	24 février.	Raimundus, Tolosæ comes, etc., ratione habita cum Johanne de Orlaco, recognoscit se ei d. ccc. xxx. libras Melg. debere.	J. 318. Toulouse, IX, n° 33.	Original.	398
2767	1239	24 février.	Raimundus comes terminos statuit pro solutione prædictæ pecuniæ.	J. 318. Toulouse, IX, n° 34.	Original.	398

INDEX CHRONOLOGIQUE.

N°s d'ordre.	ANNÉE.	MOIS.	SOMMAIRES.	COTES DES PIÈCES.	NATURE DES PIÈCES.	PAGES.
2768	1239	25 février.	Ordinatio Guidonis, comitis Nivernensis, pro solutione debitorum a se et uxore sua communiter contractorum.	J. 256. Nevers, n° 15.	Original scellé.	398
2769	1239	Février. Du 4 au 25.	Vente d'une maison sise à Bessières, consentie par W. Delmas à P. d'Albi, à sa femme et à leurs héritiers.	J. 324. Toulouse, XV, n° 10.	Original roman.	399
2770	1239	Février. Du 7 au 28.	Bail à cens du lieu dit la Roca d'Avertmatz et d'un terrain sur la rive du Tarn, consenti par W. de Guamevila à G. Bernat.	J. 325. Toulouse, XVI, n° 17.	Original roman.	399
2771	1239	Février.	Mandatum Erardi de Brena Stephano de Salligniaco ut comiti Campaniæ homagium præstet.	J. 193. Champagne, I, n° 24.	Original scellé.	399
2772	1239	Février.	Litteræ H. Remensis archiepiscopi, quod Elisabet de Brena, soror sua, nihil habet in grueria nemorum de Maruel.	J. 197. Champagne, V, n° 43.	Original.	400
2773	1239	Février.	Litteræ Johannis de Brena, comitis Matisconensis, de eodem argumento.	J. 202. Champagne, X, n° 16.	Original.	400
2774	1239	Février.	Margareta de Berella recognoscit se nemus Heredum et feodum Quinciaci comiti Campaniæ vendidisse.	J. 203. Champagne, XI, n° 35.	Original.	400
2775	1239	Février.	P. Rothomagensis archiepiscopus usuagium quod habebat in foresta de Romara domino regi cedit, recompensatione accepta.	J. 212. Rouen, I, n° 3.	Original scellé.	400
2776	1239	Février.	Litteræ J. comitis Matisconensis et Aalidis comitissæ, uxoris ejus, de cessione comitatus Matisconensis.	J. 252. Bourgogne, V, n° 2.	Original scellé.	400
2777	1239	Février.	Litteræ Aimerici vicecomitis Castri-Eraudi de rachato sui vicecomitatus.	J. 395. Securitates, n° 137.	Original scellé.	401
2778	1239	22 mars.	R., Anselli de Garlanda primogenitus, ratam habet assignationem M. Bonifacii a patre suo factam in præpositura Turnomii.	J. 165. Valois, III, n° 32.	Original scellé.	401
2779	1239	Mars. Avant Pâques.	Bail d'une métairie sise à Bessières, consenti par W. de Gamevila à B. Clerge et consorts.	J. 325. Toulouse, XVI, n° 15.	Original roman.	402
2780	1239	Mars. Avant Pâques.	Échange de cens entre W. de Gamevila et W. Capel de Bessières.	J. 325. Toulouse, XVI, n° 19.	Original roman.	402
2781	1239	Mars. Avant Pâques.	Bail d'un local sis à Bessières, consenti par W. de Guamevila et Capel de Bessières à R. Faure et à ses héritiers.	J. 325. Toulouse, XVI, n° 24.	Original roman.	402
2782	1239	Mars. Avant Pâques.	Bail de l'eau et du passage d'Avertimatz, sur le Tarn, consenti par B. de Bessières et W. de Guamevila à R. Vifranc et consorts.	J. 325. Toulouse, XVI, n° 23.	Original roman.	402
2783	1239	Mars. Avant Pâques.	Litteræ Guillelmi Parisiensis episcopi de decima Faveriarum ab Anselmo de Garlanda redempta.	J. 165. Valois, III, n° 31.	Original scellé.	402
2784	1239	Mars. Avant Pâques.	Litteræ ejusdem de xxiv. libris annui redditus in pedagio et præpositura Turnomii M. Bonifacii ab A. de Garlanda venditis.	J. 165. Valois, III, n° 32 bis.	Original scellé.	402
2785	1239	Mars. Avant Pâques.	Litteræ A. de Corcellis, constabuli Arverniæ, de quodam feodo R. de Sabazac et ejus heredibus in excambium concesso.	J. 622. Hommages, II, n° 20.	Original scellé.	403
2786	1239	Mars. Avant Pâques.	Capitulum Suessionense unam missam annuatim celebrandam, et perpetuum anniversarium L. regi et ejus matri concedit.	J. 461. Fondations, II, n° 11.	Original scellé.	403
2787	1239	9 avril.	Homagium comiti Tolosano ab Ademario comite Valentinensi præstitum.	J. 318. Toulouse, IX, n° 35.	Original scellé.	403
2788	1239	11 avril.	Litteræ Resbacensis conventus Th. regi Navarræ, etc., pro licentia abbatis eligendi.	J. 198 A. Champagne, VI, n° 74.	Original.	404
2789	1239	11 avril.	Amauricus, comes Montisfortis, Simoni fratri suo honorem Leycestriæ totum concedit.	J. 628. Angleterre, II, n° 14.2.	Copie ancienne.	404

INDEX CHRONOLOGIQUE.

Nos d'ordre.	ANNÉE.	MOIS.	SOMMAIRES.	COTES DES PIÈCES.	NATURE DES PIÈCES.	PAGES.
2790	1239	26 avril.	Litteræ comitis et comitissæ Flandriæ de prorogatione quam a domino rege obtinuerunt pro pecunia solvenda.	J. 536. Flandre, I, sac 4, n° 9.	Original.	405
2791	1239	Avril.	Ludovicus rex ratam habet ordinationem Guidonis comitis Nivernensis pro solutione debitorum suorum. (Vid. n° 2768.)	J. 256. Nevers, n° 17.	Original.	405
2792	1239	3 mai.	Litteræ Tolosani comitis abbati Cisterciensi a quo prorogationem debiti solvendi petit.	J. 309. Toulouse, V, n° 10. 6.	Copie authent.	406
2793	1239	14 mai.	P. B. de Murmirione quidquid habebat apud Murmirionem et Flassanum domui Hospitalis Jerosolymitani de Aurasica legat.	J. 309. Toulouse, V, n° 17. 4.	Copie authent.	406
2794	1239	15 mai.	Instrumentum homagii quod G. Carpentoratensis episcopus comiti Tolosæ præstitit.	J. 311. Toulouse, V, n° 56.	Original scellé.	406
2795	1239	30 mai.	Conventiones initæ inter ducem Burgundiæ et comitem Nivernensem de feodo Johannis quondam comitis Cabilonensis.	J. 256. Nevers, n° 18.	Original scellé.	408
2796	1239	Mai.	Reconnaissance de fief faite au roi de Navarre, comte de Champagne, par Pierre Tristanz, chevalier.	J. 198 A. Champagne, VI, n° 75.	Original.	408
2797	1239	Mai.	S. de Lumbuis cum archiepiscopo Remensi componit de justitia Villaris ante Mosomum, de fundo et quibusdam aliis.	J. 207. Mouzon, n° 8.	Original scellé.	409
2798	1239	Mai.	H. decanus Bellimontis notum facit uxorem et liberos S. de Lumbuis præcedentem compositionem ratam habuisse.	J. 207. Mouzon, n° 9.	Original scellé.	409
2799	1239	Mai.	Securitas Anserici de Monteregali super conventionibus quas dux Burgundiæ habet cum domino rege.	J. 254. Bourgogne, VI, n° 1.	Original scellé.	409
2800	1239	Mai.	Similes litteræ Guillelmi domini de Tilio.	J. 254. Bourgogne, VI, n° 2.	Original scellé.	409
2801	1239	Mai.	— — Willelmi de Vergeio	J. 254. Bourgogne, VI, n° 3.	Original scellé.	409
2802	1239	Mai.	— — Milonis domini Noeriorum.	J. 254. Bourgogne, VI, n° 4.	Original scellé.	409
2803	1239	Mai.	— Guill. de Monte S. Johannis.	J. 254. Bourgogne, VI, n° 5.	Original scellé.	410
2804	1239	19 juin.	De prima pensione mille librarum Archembaldo domino Borbonii a comite et comitissa Nivernensi soluta.	J. 256. Nevers, n° 19.	Original.	410
2805	1239	27 juin.	Litteræ R. episcopi Ebroicensis de quadam terra apud Vallem Rodolii domino regi a P. de Malliaco et ejus uxore vendita.	J. 214. Pont-de-l'Arche, n° 2. 2.	Original scellé.	410
2806	1239	Juin.	Hommage rendu au comte de Toulouse par R. Bernard de Durfort, pour les fiefs de Puycornet, Espanel, etc.	J. 314. Toulouse, VII, n° 17.	Déficit.	410
2807	1239	Juin.	Erardus de Gallanda sese obligat ad domum fortem de Hussein Ansello de Gallanda tradendam.	J. 165. Valois, III, n° 16.	Original scellé.	410
2808	1239	Juin.	Litteræ P. de Brana de cc. libris M. uxori suæ super præpositura Rupellæ assignatis et post ejus mortem regi revertendis.	J. 180. Poitou, n° 6.	Original scellé.	410
2809	1239	Juin.	De villa Columbeio-ad-duas-ecclesias quam G. dominus Wangionis-rivi tenet de comite Campaniæ.	J. 193. Champagne, I, n° 28.	Original.	410
2810	1239	Juin.	Homagium ab Hugone de Antigneio Theobaldo comiti Campaniæ pro cxl. libratis terræ præstitum.	J. 193. Champagne, I, n° 29.	Original.	411
2811	1239	Juin.	Litteræ J. castellani Noviomensis et Thorotæ de forteritia apud Ellebauderias ex licentia comitis Campaniæ a se constructa.	J. 196. Champagne, IV, n° 32.	Original scellé.	411
2812	1239	Juin.	W. abbas et conventus de Recluso usuarium suum in foresta de Waudo comiti Campaniæ cedunt, recompensatione accepta.	J. 197. Champagne, V, n° 46.	Original.	411

INDEX CHRONOLOGIQUE.

Nos d'ordre.	DATES. ANNÉE.	MOIS.	SOMMAIRES.	COTES DES PIÈCES.	NATURE DES PIÈCES.	PAGES.
2813	1239	Juin.	Similes litteræ abbatis et conventus de Castriciis pro usuario quòd habebant in foresta de Veireriis.	J. 197. Champagne, V, n° 47.	Original.	411
2814	1239	Juin.	Abbas et conventus de Castriciis recognoscunt ecclesiam suam, cum omnibus bonis suis, esse de custodia comitis Campaniæ.	J. 197. Champagne, V, n° 48.	Original.	411
2815	1239	Juin.	*Charta pariagii quod abbas de Castriciis cum comite Campaniæ inivit pro villa Montisrotundi.*	J. 197. Champagne, V, n° 49.	Original.	412
2816	1239	Juin.	Abbas et conventus de Joiaco usuarium quod habebant in nemore Heredum comiti Campaniæ cedunt.	J. 203. Champagne, XI, n° 38.	Original.	412
2817	1239	Juin.	Litteræ Meldensis episcopi quod fratres Domus Dei Meldensis usuarium suum in nemore de Maant comiti Campaniæ quittaverunt.	J. 203. Champagne, XI, n° 39.	Original.	412
2818	1239	Juin.	De litteris patentibus super quittatione præfati usuarii a prædictis fratribus comiti Campaniæ quam citius tradendis.	J. 203. Champagne, XI, n° 40.	Original scellé.	413
2819	1239	Juin.	*Litteræ Hugonis ducis Burgundiæ de feodis Charrolii et Montis S. Johannis et de conventionibus a se cum rege habitis.*	J. 247. Bourgogne, I, n° 9.	Original scellé.	413
2820	1239	Juin.	*Homagium Johannis comitis Burgundiæ pro villa de Columniers.*	J. 247. Bourgogne, I, n° 10.	Original scellé.	413
2821	1239	Juin.	Litteræ Margaretæ, dominæ Montisacuti, etc., de cc. libris annui redditus, sibi ad vitam a rege assignatis.	J. 295. Languedoc, n° 9.	Original scellé.	414
2822	1239	Juin.	*Litteræ Hugonis ducis Burgundiæ super feodo de Columniers.*	J. 247. Bourgogne, I, n° 11.	Original scellé.	414
2823	1239	Juin.	De quibusdam modiis bladi et avenæ a Guidone de Autrechia et ejus uxore ecclesiæ S. Petri Suessionensis venditis.	J. 383. G. et H. de Châtillon, n° 18.	Original scellé.	414
2824	1239	24 juillet.	R. episcopus et capitulum Lingonenses recognoscunt villam de Choons esse de feodo regis Franciæ.	J. 201. Champagne, IX, n° 19.	Original scellé.	414
2825	1239	Juillet.	M. Toquins terram sitam in parrochiagio de Sains, a se de novo acquisitam, de comite Campaniæ tenere profitetur.	J. 193. Champagne, I, n° 30.	Original.	415
2826	1239	Juillet.	Litteræ R. Lingonensis episcopi de excambio quod cum comite Campaniæ inivit.	J. 201. Champagne, IX, n° 18.	Original.	415
2827	1239	Juillet.	W. de Braisilva cxx. arpenta nemoris quod dicitur a Braibant comiti Campaniæ cedit pro gruaria ejusdem nemoris.	J. 203. Champagne, XI, n° 43.	Original scellé.	415
2828	1239	Juillet.	Isabellis de Braisilva se præfatum excambium ratum habere declarat.	J. 203. Champagne, XI, n° 2.	Original.	415
2829	1239	Juillet.	Adam Silvanectensis episcopus notas facit conditiones præcedentis excambii.	J. 203. Champagne, XI, n° 41.	Original.	415
2830	1239	Juillet.	L. rex se ratum habere declarat excambium ab episcopo Lingonense cum comite Campaniæ initum. (Vid. n° 2826.)	J. 203. Champagne, XI, n° 44.	Original.	415
2831	1239	Juillet.	Abbas et conventus Resbacenses usuarium quod habebant in silva de Medanto comiti Campaniæ vendunt.	J. 203. Champagne, XI, n° 45.	Original scellé.	416
2832	1239	Juillet.	P. de Malliaco L. libratas terræ apud Vallem-Rodolii domino regi vendit.	J. 214. Pont de l'Arche, n° 2.	Original.	416
2833	1239	Août.	*Litteræ comitis et comitissæ Boloniæ de gratia sibi facta a domino rege pro focagio terræ suæ in Normannia.*	J. 328. Boulogne, I, n° 36.	Original scellé.	416
2834	1239	Septembre.	Th. comes et J. comitissa Flandriæ nota faciunt statuta domus hospitalis quam apud Insulam instituerunt.	J. 464. Fondations, III, n° 2.	Copie ancienne.	416

INDEX CHRONOLOGIQUE.

N⁰ˢ d'ordre	ANNÉE	MOIS	SOMMAIRES.	COTES DES PIÈCES.	NATURE DES PIÈCES.	PAGES.
2835	1239	21 octobre.	Litteræ Gregorii papæ IX Ludovico regi quibus ejus auxilium in Fredericum imperatorem postulat.	J. 352. Bulles honorables, n° 1.	Original scellé.	416
2836	1239	21 octobre.	Litteræ ejusdem papæ ad Blancham reginam de eodem argumento.	J. 696. Bulles. Mélanges, n° 11.	Original scellé.	418
2837	1239	Octobre.	Litteræ J. Turonensis archiepiscopi de domo apud Breis et quibusdam redditibus a P. de Brocia Johanni fratri suo assignatis.	J. 726. Pierre de la Brosse, n° 4.	Original scellé.	419
2838	1239	14 novembre.	B. de la Roca reconnaît tenir en fief du comte de Toulouse Saint-Remy et la bastide de Bertrand Dalard.	J. 314. Toulouse, VII, n° 16.	Original roman.	419
2839	1239	27 novembre.	Vente faite au comte de Toulouse par R. Bernard de Durfort de tout ce qu'il possédait à Castelnau et aux environs.	J. 323. Toulouse, XIV, n° 80.	Original roman.	419
2840	1239	Novembre.	Bail d'un jardin sis à Bessières, consenti par G. de Guamevila à W. Merceir et à ses héritiers.	J. 325. Toulouse, XVI, n° 28.	Original roman.	419
2841	1239	Novembre.	Bail d'une vigne et d'une métairie situées à Bessières, consenti par W. de Guamevila à dame G. Marti et à ses héritiers.	J. 325. Toulouse, XVI, n° 29.	Original roman.	419
2842	1239	Décembre.	Fr. imperator comitatum Forcalquerii, a comite Provinciæ propter ejus malefacta ablatum, comiti Tolosano transfert.	J. 610. Empereurs d'Allemagne, n° 4. J. 340. Montpellier, II, n° 21.	Original scellé. Copie ancienne.	419
2843	1239	Décembre.	M. comitissa Pontivi ecclesiæ S. Judoci xxx. sol. annui redditus assignat pro anniversario patris sui celebrando.	J. 235. Ponthieu, n° 27.	Original scellé.	420
2844	1239	. . . .	Litteræ P. de Brena de conventionibus inter se et dominum regem initis quoad Castrumcelsum.	J. 399. Promesses, n° 38.	Original.	420
2845	1239	. . . .	J. Magalonensis episcopus feodum Montispessulani a rege Aragoniæ ablatum, comiti Tolosano transfert. (Vid. n° 2740.)	J. 340. Montpellier, II, n° 20.	Déficit.	421
2845²	Vers 1239	. . . .	Quod nil damni comiti Leycestriæ a W. de Champayne ex parco de Chinlistone inferatur.	J. 628. Angleterre, II, n° 14. 6.	Copie ancienne.	657
2845³	Vers 1239	. . . .	S. de Aneto wardam quam habebat in villa Leycestriæ comiti Leycestriæ cedit.	J. 628. Angleterre, II, n° 14. 7.	Copie ancienne.	657
2846	1240	Janvier.	Renaudus dominus Pogiaci se hominem comitis Campaniæ profitetur.	J. 196. Champagne, IV, n° 31.	Original.	421
2847	1240	8 février.	Testamentum Raimundi de Dornanio.	J. 322. Toulouse, XIII, n° 61.	Original.	421
2848	1240	10 février.	De D. libris Turon. a M. comitissa Nivernensi F. Gueris, vicegerenti G. comitis Nivernensis in comitatu Forensi, solutis.	J. 256. Nevers, n° 20.	Original scellé.	421
2849	1240	10 février.	Attestatio de terris quas Arnaldus Rotbartus et ejus uxor tenebant.	J. 328. Toulouse, XIX, n° 15.	Original.	422
2850	1240	Février.	De emenda quam Galterus de Lignea fecit domino regi propter quemdam hominem absque forma judicii justitiatum.	J. 421. Obligations, I, n° 2.	Original.	422
2851	1240	Février.	Galterus de Lignea, pater, pro Galtero filio suo, se erga dominum regem plegium constituit.	J. 392. Dettes dues au Roi, n° 3.	Original.	422
2852	1240	Février.	Litteræ Maelini de Meterna, constabularii Flandriæ, ejusdem argumenti et formæ.	J. 395. Securitates, n° 138.	Original.	422
2853	1240	18 mars.	Déclaration des limites du fief tenu par B. Berenguera en la seigneurie de Gemil.	J. 328. Toulouse, XIX, n° 1. 5.	Copie. Roman.	422
2854	1240	Mars.	Échange de cens entre W. de Gamevila et W. Capel de Bessières.	J. 325. Toulouse, XVI, n° 25.	Original roman.	423
2855	1240	Mars.	Bail d'une éminée de pré située à Font-Domargal, consenti par W. de Guamevila à Maître Targuanaira.	J. 325. Toulouse, XVI, n° 26.	Original roman.	423

INDEX CHRONOLOGIQUE.

N°s d'ordre	DATES. ANNÉE.	MOIS.	SOMMAIRES.	COTES DES PIÈCES.	NATURE DES PIÈCES.	PAGES.
2856	1240	Mars.	Bail d'un jardin sis à Bessières, consenti par G. de Gamevila à W. de Monier.	J. 325. Toulouse, XVI, n° 27.	Original roman.	423
2857	1240	Mars.	Accord conclu par l'abbé et le chapitre de Saint-Martin de Tournai avec Arnoul, châtelain de Tournai.	J. 528. Mortagne et Tournai, n° 1.	Original scellé.	423
2858	1240	Mars.	Litteræ securitatis datæ domino regi a Johanne comite Britanniæ.	J. 240. Bretagne. Layette, n°s 15 et 21.	Copies.	425
2859	1240	Mars.	Andreas dominus Vitriaci se erga dominum regem pro comite Britanniæ plegium constituit.	J. 241. Bret. Coffre, n° 17. 4. J. 240. Bret. Layette, n° 11.	Original scellé. Copie.	425
2860	1240	Mars.	Similes litteræ Radulphi domini Fulgeriarum.	J. 241. Bret. Coffre, n° 16. 2.	Original scellé.	426
2861	1240	Mars.	— — Droconis de Melloto.	J. 241. Bret. Coffre, n° 17. 1.	Original scellé.	426
2862	1240	Mars.	— — Gaufridi de Poonceio.	J. 241. Bret. Coffre, n° 17. 2.	Original scellé.	426
2863	1240	Mars.	— — Gaufridi domini Castri Brientii.	J. 241. Bret. Coffre, n° 17 3. J. 240. Bret. Layette, n° 12.	Original scellé. Copie.	426
2864	1240	Mars.	— — Henrici de Avalgor.	J. 241. Bret. Coffre, n° 17. 5.	Original.	426
2865	1240	Mars.	Johannes dux Britanniæ Rudulphum de Fougeriis pro se erga dominum regem plegium constituit.	J. 241. Bret. Coffre, n° 16. 1.	Original scellé.	426
2866	1240	Mars.	De quingentis libris a Nivernensi comitissa Guigoni comiti, marito suo, solutis.	J. 256. Nevers, n° 16.	Original.	427
2867	1240	Mars.	Litteræ Jacobi Suessionensis episcopi quod R. de Basochiis feodum de Bailluel Balduino de Bailluel quitavit.	J. 622. Hommages, II, n° 21. 2.	Original.	427
2868	1240	Mars.	Robertus de Basochiis quædam allodia sua sub homagio episcopi Suessionensis reponit, loco feodi de Baillol.	J. 622. Hommages, II, n° 21. 1.	Original.	427
2869	1240	19 avril.	W. de Gamevila dat in feodum Arnaldo Coge de Garigduit pratum de Bazinas.	J. 325. Toulouse, XVI, n° 31.	Original.	428
2870	1240	27 avril.	Charta compositionis initæ inter H. de Soliaco uxoremque suam Drocarum comitissam, ex una, et J. de Drocis, ex altera parte.	J. 218. Dreux, n° 18.	Original scellé.	428
2871	1240	Juin.	Ludovicus rex præcedentem compositionem se ratam habere declarat.	J. 218. Dreux, n° 19.	Original scellé.	430
2872	1240	Juillet.	Litteræ Petri Petragoricensis episcopi pro Hamerico de Castronovo.	J. 620. Hommages, I, n° 12.	Original scellé.	430
2873	1240	Juillet.	Litteræ archiepiscopi Senonensis de compositione initæ inter quosdam judeos et Gibaudum de S. Verano.	J. 261. Sens, n° 5.	Original scellé.	430
2874	1240	11 juillet.	De potestate Avenionensi quam Tolosanus comes inter manus Galterii imperialis vicarii resignat.	J. 318. Toulouse, IX, n° 36.	Original scellé.	431
2875	1240	5 septembre.	Instrumentum homagii quod B. et F. de Convenis comiti Tolosano præstiterunt.	J. 314. Toulouse, VII, n° 19.	Original.	432
2876	1240	Septembre.	Charta pariagii initi a conventu de Crista cum comite Campaniæ pro villa S. Juliani, cujus constitutiones declarantur.	J. 197. Champagne, V, n° 50.	Original scellé.	433
2877	1240	20 octobre.	Attestatio Arnaldi de Serra et aliorum de terris quas Gauselmus per triginta annos et amplius in pacifica tenezone tenuit.	J. 330. Toulouse, XXI, n° 15.	Original.	436
2878	1240	16 novembre.	Securitas facta domino regi a Guillelmo de Petrapertusa.	J. 395. Securitates, n° 139.	Original scellé.	437
2879	1240	Novembre.	Bail d'une éminée de terre située près du ruisseau de la Molina, consenti par V. Borgarels à R. de Dosans et consorts.	J. 327. Toulouse, XVIII, n° 31.	Original.	437
2879[2]	1240	Novembre.	Litteræ universitatis villæ Electi de fidelitate quam domino regi juraverunt.	J. 627. Serments, n° 10.	Original scellé.	657

INDEX CHRONOLOGIQUE.

N°s d'ordre	DATES. ANNÉE.	MOIS.	SOMMAIRES.	COTES DES PIÈCES.	NATURE DES PIÈCES.	PAGES.
2880	1240	2 décembre.	Litteræ commendatitiæ Gr. papa IX pro St. nepote J. Timosi civis Romani, de quadam præbenda in ecclesia Constantiensi.	J. 348. Régale, II, n° 3.	Original scellé.	437
2881	1240	8 décembre.	Raimundus Tolosanus comes sagium monetæ Tolosanorum Arnaldo Trunno cambiatori concedit.	J. 459. Monnaies, n° 2.	Original.	437
2882	1240	10 décembre.	J. de Audivilla se, cum omni progenie sua, proprium hominem comitis Tolosani et ejus successorum constituit.	J. 314. Toulouse, VII, n° 77.	Original.	438
2883	1240	Décembre.	Litteræ R. Nivernensis episcopi de conventionibus initis inter comitissam Nivernensem et amicos Renaudi Rungefer.	J. 256. Nevers, n° 21.	Original scellé.	438
2884	1240	Décembre.	R. Nivernensis episcopus sese pro Renaudo Rungefer plegium constituit.	J. 256. Nevers, n° 22.	Original scellé.	438
2885	1240	. . . .	Litteræ Ludovici regis pro dotalitio Blanchæ reginæ ampliando.	J. 180. Berri, III, n° 6.	Original scellé.	438
2886	1240	. . . .	Litteræ abbatis Latiniacensis de pecunia a comitissa Nivernensi Senensibus mercatoribus soluta.	J. 256. Nevers, n° 23.	Original.	439
2886²	1240	. . . .	Securitas facta domino regi a G. de Aniorto pro Bernardo et Guillelmo fratribus suis.	J. 393. Securitates, n° 140.	Déficit.	658
2886³	1240	. . . .	Dénombrement de divers fiefs relevant du comte de Champagne.	J. 198 B. Champagne, VI, n° 83.	Déficit.	658
2887	1241	10 janvier.	Attestatio B. S. de Paolacho et aliorum quod P. B. de Paolacho et sui quasdam terras a xL. annis pacifice tenuerunt.	J. 330. Toulouse, XXI, n° 16.	Original.	439
2888	1241	15 janvier.	B. Credanus et P. Credanus, fratres, Johannem Begonis de Audivilla, pupillum suum, hominem comitis Tolosani constituunt.	J. 314. Toulouse, VII, n° 18.	Original.	440
2889	1241	20 janvier.	Comes Campaniæ et Dervensis conventus in arbitros compromittunt de charta pariagii Longævillæ interpretanda.	J. 201. Champagne, IX, n° 20.	Original.	440
2890	1241	28 janvier.	R. de S. Genesio terram juxta Podium Airaldi domino Sicardo Alamanno vendit.	J. 328. Toulouse, XIX, n° 16.	Original.	440
2891	1241	Janvier.	Bail d'une maison et dépendances sises à Bessières, consenti par W. de Guanevila à B. W. Conort et à ses héritiers.	J. 325. Toulouse, XVI, n° 30.	Original roman.	440
2892	1241	Janvier.	Charta compromissionis initæ inter capitulum Turonense et dominum regem de clave portæ juxta castrum Turonense sitæ.	J. 176. Tours, II, n° 8.	Original scellé.	440
2893	1241	Janvier.	Litteræ G. Parisiensis episcopi de capellania quam Adam Cocus in Sacra Capella Parisiensi instituit.	J. 460. Fondations, I, n° 11.	Original scellé.	441
2894	1241	10 février.	B. Alacer de Borello quidquid possidebat, tam feoda quam allodia, comiti Tolosæ vendit.	J. 304. Toulouse, II, n° 66.	Original.	441
2895	1241	14 février.	Maynardus de Bainaco recognoscit se medietatem villæ et castri de Bainaco a comite Tolosæ tenere.	J. 314. Toulouse, VII, n° 76.	Original.	441
2896	1241	Février.	Litteræ Senonensis archiepiscopi de decima apud Stampas, a rege et regina monialibus Pontisaræ, in domum collata.	J. 261. Sens, n° 6.	Original scellé.	441
2897	1241	Février.	R. de Fogeriis notum facit quibus conditionibus cum domino rege finaverit pro rachato terrarum Sablolii et Castrinovi.	J. 392. Dettes dues au Roi, n° 4.	Original scellé.	441
2898	1241	14 mars.	Juramentum fidelitatis domino regi a comite Tolosano præstitum, et de quibusdam forteritiis diruendis.	J. 306. Toulouse, III, n° 67.	Original scellé.	442
2899	1241	15 mars.	Juramentum fidelitatis domino regi ab Amalrico vicecomite Narbonensi præstitum.	J. 337. Narbonne, n° 6.	Original scellé.	442

INDEX CHRONOLOGIQUE.

Nos d'ordre.	DATES. ANNÉE.	MOIS.	SOMMAIRES.	COTES DES PIÈCES.	NATURE DES PIÈCES.	PAGES.
2900	1241	Mars.	Milo dominus Noucticorum venditionem factam a P. de Denemome, homine suo, Campaniæ comiti, a se confirmatam declarat.	J. 195. Champagne, III, n°73.	Original scellé.	442
2901	1241	1er avril.	R. Ademarius de Rochamaura et ejus fratres quidquid habebant apud Truill et Marinjol Sicardo Alamanni vendunt.	J. 328. Toulouse, XIX, n°17.	Original.	443
2902	1241	12 avril.	Testamentum Mariæ comitissæ Blesis et S. Pauli.	J. 383. G. et H. de Châtillon, n° 19.	Original scellé.	443
2903	1241	14 avril.	Attestatio quod a l. annis et amplius terra de Canta Cogul fuit quiete possessa a J. de Castro Maurono vel ab ejus filio.	J. 330. Toulouse, XXI, n° 17.	Original.	443
2904	1241	15 avril.	Litteræ Gregorii papæ IX Ludovico regi pro Joffrido de Grandi Prato Cathalaunensi electo.	J. 696. Bulles. Mélanges, n°12.	Original scellé.	444
2905	1241	18 avril.	Tractatus confederationis initæ inter Jacobum Aragoniæ regem et Raimundum comitem Tolosæ.	J. 589. Aragon, II, n° 3.	Original scellé.	444
2906	1241	23 avril.	Instrumentum de treugis inter regem Aragoniæ et comitem Tolosanum initis.	J. 589. Aragon, II, n° 4.	Original scellé.	445
2907	1241	25 avril.	Litteræ G. de Chableiis de quadam domo sibi in foro Chableiarum ad vitam concessa.	J. 254. Bourgogne, VI, n°44.5.	Copie authent.	446
2908	1241	Avril.	Litteræ reginæ Margaretæ de non veniendo contra ordinationem testamenti Ludovici regis.	J. 403. Testaments, I, n° 3.	Original scellé.	446
2909	1241	Avril.	Litteræ testimoniales quorumdam prælatorum de prædicto juramento a regina Margareta præstito.	J. 403. Testaments, I, n° 4.	Original scellé.	446
2910	1241	Avril.	Ratification par le comte de Champagne du marché conclu par la commune de Troyes avec B. de Montcuq et ses associés.	J. 195. Champagne, III, n°24.	Copie authent.	447
2911	1241	Avril.	E. de Gallanda sese obligat ad domum de Husseia Ansello de Tornan tradendam.	J. 165. Valois, III, n° 18.	Original scellé.	448
2912	1241	13 mai.	Bail d'un emplacement de maison, consenti par W. de Guamevila à H. Gérucalt.	J. 324. Toulouse, XV, n° 11.	Original roman.	448
2913	1241	30 mai.	Homagium a Johanne, archiepiscopo Arelatensi, pro castro Bellicadri et pro Argencia comiti Tolosano præstitum.	J. 318. Toulouse, IX, n° 37.	Original scellé.	448
2914	1241	Mai.	Juramentum fidelitatis domino regi ab Oliverio de Terminis præstitum.	J. 620. Hommages, I, n° 15.	Original scellé.	449
2915	1241	Mai.	Simile juramentum a P. de Cugegnen et Berengario, fratribus, domino regi præstitum.	J. 620. Hommages, I, n° 13.	Original scellé.	449
2916	1241	Mai.	Homagium ab H. de Vergeio, senescallo Burgundiæ, comitissæ Nivernensi præstitum.	J. 256. Nevers, n° 27.	Original.	449
2917	1241	Mai.	Litteræ quittationis ab Archembaudo de Borbonio comiti et comitissæ Nivernensi datæ.	J. 256. Nevers, n° 28.	Original scellé.	449
2918	1241	Mai.	O. de Terminis se et terram suam domini regis voluntati supponit.	J. 399. Promesses, n° 39.	Original scellé.	450
2919	1241	Mai.	P. de Cuguegnano et Berengarius, fratres, se et totam terram suam domini regis voluntati supponunt.	J. 400. Promesses, n° 40.	Original scellé.	450
2920	1241	6 juin.	Jacobus rex Aragoniæ erga comitem Tolosæ sese obligat ad ejus petitiones coram curia Romana adjuvandas.	J. 587. Aragon, I, n° 4.	Original.	450
2921	1241	28 juin.	Rogerius comes Fuxensis sese obligat ad castrum Savarduni comiti Tolosano tradendum.	J. 332. Foix et Comm., n°20:1. Ibid., n° 20. 2.	Original. Copie authent.	451
2922	1241	Juin.	A. comes Pictavensis communiam, Pictavensibus a Philippo rege concessam et a Ludovico VIII confirmatam, denuo confirmat.	J. 192. Poitou, II, n° 3.	Copie ancienne.	451

INDEX CHRONOLOGIQUE.

N°s d'ordre.	DATES. ANNÉE.	DATES. MOIS.	SOMMAIRES.	COTES DES PIÈCES.	NATURE DES PIÈCES.	PAGES.
2923	1241	Juin.	Litteræ Alfonsi comitis Pictavensis pro communia Niorti confirmanda.	J. 192. Poitou, III, n° 1.	Minute.	451
2924	1241	Juin.	E. de Brena et Philippa ejus uxor quicquid acceperant apud Poantium comiti Campaniæ reddunt, recompensatione accepta.	J. 197. Champagne, V, n° 54.	Original.	452
2925	1241	30 juillet.	Bernardus de Saisses quidquid habebat in castris de Fossereto et de Sanars Rogerio de Noerio vendit.	J. 330. Toulouse, XXI, n° 20.	Original.	452
2926	1241	Juillet.	De sex millibus libris annui redditus A. comiti Pictavensi a domino rege in donum collatis.	J. 329. Toulouse, XX, n° 4.	Original scellé.	452
2927	1241	Juillet.	Litteræ præfati comitis pro Girardo de Camera, burgensi Rupellensi.	J. 190 B. Poitou, I, n° 83. Ibid., n° 84.	Original. Copie ancienne.	452
2928	1241	Juillet.	Conventiones initæ inter comitem Marchiæ et comitem Pictavensem.	J. 190 B. Poitou, I, n° 82. J. 190 A. Poitou, I, n° 12.	Original scellé. Déficit.	453
2929	1241	Juillet.	Obligatio Rogerii comitis Fuxensis de promissionibus paternis erga dominum regem a se fideliter observandis.	J. 332. Foix et Comminges, n°s 5. 1 et 5. 2.	Originaux scellés.	453
2930	1241	Juillet.	Litteræ Alfonsi comitis Pictavensis pro communia Rupellæ.	J. 190 A. Poitou, I, n° 11.	Déficit.	454
2931	1241	Juillet.	Litteræ ejusdem comitis pro communia S. Johannis Angeliacensis.	J. 190 A. Poitou, I, n° 5.	Minute.	454
2932	1241	Juillet.	Litteræ ejusdem de pondere Rupellæ Petitæ uxori G. Legerii et ejus heredibus concesso.	J. 192. Poitou, II, n° 4.	Copie ancienne.	454
2933	1241	Juillet.	Litteræ capituli Turonensis de licentia sibi data a domino rege pro lapidibus extrahendis juxta forestam Raynonis.	J. 176. Tours, II, n° 9.	Original scellé.	454
2934	1241	Juillet.	Sententia arbitralis lata ab A. et G. canonicis Meldensibus inter capitulum Meldense et H. de Castellione comitem S. Pauli.	J. 206. Meaux, n° 4.	Copie authent.	454
2935	1241	27 août.	Charta compositionis initæ inter Tolosanum comitem et præpositum Arelatensem.	J. 320. Toulouse, XX, n° 3.	Original scellé.	455
2936	1241	Août.	Lettres du roi sur l'accord intervenu entre le comte de Champagne et les Templiers.	J. 198 B. Champagne, VI, n° 82.	Original.	455
2937	1241	Août.	Franchises accordées par le comte de Toulouse aux habitants du château de Buzet.	J. 322. Toulouse, XIII, n° 62.	Déficit.	455
2938	1241	29 septembre.	Fortanerius de Guordone se hominem Tolosani comitis profitetur et de eo plurima feoda tenere recognoscit.	J. 314. Toulouse, VII, n° 20.	Original.	455
2939	1241	29 septembre.	Ramundus Jordani se terram Gimoesii de comite Tolosæ tenere recognoscit et ei homagium præstat.	J. 314. Toulouse, VII, n° 21.	Original.	455
2940	1241	Septembre.	Litteræ capituli Cathalaunensis Ludovico regi pro Gaufrido de Grandi-Prato, Cathalaunensi electo.	J. 346. Régale, I, n° 26.	Original scellé.	456
2941	1241	15 octobre.	Hugo Marchiæ comes sese, pro seipso et Aragoniæ rege, obligat ad comitem Tolosæ adjuvandum.	J. 192. Poitou, II, n° 5.	Original.	457
2942	1241	17 octobre.	Trencavellus vicecomes Biterrensis se omnimodæ voluntati regis Aragoniæ et comitis Tolosani permittit.	J. 316. Toulouse, VII, n° 106.	Original.	457
2943	1241	Octobre.	Coram Jacobo Suessionensi episcopo Matheus de Busenciaco recognoscit se quædam feoda de comite Campaniæ tenere.	J. 202. Champagne, X, n° 20.	Original.	457
2944	1241	25 novembre.	Instrumentum compositionis initæ inter Galterium et Rogerium de Noerio fratres de hereditate paterna.	J. 327. Toulouse, XVIII, n° 2. 2.	Copie ancienne.	458
2945	1241	Novembre.	Litteræ Ludovici regis de compositione inita inter Laudunensem episcopum et majorem juratosque Laudunenses.	J. 233. Laon, n° 11.	Original scellé.	458

INDEX CHRONOLOGIQUE.

N^{os} d'ordre	ANNÉE.	MOIS.	SOMMAIRES.	COTES DES PIÈCES.	NATURE DES PIÈCES.	PAGES.
2946	1241	Novembre.	Litteræ Garneri Laudunensis episcopi de præfata compositione.	J. 233. Laon, n° 12.	Copie authent.	459
2947	1241	Novembre.	Litteræ Alfonsi de Portugalia, comitis Boloniæ, de compositione inter se et comitem comitissamque Flandriæ inita.	J. 597. Portugal, n° 2.	Original scellé.	460
2948	1241	Novembre.	Litteræ comitis et comitissæ Flandriæ, ejusdem argumenti et formæ.	J. 597. Portugal, n° 1.	Original scellé.	460
2949	1241	Novembre.	Litteræ capituli Suessionensis pro Joffrido de Grandi-Prato in episcopum Cathalaunensem electo.	J. 346. Régale, I, n° 27.	Original scellé.	461
2950	1241	17 décembre.	G. de Dygonia notum facit quomodo cum Mathilde comitissa Nivernensi domina sua composuerit.	J. 256. Nevers, n° 29.	Original scellé.	461
2951	1242	20 janvier.	Charta consuetudinum incolis loci qui dicitur Mons-Astrux a S. Alumanni concessarum.	J. 323. Toulouse, XIV, n° 31.	Original.	461
2952	1242	5 février.	Acceptilatio generalis data comitissæ Nivernensi a mercatoribus Senensibus.	J. 256. Nevers, n° 26.	Original scellé.	463
2953	1242	12 février.	G. de Gordone de Salviaco se castrum Gordonis et Salviaci in homagium ligium de comite Tolosæ tenere profitetur.	J. 304. Toulouse, II, n° 73.	Copie authent.	463
2954	1242	12 février.	Procuratio Balduini imperatoris pro Ludovico rege ad agendum contra comitissam Nivernensem.	J. 509. Empereurs de Constantinople, n° 1.	Original.	464
2955	1242	16 février.	Quod A. Aguraldus et ejus consortes honorem situm in feodo de Renbaco, a XL. annis et amplius pacifice tenuerunt.	J. 330. Toulouse, XXI, n° 18.	Original.	464
2956	1242	16 février.	B. A. de Sainone, J. Villos et B. de Insula quicquid habebant in castro Sainonis comiti Tholosæ vendunt.	J. 330. Toulouse, XXI, n° 19.	Original.	464
2957	1242	23 février.	Litteræ prioris et conventus S. Petri de Cella Trecensis Theobaldo Navarræ regi, etc., pro licentia novi abbatis eligendi.	J. 198 B. Champagne, VI, n° 77.	Original.	465
2958	1242	Février.	Comes et comitissa Flandriæ a se dominum regem absolutum declarant de conventionibus quoad castrum Duacense initis.	J. 537. Flandre, I, sac 5, n° 1.	Original scellé.	465
2959	1242	Février.	Homagium a Raçone de Gavera domino regi præstitum.	J. 620. Hommages, I, n° 14.	Original scellé.	465
2960	1242	Février.	G. de Chanlite, vicecomes Divionensis, se erga comitissam Nivernensem pro J. de Tar plegium constituit.	J. 256. Nevers, n° 25.	Original.	465
2961	1242	2 mars.	Bail à cens d'une pièce de vigne située à Gemil, consenti par B. Aguialt à Ar. Martin et à ses ayant cause.	J. 328. Toulouse, XIX, n° 1.16.	Original roman.	465
2962	1242	14 mars.	Instrumentum absolutionis Raimundi Tolosani comitis.	J. 305. Toulouse, III, n° 8.	Original scellé.	466
2963	1242	Mars.	Litteræ Odonis Brecarum, de domo forti apud Motam de Chastillon ex licentia comitis Campaniæ construenda.	J. 202. Champagne, X, n° 19.	Original.	467
2964	1242	Mars.	L'abbé et le couvent de Moustier-en-Der déclarent renoncer au pariage conclu entre eux et le comte de Champagne.	J. 194. Champagne, II, n° 6.	Original.	467
2965	1242	Mars.	L'abbé et le couvent de Chatrices mettent en la garde du comte de Champagne six-vingts arpents de bois au finage de Passavant.	J. 197. Champagne, V, n° 51.	Original.	467
2966	1242	Mars.	Abbas et conventus de Castriciis recognoscunt nil sibi præter spiritualia infra fortericiam de Passavant pertinere.	J. 197. Champagne, V, n° 52.	Original.	467
2967	1242	Mars.	Coutumes du châtel de Rotoumont, près Passavant.	J. 197. Champagne, V, n° 53.	Original.	468

INDEX CHRONOLOGIQUE.

Nos d'ordre.	DATES. ANNÉE.	MOIS.	SOMMAIRES.	COTES DES PIÈCES.	NATURE DES PIÈCES.	PAGES.
2968	1242	Mars.	Guillermus de Bafes et Guiodus de Foresio super contentionibus suis in dominum regem compromittunt.	J. 270. Forez, n° 1.	Original.	470
2969	1242	5 avril.	Rogerius comes Fuxi Raimundum Tolosæ comitem ad bellum contra regem Franciæ hortatur.	J. 332. Foix et Comminges, n° 6.	Original.	470
2970	1242	17 avril.	Instrumentum concordiæ initæ inter Raimundum Saissetum et Mateldim matrem ejus de dote præfatæ Mateldis.	J. 320. Toulouse, XI, n° 50.	Original.	470
2971	1242	30 avril.	I. de Braine, comtesse de Roucy, reconnaît tenir du roi de Navarre le droit d'avoir garenne en sa terre de Paci.	J. 203. Champagne, XI, n° 47.	Original.	471
2972	1242	Avril. Après Pâques.	Litteræ Haimerici, vicecomitis Thoarcensis, de conventionibus a se et fratre suo initis cum comite Pictaviæ.	J. 373. Seig. de Thouars, n° 10. J. 190 A. Poitou, I, n° 9.	Original scellé. Original.	471
2973	1242	Avril. Après Pâques.	Litteræ Gaufridi de Thoarcio, thesaurarii Pictavensis, ejusdem argumenti et formæ.	J. 190 A. Poitou, I, n° 10.	Original.	472
2974	1242	Mai.	G. dominus Castri-Briencii recognoscit se custodiam castri de Pouzauges a domino rege recepisse.	J. 400. Promesses, n° 41.	Original scellé.	472
2975	1242	Mai.	Litteræ Radulfi de Bellomonte super conventionibus a se cum domino rege et comite Pictavensi habitis.	J. 190 A. Poitou, n° 13.	Original scellé.	472
2976	1242	6 juin.	Litteræ Gaufridi de Lesigniaco super castris Voventi et Merventi.	J. 270. La Marche, n° 15.	Original scellé.	473
2976²	1242	6 juin.	Sententia excommunicationis in comitem Tolosanum a fratribus Ferrario et G. Raimundo inquisitoribus pronuntiata.	J. 447. Croisades. Bulles, n° 42.	Copie authent.	658
2977	1242	10 juin.	Charta consuetudinum habitatoribus Boniloci a Sicardo Alamanni concessarum.	J. 320. Toulouse, XI, n° 49.	Original.	474
2978	1242	21 juillet.	Attestation que depuis XL. ans et plus P. de Marinhol et consorts tiennent en fief les domaines de la Forêt et de la Rodesca.	J. 327. Toulouse, XVIII, n° 16.	Original roman.	475
2979	1242	Juillet.	H. Johannis, mercator Senensis, pro se et sociis suis recognoscit se a comitissa Nivernensi c. libras Pruvinensium recepisse.	J. 256. Nevers, n° 37.	Original scellé.	476
2980	1242	1er août.	Litteræ Hugonis comitis Marchiæ et Isabellæ, uxoris ejus, de pace habita inter se et dominum regem.	J. 192. Poitou, II, n° 8. J. 270. La Marche, n° 12. J. 192. Poitou, II, n° 15.	Originaux. Copie.	476
2981	1242	Avant le 3 août.	Litteræ Alphonsi comitis Pictavensis de præcedenti tractatu.	J. 270. La Marche, n° 13. J. 190 A. Poitou, I, n° 18. 1.	Original. Copie ancienne.	477
2982	1242	Même date.	De conventionibus initis inter Hemericum de Rupe-Choardi et comitem Pictavensem.	J. 190 A. Poitou, I, n° 14.	Original scellé.	477
2983	1242	Même date.	Litteræ comitis Pictavensis de prædictis conventionibus.	J. 191. Poitou, I, n° 111.	Copie authent.	478
2984	1242	3 août.	Litteræ comitis et comitissæ Marchiæ de castris Merpini, Castri Achardi et Crosani domino regi traditis.	J. 270. La Marche, n° 11.	Original.	478
2985	1242	Août.	Quomodo liberi comitis Marchiæ in homagio comitis Pictavensis recipiantur.	J. 190 A. Poitou, I, n° 18. 2.	Copie ancienne.	478
2986	1242	Août.	De conventionibus initis inter Gaufridum de Ponte et comitem Pictavensem.	J. 190 A. Poitou, I, n° 16.	Original.	479
2987	1242	Août.	Homagium a Renaldo de Ponte domino regi præstitum.	J. 622. Hommages, II, n° 22.	Original.	479
2988	1242	Août.	Homagium eidem a G. de Tamines pro castro de Palaret et quibusdam aliis præstitum.	J. 622. Hommages, II, n° 23.	Original scellé.	479
2989	1242	Août.	Homagium comiti Pictavensi a Willelmo Archiepiscopi præstitum.	J. 190 A. Poitou, I, n° 17.	Original.	480

INDEX CHRONOLOGIQUE.

Nos d'ordre	ANNÉE.	MOIS.	SOMMAIRES.	COTES DES PIÈCES.	NATURE DES PIÈCES.	PAGES.
2990	1242	Août.	Litteræ W. Archiepiscopi de ballo et custodia liberorum suorum et de castro suo Partiniaci comiti Pictaviæ tradendo.	J. 190 A. Poitou, I, n° 15.	Original.	480
2991	1242	Août.	Hugolinus mercator Senensis pro se et sociis suis recognoscit sibi a comitissa Nivernensi de omnibus debitis satisfactum fuisse.	J. 256. Nevers, n° 38.	Original.	480
2992	1242	7 septembre.	Bail à cens d'une demi-quarterée de terre, consenti par B. Aginat à A. Martin.	J. 328. Toulouse, XIX, n° 1. 14.	Copie. Roman.	480
2993	1242	2 octobre.	*Securitas facta Mathildi comitissæ Nivernensi ab Arcambaldo de Borbonio.*	J. 256. Nevers, n° 39.	Original.	480
2994	1242	9 octobre.	Arnaldus de Marcafava recognoscit se castrum de Marcafava cum pertinentiis de comite Tolosæ in feodum tenere.	J. 314. Toulouse, VII, n° 25.	Original.	481
2995	1242	20 octobre.	Litteræ comitis Tolosæ Ludovico regi quibus pacis conditiones a se oblatas ad ejus voluntatem deflectere proponit.	J. 306. Toulouse, III, n° 74. J. 305. Toulouse, III, n° 10.	Original. Copie authent.	481
2996	1242	20 octobre.	*Litteræ ejusdem Blanchæ reginæ pro sua cum domino rege reconciliatione.*	J. 309. Toulouse, V, n° 20.	Original scellé.	482
2997	1242	1er novembre.	*Milites et consules castri Savarduni Tolosano comiti fidelitatem promittunt.*	J. 314. Toulouse, VII, n° 22.	Original.	483
2998	1242	19 novembre.	Litteræ R. de Selleniaco, Autissiodorensis decani, de XL. libris annui redditus sibi ad vitam a comitissa Nivernensi concessis.	J. 256. Nevers, n° 40.	Original scellé.	483
2999	1242	24 novembre.	*De pecunia a Giraudo Noriac mercatore mutuata pro stipendio militum apud Rupellam dimissorum.*	J. 473. Quittances, n° 8.	Original.	483
3000	1242	30 novembre.	*Obligatio Tolosani comitis de promissis suis diligentissime perficiendis.*	J. 305. Toulouse, III, n° 30. J. 305. Toulouse, III, n° 10.	Original. Copie authent.	484
3001	1242	28 décembre.	Lettres de Jeanne, comtesse de Flandre, sur l'accord intervenu entre le comte de Flandre et le comte de Boulogne.	J. 537. Flandre, I, sac 5, n° 2. 2.	Original.	484
3002	1242	28 décembre.	Lettres semblables d'Alphonse, comte de Boulogne.	J. 537. Flandre, I, sac 5, n° 2. 1.	Original scellé.	485
3003	1242	Décembre.	Inféodation par W. Bernard de la Mote à Caersi Sabatier de trois pièces de terre sises entre le mont Derdas et le Tarn.	J. 304. Toulouse, II, n° 67.	Original roman.	485
3004	1242	Décembre.	*Litteræ Guidonis comitis Foresii de compositione quam cum Mathilde comitissa Nivernensi inivit.*	J. 256. Nevers, n° 41.	Original scellé.	485
3005	1242	Décembre.	*Litteræ Amalrici Narbonæ vicecomitis de juramento fidelitatis domino regi a Narbonensibus præstando.*	J. 337. Narbonne, n° 7.	Original scellé.	486
3006	1242	Décembre.	*Raimundus comes Tolosæ se castrum de Savarduno in voluntate domini regis ponere declarat.*	J. 310. Toulouse, V, n° 21.	Original.	487
3007	1242	Décembre.	Similes ejusdem comitis litteræ pro castro de Broin.	J. 311. Toulouse, V, n° 58.	Original.	487
3008	1242	Décembre.	*Litteræ ejusdem comitis quibus ab omni juramento et obligatione civitatem Albiensem solvit.*	J. 317. Toulouse, VIII, n° 27.	Original.	487
3009	1242	Décembre.	Th. de Pomoriis, officialis Trecensis, nemus suum de Faveriis in feodo comitis Campaniæ ponit, recompensatione accepta.	J. 196. Champagne, IV, n° 33.	Original.	487
3010	1242	. . . . . .	Lettres de l'abbé et des consuls de Condom pour la punition de divers homicides commis en ladite ville.	J. 320. Toulouse, XI, n° 51.	Déficit.	487
3011	Vers 1242	. . . . . .	*Forma juramenti præstandi de pace Parisiensi fideliter servanda.*	J. 307. Toulouse, IV, n° 52.	Minute.	487
3011[2]	Vers 1242	. . . . . .	Milites de bello domini comitis Pictaviæ.	J. 317. Toulouse, VIII, n° 62.	Minute.	658

INDEX CHRONOLOGIQUE.

N°s d'ordre	DATES. ANNÉE.	MOIS.	SOMMAIRES.	COTES DES PIÈCES.	NATURE DES PIÈCES.	PAGES.
3012	1243	10 janvier.	R. comes Tolosæ erga Blancham reginam sese obligat ad hæreticos a terra sua expellendos.	J. 428. Albigeois, n° 9.	Original.	488
3013	1243	Janvier.	Litteræ ejusdem comitis de exsecutione pacis Parisiensis.	J. 305. Toulouse, III, n° 10.	Original scellé.	488
3014	1243	Janvier.	Amalricus vicecomes Narbonæ sese obligat ad diruendas fortalitias occasione belli in feodis suis constructas.	J. 337. Narbonne, n° 9.	Original scellé.	489
3015	1243	Janvier.	Similes litteræ Raymundi Gaucelmi, domini de Lunello.	J. 309. Toulouse, V, n° 19.	Original scellé.	489
3016	1243	Janvier.	— — Berengarii de Podio Surigerii.	J. 309. Toulouse, V, n° 18.	Original scellé.	489
3017	1243	Janvier.	Obligatio Tolosani comitis de Podio-celso, Naiaco et Lauraco domino regi restituendis.	J. 305. Toulouse, III, n° 9.	Original.	489
3018	1243	Janvier.	Charta homagii quod Rogerius Fuxensis comes domino regi Franciæ præstitit.	J. 332. Foix et Comminges, n° 5. 3.	Original.	490
3019	1243	Janvier.	Amalricus vicecomes Narbonæ se et civitatem Narbonensem in dominio regis Franciæ reponit.	J. 337. Narbonne, n° 8.	Original scellé.	490
3020	1243	Janvier.	Hommage lige rendu par G. de Mellot, sire de Saint-Briz, au comte de Champagne pour LX livrées de rente.	J. 193. Champagne, I, n° 31.	Original scellé.	490
3021	1243	Janvier.	Excambium a Thoma de Couciaco cum comite Campaniæ initum.	J. 197. Champagne, V, n° 55.	Original.	491
3022	1243	Janvier.	H. comte de Grandpré s'engage envers le comte de Champagne à construire et à fortifier un château entre Buzancy et Stenay.	J. 202. Champagne, X, n° 21.	Original.	491
3023	1243	Janvier.	R. cantor et capitulum S. Martini de Clamiciaco sese obligant ad c. solidos annuales M. comitissæ Nivernensi solvendos.	J. 256. Nevers, n° 30.	Original scellé.	492
3024	1243	Janvier.	Similis obligatio conventus de Feritate pro decem libris Nivernensium.	J. 256. Nevers, n° 31.	Original scellé.	492
3025	1243	Janvier.	H. Melugdensis abbas recognoscit se Nivernensi comitissæ VI. XX. libras Turonensium debere.	J. 256. Nevers, n° 32.	Original scellé.	492
3026	1243	16 février.	P. corrector domus Fonteneii recognoscit dictam domum teneri ad XL. solidos comitissæ Nivernensi annuatim solvendos.	J. 256. Nevers, n° 34.	Original scellé.	492
3027	1243	22 février.	Milo abbas S. Michaelis Tornodorensis se pro abbate Melugdensi, erga comitissam Nivernensem, responsorem constituit.	J. 256. Nevers, n° 43.	Original.	492
3028	1243	22 février.	Bernardus Amelii, dominus de Palheriis, Tolosano comiti homagium præstat pro castro de Rocafissada et aliis.	J. 314. Toulouse, VII, n° 78.	Original.	493
3029	1243	23 février.	Juramentum consulum et civium Tolosæ de pace Parisiensi fideliter servanda.	J. 305. Toulouse, III, n° 29.	Original scellé.	493
3030	1243	23 février.	Simile juramentum Bernardi Convenarum comitis.	J. 306. Toulouse, III, n° 69.	Original.	494
3031	1243	26 février.	B. et F. Convenarum, pro se et fratre suo Aymerico, comiti Tolosano homagium præstant de terra Savesii et quibusdam aliis.	J. 314. Toulouse, VII, n° 24.	Original.	494
3032	1243	Février.	Litteræ comitis Pictavensis de XV. libris annui redditus a Philippo Coraudi filiæ suæ in dotem collatis.	J. 180. Poitou, n° 36.	Original scellé.	494
3033	1243	Février.	Juramentum Sicardi domini Montisalti de pace Parisiensi fideliter servanda.	J. 305. Toulouse, III, n° 11.	Original.	495
3034	1243	Février.	Simile juramentum Jordani de Insula.	J. 305. Toulouse, III, n° 12.	Original.	495
3035	1243	Février.	— — Sicardi de Miramonte.	J. 306. Toulouse, III, n° 68.	Original scellé.	495
3036	1243	Février.	— — B. Amelii de Paleriis.	J. 306. Toulouse, III, n° 70.	Original.	495

INDEX CHRONOLOGIQUE.

N°s d'ordre.	DATES. ANNÉE.	MOIS.	SOMMAIRES.	COTES DES PIÈCES.	NATURE DES PIÈCES.	PAGES.
3037	1243	Février.	Th. comes Campaniæ xl. libratas terræ conventui de Avenaio apud villam de Soppia assignat.	J. 197. Champagne, V, n° 56.	Copie authent.	495
3038	1243	Février.	H. de Vergeio, senescallus Burgundiæ, recognoscit sibi a comitissa Nivernensi LX. libras solutas fuisse.	J. 256. Nevers, n° 33.	Original.	495
3039	1243	16 et 18 mars.	*Inquisitio facta ad requisitionem episcopi Magalonensis super dominio castri de Montelauro, etc.*	J. 339. Montpellier et Maguelone, I, n° 21.	Original.	495
3040	1243	19 mars.	Homagium pro castro de Quer Tolosano comiti a Rogerio Convenarum præstitum.	J. 314. Toulouse, VII, n° 23.	Original.	496
3041	1243	21 mars.	Juramentum militum, consulum et universitatis S. Pauli de Cadajous de pace Parisiensi fideliter servanda.	J. 305. Toulouse, III, n° 18.	Original scellé.	496
3042	1243	21 mars.	Simile juramentum militum de Podio-Laurentio.	J. 305. Toulouse, III, n° 23.	Original scellé.	497
3043	1243	22 mars.	— — militum de Villamuro.	J. 305. Toulouse, III, n° 21.	Original scellé.	497
3044	1243	24 mars.	— — consulum de Verduno.	J. 305. Toulouse, III, n° 31.	Original scellé.	497
3045	1243	27 mars.	— — consulum Agennensium.	J. 305. Toulouse, III, n° 33.	Original scellé.	497
3046	1243	29 mars.	Testamentum Vitalis Galterii pro ecclesia Grandis Silvæ, pauperis scolaribus Tolosæ studentibus, etc.	J. 322. Toulouse, XIII, n° 64.	Original.	497
3047	1243	30 mars.	*H. Claromontensis episcopus recognoscit castrum de Gresa in Gavaldano sibi a domino rege ad custodiendum traditum fuisse.*	J. 400. Promesses, n° 42. 2.	Original scellé.	498
3048	1243	31 mars.	Juramentum consulum Condomii de pace Parisiensi fideliter servanda.	J. 305. Toulouse, III, n° 34.	Original.	498
3049	1243	Mars.	*Charta comitis et comitissæ Marchiæ de partitione bonorum, post ipsorum decessum, inter liberos suos facienda.*	J. 374. Comtes de la Marche et d'Angoulême, n°s 2. 1. et 2. 2.	Originaux scellés.	498
3050	1243	Mars.	*Litteræ capituli Claromontensis de terra Gavaldani episcopo Claromontensi ad custodiendum tradita.*	J. 399. Promesses, n° 42. 1.	Original scellé.	499
3051	1243	Mars.	*Homagium a Johanna domina Rupis-super-Yon comiti Pictavensi præstitum.*	J. 192. Poitou, II, n° 7.	Original scellé.	500
3052	1243	Mars.	*Litteræ A. de Thoarcio et Gaufridi, thesaurarii Pictavensis, fratris ejus, de præcedenti homagio.*	J. 192. Poitou, II, n° 6.	Original.	500
3053	1243	Mars.	*Litteræ Guidonis comitis Forensis pro noverca sua M. comitissa Nivernensi.*	J. 256. Nevers, n° 35.	Original scellé.	501
3054	1243	Mars.	Cauterinus de Buxeio recognoscit se quidquid habebat in pedagio de Metteio et de Villanova comiti Campaniæ vendidisse.	J. 195. Champagne, III, n° 21.	Original.	501
3055	1243	Mars.	Johannes dominus Valeriaci recognoscit se XXX. libras Autissiodorenses a comitissa Nivernensi recepisse.	J. 256. Nevers, n° 36.	Original scellé.	501
3056	1243	Mars.	Juramentum militum et nobilium Altimontis, Montisacuti et Cos, de pace Parisiensi fideliter servanda.	J. 305. Toulouse, III, n° 13.	Original scellé.	501
3057	1243	Mars.	Simile juramentum Pilifortis de Rabastino et quinque aliorum.	J. 305. Toulouse, III, n° 14.	Original scellé.	502
3058	1243	Mars.	— — P. Amelii et R. de Comminiaco.	J. 305. Toulouse, III, n° 15.	Original scellé.	502
3059	1243	Mars.	— — J. de Corbariva et septem aliorum.	J. 306. Toulouse, III, n° 73.	Original scellé.	502
3060	1243	Mars.	— — militum de Fanojovis.	J. 305. Toulouse, III, n° 19.	Original scellé.	502
3061	1243	Mars.	— — consulum, militum etc., castri de Causaco.	J. 305. Toulouse, III, n° 22.	Original scellé.	502

INDEX CHRONOLOGIQUE.

N°s d'ordre.	DATES ANNÉE.	MOIS.	SOMMAIRES.	COTES DES PIÈCES.	NATURE DES PIÈCES.	PAGES.
3062	1243	Mars.	Simile juramentum consulum et universitatis Corduæ.	J. 306. Toulouse, III, n° 72.	Original scellé.	503
3063	1243	Mars.	— — consulum et universitatis Galliaci.	J. 305. Toulouse, III, n° 20.	Original scellé.	503
3064	1243	Mars.	— — consulum et universitatis Montisacuti.	J. 305. Toulouse, III, n° 25.	Original scellé.	503
3065	1243	Mars.	— — consulum et universitatis Montisalbani.	J. 305. Toulouse, III, n° 26.	Original scellé.	503
3066	1243	Mars.	— — consulum et universitatis de Rabastino.	J. 305. Toulouse, III, n° 16.	Original scellé.	503
3067	1243	Mars.	— — consulum et universitatis Castri-novi-de-Arrio.	J. 306. Toulouse, III, n° 71.	Original scellé.	504
3068	1243	Mars.	— — consulum et universitatis Fanijovis.	J. 305. Toulouse, III, n° 27.	Original.	504
3069	1243	Mars.	— — militum, consulum et universitatis de Lauraco.	J. 305. Toulouse, III, n° 24.	Original scellé.	504
3070	1243	Mars.	— — militum, consulum et universitatis de Lavaur.	J. 305. Toulouse, III, n° 17.	Original scellé.	504
3071	1243	Mars.	— — militum, consulum et universitatis de Manso.	J. 305. Toulouse, III, n° 28.	Original scellé.	504
3072	1243	3 avril.	De compositione inita inter Gualardum de Balaguario et comitem Tolosæ super castro de Guipia.	J. 311. Toulouse, V, n° 57.	Original.	504
3073	1243	5 avril.	Quomodo J. de Tociaco, ad instantiam comitissæ Nivernensis, super usurpationibus factis in nemoribus suis concordaverit.	J. 256. Nevers, n° 42.	Original.	505
3074	1243	7 avril.	Juramentum baronum et militum Agennensis diœcesis de pace Parisiensi fideliter servanda.	J. 306. Toulouse, III, n° 80.	Original.	505
3075	1243	7 avril.	Henricus III rex Angliæ notas facit conditiones treugarum inter se et Ludovicum regem initarum.	J. 655. Angleterre. Lettres sans date, n° 7.	Original scellé.	505
3076	1243	Avril. Avant Pâques.	Adam Harens miles XIII. solidos et X. denarios minuti census domino regi pro L. libris Parisiensium vendit.	J. 151 A. Paris, II, n° 5.	Original scellé.	506
3077	1243	Avril. Avant Pâques.	Litteræ officialis Parisiensis de præcedenti venditione a Johanna uxore præfati militis confirmata.	J. 151 A. Paris, II, n° 6.	Original scellé.	507
3078	1243	Avril. Avant Pâques.	Litteræ G. Aurelianensis episcopi de CXX. arpentis nemoris domino regi a Margareta domina Acheriarum venditis.	J. 170. Orléans, n° 14.	Original scellé.	507
3079	1243	15 avril.	B. de S. Luppo et alii testamenti B. W. de Brugariis curatores villam de Ponte-pertusato comiti Tolosæ vendunt.	J. 303. Toulouse, I, n° 4.	Original.	507
3080	1243	22 avril.	Litteræ P. Baudrandi de domo sua de Chauresio ad quatuor annos continuos Gaufrido de Rancone impignorata.	J. 317. Toulouse, VIII, n° 28.	Original.	507
3081	1243	28 avril.	Charta inquisitionis factæ de juribus ecclesiæ S. Antonini, domino regi et villæ S. Antonini in diœcesi Ruthenensi pertinentibus.	J. 328. Toulouse, XIX, n° 18.	Original.	507
3082	1243	Avril. Après Pâques.	Vente par les frères Bouels à Ar. G. B. et à ses héritiers, d'un pré situé à Fontdomargal.	J. 326. Toulouse, XVII, n° 30.	Original roman.	508
3083	1243	Avril. Après Pâques.	Litteræ Eblonis de Ruperforti quibus assignationem villæ de Fors, sibi a comite Pictavensi factam, acceptat.	J. 190 A. Poitou, I, n° 20.	Déficit.	508
3084	1243	Avril. Après Pâques.	Charta homagii quod Gaufridus de Lezigniaco comiti Pictaviæ præstitit.	J. 190 A. Poitou, I, n° 19.	Original.	508

INDEX CHRONOLOGIQUE.

N°ˢ d'ordre.	DATES. ANNÉE.	MOIS.	SOMMAIRES.	COTES DES PIÈCES.	NATURE DES PIÈCES.	PAGES.
3085	1243	Avril. Après Pâques.	Juramentum G. de Rabastino et octo aliorum militum de pace Parisiensi fideliter servanda.	J. 305. Toulouse, III, n° 39.	Original scellé.	508
3086	1243	Avril. Après Pâques.	Simile juramentum Fulconis de Popio et septem aliorum militum.	J. 305. Toulouse, III, n° 41.	Original scellé.	509
3087	1243	Avril. Après Pâques.	Simile juramentum Hermanni Raimundi et decem aliorum.	J. 306. Toulouse, III, n° 78.	Original scellé.	509
3088	1243	Avril. Après Pâques.	Simile juramentum Willelmi Barasc, W. de Gordon et B. de Cardeliac.	J. 306. Toulouse, III, n° 79.	Original scellé.	509
3089	1243	Avril. Après Pâques.	Simile juramentum D. Barasci, G. de Castronovo, et H. de Cardeilaco.	J. 306. Toulouse, III, n° 82.	Original scellé.	509
3090	1243	Avril. Après Pâques.	Simile juramentum consulum et universitatis Cabdenaci.	J. 305. Toulouse, III, n° 44.	Original scellé.	509
3091	1243	Avril. Après Pâques.	— — consulum et universitatis Calluçii.	J. 305. Toulouse, III, n° 45.	Original scellé.	510
3092	1243	Avril. Après Pâques.	— — consulum et universitatis Losertæ.	J. 305. Toulouse, III, n° 42.	Original scellé.	510
3093	1243	Avril. Après Pâques.	— — consulum et universitatis Montiscuqui.	J. 305. Toulouse, III, n° 38.	Original scellé.	510
3094	1243	Avril. Après Pâques.	— — consulum et universitatis Moysiaci.	J. 305. Toulouse, III, n° 40.	Original scellé.	510
3095	1243	Avril. Après Pâques.	— — consulum et universitatis Podii-celsi.	J. 305. Toulouse, III, n° 43.	Original scellé.	510
3096	1243	Avril. Après Pâques.	— — consulum et universitatis castri de Leval.	J. 305. Toulouse, III, n° 81.	Déficit.	510
3097	1243	22 mai.	Obligatio Beliti judæi.	J. 324. Toulouse, XV, n° 15.	Original.	510
3098	1243	22 mai.	Belitus judæus Bertrando et Guidoni de Turribus quædam prædia vendit.	J. 325. Toulouse, XVI, n° 16.	Original.	511
3099	1243	24 mai.	Henricus III rex Angliæ centum probos viros ad regendam et defendendam civitatem suam Baionensem instituit.	J. 655. Angleterre, lettres sans date, n° 3.	Original.	511
3100	1243	24 mai.	Instrumentum quo constat B. et G. de Turribus in corporalem possessionem prædiorum emptorum a B. judeo missos fuisse.	J. 324. Toulouse, XV, n° 14.	Original.	512
3101	1243	Mai, du 4 au 25.	Bail d'une maison et dépendances sises à Bessières, consenti par W. de Guamevila à R. Godail.	J. 325. Toulouse, XVI, n° 32.	Original roman.	512
3102	1243	Mai, du 4 au 25.	Bail d'un emplacement de maison sis à Bessières, consenti par W. de Guamevila à W. Rerusa.	J. 325. Toulouse, XVI, n° 33.	Original roman.	512
3103	1243	Mai, du 4 au 25.	Bail d'une éminée de terre, consenti par le même à G. Bernat.	J. 325. Toulouse, XVI, n° 38.	Original roman.	512
3104	1243	Mai, du 4 au 25.	Bail d'une quarterée de vigne, consenti par le même à D. Sans.	J. 325. Toulouse, XVI, n° 42.	Original roman.	512
3105	1243	26 mai.	Belitus judæus recognoscit sibi de pretio prædiorum B. et G. de Turribus a se venditorum integraliter satisfactum fuisse.	J. 324. Toulouse, XV, n° 13.	Original.	512
3106	1243	Mai, du 2 au 30.	Accord conclu entre W. de Guamevila et W. Capels au sujet du fief qu'ils avaient à Vermats.	J. 325. Toulouse, XVI, n° 34.	Original roman.	512
3107	1243	Mai, du 2 au 30.	W. Capels de Bessières donne à W. de Gamevila et à ses héritiers une métairie sise à Bessières.	J. 325. Toulouse, XVI, n° 36.	Original roman.	513
3108	1243	Mai.	Litteræ Aelidis abbatissæ et conventus Avenaii de XL. libris Pruvinensium sibi a comite Campaniæ in excambium assignatis.	J. 197. Champagne, V, n° 59.	Original.	513
3109	1243	Mai.	De sexaginta arpentis nemoris desuper Cantumnerulam comiti Campaniæ ab Henrico de Ripparia venditis.	J. 203. Champagne, XI, n° 49.	Original.	513

N°s d'ordre.	DATES. ANNÉE.	DATES. MOIS.	SOMMAIRES.	COTES DES PIÈCES.	NATURE DES PIÈCES.	PAGES.
3110	1243	Mai.	De pace a domino rege et comite Pictaviæ comiti Marchiæ, ejus uxori, eorumque liberis concessa.	J. 270. La Marche, n° 14.	Vidimus scellé.	513
3111	1243	7 juin.	Juramentum consulum et universitatis castri de Petrucia, Ruthenensis diœcesis, de pace Parisiensi fideliter servanda.	J. 305. Toulouse, III, n° 46.	Original scellé.	513
3112	1243	7 juin.	Simile juramentum consulum et universitatis Villænovæ.	J. 305. Toulouse, III, n° 47.	Original scellé.	513
3113	1243	9 juin.	— — consulum et universitatis castri de Naiaco.	J. 306. Toulouse, III, n° 83.	Original scellé.	514
3114	1243	14 juin.	— — consulum et universitatis castri de Amiliano.	J. 305. Toulouse, III, n° 48.	Original scellé.	514
3115	1243	19 juin.	Instrumentum quo constat Guillelmum de Anolhio pecuniam sibi debitam ab Aycardo de S. Gauela recepisse.	J. 318. Toulouse, IX, n° 38.	Original.	514
3116	1243	29 juin.	De XVII. libris Pruvinensium annui redditus pro CLX. libris ab Helia domina de Vataria comiti Campaniæ venditis.	J. 195. Champagne, III, n° 23.	Original scellé.	514
3117	1243	29 juin.	De treugis initis inter Arelatensem archiepiscopum, R. comitem Tolosæ et R. Berengarium Provinciæ comitem.	J. 311. Toulouse, V, n° 59.	Original scellé.	514
3118	1243	30 juin.	Prior et fratres Prædicatores Rothomagenses domino regi, pro loco in dicta civitate concesso, gratias agunt et orationes promittunt.	J. 461. Fondations, II, n° 12. 1.	Original scellé.	516
3119	1243	30 juin.	Litteræ eorumdem Blanchæ reginæ, de codem argumento.	J. 461. Fondations, II, n° 12. 2.	Original scellé.	517
3120	1243	Juin.	Alfonsus comes Pictavensis communiam et libertates burgensium de Niorto confirmat.	J. 190 A. Poitou, I, n° 8. 2.	Copie ancienne.	517
3121	1243	Juin.	Litteræ Parisiensis episcopi de compositione per arbitros inita a fratribus Hospitalis S. Thomæ cum A. de Garlanda.	J. 165. Valois, III, n° 33.	Original.	517
3122	1243	28 juillet.	Litteræ Innocentii papæ IV domino regi pro episcopo Cathalaunensi, de regalibus ei tradendis.	J. 348. Régale, II, n° 4.	Original scellé.	517
3123	1243	5 août.	Epistola Balduini Constantinopolitani imperatoris, Blanchæ Francorum reginæ.	J. 391. Bulles, n° 9.	Original.	518
3124	1243	Août.	Bail d'une terre sise à Bessières, consenti par W. de Gamevila à W. Chatgeir.	J. 325. Toulouse, XVI, n° 35.	Original.	519
3125	1243	Août.	Erardus de Valeri se pro G. de Cornant, erga dominum regem, plegium constituit.	J. 395. Securitates, n° 143.	Original scellé.	519
3126	1243	Août.	Similes litteræ Guidonis de Egrevilla.	J. 395. Securitates, n° 146.	Original scellé.	519
3127	1243	Août.	— — Stephani de Forgis.	J. 395. Securitates, n° 145.	Original scellé.	520
3128	1243	Août.	— — Roberti de Cella.	J. 395. Securitates, n° 142.	Original scellé.	520
3129	1243	Août.	— — Theobaudi de Campo-Johannis.	J. 395. Securitates, n° 144.	Original scellé.	520
3130	1243	Août.	— — Guillelmi de Valle-profunda.	J. 395. Securitates, n° 141.	Original scellé.	520
3131	1243	3 septembre.	Comes Campaniæ in arbitros compromittit super querelis inter se et regem versatis de marchiis versus Rampilliacum et alibi.	J. 613. Navarre, n° 1.	Original.	520
3132	1243	12 septembre.	B. de Promilhaco, vicarius Tholosæ, quamdam terram Ademario de Miramonte in feodum concedit.	J. 314. Toulouse, VII, n° 79.	Original.	520
3133	1243	Septembre.	De licentia concessa a B. regina fratribus S. Faronis ut proprisium et nemus domus suæ S. Audoeni muris claudere possint.	J. 206. Meaux, n° 3.	Original scellé.	520
3134	1243	Octobre.	Bail à cens d'une pièce de terre située à Vertmats, consenti par W. Capels de Bessières à G. Teuleir.	J. 325. Toulouse, XVI, n° 41.	Original.	521

INDEX CHRONOLOGIQUE.

N°s d'ordre.	ANNÉE.	MOIS.	SOMMAIRES.	COTES DES PIÈCES.	NATURE DES PIÈCES.	PAGES.
3135	1243	Octobre.	Bertrans de Bessières et consorts donnent en viager à R. Vageir le four de Bessières pour en partager les produits.	J. 325. Toulouse, XVI, n° 39.	Original.	521
3136	1243	Octobre.	Bail à cens d'une maison et dépendances sises à Bessières, consenti par W. de Guamevila à W. Oveilleir et à ses héritiers.	J. 325. Toulouse, XVI, n° 40.	Original.	521
3137	1243	Octobre.	Marguerite, dame de Rochefort, s'engage à tenir son château de Rochefort à la disposition du comte de Poitiers.	J. 192. Poitou, II, n° 9.	Original scellé.	521
3138	1243	4 novembre.	De donatione facta fratribus Minoribus Altissiodorensibus a comitissa Nivernensi.	J. 256. Nevers, n° 44.	Original scellé.	522
3139	1243	22 novembre.	B. de Bessières déclare avoir vendu à R. de Lobarcsas et au frère dudit R. les deux tiers de la seigneurie de Bessières.	J. 325. Toulouse, XVI, n° 37.	Original.	522
3140	1243	29 novembre.	Litteræ fratris Desiderii, ministri fratrum Minorum Burgundiæ, de præfata donatione n° 3138.	J. 256. Nevers, n° 48.	Original.	522
3141	1243	Novembre.	Homagium a Sibilla, domina de Surgeriis, comiti Pictaviæ præstitum.	J. 190 A. Poitou, I, n° 21.	Original scellé.	523
3142	1243	Novembre.	Testament de Beneeite, femme de Giraut de Gordon, bourgeois de la Rochelle.	J. 192. Poitou, II, n° 2. 3.	Copie ancienne.	523
3143	1243	Novembre.	Theobaldus de Corpaleyo et ejus uxor quidquid habebant in carnificeria Pruvinensi regi Navarræ vendunt.	J. 203. Champagne, XI, n° 50.	Original scellé.	523
3144	1243	2 décembre.	Innocentius papa IV Barrensi archiepiscopo mandat ut Tolosanum comitem ab omni excommunicatione solutum declaret.	J. 447. Croisades, I, n° 41.	Original scellé.	523
3145	1243	5 décembre.	Litteræ ejusdem papæ pro rege Franciæ de confessore eligendo.	J. 685. Bulles de priviléges, n° 50.	Original scellé.	524
3146	1243	9 décembre.	Instrumentum electionis Henrici Carnotensis episcopi.	J. 261. Sens, n° 9. 2.	Copie authent.	524
3147	1243	10 décembre.	Litteræ Innocentii papæ IV Ludovico regi commendatitiæ pro quodam Thoma de Pinasca mercatore Januensi.	J. 696. Bulles. Mélanges, n°13.	Original scellé.	524
3148	1243	12 décembre.	Litteræ ejusdem de comite Tolosano ad gratiam Sedis Apostolicæ, rogante rege Franciæ, admisso.	J. 352. Bulles honorables, n° 2.	Original scellé.	524
3149	1243	14 décembre.	Litteræ ejusdem quod rex Franciæ propter participationem cum excommunicatis excommunicationem non incurrat.	J. 684. Bulles de priviléges, n° 29.	Original scellé.	525
3150	1243	15 décembre.	Litteræ ejusdem quibus Ludovicum regem hortatur ad regalia episcopo Cathalaunensi conferenda.	J. 696. Bulles. Mélanges, n°14.	Original scellé.	526
3151	1243	Décembre.	Odo de Claromonte miles quosdam redditus comiti Campaniæ vendit.	J. 195. Champagne, III, n° 25.	Original.	527
3152	1243	Décembre.	P. de Corpalaio et Ysabellis uxor ejus recognoscunt se quidquid habebant in macello Pruvinensi comiti Campaniæ vendidisse.	J. 203. Champagne, XI, n° 51.	Original.	527
3153	1243	Décembre.	Juramentum H. ducis Burgundiæ, de privilegiis monasterio Cluniacensi pro ecclesiis de Paredo et de Tholon concessis.	J. 259. Cluny, n° 1.	Copie authent.	527
3154	1243	Décembre.	E. de Rupeforti forteritiam suam de Torz regi Franciæ et comiti Pictaviensi tradendam promittit.	J. 400. Promesses, n° 43.	Original.	527
3155	1243	. . . . . .	Bail d'une terre située à Buzet, consenti par Arnaud, abbé de Gaillac, à Espagnhol et à Jorda, son fils.	J. 328. Toulouse, XIX, n° 19.	Original roman.	527
3156	1244	7 janvier.	Litteræ Innocentii papæ IV Avenionensi electo de absolutione Tolosani comitis publicanda.	J. 447. Croisades, I er sac, n°40.	Original scellé.	528

INDEX CHRONOLOGIQUE.

Nos d'ordre.	ANNÉE.	MOIS.	SOMMAIRES.	COTES DES PIÈCES.	NATURE DES PIÈCES.	PAGES.
3157	1244	Janvier.	Litteræ conventus Miratorii de xx. libris annui redditus, quas habebat in nundinis Trecensibus comiti Campaniæ a se venditis.	J. 195. Champagne, III, n° 22.	Original.	528
3158	1244	Janvier.	Litteræ Vincentii abbatis Miratorii ejusdem argumenti et formæ.	J. 195. Champagne, III, n° 74.	Original.	529
3159	1244	Janvier.	R. abbas et conventus Bonævallis furnum de Bordis apud Pruvinum comiti Campaniæ vendunt.	J. 203. Champagne, XI, n° 48.	Original scellé.	529
3160	1244	Février.	Homagium a G. de Rancone, milite, domino Taleburgii, pro Parteneio castro comiti Pictavensi præstitum.	J. 191. Poitou, I, n° 109.	Original.	529
3161	1244	Février.	G. de Ardilleriis recognoscit se quidquid habebat apud Blesiam de comite Campaniæ tenere.	J. 202. Champagne, X, n° 22.	Original.	529
3162	1244	12 mars.	Juramentum fidelitatis a Narbonensibus domino regi præstitum.	J. 310. Toulouse, V, n° 22.	Original scellé.	529
3163	1244	14 mars.	Litteræ Petri Narbonensis archiepiscopi pro absolutione R. Tolosani comitis.	J. 306. Toulouse, III, n° 75.	Original.	530
3164	1244	18 mars.	Statutum consulum Montispessulani de officio consulis majoris in electione consulum.	J. 339. Montpellier et Maguelone, I, n° 23.	Copie ancienne.	530
3165	1244	20 mars.	Juramentum consulum Petnæ Agennensis de pace Parisiensi fideliter servanda.	J. 305. Toulouse, III, n° 37.	Original scellé.	531
3166	1244	20 mars.	Similes litteræ consulum et universitatis Portus S. Mariæ.	J. 306. Toulouse, III, n° 76.	Original scellé.	531
3167	1244	23 mars.	A. de Roceyo nemus dictum Grossam Silvam comiti Campaniæ vendit et eidem quemdam hominem de corpore donat.	J. 197. Champagne, V, n° 57.	Original scellé.	531
3168	1244	25 mars.	Juramentum consulum Castri Sarraceni de pace Parisiensi fideliter servanda.	J. 305. Toulouse, III, n° 36.	Original scellé.	531
3169	1244	26 mars.	Simile juramentum consulum de Marmanda.	J. 306. Toulouse, III, n° 77.	Original scellé.	532
3170	1244	27 mars.	— — U. comitis Ruthenensis.	J. 305. Toulouse, III, n° 49.	Original.	532
3171	1244	30 mars.	— consulum de Medicino.	J. 305. Toulouse, III, n° 35.	Original scellé.	532
3172	1244	Mars.	Alanus de Rocy miles et ejus uxor recognoscunt se quoddam nemus, quod dicitur Grossa Silva, comiti Campaniæ vendidisse.	J. 197. Champagne, V, n° 58.	Original.	532
3173	1244	Mars.	Adam Cayn et ejus uxor recognoscunt se redditum quem habebant in traverso præposituræ Petræfontis B. reginæ vendidisse.	J. 160. Senlis, I, n° 3.	Original scellé.	532
3174	1244	Mars.	Johannes de Eschameud et ejus uxor præcedentem venditionem ratam habent.	J. 163 A. Valois, I, n° 4.	Original scellé.	532
3175	1244	1er avril.	P. de Durbanno de Monteacuto recognoscit se quartam partem Montisacuti, Verdunum et Larbont de comite Tolosæ ligie tenere.	J. 314. Toulouse, VII, n° 26.	Original.	533
3176	1244	11 avril.	Vente par B. Bofilhs et G. Guitart au comte de Toulouse de tout ce qui leur appartient en la seigneurie de Gemil.	J. 330. Toulouse, XXI, n° 22.	Original roman.	533
3177	1244	22 avril.	De pecunia Guidoni de Turribus a Belito judæo solvenda.	J. 324. Toulouse, XV, n° 18.	Original.	533
3178	1244	25 avril.	G. Azemarius et ejus consanguinei totum honorem de Forest et de Rodesia Sicardo Alamanni vendunt.	J. 327. Toulouse, XVIII, n° 22.	Original.	533
3179	1244	Avril.	Vente par W. de Bessières à R. Augier d'une pièce de vigne située à Vertmats.	J. 325. Toulouse, XVI, n° 43.	Original roman.	533
3180	1244	Avril.	Bail à cens d'une terre sise au territoire de Bessières, consenti par W. de Guamevila et W. Capels à Ar. et à ses héritiers.	J. 325. Toulouse, XVI, n° 53.	Original roman.	534
3181	1244	Avril.	Partage de terre entre W. de Gamevila et W. Capels de Bessières.	J. 325. Toulouse, XVI, n° 48. Ibid., n° 3. 1.	Original roman. Copie.	534

INDEX CHRONOLOGIQUE.

Nos d'ordre.	ANNÉE.	MOIS.	SOMMAIRES.	COTES DES PIÈCES.	NATURE DES PIÈCES.	PAGES.
3182	1244	16 mai.	Bail d'une pièce de vigne et d'une terre situées à la Ferrière, ledit bail consenti par V. Borgarel et consorts à P. Izarnh.	J. 327. Toulouse, XVIII, n° 18.	Original roman.	534
3183	1244	16 mai.	Bail d'une pièce de pré, consenti par V. et A. Borgarel à P. Izarnh et consorts.	J. 327. Toulouse, XVIII, n° 19.	Original roman.	534
3184	1244	17 mai.	*Litteræ Innocentii papæ IV Tolosano comiti quem certiorem facit de ejus cum Ecclesia reconciliatione.*	J. 447. Croisades, I, n° 42.	Original scellé.	534
3185	1244	31 mai.	Sententia inter comitem Pictavensem et Xanctonensem episcopum pronuntiata ab arbitris ex utraque parte electis.	J. 190 B. Poitou, I, n° 86.	Original.	535
3186	1244	13 juin.	*Instrumentum quo comes Tholosæ Guillelmo de Cadoilha et quibusdam aliis U. de Mureto et ejus filios manulevandos tradit.*	J. 317. Toulouse, VIII, n° 29.	Original.	535
3187	1244	13 juin.	*Instrumentum ejusdem formæ quo Ugo Mezailha ad manulevandum traditur.*	J. 320. Toulouse, XI, n° 52.	Original.	536
3188	1244	29 juin.	Inféodation d'une pièce de pré par V. et A. Borgarel à R. de Bathalic et consorts.	J. 304. Toulouse, II, n° 68.	Original roman.	536
3189	1244	29 juin.	Bail d'une pièce de pré, consenti par les mêmes à P. de La Molina et à ses successeurs.	J. 327. Toulouse, XVIII, n° 17.	Original roman.	536
3190	1244	29 juin.	Bail à cens d'une sesterée de terre, consenti par les mêmes à Martin de Nagauzia.	J. 327. Toulouse, XVIII, n° 20.	Original roman.	536
3191	1244	29 juin.	Bail à cens d'une sesterée de pré, consenti par les mêmes à B. Clavel.	J. 327. Toulouse, XVIII, n° 21.	Original roman.	536
3192	1244	7 juillet.	*Instrumentum quo Astrugus judæus mittitur in corporalem possessionem curtis d'en Gavarer et terrarum adjacentium.*	J. 324. Toulouse, XV, n° 19.	Original.	536
3193	1244	Juillet.	Abbas et conventus S. Katherinæ Rothomagensis redditus, quos dominus rex habebat in vineis apud Autiz et Bisi, ab eo redimunt.	J. 216. Vernon, n° 2.	Original scellé.	537
3194	1244	Août.	*Litteræ Friderici II imperatoris in Avinionenses.*	J. 303. Toulouse, I, n° 6.	Original scellé.	537
3195	1244	Août.	*Litteræ ejusdem de revocatione pedagiorum Bernoino quondam episcopo Vivariensi concessorum.*	J. 610. Empereurs d'Allemagne, n° 5.	Original scellé.	537
3196	1244	Septembre.	Guichardus abbas et conventus Virzilliacensis Ludovico regi et ejus uxori plenariam societatem et beneficium ecclesiæ suæ concedunt.	J. 461. Fondations, II, n° 13. 1.	Original scellé.	538
3197	1244	Septembre.	Charta ejusdem formæ ab eisdem Blanchæ reginæ concessa.	J. 461. Fondations, II, n° 13. 2.	Original scellé.	538
3198	1244	Septembre.	Radulphus de Cornon miles partem viæ quæ tendit de Cornon ad Clarummontem Alphonso comiti Pictaviæ vendit.	J. 328. Toulouse, XIX, n° 20.	Original.	538
3199	1244	Octobre.	Bail d'une quarterée de terre sise à Bessières, consenti par W. de Gamevila à B. W. Conort et à ses héritiers.	J. 325. Toulouse, XVI, n° 45.	Original roman.	538
3200	1244	Octobre.	Vente d'une maison sise à Bessières, consenti par B. Grimauts à R. Bisbes.	J. 324. Toulouse, XV, n° 20.	Original roman.	538
3201	1244	Octobre.	Bail d'une maison sise à Bessières, consenti par W. Gamevila à W. Gelis.	J. 325. Toulouse, XVI, n° 49.	Original roman.	539
3202	1244	Octobre.	Bail d'un emplacement de maison sis à Bessières, consenti par le même à W. Rufa et consorts.	J. 325. Toulouse, XVI, n° 44.	Original roman.	539
3203	1244	13 novembre.	*Homagium quod Centullus, comes Astariacensis, sub ballio matris suæ constitutus, comiti Tolosæ præstitit.*	J. 314. Toulouse, VII, n° 28.	Original.	539

INDEX CHRONOLOGIQUE.

Nos d'ordre.	ANNÉE.	MOIS.	SOMMAIRES.	COTES DES PIÈCES.	NATURE DES PIÈCES.	PAGES.
3204	1244	13 novembre.	Instrumentum homagii a Bernardo de Marestanno, pro castellis de Marestanno et de Claromonte, comiti Tolosano præstiti.	J. 315. Toulouse, VII, n° 81.	Original.	540
3205	1244	18 novembre.	Instrumentum homagii quod Bernardus comes Convenarum comiti Tolosæ præstitit.	J. 314. Toulouse, VII, n° 27.	Original.	540
3206	1244	22 novembre.	Pactiones conjugales inter Amedeum comitem Sabaudiæ et Ceciliam de Baux, neptem comitis Tolosani, initæ.	J. 310. Toulouse, V, n° 23.	Original scellé.	541
3207	1244	23 novembre.	Litteræ capituli Carnotensis L. regi de concordia per arbitros ineunda super præbendis in ecclesia Carnotensi vacantibus.	J. 172. Chartres, II, n° 11.	Original.	543
3208	1244	24 novembre.	Vente d'une maison sise à Bessières, par W. Conorts à dame Ramunda.	J. 325. Toulouse, XVI, n° 46.	Original roman.	543
3209	1244	28 novembre.	De rebus apud Barbarenx et alibi gestis pro infeodatione comitatus Astaracensis.	J. 314. Toulouse, VII, n° 30.	Original.	543
3210	1244	28 novembre.	Bail d'une vigne située à Vertmats, consenti par W. de Gamevila et C. de Bessières à R. Andreu de Bessières.	J. 325. Toulouse, XVI, n° 47.	Original roman.	544
3211	1244	29 novembre.	Litteræ H. Carnotensis episcopi de compromissione cum rege inita super questione præbendarum vacantium.	J. 172. Chartres, II, n° 14. J. 261. Sens, n° 9. 1.	Original scellé. Copie authent.	544
3212	1244	29 novembre.	Litteræ Gilonis et aliorum a capitulo Carnotensi delegatorum de præfata compromissione.	J. 172. Chartres, II, n° 12.	Original scellé.	544
3213	1244	30 novembre.	Sententia arbitralis ab O. B. Dionysii et Th. Ermeriarum abbatibus super prædicta lite pronuntiata.	J. 172. Chartres, II, n° 13. J. 261. Sens, n° 9. 3.	Original scellé. Copie authent.	544
3214	1244	Novembre.	Homagium a Guidone Sen. comiti Pictavensi præstitum.	J. 191. Poitou, I, n° 110.	Original.	544
3215	1244	4 décembre.	Testamentum Johannæ Flandrensis comitissæ.	J. 406. Testaments divers, n° 1.	Copie ancienne.	545
3216	1244	18 décembre.	B. de Comatorta se, cum omnibus rebus suis, in captenio comitis Tolosæ ponit.	J. 317. Toulouse, VIII, n° 30.	Original.	546
3217	1244	18 décembre.	Instrumentum, ejusdem argumenti et formæ, pro Ramundo de Comatorta.	J. 317. Toulouse, VIII, n° 31.	Original.	547
3218	1244	Décembre, du 7 au 28.	Vente d'un jardin sis à Bessières, faite par B. Bisbes de Buzet et sa femme à dame Guirauda Lauteira.	J. 324. Toulouse, XV, n° 17.	Original roman.	547
3219	1244	Décembre, du 7 au 28.	Acte passé entre les mêmes parties pour la vente d'une maison située à Bessières.	J. 324. Toulouse, XV, n° 21.	Original roman.	547
3220	1244	Décembre, du 1er au 29.	Bail d'une maison sise à Bessières, consenti par W. de Gamevila à G. Mauri et à ses héritiers.	J. 325. Toulouse, XVI, n° 50.	Original roman.	547
3221	1244	Décembre, du 1er au 29.	Acte passé entre les mêmes parties pour le bail d'une métairie sise en la seigneurie de Bessières.	J. 325. Toulouse, XVI, n° 51.	Original roman.	547
3222	1244	31 décembre.	Arnaldus Convenarum recognoscit se villam Dalmazani et Dalmazanesium de comite Tholosæ in feodum tenere.	J. 314. Toulouse, VII, n° 29.	Original.	547
3223	1245	10 janvier.	Quod regi nil damni proveniat ex eo quod Margareta comitissa homagia Flandriæ receperit antequam ipsa regi præstiterit homagium.	J. 537. Flandre, I, sac 5, n° 4. 2.	Original scellé.	548
3224	1245	10 janvier.	Præfata comitissa sese obligat ad præcedentes litteras novo sigillo suo infra instantem Purificationem sigillandas.	J. 538. Flandre, I, sac 5, n° 6.	Original.	548
3225	1245	15 janvier.	Sicardus de Miromonte quidquid juris habebat apud S. Gauellam comiti Tholosano vendit.	J. 330. Toulouse, XXI, n° 23.	Original.	548

INDEX CHRONOLOGIQUE.

Nos d'ordre.	ANNÉE.	MOIS.	SOMMAIRES.	COTES DES PIÈCES.	NATURE DES PIÈCES.	PAGES.
3226	1245	18 janvier.	Homagium a Fortanerio de Gordono comiti Tholosano præstitum.	J. 303. Toulouse, I, n° 5.	Original.	549
3227	1245	23 janvier.	Bos de Orgolhio recognoscit se quidquid juris habebat in dominio et castro de Orgolhio de comite Tholosæ in feudum tenere.	J. 315. Toulouse, VII, n° 82.	Original.	549
3228	1245	23 janvier.	R. G. de Moysiaco recognoscit se paxeriam et margillum quæ habet in flumine Tarni de eodem comite in feudum tenere.	J. 314. Toulouse, VII, n° 80.	Original.	549
3229	1245	26 janvier.	G. de Guamevilla et uxor ejus tertiam partem quam habebant in villa de Veceriis comiti Tholosano vendunt.	J. 325. Toulouse, XVI, n° 52.	Original.	550
3230	1245	31 janvier.	Transaction entre le couvent de Saint-Josse-sur-Mer, le comte et la comtesse de Ponthieu et les habitants de Saint-Josse.	J. 426. Obligations, IV, n° 19. 2.	Copie authent.	550
3231	1245	Janvier.	Securitas facta domino regi ab universitate villæ Duacensis pro Margareta Flandriæ comitissa.	J. 537. Flandre, I, sac 5, n° 5. 2.	Original scellé.	552
3232	1245	Janvier.	Alermus de Aubi miles notum facit se coram legatis regiis securitatem domino regi pro dicta comitissa jurasse.	J. 538. Flandre, I, sac 5, n° 6. 38.	Original scellé.	552
3233	1245	Janvier.	Similes litteræ Arnulphi de Chisonio.	J. 538. Fland., I, sac 5, n° 6.39.	Original scellé.	552
3234	1245	Janvier.	— — Guillelmi de Duaculo.	J. 538. Fland., I, sac 5, n° 6.56.	Original scellé.	552
3235	1245	Janvier.	— — Baldonis de Duaculo.	J. 538. Fland., I, sac 5, n° 6.66.	Original scellé.	552
3236	1245	Janvier.	— — Galteri de Guelezin.	J. 538. Fland., I, sac 5, n° 6.51.	Original scellé.	553
3237	1245	Janvier.	— — Boidini de Havequerque.	J. 538. Fland., I, sac 5, n° 6.58.	Original scellé.	553
3238	1245	Janvier.	— — Galteri de Napis.	J. 538. Fland., I, sac 5, n° 6.52.	Original scellé.	553
3239	1245	Janvier.	— — Petri de Rulay.	J. 538. Fland., I, sac 5, n° 6.55.	Original scellé.	553
3240	1245	Janvier.	— — Gossini de Sancto Albino.	J. 538. Fland., I, sac 5, n° 6.18.	Original scellé.	553
3241	1245	2 février.	Rogerius de Aspello homagium Raimundo comiti Tolosæ præstat pro castris de Berato, Fita, S. Felicio et aliis.	J. 316. Toulouse, VII, n° 107.	Original.	553
3242	1245	4 février.	Instrumentum quo idem Rogerius Coleredum, Naonam, Palamenic, etc., comiti Tolosano oppignerat.	J. 330. Toulouse, XXI, n° 23.	Original.	553
3243	1245	Février.	Securitas facta domino regi a Daniele de Aisschone pro Margareta Flandriæ comitissa.	J. 538. Fland., I, sac 5, n° 6.23.	Original.	554
3244	1245	Février.	Similes litteræ Johannis de Aldenarda.	J. 538. Flandre, I, sac 5, n° 6.7.	Original.	554
3245	1245	Février.	— — Alipdis relictæ A. de Aldenarda.	J. 538. Fland., I, sac 5, n° 6.40.	Original scellé.	554
3246	1245	Février.	— — Balduini de Aria.	J. 538. Fland., I, sac 5, n° 6. 5.	Original.	554
3247	1245	Février.	— — Guillelmi de Bergues.	J. 538. Fland., I, sac 5, n° 6.42.	Original scellé.	554
3248	1245	Février.	— — Guidonis de Bergues.	J. 538. Fland., I, sac 5, n° 6.15.	Original scellé.	554
3249	1245	Février.	— — G. castellani de Bergues.	J. 538. Fland., I, sac 5, n° 6.71.	Original scellé.	554
3250	1245	Février.	— — Egidii de Bethunia.	J. 538. Fland., I, sac 5, n° 6.12.	Original scellé.	554
3251	1245	Février.	— — Jacobi de Bondues.	J. 538. Fland., I, sac 5, n° 6.17.	Original scellé.	554
3252	1245	Février.	— — Bertrammi de Bordebuc.	J. 538. Fland., I, sac 5, n° 6.49.	Original scellé.	554
3253	1245	Février.	— — Tierrici de Bevera.	J. 538. Fland., I, sac 5, n° 6.64.	Original scellé.	555
3254	1245	Février.	— — Phylippi de Boulers.	J. 538. Fland., I, sac 5, n° 6.24.	Original scellé.	555
3255	1245	Février.	— — Henrici de Bourguele.	J. 538. Fland., I, sac 5, n° 6.33.	Original scellé.	555
3256	1245	Février.	— — Guidulfi de Brugiis.	J. 538. Fland., I, sac 5, n° 6.59.	Original.	555
3257	1245	Février.	— — Roberti de Caisneto.	J. 538. Fland., I, sac 5, n° 6.45.	Original.	555
3258	1245	Février.	— — Balduini Canis.	J. 538. Fland., I, sac 5, n° 6.31.	Original.	555
3259	1245	Février.	— — Tierrici li Champenois.	J. 538. Fland., I, sac 5, n° 6.36.	Original scellé.	555

INDEX CHRONOLOGIQUE.

Nos d'ordre.	DATES. ANNÉE.	MOIS.	SOMMAIRES.	COTES DES PIÈCES.	NATURE DES PIÈCES.	PAGES.
3260	1245	Février.	Similes litteræ Balduini de Commines.	J.538.Fland.,I,sac5,n°6.19.	Original scellé.	555
3261	1245	Février.	— Egidii de Cruce.	J.538.Fland.,I,sac5,n°6.54.	Original scellé.	555
3262	1245	Février.	— Girardi dicti Diaboli.	J.538.Fland.,I,sac5,n°6.21.	Original scellé.	555
3263	1245	Février.	— Gerardi Erenbaldinghen.	J.538.Fland.,I,sac5,n°6.73.	Original scellé.	556
3264	1245	Février.	— Johannis de Formescllis.	J.538.Fland.,I,sac5,n°6.70.	Original.	556
3265	1245	Février.	— Walteri de Frotlcastoel.	J.538.Fland.,I,sac5,n°6.48.	Original scellé.	556
3266	1245	Février.	— Johannis de Gandavo.	J.538.Fland.,I,sac5,n°6.37.	Original.	556
3267	1245	Février.	— H. castellani Gandavensis.	J.538.Fland.,I,sac5,n°6.43.	Original scellé.	556
3268	1245	Février.	— Johannis de Guistella.	J.538.Fland.,I,sac5,n°6.22.	Original scellé.	556
3269	1245	Février.	— Johannis de Haya.	J.538.Fland.,I,sac5,n°6.75.	Original.	556
3270	1245	Février.	— Alardi de Hola.	J.538.Fland.,I,sac5,n°6.3.	Original.	556
3271	1245	Février.	— Philippi de Hundescote.	J.538.Fland.,I,sac5,n°6.26.	Original.	556
3272	1245	Février.	— Henrici de Hundescote.	J.538.Fland.,I,sac5,n°6.25.	Original scellé.	557
3273	1245	Février.	— Galteri, filii Gossuini de Hulst.	J.538.Fland.,I,sac5,n°6.32.	Original scellé.	557
3274	1245	Février.	— Balduini de Isanghem.	J.538.Fland.,I,sac5,n°6.57.	Original.	557
3275	1245	Février.	— Tierrequini de Lake.	J.538.Fland.,I,sac5,n°6.11.	Original scellé.	557
3276	1245	Février.	— Arnulphi de Landast.	J.538.Fland.,I,sac5,n°6.50.	Original scellé.	557
3277	1245	Février.	— Eustachii de Lembeca.	J.538.Fland.,I,sac5,n°6.53.	Original scellé.	557
3278	1245	Février.	— Galteri Lestombe.	J.538.Fland.,I,sac5,n°6.10.	Original scellé.	557
3279	1245	Février.	— Johannis de Lide.	J.538.Fland.,I,sac5,n°6.9.	Original scellé.	557
3280	1245	Février.	— Galteri de Luchau.	J.538.Fland.,I,sac5,n°6.79.	Original scellé.	557
3281	1245	Février.	— Guillelmi de Mandenguien.	J.538.Fland.,I,sac5,n°6.67.	Original scellé.	557
3282	1245	Février.	— Girardi de Marbais.	J.538.Fland.,I,sac5,n°6.41.	Original scellé.	557
3283	1245	Février.	— Johannis de Menin.	J.538.Fland.,I,sac5,n°6.6.	Original scellé.	558
3284	1245	Février.	— Hellini de Mespillio.	J.538.Fland.,I,sac5,n°6.74.	Original scellé.	558
3285	1245	Février.	— Johannis de Michaam.	J.538.Fland.,I,sac5,n°6.62.	Original scellé.	558
3286	1245	Février.	— Galteri de Morseledde.	J.538.Fland.,I,sac5,n°6.77.	Original scellé.	558
3287	1245	Février.	— Sigeri de Muschra.	J.538.Fland.,I,sac5,n°6.65.	Original scellé.	558
3288	1245	Février.	— Johannis d'Obiez.	J.538.Fland.,I,sac5,n°6.46.	Original scellé.	558
3289	1245	Février.	— Johannis de Ocqueselare.	J.538.Fland.,I,sac5,n°6.47.	Original scellé.	558
3290	1245	Février.	— Andreæ de Ostekerke.	J.538.Fland.,I,sac5,n°6.72.	Original.	558
3291	1245	Février.	— Willelmi de Ostkerca.	J.538.Fland.,I,sac5,n°6.4.	Original scellé.	558
3292	1245	Février.	— Isabellis de Ponte Roardo.	J.538.Fland.,I,sac5,n°6.14.	Original.	558
3293	1245	Février.	— Guillelmi de Pratis.	J.538.Fland.,I,sac5,n°6.61.	Original scellé.	559
3294	1245	Février.	— Gerardhi de Rassemghien.	J.538.Fland.,I,sac5,n°6.76.	Original scellé.	559
3295	1245	Février.	— Girardi de Rode.	J.538.Fland.,I,sac5,n°6.69.	Original scellé.	559
3296	1245	Février.	— Karonis de Rume.	J.538.Fland.,I,sac5,n°6.29.	Original.	559
3297	1245	Février.	— Balduini de S. Audomaro.	J.538.Fland.,I,sac5,n°6.44.	Original scellé.	559
3298	1245	Février.	— Alenardi de Selinguehen.	J.538.Fland.,I,sac5,n°6.60.	Original scellé.	559
3299	1245	Février.	— Hugonis de Stenlande.	J.538.Fland.,I,sac5,n°6.63.	Original scellé.	559
3300	1245	Février.	— Sigeri de Thienes.	J.538.Fland.,I,sac5,n°6.20.	Original.	559
3301	1245	Février.	— Johannis de Verlangnehen.	J.538.Fland.,I,sac5,n°6.35.	Original.	559
3302	1245	Février.	— Balduini de le Victe.	J.538.Fland.,I,sac5,n°6.2.	Original scellé.	559
3303	1245	Février.	— Petri de Wate.	J.538.Fland.,I,sac5,n°6.34.	Original scellé.	560
3304	1245	Février.	— Philippi de Wastina.	J.538.Fland.,I,sac5,n°6.16.	Original scellé.	560
3305	1245	Février.	— R. de Waurhin Flandriæ senescalli.	J.538.Fland.,I,sac5,n°6.39.	Original.	560

INDEX CHRONOLOGIQUE.

N°s d'ordre.	ANNÉE.	MOIS.	SOMMAIRES.	COTES DES PIÈCES.	NATURE DES PIÈCES.	PAGES.
3306	1245	Février.	Similes litteræ Johannis de Ypra.	J.538. Fland.,I,sac5,n°6.28.	Original scellé.	560
3307	1245	Février.	— — Philippi de Ypra.	J.538. Fland.,I,sac5,n°6.27.	Original scellé.	560
3308	1245	Février.	— — communitatis de Aldenarda.	J. 537. Fland.,I,sac5, n°5.4.	Original scellé.	560
3309	1245	Février.	— — communitatis de Alost.	J.537. Fland.,I,sac5,n°5.10.	Original scellé.	560
3310	1245	Février.	— — communitatis de Audeborc.	J.537. Fland.,I,sac5,n°5.23.	Original scellé.	560
3311	1245	Février.	— — communitatis de Axele.	J.537. Fland.,I,sac5,n°5.20.	Original scellé.	560
3312	1245	Février.	— — communitatis de Bergues.	J.537. Fland.,I,sac5,n°5.15.	Original scellé.	560
3313	1245	Février.	— — communitatis de Borborc.	J. 537. Fland., I, sac 5, n° 5.5.	Original scellé.	561
3314	1245	Février.	— — communitatis Brugensis.	J. 537. Fland., I, sac 5, n°5.3.	Original scellé.	561
3315	1245	Février.	— — communitatis de Cassel.	J.537. Fland.,I,sac5, n°5.22.	Original scellé.	561
3316	1245	Février.	— — communitatis de Curtereio.	J. 537. Fland., I, sac5, n°5.21.	Original scellé.	561
3317	1245	Février.	— — communitatis de Dam.	J.537. Fland.,I,sac5,n°5.24.	Original scellé.	561
3318	1245	Février.	— — communitatis de Diskemue.	J.537. Fland.,I,sac5,n°5.25.	Original scellé.	561
3319	1245	Février.	— — communitatis de Dunquerque.	J.537. Fland.,I,sac5,n°5.14.	Original scellé.	561
3320	1245	Février.	— — communitatis de Furnes.	J.537. Fland.,I,sac5,n°5.12.	Original scellé.	561
3321	1245	Février.	— — communitatis Gandavi.	J.537. Fland.,I,sac5,n°5.27.	Original scellé.	561
3322	1245	Février.	— — communitatis de Gravelingues.	J. 537. Fland., I, sac 5, n° 5.6.	Original scellé.	561
3323	1245	Février.	— — communitatis de Gueraumont.	J.537. Fland.,I,sac5,n°5.26.	Original scellé.	562
3324	1245	Février.	— — communitatis de Hulst.	J. 537. Fland., I, sac 5, n°5.9.	Original scellé.	562
3325	1245	Février.	— — communitatis Insulensis.	J.537. Fland.,I,sac5,n°5.13.	Original scellé.	562
3326	1245	Février.	— — communitatis de Mardike.	J. 537. Fland., I, sac 5, n° 5.8.	Original scellé.	562
3327	1245	Février.	— — communitatis de Muda.	J.537. Fland.,I,sac5,n°5.19.	Original scellé.	562
3328	1245	Février.	— — communitatis de Nuport.	J.537. Fland.,I,sac5,n°5.11.	Original scellé.	562
3329	1245	Février.	— — communitatis de Orchiis.	J.537. Fland.,I,sac5, n°5.1.	Original scellé.	562
3330	1245	Février.	— — communitatis de Osteborc.	J.537. Fland.,I,sac5,n°5.18.	Original scellé.	562
3331	1245	Février.	— — communit. Pontis Brabancii.	J. 537. Fland., I, sac 5, n° 5.7.	Original scellé.	562
3332	1245	Février.	— — communitatis de Rodeborc.	J.537. Fland.,I,sac5,n°5.29.	Original.	562
3333	1245	Février.	— — communitatis de Ruplemunde.	J.537. Fland.,I,sac5,n°5.16.	Original scellé.	563
3334	1245	Février.	— — communitatis Yprensis.	J.537. Fland.,I,sac5,n°5.17.	Original scellé.	563
3335	1245	Février.	— — communitatis de Ysendike.	J.537. Fland.,I,sac5,n°5.28.	Original scellé.	563
3336	1245	Mars.	— — Rassonis de Gavera, buticularii Flandriæ.	J.538. Fland.,I,sac5,n°6.13.	Original scellé.	563
3337	1245	Mars.	— — Willelmi de Thoroud.	J.538. Fland., I,sac5,n°6.68.	Original scellé.	563
3338	1245	Mars.	De contentionibus inter dominum regem et episcopum Aurelianensem versatis.	J. 170. Orléans, n° 15.	Original.	563
3339	1245	Mars.	Litteræ Ludovici regis pro confirmatione testamenti Johannæ comitissæ Flandriæ.	J. 406. Testaments divers, n°1.	Copie ancienne.	565
3340	1245	Mars.	Obligatio M. comitissæ Flandriæ de observandis promissionibus domino regi a Th. comite et J. comitissa Flandriæ factis.	J. 537. Flandre, I, sac 5, n°4.	Original scellé.	565
3341	1245	1er avril.	Ph. de Claellis recognoscit se quidquid habebat in feodo de Paienz regi Navarræ quittavisse.	J. 203. Champagne, XI, n° 52.	Original.	565
3342	1245	13 avril.	Rogerius de Nocrio villas Fossereti et de Senars Raimundo comiti Tholosæ vendit.	J. 328. Toulouse, XIX, n° 21.	Original.	565
3343	1245	15 avril.	Nempses uxor præfati Rogerii de Nocrio et India uxor filii ejusdem Rogerii præcedentem venditionem confirmant.	J.327. Toulouse, XVIII, n°24.	Original.	566
3344	1245	21 avril.	Litteræ Innocentii papæ IV Fratribus inquisitoribus de forma procedendi in hereticos.	J. 431. Bulles contre les hérétiques, n° 21.	Original scellé.	566

INDEX CHRONOLOGIQUE.

N°s d'ordre.	ANNÉE.	MOIS.	SOMMAIRES.	COTES DES PIÈCES.	NATURE DES PIÈCES.	PAGES.
3345	1245	25 avril.	Vitalis, filius G. Atonis de Miromonte, se, corpus suum et omnia bona sua sub captenio comitis Tolosani ponit.	J. 317. Toulouse, VIII, n° 33.	Original.	566
3346	1245	27 avril.	Litteræ Innocentii papæ IV quibus Tolosanum comitem sub Sedis Apostolicæ protectione suscipit.	J. 447. Croisades, I, n°s 43 et 43 bis.	Originaux scellés.	566
3347	1245	30 avril.	Petrus Scolaris de Claromonte se, corpus suum, cum bonis et infantibus suis, sub captenio comitis Tolosani ponit.	J. 317. Toulouse, VIII, n°32.	Original.	567
3348	1245	15 mai.	Litteræ Innocentii papæ IV pro comite Tolosano ut in locis interdictis divina officia audire valeat.	J. 690. Bulles de privilèges, n° 131. 2.	Original scellé.	567
3349	1245	26 mai.	Bernardus Contor recognoscit se quidquid habebat in lacu de Sarlina de comite Pictavensi in feodum accepisse.	J. 192. Poitou, II, n° 12.	Original scellé.	567
3350	1245	30 mai.	Universitas Castri Sarraceni institutionem consulum, justitiam et alia jura comiti Tolosano concedit.	J. 320. Toulouse, XI, n° 54.	Original.	567
3351	1245	31 mai.	Charta universitatis Moysiaci, ejusdem argumenti et formæ.	J. 312. Toulouse, VI, n° 1.	Original.	568
3352	1245	Mai.	Ludovicus rex passonam pro quingentis porcis in forestis suis de Cuise et de Hallate abbatiæ Regalis-montis concedit.	J. 424. Obligations, III, n° 4.	Original scellé.	568
3353	1245	Mai.	Litteræ Alexandri electi Cabilonensis de inquisitione facienda an jus eligendi ecclesiæ Cabilonensi pertineat.	J. 344. Élections, n° 9.	Original.	569
3354	1245	Mai.	Hommage rendu au comte de Champagne par Simon, sire de Clefmont.	J. 198 B. Champagne, VI, n° 81.	Minute.	569
3355	1245	6 mai.	R. comes Tolosanus a Rogerio comite Fuxensi vindicat totam terram quam dictus Rogerius tenet in comitatu Tolosano.	J. 332. Foix et Comm., n° 7. 1. J. 303. Toulouse, I, n° 7. J. 307. Toulouse, IV, n° 9.	Original. Copies authent.	570
3356	1245	7 juin.	Declaratio Hugonis de Bauccio, coram episcopo Parisiensi facta, de castro Syvraio.	J. 190 B. Poitou, I, n° 85.	Original scellé.	570
3357	1245	10 juin.	Guido de Turribus quasdam pecuniæ summas, sibi a Belito judæo debitas, Tolosano comiti cedit.	J. 324. Toulouse, XV, n° 22.	Original.	571
3358	1245	10 juin.	Bertrandus et Guido de Turribus quædam prædia comiti Tolosano vendunt.	J. 324. Toulouse, XV, n° 23.	Original.	571
3359	1245	12 juin.	Mateldis, uxor quondam W. Saisseti, quidquid habebat in villa de Bellocastello et quædam alia comiti Tolosano vendit.	J. 320. Toulouse, XI, n° 55.	Original.	571
3360	1245	13 juin.	Margareta, filia comitis Marchiæ, Petrum Gualdini apud dominum papam suum constituit procuratorem.	J. 303. Toulouse, I, n° 10.	Copie authent.	571
3361	1245	17 juin.	Litteræ Hugonis comitis Marchiæ, ejusdem argumenti et formæ.	J. 303. Toulouse, I, n° 10.	Copie authent.	572
3362	1245	22 juin.	B. de Saysses recognoscit sibi integraliter satisfactum fuisse de omni pretio quod sibi debebatur pro parte villæ Fossereti.	J. 327. Toulouse, XVIII, n°28.	Original.	572
3363	1245	Juin.	De c. solidis Parisiensibus annui redditus pro c. libris domino regi a Guidone de Gentiliaco venditis.	J. 151 A. Paris, II, n° 4.	Original scellé.	572
3364	1245	Juin.	Robertus de Cantulupi usuagium quod habebat in foresta Romare domino regi cedit, recompensatione accepta.	J. 212. Rouen, I, n° 5.	Original scellé.	572
3365	1245	3 juillet.	Instrumentum emancipationis Arnaldi Poncii de Noerio.	J. 314. Toulouse, VII, n° 32.	Original.	572
3366	1245	13 juillet.	Litteræ ballivi Arverniæ quod burgenses de Termes oblatas consuetudines respuerunt.	J. 192. Poitou, II, n° 14.	Original scellé.	573

INDEX CHRONOLOGIQUE.

N^{os} d'ordre.	ANNÉE.	MOIS.	SOMMAIRES.	COTES DES PIÈCES.	NATURE DES PIÈCES.	PAGES.
3367	1245	13 juillet.	Instrumentum inquisitionis factæ de consanguinitate inter comitem Tolosanum et Margaretam de Marchia existente.	J. 303. Toulouse, I, n° 10.	Original scellé.	574
3368	1245	22 juillet.	Vicecomes Leomaniæ a fidejussione, quam pro comite Armanaci præstiterat, solutus declaratur.	J. 332. Toulouse, XIII, n° 63.	Original.	577
3369	1245	24 juillet.	Homagium comiti Pictavensi a Falcone domino Montis Gasconis præstitum.	J. 192. Poitou, II, n° 13.	Original.	578
3370	1245	Juillet.	Homagium domino regi a Guidone marescallo Mirepicis præstitum de castro Montis securi.	J. 622. Hommages, II, n° 24.	Original.	578
3371	1245	3 août.	Sententia Octaviani cardinalis qua matrimonium Tolosani comitis cum Margareta de Marchia nullum declarat.	J. 303. Toulouse, I, n°s 8 et 9. J. 318. Toulouse, IX, n° 75. 2.	Originaux. Copie authent.	578
3372	1245	19 août.	B. de Manso et J. de Quideriis sese obligant ad revertendum sub captenio comitis Tolosani ad primam ejus commonitionem.	J. 317. Toulouse, VIII, n° 35.	Original.	579
3373	1245	22 août.	Gui del Castlar donne à son seigneur le comte de Toulouse le quart de la seigneurie du castel de Balaguier.	J. 323. Toulouse, XIV, n° 82.	Original roman.	579
3374	1245	28 août.	G. Agasse, bailli de Buzet, reconnaît avoir reçu des frères Aimerix, pour le comte de Toulouse, le réacapte du fief de Faiole.	J. 317. Toulouse, VIII, n° 34.	Original roman.	580
3375	1245	28 août.	Le même reconnaît avoir reçu xii. d. Toulousains de réacapte pour le fief de Sainhac.	J. 320. Toulouse, XI, n° 53.	Original roman.	580
3376	1245	11 septembre.	U. de Anteiaco, H. de S. Vincentio et H. de Ro sese obligant ad W. de Barreria, aut M. sol. Caturc., comiti Tolosano tradendum.	J. 318. Toulouse, IX, n° 39.	Original.	580
3377	1245	15 septembre.	Charta compositionis inter ecclesiam et consules Figiaci a Guillelmo Parisiensi episcopo ordinatæ.	J. 342. Figeac, n° 8. 4.	Copie ancienne.	580
3378	1245	18 septembre.	De quibusdam prædiis a fratribus leprosariæ Portæ Narbonensis cum Raimundo comite excambiatis.	J. 307. Toulouse, IV, n° 8.	Original.	583
3379	1245	18 septembre.	Charta Belenguerii de Promilhaco, vicarii Tolosæ, nomine Tolosani comitis agentis, de eodem argumento.	J. 304. Toulouse, II, n° 70.	Original.	583
3380	1245	22 septembre.	Litteræ Friderici II imperatoris de querelis inter se et summum pontificem versatis.	J. 419. Bulles d'or, n° 1.	Original scellé.	584
3381	1245	23 septembre.	E. de Castanhaco et alii domini de Castanhaco se cum hominibus dicti loci mittere declarant sub captenio Tholosani comitis.	J. 317. Toulouse, VIII, n° 36.	Original.	585
3382	1245	25 septembre.	Innocentius papa IV sententiam de matrimonio comitis Tholosani confirmat.	J. 318. Toulouse, IX, n° 75.	Original scellé.	585
3383	1245	Septembre.	Homagium a Margarita vicecomitissa Rupis Cauardi Alfonso comiti præstitum.	J. 192. Poitou, II, n° 11.	Original.	586
3384	1245	Septembre.	Échange de bois entre l'abbesse du Paraclet et Thibaud, comte de Champagne.	J. 195. Champagne, III, n° 75.	Original.	586
3385	1245	Septembre.	Aveu rendu par Jean, comte de Rethel, pour les fiefs qu'il tient en hommage lige du roi de Navarre.	J. 202. Champagne, X, n° 23.	Original.	586
3386	1245	Septembre.	Privilegia a comite Campanie Tuscanis et Lombardis in domo de Valle Pruvinensi commorantibus concedenda.	J. 203. Champagne, XI, n° 55.	Minute.	587
3387	1245	Septembre.	L'abbé et le couvent de Molesme reconnaissent que la garde des villes de Lannes et du Maisnil appartient à la comtesse de Nevers.	J. 256. Nevers, n° 45.	Original scellé.	587
3388	1245	1er octobre.	Abbas et conventus B. Mariæ de Chagia pratum, quod habebant in parochia de Fontenai, Ansello de Garlanda donant.	J. 165. Valois, III, n° 35.	Original scellé.	588

INDEX CHRONOLOGIQUE.

N°s d'ordre.	DATES. ANNÉE.	DATES. MOIS.	SOMMAIRES.	COTES DES PIÈCES.	NATURE DES PIÈCES.	PAGES.
3389	1245	16 octobre.	Thibaud, roi de Navarre, etc., ratifie la sentence arbitrale rendue par Th. de Coucy et J., châtelain de Noyon, entre H., comte de Grandpré, et G. de Germagne.	J. 197. Champagne, V, n° 60.	Minute.	588
3390	1245	9 novembre.	Bail à cens de trois quarterées de pré, consenti par Vidal Borgarel et consorts à P. Faure et à ses ayant cause.	J. 327. Toulouse, XVIII, n° 15.	Original roman.	588
3391	1245	9 novembre.	Bail à cens d'un jardin situé à Buzet, consenti par V. et A. Borgarel à P. Faure et à ses héritiers.	J. 327. Toulouse, XVIII, n° 23.	Original roman.	588
3392	1245	9 novembre.	Bail à cens d'une éminée de pré, consenti par les mêmes à P. de Dosantz et à ses ayant cause.	J. 327. Toulouse, XVIII, n° 29.	Original roman.	588
3393	1245	9 novembre.	Acte semblable passé entre les mêmes parties pour une autre éminée de pré.	J. 323. Toulouse, XIV, n° 83.	Original roman.	588
3394	1245	Novembre.	Bail à cens d'une sesterée de terre, consenti par V. Borgarel et consorts à R. Izarn de Saint-Amans et autres.	J. 327. Toulouse, XVIII, n° 25.	Original roman.	589
3395	1245	Novembre.	Bail à cens d'une pièce de terre, consenti par V. Borgarel et consorts à Jean Baudet.	J. 327. Toulouse, XVIII, n° 26.	Original roman.	589
3396	1245	Novembre.	Philippus Savarici sese obligat ad castrum Montis Basonis domino regi tradendum.	J. 400. Promesses, n° 44.	Original scellé.	589
3397	1245	3 décembre.	Bail à cens d'une sesterée de pré, consenti par V. Borgarel et consorts à P. Pajos et à ses héritiers.	J. 327. Toulouse, XVIII, n° 27.	Original roman.	589
3398	1245	. . . . . .	Johannes dominus d'Aublois quindecim sextaria vini annui redditus in vinagiis de Barbonne domino Campaniæ vendit.	J. 203. Champagne, XI, n° 54.	Original.	589
3399	1245	. . . . . .	Quod omnia quæ domus Clari loci infra comitatum Campaniæ possidet est in perenni custodia comitis Campaniæ.	J. 196. Champagne, IV, n° 34.	Original.	589
3400	1245	. . . . . .	Vente par B. de Saysses au comte de Toulouse de la quatrième partie des châteaux et villes de Fosseret et de Senars.	J. 328. Toulouse, XIX, n° 22.	Déficit.	590
3401	1246	27 janvier.	Pons Ivernat donne en fief perpétuel à W. Mat Rossinier et à ses ayant cause une éminade de terre située au Pontet.	J. 304. Toulouse, II, n° 71.	Original roman.	590
3402	1246	27 janvier.	Enfieffement d'une pièce de pré située à Buzet, consenti par V. Borgarel et consorts à W. de Frac et à ses ayant cause.	J. 327. Toulouse, XVIII, n° 30.	Original roman.	590
3403	1246	Janvier.	Litteræ M. comitissæ Flandriæ de compromisso in dominum regem et Tusculanum episcopum inito pro hereditate sua inter liberos suos dividenda.	J. 538. Flandre, I, sac 5, n° 9.	Original scellé.	590
3404	1246	Janvier.	J. de Avesnis et Balduinus fratres, filii Margaretæ, in præfatos arbitros compromittere declarant.	J. 538. Flandre, I, sac 5, n° 7.	Original scellé.	591
3405	1246	Janvier.	Litteræ Guillelmi, Guidonis et Johannis de Dampetra, ejusdem argumenti et formæ.	J. 538. Flandre, I, sac 5, n° 8.	Original scellé.	591
3406	1246	Janvier.	Ludovicus rex se una cum Tusculano episcopo amicabilem compositorem constituit inter liberos M. comitissæ Flandriæ.	J. 538. Flandre, I, sac 5, n°s 11 et 11 bis.	Originaux scellés.	592
3407	1246	Janvier.	Litteræ Odonis cardinalis Tusculani episcopi, ejusdem argumenti et formæ.	J. 538. Flandre, I, sac 5, n° 10.	Original scellé.	592
3408	1246	Janvier.	N. de Rumigniaco et plures alii Flandriæ magnates pro J. et B. de Avesnis fidejussores sese constituunt.	J. 539. Flandre, I, sac 5, n° 14. 36.	Original scellé.	592
3409	1246	Janvier.	G. de Melloto et plures alii Flandriæ magnates pro Guillelmo de Donnapetra et ejus fratribus fidejussores sese constituunt.	J. 539. Flandre, I, sac 5, n° 14. 37.	Original scellé.	593

INDEX CHRONOLOGIQUE.

Nos d'ordre.	ANNÉE.	MOIS.	SOMMAIRES.	COTES DES PIÈCES.	NATURE DES PIÈCES.	PAGES.
3410	1246	Janvier.	Litteræ abbatis et conventus Fossatensis de excambio quod cum Ansello de Gallanda inierunt.	J. 165. Valois, III, n° 34.	Original scellé.	593
3411	1246	7 février.	Litteræ prioris et conventus Latiniacensis Theobaldo Navarræ regi pro licentia abbatis eligendi.	J. 203. Champagne, XI, n° 53.	Original.	593
3412	1246	18 février.	Major et universitas civitatis Petragoricensis confirmationem privilegiorum suorum a domino rege flagitant.	J. 421. Obligations, I, n° 3.	Original scellé.	594
3413	1246	23 février.	Scabini et communitas villæ de Querceto suos constituunt procuratores ad fidejubendum de compromisso a liberis Flandriæ in dominum regem et legatum inito.	J. 539. Flandre, I, sac 5, n° 13. 35.	Original scellé.	594
3414	1246	24 février.	Similes litteræ juratorum et communitatis villæ Montensis.	J. 539. Flandre, I, sac 5, n° 13. 29.	Original scellé.	594
3415	1246	25 février.	— — villæ de Bincio.	J.539. Fland., I, sac 5, n°13.8.	Original scellé.	595
3416	1246	26 février.	— — villæ Casletensis.	J.539.Fland.,I,sac5,n°13.13.	Original.	595
3417	1246	27 février.	— — villæ de Alost.	J.539.Fland.,I,sac5,n°13.2.	Original scellé.	595
3418	1246	27 février.	— — villæ Aldenardensis.	J.539.Fland.,I,sac5,n°13.33.	Original scellé.	595
3419	1246	27 février.	— — villæ Noviportus.	J.539.Fland.,I,sac5,n°13.31.	Original.	595
3420	1246	27 février.	— — villæ de Thorout.	J.539.Fland.,I,sac5,n°13.39.	Original.	595
3421	1246	28 février.	— — villæ de Bregis.	J.539.Fland.,I,sac5,n°13.6.	Original.	595
3422	1246	28 février.	— — villæ de Geraldimonte.	J.539.Fland.,I,sac5,n°13.25.	Original.	595
3423	1246	Février.	— — villæ de Bellomonte.	J.539.Fland.,I,sac5,n°13.4.	Original scellé.	596
3424	1246	Février.	— — villæ Brugensis.	J.539.Fland.,I,sac5,n°13.11.	Original scellé.	596
3425	1246	Février.	— — villæ de Dam.	J.539.Fland.,I,sac5,n°13.17.	Original.	596
3426	1246	Février.	— — villæ Duacensis.	J.539.Fland.,I,sac5,n°13.20.	Original scellé.	596
3427	1246	Février.	— — villæ Gandensis.	J.539.Fland.,I,sac5,n°13.23.	Original scellé.	596
3428	1246	Février.	— — villæ de Rodenburg.	J.539.Fland.,I,sac5,n°13.37.	Original scellé.	596
3429	1246	Février.	— — villæ Valenchenensis.	J.539.Fland.,I,sac5,n°13.42.	Original scellé.	596
3430	1246	Février.	Jurati et communitas de Bellomonte sese obligant ad accipiendum pro domino illum de liberis Margaretæ comitissæ quem arbitri electi ordinatione sua designabunt.	J. 539. Flandre, I, sac 5, n° 13. 3.	Original scellé.	596
3431	1246	Février.	Similes litteræ juratorum et communitatis villæ Bincio.	J. 539. Flandre, I, sac 5, n° 13. 7.	Original.	597
3432	1246	Février.	— — villæ Montensis in Hayonia.	J.539.Fland.,I,sac5,n°13.28.	Original scellé.	597
3433	1246	Février.	— — villæ de Querceto.	J.539.Fland.,I,sac5,n°13.34.	Original scellé.	597
3434	1246	Février.	— — villæ de Thorout.	J.539.Fland.,I,sac5,n°13.38.	Original scellé.	597
3435	1246	Février.	Terricus de Hamaida et novem decem alii Flandriæ milites eadem promissione sese insimul obligant.	J.539.Fland.,I,sac5,n°14.35.	Original scellé.	597
3436	1246	Février.	Similes litteræ Sigeri domini de Aienghien.	J.539.Fland.,I,sac5,n°14.26.	Original.	598
3437	1246	Février.	— — Hugonis de Anthonio.	J.539.Fland.,I,sac5,n°14.27.	Original.	598
3438	1246	Février.	— — Nicholai de Barbenchon.	J.539.Fland.,I,sac5,n°14.28.	Original scellé.	598
3439	1246	Février.	— — Egidii de Bellainmont.	J.539.Fland.,I,sac5,n°14.21.	Original.	598
3440	1246	Février.	— — Bald. castellani Bellimontis.	J.539.Fland.,I,sac5,n°14.7.	Original scellé.	598
3441	1246	Février.	— — Egidii de Bethunia.	J.539.Fland.,I,sac5,n°14.15.	Original scellé.	598
3442	1246	Février.	— — Richardi de Kieuraig.	J.539.Fland.,I,sac5,n°14.2.	Original scellé.	598
3443	1246	Février.	— — Jacobi de Condato.	J.539.Fland.,I,sac5,n°14.29.	Original scellé.	598
3444	1246	Février.	— — Egidii li Bruns.	J.539.Fland.,I,sac5,n°14.31.	Original scellé.	599
3445	1246	Février.	— — Nicholai de Fontaines.	J.539.Fland.,I,sac5,n°14.9.	Original scellé.	599

INDEX CHRONOLOGIQUE.

Nos d'ordre.	DATES. ANNÉE.	MOIS.	SOMMAIRES.	COTES DES PIÈCES.	NATURE DES PIÈCES.	PAGES.
3446	1246	Février.	Similes litteræ Johannis de Formensellis.	J.539.Fland.,I,sac5,n°14.22.	Original scellé.	599
3447	1246	Février.	— — Girardi de Hayonia.	J.539.Fland.,I,sac5,n°14.16.	Original scellé.	599
3448	1246	Février.	— — Girardi de Jacea.	J.539.Fland.,I,sac5,n°14.20.	Original scellé.	599
3449	1246	Février.	— — Walteri de Jenllain.	J.539.Fland.,I,sac5,n°14.23.	Original scellé.	599
3450	1246	Février.	— — Walteri de Lens.	J.539.Fland.,I,sac5,n°14.24.	Original scellé.	599
3451	1246	Février.	— — Fastredi de Linea.	J.539.Fland.,I,sac5,n°14.14.	Original scellé.	599
3452	1246	Février.	— — Henrici de Luceneburg.	J.539.Fland.,I,sac5,n°14.19.	Original scellé.	599
3453	1246	Février.	— — Balduini de Roissin.	J.539.Fland.,I,sac5,n°14.30.	Original scellé.	600
3454	1246	Février.	— — Eustachii de Rodio.	J.539.Fland.,I,sac5,n°14.18.	Original scellé.	600
3455	1246	Février.	— — Willelmi de Wieges.	J.539.Fland.,I,sac5,n°14.13.	Original.	600
3456	1246	Février.	Securitas facta domino regi a Sigero de Anguein pro M. Flandriæ comitissa.	J.539.Fland.,I,sac5,n°14.3.	Original.	600
3457	1246	Février.	Similes litteræ Roberti advocati Bethuniensis.	J.539.Fland.,I,sac5,n°14.11.	Original scellé.	600
3458	1246	Février.	— — Raçonis de Gavera.	J.539.Fland.,I,sac5,n°14.1.	Original.	600
3459	1246	Février.	R. de Maloleone omnia jura sibi in castro Fonteneti pertinentia comiti Pictavensi concedit.	J.190 A. Poitou, I, n° 22.	Original scellé.	600
3460	1246	Février.	Accord entre Pierre de Volvire et Renauz de Perceigni, au sujet de la baronnie de Maranc et de Mausi.	J.190 A. Poitou, I, n° 27.	Original scellé.	601
3461	1246	Février.	Petrus Petragoricensis episcopus domino regi concedit medietatem omnium proventuum villæ Podii S. Frontonis.	J.295. Languedoc, n° 10.	Original scellé.	601
3462	1246	Février.	Ludovicus rex S. et P. de Gilliaco fratribus xv. libras annui redditus concedit.	J.422. Obligations, II, n° 12.	Original scellé.	601
3463	1246	Février.	J. de Plesseicio et ejus fratres medietatem molendini et quosdam redditus apud Vernolium domino regi vendunt.	J.211. Normandie, II, n° 8.	Original scellé.	601
3464	1246	1er mars.	Scabini villæ Curtracensis suos constituunt procuratores ad fidejubendum de compromissione a liberis M. comitissæ inita.	J.539. Flandre, I, sac 5, n° 13. 15.	Original.	602
3465	1246	1er mars.	Conventiones inter Jacobum regem Aragoniæ et consules Montispessulani initæ quoad consulatum.	J.340. Montpellier et Maguelone, I, n° 22. 1 et 2.	Copies.	602
3466	1246	3 mars.	Litteræ Philippi Bituricensis archiepiscopi ut regalia H. de Malamorte Lemovicensi electo assignentur.	J.346. Régale, I, n° 28.	Original.	603
3467	1246	25 mars.	Siguis, vidua comitis Astaraci, quidquid habebat in comitatu Fezenciaci comiti Tholosæ in donum confert.	J.321. Toulouse, XII, n° 64.	Original.	603
3468	1246	25 mars.	Odo de Lomannia suam partem comitatus Fezenciaci præfato comiti donat.	J.304. Toulouse, II, n° 69.	Original.	604
3469	1246	25 mars.	Bonifacius de Felgari recognoscit se villam S. Cassiani et villure de Baiolvila de comite Tolosano tenere.	J.314. Toulouse, VII, n° 31.	Original.	605
3470	1246	Mars.	G. de Verson et duodecim alii milites pro Guillermo de Donnapetra et ejus fratribus sese fidejussores constituunt.	J.539. Flandre, I, sac 5, n° 14. 32.	Original scellé.	605
3471	1246	Mars.	Litteræ H. de Bernezayo de LXXX. libratis annui redditus quas in feudum a comite Pictaviensi recepit.	J.192. Poitou, II, n° 10.	Original.	606
3472	1246	Mars.	Litteræ A. Lemovicensis electi de regalibus quæ a domino rege speciali gratia obtinuit.	J.346. Régale, I, n° 29.	Original scellé.	606
3473	1246	Mars.	Homagium a Radulpho de Maloleone comiti Pictaviæ præstitum.	J.190 A. Poitou, I, n° 23.	Original.	606

INDEX CHRONOLOGIQUE.

Nos d'ordre.	DATES. ANNÉE.	MOIS.	SOMMAIRES.	COTES DES PIÈCES.	NATURE DES PIÈCES.	PAGES.
3474	1246	Mars.	P. episcopus et capitulum Xantonenses in arbitros compromittunt de querelis inter se et comitem Pictavensem versatis.	J. 190 B. Poitou, I, n° 87.	Original scellé.	607
3475	1246	Mars.	Scabini villæ Yprensis suos constituunt procuratores ad fidejubendum de compromissione a liberis M. comitissæ inita.	J. 539. Flandre, I, sac 5, n° 13. 41.	Original scellé.	607
3476	1246	Mars.	Arnulfus de Gavera et sex alii milites sese pro Margareta comitissa Flandriæ fidejussores constituunt.	J. 539. Flandre, I, sac 5, n° 14. 38.	Original scellé.	607
3477	1246	Mars.	Similes litteræ Arnulfi de Moreteigne.	J. 539. Fland., I, sac 5, n° 14.5.	Original scellé.	607
3478	1246	Mars.	— — Sigeri de Tienes et Sigeri de Curtraco.	J.539.Fland.,I,sac5,n°14.39.	Original scellé.	607
3479	1246	Mars.	Johannes de Verlenghem et xxvii. alii milites sese obligant ad recipiendum pro domino illum e liberis Margaretæ quem arbitri designabunt.	J. 539. Flandre, I, sac 5. n° 14. 33.	Original scellé.	608
3480	1246	Mars.	Similes litteræ Arnulfi de Landast et septem aliorum militum.	J. 539. Flandre, I, sac 5, n° 14. 34.	Original scellé.	608
3481	1246	Mars.	— — Johannis de Audenarda.	J.539.Fland.,I,sac5,n°14.12.	Original scellé.	608
3482	1246	Mars.	— — Philippi de Bouler.	J.539.Fland.,I,sac5,n°14.25.	Original scellé.	608
3483	1246	Mars.	— — Henrici de Bourgella.	J.539. Fland., I, sac5, n°14.4.	Original scellé.	609
3484	1246	Mars.	— — Walteri castellani Duacensis.	J.539.Fland.,I,sac5,n°14.17.	Original.	609
3485	1246	Mars.	— — M. constabularii Flandriæ.	J.539.Fland.,I,sac5,n°14.8.	Original scellé.	609
3486	1246	Mars.	— — Arnulfi de Landast.	J.539. Fland., I, sac5, n°14.6.	Original scellé.	609
3487	1246	Mars.	— — Sygeri de Mouscra.	J.539.Fland.,I,sac5,n°14.10.	Original scellé.	609
3488	1246	Mars.	— — Hugonis castellani Gandensis et Gerardi de Gandavo.	J.539.Fland.,I,sac5,n°14.40.	Original scellé.	609
3489	1246	Mars.	Similes litteræ communitatis villæ de Alost.	J. 539. Fland., I, sac5, n°13.1.	Original scellé.	609
3490	1246	Mars.	— — villæ de Audenarda.	J.539.Fland.,I,sac5,n°13.32.	Original scellé.	609
3491	1246	Mars.	— — villæ de Bergis.	J.539.Fland.,I,sac5,n°13.5.	Original scellé.	609
3492	1246	Mars.	— — villæ de Brobburg.	J.539.Fland., I, sac5, n°13.9.	Original scellé.	610
3493	1246	Mars.	— — villæ Brugensis.	J.539.Fland.,I,sac5,n°13.10.	Original scellé.	610
3494	1246	Mars.	— — villæ Casletensis.	J.539.Fland.,I,sac5,n°13.12.	Original scellé.	610
3495	1246	Mars.	— — villæ Curtracensis.	J.539.Fland.,I,sac5,n°13.14.	Original scellé.	610
3496	1246	Mars.	— — villæ de Dam.	J.539.Fland.,I,sac5,n°13.16.	Original scellé.	610
3497	1246	Mars.	— — villæ de Dixmuda.	J.539.Fland.,I,sac5,n°13.18.	Original scellé.	610
3498	1246	Mars.	— — villæ Duacensis.	J.539.Fland.,I,sac5,n°13.19.	Original scellé.	610
3499	1246	Mars.	— — villæ de Furnis.	J.539.Fland.,I,sac5,n°13.21.	Original scellé.	610
3500	1246	Mars.	— — villæ Gandensis.	J.539.Fland.,I,sac5,n°13.22.	Original scellé.	610
3501	1246	Mars.	— — villæ de Geraldimonte.	J.539.Fland.,I,sac5,n°13.24.	Original scellé.	611
3502	1246	Mars.	— — villæ de Gravelinghes.	J.539.Fland.,I,sac5,n°13.26.	Original scellé.	611
3503	1246	Mars.	— — villæ Insulensis.	J.539.Fland.,I,sac5,n°13.27.	Original scellé.	611
3504	1246	Mars.	— — villæ Noviportus.	J.539.Fland.,I,sac5,n°13.30.	Original scellé.	611
3505	1246	Mars.	— — villæ de Rodenburgh.	J.539.Fland.,I,sac5,n°13.36.	Original scellé.	611
3506	1246	Mars.	— — villæ Yprensis.	J.539.Fland.,I,sac5,n°13.40.	Original scellé.	611
3507	1246	20 avril.	P. de Monlanart et autres seigneurs dudit lieu nomment des procureurs pour transférer au comte de Toulouse la seigneurie de Monlanart.	J. 326. Toulouse, XVII, n° 32.	Original roman.	611
3508	1246	24 avril.	Guido de Severaco recognoscit se castrum Severaci, Panosam et quædam alia de comite Tolosano in feudum tenere.	J. 315. Toulouse, VII, n° 83.	Original.	611

INDEX CHRONOLOGIQUE.

Nos d'ordre.	DATES. ANNÉE.	DATES. MOIS.	SOMMAIRES.	COTES DES PIÈCES.	NATURE DES PIÈCES.	PAGES.
3509	1246	27 avril.	Instrumentum compromissi initi inter R. Tholosanum comitem et Guiraudum Caturcensem episcopum.	J. 341. Cahors, n° 1. J. 312. Toulouse, VI, n° 2.	Original. Copie ancienne.	612
3510	1246	30 avril.	Litteræ Innocentii papæ IV pro Montispessulanensibus, quod extra districtum regis Aragoniæ in causam trahi non possint.	J. 339. Montpellier et Maguelone, I, n° 23.	Copie ancienne.	612
3511	1246	30 avril.	Bail à cens d'une pièce de terre située à Buzet, consenti par V. Borgarel et consorts à P. Izarn et à ses héritiers.	J. 327. Toulouse, XVIII, n° 39.	Original roman.	612
3512	1246	Avril.	L'abbé et le couvent de Chézi cèdent au comte de Champagne tout ce qu'ils avaient au bois de Barbeillon.	J. 197. Champagne, V, n° 61.	Original scellé.	613
3513	1246	Avril.	Franchises accordées par Thibaud, roi de Navarre, etc., aux habitants de Châtillon et de Dormans.	J. 197. Champagne, V, n° 62.	Copie ancienne.	613
3514	1246	3 mai.	Procuratores dominorum Montislanardi dominationem dicti castri comiti Tolosano transferunt.	J. 326. Toulouse, XVII, n° 31.	Original.	614
3515	1246	3 mai.	Charte de coutume octroyée par le comte de Toulouse aux habitants de Montlanard.	J. 326. Toulouse, XVII, n° 2.	Copie ancienne.	614
3516	1246	8 mai.	Vente du castel de Najac et dépendances par G. de Cadolla au comte de Toulouse.	J. 322. Toulouse, XIII, n° 67.	Original roman.	616
3517	1246	20 mai.	Ratification par Guirals et Ameils de Cadolla de la vente précédente faite par Guillaume, leur frère.	J. 322. Toulouse, XIII, n° 66.	Original roman.	616
3518	1246	Mai.	Enfieffement par V. Borgarel et consorts aux frères H. et W. de Pradas, d'une quarterée de pré située à la noue de la Roche.	J. 304. Toulouse, II, n° 110.	Original roman.	617
3519	1246	Mai.	Bail à cens de trois quarterées de pré situées près du pré d'Albari; ledit bail passé entre les mêmes parties.	J. 327. Toulouse, XVIII, n° 35.	Original roman.	617
3520	1246	Mai.	Bail à cens d'une sesterée de pré située à Buzet; ledit bail consenti par V. Borgarel et consorts à R. de Pradas et à ses hoirs.	J. 327. Toulouse, XVIII, p. 38.	Original roman.	617
3521	1246	Mai.	Declaratio super consuetudinibus balli et rachati in Andegavia et Cenomannia.	J. 178. Anjou, n° 20.	Original scellé.	617
3522	1246	Mai.	Charta privilegiorum habitatoribus villæ Aquarum-mortuarum a L. rege concessorum.	J. 734. Titres mêlés, n° 7.	Déficit. Texte d'après Galland.	618
3523	1246	2 juin.	Litteræ comitissæ Marchiæ domino regi pro filiis suis ad homagium comitatus Marchiæ recipiendis.	J. 270. La Marche, n° 16.	Original scellé.	622
3524	1246	25 juin.	Bail à cens d'une pièce de terre sise à la Ferrière; ledit bail consenti par M. de Raust et consorts à B. Albapar.	J. 327. Toulouse, XVIII, n° 40.	Original roman.	623
3525	1246	26 juin.	Innocentius papa IV judices instituit ad litem dijudicandam inter Pruvinenses et Senonensem archiepiscopum versatam.	J. 203. Toulouse, XI, n° 60.	Copie authent.	623
3526	1246	Juin.	Litteræ filiorum H. de Lezigniaco, pro confirmatione tractatus initi a præfato Hugone cum domino rege.	J. 192. Poitou, II, n° 15.	Original scellé.	623
3527	1246	Avant Juillet.	Mémoire adressé au Roi au nom de Jehan et de Baudouin d'Avesnes pour établir la légitimité de leur naissance.	J. 540. Flandre, I, sac 5, n° 15 bis.	Original.	624
3528	1246	2 juillet.	Le commandeur de l'ordre de Saint-Jacques en Gascogne s'engage à rembourser II. M. IX. c. sous de Morlas prêtés par B. de Correnfan.	J. 318. Toulouse, IX, n° 41.	Original roman.	628
3529	1246	3 juillet.	Même obligation pour M. sous de Morlas prêtés par Fors de Bordeu.	J. 317. Toulouse, VIII, n° 38.	Original scellé. Roman.	629

INDEX CHRONOLOGIQUE.

Nos d'ordre.	ANNÉE.	MOIS.	SOMMAIRES.	COTES DES PIÈCES.	NATURE DES PIÈCES.	PAGES.
3530	1246	3 juillet.	T. Chabot et G. Roais mandent au comte de Poitiers qu'ils ont arrangé les différends entre P. de Volvire et R. de Précigné.	J. 190 A. Poitou, I, n° 26.	Déficit.	629
3531	1246	12 juillet.	Domina Cavaers, filia quondam P. de Redorta, suam medjetatem castri Fani Jovis comiti Tolosano donat.	J. 323. Toulouse, XIV, n° 84.	Original.	629
3532	1246	21 juillet.	Litteræ Innocentii papæ IV Campaniæ comiti pro Simbaldo capellano suo de præpositura Chableiarum.	J. 254. Bourgogne, VI, n° 44. 1.	Copie authent.	629
3533	1246	26 juillet.	R. comes Tolosæ et G. de Bessenes in arbitros componunt de controversiis inter se versatis.	J. 310. Toulouse, V, n° 24.	Copie ancienne.	629
3534	1246	Juillet.	*Ludovicus rex et Odo cardinalis sententiam suam proferunt in causa liberorum M. Flandriæ comitissæ.*	J. 540. Flandre, I, sac 5, n° 15. 2.	Original scellé.	630
3535	1246	Juillet.	*Guillelmus de Donna Petra et ejus fratres præcedentem sententiam notam faciunt et ratam habent.*	J. 540. Flandre, I, sac 5, n° 19.	Original scellé.	631
3536	1246	14 août.	Theobaldus rex Navarræ, etc., monasterio S. Dionysii gruariam nemoris dicti *au Boutez* cedit.	J. 195. Champagne, III, n° 76.	Original.	631
3537	1246	19 août.	*Conventiones initæ inter nuntios domini regis et sindicos Massiliæ de navibus conducendis pro passagio ultramarino.*	J. 456. Croisades, n° 24. 26.	Copie ancienne.	632
3538	1246	30 août.	Litteræ G. archiepiscopi Narbonensis de quadam domo apud Carcassonam sibi a domino rege donata.	J. 316. Toulouse, VII, n° 108.	Original scellé.	633
3539	1246	30 août.	Ramunda, vidua J. Cascavelli, partem quam habebat in quodam molendino sito Tolosæ, monasterio Grandissilvæ donat.	J. 322. Toulouse, XIII, n° 68. 1.	Copie ancienne.	633
3540	1246	Août.	Vente par P. de Lavarzac au comte de Toulouse de la moitié du château de Lavarzac.	J. 322. Toulouse, XIII, n° 69.	Original roman.	633
3541	1246	Août.	Johannes de Creceio quidquid habebat apud Creneium juxta Trecas comiti Campaniæ vendit.	J. 195. Champagne, III, n° 27.	Original.	634
3542	1246	15 septembre.	G. Maengoti dominus de Surgeriis sese obligat ad dictum castrum comiti Pictavensi tradendum.	J. 190 A. Poitou, I, n° 24.	Original scellé.	634
3543	1246	19 septembre.	G. Caturcensis episcopus negat se ullum unquam damnum burgensibus Caturcensibus intulisse.	J. 341. Cahors, n° 2.	Original scellé.	634
3544	1246	20 septembre.	P. de Lavarzaco recognoscit se tertiam partem castri de Lavarzaco de comite Tolosano in feodum tenere.	J. 322. Toulouse, XIII, n° 65.	Original.	635
3545	1246	26 septembre.	Litteræ Th. Campaniæ comitis, etc., de compositione inita inter E. Bisuntinum, camerarium suum et priorem S. Aygulphi Pruvinensis.	J. 203. Champagne, XI, n° 97.	Minute.	635
3546	1246	23 septembre.	R. comes Tolosæ quidquid sibi G. de Gordone in castris Gordonis et Salviaci donaverat A. de Malamorte in feodum transfert.	J. 304. Toulouse, II, n° 73. 3.	Copie authent.	636
3547	1246	26 septembre.	*Attestatio B. de Faezia, Cisterciensis abbatis, pro vicecomite Castellionis.*	J. 628. Angleterre, II, n° 16.	Original.	636
3548	1246	Septembre.	Litteræ abbatis et conventus S. Dionysii de gruaria nemoris dicti *aux Boutez* sibi a rege Navarræ quittata.	J. 195. Champagne, III, n° 28.	Original scellé.	636
3549	1246	15 octobre.	R. Corvus et ejus consortes tres partes decimæ octavæ partis dominii Insulæ Tolosano comiti vendunt.	J. 323. Toulouse, XIV, n° 85.	Original scellé.	636

INDEX CHRONOLOGIQUE

Nos d'ordre.	DATES. ANNÉE.	DATES. MOIS.	SOMMAIRES.	COTES DES PIÈCES.	NATURE DES PIÈCES.	PAGES.
3550	1246	15 octobre.	Alazais, filia quondam Petri de Gorda, decimam octavam partem dominii Insulæ præfato comiti vendit.	J. 303. Toulouse, I, n° 13.	Original scellé.	636
3551	1246	18 octobre.	B. de Villanova quidquid habebat apud Caramannum, S. Germerium, etc., eidem comiti vendit.	J. 322. Toulouse, XIII, n° 52, 4.	Copie ancienne.	637
3552	1246	Octobre.	Litteræ Guillelmi de Dampetra, heredis Flandriæ, de homagio quod domino regi præstitit.	J. 540. Flandre, I, sac 5, n° 16.	Original scellé.	637
3553	1246	Octobre.	M. comitissa Flandriæ recognoscit quod, non obstante præcedenti homagio, terra Flandriæ forisfacta haberetur, si ipsa, vel filius suus, in regem forisfaceret.	J. 540. Flandre, I, sac 5, n° 18.	Original scellé.	638
3554	1246	Octobre.	H. comes Grandis Prati villam novam, a se una cum abbate S. Vitonis construendam, sub custodia comitis Campaniæ ponit.	J. 197. Champagne, V, n° 63.	Original scellé.	639
3555	1246	Octobre.	Litteræ G. abbatis S. Vitoni Virdunensis ejusdem argumenti et formæ.	J. 197. Champagne, V, n° 64.	Original scellé.	639
3556	1246	Octobre.	Henri, comte de Grandpré, vend à Thibaud, roi de Navarre, etc., tout ce qu'il possédait à Saint-Jehan-sur-Tourbe.	J. 197. Champagne, V, n° 66.	Original.	639
3557	1246	Octobre.	Ratification par Isabelle, comtesse de Grandpré, de la vente précédente.	J. 207. Mouzon, n° 10. J. 197. Champagne, V, n° 65.	Original. Déficit.	640
3558	1246	Octobre.	Conventions entre Guillaume de Dampierre et le roi de Navarre.	J. 196. Champagne, IV, n° 35.	Original scellé.	640
3559	1246	6 novembre.	Litteræ Innocentii papæ IV domino regi pro Sancta Capella Parisiensi.	J. 155. Sainte-Chapelle de Paris, n°s 5 et 6.	Copies.	640
3560	1246	6 novembre.	Litteræ ejusdem papæ prælatis Franciæ ne crucesignatos criminum reos contra justitiam secularem defendant.	J. 447. Croisades. Bulles, n° 44.	Original scellé.	641
3561	1246	21 novembre.	Instrumentum compositionis initæ inter comitem Tholosæ et abbatem conventumque Bellepertice.	J. 303. Toulouse, I, n° 12.	Original scellé.	641
3562	1246	Novembre.	Mandatum Friderici imperatoris officialibus suis Siciliæ ut Ludovico regi, ad partes ultramarinas cum exercitu transfretanti, necessaria justo pretio suppeditent.	J. 419. Bulles d'or, n° 4.	Original scellé.	641
3563	1246	Novembre.	Litteræ ejusdem imperatoris pro mercatoribus Imperii ut crucesignatis victualia suppeditare valeant.	J. 443 A. Croisades, II, n° 1.	Original.	642
3564	1246	Novembre.	Homagium a vicecomite Thoarcii comiti Pictavensi præstitum.	J. 190 A. Poitou, I, n° 25.	Original scellé.	642
3565	1246	Novembre.	Conventiones initæ inter Mauricium de Bellavilla et comitem Pictaviæ.	J. 190 B. Poitou, I, n° 89.	Original scellé.	643
3566	1246	Novembre.	Petrus Mauricii miles profitetur se, quibusdam redditibus acceptis, hominem ligium comitis Pictavensis devenisse.	J. 190 B. Poitou, I, n° 90.	Original scellé.	643
3567	1246	Novembre.	Conventiones initæ inter comitissam Augi et comitem Pictavensem.	J. 192. Poitou, II, n° 16.	Original scellé.	644
3568	1246	Novembre.	Helyas comes Petragoricensis sese obligat ad pacem, quam cum hominibus castri S. Frontonis inivit, fideliter observandam.	J. 292. Périgord, n° 3.	Original scellé.	644
3569	1246	Novembre.	Commission donnée par les barons de France à quatre d'entre eux pour l'exécution de leur traité d'alliance contre les empiétements du clergé.	J. 198 B. Champagne, VI, n° 84.	Original scellé.	645
3570	1246	9 décembre.	Bail d'une éminée de pré située à Buzet; ledit bail consenti par V. Borgarel et consorts à P. Andrieu et à ses ayant cause.	J. 327. Toulouse, XVIII, n° 33.	Original roman.	646

INDEX CHRONOLOGIQUE.

N^{os} d'ordre.	DATES. ANNÉE.	MOIS.	SOMMAIRES.	COTES DES PIÈCES.	NATURE DES PIÈCES.	PAGES.
3571	1246	9 décembre.	Bail d'une éminée de terre située à la noue de la Roche ; ledit bail passé entre les mêmes parties.	J. 327. Toulouse, XVIII, n° 34.	Original roman.	646
3572	1246	18 décembre.	Homagium comiti Tolosano a G. B. de Olargio præstitum pro omnibus quæ apud Castlucium et alibi possidet.	J. 305. Toulouse, III, n° 50.	Original scellé.	646
3572[2]	1246	27 décembre.	Bail d'un pré à Fontbeta consenti par T. de Paolhac à Ar. Martin.	J. 328. Toulouse, XIX, n° 1.15.	Copie ancienne.	660
3573	1246	Décembre.	St. de Calvomonte recognoscit se quædam molendina super Maternam de comite Campaniæ in feodum tenere.	J. 193. Champagne, I, n° 32.	Original.	646
3573[2]	1246	. . . .	M. et P. de Toulouse cèdent au comte de Toulouse tout ce qu'ils avaient acquis en la ville de Folcalval.	J. 326. Toulouse, XVII, n° 33.	Déficit.	660

FIN DE L'INDEX CHRONOLOGIQUE.

THESAURUS CHARTARUM FRANCIÆ.

OMNIA CUJUSCUMQUE GENERIS ACTA,

TUM PUBLICA, TUM PRIVATA,

OLIM IN SCRINIIS REGIIS, HODIE IN ARCHIVO IMPERII ASSERVATA,
ORDINE TEMPORUM NUNC PRIMUM DIGESTA.

LUDOVICUS VIII.

(*Regnare incipit die 14 julii* 1223; — *moritur die 8 novembris* 1226.)

1591   Beauvais. 1223. Juillet.

Archembaudus dominus Borbonii sese obligat ad quasdam fortericias Ludovico regi tradendas.

(J. 399. — Promesses, n° 23. — Original.)

Ego Archembaudus dominus Borbonii notum facio universis, tam presentibus quam futuris, me super sacrosancta jurasse karissimo domino meo Ludovico, Dei gracia Francie regi illustri, quod fortericiam de Ryon, et Ryon cum pertinentiis suis, et fortericiam de Torneillia, et Torneilliam cum pertinentiis suis, et fortericiam de Noneta, et Nonetam cum pertinentiis suis, reddam ei vel ejus certo nuncio, litteras ipsius domini regis patentes deferenti, quotiens et quando super hoc, sicut predictum est, fuero requisitus. — Et super hoc dedi domino regi predicto plegios : Droconem videlicet de Melloto, super quicquid tenet de domino rege, et Guillelmum dominum de Sancto Brictio fratrem ejusdem Droconis. — Actum apud Belvacum, anno Domini M° CC° vicesimo tercio, mense julio.

Traces de sceau pendant sur double queue. — Voyez dans l'*Inventaire des sceaux*, n° 445, la description du sceau d'Archambaud IX, sire de Bourbon.

1592   Ligny-le-Châtel. 1223. 1ᵉʳ août.

Privilegia et libertates civibus Autissiodorensibus a Mathilde I comitissa Nivernensi concessa.

(J. 260. — Auxerre, n° 4. — Copie authentique.)

In nomine sancte et individue Trinitatis, amen. — Noverint universi quod ego Matildis comitissa Nivernensis quito omnino et imperpetuum liberis meis civibus Autissiodorensibus manum mortuam quam in prejudicium eorum me confiteor arrestasse, ut eorum heredes et successores, ubicumque manserint, excasuras parentum et predecessorum suorum, sine aliqua turbacione et interventu pecunie, possideant pacifice et quiete. — Preterea alios meos cives de Autisiodoro, tam in civitate quam in suburbiis et in burgo Sancti Gervasii manentes, et ipsorum heredes qui non erant de libera condicione, omnino et imperpetuum manumisi, et, servitutis obprobrio postposito et quitato, ipsi et heredes ipsorum, quocienscumque voluerint, ab Autisiodoro recedant et libere revertantur, rebus suis ipsis remanentibus et liberis. — Statutum est ut communitas ville singulis annis duodecim cives eligat qui, vel major pars eorum, bona fide, omnia negocia ad communitatem

Autisiodorensem pertinencia tractabunt prout viderint expedire; et ad hoc faciendum et ad jus nostrum custodiendum erunt jurati. Et de eo quod dicti duodecim electi, vel major pars eorum, fecerint super negociis sue communitatis non poterunt a me vel a mandato meo occasionari vel res eorum capi, quin ipsi in pace remaneant per suum juramentum. — Omnes vero excasure, que apud Autisiodorum evenerint, ad propinquiorem heredem, ubicunque sit, sine ullo interventu pecunie devolventur. Et si ipse excasure ab herede requisite non fuerint, per annum et diem reservabuntur justo heredi in manu quatuor civium qui sint de duodecim electis dicte ville; et, elapso anno et die, michi vel mandato meo ipse excasure non requisite integre tradentur. — Preterea tale statutum et convencionem eis feci quod pro talliis, corvatis, banno vini et aliis consuetudinibus, dicior non persolvet michi ultra quinquaginta solidos Autisiodorensis monete. A minoribus vero et pauperibus ad respectum mandati mei et duodecim electorum, vel majoris partis eorum, juxta possibilitatem uniuscujusque racionabiliter capietur. — Concessi eciam predictis civibus meis, de censiva tantum, ut forisfacta sexaginta solidorum ad quinque solidos, et forisfacta quinque solidorum et infra ad duodecim denarios reducantur. — De gagiis duelli quod pacificabitur, non nisi septem solidos et sex denarios ejusdem monete tantum capiam de unoquoque. — Dicti vero cives mei exercitum et equitationem michi debent, ita tamen quod ipsi in propriis personis ibunt vel mittent sufficienter pro se convenientes personas, mecum vel cum mandato meo, quandiu vixero et mansero inmaritata. Herede vero in comitatum succedente, ipsi non tenebuntur ire in exercitum vel equitacionem, nisi idem heres in propria persona iverit vel legali essonio sit detentus; et quandiu ipse in exercitu moram fecerit, cum ipso erunt, nisi eos remiserit de propria voluntate. Et sciendum quod homo sexagenarius et ultra, vel corporis infirmitate manifesta impeditus, ad exercitum vel equitacionem ire non tenetur, nisi talis sit quod possit mittere aliquem loco sui, ad respectum duodecim electorum vel majoris partis eorum. — Nec eciam aliquis ibit in exercitum vel equitacionem nisi ego vel heres meus litteras nostras patentes miserimus ad dictos cives de eundo illuc. — Et notandum quod de omnibus contentionibus et discordiis, quas cum dictis civibus meis a retroactis temporibus habueram usque nunc, videlicet commanentibus Autisiodori et cum aliis ad franchisiam Autisiodori venientibus, ipsos omnino quitavi et in bona pace dimisi. — Concessi preterea eisdem civibus quod ipsos extra Autisiodorum causa placitandi non traham, nec ipsos vel res ipsorum capiam vel capi permittam quandiu juri stare voluerint apud Autisiodorum in curia, ad respectum mandati mei et duodecim electorum vel majoris partis eorum. — De equis et armaturis habendis, vel michi vel meis accommodandis, nullam vim eis inferre potero. — In villa Autissiodori credenciam habeo in victualibus usque ad quadraginta dies. Quod si michi credita usque ad quadragesimum diem reddita non fuerint, illi qui michi crediderint amplius credere non tenentur donec creditum habuerint; et infra annum credita eisdem reddi debent de censiva. — Si quis de dictis civibus pro debito meo captus fuerit, ipsum et res ipsius faciam liberari; sin autem, de denariis censive liberabitur ad respectum mandati mei et duodecim electorum vel majoris partis eorum. Deperdita illius de eisdem denariis ei resarcientur. Si autem pro re alia captus fuerit, de ipso liberando posse meum faciam, bona fide. — In vineis et bladis custodes non erunt nisi illi quos cives mei de Autisiodoro statuerint; et si forisfactum affuerit, meum erit. — Homo qui non habuerit uxorem et est bachelarius, quandiu in illo statu erit et hospitium tenebit, reddet annuatim quinque solidos de censa, si ad hoc sufficere poterit, vel eominus ad estimacionem mandati mei et duodecim electorum vel majoris partis eorum. Et ad negocia communitatis mittet sicut et uxorati, ad estimacionem predictorum. Si autem forisfactum fecerit, illud ad usus et consuetudines Autisiodori emendabit. — Quicumque voluerit vindemiare, ei quando voluerit vindemiare licebit. — Quicumque aliquam possessionem per annum et diem pacifice tenuerit, nullus contra eum poterit reclamare nisi sit advoatus vel forispatriatus, et hoc sufficienter probare possit. — Si quis forisfactum fecerit, ipse solus illud emendabit. — Usagium quod homines de burgo Sancti Gervasii in bosco de Bar habere solent, sicut prius habebunt. — Certum est quod forisfactum cognitum furti, homicidii et raptus in mea est voluntate. — Sciendum est quod cives predicti aliquem hominum meorum de capite et de corpore, manentem in terra mea extra ballivam Autisiodorensem, non poterunt in dicta censiva retinere nec esse poterit de eorum libertate. — Quicunque vero de hominibus meis de Autisiodoro vel de bailliva Autisiodorensi manet vel manebit Autisiodori, erit de censiva et consuetudine nominata et ponet in expensis ville sicut et alii. — Cives predicti castellum meum vel aliquem incarceratum custodire non tenentur. — Si qui deforis apud Autisiodorum causa habitandi venerint, sicut ceteri sub hac libertate et consuetudine secure permanebunt, nisi sint mei de capite et de corpore, sicut superius est expressum. — Si quis deforis venientium infra annum et diem ab aliquo fuerit requisitus aut [arrestatus?], apud Autisiodorum juri parebit. Si vero noluerit vel non potuerit juri parere, consuetudines ville requiret, et licebit ei infra quatuordecim dies, sub salvo conductu meo, recedere et se et res suas, quocumque voluerit, transferre, donec sit extra terram meam, nisi pro raptu, furto vel homicidio esset arrestatus. — Et si infra annum et diem requisitus non fuerit, dum tamen infra dictum terminum racionabiliter requiri possit, deinceps meus civis in pace remanebit. — Porro cives supradicti debitores suos et plegios apud Autissiodorum possunt arrestare et ducere in castellum meum, sed non nisi per me vel per mandatum meum poterunt liberari. — Insuper additum est quod duodecim electi, vel major pars eorum, quatuor de meo Consilio michi nominabunt, et ego eis unum illorum, quem voluero, mittam loco mei qui erit juratus et cum duodecim electis vel majori parte eorum tractabit de admensuracione minorum de censiva et bachelariorum, et de admensuracione deperditorum a me restituendorum eis qui pro debito meo capti fuerint, et de eo quod non debeo trahere aliquem de censiva extra Autisiodorum causa placitandi, quandiu in curia mea apud Autisiodorum voluerint stare et juri [parere]. — Libertas cambiorum talis est : quod nullus infra cambia potest capi vel res ejus pro aliquo forisfacto extra cambia facto. Sed qui intra cambia forisfecerit, capi potest et res ejus. — Si quis, qui non sit homo meus, ad cambia sederit et mandatum meum ministerium cambiandi ei inhibuerit pro eo quod non vult justiciari coram me vel mandato meo, et post inhibicionem ad ipsum ministerium redierit, sine mea vel mandati mei licencia, quicquid habebit ante se in cambiis erit in mea voluntate. — Si melleia intra cambia facta fuerit inter aliquos, ita quod unus alium percusserit vel impulerit cum ira, sine sanguinis effusione, sexaginta solidos michi persolvet. Si vero cum sanguinis effusione, novem libras Autisiodorensis monete percussor vel impulsor michi persolvet. — Nullus de villa predicta cambire potest inter cambia vel extra nisi fuerit cambitor. Tamen si quis cambitor fieri voluerit, fiat, dum tamen redditum meum pro lege cambiendi michi vel mandato meo reddat, hoc excepto quod piperarii et cerarii de dicta villa et omnes deforis venientes in omnibus nundinis Autisiodori, salvo in omnibus jure meo, cambire possunt absolute. — Libertas draperie talis est : quod nullus in draperia gagiari potest pro debito vel plegeria, dum modo possit in villa vel prope villam competenter gagiari. — Super hiis autem convencionibus observandis precepi et concessi civibus sepedictis quod se eas bona fide observaturos jurarent ; et ipsi hoc juraverunt et quod in hiis convencionibus observandis unus alteri fideliter erit adjutor, et quod proficium meum volent bona fide.—Quociens autem prepositi, baillivi et servientes mei Autisiodorenses mutabuntur, ipsos jurare faciam quod convenciones predictas firmiter et fideliter observabunt. — Censiva predicta singulis annis, ad octabas [Nativitatis] Domini, michi vel mandato meo persolvetur. — Qui vero censam super se positam et nunciatam termino sibi fixo non solverit, duos solidos michi solvet pro emenda. — Sciendum est quod omnes justicie, consuetudines, et redditus, quos hactenus in civitate Autisiodorensi habui, michi salva remanent, exceptis hiis que dictis civibus superius sunt expressa. — Preterea volui et concessi ut dicti cives sigillum habeant ad sue communitatis negocia sigillanda. — Convenciones supradictas me firmiter observaturam propria manu juravi; et per idem juramentum promisi et concessi quod bona fide faciam, sine meo mittendo, quod Guido de Sancto Paulo gener meus et filia mea uxor ejus has convenciones se firmiter observaturos jurabunt et super hoc litteras suas patentes, easdem convenciones confirmantes, dictis civibus tradent. — Concessi eciam et constitui quod quicumque post me, sive per maritagium sive alio modo, fuerit dominus Autisiodorensis, bona fide se tenere jurabit convenciones supradictas et faciet jurari a quinque militibus de dominio suo, quos duodecim electi vel major pars eorum eidem domino requisieri[n]t, dictas convenciones firmiter et inviolabiliter observandas. — Que si dictus dominus facere nollet, constitui quod episcopus Autisiodorensis, qui pro tempore erit, in personam ipsius domini excommunicationis et in terram ipsius interdicti sentencias valeat promulgare, nec predictas relaxet sentencias quousque prefatus dominus, cum quinque dictis militibus, sepedictas convenciones se tenere juraverit. — Quocunque eciam modo dictum dominum a supradictis convencionibus conti[n]geret resilire, prenominatus episcopus, a dictis electis requisitus, elapsis quadraginta diebus post admonicionem dicto domino ab episcopo factam, si hoc non emendaret, in ipsum et terram ipsius dictas sentencias promulgaret. — Precepi eciam baronibus et fidelibus meis, scilicet: Archambaudo domino Borbonii, Galchero de Joigniaco, Hugoni de Ulmo, Guillelmo de Melloto, Hugoni de Sancto Verano, Petro de Barris, Miloni de Noiers, Stephano de Sellegniaco, Johanni de Thociaco ut has convenciones jurent et manucapiant et super hoc litteras suas patentes dictis civibus tradent, ita quod, si me vel heredes meos ab hiis convencionibus resilire contigerit, ipsi dictos cives super hoc conquerentes manutenere et eisdem adjutores esse teneantur, donec ipsis ad plenum fuerit emendatum. — Rogavi eciam venerabiles patres Senonensem archiepiscopum et Autisiodorensem et Nivernensem episcopos ut ipsi dictis civibus tradent litteras suas patentes testimoniales de supradictis convencionibus et juramento a me facto et ab heredibus meis faciendo firmiter observandis.

(1) Cette pièce est extraite du cartulaire intitulé *Liber consuetudinum Montispessulani*, fol. 10 v°, col. 1. Voyez ce que nous avons

— Ut autem ista perpetue stabilitatis robur obtineant, presentes litteras fieri et sigilli mei munimine roborari precepi. — Actum apud Ligniacum castrum meum, anno Incarnacionis Dominice millesimo ducentesimo vicesimo tercio, mense augusto, die Beati Petri ad vincula.

Cette charte de Mahaut ou Mathilde I, comtesse d'Auxerre, est insérée dans les lettres de confirmation données en novembre 1260, par Eudes ou Odet de Bourgogne, comte d'Auxerre et de Nevers, et par Mathilde II, sa femme, arrière-petite-fille de Mathilde Ire. Nous publierons le texte de cette confirmation à son ordre chronologique.

1595   Montpellier. 1223. 1er août.

Statutum consulum Montispessulani de bajulis, subbajulis, vicariis, tabellionibus, advocatis, etc.

(J. 339. — Montpellier et Maguelone, I, n° 23. — Copie ancienne[1].)

In nomine Patris et Filii et Spiritus Sancti. Nos consules Montispessulani, scilicet: R. de Conchis, Atbrandus, Bernardus de Tilio, Johannes Luciani, Rainaudus Storneli, G. Johannis, Andreas Dantonhan, Bernardus de Biterris, Johannes de Salicatis, Rotguerius Cabrieira, Bernardus de Montanhaco, Petrus Ymberti, constituti ut comunitati Montispessulani consulamus et ei utiliter provideamus, et eam fideliter regamus et gubernemus, ex concessa nobis potestate statuendi, distringendi et corrigendi omnia ea que nobis visa fuerint pertinere ad utilitatem comunitatis Montispessulani, cassatis omnino et abrogatis consuetudinibus seu statutis per proximos antecessores nostros, anno Dominice Incarnacionis M° CC° XXII°, in nativitate Beati Johannis Baptiste, statutis et promulgatis, infrascriptas consuetudines et statuta, ob comunem utilitatem Montispessulani, in pendentibus et futuris placitis tenendas et observandas, sicut infrascripte sunt, promulgamus :

De bajulis. — Utilitati reipublice providentes, sancimus quod aliquis qui fuerit consul infra annum, a finito sui consulatus officio computandum, bajulus curie esse non possit. Et bajulus curie, infra annum proximum sui finiti officii, in consulem nullatenus eligatur.

Nullus in curia Montispessulani exerceat officium

dit sur ce cartulaire, t. I, p. 255, note 1. — On lit en marge de ce statut dans le Ms. l'annotation suivante : *Nec has laudavit dominus.*

bajuli, subbajuli, vicarii, nisi sit natus in Montepessulano vel ejus suburbiis, vel nisi in Montepessulano vel ejus suburbiis habuerit domicilium vel statguam fecerit per x. annos. Nec aliquis officium judicis vel assidui assessoris in curia exerceat, nisi sit natus in eadem villa vel ejus suburbiis, [vel ibidem] abuerit (*sic*) domicilium vel statguam fecerit per v. annos, postquam juraverit domino et comunitati Montispessulani, ut sic de ejus fama et moribus noticia possit haberi antequam ad aliquod predictorum officiorum assumatur. — Et bajulus et subbajulus et omnes alii curiales et singuli teneantur jurare in sacramentali, quod faciunt singulis annis ad parlamentum, quod nichil dederint vel promiserint nec mutuaverint nec aliquid horum vel in fraudem istorum per se vel per alium fecerint vel facient ut ad illud officium assumerentur.

Judex curie audiat omnes et singulos testes qui in causis vel litibus coram curia producentur; vel si interesse non (*cod.* nam) possit, curia ad testes audiendos, suis expenssis, alium jurisperitum teneatur habere; qui jurisperitus juret ut ceteri curiales.

Nulli delegato a curia Montispessulani partes tradere pignora teneantur. Sed curia, cum causas delegaverit, suis propriis expenssis eas faciat expediri.

De tabellionibus vel notariis. — Statuimus quod nulli de cetero in tabellionem Montispessulani statuatur, nisi natus de eadem villa vel ejus suburbiis, vel nisi in Montepessulano vel ejus suburbiis habuerit domicilium vel ibi statguam fecerit (*cod.* fecerat) per x. annos, et quod sit ad minus etatis xxx^{ta} annorum, et quod sit bone fame et integre opinionis. Et cum talis statuetur in notarium, teneatur jurare publice ad parlamentum quod nichil dedit vel mutuavit vel promisit, nec dabit nec mutuabit nec promittet alicui, nec per se vel per alium fecit vel faciet aliquid in fraudem predictorum ut notarius fieret. Et preterea juret quod alii notarii jurare consueverunt. Clerici vero in sacris ordinibus constituti nullo modo de cetero tabelliones Montispessulani fieri possint, vel officium advocationis vel assidui assessoris, assidue in curia assidentis, in curia Montispessulani exercere. In causis vero propriis et patris sui et matris sue et aliorum ascendentium et filiorum suorum, ex matrimonio procreatorum, valeant postulare. Per hanc autem consuetudinem quantum ad officium notarie nullum prejuditium generetur illis clericis qui jam notarii facti sunt vel fuerunt, vel instrumentis per ipsos factis vel faciendis; set credatur instrumentis ab ipsis factis et fides perpetua habeatur.

Curie notarius seu notarii non accipiant ad plus ultra duos denarios pro singulis sentenciis seu decretis, in curia vel per curiales latis, avisis et auditis in antea, de libris curie translatandis. — Item pro singulis compositionibus de libris curie translatandis, sicut scripte sunt dum recitantur, ultra III. denarios non accipiant. — Item pro singulis tutorum seu curatorum dationibus translatandis, ultra II. denarios non accipiant. — Pro singulis vero (*cod.* nec) preceptis de solvendo vel satisfaciendo factis, et pro singulis attestationibus, sive sint longe sive breves, non accipiant ultra unum denarium. — Pro IIII^{or} vero positionibus cum responcionibus suis, vel pro IIII^{or} protestationibus, vel pro III^{or} dierum assignationibus sive citationibus, vel pro III^{or} instrumentorum productionibus translatandis, non accipiant ultra I. denarium. Et cum predictis remunerationibus notarius vel notarii teneantur sub sacramento partibus, quam cito poterunt, transcripta reddere omnium predictorum.

Qui causas habent vel habebunt in curia, possint libere et sine contradictione habere et recuperare compositiones, judicia vel sentencias, tutelarum et curarum daciones, precepta et decreta, sicut scripta sunt dum recitantur, et omnia in curia vel per curiales, occasione curie actita[ta], ad causam pertinencia, nullo dato vel promisso alicui de curialibus, vel alii pro ipsis, excepto notario curie qui possit pro rescribendo accipere secundum formam in alia consuetudine statutam. Et omnes sentencie, compositiones, tutelarum et curarum daciones, precepta et decreta et cetera per curiales actitata, in libro curie redigantur. Et si quis conpositionem vel judicium suum voluerit recuperare cum sollempnitate dictatum, de maximo dictamine conpositionis vel judicii, pro dictamine ultra x. solidos judex vel assessor vel delegatus curie non accipiat, neque notarius pro scribendo (*cod.* crisbendo) cartam judicii vel conpositionis sollempniter dictatam ultra v. solidos accipiat. Pro minoribus vero dictaminibus, infra dictam summam x. vel v. solidorum, rationabiliter detur. Et judex et notarius, ut dictum est, remunerato prius labore sui dictaminis et laboris ad peticionem ejus ad quem pertinebit, conpositionem vel judicium cum sollempnitate dictatum, infra unum mensem, postquam fuerit ab eo ad quem pertinet petitum, reddere teneantur.

Notarius sive notarii singulis annis mutentur in curia.

Nullus tabellio aliquo modo de cetero in curia Montispessulani possit advocationis officium exercere, nisi in propriis causis, vel nisi pro patre et matre sua, et pro aliis ascendentibus, et pro liberis utriusque sexus ex matrimonio procreatis, et pro fratribus et sororibus et filiis eorumdem, et uxoribus et maritis omnium predictarum personarum. Pro aliis vero personis de consensu parcium possit advocare, prestito tunc prius ab eo sacramento quolibet anno quod alii advocati prestare tenentur.

De advocatis. — Nemo qui leges audierit, vel decreta seu decretales alicubi in scolis vel auditorio alicujus legentis cum libro vel sine libro, sicut scolares consueverunt audire, licet decretista vel legista vel jurisperitus non apelletur, in curia Montispessulani, nisi in propriis causis et nisi de consensu (*cod.* concessu) parcium, advocationis officium audeat exercere vel causas manutenere. Immo curia ex officio suo, super eo facta inquisicione, illi advocationis officium interdicere teneatur. Circa legistas vero, licet decreta vel decretales audierint, servetur quod antiqua consuetudo decernit. Et in decretistis et decretalistis servetur iddem quod in legistis. Prefatam autem inquisicionem curiales singulis annis in principio sui regiminis, antequam aliquem coram se advocare vel causas manutenere paciantur, diligentissime et curiose, cum sacramenti religione, cum ipso qui vellet advocare vel causas manutenere et aliis de quibus sit verissimile quod inde veritatem noverint, publice in curia, in presentia consulum, facere teneantur. Et ipso negante sub sacramento, si postea quocumque modo constiterit (*cod.* quecumque costiterit) illum audisse leges vel decreta seu decretales sub forma predicta, tamquam infamis et perjurus a testimonio et advocatione vel manutenencia causarum et ab omnibus publicis officiis perpetuo excludatur.

Advocationis officium nulli permitatur in curia Montipessulani exercere, nisi videatur curie et consulibus legalis et bone fame et approbate oppinionis; de quibus curia et consules singulis annis curiose inquirere, prout eis videbitur, teneantur antequam ad advocationis officium admitantur. Quilibet vero ad advocationis officium admitatur, dum tamen videatur curie et consulibus legalis et bone fame et opinionis approbate. Ab hoc autem excipimus omnes et singulas personas que per alias consuetudines advocare vel causas manutenere prohibentur; in quibus omnibus et singulis observetur quod eedem consuetudines decernunt.

Quilibet advocatus curie, antequam fungatur advocationis officio, singulis annis a judice jurare conpellatur puplice in curia, presentibus consulibus, quod nichil dederit vel promiserit vel mutuav[er]it, nec dabit vel promitet vel mutuabit, nec aliquid in fraudem horum per se vel per alium fecit vel faciet [pro] habendo officio advocationis, et quod non maneneat causas scienter contra rationem vel contra suam conscientiam. Immo, et si in processu negocii causam injustam et irrationabilem esse cognoverit, eam manutenere et tueri penitus derelinquat; et tunc de salario habeat pro harbitrio curie, considerato ejus labore. Item juret quod illis, quorum causas manutenet vel manutenebit, super sacramento calumpnie non consulat nec petat nec consulium det nec petatur dilacio causa diffugii. Et preterea juret quod, bona fide, secundum quod sibi melius visum fuerit, partibus pro quibus fungetur officio advocationis consulat et manuteneat, et quod inde pecuniam vel aliquam rem seu promissionem, nisi a parte pro qua erit in lite, non accipiat, sicut in antiqua consuetudine continetur; et quod singulis diebus partibus assignatis, pro tuicione et patrocinio causarum quas manutenebit, in curia venire teneatur; et inde, sine licentia illius qui causas audiet quas ipse advocatus manutenebit, non recedat quousque curiales recedant a curia, nisi cause quas manuteneret per curiam essent prolonguate ad aliam oram. Item juret quod diebus quibus curia causas audiet, ipse advocatus, si causas foveat in curia, causa placitandi alibi non exeat villam Montispessulani sine bajuli, judicis vel subbajuli licencia.

Advocati curie procurationes aliquorum vel curas ad causas in curia agitandas non habeant nisi pro monialibus et pauperibus minoribus in pupillari etate existentibus, qui (*cod.* quod) non [h]abent tutores vel patres, et pro leprosis.

De solutione debitorum. — Si clamor fuerit factus in curia de aliquo presente in Montepessulano, vel in ejus suburbiis, super aliqua quantitate denariorum, vel aliqua re mobili vel se movente, curia citet illum primo per nuncium et sine scriptis. Et, si venerit et confitebitur se debere in presenti aliquam denariorum quantitatem vel res alias mobiles vel se moventes, curia precipiat illi debitori ut solvat, et ipsum debitorem ad solvendum conpellat secundum consuetudines antiquas et usus curie. — Si vero aliquis confitebitur se debuisse, set dicat creditori esse satisfactum, vel obiciat exceptionem pacti de non petendo, vel aliam sufficientem exceptionem vel liberationem, dentur ei tantummodo quatuor dies, conputandi a tempore confectionis, quibus curia [eum] audiat ad omnes suas exceptiones proponendas. Et, si justas et rationabiles proposuerit ad quas probandas petat dilationem sibi dari, teneatur nominare judici et adversario testes undecumque sint, si tamen extra villam Montispessulani sint producendi; si vero infra villam, non teneatur nominare illos qui sunt de episcopatu Magalonensi, set alios omnes teneatur nominare, primo tamen prestito sacramento per adversarium quod testes nominatos non subtraat nec corumpat nec subtraï faciat vel corrumpi. Et tunc dentur ei, si judici visum fuerit, dilationes, una vel plures, pro arbitrio curie et secundum distanciam locorum, ita quod inter omnes non possint excedere spacium vIIII. mensium a tempore propositarum exceptionum conputandorum. Infra quam vel quas dilationes, proponat et probet utraque pars quod poterit et sibi visum fuerit expedire. Si autem nullas suficientes exceptiones probaverit infra tempus sibi datum ad probandum, curia precipiat illi debitori ut solvat debitum infra xv. dies conputandos a tempore quod sibi datum fuerat ad probandum. Et si debitor cessaverit solvere infra dictos xv. dies, curia capiat tantum de bonis illius mobilibus vel se moventibus, vel nominibus liquidis et bonis, juxta electionem creditoris (*cod.* justa electione creditoris), que valeant decimam partem plus debito. Que si non suficiant, ultimo loco de [non] mobilibus supleantur secundum arbitrium curie. Que bona tradantur vel quasi tradantur jure pignoris creditori; et admoneatur debitor a curia ut, infra vI. septimanas proximas conputandas post dictorum xv. dierum lapsum, res illas vendat. Quod si non fecerit, curia faciat res illas vendi infra alios xv. dies proximos per procuratorem ad hoc a curia constitutum; ex quarum rerum precio satisfiat creditori; vel, si ydoneus emptor non inveniatur, dentur illa bona in solutum creditori a curia pro justa et conpetenti extimatione a judice facienda, infra illos eosdem xv. dies ultimos. — Verum si aliquis negaverit se debere et debuisse, et convictus fuerit per instrumentum publicum vel per testes fide dignos, nulla exceptione vel defentione ab illo ulterius admitenda, si debitum sit ex proprio facto persone ipsius debitoris vel ex facto alterius, quod factum devenerit ad noticiam debitoris, curia precipiat illi debitori ut solvat debitum infra xv. dies conputandos a tempore quo fuit convictus se debere vel debuisse, et conpellatur debitum solvere juxta formam superius pretaxatam in illo quod confessus fuit se debuisse, et infra tempus sibi datum ad probandum non probavit debitum se solvisse. — Si autem citatus et inventus non venerit, assignetur ei similiter per nuncium alia dies; et si non veniat, tercio citetur per literas curie que reddantur sibi vel familie sue in domo reperte. Qua die audiatur actor in omnibus positionibus et productionibus testium et instrumentorum que facere voluerit. Quo facto, sequenti die proxima juridica, omnia actitata scripta (*cod.* crispta) mitantur ad domum conventi, et dentur ei IIII[or] dies continui juridici, in quibus singulis, remunerato prius ab ipso qui (*cod.* quod) convenitur labore illius notarii qui scripta ad domum conventi missa translatavit, audiatur idem conventus super respontionibus et exceptionibus suis. — Et si reus venerit infra illos IIII[or] dies sibi datos, et responderit, et exceptiones proposuerit, postea assignentur utrique parti alii IIII[or] dies continui juridici, comunes utrique, ad ponendum et respondendum et protestandum et dicendum ea omnia que sibi noverint expedire. Et si aliqua sint in causa negata, ad que probanda aliqua parcium petat dilationes, dentur ei una vel plures juxta formam superius expressam; et, infra dilationem uni litigancium datam, possit etiam alius proponere et probare. — Quibus dilationibus lapsis et abitis, pro conclusione facti et va[lid]atione judicii curia, ad peticionem utriusque vel alterius partis, teneatur causam terminare infra duos menses proximos sequentes. Set si curia infra istos duos menses mutaretur, causa nondum terminata, sequens subrogata curia ad postulationem utriusque vel etiam alterius parcium, infra duos menses conputandos a tempore postulationis facte de causa terminanda, teneatur ipsam causam necessario terminare. — Verum si infra dictos IIII^{or} dies comunes actor non conpareat vel conparens non respondeat, proposita a reo pro veris et legitimis habeantur. Quod si ulla die de primis VIII° reus conventus non conparuerit, vel conparens non responderit, vel si nulla die citacionum predicto ordine factarum inventus fuerit, cum tempore exposite querimonie et citacionis fuerit in villa Montispessulani vel in suburbiis, et (*cod*. ex) proximiores ejus requisiti eum defendere noluerint, curia habeat plenam fidem his que erunt proposita ab actore ac si essent probata [1]. Et detur ei etiam absenti mandatum de solvendo infra XV. dies; quod mandatum in scriptis ad domum conventi [mittatur] et reddatur familie ibi reperte. Quibus XV. diebus elapsis, si non solverit, curia procedat in bonis illius secundum formam superius pretaxatam in illo qui confessus fuit se debuisse et infra tempus sibi datum ad probandum non probavit debitum se solvisse.

Si quis aliquo genere contractus obligaverit se duobus vel pluribus quorum unus fuerit presens tempore contractus, alius absens, ille qui fuit absens tempore contractus perinde agere possit ex eo contractu ac si presens fuisset, non obstante aliqua legis subtilitate vel constitutione; et quilibet eorum possit petere totum debitum, et non possit se tueri ille qui debet quia pluribus se obligavit, nec divisionem obligationis inpetrare. Set, solvendo uni, debitor sit liberatus ab omnibus, nisi alii prohibuissent solutionem partis sue.

Si aliqui constituerint se debitores in solidum seu pacatores, unusquisque in solidum teneatur et in solidum exigi possit, data creditori electione, ex qua quantum ad alios nullum prejudicium generetur, sed unusquisque teneatur et exigi possit in solidum absque partis deffentione, licet non sit renuntiatum beneficio nove constitutionis que loquitur[de] duobus reis, vel epistole divi Adriani, vel alii juri quod de dividenda obligatione loquatur. Et idem in fidejussoribus observetur.

De eis qui ad incendium vel bairigium provocant. — Quicumque proclamaverit ad ignem vel bairigium contra aliquem habitantem in Montepessulano, vel in ejus suburbiis, vel etiam alium seu alios provocaverit vel concitaverit, seu palam vel in occulto, opere vel consilio (*cod.* consilium), ad ignem sive incendium faciendum, vel bairigium alicujus prebuerit, ex quo de hoc manifeste convictus fuerit ad minus per V. testes notos et ydoneos, bone fame et bone opinionis, bonis suis omnibus spolietur, et perpetuo exilio, absque restitutionis remedio, tradatur, licet non fuerit incendium vel bairigium subsecutum. — Si autem incendium vel bairigium fuerit factum vel subsecutum, preter penas superiores lingua ei penitus abscindatur. — Eisdem etiam penis percellatur quicumque incendio vel bairigio interfuerit, causa incendii vel bairigii faciendi. Et eo solo intelligatur et convincatur quis interfuisse incendio vel bairigio causa faciendi bairigii vel incendii, si evidenter probetur quod res aliquas extraxerit vel ceperit de incendio vel bairigio, et eas infra III. dies proximos a die facti bairigii vel incendii computandos non reddiderit, vel saltim non manifestaverit se habere dampnum passo vel palam consulibus et curie. — Et de hiis omnibus curiales ex officio suo, sine accusatore, diligentissime investigare et inquirere teneantur, et, veritate comperta, penas prefatas sine remissione aliqua, absque remedio appellationis, infligere tenea[n]tur. Et si bairigiatus

---

[1] En marge du Ms. : *Hoc videtur valde iniquum; cum posset collocari quod curia reciperet probaciones actoris.* — Ces observations marginales, qui sont d'une écriture plus moderne que celle du texte principal, nous paraissent sans autorité.

vel incendium passus dampnum vel injuriam contra prefatos scelerosos vel aliquem eorum persequi in curia voluerit, consules admoneant et inducant curiam ut plenum dampnum passo exibeat justicie complementum, servata forma predictarum penarum. Et hec consuetudo locum tantum habeat in futuris.

De bonis mercatorum in peregrinatione decedentium. — Si mercator aliquis Montispessulani fecerit viagium causa negociandi per mare vel per terram, et ipsum mori contigerit in ipso viagio alicubi extra Montempessulanum, si testamentum vel aliquam ultimam dispositionem fecerit, et gadiatorem vel gadiatores sive commissarios statuerit, quibus res quas detulerit vel earum custodiam comictat vel comendet, ille gadiator vel gadiatores statuti a mercatore defuncto, antequam res defuncti moveant vel attingant, vocent ad minus quinque testes notos, legales et ydoneos, prout eis melius videbitur bona fide, qui sint de Montepessulano, et ibi reperiantur, alioquin de locis vicinioribus Montispessulani, si reperiantur, coram quibus res et merces defuncti recognoscant. Et inde, facto computo et summa, eas nominatim in eorumdem presentia in scriptura redigant; cui scripture quilibet illorum quinque testium sigillum apponat; et ejus scripture transcriptum retineat et habeat quilibet illorum quinque testium. — Quo facto ille gadiator vel gadiatores res et merces defuncti, ex (*cod.* vel) illis bona fide distractis ab eis earum implicaturis (*cod.* implicaturas), in primo passagio vel reddittu mercatorum de illo viagio, vel saltim in alio proximo sequenti, defferre sive redducere, vel per aliquem vel per aliquos ydoneos, prout sibi bona fide melius videbitur, mittere ad villa[m] Montispessulani teneantur. Et hec omnia faciant ad rezegue et periculum et expensas (*cod.* expensis) illorum ad quos res et merces ille pertinebunt. Et lucri facti in illo viagio cum illis rebus et mercibus habeant octavam partem gadiatores prefati. — Si autem ultra dicta tempora illi gadiatores res et merces defuncti, ab eis habitas et receptas cum forma prefata, distulerint defferre, redducere vel remittere, ab eo tempore in antea (*cod.* anna) sint ad periculum et resege dictorum gadiatorum. — Et quia testamentum extra Montempessulanum factum semper per vii. testes probari non potest, sufficiat si per v. testes ydoneos probetur. — Si autem mercator decesserit intestatus alicubi extra Montempessulanum, et ibi sint v. mercatores Montispessulani vel plures, prestito ab eis corporali sacramento, eligant unanimiter bona fide unum vel duos ydoneos, prout eis melius videbitur. Qui electus vel electi, prestito ab electo vel electis sacramento de custodiendis et reddendis rebus bona fide, cum dicta forma recognoscant et recipiant res et merces defuncti; et in eo electo vel electis in omnibus [et] per omnia observetur iddem et obtineat [ur] quod supradictum est in gadiatoribus a defuncto statutis. — Si vero non sint ibi v. mercatores Montispessulani, illi qui (*cod.* illi quod) erunt ibi de Montepessulano, sive sint mercatores sive non, convocatis v. testibus ydoneis de Montepessulano, prout eis videbitur, vel de locis vicinioribus Montispessulani, si (*cod.* sub) reperiantur, res et merces defuncti cum scriptura inde facta et v. sigillis roborata recognoscant, et illius scripture translato a singulis illorum retento, res et merces defuncti, facto inde computo et summa, si sunt in terra Saracenorum, in doana deponant, si sunt in terra Xpistianorum, in aliquo loco tuto, secundum quod eis melius videbitur bona fide. Sub tali tamen forma fiat depositio rerum et mercium defuncti quod reddantur cuilibet defferenti litteras apertas cum pendentibus sigillis consulum et curie Montispessulani continentes quod ei reddantur. Et ille qui (*cod.* quod) sub predicta forma res restituerit, sit perpetuo liberatus. — Si vero aliqui res et merces defuncti mercatoris testati vel intestati attingerint, ceperint vel receperint nisi cum forma predicta, sint periculo et resegue eorum. — Predicta omnia locum habeant, sive omnia que deffunctus habebat in illo viagio erant ipsius deffuncti sive aliorum, vel in totum vel pro parte. — Acta et laudata sunt hec a dictis consulibus, in ecclesia Beate Marie de Tabulis, anno Dominice Incarnationis M° CC° XXIII°, kalendis augusti, in presentia et testimonio Berengarii Lamberti, Jo. de Latis, P. de Fisco, W. Raimundi, Stephani Calcadelli, jurisperitorum; Po. Jordani, Ademarii, B. de Costa, Bertrandi Begua, Gr. de Porta, notariorum; W. Berengarii, W. Arnaldi decretistarum; R. de Latis, W. Luciani, S. Luciani, fratrum, burgensium; W. Folcrandi, P. Beliani, etc. *(sequuntur septem nomina)*, et multorum aliorum, ita quod fere tota ecclesia erat plena, et Petri de Furno notarii dictorum dominorum consulum. — Consuetudinem de receptione advocatorum a nobis promulgatam que incipit : — *Advocationis officium nulli permitatur*, interpretantes et declarantes, statuimus ut quicumque prohibetur vel non permittitur advocati officium exercere, tanquam tutor vel curator vel procurator vel deffensor, in causis vel judiciis nullatenus admitatur. Et hec locum habeant in causis nondum ceptis presentibus et futuris. Acta sunt hec anno Dominice Incarnationis M° CC° XXIII°, pridie idus septembris. — Hec interpretatio et declaratio facta fuit et laudata a consulibus Montispessulani et eorum consilio universe.

1594   Compiègne. 1223. Août.

Litteræ Amalrici de Credonio super conventionibus a se cum domino rege habitis.

(J. 179. — Craon, n° 3. — Original scellé.)

Ego Amalricus de Credonio notum facio universis quod karissimus dominus meus Ludovicus, Dei gracia rex Francie illustris, ex mera liberalitate sua concessit michi quod teneam Andegavis et Baugeium, cum pertinentiis eorum, quamdiu ipsi domino regi placuerit, et omnia de quibus dominus meus Guillelmus de Ruppibus, senescallus Andegavensis, erat tenens ea die qua reverende memorie Philippus, quondam rex Francie illustris, istam fecit ei concessionem. — Et dominus rex Ludovicus retinet sibi Turonis et totam Turoniam, cum tota senescaltia, et Chinonem cum prepositura et cum senescaltia, et Burgolium et Losdunum, cum prepositura et senescaltia, et Salmurtium cum prepositura et senescaltia. — Et si dominus rex caperet in manu sua Andegavis et Baugeium, cum pertinentiis eorum, et ea que michi dimittit quamdiu ei placuerit, ipse redderet michi senescaltiam sicut eam tenere solebat dominus meus Guillelmus de Ruppibus senescallus Andegavensis in prepositurris locorum predictorum. — Hec autem firmiter tenenda et fideliter observanda domino regi et heredibus suis bona fide super sacrosancta juravi. —

Actum Compendii, anno Domini M° CC° vicesimo tercio, mense augusto.

Ces lettres sont scellées en cire blanche, sur double queue, du premier sceau d'Amauri de Craon, sénéchal d'Anjou, décrit dans l'*Inventaire* sous le n° 292.

1595   Reims. 1223. Août.

Litteræ Aleidis ducissæ Burgundiæ de matrimonio a se non nisi regis voluntate contrahendo.

(J. 247. — Bourgogne, I, n° 8. — Original scellé.)

Ego A. (Aleidis) ducissa Burgundie, notum facio universis presentes litteras inspecturis me super sacrosancta jurasse karissimo domino meo Ludovico, Dei gratia regi Francie illustri, quod non maritabo me neque maritum accipiam nisi de voluntate et licentia ipsius domini regis. — Dominus autem rex michi benigne concessit quod nullam vim michi faciet de me maritanda, neque per preces importunas neque alio modo. — In cujus rei memoriam, presentes litteras sigillo meo feci sigillari. — Actum Remis, anno Domini M° CC° vicesimo tercio, mense augusto.

Sceau d'Alix de Vergy, veuve d'Eudes III, duc de Bourgogne, mère et tutrice du duc Hugues IV; cire blanche, sur double queue, décrit dans l'*Inventaire* sous le n° 467.

1596   Sens. 1223. Août.

Gratia facta a domino rege Beatrici comitissæ Cabilonensi de homagio præstando.

(J. 253. — Chalon-sur-Saône, n° 2. — Copie authentique.)

Ludovicus, Dei gratia Francie rex, dilecte sue comitisse Cabilonensi salutem et dilectionem. — Quoniam audivimus excusationem vestram, quod pro essonio corporis vestri ad nos personaliter accedere non potestis, vobis mandamus ut fidelitatem nostram coram archiepiscopo Lugdunensi et episcopo Cabilonensi, vel coram altero eorum, faciatis tali modo quod nobis et heredibus nostris, contra omnes homines et feminas qui possunt vivere et mori, fidelitatem observabitis et vitam, jura nostra et honorem nostrum terrenum, bona fide. — Hec autem supradicta coram dictis archiepiscopo Lugdunensi, episcopo Cabilonensi, vel coram altero eorum, jurabitis super sacrosancta fideliter observanda, et inde litteras vestras patentes nobis facietis et per nuntium alterius eorum eas nobis mittatis. — Actum apud Senones, anno Domini M° CC° XXIII°, mense augusto.

<small>Ces lettres de Louis VIII sont insérées dans celles de la comtesse Béatrix et de l'archevêque Renaud, que nous publions ci-après, n°ˢ 1600 et 1601.</small>

1597   1223. Août.

Litteræ Petri abbatis et conventus S. Dionysii, de joellis a Philippo Augusto præfatæ ecclesiæ legatis et a Ludovico rege, ejus filio, redemptis.

<small>(J. 156. — Saint-Denis, n° 1. — Original scellé.)</small>

Petrus Dei gratia Beati Dyonisii abbas et ejusdem loci conventus, omnibus presentes litteras inspecturis salutem in Domino. — Noverit universitas vestra quod pie recordationis Philippus rex Francie illustris omnes joellos suos nostre ecclesie legavit, ita ut venderentur et de eorum precio redditus emerentur ad opus ecclesie nostre. — Quos emit rex illustris Ludovicus, et nobis solvit pro eorum precio undecim milia et sexcenta librarum, de quibus, bona fide, ponemus decem milia librarum in emptionibus reddituum ad opus ecclesie nostre, et augmentabimus de viginti monachis conventum nostrum ad divina celebranda cum aliis pro remedio anime ipsius regis Philippi et antecessorum suorum in perpetuum. — Et alias mille et sexcentas libras ponemus in emptione reddituum ad pitanciam faciendam toti conventui in vigilia anniversarii ipsius regis Philippi et in die, in perpetuum; et crucem auream, quam idem Philippus ecclesie nostre legavit, pro aliquo homine vivente vel pro aliqua re que contingere possit, non alienabimus de ecclesia nostra. — Hec autem supradicta tam nos abbas Sancti Dyonisii quam totus noster conventus firmiter tenenda et fideliter exequenda bona fide creantavimus. In cujus rei testimonium presentem paginam sigillis nostris fecimus roborari. — Actum anno Domini M° CC° vicesimo tercio, mense augusto.

<small>Scellé de deux sceaux en cire verte, pendants sur cordelettes de soie rouge et verte. Le sceau de l'abbé est décrit dans l'*Inventaire* sous le n° 9018, et celui de l'abbaye sous le n° 8370.</small>

1598   1223. Août.

<small>(J. 731. — Eaux et Forêts, n° 36. — Original scellé.)</small>

M. (Milo) Belvacensis episcopus recognoscit karissimum dominum suum Ludovicum regem Franciæ sibi chaciam et custodiam forestæ Telæ concessisse, ad beneplacitum dicti regis et quamdiu ei placuerit tenendam. — « Actum anno gratie M° CC° vicesimo tercio, mense augusto. »

<small>Sceau de Milon Ier de Châtillon-Nanteuil, évêque de Beauvais; cire brune, sur simple queue, décrit dans l'*Inventaire* sous les n°ˢ 6512 et 6513.</small>

1599   1223. Août.

<small>(J. 195. — Champagne, III, n° 66. — Original.)</small>

Erardus de Brena notum facit nec se, ratione villæ suæ de Maraia, nec homines aut feminas ejusdem villæ, aliquid, ratione usuarii vel alia quacunque de causa, habere vel reclamare posse in foresta de Otha ultra illas metas quas dilecti sui Motellus de Virtuto et Girardus li Meilerons, ex ipsius et dictorum hominum voluntate, posuerunt. — « Quod ut notum permaneat et firmum teneatur litteris annotatum, sigilli mei feci munimine roborari. Datum anno gratie millesimo ducentesimo vicesimo tercio, mense augusto. »

<small>Traces de sceau pendant sur double queue. — Voy. dans l'*Inventaire*, n° 1567, la description du premier sceau d'Érard de Brienne.</small>

1600   Mont-Saint-Vincent. 1223. 3 septembre.

Litteræ Beatricis comitissæ Cabilonensis de hominio a se inter manus Lugdunensis archiepiscopi præstito.

<small>(J. 253. — Chalon-sur-Saône, n° 1. — Original scellé.)</small>

Excellentissimo domino suo Ludovico Dei gratia Francie regi, B. (Beatrix) comitissa Cabilonensis salutem et paratam in omnibus ad obsequia voluntatem. — Mandatum vestrum recepimus sub hac forma : Ludovicus, etc. (*Vide supra* n° 1596). — Nos autem propter gratiam quam nobis in hac parte fecistis affectuosas vobis gratias referentes, hominium et fidelitatem secundum formam suprascriptam in manu predicti archiepiscopi, qui hec ex nomine vestro recepit, fecimus vobis et ea supra sacrosancta juravimus nos tenere. — Hoc tamen sciat vestra serenitas quod hominium ligium duci Burgundie debemus. Quod autem fidelitatem et hominium vobis fecerimus secundum quod mandastis, patentes nostras litteras vobis mittimus in testimonium veritatis. — Actum apud Montem Sancti Vincentii, anno Domini M° CC° XXIII°, tercio nonas septembris.

<small>Ces lettres sont scellées en cire blanche, sur double queue, du sceau de Béatrix, comtesse de Chalon-sur-Saône, décrit dans l'*Inventaire* sous le n° 500.</small>

1601 Mont-Saint-Vincent. 1223. 3 septembre.

Litteræ Rainaldi Lugdunensis archiepiscopi de receptione præfati hominii.

(J. 253. — Chalon-sur-Saône, n° 2. — Original scellé.)

Serenissimo domino suo Ludovico Dei gratia Francie regi, R. (Rainaldus) ejusdem permissione prime Lugdunensis ecclesie minister humilis, salutem in eo qui dat salutem regibus. — Scripsit serenitas vestra nobili domine B. comitisse Cabilonensi ad preces nostras sub hac forma : Ludovicus, etc. (*Vide supra* n° 1596). — Nos autem redeuntes a vobis, cum venissemus Cabilonem et ibi dicta comitissa venire non posset, ad eam, versus Montem Sancti Vincentii venientes, hominium et fidelitatem vestram nomine vestro in manu nostra recepimus, secundum formam suprascriptam. Ipsa tamen protestata est quod hominium ligium debet duci Burgundie. — Quod autem fidelitatem et hominium ab eadem comitissa, nomine vestro, secundum quod mandastis, receperimus, tam nostras quam ipsius comitisse patentes litteras mittimus vobis in testimonium veritatis. — Actum apud Montem Sancti Vincentii, anno Domini M° CC° XXIII°, tercio nonas septembris.

Traces de deux sceaux pendants sur simple queue. — L'un de ces deux sceaux était celui de Renaud II de Forez, archevêque de Lyon ; il n'en reste plus qu'un fragment qui n'a pas été décrit dans l'*Inventaire*, mais sur lequel on distingue encore un évêque debout, les deux mains levées à la hauteur du visage, dans l'attitude d'un prêtre qui donne sa bénédiction. La même figure est reproduite en plus petit au contre-sceau, avec une légende qu'il n'est plus possible de lire. Il est probable que le second sceau était celui de la comtesse Béatrix, décrit sous le n° 500.

1602 Périgueux. 1223. Septembre.

Fidelitas facta domino regi a burgensibus civitatis Petragoricensis.

(J. 627. — Serments de villes, n° 6 ter. — Original scellé.)

Excellentissimo ac reverentissimo domino suo et super omnia diligendo Ludovico, Dei gratia illustri regi Francorum, major et universitas de Podio Sancti Frontonis Petragoricensis, salutem in eo qui dat salutem regibus, et seipsos ad pedes humiles et devotos. — Sciat vestra excellens dominatio nos jurasse fidelitatem vobis et heredibus vestris, presentibus nunciis vestris magistro Ph. de Rupicenis clerico vestro et Johanne scutifero vestro, et quod jura vestra, honorem vestrum, vitam vestram et corpus, contra omnes homines et feminas qui vivere possunt et mori, pro posse nostro fideliter observabimus; necnon quod villam vestram, videlicet Podium Sancti Frontonis, tenebimus nec eam reddemus alicui nisi vobis specialiter, et etiam custodiemus eam vobis contra omnes homines et feminas qui vivere possunt et mori. — Hanc formam juramenti observandam perpetuo juraverunt, tactis sacrosanctis Evangeliis : Willelmus Brunelli major, Bernardus Landerici, Jauselmus Cosonaz, Petrus Boez, Petrus Lobez, Helias Martini, Willelmus Basalhas, B. de Folera, consiliarii ville; Stephanus de Salis, Ar. de Salis, Iterius de Salis, W. Helie, P. Helie, Robertus Chatuelli, Helias Chatuelli, Helias Espes, Bonetus Johannis, Petrus Blanquez, Johannes de Parisius, Petrus del Calhauc, Johannes del Calhauc, Raimundus Porta, Helias de Milhac, Helias Bonez, Aimericus Genos, P. de Rodes, Helias de Rodes, W. Alberti, Ademarus d'Armanhac, Ramundus la Sala; et cum istis mille et quingenti vel plures. — Major vero et consiliarii super juramenta sua receperunt quod omnes mansionarios ville, quorum quidam erant in obsidione cujusdam castri contra murtrarios qui intus erant reclusi, alii vero in negotiationem vel peregrinationem vel alibi, quicumque fuerint a quindecim annis et ultra, tactis sacrosanctis Evangeliis jurare facient sub forma prescripta. — Actum in Podio Sancti Frontonis Petragoricarum, anno gratie M° CC° XXIII°, mense septembris.

Cette charte est scellée d'un sceau en cire blanche, pendant sur double queue, qui représente, sur la face, un guerrier debout et armé de toutes pièces, avec cette légende : [S]IGILLUM BURGEN[SIC]M DE PETRACO[RIS], et, au contre-sceau, un évêque (saint Front) vu de face et à mi-corps, avec cette légende : SECRETUM DE PETRACONIS. (Voy. l'*Inventaire*, n° 5731.) — Ce sceau, d'ailleurs très-remarquable, prouve donc d'une manière évidente qu'il s'agit ici de la cité de Périgueux, c'est-à-dire de la partie de l'ancienne ville entourée de murailles, dans laquelle se trouve la cathédrale placée sous l'invocation de saint Front, premier évêque de Périgueux, et non pas, comme l'a cru Tillemont, *Préliminaires de la vie de saint Louis*, t. I, p. 292, d'une ville de *Puy-Saint-Front* qu'il place en Périgord, où l'on trouve en effet des localités du nom de Saint-Front, Saint-Front d'Alemps et Saint-Front de Champniers, mais où le nom de Puy-Saint-Front n'existe pas autrement que pour désigner la cité de Périgueux.

1603 Sarlat. 1223. Septembre.

(J. 627. — Serments de villes, n° 6 *bis*. — Original scellé.)

Sub eadem forma et iisdem verbis, mutatis scilicet mutandis, domino regi Ludovico fidelitatem juravit communitas villæ Sarlati, id est P. d'Albusso, P. Vezis, P. Lumbarz, H. Pelissos, consiliarii ; et B. de Lussac, et G. d'Abusso, B. Andreas, etc. (*sequuntur viginti nomina*), et cum istis quingenti alii vel plures. — « Actum apud Sarlatum, anno gratie M° CC° XXIII°, mense septembri. »

Scellé en cire blanche, sur double queue, du sceau de la ville de Sarlat en Périgord (Dordogne), décrit dans l'*Inventaire* sous le n° 5733.

1604 Saumur. 1223. Septembre.

Droco de Melloto, recognitis juribus domini regis in terra abbatiæ Cormeriacensis, se ejusdem advocatiam de dicto rege in feodum tenere profitetur.

(J. 178. — Anjou, n° 4. — Original scellé.)

Ego Droco de Melloto notum facio universis, tam presentibus quam futuris, quod, in presentia karissimi domini mei regis Ludovici Francie, baronum, militum et multorum aliorum, declaratum est per judicium apud Salmurium quod dominus rex habet in tota terra regalis abbatie Cormeriaci raptum, multrum, et quatuor denarios de singulis albanis, et exercitum et equitationem. — Et hec omnia debeo fideliter custodire domino regi et heredibus suis, et eis reddere quicquid de predictis recepero, ego vel alius ex parte mea. — Custodiam autem et advocatiam abbatie jam dicte teneo de domino rege in feodum et hominagium ligium, de dono reverende memorie Philippi quondam regis Francie, eo modo quo predictum est. — Actum apud Salmurium, anno Domini M° CC° XXIII°, mense septembri.

Cet aveu est scellé en cire blanche, sur double queue, du sceau de Dreux de Mello. — Sur le sceau, un cavalier l'épée au poing, et couvert d'un écu portant deux fasces et huit merlettes en orle, brisées en chef d'un lambel. Ces armoiries sont reproduites sur le contre-sceau, avec ce fragment de légende : SECRETUM DOMINI... Ce sceau, qui n'a pas été décrit dans l'*Inventaire*, est en mauvais état.

1605 1223. Septembre.

Charta Haimerici vicecomitis Thoarcii de treugis a se cum domino rege initis.

(J. 394. — Securitates, n° 74. — Original scellé.)

Ego Haimericus vicecomes Thoarcii notum facio universis, tam presentibus quam futuris, quod domino regi Ludovico Francie et suis dono et firmo rectas treugas de me et de meis et de castellis meis usque ad octabas instantis Pasche. Ita quod dominus rex et sui remanebunt usque ad dictum terminum in ea tenetura in qua erant quando ultima treuga firmata fuit inter regem Philippum Francie, ex una parte, et me ex alia. Et ego et mei similiter remanebimus usque ad eumdem terminum in ea tenetura in qua eramus quando ultima treuga firmata fuit inter regem Philippum Francie, ex una parte, et me ex alia. Has autem treugas super sacrosancta juravi bona fide tenendas et inviolabiliter observandas. — Actum anno Domini M° CC° vicesimo tercio, mense septembri.

Scellé en cire blanche, sur double queue, du second sceau d'Aimeri VII, vicomte de Thouars, décrit dans l'*Inventaire* sous le n° 1083.

1606 1223. Septembre.

(J. 203. — Champagne, XI, n° 16. — Original.)

Thomas de Cociaco, dominus Vervini, et Mathildis uxor ejus, notum faciunt, cum proventus terræ suæ de Triabardoli et de Charmentreio, ab instanti festo Purificationis B. M. Virginis in octo annos, majori et juratis Meldensibus, sub garandia domini sui Theobaldi, Campaniæ et Briæ comitis palatini, vendiderint, se voluisse ut, si aliquando contra hanc venditionem venire presumpserint, liceat præfato comiti de suo capere usque ad condignam satisfactionem et seipsos ad prædictam venditionem observandam compellere. — « In cujus rei testimonium presentes litteras emisimus sigillorum nostrorum munimine roboratas. Actum anno Domini M° CC° vicesimo tercio, mense septembri. »

Cette charte était scellée dans l'origine, sur double queue, des sceaux de Thomas de Coucy, sire de Vervins, et de Mathilde sa femme. Les deux sceaux ont disparu, mais ils sont décrits dans l'*Inventaire* sous les n°s 1914 et 1917.

1607 1223. Octobre.

(J. 165. — Valois, III, n° 15. — Original scellé.)

G. (Galterius) Senonensis archiepiscopus notam facit compositionem bonorum virorum consilio initam inter Ansellum de Gallanda, militem, dominum Turnomii, et Johannem de Gallanda militem super domo forti de Husseia. A qua compositione si dictus Johannes resiliret excommunicationis sententia in eum et ejus coadjutores foret promulganda. — « Actum anno Domini M° CC° vicesimo tertio, mense octobri. »

Sceau de Gauthier III Cornut, archevêque de Sens ; cire blanche, sur double queue, décrit dans l'*Inventaire* sous le n° 6390.

1608   1223. Octobre.

(J. 165. — Valois, III, n° 13. — Original.)

Petrus de Barris, miles, frater Johannis de Gallanda, notam facit pacem a dicto Johanne de domo sua de la Honsoie cum Ansello de Gallanda initam. A qua pace si dictus Johannes resiliret, ei nec consilium nec auxilium præstaret. — « Ad cujus memoriam presentes litteras sigilli mei munimine roboravi. Actum anno Domini M° CC° XX° III°, mense octobri. »

Traces de sceau pendant sur simple queue. — Le sceau de Pierre des Barres est décrit dans l'*Inventaire* sous le n° 1312.

1609   1223. Octobre.

(J. 165. — Valois, III, n° 20. — Original.)

Charta Odonis de Barris, militis, ejusdem argumenti et formæ. — « Ad cujus memoriam presentibus sigillum meum adposui. Actum anno Domini M° CC° XXIII°, mense octobri. »

Traces de sceau pendant sur simple queue. — Le sceau d'Eudes des Barres, frère de Jean de Garlande, est décrit dans l'*Inventaire* sous le n° 1291.

1610   Paris. 1223. 8 novembre.

Stabilimentum Ludovici regis et baronum Franciæ de Judæis.

(J. 427. — Juifs, n° 5. — Original scellé.)

Ludovicus, Dei gratia Francie rex, omnibus ad quos littere presentes pervenerint, salutem. — Noveritis quod per voluntatem et assensum archiepiscoporum, episcoporum, comitum, baronum et militum regni Francie, qui Judeos habent et qui Judeos non habent, fecimus stabilimentum super Judeos quod juraverunt tenendum illi quorum nomina subscribuntur : Guillelmus, episcopus Cathalanensis, comes Pertici; comes Philippus Bolonie; ducissa Burgundie; comitissa Nivernensis; comes Galterus Blesensis; comes Johannes Carnotensis; comes Robertus Drocarum, pro se et pro comite Britannie fratre suo; comes Guido Sancti Pauli; Hugo de Castellione frater ejus; comes Namurtii; comes Grandis-Prati; comes Vindocinensis; Robertus de Cortenaio, Francie buticularius; Matheus de Monte-Morenciaco, Francie constabularius; Archembaudus de Borbonio; Guillelmus de Dampetra; Ingerannus de Cociaco; senescallus Amauricus Andegavensis; Droco de Melloto; vicecomes Bellimontis; Henricus de Soliaco; Guillelmus de Calvigniaco; Galcherus de Jovigniaco; Johannes de Viezvi et Guillelmus de Saliaco. — Stabilimentum autem tale est : Nullum debitum Judeorum curret ad usuram ab hac die octabarum Omnium Sanctorum in antea. Nec nos nec barones nostri faciemus de cetero reddi Judeis usuras que current ab hac die octabarum Omnium Sanctorum in antea. — Debita universa que debentur Judeis sunt atterminata ad novem pagas infra tres annos ad reddendum dominis quibus Judei subsunt, singulis annis terciam partem debitorum, tribus terminis : tercium videlicet in instanti festo Purificationis Beate Marie, tercium in Ascensione Domini, et tercium in festo Omnium Sanctorum subsequenti ; et sic in aliis duobus sequentibus annis. — Et sciendum quod nos et barones nostri statuimus et ordinavimus de statu Judeorum quod nullus nostrûm alterius Judeos recipere potest vel retinere ; et hoc intelligendum est tam de hiis qui stabilimentum juraverunt quam de illis qui non juraverunt. — Judei de cetero sigilla non habebunt ad sigillandum debita sua. — Debent etiam Judei facere inrotulari, auctoritate, dominorum quibus subsunt, universa debita sua infra instans festum Purificationis Beate Marie, ita quod de debitis que tunc inrotulata non fuerunt, sicut dictum est, non respondebitur Judeis de cetero nec eis reddentur. Si quas autem litteras exhibuerint Judei de debitis suis continentes longius et remotius sue confectionis tempus quam a quinque annis proximo et ultimo preteritis, statuimus eas non valere et debita in litteris illis contenta reddi non debere. — In cujus rei testimonium et confirmationem presentibus litteris sigillum nostrum fecimus apponi, et comites, barones et alii prenominati sigilla sua duxerunt apponenda. — Actum Parisius, anno Domini M° CC° XXIII°, mense novembri, die mercurii in octabis Omnium Sanctorum.

Cette charte était scellée, dans le principe, de vingt-six sceaux pendants sur double queue. Il n'en reste plus que quinze qui sont presque tous brisés; mais à l'exception des sceaux de Philippe comte de Namur, Henri de Sully et Jean de Viévi, qui n'ont pas été retrouvés ailleurs, les autres sont décrits dans l'*Inventaire des Sceaux* sous les numéros indiqués ci-après. — En donnant cette liste des personnages qui ont apposé leurs sceaux, nous avons suivi l'ordre dans lequel les sceaux sont placés au bas de la charte, ordre qui correspond exactement à celui des noms énoncés dans le texte :

1. Louis VIII. (*Inventaire des Sceaux*, n° 40.)
2. Guillaume II de Bellême, évêque de Châlons-sur-Marne, comte du Perche. (N° 6559.)
3. Philippe Hurepel, comte de Boulogne. (N° 1062.)
4. Alix de Vergy, duchesse douairière de Bourgogne. (N° 467.)
5. Mathilde ou Mahaut Ire, comtesse de Nevers. (N° 867.)
6. Gauthier II d'Avesnes, comte de Blois. (N° 960.)
7. Jean d'Oisy, comte de Chartres. (N° 975.)
8. Robert III Gatebled, comte de Dreux. (N° 727.)
9. Gui II, comte de Saint-Paul. (N° 366.)
10. Hugues de Châtillon. (N° 365.)
11. Philippe II de Courtenai, comte de Namur.
12. Henri V, comte de Grandpré. (N° 579.)
13. Jean IV de Montoire, comte de Vendôme. (N° 988.)
14. Robert de Courtenai, bouteiller de France. (N° 274.)
15. Mathieu II, dit le Grand, sire de Montmorency, connétable de France. (N° 192.)
16. Archambaud IX, sire de Bourbon. (N° 445.)
17. Guillaume de Dampierre. (N° 628.)
18. Enguerrand III de Coucy. (N° 1904.)
19. Amauri de Craon, sénéchal d'Anjou. (N° 292.)
20. Dreux de Mello, seigneur de Loches. (N° 2776.)
21. Raoul, vicomte de Beaumont. (N° 829.)
22. Henri de Sully.
23. Guillaume de Chauvigny. (N° 1819.)
24. Gaucher de Joigny. (N° 2490.)
25. Jean de Viévi.
26. Guillaume de Saillé. (N° 3499.)

1611   Compiègne. 1223. Novembre.

(J. 422. — Obligations, II, n° 8. — Original scellé.)

Hugo abbas et conventus Longipontis notum faciunt se charissimo domino suo Ludovico, illustri Francorum regi, chartas quas habuerunt a defuncta Agatha Petræfontis domina, tam de boscho qui dicitur Forestella quam de quibusdam aliis eleemosynis, remisisse, promittentes a se nec dictum dominum regem nec ejus heredes, ratione dictarum chartarum, trahendos fore in placitum; declarantes insuper, si piæ recordationis Philippus, quondam Franciæ rex, aliquam peccati maculam occasione dictarum eleemosynarum contraxerit, se ejus animam exinde ducere absolvendam. — « Actum Compendii, anno Domini millesimo ducentesimo vicesimo tercio, mense novembri. »

Scellé en cire verte, sur lacs de soie rouge, du sceau anonyme de l'abbé de Longpont au diocèse de Soissons, décrit dans l'*Inventaire* sous le n° 8803.

1612   Méry-sur-Seine. 1223. Novembre.

Charta Theobaldi Campaniæ comitis de Judæis domini regis a se non retinendis.

(J. 427. — Juifs, n° 7. — Original scellé.)

Th. Campanie et Brye comes palatinus universis ad quos presentes littere pervenerint, salutem. — Noveritis quod ego, ab hac preterita die octabarum Omnium Sanctorum in antea, non retinebo nec retinere potero quenquam de Judeis karissimi domini mei Ludovici Francie regis illustris; nec eidem similiter licebit, a prescripta die in antea, de Judeis meis aliquem retinere. — Actum Meriaci, anno Domini millesimo ducentesimo vicesimo tercio, mense novembri.

Fragment de sceau en cire blanche, pendant sur double queue. — Voyez dans l'*Inventaire*, n° 572, la description du premier sceau de Thibaut IV, comte de Champagne et de Brie.

1613   Paris. 1223. Novembre.

Litteræ Guillelmi Remensis archiepiscopi de expensis factis in coronamento.

(J. 206. — Reims, n° 3. — Original.)

Guillelmus, Dei gratia Remensis archiepiscopus, Apostolice Sedis legatus, omnibus ad quos lictere iste pervenerint, in Domino salutem. — Noverit universitas vestra quod nos gratum karissimi domini nostri Ludovici Francorum regis fecimus de quatuor milibus librarum Parisiensium pro expensis factis in coronamento. — Actum Parisius, anno Domini M° CC° vicesimo tercio, mense novembri.

Traces de sceau pendant sur double queue. — Voyez dans l'*Inventaire*, n° 6345, la description du sceau de Guillaume II de Joinville, archevêque de Reims.

1614   Péronne. 1223. Novembre.

(J. 174. — Blois, n° 3. — Original scellé.)

Galterus de Avesnis, comes Blesensis, recognoscit feodum de Audegnies et de Villers, quod Renerus de Seinz inter manus domini Ludovici regis demisit, sibi ab eodem rege ad homagium ligium datum fuisse ea lege ut a se et a suis heredibus ad magnam vim et ad parvam sit reddibile, quotienscumque ex parte dicti regis vel ab ejus heredibus de hoc requisiti fuerint. Quod quidem feodum Baudricus de Roisin in retrofeodo tunc tenebat. — « Quod ut robur perpetuum obtineat, presentes litteras sigillo meo feci confirmari. Actum Perone, anno Domini M° CC° vicesimo tercio, mense novembri. »

Cette charte est scellée en cire verte, sur lacs de soie rouge et verte, du sceau de Gauthier II d'Avesnes, comte de Blois, décrit dans l'*Inventaire* sous le n° 960.

1615 Saint-Sauveur. 1223. Novembre.

Litteræ Mathildis Nivernensis comitissæ de facto Judæorum.

(J. 427. — Juifs, n° 6. — Original scellé.)

Excellentissimo domino suo Ludovico, Dei gratia illustri Francorum regi, M. (Mathildis) comitissa Nivernensis salutem et cum sincera dilectione se totam. — Excellentie vestre notum facimus quod nos stabilimentum quod factum est de Judeis juravimus, sicut alii barones, bona fide observandum, prout nobis per vestras litteras mandavistis; et super hoc litteras nostras patentes per clericum vestrum vobis transmittimus. — In cujus rei testimonium presentes litteras sigillo nostro fecimus roborari. — Actum apud Sanctum Salvatorem, anno Domini M° CC° vicesimo tercio, mense novembri.

Ces lettres sont scellées en cire blanche, sur double queue, du premier sceau de Mathilde ou Mahaut Ire, comtesse de Nevers, décrit dans l'*Inventaire* sous le n° 867.

1616 1223. Novembre.

(J. 318. — Toulouse, IX, n° 25. — Original roman.)

Saiss de Montesqiu et Peitavis son frère reconnaissent avoir reçu de Ramon de Dornha D. C. L. sous de bons Melgoriens, et le déclarent quitte et délivre quant au gage qu'il leur avait donné sur ses biens situés en la paroisse de S. Germain de Montcuq. — « De tot aizo sobredig ne foron donatz per testimonis : Ermengaus de Sagornac, e Folcs de Lumdier, e Ar. de Causac, e Ar. du Clarez, e P. Bauszas, e Ug de Malaval qui hanc cartam scripsit, mense novembri, anno ab incarnatione Xpisti M. CC. XX. III, Filippo (sic) rege regnante, R. Tolosano comite, Fulchone episcopo. »

1617 1223. Novembre.

Sacramentum fidelitatis a Mauricio Cenomanensi episcopo domino regi præstitum.

(J. 346. — Régale, I, n° 4. — Original scellé.)

Mauricius, Dei gracia Cenomanensis episcopus, universis presentes litteras inspecturis salutem. — Noverit universitas vestra quod nos karissimo domino nostro Ludovico, Dei gracia Francorum regi, fecimus sacramentum fidelitatis sicut alii episcopi regni Francie ipsi faciunt; et ipse recognovit nobis quod non tenemur ire in exercitum vel equitatum ejus in propria persona nostra, vel mittere aliquem sumptibus nostris, neque occasione istius sacramenti fidelitatis nullum honus novum aut gravamen imponetur nobis aut ecclesie nostre, set nos et ecclesia nostra manebimus in illis libertatibus quas habuimus tempore felicis memorie Philippi quondam regis Francie, patris sui, et regum Anglie Henrici et Richardi. — Item recognovit nobis quod quando electus Cenomanensis erit confirmatus a metropolitano vel ab eo qui potestatem habebit confirmandi, ipse reddet ei regalia sua per noncios deferentes litteras patentes de confirmatione ejus. — Ipse tamen electus tenebitur bona fide adire dominum regem, si fuerit in regno, infra XL. dies post susceptionem regalium, et eidem sacramentum fidelitatis prestare. Et si infra quadraginta dies ad dominum regem, sicut dictum est, non venerit, dominus rex poterit saisire regalia sua et ea tamdiu tenere quousque domino regi fidelitatem suam fecerit. — Et sciendum quod, si comitatus Cenomanensis separetur a regno, non teneremur facere comiti Cenomanie hujusmodi sacramentum. — Actum anno gracie M° CC° vicesimo tercio, mense novembri.

Scellé en cire blanche, sur double queue, du premier sceau de Maurice, évêque du Mans, décrit dans l'*Inventaire* sous le n° 6686.

1618 1223. 17 décembre.

(J. 203. — Champagne, XI, n° 15. — Original scellé.)

Aubertus abbas Latiniacensis et totus ejusdem loci conventus notum faciunt, cum inter se et nobilem virum Theobaldum Campaniæ et Briæ comitem palatinum discordia verteretur super gisto quod idem comes se habere dicebat pro voluntate sua in ipsorum ecclesia, quotienscumque ad dictam ecclesiam veniebat, præfatum comitem, pro remedio animæ suæ et antecessorum suorum, idem gistum ad centum libras Pruvinensium admensurasse quæ dicto comiti et ejus successoribus singulis annis solventur præter alias centum libras quas prædicta ecclesia eidem comiti et ejus antecessoribus, in nundinis Latiniaci, singulis annis solvebat. — De custodibus prædictarum nundinarum concordatum est ut de cætero sint ad expensas præfati comitis qui præterea ecclesiæ Latiniacensi concedit ut quosdam servientes, et ministeriales apud Latiniacum, ab omni exercitu, chevalcheia et exactione immunes, habere valeat. — « Quod ut notum et firmum teneatur litteris annotatum, sigillorum nostrorum fecimus munimine roborari. Actum anno ab incarnatione Domini millesimo ducentesimo vicesimo tercio, proxima dominica ante festum Sancti Thome Apostoli. »

Cette charte était scellée dans l'origine de deux sceaux pendants sur lacs de soie rouge et verte. Le sceau de l'abbé a disparu et n'a pas été retrouvé ailleurs. Le sceau de l'abbaye de Saint-Pierre de Lagny est décrit dans l'*Inventaire* sous le n° 8255.

1619 Château-Thierry. 1223. 31 décembre.
Conditiones pacis initæ inter Guillelmum de Dampetra et Theobaldum comitem Campaniæ.

(J. 195. — Champagne, III, n° 9. — Original.)

Ego Guillelmus dominus de Dampetra notum facio universis presentes litteras inspecturis quod, cum ego sim ligius homo domini comitis Campanie, serviam ei bona fide sicut domino meo ligio; et, ut sit de me et servitio meo fideli plus securus, posui in manu sua turrim meam cum bailo de Dampetra, per custodes suos custodiendam in expensis meis usque ad terminum vel terminos inferius assignatos. Quos custodes amensurabit fidelis meus Odardus marescallus Campanie, secundum quod viderit expedire custodie turris et baili. — Faciam jurare milites et homines meos de burgo de Dampetra quod bona fide custodient et salvabunt predictos custodes domini comitis. Faciam eciam jurare vavasores meos pertinentes ad castellariam de Dampetra quod, si aliquid mesfieret custodibus memoratis per me vel per aliquem ex parte mea, videlicet, si violencia inferretur de turre vel de bailo, ipsi venirent ad dominum comitem cum feodis suis donec mesfactum esset plenarie emendatum. — Faciam eciam jurare domino comiti, et facere litteras suas patentes de hoc, dominum Archembaudum fratrem meum, J. (Johannem) comitem de Carnoto, Matheum fratrem suum, dominum Guillelmum, dominum Drogonem de Merloto, avunculos meos, dominum Gobertum de Asperomonte, quod ipsi bona fide juvabunt dominum Theobaldum comitem Campanie et heredes suos, de corpore suo descendentes, contra Adaleydim reginam Cypri et heredes suos; et, ultra id, facient ipsum securum nobiles memorati usque ad mille et quingentas marcas de hoc tenendo. — Promisi eciam quod ad hoc inducam bona fide venerabilem patrem episcopum Virdunensem, pro posse meo. — Et sciendum quod amici mei supradicti non procurabunt nec perquirent, contra illud auxilium quod domino comiti promiserint, aliquem vel aliquos dominos preter illos quos modo habent ante comitem vel habituri sunt per eschetam terrarum ex parte sua vel ex parte uxorum suarum ante comitem. — Super litteris autem contra matrimonium meum et uxoris mee a domino Papa, de Ripatorio, Arremarensi abbatibus et cantori Lingonensi transmissis, dictum est quod dominus comes, post primam monitionem vel citationem mihi et uxori mee factam, laborabit per preces et litteras suas bona fide, sine suum mittere, quod illi inquisitores supersedeant processui litterarum usque ad instans festum Nativitatis Beate Virginis in septembri; et, si infra terminum istum, per me vel per amicos meos procurare potero quod meum matrimonium per Summum Pontificem confirmetur, pax supradicta firma erit inter me et dominum comitem. Si autem illud procurare non potero, quamdiu inquisitores prefati supersedere voluerint, vel vexatus non fuero super matrimonio meo contracto cum sorore nobilis domine comitisse Flandrensis, ab illis inquisitoribus vel ab aliis impetratis a domino comite, vel ab aliquo nomine ipsius, pacem predictam tenebo. — Si autem supersedere noluerint post statutum terminum in septembri, in voluntate mea erit vel in voluntate domini comitis quod omnia sint in eo statu in quo modo sunt. Ipse erga me, et ego et mei, videlicet quod [i]idem amici mei quiti erunt et liberi ab illa obligatione solummodo quam fecerunt domino comiti occasione pacis istius erga ipsum. — Hoc idem intelligo quociescumque vel quandocumque litteris impetratis vel impetrandis per comitem vel aliquem ex parte ipsius, sive ante terminum positum in septembri sive post, vexatus fuero super matrimonio precedenti. — Notandum etiam quod ego Judeas uxores videlicet et familias Judeorum, qui de terra mea venerant in terram comitis, recredidi domino comiti, ita quod per xv. dies ante terminum positum in septembri proximo, ad requestam meam vel meorum ex parte mea, eas mihi reddet; ita quod per recredenciam istam quam ei facio, nullum sit prejudicium nec ipsi comiti quin per omnia mihi salvum sit jus meum, et ipsi domino comiti, quod habebamus vel habere debebamus, alter contra alterum, tempore facte recredencie. — Ipse vero dedit mihi respectum de debitis, que a me vel militibus meis de terra mea, burgensibus vel hominibus meis de corpore, ratione predictorum Judeorum petebat, usque ad sepedictum terminum in septembri; et de Sumputeo et de quodam escambio quod domina comitissa fecerat cum patre meo, dedit mihi similiter respectum usque ad eundem terminum, salvo per omnia jure suo, ita quod, si pax supradicta non teneret de omnibus precedentibus, ex tunc uti posset contra me sicut modo. — Si autem inquisitores predicti supersedere voluerint a termino prenotato in antea, volui et concessi quod turrim et bailum de Dampetra teneat supradicto modo, ab instanti festo Pasce in duos annos, et tunc dominus comes reddet mihi ipsam turrim cum bailo. Et hoc promisit mihi sicut homini suo ligio, sicut in suis litteris inde mihi confectis plenius continetur. — Et ex tunc pax supradicta firmiter servabitur, et amici mei erunt ei et heredibus ejus de corpore suo descendentibus semper obligati, sicut superius est expressum, nisi, quod absit, ipse dominus comes, vel aliquis ex parte ipsius, vellent me vexare super dicto matrimonio per dominum Papam. Quod si esset, essemus in eo statu alter adversus alterum in quo modo sumus. — Quod ut ratum habeatur et firmum presentes litteras sigillavi. Actum anno gratie M° CC° vicesimo tercio, in vigilia Circumcisionis, apud Castrum Theuderi.

Traces de sceau pendant sur double queue. — Voyez dans l'*Inventaire*, sous le n° 1992, la description du sceau de Guillaume de Dampierre.

1620 Abbeville. 1223. Décembre.

Charta Theobaldi comitis Campaniæ de Judeis domini regis a se non retinendis.

(J. 199. — Champagne, VII, n° 25. — Original scellé.)

Ego Theobaldus comes Campanie et Brie palatinus, notum facio universis me craantasse karissimo domino meo Ludovico regi Francie illustri quod non retinebo aliquem de Judeis suis, nec baronum nec hominum suorum qui stabilimentum de Judeis a domino rege factum juraverunt tenendum. Nec dominus rex, nec barones nec homines sui, qui dictum juraverunt stabilimentum, possunt retinere Judeos meos nec aliquem de Judeis meis. — Actum apud Abbatisvillam, anno Domini M°CC°XXIII°, mense decembri.

Fragment de sceau en cire blanche, pendant sur double queue. — (Voyez l'*Inventaire*, n° 572.)

1621 Paris. 1223.

Charta communiæ hominibus Bellimontis a Ludovico rege concessæ.

(J. 168. — Beaumont-sur-Oise, n° 24. — Original scellé.)

In nomine sancte et individue Trinitatis, amen. — Ludovicus Dei gracia Francie rex. Noverint universi, presentes pariter et futuri, quod nos, salva fidelitate nostra et salvo jure ecclesiarum et vavassorum nostrorum, donamus communiam et libertates subscriptas hominibus Bellimontis, tam illis qui modo sunt, quam omnibus aliis qui in communiam istam intrare poterunt, secundum tenorem presentis carte, ad bonos usus et bonas consuetudines, remotis omnibus malis consuetudinibus. — In hac autem communia recipientur omnes illi qui in eadem venire voluerint, qui legittimi homines fuerint, de cujuscumque terra sint, exceptis hospitibus nostris et filiis hospitum nostrorum, et hominibus et feminis nostris de corpore, et hominibus et feminis communiarum nostrarum et abbatiarum quarum homines nobis debent exercitum et equitationem, et exceptis omnibus illis qui nobis debent exercitum et equitationem. — De omnibus forisfactis que fient in parrochia Bellimontis, clamor fiet majori et paribus communie Bellimontis. — De parvis forisfactis que facient homines hujus communie, ut est percutere aliquem sine sanguinis effusione, vel capere per capillos, vel vituperare, vel vestem laniare, clamor fiet majori et paribus communie. Et si forisfactum probatum fuerit per duorum legittimorum hominum juramenta, ipsi quinque solidos tantum inde habebunt pro emenda. — Si vero testes non habuerit qui clamorem fecerit et dixerit: *Ille homo de juratis hujus communie vidit forisfactum*, major adjurabit illum per juramentum suum ut dicat super hoc veritatem. Et si dixerit quod verum est, communia quinque solidos tantum inde habebit pro emenda. Et si dixerit : *Nichil est*, ad nichilum remanebit. Et si sine testibus clamorem deposuerit, ille contra quem clamor fuerit depositus, liberabitur per juramentum suum. — Si quis autem de hac communia fecerit sanguinem alicui, et inde fuerit convictus vel confessus, communia sexaginta solidos tantum inde habebit pro emenda. Et similiter, si mahegnaverit aliquem, ita tamen quod de sanguinis effusione vel mahengno satisfaciet leso sufficienter ad judicium majoris et parium. — Duella sunt communie, preter illa que fient de raptu, mulctro, et homicidio et proditione. — De vadiis duelli datis infra banleugam habebit communia quindecim solidos tantum; de hostagiis, triginta solidos; de duello victo, sexaginta septem solidos et dimidium, si duellum fuerit de fundo terre vel pecunia. — Si quis de hac communia vi feminam violaverit, et inde convictus fuerit per judicium vel per recognitionem suam, ipse et possessio ejus tota erit in misericordia nostra. — Similiter, si quis de hac communia fecerit proditionem, homicidium, mulctrum vel raptum, et inde convictus fuerit vel confessus, in misericordia nostra erit ipse et possessio ejus tota. Et si jurati dicte communie de aliquo tali malefactore fuerint saisiti, eum nobis reddere tenebuntur. — Si quis hujus communie reprehensus fuerit de falsa mensura, nec jurare potuerit quod major communie talem ei tradiderit, communie solvet inde septem solidos et dimidium pro emenda. Et si juret super sacrosancta quod major talem mensuram ei tradiderit, per suum liberabitur juramentum. — Omnes legales mensure de parrochia Bellimontis, quales erant ante concessionem hujus communie, tales in perpetuum remanebunt, ita tamen quod sextarii, dimidii sextarii, quarte et dimidie quarte fiant cum quibus vina vendantur. — De terris quas homines hujus communie habent infra comitatum Bellimontis, in viaria nostra vel in districto nostro extra banleugam, vel quas quocumque modo legittimo acquirent, ballivum nostrum aut prepositum, vel eum qui loco ejus erit, requirent ut ponat metas. Qui ad requisitionem eorum tenetur infra octo dies venire vel mittere propter metas ponendas, illo, qui requisierat metas poni, primitus requisito et vocato ut veniat ad suas metas ponendas. Et si ballivus aut prepositus noster, vel ille qui loco ejus erit, non venerit infra octo dies postquam fuerit super hoc requisitus, qui requisierit metas poni, si forte arando vias vel semitas publicas interim interceperit, ad occasionem exinde nullatenus capietur. Sed si, post metarum positionem, predictis modis interceperit, nobis inde reddet quinque solidos pro emenda. Et infra banleugam ponent metas suas coram majore vel paribus communie. — Animalia hominum hujus communie, que habebunt in suis hospitiis, per bannum ville custodientur; et, si capta fuerint ad forisfactum extra banleugam, nos habebimus pro emenda : de equo sex denarios, de asino sex denarios, de vacca sex denarios, de bove sex denarios, de capra duos denarios, de bidente unum denarium, de porco unum denarium, nisi forte animal illud interfecerit hominem vel feminam, quia tunc ipsum animal erit propinquioris interfecti. — Animalia vero que homines hujus communie mittent ad mediatariam extra ad villas comitatus Bellimontis, extra banleugam, sic custodientur : mediatario dicetur quod bene et diligenter ea custodiat; et, hoc dicto, ex quo ea recipit ad mediatariam, de forisfactis receptorum ab eo animalium nos capiemus ad ipsum, quamdiu ea tenebit in sua mediataria, et non ad illum qui animalia tradiderit ad mediatariam. Infra vero banleugam, hujusmodi forisfacta communie erunt. — De homine hujus communie capto extra banleugam ad forisfactum vinearum habebimus sex solidos pro emenda; de quibus habebit duodecim denarios ille qui eum ceperit ad forisfactum. — Homines hujus communie in omnibus locis infra banleugam, preterquam in sacro loco, poterunt capere de rebus debitorum suorum manentium in eadem banleuga, nisi debitores illi forte veniant in exercitum ad equitationem nostram, vel nisi fuerint in nostro conductu, vel nisi sint clerici aut religiose persone. — In die autem mercati Bellimontis homines hujus communie debitorem suum arrestare non poterunt pro debito suo, aut de rebus ipsius debitoris capere, sed super debito suo querelam ad majorem et pares deferent, si voluerint; qui si forte conquerentibus deessent de jure faciendo, ex tunc, elapsis quindecim diebus post querelam depositam, possent capere creditores in foro et extra forum, ubicumque infra banleugam de rebus debitorum suorum, exceptis tamen personis et locis que paulo ante excepimus. — Homines hujus communie in exercitum et equitatum nostrum ire tenentur ad expensas suas, quandocumque et quocumque illos ducere voluerimus in regno nostro; et quicumque eorum remanebit de exercitu aut equitatu nostro, postquam fecerimus edici bannum exercitus vel equitatus nostri, hoc ad curie judicium nobis emendabit nisi probare possit legittimum essonium. — Si quis hujus communie nobis forisfecerit, vel nos adversus eum querelam habeamus, diem competentem faciemus eidem assignari infra castellaniam Bellimontis, ubi juri parebit coram nobis vel ballivo nostro. Et, si submonitus submonitionem non audierit, vel legittimum essonium habuerit, et hoc jurare possit, per juramentum suum liberabitur usque ad aliam diem. Et si hoc jurare non potuerit, quinque solidos nobis reddet pro emenda. — Panes, furnagii et molture, quales erant ante presentis carte confectionem, tales in perpetuum remanebunt; et omnes homines hujus communie, qui non sunt de alterius banno, ibunt per bannum ad furnos nostros et ad molendina nostra, reddendo furnagium et moltam sicut reddere consueverunt; et ibunt ad pressoria nostra, ad quartam ollam. — Si quis homo vel femina hujus communie erat servilis conditionis die qua Matheus, quondam comes Bellimontis, fecit hominibus Bellimontis franchisiam, sicut vidimus contineri in carta sua confecta anno Dominice incarnationis M° c° octogesimo septimo, volumus ipsos et heredes eorum liberos in perpetuum remanere. — Masure vero date ante terminum incarnationis prescripte remanebunt sub eo censu et redditu quibus erant prius. — Pro singulis autem masuris que sunt date post terminum incarnationis predicte, et pro singulis masuris que de cetero dabuntur, communie reddentur annuatim duodecim denarii censuales in octabis Beati Remigii. — Et sciendum quod de singulis masuris, tam factis quam faciendis ab hominibus hujus communie, pro talliis, corveiis et demandis et malis consuetudinibus habebit communia quinque solidos annuatim in octabis festi Sancti Remigii preter censum prescriptum et preter forisfacta et emendas que superius exprimuntur. Nec servientes ballivorum vel prepositorum nostrorum poterunt ab eis aliquid extorquere occasione submonitionis. — Quicumque de juratis hujus communie masuram suam tenuerit de nobis, non poterit eam rescindere nec dare alicui, nisi recto heredi suo, quin ex ea quinque solidos pro censa habeat communia. — Si quis autem eorumdem hominum censam suam termino prenotato non reddiderit, major et pares hoc quod tenet de communia tenebunt in manu sua per unum annum et unam diem; et, si infra annum et diem censam et censum et emendam quinque solidorum majori et paribus non reddiderit, velle suum de masura facient. — Si quis autem hujus communie reprehensus fuerit quod censum vel alium redditum detinuerit ultra terminum quo debet reddi communie, reddet quinque solidos pro emenda, et censum ac redditum detentum reddet. — Quod si ad opus nove masure, vel pro rua nova facienda, de terris vel ortis alicujus hominis hujus communie ceperit communia partem aliquam, tenebitur ei dare commutationem terre vel quantitatem pecunie competentem. — Homines hujus communie remanebunt sub eodem teloneo sub quo sunt homines Chambliaci. — Nos autem apud Bellummontem nobis accipiemus singulis annis quatuor burgenses et tres piscatores, quos voluerimus, ciborum nostrorum appreciatores per juramenta sua. — Homines hujus communie tenentur habere arma in domibus suis, capellos videlicet ferreos, gambesones, gladios et arcus, vel que habere poterunt, ad laudem proborum hominum ville. — Statuimus ut nec per nos nec per alium fiat garenna leporum vel cuniculorum vel perdicum apud Bellummontem et circa. Ita videlicet quod omnes qui voluerint venari poterunt ad lepores vel cuniculos et aucupari per totum in haiis et dumis, ab aqua Ysare, sicut via Noisiaci vadit per ante Trembleel usque ad forestam Quernelle, et exinde per totum, excepto in foresta, usque ad calceiam molendini de Curcellis, et exinde, sicut rivus vadit per mediam villam de Mour usque ad aquam Ysare. Et si forte contigerit quod aliquis capiat porcum, vel cervum, vel cervam, vel dammulam vel capreolum, nobis vel mandato nostro reddet sine forisfacto. — Si vero aliquis hujus communie in supradictis locis venaretur, et forte canis suus in nemoribus nostris curreret, nos ad aliquid inde capere non possemus nisi ad canem. — Si vero aliquis detulerit bestias qui sit de communia ista, exceptis bestiis illis quas superius nobis retinuimus, et serviens noster extra nemora nostra deferentem invenerit, et eum in causam traxerit, per juramentum suum liberabitur et in pace remanebit. — Et si serviens noster dixerit quod aliquem hominem hujus communie invenerit venantem in nemoribus nostris, et super hoc in causam traxerit, se tertio proborum hominum, per juramentum liberabitur. Si jurare noluerit, emendabit. — Et sciendum quod omnes redditus et census nostri predicti majori et communie solventur ad Parisienses, secundum valorem monete quam homines hujus communie Matheo quondam comiti Bellimontis solvere tenebantur. — Forisfacta autem nostra de cetero solventur ad monetam Parisiensem. — Si quis autem de communia captus fuerit in foresta nostra ad presens forefactum, emenda de ipso levabitur ad opus nostrum pro tali forefacto, sicut consuetum est in aliis forestis nostris. — Preterea donamus hominibus hujus communie banleugam ab aqua Ysare, sicut via Noisiaci vadit per ante Trembleel, usque ad forestam Quernelle; et exinde per totum, excepto in foresta, usque ad calceiam molendini de Corcellis; et exinde, sicut rivus vadit per mediam villam de Mour, usque ad aquam Ysare, et ultra aquam Ysare usque ad banleugam Chambliaci, salvo jure ecclesiarum et militum et quorumcumque habentium justiciam ibidem, et hoc salvo quod nos retinemus ibidem proditionem, raptum, mulctrum et homicidium, et justiciam Campaniarum et aliarum villarum; ita tamen quod, si infra banleugam istam ab aliquo fieret mesleia, dicta communia exinde haberet justiciam, salvo, sicut dictum est, jure ecclesie et militum, et justicia raptus, mulctri et homicidii et proditionis, quam nobis retinemus. — Et sciendum quod nos hominibus communie supradicte ascensivimus redditus nostros Bellimontis, videlicet piscariam aque Bellimontis, furnos, molendinum pontis et molendina de Parcenc, censam, foragium, bannum vini, theloneum, census Bellimontis, insulam nostram et jardinum nostrum, pressoria nostra, avenam de Roondel, vinagia, prata, salvis elemosinis noviter factis, redditus Noville et tensamentum Bellimontis; pro quibus omnibus, nec non et pro communia et banleuga supradictis, et propter justiciam eis concessam, salvo, sicut sepe dictum est, nobis raptu, multro et homicidio et proditione, et pedagio nostro cum justicia ipsius, reddent nobis et heredibus nostris, singulis annis, Parisius, quadringentas libras et centum solidos Parisienses ad terminos prepositurarum nostrarum. — Si quid autem vetustate, incendio, vel aliis modis defecerit in piscaria, furnis, molendinis et pressoriis memoratis, illud tenetur communia reficere de suo quotienscumque opus fuerit et in bono statu tenere. — Hec autem omnia supradicta dicte communie concessimus tenenda in perpetuum infra banleugam, cum omni incremento et melioratione que in eis poterunt facere justis modis, salvis feodis, justicia et jure nostro in omnibus, et ecclesiarum et militum sicut est supradictum. — Et sciendum quod major et pares solvent feoda et elemosinas quas debebamus de blado molendinorum Bellimontis, et nos computabimus et reddemus eis feoda et elemosinas quas ipsi solvent in denariis illis quibus debentur. — Est preterea notandum quod nos in predicta banleuga nullam justiciam retinemus nisi tantummodo justiciam raptus, mulctri, homicidii et proditionis et justiciam pedagii, sicut est superius expressum. — Que omnia ut perpetue stabilitatis robur obtineant, presentem paginam sigilli nostri auctoritate et regii nominis karactere inferius annotato precepimus roborari. — Actum Parisius, anno Dominice incarnationis M° CC° vicesimo tercio, regni vero nostri primo; astantibus in palatio nostro quorum nomina supposita sunt et signa : Dapifero nullo. Signum Roberti buticularii. Signum Bartholomei camerarii. Signum Mathei constabularii. — Data per manum Garini Silvanectensis (*locus monogrammatis*) episcopi, Francie cancellarii.

Cette charte de *commune*, accordée par Louis VIII aux habitants de Beaumont-sur-Oise, a été transcrite dans le *Cartulaire de Philippe-Auguste*, fol. cxvi v° (Archives de l'Empire, *Registre du Trésor*, JJ. n° 27). L'original, d'après lequel nous la publions, est scellé en cire verte, sur lacs de soie rouge et verte, du sceau de Louis VIII, décrit dans l'*Inventaire* sous le n° 40. — Cf. la charte de *franchises*, octroyée aux habitants de Beaumont par Philippe-Auguste en avril 1222, publiée dans le *Recueil des Ordonnances*, t. XII, p. 298.

1622 1223.
Immunitates ab Ansello de Garlanda hominibus suis de Turnomio concessæ.
(J. 165. — Valois, III, n° 9. — Copie ancienne.)

Ego Ansellus de Gallanda, dominus Turnomii, notum facio omnibus presentes litteras inspecturis quod ego, de assensu et voluntate Aaliz uxoris mee, quitavi imperpetuum burgensibus meis de Turnomio corveias quas debebant quando firmabam castellum meum de Turnomio, insuper et portarum factionem. — Pro hac vero quitatione predicti burgenses usuarium et quicquid juris habebant in nemoribus Faveriarum, salvis tamen pascuis, in escambium perhenniter quitaverunt, ita videlicet quod nemora post recenses (*sic*) scissuras ab introitu animalium per quatuor annos servabuntur. — Quod ut ratum habeatur, presentes litteras sigilli mei munimine roboravi. — Actum anno Domini M° CC° XX° III°.

1623 1223.
(J. 165. — Valois, III, n° 10. — Déficit.)

Litteræ Hugonis vicedomini Carnotensis de compositione inita inter Ansellum de Gallanda, dominum Turnomii, ex una, et Johannem de Gallanda ex altera parte, super domo de Husseia. — Anno M. CC. XX. III.

Nous donnons, d'après l'*Inventaire* de Dupuy, la notice de cette pièce qui est en déficit. — Sur l'accord conclu entre Anseau et Jean de Garlande, au sujet du château de la Houssaye (en Brie, Seine-et-Marne), voyez les pièces datées du mois d'octobre 1223, n°s 1667 à 1669, et surtout la lettre d'Agnès d'Aunay, vidamesse de Chartres, publiée ci-après, sous la date du 7 janvier 1224, n° 1628.

1624 1223.
(J. 622. — Hommages, II, n° 11. — Déficit.)

Guillelmus episcopus Andegavensis notum facit se fidelitatis juramentum, sicut et alii regni Franciæ episcopi, domino regi præstitisse qui sibi concessit ut ad exercitum ire vel mittere nunquam teneretur, statim post suam confirmationem regalia recuperaret, et, casu quo comitatus Andegavensis a corona Franciæ separaretur, cousimile fidelitatis sacramentum comiti Andegavensi non præstaret. — Anno M. CC. XXIII. — Litteræ episcopi Pictaviensis de eodem argumento, absque nota chronologica.

Ces deux pièces (les lettres de l'évêque d'Angers et celles de l'évêque de Poitiers) sont en déficit, et, comme nous n'avons pas pu les retrouver ailleurs, nous en donnons l'indication d'après l'inventaire de Dupuy. Elles étaient vraisemblablement conçues dans les mêmes termes que les lettres de l'évêque du Mans publiées ci-dessus, sous la date du mois de novembre, n° 1617.

1625 1223.
(J. 238. — Boulogne, I, n° 12. 1. — Copie authentique.)

Philippus comes Boloniæ, Clarimontis et Domni-Martini, notum facit se, assensu et voluntate Matildis uxoris suæ, dedisse ecclesiæ Beatæ Mariæ de Victoria, quam Philippus rex progenitor suus, ob memoriam victoriæ in Bovinarum bello reportatæ, juxta Sylvanectum ædificari fecit, medietatem griariæ quæ sua erat in centum arpentis bosci apud Coyam sitis, dictæ ecclesiæ a præfato rege in donum collatis et a Ludovico rege eidem confirmatis. Quam donationem facit sub his conditionibus ut canonici prædictæ ecclesiæ dictum nemus vendere sed non extirpare poterunt, et venatio silvestrium animalium sibi pertineat. — « Quod ne in posterum aliqua possit oblivione deleri, ego et Matildis uxor mea presentes litteras sigillorum nostrorum munimine fecimus roborari. Actum anno Domini millesimo CC. vicesimo tertio. »

Copie délivrée sous scel royal au mois d'août 1292.

1626 (Vers 1223.)
(J. 216. — Vernon, n° 4. — Original scellé.)

R. (Rogerus) abbas et conventus Montisburgi notum faciunt se quidquid juris habebant in decimam canagii de Vernone domino suo Leudovico (*sic*) Franciæ regi dimisisse et omnino quittavisse. — « Et ut hoc ratum et stabile permaneat in futurum, presentem cartam sigillorum nostrorum munimine roboravimus. »

Roger II, abbé du monastère de Montebourg, au diocèse de Coutances, est indiqué dans le *Gallia christiana*, t. XI, col. 928, comme ayant vécu en 1222. Nous plaçons cette pièce vers 1223, à cause du nom de Louis VIII. Elle est scellée, sur double queue, de deux sceaux en cire blanche, décrits dans l'*Inventaire*, savoir : le sceau de l'abbé Roger (désigné par erreur sous le nom de Robert), n° 8859; et le sceau de l'abbaye Notre-Dame de Montebourg, n° 8300.

1627 Vers 1223.
Litteræ conventus S. Taurini Ebroicensis domino regi ut electionem Willelmi abbatis confirmare dignetur.
(J. 347. — Régale, 1, n° 114. — Original.)

Excellentissimo domino et in Xpisto dilecto L. Dei gracia Francie regi illustrissimo, suus in Domino devotus Sancti Taurini Ebroicensis humilis conventus salutem, et, cum fructibus oracionum, temporali simul et eterna felicitate gaudere. — Ad vestre celsitudinis majestatem dominum W. abbatem nostrum, virum religione, discretione et morum honestate probatum, divina permissione et jure canonum nobis prelatum, vestrumque fidelem, cum presentium attestatione litterarum nostra humilitas transmittere procuravit ut in quibuscumque vestre tenetur excellentie se paratum exhibeat et devotum. — Quocirca vestram, humilibus et affectuosis precibus obnixius supplicantes, exoramus clemenciam quatenus personam prenominatam benigne et favorabiliter suspicere et ipsius institutionem sullimi (sic) et salubri consilio atque canonice celebratam, ratam habere et gratam, et quod ad regie sullimitatis juridictionem spectare dinoscitur hujuscemodi personis conferendum, id ipsi fideli vestro, si placet, vestra clemens et benigna conferre dignetur auctoritas. Bene valeat excellentia vestra in Domino et prosperetur in sempiternum.

Traces de sceau pendant sur simple queue. — Jean Ier de Martigny, prédécesseur de Guillaume III de Courlieu, vingtième abbé du monastère de Saint-Taurin, étant mort vers 1223, il est probable que l'élection de l'abbé Guillaume se fit immédiatement, et c'est ce qui nous a déterminé à placer ce document à l'année 1223. Au reste, il résulte, d'un acte cité par les auteurs du *Gallia christiana*, que Guillaume de Courlieu occupait certainement le siége abbatial de Saint-Taurin au mois de mai 1226. (Voyez le *Gallia christiana*, t. XI, col. 627 et 628.)

1628 1223-24. 8 janvier.

Litteræ Agnetis de Alneto, Carnotensis vicedominæ, de compositione inita inter A. de Possessa et J. de Gallandia super domo de Husseia.

(J. 165. — Valois, III, n° 11. — Original scellé.)

Agnes de Alneto, Carnotensis vicedomina, Ansello de Possessa, domino de Tornant, salutem et se totum (sic). — Noveritis quod pacem que facta est inter vos et dominum Johannem de Gallandia in hunc modum laudo : Juravit si quidem dictus Johannes se redditurum vobis domum suam de la Housoie, ad magnam vim et parvam, pro negocio vestro. Quando vero cessabit negocium vestrum, reddetis infra quindenam illam dicto Johanni domum suam de la Housoie munitam quemadmodum vobis reddita fuerit; et si dictus J. ab hiis pactionibus resilierit, assignat vobis quadraginta libratas terre sue de potestate de Chatres, per me et per assensum meum, de cujus feodo est terra illa, quam tenebitis quoadusque hoc vobis fuerit emendatum. — In hujus rei testimonium, vobis tradidi litteras meas sigilli mei munimine roboratas. Datum anno Domini M° CC° XX° tercio, feria secunda post Apparitionem Domini.

Il est probable que ces lettres d'Agnès d'Aunay, vidamesse de Chartres, reproduisent textuellement les lettres de Hugues, vidame de Chartres, indiquées plus haut, d'après l'inventaire de Dupuy, à la date de 1223, sous le n° 1623. Or, comme les lettres du vidame Hugues n'existent plus au Trésor, nous avons cru devoir donner intégralement les lettres de la vidamesse Agnès, qui serviront à combler le déficit. — Ces lettres sont scellées en cire blanche, sur double queue, du sceau de ladite Agnès, décrit dans l'*Inventaire*, n° 593, sous le nom d'Agnès d'Aunay, vidamesse de *Châlons*.

1629 Melun. 1223-24. Février.

Litteræ Philippi comitis Boloniæ de comitatibus Moritolii, Clarimontis et Albæmallæ sibi a rege donatis.

(J. 238. — Boulogne, I, n° 47. — Original scellé.)

Ego Philippus comes Bolonie notum facio universis presentes litteras inspecturis quod karissimus dominus et frater meus Ludovicus Francie rex illustris, habita consideratione et respectu ad donationem quam inclite recordationis Philippus genitor meus, quondam rex Francie illustris, mihi fecit de comitatu Moritolii et Danfront in Passesio, et de terra Constantini, de quibus dictus genitor meus receperat me in hominem, que estimata fuerunt ad octo milia librarum Parisiensium annui redditus, donat de premis[s]is mihi et heredibus meis, de uxore mea desponsata, in perpetuum comitatum Moritolii et Danfront, cum universis eorum pertinentiis, tam feodis quam domaniis, tam boscis quam planis, ad usus et consuetudines Normannie, cum magna justicia que vocatur placitum ensis; set retinet sibi et heredibus suis fortericiam Moritolii custodiendam ad custum suum. — Preterea dictus frater meus mihi et heredibus meis in perpetuum donat, in escambium terre Constantini et pertinentiarum suarum, comitatum Clarimontis et quarterium Donni-Martini, in feodis, domaniis, boscis et planis, que dictus genitor meus a rectis eorum heredibus emptione legitima sibi comparavit. — Preterea dictus dominus et frater meus donat mihi et heredibus meis de uxore mea desponsata comitatum Albemalle cum pertinentiis suis, excepto castello Mortuimaris, cum pertinentiis suis, que Renaudus comes Bolonie socer meus excambiavit ad Danfront, et excepto Aguel cum pertinentiis suis, et excepta medietate foreste de Mofflieres, sicut eandam (sic) medietatem tenuit comes Guillelmus Pontivi, et terram quam Renaudus comes Bolonie socer meus habuit in Caleto, et terram de Alisiaco, et terram Insule-bone, in feodis, domaniis, boscis, planis, sicut dictus R. comes Bolonie fuit tenens ex eis. — Et in predictis istis terris ego et heredes mei de uxore mea desponsata habebimus magnam justiciam que vocatur placitum ensis. — Hec autem omnia idem frater meus mihi et heredibus meis de uxore mea desponsata donat, salvis donationibus quas sepedictus dominus et pater meus fecit in terris predictis. — Tenebimus autem ego et heredes mei de uxore mea desponsata terram supradictam de Normannia ad usus et consuetudines Normannie, et terram de Francia ad usus et consuetudines Francie, de ipso domino et fratre meo et heredibus suis in feodum et hominagium ligium. Et ipse retinet sibi et heredibus suis fortericiam Insule-bone custodiendam ad custum suum. — Ego autem ipsi et heredibus suis quitavi in perpetuum tria milia librarum Parisiensium quas ipse conferebat mihi annuatim, et totam terram Constantini, nec de cetero ego nec heredes mei petemus ab ipso nec ab heredibus suis aliquid amplius pro parte terre. — Sciendum est autem quod si me sine herede de uxore mea desponsata mori contingeret, omnia supradicta ad ipsum dominum et fratrem meum et heredes suos libere et quiete reverterentur. — In cujus rei perpetuam memoriam, presentes litteras sigilli mei munimine roboravi. — Actum Meleduni, anno Domini M° CC° vicesimo tercio, mense februario.

Ces lettres sont scellées en cire verte, sur lacs de soie rouge et verte, du sceau de Philippe de France, dit Hurepel, comte de Boulogne, décrit dans l'*Inventaire* sous le n° 1062.

1630 Paris. 1223-24. Février.

(J. 238. — Boulogne, I, n° 10. — Déficit.)

Philippus Bolonie comes recognoscit Ludovicum Francorum regem omnia debita Judæorum suorum retinuisse in terra Normanniæ quam ipsi Boloniæ comiti dono dederat. — « Actum Parisius anno M° CC° XXIII°, mense februario. »

Nous donnons, d'après l'inventaire de Dupuy, la notice de cette pièce qui n'est plus au Trésor des Chartes et que nous n'avons pas pu retrouver ailleurs.

1631 Paris. 1223-24. Février.

Amalricus de Monteforti omnia dona Symoni patri suo et sibi ab Ecclesia super comitatu Tolosano et terra Albigesii facta, domino regi derelinquit.

(J. 310. — Toulouse, V, n° 43. — Original scellé.)

Amalricus dominus Montisfortis omnibus presentes litteras inspecturis salutem. — Noveritis quod omnia privilegia et dona, que pie recordationis Symoni genitori nostro et nobis fecit Ecclesia super comitatu Tolosano et alia terra Albigesii, quitta clamamus karissimo domino nostro Ludovico regi Francie illustri et heredibus suis in perpetuum, ad faciendam voluntatem suam, si dominus Papa peticiones, quas dominus rex ipsi facit per venerabiles patres archiepiscopum Bituricensem, et Lyngonensem et Carnotensem episcopos, fecerit et efficaciter impleverit. Quod si non fecerit, sciatis pro certo quod nullam alicui facimus de premissis quitacionem. — Actum Parisius, anno Domini M° ducentesimo vicesimo tercio, mense februario.

Fragment de sceau en cire blanche, pendant sur double queue. — Voyez, dans l'*Inventaire*, n° 748, la description du sceau d'Amauri de Montfort, comte de Toulouse.

1632 1223-24. Février.

De Husseia domo forti, a Johanne de Gallanda, ad magnam vim et parvam, Ansello de Tornan tradenda.

(J. 165. — Valois, III, n° 17. — Original scellé.)

Ego Johannes de Gallanda, notum facio omnibus presentes litteras inspecturis, quod domum meam fortem de Husseia teneor per sacramentum meum balliare domino Ansello de Tornan quocienscunque me requisierit, vel ejus successori domino de Tornan, ad magnam vim et ad parvam, vel etiam cuidam de militibus suis homini suo qui litteras domini Anselli patentes deferret; et si de hoc deficerem, eidem propter hoc assignavi quadraginta libratas Parisiensium mei redditus in parrochia de Chatres tenendas quousque istud fuisset emendatum. — Preterea, si ab isto pacto vellem resilire, concessi reverendis patribus et dominis Senonensi archiepiscopo et Parisiensi episcopo, quod me et terram meam et auxiliatores meos tenerent pro excomunicatis quousque istud fuisset emendatum. — Quod ut ratum permaneat, presentes litteras sigillo meo feci roborari. — Actum anno Domini millesimo ducentesimo vicesimo tertio, mense februario.

Fragment de sceau en cire blanche, sur double queue. — L'*Inventaire* contient, sous le n° 2267, la description d'un sceau de Jean de Garlande, seigneur de Tournan, mais qui vivait en 1293, et qui est probablement le fils ou le petit-fils de l'auteur de la charte écrite en 1223.

1633   1223-24. Février.

(J. 165. — Valois, III, n° 12. — Original scellé.)

Johannes de Gallanda recognoscit se teneri ad procurandum ut nepotes sui, filii defuncti Guidonis de Gallanda, quadraginta libratas Parisiensium annui redditus in parochia de Chatres domino Ansello de Tornan concedant. Quod nisi vellent facere, domum suam de Hussoya eidem Ansello balliare teneretur. — « Quod ut ratum permaneat, presentes litteras sigillo meo feci roborari. — Actum anno Domini M° CC° vicesimo tercio, mense februario. »

Fragment de sceau en cire blanche, sur double queue. — Voy. l'observation précédente.

1634   1223-24. Février.

(J. 229. — Picardie, n° 6. — Original scellé.)

B. (Balduinus) Humolariensis abbas totusque ejusdem loci conventus notum faciunt excellentissimum dominum suum Ludovicum Francorum regem expeditionem et servitium quæ super homines ipsorum de Homblariis habebat, verrem unum et coronam unam de racemis, quem et quam ei annuatim debebant, et somarium quem ei in exercitum eunti similiter debebant, sibi in perpetuum remisisse; se autem in recompensationem eidem regi quittavisse quidquid juris habebant in nova villa sita in bosco de Baine, nec non et quidquid habebant apud villam de Rumeliaco. Propter hoc tamen absoluti non sunt a solutione triginta solidorum Parisiensium quos singulis annis domino regi debent pro pastu; nec aliquem novum hospitem in villa de Homblariis recipere possunt qui domino regi expeditionem debeat. — « Quod ut ratum sit

et stabile, presentem paginam sigillorum nostrorum appensione duximus confirmandam. — Actum anno Domini M° CC° vicesimo tertio, mense februario. »

Scellé en cire verte, sur double queue, des sceaux de l'abbé Baudouin et du couvent d'Homblières au diocèse de Noyon, décrits dans l'*Inventaire* sous les n°s 8759 et 8242.

1635   1223-24. Février.

(J. 229. — Picardie, n° 5. — Original scellé.)

G. (Gerardus) Noviomensis episcopus notum facit se vidisse, ratas habere et pontificali munimine confirmare præcedentes litteras permutationis factæ inter B. abbatem ecclesiæ Humolariensis totumque ejusdem loci conventum, ex una, et dominum Ludovicum Francorum regem, ex altera parte. — « In cujus rei memoriam, presentem paginam sigilli nostri appensione fecimus confirmari. — Actum anno Domini M° CC° vicesimo tercio, mense februario. »

Scellé en cire verte, sur double queue, du sceau de Gérard de Basoches, évêque de Noyon (*Inventaire*, n° 6746).

1636   1223-24. Février.

(J. 731. — Eaux et Forêts, n° 39. — Original scellé.)

G. (Giroldus) abbas Curiæ Dei totusque ejusdem loci conventus notum faciunt se fecisse pactionem, quam in aqua quæ dicitur Ussentia ex dono Petri quondam domini de Cortenayo habebant, karissimo domino suo Ludovico Franciæ regi et ejus heredibus, pro sexaginta libris Parisiensium, sibi a dicto rege solutis, in perpetuum quittavisse. — « In cujus rei memoriam et testimonium perpetuum, presentem paginam sigillo nostro fecimus confirmari. — Actum anno Dominice Incarnationis M° CC° vicesimo tertio, mense februarii. »

Scellé en cire verte, sur double queue, du sceau anonyme de l'abbé de la Cour-Dieu, au diocèse d'Orléans, décrit dans l'*Inventaire* sous le n° 8685.

1637   Dijon. 1223-24. 17 mars.

(J. 195. — Champagne, III, n° 8. — Original.)

Symon de Joinvilla, senescallus Campaniæ, notum facit Laurentiam, domini Poncii de Cuysello uxorem, in ipsius præsentia constitutam, laudavisse et ratam habuisse venditionem quam Pontius de Monte S. Johannis, ex præfatæ Laurentiæ speciali mandato, Theobaldo comiti Campaniæ et Briæ palatino fecit de escheeta quæ eidem Laurentiæ in comitatu Barri-super-Sequanam ex ejus avunculo Milone quondam comite Barri-super-Sequanam obvenerat. — « Quod ut notum permaneat et firmum teneatur litteris annotatum, ad instantiam utriusque partis, sigilli mei munimine roboravi. — Actum apud Divionem, anno gratie M° CC° vicesimo tercio, die Dominica in media quadragesima. »

Traces de sceau pendant sur double queue. — Voyez, dans l'*Inventaire*, n° 306, la description du sceau de Simon de Joinville, sénéchal de Champagne.

1638   Latran. 1223-24. 29 mars.

Honorius papa III, regi Franciæ concedit ut in locis interdicto suppositis divina audire valeat.

(J. 689. — Bulles de priviléges, n° 129. — Original scellé.)

HONORIUS episcopus, servus servorum Dei, carissimo in Xpisto filio illustri regi Francie salutem et apostolicam benedictionem. — Quia serenitatis tue devotio promeretur ut inter alios reges seculi quandam prerogativam honoris obtineas et gratia gaudeas Sedis Apostolice speciali, Nos, tuis supplicationibus inclinati, auctoritate tibi presentium indulgemus ut in locis interdicto suppositis, excommunicatis et interdictis exclusis, possis, clausis januis, non pulsatis campanis, audire, suppressa voce, divina, si tamen interdicto causam aliquam non prestiteris et nisi hoc ipsum expresse tibi fuerit interdictum. — Nulli ergo omnino hominum liceat hanc paginam nostre concessionis infringere vel ei ausu temerario contraire. Si quis autem hoc attemptare presumpserit, indignationem omnipotentis Dei et beatorum Petri et Pauli apostolorum ejus se noverit incursurum. — Datum Laterani, IIII. kalendas aprilis, pontificatus nostri anno octavo.

Cette bulle est scellée sur lacs de soie rouge et jaune, et, suivant les usages de la chancellerie romaine, le nom du pape, écrit en caractères allongés, commence par une initiale à jour. — Voyez à cet égard l'observation qui se trouve dans le premier volume, p. 228, col. 1. — Le plomb d'Honorius III est décrit dans l'*Inventaire* sous le n° 6046.

1639   Saint-Germain en Laye. 1223-24. Mars.

Daniel advocatus Atrebatensis et Bethuniæ dominus altam justitiam, in terra sua, domino regi totam pertinere recognoscit.

(J. 229. — Picardie, n° 53. — Original scellé.)

Ego Daniel, advocatus Atrebatensis et Bethunie dominus, notum facio universis, tam presentibus quam futuris, quod ego, quorumdam consiliis male et indebite acquiescens, totam altam justiciam, videlicet raptus, mulctri et incendii, et quicquid ad altam justiciam pertinet in tota terra mea, quam teneo inter aquam Lisie et Truncum Berengarii, reverendo domino meo Ludovico regi Francie illustri penitus denegavi. — Cumque inter ipsum dominum regem et me causa diutius agitaretur, tandem saniori usus consilio, attendens quod eumdem dominum meum regem Ludovicum super predictis injuste et indebite molestabam, recognovi eidem domino regi et per presentem cartam meam recognosco quod ipse et heredes sui habent et habere debent in perpetuum totam altam justiciam, videlicet raptus, mulctri et incendii, et quicquid ad ipsam pertinet in tota terra mea, quam de ipso teneo inter aquam Lisie et Truncum Berengarii. — Quod ut firmum et stabile perseveret, presentem paginam sigilli mei munimine roboravi. Hiis testibus : domino G. (Gariño) Silvanectensi episcopo, Francie cancellario; Bartholomeo de Roia, Francie camerario; Roberto de Curtenaio, Francie buticulario; Stephano de Sacrocesare; Johanne de Bellomonte; Johanne de Oisni; Adam Cambellano; Balduino de Corbolio; Guidone de Merevilla; Philippo de Nemosio; Galtero de Nantolio; Guillelmo Mainerii; Hugone de Atheiis; Theobaldo Macro; Eustachio de Novilla juniore; Adam de Milliaco, ballivo Attrebatensi et multis aliis, tam militibus quam servientibus. — Actum apud Sanctum Germanum in Loia, anno Domini M° CC° vicesimo tercio, mense martio.

Scellé en cire verte, sur lacs de soie rouge et verte, du sceau de Daniel, avoué d'Arras, seigneur de Béthune, décrit dans l'*Inventaire* sous le n° 377.

1640   1223-24. Mars.

Litteræ Milonis de Noerio super conventionibus inter se et Theobaldum comitem Campaniæ initis.

(J. 196. — Champagne, IV, n° 15. — Original.)

Ego Milo dominus Noerii notum facio universis presentes litteras inspecturis quod ego deveni homo karissimi domini mei Th. Campanie et Brye comitis palatini illustris, et cepi ab eo quinquaginta libratas terre, sitas apud Neintriacum, in feodo et homagio, videlicet quicquid habeo in eadem villa Neintriaci in omnibus modis et commodis, et teneor eidem

Th. comiti servire bona fide tanquam domino meo, salva fidelitate dominorum meorum quos habebam antequam ad ejus homogium (*sic*) venissem, videlicet fidelitate domine ducisse Burgundie, et comitisse Nivernensis, et domini Guidonis de Sancto Paulo, et Anserici domini Montisregalis, et domini Montismirabilis, et abbatis Sancti Martini Eduensis, domini Clarambaldi de Cappis, domini Galcheri de Jovigniaco, domini Erardi de Brena. — Certum est autem quod ego non possum de cetero facere aliquem dominum contra Th. comitem nominatum. — Predictum vero feodum tenebit a dicto Th. comite vel ab ejus heredibus, si heredes habuerit de corpore suo procreatos, quicunque tenebit castrum Noerii. — Si vero contigerit, quod Deus avertat, dictum Th. comitem sine herede sui corporis decedere, ego et heredes mei erimus liberi penitus et quiti a dicto homagio et omnibus istis conventionibus prenotatis. — Quod ut notum permaneat et firmum teneatur litteris annotatum, sigilli mei munimine roboravi. — Actum anno gratie M° CC° xx° tercio, mense martio.

Traces de sceau pendant sur lacs de soie rouge et verte.— Le sceau de Mile, sire de Noyers (Yonne, arr. de Tonnerre), est décrit dans l'*Inventaire*, n° 3085, d'après un type appendu à un acte de 1211.

1641 Dijon. 1223-24. 3 avril? avant Pâques.

(J. 195. — Champagne, III, n° 64. — Original scellé.)

Poncius de Cuysello (*in tergo chartæ* Choyselli) et Laurentia ejus uxor, juxta potestatem quam Poncio de Monte S. Johannis dederant pro escheeta ad præfatam Laurentiam ex Milone, quondam Barri-super-Sequanam comite, ejusdem avunculo, in præfato comitatu devoluta, se ratum et gratum habere declarant præfatum Poncium hanc escheetam per excambium seu venditionem Theobaldo Campanie et Briæ comiti palatino contulisse; de qua escheeta inter præfati comitis manus sese devestiunt. « Has autem conventiones jam alias sigillari fecimus sigillo nostro quo tunc utebamur, sed, quoniam illud perdidimus, in testimonium predictarum conventionum, presentes litteras iterum fieri volumus et sigillo nostro novo, quo modo publice utimur, sigillari. — Actum apud Divionem, anno gratie M° CC° vicesimo tercio, die Dominica in media quadragesima. Tercio nonas aprilis. »

Les divers éléments de cette date sont impossibles à concilier : le dimanche de la mi-carême, c'est-à-dire le troisième dimanche de carême de l'année **1223-24** (Pâques 14 avril, lettre dominicale G F) tomba le **17 mars**, et non pas le 3 avril, III des nones d'avril, qui était un mercredi. Si nous avons placé cette charte sous la date du 3 avril, c'est qu'il n'y a aucun moyen de reconnaître où se trouve l'erreur. Cependant il pourrait bien se faire qu'il y eût là deux dates très-distinctes : celle du 17 mars pour rappeler la date de l'acte de confirmation passé ce jour-là par Laurence devant le sénéchal de Champagne (voir le n° 1647), et celle du 3 avril, date de l'acte par lequel les deux époux réunis, Pons de Choiseul et Laurence sa femme, viennent confirmer de nouveau l'échange consenti au nom de ladite Laurence. La ponctuation du texte original, que nous avons fidèlement reproduite, se prête à cette explication, puisqu'on y trouve un point après le mot *quadragesima*. Malheureusement la date de l'acte suivant, relatif à la même affaire, est rédigée de manière à ne pas admettre la même interprétation, de sorte que nous restons dans le doute. — Cette pièce était scellée dans le principe du sceau de Pons de Choiseul, appendu à l'acte sur lacs de soie rouge et jaune. Ce sceau s'est détaché, mais il est décrit dans l'*Inventaire*, n° 1976, sous le nom de *Pons de Cuisle*.

1642 Dijon. 1223-24. Avril? avant Pâques, du 1er au 13.

(J. 195. — Champagne, III, n° 65. — Original.)

Odoardus marescallus Campaniæ notum facit Laurentiam uxorem domini Pontii de Cuisello ratam habere venditionem quam, ex ejus potestate, Pontius de Monte S. Johannis Th. Campaniæ et Briæ comiti palatino fecit de escheeta quæ præfatæ Laurentiæ in comitatu Barri-super-Sequanam obvenerat.— « In cujus rei testimonium, ad utriusque partis instantiam, in sigillo meo presentes litteras feci sigillari. — Actum apud Divionem, anno Domini M° CC° vicesimo tercio, mense aprilis, in media quadragesima. »

Traces de sceau pendant sur double queue. Le sceau d'Oudard d'Aulnay, maréchal de Champagne, n'a pas été retrouvé. — Voyez, sur la date de cette charte, dont les éléments ne peuvent se concilier, l'observation placée à la suite de la charte précédente.

1643 1223-24. Avril (avant Pâques, du 1er au 13.)

Charta homagii quod Symon de Passevant Theobaldo comiti Campaniæ præstitit.

(J. 193. — Champagne, I, n° 18. — Original.)

Ego Symon de Passevant notum facio universis, presentibus et futuris, quod karissimus dominus meus Th. illustris Campanie et Brye comes palatinus mihi donavit triginta libratas annui redditus percipiendas annuatim in nundinis Barri. Propter hoc autem ego deveni homo ligius ipsius comitis, contra omnem creaturam que possit vivere et mori. — Certum est autem quod ego quitavi dicto Theobaldo comiti et heredibus ejus quicquid apud Monteniacum in Bassiniaco, in omnibus modis et commodis, reclamabam. — In cujus rei testimonium, presentes litteras fieri volui sigilli mei munimine roboratas. — Actum anno gratie millesimo ducentesimo vicesimo tercio, mense aprili.

Traces de sceau pendant sur double queue. — Le sceau de Simon de Passavant, en Champagne (Marne, arr. de Sainte-Menehould) n'a pas été retrouvé.

1644   Latran. 1224. 22 avril.

Honorius papa III archiepiscopo Remensi et episcopo Silvanectensi mandat ut comitem Flandriæ excomunicationis sententia feriant si a conventionibus ab eo cum rege initis resiliat.

(J. 533. — Flandre, I, sac 3, n° 3. — Original scellé.)

Honorius episcopus, servus servorum Dei, venerabilibus fratribus archiepiscopo Remensi et episcopo Silvanectensi salutem et apostolicam benedictionem. — Pro captivis et afflictis quasi jugiter generalis orat Ecclesia, et nos, qui ei, licet immeriti, presidemus, captivitatis incommoda patientibus non compati nequeuntes, tanto ad liberationem ipsorum libenter interponimus partes nostras, quanto captivantibus et captivis, vel potius liberatis et liberantibus, nos consulere salubrius arbitramur. — Quare, licet alieno intuitu, karissimo in Xpisto filio nostro L. illustri regi Francorum preces dirigamus ad presens, ex eo tamen quod personam ejus speciali prerogativa dilectionis et gratie amplexantes, ipsum secundum utrumque hominem proficere affectamus, ea que ad salutem anime sue ac gloriam regie dignitatis proveniunt studiose intendimus suadere, ipsum ad mansuetudinem precibus et monitis invitando, scientes quod exaltat mansuetos Dominus in salutem, et sapiens filium ammonens ait : In mansuetudine, fili, opera tua perfice, et super hominum gloriam dirigeris. — Sane intelecto quondam quod inter clare memorie Ph. patrem regis ejusdem et nobilem virum comitem Flandrensem convenerat ut idem comes pro certa se redimeret pecunie quantitate prestanda, sibi nihilominus de terra Flandrie, que ad dominium regis spectat, ea quam posset impendere cautione, nos alterius compassi miserie, ac miseration[e] alterius delectati, eundem regem nostris litteris rogavimus attentius et monuimus ut dictum comitem, divine pietatis intuitu, liberaret. — Volentes quoque indempnitati regie precavere, ad postulationem ipsius comitis, vobis nostris dedimus litteris in mandatis ut, si prenominatus comes in regem, vel prolem seu terram suam, quod absit, insurgeret, nisi infra quadraginta dies postquam esset monitus in curia regia satisfactionem super hoc, juxta parium suorum judicium, exhiberet, eundem comitem excommunicationi ac terram suam interdicto supponere deberetis, donec ipse modo satisfaceret supradicto. — Verum, nequitia diaboli bonis actibus invidente, predicto Ph. sublato de medio, conventio incompleta remansit, et dicti comitis liberatio est hactenus prepedita. Quia vero nimis inhumanum videtur dictum comitem ulterius captivitatis squaloribus macerari, memoratum regem Lodovicum rogamus, monemus et hortamur attente ut, prudenter attendens quod misericordibus misericordiam Dominus pollicetur, et agnoscens quod obtimum vindicte genus est nolle punire cum possit, eo quod magnanimitatis est magnifice parcere, ad liberationem ipsius comitis cor suum clementer inflectat et ipsum redimi patiatur. — Nos enim vobis nostris damus litteris in preceptis, que volumus etiam ad vestros successores extendi, ut, si forte comes vel comitissa Flandrie contra conventiones, que ipsius regis et ejusdem comitis ac comitisse sigillis apparuerint sigillate, venire presumpserint, vos et successores vestri in comitis et comitisse ac coadjutorum suorum personas excomunicationis et in terras eorum interdicti sententias, appellatione postposita, promulgetis et faciatis easdem inviolabiliter observari, donec id per judicium curie regie fuerit emendatum. — Quod si non ambo hiis exequendis potueritis interesse, alter vestrum ea nichilominus exequatur. — Datum Laterani, x° kalendas maii, pontificatus nostri anno octavo.

Bulle de plomb sur cordelettes de chanvre, décrite dans l'*Inventaire* sous le n° 6046.

1645   Latran. 1224. 27 avril.

Litteræ cardinalium domino Ludovico Francorum regi quem exorant ut Ferrandum comitem Flandriæ carcere liberare velit.

(J. 533. — Flandre, I, sac 3, n° 6. — Original scellé.)

Excellentissimo domino Lodovico, Dei gratia regi Francorum illustri, Hugo eadem Hostiensis, Pelagius Albanensis, Nicolaus Tusculanensis, Guido Prenestinensis, episcopi ; Leo tituli Sancte Crucis in Jerusalem, Galterius tituli Sancti Martini in monte, Stephanus basilice XII. Apostolorum, Gregorius tituli Sancte Anastasie, Thomas tituli Sancte Sabine, Joannes tituli Sancte Praxedis, presbyteri ; Octavianus Sanctorum Sergii et Bachi, Gregorius Sancti Theodori, Romanus Sancti Angeli, Stephanus Sancti Adriani, Petrus Sancti Georgii ad Velum aureum, diaconi, sacrosancte Romane Ecclesie cardinales, salutem et precibus misericordie aures misericorditer inclinare. — Cum ad opera pietatis regiam celsitudinem invitamus, tanto promptius exaudiri speramus in precibus, quanto per eas indeficiens meritum, quod est prestantius, apud Dominum vobis acquiritur et apud homines laudis et glorie preconium comparatur. Quia etsi gloriosum et temporaliter affectandum est de hostibus optatum optinere triumphum, multo inde gloriosius est et amplius amplectendum offensam remittere misericorditer et parcere jam prostratis; beati enim misericordes quoniam ipsi misericordiam consequentur! — Sane cum nobilis viri comitis Flandrie, qui non spontaneus sed seductus in novitate sua regiam majestatem offendit, peccatum et infortunium sibi necessitatem ingesserit misericordiam postulandi et vobis paraverit oportunam misericordiam misero misericorditer miserendi, regiam celsitudinem quanta possumus affectione rogamus et obsecramus in Domino Jhesu Xpisto, qui cum esset Altissimi filius, rex regum et dominus dominantium, non solum pro vobis captivari voluit, manibus traditus et potestati nocentum, sed etiam opprobriosum crucis subire tormentum, quatinus, ipsius intuitu principaliter, nec non et summi pontificis, qui de consilio ac consensu nostro pro ejusdem comitis liberatione regie majestati dirigit scripta sua, nostris etiam coadjuvantibus precibus, ipsum de compedibus et captivitate liberare dignemini, servatis vobis ab ipso conditionibus quas cum inclite memorie patre vestro rege Philippo dicitur iniisse, et que vestro et ipsius comitis et comitisse sigillis fuerint sigillate, ut, dum in vos peccanti offensam et peccatum remittitis, securius ac confidentius vobis a Domino debita vestra postuletis remitti. — Quia vero non est de consuetudine quod omnium nostrûm sigilla eidem inprimantur scripture, nec aliquibus litteris nisi privilegiis dumtaxat apostolicis subscribamus, sigillis priorum nostrorum Hugonis Hostiensis episcopi, Leonis tituli Sancte Crucis in Jerusalem presbyteri, Octaviani Sanctorum Sergii et Bacchi diaconi cardinalis, presentem chartam fecimus communiri. — Datum Laterani, v. kalendas maii, pontificatus domini Honorii pape III anno octavo.

<small>Ces lettres sont scellées en cire blanche, sur double queue, des sceaux de Hugues, cardinal-évêque d'Ostie, Léon Brancaléon, cardinal-prêtre de Sainte-Croix de Jérusalem, et Octavien, cardinal-diacre de Saint-Serge et Saint-Bacchus, décrits dans l'*Inventaire* sous les nos 6129, 6127 et 6128.</small>

1646 Saint-Germain en Laye. 1224. Avril (après Pâques, du 14 au 30).

(J. 160. — Senlis, I, n° 2. — Original.)

Theobaldus de Bellomonte miles notum facit se a domino suo Ludovico Franciæ rege, pro se et heredibus suis, omnia molendina de Ballolio ad annuam modiationem quadraginta quatuor modiorum bladi ad mensuram Bellimontis suscepisse; sese et heredes suos obligans ad omnes eleemosynas et feoda, quæ ex moltura dictorum molendinorum sunt percipienda, illis quibus debentur, solitis terminis, solvenda. — « Actum apud Sanctum Germanum in Loya, anno Domini M° CC° XXIIII°, mense aprili. »

<small>Traces de sceau pendant sur double queue. — Voyez, dans l'*Inventaire*, sous le n° 1365, la description du sceau de Thibaut de Beaumont.</small>

1647 1224. Avril (après Pâques, du 14 au 30).

(J. 197. — Champagne, V, n° 19. — Original.)

Matheus Monasterii in Argona abbas et ejusdem loci conventus præfatum monasterium suum, cum ejusdem omnibus possessionibus nominatim designatis, in custodia et defensione viri nobilis Theobaldi Campaniæ et Briæ comitis palatini et ejus heredum Campaniæ comitum ponere declarant. — « Et quoniam hujus nostre recognitionis veritas testimonii sollempnis astipulatione fulciri desideratur, venerabilium patrum nostrorum sigillis, scilicet Clarevallis et Trium Fontium abbatum, presentem paginam fecimus roborari, nostrum nichilominus sigillum ultimo in loco, propter reverentiam dictis patribus debitam, apponentes. — Actum anno gratie M° CC° vicesimo quarto, mense aprili. »

<small>Les trois sceaux qui étaient appendus à cette charte par des lacs de soie jaune ont disparu. — Voyez, dans l'*Inventaire*, la description de sceaux anonymes des abbés de Clairvaux, de Trois-Fontaines et de Moutier en Argonne, nos 8645, 9143 et 8873.</small>

1648 1224. 1er mai.

Litteræ Guillemi de Dampetra super concordia inter se et Theobaldum comitem Campaniæ inita quoad fortericiam de Sompnis et quoad Judeos.

(J. 202. — Champagne, X, n° 7. — Original.)

Ego Guillemus de Dampetra notum facio universis presentes litteras inspecturis quod cum inter [me et] karissimum dominum meum Th. Campanie et Bryc comitem palatinum discordia orta esset, tandem inter me et ipsum pax et concordia reformata est sub hac forma : fortericia de Sompnis, que est mea, cum alio feodo quod teneo de domino comite Campanie, remanet de feodo ligio comitis Campanie et est jurabilis et reddibilis ei et heredibus suis ad magnam vim et ad parvam, contra omnem creaturam que possit vivere et mori. — Fecit autem predictus comes Odardum marescallum Campanie jurare in animam ipsius comitis quod ipse comes fortericiam illam, quadraginta diebus post essonium suum, redderet bona fide in eo statu in quo esset ei tradita. — Villa de Sompnis et alie res, que sunt de feodo comitis Campanie, remanent in eo statu in quo erant prius quam pax ista facta fuisset. — Omnes interpresure que facte sunt post mortem comitis Theobaldi, patris Th. comitis qui modo est, in feodo comitis Campanie quod tenetur de illo in capite sive in allodio, quod pertineat ad ipsum, sive in domanio suo per me vel per patrem meum, adreciabuntur per Odardum marescallum Campanie et Lambertum Boichetum per inquisitionem quam ipsi super hiis facient. — Super excambio quod domina Blancha comitissa fecit cum patre meo de hoc quod ipsa habebat in villa que nominatur Tres-Fontane, et de terra quam pater meus dedit eidem comitisse pro excambio quod ipsa ei dederat pro villa predicta que dicitur Tres-Fontane, reddam quicquid ego vel pater meus habuimus pro excambio illo, per dictum predictorum Odardi marescalli et Lamberti Boicheti; et comes reddet similiter quidquid predicta Blancha comitissa mater ejus habuit pro excambio illo, per dictum predictorum Odardi marescalli et Lamberti Boicheti. — Duos filios Cochini judei de Sancto Desiderio, et uxores et familias eorum quos teneo, reddam comiti Campanie. — Comes Campanie Th. creantavit mihi, tanquam dominus meus ligius, quod redimet bona fide, sine auferre membrum et sine occidere, Cochinum et duos filios ejus supradictos et etiam Judeos quorum uxores recredidi eidem comiti; et de redemptione dictorum Judeorum habebit dictus comes medietatem, et ego aliam medietatem habebo. — Si comes Campanie debet aliquid alicui Judeorum sepe dictorum, inde penitus erit quitus. Et si ego debeo aliquid alicui Judeorum jam dictorum, vel si pater meus debuit aliquid alicui eorumdem, inde similiter penitus ero quitus. — Omnis etiam hereditas eorumdem Judeorum que est in terra mea, et omnes gagerie quas ipsi habent in feodo meo, quod tenetur de me in capite vel in domanio meo, remanent mihi sine parte comitis sepe dicti. Omnes supradicti Judei et uxores et familie eorum post redemptionem istam remanent comiti toti quiti sine parte mei. — Securitatem quam feci et debui facere comiti Campanie apud Castrum Theodorici, sicut apparet per cartam meam inde confectam, que scilicet securitas erat ad tempus, renovabo et faciam ad perpetuitatem, de me et de omnibus illis de quibus habita est mentio in predicta carta mea et etiam de quantitate peccunie que expressa est in eadem carta mea. — Si habeo aliquos plegios de Jacob de Dampetra et de Salemino de Dampetra judeis super aliquo debito de fine facto, et propter hoc voluero gagiare plegios meos, si plegii vel ipsi Judei conquerantur inde comiti Campanie, ego inde stabo juri coram ipso comite. — Juravi autem super sanctos observare fideliter omnia supradicta. Quod ut notum permaneat et firmum teneatur litteris annotatum, sigilli mei munimine roboravi. — Actum anno gratie M° CC° vicesimo quarto, mense maio, in crastino mensis Pasche.

Traces de sceau pendant sur lacs de soie rouge et verte. — Voyez, dans l'*Inventaire*, n° 1992, la description du sceau de Guillaume de Dampierre.

1649 Paris. 1224. Mai.

Declaratio Johannis de Nigella de feodis quæ tenet ab episcopo Noviomensi.

(J. 624. — Hommages, III, n° 4. — Original.)

Ego Johannes dominus Nigelle notum facio universis, presentibus pariter et futuris, quod, cum esset contentio inter dominum episcopum Girardum Noviomensem, ex una parte, et me, ex altera, coram karissimo domino meo Ludovico rege Francie illustri, super quadam chatia in nemoribus de Ertiaco que sunt de domanio episcopi, quam episcopus dicebat me debere tenere de eo, et volebat ac petebat idem episcopus ut ei nominarem, in presentia domini regis, omnia ea que tenui in feodo de antecessoribus suis episcopis Noviomensibus, tandem idem episcopus in me compromisit, ratum et firmum habiturus quicquid per juramentum meum inde proferrem. — Ego vero coram domino rege prestiti juramentum, et inquisicionem feci super premissis, et in presentia domini regis dictum meum protuli super juramentum meum in hunc modum : quod feodum Perroti de Buciaco, quod idem Perrotus tenuit de Radulfo fratre meo, est de feodo episcopi Noviomensis; et hominagium Petri de Murencourt, sicut illud tenuit idem P. de Radulfo fratre meo, et illud quod Giradus de Liescort tenebat apud Divam et apud Noviomum, et decem libras in guionagio Pontis-episcopi, et Fresneyum situm prope Royam, nec aliquid amplius tenui in feodo de feodo episcopi Noviomensis. — Chatiam autem, de qua prelocutum est et de qua contentio erat, et omnia alia que teneo in feodo inter Ysaram et Aroasam, teneo de domino rege et tenui de antecessoribus suis. — De censivis si quidem aliquibus non fuit contentio, nec compromissio facta nec dictum prolatum. — In cujus rei memoriam et testimonium, presentes litteras sigilli mei munimine roboravi. — Actum Parisius, anno Domini M° CC°, vicesimo quarto, mense mayo.

<small>Traces de sceau pendant sur lacs de soie rouge et verte. — Voyez, dans l'*Inventaire*, n° 3052, la description du sceau de Jean, sire de Nesle en Picardie (Somme, arr. de Péronne), d'après un type appendu à un acte daté de 1232. — On lit au dos de la charte l'annotation suivante : *Tangit regem in fine pro feudo.*</small>

1650 1224. Mai.

De homagio pro vicecomitatu Castri Eraudi et pro castro Voventi domino regi a Gaufrido de Lezegniaco præstando.

(J. 270. — La Marche, n° 5. — Original.)

Ego Gaufridus de Lizegnan notum facio universis, tam presentibus quam futuris, quod karissimus dominus meus Ludovicus rex Francie illustris, salvo rachato suo, recipiet me in hominem de vicecomitatu Castri Eraudi, qui provenit michi ex parte Clementie uxoris mee, filie Hugonis quondam vicecomitis Castri Eraudi, quando meam ad dominum regem adducam uxorem predictam. — Quam si contigerit sine herede decedere, vicecomitatus ille redibit ad heredes proximiores, salvo rachato domini regis. — Et sciendum quod nec ego nec alius poterit facere novam fortericiam apud Castrum Eraudi nisi de voluntate domini regis. — Et de hoc vicecomitatu teneor, ego et heredes mei de uxore mea predicta, facere domino regi et heredibus suis hominagium ligium contra omnes homines. — Et feci eidem regi hominagium de alia terra quam pater meus tenuit de bone memorie rege Philippo genitore suo, quamdiu fuit in ejus servicio, et similiter tenentur heredes mei facere hominagium de eadem terra domino regi et heredibus suis. — Quotiens autem et quando dominus rex erit in partibus Pictavie, teneor tradere castrum meum de Vovent regi vel mandato suo ad ponendum in eo garnisionem suam, quamdiu erit in partibus Pictavie, et in recessu suo rehabebo castrum meum de Vovent; ita quod, si ego deficerem de hoc faciendo, dominus rex sine mesfacere posset assignare ad quicquid teneo de eo et tenere in manu sua donec id esset emendatum ad juditium curie sue. — Et sciendum quod conventionem quam feci de castro de Vovent, sicut dictum est, feci de voluntate et precepto domini mei comitis Marchie de quo teneo castrum Voventi. — Quitavi etiam domino regi et heredibus suis in perpetuum quicquid juris clamare et habere possum, ex parte dicte uxoris mee, in toto eo quod tenet dominus rex de comitatu Alenconis, et hanc quitationem fieri faciam a dicta uxore mea. — In cujus rei memoriam et testimonium, presentem paginam sigilli mei appositione confirmo. — Actum anno Domini M° CC° vicesimo quarto, mense mayo.

<small>Traces de sceau pendant sur lacs de soie rouge et verte. — Voyez, dans l'*Inventaire*, n° 2636, la description du sceau de Geoffroy de Lusignan, vicomte de Châtellerault et sire de Vouvant en Poitou (Vendée, arr. de Fontenay-le-Comte). — Geoffroy de Lusignan, sire de Jarnac, Châtel-Archer, etc., du chef de son père, vicomte de Châtellerault, etc., du chef de sa femme, était l'un des fils puînés de Hugues X de Lusignan, comte de la Marche.</small>

1651   1224. Mai.

De thesauro in quadam vinea Sacræ-Cellæ invento.

(J. 158. — Gâtinais, n° 9. — Original.)

Universis presentem paginam inspecturis frater G. (Gaufridus) Sacre-Celle dictus abbas et ejusdem loci conventus, salutem in Domino.—Noveritis quod in quadam vinea nostra invenimus quamdam summam pecunie cum quibusdam frusticulis auri et argenti. Que etiam omnia quam cito invenimus, detulimus karissimo domino nostro Ludovico regi Francorum illustri et reddidimus ei tanquam jus suum proprium et tanquam domino terre. Ipse si quidem dominus rex dictam pecuniam, cum predictis frusticulis auri et argenti cum ea inventis, ecclesie nostre contulit in elemosinam. — Ne igitur tale quid posset domino regi prejuditium generare, huic cartule sigillum nostrum apposuimus, firmiter pollicentes quod in ista vel alia hujusmodi inventione aliquid juris non debemus nec possumus reclamare. — Actum anno Domini m° cc° vicesimo quarto, mense maio.

Traces de sceau pendant sur double queue. — Voyez, dans l'*Inventaire*, n° 8592, la description du sceau anonyme de l'abbé de Cercanceau, pres Nemours, diocèse de Sens.

1652   Paris. 1224. Juin.

De forteritia Monsterolii a Guillelmo de Maineriis regi vendita.

(J. 231. — Amiens, n° 4. — Original scellé.)

Ego Guillelmus de Maineriis, dominus Menteneii, assensu et voluntate Clementie uxoris mee, vendidimus karissimo domino nostro Ludovico illustri Francie regi et heredibus ejus imperpetuum totam fortericiam quam habebamus apud Monsterolium, et clausuras et plateas ad fortericiam pertinentes, cum omnibus ad eandem fortericiam pertinentibus, pro ducentis libris Parisiensis monete, salvis, nobis et heredibus nostris, feodis nostris et hospitibus nostris, justicia, dominio et expletis pertinentibus ad predicta que in villa Monsterolii et extra possidemus. — Hanc autem venditionem tactis sacrosanctis juravimus bona fide tenendam, nec contra eam de cetero aliquatenus veniemus. — Quod ut perpetuam obtineat firmitatem, sigilli nostri munimine presentes litteras fecimus roborari. — Actum Parisius, anno Domini m° cc° vicesimo quarto, mense junio.

Scellé en cire verte, sur lacs de soie rouge, du sceau de Guillaume de Mainières, seigneur de Montenay, décrit dans l'*Inventaire* sous le n° 2668. — Tillemont, *Préliminaires de la vie de saint Louis*, I, 326, pense que cet acte, daté de Paris, est du commencement de juin, parce que Louis VIII, qui partit en juin pour aller guerroyer dans le Poitou, était déjà à Tours le 25.

1653   1224. Juin.

Litteræ Gaufridi de Barro super conventionibus inter se et Theobaldum comitem Campaniæ initis.

(J. 193. — Champagne, I, n° 20. — Original.)

Ego Gaufridus de Barro notum facio universis, tam presentibus quam futuris, quod ego karissimo domino meo Th. comiti Campanie juravi super sanctos domum meam fortem, que dicitur La Tors en Wieure, esse jurabilem et reddibilem in perpetuum ipsi comiti et heredibus suis ad magnam vim et ad parvam, contra omnem creaturam que possit vivere et mori, preterquam contra comitem Barri-Ducis. — Ipse autem comes michi fecit jurare in animam suam quod, si aliquo essonio suo domum illam caperet, ipse, expleto essonio suo, infra quadraginta dies mihi redderet domum illam in tali statu et in tali puncto in quo eam ceperat bona fide. — Si vero me aliquis guerriaret pro eo quod domum illam ei tradidissem, ipse comes me juvaret bona fide ad domum illam defendendam.—Heedem erunt conventiones inter heredes meos et heredes dicti comitis super prefata domo post decessum nostrum. — Ipse itaque comes dedit mihi et heredibus meis in perpetuum, in feodo et hominagio ligio, post comitem Barri-Ducis et post comitem Lucemontis, quindecim libratas annui et perpetui redditus percipiendas singulis in nundinis Barri de proventibus nundinarum. — Quod ut notum permaneat et firmum teneatur litteris annotatum, sigilli mei feci munimine roborari. — Actum anno gratie m° cc° vicesimo quarto, mense junio.

Traces de sceau pendant sur double queue. — Le sceau de Geoffroi de Bar n'a pas été retrouvé.

1654   1224. Juin.

Hugo et Raimundus de Thoarcio sese obligant ad servandas conventiones ab Haimerico vicecomite, ipsorum fratre, cum Ludovico rege initas.

(J. 373. — Seigneurs de Thouars, n° 2. — Original scellé.)

Universis presentes litteras inspecturis Hugo et Raimondus de Thoarcio, salutem. — Noveritis nos domino regi Francie Ludovico corporale prestitisse sacramentum quod conventiones habitas inter ipsum dominum regem Francie et Haimericum vicecomitem Thoarcii, fratrem nostrum, firmiter tenebimus et observabimus bona fide, ita videlicet quod, si de dicto vicecomite humanitus contingat, quicumque nostrûm in vicecomitatum succedat, tenebit conventiones predictas domino regi Francie et heredi suo, sicut continentur in litteris super dictis conventionibus confectis, et erit homo ligius ejusdem domini regis Francię de vicecomitatu Thoarcii cum pertinentiis, sicut dictus Haimericus vicecomes, frater noster, debet esse per conventiones factas inter dominum regem Francie et ipsum vicecomitem Haimericum. — In cujus rei testimonium et confirmationem, presentes litteras sigillis nostris fecimus sigillari. — Actum anno gracie M° CC° vicesimo quarto, mense junio.

Scellé de deux sceaux en cire brune, pendants sur double queue. — Le sceau de Hugues de Thouars est décrit dans l'*Inventaire*, sous le n° 3706. Celui de Raymond, appendu à cette charte, est complétement effacé, et il n'a pas été retrouvé ailleurs.

1655   La Haye en Touraine. 1224. (Fin juin.)

(J. 192. — Poitou, II, n° 3. — Copie authentique.)

Ludovicus VIII rata habet et confirmat privilegia et libertates civibus Pictavensibus anno 1222 a Philippo rege concessa. — « Quod ut perpetuam obtineat firmitatem, sigilli nostri auctoritate et regii nominis karactere inferius annotato presentem paginam confirmamus. — Actum apud Hayam in Turonia, anno Dominice incarnationis M° CC° vicesimo quarto, regni vero nostri anno secundo; astantibus in palatio nostro quorum nomina supposita sunt et signa : Dapifero nullo. Signum Roberti buticularii. Signum Bartholomei camerarii. Signum Mathei constabularii. Datum per manum Guarini Silvanectensis episcopi, cancellarii. »

Nous avons publié, sous le n° 1553 (t. I, p. 552), le texte de la charte octroyée aux habitants de Poitiers par Philippe-Auguste.

Nous plaçons à la fin de juin cette confirmation donnée à la Haye en Touraine par Louis VIII. En effet, Louis VIII, qui se dirigeait vers la Rochelle pour en faire le siège, était encore à Tours le 25 juin (Tillemont, *Préliminaires de la vie de saint Louis*, édit. de la Société de l'hist. de France, t. I, p. 333), or la Haye en Touraine (aujourd'hui la Haye Descartes, dép. d'Indre-et-Loire), est située à dix lieues environ au sud de Tours, sur le chemin de cette ville à la Rochelle. — La confirmation de Louis VIII est insérée dans la charte de confirmation donnée à Poitiers par le comte Alphonse, en 1241.

1656   Saint-Maixent. 1224. (Avant le 4 juillet.)

(J. 190 A. — Poitou, I, n° 4. — Copie ancienne.)

Ludovicus Franciæ rex, visis duobus litteris Richardi regis Angliæ, quibus præfatus rex omnes furnos suos apud Nyortum, in Bello Campo, et vetus mercatum suum apud Bellum Campum, nec non quidquid habebat in prato de Nyorto de Subsala, Willelmo, coco suo, et ejus heredibus in donum contulerat, notum facit se omnes prædictas res Richardo, præfati Willelmi filio, confirmasse et eum de iis in hominem suum ligium recepisse. — « Ut hoc perpetuum robur obtineat, presentem paginam sigilli nostri auctoritate et regii nominis karactere inferius annotato confirmamus. — Actum apud Sanctum Maxencium, anno Dominice incarnacionis M° CC° vicesimo quarto, regni vero nostri anno secundo; astantibus in palatio nostro quorum nomina supposita sunt et signa : Dapifero nullo. [Signum] Roberti buticularii. Bartholomei camerarii. Mathei constabularii. Datum per manum Garini Silvanectensis episcopi, cancellarii. »

Louis VIII, qui s'acheminait sur la Rochelle, était à Niort le 3 juillet. (Tillemont, *Préliminaires de la vie de saint Louis*, édit. de la Société de l'hist. de France, I, 333.) Cette charte, datée de Saint-Maixent, ville située à 6 lieues N.-E. en avant de Niort, sur la route de Poitiers à la Rochelle, est donc nécessairement antérieure au 4 juillet. — Les deux chartes de Richard, roi d'Angleterre, ont été publiées dans le premier volume, sous les n°s 369 et 379.

1657   1224. 6 juillet.

(J. 198 A. — Champagne, VI, n° 54. — Original.)

Milo decanus totumque Trecensis ecclesiæ capitulum notum faciunt, cum inter se, ex una parte, et illustrem virum Theobaldum, Campaniæ et Briæ comitem palatinum, ex altera, discordia verteretur super justitia hominum episcopatus Trecensis, sede vacante, non occasione captionis cujusdam hominis nomine Cortesii, et aliis damnis dictæ ecclesiæ illatis, a se et a præfato comite in bonos viros H. cantorem Trecensem, ex parte ecclesiæ, et Lambertum Bochetum, ex parte comitis, ad inquirendum de prædicta justitia fuisse compromissum, et de captione prædicti Cortesii et de damnorum reparatione, ad instantiam illustris dominæ Blanchæ comitissæ Trecensis, amicabiliter concordatum. — « Actum anno gratie м° cc° xx° quarto, die octabarum Apostolorum Petri et Pauli. »

<small>Traces de sceau pendant sur double queue. — Le sceau de Milon II de Saint-Aubin (*Milo de S. Albino*), doyen du chapitre de Troyes, n'a pas été retrouvé.</small>

1658 La Roque Valzergue. 1224. Juillet.

Instrumentum, per litteras alphabeti divisum, homagii Raimundo comiti Tolosano a Raimundo de Andusia præstiti et ab eodem comite recepti.

(J. 310. — Toulouse, V, n° 44. — Original.)

ABC. DEF. GHI.

Anno incarnationis Dominice м° cc° xxIII°, mense julii, notum sit omnibus presentibus et futuris quod ego Raimundus de Andusia, mera et spontanea voluntate, nec dolo, nec fraude, nec aliqua machinatione inductus, a vobis domino R. Dei gratia duce Narbone, comite Tholose, marchione Provincie, filio quondam domine regine Johanne, in feudum recipio quartam partem castri et ville de Andusia et omnium pertinentium dicti castri, et omnia que in dicto castro vel pertinentiis ejus habeo, vel habere debeo, vel in futurum habebo. — Item medietatem castri de Agrifolio et ville et omnium pertinentium ad dictum castrum, et omnia que in dicto castro habeo, vel habere debeo, vel in futurum habebo. — Item medietatem castri et ville de Calcadiz et omnium pertinentium ejusdem castri, et omnia que in dicto castro vel in pertinentiis ejus habeo, vel habere debeo, vel in futurum habebo. — Item medietatem castri et ville de Cerveira et omnium pertinentium ejusdem, et omnia que habeo in dicto castro, vel in pertinentiis ejus, vel habere debeo, vel in futurum habebo. — Omnia, inquam, predicta, cum omnibus tenementis et pertinentiis suis, et cum omnibus incrementis futuris, quacumque occasione ad me pervenientibus, per me et per omnes successores meos, perpetuo et irrevocabiliter a vobis, dicto domino R., et a successoribus vestris, in feudum recipio; donans et, ex causa perfecte donationis, concedens et tradens vobis majus et principale dominium omnium predictorum et civilem possessionem quod vel quam in suis feudis domini habent vel habere debent. — Dono siquidem vobis domino R. comiti supradicto sub hac forma omnia supradicta donatione simplici et inter vivos facta et sollempniter insinuata, renuntians specialiter illi legi, si obstare posset, que donationem inhibet fieri sine insinuatione summam quingentorum aureorum excedentem. Promittens insuper bona fide et per sollempnem stipulationem vobis, domino R. comiti Tholosano presenti et interroganti, quod ego, per me et successores meos, vobis et successoribus vestris de predictis feudis fidelis existam, et quod guerram et placitum pro vobis et successoribus vestris contra omnes homines faciam, et quod in mutatione domini, ex parte vestra, et feudatarii, ex parte mea, feuda predicta vobis vel successoribus vestris recognoscam, et pro recognitione castra predicta et munitiones presentes et futuras in territoriis seu tenementis eorumdem restituam atque tradam. — Promittens vobis specialiter illa sex que in forma fidelitatis continentur, videlicet : incolume, tutum, honestum, utile, facile et possibile, et omnia que vassallus seu feudatarius, pro se vel pro feudo, domino suo debet facere vel tenetur. — Et pro omnibus supradictis complendis et servandis, vobis domino R. comiti sepedicto homagium facio et fidelitatem juro, et ad id faciendum vobis et successoribus vestris me et successores meos pro prescriptis feudis in perpetuum obligo; promittens vobis bona fide, sub fidelitate jurata, sacrosanctis Evangeliis corporaliter tactis, quod contra predicta vel aliquid de predictis nullo jure, nulla ratione veniam, et quod omnia supradicta firmiter et fideliter teneam et observem, renuntians omni juri canonico et civili, scripto et non scripto, promulgato et promulgando, et omni statuto facto vel in posterum faciendo.

Et nos R. Dei gratia dux Narbone, comes Tholose, marchio Provincie, omnia supradicta, sicut scripta sunt, recipientes, feuda predicta et vos Raimundum de Andusia in fidelem vassalum recipimus, promittentes bona fide et per sollempnem stipulationem, per nos et per omnes successores nostros, vobis et successoribus vestris quod dominationem predictorum feudorum, vel feuda predicta, seu dominationem quam in vos habemus pro predictis feudis, a dominatione comitatus Tolose, in totum vel in partem non mutabimus, nec aliqua specie alienationis seu concessionis in alium transferemus, preter nos et illos qui nobis in comitatu Tholose succedent, set semper sub dominatione comitatus Tholose inmediate retinebimus. — Promittimus preterea bona fide et per stipulationem vobis, R. de Andusia prenominato, quod, si aliquis jura vestra, insistendo vel resistendo, diminuere vellet vel vos contra justiciam inquietaret, et nollet juri stare vel justiciam vobis facere vel a vobis recipere sub examine competenti, nos vobis contra illum auxilium et consilium prestaremus. — Promittimus etiam vobis quod, si forte contingat vos habere causam cum aliquo super predictis feudis vel occasione predictorum feudorum vel ad predicta feuda pertinentium, vobis consilium et auxilium prestabimus bona fide. — Actum fuit hoc apud Rupem de Valle-cerga, in presentia Deodati de Castlucio, et Ozili Garini, et Guigonis Mesquin, et Guillelmi de Castro-novo, et Boumon, et Mirandi de Chiraco, et Oliverii de Chiraco, et Petri de Capella, et Gauscelmi de Malobosco, et Audeberti de Senaret, et Andree Cardinalis, et Bernardi Guillelmi de Rodella, et Arnaldi Feda, et Poncii Astoaudi, et magistri Guillelmi de Avinione, et Petri Amblardi. Johannes Aurioli scriptor domini comitis supradicti hoc scripsit. — Et ego R. de Andusia sepedictus, ad eternam rei memoriam et ad plenissimam firmitatem, presentem cartam feci sigilli mei munimine roborari.

Traces de sceau pendant sur cordelettes de soie rouge et blanche. — Le sceau de Raimond d'Anduze (dans le bas Languedoc, Gard) n'a pas été retrouvé.

1659   Niort. 1224. (Juillet.)

Ludovicus rex jus communiæ burgensibus Niorti concedit.

(J. 329. — Toulouse, XX, n° 2. — Copie.)

Ludovicus Dei gratia Francorum rex. Notum facimus quod nos concessimus dilectis et fidelibus nostris burgensibus Niorcii (*sic*) ut habeant communiam cum libertatibus ad communiam pertinentibus apud Niortum, et usus suos, et liberas consuetudines suas, et libertates ac donationes quas habuerunt et tenuerunt temporibus Henrici et Richardi quondam regum Anglie. — Quod ut ratum permaneat in perpetuum etc, (*sic*). — Actum apud Niortum, anno Domini m° cc° vicesimo quarto, regni nostri secundo.

Tillemont, *Préliminaires de la vie de saint Louis*, I, 333, dit que Louis VIII arriva à Niort le 3 juillet.

1660   1224. Mercredi 7 août.

Charta, per litteras alphabeti divisa, de captenio inter Petrum de Magrennio et Raimundum Tolosanum comitem inito.

(J. 317. — Toulouse, VIII, n° 14. — Original.)

ABCD.   EFGH.   IKLM.

Notum sit cunctis quod Petrus de Magrennio misit se, scilicet suum corpus et forciam suam de Podio Buscano, et omnia apertinencia et appendicia dicte forcie, et omnia alia sua bona, quecumque sint aut ubicumque sint, in captennio et in amparancia domini R. Tolosani comitis, de isto primo festo Omnium Sanctorum ad v. annos. Et pro isto captennio et amparancia, dictus Petrus de Magrennio convenit dare quoque anno, in festo Omnium Sanctorum, dicto domino comiti vel suo bajulo I. cartonem boni et pulcri frumenti, et alium cartonem bone et pulcre avene, in pace et sine omni placito. — Tamen vero retinuit ibi dictus Petrus de Magrennio quod de dicto termino in antea se possit exire et discedere a predicto captennio et amparancia, quando deinde ei placuerit, persoluto tamen primitus dicto captennio, sicut predictum est. — Hoc autem ita facto et mandato, Ugo Johannes et Petrus Girbertus, tunc existentes viccarii Tolose pro domino Ramundo Tolosano comite, et in loco ipsius, consilio et voluntate Boni Pueri judei, filii Provincialis judei, qui fuit, ceperunt et acceperunt dictum Petrum de Magrennio et dictam forciam, et omnes pertinencias et appendicias dicte forcie, et omnia alia sua bona, quecumque sint aut ubicumque sint, in captennio et in amparancia dicti domini comitis, ita quod pro domino comite et pro seipsis, dum viccarii fuerint, convenerunt et debent eum et dictam forciam, et omnia pertinencia et appendicias dicte forcie, et omnia alia sua bona manutenere et captinere ac deffendere ab omnibus hominibus et factis, pro posse eorum, bona fide, dum in dicto captennio et amparancia permanserit. — Tamen vero retinuerunt ibi dicti viccarii quod dictus dominus comes, vel suus bajulus pro eo, possit eicere dictum Petrum de Magrennio et dictam forciam de Podio Buscano, et omnes pertinencias et appendicias dicte forcie, et omnia alia sua bona, a dicta amparancia, quando de dicto termino in antea voluerit, persoluto tamen primitus ei vel suo bajulo dicto captenio, sicut predictum est. — Hoc fuit ita positum et ab utraque parte concessum vii. die introitus mensis augusti, feria iiii, regnante Lodoico Francorum rege, et R. Tolosano comite, et Fulcone episcopo, anno M° CC° XX° IIII° ab incarnacione Domini. Hujus rei sunt testes : Sicardus de Miramonte, et Petrus Arnaldus de Cunno Faverio, et Petrus Aimericus de Dealbata, et Arnaldus de Planis, sartor, et Bernardus Aimericus qui cartam istam scripsit. Et Casanova judeus et similiter inde testis.

1661 La Rochelle. 1224. Mardi 13 août.

Charta fidelitatis juratæ domino regi a communia de Rupella.

(J. 627. — Serments de villes, n° 6. — Original scellé.)

Universis presentes litteras inspecturis major et universitas de Ruppella salutem. — Universitati vestre notum facimus quod nos juravimus karissimo domino nostro Ludovico, regi Francie illustrissimo, et heredibus ejus in perpetuum fidelitatem contra omnes homines qui possunt vivere et mori, et quod nos honorem, vitam et membra et jura domini regis et heredum suorum bona fide conservabimus, et ballivos suos et gentes suas ad totum posse nostrum contra omnes homines, et quod non receptabimus aliquos in Ruppella de inimicis domini regis qui super nos habeant potestatem de villa Ruppelle. — Et sciendum quod quittavimus in perpetuum dominum regem et heredem suum de conventione veniendi ad locum qui est inter villam que vocatur Burgus novus Templi et abbaciam Sancti Leonardi, Cisterciensis ordinis, prope Ruppellam, in vigilia instantis Nativitatis Domini, infra horam vesperarum. — Ad majorem vero hujus rei certitudinem, nostras patentes litteras, sigillo nostre communie roboratas, domino regi dedimus. — Actum apud Ruppellam, tercia feria ante festum Assumptionis beate Marie, mense augusti, anno gratie M° CC° XX° quarto.

Cette charte est scellée, sur simple queue, d'un sceau en cire verte qui représente sur la face un homme à cheval, en costume civil, nu-tête, tenant un bâton de la main droite et les rênes de son cheval de la main gauche, avec cette légende : [SIGILLUM MAJORIS D]E ROCHELLA. — Au contre-sceau : un vaisseau avec un mât soutenu par des haubans et portant une voile avec cette légende : SIGILLVM [COMMUNIE DE ROCHELLA]. — Comparez ce sceau aux deux sceaux de la commune de la Rochelle décrits dans l'*Inventaire*, sous les n°s 5458 et 5459, d'après des types appendus à des actes datés de 1308 et 1437.

1662 Montpellier. 1224. 24 août.

Raimundus Tholosanus comes Isnardo Carpentoratensi episcopo castrum de Baucio et alia restituit.

(J. 311. — Toulouse, V, n° 56. 4. — Copie authentique.)

Notum sit omnibus, tam presentibus quam futuris, quod nos R. Dei gracia dux Narbone, comes Tholose, marchio Provincie, restituimus vobis venerabili in Xpisto patri I. (Isnardo) Dei gratia Carpentoratensi episcopo castrum de Baucio, cum villa Sancti Desiderii, et castrum de Malamorte cum villa Sancti Felicis, et quicquid ratione dominii ad dicta castra pertinet, retento tamen jure nostro, quod in predictis castris et villis habemus, videlicet cavalcatis et illa summa pecunie que consuevit dari pro albergo; prohibentes omnibus bajulis nostris et districtibus inhibentes ne aliquid aliud in dictis castris et villis accipiant, nisi quod supradictum est. — Facta est autem hec restitutio apud Montempessulanum, anno Dominice incarnationis M° CC° XXIIII°, VIII° kalendas septembris.

Copie authentique délivrée en 1239 à la requête de Raimond VII, comte de Toulouse, et de Guillaume IV Béroard, évêque de Carpentras, par Bertrand de Sainte-Marie, notaire public dudit comte, sous le sceau de plomb de la cour du Comtat-Venaissin, appendu à l'acte sur lacs de soie rouge et décrit dans l'*Inventaire* sous le n° 4607.

1663 La Rochelle. 1224. (Août.)

Charta Ludovici regis pro communia S. Johannis Angeliacensis.

(J. 190 A. — Poitou, I, n° 5. = J. 190 B. — Poitou, I, n° 80. — Copies anciennes.)

In nomine sancte et individue Trinitatis amen. Ludovicus, Dei gratia Francie rex. — Noverint universi, presentes pariter et futuri, quod nos concedimus in perpetuum dilectis et fidelibus nostris universis juratis communie Sancti Johannis Angeliacensis et eorum heredibus perpetuam stabilitatem et inviolatam firmitatem communie sue jurate apud Sanctum Johannem Angeliacensem, ut tam nostra quam sua propria jura melius possint defendere et magis integre custodire, salva tamen et retenta fidelitate nostra et jure nostro et heredum nostrorum; salvo etiam jure sancte et venerabilis ecclesie Beati Johannis Angeliacensis et omnium aliarum ecclesiarum. — Volumus igitur, precipimus et statuimus ut omnes liberas consuetudines ville Sancti Johannis teneant, in perpetuum custodiant, manuteneant et defendant, et ut ad eas manutenendas, custodiendas et defendendas, et ad jura nostra et heredum nostrorum, et ad sua jura propria et sancte ecclesie conservanda, totam vim et totum posse communie sue, salva fidelitate nostra et heredum nostrorum, contra omnem hominem, si necesse fuerit, exerceant et apponant. — Concedimus etiam ut eis et eorum heredibus ad libitum suum puellas et viduas suas nuptui tradere, et juvenes uxorare, et ballia juvenum et puellarum habere, sine aliqua contradictione, libere liceat et secure; et ultima testamenta sua, prout voluerint, ordinare sive ore proprio, sive per ministerium amicorum. — Precipimus autem ad ultimum ut communiam suam et libertatem teneant secundum formam et modum communie Rothomagensis.— Quod ut perpetuum robur obtineat, sigilli nostri auctoritate et regii nominis karactere inferius annotato presentem paginam confirmamus. — Actum apud Ruppellam, anno Dominice incarnationis M° CC° vicesimo quarto, regni vero nostri anno secundo; astantibus in palacio nostro quorum nomina supposita sunt et signa : Dapifero nullo. Signum Roberti buticularii. Signum Bartholomei camerarii. Signum Mathei constabularii. Datum per manum Guarini Silvanectensis episcopi, cancellarii.

Louis VIII reçut la soumission des habitants de Saint-Jean d'Angély en juillet, avant de commencer le siége de la Rochelle. (Tillemont, *Préliminaires de la vie de saint Louis*, t. I, p. 334.) Mais ces lettres, datées de la Rochelle, sont évidemment postérieures à la reddition de cette ville, qui eut lieu le 15 août. Nous les publions d'après la pièce cotée J. 190 B, n° 80, qui est une copie ancienne mais non authentique, où elles sont insérées dans les lettres de confirmation accordées aux habitants de Saint-Jean d'Angély par Louis IX, en octobre 1228. Le n° 5 du carton coté J. 190 A, est également une copie qui renferme de plus la confirmation accordée par Alphonse, comte de Poitiers, en juillet 1241, mais cette copie est moins correcte.

1664   La Rochelle. 1224. (Août.)

Ludovicus rex homagium et servitium Emerici de Chavurcho, burgensis Rupellæ, et ejus heredum, Stephano archiepiscopo Cantuariensi et ejusdem successoribus in perpetuum concedit.

(J. 190 B. — Poitou, I, n° 78. — Copie authentique.)

In nomine sancte et individue Trinitatis, amen. Ludovicus Dei gratia Francie rex. — Noverint universi, presentes pariter et futuri, quod nos, pro amore Dei et pro reverencia beati Thome martyris, dedimus et concessimus Deo et ecclesie Cantuariensi et venerabili patri Stephano Cantuariensi archiepiscopo, et successoribus suis in perpetuum, homagium et servicium Emerici de Chavurcho, burgensis de Rupella, et heredum suorum, ita quod idem Emericus et heredes sui sint in perpetuum intendentes et respondentes predicto Stephano archiepiscopo et successoribus suis, tamquam dominis suis, et eis serviant, salva fide nostra et heredum nostrorum, et sint liberi et quieti per omnes terras nostras a gaillagio, theloneo, passagio, pontagio et omnibus aliis consuetudinibus et exactionibus ad nos et heredes nostros pertinentibus. — Quare volumus et firmiter precipimus quod predicta ecclesia Cantuariensis et predictus Stephanus archiepiscopus et successores sui habeant et teneant in perpetuum predictum homagium et predictum servicium ejusdem Hemerici et heredum suorum, bene et in pace, libere, quiete et integre, sicut predictum est. — Quod ut perpetue stabilitatis robur obtineat, presentem paginam sigilli nostri auctoritate et regii nominis karactere inferius annotato confirmamus. — Actum apud Rupellam, anno Dominice incarnationis M° CC° vicesimo quarto, regni vero nostri secundo; astantibus in palacio nostro quorum nomina supposita sunt et signa : Dapifero nullo. Signum Roberti buticularii. Signum Bartholomei camerarii. Signum Mathei constabularii. Data per manum Guarini (*hic monogramma effingitur*) Silvanectensis episcopi, cancellarii.

Sur la date du mois que nous assignons à cette charte, voyez l'observation précédente. Nous la publions d'après la copie insérée dans l'acte de confirmation donné à la Rochelle par Alphonse, comte de Poitiers, en juillet 1241. Il en est de même pour les deux chartes suivantes.

1665   La Rochelle. 1224. (Août.)

(J. 192. — Poitou, II, n° 4. — Copie authentique.)

Ludovicus Franciæ rex ratas habet et confirmat litteras a Ricardo ut comite Pictavensi; item litteras ab eodem ut rege Angliæ; item litteras Alienoris Angliæ reginæ, ducissæ Normanniæ, Aquitaniæ, comitissæ Andegavensis, datas de pondere Rupellæ Petitæ uxori Guillelmi Legerii et ejus heredibus concesso. — « Actum apud Rupellam, anno Dominice incarnationis M° CC° vicesimo quarto, regni vero nostri anno secundo; astantibus in palatio nostro quorum nomina supposita sunt et signa: Dapifero nullo. Signum Roberti buticularii. Signum Bertholomei camerarii. Signum Mathei constabularii. Datum per manum Garini Silvanectensis (*locus monogrammatis*) episcopi, cancellarii. »

Voyez l'observation à la suite du n° 1663, et t. I, p. 149, le n° 352.

1666   La Rochelle. 1224. (Août.)

(J. 190 B. — Poitou, I, n°s 83 et 84. — Copies.)

Ludovicus Franciæ rex notum facit se Girardo de Camera, dilecto et fideli burgensi suo de Rupella, et ejus heredibus dedisse et concessisse quietanciam de tallagio, submonitionibus, exercitu et auxilio exercitus, necnon quietanciam, pro omnibus rebus et marchandisiis eorum, ab omnibus consuetudinibus ad se pertinentibus per totam terram suam, tam per terram quam per aquam; et insuper voluisse ut predictus Girardus et ejus heredes non ponerentur in placito de aliqua re nisi coram rege vel coram capitali ejus ballivo Pictavensi, utque omnes terras, tenementa et feoda, ab eis rationabiliter acquisita et acquirenda, libere et pacifice tenerent. — « Que omnia, ut perpetue stabilitatis robur obtineant, presentem paginam sigilli nostri auctoritate et regii nominis caractere inferius annotato confirmamus. Actum apud Rupellam, anno Dominice incarnationis M° CC° vicesimo quarto, regni vero nostri secundo; astantibus in palatio nostro quorum nomina supposita sunt et signa: Dapifero nullo. Signum Roberti buticularii. Signum Bartholomei camerarii. Signum Mathei constabularii. Datum per manum Guarini (*locus monogrammatis*) Silvanectensis episcopi, cancellarii. »

Le n° 83 porte des traces de sceau; le n° 84 est une copie dont le texte est identique, mais qui n'a pas été scellée. — Sur la date de mois assignée à cette pièce, voyez l'observation à la suite du n° 1663.

1667   La Rochelle. 1224. Août.

Ludovicus rex fructus regalium episcopatus Lemovicensis Hugoni de Lizegnano in recompensationem Mausiaci concedit.

(J. 347. — Régale, I, n° 126. — Original. = J. 270. — La Marche, n° 6 *bis*. — Déficit.)

Ludovicus Dei gracia Francie rex, omnibus presentes litteras inspecturis salutem. — Noveritis quod, cum karissimus et fidelis noster Hugo de Lizegnano, comes Marchie, teneret Mausiacum pro dotalitio Agathe neptis sue, et super Mausiacum haberet quingentas libras Turonensium quas dederat dicte nepti sue in maritagium, sicut dicebat, et sexcentas et sexaginta sex libras Turonensium quas posuerat in forteicia Mausiaci facienda, et diceret quod habere debebat ballum Mausiaci usque ad decennium, Nos, quia recepimus Guillelmum de Asperomonte in hominem ligium de Mausiaco, volentes jus dicti comitis illesum conservari, tradidimus eidem comiti fructus regalium episcopatus Lemovicensis habendos et percipiendos quamdiu nobis placuerit. — Si autem contingeret quod nos fructus dictorum regalium ad manum nostram revocaremus, vel quod idem comes propria voluntate sua eos dimitteret, idem comes rediret ad demandam suam de Mausiaco, et nos facere teneremur quod inde dictarent karissimi et fideles nostri Ingerannus de Cociaco, Robertus de Cortenaio Francie buticularius et Matheus de Montemorenciaco Francie constabularius, in quos nos et idem comes super premissis fecimus compromissionem; ita quod, si dicti tres interesse non possint huic dicto proferendo, nos et comes staremus dicto duorum dictatorum ex predictis; et quicquid receperit comes de fructibus regalium episcopatus Lemovicensis computabitur eidem comiti in eo quod ei teneremur facere per dictum dictorum trium dictatorum, vel duorum ex ipsis, si tres interesse non possint. — Volumus etiam ut dominus Mausiaci et homines ejusdem loci reddant comiti predicto debita que debent eidem et hominibus suis, si tamen eadem debita recognita fuerint vel probata. — Actum apud Rupellam, anno Domini M° CC° XXIIII°, mense augusto.

Traces de sceau pendant sur double queue. (Voy. l'*Inventaire*, n° 40.) — Le duplicata de ces lettres de Louis VIII, coté autrefois la Marche, n° 6 *bis* (J. 270), et qui actuellement est en déficit, était également scellé. Ce duplicata est indiqué dans l'inventaire de Dupuy sous la date de 1214, mais l'erreur est évidente.

1668. La Rochelle. 1224. Août.

(J. 374. — Comtes de la Marche et d'Angoulême, n° 1. 3. — Original scellé. = J. 270. — La Marche, n° 6 *bis*. — Déficit.)

Litteræ Hugonis de Lizegnano super compromisso a se inito cum domino rege quoad Mausiacum. Quæ quidem ipsissimis verbis ac præcedentes Ludovici regis litteræ constant, mutatis scilicet mutandis. — « Actum apud Rupellam, anno Domini M° CC° vicesimo quarto, mense augusto. »

Scellées, en cire blanche, sur double queue, du sceau de Hugues X de Lusignan, comte de la Marche et d'Angoulême, décrit dans l'*Inventaire* sous le n° 834.

1669. 1224. Août.

Litteræ conventus B. Salvii de Monsterolio ut regalia Simoni abbati suo deliberentur.

(J. 346. — Régale, I, n° 5. — Original scellé.)

Excellentissimo patri et domino suo Ludovico, Dei gratia regi Francorum illustrissimo, humiles ejus monachi conventus Beati Salvii de Monsterolio salutem et orationes devotas in Xpristo. — Domnum Simonem latorem presentium, quem nos de communi assensu, ex ecclesie nostre gremio, virum providum et honestum, elegimus in abbatem, vestre presentamus majestati, suplicantes humiliter quatinus, hanc nostram acceptantes electionem, eidem concedere velitis regalia domus nostre, scientes pro vero nos esse certos quod dominus Fulkerius, quem nos primo elegeramus, in itinere et labore de Romana curia redeundi viam universe carnis est ingressus. — Actum anno gratie M° CC° XX° quarto, mense augusto.

Ces lettres sont scellées, en cire blanche, sur simple queue, du sceau du monastère de Saint-Sauve de Montreuil-sur-Mer, décrit dans l'*Inventaire* sous le n° 8305.

1670. 1224. Septembre.

Litteræ Leberti decani et capituli Aurelianensis de manumissionibus.

(J. 170. — Orléans, n°s 12 et 12 *bis*. — Originaux scellés.)

L. (Lebertus) decanus et universum Aurelianense capitulum, universis presentes litteras inspecturis salutem in Domino. — Noverint universi quod nos ad consequentiam in posterum trahere non poterimus gratiam quam dominus noster Ludovicus, Dei gratia Francorum rex, nobis fecit super eo videlicet quod nobis concessit, ad exemplum progenitoris sui inclite recordationis Ph. quondam Francorum regis illustris, ut servos nostros et ancillas nostras, extra terram nostram conmorantes, ubicumque inventi fuerint, auctoritate sua et nostra manumittamus; tali modo quod, si de servitute eorumdem hominum inter nos et ipsos quos de servitute impetemus oriatur contentio, per juramentum legitimorum hominum, sine duello, eos servos approbemus et manumittantur. Si autem idem homines noluerint manumitti, pro modo facultatum suarum tallientur. — Actum anno Domini M° CC° vicesimo quarto, mense septembri.

La pièce cotée n° 12 est scellée en cire blanche, sur double queue, du sceau de Lebert, doyen du chapitre de Sainte-Croix d'Orléans, sceau décrit dans l'*Inventaire* sous le n° 7554. La pièce cotée n° 12 *bis* est scellée du sceau du chapitre, décrit sous le n° 7248. Le texte des deux pièces est identique, si ce n'est que le mois, *mense septembri*, n'est pas exprimé dans la charte du chapitre.

1671. 1224. Octobre.

Giroldus abbas et conventus Curiæ Dei declarant qui hospites in domo sua apud Boscum-communem sint admittendi.

(J. 426. — Obligations, IV, n° 4. — Original scellé.)

Ego frater G. (Giroldus) Curie Dei abbas totusque ejusdem loci conventus notum facimus universis quod in domo nostra, quam habemus apud Boscumcommunem de elemosina defuncti Rad. de Buxeriis, non possumus aliquem hospitari qui debeat domino regi talliam, demandam, exercitum vel equitationem; sed tantummodo possumus in eadem domo tales hospitari qui sint de manipastu nostro. — Nec in eadem domo vinum vendere poterimus quamdiu durabit bannus domini regis de vino suo vendendo. — In cujus rei memoriam et testimonium, presentes litteras sigillo nostro sigillatas duximus domino regi concedendas. — Actum anno Dominice incarnationis M° CC° vicesimo quarto, mense octobri.

Cette charte est scellée, en cire verte, sur double queue, du sceau anonyme dont se servait Girold (Giroldus), abbé du monastère de la Cour-Dieu au diocèse d'Orléans, sceau décrit dans l'Inventaire sous le n° 8686.

1672   1224. Octobre.
(J. 731. — Eaux et Forêts, n° 42. — Original scellé.)

Richardus abbas Liræ totusque ejusdem loci conventus recognoscunt se totum jus quod habebant in foresta Bretolii, præter pasnagium, herbagium et decimam de exitibus prædictæ forestæ, quæ sibi retinent, karissimo domino suo Ludovico regi Franciæ illustri et ejus heredibus in perpetuum quittare; præfatum vero dominum regem, in recompensationem prædictæ cessionis, sibi septingenta et sexaginta arpenta nemoris, ad perticam regiam, de quibus facturi sunt omnimodam voluntatem suam, sicut de re sua propria, sine retentione custodiæ, in perpetuum donasse et concessisse. — « Quod ut firmum et stabile in posterum perseveret, presentes litteras sigillorum nostrorum munimine fecimus confirmari. — Actum anno Dominice incarnationis M° CC° vicesimo quarto, mense octobris. »

Deux sceaux en cire verte pendants sur lacs de soie rouge et verte. — Le sceau de Richard, abbé du couvent de Notre-Dame de Lire au diocèse d'Évreux, est décrit dans l'Inventaire sous le n° 8797, et le sceau de l'abbaye sous le n° 8264.

1673   Paris. 1224. Novembre.
Amalricus dux Narbonæ Heliam Rudelli, dominum Brageriaci, homagio suo absolutum declarat.
(J. 318. — Toulouse, IX, n° 28. 1. — Copie ancienne.)

Notum sit omnibus presentes litteras inspecturis quod nos Amalricus, divina providentia dux Narbone, comes Tholose et dominus Montisfortis, composuimus amicabiliter cum nobili viro Helya Rudelli, domino Brageriaci, et remisimus eidem omnem iram, odium et rancorem que forte habebamus antea erga ipsum; et habemus ipsum pro amico nostro. — Volumus eciam et dedimus ei licentiam quod ipse fecerit homagium domino nostro L. karissimo regi Francie. Reddidimus etiam eidem litteras suas quas habebamus super homagio suo et pactis aliis, quibus ipsum universi, tam presentes quam posteri, a nobis noverint absolutum. — Et ut istud semper permaneat illibatum et robur obtineat in futurum, super hoc dedimus prefato nobili viro Helye Rudelli litteras nostras sigilli nostri munimine roboratas. — Actum Parisius, anno ab incarnatione Domini M° CC° XXIIII, mense novembri.

1674   Reims. 1224. Novembre.
Charta homagii quod Helias Rudelli, dominus Brageriaci, domino regi præstitit.
(J. 622. — Hommages, II, n° 12. — Original scellé.)

Ego Helias Ridelli, dominus Brejeriaci, notum facio universis presentes litteras inspecturis quod ego feci karissimo domino meo Ludovico, regi Francie illustri, hominagium ligium contra omnes homines et feminas qui possunt vivere et mori; et juravi fidelitatem ipsi et heredibus suis in perpetuum, et quod domino regi vel heredibus suis, vel certo nuncio suo, reddam castra et fortericias meas, ad magnam vim et ad parvam, quandocumque exinde fuero requisitus. — Et hec sunt feoda que teneo de domino rege : Brejeriacum, cum honore et pertinentiis; Genciacum, cum honore et pertinentiis; Castellionem, cum terra de intra Dordoniam; Clarentium, cum pertinentiis, et honorem turris. — In cujus rei testimonium, presentes litteras sigillo meo sigillavi. — Actum Remis, anno Domini M° CC° vicesimo quarto, mense novembri.

Sceau d'Hélie Rudel (H. Rudelli), seigneur de Bergerac; cire blanche, double queue, décrit dans l'Inventaire sous le n° 3478.

1675   Reims. 1224. Novembre.
(J. 318. — Toulouse, IX, n° 28. 2. — Copie ancienne.)

Ludovicus Franciæ rex, pro se et successoribus suis, sese obligat ad homagium, quod ab Helya Rudelli de Brageriaco castro et tota alia ejus terra accepit, e manu regia nunquam amovendum. — « In cujus rei testimonium, presentes litteras ei duximus concedendas. Actum Remis, anno Domini M° CC° XXIIII, mense novembri. »

1676   1224. Novembre.
(J. 215. — Neuchâtel, n° 1. — Original scellé.)

B. (Bernardus) abbas de Pratellis et ejusdem loci conventus notum faciunt se sedem molendinorum suorum super aquam Dieppæ, inter vadum Petrosum et Novum-

Castellum sedentium, necnon terram necessariam ad exclusas præfatorum molendinorum reficiendas et reparandas, domino regi Francorum concessisse, et in recompensationem ab eo recepisse quadraginta solidos usualis monetæ sibi annuatim in festo S. Michaelis a vicecomite Novi-Castri persolvendos, cum dimidia acra prati, in pratis domini regis versus Novam-Villam, pacifice possidenda. — « In cujus rei testimonium, sigillum nostrum et capituli nostri apposuimus. Actum anno Domini M° CC° XXIIII°, mense novembri. »

Scellé, en cire blanche, sur double queue, du sceau de Bernard, abbé du monastère de Préaux au diocèse de Lisieux, et du sceau de l'abbaye, décrits dans l'*Inventaire* sous les n°s 8966 et 8344.

1677 Baziège. 1224. Décembre.
Jeudi 5, 12, 19 ou 26 décembre.
(J. 320. — Toulouse, XI, n° 36. — Original.)

Instrumentum, per litteras alphabeti divisum, quo declarantur pactiones conjugales inter Arnaldum de Vadegia et Austorgam ejus uxorem initæ de dote quam ab ea accepit et de dotalitio quod eidem constituit. — « Hoc autem factum fuit in villa de Vadegia, mense decembri, feria v, regnante Lodoyco Francorum rege, Raimundo Tolosano comite, Fulcone ephiscopo. — Hujus rei sunt testes : R. Catalanus vicarius domini comitis, Guillelmus de Varanano, Bertrandus dictus filius predicti Arnaldi de Vadegia qui hoc totum, ut supra dictum est, voluit et concessit, et ejus consilio et voluntate factum fuit, et Bernardus de Monte-Esquivo, R. de Varanano, etc. (*sequuntur sex nomina*), et Petrus Martinus, notarius castri Avinionis, qui mandato predictorum hanc cartam scripsit anno M° CC° XX° IIII° ab incarnatione Xpisti. »

1678 1224. Décembre.
Litteræ quibus Galeranus de Ivriaco, vicecomes Meledunensis, partem suam Bellifortis Ludovico regi transmittit.
(J. 178. — Anjou, n° 5. — Original.)

Ego Galerannus de Ivriaco, vicecomes Meledunensis, dominus Mosterolii, notum facio universis presentes litteras inspecturis me, de voluntate et assensu karissime uxoris mee Agnetis, quitasse karissimo domino meo Ludovico, regi Francie illustri, quicquid habebam apud Bellumfortem pro centum libratis redditus ad Turonenses, quas idem dominus rex pro quitacione ista facienda dedit michi in prepositura sua Losduni, in festo Omnium Sanctorum annuatim capiendas, quousque videlicet pueri prefate uxoris mee, quos ex vicecomite Meleduni suo quondam marito concepit, ad adultam devenerint etatem. — Quod ut firmum sit et stabile, presentes litteras sigilli mei munimine confirmavi. — Actum anno incarnationis Dominice M° CC° vicesimo quarto, mense decembri.

Traces de sceau pendant sur double queue. — Le sceau de Galeran d'Ivry, vicomte de Melun, n'a pas été retrouvé.

1679 1224. Décembre.
Pactiones initæ inter Galterum Risnelli et burgenses de Novo-Castro.
(J. 197. — Champagne, V, n° 20. — Original.)

Ego Galterus dominus Risnelli omnibus, tam presentibus quam futuris, notum facio quod ego tales feci pactiones cum burgensibus de Novo-Castro : quod, videlicet, a singulis familiis burgensium que de Novo-Castro venient ad manendum sub me, habebo singulis annis unam marcam argenti, et nichil amplius ab eis potero exigere vel extorquere, nisi pro forefacto ipsorum. Quod quidem forefactum, si forte factum fuerit, judicabitur et emendabitur per jus. — De istis autem conventionibus tenendis et firmiter observandis, karissimum dominum meum Theobaldum, Campanie et Brye comitem palatinum, posui in plegium et responsorem erga eosdem burgenses; ita quod, si me contra conventiones predictas venire contingeret, volui et concessi ut dictus comes inde se caperet ad feodum quem teneo de ipso, sine se meffacere et sine fidem mentiri, et ipsum feodum in manu sua tamdiu teneret donec esset sufficienter emendatum. — In cujus rei testimonium, presentes litteras sigilli mei munimine roboravi. — Datum anno gratie M° CC° vicesimo quarto, mense decembri.

Traces de sceau pendant sur cordelettes de soie rouge, verte et blanche. — Voyez, dans l'*Inventaire*, n° 3394, la description du sceau de Gautier sire de Risnel.

1680 1224. Décembre.
Matfredus de Rabastens partem suam castri Podiicelsi cum Raimundo comite Tolosano, pro castris de Cestarol et de Cofolentz, permutat.
(J. 330. — Toulouse, XXI, n° 11. — Original.)

In nomine Domini. Certum sit et manifestum presentibus et futuris presentem paginam inspecturis, quod ego Matfredus de Rabastenx, mera et spontanea voluntate, nec fraude nec aliqua machinatione inductus vel dolo, permuto et ex causa permutationis firme et inrevocabilis trado vobis domino Ramundo, Dei gratia duci Narbone, comiti Tolose, marchioni Provincie, totam partem meam castri de Podiocelso pro castris de Cestarol et de Cofolentz, que ex causa dicte permutationis mihi dedistis et tradidistis, sic quod inde me teneo pro paccato et exceptioni rei non accepte seu tradite renuntio; et pro dicta permutatione insuper mihi dedistis tria milia solidorum Caturcensium, de quibus confiteor mihi satisfactum esse a vobis vera et reali numeratione, renuncians exceptioni non solute et non numerate pecunie, et exceptioni in factum, et omni alii juri mihi super hoc competenti. — Permuto si quidem et ex causa permutationis trado vobis domino comiti supradicto et successoribus vestris partem meam dicti castri, pleno jure et perpetuo possidendam, libere et quiete, et eam de meo jure in vestrum transfero. — Permuto, inquam, dictam partem meam liberam et absolutam et absque omni inpedimento, per me et per omnes successores meos, cum omnibus pertinentiis suis, videlicet munitionis et ville, et hominum, et mulierum, et edificiorum, sensuum (*sic*) et justiciarum, et firmantiarum, et toltarum, et quistarum, et ademprivorum, et juriditionis et tocius dominationis et juris ad me pertinentis in predicto castro, intus et extra, scilicet in molendinis, aquis aquarumve decursibus, nemoribus, patuis, prediis cultis et incultis, et tocius dominacionis et juris ad me pertinentis in tenemento et honore seu territorio dicti castri, et in omnibus hic expressis et non expressis que occasione predicti castri ad me pertinent vel pertinere debent, excepto jure quod ego habeo apud Rocam, vel aliquis pro me, cocumque (*corr.* quocumque) modo; pro quo jure, quod ego ibi habeo vel aliquis per me, debeo vobis facere albergam singulis annis ad decem equos; et excepto eo quod Berengarius de Sancto Gervasio habebat apud Paracoll; et excepto eo quod habeo apud Pennam et apud Lussnag et in honore. — Promitto insuper per sollemnem stipulationem, et sub obligatione omnium bonorum meorum, per me et per omnes successores meos, vobis, domino comiti supradicto et successoribus vestris, me dictam partem, cum omnibus pertinentiis suis, jure salvare et defendere; et ratione evictionis in totum [vel] in partem contingentis, me vobis obligo et omnia bona mea, si forte uxor mea, vel aliquis homo seu mulier, a vobis aliquid peteret vel jure evinceret. — Et si dicta pars plus valet eo quod mihi datis ex causa dicte permutationis, illud totum vobis et vestris gratis dono donatione firma inter vivos facta, renuncians omni juri scripto et non scripto, canonico et civili, promulgato et promulgando, competenti et competituro. — Predicta autem castra de Sestarol et de Coffolentz, ego et omnes heredes et successores mei tenebimus a vobis in feudum, et inde erimus vestri milites et vestri homines; et inde exercitum et cavalgadam, et placitum, et guerram, contra quoslibet facere volueritis, faciatis. — Et quod predictam permutationem et omnia supradicta, sicut melius ad utilitatem vestram intelligi possunt, teneam et observem, et contra ea nullo jure nullaque ratione veniam, per me vel per interpositam personam, per stipulationem et sub obligatione omnium bonorum meorum vobis promitto et sacrosanctis Evangeliis corporaliter tactis gratis juro, cognoscens sub eodem sacramento quod totum dominium ipsius castri et totum quicquid habebam in ipso castro, et totum quicquid ad me pertinebat pro ipso castro, tenebam a vobis in feodum et inde eram vester miles et vester homo. — Et ego Willelmus de Rabastenx filius Matfredi de Rabastenx supradicti, cognoscens me esse xv. annorum, dictam permutationem et omnia supradicta laudo, concedo et confirmo. Et quod ita teneam et observem et contra nullo tempore veniam, tactis corporaliter sacrosanctis Evangeliis, juro.

Idcirco nos Raimundus, Dei gratia dux Narbone, comes Tolose, marchio Provincie, gratis et bona fide, nec dolo nec fraude nec aliqua machinatione inducti, permutamus et ex causa permutationis firme et inrevocabilis tradimus tibi Matfredo de Rabastenx castrum de Sestarol et de Cofolentz pro tua parte castri de Podiocelso, quam ex causa dicte permutationis mihi dedisti et tradidisti, sic quod inde nos tenemus pro paccatis et exceptioni rei non accepte seu tradite renunciamus, et omni alii juri nobis super hoc competenti. — Permutamus siquidem et ex causa permutationis tradimus tibi Matfredo de Rabastenx supradicto et successoribus tuis dicta castra de Sestarol et de Cofolentz, pleno jure et perpetuo possidenda, libere et quiete, et ea de nostro jure in tuum transferimus. — Permutamus, inquam, dicta castra nostra libera et absoluta, et absque omni impedimento, et sine alberga et quista quam ibi vel inde non habeamus, et sine exercitu vel cavalgada nisi de aliis locis Albiensis diocesis exercitus vel cavalgada exiret; de quibus aliis locis si pro ipso exercitu vel cavalgada pecuniam haberemus, de ipsis castris nullam pecuniam habeamus; sed tu inde tibi servias et de alberga sicut volueris. — Permutamus siquidem predicta castra per nos et per omnes heredes et successores nostros, cum omnibus pertinentiis suis, et totum quicquid ibi habemus, videlicet homines et mulieres, et edificia, et census, et justicias, et firmantias, et toltas, et quistas, et adempriva, et stratas, et pedagia terre et aquarum, et juriditiones, et omnes dominationes et jura ad nos pertinentia in predictis castris, intus et extra, in molendinis et aquis aquarumve decursibus, nemoribus, patuis, prediis cultis et incultis, et omnes dominationes et jura ad nos pertinentia in tenemento et honore seu territorio dictorum castrorum et in omnibus expressis et non expressis, que occasione predictorum castrorum ad nos pertinent vel pertinere debent. — Promittimus insuper, per sollempnem stipulationem, per nos et per omnes successores nostros, tibi Matfredo supradicto et successoribus tuis, nos de jam dictis castris et pertinentiis suis jure esse guirentes et defensores. Et si dicta castra plus valent eo quod nobis dedisti ex causa dicte permutationis, illud totum tibi et tuis donamus donatione firma et inter vivos facta, renunciantes omni juri nobis competenti vel competituro. — Promittimus insuper tibi Matfredo supradicto et tuis quod aliquem hominem vel homines de Roca, qui sit tuus vel illorum qui per te aliquid ibi tenent, nec aliquem hominem seu homines de Garda vel de honore nunquam admittemus, in libertatibus quas forte daturi sumus hominibus Podiicelsi. — Pro qua permutatione, quam tu, Matfrede supradicte, fecisti nobis de Podiocelso, damus Comtoresse filie tue Bertrandum fratrem nostrum in virum, et eidem Bertrando, et infantibus quos a dicta filia tua habuerit, et eorum ordinio, in perpetuum damus et concedimus Bruniquellum et honorem, Montemclarum et honorem, et Salvaniacum et honorem : eo videlicet modo quod, si predicta filia tua Bertrando fratri nostro supervixerit, et ex ea infantem vel infantes habuerit, quamdiu sine viro stare voluerit, habeat et teneat predictam hereditatem. Si vero alii viro adherere vellet, laudamus et concedimus, et donamus predicte filie tue, cum infante et sine infante, ad faciendum suam voluntatem, decem milia solidorum Caturcensium, quos eidem assignamus super Salvaniacum et super honorem, ut ipsum castrum habeat et teneat et honorem, quousque nos eidem filie tue predictam pecuniam persolvamus. — Et quod ita hec omnia teneamus et nullatenus unquam contraveniamus, tactis corporaliter sacrosanctis Evangeliis juramus. — Actum fuit hoc et laudatum mense decembri, anno incarnationis Dominice M. CC. XX. quarto. Horum omnium sunt testes : Sicardus vicecomes Lautricensis, Poncius de Olargio, Pilusfortis de Rabastenx, Hugo del Faro, Bernardus de Penna, Calvetus de Malafalguerra, Berengarius de S. Johanne, Azemarius de Rabastenx, Poncius de Rabastenx, Arnaldus de Monteacuto, Guillelmus Saisset, Galterius Guitardi, Ysarnus de Tauriaco, Guillelmus de Brolio, Galterius de S. Johanne, Petrus de Galliaco, Bertrandus de Monasterio, et Johannes Aurioli, notarius domini comitis supradicti, qui mandato utriusque partis hec scripsit.

1681 1224. Décembre.
(J. 330. — Toulouse, XXI, n° 10. — Original.)

Instrumentum quo notum fit Raimundum de Roca et Guillelmum de Roca, pro seipsis et nepotibus suis filiis Ramerii, item Poncium de Turre et Guillelmum Ermengaudi totum dominium quod habebant vel habere debebant in castro Podiicelsi, intus et extra, domino Raimundo duci Narbonæ, comiti Tolosæ, Provinciæ marchioni et ejus heredibus pretio quinque millium solidorum Melgoriensium vendidisse. — « Actum fuit hoc et laudatum mense decembri, anno incarnationis Dominice M° CC° XX° quarto. Horum omnium sunt testes : Sicardus vicecomes

Lautricensis, Pilusfortis de Rabastenx, Bertrandus frater domini comitis supradicti, Poncius de Olargio, *octo alii*, et Johannes Aurioli, notarius domini comitis, qui mandato utriusque partis hoc scripsit. »

1682   Brée. 1224.

(J. 726. — Pierre de la Brosse, n° 3. — Original scellé.)

Radulphus dominus de Breis, inter Raginaudum de Sancto Martino Gaufridumque de Luigneio, ex una, atque nobilem mulierem Florentiam, uxorem quondam defuncti Petri de la Broce, ex altera parte, jus dicens, præfatæ Florentiæ unum arpentum prati siti apud Pinnacerias, tria quarteria prati apud fontem Marein et quædam alia, consilio prudentium virorum adjudicat, amota scilicet Gaufridi Brise-Chastel, militis, interlocutoria petitione. — « Quod ut rata in posterum permanerent, in facti memoriam, presentem cartulam conscribi fecimus, sigilli nostri munimine confirmatam. Actum juxta villam de Breis, anno Verbi incarnati millesimo ducentesimo vicesimo quarto. »

Sceau armorial de Raoul de Brée (dans le Maine, Mayenne, arr. de Laval); cire blanche, double queue; non décrit dans l'*Inventaire*. — Sur le sceau un écu palé de dix pièces portant en chef une fasce en devise; légende : S. RADULPHI DE BREIS. Au contre-sceau, une aigle éployée.

1683   Paris. 1224.

(J. 167. — Beauvais, n° 1. — Original.)

Ludovicus Francorum rex chartam Philippi genitoris sui, de communia anno 1182 Belvacensibus concessa, ratam habet et confirmat. — « Et ut perpetuum robur obtineat, sigilli nostri auctoritate et regii nominis karactere inferius annotato presentem paginam confirmamus. Actum Parisius, anno Dominice incarnationis M° CC° vicesimo quarto, regni vero nostri anno primo; astantibus in palatio nostro quorum nomina supposita sunt et signa : Dapifero nullo. Signum Roberti buticularii. Signum Bartholomei camerarii. Signum Mathei constabularii. Data per manum Garini Silvanectensis (*locus monogrammatis*) episcopi, cancellarii. »

Traces de sceau pendant sur cordelettes. — Voyez la charte originale de concession, n° 312, t. I, p. 131.

1684   1224.

De prisonia apud Rooni ab abbate et conventu S. Genovefæ Parisiensis sub beneplacito regis constructa.

(J. 152. — Paris, III, n° 5. — Original scellé.)

Ego Herbertus abbas totusque humilis conventus Sancte Genovefe Parisiensis, notum facimus universis quod, cum karissimus dominus noster Ludovicus rex Francorum illustris ad requisicionem nostram nobis concessisset quod, pro justiciandis hominibus nostris de Rooni tantummodo, prisoniam faceremus, nos presentibus litteris confitemur et concedimus quod nec ponere nec tenere possumus ipsos homines de Rooni vel alios qualescumque in dicta prisonia nostra nisi de voluntate et licentia ejusdem domini regis et quamdiu placuerit eidem. — In cujus rei memoriam et testimonium, presentes litteras sigillorum nostrorum munimine duximus roborandas. — Actum anno Domini millesimo ducentesimo vicesimo quarto.

Deux sceaux en cire verte, sur lacs de soie rouge et verte. — Le sceau d'Herbert, abbé de Sainte-Geneviève de Paris, est décrit dans l'*Inventaire* sous le n° 8936, et celui du couvent sous le n° 8330.

1685   1224.

(J. 198 A. — Champagne, VI, n° 53. — Copie.)

Theobaldus Campaniæ et Briæ comes palatinus notum facit se in speciali custodia et defensione sua et heredum suorum Campaniæ principum, fratres Monasterii in Argona, Cisterciensis ordinis, et eorum bona, videlicet, grangias de Veteri-Monasterio, Bellimontis, Guidonis-Vallis, de Vera, Spancie-Vallis, de Alodio et Novam-Grangiam suscepisse. — « Quod ut ratum permaneat, sigilli nostri munimine presentem paginam fecimus roborari. Actum anno Domini M° CC° XXIIII°. »

Cette charte de protection accordée par le comte de Champagne au monastère de Moutier en Argonne, diocèse de Châlons-sur-Marne, ne porte aucune trace de sceau; c'est une simple copie, mais qui, à en juger par l'écriture, a été faite dans le courant du treizième siècle.

1686   1224-25. 5 janvier.

Inquesta qua constat canonicos S. Audomari nullum jus incendii, nec ullam aliam justitiam habere apud Horinkohan, Motam et Eske.

(J. 734. — Titres mêlés, n° 11. — Original.)

Guillelmus de Herefaut miles juratus dixit : quod vidit melleiam fieri inter homines Morinenses et homines de Eske, in qua interfectus fuit Bodinus Botecharete, tempore comitis Philippi; quod audiens comes precepit inde justiciam fieri, et castellanus Sancti Audomari peciit a comite Philippo quod faceret justiciam in castellania sua, et combussit domum Simonis de Muehem in parrochia de Eske.

Similiter castellanus de Berkes combussit in castellania sua, pro eodem forisfacto, domum predicti Guillelmi de Herefaut apud Herefaut et domum majoris Hedini apud Eske. Item Gilebertus de Aria, senescallus Philippi comitis, combussit pro eodem forisfacto, apud Eske, domum Guillelmi Rufi de Calceia, et domum Guillelmi Boteri, et domum Guillelmi Rufi de Eske.

Item predictus Guillelmus de Herefaut miles dixit : quod vidit, tempore Philippi comitis, quod Gilebertus de Aria, senescallus ejusdem, pro interfectione facta apud Eske de Stephano Bilike, combussit domum Simonis de Eske.

Item predictus Guillelmus juratus dixit : quod canonici Sancti Audomari apud Horinkohan, et apud Motam et apud Eske, ubi Stephanus ballivus Sancti Audomari fecit incendium, nullum possunt facere nec debent incendium, nec in eisdem locis nullam habent justiciam, nisi tantummodo tres solidos pro lege, quos habent quando non habent suos redditus ad diem terminatam.

Eustachius miles de Bilike juratus dixit : quod vidit incendia que Gilebertus de Aria, senescallus Philippi comitis, fecit apud Eske de domo Simonis de Conberone pro morte Stephani de Bilike; et dixit idem quod Guillelmus miles de Herefaut de incendiis factis pro morte Bodini Botekarete, sicut supradictum est. Dixit etiam quod canonici Sancti Audomari nullum habent incendium apud Horingehan nec apud Motam, nec justiciam, nisi tantum tres solidos de lege, quando non habent redditus suos ad diem statutam.

Adam prepositus Morinensis juratus dixit : se scire quod Philippus comes, ad clamorem Desiderii episcopi Morinensis, fecit fieri justiciam apud Eske et alibi, sicut predictum est; et nescit nominare illos quorum domus fuerunt combuste.

Johannes li Holiers de Eska juratus dixit idem per omnia quod Guillelmus de Herefaut miles; et dicit quod fuit serviens Girardi prepositi Sancti Audomari et Galteri successoris ejus per duodecim annos et amplius, nec vidit unquam quod dicti prepositi vel canonici Sancti Audomari facerent justiciam incendii apud Eske nec alibi; et vidit latronem ibidem captum a canonicis et adduci ad Sanctum Audomarum et tradi justiciariis Philippi comitis.

Egidius miles de Ruenesane juratus dixit idem per omnia quod Guillelmus de Herefaut.

Clarenbaudus Hukiaus burgensis Morinensis juratus dixit idem per omnia quod Guillelmus de Herefaut, excepto hoc quod de morte Stephani de Bilike nichil scit; et dicit quod Philippus comes nullatenus voluit pati quod canonici Sancti Audomari vel prepositus ejusdem ville aliquam facerent justiciam in dictis locis.

Castellanus Sancti Audomari juratus dixit idem per omnia quod Guillelmus de Herefaut miles.

Actum anno Domini M° CC° XXIIII°, mense januario, in vigilia Epiphanie.

<small>Dans le principe, deux sceaux, dont il ne reste plus que les attaches, scellaient cette enquête, et rien dans l'acte n'indique par qui ils avaient été apposés.</small>

1687   Sens. 1224-25. 14 janvier.

De Noolum forteritia domino regi, ad magnam vim et parvam, a G. de Pratis tradenda.

(J. 261. — Sens, n° 4. — Original scellé.)

Omnibus presentes litteras inspecturis, Willelmus abbas totusque conventus ecclesie Beati Johannis Senonensis, salutem in Domino. — Universitati vestre notum facimus quod nos Garnero de Pratis dedimus in mandatis et volumus ut domino regi Francie juret quod ipse tradet fortericiam suam de Noolum, que de feodo nostro movet, eidem domino regi et heredibus ipsius vel eorum mandato, ad magnam vim et ad parvam, quocienscumque super hoc idem Garnerus fuerit requisitus. Hoc eciam sacramentum volumus fieri ab heredibus predicti Garneri quando fortericiam predictam ad ipsos contigerit devenire et super hoc fuerint requisiti. — In cujus rei memoriam, presentes litteras sigillorum munimine fecimus roborari. — Actum Senonis, anno Domini M° CC° XX° IIII°, mense januario, in crastino Sancti Hylarii.

<small>Des deux sceaux qui avaient été apposés à cette charte, il n'en reste plus qu'un, celui de l'abbé Guillaume, décrit dans l'*Inventaire* sous le n° 9097; le sceau de l'abbaye de Saint-Jean de Sens a disparu, mais il est également décrit dans l'*Inventaire* sous le n° 8411, d'après un type appendu à un acte daté de 1207.</small>

1688   Sens. 1224-25. 14 janvier.

(J. 261. — Sens, n° 3. — Original scellé.)

Litteræ Galteri Senonensis archiepiscopi quibus ratam habet et confirmat præcedentem recognitionem domino regi factam a Willelmo B. Johannis Senonensis abbate et a Garnero de Pratis quoad forteritiam de Noolum. — « Nos etiam hoc volumus et concessimus et super hoc presentes litteras fecimus sigilli nostri inpressione muniri. Actum Senonis, anno gratie millesimo ducentesimo vicesimo quarto, mense januario, in crastino Beati Hylarii. »

Ces lettres sont scellées, en cire verte, sur double queue, du sceau de Gautier III Cornut, archevêque de Sens, décrit dans l'*Inventaire* sous le n° 6390.

1689   1224-25. Janvier.

(J. 206. — Reims, n° 4. — Original scellé.)

B. (Balduinus) præpositus, P. (Petrus) decanus, W. cantor, ceterique Remensis ecclesiæ fratres, notam faciunt compositionem, coram judicibus delegatis, videlicet abbate S. Victoris Parisiensis et ejus collegis, inter se, ex una, et illustrem dominam Blancham Campaniæ comitissam, tam nomine suo quam filii sui Theobaldi comitis agentem, ex altera parte, initam super querelis inter utrasque partes habitis de nemoribus Maurimontis, de nova villa in prædictis nemoribus, communi sumptu, ad consuetudines S. Manehuldis instituenda, de hominibus et mansionariis prædictæ ecclesiæ apud Maurimontem, de molendino et vivario apud Toul communi sumptu extruendis, et de exartis ab hominibus villæ Pontis faciendis. — « Nos autem, ut omnia supradicta rata permaneant et inconcussa, presentem paginam sigilli nostri munimine fecimus roborari. Actum anno Domini millesimo ducentesimo vicesimo quarto, mense januario. »

Les lettres de Blanche, comtesse de Champagne, du mois d'octobre 1212, relatives à la ville de Pont (peut-être Pont d'Arche, Ardennes, Mézières, voyez les n°ˢ 1024 et 1025, t. I, p. 383), sont textuellement relatées dans cet accord, qui est scellé, sur lacs de soie rouge et verte, du sceau en cire verte du chapitre de Notre-Dame de Reims, décrit dans l'*Inventaire* sous le n° 7289.

1690   Sens. 1224-25. Janvier.

(J. 731. — Eaux et Forêts, n° 38. — Original scellé.)

Severinus abbas Fontis-Johannis et ejusdem loci conventus notum faciunt karissimum dominum suum Ludovicum regem Franciæ sibi, divinæ pietatis intuitu, unum arpentum terræ apud Maudugnum, in parrochia Escheriarum, ad ibidem unam grancheam exstruendam, in perpetuum concessisse, ea lege ut nulla ibidem animalia præterquam equos haberent, et salva præfati regis jurisdictione. — « Actum Senonis, anno Domini M° CC° XXIIII°, mense januario. »

Scellé, en cire blanche, sur double queue, du sceau anonyme de l'abbé de Fontaine-Jean, au diocèse de Sens, décrit dans l'*Inventaire* sous le n° 8720, d'après un type appendu à un acte daté de 1214.

1691   1224-25. Janvier.

Litteræ Leberti decani et capituli Aurelianensis de consensu regis a se requirendo pro hominibus suis territorii Stampensis manumittendis.

(J. 170. — Orléans, n° 13. — Original scellé.)

Serenissimo domino suo Ludovico Dei gratia regi Francorum illustri, L. (Lebertus) decanus et universum Aurelianense capitulum, salutem in eo qui rex est regum et dominus dominantium. — Promittimus vobis et per presentes litteras nos obligamus, si de manumittendo homines nostros de corpore, qui de terra nostra in territorio Stampensi tenent vel manent in eadem, inter nos et ipsos convenerit, quod dabimus vobis ducentas libras Parisiensium pro consensu vestro super hoc habendo, et pro litteris vestris patentibus, tam nobis quam ipsis hominibus concedendis, que formam libertatis eis concesse contineant et initas inter nos et ipsos pactiones. Medietatem vero predicte pecunie sub premissa conditione vobis persolvemus in octabis instantis festivitatis Omnium Sanctorum, et aliam medietatem in octabis Nativitatis beati Johannis Baptiste post festum illud subsequentis. — Actum anno Domini M° CC° XXIII, mense januario.

Sceau du chapitre de l'église Sainte-Croix d'Orléans; cire blanche, double queue, décrit dans l'*Inventaire* sous le n° 7248.

1692   1224-25. Janvier.

(J. 323. — Toulouse, XIV, n° 69. — Original roman.)

Acte par lequel Bernard Bels déclare de sa bonne volonté mettre sa personne et tous ses biens, meubles et immeubles, en la puissance et sous la protection de R. de Dornha, s'engageant à lui payer chacun an XVIII d. Toulousains. De son côté, R. de Dornha promet audit Bernard Bels aide et protection envers et contre tous. — « Tot aissi, comeils de sobre dig es ni es escriut en aquesta carta, se reconoc e se autreiec per home a'n R. de Dornha e a tot so ordeng a presenza e a vista e a garda d'en B. Engelbert, e d'en R. del Poz jove, e d'en R. Ermengau e d'en Guailart de la Gleisa, li cal s'en donero e s'en autorguero per testimoni d'ambas partz, e d'en U[g] de Malaval qui anc cartam scripsit, mense januarii, anno ab Incarnacione Xpisti M. CC. XXIIII, regnante Lodoico rege, Raimundo Tolosano comite, Fulcone episcopo. »

1693 Latran. 1225. 13 février.

Litteræ Honorii papæ III baronibus et communitatibus Franciæ et Provinciæ pro Romano S. Angeli diacono cardinali quem ad partes Narbonenses legatum suum mittit.

(J. 428. — Albigeois, n° 3. — Copie authentique.)

Honorius episcopus, servus servorum Dei, dilectis filiis nobilibus viris, ducibus, comitibus, baronibus, necnon rectoribus et communitatibus civitatum et castrorum in regno Francie ac in Provincia et in Tarentasiensi, Bisuntinensi, Ebredunensi, Aquensi, Arelatensi et Viennensi provinciis constitutis, salutem et apostolicam benedictionem. — Cum negocia que in regno Francie ac in Provincia nobis iminent pertractanda, propter sui arduitatem virum multe constancie, multe circumspectionis exposcant, pro hiis dilectum filium nostrum R. (Romanum) Sancti Angeli diaconum cardinalem, morum et generis nobilitate conspicuum, et de circumspectione, industria et constancia specialiter commendabilem, providimus destinandum, concesso sibi plene legationis officio et data sibi libera potestate disponendi, ordinandi, diffiniendi et faciendi quecumque secundum datam sibi a Deo prudenciam viderit facienda. — Ideoque universitati vestre per apostolica scripta mandamus quatinus sicut personam nostram honorifice recipiatis eundem, et ei fideliter et efficaciter assistatis in omnibus in quibus ab eo fueritis requisiti, ita quod devotionem vestram in Domino commendare possimus, nec vos difficultatem aliquam incurrere secus faciendo possitis. Nos enim sentenciam, quam rationabiliter tulerit in rebelles, ratam habebimus et faciemus, auctore Deo, inviolabiliter observari. — Datum Laterani, idus februarii, pontificatus nostri anno nono.

Cette bulle est insérée, ainsi que la bulle suivante, dans un vidimus donné à Paris le 31 janvier 1225-26 par Guillaume, archevêque de Reims, et quinze autres prélats. Le vidimus était scellé, dans l'origine, de seize sceaux dont il ne reste plus que des fragments, mais qui sont tous décrits dans l'*Inventaire*. Ce sont les sceaux de Guillaume II de Joinville, archevêque de Reims (voyez l'*Inventaire*, n° 6345); Gautier III Cornut, archevêque de Sens (*Invent.*, n° 6390); Simon Ier de Sully, archevêque de Bourges (*Invent.*, n° 6303); Thibaud d'Amiens, archevêque de Rouen (*Invent.*, n° 6367); Jean Ier de Faye, archevêque de Tours (*Invent.*, n° 6413); Anselme de Mauni, évêque de Laon (*Invent.*, n° 6636); Milon Ier de Chatillon-Nanteuil, évêque de Beauvais (*Invent.*, n° 6513); Hugues II de Montréal, évêque de Langres (*Invent.*, n° 6618); Gérard de Bazoches, évêque de Noyon (*Invent.*, n° 6746); Adam, évêque de Térouane (*Invent.*, n° 6888); Garin, évêque de Senlis (*Invent.*, n° 6856); Gautier, évêque de Chartres (*Invent.*, n° 6568); Philippe Ier de Joui, évêque d'Orléans (*Invent.*, n° 6763); Henri de Villeneuve, évêque d'Auxerre (*Invent.*, n° 6479); Barthélemi de Marli, évêque de Paris (*Invent.*, n° 6787) et Pierre III de Cuisy, évêque de Meaux (*Invent.*, n° 6702). — Le vidimus est conçu en ces termes : « W. Dei gratia Remensis, Senonensis, Bituricensis, Rothomagensis et Turonensis archiepiscopi; Laudunensis, Belvacensis, Lingonensis, Noviomensis, Morinensis, Silvanectensis, Carnotensis, Aurelianensis, Autissiodorensis et Meldensis episcopi, omnibus presentes litteras inspecturis salutem in Domino. — Noverit universitas vestra nos inspexisse et legisse quedam rescripta apostolica, ad nos et alios prelatos et barones regni Francie et quarumdam vicinarum provinciarum directa, quorum tenorem verbo ad verbum, prout in bullatis continetur auctentice, duximus presentibus inserenda (sic) : Honorius episcopus servus servorum Dei, etc. — Ne ergo super tenore rescriptorum hujusmodi aliqua dubitatio in posterum oriatur, ea fideliter transcripta sigillis nostris duximus munienda. — Datum Parisius, anno gratie M° CC° vicesimo quinto, II. kalendas februarii. »

1694 Latran. 1224-25. 14 février.

Litteræ Honorii papæ III prælatis Franciæ et Provinciæ pro Romano cardinali quem legatum suum ad partes Narbonenses mittit.

(J. 428. — Albigeois, n° 3. — Copie authentique.)

Honorius episcopus, servus servorum Dei, venerabilibus fratribus archiepiscopis et episcopis, et dilectis filiis abbatibus, prioribus et aliis ecclesiarum prelatis in regno Francie ac in Provincia constitutis, et Tarientasiensi, Bisuntinensi, Ebredunensi, Aquensi, Arelatensi, et Viennensi archiepiscopis et eorum suffraganeis, nec non abbatibus et aliis ecclesiarum prelatis consistentibus in diocesibus eorumdem, salutem et apostolicam benedictionem. — Mirabiles elationes maris, set mirabilior Dominus in excelsis, quia quantumcumque mundanarum tempestatum fluctus contra navem Petri, Ecclesiam videlicet, intumescant, quantumcumque dormire videatur Dominus in eadem, ipsam agitari procellis et fluctibus concuti permittendo, excitatus tamen suorum clamore fidelium clamantium toto corde, surgens ventis imperat atque mari, fitque magna tranquillitas ita ut videntes divinam potenciam admirentur. — Sane miserabilis status, immo stabilis miseria Narbonensis provincie ac circumadjacentium regionum diu nos et anxietate torsit et dubietate suspendit, anxiantes quidem viam invenire ac modum quibus possemus relevare negocium pacis et fidei quod in partibus illis videtur quasi penitus corruisse, et e contrario dubitantes ne terra illa sic ex toto esset in salsilaginem versa quod cassus et inanis existeret labor noster et ne possemus, quantacumque culture adhibita diligentia, optatos ex ea manipulos reportare, cum non videatur illi esse similis de qua legitur : « terra, sepe venientem super se bibens imbrem et herbam generans, illis a quibus colitur oportunam accipiet benedictionem a Deo »; set ei potius de qua continuo subinfertur : « proferens autem spinas ac tribulos, reproba est et proxima maledicto. » Hec enim vere est terra deserta, invia, inaquosa, immo terra ferrea, terra cui celum eneum dedisse videtur Deus, et ne super illam pluant nubibus mandavisse, cum nullo himbre doctrine, nullo rore gratie sit ad ferendum fructus debitos emollita. Hec est terra que argentum reprobum videtur merito appellanda, quia et si multo sudore laboratum sit et multo labore sudatum ad purgationem ejusdem, frustra tamen conflavit conflator; non est enim ejus consumpta malicia et nimia rubigo ejus de ipsa non exiit nec per ignem, Deo terram cordis incolarum ejus, constrictam infidelitatis et malicie gelu, occulto set justo judicio, permittente adeo indurari ut nec fomentis blandimentorum nec flagellorum tormentis potuerit hactenus emolliri, eisdem sic suos animos obfirmantibus contra Deum ut quamlibet multiplicibus attriti flagellis renuerint accipere disciplinam; quinimmo immemores nichil esse infelicius felicitate peccantium, adversus Dei Ecclesiam glorientur et in sui erroris argumentum et confirmationem assumant quod eis videtur contra Catholicos successisse, non attendentes filios Israel, peculiarem populum Domini, gentibus, quas ipse Dominus oderat, succubuisse frequenter, ac demum gentes easdem, ab ipsis omnino deletas, frustra de habitis victoriis exultasse. — Quantumcumque autem navis Ecclesie ipsorum fluctibus videatur, Deo permittente, concussa, nos tamen certi quod ille qui se cum ea promisit usque ad finem seculi permansurum nec permissurum quod adversus eam prevaleant porte mortis, eam in hujusmodi fluctuum turbatione non deseret, set ventis et mari, cum tempus beneplaciti ejus advenerit, imperabit, simulque sperantes quod, quantumcumque sit ipsorum obstinata duricia et desperabilis plaga, ille tamen qui dictatam in Ninivitas sententiam subversionis misericorditer revocavit, adhuc dignabitur terram ipsam rore gratie sue perfundere ac de lapidibus illis Habrahe filios suscitare. — Ecce dilectum filium nostrum Romanum, Sancti Angeli diaconum cardinalem, virum generis et morum nobilitate preclarum, constancia, industriaque conspicuum et nobis inter ceteros fratres nostros merito sue probitatis carum specialiter et acceptum, illuc providimus destinandum ut, preeunte divine pietatis auxilio, errata corrigat et deformata reformet, noxia evellat plantetque salubria, ipsamque terram, diu obsitam sentibus vitiorum et fructus iniquitatis ac amaritudinis proferentem, fructus pietatis et dulcedinis, auctore Deo, faciat germinare. — Et quum auxilium carissimi in Xpisto filii nostri Lodowici regis Francorum illustris et regni ejus est ad hec facienda modis omnibus necessarium, aliaque negotia in regno ipso habet Sedes Apostolica pertractare, eidem cardinali, tam in eodem regno quam in Provincia necnon in Tarentinensi, Bisuntinensi, Ebredunensi, Aquensi, Arelatensi et Viennensi provinciis, plene legationis officium duximus committendum, data sibi libera potestate destruendi et evellendi, edificandi atque plantandi, disponendi, ordinandi, statuendi, diffiniendi et faciendi quecumque, secundum datam sibi a Deo prudenciam, viderit facienda. — Ideoque universitati vestre per apostolica scripta mandamus et districte precipimus quatinus ipsum sicut Apostolice Sedis legatum, immo verius nos in ipso, studentes devote recipere ac honorifice pertractare, sibique diligenter ac fideliter assistentes, ipsius salubria monita et mandata recipiatis humiliter et irrefragabiliter observetis. Nos enim sententias, quas rationabiliter tulerit in rebelles, ratas habebimus et faciemus, auctore Deo, inviolabiliter observari. — Datum Laterani, xvi kalendas martii, pontificatus nostri anno nono.

Voyez l'observation à la suite de la pièce précédente.

1695   Melun. 1224-25. Février.

Securitas facta domino regi a Renaldo Montisfalconis de forteritia Montis-rotundi.

(J. 399. — Promesses, n° 24. — Original.)

Ego Renaldus de Montefalconis notum facio universis, tam presentibus quam futuris, me craantasse karissimo domino meo Ludovico regi Francie illustri quod de forteritia Montis-rotundi nullum malum proveniet ei vel regno Francie. — Quod si forte, quod absit, contingeret, dominus rex posset assignare ad quicquid teneo de eo, sine se meffacere, et tamdiu in manu sua tenere quod hoc esset ei competenter emendatum, ad voluntatem suam et juditium curie sue. — Actum Meleduni, anno Domini M° CC° vicesimo quarto, mense februario.

Traces de sceau pendant sur double queue. — Le sceau de Renaud de Montfaucon n'a pas été retrouvé.

1696   Saint-Denis. 1224-25. Février.

(J. 168. — Beaumont-sur-Oise, n° 27. — Original scellé.)

Guillelmus Remensis archiepiscopus, A. S. legatus, dominum suum Ludovicum, illustrem Francorum regem, et Theobaldum de Bellomonte ejusque heredes benigne quitat super omnibus quæ Johannes, quondam comes Bellimontis, ipsius avunculus, in comitatu Bellimontis acquisivit. Promittit insuper se facturum ut prædicta acquisita a fratribus suis pariter quitentur. — « In cujus rei testimonium, presentibus litteris sigillum nostrum duximus apponendum. Actum apud Sanctum Dyonisium, anno Domini M° CC° vicesimo quarto, mense februario. »

Sceau de Guillaume II de Joinville, archevêque de Reims; cire blanche, double queue; décrit dans l'*Inventaire* sous le n° 6345.

1697   1224-25. Février.

Relatio ab Hugone de Fontibus domino regi facta de modo solvendorum debitorum in præpositura Ambianensi, tempore Philippi regis, usitato.

(J. 231. — Amiens, n° 2. — Original scellé.)

Excellentissimo domino suo Ludovico, Dei gratia Francorum regi, Hugo de Funtibus miles salutem et paratum in omnibus obsequium. — Quum excellentie vestre mihi placuit mandare per Johannem de Friscaus, ballivum vestrum, quomodo usum fuit tempore domini mei Philippi, genitoris vestri, cujus anima in pace quiescat, in prepositura de Ambianis de debitis que milites aut liberi homines debent per cartas aut per scabinos, aut que cognoscunt se debere, excellentie vestre notum facio quod talis est usus in prepositura Ambianensi : quod prepositi domini mei, patris vestri, militibus aut liberis hominibus que per cartam vel per scabinos aut qualia debita cognoscunt se debere mostrabant, ut infra quindenam debita illa burgensibus aut aliis quibus debent persolverent; et nisi infra quindenam persolvissent debita supradicta, prepositi domini patris vestri capiebant et adhuc capiunt de rebus militum aut liberorum hominum, sine mostratione domino supremo facta, donec debita persolvissent. Et istud vobis per litteras meas patentes significo. — Actum anno Domini M° CC° vicesimo quarto, mense februarii.

Sceau de Hugues des Fontaines, chevalier; cire blanche, simple queue; décrit dans l'*Inventaire* sous le n° 2199.

1698   1224-25. Février.

(J. 231. — Amiens, n° 3. — Original scellé.)

Litteræ Alermi de Ambianis militis, domini de Stella, ejusdem argumenti et ipsissimis verbis constantes. — « Actum anno gratie M° CC° vicesimo quarto, mense februarii. »

Sceau d'Aleaume d'Amiens, seigneur de l'Étoile en Picardie (Somme, arr. d'Amiens); cire blanche, simple queue; décrit dans l'*Inventaire* sous le n° 1169.

1699   1224-25. Février.

(J. 731. — Eaux et Forêts, n° 41. — Original scellé.)

J. (Johannes) abbas Sancti Victoris Parisiensis totusque ejusdem loci conventus recognoscunt se nullum pro domo sua de Cantoilo usuarium habere nec clamare in foresta Lagii, nisi quantum et quamdiu domino Ludovico regi Franciæ placuerit; salvo scilicet jure quod habent in bosco qui dicitur boscus Johannis, sicut continetur in litteris bonæ memoriæ Philippi illustris Franciæ regis. — « Actum anno Domini M° CC° vicesimo quarto, mense februario. »

Scellé, sur double queue, en cire brune, du sceau de Jean Ier, dit l'Allemand, *quem vulgo Teutonicum vocant*, abbé de Saint-Victor de Paris, et du sceau de l'abbaye de Saint-Victor. — Le sceau de l'abbé est décrit dans l'*Inventaire* sous le n° 8920, et celui de l'abbaye sous le n° 8326.

1700 Palerme. [1225]. 31 mars.

Mandatum Frederici II imperatoris Tolosano comiti ut feoda Imperii, quæ sine jure alienavit, ad se revocare studeat.

(J. 307. — Toulouse, IV, n° 46. — Original scellé.)

Fredericus, Dei gratia Romanorum imperator semper augustus et rex Sicilie, R. (Raimundo) comiti Tholosano, duci Narbone et marchioni Provincie, fideli suo, gratiam suam et bonam voluntatem. — Intellexit serenitas nostra quod tu terras, predecessoribus tuis et tibi a nobis et Imperio infeudatas, alienare, donare et vendere pro velle tuo presumis, in Imperii et nostri prejudicium et gravamen. Cum igitur istud non debeamus equanimiter sustinere, fidelitati tue firmiter precipiendo mandamus quatenus quecumque de predictis terris tuis feudalibus dudum alienaveras et concesseras, integre ad manus tuas studeas revocare, nec de cetero ex eis aliquid, absque consensu nostro et Imperii, donare seu alienare presumas. — Datum Panormi, ultimo marcii, xiii° indictione.

Nous avons adopté la date d'année assignée à cette charte par M. Huillard-Bréholles dans son *Historia diplomatica Frederici II*, t. II, part. 1, p. 477. La pièce est scellée, en cire blanche, sur lacs de soie rouge, du sceau de Frédéric II, décrit dans l'*Inventaire* sous le n° 10885.

1701 Beaumont. 1224-25. Mars.

(J. 731. — Eaux et Forêts, n° 37. — Original scellé.)

Matheus de Montemorenciaco, Franciæ constabularius, notum facit karissimum dominum suum Ludovicum regem Franciæ sibi et heredibus suis vivarium de Beudonasse, ea lege ut dictus rex et ejus heredes molendinum dicti vivarii, et suum piscari, et suum rumpere, et vendere in eodem retinerent, quantumcumque et quotienscumque voluerint, salvo jure abbatis S. Dionysii. Dictum autem vivarium præfatus Matheus de suo proprio reparandum curabit. — « In cujus rei perpetuam memoriam, presentem paginam sigilli mei munimine roboravi. — Actum apud Bellum Montem, anno Domini m° cc° vicesimo quarto, mense martio. »

Scellé, en cire blanche, sur double queue, du premier sceau de Mathieu II de Montmorency, connétable de France, décrit dans l'*Inventaire* sous le n° 192.

1702 1224-25. Mars.

(J. 731. — Eaux et Forêts, n° 40. — Original scellé.)

Richardus abbas Liræ totusque ejusdem loci conventus notum faciunt se totum usuagium quod, tam pro capite quam pro membris dictæ abbatiæ, in foresta Britolii habebant, karissimo domino suo Ludovico et ejus heredibus in perpetuum quitavisse, exceptis scilicet pasnagio et herbagio, decimaque exituum dictæ forestæ quæ sibi retinent sicut ea usque modo habuerunt; retentis etiam in dicta foresta herbagio, pasnagio et usuagio ad mortuum nemus pro quibusdam hominibus suis, et retento libero transitu per forestam Britolii omnium victualium suorum. — In cujus quitationis recompensationem præfatus rex eis octingenta et octo arpenta nemoris, ad perticam suam, in haya Lyræ et in magno nemore tenente ad hayam prædictam, infra metas ibidem positas, libere et absolute, sine retentione custodiæ, in perpetuum concedit, ubi tamen nec villam exstruere nec venari eis licebit. — « Quod ut perpetue stabilitatis robur obtineat, presentem paginam sigillorum nostrorum munimine fecimus confirmari. Actum anno Domini m° cc° vicesimo quarto, mense marcio. »

Cette charte est scellée, en cire verte, sur lacs de soie rouge et verte, du sceau de l'abbé et du couvent de Notre-Dame de Lire, au diocèse d'Évreux. Le sceau de l'abbé Richard est décrit dans l'*Inventaire* sous le n° 8797; celui du couvent, sous le n° 8264.

1703 1225. Lundi 21 avril.

(J. 330. — Toulouse, XXI, n° 12. 3. — Copie authentique.)

Instrumentum quo constat Petrum Bernardum Balderiam totum jus et rationem « et totum quantum quod, per fatriscam suam sive ullo alio modo, » in hereditate patris sui Guillelmi habebat vel habere debebat, Guillelmo Balderiæ fratri suo et ejus ordinio, venditionis nomine, (absque pretii enuntiatione), solvisse et dereliquisse. — « Hoc fuit factum et ita concessum x. die exitus mensis aprilis, feria II, regnante Lodoico Francorum rege, et Ramundo Tholosano comite, et Fulcone episcopo, anno m° cc° xx° v° ab incarnatione Domini. — Hujus rei sunt testes: Poncius Durandus Peleganterius, et Petrus Borellus notarius, et Pictavinus Ganterius, et Stephanus Balderia, et Guillelmus Mercerius, et Bernardus de Samatano qui cartam scripsit. »

Copie délivrée en 1270 par Raimond du Jardin (*Raimundus de Ortu*), notaire à Toulouse.

1704 Paris. 1225. Mai.

Litteræ Petri Meldensis episcopi de moneta.

(J. 459. — Monnaies, n° 1. — Original scellé.)

P. (Petrus), Dei gratia Meldensis episcopus, universis presentes litteras inspecturis, salutem in Domino. — Universitati vestre notum facimus quod, cum nos fecerimus Meldis fieri novam monetam, veteri reprobata, dominus noster Ludovicus Dei gratia rex Francie dixit quod homines in feodis suis manentes, in locis illis in quibus vetus moneta currere consueverat, ledebantur eo quod ante reprobationem eis non fuerat nunciatum ut de veteri se liberarent. — Quia vero ad nostrum spectat officium proximum non ledere et subvenire oppressis, nos eidem concessimus ut, quocienscumque nos vel successores nostri mutabimus monetam nostram Meldensem, quam tenemus ab eo, faciendo fieri novam, veterem reprobantes, nos ei vel successoribus suis hoc significabimus per quatuor menses ante, ut hominibus in feodis suis manentibus, in locis illis in quibus vetus moneta currere consueverat, faciat nunciari ut se liberent de veteri moneta. Ita tamen quod, si nobilis vir Theobaldus comes Campanie vel successores sui facerent fieri novas monetas, veteribus reprobatis, nos et successores nostri, quantum ad dominia et feoda et totam potestatem predicti comitis, statim possemus monetam nostram Meldensem, quam, sicut supra dictum est, tenemus ab eodem domino rege, veterem reprobare et novam facere. — Quod ut firmum et stabile permaneat, presentes litteras sigilli nostri munimine fecimus sigillari. — Actum Parisius, anno Dominice incarnationis M° CC° vicesimo quinto, mense mayo.

Scellé, en cire verte, sur lacs de soie rouge et verte, du sceau de Pierre III de Cuisy, évêque de Meaux. — Voyez l'*Inventaire*, n° 6702.

1705　　　1225. Mai.

(J. 238. — Boulogne, I, n° 12. 8. — Copie authentique.)

Odo de Mongroisin miles notum facit se, ob remedium animæ suæ, in perpetuam eleemosynam ecclesiæ B. Mariæ de Victoria confirmasse decem arpenta nemoris apud Coyam siti, a Radulpho de Fonte avunculo suo eidem ecclesiæ impertita, et insuper dictæ eleemosynæ adjecisse quinque arpennos ejusdem bosci sibi post obitum præfati avunculi sui devoluti, et quicquid juris in prædictis quindecim arpennis habebat. Notum facit præterea se præfatæ ecclesiæ viginti quinque arpennos ejusdem nemoris, pro quadraginta libris Parisiensium, vendidisse. — « Quod ut ratum habeatur, presentem cartam sigilli mei munimine roboravi. G. (Garinus) autem dominus meus, Silvanectensis episcopus, Francie cancellarius, ad preces meas huic scripto sigillum suum apposuit in hujus rei testimonium et munimen. Actum anno Domini millesimo CC° vicesimo quinto, mense mayo. »

Cette donation de Eudes de Montgresin (Oise, commune d'Orry, canton de Senlis), et d'autres actes relatifs à l'abbaye de Notre-Dame de la Victoire, fondée près de Senlis, en 1222, par Philippe-Auguste, en commémoration de la victoire de Bouvines, sont insérés dans un vidimus délivré par Philippe le Bel, au mois d'août 1293.

1706　　　1225. 12 juin.

Statutum consulum Montispessulani de gerente vices domini regis, de bajulo, judicibus, notariis et advocatis.

(J. 339. — Montpellier et Maguelone, I, n° 23. — Copie ancienne.)

In nomine Domini nostri Jhesu Xpisti. — Quoniam ea que communiter prosunt preferenda sunt, et ad ea promovenda et conservanda consules ex debito sui officii astringuntur, nos Guiraldus de Ruthenis, J. de Sancto Anthonino, Ugo Pulverelli, Poncius de Caranta, P. Lobeti, Deodatus Petri, B. de Furno, G. Borelli, P. Verre, Firminus Blanquerii, Augerius de Volio, R. de Posqueriis, ad regendam et gubernandam comunitatem Montispessulani constituti, implorato divino auxilio et favore, prehabito diligenti tractatu et consilio, et assensu consiliariorum nostrorum et officiorum consulum (*cod.* consulibus), statuta subscripta facimus et promulgamus in posterum perpetuo valitura, non (*cod.* nam) obstantibus aliquibus consuetudinibus vel statutis que presentibus statutis, in toto vel in aliqua sui parte, contraire vel contradicere videbuntur.

Ille qui vices domini regis tenebit in hac terra teneatur jurare consulibus in introitu sui regiminis se dicturum eis veritatem, sine fraude, quando et quociens consules requirent utrum ipse alicui vel aliquibus de Montepessulano juraverit vel fidem pleviverit aut aliquam promissionem fecerit de stando illius vel illorum consiliis seu voluntatibus vel mandatis in eligendo bajulum, vel creando publicas personas, vel in a[d]ministrando seu gerendo negocia spectantia ad comunem utilitatem ville et terre Montispessulani. Et teneatur se astringere consulibus quod talem promissionem vel aliquid in fraudem istorum non faciat neque fecit. Et, si dixerit se alicui vel aliquibus de Montepessulano jurasse vel plevisse aut aliquam promissionem fecisse super jam dictis, illum et illos per districtam coactionem, in personis et rebus excercendam, consules et curia compellant ad remittendum illud juramentum, et illud plivium, et omnem illam promissionem, et quicquid ex ea vel ob id esset faciendum. Et preterea ille et illi perpetuo careant et per hanc co[n]stitucionem abiciantur ab omni publico officio curie et consulatus Montispessulani, si co[n]stiterit curie et consulibus eos dictum juramentum vel plivium vel dictam promissionem recepisse. — Hoc statutum utile consilium est quod damus nos consules illi qui tenebit locum domini regis ut faciat et juret predicta.

Bajulus, electus ad curiam Montispessulani ab eo qui tenebit locum domini regis et a consulibus, assumat et habeat subbajulum et judicem, notarium, vicarium, cum consilio et voluntate consulum.

Quia dominus Montispessulani et ejus curia tenentur suis propriis sumptibus omnes lites et causas audire et diffinire, et nullus tenetur dare pignora nisi sit miles, statuimus et precipimus observari quod nullus, excepto milite, det pignora in aliqua causa, sive principali sive appellationis. Preterea, quia dominus de suo remunerat curiales, statuendo inhibemus quod bajulus, subbajulus, judex, notarius, vicarius curie, judex etiam vel cognitor appellationum, vel delegatus quilibet, vel assessor, nichil in auro vel argento, vel in aliqua re, vel per aliqu[a]m promissionem aut pactionem exiguat vel recipiat, per se vel per aliam personam, in aliqua causa principali vel apellationis, neque pro dictandis vel scribendis sentenciis, compositionibus, decretis, tutelis, curis, congnitionibus vel preceptis, vel pro quibuslibet aliis que ad causas vel ad officia ipsorum pertinebunt, sed judex cujuslibet cause nichilominus teneatur dictare predicta fideliter, ad utilitatem illorum ad quos spectabunt. — Per hoc vero statutum nolumus derogari consuetudini que incipit *a sententia lata*, in eo quod ibi continetur de prestandis expensis quando judices extranei vocantur. — Si quis vero contra tenorem presentis statuti seu aliquid in fraudem predictorum fecerit, ab illo officio quod gerebat in curia, vel auctoritate seu mandato curie, et ab omni etiam officio curie sit perpetuo exclusus, et culpa ipsius delinquentis et pena statuta in publico consilio, in domo consulum, divulgetur.

Judex curie nullas alias causas preter placita et causas curie audiat vel manuteneat in villa Montispessulani vel extra, tempore sui officii, et teneatur dictare, sine omni munere et servicio vel precio, sentencias, compositiones et decreta quam cicius poterit, bona fide; set requisitus non differat ultra mensem post requisicionem.

Notarius reddat acta et scripta curie libere et sine omni munere et servicio vel precio, quam cicius poterit, bona fide, ad utilitatem et peticionem litigancium et eorum ad quos pertinebunt.

Notarius curie bonus et sufficiens assumatur, qui testes possit recipere fideliter etiam sine jurisperito, cassata in hac parte consuetudine olim promulgata per quam jurisperitus seu judex curie semper interesse debebat receptioni testium; set judex nichilominus adesse possit.

Assessores et delegati, sive in principalibus causis sive in causis appellationum, remunerentur de redditibus domini ab illis quorum fuerint assessores vel delegati; set antequam officium assessoris vel delegati aliquis excerceat, faciat publice in curia illud sacramentum quod judex curie facit.

Ille qui fuerit judex curie non sit in proximo sequenti anno judex vel cognitor appellationum; et quicumque erit judex appellationum, antequam officium suum exerceat, faciat coram consulibus idem sacramentum quod judex curie facit.

De omni causa et placito in qua petatur in curia vel extra curiam in Montepessulano quantitas c. librarum vel res valens c. libras, vel supra in infinitum, non habeat legista vel decretista pro consilio et patrocinio ultra L. solidos, nec advocatus pro advocatione sua habeat ultra XXXIII. solidos et IIII. denarios. — De causa vero minoris summe c. librarum, et de omni re minus valente c. libris, non habeat legista vel decretista pro consilio et patrocinio suo ultra VI. denarios de singulis libris, nec advocatus pro sua advocatione habeat ultra IIII. denarios de singulis libris; et dictum salarium tam (*cod.* quam) legiste et decretiste quam advocato prestetur pro ea quantitate que sub sacramento calumpnie fuerit petita. Et pro dicto salario teneantur legista, decretista et advocatus fideliter et diligenter manutenere causam principalem et appellationes ejusdem, si fuerit appellatum. Et nichil aliud per se vel per alium exigant vel accipiant nec aliquid faciant in fraudem predictorum. Si vero legista, decretista vel advocatus plus quam pretaxatum est exegerit vel acceperit, vel aliquid in fraudem fecerit, et hoc co[n]stiterit curie et consulibus, nullum ulterius in curia teneat locum nec aliquod in ea excerceat officium, set per hoc statutum ab omni officio curie sit perpetuo exclusus, et culpa ipsius delinquentis et pena statuta in publico consilio, in domo consulum, divulgetur. — De causis vero criminalibus et causis injuriarum prestetur salarium tam legiste [et] decretiste quam advocato, secundum arbitrium bajuli vel subbajuli curie.

Legiste et decretiste, ad com[o]nicionem bajuli curie vel consulum, singulis annis tale faciant sacramentum : — « Ego juro super hec sancta Dei Evangelia quod bonum et legale consilium, secundum meam bonam conscientiam, prestabo bajulo et curialibus curie, et quod bene et legaliter, cum pura consciencia, manutenebo et consiliabo placita omnium et singulorum quorum ero consiliarius vel advocatus, et nullam promissionem, nullum donum vel munus aut servicium exigam vel recipiam, per me vel per aliam personam, nisi a parte cujus ero consiliarius vel advocatus; a qua etiam parte non exigam nec recipiam nisi salarium in novo statuto a consulibus taxatum, nec aliquid faciam in fraudem predictorum. — Preterea juro quod nullam dilationem petam vel peti faciam in causa vel causis, nisi justam et racionabilem, exclusa omni malicia et calumpnia, et quod causam vel placitum non manutenebo nec consiliabo contra meam conscientiam, nec postquam ipsa causa, in principio vel in medio, vel quocumque modo (*Cod.* quecumque mihi), apparebit injusta; veruntamen in causis, que irrogant penam mortis vel sanguinis, non compellar dare consilium, nisi voluero. » — Quicumque vero legista vel decretista predictum sacramentum facere recusaverit, non utatur in Montepessulano officio consiliarii vel advocati donec premissum prestiterit sacramentum. Ad quod prestandum per curiam et consules districte compellatur.

Predicta statuta publicata fuerunt per dictos consules et jurata ab ipsis, et a Bernardo Doissa bajulo, et W. de Monte Arbedone subbajulo, et Petro de Fisco judice curie, in publico parlamento, in ecclesia Beate Marie de Tabulis, anno Dominice incarnationis millesimo ducentesimo vicesimo quinto, II. idus junii, in presencia et testimonio R. Atbrandi, R. de Conchis, S. Peitavini, J. Sardi, P. Salvaire, G. Fulcrandi, J. Ruffi, G. Lucian, J. Bochados, G. Salvaire, R. de Latis, Arnaldi de Villari, Boneti de Avinione, et plurium aliorum qui ad dictum parlamentum convenerant, quorum magna erat multitudo, et Salvatoris de Anthonicis notarii qui, mandato dictorum consulum, predicta omnia scripsit.

Ce statut est extrait du cahier intitulé : *Liber consuetudinum Montispessulani*, fol. 13 r°, col. 1. (Voyez t. I, p. 255, note 1.)

1707   Bapaume. 1225. Juin.

Litteræ Johannæ comitissæ Flandriæ de solvendis domino regi decem millibus librarum Parisiensium et de forteritiis diruendis.

(J. 533. — Flandre, I, sac 3, n° 10. 2. — Copie ancienne.)

Ego Johanna, Flandrie et Hanonie comitissa, notum facio universis quod, propter auxilium quod carissimus dominus meus Ludovicus rex Francie illustris exhibuit michi ad recuperandum terram meam, et propter forefacta que ville mee Flandrie fecerunt ex eo quod contra dominum regem et meam inhibicionem receptaverant illum qui comitem Baldoinum se faciebat appellari, et propter expensas quas dominus rex facit in hoc meo affario, teneor reddere domino regi decem millia librarum Parisiensium, de pecunia quam de villis meis Flandrie percipio : terciam videlicet partem, in instanti festo Omnium Sanctorum; terciam partem videlicet in sequenti festo Purificationis Beate Marie; et ultimam terciam partem in sequenti festo Ascensionis Domini. — Teneor etiam diruere fortericiam Ypre et alias forterícias, sicut juravi pie recordacionis regi Philippo, hujus domini regis genitori, et sicut continetur in litteris meis exinde confectis, excepta tamen domo Arnulphi de Audenarde. — Actum apud Bapalmam, anno Domini millesimo ducentesimo xxv°, mense junio.

1708   Compiègne. 1225. Juin.

Obligatio Roberti comitis Drocarum de forteritia in terra Bonolii vel Altæ Fontanæ absque voluntate domini regis non construenda.

(J. 218. — Dreux, n° 11. — Original scellé.)

Ego Robertus comes Drocarum notum facio universis, tam presentibus quam futuris, me craantasse karissimo domino meo Ludovico regi Francie illustri quod nec ego nec heredes mei faciemus aliquam fortericiam in terra Bonolii nec in terra de Alta Fontana, quas dominus rex michi dedit in augmentum feodi mei, nisi id fieret de voluntate et licentia domini regis. — In cujus rei memoriam et testimonium, presentes litteras sigillo meo confirmo. Actum Compendii, anno Domini m° cc° vicesimo quinto, mense junio.

Scellé, en cire verte, sur double queue, du second sceau de Robert III, dit Gatebled, comte de Dreux, décrit dans l'*Inventaire* sous le n° 728.

1709   1225. Juin.

(J. 238. — Boulogne, I, n° 12. 7. — Copie authentique.)

Odo de Montegroisini miles notum facit se ecclesiæ B. Mariæ de Victoria, pro quadraginta solidis Parisiensibus, unum arpentum nemoris situm versus Coyam vendidisse. — « Quod ne possit a posteris infirmari, presentem paginam sigilli mei munimine roboravi. Actum anno Domini millesimo cc° vicesimo quinto, mense junio. »

Cet acte de vente est inséré dans un vidimus délivré par Philippe le Bel, au mois d'août 1293. (Voy. le n° 1705.)

1710   1225. Juin.

Testamentum Ludovici VIII.

(J. 403. — Testaments, I, n° 2. — Original. = N° 2 *bis*. — Copie.)

In nomine sancte et individue Trinitatis amen. — Ludovicus, Dei gratia Francie rex, omnibus ad quos littere presentes pervenerint, salutem in Domino. Cupientes successori regni nostri modis omnibus in posterum providere, ne tranquillitas ejusdem regni possit in futurum perturbari, de tota terra quam possidemus et omnibus mobilibus nostris, sani et incolumes, Deo dante, a quo bona cuncta procedunt, anno Dominice incarnationis m° cc° vicesimo quinto, mense junio, disposuimus in hunc modum : — Primum, volumus et precipimus quod filius noster, qui nobis succedet in regnum, habeat totam terram quam karissimus genitor noster Ph., pie recordationis, tenuit, et sicut eam tenuit, et nos tenemus in feodis et domaniis, exceptis illis terris et feodis et domaniis que per presentem paginam excipimus. — Volumus si quidem et ordinamus quod filius noster secundus natu habeat totam terram Attrebatesii, in feodis et domaniis, et totam aliam terram quam ex parte matris nostre Elysabet possidemus, salvo dotalicio matris sue, si superviveret. — Quod si idem qui Attrebatesium tenebit sine herede decederet, volumus quod tota terra Attrebatesii et alia terra quam teneret, ad filium nostrum regni nostri successorem libere et integre redeat. — Item volumus et ordinamus quod tercius filius noster habeat totum comitatum Andegavie et Cenomannie, in feodis et domaniis, cum pertinentiis suis. — Item volumus et ordinamus quod quartus filius noster habeat comitatum Pictavie et totam Alverniam, in feodis et domaniis, cum pertinentiis suis. — Item precipimus et volumus quod terra, quam karissimus frater et fidelis noster Philippus comes Bolonie tenet ex donatione nostra, revertatur ad successorem nostrum regem Francie, si idem Ph. comes Bolonie decesserit sine herede. — Item volumus et precipimus quod quintus filius noster sit clericus et omnes alii qui post eum nascentur. — De mobilibus nostris, que penes nos habemus sic ordinamus : donamus enim filio nostro, qui nobis succedet in regnum, quicquid habemus in Turri notra Parisiensi, juxta Sanctum Thomam, videlicet in auro et argento et pecunia numerata, ad regni defensionem. — Item volumus et precipimus quod de mobilibus nostris omnes interceptiones nostre emendentur, et debita que debemus nostris creditoribus reddantur. — Item donamus et legamus karissime uxori nostre Blanche, illustri Francie regine, triginta milia librarum. — Item donamus et legamus Elisabet karissime filie nostre viginti milia librarum. — Item donamus et legamus ducentis domibus Dei viginti milia librarum, scilicet singulis domibus centum libras. — Item donamus et legamus duobus milibus domorum leprosorum decem milia librarum, videlicet cuilibet earum centum solidos. — Item donamus et legamus sexaginta abbatiis Premonstratensis ordinis sex milia et sexcentas libras pro anniversario nostro faciendo, scilicet cuilibet abbatie sexaginta libras.— Item donamus et legamus quadraginta abbatiis ordinis Sancti Victoris quatuor milia librarum pro anniversario nostro faciendo, scilicet cuilibet centum libras. — Item donamus et legamus abbatie Sancti Victoris, pro anniversario nostro faciendo, quadringentas libras. — Item donamus et legamus abbatie Beate Marie de Victoria prope Silvanectum mille libras, preter redditus illos quos ei donavimus. — Item donamus et legamus sexaginta abbatiis Cisterciensis ordinis, pro anniversario nostro faciendo, sex milia librarum, scilicet unicuique abbatie centum libras. — Item donamus et legamus viginti abbatiis monialium Cisterciensis ordinis, pro anniversario nostro faciendo, duo milia librarum, videlicet cuilibet centum libras. — Item donamus et legamus orphanis et viduis et pauperibus mulieribus maritandis tria milia librarum. — Item donamus et legamus omnibus servientibus nostris duo milia librarum. — Hanc autem divisionem quam fecimus inter filios nostros, ne posset inter eos discordia suboriri, volumus modis omnibus observari sicut superius continetur; videlicet, quod filius noster, qui nobis succedet in regnum, habeat et possideat totum regnum Francie et totam terram Normannie, sicut eam possidebamus et tenebamus ea die qua presens condidimus testamentum, exceptis illis comitatibus quos superius excepimus, videlicet comitatum Attrebatesii, et comitatus Andegavie et Cenomannie, et comitatus Pictavie et Alvernie, quos divisimus aliis filiis nostris, sicut superius est expressum. — Preterea volumus ut omnes lapides nostri preciosi, qui sunt in coronis nostris vel extra coronas, vendantur et de precio eorum construatur nova abbatia de ordine Sancti Victoris, in honore Beate Marie Virginis, et omne aurum, quod est in coronis vel anulis vel aliis jocalibus, similiter vendatur ad opus predicte abbatie. — Executores autem testamenti nostri super mobilibus constituimus amicos et fideles nostros Carnotensem, Parisiensem et Silvanectensem episcopos, cum abbate Sancti Victoris. Quod si omnes ad hoc exequendum interesse non possent, duo ex illis cum abbate Sancti Victoris hoc fideliter exequantur. Quod si, post satisfactionem interceptionum nostrarum et solutionem debitorum nostrorum, mobilia nostra ad predicta legata perficienda non sufficerent, volumus ut legato detrahant sicut viderint detrahendum.

L'original de ce testament (J. 403, n° 2) porte des fragments de lanières de parchemin et certaines marques qui prouvent que, dans le principe, il était non-seulement scellé, mais même fermé. — Voyez dans l'*Inventaire*, n° 40, la description du sceau de Louis VIII. — La pièce cotée n° 2 *bis* est une copie ancienne, mais qui ne porte aucune trace de sceau.

1711   1225. 1ᵉʳ juillet.
Charte d'affranchissement pour cause de mariage.
(J. 322. — Toulouse, XIII, n° 49. — Original roman.)

Conoguda causa sia que Guillems de Corneilla e Peire de Corneilla sos fraire donero et asolsero de part de senoria una femna per nom Ramonda, filla dicha que fo d'en P. de Feira, a'n Ramon de Dornha per femena francha e tota la progenia que de lei issira ni essid issida per jasse, et a'n Bernad Cogot le seu home per moiller, ab totz sos dreigs et en aital guisa que, si per aventura desanava d'en Bernad Coguot enantz que de sa moiler Ramonda, e Ramontz de Dornha podia maridar ni capdelar lei, Ramonda e sa honor per volontat e per azaut de lei Ramonda e de sos amix que o faza; e si far non o podia, que s'en deu tornar souta Ramonda, ab totz sos dregs e francha, el poder et e la senoria d'en Guillem de Corneilla e d'en P. so fraire. — Empero le predigs Guillems de Corneilla e Peire sos fraire devo e convengro e mandero ad esser guirentz tota ora de part de senoria de tot aquest predig do et d'aquest predig asolvement d'aquesta femna a'n R. de Dornha et a so ordeing. — Testes sunt : B. de Corneilla, et Ar. de Camis, e B. Engelbertz, et Ug Rotlans, et Ug de Malaval qui anc cartam scripsit kalendis julii, anno ab incarnatione Xpisti M. CC. XXV, regnante Lodoico rege, Ramundo Tolosano comite, Fulchone episcopo.

1712 1225. Mercredi 30 juillet.

(J. 304. — Toulouse, II, n° 52. — Original.)

Charta, per litteras alphabeti divisa, compositionis initæ inter Sicardum de Novilla, ex una, et Ramundum de Baollanis, pro se et Saissa, sponsa sua, filia defuncti Amelii de Novilla, ex altera parte, super hereditate dicti Amelii. — « Hoc fuit factum II. dies in exitu mensis julii, feria IIII^a, regnante Lodovyco rege Francorum, et Raimundo Tolose comite, et Fulchone episcopo, anno M° CC° XX° V° ab incarnatione Domini. — Hujus rei sunt testes : Bernardus de Miramundo, et Rogerius de Sancto Medardo, et Petrus Berardus presbyter, et Arnaldus de Campranhano, et Ramundus de Nogareda, et R. de Marencio, et Arnaldus de Aura, et Arnaldus Esquivatus publicus notarius in Altarippa qui hanc cartam scripsit. »

1713 Chinon. 1225. Juillet.

Litteræ Mariæ comitissæ Pontivi de conventis inter se et dominum regem initis quoad hereditatem Willelmi comitis patris sui.

(J. 235. — Ponthieu, n° 46. — Copie authentique.)

Ego Maria comitissa Pontivi notum facio universis, presentibus pariter et futuris, quod, cum diligenter attenderem quod karissimus dominus meus Ludovicus rex Francie illustris, secundum usus et consuetudines Francie hactenus observatas, posset in manu sua tenere de jure, si vellet, totam terram quam tenebat pater meus die qua decessit, quamdiu viveret dominus Symon maritus meus, et attenderem etiam periculum in quo erant filii et filie mee de amissione hereditatis ad cujus successionem restitui non poterant nisi de beneficio regie auctoritatis, humiliter et devote supplicavi domino regi ut michi et filiorum ac filiarum mearum successioni misericorditer provideret, et de voluntate mea ac petitione mea instanti donavi domino regi et heredibus suis in perpetuum : Albigniacum in Constantino, cum pertinenciis suis, in feodis et domaniis, quod pie recordationis Philippus, quondam rex Francie illustris, dedit patri meo ; et castrum de Doullens, cum pertinentiis suis, in feodis et domaniis ; et villam Sancti Richarii, cum pertinentiis suis, in feodis et domaniis ; et Avesnas, cum pertinentiis suis, in feodis et domaniis, excepto feodo domini Guidonis comitis Sancti Pauli quod habet apud Avesnas vel apud Doullens. — Dominus autem rex, propter hanc donationem, quittavit michi rachatum suum quod debebam ei de morte patris mei, videlicet de terra quam pater meus tenuit, et quittavit michi omnes redditus quos dictus rex Philippus tenuit apud Abbatisvillam, et apud Ruam, et apud Maresquine terram, et apud Pontes-ad-Villers, et Sanctum Galericum, qui sunt de pertinentiis Sancti Richarii, et dedit michi duo milia librarum Parisiensium in pecunia numerata, et recepit me in feminam ligiam de tota terra de qua pater meus erat tenens et saisitus die qua decessit, eo modo quo eam tenuit a dicto rege Philippo, exceptis illis que donavi domino regi et heredibus suis in perpetuum, sicut dictum est. — Preterea dominus rex, motu pietatis ductus, filios meos et filias, a marito meo predicto michi natos et nascituros, materne successionis jure duxit hereditario restituendos, volens et concedens quod filii et filie mee sicut recti heredes succedant michi in tota hereditate de qua tenens ero et saisita die qua decedam. — Ego vero teneor domino regi ad hoc quod juramenta communiarum tocius terre mee Pontivi sibi prestari faciam sub hac forma, videlicet quod, si ego vel heredes mei recederemus a fideli servitio domini regis vel heredum suorum, homines communiarum illarum universi domino regi et heredibus suis adhererent contra me et heredes meos, donec id esset competenter emendatum ad judicium curie domini regis vel heredum suorum. — Ego si quidem juravi super sacrosancta domino regi quod omnes fortericias meas tocius terre mee Pontivi domino regi et heredibus suis reddam, ego et heredes mei, ad magnam vim et parvam, quotiens et quando fuero super hoc requisita, ego vel heredes mei, ex parte domini regis vel heredum suorum. — Per has autem conventiones dominus Symon maritus meus non intrabit, quod possim, in comitatum Pontivi nec in feoda domini regis sine assensu domini vel heredum suorum. — Ego etiam juravi super sacrosancta quod super parte comitatus de Alenchon, de qua dominus rex sit saisitus, non traham, ego vel heredes mei, in causam vel penam aliquam dominum regem vel heredes suos, nec aliquem quem inde garentizare debeat dominus rex per jus vel per conventiones a genitore suo contractas. — Si quas etiam litteras habuero contra presentis carte tenorem, nullam de cetero contra dominum regem et heredes suos habere poterunt firmitatem. — Hec autem facta sunt in presentia domini regis, presentibus hiis et testibus quorum nomina subscribuntur, videlicet : archiepiscopus Turonensis, Carnotensis, Claromontensis et Belvacensis episcopi, G. (Garinus) Silvanectensis episcopus Francie cancellarius, Philippus comes Bolonie, Robertus de Cortenayo Francie buticularius, Bartholomeus de Roya Francie camerarius, Matheus de Montemorenciaco Francie constabularius, Stephanus de Sacrocesare, Archembaldus de Borbonio, Amalricus de Credonio senescallus Andegavensis, Ursio cambellanus, Johannes de Bellomonte, Guillelmus de Milliaco et Guillelmus Meneri, Hugo de Atheiis, Guido de Merevilla, Petrus de Viriaco, Gaufridus de Bulli senescallus Pictavensis, Robertus de Bova, Johannes marescallus Francie, decanus Beati Martini Turonensis, Milo de Creon et multi alii, tam clerici quam laici. — Ut igitur premissa perpetue stabilitatis robur obtineant, presentem cartam sigillo meo confirmo. — Actum Chynone, anno Domini M° CC° vicesimo quinto, mense julio.

Extrait des lettres de confirmation données à Saint-Germain en Laye au mois de mars 1230-31 par Simon, comte de Ponthieu, et par la comtesse Marie sa femme; lesdites lettres scellées de leurs sceaux en cire verte, pendants sur lacs de soie rouge et verte. Ces deux sceaux sont décrits dans l'*Inventaire*, celui de la comtesse Marie, fille de Guillaume III, sous le n° 1067, et celui de Simon de Dammartin, son mari, sous le n° 1068.

1714   Chinon. 1225. Juillet.

Litteræ Bernardi Lemovicensis episcopi de fructibus regalium dicti episcopatus a se in Hugonem de Liziniaco non repetendis.

(J. 346. — Régale, I, n° 6. — Original scellé.)

B. (Bernardus), Dei gratia Lemovicensis episcopus, universis presentes litteras inspecturis salutem in Domino. — Noveritis nos karissimo domino nostro Ludovico regi Francie illustri craantasse quod nos de fructibus et proventibus regalium Lemovicensis episcopatus, quos Hugo de Lizeignien comes Marchie recepit, vel alius pro eo, ex parte domini regis, ipsum dominum regem vel comitem supradictum non trahemus in causam, nec ipsos super predictis inquietabimus aut molestabimus ullo modo. Et hoc ipsum super fidelitatem, quam domino regi fecimus, craantavimus et promisimus bona fide. — Actum apud Chinonem, anno Domini M° CC° vicesimo quinto, mense julio.

Sceau de Bernard Ier de Savenne (en Auvergne, et non pas de Favene), évêque de Limoges; cire blanche, double queue; décrit dans l'*Inventaire* sous le n° 6654.

1715   Paris. 1225. Juillet.

Homagium domino regi Franciæ ab Aymerico vicecomite Thoarcii præstitum pro feodis Andegaviæ et Pictaviæ.

(J. 373. — Seigneurs de Thouars, n° 3. — Original scellé.)

Omnibus presentes litteras inspecturis Aymericus vicecomes Thoarcii, salutem. — Noveritis quod ego domino meo Ludovico regi Francorum illustri feci homagium ligium, contra omnes homines qui possunt vivere et mori, de domaniis et feodis et teneuris que ad presens teneo in comitatu Pictavie, tenendis ab ipso domino rege et heredibus suis ad usus et consuetudines Pictavie et ad servicia que feoda debent et sicut feoda asportant, et de domaniis et feodis et teneuris que ad presens teneo in comitatu Andegavensi, tenendis ab ipso domino rege et heredibus suis ad usus et consuetudines Andegavie et ad servicia que debent et sicut feoda asportant. Insuper domino regi predicto super sacrosancta corporaliter juravi quod fidelitatem, in hominagio meo promissam, sibi et heredibus suis in perpetuum fideliter observabo. — Actum Parisius, anno Domini M° CC° vicesimo quinto, mense julio.

Scellé, en cire verte, sur lacs de soie rouge et verte, du second sceau d'Aimeri VII, vicomte de Thouars, décrit dans l'*Inventaire* sous le n° 1083.

1716   Troja. (1225.) 4 août.

Litteræ Friderici II imperatoris Ludovico regi adversus cives Cameracenses, in episcopum Cameracensem et Imperium rebelles.

(J. 610. — Empereurs d'Allemagne, n° 3. — Original scellé.)

Fridericus, Dei gratia Romanorum imperator semper augustus et rex Sicilie, karissimo, sicut fratri et amico suo, Ludovico illustri regi Francorum, salutem et intime dilectionis affectum. — Qualiter, propter excessuum suorum multitudinem, quos, tam nostra quam divina reverentia vilipensa, Cameracenses cives in dilectum principem nostrum, eorum episcopum, hactenus commiserunt enormiter et committunt, in nostrum et Imperii bannum inciderint et contumaciter diu manserint in eodem, dilectioni vestre non expedit per singula declarare, cum et id noticiam vestram non lateat, et per karissimi filii nostri Romanorum regis litteras vobis sit, ut credimus, intimatum. — In quo usque adeo nequiter perstiterunt quod, excommunicationis sentenciam incurrentes, temporali et spirituali gladio sunt perculsi, et utramque sentenciam ut maledictionis aquam bibentes, de correptione non cogitant, set in sua malicia obstinati accumulare pejora prioribus non verentur, jurisdictionem prefati episcopi, principis nostri, quam a nobis et Imperio in eadem civitate habere dignoscitur, temere usurpantes, ejus bona et justicias invadentes, in clericis et personis ecclesiasticis manus violentas injiciendo ac plurima alia commictendo que Deo sunt et hominibus tediosa. — Et quia eorum contumaciam et enormem superbiam in nostrum et Imperii dispendium et gravamen de cetero non possumus substinere, cum ipsorum insolentiam sic disposuerimus edomare quod eorum pena sit aliis ad exemplum, sinceritatem vestram, sub ea qua tenemur ad invicem confederatione, affectuose rogamus quatinus prefatis civibus terre vestre et baronum vestrorum aditum precludentes, nullas ibidem ipsis permictatis commoditates habere, conductum etiam et ducatum per terras vestras subtrahatis eisdem, nec, donec digne satisfecerint de commissis, subscidium vestrum senciant aut favorem, set, sicut de rebellibus et bannitis vestris facere vos velletis, sic eos pro bannitis nostris et Imperii teneri faciatis in omnibus et haberi. — Datum Troie, III. augusti, XIII^a indictione.

Frédéric II était à Troja, dans la Capitanate, au mois d'août 1225. (Voy. Huillard-Bréholles, *Historia diplomatica Frederici II*, t. II, part. I, p. 515.) La date de l'année est d'ailleurs déterminée d'une manière précise par le chiffre de l'indiction. — Cette lettre est scellée en cire brune, sur double queue, du sceau de l'empereur Frédéric II, décrit dans l'*Inventaire* sous le n° 10885.

1717   1225. Jeudi 21 août.

Charta manumissionis a Petro de Auriaco Willelmæ, filiæ R. Beraudi, concessæ.

(J. 320. — Toulouse, XI, n° 37. — Original.)

ABC. DEF. GHJ.

Ad honorem Dei omnipotentis, Patris et Filii et Spiritus Sancti, et beate gloriose semper virginis Marie genitricis Domini nostri Jhesu Xpisti, et sancti Stephani et sancti Saturnini, ego Petrus de Auriaco, mea propria ac spontanea voluntate, absque omni fraude et dolo, dono et concedo bonam et veram et irrevocabilem libertatem tibi Willelme, filia (*corr.* filie) R. Beraudi qui fuit, et dono te Guillelmam (*sic*) liberam tuo viro Arnaldo Augerio de Folcaval. Et tibi Willelme jam dicte, et omnibus infantibus quos habueris de Arnaldo Augerio jam dicto, dono et concedo bonam et liberam et irrevocabilem libertatem, absque omni fraude et dolo, ita videlicet quod tu Guillelma, filia R. Beraudi qui fuit, et omnis tua progenies quod (*corr.* que) ex te et tui viri Arnaldi Augerii pariter genitis (*corr.* genita) exierit, perpetuo jure, absque contradictione alicujus mortalis, munimine libertatis fruamini. — Ita et tali modo jam dictus Petrus de Auriaco absolvit et afranquivit hanc predictam feminam nomine Guillelmam, filiam R. Beraudi qui fuit, Deo et sancte Marie et sancto Stephano et sancto Saturnino, et suo viro Arnaldo Augerio, et omnem progeniem que ab eis pariter genitis (*corr.* genita) exierit, absque ulla retencione quam in eam vel super eam nec in progenie, que de ea et de suo viro Arnaldo Augerio pariter genitis (*corr.* genita) exierit, aut in rebus ejus quas habet et habitura est, quas petebat aut petere poterat nomine vel occasione hominii vel dominii vel alio modo, non fecit nec retinuit nisi hoc tantum modo quod, si dicta Guillelma supravixerit suo viro Arnaldo Augerio, et ipsa Willelma capiebat alium virum consilio et voluntate amicorum dicti Arnaldi Augerii et amicorum ipsius Willelme, in casale dicti Arnaldi Augerii vel in villa aut in parrochia de Folcalvalle, quod ipsa Willelma et infantes omnes quod (*corr.* quos) habuerit de illo viro quod (*corr.* quem) sic caperet infra annum, consilio amicorum, sicut predictum est, habere[n]t illam eamdem libertatem sicuti superius dictum est. — Tamen si infra I. annum non capiebat virum ipsa Willelma, sicut superius dictum est, quod ipsa Guillelma, cum omni sua dote et cum sua pecunia, reverteret in casali R. Beraudi qui fuit, in dominatione dicti Petri de Auriaco aut sui ordinii libera de alia dominatione. — Et de omni hac predicta data libertate Petrus de Auriaco debet et convenit facere bonam et firmam guirentiam Guillelme predicte et omni sue progeniei, que de ea et de suo viro Arnaldo Augerio pariter genitis (*corr.* genita) aut de alio viro, si forte alium virum capiebat, sicut predictum est, exierit, de omnibus amparatoribus qui, ratione vel jure hominii vel dominii, in eam vel in progeniem, que de ea exierit vel de suo viro Arnaldo Augerio pariter genitis (*corr.* genita) vel de alio viro, si ita evenerit, sicut superius dictum est, vel in rebus ejus, quas habet et habituro est, aliquid jam ullo tempore amparent vel peterent. — Hoc fuit ita factum et laudatum XI. die exitus augusti, feria v., regnante Lodoico Francorum rege, et Raimundo Tolosano comite, et Fulquone episcopo, anno M° CC° XX° V° ab incarnatione Domini. Hujus rei sunt testes : Ramundus Feltrerius, et W. Gafa, et Stephanus Amerius de Valberald, et Petrus Amerius, et Guillemus Faber qui cartam istam scripsit.

1718   1225. Jeudi 21 août.
(J. 320. — Toulouse, XI, n° 38. — Original.)

Instrumentum, per litteras alphabeti divisum, quo Petrus de Auriaco Guailardam, filiam Stephani Aimerii de Valle Beraldo, omni servitutis vinculo solutam declarat et eam Ramundo Vitali ejus marito in donum confert. — « Hoc fuit ita factum et laudatum XI. die exitus augusti, feria v, regnante Lodoico Francorum rege, et Raimundo Tolosano comite, et Fulquone episcopo, anno M° CC° XX° V° ab incarnatione Domini. Hujus rei sunt testes : Willelmus Gafa, et Willelmus Bernardus textor, et Ramundus socius ejus, et Petrus Beraudus, et Guillelmus Faber qui cartam istam scripsit. »

Cet acte, sauf les changements de noms, est conçu dans les mêmes termes que l'acte précédent.

1719   1225. 31 août.
(J. 238. — Boulogne, I, n° 12. 5. — Copie authentique.)

Guillermus de Valle grinosa miles notum facit se, consensu Mariæ uxoris suæ, eleemosynam a defuncto Radulpho et ab Odone de Monte groisini, militibus, ecclesiæ B. Mariæ de Victoria impertitam nec non venditionem, quam præfatus Odo eidem ecclesiæ fecit, usque ad quadraginta et unum arpenta nemoris, ut retro dominum de cujus feodo res venditæ vel donatæ tenebantur, concessisse et laudavisse. — « Quod ut ratum permaneat, presentes litteras sigilli mei munimine feci communiri. — Actum anno Domini millesimo ducentesimo vicesimo quinto, pridie kalendas septembris. »

Vidimus délivré au mois d'août 1293, par Philippe le Bel. Voyez le n° 1705.

1720   1225. Jeudi 4 septembre.

Litteræ Humberti de Bellojoco de homagio quod Robertus comes Branæ Theobaldo comiti Campaniæ præstitit.

(J. 202. — Champagne, X, n° 10. — Original.)

Ego Humbertus dominus Belli Joci notum facio omnibus ad quos presentes littere pervenerint quod vir nobilis Robertus comes Brane et Drocarum, me presente, in civitate Meldis devenit homo totus ligius illustris viri Theobaldi Campanie et Brie comitis palatini de toto feodo quod bone memorie comes Robertus, pater predicti Roberti, tenuerat a nobili domina Blancha comitissa Trecensi et a predicto comite Theobaldo filio ejusdem Blanche, sicut in carta comitis Roberti patris continetur. Et idem Robertus comes Brane et Drocarum nullum dominum quem haberet posuit extra. — Et antequam dictus Robertus devenisset homo totus ligius dicti comitis Theobaldi, nobilis vir Petrus comes Britannie, frater ejusdem Roberti, reddidit eidem Roberto fortericiam Fere quam ipse Petrus tunc tenebat, et sic reposita fuit in feodo comitis Campanie. — Sepedictus autem comes Robertus eidem comiti Theobaldo super sancta juravit quod fortericiam illam redderet, ad magnam vim et parvam, comiti Theobaldo et heredibus ejus quocienscumque esset requisitus ab eis vel eorum mandato, sicut in litteris predicti Roberti comitis patris plenius continetur. — In cujus rei testimonium, presentes litteras fieri volui, sigilli mei munimine roboratas. — Actum anno Domini M° CC° vicesimo quinto, die jovis proxima ante Nativitatem Beate Virginis.

Traces de sceau pendant sur double queue. — Le sceau d'Humbert, sire de Beaujeu, n'a pas été retrouvé.

1721   1225. Jeudi 4 septembre.

(J. 202. — Champagne, X, n° 9. — Original.)

Litteræ Anselli de Possessa, ejusdem argumenti et formæ. — « In cujus rei testimonium, presentes litteras fieri volui sigilli mei munimine roboratas. Actum anno gratie M° CC° vicesimo quinto, die jovis proxima ante Nativitatem Beatæ Mariæ. »

Traces de sceau pendant sur double queue. — Le sceau d'Anseau, seigneur de Possesse en Champagne (Marne, canton de Vitry-le-François), n'a pas été retrouvé.

1722   1225. Jeudi 4 septembre.

(J. 198 A. — Champagne, VI, n° 57. — Original.)

Litteræ Hugonis de Castellione, ejusdem argumenti et formæ. — « In cujus rei testimonium, presentes litteras fieri volui sigilli mei munimine roboratas. Actum anno gratie M° CC° vicesimo quinto, die jovis proxima ante Nativitatem Beate Marie. »

Traces de sceau pendant sur double queue. — Voyez dans l'*Inventaire*, n° 1795, la description du sceau de Hugues de Châtillon, fils de Gaucher III.

1723   Meaux. 1225. Jeudi 4 septembre.

(J. 198. A. — Champagne, VI, n° 55. — Original.)

Litteræ Petri Meldensis episcopi, ejusdem argumenti et formæ. — « In cujus rei testimonium, presentes litteras fieri voluimus sigilli nostri munimine roboratas. Actum Meldis, anno Domini M° CC° vicesimo quinto, die jovis proxima ante festum Nativitatis Beate Virginis. »

Traces de sceau pendant sur double queue. — Voyez dans l'*Inventaire*, n° 6702, la description du sceau de Pierre de Cuisy, eveque de Meaux.

1724   Meaux. 1225. Jeudi 4 septembre.

(J. 202. — Champagne, X, n° 8. — Original scellé.)

Litteræ Philippi de Nantolio, ejusdem argumenti et formæ. — « In cujus rei testimonium, presentes litteras fieri volui et sigilli mei munimine roborari. Actum Meldis, die jovis proxima ante festum Nativitate Beate Virginis, anno gratie M° CC° vicesimo quinto. »

Fragment de sceau en cire brune, pendant sur double queue. — Voyez dans l'*Inventaire*, n° 3036, la description du sceau de Philippe de Nanteuil.

1725   1225. Octobre.

(J. 180. — Poitou, n° 1. — Original.)

Buchardus, dominus Marliaci et Mosterolii, notum facit se Bernerio et ejus heredibus, pro bono ejusdem servitio, centum solidos Turonenses, annui redditus, per manus castellani sui de Mosterolio persolvendos contulisse, quousque prædictos centum solidos præfato Bernerio ejusque heredibus, per consilium magistri domus hospitalis de Lauancella, in terra assederit; ad quam donationem addit unam domum competentem apud Mosterolium sitam. — « Ut istud ratum et inconcussum permaneat, presens scriptum sigilli mei munimine dignum duxi roborare. Actum anno M° CC° XXV°, mense octobri. »

Traces de sceau pendant sur double queue. — Le sceau de Bouchard, sire de Marly et de Montreuil, est décrit dans l'*Inventaire* sous le n° 2714.

1726   1225. Octobre.

(J. 731. — Eaux et Forêts, n° 43. — Original scellé.)

Durandus abbas ecclesiæ Bellosannæ, Præmonstratensis ordinis, et totus ejusdem loci conventus notum faciunt karissimum dominum suum Ludovicum Franciæ regem hanc particulam nemoris, quam Hugo de Gornaio præfatæ ecclesiæ dederat, a Tronqueia scilicet ad viam quæ venit de busco Eramboldi, eidem ecclesiæ pacifice possidendam concessisse, ea lege ut nullam in illa particula domum, nec granchiam, nec villam exstruere, neque de nemore illo aliquid essartare, dare nec vendere valeant. Ad quas conditiones observandas sese obligant. — « In cujus rei memoriam et testimonium, presentes litteras nostras domino regi fecimus sigillo nostro sigillatas. Actum anno Domini M° CC° vicesimo quinto, mense octobri. »

Scellé, en cire verte, sur double queue, du sceau anonyme dont s'est servi Durand, abbé de Bellozanne, au diocèse de Rouen, décrit dans l'*Inventaire* sous le n° 8537.

1727   1225. [Octobre].

(J. 731. — Eaux et Forêts, n° 43 bis. — Original scellé.)

Conradus abbas Præmonstratensis præcedentem obligationem confirmat, domino regi promittens quod dictos fratres ad eamdem observandam compellet si de hoc requisitus fuerit. — « In cujus rei memoriam et testimonium, presentes litteras nostras domino regi fecimus sigillo nostro sigillatas. Actum anno gratie M° CC° vicesimo quinto. »

Scellé, en cire verte, sur double queue, du sceau anonyme dont se servaient les abbés de Prémontré, chef d'ordre, et qui porte pour légende : SIGILLUM ABBATIS ET ECCLESIE PRÆMONSTRATENSIS. — Voyez dans l'*Inventaire*, n° 8967, la description de ce sceau d'après un type appendu à un acte daté de 1281.

1728   1225. 9 novembre.

Litteræ Anselmi, Laudunensis episcopi, de compositione per arbitros inita inter se et Radulphum de Nigella comitem Suessionensem.

(J. 233. — Laon, n° 9. — Original scellé.)

A. (Anselmus), Dei gratia Laudunensis episcopus, universis presentes litteras inspecturis, in Domino salutem. — Noverit universitas vestra quod, cum contentio esset inter nos, ex una parte, et nobilem virum comitem Suessionensem, ex altera, super finibus et limitibus baroniarum nostrarum, inter Parrigniacum et Ursellum, tandem, in presentia excellentissimi domini nostri Ludovici Francorum regis nos et dictus comes constituti, in bonos viros compromisimus, nos videlicet, in Yvanum de Bania, canonicum Laudunensem, et dictus comes in Galterum de Nantolio, militem; et rex tertium apposuit Renaudum videlicet de Berona, militem, ballivum suum, cujus dicto nos et comes predictus parere concessimus, si duo alii discordarent. — Ipse vero, cum duobus aliis supradictis, inquisita super dicta discordia diligenter et fideliter veritate, prefatis I. et G. discordantibus, dictum suum cum Ivano predicto, in presentia regis, nobis et dicto comite presentibus, protulit in hunc modum : videlicet, quod justicia episcopi Laudunensis durat integraliter usque ad filum aque que dicitur Aquila, excepto hoc quod comes Suessionensis potest sequi suum pedagium usque ad fossatum Sancti Gervasii, et arrestare per suum servientem. Aqua vero communis est de herbis, de pastura et de piscatura hominibus episcopi et comitis. — In cujus rei memoriam, presentes litteras sigillo nostro fecimus sigillari. — Actum anno Domini M° CC° vicesimo quinto, in crastino octave Omnium Sanctorum.

Scellé, en cire blanche, sur double queue, du sceau d'Anselme de Mauny, évêque de Laon, décrit dans l'*Inventaire* sous le n° 6636.

1729   Melun. 1225. Novembre.

Litteræ Ludovici regis de juribus quæ sibi pertinent in regali abbatia Cormeriacensi, cujus custodiam et advocatiam Droco de Melloto in feodum tenebat.

(J. 178. — Anjou, n° 6. — Original scellé.)

Ludovicus Dei gracia Francie rex.—Noverint universi, presentes pariter et futuri, quod, in presentia nostra et baronum, militum et multorum aliorum, declaratum est per judicium apud Salmurum quod nos habemus in tota terra regalis abbatie Cormeriacensis raptum, multrum et quatuor denarios de singulis albanis, et exercitum et equitationem. — Et hec omnia debet dilectus et fidelis noster Droco de Melloto nobis et heredibus nostris custodire, et reddere quicquid de predictis receperit idem Droco, vel alius ex parte sua. Custodiam autem et advocatiam abbatie jam dicte tenet de nobis idem Droco, in feodum et hominagium ligium, de dono reverende memorie regis Philippi genitoris nostri, eo modo quo predictum est.—In cujus rei memoriam, presentem paginam sigilli nostri auctoritate fecimus communiri. — Actum Meleduni, anno Domini M° ducentesimo vicesimo quinto, mense novembri.

Sceau royal en cire verte, sur lacs de soie rouge et verte, décrit dans l'*Inventaire* sous le n° 40.

1730   1225. Lundi 1ᵉʳ décembre.

(J. 320. — Toulouse, XI, n° 39. — Original.)

Instrumentum concordiæ initæ inter Petrum de Auriaco et Petrum de Montibus de barata M. LXXX. solidorum Tolosanorum quos præfatus Petrus de Auriaco a Ramundo Durando mutuaverat, et de quibus prædictus Petrus de Montibus et Bernardus de Montibus ejus frater fidejussores fuerant. — « In qua barata fuerat computata et inclusa quedam alia barata de M. solidis Tolosanis, quam dictus Petrus de Auriaco eidem Ramundo Durando debuerat; que carta de M. solidis debebat esse fracta quando hec barata de M. L. XXX. solidis Tolosanis foret persoluta, etc..... — Hoc fuit ita positum et concessum primo die decembris, feria II; regnante Lodoyco rege Francorum, et Raimundo Tolosano comite, et Fulchone episcopo, anno ab incarnatione Domini M° CC° XX° V°. — Hujus rei sunt testes Ugo de Roaxio, et Raimundus Pictavinus, et Bernardus Carabordas de Portaria, et Arnaldus Willelmus Piletus, et Arnaldus Stephanus de Lantari, et Poncius Saquetus, et W. de Sancto Anatolio, *tres alii*, et Ramundus Bertrandus qui cartam istam scripsit. »

1731   1225. Lundi 1ᵉʳ décembre.

(J. 317. — Toulouse, VIII, n° 15. — Original.)

Instrumentum quo notum fit Petrum de Montibus ad DCC. LIX. solidos Tolosanos cum Petro de Auriaco concordasse de barata M. LXXX. solidorum Tolosanorum, Ramundo Durando a dicto Petro de Auriaco debitorum, et quos præfato Petro de Montibus sponderii et infantes dicti Ramundi in donum contulerant. — « Hoc fuit ita recognitum primo die decembris, feria II, regnante Lodoyco rege Francorum, et Raimundo Tolosano comite, et Fulchone episcopo, anno ab incarnatione M° CC° XX° V°. — Hujus rei sunt testes : Ugo de Roaxio, et Ramundus Pictavinus (*sequuntur nomina testium qui præcedenti instrumento subscripserunt*), et Ramundus Bertrandus qui cartam istam scripsit. »

1732   Sézanne. 1225. Samedi 20 décembre.

(J. 196. — Champagne, IV, n° 16. — Original.)

Hugo dominus Brecarum notum facit quomodo Nicholaa mater sua omnes homines et feminas, cum omnibus familiis et rebus eorumdem, quos et quas in tota castellania Brecarum habebat, in manibus Blanchæ illustris comitissæ Trecensis, pro domino Theobaldo comite, ejus filio, posuerit, donec præfatus Theobaldus de quingentis et sexaginta libris Pruviensium fuerit pagatus. Quam conventionem ipse Hugo se laudare declarat. — « Presentesque litteras in testimonium sigilli mei munimine roboravi. Datum Sezannie, anno millesimo cc° xx° quinto, mense decembri, sabbato ante Natale Domini. »

Traces de sceau pendant sur double queue. — Voyez ci-après, n° 1764, la description du sceau de Hugues, sire de Broyes, en Champagne (Marne, arrondissement d'Épernay).

1733   Compiègne. 1225. Décembre.

Maria comitissa Pontivi recognoscit se a domino rege duo millia librarum recepisse.

(J. 236. — Ponthieu, n° 84. — Original scellé.)

Ego Maria comitissa Pontivi notum facio universis me recepisse a karissimo domino meo Ludovico rege Francie illustri duo milia librarum quas michi promisit quando michi reddidit comitatum Pontivi. — In cujus rei memoriam, presentes litteras sigillo meo feci sigillari. — Actum Compendii, anno Domini m° cc° xxv° mense decembri.

Fragment de sceau en cire blanche sur simple queue. — Voyez dans l'*Inventaire*, sous le n° 1067, la description du sceau de Marie, comtesse de Ponthieu.

1734   Thouars. 1225. Décembre.

Querimoniæ Hugonis de Lezignano et septem aliorum magnatum Franciæ contra intolerabiles clericorum molestationes.

(J. 350. — Gravamina, n° 2. — Original scellé.)

Karissimo domino suo Ludovico, Dei gratia illustrissimo regi Francie, Hugo de Lezignano comes Marchie et Engolisme, P. (Petrus) comes Britannie, A. (Aimericus) vicecomes Thoarcii, Savaricus de Mallone, H. (Hugo) de Thoarcio, Gauffridus de Lezignano, W. (Willelmus) Archiepiscopi, W. (Willelmus) Mengoti, T. de Blazun, et alii barones fideles sui in illis partibus, salutem et ad fidele servicium paratam voluntatem. — Cum per longum tempus sustinuerimus dampna et grandia gravamina que nobis faciunt clerici in nostris partibus, et adhuc ergua ipsos nullam admelioracionem, verum semper impejoracionem, inveniamus, licet modis omnibus quibus potuimus ipsorum favorabilitatem inquisierimus, et nos, antequam ad vos nostram querimoniam super hoc portassemus, nullam conspiracionem contra ipsos ad defensionem nostram facere voluerimus, vestre regie majestati supplicamus quantis possumus precibus quatenus nos super hoc velitis consulere; quia, nisi in hoc consilio velox fuerit appositum, terras nostras oportuerit nos relinquere vel nos ad defendendum de ipsis oportuerit attemptare. Et si expedire videritis, rogamus vos ut super hoc dominum Romanum, Apostolice Sedis legatum, requiratis ut hoc studeat emendare. — Et sciatis pro certo quod hoc tam diu sustinuimus quod non possumus ulterius, quia, quando de excessibus nobis illatis a clericis ad dominum Apostolicum conquerimur, nullas ab ipso emendas, set solummodo verba vacua reportamus. Quicquid vero boni consilii cum vestris fidelibus super hoc poteritis invenire, nobis, qui vestri sumus et a vobis feoda nostra tenemus in quibus dicte molestie nobis a clericis inferuntur, nostri gratia rescribere curetis. — Actum apud Thoarcium, anno Domini m° cc° xx° quinto, mense decembri.

Cette charte est scellée de huit sceaux en cire blanche, pendants sur double queue et placés dans l'ordre suivant :

1. Hugues X de Lusignan, comte de la Marche et d'Angoulême; sceau décrit dans l'*Inventaire* sous le n° 834.
2. Pierre Mauclerc, comte de Bretagne, n° 534.
3. Aimeri VII, vicomte de Thouars; second sceau, n° 1083.
4. Amauri de Craon, sénéchal d'Anjou; second sceau, n° 293.
5. Hugues de Thouars, seigneur de Vihiers en Anjou, frère puiné du vicomte Aimeri, n° 1084.
6. Geoffroi de Lusignan, n° 2636.
7. Savary de Mauléon, n° 2754.
8. Guillaume l'Archevêque, seigneur de Parthenay, n° 3165.

Nous ferons remarquer qu'Amauri de Craon, qui a apposé son sceau le quatrième, n'est pas nommé dans l'acte, tandis que les sceaux de Guillaume Mengot et T. de Blazon manquent ou n'ont peut-être jamais été apposés; la pièce avait d'ailleurs été préparée pour recevoir douze sceaux.

1755 Melun. 1225.
Charta Ludovici regis pro privilegiis Corbeiensis communiæ confirmandis.

(J. 231. — Corbie, n° 4. — Original scellé.)

In nomine sancte et individue Trinitatis, amen. Ludovicus, Dei gratia Francie rex. — Noverint universi, presentes pariter et futuri, nos vidisse cartam pie recordationis regis Philippi genitoris nostri sub hac forma. — In nomine sancte et individue, etc. (*Vid. n° 300, tom. I, p. 127.*) — Nos igitur, piis tam genitoris nostri quam aliorum predecessorum nostrorum vestigiis inherentes, que premissa sunt concedimus, et, ut perpetue stabilitatis robur obtineant, presentem paginam sigilli nostri auctoritate et regii nominis karactere inferius annotato confirmamus. — Actum Meleduni, anno Dominice incarnationis M° ducentesimo vicesimo quinto, regni vero nostri anno tercio; astantibus in palatio nostro quorum nomina supposita sunt et signa : Dapifero nullo. Signum Roberti buticularii. Signum Bartholomei camerarii. Signum Mathei constabularii. Data per manum Guarini (*locus monogrammatis*), Silvanectensis episcopi, cancellarii.

Sceau de Louis VIII; cire verte, lacs de soie rouge et verte; *Invent.*, n° 40. — Cette charte, qui est datée de Melun, a été probablement écrite dans le courant de novembre, pendant le séjour que le Roi fit dans cette ville pour y tenir son parlement.

1756 Paris. 1225.
Ludovicus rex, recepta consulum et burgensium Montisferrandi fidelitate, eos sub sua speciali custodia suscipit eorumque privilegia confirmat.

(J. 303. — Toulouse, I, n° 1. — Copie ancienne. = J. 421. — Obligations, I, n° 1 *bis*. — Copie authentique.)

In nomine sancte et individue Trinitatis, amen. Ludovicus, Dei gratia Francie rex. — Noverint universi, presentes pariter et futuri, quod nos, propter sacramentum fidelitatis quod dilecti et fideles nostri consules et burgenses Montisferrandi in Alvernia nobis exhibuerunt, et munitionem nostram infra villam suam receperunt, et juraverunt quod nobis et heredibus nostris et gentibus nostris erunt fideliter adjuvantes erga omnes homines et feminas qui possunt vivere et mori, salvo tamen jure Guillelmi comitis Montisferrandi domini eorumdem, quamdiu ipsum pro homine nostro tenebimus vel tenere debebimus per judicium curie nostre, nos eisdem concessimus usus et consuetudines quas hactenus habuerunt, tenendas pacifice in perpetuum et habendas; ita tamen quod, singulis annis, nobis vel heredibus nostris servient de una marcha auri in festo Purificationis Beate Marie. Et nos ipsos recepimus bona fide in custodia, tuicione ac deffensione nostra, sicut alios burgenses nostros, nec servicium istud mittemus extra manum nostram aut heredum nostrorum. — Quod ut ratum sit et firmum, presentes litteras sigilli nostri auctoritate et regii nominis karactere inferius annotato precepimus confirmari. — Actum Parisius, anno Domini millesimo ducentesimo vicesimo quinto, regni vero nostri anno tercio; astantibus in palatio nostro quorum nomina supposita sunt et signa : Dapifero nullo. Signum Roberti buticularii. Signum Bartholomei camerarii. Signum Mathei constabularii. Datum per manum Guarini (*locus monogrammatis*), Silvanectensis episcopi, cancellarii.

Cette charte, datée de Paris et de la troisième année du règne de Louis VIII, est très-probablement de l'année 1225-26 avant Pâques, du 1er janvier au 19 avril. — La pièce cotée J. 421, n° 1 *bis*, est un vidimus délivré, sous le sceau de la cour de Clermont, par Maitre P., official de Clermont, au mois de juin 1247.

1757 Avant 1226.
Litteræ Ramnulphi episcopi et totius cleri Petragoricensis Ludovico Francorum regi ut diœcesim Petragoricensem sub sua protectione suscipiat.

(J. 292. — Périgord, n° 1. — Original scellé.)

Serenissimo domino Lodovico, illustri regi Francorum, Ramnulphus Dei gratia episcopus, Beatorum Stephani et Frontonis Petragoricensis capitula, Brantosmensis, Terrasonensis, Sancti Amandi, de Castris, de Cancellata, de Petrosa, de Cadunio, de Boschavio, de Sancto Asterio, de Albaterra abbates, et universi prelati in Petragoricensi diocesi constituti, ab eo salvari qui regibus dat salutem. — Antiquitate referente et scriptis antiquis fidem facientibus, pro certo novimus predecessores vestros dominos reges Francie Petragoricensem episcopatum in suo dominio habuisse, et ita pleno jure suis appropriasse usibus quod ad regendum episcopatum senescallos et prepositos de suo latere destinarent; quibus decedentibus, pro voluntate sua alios substituebant, unde, propter amenitatem locorum et habundantiam fructuum et aquarum dulcedinem, idem episcopatus regis Francie viridarium vocabatur. — Crescente olim malitia hominum, his premissis in dessuetudinem abeuntibus, dominus Raimundus, bone memorie, tunc episcopus, et jam dicta capitula ad felicis memorie patrem vestrum apud Castrum Radulfi sollemniter accesserunt, et, juxta voluntatem suam, facta sibi ab ipsis fidelitate, se pacem episcopatui daturum et talem rectorem promisit per quem Ecclesie libertas et tota diocesis defendi posset et salubriter gubernari. — Cum igitur barones et milites et alii pravi homines in Ecclesiam Dei et populum acrius solito debaccentur, et, quod gravius est, maxima pars ejusdem diocesis heretice pravitatis contagio sit infecta, nec sit aliquis qui animarum seu corporum periculis se opponat, cum ecclesie, que solebant habere immunitatem et gravatis parare subsidium, modo incastellate a malis hominibus, facte sint spelunce latronum, et inde homicidia et incendia et omnia turpia et dictu nepharia committantur, serenitatem regiam, tanquam singulare refugium, cum gemitu ac lacrimis universi ac singuli imploramus, quatinus, paternam promissionem et omnia prelibata ad memoriam reducentes, calamitatibus et angustiis nostris condescendere dignemini, talem nobis rectorem sive senescallum de vestro latere destinantes qui bonos foveat et pravorum maliciam choercere (sic) procuret, et jura ecclesie illibata conservet, et ad fidem catholicam et consuetudines regias reintegrandas murum pro domo Domini se opponat. — Verum cum miserias nostras vobis ad plenum exponere non possimus, sublimitati regie supplicamus quatinus abbati de Cadunio et latoribus presentium, utriusque capituli canonicis, viris siquidem providis ac discretis, super premissis, que vobis pro universitate nostra significare curaverint, fidem adhibeatis.

<small>Nous plaçons cette pièce vers la fin de 1225, comme date extrême, parce qu'elle est évidemment antérieure à l'expédition de Louis VIII contre les Albigeois. Elle est scellée de quinze sceaux en cire blanche, pendants sur double queue et rangés dans l'ordre suivant. Ces sceaux ont été, pour la plupart, décrits dans l'*Inventaire*, savoir :</small>

1. Ramnulphe de Lastours, évêque de Périgueux, n° 6810.
2. Chapitre de Saint-Étienne de Périgueux. — *Manque*.
3. Chapitre de Saint-Front, n° 7271.
4. L'abbé de Brantosme. — Fragment non décrit : Un évêque debout, portant une crosse de la main droite et un livre de la main gauche; au contre-sceau, deux figures debout représentant la scène de saint Pierre et de Malchus. Saint Pierre était le patron de l'abbaye de Brantôme.
5. L'abbé de Terrasson, n° 9122.
6. L'abbé de Saint-Amand-de-Coli. — Fragment non décrit : Une figure d'abbé debout, tenant une crosse.
7. Hugues, abbé de Castres, n° 8628.
8. L'abbé de la Chancellade, n° 8612.
9. L'abbé de la Peyrouse. — Fragment non décrit : Un personnage en habits pontificaux, debout; pas de contre-sceau.
10. L'abbé de Cadouin, n° 8573.
11. L'abbé de Boschaud (*Boscavium* vel *Boscum-cavum*). — Fragment non décrit : Un personnage debout, en habits pontificaux; pas de contre-sceau.
12. L'abbé de Saint-Astier. — Fragment non décrit : Un personnage debout, en habits pontificaux; pas de contre-sceau.
13. Humbert, archiprêtre de Périgueux, n° 7950. — Ce sceau est apposé en signe d'adhésion, car le nom du personnage n'est pas énoncé dans l'acte.
14. Ce sceau, qui n'existe plus, était probablement celui de l'abbé de Saint-Sauveur d'Aubeterre, dont le type n'a pas été retrouvé.
15. R., archidiacre de Périgueux, n° 7430. — Même remarque que pour le n° 13.

1738   1225-26. Lundi 19 janvier.

Litteræ Othonis ducis Meraniæ, Burgundiæ comitis, de matrimonio contrahendo inter Othonem filium suum et filiam comitis Campaniæ.

(J. 198 A. — Champagne, VI, n° 56. — Original scellé.)

Ego O. (Otho) Meranie dux, comes Burgundie palatinus, et ego Beatrix uxor ejus, notum facimus universis, tam presentibus quam futuris, tales conventiones esse inter nos, ex una parte, et nobilem virum Theobaldum Campanie et Brye comitem palatinum, ex altera, super maritagio faciendo inter Othonem filium nostrum et Blancham filiam ipsius Theobaldi comitis Campanie. — Videlicet, quod nos donavimus et concessimus Othoni filio nostro, quando duxerit in uxorem Blancham filiam Theobaldi comitis Campanie, totum comitatum Burgundie, integre, in domaniis, in feodis, in dominiis, salvo quod nos possimus dare filie nostre trecentas libratas terre, in terra plana, et unam fortem domum que non sit nimium fortis. — Illa die qua celebrabuntur sponsalia inter dictum Othonem filium nostrum et dictam Blancham filiam dicti Theobaldi comitis Campanie, idem Otho filius noster sasietur plenarie de terra superius nominata. — Matrimonium vero debet celebrari quando Otho filius noster habebit quatuordecim annos completos. Theobaldus vero comes Campanie debet adducere Blancham filiam suam apud Borbonam et eam tradere nobis, ut ibidem sponsalia celebrentur. — Theobaldus comes Campanie donat filie sue Blanche quingentas libratas terre in terra plana et tria milia marcarum argenti. — Nos vero juravimus quod nos juvabimus dictum Theobaldum comitem Campanie contra omnes homines, preterquam contra dominos nostros quos habebamus die qua presentes littere confecte fuerunt. Similiter Theobaldus comes Campanie juravit quod ipse juvabit nos contra omnes homines, preterquam contra dominos suos quos habebat die confectionis presentium litterarum. — Cum nos veniemus in auxilium Theobaldi comitis, nos et gentes nostre erimus in expensis nostris. Quando vero Theobaldus comes veniet in auxilium nostrum seu terre nostre, comes et gentes sue erunt in expensis suis, salvo quod comes Campanie capiet forragium in terra nostra pro se et suis gentibus. — Nos faciemus jurare omnes burgenses comitatus Burgundie quod ipsi custodient corpus Theobaldi comitis Campanie, et honorem ipsius, et gentes ipsius, et quod ipsi burgenses servient Theobaldo comiti contra omnes homines, preterquam contra nos. — Nos requiremus a militibus comitatus Burgundie quod ipsi faciant homagium dicto Theobaldo comiti Campanie, salva fidelitate nostra. Et, si aliqui milites seu barones nolebant facere homagium dicto Theobaldo comiti Campanie, nos faceremus quod illi barones et milites facerent dicto Theobaldo comiti Campanie fidelitatem. — Nos non possumus commendare comitatum Burgundie alicui, neque ponere extra manum nostram nisi in manu comitis Campanie vel in manu alicujus ex hominibus nostris qui sit de comitatu Burgundie, nec in manu comitis Stephani, nec Henrici de Vienna, nec Johannis comitis Cabilonensis. — Nos faciemus jurare illum cui commendabimus comitatum Burgundie quod servabit corpus Theobaldi comitis Campanie et honorem ejus, et gentes ipsius. Jurabit etiam quod juvabit Theobaldum comitem Campanie de terra comitatus Burgundie et serviet comiti ex eadem terra comitatus Burgundie, sicut nos tenemus facere et sicut superius est expressum. Et si de hiis deficeret, infra quadraginta dies post requisitionem Theobaldi comitis Campanie, per se vel per nuntium suum, ille mutaretur, et sic de aliis qui de predictis deficerent et meffacerent. — Comes vero Campanie tenetur juvare ballivos comitatus Burgundie sicut tenetur nos juvare. — Quotiens vero Theobaldus comes veniet in comitatum Burgundie propter negotium terre, seu propter suum negotium vel amicorum suorum, totiens gentes comitatus Burgundie tenentur juvare ipsum Theobaldum comitem Campanie cum expensis nostris. — Comes Campanie tenetur morari nobiscum et gentibus nostris ad diruendum castrum de Rochefort et castrum de Trave. Et si comes habebat legitimum essonium, ipse dimitteret ibidem gentes suas ad id agendum. — Quando nos intraverimus in guerram propter negotium Barriducis comitis, et Theobaldus comes Campanie exinde redire voluerit, ipse dimittet ibidem centum quadraginta homines cum armis, videlicet sexaginta milites et octoginta servientes equites, in suis expensis. — Omnia ista, sicut superius sunt expressa, juravimus tenenda dicto Theobaldo comiti Campanie, bona fide, et idem Theobaldus comes juravit eadem tenenda nobis bona fide. — Sciendum siquidem quod, licet idem Theobaldus comes teneatur nos juvare in comitatu Burgundie, non tenetur nos juvare extra comitatum Burgundie, nisi fuerit de sua propria voluntate. — Ad majorem vero supradictorum securitatem, obligavimus nos erga dictum Theobaldum comitem de feodo quod dilectus et fidelis noster Richardus de Dampetra tenet de nobis, et de feodo quod dominus Galterus de Vangionisrivo tenet a nobis, et de feodo quod dominus Clarimontis tenet a nobis, et de feodo quod domini de Chanlite tenent a nobis, et de feodo quod dominus Henricus de Fouvent tenet a nobis. Et, si de istis conventionibus vellemus, quod absit, resilire, isti supradicti venirent ad dictum Theobaldum comitem cum feodis suis que tenent a nobis. — Comes vero Campanie posuit, ex parte sua, feodum quod dominus Galterus de Rinello tenet ab ipso, et feodum quod dominus Gaufridus de Davyleio tenet ab ipso, et feodum quod dominus Galterus de Vangionisrivo tenet ab ipso, et feodum quod dominus Renerius de Nogento tenet ab ipso, et feodum quod dominus Jacobus de Durnaio tenet ab ipso ; ita quod, si Theobaldus comes Campanie ab istis conventionibus vellet resilire, isti supradicti venirent ad nos cum feodis suis. — Quod ut notum permaneat et firmum teneatur litteris annotatum, sigillorum nostrorum fecimus munimine roborari. — Actum anno gratie M° CC° vicesimo quinto, die lune proxima post octabas Epyphanie.

Cette charte est scellée de deux sceaux en cire brune, pendants, l'un sur lacs de soie rouge, l'autre sur cordelettes de soie verte. Le premier, celui d'Othon II dit le Grand, duc de Méranie, comte palatin de Bourgogne, n'a pas été décrit, probablement parce qu'il est presque complétement fruste. Cependant on distingue encore sur la face un cavalier armé d'une lance, le casque en tête et couvert de son écu ; au contre-sceau un écu, mais les armoiries et les légendes ont complétement disparu. — Le second sceau, celui de la comtesse Béatrix II de Bourgogne, fille d'Othon Ier, comte de Bourgogne, et de Marguerite de Blois, est décrit dans l'*Inventaire* sous le n° 488.

1759   1225-26. Lundi 26 janvier.
Charta pariagii initi pro castris de Fossereto et de Sanars construendis.
(J. 328. — Toulouse, XIX, n° 8. — Original. = J. 327. — Toulouse, XVIII, n° 2. — Copie.)
ABCD.   EFGH.   JKLM.

Notum sit omnibus, tam presentibus quam futuris, quod Rogerius de Noerio, et Bernardus de Saysses, et Bernardus de Orbessano fecerunt inter se, cum sacramento, convenientias de castro de Fossereto et de castro de Sanars. — Convenientie autem tales fuerunt : quod dictus Rogerius de Noerio mandavit et firmiter convenit dicto Bernardo de Saysses et Bernardo de Orbessano et eorum ordinio, et idem Bernardus de Saysses et Bernardus de Orbessano illud idem mandaverunt et convenerunt eidem Rogerio de Noerio et ejus ordinio quod non auferant, unus alteri, predictum castrum de Fossereto nec de Sanars, nec auferri faciant ullo modo, nec occidant unus alterum nec vulnerent nec capia[n]t infra predicta castra, nec infra alodios, nec infra terminos ejusdem castri de Fossereto nec de Sanars. Et si forte dictus Bernardus de Saysses et Bernardus de Orbessano, vel unus eorumdem, dictum Rogerium de Noerio occidebant, vel vulnerabant, vel capiebant, vel etiam predicta castra eidem Rogerio de Noerio auferebant, vel aliquis vel aliqua, pro eis vel eorum consilio, illud faciebant, ipsi et eorum progenies debent esse exheredati predictorum castrorum, et hereditas et pars predictorum castrorum, et de toto hoc quod ad predicta castra pertinet illius qui illud faceret, debet redire et remanere eidem Rogerio de Noerio et ejus ordinio. — Similiter, eodem modo, si dictus Rogerius de Noerio occidebat, vel vulnerabat, vel capiebat ipsum Bernardum de Saysses nec Bernardum de Orbessano, vel etiam predicta castra eis auferebat, vel aliquis vel aliqua pro eo vel pro suo consilio illud faciebat, debet esse exheredatus idem Rogerius de Noerio et progenies ejus predictorum castrorum, et hereditas et pars predictorum castrorum ipsius Rogerii de Noerio similiter debet esse et redire et remanere eidem Bernardo de Saysses et Bernardo de Orbessano et eorum ordinio. — Et ultra hec, unus alteri mandavit et firmiter convenit quod ille qui hec, uti dictum est, transierit, quod debet esse et remanere proditor in omni loco et in tota curia, et non debet se inde defendere aliquo modo cum aliquibus armis. — Preterea mandaverunt et convenerunt inter se quod unus alteri non auferat suos homines nec feminas, nec blatum, nec vinum, nec aliquid aliud, nec faciat auferri infra predicta castra nec infra alodios, nec infra terminos predictorum castrorum. Et si hoc faciebant, vel facere faciebant, debent illud totum reddere et reficere, unus alteri, postquam unus de alio vel de ejus nuncio fuerit commonitus. Et si facere noluerit, debet tenere et explectare unus partem alterius, nomine pignoris tantum, donec illud ei totum sit integre redditum ad ejus voluntatem. — Et si unus predictorum dominorum venerit in predictis castris sine alio, vel etiam cum alio, et non invenerit cum suis hominibus ea que sibi necessarie (*sic*) fuerint ad vivendum, debet emere de aliis ea que sibi necessarie fuerint consilio vicinorum, et fidejussere (*sic*) per suos homines et persolvere precium infra 1. mensem. — Et si aliqua femina venerit ad maritum in casali Rogerii de Noerio, et illa femina fuit Bernardi de Sayssez et Bernardi de Orbessano, illa talis femina, et progenies que de ea exierit, debet esse libera ab eodem Bernardo de Sayssez et Bernardo de Orbessano. Et demum illa talis femina, et projenies que de ea exierit, debet esse et servire ipsi Rogerio de Noerio et ejus ordinio; sed non debet trahere terram illa talis femina de illo casali de qua exierit. — Et similiter, si aliqua femina venerit ad maritum in casali Bernardi de Sayssez et Bernardi de Orbessano, et illa talis femina fuerit Rogerii de Noerio, illa et progenies que de ea exierit debet esse libera ab eodem Rogerio de Noerio, et deinde illa talis femina, et projenies que de ea exierit, debet esse et servire ipsi Bernardo de Saysses et Bernardo de Orbessano et eorum ordinio; sed non debet trahere terram illa talis femina de illo casali de qua exierit. — Et predictus Bernardus de Sayssez et Bernardus de Orbessano frater ejus debent operari predicta castra per destreit et mandato ipsius Rogerii de Noerio vel ejus ordinii, de terra et de ligno, bona fide. Et si hoc facere noluerint, idem Rogerius de Noerio et ejus ordinium debet operari illa eadem castra, de terra et de ligno, bona fide similiter, et tenere deinde partem ipsius Bernardi de Sayssez et Bernardi de Orbessano donec inde habeat recuperatum totum illud gravium quod ibi pro eis factum habuerit, bona fide. — Et predictus Bernardus de Orbessano nec Bernardus de Sayssez nec eorum ordinium non debent de predictis castris guerreiare prefatum Rogerium de Noerio, nec suos homines, nec suam terram, nec etiam Arnaldum Poncium de Hermo, nec suos homines, nec suam terram, nec dominum comitem Tolosanum, nec suos homines, nec suam terram, nec comitem Convenarum, nec suam terram, nec suos homines, nec dominos de Montealto, nec eorum homines nec eorum terras, si tamen isti jus facere voluerint eidem Bernardo de Saysses et Bernardo de Orbessano precibus ejusdem Rogerii de Noerio. — Item dictus Rogerius de Noerio nec ejus ordinium non debet guerreiare de predictis castris dictum Bernardum de Sayssez nec Bernardum de Orbessano, nec eorum homines, nec eorum terram, nec dominum de Astaraco, nec dominos de Pinu, nec Amalunium de Blancafort nec Wilelmum de Toges, nec fratres suos, nec eorum homines, nec eorum terram, si tamen isti jus facere voluerint ipsi Rogerio de Noerio precibus predicti Bernardi de Orbessano et Bernardi de Saysses. — Et predictus Bernardus de Saysses et Bernardus de Orbessano et eorum ordinium debent tenere in eorum posse predicta castra de introitu mensis septembris usque ad exitum februarii; et predictus Rogerius de Noerio et ejus ordinium debet tenere in suo posse illa castra de introitu mensis marcii usque ad exitum mensis augusti; et hoc totum unus ad utilitatem et fidelitatem alterius. — Et in predictis castris habet Rogerius de Noerio medietatem, et Bernardus de Sayssez et Bernardus de Orbessano aliam medietatem. Et si Rogerius de Noerio, vel ejus ordinium, vendere vel impignorare voluerit predicta castra et ea que ad illa castra pertinent, scilicet suam partem, dicat hoc per II. menses ante de venditione, et de pignore per I. mensem dicto Bernardo de Saysses et Bernardo de Orbessano. Et si fuerit venditio, habeant illud totum minus quam alter homo c. solidis Tolosanis, et pro pignore minus L. solidis Tolosanis quam alter homo. — Et similiter, si Bernardus de Saysses et Bernardus de Orbessano vel eorum ordinium vendere vel impignorare voluerint predicta castra et ea que ad predicta castra pertinent, scilicet eorum partem, dicant hoc eidem Rogerio de Noerio per II. menses ante de venditione, et de pignore per I. mensem. Et si fuerit venditio, habeat illud totum minus quam alter homo c. solidis Tolosanis, et pro pignore minus L. solidis Tolosanis quam alter homo, si voluerit. — Sinant quod quisque illorum deinde, post predictam commonitionem factam, façiant inde eorum voluntatem. — Item Bernardus de Sayssez et Bernardus de Orbessano frater suus posuerunt inter se, consilio et voluntate ipsius Rogerii de Noerio et in ejus presentia, quod, si unus alteri partem suam vendere vel inpignorare inde voluerit, liceat ei. Et dicat hoc unus alteri, si fuerit venditio, per II. menses, et de pignore, per I. mensem. Et habeat illud totum unus de alio ante alios homines et feminas, si voluerit. — Hec autem omnia, uti melius prescripta sunt, dictus Rogerius de Noerio, et Bernardus de Orbessano, et Bernardus de Sayssez, quisque illorum plivito per fidem sui corporis, tactis sacrosanctis Dei

Evangeliis, juraverunt quod inde unus alteri sit verus et fidelis, et quod hec omnia, uti melius prescripta sunt, teneant et exequantur in perpetuum bona fide, et quod, si aliquis homo equitabat vel malefacta aliqua in predictis castris alicui illorum trium sive omnibus faciebat, quod unus alteri sit forsa et adjutorium infra terminos predictorum castrorum, totum, bona fide. — Item Ramundus de Terreno, et Petrus Willelmus, et Ramundus de Tolosa, et Willelmus Tornerius, et Martinus de Podio, et Bonushomo de Batinala, quisque illorum plivito per fidem sui corporis, tactis sacrosanctis Dei Evangeliis, juraverunt vitam et membrum, et honorem et fidelitatem Bernardo de Saysses et Bernardo de Orbessano, fratri suo, et dominium talem qualem (sic) eis facere debent nec consuetum est. — Hujus rei sunt testes : Guimascius de Saysses, et Willelmus Ramundus de Claustro, et Arnaldus Ramundus del Pel, et Bernardus de Saysses filius Arnaldi de Hermo qui fuit, et Ato de Blancafort, et Fuiella, et Petrus de Orbessano, et Galterius de Noerio, et Arnaldus Willelmus de Monte Totino, et Willelmus de Nemore qui cartam istam scripsit. — Hoc fuit ita positum vi. die exitus mensis januarii, feria II, regnante Ludovico Francorum rege, et Ramundo Tolosano comite, et Fulcone episcopo, anno M° CC° XX° V° ab incarnatione Domini.

ABCD.   EFGH.   JKLM.

La pièce cotée *Toulouse*, XIX, n° 8, d'après laquelle nous publions ce pariage, est divisée à la marge supérieure et inférieure par les lettres de l'alphabet. C'est l'un des trois originaux délivrés à chacune des parties contractantes; celui-ci appartenait à Bernard d'Orbessan, ainsi que l'indique l'annotation suivante placée au dos de l'acte : *Aquesta carta es d'en Bernad d'Orbeza, laqual dis que no la donessa hom a nul home si a son cors o a home de nostra orde o a sos fils*. La pièce cotée Toulouse, XVIII, n° 2, est une copie ancienne, mais qui n'est pas authentique.

1740   Orléans. 1225-26. Janvier.

Hugo de Lezignano quidquid habebat apud Mausiacum domino regi quitat pro cccc. libris sibi annuatim, per quinque annos, assignandis.

(J. 374. — Comtes de la Marche et d'Angoulême, n° 1. — Original scellé. = J. 270. — La Marche, n° 6. — Déficit.)

Ego Hugo de Lezignano, comes Marchie et Engolisme, notum facio universis me quitasse karissimo domino meo Ludovico regi Francie illustri et heredibus suis in perpetuum totum illud quod dicebam me habere apud Mausiacum, pro ballo usque ad decennium et pro dotalitio Aguathe neptis mee, et vadium quod dicebam me habere super Mausiacum de quingentis libris Turonensium quas dederam dicte nepti mee in maritagium, et sexcentas et sexaginta sex libras Turonensium quas posueram in fortericia Mausiaci facienda. — Propter hanc quitanciam dominus rex predictus michi dedit et assignavit quadringentas libras Turonensium percipiendas singulis annis in die Pasche apud Pictavis usque, ab instanti Pascha, in quinque annos. — Actum Aureliani, anno Domini M° CC° vicesimo quinto, mense januarii.

La pièce cotée *Comtes de la Marche et d'Angoulême*, n° 1, est scellée, en cire brune, sur double queue, du sceau du comte Hugues X de Lusignan, et ce sceau est décrit dans l'*Inventaire* sous le n° 834. — D'après l'inventaire de Dupuy, la pièce cotée La Marche, n° 6, était également scellée. C'était un duplicata mais qui pouvait présenter quelque différence avec le texte que nous publions, car, si l'inventaire est exact, la date du mois n'était pas exprimée dans cette pièce.

1741   Paris. 1225-26. Janvier.

(J. 218. — Dreux, n° 10. — Original scellé.)

Robertus comes Drocensis, dominus Brenæ, notum facit se quatuor modios bladi, quos apud pontem de Roont annuatim habebat, domino suo Ludovico regi Franciæ et ejus heredibus in perpetuum quitasse in excambium moltæ quam idem rex possidebat apud Bonolium et quam sibi et heredibus suis perpetuo concessit, sed ea conditione ut, si, post inquisitionem a Renerio de Berona et Guillelmo de Castellariis domini regis ballivis factam, dicta molta plus quam quatuor modios valere reperiretur, præfatus Robertus et ejus heredes legitimum supplementum suppeditarent. — « Actum Parisius, anno Domini M° CC° XXV°, mense januario. »

Scellé du second sceau de Robert III dit Gatebled, comte de Dreux et de Braine, seigneur de Saint-Valery; cire verte, lacs de soie rouge et verte; décrit dans l'*Inventaire* sous le n° 728.

1742   Paris. 1225-26. Janvier.

Magnates Franciæ Ludovicum regem hortantur ad negotium terræ Albigesii suscipiendum, suum ei ad hoc auxilium promittentes.

(J. 428. — Albigeois, n° 1 bis. — Original scellé.)

Philippus comes Bolonie et Clarimontis, comes Petrus Britannie, comes Robertus Drocensis, comes

Carnotensis, comes Sancti Pauli, comes Rociaci, comes Vindocinensis, Matheus de Montemorenciaco Francie constabularius, Robertus de Cortenaio buticularius Francie, Ingerranus de Cociaco, senescallus Andegavie, Johannes de Nigella, vicecomes Sancte Susanne, vicecomes Castriduni, Savaricus de Maloleone, Thomas de Cociaco, Robertus de Cociaco, Galcherus de Jovigniaco, Galterus de Rinello, Henricus de Soliaco, Philippus de Nantolio, Stephanus de Sacrocesare, Ren. de Montefalconis, Guido de Ruppe, Ren. de Ambianis, Robertus de Pissiaco, Simon de Pissiaco, Bochardus de Malliaco, Florencius de Hangesta, omnibus ad quos littere presentes pervenerint salutem in Domino. — Noveritis quod, propter amorem Jhesu Xpisti et fidei Xpistiane, necnon et honorem karissimi domini nostri Ludovici regis Francie illustris et regni, laudamus ei et consulimus ut negotium terre Albigesii sibi assumat, et promittimus, super fidem quam ei debemus, quod nos juvabimus eum bona fide, sicut dominum nostrum ligium, usque ad ipsius negotii consummationem, vel quamdiu in eo negotio laborabit. — Actum Parisius, anno Domini M° CC° XXV°, mense januario.

Cette charte était scellée, dans le principe, de vingt-neuf sceaux en cire blanche pendants sur double queue, et rangés en suivant l'ordre des noms tels qu'ils sont écrits dans la charte. Dix de ces sceaux ont disparu, les dix-neuf autres sont plus ou moins bien conservés. En voici la liste complète, avec l'indication des numéros de ceux qui sont décrits dans l'*Inventaire*.

1. Philippe de France, comte de Boulogne et de Clermont en Beauvoisis. (*Invent.*, n° 1062.)
2. Pierre Mauclerc, comte de Bretagne. — Le sceau manque, mais il est décrit dans l'*Inventaire* sous le n° 534.
3. Robert III dit Gatebled, comte de Dreux et de Braine. — Second sceau. (*Invent.*, n° 728.)
4. Jean d'Oisy, seigneur de Montmirail, comte de Chartres par sa femme Élisabeth. (*Invent.*, n° 975.)
5. Gui II, comte de Saint-Paul, fils de Gaucher de Châtillon et d'Élisabeth. — Indiqué dans la table de l'*Inventaire des Sceaux*, n° 366, comme fils de Hugues V.
6. Jean II, comte de Roucy. — Ce sceau, qui manque, est décrit dans l'*Inventaire*, n° 1022.
7. Jean IV de Montoire, comte de Vendôme. (*Invent.*, n° 988.)
8. Mathieu II de Montmorency, connétable de France. — Premier sceau. (*Invent.*, n° 192.)
9. Robert de Courtenay, bouteiller de France. (*Invent.*, n° 274.)
10. Enguerrand III dit le Grand, seigneur de Coucy. (*Invent.*, n° 1904.)
11. Amauri de Craon, sénéchal d'Anjou.— Second sceau. (*Invent.*, n° 293.)
12. Jean, seigneur de Nesle. (*Invent.*, n° 3052.)
13. [Raoul], vicomte de Sainte-Susanne. — Ce sceau, qui s'est détaché de l'acte, n'a pas été retrouvé ailleurs.
14. Geoffroi III ou IV, vicomte de Châteaudun. (*Invent.*, n° 982.)
15. Savari de Mauléon. (*Invent.*, n° 2754.)
16. Thomas de Coucy. — Ce sceau, qui s'est détaché, est décrit dans l'*Inventaire* sous le n° 1914, d'après un type appendu à un acte daté de 1248.
17. Robert de Coucy. — Ce sceau, qui s'est détaché, n'a pas été retrouvé ailleurs.
18. Gaucher de Joigny. — Même observation.
19. Gautier de Rinel. (*Invent.*, n° 3394.)
20. Henri de Sully. — Sceau disparu et qui n'a pas été retrouvé ailleurs.
21. Philippe de Nanteuil. — Ce sceau, qui s'est détaché de la pièce, est décrit dans l'*Inventaire* sous le n° 3036, d'après un type appendu à un acte de 1220.
22. Étienne de Sancerre. (*Invent.*, n° 3572.)
23. Renaud de Montfaucon. — Sceau perdu.
24. Gui de la Roche. *G. de Rupe* dans l'acte; *G. de Roca* sur le sceau. (*Invent.*, n° 3404.)
25. Renaud d'Amiens. (*Invent.*, n° 1172.)
26. Robert de Poissy. — Ce sceau, qui s'est détaché de l'acte, est décrit dans l'*Inventaire* sous le n° 3255.
27. Simon de Poissy. — Sceau décrit dans l'*Inventaire* sous le n° 3258, d'après un type appendu à un acte de 1229.
28. Bouchard de Marly. — Sceau armorial en ogive, décrit dans l'*Inventaire* sous le n° 2714.
29. Florent de Hangest. — Sceau armorial décrit dans l'*Inventaire* sous le n° 2358, d'après un type appendu à un acte daté de 1223.

1743   Paris. 1225-26. Janvier.

Romanus Sedis Apostolicæ legatus et prælati Franciæ notum faciunt quibus conditionibus Ludovicus rex crucem in Albigenses susceperit.

(J. 428. — Albigeois, n° 2. — Original scellé.)

R. (Romanus) Dei miseratione Sancti Angeli diaconi cardinalis, Apostolice Sedis legatus, Remensis, Bituricensis, Senonensis, Rothomagensis, Turonensis archiepiscopi, et Belvacensis, Lingonensis, Laudunensis, Noviomensis, Silvanectensis, Morinensis, Carnotensis, Parisiensis, Aurelianensis, Altissiodorensis, Meldensis episcopi, omnibus ad quos littere presentes pervenerint, salutem in Domino. — Noverit universitas vestra quod, cum dominus noster Ludovicus, rex Francie illustris, ad honorem Dei et ad exhortationem nostram; contra Albigenses et inimicos fidei signum crucis de manu nostri legati suscepisset, ante receptionem dixit et protestatus est quod ex ista crucis assumptione et tali voto emisso non vult nec intendit obligari ad morandum in terra Albigesii nisi quantum sibi placuerit, nec ad revertendum illuc cum inde redierit; et, quando placuerit ei de terra recedere, possit sine scrupulo consciencie, quantum ad Deum et Ecclesiam, redire; et heredes suos, si de eo contingeret humanitus, non vult, ex hac crucis assumptione et voto, aliquo modo teneri. — Nos autem attendentes pium ipsius propositum et sanam intentionem, et quod nullus ex voto nisi voluntarie obligatur, nec etiam filii ex patris voto tenentur, nos legatus signum crucis ei dedimus, non intendentes nec volentes ipsum obligari ex hac crucis assumptione nisi secundum quod ipse superius est protestatus. — Ut autem hec nota sint et inconcussa permaneant, presentibus litteris sigilla nostra fecimus apponi. — Actum Parisius, anno Domini M° CC° vicesimo quinto, mense januario.

Ces lettres étaient scellées, dans le principe, de dix-sept sceaux pendants sur double queue. Six de ces sceaux ont entièrement disparu; les autres sont en grande partie brisés, et il n'en reste que des fragments plus ou moins incomplets; mais ils ont tous été retrouvés ailleurs, et ils sont décrits dans l'*Inventaire* sous les numéros suivants :
1. Romain, cardinal-diacre du titre de Saint-Ange *in Foro Piscium*. (Premier sceau, *Invent.*, n° 6130.)
2. Guillaume II de Joinville, archevêque de Reims. (*Invent.*, n° 6345.)
3. Simon Ier de Sully, archevêque de Bourges. (*Invent.*, n° 6303.)
4. Gautier III Cornut, archevêque de Sens. (*Invent.*, n° 6390.)
5. Thibaud d'Amiens, archevêque de Rouen. (*Invent.*, n° 6367.)
6. Jean Ier de Faye, archevêque de Tours. (*Invent.*, n° 6413.)
7. Milon Ier de Châtillon-Nanteuil, évêque de Beauvais. (*Invent.*, n° 6513, second sceau.)
8. Hugues II de Moutréal, évêque de Langres. (*Invent.*, n° 6618.)
9. Anselme de Mauny, évêque de Laon. (*Invent.*, n° 6636.)
10. Gérard de Bazoches, évêque de Noyon. (*Invent.*, n° 6746.)
11. Garin, évêque de Senlis. (*Invent.*, n° 6856.)
12. Adam, évêque de Térouanne. (*Invent.*, n° 6888.)
13. Gautier, évêque de Chartres. (*Invent.*, n° 6568.)
14. Barthélemi, évêque de Paris. (*Invent.*, n° 6787.)
15. Philippe II Berruyer, évêque d'Orléans. (*Invent.*, n° 6762.)
16. Henri de Villeneuve, évêque d'Auxerre. (*Invent.*, n° 6479.)
17. Pierre III de Cuisy, évêque de Meaux. (*Invent.*, n° 6702.)

1744   1225-26. Janvier.

(J. 234. — Coucy, n° 1. — Original scellé.)

Ingelrannus dominus Couciaci notum facit suum Johanni militi, domino de Condren, in nemore de Coulommier usuagium a se recognitum et concessum fuisse, ad ardendum scilicet et herberjandum rationabiliter, infra ambitum forteritiæ de Condren, et pro ponte ejusdem forteritiæ reficiendo; et insuper se eidem Johanni centum galetos avenæ annuales, ad mensuram Calniaci, in censiva sua de Roi, necnon septies viginti capones quot annis ibidem percipiendos concessisse ea lege ut præfatus Johannes nihil de dicto usuagio vendere nec donare posset, et omni juri, consuetudini et usuagio, quod ipse seu ipsius homines in omnibus nemoribus ultra Oisiam versus Couciacum sitis hactenus habuerant, penitus abrenuntiaret. — « Actum anno Domini millesimo ducentesimo vicesimo quinto, mense januario. »

Scellé, sur double queue, du sceau en cire blanche d'Enguerrand III dit le Grand, sire de Coucy. — Ce sceau est décrit dans l'*Inventaire* sous le n° 1904.

1745   1225-26. Janvier.

Charta Egidii de Estrees super feodo, quod de comite Blesensi tenebat, Hugoni de Castellione transferendo.

(J. 383. — Gaucher et Hugues de Châtillon, n° 9. — Original.)

Ego Egidius dominus de Estrees notum facio presentibus et futuris quod ego totum feodum, quem ego teneo de domino meo W. domino de Avesnis, comite Blesensi, spontanea volonptate reportavi in manu dicti comitis propter reddere domino Hugoni de Castellione. — Precor etiam et requiro domino meo dicto comiti quod ipse recipiat dominum Hugonem de Castellione in hominem de predicto feodo. — Si ego deficio de conventionibus quas habeo adversus dictum Hugonem, et quas conventiones dictus Hugo habet scriptas et sigilli mei sigillatas, omnia predicta poterit dictus comes facere nec in aliquo super predictis injuriabitur michi. — Datum anno Domini M° CC° vigesimo quinto, mense januario.

Traces de sceau pendant sur double queue. — Le sceau de Gilles, sire d'Estrées, n'a pas été retrouvé.

1746   Montferrand. 1225-26. Février.

Litteræ consulum et totius communitatis Montisferrandi in Alvernia de fidelitate a se facta domino regi; in quibus inseruntur litteræ dicti regis de servitio a burgensibus Montisferrandi sibi præstando.

(J. 421. — Obligations, I, n° 1. — Original scellé.)

Excellentissimo domino suo Ludovico, Dei gracia regi Francie illustri, consules et universi homines Montisferrandi in Alvernia, salutem et devotum animum semper fideliter serviendi. — Serenitatis vestre litteras recepimus sub hac forma :

Ludovicus, Dei gracia Francie rex, dilectis et fidelibus suis universis burgensibus Montisferrandi in Alvernia, salutem et dilectionem. — Noverit universitas vestra quod, si sacramentum fidelitatis nobis vel mandato nostro feceritis, et munitionem nostram infra villam vestram receperitis, et fueritis nobis fideliter adjuvantes erga omnes homines et feminas qui possunt vivere et mori, salvo tamen jure Guillelmi comitis Montisferrandi, domini vestri, quamdiu ipsum pro homine nostro tenebimus vel tenere debebimus per judicium curie nostre, et salvis usibus et consuetudinibus quas hactenus tenuistis, ita quod unoquoque anno nobis serviatis de una marcha auri in festo Purificationis Beate Marie, recipiemus vos bona fide in custodia, tuitione et deffensione nostra, sicut alios burgenses nostros, nec servicium istud mittemus extra manum nostram, et super hoc tenendo per Petrum de Roceyo, ballivum nostrum Bituricensem, latorem presencium, vestras patentes litteras transmittatis. — Actum Lorriaci, anno Domini M° CC° vicesimo quinto, mense februario.

Hujusmodi igitur serenitatis vestre litteras leti suscipientes et jocundi, in presencia Petri de Roceyo, ballivi vestri Bituricensis, et magistri Philippi de Lupicenis, clerici vestri, et aliorum multorum, juravimus communiter bona fide facere et observare quicquid in vestris predictis litteris inspeximus contineri. — In cujus rei memoriam et testimonium, presentes litteras sigilli communitatis Montisferrandi munimine fecimus roborari. — Actum apud Montisferrandum, anno Domini M° CC° vicesimo quinto, mense februario.

Sceau de la ville de Montferrand en Auvergne; cire brune, double queue; décrit dans l'*Inventaire* sous le n° 5465.

1747 Narbonne. 1225-26. 16 mars.

Litteræ Ramundi de Rochafolio quibus ad omnimodam voluntatem domini legati et regis Franciæ se submittit.

(J. 337. — Narbonne, n° 4. — Original.)

In nomine Domini nostri Jhesu Xpisti, anno incarnationis ejusdem M° CC° XXV°, XVII° kalendas aprilis. — Notum sit omnibus hominibus presentem paginam inspecturis quod ego Ramundus de Rochafolio juro, tactis sacrosanctis Evangeliis, parere universis et singulis mandatis domini Romani Sancti Angeli diaconi cardinalis, Apostolice Sedis legati, super illis omnibus pro quibus sum vel fui excommunicatus per legatum vel legatos ecclesie Romane, vel delegatum seu delegatos eorum, aut etiam per judicem seu judices ordinarios, vel etiam ipso jure. — Item juro, tactis sacrosanctis Evangeliis, quod ego parebo similiter omnibus mandatis domini regis Francie et omnimode voluntati ipsius, absque conditione aliqua, super eo quod favi et auxilium prestiti Raimundo quondam comiti Tholosano, aut etiam Raimundo filio ejus, vel T. (Trencavello), quem vocant vicecomitem Biterensem, et comiti Fuxensi, et aliis qui ecclesiam impugnabant seu comitem Montisfortis. — Et ut omnia supradicta a me inviolabiliter observentur, castra infrascripta reddo et trado in manibus vestris domini P. (Petri) archiepiscopi Narbonensis recipientis ea pro antedictis domino cardinali et domino rege Francie, videlicet : castrum de Rochafolio, castrum de Pausis, et castrum de Valarauga in diocesi Nemausensi; et castrum de Blanchaforti in diocesi Mimatensi; et castrum de Casluz in diocesi Rutenensi. Ita scilicet quod ea meis faciatis custodiri expensis; de quibus vobis et illis qui ea custodient satisfaciam plenarie in omnibus, secundum vestre beneplacitum voluntatis. — Promitto insuper firmiter jurejurando predicto quod faciam omnes homines supradictorum castrorum vel etiam tocius terre mee jurare fidelitatem sepedicto domino regi et domino cardinali, pro custodia ipsorum castrorum et pro adimplendis omnibus supradictis, ad cognitionem et mandatum vestrum, si volueritis aut videritis expedire. — Promitto preterea quod [predicta] castra vobis, vel his qui ea pro vobis custodient, non substraham, vel subtrai faciam aliquo dolo vel fraude; immo, si aliquo casu ea subtrai vel amitti contigerit, ad ea recuperanda et restituenda vobis modis omnibus quibuscumque potuero vos juvabo. — Quod si forte non observavero omnia supradicta et singula, volo quod jam dicta castra et alia tota terra mea domino regi Francie sint commissa. — Acta fuerunt hec apud Narbonam, in stari domini archiepiscopi; in presentia dominorum episcoporum, A. (Arnaldi) Dei gratia Nemausensis, B. (Bernardi) Magalonensis, T. (Tedisii) Agathensis, B. (Bernardi) Biterrensis, R. (Raimundi) Elenensis, B. (Benedicti) abbatum de Crassa et B. (Bernardi) Fontis-frigidi, magistri Guillelmi et Stephani archidiaconorum, Ysarni precentoris et P. archipresbiteri Narbonensis, Sicardi archidiaconi Magalonensis et G. et Poncii archipresbiterorum Nemausensis et Andusiensis, Raimundi de Brugueria militis et Raimundi Polzini scriptoris domini Nemausensis. — Et ad majorem firmitatem, ego dictus Raimundus de Rochafolio sigillum meum predictis apposui.

Traces de sceau pendant sur lacet de soie jaune. — Le sceau de Guillaume de Roquefeuil n'a pas été retrouvé.

1748 Gourdon. 1225-26. Mars.
Homagium a Bertrando de Gordonio domino regi prœstitum.
(J. 620. — Hommages, I, n° 6. — Original scellé.)

Illustrissimo domino suo Ludovico, Dei gratia regi Francorum, B. de Gordonio salutem et ipsius dominium observare. — Ego Bertrandus de Gordonio recongnosco dominium et homagium vobis vestrisque successoribus super personam meam, castraque mea, villas meas et super omnia que possideo vestre proprie voluntati; idemque homagium prestiti domino meo Philippo, bone memorie, patri vestro, qui mihi promisit et concessit me semper immediate sub potestate regia retenturum. Unde majestatem vestram suppliciter exoro quatenus istud vestre dignemini memorie commendari. — Datum apud Gordonium, mense marcii, anno Verbi incarnati M° CC° XXV°.

Scellé en cire brune, sur lacet de soie jaune, blanche et bleue, du sceau de Bertrand de Gourdon-en Quercy, décrit dans l'*Inventaire* sous le n° 2293.

1749 Vincennes. 1225-26. Mars.
Homagium a Guillelmo comite Montisferrandi domino regi prœstitum.
(J. 270. — Beaujeu, n° 1. — Original. = J. 273. — Auvergne, II, n° 9. — Copie.)

Ego Guillelmus comes Montisferrandi, filius Delphini, notum facio universis presentes litteras inspecturis quod teneo a karissimo domino meo Ludovico rege Francie illustri, in feodum et hominagium ligium, Montemferrandi, Rochefort et Croc, cum eorum omnibus pertinentiis, et totum illud quod habeo in cheminis; et super premissis plenariam ac voluntariam feci recognitionem, in presentia domini regis, presentibus et audientibus hiis quorum nomina supponuntur : Philippus comes Bolonie; G. (Garinus) Silvanectensis episcopus, Francie cancellarius; B. (Bartholomeus) de Roia, Francie camerarius; Stephanus de Sacrocesaris; G. (Guido) comes Sancti Pauli; Amauricus comes Montisfortis; Ursus camerarius; Balduinus de Bellovidere; dominus episcopus Belvacensis (Milo); (Hugo) abbas de Corbeia; Johannes de Nigella et plures alii. — In cujus rei memoriam et testimonium, presentem paginam sigillo meo confirmo. — Actum Vicenis, anno Domini M° CC° vicesimo quinto, mense marcio.

Traces de sceau pendant sur double queue. — Le sceau de Guillaume, comte de Montferrand, n'a pas été retrouvé.

1750 Vincennes. 1225-26. Mars.
Salvus conductus pro burgensibus Montisferrandi.
(J. 303. — Toulouse, I, n° 1. = J. 421. — Obligations, I, n° 1 bis. — Copies.)

Ludovicus, Dei gratia Francie rex, universis ballivis suis ad quos presentes littere pervenerint, salutem. — Mandantes vobis precipimus quatinus dilectos et fideles burgenses nostros de Monteferrando permittatis salvo ire et redire per totam terram nostram, libere et quiete, cum suis marcandesiis, reddendo suas rectas consuetudines, neque sustineatis eos vel res suas occasionari vel arrestari seu etiam inpediri pro aliquibus debitis, nisi exinde sint plegii vel debitores. — Actum apud Vicenas, anno Domini M° CC° XXV°, mense marcio.

La pièce cotée *Toulouse*, I, n° 1, est une copie ancienne, et la pièce cotée *Obligations*, I, n° 1 bis, est un vidimus délivré en 1247 par l'official de Clermont. Les deux textes sont identiques.

1751 · 1225-26. Mars.
Obligatio Henrici Autissiodorensis episcopi de sexcentis libris a se solvendis, loco exercitus et decimæ quæ regi debebat pro negotio Albigesii.
(J. 260. — Auxerre, n° 3. — Original.)

Henricus, Dei gratia Autissiodorensis episcopus, omnibus presentes litteras inspecturis, salutem in

Domino. — Noverint universi quod excellentissimus dominus noster Ludovicus, Francorum rex illustris, nostri debilitatem corporis attendens, pro exercitu suo et pro militibus quos ei debemus mittere ad exercitum suum apud Albigenses, et pro decima quam similiter de proventibus nostrorum reddituum tenemur solvere eidem pro negocio Albigensi supradicto, quitavit nos simpliciter, a quindena Pasche proximo ventura usque ad annum, pro sexcentis libris Parisiensium; et nos dictas sexcentas libras debemus eidem solvere ad duos terminos, videlicet, trecentas ad octabas Omnium Sanctorum proximo venturas, et alias trecentas libras ad octabas Pasche proximo sequentis. — Nos autem, pro predictis adimplendis, bona nostra mobilia eidem regi obligamus. — In cujus rei testimonium, domino regi presentes litteras concessimus sigilli nostri munimine roboratas. — Actum anno Domini M° CC° vicesimo quinto, mense marcio.

Traces de sceau pendant sur double queue. — Le sceau de Henri de Villeneuve, évêque d'Auxerre, est décrit dans l'*Inventaire* sous le n° 6479.

1752   Aspiran. 1226. 14 avril.

Litteræ Poncii de Tesano quibus ad omnimodam Ecclesiæ et domini regis voluntatem se exponit.

(J. 305. — Toulouse, III, n° 1. — Original scellé.)

Pateat universis quod, anno Dominice incarnationis M° CC° XXVI°, ego Poncius de Tezano, non coactus neque circumventus, sed ex mera et propria voluntate juro, tactis sacrosanctis Evangeliis, in manibus domini B. (Bernardi) Biterrensis episcopi, recipientis pro domino P. (Petro Amelii) Narbonensi electo, me parere universis et singulis mandatis domini Romani, S. Angeli diaconi cardinalis, Apostolice Sedis legati, super illis omnibus pro quibus sum et fui excommunicatus per legatum, vel legatos ecclesie Romane, vel etiam per delegatum seu delegatos eorumdem, aut etiam per judicem seu judices ordinarios, vel etiam ipso jure. — Item juro, tactis sacrosanctis Evangeliis, quod ego parebo similiter omnibus mandatis domini Lodovici regis Francorum, et omnimode voluntati ipsius, absque conditione aliqua; promittens quod, ex quo recepero mandatum, non recipiam R. (Raimundum) filium R. (Raimundi) quondam comitis Tolosani, vel (Rogerium Bernardum) comitem Fuxi, vel T. (Raimundum Trencavellum) quem vocant vicecomitem Biterrensem, vel alios inimicos Ecclesie, vel eorum fautores et coadjutores, nec eis arma seu victualia ministrabo, nec in aliquo eisdem inpendam consilium vel auxilium, contra voluntatem domini regis et domini cardinalis; et quandocumque dominus rex vel alius nomine suo venerit, ipsum recipiam, paratus obedire in omnibus tam ipsi quam domino cardinali, et omni devotione et debita subjectione servire; ponens et exponens personam et totam terram meam ad omnem voluntatem et mandatum eorum, ut premissa fideliter compleantur et sine fraude serventur. Quod si forte contravenero, volo quod tota terra mea cadat in commissum, absolvens homines meos ab hominio et fidelitate qua mihi tenentur. — Item juro quod parebo mandatis domini electi Narbonensis, et episcopi diocesani super decimis quas teneo, vel alius tenet nomine meo, et, cum requisitus fuero, faciam inde instrumentum solutionis. — Et ad majorem firmitatem, predictis apposui sigillum meum. Datum apud Aspiranum, in ecclesia Sancti Romani, in presencia Berengarii de Podio Soriguerio, Poncii de Olargio, Frotarii de Olargio fratris ejus, Petri Ramundi de Cornéliano, G. Petri de Vintrono, Engelberti archidiaconi Biterrensis, G. de Aurasica scriptoris domini episcopi Biterrensis qui hec scripsit, anno quo supra, XVIII. kalendas maii.

Si nous comptions le commencement de l'année à partir de Pâques, comme nous le faisons le plus ordinairement, la date de cette charte serait impossible; car l'année 1226, commencée à Pâques, 19 avril, et terminée le 10 avril suivant, veille de Pâques, n'a pas de 14 avril. Il faut donc admettre que cette charte, de même que les quatre suivantes, écrites le même jour, par le même scribe, et conçues absolument dans les mêmes termes, ont été datées en commençant l'année à partir du 1er janvier. Celle-ci est scellée, en cire blanche, sur lacet de chanvre, du sceau de Pons de Thézan (Hérault, arr. de Béziers, cant. de Murviel), décrit dans l'*Inventaire* sous le n° 3680.

1753   Aspiran. 1226. 14 avril.

(J. 305. — Toulouse, III, n° 55. — Original.)

Litteræ Petri Raimundi de Corneliano, ejusdem argumenti et formæ. — « Et ad majorem firmitatem, predictis apposui sigillum meum. Datum apud Aspiranum, in ecclesia Sancti Romani, in presencia Berengarii de Podio Soriguerio, Poncii de Olargio, Frotarii de Olargio; etc. (*ut in charta præcedenti*), G. de Aurasica scriptoris domini episcopi Biterrensis qui hec scripsi, anno quo supra [M. CC. XX. VI.], XVIII. kalendas maii. »

Traces de sceau pendant sur lacet de chanvre. — Le sceau de Pierre Raymond de Corneilhan, en Languedoc (Hérault, arr. et cant. de Béziers), n'a pas été retrouvé.

1754 Aspiran. 1226. 14 avril.

(J. 305. — Toulouse, III, n° 56. — Original.)

Litteræ Berenguerii de Podio Soriguerio, ejusdem argumenti et formæ. — « Et ad majorem firmitatem, predictis apposui sigillum meum. Datum apud Aspiranum, in ecclesia Sancti Romani, in presencia P. de Olargio, etc. (*ut in charta Ponciï de Tesano*), G. de Aurasica scriptoris domini episcopi Biterrensis qui hoc scripsit, anno quo supra [M. CC. XXVI], XVIII. kalendas maii. »

Traces de sceau pendant sur lacet de fil. — Le sceau de Bérenger de Puyserguier n'a pas été retrouvé. — Suivant dom Vaissete, *Histoire de Languedoc*, t. III, p. 185, Puyserguier était un château situé près de Capestang, dans le diocèse de Narbonne (arr. de Béziers). Cette localité a disparu.

1755 Aspiran. 1226. 14 avril.

(J. 305. — Toulouse, III, n° 58. — Original scellé.)

Litteræ Frotardi de Olargio, ejusdem argumenti et formæ. — « Et ad majorem firmitatem, predictis apposui sigillum meum. Datum apud Aspiranum, in ecclesia S. Romani, in presencia Berengarii de Podio Soriguerio, Poncii de Olargio, etc. (*vid. supra*), G. de Aurasica, scriptoris domini episcopi Biterrensis qui hoc scripsit, anno quo supra [M° CC° XXVI°], XVIII. kalendas maii. »

Scellé, en cire brune, sur double queue, du sceau de Frotard d'Olargues, décrit dans l'*Inventaire* sous le n° 3108. — Olargues, chef-lieu de canton, arr. de Saint-Pons, Hérault.

1756 1226. 14 avril.

(J. 337. — Béziers, n° 4. — Original scellé.)

Litteræ Guillelmi Petri de Vintrono, ejusdem argumenti et formæ. — « Et ad majorem firmitatem, predictis apposui sigillum meum. Datum apud Aspiranum, in ecclesia S. Romani, in presencia Berengarii de Podio Soriguerio, Poncii de Olargio, etc. (*vide supra*), G. de Aurasica scriptoris episcopi Biterrensis qui hoc scripsit, anno quo supra [M° CC° XXVI°], XVIII. kalendas maii. »

Scellé, en cire brune, sur lacet de fil jaune liséré de rouge, du sceau de Guillaume Pierre de Vintron en Albigeois. — D. Vaissete, *Hist. de Languedoc*, t. III, pr., col. 120, donne le texte d'un acte où il est question de la vallée de Vintron, *vallis Vintronis*; il est probable que le château de Vintron, *Vintronum*, était situé au lieu nommé aujourd'hui *Vintrou*, arr. de Castres, cant. de Mazamet, dans la partie méridionale du département du Tarn qui avoisine le département de l'Hérault. — Le sceau appendu à cette charte n'est pas décrit dans l'*Inventaire*. C'est un petit sceau armorial de forme ronde, qui porte un écu écartelé en sautoir, avec cette légende : S. GVILL. PETRI DE VINTRONO. Il n'y a pas de contre-sceau.

1757 Aspiran. 1226. 14 avril.

(J. 628. — Angleterre, II, n° 18. — Original scellé.)

Litteræ Poncii de Olargio, ejusdem argumenti et formæ; quæquidem ipsissimis verbis ac litteræ Poncii de Tesano (n° 1752) constant usque ad verba *debita subjectione servire*. Sequentia adduntur :

« Et ut omnia supradicta a me inviolabiliter observentur, castrum de Olargio reddo et trado in manibus domini P. (Petri), electi Narbonensis, recipientis illud pro domino cardinali et domino rege Francorum; promitto insuper, sub forma predicti juramenti, quod faciam omnes homines castri memorati vel etiam tocius terre mee, si dictus electus voluerit vel viderit expedire, jurare fidelitatem sepedictis domino regi et domino cardinali, pro custodia ipsius castri et pro adimplendis omnibus supradictis, ad ipsius cognitionem et mandatum. — Juro etiam, quod ipsum castrum non subtraham, vel subtrahi faciam prefato electo Narbonensi, vel his qui illud pro ipso custodient. Immo, si aliquo casu ipsum castrum subtrahi vel amitti contigerit, ad ipsum recuperandum et ei restituendum, modis quibuscumque potero, operam dabo. — Quod si forte non observavero omnia supradicta et singula, bona fide, ad cognitionem domini electi Narbonensis, volo quod sepedictum castrum et alia tota terra mea domino regi Francorum sit commissa. Et homines meos absolvo a juramento fidelitatis et hominio quibus mihi tenentur; et volo quod in predictis teneantur ipsi domino regi et non mihi, si predicta non observavero juxta posse meum, bona fide. — Et ad majorem firmitatem, predictis apposui sigillum meum. — Item juro quod parebo mandatis domini electi et episcopi diocesiani, super decimis quas teneo vel alius tenet nomine meo; et cum requisitus fuero, faciam inde instrumentum solutionis. — Datum apud Aspiranum, in ecclesia Sancti Romani, in presentia Berengarii de Podio Soriguerio, Frotardi de Olargio, Petri Raimundi de Corneliano, Guillelmi Petri de Vintrono, P. de Roxano, Engelberti archiadiconi Biterrensis, G. de Aurasica scriptoris episcopi Biterrensis qui hec scripsit, anno quo supra, XVIII. kalendas maii. »

Scellé du sceau de Pons d'Olargues; cire blanche, lacet de fil; décrit dans l'*Inventaire* sous le n° 3109.

1758   Barcelone. 1226. 15 avril.

Edictum Jacobi I Aragoniæ regis quo districte inhibet ne heretici vel eorum fautores in regno suo receptentur.

(J. 428. — Albigeois, n° 4. — Original scellé.)

Jacobus, Dei gratia rex Aragonie, comes Barchinone, et dominus Montispessulani, dilectis suis universis baronibus, militibus, bajulis, vicariis, judicibus, et omnibus hominibus civitatum, burgium (*sic*), castrorum et villarum in regno nostro constitutis, salutem et gratie complementum. — Quanto nos sumus speciales filii sancte Romane ecclesie et sub ejus protectione et custodia specialius constituti, tanto tenemur ei attentius obedire, et que fidei et pacis sunt et honestatis, cum matre nostra sancta Romana ecclesia, efficacius promovere, et cui manum porrigit, manum porrigere, et cui obviat sollicite obviare. — Hinc est quod, ad preces domini Romani cardinalis, Apostolice Sedis legati, et illustris regis Franchie, ad honorem Dei et exaltationem fidei Xpistiane, vobis, quantacumque districtione possumus, firmiter et districte precipiendo mandamus, quatinus non receptetis, nec recipi sustineatis hereticos et inimicos Ecclesie, aut fautores seu coadjutores eorum, in posse vestro aut dominio, nec eis consilium vel auxilium impendatis; set potius, ut inimicos Dei et sancte Romane ecclesie, eos quanto arctius poteritis devitetis. Alioquin, si quis contra hoc nostrum edictum, eis presumpserit impendere consilium, auxilium vel favorem, ex tunc ipso facto se sciat indignationem nostram graviter incurrisse; et nos, suo tempore, studebimus acriter severitate regia animadvertere in edicti regii transgressores. — Datum Barchinone, xvii. kalendas may, anno Domini m° cc° xxvi°.

Cet édit est scellé du premier sceau de Jacques Ier le Conquérant, roi d'Aragon, comte de Barcelone et seigneur de Montpellier du chef de sa mère Marie de Montpellier, fille de Guillaume VIII et femme de Pierre d'Aragon. Le sceau en cire blanche, appendu à l'acte sur attaches de peau, est décrit dans l'*Inventaire* sous le n° 11222. — Pour la date de cette pièce, voyez l'observation à la suite du n° 1752.

1759   Montfort. (1226.) 15 avril avant Pâques.

Epistola O. Garini et G. Melchini fratrum qua fidem, devotionem et servitium domino regi, sicut principali domino, offerunt.

(J. 400. — Promesses, n° 51. — Original.)

Serenissimo et preclaro viro Lodovico, Dei gratia illustri regi Francorum, sui fideles, O. Garini et G. Melchini frater ejus, salutem et devotam ad obsequium voluntatem. — Cum nos habeamus ab ecclesiis Dei totam terram nostram et maxime ab ecclesia Mimathensi et a monasterio Sancti Egidii propter quod dictis ecclesiis feudales sumus pariter et fideles, et cum predictarum ecclesiarum jurisdictio et dominatio ad coronam regni vestri nullo mediante pertineant, fidem et devotionem atque servicium, quod vobis placuerit, vobis offerimus tanquam domino principali. — Et si exercitum vestrum transire contigerit per episcopia Aniciense et Mimathense, ipsum recipiemus et tractabimus cum honorificencia, et, ut brevius vos expediamus, quicquid preceperitis faciemus. — Ad quod plenius intimandum et responsum seu mandatum vestrum reportandum, statuimus coram vobis dominum nostrum P. (Pontium) abbatem Sancti Egidii qui obtime novit devotionem nostram ad negocium pacis et fidei, et quod non est nobis pax nec concordia cum Raimundo filio Raimundi comitis quondam Tholosani. — Datum apud Montemfortem, xvii. kalendas maii.

Cette pièce, où il est question du chemin que pourra prendre l'armée de Louis VIII, et qui est datée du mois d'avril, est sans aucun doute de 1226. C'est d'ailleurs la date que lui assignent les auteurs du *Gallia christiana*, t. VI, col. 492, en parlant de la mission donnée par les deux frères à Pons Ier, abbé du monastère de Saint-Gilles, au diocèse de Nîmes. — Il n'est pas bien certain que cette pièce ait jamais été scellée; dans tous les cas, le sceau ou les sceaux qui auraient disparu n'ont pas été retrouvés ailleurs.

1760   Château de Son. 1225-26. 15 avril.

B. de Alion omnimodam ecclesiæ Romanæ obedientiam et domino regi fidelitatem, inter manus Guillelmi abbatis Ardurelli, promittit.

(J. 734. — Titres mêlés, n° 4. — Déficit.)

Sit presentibus et futuris manifestum quod ego B. de Alion, tactis corporaliter sacrosanctis iiii°r

Evangeliis, juravi in manibus venerabilis patris G. (Guillelmi) abbatis Ardurellensis me stare voluntati et arbitrio sancte Romane ecclesie in omnibus et per omnia, sicut a principio crucesignatorum juravi in manus domini S. (Simonis), bone memorie, comitem (*corr.* comitis) Montisfortis et etiam in manibus domini mei A. (Amalrici) comitis filii ejus; et sicut fidem sancte matri Ecclesie et dictis nobilibus dominis meis fideliter usquemodo servavi, item fidem integram domino meo Ludovico illustri regis (*corr.* regi) Francie me exhibiturum promitto, me et omnia castra mea ponens et exponens arbitrio voluntatis sue; promittens me per sacramentum corporaliter prestitum obedire et obsequi mandatis ipsius per omnia. Et ad majorem firmitatem, presentem cartulam sigilli mei munimine roboravi. — Et ego G. dictus abbas Ardurelli predictus, qui hoc sacramentum recepi, sigillum meum apposui, anno Xpisti m° cc° vicesimo quinto, xvii. kalendas aprilis, apud castrum de Soni.

Cette pièce n'est plus dans les cartons; mais nous en avons retrouvé le texte dans le *Registrum curiæ Franciæ*, où elle est insérée sous la lettre D, n° xliii, fol. lvii v°, dans l'exemplaire conservé aux Archives et coté JJ. 30 B. — Le sceau de G. (peut-être Guillaume II), abbé du monastère d'Adorel, qui faisait alors partie du diocèse d'Alby, n'est pas parvenu jusqu'à nous.

1761 Melun. 1225-26. Avril, avant le 19.

Ludovicus rex Franciæ declarat quibus conditionibus Ferrandus Flandriæ comes, in instanti festo Nativitatis Domini, e carcere sit liberandus.

(J. 533. — Flandre, I, sac 3, n° 5. — Original.)

Ludovicus, Dei gratia Francie rex, omnibus presentes litteras inspecturis salutem. — Noveritis quod nos craantavimus dilecte consanguinee et fideli nostre comitisse Flandrie, sicut dominus suus ligius, quod Ferrandum comitem Flandrie liberabimus de prisonia in instanti festo Nativitatis Domini, anno ab incarnacione Domini m° cc° vicesimo sexto. Et, antequam idem comes exeat de prisonia, tenetur comes et comitissa Flandrie nobis vel certo mandato nostro solvere viginti quinque millia librarum Parisiensium. — Et antequam liberetur comes, debent nobis tradere, comes et comitissa, villam que dicitur Insula, et Dou[a]cum, et Exclusam, cum eorum pertinentiis universis, sicut ea tenet ad presens comitissa, tenendas in manu nostra, ad usus et consuetudines quibus ville predicte duci solent et tractari, donec alia viginti quinque milia librarum Parisiensium nobis solvantur; ita etiam quod fructus universos et proventus dictarum villarum et pertinenciarum suarum quos [cumque] nos recipiemus quamdiu villas illas tenebimus in manu nostra, donec nobis solvantur illa ultima viginti quinque millia librarum. — Dederunt nobis comes et comitissa, ultra predictam summam, quinquaginta milium librarum Parisiensium; que, quando fuerint persolute, nos reddemus comiti et comitisse Flandrie Insulam, Duacum et Exclusam, cum eorum pertinentiis, salva conventione facta de fortericia Duaci tenenda per decennium, sicut est inferius ordinatum. — Quod si comes moreretur infra instantem Nativitatem Domini, comitissa non teneretur reddere pecuniam predictam. — Si vero, quod absit, nos decederemus ante instans festum Nativitatis Domini, heredes nostri tenerentur ad liberationem comitis faciendam eo modo quo predictum est. Et si ante dictum terminum non reverteremur de Albigesio, nos nichilominus mitteremus ad comitem liberandum sub forma predicta. — Comes et comitissa tenentur nobis tradere litteras domini Pape continentes quod, si comes vel comitissa resiliret de conventionibus firmatis inter nos, ex una parte, et comitem et comitissam, ex altera, sicut in litteris ex utraque parte confectis continetur, dilecti et fideles nostri archiepiscopus Remensis et episcopus Silvanectensis, et eorum successores, infra quadraginta dies postquam ex parte nostra super hoc fuerint requisiti per litteras aut nuntium nostrum, promulgarent auctoritate domini Pape sententiam excommunicationis in comitem et comitissam Flandrie et omnes coadjutores et fautores eorum, et sententiam interdicti in terras eorumdem, et illas sententias tenerent et facerent teneri, sine relaxare, quousque id esset emendatum ad judicium parium Francie. — Nos, a die quo fiet ultima paga de ultimis viginti quinque milibus libris usque ad decem annos completos, tenebimus fortericiam Duaci, in qua nunc est garnisio nostra, ad custum comitis et comitisse Flandrie, per viginti solidos Parisienses de libera-

tione singulis diebus, cum securitate et fidelitate
ville Duaci ; et in fine illorum decem annorum reddemus comiti et comitisse Flandrie fortericiam
Duaci, salvo eo quod homines ville Duaci tenebuntur nobis facere securitatem quam alie ville Flandrie nobis fecerint. — Comes et comitissa debent
facere haberi nobis securitates et fidelitates militum, communiarum et villarum Flandrie, de quibus
eas habere voluerimus, quod videlicet, si comes vel
comitissa resilirent a conventionibus istis, milites et
homines communiarum Flandrie nobis adhererent
contra comitem et comitissam, nec eis auxilium
prestarent vel consilium quousque id esset emendatum ad judicium parium Francie. — Comes vel comitissa non poterunt nos vel filios nostros in causam
trahere, nec homines nostros, occasione alicujus rei
facte ante pacem istam, quin remaneamus tenentes,
nos et filii et homines nostri, de omnibus hiis de
quibus eramus tenentes, nos et filii et homines nostri, die qua pax ista fuit facta, preterquam de hiis
que in convencionibus predictis continentur. —
Comes et comitissa non inquietabunt nec guerreabunt nos nec filios nec homines nostros, nec nobis
deficient de servitio et jure faciendo, quamdiu nos
velimus facere comiti et comitisse Flandrie jus in
curia nostra per juditium parium suorum. — Si qui
aut de militibus vel de villis Flandrie nollent facere
nobis securitatem promissam, comes et comitissa
expellerent eos de terra sua et saisirent quicquid
ipsi haberent in feodo nostro, sine revocare eos et
sine reddere eis res suas nisi per nos, donec fecerint
securitatem promissam. — Comes et comitissa non
possunt facere novas fortericias nec veteres inforciare in Flandria citra fluvium qui dicitur Escauz,
nisi per nos. — Has siquidem conventiones juravit
comitissa se bona fide servaturam, et easdem tenetur comes jurare. — Actum Meleduni, anno Domini
M° CC° vicesimo quinto, mense aprili.

Ce traité, daté de Melun et du mois d'avril 1225, peut être du
mois d'avril 1225 après Pâques, du 1er au 29, ou du mois d'avril
1225-26 avant Pâques, du 1er au 18. Meyer, *Annales rerum Flandriarum*, l'a mis en 1225. Mais Tillemont, *Vie de saint Louis*,
Préliminaires, t. I, p. 392, fait observer avec raison que ce traité
est certainement du mois d'avril avant Pâques 1226 n. s., « puisque
Ferrand devait être délivré à la Noël prochaine en 1226 ». — Le
sceau du roi qui était apposé à ce traité a disparu. Voyez l'*Inventaire*, n° 40.

1762 Melun. 1225-26. Avril, avant Pâques,
du 1er au 18.

(J. 533. — Flandre, I, sac 3, n°s 5. 2. — Original.)

Ferrandus Flandriæ et Hannoniæ comes et Johanna
comitissa uxor ejus notas faciunt conditiones tractatus initi
inter se, ex una, et Ludovicum Franciæ regem, ex
altera parte, pro libertate dicti comitis. (Hæ litteræ, mutatis mutandis, eisdem verbis constant ac præcedentes
litteræ Ludovici regis.) — « Actum Meleduni, anno Domini M° CC° vicesimo quinto, mense aprili. »

Traces de deux sceaux pendants sur double queue. — Voyez dans
l'*Inventaire*, n°s 620 et 624, la description des sceaux du comte
et de la comtesse de Flandre, d'après des types apposés à des
actes datés de 1236.

1763 Melun. 1225-26. (Avril, avant Pâques.)

*Litteræ Johannæ comitissæ de juramento a se infra
instantem Palmarum diem præstando.*

(J. 533. — Flandre, I, sac 3, n° 4. — Original. = Et sac 3,
n° 10. 3. — Copie.)

Ego Johenna Flandrie et Hanoye comitissa notum facio universis me super sacrosancta jurasse,
in presentia karissimi domini mei Ludovici regis
Francie illustris et domini R. (Romani) Sancti Angeli diaconi cardinalis, Apostolice Sedis legati,
quod accipiam in maritum comitem Ferrandum per
verba de presenti, infra instantem dominicam in
Ramis palmarum. Et modo in ipsum consentio ut
eum habeam in maritum. Quod si non facerem,
dominus rex quittus esset ab omnibus conventionibus que firmate sunt inter ipsum et me pro liberatione dicti Ferrandi. — Quando vero comes liberabitur, ipse et ego faciemus litteras nostras patentes
domino regi de serviendo ei in Albigesio et de morando cum eo, sicut alii barones Francie fecerunt
eidem qui litteras super hoc exhibuerunt. — Actum
Meleduni, anno Domini M° CC° vicesimo quinto,
mense aprili.

Traces de sceau pendant sur double queue. Voyez, dans l'*Inventaire*, sous le n° 620, la description du sceau de Jeanne, comtesse de Flandre et de Hainaut. — Cet acte a fort embarrassé le
docte Tillemont, qui, après l'avoir cité textuellement, *Vie de
saint Louis*, tom. I, p. 449, s'exprime ainsi : « J'avoue que je ne
conçois rien à ces paroles de Jeanne, mariée avec Ferrand dès
1211, et qui en avait eu des enfants. » Il nous semble cependant
que les termes du texte n'impliquent pas nécessairement l'idée
d'un nouveau mariage, et qu'il suffirait d'interpréter les mots *accipiam in maritum,... eum habeam in maritum*, par accepter comme
légitime époux, le tenir comme tel, pour pouvoir donner une

interprétation satisfaisante d'un acte dont l'authenticité n'est pas contestable. En effet, tous les historiens sont d'accord pour reconnaître que la comtesse Jeanne n'aimait pas son mari, et que dès le commencement de leur mariage ils avaient vécu en fort mauvaise intelligence. En imposant à la comtesse de Flandre l'obligation de s'engager par un serment solennel à reconnaître le comte Ferrand pour son légitime mari, le Roi ne faisait que prendre ses précautions contre les velléités de divorce manifestées par la comtesse, divorce qui aurait été dangereux pour la France, puisque, d'après Tillemont lui-même, p. 448, il s'agissait d'un projet de mariage entre elle et Pierre Mauclerc, comte de Bretagne.

1764 1225-26. Avril, avant Pâques, du 1er au 18.

(J. 195. — Champagne, III, n° 10. — Original scellé.)

Hugo dominus Brecarum notum facit se karissimo domino suo Theobaldo Campaniæ et Briæ comiti palatino pro duobus millibus et quingentis libris, quarum sexcentæ sunt de novis Pruvinensium, mille vero et nogentæ libræ de veteri pagamento, villam de Banna et quingenta arpenta nemoris versus Lachiacum vendidisse. — « Quod ut notum et ratum permaneat, presentem paginam sigilli mei munimine roboravi. Actum anno Verbi incarnati millesimo ducentesimo vicesimo quinto, mense aprili. »

Cette charte est scellée en cire blanche, sur double queue, du sceau de Hugues, sire de Broyes, en Champagne (Marne, arr. d'Épernay.) — Le sceau, qui n'a pas été décrit dans l'*Inventaire*, porte sur la face un écu armorié de trois broies en fasce, sous un chef diapré. L'écu est reproduit au contre-sceau avec cette légende : BRECARUM. La légende de la face a disparu.

1765 1225-26. Avril, avant Pâques.

(J. 193. — Champagne, I, n° 21. — Original.)

Gaucherus dominus Commarceii notum facit a se illustri viro Theobaldo Campaniæ et Briæ comiti, Trecensi palatino, homagium ligium, quam citius dictum comitem adire poterit, esse præstandum pro villa quæ dicitur Banna et pro quingentis arpentis nemoris, quam et quæ dominus comes emerat ab Hugone domino Brecarum, dicti Gaucheri fratre. — « In hujus autem rei testimonium, presentibus litteris sigillum meum apposui. Anno gratie M° CC° XX° quinto, mense aprili. »

Traces de sceau pendant sur double queue. — Le sceau de Gaucher, sire de Commercy en Lorraine (Meuse), n'a pas été retrouvé; mais voyez dans l'*Inventaire*, sous le n° 1867, la description, d'après un type apposé à un acte daté de 1301, du sceau de Gaucher de Commercy, sire de Châteauvilain, qui probablement était le fils ou plutôt le petit-fils du Gaucher de Commercy vivant au commencement du treizième siècle.

1766 Lignan. 1226. 22 avril.

(J. 318. — Toulouse, IX, n° 27. — Original.)

Charta, per litteras alphabeti divisa, qua Petrus de Villanova, anno Dominice incarnationis M. CC. XXVI, non coactus neque circumventus, sed ex mera et propria voluntate, in manibus domini Bernardi Biterrensis episcopi, omnimodum obsequium domino Romano Apostolicæ Sedis legato et regi Francie, tactis sacrosanctis Evangeliis, jurat. — « Et ad majorem firmitatem predictis imposui sigillum meum. Datum apud Lignanum, in presencia Petri Ramundi de Corneliano, Engelberti archidiaconi Biterrensis, G. de Aurasica scriptoris domini episcopi Biterrensis qui hoc scripsit, anno quo supra, x. kalendas maii. »

Ces lettres reproduisent textuellement celles de Pons de Thézan datées du 14 avril et publiées ci-dessus n° 1752. — Le sceau de Pierre de Villeneuve ne s'est pas conservé.

1767 1226. 29 avril.

Juramentum civium Biterrensium quo omnimodum obsequium ecclesiæ Romanæ et regi Franciæ promittunt.

(J. 337. — Béziers, n° 2. — Original scellé.)

ABC. DEF. GHJ.

Notum sit omnibus quod, anno Dominice incarnationis M° CC° XXVI°, III. kalendas maii, probi homines de Biterri et tota universitas ejusdem civitatis, de consilio et voluntate domini P. (Petri) Narbonensis electi, juramentum prestiterunt domino B. (Bernardo) Biterrensi episcopo, de mandato ejusdem electi recipienti, sub hac forma, ita quod quilibet ipsorum personaliter sic juravit : — « Ego Aimericus Bofatus promitto bona fide, vobis domino episcopo Biterrensi recipientibus (sic) pro domino Petro Narbonensi electo, et tactis sacrosanctis Evangeliis, me pariturum universis mandatis et singulis domini Romani Sancti Angeli diaconi cardinalis, Apostolice Sedis legati, super his omnibus pro quibus sum excomunicatus per legatos ecclesie Romane, vel etiam ipso jure. — Similiter promitto et juro quod universis et singulis mandatis domini Lodovici regis Francorum parebo, bona fide et specialiter de non recipiendis inimicis Ecclesie vel juvandis in aliquo contra voluntatem domini regis et domini cardinalis ; ponens et exponens personam meam et omnia bona mea, ad voluntatem et mandatum eorum, ut premissa a me fideliter compleantur, et sine fraude serventur. — Juro etiam quod fideliter custodiam civitatem et omnes habitantes in ea et bona ipsorum, ad honorem Dei et Ecclesie utilitatem; nec ego faciam, vel sustinebo, juxta posse meum, quod aliquis faciat seditionem in civitate, vel aliquid unde civitas perturbetur. — Et si contra premissa venero, vel non observavero universa et singula, volo quod omnia bona mea cadant in commissum. — Sic Deus me adjuvet et hec sancta IIII^{or} Evangelia. » — Hoc idem et eodem modo juraverunt universi et singuli homines predicte civitatis. Et nos Aimericus Bofatus, Johannes de Boiano, Bernardus Martinus, Guillelmus Petri de Narbona, Guillelmus de Castris, etc. (*sequuntur quinquaginta nomina*), ut predicta a nobis fideliter compleantur, promittimus et juramus nos tenere obstatica apud Narbonam, vel ubi dominus electus voluerit, ad comonitionem domini episcopi vel ipsius electi; promittimus etiam quod plures jurabunt obstatica, si dominus electus voluerit vel viderit expedire. Ad majorem vero firmitatem, presenti carte sigillum nostre comunitatis fecimus apponi.

Scellé du sceau de la ville de Béziers; cire brune, double queue; décrit dans l'*Inventaire* sous le n° 5614.

1768 Barcelone. (1226.) 29 avril.

Litteræ N. Sancii comitis Rossilionis Ludovico Francorum regi, cui suum juvamen et auxilium contra hereticos promittit.

(J. 428. — Albigeois, n° 13. — Original.)

Illustrissimo et excellentissimo et reverentissimo domino Ludovico, Dei providentia regi Franchorum, N. (Nuno) Sancii, per eandem comes Rossilionis, Vallisperii, Cerritanie et Confluentis, cum salute et summa reverentia se et sua. — Litteras, quas nobis ex parte vestre celsitudinis obtulit venerabilis (Benedictus) abbas Crasse, cum summo gaudio acceptavimus, et super his que de verbo retulit, quantum ad persone vestre merita et morum excellentiam et propositi sanctitatem, ultra quam possemus exprimere congaudemus, attendentes quod per vos magnalia antecessorum vestrorum, pro defentione fidei et exaltatione Ecclesie, Omnipotentis clementia innovabit, et vestro ministerio fidem, pacem et justitiam, que in partibus hereticorum pene penitus perierant, ad sui nominis gloriam relevabit, et, quanto ignominiosius et gravius corruerant, tanto gloriosius et saluberius confirmabit. — Cum igitur in omnibus sublimitati vestre velimus totis viribus deservire, et in his precipue teneamur que pertinent ad salutem anime nostre, personam nostram, terram et homines servicio vestro exponimus ad extirpandos fidei inimicos et ad vindicandas Salvatoris injurias et ejus negocium promovendum, qui precioso suo sanguine nos redemit; nam terra nostra ad servicium vestrum et juvamen, per mare et per terram, valde idonea est atque apta. — Ceterum, quia vox viva prefertur mortue, et fidelis interpres nostre mentis secretum expressius intimabit, venerabilis abbas Crasse statum nostrum et firmum propositum vobis plenius explicabit; cui, ex parte nostra, vestra celsitudo, si placuerit, fidem adibeat pleniorem. — Datum Barchinone, III. kalendas madii.

Traces de sceau en cire blanche pendant sur lacet de soie noire. Il ne reste plus que des parcelles de ce sceau, qui n'a pas été retrouvé ailleurs. — Nuñez Sanche, comte de Roussillon, Valespir, Cerdagne et Conflant, succéda vers 1222 à son père Sanche, premier comte de Roussillon et de Cerdagne, de la maison d'Aragon, apanagé, et mourut vers 1241. Nous n'hésitons pas à placer à l'année 1226, 29 avril après Pâques, ces lettres écrites par lui de Barcelone au roi Louis VIII, date que dom Vaissete, *Histoire de Languedoc*, t. III, p. 352, et les auteurs de l'*Art de vérifier les dates*, t. II, p. 336, ont d'ailleurs adoptée. Nous nous contenterons de faire observer qu'il résulte de notre charte que les auteurs de l'*Art de vérifier les dates* se trompent lorsqu'ils disent, p. 335, que Nuñez Sanche n'a pas pris le titre de comte avant 1235.

1769 1226. Avril, après Pâques, du 19 au 30.

Charta Hugonis de Castellione pro fundatione abbatiæ Pontis B. Mariæ.

(J. 383. — Gaucher et Hugues de Châtillon, n° 10. = J. 461. — Fondations, II, n° 6. — Copies authentiques.)

Ego Hugo de Castellione, quondam filius Sancti Pauli comitis, notum facio presentibus et futuris quod ego, de voluntate et assensu venerabilis patris P. (Petri), Dei gratia Meldensis episcopi, fundavi abbatiam quandam monialium de ordine Cisterciensi in domo Dei de Ponte Colliaci, que abbatia modo vocatur Pons Beate Marie. — Et debent ibi esse abbatissa et conventus de ordine Cisterciensi; et ad earumdem sustentationem, ego dedi furna ejusdem ville, de assensu hominum ejusdem ville; ita quod nullus laicus poterit, qui sit manens in villa de Colliaco, coquere ad alia furna nisi ad furna monialium, nec poterit quis habere furna in eadem villa nisi dicte moniales, ita quod burgenses ejusdem ville ad eadem furna coquent ad vicesimum panem. Talemerarii vero coquent sextarium pro tribus denariatis panis, quas furnerius voluerit accipere. — Item dedi centum arpenta nemoris, septuaginta duo arpenta apud Jacior, et viginti et octo apud Lubetum, et usuarium in foresta mea, sicut homines mei habent et accipiunt, et octo arpenta prati in insula de Condeto, et aquam liberam a molendino de Thalemer usque ad molendinum de Quintesaies, et granchiam de Heremita versus Villam-novam, et ducenta arpenta terre arabilis. — Ego vero dictas elemosinas concessi et promisi, fide data in manu ejusdem episcopi, quod non veniam contra eas, immo teneor eas garantire per ejusdem fidei dationem. — Item quitavi dictam domum cum omni porprisia et elemosinas supradictas ab omni jure et justicia, ita tamen quod non poterunt abbatissa et conventus advocare aliam potestatem secularem nisi mei vel domini de Greciaco, si quem voluerint advocare. Quod ut ratum et firmum permaneat in perpetuum, presentes litteras sigillo meo feci roborari. — Actum anno Domini m° cc° vicesimo sexto, mense aprili.

La pièce cotée *Fondations*, II, n° 6, est un vidimus sans date délivré par frère Adam, marguillier de l'Église de Paris (*custos Parisiensis*), et scellé de son sceau décrit dans l'*Inventaire* sous le n° 7849. La pièce cotée *Châtillon*, n° 10, est un autre vidimus délivré, sous le scel de la prévôté de Paris, par Hugues de Cruzy, garde de ladite prévôté, « le vendredi devant la feste Saint Climent » (c'est-à-dire le 21 novembre) 1326. Les deux textes sont identiques. — Le village de Couilly (*Colliacum*), où Hugues de Châtillon fondait en 1226 l'abbaye de Pont-aux-Dames, est situé dans la Brie, sur la rive gauche du Grand-Morin (Seine-et-Marne, arr. de Meaux).

1770   1226. Avril, après Pâques.
(Du 19 au 30.)

Charta cessionis castri S. Antonini.

(J. 295. — Languedoc, n° 3. — Original scellé.)

Ego Guido de Monteforti notum facio universis, tam presentibus quam futuris, quod Sanctum Antoninum et quicquid juris habeo in eodem quitto et concedo in perpetuum karissimo domino meo Ludovico regi Francie illustri et heredibus suis. — Actum anno Domini m. cc. xxvi., mense aprili.

Scellé en cire blanche, sur double queue, du sceau de Gui de Montfort, frère de Simon, comte de Montfort. Ce sceau est décrit dans l'*Inventaire* sous le n° 709. — Cette charte et les quatre suivantes, que nous plaçons toutes au mois d'avril 1226 après Pâques, du 19 au 30, pourraient être du mois d'avril 1226-27 avant Pâques, du 1er au 10.

1771   1226. Avril, après Pâques.
(Du 19 au 30.)

Rotroldus de Monteforti sese obligat ad homagium comitissæ Campaniæ præstandum de excasura sibi contingente in comitatu Perticensi.

(J. 198 A. — Champagne, VI, n° 33. — Original scellé.)

Ego Rotroldus de Monteforti notum facio omnibus presentes litteras inspecturis me promisisse domine Blanche comitisse Campanie quod ego et heredes mei tenebimus ab ea quicquid mihi obveniet vel ad me perveniet de excasura comitatus Pertici vel de ejus pertinenciis quod moveat a comite Carnotensi, et hoc firmavi fide data. Ipsa vero comitissa rachatum dicto comiti solvet pro me hac vice. — Quod ut ratum habeatur, presentes litteras sigilli mei munimine roboravi. Actum anno gratie m° cc° vicesimo sexto, mense aprili.

Fragment de sceau en cire blanche pendant sur double queue. Voyez dans l'*Inventaire*, n° 2911, la description du sceau de Rotrou de Montfort.

1772   Chartres. 1226. Avril, après Pâques.
(Du 19 au 30.)

(J. 198 A. — Champagne, VI, n° 58. — Original.)

Charta Aalidis de Fracta Valle, ejusdem argumenti et formæ. — « Quod ut ratum permaneat, presentes litteras feci sigilli mei munimine roborari. Actum Carnoti, anno Domini m° cc° vicesimo sexto, mense aprili. »

Fragment de sceau en cire blanche, sur double queue. — Le sceau d'Alix de Fréteval en Beauce (Loir-et-Cher, arr. de Vendôme) n'a pas été retrouvé ailleurs et n'est pas décrit dans l'*Inventaire*. D'après ce qui en reste, on peut conjecturer qu'il représentait une femme debout tenant une fleur de la main droite.

1773   1226. Avril, après Pâques.
(Du 19 au 30.)

(J. 198 A. — Champagne, VI, n° 59. — Original.)

Charta Gaufridi vicecomitis Castridunensis, ejusdem argumenti et formæ. — « Quod ut ratum habeatur, presentes litteras sigilli mei munimine roboravi. Actum anno gratie Mᵒ CCᵒ vicesimo sexto, mense aprili. »

<small>Traces de sceau pendant sur double queue. — Le sceau de Geoffroi IV, vicomte de Châteaudun (Eure-et-Loir), est décrit dans l'*Inventaire* sous le nᵒ 982.</small>

1774   1226. Avril, après Pâques.
(Du 19 au 30.)

(J. 198 A. — Champagne, VI, nᵒ 60. — Original.)

Charta Heimerici de Castro Ernaudi, ejusdem argumenti et formæ. — « Quod ut ratum habeatur, presentes litteras sigilli mei munimine roboravi. Actum anno Domini Mᵒ CCᵒ XXᵒ sexto, mense aprili. »

<small>Traces de sceau pendant sur double queue. — Le sceau d'Hémeric de Château-Renault en Touraine (Indre-et-Loire, arr. de Tours) n'a pas été retrouvé.</small>

1775   (1226. Vers la fin d'avril.)

B. Otonis dominus castri de Lauraco Ludovico regi de dejectione comitis Tolosani gratulatur et sese offert ad omnimodam dicti regis voluntatem.

(J. 400. — Promesses, nᵒ 71. — Original scellé.)

Serenissimo domino Ludovico, Dei gratia regi Francorum, B. Ot. (Bernardus Otonis) dominus castri de Laurac, salutem et tam voluntariam quam debitam in omnibus subjectionem. — Ad nostram audienciam noverit magestatis vestre serenitas pervenisse quod dominus cardinalis decrevit totam terram Tolosani comitis vestro dominio mancipandam. Super quo totis visceribus exultamus, quia utilitatis hinc fructum non modicum expectamus, et maxime quia sub umbra alarum vestrarum ac moderato regimine subsistere affectamus. — Verumptamen, cum nos castra plurima in istis finibus possideamus, scilicet ego et fratres mei, cum patre nostro, dicta castra faciendis voluntatis vestre beneplacitis, salvo jure nostro, offerimus, nosmet ipsos ac nostra serenitatis vestre mansueto moderamini liberaliter committentes. — Preterea noscat vestra sublimitas quod P. de Laura, dominus Cabareti, et P. Rogerii frater ejus, et Jordanus Cabareti et multi alii sunt in omnibus et per omnia gressuum nostrorum vestigia secuturi; et si quis clericus vel laicus ad nostros fines destinare volueritis, per eumdem super premissis magestatis vestre celsitudinem certificare, remotis ficte mentis ambagibus, copiosius satagemus, si vos nobis in mandatis dederitis, guerram, contra hostes vestros quoslibet, postposita cunctatione qualibet, viriliter peracturi; et super hoc nobis, si placet vestre celsitudini, voluntatis regie nobis beneplacitum rescribatis.

<small>Sceau de Bernard Oton, seigneur de Laurac; cire blanche, double queue; décrit dans l'*Inventaire* sous le nᵒ 2552. — Cette lettre de Bernard Oton, postérieure à la sentence prononcée à Paris contre le comte de Toulouse, par le cardinal légat, 28 janvier 1225-26, est antérieure au départ de Louis VIII pour la croisade. Nous la plaçons approximativement, ainsi que la pièce suivante, à la fin du mois d'avril.</small>

1776   (1226. Vers la fin d'avril.)

Epistola Guillelmi de Cervaria Ludovico regi, qua ei suum adjuvamen offert contra hereticos.

(J. 428. — Albigeois, nᵒ 14. — Original.)

Illustrissimo et reverentissimo domino Ludovico, Dei gratia Francorum regi, Guillelmus de Cervaria, cum salute Jhesu Xpisti, injurias salubriter ac celeriter vindicare. — Quum regnum Francie in hoc speciali prerogativa a Domino insignitur quod ministerio suo pre ceteris semper et ubique utitur contra Sarracenos et hereticos ac rebelles fidei Xpistiane, et ob hoc in fide et justicia et legalitate ac morum strenuitate excellentius illustratur, intellecto per venerabilem abbatem de Crassa quam feliciter et quam excellenter in omnibus, que ad dignitatem regiam quantum ad Deum et homines pertinent, vos habetis, et quam strenue, secundum quod semper obtavimus, ad extirpandos hereticos vos paratis, gavisi fuimus plus quam possemus verbis vel litteris explicare, firmissime confidentes quod hac via suam Dominus Ecclesiam relevabit, et fidem latius et efficatius propagabit, et regnum Francie habundantius et excellentius sublimabit, et pacem inter homines tucius confirmabit. — Et quia ad hoc totis mentis affectibus, jam diu est, aspiravimus, et per vos efficacissime credimus confirmari, offerimus personam nostram, milites nostros et homines, terram nostram et amicorum nostrorum ad voluntatem sancte Ecclesie et vestram faciendam plenarie in hoc facto, promittentes quod non recepimus nec recipiemus scienter hereticos vel eorum fautores, nec sustinebimus quod in dominiis nostris vel militum nostrorum confugiant; sed, quantum poterimus, eos, ut decuerit, si in nostro dominio fugerint, sicut jam punivimus, puniemus. — Ceterum quia non possumus omnem voluntatem nostram [explicare] nec expedit multa dicenda vobis ex parte nostra, posuimus in ore venerabilis et karissimi nostri B. (Benedicti de Alignano) abbatis de Crassa, cui credatis, in his que ex parte nostra vobis dixerit, tanquam nobis.

Cette lettre de Guillaume de Cervera (en Catalogne) était scellée, dans le principe, d'un sceau pendant sur simple queue, qui a disparu et qui n'a pas été retrouvé ailleurs. Quant à la date sous laquelle nous l'avons placée, voyez l'observation à la suite de la pièce précédente.

1777   1226. 22 mai.
Traité d'alliance entre le comte de Toulouse et la ville d'Agen contre le roi de France.
(J. 305. — Toulouse, III, n° 57. — Original roman.)

AB.   CD.   EF.   GH.   IK.

Conoguda causa sia a totz los presens e als avenidors que nos R. per la gratia de Deu dux de Narbona, coms de Toloza, marques de Proensa, autreiam e covinem e prometem, de bo grad e de bona voluntad e no deceubud, al maior e al coselh e a tota la universitad d'Agen, de la ciutad e del borg, que nos bos senher e leials lor siam, e que tort ni forsa no lor fassam, nos ni hom per nos, e que totas lors costumas lor gardem e lor salvem, e que de totz homes, que tort ni forsa lor fesso, los defendam; e, sil reis de Fransa o la crozada o alcus autre hom volia metre seti a la ciutad d'Agen o li metia, nosnon' (*i. e. nos nos ne*) intrarem dins per defendre la ciutad ab tans de companhos, e ab tantas d'armaduras, e ab tanta de vianda que nos puscam defendre la ciutad dels nostres enamigs e dels lor; e nos nostre cors estarem en la ciutad tant quant lo setis i estaria. — Enpero, si ta grans forsa nos creissia que nos, el mager, el coselhs e li autre prohome de la ciutad d'Agen conoissiam que tener no nos poguessem que nos non' issiriam ab totz aquels homes que ab nos s'en volrio issir, els farem bes e honors en totz locs, els gardariam coma nostres amixs, e az aquels que remandrio en la ciutad no fariam tort ni forsa, ni la ciutad no fondriam ni ardriam, ni mala facha no i fariam, nos ni li nostri, nils o recontariam en mal, nils ne tendriam per forfaghs ent a nos si fazio al melhs que poirio. — E sil setis venia à la ciutad d'Agen e nos pons i metiam dins, aissi com sobredigh es, el mager, el coselhs, el comunal d'Agen, de la ciutad e del borc, conoissio que tals forssa vengues sobre lor que ilh nos' poguesso defendre e fazio als melhs que poirio, nos nols o recomtariam en mal ni quen fosso forfagh contra nos. — E totz aquestz covens sobredighs nos avem mandads e autreiads e jurads sobrels sanhs Evangelis que nos en aissi o tengam e o compliam, com sobredigh es, a tota bona fe.

E nos mager e coselhs e tota la universitads d'Agen, de la ciutad e del borc, avem reconogud de bo grad e de bona voluntad, e senes forsa e no deceubud, senhoria a nostre senhor lo comte de Toloza, e avem li mandad e autreiad fealtad e valensa e ajutori encontral rei de Fransa e encontra totz autres homes; e, sil reis de Fransa, o la crozada o autras gens, intravo en la terra de nostre senhor lo comte, nos, senes lui ni senes son coselh ni senes sa voluntad, patz ni acorder ab lor no fariam, ni de la sua senhoria ni de la sua fieltad no nos partriam, e totz temps remandrem fiel e leial a la sua senhoria, e autreiam tugh en I. coratge que, si per aventura la Gleia o alcus prelads de la Gleia nos volia asolver dels covens que avem faghs a nostre senhor lo comte, nos no non' tendriam per assout ni per revocads los sobredighs covens. — E totz aquestz covens sobredighs, nos mager e coselhs e tota la universitads d'Agen, de la ciutad e del borg, avem mandads e autreiads e jurads sobre sanhs Evangelis que aissi o tengam e o compliam, com sobredigh es, a tota bona fe. — E a maior fermetad de las avant dichas causas, so ne fachas II. cartas partidas per A. B. C. las quals nos R. sobredighs e nos mager e coselhs e tota la universitad d'Agen n'avem sageladas e es forsadas del garniment de nostres sagels. — Aisso fo fagh e pauzad e en aissi acordad, com sobredigh es, X. dias al issit de magh, anno Verbi incarnati M° CC° XX° VI°.

Traces de sceau sur cordelettes. — Suivant toute apparence, cette pièce est l'exemplaire du traité remis au comte de Toulouse, et qui était scellé du sceau de la ville d'Agen. Voyez dans l'*Inventaire*, n° 5565, la description de ce sceau, d'après un type appendu à un acte daté de 1243.

1778   1226. 27 mai.

Instrumentum de castris Belliquadri et Malaucenæ, cum toto Venaissino, Avinionensibus a Raimundo comite impignoratis.

(J. 309. — Toulouse, V, n° 4. — Original scellé.)

Notum sit omnibus quod, anno Domini M. CC. XXVI., VI. kalendas junii, existentibus in civitate Avinionensi potestatibus Willelmo Raimundo de Avinione et Raimundo de Riali, nos Bertrandus de Avinione et Rost. de Podio-alto, bajuli domini comitis Tolosani, obligamus et pignori supponimus vobis Willelmo Raimundo de Avinione et Raimundo de Riali, potestatibus Avinionensibus predictis, et per vos Avinionensibus creditoribus domini comitis totum castrum Belliquadri et bailliam totam ipsius castri, cum omnibus pertinentiis suis, castrum de Malaucena, totum Vennaissinum ac aliam terram totam quam dominus comes habet citra Rodanum, cum omnibus pertinentiis ejusdem terre. — Volumus autem et concedimus pro nobis et pro domino comite Tolose ut vos, potestates predicti, pignus memoratum tamdiu teneatis pignori obligatum, donec prefatis creditoribus de sorte tocius debiti, quod dominus comes eis debet, integre fuerit satisfactum, sic quod obventiones, que de predicto pignore provenerint, eisdem creditoribus in solutum nullatenus computentur, sed eas habeant tam pro lucro denariorum suorum quam pro expensis in tenendo predicto pignore faciendis.

Et nos Willelmus Raimundus et Raimundus de Riali, potestates predicti, pignus supradictum, in modum prescriptum habendum et tenendum, a vobis predictis bajulis accipimus. Et ut ipsum pignus bene et fideliter pro posse nostro custodiamus, ipsumque domino comiti Tolosano, facta solutione predictorum debitorum, restituamus, bona fide per sollempnem stipulationem vobis predictis bajulis et per vos eidem domino comiti sepedicto promittimus et super sancta Evangelia corporaliter tacta juramus. — Factum fuit hoc in viridario, ante cameram pictam staris episcopalis, in presentia Bertrandi Mataroni et Rotberti de Besa clavariorum, Bernardi Ferreoli et Willelmi Gancelmi judicum. — Et ego Bertrandus de Ponte, notarius, testis interfui, et auctoritate predictarum partium et earum mandato hoc instrumentum scripsi, bullavi et signavi. (*Sequitur signaculum notarii.*)

Sceau de la commune d'Avignon, bulle de plomb appendue à l'acte sur lacs de soie rouge, et décrite dans l'*Inventaire* sous le n° 5499.

1779   Montgobert. 1226. Mai.

(J. 731. — Eaux et Forêts, n° 44. — Original scellé.)

Emmelina relicta domini Johannis de Monte Gumberti, militis, notum facit se concessisse ecclesiæ Vallis-serenæ illam modiatam nemoris quam præfatus Johannes, in extremis laborans, eidem ecclesiæ in perpetuum possidendam legavit. — « Quod ut ratum in perpetuum permaneat, presentes litteras sigilli mei munimine feci roborari. Actum anno Verbi incarnati millesimo ducentesimo vicesimo sexto, mense maio, apud Montem Gumberti. »

Cette charte est scellée, en cire verte, sur lacs de soie verte, du sceau d'Emmeline, veuve de Jean de Montgobert (en Picardie, Aisne, arr. de Soissons), décrit dans l'*Inventaire* sous le n° 2915.

1780   Paris. 1226. Mai.

(J. 731. — Eaux et Forêts, n° 45. — Original scellé.)

Bouchardus dominus Marliaci notum facit se chaciam quam habebat ad magnam bestiam in foresta Cruyæ, videlicet ad cervum, bicham, porcum, capreolum et damam, karissimo domino suo Ludovico regi Franciæ illustri et ejus heredibus in perpetuum quitavisse, et similiter quitari fecisse a dilecto et fideli suo Roberto de Pissiaco qui dictam chaciam de se in feodum tenebat. — « Quod ut firmum habeatur et stabile, presentes litteras sigilli mei munimine roboravi. Actum Parisius, anno Domini M° CC° vicesimo sexto, mense maio. »

Sceau de Bouchard, seigneur de Marly (Marly-le-Roi dans l'Ile-de-France, Seine-et-Oise, arr. de Versailles); cire blanche, double queue; décrit dans l'*Inventaire* sous le n° 2714.

1781   Paris. 1226. Mai.

(J. 731. — Eaux et Forêts, n° 46. — Original scellé.)

Charta Roberti de Pissiaco qua dictam chaciam, quam in foresta Cruiæ de Bouchardo domino Marliaci in feodum tenebat, se domino regi Ludovico quitasse declarat. — « Quod ut firmum habeatur et stabile, presentem paginam sigillo meo confirmavi. Actum Parisius, anno Domini M° CC° vicesimo sexto, mense maio. »

Sceau de Robert de Poissy; cire blanche, double queue; décrit dans l'*Inventaire* sous le n° 3255.

1782 Soissons. 1226. Mai.

Jacobus Suessionensis episcopus recognoscit se centum viginti libras domino regi debere pro servitio militari unius anni.

(J. 392. — Dettes dues au Roi, n° 1. — Original scellé.)

Jacobus, Dei gratia Suessionensis episcopus, omnibus hec visuris in Domino salutem. — Noverint universi quod nos debemus domino regi centum viginti libras Parisiensium pro servitio istius anni, quod ei in expeditione debemus, videlicet medietatem in instanti festo Omnium Sanctorum, et aliam medietatem in Pascha proximo subsequenti. — In cujus rei testimonium, presentes litteras sigillo nostro fecimus roborari. Actum Suessione, anno Domini m° cc° vicesimo sexto, mense maio.

Scellé, en cire blanche, sur double queue, du sceau de Jacques de Basoches, évêque de Soissons, décrit dans l'*Inventaire* sous le n° 6874.

1783 1226. Mai.

(J. 196. — Champagne, IV, n° 17. — Original.)

Petrus B. Dionysii abbas notum facit se, consensu et voluntate capituli sui, Theobaldo Campaniæ et Briæ comiti palatino concessisse ut, pro feodo castri de Nogento super Sequanam, de quo dictus comes ecclesiæ B. Dionysii præstitit homagium iisdem conditionibus quibus Milo de Cathalano, quondam ejusdem castri dominus, istud feodum tenebat, extra curiam S. Dionysii nunquam sit trahendus, quamdiu in dicta curia juri stare voluerit. — « In cujus rei testimonium, presentibus litteris sigillum nostrum et sigillum capituli nostri apposuimus. Actum anno Domini m° cc° vicesimo sexto, mense maio. »

Traces de deux sceaux pendants sur double queue. — Le sceau de l'abbé Pierre est décrit dans l'*Inventaire* sous le n° 9018, celui de l'Abbaye sous le n° 8370.

1784 1226. Mai.

(J. 232. — Vermandois, n° 1. — Déficit.)

Johannes de Oigniaco, dominus Genvriaci, miles, partem sibi pertinentem in pedagio de Calniaco et quatuor libratas terræ apud Bellencurtem domino Ludovico Franciæ regi transferre declarat, in excambium totius quod dictus rex apud Senilcurtem possidebat. — « Anno m. cc. xxvi., mense maio. »

Cette pièce n'est plus dans les cartons. Nous en donnons l'analyse d'après l'inventaire de Dupuy.

1785 1226. 3 juin.

Litteræ consulum et universitatis castri Arenarum et civitatis Nemausi quibus omnimodæ voluntati Ecclesiæ et regis Franciæ se submittunt.

(J. 335. — Nimes, n° 1. — Original scellé.)

In nomine Domini nostri Jhesu Xpisti, anno ab incarnatione ejusdem m° cc° vicesimo vi°, tercio nonas junii, fiat omnibus et singulis manifestum quod nos consules castri Harenarum et civitatis Nemausi, et nos omnes et singuli habitatores eorumdem castri et civitatis Nemausi, tactis a nobis singulis et universis sanctis Evangeliis, bona fide et sine dolo promittimus tibi domino A. (Arnaldo) Nemausensi episcopo, nomine sancte Romane ecclesie et venerabilis patris domini R. (Romani) cardinalis, Apostolice Sedis legati, recipienti, nos parere universis et singulis mandatis predicti domini R. Sancti Angeli diaconi cardinalis, Apostolice Sedis legati, super illis omnibus pro quibus sumus vel fuimus excommunicati per legatos ecclesie Romane vel legatum seu delegatum ejus, aut judicem vel judices ordinarios, vel etiam ipso jure. — Item juramus, tactis sacrosanctis Evangeliis, quod nos parebimus similiter omnimode voluntati domini regis Francie, absque conditione et exceptione aliqua, super eo quod favimus et auxilium prestitimus R. (Raimundo) comiti Tholosano aut etiam R. (Raimundo) filio ejus et aliis fautoribus et coadjutoribus eorum qui Ecclesiam impugnabant et comitem Montisfortis, tradentes et restituentes tibi, domine, castrum et civitatem Nemausi, ut ipse dominus rex Francie de eis suam sicut dominus faciat voluntatem, de ejus misericordia et benignitate confidendo, sperantes quod sub ejus dominio gaudeant in perpetuum et letentur.

Scellé du sceau de la ville de Nîmes; cire blanche, simple queue; décrit dans l'*Inventaire* sous le n° 5656.

1786 Puylaurens. (1226.) 8 juin.

Sicardus Podii Laurentii et universitas ejusdem castri sese regis et Ecclesiæ voluntati subjiciunt, humillimis precibus regiam benevolentiam flagitantes.

(J. 626. — Hommages, III, n° 150. — Original scellé.)

Serenissimo ac excellentissimo domino suo Ludovico, Dei providentia regi Francorum illustrissimo,

Sicardus Podii Laurentii magestatis ac magnificentie illius servus humillimus, totaque universitas ejusdem castri, tam militum quam burgensium et totius populi, salutem ac seipsos ad plantas sue gloriose precellentie deosculandas humo tenus provolutos, ipsiusque cum suis omnibus subjectos et omnino [1] expositos voluntati. — Cum ad partes nostras rumor novus et acceptus intonuit [2], jocunditatis et leticie universe genti gerulus, omniumque sibi similes ac sui contentivas voluntates nostras inveniens, quod adventus magestatis vestre gloriosus partes nostras, immo vestras, precedente misericordia, illustraret, tantus stupor leticie, tanta replevit mentes nostras gaudii plenitudo quod fandi vires superat et scribendi. — Super quo, ut tam exuberantis clementie consortes fieri valeremus, quia processus vestre magnificentie, secundum legis statuta Domini, desirantibus pacem vestram et sacrosancte matris nostre ecclesie Romane pacificus haberetur, per venerabilem dominum et patrem nostrum abbatem Belliloci [3], quem Parisius magestati vestre direximus, affectum nostrum, rei eventum semper [4] precurrentem, duntaxat viam nobis Dominus aperiret, excellenti providentie [5] domini cardinalis et vestre studuimus intimare, nosmetipsos, cum omnibus, sacrosancte mandato Ecclesie et vestri diu exoptato dominio offerentes. — De quo cum reverendus dominus cardinalis suas nobis venerandas, per dictum dominum abbatem Belliloci, litteras remisisset, in Domino nos super hujusmodi [6] commendando, circa litterarum calcem addidit ut quod dictus abbas venerabilis pro nobis [7] in istis laboraverat, apertius et diligentius per eumdem sibi et vestre glorie intimaremus : quod apertius et diligentius nos, servi vestri, cum gaudio fideli et sincera interpretatione intelligentes ut nostras siquidem animas in vestris manibus poneremus, affectum nostrum diutissimum in eo instanti promptum deduximus ad effectum, offerentes et supponentes [8] et subjicientes in manu dicti abbatis Belliloci, qui super his domini cardinalis mandatum receperat, et Guilaberti Carbonelli, dilecti et fidelis bajuli domini episcopi Tolosani, nos ipsos et omnia castra nostra, et homines nostros, et terras nostras et omnia nostra Domino Deo et mandato sacrosancte Romane ecclesie et domini cardinalis, et misericordie et dominio vestro ; jurantes hec et firmantes super sancta quatuor Evangelia corporaliter propriis manibus tacta, tradentes vobis presentes litteras in testimonium contra nos in perpetuum valituras, si unquam secus, quod absit, fecerimus, aut si unquam mandato vestro et sancte Ecclesie adversemur, sigillique nostri, ad robur majus, munimine confirmamus; quod idem, diu est, fecimus in manu domini venerabilis J. de Aragone archidiaconi Carcassensis, qui mandatum in facto nostro receperat domini venerabilis patris nostri P. (Petri) Dei gratia electi Narbonensis, sicut ejusdem reverende littere monstraverunt [9]. — Vestram idcirco, illustris domine, excelsitudinem [10] exoramus, precibus lacrimosis magestatis vestre pedes irrigando cum lacrimis, quatinus nos servos vestros sub alarum vestrarum dignemini recipere misericorditer [11] velamento. Nunquam enim [12] amplius, dum vita nobis fuerit, a mandato vestro et dominio recedemus. Datum apud Podium Laurentium, VI. idus junii.

Cette pièce a été publiée par D. Vaissete, *Hist. du Languedoc*, t. III, pr., col. 314, *ex Registro curiæ Franciæ*. Nous avons cru devoir relever les fautes du texte de D. Vaissete, pour prouver par un exemple combien il est important de recourir aux originaux. — Sceau de Sicard de Puylaurens, en Languedoc (Aude, arr. de Limoux) ; cire blanche, double queue ; décrit dans l'*Inventaire* sous le n° 3332.

1787 Entre le pont de Sorgues et Avignon. 1226. 9 juin.

Declaratio Romani, Apostolicæ Sedis legati, adversus Avenionenses ob multiplices eorum in Ecclesiam et regem Franciæ injurias.

(J. 428. — Albigeois, n°s 5 et 6. — Originaux scellés.)

Romanus, miseracione divina Sancti Angeli diaconus cardinalis, Apostolice Sedis legatus, omnibus presentes litteras inspecturis, salutem in Domino.

---

(1) D. Vaissete, *omni*.
(2) D. Vaissete, *in tonum*.
(3) L'abbaye de Belloc en Rouergue.
(4) D. Vaissete, *super*.
(5) D. Vaissete, *præcellentiæ*.
(6) D. Vaissete, *his*.
(7) D. Vaissete, *vobis*.
(8) D. Vaissete, *ponentes*.
(9) D. Vaissete, *monstraverant*.
(10) D. Vaissete, *necessitudinem*.
(11) D. Vaissete, *misericordiæ*.
(12) D. Vaissete, *nos*.

— Ad universitatis vestre notitiam credimus pervenisse cives Avinionenses jam per decem annos et amplius excommunicationis sententia fuisse ligatos, pro eo quod R. (Raimundo), filio R. (Raimundi) quondam comitis Tolosani, non solum fautores, set etiam adjutores extiterant, ita quod tota terra, que de mandato Ecclesie fuerat, exclusis hereticis, acquisita, fuit postmodum per ipsorum factum amissa. Qui etiam Waldenses a longis retro temporibus receptaverunt, et adhuc etiam non verentur publice receptare.—Quorum omnium satisfactionem ficte, ut ex postfacto apparuit, promittentes, nuncios suos ad nos in Franciam destinarunt, per quos obsides in tuto loco, et castra pro securitate satisfactionis ad mandatum Ecclesie faciende, promiserunt. Ad que recipienda, cum nostrum specialem nuntium misissemus, retro, more solito, abeuntes, adimplere oblata penitus recusarunt.— Tandem autem, prout nostro incumbebat officio, personaliter accessimus ad partes ipsorum, ut probaremus si forsitan eorum indurata malicia reciperet medicinam; maxime cum ipsi, sicut prediximus, per nuncios et litteras, emendationem pluries promissent. Et licet potestates et quidam alii, pro se et pro tota universitate, nobis jurassent quod nostris parerent precise mandatis, castra restituerent, et etiam obsides darent, venire tamen contra juramentum prestitum non verentes, quedam castra occupata ab ipsis, que restituere tenebantur, non restituerunt omnino. Cumque obsides nobis dare deberent, et de certis personis certoque obsidum numero esset actum, licet partem eorum dederint, non tamen dederunt quot et quales fuerat constitutum.—Quinimmo, ad sue iniquitatis augmentum, nobis, regi Francie, et exercitui crucesignatorum per civitatem suam transitum negaverunt, licet a dicto rege, per patentes litteras, de indempnitate sua et omnium bonorum suorum, plena eis fuisset securitas repromissa, nobis, dicto regi, et aliis crucesignatis et parti exercitus, que non sine magno discrimine pontem eorum transierat, victualibus contra promissum suum penitus denegatis, victualia quoque, que familia dicti regis et alii quidam crucesignati in civitate ipsorum emerant, dimittere noluerunt; ipsum pretium cum victualibus retinentes. Nonnullos etiam de Xpistianorum exercitu interficere presumpserunt; alias, dampna gravia et injurias nobis et exercitui irrogando, quod emendare contempserunt, per fratres Predictores et alios religiosos ex parte nostra diligentius requisiti. — Ne ergo tot injurie, in Xpistiani nominis injuriam, relinquerentur inulte, et ex hoc heretica pravitas perniciosius pulularet, que, de ipsorum auxilio et favore potissimum confisa, tanto tempore in suo perduravit errore, de prelatorum et aliorum bonorum et religiosorum virorum consilio, dicto regi et aliis crucesignatis injunximus, et sub debito voti emissi districte precipimus ut, accingentes se pro Xpisti nomine viriliter et potenter, civitatem Avinionensem purgarent ab heretica pravitate, et illatam exercitui Xpistiano injuriam vindicarent, salvo jure ecclesiarum, Imperatoris et aliorum catholicorum, sicut in generali concilio continetur. — Nos autem in hujus rei noticiam pleniorem, presentes litteras exinde confectas, nostro et prelatorum, necnon et magnatum qui aderant sigillis fecimus sigillari. Datum inter pontem Sorgie et Avinionem, v. idus junii, anno Domini M. CC. XXVI.

Nous publions cette déclaration d'après la pièce cotée *Albigeois*, n° 5, dont le texte est le même que celui de la pièce cotée n° 6, sauf quelques rares variantes d'orthographe qui n'ont aucune importance. Le n° 5 porte la trace de vingt sceaux pendants sur double queue; il n'y en avait que dix-huit au n° 6. Mais, à part la différence de nombre, ces sceaux paraissent avoir été les mêmes dans les deux pièces et rangés dans le même ordre. Malheureusement la plupart ont disparu; il n'en reste que cinq à la première pièce et six à la seconde, encore ces derniers ne sont-ils, en majeure partie, que des fragments dont les légendes ont complétement disparu. Or, comme le nom des prélats n'est pas relaté dans l'acte, il est impossible de savoir d'une manière complète quels étaient ceux qui, par l'apposition de leurs sceaux, avaient adhéré à la déclaration du légat. Dom Vaissete, qui a eu ce document entre les mains à une époque où les sceaux existaient encore, et qui l'a publié, *Histoire du Languedoc*, t. III, pr., col. 309 et 310, ajoute à la suite du texte : *Il y a deux originaux de cette charte scellés du sceau du cardinal légat et de dix-neuf autres sceaux, sçavoir de l'archevêque de Reims, des évêques de Langres, Chartres, Laon, Tréguier, etc.* » Il est fâcheux qu'il n'ait pas été plus loin, ce qui, par parenthèse, prouve combien les etc. peuvent présenter d'inconvénients. Voici l'indication des sceaux qui subsistent encore, soit en entier, soit par fragments :

1. Romain, légat, cardinal-diacre de Saint-Ange *in Foro Piscium*, sceau décrit dans l'*Inventaire* sous le n° 6130.
2. Guillaume II de Joinville, archevêque de Reims. (*Invent.*, n° 6345.)
6. Anselme de Mauny, évêque de Laon. (*Invent.*, n° 6636.)
7. Hugues II de Montréal, évêque de Langres. (*Invent.*, n° 6618.)
8. Gautier, évêque de Chartres. (*Invent.*, n° 6568.)
10. Pons, évêque d'Arras. (*Invent.*, n° 6461.)

1788 Saint-Paul-Cap-de-Joux. 1226. 14 juin.

Litteræ dominorum et totius universitatis castri S. Pauli quibus ad omnimodam domini regis voluntatem sese offerunt.

(J. 400. — Promesses, n° 73. — Original.)

Ludovico, Dei providentia illustrissimo Francorum regi, Isarnus de Sancto Paulo et Sicardus de Podio Laurencio, domini castri Sancti Pauli, et consules et universi milites et barriani ejusdem castri, fideles ejus et devoti in omnibus et per omnia, salutem et pedum oscula, cum subjectione et reverentia et devotissimo famulatu. — Vestre regie dignitatis magnitudini presenti pagina fieri volumus manifestum quod, ad saluberrimam amonitionem patris nostri et domini reverendi G. (Guillelmi), Dei gratia abbatis Castrensis, a quo etiam seu a monasterio Beati Benedicti de Castris detinetur castrum superius nominatum, et in quo fervor fidei et Ecclesie et erga vos devotio reflorescit, super his super quibus excommunicati fuimus temporibus retroactis per legatos Romane curie vel ipso jure, gratulanti animo juravimus stare universis et singulis mandamentis domini cardinalis, secundum exactam a nobis super eo formam, a predicto abbate prudenter et sollempniter ordinatam, vestreque excellencie fidelitatem juravimus reverenter, nos et nostra in vestra ponentes benigna voluntate et exponentes vestre pie clemencie et misericordie quibus novistis judicium et justiciam comparare. — Et castrum dictum predicto domino abbati et claves portalium dicti castri, nomine predicti monasterii, primo tradentes, prisco more, predecessorum nostrorum imitantes vestigia, cum castrum dictum de feudo monasterii dicti sit et principale dominium castri dicti ad predictum monasterium pertineat, multosque feudatarios habeat in eodem castro; postmodum secundario eumdem abbatem, pro vobis recipientem, habere voluimus, concessimus et preoptavimus dictum castrum et claves ejusdem. — Hinc est quod, dictum castrum vobis offerendo, cum dicto domino abbate, G. de Broliis, militem, et Ermengaudum Paratorem et G. de Guiers, barrianos, ad vestre excellencie clemenciam dignum duximus destinandos. Ex iminenti viarum periculo itineris proposito diucius retardato, pietatis vestre consuete et misericordie plenitudinem erga subjectos flexis genibus implorantes ut, eorumdem voces recipientes misericorditer, super facto dicti castri benigne audiatis et vestra eos exaudiat magnitudo, recipiendo castrum et nos et bona nostra sub fida protectione vestra et custodia et securitate ut retributionem exauditionis habere mereamini ex vestris piis actibus ab Illo qui dimittit debita sua dimitentibus debitoribus suis. — Quicquid autem predicti viri a nobis legati cum vestra misericordia egerint, tractaverint, fecerint, ordinaverint, terminaverint, nos omnes, sicut universi ac singuli, hec juravimus et nomina omnium per dominum abbatem in scriptis redacta sunt, firmum et ratum habebimus et tenebimus, et contra nullatenus in aliquo veniemus, set vestre voluntatis et precepti misericordiam in omnibus et per omnia, pro posse nostro, gratis et voluntate spontanea exsequemur, in devotione vestra et fidelitate de bono in melius semper, auxiliante Domino, procedentes. — Nec latere volumus excellenciam vestram quod, cum castrum dictum prope sit satis et vicinum Tolose civitati, et competentibus habundet victualibus, multum utilitatis afferet exercitui Jhesu Xpisti; et castrum nostrum, offendens et inpugnans quantum potest inimicos Ecclesie et vestros, ab eisdem insultus sustinet assiduos et frequentes. Predicta vero omnia et ratiabitionem a nobis universi et singuli atestamur. — In cujus etiam plenius testimonium, munimine sigilli domini Isarni de Sancto Paulo hanc paginam jussimus roborari. Datum apud Sanctum Paulum, xviii. kalendas julii.

Traces de sceau pendant sur double queue. — Le sceau apposé par Isarn de Saint-Paul à cet acte de soumission de la ville de Saint-Paul-Cap-de-Joux, sur l'Agout, dans le Toulousain (Tarn, arr. de Lavaur), ne s'est pas conservé.

1789 1226. (Juin.)

Litteræ quorumdam prælatorum et baronum Franciæ Frederico II imperatori quibus ei Avenionensium proditionem exponunt.

(J. 428. — Albigeois, n° 10. — Original scellé.)

Serenissimo domino Frederico, Dei gratia Romanorum imperatori et semper augusto, G. (Guillelmus) divina permissione Remensis, et G. (Galterus) Senonensis archiepiscopi, Laudunensis, Lingonensis, Carnotensis, Atrebatensis, Aurelianensis et Meldensis episcopi; Philippus comes Bolonie, Th. (Theobaldus) comes Campanie, G. (Guido) comes Sancti Pauli, comes Namurcensis, comes Montisfortis, comes Guido Sagiceensis?, comes Vindocinensis, Robertus de Cortenaio Francie buticularius, Ingerannus de Cociaco, Stephanus de Sacrocesare, Ursio cambellanus, et Johannes de Nigella, salutem, et cum omni honore sincere dilectionis plenitudinem. — Cum, sicut ad vestram credimus pervenisse noticiam, karissimus dominus noster Ludovicus rex Francie illustris, ad instantem petitionem reverendi in Xpisto patris R. (Romani) Sancti Angeli diaconi cardinalis, Apostolice Sedis legati in Francia, signum crucis assumpsisset, ad extyrpandam de feodo suo pravitatem hereticam, et relevandam in eo fidem Xpistianam, que penitus ibidem esse dinoscitur suffocata, de consilio nostro et omnium eorum qui cum eo erant crucesignati, ordinatum est per Avinionem dirigere iter suum et nostrum, eo quod in feodum suum liberius et expeditius quam per alibi transiret per pontem cum exercitu suo; eo potissime considerato quod, cum adhuc esset rex in Francia, ab ipsis Avinionensibus super hoc pluries fuerat requisitus. — Tandem per Avinionem, sicut dictum est, direxit dominus rex iter suum, et, cum jam esset in procinctu itineris, occurrerunt ei apud Montellum Aymardi ipsi Avinionenses domino regi et exercitui suo per villam Avinionensem transitum promittentes, et ab ipso legato beneficium absolutionis instanter postulantes. Qui libenter et liberaliter promisit eis beneficium absolutionis, recepto ab eis juramento quod starent mandato Ecclesie, et quod domino regi et exercitui suo liberum per Avinionem transitum exhiberent. Et, ad majorem securitatem, promiserunt eidem legato obsides se daturos. — Cum igitur dominus rex et nos, de juramentis et promissis eorum confisi, ipso die Penthecostes venientes Avinionem, et libere transire credentes, transire non potuimus, dictis Avinionensibus contradicentibus et contra prestitum juramentum temere venientibus. — Verumptamen obsides tradiderunt, sed non quot nec quales promiserant: sed a juratis conventionibus retro penitus abeuntes, cuidam parti exercitus domini regis et nostri, quam transire permiserant per pontem ligneum quem extra villam fecerant, et domino regi ac nobis, victualia et alia venalia, contra promissum, denegarunt, et plures de crucesignatis interfecerunt, et pontem quem fecerant ligneum confregerunt, nullatenus permittentes quod crucesignati, quos Avinione per pontem ligneum proditiose transire permiserant, possent ad exercitum reverti, nec nostros ad illos qui transierant venire permittebant; dampna domino regi et nobis que poterant et gravamina irrogando, licet dominus rex patentes litteras suas dedisset eisdem, per quas ipsos, et omnia bona eorum, et muros ville penitus assecurabat de se, et nobis, et omni exercitu crucesignatorum. — Cum igitur videretur ab omnibus negotium pacis et fidei sic per Avinionensium malitiam ac violentiam impediri, dominus rex, ad petitionem et instantiam domini legati, et ad preces nostras et laudem necnon et aliorum crucesignatorum exercitus Xpistiani, Avinionenses obsedit tanquam hereticos et hereticorum receptatores et fautores. — Ne autem serenitati vestre falso suggeratur aliter fuisse factum, nemini super hoc fidem adhibere velitis, cum per litteras ipsius legati, ac domini regis, et presentes litteras nostras totius veritas processus vobis liqueat manifeste, quas vobis deferunt presentium portitores. — Novit etiam Deus, qui cordium novit abscondita, quod dominus rex et nos cum eo, sicut peregrini, solummodo hoc facimus, propter Deum et promocionem fidei Xpistiane, ad quod omnes catholici tenentur astricti, salvo in omnibus et per omnia jure vestro, contra quod dominus rex ullo modo venire nec vellet nec deberet.

Ces lettres furent écrites à Frédéric II immédiatement après que les croisés eurent commencé le siége d'Avignon, ce qui eut lieu du 7 au 9 juin. (Voyez Tillemont, *Vie de saint Louis*, Préliminaires, t. I, p. 400.) Elles étaient scellées, dans le principe, de vingt sceaux en cire blanche, pendants sur double queue. Ces sceaux subsistent encore pour la plupart; mais ils sont en fort mauvais état. En voici la liste, avec l'indication des numéros sous lesquels ils sont décrits dans l'*Inventaire*.

1. Guillaume II de Joinville, archevêque de Reims. (N° 6345.)
2. Gauthier III Cornut, archevêque de Sens. (N° 6390.)
3. Ansel de Mauny, évêque de Laon. (N° 6636.)
4. Hugues II de Montréal, évêque de Langres. (N° 6618.)

5. Gautier, évêque de Chartres. (N° 6568.)
6. Pons, évêque d'Arras. (N° 6461.)
7. Philippe de Jouy, évêque d'Orléans. (N° 6763.)
8. Pierre III de Cuisy, évêque de Meaux. (N° 6702.)
9. Philippe Hurepel, comte de Boulogne. (N° 1062.)
10. Thibaud IV, comte de Champagne. (N° 572.)
11. Gui II, comte de Saint-Paul. (N° 366.)
12. Philippe II de Courtenay, comte de Namur. — Sceau équestre avec contre-sceau, non décrits dans l'*Inventaire*, et dont il ne reste plus que des fragments complétement frustes.
13. Amauri VI, comte de Montfort. — Premier sceau. (N° 710.)
14. Le comte Gui de Séez? (*Sagicensis*).
15. Jean de Montoire, comte de Vendôme. (N° 988.)
16. Robert de Courtenay, bouteiller de France. (N° 274.)
17. Enguerrand de Coucy. (N° 1904.)
18. Étienne de Sancerre. (N° 3572.)
19. Ours, chambrier du Roi. (N° 239.)
20. Jean de Nesle. (N° 3052.)

1790   Au siége d'Avignon. 1226. Juin.

Litteræ Ludovici regis quibus consules, consulatum et universitatem Montispessulani sub sua speciali protectione suscipit.

(J. 340. — Montpellier et Maguelone, II, n° 36. 2. — Copie.)

Ludovicus, Dei gratia Francie rex.—Noverint universi, presentes pariter et futuri, quod nos in salvo conductu nostro et protectione nostra recipimus dilectos nostros consules, consulatum et jura consulatus Montispessulani, villam Montispessulani et universitatem ville, et omnes et singulos de universitate ville et de castris et locis pertinentibus ad dictam villam, cum universis rebus eorum, sicut alios burgenses nostros, bona fide, reddendo debitas consuetudines et pedagia. Et volumus quod, tam ipsi quam res eorum, salvi sint et securi in toto regno nostro et in tota terra nostra et amicorum nostrorum, eundo et redeundo et moram faciendo. — Hanc autem protectionem et conductum concedimus vobis R. Lamberti, R. Lupi, consulibus ville, et R. de Conchis et R. de Salzeto, recipientibus pro aliis burgensibus et universis et singulis dicte ville et castrorum. — Que omnia volentes gaudere perpetua firmitate, presentem paginam sigilli nostri auctoritate precepimus confirmari, salvo jure alieno. — Actum in obsidione Avinionis, anno Dominice incarnacionis millesimo ducentesimo vicesimo sexto, mense junio.

Ces lettres sont insérées dans un vidimus délivré par Philippe le Bel au mois de septembre 1310, vidimus qui n'est lui-même qu'une copie.

1791   Au siége d'Avignon. 1226. Juin.

R. A. de Podio mandatis Ecclesiæ stare promittit, castrum Carcassonæ domino regi traditurus.

(J. 399. — Promesses, n° 27. — Original scellé.)

Omnibus presentes litteras inspecturis Raimondus Arnaudi de Podio, salutem in Domino. — Noverit universitas vestra quod ego juravi stare mandatis Ecclesie et venerabilis patris domini Romani Sancti Angeli diaconi cardinalis, Apostolice Sedis legati, pro causis omnibus, singulis et universis, pro quibus sum excommunicatus, et pro aliis omnibus de quibus impeterer quod essent contra Ecclesiam Dei.— Et pro hiis observandis dabo securitates et cautiones ad voluntatem dicti domini legati; et propter hoc volo quod dominus rex teneatur pro me ita quod, si predicta ad mandatum dicti legati non servavero, ipse per personam meam et feodum et res meas faciat omnia predicta servari. — Item juravi domino regi quod ego castrum Carcassone restituam domino regi vel nuntiis suis, ad mandatum ipsius; quod castrum, donec ipsum restituam, teneo nomine domini regis. — Actum in obsidione Avinionis, anno Domini m° cc° vicesimo sexto, mense junio.

Sceau de Raymond-Arnauld du Puy; cire blanche, double queue; décrit dans l'*Inventaire* sous le n° 3334.

1792   Au siége d'Avignon. 1226. Juin.

(J. 622. — Hommages, I, n° 14. — Original.)

Guigo dominus de Tornon notum facit se karissimo domino suo Ludovico regi Franciæ illustri præstitisse homagium ligium de castro suo de Tornon; quod, sacrosanctis tactis Evangeliis, jurat dicto regi vel ejus heredibus a se fore tradendum, ad magnam vim et parvam, quotienscumque de hoc, ex parte præfati regis, requisitus fuerit. — « Actum in obsidione Avinionis, anno Domini m° cc° xxvi°, mense junio. »

Traces de sceau pendant sur double queue.—Le sceau de Guigue, seigneur de Tournon (en Vivarais, Ardèche), n'a pas été retrouvé.

1793   1226. 28 août.

Accord entre l'abbaye et la ville de Moissac.

(J. 320. — Toulouse, XI, n° 41. — Copie ancienne. Roman.)

Sciendum est quel senher R. (Raimundus) de Rophiag abbas de la maion de Moyssag, ab cosseilh e ab voluntat d'en Aimar prior de Madona Senta Maria de Toloza, e d'en Ar. d'Arago prior de Sent

Geni e segrestan de la maion de Moyssag, e d'en Hel. de Reillag prior de Cosinas, e d'en Bonel efermer, e d'en G. Dalverhe camarer, e d'en G. Cater almonier, e del covent de la maio de Moyssac fe acorder e pausament ab tots los proshomes e ab tot lo comunal de la vila de Moyssac. — El acorders el pausaments fo aitals : quel senher R. abbas assols e fenig e perdoneg a tots los predichs proshomes, e a tot lo comunal de la vila de Moyssag, tot lo deman que far lor podia, ab carta ni ses carta, per la redoa que fero de la vila de Moyssag al senhor R. comte de Toloza, e tota quereilhla e tota rancura que per aquela ocaio de lor pogues portar. E lor fenig e lor perdoneg tot aitant cum avio pres ni agud de deimas ni de nulhas possessions que aguesso presas ni agudas de la maion de Moyssag, e tota rancura e tot deman que lor pogues far per re que aguesso fach ni dich deu jor lo senher R. coms de Toloza, fills de la reina Johana, cobreg la vila de Moyssag tro al dia que aquesta carta fo facha, salv lors proprietads e lors rendas e lors oblias e lor deutes qu'ils lor devia. — E esters aisso lo predich senher abbas promes lor e lor mandeg e lor autregec que bos senher e bos amigs e fiels lor sia, e que el los garde de tot mal e de tota forsa de si meiss e d'autrui a bona fe e fielmens, e qu'el lors bes e de tota la vila parle e avantisca per tots locs a bona fe e fielment. — E per que aisso sia plus ferm, lo senher R. abbas de Moyssac, ab voluntad del covent, a sagelada aquesta carta de son sagel. Aisso fo fach en l'an de la encarnatio de nostre Senhor que era de M. CC. XX. VI., regnante Ludovico rege Francie, R. Tolosano comite, W. (Willelmo) Caturcensi episcopo, IIII. dias a l'issent d'aost.

Cette pièce peut servir à rectifier la liste des abbés de Moissac donnée par les auteurs du *Gall. christ.*, t. 1, col. 166, qui font succéder à Raimond de Roffiac, dès le mois de novembre 1225, W., chapelain du pape, et qui attribuent à ce dernier l'accord conclu entre les habitants de Moissac et son prédécesseur.

1794   Au siége d'Avignon. 1226. Août.

Charta homagii quod Bernardus comes Convenarum domino regi præstitit.

(J. 293. — Armagnac, n° 1. — Déficit.)

Ego Bernardus comes Convenarum notum facio universis quod ego pono me et totam terram meam et omnia mea in omnimoda voluntate karissimi domini mei Ludovici regis Francie illustris, et facio ei homagium ligium, contra omnes homines et feminas qui possunt vivere et mori, ex eo quod de mera voluntate sua ei placuerit mihi dare, sive de terra quam tenui sive de alia. Et juvabo ipsum dominum regem et gentes suas contra inimicos Ecclesie et suos, et maxime contra Raimundum filium Raimundi quondam comitis Tholosani, et etiam ipsum Raimundum et alios inimicos Ecclesie et domini regis inpugnabo bona fide, pro posse meo. — Hæc autem omnia, sicut superius sunt contenta, juravi domino regi coram venerabili patre domino Romano Sancti Angeli diacono cardinali, Apostolice Sedis legato. Quod omnia ut perpetuam optineant firmitatem, sigillo meo presentem cartulam confirmavi. — Actum in obsidione Avinionis, anno Domini M° CC° vicesimo sexto, mense augusti.

Cette pièce n'est plus dans les layettes. Nous en donnons le texte d'après le *Registrum curiæ Francie*, où elle est insérée, division D, pièce LXX (fol. LXII r° dans l'exemplaire coté aux Archives JJ. 30 B).

1795   1226. Août.

(J. 320. — Toulouse, XI, n° 40. — Original roman.)

Acte par lequel Ramonz de Dornia déclare engager à Guillaume Esquirol et à ses héritiers, pour X. sols de bons Toulousains, le quint de vendange que doit lui rendre P. Pairolers pour la jeune vigne (*maillol*) que ledit Pairolers tient de lui au lieu dit les Taillades (*las Tailladas*), et aussi une redevance annuelle de XVIII. deniers Toulousains qui lui est due par le même P. Pairolers pour des jardins. — « Testes sunt : W. del Bosc, R. del Potz, e R. Marcelz, e R. Alseus qui hanc cartam scripsit, anno ab incarnatione Domini M. CC. XX. VI., mense augusti, Lodoyco rege regnante, Raimundo Tolosano comite, Fulcone episcopo. »

1796   1226. 14 septembre.

B. de Marestan se et barones suos ad voluntatem domini regis et Ecclesiæ, datis obsidibus, supponit.

(J. 399. — Promesses, n° 25. — Original scellé.)

Ne quod a bonis bene geritur a malis quandoque mutetur, omnibus presentes litteras inspecturis manifestum sit quod B. de Marestan posuit seipsum et omnes barones et omnes homines suos et totam terram suam, et quicquid habet vel habere debet, in voluntate domini Ludovici, Dei gratia regis Francorum, et domini cardinalis. — Promisit etiam et, tactis sacrosanctis Evangeliis corporaliter, juravit quod super universis et singulis, pro quibus erat excomunicatus, stabit voluntati et mandato domini cardinalis vel ejus qui requisierit pro eo. — Item eodem modo promisit et juravit quod, quamdiu vixerit in hoc mundo, pro posse suo, domino regi et ejus successoribus fidelis erit, et tam suos quam Ecclesie inimicos, quantumcumque poterit, expugnabit. — Harum omnium rerum, sicut melius ad honorem et hutilitatem domini regis et domini cardinalis possunt intelligi, sunt obsides : B. (Bernardus) Dei gracia comes Convenarum, et A. G. de Palmers, et R. de Molnar, milites. — In cujus rei testimonium et munimen, ad dicti B. de Marestan instanciam, comes Convenarum et abbas Fulliensis presentes litteras sigillorum suorum munimine roboraverunt. — Actum anno gracie millesimo CC° XXVI°, mense septembri, die Exaltationis sancte Crucis.

Cette charte est scellée, en cire blanche, sur double queue, du grand sceau de Bernard V, comte de Comminges, décrit dans l'*Inventaire* sous le n° 593, et du sceau d'Hoger II (Hogerius), abbé du monastère de Feuillans, décrit sous le n° 8712. — L'abbaye de Notre-Dame de Feuillans, appelée aussi de Sainte-Charité (*abbatia B. Mariæ Fulliensis vel Sanctæ Charitatis, filia Morimundi*), fondée en 1145, était alors comprise dans la circonscription du diocèse de Toulouse. Lors des modifications apportées, en 1317, par Jean XXII aux divisions épiscopales du midi de la France, elle est entrée dans la circonscription du diocèse de Rieux nouvellement créé.

1797 1226. 14 septembre.

(J. 620. — Hommages, I, n° 7. — Original scellé.)

Charta Rogerii d'Aspel, ejusdem argumenti et formæ. — « Harum omnium rerum, sicut melius ad honorem et utilitatem domini regis et domini cardinalis possunt intelligi, sunt obsides : B. Dei gratia comes Convenarum et B. de Marestan. In cujus rei testimonium et munimen, ad dicti Rogerii d'Aspel instanciam, comes Convenarum et abbas Fulliensis presentes litteras sigillorum suorum munimine roboraverunt. — Actum anno gratie millesimo CC° XXVI°, mense septembri, die Exaltationis sancte Crucis. »

Scellé de deux sceaux, en cire blanche, pendants sur double queue. — Voyez l'observation précédente.

1798 1226. 14 septembre.

(J. 622. — Hommages, II, n° 48. — Original.)

Charta Bernardi Convenarum, domini de Saves, ejusdem argumenti et formæ. — « Harum omnium rerum, sicut melius ad honorem et utilitatem domini regis et domini cardinalis possunt intelligi, sunt obsides : B. (Bernardus) Dei gratia comes Convenarum, et P. de Molnar, et A. G. de Palmers, milites. In cujus rei testimonium et munimen, ad dicti B. Convenarum instanciam, comes Convenarum et abbas Fulliensis presentes litteras sigillorum suorum munimine roboraverunt. — Actum anno gratie M° CC° XX° VI°, mense septembri, die Exaltationis sancte Crucis. »

Traces de deux sceaux pendants sur double queue. — Voyez l'observation à la suite du n° 1796.

1799 Lisle. 1226. 26 septembre.

Bertrandus Jordanus se et barones suos ad voluntatem domini regis et Ecclesiæ, datis obsidibus, supponit.

(J. 620. — Hommages, I, n° 9. — Original scellé.)

Notum sit omnibus ad quos presentes littere pervenerint quod Bertrandus Jordanus posuit seipsum, et omnes barones suos, et totam terram suam, ubicumque sit et esse debeat, in voluntate domini Ludovici, Dei gratia regis Francie, et domini cardinalis. Promisit etiam et, tactis sacrosanctis Evangeliis corporaliter, juravit quod, super universis et super singulis pro quibus excommunicatus erat, stabit voluntati et mandato dicti cardinalis vel ejus qui requisierit pro eo. — Harum omnium rerum obsides sunt : B. Jordanus dominus Ynsule, et Fezac de Maurens, et G. Unaldus de Malsamont. Testes qui interfuerunt : G. cellararius Fulliensis, et A. monachus, et P. presbyter de Ynsula et multi alii. In cujus rei testimonium et confirmationem, ad dicti Bertrandi instanciam, dominus B. (Bernardus) comes Convenarum et frater H. (Hogerius) abbas Fulliensis presentes litteras sigillorum suorum munimine roboraverunt. — Auctum est anno gratie M° CC° XXVI°, VI° kalendas octobris, in villa de Ynsula, in ecclesia Beati Martini.

Cette charte était scellée, dans le principe, de deux sceaux pendants sur double queue. — Le sceau de Bernard V, comte de Comminges (second sceau), est décrit dans l'*Inventaire* sous le n° 594. Le sceau d'Hoger II, abbé de Feuillans, s'est détaché de l'acte; mais il est décrit sous le n° 8712.

1800 Lisle. 1226. 26 septembre.

B. *Jordanus de Insula voluntati domini regis Franciæ et domini cardinalis se supponit.*

(J. 624. — Hommages, III, n° 6. — Original scellé.)

Ego B. Jordanus dominus de Ynsula omnibus presentes litteras inspecturis notum facio quod ego, in manu et in presentia dompni H. (Hogerii) abbatis Fulliensis, posui meipsum et omnes barones meos et villam de Ynsula et totam terram meam, ubicumque sit et ubicumque esse debeat, in voluntate domini Ludovici, Dei gratia regis Francorum, et domini cardinalis. — Promisi etiam et, tactis sacrosanctis Euvangeliis corporaliter, juravi quod super universis et super singulis, pro quibus excommunicatus eram, stabo voluntati et mandato domini cardinalis vel ejus qui requisierit pro eo. — Et ut omnia ista fideliter observem, dedi comiti Covenarum filium meum Jordanum obsidem custodiendum domino regi et domino cardinali. — Testes qui interfuerunt : dominus M. archidiaconus de Saves, et G. et A. monachi de Fulliens, et P. presbyter de Ynsula et multi alii. — In cujus rei testimonium et munimen, presentes litteras sigillo domini comitis Convenarum et sigillo dompni H. abbatis Fulliensis fecimus roborari. — Auctum est anno gratie M° cc° xx° vi°, vi. kalendas octobris, in ecclesia Beati Martini de Insula.

Scellé, en cire blanche, de deux sceaux pendants sur double queue : sceau de Bernard, comte de Comminges, décrit dans l'*Inventaire* sous le n° 594 (second sceau). Sceau d'Hoger II, abbé de Feuillans, décrit sous le n° 8712. — Voyez l'observation à la suite du n° 1796.

1801 Avignon. 1226. Septembre.

Litteræ Ludovici regis de fortericia in villa S. Andreæ construenda et de c. l. libris annualibus in recompensationem monasterio S. Andreæ concedendis.

(J. 424. — Obligations, III, n° 2. — Original scellé.)

Ludovicus, Dei gratia Francie rex. — Noverint universi, presentes pariter et futuri, quod, cum dilecti nostri in Xpisto Bremondus abbas et conventus monasterii Sancti Andree, pro negotio fidei Xpistiane et pro deffensione terre, et ob amorem quem ad nos et ad regnum nostrum habere noscuntur, donaverint et concesserint in perpetuum nobis et heredibus nostris de carne nostra, cuicumque voluerimus, ut nos possimus in villa Sancti Andree muros reparare, et, pro voluntate nostra, fortericiam construere et ponere munitionem nostram et deponere, quocienscumque nobis placuerit, tanquam in nostra propria fortericia, et concesserint insuper nobis et heredibus nostris supradictis medietatem justicie totius predictę ville in omnibus, salvis sibi possessionibus et redditibus et omnibus aliis juribus suis; et cum homines ipsius ville teneantur nobis et heredibus nostris fidelitatem facere et jurare quod juvabunt et conservabunt munitionem nostram et gentes nostras contra omnes homines, bona fide, salva tamen abbati et conventui supradictis et eorum successoribus fidelitate pristina quam facere consueverant eisdem, nos, bonam voluntatem ipsorum attendentes, amore Dei et anime nostre parentumque nostrorum remedio, et in recompensationem predictorum, donamus et concedimus in perpetuum abbati et conventui supradictis eorumque successoribus quadraginta libras Turonensium percipiendas, singulis annis, in festo Sancti Andree, de redditibus nostris percipiendis in portu Belliquadri et in aliis redditibus dicti castri. — Quod ut perpetue stabilitatis robur obtineat, presentem paginam sigilli nostri auctoritate confirmamus. — Actum apud Avinionem, anno Dominice incarnationis M° ducentesimo vicesimo sexto, mense septembri.

Scellé, en cire verte, sur lacs de soie rouge et verte, du sceau de Louis VIII, décrit dans l'*Inventaire* sous le n° 40. — Il s'agit, dans cette charte, de Villeneuve-lez-Avignon (Gard, arr. d'Uzès), sur la rive droite du Rhône, à quatre kilomètres au-dessus d'Avignon.

1802 Avignon. 1226. Septembre.

(J. 295. — Languedoc, n° 4. — Original scellé.)

Litteræ Bremundi abbatis et conventus S. Andreæ de præfata fortericia in villa S. Andreæ a domino rege Franciæ construenda. — Quæ litteræ, mutatis mutandis, iisdem fere verbis ac præcedentes litteræ constant. — « Actum est hoc apud Avinionem, anno incarnacionis Dominice millesimo ducentesimo vicesimo sexto, mense setbembri. Verum nos B. et conventus supradicti, ad majorem hujus rei firmitatem, presentem paginam nostri sigilli munimine duximus roborandam. »

Scellé, en cire verte, sur lacs de soie rouge, du sceau du couvent de Saint-André de Villeneuve-lez-Avignon, décrit dans l'*Inventaire* sous le n° 8367.

1803   Avignon. 1226. Septembre.

(J. 295. — Languedoc, n° 4 *bis*. — Original.)

B. (Bremundus) abbas et conventus S. Andreæ notum faciunt quod, si dominus rex Ludovicus forteritiam in villa S. Andreæ non fecerit nec medietatem justitiæ prædictæ villæ receperit, prædictas quadraginta libras annui redditus, præfato monasterio a se, super redditibus Bellicadri, assignatas, solvere non teneretur. — « Actum apud Avinionem, anno Domini M° CC° vicesimo sexto, mense septembri. »

Traces de sceau pendant sur double queue. — Voyez la pièce précédente.

1804   1226. 7 octobre.

Bernardus comes Convenarum testificatur Willelmum Bernardum de Marcafava in deditionem domini regis et ecclesiæ Romanæ, cum suis, venisse.

(J. 622. — Hommages, II, n° 15. — Original.)

Ego B. Dei gratia comes Convenarum omnibus presentes litteras inspecturis notum facio quod Willelmus Bernardus de Marcafava, in presentia mea et in presentia domini H. (Hogerii) abbatis Fulliensis, Cisterciensis ordinis, constituus, posuit seipsum et omnes homines suos et totam terram suam, et quicquid ad ipsum de jure spectat, in voluntate domini Ludovici, Dei gratia regis Francie, et domini cardinalis. — Promisit etiam et, tactis sacrosanctis Evangeliis corporaliter, juravit quod, super universis et super singulis pro quibus excommunicatus erat, stabit mandato et voluntati domini cardinalis vel ejus qui requisierit pro eo. — Item promisit quod domino regi, pre omnibus hominibus viventibus et morituris, omnimodam de cetero quamdiu vixerit fidelitatem servabit. — Obsides : R. de Tersaco, et Bonifacius de Felgare, et Petrus de Castanhaco. — In cujus rei testimonium, ad dicti Willelmi Bernardi instantiam, presentes litteras sigilli nostri munimine et sigilli abbatis Fulliensis fecimus roborari. — Auctum anno gratie M° CC° XX° VI°, nonas octobris.

Cette charte était scellée de deux sceaux pendants sur double queue. Il reste encore un fragment du sceau du comte de Comminges, qui prouve que ce sceau est celui qui est décrit dans l'*Inventaire* sous le n° 594 (second sceau). Le sceau de l'abbé Hoger a disparu. Voyez l'*Inventaire*, n° 8712.

1805   Albi. 1226. Octobre.

Litteræ Petri Narbonensis archiepiscopi de C. L. *libris annui redditus Agneti vicecomitissæ Biterrensi a domino rege pro dotalitio concessis.*

(J. 337. — Béziers, n° 3. — Original scellé.)

P. (Petrus), Dei gratia Narbonensis archiepiscopus, universis presentes litteras inspecturis, salutem in Domino. — Notum facimus quod karissimus dominus noster Ludovicus rex Francie illustris, in recompensationem dotalicii quod dilecta nostra in Xpisto Agnes, quondam vicecomitissa Biterrensis, habuerat a Raymundo Rogeri marito suo, quondam vicecomite Biterrensi, et a concessione bone memorie Simonis, quondam comitis Montisfortis, per compositionem factam inter ipsum dominum regem et prefatam Agnetem, dat et concedit eidem Agneti, ad vitam suam, centum et quinquaginta libras Melgolensium percipiendas singulis annis apud Biterris (*sic*) per manum ballivi sui Biterrensis, tribus terminis, videlicet : in Natali Domini, quinquaginta libras ; in Penthecosten, quinquaginta libras ; et in festo Sancti Michaelis, quinquaginta libras. — Predicta vero Agnes, in presentia nostra constituta, propter hoc eidem domino regi et heredibus suis quitat in perpetuum quicquid habebat et habere debebat nomine dotalicii, ex dono et concessione predicti mariti sui et dicti Simonis quondam comitis Montisfortis. — In cujus rei memoriam, presentes litteras sigilli nostri munimine fecimus confirmari. — Actum apud Albiam, anno incarnationis Dominice M° ducentesimo vicesimo sexto, mense octobri.

Scellé, en cire blanche, sur double queue, du sceau de Pierre III Amiel, archevêque de Narbonne. (*Inventaire*, n° 6325.)

1806   Au camp devant Belpech. 1226. Octobre.

Charta homagii quod Nuno Sancii, comes Rossilionis, domino regi præstitit pro vicecomitatu Fenoleti et Petræ-pertusæ.

(J. 622. — Hommages, II, n° 13. — Original.)

Ego Nuno Sanctii comes Rossilionis, Confluentis, Vallis Pyrii et Cerritanie, notum facio universis presentes litteras inspecturis quod ego feci karissimo domino meo Ludovico, regi Francie illustri, hominagium ligium, contra omnes homines et feminas qui possunt vivere et mori, de vicecomitatu Fenoleti et Petre-pertuse, cum pertinentiis et juribus eorumdem. — Et ego et heredes mei similiter tenemur facere heredibus ipsius regis, salva fidelitate regis Aragonie; ita tamen quod, si aliquo tempore, quod absit, guerra inter ipsum regem Francie vel heredes suos et dictum regem Arragonie vel heredes ipsius moveretur, ego vel heredes mei non juvarem predictum regem Arragonie vel heredes suos contra ipsum regem Francie vel heredes ipsius de eo quod teneo de ipso, sed totum illud ipsi regi vel heredibus suis, guerra durante, ego et heredes mei redderemus, et illud tenerent quousque guerra finiretur, et, ea finita, totum illud ad me vel heredes meos sine contradictione aliqua reverteretur. — In cujus rei memoriam, presentes litteras sigilli mei munimine roboravi. — Actum in castris apud Bellum Podium, anno Domini M° CC° XXVI°, mense octobri.

<small>Traces de sceau pendant sur lacs de soie rouge et verte. — Le sceau de Nuñez Sanche, comte de Roussillon, n'a pas été retrouvé. — Cette charte est datée de Belpech sur la Vixiège, à cinq lieues S. O. de Castelnaudary (Aude, arr. de Castelnaudary).</small>

1807   Espeillac? 1226. Octobre.

Homagium Guillelmi de Calvomonte.

(J. 620. — Hommages, 1, n° 8. — Original.)

Ego Guillelmus de Calvomonte notum facio universis quod ego recognovi karissimo domino meo Ludovico regi Francie illustri me de ipso tenere Calvummontem cum pertinentiis, Seinchentin, Montem-petrosum, Castrum-novum, Mondailles, Sanctum Cosmam, Seferac, Croejox, Rocam Lauram, et id quod habeo apud Belvoier, Seinchiele, Salgues, Rocam, Mielet, Parlan et Soiserac in Caturcesio, cum pertinentiis eorumdem. — Et de hiis omnibus feci ei homagium ligium contra omnes homines et feminas qui possunt vivere et mori, et juravi ei quod omnia predicta castra ei reddam, ad magnam vim et parvam, quotiens inde ab ipso vel ab ejus certo nuntio fuero requisitus. — Actum apud Espelierx, anno Domini M° CC° XXVI°, mense octobri.

<small>Traces de sceau pendant sur double queue. — Le sceau de Guillaume de Caumont en Quercy (Lot-et-Garonne) n'a pas été retrouvé.</small>

1808   Monestiés. 1226. Octobre.

Litteræ Petri Narbonensis archiepiscopi de conventionibus inter se et dominum regem initis.

(J. 337. — Narbonne, n° 5. — Original scellé.)

P. (Petrus), Dei gratia Narbonensis archiepiscopus, universis presentes litteras inspecturis, salutem in Domino. — Noverit universitas vestra quod, cum omnia feoda et domania, que ab hereticis, fautoribus, credentibus, defensoribus et receptatoribus eorumdem jam inciderunt vel in posterum incident in commissum, sint domini Ludovici regis Francie propria et ad manum suam debeant devenire, et ipse nemini hominagium facere teneatur, ipse, pro eo quod omnia feuda et domania, de nobis et ecclesia Narbonensi moventia, de hereticis et aliis, sicut predictum est, commissa vel committenda, ei et heredibus suis remanent in perpetuum tanquam sua, libere et quiete et absque omni hominagio et servitio nobis seu Narbonensi ecclesie ab ipso vel heredibus suis faciendo, donat et concedit nobis et ecclesie memorate in perpetuum quadringentas libratas annui redditus Turonensis monete. — Pro quibus redditibus assignat nobis et ecclesie Narbonensi castrum de Pipionibus in Minerbesio et castrum de Pinciano in Redensi, habenda et possidenda, cum omnibus eorum appendiciis, in perpetuum pleno jure. — Et si illa castra ad predictam summam reddituum non fuerint sufficientia, quid defuerit alibi assignabit nobis et ecclesie Narbonensi ad estimationem bonorum virorum; et si forte castra illa, cum ipsorum appendiciis, sicut predictum est, plus valuerint, totum residuum erit ipsius domini regis vel heredum suorum. — Preterea idem rex nobis et ecclesie Narbonensi donat et concedit in perpetuum omnia feuda que committentur in villis et territoriis villarum que in presenti sunt domanie nostre (*sic*). — Et nos et successores nostri et ecclesia Narbonensis, in recognicionem hujus sue donationis, faciemus fieri in ipsa ecclesia Narbonensi anniversarium perpetuo pro anima patris sui et sua, cum ipsum contigerit humanitatis debitum exolvisse. — Preterea inter ipsum dominum regem et nos et ecclesiam Narbonensem est taliter ordinatum quod, si Aymericum de Narbona idem dominus rex voluerit exheredare de feodo civitatis et burgi Narbone, quod idem Aymericus nunc tenet ab archiepiscopo et ecclesia Narbonensi, medietatem illius feodi ex parte civitatis sue habebit idem rex et heredes sui pleno jure et absque hominagio et servicio faciendo, sicut de predictis superius est expressum, et aliam medietatem habebimus nos et ecclesia Narbonensis in domanio nostro similiter pleno jure. — Habebimus etiam pleno jure furnum de Bellovidere, quem ipse Aymericus habebat, et quidquid juris habebat in burgo idem Aymericus vel aliquis pro eo, quod videlicet a nobis et Narbonensi ecclesia tenebatur, salvo domino regi et heredibus suis juramento et exercitu, que dictus Aymericus in predicto burgo habebat. — Nos autem fecimus dicto domino regi fidelitatem et facere debemus, nos et successores nostri, ipsi et heredibus suis regibus. Propter hanc autem fidelitatem non intendit dominus rex diminuere jura aut libertates nostras vel ecclesie Narbonensis, sed salva sint nobis in omnibus, et similiter salvum sit domino regi et heredibus suis in omnibus jus suum, si quod habent vel habere debent. — Quod ut robur obtineat perpetue firmitatis, presenti scripto et sigilli nostri munimine fecimus confirmari. — Actum apud Monaster, anno Dominice incarnationis M° CC° XXVI°, mense octobri.

Sceau de Pierre III, archevêque de Narbonne; cire verte, double queue; décrit dans l'*Inventaire* sous le n° 6325.

1809   Pamiers. 1226. Octobre.

Litteræ Mauritii sacristæ et canonicorum S. Antonini Appamiensis quibus castrum Appamiarum cum fortalitiis Ludovico regi commendant.

(J. 336. — Pamiers, n° 1. — Original scellé.)

In nomine sancte et individue Trinitatis, amen. — Nos Mauritius sacrista et canonici Sancti Antonini de Appamiis notum fieri volumus presentes litteras inspecturis quod nos, venerabili patre et domino Romano Sancti Angeli diacono cardinali, Apostolice Sedis legato, consentiente et auctoritatem impertiente, commendavimus castrum Appamiarum cum fortericia domino Ludovico regi Francorum illustri custodiendum. — Ipse autem promisit quod ipsum castrum et fortericias, que modo ibi sunt vel in antea erunt, fideliter custodiet, et adjutor et defensor erit bona fide, absque malo ingenio, abbati nostro et canonicis ecclesie nostre ad retinendum jus nostrum in villa Fredalaci et in tota abbatia et toto honore ad ipsum abbatiam pertinente, ad honorem Dei et Sancti Antonini et utilitatem canonicorum ipsius, tam presentium quam futurorum. — Pro munitione quoque, defensione ac custodia ipsius castri competentius faciendis, concessimus eidem regi medietatem lyddarum, exceptis feudis de ipsa lydda que nobis retinuimus; item medietatem justiciarum castri, septem solidos minus obolo preter feda et justiciam clericorum et familie nostre que nobis retinuimus; item manulevationem ciborum et vestimentorum in castello, sicut usus est, per unum mensem. — Ordinatione vero locorum et domorum castri, tam veteris ville quam nove, sicut abbas noster et nos disposuerimus, firma permanente, medietatem census, quem de ipsis habuerimus, concessimus dicto regi, cum orto et trila et tota insula que est ultra fluvium Aregie, et medietate molendini, preter discursus aquarum quos nobis retinuimus. — Concessimus preterea eidem medietatem redditus omnium furnorum totius ville Appamiarum et medietatem omnium usagiorum mercati, preter decimam; item medietatem obliarum ville nove et campi, et medietatem denariorum clavarum qui colliguntur in festo Sancti Antonini, et medietatem calendarii quod colligitur in Natali Domini, in Pascha et festo Sancti Johannis Baptiste, preter decimam kalendarii; item medietatem pedagiorum omnium portarum predicte ville. — Ballivus autem seu claviger, quem in predictis rebus quas ei concessimus proficiet, presentabitur abbati nostro et nobis, qui fidelitatem nobis sub juramento promittit, in quo continebitur quod defendet et manutenebit res et jura ecclesie nostre. Et, si querelam de illo habuerimus, fidantiam nobis donet et justiciam persolvat, et deinceps fidelis maneat et quod suscipere debet de manu ministralis ecclesie nostre semper suscipiat, excepta manulevatione in castello, sicut suprascriptum est, quam per se faciat. — Collectio tamen reddituum fiat communiter per utrumque. — Ministralis autem ecclesie nostre jurabit quod de collectis redditibus fideliter dabit ballivo domini regis partem suam. — Nos itaque omnia supradicta eidem regi concessimus tantummodo in vita sua. — Idem vero rex, pro domo sua in castello sita, donat [in] servicium Deo et Sancto Antonino et clericis ejus, tam presentibus quam futuris, dimidium modium purgati frumenti, et unum modium puri vini, et unam vaccam pinguem, et quatuor porcos aut quatuor solidos, in festo Sancti Antonini, per unumquemque annum. — Singulis quoque annis, in die sollempnitatis Sancti Antonini, vexillum ecclesie nostre in signum dominii super arce ipsius castri ponetur, sine redditione tamen ipsius castri. — Ballivus autem dicti regis, quandocunque fuerit institutus, et hii qui cum eo ad custodiam castri fuerint deputati, jurabunt quod, quandocunque ipsum regem contigerit debitum humanitatis exsolvere, castrum Appamiarum, cum omnibus fortericiis suis, et totam villam, tam veterem quam novam ipsi castro adjacentem, cum omnibus pertinentiis suis et omni integritate ac melioratione, si facta fuerit in predictis, abbati nostro et nobis restituent absolute, sine aliqua contradictione vel mora, et sine aliqua propter expensas aliquas retentione. — In cujus rei memoriam et testimonium, presentes litteras, exinde confectas et sigillo nostro munitas, supradicto domino regi duximus concedendas. — Actum Appamiis, anno Domini m° cc° vicesimo sexto, mense octobri.

Scellé, en cire verte, sur double queue, du sceau de l'abbaye de Saint-Antonin de Pamiers, décrit dans l'*Inventaire* sous le n° 8319.

1810   Rhodez. 1226. Octobre.

Gualhardus abbas Figiacensis sese obligat ad castrum de Petrucia domino regi tradendum.

(J. 309. — Promesses, n° 26. — Original scellé.)

G. (Gualhardus), Dei gratia Figiacensis abbas, universis presentes litteras inspecturis, salutem in Domino. — Noverit universitas vestra quod, si castrum de Petrucia in manu nostra devenerit quoquomodo, nos illud reddere tenemur karissimo domino nostro Ludovico regi Francie illustri et heredibus suis tanquam dominis principalibus, quociens ab ipso domino rege vel ipsius heredibus super hoc fuerimus requisiti. Et idem dominus rex nobis promisit quod in hoc jura nostra et Ecclesie bona fide conservabit ad aspectum curie sue. — Actum Ruthenis, anno Domini m° cc° vicesimo sexto, mense octobri.

Le sceau en cire blanche appendu à cette charte, sur double queue, est bien conservé, et on lit distinctement sur la légende : SIGILLUM GUALHARDI FIGIACENSIS ABBATIS. Gualhard est un abbé qu'il faut ajouter à la liste des abbés de Figeac donnée par le *Gallia christiana*, t. I, col. 174. Suivant toute probabilité, il succéda à Guillaume III, à qui cette charte est faussement attribuée, *loc. cit.* — Le sceau est décrit dans l'*Inventaire*, n° 8715, sous le nom de Garnier.

1811   Montpensier. 1226. 3 novembre.

Charta prælatorum et magnatum Franciæ qua sese obligant ad Ludovicum, Ludovici regis primogenitum, in regem coronandum.

(J. 363. — Couronnement de saint Louis, n° 1. — Original scellé.)

G. (Galterius) archiepiscopus Senonensis, Belvacensis, Noviomensis et Carnotensis episcopi; comes Bolonie, comes Blesensis, Ingerranus de Cociaco, Archembaldus de Borbonio, comes Montisfortis, Stephanus de Sacrocesare, Johannes de Nigella, Ursio cambellanus, Adam de Bellomonte, Johannes de Bellomonte, Guido de Merevilla, Guillelmus de Barris juvenis, Robertus de Cociaco marescallus Francie, Philippus de Nemosio, Galcherus de Remeilli, Simon de Pissiaco, Johannes de Valeri, Petrus de Barris, Guillelmus Prunelez et Adam Harens, universis presentes litteras inspecturis salutem in Domino. — Noverit universitas vestra quod nos, ad petitionem karissimi domini nostri Ludovici regis Francie illustris et in presentia ipsius, corporale prestitimus juramentum quod, si de ipso rege contingat humanitus, nos, quam cito poterimus, ad filium suum majorem natu, videlicet Ludovicum, personaliter accedemus, et ei hommagia et fidelitates debitas, tanquam domino nostro et regi Francie, faciemus, et laborabimus bona fide quod ipse, quamcito commode poterimus, coronetur in regem. — Quod si de predicto Ludovico regis filio humanitus contingeret hoc imperfecto, id, quod eidem Ludovico juravimus nos facturos, faceremus Roberto fratri suo qui ei est proximus in etate. — In cujus rei testimonium, presentes litteras fieri fecimus et eis sigilla nostra apposuimus. — Actum apud Montem Pancerii, die martis proxima post festum Omnium Sanctorum, anno Domini M° CC° vicesimo sexto, mense novembri.

<small>Cette charte était scellée, dans le principe, de vingt-cinq sceaux en cire blanche pendants sur double queue. Plusieurs sont brisés, et dix ont entièrement disparu. Ils étaient rangés dans l'ordre suivant :

1. Gautier III Cornut, archevêque de Sens. (*Inventaire*, n° 6390.)
2. Milon Ier de Châtillon-Nanteuil, évêque de Beauvais. (Second sceau. *Invent.*, n° 6513.)
3. Gérard de Bazoches, évêque de Noyon. (*Invent.*, n° 6746.)
4. Gautier, évêque de Chartres. (*Invent.*, n° 6568.)
5. Philippe Hurepel, comte de Boulogne. (*Invent.*, n° 1062.)
6. Gautier d'Avesnes, comte de Blois. (*Invent.*, n° 960.)
7. Enguerrand III, dit le Grand, sire de Coucy. (*Invent.*, n° 1904.)
8. Archambaud IX, sire de Bourbon. (*Invent.*, n° 445.)
9. Amauri VI, comte de Montfort. (Premier sceau. *Invent.*, n° 710.)
10. Étienne de Sancerre. (*Invent.*, n° 3572.)
11. Jean de Nesle. (*Invent.*, n° 3052.)
12. Ours, chambrier du Roi. (*Invent.*, n° 239.)
13. Adam de Beaumont. (*Invent.*, n°s 1354 et 1355.)
14. Jean de Beaumont. (*Invent.*, n° 1360.)
15. Gui de Mereville. — Sceau perdu.
16. Guillaume des Barres le jeune. (*Invent.*, n° 1296.)
17. Robert de Coucy, maréchal de France. — Sceau perdu.
18. Jean Clément, seigneur du Mez et d'Argentan, maréchal de France. — Le nom de Jean Clément n'est point exprimé dans l'acte, qui renferme vingt-quatre noms seulement, tandis qu'il est scellé de vingt-cinq sceaux. Celui de Jean Clément, qui n'est pas décrit dans l'*Inventaire*, est un sceau équestre de grande dimension. Sur la face, le cavalier courant de gauche à droite, l'épée nue de la main droite et couvert de son écu armorié de ses armes, qui sont une croix ancrée, brisée d'une barre, avec cette légende : [SIGI]LLUM JOUANNIS MARESCALLI FRANCIE. Les armoiries sont reproduites au contre-sceau, sans légende.
19. Philippe de Nemours. (*Invent.*, n° 282.)
20. Gaucher de Remilly. — Sceau perdu.
21. Simon de Poissy. (*Invent.*, n° 3258.)
22. Jean de Valery. (*Invent.*, n° 3813.)
23. Pierre des Barres. (*Invent.*, n° 1312.)
24. Guillaume Prunelez. — Sceau perdu.
25. Adam Harens. — Voyez dans l'*Inventaire*, n° 2371, la description du sceau d'Adam Hareng d'après un type appendu à un acte daté de 1242.</small>

1812 Montpensier. 1226. Novembre. (Avant le 8.)

Promissum Simonis Bituricensis archiepiscopi de filio primogenito Ludovici regis, statim post mortem dicti Ludovici, apud Remos coronando.

(J. 363. — Couronnement de saint Louis, n° 4. — Original scellé.)

Simon, Dei gratia Bituricensis archiepiscopus, Aquitanie primas, universis ad quos presentes littere pervenerint, salutem in Domino. — Noverit universitas vestra quod nos, ad petitionem karissimi domini nostri Ludovici regis Francie illustris, juramentum prestitimus corporale quod, si de ipso rege contingat humanitus, nos, quam cito poterimus, ad filium suum majorem natu, videlicet Ludovicum, personaliter accedemus et ei fidelitatem debitam tanquam domino nostro et regi Francie faciemus, et laborabimus bona fide quod ipse, quam cito commode poterimus, coronetur in regem. — Quod si de predicto Ludovici regis filio humanitus contingeret hoc imperfecto, id quod eidem Ludovico juravimus nos facturos, faceremus Roberto fratri suo qui ei est proximus in etate. — In cujus rei memoriam, presentibus litteris sigillum nostrum duximus apponendum. — Actum apud Montem Pancerii, anno Domini M° CC° XXVI°, mense novembri.

<small>Scellé en cire blanche, sur double queue, du second sceau de Simon Ier de Sully, archevêque de Bourges et primat d'Aquitaine. (*Inventaire*, n° 6304.)</small>

1813 (1226. Avant le 8 novembre.)

Litteræ R. Didaci de Camberis quibus testificatur Alphonsum IX, Castellæ et Toleti regem, in articulo mortis, regna sua uni ex filiis Ludovici regis et Blanchæ reginæ, casu quo Enrichus filius ipsius absque liberis decederet, transtulisse.

(J. 599. — Castille, n° 1. — Original scellé.)

Excellentissimis dominis suis L. (Ludovico), Dei gratia Francorum regi, et B. (Blanche) illustri regine, et eorum filiis, R. Didaci de Camberis, fidelis eorum vaxallus, manuum osculum cum salute et a subjectione sua minime resilire. — Celsitudinem vestram volumus non latere quicquid nobis per latorem presencium, dilectum nostrum, nuper dixistis parentibus nostris et amicis benigniter explicisse (*sic*). Ipsi vero verba vestra et dicta honorifice suscipientes, omnes unanimiter responderunt quod non solum vobis litteras mitterent, verum etiam se mortis nexibus dare nullatenus dubitarent. — Nos autem illico ab ipsorum manibus litteras accipientes, sigillorum suorum, prout petistis, eas fecimus munimine roborare. — Illud siquidem vos non lateat cum Aldefonsus, illustrissimus rex Castelle et Toleti, vir probus et strenuissimus (*corr.* cum

Aldefonsum, illustrissimum regem Castelle et Toleti virum, etc.) de vite medio dies novissimus evocasset, nobis videntibus et audientibus, in mandatis dedit quod, si filius ejus Enrichus absque liberis discessisset, regnum tocius Castelle et Toleti ad vestrum filium, si quis superesset, jure hereditario deveniret. — Hoc scientes dicimus et affirmamus et multi alii qui, si necesse fuerit, armis bellicis comprobabunt. — Cum igitur ad vestrum dedecus et nostrum oprobrium ascribatur quod alienus regnet et heres expellatur, celsitudinem vestram, de qua plene confidimus, flexis genibus exoramus quatinus filium vestrum et dominum nostrum, quam cicius poteritis, ad naturam et jura propria adducatis, scituri pro certo quia nos ipsum et vos, quod utinam jam adveniret, fideliter et benigne recipiemus, et eum, aliis nolentibus, regnare in Castella et in Toleto faciemus.

Ces lettres de Rodrigo Diaz de los Canberos, et les huit lettres suivantes, toutes adressées à un roi nommé Louis et dont la femme se nommait Blanche, appartiennent évidemment au règne de Louis VIII, et elles sont indiquées comme telles dans l'Inventaire de Dupuy. On a donc quelque peine à s'expliquer comment un savant aussi exact que l'était Bréquigny, qui cite d'une manière précise ces pièces importantes, et qui même en forme la base du Mémoire publié par lui dans le tome XLI des *Mémoires de l'Académie des belles-lettres*, p. 693, sur les différends survenus au dix-septième siècle entre la France et l'Espagne, sous les règnes de Philippe III et de Philippe IV, a pu les indiquer comme étant antérieures à l'avènement de Louis VIII, et leur assigner la date de 1217. Cette opinion a été adoptée par les auteurs de l'*Art de vérifier les dates*, qui s'expriment en ces termes, t. I, p. 748 : « On conserve au Trésor des Chartes les lettres de neuf seigneurs castillans qui demandent au roi Philippe Auguste le jeune prince son petit-fils, s'engageant à le faire reconnaître pour roi de Castille. Ce sont ces lettres qui attestent qu'Alphonse IX, roi de Castille, peu de temps avant de mourir, avait ordonné que, si son fils Henri venait à décéder sans enfants, le fils aîné de Louis et de Blanche lui succéderait à droit héréditaire, etc. » Pour reconnaître l'erreur de Bréquigny et des auteurs de l'*Art de vérifier les dates*, il suffit de jeter les yeux sur le texte des lettres dont il s'agit; nous croyons donc inutile d'insister davantage pour établir que ces lettres sont adressées à Louis VIII et à la reine Blanche, sa femme. Mais on manque d'éléments pour leur assigner une date certaine, et, sous ce rapport, il faut s'en tenir à des conjectures. Cependant, tout nous porte à croire qu'elles ont été écrites pendant la dernière année du règne de Louis VIII. Nous savons qu'après s'être déterminé à entreprendre la guerre contre le comte de Toulouse et les Albigeois, ce prince, qui, ainsi que le dit Tillemont, *Préliminaires de la Vie de saint Louis*, t. I, p. 389, avait beaucoup à craindre de Jacques, roi d'Aragon, lui écrivit en avril 1226, pour s'assurer de sa neutralité. Il est tout naturel de penser qu'il écrivit en même temps aux seigneurs de Castille, pour se ménager un puissant appui de ce côté, et s'enquérir de leurs intentions au sujet des dispositions verbales faites à son lit de mort par le roi Alphonse IX au profit de l'un des princes français, ses petits-fils. Il est probable que la réponse des seigneurs castillans ne se

fit pas attendre, et par conséquent ces neuf lettres, que nous plaçons à la fin du règne de Louis VIII faute de pouvoir en déterminer la date avec plus de précision, auraient été écrites dans le courant du mois de mai. — La plus importante de ces neuf pièces, la lettre de Rodrigo Dias de los Canberos, que les autres lettres ne font que confirmer, est scellée, sur lacs de soie rouge et bleue, d'un sceau métallique formé de deux lames d'argent fort minces, réunies par une soudure. Les sceaux d'argent sont tellement rares que les Archives n'en possèdent pas d'autre que celui-ci, et que même on ne connaît guère que ce seul type qui soit bien authentique. M. Douët d'Arcq, dans les *Éléments de sigillographie* placés en tête de l'*Inventaire des sceaux*, p. xx, le décrit de la manière suivante : « Un sceau rond en argent de 60 millimètres de diamètre. On y voit, à la face, un cavalier armé d'un casque à nasal et d'une cotte de mailles, qui se tient comme debout sur ses étriers, l'épée haute [de la main droite] et la bride de son cheval de la main gauche. L'homme et le cheval sont du dessin le plus barbare..... Au revers, un écu arrondi chargé d'une croix assez semblable à celle de Toulouse. » — Quant à la légende, qui commence sur la face et qui se complète sur le revers, notre lecture diffère quelque peu des deux leçons adoptées par MM. de Wailly et Douët d'Arcq. M. de Wailly, qui mentionne ce sceau dans son *Traité élémentaire de paléographie*, t. II, p. 46, a lu SIGILL. BODDICODIA DE LOS CONBEROS; M. d'Arcq, *Éléments de sigillographie*, p. 20, SIGILLUM BODDICO DIAZ DE LOS CANBEROS. Comme dans le texte du document on ne peut lire autre chose que *R. Didaci de Camberis*, et comme le nom de *R. Didaci* se trouve répété de la manière la plus évidente dans les huit lettres qui suivent, nous pensons que le graveur du sceau s'est trompé de caractère, ou plutôt qu'il a trop arrondi et fermé mal à propos la panse inférieure des deux R du mot *Rodrigo*, de manière à leur donner beaucoup de ressemblance avec deux B, mais que néanmoins son intention a été de retracer le mot *Rodrigo*, et que par conséquent il faut lire sur la face : † SIGILLUM RODRIGO DIAZ; et au revers, † DE LOS CANBEROS.

1814 (1226. Avant le 8 novembre.)

Litteræ Gondissalvi Petri de Molina quibus præcedens testimonium a se confirmatum declarat.

(J. 599. — Castille, n° 1. 2. — Original scellé.)

Excellentissimis dominis suis L. (Ludovico), Dei gratia Franchorum regi, et B. (Blanche) illustri regine, et eorum filiis, G. (Gondissalvus) Petri de Molina, fidelis eorum vaxallus, manuum osculum cum salute et debitam in omnibus subjectionem. — Vestre celsitudini et dominio volumus fieri manifestum R. Didaci de Camberis responsionem vestram et peticionem super his que vobis olim per latorem presencium dixit, nobis suis litteris declarasse. — Nos autem peticionem vestram providam et discretam in omnibus atendentes, litteras nostras, ut petistis, sigillis pendentibus vobis curavimus destinare, continentes, nec non et asserentes, fidem corporis adhibendo, nos et quicquid habemus et habere poterimus filio vestro, vobis et domine B. regine, si jam dictum filium aduxeritis, jure regio servituros; sane cum Alfonsus illustrissimus rex Castelle et Toleti, vir nobilis memorie, fuisset positus in ultima voluntate, precepit quod, si filius ejus Enrichus (*corr.* filium ejus Enrichum) absque liberis dies novissimus evocasset, filius vester ei succederet jure hereditario in regno. — Hoc dicimus et confirmamus et multi alii qui quod dicimus viderunt et audierunt, et audita, donec tempus se oportunum exhibeat, sub silentio dimiserunt. Cum igitur ad vestrum dedecus et nostrum oprobrium ascribatur quod alienus regnet et heres expellatur, celsitudinem vestram, de qua plene confidimus, flexis genibus exoramus quatinus filium vestrum et dominum nostrum, quam cicius poteritis, ad naturam et jura propria adducatis, scituri pro certo quia nos ipsum et vos recipiemus, et cum, aliis nolentibus, regnare penitus faciemus.

Scellé, en cire blanche, sur lacs de soie rouge et jaune, du sceau de Gonsalve Pierre de Molina (*Sigillum Gondisalvi Petri*), décrit dans l'*Inventaire* sous le n° 11313.

1815   (1226. Avant le 8 novembre.)

(J. 599. — Castille, n° 1. 3. — Original scellé.)

Litteræ R. Gondisalvi de Orvaneza, ejusdem argumenti et, quæ, sicut et sex sequentes litteræ, ipsissimis verbis ac præcedentes litteræ Gondisalvi Petri de Molina constant.

Débris de sceau en cire blanche, pendant sur lacs de soie rouge et jaune. — Ces fragments n'ont pas été décrits; cependant on distingue encore sur la face du sceau un cavalier couvert de son écu, avec les armes de Castille (un château donjonné de trois tours) au contre-sceau. Il est probable que ce sceau ne différait du précédent que par la légende.

1816   (1226. Avant le 8 novembre.)

(J. 599. — Castille, n° 1. 4. — Original.)

Litteræ S. Petri de Gavara, ejusdem argumenti et formæ.

Traces de sceau pendant sur lacs de soie bleue et jaune. — Le sceau de S. Pierre de Gavara n'a pas été retrouvé.

1817   (1226. Avant le 8 novembre.)

(J. 599. — Castille, n° 1. 5. — Original.)

Litteræ A. Gondissalvi de Orvaneza, ejusdem argumenti et formæ.

Traces de sceau pendant sur lacs de soie rouge. — Sceau perdu.

1818   (1226. Avant le 8 novembre.)

(J. 599. — Castille, n° 1. 6. — Original.)

Litteræ P. Gondissalvi de Maranon, ejusdem argumenti et formæ.

Traces de sceau pendant sur lacs de soie bleue. — Sceau perdu.

1819   (1226. Avant le 8 novembre.)

(J. 599. — Castille, n° 1. 7. — Original scellé.)

Litteræ P. Didaci, ejusdem argumenti et formæ.

Fragment de sceau en cire blanche, sur lacs de soie rouge et jaune. — On peut encore distinguer sur la face la forme d'un cavalier, mais le contre-sceau est complétement effacé.

1820   (1226. Avant le 8 novembre.)

(J. 599. — Castille, n° 1. 8. — Original.)

Litteræ Garciæ Ordonex de Roda, ejusdem argumenti et formæ.

Traces de sceau sur lacs de soie bleue. — Le sceau de Garcias Ordonex n'a pas été retrouvé.

1821   (1226. Avant le 8 novembre.)

(J. 599. — Castille, n° 1. 9. — Original.)

Litteræ G. comitis Ferrariæ, ejusdem argumenti et formæ.

Traces de sceau pendant sur cordelettes. — Le sceau de G., comte de Ferrera, n'a pas été retrouvé.

1822   Sans date.

Declaratio consuetudinum in comitatu Laudunensi domino comiti pertinentium.

(J. 233. — Laon, n° 39. — Copie ancienne.)

He sunt consuetudines de Laduno quas juraverunt Petrus Letardi, Joslenus Imberti, Drogo de Nuziliaco, Robertus de Guirchia, Willelmus Goriarz, Rainaldus Remundi, *et decem octo alii*, quod de jure comitis nil scienter dimitterent.

In balliata de Derce, in terra Sancte Radegundis, in burgo habet comes exercitum tantum. Ceteras cosdumas habent canonici de comite. In mansionibus foris, habet comes ferragium, munitum et biennium frecingam.

In terra Sancti Georgii de Nuellio similiter.

In casimento Bartholomei de Monte Agreiz, de Nuellio et de Novavilla, de Canpellis, de Goelis similiter.

In terra Gauterii de Maxune, in casimento de Campellis, in Germaniaco, excepto casimento Potini quod quietum est, et in casimento de Monte Agreiz similiter.

. . . .

In balliata de Rocha Rasbasteii, in terra Sancte Marie Losduni, excepto feodo Joscerandi, habet comes farragium, bianium, frecingam; sed dedit farragium.

In terra Arfredi Rabasteii habet comes integram cosdumam.

In terra Willelmi Archengeri, in Rocha, per omnes hereditates similiter.

. . . .

In balliata de Chavenis, in curte ejusdem ville, in terra Alonis habet comes integram cosdumam.

In terra S. Hilarii [de] Luciaco, frecingam et xv. dies in biano habet comes.

In terra de Vermeliaco, habet comes frecingam, vinagium et xv. dies de biano. Ad Clooniacum habet comes totam cosdumam.

In curte de Poent habet comes in hereditatibus frecingam et bianum.

. . . .

In balliata ultra Briandiam, in terra Maure juxta Montem consularem, habet comes farragium, munitum et frecingam.

In terra Morini Garini, ad Ulmum forrarium, similiter.

In terra Pagani Buderrici de Vallibus, similiter.

. . . .

De balliata de Chalesiq : Fulco de Pruvinio [debet] xii. denarios et vi. sestarios frumenti.

Garinus Pineaus, de terra Gaufridi Girbaut, iii. modios avene, ix. denarios, quia terram emit.

Terra Goffredi Virbaudi, totam cosdumam.

Terra Willelmi de Sancto Jovino, similiter, etc.

. . . .

Nous pensons que ce document, dont nous donnons des extraits, se rattachait à une enquête faite pour constater les droits féodaux appartenant à l'évêque de Laon en sa qualité de comte de Laon. C'est un fragment de registre, de format in-octavo, composé de huit feuillets, qui nous paraît, d'après l'écriture, appartenir au commencement du treizième siècle; mais il ne renferme aucun élément dont on puisse se servir pour en fixer la date d'une manière plus précise, et nous le plaçons à la fin du règne de Louis VIII comme date extrême.

LUDOVICUS IX SANCTUS.

(*Regnare incipit die* 8 *novembris* 1226; — *moritur die* 25 *augusti* 1270.)

1823   (1226. Novembre.)

Litteræ duodecim prælatorum et baronum Franciæ archiepiscopo Rothomagensi et ejus suffraganeis, quos rogant ut coronationi Ludovici IX, apud Remos celebrandæ, interesse velint.

(J. 363.—Couronnement de S. Louis, n°s 5 et 6.—Originaux scellés.)

Reverendo in Xpisto patri et amico karissimo Th. (Theobaldo) Dei gratia Rothomagensi archiepiscopo et universis ipsius suffraganeis, S. (Simon) Bituricensis, G. (Galterius) Senonensis eadem gratia archiepiscopi; M. (Milo) Belvacensis, G. (Gerardus) Noviomensis, G. (Galterius) Carnotensis episcopi; Ph. (Philippus) comes Bolonie, G. (Galterius de Avesnis) comes Blesensis, Ingerannus dominus Couciaci, A. (Amalricus) comes Montisfortis, Archenbaldus de Borbonio, Johannes de Nigella et St. (Stephanus) de Sacrocesare, salutem cum dilectione sincera. — Significamus vobis quod, die martis proxima post preteritum festum Omnium Sanctorum (*i. e. die* 3 *nov.*), dum pie recordacionis Francie rex Ludovicus apud Montem Pancerii gravi valitudine corporis laboraret, timens de regni Francie periculo post decessum ipsius, provida deliberacione et prehabito salubri consilio, nos coram se convocatos et plures alios fideles suos attente rogavit, et sub fidelitate qua ei tenebamur nichilominus adjuravit, ut, tactis sacrosanctis, juraremus ibidem quod, si de ipso humanitus contingeret, quam cicius possemus, bona fide fidelitates et hominagia faceremus Ludovico filio ejus majori tanquam domino et regi, et procuraremus bona fide quod ipse, quam cito commode fieri posset, coronaretur in regem. Quod juramentum unanimi voluntate fecimus coram ipso. — Nobis igitur bonum videtur quod idem Ludovicus coronetur apud Remos die dominica proxima ante instans festum Sancti Andree (*i. e. die* 29 *novembris*). — Inde est quod vos affectuose rogamus et requirimus, sub fidelitate qua regno tenemini, quatinus prefata die eidem coronacioni velitis personaliter interesse.

La pièce cotée n° 5, d'après laquelle nous publions ce document important, est conçue dans les mêmes termes que le n° 6, sauf le nom de G. *Blesensis comes*, Gautier d'Avesnes, comte de Blois, évidemment oublié dans le duplicata, puisqu'on le retrouve dans les quatre pièces suivantes relatives au même objet. Toutes ces pièces étaient scellées des mêmes sceaux, au nombre de douze, tous en cire blanche et appendus aux actes sur double queue; mais la plupart se sont détachés, et ceux qui subsistent encore sont en fort mauvais état; cependant, en combinant les six pièces entre elles, on arrive à retrouver les types des douze sceaux, qui, du reste, sont tous décrits dans l'*Inventaire*, et dont voici la liste :

1. Simon Ier de Sully, archevêque de Bourges. (*Invent.*, n° 6304.)
2. Gautier III Cornut, archevêque de Sens. (N° 6390.)
3. Milon Ier de Châtillon, évêque de Beauvais. (N° 6513.)
4. Gérard de Bazoches, évêque de Noyon. (N° 6746.)
5. Gautier, évêque de Chartres. (N° 6568.)
6. Philippe de France, comte de Boulogne. (N° 1062.)
7. Gautier d'Avesnes, comte de Blois. (N° 960.)
8. Enguerrand III, sire de Coucy. (N° 1904.)
9. Amauri VI, comte de Montfort. (N° 710.)
10. Archambaud IX, sire de Bourbon. (N° 445.)
11. Jean de Nesle, fils de Raoul de Nesle, comte de Soissons. (N° 1012.)
12. Étienne de Sancerre. (N° 3572.)

1824   (1226. Novembre.)

(J. 363. — Couronnement de saint Louis, n° 7. — Original scellé.)

Litteræ ejusdem argumenti et formæ, Nivernensi, Autisiodorensi et Trecensi episcopis, ab eisdem directæ.

Scellé des mêmes sceaux que la pièce précédente.

1825   (1226. Novembre.)

(J. 363. — Couronnement de saint Louis, n° 8. — Original scellé.)

Litteræ ejusdem argumenti et formæ, Eduensi, Matisconensi et Cabilonensi episcopis, ab eisdem directæ.

Scellé de douze sceaux, comme la pièce n° 1821.

1826 (1226. Novembre).

(J. 363. — Couronnement de saint Louis, n° 2. — Original scellé.)

Litteræ ejusdem argumenti et formæ, nobilibus viris constabulario Normannie, Ricardo de Vernone, Ricardo de Harecuria, Fulconi Paganelli, Roberto Bertranni, Roberto Malet, Cambellano de Tanquarvilla, W. de Mortuomari, W. de Siliaco, Ricardo Marescallo et Roberto de Cortiate (sic), ab eisdem directæ.

Douze sceaux, pendants sur double queue. — Voy. l'observation à la suite du n° 1821.

1827 (1226. Novembre.)

(J. 363. — Couronnement de saint Louis, n° 3. — Original scellé.)

Litteræ ejusdem argumenti et formæ vicecomiti Toarcensi, vicecomiti Bellimontis, vicecomiti Castriduni, comiti Vindocinensi, Hugoni de Feritate, Gaufrido de Ponte, Gaufrido de Lesiniaco, M. (Margaretæ) dominæ Sablolii et senescallæ Andegaviæ, Theobaldo de Blazonio, Droconi de Merloto et W. de Calviniaco, ab eisdem directæ.

Douze sceaux, pendants sur double queue. — Voyez l'observation à la suite du n° 1821.

1828 1226. (Novembre.)

Litteræ testimoniales de ballio et custodia regni et liberorum suorum, a Ludovico VIII, in extremis laborante, Blanchæ reginæ attributis.

(J. 401. — Régences, n° 1. — Original scellé.)

Omnibus ad quos presentes littere pervenerint G. (Galterius), Dei miseratione Senonensis archiepiscopus, et G. (Galterius) Carnotensis, et M. (Milo) Belvacensis episcopi, salutem in Domino. — Noverit universitas vestra quod nos fuimus apud Montem Pancerii quando illustris et karissimus dominus noster rex Francie Ludovicus, felicis recordationis, in lecto sue egritudinis, presentibus nobis et audientibus, in bona deliberatione et sana mente voluit et disposuit quod filius ejus, qui ei in regno succederet, cum ipso regno et pueris ipsius aliis, essent sub ballo sive tutela karissime domine nostre B. (Blanche) regine, genetricis eorum, donec ad etatem legitimam pervenirent, si, disponente Domino, in illa egritudine contingeret humanitus de ipso domino nostro rege. — Quod nos presentibus testificamur litteris, sigillorum nostrorum appensione munitis. — Actum anno gratie M° CC° vicesimo sexto.

Sceaux de Gautier, archevêque de Sens; de Gautier, évêque de Chartres, et de Milon, évêque de Beauvais; cire blanche, double queue; décrits dans l'*Inventaire* sous les n°⁸ 6390, 6568 et 6513.

1829 Paris. 1226. Novembre.

(J. 392. — Dettes dues au Roi, n° 2. — Original scellé.)

Simon de Bellosaltu, Clementia uxor ejus, et Johenna de Argies, notum faciunt se cum domino rege super rachato terræ Britholii, de dicto rege moventis, per tria millia librarum Parisiensium, tribus terminis solvendarum finavisse, salvis pactionibus quas Aunicia domina Britholii cum domino rege inde fecerat. — « Actum Parisius, anno Domini M° CC° vicesimo sexto, mense novembri. »

Traces de trois sceaux pendants sur double queue. — Aucun de ces trois sceaux n'a été retrouvé. — Cet accord pourrait être antérieur au 8 novembre, et par conséquent appartenir au règne de Louis VIII.

1830 Paris. 1226. Décembre (avant le 6).

Commissio data a Ludovico rege Alberico Cornuto et Hugoni de Atheiis pro securitatibus militum et villarum Flandriæ recipiendis.

(J. 534. — Flandre; I, sac 3, n° 16. — Original scellé.)

Ludovicus, Dei gracia Francie rex, universis presentes litteras inspecturis, salutem. — Noveritis quod nos dilectos et fideles nostros magistrum Albericum Cornutum et Hugonem de Atheiis, Francie panetarium, destinandos duximus pro fidelitatibus et securitatibus capiendis et recipiendis a militibus et villis Flandrie, secundum quod inter nos et karissimam consanguineam et fidelem nostram J. (Johannam) comitissam Flandrie est ordinatum. — Actum Parisius, anno Domini M° CC° XXVI°, mense decembri.

Fragment de sceau en cire blanche pendant sur double queue. — Voyez dans l'*Inventaire*, n° 41, la description du premier sceau de Louis IX.

1831 Lille. 1226. 6 décembre.

Litteræ securitatis factæ Ludovico regi et Blanchæ reginæ a scabinis et tota universitate villæ Insulensis pro Ferrando comite et Johanna comitissa.

(J. 534. — Flandre, I, sac 3, n° 14. 16. — Original scellé.)

Nos scabini et tota communitas ville Insulensis omnibus notum facimus presentes litteras inspecturis quod nos, tactis sacrosanctis, juravimus coram nuntiis illustris regis Francorum Ludovici et domine regine Blanche matris ejus ad hoc missis, videlicet magistro Albrico Cornuto et domino Hugone de Athies, magistro panetarie domini regis, quod, si karissimum dominum nostrum Fernandum comitem Flandrie, vel ejus uxorem Johannam Flandrie et Hainonie comitissam, quod Deus avertat, contingeret resilire a conventionibus initis inter ipsos, ex una parte, et dominum regem Francie et matrem ejus, Dei gracia Francie reginam, ac liberos ejus, ex altera, quas convenciones audivimus fideliter recitari et plene intelleximus, predictis comiti et comitisse non adhereremus, nec auxilium vel consilium eisdem vel alteri ipsorum prestaremus; immo [contra predictos comitem et comitissam] dictis domino regi et domine regine [matri ejus] ac liberis ipsius, pro posse nostro, adhereremus et fideliter faveremus donec illud emendatum esset in curia domini regis, ad judicium parium Francie. — Actum Insulis, anno Domini M° CC° XX° sexto, die Beati Nicholai.

Fragment de sceau en cire blanche pendant sur double queue. — Voyez dans l'*Inventaire*, sous le n° 5533, la description du sceau de la ville de Lille, d'après un type appendu à un acte daté de 1199.

1852 Lille. 1226. 14 décembre.

(J. 534. — Flandre, I, sac 3, n° 15. 26. — Original scellé.)

Litteræ Johannis de Machalinis, ejusdem argumenti et formæ. — « Actum Insulis, anno Domini M° CC° XX° sexto, in crastino Beate Lucie. »

Sceau de Jean de Malines; cire blanche, double queue; décrit dans l'*Inventaire* sous le n° 10433.

1853 Lille. 1226. 14 décembre.

(J. 534. — Flandre, I, sac 3, n° 15. 35. — Original scellé.)

Litteræ communes R. (Rogerii) castellani Insulensis, Petri de Brocho, E. de Acrimonte, Dierckini de Mandenghem, Egidii de Hallud, Henrici de Borgella, et Bernardi de Robais, ejusdem argumenti et formæ. — « In cujus rei testimonium, presentes litteras scribi fecimus et sigillis nostris roborari. Actum Insulis, anno Domini M° CC° vicesimo sexto, die festo beati Nichasii. »

Cette charte était scellée, dans le principe, de sept sceaux en cire blanche pendants sur double queue; il n'en reste plus que cinq, qui sont loin d'être intacts, mais qui se trouvent décrits dans l'*Inventaire* sous les numéros suivants :

Roger, châtelain de Lille, n° 5305.
Pierre de Brock, n° 10359.
E. d'Aigremont, n° 10328.
Dierckin de Maldeghem, n° 2673.
Gilles de Halluin, n° 2350 (sous le nom de Gilles de Hallu).

Les sceaux d'Henri de Borgelle et de Bernard de Robais, qui se sont détachés, n'ont pas été retrouvés ailleurs.

1854 Lille. 1226. 14 décembre.

(J. 534. — Flandre, I, sac 3, n° 15. 37. — Original scellé.)

Litteræ communes Rasonis de Gavera, Hellini de Mauritania, Michaelis constabularii Flandriæ, Walteri de Formesellis, Malini de Meterne, Philippi de Darn. et Thomæ de Lampernesse, ejusdem argumenti et formæ. — « In cujus rei testimonium, presentem chartam scribi fecimus et sigillis nostris roborari. Actum Insulis, anno gratie M° CC° XX° sexto, in festo beati Nicasii. »

Sept sceaux en cire blanche, pendants sur double queue, et rangés dans l'ordre suivant :

1. Rasson de Gavre; sceau décrit dans l'*Inventaire* sous le n° 10395, d'après un type appendu à un acte de 1237.
2. Hellin de Mortagne (Nord, arr. de Valenciennes); sceau décrit dans l'*Inventaire* sous le n° 2980.
3. Michel de Boulare, connétable de Flandre. (*Inventaire*, n° 311.)
4. Gautier de Voormezeele. — Sceau équestre non décrit : le cavalier courant de gauche à droite, l'épée haute, et couvert de son écu armorié d'un échiqueté qui est reproduit au contre-sceau. — Comparez le sceau de Jean de Formenselle, décrit dans l'*Inventaire* sous le n° 2223.
5. Malin de Meteren. — Sceau armorial non décrit : écu chargé en cœur d'un écusson, brisé d'un franc canton et d'un lambel de six pendants. — Comparez le sceau de Mathieu de Methenes, décrit dans l'*Inventaire* sous le n° 2821.
6. Philippe de Darn. — Sceau perdu.
7. Thomas de Lampernisse. (*Inventaire*, n° 2525.)

1855 Lille. 1226. 14 décembre.

(J. 534. — Flandre, I, sac 3, n° 15. 39. — Original scellé.)

Litteræ Arnulfi domini de Audenarda, ejusdem argumenti et formæ. — « In cujus rei testimonium, presentes litteras scribi fecimus et sigillo meo sigillari. Actum Insulis, anno Domini M° CC° vicesimo sexto, die beati Nichasii. »

Sceau d'Arnoul d'Audenarde; cire blanche, double queue, décrit dans l'*Inventaire* sous le n° 10337.

1856 Ypres. 1226. Mardi 15 décembre.

(J. 534. — Flandre, I, sac 3, n° 15. 6. — Original scellé.)

Litteræ Hugonis de Lotharingia, ejusdem argumenti et formæ. — « Actum Ypris, anno Domini M° CC° XX° sexto, feria tercia post festum beate Lucie. »

Sceau de Hugues de Lorraine; cire blanche, double queue; décrit dans l'*Inventaire* sous le n° 2618.

1837   Ypres. 1226. Mardi 15 décembre.

(J. 534. — Flandre, I, sac 3, n° 15. 13. — Original scellé.)

Litteræ Walteri de Drincherem, ejusdem argumenti et formæ. — « Actum Ipris, anno Domini m° cc° xx° sexto, feria tercia post beate Lucie. »

Sceau de Gautier de Drincham ou Dringham (dans la Flandre française, départ. du Nord, arr. de Dunkerque); cire blanche, double queue; décrit dans l'*Inventaire* sous le n° 2049.

1838   Ypres. 1226. Mardi 15 décembre.

(J. 534. — Flandre, I, sac 3, n° 15. 19. — Original scellé.)

Litteræ Walteri de Hondescotes, ejusdem argumenti et formæ. — « Actum Ipris, feria tercia post beate Lucie, anno Domini m° cc° xx° sexto. »

Sceau de Gautier de Houdschoette (dans la Flandre française, départ. du Nord, arr. de Dunkerque); cire blanche, double queue; décrit dans l'*Inventaire* sous le n° 2419.

1839   Ypres. 1226. Mardi 15 décembre.

(J. 534. — Flandre, I, sac 3, n° 15. 27. — Original scellé.)

Litteræ Willelmi de Hondescote, militis, ejusdem argumenti et formæ. — « Actum anno Domini m° cc° xx° sexto, feria tertia post festum beate Lucie. Ypris. »

Fragment de sceau en cire blanche pendant sur double queue. — Le sceau de Guillaume de Hondschoette est décrit dans l'*Inventaire* sous le n° 2423, d'après un type apposé à un acte daté de 1237.

1840   Ypres. 1226. Mardi 15 décembre.

(J. 534. — Flandre, I, sac 3, n° 15. 30. — Original scellé.)

Litteræ Balduini de Comines, ejusdem argumenti et formæ. — « Actum anno Domini m° cc° xx° sexto, feria tercia post festum beate Lucie. Ypris. »

Sceau de Baudouin de Comines, châtelain d'Aire (légende : sigillum balduini de cominis, castellani de aria); cire blanche, double queue; décrit dans l'*Inventaire* sous le n° 5274.

1841   Ypres. 1226. Mardi 15 décembre.

(J. 534. — Flandre, I, sac 3, n° 15. 31. — Original scellé.)

Litteræ Radulfi de Hasebroc, ejusdem argumenti et formæ. — « Actum anno Domini m° cc° xx° sexto, feria tertia post festum beate Lucie. Ypris. »

Sceau de Raoul de Hazebrouck (dans la Flandre française, Nord, chef-lieu d'arrondissement); cire blanche, simple queue; décrit dans l'*Inventaire* sous le n° 2394.

1842   Lille. 1226. Mardi 15 décembre.

(J. 534. — Flandre, I, sac 3, n° 15. 33. — Original scellé.)

Litteræ Petri de Mansnilio, ejusdem argumenti et formæ. — « Actum Insulis, anno Domini m° cc° xx° sexto, feria tercia post sancte Lucie. »

Sceau de Pierre du Mesnil; cire blanche, double queue; décrit dans l'*Inventaire* sous le n° 2809.

1843   Ypres. 1226. Mardi 15 décembre.

(J. 534. — Flandre, I, sac 3, n° 15. 38. — Original scellé.)

Litteræ Riquardi Blavoet, ejusdem argumenti et formæ. — « Actum Ypris, anno Domini m° cc° xx° sexto, feria tercia post festum beate Lucie. »

Sceau de Richard Blavoet; cire blanche, double queue; décrit dans l'*Inventaire* sous le n° 1439.

1844   Lille. 1226. Mardi 15 décembre.

(J. 534. — Flandre, I, sac 3, n° 15. 36. — Original scellé.)

Litteræ communes Willelmi præpositi Insulensis, Rabodi de Rume et Karoni ejus filii, ejusdem argumenti et formæ. — « Actum Insulis, anno Domini m° cc° vicesimo sexto, feria tertia post sancte Lucie. »

Trois sceaux en cire blanche pendants sur double queue, et qui sont tous trois décrits dans l'*Inventaire*: celui de Guillaume, prévôt de l'église de Lille, sous le n° 7684; celui de Rabaut de Rume, sous le n° 3483; et celui de Caron son fils, sous le n° 3484.

1845   Bruges. 1226. Mercredi 16 décembre.

(J. 534. — Flandre, I, sac 3, n° 14. 3. — Original scellé.)

Litteræ villæ et totius communitatis de Mardic, ejusdem argumenti et formæ. — « Actum Brugis, feria quarta post sancte Lucie, anno Domini m° cc° xx° sexto. »

Sceau de la ville de Mardick (Flandre française, dép. du Nord, arr. de Dunkerque); cire blanche, double queue; décrit dans l'*Inventaire* sous le n° 5539.

1846   Bruges. 1226. Mercredi 16 décembre.

(J. 534. — Flandre, I, sac 3, n° 14. 13. — Original scellé.)

Litteræ villæ et totius communitatis Bergensis, ejusdem argumenti et formæ. — « Actum Brugis, feria quarta post sancte Lucie, anno Domini m° cc° vicesimo sexto. »

Sceau de la ville de Bergues (Flandre française, Nord, arr. de Dunkerque); cire blanche, double queue; décrit dans l'*Inventaire* sous le n° 5511, d'après un type apposé à un acte daté de 1199 (premier sceau).

1847 Ypres. 1226. Mercredi 16 décembre.

(J. 534. — Flandre, I, sac 3, n° 14. 18. — Original scellé.)

Litteræ scabinorum, burgensium et totius communitatis villæ de Ipra, ejusdem argumenti et formæ. — « Actum apud Ipram, anno Domini m° cc° xx° sexto, feria quarta post festum sancte Lucie, mense decembri. »

Sceau de la ville d'Ypres; cire blanche, double queue; décrit dans l'*Inventaire* sous le n° 10752.

1848 Winendal? 1226. Mercredi 16 décembre.

(J. 534. — Flandre, I, sac 3, n° 14. 20. — Original scellé.)

Litteræ villæ et totius communitatis de Torhout, ejusdem argumenti et formæ. — « In cujus rei testimonium, presentes litteras scribi fecimus et sigillo nostro roborari. Actum apud Winendale, anno gratie m° cc° xx° sexto, feria quarta post festum beate Lucie. »

Sceau de la ville de Thourout, dans la Flandre occidentale; cire blanche, double queue. (*Inventaire*, n° 10743.)

1849 Ypres. 1226. Mercredi 16 décembre.

(J. 534. — Flandre, I, sac 3, n° 15. 16. — Original scellé.)

Litteræ Danielis de Poperinghe, ejusdem argumenti et formæ. — « Actum Ypris, anno Domini m° cc° xx° sexto, feria quarta post festum beate Lucie. »

Sceau de Daniel de Poperinghe, dans la Flandre occidentale; cire blanche, sur simple queue; décrit dans l'*Inventaire* sous le n° 10457.

1850 Ypres. 1226. Mercredi 16 décembre.

(J. 534. — Flandre, I, sac 3, n° 15. 21. — Original scellé.)

Litteræ Willelmi de Ypra, ejusdem argumenti et formæ. — « In cujus rei testimonium, presentes litteras scribi feci et sigillo meo roborari. Datum Ypris, anno Domini m° cc° xx° sexto, feria quarta post festum beate Lucie. »

Sceau de Guillaume d'Ypres; cire blanche, double queue; décrit dans l'*Inventaire* sous le n° 10513.

1851 Bruges. 1226. Jeudi 17 décembre.

(J. 534. — Flandre, I, sac 3, n° 14. 10. — Original scellé.)

Litteræ villæ et totius communitatis de Dam, ejusdem argumenti et formæ. — « In cujus rei testimonium, presentem cartam scribi fecimus et sigillo nostro roborari. Actum Brugis, anno Domini m° cc° xx° sexto, feria quinta post festum beate Lucie. »

Sceau de la commune de Damme (dans la Flandre occidentale, près de Bruges); cire blanche, double queue. (*Inventaire*, n° 10690.)

1852 Bruges. 1226. Jeudi 17 décembre.

(J. 534. — Flandre, I, sac 3, n° 14. 15. — Original scellé.)

Litteræ villæ et totius communitatis de Audenborg, ejusdem argumenti et formæ. — « In cujus rei testimonium, presentem cartam scribi fecimus et sigillo nostro roborari. Actum Brugis, anno Domini m° cc° xx° sexto, feria quinta post Beate Lucie. »

Sceau de la ville d'Oudenborg, dans la Flandre occidentale; cire blanche, double queue; décrit dans l'*Inventaire* sous le n° 10732.

1853 Bruges. 1226. Jeudi 17 décembre.

(J. 534. — Flandre, I, sac 3, n° 14. 23. — Original scellé.)

Litteræ villæ et totius communitatis Brugensis, ejusdem argumenti et formæ. — « In cujus rei testimonium, presentes litteras scribi fecimus et sigillo nostro roborari. Actum Brugis, anno Domini m° cc° xx° sexto, feria quinta post festum beate Lucie. »

Sceau de la ville de Bruges; cire blanche, double queue; décrit dans l'*Inventaire* sous le n° 10675.

1854 Bruges. 1226. Jeudi 17 décembre.

(J. 534. — Flandre, I, sac 3, n° 15. 3. — Original scellé.)

Litteræ Philippi de Waestinis, ejusdem argumenti et formæ. — « In cujus rei testimonium, presentem cartam scribi feci et sigillo meo roborari. Actum Brugis, anno Domini m° cc° xx° sexto, feria quinta post festum beate Lucie. »

Sceau de Philippe de Wastines; cire blanche, double queue; fragment décrit dans l'*Inventaire*, n° 3954, d'après un type appendu à une pièce datée de 1237.

1855 Bruges. 1226. Jeudi 17 décembre.

(J. 534. — Flandre, I, sac 3, n° 15. 8. — Original scellé.)

Litteræ Johannis de Formesellis, ejusdem argumenti et formæ. — « In cujus rei testimonium, presentem cartam scribi feci et sigillo meo roborari. Actum Brugis, anno Domini m° cc° xx° sexto, feria quinta post festum beate Lucie. »

Sceau de Jean de Voormezeele, dans la Flandre occidentale; cire blanche, double queue; décrit dans l'*Inventaire*, n° 2223, sous le nom de Jean de Formenselle, d'après un type appendu à un acte daté de 1237.

1856 Bruges. 1226. Jeudi 17 décembre.

(J. 534. — Flandre, I, sac 3, n° 15. 10. — Original scellé.)

Litteræ Walteri de Ziecele, ejusdem argumenti et formæ. — « In cujus rei testimonium, presentem cartam scribi feci et sigillo meo roborari. Actum Brugis, anno Domini M° CC° XX° sexto, feria quinta post festum beate Lucie. »

Sceau de Gautier de Ziécèle; cire blanche, double queue; décrit dans l'*Inventaire*, n° 10517, d'après un type appendu à un acte daté de 1237.

1857 Bruges. 1226. Jeudi 17 décembre.

(J. 534. — Flandre, I, sac 3, n° 15. 12. — Original scellé.)

Litteræ Andreæ ballivi Brugensis, ejusdem argumenti et formæ. — « In cujus rei testimonium, presentem cartam scribi feci et sigillo meo roborari. Actum Brugis, anno Domini M° CC° XX° sexto, feria quinta post festum beate Lucie. »

Sceau d'André bailli de Bruges; cire blanche, double queue; décrit dans l'*Inventaire* sous le n° 10651.

1858 Bruges. 1226. Jeudi 17 décembre.

(J. 534. — Flandre, I, sac 3, n° 15. 15. — Original scellé.)

Litteræ Rogeri de Winghiue, ejusdem argumenti et formæ. — « In cujus rei testimonium, presentem cartam scribi feci et sigillo meo roborari. Actum Brugis, anno Domini M° CC° XX° sexto, feria quinta post festum beate Lucie. »

Sceau de Roger de Winghine; cire blanche, double queue; décrit dans l'*Inventaire* sous le n° 3960.

1859 Bruges. 1226. Jeudi 17 décembre.

(J. 534. — Flandre, I, sac 3, n° 15. 18. — Original scellé.)

Litteræ Walteri de Ghistella, ejusdem argumenti et formæ. — « In cujus rei testimonium, presentem cartam scribi feci et sigillo meo roborari. Actum Brugis, anno Domini M° CC° XX° sexto, feria quinta post festum beate Lucie. »

Sceau de Gautier de Ghistelle; cire blanche, double queue; décrit dans l'*Inventaire* sous le n° 10402.

1860 Bruges. 1226. Jeudi 17 décembre.

(J. 534. — Flandre, I, sac 3, n° 15. 25. — Original scellé.)

Litteræ Balduini de Prato, ejusdem argumenti et formæ. — « In cujus rei testimonium, presentem cartam scribi feci et sigillo meo sigillari. Actum Brugis, anno Domini M° CC° XX° sexto, feria quinta post festum beate Lucie. »

Sceau de Baudouin de Praët; cire blanche, double queue; décrit dans l'*Inventaire* sous le n° 3298.

1861 Bruges. 1226. Vendredi 18 décembre.

(J. 534. — Flandre, I, sac 3, n° 14. 4. — Original scellé.)

Litteræ villæ et totius communitatis de Rodenberg, ejusdem argumenti et formæ. — « Actum Brugis, feria sexta post sancte Lucie, anno Domini M° CC° XX° sexto. »

Fragment de sceau en cire blanche, pendant sur double queue. — Ce fragment, sur lequel on distingue les armes de la ville de Rodenbourg, composées d'un château maçonné et donjonné, sans contre-sceau, n'est pas décrit dans l'*Inventaire*.

1862 Bruges. 1226. Vendredi 18 décembre.

(J. 534. — Flandre, I, sac 3, n° 14. 7. — Original scellé.)

Litteræ villæ et totius communitatis de Borborg, ejusdem argumenti et formæ. — « Actum Brugis, feria VI° post sancte Lucie, anno Domini M° CC° vicesimo sexto. »

Sceau de la ville de Bourbourg (Flandre française, départ. du Nord, arr. de Dunkerque); cire blanche, double queue; décrit dans l'*Inventaire* sous le n° 5516, d'après un type appendu à un acte daté de 1237.

1863 1226. Vendredi 18 décembre.

(J. 534. — Flandre, I, sac 3, n° 14. 8. — Original scellé.)

Litteræ villæ et totius communitatis de Grevelinghes, ejusdem argumenti et formæ. — « In cujus rei testimonium, presentes litteras scribi fecimus et sigillo nostro roborari. Actum anno Domini M° CC° XX° sexto, feria VI° ante Sancti Thome. »

Sceau de la ville de Gravelines (Flandre française, départ. du Nord); cire blanche, double queue; décrit dans l'*Inventaire* sous le n° 5527, d'après un type appendu à un acte daté de 1244.

1864 Bruges. 1226. Vendredi 18 décembre.

(J. 534. — Flandre, I, sac 3, n° 14. 12. — Original scellé.)

Litteræ villæ et totius communitatis de Dixmude, ejusdem argumenti et formæ. — « Actum Brugis, anno Domini M° CC° XX° sexto, feria VI° post festum beate Lucie. »

Sceau de la ville de Dixmude, dans la Flandre occidentale; cire blanche, double queue; décrit dans l'*Inventaire*, n° 10694, d'après un type appendu à un acte daté de 1245.

1865 Bruges. 1226. Vendredi 18 décembre.

(J. 534. — Flandre, I, sac 3, n° 14. 17. — Original scellé.)

Litteræ villæ et totius communitatis de Novo Portu, ejusdem argumenti et formæ. — « In cujus rei testimonium, presentes litteras scribi fecimus et sigillo nostro roborari. Actum Brugis, anno Domini M° CC° XX° sexto, feria sexta ante festum beati Thome. »

Traces de sceau pendant sur simple queue. — Le sceau de la

ville de Nieuport (Flandre occidentale) est décrit dans l'*Inventaire*, n° 10727, d'après un type appendu à un acte daté de 1237.

1866   1226. Vendredi 18 décembre.

(J. 534. — Flandre, I, sac 3, n° 14. 19. — Original scellé.)

Litteræ villæ et totius communitatis Casletensis, ejusdem argumenti et formæ. — « In cujus rei testimonium, presentes litteras scribi fecimus et sigillo nostro sigillari. Actum anno Domini M° CC° XX° sexto, feria sexta post beate Lucie. »

Sceau de la ville de Cassel, dans la Flandre française (dép. du Nord); cire blanche, double queue; décrit dans l'*Inventaire* sous le n° 5521, d'après un type appendu à un acte daté de 1237.

1867   Bruges. 1226. Vendredi 18 décembre.

(J. 534. — Flandre, I, sac 3, n° 14. 21. — Original scellé.)

Litteræ villæ et totius communitatis de Furnis, ejusdem argumenti et formæ. — « In cujus rei testimonium, presentem cartam scribi fecimus et sigillo nostro confirmari. Actum Brugis, anno Domini M° CC° XX° VI°, feria sexta post beate Lucie. »

Sceau de la ville de Furnes, dans la Flandre occidentale; cire blanche, double queue; décrit dans l'*Inventaire*, n° 10700, d'après un type appendu à un acte daté de 1237.

1868   Bruges. 1226. Vendredi 18 décembre.

(J. 534. — Flandre, I, sac 3, n° 14. 24. — Original scellé.)

Litteræ villæ et totius communitatis de Dunkerca, ejusdem argumenti et formæ. — « Actum Brugis, anno Domini M° CC° XX° sexto, feria sexta post Lucie. »

Sceau de la ville de Dunkerque (Flandre française, dép. du Nord); cire blanche, double queue; décrit dans l'*Inventaire* sous le n° 5525, d'après un type appendu à un acte daté de 1244.

1869   Bruges. 1226. Vendredi 18 décembre.

(J. 534. — Flandre, I, sac 3, n° 15. 2. — Original scellé.)

Litteræ Eustachii de Ristune, ejusdem argumenti et formæ. — « In cujus rei testimonium, presentem cartam scribi feci et sigillo meo roborari. Actum Brugis, anno Domini M° CC° XX° sexto, feria sexta post festum beate Lucie. »

Sceau d'Eustache de Ristune de Lederne († SIGILLUM EUSTACHII DE LEDERNA); cire blanche, double queue; décrit dans l'*Inventaire* sous le n° 3396.

1870   Bruges. 1226. Vendredi 18 décembre.

(J. 534. — Flandre, I, sac 3, n° 15. 20. — Original scellé.)

Litteræ Riquardi de Straten, ejusdem argumenti et formæ. — « In cujus rei testimonium, presentem cartam scribi feci et sigillo meo roborari. Actum Brugis, anno Domini M° CC° XX° sexto, feria sexta post festum beate Lucie. »

Sceau de Richard de Straten; cire blanche, simple queue; décrit dans l'*Inventaire* sous le n° 3653. — Il existe dans la Flandre orientale, arr. de Gand, cant. de Nevele, une localité du nom de Stroëthem.

1871   Bruges. 1226. Vendredi 18 décembre.

(J. 534. — Flandre, I, sac 3, n° 15. 23. — Original scellé.)

Litteræ Alardi de Hole, ejusdem argumenti et formæ. — « In cujus rei testimonium, presentem cartam scribi feci et sigillo meo roborari. Actum Brugis, anno Domini M° CC° XX° sexto, feria sexta post festum beate Lucie. »

Le sceau en cire blanche sur simple queue, appendu à cette charte, porte pour légende, à la face et au contre-sceau, SIGILLUM ALARDI DE HVELA, et il est décrit dans l'*Inventaire*, n° 2408, sous le nom d'*Alard de Heule*. — Heule est un village de la Flandre occidentale (Belgique), situé dans le canton et à 9 kilom. E. de Moorseele.

1872   Bruges. 1226. Vendredi 18 décembre.

(J. 534. — Flandre, I, sac 3, n° 15. 24. — Original scellé.)

Litteræ Willelmi de Bethunia, ejusdem argumenti et formæ. — « Actum Brugis, anno Domini M° CC° XX° sexto, feria sexta post sancte Lucie. »

Sceau de Guillaume de Béthune; cire blanche, double queue; décrit dans l'*Inventaire* sous le n° 1419.

1873   Bruges. 1226. Vendredi 18 décembre.

(J. 534. — Flandre, I, sac 3, n° 15. 14. — Original scellé.)

Littere Thomæ Canis, ejusdem argumenti et formæ. — « Actum Brugis, anno Domini M° CC° XX° sexto, feria sexta ante beati Thome. »

Sceau de Thomas le Chien; fragment; cire blanche, double queue; décrit dans l'*Inventaire* sous le n° 1834.

1874   Bruges. 1226. Vendredi 18 décembre.

(J. 534. — Flandre, I, sac 3, n° 15. 40. — Original scellé.)

Litteræ Willelmi Brugensis præpositi ac Flandriæ cancellarii, ejusdem argumenti et formæ. — « Actum Brugis, anno Domini M° CC° XX° sexto, feria sexta post sancte Lucie. »

Sceau de Guillaume, prévôt de Bruges et chancelier de Flandre; cire blanche, double queue; décrit dans l'*Inventaire* sous le n° 313.

1875   1226. Samedi 19 décembre.

(J. 534. — Flandre, I, sac 3, n° 15. 41. — Original scellé.)

Litteræ Thirrici de Bervene (sic), ejusdem argumenti et formæ. — « In cujus rei testimonium, presentem cartam scribi feci et sigillo meo roborari. Actum anno Domini m° cc° xx° sexto, sabbato ante festum beati Thome. »

Sceau de Thierri de Beveren, châtelain de Dixmude (SIGILLUM THEODERICI DE BEVERNA CASTELLANI DE DIXMUDA); cire blanche, double queue; décrit dans l'*Inventaire* sous le n° 10351.

1876   Gand. 1226. Dimanche 20 décembre.

(J. 534. — Flandre, I, sac 3, n° 14. — Original scellé.)

Litteræ villæ et totius communitatis de Hulst, ejusdem argumenti et formæ. — « In cujus rei testimonium, presentem cartam scribi fecimus et sigillo nostro roborari. Actum Gandavi, anno Domini m° cc° vicesimo sexto, dominica ante festum beati Thome apostoli. »

Sceau de la ville de Hulst, en Zélande; cire blanche, double queue; décrit dans l'*Inventaire* sous le n° 10714, d'après un type appendu à un acte daté de 1237.

1877   Gand. 1226. Dimanche 20 décembre.

(J. 534. — Flandre, I, sac 3, n° 14. 2. — Original scellé.)

Litteræ villæ et totius communitatis de Audenarda, ejusdem argumenti et formæ. — « In cujus rei testimonium, presentem cartam scribi fecimus et sigillo nostro roborari. Actum Gandavi, anno Domini m° cc° xx° sexto, dominica ante festum beati Thome apostoli. »

Sceau de la ville d'Audenarde (Flandre orientale); fragment; cire blanche, double queue; décrit dans l'*Inventaire*, n° 10664, d'après un type appendu à un acte daté de 1275.

1878   Gand. 1226. Dimanche 20 décembre.

(J. 534. — Flandre, I, sac 3, n° 14. 5. — Original scellé.)

Litteræ villæ et totius communitatis Gandavensis, ejusdem argumenti et formæ. — « In cujus rei testimonium, presentem cartam scribi fecimus et sigillo nostro roborari. Actum Gandavi, dominica ante festum beati Thome, anno Domini m° cc° vicesimo sexto. »

Sceau de la ville de Gand; cire blanche, double queue; décrit dans l'*Inventaire*, n° 10704, d'après un type appendu à un acte daté de 1199.

1879   Gand. 1226. Dimanche 20 décembre.

(J. 534. — Flandre, I, sac 3, n° 14. 6. — Original scellé.)

Litteræ villæ et totius communitatis de Geraldimonte, ejusdem argumenti et formæ. — « In cujus rei testimonium, presentem cartam scribi fecimus et sigillo nostro roborari. Actum Gandavi, anno Domini m° cc° xx° sexto, dominica ante festum beati Thome apostoli. »

Sceau de la ville de Grammont ou Geeraerdsbergen, dans la Flandre orientale; cire blanche, double queue; décrit dans l'*Inventaire* sous le n° 10711, d'après un type appendu à un acte daté de 1244.

1880   Gand. 1226. Dimanche 20 décembre.

(J. 534. — Flandre, I, sac 3, n° 14. 9. — Original scellé.)

Litteræ villæ totiusque communitatis Curtracensis, ejusdem argumenti et formæ. — « In cujus rei testimonium, presentem cartam scribi fecimus et sigillo nostro roborari. Actum Gandavi, anno Domini m° cc° vicesimo sexto, dominica ante festum beati Thome apostoli. »

Sceau de la ville de Courtray (Flandre occidentale); cire blanche, double queue; second sceau décrit dans l'*Inventaire* sous le n° 10686, d'après un type appendu à un acte daté de 1237.

1881   Gand. 1226. Dimanche 20 décembre.

(J. 534. — Flandre, I, sac 3, n° 14. 11. — Original scellé.)

Litteræ villæ et totius communitatis de Alost, ejusdem argumenti et formæ. — « In cujus rei testimonium, presentes litteras scribi fecimus et sigillo nostro roborari. Actum Gandavi, dominica ante beati Thome, anno Domini m° cc° xx° sexto. »

Sceau de la ville d'Alost (Flandre orientale); cire blanche, double queue; décrit dans l'*Inventaire*, n° 10657, d'après un type appendu à un acte daté de 1237.

1882   Gand. 1226. Dimanche 20 décembre.

(J. 534. — Flandre, I, sac 3, n° 14. 14. — Original scellé.)

Litteræ villæ et totius communitatis Rupelmondæ, ejusdem argumenti et formæ. — « In cujus rei testimonium, presentem cartam scribi fecimus et sigillo nostro roborari. Actum Gandavi, anno Domini m° cc° xx° sexto, dominica ante festum beati Thome apostoli. »

Sceau de la ville de Rupelmonde (Flandre orientale); cire blanche, double queue; décrit dans l'*Inventaire* sous le n° 10737, d'après un type appendu à une charte datée de 1237.

1883   Gand. 1226. Dimanche 20 décembre.

(J. 534. — Flandre, I, sac 3, n° 14. 22. — Original scellé.)

Litteræ scabinorum et villæ de Haxele, ejusdem argumenti et formæ. — « In cujus rei testimonium, presentem cartam scribi fecimus et sigillo nostro roborari. Actum Gandavi, anno Domini m° cc° xx° sexto, dominica ante Nativitatem Domini. »

Sceau de la ville et des échevins d'Axel; cire blanche sur double queue; décrit dans l'*Inventaire* sous le n° 10667, d'après un type appendu à un acte daté de 1237.

1884 Gand. 1226. Dimanche 20 décembre.

(J. 534. — Flandre, I, sac 3, n° 14. 26. — Original scellé.)

Litteræ scabinorum de Ponte Brebanti in Gandavo, ejusdem argumenti et formæ. — « Actum Gandavi, anno Domini m° cc° xx° sexto, dominica ante sancti Thome. »

Sceau des échevins de Pont-Brabant; cire blanche, double queue; décrit dans l'*Inventaire* sous le n° 10734, d'après un type appendu à un document daté de 1244.

1885 Gand. 1226. Dimanche 20 décembre.

(J. 534. — Flandre, I, sac 3, n° 15. — Original.)

Litteræ Riquardi de Beverne, ejusdem argumenti et formæ. — « In cujus rei testimonium, presentes litteras scribi feci et sigillo meo sigillari. Datum Gandavi, dominica ante sancti Thome, anno Domini m° cc° vicesimo sexto. »

Traces de sceau pendant sur simple queue. — Le sceau de Richard de Beveren n'a pas été retrouvé; mais comparez le sceau de Thierri de Beveren, décrit dans l'*Inventaire* sous le n° 10351.

1886 Gand. 1226. Dimanche 20 décembre.

(J. 534. — Flandre, I, sac 3, n° 15. 4. — Original scellé.)

Litteræ dominæ Luciæ dominæ de Bolliers, ejusdem argumenti et formæ. — «In cujus rei testimonium, presentem cartam scribi feci et sigillo meo roborari. Actum Gandavi, anno Domini m° cc° xx° sexto, dominica ante festum beati Thome. »

Sceau de Lucie, dame de Bolliers; cire blanche, double queue; décrit dans l'*Inventaire* sous le n° 1497.

1887 Gand. 1226. Dimanche 20 décembre.

(J. 534. — Flandre, I, sac 3, n° 15. 5. — Original scellé.)

Litteræ Walteri de Zomerghem, ejusdem argumenti et formæ. — « In cujus rei testimonium, presentem cartam scribi feci et sigillo meo roborari. Actum Gandavi, anno Domini m° cc° xx° sexto, dominica ante festum beati Thome. »

Sceau de Gautier de Zomerghem; cire blanche, double queue; non décrit : sur la face, un cavalier courant à droite et couvert de son bouclier armorié de trois lambels; au contre-sceau, un écu armorié de même.

1888 Gand. 1226. Dimanche 20 décembre.

(J. 534. — Flandre, I, sac 3, n° 15. 7. — Original scellé.)

Litteræ Johannis de Axele, ejusdem argumenti et formæ. — « In cujus rei testimonium, presentem cartam scribi feci et sigillo meo roborari. Actum Gandavi, anno Domini m° cc° vicesimo sexto, dominica ante festum beati Thome apostoli. »

Sceau de Jean d'Axèle; cire blanche, double queue; décrit dans l'*Inventaire* sous le n° 10343.

1889 Gand. 1226. Dimanche 20 décembre.

(J. 534. — Flandre, I, sac 3, n° 15. 11. — Original scellé.)

Litteræ Mariæ dominæ de Nivella, ejusdem argumenti et formæ. — « In cujus rei testimonium, presentem cartam scribi feci et sigillo meo confirmari. Actum Gandavi, anno Domini m° cc° xx° sexto, dominica ante Nativitatem Domini. »

Sceau de Marie, dame de Nivelle; cire blanche, simple queue; décrit dans l'*Inventaire* sous le n° 3074.

1890 Gand. 1226. Dimanche 20 décembre.

(J. 534. — Flandre, I, sac 3, n° 15. 17. — Original.)

Litteræ Hugonis de Robais, ejusdem argumenti et formæ. — « In cujus rei testimonium, presentes litteras scribi feci et sigillo meo sigillari. Actum Gandavi, anno Domini m° cc° vicesimo sexto, dominica ante festum sancti Thome apostoli. »

Traces de sceau pendant sur double queue. — Le sceau de Hugues de Robais (peut-être Robecq en Artois, Pas-de-Calais, arr. de Béthune) n'a pas été retrouvé.

1891 Gand. 1226. Dimanche 20 décembre.

(J. 534. — Flandre, I, sac 3, n° 15. 28. — Original scellé.)

Litteræ Johannis de Leden, ejusdem argumenti et formæ. — « In cujus rei testimonium, presentem cartam scribi feci et sigillo meo roborari. Actum anno Domini m° cc° xx° sexto, dominica ante festum beati Thome Gandavi. »

Sceau de Jean de Lede, dans la Flandre orientale; cire blanche sur double queue; décrit dans l'*Inventaire* sous le n° 2566.

1892 Gand. 1226. Dimanche 20 décembre.

(J. 534. — Flandre, I, sac 3, n° 15. 29. — Original scellé.)

Litteræ Gilleberti de Sotthenghem, ejusdem argumenti et formæ. — « In cujus rei testimonium, presentibus litteris sigillum meum apposui. Actum Gandavi, anno Domini m° cc° xx° sexto, dominica ante festum beati Thomæ. »

Sceau de Gilbert de Sotteghem, dans la Flandre orientale; cire blanche, double queue; décrit dans l'*Inventaire* sous le n° 3638.

1893 Ypres. 1226. 20 décembre.

(J. 534. — Flandre, I, sac 3, n° 15. 32. — Original scellé.)

Litteræ Henrici de Morsleda, ejusdem argumenti et formæ. — « In cujus rei testimonium, presentes litteras scribi feci et sigillo meo roborari. Datum Ipris, anno Domini m° cc° xx° sexto, in vigilia Beati Thome apostoli. »

Sceau de Henri de Moorslede, dans la Flandre occidentale; cire blanche, double queue; décrit dans l'*Inventaire* sous le n° 10444.

1894 Gand. 1226. 21 décembre.

(J. 534. — Flandre, I, sac 3, n° 15. 22. — Original.)

Litteræ Arnulfi domini de Landast, ejusdem argumenti et formæ. — « Et super hoc presentes litteras scribi feci et sigillo meo sigillari. Actum Gandavi, anno Domini m° cc° xx° sexto, in die beati Thome apostoli. »

Traces de sceau pendant sur double queue. — Le sceau d'Arnoul de Landas (dans la Flandre française, Nord, arr. de Douai) est décrit dans l'*Inventaire* sous le n° 2527, d'après un type appendu à un acte daté de 1237.

1895 Paris. 1226. Décembre.

Litteræ Ferrandi et Johannæ, comitis et comitissæ Flandriæ et Hainoniæ, de conventionibus a se cum domino rege Franciæ initis.

(J. 533. — Flandre, I, sac 3, n°ˢ 7 et 8. — Originaux scellés. = N° 7. 2. — Copie authentique. = N° 7. 4. — Copie.)

Ego Fernandus Flandrie et Haynoie comes, et ego Johanna comitissa uxor ipsius, notum facimus universis presentes litteras inspecturis quod nos conventiones subscriptas inivimus et fecimus cum karissimo domino nostro Ludovico rege Francie illustri, et heredibus et fratribus ejus, et illustri regina Blancha matre ipsius, videlicet : quod nos tenemur tradere domino regi litteras domini Pape continentes quod, si ego comes vel comitissa vel successores nostri in comitatu Flandrie resiliremus, quod absit, de conventionibus firmatis inter dominum regem, ex una parte, et nos, ex altera, Laudunensis et Silvanectensis episcopi et eorum successores, infra quadraginta dies postquam ex parte domini regis fuerint super hoc requisiti per litteras aut nuntium domini regis, promulgarent auctoritate domini Pape sententiam excommunicationis in nos et successores nostros in comitatu Flandrie, et omnes coadjutores et fautores nostros, et sententiam interdicti in terras nostras et terras coadjutorum et fautorum nostrorum, et illas sententias tenerent et facerent teneri sine relaxare quousque id esset emendatum in curia domini regis ad judicium parium Francie. — Dominus rex tenebit forteritiam Duaci, in qua garnisio sua nunc est, in manu sua, ab instanti die Circumcisionis Domini (n° 8 : a proxima preterita die Circumcisionis Domini) usque ad decem annos completos, ad custum nostrum, per viginti solidos Parisienses de liberatione singulis diebus, cum securitate et fidelitate ville Duaci. Ita quod in fine illorum decem annorum dominus rex reddet nobis forteritiam Duaci, salvo eo quod homines ville Duaci renovabunt domino regi eamdem securitatem et fidelitatem quam alie ville Flandrie ei fecerunt. — Nos fecimus haberi domino regi securitates et fidelitates militum, communiarum et villarum Flandrie, de quibus eas habere voluit, quod videlicet, si nos resiliremus a conventionibus in hac carta contentis, milites et homines communiarum Flandrie et villarum domino regi et heredibus, et fratribus ejus, et domine regine matri ipsius adhererent et fideliter se tenerent contra nos, nec nobis auxilium prestarent vel consilium quousque id esset emendatum in curia domini regis ad judicium parium Francie. — Et si qui milites vel homines, vel si que ville sunt que non fecerint easdem securitates et fidelitates, nos de ipsis eas habere faciemus quando super hoc fuerimus requisiti. — Si qui aut de militibus, communiis vel villis Flandrie nollent facere domino regi fidelitates et securitates quas alii tam milites quam ville Flandrie jam fecerunt, nos expelleremus eos de terra nostra et saisiremus quicquid ipsi haberent in feodo domini regis, sine revocare eos et sine reddere eis res suas nisi per dominum regem, vel successores ejus, donec fecerint securitates et fidelitates premissas. — Nos et successores nostri non poterimus dominum regem vel heredes, vel fratres suos, vel etiam dominam reginam matrem ejus, nec homines eorum in causam trahere occasione alicujus rei facte ante pacem istam quin remaneant semper in pace tenentes de omnibus hiis de quibus dominus rex Ludovicus, clare memorie, pater ejus et homines sui erant tenentes die qua cum eodem patre ejus conventionem fecimus de liberatione mei comitis facienda, quod factum fuit apud Meledunum, anno incarnationis Dominice M° CC° vicesimo quinto, mense aprili, et nichil juris in hiis de cetero vindicabimus vel reclamabimus preterquam de fortericia Duaci, sicut superius est expressum. — Nos et successores nostri non inquietabimus nec guerreabimus dominum regem, nec heredes, nec fratres suos, nec dominam reginam matrem ejus, nec homines eorum, nec ei deficiemus de servicio et jure faciendo quamdiu dominus rex velit facere nobis jus in curia sua per judicium parium nostrorum. — Nos non possumus facere fortericias novas nec veteres infortiare in Flandria citra fluvium qui dicitur Escaut nisi per dominum regem vel successores ejus. — Has siquidem conventiones ego comes et ego comitissa predicti tactis sacrosanctis juravimus et promisimus nos bona fide fideliter et firmiter servaturos, et volumus quod ad illas similiter firmiter et fideliter observandas teneantur per omnia heredes et successores nostri in comitatu Flandrie. — Ut autem premissa perpetue firmitatis robur obtineant, presentem paginam sigillis nostris duximus roborandam. — Actum Parisius, anno Dominice incarnationis M° CC° vicesimo sexto, mense decembri (n° 8 : Actum apud Insulam, anno Dominice incarnationis M° CC° vigesimo sexto, mense januario).

Sauf la différence de date, le texte des pièces cotées n°s 7 et 8 est identique; elles sont toutes deux scellées en cire verte des sceaux du comte et de la comtesse de Flandre, décrits dans l'*Inventaire* sous les n°s 620 et 621. Les attaches des deux sceaux sont en lacs de soie rouge dans le traité scellé à Paris, et en lacs de soie verte pour le sceau du comte Ferrand, rouge pour le sceau de la comtesse Jeanne dans le traité scellé à Lille. — La pièce cotée 7. 2. est un *vidimus* délivré en 1306, le mardi après le dimanche des Rameaux (le mardi 21 mars 1306-1307), par l'official de la cour de Paris. Le n° 7. 4. est une copie sur papier, faite au quinzième siècle. — Il résulte des termes mêmes du traité qu'il a été précédé par les cautions, et que par conséquent il n'a été conclu que vers la fin de décembre.

1896 Paris. 1226. Décembre.

Litteræ Ludovici regis de tractatu a se cum comite et comitissa Flandriæ inito.

(J. 533. — Flandre, I, sac 3, n° 10. 4. — Copie.)

Ludovicus, etc... notum, etc... quod dilecti et fideles nostri Fernandus comes Flandrie et Hanonie et Johanna ejus uxor convenciones infrascriptas inierunt nobiscum et fecerunt, et heredibus et fratribus nostris et illustrissima regina B. carissima matre nostra, videlicet quod ipsi tenentur tradere nobis litteras domini pape continentes quod etc. (*quæ sequuntur ipsissimis verbis constant ac præcedentes litteræ*).
— Ut autem hec omnia perpetue stabilitatis robur obtineant, presentem paginam sigilli nostri auctoritate fecimus roborari. — Actum Parisius, anno Dominice incarnationis M° CC° XXVI°, mense decembris.

Copie intitulée au dos *transcriptum homagii Ferrandi comitis Flandrie* et qui, d'après l'écriture, paraît avoir été faite du temps de Philippe le Bel, à la fin du treizième siècle.

1897 Paris. 1226. Décembre.

Litteræ Ferrandi et Johannæ comitis et comitissæ Flandriæ quibus quoad executionem tractatus cum rege Franciæ initi se jurisdictioni Silvanectensis et Laudunensis episcoporum supponunt.

(J. 533. — Flandre, I, sac 3, n°s 9. 1. et 9. 2. — Originaux scellés. — N° 9. 3. — Copie authentique.)

Ego Fernandus, Flandrie et Hanonie comes, et ego Johanna uxor mea, Flandrie comitissa, notum facimus universis presentes litteras inspecturis quod nos bona voluntate voluimus et consensimus quod reverendi patres, bone memorie, Remensis archiepiscopus et Silvanectensis episcopus possent sentencias excommunicationis et interdicti in nos et fautores et coadjutores nostros et terras nostras promulgare, secundum quod auctoritate apostolica ipsis commissum fuit tempore clare memorie Ludovici quondam illustris regis Francie, si contigisset nos a conventionibus initis inter nos, ex una parte, et dilectum dominum regem, ex altera, resilisse. — Nunc autem, ex libero nostro arbitrio et spontanea voluntate, volumus, consentimus et jurisdictionem et potestatem ipsorum prorogamus, et nos ipsorum juridictioni subicimus ut eandem habeant juriditionem et potestatem in nos et terram nostram totam et coadjutores et fautores nostros et terras ipsorum, nec non et successores nostros et terras ipsorum tam excommunicationis quam interdicti sentencias promulgandi, si, quod Deus avertat, a conventionibus initis pro liberatione mei comitis inter nos, ex una parte, et dominum Ludovicum illustrem regem Francie et matrem ipsius, dominam Blancham reginam, ex altera, contingeret resilire. — Nichilominus tamen tenemur procurare et pro posse nostro impetrare, bona fide, prout in aliis litteris nostris plenius continetur, quod eadem potestas et jurisdictio reverendis patribus Laudunensi et Silvanectensi episcopis et successoribus eorum a domino Papa de novo committatur. — In cujus rei testimonium, presentes litteras sigillis nostris fecimus communiri. — Actum Parisius, anno M° CC°. vicesimo sexto, mense decembri. (N° 9. 2 : Actum apud Insulam, anno Domini M° CC° vicesimo sexto, mense januario).

<small>Sauf la date, le texte des deux pièces cotées n° 9. 1. et n° 9. 2. est identique. Ce sont deux originaux scellés des sceaux du comte et de la comtesse de Flandre : en cire blanche, sur double queue, pour l'acte daté de Paris; en cire verte, sur lacs de soie verte, pour l'acte daté de Lille. — Le n° 9. 3. est un vidimus délivré le mardi après le dimanche des Rameaux 1306 (le mardi 21 mars 1306-1307).</small>

1898   1226. Décembre.

Johanna Flandriæ comitissa sese, erga Ludovicum regem et Blancham reginam, sub pœna quinque millium marcharum obligat ad conditiones pacis Parisius initæ fideliter observandas.

(J. 533. — Flandre, I, sac 3, n° 7. 3. — Original scellé.)

Ego Johanna Flandrie et Hainonie comitissa omnibus notum facio quod ego karissimo domino meo Ludovico Francie regi illustri et karissime domine mee regine Blanche matri ejus juravi, et, sub pena quinque milium marcharum, promisi quod faciam et procurabo erga karissimum dominum et maritum meum Ferrandum comitem Flandrensem, quod cum, Domino volente, fuerit liberatus a prisone domini regis in qua detinetur, et in comitatum suum et meum Flandrensem pervenerit, jurabit et promittet, coram illis quos dictus dominus rex vel domina regina voluerit, quando ab ipsis vel ab eorum certo nuntio fuerit requisitus, se servaturum et adimpleturum omnes conventiones quas pro liberatione ipsius inivimus, ego et ipse, cum domino meo illustri Ludovico rege Francorum et domina regina Blancha matre ejus. — De predicta autem pena quinque milium marcharum debemus dare sufficientes plegios in ipsa liberatione ejusdem comitis viri nostri. — Notum insuper fieri volumus quod, ego et maritus meus comes Flandrensis, juravimus et promisimus eidem sepefato domino regi et domine regine Blanche matri ejus quod a domino Papa impetrabimus bona fide, infra octabas Pasche, quod ipse litteras suas dirigat ad dominos Laudunensem et Silvanectensem episcopos, sub bona et stricta forma, secundum peticionem quam nobis exhibebit dominus rex vel domina regina, vel ad minus secundum formam quam scripsit [Guillelmo] Remensi archiepiscopo et [Garino] Silvanectensi episcopo, tempore clare memorie Ludovici regis patris sui, super conventionibus et promissionibus observandis quas fecimus, ego et dominus comes maritus meus, pro liberatione ipsius, prout apparet in litteris sigillis nostris sigillatis. — Hoc autem promisimus sub pena quinque millium marcharum et inde dedimus plegios tali modo quod, si a domino Papa impetremus litteras, ut predictum est, dicto termino, tam nos quam fidejussores nostri quiti essemus et liberi ab hac plegiatione. — Quod si forte, quod absit, dictas litteras a domino Papa sub forma que premissa est non possemus dicto termino impetrare, et forsitan contingeret quod ego vel maritus meus contra conventiones inter nos, ex una parte, et dominum regem et matrem ejus, ex altera, initas veniremus, nostri plegii domino regi vel heredi ejus de predicta summa quinque millium marcharum satisfacere tenerentur. — Datum anno Domini millesimo ducentesimo vicesimo sexto, mense decembri.

<small>Sceau de Jeanne, comtesse de Flandre; cire blanche, double queue. (*Inventaire*, n° 620.)</small>

1899   Paris. 1226. Décembre.

Amalricus comes Montisfortis se, pro Johanna Flandriæ comitissa, de quingentis marcis plegium constituit.

(J. 533. — Flandre, I, sac 3, n° 11. — Original scellé.)

Ego Amalricus comes Montisfortis notum facio universis presentes litteras inspecturis quod ego erga karissimum dominum meum Ludovicum regem Francie illustrem et heredem ejus et dominam meam Blancham reginam, matrem ejusdem domini regis, me constitui plegium pro karissima domina

Johanna nobili comitissa Flandrie de quingentis marcis argenti tali modo quod, si ipsa comitissa litteras domini Pape infra octabas instantis Pasche ad opus dicti domini regis impetraverit secundum formam quam tempore clare memorie Ludovici, quondam regis Francie illustris, impetravit pro conventionibus inter dictum dominum regem et dictam comitissam contractis firmiter conservandis, vel etiam in forma meliori que dicte domine mee regine consulta fuerit impetranda, ego, hoc facto, a predicta fidejussione quittus ero et liberatus. — Si autem dicta comitissa predictas litteras dicto non impetrasset termino, et forsitan contingeret quod comes et comitissa Flandrie conventiones inter dominum regem et ipsos, prout mutuo sigillate sunt, initas non observarent, post quadraginta dies ex quo super hoc essem ex parte domini regis requisitus, tenerer domino regi vel heredi ejus gratum suum facere de quingentis marcis argenti, in quibus, sicut supra dictum est, me constitui plegium erga ipsum. — In cujus rei testimonium, presentes litteras dicto domino regi tradidi, sigilli mei testimonio roboratas. Datum Parisius, anno Domini M° CC° vicesimo sexto, mense decembri.

Sceau d'Amauri VI, comte de Montfort; cire blanche, double queue; décrit dans l'*Inventaire* sous le n° 710.

1900   Paris. 1226. Décembre.

(J. 533. — Flandre, I, sac 3, n° 12. — Original scellé.)

Litteræ Mathei de Montemorenciaco, Franciæ constabularii, ejusdem argumenti et formæ, quibus se usque ad quingentas marcas argenti pro dicta Johanna plegium constituit. — « In cujus rei memoriam, presentes litteras dicto domino regi tradidi sigilli mei testimonio roboratas. Datum Parisius, anno Domini M° CC° vicesimo sexto, mense decembri. »

Sceau de Mathieu II de Montmorency, connétable de France; cire blanche, double queue; second sceau, décrit dans l'*Inventaire* sous le n° 193.

1901   1226. Décembre.

(J. 533. — Flandre, I, sac 3, n° 12. 2. — Original scellé.)

Litteræ Hugonis de Castellione, ejusdem argumenti et formæ, quibus se usque ad mille marcas argenti plegium constituit. — « In cujus rei memoriam et testimonium, presentes litteras dicto domino regi tradidi sigilli

mei testimonio roboratas. Datum anno gratie M° CC° vicesimo sexto, mense decembri. »

Sceau de Hugues de Châtillon, fils de Gaucher III, sire de Châtillon; cire blanche, double queue; décrit dans l'*Inventaire* sous le n° 1795.

1902   Paris. 1226. Décembre.

(J. 533. — Flandre, I, sac 3, n° 12. 3. — Original scellé.)

Litteræ Johannis comitis Carnotensis, ejusdem argumenti et formæ, quibus se usque ad quingentas marcas argenti plegium constituit. — « In cujus rei memoriam, presentes litteras dicto domino regi tradidi sigilli mei munimine roboratas. Actum Parisius, anno Domini M° CC° vicesimo sexto, mense decembri. »

Sceau de Jean d'Oisy, comte de Chartres, du chef d'Élisabeth d'Amboise, sa femme; cire blanche, double queue; décrit dans l'*Inventaire* sous le n° 975.

1903   Paris. 1226. Décembre.

(J. 533. — Flandre, I, sac 3, n° 12. 4. — Original scellé.)

Litteræ [Johannis] comitis Rociaci, ejusdem argumenti et formæ, quibus se usque ad quingentas marcas argenti plegium constituit. — « In cujus rei memoriam, presentes litteras dicto domino regi tradidi, sigilli mei munimine roboratas. Actum Parisius, anno Domini M° CC° XX° sexto, mense decembri. »

Sceau de Jean II, comte de Roucy; cire blanche, double queue; décrit dans l'*Inventaire* sous le n° 1022.

1904   Paris. 1226. Décembre.

(J. 533. — Flandre, I, sac 3, n° 12. 5. — Original scellé.)

Litteræ Arnulphi de Audenarda, ejusdem argumenti et formæ, quibus se usque ad quingentas marcas argenti plegium constituit. — « In cujus rei testimonium, presentes litteras dicto domino regi tradidi sigilli mei munimine confirmatas. Actum Parisius, anno Domini M° CC° vicesimo sexto, mense decembri. »

Sceau d'Arnoul d'Audenarde; cire blanche, double queue; décrit dans l'*Inventaire* sous le n° 10337.

1905   Paris. 1226. Décembre.

(J. 533. — Flandre, I, sac 3, n° 12. 6. — Original scellé.)

Litteræ Guillelmi domini de Domnipetra, ejusdem argumenti et formæ, quibus se usque ad quingentas marcas argenti plegium constituit. — « In cujus rei memoriam, presentes litteras dicto domino regi tradidi sigilli mei testimonio roboratas. Actum Parisius, anno Domini m° cc° vicesimo sexto, mense decembri. »

Sceau de Guillaume de Dampierre; cire blanche, double queue; décrit dans l'*Inventaire* sous le n° 1992, d'après un type appendu à un acte daté de 1230.

1906 Paris. 1226. Décembre.

(J. 533. — Flandre, I, sac 3, n° 12. 7. — Original scellé.)

Litteræ Michaelis de Harnis, ejusdem argumenti et formæ, quibus se usque ad quingentas marcas argenti plegium constituit. — « In cujus rei memoriam, tradidi dicto domino regi presentes litteras sigilli mei munimine confirmatas. Actum Parisius, anno gratie m° cc° vicesimo sexto, mense decembri. »

Sceau de Michel de Harnes; cire blanche, double queue; décrit dans l'*Inventaire* sous le n° 2375, d'après un type appendu à un acte daté de 1229.

1907 1226. Décembre.

(J. 533. — Flandre, I, sac 3, n° 12. 8. — Original scellé.)

Litteræ M. (Milonis) Belvacensis episcopi, ejusdem argumenti et formæ, quibus se usque ad quingentas marcas argenti plegium constituit. — « In cujus rei memoriam, presentes litteras dicto domino regi tradidimus sigilli nostri testimonio roboratas. Datum anno gratie m° cc° xx° sexto, mense decembri. »

Sceau de Milon Ier, évêque de Beauvais; cire blanche, double queue; second sceau, décrit dans l'*Inventaire* sous le n° 6513.

1908 Paris. 1226. Décembre.

(J. 533. — Flandre, I, sac 3, n° 12. 9. — Original scellé.)

Litteræ Stephani de Sacrocesare, ejusdem argumenti et formæ, quibus se usque ad quingentas marcas argenti plegium constituit. — « In cujus rei memoriam, presentes litteras dicto domino regi tradidi sigilli mei munimine confirmatas. Actum Parisius, anno Domini m° cc° vicesimo sexto, mense decembri. »

Sceau d'Étienne de Sancerre; cire blanche, double queue; décrit dans l'*Inventaire* sous le n° 3572.

1909 Compiègne. 1226. Décembre.

Litteræ Philippi comitis Boloniæ de forteritiis Moretonii et Insulæ-bonæ nec non de comitatu S. Pauli sibi a Ludovico rege, nepote suo, donatis.

(J. 238. — Boulogne, 1, n° 48. — Original scellé.)

Philippus comes Bolonie universis ad quos presentes littere pervenerint, salutem. — Noveritis quod karissimus dominus et nepos noster Ludovicus, Dei gratia Francie rex illustris, dedit et concessit imperpetuum nobis et heredibus nostris, de uxore nostra desponsata, forteriçias Moretonii et Insule-bone, in feodum et hominagium ligium, ita quod, si nos sine herede de uxore nostra desponsata contingat decedere, dicte fortericie ad ipsum regem et heredes suos quiete et libere revertentur; et jurabunt castellani nostri, quocienscumque instituentur ad dictas fortericias custodiendas, quod, si nos, sicut predictum est, contingat decedere sine herede de uxore nostra desponsata, eidem domino regi et heredibus suis dictas fortericias reddent, sine aliqua difficultate et impedimento. — Preterea reddidit nobis idem dominus rex feodum comitatus Sancti Pauli quod movere dinoscitur de Bolonesio; ita etiam quod, si nos sine herede de uxore nostra desponsata, filia Ren. (Renaldi de Domno-Martino), quondam comitis Bolonie, decesserimus, dictum feodum ad dictum dominum regem et heredes suos quiete et libere revertetur. — Actum apud Compendium, anno incarnati Verbi m° cc° vicesimo sexto, mense decembri.

Sceau de Philippe de France, surnommé Hurepel, comte de Boulogne; cire verte, lacs de soie rouge; décrit dans l'*Inventaire* sous le n° 1062.

1910 1226.

(J. 461. — Fondations, II, n° 7. — Original scellé.)

Willelmus Acarin decanus et capitulum S. Sepulchri de Cadomo notum faciunt se in perpetuum teneri ad anniversarium felicis memoriæ Philippi illustris regis Franciæ ita solemniter celebrandum ut, ipsa die anniversarii, et tribus diebus præcedentibus tribusque dictum anniversarium subsequentibus, continue in choro dictæ ecclesiæ, perinde ac si corpus præsens esset, officium pro defunctis consuetum totum celebretur; per tres autem præcedentes et per tres subsequentes dictum anniversarium dies, triginta solidi Turonenses, ipsa vero die anniversarii sexaginta solidi, clericis et canonicis qui interfuerint distribuentur. Præterea dictus Willelmus, ut qui in servitio prædicti regis multa bona acquisiverit, decernit ut ipse et omnes sui in dicto decanatu successores teneantur ad tredecim cereos singulis sex prænotatis diebus et ipsa die anniversarii sexaginta ardentes, quamdiu celebrabitur divinum officium, suppeditandos. — « Ad cujus rei testimonium, presens scriptum sigillo capituli nostri volumus confirmari. Actum anno gratie M° CC° vicesimo sexto. »

Scellé en cire verte, sur double queue, du sceau du chapitre du Saint-Sépulcre de Caen, décrit dans l'*Inventaire* sous le n° 7134.

1911   Lille. 1226-27. 2 janvier.

(J. 534. — Flandre, I, sac 3, n° 15. 9. — Original scellé.)

Litteræ Margaretæ dominæ de Danpetra, quibus domino regi et Blanchæ reginæ ejus matri, inter manus Ferrici Pastilli marescalli Franciæ, et magistri Radulphi de Mellento domini regis clerici, ad hoc specialiter missorum, securitatem facit pro Ferrando comite et Johanna Flandriæ comitissa. — Hæ litteræ, exceptis delegatorum nominibus, iisdem verbis constant ac litteræ datæ pro præfatis comite et comitissa ab aliis fidejussoribus mense decembri 1226 quas videsis n° 1829 et seq. — « In cujus rei testimonium, presentes litteras scribi feci et sigillo meo sigillari. Actum Insulis, in crastino Circumcisionis Domini, anno Domini M° CC° XX° sexto. »

Sceau de Marguerite de Dampierre; cire blanche, double queue; décrit dans l'*Inventaire* sous le n° 623.

1912   Douai. 1226-27. 5 janvier.

(J. 534. — Flandre, I, sac 3, n° 14. 25. — Original scellé.)

Litteræ scabinorum totiusque communitatis villæ Douaci, ejusdem argumenti et formæ. — « In cujus rei testimonium, presentes litteras scribi fecimus et sigillo nostro sigillari. Actum Douaci, in vigilia Epiphanie, anno Domini M° CC° vicesimo sexto. »

Sceau de la ville de Douai; cire blanche, double queue; décrit dans l'*Inventaire* sous le n° 5523.

1913   Meaux. 1226-27. 6 janvier.

Charta communiæ pro villa de Fimes.

(J. 197. — Champagne, V, n° 22. — Copie ancienne.)

Ego Theobaldus, Campanie et Brie comes palatinus, notum facio presentibus et futuris quod ego apud villam meam videlicet Fimes, et in omnibus appendiciis ejus manentibus, communiam concessi et confirmavi in perpetuum tenendam. — Primo juraverunt homines se mihi et successoribus meis in perpetuum fidelitatem servaturos. — Juraverunt etiam se alterum alteri ad invicem bona fide pro posse suo collaturos. — Sunt autem hee institutiones ipsius communie : Siquidem homines de communia uxores, cujuscumque potestatis vol[ue-rint, du]cent per licentiam domini. — Capitales homines censum capitalem debitum dominis suis persolvent. Quem si die qua debuerint non redderent, per quin[que solidos emendabunt]. — Si quis alicui infra terminos commun[ie forisfecerit], si ad presens forisfactum [capi] poterit, ad usum et consuetudines [castelli] de Fimes emendare tenebitur. — Nemo preter me homines, [qui alicui de communia forisfecerint], poterit apud supradictam villam [conducere] nisi per majorem. — Si homo extraneus cibos venales vel merces in supradicta villa adduxerit, et discordia interim inter communiam et dominum ejus emerserit, [quindecim] dierum inducias habebit vendendi allatos cibos vel merces, et transferendi nummos et alias res suas in securitatem, et etiam cibos allatos, nisi eos vendere potuerit, nisi ipse forisfactum fecerit. — Nemo qui communiam intraverit, credet vel accommodabit aliquid hostibus communie, quamdiu discordia fuerit. Quod si quis fecisse comprobatus fuerit, justicia de eo fiet secundum considerationem juratorum. — Quod si communia [aliquando] contra suos hostes [exierit], nemo de communia cum hostibus ejus loquatur, nisi licentia illorum qui custodierint communiam. — Ad hoc statuti homines juraverunt quod neminem, propter amorem vel cognacionem [deportaverint, neminem propter inimicitiam] leserint, sed rectum judicium fecerint per omnia. — Omnes alii de communia juraverunt quod idem judicium, quod predicti statuti homines super eos fecerint, et patientur et concedent. — Si quis de communia aliquid forisfecerit et per juratos emendare noluerit, homines communie exinde facient justiciam. — Si quis vero ad sonum pro communia congreganda factum non venerit, [duodecim denarios emendabit. — Si quis de communia], aliquid insipienter agens, preceptorum communie transgressor extiterit, major eum bannire poterit quamdiu sibi et juratis justum esse videbitur. — Si quis hominem de communia [suum esse clamaverit, et homo ei negaverit] se esse suum hominem, per gagia duelli hominem a domino [convinci] oportebit, nisi miles se tercio militum et per quatuor armigeros probaverit hominem esse suum. — Item si quis hominem de communia aliquem [clamaverit, et] homo eum dominum suum esse cognoscat, quindecim diebus inducias habebit ut se et sua transferat ad securitatem. Et si voluerit in villa remanere, poterit, salvo jure domini sui. — Item sciendum est quod nullus hominem de communia capere poterit preter majorem. — Si quis vero de communia sacramentum alicui de communia facere debuerit, et ante arramiationem sacramenti se in negocium suum [iturum] dixerit, propter illud faciendum de itinere suo non remanebit nec ideo incidet in emendam. Sed, postquam redierit, convenienter submonitus sacramentum faciet. — Et si communia pro auxilio meo vel [pro expeditione] vel quacumque de causa collectam aliquam vel misiam fecerit de aliqua re ad feodum meum pertinente, nichil in ea ponetur. — Statutum est etiam quod nullus de hominibus meis vel de custodia mea, [vel de] feodis meis, qui in prenominata villa manere voluerit, in dicta communia nisi de assensu meo recipietur. — De justicia mea vero et forisfactis meis, que in prefata villa retinui, ita statutum est : furtum, raptus, murtrum per me tantum justiciabuntur; et qui hec forisfacta fecerint, preposito meo tradentur, si major inde posse habuerit, nec de cetero in communia recipientur nisi assensu meo. — Omnia vero alia forisfacta majoris et juratorum erunt justicianda et judicanda. — Gagia duelli majoris et juratorum dicte communie erunt; sed victus in lege duelli meus erit. — Homines istius communie in equitatibus et exercitibus meis, longe et prope, mihi servire tenebuntur, et, nisi venerint, mihi emendabunt. — Homines istius communie mihi de pane et vino et carnibus et aliis victualibus, die qua in prefata villa venero et in crastino, si tantum ibi fuero, creditionem facient; et, si infra quindecim dies non reddidero, nichil amplius mihi credent quousque eis credita persolventur. — In prefata vero villa censum sexaginta solidorum annualium, cum venditionibus et justiciis eorum, quem in territorio de Fimes habebam, et octo sextarios annone quos in molendino de Fimes habebam pro pane operariorum de clauso meo faciendo, et septem [sextarios], medietatem avene et medietatem bladi, qui submonitori ville annuatim pro submonitionibus faciendis debebantur,

et vineam meam que vocatur Clausum, pro qua vinea ecclesie Igniacensi singulis annis tres modii albi vini tempore vindemiarum debentur, et castellano ville similiter quatuor modii annuatim, hominibus dicte communie concessi, hoc retento quod prefata, tam de blado quam de vino, homines communie persolvere tenebuntur. Et si de cetero aliquid residuum ultra quod dictum est, sive in censu, sive in blado vel avena, aliquo tempore inveniretur, major et jurati bona fide et super sacramenta sua, sine occasione et forisfacto, mihi reddere tenebuntur. — Cetera vero omnia que habebam tunc temporis hominibus communie remanebunt. — Si ego de aliquo de communia vel de ipsa tota communia clamorem fecero, major communie inde mihi rectitudinem tenebit infra ambitum communie. — De homine communie nullus mortuam manum habebit. — Homines istius communie de mortuis manibus, de forismaritagiis, de talliis, de toltis, de corveis, varennis, commendiis et chevagiis, quantum ad me pertinet, quieti erunt et liberi. — Si autem dissensio aliqua postmodum emerserit, videlicet de judicio sive de alia re que non sint in hac carta prenotata, illud facerent ad usum et testimonium juratorum communie Meldensis. — Extra prefatam communiam homines communie cartam suam de communia monstrare non compellentur. — Sciendum vero quod pro permissione communie reddent mihi vel certo nuncio meo homines de communia et successoribus meis centum octoginta libras Pruviniensium annuatim, in crastino Natalis Domini, infra communiam. — Sub prenotatis itaque constitutionibus omnes homines meos, quicumque in prescripta communia fuerint, immunes et quitos a tallia et ab omni prava exactione, salvis hiis que superius sunt, in perpetuum esse concedo. — Si vero acquisiero infra castellariam de Fimes molendinum vel furnum, homines de communia tenebuntur coquere ad meum furnum et ad meum molere molendinum, ad tales consuetudines quas solebant coquere et molere die qua presentes littere facte fuerint. — Hec omnia vero superius dicta tenere et observare in perpetuum in animam meam jurari feci. Successores vero mei tali modo facere jurare tenebuntur. — Quod ut ratum permaneat et firmum teneatur litteris annotatum, hanc cartam fieri volui sigilli mei munimine roboratam. Actum apud Meldas, anno incarnati Verbi millesimo ducentesimo vicesimo sexto, mense januario, die Apparitionis Domini.

<small>La pièce cotée Champagne, V, n° 22, est une copie ancienne et très-exacte, mais qui a été fortement endommagée par l'humidité. Nous avons rétabli les passages complétement illisibles à l'aide du registre LIII du Trésor des Chartes, qui renferme, fol. 49, pièce CIX, les lettres de confirmation de la commune de Fismes en Champagne (Marne, arr. de Reims), accordées en mars 1316 par Philippe le Long, et dans lesquelles les lettres originales du comte de Champagne sont textuellement relatées.</small>

1914   1226-27. Dimanche 10 janvier.

(J. 232. — Saint-Quentin, n° 7. — Original.)

Frater O. de Rupe, domorum militiæ Templi in Francia præceptor, Ludovicum illustrem Franciæ regem certiorem facit se ei, assensu et voluntate fratrum suorum, perpetuo remisisse duas præbendas, unam videlicet in ecclesia S. Quintini et alteram in ecclesia S. Fursei de Perona, quas bonæ memoriæ Philippus rex, præfati regis avus, Templariis in donum contulerat. — « In cujus rei testimonium, presentes litteras sigilli nostri munimine fecimus roborari. Datum anno Domini M° CC° XX° VI°, dominica post festum Epiphanie. »

<small>Traces de sceau pendant sur double queue. — Cette pièce était, suivant toute apparence, scellée du sceau de O. de la Roche, précepteur des maisons de la milice du Temple en France. Ce sceau n'a pas été retrouvé.</small>

1915   Paris. 1226-27. Janvier.

Homagium Johannæ de Credona pro senescalcia Andegaviæ, Cenomanniæ et Turonniæ.

(J. 179. — Craon, n° 4. — Original scellé.)

Ego Johanna de Credona, Andegavie senescalla, notum facio universis presentes litteras inspecturis quod karissimus dominus noster Ludovicus rex Francie illustris recepit nos in feminam suam ligiam de senescaltia Andegavie, Cenomannie et Turonie, tenenda et habenda sicut bone memorie Guillelmus de Ruppibus, genitor noster, eam tenuit et habuit, antequam inclite recordacionis Philippus, quondam Francie rex, avus ipsius, ei tradidisset civitatem Andegavensem et Baugiacum. — Et vult idem dominus rex ut eo modo fiat pro nobis tanquam pro senescalla feodata; et, si contentionem aliquam oriri contingeret inter ipsum et nos quin dictam senescalciam teneremus et haberemus sicut predictum est, volumus ut per dilectos nostros B. (Bartholomeum) de Roya Francie camerarium, et Matheum de Montemorenciaco Francie constabularium, Johannem de Bellomonte, vicecomitem Castri Duni, vicecomitem Bellimontis et Hugonem de Bauceyo, ad inquisitionem eorum legitimam, dicta contentio sopiatur. — Actum Parisius, anno Domini M° CC° vicesimo sexto, mense januario.

<small>Sceau de Jeanne de Craon, sénéchale d'Anjou; cire blanche, double queue; décrit dans l'*Inventaire* sous le n° 294.</small>

1916   Paris. 1226-27. Janvier.

B. de Mercorio recognoscit castrum Gredonense sibi ad vitam suam a domino rege datum fuisse.

(J. 295. — Languedoc, n° 5. — Original scellé.)

Ego Berardus de Mercorio, notum facio universis presentes litteras inspecturis quod karissimus dominus meus Ludovicus, rex Francie illustris, michi concessit castrum suum Gredonense, cum omnibus pertinentiis ejus et cum illis que pertinent ad vicecomitatum Gredonensem, tenenda de eodem domino rege per totam vitam meam; et, post decessum meum, hec omnia ad ipsum et heredes suos, quiete et libere et sine omni contradictione, revertentur. — Ego autem Berardus prefatum castrum dicto domino regi custodire teneor fideliter et reddere ad magnam vim et parvam, sicut alia castra que teneo de eodem, quotiens ab ipso domino rege, vel certo nuntio suo, super hoc fuero requisitus; et si contingeret quod aliquis recuperaret castrum illud per judicium curie domini regis, ego Berardus illud redderem, omni occasione remota. — Et si dominus rex haberet denarios de pignore quod R. (Raimundus), quondam comes Tholosanus, habebat super Amilianum et aliam terram regis Arragonum, exinde mihi daret dominus rex quantum ad dictum castrum et ejus pertinentias pertineret. — In cujus rei memoriam et testimonium, sigillo meo presentes litteras consignavi. Actum Parisius, anno Domini M.CC.XXVI, mense januarii.

<small>Sceau de Béraud de Mercœur en Auvergne; cire blanche, double queue; décrit dans l'*Inventaire* sous le n° 2794. — Grezès-le-Château, *Gredonense Castrum*, est situé dans le Gévaudan (Lozère, arr. de Marvejols).</small>

1917 — 1226-27. Janvier.

(J. 195. — Champagne, III, n° 11. — Original scellé.)

Erardus de Brena et Philippa ejus uxor notum faciunt se, pro duobus millibus et quingentis libris Pruvinensium, domino suo Theobaldo Campaniæ et Briæ comiti palatino quidquid apud Herbiciam, et Richeborg, et in pertinentiis, et in nemoribus S. Medardi et S. Boemii, ex assignatione præfati comitis habebant, vendidisse, excepta tamen parte nemoris S. Boemii quam Garnerio de Triangulo domino Marigniaci et Helissendi ejus uxori Perticensi comitissæ, circa domum eorum de S. Boemio, per excambium contulerant; cujus partis pretium de dicta pecuniæ summa, ad æstimationem domini Mathei Tuquin et domini Henrici de Bordis, abbreviabitur. — « In cujus rei testimonium, præsentes litteras sigillorum nostrorum munimine fecimus roborari. Actum anno Domini millesimo ducentesimo vicesimo sexto, mense januario. »

Cette charte était scellée de deux sceaux pendants sur double queue. Il ne reste plus qu'un fragment du sceau d'Érard de Brienne; celui de Philippe de Champagne, sa femme, s'est détaché; mais ils sont tous deux décrits dans l'*Inventaire* sous les n°⁵ 1568 et 1569.

1918 — 1226-27. 15 février.

Instrumentum de quinquaginta eminatis garrigæ Rostagno Rufo et ejus sociis ab Elisabeth, B. Enguiranno et aliis ad rumpendum concessis.

(J. 322. — Toulouse, XIII, n° 50. — Original.)

Notum sit omnibus hominibus, tam presentibus quam futuris, anno ab incarnatione Domini $M^o CC^o XXVI^o$, XV° kalendas marcii, quod ego Helizabes et ego Bertrandus Enguirannus filius ejus, et ego Syminna frater ejus, et ego R. de Boc frater eorum, donamus bona voluntate et non cohacti nec seducti aliquo malo ingenio L. eminatas guarrigue tibi Rostagno Rufo, et Stephano, et tibi W. Sabatherio, et Petro Sabaterio fratri tuo, et W. Lueicegue, quod vos omnes possitis habere v. blados de garriga rupta de novo, successive, in pace et quiete, antequam ad nos revertantur novalia, scilicet terra rupta de novo. — Et nos omnes promittimus bona fide et sine fraude tibi Helizabet et filiis tuis dare rascam de novalibus a nobis ruptis, sicut perceperimus v. blados, successive annuatim. — Et ego Bertrandus Enguirannus et fratres mei promittimus tibi Rostagno Rufo, et tibi W. Sabatherio, et aliis qui vobiscum fecerunt rumpere dictam guarrigam, quod faciamus vobis tenere et possidere rumpidam in pace et quiete, toto tempore pretaxato, donec habueritis v. blados, et renuntiamus omnibus exceptionibus nobis competentibus vel competituris que nobis valere possent et vobis noscere, et renuntiamus omni juri scripto et non scripto, legali et canonico, et promittimus non venire contra, per nos vel per alium, infra tempus pretaxatum, et promittimus vos custodire et servare indempnes ab omni dampno quod veniret occasione nostrorum. — Et quod ita attendatur sicut superius scriptum est, ego Gaufridus Terrellus et ego Poncius Raibertus sumus tibi Rostagno et tibi W. Sabaterio et aliis bonos fidejussores, et obligamus vobis omnia bona nostra habita et habenda, renuntiantes beneficio novæ constitutionis et epistole divi Adriani que concedit inducias III^{or} mensium. — Actum fuit hoc in domo Ugonis Enguiranni, in presentia ystorum testium : Ugonis Bermundi, W. Porcelli. Et ego W. de Ponte, publicus notarius ville Berre, interfui et scripsi hanc cartam precibus utriusque partis, et ai posui signum meum. (*Hic adest signaculum notarii.*)

1919 — 1226-27. Février.

(J. 326. — Toulouse, XVII, n° 24. — Original.)

Instrumentum undulatum et per litteras alphabeti divisum quo constat Raimundum de Dornano medietatem totius mandatici omnium furnorum Podii Laurentii Raimundo Cogot, et nepotibus ejus, Bernardo Cogot, Willelmæ ejus sorori eorumque ordinio, pro LXXXX. solidis Tolosanis ad acaptum dedisse. — « Testes hujus rei sunt : Ugo Rotlandus, et B. de Vileta, et Gausbertus de Soleriis, et Miquael Folaquerius, et Willelmus de Bella Serra qui hanc cartam scripsit, mense februarii, anno $M^o CC^o XXVI^o$ incarnationis Xpisti, Lodoycho rege regnante, Raimundo Tolosano comite, Fulchone episcopo. »

1920 — Loudun. 1226-27. Mars.

Litteræ Philippi comitis Boloniæ de sex millibus libris Turonensium annui redditus sibi a domino rege in feodum concessis.

(J. 238. — Boulogne, I, n° 11. — Original scellé.)

Philippus comes Bolonie universis ad quos presentes littere pervenerint, salutem. — Noveritis quod karissimus dominus et nepos noster Ludovicus, Dei gratia Francie rex, nobis dedit et concessit, ad vitam nostram, sex milia librarum Turonensium capienda, singulis annis, quamdiu vixerimus, apud Templum Parisius : duo milia in compoto Ascensionis Domini, et duo milia in compoto Omnium Sanctorum, et duo milia in compoto Candelose; et de hoc nos recepit in hominem ad vitam nostram. — Nos vero corporale ei prestitimus juramentum quod nichil omnino de cetero exigemus ab eo vel heredibus suis pro parte terre. — Quod ut firmum permaneat et ratum, presentes litteras sigilli nostri appensione fecimus communiri. — Actum apud Losdunum, anno Domini millesimo ducentesimo vicesimo sexto, mense martio.

<small>Sceau de Philippe de France, dit Hurepel, comte de Boulogne; cire verte sur lacs de soie rouge et verte; décrit dans l'*Inventaire* sous le n° 1062.</small>

1921   Paris. 1226-27. Mars.

Theobaldus Campaniæ comes se feoda Britolii, Millenceii et Remorentini regi cedere declarat.

<small>(J. 199. — Champagne, VII, n° 26. — Original scellé.)</small>

Omnibus ad quos littere presentes pervenerint Theobaldus Trecensis et Brie comes palatinus, salutem. — Noverit universitas vestra quod nos karissimo domino nostro Ludovico regi Francie illustri et ipsius heredibus concessimus libere et in perpetuum quittavimus quicquid in feodis Britolii, Millenceii et Remorentini habebamus vel reclamare in eis de jure poteramus. — Ut autem hec nostra concessio et quitatio perpetuam et stabilem obtineat firmitatem, presentibus litteris et sigilli nostri munimine easdem duximus roborandas. — Actum Parisius, anno Domini M° CC° vicesimo sexto, mense martio.

<small>Sceau de Thibaut IV, comte de Champagne; cire jaune sur lacs de soie rouge et verte; décrit dans l'*Inventaire*, n° 572, d'après le type appendu à cette charte, lequel est d'une conservation remarquable.</small>

1922   Vendôme. 1226-27. Mars.

Litteræ Petri ducis Britanniæ de pactionibus matrimonii inter Yolendim filiam suam et Johannem fratrem regis Franciæ contrahendi.

<small>(J. 241. — Bretagne, coffre, n° 4. — Original scellé.)</small>

Universis presentes litteras inspecturis P. (Petrus) dux Britannie, comes Richemondie, salutem.

— Noverit universitas vestra quod karissimus dominus meus Ludovicus, rex Francorum illustris, concessit michi Johannem fratrem suum, quem clare memorie Ludovicus rex Francie genitor suus heredem constituit comitatuum Andegavensis et Cenomanensis, Yolendi filie mee, si Romana ecclesia consenserit, conjungendum copula maritali, sub tali forma quod ego, quousque predictus Johannes frater domini regis ad etatem viginti unius annorum venerit, tenebo civitatem Andegavi et Baugiacum et Bellumforte cum pertinenciis eorum. Salmurum vero et Losdunum, cum pertinenciis, et omnia alia, que pertinent ad comitatum Andegavensem, extra episcopatum Andegavensem sita, in manu domini regis et heredum suorum et domine regine B. (Blanche) matris sue in perpetuum remanebunt. — Tenebo autem hec supradicta usque ad prefatum terminum, salvis in hiis domino regi et heredibus suis exercitu et equitatione, et regalibus Andegavi et abbaciarum, et hommagiis baronum et castellanorum et vavassorum et omnium aliorum feodatorum, de quibus scilicet vavassoribus et minoribus feodatis habebo sacramentum fidelitatis usque ad terminum predictum. — Omnes alii exercitus contenti in hiis terris, exceptis corporibus militum, reddentur domino regi fideliter per manum meam. — Omnia autem expleta et omnes alii proventus terrarum illarum, exceptis exercitu et equitatione et regalibus et hommagiis, usque ad dictum terminum in manu mea remanebunt, salvo jure senescalcie. — Tenebo etiam usque ad eundem terminum, si forte reginam Berengariam mori infra contigerit, civitatem Cenomanensem eo modo quo eadem regina tenet eam, salvo eo quod forestas Andegavenses vel Cenomanenses, nisi per voluntatem domini regis et domine regine, vendere non potero nisi ubi alias vendi solet, salvis altis et antiquis forestis quas vendere non potero, sicut predictum est, nisi de voluntate domini regis et regine. — Hec autem omnia tenebo et habebo usque ad dictum terminum, sicut tutor et eo modo quo alii tutores tenent ea que habent in tutela. — Tenebo etiam hec omnia ad bonos et legitimos usus, et bonas et legitimas consuetudines, ita quod, si quid in hiis meffacerem, ad considerationem curie domini regis illud tenerer emendare. — Si forte dictum Johannem fratrem domini regis infra dictam etatem viginti unius annorum, quod Deus avertat, mori contigerit, vel si predictum matrimonium inter ipsum et filiam meam modo aliquo dissolvatur, nichilominus tenebo terram prenominatam usquequo predictus terminus viginti unius annorum compleatur, et, statim post conpletionem ipsius, tota predicta terra redibit in integrum ad dominum regem et heredes suos. — Similiter si infra eundem terminum me mori contigerit, dicta terra ad dominum regem et heredes suos in integrum revertetur. — Preterea sciendum est quod idem dominus meus rex Ludovicus dedit mihi et concessit Sanctum Jacobum de Bevron, cum pertinenciis suis, ad usus et consuetudines Normannie, et Belismum, et Perreriam, cum foresta et feodis et aliis pertinenciis, ad usus similiter et consuetudines terre, mihi et meis heredibus perpetuo possidenda, tali siquidem modo quod neque in hiis que hereditarie neque in hiis que ad tempus tenere debeo, poterimus, ego vel heredes mei, novas facere fortericias neque veteres inforciare, et salvis in omnibus hiis feodis et elemosinis et donis que facta sunt in eisdem temporibus retroactis, et salvo omni alieno jure; ita quidem quod, si per jus perderem Belesmum et Perreriam cum foresta et aliis pertinenciis, redditus castri Belesmi et Perrerie, sicut ea tenet dominus rex ad presens, modo apreciabuntur et venditio boscorum similiter, et valor redditus omnium predictorum mihi assignaretur in terra. — Sciendum est autem quod ego Yolendi filie mee, quam debet, sicut predictum est, ducere in uxorem prefatus Johannes frater domini regis, dedi et concessi in maritagium Braiam, cum universis ejus pertinenciis, ad usus et consuetudines Francie, et Castrum-celsum et quicquid justo modo acquirere potero in Andegavia, et Sanctum Jacobum de Bevron, et Perreriam, et Belesmum cum suis pertinenciis, salvo eo quod hec omnia tenebo toto tempore vite mee. — Insuper sciendum est quod ego corporale prestiti juramentum domino regi et domine regine matri sue quod bene et fideliter eis serviam, et juvabo eos bona fide contra omnem creaturam que possit vivere et mori, et quod de me vel filio meo vel filia, vel aliqua alia re in mundo, nullam omnino confederationem faciam vel fieri permittam, nec per matrimonium nec alio modo, cum rege Anglie vel Ricardo fratre suo, vel cum aliquo alio de suis, neque cum aliquibus aliis qui dominum regem aut regnum Francie guerrearent vel qui cum domino rege treugam haberent, set ipsi domino regi et heredibus suis et domine regine matri sue semper fideliter adherebo, nec desponsabitur vel maritabitur filia mea quousque dictus Johannes, frater domini regis, quartum decimum etatis sue compleverit annum. — Preterea juravi quod nullo umquam tempore a domino rege vel heredibus suis, vel a domina regina matre sua, aliquid amplius potero exigere nec in denariis nec in terra, occasione alicujus conventionis retroacte. — Domina autem regina, et episcopus Silvanectensis Francie cancellarius, et Philippus comes Bolonie facient appreciari Andegavum et Baugiacum et Bellumforte et quicquid in hiis habebo, presentibus servientibus meis, et quando perdidero dictum ballum, mihi ad vitam meam assidebunt, pro voluntate sua, valorem dicte terre juxta rationem appreciationis inde facte, vel ad vitam meam tenerem terram illam. — Si forte Johannes filius meus me vivente decesserit, Johannes frater domini regis non poterit aliquid exigere in Britannia ratione uxoris sue quamdiu vixero. — Per predictas siquidem conventiones teneor emendare ad judicium curie domini regis, secundum usus et consuetudines Francie, si aliquid meffacerem hominibus domini regis vel terre sue. — Si autem ego contra dictas conventiones venirem, dominus rex non teneretur in aliquo, et omnia supradicta ad ipsum et heredes suos reverterentur, nisi hoc ad judicium curie domini regis, infra quadraginta dies postquam fuero submonitus, curavero emendare. — Si autem, postquam Romana ecclesia consenserit sponsalibus faciendis, Johannes frater domini regis decesserit infra completum quartum decimum annum vel post, sine herede, mihi mea filia redderetur. — Et sciendum quod ego teneor tradere Yolendim filiam meam domino Philippo comiti Bolonie, et domino electo Remensi, et domino comiti Roberto, et domino Injorrando de Gociaco, et domino Matheo de Montmorenci Francie constabulario, infra quindenam instantis Pasche, ad faciendum de ipsa voluntatem suam et quicquid de ea voluerint ordinare. — Actum Vindocini, anno Domini M° CC° vicesimo sexto, mense martio.

Scellé en cire verte, sur lacs de soie rouge et verte, du sceau de Pierre Mauclerc, duc de Bretagne, décrit dans l'Inventaire sous le n° 534, d'après un type appendu à un acte daté de 1220.

1923 1226-27. Mars.

(J. 168. — Beaumont-sur-Oise, n° 28. — Original scellé.)

Petrus B. Dionysii abbas et ejusdem loci conventus notum faciunt Ludovicum Francorum regem partem illam quam habebat in castanearia S. Martini in colle, cum haia et les frous quæ ibidem possidebat, sibi quittavisse, et a se in excambium recepisse partem illam quam habebant in bosco de Fairidel et quædam alia. — « Quod ut ratum sit et inviolabilis firmitatis inconcussum in posterum robur obtineat, presentem paginam inde conscriptam sigillorum nostrorum caractere duximus communire. Actum anno Domini M° CC° vicesimo sexto, mense marcio. »

*Deux sceaux en cire verte sur lacets de fil rouge et blanc. — Le sceau de Pierre I*er*, abbé du monastère de Saint-Denis, est décrit dans l'Inventaire sous le n° 9018; le sceau du couvent, sous le n° 8370.*

1924 1226-27. Mars.

Isabella regina Angliæ recognoscit sibi de dotalitio suo competentem a rege Franciæ factam fuisse recompensationem.

(J. 628. — Angleterre, II, n° 10. — Original scellé.)

Isabella, Dei gratia regina Anglie, comitissa Marchie et Engolismi, universis presentes litteras inspecturis, salutem. — Noverint universi quod, cum karissimus dominus noster Ludovicus, Dei gratia rex Francie illustris, competentem nobis recompensationem fecerit de dotalicio nostro, nos, de consilio, voluntate et assensu karissimi domini et mariti nostri Hugonis de Lyzignan, comitis Marchie et Engolismi, quittamus eidem domino regi et domine regine matri ejus et heredibus suis in perpetuum omnia ea unde idem dominus rex tenens est vel fuit, que ab ipso nomine dotalicii petere poteramus. — Et quia dicta recompensatio, facta nobis ab eodem domino rege super dotalicio nostro, inserta est in litteris quas ab eodem domino rege habuimus super conventionibus inter ipsum et nos de novo initis, nos abrenuntiamus omnibus cartis et instrumentis, que de eodem dotalicio nostro habebamus, quoad ea videlicet unde idem dominus rex est tenens vel fuit, ita quod, occasione cartarum vel aliorum instrumentorum que unquam habuerimus vel alia de causa, nichil de cetero petere poterimus ab eodem domino rege vel domina regina matre ejus vel ejus heredibus nomine dotalitii, nisi quod ab ipso nobis concessum est annuatim quamdiu vivemus, sicut in suis predictis litteris continetur expressum. — Hec autem fideliter et bona fide a nobis observanda, voluntate et assensu karissimi mariti nostri Hugonis comitis Marchie et Engolismi, juramento firmavimus prestito corporali. — Actum anno gratie M° CC° XX° sexto, mense marcio.

Sceau d'Isabelle d'Angoulême, reine douairière d'Angleterre, veuve de Jean Sans-terre, mariée en secondes noces à Hugues X de Lusignan, comte de la Marche; cire blanche sur lacs de soie rouge, jaune et verte; décrit dans l'Inventaire sous le n° 10010.

1925 Saint-Germain en Laye. 1226-27.
Avril avant Pâques, du 1er au 10.

Homagium ligium ab Hugone vicecomite Thoarcii domino regi Franciæ præstitum.

(J. 373. — Seigneurs de Thouars, n° 4. — Original scellé.)

Universis presentes litteras inspecturis, Hugo vicecomes Thoarcii, salutem. — Noveritis quod ego domino meo Ludovico Francie regi illustri feci hominagium ligium contra omnes homines, qui possunt vivere et mori, de domaniis et feodis que Haymericus, quondam vicecomes Thoarcii, frater meus, tenebat in comitatu Pictavie ea die qua diem clausit extremum, tenendis ab ipso domino rege et heredibus suis ad usus et consuetudines Pictavie, et ad servitia que feoda debent et sicut feoda asportant, et de domaniis et feodis que idem Haymericus quondam vicecomes Thoarcii, frater meus, tenebat in comitatu Andegavie, ea die qua clausit extremum diem, tenendis ab ipso domino rege et heredibus suis, ad usus et consuetudines Andegavie et ad servitia que feoda debent et sicut feoda asportant. — Insuper domino regi predicto super sacrosancta corporaliter juravi quod fidelitatem, in hominagio meo promissam, sibi et heredibus suis in perpetuum fideliter observabo. — Quod ut robur optineat perpetue firmitatis, presenti scripto et sigilli mei testimonio confirmavi. — Actum apud Sanctum Germanum in Laya, anno Domini M° CC° vicesimo sexto, mense aprili.

<small>Sceau en cire verte sur lacs de soie rouge, décrit dans l'*Inventaire* sous le n° 1084. — Cet hommage rendu au Roi par Hugues II, vicomte de Thouars, et daté du mois d'avril 1226, pourrait être du mois d'avril 1226 après Pâques, du 19 au 30, et il appartiendrait ainsi au règne de Louis VIII. Mais il y a beaucoup plus de probabilité pour en fixer la date au mois d'avril 1226-27 avant Pâques, du 1er au 10, et par conséquent pour l'attribuer au règne de Louis IX, comme l'a fait le P. Anselme, *Histoire généalogique de la maison de France*, t. IV, p. 192.</small>

1926   1227. Avril après Pâques, du 11 au 30.

Litteræ Richardi comitis, fratris regis Angliæ, de treugis a se cum domino rege Franciæ initis.

(J. 628. — Angleterre, II, n° 12. — Original scellé.)

Universis presentes litteras inspecturis Ricardus comes, frater domini regis Anglie, salutem in Domino. — Noveritis nos cepisse firmam treugam et legalem de nobis et omnibus hominibus nostris, et omnibus inprisis, feaudis et tenementis nostris et nostrorum, cum Lodovico, Dei gratia rege Francie, et regina matre sua, et cum omnibus hominibus suis et inprisis suis qui eidem adherebant die lune post dominicam qua cantatum fuit *Letare, Jerusalem*, et de omnibus feaudis et tenementis, que ipse rex et sui tenebant ad dictum diem, firmiter observandam usque ad quindenam Nativitatis Sancti Johannis Baptiste, ita quod per terram et per mare mercatores cum rebus suis, et omnes alii cujuscumque conditionis sint, eant et redeant secure per terras quas rex Francie et sui possident, et per terras quas nos et nostri possidemus. — Milites vero nostri ac alii homines nostri poterunt ire per terras quas rex Francie et sui possident, more transeuntium, ita quod non possint perhendinare in villis regis Francie et suorum, nisi infirmitate propriorum corporum vel alia evidenti occasione fuerint preventi vel detenti; exceptis fugitivis qui non poterunt, nisi de licencia regis Francie, ad terram de qua ejecti sint remeare. Eodem modo erit de fugitivis nostris observandum. — Et milites et servientes ipsius regis Francie ac alii homines sui eodem modo ire poterunt per terram et villas nostras et nostrorum. — Hujusmodi vero treuga debet insinuari domino regi Anglie fratri nostro; quam si ratam habuerit, infra tres septimanas post Pascha regem Francie certificabit vel ejus mandatum scilicet quod de navigio Anglie terre regis Francie et suorum nichil erit timendum usque ad dictum terminum. — Et similiter assensus regis Francie et matris sue infra dictas tres septimanas, super observacione treuge erga dominum regem Anglie, debet sciri et nunciis suis intimari. — Burgenses vero regis Francie et suorum omnia tenementa sua, que possidebant tempore bone memorie Lodovici regis Francie, usque ad terminum dicte treuge pacifice possidebunt, salvo jure et dominio dominorum de quibus dicta tenementa movere dinoscuntur. — Et eodem modo burgenses nostri et nostrorum tenebunt sua tenementa usque ad dicte treuge terminum pretaxatum; ita tamen quod mobilia, que ejecta fuerunt de terra domini Savarici de Malloleone per eos qui, tempore pie recordacionis dicti Lodovici regis Francie, relicta terra domini Savarici, apud Rupellam fieri fecerint mansionem, in dictis feaudis reportabuntur juxta juramenta Gervasii Savarici et Raymundi Taillandi; hoc salvo quod de hiis mobilibus cultura vinearum poterit capi, presente mandato domini Savarici et presentibus dominis vinearum, secundum quod per ipsos cultura vinearum legitime poterit estimari. Et si quod residuum fuerit, cultura vinearum prius soluta, in eadem saisina remanebit. — Si quid vero in hujusmodi treuga, infra dictum terminum, ab alterutra parcium fuerit interceptum, in Petragoricó et Wasconia emendabitur per Petrum Ays et Petrum Bermundi, milites, dictatores constitutos ex parte regis Francie, et per Petrum Ogerii et per Fergant, milites, constitutos ex parte nostra. Et debent convenire ad portum Castellionis. — Si quid vero interceptum fuerit in partibus Xanctonie et Emgolismi infra dictum terminum, emendabitur per Arn. (Arnaldum) de Amblevilla militem et senescallum Xanctonie, constitutos ex parte regis Francie, et Ranulfum de Talemund, et Galf. Ridelli de Blavia, constitutos ex parte nostra. Et debent convenire apud La Barde. — Similiter vero, si quid interceptum fuerit in Pictavia et Alnisio, per Willelmum Ermengo militem et Hugonem Grassin, constitutos ex parte regis Francie, et per Hugonem Raymundum et Hugonem de Podio, milites, constitutos ex parte nostra, emendabitur ; et debent convenire apud Pontem de Cesse. — Omnes vero isti dictatores juraverunt pro utraque parte recte judicare, et utrique parti justas emendas facere. — Comes vero Marchie, pro se et suis, Johannes marescallus Francie, Thomas de Blazonio, Hugo de Bauzaio, Droco de Moy, Herveus de Busancy et Petrus Bermundi milites, pro rege Francie et regina matre sua juraverunt predictam treugam usque dictum terminum firmiter observandam. — Et nos R. (Richardus) comes pro nobis et nostris, S. (Savaricus) de Malloleone, Will. de Boeles, Will. Talebot, Walter. de Alemania, Will. Mengoti, H. de Vivone, Gir. de Blavia, Colinus de Molis, Will. de Valencia, Galf. de Pontibus et Hugo de Alemania juraverunt, ex parte nostra, dictam treugam usque ad dictum terminum firmiter observandam. — Actum anno gracie M° CC° vicesimo septimo.

Tillemont, *Vie de saint Louis*, I, p. 462 et 463, fixe la date de ce traité au lundi 22 mars *(die lune post dominicam qua cantatum fuit Letare)*, jour qui est en effet désigné dans le texte comme point de départ de la trêve, laquelle devait se prolonger jusqu'au 8 juillet. Mais des termes mêmes du texte *(cum omnibus hominibus suis qui eidem adherebant die lune..... de omnibus feodis que ipse rex et sui tenebant ad dictum diem)*, il nous semble résulter que le jour du 22 mars, indiqué pour déterminer la situation des parties belligérantes qui devaient être comprises dans la trêve, était déjà passé depuis quelque temps lorsqu'elle fut conclue, et à moins de prétendre que la pièce a été datée en commençant l'année au 1er janvier, ce qui n'est pas probable, la date de **1227**, placée au bas de l'acte, nous semble prouver d'une manière péremptoire qu'il a été écrit postérieurement au 11 avril, jour de Pâques, commencement régulier de l'année **1227** ; c'est ce qui nous a déterminé à placer cette pièce au mois d'avril **1227** après Pâques, du 11 au 30 avril. — Elle est scellée en cire blanche, sur double queue, du sceau de Richard d'Angleterre, comte de Poitou, second fils de Jean Sans-terre et d'Isabelle d'Angoulême, frère puîné de Henri III. Voyez l'*Inventaire des sceaux*, n° 10188.

1927   1227. Vendredi 14 mai.

(J. 198 B. — Champagne, VI, n° 64. — Original.)

Petrus abbas S. Dionysii et totus ejusdem loci conventus notam faciunt compositionem inter se et nobilem virum Theobaldum Campaniæ et Briæ comitem palatinum de residuo forestæ de Maant initam : cujus forestæ quinta pars præfato conventui, ab omni usuario vel grueria libera et in perpetuum pacifice possidenda, ad essartandum attribuitur. — « Quod ut notum et firmum permaneat literis annotatum, sigillorum nostrorum munimine roboravimus. Actum anno Domini M° CC° vicesimo septimo, mense maio, die veneris proxima ante Ascensionem Domini. »

Traces de deux sceaux pendants sur lacs de soie verte. — Les sceaux de l'abbé Pierre et du couvent de Saint-Denis, qui étaient appendus à cette charte, se sont détachés. Voyez leur description dans l'*Inventaire*, n°s 9018 et 8370.

1928   Gaillac. 1227. Mai.

Serment de fidélité fait au comte de Toulouse par Guillaume Bernard et Pierre Gros, seigneurs de Najac, contre l'Église et le roi de France.

(J. 305. — Toulouse, III, n° 59. — Original scellé.)

Conoguda causa sia a totz aquels qui aquesta carta veiran que nos Guillems Bernad de Naiac e Peire Gross, senhors de Naiac, per nos e per totz nostres amix, de grat e en bona fe, prendem a captienh l'oudrat senhor nostre R. (Raimond), per la gracia de Dieu duc de Narbona, comte de Tholosa, marques de Proensa, e tot lo sieu affar contra totz homes, e li prometem fermament que ab lo reg de Fransa ni ab la Gleisa, ni ab luns *(corr.* nuls*)* autres enemix sieus, plag ni fin ni acordament no farem ses lui. E, sil plag el acordament, que essems ab nos a lui seria fags, no li era tengutz, nos lo tenriam per frag a nos, e li'n seriam deffendedors e valedors contra totz homes a bona fe. — Et a maior fermetat d'aquesta causa, aquesta present carta li'n faim sagellar ab nostre sagel. E que en aissi totas aquestas causas tengam e gardem e ja contra no vengam, sobre santz mr Evangelis de grat e en bona fe o juram. — Fag fon aisso a Gallac, el mes de mag, anno incarnati Verbi M° CC° XX° septimo.

Sceau de Bernard, seigneur de Najac dans le Rouergue (Aveyron, arr. de Villefranche). Fragment en cire blanche appendu à l'acte sur double queue, décrit dans l'*Inventaire* sous le n° 3024.

1929   1227. Mai.

(J. 203. — Champagne, XI, n° 19. — Original.)

Petrus Meldensis episcopus notam facit et confirmat sententiam arbitralem ab Auberto B. Mariæ de Cagia abbate et domino Gilone de Atiaco milite prouuntiatam super querelis inter se et Theobaldum Campaniæ et Briæ comitem palatinum versatis, videlicet : de nominatione magistri domus Dei Meldensis, de usuario quod episcopus in nemore Medunti vindicabat, de pilorio et justitia quæ comes sibi pertinere dicebat in foro Meldensi, et de hominibus Congiaci quos ab exercitu et chevalcheia comitis episcopus immunes asserebat. — Ex hac sententia, magistri domus Dei præsentatio comiti, episcopo autem receptio adjudicatur. Si vero magister receptus in domo male se habuerit, eum comes revocare tenebitur infra quadraginta dies postquam ab episcopo admonitus fuerit; quod si facere neglexerit, jus revocationis episcopus exerceat. — Pro usuario nemoris de Medunto, centum et viginti arpenta ejusdem nemoris infra tres annos essartanda et ab eo ejusque successoribus possidenda prædicto episcopo adjudicantur. — Pilorium in foro Meldensi remanebit, sed nullum aliud ædificium de cetero poterit comes in dicto foro ædificare sine licentia episcopi, neque de cetero fiet ibidem justitia per quam aliquis perdat vitam, vel membrum vel signetur calido ferro, salva in omnibus justitia quam utraque pars habebat ante hoc dictum. — Homines de Congiaco, quotienscumque fuerint a comite vel ejus mandato submoniti, in exercitum et chevalcheiam dicti comitis ibunt. — « In cujus rei testimonium, presentes litteras sigilli nostri munimine roboravimus. Actum anno gratie millesimo ducentesimo vicesimo septimo, mense maio. »

Traces de sceau pendant sur double queue. — Voyez dans l'*Inventaire*, n° 6702, la description du sceau de Pierre de Cuisy, évêque de Meaux.

1930 Sens. 1227. 5 juin.

Litteræ Romani cardinalis archiepiscopo Turonensi de solvenda decima in concilio Bituricensi Ludovico regi per quinquennium concessa.

(J. 428. — Albigeois, n° 7. — Copie ancienne.)

Venerabili in Xpisto patri [Johanni] Dei [gratia] archiepiscopo Turonensi et ejus suffraganeis, Romanus eadem gratia Sancti Angeli diaconus cardinalis, Apostolice Sedis legatus, salutem in Domino. — Cum de consilio venerabilium patrum archiepiscorum, episcoporum [et] aliorum prelatorum ecclesiarum nec non et procuratorum ecclesiarum cathedralium quos Bituris ad concilium convocavimus pro negotio fidei atque pacis, sicut in eorum consiliis, in scriptis redactis et sigillatis, plenius continetur, bone memorie L. (Ludovico), regi quondam Francorum illustri, concessimus decimam omnium proventuum ecclesiasticorum nostre legationis usque ad quinquennium, si tantum duraret negocium memoratum, prout in nostris et aliorum prelatorum, qui nobiscum presentes aderant, super hoc confectis evidenter apparet, quidam minus plene solverunt, quidam contra venire presumpserunt, in contemptum Dei et Ecclesie et fidei xpistiane, nec non etiam in destructionem negocii supradicti; ideoque paternitati vestre, qua fungimur auctoritate districte precipiendo mandamus quatinus penas, quas olim constituimus contra hujusmodi contemptores, sicut in litteris super hoc editis videre poteritis manifeste, coram capitulis ipsis vel illis qui fuerint in capitulis, publice legi et publicari facientes, transcriptum ipsarum litterarum vel etiam ipsas litteras eis nullatenus concedatis, sed tam nostras, quas ad vos mittimus, quam alias statim per latorem nobis presentium remittatis. — Datum Senonibus, nonas junii, anno Domini M° CC° XX° VII°.

1931 Saint-Germain en Laye. 1227.

Lundi 21 juin.

Securitas facta Blanchæ comitissæ Campaniæ a Matheo de Montemorenciaco pro Jacobo Castri Gonterii de excasura comitatus Perticensis.

(J. 198 B. — Champagne, VI, n° 62. — Original.)

Ego Matheus de Montemoranciaco, constabularius Francie, notum facio presentibus et futuris quod ego firmiter creantavi et promisi nobili domine Blanche comitisse Campanie [et] comparticipibus suis me facturum quod Jacobus de Castro Gonteri numquam veniet contra saisinam que facta est et que fiet dicte comitisse et comparticipibus suis de medietate, cum pertinenciis suis, comitatus Perticensis et tocius escasure provenientis a bone memorie Guillelmo episcopo Cathalanensi, comite Perticensi. — Preterea promisi eidem comitisse et suis comparticipibus me facturum quod idem Jacobus, cum ad legitimam etatem venerit, dabit litteras suas patentes dictis comitisse et comparticipibus suis de confirmatione et approbatione saisine superius nominate. — Promisi etiam quod, si aliquo tempore contra illam saisinam veniet dictus Jacobus vel si litteras suas patentes de confirmatione et approbatione dicte saisine non donaret, ego darem sepedicte comitisse ducentas marchas argenti, salva tamen promissione domino regi facta. — In cujus testimonium et confirmationem, presentes feci litteras sigilli mei munimine sigillari. — Actum anno gratie millesimo cc. vicesimo septimo, mense junio, die lune ante festum Sancti Johannis Baptiste, apud Sanctum Germanum.

Traces de sceau pendant sur double queue. — Voyez dans l'*Inventaire*, nos 192 et 193, la description des deux sceaux de Mathieu II, seigneur de Montmorency, connétable de France.

1932   1227. Juin.

(J. 165. — Valois, III, n° 23. — Original.)

Thomas abbas de Armeriis, Stephanus archidiaconus Carnotensis, et Nicholaus presbyter de Malla, notam faciunt compositionem a se, ut arbitris ex utraque parte electis, ordinatam inter nobilem virum Ansellum de Gallanda et homines de Malla super quibusdam terris et pratis quæ de Grosso Nemore dicuntur. Qua quidem compositione terræ litigiosæ hominibus de Malla in proprietatem adjudicantur, ea conditione ut quinta pars valoris earumdem domino Ansello ab eis sit solvenda. — « In cujus rei testimonium et munimen, nos Thomas abbas et Stephanus archidiaconus sigillis nostris presentes litteras fecimus sigillari. — Ego vero Nicholaus presbyter de Malla, cum sigillum autenticum non haberem, presentibus litteris sigillum prioris de Fontoneto feci apponi. Actum anno Domini M° cc° xx° septimo, mense junio. »

Les trois sceaux, qui étaient appendus à cette charte sur double queue, ont disparu. L'*Inventaire* donne, sous les nos 8756 et 8757, la description de deux sceaux anonymes des abbés d'Hermières (diocèse de Paris); les sceaux d'Étienne, archidiacre de Chartres, et du prieur de Fontenay n'ont pas été retrouvés.

1933   1227. Juin.

Theobaldus comes Campaniæ Guillermum de Belloramo in hominem ligium accipit.

(J. 193. — Champagne, I, n° 22. — Original.)

Ego Theobaldus, Campanie et Brie comes palatinus, notum facio universis, tam presentibus quam futuris, me dedisse dilecto et fideli meo Guillermo de Belloramo quindecim libras redditus percipiendas annis singulis et habendas in nundinis Barri; propter hoc autem dictus Guillermus devenit homo meus ligius, salva ligeitate comitis Barriducis. Idem etiam Guillermus recepit de me in feodum quicquid habet apud Perfite, in omnibus modis et commodis, quod tenebat prius de dicto comite Barriducis. — Quod ut notum permaneat et firmum teneatur litteris annotatum, sigilli mei munimine roboravi. — Actum anno gratie M° cc° vicesimo septimo, mense junio.

Traces de sceau pendant sur lacs de soie rouge. — Voyez dans l'*Inventaire*, n° 572, la description du sceau de Thibaut IV, comte de Champagne.

1934   1227. Juillet.

Litteræ Erardi de Brena de pace a se cum comitissa et comite Campaniæ inita.

(J. 209. — Champagne, XIV, nos 7 et 27. — Originaux.)

Noverint universi presentem paginam inspecturi quod ego Erardus de Brena, volens esse ad servicium et fidelitatem nobilis domine Blanche illustris comitisse Trecensis palatine et nobilis viri Theobaldi nati ejus, Campanie et Brie comitis palatini, et heredum ipsius Theobaldi ex corpore suo successive descendentium, propria et spontanea voluntate mea, nullo metu, nulla coactione compulsus, de assensu et voluntate spontanea domine Philippe uxoris mee, quitavi et quito, remisi et remitto, renuntiavi et renuntio, abjuravi et abjuro, transtuli et transfero, donavi et dono predictis Blanche et Theobaldo nato ejus, comiti Campanie et Brie, et heredibus ex corpore ipsius Theobaldi successive in perpetuum descendentibus, omne jus, si quod modo habeo vel habui, vel dixi me habere in comitatibus Campanie et Brie et in pertinentiis ad dominium Campanie et Brie pertinentibus, vel pro proventibus inde perceptis; promittens eisdem quod de cetero, occasione predicti juris, si quod habui contra ipsos vel heredes ex ipso Theobaldo successive in perpetuum descendentes, guerram vel aliquod placitum, per me vel per alium, non movebo. — Promisi etiam quod predictum jus in alium non transtuli; et, si aliquis diceret quod ego vel dicta uxor mea dedissemus vel quitassemus seu quocumque alio modo concessissemus ei jus istud quod quitavi et quito sicut predictum est, ego et predicta uxor mea, et heredes ex corpore ipsius successive descendentes, debemus predictis Blanche comitisse et Th. comiti, et heredibus ex corpore ipsius Theobaldi successive in perpetuum descendentibus, per jus garantire jus illud. — Promisi etiam et promitto prefato modo, quod, quamdiu vixerit predictus Theobaldus comes, vel heredes ex corpore suo successive descendentes, ego non procurabo, per me vel per alium, nisi de assensu predictorum Blanche comitisse et Theobaldi comitis et heredum ex corpore ejusdem Theobaldi successive descendentium, quod jus, si quod habet vel habuit vel habere debuit super predictis soror predicte uxoris mee, regina Cypri, ad me vel ad eamdem uxorem meam, vel ad heredes ex corpore ipsius successive descendentes, per emptionem, donationem, excambium, gageriam vel per alium qualemcumque contractum deveniat. Et, si predicta regina, vel ejus heredes, seu alius qui, mediate vel immediate, ab eis aliquo predictorum modorum jus supradictum, si quod habuit vel habet super premissis dicta regina, haberet, ultro aliquo modo in me, vel in predictam uxorem meam, vel in heredes ex corpore ipsius successive descendentes, jus, si quod haberent super predictis, transferre vellent, non reciperemus, nisi de assensu predictorum comitisse et comitis et heredum ex corpore ejusdem comitis successive descendentium. — Et si ad me vel ad predictam uxorem meam, vel ad heredes ex corpore ipsius successive descendentes, aliquo predictorum modorum deveniret jus illud, concessi et concedo, promisi atque promitto quod, occasione illius juris, predictis Blanche comitisse vel Theobaldo comiti, seu heredibus ex corpore ipsius Theobaldi successive descendentibus, per me vel per alium non movebo placitum sive guerram, neque predicta uxor mea neque heredes ex corpore ipsius successive descendentes, nec alius successor meus post mortem meam, si contingeret me decedere sine herede corporis mei. — Si vero contingeret, quod absit, quod contra hoc veniremus, ego vel predicta uxor mea, seu heredes ex corpore ipsius successive descendentes, concessi et concedo eisdem Blanche comitisse et Th. comiti, et heredibus ex corpore ipsius Th. successive descendentibus, quod nec mihi nec predicte uxori mee nec alicui pro nobis, nec heredibus ex corpore ejusdem uxoris mee successive descendentibus, teneantur super premissis aliquatenus respondere, etiam si quid super eisdem a domino Papa vel a domino rege Francie, vel a quocumque alio, per me vel per alium procuratum fuerit vel impetratum; quod me non facturum specialiter creantavi et creanto, promisi atque promitto. — Sed si forte dicta regina, vel heredes ex corpore suo successive descendentes, venirent ad partes istas, et de comitatu Campanie et Brie seu pertinentiis predictis aliquid acquirerent per guerram vel placitum sive pacem, postquam essent in saisina et tenetura illius conqueste sive acquisitionis, quam ad remanentiam, id est sine contradictione predictorum comitisse et comitis et heredum ex corpore ejusdem comitis successive descendentium, retinerent, si ego vel predicta uxor mea, seu heredes ex corpore ipsius successive descendentes, aliquo modo a predicta regina vel heredibus suis aliquid de predicta conquesta seu acquisitione possemus acquirere, illud nobis remaneret pacifice et quite non obstantibus predictis. — Sic autem intelligimus quod contradictio predictorum comitisse et comitis et heredum ex corpore ejusdem comitis successive descendentium non valeret, si prius laudassent vel concessissent predictam conquestam aliquo predictorum modorum factam. — Et si, quod absit, contingeret predictum Th. comitem sine herede corporis sui, vel heredes ex corpore ipsius successive descendentes, sine herede corporum suorum decedere, nullum mihi nec predicte uxori mee, nec heredibus ex corpore ipsius successive descendentibus, fieret prejudicium ex quitatione, remissione, renuntiatione, abjuratione, translatione et donatione predictis, quin ad jus nostrum, si quod unquam habuimus vel habere debuimus super premissis ego et predicta uxor mea, libere possemus, nos et heredes ex corpore ejusdem uxoris mee successive descendentes, redire, non obstantibus predictis, nec etiam obstantibus aliquibus litteris seu instrumentis a dictis Th. comite et Blancha matre sua impetratis a quocumque seu etiam impetrandis. Ita tamen quod predicta Blancha comitissa, libere ac pacifice, sine contradictione et molestatione aliqua teneret et possideret quamdiu viveret totum doarium suum, cum omnibus pertinentiis, sicut ei factum fuit a comite Th. quondam marito ipsius, et insuper omnes conquestus suos qui post mortem mariti obveniunt vel obvenire possunt aut competere mulieri de jure consuetudinario sive scripto. Idem esset de doario et conquestibus uxoris predicti Th. comitis, quecumque illa foret. — Item propria et spontanea voluntate nostra remisimus et remittimus, ego et predicta uxor mea, et quitavimus atque quitamus predictis comitisse et comiti, et heredibus ex corpore ejusdem comitis successive descendentibus, et coadjutoribus suis omnia dampna que nobis intulerunt tempore guerre ipsi et coadjutores eorum. — Item promisi et promitto, et teneor atque tenebor juvare predictos Blancham comitissam et Th. comitem et heredes ex corpore ejusdem comitis successive descendentes, specialiter contra reginam Cypri et heredes ipsius, et contra omnem aliam creaturam que possit vivere et mori, exceptis comite Brene et Garnero de Marigniaco, contra quos non tenerer juvare predictos comitissam et comitem, nec heredes ex corpore ejusdem comitis successive descendentes, si haberent guerram in capite contra ipsos, eo quod domini mei sunt ante eos. — Item propria et spontanea voluntate mea promisi et promitto quod omnia predicta et subscripta coram domino Papa per certos nuntios et per litteras meas patentes, et in propria persona coram ejus legato, si quis fuerit in partibus istis, et etiam coram judicibus delegatis, et coram rege Francie et aliis dominis predictorum comitisse et comitis, quandocumque ab ipsis vel ab heredibus ejusdem comitis requisitus fuero, recognoscam et bona fide rogabo eos ut ipsi predicta et subscripta per litteras suas patentes confirment. — Sed et predicta uxor mea, si me mori contigerit ante ipsam, quociens sepedicti comitissa et comes, seu heredes ex corpore ejusdem comitis successive descendentes voluerint, debet renovare sacramenta et instrumenta omnia super premissis et inferius notatis prestita et confecta. — Ut autem omnia predicta et infrascripta firmius observentur, propria et spontanea voluntate mea et predicte uxoris mee, ad petitionem etiam et preces nostras, venerabilis pater noster in Xpisto Lingonensis episcopus in me et predictam uxorem meam, si contra predicta seu subscripta veniremus, et in omnes alios et coadjutores et complices eorum qui contra predicta seu subscripta venirent occasione predicta, movendo placitum sive guerram super premissis predictis comitisse vel comiti, seu heredibus ex corpore ejusdem comitis successive descendentibus, excommunicationis et in terras nostras et eorum interdicti sententias protulit. — Si qui autem, quod absit, in hujusmodi sententias inciderint, non denuntiabuntur sententie donec constiterit eos contra premissa vel infra scripta venisse vel venire movendo placitum sive guerram. Que sententie denuntiate firmiter observabuntur quousque satisfactum fuerit comitisse et comiti supradictis, seu heredibus ex corpore ejusdem comitis successive descendentibus, super hiis que prefato modo contra premissa vel subscripta facta fuerint; et etiam super omnibus dampnis manifestis et occultis que incurrerunt occasione guerre quam eis movimus, propter que auctoritate domini Pape excommunicati eramus, ego et predicta uxor mea, et coadjutores nostri, et etiam terre nostre ecclesiastico supposite interdicto in vigilia Omnium Sanctorum proximo preterita, et etiam super quatuor milibus libris Pruvinensium, que omnia reddi debent antequam prefate sententie relaxentur, premissis omnibus nichilominus in suo robore duraturis. — Poterunt etiam uti in hoc eodem casu omnibus juribus in nos et in eos ad quos bona nostra devenient et in res quas in futurum ab eisdem Blancha comitissa vel Th. comite nato ejus seu heredibus ex corpore ejusdem comitis successive descendentibus, tenebimus, et etiam grueria quam clamabant in nemoribus meis, sicuti in prefata vigilia uti poterant, si nos vel aliquem nomine nostro contra premissa vel subscripta venire contigerit, movendo placitum sive guerram. — Sed et contra me et contra prefatam uxorem meam, et heredes ex corpore ipsius successive descendentes, uti poterunt in eodem casu omnibus instrumentis seu litteris a domino Papa vel a domino rege Francie vel a quocumque alio impetratis et etiam impetrandis, donec super premissis eisdem fuerit satisfactum ad plenum. — Contra autem reginam Cypri et heredes ipsius, ac contra omnes qui causam haberent ab eis, libere uti poterunt omni tempore, quandocumque voluerint, omnibus instrumentis seu litteris suis. — Promisit autem predicta Philippa uxor mea quod pro posse suo laborabit ut quicumque fuerit maritus suus, si forte, quod absit, decederem, et ipsa alium virum acciperet, promittat et juret tenere et observare firmiter omnia predicta et infra scripta, et etiam super eisdem omnibus litteras suas patentes tradat predictis comitisse et comiti et heredibus ex corpore ejusdem comitis successive descendentibus, secundum formam presentium litterarum. — Hec eadem promisi et promitto de herede meo, ex corpore dicte uxoris mee successive descendente. — Item concessi et concedo quod, si heres ex corpore predicte uxoris mee successive descendens, seu quicumque maritus ejus, nollet juramentum predictum facere et omnia, ut premissum est, confirmare, predicti comitissa vel comes seu heredes ex corpore ejusdem comitis successive descendentes, libere ac licite, sine meffacere et sine fidem mentiri, possint saisire et in manu sua tenere feodum, si quod ex parte dicte uxoris mee ab ipsis tenere deberet heres seu quicumque maritus ejus et non reddere donec homagium debitum propter idem feodum ac juramentum predictum fuerint prestita, et dampna eisdem, si qua interdum propter hoc incurrerint, restituta. — Hoc idem facere poterunt contra me et contra prefatam uxorem meam de quocumque feodo quod ab eis tenebimus, si contra premissa, quod absit, prefato modo veniremus. — Nullum autem debet fieri prejudicium heredibus ex corpore dicte uxoris mee successive descendentibus propter factum mariti, eorumdem heredum vitrici, quin ad feodum revertantur. — Et similiter propter factum aliquorum filiorum vel filiarum, ex corpore predicte uxoris mee successive descendentium, non debet mihi nec eidem uxori mee seu aliis filiis et filiabus ex corpore ejusdem uxoris mee successive descendentibus aliquid prejudicium generari. — Super hiis omnibus propria et spontanea voluntate mea et predicte uxoris mee renuntiavi et renuntio omni auxilio canonico et civili et consuetudinario quod mihi posset contra hec prodesse. Et hec omnia ac singula, sicut supra sunt expressa, propria et spontanea voluntate mea, de consensu sepedicte uxoris mee, tactis sacrosanctis reliquiis et Evangeliis, juravi me in perpetuum observaturum et nunquam contra venturum. — In quorum omnium perpetuum testimonium, presentem paginam sigilli mei impressione roboratam sepefatis comitisse et comiti tradidi. — Actum anno ab incarnatione Domini millesimo ducentesimo vicesimo septimo, mense julio.

Traces de sceau pendant sur lacs de soie rouge. — Voyez dans l'*Inventaire*, n° 1568, la description du sceau d'Érard de Brienne. — Les pièces cotées n°s 7 et 27 sont deux originaux écrits de la même main, et dont le texte est parfaitement identique.

1935   1227. Juillet.

(J. 209. — Champagne, XIV, n°s 28 et 29. — Originaux.)

Litteræ Philippæ uxoris Erardi de Brena, ejusdem argumenti et formæ, quæ quidem, mutatis mutandis, ipsissimis verbis ac præcedentes litteræ constant. — « Et hec omnia ac singula, sicut supra sunt expressa, propria et spontanea voluntate mea, de consensu etiam predicti mariti mei, tactis sacrosanctis reliquiis et Evangeliis, juravi me in perpetuum observaturam et nunquam contra venturam. In quorum omnium perpetuum testimonium, presentem paginam sigilli mei impressione roboratam sepedictis comitisse et comiti tradidi. Actum anno ab incarnatione Domini millesimo ducentesimo vicesimo septimo, mense julio. »

Les deux pièces cotées n°s 28 et 29 sont deux originaux dont le texte est identique, et qui étaient tous deux scellés sur lacs de soie rouge. — Le sceau de Philippe de Champagne, femme d'Érard de Brienne, s'est détaché; mais il est décrit dans l'*Inventaire* sous le n° 1569.

1936   1227. Juillet.

Charta Odardi de Alneto qua marescalliam Campaniæ a se, pro triginta libratis terræ, Theobaldo comiti quitatam fuisse declarat.

(J. 198 B. — Champagne, VI, n° 63. — Original.)

Ego Odardus de Alneto, quondam marescallus Campanie, notum facio universis, tam presentibus quam futuris, quod, cum karissimus dominus meus Theobaldus Campanie et Brie comes palatinus mihi donaverit triginta libratas terre, videlicet, apud Sanctum Johannem super Muevam, viginti duas libratas, et apud Sanctum Lyemerum in Campania octo libratas, ego, propter hoc, quittavi eidem domino meo comiti marescalliam Campanie. — Confiteor autem et protestor, sub testimonio presentium litterarum, quod, post decessum meum, predicte triginta librate terre ad dictum dominum meum comitem et ipsius heredes debent libere devenire. — Actum anno gratie M° ducentesimo vicesimo septimo, mense julio.

<small>Traces de sceau pendant sur double queue. — Le sceau d'Odard d'Aulnay n'a pas été retrouvé.</small>

1957   1227. 9 août.

Litteræ Richardi Ebroicensis episcopi de bonorum cessione quam fecit Lambertus Cadulci e custodia liberatus.

<small>(J. 216. — Évreux, n° 9. — Original scellé.)</small>

Universis Xpisti fidelibus ad quos presens scriptum pervenerit, Richardus, Dei gratia Ebroicensis episcopus, salutem in Domino. — Ad universitatis vestre notitiam volumus pervenire quod Lambertus Cadulci, in presentia domini Ludovici Dei gratia regis et domine Blanche eadem gratia regine Francie, presentibus etiam domino B. (Bartholomeo) de Roia Francie camerario, domino [Petro] abbate Sancti Dionisii, domino G. de Capella, domino Willelmo Minero et aliis pluribus regni magnatibus, et in nostra etiam presentia constitutus, de liberalitate et gratia dictorum domini regis et domine regine, a prisona, in qua diu detentus fuerat, liberatus et absolutus, et libertati et arbitrio proprio ac potestati restitutus, de mera et spontanea voluntate sua, nullo compulsus motu, coactione, vel violentia, omnes cartas, quas habebat a bone memorie Philippo et Ludovico quondam regibus Francie, dictis domino regi et domine regine tradidit, et omnibus rebus, que in eisdem cartis continebantur, in perpetuum, tam pro se quam pro heredibus suis, omnino renuntiavit, et, tactis sacrosanctis, solempniter juravit quod nec ipse nec heredes sui, nec alius aliquis nomine eorum, in rebus in predictis cartis contentis aliquid juris de cetero reclamabunt; eodem etiam se astringens juramento quod, erga dominum regem et dominam reginam et regnum Francie, fideliter in perpetuum se habebit et bona fide eis serviet. — Uxor vero dicti Lamberti Cadulci, ibidem constituta, nulla coactione, violentia nec metu districta, sed mera et spontanea voluntate sua, fidem suam nobis corporaliter prestitit quod ipsa, per se nec per interpositam personam, in rebus a dicto Lamberto domino regi et domine regine, ut predictum est, resignatis, nichil juris, ratione dotis nec aliqua alia ratione, de cetero reclamabit. — Dicti vero Lambertus et uxor ejus, de libera et mera et spontanea voluntate sua, jurisdictioni nostre se supposuerunt ut, si contra sacramenti et fidei sue religionem, prout superius est expressum, venire presumpserint, et si ipsi vel heredes eorum in rebus predictis a dicto Lamberto resignatis aliquid juris quacumque ratione reclamaverint, nos, auctoritate nostra et eorum concessione, in ipsorum personas et universam familiam suam excommunicationis feramus sententiam, et totam terram illorum, ubicumque fuerit constituta, interdicto supponamus. — Prenominati vero dominus rex et domina regina cartas memoratas et rerum predictarum resignationem a dicto Lamberto receperunt, non pro ipsius libertatis mercede, sed pro areragiis forestarum Normannie in quibus prefatus Lambertus, a tempore quo ballivus extitit, domino regi tenebatur. — In cujus rei testimonium, presenti pagine sigillum nostrum duximus apponendum. — Actum Parisius, anno gratie M° CC° XXVII°, in vigilia Sancti Laurentii.

<small>Sceau de Richard de Bellevue, évêque d'Évreux; cire blanche, double queue; décrit dans l'*Inventaire* sous le n° 6604.</small>

1958   Paris. 1227. 10 août.

Lambertus Cadulci miles, pro solvenda pecunia a se domino regi debita, cessionem omnium bonorum suorum facit, quibusdam postea ex regali munificentia acceptis.

<small>(J. 473. — Quittances, I, n° 3. — Original scellé.)</small>

Ego Lambertus Cadulci miles notum facio universis presentes litteras inspecturis quod, cum dominus meus clare memorie Ph. (Philippus Augustus) rex illustris, quia contra me motus erat, et quoniam de quadam summa pecunie, videlicet quatuordecim milibus et ducentis libris Parisiensium, quas debebam eidem, non feceram gratum suum, me in suum carcerem posuisset, tandem illustrissimo domino meo Ludovico Francie regi et illustrissime domine mee Blanche regine, matri ejus, placuit me a dicto carcere liberare. — Et ego, liber et absolutus a carcere, predictis domino regi et domine regine, super sacrosancta manu propria juravi quod ipsi domino regi, et heredibus ejus, et domine regine Blanche matri sue, de cetero bene et fideliter serviam, et omnia que habebam, sive villas, sive terras, sive possessiones alias, sive ex dono sive acquisitione, sive quocumque modo, eis quittavi libere et absolute, et juravi quod in hiis nichil unquam de cetero reclamabo, nisi in hiis que domino regi et domine regine placeret michi dimittere propria voluntate. — Domino autem regi et domine regine placuit ea michi dimittere que de acquisitione habueram, videlicet : granchiam et terram de Torni, duas domos Vernone, pratum de Hameillon, granchiam Thyronis, Groolaium, molendinum de Bellomonte Rogerii, molendina Montisfortis, prata domus Bernaii, Teurayum, Tyleium, Paperotum et Alnetum. — Cetera siquidem propter dictam summam pecunie retinuerunt, videlicet : Gaillionem, Thooniacum, Noam, molendinum de Autholio, terram de Valle Rodolii, molendinum et domum Pontisarche, triginta et duos modios vini apud Longevillam et id quod habebam apud Lymare, terram et domum apud Pontem Audomari, Fresneiam, Fayel, Sanctam Anastasiam et Fontanas cum eorum pertinentiis et quicquid acquisieram in eisdem; et omnes cartas, quas super hiis habebam, in manu domini regis manu propria resignavi. — Requisivi autem venerabilem patrem meum in Xpisto R. (Richardum) Ebroicensem episcopum ut, si de bono et fideli servitio domino regi vel heredibus suis vel domine regine, matri sue, aliquo unquam tempore deficerem, vel a predictis quittationibus in aliquo resilirem, ipse in me et assistentes michi ferret sententiam excommunicationis. — Quod ut perpetue stabilitatis obtineat firmitatem, presentes litteras sigilli mei munimine confirmavi. — Actum Parisius, anno gratie M° ducentesimo vicesimo septimo, mense augusto, in festo Beati Laurentii.

Sceau de Lambert Cadoc, châtelain de Gaillon; cire verte, sur lacs de soie verte; décrit dans l'*Inventaire* sous le n° 5299. — On lit sur le sceau : S. CADULCI CASTELLANI DE GUAILLON.

1939   Agnani. 1227. 30 août.

(J. 198 B. — Champagne, VI, n° 132. — Original scellé.)

GREGORIUS papa IX dilectos suos B. (Blancham) comitissam et Theobaldum ejus natum Campaniæ comitem certiores facit se, ad exemplar Innocentii III et Honorii III prædecessorum suorum, eorum personas et bona, præsentia et futura, sub B. Petri et sua protectione suscipere, ita ut nemini liceat, sine justa et rationabili causa, in eorum personas excommunicationis, vel in eorum bona interdicti sententias promulgare; sed semper ammonitio canonica præmittatur, unde possint ad Sedem Apostolicam appellationem facere, qua legitime interposita, omnes interdicti vel excommunicationis sententiæ ut inanes et irritæ habendæ sunt. — « Datum Anagnie, III. kalendas septembris, pontificatus nostri anno primo. — *Quamvis Apostolica Sedes, etc.* »

Bulle de plomb sur lacs de soie jaune et rouge. (*Inventaire*, n° 6047.)

1940   Agnani. 1227. 30 août.

Bulla Gregorii papæ IX Ludovico regi ut causam successionis Campaniæ in suspenso teneat, donec causa natalium reginæ Cypri a S. A. dijudicetur.

(J. 209. — Champagne, XIV, n° 54. — Original scellé.)

Gregorius episcopus, servus servorum Dei, carissimo in Xpisto filio Lodowico regi Francorum illustri, salutem et apostolicam benedictionem. — In litteris bone memorie Honorii pape predecessoris nostri perspeximus contineri quod ipse, attendens causam natalium carissime in Xpisto filie nostre [Aalidis] illustris regine Cipri ad examen apostolicum fuisse delatam, utpote que ad forum ecclesiasticum noscitur pertinere, inclite recordationis Philippum et Lodowicum patrem tuum, reges Francie, monuit et rogavit ut, si forte regina ipsa super successione comitatus Campanie questionem proponeret coram eis, non audirent eandem quousque terminata esset predicta causa natalium ex qua illa noscitur dependere. — Ejusdem ergo predecessoris nostri vestigiis inherentes, serenitatem tuam monendam duximus et rogandam quatinus, si forte ab ipsa regina vel nuntio ejus, seu quolibet alio, super hoc fueritis requisitus, eorum precibus aures regias, donec jam dicta causa natalium apostolico judicio finem acceperit, non inclines. Quia, sicut ipse predecessor noster in litteris eisdem expressit, antequam natalium causa terminata sit, dependentem ex illa successionis causam incipere nichil aliud esset quam diversis processibus intricare negotium et confusione quadam ordinem judicii perturbare. — Datum Anagnie, III. kalendas septembris, pontificatus nostri anno primo.

Bulle de plomb sur cordelettes de chanvre. (*Inventaire*, n° 6047.)

1941   1227. Août.

Litteræ Erardi de Brena et Philippæ ejus uxoris de assisia sibi facta pro M. CC. libratis terræ sibi a comite et comitissa Campaniæ debitis.

(J. 209. — Champagne, XIV, n° 8. — Original.)

Ego Erardus de Brena et ego Philippa uxor ejus notum facimus universis, tam presentibus quam futuris, quod de mille et ducentis libratis terre, quas karissima domina nostra Blancha, illustris comitissa Trecensis palatina, et karissimus dominus noster Theobaldus, Campanie et Brie comes palatinus, natus ejus, debebant nobis assignare et heredibus de corpore mei Philippe successive in perpetuum descendentibus, pro pace inter ipsos et nos facta, assignaverunt nobis dictas mille ducentas libratas terre in hunc modum, videlicet : Herbitiam, cum prepositura et pertinentiis ejusdem ville, que ad ipsos pertinebant, et terram illam quam ecclesia Sancte Margarete apud Richeborch et in pertinentiis ejusdem ville habebat, pro trecentis et viginti tribus libratis terre duabus solidatis minus, salva solum custodia domus Resbacensis ecclesie site apud Herbitiam; cujus domus solum custodia sibi retinuerunt, ita tamen quod tota justicia, quam habebant extra porprisium domus prefate apud Herbiciam, erit nostra et heredum de corpore mei Philippe successive descendentium, et excepto Coutino de Villariis, cum pueris de corpore suo successive descendentibus, quos sibi retinuerunt dicti Th. comes et dicta Blancha comitissa. — Item assignaverunt nobis et heredibus de corpore mei Philippe successive descendentibus Piperum et totam majoriam ejusdem ville, cum pertinentiis eorumdem, que ad ipsos pertinebant, pro centum et viginti libratis terre, exceptis solum custodia et justicia corporum hominum capituli Trecensis apud Piperum et in majoria ejusdem ville manentium, ita tamen quod, si aliquis ex hominibus predictis captus fuerit ad mesleiam vel ad presens forefactum apud Piperum et in majoria ejusdem ville, justicia et emenda erit nostra inde et heredum de corpore mei Philippe successive descendentium. Si vero aliquis de predictis hominibus capituli non fuerit deprehensus ad mesleiam vel ad presens forefactum, si quis contra ipsum agere voluerit super forefacto, ad predictos Th. comitem et Blancham comitissam clamorem faciet; et, si de forefacto tunc coram ipsis convictus fuerit et probatus, justicia et emenda sue erunt. — Et de predictis hominibus capituli Trecensis retinuerunt sibi, dicti comitissa et comes, solum, cum predictis custodia et justicia modo predicto expressis, exercitum et expeditionem; reliqua omnia apud Piperum et in pertinentiis ejusdem ville nobis et heredibus de corpore mei Philippe successive descendentibus in dicta assisia ejusdem ville assignantes. Nam de terris quidem et domibus, quas prefati homines capituli Trecensis habent et habebunt apud Piperum et in pertinentiis ejusdem ville, erunt justiciabiles nostri et heredum de corpore mei Philippe successive descendentium, et placitabunt inde coram nobis et heredibus mei Philippe predictis, hoc salvo quod ipsi facerent jus super terris et domibus predictis coram illis de quibus tenerent illas ad censam vel ad costumas vel ad terragium. — Exceperunt autem ab hac assisia dicti comitissa et comes gistum suum de Troan et custodiam domus et rerum fratrum milicie Templi quam ibidem habent et habere solent. — Item assignaverunt nobis et heredibus mei Philippe predictis apud Piperum feodum, quod Henricus de Bailoes habebat in eadem villa, pro viginti duabus libratis et decem solidatis terre. — Item assignaverunt nobis et heredibus mei Philippe predictis quicquid habebant apud Mansionem in Campania et Loisiacum, et in majoriis earumdem villarum, pro viginti libratis terre; et quicquid habebant apud Ramerrucum et Vineolum pro viginti libratis terre; et quicquid decanus Mauduguensis, frater Mathei Tusquin, habebat apud Blaciacum, et in majoria ejusdem ville et in pertinentiis, pro triginta libratis et duodecim solidatis terre; et quicquid ipsi comitissa et comes habebant apud Bdiacum, et in majoria ejusdem ville et in pertinentiis, pro sexaginta et quindecim libratis terre, excepto nemore, in quo tamen homines de Boiliaco habent usuarium suum usque ad metas divisas; et quicquid ipsi habebant apud Villam-novam de Chemino, cum parte ecclesie Arremarensis, et in prepositura et pertinentiis ejusdem ville, pro octoginta libratis terre, exceptis tamen decimis que pertinent ad ecclesiam Arremarensem; et quicquid ibi habebant apud Auson, et in prepositura et pertinentiis ejusdem ville, pro octoginta et decem libratis terre; et quicquid habebant apud Sanctum Medardum et in bosco ejusdem ville, et in prepositura et pertinentiis, et nemus de Sancto Boenio et alia nemora sua de Sancto Medardo assignaverunt nobis et heredibus mei Philippe supradictis, pro centum et viginti libratis terre; homines vero ejusdem ville usuarium suum habebunt in nemoribus predictis, sicut solent habere; et quicquid habebant apud Maraiam, et in prepositura ejusdem ville et in pertinentiis, pro centum et quadraginta libratis terre; et usuaria nemorum hominibus de Maraia habenda in perpetuum concesserunt et nobis et heredibus mei Philippe predictis, sicut declarabitur per sacramentum Lamberti Bochuti et Henrici de Bordis et Guillermi Putemonoie, qui, per sacramentum suum super hoc prestitum, debent considerare quantum nemoris sufficiet ad perpetuum usuarium predictorum et nostrum et heredum mei Ph. de corpore meo successive descendentium. — Et si contingeret aliquem predictorum, scilicet Lamberti Bochuti, Henrici de Bordis et Guillelmi Putemonoie premori, loco ipsius ad id agendum alter substitueretur. — Exceperunt autem dicti comitissa et comes ab hac assisia Petrum de Ver et Bancelinum, cum uxoribus et pueris eorumdem, de corporibus suis successive descendentibus, et justicia corporum eorumdem. — Item assignaverunt nobis et heredibus mei Philippe predictis quicquid Matheus de Tusquin et Manasserus filius ejus habebant apud Sanctum Florentinum, et Lamius, et Eurolias, et in pertinentiis earumdem villarum, pro viginti et novem libratis terre. — Item assignaverunt nobis et heredibus mei Philippe predictis Terricum piperarium de Trecis et Jaquinum filium ejus, cum uxoribus suis et pueris de corporibus eorum successive descendentibus, et rebus eorumdem, pro viginti libratis terre. — Ceterum assignaverunt nobis et heredibus mei Philippe predictis quicquid habebant apud Ulmetum situm in castellaria Firmitatis super Albam, pro viginti libratis terre; quas viginti libratas terre de Ulmeto nos Erardus et Philippa, de voluntate et assensu dictorum comitisse et comitis, dedimus dilecto et fideli nostro Petro de Janicuria et heredibus suis in feodum et homagium ligium ante omnes, salva tamen sola ligeitate comitisse et comitis. — Item assignaverunt nobis et heredibus mei Philippe sepedictis quicquid habebant apud Arenterias, cum medietate omnium rerum quas habebant apud Columbanum-siccum, pro quadraginta libratis terre, quas nos, Erardus et Philippa, de assensu et voluntate dictorum comitisse et comitis, dedimus dilectis et fidelibus nostris Petro Guino et Lamberto Bochuti fratri ejus, et heredibus eorum, in feodum et homagium ligium ante omnes, salva tamen ligeitate dictorum comitisse et comitis, et ligeitate comitis Barri-Ducis. — Item assignaverunt nobis et heredibus mei Philippe predictis quicquid habebant apud Guiancort, pro decem libratis terre, quas nos, Erardus et Philippa, de assensu et voluntate dictorum comitisse et comitis, dedimus dilecto et fideli nostro Petro de Mastolio in feodum et homagium ligium ante omnes, salva tamen sola ligeitate comitisse et comitis jam dictorum. — Item assignaverunt nobis et heredibus mei Philippe centum solidatas terre apud Planteiz, quas nos Erardus et Philippa dedimus Garsye clerico dictorum comitisse et comitis et heredibus suis. — Item assignaverunt nobis et heredibus mei Philippe predictis decem libratas terre apud Pruvinum, quas, de assensu dictorum comitisse et comitis, dedimus nos, Erardus et Philippa, et concessimus in perpetuam elemosinam domui Dei de Pruvino ad Pontem. — Item assignaverunt nobis et heredibus mei Philippe supradictis in praeria Trecensi centum solidatas terre, quas nos, de assensu et voluntate dictorum comitisse et comitis, dedimus Guillermo de Curia Beate Marie Trecensis. — Item, de assensu et voluntate nostra et ad petitionem nostram, assignaverunt dicti comitissa et comes Jacobo de Durnaio viginti libratas terre, pro nobis, de assisia nobis et heredibus mei Philippe jam dictis perficienda. — Concesserunt autem dicti comitissa et comes quod non retinebunt nec retinere poterunt aliquem vel aliquos de hominibus villarum predictarum, qui in dicta assisia continentur, in villis suis veteribus sive novis, edificatis vel edificandis. — Hanc autem omnem assisiam predictam tenentur et debent garantire nobis et heredibus de corpore mei Philippe successive in perpetuum descendentibus comitissa et comes sepedicti. Ad omnium autem supradictorum observationem tenentur in perpetuum nostri successores. — Per hanc autem assisiam terre predictam, quam fecerunt nobis et heredibus mei Philippe predictis, ego Erardus de Brena et ego Philippa uxor ejus nos tenemus pro pagatis de mille et ducentis libratis terre quas dicti comitissa et comes debebant nobis assignare pro pace inter ipsos, ex una parte, et nos et heredes de corpore mei Philippe, ex altera, facta et confirmata. Quod ut notum permaneat et firmum teneatur litteris annotatum, sigillorum nostrorum fecimus munimine roborari. — Actum anno gratie M° CC° vicesimo septimo, mense augusto.

Traces de deux sceaux pendants sur lacs de soie rouge. — Les sceaux d'Érard de Brienne (second sceau) et de Philippe de Champagne, sa femme, sont décrits dans l'*Inventaire* sous les n°s 1568 et 1569.

1942 Paris. 1227. Août.

Obligatio archiepiscopi Senonensis et episcopi Carnotensis, pro capitulis ecclesiarum provinciæ Senonensis, de M. V. C. libris annuatim regi per quadriennium solvendis propter negotium Albigesii.

(J. 428. — Albigeois, n° 8. — Original scellé.)

G. (Galterius), Dei gratia Senonensis archiepiscopus, et G. (Galterius), eadem gratia episcopus Carnotensis, omnibus presentes litteras inspecturis, salutem in Domino. — Notum facimus quod nos, pro utilitate ecclesiarum nostrarum et pro conservanda pace et indempnitate ipsarum, et ne impediatur succursus negocii pacis et fidei in terra Albigensi, karissimo domino nostro regi Francie illustri et nobilissime domine Blanche regine, matri ejus, promisimus nos soluturos eis, vel heredibus eorum, singulis annis, usque ad quadriennium, si negotium terre Albigesii tantum duraverit, in manu domini regis vel heredum suorum, mille et quingentas libras Parisiensium pro capitulis ecclesiarum cathedralium provincie Senonensis; ita quod unusquisque in solidum teneatur, set, uno solvente, alter liberabitur. — Et ad hoc faciendum obligamus personas nostras et bona nostra, et ecclesias etiam nostras et successores nostros, de assensu etiam et auctoritate venerabilis patris domini Romani S. Angeli diaconi cardinalis, Apostolice Sedis legati, ita etiam quod, si de altero nostrum infra predictum spatium aliquid humanitus contigerit, reliquus ad solutionem tocius predicte summe nichilominus teneatur, et bona sua et ecclesie illius qui decesserit erunt obligata et successores etiam eadem obligatione tenebuntur. — Solutio autem hujus pecunie fiet in duobus terminis : medietas videlicet in festo Omnium Sanctorum et medietas in Pascha; et fiet Parisius apud Templum. Et fiet in instanti festo Omnium Sanctorum prima paga. — In cujus rei testimonium, presentes litteras sigillis nostris confirmamus. — Actum Parisius, anno Domini M. CC. XX septimo, mense augusti.

Ces lettres sont scellées de deux sceaux en cire blanche pendants sur double queue. — Le sceau de Gautier III Cornut, archevêque de Sens, est décrit dans l'*Inventaire* sous le n° 6390; celui de Gautier, évêque de Chartres, sous le n° 6568.

1943 Agnani. 1227. 27 septembre.

(J. 198 B. — Champagne, VI, n° 131. — Original scellé.)

Bulla Gregorii papæ IX dilectis filiis suis Longi Pontis, Vallis Secretæ, et S. Johannis in Vineis Suessionensis abbatibus quibus, vel duobus eorum, præcedentem bullam (vide supra n° 1937), pro Blancha comitissa et Theobaldo Campaniæ comite, ejus filio, die tertio kalendas septembris datam, et ad triennium duntaxat valituram, exsequendam committit. — « Datum Anagnie, v. kalendas octobris, pontificatus nostri anno primo. — *Quamvis Apostolica sedes, cui licet immeriti presidemus, tanquam mater universalis,* etc. »

Bulle de plomb sur cordelettes de chanvre. (*Inventaire*, n° 6047.)

1944 Agnani. 1227. 27 septembre.

(J. 209. — Champagne, XIV, n° 55. — Original scellé.)

Bulla Gregorii papæ IX J. archidiacono Cathalaunensi, et Hugoni Cathalaunensi et G. Lingonensi cantoribus ut, juxta litteras Honorii papæ III prædecessoris sui, [Aalidim] reginam Cypri Romæ citandam curent de natalibus responsuram, antequam causa successionis Campaniæ dijudicetur. — « Datum Anagnie, v. kalendas octobris, pontificatus nostri anno primo. — *In litteris bone memorie Honorii pape, predecessoris nostri, perspeximus contineri, etc.* »

<small>Cette bulle reproduit presque textuellement la bulle d'Honorius III, en date du 23 juin 1219. (Voyez t. I, p. 481, n° 1348.) Elle est scellée, sur cordelettes de chanvre, du plomb de Grégoire IX, décrit dans l'*Inventaire* sous le n° 6047.</small>

1945   1227. Septembre.

Erardus de Brena et Philippa ejus uxor dominium Hugonis Poilevilain et ejus liberorum, quantum ad personas, comiti Campaniæ transferunt.

<small>(J. 209. — Champagne, XIV, n° 9. — Original.)</small>

Ego Erardus de Brena et ego Philippa uxor ejus notum facimus universis presentes litteras inspecturis quod, cum karissimus dominus noster Theobaldus, Campanie et Brie comes palatinus, nobis et heredibus nostris concessisset et assignasset Hugonem Poilevilain de Erbicia et uxorem ejus, et Coletum filium ipsius Hugonis, et uxorem ejus, et heredes tam dicti Hugonis quam Coleti, jam de corporibus eorum procreatos vel in posterum procreandos, pro centum libratis terre, nos quitavimus et quitamus in perpetuum dicto comiti et heredibus suis dictos Hugonem Poilevilain et uxorem ejus, et Coletum filium ipsius Hugonis, et uxorem ejus, et heredes tam dicti Hugonis quam Coleti, jam de corporibus eorum procreatos vel in posterum procreandos, ita quod nos et heredes nostri habebimus in perpetuum justiciam in omnibus possessionibus dictorum Hugonis Poilevilain et Coleti et heredum ipsorum, jam de corporibus eorum procreatorum vel in posterum procreandorum, que sunt apud Erbice et in potestate seu pertinentiis ejusdem ville, tam in illis terris et domibus que sunt de terragio et censiva eorumdem, quam in aliis, ita tamen quod nullam prorsus habemus justiciam nec de cetero habebimus in corporibus eorumdem Hugonis et Coleti, aut heredum ipsorum jam dictorum vel servientium ipsorum, cujuscumque sint sexus, nisi illi servientes fuerint homines nostri de corpore aut justiciabiles nostri. — Certum est autem quod dictus Hugo Poilevilains, et Coletus filius ejus, seu heredes eorum jamdicti, non possunt nec debent aliquid acquirere emptione nec gageria nec aliquo alio modo ab aliquibus hominibus sub nobis manentibus apud Erbice, vel in potestate vel in pertinentiis ejusdem ville, nisi de voluntate et assensu nostro et heredum nostrorum. — Sciendum siquidem quod, si abbas et conventus Resbacenses nos vel heredes nostros impeterent aut vexarent super illis rebus jam levatis, quas nos a dictis Hugone Poilevilain, et Coleto et heredibus eorum habuimus, vel de illis quas de isto termino habituri sumus, dictus comes et Hugo Poilevilains nos et heredes nostros tenentur indempnes conservare erga dictos abbatem et conventum Resbacenses. — Item sciendum est quod Hugo Poilevilains prefatus, et Coletus filius ejus, et heredes ipsorum, et Johannes clericus filius dicti Hugonis quitaverunt nos et heredes nostros, coram dicto comite, ab omnibus dampnis et exactionibus et conventionibus usque ad presens habitis inter nos, ex una parte, et Hugonem et Coletum et heredes eorum jamdictos, ex altera. — Si vero contingeret quod nos vel heredes nostri vellemus facere apud Erbice, vel in appendiciis majorie ejusdem ville, fortericiam quam nobis et heredibus nostris concessit faciendam per pacem inter nos et dictum comitem factam, sicut continetur in litteris ipsius super hoc confectis, et nos faceremus aliquod dampnum dictis Hugoni aut Coleto, aut heredibus de corporibus eorum, de terris aut de possessionibus eorum, nos teneremur restaurare dictis Hugoni et Coleto et heredibus eorum dampna propter hoc habita ad dictum et estimationem duorum proborum hominum de consilio comitis, quos idem comes faceret jurare quod fideliter judicarent dampna et deperdita, que propter hoc dictis Hugoni et Coleto, et heredibus eorum essent illata. — De stagno vero quod nos habemus apud Erbice, si illud stagnum nos vel heredes nostri vellemus levare vel meliorari, et aliquod dampnum propter hoc inferremus dictis Hugoni et Coleto et heredibus eorum, de terris aut possessionibus eorum, illud teneremur restaurare ad dictum et estimationem duorum proborum hominum, de consilio comitis, quos idem comes faceret jurare quod dampna et deperdita propter hoc habita fideliter judicarent. Quotiens vero nos vel heredes nostri voluerimus rumpere dictum stagnum, etc. (*In reliquo instrumento de hoc stagno agitur.*) — In cujus rei testimonium, presentes litteras fieri voluimus, sigillorum nostrorum munimine roboratas. Actum anno gratie millesimo ducentesimo vicesimo septimo, mense septembri.

Traces de deux sceaux pendants sur lacs de soie rouge. — Voyez l'*Inventaire*, n°s 1568 et 1569.

1946   Paris. 1227. Octobre.

Charta homagii quod Bernardus Convenarum comes domino regi præstitit.

(J. 293. — Armagnac, n° 2. — Original scellé.)

Ego Bernardus comes Convennarum notum facio universis presentes litteras inspecturis quod ego karissimo domino meo Ludovico, regi Francie illustri, feci hominagium ligium de terra illa qua vestitus eram et saisitus ipsa die qua ei feci hominagium suprædictum. — Juravi etiam eidem domino regi et fidelitatem ei feci de bono et fideli servitio sibi et suis heredibus faciendo contra omnes homines et feminas qui possunt vivere et mori; et idem dominus rex hoc modo in hominem suum me recepit, salvo jure alieno. — Preterea dominus rex mihi concessit quod, si aliquis de hominibus meis inimicis pacis et fidei adhereret, terram ejus in manu mea caperem et tenerem tali modo videlicet quod eidem terram suam non possim reddere, nec ipsum ad eandem terram reducere nisi de mandato et voluntate ejusdem domini regis. — Promisi etiam domino regi et bona fide creantavi quod ego, per me aut meos, ville de Sancto Gauzencio aut hominibus ejusdem ville nullum malum faciam vel perquiram. — Si vero inter me et homines predicte ville aliqua contentio intervenerit, ego inde starem arbitrio venerabilium patrum archiepiscopi Axitani et episcopi Convennarum. — Si autem comitissa Bigorritana [Petronilla] contra me vellet aliquid proponere, ego inde starem juri in curia domini regis. — Actum Parisius, anno Domini M° CC° XX° septimo, mense octobri.

Sceau de Bernard V, comte de Comminges; cire blanche, double queue; décrit dans l'*Inventaire* sous le n° 593 (premier sceau).

1947   1227. Octobre.

(J. 197. — Champagne, V, n° 26. — Original.)

Johannes archidiaconus Cathalaunensis, a decano et capitulo B. Mariæ de Vitriaco, ex una, et a Petro presbytero Vitriaci, ex altera parte, arbiter et amicabilis compositor electus ad statuendum de indemnitate præfato presbytero debita propter translationem ecclesiæ B. Mariæ a castro Vitriaci ad partem villæ inferiorem, in vico qui dicitur Rachaz, inter domum Bertranni Bridole et pontem Barræ, ubi B. Mariæ canonici campanas, cœmeterium, oblationes, ceterasque commoditates ad ipsorum ecclesiam venientes, habituri sunt, decernit ut sæpedictus presbyter unam præbendam integram, pro se et successoribus suis, in præfata ecclesia habeat, et in ea per se vel per vicarium suum unam septimanam de majori missa faciat, distributiones diei, quo missa major sic celebrabitur, integras percepturus. — « Et ut ea rata ac firma permaneant, presentem paginam in testimonium sigilli mei feci munimine roborari. Actum anno Domini millesimo ducentesimo vicesimo septimo, mense octobri. »

Traces de sceau pendant sur double queue. — Le sceau de Jean, archidiacre de Châlons-sur-Marne, n'a pas été retrouvé.

1948   1227. Vendredi 19 novembre.

(J. 320. — Toulouse, XI, n° 42. — Original.)

Instrumentum quo Ramundus comes Tolosæ recognoscit se Durando de S. Barcio debere M. solidos Tolosanos bonos vel Melgorienses duplos, bonos et largos, ad electionem creditoris, vel argentum finum, ratione XXVI. solidorum Tolosanorum pro marcha, si interim Tolosani vel Melgorienses deteriorabantur de lege vel de penso, quos quidem solvere promittit quindecimo die post primum festum Natalis Domini, sub pena et gravio duorum denariorum Tolosanorum per diem de quibusque centum solidis usquedum solverit. Pro quo toto debito, scilicet pro cabali, pro gravio et pro pena, præfato Durando impignorare declarat omnes baratas et omnia debita quæ fuerunt Abrahæ judei et Belidi fratris ejus, ubicumque sint et quæcumque sint. — « Hoc fuit factum XII. die exitus mensis novembris, feria VI., regnante Lodoico Francorum rege, et Ramundo Tolosano comite, et Fulcone episcopo, anno M° CC° XX° VII°, ab incarnatione Domini. — Hujus rei testes sunt : Ugo de Alfaro, et Bertrandus de Montibus, et Arnaldus Barravus, et Bernardus Ramundus frater ejus, et Bertrandus de Roaxio, et Arnaldus Willelmus de Sancto Barcio, et Petrus de Turre, et Bernardus de Samatano, qui cartam istam scripsit. »

Cette pièce est cancellée.

1949   1227. Vendredi. 19 novembre.

(J. 317. — Toulouse, VIII, n° 16. — Original.)

Instrumentum, per litteras alphabeti divisum, concordiæ initæ inter R. (Raimundum) comitem Tolosanum et Durandum de Sancto Barcio. — Qua compositione dictus comes præfatum Durandum et ejus ordinium solvit tota villicatione quam ab eo, tam nomine suo quam nomine Raimundi quondam comitis, patris sui, vindicare poterat usque ad diem præsentis chartæ, et insuper pollicetur se jamdicto Durando soluturum quatuor mille solidos Tolosanos bonos vel Melgorienses duplos, bonos et largos, ad electionem dicti Durandi, vel etiam in argento fino, ratione xxvi. solidorum Tolosanorum pro marcha, si interim Tolosani vel Melgorienses de lege vel de penso deteriorabantur. — « De hoc negocio fuerunt facte ii. carte, ex quibus habuit unam Durandus de Sancto Barcio, et Bonus Puer judeus, filius Provincialis, aliam. — Hoc fuit factum et ita positum et concessum, ex utraque parte, xii. die exitus mensis novembris, feria vi., regnante Lodoico Francorum rege, et eodem domino R. Tolosano comite, et Fulcone episcopo anno m° cc° xx° vii°, ab incarnatione Domini. Hujus rei sunt testes : Ugo de Alfaro, et Bertrandus de Montibus, etc. (*testes iidem sunt ac in præcedenti instrumento*), et Bernardus de Samatano, qui cartam istam scripsit. »

1950   1227. Novembre.

(J. 238. — Boulogne, I, n° 12. 6. — Copie authentique.)

Frater Gerinus domus Hospitalis Jerosolymitani prior in Francia notum facit se ratam habere et confirmare venditionem abbati et conventui B. Mariæ de Victoria a fratre Symone, procuratore domus Hospitalis Silvanectensis, factam, scilicet : viginti arpentorum nemoris quæ dicta domus ex dono Petri Choisel militis de Chennevieres habebat; decem arpentorum quæ habebat ex dono Radulphi de Fonte militis, et octo solidorum censualium sitorum ante portam præfatæ abbatiæ. — « Actum anno Domini millesimo ducentesimo vicesimo septimo, mense novembri. »

Vidimus délivré par Philippe le Bel au mois d'août 1293.

1951   1227. Novembre.

(J. 322. — Toulouse, XIII, n° 51. — Original roman.)

Echange de serfs conclu entre R. de Dorna et Gausbert de Puylaurens. — « Aizo es carta de bescambis que fa R. de Dorna ab Gausbert de Pug Laurenz; so es a saber que R. de Dornia dona per bescambis a'n Gausbert de Pug Laurenz e a so ordeg Jerma Ameill e P. Ameill e totz les efantz e las efantas que daquestz avant digs homes so issit,.... E per aquestz predigs bescambis donec Gausbertz de Pug Laurens a'n R. de Dornia e a so ordeg R. Paul e sos efantz, aquels que avia ni per adenant aura, etc. — « Testes sunt : Folc del Verdier, e R. del Potz, et Ermengaus Gotz, et Aimerics de Brino, e R. Alseus, qui hanc cartam scripsit, anno ab incarnatione Domini m. cc. xx. vii., mense novembri, Lodoyco rege regnante, R. Tolosano comite, Fulcone episcopo. »

Cet acte est un chirographe divisé par les lettres de l'alphabet.

1952   1227. Novembre.

(J. 326. — Toulouse, XVII, n° 25. — Original roman.)

Acte divisé par A. B. C., par lequel Raimons de Dornia déclare pour lui et pour ses successeurs confirmer à R. de Frontorgue toutes les terres et seigneuries que R. de Frontorgue père et R. de Frontorgue aïeul dudit R. de Frontorgue, avaient tenues en fief de lui-même, Raimond de Dornia, et de P. de Tripol dans le dimage (*decimari*) et l'aleu de S. Jouan de Tornac. — « Testes sunt : Sicartz de Puglaurenz, e Ar. Malpels, e maestre Guillems de Puglaurenz, e R. del Potz, et R. Alseus qui anc cartam scripsit, anno ab incarnatione Domini m. cc. xx. vii., mense novembri, Lodoyco rege regnante, Raimundo Tolosano comite, Fulcone episcopo. »

1953   Latran. 1227. 5 décembre.

Gregorius papa IX archiepiscopum Senonensem committit ad vota, quæ Blancha regina Franciæ leviter emittere potuit, examinanda, commutanda vel etiam annullanda.

(J. 688. — Bulles de priviléges, n° 111. — Original scellé.)

Gregorius episcopus, servus servorum Dei, venerabili fratri archiepiscopo Senonensi, salutem et apostolicam benedictionem. — Quia non semper anima precedit palpebris gressus suos, dum plus fervens quam sapiat ad inconsiderata prorumpit, impingit aliquando, sed ne cadat tanto est ei libentius succurrendum quanto pro ipsa favore digna simplicitas rationabilius intercedit.—Sane karissima in Xpisto filia [Blancha] illustris regina Francorum nobis humiliter supplicavit ut, cum spiritu fervens levia vota quedam emiserit, que vix aut nunquam poterit adimplere, ne, quod absit, illa temerare cogatur, sibi providere misericorditer dignaremur. — De tua itaque discretione plenam in Domino fiduciam obtinentes, fraternitati tue per apostolica scripta mandamus quatinus, votis ipsis, sicut convenit, intellectis, cum regina ipsa dispenses vel vota commutes prout, secundum Deum, ejus saluti videris expedire. — Datum Laterani, nonas decembris, pontificatus nostri anno primo.

Bulle de plomb sur cordelettes de chanvre. (*Inventaire*, n° 6047.)

1954   1227. Mercredi 22 décembre..

(J. 165. — Valois, III, n° 22. 1. — Original scellé.)

Coram officiali curiæ archidiaconi Senonensis, Johannes de Jauna et Heluysis uxor ejus recognoscunt se quatuor arpenta nemoris, quæ habebant in nemoribus de Faveris, domino Ansello de Gallanda pro quatuor libris Pruvinensium, jam sibi solutis, vendidisse. — « In cujus rei memoriam et testimonium, presentes litteras, de consensu partium, sine prejudicio alterius, sigillo curie archidiaconi Senonensis fecimus roborari. Actum anno Domini M° CC° vicesimo septimo, die mercurii ante Nativitatem Domini. »

Sceau de l'officialité de l'archidiacre de Sens; cire blanche, double queue; décrit dans l'*Inventaire* sous le n° 7504.

1955   1227. Décembre.

(J. 238. — Boulogne, I, n° 12. 10. — Copie authentique.)

Coram G. canonico et officiali Silvanectensi, Radulphus de Conduvo miles et uxor ejus Clemencia recognoscunt se ecclesiæ Beatæ Mariæ de Victoria concessisse viginti arpenta nemoris sita apud Coyam, quæ, prefatæ abbatiæ a fratre Symone magistro domus Hospitalis Silvanectensis vendita, de feodo prædicti Radulphi movebant. — « In cujus rei memoriam, presens scriptum sigilli nostri munimine communimus. — Actum anno Domini millesimo CC° XX° septimo, mense decembris. »

Vidimus délivré par Philippe le Bel au mois d'août 1293.

1956   1227. Décembre.

(J. 238. — Boulogne, I, n° 38. 2. — Copie authentique.)

Odo de Mongroisim miles notum facit se et Avelinam uxorem suam ecclesiæ Beatæ Mariæ de Victoria juxta Sylvanectum concessisse ut pacifice in perpetuum possideat viginti arpenta nemoris sita apud Coyam, de feodo suo moventia, et eidem ecclesiæ a fratre Symone, magistro domus hospitalis Sylvanectensis, pro sexaginta libris Parisiensium vendita; item decem arpenta nemoris apud Coyam pariter sita, a dicto Symone prefatæ ecclesiæ vendita et quæ, a Radulpho de Fonte, milite, avunculo suo, domui Hospitalis Hierosolymitani Silvanectensis in

elemosynam collata, ipse Odo ad vitam suam possidebat. — « In cujus rei memoriam, presentem paginam sigillorum nostrorum munimine fecimus roborari. Actum anno Domini millesimo ducentesimo vicesimo septimo, mense decembri. »

Vidimus délivré par Philippe le Bel au mois d'août 1293.

1957   1227.

(J. 165. — Valois, III, n° 22. 2. — Original scellé.)

Litteræ Galteri decani christianitatis de Triangulo quibus constat Johannem de Jauna armigerum quoddam nemus situm in usuario de Tornan, cum fundo, pro quatuor libris Ansello de Gallanda, militi, vendidisse. Quam venditionem Heluis uxor præfati Johannis laudavit et confirmavit. — « Et ut hoc sit ratum in perpetuum, presentem cartulam sigilli nostri munimine fecimus roborari. Actum anno Domini M° CC° XX° VII°. »

Sceau de Gautier, doyen de la chrétienté de Trainel; cire blanche, double queue; décrit dans l'*Inventaire* sous le n° 7931, d'après un type appendu à un acte daté de 1220.

1958   Vers 1227.

Attestatio Alani de Jovincort de Nisiaco feodo.

(J. 205. — Champagne, XIII, n° 27. — Original.)

Karissimo domino suo viro illustri Theobaldo, comiti Campanie et Brye palatino, Alanus de Jovincort, salutem et paratum in omnibus servicium. — Scire vos volo quod quicquid dominus Turni habet apud Nisiacum est de vestro feodo et movet de vobis, quamvis Johannes, filius domini comitis Suessionensis, dominus Turni dicat se illud tenere et movere a domino Injorando de Coci. — Et hoc paratus sum ubique testari et retinere in curia vestra et ubicumque debebo. De hoc etiam vobis ferent testimonium omnes milites feodati de castellania Castri Portuensis. — Ego siquidem, aliquociens, ex mandato domine mee, matris vestre, saisivi totam terram de Turno et habebam, quamdiu saisina durabat, apud Nisiacum meos custodes proprios qui propter saisinam tenebant et levabant omnes exitus et proventus quos dominus Turni habebat in eadem villa. Propter hoc vobis laudo et consulo bona fide, sicut homo vester, quatinus non permittatis dictum Johannem advocare feodum vestrum de alio quam de vobis nec tenere; istud enim vobis verteretur ad dedecus et ad dampnum.

Cette charte est certainement antérieure à l'année 1237, époque où Jean du Tour, fils ainé de Raoul de Nesle, comte de Soissons, succéda à son père, et quitta le titre de seigneur du Tour pour prendre celui de comte de Soissons. Elle est postérieure au mariage de ce seigneur avec Marie, dame de Chimay et du Tour, puisqu'il n'était seigneur du Tour que du chef de sa femme. Mais quelle est la date de ce mariage? Le P. Anselme, *Histoire généalogique de la maison de France*, tom. II, p. 502 D, dit positivement que Marie de Chimay était déjà mariée en 1226. D'un autre côté, l'*Art de vérifier les dates*, II, 730, et le P. Anselme lui-même, p. 501 C, donnent pour mère à Jean du Tour Ade de Grant-Pré, troisième femme de Raoul de Nesle, que ce seigneur n'épousa que postérieurement à 1223. Il y a là une contradiction évidente que nous avons vainement cherché à éclaircir, et comme nous n'avons trouvé nulle part le nom d'Alain de Jouvencourt, qui aurait pu nous aider à décider la question, c'est par pure hypothèse que nous plaçons cette charte à la date de 1227.

1959   1227-28. Janvier.

Homagium domino regi a Johanne comite Rociaci pro feodo de Sissonia præstitum.

(J. 380. — Jean, comte de Roucy, n° 3. — Original scellé.)

Ego Johannes comes Rociaci notum facio universis presentes litteras inspecturis quod ego karissimo domino meo Ludovico, regi Francie illustri, feci hominagium de feodo de Sissonia, quod retraxi de nobili viro Ingeranno de Cociaco, quod de eodem domino rege movet, sicut dictum feodum debet, salvo in omnibus jure domini regis et dicti Ingeranni, et salvo jure alieno. — Actum apud Parisius, anno Domini m° cc° xx° septimo, mense januario.

Sceau de Jean II, comte de Roucy; cire blanche, double queue; décrit dans l'*Inventaire* sous le n° 1022.

1960   Limoges. 1227-28. Février.

Litteræ consulum et universitatis castri Lemovicensis de homagio quod domino regi præstiterunt.

(J. 271. — Auvergne, 1, n° 1. — Original.)

Reverentissimo domino suo Ludovico, Dei gratia Francie regi, ac illustrissime ejus matri domine Blanche, eadem gratia Francie regine, humiles sui consules et universitas castelli Lemovicensis, salutem, reverenciam et subjectionem. — Significamus magnificencie vestre nos, juxta mandatum vestrum, fidelitatem fecisse vobis et heredibus vestris in manu dominorum Gaufridi de Chamdavranche militis et Gaufridi Griniau clerici, constitutorum, pro recipienda fidelitate eadem a nobis, a venerabili domino Tiobaldo senescallo vestro Pictavie, salvo jure reverendi domini nostri vicecomitis Lemovicensis, et salvis rectis consuetudinibus nostris et libertate nostra, prout continetur in litteris vestris apertis, a vobis super hoc et a reverentissimo domino nostro Ludovico Francie rege, felicis memorie, nobis quondam concessis. — Datum apud Lemovicas, mense februario, anno Domini m° cc° vicesimo septimo.

Traces de sceau sur simple queue. — Le sceau de la ville de Limoges est décrit dans l'*Inventaire* sous le n° 5693, d'après un type appendu à un acte daté de 1303.

1961   Meaux. 1227-28. Février.

(J. 203. — Champagne, XI, n° 17. — Original scellé.)

Petrus episcopus totumque capitulum Meldensis ecclesiæ notam faciunt compositionem initam inter illustrem virum Theobaldum Campaniæ comitem, ex una parte, et discretum virum Gimundum decanum Meldensem, ex altera, qua dictus decanus usuarium, quod se dicebat habere in foresta de Medunto ratione decanatus sui, una die quolibet anno, ad omnes quadrigas, pro quinque villis capituli Meldensis, videlicet Febleines, Segi, Boteni, Brinches et Previlers, præfato comiti et ejus heredibus in perpetuum quittavit, et ab eodem in excambium recepit tredecim arpenta nemoris in dicta foresta juxta nemus episcopi Meldensis sita, ab eo et ejus successoribus libere et quiete possidenda. — « Quod ut perpetuam habeat firmitatem, presentem paginam sigillorum nostrorum munimine fecimus roborari. Actum Meldis, anno gratie millesimo ducentesimo vicesimo septimo, mense februario. »

Deux sceaux en cire verte pendants sur double queue. — Le sceau de Pierre de Cuisy, évêque de Meaux, est décrit dans l'*Inventaire* sous le n° 6702; celui du chapitre, sous le n° 7221.

1962   Vincennes. 1227-28. Février.

Homagium Ludovico regi et Blanchæ reginæ ab Hugone Thoartii vicecomite præstitum.

(J. 373. — Seigneurs de Thouars, n° 5. — Original scellé.)

Ego Hugo vicecomes Thoartii notum facio universis ad quos littere presentes pervenerint, quod ego karissimo domino meo Ludovico regi Francie illustri feci hominagium ligium contra omnes homines et feminas qui possunt vivere et mori, et teneor similiter facere heredibus ejus, et heredes mei ipsi et heredibus ejus. — Debeo autem, ego et heredes mei, facere domino regi et heredibus suis eadem servitia qualia dominus Thoartii solet et debet facere domino Pictavensi. — Juravi etiam dicto domino meo regi et domine regine Blanche matri ejus quod ipsi domino regi, tanquam domino meo ligio et heredibus ejus, et eidem domine regine matri ejus fidelitatem bona fide servabo, et juvabo eandem dominam reginam bona fide ad observandum ballum suum, usque ad legitimam domini regis filii ipsius etatem. — Quod ut ratum et firmum permaneat, presentes litteras sigilli mei feci munimine confirmari. — Actum apud Vicennas, anno Domini M° CC° vicesimo septimo, mense februario.

<small>Fragment de sceau en cire jaune, pendant sur double queue. — Le sceau de Hugues II, vicomte de Thouars, est décrit dans l'*Inventaire* sous le n° 1084.</small>

1963   Paris. 1227-28. Février.

Homagium a Margarita vicecomitissa Thoartii domino regi præstitum.

(J. 373. — Seigneurs de Thouars, n° 6. — Original scellé.)

Universis presentes litteras inspecturis Margarita vicecomitissa Thoarcii, uxor Hugonis vicecomitis Thoarcii, salutem. — Noveritis quod nos, de assensu et voluntate Hugonis vicecomitis Thoarcii mariti nostri, karissimo domino nostro Ludovico illustri regi Francorum fecimus hominagium ligium contra omnes homines et feminas qui possunt vivere et mori, de adquisicionibus terre de Alnisio Hugonis vicecomitis Thoarcii mariti nostri, quas ipse habet et tenet, et de ducentis libratis de prepositura Rupelle de quibus idem vicecomes fuit homo ligius clare memorie Ludovico, quondam illustri regi Francorum, habendis et tenendis a nobis per hominagium ipsi domino regi factum, si supervixerimus dicto marito nostro, eo modo quo in carta domini dicti regis predicto domino nostro data plenius continetur, salva tamen fidelitate dicti mariti nostri vicecomitis Thoarcii. — Et dominus rex, tam de hiis quam de aliis teneturis nostris, tam de terra quam de dote, erit nobis per jus auxiliator et defensor tanquam femine sue ligie. — Nos vero faciemus domino regi et heredibus suis servicia, de hiis de quibus fecimus ei hominagium, qualia solent et debent fieri de illis domino Pictavensi. — Juravimus etiam dicto domino regi et Blanche illustri regine Francie, matri ejus, quod ipsi domino regi, tanquam domino nostro ligio et heredibus suis et eidem domine regine fidelitatem servabimus bona fide, et juvabimus eamdem dominam reginam bona fide ad observandum ballum suum, quousque dominus rex ad legitimam pervenerit etatem. — Actum Parisius, anno Domini M° CC° XX° septimo, mense februario.

<small>Sceau de Marguerite, vicomtesse de Thouars, femme de Hugues II; cire brune, simple queue; décrit dans l'*Inventaire* sous le n° 1085.</small>

1964   1227-28. Février.

(J. 203. — Champagne, XI, n° 18. — Original.)

Galterius Senonensis archiepiscopus notam facit compositionem initam inter Theobaldum Campaniæ comitem palatinum, ex una, et Renardum personam S. Mauricii de Musterolo, ex altera parte, super dampnis et gravaminibus quæ ecclesia S. Mauricii, occasione forteritiæ a dicto comite apud Musterolum constructæ, sustinuerat. — Quaquidem compositione præfatus Renardus omnia gravamina prædictæ ecclesiæ illata, dicto comiti in perpetuum remittit, eidemque quitat quasdam plateas vacuas ad presbyterium dictæ ecclesiæ pertinentes, juxta forum Musteroli sitas. Præfatus autem comes, in rerum prædictarum recompensationem, presbyterio ecclesiæ S. Mauricii modium frumenti annuatim, apud Montigniacum percipiendum, concedit et in perpetuum assignat. — « Nos itaque predictam compositionem ratam habentes et liberaliter approbantes, presentem paginam litteris annotatam sigilli nostri munimine duximus in testimonium roborandam. Actum anno Domini M° CC° XX° septimo, mense februario. »

<small>Traces de sceau pendant sur double queue. — Le sceau de Gautier III Cornut, archevêque de Sens, est décrit dans l'*Inventaire* sous le n° 6390, d'après un type appendu à un acte daté de 1230.</small>

1965   1227-28. Février.

(J. 205. — Champagne, XIII, n° 14. — Original.)

Philippus de Nantolio juvenis notum facit dominum Danielem de Masquelines militem, in ipsius præsentia, Theobaldo Campaniæ et Briæ comiti palatino homagium contra omnem creaturam quæ possit vivere vel mori præstitisse, et propter hoc a dicto comite quindecim libras annui et perpetui redditus, in pedagio de Columbario percipiendas, recepisse. — « In cujus rei testimonium, presentes litteras sigilli mei munimine confirmavi. Actum anno gratie millesimo ducentesimo vicesimo septimo, mense februario. »

Traces de sceau pendant sur double queue. — Voyez dans l'*Inventaire*, sous les n°s 3036 et 3037, la description de deux sceaux de Philippe de Nanteuil en Valois (Nanteuil le Haudouin), l'un d'après un type appendu à un acte daté de 1220, l'autre d'après un type appendu à un acte daté de 1237. Le village de Maquelines est également situé dans le Valois (Oise, arr. de Senlis).

1966   Saintes. 1227-28. 18 mars.

(J. 270. — La Marche, n° 7. — Original scellé.)

Hugo de Talniaco, dominus Montis Andronis, de Roiano et de Didonia, recognoscit se teneri ad homagium ligium pro castro Montis Andronis Hugoni de Leziniaco, comiti Marchiæ et Engolismi, ratione comitatus Engolismensis, præstandum; ideo promittit eumdem comitem, tanquam dominum suum, contra omnem hominem qui possit vivere et mori, juvare et deffendere. — « Actum apud Xanctonas, vigilia Osanne, anno Domini M° CC° XX° septimo, sub hiis testibus, videlicet: magistro Willelmo Aritaing, magistro Willelmo Robini, clericis; Helia Gumbaudi, G. Vigerii de Faia, Will. de Lezaio, militibus; G. Castelli senescallo Xanctonensi, P. Jouberti, Baudrico Charnateau servientibus. »

Sceau de Hugues de Tonnay, seigneur de Montendre, Royan et Didonne, en Saintonge (Charente-Inférieure); cire blanche sur double queue; décrit dans l'*Inventaire* sous le n° 3715.

1967   Westminster. (1228.) 6 mai.

Henricus III, rex Angliæ, Philippum de Albiniaco et Radulfum senescallum suum ad Ludovicum Franciæ regem mittit pro treugis ineundis.

(J. 655. — Angleterre, sans date, n° 13. — Original scellé.)

Karissimo domino suo et consanguineo Lodovico, Dei gratia illustri regi Francorum, H. (Henricus) eadem gratia rex Anglie, dominus Hibernie, dux Normannie, Aquitanie et comes Andegavie, salutem et debitum in omnibus servicium. — Mittimus ad vos dilectos et fideles nostros nobilem virum Philippum de Albyniaco et Radulfum, filium Nicholai, senescallum nostrum, ad capiendum et firmandum inter vos et nos treugas puras, firmas et rectas, sicut a domino papa Gregorio nono nobis est injunctum. Et nos treugas ipsas pro nobis et omnibus hominibus et imprisiis nostris ratas et gratas habemus et firmiter observari faciemus. — In cujus rei testimonium, has litteras nostras vobis mittimus patentes; teste me ipso apud Westmonasterium, vi. die maii, anno regni nostri duodecimo.

Sceau de Henri III, roi d'Angleterre; cire blanche, simple queue; décrit dans l'*Inventaire* sous le n° 10011 (premier sceau).

1968   Nogent-le-Roi. 1228. Mardi 6 juin.

Hugo de Lezignano se fidejussorem, erga regem et reginam Franciæ, constituit de treugis a Willelmo Archiepiscopi fideliter observandis.

(J. 270. — La Marche, n° 8. — Original.)

Universis presentes litteras inspecturis, Hugo de Lezignano, comes Marchie et Engolisme, salutem in Domino. — Noverint universi quod nos tenemur domino regi Francie et domine regine matri sue, pro nobili viro Willelmo Archiepiscopi, domino Partiniaci, et suis hominibus et imprisis, quod ipse et sui dicto domino regi et domine regine matri sue firmam treugam et legualem teneant et observent, ab instantibus octabis Beate Marie Magdalene in annum duraturas, ita tamen quod, si interim, durante treugua, a dicto Willelmo Archiepiscopi vel suis interceptum fuerit aliquid versus dominum regem et reginam, nos tenemur pro ipso ad satisfactionem et emendam competentem, secundum quantitatem intercepcionis. — Quod ut firmum permaneat, presentes litteras sigillo nostro fecimus sigillari in robur et testimonium veritatis. — [Datum apud Novi]gentum Heremberti, die martis ante festum sancti Barnabe apostoli, anno Domini M° CC° [XXVIII°].

Traces de sceau pendant sur simple queue. — Le sceau de Hugues X de Lusignan, comte de la Marche et d'Angoulême, est décrit dans l'*Inventaire* sous le n° 834, d'après un type appendu à un acte daté de 1224.

1969   Pérouse. 1228. 25 juin.

Bulla Gregorii IX pro matrimonio inter Alphonsum, fratrem Ludovici regis, et Johannam filiam Tolosani comitis contrahendo.

(J. 435. — Dispenses de mariage, n° 1. 2. — Original scellé.)

Gregorius episcopus, servus servorum Dei, dilecto filio R. (Romano) Sancti Angeli diacono cardinali, Apostolice Sedis legato, salutem et apostolicam benedictionem. — Credentes esse consultius ut pro reformanda pace inter carissimum in Xpisto filium nostrum regem Francorum illustrem et R. (Raimundum), filium quondam comitis Tolosani, sollicite laboretur, si forte per divinum auxilium et tuam diligentiam valeat provenire, que utique multipliciter expediret, discretioni tue per apostolica scripta mandamus quatinus ad hoc solite circumspectionis studio interponas diligentius partes tuas in nomine Domini, cujus pax omnem sensum exuperat, id facturus. — Nos enim pro bono pacis quam tenemur diligere, utpote Illius vicarii, licet immeriti, qui est pax nostra et diversos in se parietes copulavit, prudentie tue duximus concedendum ut auctoritate nostra valeas dispensare quod frater ipsius regis filiam dicti R. ducere possit, si ex hoc pacem provenire contigerit, in uxorem, non obstante impedimento duplici, videlicet quod, ex uno latere, in tertio, et, ex alio, in quarto consanguinitatis gradibus se contingunt. — Nulli ergo omnino hominum liceat hanc paginam nostre concessionis infringere vel ei ausu temerario contraire. Si quis autem hoc attemptare presumpserit, indignationem omnipotentis Dei et beatorum Petri et Pauli apostolorum ejus se noverit incursurum. — Datum Perusii, vii. kalendas julii, pontificatus nostri anno secundo.

Bulle de plomb sur lacs de soie rouge et jaune. — Voyez dans l'*Inventaire*, n° 6046, la description de la bulle d'Honorius III.

1970   Nogent-le-Roi. 1228. Juin.

Instrumentum treugarum inter Ludovicum IX et Henricum III regem Anglie initarum.

(J. 628. — Angleterre, II, n° 13. — Original scellé.)

Omnibus, ad quos littere presentes pervenerint, Philippus de Albiniaco et Radulfus, filius Nicholai, senescalcus domini regis Anglie, salutem. — Notum facimus quod karissimus dominus noster Henricus, rex Anglie illustris, inivit treugas cum domino Ludovico rege Francie illustri, et suis imprisiis et hominibus, pro se et suis imprisiis et hominibus, tam per mare quam per terram, ab instanti festo beate Marie Magdalene in annum duraturas, tali modo quod, si in treuga fuerit interceptum, de interceptione emendanda sic erit : Interceptio facta nuntiabitur dictatoribus hinc inde constitutis, qui sunt : Theobaldus de Blozone, senescalcus Pictavie, et Simon de Eymau, ex parte domini regis Francie; ex parte autem domini regis Anglie, Henricus de Trublevilla senescalcus Vasconie et Willelmus Caulier; ita quod, si infra duos menses, postquam forisfactum eis legitime constiterit, non emendaretur, ex tunc ille cui fuerit forisfactum poterit currere super malefactorem, donec plenarie fuerit emendatum. — Et dominus rex Francie, sine se mesfacere, poterit juvare hominem suum contra malefactorem qui forisfactum emendare noluerit, donec fuerit emendatum. Et dominus rex Anglie similiter facere poterit; et dominus malefactoris malefactorem tenebitur non juvare. — Et Banaon in hiis treugis non poterit inforciari. — Si autem aliqua fortericia vel castrum aliquod, vel persona alicujus nobilis, durantibus treugis, caperetur vel furtive subtraheretur, statim dominus rex Francie, per se vel per gentes suas, sine mesfacere, de hiis poterit se juvare; et dominus rex Anglie similiter facere poterit. — Et sciendum quod H. (Hugo) comes Marchie tempore harum treugarum per omnia remanebit in tali statu in quo erat ea die qua alia treuga capta fuit apud Stampas; tali modo quod dictus comes non implacitabitur vel vexabitur, nec in foro ecclesiastico nec in foro laicali, de re aliqua de qua tunc esset tenens, vel de qua tunc esset in pace. Et si aliquo modo interim vexaretur quin remaneret in eadem pace et in eodem statu, dominus rex Francie non teneretur ad treugas observandas. — Dicti autem dictatores tenebuntur facere emendari omnes interceptiones sive a predicto comite, sive ab aliis factas, ex parte regis Francie sive ex parte regis Anglie, in treuga precedenti et in hac que capta est presentialiter faciendas. — Nos autem ad has treugas capiendas et firmandas missi, de mandato ipsius domini nostri regis Anglie in animam ejus eas juravimus ab ipso et suis bona fide et firmiter observandas. — Et ad hoc quod bona fide et firmiter serventur, quantum in nobis fuerit, bona fide juravimus nos facturos. — In cujus rei testimonium, has litteras nostris fecimus sigillis muniri. Actum apud Nogentum, anno Domini M° CC° XXVIII°, mense junii.

Cet acte était scellé de deux sceaux pendants sur double queue : le premier, celui de Philippe d'Aubigny, s'est détaché et n'a pas été retrouvé ailleurs; le second, celui de Raoul, sénéchal d'Angleterre, petit sceau rond en cire jaune, d'une parfaite conservation, est décrit dans l'*Inventaire* sous le n° 10189.

1971   Pérouse. 1228. 26 juin

(J. 343. — Abbaye de la Grasse, n° 4. — Copie authentique.)

Bulla Gregorii papæ IX quo quoddam privilegium monasterio S. Mariæ Urbionis (i. e. monasterio de Crassa) a Karolo Calvo imperatore (anno 876, die 25 octobris. Vid. tom. I, p. 18, n° 11) concessum, a se confirmatum declarat, dictum privilegium renovans « cum nimium sit vetustum et ejus littera existat antiqua et forme alterius quam moderna. » — « Datum Perusii, VI. kalendas julii, pontificatus nostri anno secundo. » — *Quia loca sancta diligimus*, etc.

Expédition délivrée, le IV. des ides de juin (le 10 juin) 1255, par R. (Raimond IV de Valhauques), évêque de Béziers, et scellée de son sceau en cire blanche, appendu à l'acte sur lacets de fil.

1972   Nuremberg. 1228. 20 juillet.

Litteræ Henrici regis Romanorum quibus bona sita apud Luxovium Ottoni comiti Burgundiæ concedit.

(J. 610. — Empereurs d'Allemagne, n° 1. — Original scellé.)

H. (Henricus), Dei gratia Romanorum rex semper augustus, universis Imperii fidelibus, quibus presens scriptum exhibitum fuerit, gratiam suam et omne bonum. — Ex insinuatione presentium notum esse volumus universis quod nos, attendentes devotam fidelitatem et obsequia dilecti principis nostri Ottonis, illustris ducis Meranie et palatini comitis Burgundie, bona nostra [apud] Lussinum (i. e. Luxovium), cum omnibus attinentiis, de mera benignitate et de plenitudine nostri consilii concessimus eidem. Mandantes et auctoritate regia firmissime precipientes quatinus nullus ausu ductus temerario memoratum ducem in bonis et antedictis feodis, a nobis ipsi concessis, gravare vel molestare presumat. Quod qui attemptaverit, gravem offensam nostre celsitudinis se noverit incursurum. — Ad majorem itaque evidentiam prelibate nostre concessionis, presentem paginam sigillo nostre celsitudinis jussimus communiri.

Datum apud Nurinberc, anno Dominice incarnationis M° CC° XX° octavo, tredecimo kalendas augusti, indictione prima.

Sceau de Henri, roi des Romains, fils aîné de l'empereur Frédéric II; cire blanche sur lacs de soie violette et jaune; décrit dans l'*Inventaire* sous le n° 10888.

1973   1228. Mardi 25 juillet.

(J. 330. — Toulouse, XXI, n° 12. 1. — Copie ancienne.)

Instrumentum quo constat Guillelmum Poncium et Jacobam sororem ejus, liberos defuncti Arnaldi Poncii de Puteo-clauso, duodecimam partem quam habebant in molendino ejusque pertinentiis sitis in capicio domini comitis Tholosæ, inter molendinum defuncti Fortanerii et molendinum qui fuit Bernardi Rogerii, Stephano Balderia et Guillelmo Balderia eorumque ordinio, cousilio et voluntate Petri Arnaldi bajuli domini comitis, de quo dictum molendinum in feodum movet, vendidisse et transtulisse. — « Hec venditio fuit facta VII. die exitus mensis julii, feria III., regnante Lodovico rege Francorum, et Ramundo Tholosano comite, et Fulchone episcopo, anno M° CC° XX° VIII° ab incarnatione Domini..... Sunt testes : Arnaldus Poncius de Astaraco, et Ramundus Lorarius, et Bernardus Wellmota macellarius, et Bartholomeus Buxus....., et Ramundus Donatus fuit ad hoc totum presens et est de toto testis, qui cartam istam scripsit. »

1974   1228. Juillet.

(J. 196. — Champagne, IV, n° 18. — Original.)

Philippus dominus Planceii notum facit Walcherum vicecomitem S. Florentini, generum suum, quidquid apud Jauges et apud Chau, tam in planis quam in nemoribus et in omnibus modis et commodis, habebat, a Theobaldo Campaniæ comite in feodum et homagium ligium reaccepisse, tali modo ut, quando idem Galcherus habebit duos heredes, alter eorum futurus sit homo ligius dicti comitis Campaniæ super omnibus prænotatis. De quibus præfatus Galcherus testimoniales litteras reddere promisit statim ut proprium habuerit sigillum. — « In hujus igitur testimonium, presentes litteras sigilli mei munimine confirmavi. Actum anno gratie millesimo ducentesimo·vicesimo octavo, mense julio. »

Traces de sceau pendant sur double queue. — On trouve dans l'*Inventaire*, sous le n° 3226, la description du sceau d'un Philippe, sire de Plancy en Champagne; mais comme il s'agit d'un sceau appendu à un acte daté de 1314, il est évident qu'il ne peut y avoir qu'une analogie de nom entre le Philippe de Plancy du commencement du treizième siècle et celui qui vivait au commencement du quatorzième.

1975 1228. Juillet.

(J. 197. — Champagne, V, n° 24. — Original.)

Ansellus de Dampetra, dominus de Cereis, notum facit omnes homines suos manentes apud Chateler, et omnes illi qui de cetero ibidem venient ad remanendum, in salvamento karissimi domini sui Theobaldi comitis Campaniæ remansuros esse ea lege ut quilibet burgensis, tam homo quam vidua mulier, præposito Vitriaci, pro prædicto comite, sex denarios in festo S. Remigii annuatim solvere teneatur. — « Ego vero, cujus predicta villa est et cujus ville homines mei sunt, istud laudavi et laudo, volui et volo, ac sigilli mei munimine confirmo. Actum anno gratie M° CC° vicesimo octavo, mense julio. »

Traces de sceau pendant sur double queue. — Le sceau d'Anseau de Dampierre, sire de Cierges en Champagne (Meuse, arr. de Montmédy), n'a pas été retrouvé.

1976 1228. Septembre.

(J. 197. — Champagne, V, n° 25. — Original.)

Johannes, comes Carnotensis et dominus Oysiaci, notum facit karissimum dominum suum Theobaldum, Campaniæ et Briæ comitem palatinum, grueriam quam habebat in viginti octo arpentis forestæ de Bie, sitis in fine nemoris de Barbellon, sibi ad preces suas quittavisse. — « In cujus rei testimonium, presentes litteras sigilli mei munimine confirmavi. Actum anno gratie M° CC° vicesimo octavo, mense septembri. »

Traces de sceau pendant sur double queue. — Voyez dans l'*Inventaire*, n° 975, le sceau de Jean d'Oisy, comte de Chartres du chef de sa femme Élisabeth d'Amboise.

1977 Paris. 1228. Octobre.

(J. 190 A. et B. — Poitou, J, n°s 5 et 80. — Copies anciennes.)

Ludovicus Franciæ rex se rata habere et confirmare declarat jura et libertates communiæ S. Johannis Angeliacensis a Ludovico rege, patre suo, ann. 1224 jam confirmata. (Vide supra, n° 1663.) — « Nos igitur piis ejusdem genitoris nostri vestigiis inherere volentes, ea que premissa sunt volumus et approbamus, et, ut perpetue stabilitatis obtineant firmitatem, presentem paginam sigilli nostri auctoritate et regii nominis karactere inferius annotato confirmamus. — Actum Parisius, anno Dominice incarnationis M° CC° vicesimo octavo, mense octobri, regni vero nostri anno secundo; astantibus in palacio nostro quorum nomina supposita sunt et signa : Dapifero nullo. Signum Roberti buticularii. Signum Bartholomei camerarii. Signum Mathei Francie constabularii. Data vacante cancellaria. »

La pièce cotée n° 5 est une copie des lettres de confirmation accordées aux habitants de Saint-Jean d'Angely par Alphonse, comte de Poitiers, au mois de juillet 1241, dans lesquelles les lettres de Louis VIII et celles de Louis IX sont insérées. Le n° 80, de la même layette, est une copie plus ancienne et qui paraît antérieure à la confirmation d'Alphonse.

1978 1228. Octobre.

(J. 203. — Champagne, XI, n° 20. — Original.)

R. (Reginaldus) S. Pharonis Meldensis abbas totusque ejusdem loci conventus notum faciunt se karissimo domino suo Theobaldo, Campaniæ et Briæ comiti palatino, usuarium, quod ipsi et prioratus sui in foresta de Medunto habebant, in perpetuum quitavisse, ea conditione ut præfatus comes sibi quitaret grueriam quam habebat in nemore ipsorum sito in foresta de Medunto, sibique liceret centum et quadraginta circiter arpenta de dicto nemore essartare, suamque per omnia ibi facere voluntatem. — « Quod ut ratum et firmum habeatur, presentes litteras sigillorum nostrorum munimine roboravimus. Actum anno gratie M° CC° vicesimo octavo, mense octobri. »

Traces de deux sceaux pendants sur double queue. — Le sceau de Renaud Ier, abbé de Saint-Faron de Meaux, n'a pas été retrouvé, et le sceau du couvent, indiqué dans l'*Inventaire* sous le n° 8283, est décrit d'après un type appendu à un acte daté de 1320.

1979 1228. Octobre.

Litteræ majoris et parium communiæ Cambliacensis de fidelitate quam domino regi juraverunt.

(J. 205. — Champagne, XIII, n° 15. — Original.)

Excellentissimo domino suo Ludovico, Dei gratia Francie regi, et Blanche domine sue Francie regine, major et pares communie Cambliacensis, salutem et paratum semper in omnibus famulatum. — Noverit excellentia vestra quod nos, ad mandatum vestrum per vestras litteras patentes factum, coram Johanne de Vineis ballivo vestro, fidelitatis fecimus sacramentum, ita videlicet quod nos mandato vestro et servitio vestro in omnibus et per omnia adherebimus, et vobis et domine regine matri vestre, contra omnes homines et feminas qui possunt vivere vel mori, semper serviemus et obediemus, et quod vos et dominam reginam, et filios ejus pro posse nostro serviemus et custodiemus, et quod, propter hujus mundi homines, de juridicione vestra et [vestro] dominio nullatenus discedemus. — Actum anno Domini M° CC° XX° VIII°, mense octobri.

Traces de sceau pendant sur simple queue. — Le sceau de la ville de Chambly en Beauvoisis est décrit dans l'*Inventaire* n° 5756, d'après un type appendu à un acte daté de 1276.

1980 1228. 21 novembre.

Oliverius et Bernardus de Terminis, fratres, se castrum de Terminis domino regi cedere declarant.

(J. 295. — Languedoc, n° 6. — Original scellé.)

ABC. DEF. GHJK.

In nomine Domini, anno incarnationis ejusdem M° CC° XXVIII°, XI. kalendas decembris, nos Olivarius et Bernardus de Terminis, fratres, usque ad diem predictam existentes domini de Termino, cedimus, solvimus et deffinimus totum jus sive dominium, quod habebamus in predicto castro de Termino, domino Loudovico regi Franchorum, et pro ipso domino rege investimus vos, dominum P. (Petrum), Dei gratia Narbonensem archiepiscopum, dominum C. (Clarinum) Carcassonensem episcopum, et dominum G. (Guidonem) de Levis marescalcum, de predicto castro, et mitimus vos in possessionem corporalem de predicto castro, loco domini regis predicti. — Totam vero aliam terram de Terminisio et hominum nostrorum, tam militum quam aliorum qui sancte Ecclesie reconciliati sunt vel erunt, ponimus in bona fide et bona voluntate et bona misericordia ejusdem domini regis, sicut eam melius tenebamus et habebamus eo tempore quo dominus Lodovicus rex, bone memorie, venit apud Avinionem, et eandem terram recipimus in commanda a vobis G. de Levis mareschalcho, ex parte ipsius domini regis. — Promitimus etiam, et super sancta Dei Evangelia juramus, quod semper erimus fideles domino regi Franchorum et heredibus suis, et adjutores sui contra suos et sancte Ecclesie inimicos. — Nos vero P. (Petrus), Dei gratia Narbonensis archiepiscopus, et C. (Clarinus) eadem gratia Carcassonensis episcopus, et G. de Levis mareschalchus recipientes a vobis predictum castrum de Termes, et missi a vobis in corporalem possessionem de predicto castro, loco domini regis jam dicti, recipimus vos Olivarium et B. de Termino, et milites ac homines vestros, ex parte Dei et sancte ecclesie Romane, et domini legati, nec non ex parte domini regis Franchorum, in bona fide et in bona misericordia domini regis superius nominati, promittentes vobis bona fide, ex parte ejusdem domini regis, quod ipse benefaciet vobis et honorabit vos, et quod nos operam, opem et consilium dabimus, pro fideli posse nostro, quod dictus dominus rex vobis faciat et adimpleat ea que superius sunt expressa. — Promitimus etiam quod homines existentes in barrio de Termes erunt in bona libertate et in bonis consuetudinibus, et possessiones suas possidebunt et habebunt sicut modo habebant. — In eodem vero modo recipimus nobilem mulierem Gaudionem sicut vos O. et Bernardum, prout superius est expressum. — Ad majorem autem certitudinem hujus rei, presentem cartam sigilli nostri munimine sigillamus et faciemus etiam approbari et sigillari sigillis nobilium virorum Imberti domini Belli Joci, existentis in partibus istis ex parte domini regis Franchorum, et domini Philippi de Monteforti. — Testes hujus rei sunt : dompnus B. (Bernardus) abbas, et prior Fontisfrigidi, O. (Odo dictus Cocus) senescalcus Carcassone, P. (Petrus) de Vicinis, Andreas Choleti senescalus Tolosanus, Johannes castellanus de Cosanciis, Rotbertus Sine-avere castellanus castri de Termino. — Actum est hoc die et anno quibus supra. — Et nos O. de Termino istud instrumentum sigilli nostri, pro nobis et pro fratre nostro B., munimine roboramus.

Cet acte était scellé de six sceaux en cire blanche pendants sur lacets de fil, de couleurs mélangées. Quatre subsistent encore, soit en entier, soit par fragments; deux ont complétement disparu. Ils étaient rangés dans l'ordre suivant :

Sceau de Pierre III Amiel, archevêque de Narbonne, décrit dans l'*Inventaire* sous le n° 6325.

Clarin, évêque de Carcassonne. — *Inventaire*, n° 6544.

Gui de Lévis, maréchal du roi de France en Albigeois. — Sceau armorial, mais complétement fruste, et qui n'a pas été retrouvé ailleurs.

Olivier de Termes. — Ce sceau, qui s'est détaché, est décrit dans l'*Inventaire* sous le n° 3675, d'après un type appendu à un acte daté de 1241.

Imbert de Beaujeu. — Le sceau d'Imbert ou Humbert V, sire de Beaujeu, qui devint connétable de France en 1239, n'a pas été retrouvé. Comparez le sceau de son neveu, Humbert VI, sire de Beaujeu, connétable de France sous Philippe le Hardi, décrit dans l'*Inventaire* sous le n° 194.

Philippe de Montfort. — *Inventaire*, n° 2909.

1981 1228.

(J. 197. — Champagne, V, n° 23. — Original.)

Abbates de Caladia et de Maurimonte notam faciunt compositionem inter ecclesias suas initam de nemoribus sitis a fundo Bieme usque ad viam de Chevauchie; quæ scilicet nemora in tres partes dividentur, quarum unam unaquæque ecclesia, tertiam vero Campaniæ comes, cum custodia totius nemoris, habebit. — « In cujus rei testimonium, presentes litteras fieri voluimus sigillorum nostrorum munimine roboratas. Actum anno gratie M° CC° XX° octavo, mense decembri. »

Traces de deux sceaux pendants sur double queue. — Les sceaux de F., abbé de la Chalade (diocèse de Verdun), et de Gui II, abbé de Morimond (diocèse de Langres), n'ont pas été retrouvés.

1982   Meaux. 1228.

(J. 383. — G. et H. de Châtillon, sires de Crécy, n° 11. — Original scellé.)

G. (Gaufridus) archidiaconus Briensis et magister Andreas Laudunensis canonicus, ut arbitri ex utraque parte electi jus dicentes de controversia inter venerabilem virum G. (Gimundum) decanum Meldensem, magistrumque Hugonem clericum ejus, ex una parte, et nobilem virum Hugonem comitem S. Pauli, ex altera, super capellania quæ fuit defuncti Bernardi in ecclesia Creciaci, præfato comiti patronatum dictæ capellaniæ adjudicant. — « Actum Meldis, anno Domini M° CC° vicesimo octavo. »

Scellé, en cire jaune, sur double queue, des sceaux de Geoffroy, archidiacre de Brie, et de maître André, chanoine de Laon, sceaux décrits dans l'*Inventaire* sous les nos 7429 et 7756.

1983   Senlis. 1228-29. 6 février.

Romanus cardinalis, A. S. legatus, venerabilem virum Nicolaum, quem ecclesiæ Noviomensi episcopum præfecit, apud regem commendat.

(J. 346. — Régale, I, n° 8. — Original scellé.)

Karissimo in Xpisto Ludovico, Dei gracia regi Francie illustri, Romanus, miseratione divina Sancti Angeli diaconus cardinalis, Apostolice Sedis legatus, salutem in eo qui dat salutem regibus. — Commissa nobis a Sede Apostolica provisione ecclesie Noviomensis, nos habito super hoc diligenti consilio et tractatu, pensatoque nichilominus statu ipsius ecclesie, venerabilem virum N. (Nicolaum), ejusdem ecclesie cancellarium, per cujus industriam de ipsius relevatione speratur, providendum duximus pastorem et prelatum ecclesie memorate. Ipsum igitur, ad vestram presentiam pro petendis regalibus accedentem, vestre celsitudini commendamus. — Datum Silvanecti, VIII. idus februarii, anno Domini M° CC° XXVIII°.

Fragment de sceau en cire jaune pendant sur double queue. — Voyez dans l'*Inventaire*, n° 6131, la description du second sceau du cardinal Romain, légat en France.

II.

1984   1228-29. 10 février.

Litteræ conventus B. Dionysii Ludovico regi de regalibus Odoni abbati suo nuper electo concedendis.

(J. 346. — Régale, I, n° 7. — Original scellé.)

Serenissimo domino et in Xpisto karissimo Ludovico, Dei gratia regi Francorum, Th. supprior Beati Dyonisii et ejusdem loci conventus, salutem et paratam ad devota obsequia voluntatem. — Serenitati vestre presentibus intimamus quod nos, destituti pastore et patre, venerabilem virum Odonem, priorem nostrum, sufficientis literature, etatis integre et perfecte, bonis operibus ac virtutibus adornatum, unanimes et concordes in patrem elegimus et pastorem; unde vobis affectuosius supplicamus quatinus ipsi electo a nobis unanimiter atque concorditer gratiam vestram et regalia concedatis. — Actum anno Domini M° CC° vicesimo octavo, mense februario, die Sancte Scolastice virginis.

Fragment de sceau en cire blanche pendant sur simple queue. — Voyez dans l'*Inventaire*, n° 8370, la description du sceau de l'abbaye de Saint-Denis, d'après un type appendu à un acte daté de 1217.

1985   Pérouse. 1229. 19 février.

Bulla Gregorii papæ IX qua personas et villam Montispessulani se sub sua speciali protectione suscipere declarat.

(J. 339. — Montpellier et Maguelone, I, n° 23. — Copie ancienne.)

Gregorius episcopus, servus servorum Dei, dilectis filiis consulibus et populo Montispessulani, salutem et apostolicam benedictionem. — Promte fidei et prone devocionis afectus, quem erga Romanam ecclesiam a progenie in progenies geritis indefessum, sicut vobis prestat fiduciam nos rogandi, sic et nobis vestris precibus, quantum cum Deo possumus, favorabiliter annuendi racionem probabilem persuadet; quia, si cupimus invenire qui placeant, decet ut honoremus inventos, qui non nunquam merita suplicum excedentes et vota, pocius volumus merita premiis quam premia meritis superari. — Cum igitur ecclesiam Romanam filiali reverencia venerantes, ejus vos beneplacitis tanquam filii benediccionis et gracie laudabiliter exponatis, nos vestris supplicationibus annuentes, ad exemplar feli-

19

cis memorie Innocencii et Honorii predecessorum nostrorum, personas vestras et villam Montispessulani, cum consulatu et aliis omnibus que impresenciarum rationabiliter possidetis, sub Beati Petri et nostra proteccione suscipimus et presentis scripti patrocinio communimus. — Ad perpetuum autem devocionis indicium, duas marcas auri, centum Massamutinis computandis pro marca, quas Sedi Apostolice liberaliter obtulistis, nobis ac successoribus nostris, singulis annis, in festo Resurrectionis Dominice persolvetis. — Nulli ergo omnino hominum liceat hanc paginam nostre protectionis infringere vel ei ausu temerario contraire. Si quis autem hoc atemptare presumpserit, indignacionem omnipotentis Dei et beatorum Petri et Pauli apostolorum ejus se noverit incursurum. — Datum Perusii, XI. kalendas marcii, pontificatus nostri anno secundo.

Copie extraite du fragment de cartulaire intitulé *Liber consuetudinum Montispessulani*, fol. 16 v°, col. 1.

1986 Pérouse. 1229. 19 février.

Bulla Gregorii papæ IX qua officium consulatus Montispessulani se auctoritate apostolica confirmare et communire declarat.

(J. 339. — Montpellier et Maguelone, I, n° 23. — Copie ancienne.)

Gregorius episcopus, servus servorum Dei, dilectis filiis consulibus et populo Montispessulani, salutem et apostolicam benediccionem. — Devocionis vestre meretur affectus ut, vos gratiam Sedis Apostolice prosequentes, vestris, quantum cum Deo possumus, suplicationibus favorabiliter annuamus, presertim ubi, sine alterius injuria, dignam vobis graciam fieri postulastis. — Eapropter, dilecti in Domino filii, vestris justis precibus inclinati, officium consulatus terre Montispessulani, sicut illud juste ac pacifice obtinetis, auctoritate Apostolica confirmamus et presentis scripti patrocinio conmunimus. — Nulli ergo omnino hominum liceat hanc paginam nostre confirmacionis infringere, etc. — Datum Perusii, XI. kalendas marcii, pontificatus nostri anno secundo.

Copie extraite du fragment de cartulaire intitulé *Liber consuetudinum Montispessulani*, fol. 16 v°, col. 1.

1987 Pérouse. 1229. 7 mars.

(J. 33. — Montpellier et Maguelone, I, n° 23. — Copie ancienne.)

Bulla Gregorii papæ IX qua, ad preces consulum et populi Montispessulani, eis indulget ut nullus in eos et eorum terram, sine manifesta et rationabili causa, excommunicationis vel interdicti sententiam promulgare audeat. — « Datum Perusii, nonas marcii, pontificatus nostri anno secundo. — *Et si supervacuum videatur, etc.* »

Liber consuetudinum Montispessulani, fol. 16 r°, col. 2.

1988 Paris. 1228-29. Mars.

Obligatio episcopi Matisconensis de pecunia a Matisconensibus comiti Matisconensi solvenda, pro defectu servitii in obsidione Avinionis.

(J. 259. — Mâcon, n° 2. 1. — Original scellé.)

Haimo, Dei gratia Matisconensis episcopus, universis ad quos littere presentes pervenerint, salutem in Domino. — Noverit universitas vestra quod nos promisimus karissimo domino nostro Ludovico regi Francie illustri et karissime domine nostre B. (Blanche), matri ipsius, Francie regine, et ad hoc etiam nos obligamus quod, quandocumque ab ipsis fuerimus requisiti, burgenses Matisconenses faciemus accedere coram ipsis ad computandum et satisfaciendum comiti Matisconensi super summa illa pecunie que contra dictos burgenses in obsidione Avinionis fuit adjudicata comiti supradicto. — Quod nisi fecerimus, a domibus et turribus nostris Matisconensibus recedentes, eas mandato domini regis et regine, eorum patentes litteras deferenti, sine difficultate aliqua reddemus, et similiter de eisdem domibus et turribus faciemus pro emenda ipsorum, si eam voluerint habere. — Actum Parisius, anno Domini M° CC° XX° octavo, mense martio.

Sceau d'Haymon, évêque de Mâcon; cire blanche, double queue; décrit dans l'*Inventaire* sous le n° 6671.

1989 Paris. 1228-29. Mars.

Obligatio decani et capituli Matisconensis de solutione pecuniæ qua, in obsidione Avinionis, erga comitem Matisconensem mulctati fuerunt.

(J. 259. — Mâcon, n° 2. — Original scellé.)

Omnibus ad quos littere presentes pervenerint S. (Seguinus), decanus totumque capitulum Matisconense, salutem in Domino. — Noverit universitas vestra quod nos promisimus karissimo domino nostro regi Francie illustri et karissime domine nostre B. (Blanche), matri ipsius, Francie regine, et ad hoc nos etiam obligamus quod, quandocumque ab ipsis fuerimus requisiti, accedemus coram ipsis ad computandum et satisfaciendum comiti Matisconensi super summa illa pecunie que contra nos in obsidione Avinionis fuit adjudicata comiti supradicto. — Quod nisi fecerimus, a turribus et domibus, quas dominus rex perinde tenebat, recedentes, eas mandato domini regis et regine, eorum patentes litteras deferenti, sine difficultate aliqua reddemus, et similiter de eisdem domibus et turribus faciemus pro emenda, si eam a nobis voluerint habere. — Actum Parisius, anno Domini M° CC° vicesimo octavo, mense marcio.

Sceau du chapitre de Saint-Vincent de Mâcon; cire brune, double queue; décrit dans l'*Inventaire* sous le n° 7209.

1990 1228-29. 4 avril avant Pâques.

(J. 259. — Mâcon, n° 1. — Original scellé.)

Johannes Matisconensis comes et Aales uxor ejus notum faciunt se dilecto et fideli suo Jocceranno Grosso, domino Branceduni, quinquaginta libratas Matisconensium, annui et perpetui redditus, ex pedagio Matisconensi, quotannis in festo Assumptionis B. Mariæ, ab eo vel ejus heredibus percipiendas, in augmentationem feodi contulisse. — « In cujus rei testimonium, sigillum nostrum presentibus litteris duximus apponendum. Actum anno Domini M° CC° octavo, pridie nonas aprilis. »

Cette charte était scellée, dans l'origine, de deux sceaux pendants sur double queue. Le sceau de Jean de Braine, comte de Mâcon, s'est détaché, et il ne reste plus que celui de la comtesse sa femme, mais tous deux sont décrits dans l'*Inventaire*, savoir : celui de la comtesse Alix sous le n° 503, et celui du comte Jean sous le n° 504, d'après des types appendus à des actes datés de 1233.

1991 Paris. 1228-29. 11 avril avant Pâques.

Romanus cardinalis, A. S. legatus, conditiones pacis a Raimundo comite Tolosano cum Ecclesia et rege initæ, apostolica auctoritate confirmat.

(J. 305. — Toulouse, III, n°s 3, 4 et 7. — Originaux scellés.)

Romanus, miseratione divina Sancti Angeli diaconus cardinalis, Apostolice Sedis legatus, omnibus presentes litteras inspecturis, salutem in Domino. —

Noverint universi presentes pariter et futuri quod, cum nobilis vir Raimundus, filius Raimundi quondam comitis Tholosani, diu in excommunicatione persistens, Ecclesie Dei et regi Francorum illustri esset longo tempore contumax et rebellis, ad cor tamen rediens, Domino faciente, ad mandatum Ecclesie et regis predicti ac nostrum venit humiliter et devote, absolutionem suam petens, gratiam et misericordiam Ecclesie et regis et non judicium postulando. — Promisit autem nobis, nomine ecclesie Romane, et regi, quod Ecclesie et ipsi regi et heredibus suis de cetero devotus erit, etc. (*Quæ sequuntur eisdem verbis constant, mutatis mutandis, ac sequentes litteræ Raimundi comitis, n° 1992.*) — Supradicta omnia, sicut juste et canonice facta sunt, auctoritate qua fungimur confirmamus, sigilli nostri munimine roborantes, salvo in omnibus jure ecclesiarum, catholicorum virorum et mulierum, ita tamen quod, pro dampnis mobilium vel domorum destructione vel villarum vel aliarum rerum, sicut expressum est superius, tam ipse (*scilicet, Tolosanus comes*) quam sui, ultra summam illam non possint amplius conveniri. — Actum Parisius, anno Domini M° CC° vicesimo octavo, tertio idus aprilis.

Les pièces cotées J. 305, *Toulouse*, III, n°s 3, 4 et 7, sont des originaux qui étaient tous scellés du troisième sceau du cardinal Romain, décrit dans l'*Inventaire* sous le n° 6132. Ce sceau, en cire verte, est encore appendu à la pièce cotée 7; il ne reste plus que les attaches aux deux autres pièces. — Sauf quelques variantes d'orthographe sans importance, elles sont toutes trois identiques, et elles reproduisent, pour le fond, le texte des lettres scellées par le comte de Toulouse. Voyez le n° 1990. Toutefois, la pièce cotée n° 7 est datée du xv. des kalendes de mai (17 avril).

1992 Paris. 1228-29. 12 avril avant Pâques.

Litteræ Raimundi Tolosani comitis de pace inter se, ecclesiam Romanam et regem Franciæ inita.

(J. 305. — Toulouse, III, n° 60; et J. 331, Toulouse, layette, n° 3. — Originaux scellés. = J. 305. — Toulouse, III, n° 2 et 6. — Copies.)

Raymondus, Dei gratia comes Tholosanus, universis ad quos littere presentes pervenerint, salutem in Domino. — Noverit universitas vestra quod, cum guerra inter sanctam Romanam ecclesiam et karissimum dominum nostrum Ludovicum regem Francie illustrem, ex una parte, et nos, ex altera,

longo tempore fuisset, nos vera devotione affectantes in unitate sancte Romane ecclesie et fidelitate et servitio domini regis Francie permanere, pacem, tam per nos quam per personas interpositas, totis viribus procuravimus; que, mediante divina gratia, inter sanctam Romanam ecclesiam et dominum regem Francie, ex una parte, et nos, ex altera, est taliter reformata. — Promittimus siquidem domino Romano S. Angeli diacono cardinali, Apostolice Sedis legato, nomine ecclesie Romane, quod Ecclesie, et domino nostro Ludovico regi Francorum, et heredibus ejus, de cetero devoti erimus et usque ad mortem fideliter adherebimus; et quod hereticos, et eorum credentes, fautores et receptatores, in terra, quam nos et nostri tenemus et tenebimus, semper totis viribus expugnabimus, non parcentes in hoc proximis, vassalis, consanguineis nec amicis, et terram eandem purgabimus ab hereticis et heretica feditate, et juvabimus etiam purgare terram quam dominus rex tenebit. — Promittimus etiam quod justiciam debitam sine mora faciemus de hereticis manifestis, et fieri faciemus per ballivos nostros viriliter et potenter; inquiri faciemus et inquiremus diligenter de inveniendis hereticis, credentibus, fautoribus et receptatoribus eorundem, secundum ordinationem quam super hoc faciet dominus legatus. — Et, ut facilius et melius heretici valeant inveniri, promisimus quod solvemus, usque ad biennium, duas marchas argenti, et exinde in perpetuum unam, ei qui hereticum ceperit, et per episcopum loci, vel alium qui potestatem habeat, ille, qui captus erit, fuerit de heresi condemnatus, ita quod, si plures ceperit, pro singulis dabimus aut dari faciemus tantumdem.
— De aliis non manifestis, et credentibus, receptatoribus et fautoribus hereticorum, servabimus et servari faciemus secundum quod dictus legatus vel Romana ecclesia ordinabunt. — Item servabimus et servari faciemus pacem in terra quam nos et nostri tenebimus, et juvabimus servari in terra quam dominus rex ad manus suas tenebit, et ruptarios expellemus et puniemus animadversione debita et receptatores ipsorum. — Ecclesias et viros ecclesiasticos defendemus et defendendi faciemus a nostris, et jura, libertates et immunitates quas habent conservabimus eisdem, et faciemus firmiter conservari. — Et, ne de cetero in terra illa claves Ecclesie contempnantur, sententias excommunicationis servabimus, et servari a nostris et per nostros faciemus. Excommunicatos vitabimus et vitari faciemus, sicut in sacris constitutionibus continetur. Et, si aliqui per annum in excommunicatione contumaciter permanserint, ex tunc, ad mandatum Ecclesie, ipsos ad sinum matris Ecclesie redire compellemus, occupando omnia bona sua mobilia et immobilia, et tenebimus donec ad plenum satisfaciant de causa pro qua excommunicationis vinculo fuerint innodati, et de dampnis datis occasione excommunicationis predicte. — Faciemus omnes ballivos nostros, institutos et instituendos, in ipsa institutione jurare quod omnia supradicta fideliter observabunt; ita quod, si negligentes in hiis reperti fuerint, pro modo delicti puniemus; et, si culpabiles, puniemus omnium amissione bonorum. — Instituemus etiam ballivos non judeos sed catholicos in terra, et nullius heresis suspicione notatos. Et tales prohibiti non possint admitti ad emendum redditus civitatum, villarum, vel castrorum, vel pedagiorum. Et si forte aliquis talis ignoranter institutus fuerit, expellemus eum et puniemus, cum super hoc fuerimus certificati. — Item promittimus quod omnia bona inmobilia et jura ecclesiarum et ecclesiasticorum virorum ad presens restituemus et restitui faciemus ad plenum a nostris in terra tota quam nos et nostri tenebimus; illa videlicet que ecclesie vel ecclesiastice persone tenebant ante primum adventum crucesignatorum, vel de quibus constabit eas esse spoliatas. De aliis stabimus juri coram ordinariis, vel coram ipso legato, vel ab ipso legatis vel a Sede Apostolica delegatis. — Promittimus etiam quod nos solvemus in posterum integre decimas, et solvi faciemus integre, bona fide, a nostris, et quod milites et alii laici non habeant decimas, nec permittemus ipsos tenere eas in terra quam nos et nostri tenemus et tenebimus; set ad ecclesias, juxta dispositionem ipsius legati vel ecclesie Romane, integre revertantur. — Pro dampnis vero illatis, a nobis et nostris, ecclesiis et viris ecclesiasticis super rebus mobilibus, vel destructione domorum vel villarum, vel aliarum rerum, excep-

tis immobilibus, de quibus debet fieri restitutio sicut superius dictum est, solvemus decem millia marcarum argenti, assignanda bonis personis, idoneis et fidelibus, quas ipse legatus eliget vel ecclesia Romana; que quantitatem predictam, de bonorum virorum consilio, proportionaliter et fideliter divident, juxta quantitatem dampnorum. Nec poterimus, nos vel nostri, pro dampnis mobilium vel destructione domorum, vel villarum, vel aliarum rerum, sicut superius est expressum, ultra summam illam amplius conveniri. — Item solvemus abbatie Cisterciensi duo milia marcarum argenti, ut emantur inde redditus pro refectione abbatum et fratrum in capitulo generali; abbatie Clarevallis quingentas marcas, ad emendum redditus pro refectione abbatum et fratrum, quando conveniunt in festo Nativitatis beate Virginis; abbatie Grandis-Silve mille marcas; abbatie Belle-Pertice trecentas marcas; abbatie Candelii ducentas marcas, ad dicta monasteria construenda, tum pro damnis eisdem illatis in rebus mobilibus tum pro salute anime nostre. — Item sex milia marcarum solvemus que retinebuntur ad muniendum, inforciandum et custodiendum castrum Narbonense et alia castra que dominus rex pro Ecclesie et sua securitate tenebit usque ad decennium, prout inferius continetur, sicut visum fuerit expedire. — Supradicta vero viginti milia marcarum solvemus usque ad quatuor annos, ita quod quolibet anno solventur quinque milia marcarum. — Item quatuor millia marcarum deputabuntur a nobis quatuor magistris theologie, duobus decretistis, sex magistris artium liberalium, et duobus gramaticis regentibus Tholose, que dividentur hoc modo : singuli magistrorum theologie habebunt singulis annis quinquaginta marcas usque ad decennium; uterque magistrorum decretorum habebit triginta marcas ad decennium singulis annis; singuli magistri artium habebunt viginti marcas usque ad decennium similiter annuatim; uterque magistrorum artis grammatice habebit similiter annuatim decem marcas usque ad decennium. — Item, statim post absolutionem nostram, assumpsimus pro penitentia nostra crucem de manu dicti legati contra Sarracenos, et ibimus ultra mare ab instanti passagio mensis augusti usque ad aliud passagium mensis augusti proximo futurum, ibidem per quinquennium continuum integre moraturi. — Illos autem qui adheserunt Ecclesie, domino regi, patri ejus, comitibus Montisfortis et adherentibus eis, occasione hujusmodi quod adheserunt Ecclesie, domino regi, patri ejus, comitibus Montisfortis et adherentibus eis, non gravabimus; set benigne tractabimus eos tanquam amicos, ac si nobis contrarii non fuissent, exceptis hereticis et credentibus ipsorum. Et Ecclesia et rex facient similiter illud idem de illis qui nobis contra dominum regem et Ecclesiam adheserunt, exceptis illis qui ad pacem Ecclesie et domini regis non veniunt nobiscum. — Dominus autem rex, attendens humilitatem nostram et sperans quod in devotione Ecclesie et fidelitate ejus fideliter perseveremus, volens nobis facere gratiam, filiam nostram, quam sibi trademus, tradet in uxorem uni de fratribus suis, per dispensationem Ecclesie, et dimittet nobis totum episcopatum Tholosanum, excepta terra marescalli [G. de Levis], quam ipse marescallus tenebit a domino rege. Post mortem autem nostram, Tholosa et episcopatus Tholosanus erunt fratris domini regis qui habebit filiam nostram, et filiorum susceptorum ex ipsis duobus. — Si autem frater domini regis, quod absit, moreretur sine filiis ex ipsa, Tholosa et episcopatus Tholosanus ad dominum regem revertetur, et heredes suos; et filia, vel alii filii, vel filie vel heredes nostri nichil juris in ipsis poterunt reclamare. — Et si ipsa filia sine filiis ex fratre domini regis moreretur, Tholosa similiter et episcopatus Tholosanus ad dominum regem et heredes ejus revertetur; ita quod, omni casu contingente, ad dominum regem et heredes ejus Tholosa et episcopatus Tholosanus revertetur post mortem nostram. Et nulli poterunt ibi jus aliquod reclamare nisi filii vel filie descendentes ex fratre domini regis et filia nostra, sicut est supradictum. — Item dimittit nobis dominus rex Agennensem et Ruthinensem episcopatus. — De episcopatu Albiensi dimittit nobis quicquid est de episcopatu Albiensi citra fluvium de Thar, videlicet ex parte de Gaillac; et civitas Albiensis remanebit ex parte domini regis, et quicquid est ultra illud flumen versus Carcassonam in eodem episcopatu Albiensi. Et dominus rex habet rippam et aquam, ex parte sua, usque ad medium fluminis, et nos similiter habemus rippam, ex parte nostra, et aquam usque ad medium fluminis, salvis juribus et hereditatibus aliorum, dummodo de hiis que sunt ex parte domini regis faciant ei quod debebunt, et de his que sunt ex parte nostra, faciant nobis similiter quod debebunt. — Episcopatum autem Caturcensem dimittit nobis dominus rex, excepta civitate Caturcensi, et feodis et aliis que habuit in eodem episcopatu rex Philippus, avus ejus, tempore mortis sue. — Et, si nos sine filiis de legitimo matrimonio procreatis decesserimus, tota terra predicta remanebit filie nostre quam habebit frater domini regis, et heredibus ex ea susceptis; ita tamen quod nos, ut verus dominus, habeamus plenum jus et liberum dominium in supradicta terra que dimittitur nobis, salvis conditionibus supradictis, tam de civitate Tholose et episcopatu Tholosano, quam de terra alia superius nominata, et in morte pias eleemosinas possimus facere, secundum usus et consuetudines aliorum baronum regni Francie. — Supradicta omnia dimittit nobis dominus rex, salvo jure ecclesiarum et ecclesiasticorum virorum, sicut superius est expressum. — Viridefolium cum pertinentiis suis, et villam de les Bordes cum pertinentiis suis, dimittimus, secundum donum bone memorie Ludovici regis patris ejusdem domini regis et comitis Montisfortis, episcopo Tholosano et filio O. de Lyliers; ita tamen quod episcopus Tholosanus pro Viridifolio faciat nobis quod debebat facere comiti Montisfortis, et filius ejusdem O. faciat nobis quod debebat facere bone memorie Ludovico regi, patri domini regis. — Donationes alie a domino rege, vel patre ejus, vel a comitibus Montisfortis facte non teneant, nec nos vel nostri ad eas teneamur, in terra que nobis et nostris dimittitur. — De omnibus autem supradictis, que dimittuntur nobis, fecimus domino regi homagium ligium et fidelitatem, secundum consuetudinem baronum regni Francie. — Totam aliam terram que est citra Rodanum in regno Francie, et omne jus, si quod nobis competit vel competere posset in ea, quitavimus precise et absolute domino regi et heredibus ejus in perpetuum. — Terram autem que est in Imperio ultra Rodanum, et omne jus, si quod nobis competit vel competere possit in ea, precise et absolute quitavimus dicto legato, nomine Ecclesie, in perpetuum. — Item omnes indigene qui faiditi fuerunt de terra illa pro Ecclesia, pro domino rege, et patre ejus, et comitibus Montisfortis, et adherentibus eis, vel propria voluntate recesserunt ab eadem terra, nisi inveniantur heretici ab Ecclesia condempnati, integre restituantur in statum pristinum quoad hereditates et possessiones, preter illa, si qua ex causa donationis a domino rege, vel patre ejus, vel comitibus Montisfortis habuerunt. — Si vero aliqui hominum, qui remanebunt in terra que nobis dimittitur, noluerint redire ad mandatum Ecclesie et domini regis, specialiter comes Fuxensis et alii, nos faciemus eis vivam guerram, nec pacem cum ipsis faciemus vel treugas sine assensu Ecclesie et domini regis; et si terre ipsorum occupabuntur, remanebunt nobis, destructis tamen prius omnibus munitionibus et forteritiis, muris et fossatis, nisi dominus rex, pro securitate Ecclesie et sua, vellet ea retinere usque ad decennium post acquisitionem; et tunc, cum redditibus et proventibus ipsorum castrorum, retinebit ipsa. — Item nos faciemus dirui muros civitatis Tholose omnino et fossata repleri, juxta mandatum et voluntatem et ordinationem legati. — Item diruentur per nos muri funditus, et replebuntur fossata triginta villarum et castrorum : scilicet de Fanojovis, de Castro-novo, de la Becada, de Avynioneto, de Podio-Laurentii, de Sancto-Paulo, de Vauro, de Rabasten, de Gallyac, de Monte-acuto, de Podiocelso, de Verduno, de Castro-Sarraceno, de Moysiaco, de Monte-albano, de Montecuco, de Agenno, de Comdumo, de Savarduno, de Altarippa, de Cassenolo, de Pugeolis, de Alto-villari, de Villa-Perucie, de Loracco, et de quinque aliis ad voluntatem ipsius legati; et non poterunt reedificari, sine voluntate Ecclesie et domini regis; nec alibi fient nove fortericie; villas tamen non inforciatas bene poterimus facere in terra que dimittitur nobis, si voluerimus. — Si vero aliquam villarum vel castrorum que debent dirui, ut dictum est, essent hominum nostrorum, et nollent quod diruerentur, nos faciemus eis vivam guerram, nec pacem vel treugas, sine assensu Ecclesie et domini regis, cum eis faciemus, donec diruantur muri et impleantur fossata. — Omnia supradicta promisimus et juravimus dicto legato et domino regi nos firmiter et perpetuo servaturos bona fide, sine fraude et malo ingenio, et quod faciemus bona fide ab hominibus et vassallis et fidelibus nostris firmiter observari. —Faciemus etiam illud idem jurare omnes cives Tholosanos et alios homines terre que nobis dimittitur; et addetur in juramento eorum quod ipsi dabunt operam efficacem quod nos servemus ea; et si venerimus contra predicta, vel aliquod predictorum, ipso facto, de voluntate nostra sint absoluti et ex nunc nos eos absolvimus a fidelitate et homagio quibus ipsi tenentur nobis, et omni alia obligatione, et adherebunt Ecclesie et domino regi contra nos, nisi, infra quadraginta dies postquam fuerimus ammoniti, hoc emendaverimus vel juri steterimus coram Ecclesia de hiis que ad Ecclesiam pertinent, et juri coram domino rege de hiis que ad ipsum pertinent; et tota terra ipsa que dimittitur nobis incidet in commissum domini regis, et erimus in eodem statu in quo nunc sumus quoad dominum regem et quoad excommunicationem et omnia alia que statuta fuerunt contra nos et patrem nostrum in Concilio generali, vel postea. — Addetur autem in juramento eorum quod ipsi juvabunt Ecclesiam contra hereticos, credentes et fautores eorum, et receptatores, et omnes alios qui Ecclesie contrarii existent occasione heresis vel contemptus excommunicationis in terra que dimittitur nobis et in terris superius nominatis, et dominum regem juvabunt contra omnes, et quod eis facient vivam guerram donec ad mandatum Ecclesie revertantur et domini regis. — Renovabuntur autem juramenta predicta de quinquennio in quinquennium, ad mandatum domini regis. — Ut autem predicta omnia adimpleantur, et Ecclesie et domino regi plenius et melius observentur, trademus, pro securitate Ecclesie et domini regis, in manibus domini regis castrum Narbonense, quod tenebit usque ad decennium, et muniet et inforciabit, si visum fuerit expedire. — Item trademus ei pro securitate Ecclesie et sua, in manibus suis, caput Castrinovi, caput Castri Vauri, castrum de Monte-Cucco, Pennam de Agenesio, castrum Cordue, Ruppem-Perucie, castrum de Verduno, castrum de Villamuro; et usque ad decennium tenebit ea, ita quod primis quinque annis solvemus ei pro expensis custodum, quolibet anno, mille et quingentas libras Turonensium, non computatis in hiis sex milibus marcarum predictis: in aliis quinque annis, si voluerit tenere, faciet propriis expensis custodiri. — Dominus rex tamen poterit, si placet Ecclesie et sibi, diruere quatuor castra de predictis, scilicet caput Castrinovi, caput Castri-Vauri, Villamurum et Verdunum; et propter hoc non diminuetur predicta summa mille et quingentarum librarum Turonensium. — Redditus et proventus castrorum, et omnia que jure dominii percipiuntur, erunt nostra; et ipse ad sumptus suos tenebit capita ipsorum castrorum et Corduam. Et nos habebimus ibi ballivos nostros, non suspectos Ecclesie et domino regi, qui facient justiciam hominibus, et recipient redditus et proventus predictos. — Post decennium autem restituet nobis dominus rex capita castrorum dictorum et Corduam libere, salvis conditionibus supradictis, et si predicta omnia quantum ad Ecclesiam et dominum regem fuerint observata. — Pennam autem de Albigesio trademus domino regi infra kalendas augusti proximas, cum aliis castris detinendam ab eodem usque ad decennium. Si vero illam habere non poterimus usque ad terminum illum, ex tunc obsideri faciemus, et vivam guerram fieri, tamdiu quousque ipsam habeamus; nec pacem vel treugam faciemus cum ipso qui tenet et qui tenebit, donec ipsam habeamus. Non tamen propter hoc retardabimur a peregrinatione transmarina, de qua superius est ordinatum. Et si usque ad annum integrum post dictas kalendas augusti tradiderimus domino regi castrum predictum, scilicet Pennam de Albigesio, erit in conditione predictorum castrorum, scilicet quod reddet illud nobis dominus rex quando reddet alia castra. — Si vero post annum predictum ipsam Pennam de Albigesio non poterimus assignare, ex tunc trademus eam in elemosinam perpetuo Templariis vel Hospitalariis vel aliis religiosis, salvis hereditatibus eorum qui se tenent ex parte domini regis, possidendam ad voluntatem legati vel ecclesie Romane tali conditione quod ipsi non alienent ipsam a manu sua, nec de ipsa guerram faciant nobis, nisi de mandato Ecclesie. — Et si non potuerint aliqui religiosi inveniri qui velint eam habere, diruatur omnino nec possit reedificari sine voluntate ecclesie Romane et domini regis et nostra. — Item donec dictam Pennam de Albigesio tradamus domino regi, vel Templariis, vel Hospitalariis, vel aliis religiosis, sicut dictum est, tenebit dominus rex propter hoc obligatam Pennam de Agenesio et castrum Narbonense. — Si etiam infra decennium dederimus Pennam de Albigesio Templariis, vel Hospitalariis, vel aliis religiosis, ut dictum est, tanto tempore, si voluerit dominus rex, post decennium, sumptibus suis tenebit illa duo castra prenominata, quanto tempore distulerimus tradere Pennam de Albigesio. — Et si post decennium etiam Penna de Albigesio non esset acquisita, tamdiu post tempus memoratum tenebit dominus rex illa duo castra, quousque ipsa Penna sit restituta et assignata, sicut superius est expressum. — Et dominus rex absolvit cives Tholosanos, et alios homines terre que nobis dimittitur, ab omnibus obligationibus factis sibi et patri suo, et comitibus Montisfortis, vel aliis pro eis, et a pena et incursibus quibus sibi et patri suo, vel episcopo Tholosano, vel aliis prelatis, vel comitibus Montisfortis se obligaverant, si unquam in dominium nostrum, vel patris nostri, reverterentur, et a sacramento, quantum ad ipsum pertinet, salvis in omnibus et per omnia conditionibus supradictis. — Et ut hec omnia perpetuam obtineant firmitatem, presentem paginam sigilli nostri munimine fecimus confirmari. — Datum Parisius, anno ab incarnatione Domini m° cc° xxviii°, pridie idus aprilis.

Rinaldi, *Ann. Eccles.*, t. I, ad ann. 1228, n° 35, place ce traité au mois d'avril 1228 après Pâques; mais c'est là une erreur évidente : il fut conclu le 12 du mois d'avril de la fin de l'année 1228, c'est-à-dire le 12 avril 1228-29 n. s. (Voir Tillemont, *Vie de saint Louis*, t. II, p. 3.) Nous le publions d'après la pièce cotée J. 305, *Toulouse*, III, n° 60, qui est l'original scellé en cire verte, sur lacs de soie rouge et verte, du sceau de Raymond VII, comte de Toulouse, décrit dans l'*Inventaire* sous le n° 744. La pièce cotée J. 331, *Toulouse*, *layette*, n° 3, est un second original, dont le texte est parfaitement conforme au précédent, mais qui de plus contient la mention suivante, placée immédiatement avant la date : *Rogavimus quoque venerabiles patres Senonensem et Narbonensem archiepiscopos, Parisiensem, Tolosanum, Albiensem, Magalaunensem et Nemausensem episcopos ut presenti carte sua sigilla apponerent. Datum Parisius*, etc. L'acte est en effet scellé de sept sceaux en cire verte, pendants sur lacs de soie rouge et verte, et rangés dans l'ordre suivant :

1. Bernard de Mèse, évêque de Maguelone. (*Inventaire* n° 6675.)
2. Guillaume III, d'Aurillac, évêque de Paris. (*Inventaire* n° 6788.)
3. Durand, évêque d'Albi. (*Inventaire* n° 6434.)
4. Gautier III, Cornut, archevêque de Sens. (*Inventaire* n° 6390.)
5. Pierre III, Amiel, archevêque de Narbonne. (*Inventaire* n° 6325.)
6. Foulque de Marseille, évêque de Toulouse. (*Inventaire* n° 6897.)
7. Arnaud Ier, évêque de Nimes. (*Inventaire* n° 6741.)

La pièce cotée J. 305, *Toulouse*, III, n° 6, n'est plus dans le carton; elle est indiquée dans l'inventaire de Dupuy comme une copie délivrée par le cardinal légat le xv. des calendes de mai (17 avril) 1229. La pièce cotée n° 2 du même carton est une autre copie qui, d'après l'écriture, a été faite du temps de Philippe le Bel, au commencement du quatorzième siècle.

1993 Paris. 1228-29. Avril, avant Pâques, du 1er au 14.

(J. 306. — Toulouse, III, n° 61. — Original scellé.)

Litteræ Ludovici Francorum regis de pace inter se, Ecclesiam et Raimundum comitem Tolosæ inita. — « Ut autem predicta rata et inconcussa permaneant, presentem paginam sigilli nostri auctoritate et regii nominis karactere inferius annotato fecimus communiri. Actum Parisius, anno Dominice incarnationis m° cc° vicesimo octavo, mense aprili, regni vero nostri anno tercio. Astantibus in palatio nostro quorum nomina supposita sunt et signa : Dapifero nullo. Signum Roberti buticularii. Signum Bartholomei camerarii. Signum Mathei Francie constabularii. Data vacante (*loc. monogram.*) cancellaria.

Sauf les formules et la date, où le quantième du mois n'est pas exprimé, ces lettres reproduisent textuellement celles du comte de Toulouse. Elles sont scellées en cire verte, sur lacs de soie rouge et verte, du sceau de Louis IX; premier sceau, décrit dans l'*Inventaire* sous le n° 41.

1994 Paris. 1228-29. Avril, avant Pâques, du 1er au 14.

Nomina ostagiorum datorum de muris Tolosæ diruendis.

(J. 310. — Toulouse, V, n° 45. — Original scellé.)

Raymundus, Dei gratia comes Tholose, universis ad quos littere presentes pervenerint, salutem. — Notum facimus quod, per dictum karissimi consanguinei nostri Th. (Theobaldi), Campanie et Brie comitis palatini, in quem compromisimus, viginti cives Tholose, de voluntate nostra et ipsorum, in ostagiis karissimi domini nostri Ludovici regis Francie illustris remanebunt, quousque quingente tesie rapinales murorum Tholose sint dirute et totidem tesie fossatorum sint implete, in qua parte Tholose dominus rex et dominus legatus voluerint. — Et cum hoc dicto domino regi constiterit, eos debet a suis ostagiis liberare et facere conduci in terram suam. — Quorum civium nomina supponuntur : Gudo de Cavelleone miles, Raymundus de Castronovo, Bertrandus de Montibus, Hugo de Roais, Ugolinus de Ponte, Ernaudus de Calqiens, Pontius Ortolanus, Ernaudus Barravus, Raymundus Ysarnus, Bernardus de Miremont, Raymundus de Ponte, Yspanus Guarinus, Bertrandus de Garrigues, Petrus de Cociano, Petrus de Montibus, Bernardus de Villanova, Petrus de Tholosa, Moranz, Raymundus filius senescalli Ugonis de Alfario, filius Ugonis Johannis. — Juraverunt autem prenominati cives quod, quam cito ab ostagiis predictis liberati recesserint, conventiones de diruendis omnino muris Tholose et implendis fossatis, sicut inter sepedictos dominum nostrum regem et dominum legatum et nos convenit, bona fide et efficaciter prosequentur. — Actum Parisius, anno Domini m° cc° vicesimo octavo, mense aprilis.

Sceau du comte Raymond VII; cire blanche, double queue. (*Inventaire*, n° 744.)

1995   Saint-Germain en Laye. 1228-29. Avril, avant Pâques, du 1er au 14.

Theobaldus Campaniæ comes notum facit sibi a domino rege fuisse concessum ut homines sui apud Senones, Villam novam et Dymon a dicto rege non receptarentur.

(J. 199. — Champagne, VII, n° 27. — Original scellé.)

Theobaldus, Campanie et Brie comes palatinus, universis ad quos presentes littere pervenerint, salutem et dilectionem. — Noveritis quod karissimus dominus meus Ludovicus, Francie rex illustris, mihi concessit quod nullum de hominibus aut burgensibus aut talliabilibus meis in istis villis suis, videlicet, Senonibus, Villa-nova juxta Senones, et Dymon, aut in villis ad easdem pertinentibus, recipiet donec vicesimum primum etatis sue compleverit annum. — Ego siquidem concessi eidem domino regi me nullum de hominibus vel burgensibus vel talliabilibus suis predictarum villarum, vel villarum ad ipsas pertinentium, in villis meis interim recepturum. — Actum apud Sanctum Germanum in Laia, anno Domini m° cc° vicesimo octavo, mense aprili.

Sceau de Thibaut IV, comte de Champagne et de Brie; cire blanche, double queue; décrit dans l'*Inventaire* sous le n° 572, d'après un type appendu à un acte daté de 1226. — Cette pièce, que nous plaçons, comme date extrême, au mois d'avril 1228-29 avant Pâques, du 1er au 14, pourrait être du mois d'avril 1228 après Pâques, du 1er au 30.

1996   Saint-Germain en Laye. 1228-29. Avril, avant Pâques, du 1er au 14.

Litteræ Theobaldi comitis Campaniæ de Judæis domini regis a se non retinendis.

(J. 427. — Juifs, n° 9. — Original.)

Theobaldus, Campanie et Brie comes palatinus, universis ad quos presentes littere pervenerint, salutem. — Noveritis quod ego nullum de Judeis karissimi domini mei Ludovici Francie regis illustris in terra mea retinere possum, nec idem dominus meus rex Judeos meos in terra sua potest retinere. — Actum apud Sanctum Germanum in Laia, anno gratie m° cc° vicesimo octavo, mense aprili.

Traces de sceau pendant sur simple queue. — Voyez l'observation à la suite de la pièce précédente.

1997   Pérouse. 1229. 25 avril.

Litteræ Gregorii IX Magalonensi episcopo [Bernardo de Mesa] ut Jacobum regem Aragoniæ in possessione jurisdictionis villæ et districtus Montispessulani manuteneat.

(J. 291. — Provence, n° 1. 2. — Copie authentique.)

Gregorius papa, servus servorum Dei, episcopo Magalonensi, salutem et apostolicam benedictionem. — Quod karissimus in Xpisto filius noster Aragonie rex illustris apud te, quem revereri se asserit tanquam patrem, nostrarum precum devote flagitat interventum, grate nobis humilitatis perspicuum exhibere videtur judicium; quam eo comendantes in ipso propensius quo sublimior est regia dignitate, precibus ejus gratanter annuimus, reputantes ex hoc Ecclesie sibi deberi favorem dum apud viros ecclesiasticos non potencia sed mansuetudine pro jure suo elegit postulare. — Ut igitur humilitatis ejus honorata virtute superbie vicium in aliis confundatur, fraternitatem tuam affectuose rogamus et monemus attente, per apostolica rescripta mandantes quatinus eundem regem, secundum apostoli consilium, tanquam excellentem honorificencia debita prosequens, ei super jurisdictione quam in terra et districtu Montispessulani habere dinoscitur, prout clare memorie Guillelmus dominus Montispessulani avus et M. (Maria) regina mater ejus pacifice habuerunt, nullam molestiam inferas vel gravamen, set conferas pocius graciam et favorem, ita quod idem preces nostras sibi senciat fructuosas, et nos devocionem tuam possimus merito commendare. — Datum Perusii, vii. kalendas maii, pontificatus nostri anno tercio.

Expédition authentique délivrée, le 14 août 1353, par François de Foix, notaire de Pierre, roi d'Aragon, par ordre exprès dudit prince, et scellée du sceau royal d'Aragon, en cire rouge pendant sur ruban de soie rouge et jaune.

1998   Paris. (1229.) 25 avril.

Raimundus Tolosæ comes Rogerium Bernardi comitem Fuxensem hortatur ut Ecclesiæ et regis Franciæ voluntati se subjiciat.

(J. 332. — Foix et Comminges, n° 2. — Copie authentique.)

R. (Raimundus), Dei gratia comes Tolose, nobili viro Rogerio-Bernardi comiti Fuxensi, sic transire per bona temporalia ut non amittat eterna. — Noveritis quod, cum venissemus in Franciam ad colloquium venerabilis ac dilecti patris nostri R. (Romani), Dei gratia Sancti Angeli diachoni cardinalis, Apostolice Sedis legati, et karissimi domini nostri illustris regis Francie, a forma tractatus pacis quam vobis ostendimus, de consilio comitis Campanie et aliorum amicorum nostrorum, ex toto recessimus, ponentes nos in voluntate domini regis et domini cardinalis. Et certe, mediante divina gratia, meliorem pacem habuimus quam aliter haberemus. — De facto autem vestro diligenter locuti fuimus cum eisdem et multum laboravimus, sicut bene novit dilectus noster comes Convenarum sororius vester; non tamen ad plenum perducere potuimus ad effectum. Verum tamen, ad instanciam et preces nostras, dominus cardinalis, maxime pro facto vestro, mittit venerabilem et dilectum patrem nostrum magistrum P. (Petrum) de Collemedio, cum plenitudine potestatis, cujus industriam et sollicitudinem diligentem, benignitatem, fidelitatem et misericordiam in facto nostro multis et apertis rerum probavimus documentis. — Unde discretioni vestre consulimus, rogamus attencius et monemus, quatinus ipsum videre modis omnibus procuretis, et obtemperetis ejus consiliis et mandatis; scituri pro certo quod, sicut intelleximus, si hoc sine difficultate feceritis, factum vestrum, cum auxilio Dei et nostri, obtimum finem sine dubio consequetur. — Datum Parisius, in festo S. Marchi Evangeliste.

Cette lettre est insérée dans l'acte de réconciliation du comte de Foix en date du 16 juin. Voyez le n° 2003.

1999   Vincennes. 1229. Avril, après Pâques, du 15 au 30.

Litteræ comitis Asteracensis de pactionibus a se cum domino rege initis.

(J. 190 A. — Poitou, I, n° 7. — Original.)

Ego Centullus comes de Asteraco notum facio omnibus presentes litteras inspecturis quod, pro hominagio quod karissimo domino meo Ludovico regi Francie illustri feceram apud Meledunum super mille libratis terre ad Turonenses michi assignandis in Agenesio, si idem dominus rex conquireret terram illam, de quibus me decimo militum ei servire debebam, dedit et concessit ipse dominus rex michi et heredibus meis, de uxore mea legitima, centum marchas argenti percipiendas singulis annis apud Carcasonam per manum seneschalis (*sic*) sui Carchasonensis, videlicet quinquaginta marchas in festo Sancti Michaelis et quinquaginta marchas in Pascha. — De quibus scilicet centum marchis me tertio militum servire teneor ipsi domino regi in conquesta Albigensi; vel, si dominus rex melius voluerit, dictas centum marchas michi vel heredibus meis in terra faciet assignari. Et dictas centum marchas vel terram tenebimus, ego vel heredes mei, quamdiu domino regi placuerit et quamdiu voluerit dominus rex quod teneamus dictas centum marchas vel terras ad valorem centum marcharum. — Ego vel heredes mei nichil amplius poterimus exigere ab eodem domino rege pro hominagio quod, sicut dictum est, feci ei. Nichilominus, sicut dictum est, ego vel heredes mei faceremus ipsius servicium, me tertio militum, pro dictis centum marchis vel terra in conquesta Albigensi. — Si vero dominus rex non vellet me vel heredes meos dictas centum marchas habere, nec in denariis nec in terra, de dicto hominagio quod ei feci michi vel heredibus meis faceret quod facere deberet. — Et si forte terram Agenesii conquireret idem dominus rex, ita quod ad domanium ipsius deveniret, retentis ipsi domino regi dictis centum marchis vel terra, michi vel heredibus meis, de uxore mea legittima procreatis, teneret convenciones, quas mecum habuit super hominagio meo predicto, de predictis mille libratis terre, sicut superius est expressum, per servicium me decimo militum quod ego et heredes mei ipsi et heredibus suis in conquesta Albigensi facere teneremur. — Actum apud Vicenas, anno Domini millesimo cc° vicesimo nono, mense aprilis.

Traces de sceau pendant sur double queue. — Le sceau de Centulle, comte d'Astarac, n'a pas été retrouvé.

2000 1229. Avril, après Pâques, du 15 au 30.

Amalricus de Monteforti recognoscit se quicquid juris sibi in comitatu Tolosano et conquesta Albigesii competebat, domino regi cessisse.

(J. 310. — Toulouse, V, n° 46. — Original.)

Amalricus, comes Montisfortis et Leycestrie, universis presentes litteras inspecturis, salutem in Domino. — Noverit universitas vestra quod nos libere et absolute quitavimus clare memorie domino nostro Ludovico regi Francie illustri et heredibus ejus in perpetuum quicquid nobis juris competebat vel competere poterat in comitatu Tholosano, vicecomitatu Biterrensi et in tota conquesta de Albigesio, promittentes quod in rebus supradictis nichil juris nos vel heredes nostri de cetero poterimus reclamare, nec etiam pro pace quam dominus noster Ludovicus rex Francie illustris, filius supradicti domini nostri regis, fecit cum Raymundo comite Tholosano vel facturus sit in posterum cum aliis de terra. Nec ipse dominus rex nobis propter hec tenetur in aliquo, nisi ipse, predictam quitationem et fidele servitium nostrum respitiens, de gratia et liberalitate sua nobis velit aliquid elargiri. — In cujus rei memoriam et testimonium, presentes litteras sigilli nostri munimine fecimus roborari. Actum anno Domini M° cc° vicesimo nono, mense aprilis.

Traces de sceau pendant sur double queue. — Voyez dans l'*Inventaire*, sous les n°s 710 et 711, la description des deux premiers sceaux d'Amauri VI, comte de Montfort, d'après des types appendus à des actes datés de 1230.

2001 1229. Mai.

(J. 323. — Toulouse, XIV, n° 71. — Original roman.)

Acte par lequel Ramonz de Rocafort déclare se tenir pour bien payé de tout ce qui pouvait lui être dû par Ramon de Dornia, à raison de l'engagement et du surengagement (*de totas las pignoras e de las sobrepignoras*) du castel de Cuc. — «Testes sunt : Ponz de Lobenxs, et P. Malpels, et R. Guirautz, et R. del Potz, et R. Alseus qui hanc cartam scripsit anno ab incarnatione Domini M. cc. xx. viiii, mense madii, Lodoyco rege regnante, R. (Raimundo) Tolosano comite, Fulcone episcopo. »

2002 Troyes. 1229. 11 juin.

Matheus dux Lothoringiæ sese obligat ad Theobaldum Campaniæ comitem, dominum suum, contra filias Henrici comitis adjuvandum.

(J. 681. — Lorraine, I, n° 7. — Copie authentique.)

Ego Matheus, dux Lothoringie et marchio, notum facio omnibus me jurasse sollempniter quod ego juvabo charissimum dominum et consanguineum meum Theobaldum, Campanie et Brie comitem palatinum, quamdiu vixero, contra filias comitis Henrici et earum heredes, et contra omnem creaturam que possit vivere et mori, preterquam contra dominum Imperatorem et dominum regem Romanorum filium ejus. — Sciendum etiam quod, per dictum juramentum, in terra mea aliquem de hominibus aut de feminis Th. comitis antedicti de domanio ipsius in domanio meo non possum retinere. — In cujus rei testimonium, presentem paginam sigillo meo dignum duxi roborandum. — Actum Trecis, anno gratie M° cc° xxix°, in crastino Trinitatis.

Expédition authentique sur papier, délivrée le 20 juillet 1562, à la requête du procureur général du roi près le Parlement de Paris, comme extrait du registre de la Chambre des comptes de Champagne intitulé *Liber principum*.

2003 Saint-Jean de Verges. 1229. 16 juin.

Instrumentum reconciliationis Rogerii Bernardi comitis Fuxensis.

(J. 332. — Foix et Comminges, n° 2. — Original scellé.)

ABC. DEF. GHJ. KLM.

Omnibus presentes litteras inspecturis Rogerius Bernardi, Dei gratia comes Fuxensis et vicecomes Castriboni, salutem in Domino. — Noverit universitas vestra quod nos recepimus mandatum a domino nostro comite Tolosano sub hac forma : R. (Raimundus), Dei gratia comes Tolose, nobili viro R. Bernardi comiti Fuxensi, sic transire per bona temporalia, etc. (*Vide supra hanc epistolam, n°1998.*) — Nos igitur volentes ejus consiliis et monitis obedire, de ipsius comitis mandato confisi, habito dicti magistri Petri consilio, de purgatione terre ab heretica pravitate, de libertatibus ecclesiarum, decimis restituendis ecclesiis et conservandis eisdem, de constitutionibus super excommunicationibus factis observandis et servari faciendis, de pace servanda in terra et ruptariis expellendis, de restituendis faiditis pro Ecclesia et domino rege, de servandis constitutionibus super hiis premissis et aliis que tangunt Ecclesiam, quas dominus legatus vel ecclesia Romana faceret de possessionibus ecclesiarum quas a primo adventu crucesignatorum nos et pater noster abstulimus vel occupavimus vel de quibus manifeste constaret quod essent Ecclesie restituendis, excepto facto Appamiarum, supposuimus nos mandato et voluntati venerabilis patris domini R. (Romani), Sancti Angeli diachoni cardinalis, Apostolice Sedis legati. — De possessionibus autem ecclesiarum, de quibus esset dubium, stabimus juxta mandatum ipsius legati cognicioni ejus vel delegatorum ab ipso vel ab Apostolica Sede vel cognicioni ordinariorum. — De facto autem Appamiarum et de penitentia nostra, exponimus nos bone misericordie memorati domini cardinalis. — In omnibus autem aliis supponimus nos et nostros et nostra omnia et nostrorum, que tenemus et habemus nunc et tenuimus nos et pater noster, bone miserationi dicti domini cardinalis et domini regis Francorum illustris, tam de hiis que spectant ad Ecclesiam quam de hiis que spectant ad regem et terram, promitentes et tactis sacrosanctis Evangeliis jurantes quod nos dicti domini legati mandata et domini regis, que nobis in omnibus facient, secundum quod premissum est, servabimus bona fide. — Et pro hiis servandis tradidimus et obligavimus dicto magistro Petro et domino Matheo de Malliacho, gerentibus vices domini legati et domini regis, tenenda duo castra nostra, scilicet Lordatum et Montem Granerium, pro Ecclesia et rege, si nos contra premissa faceremus. Et dominus rex, pro securitate Ecclesie ac sua, tenebit castra predicta quantum placuerit misericordie sue et dicti domini legati. — Pro expensis autem ipsorum castrorum deputamus omnes redditus quos nos solemus et debemus percipere in parrochiis Lordati et Montis Granerii, exceptis justiciis et quistis quas reservamus nobis. — Redditus autem predictos colligent bajuli nostri bona fide, qui jurabunt quod fideliter eos colligent et restituent castellanis ibi positis pro Ecclesia et rege. Alie autem messiones non computabuntur nec petentur a nobis, quando placuerit dictis dominis nobis restituere castra predicta. — Faciemus autem jurare omnes homines nostros predictorum castrorum hec omnia servare et tenere, et quod essent pro Ecclesia et rege contra nos absoluti a fidelitate nostra si nos contra predicta faceremus. — Alii autem homines terre nostre jurabunt stare mandatis Ecclesie et custodire pacem et servare omnia predicta bona fide. — Eodem modo in voluntate et bona miseratione domini cardinalis et domini regis supposuimus Aimericum et Lupum fratres nostros et Atonem Arnaldi, pro quibus nos et nostra sicut pro nobis volumus obligari quod ipsorum mandata servabunt. — Actum est hoc apud Sanctum Johannem de Verges, anno Domini M° CC° XX° VIII°, XVI. kalendas julii, in presencia venerabilium patrum P. (Petri), Dei gratia archiepiscopi Narbonensis ; F. (Fulconis) Tolosani, C. (Clarini) Carcassonensis, G. (Galteri) Tornacensis, C. (Cerebruni) Conseranensis episcoporum ; B. (Benedicti) Crassensis, P. (Petri) Bolbonensis, G. (Guillelmi) Fuxensis, J. (Johannis) Combelonge, abbatum ; et dominorum P. (Petri) de Collemedio vices gerentis dicti domini cardinalis et M. (Mathei) de Malliaco vices gerentis domini Ludovici illustris regis Francie, et G. (Guidonis) de Livers marescalli, et Lamberti de Thuri et multorum aliorum clericorum et laicorum. — Ad cujus rei majorem certitudinem et perpetuam firmitatem, presentem paginam sigilli nostri munimine fecimus roborari et rogavimus predictos ut sigilla sua huic apponerent instrumento.

<small>Cet acte était, dans le principe, scellé de neuf sceaux; il ne reste plus que les six premiers, en cire blanche, pendants sur rubans de soie brune ou rouge et rangés dans l'ordre suivant :
1. Pierre Amiel, archevêque de Narbonne. (*Invent.*, n° 6325.)
2. Foulque de Marseille, évêque de Toulouse. (*Invent.*, n° 6897.)
3. Clarin, évêque de Carcassonne. (*Inventaire*, n° 6544.)
4. Gautier II de Marvis, évêque de Tournay. (*Invent.*, n° 6903.)
5. Cerebrun de Gothez, évêque de Conserans. (*Invent.*, n° 6583.)
6. Roger Bernard II, comte de Foix. (*Inventaire*, n° 662.)</small>

2004   Saint-Jean de Verges. 1229. 16 juin.

Litteræ baronum et prælatorum quibus formam submissionis Ecclesiæ et regi a comite Fuxensi oblatæ approbant et accipiunt.

<small>(J. 306. — Toulouse, III, n° 63. — Original scellé.)</small>

Omnibus presentes litteras inspecturis P. (Petrus) de Collemedio et Matheus de Malliaco, salutem in Domino. — Noverit universitas vestra quod nos petivimus consilium a prelatis et a baronibus et aliis multis qui erant in exercitu utrum deberemus recipere comitem Fuxensem nomine domini legati et domini regis secundum formam subscriptam; qui omnes dederunt consilium quod eum reciperemus.

Omnibus presentes litteras inspecturis R. B. (Rogerius Bernardi) comes Fuxensis, vicecomes Castriboni, salutem in Domino, etc. (*Vide præcedens instrumentum.*)

Hoc consilium dedit dominus archiepiscopus Narbonensis, Tornacensis, Tholosanus et Carcassonensis episcopi, archidiaconus Turonensis, decanus Cenomanensis et prepositus Ambianensis. Nobiles viri : Willelmus de Chavigniaco dominus castri Radulphi, Harduinus de Mailliaco, Guido de Livies marescalcus, Lambertus de Limoso, Petrus de Vicinis, Joibertus de Sainte More, Robertus de Bomez, Galfridus de Prulli, Andreas de Chavigniaco, milites.
— Actum apud Sanctum Johannem, anno Domini M° CC° XX° nono, XVI kal. julii, juxta Fuxum.

<small>Cette charte était scellée dans le principe de quinze sceaux pendants sur double queue; il n'en reste plus que sept, dont voici l'indication :
1. Pierre Amiel, archevêque de Narbonne. (*Invent.*, n° 6325.)
4. Gautier II de Marvis, évêque de Tournai. (*Invent.*, n° 6903.)
5. Foulque de Marseille, évêque de Toulouse. (*Invent.*, n° 6897.)
6. Clarin, évêque de Carcassonne. (*Invent.*, n° 6544.)
9. Geoffroy, doyen de l'église du Mans. (*Invent.*, n° 7544.)
11. Hardouin, seigneur de Maillé. (*Invent.*, n° 2635.)
15. André de Chauvigny. (*Invent.*, n° 1818.)

Comme l'ordre des noms, tels qu'ils sont énoncés dans le texte, n'a pas été suivi pour l'apposition des sceaux, et comme d'ailleurs l'acte contient les noms de seize personnages différents, tandis qu'il n'a jamais été scellé que de quinze sceaux, il n'est plus possible de déterminer d'une manière précise quels sont les sceaux qui manquent. Tout ce que nous pouvons dire, c'est qu'on trouvera dans l'*Inventaire* la description des sceaux de Guillaume de Chauvigny, sire de Châteauroux, n° 1819, de Pierre de Voisins, n° 5106, de Robert de Bomez, n° 1470, et de Geoffroy de Preuilly, n° 3310. Quant aux sceaux de l'archidiacre de Tours, du prévôt d'Amiens, de Guy de Lévis, de Lambert de Limours et de Joibert de Sainte-Maure, ils n'existent plus aux Archives.</small>

2005   Ribe. 1229. 25 juin.

Waldemarus II, rex Danorum, se ratam habere declarat dotalitium a Waldemaro filio suo Alienoræ de Portugalia ejus uxori constitutum.

<small>(J. 418. — Danemark, n° 1. — Original.)</small>

Waldemarus secundus, Dei gratia Danorum Sclavorumque rex, omnibus hoc scriptum cernentibus, in perpetuum. — Ne ea que geruntur in tempore a memoria hominum recedant cum tempore, necesse habent ut a litterarum testimonio stabile recipiant fundamentum. — Notum sit igitur presentibus et futuris quod, de consensu nostro et beneplacito, dilectus filius noster rex Waldemarus uxori sue inclite domine A. (Alienore de Portugalia) Danorum regine, presentibus episcopis et aliis regni nostri majoribus, medietatem tocius Pheonie, illam videlicet que est versus australem plagam, in qua sunt tria hec castra sita, Swinebergh, Wordbergh, Fobergh, et medietatem monete ejusdem terre, totamque civitatem Otheniensem, integraliter, in dotem contulit jure perpetuo possidenda. — Ut autem hec ipsius donatio rata et stabilis in posterum perseveret, nec eam cujusquam possit calumpnia infirmare, ipsam presentis scripti patrocinio et sigilli nostri appensionis munimine roboramus. — Huic ejus donationi testes intererant quorum nomina sunt subscripta : filius noster Kanutus dux Estonie, nepos noster Albertus comes Orlemunde et dominus Alsie; Nicholaus Sleswiensis episcopus et noster cancellarius; Tuvo Ripensis, Iwarus Otheniensis, Gunterus Wibergensis, Petrus

Arusiensis, Sweno Burglanensis episcopi; Jacobus Simonis, Petrus Strangonis filii, Scori quondam marscalcus, Johannes marscalcus, Thrugillus dapifer, Olavus quondam pincerna, Tupo camerarius.— Datum Ripis, per manus Hermanni prepositi de Strand, anno ab incarnatione Domini м° cc° xxix°, vii° kalendas julii.

<small>Traces de sceau sur lacs de soie jaune. — Le sceau de Waldemar II, roi de Danemark, n'a pas été retrouvé.</small>

2006   [1229]? 26 juin.

<small>(J. 192. — Poitou, II, n° 63. — Copie.)</small>

Scripta, inquisitiones et auditiones testium de lite versata in curia Romana inter thesaurarium, decanum et capitulum B. Hylarii Pictavensis, ex una parte, et Aynordim dominam Belli Joci, relictam Odonis de Suleio, super justitia et aliis juribus terræ Beati Hylarii in Burgundia. — In hujus rotuli initium legitur excerptum . bullæ Gregorii papæ IX, datæ Perusii, vi kal. julii, pontificatus anno tertio, qua abbatem et priorem S. Juliani et magistrum Martinum canonicum Turonensem ad inquirendum de hac causa delegat.

<small>Comme le pape, dans cette pièce, n'est désigné que sous le nom de *Gregorius*, et que le rouleau ne renferme aucun élément dont on puisse se servir pour en fixer la date d'une manière précise, la bulle pourrait être de Grégoire X, et il faudrait reporter la date du rouleau à l'année 1273; nous avons préféré la date de 1229, à cause de l'écriture, et parce que Grégoire IX était en effet à Pérouse le 26 juin 1229. — Voyez Huillard-Bréholles, *Hist. dipl. Frederici II*, t. III, p. 145.</small>

2007   Lens. 1229. Juin.

<small>(J. 229. — Picardie, n° 7. — Original scellé.)</small>

Michael dominus de Harnis et Michael filius ejus, milites, notum faciunt se avenam, quam in Gabolo apud Attrebatum habebant, domino regi pro mille et trecentis libris Parisiensium vendidisse. — « Et ut hoc ratum et firmum permaneat, presentem paginam sigillorum nostrorum munimine fecimus roborari. Actum apud Lens, anno Domini м° cc° xx° nono, mense junio.»

<small>Deux sceaux en cire blanche, sur double queue, décrits dans l'*Inventaire* sous les n°s 2375 et 2376.</small>

2008   Lorris. 1229. Juin.

Raimundus Tolosæ comes sententiam arbitralem, inter se et Ludovicum regem a Romano cardinali et comite Campaniæ prolatam, ratificat.

<small>(J. 306. — Toulouse, III, n° 62. — Original scellé.)</small>

Raymondus, Dei gratia comes Tholosanus, omnibus ad quos littere presentes pervenerint, salutem.— Noverit universitas vestra quod, cum in venerabilem patrem nostrum Romanum Sancti Angeli diaconum cardinalem, Apostolice Sedis legatum, et nobilem virum Th. (Theobaldum) comitem Campanie, karissimus dominus noster Ludovicus rex Francie illustris et nos compromiserimus, de excambio pro Sancto Antonino nobis faciendo, et pro eo quod in civitate Caturcensi et feodis et aliis, que bone memorie rex Philipus habebat in Caturcesio tempore mortis sue, que omnia eidem domino regi remanent per pacem inter ipsum et nos factam, que tamen nos reclamabamus, tandem idem dominus legatus et comes Campanie dictum suum protulerunt in hunc modum, videlicet : quod de mille et quingentis libris Turonensium, quas, per compositionem inter ipsum dominum regem et nos factam, eidem domino regi singulis annis debebamus per quinquennium persolvere propter custodiam castrorum, que pro securitate Ecclesie et sua debet, si voluerit, usque ad decennium custodire, absoluti simus penitus et immunes, et predicta domino regi et heredibus suis libere remanent et quiete. — Nos autem prefatam dicti prolationem approbantes, presenti pagine sigillum nostrum super hoc duximus apponendum. — Actum apud Lorriacum, anno Domini м° cc° vicesimo nono, mense junio.

<small>Scellé, en cire verte, sur double queue, du sceau de Raymond VII, comte de Toulouse. Voyez l'*Inventaire*, n° 744.</small>

2009   Moret. 1229. Juin.

Licentia concessa a Romano cardinali pro matrimonio contrahendo inter Alfonsum de Francia et Johannam filiam Raimundi Tolosani comitis.

<small>(J. 318. — Toulouse, IX, n° 24. — Original.)</small>

Romanus, miseratione divina Sancti Angeli diaconus cardinalis, Apostolice Sedis legatus, universis presentes litteras inspecturis, salutem in Domino. — Litteras domini Pape recepimus in hac forma :

Gregorius episcopus, servus servorum Dei, dilecto filio R. (Romano), Sancti Angeli diacono cardinali, etc. (*Vide supra*, n° 1969, *hanc bullam datam Perusii*, vii. *kalendas julii* 1228.)

Cum igitur A. (Alphonsus), frater carissimi nostri L. (Ludovici) regis Francorum illustris, et filia nobilis viri R. (Raimundi) comitis Tolosani, ex uno latere in tertio, ex alio vero in quarto consanguinitatis gradibus se contingant, et pensatis quibusdam Ecclesie et regni Francie utilitatibus, de ipsorum matrimoniali copula sit tractatum, nos, suprascripti mandati auctoritate fungentes, dispensamus cum ipsis, impedimenta submoventes premissa, ut, eis non obstantibus, licite possint matrimonialiter copulari; ita quod jam in nostra presentia sponsalia contraxerunt. — Actum Moreti, mense junii, anno Domini M. CC. XXIX.

Traces de sceau pendant sur lacs de soie rouge et verte. — Voyez dans l'*Inventaire*, n° 6132, la description du sceau du cardinal Romain légat en France (troisième sceau), d'après un type appendu à un acte daté de 1239.

2010 Moret. 1229. Juin.

Obligatio Raimundi Tolosani comitis de stando juri in curia regis Franciæ, quoad Amilianum.

(J. 309. — Toulouse, V, n° 5. — Original.)

R. (Raimundus), Dei gratia comes Tholosanus, omnibus presentes litteras inspecturis, salutem. — Noveritis quod, cum karissimus dominus noster Ludovicus rex Francie illustris Amilianum et ea que in episcopatu Ruthenensi ad Amilianum pertinent, nobis, salvo jure alieno, restituerit, nos eidem domino nostro bona fide promisimus quod in curia ejus juri stabimus de predictis erga quemlibet conquerentem. — In cujus rei testimonium, presenti pagine sigillum nostrum duximus apponendum. Actum apud Moretum, anno Domini M° CC° vicesimo nono, mense junii.

Traces de sceau pendant sur double queue. — Voyez, dans l'*Inventaire*, n° 744, la description du sceau de Raymond VII, comte de Toulouse.

2011 Moret. 1229. Juin.

Mandatum Ludovici regis fidelibus suis Ruthenensis diœcesis ut comiti Tolosæ fidelitatem faciant.

(J. 309. — Toulouse, V, n° 6. — Original.)

Ludovicus, Dei gratia Francie rex, universis amicis et fidelibus suis in Ruthenensi episcopatu constitutis, salutem et dilectionem. — Noveritis quod nos ab homagiis et fidelitatibus, de omnibus hiis que habetis in episcopatu Ruthenensi, de quibus videlicet homagia seu fidelitates clare memorie genitori nostro vel nobis fecistis, vos absolvimus; salvis conditionibus que in carta inter nos et dilectum consanguineum et fidelem nostrum R. (Raimundum) comitem Tholosanum, super pace cum Ecclesia et nobiscum confecta, continentur. Unde vobis mandamus ut de illis homagia et fidelitates eidem Tholosano comiti faciatis. — Actum apud Moret, anno Domini M° CC° XXIX°, mense junii.

Traces de sceau pendant sur simple queue. — Voyez l'*Inventaire*, n° 41.

2012 1229. Juin.

(J. 195. — Champagne, III, n° 67. — Original.)

Guido de Dampetra, dominus de Sancto Justo, notum facit, cum omnia nemora quæ in foresta de Ota possidet (præter nemus de Monchampins, a defuncto patre suo Guidone de Dampetra emptum, et præter nemus quod dicitur la Jassaine) sint de grueria domini sui Theobaldi Campaniæ comitis, præfatum comitem sibi concessisse ut de prædictis nemoribus usque ad quingentas libratas vendere posset, ea conditione ut de illa venditione dicto comiti, in recognitionem grueriæ, viginti libræ Pruvinensium attribuerentur. — « In cujus rei testimonium, presentes litteras sigilli mei munimine roboravi. Actum anno gratie M° CC° vicesimo nono, mense junio. »

Traces de sceau pendant sur double queue. — Voyez dans l'*Inventaire*, n° 1989, la description du sceau de Gui de Dampierre, seigneur de Saint-Just, en Champagne.

2013 1229. Juin.

(J. 203. — Champagne, XI, n° 22. — Original.)

G. (Gimundus) decanus universumque Meldensis ecclesiæ capitulum notum faciunt, cum Theobaldus Campaniæ et Briæ comes palatinus fideli suo Adæ de Villariis militi pedagium de Triabardoli totum dederit, præfatum comitem, ex ipsorum voluntate et assensu, quadraginta solidos annui redditus, quos in dicto pedagio pro anniversario inclitæ memoriæ Henrici avi dicti comitis celebrando percipiebant, super pedagium de Columbario assedisse. Quapropter dictum comitem et dictum Adam de præfatis quadraginta solidis in pedagio Triabardoli percipiendis a se absolutos declarant. — « In cujus rei testimonium, presentes litteras sigilli capituli Meldensis munimine fecimus roborari. Actum anno Domini M° CC° vicesimo nono, mense junio. »

Traces de sceau pendant sur double queue. — Voyez dans l'*Inventaire*, n° 7221, la description du sceau du chapitre de Saint-Étienne de Meaux (second sceau).

2014 Pérouse. 1229. 21 juillet.

Bulla Gregorii IX de matrimonio inter comitem Britanniæ et reginam Cypri prohibendo.

(J. 209. — Champagne, XIV, n° 56. — Original.)

Gregorius episcopus, servus servorum Dei, venerabili fratri episcopo Cenomanensi, salutem et apostolicam benedictionem. — Ad audientiam nostram pervenit quod nobilis vir comes Britannie carissimam in Xpisto filiam reginam Cypri, quarto ei consanguinitatis gradu conjunctam, intendit sibi matrimonio vel potius illicito contubernio copulare. Quia vero hujusmodi morbo melius est occurrere quam succurrere, fraternitati tue per apostolica scripta mandamus quatinus, si est ita, id fieri penitus interdicas, eos per censuram ecclesiasticam, appellatione postposita, compescendo. — Datum Perusii, xii. kalendas augusti, pontificatus nostri anno tertio.

Le bas de la pièce est déchiré. Elle était, suivant toute apparence, scellée de la bulle de Grégoire IX décrite dans l'*Inventaire* sous le n° 6047.

2015 1229. Lundi, 30 juillet.

(J. 196. — Champagne, IV, n° 20. — Original.)

Theobaldus, Campaniæ et Briæ comes palatinus, notum facit se Evrardo de Chierrevi, fideli suo, feodum, quod Symon frater præfati Evrardi apud Chierrevi et in finagio de Chierrevi tenebat, dedisse et concessisse, et in augmentationem dicti feodi addidisse centum solidos annui redditus in mercato Barri super Sequanam percipiendos, de quibus dictus Evrardus devenit homo suus ligius, salva ligeitate domini de Chatenay. — « In cujus rei testimonium, presentes litteras fieri volui sigilli mei munimine roboratas. Actum anno gracie millesimo ducentesimo vicesimo nono, die lune post octabas Magdalene. »

Traces de sceau pendant sur lacs de soie rouge. — Voyez l'*Inventaire*, n° 572.

2016 Paris. 1229. Juillet.

Litteræ Ludovici regis de villa Chableiarum quam in protectione sua suscepit.

(J. 254. — Bourgogne, VI, n° 45. 2. — Copie ancienne.)

Ludovicus, Dei gratia Francie rex, universis ad quos littere presentes pervenerint, salutem in Domino. — Cum, propter periculum guerrarum quod ville Chableiarum ad presens cernimus inminere, eandem villam in protectione nostra susceperimus, vobis scire facimus quod nos contra dilectum fidelem nostrum Th. (Theobaldum) comitem Campanie novum jus in hoc nobis non volumus acquiri. — Actum Parisius, anno Domini millesimo cc° xx° nono, mense julii.

A en juger par l'écriture, cette copie a été faite dans la seconde moitié du treizième siècle.

2017 Troyes. 1229. Août.

Charta communiæ villæ de Escuil a Theobaldo comite Campaniæ concessa.

(J. 197. — Champagne, V, n° 27. — Original.)

Ego Theobaldus, Campanie et Brie comes palatinus, notum facio presentibus et futuris quod ego apud villam meam videlicet Escuil, et in omnibus appenditiis ejus, manentibus communiam concessi et confirmavi in perpetuum tenendam. — Primo juraverunt homines se michi et successoribus meis in perpetuum fidelitatem servaturos. — Juraverunt etiam se alterum alteri ad invicem bona fide pro posse suo collaturos. — Sunt autem hee institutiones ipsius communie : Si quidem homines de communia uxores, cujuscumque potestatis voluerint, ducent per licentiam domini. — Capitales homines censum capitalem debitum dominis suis persolvent. Quem si die qua debuerint non reddent, per quinque solidos emendabunt. — Si quis alicui infra terminos communie forisfecerit, si ad presens forisfactum capi poterit, ad usum et consuetudines castelli de Escuil emendare tenebitur. — Nemo preter me homines, qui alicui de communia forisfecerint, poterit ad villam supradictam conducere nisi per majorem. — Si homo extraneus cibos venales vel merces in supradicta villa adduxerit, et discordia interim inter communiam et dominum ejus emerserit, quindecim dierum inducias habebit vendendi allatos cibos vel merces et transferendi nummos et alias res suas in securitatem, et etiam allatos cibos nisi eos vendere potuerit, nisi [ipse] forisfactum fecerit. — Nemo qui communiam juraverit, credet vel accommodabit aliquid hostibus communie, quamdiu discordia fuerit. Quod si quis fecisse comprobatus fuerit, justicia de eo fiet secundum considerationem [juratorum]. — Quod si communia aliquando contra hostes suos exierit, nemo de communia cum hostibus ejus loquetur nisi licentia illorum qui custodierint communiam. — Ad hec statuti homines juraverunt quod neminem propter amorem vel cognationem deportabunt, neminem propter inimicicias ledent, sed rectum judicium facient per omnia. Omnes alii de communia juraverunt quod idem judicium, quod predicti statuti homines super eos fecerint, et patientur et concedent. — Si quis de communia aliquid forisfecerit et per juratos emendare noluerit, homines communie exinde facient justiciam. — Si quis vero ad sonum pro congreganda communia factum non venerit, duodecim denariis emendabit. — Si quis de communia aliquid insipienter agens, preceptorum communie transgressor extiterit, major eum bannire poterit, quamdiu sibi et juratis justum esse videbitur. — Si quis hominem de communia suum esse clamaverit et homo ei negaverit se esse suum hominem, per gagia duelli hominem a domino convinci oportebit, nisi miles se tercio militum et per quatuor armigeros probaverit hominem esse suum. — Item si quis hominem de communia aliquem clamaverit, et homo eum dominum suum esse cognoscat, quindecim diebus inducias habebit ut se et sua transferat ad [securi]tatem; [et, si] voluerit in villa remanere, poterit, salvo jure domini sui. — Item sciendum est quod nullus hominem de communia capere poterit preter majorem. — Si quis vero de communia sacramentum alicui de co[mmunia] facere [debuerit, et ante] arramationem sacramenti se in negocium suum iturum dixerit, propter illud faciendum de itinere suo non remanebit nec ideo incidet in emendam; sed postquam redierit, convenienter sub[monitus, sacramentum faciet.] — Si communia, pro auxilio meo vel pro expeditione, vel quacumque de causa, collectam aliquam vel misiam fecerit de aliqua re ad feodum meum pertinente, nichil in ea ponetur. — Statutum est eciam quod nullus de hominibus meis vel de custodia mea vel de feodis meis, qui in prenominata villa manere voluerit, in dicta communia nisi de assensu meo recipietur. — De justicia mea vero et forisfactis meis, que in prefata villa retinui, ita statutum est: furtum, raptus, murtrum, per me tantum justiciabuntur, et qui hec forisfacta fecerint preposito meo tradentur, si major inde posse habuerit, nec de cetero in communia recipientur nisi assensu meo. Omnia vero alia forisfacta majoris et juratorum erunt justicianda et judicanda. — Gagia duelli majoris et juratorum dicte communie erunt, sed victus in lege duelli meus erit. — Homines istius communie in equitatibus et exercitibus meis, longe et prope, michi servire tenebuntur; et nisi venerint, michi emendabunt. — Homines istius communie michi de pane et vino et carnibus et aliis victualibus, die qua in prefata villa venero et in crastino, si tantum ibi fuero, creditionem facient; et si infra quindecim dies non reddidero, nichil amplius michi credent quousque eis credita persolventur. — Cetera vero omnia, que habebam tunc temporis, hominibus communie remanebunt preter nemus meum prope Escuil situm quod ego retineo in manu mea. — Si ego de aliquo de communia vel de ipsa tota communia clamorem fecero, major communie inde michi rectitudinem tenebit infra ambitum communie. — De homine communie nullus mortuam manum habebit. — Homines istius communie de mortuis manibus, de forismaritagiis, de talliis, de toltis, de corveiis, varennis, commendiis, chevagiis, quantum ad me pertinet, quiti erunt et liberi. — Si autem dissensio aliqua postmodum emerserit, videlicet de judicio sive de alia re que non sint in hac carta prenotata, illud facerent ad usum et testimonium juratorum communie Meldensis. — Extra communiam prefatam, homines communie cartam suam de communia monstrare non compellentur. — Sciendum vero quod, pro permissione communie, reddent michi vel certo nuntio meo homines de communia et successoribus meis octoginta libras Pruviniensium annuatim in crastino Natalis Domini infra communiam. — Sub prenotatis itaque constitutionibus, omnes homines meos, quicumque in prescripta communia fuerint, immunes et quitos a tallia et ab omni prava exactione, salvis hiis que superius sunt, in perpetuum esse concedo. — Si vero acquisiero infra castellariam de Escuil molendinum vel furnum, homines de communia tenebuntur coquere ad furnum meum et ad meum molere molendinum, ad tales consuetudines quas solebant coquere et molere die qua presentes littere facte fuerunt. — Hec omnia vero superius dicta tenere et observare in perpetuum in animam meam jurari feci. Successores vero mei tali modo facere jurare tenebuntur. — Quod ut ratum permaneat et firmum teneatur litteris annotatum, hanc cartam fieri volui sigilli mei munimine roboratam. — Actum Trecis, anno Verbi incarnati millesimo ducentesimo vicesimo nono, mense augusto.

Traces de sceau pendant sur lacs de soie jaune et rouge. — Voyez dans l'*Inventaire*, n° 572, la description du sceau du comte Thibaut IV. — Le village d'Escuil, *Escolium*, en Champagne, auquel cette charte de commune est concédée, se nomme aujourd'hui Écueil (Marne, arr. de Reims, canton de Ville-en-Tardenois.)

2018   1229. Août.

(J. 165. — Valois, III, n° 25. — Original.)

Guillelmus episcopus Parisiensis, ut superior dominus, ratam habere et garantizare declarat impignorationem decimæ de Corcellis et de Mesnilio, in parrochia Turnomii, ab Ansello de Garlanda milite, domino Turnomii, ecclesiæ B. Thomæ de Lupara Parisius, pro quadraginta libris Parisiensium, de martio in martium solvendis, concessam. — « In cujus rei memoriam et testimonium, presentes litteras ad petitionem partium sigilli nostri munimine fecimus roborari. Actum anno Domini M° CC° vicesimo nono, mense augusto. »

Traces de sceau pendant sur double queue. — Le sceau de Guillaume II de Seignelay, évêque de Paris, est décrit dans l'*Inventaire* sous le n° 6786.

2019   Melun. 1229. Septembre.

Litteræ Rogeri Bernardi comitis Fuxensis de homagio quod domino regi præstitit pro mille libris annui redditus sibi a dicto rege assignatis.

(J. 332. — Foix et Comminges, n° 4. — Original scellé.)

Rogerus Bernardi comes Fuxensis universis ad quos littere presentes pervenerint, salutem in Domino. — Notum facimus quod, cum nos tractatu habito cum dilectis nostris magistro P. (Petro) de Collemedio et Matheo de Malliaco, supposuissemus nos et nostros et nostra et nostrorum, que tenemus et habemus nunc et tenuimus nos et pater noster, bone miserationi karissimi domini nostri Ludovici regis Francie illustris, secundum tenorem litterarum nostrarum super hoc confectarum, et jurassemus nos mandatum ipsius domini regis super hoc per omnia servaturos, idem dominus rex misericordiam talem, de consilio suo, pro nobis et nostris, nobis fecit ad presens, quam misericordiam ad presens dicit idem dominus rex esse bonam, videlicet quod idem dominus rex nobis et heredibus nostris dedit in perpetuum pro hereditagio mille libras Turonensium annuatim. — Quas mille libras Turonensium nobis assignavit in hunc modum quod dedit nobis ea que nos et homines nostri habuimus, et que idem dominus rex habet et tenet in suo domanio in hiis villis, scilicet, de Arzincho, Allairaco, Prissano, Fontiniano et in terminio Vallete, usque ad valorem redditus competenter bonorum arbitrio computati. Residuum vero, quod in assignatione predictarum mille librarum Turonensium defuerit, nobis assignabit in terra competenter bona fide in episcopatu Carcassonensi, extra villam Carcassone et extra villas Limosii, Montis regalis, Cabareti et Saxiaci, et extra redditus ad dictas villas provenientes. Et si in Carcassesio, in hiis que dominus rex in manu sua tenet extra predictas villas et redditus quos excepit, usque ad summam predictarum mille librarum redditus non inveniretur, dominus rex nobis quod inde defuerit assignabit alibi competenter donec mille libre Turonensium annui redditus inter premissa omnia nobis et nostris pro hereditagio compleantur. — Et nos, propter hoc, hominagium ligium eidem domino regi fecimus et tenemur facere heredibus suis, et heredes nostri similiter. — Cum autem nos per predictum tractatum, cum jam dictis magistro P. de Collemedio et M. de Malliaco habitum, mandato domini regis, Montem Granerii et Lordatum tradiderimus et obligaverimus, pro Ecclesia et pro domino rege, in manu ipsius domini regis quamdiu ipsi placuerit tenenda si contra promissa faceremus, sicut in carta nostra super hoc confecta plenius continetur, et ipse dominus rex, pro securitate Ecclesie et sua, tenere debebat predicta castra, quantum placeret misericordie sue et domini R. (Romani) Sancti Angeli diaconi cardinalis, Apostolice Sedis legati, ipse dominus rex nobis Lordatum reddere debet libere et sine contradictione in eo statu in quo tradidimus illud ei, et nos, voluntati ipsius et peticioni satisfacientes, tradidimus ei castrum Fuxi tenendum in manu sua ad sumptus suos a die qua tradetur ei usque ad quinquennium, ita quod ipse dominus rex in villa Fuxi vel ejus terminis nichil penitus percipiet, et, elapso quinquennio, sine contradictione, absolute et libere, ipsum castrum Fuxi nobis vel nostris ipse vel sui reddet in eo statu in quo tradidimus illud ei. — Et nos eidem Lordatum, in eodem statu in quo illud nobis tradet, restituemus tenendum ab ipso post illud quinquennium aliis quinque annis, sicut ipsum modo tenet; et, elapsis illis ultimis quinque annis, Lordatum cum Monte Granerii sine aliqua exactione sumptuum restituet nobis in eo statu in quo tradidimus ea sibi. — Ipse autem dominus rex nobis usque ad quinque annos, quibus elapsis debet nobis reddere castrum Fuxi, concessit quingentas libras Turonensium in prepositura sua Carcassone singulis annis percipiendas, medietatem in festo Omnium Sanctorum et medietatem in Pascha, per manum ballivi sui Carcassone. Et, elapso illo quinquennio, dictas quingentas libras poterit idem dominus rex, si ei placuerit, sine contradictione aliqua retinere. — De burgo Fuxi taliter est ordinatum : quod nos exponimus dispositioni et cognitioni dicti legati, vel pro eo magistri P. de Collemedio, quod, si fortericia murorum burgi Fuxi noceat vel prestet impedimentum introitui vel exitui castri vel districtioni ipsius, possit inde diruere secundum quod ei visum fuerit faciendum. Set cum idem castrum restituerit nobis dominus rex, dirutionem, si qua facta fuerit, restituet sumptibus suis in eodem statu quo illud ei trademus. — Et sciendum quod in terra quam nos tenemus vel in illa quam nobis dedit dominus rex, non possumus facere novam forteritiam nec veteres forteritias, sine mandato domini regis, inforciare, nec in hiis terris scienter receptare inimicos Ecclesie sive domini regis; et si forte, nobis ignorantibus, aliqui de talibus ibi receptarentur, admoniti per dominum regem, vel per nuntium suum vel per ballivum suum aut nuntium ballivi sui, eos expellere teneremur et ex tunc capere tanquam proprios inimicos. — Sciendum tamen quod illos redditus, quos debebat dominus rex percipere in parrochiis de Lordato et de Monte Granerii pro custodia ipsorum castrorum, secundum quod continetur in litteris inter nos et magistrum P. de Collemedio et M. de Malliaco confectis, ex sua liberalitate remisit nobis. — Hec autem omnia concessit nobis dominus rex salvo jure ecclesiarum et catholicorum virorum et mulierum. — Quod ut firmum et stabile perseveret, presentem paginam sigilli nostri munimine fecimus roborari. Actum apud Meledunum, anno Domini M° CC° vicesimo nono, mense septembri.

<small>Sceau de Roger-Bernard II, fils de Raimond-Roger, comte de Foix; cire verte, sur lacs de soie rouge; décrit dans l'*Inventaire* sous le n° 662.</small>

2020 Melun. 1229. Septembre.

Homagium domino regi ab Athone Ernaudi de castro Verduno pro quinquaginta libris annui redditus prœstitum.

(J. 620. — Hommages, I, n° 11. — Original.)

Ego Atho Ernaudi de castro Verduno notum facio omnibus presentes litteras inspecturis quod, cum ego supposuissem me bone miserationi venerabilis patris domini Romani, Sancti Angeli diaconi cardinalis, Apostolice Sedis legati, nec non et karissimi domini mei Ludovici regis Francorum illustris, idem rex misericordiam fecit michi in quinquaginta libris Turonensium annuatim de bursa sua percipiendis donec illas mihi assederit competenter. Et propter hoc ego hominagium ligium sibi feci. — Actum apud Meledunum, anno Domini M° CC° XX° nono, mense septembri.

<small>Traces de sceau pendant sur double queue. — Le sceau d'Athon Arnaud, du château de Verdun, dans le pays de Foix (Ariége, arr. de Foix), n'a pas été retrouvé.</small>

2021 1229. Novembre.

(J. 165. — Valois, III, n° 24. — Original scellé.)

P. (Petrus), Dei gratia Meldensis episcopus, notum facit quod, cum discordia esset inter nobilem virum dominum Ansellum de Garlanda, ex una parte, et homines de Malla, ex altera, super terris et pratis que de Grosso nemore appellantur, tandem coram venerabili patre W. (Willelmo) Parisiensi episcopo compositio intercessit; quam compositionem prout in litteris ipsius episcopi plenius continetur, fide data, homines de Malla a se servaturos promiserunt et ipse eam ratam habere declarat ea lege ut per eamdem nullum nec sibi nec hominibus suis in aliquo damnum generetur. — « In cujus rei memoriam, ad petitionem dictorum hominum, presentes litteras sigilli nostri munimine fecimus roborari. Actum anno Domini M° CC° XX° IX°, mense novembri. »

Sceau de Pierre de Cuisy, évêque de Meaux; cire blanche, double queue; décrit dans l'*Inventaire* sous le n° 6702.

2022 Béziers. 1229. 9 décembre.

(J. 343. — Abb. de la Grasse, n°s 2. 1. et 2. 2. — Originaux scellés.)

Romanus S. Angeli diaconus cardinalis, A. S. legatus, notam facit compositionem a se inter abbatem Grassensem, ex una, et A. (Adam) de Miliaco gerentem vices domini regis Franciæ, ex altera parte, initam. Ex qua compositione conventum est ut partes compositionem a S. (Simone), quondam comite Montisfortis, ordinatam fideliter observabunt; de feudis vero dominus rex competentem præfatæ abbatiæ faciet recompensationem. — « In cujus rei testimonium, ad petitionem utriusque partis, presentes litteras exinde fieri fecimus et sigillo nostro muniri. Datum Biterris, v. idus decembris, anno Domini M° CC° XX° nono. »

Les pièces cotées n°s 2. 1. et 2. 2. sont identiques et toutes deux scellées du sceau du cardinal Romain, légat en France; cire blanche, double queue; décrit dans l'*Inventaire* sous le n° 6132.

2023 Beaucaire. 1229. 18 décembre.

Romanus cardinalis Tolosanum episcopum, cum duobus abbatibus, delegat ad causam inter comitem Tolosanum et abbatem Moysiaci dijudicandam.

(J. 309. — Toulouse, V, n° 7. 1. — Copie ancienne.)

Venerabili in Xpisto patri Dei gratia episcopo Tolosano et dilectis in Domino Sancti Saturnini Tolosanensis et Grandissilve Tolosanensis diocesis abbatibus, Romanus, eadem gratia Sancti Angeli diaconus cardinalis, Apostolice Sedis legatus, salutem in Domino. — Nobilis vir comes Tolosanus nobis exposuit conquerendo quod abbas Moysiaci, Caturcensis diocesis, eidem comiti gravis extitit plurimum et molestus, homines ipsius comitis contra justiciam aggravando, nichilominus in ipsius comitis prejudicium et gravamen. — Ideoque discretioni vestre qua fungimur auctoritate mandamus quatinus, partibus convocatis, audiatis causam et eam fine debito terminetis, facientes quod decreveritis per censuram ecclesiasticam firmiter observari, proviso tamen ne per alias litteras vestras contra eundem coram aliis judicibus delegatis a nobis aliquatenus disceptetur, cum super querelis aliis nostras ad vos potuerint litteras reportasse. — Quod si secus a quoque fuerit attemptatum, et impetrans careat impetratis, et in necessariis et justis expensis adversario condampnetur. — Testes autem qui fuerint nominati, si se gratia, odio, vel timore substraxerint, cognatis censura simili veritati testimonium perhibere. — Quod si vero homines (*corr.* non omnes) hiis exsequendis potueritis interesse, de vos patre episcopo (*sic*) cum eorum altero, ea nichilominus exequi procuretis. — Datum apud Bellicadrum, xv. kal. januarii, anno Domini M. CC. XX. VIIII.

La feuille de parchemin sur laquelle sont transcrites ces lettres du cardinal Romain à l'évêque de Toulouse et aux abbés de Saint-Saturnin et de Grandselve, renferme plusieurs autres pièces également datées de 1229 (voyez ci-après n°s 2024 et 2031) et relatives aux contestations qui s'étaient élevées entre l'abbé de Moissac, le comte de Toulouse et les habitants de Moissac. Les annotations qui viennent à la suite des pièces nous paraissent prouver que ce document est un memorandum fourni par les habitants de Moissac aux agents du comte de Toulouse, pour servir aux besoins de la cause commune. En voici quelques extraits : — « Remembransa quel coms a cada an D. sols de questa e ost per l'afar de Moysac e quel dia les i aia tornar, e li pescador que devo tug pescar a Rampalm (*c'est-à-dire le dimanche des Rameaux*) obs del comte; e tug li nautor que devo passar lo comte e totas sas gents totas vegadas; el devo aportar la lenha, el fe, e la palha, e no lor deu donar mos a manjar. — E tug li encorremenz ero del comte tro quel senher coms pague d'aquest ne se acorder ab l'abad R. (Ramon) de Broet, e e la crida metia om primer le comte e apres l'abad monje, car ges e la crida no apelava om l'abad senhor. El coms avia alberga ab tans companhos que menava aitantas vez que venia al moster entro quen fo faits cambis per l'afar de Vila nova, etc........ E l'abas ni monges, ni om per lor, no a a Moysac sagrament ni questa ni host ni han temps non i ac. — Remembransa al senhor comte que fasa asolver aquels prosomes que l'abas cuia tener escumenjaz per ocaiso del sagrament de fezeutat e de senhoria que nol volo far, quar far no o devo ni es acostumad, ni hanc nuls autre abas mais luns temps no li demandec nil i ag ni aver no li deg ni el ni autre abas, mas al senhor comte de Tolosa et a sos ansesors quel avem fag el fam a cu far le devem e l'avem acostumad a far el senher coms que nos jura leial senhoria e que do re no nos forse ni far no o fassa. »

2024 Avignon. 1229. 20 décembre.

(J. 309. — Toulouse V, n° 7. 3. — Copie ancienne.)

Litteræ Romani cardinalis, ejusdem formæ, quibus Hugonem Lactorensem episcopum et B. (Bernardum II) abbatem de Bolas, Auxitanensis diocesis, judices delegat ad dijudicandam causam quæ inter abbatem

Moysiacensem, ex una parte, et universitatem hominum ville Moysiacensis, ex altera, super facto consulum, feudis, decimis, molendinis, etc., versabatur. — « Datum apud Avinionem, xiii° kalendas januarii, anno Domini m° cc° xx° viiii°. »

Voyez l'observation à la suite de la pièce précédente.

2025 Mornas. 1229. 29 décembre.

Litteræ Romani cardinalis de terra comitis Tolosani in Provincia et ultra Rodanum domino regi Franciæ commissa.

(J. 306. — Toulouse, III, n° 64. — Original scellé.)

Romanus, miseratione divina Sancti Angeli diaconus cardinalis, Apostolice Sedis legatus, universis presentes litteras inspecturis, salutem in Domino. — Notum facimus omnibus presentem paginam inspecturis quod jus et terram, que habebat vel tenebat olim comes Tholosanus citra Rodanum, recommendavimus custodienda nomine ecclesie Romane dilectis nostris A. (Adam) de Milliaco gerenti vices regis Francorum illustris et Peregrino senescallo Bellicadri, tali modo quod dictus rex ipsam terram faciet per eos, vel alios quos viderit expedire, bona fide, pro Romana ecclesia custodiri, ita tamen quod, si rex in custodienda terra ipsa reputaverit se gravatum, per litteras suas patentes significabit domino Pape vel nobis; et tunc dominus Papa vel nos, infra tres menses postquam significatum fuerit, de custodia terre illius ipsum exhonerabimus et ordinabimus de terra prout domino Pape vel nobis visum fuerit expedire. — Et quandocumque dominus Papa vel nos de terra ipsa voluerimus aliter ordinare, dictus rex per litteras domini Pape vel nostras, infra duos menses restitui faciet terram illam illi vel illis quibus dominus Papa vel nos restitui vel assignari mandaverimus. — Dictam autem recommendationem facimus salvo jure ecclesiarum, catholicorum virorum et mulierum, prout in generali concilio continetur. — Datum apud Mornacum, iiii° kalendas januarii, anno Domini m° cc° xx° nono.

Sceau du cardinal Romain, légat en France; cire jaune, double queue; décrit dans l'*Inventaire* sous le n° 6132.

2026 Malaucène. 1229. 30 décembre.

Litteræ Romani cardinalis de compositione inita inter Biterrensem episcopum et dominum regem quoad bona hereticorum.

(J. 337. — Béziers, n° 5. — Original scellé.)

Romanus, miseratione divina Sancti Angeli diaconus cardinalis, Apostolice Sedis legatus, universis presentes litteras inspecturis, salutem in Domino. — Cum inter venerabilem patrem Biterrensem episcopum, ex parte una, et Adam de Milliaco, militem, dilectum nostrum, gerentem vices regis Francorum illustris, pro ipso rege, ex altera, super bonis hereticorum incidentibus in commissum questio verteretur, per nos inter eos fuit taliter ordinatum : quod commissa hereticorum, credentium et defensorum eorumdem in terra episcopi et ecclesie Biterrensis rex accipere valeat, tali modo quod, si res ille sint feudales, rex concedet alicui qui homagium et fidelitatem et alia que debentur ratione feudi exhibeat episcopo memorato, vel, si rex in manu sua tenere voluerit, cum non consueverit homagium facere, propter hoc recompensacionem ipsi episcopo et ecclesie faciet competentem. — Res autem censuales et alias que non sunt feudales rex, salvo jure ecclesie, concedere poterit prima vice tali persone que censum et servitia debita faciat episcopo et ecclesie memoratis. — In cujus rei testimonium, presentes litteras fieri fecimus nostro sigillo munitas. — Datum apud Malaucenam, iii. kalendas januarii, [anno] Domini m° cc° xx° nono.

Sceau du cardinal Romain, légat en France; cire jaune sur double queue. (*Inventaire*, n° 6132.)

2027 Vincennes. 1229. Décembre.

Securitas facta domino regi a Valentia relicta Theobaldi de Blazone.

(J. 395. — Securitates, n° 88. — Original scellé.)

Ego Valentia relicta Theobaldi de Blazone notum facio universis ad quos littere presentes pervenerint quod ego karissimo domino meo Ludovico, regi Francie illustri, tactis sacrosanctis Evangeliis, juravi quod alicui de inimicis suis manifestis vel alicui cum quo treugam habeat me non maritabo, inmo eidem domino meo regi et heredibus ejus, et karissime domine mee Blanche regine matri ejus, semper fideliter adherebo contra omnem creaturam que possit vivere et mori. Et Mausiacum et omnia castella, que tenebat defunctus Theobaldus de Blazone quondam maritus meus die qua decessit, eidem vel ejus certo mandato tradam ad parvam vim et ad magnam, quotiens ab ipso vel ejus certo nuntio fuero super hoc requisita. — In cujus rei testimonium, presentes litteras feci sigilli mei munimine roborari. — Actum apud Vicenas, anno Domini m° cc° vicesimo nono, mense decembri.

Traces de sceau pendant sur double queue. — Le sceau de Valence, veuve de Thibaut, seigneur de Blazon en Anjou, est décrit dans l'*Inventaire* sous le n° 1444.

2028 1229. Décembre.

(J. 197. — Champagne, V, n° 28. — Copie authentique.)

Theobaldus Campaniæ et Briæ comes palatinus notum facit, cum dilectus et fidelis suus Johannes comes Carnotensis, dominus Montismirabilis, quasdam costumas in foresta de Ria ratione dominii turris Castri Theodorici reclamaret, se ei tertiam partem in omnibus essartis et vendis, quæ de cetero ex mandato et voluntate sua in prædicta foresta fient, concessisse. — « In cujus rei testimonium, presentes litteras [fieri volui] sigilli mei munimine roboratas. Actum anno gracie millesimo ducentesimo vicesimo nono, mense decembri. »

Vidimus délivré le lendemain de la Circoncision (2 janvier) 1229-30 par J., prieur de Saint-Étienne de Montmirail.

2029 1229. Décembre.

(J. 165. — Valois, III, n° 26. — Original scellé.)

Coram officiali curiæ Parisiensis nobiles viri Gilo de Corberex et Adam Bolie, milites, se plegios constituunt pro Ausello de Turnomio milite, de decima Corcellarum et Mesnilii, in parrochia de Turnomio, ab eo ecclesiæ S. Thomæ de Lupara Parisius impignorata. — « Datum anno Domini m° cc° vicesimo nono, mense decembris. » — (Vide supra n° 2018 litteras Guillelmi, episcopi Parisiensis, de præfata impignoratione, datas mense augusto.)

Sceau de l'officialité de Paris; cire verte, double queue; décrit dans l'*Inventaire* sous le n° 7001.

2030 1229.

Mandatum Ludovici regis Tolosæ comiti.

(J. 305. — Toulouse, III, n° 5. — Original scellé.)

Ludovicus, Deï gratia Francie rex, dilecto et fideli consanguineo suo R. (Raimundo) comiti Tholosano, salutem et dilectionem. — Mandamus vobis et inhibemus ne de terra episcopatus Tholosani, quam vobis dimisimus, extra manum vestram aliquid ponatis. — Actum anno Domini m. cc. xxix.

Sceau de Louis IX; cire blanche, simple queue; premier sceau, décrit dans l'*Inventaire* sous le n° 41.

2031 1229.

Sententia Petri de Collemedio de juramento fidelitatis Moysiaci abbati ab universitate Moysiaci præstando.

(J. 309. — Toulouse, V, n° 7. 2. — Copie ancienne.)

Universis presentes litteras inspecturis, magister Petrus de Collemedio, salutem in Domino. — Noveritis quod, cum nos in Caturcensi diocesi gereremus vices domini Romani Sancti Angeli diaconi cardinalis, Apostolice Sedis legati, abbas Moysiacensis peciit in jure coram nobis ab universitate de Moysiaco juramentum fidelitatis sibi tanquam domino prestari. — Tandem post multas altercationes, eadem universitas per juramenta promiserunt quod super questione predicti juramenti omnimode voluntati nostre parerent. — Quia vero nobis constitit per confessiones partium quod abbas Moysiacensis erat pro parte dominus de Moysiaco et in possessione dominii pro parte, et quod dicta universitas, contra fidem dominii temere veniendo, multa mala fecerat ecclesie supradicte, maxime cum alter sindicorum dicte universitatis fuerit in jure confessus quod ecclesia Moysiacensis in possessione fuerat juramenti predicti, nos, de consilio domini cardinalis, prelatorum et aliorum bonorum virorum, pronunciamus dictam universitatem teneri ad prestandum abbati sicuti domino, ut predictum est, fidelitatis juramentum, cujuslibet tamen alterius jure salvo. — In cujus rei testimonium, presentes litteras eidem abbati tradidimus sigilli nostri munimine roboratas. — Datum anno Domini m° cc° xx° nono.

Voyez l'observation placée à la suite du n° 2023.

2052 — 1229.

Coutumes accordées aux habitants d'Auxonne par Étienne, comte de Bourgogne, par Jean, comte de Chalon, et par la comtesse Agnès.

(J. 252. — Bourgogne, V, n° 28. — Copie authentique.)

Je Estiennes cons de Bourgoigne, et je Jehans cons de Chalon, et je Agnès famme le conte Estevenon, faceons savoir à touz ceulx qui verront ceste chartre que nous havons mis Auxonne et ceulx qui en la ville habiteront [à] autelz coustumes et à tel franchise : — Li mex et li buef paieront leur cense de la Saint-Michel. — Chascune maignie de la ville doit donner chascun an cinq solz à nous et à ceulx qui après nous tendront la ville; et, se mes remaint vuiz deans les forteresces, ausemant paie cinq solz comme se il y avoit maisnie. — Et, quant ceste cense de cels cinquain solz seray receuhe, la somme doit estre compée, et, autant que elle montera, li hommes de la ville noz doivent donner chascun an pour acheter viandes. Et se doit estre levée en telle menère entre leur et ygaulle que cilx qui plux en paieray, n'an paieray plux de quinze soulz. Et ce nous ont-il donné communémant de leur essoine grey et senz force faire. — Cilx qui vendront en la ville avec nous et à nostre coust, paieront la nuit 1. denier de foin pour chascun cheval; et se il y est nuit et jour, doux deniers. — Les curtillaiges de la ville sont sehur en telle menère que l'on n'y puest riens pranre de par nous, se par achat non. Yceulx douhes choses de foin et curtillaige sont senz créance, mas ques pour le gaige randant, tant que cilx qui le vant en ait son grantey; et qui ce briseray, il li cousteray soixante solz. — A ceulz qui vandent à darraul, comme cil qui achètent pour revendre, havons-nous quarante jours de créance, en telle menère que cil qui vandront les darrées doivent havoir bon gaige ou bone seurté. Et après les quarante jours, cilx qui hauront les gaiges les pourront vendre senz toutes accusons, se il ne sont paiez. — Se aucuns de ceulx d'Auxonne estoit pris pour la dabte cognehue du seigneur de la ville, li sires le doit rambre de ses deniers ou des cinquain solz que li homes de la ville li doyvent chascun an. — Se beste est prise en domaige de blé ou de prey par eschappée, cilx cuy la beste seray doit rendre le domaige et la pergie qui monte quatre deniers, se ce est chevaulx; se ce est beste armaline, deux deniers; se ce est pors, 1. denier. — Se elle y est menée, cilx cuy elle est doit rendre le domaige et la pergie et la loy qui monte, s'il est jours, trois solz, et se il est nuys, soixante et cinq solz. — Cilz qui feray domaige de la closon de la ville et la closon des courtilz et des curtilaiges, et des frus et des arbres, s'il le fait à acient, il doit amander le domaige et la loy qui monte trois solz, se il est jours, et, se il est nuiz, soixante et cinq solz. — Et se il n'est fait à eciant, cilz qui le fait amande le dommaige senz loy; et se il est anfes, li pères ou li mère amande le dommaige. — Et li temps de l'anffance est jusques à quatorze ans. Et li lois des anfans, quelque forfait il facent, sera jugier au regart des quatre prodomes qui doivent estre esleuz chascun an par les prodomes de la ville. — Cil quatre prodomes, qui seront appellez conseiller, hauront tel puissance que par leur consoil doivent estre faiz li jugemenz de la ville; et à leur regart doit li prevost lever les loix et les amandes, et il doivent jurer que il en bone foy à leur escient jugeront, ne pour soigneur, ne pour dame, ne pour amour, ne pour hayne ne lairont à dire le droit et les raisons. — Et cil quatre davent estre esleus chascun an au lox dou plux de la ville. Et qui seur aucun de ces quatre mectray main ne fera villonie, il davroit autel loy come s'il estoit fait à moymes le prost. — Li prost doit faire sairement et féaultey au priour de Vergey que il en bone foy li gardera et randra ses droiz. — Se aucuns des hommes d'Auxone vult soy partir qu'il se dobtoit meiner en la ville pour aucun affaire, il doit querre le condut au prost et ès consoillers; et qui sur le conduit à ceulx li feroit outraige, il paieroit la loy au regart des consoillers. — Li marchiez sera conduiz le lundi toute jours à bien et à foy vers toutes genz; et nuls n'y sera gaigiez pour la dabte son soigneur, mas ques pour la soye dabte cogneue; et par telle, le peust l'on bien gaigié. — Cilz qui s'an iront d'Auxonne ester autre part, se il s'an vont pour le tort fait que li sires ou li prost leur face, et li sires ou li prost ne leur vult amander au regart des consoillers et des autres prodomes, il pevent laissier leur hérietaige cui leur plaira, mais que il demouroit à Auxone, ou vandre. Et se il s'an vont autremant, li hérietaige remaint au soigneur. — Li estranges, qui novellement seront herbergiez à Auxonne ce que i conquerront porront laissier ou vandre à leur plaisir [à] celluy que il voudront que demourra en la ville. — Se cilz qui s'en yreront prennent congier du soigneur ou du prost, il doivent estre conduz du soigneur en bone foy un jour et une nuit. — Li sires doit havoir le banc Auxonne, tout le mois d'aoust. — Li hommes d'Auxone doivent au seigneur l'ost et la chevauchie et le charroy en la chevauchie; et, fors de la chevauchie, il davent le charroy en telle menère que li sires non puest mener si loins que il ne puisse repairier le jour meismes en la ville. — De cels convant sont fors li hoirs et li tenement Weillaume Sodenier et li Mareschaut et li hoir et li tenement Espitex. — Pour celz convans ne remaint mie que cil qui estoient accensi devant ceste chartre, au temps la contosse, ne paient leur cense qui estoit devant ce acordée. — Celz convanz et ceste franchise havons nous juré à garder et à tenir en bone foy touz jours mais. Et nous sumes enloyé, nous et nous terres, en la main l'arcevesque [de Besançon] en telle menère que, se nous brisiens aucune foiz celz convanz et nous amander ne le vouliens dedans les quarante jours que l'arcevesque nous en ammosnestast, il nous pourroit escommenier et mectre nostre terre en entredict. — Et de ce leur davons nous douner les lettres l'arcevesque pendanz. — En tesmoinaige de ceste chose et pour plux estre ferme et estauble à touz jours mais, nous havons pendu nous scelx en ceste chartre. — Et ce fuit fait l'année de l'incarnation Nostre Soigneur mil et cc. et vint et nuef.

Cette charte de coutumes accordée aux habitants d'Auxonne en Bourgogne (Côte-d'Or, arr. de Dijon) par Étienne III, comte d'Auxonne, qui prenait le titre de comte de Bourgogne comme compétiteur d'Oton III, par Agnès de Dreux sa seconde femme, et par son fils Jean le Sage, comte de Chalon-sur-Saône, issu du premier mariage dudit comte Étienne avec Béatrix de Chalon (voyez l'*Art de vérifier les dates*, II, 503 et 530), est insérée dans les lettres confirmatives du roi Jean données à Rouvre au mois de janvier 1361 (*Actum in castro nostro de Rouvra, anno Domini millesimo ccc*^{mo} *sexagesimo primo, mense januario*), elles-mêmes insérées dans un vidimus délivré par Richard Poissonnier, notaire du duc de Bourgogne à Auxonne, le 28 décembre 1367. — Traces de sceau pendant sur double queue.

2055 — Vers 1229.

Memorandum des prétentions élevées par l'abbé de Moissac, et réponses à lui faire de la part du comte de Toulouse et des habitants de Moissac.

(J. 310. — Toulouse, V, n° 40. — Minute. Roman.)

Remembranssa que l'abas de Moyssac demanda al senhor comte e a la vila mantas noeletads e diverssas que no deu. So es a saber que demanda la meitad en las justizias quel senhor coms a a Moyssac de VII. solz en aval, el ters en totas las justizias e els encorrements d'aqui en sus de sanc foio ni d'avolteri, ni de laironessi, e de mort e d'als. E demanda tots aquels feus que om te de lui a Moyssac que au aguds de don e de compras dels cavalers e dels borgues que, si aquilh quels teno faio forfay de que fosso encorregud, que tug aquilh feus fosso a l'abad. — E diz l'abas que aital pauzament ne fe ab lo senhor comte son paire.

El senhor coms respon que anc l'abas ni nulhs sos anceçers re de tot aisso sobredig no ac en la vila de Moyssac entro que la crozada el coms de Monfort venc en la terra; e, si sos paire fe aquel pauzament, re no val, quar el o fe per forssa e per paor de la crozada; e la vila de Moyssac no era de son paire, enans la ac per sa maire. E abque fos sua, no podia ni devia mermar lo feus del rei de Franssa.

Esters aisso, l'abas demanda sagrament de senhoria a totz los omes de Moyssac per jutzgament que dids que n' ac del legad don Peire de Collemedio. — Al cal sagrament lo coms respond que anc l'abas ni nulhs sos anceçer no ac sagrament en la vila de Moyssac ni nulhs hom mar del conte e de sos ancesors. Ni anc lo coms non ac plag denant lo predig legad, ni sentenssia, ni jutzgaments non fo donads contra lui.

Esters aisso, l'abas demanda que la vila de Moyssac sia senes cossols, e que no i aia jugges mor d'aquells que el y metra; ni costuma non aia mor d'aquelas que el y metra, e aquelas que i sso que sio revocadas.

Lo coms respon que a Moyssac a cossols e a aguds c. ans o plus, e que au costumas e teno las cals au agudas e tengudas ab lo senhor comte e ab

sos ancesors e ab meihs l'abad e ab sos ancesors.
. . . .
Li proome de la vila de Moyssac se complanho de l'abad e dels monges que cant negu del prosomes de la vila i a mort, ilh nol volo sebelhir ni recebre en lor sementeri entro que l'au fag reimer a lor volontad, et am mans trespasatz de sa en reire que lor parent et lor amig s'en reimio x. lh. e xv. e mais ans quels volgueso sebelhir, esters tot aquo que li mort lor avio laichad a lor ordenh. Li Prezicador fau enquezisios a Moisag sobre proomes de la vela per que a mester que mosenhe nos i done coseihl; car maestre Bertrans nos a dic que el n'a aportadas bonas letras de Roma ab que mosenhe pod defendre los omes de sa terra. E preguo li li proome de Moisag que lor ne done trailat d'aquelas letras, sil platz.

Remembrassa sia a nostre senhor lo comte que li proome de Moyssac li prego el quero que la vila de Moyssac laisse en bo cosselh et a bo estament sobre toz aquest afars sobredighz, e que nos laisse tal cosselh ab que nos puscam acosselhar fielment e nos puscam defendre de l'abad e del legad e de tot home que trebalhar nos volgues, e que nos do cosselh com puscam claure nostra vila de manera que nos puscam gardar de mala facha que no la nos pusca om far de nogs.

<small>Nous plaçons cette pièce à la fin de l'année 1229, à cause des pièces précédentes, n°s 2021, 2022 et 2029, relatives à la même affaire, et qui sont datées du mois de décembre 1229.</small>

2034   1229-30. Jeudi 3 janvier.

Juramentum fidelitatis Theobaldo comiti Campaniæ ab Henrico comite Grandis Prati præstitum.

(J. 202. — Champagne, X, n° 11. — Original.)

Ego Henricus comes Grandis Prati notum facio universis presentes litteras inspecturis quod ego juravi karissimo domino meo Theobaldo, Campanie et Brie comiti palatino, quod ego juvabo ipsum contra comitem Barri Ducis, de me et de terra mea et de castris meis et de omnibus gentibus meis, bona fide, pro posse meo, et contra omnes coadjutores suos, ad movendum vivam guerram infra quadraginta dies submonitionis [ipsius] comitis Campanie facte vel per se vel per alium aliquem litteras patentes dicti comitis Campanie.............. deferentem. — Postquam etiam submonuerit me, non fatiam pacem cum dicto comite Barri nec treugam [nisi] per [voluntatem et] assensum dicti comitis Campanie. — Creantavi etiam eidem comiti Campanie, domino meo, quod, quando ipse me submonuerit......, ego recognoscam per decem vices, diversis terminis mihi assignatis, quod ego fui homo suus ligius quando dedit...... in ligeitatem dicto comiti Barri. — Sciendum etiam quod iste littere durabunt solummodo...., a facto....... ad decem annos completos. — In cujus rei memoriam, presentes litteras sigillo meo munivi. — Actum....... anno m° cc° vicesimo nono, die jovis ante Epiphaniam.

<small>Cette charte a été endommagée par l'humidité, et les mots que nous avons indiqués par des points ont complétement disparu. Elle était scellée, dans le principe, du sceau de Henri V, comte de Grandpré. Ce sceau, qui s'est détaché, est décrit dans l'*Inventaire* sous le n° 579, d'après un type appendu à un acte daté de 1217.</small>

2035   Saint-Alleman. 1229-30. Janvier.

Homagium a Jocelino de Chanchevrier domino regi præstitum.

(J. 620. — Hommages, I, n° 10. — Original scellé.)

Ego Jocelinus de Chanchevreir notum facio universis presentibus pariter et futuris quod ego sum homo ligius excellentissimi domini mei Ludovici, Dei gratia Francie regis illustris, contra omnes qui possunt vivere et mori, nisi contra heredem Mirebelli. — Pro hoc autem homagio debeo singulis annis percipere, ad Purificacionem Beate Marie, in cofris domini regis, quinquaginta libras Turonensium. — In cujus rei testimonium, presentes litteras sigilli mei munimine roboravi. — Actum apud Sanctum Alemannum, anno Domini m° cc° nono, mense januario.

<small>Sceau de Jocelin de Champchevrier; cire blanche, double queue; décrit dans l'*Inventaire* sous le n° 1719. — On lit au dos de cette charte l'annotation suivante, d'une écriture ancienne : *Littere Jocelini de Champ Chevrier de homagio et feodo ejus, ad vitam*. Le nom de Champchevrier, localité qui, d'après la position du lieu d'où la charte est datée (Saint-Alleman, Maine-et-Loire, arr. d'Angers), était probablement située en Anjou, ne s'est pas conservé.</small>

2056 Saumur. 1229-30. Janvier.

Haimericus de Bleu quinquaginta libratas terrœ annui redditus a domino rege accipit pro terra quam sibi abstulit Savaricus de Malo Leone.

(J. 190 A. — Poitou, I, n° 6. — Original scellé.)

Ego Haimericus de Bleu miles notum facio universis ad quos littere presentes pervenerint quod excellentissimus dominus meus Ludovicus, rex Francie illustris, in recompensationem terre quam michi abstulit Savaricus de Malo Leone, michi dedit quinquaginta libratas Turonensium annui redditus, michi, ubi sibi placuerit, assidendas; ita quod, si me terram predictam, quam michi abstulit prefatus Savaricus, contigerit rehabere, supradictus redditus ad eundem illustrissimum dominum meum regem libere revertetur. — In cujus rei testimonium, presentes litteras feci sigilli mei munimine roborari. — Actum apud Salmurum, anno Domini M° CC° vicesimo nono, mense januario.

Sceau armorial d'Aimeri de Blèves en Anjou (Sarthe, arr. de Mamers); circ brune, double queue; décrit dans l'*Inventaire* sous le n° 1445.

2057 Saumur. 1229-30. Janvier.

Ludovicus rex se ratam habere declarat compositionem inter conventus S. Albini Andegavensis, et Fontis Ebraldi initam de ponte Saiaci super Ligerim.

(J. 178. — Anjou, n° 7. — Original.)

Ludovicus, Dei gratia rex Francie, omnibus presentes litteras visuris vel audituris, salutem. — Noverit universitas vestra quod, cum inter abbatem et conventum Sancti Albini Andegavensis, ex una parte, et abbatissam et conventum Fontis Ebraldi, ex altera, questio verteretur super hoc videlicet quod dicti abbas et monachi dicebant faccionem et refeccionem quatuor archarum in quadam parte pontis Saiaci, quibus quatuor archis quatuor molendina sua sunt apposita et ligata, ad ipsos plenarie pertinere; dictis abbatissa et conventu asserentibus ex adverso quod non ad ipsos abbatem et monachos dictarum quatuor archarum faccio seu refeccio pertinebat, cum ad ipsas, prout dicebant, tocius ejusdem pontis refeccio et ipsius proprietas in solidum, cum omni justicia, pertineret. Tandem, post multas et prolixas contentiones, de consilio prudentum virorum composuerunt ad invicem in hunc modum, videlicet : quod dicte abbatissa et moniales Fontis Ebraldi concesserunt dictis abbati et monachis, pro bono pacis, faccionem et refeccionem predictarum quatuor archarum et reparacionem earum, ita ut ipsi predictas quatuor archas pontis bona fide facere et reficere, quandocumque opus fuerit, et in bono statu tenere in omnibus fideliter teneantur, ita tamen quod pedagium et seignoria, cum omni vigeria et cum omni justicia alia desuper eamdem partem pontis, dictis abbate et monachis hoc concedentibus, dictis abbatisse et conventui imperpetuum quiete et pacifice remanebunt, salvis molendinis et piscariis dictorum abbatis et monachorum, et omnibus ad molendina sua et piscarias suas pertinentibus. — Si vero ille quatuor arche, aliquo casu contingente, fracte vel dissolute fuerint seu disrupte, omnes eedem quatuor arche per predictos monachos, infra spacium novem septimanarum refici debent integre et in bono statu teneri, ita quod transitus pateat absque impedimento transeuntibus universis. — Si vero tres archas illarum quatuor, vel duas, vel unam tantum, vel medietatem unius, vel aliquam partem ipsarum quatuor, vel unius tantum, frangi contigerit vel dissolvi, secundum quantitatem et racionem fracture, dissolucionis vel rupture illius, debet predictarum novem septimanarum tempus diminui et abbreviari et pro modo faciende refeccionis legitime computari; ita quod, secundum quantitatem fraccionis vel rupture, equalitas predeterminati temporis fideliter observetur. — Quod si predicte quatuor arche pontis vel aliqua pars earum, secundum quod magis vel minus rupte fuerint, infra tempus determinatum, secundum quod superius est expressum, a predictis monachis facte non fuerint vel refecte, ex tunc, elapso tempore fraccioni reficiende debito, dictis abbatisse et conventui vel priori earum de Ponte, loco ipsarum, in domo sua de Ponte, viginti solidos currentis monete reddere diebus singulis tenebuntur, donec ibidem pons fuerit taliter reparatus ut transeuntes omnes, tam equites quam pedites, per ipsum, cum equis et quadrigis, secure et commode valeant pertransire. — Hoc addito quod, si propter vimarium guerre domini terre, vel per ejusdem violenciam, pons ibidem ruptus fuerit, et idem dominus ipsum pontem refici inhiberet, dicti abbas et monachi ad solucionem predictorum viginti solidorum vel ad refeccionem dicti pontis, durante illa inhibitione vel durante guerra illa, ita quod propter guerram illam charreria monachorum transire non posset, nullatenus tenerentur. — Si vero per defectum monachorum steterit quominus pons sit transibilis cuilibet transeunti, ex tunc, elapso tempore prenotato, ad solucionem predictorum viginti solidorum tenebuntur dictis abbatisse et conventui, vel earum priori de Ponte, ut predictum est, diebus singulis solvendorum. — Preterea si Ligeris esset taliter congelata quod charreria monachorum propter vim glaciei non posset per Ligerim pertransire, et pons ibidem ruptus fuerit, dicti abbas et monachi, durante vi glaciei et impediente transitum charrerie sue, a prestacione dictorum viginti solidorum immunes erunt donec transeuntes cum charreria sua audeant transmeare. — Quod si forte, durante vimario glaciei, per violenciam alicujus potentis magnatis cogeretur dicta charreria periculose transire, non diceretur propter hoc cessare vimarium glaciei, nisi reverti posset charreria ipsa die. Sed, cessante vimario glaciei, statim ad reedificacionem pontis tenebuntur, ut superius est expressum; et nisi pontem reficiant, statim, elapso tempore fraccioni reficiende debito, viginti solidos dictis abbatisse et conventui vel earum priori, ut dictum est, diebus singulis solvere tenebuntur. — Nec pro alia causa cessare debent a pontis edificacione vel refeccione nisi pro causis superius memoratis. — Et eciam si pons dictarum abbatisse et conventus non esset transibilis, vel, quamdiu ipsum reficerent, si eumdem frangi contingeret vel dissolvi, prefati abbas et monachi ad solucionem dicte pene nullatenus tenerentur. — Ponte vero ipsarum refecto, si per monachos staret quominus pons esset transibilis, statim elapso tempore, prout superius est taxatum, monachi tenerentur penam solvere memoratam. — Solucionem autem predictorum viginti solidorum unaquaque die solvendorum ultra octo dies non possunt aliquatenus protelare, sed ipso die octavo debet fieri plenaria solutio omnium dierum in quibus a solucione dictorum viginti solidorum dicti monachi cessaverunt. — Nos vero, ad peticionem partium, dictam composicionem ratam habentes et firmam, eam sigilli nostri munimine roboramus. — Actum apud Salmurum, anno Domini M° CC° XX° nono, mense januario.

Traces de sceau pendant sur lacet. Voyez dans l'*Inventaire*, sous le n° 41, la description du premier sceau de Louis IX. — Le pont de Cé, ou plutôt les ponts de Cé, *pons vel pontes Saiaci aut Sagii*, à une lieue S. E. d'Angers, qui traversent plusieurs bras de la Loire, dans la direction d'Angers à Montreuil-Bellay, ont été pendant plusieurs siècles l'un des passages les plus importants de ce fleuve.

2058   Clermont. 1229-30. Février.

Litteræ Delphini comitis Claromontis et Rotberti ejus nepotis de pace quam cum domino rege inierunt.

(J. 271. — Auvergne, I, n° 2. — Original.)

Ego Delfinus comes Claromontis et ego Rotbertus, filius Willelmi comitis Claromontis filii ejusdem Delfini, notum facimus universis presentes litteras inspecturis quod nos ad pacem et concordiam cum domino rege venimus in hunc modum : quod, videlicet, ego Delfinus redii in homagium domini regis Francie, et ego Rotbertus teneor eidem regi facere homagium quando ad me terra et feoda devenerint Delfini avi mei. — Dominus autem Borbonii de mandato domini regis nobis reddidit terram nostram, scilicet Plauzac, Neschers, Aureriam, Chanonac, et Beune, cum pertinenciis earumdem. Debemus itaque gaudere plena possessione rerum supradictarum sicut gaudebamus die illa qua res amisimus supradictas, salvis exitibus qui usque ad hanc diem exinde exierunt vel exiisse debuerant, de quibus nos nichil petere debemus. — Turres vero dictorum castrorum, scilicet Plauziaci, de Neschers, et Aurerie, debent dirui, nec in dictis locis alique turres seu fortalicie ab instanti Pascha in tres annos debent edificari, nisi de mandato domini regis. — Preterea nos tenemur juvare dominum regem contra omnes inimicos ejus, secundum exigentiam feodi quod tenemus vel teneremus de domino rege, ad usus et consuetudines Arvernie. — Sciendum quoque est quod, si Rotbertus de Maensac et Hugo Atayna milites vel alii de nostris velint remanere in pace cum domino rege et suis, terre ipsorum, quas dominus rex et sui sasiverunt, eisdem restituentur. — Si vero milites aliqui de terra nostra velint adherere inimicis domini regis vel guerram eidem facere, feoda, que ipsi de nobis tenent vel tenerent, sasiremus, non illa nec eorum bona eisdem reddituri quousque ad pacem et concordiam cum domino rege venirent. — Pro dicta vero pace tenenda et firmiter observanda domino regi plegios dedimus : dominum P. de Monte Acuto, dominum Bernardum de Turre, dominum Bertrandum de Broco, dominum Hugonem de Chasluz, dominum Maurinum de Breon; ita quod, si nos infra septennium domino regi guerram faceremus vel aliquid aliud de quo non possemus vel nollemus expectare resgardum curie domini regis ad usus et consuetudines Arvernie, dicti plegii, cum feodis que de nobis tenent vel tenerent, debent domino regi adherere, quousque eidem regi de offensis esset plenius satisfactum, ad resgardum curie domini regis, ad usus et consuetudines Arvernie. — Transacto vero septennio, dicti plegii erunt quitti, emendatis prius forisfactis, si qua infra dictum septennium fuerint facta domino regi vel suis a nobis. — Nos vero domino Guillelmo comiti Claromontis et Montisferrandi precepimus quod super omnes res suas teneatur eidem regi ut nos omnia supradicta inviolabiliter observemus. — Debemus etiam facere tradi domino regi omnes litteras testimoniales quas ipse inde voluerit habere et nos facere tradi poterimus, sine expensis nostris, pro dicta pace fideliter et inviolabiliter observanda. — Hec autem omnia supradicta nos, tactis sacrosanctis Evangeliis, juravimus tenere et firmiter observare. — In cujus rei testimonium, presentes litteras sigillorum nostrorum munimine fecimus roborari. — Actum apud Claromontem, anno Domini m° cc° xx° nono, mense februarii.

Traces de deux sceaux pendants sur double queue. — Le sceau de Robert, surnommé Dauphin, comte de Clermont, est décrit dans l'*Inventaire* sous le n° 399, d'après un type appendu à un acte daté de 1199; celui de Robert (depuis Robert II), son petit-fils, sous le n° 401, mais d'après un type appendu à un acte daté de 1241, alors qu'il était comte de Clermont, et qui devait très-probablement différer du sceau apposé par lui au traité conclu par son grand-père avec Louis IX.

2039 Clermont. 1229-30. Février.

Litteræ Guillelmi comitis Claromontis de firmiter tenenda pace quam Delphinus pater suus cum domino rege et domino Borbonii inivit.

(J. 426. — Obligations, IV, n° 5. — Original scellé.)

Ego Guillelmus comes Claromontis, filius Delfini, notum facio universis presentes litteras inspecturis quod ego obligo me et mea domino regi pro conservanda et firmiter tenenda pace quam pater meus Delfinus et Rotbertus filius meus fecerunt cum domino rege et cum domino Archenbaldo domino Borbonii. — Juravi etiam super sacrosancta Evangelia quod, si dominus Delfinus genitor meus et Rotbertus filius meus dictam pacem non tenerent, sicut in litteris suis exinde confectis plenius continetur, ego dictam pacem facerem teneri et firmiter observari. Et pro dicta observacione firmiter tenenda et fideliter adimplenda, ego omnes res meas domino regi obligavi. — In cujus rei testimonium, presentes litteras sigillo meo confirmavi. — Actum apud Claromontem, anno Domini m° cc° xx° nono, mense februario.

Sceau de Guillaume, comte de Clermont; cire blanche, double queue ; décrit dans l'*Inventaire* sous le n° 386.

2040 1229-30. Février.

Charta securitatis factæ domino regi ab Hugone de Chaaluz pro Delphino et Roberto ejus nepote.

(J. 395. — Securitates, n° 89. — Original.)

Ego Hugo de Chaaluz notum facio universis quod, si forte, quod absit, Delphinus vel dominus Robertus nepos ejus resilirent a conventionibus quas habent cum domino rege, sicut in litteris ipsorum super hoc confectis plenius continetur, ego de feodo quod teneo de Delphino vel quod tenerem de domino Willelmo comite Claromontis et Montis Ferrandi, et de domino Rotberto filio ejus, quando dictum feodum ad ipsos deveniret, adhererem domino regi, ab ipsius servicio et fidelitate non recedens, sicut dicto Delphino teneor et dictis G. (Guillelmo) et Roberto tenerer cum ad ipsos dictum feodum deveniret, quousque domino regi vel suis esset super hoc plenius satisfactum. — Transactis vero septem annis, super dicta plegiatione domino regi in aliquo non tenerer, emendatis prius forisfactis, si qua a dictis Delphino et R. vel suis infra dictum septennium domino regi et suis fuerint facta. — In cujus rei testimonium, presentes litteras sigillo meo confirmavi. — Actum anno Domini M° CC° XX° nono, mense februario.

Traces de sceau pendant sur double queue. — Le sceau de Hugues de Chalus en Auvergne (Puy-de-Dôme, arr. d'Issoire) n'a pas été retrouvé.

2041   1229-30. Février.

(J. 395. — Securitates, n° 90. — Original scellé.)

Charta Bertrandi de Broco, ejusdem argumenti et formæ. — « In cujus rei testimonium, presentes litteras sigillo meo confirmavi. Actum anno Domini M° CC° XX° nono, mense februario. »

Sceau de Bertrand du Broc en Auvergne (Puy-de-Dôme, arr. d'Issoire); cire blanche, double queue; décrit dans l'*Inventaire* sous le n° 1582.

2042   1229-30. Février.

(J. 179. — Anjou, n° 82. — Copie authentique.)

Ludovicus rex Franciæ ratam habet et confirmat donationem viginti quinque librarum annui redditus, ex redditibus villæ Salmuriensis percipiendarum, a Johanne Angliæ rege, etc., comite Andegavensi, anno 1200, die sexto octobris (*Vide* tom. I, n° 599), Beatrici et Aliciæ, monialibus Fontis Ebraudi, factam ea lege ut, post earum decessum, centum solidos tantum ecclesiæ Fontis Ebraudi remaneant. — « Presentes litteras, in hujus rei testimonium, sigilli nostri fecimus impressione muniri. Actum anno Domini M° CC° vicesimo nono, mense februario. »

Vidimus délivré, sous le sceau de la cour de Saumur, « le vendredi d'avant la Penthecoste, l'an de grâce 1314. » (Le 24 mai 1314.)

2043   1229-30. Mars.

(J. 203. — Champagne, XI, n° 21. — Original scellé.)

Theobaldus, Campaniæ et Briæ comes palatinus, eleemosynam a patre suo domui Dei Pauperum de Pruvino factam confirmans, vult et præcipit ut quicumque fuerit cellerarius cellarii sui de Sezania, singulis annis, in octabis Omnium Sanctorum, prædictæ domui decem sextarios vini, in præfato cellario percipiendos, reddat. — « In cujus rei testimonium, presentes litteras fieri volui sigilli mei munimine roboratas. Actum anno Domini millesimo CC° XX° nono, mense martio. »

Fragment de sceau en cire blanche sur double queue. — Voyez dans l'*Inventaire*, n° 572, la description du premier sceau de Thibaut IV, comte de Champagne.

2044   1229-30. Mars.

Litteræ Johannis de Sailenaio super conventionibus initis inter se et Theobaldum Campaniæ comitem.

(J. 196. — Champagne, IV, n° 19. — Original.)

Ego Johannes de Sailenaio notum facio universis presentes litteras inspecturis quod, cum karissimus dominus meus Theobaldus comes Campanie dedisset mihi et heredibus meis imperpetuum quadraginta libratas redditus, videlicet viginti libras in nundinis Sancti Aygulphi de Pruvino, et in sequentibus nundinis Sancti Remigii Trecensis viginti libras, ego propter hoc feci homagium ligium dicto comiti Campanie contra omnes, salva ligeitate domini Stephani mei fratris, ita quod heres ille meus qui tenebit Bellummontem habebit feodum illud et exinde erit homo ligius dicti comitis, salva tamen ligeitate domini Stephani fratris mei. — Et sciendum quod, si dominus Campanie potest acquirere erga dominum Erardum de Brena feodum de Bellomonte et de appenditiis, quod dominus Stephanus frater meus tenet de eodem Erardo et quod ego teneo de eodem Stephano, ego et heres meus qui tenebit Bellummontem erimus homines ligii comitis Campanie contra omnes. — Si vero feodum illud acquirere non potest dominus comes, ego ero homo suus eo modo quo superius est notatum. — Creentavi siquidem et creento predicto domino comiti Campanie quod ego juvabo ipsum de toto posse meo contra ducem Burgundie et contra omnes coadjutores suos de guerra quam modo habet erga eos, nec hoc remanebit propter dominum Stephanum fratrem meum. Juvabo etiam ipsum contra omnes alios, nisi ipse dominus comes guerram habeat in capite contra dominum Stephanum fratrem meum. — In cujus rei testimonium, presentes litteras fieri volui sigillo meo roboratas. — Actum anno gratie M° CC° vicesimo nono, mense martio.

Traces de sceau pendant sur lacs de soie jaune. — Le sceau de Jean de Seignelay? n'a pas été retrouvé.

2045   1230. 26 avril.

(J. 213. — Archevêques de Rouen, n° 2. — Original.)

Th. (Thomas) decanus et capitulum Rothomagensis ecclesiæ recognoscunt dominum Bartholomeum de Roia,

Franciæ camerarium, et dominum Ursum dictum camerarium, una cum aliis consiliariis illustris regis Francorum Ludovici et dominæ reginæ matris ejus apud Rothomagum scacarium tenentibus, sibi, sede Rothomagensi post mortem Theobaldi archiepiscopi vacante, pura gratia et liberalitate, duos solidos et duos denarios, ex rebus ad archiepiscopatum pertinentibus, qualibet die decem clericis, die noctuque in ecclesia Rothomagensi deservientibus, per manus magistri Symonis de Mesons et Guidonis Papellon, res archiepiscopatus custodientium, distribuendos concessisse. Quam recognitionem facere declarant ut ex hac liberalitate nihil damni in prædictum regem vel ejus successores proveniat. — « Datum anno Domini m° cc° xxx°, in crastino Sancti Marci evangeliste. »

Traces de sceau pendant sur simple queue. — Voyez dans l'*Inventaire*, sous le n° 7300, la description du sceau du chapitre de Notre-Dame de Rouen, d'après un type appendu à un acte du douzième siècle.

2046   1230. Lundi 29 avril.

(J. 196. — Champagne, IV, n° 21. — Original.)

Guido dominus Arceiarum recognoscit ut, si de triginta libris Pruvinensium, quas habet apud Trecas in redditibus comitis Barri Ducis, karissimo domino suo Theobaldo comiti Campaniæ infra annum homagium non præstaret, præfatus comes ad prædictam pecuniam sibi reddendam ulterius non teneretur. — « In cujus rei testimonium, presentes litteras sigillo meo feci communiri. Actum anno Domini m° cc° tricesimo, mense aprili, die lune ante festum Beatorum Philippi et Jacobi. »

Traces de sceau pendant sur double queue. — Le sceau de Guillaume, seigneur d'Arcis (Arcis-sur-Aube?), n'a pas été retrouvé.

2047   1230. Avril, après Pâques, du 7 au 30.

(J. 176. — Tours, II, n° 6. — Original scellé.)

Mainardus B. Juliani Turonensis minister totusque ejusdem loci conventus notam faciunt compositionem inter se et Droconem de Mello, dominum Locharum, initam de quodam stagno quod in parrochia de Chedigneio, super terra præfati conventus, prædictus Droco construi fecerat. — « Et ne dictus nobilis vel heredes ipsius a nobis vel successoribus nostris super premissis in posterum valeant molestari, nos eisdem presentes litteras nostras concessimus sigillorum nostrorum munimine roboratas. Actum anno gratie millesimo ducentesimo tricesimo, mense aprili. »

Deux sceaux en cire verte sur lacets de fil liserés de bleu. — Le sceau de Mainard, abbé de Saint-Julien de Tours, est décrit dans l'*Inventaire* sous le n° 9138; celui de l'abbaye sous le n° 8426.

2048   1230. Avril, après Pâques, du 7 au 30.

(J. 238. — Boulogne, I, n° 12. 3. — Copie authentique.)

Guillermus miles, filius domini Guidonis quondam buticularii Silvanectensis, notam facit compositionem inter se et abbatem conventumque B. Mariæ de Victoria consilio bonorum virorum, videlicet P. (Petri) abbatis Herviali, domini Guillelmi de Alneto, domini Rerici de Marolio, et domini Guidonis Luppi, militum, initam de querelis inter ipsos existentibus super quibusdam partibus vivarii quod dictus conventus inter Coyam et Cumerias habebat, vivario Karoliloci contiguum. — « Quod ut ratum sit et firmum, presentes litteras sigilli mei munimine confirmavi. Actum anno Domini m° cc° xxx°, mense aprili. »

Vidimus délivré par Philippe le Bel au mois d'août 1293.

2049   1230. Avril, après Pâques, du 7 au 30.

Pactum a Johanne, filio comitis Suessionensis, cum domino rege initum, de Judeis invicem non retinendis.

(J. 427. — Juifs, n° 10. — Original scellé.)

Ego Johannes, filius comitis Suessionensis primogenitus, dominus de Cimaio et de Torno, notum facio universis quod inter dominum regem Francie et me talis est habita conventio : quod dominus rex Judeos meos detinere non potest ab hac die in posterum ad manendum sub se, nec ego similiter Judeos domini regis, ab hac die in antea, ad manendum sub me potero detinere. — In cujus rei testimonium, presentes litteras emisi sigillo meo sigillatas. Actum anno Domini m° cc° tricesimo, mense aprili.

Fragment de sceau en cire jaune pendant sur double queue. — Le sceau de Jean, seigneur de Chimay et du Tour, fils aîné de Raoul III de Neale, comte de Soissons, est décrit dans l'*Inventaire* sous le n° 1012.

2050   1230. Avril, après Pâques, du 7 au 30.

Charta donationis factæ a Petro de Cornillon milite Hugoni Sancti Pauli comiti.

(J. 383. — G. et H. de Châtillon, n° 12. — Original scellé.)

Ego Petrus de Cornillon miles notum facio presentibus et futuris, ad quos presentes littere pervenerint, quod ego dedi et concessi imperpetuum nobili viro H. (Hugoni) de Castellione, comiti

Sancti Pauli, totum feodum et dominium que habebam super terram que fuit de demoinne (sic) Roberti de Medio, Meldensis militis, inter atrium de Colliaco et aquam de Mucra, coram abbatia ubi nove hostisie sunt site; et promitto me contra omnes guarantiam portaturum qui de me dicta feodum et dominium tenebant. — Dedi etiam et concessi eidem comiti ad tenendum quicquid adquirere poterit quod de me moveat inter dictam terram, scilicet in terram Hadrici de Pressorio et in terram Labodine, et in salicetum quod est inter illas terras et riveriam, dum tamen sit de assensu et voluntate tenentium ; et hec omnia sita sunt inter dictas hostisias et primum cheminum qui descendit de Oiriaco ad riveriam. — Quod ut ratum et firmum permaneat, presentes litteras sigilli mei munimine feci roborari. Actum anno Domini M° CC° xxx°, mense aprili.

Sceau de Pierre de Cornillon, chevalier; cire verte, double queue; décrit dans l'*Inventaire* sous le n° 1898.

2051   1230. 4 mai.

Litteræ Petri Meldensis episcopi de magistro domus Dei Meldensis amovendo.

(J. 203. — Champagne, XI, n° 23. — Original.)

P. (Petrus), Dei gratia Meldensis episcopus, illustri viro Th. (Theobaldo) comiti Campanie palatino, salutem in vero salvatori. — Nunciamus vobis quod Radulfum magistrum domus Dei Meldensis a magistratu dicte domus amoveatis infra quadraginta dies, juxta compositionem quam fecimus vobiscum. Alioquin, cum non possumus sana consciencia ulterius tolerare, considerantes dispendium dicte domus et ipsius magistri defectum, secundum dictam compositionem, elapsis quadraginta diebus, ipsum curabimus amovere, vobis promittentes bona fide quod ipsum malitiose non intendimus amoveri. — Preterea excellenciam vestram exoramus quatinus, quantum ad vos pertinet, dicte domui taliter providentis ne infra dictos quadraginta dies enormem paciatur jacturam, quia non parcit populus regnum breve. — Datum anno Domini M° CC° xxx°, in crastino Inventionis sancte Crucis.

Traces de sceau pendant sur simple queue. — Le sceau de Pierre de Cuisy, évêque de Meaux, est décrit dans l'*Inventaire* sous le n° 6702, d'après un type appendu à un acte daté de 1225.

2052   Cliçon. 1230. Jeudi 30 mai.

Litteræ Hugonis de Lezigniaco super pactionibus inter se et dominum regem habitis.

(J. 374. — Comtes de la Marche et d'Angoulême, n° 1. 3. — Original scellé.)

Hugo de Lezigniaco, comes Marchie et Engolismi, universis presentes litteras inspecturis, salutem. — Noveritis quod, de assensu et voluntate domine Blanche illustris regine Francie, ratione conventionum habitarum inter nos et dominum regem apud Vindocinum usque ad decem annos, de quibus tres anni sunt elapsi et plene facta est solutio de illis tribus annis, habebimus a domino Ludovico illustri rege Francie, filio suo, singulis annis, usque ad septem annos, decem millia et sexcentas libras Turonensium annuatim in tribus terminis : tercium in Ascensione, tercium in festo Omnium Sanctorum et tercium in Candelosa. Et est facta nobis solutio primi termini de Ascensione nuper preterita, videlicet, quinque millia et sexcentas libras pro conventione Burdegalensi, et quinque millia librarum Turonensium pro dotalicio regine uxoris nostre. — Et si eamdem uxorem nostram infra septem annos forte mori contingeret, a die obitus sui caderent annuatim de dicta summa quinque millia librarum pro dotalicio ejus. — Et si dominus rex Francie pacem faceret cum rege Anglie, et regina uxor nostra rehaberet suum dotalicium de Anglia, pro dotalicio suo de Anglia duo millia et quingente libre de dicta summa caderent annuatim. — Completis autem dictis septem annis, nichilominus habebit regina uxor nostra, quamdiu vixerit, pro suo dotalicio quinque millia librarum annuatim, nisi per pacem factam cum rege Anglie cadere inde debeant annuatim duo millia et quingente libre pro suo dotalicio de Anglia, sicut superius est expressum. — Per has autem convenciones quitamus, nos et regina uxor nostra, domino regi et domine regine matri sue et heredibus suis in perpetuum quicquid reclamabamus vel reclamare poteramus in Exolduno, in Langesto, salvis condicionibus de Langesto in aliis litteris domini regis super matrimonio Isabellis sororis sue confectis, et in quadringentis libris Turonensium quas percipiebamus apud Turonem annuatim. — Quitamus eciam conventiones cum ipso rege habitas de Burdegala, et omnia ea que petebamus vel petere poteramus ab ipso, nomine dotalicii vel alia de causa, ita quod ab ipso vel regina matre sua vel heredibus suis nichil poterimus exigere amplius, nec in denariis nec in terra, occasione alicujus conventionis preterite, neque de aliquo arreragio nec aliter, preterquam ea que in presentibus litteris et in aliis, quas habemus ab ipso rege super Mosteriolo in Gastinia, Langesto, Sancto Johanne de Angeliaco et terra de Alnisio, continentur. — Nos super sacrosancta juravimus quod dominum regem et dominam reginam matrem suam et heredes suos juvabimus bona fide contra omnes homines et feminas qui possunt vivere et mori; et quod inimicos suos non receptabimus nec receptari permittemus ubi posse habuerimus; et quod pro posse nostro juvabimus gentes suas ad conducenda victualia et alias mercandisias in castra sua, de terra nostra et de aliis. — Et si forte contigerit quod per vim oporteat deferri dicta victualia et alias mercandisias in villas suas, ad submonitionem senescalli sui in Pictavia conduceremus vel conduci faceremus ea pro posse nostro, bona fide, ad costum suum. — Juravimus eciam quod nullam faciemus confederacionem vel fieri permittemus cum inimicis suis vel heredum suorum, set ipsum et heredes suos semper juvabimus bona fide, et serviemus ei et heredibus suis et domine regine matri sue sicut debuerimus et sicut feoda nostra aportant, et quod bona fide procurabimus ut illi, qui nondum venerunt ad hommagium suum, ad ipsum veniant et faciant sibi hommagium sicut debent et sicut fecerunt patri suo. — Item nos tenemur per has convenciones reddere si qua sesivimus vel cepimus de feodis suis post obitum patris sui, nisi ex dono suo ea habeamus, sicut in litteris, de quibus supra fit mencio, est expressum. — Si nos meffaceremus hominibus suis vel terre sue, jus inde faceremus, sicut deberemus, coram senescallo suo in Pictavia; et si de jure faciendo deficeremus coram dicto senescallo, coram domino rege comparere tenemur pro jure faciendo et capiendo ad judicium curie sue. — Si de nobis contigerit humanitus, poterimus tradere ballum nostrorum heredum et tocius terre nostre in manu regine uxoris nostre, vel in manu cujuscumque voluerimus qui sit de regno Francie, nec sit contra regem Francie vel regnum, sine contradictione et inpedimento suo vel suorum, salvo servicio et jure suo in omnibus, sicut feoda nostra aportant. — Ipse vero rex nec pacem nec treuguam faciet cum rege Anglie sine assensu nostro. — De omnibus terris et fortericiis quas nos tenemus in comitatu Pictavensi, in comitatu Marchie et Engolisme, in episcopatu Xanctonensi et de Compniaco et de Merpino, exceptis feodis que tenemus de ecclesiis, fecimus homagium ligium domino regi contra omnes homines et feminas qui possunt vivere et mori, et similiter heredes nostri facient ei et heredibus suis. — Et ipse rex et heredes sui garantizabunt hec omnia nobis et heredibus nostris, bona fide, de se et de fratribus suis et insuper de omni alio homine, sicut aliis hominibus suis debet garantizare feoda sua que tenent de ipso. — Hujusmodi autem conventiones prescriptas tenetur dominus rex et heredes sui observare nobis et uxori nostre et heredibus nostris, et domina regina quamdiu dominum regem et terram suam habebit in manu sua, et postmodum etiam non veniet contra, immo bona fide domino regi consulet quod observet predicta. — Et hoc a dilecto et fideli suo Matheo de Montemorenciaco, Francie constabulario, in presencia sua, super sacrosancta in animam suam fecit dominus rex jurari. — Que omnia ut rata et firma permaneant, presentem paginam sigilli nostri auctoritate fecimus communiri. — Actum apud Clicionem, anno Domini M° ducentesimo tricesimo, mense maio, die jovis post Pentecosten.

Fragment de sceau en cire blanche pendant sur double queue. — Voyez dans l'*Inventaire* sous le n° 834, la description du sceau de Hugues X de Lusignan, comte de la Marche et d'Angoulême, d'après un type appendu à un acte daté de 1224.

2055 Cliçon. 1230. Mai.

Homagium domino regi a Gaufrido domino Argentonii præstitum.

(J. 190 B. — Poitou, I, n° 81. — Original scellé.)

Ego Gaufridus dominus Argentonii notum fatio universis presentes litteras inspecturis quod ego excellentissimo domino meo Ludovico, regi Francie illustri, feci hominagium ligium contra omnem creaturam que possit vivere et mori, salva fidelitate vicecomitis Thoartii, pro ducentis et quinquaginta libris Turonensium, quas idem dominus rex michi et heredibus meis assignavit annuatim percipiendas in prepositura sua Salmuri, medietatem ad Nativitatem Beati Johannis Baptiste, et medietatem ad Nativitatem Domini, quousque illas michi et heredibus meis alibi assederit competenter. — Insuper eidem domino regi super sacrosancta juravi quod eidem domino regi et heredibus suis serviam bona fide, et fidelitatem, in hominagio meo promissam sibi et heredibus suis, in perpetuum fideliter observabo. — Heredes autem mei simile hominagium et juramentum eidem domino regi et heredibus suis facere tenebuntur. — Et per predictas conventiones quitavi eundem dominum regem et heredes suos de centum et quadraginta libris Turonensium de quibus eram homo suus. — Quod ut robur obtineat perpetue firmitatis, presens scriptum sigilli mei testimonio confirmavi. — Actum apud Clitionem, anno Domini M° CC° tricesimo, mense maio.

Sceau de Geoffroi, sire d'Argenton en Poitou (Argenton-l'Église ou Argenton-le-Château, Deux-Sèvres, arr. de Bressuire), sénéchal de Thouars (S. GAUFRIDI SENESCALLI TOARCENSIS, au contrescceau); cire blanche, double queue; décrit dans l'*Inventaire* sous le n° 334.

2054   Paris. 1230. Mai.

Litteræ Ludovici regis episcopo Caturcensi ut studeat ne in diœcesi sua possessiones Tolosani comitis injuste usurpentur.

(J. 306. — Toulouse, III, n° 65. — Original.)

Ludovicus, Dei gratia Francie rex, dilecto et fideli suo episcopo Caturcensi, salutem et dilectionem. — Nobis nuper dilectus et fidelis consanguineus noster R. (Raimundus) comes Tolosanus conquerendo monstravit quod quedam ecclesiastice persone vestre diocesis donationes factas a comitibus Montisfortis, contra formam pacis cum eodem comite, coram nobis et coram dilecto nostro R. (Romano) Sancti Angeli diacono cardinali, tunc in regno nostro legato, factam, nituntur retinere. Possessiones etiam et jura, que idem comes et antecessores sui longissimo tempore, a quo non extat memoria, possederunt, quidam prelati in eadem diocesi contra justiciam retinere conantur, ea occasione quia dicunt se ibi jus habere et per crucesignatos se possessionem hujusmodi recuperasse. — Cum igitur predicte donationes, facte a comitibus Montisfortis in terra ejusdem comitis Tolosani, per formam pacis predictam fuerint revocate, exceptis dumtaxat illis donationibus que facte fuerunt marescallo [Guidoni de Levis], et O. de Lilers et episcopo Tolosano, et nos personam ejusdem comitis sincero diligamus affectu, et ipsum honorare velimus et in sua justicia confovere, dilectionem vestram attente requirimus et rogamus quatenus ipsum super predictis donationibus revocatis non permittatis aliquatenus molestari, cum magis expediat nobis eum beneficiis allicere quam molestiis exasperare, nec vos possessiones ipsius ac jura detineatis vel permittatis a vestris subditis viris ecclesiasticis detineri, set ipsum ea permittatis benigne et absque reclamatione aliqua possidere, que ad ipsum pertinere noscuntur; ita vos habentes in hiis et omnibus erga ipsum quod et ipse de vobis justam non habeat materiam conquerendi, et nos inde vobis grates exsolvere debeamus. — Actum Parisius, anno Domini M° CC° XXX°, mense maio.

Traces de sceau pendant sur simple queue. — Voyez dans l'*Inventaire*, sous le n° 41, la description du premier sceau de Louis IX.

2055   Thouars. 1230. Mai.

(J. 373. — Seigneurs de Thouars, n° 7. — Original scellé.)

Litteræ Raimondi vicecomitis Thoarcii illustrissimo domino suo Ludovico Francie regi et charissimæ dominæ suæ Blanchæ reginæ, ejusdem regis matri, quos certiores facit se, de centum sexaginta libris annui redditus, tam sibi quam fratribus suis in camera regia ex dono regis pertinentibus, quinquaginta libras annui et perpetui redditus Roberto de Mallebrario militi et fideli suo in augmentum feodi donasse, prædictos regem et reginam attentissime supplicans ut dicto Roberto et ejus heredibus dictas quinquaginta libras reddi de cetero jubeant. — « In cujus rei testimonium, vobis nostras patentes litteras destinamus sigilli nostri munimine roboratas. Actum apud Thoarcium, anno Domini M° CC° tricesimo, mense maio. »

Sceau de Raimond, vicomte de Thouars, frère de Hugues II; cire blanche, double queue; décrit dans l'*Inventaire* sous le n° 1086.

2056 Au camp devant Ancenis. 1230. Juin.

Sententia a magnatibus Franciæ in Petrum comitem Britanniæ pronuntiata.

(J. 241. — Bretagne, coffre, n° 5. — Original scellé. = J. 241. Bretagne, layette, n° 27. — Traduction.)

Galterus Dei gratia Senonensis archiepiscopus, Galterus eadem gratia Carnotensis, et Guillelmus Parisiensis episcopi, F. (Ferrandus) comes Flandrie, Th. (Theobaldus) comes Campanie, comes Nivernensis, comes Blesensis, comes Carnotensis, comes Montisfortis, comes Vindocinensis, comes Rociaci, Matheus de Montemorentiaco Francie constabularius, Johannes de Suessione, Stephanus de Sacro Cesare, vicecomes Bellimontis, et alii barones et milites, quorum presenti scripto supposita sunt sigilla, universis tam presentibus quam futuris ad quos pervenerit presens scriptum, salutem in perpetuum. — Notum facimus quod nos, coram karissimo domino nostro Ludovico rege Francie illustri, judicavimus unanimiter quod Petrus, quondam comes Britannie, propter ea que eidem domino regi forisfecerat, que pro majori parte coram omnibus nobis ibi dicta fuerunt, ballum Britannie per justitiam amisit, et quod barones Britannie, et alii qui ei fecerunt fidelitatem vel homagium ratione illius balli, sunt penitus absoluti et quiti ab illa fidelitate et illo homagio, nec tenentur ei obedire vel aliquid pro eo facere quod pertineat ad rationem illius balli. — In cujus rei testimonium, presens scriptum fecimus consignari nostrorum impressionibus sigillorum. Actum in castris juxta Ancenisium, anno Domini M° CC° tricesimo, mense junio.

Cet arrêt était scellé, dans le principe, de trente sceaux en cire verte appendus sur double queue autour de l'acte, dont le parchemin est replié sur trois côtés, de manière à supporter les attaches. Malgré cette précaution, le grand nombre des sceaux apposés au même acte a nui à leur conservation; ils sont brisés pour la plupart, et plus d'un tiers a entièrement disparu. Pour les quinze premiers sceaux, qui sont rangés dans l'ordre des noms énoncés par l'acte, il est facile de suppléer aux déficit. Mais sur les quinze derniers sceaux, qui avaient été apposés par des seigneurs dont les noms ne sont pas relatés, huit manquent, et comme les attaches ne portent pas d'indications, il n'est plus possible de compléter la liste des hauts barons qui ont pris part au jugement rendu contre le comte de Bretagne. Les trente sceaux étaient rangés dans l'ordre suivant, en commençant par la marge de gauche :

1. Gautier III Cornut, archevêque de Sens. (*Inventaire*, n° 6390.)
2. Gautier, évêque de Chartres. (*Invent.*, n° 6568.)
3. Guillaume III d'Aurillac, évêque de Paris. (*Invent.*, n° 6788.)
4. Ferrand, comte de Flandre. (*Invent.*, n° 621.)
5. Thibaut IV, comte de Champagne. 1er sceau. (*Invent.*, n° 572.)
6. Guigues V, comte de Forez et de Nevers. (*Invent.*, n° 869.)
— Ce sceau manque, ainsi que les deux suivants.
7. Gautier d'Avesnes, comte de Blois. (*Invent.*, n° 960.)
8. Jean d'Oisy, comte de Chartres. (*Invent.*, n° 975.)

Au bas de l'acte :

9. Amauri VI, comte de Montfort. 1er sceau. (*Invent.*, n° 710.)
10. Jean IV, comte de Vendôme. (*Invent.*, n° 988.)
11. Jean II, comte de Roucy. (*Invent.*, n° 1022.)
12. Mathieu II de Montmorency, connétable de France. Second sceau. (*Invent.*, n° 193.)
13. Jean de Soissons. (*Invent.*, n° 1012.) — Manque.
14. Étienne de Sancerre. (*Invent.*, n° 3572.)
15. Raoul, vicomte de Beaumont. (*Invent.*, n° 829.)
16. Ours, chambrier du Roi. (*Invent.*, n° 233.)
17. Adam de Beaumont. (*Invent.*, n° 1354.)
18. Manque.
19. Manque.
20. Gui de Nemours, seigneur de Mereville. — Sceau armorial non décrit : Un écu chargé de trois jumelles en fasce; une étoile à six pointes au contre-sceau.
21. Manque.
22. Guillaume du Tournel, maréchal de France. (*Invent.*, n° 212.)
23. Aimeri II, vicomte de Châtellerault. (*Invent.*, n° 1100.)

Sur la marge à droite :

24. Arnoul d'Audenarde. (*Invent.*, nos 10336 et 10337.)
25. Guillaume de Béthune. (*Invent.*, n° 1420.)

Il ne reste plus que les attaches des cinq derniers sceaux. — Cet arrêt, ainsi que les pièces suivantes, datées du camp devant Ancenis, sont du commencement de juin. Tillemont, *Vie de saint Louis*, 11, 65, dit que le roi était arrivé devant cette ville dès le 2 juin.

2057 Au camp devant Ancenis. 1230. Juin.

Litteræ Ludovici regis de pactionibus a se cum Andrea de Vitriaco habitis.

(J. 241. — Bretagne, coffre, n° 6. — Original scellé.)

Ludovicus, Dei gratia Francie rex, universis ad quos littere presentes pervenerint, salutem. — Notum facimus quod prelati et barones nostri, qui erant nobiscum in exercitu apud Ancenis, judicaverunt unanimiter quod Petrus, quondam comes Britannie, propter ea que nobis forisfecerat, que pro parte coram omnibus ibi dicta fuerunt, ballum Britannie per justitiam amisit, et quod barones Britannie, vel alii qui ei fecerunt fidelitatem vel homagium ratione illius balli, sunt penitus absoluti et quiti ab illa fidelitate et illo homagio, nec tenentur ei obedire vel aliquid pro eo facere quod pertineat ad rationem illius balli. — Unde accedens ad nos dilectus et fidelis noster Andreas de Vitriaco fecit nobis homagium ligium de Vitriaco et Marcilliaco et de omnibus que tenere solebat a comite Britannie, salvo jure Johannis filii supradicti Petri et Yolendis filie ejusdem, quando venerint ad etatem viginti et unius anni, dum tamen tunc faciant nobis quod debebunt facere. — Et juravit nobis quod bona fide se tenebit ad nos et heredes nostros, salvo eo quod dictum est de heredibus Britannie predictis, et quod sine assensu nostro non faciet pacem vel treugam cum rege Anglie vel predicto Petro, quondam comite Britannie. — Nos autem, pro fideli servitio quod nobis impendit et quod, sicut speramus, in futurum impendet, dedimus ei quingentas libratas terre ad Turonenses assignandas ei, infra tempus scacarii nostri quod est ad festum Sancti Michaelis, in Normannia prope terram suam quam ibi habet, vel, si melius nobis placuerit, terram quam habet in Normannia excambiemus ei in terra Andegavie, et prope illud escambium assignabimus ei predictas quingentas libratas terre extra fortericiam. Et de istis quingentis libratis terre fecit nobis homagium ligium contra omnes homines qui possunt vivere et mori. — Promisimus etiam ei quod, si per guerram regis Anglie vel predicti Petri quondam comitis Britannie amitteret terram suam, vel minuerentur redditus vel proventus ipsius terre, nos restitueremus ei aliam terram in loco competenti ad valorem terre in qua dampnificatus esset, secundum amissionem vel diminutionem reddituum vel proventuum ejusdem terre, et interim, donec assignatio predicte terre fiat, dabimus ei in bursa nostra annuatim secundum valorem reddituum vel proventuum terre sue amissorum vel etiam diminutorum. — Secundum autem quod recuperabit de redditibus vel proventibus amissis vel diminutis, diminuetur de pensione burse nostre vel de terra, si propter hoc ei fuerit assignata. In hac autem restitutione, quam ei facere tenemur, non intelligitur quod pro terra quam habere solet in Garrenna vel in Anglia teneamur ei facere aliquam restitutionem. — Promisimus etiam ei quod, si Vitriacum vel Marcilliacum, que sunt castella sua, obsiderentur per regem Anglie vel per Petrum supradictum, nos levabimus obsidionem bona fide ac si idem castellum nostrum esset proprium; et, si fortericia alicujus eorumdem duorum castellorum per eamdem guerram destrueretur, nos reficeremus eam in eodem statu in quo prius

erat vel in meliori. — Tenemur etiam munitiones ad sumptus nostros tenere in predictis castellis suis, majores vel minores, secundum quod major vel minor necessitas apparebit. — Fecimus etiam eidem Andreæ jurari in animam nostram per Matheum de Montemorenchiaco, Francie constabularium, dilectum et fidelem nostrum, quod cum predicto Petro quondam comite Britannie non faciemus pacem sine assensu et voluntate ejusdem Andree, et cum rege Anglie non faciemus pacem per quam idem Andreas sit in homagio ejus, sine voluntate ejusdem Andree. Cum eodem etiam rege Anglie vel cum predicto Petro non capiemus treugam in qua non sit idem Andreas. — Et hoc ipsum fecit jurari in animam suam per eumdem Matheum karissima mater nostra regina quod hoc observabit bona fide, quamdiu tenebit ballum nostrum. — Idem etiam Andreas tenetur receptare in castellis suis nos et gentes nostras, ad magnam vim et parvam, et servare bona fide quousque predicti heredes Britannie devenerint ad etatem viginti et unius anni et fecerint nobis quod facere debebunt. — In cujus rei testimonium, presentibus litteris sigillum nostrum duximus apponendum. Actum in castris juxta Ancenisium, anno Domini m° cc° tricesimo, mense junio.

Scellé en cire blanche, sur double queue, du premier sceau de Louis IX, décrit dans l'*Inventaire* sous le n° 41.

2058 Au camp devant Ancenis. 1230. Juin.

(J. 241. — Bretagne, coffre, n° 9. 2. — Original scellé.)

Litteræ Andreæ domini Vitriaci de pactionibus a se cum domino rege initis. — « Ego Andreas dominus Vitriaci notum facio universis presentes litteras inspecturis quod, cum prelati et barones regni Francie, qui cum karissimo domino meo Ludovico rege Francie illustri erant in exercitu apud Ancenis, unanimiter judicassent quod Petrus, quondam comes Britannie, propter ea que eidem domino regi meffecerat, que pro parte coram omnibus ibi dicta fuerunt, ballum Britannie per justitiam amiserat, etc. — In cujus rei testimonium, presentes litteras feci sigilli mei munimine roborari. Actum in castris juxta Ancenisium, anno Domini m° cc° tricesimo, mense junio. » — (Hæ litteræ, mutatis mutandis, eisdem verbis constant ac litteræ præcedentes Ludovici regis.)

Sceau équestre d'André, sire de Vitré, en Bretagne (Ille-et-Vilaine); cire blanche, double queue; troisième sceau, décrit dans l'*Inventaire* sous le n° 3924.

2059 Au camp devant Ancenis. 1230. Juin.

Homagium Andreæ de Vitriaco.

(J. 241. — Bretagne, coffre, n° 7. — Original scellé. = N° 9. 1. — Copie authentique.)

Andreas dominus Vitriaci universis ad quos littere presentes pervenerint, salutem. — Notum facimus quod prelati et barones excellentissimi domini nostri Ludovici, Dei gratia Francie regis illustris, qui cum ipso erant in exercitu apud Ancenis, judicaverunt unanimiter quod Petrus quondam comes Britannie, propter ea que karissimo domino nostro regi forifecerat, que pro parte coram omnibus dicta fuerunt ibi, ballum Britannie per justiciam amisit, et quod barones Britannie, vel alii qui ei fecerant fidelitatem vel homagium ratione illius balli, sunt penitus absoluti et quiti ab illa fidelitate et illo homagio, nec tenentur ei obedire vel aliquid pro eo facere quod pertineat ad rationem illius balli. — Unde nos accedentes ad karissimum dominum nostrum regem fecimus eidem homagium ligium de Vitriaco et Marcilliaco et de omnibus que tenere solebamus a comite Britannie, salvo jure Johannis filii supradicti Petri et Yolendis filie ejusdem, quando venerint ad etatem viginti et unius anni, dum tamen tunc faciant domino regi quod debebunt facere. — Juravimus eciam eidem domino regi quod nos bona fide tenebimus ad ipsum et heredes suos, salvo eo quod dictum est de heredibus Britannie predictis, et quod sine assensu suo non faciemus pacem vel treugam cum rege Anglie vel predicto Petro quondam comite Britannie. — Tenemur eciam receptare in castellis nostris karissimum dominum nostrum regem et gentes suas, ad magnam vim et parvam, et servare bona fide quousque predicti heredes Britannie devenerint ad etatem viginti et unius anni et fecerint domino regi quod facere debebunt. — In cujus rei testimonium, presentibus litteris sigillum nostrum duximus apponendum. Actum in castris juxta Ancenisium, anno Domini m° cc° tricesimo, mense junio.

Nous publions cette pièce d'après l'original (*Bretagne*, n° 7), scellé, en cire blanche, sur double queue, du sceau armorial d'André de Vitré, décrit dans l'*Inventaire* sous le n° 3925. — La pièce cotée 9. 1. est une expédition authentique, mais sans date, délivrée par Guillaume Lepage et Jacques Preudoul, notaires apostoliques.

2060 Au camp près les Ponts-de-Cé. 1230. Juin.

Homagium a Raimundo vicecomite Thoarcii pro feodis Pictaviæ et Andegaviæ præstitum.

(J. 373. — Seigneurs de Thouars, n° 8. — Original scellé.)

Universis presentes litteras inspecturis Raymondus vicecomes Thoartii, salutem. — Noveritis quod ego karissimo domino meo Ludovico regi Francie illustri, feci hominagium ligium, contra omnes homines qui possunt vivere et mori, de domaniis et feodis que Hamericus quondam vicecomes Thoartii, frater meus, tenebat in comitatu Pictavensi ea die qua diem clausit extremum, tenendis ab ipso domino rege et heredibus suis ad usus et consuetudines Pictavie et ad servitia que feoda debent et sicut feoda aportant, et de domaniis et feodis, que idem Hamericus quondam vicecomes Thoartii, frater meus, tenebat in comitatu Andegavensi ea die qua clausit extremum diem, tenendis ab ipso domino rege et heredibus suis ad usus et consuetudines Andegavie et ad servitia que feoda debent et sicut feoda aportant. — Insuper eidem domino regi et domine regine matri sue juravi super sacrosancta quod eidem domino regi, tanquam domino meo ligio, et heredibus ejus et eidem domine regine matri sue fidelitatem bona fide servabo, et juvabo eandem dominam reginam bona fide ad observandum ballum suum, quousque idem dominus rex ad legitimam devenerit etatem. — Quod ut robur obtineat perpetue firmitatis, presens scriptum sigilli mei testimonio confirmavi. Actum in castris juxta Pontem de Say, anno Domini m° cc° tricesimo, mense junio.

Débris de sceau en cire blanche pendant sur double queue. — Voyez l'*Inventaire*, n° 1086. — D'après Tillemont, 11, 67, 68, les pièces datées des Ponts-de-Cé sont postérieures à celles datées d'Ancenis; toutefois, dans le XXI° volume des *Historiens de France*, p. 409 H, les séjours de saint Louis sont placés dans l'ordre inverse.

2061 Au camp près les Ponts-de-Cé. 1230. Juin.

Litteræ Raimundi vicecomitis Thoarcii de quingentis libris annui redditus sibi a rege donatis donec castrum Marolii a se foret recuperatum.

(J. 373. — Seigneurs de Thouars, n° 9. — Original scellé.)

Universis ad quos presentes littere pervenerint Raymondus vicecomes Thoarcii, salutem in Domino. — Notum facimus quod karissimus dominus noster Ludovicus rex Francie illustris dedit nobis quingentas libras Turonensium annui redditus reddendas, medietatem in Nativitate Sancti Johannis Baptiste et medietatem in Nativitate Domini, quousque recuperaverimus castrum Marolii, vel per auxilium domini regis vel alio modo, vel pacem de illo habuerimus ad gratum nostrum. Et quando predictum castrum, sicut dictum est, recuperaverimus vel pacem de illo ad gratum nostrum habuerimus, dominus rex quitus erit de quingentis libris Turonensium annui redditus supradictis. — Insuper homines nostri pro terra sua de Lauduno debent habere centum et decem libras Turonensium annui redditus. Et sciendum quod, si aliqua de feodis nostris dominus rex acquisierit, non potest ipse ea dare seu tradere nisi talibus qui nostra servitia facerent qualia debent ipsa feoda et apportant. — Et hoc etiam faceret ad laudem et consilium karissimi consanguinei nostri Hugonis de Lezigniaco, comitis Marchie et Engolismi, et nostri. — In cujus rei testimonium, presentes litteras sigilli nostri fecimus munimine confirmari. Actum in castris juxta Pontem de Say, anno Domini M° CC° tricesimo, mense junio.

<small>Fragment de sceau en cire blanche pendant sur double queue. — Voyez dans l'*Inventaire*, n° 1086, la description du sceau de Raymond, vicomte de Thouars, frère de Hugues VII.</small>

2062 Au camp, près les Ponts-de-Cé. 1230. (Juin.)

Homagium domino regi a Guidone de Thoarcio, domino Theofaugi, præstitum.

<small>(J. 624. — Hommages, III, n° 7. — Original scellé.)</small>

Universis presentes litteras inspecturis, Guido de Thoarcio, dominus Theofaugi, salutem. — Notum facio quod ego feci homagium ligium Ludovico, Dei gratia regi Francorum illustri, de vicecomitatu Thoarcii, ad peticionem karissimi avunculi mei Raymundi vicecomitis Thoarcii, salva vita ipsius vicecomitis et salvo jure alieno, ita quod, si aliquis de me conquereretur occasione dicti vicecomitatus, coram domino rege tenerer juri stare. — In cujus rei testimonium, presentes litteras feci sigilli mei munimine roborari. — Actum in castris juxta Pontem de Sey, anno ab incarnacione Domini millesimo ducentesimo tricesimo.

<small>Cette charte, que nous plaçons au mois de juin 1230, à cause du lieu d'où elle est datée (Voyez les pièces précédentes), est scellée, en cire blanche sur double queue, du sceau de Guy de Thouars, seigneur de Tiffauges, en Poitou (Vendée, arr. de Bourbon), fils du vicomte Aimeri VII. — Ce sceau, dont il ne reste plus qu'un fragment, n'a pas été décrit; on distingue sur la face un écu armorié d'un lion à l'orle de besans; au contre-sceau, un sujet qui paraît être une imitation de l'antique et représenter une femme appuyée sur un cygne.</small>

2063 Au camp près les Ponts-de-Cé. 1230. (Juin.)

<small>(J. 396. — Dons, n° 5. — Original.)</small>

Ludovicus Franciæ rex notum facit se donum quinquaginta librarum annui et perpetui redditus in camera regia percipiendarum, a Raimundo vicecomite Thoarcii Roberto de Maloleporario ejus fideli factum (*Vide supra*, n° 2055) approbare, et decernere ut dicta quinquaginta libræ quotannis præfato Roberto vel ejus heredibus, in Nativitate Beatæ Mariæ Virginis, solvantur. — « Actum in castris juxta Pontem de Sey, anno Domini M° CC° tricesimo, mense junio. »

<small>Traces de sceau pendant sur double queue. — Voyez l'*Inventaire*, n° 41.</small>

2064 1230. Juin.

Litteræ Mathei de Montemorenciaco, Franciæ constabularii, de parte Jacobo Castri Gonterii, genero suo, attributa in partitione comitatus Pertici.

<small>(J. 198 B. — Champagne, VI, n° 65. — Original.)</small>

Ego Matheus de Montemorenciaco et de Laval dominus, Francie constabularius, notum facio universis presentes litteras inspecturis quod dominus meus Theobaldus comes Campanie, pro illustri regina Anglie B. (Berengaria) matertera ejus, et pro se et suis comparticipibus terre Pertici, erga Jacobum de Castro Gonterii generum meum eandem terram partitus est sicut inferius est expressum. — Ex una parte posita est villa Nogenti cum pertinenciis suis, sine feodis, nisi eis que fuerint nominata, et castrum Nogenti, vinee et prata, et illa pars bosci Percheti, que est versus Cheenvillam, que incipit a domo Guillelmi de Buat et vadit directe ad calciatam stanni novi, et a stanno ad fagum Leschacier, etc..... — Ponimus etiam in ista parte herbergamentum Percheti et stanna que sunt juxta, etc... — Ponimus etiam in ista parte patronatum elemosine et quinque prebendarum S. Stephani et unius capellanie et capellanie Percheti, et patronatum prepositure, thesaurarie et cantarie S. Johannis de Nogento. — Ponimus etiam in ista parte omne dominium Longi Vilaris et Montigniaci, cum pertinenciis suis, sine feodis, post decessum comitisse Carnotensis. — Ponimus etiam in ista parte medietatem ville Tylie, videlicet illum vicum qui vocatur Burgum novum, et partem ville que subtus est, sicut cheminus, qui ducit apud Nogentum, dividit directe. — Ponimus etiam in ista parte le Sablon; prepositura vero Tylie erit communis et marcheium, quia non possunt partiri ad presens propter pedagia et costumas. — Ponimus etiam in ista parte medietatem pratorum et vinearum Tylie. — Hec autem sunt feoda que ponuntur in ista parte : feodum prioris de Nogento, feodum de Margon, feodum Girardi de Bouceio, feodum Eustachii de Valle Pilonis, etc., etc..... Et est sciendum quod ille vel illi qui habebunt istam partem, reddent annuatim domine de Galardon XL. libras monete currentis in Pertico. — Ex alia vero parte positum est Riveriacum et quidquid habent heredes in Maurisilva, etc..... et aliam medietatem Percheti, videlicet partem que est versus Nogentum et versus Margon, uxque ad divisiones alterius partis, etc.— Ponimus etiam in ista parte Mauvas cum pratis, vineis, etc. — Hec autem sunt feoda que ponuntur in ista parte : feodum Guillelmi de Folieto, feodum Garini Capreoli, etc., etc. — Sciendum vero est quod unaqueque istarum parcium plenariam et omnimodam justiciam optinebit, et si quid oblitum fuerit ad parciendum, omni occasione et contentione postpositis, parcietur. Et sciendum quod Montegniacum et Lungumvilare, que sunt ex parte Nogenti, si comitissa Carnotensi habuerit heredem de corpore suo et corpore istius Johannis comitis Carnotensis, pars de Mauves, que est ex parte altera, reveniet in partem communem. — Dictus autem Jacobus partitionem gratam habuit et villam Nogenti, cum illis rebus que in illa porcione associantur, gratanter accepit et acceptionem se promisit coram me gratam, cum ad etatem legitimam venerit, habiturum. — In cujus rei testimonium, presens scriptum sigilli mei munimine roboravi. Actum anno Domini M° CC° tricesimo, mense junii.

Traces de sceau pendant sur double queue. — Le sceau de Mathieu II, sire de Montmorency, connétable de France (second sceau), est décrit dans l'*Inventaire* sous le n° 193.

2065   1230. Juin.

Litteræ Isabellis comitissæ Marchiæ de matrimonio contrahendo inter Elisabeth sororem Ludovici regis et Hugonem filium primogenitum comitis Marchiæ.

(J. 270. — La Marche, n° 9. — Original.)

I. (Isabellis), Dei gratia regina Anglie et comitissa Marchie et Engolismi, universis presentes litteras inspecturis, salutem. — Noveritis dominum Ludovicum, Dei gratia illustrem regem Francie, tradidisse karissimo viro nostro Hugoni comiti Marchie et nobis castellum suum de Sancto Johanne Angeliaci et quicquid juris habebat in villa et pertinentiis, et Mosterolium in Gastina et quicquid possidebat ibidem et in pertinentiis Petrus de Marliaco, et Langestum cum pertinentiis, sub hac forma quod, si matrimonium possit fieri, tolerante sancta Romana ecclesia, de Elysabet sorore domini regis et Hugone filio nostro primogenito, vel de alio subsequente, si de primogenito contingeret humanitus, rehabebit dominus rex omnia supradicta, tradita nobis sorore sua. Et si non possit fieri matrimonium, sicut predictum est, omnia ista remanebunt predicto viro nostro et nobis et heredibus nostris habenda in perpetuum et pacifice possidenda, dum tamen predictus vir noster vel nos vel filius noster non veniamus contra ne matrimonium fiat. — Et super agendo matrimonio debet dominus rex impetrare dispensationem bona fide, infra duos annos. Quibus elapsis, non tenebimur nos vel filius noster dominum regem ulterius expectare. Immo, ex tunc in antea, omnia supradicta erunt prefati viri nostri et nostra et heredum nostrorum, in perpetuum habenda et pacifice possidenda, de dono domini regis, in remunerationem servitii sibi fideliter impensi, in augmentum feodi quod de ipso tenet sepedictus maritus noster. — Et hoc tenebitur dominus rex nobis et nostris garantire de se et de fratribus suis, et maxime de illo qui erit comes Pyctavie, et insuper contra omnes alios homines tenetur garantire nobis, sicut aliis hominibus suis garantire debet feoda que ab ipso tenent. — Si autem sororem suam infra predictos duos annos traderet in matrimonium alii quam filio nostro, vel etiam, dispensatione habita, per eum staret quominus matrimonium fieret; vel etiam, dispensatione habita, si per eandem sororem domini regis remaneret quin matrimonium fieret quando ad annos nubiles pervenerit, eadem sorore domini regis in sua potestate remanente, ipse teneretur nobis et marito nostro solvere pro pena quinque milia marcarum argenti vel heredibus nostris. — Si vero eandem sororem domini regis traderet nobis vel filio nostro dominus rex dispensatione habita, et ipsa in etate nubili contradiceret matrimonio, non teneretur dominus rex ad penam predictam. — Et sciendum quod, si non impetraretur dispensatio infra predictos duos annos, dum tamen per dominum regem non staret, quitus et immunis remaneret dominus rex de omnibus convencionibus supradicti matrimonii per hoc quod predictus maritus noster et nos retineremus nobis et heredibus nostris dicta castella cum pertinentiis eorundem, sicut predictum est. — Et pro istis firmiter et inviolabiliter observandis, fecit jurare dominus rex in animam suam dominum Matheum de Montemorenciaco, constabularium Francie. — In cujus rei testimonium, dedimus domino regi has nostras litteras sigillo nostro sigillatas. Datum anno Domini M° CC° tricesimo, mense junio.

Traces de sceau pendant sur double queue. — Le sceau d'Isabelle, reine douairière d'Angleterre, veuve du roi Jean, comtesse de la Marche et d'Angoulême, est décrit dans l'*Inventaire* sous le n° 10010, d'après un type appendu à un acte daté de 1226.

2066   1230. Juin.

(J. 323. — Toulouse, XIV, n° 72. — Original roman.)

Acte du bail à cens (*a feu et ad acapte*) du tiers des fournages (*fornatges*) de tous les fours établis ou à établir dans le castel de Puylaurens (*Puglaurenz*), consenti, moyennant c. xxx. vi. sous Toulousains, par R. de Dornia à Raimond del Potz, à Raimond son fils et à leurs héritiers. — « Testes sunt : R. Guirautz, et R. Marcels, et Jouanz Brus, et P. Arnautz, et R. Alseus qui hanc cartam scripsit, anno ab incarnatione Domini M. CC. XXX, mense junii, Lodoyco rege regnante, Raimundo Tolosano comite, Fulcone episcopo. »

2067   1230. Juin.

(J. 323. — Toulouse, XIV, n° 73. — Original.)

Acte du bail à cens de la moitié des redevances de tous les fours (*la meitat de totz les mandatges de totz les fornz*) établis et à établir au castel de Puylaurens, consenti, moyennant c. xxx. vi. sous Toulousains, par Raimond de Dornia à Raimond del Potz, à R. son fils et à leurs héritiers. — « Testes sunt : R. Guirautz, et Jouanz Bruz, et Gausbertz de Solers, et R. Fargas, et Ramonz Alseus qui hanc cartam scripsit, anno ab incarnatione Domini M. CC. XXX, mense junii, Lodoyco rege regnante, Raimundo Tolosano comite, Fulcone episcopo. »

2068   1230. Juin.

Isabellis comitissa Marchiæ et Engolismi se, juxta tractatum Vindocinensem, domino regi Franciæ Issoldunum et Langestum cedere declarat.

(J. 628. — Angleterre, II, n° 11. — Original.)

I. (Isabellis), Dei gratia regina Anglie, comitissa Marchie et Engolismi, universis presentes litteras inspecturis, salutem. — Noveritis quod, de assensu et voluntate domine Blanche illustris regine Francie, ratione conventionum habitarum inter dominum regem et karissimum maritum nostrum apud Vindocinum usque ad decem annos, de quibus tres anni sunt elapsi, et plene facta est solutio de illis tribus annis, habebimus a domino Ludovico illustri rege Francie, filio suo, singulis annis, usque ad septem annos, decem milia et sexcentas libras Turonensium annuatim in tribus terminis : tercium in Ascensione, tercium in festo Omnium Sanctorum et tercium in Candelis, etc. — (*Quæ sequuntur, mutatis mutandis, eisdem verbis constant ac litteræ Hugonis de Lezigniaco datæ mense maio, die jovis post Pentecosten. Vid. supr. n° 2052.*) — Que omnia ut rata et firma permaneant, presentem paginam sigilli nostri auctoritate fecimus communiri. — Datum anno Domini M° CC° tricesimo, mense junio.

Traces de sceau pendant sur double queue. — Voyez dans l'*Inventaire*, n° 10010, la description du sceau d'Isabelle, reine douairière d'Angleterre, comtesse de la Marche et d'Angoulême.

2069 1230. Dimanche 28 juillet.

Obligatio Erardi de Brena quoad forteritiam quam, ex licentia Theobaldi comitis Campaniæ, apud Baigniaux construxit.

(J. 196. — Champagne, IV, n° 23. — Original.)

Ego Erardus de Brena, dominus Rammeruci, notum fatio universis presentes litteras inspecturis quod, cum ego possem faceré de muro et de fossatis unam forteritiam ubicunque vellem in terra mea moventi de feodo karissimi domini mei Theobaldi comitis Campanie, idem dominus meus comes mihi propter hoc concessit quod ego possim facere forteritiam apud Baigniaux, qualemcunque voluero, de muro et de fossatis, tali modo quod, si dictus comes Campanie haberet guerram contra comitem Nivernensem aut contra heredes suos, ego aut heredes mei teneremur totam forteritiam de Baigniaux diruere et amovere, si dictus comes Nivernensis aut heredes sui vellent de dicta forteritia predictum comitem Campanie aut heredes suos guerreiare. — In cujus rei testimonium, presentes litteras fieri volui, sigilli mei munimine roboratas. — Actum anno gratie м° cc° tricesimo, mense julio, dominica post Magdalene.

Traces de sceau pendant sur double queue. — Voyez dans l'*Inventaire*, n° 1568, la description du second sceau d'Érard de Brienne, sire de Ramerupt, en Champagne (Aube, arr. d'Arcissur-Aube).

2070 Saint-Maixent. 1230. Juillet.

Communia burgensibus de Niorto a Ludovico rege concessa.

(J. 190 A. — Poitou. I, n° 8. 1. — Copie ancienne.)

Ludovicus, Dei gratia Francie rex, universis ad quos presentes littere pervenerint, salutem. — Notum facimus quod nos concessimus dilectis et fidelibus burgensibus nostris Niorti ut habeant comuniam, cum libertatibus ad comuniam pertinentibus, apud Niortum, et usus suos et liberas consuetudines suas, et libertates ac donaciones quas habuerunt et tenuerunt temporibus Henrici et Richardi quondam regum Anglie. — Concessimus eciam eis quod eos extra manum nostram vel heredum nostrorum vel fratrum nostrorum non ponemus, nisi de voluntate ipsorum. — Quod ut ratum maneat in perpetuum, presentem cartam sigilli nostri auctoritate fecimus consignari. — Actum apud Sanctum Maxentium, anno Domini м° cc° tricesimo, mense julio.

La même feuille de parchemin contient la copie des lettres de confirmation accordées aux habitants de Niort par Alphonse, comte de Poitiers, au mois de juin 1243.

2071 (1230.) Lundi 19 et mardi 20 août.

(J. 232. — Péronne, I, n° 4. — Minute.)

Inquesta facta ex mandato regis, die lunæ et die martis post Assumptionem Beatæ Virginis, per magistrum Robertum clericum domini regis, dominum Ymbertum de Templues militem et Stephanum clericum domini Gauffridi de Milliaco ballivi Ambianensis, ad sciendum an quidam Bernardus Double, a ballivo Ambianensi comprehensus, burgensis sit de Perona vel homo ecclesiæ de Libons.

Geoffroy de Milly était bailli d'Amiens en 1230 (voyez le *Recueil des historiens de France*, t. XXI, p. 252 C); nous n'avons pas d'autres raisons pour placer à l'année 1230 cette enquête, qui est d'ailleurs sans importance.

2072 1230. 13 septembre.

(J. 325. — Toulouse, XVI, n° 3. 2. — Copie. Roman.)

Acte de l'accord conclu entre Bertrand Forasis et Capel de Vessieras, au sujet de la terre et des domaines que ledit Bertrand tenait du chef de sa femme, dame Jordana. — « Sabedor es qu'en Bertran Forasis, per sa bona, agradabla voluntat venc a fi et acordier ab Capel de Vesieras e el ab lui; e la fis el acordiers fo aitals, etc. — Aisso fon dig e empres e fo fag, xiii. dias a l'intrar mense septembris; testimonis, etc. (*sic*) Anno Domini м° cc° xxx°. Regnante, etc. (*sic*). »

La même feuille de parchemin, intitulée : *Hec sunt instrumenta capellani de Vesseriis*, renferme la transcription de quatre autres pièces, dont la plus récente est datée de 1258.

2073 Anagni. 1230. 25 septembre.

Bulla Gregorii papæ IX pro comite Tolosano ut dictus comes tallias et collectas hominibus ecclesiarum terræ suæ imponere valeat.

(J. 696. — Bulles. Mélanges, n° 2. — Original scellé.)

Gregorius episcopus, servus servorum Dei, venerabilibus fratribus archiepiscopo Narbonensi, Tolosano et Nemausensi episcopis, salutem et apostolicam benedictionem. — Dilectus filius nobilis vir comes Tolosanus humiliter postulavit a nobis ut, cum per compositionem inter Ecclesiam et illustrem regem Francorum, ex parte una, et ipsum ex altera initam, non modicam solvere teneatur pecunie quantitatem, et in compositione facta per dilectum filium nostrum R. (Romanum) Sancti Angeli diaconum cardinalem, tunc Apostolice Sedis legatum, ei concessum extiterit ut ab hominibus ecclesiarum terre sue auxilium habere debeat pro dicta pecunia persolvenda, sibi preberemus licentiam ut predictis hominibus, sicut aliis, tallias propter hoc possit imponere vel collectas, et prelatis ecclesiarum, ne se in hac parte opponant, eidem dignaremur firmiter inhibere. — Unde dilecto filio magistro Petro de Collemedio, capellano nostro, Apostolice Sedis legato, mandavimus ut, cum eidem comiti fuerit a dicto cardinali in predicta compositione concessum, ad concedendam postulatam licentiam et inhibitionem hujusmodi faciendam auctoritate nostra procedat, contradictores per censuram ecclesiasticam, appellatione postposita, compescendo. — Quocirca fraternitati vestre per apostolica scripta mandamus quatinus, si dictus magister legationem forsitan non receperit, vos mandatum super hoc sibi directum auctoritate apostolica exequi procuretis. Quod si non omnes hiis exequendis potueritis interesse, duo vestrûm ea nichilominus exequantur. — Datum Anagnie, vii. kalendas octobris, pontificatus nostri anno quarto.

Bulle de plomb sur cordelettes de chanvre. — Voyez l'*Inventaire*, n° 6047.

2074   1230. Septembre.

(J. 237. — Ponthieu, n° 112. — Original scellé.)

Simon comes Pontivi et Monsteroli et Maria uxor ejus, ejusdem terræ comitissa, notum faciunt se, assensu et creantatione heredum suorum, Ricardo Marescallo et ejus heredibus de uxore desponsata procreatis, pro fideli ejus erga se servitio, quoddam ipsorum feodum situm apud Arenas, cum omnibus dicti feodi appendiciis, quod vocatur feodum Pingnon, de se et heredibus suis in homagium ligium hereditarie tenendum dedisse et concessisse ea lege ut, si præfatum Ricardum sine herede de uxore sua desponsata decedere contigerit, dictum feodum ad se vel ipsorum heredes reverteretur. — « Et ut hoc ratum et firmum permaneat, presentem cartam sigillorum nostrorum munimine duximus roborandam. Actum anno Domini m° cc° xxx° nono, mense septembri. »

Deux sceaux en cire verte : le premier, sur lacets de soie rouge; le second sur lacets de soie verte. Le sceau de Simon de Dammartin, comte de Ponthieu, est décrit dans l'*Inventaire* sous le n° 1068; celui de la comtesse Marie, sous le n° 1067.

2075   1230. Septembre.

Franchises et coutumes de Provins.

(J. 203. — Champagne, XI, n° 24. — Copie ancienne. = N° 46. — Copie authentique.)

Gie Thiebauz, de Champaigne et de Brie cuens palazins, faz à savoir à touz ceus qui sont et qui à venir sont qui cez lettres verront que ge franchis et quit toz mes homes et mes fames de Provins et dou vilois, si com la prevostez de Provins se contient, de toutes toltes et de toutes tailles par la manière que ge aurai en touz ceus en qui j'avoie taille et en touz cez homes et fames qui de fors venront ester en li quemuneté de Provins vi. deniers de la livre dou mueble, chascun an, fòrs qu'an armeures et an robes faites à ues lor cors, et fors qu'an aiesemenz d'ostel. — Et est à savoir que vaissel où en met vin et tuit aesement d'or et d'argent seront prisiés chascun an avèques les autres muebles, et aurai de la livre de l'éritage ii. deniers chascun an. — Et est à savoir que, se aucuns de mes homes ou de mes fiévez ou de mes gardes venoient pour demorer en la quemuneté de Provins, li borgois de Provins n'en porroient aucun retenir se n'est par mon asent et par ma volenté. — Et, se il avenoit qu'aucun hom ou aucune fame de mes viles ou de mes fiez ou de mes gardes venoient ester en la quemuneté de Provins, et li hom ou fame qui i venroit disoit qu'il ne fust de mes viles ou de mes fiez ou de mes gardes, il seroit esclairie à ma volenté dou retenir ou dou refuser; et se ge le refusoie, il auroit conduit de moi, il et les soies choses, xv. jorz plenièrement. — Et est à savoir que, se aucuns de la conmuneté de Provins velt paier xx. livres en l'an, il sera quites dou sairement et de la prisé de cèle année vers moi. — Et si lors doign et otroi la prevosté et la jostise de Provins et dou vilois, si con la prevosté de Provins le contient, si con ge la tenoie au jor que cez lettres furent faites, por II. C. L. livres de Provenisiens qu'il me randront chascun an en la foire de mai. — Et est à savoir que li forfez des homes et des fames de la conmuneté de Provins, et de touz ceus qui sont ou seront estagiers en la jostise de la conmuneté de Provins, sont et seront as borgeois de Provins, si con ge les soloie avoir, et tuit li forfet des genz estranges, qui ne sont de la jostise de la conmuneté de Provins, sont as borgeois de Provins jusq'à XX. sols, et li sorplus sera miens. — Et ge retiegn le murtre, et le rat, et le larrecin, là ou cez choses seront queneues et ataintes. — Et si retiegn le champion vaincu, dont ge i aurai m'amende as us et as costumes de Provins. — Et si retieng la fausse mesure, de la quèle j'aurai XL. sols et li borgois de Provins en auront XX. sols. — Et est à savoir que je retieng la jostise et la garde de mes églyses et de mes chevaliers et de mes fievez et de mes Juis, en tel manière que, se aucuns de ceus de Provins ou de la justice de la conmuneté de Provins forfaisoit à aucun de çaus que ge [retieng], c'est à savoir as clers, ou as chevaliers, ou à mes fievez, ou à mes Juis, dont pleinte venist à moi, ge l'adréceroie, et l'amande seroit moie; et sera jugiée l'amande as us et as costumes de Provins par le maior et par les jurez de Provins. — Et est à savoir que ge ou autres de mes gens eslirons chascun an XIII. homes de la conmuneté de Provins à bone foi; et cil XIII. esliront l'un d'aus à maior, chascun an, dedenz la quinzaine que ge les aurai nomez; et s'il ne l'avoient eslu dedenz la quinzaine, ge i esliroie l'un d'aus XIII. — Et cil XIII. nommé jureront sor sainz que ma droiture et celi de la conmuneté de Provins garderont, et governeront la vile et les afaires de la vile à bone foi. Et ce que cil XII. juré et li maires feront par bone foi, il n'en porront estre aqoisonné; mes s'il faisoient jugement ou esgart qu'il ne fust soffisant, il seroit adrécié à mon esgart as us et as costumes de Provins, sauf ce qu'il ne lor costeroit noiant et n'en feroient point d'amende cil qui auroient [fet] le jugement ou l'esgart. — Et cil XII. juré et li maires leveront les deniers, de chascun VI. deniers de la livre dou mueble, si come il est dit devant, et II. deniers de la livre de l'éritage, par le sairement de ceus qui ce devront. — Et se li

maires et li XII. juré, ou une partie d'aus jusqu'à III. ou plus, avoient soupeçonneus aucun de ceus qui auroient juré à rendre VI. deniers de la livre dou mueble et II. deniers de la livre de l'éritage, il le porront croistre selonc lor bone conciance, sauf ce que cil n'en fera point d'amende qui aura juré. Et cil denier seront paié chascun an à la feste Seint Andri. — Et est à savoir que tuit cil de la conmune de Provins pueent et porront vendre et acheter héritages et autres choses, si come il ont fet avant, et ont et auront lor franchises et lor usages, si come il ont eues devant. — Et se aucuns voloit plaidoier aucun de la conmune de Provins par plet ou par autre manière, je ne le porroie travaillier fors de Provins, se por ma propre querèle n'estoit; et cèle querèle seroit terminée as us et as costumes de Provins. — J'aurai mon ost et ma chevauchiée, si com ge avoie devant, fors tant que hom de LX. ans ou de plus n'i ira pas; mes, se il a le pooir soffisant, il i envoiera un home por lui, selonc son pooir. — Et se ge semoigne ost ou chevauchiée en tans que foire serra, li changeor et li marcheant, qui seront en la foire enbesoignié, i porront envoier homes soffisant por aus sanz amende; et se aucuns défailloit de mon ost ou de ma chevauchiée, cil qui défaudroit le m'amenderoit. Et si promet à bone foi que ge nes semondré en ost n'en chevauchiée por aus aqoisonner, fors que por mon besoign. — Et se voil que chevaus à chevaucher ne armeures à çaus de la conmune de Provins ne soient prises por deites ne por plèges ne por autres amissions. — Et se ge ou mes genz avons ou aviens mestiers de chevaus ou de charètes de Provins, il sera requis au maior de Provins, et cil le fera avoir à loier, là où il les trovera, et paiera le loier des deniers de ma cense; et s'il mésavenoit du cheval, il seroit randuz, au regart des XII. jurez et du maior, des deniers de ma cense. — Et chascun de la conmune de Provins qui aura vaillant XX. livres aura arbaleste en son ostel et quarriax jusqu'a L. — Et est à savoir que li borgeois de Provins cuiront et moudront à mes fours et à mes moulins, à autel marchié com as autres. Et s'il avenoit que ge ne usse assez fourz et moulins à Provins, il feront moudre et cuire au regart des XII. jurez et dou maior, selonc ce qu'il convenra soffisanment, à mes fours et à mes moulins. Et quant j'aurai fours et moulins, tant com il lor enconvanra au regart des xii. jurez et dou maior, il i cuiront tuit et moudront. — Et se aucuns des xiii. esleuz estoit cheuz en plet ou en guerre ou en esconmeniement por le fet de la vile, li maires et xii. juré qui après vanront seront tenu à panre le fais sor aus, ausi con li maires et li xii. juré qui estoient devant l'avoient sor aus. — Et ge ne porrai mètre hors de ma mein nules de cez choses. — Et est à savoir que, se aucuns de la conmuneté de Provins estoit arrestez et pris en aucun leu por ma deite, ge le sui tenuz à délivrer lui et les seues choses dou mien. Et s'il estoit pris et arestez por autre chose, ge li sui tenuz à aidier à délivrer à bone foi. — Et est à savoir que, se aucuns de çaus qui vanront ester en la commune de Provins, s'en veulent raler, il s'en iront sauvement et franchement qant il vouront et auront conduit de moi xv. jorz plainement. — Et est à savoir que mi serjant qui sont à moi et cil qui ont mes chartres et les chartres de mes ancessors seront en la conmune de Provins, s'il veulent, et, s'il ne le veulent, il seront en ma mein, si come devant. — Et cez convenances qui sont devantdites ai-ge jurées à tenir por moi et por mes oirs et à aus et à lor oirs à toutjorz et, por ce que ce soit ferme chose et estable, ge l'ai séellé en mon séel en l'an de grâce m. cc. xxx., ou mois de septembre.

La pièce cotée J. 203, *Champagne*, XI, n° 24, est une copie ancienne, et à laquelle il ne manque que l'apposition du sceau pour présenter tous les caractères d'un original; la pièce cotée n° 46 de la même layette est un vidimus scellé délivré en avril 1242 par Gui, abbé de Saint-Jacques de Provins. Sauf quelques variantes d'orthographe, les deux textes sont identiques. La copie a été faite sur le n° 24, et comme cette pièce est en mauvais état, on s'est servi du n° 46 pour la compléter.

2076 1230. Vendredi 4 octobre.

(J. 195. — Champagne, III, n° 12. — Original.)

N. (Nicolaus) abbas totusque conventus de Moris notum faciunt se, in recompensationem quatuor sextariorum frumenti, quæ dominus suus Theobaldus Campaniæ et Briæ comes palatinus sibi in minagio Barri super Sequanam contulit, eidem in perpetuum quidquid habebant in foresta Beroart, retentis tantummodo usuario pasturarum, foagio de mortuo nemore pro pastoribus, et glande pro porcis in dictam forestam ducendis, concessisse. — « In cujus rei testimonium, presentes litteras sigilli nostri munimine fecimus roborari. Actum anno gratie m° cc° tricesimo, die veneris post festum Sancti Remigii. »

Traces de sceau pendant sur double queue. — Le sceau de Nicolas, abbé du monastère de Mores, *Moræ*, au diocèse de Langres, n'a pas été retrouvé.

2077 1230. Jeudi 10 octobre.

Instrumentum duplex pariagii initi a Bernardo Alacri cum Tolosæ comite pro oppido et villa de Borrello juxta Virdunum.

(J. 321. — Toulouse, XII, n°s 61 et 62. — Originaux.)

ABCD. EFGH. JKLM.

Noverint universi, tam presentes quam futuri, quod Bernardus Alacer de Borrello, sua bona, propria ac spontanea voluntate, nulla vi coactus, dedit et concessit domino Ramundo, Dei gratia comiti Tolosano, suisque successoribus, in perpetuum medietatem tocius opidi et ville et territorii et dominii de Borrello; ita scilicet quod idem dominus comes et ejus successores, et Bernardus Alacer et ejus successores, habeant semper, in perpetuum teneant et possideant totum opidum predictum de Borrello et pertinentia omnia dicti opidi et ville, toltas scilicet et incursus, et adempriva, et successiones, et escadutas, et denique omnia alia predicto opido et ville pertinentia, et dominationes, totum scilicet per medium; ita scilicet et tali modo quod dominus comes et ejus successores percipiant inde de toto medietatem, et Bernardus Alacer et ejus successores aliam medietatem, preter alberguam quam dominus comes et ejus successores accipiant et percipiant totam tocius opidi predicti et ville. — Et ibidem dictus Bernardus Alacer concessit et fecit se esse hominem et militem, pro sua medietate dicti opidi et ville de Borrello, predicti domini Ramundi comitis Tolosani et ejus successorum, concedens eidem Ramundo comiti Tolosano et ejus successoribus semper in perpetuum vitam et membra, et dominium, et fidelitatem. — Tamen vero fuit ibi positum et concessum inter eos quod, si dominus comes vel ejus successores, aut Bernardus Alacer vel ejus successores, aliquis ipsorum volebat hedificari vel operari in dicto opido et villa, scilicet in sua medietate, ille qui operari et hedificari voluerit, habeat licenciam et facultatem operandi et hedificandi in sua medietate, quando ei placuerit. — Preterea dictus dominus comes, pro seipso et pro successoribus suis, dedit et concessit eidem Bernardo Alacro predicto et ejus successoribus medietatem tocius illius leude et pedagii quod fuerat de Borrello, quod ibi quondam accipiebatur et debebat accipi, quod scilicet modo accipiebatur apud Verdunum in aqua. — Et mandavit et voluit, posuit et concessit ibi dominus comes predictus, pro se et suis successoribus, quod omnis leuda et pedagium, que et quod ex solito in aqua apud Verdunum accipiebatur, deinceps percipiatur apud Borrellum; et ibi dominus comes et ejus successores medietatem percipiant, et Bernardus Alacer et ejus successores aliam medietatem. — Acta fuerunt hec ita posita et concessa x. die introitus mensis octobris, feria v., regnante Lodoyco Francorum rege, et eodem domino Ramundo Tolosano comite, et Fulcone episcopo, anno M° CC° XXX° ab incarnatione Domini. — Horum omnium prescriptorum sunt testes : dominus Rogerius Bernardus comes Fuxi, et Centullus comes Astaraci, et Pilisfortis de Rabastenquis, et Arnaldus de Marcafava, et Rogerius de Noerio, et Aimericus de Castronovo major, ejusque filius Castronovum, et Arnaldus de Escalquencis, et Mancipium de Tolosa, et Poncius Grimoardi, et Johannes Aurioli, ejusdem domini comitis scriptor, et Petrus Stephanus de Fenolheto bajulus de Verduno, et Bernardus publicus Tolose notarius, qui, mandato ipsius domini comitis, cartam istam scripsit.

Les pièces cotées *Toulouse*, XII, n°s 61 et 62, sont les deux parties d'un chirographe divisé par les lettres de l'alphabet, et les deux textes sont identiques.

2078   1230.

Dimanche 6, 13, 20 ou 27 octobre.

(J. 322. — Toulouse, XIII, n° 53. — Original roman.)

Acte par lequel Pierre de S. Praiss, bailli de Lavaur pour le seigneur Raimond (*Ramon*) comte de Toulouse, donne et octroie en fief, au nom dudit comte, à Arnaut del Cung, à dame Ermessen sa femme et à son frère Avons, tout ce que feu Bernard Avons tenait à Port (*el Port*), à savoir la moitié dudit Port et des appartenances. — « Aizo sobredig fo faig el mes d'ochoire, die dominica, anno Domini M° CC° XXX°, regnante Lodoyco rege Franchorum, Ramundo comite Tolose supradictum (*sic*), et Fulchone episcopo. Hujus rei sunt testes : Ramon Corregar, Guillem Ramon cambiaire, Guillem clergue de Valcornosa jove, e Ponz de Messal qui hanc cartam scripsit. »

2079   1230. 7 novembre.

Instrumentum de civitate inferiori Massiliensi Tolosæ comiti ad vitam a Massiliensibus concessa.

(J. 308. — Toulouse, IV, n° 62. — Original scellé.)

In nomine Domini, anno incarnationis ejusdem millesimo ducentesimo tricesimo, septimo idus novembris, indictione quarta, pateat cunctis hominibus presentibus et futuris quod, in publico parlamento Massilie, in cymiterio Beate Marie de Accuis, ad sonum campanarum et per vocem preconum more solito congregato, nos Petrus de Arzileriis et Ugo de Verinhone, syndici comunis Massilie, de voluntate et assensu tocius populi Massilie, et omnium et singulorum in dicto parlamento astancium confitencium nos esse syndicos comunis Massilie, et, ad majorem firmitatem, nos ad hoc specialiter ibidem syndicos comunis Massilie creancium et constituentium, et eciam omnes et singuli in dicto parlamento congregati, non decepti nec circumventi, nec aliquo metu vel seductione ad hoc inducti, sed de mera voluntate nostra et nostro motu spontaneo, nomine nostro et nomine ac vice comunis seu universitatis Massilie, donamus donacione simplici, inter vivos facta et actis sollempniter insinuata, vobis domino R. (Raimundo), Dei gracia comiti Tholose, ut bene merito ob multiplicia servicia et grata dilectionis indicia que nobis et civitati Massilie atque universitati, non sine magnis vestris sumptibus et corporalibus periculis, multipharie ac liberaliter intulistis, civitatem inferiorem Massilie, que vicecomitalis vulgariter seu publice nuncupatur, et quicquid juris comune seu universitas Massilie habet vel habere debet in eadem civitate; itemque omnem jurisdictionem, dominium et senhoriam quod vel quam habemus vel habere quocumque modo seu ex quacumque causa possumus aut debemus in predicta civitate inferiori Massilie, seu jurisdictione ejusdem, occasione dominacionis et senhorie, vel in ejus territorio seu tenemento et in castris et villis, in hermis et cultis, in terra et aquis et quibuslibet aliis juribus corporalibus et incorporalibus ad comune seu ad universitatem Massilie, quocumque modo, et ad dictam civitatem inferiorem Massilie pertinentibus, sive sint census vel leusde, aut usatica seu redditus portus vel maris vel litoris, et quecumque alia ad nos et ad dictam civitatem et ad universitatem Massilie quocumque modo pertineant vel pertinere videantur in civitate predicta, vel in ejus territorio seu tenemento, vel eciam alicubi alibi, occasione ipsius civitatis et comunis seu universitatis Massilie, sive sint proprietates et jura et acciones, que et quas in predictis vel occasione predictorum nos et comune Massilie habemus vel habere possumus seu debemus, sint reales vel personales aut mixte, directe vel utiles, occasione dominacionis et senihorie quam nos vel comune seu universitas Massilie habemus vel habere possumus seu debemus in civitate predicta et in omnibus aliis et singulis supradictis. — Donamus, inquam, omnia predicta vobis dicto domino comiti et ex causa donacionis tradimus et cedimus, constituentes proinde vos in omnibus predictis et singulis procuratorem in rem vestram, dantes vobis plenam et liberam potestatem intrandi in possessionem et quasi possessionem omnium predictorum auctoritate nostra; constituentes nos ea omnia possidere et quasi possidere nomine vestro, donec vos intraveritis in corporalem possessionem, seu quasi possessionem omnium predictorum. — Predictam quidem donacionem vobis, domino comiti supradicto, scilicet persone vestre dumtaxat facimus quamdiu vixeritis, ita quod dicta donacio vestros transferatur nullathenus in heredes; immo post mortem vestram predicta omnia et singula in predicta donacione contenta directo (sic) ad comune Massilie redire debeant, aliquo facto vel contradictionis obstaculo non obstante, et sic in modum predictum predictam donacionem et omnia supradicta et singula firma et incorrupta et illibata atque incommota tenere, observare et complere per totum tempus vite vestre et nullathenus contravenire, prout melius dici potest vel intelligi bona fide. — Nos dicti syndici, in anima nostra et in anima omnium et singulorum in dicto parlamento astancium, de mandato et voluntate eorum, consenciencium et approbancium et una voce concorditer acclamancium, nomine comunis Massilie et pro ipso comuni, juramus super sancta Dei Euvangelia a nobis sponte corporaliter manutacta; renunciantes, sub dicto sacramento, legibus et juribus dicentibus donacionem ex causa ingratitudinis revocari posse, et legibus dicentibus donacionem excedentem summam quingentorum aureorum non valere nisi actis fuerit insinuata. Et si forte dictam donacionem in aliquo viciari contingeret, illud iterum tociens pluribus et diversis donacionibus donamus, donec, non obstantibus legibus supradictis, omnia in plena remaneant firmitate, et demum omni alii juri scripto et non scripto, divino et humano et consuetudinario, tacito et expresso, competenti et competituro, quibus contra predicta vel contra aliquid de predictis venire possemus vel temptare venire.

Ad hec nos Raimundus, Dei gracia comes Tholose predictus, predictam donacionem et omnia supradicta et singula approbantes et recipientes per totum tempus vite nostre, nisi interim de nostra gracia et voluntate spontanea placeret nobis dimittere seu comuni Massilie restituere dictam donacionem, promittimus vobis, Petro de Arzileriis et Ugoni de Verinhone, syndicis supradictis recipientibus pro vobis et pro comuni seu pro tota universitate Massilie, et etiam omnibus et singulis in hoc publico parlamento congregatis, per sollempnem stipulacionem, quod nos salvabimus, custodiemus et deffendemus omnes homines et personas Massilie et res eorum tanquam nostras proprias, et specialiter conservabimus, salvabimus, custodiemus et deffendemus civitatem predictam Massiliensem toto posse nostro, et quod justiciam in eadem civitate exhibebimus et exhiberi plenarie faciemus et specialiter observabimus et observari faciemus omnibus et singulis personis Massilie omnem libertatem, immunitatem et franquesiam, salvis leusdis et usaticis et aliis in predicta donacione contentis, tam in civitate Massilie quam in tota alia terra nostra, ita quod nullam quistam vel forciam aliquam, dacitam vel collectam, seu exhactionem in homines Massilie faciemus, nec aliquam malam consuetudinem imponemus vel imponi faciemus in dicta civitate Massilie vel alicubi alibi in tota terra nostra; immo, omnibus et singulis personis Massilie libertatem et franquesiam in tota terra nostra quam habemus vel habere poterimus, ubique etiam et ubicumque potestatem habeamus, in terra et in aquis, ultra mare et citra mare, de nostra voluntate spontanea, donacione simplici inter vivos facta et sollempniter actis insinuata, et vobis dictis syndicis recipientibus pro comuni seu pro universitate Massilie et etiam ipsi comuni Massilie concedimus et donamus. — Et predicta omnia et singula attendere, observare et complere et nullathenus contravenire, ut superius sunt expressa, juramus super sancta Dei Euvangelia a nobis sponte corporaliter manu tacta; renunciantes, sub dicto sacramento, legibus et juribus dicentibus donacionem ex causa ingratitudinis revocari posse, et legibus dicentibus donacionem excedentem summam quingentorum aureorum non valere, nisi actis fuerit insinuata; et, si forte dictam donacionem in aliquo viciari contingeret, illud iterum tociens et diversis donacionibus donamus, donec, non obstantibus legibus supradictis, omnia in plena remaneant firmitate, et demum omni alii juri scripto et non scripto, divino et humano et consuetudinario, tacito et expresso, competenti et competituro, quibus contra predicta vel contra aliquid de predictis venire possemus vel temptare venire. — Actum in cymínterio ecclesie Beate Marie de Accuis, in presencia et testimonio comitis Rutinensis, vicecomitis de Laltre, Gaillardi de Tantalono, Bernardi d'Oth, Sycardi de Monte-alto, Oliverii de Terminis, Arnaudi Baraschi, Deodati Baraschi, Guiraudi Unaudi, Jordani de Lantar, Berengarii de Joaras, Bequi de Calmonte et Nompar fratris ejus, Ramundi Durifortis, Bernardi Mir, Petri de Podio Cimhos, Bernardi de Sancto Michaele, Guillelmi Ferreoli, Raimundi de Caussada, Guillelmi de Calmanter, Petri de Beneven, Rostagni de Podio-alto, Bernardi de Villanova, Poncii Astoaudi et Petri Martini, jurisperitorum; Ugonis de Baucio, Raimundi de Baucio, Guillelmi Augerii, Rostagni de Agouto, Ugonis Sardi, Guillelmi de Mari, Ugonis Uniaudi, etc. (*sequuntur triginta circiter nomina*) Stephani Baudoyni, Januarii et Petri de Sancto Maximino, et Raimundi de Pabia, et Raimundi Bontos notariorum Massilie, et mei Guillelmi Ymberti, publici notarii Massiliensis, qui, mandato et voluntate dictorum syndicorum et omnium et singulorum in dicto parlamento astancium, et voluntate ac mandato dicti domini comitis, cartam et cartas publicas, tam dicto domino comiti quam comuni Massilie facere debui de predictis, ad noticiam et dictamen Poncii Astoaudi jurisperiti, pro parte dicti domini comitis, et, pro parte comunis Massilie, alterius jurisperiti Massilie vel etiam plurimorum. Quas cartas, quas erat dictus dominus comes habiturus, bullare debui bulla plumbea comunis Massilie; et alias cartas, quas dictum debebat habere comune, memoratus dominus comes sigillo suo proprio facere debuit sigillari. — Que quidem omnia, ut superius sunt expressa, dictata fuerunt, ex parte dicti domini comitis, per predictum Poncium Astoaudum, et, pro parte comunis Massiliensis, per Guillelmum Narbertum et magistrum Bernardum Gairandi jurisperitos Massilie. Unde ego, predictus Guillelmus Ymberti, notarius Massiliensis, presentem publicam cartam predicto domino comiti scripsi et signum meum apposui nec non etiam bulla plumbea communis Massilie bullavi ad majorem firmitatem omnium predictorum. (*Signum notarii.*)

<small>Sceau de la ville de Marseille; bulle de plomb sur ruban de soie rouge, décrite dans l'*Inventaire* sous le n° 5809.</small>

2080   Jargeau. 1230. Novembre.

Archembaudus dominus Soliaci recognoscit Fessardum esse de feodo domini regis.

<small>(J. 622. — Hommages, II, n° 18. — Original.)</small>

Ego Archembaudus dominus Soliaci notum facio universis ad quos littere presentes pervenerint quod Fessardum est de feodo domini regis, et quod ego de eo fui homo domini regis; et Galterus Cambellanus, miles, fuit inde homo meus. — In cujus rei testimonium, presentes litteras sigilli mei munimine roboravi. — Actum apud Jargolium, anno Domini m° cc° tricesimo, mense novembri.

<small>Traces de sceau pendant sur double queue. — Le sceau d'Archambaud, seigneur de Sully-sur-Loire, en Gatinais (Loiret, arr. de Gien), n'a pas été retrouvé.</small>

2081   1230. Jeudi 12 décembre.

Sentence arbitrale rendue par Philippe, comte de Boulogne, et Thibaud, comte de Champagne, entre le duc de Lorraine et le comte de Bar.

(J. 681. — Lorraine, I, n⁰ˢ 8 et 9. — Copie authentique.)

Gie Phelippes, cuens de Boloigne, et gie Thiebaus, cuens de Champaigne et de Brie palatins, faisons sçavoir à tous ceulx qui ces lettres verront que, quant il fust discorde entre le duc de Loherregne, d'une part, et le conte de Bar, d'autre, des entreprisures faictes d'une part et d'aultre, puis la paix qui fu faite à Vitry par devant moy conte de Champaigne, li dux de Loheregne et li cuens de Bar devantdit se misrent sor nos de ces entreprisures, et nos avons dit nostre dit en tel menière : — Li dux de Loherregne resaisira le conte de la porte d'Amance et de ce qu'il tenoit à Emance et en la chastellerie d'Amance, et en fié et en domaine, quant il yssi del homage le duc ; et, se li dux avoit pris poinct dè la terre le conte de Bar, ne de la terre à ses hommes pour faire les fossez entor Emance, puis la trive qui fu prise par moy conte de Champaigne an l'ost de Méricort, il abatteroit ces fossez et empliroit tant com sa terre le conté de Bar dure ; et, se li dux por ochoison de celle forteresse avoit abatue nulle des mésons le conte de Bar ne de ses hommes, par l'enqueste de deux prodomes que nos y anvoierons, gie cuens de Champaigne, rende[rai] les dommages à conte de Bar et à ses homes ; et d'endroit la porte d'Amance, quant li dux en sauera que demander le conte de Bar, li cuens de Bar l'en fera droit ; et dou droit le fié d'Amance que li cuens de Bar reclaime sour le duc, quant li cuens de Bar l'an sauera que demander, li dux l'an fera droit. — Deu droit de Perpont, li cuens de Bar rendera le duc les angins et les aubalestes qui estoient dedans Perpont et les hommes qui estoient laians. Et s'il avoit descorde entre le duc et le conte de Bar dou nombre de ses hommes, par l'enqueste de deux prodhomes que nos y anvoierons et d'un que la reyne y envoiera, seroit accordé. Et si li nostre dui ne se poient accorder, il s'en tenroient au dit de celluy que la reyne y envoiera. — Et s'il avenoit par aventure que li cuens de Bar ne poist avoir ses hommes ou aucun de ces hommes, par l'enqueste de deux prodhomes que nos y envoierons et d'un que la reyne y envoiera, redera li cuens de Bar ce que cil troi anquerront que li homme avoient vaillant au jour qu'il yssirrent de Perpont. Et se li dui que nos i anvoierons ne se pooient accorder, il se tenroiet au dit de celluy que la reyne y anvoiera. — Disons que li cuens de Bar remanra saisis dou fief de Nuefviller : et quant li dux l'an sauera que demander, li cuens l'en fera raison. — Et li cuens de Bar quittera le signor de Darny del homage et de toutes les convenances qu'il li avoit de Darny. Et se li cuens de Bar avoyt de ça nulles lettres, il les rendroit. Et disons que messire Auber de Derni ne pot ce faire, et pour ce il doibt rendre le conte de Bar les deniers qu'il li avoit donnez par ses convenances de Thiecort et des appartenances, dont li cuens de Bar estoit saisiz devant la guerre. Disons noz que li cuens de Bar en remanra saisiz, et, se li dux l'en sçait que demander, li cuens de Bar l'en fera raison. — Deu droit le Pont de Mouçon et de la forteresse, disons nos que chacuns de nos y anvoiera ung charpentier et ung maçon, et la reine par dessus ou ung charpentier ou ung maçon. Et cil y jureront sur saintz qu'ilz esgarderont et saveront à bonne foi combien li pont et la forteresse dou pont cousteroient à refaire en itel poinct com il estoient quant li dux vint devant. Et de ce je cuens de Champaigne paieray la metié au conte de Bar. Et se nostre quatre maçon et charpentier ne se pooient accorder, il se tendroient au dit de celluy que la reine y anvoiera. — Deu droit de Perpont et des appartenances et de Rite et des appartenances, li dux n'i claime rien. Et se messires Conraz en sçait que demander le conte de Bar, li cuens de Bar l'an fera raison. — De Méricort et de Charmes et des appartenances, li cuens de Bar n'y claime riens ; et se li cuens de Toul en sçait que demander le duc, li duc l'an fera raison. — De Dammahart, que part au conte de Wademont, disons nos que, quant li dux l'ait ostée de sa main, qu'il la reprègne ensi com les lettres, que li cuens de Wademont a deu duc, ce dient. — De la fille monsignor Girart de Tandon qui fu tolue à force, disons nos que s'ele n'est mariée ou lieu par saincte Eglise à celluy qui l'a toli en tel manière qu'an ne la puisse avoir, qu'ele soit rendue; et des amis nos ne nos mellons. — Et s'il avoit aucun chevalier qui fuissient homme le conte de Bar, quant il yssi del homage le duc, et cil chevalier fussient yssu del hommage le conte de Bar, ne ne veillent venir arrière à son hommage, li cuens de Bar pourra assener à son fié, ne li dux ne l'en porra aler aider à l'encontre. — Et se li dux aucun chevalier, quant li cuens de Bar yssi de son hommage, ne cil chevalier ne veillent arrière venir à l'omage le duc, dont ilz se fussent geté quant li cuens de Bar yssi del homage le duc, li dux pourra assener à son fié ne li cuens de Bar ne l'en porra aler à l'encontre. — Et s'il y a nus prisons pris d'une part et d'autre en ceste guerre, tuit seront quitte fors çaulx qui ont payé lor rançons et fors çaulx les prisons que il o dux prist à Charmaes et à Foucherolles sor le conte de Toul, et fors les prisons que li cuens prist de Bar sor monsignor Conrat. — Et atant bonne paix de toute ces choses, si com elles sont cy-dessus visées et escriptes, et, por ce que soit ferme et estauble, nos avons ces lettres scellées de noz sceaux. — Ce fut l'an de l'Incarnation mil deux cens et trente, le juedi après la feste S. Nicolas, au mois de décembre.

Copie extraite du registre de la Chambre des comptes de Champagne intitulé *Liber principum*, délivrée à la requête du procureur général le 5 juin 1564.

2082   1230.
Mercredi 4, 11, 18 ou 25 décembre.

(J. 307. — Toulouse, IV, n° 4. — Copie ancienne. Roman.)

Instrumentum partitionis bonorum inter Bernardum de Penna et Oliverium de Penna ejus fratrem. — « In nomine Domini nostri Jeshu Xpisti, anno ab incarnacione ejusdem M. CC. XXX. — Notum sit omnibus hominibus videntibus et audientibus cartam istam quod ego Bernardus Penne fas partida ab Oliver de Penna mo fraire de tota la terra e de tota la onor, e dels homes e de las femnas que nos avem de la strada del Ser que mov da Urbens e s'en pueiha dreg als Areners e tro a la glieza de S. Salvi ad cfora que que i aia tro a Tarn de tot aquo que nos i avem davas nostre paire. Ad aquesta part es Auta Serra enaici coma s'en pueiha lo rious de Chanihac tro a la boula del via forc, et en aici co la boula del via forc s'en va de boula em boula tro e la boula de Sala Pinso, et enaici comal rious de Sala Pinso s'en deissen tro en Ro el rious de Ro s'en davala tro el riou de Chainhac, etc., etc. (*Sequitur prælonga bonorum partitorum descriptio.*) — Hujus rei sunt testes ex utraque parte rogati : R. de Rabastencs, en Pons sos fils, Pons Ameils, B. de Mala Falgueira, Durants Aimerics, B. Ademars, Matfres Ameils, *sex decem alii*..... e fraire Ramon del Capmas lo capela que aquesta carta escrious per precs e per mandament del I. e del autre, mensse decembri, feria IIII^a. Lodoicus rex Francorum, Gregorius papa, Raimondus comes Tolose, D. (Durandus) Albiensis episcopus. »

On lit au dos de cette pièce l'annotation suivante : *Aisso es translat de la carta de l'afar de Auta Serra.*

2083   Melun. 1230. Décembre.

Statutum Ludovici regis et baronum Franciæ de Judeis.

(J. 427. — Juifs, n° 11. 2. — Original scellé.)

Ludovicus Dei gratia Francie rex. — Noverint universi, presentes pariter et futuri, quod nos pro salute anime nostre et inclite recordationis regis Ludovici genitoris nostri et antecessorum nostrorum, pensata etiam ad hoc utilitate totius regni nostri, de sincera voluntate nostra et de communi consilio baronum nostrorum statuimus quod nos et barones nostri Judeis nulla debita de cetero contrahenda faciemus haberi, nec aliquis in toto regno nostro poterit retinere Judeum alterius domini, et, ubicumque aliquis inveniet Judeum suum, ipsum licite poterit capere tanquam proprium servum, quantumcunque moram fecerit Judeus sub alterius dominio vel in alio regno. — Debita vero, que usque nunc Judeis debentur, solventur tribus terminis, videlicet : in instanti festo Omnium Sanctorum, tercia pars; in sequenti festo Omnium Sanctorum, tercia pars; et in alio sequenti festo Omnium Sanctorum, residua tercia pars. — De Xpistianis vero statuimus quod nullas usuras de debitis contrahendis eos faciemus habere, nos seu barones nostri. Usuras autem intelligimus quicquid est ultra sortem. — Hec vero statuta servabimus et faciemus servari in terra nostra, et barones nostri in terris suis; et si aliqui barones noluerint hec servare, ipsos ad hoc compellemus : ad quod alii barones, cum posse suo, bona fide nos juvare tenebuntur.—

Et si aliqui in terris baronum invenirentur rebelles, nos et alii barones nostri juvabimus ad compellendum rebelles predicta statuta servare. — Hec autem in perpetuum volumus illibata servari a nobis et baronibus nostris, et barones nostri similiter concesserunt se et heredes suos hec perpetuo servaturos. — Ego Ph. (Philippus) comes Bolonie ea que premissa sunt volui, consului et juravi. Ego Theobaldus comes Campanie eadem volui, consului et juravi. Ego Hugo comes Marchie eadem volui, consului et juravi. Ego Hugo dux Burgundie eadem volui, consului et juravi. Ego Amaurricus comes Montisfortis, Francie constabularius, eadem volui, consului et juravi. Ego Robertus de Curtiniaco, Francie buticularius, eadem volui, consului et juravi. Ego Henricus comes Barri eadem volui, consului et juravi. Ego Hugo comes Sancti Pauli eadem volui, consului et juravi. Ego Rad. (Radulfus) comes Augi eadem volui, consului et juravi. Ego Johannes comes Cabilonis eadem volui, consului et juravi. Ego Guillelmus vicecomes Lemovicensis eadem volui, consului et juravi. Ego Ingerranus de Cociaco eadem volui, consului et juravi. Ego Archembaldus de Borbonio eadem volui, consului et juravi. Ego Guillelmus de Domno Petro eadem volui, consului et juravi. Ego Guido de Domno Petro eadem volui, consului et juravi. Ego Johannes de Nigella eadem volui, consului et juravi. Ego Guillelmus de Vergiaco eadem volui, consului et juravi. Hec autem voluimus, consuluimus et juravimus pro salute animarum nostrarum et antecessorum nostrorum. — Adjunctum est insuper quod omnes Judei litteras, quascunque habent de debitis suis, ostendant dominis suis infra instans festum Omnium Sanctorum, alioquin non valebunt littere ille nec eis ex tunc uti poterunt Judei ad petenda debita sua. — Nos autem, ut predicta omnia rata in perpetuum permaneant et inconcussa, in eorum memoriam et testimonium sigilla nostra presentibus fecimus apponi. Actum apud Meledunum, anno Domini M° CC° tricesimo, mense decembri.

Ce statut est scellé de vingt sceaux en cire blanche sur double queue. Le parchemin est replié sur trois côtés pour soutenir les attaches des sceaux, qui sont rangés dans l'ordre suivant, en commençant par la marge à gauche. Nous ferons préalablement observer que Raoul, comte d'Eu, et Guillaume, vicomte de Limoges, dont les noms sont énoncés dans l'acte, n'y ont point apposé leurs sceaux, tandis qu'Érard de Brienne, Guillaume de Linières, Raoul d'Issoudun, fils du comte d'Eu, et Jean de Braine, comte de Vienne et de Mâcon, qui ne sont pas nommés dans l'acte, y ont apposé les leurs en signe d'adhésion.

1. Guillaume de Vergy. (*Invent.*, n° 3852.)
2. Jean de Nesle. (*Invent.*, n° 3052.)
3. Guillaume, seigneur de Dampierre. (*Invent.*, n° 1992.)
4. Érard de Brienne, seigneur de Ramerupt. Second sceau. (*Invent.*, n° 1568.)
5. Jean, comte de Châlon. (*Invent.*, n° 502.)
6. Enguerrand III, sire de Coucy. (*Invent.*, n° 1904.)
7. Henri II, comte de Bar-le-Duc. (*Invent.*, n° 796.)
8. Robert de Courtenay, bouteiller de France. (*Invent.*, n° 274.)

Au bas de l'acte :

9. Hugues X de Lusignan, comte de la Marche et d'Angoulême. (*Invent.*, n° 834.)
10. Philippe de France, comte de Boulogne. (*Invent.*, n° 1062.)
11. Louis IX. Premier sceau. (*Invent.*, n° 41.)
12. Thibaut IV, comte de Champagne et de Brie. Premier sceau. (*Invent.*, n° 572.)
13. Hugues IV, duc de Bourgogne. Premier sceau. (*Invent.*, n° 468.)

A la marge à droite :

14. Amauri VI, comte de Montfort, connétable de France. Second sceau. (*Invent.*, n° 711.)
15. Raoul d'Issoudun, fils du comte d'Eu. (*Invent.*, n° 920.)
16. Hugues V de Châtillon, comte de Saint-Paul. (*Invent.*, n° 362.)
17. Guillaume de Lignières. (*Invent.*, n° 2587.)
18. Archambaud IX, sire de Bourbon. (*Invent.*, n° 445.)
19. Jean de Braine, comte de Vienne et de Mâcon. (*Invent.*, n° 504.)
20. Gui de Dampierre, seigneur de Saint-Just. (*Invent.*, n° 1989.)

2084   Saint-Germain en Laye. 1230.

Litteræ Roberti comitis Drocarum de licentia sibi data a domino rege quoad domum de Sorello.

(J. 218. — Dreux, n° 12. — Original.)

Ego Robertus comes Drocensis notum facio universis ad quos littere presentes pervenerint quod karissimus dominus meus Ludovicus rex Francorum illustris, ad petitionem karissime sororis mee [Alienoris] domine de Castello, michi suffert quod ego teneam domum de Sorello, cum omni eo quod est de feodo suo in dicta villa, sine facere ipsi hominagium quousque nepos meus, filius Hugonis de Castello, ad legitimam venerit etatem, tali tamen condicione quod nec ego nec heres meus poterimus ibi facere fortericiam novam nec veterem reficere vel inforciare. — Cum autem dictus nepos meus ad legitimam etatem pervenerit, si idem nepos meus de predictis conqueratur, ipse dominus rex predictam domum et alia predicta in manu sua capere poterit et tenere quousque in curia sua judicatum fuerit quis predicta per jus debeat habere. — Si vero dictus nepos meus, postquam ad etatem legitimam pervenerit, dictam domum et alia predicta infra annum et diem non requireret, ipse dominus rex in saisina dicte domus et aliorum predictorum me dimitteret per jus faciendum in curia sua de predictis cuilibet conquerenti, et de hiis me reciperet in hominem suum, sicut feodum debet, salvo jure alieno. — Si autem eundem nepotem meum infra legitimam etatem mori contingeret, ipse dominus rex in saisina predicte domus et aliorum predictorum me dimitteret per jus faciendum in curia sua de predictis cuilibet conquerenti. — Precium autem turris dicte domus quam ego precipitavi, videlicet trecentas libras Parisiensium, ego vel heres meus tenebimur reddere illi cui per jus dicta domus et alia predicta evenirent, si jus diceret quod dampnum dicte turris precipitate reddere teneremur. — Et sciendum est quod ego et heres meus dictam domum de Sorello eidem domino regi et heredibus ipsius tenemur tradere ac deliberare quotiens ego seu heres meus requisiti super hoc fuerimus ab eodem domino rege. — In cujus rei testimonium, presentes litteras sigilli nostri munimine roboravi. Actum apud Sanctum Germanum in Laya, anno Domini M° CC° tricesimo.

Traces de sceau pendant sur double queue. — Voyez dans l'*Inventaire*, n° 728, la description du second sceau de Robert III, comte de Dreux, d'après un type appendu à un acte daté de 1225. — La sœur de Robert III, qui cède à son frère la propriété provisoire du château de Sorel-Moussel dans le Drouais (Eure-et-Loir, arr. de Dreux, canton d'Anet), se nommait Éléonore; elle était alors veuve de son premier mari, Hugues IV, sire de Châteauneuf-en-Thymerais (Beauce, Eure-et-Loir, arr. de Dreux).

2085   1230.

(J. 165. — Valois, III, n° 28. — Original scellé.)

Petrus Meldensis episcopus notum facit Reginaldum de Fontaneto, armigerum, et Avelinam uxorem ejus, in ipsius præsentia constitutos recognovisse se prioratui de Turnomio decem solidos Parisienses, annuatim infra octabas Omnium Sanctorum, apud Turnomium, in domo prioris persolvendos, debere pro parte cujusdam molendini siti apud Fontanetum quod dicitur molendinum Petri; quam partem præfati Reginaldus et Avelina ab Odone leproso de Turnomio, quondam serviente Adæ prioris Turnomii, emerunt. — « Quod ut ratum perma-

neat imperpetuum, presentem paginam sigilli nostri munimine roboravimus. Actum anno Domini M° CC° XXX°. »

Sceau de Pierre de Cuisy, évêque de Meaux; cire blanche, double queue; décrit dans l'*Inventaire* sous le n° 6702.

2086   1230-31. Lundi 10 février.

(J. 325. — Toulouse, XVI, n° 2. — Original. = N° 4. — Copie ancienne.)

Instrumentum quo notum fit Willelmum de Gamevilla Ramundo Chatgerio et ejus ordinio unum locale situm apud Vecerias, cum ædificiis ibidem constructis, omnibusque ejusdem pertinentiis, nec non duos hortos sitos in eadem villa, in feodum donasse ea lege ut prædictus feodatarius præfatum honorem nec vendere, nec impignorare, nec dare, nec quovis modo alienare, absque speciali domini sui licentia, valeat. — « Hoc fuit factum X. die introitus februarii, feria II, regnante Lodoyco rege Francorum, Ramundo Tolosano comite, Fulcone episcopo, anno M° CC° XXX° ab incarnatione Domini. Hujus rei sunt testes : Sicardus de Tolosa, et magister Bernardus de Burgeto-novo, et R. Puer, et Petrus Vifrancus, et Guillelmus Petri qui cartam istam scripsit. »

Le n° 4 est une copie délivrée entre le 25 décembre 1231 et le 21 mars 1231-32, *nullo Tolosæ existente episcopo*.

2087   1230-31. Lundi 17 février.

(J. 324. — Toulouse, XV, n° 6. — Original.)

Instrumentum quo constat Willelmum de Gamevilla duas domos sitas apud Vecerias et plurimos alios honores Durando Raterio et ejus ordinio ad acaptum sive feodum dedisse, mediantibus XVIII. denariis Tolosanis annuatim solvendis, et XVIII. denariis de reacapto quando evenerit; ea insuper conditione apposita ut, si præfatus Durandus sine prole de legali matrimonio procreata obierit, omnes præfati honores prædicto domino suo vel ejus ordinio reverterentur. — « Hoc fuit factum XII. die exitus februarii, feria II, regnante Lodoyco rege Francorum, Ramundo Tolosano comite, Fulcone episcopo, anno M° CC° XXX° ab incarnatione Domini. Hujus rei sunt testes: Sicardus de Tolosa, et Ramundus Puer de Veceriis, et Ramundus Faber de eadem villa, et Willelmus Barba, et Guillelmus Petri qui cartam istam scripsit. »

2088   Paris. (1231.) Février.

Amalricus comes Montisfortis terram, quam pater suus tenebat in Anglia, ab Henrico rege vindicat.

(J. 628. — Angleterre, II, n° 14. 5. — Copie ancienne.)

Excellentissimo domino suo Henrico, Dei gratia illustri regi Anglorum, Amalricus comes Montisfortis et Leycestrie, salutem in eo qui dat salutem regibus, et, cum omni subjectione, tam debitum quam devotum ad obsequia famulatum. — Vestre regie majestati multociens supplicavi humiliter et devote ut mihi terram meam et jus meum quod habeo et habere debeo in Anglia, quod bone memorie pater meus de vestro tenuit et tenebat, dum decessit, pacifice ac quiete, mihi, vestro militi, redderetis. — Quod quia dominationi vestre non placuit hucusque facere, adhuc vestre majestati supplico, humilitate qua possum, quatinus hac vice mihi vobis servire parato, sicut decuerit, reddere dignemini terram; et si hoc vobis non placuerit, ego ad pedes dominationis vestre transmitto Simonem fratrem meum, qui de domino rege Francie nichil tenet. Cui si eam reddideritis, me pro bene pagato tenerem. — Datum Parisius, mense februario.

Nous plaçons ces lettres à l'année 1231, à cause des lettres adressées à Henri III par Amauri de Montfort au mois d'août 1231, dans lesquelles l'année est exprimée, et qui sont transcrites dans le même rouleau. Par ces lettres, évidemment postérieures à celles-ci, Amauri confirme la cession faite par lui à son frère Simon de Montfort. (Voy. le n° 2151.)

2089   1230-31. Février.

(J. 238. — Boulogne, I, n° 12. 2. — Copie authentique.)

Radulphus miles, Lusarchiarum dominus, filius domini Guidonis quondam Silvanectensis buticularii, notum facit se et Johannam uxorem suam laudavisse et concessisse donationem quam dominus Guido, bonæ memoriæ, ipsius frater, ecclesiæ Beatæ Mariæ de Victoria fecit, videlicet medietatis griariæ quam dictus Guido habebat in centum arpentis bosci apud Coyam, juxta vivaria prædictæ ecclesiæ sitis, et eidem abbatiæ a Philippo rege ejus fundatore donatis. — « Quod ut ratum permaneat et firmum, et ne in posterum possit aliqua oblivione deleri, presentem paginam sigilli mei munimine roboravi. Actum anno Domini millesimo ducentesimo tricesimo, mense februario. »

Vidimus délivré par Philippe le Bel, au mois d'août 1293.

2090   1230-31. Dimanche 2 mars.

Securitas facta domino regi a Guidone de Ponches milite pro comite et comitissa Pontivi.

(J. 395. — Securitates, n° 93. — Original scellé.)

Ego Guido de Ponches, miles, notum facio omnibus presentes litteras inspecturis quod ego juravi et bona fide promisi quod, si dominus meus Simon comes Pontivi, vel uxor ejus Maria, vel heredes eorum, contra conventiones vel donationes quas domino regi et heredibus ejus fecerunt, quod Deus avertat, idem Simon dominus meus vel uxor ejus vel heredes eorum predicti aliquo modo resilirent, vel aliquis eorum, nisi infra quadraginta dies postquam dominus rex id eidem comiti vel uxori ejus predicte vel ballivo eorum de Abbatisvilla scire fecerit, hoc emendaverint, ego eidem domino regi et heredibus ipsius contra eos adhererem, nec eis auxilium vel consilium prestarem donec ad judicium curie domini id esset emendatum. — Quod ut ratum sit, presentes litteras sigillo meo roboravi. — Actum anno Domini M° CC° tricesimo, mense martio, dominica post festum Beati Mathie apostoli.

Sceau de Gui sire de Ponches en Picardie (Ponches-Estruval, Somme, arr. de Crécy, cant. d'Abbeville); cire blanche, double queue; décrit dans l'*Inventaire* sous le n° 3272. — Les lettres de sûreté données par les barons et les villes du Ponthieu pour assurer l'exécution des engagements pris envers le roi par le comte et la comtesse de Ponthieu, et qui d'ailleurs portent pour la plupart la date du 2 mars, sont antérieures aux lettres du comte de Ponthieu, également datées du mois de mars, mais sans quantième, et que nous publions ci-après n° 2121. Ces lettres de sûreté avaient été remises entre les mains du roi avant la conclusion définitive de la paix accordée par lui au comte de Ponthieu. Cette remise préalable, qui est formellement exprimée dans les lettres du comte, *fecimus ipsi domino regi habere litteras villarum et militum sigilla habentium*, était d'usage; le roi avait déjà procédé de la même manière lors du traité conclu en décembre 1226 avec le comte et la comtesse de Flandre. — Voyez les n°s 1830 à 1898, et spécialement l'observation placée à la suite du n° 1895 (p. 111).

2091   1230-31. 2 mars.

(J. 395. — Securitates, n° 96. — Original.)

Litteræ Mathei de Roya, ejusdem argumenti et formæ. — « Quod ut ratum sit et stabile permaneat, presentes litteras sigillavi. Datum anno Domini M° CC° tricesimo, secunda die martii. »

Traces de sceau pendant sur double queue. — On trouve dans l'*Inventaire*, sous le n° 3476, la description du sceau d'un Mathieu de Roye en Picardie (Somme, arr. de Montdidier), vivant en 1275, et qui était probablement le fils du Mathieu de Roye qui se rendait en 1231 garant des promesses faites par le comte de Ponthieu.

2092   Abbeville. 1230-31. 2 mars.

(J. 395. — Securitates, n° 98. — Original.)

Litteræ Eustachii de Auxi, ejusdem argumenti et formæ. — « Quod ut ratum permaneat, presentes litteras sigillavi. Datum apud Abbatisvilla[m], anno Domini M° cc° tricesimo, secunda die martii. »

<small>Traces de sceau pendant sur double queue. — Le sceau d'Eustache d'Auxy (Auxy-le-Château? Pas-de-Calais, arr. de Saint-Paul-sur-Ternoise) n'a pas été retrouvé. Voyez, dans l'*Inventaire*, n° 1259, la description du sceau armorial de Hugues d'Auxy qui était très-probablement de la même famille.</small>

2093 1230-31. Dimanche 2 mars.

(J. 395. — Securitates, n° 99. — Original.)

Litteræ Alelmi de Fontanis, militis, ejusdem argumenti et formæ. — « Quod ut ratum sit, presentes litteras sigilli mei munimine confirmavi. Actum est hoc anno Domini M° cc° tricesimo, mense marcio, dominica proxima post festum Beati Mathie apostoli. »

<small>Traces de sceau pendant sur double queue. — Le sceau d'Aleaume de Fontaines (probablement Fontaines-sur-Somme, Somme, arr. d'Abbeville) n'a pas été retrouvé. — Voyez dans l'*Inventaire*, n° 2198, la description du sceau de Hugues de Fontaines, qui vivait en 1220, et qui était également un seigneur du Ponthieu.</small>

2094 1230-31. Dimanche 2 mars.

(J. 395. — Securitates, n° 100. — Original.)

Litteræ Willelmi de Durcat, militis, ejusdem argumenti et formæ. — « Quod ut ratum sit, presentes litteras sigilli mei inpressione confirmavi. Actum est hoc anno Domini M° cc° tricesimo, mense martio, dominica proxima post festum Beati Mathie apostoli. »

<small>Traces de sceau pendant sur double queue. — Le sceau de Guillaume de Durcat n'a pas été retrouvé.</small>

2095 Abbeville. 1230-31. Dimanche 2 mars.

(J. 395. — Securitates, n° 103. — Original scellé.)

Litteræ Hugonis de Aussyaco, militis, ejusdem argumenti et formæ. — « Quod ut ratum et stabile permaneat, presentes litteras sigilli mei munimine roboravi. Actum apud Abbatisvillam, anno Domini M° cc° tricesimo, mense martio, dominica post festum Sancti Mathie apostoli. »

<small>Sceau de Hugues d'Auxy (Auxy-le-Château? Pas-de-Calais); cire blanche, double queue, décrit dans l'*Inventaire* sous le n° 1259.</small>

2096 Abbeville. 1230-31. Dimanche 2 mars.

(J. 395. — Securitates, n° 108. — Original.)

Litteræ Galterii de Sancto Mauxencio, ejusdem argumenti et formæ. — « Quod ut ratum permaneat, presentes litteras sigillavi. Datum apud Abbatisvillam, anno Domini M° cc° tricesimo, secunda die martii. »

<small>Traces de sceau pendant sur double queue. — Le sceau de Gautier de Saint-Maxent, en Picardie (Somme, arr. d'Abbeville), n'a pas été retrouvé.</small>

2097 Abbeville. 1230-31. Dimanche 2 mars.

(J. 395. — Securitates, n° 113. — Original.)

Litteræ Alermi de Bello Ramo, militis, ejusdem argumenti et formæ. — « Quod ut ratum et stabile permaneat, presentes litteras sigilli mei munimine roboravi. Actum apud Abbatisvillam, anno Domini M° cc° tricesimo, mense martio, dominica post festum Sancti Mathie apostoli. »

<small>Traces de sceau pendant sur double queue. — Le sceau d'Alleaume de Boran? (Oise, arr. de Senlis) n'a pas été retrouvé.</small>

2098 1230-31. Dimanche 2 mars.

(J. 395. — Securitates, n° 114. — Original scellé.)

Litteræ Eustachii, vicecomitis Pontis Remigii, ejusdem argumenti et formæ. — « Quod ut ratum sit, presentes litteras sigilli mei inpressione roboravi. Actum est hoc anno Domini M° cc° tricesimo, mense martio, dominica proxima post festum Beati Mathie apostoli. »

<small>Sceau d'Eustache, vicomte de Pont-Remy (Somme, arr. d'Abbeville); cire blanche, double queue; décrit dans l'*Inventaire* sous le n° 1070.</small>

2099 1230-31. Dimanche 2 mars.

(J. 395. — Securitates, n° 117. — Original scellé.)

Litteræ Willelmi de Caeu, militis, ejusdem argumenti et formæ. — « Quod ut ratum sit, presentes litteras sigilli mei munimine roboravi. Actum est hoc anno Domini M° cc° tricesimo, mense martio, dominica proxima post festum Beati Mathie apostoli. »

<small>Sceau de Guillaume de Cayeux, en Picardie (Somme, arr. d'Abbeville); cire blanche, double queue; décrit dans l'*Inventaire* sous le n° 1658.</small>

2100 1230-31. Mars.

(J. 395. — Securitates, n° 118. — Original scellé.)

Litteræ Guillermi de Alneto, militis, ejusdem argumenti et formæ. — « In cujus rei testimonium, presentes litteras eidem domino regi tradidi, sigilli mei munimine roboratas. Actum anno Domini M° cc° tricesimo, mense marcio. »

<small>Sceau de Guillaume d'Aulnay (Aulnay-lez-Bondy, Seine-et-Oise, arr. de Pontoise, ou peut-être Aulnoy, Nord, arr. de Valenciennes, voyez le n° 2123); cire blanche, double queue; décrit dans l'*Inventaire* sous le n° 1239. — Ces lettres et les suivantes, n° 2101 à 2107, ne portent pas le quantième du mois. Nous les avons placées au 2 mars, pour ne pas les séparer des lettres précédentes; elles sont d'ailleurs conçues dans les mêmes termes.</small>

2101   1230-31. Mars.

(J. 395. — Securitates, n° 119. — Original scellé.)

Litteræ Willelmi militis de Bello Sartu, ejusdem argumenti et formæ. — « In cujus rei testimonium, presentes litteras eidem domino regi tradidi, sigilli mei munimine roboratas. Actum anno Domini millesimo ducentesimo tricesimo, mense marcio. »

Sceau de Guillaume de Beausart, en Picardie (Somme, arr. de Doullens, cant. d'Acheux); cire blanche, double queue; décrit dans l'*Inventaire* sous le n° 1374.

2102   1230-31. Mars.

(J. 395. — Securitates, n° 120. — Original.)

Litteræ Simonis de Dargies, militis, ejusdem argumenti et formæ. — « In cujus rei testimonium, presentes litteras eidem domino regi tradidi, sigilli mei munimine roboratas. Actum anno Domini M° CC° tricesimo, mense marcio. »

Traces de sceau pendant sur double queue. — Voyez dans l'*Inventaire*, n° 2009, la description du sceau de Simon de Dargnies (Somme, arr. d'Abbeville, cant. de Gamaches), d'après un type appendu à un acte daté de 1232.

2103   1230-31. Mars.

(J. 395. — Securitates, n° 121. — Original scellé.)

Litteræ Hugonis de Castellione, comitis Sancti Pauli, ejusdem argumenti et formæ. — « In cujus rei testimonium, presentes litteras eidem domino regi tradidi, sigilli mei munimine roboratas. Actum anno Domini M° CC° tricesimo, mense martio. »

Scellé en cire brune, sur double queue, du premier sceau de Hugues V de Châtillon, comte de Saint-Paul, décrit dans l'*Inventaire* sous le n° 362.

2104   1230-31. Mars.

(J. 395. — Securitates, n° 122. — Original.)

Litteræ Willelmi Crespins, militis, ejusdem argumenti et formæ. — « In cujus rei testimonium, presentes litteras eodem (*sic*) domino regi tradidi, sigilli mei munimine roboratas. Actum anno Domini M° CC° tricesimo, mense martio. »

Traces de sceau pendant sur double queue. — Le sceau de Guillaume Crespin, seigneur du Ponthieu, n'a pas été retrouvé. Consultez dans l'*Inventaire*, n° 1960, la description du sceau de Guillaume Crespin, seigneur de Dangu, en Normandie, d'après un type apposé à un acte daté de 1225.

2105   1230-31. Mars.

(J. 395. — Securitates, n° 123. — Original.)

Litteræ Theobaldi de Bellomonte, militis, ejusdem argumenti et formæ. — « In cujus rei testimonium, presentes litteras eidem domino regi tradidi, sigilli mei munimine roboratas. Actum anno Domini M° CC° tricesimo, mense martio. »

Traces de sceau pendant sur double queue. — Le sceau de Thibaud de Beaumont, en Picardie (Beaumont-Hamel, Somme, arr. de Péronne), n'a pas été retrouvé.

2106   1230-31. Mars.

(J. 395. — Securitates, n° 97. — Déficit.)

Litteræ Gualterii de Vuaben, ejusdem argumenti et formæ. — Anno M. CC. XXX., mense martio.

Cette pièce et la suivante sont depuis longtemps portées en déficit, et comme nous n'avons pas pu les retrouver ailleurs, nous en donnons l'indication d'après l'inventaire de Dupuy; mais il y a tout lieu de croire qu'elles étaient conçues dans les mêmes termes que les pièces précédentes. — Waben en Picardie (Pas-de-Calais, arr. de Montreuil-sur-Mer).

2107   1230-31. Mars.

(J. 395. — Securitates, n° 105. — Déficit.)

Litteræ Gerardi vicedomini de Piquiniaco, ejusdem argumenti et formæ. — Anno M. CC. XXX., mense martio.

Voyez l'observation à la suite de la pièce 2106. — Picquigny en Picardie (Somme, arr. d'Amiens).

2108   1230-31. Dimanche 2 mars.

(J. 395. — Securitates, n° 109. — Original.)

Litteræ majoris, scabinorum et totius communiæ de Abbatisvilla, ejusdem argumenti et formæ. — « Quod ut ratum sit, presentes litteras sigilli nostri munimine roboravimus. Actum anno Domini M° CC° tricesimo, mense martio, dominica proxima post festum Beati Mathie apostoli. »

Traces de sceau pendant sur double queue. — Voyez dans l'*Inventaire*, n°s 5734 à 5736, la description de divers sceaux de la ville d'Abbeville d'après des types appendus à des actes datés de 1320 à 1368. — Les lettres des villes et des communes sont conçues absolument dans les mêmes termes que celles des chevaliers.

2109   1230-31. Dimanche 2 mars.

(J. 395. — Securitates, n° 95. — Original scellé.)

Litteræ communiæ de Pontoiles, ejusdem argumenti et formæ. — « Quod ut ratum sit, presentes litteras sigilli nostri munimine roboravimus. Actum anno Domini M° CC° tricesimo, mense martio, dominica proxima post festum Beati Mathie apostoli. »

Sceau de la ville de Ponthoile (Somme, arr. d'Abbeville, cant. de Nouvion-en-Ponthieu); cire blanche, double queue; décrit dans l'*Inventaire* sous le n° 5790.

2110   1230-31. Dimanche 2 mars.

(J. 395. — Securitates, n° 102. — Original.)

Litteræ majoris, scabinorum et totius communiæ d'Estranliaus, ejusdem argumenti et formæ. — « Quod ut ratum sit, presentes litteras sigillo communie nostre roboravimus. Actum anno Domini M° CC° tricesimo, mense martio, dominica post festum Beati Mathie apostoli. »

Traces de sceau pendant sur double queue. — Le sceau de la commune d'Estranliaus ou de Stranliaus n'a pas été retrouvé; cette perte est d'autant plus regrettable que ce sceau aurait pu nous servir à rectifier le nom et à fixer la position de la localité qui semble avoir disparu.

2111   1230-31. Dimanche 2 mars.

(J. 395. — Securitates, n° 104. — Original.)

Litteræ majoris, scabinorum et totius communiæ de Waben, ejusdem argumenti et formæ. — « Quod ut ratum sit, presentes litteras sigilli nostri munimine roboravimus. Actum anno Domini M° CC° tricesimo, mense martio, dominica post festum Beati Mathie apostoli. »

Traces de sceau pendant sur double queue. — Le sceau de la commune de Waben (Pas-de-Calais, arr. de Montreuil-sur-Mer) n'existe plus aux Archives.

2112   1230-31. Dimanche 2 mars.

(J. 395. — Securitates, n° 106. — Original.)

Litteræ majoris, scabinorum et totius communiæ de Rua, ejusdem argumenti et formæ. — « Quot ut ratum sit, presentes litteras sigilli nostri munimine roboravimus. Actum anno Domini M° CC° tricesimo, mense martio, dominica post festum Beati Mathie apostoli. »

Traces de sceau pendant sur double queue. — Le sceau de la commune de Rue, en Ponthieu (Somme, arr. d'Abbeville), est décrit dans l'*Inventaire* sous le n° 5792, d'après un type appendu à un acte daté de 1303.

2113   Abbeville. 1230-31. Dimanche 2 mars.

(J. 395. — Securitates, n° 107. — Original scellé.)

Litteræ majoris, scabinorum et totius communitatis de Nigella, ejusdem argumenti et formæ. — « Quot ut ratum sit, presentes litteras sigilli nostri munimine fecimus roborari. Actum apud Abbatisvillam, anno Domini M° CC° tricesimo, mense martio, dominica post festum Beati Mathie apostoli. »

Scellé en cire blanche, sur double queue, du sceau de la commune de Nesle, en Ponthieu (Somme, arr. de Péronne), décrit dans l'*Inventaire* sous le n° 5784.

2114   1230-31. Dimanche 2 mars.

(J. 395. — Securitates, n° 110. — Original.)

Litteræ majoris, scabinorum et totius communiæ de Ergnies, ejusdem argumenti et formæ. — « Quod ut ratum sit, presentes litteras sigillo communie nostre roboravimus. Actum anno Domini M° CC° tricesimo, mense martio, dominica post festum Beati Mathie apostoli. »

Traces de sceau pendant sur double queue. — Le sceau de la commune d'Ergnies, en Ponthieu (Somme, arr. d'Abbeville), n'a pas été retrouvé.

2115   1230-31. Dimanche 2 mars.

(J. 395. — Securitates, n° 111. — Original scellé.)

Litteræ majoris, scabinorum et totius communiæ de Arguel, ejusdem argumenti et formæ. — « Quod ut ratum sit, presentes litteras sigilli nostri munimine roboravimus. Actum anno Domini M° CC° tricesimo, mense martio, dominica post festum Beati Mathei apostoli. »

Sceau de la commune d'Arguel (Somme, arr. d'Amiens); cire blanche, double queue; décrit dans l'*Inventaire* sous le n° 5741.

2116   Abbeville. 1230-31. 2 mars.

(J. 395. — Securitates, n° 112. — Original scellé.)

Litteræ majoris et juratorum Sancti Judoci, ejusdem argumenti et formæ. — « Quod ut ratum permaneat, presentes litteras sigillo communie nostre roboravimus. Actum apud Abbatisvillam, anno Domini M° CC° tricesimo, secunda die martis. »

Sceau de la commune de Saint-Josse-sur-Mer (Pas-de-Calais, arr. de Montreuil-sur-Mer); cire blanche, double queue; décrit dans l'*Inventaire* sous le n° 5793.

2117   1230-31. Dimanche 2 mars.

(J. 395. — Securitates, n° 116. — Original scellé.)

Litteræ majoris, scabinorum et totius communiæ de Mahoc, ejusdem argumenti et formæ. — « Quod ut ratum et stabile permaneat, presentes litteras sigilli nostri munimine roboravimus. Actum anno Domini M° CC° tricesimo, mense martio, dominica post festum Beati Mathie apostoli. »

Sceau de la commune de Mayo, nommée aujourd'hui le Crotoy (Somme, arr. d'Abbeville); cire blanche, double queue; décrit dans l'*Inventaire* sous le n° 5774.

2118   1230-31. Mars.

(J. 395. — Securitates, n° 94. — Déficit.)

Litteræ majoris et juratorum communiæ de Vuisgermont, ejusdem argumenti et formæ. — Anno M. CC. XXX., mense martio.

Nous donnons d'après l'inventaire de Dupuy l'indication de cette pièce et des deux suivantes, qui ne sont plus dans le Trésor. Il est bien probable qu'elles étaient conçues dans les mêmes termes que les lettres des autres communes du Ponthieu; mais, pour celle-ci, le nom de *Vuisgermont* est, suivant toute apparence, un nom défiguré dans l'inventaire, et il ne nous a pas été possible de le retrouver.

2119   1230-31. Mars.

(J. 395. — Securitates, n° 101. — Déficit.)

Litteræ majoris et scabinorum communiæ de Creciaco, ejusdem argumenti et formæ. — Anno M. CC. XXX., mense martio.

Le sceau de la commune de Crécy, en Ponthieu (Somme, arr. d'Abbeville), n'est pas décrit dans l'*Inventaire*.

2120   1230-31. Mars.

(J. 395. — Securitates, n° 115. — Déficit.)

Litteræ majoris et scabinorum communiæ de Mareskina, ejusdem argumenti et formæ. — Anno M. CC. XXX., mense martio.

La commune désignée dans cette notice sous le nom de *Mareskina* est le village nommé aujourd'hui Marcsquel, en Artois (Pas-de-Calais, arr. de Montreuil-sur-Mer).

2121 Saint-Germain en Laye. 1230-31. Mars.

Simon comes Pontivi conventiones, inter Mariam uxorem suam et regem Franciæ initas, ratas habet, et domino regi homagium ligium præstat.

(J. 235. — Ponthieu, n° 46. — Original scellé.)

Ego Symon comes Pontivi notum facio universis, tam presentibus quam futuris, presentes litteras inspecturis, quod ego litteras karissime uxoris mee Marie comitisse Pontivi inspexi in hec verba :

Ego Maria comitissa Pontivi notum facio universis presentibus pariter et futuris quod, cum diligenter attenderem quod karissimus dominus meus Ludovicus, etc. (*Vide supra n°* 1713, *litteras Mariæ, datas apud Chynonem, anno* 1225, *mense julio*).

Donationes autem, concessiones et conventiones omnes supradictas ego Symon comes Pontivi, pro pace cum karissimo domino meo Ludovico rege Francie illustri habenda et gratia ipsius obtinenda, volui, laudavi, et approbavi, et innovavi, et me inviolabiliter ipsi domino regi et heredibus suis per omnia servaturum, tactis sacrosanctis Euvangeliis, promisi et juravi, eo salvo quod pacem ejus obtinui et gratiam in terram suam et sua feoda libere revertendi. — Promisimus insuper, ego et Maria comitissa uxor mea, quod in comitatu Pontivi vel in terra, quam genitor ejusdem domini regis memorate comitisse uxori mee quittavit, nec nos nec heredes nostri aliquam novam fortericiam faciemus nec aliquam veterem inforciabimus sine assensu domini regis vel heredum suorum. — Promisimus etiam ipsi domino regi, ego et prefata uxor mea, quod neutram de duabus filiabus nostris primogenitis maritabimus, infra duos annos ab instanti Pascha Domini, sine licentia ipsius domini regis et karissime domine nostre Blanche regine Francie illustris, nec etiam aliquam de filiabus nostris maritabimus alicui de apertis inimicis domini regis vel regni ipsius. — Fecimus etiam eidem domino regi haberi juramenta communiarum et villarum et militum Pontivi et terre nostre sub hac forma quod, si ego vel comitissa uxor mea vel heredes nostri aliquo modo contra donationes vel conventiones hic contentas veniremus, vel eas aliquo modo infringeremus, communie, ville et milites supradicti ipsi domino regi et heredibus suis contra me et comitissam uxorem meam et heredes nostros adhererent, nec nobis auxilium vel consilium prestarent, donec ad judicium curie domini regis id esset emendatum. Et de hiis fecimus, ego et uxor mea, ipsi domino regi habere litteras villarum et militum sigilla habentium. Et, si de aliquibus nondum habuit litteras, ab ipsis faciemus eidem habere. — Si autem ego vel dicta uxor mea, vel aliquis heredum nostrorum, a conventionibus hic contentis vel ab aliqua earum resiliremus, volumus et consentimus quod, nisi infra quadraginta dies postquam dominus rex michi vel dicte uxori mee vel ballivo nostro de Abbatisvilla scire fecerit, hoc emendaverimus, ipse dominus rex et heredes sui sine se mesfacere possent ad terram nostram assignare et eam in manu sua tenere, donec ad judicium curie domini regis id esset emendatum. — Has autem conventiones omnes, tam ego quam dicta comitissa uxor mea, juravimus super sacrosancta nos integre et fideliter per omnia servaturos, et de eis firmiter observandis dedimus eidem domino regi fidejussores usque ad summam decem milium marcharum argenti, qui erga ipsum dominum regem dicte summe se constituerunt pro nobis plegios et debitores. — Ego vero Symon comes Pontivi de terra illa, quam clare memorie Ludovicus genitor ejusdem domini regis prefate uxori mee comitisse quittaverat, sicut superius est expressum, feci eidem domino regi hominagium ligium contra omnem creaturam que potest vivere et mori. — Et, si ego aut dicta uxor mea litteras aliquas habeamus contra presentis carte tenorem, volumus et concedimus ut contra dominum regem vel heredes suos nullam possint habere de cetero firmitatem. — Ut igitur premissa omnia perpetue stabilitatis robur obtineant, ego Symon et sepedicta Maria uxor mea presentem paginam sigillorum nostrorum munimine fecimus confirmari. — Actum apud Sanctum Germanum in Laya, anno Domini M° ducentesimo tricesimo, mense marcio.

Scellé en cire verte, sur lacs de soie verte et rouge, des sceaux de Marie, comtesse de Ponthieu, et de Simon de Dammartin, son mari, décrits dans l'*Inventaire* sous les n°⁸ 1067 et 1068.

2122   1230-31. Mars.

Robertus de Pissiaco miles se pro Simone comite Pontivi, erga dominum regem, usque ad ducentas marchas argenti, plegium constituit.

(J. 395. — Securitates, n° 124. — Original scellé.)

Ego Robertus de Poissiaco, miles, dominus de Haqueville, notum facio omnibus ad quos presentes littere pervenerint quod ego, erga karissimum dominum meum Ludovicum regem Francie illustrem et heredes ipsius, pro Simone de Bolonia comite Pontivi, plegium et debitorem me constituo in ducentis marchis argenti, tali modo quod, si dictus Simon a convencionibus vel aliqua earum, quas cum eodem domino rege inivit et juravit pro habenda pace cum ipso, sicut in litteris, quas idem dominus rex habet ab eodem Symone et M. (Maria) uxore ipsius plenius continetur, aliquo tempore resiliret, ego de predictis ducentis marchis argenti sepedicto domino regi tenerer, fide prestita super hoc corporali, sicut debitor, integre facere gratum suum eidem domino regi, propter hoc obligans omnia bona mea tam mobilia quam immobilia, ita quod propter istam plegiacionem et debitum ad ea predicta, sine se mesfacere, posset assignare. — In cujus rei testimonium, presentes litteras eidem domino regi tradidi, sigilli mei munimine roboratas. — Actum anno Domini M° CC° tricesimo, mense marcio.

Sceau de Robert de Poissy, seigneur de Hacqueville (Seine-et-Oise, cant. de Poissy); cire blanche, double queue; décrit dans l'*Inventaire* sous le n° 3256.

2123   1230-31. Mars.

(J. 395. — Securitates, n° 125. — Original.)

Litteræ Willelmi de Alneto, militis, ejusdem argumenti et formæ, quibus se plegium, pro dicto Simone, usque ad ducentas marchas argenti constituit. — « In cujus rei testimonium, presentes litteras eodem (*sic*) domino regi tradidi sigilli mei munimine roboratas. Actum anno Domini M° CC° tricesimo, mense martio. »

Traces de sceau pendant sur double queue. — Le sceau de Guillaume d'Aulnay (Aulnay-lez-Bondy? Seine-et-Oise, arr. de Pontoise) est décrit dans l'*Inventaire* sous le n° 1239.

2124   1230-31. Mars.

(J. 395. — Securitates, n° 126. — Original scellé.)

Litteræ Radulphi domini de Arenis, militis, ejusdem argumenti et formæ, quibus se plegium, pro dicto Simone, usque ad centum marchas argenti constituit. — « In cujus rei testimonium, presentes litteras eidem domino regi tradidi sigilli mei munimine roboratas. Actum anno Domini millesimo CC° tricesimo, mense martio. »

Sceau de Raoul d'Airaines, en Picardie (Somme, arr. d'Amiens); cire blanche, double queue; décrit dans l'*Inventaire* sous le n° 1201.

2125   1230-31. Mars.

(J. 395. — Securitates, n° 127. — Original scellé.)

Litteræ Bartholomei de Thoiriaco, militis, ejusdem argumenti et formæ, quibus se plegium, pro dicto Simone, usque ad centum marchas argenti constituit. — « In cujus rei testimonium, presentes litteras eidem domino regi tradidi sigilli mei munimine roboratas. Actum anno Domini M° CC° tricesimo, mense martio. »

Sceau de Barthélemy de Thoiry, dans l'Ile-de-France (Seine-et-Oise, arr. de Rambouillet); cire brune, double queue. Sceau armorial non décrit : un écu chargé d'un dextrochère. Légende : [Sigillum Bar]tholomei de Tori. Pas de contre-sceau.

2126   1230-31. Mars.

(J. 238. — Boulogne I, n° 13. — Déficit.)

Litteræ Simonis de Montenaio, militis, ejusdem argumenti et formæ, quibus se plegium, pro dicto Simone, usque ad centum marchas argenti constituit. — Anno M° CC° XXX°, mense martio.

Nous donnons, d'après l'inventaire de Dupuy, l'analyse de ces lettres de Simon de Montenoy, en Picardie (Somme, cant. de Poix), qui ne sont plus dans les layettes, et que nous avons vainement cherchées ailleurs; mais elles devaient être conçues dans les mêmes termes que les lettres précédentes.

2127   1230-31. Samedi 8 mars.

Litteræ Roberti Spernacensis abbatis de sua resignatione.

(J. 198 B. — Champagne, VI, n° 64. — Original.)

Viro venerabili et discreto domino suo Theobaldo comiti Campanie palatino, Robertus abbas de Spernaco, salutem in Domino. — Noverit discretio vestra quod ego, bonorum habito virorum consilio, pansata (*sic*) utilitate Spernacensis ecclesie, spontanea voluntate eandem ecclesiam resignavi in manu capituli Spernaci ut iminens periculum possum (*sic*) evitari. — Inde est quod vos deprecor, quantum possum, quatinus intuitu summe pietatis capitulo Spernaci pastorem eligendi licenciam concedatis, ne potestas eligendi ad Remensem archiepiscopum, quod absit, devolvatur. — Datum sabbato ante *isti sunt dies,* anno Domini M° CC° XXX°, mense martio. — Et, quia sigillum proprium non habeo, presentes litteras sigillo conventus Spernaci feci sigillari.

Traces de sceau pendant sur simple queue. — Le sceau de l'abbaye de Saint-Martin d'Épernay est décrit dans l'*Inventaire* sous le n° 8217, d'après un type appendu à un acte daté de 1259.

2128   Athis-sur-Orge. 1230-31. Mars.

Litteræ Radulphi, domini Fulgerarium, de conventionibus a se cum rege initis.

(J. 241. — Bretagne. Coffre, n° 8. — Original scellé. = N° 9. 4. — Copie authentique.)

Ego Radulphus, dominus Fougeriarum, notum facio universis ad quos littere presentes pervenerint,

quod karissimus dominus meus Ludovicus, rex Francie illustris, reddidit michi terram meam de Normannia quam in manu sua tenebat, et pro ea feci ei homagium ligium, sicut feodum apportat, ad usus et consuetudines Normannie. — Preterea, quoniam a prelatis et baronibus regni Francie erat judicatum quod Petrus, quondam comes Britannie, propter ea que mesfecerat contra eundem dominum regem, amiserat per jus ballum Britannie, et quod omnes, qui ei fecerant fidelitatem vel homagium ratione dicti balli, nichil pro eo ratione ejusdem balli facere tenebantur, ego, ad eundem dominum regem accedens, feci ei homagium ligium de Fougeriis et de omnibus que tenere solebam a dicto P. quondam comite Britannie, salvo jure heredis Britannie quando venerit ad etatem viginti et unius annorum, dum tamen tunc faciat domino regi dictus heres quod facere debebit. — Tradidi etiam eidem domino regi castrum meum de Fougeriis ad ponendum ibi garnisionem suam, si velit, et ad guerreandum regem Anglie et dictum P. quondam comitem Britannie et suos; ita tamen quod, si treuga caperetur inter dominum regem et regem Anglie et dictum P. quondam comitem Britannie, ego rehaberem dictum castrum; et, si guerra iterum moveretur, ego domino regi traderem dictum castrum, salvo eo quod dictum est de herede Britannie supradicto. — Dominus autem rex in dicto castro Fougeriarum ponet, si voluerit, garnisionem suam sive magnam sive parvam, prout viderit opus esse, cum consilio Andree domini Vitriaci. — Tenebit etiam nobis idem dominus rex ad denarios suos usque ad triginta milites de militibus meis, vel in dicto castro vel ubi viderit expedire, quamdiu guerra domini regis durabit usque ad predictam etatem heredis Britannie. — Et ego, si voluero, ero in garnisione dicti castri, ita tamen quod gentes domini regis, si ei placuerit, potestatem habeant ejusdem castri. — Si etiam dicto regi placeret michi, durante guerra, tradere dictum castrum, ego illud ad servitium domini regis bene et fideliter servare tenerer et inde inimicos ejus guerreare. — Idem autem dominus rex michi concessit quod nec pacem nec treugam faciet per quam ego ad homagium vel servitium regis Anglie vel dicti P.

quondam comitis Britannie revertatur (*corr.* revertamur). — Si vero dictum castrum Fougeriarum obsideretur a rege Anglie vel dicto P. quondam comite Britannie vel a suis, dominus rex ei tanquam feodo suo succurreret. — Omnes autem conventiones predictas juravi super sancta me firmiter servaturum. Juravi etiam quod bene et fideliter serviam domino regi et quod forteritias meas domino regi vel mandato suo tradam, ad magnam vim et parvam, quotiens a domino rege vel mandato suo super hoc fuero requisitus, salvo eo quod superius dictum est de herede Britannie memorato. — Debeo etiam eidem domino regi facere haberi juramenta militum totius terre mee quod, si defecero in aliqua predictarum conventionum observanda, ipsi ad dominum regem se tenebunt donec id fuerit emendatum. — Super predictis autem conventionibus a me firmiter observandis dominus Fulco Paganelli, avunculus meus, qui eisdem conventionibus presens interfuit, se pro me erga dominum regem plegium obligavit, manucapiens super totum illud quod de domino rege tenet quod ego conventiones predictas fideliter et firmiter observabo, ita quod, si ego defecero in aliqua predictarum conventionum observanda, dominus rex ad totum illud quod idem Fulco tenet de ipso sine mesfacere poterit assignare. — In cujus rei testimonium, presentes litteras sigilli mei munimine roboravi. — Actum apud Athies, anno Domini m° cc° tricesimo, mense martio.

Nous publions ce traité d'après l'original coté J. 241, *Bretagne. Coffre*, n° 8, et scellé, en cire blanche sur double queue, du sceau de Raoul, seigneur de Fougères, en Bretagne (Ille-et-Vilaine), décrit dans l'*Inventaire* sous le n° 2229. La pièce de la même layette, cotée n° 9. 4. est une expédition authentique délivrée par Guillaume Lepage et Jacques Prendoul, notaires apostoliques.

2129 Athis-sur-Orge. Mars. 1230-31.

Securitas facta domino regi a Fulcone Paganelli pro Radulpho de Fulgeriis nepote suo.

(J. 395. — Securitates, n° 91. — Original scellé.)

Ego Fulco Paganelli notum facio universis ad quos presentes littere pervenerint, quod karissimus dominus meus Ludovicus, rex Francorum illustris, Radulpho de Filgeriis nepoti meo reddidit terram suam de Normannia, quam in manu sua tenebat idem dominus rex; et pro eadem terra fecit idem Radulphus eidem domino regi homagium ligium, sicut feodum apportat, ad usus et consuetudines Normannie, etc. (*Quæ sequuntur eisdem verbis constant, mutatis scilicet mutandis, ac litteræ præcedentes.*) — Super predictis eciam convencionibus, quibus ego ipse presens interfui, ab eodem Radulpho firmiter observandis, ego pro eodem Radulpho erga dominum regem me plegium obligavi, manucapiens, super totum illud quod teneo de eodem domino rege, quod predictus Radulphus convenciones premissas fideliter et firmiter observabit, ita quod, si idem Radulphus defecerit in aliqua predictarum convencionum observanda, dominus rex ad totum illud quod teneo de ipso sine mesfacere poterit assignare. — In cujus rei testimonium, presentes litteras sigilli mei munimine roboravi. — Actum apud Athies, anno Domini m° cc° tricesimo, mense martio.

Sceau de Foulque de Pesnel, en Normandie (La Haye-Pesnel, Manche, arr. d'Avranches); cire blanche, double queue; décrit dans l'*Inventaire* sous le n° 3147.

2130 1231. Samedi 12 avril.

Testificatio privilegiorum piscatorum et nautarum Tolosæ.

(J. 318. — Toulouse, IX, n° 29. — Copie authentique.)

Notum sit cunctis quod Aimericus Golinarus, et Cernitius de Nastuzia, et Willelmus Cicardus, et Poncius Sigmundus, dixerunt pro testimonio quod omnes naute et piscatores istius ville Tolose, urbis scilicet et suburbii, habuerant et tenuerant, tam cum domino Ramundo comite Tolosano, quam cum suis antecessoribus, quod licuit eis et licet quod possint piscare, quandocumque voluerint, per Garonam et per Arigiam, et navigare et arripare cum eorum corseriis libere de martris Tolosanis usque ad punctam de Moysiaco, et de ore de Aregia usque ad Altam Rippam, et in omnibus aliis aquis que cadunt in istis duobus aquis predictis, ubi possint ingredi cum eorum corseriis, excepto deves de paxeria domini comitis, que paxeria est ante Blanhacum, scilicet dum predicta paxeria fuerit cletata; et postea, dum fuerit descletata, quod debent et possunt piscare ubicumque voluerint. Et deves illius paxerie est de ore carrerie de orto domini comitis, quod est apud Blanhacum, usque ad predictam paxeriam. — Et quod sunt omnes predicti naute et piscatores, et debent esse, dum fuerint naute et piscatores, liberi ab omni justicia domini comitis istius ville Tolose, excepto incurrimento et sanguinis effusione, et quod de omni clamore quod de eis fiat, excepto sanguinis effusione et incurrimento, quod debet dominus comes, et illi qui locum suum tenuerint, firmare jus pro eis. — Et pro his omnibus que predicta sunt, omnes jam dicti naute et piscatores, dum fuerint naute et piscatores, debent facere domino comiti et ejus successoribus omnia ejus carrigia per jam dictas aquas, scilicet, de martris Tolosanis et de Alta Rippa usque ad punctam de Moysiaco, ascendendo vel descendendo. — Tamen si aliquis de predictis nautis vel de piscatoribus non habuerint naves ydoneas ad illud carrigium, dominus comes, vel illi qui locum suum tenuerint, debent illi vel illis habere naves et unum rectorem unicuique de illis navibus. — Et dominus comes, vel illi qui locum suum tenuerint, quando voluerint incipere illud carrigium, debent mittere in predictis navibus tantum de convivio quantum predictis nautis et piscatoribus necesse fuerit, in ascendendo et descendendo, et quousque sint regressi ad eorum domos. Et quando fuerint reversi in hac villa Tolose, in illa die qua reversi fuerint, debent omnes illi naute et piscatores, qui predicto carrigio fuerint, comedere ad aulam domini comitis. — Set cum fecerint predicta carrigia, debent illi naute et piscatores capere ubicumque invenerint fenum vel paleam, quantum eis necesse fuerit, ad eorum lectos, et ligna ad eorum ignes. — Tamen, si aliquis de nautis vel de piscatoribus jam dictum officium non tenuerint, non teneretur domino comiti, vel alicui pro eo, facere vel sequi aliquid de his que predicta sunt, nec dominus comes vel aliquis pro eo tenere vel sequi aliquid de his que predicta sunt, nisi sicuti aliis civibus Tolosanis. — Nam ita et tali modo ut superius scriptum est jam dicti probi homines, videlicet, Aimericus Golinarus, et Cerninus de Nastuzia, et Willelmus Ciquardus, et Poncius Sigmundus per fidem eorum corporum pliviverunt, et super sancta Dei Evangelia juraverunt quod ita viderant et audierant, et erat verum, scilicet, Aimericus Golinarus et Cerninus de Nastuzia XL. annos et plus; et Willelmus Ciquardus et Poncius Sigmundus, XXXV. annos et plus in bona tenezone. — Item Petrus Gitbertus dixit pro testimonio quod, tunc quando dominus comes Ramundus Tolose qui fuit recuperavit villam Tolose, et cum ipse Petrus Gitbertus fuit subvicarius Willelmi de Roaxio, et postea cum Ugo Johannes et Bernardus Signarius fuerunt vicarii istius ville, et postea cum ipse Petrus Gitbertus fuit subvicarius eorum, et postea cum ipse Petrus Gitbertus fuisset vicarius cum predicto Ugone Johanne, viderat et audierat hec omnia, ut superius scripta sunt, habere et tenere predictis nautis et piscatoribus cum domino Ramundo comite Tolosano qui fuit, et cum domino Ramundo comite Tolosano filio suo, et cum Willelmo de Roaxio, pro eis, et cum predictis Ugone Johanne et Bernardo Signario, et cum ipso Petro Gitberto; et quod, ratione de his omnibus que superius scripta sunt, ipse, pro jam dictis dominis et mandato predictorum vicariorum, mandaverat jam dictis nautis et piscatoribus predicta carrigia et viderat facere; et ipse Petrus Gitbertus firmaverat jus pro eis pro clamoribus qui fuerant facti de aliquibus illorum. — Nam ita dictus Petrus Gitbertus per fidem sui corporis plivivit, et super sancta Dei Evangelia juravit quod hec omnia, sicut ipse superius pro testimonio dixerat, ita viderat et audierat, et erat verum. — Hoc fuit ita a predictis testibus testificatum et juratum XII. die introitus mensis aprilis, sabbato, regnante Lodovyco rege Francorum, et Ramundo Tolosano comite, et Fulcone episcopo, anno M° CC° XXX. I° ab incarnatione Domini. — De quorum testimonio et sacramento, a predictis testibus hujusmodi facto, sunt testes : Arnaldus Barravus, et Petrus Barravus, et Durandus de Leg, et Arnaldus Petrus notarius qui hanc cartam scripsit.

Copie délivrée en novembre 1243 par Arnauld Pierre et Joire (*Jorius*), notaires à Toulouse.

2151 1231. Avril.

(J. 198 B. — Champagne, VI, n° 66. — Original.)

R. (Radulphus) vicecomes Bellimontis et S. Susannæ notum facit homagium ligium, pro eo quod in comitatu

Pertici de escheeta Guillelmi quondam comitis Perticensis tenet, Theobaldo, Campaniæ et Briæ comiti palatino, a se vel ab uno filiorum suorum, infra instans festum B. Johannis Baptistæ, esse præstandum. — « In hujus rei testimonium, presentes litteras feci sigilli mei munimine roborari. Actum anno Domini m° cc° tricesimo primo, mense aprili. »

<small>Traces de sceau pendant sur simple queue. — Le sceau de Raoul de Beaumont, vicomte de Sainte-Suzanne, est décrit dans l'*Inventaire* sous le n° 829, d'après un type appendu à un acte daté de 1223.</small>

2152   1231. Avril.

<small>(J. 203. — Champagne, XI, n° 25. — Original scellé.)</small>

Petrus abbas, totusque conventus B. Jacobi de Pruvino, notum faciunt se et karissimum dominum suum Theobaldum, illustrem Campaniæ comitem, in dominum Lambertum Bouchutum de Barro et dominum Henricum de Bordis, milites, compromisisse ad componendam controversiam quæ inter ipsos vertebatur de quibusdam domibus infra portam abbatiæ B. Jacobi existentibus et quas infra metas nundinarum maii sitas esse fratres B. Jacobi asserebant. — « Datum anno Domini millesimo ducentesimo tricesimo primo, mense aprilis. »

<small>Cette charte était scellée dans l'origine de deux sceaux pendants sur double queue. Le sceau de Pierre II, abbé de Saint-Jacques de Provins, a disparu; mais il est décrit dans l'*Inventaire* sous le n° 8973, d'après un type appendu à un acte daté de 1232; celui de l'abbaye est décrit sous le n° 8348.</small>

2153   1231. 18 mai.

Litteræ Galcheri de Joviniaco quibus senescalliam Nivernensem se, pro trecentis et viginti libratis terræ, comitissæ Nivernensi cedere declarat.

<small>(J. 256. — Nevers, n° 11. — Original.)</small>

Ego Galcherus de Jovigniaco omnibus notum facio, tam presentibus quam futuris, quod, cum Matildis comitissa Nivernensis, tempore viduitatis sue, dedisset et concessisset michi et heredibus meis, ex me et uxore mea michi desponsata vel desponsanda procreatis vel procreandis, in feodo, una cum alio feodo quod ab ipsa teneo, senescalliam Nivernensem et tocius terre sue in perpetuum possidendam, postea, contracto matrimonio inter ipsam comitissam et Guidonem comitem Forensem, idem comes et eadem comitissa tamtum fecerunt erga me et erga uxorem meam Amiciam quod nos, de bona voluntate nostra, spontanea, non coacta, dictis comiti et comitisse escambiavimus senescalliam supradictam in hunc modum : Ipsi dederunt et concesserunt michi et heredibus meis, ex me et uxore mea michi desponsata vel desponsanda procreatis vel procreandis, in escambium ejusdem senescallie, trecentas et viginti libratas terre, sitas in comitatu Nivernensi, in perpetuum possidendas.

— Et pro hiis trecentis et viginti libratis terre dederunt et assignaverunt michi quicquid habebant et quicquid possidebant apud Pars et apud Ociacum, cum omni potestate, justicia et dominio, et pertinenciis earumdem villarum, et quicquid habebant et quicquid possidebant apud Nanniacum et in finagio ejusdem loci, tam in dominio quam in justicia, et cum omnibus hominibus aubeniis et volagiis ad eamdem villam pertinentibus, exceptis Hugone Mansello, Symone Anglico, Bella relicta Gaufridi Quarrelli et heredibus eorum, quos sibi et heredibus suis retinuerunt in perpetuum, cum potestate, justicia et jure eorumdem. — Item dederunt michi apud Paisiacum, apud Sanctum Grimangium, et apud Novemfontes, istos homines et feminas, scilicet : La Baube de Chanterello, relictam Andree Theobaldi, relictam Aloeti, Galterum de Chevriaco, relictam Regis, Osannam la Faveresse, Stephanum Geuri, Morellum le Bau, filiam à la Faveresse, la Godesse et filium ejus, etc., etc... (*sequuntur viginti circiter nomina servorum vel servarum*), et Robertum prepositum de Paisiaco. — Item dederunt et assignaverunt mihi apud Maiseres, scilicet : la Torte, Radulfum et fratrem ejus; apud Souphin, Galterum de Noereio et Aeliz; apud Treigniacum, Guidonem de Tregniaco; apud Michaugues, filium Radulfi, fratrem ejus et matrem eorum; apud Domnam Petram, Ruffam et pueros ejus; apud Chasuil, tres familias, si quas habent ibidem; apud Nuilliacum, pueros Belmi et Ruffam; apud Thoriacum, Verrandum, Pelliperium, etc. (*sequuntur duodecim nomina*); apud Marcigias, relictam Thome, etc. (*sequuntur triginta quinque circiter nomina*); apud Trembleium, pueros Burelli, Rodetum, etc. (*sequuntur decem et octo nomina*); apud Sanctum Macutum, Cosinum, etc. (*sequuntur undecim nomina*); apud Vif, Theobaldum, etc. (*sequuntur sex nomina*); apud Bellum Montem, Berterium de

Cella, etc. (*sequuntur viginti circiter nomina*). — Hos autem homines supradictos et feminas, cum rebus eorum et heredibus eorum, quos habent et habebunt, sicut illos tenebant, assignaverunt michi. — Preterea assignaverunt michi omnia gaignagia sua de Moncellis, cum terris et pratis ad eadem gaignagia pertinentibus, et hoc quod habebant in granchia, in domo et in censu, salvo jure alieno quantum ad corpus granchie. — Item concesserunt michi quod homines et femine, quos assignaverunt michi pro escambio senescallie supradicte, ipsi et heredes eorum habeant integre omnia usuagia, jura et aysuncias que habebant et que possidebant quando erant in manu predictorum comitis et comitisse, et salvis tamen feodis eorum que alii homines, qui non sunt de assignatione ista, tenent ab ipsis. — Et sciendum est quod nullum hominem aut feminam de tota assignatione michi facta, nec comes, nec comitissa, nec heredes eorum poterunt de cetero retinere. — Promiserunt eciam michi bona fide quod ipsi et heredes eorum omnia supradicta, pro escambio senescallie supradicte michi assignata, michi et heredibus meis garantizabunt secundum quod debent, bona fide, ad usus et consuetudines comitatus Nivernensis. — Promiserunt eciam michi, bona fide, quod contra istam assignationem nec ipsi nec heredes eorum venire attemptabunt ullo modo ; immo omnia supradicta tenebunt firmiter et observabunt bona fide. — Volui autem et concessi me esse contemptum rebus superius nominatis, michi ab ipsis assignatis, pro trecentis et viginti terre libratis superius nominatis, pro escambio senescallie supradicte, ita quod nichil aliud preterquam assignacionem predictam potero, ego aut heres meus aut successores mei, ab ipsis vel heredibus eorum aut successoribus eorum aliquo tempore petere vel exigere pro predictis trecentis et viginti libratis terre, nec pro senescallia supradicta. — De omnibus autem superius annotatis, que michi et heredi meo, ut dictum est, dicti comes et comitissa dederunt et concesserunt in escambium senescallie supradicte, ego et dictus heres meus post me dictorum comitis et comitisse et heredum vel successorum suorum comitum Nivernensium ero homo ligius contra omnes gentes que possunt vivere et mori, salva fidelitate domini regis Francie, et salvo hoc quod ego ero ante dictos comitem et comitissam homo ligius comitis Jovigniaci, si jus dixerit quod ego debeam esse homo ligius dicti comitis Jovigniaci ante comitem et comitissam predictos. — Sciendum insuper est quod, si, quod absit, contigerit me sine herede ex me et uxore mea desposata michi vel desponsanda decedere, omnia supradicta michi, sicut dictum est, assignata, ad dictos comitem et comitissam aut ad heredes vel successores eorum comitum Nivernensium libere revertentur. — Quod [ut] ratum et firmum permaneat in perpetuum, presentes litteras sigilli mei feci munimine roborari. Actum anno Domini m° cc° tricesimo primo, mense mayo, in octabis Pentecostes.

Traces de sceau pendant sur double queue. — Le sceau de Gaucher de Joigny est décrit dans l'*Inventaire* sous le n° 2490, d'après un type appendu à un acte daté de 1217.

2154   1231. Mai.

Coutumes accordées aux habitants de Saint-Menge par le comte de Champagne et l'abbé de Saint-Menge-lez-Châlons.

(J. 197. — Champagne, V, n° 29. — Copie ancienne.)

Gie Thiebauz, de Chanpaigne et de Brie cuens palazins, et gie Henris abbés de Saint-Mange de Chaalons et touz li covanz de celle yglise faisons à savoir à touz çaux qui sont et qui seront qui ces lettres verront, que nos franchissons et quitons touz noz homes et totes noz fammes que nos avons à Chaalons et à Saint-Mange qui seront de la commugne de Saint-Mange, tant cum il i seront, de totes toltes et de totes tailles, par teil menière que gie et li abbés et li covanz de Saint-Mange averons an touz çaux an cui gie avoie taille, et an touz çaux an cui l'abbés et li couvanz avoient taille, et an touz çaux qui de fors vanront por estre an la commugne de Saint-Mange quatre deniers de la livre dou meuble, fors qu'an armeures et an robes faites por lor cors, et fors qu'an aisemanz d'ostel. — Et est à savoir que vaisel où l'am met vin et tuit aisemant d'or et d'argent seront prisié chascun an avoc les autres meubles, et averons, gie et li abbés et li covanz de Saint-Mange, deus deniers de la livre de l'éritage, chascun an. — Et est à savoir que, se aucuns de mes homes ou des homes l'abbé et le couvant, ou de mes fiévez ou des fiévez l'abbé et le covant, ou de mes gardes, venoient por demorer an la comugne de Saint-Mange, li borgois de Saint-Mange n'an porroient aucun retenir de mes homes ou de mes fiévez ou de mes gardes, se n'est par mon assant et par ma volanté; ne des homes ou des fiévez l'abbé et le covant, se n'est par l'assant ou par la volanté l'abbé et le covant. — Et, s'il avenoit que aucuns hom ou aucune famme de mes viles ou des viles l'abbé et le covant, de mes fiez ou des fiez l'abbé et le covant, ou de mes gardes, venoient pour demorer an la comugne de Saint-Mange, et li hom ou la famme qui i vanroit disoit qu'il ne fust de mes viles ou de mes fiez ou de mes gardes, ou des villes ou des fiez l'abbé et le covant, il seroit esclairci, à ma volanté, des miens, et à la volanté l'abbé et le covant, des suens, dou retenir ou dou refuser. — Et, se gie le refusoie ou l'abbés et li covanz, il auroient de nos conduit, il et les lor choses, quinze jorz plénièrement, fors les homes et les fammes qui son[t] estagier à Chaalons et à Sain[t]-Mange, que cil porront estre de la comugne de Saint-Mange sanz mon assant et sanz l'assant l'abbé et le covant, cuique home ne cuique famme qu'il soient, ne cui fiévez, ne de cui garde qu'il soient, jusqu'au jor que ces lettres furent faites. — Et est à savoir que, se aucuns de la commugne de Saint-Mange viaut paier dis livres an l'an, il sera quites del sairement et de la prisé de cèle année vers moi et vers l'abbé et ver[s] le covant. — Et est à savoir que li forfait des homes et de[s] fammes de la commugne de Saint-Mange et de toz çaux qui seront et sont estagier an la justice de la commugne de Saint-Mange sont as borjois de Saint-Mange, si cum l'abbés les soloit avoir; et tuit li forfait des genz estranges, qui ne sont de la justice de la commugne de Saint-Mange, son[t] as borjois de Saint-Mange jusqu'à vint souz; et li sorplus sera nostres, moi et l'abbés et li covanz. — Et gie et li abbés et li covanz retenons le murtre, et le rat, et le larrecin, là où ces choses seront coneues et ataintes. — Si retenons le champion vaincu, dont nos averons l'amende, as us et as costumes de Saint-Mange; et de çaus qui seront convaincu d'aucun de ces mesfaiz antre moi et l'abbé et le covant an ferons an la vile noz volantez, ne fors de la vile n'en fera an rien. — Et si retenons ansamble la fause mesure, de la quèle nous averons quarante souz, et li borjois de Saint-Mange en averont vint sous. — Et est à savoir que gie et li abbés et li covanz retenons la justise et la garde de noz yglises, des clers et de noz fiévez et des Juys, sauve la justise de la crestienté à l'abbé et au covant an totes choses, si cum il avoient devant, an tel menière que, se aucuns de Saint-Mange ou de la justice de la commugne de Saint-Mange forfaisoit à aucun de çaux que nos retenons, c'est à savoir ou à noz yglises ou as cliers ou as chevaliers ou à noz fiévez ou as Guys (sic), dou plainte venist à nos, nos l'adréceriens, et l'amande seroit nostre, et seroit jugée l'amande, as us et aus costumes de Saint-Mange, par le maior et par les jurez de Saint-Mange. — Et l'abbés et li covanz retiennent totes les rantes, les terres, les censives, le minage et les costumes qu'il avoient devant; et cez choses lor remaignent an cèle menière que, se aucuns se plaignoit des fonz des terres, c'est à savoir des terrages, des costumes, des censives qui ne fussent paiées au terme com he doit paier, ou s'aucuns se plaignoit d'aucune de ces choses, la justise et l'amande an seroit l'abbé et le covant, sanz ce que gie n'i auroi part. — Et est à savoir que gie et li abbés et li covanz, ou autres de mes ganz et des soues, esliront chascun an trèze homes de la comugne de Saint-Mange, à bone foi; et cil trèze esliront l'un d'aux à maior, chascun an, dedanz la quinzaine que nos les averons nomez. — Et se il ne l'avoient esleu dedanz la quinzaine, gie et li abbés et li covanz esleriuns l'un d'aux trèze; et cil trèze nommé jureroient sor sainz que nostre droiture et celi de la commugne de Saint-Mange garderoient, et governeroient la vile et les afaires de la vile à bone foi. — Et ce que cist doze juré et li maires feront par bone foi, il n'en porront estre oquisoné; mais, s'il faisoient jugemant ou esgart qui ne fust sofisanz, il seroit adrécié de moi et de l'abbé as us et as costumes de Saint-Mange, sauf ce qu'il ne lor costeroit rien, et n'an paieroient point d'amande cil qui averoient fait le jugemant ou l'esgart. — Et cil doze juré et li maires lèveront les deniers, de chascun quatre deniers de la livre dou meuble, si cum il est dit devant, et deus deniers de la livre de l'éritage, par le sairement de çaux qui ce deveront. — Et, se li maires et li doze juré ou une partie d'aux jusqu'à trois ou plus avoient sospeçon d'aucun de çaux qui auroient juré à rendre quatre deniers de la livre dou meuble et deus deniers de la livre de l'éritage, il le porroient croistre selonc lor bone conscience, sauf ce que cil n'an feront point d'amande qui auroit juré. Et cil denier seront paié chascun an à la feste Saint Andreu, à moi la moitié et à l'abbé et au covant l'autre. — Et est à savoir que tuit cil de la commugne de Saint-Mange pucent et porront vendre et achater héritages et autres choses, si cum il fait devant, et ont et averont lor franchises selonc lor usages, si cum il les unt euz devant, et seront quite de mortes mains et de formariages cui home qu'il soient, quant à nos. — Et se aucuns demandoit mortemain ou formariage d'aucun de çaux de la commugne de Saint-Mange, cil qui la demanderoit ne s'an porroit clammer fors que au maior et as jurez eschevins qui droit an feront as us et costumes de Saint-Mange. — Et se aucuns voloit plaidoier aucun de la commugne de Saint-Mange, gie et li abbés et li covanz, nou (corr. ne les en) porriens travellier fors de Saint-Mange. Et celle querelle sera terminée as us et as costumes de Saint-Mange, par devant nos. — Et est à savoir que la commugne de Saint-Mangé ne doit ost ne chevauchiée, se n'est por le besoig de la vile. Et por le besoig de la vile, il iront avoc noz genz; et cil qui an défaudroit l'amanderoit. — Et si volons, gie et li abbés et li covanz, que cheval à chevauchier ne armeures à çaux de la commugne de Saint-Mange ne soient prises por dettes ne por plégeries ne por autres amissions. — Et si volons et otroions que nos ne poisons rien panre an la commugne de Saint-Mange, contre la volanté de la commugne, outre les rentes nommées. — Et chascuns de la commugne de Saint-Mange qui aura vallant vint livres, aura aubeleste en son ostel et quarriax jusqu'à cinquante. — Et est à savoir que li borgois de Saint-Mange cuiront et mouront as forz et as molins l'abbé, à autel marchié cum as autres, au jor que ces lettres furent faites. — Et s'il avenoit que l'abbés n'eust assez forz et molins à Saint-Mange, il feroient cuire et moure au regart des doze jurez et dou maior, selonc ce qu'il covanra soffisanment, as forz et as molins l'abbé et le covant. Et quant l'abbés et li covanz averont forz et molins tant cum il lor covanra au regart des doze jurez et dou maior, il i quiront tuit et mouront. — Et se aucuns des trèze esleus estoit cheuz an plait ou an guerre ou an escomeniment por forfait de la vile, li doze juré et li maires, qui après vanront, seront tenu à panre le fais sor eus, ausis cum li doze juré et li maires qui estoient devant l'averoit sor aux. — Et gie et l'abbés et li covanz ne porrons mettre hors de nostre main nules de ces choses. — Et est à savoir que, se aucuns de la commugne de Saint-Mange estoit arestez ou pris an aucun leu por ma dette, gie sui tenuz à délivrer lui et les soues dou mien; et l'abbés et li covans ausis, s'il estoient pris por la lor dette. — Et s'il estoient pris ou arestez por autre chose, gie li seraie tenuz à aidier et à délivrer à bone foi; et l'abbés et li covanz ausi, selonc leur pooir. — Et gie sui tenuz à garder et à garantir la commugne de Saint-Mange à bone foi, vers toz çaux qui rien i mesferoient. — Et est à savoir que, se aucuns de ceux qui vanroient ester en la commugne de Saint-Mange s'an voloit raler, il s'an iroit sauvement et franchement, quant il vouroit, et averoit conduit de nos quinze jorz pléniérement. — Et est à savoir que l'abbés et li covanz i averont adès sis serganz frans qui ne paieront rien n'à moi n'à aux. — Et s'il avenoit qu'il voussissent estre de la commugne, il paieroient ausis comme li autre à moi et à l'abbé et au covant. — Et, se cil entrent en la commugne, l'abbés et li covanz an porront avoir autre sis an leu de çaux, an tel meniére cum cil estoient. — Et, s'il avenoit par aucune avanture que aucuns de ces sis an aloit an la commugne de Saint-Mange, et l'abbés et li covanz l'apeloit de compe (sic) de ce quil averoit receu ou despendu dou leur, il an droitoieroit par devant l'abbé et le covant, c'est à savoir de la recepte ou dou despans. — Et s'il avoit mesfait, l'amande seroit jugiée an la cort l'abbé ou le covant, as us et as costumes de Saint-Mange; et gie averoie la moitié de l'amande, et l'abbés et li covanz l'autre. — Et est à savoir, se aucuns de çaux qui vouroient ester an la commungne de Saint-Mange n'avoient masures, et il voloient aquerre aucune terre qui meust de l'abbé et dou covant por masure faire, gie et li abbés et li covanz otroions que, cil qui l'aquerra, l'aquière an tel menière qu'il rendra la droiture à l'abbé et au covant que la terre lor randoit devant. — Et si otroie l'abbés et li covanz à çaux qui vanront ester en la commungne de Saint-Mange, que, s'il voloient herbergier an aucunes de lor terres, fors qu'an la couture devant la porte, antre lor abaïe et lor plantés, il la bailleroient par lor assant et par l'assant de celui qui la requerroit. Et, s'il avoit contanz antre aux et celui qui la requerroit, il la lairoient par tel costume cum messire Ogiers de Saint-Chenon diroit. — Et est à savoir que tuit cil de la comugne doivent faire feauté au conte et à l'abbé et au covant de Saint-Mange. — Et s'il mésavenoit de moi, dont Dex me gart, il feroient cèle feauté à mes oirs ou à celui qui seroit sires de Champaigne, et ausi à toz les abbez issi cum il vanroient li uns après l'autre. — Et totes ces choses et totes cestes covenances qui sont contenues an ces lettres ai-je jurées à tenir por moi et por mes oirs parmenablement, et l'abbés autresi l'a juré por lui et por son covant et por çaux qui vanront après lui. — Et, por ce que ces choses soient fermes et estables, gie et l'abbés et li covanz avons ces lettres scéllées de nos seiaus. Ce fu fait l'an de l'incarnation M. CC. et trante et un, ou mois de mai.

Ce document ne porte aucunes traces de sceau; c'est une copie ancienne écrite sur deux colonnes, en minuscule de forme gothique et qui nous paraît, à quelques années près, contemporaine de l'acte original de concession. — La commune de Saint-Menge, à laquelle ces coutumes sont accordées par le comte de Champagne et l'abbé du monastère de Saint-Menge ou Saint-Memmie-lez-Châlons-sur-Marne, n'est plus connue que sous le nom de Saint-Memmie. Elle est située à une lieue N. E. de Châlons-sur-Marne (Marne, arr. et cant. de Châlons).

2155   1231. Mai.

Litteræ Henrici de Avaugor super conventionibus a se cum domino rege initis.

(J. 241. — Bretagne. Coffre n° 9. 3. — Original scellé. ⇒ J. 240. — Bretagne. Layette, n° 32-33. — Copie ancienne.)

Ego Henricus de Avaugor notum facio universis ad quos littere presentes pervenerint quod ego karissimo domino meo Ludovico, regi Francie illustri, feci homagium de toto feodo meo de Britannia, ita quod illud tenebo ab eodem domino rege usque ad legitimam etatem heredis Britannie, scilicet viginti et unius annorum, dum tamen tunc faciat dictus heres domino regi de dicto feodo quod debebit. — Et, si dominus rex habuerit a domino Drocone de Melloto castrum de Kaercliph, tradet illud michi quamdiu guerra durabit, et ego tradam eidem domino regi duos filios meos primogenitos in ostagium. Finita autem guerra, dominus rex habebit, si voluerit, dictum castrum, et ego filios meos rehabebo. — Si autem dominus rex predictum castrum non habuerit a dicto Drocone, providebit michi dominus rex de alio securo receptaculo, ubi possimus, ego et uxor mea et familia, receptari. — Preterea dominus rex debet michi tenere ad denarios suos viginti quinque milites, quamdiu guerra durabit. — Insuper dominus rex dabit michi, si guerra fuerit, duo milia librarum Turonensium ad terminos rationabiles solvenda et duos equos. — Si vero treuga sit, habebo trecentas marcas argenti; et, cum guerra inceperit, perficientur michi predicta duo milia librarum ad terminos rationabiles solvende (*sic*). De predicta vero pecunia jam recepi a domino rege trecentas marchas argenti. — Insuper dominus rex non potest facere pacem nec treugam cum P. (Petro) comite Britannie, ita quod ego, vel illi qui se tenebunt mecum ad servitium domini regis, remaneamus in homagio et obedientia dicti comitis, nec de cetero ad homagium vel servitium dicti comitis revertemur. — Preterea, si dominus rex acquisierit terram quam pater meus et ego post mortem ejus tenuimus, reddet michi jus meum secundum legitimam inquisitionem quam super hoc faciet, usque ad predictam etatem heredis Britannie, et tunc de ea suam faciet voluntatem. — In cujus rei testimonium, presentes litteras sigilli mei munimine roboravi. Actum anno Domini M° CC° tricesimo primo, mense maio.

Sceau de Henri d'Avaugour; cire blanche, double queue; décrit dans l'*Inventaire* sous le n° 1260. — La seigneurie d'Avaugour était située près d'une forêt, à six kilomètres environ S. O. de Guingamp; c'est aujourd'hui un hameau d'une quarantaine d'habitants, qui fait partie de la commune de Saint-Péver, cant. de Plouagat, arr. de Guingamp (Côtes-du-Nord).

2136   1231. Mai.

Guidomarcus de Leone notum facit sub quibus conditionibus homagium ligium domino regi præstiterit.

(J. 622. — Hommages, II, n° 19. — Original. = J. 240. — Bretagne. Layette, n° 32 et 33. — Copie ancienne.)

Ego Guidomarcus de Leone notum facio universis ad quos littere presentes pervenerint, quod ego karissimo domino meo Ludovico regi Francie illustri feci homagium de toto feodo meo de Britannia, ita quod tenebo illud a domino rege usque ad legitimam etatem heredis Britannie, scilicet viginti et unius annorum, dum tamen tunc faciat dictus heres domino regi, de dicto feodo, quod debebit. — Et dominus rex tenebit michi quindecim milites ad denarios suos, quamdiu guerra durabit, et dabit michi mille libras Turonensium, si guerra sit. — Si vero treuga sit, idem dominus rex dabit michi septem mille solidos Turonenses; et, cum guerra inceperit, perficientur michi dicte mille libre ad terminos rationabiles persolvende. De predicta vero pecunia jam recepi a domino rege septem mille solidos Turonenses. — Nec potest dominus rex facere pacem vel treugam cum Petro comite Britannie ita quod ego, vel illi qui se tenebunt mecum ad servitium domini regis, remaneamus in homagio et obedientia dicti P. comitis Britannie, nec cetero, ego vel ipsi, ad homagium vel servitium ejusdem comitis revertemur. — In cujus rei testimonium, presentes litteras sigilli mei munimine confirmavi. Actum anno Domini M° CC° tricesimo primo, mense maio.

Traces de sceau pendant sur double queue. — Le sceau de Guidomarc, seigneur de Saint-Pol-de-Léon, en Bretagne (Finistère, arr. de Morlaix), n'a pas été retrouvé.

2137   Châlon-sur-Saône. 1231. 11 juin.

Litteræ capituli Cabilonensis pro regalibus Willelmo episcopo Cabilonensi, nuper electo, obtinendis.

(J. 346. — Régales, I, n° 11. — Original.)

Illustrissimo domino suo Ludovico, Dei gratia regi Francorum, A. (Artaudus) humilis decanus, totumque capitulum Cabilonense, salutem in eo per quem reges regnant. — Cum post decessum lacrimabilem D. (Durandi) bone memorie quondam nostri episcopi, virum venerabilem Willelmum, quondam tessaurarium Sancti Stephani Bisuntinensis, inspiracione divina unanimiter elegerimus in pastorem nostrum, utique per omnia laudabilem, providum et honestum, serenitatem vestram rogamus humiliter et devote quatenus eidem, a nobis unanimiter electo et a domino archiepiscopo metropolitano nostro confirmato, gratiam vestram concedere dignemini in regalibus obtinendis et eumdem in suis justis peticionibus exaudire. — Datum Cabilone, anno Domini M° CC° XXX° primo, in festo Beati Barnabe apostoli.

Traces de sceau pendant sur simple queue. — Ce sceau pouvait être celui du doyen ou celui du chapitre. Le sceau d'Artaud, doyen de Saint-Vincent de Châlon-sur-Saône, n'a pas été retrouvé; celui du chapitre est décrit dans l'*Inventaire* sous le n° 7142, mais d'après un type appendu à un acte daté de 1307.

2138   1231. 13 juin.

(J. 324. — Toulouse, XV, n° 7. — Copie authentique.)

R. (Raimundus) comes Tolosæ notum facit se, spontanea sua voluntate, Belido judæo ejusque ordinio dedisse, solvisse et dimisisse omnes illas terras et honores quos ipse Belidus judæus et Abram ejus frater a Bertrando de Gavarerio, apud Rozerios et apud Alguerias et in omni territorio de Rozeriis, acquisierant. — « Hoc donum et hoc totum fuit a prefato domino comite laudatum et concessum, XIII. die in introitu mensis junii, regnante Lodoico rege Francorum, et eodem R. Tolosano comite, et Fulcone episcopo, anno ab incarnatione Domini M° CC° XXX° 1°. Hujus rei sunt testes : Arnaldus Willelmus de S. Barcio, et Bernardus Signerius, et Mancipius de Tolosa, et Ugo Pictor qui, mandato prefati domini comitis, hanc cartam scripsit. »

Copie délivrée par deux notaires en mai 1243.

2139   Vincennes. 1231. Juin.

Henricus de Avaugor sese obligat ad castrum Guerclini domino regi, ad ejus voluntatem, tradendum.

(J. 399. — Promesses, n° 28. 1. — Original scellé. = J. 240. — Bretagne. Layette, n° 32-33. — Copie.)

Ego Henricus de Avaugor, miles, notum facio omnibus ad quos littere presentes pervenerint, quod ego castrum Guerclini, quod karissimus dominus meus Ludovicus, rex Francie illustris, michi custodiendum tradidit, ipsi et heredibus ipsius, vel eorum certo nuntio super hoc suas patentes litteras deferenti, reddere teneor ac deliberare in eo statu et puncto in quo erat quando illud michi tradidit custodiendum, quotienscunque ab eodem domino rege vel heredibus suis super hoc fuero requisitus. Hoc autem promisi et super sacrosancta juravi me bona fide firmiter et fideliter observaturum. — In cujus rei testimonium, presentes litteras sigilli mei munimine roboravi. — Actum apud Vicenas, anno Domini M° CC° tricesimo primo, mense junio.

Sceau de Henri d'Avaugour; cire brune, double queue; décrit dans l'*Inventaire* sous le n° 1260.

2140   1231. Juin.

(J. 196. — Champagne, IV, n° 22. — Original.)

Aubertus de Plaisseto notum facit, cum karissimus dominus suus Theobaldus, Campaniæ et Briæ comes palatinus, gistium, quod apud Bazu habere solebat, sibi donaverit, se promisisse et creantasse ut duo ipsius filii homines ligii præfati comitis ante omnes homines futuri sint. — « In cujus rei testimonium, presentes litteras sigilli mei munimine roboravi. Actum anno gratie M° CC° tricesimo primo, mense junio. »

Traces de sceau pendant sur double queue. — Le sceau d'Aubert du Plessis n'a pas été retrouvé.

2141   Au camp près Saint-Aubin. 1231. 4 juillet.

Litteræ Petri ducis Britanniæ et Ranulphi comitis Cestriæ, de conditionibus treugarum cum rege Franciæ ab eis, pro rege Angliæ, initarum.

(J. 241. — Bretagne. Coffre, n° 34. — Original scellé.)

Universis presentes litteras inspecturis, P. (Petrus) dux Britannie, comes Richemondi, et R. (Ranulphus) comes Cestrie, salutem in Domino. — Notum facimus quod, cum dominus H. (Henricus), rex Anglie illustris, michi P. duci Britannie per litteras suas patentes potestatem dedisset treugas ineundi cum illustri domino Ludovico rege Francorum et suis pro ipso domino rege Anglie et suis, nos duo treugas inivimus cum eodem rege Francie et suis, pro dicto rege Anglie et suis, a festo Beati Johannis Baptiste nuper preterito in tres annos. — Forma autem treugarum talis est: quod comes Marchie debet occupare insulam Oleronis, vel, quolibet anno usque ad finem treugarum, habebit octingentas libras Turonensium in recompensationem dicte insule, medietatem in festo Omnium Sanctorum et medietatem in festo Ascensionis Domini. — Item comes Marchie et uxor sua, et heredes sui, durantibus treugis, non implacitabuntur nec vexabuntur in foro ecclesiastico nec in foro laicali de re aliqua de qua essent tenentes tempore quo date fuerunt treuge vel de qua tunc essent in pace; immo, durantibus treugis, per omnia remanebunt in tali statu in quo erant ea die qua treuge iste fuerunt inite. Et, si aliquo modo vexarentur vel implacitarentur interim, quum remanerent in eadem pace, et in eodem statu ut supradictum est, dominus rex Francie posset eos juvare sine se mesfacere, et non teneretur ex tunc in antea istas treugas observare. — Insuper est ordinatum quod, si aliqui forisfecerint in terra dicti comitis Marchie infra treugam, et in terram alicujus baronum regis Anglie redierint post forisfactum, si ille in cujus terram redierint, requisitus per dictatores treuge, emendare infra quadraginta dies noluerit, dominus rex Francie possit dictum comitem juvare contra eum sine se meffacere; et rex Anglie fautorem non juvabit neque delinquentem. — Et idem de baronibus ipsius regis Anglie observabitur. Hoc ipsum observabitur de baronibus domini regis Francie. — Quod autem superius dictum est de vexatione sive implacitatione comitis Marchie, sive uxoris sue vel heredum suorum, intelligitur si rex Anglie, per se vel per suos, implacitaret vel vexaret vel faceret implacitari vel vexari, quia tunc dominus rex posset eos juvare sine se meffacere, et non teneretur dominus rex Francie ex tunc in antea treugas regis Anglie observare. — Jurabunt autem treugam istam, ex parte regis Anglie, comes Richardus frater ejus et Hubertus de Borc justicia[rius] Anglie. — Actum in castris prope Sanctum Albinum, anno Domini M° CC° tricesimo primo, mense julio, in festo Sancti Martini estivalis.

Cette charte était scellée dans l'origine de deux sceaux pendants sur double queue. Le sceau de Pierre, duc de Bretagne, s'est détaché (voyez l'*Inventaire*, n° 534); le sceau en cire blanche, qui existe encore, est celui de Ranulphe, comte de Chester et Lincoln, décrit dans l'*Inventaire* sous le n° 10112.

2142 Nevers. 1231. 27 juillet.

Charta privilegiorum a Guidone comite Nivernensi Nivernensibus burgensibus concessorum.

(J. 256. — Nevers, n° 12. — Copie ancienne.)

In nomine sancte et individue Trinitatis, amen. — Ego Guido Nivernensis et Forensis comes, et ego Matildis comitissa uxor ejusdem comitis, omnibus notum facimus, presentibus pariter et futuris, dilectos nostros burgenses de Nivernis libere semper esse condicionis. — Nos eciam, de prudentum virorum et maxime baronum nostrorum consilio, pro emendacione ville nostre Nivernis, omnes consuetudines qualescunque, quas nos et predecessores nostri in villa Nivernensi habebamus aut solebamus habere, et nominatim chevaucheyam nostram et exercitum nostrum, eisdem burgensibus, deliberacione previa diligenti, quittavimus in perpetuum penitus et quittamus, exceptis redditibus nostris, quos nunc habemus ibidem vel sumus in posterum habituri, vel quos aliqui de nobis ad vitam suam vel sufferenciam nostram modo tenent, et excepta credencia quadraginta dierum quam in eadem villa ad victualia habemus; ita quod, si usque ad quadraginta dies eis credita non redderentur, creditores a credencia absolverentur donec eis credita redderentur; et exceptis justiciis et forisfactis nostris, de quibus ita statuimus et concessimus eisdem burgensibus in perpetuum quod, si aliquis qui erit de libertate nostra Nivernis in aliquo forisfecerit, aut si unus de alio conqueratur, clamor ad nos vel ad mandatum nostrum fiet, et a nobis vel a mandato nostro dies assignabitur Nivernis ad judicandum querelam et forisfacti emendam que nostra est. Ad quam diem quatuor burgenses, qui a communitate ville annis singulis eligentur ad hec et ad alia negocia ville tractanda et procuranda, et ad hec jurati, vocabunt quos voluerint de ceteris burgensibus ville ad judicandum querelam et forisfacti emendam. — Et illi qui ad hoc vocati fuerint a dictis quatuor burgensibus vel a tribus eorum, tenebuntur per sua juramenta venire ad judicium faciendum, et per idem juramentum tenentur justum judicium facere bona fide. Et judicium, quod a dictis quatuor burgensibus vel a tribus eorum et ab aliis ad hoc vocatis fiet, non poterit ab aliquo revocari. — Si quis vero deforis, qui non sit de libertate ville, de aliquo qui sit de libertate ipsa conqueratur, simili modo fiet judicium per burgenses predictos, excepto quod, si ille deforis judicium injuste factum esse dixerit viva racione, et illud revocare voluerit, super hoc audietur. Set ipsi burgenses, occasione judicii ipsius, qualiscumque ab eis facti, occasionari non possunt, nec nobis propter hoc ad aliquam teneri emendam; set tantummodo, si voluerimus, ipsi jurare tenentur quod judicium fecerint bona fide. — Et, si in hoc mesarramentum fecerunt ignoranter, et tunc dicti quatuor burgenses aut tres eorum requirent a nobis vel ab ballivo nostro de militibus fidelibus nostris, castellanis aut vavassoribus, sex vel octo quos voluerint et nominaverint, et nos vel ballivus noster tenebimur mittere de militibus requisitis ad minus usque ad duos ad judicium ipsum de novo faciendum cum burgensibus supradictis. — Et judicium a dictis burgensibus et militibus, a nobis vel a mandato nostro ad hoc missis, factum, stabile permanebit. — Quod si nos vel ballivus noster duos ad minus de militibus requisitis, infra viginti dies post requisicionem burgensium, ad hoc non mitteremus, burgenses facerent judicium, et ipsum judicium non posset aliquatenus revocari. — Clamor, qui ad nos vel ad mandatum nostrum fiet, tres solidos non excedet, et emenda forifacti triginta solidos similiter non excedet. — Statuimus eciam et eisdem burgensibus concessimus quod nullum eorum extra villam Nivernensem pro placitacione aut pro aliqua causa trahemus, et quod nullus eorum nec eciam res sue a nobis vel a mandato nostro capientur pro aliquo forifacto, dum tamen habeat in villa vel in potestate ville unde juri parere possit. Et si non haberet unde juri parere posset, similiter capi non posset nec etiam res sue dum se posset ostagiare. Quod si forte caperetur, burgenses possent captum excutere a quocumque capiente, sine se mesfacere, exceptis pro tribus forifactis, furto, raptu et homicidio, pro quibus vel pro quorum altero nullus qui sit de libertate ista capi poterit nisi repertus fuerit in presenti forifacto vel nisi aliquis appareat qui paratus sit probare rationabiliter quod hujusmodi fecerit forifactum ; et tunc etiam extra villam duci non poterit quousque hujusmodi forifactum cognitum fuerit vel probatum rationabiliter, coram nobis vel coram mandato nostro, in curia nostra Nivernensi. — Et si forsitan duceretur extra villam ante cognicionem vel probacionem forifacti, ut dictum est, burgenses possent ipsum excutere sine se mesfacere, ita quod interim custodiant, si voluerint, ipsum captum in villa, vel ipsum mandato nostro tradent qui per juramentum suum ipsum recipere et in villa custodire tenetur quousque forifactum, ut dictum est, esset cognitum vel probatum. — Bannum vindemiarum dictis quatuor burgensibus committimus omnino, ita quod ipsum bannum ex parte nostra faciant edici et terminum adbreviare vel prolongare prout viderint expedire, nulla preposito nostro potestate retenta illud relaxandi aut propter hoc aliquid petendi vel recipiendi. Qui ex tunc vindemiantes impedierit, nos impedimentum tollemus. — Usum piscandi in aquis nostris Ligeris, Nervii et Moesse eisdem burgensibus libere concedimus. — Statuimus etiam et concedimus eisdem quod, quandocunque dicti quatuor burgenses, aut tres eorum, alios burgenses pro negociis ville tractandis convocare voluerint, licebit eis ex parte nostra facere edictum convocandi eos Nivernis. — Pro hiis si quidem quittacionibus, constitucionibus et convencionibus in hac carta contentis, burgenses nostri de Nivernis concesserunt nobis et successoribus nostris imperpetuum censam inferius annotatam, nobis vel mandato nostro annuatim reddendam infra tercium diem festi Sancti Martini hyemalis, que talis est : omnis de libertate ista existens, qui, ad circumspectionem dictorum quatuor burgensium et eorum quos ad hoc vocaverint, quadraginta solidos nobis dare poterit competenter, nobis dabit illos de moneta currente Nivernis, et nichil amplius. — Qui vero quadraginta solidos nobis dare non poterit competenter, a quadraginta solidis usque ad duodecim denarios, ad estimacionem dictorum quatuor burgensium et eorum quos ad hoc vocaverint, nobis dabit; et fiet descensus iste ad estimacionem eorumdem. — Et dicti quatuor burgenses, et ipsi quos ad hoc vocabunt, jurabunt quod censam facient bona fide, nullum in hoc attendentes odium vel amorem. — Et sic erimus contenti tali summa qualem ipsi facient per suum juramentum. — Et prepositus noster Nivernensis tenebitur censam levare secundum transcriptum quod ei tradiderint dicti quatuor burgenses, et etiam gagiare, si opus fuerit; set propter hoc nullam habebit emendam. — Et communitas ville, aut aliquis qui sit de libertate ista, in nullo alio servicio nobis tenebitur. — Si quis deforis ad habitandum in villa venerit, sicut ceteri burgenses sub hac libertate et consuetudine secure et libere permanebit. — Servientes tamen nostros aut homines nostros vel feminas nostras de capite in hac libertate non poterunt retinere, nisi de speciali mandato nostro. — Si quis deforis veniencium infra annum et diem ab aliquo fuerit requisitus, Nivernis juri parebit. Quod si noluerit juri parere, consuetudinem ville requiret, et licebit ei per quatuordecim dies sub salvo conductu nostro recedere, et se et res suas quocumque voluerit ducere. — Si vero infra annum et diem non fuerit requisitus, dum tamen potuerit rationabiliter requiri, deinceps noster burgensis liber remanebit. — Omnes autem qui de libertate ista erunt, quocienscunque eis placuerit, poterunt ire quocunque voluerint libere et absolute, cum universis rebus suis, et ea, que in villa vel alibi in potestate nostra habebunt, libere et pacifice interim tenebunt ; et, quando eis placuerit, poterunt redire in libertatem ville sicut ceteri burgenses. — Si aliquis vel aliqua sine filio vel filia decesserit, eschaeta mortui vel mortue, sine mertiamento aliquo, ad propinquiorem liberum heredem deveniet. — Quod si statim hujusmodi propinquior heres eschaetam non requisierit, anno et die reservabitur justo heredi per manum dictorum quatuor burgensium. Si autem ipse propinquior heres infra annum et diem eschaetam non requisierit, dum tamen require[re] potuerit competenter, deinceps super hoc nullatenus audietur, immo ad nos plenarie deveniet eschaeta. — Et sciendum quod, si aliquis dictorum quatuor burgensium tali impedimento fuerit impeditus quod non possit cum aliis interesse ad premissa facienda, tres alii et illi quos ad hoc vocaverint substituent alium loco ejus qui cum aliis erit ad premissa facienda juratus, donec primo electus fuerit expeditus. — Quicumque possessiones aut res alias per emptionem anno et die tenuerit pacifice, elapso anno et die nullus audietur contra possidentem, nisi taliter interim fuerit impeditus quod jus suum non potuerit reclamare. — Si aliquis burgensis pro debito nostro captus fuerit, nos eum liberari faciemus; quod nisi ipsum fecerimus liberari, de nummis cense nostre liberabitur, et omnia deperdita juste probata, que occasione capcionis incurrerit, restituentur eidem de denariis cense nostre. Si vero pro alia causa aliquis eorum captus fuerit, nos bona fide ipsum liberari faciemus. — Equos, jumenta, asinos, vel quadrigas burgensium, quacumque necessitate urgente, a ministris nostris in villa vel infra cruces capi nullatenus permittemus. Quod si forte capiantur, burgenses sine se mesfacere poterunt ea excutere a quocumque capiente. — Quicumque ligna ad villam Nivernensem attulerit, ex quo infra cruces devenerit, ipse aut res ejus ex tunc nullum impedimentum substinebunt. — Spacium autem crucium durat usque ad crucem de Mantest, et exinde directe usque ad pontem Sancti Ursi, et exinde usque ad pontem Mali Campi, et exinde usque ad portum de Conflent, et exinde usque ad Ulmum pediculosum. — Quicumque ad forum nostrum die sabbati vel ad nundinas ville deforis venerit, sub salvo conductu nostro erit, bona fide, eundo et redeundo, nec poterit capi vel vadiari nisi pro debito cognito a debitore vel pro fidejussione cognita a fidejussore. — Quociens ballivum vel prepositum aut aliud mandatum nostrum de Nivernis mutaverimus, ipsos jurare faciemus quod omnia premissa per suum juramentum observent, et quod nullam injustam occasionem molestandi burgenses exquirent; et, donec juraverint, non habebunt eos burgenses pro preposito neque pro ballivo nostro neque pro mandato nostro. — Si vero in aliquo premissorum contra burgenses offenderimus, ad ammonicionem eorum, infra viginti dies ammonicionis sue, male acta emendabimus. Quod si forte facere contempserimus, burgenses, si voluerint, poterunt a villa recedere sine jactura corporum suorum et rerum suarum, tam mobilium quam immobilium. — Ut autem hec omnia premissa et singula premissorum firma et inconcussa permaneant in futurum, tactis sacrosanctis Evangeliis sollempniter juravimus quod ipsa observabimus, et tenebimus firmiter bona fide, et faciemus a nostris similiter observari. Et heres noster, cum ad etatem quindecim annorum pervenerit, vel successor noster et uxor ejus, jurabunt modo simili quod hec omnia tenebunt firmiter et fideliter observabunt. — Omnes etiam illos, qui nobis in dominio ville Nivernensis succedent, volumus et concedimus teneri ad premissa juramenta facienda et ipsos ad hoc specialiter obligamus ex pacto, ita quod, donec juraverint et litteras suas patentes de premissis omnibus observandis et tenendis tradiderint, sine interventu pecunie burgensium de Nivernis, burgenses ipsi non tenebuntur ipsos habere pro dominis neque eis fidelitatem facere, nec censam reddere supradictam; et sic fiet de herede in heredem. — Rogavimus insuper et requisivimus karissimum dominum nostrum Ludovicum, Dei gratia Francorum regem, quod predictis burgensibus litteras suas patentes tradat testimoniales de omnibus supradictis. — Rogavimus insuper venerabiles patres ac dominos Lugdunensem, Bituricensem, et Senonensem archiepiscopos, Eduensem, Lingonensem, Autissiodorensem et Nivernensem episcopos quod litteras suas patentes tradant dictis burgensibus de premissis quittacionibus et convencionibus observandis. Et, si forte resilierimus ab ipsis quittacionibus vel convencionibus superius expressis, quod ipsi in personas nostras et successorum nostrorum et heredum excommunicacionis, et in terram nostram et in homines nostros interdicti sententias, ad peticionem burgensium vel mandati eorum, ponant, hujusmodi sententias nullatenus relaxaturi donec emendatum sit id quod contra burgenses aut contra ea que in ista carta continentur a nobis vel a successoribus nostris minus juste fuerit attemptatum, nisi, ut dictum est, infra viginti dies male acta fecerimus emendari ; et quod hec similiter faciant de heredibus et successoribus nostris, si contra premissa venire in posterum attemptarint. — De mandato etiam nostro et speciali precepto, dilecti et fideles nostri, Archembaldus dominus

Borbonii, Symon dominus Luziaci, Galcherus de Joviniaco, Odo de Castellione, Johannes de Tosciaco, Ensericus de Baserna, Hugo dominus Ulmi, Arnulphus Calderonis de Feritate, Hugo dominus de Sancto Verano, Milo dominus Noeriorum, Guillelmus de Melloto, Petrus de Barrys (sic), Guillelmus de Barris, Hugo dominus Jaligniaci et Iterius Franiaci dominus, juraverunt se predictas quittaciones et convenciones et omnia predicta, quantum in eis est, fideliter observaturos, et quod contra cartam premissam aut contra ea que in ipsa carta continentur nobis aut successoribus nostris non dabunt consilium vel auxilium veniendi. Et ad consimilia juramenta facienda heredes ipsorum baronum bona fide inducemus, cum a dictis burgensibus vel ab eorum mandato fuerimus requisiti. — Ego etiam Matildis comitissa per juramentum meum prestitum confiteor et affirmo quod hec omnia premissa et singula premissorum, pro evidenti utilitate presenti pariter et futura mea heredumque meorum, et pro emendacione ville mee Nivernensis, provida et cum deliberacione previa diligenti sponte facio pariter et concedo, renuncians, quoad hec, per juramentum meum expresse, omni actioni et excepcioni tutele, revocacionis et decepcionis cujuscumque, omnique juri et privilegio in favorem mulierum introductis, et specialiter omnibus litteris, tam impetratis quam impetrandis, quibus contra premissa vel contra aliqua premissorum aliquatenus possem uti. — Quod ut perpetue stabilitatis robur obtineat, presentem cartam sigillorum nostrorum munimine confirmamus. — Actum publice Nivernis, anno Domini millesimo ducentesimo tricesimo primo, sexto kalendas augusti.

Ce document ne porte aucune trace de sceau, mais la copie est ancienne, et d'après l'écriture on peut la regarder comme contemporaine de l'acte original de concession.

2143 1231. Dimanche 27 juillet.

(J. 202. — Champagne, X, n° 13. — Original scellé.)

Eustachius de Co[n]flans notum facit, cum quamdam domum apud Marolium construere inceperit et dominus suus Theobaldus, Campaniæ et Briæ comes palatinus, sibi concesserit murum præfatæ domus perficere, se ei promisisse et creantavisse ut nichil de cetero in eadem domo quod ad forteritiam pertineat, absque ejus mandato et speciali licentia, sit facturus. — « In cujus rei memoriam, presentes litteras feci fieri sigilli mei munimine roboratas. Actum anno gratie millesimo ducentesimo tricesimo primo, die dominica ante festum Sancti Petri ad vincula. »

Sceau d'Eustache de Conflans-sur-Seine en Champagne (Marne, arr. d'Épernay); cire blanche, double queue; décrit dans l'*Inventaire* sous le n° 1876.

2144 1231. Juillet.

Litteræ Petri ducis Britanniæ de conditionibus sibi, per treugarum tempus, a rege impositis.

(J. 241. — Bretagne. Coffre, n° 10. — Original scellé.)

Ego Petrus, dux Britannie et comes Richemontis, notum facio omnibus ad quos littere presentes pervenerint quod, cum ego fecerim treugam cum rege Francie et suis de me et meis, a Nativitate Sancti Johannis Baptiste nuper preterita usque ad tres annos, per pactiones treuge firmiter promisi quod infra terminum treugarum non intrabo Franciam nec appropinquabo Franciam, sine licentia ipsius regis, ultra fines seu terminos subnotatos. — Ex parte Normannie, non intrabo nec appropinquabo Franciam ultra comitatum Moretolii et Danfrontis; ex parte Francie, ultra Vindocinum; ex parte Biturie et Pictavie, ultra Lochias, Salmurium, Losdunum et Pictavim. — Preter hec etiam promisi similiter quod, durantibus treugis, non intrabo fortem villam vel fortericiam ipsius regis nec jacebo in aliqua suarum magnarum villarum. Non intrabo etiam terram comitis Marchie, infra terminum supradictum. — In cujus rei testimonium, sigillum meum duxi presentibus apponendum. — Datum anno Domini м° cc° tricesimo primo, mense julio.

Sceau de Pierre Mauclerc, duc de Bretagne et comte de Richmond; cire blanche, double queue; décrit dans l'*Inventaire* sous le n° 534, d'après un type apposé à un acte daté de 1220.

2145 1231. Dimanche 10 août.

Instrumentum conventionum initarum inter Ramundum de Dornhano et Ramundum comitem Tolosæ de quibusdam castris et forteritiis.

(J. 322. — Toulouse, XIII, n° 54. — Original.)

ABC. DEF. GHJ.

Noverint universi, tam posteri quam presentes, quod Ramundus de Dornhano sua sponte dedit et donando absolvit domino Ramundo, Dei gratia comiti Tolose, et ejus ordinio totam illam medietatem quam idem R. de Dornhano habebat et habere debebat in castro de Podyo Laurentio et in omnibus pertinentiis ejusdem castri, et totam illam medietatem quam idem R. de Dornhano habebat et habere debebat in castro de Dornhano et in pertinentiis ejusdem castri, et medietatem quam idem R. de Dornhano habebat in forcia del Escolt, et medietatem quam idem R. de Dornhano habebat in forcia de Escocencs, et plus si plus idem R. de Dornhano habebat vel habere debebat in predictis duabus forciis, nomine pignoris vel ullo alio modo, et medietatem quam idem R. de Dornhano habebat et habere debebat in tribus partibus forcie de Sancto Germano, et totum quicquid idem R. de Dornhano habebat in forcia de Assoal. — Hanc supradictam medietatem castri de Podyo Laurentio, et castri de Dornhano, et forciarum del Escolt et de Escocencs, et medietatem de tribus partibus forcie de Sancto Germano, et totum hoc quod idem Ramundus de Dornhano habebat ad Assoal, et totum hoc quicquid aliud idem R. de Dornhano habebat et habere debebat, ipse vel alius pro eo, vel ejus loco, in predictis locis, aut esset per proprietatem, vel per pignus vel ullo quolibet alio modo, et omnia alia bona et jura mobilia et immobilia que idem R. de Dornhano habebat et habere debebat ubique locorum, scilicet, homines et feminas cum eorum tenentiis, terras cultas et incultas, dominationes et feoda militum, prata et pascua, nemora et bartas, fontes et aquas, introitus et exitus, questas et albergas, quarta et decimas, oblias et dominationes totas, et ad ultimum omnia jura et rationes que eidem R. de Dornhano pertinebant aut pertinere videbantur ad diem quo hec facta sunt, totum specialiter et universaliter, sicut melius et plenius potest dici vel intelligi ad commodum dicti domini Ramundi Tolose comitis, dedit et donando absolvit dictus R. de Dornhano predicto R. Dei gratia Tolose comiti et ejus ordinio, pro omni voluntate ipsius domini R. comitis et ejus ordinii de his omnibus que predicta sunt perpetuo facienda. — Et idem Ramundus de Dornhano predictus debet et convenit garire totum predictum donum et omnia que in predicto dono continentur eidem domino R. Tolosano comiti et ejus ordinio de omnibus amparatoribus. — Et de his omnibus que predicta sunt dictus Ramundus de Dornhano misit incontinenti verbo dominum comitem predictum in plena et corporali possessione, ita quod idem dominus comes predictus et ejus ordinium possit intrare in toto hoc quod predictum est et assumere de toto, quandocumque velit, propria auctoritate plenam et integram possessionem in pace et sine omni contradictione omnium viventium, pleno jure. — Tali quidem conditione predictus Ramundus de Dornhano fecit hoc donum de his omnibus que predicta sunt dicto R. Tolosano comiti et ejus ordinio, habeat explectas et percipiat redditus et proventus predictorum bonorum, dum vixerit, pro omni ejus voluntate de omnibus explectis et redditibus predictis facienda. Post mortem vero dicti R. de Dornhano, omnes supradicti honores eidem domino R. comiti et ejus ordinio plenarie revertantur. — Item, ratione predicti doni, predictus dominus Ramundus comes debet et convenit dare dicto Ramundo de Dornhano, ad finem vite ipsius Ramundi de Dornhano, M. solidos Tolosanos quos idem Ramundus de Dornhano possit dare et dividere ubicumque velit, amore Jhesu Xpisti et in redemptione peccatorum ejus, et ibi, ubi idem Ramundus de Dornhano dictos M. solidos Tolosanos ordinaverit, donet et persolvat illos dominus comes predictus et ejus ordinium pacifice et quiete. — Item fuit positum in predicto dono quod, si forte dictus R. de Dornhano habuerit filium vel filiam de Algaya uxore sua, et ille filius vel illa filia devenerit ad etatem, donet et tradat idem dominus comes et ejus ordinium illi infanti, aut sit masculus aut femina, omnes supradictos honores in feodum, et ille infans teneat et habeat dictos honores in feodum de predicto domino Ramundo comite et de ejus ordinio, et heres vel heredes illius infantis, si de eo remanserint nati de legitimo matrimonio, habeant similiter et teneant dictum feodum de ipso domino comite et de ejus ordinio. — Si vero infans ille, si de Ramundo de Dornhano et de domina Algaya ejus uxore apparuerit, sicut dictum est, infra etatem decesserit, vel etiam si, in etate constitutus decesserit si[ne] infante vel infantibus de legitimo matrimonio natis, toti predicti honores devolvantur et remaneant eidem domino R. comiti et ejus ordinio pleno jure. — Item, si forte infans remanserit de dicto R. de Dornhano et de domina Algaya ejus uxore, ut predictum est, si ille infans fuerit masculus, detur ille infans in matrimonium, cum omnibus supradictis honoribus, filie Bertrandi fratris dicti domini comitis; et si ille infans fuerit femina, detur in matrimonium, cum omnibus supradictis honoribus, uni ex filiis Ugonis de Alfario. Et hoc totum fiat salvis omnibus conditionibus supradictis. — Hec omnia superius scripta predictus Ramundus de Dornhano plivito per fidem corporis sui, tactis sacrosanctis Evangeliis juravit se tenere, servare et exsequi, absque remotione et revocatione aliqua quam ibi nullo tempore faciat per se ipsum nec per aliam quamcumque personam ullo modo. — Recognovit etiam dictus R. de Dornhano et sub vigore dicti sacramenti concessit quod in predictis donis nec in his que in supradictis donis continentur nichil fecerat aut dixerat ipse, nec aliquid machinatus fuerat, nec etiam aliquis pro eo vel umbra ipsius huc usque, nec etiam aliquid de cetero fecerit aut dixerit aut machinatus fuerit unde dicta dona, de his que predicta sunt, ab eo dicto domino comiti facta, possint ullo tempore revocari. — Hec omnia que predicta sunt fuerunt facta et ita posita assensu domini comitis predicti, salvo jure illius dotis quam domina Algaya uxor dicti R. de Dornhano habet in bonis ipsius R. de Dornhano, viri sui supradicti, secundum quod ibi dictum extitit et concessum. — Actum fuit x. die introitus augusti, feria I, Lodoico Francorum rege regnante, ipso domino Ramundo Tolosano comite, Fulcone episcopo, anno M° CC° XXX° I°. ab incarnatione Domini. — Hujus rei sunt testes: Arnaldus Wilelmus de Sancto Barcio, Ramundus Maurandus, Willelmus Roberti, Bernardus Signarius, qui tunc erant de capitulo. Sunt etiam inde testes: Bertrandus frater domini comitis predicti, Ugo de Alfar, Jordanus de Lantario, Petrus Martinus de Castro-novo, Poncius Astoaldus legista, W de Bairaria, W. de Pinu et Martinus Chivus qui cartam istam scripsit. Arnaldus etiam de Escalquencibus est testis de toto.

2146 Tours. 1231. 15 août.

Litteræ Gaufridi Cenomanensis episcopi pro restitutione regalium a rege obtinenda.

(J. 346. — Régale, I, n° 9. — Original.)

Excellentissimo domino suo Ludovico, Dei gratia regi Francorum illustri, Gaufridus, miseratione divina Cenomanensis ecclesie electus confirmatus, salutem in eo per quem reges regnant et cui servire est regnare. — Mittimus ad regiam excellentiam karissimos concanonicos nostros, magistros Michaelem de Lavalle et Marchum, presentium portitores, regie majestati supplicantes attencius et orantes quatinus regalia nostre Cenomanensis ecclesie, que in manu vestra habetis, nobis benigne reddi et restitui faciatis. Et quia nundum sigillum habebamus, sigillo reverendi patris Turonensis archiepiscopi presentes litteras fecimus sigillari. — Valeat diu et bene regia excellentia vestra. — Datum Turonibus, in festo Assumptionis gloriosissime Virginis, anno gratie M° CC° XXXI°.

Traces de sceau pendant sur simple queue. — Le sceau de Juhel de Mayenne, archevêque de Tours, est décrit dans l'*Inventaire* sous le n° 6414, d'après un type appendu à un acte daté de 1239.

2147 1231. 15 août.

(J. 346. — Régale, I, n° 10. — Original scellé.)

Juhellus archiepiscopus Turonensis Ludovicum regem certiorem facit Gaufridum de Lavalle in episcopum Cenomanensem canonice electum, a se, auctoritate metropolitana, confirmatum fuisse; præfatum igitur regem deprecatur ut eidem episcopo dictæ ecclesiæ regalia, quæ in custodia detinet, reddere velit. — « Datum in festo Assumpcionis Beate Virginis, anno gracie M° CC° XXX° primo. Bene et diu valeat regia excellencia vestra. »

Débris de sceau pendant sur simple queue. — Voyez l'*Inventaire*, n° 6414.

2148 Tarascon. 1231. 17 août.

Pactiones initæ inter Tarasconenses et comitem Tolosæ de bello in comitem Provinciæ gerendo.

(J. 310. — Toulouse, V, n° 48. — Original scellé.)

Manifestum sit omnibus presentes litteras inspecturis quod nos consules Tharasconis, videlicet,

Hugo Galterius, W. Hugo Bargainna, Hugo Aicardus, R. Dulcius, W. Dalfinus et Rainoardus Pandulfus; et nos consiliarii dictorum consulum, scilicet, Alfantetus de Tharascone, R. Gantelmus senior, R. de Balmis, Bertrandus Cotaronus, Berengarius de Crota, Hugo de Auperiis, Bertrandus Aicardus, P. Brunus, Johannes Ymbertus, P. Cadasta, G. Bertrandus de Luperiis, R. Barralius, etc., etc. (*sequuntur quadraginta circiter nomina*), promittimus tibi Guillelmo Augerio, recipienti nomine domini R. (Raimundi), Dei gratia comitis Tolosani, quod nos non faciemus pacem vel treugam vel aliquam compositionem cum comite Provincie vel cum aliis cum quibus in terra Imperii ipse dominus comes habet vel habebit guerram, sine consilio et assensu ipsius, et quod contra comitem Provincie, et contra omnes alios cum quibus ipse habet vel habebit guerram in terra Imperii, nos faciemus ei valentiam et ipsum manutenebimus faciendo guerram pro eo et expugnando inimicos suos, tanquam boni valitores ipsius, et deffendendo eum et res suas contra inimicos suos bona fide. — Et hec faciemus et servabimus ad commonitionem ipsius domini R. comitis Tolosani supradicti. — Excipimus autem ab his conventionibus ecclesiam Romanam, dominum Imperatorem, dominum regem Francie et Arelatenses, salva nichilominus fidejussione a nobis facta in manu domini episcopi Avinionensis. — Promittimus insuper quod, cum dictum comitem Tolose ad partes Provincie pro facienda guerra comiti Provincie et inimicis suis venire contigerit, nos valebimus ei de dicta guerra et ipsum sequemur tanquam boni valitores sui, et ipsum fideliter juvabimus in dicta guerra. Interim tamen, usque ad adventum ipsius, alicui pro ipso guerram facere non tenemur. — Sciendum est autem quod conventiones iste sunt a festo Beati Michaelis septembris usque ad quinquennium durature. — Quod autem omnia supradicta compleamus et attendamus, bona fide, promittimus et juramus, corporaliter prestito sacramento. — Actum apud Tharasconem, in curia consulum predictorum, anno Dominice incarnationis M° CC° XXXI°, scilicet XVI. kalendas septembris. Ego siquidem Pontius Rainardus, publicus notarius Tharasconis, mandato consulum et consiliariorum predictorum et dicti Guillelmi Augerii, hec scripsi et signum meum apposui. (*Hic signaculum notarii.*)

Le sceau de la ville de Tarascon (bulle de plomb) appendu à cette charte sur cordelettes de chanvre, est décrit dans l'*Inventaire* sous le n° 5302.

2149   1231. Dimanche 31 août.

(J. 202. — Champagne, X, n° 14. — Original. = J. 681. — Lorraine, I, n° 11. 1. — Copie authentique moderne.)

Gaufridus dominus Duyleii recognoscit se de karissimo domino suo Theobaldo, Campaniæ et Briæ comite palatino, castellum de Duyleio tenere, ei et ejus heredibus Campaniæ comitibus ante omnes homines, ad magnam vim et ad parvam, jurabile et reddibile. — « In cujus rei testimonium, presentes litteras fieri volui, sigilli mei munimine roboratas. Actum anno gratie M° CC° tricesimo primo, die dominica proxima post quindenam Assumptionis Beate Marie. »

Traces de sceau pendant sur double queue. Le sceau de Geoffroy de Duilley, en Lorraine, n'a pas été retrouvé, et le nom de la localité a disparu. — La copie cotée *Lorraine*, I, n° 11. 1, est une expédition sur papier extraite du registre de la Chambre des comptes de Champagne intitulé *Liber principum*, et délivrée, à la requête du procureur général près le Parlement de Paris, le 23 juillet 1562. Il en est de même de la pièce suivante.

2150   1231. Dimanche 31 août.

(J. 681. — Lorraine, I, n° 11. 2. — Copie authentique moderne.)

Gaufridus dominus Duyleii notum facit se feodum, quod habebat in nundinis Campanie, videlicet LXVI. libras, XIII. solidos, VIII. denarios annui redditus, karissimo domino suo Th. Campaniæ et Briæ comiti palatino, dereliquisse ab eo tenendum quoad ei de summa ducentarum et XLVI. librarum, a se ejus Judæis debitarum, satisfactum fuerit. — « In cujus rei testimonium, presentes litteras fieri volui sigilli mei munimine roboratas. Actum anno gracie M° CC° XXXI°, die dominica proxima post quindenam Assumptionis Beate Marie. »

Voyez l'observation précédente.

2151   Fleury. 1231. Août.

Amalricus comes Montisfortis Henricum Angliæ regem certiorem facit se Simoni fratri suo totam terram suam Angliæ cessisse.

(J. 628. — Angleterre, II, n° 14. 4. — Copie ancienne.)

Karissimo domino suo H. (Henrico), Dei gratia regi Anglie illustri, Amauricus comes Montisfortis, Francie constabelarius, salutem in eo qui dat salutem regibus, et debitum famulatum. — Sicut per alias literas nostras jam vestre significavimus majestati, nos concessimus karissimo fratri nostro, Simoni de Monteforti, terram nostram de Anglia et jus nostrum, et adhuc concedimus; vos rogantes quatinus de omni jure nostro, quod habemus et habere debemus in Anglia, saisietis eundem; et, cum de ipsa saisitus fuerit, nos absolvimus vos super hoc et quitamus, salvo jure nostro et heredum nostrorum, si sine herede decesserit frater noster, et si ipsum de jure nostro in hominem receperitis, hac vice qua ad vos proficiscitur in presenti. — Datum apud Floriacum, anno Domini M° CC° tricesimo primo, mense augusto.

Extrait d'un petit rouleau qui contient sept pièces relatives aux Montfort, et qui nous parait avoir été écrit vers le milieu du treizième siècle.

2152   1231. Août.

(J. 196. — Champagne, IV, n° 25. — Original.)

Galterus de Capis notum facit se karissimo domino suo Theobaldo Campaniæ comiti promisisse ut, loco terræ Brienonis, quam, ex præfati comitis licentia speciali, capitulo Senonensi vendidit, quæ terra erat de feodo Petronillæ dominæ Juliaci et Chanloti, in feodo præfatæ dominæ terram suam de Parreceio poneret, ab ea, sicut terra Brienonis, de comite Campaniæ in directum feodum tenenda et a seipso de eadem domina in retrofeodum. — « Actum anno gratie M° CC° tricesimo primo, mense augusto. »

Traces de sceau pendant sur double queue. — Le sceau de Gautier de Chappes, en Champagne (Aube, arr. de Bar-sur-Seine), n'a pas été retrouvé.

2153   1231. Août.

Charte de commune accordée par le comte de Champagne aux habitants de Châtillon et de Dormans.

(J. 197. — Champagne, V, n° 30. — Original.)

Gie Thiebauz, de Champaigne et de Brie cuens palatins, faz à savoir à toz çaux, qui sunt et qui seront, qui cez lètres verront que gie franchis et quit à tozjor de totes toltes et de totes tailles toz les homes et totes les fames de Chasteillon-sor-Marne et de Dormanz et de la chastélerie, si cum la chastélerie se contient, ès quiex gie avoie taille, et toz les homes qui de fors vanront ester an la commune de Chasteillon et de Dormanz, par tel que gie aurai an chascun d'aux sis deniers de la livre dou meuble, chascun an, fors que en armeures et en robes faites aveuc lor cors et en aisemanz d'ostel. — Et est à savoir que vaissel où an met vin et tuit aisemant d'or et d'argent seront prisié chascun an aveuc les autres meubles. Et aurai deus deniers de la livre de l'éritage chascun an. — Et s'il avenoit que aucuns de mes homes ou de mes fiévez ou de mes gardes venoient por demorer en la commune de Chasteillon et de Dormanz, li borjois de Chasteillon ne de Dormanz n'an porront nul retenir, se n'est par mon assantement ou par ma volanté. — Et s'il avenoit que aucuns hom ou aucune fame de mes villes ou de mes fiez ou de mes gardes venoient estre en la commune de Chasteillon et de Dormanz, et li home ou la fame qui i vanroit disoit qu'il ne fust de mes villes ou de mes fiez ou de mes gardes, il seroit esclairié à ma volanté dou tenir ou dou refuser. Et se gie lo refusoie, il auroit conduit de moi, et les soes choses, quinze jorz plénièremant. — Et est à savoir que, se aucuns de la commune de Chasteillon et de Dormanz viaut paier vint livres, il sera quites dou sairemant et de la prisiée de cele année vers moi. — Et si lor doing et otroi la prevosté et la jostice de Chasteillon et de Dormanz et de la chastélerie, si cum la prévostez de Chasteillon et de Dormanz se contient, et si cum gie la tenoie au jor que cez lètres furent faites, fors Igni et fors lo vilois delà Igni, et sauf ce qu'il n'ont ne n'auront nule droiture en ma forest de Vaissi, por quatorze vinz et sis livres de Provenisiens qu'il me randront an la foire de mai chascun an. — Et est à savoir que li forfait des homes et des fames de la commune de Chasteillon et de Dormanz, et de toz les homes qui sunt ou seront estagier an la jostise de la commune de Chasteillon et de Dormanz, sont et seront lor, si cum gie les soloie avoir, et tuit li forfait des genz estranges, qui ne sont de la jostise de la commune de Chasteillon et de Dormanz, sunt as borjois de Chasteillon et de Dormanz, et li sorplus sera miens. — Et gie retaing lo murtre et lo rat et lo larrecin, là où cez choses seront conceues et ataintes; et si retaing lo champion vaincu, dont gie aurai m'amande, as us et as costumes de Chasteillon et de Dormanz; et si retaing la fausse mesure, de la quelle gie aurai quarante souz et li borjois vint souz. — Et est à savoir que gie retaing la garde et la jostise de mes iglises et de mes chevaliers et de mes fiévez et de mes Juis, an tel menière que, se aucuns de çaux de Chasteillon et de Dormanz, ou de la jostise de la commune de Chasteillon et de Dormanz, mesfaisoit à aucun de çaux que gie retaing, c'est à savoir as clers ou as chevaliers ou à mes fiévez ou à mes Juis, dont plainte venist à moi, gie l'adréceroie, et l'amande seroit moie, et seroit jugiée l'amande, as us et as costumes de Chasteillon et de Dormanz, par lo maieur et par les jurez. — Et est à savoir que gie ou autres de mes gens esliront chascun an trèze preudomes de la commune de Chasteillon et de Dormanz, à bone foi; et cil trèze esliront chascun an l'un d'aux à maieur dedans la quinzainne que gie les aurai nomez; et, s'il ne l'avoient esleu dedanz la quinzainne, gie i métroie l'un d'aux trèze. — Et li trèze nomé jureront sor sainz qu'il ma droiture et celi de la commune de Chasteillon et de Dormanz garderont, et governeront la ville et les affaires de la ville à bone foi. — Et ce que cil doze et li maires feront à bone foi, il n'an porront estre acoisoné; et s'il faisoient jugemant ou esgart qui ne fust sofisanz, il seroit adrécié à mon esgart as us et as costumes de Chasteillon et de Dormanz, sauf ce qu'il ne lor costeroit rien et n'an feroient point d'amande cil qui auroient fait lo jugemant ou l'esgart. — Et cil doze juré et li maires lèveront de chascun sis deniers de la livre dou meuble, si cum il est devant dit, et deus deniers de la livre de l'éritage par lo sairemant de çaux qui ce devront. — Et, se li maires et li doze juré, ou une partie d'aux jusqu'à trois ou plus, avoient sopeceneus aucun de çaux qui auront juré à randre sis deniers de la livre dou meuble et deus deniers de la livre de l'éritage, il lo porroient croistre selonc lor bone conscience, sauf ce qu'il n'an fera point d'amande cil qui aura ce juré. Et cil denier seront paié chascun an à la feste Saint-Andri, à Chasteillon et à Dormanz. — Et quant il feront ma jurée, gie i aurai mon comandemant, s'il me plaist. — Et est à savoir que tuit cil de Chasteillon et de Dormanz puent et porront vandre et acheter éritages et autres choses, si cum il ont fait avant, et ont et auront lor usages et lor franchises, si cum les ont eues devant. — Et, se aucuns voloit plaidier aucun de la commune de Chasteillon et de Dormanz par plait ou par autre menière, gie ne lo porroie traveiller fors de Chasteillon et de Dormanz se por ma propre querelle n'estoit; et celle querelle seroit terminée as us et as costumes de Chasteillon et de Dormanz. — Gie aurai mon ost et ma chevauchiée, si cum gie avoie devant, fors tant que hom de soissante anz ou de plus n'ira pas, mais, s'il a lo pooir, il i anvoiera un home, selonc son pooir, sofisant por lui. — Et se gie semoing ost ou chevauchiée an tans que foire sera, li changeor et li marcheant i porront anvoier por aux sanz amande. Et se aucuns défailloit de mon ost ou de ma chevauchiée, cil qui défauroit lo m'amanderoit. — Et se promet as borjois à bone foi que gie nes semonrai ne an ost ne an chevauchiée por aux aquoisoner, fors que por ma propre besoigne. — Et se veuil que chevaux à chevauchier ne armeures à çaux de Chasteillon et de Dormanz et de la commune de Chasteillon et de Dormanz ne soient prises por dète ne por plège ne por autre amission. — Et se gie ou mes genz avons ou aveiens mestier de chevaux ou de charrètes de Chasteillon et de Dormanz, il sera requis au maieur de Chasteillon et de Dormanz, et il lo fera avoir à loier là où il lo trovera, et paiera lo loier des deniers de ma cense; et s'il mésavenoit dou cheval, il seroit randuz, au regart des doze jurez et dou maieur, des deniers de ma cense. — Et chascuns de la commune de Chasteillon et de Dormanz, qui aura vaillant vint livres, aura aubeleste an son ostel et quarriaux jusqu'à cinquante. — Et est à savoir que li borjois de Chasteillon et de Dormanz cuiront et mouront à mes fors et à mes molins par autel marchié cum as autres. Et, s'il avenoit que gie n'ausse assez forz et molins à Chasteillon et à Dormanz, il feront cuire et moure au regart des doze jurez et dou maieur, selonc ce qu'il convanra sofisanmant, à mes forz et à mes molins. Et quant gie aurai forz et molins tant cum il convanra au regart des doze jurez et dou maieur, il i cuiront tuit et mouront. — Et se aucuns des trèze esleuz estoit cheuz ou an plait ou an guerre ou an escommuniment por lo fait de la commune de Chasteillon et de Dormanz, li maires et li doze juré qui vanront après seront tenu à panre lo fais sor aux, ansi cum li maires et li doze juré qui estoient devant l'avoient sor aux. — Et gie ne porrai mètre hors de ma main nules de cez choses devantdites. — Et est à savoir que, se aucuns de la commune de Chasteillon et de Dormanz estoit arrestez ou pris an auqun leu pór ma dète, gie sui tenuz à délivrer lui et les soes choses dou mien. Et s'il estoit pris ou arrestez por autre chose, gie lo sui tenuz à aidier à délivrer à bone foi. — Et est à savoir que, se aucun de caux qui vanront ester en la commune de Chasteillon et de Dormanz s'an veulent raler, il s'an iront sauvemant et franchemant quant il vouront, et auront conduit de moi quinze jorz plainnemant. — Et si quit à toz mes homes et à totes mes fames de la prevosté de Chasteillon et de Dormanz la main morte, si cum gie la soloie avoir an la prevosté de Chasteillon et de Dormanz. — Et est à savoir que mi serjant qui sunt à moi, et cil qui ont mes chartres et les chartres à mes ancessors, seront an la commune de Chasteillon et de Dormanz, se il veulent; et, s'il ne veulent, il seront an ma main, si cum devant. — Et cez covenances qui sunt devant dites ai-gie jurées à tenir por moi et por mes oirs, à aux et à lor oirs à tojorz. Et por ce que ceste chose soit ferme et estable, ai-gie cez lètres sellées de mon séel. — Ce fu fait l'an de l'incarnation Jhesu Crist M. CC. trante un, ou mois d'aoust.

Cette charte, accordée aux habitants de Châtillon-sur-Morin et à ceux de Dormans (Marne, arr. d'Épernay), était scellée dans le principe, sur cordelettes de soie, du sceau de Thibaut IV, comte de Champagne et de Brie, décrit dans l'*Inventaire* sous le n° 572. Le sceau s'est détaché; mais il n'en est pas moins certain que l'acte est original, et par conséquent le plus ancien des actes originaux en langue vulgaire du Nord conservés dans les layettes du Trésor des Chartes.

2154   1231. Août.

(J. 203. — Champagne, XI, n° 26. — Original.)

R. (Reginaldus) Sancti Faronis et A. (Aubertus) B. Mariæ de Cagia Meldensis abbates notum faciunt magistrum et fratres S. Lazari Meldensis illustri viro Theobaldo, Campaniæ et Briæ comiti palatino, in perpetuum quittavisse usuarium quod habebant in nemore de Medunto, et in recompensationem ab eo accepisse triginta arpenta ejusdem nemoris, de quibus poterunt omnimodam suam facere voluntatem. — « Actum anno Domini M° CC° tricesimo primo, mense augusto. »

Les sceaux de Renaud Ier, abbé de Saint-Pharon de Meaux, et d'Aubert, abbé du monastère de Notre-Dame de Chage, dans le même diocèse, qui étaient appendus à cette charte, sur double queue, se sont détachés et n'ont pas été retrouvés ailleurs.

2155   1231. 2 septembre.

(J. 224. — Toulouse, XV, n° 12. — Copie authentique.)

Instrumentum quo notum fit Arnaldum Willelmum de Sancto Barcio quidquid habebat et habere debebat vel petebat in omnibus illis terris et honoribus ac etiam juribus et bonis mobilibus et immobilibus qui et quæ Bellidi judæi, Abranis fratris ejus, et defuncti Alacris patris eorum fuerunt, præfato Bellido sua sponte dedisse ac dando solvisse pro omni ejus voluntate inde facienda. — « Hoc fuit ita laudatum II. die in introitu mensis septembris, regnante Lodoico rege Francorum, et Ramundo Tolosano comite, et Fulcone episcopo, anno ab incarnatione Domini M° CC° XXX° I°. — Hujus rei sunt testes : W. Poncius de Morla, et Petrus Sancius, et Petrus Ramundus major, et Arnaldus Martinus, et Vitalis de Murrello, et Ugo Pictor qui hanc cartam scripsit. »

Copie délivrée en janvier 1243 et certifiée par Pierre Raymond et Pierre Feltrier, notaires.

2156   1231. Samedi 6 septembre.

(J. 344. — Élections, n° 2. — Original.)

Litteræ prioris et conventus B. Katerinæ Rothomagensis excellentissimo domino suo Ludovico Francorum regi, a quo licentiam abbatis eligendi humiliter flagitant, ad eum fratres Gillebertum de Castello et Radulfum de Vernone, procuratores suos, destinantes. — « Datum die sabbati ante Nativitatem Beatæ Mariæ Virginis, anno gracie M° CC° tricesimo primo. »

Traces de sceau pendant sur simple queue. — Le sceau de l'abbaye de Sainte-Catherine-du-Mont est décrit dans l'*Inventaire* sous le n° 8360, d'après un type appendu à un acte daté de 1244.

2157   Saint-Omer. 1231. Septembre.

(J. 229. — Picardie, n° 8. — Original scellé.)

Johannes Alchiacensis abbas totusque ejusdem loci conventus notum faciunt, cum claræ memoriæ Ludovicus, regis Franciæ primogenitus (*scilicet*, Ludovicus filius Philippi Augusti), pro terra, aqua et nemore, quæ in parco Hesdini includi fecerat, octo libras Parisiensium annui redditus in prepositura Hesdini recipiendas, Alchiacensi monasterio assignasset donec sufficiens excambium eidem

(1231)

ecclesiæ assignaretur, Ludovicum Franciæ regem, prædicti Ludovici· filium, sexaginta mensuras terræ in comitatu Hesdinensi ad opus præfatæ ecclesiæ emisse et ei perpetuo pacifice possidendas assignasse. Quapropter Alchiacenses prædictas octo libras sibi primo assignatas quitaverunt, et de præfato excambio se contentos declarant. — « In cujus rei testimonium, presentes litteras sigillorum nostrorum munimine fecimus roborari. Actum apud Sanctum Audomarum, anno Domini M° CC° tricesimo primo, mense septembri. »

Le sceau de Jean, abbé d'Auchy, cire verte, double queue, est décrit dans l'*Inventaire* sous le n° 8500. Le sceau de l'abbaye d'Auchy-les-Moines (ancien diocèse de Thérouanne) manque et n'a pas été retrouvé ailleurs.

2158   1231. Dimanche 5 octobre.

(J. 325. — Toulouse, XVI, n° 5. — Original.)

Instrumentum, per litteras alphabeti divisum, quo notum fit W. de Gamevilla dedisse in feodum Bernardo de Manso et ejus ordinio locale domus situm apud Vecerias, ea lege ut dictus Bernardus et ejus successores III. denarios Tolosanos annuatim inde solvant et III. de reacapto, quando evenerit. Predictum honorem feodatarius nec vendere potest, nec impignorare, nec dare nec alicuare militi nec clerico, nec domui religionis, nec alicui viventi per quem dominus perdat suam dominationem; sed si alicui alii illum honorem vendere vel impignorare prædictus feodatarius voluerit, faciat cum consilio domini et ei, de uno quoque solido venditionis, I. denarium, et de uno quoque solido pignoris, I. obolum reddendo.— « Hoc fuit factum V. die introitus octobris, feria I, regnante Lodoyco rege Francorum, Raimundo Tolosano comite, Fulcone episcopo, anno M° CC° XXX° I° ab incarnatione Domini. Hujus rei sunt testes : Sicardus de Tolosa, et R. Amaneus, et Geraldus Bonellus, et Guillelmus Petri, qui cartam istam scripsit. »

2159   Gaillac. 1231. 13 octobre.

Instrumentum compositionis initæ inter abbatem S. Theodardi de Montealbano et comitem Tolosæ super juribus ex utraque parte vindicatis.

(J. 310. — Toulouse, V, n° 49. — Original scellé. = J. 309. — Toulouse, V, n° 9. — Minute.)

Noverint universi quod, cum controversia verteretur inter Albertum Aurellia abbatem Sancti Theodardi Montisalbani, ex una parte, et dominum R. (Raimundum), Dei gratia comitem Tolosanum, ex altera, super eo quod dictus abbas petebat a domino comite medietatem majorum justiciarum ville Montisalbani et ville Insule amate, et omnium incurrimentorum que advenirent in dictis villis et earum finibus et dominiis, et quod dominus comes recognosceret [quod] residuum, quod in dictis villis habet, [tenet] in feudum a monasterio Montisalbani, et quod vicarius abbatis reciperet firmancias et faceret justicias in dictis villis sicut et vicarius domini comitis. — Item petebat quod preconizaretur in dictis villis ex parte domini comitis et abbatis, et fierent banna et edicta. — Item petebat medietatem salini quod dominus comes tenet in villa Montisalbani.·— Item petebat medietatem bladi quod dominus comes accipiebat in dictis villis pro vomeribus et ferramentis molendinorum et aliis accuendis. — Item petebat portum del Perget, quia dicebat illum ad dictum monasterium pertinere. — Item petebat quod dominus comes recognosceret se tenere in feudum castrum de Tolvio cum pertinentiis a monasterio Sancti Theodardi, et quod redderet pro illo feudo cuilibet abbati in quibuslibet curiis tale servicium, videlicet, quod teneret abbati ascendenti equum l'estreup. — Item petebat quedam feuda et quosdam census qui debebantur ecclesie, ut dicebat, de quibusdam terris et vineis quas dominus comes tenet. — Item petebat justicias hominum spetialium et ligiorum abbatis. — Item petebat omnes justicias monachorum et clericorum et donatorum suorum et spetialis familie sue, videlicet illorum donatorum qui in capitulo Sancti Theodardi donant se et sua eidem monasterio et promittunt hobedientiam abbati et successoribus suis, et victum percipiunt a dicta ecclesia. — Item petebat quod, quando detentores possessionum, que tenentur ab ecclesia ad censum annuum, in incurrimentum caderent, abbas haberet integre illas possessiones. — Item petebat quod, quando homines ville facerent juramentum, jurarent salvo dominio et jure abbatis. — Item petebat quod consulatus destrueretur in villa Montisalbani, et petebat quingentas libras ab hominibus ville Montisalbani quia nolebant facere ei fidelitatis juramentum, dicens ipsos teneri sibi ad eas reddendas ratione compromissi ab utraque parte facti in magistrum P. (Petrum) de Collemedio. — Item petebat quedam feuda et quasdam possessiones quas dominus comes tenet, dicens ea ad suum monasterium pertinere. — Tandem, super hiis omnibus amicabilis compositio intervenit inter sepedictum abbatem et dominum comitem, de consensu utriusque, mediantibus Duranto, Dei gratia Albiensi episcopo, et Poncio de Vilanova milite, et Petro Martini de Castronovo, sub hac forma, videlicet : quod dominus comes concessit, tradidit, reddidit et donavit abbati de Montealbano et monasterio Sancti Theodardi, nunc et in perpetuum, quartam partem majorum justiciarum et omnium incurrimentorum que de cetero fierent in villis de Montealbano et Insule amate et earum finibus; et quod vicarius abbatis reciperet firmancias et faceret justicias in supradictis villis et earum finibus, sicuti et vicarius domini comitis; et postmodum quilibet haberet partem suam de emendis et incurrimentis, videlicet de quinque solidis, et, a quinque et infra, medietatem abbas, sicut solitus est percipere; et a quinque solidis et supra, integraliter quartam partem. Et dominus comes perciperet de quinque solidis et a quinque et infra medietatem; et, a quinque solidis et supra, integraliter tres partes. — Concessit etiam dictus comes quod de cetero preconizaretur in dictis villis ex parte ipsius comitis et abbatis, et fierent banna et edicta. — Item concessit dictus comes quod abbas haberet quartam partem salini supradicti; verumptamen, si idem comes dimittat et derelinquat salinum universitati ville, quod facere potest si voluerit, abbas habeat medietatem leide salis, sicuti solebat percipere et habere. — Eodem modo et sub eadem forma concessit eidem abbati medietatem eorum que percipit idem comes in dictis villis occasione de las aguzaduras; verumptamen, si dominus comes dimittat vel derelinquat las aguzaduras, quod facere potest si voluerit, abbas habebit medietatem illius servitii quod facient detentores earum hac de causa domino comiti. — Item concessit quod abbas haberet navem suam in portu del Perget, et transirent ibi quicumque vellent, dum tamen non compellantur ab abbate nec prohibeantur transire a domino comite vel suis. — Item recognovit dominus comes se tenere in feudum ab ipso abbate et monasterio Sancti Theodardi castrum de Tolvio cum pertinenciis, et quod debet inde tale servitium, videlicet, quod semel tenebit unicuique abbati de Montealbano ascendenti equum, cum ab eo fuerit requisitus, l'estreup. — Concessit etiam quod abbas haberet feuda sua, et census suos, et jura sua alia, et proprietates, et honores, sicuti habere solebat et debebat, et quod idem comes de terris censualibus abbatis, quas tenebat ubicumque, redderet abbati censum et alia jura sua vel cambium competens pro illis. — Item concessit quod quando homines spetiales et ligii abbatis conquererentur de se ipsis ad invicem abbati, abbas haberet inde omnes emendas et justicias. Si vero conquererentur vicario domini comitis, abbas haberet partem suam de emendis et justiciis sicuti de aliis hominibus; et dominus comes similiter partem suam sicuti de aliis hominibus. — Item concessit dominus comes quod abbas haberet totam justiciam monachorum, clericorum et spetialis familie sue et donatorum suorum, videlicet illorum donatorum qui sunt recepti, ut supradictum est, et non possunt facere testamentum suum sine ascensu (sic) abbatis. — Item concessit quod, quando detentores possessionum, que tenentur ab ecclesia ad censum annuum vel in feudum, in incurrimentum ceciderint, vendantur possessiones ille personis competentibus bona fide, et ecclesia habeat inde vendas et acaptes et alia jura sua, et de incurrimento quartam partem, sicut de aliis incurrimentis, et comes tres partes; et ita fiat de terris censualibus et feudis domini comitis, videlicet, quod abbas habeat quartam partem incurrimenti et dominus comes tres partes. — Hoc vero dictum est de illis feudis et terris que sunt in supradictis villis de Montealbano et Insule amate et dominio earum. — Item concessit quod consules de novo electi apud Montemalbanum jurabunt singulis annis, super sancta Dei Euuangelia, se deffendere et custodire bona fide omnia jura monasterii Sancti Theodardi de Montealbano et abbatis. — Abbas vero predictus quitavit et dimisit supradictum juramentum quod petebat ab hominibus Montisalbani. Quitavit etiam et dimisit supradictas quingentas libras quas petebat ratione supradicti compromissi et peticionem quam faciebat de consulatu et de domo communi, et concessit quod consulatus ibi remaneret, ut supradictum est, et domus communis. — Quitavit etiam abbas generaliter omnes peticiones et querelas superius scriptas, hiis exceptis que sibi superius in presenti compositione sunt concessa. — Renunciavit etiam dictus abbas omnibus instrumentis que habuerat a magistro P. (Petro) de Collemedio et a domino R. (Romano) Sancti Angeli diacono cardinali, olim Apostolice Sedis legato. Remisit eciam omnes obligationes sibi et monasterio suo hiis de causis adquisitas. — Dictum etiam est quod, quantum ad alios articulos de quibus in isto instrumento non fit mentio, remanebunt carte et instrumenta antiqua ecclesie Montisalbani in sua firmitate, in hiis in quibus non fuerint contra compositionem istam. — Et eodem modo erit de Insula amata sicuti de Montealbano, videlicet, infra fines et dominium earumdem villarum, et abbas habebit illud quod solitus est habere et percipere in pedagiis, leidis et aliis juribus in supradictis villis et dominiis earum. — Comes vero habebit in supradictis villis et finibus et dominiis earum omnia jura et possessiones quas hactenus habuit et possedit, exceptis illis que in presenti compositione abbati et monasterio Sancti Theodardi de Montealbano sunt concessa, et excepto quod, si bailivi comitis de possessionibus communibus inter comitem et abbatem occupaverint plus quam deberent, sive apud Montemalbanum sive apud Insulam amatam, quod totum redigatur in commune ; et eodem modo erit si abbas vel sui occupaverint plus quam deberent. — Supradicta omnia concessit, tradidit, reddidit et donavit R., Dei gratia comes Tolosanus, supradicto Alberto abbati et monasterio Sancti Theodardi ab ipso abbate et ejus successoribus in perpetuum pasificce possidenda. — Nos vero R., Dei gratia comes Tolosanus, et Albertus, eadem gratia abbas Sancti Theodardi de Montealbano, istam fecimus compositionem et sigilla nostra apponi fecimus huic instrumento in hujus rei testimonium et munimen. Et supradicta et singula promitimus in perpetuum bona fide firmiter observare. — Nos vero Geraldus, eadem gratia abbas Case Dei, istam compositionem approbavimus et presens instrumentum sigillo nostro fecimus sigillari. — Nos vero Durantus, miseratione divina Albiensis episcopus, in hac compositione inter-

fuimus, et, ex utraque parte rogati, sigillum nostrum in presenti instrumento imposuimus in hujus rei testimonium et munimen. — Actum est hoc anno ab incarnatione Domini M° CC° XXX° primo, XIII° die introitus mensis octobris, apud Galliacum, regnante Lodovico Francorum rege, et W. (Willelmo) episcopo Caturcensi. — Hujus rei testes sunt : Raimondus abbas Galliaci, et Artaldus ostalarius Case Dei, et W. prior Sancti Rotberti de Cornilione, et Ugo de Anjou, et Petrus de Lacu, monachi Case Dei; et Bertrandus frater domini comitis Tolosani, et Arnaldus de Monteacuto Albiensis miles, et Berengarius de Joarriis, et Guigo Mafantafe, milites; et Raimondus de Garriga, et Engelbaldus, et W. Bernardi de Mota, et Geraldus de Castillono, et Bernardus Capelli publicus ville Montisalbani notarius qui, ex utraque parte rogatus, omnia ista scripsit.

Nous publions cet accord d'après l'original coté *Toulouse*, V, n° 49, qui est scellé de quatre sceaux en cire brune pendants sur rubans de soie ponceau, et disposés dans l'ordre suivant :
1. Sceau de Durand, évêque d'Albi, décrit dans l'*Inventaire* sous le n° 6434, d'après un type appendu à un acte daté de 1242.
2. Sceau de Géraud de Montclare, abbé de la Chaise-Dieu, au diocèse de Clermont. (*Inventaire*, n° 8604.)
3. Sceau de Raymond VII, comte de Toulouse. (Premier sceau, *Inventaire*, n° 744.)
4. Sceau d'Albert II Aureilhe, abbé du monastère de Saint-Théodard de Montauban. (*Inventaire*, n° 8856.)

La pièce cotée *Toulouse*, V, n° 9, est la minute préparée pour la rédaction définitive de l'acte.

2160   Gaillac. 1231. 13 octobre.

Instrumentum compositionis initæ inter Tolosanum comitem et abbatem Galliaci.

(J. 309. — Toulouse, V, n° 8. — Original scellé. = J. 310. — Toulouse, V, n° 50. — Copie ancienne.)

ABCD.   EFGH.   JKLM.

Noverint universi presentem paginam inspecturi quod controversia erat inter dominum R. (Raimundum), Dei gratia comitem Tolosanum, ex una parte, et Raimundum abbatem Galliaci et conventum ejusdem loci, ex altera, in presentia et audientia venerabilium patrum Duranti episcopi Albiensis, et Geraldi abbatis Case Dei, et Pontii de Villa-nova, et Petri Martini de Castro-novo. — Petebat idem abbas quartam partem justiciarum que fuit dominorum de Lauriaco, quia dicebat eam esse de feudo ecclesie Galliacensis : et quia sine consilio ejus comes emerat, dicebat emptionem non valere de jure. — Item petebat medietatem obolorum qui recipiuntur ad portas ville Galliaci ab introeuntibus in eadem villa et exeuntibus. — Item petebat medietatem del cop, qui datur ab illis qui vendunt bladum in villa Galliaci ad pilam. — Item petebat medietatem in omnibus leudis que percipiuntur in foro Sancti Andree, extra muros, per totum annum. — Item petebat medietatem bonorum que fuerunt Bernardi Gastoill, Petri Raimundi de la Sopeza, Bernardi Petri, Athonis Raimundini [et] Geraldi Grimal, que bona predecessores ipsius domini comitis habuerunt ratione incurrimenti; et ipse comes hodie partem illorum bonorum tenet, et partem quibusdam personis dedit, quorum bonorum quedam ad censum annuum tenebantur ab ecclesia. — Item petebat quod consules de cetero in villa Galliaci non fierent. — Item petebat emendam localis et census quem amittebat abbas propter edificationem turris. — Item petebat molendina et paixeriam de ponte, que dicebat ad *ecclesiam pertinere*. — Item petebat bona que fuerunt Assnardi filii Astrugne femine. — Item petebat omnia incurrimenta honorum qui ab ecclesia ad censum annuum tenebantur. — Item dicebat quod dominus comes tenebat in feudum ab ecclesia Galliacensi quicquid habebat in eadem villa et pertinentiis ejusdem. — Conquerebatur etiam de eodem domino comite, quia recipiebat albergam, bladadam et quasdam alias exactiones illicitas in villa de Montilio. — Econtra dominus comes multas et varias exceptiones et deffensiones, contra ea que proposita sunt, proponebat, que intentionem abbatis elidere videbantur. — Tandem, post multas et varias utriusque partis allegationes, amicabilis compositio inter dictum comitem Tolosanum, et abbatem et conventum Galliacenses, de consilio et assensu ipsorum, facta est, mediantibus venerabilibus patribus Duranto episcopo Albiensi, et Geraldo abbate Case Dei, et discretis viris Poncio de Villa et Petro Martini, que talis est : — Recognovit dominus comes Tolose et confessus est, cum hac publica scriptura, se habere et tenere in feudum ab abbate Sancti Michaelis de Galliaco et monasterio prenominato dominium et omnia jura et possessiones que vel quas habet vel tenet in villa de Galliaco et pertinentiis ejus, et specialiter quartam partem dominii quam habuit a dominis Lauriaci, ita quod ipse et successores sui perpetuo teneant et habeant in feudum a jam dicto abbate et ejus successoribus et monasterio Galliaci dominium et omnia jura que habet in villa de Galliaco et pertinentiis ejus, sicut fideles feudatarii, pleno jure. — Abbas autem et monasterium Galliaci habebit terciam partem in toto blado quod colligitur del cop ab illis qui vendunt bladum in villa Galliaci; et terciam partem in obolis qui recipiuntur ad portas. — Item habebit in foro S. Andree medietatem leude integre de omnibus venalibus que ibi veniunt vel defferuntur, tam in ovibus, quam in capris, et porcis et aliis. — Item habebit in molendinis et paixeria de ponte, que dominus comes tenet, octo sestaria bladi, videlicet quatuor frumenti et quatuor fabarum, pro censu annuatim persolvenda ad mensuram pile Galliaci in festo S. Juliani, et in feudum ab ecclesia tenebuntur. — Et si forte contigerit quod aliquis vel aliqui, qui tenent honores sub annuo censu a monasterio Galliaci, incidant in incurrimentum, vel decedant intestati sine herede, honor vel honores vendatur vel vendantur personis competentibus, ita quod monasterium percipiat vendas, et impignorationes et acapita, et censum solitum, et quartam partem incurrimenti. — Si vero homines ligii abbatis in incurrimentum inciderint, vel intestati sine herede mortui fuerint, honor vel honores, quem vel quos a monasterio sine censu tenebant, ad monasterium sine parte alicujus revertantur. — Honores vero censuales, qui ab abbate tenentur, vendantur ab abbate eo modo quo dictum est superius, et precium inter dominos dividatur; fidancie quoque, et justicie, et clamores familie ipsius abbatis, scilicet, clericorum, gubernatorum navium, molendinariorum, decimantium, ortolanorum, et omnium illorum qui in familia ejusdem abbatis necessario sunt, erunt integre ejusdem abbatis et monasterii antedicti. — Item dominus comes restituet heredibus Bernardi Gastoill, Athonis Raimundini, Geraldi Grimal, Bernardi Petri, honores qui quondam fuerunt illorum qui sunt nominati, quos modo dominus comes tenet, vel alius pro eo; et si comes predictos honores heredibus non reddiderit, predicti honores vendentur, et precium, ut dictum est superius, inter dominos dividetur. — Quod autem dictum est de incurrimentis hominum abbatis et monasterii, et de aliis qui tenent honores pro quibus annuum censum prestare tenentur, idem per omnia observabitur in hominibus domini comitis Tolosani, et in aliis qui tenent ab eo honores pro quibus censum prestare tenentur. — Item restituet dominus comes legitimis heredibus Assnardi hereditatem ipsius; et, si forte heredes non comparuerint, abbas recuperet honores qui ab eo in censum tenebantur. Et in aliis que sunt in pertinentiis Galliaci, habebit abbas quartam partem. — Convenit etiam inter dictum abbatem et comitem quod, cum consules fuerint creati in villa de Galliaco, jurabunt ipsi consules, in presentia abbatis vel bajuli sui, quod bona fide conservabunt et deffendent omnia jura monasterii, et in villa de Galliaco et in territorio ejus. — Item restituit dominus comes localia circa turrim hominibus quorum quondam fuerunt; et ecclesia habebit in dictis localibus jura sua. Pro parte autem localis, que est de dominio abbatis, in quo turris est edificata, debet dominus comes dare competentem emendam eidem abbati. — Preterea dominus comes, in redemptionem suorum peccaminum, donat in helemosinam domino Deo et monasterio B. Michaelis de Galliaco, et in perpetuum remittit albergam, bladadam, et omnia alia jura que habet vel habere debet in villa de Montilio, et concedit ut homines ejusdem ville, presentes et futuri, possint uti libere pascuis, aquis, nemoribus, sicut alii homines domini comitis. — Et, cum ipse haberet de jure in monasterio Galliaci albergam cum viginti equis, in helemosinam donat abbati et eidem monasterio, in perpetuum, medietatem ejusdem albergue, et ita de cetero dictus comes habebit in dicto monasterio albergam cum decem equitaturis et equitantibus tantum. — Promisit etiam dominus comes, pro se et successoribus suis, quod, quotiens abbas in eodem monasterio mutatus fuerit, et de consilio abbatis Case Dei et conventus Galliaci, sicut consuetum est, institutus veniet, dictus comes in capitulo dicti monasterii Galliaci, cum ipse comes primo in villa Galliaci venerit, et abbas Galliaci presens fuerit, et ab eodem abbate fuerit requisitus, et in capitulo, recognoscet se tenere in feudum ab abbate et monasterio Galliaci dominium et jura et possessiones que vel quas habet in villa Galliaci et pertinentiis ejus. — Nos igitur Raimundus, Dei gratia comes Tolose, et Raimundus abbas et conventus monasterii Galliaci, compositionem predictam et universa predicta et singula per nos et successores nostros approbamus et confirmamus, et promittimus nos inviolabiliter perpetuo servaturos; et, ut perpetuam obtineant firmitatem, presentem paginam sigillorum nostrorum munimine roboramus. — Et nos Durantus, Dei gratia episcopus Albiensis, et Geraldus abbas Case Dei antedictam compositionem approbamus et confirmamus, et sigillorum nostrorum appositione munimus, instrumento quod incipit : *In nomine sancte et individue Trinitatis, anno ab incarnatione Domini* M° C° LXXV°, *in mense januario,* et finit *Bermundus, qui utrimque rogatus, scripsit,* in sua remanente firmitate, hiis exceptis que essent contraria huic compositioni, vel possent, quantum ad hanc compositionem, prejudicium domino comiti generare. — Et nos R. Dei gratia abbas Galliaci et conventus ejusdem monasterii, quitamus, solvimus, diffinimus vobis, domino comiti Tolosano et successoribus vestris, in perpetuum, quantum ad nos et successores nostros pertinet, omnes actiones, petitiones et querelas supradictas, salvis et retentis nobis universis et singulis que nobis in presenti compositione a vobis sunt tradita et concessa. — Huic compositioni interfuerunt testes rogati : dominus Arbertus abbas Montisalbani, cujus sigillum in testimonium appositum est huic carte, et Arnaldus de Monteacuto, Guillelmus senescallus Albigensis, magister Guillelmus prior Galliaci, dominus Ysarnus de Cambon, et Arnaldus nepos ipsius, Frotardus, Amblardus, Vassallus, Guillelmus de Sancto Juliano, Poncius Gorgullus, Artaldus Paganus hostalarius Case Dei, Guillelmus de Vorsazello prior S. Roberti de Corniliano, Radulphus prior de S. Liberata, Guillelmus Capella, Bernardus Rudelli,

Guillelmus Miro, monachi; Durantus capellanus S. Michaelis de Galliaco, Guillelmus Malestatga, sacerdos; Guillelmus de Vallato, Marchus, Poncius Gullamar, Bernardus Coc, Geraldus Rosselli, Matfredus, Stephanus Vigorra, Amoravis, Petrus Amelii, Raimundus Garrigua, Berengarius de Avariis, Guigo Mantafe, Sicardus Alamanni, Raimundus de Galliaco et Bernardus de Galliaco nepos ejus, Berengarius de Galliaco, Bertrandus de Galliaco, Guillelmus de Galliaco, Johannes Roberti bajulus abbatis, Bernardus de Penna, Bernardus Bego juvenis, Guillelmus Rosselli, Guillelmus Duranti de Corniboc, Bernardus Duranti nepos ipsius, Raimundus Boneti, Bernardus Borrelli, Guillelmus Borrelli. — Actum apud Galliacum, in domo Fornelli, anno incarnationis Dominice m° cc° xxx° primo, iii. idus octobris. Johannes Aurioli, domini comitis Tolosani notarius, ex utraque parte rogatus, scripsit.

L'original de cet accord, coté *Toulouse*, V, n° 8, est scellé en cire blanche, sur rubans de soie ponceau, des sceaux de Durand, évêque d'Albi; Géraud de Montclare, abbé de la Chaise-Dieu; Raymond, comte de Toulouse; Albert ou Arbert, abbé du monastère de Saint-Théodard, également apposés à l'acte précédent (voyez ci-dessus p. 223, col. 2), et, de plus, du sceau de Raymond, abbé du monastère de Saint-Michel de Gaillac, au diocèse d'Albi, décrit dans l'*Inventaire* sous le n° 8734. — La pièce cotée *Toulouse*, V, n° 50, est une copie du temps, collationnée sur l'original.

2161   1231. Lundi 20 octobre.

(J. 197. — Champagne, V, n° 34. — Original.)

Galterus de Ardileriis notam facit compositionem a se cum karissimo domino suo Theobaldo, Campaniæ et Briæ comite palatino, initam de guarda castelli Vitriaci, per tres menses annuatim a se facienda mediantibus ducentis libris Pruvinensium, ad quas restituendas sese obligat si postea sciri posset se ad dictam guardam faciendam teneri. — « In cujus rei testimonium, presentes litteras sigilli mei munimine roboravi. Actum anno Domini m° cc° tricesimo primo, die lune post festum Sancti Luce euvangeliste. »

Traces de sceau pendant sur double queue. — Le sceau de Gautier d'Arzillières en Champagne (Marne, arr. de Vitry-le-François) est décrit dans l'*Inventaire* sous le n° 1214, d'après un type appendu à un acte daté de 1245.

2162   1231. Octobre.

(J. 197. — Champagne, V, n° 33. — Original.)

Galterus de Ardileriis recognoscit se et successores suos Ardileriarum dominos erga Theobaldum, Campaniæ et Briæ comitem palatinum, ad guardam in castro Vitriaci annuatim per tres menses faciendam in perpetuum teneri. — « In cujus rei testimonium, presentes litteras sigillo meo feci roborari. Actum anno Domini m° ducentesimo tricesimo primo, mense octobri. »

Traces de sceau pendant sur lacs de soie rouge. — Voyez l'observation à la suite de la pièce précédente.

2163   1231. Octobre.

(J. 197. — Champagne, V, n° 32. — Copie authentique.)

Theobaldus, Campaniæ et Briæ comes palatinus, notum facit se dilecto suo Henrico de Oya, falconario suo, propter longum et fidele ejus servitium, tres modios frumenti et tres modios avenæ in minagio Castri Theodorici annuatim percipiendos, nec non decem libras Pruvinensium in redditibus halæ novæ ejusdem villæ, in donum contulisse. — « In cujus rei testimonium, presentes litteras volui et feci sigilli mei munimine roborari. Actum anno gracie m° cc° tricesimo primo, mense octobri. »

Cette donation est insérée dans un vidimus sans date délivré par N. (Nicolas), évêque de Troyes, qui a occupé le siège épiscopal de 1234 à 1269.

2164   Toulouse. 1231. 18 novembre.

Litteræ R. comitis Tolosani de quinque millibus librarum Turonensium a se abbatiæ Cistercii solvendarum.

(J. 309. — Toulouse, V, n° 10. 2. — Copie authentique.)

Noverint universi presentes pariter et futuri quod nos R. (Raimundus), Dei gratia comes Tholose, recognoscimus et profitemur nos promisisse in elemosinam, tempore pacis inter sanctam Romanam ecclesiam et dominum regem Francie, ex una parte, et nos, ex altera, reformate, duo milia marcharum argenti domui Cistercii; de quibus persolvendis compositionem facimus in presenti cum venerabili patre G. (Gualtero de Ochies) abbate ejusdem domus, in presentia venerabilium patrum Obezine, Garde Dei et Petrose abbatum, et prioris Grandis Silve, et monachorum dicti abbatis Cistercii, Alberti, Petri, Richardi et fratris Johannis Vitalis monachi Grandis Silve, et Pontii de Villa-nova militis nostri, et Petri Martini de Castro novo, et Arnaldi d'Escalquenx jurisperitorum, et Johannis Aurioli notarii nostri; que compositio talis est : — In primis promittimus, per firmam et sollempnem stipulationem, dicto abbati Cistercii in manu ejusdem, nos persoluturos procul dubio ipsi, vel nuncio ipsius aut domus Cistercii, ducentas marchas argenti vel quingentas libras Turonensium circa festum Beati Vincentii proximum instans, et abinde, singulis annis, ducentas marchas argenti vel quingentas libras Turonensium, quousque predicta duo milia marcharum argenti sint domui Cistercii plenarie persoluta, vel quinque milia librarum Turonensium. — Et ut melius et securius super hoc sit eidem domui cautum, obligamus predicto abbati et domui Cistercii memorate redditus nostros quos habemus in villa de Marmanda, in camino aque, tali modo ut, post festum instans Omnium Sanctorum, idem abbas vel domus Cistercii ponat ibi duos monachos vel conversos, vel unum si voluerit, qui erunt ibi sumptibus nostris, donec de predictis ducentis marcis vel quingentis libris Turonensium singulis annis plenam habuerint solutionem. — Et nos, vel aliquis nomine nostro, non accipiemus apud villam Marmande in camino aque aliquid quousque ducente marche argenti, ut dictum est, annis singulis sint solute. Et ad hoc ipsum volumus quod heredes nostri teneantur, si nos viam universe carnis subire contingeret antequam tota supradicta pecunia solveretur. — Volumus etiam quod, si forte nos vel aliquis nomine nostro contra supradicta veniret, episcopus Agennensis ballivum nostrum, qui ibi pro tempore fuerit, et ipsam villam Marmande possit supponere interdicto. — Et ut hec omnia firmiter observentur, presentem cartam sigilli nostri munimine roboramus. Actum apud Tholosam, anno incarnationis Domini M° CC° tricesimo primo, XIII. kalendas decembris.

Cette obligation est insérée, avec les copies de cinq autres pièces relatives à la même affaire, dans une lettre sans date adressée par l'abbé de Cîteaux à Alphonse, comte de Toulouse, postérieurement à 1249, pour l'engager à payer sans difficulté les sommes qui restaient dues au monastère de Cîteaux par le feu comte Raymond, son beau-père.

2165 Toulouse. 1231. 18 novembre.

Litteræ R. Tolosani comitis Agennensi episcopo de pecunia a se abbati Cisterciensi solvenda.

(J. 309. — Toulouse, V, n° 10. 4. — Copie authentique.)

Venerabili patri in Xpisto Dei gratia episcopo Agennensi R. (Raimundus), eadem gratia comes Tholose, salutem cum reverentia debita ac devota. — Noveritis nos fecisse compositionem cum venerabili patre G. (Gualtero de Ochies) abbate Cistercii de persolvenda certa summa pecunie certis temporibus, sicut in carta compositionis plenius continetur. Et, ut melius esset sibi cautum, obligavimus sibi redditus nostros de Marmanda tali modo ut post festum Omnium Sanctorum ponat ibi duos monachos vel conversos, vel unum si voluerit, qui singulis annis percipiant ducentas marchas vel quingentas libras Turonensium quousque tota summa pecunie sit plenarie persoluta. — Unde rogamus paternitatem vestram quod, si forte contingeret, quod absit, nos vel aliquem nomine nostro contra predicta venire, bajulum nostrum, qui pro tempore ibi fuerit, excommunicationi et totam villam Mermande supponatis interdicto, nullam absolutionem eis facientes quousque predicto abbati Cistercii vel ejus nuncio, secundum formam compositionis inter nos et ipsum facte, de solvenda pecunia fuerit satisfactum, quia inter nos et ipsum abbatem est compositum et condictum. — Datum Tholose, XIII. kal. decembris, anno Domini M° CC° XXX. primo.

Ces lettres de Raymond VII à Durand, évêque d'Albi, sont insérées, comme la pièce précédente, dans la lettre adressée par l'abbé de Cîteaux au comte Alphonse.

2166 1231. Dimanche 30 novembre.

(J. 320. — Toulouse, XI, n° 44. — Original.)

Instrumentum quo Willelmus Saissetus, maritus dominæ Mateudz, ea consentiente, se ejus dotem, tribus millibus et quingentis solidis Tolosanis constantem, super villa de Sancto Anhano prius assignata, ad Pulchrum castellum, in molendino de Torreta et super fortia quæ fuit Willelmi de Bosqueto assignare declarat. Eodem instrumento ordinatur de dote dominæ Genser uxoris Ramundi Saisseti filii præfati Willelmi; quæ quidem dos, duobus millibus et quingentis solidis Tolosanis constans, dictæ Genser, cum suo lecto de pannis bene munito, super medietate villæ de S. Anhano assignatur. — « Hoc fuit ita laudatum ultimo die novembris, feria I, regnante Lodoyco rege Francorum, et Raimundo Tolosano comite, et Fulchone episcopo, anno ab incarnatione Domini M° CC° XXX° I°. Hujus rei sunt testes : Aimericus de Castronovo, qui fuit filius Wilelmi de Castronovo, et Isarnus de Villanova, et Petrus Bafa, et Ramundus Bertrandus qui cartam istam scripsit. »

2167 1231. Novembre.

(J. 196. — Champagne, IV, n° 26. — Original.)

Theobaldus, Campaniæ et Briæ comes palatinus, notum facit se, ad preces reverendi patris Hugonis Lingonensis episcopi, fideli suo Guiardo Perinol, præfati episcopi ballivo, in perpetuum feodum et homagium ligium, salva ligeitate jam dicti episcopi et Clarambaudi de Capis, viginti libras Pruvinensium annui redditus, in nundinis S. Remigii Trecis a dicto Guiardo vel ejus heredibus percipiendas, contulisse. — « In hujus rei testimonium, presentes litteras fieri volui sigilli mei munimine roboratas. Actum anno gratie M° cc° tricesimo primo, mense novembris. »

Traces de sceau pendant sur double queue. — Le sceau de Thibaud IV, comte de Champagne (*Inventaire*, n° 572), qui dans l'origine était appendu à cette pièce, n'existe plus; la pièce est d'ailleurs cancellée et en mauvais état.

2168 1231. Novembre.

Mandatum R. Tolosæ comitis de quingentis libris Turonensium annuatim Cisterciensi monasterio super redditu Marmandæ persolvendis.

(J. 309. — Toulouse, V, n° 10. 3. — Copie authentique.)

R. (Raimundus), Dei gratia comes Tholose, fidelibus suis senescalco Agennensi et ballivo de Marmanda, qui pro tempore ibi fuerint, et ad quos littere iste pervenerint, salutem. — Noveritis nos, ad mandatum domini Pape et preces domini regis et regine, compositionem fecisse cum venerabili patre G. (Gualtero de Ochies) abbate Cistercii super quadam summa pecunie in forma pacis nostre domui Cistercii assignata, tali modo quod dicto abbati, vel nuncio ipsius aut domus Cistercii, ducentas marchas argenti vel quingentas libras Turonensium singulis annis persolvemus, in redditibus nostris quos habemus apud Marmandam, quousque predicta summa pecunie, duo milia scilicet marcharum argenti, vel quinque milia librarum Turonensium, plenarie fuerint persoluta. — Quocirca vobis mandamus et districte precipimus quatinus, cum nuncius vel nuncii dicti abbatis aut domus Cistercii, cum litteris patentibus abbatis et conventus ejusdem domus, pro predicta pecunia recipienda singulis annis ad vos venerint, ipsos benigne recipiatis, et totum paagium, quod habemus in camino aque apud Marmandam, eis libere dimittatis, nichil ibi nomine nostro accipientes, quousque de predictis ducentis marchis vel quingentis libris Turonensium, et de expensis quas ibi morando fecerint, plenam annis singulis habuerint solutionem; set etiam eos manuteneatis et ab omni injuria et gravamine defensetis. — Hoc ipsum autem volumus a senescalcis et ballivis heredum nostrorum firmiter observari, si nos viam universe carnis subire contingeret, antequam tota supradicta pecunia solveretur. — Datum anno Domini millesimo ducentesimo tricesimo primo, mense novembri. —

Voyez les observations placées à la suite des n°s 2164 et 2165.

2169 1231. Décembre.

(J. 203. — Champagne, XI, n° 27. — Original.)

L. (Lucas de Laudono) decanus totumque capitulum Parisiense notum faciunt se a Theobaldo comite Campaniæ petiisse et obtinuisse licentiam essartandi et ad terram arabilem redigendi nemora sua de Vernoto. Pro qua licentia tenebuntur in viginti libras Pruvinensium dicto comiti vel ejus heredibus annuatim apud Musterolium, in octabis Omnium Sanctorum, reddendas. — « In cujus rei memoriam et testimonium, presentes litteras sigillo nostro fecimus roborari. Actum anno Domini millesimo ducentesimo tricesimo primo, mense decembri. »

Traces de sceau pendant sur double queue. — Le sceau de Lucas de Laon, doyen de Notre-Dame de Paris, est décrit dans l'*Inventaire* sous le n° 7565, d'après un type appendu à un acte daté de 1241.

2170 1231.

Franchises et coutumes accordées aux habitants de Saint-Florentin par Thibaud, comte de Champagne.

(J. 195. — Champagne, III, n° 13. — Copie ancienne.)

Gie Thiebauz, de Chanpaigne et de Brie cuens palazins, fais à savoir à toz celx, qui sont et qui seront, qui cez lètres verront que ge franchis et quit toz mes homes et mes fames de Saint-Florentin de totes toutes et de totes tailles. — Et est à savoir que la main morte que ge avoie et prenoie en mes homes et en mes fames de Saint-Florentin, ge la quit à aus et à leur oirs à tojorz, à ces qui seront noz hommes, et autresinc à toz çax et totes cèles qui venront ester en la comuneté de Saint-Florentin, par tel [manière] que ge aurai en toz çax en cui ge avoie taille et en toz çax qui de fors venront ester en la comuneté de Saint-Florentin sis deniers de la livre do mueble, fors qu'en armeures et en robes faites à eux lor cors et fors qu'en aaisemenz d'ostel. — Et est à savoir que vaissel où l'en met vin et tuit aaisement d'or et d'argent seront prisié chascun an auvec les autres muebles, et si aurai de la livre de l'éritaige deus deniers chascun an. — Et est à savoir que, se aucuns de mes homes ou de mes fiévez ou de mes gardes vienent por demorer en la comuneté de Saint-Florentin, li borjois de Saint-Florentin n'en porront aucun retenir se n'est par mon asant ou par ma volenté. — Et s'il avenoit que aucuns hom ou aucune fame de mes viles ou de mes fiévez ou de mes gardes venient ester en la comuneté de Saint-Florentin, et li hom ou la fame qui i venroit disoit que il ne fust de mes viles ou de mes fiévez ou de mes gardes, il seroit esclairie à ma volenté do retenir ou dou refuser; et, se je lo refusoie, il auroit de moi conduit, il et les soes choses, quinze jorz plainièrement. — Et est à savoir que, se aucuns de la comuneté de Saint-Florentin vuelt paier vint livres en l'an, il sera quites du sairement et de la prisé de cèle année vers moi. — Et si leur doing et otroi la prévosté et la jostise de Saint-Florentin et de leur terres et de leur vignes qu'il ont où finaige de Saint-Florentin, si come ge la tenoie au jor que cez lètres furent faites, por soisante et doce livres de Provenisiens qu'il me rendront chascun an à Pentecoste. — Et est à savoir que li forfait des homes et des fames de la comuneté de Saint-Florentin, et de toz çaus qui sont ou seront estagier en la jostise de la comuneté de Saint-Florentin, sont as borjois de Saint-Florentin, si come ge les soloie avoir; et tuit li forfait des genz estranges, qui ne sont de la jostise de la comuneté de Saint-Florentin, sont as borjois de Saint-Florentin jusqu'à vint souz, et li seurplus iert mien. — Gie retaing lo murtre, lo rapt, lo larron, là où ces choses seront coneues et ataintes; et si retaing lo chanpion vaincu, dont j'aurai m'amende as us et as costumes de Saint-Florentin. — Et si ge retaing la fausse mesure, de laquèle j'aurai quarante souz, et li borjois de Saint-Florentin en auront vint souz. — Et est à savoir que ge retaing la jostise et la garde de mes églises, et de mes chevaliers, et de mes fiévez et de mes Geis (*c'est-à-dire* Juifs), en tel manière que, se aucuns de çax de Saint-Florentin ou de la jostise de la comuneté de Saint-Florentin forfaisoit à aucun de cez que ge retaing, c'est à savoir as clers, ou as chevaliers, ou à mes fiévez, ou à mes Geis, dont plainte venist à moi, ge l'adréceroie, et l'amende seroit moie; et sera jugiée l'amende as us et as costumes de Saint-Florentin par lo maieur et par les jurez de Saint-Florentin. — Et est assavoir que [ge] ou autres de mes genz ellirons chascun an trèze homes de la comuneté de Saint-Florentin, à bone foi, et cil trèze elliront l'un d'aus à maieur, chascun an, dedanz la quinzaine que ge les aurai nomez; et, s'il ne l'avoient elleu dedanz la quinzaine, ge i elliroie l'un d'aus trèze. — Et cil trèze nous jureront sour sainz que ma droiture et celi de la comuneté de Saint-Florentin garderont, et governeront la vile et les afaires de la vile à bone foi. — Et ce que cil doze juré et li maires feront par bone foi, il n'en porront estre aqoisoné; mais se il faisoient jugement ou esgart qui ne fust soffisanz, il seroit adrécié à mon esgart, as us et as coustumes de Saint-Florentin, sauf ce qu'[il ne] leur costeroit rien et n'en feroient point d'amende cel qui auroient fait lo jugement ou l'esgart. — Et cil doze juré et li maires lèveront les deniers, de chascun sis deniers de la livre do mueble, si com il est dit devant, et deus deniers de la livre de l'éritage chascun an, par lo sairment de çax qui ce devront. — Et, se li maires et li doze juré, ou une partie d'eux, jusqu'à trois ou plus, avoient sopeceneus aucun de cez qui auront juré à rendre sis deniers de la livre dou mueble et deus deniers de la livre de l'éritaige, il lo porrient croistre selonc leur bone concience, sauf ce que cil n'en fera point d'amende qui aura juré; et cil denier seront paié chascun an [en] la feste Saint-Andriu. — Et est à savoir que tuit [cil] de le comuneté de Saint-Florentin puent et porront vendre et achater éritaiges et autres choses, si com il ont fait devant, et ont et [auront] leurs franchises et leur usaiges si com il les ont eues devant. — Se aucun voleit plaidoier à [aulcun] de la comuneté de Saint-Florentin par plait ou par autre manière, ge ne lo porroie travailler fors de Saint-Florentin, se por ma propre querelle n'estoit; et cèle querèle seroit terminée as us et as costumes de Saint-Florentin. — Gie aurai mon ost et ma chevauchiée si com ge avoie [devant], tant que hom de soisante anz ou de plus n'iera pas; mais, s'il a lo pooir soffisant, il i envoiera un home por lui selonc son pooir. — Et se ge semoig ost ou chevauchiée en tans que foire sera, li changeor et li marchant qui seront en la foire enbesoignié i porront envoier homes soffisanz por auz, sanz amende. — Et se aucuns défailloit de mon ost ou de ma chevauchiée, cil qui défauroit lo m'amenderoit. — Et si promet à bone foi que ge nes semondrai en ost ne en chevauchiée por aus aqoisoner, mais que por mon besoing. — Et si voil que chevax a chevauchier ne armeures à cex de la comune de Saint-Florentin ne soient prises por dètes, ne por plèges, ne por autres amissions. — Et se ge ou mes genz avons mestier de chevax ou de charrètes de Saint-Florentin, il sera requis au maieur de Saint-Florentin; et cil lo fera avoir à loier là où il lo trovera, et paiera lo loier des deniers de ma cense. Et, se il mésavenoit do cheval, il seroit renduz, au resgart des doze jurez et do maieur, des deniers de ma cense. — Et chascuns de la comuneté de Saint-Florentin qui aura vaillant vint livres, aura aubeleste en son ostel et quarriaus jusqu'à cinquante. — Et est à savoir que li borjois de Saint-Florentin cuiront et mourront à mes forz et à mes molins à autel marchié com as autres. Et s'il avenoit que ge n'eusse assez fors et molins à Saint-Florentin, feront mourre et cuire au resgart des doze jurez et do maieur, selonc ce qu'il convenra soffisaument, à mes forz et à mes molins. Et quant ge aurai forz et molins, tant com il leur convenra au resgart des doze jurez et do maieur, il i cuiront tuit et mourront. — Et s'aucuns des trèze elleuz estoit cheuz en plait ou en guerre ou en escomeniement por lo fait de la vile, li doze juré et li maires qui après venront, seront tenu à penre lo fais seur aus, ausi come li doze juré et li maires qui estoient devant l'avient seur aus. — Et ge ne porrai mètre hors de ma main nules de cez choses. — Et est à savoir que, se aucuns de la comuneté de Saint-Florentin estoit arestez et pris en aucun leu por ma dète, ge lo sui tenuz à delivrer lui et ses choses do mien; et s'il estoit pris et arestez por autre chose, ge lo sui tenuz à aidier et à délivrer à bone foi. — Et est à savoir que, se aucuns de cez qui venront ester en la comuneté de Saint-Florentin s'en voloit raler, il s'en iroit sauvement et franchement quant il vorroit et auroit conduit de moi quinze jorz plainièrement. — Et est à savoir que mi serjant qui sont à moi, et cil qui ont mes chartres ou les chartres de mes âncesseurs, seront en la comuneté de Saint-Florentin se il vuelent; et, se il ne lo vuelent, il seront en ma main si come devant. — Et totes ces choses et totes ces covenances qui sont contenues en ces lettres ai-ge juré à tenir, por moi et por mes oirs, à aus et à leur oirs parmenablement. — Et por ce que ce soit ferm et estable, ai-ge fait cez lettres séeler [de mon seel]. — Ce fut fait en l'an de grâce mil et deus cenz et trante et un.

Cette copie de la charte accordée par le comte Thibaud aux habitants de la petite ville de Saint-Florentin en Champagne (Yonne, arr. d'Auxerre) nous parait, à en juger par l'écriture, à peu près contemporaine de l'acte original de concession.

2171 1231-32. Dimanche 18 janvier.

(J. 303. — Toulouse, I, n° 2. — Original.)

Instrumentum, per litteras alphabeti divisum, quo Ramundus comes Tolosanus, filius reginæ Johannæ, et Arnaldus de Vadigia, filius quondam Bertrandi de Varanhano, notam faciunt permutationem inter se initam. Ex qua quidem dictus Arnaldus, annuente Bertrando de Vadigia filio suo, medietatem dominationis villæ Vadigiæ et quidquid habebat vel habere debebat in dicta villa, intus vel extra, in alodio, præfato comiti se transferre et concedere declarat, et ab eodem comite castellum de Gardogio, Brugariam, et forciam de Morovillis in recompensationem recipit. — « Hec omnia fuere sic posita et ab utraque parte concessa xiiii° die exitus januarii, feria i°, regnante Lodoyco rege Francorum, et eodem domino Ramundo Tolosano comite, et Tolosa carente episcopo, anno ab incarnatione Domini m° cc° xxx° i°. Horum prescriptorum sunt testes: Sicardus de Monte alto, et Ramundus Unaldus qui fuit filius W. Unaldi, et Jordanus Unaldus, et Geraldus Unaldus frater ejus, et Aimericus de Castellonovo qui fuit filius Willelmi de Castellonovo, et Petrus Ramundus de Montelauro, *octo alii*, et Ramundus Bertrandus, qui cartam istam scripsit. »

2172 1231-32. Dimanche 18 janvier.

(J. 320. — Toulouse, XI, n° 43. — Original.)

Instrumentum, per litteras alphabeti divisum, quo notum fit quod, cum Arnaldus de Vadigia, qui fuit filius Bertrandi de Varanhano, et Bertrandus de Vadigia ejus filius, permutationis causa, quidquid habebant apud Vadigiam Ramundo Tolosano comiti ejusque successoribus contulissent, et in recompensationem a dicto comite recepissent quidquid habebat apud Gardogium, Brugariam et in forcia de Morovillis, prædictos Arnaldum et Bertrandum præfato comiti promisisse quod, si forte a domina Austorgia uxore dicti Arnaldi de Vadigia vel ab ejus heredibus aliquid, ratione dotis, a dicto comite vel ejus successoribus peteretur, hoc totum eidem comiti a prædictis Arnaldo et Bertrando restitueretur et emendaretur; ad hoc obligantes quidquid a prædicto comite apud Gardogium acceperunt. — « Hoc fuit factum xiiii° die exitus januarii, feria i^a, regnante Lodoyco rege Francorum, et eodem domino R. Tolosano comite, Tolosa carente episcopo, anno ab incarnatione Domini m° cc° xxxi°. Hujus rei sunt testes : Sicardus de Montealto, etc. (ut in præcedenti instrumento) et Ramundus Bertrandus qui cartam istam scripsit. »

2173 1231-32. Janvier.

Litteræ Petri de Malle super amicabili compositione inter se et canonicos B. Radegundis Pictaviensis ordinata.

(J. 191. — Poitou, I, n° 108. — Minute.)

Universis presentes litteras inspecturis, Petrus de Malle, salutem in Domino. — Cum super juribus et libertatibus, quas prior et capitulum Beate Radegundis Pictaviensis per cartas ducum Aquitanie et domine Alienordis, quondam regine Anglie, habent in villa sua de Volliaco, et aliis villis suis adjacentibus, nemoribus, terris, pratis, aquis et earum pertinentiis, inter ipsos, ex una parte, et me, ex altera, aliquamdiu questio verteretur, volens paci et tranquillitati dicte ecclesie providere, super premissis omnibus cum predictis priore et capitulo pacificavi in hunc modum. — Cum nemus Beate Radegundis ipsius ecclesie proprium esse dinoscatur, tertia parte ipsius nemoris comitibus Pictavie et successoribus eorum pro tocius nemoris garda concessa, ipsi canonici habebunt in eodem nemore, tam vivo quam mortuo, unum forestarium et ego alium, per quos idem nemus sibi et mihi valeat custodiri. (*Sequuntur articuli de regimine nemorum in quibus plenissimum usuagium hominibus Volliaci et villarum adjacentium attribuitur, priori et canonici venari licebit, uni vel pluribus, quantumcumque voluerint et potuerint, et ibidem aliquem tegularium vel vitrarium collocare, pro suo beneplacito, absque dicti Petri de Malle consensu.*) — De jurisditione vero sic diffinitum est : ut in omnibus criminibus, que per sententiam mortem possunt inducere, siquidem extraneus deliquisse dicatur, erit in custodia mea usque ad judicium. Et quando judicari debebit, producetur apud Volliacum, et ibi in curia communi, videlicet prioris Beate Radegundis et mea, judicabitur. Exequutio autem vindicte, si ad mortem judicatus fuerit, per ministeriales meos fiat in confinio terrarum, bonis ipsius inter me et priorem Beate Radegundis communiter et equaliter dividendis. — Si autem aliquis hominum terre Beate Radegundis deliquisse dicatur, erit in custodia ipsius prioris Beate Radegundis Pictaviensis usque ad judicium. — Tempore vero reddendi judicii, vocabit idem prior ministerialem meum, non ut conjudicet cum priore, vel in curia sua possit contradicere, vel impedire judicium prioris, sed ut sciat, si velit, et videat judicari. — Qui si vocatus adesse noluerit, nichilominus prior faciet judicium in curia sua dictari. Et si accusatum ad mortem dampnari contigerit, mihi vel ministerialibus meis reddetur pro exequutione sentencie in predicto loco facienda. Quam si facere noluerint, prior libere nichilominus exequatur, bonis ipsius damnati mobilibus inter me et ipsum priorem pro equis partibus, sicut in extraneo dictum est, dividendis. Inmobilia namque ipsius apud eundem priorem jure dominii remanebunt. — Quod si forsitan prior accusato ante sententiam parcere, ex aliqua causa, vel cum eo pacificare voluerit, mihi tamen nullum in parte bonorum ipsius mobilium vel quantitatis, ex compositione habita, prejudicium generabit. — Ballivus quoque ipsius, si malefactores hujusmodi, clamore facto, non ceperit vel captos abire permiserit, si quidem juraverit coram priore vel ejus mandato ad sancta Dei Evangelia quod facto vel consilio vel dissimulatione ipsius malefactor non evasit, post juramentum liber et inmunis ab omni pena consistet. Si autem jurare noluerit, solvet LX^a solidos et unum denarium, nomine gagii. Quorum medietas erit mea, jure custodie, altera medietate apud priorem, jure dominii, remanente.— De rebus quoque malefactoris inventis, idem ballivus, si necesse fuerit, juramentum prestabit coram priore vel ejus mandato post sententiam, quando eadem bona dividi oportebit, et ejus juramento stabitur ut ea sola in divisionem veniant que juramento ipsius fuerint declarata. — Hec de criminibus que ad mortem inducunt, ceteris justiciis omnibus, sive ex criminalibus sive ex civilibus causis descendant, apud priorem imperpetuum duraturis. — Denique, quia homines ipsius ecclesie diversis angariis et exactionibus preter debitum gravatos audivi, placuit mihi, pro tranquillitate dicte ecclesie, omnia honera ipsorum hominum ad ea sola restringi que dudum comitibus Pictavie et eorum successoribus, nomine garde, concessa monstrantur, videlicet, avenagium quinque modiorum et dimidii, ad mensuram ad quam dicta ecclesia consuevit solvere dictum avenagium; frescennatgium, scilicet, xxx^{ta} II^{os} solidos; et pascherium de ovibus, sicut in cartis duorum comitum, videlicet Guillelmi ducis Aquitanorum et alterius Guillelmi filii, ac postmodum domine Alienordis, quondam regine illustris Anglorum, asserunt contineri; maxime cum idem prior et canonici pro exuberante custodia aditamentum fecerint XII^{cim} librarum monete currentis apud Pictavium ad census mihi et successoribus meis, per manum dictorum canonicorum vel per mandatum eorum, in festo Sancti Michaelis, cum aliis predictis gardis, apud Mosteriolum annis singulis solvendarum, ut omnes eorum homines cum villa de Volliaco et omnibus aliis villis adjacentibus que sunt predicte ecclesie, terris, vineis, pratis, aquis, sint de cetero liberi et immunes ab omni juridictione, dominio meo, et consuetudine, et ab omni prestatione redditus, census vel cense pecunie sive bladi vel alterius rei, bianno, mestiva, tallia, vocatione exercitus, garda ballivorum seu venatorum receptione seu procuratione, et generaliter ab omnibus inquietationibus preter avenagium et cetera que superius sunt expressa; que etiam per manus prioris et canonicorum, vel per mandatum ipsorum, tocius tenamenti conservandi causa, debent mihi vel mandato meo ex diu, nulla imposterum occupatione violenta vel precaria vel clamdestina, nulla tenuta seu temporis prescriptione, contra concessionem seu remissionem hujusmodi valitura. — Hanc igitur compositionem, quantum ad me et heredes meos, volo robur perpetue firmitatis habere. In cujus rei firmitatem et testimonium, presentem cartam sigilli mei munimine roboravi. — Actum anno Domini millesimo CC° XXXI°, mense januarii.

Ce document, qui ne porte aucune trace de sceau, nous paraît être un projet d'accord, qui ne fut définitivement arrêté que plus tard. Voyez ci-après, n° 2211½, les lettres du comte de la Marche datées du mois de décembre 1232 et relatives à la même affaire.

2174   Paris. 1231-32. Février.
(J. 197. — Champagne, V, n° 31. — Original.)

H. (Henricus) Remensis archiepiscopus recognoscit nec se nec successores suos forteritiam facere posse, absque licentia comitis Campaniæ, apud Gueuz in domo quæ fuit defuncti Baldoini de Remis, quam sibi præfatus comes, cum porprisio et jardino, in feodum contulit. — « Datum Parisius, anno Domini M° CC° tricesimo primo, mense februario. »

Traces de sceau pendant sur simple queue. — Le sceau de Henri II de Dreux ou de Braine, archevêque de Reims, est décrit dans l'*Inventaire* sous le n° 6346.

2175   1231-32. Dimanche 7 mars.
Litteræ conventus de Cruce S. Leufridi domino regi quibus abbatem suum Radulphum, nuper electum, apud eum commendant.
(J. 346. — Régale, I, n° 13. — Original.)

Excellentissimo domino Ludovico, Dei gratia Francorum regi illustrissimo, humilis conventus de Cruce Sancti Leufridi, salutem et oraciones.—[Cum], vacante monasterio nostro et pastore ejusdem destituto post resignationem Willelmi viri religiosi qui eidem monasterio preerat, ex divina Dei providentia et ex consilio prudentum religiosorum, abbatum videlicet et monachorum, Radulphus dilectus noster in Xpisto, lator presencium, vir religiosus, discretus et honestus, a venerabili patre nostro in Xpisto R. (Richardo) Ebroicensi episcopo, auctoritate Lateranensis concilii potestate ad eundem devoluta, prefectus sit in abbatem, et nos honestam ejus vitam et religiosam et laudabilem in Domino conversacionem viderimus, nos, bono adherere cupientes, et malum vitare desiderantes, et consilio prudentum adherentes, in predictum Radulphum consentimus et volumus eum esse pastorem nostrum, Deo gratias referentes qui nobis eum elegit, ut credimus. — Unde sublimitatem vestram attencius et devote exoramus quatinus jam dictum Radulphum in gratiam et benevolenciam vestram suscipiatis, et fidelitatem, quam vobis facere debet prout moris est, ab eodem recipiatis. — Valeat excellentia vestra semper in Domino. — Datum anno Domini M° CC° XXX° I°, dominica secunda quadragesime. »

Traces de sceau pendant sur simple queue. — Le sceau du couvent de la Croix-Saint-Leufroy, au diocèse d'Évreux, n'a pas été retrouvé.

2176 Rouen. 1231-32. Mercredi 17 mars.

(J. 346. — Régale, I, n° 12. — Original.)

Mauricius Rothomagensis archiepiscopus excellentissimum dominum suum Ludovicum regem Francorum certiorem facit venerabilem virum Th. (Thomam) quondam decanum Rothomagensem, a decano et capitulo Bajocensis ecclesiæ, ejusdem sede vacante, in episcopum unanimiter et concorditer fuisse electum et a se, auctoritate metropolitana, confirmatum. Qua propter excellentiam regiam exorat quatinus terras, possessiones et alia bona Bajocensis ecclesiæ, quæ in manu regia tenentur, præfato episcopo, sicut condecet, tradantur. — « Valeatis in Domino. — Datum apud Rothomagum, die mercurii post dominicam qua cantatur Oculi mei, anno gratie M° CC° XXX° I°. »

Traces de sceau pendant sur simple queue. — Le sceau de Maurice, archevêque de Rouen, n'existe plus aux Archives.

2177 1231-32. Mars.

(J. 196. — Champagne, IV, n° 24. — Copie.)

Theobaldus, Campaniæ et Briæ comes palatinus, notum facit se quidquid habebat in terragio de Rue prope Villammauri et totam justitiam ejusdem terragii, excepta grossa justitia quam sibi retinet, fideli servienti suo Guidoni de Vaucemain et ejus heredibus in feodum et homagium ligium concessisse. — « Quod ut notum permaneat et firmum teneatur litteris annotatum, sigilli mei munimine roboravi. Actum anno gratie millesimo ducentesimo tricesimo primo, mense martio. »

Cette pièce ne porte aucune trace de sceau, mais, à en juger par l'écriture, la copie est ancienne, et on peut la regarder comme contemporaine de l'acte original.

2178 1231-32. Mars.

(J. 218. — Dreux, n° 13. — Original.)

Robertus comes Drocensis notam facit compositionem inter se et karissimum dominum suum Ludovicum Franciæ regem initam; ex qua, propter hoc quod præfatus rex sibi concesserit ut homines de Bonolio, qui solebant ire per bannitum ad molendina ejusdem regis apud Pontem Rotondi, eant de cetero ad suum molendinum situm in nova calceia vivarii sui de Auberval, ipse et heredes sui ad quinquaginta modios bladi annuatim præfato regi reddendos tenebuntur. — « In cujus rei testimonium, presentes litteras feci sigilli mei munimine roborari. Actum anno Domini M° CC° tricesimo primo, mense martio. »

Traces de sceau pendant sur double queue. — Le sceau de Robert III, comte de Dreux (second sceau), est décrit dans l'Inventaire sous le n° 728.

2179 1232. Avril après Pâques, du 11 au 30.

(J. 213. — Archevêques de Rouen, n° 3. — Original.)

Capitulum Rothomagense notum facit, cum dominus Ludovicus Francorum rex quamdam partem fossati sui, juxta domum fratrum Minorum apud Rothomagum, ad dilatandam prædictorum fratrum plateam eisdem libere concesserit, præfatum capitulum ex hac collatione nihil juris in eadem fossati parte nec in terra eidem supposita reclamare posse nec aliquo modo super hoc dominum regem impedire. — « In cujus rei testimonium, sigillum nostrum, ad dictorum fratrum petitionem, presenti scripto duximus apponendum. Datum anno gratie millesimo ducentesimo tricesimo secundo, mense aprilis. »

Sceau du chapitre de Notre-Dame de Rouen; cire blanche, double queue; décrit dans l'Inventaire sous le n° 7301.

2180 1232. Avril après Pâques, du 11 au 30.

Odo de Monchi miles forteritiam de Monchi domino regi a se venditam fuisse declarat.

(J. 231. — Amiens, n° 5. — Original scellé.)

Noverint universi presentem paginam inspecturi quod ego Odo de Monchi miles vendidi et vendendo donavi, pro me et heredibus meis presentibus et futuris, domino Ludovico, gratia Dei regi Francorum illustrissimo, et heredibus suis domum et fortericiam meam de Monchi, cum omnibus appendiciis suis, et terciam partem vivarii et terciam partem tocius dominii ville, et insuper quicquid habebam vel habere debebam, quocumque modo, in dicta villa de Monchi et in appendiciis et pertinentiis suis, videlicet, in omnibus hiis que tenebam de domino rege in feudo, exceptis tamen tribus modiis avene et decem solidis de censu annuatim que retineo apud Vermans, et exceptis insuper duodecim libris Parisiensium redditus annuatim, quas dominus rex et heredes sui tenentur michi et heredibus meis reddere et solvere apud Peronam vel apud Athias; pro quibus ego et heredes mei erimus homines ligii domini regis sicut antea eramus. — De omnibus autem predictis ego dictus Odo dissaisivi me in manu Petri Fabri prepositi Peronensis ut predicta mitteret in manum domini regis. Et Gaufridus de Milliaco, ballivus domini regis Ambianensis, dictam saisinam rerum venditarum predictarum recepit in manu sua pro domino rege. — Predictam autem venditionem laudavit et concessit Beatrix filia mea et Elysabeth uxor mea, recognoscens se habere sufficiens eschambium apud Esquieres pro dotalicio suo; et si aliquid jus predicte filia mea et uxor mea in omnibus predictis habebant, illud totum solverunt, dereliquerunt et quitaverunt, pro se et heredibus suis, domino regi et heredibus suis. — Ego etiam predictus Odo et Elysabeth uxor mea promisimus quod dictam venditionem faciemus laudare et confirmare filio nostro dum venerit ad etatem, et sub pena omnium rerum nostrarum que a domino rege tenemus. — Hec autem venditio et omnia suprascripta facta fuerunt in presentia et testimonio Johannis de Cartegniaco militis, Mathei de Bures militis, Johannis Rosselli de Athiis, Martelli vicecomitis de Monchi, Roberti de Pedagio, et Guillelmi Fursini et plurium aliorum. — Et ad majorem horum firmitatem, ego Odo de Monchi predictus presentem paginam sigilli mei munimine roboravi. Actum fuit hoc anno ab incarnatione Domini m° cc° tricesimo secundo, mense aprili.

Sceau d'Eudes de Monchy ou plutôt de Mouchy, chevalier; cire brune, double queue; sceau armorial non décrit : une fasce accompagnée de six merlettes faisant l'orle. Légende : † SIGILLUM ODONIS DE MONCHI. Pas de contre-sceau. — Le château de Mouchy était situé près de Péronne (Mouchy-la-Gache, Somme, arr. de Péronne, cant. de Ham).

2181   1232. Avril après Pâques, du 11 au 30.

(J. 473. — Quittances, I, n° 4. — Original.)

Nicholaus Noviomensis episcopus notum facit quod in ipsius præsentia constituta Elysabeth, uxor domini Odonis de Monchi militis, suum resignavit inter ipsius manus dotalitium et omne jus quod habebat in domo dicti Odonis sita apud Monchi; recognoscens et sponte sua asserens se sufficiens pro dicto dotalitio habere excambium in terra dicti Odonis mariti sui apud Esquimeres sita, promittensque, sub fide juramenti, se nihil in præfatis domo et pertinentiis fore reclamaturam. — « Actum anno Domini m° ducentesimo tricesimo secundo, mense aprili. »

Traces de sceau pendant sur simple queue. — Le sceau de Nicolas de Roye, évêque de Noyon, est décrit dans l'*Inventaire* sous le n° 6747.

2182   Paris. 1232. Mai.

Securitas facta domino regi a Roberto de Curtiniaco, buticulario Franciæ, de licentia sibi concessa pro Castro Renardi muniendo.

(J. 399. — Promesses, n° 29. — Original scellé.)

Ego Robertus de Curtiniaco, Francie buticularius, notum facio universis ad quos littere presentes pervenerint, quod karissimus dominus meus Ludovicus Francie rex illustris michi concessit Castrum Renardi firmare; et ego ei promisi et super sacrosancta juravi quod de castro illo ipsi nec heredibus suis, nec terre sue, nec hominibus suis de suo domanio, nec mercatoribus per pedagia et conductus suos transeuntibus, malum proveniet nec eciam aliis hominibus suis feodatis, qui parati erunt jus facere per ipsum, post prohibitionem domini regis vel heredum suorum, in rebus videlicet quas dicti homines feodati teneant de domino rege vel heredibus suis. — Promisi eciam quod de dicto castro ego et heredes mei domino regi et heredibus suis erimus adjutores contra omnem hominem qui possit vivere et mori, preterquam contra dominum Galcherum de Jovigniaco, pro affario suo proprio, et preterquam contra heredem dicti Galcheri, de quo ego vel heres meus teneremus dictum castrum, pro affario ejus similiter proprio. — Et sciendum quod nullus potest habere dictum castrum nisi qui sit homo ligius domini regis vel heredis sui. — Hec omnia juravi domino regi tenenda ipsi et heredibus suis; et heres meus et quicunque teneat dictum castrum similiter tenebitur et simile facere juramentum domino regi et suis heredibus, et litteras consimiles ipsis dare. — Si autem ego vel heres meus contra predictas conventiones veniremus in aliquo, dominus rex vel heres ejus ad totum quod de ipso teneo posset assignare et tenere, sine se mesfaccre, donec esset ei emendatum. — In cujus rei testimonium, presentes litteras sigillo meo confirmavi. — Actum Parisius, anno Domini M° CC° tricesimo secundo, mense maio.

Sceau de Robert de Courtenay, bouteiller de France; cire brune, double queue; décrit dans l'*Inventaire* sous le n° 274. — Château-Renard est situé dans le Gâtinais, à 12 kilom. E. de Montargis (Loiret, arr. de Montargis).

2183 1232. (Mai.)

(J. 399. — Promesses, n° 30. — Déficit.)

Galcherus de Jovigniaco se plegium erga dominum regem pro Roberto de Cortenaio constituit quoad Castrum Renardi. — « Anno M. CC. XXXII. »

Nous donnons, d'après l'inventaire de Dupuy, la notice de cette pièce, qui n'est plus dans les cartons, et nous la plaçons à la date du mois de mai, à cause de la pièce précédente.

2184 1232. Mai.

(J. 195. — Champagne, III, n° 68. — Original.)

Galterus de Capis notum facit, cum ecclesiæ et fratribus de Ripatorio quatuor modios bladi in grangia Bellimontis percipiendos vendidisset, et karissimus dominus suus Theobaldus, Campaniæ et Briæ comes palatinus, se plegium erga dictos fratres constituisset de hac venditione, seipsum præfato comiti promisisse ut eum de hac plegeria penitus servaret indemnem. — « In cujus rei testimonium, presentes litteras sigilli mei munimine roboravi. Actum anno Domini M° CC° tricesimo secundo, mense maio. »

Traces de sceau pendant sur double queue. — Le sceau de Gautier de Chappes, en Champagne (Aube, arr. et cant. de Bar-sur-Seine), ne s'est pas conservé.

2185 1232. Mai.

(J. 383. — G. et H. de Châtillon, n° 13. — Original.)

Hugo de Castellione, comes Sancti Pauli, notum facit se dilecto et fideli suo Roberto de Mutiiauz et heredibus ejus in perpetuum quinquaginta solidos annuatim, die Beati Dionysii, ex censiva sua de Creciaco recipiendos concessisse in escambium terræ quam dictus Robertus in villa de Volengeio parvo, in hostisia fromentini et alias, de se tenebat. De quibus quinquaginta solidis in homagio suo remanebit. — « Quod ut ratum sit et firmum, litteras presentes sigillo meo feci sigillari. Actum anno Domini M° CC° XXX° secundo, mense maio. »

Traces de sceau pendant sur double queue. — Voyez dans l'*Inventaire*, n° 362, la description du sceau de Hugues V de Châtillon, comte de Saint-Paul.

2186 Gisors. 1232. Mai.

(J. 460. — Fondations, I, n° 10. 1. — Original scellé.)

Ricardus Ebroicensis episcopus notas facit conventiones a se cum domino Ludovico Franciæ rege initas super collatione beneficiorum in ecclesia Gallionis. — Ex queis conventionibus cantaria dictæ ecclesiæ, cum una præbenda, et alia præbenda nomine capellaniæ castelli de Gallione, ad collationem dicti domini regis et heredum ejus in perpetuum de cetero pertinebunt; aliarum autem præbendarum collatio ad seipsum episcopum et successores suos in perpetuum pertinebit. — « Quod ut ratum et stabile permaneat in futurum, presentes litteras sigilli nostri auctoritate fecimus communiri. Actum apud Gysorcium, anno Domini M° CC° XXXII°, mense mayo. »

Sceau de Richard de Bellevue, évêque d'Évreux; cire brune, double queue; second sceau décrit dans l'*Inventaire* sous le n° 6605.

2187 Gisors. 1232. Mai.

(J. 460. — Fondations, I, n° 10. 2. — Original scellé.)

Litteræ R. (Roberti) decani et capituli Ebroicensis quibus dictas conventiones se ratas et gratas habere declarant. — « Actum apud Gysorcium, anno Domini M° CC° XXXII°, mense mayo. »

Traces de sceau pendant sur double queue. — Le sceau du chapitre de Notre-Dame d'Évreux est décrit dans l'*Inventaire* sous le n° 7178.

2188 1232. 25 juin.

(J. 195. — Champagne, III, n° 14. — Original.)

Theobaldus, Campaniæ et Briæ comes palatinus, notum facit majorem, scabinos, omnes cives, totamque communitatem civitatis Trecarum Johanni Bretel, seniori filio Jacobi Bretel, civi Attrebatensi, quamdiu ipse Johannes vixerit, in quocumque habitu sit, sive in religione sive extra, quadraginta libras Parisiensium annui redditus debere; de quo redditu solvendo, quem præfatus Johannes de vera et pura sorte sua, pro maxima civitatis Trecarum utilitate, comparavit, se responsorem et plegium declarat. — « Si vero moneta Parisiensis apud Trecas cursum suum amittere contigerit, vel progressu temporis lege aut pondere pejorari, ipsi eidem Johanni reddent, pro singulis quadraginta solidis redditus predicti, tredecim solidos et quatuor denarios bonorum et legitimorum sterlingorum. — In hujus rei testimonium, presentes litteras feci sigilli mei munimine roborari. Actum anno gratie M° CC° tricesimo secundo, mense junii, in crastino Nativitatis Beati Johannis Bapthiste. »

<small>Traces de sceau pendant sur lacs de soie rouge. — Voyez dans l'*Inventaire*, n° 572, la description du sceau de Thibaud IV, comte de Champagne et de Brie (premier sceau). — Cette pièce est cancellée.</small>

2189   1232. 25 juin.

(J. 195. — Champagne, III, n° 69. — Copie authentique.)

Similes præfati comitis litteræ quibus pro dictis majore, scabinis et tota communitate civitatis Trecensis se plegium et responsorem constituit de triginta libris Parisiensium Hatoni Revel, civi Atrebatensi, et Margaritæ ejus uxori, annuatim, quamdiu vixerint, a præfata communitate solvendis. — « In cujus rei testimonium, presentes litteras feci sigilli mei munimine roborari. Actum anno gratie M° CC° tricesimo secundo, mense junii, in crastino Nativitatis Beati Johannis Baptiste. »

<small>Copie insérée dans les lettres de la commune de Troyes en date du mois de juillet 1232. — Voyez le n° 2196.</small>

2190   Paris. 1232. Juin.

Amalricus comes Montisfortis se Simoni de Monteforti fratri suo cessisse declarat totam terram quam ipsorum pater tenebat in Anglia.

(J. 628. — Angleterre, II, n° 14. 1. — Copie ancienne.)

Noverint universi, presentes et futuri, quod nos Amalricus comes Montisfortis, Francie constabelarius, dedimus et concessimus, et hac presenti carta nostra confirmavimus Simoni de Monteforti, comiti Leycestrie, fratri nostro, totam terram que fuit bone memorie Simonis, patris nostri, in Anglia, et quicquid ad ipsum Simonem patrem nostrum accidere potuit de hereditate Amicie, heredis et sororis comitis Roberti Leycestrie primogenite, cum senescalcia Anglie tocius, habendum et tenendum eidem Simoni et heredibus suis, de uxore sua desponsata exeuntibus, de Henrico illustri rege Anglie et heredibus suis, cum omnibus pertinentiis, libere et pacifice et hereditarie; faciendo inde dicto regi Anglie servicium quod ad dictam terram pertinet. — Et ut nos vel heredes nostri in predictam terram cum pertinenciis versus predictum Simonem vel heredes suos, de uxore sua desponsata exeuntes, nullum clamum de cetero habere possimus, presenti scripto sigillum nostrum apposuimus, hoc retento quod, si dictus Simon frater noster sine herede de uxore sua genito decederet, tota terra predicta cum senescalcia ad nos et heredes nostros libere et sine difficultate aliqua reveniret. — Actum Parisius, anno Domini M° CC° tricesimo secundo, mense junio.

<small>Extrait d'un rouleau qui contient diverses pièces relatives aux Montfort. — Voyez les n°s 2088 et 2151.</small>

2191   1232. Juin.

(J. 165. — Valois, III, n° 29. 1. — Original scellé.)

Amicia S. Anthonii Parisiensis abbatissa et totus ejusdem loci conventus notum faciunt, cum Hugo archidiaconus Vindocinensis quintam partem totius hereditatis suæ, tam bonorum quæ præsentialiter possidebat quam eorum quæ nobilis mulier Heloidis, relicta defuncti Johannis de Gallanda, fratris sui, nomine dotalitii detinebat, ecclesiæ S. Anthonii in perpetuam eleemosynam legaverit, se, nomine dictæ ecclesiæ, bona legata, excepta scilicet terra de Burgundia, cum Ansello de Gallanda, domino Turnomii, excambiavisse pro sexdecim libris Parisiensium annui redditus in pedagio de Turnomio percipiendis. — « Actum Domini anno M° CC° XXXII°, mense junio. »

<small>Scellé en cire blanche, sur double queue, du sceau anonyme dont se servait Amicie, abbesse du monastère de Saint-Antoine-lez-Paris. — Petit sceau ogival non décrit dans l'*Inventaire* : l'abbesse debout, le bras droit levé et tenant la crosse abbatiale. Légende : [S. ABBAT]ISSE S. ANTONII. Pas de contre-sceau.</small>

2192   1232. Juin.

(J. 165. — Valois, III, n° 29. 2. — Original scellé.)

Guillelmus Parisiensis episcopus præfatum excambium, tanquam dominus principalis, de cujus feodo istud movere dinoscitur, vult, concedit et laudat. — « Et ut hoc ratum sit et firmum, presentes litteras sigilli nostri munimine fecimus roborari. Actum anno Domini M° CC° tricesimo secundo, mense junio. »

<small>Sceau de Guillaume III d'Aurillac, évêque de Paris; cire verte, double queue; décrit dans l'*Inventaire* sous le n° 6788.</small>

2193 — 1232. Juin.

Cambonia Alverniæ comitissa domui Portus S. Mariæ in donum et eleemosynam transferre declarat quicquid, propter injurias sibi a regibus Franciæ illatas vel inferendas, vindicare posset vel poterit.

(J. 180. — Poitou, n° 5. — Original scellé.)

In nomine Domini, anno Incarnationis ejusdem M° CC° XXX° II°, mense junio. — Notum sit universis, ad quos littere iste pervenerint, quod ego C. (Cambonia) comitissa Alvernie, dedi domui Portus Sancte Marie, Cartusiensis ordinis, et P. priori ejusdem domus recipienti pro fratribus ibidem commorantibus, presentibus et futuris, pro salute anime mee et remissione peccatorum meorum, omnem injuriam quam fecerunt, faciunt vel facturi sunt michi reges Francie, domini scilicet Philippus, Lodovicus et filius ejus, de eo quod portaverunt et portant terram quam mihi dedit in dotem G. (Guido) comes Alvernie, olim maritus meus, ita ut omnem satisfacionem quam dicte domui fecerit rex Francie de redditibus dicte terre, quos diu portaverunt et portaturus est, michi reputem factam; quare prior dicte domus, cum consensu fratrum suorum, ex parte mea possit dimittere dictis dominis regibus Francie omnem injuriam quam de dictis redditibus mihi fecerunt vel facturus est qui modo regnat; et quicquid prior dicte domus eis super hoc indulserit, a me sciatur hoc penitus esse indultum. — In cujus rei testimonium, dedi dicto priori hanc cartam sigillo meo signatam.

La comtesse d'Auvergne désignée par l'initiale C. dans la charte et sur le sceau, et dans l'*Art de vérifier les dates*, II, 363, sous le nom de Perronelle du Chambon, se nommait *Cambonia*; elle était fille d'Amiel de Chambon et femme du comte Gui II, qu'elle avait épousé en 1180. Albéric de Trois-Fontaines, dans sa chronique, en parle en ces termes : « Ann. 1210. De uxore hujus Guidonis comitis, que fuit soror abbatis [Clarevallensis] Radulfi, hec est brevis narratio. Filiam cujuspiam de Alvernia, Dalmatiam nomine, duxit Amelinus de Cambonio; de qua genuit filiam unicam Camboniam quæ dicto Guidoni comiti (*Gui II*) comitem Guillelmum peperit. » (*Recueil des historiens de France*, t. XVIII, p. 776 E.) — Le sceau en cire brune, apposé à cette charte sur simple queue, est décrit dans l'*Inventaire* sous le n° 385.

2194 — 1232. Juin.

(J. 460. — Fondations, I, n° 9. — Original scellé.)

Litteræ R. (Roberti) abbatis Columbensis quibus Ludovico regi unum e monachis dicti monasterii concedit ad missam in capella castri de Nogento quotidie celebrandam, ea lege ut, quotienscumque dominus rex dictum monachum duxerit amovendum, alius quem voluerit ab abbate sit substituendus. — « Actum anno Domini millesimo ducentesimo tricesimo secundo, mense junio. »

Ces lettres sont scellées, sur double queue, de deux sceaux en cire verte. Le sceau du monastère de Colombs, au diocèse de Chartres, est décrit dans l'*Inventaire* sous le n° 8205. Le sceau de l'abbé Robert II n'a pas été décrit. Sur la face : l'abbé debout, la main droite appuyée sur la crosse abbatiale et tenant un livre de la main gauche. Légende : ☩ SIGILL. ROBERTI DEI GRA. COLUMB. ABBATIS. Le contre-sceau est complétement fruste.

2195 — 1232. Vendredi 2 juillet.

(J. 344. — Élections, n° 4. — Original.)

Litteræ prioris et conventus S. Katerinæ de Monte Rothomagensis excellentissimo domino suo Ludovico Francorum regi, cui significant abbatem suum ad ecclesiam Sancti Audoeni Rothomagensis per provisionem venerabilis patris Mauricii Rothomagensis archiepiscopi translatum fuisse, quapropter a domino rege licentiam alterius abbatis eligendi humiliter flagitant. — « Datum anno Domini M° CC° XXX° secundo, die veneris proxima post festum apostolorum Petri et Pauli. »

Traces de deux sceaux pendants sur simple queue. — Le sceau de l'abbaye de Sainte-Catherine-du-Mont (premier sceau) est décrit dans l'*Inventaire* sous le n° 8360, d'après un type appendu à un acte daté de 1244. Le sceau du prieur n'existe plus aux Archives.

2196 — 1232. Juillet.

(J. 195. — Champagne, III, n° 69. — Original scellé.)

Major, scabini, cives totaque communia Trecensis civitatis notum faciunt, cum karissimus dominus suus Theobaldus, Campaniæ et Briæ comes palatinus, ad ipsorum preces et petitionem, se plegium constituerit erga quosdam cives Attrebatenses et quosdam burgenses de Perona super quibusdam pecuniæ summis a communia Trecensi eisdem debitis, se, majorem, scabinos et cives Trecenses prænominatos, sub obligatione omnium bonorum suorum, præfato comiti solemniter promississe ut eum ejusque heredes, quoad hanc plegeriam, ab omnibus misiis, dampnis et costamentis, bona fide penitus indemnes servarent. — « In cujus rei testimonium, presentibus litteris sigillum ville nostre apposuimus. Actum anno Domini M° CC° tricesimo secundo, mense julio. »

Sceau de la ville de Troyes; cire verte, lacs de soie rouge; fragment décrit dans l'*Inventaire* sous le n° 5497.

2197 — 1232. Juillet.

(J. 344. — Élections, n° 3. — Original.)

Litteræ prioris et conventus ecclesiæ S. Præjecti, Noviomensis diocesis, excellentissimo domino suo Ludovico

Franciæ regi cui significant Renaudum abbatem suum in manu venerabilis patris Nicholai Noviomensis episcopi resignasse, quapropter a dicto rege licentiam alterius abbatis eligendi postulant. — « Datum anno Domini M° ducentesimo tricesimo secundo, mense julio. »

Traces de sceau pendant sur simple queue. — Le sceau de l'abbaye de Saint-Prix en Vermandois, diocèse de Noyon, est décrit dans l'*Inventaire* sous le n° 8389.

2198   1232. Lundi 13 septembre.

(J. 178. — Anjou, n° 10. — Original scellé.)

H. decanus B. Martini Andegavensis totumque ejusdem loci capitulum recognoscunt se, pro damnis quæ ob clausuram fortalitiæ Andegavensis passi fuerunt, a domino Ludovico rege Franciæ illustri quadraginta libras gratanter recepisse. — « Actum die lune proxima post Nativitatem Beate Marie, anno Domini M° CC° XXX° secundo. »

Deux sceaux en cire blanche sur double queue. — Le sceau de H., doyen du chapitre de Saint-Martin d'Angers, est décrit dans l'*Inventaire* sous le n° 7511; le sceau du chapitre sous le n° 7098.

2199   1232. 17 septembre.

(J. 346. — Régale, I, n° 14. — Original scellé.)

Litteræ Ar. (Archambaldi) decani et totius capituli Bituricensis excellentissimo domino suo regi quem certiorem faciunt P. (Petrum) archidiaconum Castri Radulfi unanimi voluntate et consensu in pastorem ecclesiæ Bituricensis fuisse electum. Quapropter per venerabiles viros G. cantorem Bituricensem, Willelmum archidiaconum Borbonensem et Gregorium Bituricensem canonicum, præsentium latores, excellentiam regiam humiliter supplicant ut præfato electo benignitate solita regalia sua reddere dignetur. — « Datum in capitulo nostro, die veneris post octavas Nativitatis Beate Marie, anno Domini millesimo ducentesimo tricesimo secundo. »

Débris de sceau pendant sur simple queue. — Le sceau d'Archambaud, doyen du chapitre de Bourges, est décrit dans l'*Inventaire* sous le n° 7525, d'après un type appendu à un acte daté de 1202.

2200   1232. 22 septembre.

Litteræ episcopi et capituli Andegavensis de quittatione damnorum quæ ex clausura civitatis Andegavensis sustinuerunt.

(J. 178. — Anjou, n° 9. — Original.)

Guillelmus, Dei gratia Andegavensis episcopus, B. decanus, totumque capitulum Beati Mauri Andegavensis, omnibus ad quos littere iste pervenerint, salutem in Domino. — Noveritis quod, cum karissimus dominus noster Ludovicus illustris rex Francie, propter deffensionem et clausuram Andegavi, fecisset dirui duas ecclesias ad nos pertinentes et quasdam domos capellanorum et clericorum nostrorum, necnon et quorumdam laicorum, in quibus census annuos habebamus; et nos propter hec, et propter lapides et calcem et multam aliam materiam ad opus fabrice nostre ecclesie preparatam, quam ministri domini regis ad refectionem murorum civitatis Andegavensis ceperant, supplicaremus dicto domino regi et karissime domine nostre B. (Blanche) illustri regine Francie, matri ipsius, quatinus super tantis dampnis, que estimabamus ad valorem mille quingentarum librarum et amplius, nobis et ecclesie nostre satisfacere dignarentur, ipsi tandem, ad emendationem predictorum, nongentas libras nobis tantummodo obtulerunt. — Licet autem summa ista longe insufficiens esset ad predicta dampna congrue restauranda, nos tamen, ob reverenciam et amorem predicti domini regis et domine regine matris ipsius, voluntati ipsorum adquievimus humiliter et benigne, suscipientes in nobis bonus satisfaciendi ecclesie nostre, nec non et omnibus personis ad ecclesiam nostram spectantibus, super dampnis que ob predictam causam passi fuerant in redditibus et possessionibus ad ecclesiam nostram pertinentibus, ita tamen quod non teneremur ad restaurandas predictas duas ecclesias, cum nec locum in quo reedificarentur habere possemus, nec tota summa predicta sufficeret ad reedificationem ipsarum, sed concessimus domino regi quod parrochianis earum provideremus loca competentia in quibus misteria Xpistianitatis susciperent commode, ad salutem ipsorum, et indempnitatem ipsorum servabimus, Domino concedente, ita quod dominus rex remanebit de omnibus predictis liber penitus et immunis. — Concedimus etiam domino regi ut, in locis illis et plateis in quibus erant edificia que fuerunt diruta propter muros, possit dominus rex facere fossata sua vel clausuram suam, si opus ei fuerit. Alia autem edificia ibi non faciet, nec nos ibi aliquid faciemus quod possit muro nocere, cum loca illa sacra debeant remanere. — Actum anno gratie M° CC° XXX° secundo, in festo Beati Mauritii.

Traces de deux sceaux pendants sur simple queue. — Le sceau

de Guillaume II de Beaumont, évêque d'Angers, est décrit dans l'*Inventaire* sous le n° 6449; le sceau du chapitre de Saint-Maur d'Angers n'existe plus aux Archives.

2201   1232. 22 septembre.

(J. 178. — Anjou, n° 15. — Original scellé.)

Guillelmus Andegavensis episcopus notum facit priorissam et moniales eleemosynariæ Hanelou, pro damnis quæ ob clausuram fortalitiæ Andegavensis passæ fuerunt, a domino Ludovico illustri Franciæ rege centum libras Turonensium gratanter recepisse. — « In cujus rei testimonium, presentes litteras sigilli nostri munimine duximus confirmare. Actum in festo Sancti Mauritii, anno Domini M° CC° XXX° secundo. »

Sceau de Guillaume II de Beaumont, évêque d'Angers; cire blanche, simple queue. (*Inventaire*, n° 6449.)

2202   1232. Septembre.

(J. 178. — Anjou, n° 12. — Original scellé.)

Prior Sancti Egidii de Viridario Andegavensis recognoscit se pro damnis et deperditis, quæ ob clausuram fortalitiæ Andegavensis passus est, a domino Ludovico illustrissimo Francorum rege viginti libras recepisse, de quibus se tenet pro bene pagato. — « Et quia sigillum autenticum non habebam, sigillo venerabilis patris episcopi Andegavensis feci presentes litteras sigillari in hujus rei testimonium et munimen. Actum anno gratie M° CC° XXX° secundo, mense septembri. »

Fragment de sceau en cire blanche pendant sur simple queue. (*Inventaire*, n° 6449.)

2203   1232. Septembre.

(J. 178. — Anjou, n° 13. — Original scellé.)

Frater Gaufridus prior domus eleemosynariæ Beati Johannis evangelistæ Andegavensis et ejusdem loci fratres recognoscunt se pro damnis, quæ ob clausuram fortalitiæ Andegavensis passi fuerunt, a domino Ludovico illustrissimo Francorum rege sexaginta libras Turonensium gratanter recepisse. — « Actum mense septembris, anno Domini M° CC° tricesimo secundo. »

Sceau de Geoffroi, prieur de l'hôpital de Saint-Jean l'Évangéliste à Angers (Hôtel-Dieu d'Angers); cire jaune, simple queue; décrit dans l'*Inventaire* sous le n° 9957.

2204   1232. Septembre.

(J. 178. — Anjou, n° 18. — Original scellé.)

Litteræ similes Philippi abbatis S. Sergii Andegavensis et totius ejusdem loci conventus quibus recognoscunt se, pro damnis sibi, propter clausuram fortelitiæ Andegavensis illatis, centum quinquaginta libras a domino Ludovico illustri Francorum rege recepisse, de quibus se tenent pro pagatis. — « Actum mense septembri, anno Domini M° CC° tricesimo secundo. »

Deux sceaux en cire verte pendants sur simple queue. — Le sceau de Philippe, abbé du monastère de Saint-Serge d'Angers, est décrit dans l'*Inventaire* sous le n° 8495; le sceau de l'abbaye sous le n° 8132.

2205   Pouan. 1232. Septembre.

(J. 197. — Champagne, V, n° 36. — Original.)

Theobaldus, Campaniæ et Briæ comes palatinus, notum facit se Godemero servienti suo, ob longum et fidele ejus servitium, unum modium bladi annuatim, ab eo et ejus heredibus in granario Castri Theoderici, ad festum Omnium Sanctorum, percipiendum, donavisse. — « In cujus rei memoriam et testimonium, presentes litteras fieri volui sigilli mei munimine roboratas. Actum apud Poantium, anno gratie M° CC° tricesimo secundo, mense septembri. — Quia vero sigillum meum renovavi, presentes litteras sigilli mei novi munimine roboravi. Actum apud Castrum Theodorici, anno gratie M° CC° XXX° secundo, mense decembri. Datum per manum Guillelmi cancellarii. Nota Guidonis. »

Traces de sceau pendant sur lacs de soie verte. — Voyez dans l'*Inventaire*, n° 573, la description du second sceau de Thibaud IV, comte de Champagne.

2206   1232. Septembre.

Litteræ Anselmi Laudunensis episcopi ut sibi a domino rege regalia concedantur.

(J. 346. — Régale, I, n° 15. — Original.)

Excellentissimo domino suo Ludovico, Dei gracia regi Francorum illustri, A. (Anselmus), eadem gracia Laudunensis episcopus, fidelis suus, salutem et tam paratum quam debitum servicium, cum omni reverencia et honore. — Cum, sicut nobis est intimatum, regalia ecclesie Laudunensis, que a vobis tenemus, saisiri feceritis hac de causa quia, sicut dicebatur, non poteratis invenire qui loco nostri erga vos faceret quid jus dictaret, et nos ad presens ad vos accedere commode non possimus, ad vestram regiam majestatem mittimus dilectum et fidelem nostrum virum venerabilem Iterum archidiaconum Laudunensem, latorem presentium, excellentiam vestram deprecantes et vos tanquam dominum nostrum ligium requirentes quatinus dicta regalia desaisiatis et dicto I. archidiacono saisinam predictorum reddi faciatis loco nostri. — Dedimus etiam eidem I. archidiacono potestatem faciendi erga vestram majestatem, in curia vestra, omnia ea ad que facienda jus dictaverit nos teneri. — Datum anno M° CC° XXX° secundo, mense septembri.

<small>Traces de sceau pendant sur simple queue. — Le sceau d'Anselme de Mauni, évêque de Laon, est décrit dans l'*Inventaire* sous le n° 6636.</small>

2207 1232. Octobre.

Litteræ Theobaldi comitis Campaniæ super feodis Petro de Janicuria a se collatis.

(J. 193. — Champagne, I, n° 23. — Copie ancienne.)

Ego Theobaldus, Campanie et Brie comes palatinus, notum fatio universis, tam presentibus quam futuris, quod ego dedi et concessi dilecto et fideli meo Petro de Janicuria, in augmentum feodi sui, et heredibus ejus imperpetuum, feodum quod Symon de Calvomonte, filius defuncti Hayci de Barro, militis, de me tenere debebat et quicquid habebam in feodo illo, videlicet, in parte sua de decima quam habebat idem Symon apud Condel, apud Bretenai, apud Joncheri et apud villam que dicitur Domus Ermandi, in castellania Calvimontis. — Donavi etiam eidem Petro et heredibus ejus feodum quod defuncta Flos Barnage habebat in decima parrochie Calvimontis. — Preterea concessi eidem Petro et heredibus ejus fossata illa que sunt apud Barrum-super-Albam, sicut se extendunt, a porta Sancti Nicholai, juxta domum Richeri clerici, usque ad fossata dilecti et fidelis mei Petri de Mastolio. — Quod ut notum permaneat et firmum teneatur litteris annotatum, sigilli mei munimine roboravi. — Actum anno gracie M° CC° tricesimo secundo, mense octobri.

<small>Cette pièce ne porte aucune trace d'attaches de sceau; cependant le repli du parchemin nous semble prouver qu'elle avait été préparée pour être scellée, et si ce n'est pas l'original, on peut au moins, d'après l'écriture, la regarder comme une copie contemporaine.</small>

2208 1232. Samedi 4 décembre.

(J. 318. — Toulouse, IX, n° 30. — Original.)

Instrumentum, per litteras alphabeti in margine superiori et inferiori divisum, quo Petrus de Turre se habet et tenet pro bene pacato de omnibus illis debitis et baratis quæ dominus R. (Raimundus) Tolosanus comes, Sicardus Alamanni, Mancipius de Tolosa et Petrus Laurencius sibi debebant. De quibus omnibus eos et eorum ordinium quittos et penitus absolutos declarat eosque de omnibus actionibus a se defendendos promittit. — « Hoc fuit factum IIII° die introitus mensis decembris, sabbato, regnante Lodovyco rege Francorum, et eodem Raimundo Tolosano comite, et R. (Raimundo) episcopo, anno M° CC° XXX° II°, ab incarnatione Domini. Hujus rei sunt testes : R. Bernardus de Roynha, et Arnaldus W. de S. Barcio, et Arnaldus Poncius de Astaraco, et Arnaldus Cambrerius, et Arnaldus Petrus notarius, qui hanc cartam scripsit. »

2209 Chartres. 1232. Décembre.

(J. 171. — Chartres, I, n° 2. — Original scellé.)

Johannes comes Carnotensis et Isabella Carnotensis comitissa, domina Ambasiæ, notum faciunt se, ad preces et instantiam Stephani Floherii, civis Carnotensis, cui quamdam tabulam in capite cambii Carnotensis sitam et centum solidos Carnotenses annui redditus ex perreta Carnotensi percipiendos in feodum contulerant, hoc totum feodum ad Guillelmum Floherii, prædicti Stephani filium, transtulisse et eum in hominem suum ligium recepisse. — « Quod ut ratum et stabile perseveret, litteris nostris commendavimus et sigillorum nostrorum munimine duximus roborandum. Actum apud Carnotum, anno gratie millesimo ducentesimo tricesimo secundo, mense decembri. »

<small>Dans le principe, deux sceaux pendants sur lacs de soie rouge scellaient cette charte. Il ne reste plus que celui de Jean d'Oisy, comte de Chartres, décrit dans l'*Inventaire* sous le n° 975; les deux sceaux dont la comtesse sa femme, Isabelle d'Amboise, s'est successivement servie, sont décrits sous les n°s 973 et 974.</small>

2210 1232. Décembre.

(J. 165. — Valois, III, n° 4. — Original.)

P. (Petrus) Fossatensis monasterii abbas totusque ejusdem loci conventus, communi assensu, nobili viro Ansello de Garlenda, domino Turnomii, quatuordecim sextarios frumenti, quos prioratus de Turnomio habebat in molendino de Turnomio, quitant in perpetuum. In cujus quitationis recompensationem predictus Ansellus, assensu et voluntate Aalidis uxoris sue et heredum suorum, prioratui de Turnomio decem et novem arpenta nemoris, in nemore suo de Faveriis sita juxta nemus defuncti Anselli de Malonido, cum fundo terræ et omnimoda justicia, imperpetuum possidenda donavit et concessit. — « Quod ut ratum et firmum permaneat, presentes litteras impressione sigillorum nostrorum munitas fecimus roborari. Actum anno gratie M° CC° tricesimo secundo, mense decembri. »

Traces de deux sceaux pendants sur double queue. — Le sceau de Pierre I*r*, abbé du monastère de Saint-Maur-des-Fossés, est décrit dans l'*Inventaire* sous le n° 9054, d'après un type appendu à un acte daté de 1260; le sceau de l'abbaye (second sceau), sous le n° 8324.

2211 1232. Décembre.

Litteræ Hugonis comitis Marchiæ de compositione a se per arbitros inita cum ecclesia B. Radegundis Pictaviensis.

(J. 192. — Poitou, II, n° 62. — Minute.)

Hugo de Lezigniaco, comes Marchie et Engolisme, universis Xpisti fidelibus, tam presentibus quam futuris, imperpetuum. — Ad vestram volumus noticiam pervenire quod, cum post multas altercationes inter priorem et capitulum ecclesie Beate Radegundis Pictavis, ex una parte, et nobilem virum Petrum de Marli, quondam dominum castri de Mosterolio Bonini, nec non et patrem ejus defunctum, et ballivos ejusdem castri, ex altera, super libertatibus quas idem canonici sibi et hominibus suis in terra de Volliaco et ejus pertinentiis vendicabant, auctoritate Sedis Apostolice in diversis judiciis et tandem coram venerabilibus patribus archiepiscopo Turonensi et episcopo Cenomanensi commotas, ipsum castrum de manu prenominati P. in nos esset per manum domini Ludovici, Dei gratia regis Francie, ipso P. consenciente, translatum, et propter hoc ejusdem contencionis reliquie nos quodammodo sequerentur, volentes paci et tranquillitati dicte ecclesie nec non et saluti nostre consulere, accersitis nobis juris prudentibus, et auditis ejusdem ecclesie cartis, per quas sibi et hominibus suis libertates predictas deffendere nitebantur, ad plenam et pacificam et imperpetuum, Deo faciente, valituram cum ipsis canonicis composicionem duximus procedendum. — Et quia vis tocius contencionis in tribus maxime consistebat, in nemore videlicet, jurisdictione atque exactionibus super inductis, nos in hiis omnibus, cum consilio prudentum virorum, clericorum ac militum, et plena deliberacione adhibita, moderamen hujusmodi cum predictis priore et canonicis duximus adhibendum. — (*Sequitur forma compositionis, qua litteræ a Petro de Malle, mense januario præcedenti propositæ, de verbo ad verbum referuntur. Vide supra, n° 2173*). — Actum anno gratie M° CC° XXX° secundo, mense decembri.

Minute non scellée et qui renferme diverses corrections à introduire dans l'acte définitif. La date, qui est d'une autre écriture que celle du texte, est rayée.

2212 1232. Décembre.

(J. 193. — Champagne, I, n° 27. — Copie authentique.)

Theobaldus, Campaniæ et Briæ comes palatinus, notum facit se quicquid habebat apud Marec et in pertinentiis ejusdem villæ, dilecto et fideli suo Petro domino Janicuriæ et ejusdem heredibus, de se, in augmentum feodi, perpetuo tenendum, contulisse. — « Quod ut notum permaneat et firmum teneatur litteris annotatum, sigilli mei munimine roboravi. Actum anno gratie millesimo ducentesimo tricesimo secundo, mense decembri. »

Vidimus délivré le 16 janvier 1238 (anno M. CC. XXXVIII, *sabbato post octavas Epyphanie*) par Henri, chantre de l'église de Troyes, et Guichard, archidiacre de Brienne.

2213 Prémontré. 1232.

(J. 461. — Fondations, II, n° 8. 1. — Original.)

Litteræ fratris Conradi Præmonstratensis abbatis et abbatum ejusdem ordinis, in capitulo generali congregatorum, illustri et magnifico domino suo L. (Ludovico) Franciæ regi quem certiorem faciunt se, ejus petitioni humiliter annuentes, decrevisse ut pro dicto rege et domina Blancha regina ejus matre, hoc anno, in singulis universi ordinis ecclesiis, tam in missis B. Virginis quam Spiritus Sancti, memoria facienda sit specialis. — Præterea ex propria devotione duxerunt statuendum ut pro Philippo quondam rege Franciæ, præfati regis avo, Ludovico ejus patre, nec non pro rege Alfonso et regina Alienora, Blanchæ reginæ parentibus, et etiam pro Johanne principe, dicti regis fratre nuper defuncto, annis singulis, in qualibet dicti ordinis ecclesia anniversarium solenniter sit celebrandum. — « Datum Premonstrati, in capitulo generali, anno gratie M° ducentesimo XXX° secundo. »

Traces de sceau pendant sur double queue. — Le sceau de Conrad, abbé de Prémontré, n'a pas été retrouvé.

2214 Prémontré. 1232.

(J. 461. — Fondations, II, n° 8. 2. — Original.)

Litteræ fr. C. Præmonstratensis abbatis et abbatum ejusdem ordinis, in capitulo generali congregatorum, illustri dominæ Blanchæ, Franciæ reginæ, ejusdem argumenti et formæ. — « Datum Premonstrati, in capitulo generali, anno gratie millesimo ducentesimo tricesimo secundo. »

Traces de sceau pendant sur double queue. — Voyez l'observation précédente.

2215   1232.

Litteræ abbatis et conventus S. Albini de indemnitate sibi a rege attributa pro damnis quæ propter clausuram Andegavensem sustinuerunt.

(J. 178. — Anjou, n° 11? — Original scellé.)

Omnibus Xpisti fidelibus presentes litteras inspecturis, G. (Gaudefridus), Dei permissione humilis abbas, totusque conventus Beati Albini Andegavensis, salutem in Domino. — Noveritis quod, cum carissimus dominus noster Ludovicus illustris rex Francorum, propter clausuram Andegavensem, magnam partem vinearum nostrarum et cimeterii nostri occupasset in fossatis que facta fuerant in dictis vineis et cimiterio, et propter dictam clausuram essent plures de domibus nostris dirute, et muri, qui claudebant abbaciam nostram et vineas nostras, diruti et destruti et expensi in opere fortelicie domini regis, nemora etiam nostra de Polleio, de Guinesearto et de Insula incisa et aportata ad forteliciam Andegavensem faciendam, charrerie nostre et chalandi nostri propter hoc eciam diruti essent et dissoluti, et multa alia dampna essent nobis illata per dominum regem, que estimabamus ad valorem mille sexcentarum librarum et amplius, quod parati eramus juramento nostro firmare, et nos supplicaremus domino regi Francorum et domine B. (Blanche) matri ejus, regine Francorum illustrissime, ut super tantis dampnis monasterio nostro misericorditer satisfacere dignarentur, ipsi nobis, post multos labores et expensas, obtulerunt tantummodo sexcentas libras Turonensium pro emendacione dampnorum predictorum. — Licet autem summa ista longe insufficiens esset ad predicta dampna congrue restauranda (*sic*), nos tamen, propter reverenciam et amorem domini regis et domine B. matris ejus, dictam summam recepimus humiliter et gratanter, et de predictis sexcentis libris nos tenuimus pro pagatis, concedantes (*sic*) quod de predictis dampnis coram Deo et hominibus remaneant et immunes et liberi. — Actum anno Domini m° cc° xxx° secundo.

Scellé en cire verte de deux sceaux pendants sur lacets : 1° sceau de Geoffroi, abbé de Saint-Aubin d'Angers (*Inventaire*, n° 8493); 2° sceau du couvent de Saint-Aubin (*Inventaire*, n° 8429).

2216   1232.

(J. 178. —Anjou, n° 8. — Original scellé.)

Litteræ decani et capituli Beati Laudi Andegavensis quibus recognoscunt se et Johannem de Albineio, capellanum suum, xx. libras, pro domibus et muris capellaniæ suæ, in muniendo Andegavo, subversis; item centum solidos, pro subversione murorum capellaniæ Philippi Savari; item LX. solidos, pro quodam stallo suo proprio, a Ludovico illustrissimo Francorum rege recepisse; de quibus se tenent pro pagatis. — « In cujus rei testimonium, sigillum capituli nostri presentibus litteris duximus apponendum. Actum anno gratie m° cc° xxx° secundo. »

Sceau du chapitre de Saint-Lo d'Angers; cire brune, simple queue; décrit dans l'*Inventaire* sous le n° 7096.

2217   1232.

(J. 178. — Anjou, n° 14. — Original scellé.)

Litteræ similes Mariæ abbatissæ Beatæ Mariæ de Karitate Andegavensis totiusque ejusdem loci conventus, quibus recognoscunt se, pro damnis sibi propter clausuram fortalitiæ Andegavensis illatis, a domino Ludovico quingentas libras Turonensium gratanter recepisse, fundis terrarum et domorum diruptarum sibi remanentibus. — « Actum anno Domini m° cc° xxx° secundo. »

Deux sceaux en cire blanche pendants sur double queue. — Le sceau de Marie, abbesse du couvent de Notre-Dame de la Charité d'Angers, est décrit dans l'*Inventaire* sous le n° 9184; le sceau de l'abbaye, sous le n° 8441.

2218   1232.

(J. 178. — Anjou, n° 16. — Déficit.)

Litteræ similes abbatis et conventus Omnium Sanctorum Andegavi, quibus recognoscunt se, pro damnis sibi propter clausuram fortalitiæ Andegavensis illatis, quinquaginta libras Turonensium a domino Ludovico Franciæ rege recepisse. — « Anno Domini millesimo cc° xxx° secundo. »

Nous donnons, d'après l'inventaire de Dupuy, la notice de cette pièce, qui n'est plus dans les cartons, et que nous n'avons pas retrouvée ailleurs.

2219 1232.

(J. 178. — Anjou, n° 17. — Original scellé.)

Litteræ similes [Mathei] abbatis et conventus Beati Georgii super Ligerim, quibus recognoscunt se, pro damnis sibi propter clausuram fortalitiæ Andegavensis illatis, a domino Ludovico illustrissimo Francorum rege LX. solidos gratanter recepisse. — « In cujus rei testimonium, presentes litteras sigillorum nostrorum munimine duximus roborandas. Actum anno gratie M° CC° XXX° secundo. »

, Deux sceaux en cire blanche pendants sur simple queue. — Le sceau de Mathieu, abbé de Saint-Georges-sur-Loire (diocèse d'Angers), est décrit dans l'*Inventaire* sous le n° 9033; le sceau de l'abbaye, sous le n° 8374.

2220 1232.

(J. 178. — Anjou, n° 18. 2. — Original scellé.)

Litteræ similes Cost. (Constantis) abbatis S. Nicholai Andegavensis et totius ejusdem loci conventus, quibus recognoscunt se, pro plurimis damnis sibi propter clausuram civitatis Andegavensis illatis, trecentas libras Turonensium a Lodovico, illustri rege Franciæ, recepisse, de quibus se tenent pro plenarie pagatis. — « Actum anno gratie M° CC° XXX° secundo. »

Deux sceaux en cire blanche pendants sur simple queue. — Le sceau du monastère de Saint-Nicolas d'Angers est décrit dans l'*Inventaire* sous le n° 8431. Le sceau de l'abbé Constant n'a pas été décrit; il représente l'abbé debout, la main droite appuyée sur la crosse abbatiale et tenant un livre de la main gauche. Légende : S. CONST..... ANDEG..... Pas de contre-sceau.

2221 1232.

(J. 461. — Fondations, II, n° 9. — Original scellé.)

Litteræ prioris et conventus ecclesiæ Xpisti Cantuariensis serenissimæ et karissimæ in Xpisto dominæ suæ Blanchæ reginæ Francorum quam certiorem faciunt se, ob ejus erga B. martyrem Thomam devotionem et erga præfatum monasterium gratiam, duxisse concedendum ut dicta regina et ejus proximi omnium missarum, orationum et in dicto monasterio benefactorum sint deinceps participes; statuentes præterea ut, pro incolumitate dictæ reginæ et liberorum ejus prosperitate, in dicto monasterio sit orandum atque ibidem anniversarium Lodovici quondam Francorum regis solenni officio, sicut pro uno archiepiscopo Cantuariensi, annuatim in vigilia Omnium Sanctorum sit celebrandum. — « In cujus rei testimonium, presentes litteras fecimus fieri et sigilli nostri appositione roborari. Actum anno Domini M° CC° XXXII°. »

Sceau du chapitre de l'église du Christ à Cantorbery; cire rouge, sur cordelettes de chanvre; décrit dans l'*Inventaire* sous le n° 10248.

2222 1232.

(J. 320. — Toulouse, XI, n° 45. — Original roman.)

Déclaration des fiefs et redevances qui appartiennent au comte de Toulouse à Villemur. — « Anno Xpisti M° CC° XXXII°. — Aisso es carta de remembransa de las oblias e dels acaptes e de las senhorias e dels fyus que om te ni a afar a mosenhor le comte de Tolosa a Vilamur. »

2223 1232.

(J. 303. — Toulouse, I, n° 47. — Original roman.)

Déclaration des droits seigneuriaux appartenant au comte de Toulouse en la seigneurie de Villemur. — « Anno Domini nostri Jhesu Xpisti M° CC° XXXII°, feria III, regnante Lodoyco Francorum rege, et R. (Raimundo) Tolosano comite, et R. (Raimundo) episcopo. — Aisso es carta de remembransa de las senhorias e de las drechuras que mosenhor le coms de Tolosa a e deu aver a Vilamur e e la honor. »

2224 1232.

(J. 303. — Toulouse, I, n° 49. — Copie. Roman.)

« Anno Xpisti M° CC° XXX° II°. — Aisso es carta de remembransa de las oblias e dels acaptes e de las senhorias e dels fyus que om te ni a afar a mosenhor le comte de Tolosa a Vilamur. »

2225 Vers 1232.

(J. 303. — Toulouse, I, n° 46. — Original roman.)

Rôle des fiefs de la seigneurie de Villemur. — « La glieia de S. Saerni e s de Vaquiers, e te la l'abas de S. Saerni; e te l'abas de S. Saerni lo fag de Vaquiers; e te l'afar de Lhicos. La dona de Moichaguel te lo fio de Moichaguel, e te lo del senher de Vilamur, etc. »

Au dos de la pièce : *Feuda Vilamuri*. — Comme cette pièce paraît se rattacher aux pièces précédentes, également relatives à la seigneurie de Villemur et datées de 1232, nous avons cru pouvoir la placer sous la même date. L'écriture et la forme de ces divers actes présentent d'ailleurs entre eux une grande analogie.

2226 1232-33. Dimanche 9 janvier.

(J. 197. — Champagne, V, n° 35. — Original.)

Ansellus de Dampetra notum facit se ulnarium, quod pro se et hominibus suis de Verreriis in forestis karissimi domini sui Theobaldi comitis Campaniæ apud Sanctam Menehuldem habebat, præfato comiti quitavisse, et ab eodem propter hoc octoginta arpenta nemoris, sita inter Chanetonrir et viam quæ ducit apud Chatricel, recepisse. — « In hujus rei testimonium, presentes litteras sigilli mei munimine roboravi. Actum anno gratie M° CC° tricesimo secundo, dominica post Epiphaniam Domini. »

Traces de sceau pendant sur double queue. — Le sceau d'Ansel de Dampierre n'a pas été retrouvé.

2227 Creil. 1232-33. Janvier.

Philippus comes Boloniæ recognoscit se a domino rege Franciæ octo millia librarum recepisse, pro damnis sibi a comite Flandriæ illatis.

(J. 426. — Obligations, IV, n° 6. — Original scellé.)

Philippus, comes Bolonie, universis ad quos littere presentes pervenerint, salutem. — Notum facimus quod nos, pro dampnis que dilectus noster F. (Ferrandus) comes Flandrie nobis in terra nostra fecerat, recepimus a karissimo domino et nepote nostro Ludovico, rege Francie illustri, sex milia librarum Parisiensium; et duo milia librarum Parisiensium recepimus ab eodem domino et nepote nostro pro tensamentis que ab hominibus nostris habuerat dictus comes. — Que dampna et tensamenta nobis erant per pacem factam apud Compendium restauranda. Et nos de predictis dampnis et tensamentis per predicte summam pecunie nos tenemus pro pagatis. — In cujus rei testimonium, sigillum nostrum presentibus litteris duximus apponendum. Actum apud Credulium, anno gratie M° ducentesimo tricesimo secundo, mense januario.

Sceau de Philippe de France, surnommé Hurepel, comte de Boulogne; cire jaune, double queue; décrit dans l'*Inventaire* sous le n° 1062.

2228 Saint-Germain en Laye. 1232-33. Janvier.

Charta compositionis initæ inter majorem juratosque Laudunenses et Laudunensem episcopum.

(J. 233. — Laon, n° 10. — Original scellé.)

Universis Xpisti fidelibus ad quos littere presentes pervenerint, major et jurati Laudunenses, in Domino salutem. — Noverit universitas vestra quod inter reverendum in Xpisto patrem A. (Anselmum), Dei gratia Laudunensem episcopum, et nos, super querelis inferius annotatis, que inter ipsum et nos vertebantur, pax intervenit et concordia coram karissimo domino nostro Ludovico, Dei gratia rege Francie illustri, sub hac forma : — Duo homines, quos capi feceramus, pro quibus videlicet nos fueramus excommunicati et civitas interdicta, et alii quatuor, quos nos ceperamus, pro quibus nos iterum fueramus excommunicati et civitas interdicta, redditi fuerunt predicto episcopo Laudunensi per manum domini Renerii de Berona, ejusdem domini regis ballivi, liberi et quieti ab omni obligatione et promissione; et, si fecerunt emendam vel obligationem seu promissionem, vel alius pro ipsis, habentur et habebuntur pro non factis. — Hiis autem factis, nos juravimus quod super hiis staremus mandato ejusdem domini episcopi; et intelligebat idem episcopus mandatum suum mandatum ecclesie. — De emendis vero credidit idem episcopus reverendo in Xpisto patri G. (Galterio), Dei gratia episcopo Carnotensi, domino Gaufrido de Capella et domino Renerio de Berona. — Hiis itaque factis, idem dominus episcopus Laudunensis absolvit nos, et interdicta, in civitate Laudunensi vel alibi occasione premissorum lata, relaxavit. — Preterea sciendum est quod nos reddidimus eidem domino episcopo Laurentium, servientem suum, quitum et liberum ab omni obligatione et promissione, et eidem domino episcopo emendavimus id quod ipsum Laurentium reddere seu recredere noluimus, ad petitionem officialis Laudunensis vel alterius pro eo, sicut id ipsum decanus Xpristianitatis Laudunensis, vice ejusdem officialis, prius in veritate sua dixit. — Juravimus etiam, nos major et jurati, quod super hoc staremus mandato ejusdem domini episcopi; et intelligit idem dominus episcopus mandatum suum mandatum ecclesie. — Et sic absolvit nos idem episcopus ab excommunicatione in nos lata vel in alios occasione premissorum, et relaxavit interdictum occasione predictorum latum in dicta civitate vel alibi. Et de emenda credidit idem dominus episcopus episcopo Carnotensi, Gaufrido de Capella et Renerio de Berona memoratis. Et expensas admensuraverunt ad voluntatem suam dicti episcopus Carnotensis, Gaufridus et Renerius, videlicet sex viginti et sex libras Parisiensium; [et expensas,] quas custodes et predicti homines episcopi Laudunensis expenderunt in prisione, admensuraverunt ad sexaginta tres libras Parisiensium, et quitaverunt predictos burgenses de emendis supradictis. — Per hec autem predicta neutra pars est vel erit vel plus ante vel plus retro vel in possessione vel in proprietate alicujus juris. — Supplicavimus autem eidem domino regi ut suas patentes litteras super premissis confectas nobis tradat. — Nos vero, in hujus rei testimonium, presentes litteras nostras eidem domino regi tradidimus sigilli nostri appensione roboratas. — Actum apud Sanctum Germanum in Laya, anno Domini M° CC° tricesimo secundo, mense januario.

Sceau de la ville de Laon; cire blanche, double queue; premier sceau, décrit dans l'*Inventaire* sous le n° 5771, d'après un type appendu à un acte daté de 1228.

2229   Melun. 1232-33. Février.

Litteræ Ludovici regis de quadraginta libratis terræ annui redditus Isabelli, filiæ Mathildis dominæ Kaylliaci, constitutis.

(J. 424. — Obligations, III, n° 3. — Original.)

Ludovicus Dei gratia Francie rex. — Noverint universi, presentes pariter et futuri, quod, cum Isabellis, filia Matildis quondam domine Kaylliaci, ad nos venisset apud Gysortium, et nos, presentibus probis viris, requisisset ut terram illam, quam dicta domina mater sua eidem contulerat, ipsi dimitteremus et redderemus. — Et cum nos ex testimonio proborum virorum intellexerimus quod eadem mater sua terram illam, quam ipsa Isabellis requirebat sibi reddi, in manu sua tenebat adhuc quando erat in lecto extreme egritudinis constituta; propter quod consideratum fuit et ordinatum donationem illam nullam esse, cum dicta domina, in tali articulo constituta, donationem illam non posset facere nec deberet, nos, de voluntate nostra et intuitu pietatis et misericordie, de terra que fuit ejusdem matris sue eidem dedimus et assignari fecimus quadraginta libratas annui redditus ad Turonenses in villis et locis inferius annotatis, videlicet : apud Tyliam Hodcardi, in Andulfo, quatuor solidos ad Purificationem, octo denarios ad Natale Domini, et duodecim denarios ad Pascha; in Oberto, quinque solidos et sex denarios ad Purificacionem, octo denarios ad Natale Domini, et duodecim denarios ad Pascha, et sex aucas ad festum S. Remigii que valent quatuor solidos, etc. (*Sequuntur nomina personarum super quibus prædictæ quadraginta libratæ assignantur.*) — Predictas autem quadraginta libratas terre tenebit dicta Isabellis ad usus et consuetudines Normannie, ita quod, si ipsam sine herede, de carne sua suscepto et in matrimonio legitimo procreato, mori forte contingeret, dicta terra ad nos et heredes nostros sine impedimento aliquo libere revertatur.— In cujus rei testimonium, presentes litteras exinde confectas sigilli nostri munimine fecimus roborari. — Actum apud Meledunum, anno Domini M° CC° tricesimo secundo, mense februario.

Traces de sceau pendant sur lacs de soie rouge et verte. — Voyez dans l'*Inventaire*, sous le n° 41, la description du premier sceau de Louis IX.

2230   1232-33. Samedi 12 mars.

(J. 317. — Toulouse, VIII, n° 19. — Original.)

Instrumentum, per litteras alphabeti divisum, quo Raimundus Tolosæ comes recognoscit se a Willelmo de Brugeriis et a Bernardo Willelmo ejus fratre recepisse hos c. solidos Tolosanos de reacapto quos prædicti fratres sibi dare debebant occasione mortis Arnaldi Guilaberti, eorum patris, pro istis honoribus quos et ipsi tenent et eorum pater apud Pontem pertusatum tenuerat. — « Hoc fuit factum XII. die introitus mensis marcii, sabbato, regnante Lodoico Francorum rege, et eodem domino R. (Raimundo) Tolosano comite, et R. (Raimundo) episcopo, anno M° CC° XXX° secundo ab incarnatione Domini. — Hujus rei sunt testes : Ugo de Alfaro, et Petrus de Tolosa, et Bertrandus de Sancto Luppo, et Ysarnus de Villa nova, et Bernardus Aimericus qui, mandato ipsius domini comitis, cartam istam scripsit. »

2231   1232-33. Mars.

Litteræ Roberti Trecensis episcopi de pactionibus conjugalibus initis inter Th. comitem Campaniæ et Margaretam filiam Archambaldi de Borbonio.

(J. 198 B. — Champagne, VI, n° 68. — Original scellé.)

R. (Robertus), Dei gratia Trecensis episcopus, universis ad quos presentes littere pervenerint, salutem in Domino. — Noveritis quod in nostra presentia constituti nobiles viri, Theobaldus Campanie et Brie comes palatinus et Archambaldus dominus

Borbonii, recognoverunt tales habuisse inter se ad invicem conventiones, sicut inferius sunt notate. — Videlicet, quod Theobaldus comes Campanie in facie Ecclesie contrahens matrimonium per verba de presenti cum Margareta filia dicti Archambaldi, idem Theobaldus comes constituit, donavit et concessit eidem Margarete in presentia constitute, in donationem propter nuptias, Cesanniam, Lachiacum, Berbonam, Nogentum super Secanam, Pontes super Secanam, Meriacum, Peantium, Cantumerulum, Semaigne, cum appenditiis et pertinentiis eorumdem. — Quam donationem confessus fuit idem Theobaldus comes Campanie constituisse, donasse et concessisse eidem Margarete, ex certa sciencia, non deceptus vel circumventus ab aliquo, sed spontanea voluntate, promittens per se et per successores et heredes suos quod contra predictam donationem propter nuptias nec venit, nec fecit, nec faciet quominus dicta donatio efficacem et plenissimam habeat firmitatem; et ad hoc obligavit se idem Theobaldus et omnia bona sua, habita et habenda, nec non et successores et heredes suos, cum dictum fuit etiam inter eos quod, si contra predicta, quod absit, idem Theobaldus comes aut heredes aut successores sui in aliquo venirent, supposuit [et] subjecit se et heredes et successores suos juriditioni nostre et domini episcopi Lingonensis, concedens et promittens specialiter quod nos et dominus episcopus Lingonensis, aut alter nostrûm, possemus in ipsum et terram suam in sua diocesi, et [in] successores et heredes suos, interdicti et excommunicationis sententiam promulgare. Renuncians in hoc facto, per se et per successores suos, omni beneficio, auxilio, privilegio coherenti rei et persone, et omni juri scripto et non scripto, ecclesiastico et consuetudinario vel legali, vel competenti, vel competituro; renuntians etiam omnibus litteris impetratis vel in posterum impetrandis vel per officium judicis concessis vel in posterum concedendis. — Preterea dictus Archambaldus recognovit quod ipse promiserat dicto Theobaldo comiti, pro maritagio predicte Margarete filie sue, triginta sex milia librarum Parisiensium, tali conditione quod, pro uno quoque anno completo quo dicta Margareta vixerit cum dicto Theobaldo comite Campanie, cadent quatuor milia librarum Parisiensium de predictis triginta sex milibus librarum Parisiensium. — Si vero dicta Margareta vixerit per novem annos, dicta triginta sex milia librarum Parisiensium dicto Theobaldo comiti penitus remanebunt. Si vero infra novem annos dictam Margaretam decedere, quod absit, contigerit, dictus Archambaldus dictum dotalicium tenebit quousque de redditibus dictarum villarum receperit plenius, pro singulis annis qui deficient de predictis novem annis, quatuor milia librarum Parisiensium. — Si vero dicti redditus tantum non valuerint, dictus Theobaldus perficiet defectum; et si plus valuerint, dictus comes illud quod plus valebunt habebit. — Et sciendum quod, si dicta Margareta decederet infra dictos novem annos, herede de suo corpore superstite, dicta pecunia predicto comiti quita remaneret, dum tamen heres ille viveret usque ad dictos novem annos; et pro quolibet anno completo, usque ad dictos novem annos, quo dictus heres vixerit post decessum matris sue, caderent de dicta summa pecunie quatuor milia librarum Parisiensium, sicut est de matre superius ordinatum. — Si vero heredem mori contingeret, a die obitus sui dictus Archambaldus reciperet de dicta terra annuatim quatuor milia librarum Parisiensium usque ad dictos novem annos completos a die matrimonii inter Theobaldum comitem et Margaretam celebrati. — Si vero contigerit, quod avertat Deus, divortium inter dictum comitem et Margaretam uxorem ejus quocumque modo celebrari, sine clamore et questione ipsius Archambaldi, dicta Margareta et dicto comite viventibus, dictus Theobaldus comes persolvet dicto Archambaldo omnes redditus terre sue, ubicumque eam habeat, preter septem milia librarum Parisiensium de quibus idem Theobaldus comes suam poterit facere voluntatem, tali conditione quod, si dictus Archambaldus non reciperet de dictis redditibus usque ad viginti milia librarum Parisiensium ad minus, a primo die quo fiet divortium usque ad unum annum completum, dictus Theobaldus comes perficiet eidem Archambaldo defectum in fine anni predicti. — Quod si tunc non perficeret eidem Archambaldo, ipse posset propter hoc suos plegios gagiare; et, si redditus dicte terre valerent plus quam viginti milia librarum Parisiensium, dictus Archambaldus reciperet quod ultra valerent, et computarentur in aquitatione pecunie supradicte. — Pro residuo vero dictarum triginta sex milia librarum Parisiensium, dictus Theobaldus tenebit hostagium Senonibus anno predicto completo et ibidem singulis noctibus pernoctabit, donec dictus Archambaldus de dictis tringinta sex milibus librarum Parisiensium habuerit plenius gratum suum, solutione in primo anno facta secunde solutioni connumerata. Sed, quamdiu idem Theobaldus comes tenuerit hostagium Senonibus, dictus Archambaldus non poterit propter hoc suos plegios gagiare. Sed, si non teneret hostagium Senonibus, sicut dictum est, dictus Archambaldus posset suos plegios ex tunc in antea gagiare. — Universas autem et singulas conventiones, que in presentibus litteris continentur, dictus comes juravit firmiter observandas. — Nos autem, ad petitionem dicti comitis, promisimus dicto Archambaldo quod, si idem Theobaldus comes aut heredes aut successores sui contra predictas conventiones vel contra aliquam de ipsis venirent, sicut superius sunt expresse, quod nos in personas suas excommunicationis et in terras eorum, unusquisque in sua diocesi, interdicti sententias promulgaremus. — Nos autem presentes litteras sigillavimus, salvo jure quod nos apud Meriacum habemus. — Datum anno gratie millesimo ducentesimo tricesimo secundo, mense martio.

<small>Sceau de Robert, évêque de Troyes; cire blanche, double queue; décrit dans l'*Inventaire* sous le n° 6916.</small>

2232   1232-33. Mars.

(J. 198 B. — Champagne, VI, n° 67. — Original scellé.)

R. (Robertus) Lingonensis episcopus notas facit pactiones conjugales, in ipsius præsentia, a Theobaldo Campaniæ et Briæ comite palatino et ab Archambaldo domino Borbonii initas pro matrimonio a præfato Theobaldo cum Margareta, dicti Archambaldi filia, contrahendo. — « Datum anno Domini M° CC° tricesimo secundo, mense martio. »

<small>Sauf quelques variantes d'orthographe et la suppression de l'article final relatif aux droits de l'évêque de Troyes sur Méry, ces lettres reproduisent textuellement les lettres précédentes. Elles sont scellées en cire blanche, sur double queue, du sceau de Robert III de Thorote, évêque de Langres, décrit dans l'*Inventaire* sous le n° 6619.</small>

2233   Latran. (1233.) 17 avril.

Litteræ Gregorii papæ IX de testibus audiendis super eo quod ab Henrico comite, in Terræ sanctæ subsidium proficiscente, de comitatibus Campaniæ et Briæ provisum fuerit.

(J. 209. — Champagne, XIV, n° 57. — Original scellé.)

Gregorius episcopus, servus servorum Dei, dilectis filiis Sancti Johannis in Vineis Suessionensis, de Cheriaco et Vallis secrete abbatibus, Suessionensis diocesis, salutem et apostolicam benedictionem. — Transmissa nobis dilecti filii nobilis viri T. (Theobaldi IV) comitis Campanie petitio continebat quod, cum clare memorie Henricus, comes Campanie atque Brie, in Terre sancte subsidium profecturus, baronibus et militibus suis injuncxerit ut, si eum de transmarinis partibus contingeret non redire, quondam T. (Theobaldo III) fratri suo utpote terre domino intendere procurarent, recepto propter hoc ab eis corporaliter juramento. Iidem, comite ipso sublato de medio, prefato T. (Theobaldo III), tanquam Campanie ac Brie comiti, terris suis receptis ab ipso, fidelitatem et homagium prestiterunt. — Verum quia predictus Henricus in eisdem partibus duas filias, videlicet carissimam in Xpisto filiam nostram [Aelidim] illustrem reginam Cypri et Philippam uxorem nobilis viri Erardi de Brena, ex inclite recordationis regina Jerosolimitana, sibi ut dicitur copulata minus legitime, procreavit, ac per hoc timeat idem comes sibi ab illis moveri super jam dictis comitatibus questionem, ne processu temporis pro defectu testium probationis copia valeat deperire, provideri sibi super hoc humiliter postulavit. — Quocirca discretioni vestre per apostolica scripta mandamus quatinus, vocatis qui propter hoc fuerint evocandi, testes senes et valitudinarios, ac alios de quorum morte vel absentia diuturna timetur, quos idem comes super hiis duxerit nominandos, recipiatis, appellatione remota, fideliter et examinetis prudenter, depositiones ipsorum, sigillis vestris inclusas, facientes ad perpetuam memoriam conservari, proviso ut testes ipsi cum illa recipiantur diligentia et cautela quod per receptionem eorum pars altera contra justitiam non gravetur. — Testes autem qui fuerint nominati, si se gratia, odio vel timore subtraxerint, per censuram ecclesiasticam, cessante appellatione, cogatis veritati testimonium perhibere. — Quod si non omnes hiis exequendis potueritis interesse, duo vestrum ea nichilominus exequantur. — Datum Laterani, xv. kalendas maii, pontificatus nostri anno septimo.

Bulle de plomb sur cordelettes de chanvre. (Voyez l'*Inventaire*, n° 6047.)

2234   Toulouse. 1233. 20 avril.

Statuta Raimundi comitis Tolosani in hereticos et de quibusdam aliis rebus.

(J. 306. — Toulouse, III, n° 66. — Original.)

In nomine sancte et individue Trinitatis. — Ad exaltationem fidei Xpistiane et ad extirpandam hereticam pravitatem, et ad conservationem pacis, et ad bonum statum terre totius conservandum et in melius reformandum, nos Raimundus, Dei gratia comes Tholose, de consilio et assensu episcoporum et aliorum prelatorum, comitum et baronum, militum et plurium aliorum virorum prudentium terre nostre, matura deliberatione habita et diligenti studio precedente, hec statuta salubria in terra nostra et nostrorum duximus ordinanda. — Cum sit de nostro firmo proposito ut terram nostram et subditorum nostrorum purgemus heretica pravitate, et ad hoc tam curiose quam fideliter intendere proponamus, statuimus ut in persequendis, inquirendis, capiendis et puniendis hereticis omnes barones, milites, ballivi et ceteri homines nostri curam vigilem et sollicitudinem adhibeant diligentem, sicut in pace facta Parisius a nobis est promissum. — Item statuimus ut sine dilatione fiat legitima inquisitio contra illos qui persequtores hereticorum interfecerunt, vel forte, quod absit, interficerent in futurum, et contra omnes villas et homines terre nostre ac nostri districtus qui illorum interfectioni consenserunt, vel forte consentirent in futurum, et de omnibus illis, tam hominibus quam villis, debita justicia fiat; et hoc tam per nos quam per barones et ballivos nostros fideliter volumus observari. — Item statuimus quod, ubicumque in terra nostra seu in districtu nostro heretici inventi fuerint, in civitatibus, castris et villis, intus vel extra, in tenimentis, homines illius civitatis, ville sive castri, in qua vel in quo sive in cujus tenimento inventi fuerint, solvant marchas illis qui hereticos ceperint, scilicet pro singulis hereticis marcham unam. — Item statuimus ut senescalci vel ballivi suspecti in fide non instituantur; et si forte eos institui contigerit, sine dilatione removeantur. — Item statuimus quod omnes domus in quibus a tempore pacis facte Parisius vivus inventus fuerit vel sepultus hereticus, vel in eis predicaverit, sciente et consentiente domino domus, existente legitime etatis, diruantur, et bona omnia tunc ibidem inhabitancium confiscentur, nisi suam innocentiam et justam ignorantiam probare poterunt manifeste; et ipsi inhabitantes nichilominus capiantur pena legitima puniendi. — Et omnes cabane suspecte, a communi castrorum habitatione remote, et spelunce infortiate, et clusella in locis suspectis et diffamatis destruantur vel obturentur, nullusque de cetero in predictis locis tales audeat facere mansiones aut in eisdem habitare. In quibus si quis fuerit deprehensus post edictum nostrum, omnia ipsius bona mobilia confiscentur. Domini vero castrorum in quorum dominio, post edictum nostrum, tales mansiones contigerit inveniri, in viginti quinque libris Tholosanorum puniantur. — Item statuimus quod omnes hereditates eorum, qui hereticos se fecerunt vel facient in futurum, confiscentur et occupentur, sic quod ad liberos eorum vel ad alios successores, qui ab intestato eis deberent succedere si fuissent ortodoxe fidei, per venditionem aut donationem aut alio modo bona predicta non valeant pervenire; et, si talibus bona predicta reddita fuerint vel ab eis aliter detinentur, ab ipsis penitus auferantur. — Domus autem illorum qui a tempore dicte pacis heretici facti sunt vel de cetero fient, quas ipsi eo tempore inhabitabant, sine omni misericordia destruantur. — Item statuimus quod omnes qui villas vel domos vel clusella vel nemora inquisitoribus hereticorum prohibuerint, vel hereticos inventos defenderint, vel captos abstulerint, vel ipsis inquisitoribus auxilium in capiendis hereticis prestare noluerint, cum ab ipsis inde fuerint requisiti, vel clamantibus non succurrerint, vel in custodiendis quos ceperint auxilium non ministraverint postulatum, aut in commenda sua receptos permiserint abire, maxime si fuerint de heresi suspecti et tales qui potestatem habeant custodire, per omnium bonorum suorum confiscationem puniantur, et nichilominus, per sententiam eorum, aliis penis legitimis subjiciantur. — Item statuimus quod, si de heresi suspecti fuerint inventi, jurent fidem catholicam, omnem heresim abjurantes. Et, si fidem catholicam jurare noluerint et heresim abjurare, pena contra hereticos edita puniantur. Si vero post sacramentum prestitum receptatores, fautores, consiliatores hereticorum vel in aliquo cum ipsis scienter participantes inventi fuerint, pena consimili teneantur. — Item statuimus quod, si quis post mortem detectus fuerit fuisse hereticus et coram episcopo loci probatum fuerit legitime, bona illius omnia confiscentur, et domus eorum qui, post pacem Parisius factam, heretici facti sunt vel in posterum fient, in quibus habitabant vel habitabunt, diruantur. — Item statuimus quod bona eorum qui fuerunt heretici vestiti, licet sponte ab hereticorum recesserunt observancia, nisi de reconciliatione sua litteras testimoniales ostenderint, vel alias per personas catholicas et honestas illud probaverint, confiscentur; et etiam, si de reconciliatione constiterit, si cruces, super hoc a suo episcopo ammoniti ad portandum, non assumpserint, aut assumptas auctoritate sua deposuerint, aut etiam, cum exterius super vestes ex utraque parte pectoris anterius prominentes portare debeant, eas celare intra vestes deprehensi fuerint, pena simili puniantur; et etiam, sive bona habuerint sive non, ad hoc modo debito compellantur. — Item statuimus, quia intelleximus quod credentes hereticorum, cum proponunt se facere, secundum eorum ritum detestabilem, hereticos perfectos, ante per precedens tempus possessiones suas et hereditates in fraudem fisci vendunt vel donant aut pignori obligant vel modis aliis alienant, hujusmodi contractibus, in irritum revocatis, non obstantibus, predicta bona occupentur, si consideratis circumstantiis dictorum contractuum et ipsorum contrahentium nobis visum fuerit eos, in quos dicta bona translata fuerint, fraudis participes extitisse. — Item quia intelleximus quod credentes hereticorum quidam, sub specie mercature vel peregrinationis, transferunt se ad hereticos ut sub tali absentia eludant fiscum et ei subtrahant bona sua, si coram episcopo loci, qui super hoc propinquos vel eos qui bona hujusmodi absentium tenent monuerit et requisierit, et ab eisdem propinquis vel tenentibus bona eorum, infra annum computandum a tempore monitionis ejusdem episcopi, probatum non fuerit legitime illos absentes justa causa vel rationabili abfuisse et etiam tunc abesse, statuimus ut, si alias suspecti de heresi fuerint, contra ipsos tanquam contra hereticos presumatur et eorum bona confiscentur. — Si vero ipsi vel successores eorum, vel qui bona eorum tenent, post confiscationem bonorum vel ante, justam et probabilem causam sue absentie ultra predictum tempus probare potuerint, bona eis legitime relinquantur vel restituantur. — Item, quia nolumus quod in terra nostra claves Ecclesie contempnantur, statuimus ut, si quis in excommunicatione per annum contumaciter permanserit, per occupationem bonorum redire ad sinum matris Ecclesie compellatur, sicut in pace facta Parisius plenius continetur. — Item statuimus ut tranquillitas pacis in terra nostra plene et inviolabiliter observetur, et quod ruptarii, faiditi, predones, latrunculi et stratores de tota terra nostra expellantur, et receptatores eorumdem animadversione debita puniantur. — Item statuimus quod quicumque pacem de cetero violaverit, si monitus a nobis vel per certum nuncium nostrum non emendaverit infra terminum sibi assignatum, omnia bona ipsius occupentur. Nos enim bona illa que a nobis tenebunt occupabimus, et episcopos et prelatos terre nostre in feodis eorum occupandis similiter juvabimus bona fide, cum ab eis fuerimus requisiti; que bona tamdiu teneantur quousque de fractura et dampnis datis sit nobis et dampnum passis plenarie satisfactum; et persona violatoris pacis nichilominus animadversione debita puniatur. — Et quicumque pacis violatorem receptaverit in castro vel in domo vel in villa, cum ipsa preda vel sine preda, etiam postquam ei fuerit denuntiatum, vel ei arma vel equituraram vel alia necessaria ministraverit, vel eidem predam aut aliam capturam preparaverit et machinatus fuerit, pena simili puniatur. — Item statuimus quod occulta et clandestina maleficia de comunitate civitatum, castrorum et villarum, in quibus seu in eorum tenimentis fuerint perpetrata, de nocte vel de die occulte, sive per incendium, sive per incisionem arborum, aut vinearum, vel segetum, vel occisionem animalium, vel effusionem liquidorum, vel dispersionem aridorum, aut alio modo, exceptis furtis, dampna passis resarciantur, dampni estimatione declaranda per sacramentum illius qui passus est dampnum, taxatione legitima precedente. Per hoc enim et voluntas nocendi plurimum refrenabitur, et cujuslibet loci universitas majori sollicitudine tales maleficos persequetur. Quare [volumus] quod super hujusmodi maleficis fiat inquisicio diligens sine mora, et reperti pena violatorum pacis et aliis penis legitimis puniantur. — Item statuimus ut nullus sit tante temeritatis quod domos religiosas et precipue ordinis Cisterciensis offendat in aliquo, in rebus vel in personis, palam vel occulte. Quod si quis contra hoc fecerit, bona ipsius occupentur, de quibus passis dampna plenarie satisfiat, et persona ipsius animadversione debita puniatur, volentes et mandantes contra hujusmodi maleficos diligentem ac pervigilem celeremque inquisicionem fieri, non observata nimia juris subtilitate, et reperti seu convicti in hujusmodi maleficiis, prout culpe enormitas exegerit, puniantur, ut alii exemplo perterriti contra domos religiosas delicta similia committere perhorrescant. — Item statuimus ne barones, milites et alii homines nostri abbatias, grangias et alias domos religiosas nimia importunitate albergandi opprimere presumant. Et si quis contra voluntatem custodum nostrorum, quos in singulis domibus ad requisicionem eorum ponemus ibi continue moraturos, qui, jurati nobis ministerio suo, auctoritate nostra hujusmodi albergatores repriment importunos, domos predictas albergaverit, quilibet eques in quinque solidos Tholosanos et pedes (sic) in duobus solidis puniatur, volentes ut custodes hujusmodi transgressores sub juramento prestito denuncient nominatim. — Item quia, sicut intelleximus, tanta est quorundam malignitas et insolentia quod, licet ipsi latrones foveant et raptores, nequaquam a vicinis suis, qui bene no-

verunt eos, istud eis manifeste improperari audeant (sic) aut opponi, ne forte illorum in se iras exacuant speciales, nos, illorum maliciam reprimendam ducentes studio cautiori, statuimus quod, cum contra aliquem baronem, militem aut quemlibet alium publica laboraverit fama quod ipse sit receptator aut guidator aut adjutor vel consiliator latronum aut predonum aut aliorum maleficorum, de quorum solent maleficiis aliquando recipere portiones, contra tales inquisicio fiat, et, si probatum fuerit legitime contra ipsos, tanquam convicti de maleficiis, pena contra pacis violatores edita puniantur. — Item statuimus ne aliquis auctoritate propria audeat pignorare vel marcham facere; et si quis contra fecerit, compellatur incontinenti restituere pignus et resarcire dampnum pignorato quod sacramento pignorati declaretur, taxatione legitima precedente. — Item statuimus ne in tota terra nostra et nostrorum nova instituantur pedagia, et omnia a triginta annis instituta removeantur. — Hec autem omnia premissa statuta facimus sine prejudicio regis et Ecclesie, et salva pace Parisiensi in omnibus. — Acta sunt hec Tholose, XII. kalendas maii, anno Domini M° CC° XXX° tercio. Et ut hec predicta semper inviolabiliter observentur et robur habeant plenissime firmitatis, presentem paginam sigilli nostri munimine fecimus roborari.

Traces de sceau pendant sur lacs de soie rouge et jaune. — Voyez dans l'*Inventaire*, n° 744, la description du premier sceau de Raymond VII, comte de Toulouse.

2235   Latran. (1233.) 26 avril.

Litteræ Gregorii papæ IX comiti Barriducis ut a fidelitate comitis Campaniæ non recedat donec causa natalium reginæ Cypri dijudicetur.

(J. 209. — Champagne, XIV, n° 58. — Original scellé.)

Gregorius episcopus, servus servorum Dei, dilecto filio nobili viro comiti Barriducis [Henrico II], salutem et apostolicam benedictionem. — Cum felicis memorie Honorius papa, predecessor noster, causam natalium carissime in Xpisto filie nostre [Aelidis], illustris regine Cypri, utpote que ad forum ecclesiasticum pertinere dinoscitur, jam dudum ad examen apostolicum duxerit revocandum, et nos, mandati sui formam sequentes, Sancti Johannis in Vineis Suessionensis et de Chetiaco et Vallis secrete, Suessionensis diocesis, abbatibus nostris dederimus litteris in mandatis ut eidem regine, si ad partes accesserit Gallicanas, vel procuratori suo, si quem propter hoc ad partes destinaverit supradictas, firmiter auctoritate nostra injungant ut in termino competenti, quem sibi peremptorium mandamus assignari, personaliter vel per procuratores idoneos apostolico se conspectui representet, ut, auditis et intellectis hinc inde propositis, utrum regina ipsa, ex copula suscepta hujusmodi, illegitima seu legitima censeri debeat, justo judicio declaretur, quamvis reginam eandem in suis velimus justis petitionibus, quantum cum Deo possumus, exaudire, quia jam ante quam natalium causa terminata fuerit, successionis causam, que ex illa dependet, incipere nichil esset aliud quam diversis processibus intricare negotium et confusione quadam ordinem judicii perturbare, nobilitatem tuam rogandam duximus et monendam, per apostolica tibi scripta mandantes quatinus, cum pro feudo quod tenere diceris a dilecto filio nobili viro T. (Theobaldo) comite Campanie, fidelitatem sibi et homagium prestitisse dicaris, donec jam dicta causa natalium apostolico judicio finem acceperit congruentem, nulli alii fidelitatem vel homagium prestes, nec ab ipsius comitis fidelitate recedas, sciens nos J. dicto Barat Cathalaunensi et..... (sic) Divionensi, Lingonensis diocesis, archidiaconis, et H. cantori Cathalaunensi nostris dedisse litteris in mandatis ut, si secus, quod non credimus, egeris, te ab hujusmodi presumptione per censuram ecclesiasticam, appellatione remota, compescant. — Datum Laterani, vi. kal. maii, pontificatus nostri anno septimo.

Bulle de plomb sur cordelettes de chanvre. (Voyez l'*Inventaire*, n° 6047.)

2236   1233. Avril, après Pâques.
              Vendredi 8, 15, 22 ou 29 avril.

(J. 317. — Toulouse, VIII, n° 20. — Original roman.)

Chirographe ondulé et divisé par les lettres de l'alphabet. — Don Guillems Jordas et don Jordas son frère déclarent affermer (*logar*) pour dix ans à Arnaut del Cung, à Ermessen sa femme et à leurs héritiers, moyennant LX. sous Toulousains, dont ils se tiennent pour bien payés, la moitié qui leur appartient au Port (*el Port*) et ès dépendances dudit lieu. — « Aizo sobredig fo faig el mes d'abril, feria vi°, anno Domini M° CC° XXX° III°; vedentz : Arnaut de Sandauni, Peire de Pauling, Ponz Pellicer, Peire de Bellaval son cosi, Bernat d'Autpoig, Peiro del Bosquet fill dig de Guillem de Malamosca, e Ponz dè Messal qui hanc cartam scripsit. »

Cette pièce, que nous plaçons au mois d'avril 1233 après Pâques, du 3 au 30, pourrait être du mois d'avril suivant, 1233-34 avant Pâques, du 1er au 22, et dans cette hypothèse, la date du jour se trouverait circonscrite au vendredi 7, 14 ou 21 avril.

2237   Melun. 1233. Avril, après Pâques,
            du 3 au 30.

Charta homagii quod Hugo comes S. Pauli præstitit pro terra quam Isabella comitissa mater sua a domino rege tenebat.

(J. 376. — Comtes de Saint-Paul, n° 3. — Original scellé.)

Ego Hugo comes Sancti Pauli notum facio universis presentes litteras inspecturis quod ego feci karissimo domino meo Ludovico, Francie regi illustri, homagium ligium de terra quam karissima mater mea I. (Isabella) comitissa Sancti Pauli et Johannes de Bethunia, qui dicebatur ejus maritus, tenebant de eodem domino meo rege, salvo jure predicti Johannis, si aliquid juris in terra habeat supradicta, et salvo etiam omni jure alieno. — Actum apud Meledunum, anno Domini M° CC° tricesimo tercio, mense aprili.

Sceau de Hugues V de Châtillon, comte de Saint-Paul; cire blanche, double queue; premier sceau, décrit dans l'*Inventaire* sous le n° 362. — Cette pièce pourrait, comme la pièce précédente, appartenir au mois d'avril 1233-34 avant Pâques. Il en est de même de la pièce suivante.

2238   1233. Avril, après Pâques, du 3 au 30.

(J. 195. — Champagne, III, n° 70. — Original scellé.)

Odo abbas S. Dionysii totusque ejusdem loci conventus notum faciunt de querelis inter se, ex una, et Theobaldum, Campaniæ et Briæ comitem palatinum, ex altera parte versatis, occasione cujusdam parci quod præfatus comes in ipsorum censiva apud Nogentum super Sequanam construi fecerat, et in quo nemora, prata, terræ arabiles et pascua continentur, a seipsis et a dicto comite in Petrum de Boissiaco archidiaconum Bajocensem et Radulfum Contesse compromissum fuisse, et præterea, casu quo præfati duo arbitri in unum concordare non possent, magistrum Stephanum de Pruvino communi assensu in tertium arbitrum fuisse electum ad litem terminandam. Hac autem compromissione præfatus comes sese expresse, sub pœna centum librarum Parisiensium, obligavit ad sententiam prædictorum arbitrorum fideliter observandam, quæ sententia infra festum Johannis Baptiste, vel saltem infra sequentem Assumptionem B. Virginis pronuntiabitur. — « In cujus rei testimonium, presentes litteras sigillis nostris munivimus. Actum anno Domini m° cc° tricesimo tercio, mense aprili. »

<small>Deux sceaux en cire jaune, pendants sur double queue. — Le sceau d'Eudes IV, abbé de Saint-Denis (premier sceau), est décrit dans l'*Inventaire* sous le n° 9019; le sceau du monastère, sous le n° 8370.</small>

2239   Latran. (1233.) 7 mai.

Litteræ Gregorii papæ IX ut abbas Clarevallis quamdam pecuniæ summam, comiti Campaniæ subreptam, eidem restituere cogatur.

(J. 708. — Bulles. Mélanges, n° 294. — Original scellé.)

Gregorius episcopus, servus servorum Dei, dilectis filiis abbati Sancti Memmii, J. archidiacono, et cantori Cathalaunensi, salutem et apostolicam benedictionem. — Dilectus filius nobilis vir T. (Theobaldus) comes Campanie transmissa nobis petitione monstravit quod, cum P. Goins miles, cujus dudum idem comes consilio utebatur, de terra ipsius comitis maximam extorsisset pecunie quantitatem, idem postmodum, ut creditur, non zelo fidei sed in fraudem, ne idem comes ipsum ad satisfaciendum de pecunia prefata compelleret, signo crucis assumpto, in monasterio Clarevallis, Cisterciensis ordinis, Lingonensis diocesis, se recepit, et, eadem pecunia apud monasterium ipsum et alia religiosa loca deposita, rationem villicationis sue, pretextu crucis, reddere contradicit. — Quare dictus comes nobis humiliter supplicavit ut providere super hoc sibi paterna sollicitudine dignaremur. — Ideoque discretioni vestre per apostolica scripta mandamus quatinus abbatem et conventum prefati monasterii ad restituendam dicto comiti pecuniam memoratam, monitione premissa, per censuram ecclesiasticam, sicut justum fuerit, appellatione postposita, compellatis. Quod si non omnes hiis exequendis potueritis interesse, duo vestrum ea nichilominus exequantur. — Datum Laterani, nonas maii, pontificatus nostri anno septimo.

<small>Bulle de plomb sur cordelettes de chanvre. — (Voyez l'*Inventaire* sous le n° 6047).</small>

2240   1233. Mercredi 18 mai.

Obligatio Hugonis domini Brecarum.

(J. 195. — Champagne, III, n° 16. — Original.)

Hugo dominus Brecarum universis ad quos littere presentes pervenerint, salutem. — Noveritis quod, cum karissimus dominus meus Theobaldus comes Campanie concesserit michi quod ego faciam forteritiam in parvo castello meo apud Brecas, de quindecim pedibus circumquaque, ego promisi ei quod aliam forteritiam non faciam apud Brecas, nisi de assensu et voluntate sua. — Datum anno Domini m° cc° tricesimo tertio, die mercurii ante Penthecosten.

<small>Traces de sceau pendant sur double queue. — Voyez p. 78, col. 1, à la suite du n° 1764, la description du sceau de Hugues, sire de Broyes, en Champagne (Marne, arr. d'Épernay).</small>

2241   Latran. 1233. 26 mai.

Litteræ Gregorii papæ IX Tolosano comiti ut sæviat in quosdam hæreticos qui archiepiscopum Narbonensem plurimis injuriis afficere et ejusdem diœcesim incendio vastare ausi fuerunt.

(J. 430. — Bulles contre les hérétiques, n° 17. — Original scellé.)

Gregorius episcopus, servus servorum Dei, dilecto filio nobili viro [Raimundo] comiti Tolosano, salutem et apostolicam benedictionem. — Conquerente venerabili fratre nostro [Petro] Narbonensi archiepiscopo, nos noveris accepisse quod, eo nuper in procinctu itineris veniendi ad Sedem Apostolicam constituto, quidam filii Belial, videlicet Willelmus et G. de Niorto, fratres, G. Bernardi, et Bertrandus filius B. Ottonis, de genere hereticorum, et complices eorumdem, qui fuerunt pacis et fidei turbatores, in villas ipsius et castra facientes insultum, ea incendio devastarunt, ac ejus homines nequiter capientes, eorum animalibus exinde violenter abductis, ipsos carcerali custodie miserabiliter manciparunt. — Iidem insuper, ac si premissa sibi non sufficerent, ad offensam in archiepiscopum eundem et suos hostiliter irruentes, ipsum, Dei timore postposito, usque ad effusionem sanguinis atrociter vulnerarunt, et, quibusdam ipsius clericis ignominiose ac inhoneste tractatis, eos arte custodie tradere ausu sacrilego presumpserunt. Preterea, quod non sine dolore referimus, palleum, capellas, equitaturas et res alias ejusdem archiepiscopi dicti sacrilegi auferre sibi non sunt veriti violenter. — Quocirca nobilitati tue per apostolica scripta precipiendo mandamus quatinus tam atrocem injuriam archiepiscopo nominato, in contemptum Dei et Ecclesie, irrogatam taliter vindicare procures, sacrilegos sepefatos ad satisfactionem plenariam de premissis archiepiscopo impendendam eidem, tradita tibi potestate compellens, quod injuria Deo et Ecclesie in persona archiepiscopi illata prefati te videatur tangere per effectum, et nos nobilitatem tuam propter hoc possimus non immerito commendare. — Datum Laterani, VII. kalendas junii, pontificatus nostri anno septimo.

Bulle de plomb sur cordelettes de chanvre. — Voyez l'*Inventaire*, n° 6047.

2242 Troyes. 1233. Mercredi 1er juin.

(J. 344. — Élections, n° 7. — Original scellé.)

Milo decanus totumque Trecense capitulum serenissimum dominum suum Ludovicum regem, per nuntios suos, venerabiles viros Henricum cantorem suum et Nicholaum archidiaconum Sezanniæ, certiorem faciunt de morte reverendi patris sui Roberti episcopi; præfatum regem humiliter supplicantes ut nuntiis suis, tanquam si ipsi omnes personaliter interessent, fidem adhibere dignetur. — « Datum Trecis, anno gracie M° CC° XXX° III°, mense maio (*corr.* junio), die mercurii post octabas Pentecostes. »

Fragment de sceau en cire blanche, sur simple queue. — Le sceau de Milon II de Saint-Aignan, doyen du chapitre de Troyes, est décrit dans l'*Inventaire* sous le n° 7602, d'après un type appendu à un acte daté de 1227; mais dans la table qui précède l'*Inventaire*, il est attribué par erreur à Milon Ier de la Chapelle, mort en 1210 (*Gall. Christ.* XII, col. 526). — Les divers éléments de la date de cette charte, tels qu'ils sont exprimés dans le texte, ne peuvent se concilier. En 1233, Pâques 3 avril, lettre dominicale B, la Pentecôte tomba le dimanche 22 mai, et l'octave de la Pentecôte le dimanche suivant, 29; par conséquent, le mercredi d'ensuite suit le 1er juin. Il faut donc mettre, comme nous l'avons fait, *junio* au lieu de *maio*, et dater la pièce du 1er juin; ou bien mettre *martis* au lieu de *mercurii*, et la dater du mardi 31 mai.

2243 Angers. 1233. Juin.

Obligatio Gaufridi de Pruylliaco quoad domum Boscheti domino regi tradendam.

(J. 399. — Promesses, n° 32. — Original scellé.)

Ego Gaufridus dominus de Pruylliaco notum facio omnibus ad quos littere presentes pervenerint, quod ego domum Boscheti, quam karissimus dominus meus Ludovicus rex Francie illustris michi custodiendam tradidit quamdiu ipsi placuerit, teneor eidem domino regi reddere super quicquid de ipso teneo, quando voluerit, vel ejus certo nuntio suas patentes litteras deferenti, in eo statu et puncto quo erat die qua tradita michi fuit. — In cujus rei testimonium, presentes litteras exinde confectas eidem domino regi tradidi sigilli mei munimine roboratas. — Actum apud Andegavum, anno Domini M° CC° tricesimo tertio, mense junio.

Sceau de Geoffroi de Preuilly, en Touraine; cire brune, double queue; décrit dans l'*Inventaire* sous le n° 3310, d'après un type appendu à un acte daté de 1218.

2244 1233. Juin.

(J. 344. — Élections, n° 6. — Original.)

S. prior totusque ecclesie S. Crispini Majoris Suessionensis conventus excellentissimum dominum suum Ludovicum regem de morte abbatis sui certiorem faciunt, ab eo per fratres Garnerum et Guiardum, commonachos suos, latores præsentium, licentiam novi abbatis eligendi humiliter implorantes. — « Duret et valeat dominatio vestra. Datum anno Domini millesimo ducentesimo tricesimo tertio, mense junio. »

Traces de sceau pendant sur simple queue. — Le sceau de l'abbaye de Saint-Crépin le Grand, de Soissons, est décrit dans l'*Inventaire* sous le n° 8415. — L'abbé, qui venait de mourir le 4 juin (*Gall. Christ.* IX, col. 401), se nommait Rainold. Il eut pour successeur Albouin, prévôt du monastère de S. Crépin.

2245 1233. 6 juillet.

(J. 346. — Régale, I, n° 16. — Original.)

M. (Milo) decanus totumque Trecensis ecclesie capitulum serenissimum dominum suum Ludovicum regem certiorem faciunt de nominatione Nicholai archidiaconi Sezannie a se unanimi voluntate in episcopum electi; quapropter excellentiam regiam humiliter supplicant ut de regalibus investiat eumdem. — « In cujus rei testimonium, presentes litteras sigilli nostri munimine fecimus roborari. Datum anno Domini M° CC° tricesimo tercio, in octava Beatorum Apostolorum Petri et Pauli. »

Traces de deux sceaux pendants sur simple queue. — Sur le sceau de Milon II de Saint-Aubin, doyen du chapitre de Troyes, voyez l'observation à la suite du n° 2242. Le sceau du chapitre est décrit dans l'*Inventaire* sous le n° 7347, mais d'après un type appendu à un acte daté de 1324.

2246 Saint-Germain en Laye. 1233. Juillet.

(J. 198 B. — Champagne, VI, n° 70. — Original.)

Litteræ Ludovici Franciæ regis karissimo consanguineo et fideli suo Theobaldo comiti Campaniæ vel ejus ballivis et præpositis, quibus nuntiat fidelem suum Nicholaum Trecensem electum sibi, sicut moris est, fidelitatis juramentum præstitisse et se eidem regalia Trecensis ecclesiæ reddidisse; quatinus eis mandat ut præfato electo dicta regalia tradant. — « Actum apud Sanctum Germanum in Laya, anno Domini M° CC° tricesimo tercio, mense julio. »

Traces de sceau sur simple queue. — Voyez l'*Inventaire*, n° 41.

2247 1233. Jeudi 18 août.

Mauricius Rothomagensis archiepiscopus dominum regem certiorem facit de resignatione Adæ abbatis S. Audoeni Rothomagensis.

(J. 347. — Régale, I, n° 128. — Original.)

Excellentissimo domino Ludovico, Dei gracia regi Francie illustri, Mauricius, Dei permissione Rothomagensis archiepiscopus, licet indignus, salutem in eo cui servire regnare est. — Sublimitati regie presentibus litteris declaramus quod vir religiosus frater Adam, quondam abbas Beati Audoeni Rothomagensis, cessit administrationi predicti monasterii, potius eligens sibi vacare in reclusorio quam tumultibus prelationis amplius agitari, licet cum instancia non modica a nobis et a capitulo suo de revertendo ad statum pristinum fuerit requisitus. — Nos autem attendentes quod a suo proposito non posset aliquatenus revocari, ipsum a cura prefati monasterii duximus absolvendum. Bene et diu valeat excellentia vestra. — Datum die jovis post Assumptionem Beate Marie, anno Domini M° CC° XXX° tertio.

Traces de sceau pendant sur simple queue. — Le sceau de Maurice, archevêque de Rouen, n'a pas été retrouvé.

2248 1233. Samedi 27 août.

(J. 304. — Toulouse, II, n° 64. — Original.)

Instrumentum, per litteras alphabeti divisum, quo notæ fiunt conditiones sub quibus dominus Ramundus comes Tolosæ dedit in feodum Bernardo Salvitati de Corrunciaco et ejus ordinio totam illam vineam, cum terra in qua sita est, et casale quod est totum inter carreriam publicam de Podio et casale de Garriga. — « Hoc fuit factum v. die exitus mensis augusti, sabbato, regnante Ludovico Francorum rege, et eodem domino R. (Ramundo) Tolosano comite, et R. (Ramundo) episcopo, anno M° CC° XXX° III° ab incarnatione Domini. — Hujus rei sunt testes: R. de Alfaro, et Petrus de Tolosa, et R. Blanchardi, et Bartholomeus Porterius, et Aimericus frater ejus, et Bernardus Aimericus, qui, mandato ipsius domini comitis, cartam istam scripsit. »

2249 Troyes. 1233. 27 août.

(J. 195. — Champagne, III, n° 17. — Original.)

Henricus cantor Trecensis et magister Stephanus de Pruvino canonicus Remensis notam faciunt compositionem, a se ut arbitri, inter Th. (Theobaldum) Campaniæ et Briæ comitem palatinum, ex una, et venerabiles viros decanum et capitulum Trecenses, ex altera parte, ordinatam de intra giovinorum in civitatem Trecensem. — Ex qua compositione, de consensu utriusque partis, capitulo et canonicis B. Petri Trecensis, beneficiatis in eadem ecclesia, nec non tribus curatis, scilicet S. Remigii, S. Nicetii et S. Dionysii, licebit vina deputata ad partitiones quotidianas in dicta ecclesia faciendas et vina propria singulorum, sine merello, sine pedagio et sine aliqua contradictione in dictam civitatem introducere. — « Quod ut firmum, ratum et stabile in perpetuum permaneret, presentes litteras sigillis nostris roboravimus in testimonium facti nostri. Actum Trecis et pronuntiatum publice, utraque parte existente presente, anno gratie millesimo CC° tricesimo tercio, die tercia ante festum Sancti Johannis Baptiste. »

[1] Traces de deux sceaux pendants sur double queue. — Le sceau de Henri, chantre de l'église de Troyes, est décrit dans l'*Inventaire* sous le n° 7663; celui d'Étienne de Provins, chanoine de Reims, n'existe plus aux Archives.

2250 1233. Août.

De financia Petro de Chabliis, falso militi, exigenda et ab ecclesia Turonensi cum rege partienda.

(J. 176. — Tours, II, n° 7. — Original scellé.)

A. (Albericus) decanus Beati Martini Turonensis, universis ad quos littere presentes pervenerint, salutem in Domino. — Noverit universitas vestra quod karissimus dominus noster rex Petrum de Chabliis, qui se dicit militem, nobis, nomine capituli nostri Beati Martini videlicet Turonensis, ita deliberari et tradi fecit quod cum ipso financiam facere non possumus sine ipsius domini regis licentia speciali. Et sciendum quod de tali financia, quam circa eodem Petro faciemus, habebit idem dominus rex medietatem. — Actum anno Domini m° cc° tricesimo tertio, mense augusti.

<small>Sceau d'Albéric Cornut, doyen de Saint-Martin de Tours; cire blanche, simple queue; décrit dans l'*Inventaire* sous le n° 7599.</small>

2251   1233. Août.

<small>(J. 195. — Champagne, III, n° 15. — Original.)</small>

E. (Evelina) Paraclitensis abbatissa totusque ejusdem loci conventus notum faciunt, cum inter se, ex una, et Theobaldum, Campaniæ et Briæ comitem palatinum, ex altera parte, de usuario quod in nemoribus de Monte Morveii, As-Champenois et alibi, et de proprietate quam super nemore domini Hectoris, reclamabant, nec non de criagio Pruvini et de novis stallis carnificum, apud Pruvinum, a dicto comite institutis, discordia verteretur, compositionem inter se initam fuisse ex qua sibi præfatus comes sexaginta arpenta nemoris quod dicitur nemus As-Champenois, libera ab omni usuario et grueria, sed exceptis garenna et justitia, adjudicavit. — « In cujus rei testimonium, presentibus litteris sigilla nostra fecimus apponi. Actum anno gratie millesimo ducentesimo tricesimo tercio, mense augusto. »

<small>Traces de deux sceaux pendants sur lacs de soie rouge et jaune. — Les sceaux de l'abbaye du Paraclet, au diocèse d'Amiens, et de l'abbesse Eveline n'ont pas été retrouvés.</small>

2252   1233. Août.

<small>(J. 195. — Champagne, III, n° 71. — Original.)</small>

Letericus abbas et conventus Joyaci notum faciunt se domino Theobaldo, illustrissimo Campaniæ et Briæ comiti, usuarium quod habebant in ejus nemore dicto Alneto, juxta Pontes super Sequanam, in perpetuum quittavisse, et ab eo in recompensationem recepisse tredecim arpenta predicti nemoris, cum fundo terræ, libera et quita ab omni servitute, et insuper jus pasturæ pro animalibus suis in communibus pasturis. — « Actum anno Domini m° cc° tricesimo tertio, mense augusto. »

<small>Traces de sceau pendant sur double queue. — Le sceau de l'abbaye de Notre-Dame de Jouy, au diocèse de Sens, est décrit dans l'*Inventaire* sous le n° 8249, mais d'après un type appendu à un acte daté de 1397. Le sceau de l'abbé Létéric ne s'est pas conservé.</small>

2253 Beaumont. 1233. Vendredi 2 septembre.

Litteræ Henrici de Avaugor de quitatione et excambio Pontis Ursionis.

<small>(J. 224. — Avranches, n° 1. — Original.)</small>

Ego Henricus de Avaugor notum facio omnibus ad quos littere presentes pervenerint, quod ego karissimo domino meo Ludovico, regi Francie illustri, concessi quod ego castrum meum de Ponte Ursionis, cum ejus pertinentiis, ad me et Margaritam uxorem meam pertinentibus, eidem domino regi in escambium tradam, per estimationem et considerationem venerabilis in Xpisto patris G. (Galterii) Carnotensis episcopi et domini Gaufridi de Capella, ad aliam terram in equivalentia michi assignandam apud Triverias vel apud Sole et Moyon, ad quem videlicet de dictis locis maluero. — Si vero alter de duobus dictis locis, quem melius eligere voluero, non sufficeret ad valorem Pontis Ursionis, id quod deficeret de equivalentia assignaretur et perficeretur michi extra fortericiam, extra castrum, extra feoda militum et extra boscum, secundum quod assignari posset propinquius loco michi assignato. — Valor autem Pontis Ursionis taxari debet et estimari secundum quod tempore pacis valebat, videlicet tribus annis, sive duobus, sive uno ante guerram. Terram vero illam, que michi assignabitur, ego tenebo ad usus et consuetudines quibus Pontem Ursionis tenebam. — Bosci autem illi qui erunt in loco michi assignato, michi assignabuntur et appreciabuntur tali modo quod de eisdem meam facere potero voluntatem. — Ego quidem in loco michi assignato potero facere talem domum, per considerationem domini episcopi et domini Gaufridi predictorum, in qua uxorem et liberos meos secure possim dimittere, ita quod tuti sint a latronibus et vicinis. — Et sciendum quod idem dominus rex michi et heredibus meis garentizabit omnia que michi sunt assignata eodem modo quo Pontem Ursionis michi debebat garentizare. — Et ego predictum escambium teneor facere laudari ab uxore mea supradicta. Et ego et heredes mei tenemur garentizare dictum escambium Pontis Ursionis eidem domino regi et heredibus suis, contra dictam uxorem meam et ejus heredes. Alioquin idem dictus rex posset capere et in manu sua tenere dictum escambium quod michi facit pro Ponte Ursionis et totam aliam terram meam de Normannia, quousque rehaberet in pace et quiete dictum escambium Pontis Ursionis erga predictam uxorem meam et heredes ipsius. — In cujus rei testimonium, presentes litteras sigilli mei munimine roboravi. — Datum apud

Bellummontem, anno Domini m° cc° tricesimo tercio, mense septembri, die veneris in crastino Sancti Egidii.

*Traces de sceau pendant sur double queue. — Le sceau de Henri d'Avaugour est décrit dans l'*Inventaire *sous le n° 1260.*

2254 Avranches. 1233. 15 septembre.

(J. 211. — Normandie, II, n° 6. — Original scellé.)

Litteræ officialis curiæ Abrincensis et Rad. de Tilleit castellani Abriucensis ad Ludovicum illustrem Francorum regem quem certiorem faciunt se, juxta ejus mandatum, ad [Margaritam] uxorem nobilis viri Henrici de Avaugor accessisse, quæ excambium de Ponte Ursonis, initum inter regem et prædictum Henricum, approbavit, et tactis sacrosanctis evangeliis juravit se nihil in dicto castro quacumque ratione esse reclamaturam. — « Actum apud Abrincas, in octabis Nativitatis Beate Virginis, anno gratie m° cc° xxxiii°. Valeat excellentia regia in Domino per tempora longiora. »

*Ces lettres sont scellées de trois sceaux en cire brune pendants sur simple queue, savoir: sceau de l'official de la cour d'Avranches (*Inventaire*, n° 6955); sceau de Raoul de Tilloy, châtelain d'Avranches (*Invent.*, n° 5275); et sceau de Marguerite, femme de Henri d'Avaugour (*Invent.*, n° 1261).*

2255 Fontainebleau. 1233. Septembre.

(J. 224. — Avranches, n° 1. 2. — Original scellé.)

Henricus de Avaugor una cum Margarita uxore sua, conventa de quitatione et excambio Pontis Ursionis cum Ludovico rege inita confirmare declarant. (Hæ litteræ iisdem fere verbis constant ac præcedentes litteræ dicti Henrici.) — « Omnia supradicta, sicut superius continentur, ego Henricus et ego Margarita uxor ejus firmavimus, et juravimus in presentia domini regis et domine regine matris ejus, corporali super sacrosancta prestito juramento. In cujus rei testimonium, presentes litteras fecimus sigillorum nostrorum munimine roborari. Actum apud Fontembleaudi, anno Domini m° cc° tricesimo tercio, mense septembri. »

*Deux sceaux en cire blanche pendants sur double queue; décrits dans l'*Inventaire *sous les n°° 1260 et 1261.*

2256 1233. Septembre.

(J. 203. — Champagne, XI, n° 29. — Original.)

Gaufridus decanus B. Quiriaci de Pruvino totumque ejusdem ecclesiæ capitulum notam faciunt compositionem inter se et Theobaldum, Campaniæ et Briæ comitem palatinum, initam de controversia quæ inter ipsos vertebatur super novis stallis apud Pruvinum, in castello et in valle, a dicto comite constructis, et super quibusdam aliis articulis. — Inter concessiones a præfato comite ecclesiæ B. Quiriaci factas, hæc notanda videtur : « Vult etiam et concedit dictus comes quod nos eodem modo et in eadem libertate teneamus homines nostros et hospites manentes apud Bohydon, et villam de Bohydon, et nemus Comitis, et in prepositura Joyaci, et apud Pruvinum et in alia terra sua, quomodo et in qua libertate eos tenuimus antequam communie fierent in terra sua. Vult etiam dictus comes et precipit quod majores et scabini communiarum suarum nichil possint talliare in hominibus vel feminis ecclesie nostre, ubicumque manentibus in terra sua, conjunctis per matrimonium hominibus suis vel feminis, quin nos de eo quod talliaverint vel aliquo modo levaverint habeamus partem nostram..... »
— « Quod ut notum permaneat et firmum teneatur litteris annotatum, sigilli nostri munimine roboravimus. Actum anno Domini millesimo ducentesimo tricesimo tercio, mense septembri. »

*Traces de sceau pendant sur double queue. — Le sceau de Geoffroy, doyen du chapitre de Saint-Quiriace de Provins, est décrit dans l'*Inventaire *sous le n° 7576, d'après un type appendu à un acte daté de 1222.*

2257 Gisors. 1233. Octobre.

(J. 473. — Quittances, I, n° 6. — Original scellé.)

Guido de Autolio miles notum facit centum et quindecim solidos et sex denarios, in feodo Guioti et in feodo de Gloz singulis annis percipiendos, nec non unum modium et unam minam avenæ in præpositura de Cauquenvillare annuatim percipienda, quæ omnia Guidoni de Autolio patri suo Philippus, claræ memoriæ, rex Franciæ quondam dederat et assignaverat, a se karissimo domino suo Ludovico Franciæ regi quitata et concessa fuisse, mediantibus centum et quindecim solidis et sex denariis et uno modio unaque mina avenæ, quæ sibi dictus rex, singulis annis, ad scacarium S. Michaelis, computari ac tradi faciet. — « In cujus rei testimonium, presentes litteras exinde confectas sigilli mei munimine roboravi. Actum apud Gysortium, anno Domini m° cc° tricesimo tercio, mense octobri. »

*Sceau de Gui d'Auteuil, chevalier; cire jaune, double queue; décrit dans l'*Inventaire *sous le n° 1251.*

2258 1233. Novembre.

(J. 197. — Champagne, V, n° 37. — Original.)

Theobaldus, Campaniæ et Briæ comes palatinus, notum facit, cum karissima domina sua Blancha, quondam comitissa Campaniæ, ecclesiæ de Argenteolis nemus quod appellatur de Communia in eleemosynam donasset, et postea homines de Cuis et de Graves in dicto nemore suum reclamassent usuarium, tandem inter præfatam ecclesiam et prædictos homines ea lege compositum fuisse ut prænominata ecclesia duas partes dicti nemoris liberas et absolutas omnino perpetualiter possideret, et antedicti homines haberent tertiam partem ejusdem, solvendo præfato comiti singulis annis unum denarium pro quolibet prædictarum villarum foco. — « Quod ut notum permaneat et firmum teneatur litteris annotatum, sigilli mei munimine feci roborari. Actum anno gracie millesimo ducentesimo tricesimo tercio, mense novembri. »

Traces de sceau pendant sur lacs de soie. — Voyez dans l'*Inventaire*, n° 572, la description du premier sceau de Thibaud IV, comte de Champagne.

2259   1233. Samedi 10 décembre.

(J. 346. — Régale, I, n° 17. — Original.)

Universus Beati Ebrulfi conventus excellentissimo domino suo Ludovico regi dominum Michaelem de Novomercato a se in abbatem unanimiter electum præsentant, dictum regem humiliter rogantes quatinus ei majestas regia se dignetur taliter exhibere qualiter in casu consimili cæteris consuevit. — « Datum anno Domini м° сс° xxx° tercio, sabbato proximo post festum Beati Nicholai. Valeat in Domino excellentia vestra. »

Traces de sceau pendant sur simple queue. — Le sceau de l'abbaye de Saint-Évroul, au diocèse de Lisieux, est décrit dans l'*Inventaire* sous le n° 8372, d'après un type appendu à un acte daté de 1274.

2260   1233.

(J. 235. — Ponthieu, n° 22. — Copie ancienne.)

Hugo de Fontanis, miles, dominus de Longo, et Alelmus de Fontanis, filius ejus, notum faciunt se cum domino suo Symone, comite Pontivi et Monstreoli, et Maria comitissa, ejus uxore, excambium fecisse de hoc quod apud Harenas habebant pro terra de Trisciato cum omnibus appenditiis, valore pro valore, ad dictum Willermi de Mentendi, Willermi de Wailli, Henrici de Viaco et Roberti de Guibienfoy, militum. — « Et hoc juravimus bona fide tenendum et sigillis nostris confirmavimus. Actum anno Domini millesimo [ducentesimo] tricesimo tertio. »

Sur le fragment de cartulaire d'où cette pièce a été tirée, voyez t. I, p. 120, note 1.

2261   1233.

(J. 328. — Toulouse, XIX, n° 1. 3. — Copie. Roman.)

Acte par lequel dame Comtors déclare que tout ce qu'elle avait et tenait à Paolhac et au territoire de ladite ville a été par elle vendu à Tondud de Paolhac. — « Uhjus (sic) rei testes sunt : Peire W. Ug Agumard, B. Guirald, Petrus Isarn Arnardvila, et Bernardus capellanus [de] Paolhaco qui cartam istam scripsit in die dominica, regnante Lodoyco rege Francorum, R. (Raimundo) Tolosano comite, R. (Raimundo) episcopo, anno ab incarnatione Domini м° сс° xxx° iii°. »

Extrait d'un rouleau écrit dans la seconde moitié du treizième siècle et intitulé : *Transcripta instrumentorum magistri Johannis Dominici super facto Gimilli*.

2262   1233.

(J. 344. — Élections, n° 5. — Original.)

Conventus S. Mauri Glannafoliensis dominum suum patrem reverentissimum Ludovicum, Dei gratia præcellentissimum regem Francorum, certiorem faciunt ecclesiam suam pastore proprio esse viduatam; unde potestati regie humiliter supplicant ut sibi eligendi pastoris licentiam concedat. — « Valeas in Domino. Actum anno Domini м° сс° xxx° tercio. »

Traces de sceau pendant sur simple queue. — Le sceau du monastère de Glanfeuil ou Saint-Maur-sur-Loire, diocèse d'Angers, n'a pas été retrouvé. — L'abbé qui venait de mourir est désigné dans la *Gallia Christiana*, t. XIV, col. 690, sous le nom de Guillaume II de Normandie ; la date de sa mort est fixée dans l'obituaire de S. Serge au 12 août (*pridie idus augusti*).

2263   Latran. (1234.) 2 janvier.

Litteræ Gregorii IX pro matrimonio inter Ludovicum regem et filiam comitis Provinciæ contrahendo.

(J. 435. — Bulles. Dispenses, n° 2. 2. — Original scellé.)

Gregorius episcopus, servus servorum Dei, carissimo in Xpisto filio Ludovico regi Francorum illustri, salutem et apostolicam benedictionem. — Dixisse Petro Dominus : « quodcumque ligaveris super terram erit ligatum et in celis, et quodcumque solveris super terram erit solutum et in celis, » ac ei claves legitur tradidisse, in altera dans scientiam discernendi et in altera plenitudinem potestatis, ne vel potestas crudelis existeret si non esset discretionis sale condita, vel discretio esset inutilis si non potestatis subsidio fulciretur, quatinus et potestativa discretio et potestas nichilominus sit discreta. — Unde Romanus pontifex, qui claves in beato Petro discretionis et potestatis accepit, nunc mansuetudine utitur nunc rigore, consideratis circumstantiis universis, neutrum in altero derelinquens, et interdum flectit per mansuetudinem sic rigorem quod non dissolvitur ejus nervus, sed prudenter attendit non solum personas sed causas cum quibus videlicet et ex quibus dispensare disponit, ne forte sic dispenset ne dissipet, immo ne dissipet sic dispenset; ne propter mansuetudinem subvertatur veritas, neque mansuetudo propter justitiam perimatur, ut misericordia et veritas sibi obvient et se pax et justitia osculentur. — Cum itaque de matrimonio contrahendo inter te ac dilectam in Xpristo filiam, nobilem mulierem [Margaretam], natam dilecti filii nobilis viri [Raimundi Berengarii] comitis Provincie, sit tractatum, quia dicta nobilis quarta consanguinitatis linea te contingit, non prius duxisti ad consumationem ipsius matrimonii procedendum quam super hoc ad Romanam recurreres ecclesiam, matrem tuam, nobis per nuntios humiliter supplicans ut, cum nichil magis ad conservationem illius terre, pro qua tantus sanguis effusus est, operetur, salubre consilium apponere dignaremur. — Licet igitur nichil aliud amplius quam necessitas dispensantem ad dispensationem inducat, attendentes tamen quod urgens necessitas et evidens utilitas id *exposcit, cum ex hoc negotium pacis et fidei, pro quo multo sudore laboratum est et multo labore sudatum*, proficere ac terra predicta, que olim velut deserta et invia luxit et languit, spinis eam replentibus et urticis, et nunc a suis respirasse videtur angustiis, de cujus recidivo timetur, melius valeat conservari, cum fratribus nostris deliberatione habita diligenti, de ipsorum consilio, serenitati regie auctoritate presentium concedimus dispensando ut cum dicta nobili, si velis contrahere, valeas, impedimento hujusmodi non obstante. — Nulli ergo omnino hominum liceat hanc paginam nostre concessionis infringere vel ei ausu temerario contraire. Si quis autem hoc attemptare presumpserit, indignationem omnipotentis Dei et beatorum Petri et Pauli apostolorum ejus se noverit incursurum. — Datum Laterani, IIII. nonas januarii, pontificatus nostri anno septimo.

Bulle de plomb sur lacs de soie rouge et jaune. Voyez l'*Inventaire*, n° 6047.

2264 Latran. (1234.) 2 janvier.

Gregorius papa IX Ludovico regi indulget ut capellæ regiæ ecclesiastico non possint supponi interdicto.

(J. 686. — Bulles. Priviléges, n° 69. — Original scellé.)

Gregorius episcopus, servus servorum Dei, carissimo in Xpisto filio L. (Ludovico) regi Francorum illustri, salutem et apostolicam benedictionem. — Illa filialis devotio et dilectio singularis, quam clare memorie progenitores tui circa predecessores nostros et Romanam ecclesiam habuerunt, et in qua tu illis, velut heres legitimus, hereditario jure succedis, nos ammonet propensius et inducit ac in eo nos constituit proposito voluntatis ut in hiis, que a nobis juste celsitudo regia duxerit postulanda, favorem sibi velimus apostolicum impertiri. — Ea propter, charissime in Xpisto fili, tuis justis precibus benignum impertientes assensum, auctoritate presentium firmiter inhibemus ut nulli liceat capellas tuas ecclesiasticas supponere interdicto, nisi de licentia Sedis Apostolice speciali. Eadem auctoritate serenitati regie nichilominus concedentes ut, si secus, quod non credimus, fuerit attemptatum, liceat tibi, excommunicatis et interdictis exclusis, in capellis ipsis audire divina, ita dumtaxat ut in eis, non pulsatis campanis, submissa voce divina eadem celebrentur. — Nulli ergo omnino hominum liceat hanc paginam nostre inhibitionis et concessionis infringere vel ei ausu temerario contraire. Si quis autem hoc attemptare presumpserit, indignationem omnipotentis Dei et beatorum Petri et Pauli apostolorum ejus se noverit incursurum. — Datum Laterani, IIII. nonas januarii, pontificatus nostri anno septimo.

Bulle de plomb sur lacs de soie rouge et jaune. — Voyez l'*Inventaire*, n° 6047.

2265 Latran. (1234.) 2 janvier.

(J. 688. — Bulles. Priviléges, n° 109. — Original scellé.)

Gregorius papa IX Blanchæ reginæ consimile privilegium, de capellis ejus non interdicendis, concedit. — « Datum Laterani, IIII. nonas januarii, pontificatus nostri anno septimo. » — *Quanta erga nos et Romanam ecclesiam*, etc.

Bulle de plomb sur lacs de soie rouge et jaune. — Voyez l'*Inventaire*, n° 6047.

2266 Saint-Germain en Laye. 1233-34. Janvier.

Homagium triplex a Mathilde comitissa Boloniæ domino regi præstitum.

(J. 238. — Boulogne, I, n° 49. — Original scellé.)

Ego M. (Mathildis) comitissa Bolonie, notum facio quod ego karissimo domino meo Ludovico, Francie regi illustri, feci hominagium ligium, contra omnes homines et feminas qui possunt vivere et mori, de comitatu Bolonie tanquam de hereditate mea ex parte matris mee. — Item feci eidem domino meo regi hominagium ligium, contra omnes homines et feminas qui possunt vivere et mori, de hereditate quam pater meus Ren. (Renaldus de Donno Martino), quondam comes Bolonie, habuit apud Donnum Martinum, tanquam de hereditate ex parte patris mei. — Feci etiam eidem domino meo regi hominagium ligium, contra omnes homines et feminas qui possunt vivere et mori, tanquam de ballo, de comitatu Clarimontis et de quarterio Donni Martini. — Insuper sepedicto domino meo regi juravi super sacrosancta quod omnes fortericias meas, ad magnam vim et ad parvam, ipsi reddam vel heredi ipsius, quociens ab ipso vel herede ejus, vel mandato ipsorum, cum ipsorum patentibus litteris, fuero requisita; et ad hoc idem post me tenebitur heres meus. — Actum apud Sanctum Germanum in Laya, anno Domini M° CC° tricesimo tercio, mense januario.

Sceau de Mathilde, comtesse de Boulogne; cire blanche, double queue; premier sceau, décrit dans l'*Inventaire* sous le n° 1060.

2267 Saint-Germain en Laye. 1233-34. Janvier.

Litteræ Mathildis comitissæ Boloniæ de forteritiis Boloniæ et Kaleti, ad decem annos, regi traditis.

(J. 238. — Boulogne, I, n° 50. — Original scellé.)

Ego M. (Mathildis) comitissa Bolonie, notum facio universis presentes litteras inspecturis quod ego karissimo domino meo Ludovico, regi Francie illustri, teneor tradere forteritiam Bolonie et forteritiam de Kales, tenendas ab eodem domino rege vel heredibus suis usque ad decem annos completos, ad custum suum. Et in fine decem annorum, idem dominus rex vel heredes sui michi vel heredi meo dictas forteritias reddere tenebuntur, dum tamen ego vel heres meus ipsum dominum regem aut heredes ipsius tunc bene faciamus securos de fideli servitio impendendo eisdem. — Preterea ego eidem domino regi haberi faciam sacramentum hominum meorum, communiarum et villarum mearum, tali modo quod, si ego vel heres meus deficeremus de fideli servitio eidem domino regi et suis heredibus impendendo, et si per me vel heredem meum aut terram meam eidem domino regi vel heredibus suis aut regno malum proveniret, ipsi homines mei, communie et ville mee eidem domino regi et suis heredibus se tenerent contra me et heredem meum, donec ad juditium curie sue id esset emendatum eidem. — In fine autem predictorum decem annorum renovabuntur sacramenta predicta, et renovabuntur similiter quotiens mutabitur dominus terre. — In cujus rei testimonium, presentes litteras sigilli mei munimine confirmavi. — Actum apud Sanctum Germanum in Laia, anno Domini M° CC° tricesimo tercio, mense januario.

Sceau de Mathilde, comtesse de Boulogne; cire blanche, double queue. (*Inventaire*, n° 1060.)

2268 1233-34. Janvier.

(J. 151 A. — Paris, II, n° 3. — Original scellé.)

Coram officiali curiæ Parisiensis, Philippus de Stampis et Emelina uxor ejus recognoscunt se communitati carnificum Parisiensium, pro novem libris Parisiensium de incremento census annuatim perpetuo persolvendis, quamdam plateam, quam habebant Parisius in platea Piscium juxta estalla carnificum, tradidisse. — « Actum ad peticionem partium, anno Domini M° CC° XXX° tercio, mense januario. »

Sceau de l'officialité de Paris; cire verte, sur lacs de soie verte; décrit dans l'*Inventaire* sous le n° 7001.

2269 Latran. (1234.) 12 février.

Gregorius papa IX Ludovicum Franciæ regem hortatur ad inducias cum rege Angliæ ineundas; pro quibus componendis Senonensem archiepiscopum cum tribus episcopis deputat.

(J. 696. — Bulles. Mélanges, n° 3. — Original scellé.)

Gregorius episcopus, servus servorum Dei, carissimo in Xpisto filio illustri regi Francie, salutem et apostolicam benedictionem. — Cogitantes affectione paterna de salute, honorificentia et quiete filii predilecti, solliciti etiam, sicut esse debemus, pro statu Terre sancte que de regnorum concordia non modicum speratur auxilium habitura, dum quasi continuam instantis temporis tempestatem, dum excrescentem malitiam et alias inexplicabiles circumstantias provide cogitamus, serenitati tue scripta nostra direximus ut, ad Deum habendo cum omni devotione respectum, qui, cum ei placuerit, aspera in plana et prava dirigit in directa, cogitare incipiens, vias pacis, in qua sublimabit dominus regnum tuum, cum carissimo in Xpisto filio nostro illustri rege Anglie inire concordiam procurares, ad quam intendebamus et intendimus efficaciter interponere partes nostras. — Quia vero cordi nostro est hoc negotium, firmiterque speramus quod, dum attenderis sincerum exhortantis affectum, monitionibus nostris, quas dilectionis integritas et circumspectionis ratio comitantur, sicut devotionis filius humiliter acquiesces, celsitudinem regiam sicut iterum sic attentius rogandam duximus et hortandam quatinus, ad eum qui est pax vera conversus, cum rege predicto concordiam reformare procures. — Et quia, sine treugarum interpositione, non possent comode pacis federa procurari, eas super quibus etiam predicto regi scripta nostra dirigimus, usque ad triennium studeas prorogare. — Ut autem per venerabiles fratres nostros Senonensem archiepiscopum, Parisiensem, Wintoniensem et Exoniensem episcopos, quibus super hoc litteras destinamus, liberius procedatur, per te petimus provideri quod dicti Wintoniensis et Exoniensis episcopi, et alii quos ad hoc duxerint deputandos, ad regnum tuum possint secure et sine difficultate transire, et, prout fuerit oportunum et tante rei ministros decuerit, ibi libere commorari. — Datum Laterani, II. idus februarii, pontificatus nostri anno septimo.

<small>Lettres closes, entaillées et scellées sur le côté, portant pour suscription : *Illustri regi Francorum.* — Les lettres closes, que les papes envoyaient lorsqu'ils voulaient que personne n'en prit connaissance avant le destinataire, sont d'une extrême rareté. On n'en connaît qu'un très-petit nombre d'exemples. Voyez ce que dit à cet égard M. Léopold Delisle dans son *Mémoire sur les actes d'Innocent III*, Bibl. de l'École des Chartes, 4e série, t. IV, p. 20.</small>

2270   1233-34. 13 février.

Litteræ comitis et comitissæ Provinciæ quibus controversias, inter se et comitem Tolosæ versatas, arbitrio regis et reginæ Franciæ supponunt.

(J. 318. — Toulouse, IX, n° 31. — Original scellé.)

Anno Domini M° CC° XXX° tercio, idus februarii. Nos, R. (Raimundus) Berenguarii, comes Provincie et marchio, et B. (Beatrix) uxor ipsius, notum facimus universis presentes litteras inspecturis, quod nos promittimus bona fide, sub pena etiam quinque milium marcharum argenti, stare arbitrio et mandatis, dicto et ordinationi seu diffinitioni domini L. (Ludovici) illustris regis Francorum et domine B. (Blanche) regine, illustris matris regis ipsius, super omnibus querelis, controversiis et contentionibus quas ad invicem, nos et nobilis vir Raimundus comes Tholosanus, habemus, vel usque ad hanc diem habere possumus; ita tamen promittimus, cum rex Francorum prefatus filiam nostram duxerit in uxorem, ratum habituri et firmum quicquid per predictos regem et reginam arbitratum, mandatum, dictum, ordinatum seu diffinitum fuerit, super querelis omnibus, controversiis et contentionibus supradictis. — In hujus rei testimonium atque robur, prefatis regi et regine presentes litteras concedentes sigillorum nostrorum munimine roboratas. — Actum anno et die quibus supra.

<small>Deux sceaux pendants sur double queue. — Le sceau de Raymond Bérenger IV, comte et marquis de Provence, est décrit dans l'*Inventaire* sous le n° 1106; le sceau de Béatrix de Savoie, sa femme, sous le n° 1108.</small>

2271   Paris. 1233-34. Février.

Petrus de Chemilliaco sese obligat ad castrum de Breschesac domino regi tradendum.

(J. 399. — Promesses, n° 31. — Original scellé.)

Universis ad quos presentes littere pervenerint, Petrus dominus de Chemilliaco, salutem et dilectionem sinceram. — Noveritis me fecisse fidelitatem illustrissimo domino meo Ludovico regi Francie et jurasse eidem quod eidem et heredibus suis fideliter serviam, et quod castrum de Breschesac, ad magnam vim et parvam, ei et heredibus suis reddam, quandocumque ex parte sua vel mandati sui, litteras suas patentes deferentis, fuero requisitus; et ad hec eadem eidem domino regi et heredibus suis tenebitur in perpetuum heres meus. — Et in hujus rei testimonium, presentes litteras sigilli mei munimine roboravi. — Actum apud Parisius, anno Domini M° CC° tricesimo tertio, mense februario.

<small>Sceau de Pierre, sire de Chemillé, en Anjou (Maine-et-Loire, arr. de Beaupréau); sceau armorial non décrit dans l'*Inventaire* : Un écu à l'orle de merlettes au franc canton; l'écu accosté de deux fleurs de lis. Légende : SIGILLUM PETRI DE CAMILIACO. Au contre-sceau, une intaille antique avec cette légende : CONTRASIGILLUM P. DE CAMILIACO. — Il s'agit dans cette pièce du château de Brissac, en Anjou (Maine-et-Loire, arr. d'Angers, cant. de Thouarcé).</small>

2272   Paris. 1233-34. Février.

Securitas facta domino regi a Reginaldo domino Malebrarii pro Petro de Chemilliaco.

<small>(J. 399. — Promesses, n° 33. — Original.)</small>

Omnibus presentes litteras visuris, Raginaldus dominus Malebrarii, salutem et dilectionem sinceram. — Noveritis quod teneor erga illustrissimum dominum meum Ludovicum, Dei gratia regem Francie, super omnes res meas, quod dominus Petrus de Chemilliaco eidem fideliter serviet, et quod castrum de Breschesac ei reddet, ad magnam vim et parvam, quandocunque ex parte sua vel mandati sui, litteras suas patentes deferentis, fuerit requisitus. — Et in hujus rei testimonium, ei dedi presentes litteras sigillo meo sigillatas. — Actum apud Parisius, anno Domini M° CC° XXX° tercio, mense februario.

<small>Traces de sceau pendant sur simple queue. — Le sceau de Renaud de Maulevrier, en Anjou (Maine-et-Loire, arr. de Beaupréau), est décrit dans l'*Inventaire* sous le n° 2756, d'après un type appendu à un acte daté de 1246.</small>

2273   Paris. 1233-34. Février.

Alix comitissa Augi terram de Forz, quam in pignore tenebat, domino regi dimittit.

<small>(J. 473. — Quittances, I, n° 5. — Original.)</small>

Ego A. (Alix) comitissa Augi, notum facio universis presentes litteras inspecturis quod ego terram de Forz, quam habebam in pignore pro centum et quadraginta marchis argenti, de quibus me teneo pro pagata, dimisi in manu karissimi domini mei Ludovici regis Francie illustris, ad cujus manum devenerat ex eschaeta Guillelmi quondam domini de Forz et comitis Aubemarle. — In cujus rei testimonium, presentes litteras sigilli mei munimine confirmavi. — Actum Parisius, anno Domini M° CC° tricesimo tercio, mense februarii.

<small>Traces de sceau pendant sur double queue. — Le sceau d'Alix, comtesse d'Eu, est décrit dans l'*Inventaire* sous le n° 919, d'après un type appendu à un acte daté de 1219. — Les auteurs de l'*Art de vérifier les dates*, t. II, p. 800, col. 1, et le P. Anselme, *Histoire généalogique*, t. II, p. 497, fixent d'une manière précise la date de la mort d'Alix, comtesse d'Eu, veuve de Raoul d'Issoudun, au 11 septembre 1227. Mais cet acte de l'abandon, fait au roi par la comtesse Alix, de la terre des Forts en Normandie, engagée entre ses mains par Guillaume des Forts, comte d'Aumale, fils de Geoffroy des Forts et d'Havoise, comtesse d'Aumale (*Art de vérifier les dates*, t. II, p. 791, col. 2), prouve par sa date que la mort d'Alix et l'avénement de son fils Raoul III doivent être reculés de plusieurs années.</small>

2274   1233-34. Février.

<small>(J. 203. — Champagne, XI, n° 28. — Original.)</small>

Gaufridus decanus et capitulum B. Quiriaci Pruvinensis notam faciunt compositionem inter se et illustrem virum Theobaldum, Campaniæ et Briæ comitem palatinum, initam super quadam charta prædicti comitis interpretanda de hominibus et feminis dictæ ecclesiæ, ubicumque manentibus, quos majores et scabini communiarum prædicti comitis talliare non possunt nisi suam in dicta tallia partem præfata ecclesia habeat. — « Quod ut ratum permaneat et firmum imperpetuum habeatur, presentem cartam sigilli nostri munimine fecimus roborari. — Actum anno Domini millesimo ducentesimo tricesimo tercio, mense februario. »

<small>Traces de sceau pendant sur lacs de soie bleue. — Le sceau de Geoffroy, doyen du chapitre de Saint-Quiriace de Provins, est décrit dans l'*Inventaire* sous le n° 7576, d'après un type appendu à un acte daté de 1222. Cette charte pourrait également avoir été scellée du sceau du chapitre de Saint-Quiriace, lequel est décrit dans l'*Inventaire*, n° 7284, mais d'après un type appendu à un acte daté de 1317.</small>

2275   Lorris. 1233-34. Mars.

Litteræ Raimundi Tolosani comitis quibus controversias, inter se et comitem Provinciæ versatas, arbitrio regis et reginæ Franciæ supponit.

<small>(J. 312. — Toulouse, VI, n° 52. — Original scellé.)</small>

R. (Raimundus), Dei gratia comes Tolose, omnibus ad quos littere presentes pervenerint, salutem. — Notum facimus quod de omnibus contentionibus, que inter nos et comitem Provintie sunt vel occasione preteritorum usque nunc possunt esse, karissimi domini nostri Ludovici regis Francie illustris et karissime domine nostre B. (Blanche) regine illustris, matris ejus, nos omnino supposuimus voluntati, ad faciendum super hiis voluntatem ipsorum per omnia et mandatum. — In cujus rei testimonium, presentes litteras sigilli nostri appensione fecimus communiri. — Actum apud Lorriacum, anno Domini m° cc° tricesimo tercio, mense martio.

Sceau de Raymond VII, comte de Toulouse; cire blanche sur cordelettes de soie verte; premier sceau, décrit dans l'*Inventaire* sous le n° 744.

2276 Saint-Germain en Laye. 1233-34. Mars.

Mandatum Ludovici regis clero Albigesii ut extra manum suam ponat possessiones in feodis comitis Tolosani, invito dicto comite, acquisitas.

(J. 311. — Toulouse, V, n° 51. — Original.)

Ludovicus, Dei gratia Francie rex, dilectis et fidelibus suis prelatis et ecclesiasticis et religiosis personis in partibus Albigesii constitutis, salutem et dilectionem. — Conquestus est nobis karissimus consanguineus et fidelis noster R. (Raimundus), comes Tolose, quod vos in suis feodis multas possessiones, post obsidionem Avinionis, contra ejus voluntatem acquisivistis. — Propter quod vobis mandamus quatinus ea que in ejus feodis contra voluntatem ipsius acquisieritis, ipso invitto non teneatis, sed ea, infra annum postquam a mandato ipsius fueritis requisiti, extra manum vestram ponatis, nec de cetero in feodis comitis memorati sine voluntate nostra et sua aliquid attrahatis. — Actum apud Sanctum Germanum in Laia, anno Domini m° cc° tricesimo tercio, mense marcio.

Traces de sceau pendant sur simple queue. — Voyez dans l'*Inventaire*, n° 41, la description du premier sceau de Louis IX.

2277 1233-34. Mars.

(J. 196. — Champagne, IV, n° 28. — Original.)

Johannes de Thorota notum facit karissimo domino suum Theobaldum, Campaniæ et Briæ comitem palatinum, sibi et heredibus suis concessisse ut forteritiam apud Ayllebaudieres facerent, quæ forteritia de feodo dicti comitis remanebit et erit ei ejus heredibus jurabilis et reddibilis ad magnam vim et ad parvam, contra omnem creaturam quæ possit vivere et mori, præterquam contra dominum Dampetræ; ita quod, si dictus comes et dominus Dampetræ inter se guerram forsitan haberent, dicta forteritia neutri noceret. — « In cujus rei testimonium, presentes litteras sigilli mei munimine feci roborari. Actum anno gratie millesimo ducentesimo tricesimo tercio, mense marcio. »

Traces de sceau pendant sur double queue. — Le sceau de Jean de Thorote, châtelain de Noyon, est décrit dans l'*Inventaire* sous le n° 3701, d'après un type appendu à un acte daté de 1245.

2278 1234. Samedi 1er avril.

(J. 321. — Toulouse, XII, n° 63. — Copie authentique.)

Instrumentum quo constat Garsiam de Saubolena quidquid habebat apud Caramannum, in alodio, territorio et decimario, homines scilicet et feminas cum eorum tenentiis, domos, edificia, vineas, mailoles, etc., consilio et voluntate Raimundi Tolosani comitis, domini sui, Willelmo Petrario et Bertrando Petrario, fratribus, vendidisse; et Willelmum Arnaldum de Caramanno, Arnaldum ejus filium, Raimundum Bernardum aliosque præfati Garsiæ homines, hanc venditionem recognoscentes et laudantes, fidele servitium prædictis W. et B. Petrario promisisse. — « Hec venditio fuit facta primo die mensis aprilis, feria VII, regnante Lodovyco rege Francorum, et Raimundo Tolosano comite, et Raimundo episcopo, anno m° cc° xxx° iiii° ab incarnatione Domini. — Hujus rei sunt testes : scilicet, de venditione predicti Garsic, Arnaldus de Septenis, et Petrus de Beceto notarius, et Arnaldus Faber cambiator, et Stephanus Vasco. Et de laudamento domini comitis sunt testes : Poncius de Villanova senescalus Tolosanus, et Petrus Stephanus de Fenolheto, et Petrus de Tolosa. Et de mandamento et concessione supradictorum hominum de Caramanno, sunt testes : W. de Vendinis, et Wilmota de Caramanno, et Mons de Caramanno. Et Arnaldus Petrus notarius fuit ad totum presens et est de toto testis et hanc cartam scripsit. »

Copie délivrée par le même notaire au mois d'août 1237. — La concordance de la septième férie, samedi, avec le 1er avril, ne peut se justifier qu'en comptant le commencement de l'année 1234 à partir du 1er janvier.

2279 Latran. (1234.) 6 avril.

Litteræ Gregorii papæ IX pro pace inter regem Franciæ et ecclesiam Belvacensem componenda.

(J. 167. — Beauvais, n° 2. — Original scellé.)

Gregorius episcopus, servus servorum Dei, carissimo in Xpisto filio illustri regi Francie, salutem et apostolicam benedictionem. — Et si apostolatus officium nos universis constituat debitores et erga omnes paternum gerere debeamus affectum, excellentie tamen tue reputamus specialius nos teneri, cum regnum tuum pre ceteris Xpistiane religioni officiosum extiterit et devotum, propter quod illud quadam prerogativa caritatis semper ecclesia Romana dilexit, ejus exaltationem propriam reputando. — Sicut enim narraverunt patres nostri et per nos ipsos cognovimus, inclite recordationis progenitores tui, stabilientes et radicantes in devotione Ecclesie regnum suum, libertatem ecclesiasticam inter alios catholicos principes fuerunt ferventius amplexati, et, tam per eos, qui zelo divine legis inducti partes transmarinas pro vindicanda injuria crucifixi personaliter adierunt, quam per regni predicti subsidium, non modicus Xpistianitati fructus provenit in partibus supradictis et in imperio Romanie. Clare memorie quoque pater tuus, progenitorum suorum inherendo vestigiis, ad relevandam fidem, cujus excidium in partibus Albigensibus Ecclesia deplorabat, ter illuc in propria persona laborans, dies suos feliciter consumavit. Unde sperandum est quod eis, post gloriam quam sibi Dominus contulit temporalem, nomen eorum in seculo magnificentius extollendo, eternam beatitudinem largiatur. — Hec igitur et alia preclara illorum merita nulla labentium temporum oblivio a corde nostro poterit abolere, ac a generatione sequenti memoria tante sinceritatis non decidet, sed eam post nos nostri recognoscent et referent successores. Tibi nimirum dona nature ac gratie dignatio divina concedens, sicut opinio nostra tenet ac in desiderio gerimus, uberius conferet in futurum, cum a tenella etate munere benedictionis celestis imbutus, et, sicut lilium albescentibus foliis per annos gradiens pubertatis, non minus in devotione quam regno succedas, predecessores tuos in bonis actibus imitaturus emulatione laudabili, Domino largiente. Quare te velud filium predilectum in Xpisti visceribus carius amplexantes, dum attendimus crescere diei malitiam et sic pericula temporis invalescere ut quos predixit Apostolus dies novissimos instare credimus, a te et regno tuo amovere cupimus scandala universa, salubriter ut possumus providentes ne ibi turbationem aliquam oriri contingat, in qua consueverunt viri iniqui fodientes calumpnie puteos exultare. — Hortamur itaque serenitatem tuam, fili carissime, et paterna dulcedine te monemus, deposcimus et rogamus, obsecrantes per Jhesum Xpistum et in remissionem tibi peccaminum injungentes quatinus, cum omni regno desiderabilis sit tranquillitas, qua et populi proficiunt et honor regius custoditur, ad concordiam cum Belvacensi ecclesia faciendam animi tui mansuetudinem inclinare procures, per quod misericordia que tecum coaluit clarius et conspectius enitescat. — Nos enim dilectum filium magistrum Petrum de Collemedio, capellanum nostrum, prepositum ecclesie Sancti Audomari, virum note probitatis et circumspectionis experte, quem honoris tui zelatorem tibi fidelem novimus et devotum, et de sua prudentia et industria plenam habet notitiam celsitudo regalis, mediatorem inter te et dictam ecclesiam duximus deputandum. Cujus consiliis acquiescens, januam benivolentie consuete paci clementer aperias, eam et libertatem ecclesiasticam quibus regni solium plus firmitatis accipit, plus splendoris, tanquam rex Xpistianissimus amplectendo, ita quod in te paratum videatur ecclesiis antitodum (sic) pietatis, zelusque ipsarum, qui in predecessoribus tuis fervit, in eorum successore fervescat et nobis accedat ad plenitudinem gaudiorum, qui utique in magnitudine tua, sicut in posteritate generis cui Dominus benedixit, morum strenuitatem et actuum sinceris desideriis affectamus. — Ceterum sublimitatem tuam attendere volumus et considerare prudenter quod, licet pro Belvacensi ecclesia cum multa instantia fuerit postulatum a nobis ut interdictum pro ea positum in Remensi provincia deberemus in eum statum reducere in quo fuerat tempore appellationis ad nos, ex parte ipsius ecclesie, interjecte, tuo tamen honori, in quibus cum Deo possumus deferentes, consilia pacis curavimus cogitare, quam, faciente illo qui est ejusdem amator et auctor, dum consulentis affectum et intentionem attenderis exhortantis, credimus, auctore Domino, provenire. — Datum Laterani, VIII. idus aprilis, pontificatus nostri anno octavo.

Bulle de plomb sur cordelettes de chanvre. — Voyez l'*Inventaire*, n° 6047.

2280 Latran. (1234.) 6 avril.

(J. 696. — Bulles. Mélanges, n° 4. — Original scellé.)

GRÉGOIRE papa IX Blancham reginam hortatur ut Ludovicum regem, filium suum, inducat ad pacem cum ecclesia Belvacensi ineundam. (Hæ litteræ ipsissimis verbis ac præcedentes constant.) — « Datum Laterani, VIII. idus aprilis, pontificatus nostri anno octavo. » — *Et si apostolatus officium nos universis constituat debitores*, etc.

Bulle de plomb sur cordelettes de chanvre. — Voyez l'*Inventaire*, n° 6047.

2281 1234. Lundi 1er mai.

(J. 304. — Toulouse, II, n° 57. — Original.)

Instrumentum quo notum fit Guillelmam, sua propria et spontanea voluntate, necnon consilio et voluntate Poncii de Garsano et Petri, fratrum suorum, totum illum maliolum, quem situm apud Montem Galardum a dictis fratribus suis emerat, Petro Boerio marito suo (quem in eadem charta Petrum Bubulcum nominat) sine omni retinimento dedisse. — « Hoc ita factum et positum fuit in primo die introitus mensis madii, feria II, regnante Lodovico Francorum rege, R. (Raimundo) Tolosano comite, et R. (Raimundo) episcopo, anno M° CC° XXX° quarto, ab incarnatione Domini.— Hujus rei sunt testes : Petrus Arnaldus, Petrus Godiniville, Bernardus Boerius, et *Willelmus Vasco*, qui cartam istam scripsit. »

2282 1234. Mai.
Mardi 2, 9, 16, 23 ou 30 mai.

(J. 323. — Toulouse, XIV, n° 75. — Original roman.)

Acte par lequel G. de Cantamerle et R. son frère, fils de feu G. de Cantamerle, déclarent que toute la terre et seigneurie qu'ils avaient et devaient avoir entre la mote de Gandalor et la rivière de Tarn, ont été par eux vendues à Bertolmeu de S. Paul et à ses héritiers. — « Hujus rei sunt testes : P. Grimoartz, en W. de Baretges, en Pons Pelicers, en Vidal de Paratges, *tres alii*, et R. Ricaudus scriptor qui hanc cartam scripsit mense madii, feria IIIa, anno M. CC. XXX. IIII. ab incarnatione Xpisti, Lodovico rege Francorum regnante, R. (Raimundo) Tolosano comite, R. (Raimundo) episcopo. »

2283 1234. Mercredi 31 mai ?

(J. 304. — Toulouse, II, n° 55. — Original.)

Instrumentum, per litteras alphabeti divisum, quo constat Poncium de Garsano et Petrum fratrem ejus, tam pro se quam pro Arnaldo ipsorum fratre, totum illum maliolium, quem habebant apud Montem Gualardum, Willelmæ sorori suæ vendidisse. — « Hoc fuit factum in ultimo die exitus mensis madii, feria I. (*Corr.* IV), regnante Lodovico Francorum rege, R. (Raimundo) Tolosano comite, et R. (Raimundo) episcopo, anno M° CC° XXX° quarto, ab incarnatione Domini.— Hujus rei sunt testes : Guillelmus de Exsucio, Bernardus Bubulcus, Arnaldus Uge, et Willelmus Vasco, qui istam cartam scripsit. »

La date de cette pièce a été changée après coup, à l'aide d'un grattage, dans l'acte original, et les divers éléments qui la composent ne s'accordent pas. Si on interprète les mots *in ultimo die exitus mensis madii* par le dernier jour de mai, il faudrait *feria* IV ; si on pense qu'ils signifient le dernier jour du mois sortant, c'est-à-dire le 16 mai, en comptant, suivant l'usage, le 31 mai comme 1er jour du mois sortant, il faudrait *feria* III.

2284 1234. Mai.

Charta Archembaudi de Borbonio pro Judæis.

(J. 427. — Juifs, n° 11. — Original.)

Ego Archembaudus dominus Borbonii notum facio universis ad quos littere presentes pervenerint quod ego, de voluntate et assensu karissimi domini mei Ludovici regis Francie illustris, pro salute mea et predecessorum meorum, volo et concedo quod omnes Judei, qui in terra mea voluerint de cetero morari, propriis vivant laboribus et negociationibus licitis, ab usuraria exactione penitus abstinentes. — In cujus rei testimonium, presentibus litteris sigillum meum duxi apponendum. — Actum anno Domini M° CC° XXX° quarto, mense maio.

Traces de sceau pendant sur double queue. — Le sceau d'Archambaud IX, sire de Bourbon, est décrit dans l'*Inventaire* sous le n° 445.

2285 1234. Mardi 13 juin.

Epistola M. præcentoris Ambianensis Johanni de Curia, canonico Parisiensi, de centum libris pro Ambianensi episcopo solutis ut ab instanti exercitu absolveretur.

(J. 231. — Amiens, n° 6. — Original.)

Viro venerabili et discreto, magistro suo et domino magistro Johanni de Curia canonico Parisiensi, suus M. precentor Ambianensis, salutem, reverentiam et honorem.—Super eo quod ad preces nostras, pro venerabili patre nostro [Godefrido] Ambianensi episcopo, pro centum libris Parisiensium, prout nobis significatum fuit per ballivum Ambianensem, finivistis, et ipsum a labore instantis exercitus domini regis absolvi procurastis, vobis uberrimas persolvimus gratiarum actiones, et, in hoc diligentiam vestram et amorem commendantes, vobis predictas centum libras ad voluntatem vestram reddere promittimus. Verumptamen, cum credatur a multis quod sine magna difficultate et mora comes Britannie et sui complices venire debeant ad pedes domini regis veniam petituri, dilectionem vestram rogamus attentius quatinus, si alii episcopi absoluti fuerint ab hujusmodi labore absque sumptibus, dominus noster Ambianensis episcopus benignitatem vestram in hac parte sibi sentiat profuisse. — Datum anno Domini M° CC° XXX° quarto, feria tertia post diem Pentecostes.

Traces de sceau pendant sur simple queue. — Le sceau de M., préchantre de l'église d'Amiens, n'a pas été retrouvé.

2286   Vincennes. 1234. Juin.

Litteræ Ludovici IX de nova compositione a se cum Bertrando episcopo Agathensi ordinata.

(J. 303. — Toulouse, I, n° 3. 2. — Copie authentique.)

Ludovicus, Dei gratia Francie rex, notum facimus quod nos instrumentum quoddam confectum super compositione olim habita inter T. (Tedisium), quondam episcopum Agathensem, ex una parte, et dilectum et fidelem nostrum Amalricum comitem Montisfortis, ex altera, sigillatam sigillis predictorum episcopi, comitis A., comitisse ejusdem comitis matris, et capituli Agathensis vidimus in hec verba : (*Sequitur tenor compositionis initæ anno* 1219, IV. *nonas septembris, quam videsis t. I, p.* 488, *n°* 1362.) — Cum autem inter nos et dilectum fidelem nostrum B. (Bertrandum) episcopum Agathensem super quibusdam in predicta compositione contentis questio verteretur, tandem, eodem episcopo in nostra presentia constituto, de consensu nostro et de assensu ipsius episcopi, inter nos et ipsum amicabili compositione taliter ordinatum fuit : quod idem episcopus concessit et quittavit in perpetuum nobis et heredibus nostris castrum Montaniaci, cum pertinentiis suis, et feuda castrorum de Florenciaco et de Pomeroliis, de Beciano et de Torolla, et medietatis castri de Amacio et pertinentiarum eorumdem castrorum, que castra predictus comes Montisfortis receperat in feudum ab episcopo et ecclesia Agathensi, quorum ratione tenebatur fidelitatem jurare et homagium facere episcopo Agathensi; quod utique juramentum, homagium et fidelitatem quitavit nobis episcopus memoratus. — Quitavit etiam idem episcopus penitus et remisit in perpetuum quicquid juris habebat in cancellaria comitis Tholosani. — Remisit etiam generaliter in perpetuum et quitavit omnia illa que alias quitaverat sive remiserat comiti Montisfortis, secundum quod continetur in instrumento superius annotato. — Idem etiam episcopus et successores ejus nobis et heredibus nostris fidelitatem et servicia debita, sicut in predicto instrumento continentur, facere tenebuntur. — Quia vero idem episcopus de predictis nostram in aliquibus fecerat voluntatem, nos eidem gratiam facere volentes, de bonis hereticorum cum ipso ordinavimus in hunc modum : quod res hereticorum, credencium et defensorum eorumdem in terra episcopi et ecclesie Agathensis, que inciderunt a tempore quo clare memorie rex Ludovicus, genitor noster, adeptus est terram Albigensem, et que de cetero incident, nos accipere valeamus, tali modo quod, si res ille sint feudales, nos concedemus eas alicui qui homagium et fidelitatem et alia que debentur ratione feudi exhibeat episcopo memorato, vel, si nos eas in manu nostra tenere voluerimus, cum non consueverimus homagium facere alicui, propter hoc reconpensationem faciemus ipsis episcopo et ecclesie conpetentem. — Res autem censuales et alias que non sunt feudales, nos, salvo jure ecclesie, concedere poterimus prima vice tali persone que censum et alia servicia debita faciat episcopo et ecclesie supradictis. — Item de rebus feiditorum, qui contra nos vel contra fidem a tempore predicto quo clare memorie Ludovicus, genitor noster, adeptus est terram illam se faidiaverunt, et qui de cetero contra nos vel contra fidem se feidiabunt, fuit inter nos et eundem episcopum ordinatum quod nos predictorum res feiditorum accipere poterimus, ita quod infra annum et diem eas trademus tali persone que jura et servicia, ratione earumdem rerum debita, inpendat episcopo et ecclesie supradictis. —

Nos autem omnia alia loca et jura et omnes res alias, que exprimuntur in compositione predicta habita olim inter episcopum Agathensem et comitem Montisfortis, sicut in instrumento superius annotato plenius continetur, illis dumtaxat exceptis que exinde presentis scripti serie sunt substracta et penes nos retenta, episcopo et ecclesie Agathensi concedimus in perpetuum et sigilli nostri munimine confirmamus. — Actum apud Vicenas, anno Domini millesimo ducentesimo tricesimo quarto, mense junio.

<small>Ces lettres sont insérées dans l'acte dressé le 10 août de la même année à Agde, dans le chœur de l'église de Saint-Étienne, par lequel acte Bertrand, évêque d'Agde, et son chapitre déclarent accepter la transaction et la confirmer. — Voyez le n° 2208.</small>

2287   1234. Juin.

(J. 195. — Champagne, III, n° 19. — Copie authentique.)

Nicholaus Trecensis episcopus notum facit Hugonem de S. Mauritio, militem, annuente Margareta uxore sua, sanctimonialibus Beatæ Mariæ de Prato juxta Trecas, ad fundationem præfati loci et sustentationem sanctimonialium, ibidem sub regula B. Benedicti degentium, quartam partem bonorum suorum in eleemosynam contulisse, et etiam, cum hoc non sufficeret, quosdam redditus bladi, ad se revocatos, prædictis monialibus assignavisse. — Quam devotionem dicti Hugonis et ejus uxoris attendentes moniales prædictæ, eos pro veris dicti loci fundatoribus et patronis semper recognoscunt, et promittunt se eis, juxta possibilitatem suam, necessaria ministraturas fore, si forte, quod absit, ad inopiam unquam devenirent. — « Ut autem predicta rata permaneant, ad preces et petitionem supradictorum militis et ejus uxoris, nec non et sanctimonialium predictarum, presentes litteras sigilli nostri duximus patrocinio roborandas. Actum anno Domini M° CC° tricesimo quarto, mense junio. »

<small>Vidimus délivré le jeudi 14 janvier 1237-38 (die jovis post octabas Epiphanie ann. M. CC. XXX. VII), par Guiard, doyen de la chrétienté de Bar-sur-Aube, et Robert, maître de l'Hôtel-Dieu de Saint-Nicolas de la même ville.</small>

2288   1234. 17 juillet.

(J. 314. — Toulouse, VII, n° 12. — Original.)

Instrumentum per litteras alphabeti divisum. — Ramundus Faber de Castro veteri, propria sua voluntate seipsum in hominem, cum omni progenie sua orta et oritura, necnon et omnibus bonis et juribus suis, mobilibus et immobilibus, præsentibus et futuris, quæcumque sint et ubicumque sint, absque ulla retentione et conditione, domino Raimundo comiti Tolosano dat et concedit. — « Hoc fuit ita factum et concessum XV. die exitus mensis julii, regnante Lodovico rege Francorum, R. (Raimundo) Tolosano comite supradicto, et R. (Raimundo) episcopo. Anno ab incarnatione Domini M° CC° XXX° IIII°. — Hujus rei sunt testes : Petrus Stephanus de Fenulleto, et Bernardus Signarius, et Gausbertus Pictavinus, et Bonus-puer judeus, et Ugo Pictor qui hanc cartam scripsit. »

2289   1234. (Avant le 19 juillet.)

Henricus de Avaugor sese obligat ad castrum Werclini, quotienscumque de hoc requisitus fuerit, domino regi tradendum.

(J. 399. — Promesses, n° 34. — Original scellé.)

Ego Henricus de Avaugor, miles, notum facio universis ad quos presentes littere pervenerint quod ego juravi super sacrosancta quod ego castrum de Werclino, quod karissimus dominus meus Ludovicus rex Francie illustris michi tradidit, reddam eidem domino meo regi vel ejus heredibus, vel eorum nuntio, litteras suas deferenti, quotienscunque voluerint et ab ipsis fuero requisitus. — Quod si facere denegarem, totam terram meam, ubicunque eam habeam vel habere expectem in contraperditum teneor eidem domino meo regi vel ejus heredibus tradere et deliberare, et ad hoc idem tenebitur heres meus. — Et ad majorem securitatem de dicto castro predicto domino meo regi vel ejus heredibus ad voluntatem ipsorum reddendo, karissimum avunculum meum vicecomitem Bellimontis et karissimum consanguineum meum Richardum de Bellomonte de duobus milibus marchis dedi plegios predicto domino meo regi. — In cujus rei testimonium et munimen, presentes litteras sigilli mei munimine roboravi. — Actum anno Domini M° CC° tricesimo quarto.

<small>Sceau de Henri d'Avaugour; cire blanche, double queue; décrit dans l'*Inventaire* sous le n° 1260. — Nous plaçons ces lettres au mois de juillet, avant le 19, à cause des pièces suivantes.</small>

2290   1234. Mercredi 19 juillet.

Theobaldus de Matefelon se plegium constituit pro Henrico de Avaugor.

(J. 399. — Promesses, n° 28. 2. — Original scellé.)

Ego Theobaldus dominus de Matefelon notum facio universis presentes litteras inspecturis quod ego me plegium obligavi erga karissimum dominum meum Ludovicum, Dei gratia regem Francie illustrem, pro dilecto meo Henrico de Avaugor quod ipse H. reddet eidem domino meo regi vel certo ejus mandato castrum de Gaisclim, quociens ab eodem domino rege vel mandato ipsius idem H. fuerit requisitus. — Quod si ipse Henricus, quod absit, non faceret, ego tenerer solvere domino regi mille libras Turonensium. — In cujus rei testimonium et munimen, presentes litteras sigillo meo roboravi. — Actum anno Domini M° CC° tricesimo quarto, die mercurii ante festum Beate Marie Magdalene.

Sceau de Thibaud de Mathefélon, en Anjou (Maine-et-Loire, arr. de Baugé, cant. de Seiches); cire blanche, double queue; décrit dans l'*Inventaire* sous le n° 2738.

2291   1234. Mercredi 19 juillet.

(J. 399. — Promesses, n° 28. 3. — Original scellé.)

Litteræ Gaufridi domini de Poenon, ejusdem argumenti et formæ, quibus usque ad mille libras Turonensium se pro dicto Henrico plegium constituit. — « In cujus rei testimonium et munimen, sigillo meo presentes litteras roboravi. Actum anno Domini M° CC° tricesimo quarto, mense julio, die mercurii ante festum Beate Marie Magdalene. »

Sceau de Geoffroy de Pouancé, en Anjou (Maine-et-Loire, arr. de Segré); cire brune, double queue; décrit dans l'*Inventaire* sous le n° 3289.

2292   1234. Mercredi 19 juillet.

(J. 399. — Promesses, n° 28. 5. — Original scellé.)

Litteræ Radulphi vicecomitis de Bellomonte, ejusdem argumenti et formæ, quibus se usque ad mille libras Turonensium plegium constituit. — « In cujus rei testimonium et munimen, sigillo meo presentes litteras roboravi. Actum anno Domini M° CC° tricesimo quarto, die mercurii ante festum Beate Marie Magdalene. »

Sceau de Richard, vicomte de Beaumont, dans le Maine (Beaumont-le-Vicomte, Sarthe, arr. de Mamers), cire brune, double queue; sceau armorial non décrit : un écu chevronné. Légende en grande partie détruite, et sur laquelle on ne distingue plus que le mot RADULPHI. Au contre-sceau, une intaille antique sans légende : tête de profil, tournée de gauche à droite.

2293   1234. Mercredi 19 juillet.

(J. 399. — Promesses, n° 28. 4. — Original scellé.)

Litteræ Richardi de Bellomonte, ejusdem argumenti et formæ, quibus se usque ad mille libras Turonensium plegium constituit. — « In cujus rei testimonium et munimentum, sigillo meo presentes litteras confirmavi. Actum anno Domini M° CC° XXX° quarto, die mercurii ante festum Beate Marie Magdalene. »

Sceau de Richard de Beaumont, fils de Raoul, vicomte de Beaumont; cire brune, double queue; décrit dans l'*Inventaire* sous le n° 1369.

2294   Tudela. 1234. Dimanche 30 juillet.

De panetaria Campaniæ Petro domino Janicuriæ ad vitam a comite Campaniæ concessa.

(J. 198 B. — Champagne, VI, n° 76. — Copie authentique.)

Theobaldus, Dei gratia rex Navarre, Campanie et Brie comes palatinus, universis ad quos presentes littere pervenerint, salutem et dilectionem. — Noveritis quod, in respectu longi et fidelis servitii quod dilectus et fidelis noster Petrus dominus Janicurie nobis fecit per tempus magnum amicabiliter et devote, donavimus eidem in feodum et homagium ligium penetariam Campanie, quamdiu vixerit tenendam et habendam. — Datum apud Tudelam, anno gratie M° CC° tricesimo quarto, die dominica ante festum Sancti Petri ad vincula.

Vidimus délivré par Étienne de Malmaison (*Stephanus de Mala Domo*), bailli de Bar-sur-Aube, en mai 1241. — Traces de sceau pendant sur double queue.

2295   1234. Juillet.

(J. 202. — Champagne, X, n° 13. — Original.)

Manasserus miles, frater comitis Registestensis, sese obligat ad plenarium servitium domino suo Theobaldo Navarræ regi, Campaniæ et Briæ comiti palatino, ante omnes homines qui possunt vivere et mori, exhibendum ; et similiter promittit se de omni eo quod in comitatu Registestensi et in hereditagio matris suæ habebit vel habiturus est, quod de præfato rege moveat, eidem regi, infra quadraginta dies postquam in comitatu Campaniæ venerit, præstiturum esse homagium. — « Actum anno Domini M° CC° tricesimo quarto, mense julio. »

Traces de sceau pendant sur double queue. — Le sceau de Manassès, frère de Hugues III, comte de Rethel, ne s'est pas conservé.

2296   1224. Juillet.

(J. 304. — Toulouse, II, n° 54. — Original roman.)

Acte, divisé par A. B. C., de l'accord conclu entre Raymond de Dornia et Pierre de Bonnegarde, relativement au moulin et à la pêcherie de Truissatan. — « Testes sunt : P. Malpels, et Ar. Gotz, et Ramonz del Poltz, et R. Alseus, qui hanc cartam scripsit, anno ab incarnatione

Domini M. CC. XXX. IIII, mense julii, Lodoyco rege regnante, Ramundo Tolosano comite, Ramundo episcopo. »

2297   Rieti. 1234. 3 août.

(J. 209. — Champagne, XIV, n° 59. — Original scellé.)

Litteræ Gregorii papæ IX dilectis filiis suis abbati S. Johannis in Vineis, et de Caziaco et Vallis-secretæ abbatibus, Suessionensis diocesis, ut reginam Cypri, Romæ ad crastinum Purificationis B. Virginis proximo præteritum jam citatam et non comparentem, iterum citent de natalibus suis responsuram. — « Datum Reate, III. nonas augusti, pontificatus nostri anno octavo. — *Olim bone memorie B. (Blancha) comitissa et carissimo in Xpisto filio nostro illustri rege Navarre,* etc. »

Bulle de plomb sur cordelettes de chanvre. — Voyez l'*Inventaire*, n° 6047.

2298   Agde. 1234. 10 août.

(J. 303. — Toulouse, I, n° 3. 1. — Copie authentique.)

Instrumentum quo constat Bertrandum Agathensem episcopum, Poncium de Cotone archidiaconum, Philippum sacristam, Bernardum de Moresio præcentorem, Stephanum Johannini camerarium, Guillelmum Lumbardi, Ramundum de Sala, Bernardum Andreæ, magistrum Albertum, canonicos Agathenses, compositionem inter dictum episcopum et dominum Ludovicum serenissimum regem Franciæ initam laudasse, concessisse et confirmasse. — « Et ad perpetuam rei geste firmitatem, presentem cartam nos memoratus episcopus et capitulum supradictum sigillis nostris fecimus communiri. Acta sunt hec apud Agatham, in coro ecclesie Sancti Stephani, anno Dominice incarnacionis millesimo ducentesimo tricesimo quarto, videlicet quarto ydus augusti, in presencia infrascriptorum testium, scilicet : domini Odonis Cocci, senescalli Carcassonensis et Biterrensis, Petri de Vicinis, Petri Cocci de Silvanectanis, Raimundi de Canesuspenso, *septem decim aliorum tam clericorum quam militum*, et mei Petri Lauterii, publici notarii Agathensis, qui hec scripsi de mandato utriusque partis. »

Voyez le texte de la transaction, en date du mois de juin précédent, n° 2286.

2299   1234. 23 août.

Litteræ capituli S. Maglorii Parisiensis quibus fratrem Andream, abbatem suum nuper electum, apud dominum regem commendant.

(J. 346. — Régale, I, n° 19. — Original.)

Excellentissimo domino suo et in Xpisto dilectissimo Ludovico, Dei gracia Francie regi, Sancti Maglorii Parisiensis humilis conventus, salutem in eo qui salus est et regibus dat salutem. — Magnificentiam regiam scire volumus quod, die veneris proxima post Assumptionem Beate Marie, assignata nobis ad providendum ecclesie nostre pastorali regimine destitute, convocatis omnibus fratribus nostris qui adesse poterant et debebant, invocata Spiritus Sancti gracia, sine quo nichil est validum, nichil sanctum, fratrem Andream priorem ecclesie nostre, virum religiosum, providum et honestum, elegimus unanimiter in pastorem; cujus electionem reverendus pater Guillelmus Parisiensis episcopus confirmavit. — Unde eumdem electum vobis recommendamus, magnificentiam regiam exorantes humiliter et devote quatinus, cum idem electus noster paratus sit vobis, tanquam domino et patrono, obedire, eidem regiam gratiam inpendatis. — Datum anno Domini M° CC° tricesimo quarto, die mercurii post octavas Assumptionis Beate Marie. Diu et bene valeat regia magnitudo.

Traces de sceau pendant sur simple queue. — Le sceau de l'abbaye de Saint-Magloire de Paris est décrit dans l'*Inventaire* sous le n° 8322, d'après un type appendu à un acte daté de 1324.

2300   1234. 28 août.

(J. 307. — Toulouse, IV, n° 5. — Original roman.)

Instrumentum, anno incarnationis Domini M° CC° XXX° IIII°, mense augusti, in die festi Beati Juliani, scriptum quo testamentum seu ultimæ voluntates P. de Naiaco declarantur. — « Sia conoguda causa a totz aquels presens et avenidors, que aquesta present carta veirau ni auzirau legir, que eu P. de Naiac, confesis penedens de totz mos peccatz, aordenatz e cumergatz, avens bona fe e bona crezensa en Deu, et e madona sainta Maria, et e sainta gleia Romana, et en totz los sius mandamens et el sagramens de lei, e mom bo sen et e ma bona memoria, fas mo testament, local voil e pregui que aia ferma tenguda aisi cum es aisi pauzat e escriut que liuns hom ni lunia femena no pusca venir ni esser encontra de re, en deguna guia, per luni dreig, ni per lunia leig, ni per lunia razo, ni per fors, ni per costumas, ni per lunia re que liuns hom dire ni far i pogues, e que aquest testamens aia ferma tenguda, eu coferni lo ab tot lo poder de sancta gleia Romana, et ab tot dreig escriut e non escriut, e ab tota leig divina et humana, que en aisi o fassa estar ferm cum es aisi pauzat e escriut. *Sequuntur plurima legata tam locis sanctis quam variis personis inscripta*. — « Hujus rei sunt testes..... Deodatus sacerdos ecclesiarum de Naiac, cognomine del Bosc, et S. sacerdos ecclesie B. Juliani de Naiac, P. Gros, et Isarnus filius ejus, R. B. Bertrans de la Illa, *et decem alii*. Signum P. Candelii, qui hanc cartam scripsit. »

2301   Angers. 1234. Août.

Homagium domino regi ab Hugone comite S. Pauli præstitum pro hereditagio Castriduni.

(J. 174. — Blois, n° 4. — Original scellé.)

Ego H. (Hugo) comes Sancti Pauli notum facio universis ad quos littere presentes pervenerint quod ego feci homagium ligium karissimo domino meo Ludovico, regi Francie illustri, super eo jure et hereditagio que nobilis vir G. (Galterus) comes Blesensis et M. (Margareta) uxor ejus habebant in dote uxoris vicecomitis Castriduni, videlicet in dote que movet de feodo ejusdem domini mei regis; et ego teneor eidem domino meo regi super hoc reddere rachatum, quando placuerit eidem. — In cujus rei testimonium, presentes litteras sigilli mei munimine feci sigillari. — Actum apud Andegavum, anno Domini M° CC° XXX° quarto, mense augusto.

Sceau de Hugues V de Châtillon, comte de Saint-Paul, premier sceau; cire jaune, double queue; décrit dans l'*Inventaire* sous le n° 362.

2302   1234. Août.

Litteræ Petri ducis Britanniæ de executione treugarum a se cum rege initarum.

(J. 241. — Bretagne. Coffre, n° 11. 2. — Original.)

Ego P. (Petrus) dux Britannie, comes Richemontis, notum facio omnibus presentes litteras inspecturis quod ego volo et concedo et firmiter promitto quod barones et milites Britannie, et homines et imprisi eorum, sint in ea saisina in treuga presenti, quam cum domino rege inivi usque ad quindenam Omnium Sanctorum, in qua erant quando primo ad servitium domini regis venerunt. — Sciendum est insuper quod de treuga et conventionibus compromissionis faciende et aliorum que in aliis litteris meis patentibus plenius continentur, teneor domino regi et heredi suo, si forte de ipso humanitus contingeret, ego et heres meus. — De compromissione autem quam debeo facere in dominum regem et dominam reginam, prout in aliis meis litteris patentibus plenius continetur, volo et promitto quod, si alterum ipsorum intermedio tempore, antequam dictum suum vel voluntatem suam pertulissent, decedere contingeret, superstes eo modo dictum vel voluntatem suam dicat; et ego teneor observare dictum vel voluntatem ipsius sicut et duorum tenerer si ambo pertulissent. — In cujus rei testimonium, presentes litteras feci sigilli mei munimine roborari. — Actum anno Domini M° CC° XXX° quarto, mense augusto.

Traces de sceau pendant sur double queue. — Le sceau de Pierre Mauclerc, duc de Bretagne, est décrit dans l'*Inventaire* sous le n° 534.

2303   Angers. 1234. Août.

Johannes comes Matisconensis pro P. comite Britannie, fratre suo, super totam terram suam se plegium constituit.

(J. 241. — Bretagne. Coffre, n° 17. 6. — Original scellé.)

Ego Johannes comes Matisconensis notum facio universis ad quos littere presentes pervenerint quod ego me constitui plegium erga karissimum dominum meum Ludovicum, regem Francie illustrem, super totam terram meam quam teneo de eodem, quod karissimus frater meus P. comes Britannie eidem domino regi conventiones tenebit sicut in litteris ejusdem comitis, quas dominus rex penes se habet, plenius continetur. — In cujus rei testimonium, presentes litteras feci sigilli mei munimine roborari. — Actum apud Andegavum, anno Domini M° CC° tricesimo quarto, mense augusto.

Scellé en cire blanche, sur double queue, du sceau de Jean de Braine, comte de Mâcon, décrit dans l'*Inventaire* sous le n° 504.

2304   Angers. 1234. Août.

Hugo dux Burgundiæ pro comite Britanniæ usque ad tria millia marcharum se plegium constituit.

(J. 241. — Bretagne, coffre, n° 12. 3. — Original scellé.)

Ego Hugo dux Burgundie notum facio universis presentes litteras inspecturis quod ego constituo me plegium erga carissimum dominum meum Ludovicum, Dei gratia regem Francie illustrem, de tribus milibus marcis pro karissimo amico meo P. (Petro), comite Britannie, de tenendis integre et firmiter observandis conventionibus quas fecit idem comes cum domino rege Francie, sicut in litteris ipsius comitis plenius continentur. — Actum Andegavi, anno gratie M° CC° tricesimo quarto, mense augusto.

<small>Sceau de Hugues IV, duc de Bourgogne; cire blanche, double queue; second sceau, décrit dans l'*Inventaire* sous le n° 469.</small>

2505 Angers. 1234. Août.

Hugo comes S. Pauli se pro comite Britanniæ usque ad duo millia marcharum plegium constituit.

<small>(J. 241. — Bretagne. Coffre, n° 12. 1. — Original scellé.)</small>

Ego Hugo comes Sancti Pauli notum facio universis ad quos littere presentes pervenerint quod ego me constitui plegium erga karissimum dominum meum Ludovicum, regem Francie illustrem, de duobus milibus marchis argenti, eidem infra mensem postquam me submonuerit super hoc reddendis, quod nobilis vir P. comes Britannie eidem domino meo regi conventiones tenebit, sicut in litteris ejusdem comitis, quas dominus rex penes se habet, plenius continetur. — In cujus rei testimonium, presentes litteras sigilli mei munimine roboravi. — Actum apud Andegavum, anno Domini M° CC° tricesimo quarto, mense augusto.

<small>Sceau de Hugues V de Châtillon, comte de Saint-Paul, premier sceau; cire blanche, double queue, décrit dans l'*Inventaire* sous le n° 362.</small>

2506 Angers. 1234. Août.

<small>(J. 241. — Bretagne. Coffre, n° 12. 2. — Original scellé.)</small>

Litteræ Johannis filii primogeniti comitis Suessionensis, ejusdem argumenti et formæ, quibus se usque ad mille marchas plegium constituit. — « In cujus rei testimonium, presentes litteras feci sigilli mei munimine roborari. Actum apud Andegavum, anno Domini M° CC° tricesimo quarto, mense augusto. »

<small>Traces de sceau pendant sur double queue. — Le sceau de Jean, fils aîné de Raoul de Nesle, comte de Soissons, est décrit dans l'*Inventaire* sous le n° 1012.</small>

2507 Angers. 1234. Août.

Litteræ H. comitis Marchiæ de treugis a rege et regina Franciæ cum rege Angliæ ineundis.

<small>(J. 270. — La Marche, n° 10. — Original scellé.)</small>

Ego H. (Hugo) de Lizignen, comes Marchie et Engolismi, notum facio omnibus presentes litteras inspecturis quod ego concessi karissimo domino meo Ludovico, regi Francie illustri, et domine regine B. (Blanche), matri ejus, quod ipsi cum H. (Henrico III), rege Anglie illustri, et suis treugas capiant, usque ad octabas instantis festi Omnium Sanctorum duraturas. Et idem dominus rex et domina regina, mater ejus, michi concesserunt quod sine assensu meo cum dicto rege treugas non capient vel captas prorogabunt ultra terminum supradictum. — In cujus rei testimonium, sigillum meum duxi presentibus apponendum. — Actum Andegavi, anno Domini M° CC° XXX° quarto, mense augusto.

<small>Sceau de Hugues X de Lusignan, comte de la Marche et d'Angoulême; cire blanche, simple queue; décrit dans l'*Inventaire* sous le n° 834.</small>

2508 Oudon. 1234. Août.

Litteræ Henrici de Avalgorio super castro Gaisclini, ex ipsius assensu, Solino avunculo suo ad custodiendum tradito.

<small>(J. 399. — Promesses, n° 28. 6. — Original.)</small>

Ego Henricus de Alvagorio notum facio omnibus presentes litteras inspecturis quod excellentissimus dominus meus Ludovicus, Dei gratia Francie rex illustris, de voluntate mea et ad peticionem meam, domino Solino avunculo meo castrum de Çaisclino tradi fecit custodiendum, pro me et loco mei, a domino Drocone de Melloto. Et pro custodia ipsius ita me obligo versus dominum regem quantum obligatus sum pro custodia mea per litteras meas et per plegios meos. — Actum apud Oudunum, anno Domini M° CC° XXX° quarto, mense augusto.

<small>Traces de sceau pendant sur simple queue. — Le sceau de Henri d'Avaugour est décrit dans l'*Inventaire* sous le n° 1260.</small>

2509 Montefiascone. 1234. Septembre.

Fredericus Romanorum imperator Raimundo Tolosano comiti terram Venesini et dignitatem marchionatus Provinciæ restituit.

<small>(J. 419. — Bulles d'or, n° 2. — Original scellé. = J. 311. — Toulouse, V, n° 52. — Original.)</small>

C. In nomine sancte et individue Trinitatis, Fridericus secundus, divina favente clementia Romanorum imperator semper Augustus, Jerusalem et Sicilie rex. — Imperialis excellentie solium tunc augetur cum, retinendo que donat et donando que retinet, vel subjectorum devota obsequia remunerat aut aliquorum devotionem munificentia liberalitatis acquirit, nec ob id solum Romana sceptra regentibus et nomen et omen impositum esse dignoscitur Augustorum quod rebus et regnis augere tantummodo Romanum erarium intendissent, verum etiam quod aucta veteri fide fidelium vel novis extraneorum obsequiis imperium ampliarunt. — Hac igitur consideratione commoniti, illustris nichilominus viri dilecti affinis et fidelis nostri Ramundi, comitis Tholosani, fide et devotione pensatis, recepto ab eo pro parte Imperii fidelitatis et homagii juramento, de munificentia gratie nostre, qua benemeritos et devotos nostros benigne consuevimus prevenire, donamus, concedimus et in perpetuum confirmamus sibi et heredibus suis terram Venesini et totam aliam terram quam in Imperio sive in regno Arelatensi et Viennensi ipse vel antecessores sui habere et tenere consueverunt, videlicet civitates, castra, villas cum plena jurisdictione, cum omnibus feodis et solitis pedagiis, usaticis et saunariis in ydiomate ipso, que latine saline dicuntur, et cum omnibus aliis justiciis, juribus et pertinentiis ejusdem terre, restituentes eumdem comitem in pristinam dignitatem marchionatus Provincie quam antecessores sui similiter habuerunt. Statuentes et imperiali edicto firmiter injungentes ut nulla omnino persona, alta vel humilis, ecclesiastica vel secularis, dictum comitem vel heredes suos de predictis omnibus, sub pena mille librarum auri puri impedire seu molestare presumat, medietatem cujus camere nostre et aliam medietatem passis injuriam persolvendam decrevimus ab eo vel ab hiis qui contra hujus majestatis nostre edictum fuerint ausu temerario presumptores. — Ut autem hec nostra donatio, concessio et confirmatio robur optineat perpetue firmitatis, ad futuram memoriam presens privilegium fieri et bulla aurea, typario nostre majestatis impressa, jussimus communiri. — Hujus autem rei testes sunt : T. (Tancredus) venerabilis Ydrontinus archiepiscopus, frater H. (Hermannus) venerabilis magister hospitalis Sancte Marie Theotonicorum in Jerusalem, ... prefectus Alme urbis, G. (Gebhardus) de Arnesten Imperii in Ytalia legatus, comes Conradus de Hohenloch,

comes C. (Conradus) de Fayngen, H. (Hermannus) et L. (Ludovicus) comites de Froburg, B. (Bertholdus) comes de Gravespach, A. (Albertus) de Arnesten, A. (Albertus) de Rotenwels, comes Simon Theatinus, comes Alduinus, Manfridus marchio Lanza, Riccardus camerarius et alii quam plures. — Signum domini Friderici secundi, Dei gratia invictissimi Romanorum imperatoris semper Augusti (*locus monogrammatis*), Jerusalem et Sicilie regis. — Acta sunt hec anno dominice Incarnationis millesimo ducentesimo tricesimo quarto, mense septembri, octave indictionis, imperante domino nostro Friderico, Dei gratia invictissimo Romanorum imperatore semper Augusto, Jerusalem et Sicilie rege, anno imperii ejus quarto decimo, regni Jerusalem nono, regni vero Sicilie tricesimo septimo, feliciter, amen. Datum apud Montemflasconem, anno, mense et indictione prescriptis.

Bulle d'or de Frédéric II, sur lacs de soie jaune et bleue, décrite dans l'*Inventaire* sous le n° 10886. — La pièce cotée 52 est un duplicata qui était probablement scellé en cire.

2510   1234. Septembre.

Litteræ Theobaldi Campaniæ comitis de feodis suis comitatuum Carnotensis, Blesensis et Sacricesaris, et vicecomitatus Castriduni regi a se venditis.

(J. 173. — Chartres, III, n° 4. — Original scellé.)

Ego Theobaldus, Campanie et Brie comes palatinus, notum facio universis presentes litteras inspecturis quod ego karissimo domino meo Ludovico, regi Francie illustri, vendidi pro quadraginta milibus libris Turonensium, de quibus idem dominus rex mihi plene satisfecit, feoda mea comitatus Carnotensis, cum pertinentiis suis, comitatus Blesensis, cum pertinentiis suis, comitatus Sacricesaris, cum pertinenciis suis, et vicecomitatus Castridunensis, cum pertinentiis suis, et omnia jura que in predictis habebam, tam in feodis quam in domaniis, ratione predictorum feodorum, eidem domino regi et heredibus suis habenda in perpetuum et tenenda; retento mihi eo quod habeo in comitatu Perticensi, in feodis et domaniis, quod movet de feodo Carnotensi et quod comes Carnotensis debet de domino rege tenere. — In cujus rei testimonium, presentes litteras sigilli mei munimine roboravi. Actum anno incarnationis Dominice millesimo ducentesimo tricesimo quarto, mense septembri.

<small>Sceau de Thibaud IV, comte de Champagne; cire blanche, double queue; second sceau, fragment, décrit dans l'*Inventaire* sous le n° 573.</small>

2511 1234. Septembre.

De canonicis S. Laudi Andegavensis ad ecclesiam S. Germani translatis.

<small>(J. 178. — Anjou, n° 19. — Original scellé.)</small>

Universis Xpisti fidelibus presentes litteras inspecturis, G. (Godefridus), divina permissione humilis abbas, totusque conventus beati Albini Andegavensis, salutem in Domino. — Noveritis quod, cum decanus et capitulum ecclesie Sancti Laudi Andegavensis in ecclesia sua, que est infra clausuram castri Andegavensis, sine ejusdem castri periculo et divini officii detrimento non possent commode commorari, excellentissimus dominus noster Ludovicus, Dei gratia Francorum rex illustris, utilitati tocius terre et divinis officiis volens super hoc providere, dictos canonicos ad ecclesiam nostram Sancti Germani transtulit, nobis consentientibus, quibus super hoc porrexerat preces suas. — Et nos eidem suisque successoribus, de communi assensu capituli nostri, concessimus easdem libertates et eumdem patronatum prebendarum et donum, et idem posse per omnia in dicta ecclesia Sancti Germani et in canonicis et in aliis personis ejusdem ecclesie, que ipse et antecessores sui in ecclesia Sancti Laudi hactenus habuerunt. — In cujus rei testimonium, dedimus eis presentes litteras sigillorum nostrorum munimine roboratas. Actum anno Domini m° cc° tricesimo quarto, mense septembri.

<small>Traces de deux sceaux pendants sur lacets de fil. — Le sceau de Geoffroy, abbé de Saint-Aubin d'Angers, est décrit dans l'*Inventaire* sous le n° 8493; le sceau de l'abbaye, sous le n° 8130.</small>

2512 1234. Septembre.

Litteræ Aelidis reginæ Cypri de pace a se cum Theobaldo comite Campaniæ inita.

<small>(J. 209. — Champagne, XIV, n°s 12, 13 et 32. — Originaux scellés. — N° 36. — Copie authentique.)</small>

Ego Aelidis, Dei gratia regina Cipri, notum facio universis, tam presentibus quam futuris, quod ego dedi et do, quitavi et quito, cessi et cedo, concessi et concedo Theobaldo comiti Campanie et Brie palatino et heredibus suis, quos habet et habiturus est, ab ipso et uxore sua et uxoribus jam habitis vel habendis, linea matrimoniali descendentibus, perpetuo habendum, tenendum et possidendum omne jus quodcumque habebam vel habueram vel habere poteram in comitatibus Campanie et Brie et pertinentiis eorumdem, et in tota terra quam habuit, tenuit seu possedit in proprietate, dominio et feodis bone memorie Henricus avus meus, quondam comes Trecensis, si quod jus habebam vel habueram vel habere poteram in dictis comitatibus et pertinentiis eorumdem et terra jam dicta, ita quod de cetero nec ego nec heredes mei in dictis comitatibus et pertinentiis eorumdem ac terra predicta aliquid poterimus reclamare contra dictum comitem vel heredes supradictos, sicut dictum est, ab ipso linea matrimoniali descendentes; et me devestivi de omni jure, si quod habebam vel habueram in dictis comitatibus et pertinentiis eorumdem et terra jam dicta, in manu karissimi domini mei Ludovici, Dei gratia regis Francorum illustris. Et hec omnia feci in mea propria et libera potestate constituta et spontanea voluntate, nullo timore, captione, violentia vel compulsione alia inducta. — Promisi etiam et promitto dicto comiti quod procurabo bona fide, sine meo ponendo, quod heredes mei omnia que continentur in carta ista laudabunt et approbabunt comiti supradicto et heredibus ejus jam dictis, et juri suo, si quod habent in dictis comitatibus et pertinentiis eorumdem et jam dicta terra, renuntiabunt et quitabunt ac cedent dicto comiti et heredibus ejus jam dictis. Et hec facient coram aliquibus auctenticis personis que dicto comiti litteras suas patentes dabunt, omnia que in carta ista exprimuntur continentes. — Promisi etiam et promitto me rogaturam dominum Papam et alias personas, quas dictus comes, heredes ejus vel eorum mandatum michi nominabunt, ut super dictis conventionibus sive promissionibus litteras suas patentes confirmatorias testimoniales conficiant et tradant comiti supradicto et heredibus suis jam dictis. — Suppono etiam me jurisdictioni prelatorum quorumcunque, qui michi a dicto comite vel heredibus suis supradictis vel eorum mandato fuerint nominati, in quorum diocesibus fuero vel terram habuero, petendo, supplicando humiliter eisdem ut, si contra predictas convenciones sive promissiones vel aliquam earum aliquo tempore contingeret me venire, in personam meam excommunicationis et in terram meam interdicti sententias promulgarent, et usque ad condignam satisfactionem easdem facerent inviolabiliter observari. — Volo etiam et concedo quod me et heredes meos ad restitutionem omnium dampnorum et expensarum, hujusmodi occasione factarum, dicto comiti et ejus heredibus supradictis compellant, cessionibus et conventionibus supradictis nichilominus in suo robore duraturis. — Juravi etiam quod ante confectionem harum litterarum dictos comitatus vel alterum eorum vel etiam partem dicte terre nemini dederam, vendideram vel concesseram, excepto hoc quod promisi septingentas libratas terre ante confectionem istarum litterarum, que non poterunt capi nec solvi in terra a dicto comite michi assignata, nisi forte centum librate terre quas promisi et concessi Florentio de Villa, militi, per litteras meas sub certo modo, que etiam ibidem non assignabuntur nisi jus domini regis ad hoc me compellat. Et ego me defendam in causa, quantumcumque potero, bona fide. — Nec jus, si quod ibi habebam vel habere poteram, vel actiones meas, si quas habebam, alicui cesseram, vel quocunque alio modo alienaveram, nec de cetero cedam vel alienabo jus vel actiones, si quas habebam vel habueram ante compositionem istam, ad petendum dictos comitatus vel alterum eorum. — Predicta omnia, universa et singula, juravi tactis sacrosanctis me servaturam et impleturam, et quod nullo tempore per me vel per alium contraveniam; et quod non procurabo quod ab hoc juramento absolvar vel quod ad aliquod jus petendum in supradictis restituar; et quod, si quod horum ab aliquo pro me esset impetratum, per me vel per alium non utar; et quod nec jam dictum comitem nec supradictos heredes ipsius super premissis, per me vel per alium, de cetero molestabo; sub eodem juramento renuntians litteris impetratis et impetrandis super premissis, et omni privilegio et omni auxilio juris canonici et civilis. — Propter cessiones autem, quittationes et conventiones et alia supradicta dedit michi dictus comes Campanie quadraginta milia librarum Turonensium in peccunia numerata et plene satisfecit michi de dicta peccunie summa. — Dedit insuper michi et assignavit duo milia libratarum terre in terra plana, in comitatibus Campanie et Brie, in qua nec habebo fortericiam nec potero facere, quam teneo et tenebo in allodio, ad usus et consuetudines aliorum allodiorum Campanie et Brie, quamdiu vixero. — Post decessum autem meum heres meus, si citra mare fuerit, homagium inde faciet dicto comiti vel heredi ejus. Si autem citra mare non venerit dictus heres, requiret per nuntium suum et suas litteras patentes a comite Campanie vel herede ejus dictam terram. Et tunc dictus comes vel heres ejus sine dilatione remittet nuntium suum, cum litteris suis patentibus, qui loco ejus recipiet homagium ligium a dicto herede. Et dictus heres nuntio comitis vel heredis ejus faciet homagium ligium, quod recipiet nuntius nomine comitis. Et dabit dictus heres dicto nuntio litteras suas patentes de facto homagio et super hoc litteras testimoniales Templi vel Hospitalis vel patriarche Jherosolimitani. Et debent hec fieri infra annum a morte mea vel heredis mei qui dictam terram post me tenuerit. Et simili modo imperpetuum fiet, herede meo vel eo qui terram tenuerit moriente, et simili modo comite seu herede suo moriente. — Mortuo autem eo qui dictam terram michi assignatam tenuerit, si ultra mare decesserit, omnes proventus intermedii temporis per manum dicti comitis vel heredis ejus reservabuntur, et successori meo, scilicet heredi meo, restituentur. — Si autem heres meus infra annum non mitteret pro homagio faciendo, sicut predictum est, proventus terre essent dicti comitis vel heredis ejus usque ad factum homagium. — Si autem per comitem vel heredem ejus staret quominus ipsi fieret homagium infra annum, cum fuisset competenter requisitus, nichil heredi meo deperiret; sed omnes proventus totius temporis intermedii heredi meo salvi essent, et saisina terre ballivo ejusdem heredis mei traderetur. — Nichilominus tamen, cum ad heredem meum dictus comes vel heres ejus nuntium mitteret, ipsi nuntio facere homagium eo modo quo dictum est heres meus teneretur. Insuper ballivus heredis mei in terra dicta comiti jurabit fidelitatem se servaturum quamdiu erit ballivus, et de dicta terra dicto comiti vel heredi ejus competentia servitia se facturum quamdiu heres meus moram fecerit ultra mare. — Sciendum autem est quod, si dictus comes decederet sine herede vel heredibus de uxore vel uxoribus, sicut supradictum est, propter ista que in carta ista continentur michi vel heredi meo non minueretur jus vel augmentaretur in aliquo quin ego et heres meus essemus in eodem puncto prosequendi jus nostrum, si quod haberemus, in quo eramus ante hec omnia supradicta, salvo doario Margarete comitisse Campanie, uxoris dicti comitis, filie domini Archembaudi de Borbonio, quod tale est : Spernacum, Virtutum, Sezannia, Cantumerula, Pontes, Nogentum, Meriacum, Peantium, et castellanie et pertinentie eorumdem locorum, Semonia et Borbona. Salvis etiam pactionibus initis super maritagio dicte Margarete pro triginta et sex milibus librarum Parisiensium, in maritagio eidem Margarete a dicto A. patre suo datis; ita tamen quod de dicta peccunia data in maritagio nichil poterit capi in terra predicta michi assignata. — Super predicte terre assignatione nec non quadraginta milium librarum satisfactione teneo me pro paccata et confiteor me gratum meum recepisse, renuntians exceptioni terre non assignate et peccunie non numerate, et omni privilegio et auxilio juris canonici et civilis, et omni alii exceptioni que posset obici contra factum hujusmodi vel presens instrumentum, et omni penitus suffragio quod michi vel heredibus meis posset in hoc facto prodesse et dicto comiti vel heredi ejus obesse. — Et sciendum quod, post mortem meam, dictus comes dictam terram teneret et retineret usque dum dictus heres meus omnia supradicta laudasset et approbasset, si heres meus requisitus nollet conventiones supradictas laudare et approbare. — Facta vero sunt et dicta hec omnia premissa in presentia domini Ludovici, Dei gratia regis Francie illustris, quem rogavi et rogo ut super premissis omnibus litteras suas patentes, totam seriem istarum litterarum continentes et omnia supradicta confirmantes, conficiat et tradat dicto comiti, sigilli sui munimine roboratas, et quod faciat omnia supradicta in feodis suis et baronum Francie tanquam dominus firmiter observari, et quod de cetero aliquem contra predicta venientem non audiat, nec in regno suo ab aliquo audiri permittat. — Item sciendum quod predictus karissimus dominus meus Ludovicus, Dei gratia rex Francie illustris, predictum Theobaldum regem Navarre, Campanie et Brie comitem palatinum, investivit de predicto jure, de quo, ut continetur superius, me in manu ipsius devestivi secundum conventiones supradictas. — In cujus rei testimonium, presentes litteras fieri volui sigillorum meorum munimine roboratas. — Actum anno gratie M° CC° tricesimo quarto, mense septembri.

Les pièces cotées *Champagne*, IX, n⁰ˢ 13 et 14, sont identiques, et scellées l'une et l'autre des deux sceaux d'Alix, reine de Chypre, décrits dans l'*Inventaire* sous les n⁰ˢ 11802 et 11803. Ces deux sceaux en cire rouge sont appendus à chacun des actes : le premier (sceau secret, *Inventaire*, n° 11802) sur lacs de soie verte;. le second (sceau de majesté, *Inventaire*, n° 11803) sur lacs de soie rouge. — La pièce cotée n° 32 n'était scellée que d'un seul sceau appendu à l'acte sur lacs de soie rouge et verte. La rédaction de cette pièce est la même que celle des pièces précédentes, sauf le retranchement de quelques formules; de plus, on lit au dos de celle-ci l'annotation suivante : *Duplex, non scribatur*. — Le n° 36 est un vidimus délivré au mois de février 1249-50 par l'official de Troyes.

2515 1234. Septembre.

Litteræ Theobaldi, Campaniæ comitis, de duobus millibus libratis terræ a se reginæ Cypri assignatis.

(J. 433. — Chypre, n° 1. — Original scellé.)

Excellentissimo domino suo Ludovico, Dei gratia regi Francorum illustri, Th. Campanie et Brie comes palatinus, salutem et, cum sincera dilectione, paratam ad bene placita voluntatem. — Cum ego tenear assignare et liberare regine Cypri duo millia libratarum terre pro compositione facta inter me et eandem reginam, prout in meis et suis litteris super hoc confectis plenius continetur, dominationem vestram rogo et requiro ut, si antequam assignata et liberata fuerit terra predicta, prout conventum est, me mori contigerit, vos eam assignari et liberari dicte regine Cypri de mea terra faciatis; et de hoc faciendo post mortem meam vobis plenam potestatem concedo. — Idem volo et concedo quod fiat nuntio ejus certo, si eandem reginam contingat recedere a regno Francie, antequam terra predicta fuerit assignata, et similiter volo quod assignetur heredi suo vel certo ipsius nuntio, si eandem reginam decedere contingat antequam assignata fuerit, ut conventum est, terra memorata. — In cujus rei testimonium, presentes litteras fieri volui sigilli mei munimine roboratas. — Actum anno gratie millesimo ducentesimo tricesimo quarto, mense septembri.

Sceau de Thibaud IV, comte de Champagne et de Brie; cire blanche, double queue; second sceau, décrit dans l'*Inventaire* sous le n° 573.

2314 1234. Septembre.

Aelis regina Cypri Ludovicum regem deprecatur ut cessionem jurium suorum, a se Theobaldo comiti factam, auctoritate regia confirmare velit.

(J. 433. — Chypre, n° 2. — Original scellé.)

Excellentissimo et karissimo domino suo Ludovico, Dei gratia regi Francorum illustri, A. (Aelis) eadem gratia regina Cypri, salutem et sinceram dilectionem. — Excellentie vestre supplicamus et vos requirimus quatinus subscriptis litteris vestrum apponi faciatis sigillum :

Ludovicus, Dei gratia Francorum rex. Noverint universi presentem paginam inspecturi quod nobilis mulier Aelis regina Cypri, in presentia nostra constituta, quittavit karissimo consanguineo et fideli nostro Th. (Theobaldo), Campanie et Brie comiti palatino, omne jus quod habebat vel dicebat se habere in comitatibus Campanie et Brie et pertinentiis eorumdem, et de eodem jure se devestivit in manu nostra. — Et nos, ad petitionem dicte regine, investivimus de eodem jure dilectum et fidelem nostrum Archembaudum de Borbonio, nomine dicti comitis, salvo hoc quod, si dictus comes decederet sine herede ab ipso linea matrimoniali descendente, supradicta non obessent dicte regine quin posset petere dictos comitatus, sicut poterat ante, nec propter supradicta jus suum minueretur vel augmentaretur. — Promisimus etiam quod, quando assisia duorum milium libratarum terre erit facta dicte regine, nos omnia, sicut continentur in carta dicte regine tradita dicto comiti,

faciemus scribi et sigillari et tradi dicto comiti; et, hiis omnibus supradictis scriptis et sigillatis et dicto comiti traditis, presentes littere nobis reddentur. — Actum anno gratie M° CC° tricesimo quarto, mense septembris.

Sceau secret d'Alix, reine de Chypre; cire rouge, double queue; décrit dans l'*Inventaire* sous le n° 11802.

2315 1234. Septembre.

(J. 346. — Régale, I, n° 18. — Original.)

R. (Robertus) decanus et totum capitulum Cenomanensis ecclesiæ excellentissimum dominum suum Ludovicum Francorum regem certiorem faciunt a se Gaufridum, cantorem ecclesiæ suæ, virum utique discretum, providum et honestum, in episcopum et pastorem electum fuisse; quapropter excellentiam regiam attentius exorant ut sua eidem regalia, in manu regia detenta, pacifice et quiete restituat. — « Bene et diu valeat excellentia vestra. — Datum anno gratie M° CC° XXX° quarto, mense septembri. »

Traces de sceau sur simple queue. — Le sceau de Robert Iᵉʳ de Domfront, doyen de l'église du Mans, ne s'est pas conservé.

2316 Toulouse. 1234. Jeudi 26 octobre.

(J. 314. — Toulouse, VII, n° 13. — Original.)

Instrumentum quo Guausbertus de Doma, miles Caturcensis, spontanea sua voluntate, se hominem et militem domini Ramundi comitis Tolosani profitetur, et recognoscit se a dicto comite tenere quidquid habet et tenet in episcopatu Cadurcensi, sicut et ipsius antecessores præfati comitis ejusque antecessorum homines ligii semper fuerunt. — « Actum fuit hoc ita et concessum Tolose, VI. die exitus mensis octobris, die jovis, regnante Lodoico Francorum rege, et eodem domino R. Tolosano comite, et R. (Ramundo) episcopo, anno M° CC° XXX° quarto, ab incarnatione Domini. — Testes sunt hujus rei : Bertrandus frater ipsius domini comitis, et Poncius de Villanova, et Pontius Martinus de Castronovo, et Jordanus Hunaldus de Lantari, et Arnaldus Barascs, et Bertrandus de Cardeilhaco, et Girbertus de Castelnou, et Petrus de Valon, et Petrus de Marssano, et Bernardus Aimericus, publicus Tolose notarius, qui cartam istam scripsit. »

2317 1234. Octobre.

(J. 397. — Pariages, n° 6. 2. — Original scellé.)

Landricus prior Karitatensis et totus ejusdem loci conventus notum faciunt a se fratrem Willelmum, priorem Beatæ Mariæ de Porta Sancti Leonis Senonensis, procuratorem suum constitutum fuisse, ratum habentes quidquid dictus Willelmus cum excellentissimo domino Ludovico Francorum rege pro societate ineunda tractaverit. — « Actum anno gratie m° cc° tricesimo quarto, mense octobri. »

<small>Sceau de Landri, prieur de la Charité-sur-Loire; cire brune, double queue; décrit dans l'*Inventaire* sous le n° 9497. — Voyez la pièce suivante.</small>

2518   **1234. Octobre.**

Litteræ prioris et conventus Karitatis super societate quam cum domino rege inierunt pro villis de Grangiis, de Corocello, de Villaribonoso et quibusdam aliis.

<small>(J. 307. — Paringes, n° 6. — Original scellé.)</small>

Omnibus presentes litteras inspecturis, frater Landricus humilis prior de Karitate, totusque ejusdem loci conventus, salutem in Domino. — Noverint universi quod nos unanimi et concordi assensu, et voluntate prioris domus nostre Beate Marie de Porta Sancti Leonis Senonensis et capituli sui, associavimus excellentissimum dominum Ludovicum, illustrem regem Francorum, in omnibus que nostri juris erant apud Grangias juxta Thorigniacum, excepto tamen situ domus nostre, et terra nostra arabili, et censivis et costumis nostris que non sunt de associatione ista, tali conditione quod supradictam villam manutenebit et nulli dare poterit nec a manu sua propria alienare, neque heredes sive successores sui. — Et quocumque modo ipsa villa creverit in omni melioratione et emendatione, dominus rex percipiet medietatem et nos accipiemus aliam. — Prepositus vero, qui in villa fuerit, per dominum regem et per nos communiter apponetur, et fidelitatem domino regi et nobis faciet. — Associavimus etiam eundem dominum regem toti justicie et tallie de Grangiis; sed dicior, qui talliabitur in illa villa, solvet viginti solidos tantum de tallia et nichil amplius; et alii minores descendendo, decem et novem, vel decem et octo solidos, vel minus, secundum quod erunt et secundum possibilitatem eorum. — Sed pauperes habentes domum vel domos in illa villa solvent de tallia quinque solidos ad minus. — Forenses vero, non habentes domos vel mansiones proprias, in villa manentes, solvent tres solidos tantum de tallia vel minus, secundum posse suum. — Associamus etiam eundem dominum regem in furnis nostris qui in eadem villa sunt vel erunt. — Addimus etiam in hac associatione domini regis homines nostros de Corocello, de Villaribonoso, de Thorigniaco, de Florigniaco, de Monstellant et de Sancto Martino super Orosam, juriditione consimili qua homines nostri de Grangiis superius prenotantur. — In cujus rei memoriam et testimonium, presentes litteras sigillorum nostrorum munimine fecimus roborari. — Actum anno Domini m° cc° tricesimo quarto, mense octobri.

<small>Deux sceaux en cire brune pendants sur double queue : 1° sceau de Landri, prieur du couvent de la Charité-sur-Loire, décrit dans l'*Inventaire* sous le h° 9497; 2° sceau du couvent de la Charité, *Inventaire* n° 9391.</small>

2519   **Paris. 1234. Novembre.**

Litteræ quibus dux Britanniæ se supponit voluntati domini regis.

<small>(J. 241. — Bretagne. Coffre, u° 11. 1. — Original scellé.)</small>

Ego P. (Petrus) dux Britannie, comes Richemontis, notum facio universis, ad quos littere presentes pervenerint, quod ego in karissimum dominum meum Ludovicum, regem Francie illustrem, et in illustrem dominam B. (Blancham) reginam, matrem ejus, me compromisi et me supposui voluntati eorum, *haut et bas*, de omnibus illis que pro se voluerint dicere; et sicut dixerint, ego faciam. — Preterea de hiis negotiis que pertinent ad barones et milites Britannie qui venerunt ad servitium ipsius domini regis, et homines et imprisios eorum, et etiam de hiis negotiis que spectant ad nobilem virum H. (Hugonem) comitem Marchie, de predicta compromissione et istis conventionibus bona fide tenendis et firmiter observandis, ego eidem domino regi tradidi in ostagium Castrum celsum, Marolium et Sanctum Albinum; que castra, predicta faciendo, idem dominus rex michi debet liberare a Pascha proximo venturo in tres annos. — Hec autem omnia que supradicta sunt juravi super sacrosancta me bona fide tenere et adimplere et firmiter observare. Et ut hec omnia rata et inconcussa permaneant, presentes litteras sigilli mei munimine roboravi. — Actum Parisius, anno Domini m° cc° tricesimo quarto, mense novembris.

Sceau de Pierre Mauclerc, duc de Bretagne; cire blanche, double queue; décrit dans l'*Inventaire* sous le n° 534.

2320   Paris. 1234. Novembre.

Litteræ Petri ducis Britanniæ de fide domino regi a se promissa, et de castris S. Jacobi Beveronis, Belismi et Petrariæ eidem traditis.

(J. 241. — Bretagne. Coffre, n° 14. — Original scellé. = J. 240. — Bretagne. Layette, n° 4. — Copie.)

Ego P. (Petrus), dux Britannie et comes Richerimontis, notum facio universis, presentibus pariter et futuris, me jurasse super sacrosancta quod ego karissimo domino meo Ludovico regi Francie illustri et domine B. (Blanche) regine Francie illustri, matri ejus, bene et fideliter serviam, et eos juvabo bona fide contra omnem creaturam que possit vivere et mori, et quod nec de me nec de filio meo vel de filia mea, vel de aliqua alia re in mundo, aliquam colligationem vel confederationem faciam vel fieri permittam, pro posse meo, per matrimonium vel alio modo, cum rege Anglie vel cum Richardo fratre ejus, vel cum aliquo alio de suis, vel cum aliquibus aliis qui eundem dominum regem aut regnum suum guerrearent vel cum ipso treugam haberent. Set eidem et heredibus suis et domine regine matri ejus semper fideliter adherebo. — Preterea ego quittavi et quitto in perpetuum eidem domino regi et heredibus suis castrum Sancti Jacobi de Bevrone firmatum, sicut modo est, et quicquid de dono ejusdem domini regis in comitatibus Cenomanensi et Andegavensi habebam, et castra Belismi et Petrarie, cum eorum pertinentiis, tali modo quod, nec ego nec heredes mei, in eis aliquid de cetero reclamabimus nec poterimus reclamare. Et promisi firmiter quod eidem domino regi litteras suas, quas exinde habebam, infra instantem Nativitatem Domini redderem. — In cujus rei testimonium, presentes litteras eidem domino regi sigilli nostri munimine roboratas [dedi]. — Actum Parisius, anno Domini m° cc° tricesimo quarto, mense novembri.

Sceau en cire verte, sur lacs de soie rouge. Voyez l'*Inventaire*, n° 534. — La pièce cotée *Bretagne. Layette n° 4*, est une copie insérée dans un cahier en parchemin qui contient sept pièces relatives à la Bretagne, datées de 1234 à 1391.

2321   1234. Novembre.

(J. 322. — Toulouse, XIII, n° 55. — Original roman.)

Acte, divisé par A. B. C., par lequel Raymond de Néricers, bailli du château de Puylaurens pour R. comte de Toulouse, et Raymond de Dornia déclarent avoir transféré et cédé à titre d'échange, du gré et consentement de Hugues d'Alfaro, à Raymond de Paders et à ses héritiers xviii. d. Toulousains de service dus chacun an auxdits comte de Toulouse et Raymond de Dornia par Arnautz Rocas et sa femme, fille de feu Guillaume de Saverdun (*Savardu*). — « Testes sunt : Willelmus del Bosc, et Gausbertz de Solers, et R. del Potz Macips, et R. Alseus qui hanc cartam scripsit, anno ab incarnatione Domini m. cc. xxx. iiii, mense novembri, Lodoyco rege regnante, R. (Raimundo) Tolosano comite, R. (Raimundo) episcopo. »

2322   1234. Novembre.

Aelis regina Cypri venditionem feodorum in comitatibus Carnotensi, Blesensi, etc., Theobaldo comiti Campaniæ pertinentium, domino regi ab eo factam approbat.

(J. 433. — Chypre, n° 4. — Original scellé.)

Universis presentes litteras inspecturis, A. (Aelis), Dei gratia regina Cypri, salutem in Domino. — Notum facimus quod nos venditionem illam, quam dilectus consanguineus noster Theobaldus comes Campanie fecit illustrissimo domino Ludovico regi Francie de feodis Blesensibus, Carnotensibus, Castriduni, Sacricesaris et eorum pertinentiis, pro quadraginta milibus libris Turonensium, quas idem dominus rex nobis solvit pro comite supradicto, et de quibus nos tenemus pro pagatis, volumus et concedimus, gratam gerimus et acceptam, et pro nobis et heredibus nostris quitamus eidem domino regi et ejus heredibus in perpetuum, si quid juris in dictis feodis vel eorum pertinentiis habebamus vel ullo unquam tempore habere debebamus. — Et, licet in compositione facta inter nos et supradictum comitem sit contentum et inter nos conventum quod, si idem comes sine herede, ab ipso matrimoniali linea descendente, decederet, jus nostrum, si aliquod habebamus in comitatibus Campanie atque Brie, nobis salvum sit, ita quod propter illam compositionem nichil nobis diminutum sit vel adauctum, non obstante hoc, dicta feoda cum eorum pertinentiis eidem domino regi et ejus heredibus concedimus habenda in perpetuum et tenenda, ita quod nec nos nec heredes nostri in predictis poterimus aliquid de cetero reclamare. — Et quod contra quitationem et concessionem istam per nos vel per alium nullo unquam veniamus tempore, sacramento firmavimus corporali. — Quod ut firmum et stabile permaneat in futurum, presentem paginam sigillorum nostrorum munimine duximus roborandam. — Actum anno Domini millesimo ducentesimo tricesimo quarto, mense novembris.

Ces lettres sont scellées en cire rouge, sur lacs de soie rouge et verte, des deux sceaux que la reine de Chypre employait simultanément, et qui sont décrits dans l'*Inventaire* sous les nos 11802 et 11803. Voyez l'observation à la suite du n° 2312.

2525   Paris. 1234. Novembre.

Ansellus Laudunensis et Philippus Cathalaunensis episcopi præcedentem obligationem reginæ Cypri testimonio suo corroborant.

(J. 433. — Chypre, n° 3. — Original scellé.)

Ansellus, Dei gratia Laudunensis, et Ph. eadem gratia Cathalanensis episcopi, universis ad quos presentes littere pervenerint, eternam in Domino salutem. — Notum facimus quod, constituta in presentia illustrissimi domini nostri Ludovici regis Francie et domine regine matris ejus, A. (Aelis), illustris regina Cypri, presentibus nobis et multis aliis magnis viris, recognovit quod ipsa vendicionem illam, quam nobilis vir Theobaldus comes Campanie fecit eidem domino regi de feodis Blesensibus, Carnoti, Sacricesaris, Castriduni et eorum pertinentiis pro quadraginta milibus libris Turonensium, volebat et concedebat, gratam gerebat et acceptam, etc. (*Quæ sequuntur, mutatis mutandis, eisdem verbis constant ac præcedentes litteræ*). — Nos autem, in testimonium predictorum, presentes litteras, ad peticionem ipsius regine Cypri, sigillorum nostrorum appensione fecimus communiri. — Actum Parisius, anno Domini M° CC° tricesimo quarto, mense novembri.

Deux sceaux en cire jaune pendants sur double queue. — Le sceau d'Anselme de Rosoi, évêque de Laon, est décrit dans l'*Inventaire* sous le n° 6637; celui de Philippe II de Nemours, évêque de Châlons-sur-Marne, n'a pas été décrit : Sceau ogival, l'évêque debout, vu de face, mitré, crossé et bénissant. Légende : ✝ SIGILLUM [PHILIP]PI CATHALAUNENSIS EPISCOPI. Au contre-sceau un buste de saint Étienne lapidé. Légende : ORAT NOBIS DOMINUM MARTYR.

2524   1234. Samedi 16 décembre.

(J. 304. — Toulouse, II, n° 56. — Original.)

Arnaldus bajulus S. Romani notum facit se, pro domino suo R. comite Tolosæ ejusque nomine, duas bracias et dimidiam horti, sitas inter hortum Guillelmi de Vallibus et hortum Ramundi Boerii, Petro Boerio ejusque ordinio, mediantibus certis annualibus pensionibus, in feudum dedisse. — « Hoc fuit factum XVI. die introitus mensis decembris, feria VII, regnante Lodovico Francorum rege, Ramundo Tolosano comite, et Ramundo episcopo, anno M° CC° XXX° quarto ab incarnatione Domini. — Hujus rei sunt testes : Bernardus Boerius, Guillelmus de Vallibus, et Willelmus Vasco qui cartam istam scripsit. »

2525   1234. Lundi 18 décembre.

(J. 328. — Toulouse, XIX, n° 1. 10. — Copie.)

Instrumentum quo notum fit Affidatum, filium defuncti Guillelmi Affidati, quidquid juris habebat vel habere debebat apud Paolhacum Thomæ Borcello, dominæ Avæ ejus uxori, eorumque ordinio vendidisse. — « Actum fuit XIII° die exitus decembris, feria II, Lodoico Francorum rege regnante, Ramundo Tolosano comite, Ramundo episcopo, anno M° CC° XXX° quarto, ab incarnatione Domini — Hujus rei sunt testes : R. Baronbonus, et R. Garnerius, et Rogerius de Palatio, et Petrus Borrellus qui ad faciendam inde cartam susceperat mandamentum, sed morte preventus non potuit inde conficere instrumentum. Post cujus mortem consules Tholose, urbis et suburbii, scilicet : Garinus de Roaxio, Ar. Barravus, B. de Miramundo, A. W. de S. Barcio, Poncius de Siolh, B. S. Guerius, Oldricus Maurandus, Maurandus de Bello Podio, R. Rogerius, R. Borrellus, cognoverunt judicio et dixerunt sic Martinus Chinus et P. de Bececo, vel quilibet ipsorum duorum, possint facere et scribere cartas de materiis dicti Petri Borrelli qui fuit, secundum tenorem et formam illarum materiarum; et ille carte, quas iidem Martinus Chinus et P. de Becceto, vel quilibet amborum, fecerint et scripserint de materiis dicti P. Borelli, sicut predictum est, habeant eandem firmitatem per omnia tempora ac si dictus Borellus vivus dictas cartas manu sua propria scripsisset. — Hoc fuit ita a predictis consulibus cognitum et judicatum VI. die exitus mensis junii, Lodoico Francorum rege regnante, Raimundo Tolosano comite, Raimundo episcopo, anno M° CC° XXX° V° ab incarnatione Domini. »

Extrait d'un rouleau qui contient la transcription de trente et une pièces du douzième et du treizième siècle, et qui est intitulé : *Transcripta instrumentorum magistri Johannis Dominici super facto Gimelli.* »

2526   Vincennes. 1234. Décembre.

(J. 199. — Champagne, VII, n° 28. — Original scellé.)

Ludovicus, Franciæ rex, notum facit se concessisse ut de omnibus debitis et mobilibus, quæ Guillelmus Bertrandi et Bertrandus, frater ejus, in ipsius terra habebant, uxor prædicti Guillelmi et Giraudus Bertrandi unam habeant medietatem, sibi domino regi altera medietate remanente. De debitis autem et mobilibus quæ prædicti fratres in terra Theobaldi comitis Campaniæ possidebant, ipse rex unam similiter habebit medietatem; præfati vero uxor Guillelmi et Giraudus Bertrandi, alteram. — « Actum apud Vicenas, anno Domini M° CC° tricesimo quarto, mense decembri. »

Sceau en cire blanche sur double queue. — Voyez dans l'*Inventaire*, n° 41, la description du premier sceau de Louis IX.

2527   1234.

(J. 203. — Champagne, XI, n° 31. — Original.)

Decanus et capitulum Beati Nicholai de Sezannia notum faciunt, cum ex quodam molendino apud Craaudon, juxta ipsorum molendinum, ab illustrissimo domino suo Theobaldo rege Navarræ, Campaniæ comite, ædificato, plurima damna sustinerent, præfatum regem, ad ipsorum preces, inquisita et recognita veritate, prædictum molendinum destrui fecit penitus et subverti. — Notum faciunt insuper præfatum regem pro damnis, quæ ex hala apud Sezanniam ab eo de novo constructa quoad stalla sua sustinebant, sibi concessisse ut de primis denariis ejusdem halæ viginti libras Pruvinensium annuatim reciperent. — « In cujus rei testimonium, presentes fecimus litteras sigilli nostri munimine roborari. Actum anno gratie M° CC° tricesimo quarto. »

Traces de sceau pendant sur double queue. — Le sceau du chapitre de Saint-Nicolas de Sézanne ne s'est pas conservé.

2528   1234.

(J. 213. — Rouen, II, n° 3. — Original.)

Willelmus abbas et conventus de Cormelliis in Normannia notum faciunt, cum Ludovicus Francorum rex sibi, divinæ pietatis intuitu, concesserit ut in bosco de Noione sicco ducenta milliaria escnlæ ad tegendam ecclesiam suam de Cormelliis fieri facerent, et ibidem triginta quercus caperent ad stalla sua exstruenda, se nolle ut ex hac concessione, una vice sibi facta, ullam unquam consuetudo in præfato nemore a se sit reclamanda. — « In cujus rei testimonium, presentibus litteris sigilla nostra fecimus apponi. Actum anno gratie M° CC° XXX° quarto. »

Traces de deux sceaux pendants sur simple queue. — Le sceau de Guillaume, abbé du monastère de Cormeilles, au diocèse de Lisieux, ne nous est pas parvenu; le sceau de l'abbaye est décrit dans l'*Inventaire* sous le n° 8209, d'après un type appendu à un acte daté de 1243.

2529   1234-35. 2 janvier.

(J. 344. — Élections, n° 8. — Original.)

Litteræ Th. prioris et conventus S. Quintini in Insula excellentissimo domino suo Ludovico regi, quem certiorem faciunt de morte Petri quondam abbatis sui, ab eodem rege licentiam abbatis eligendi, per dilectos suos R. suppriorem et fratrem Johannem de Bethunia, dictæ ecclesiæ monachos, humiliter rogantes. — « Datum anno Domini M° CC° XXX° quarto, in crastino Circumcisionis. »

Traces de sceau sur simple queue. — Le sceau de l'abbaye de Saint-Quentin-en-l'Isle, au diocèse de Noyon, est décrit dans l'*Inventaire* sous le n° 8390, mais d'après un type appendu à un acte daté de 1427.

2530   1234-35. Dimanche. 28 janvier.

Litteræ Hugonis ducis Burgundiæ de conventionibus inter se et Theobaldum regem Navarræ initis.

(J. 198 B. — Champagne, VI, n° 69. — Original.)

Ego Hugo dux Burgondie notum facio universis quod ego sum juratus illustri viro Th. (Theobaldo), Dei gratia regi Navarre, Campanie et Brie comiti palatino, ad juvandum ipsum, salva fidelitate domini regis Francie et domine regine matris ejus, et episcopi Lingonensis, contra omnes gentes que possunt vivere et mori; et de omnibus discordiis, que sunt et que orirentur inter me et comitem Nivernensem, me posui super eumdem regem Navarre ad faciendum super hoc voluntatem ejusdem regis Navarre. — Et confederatus sum domino Archambaldo de Borbonio; quam confederationem teneor observare per juramentum meum, secundum quod continetur in litteris meis et ipsius Archambaldi patentibus, formam comfederationis inter me et ipsum Archambaldum habitam continentibus. Et, si inter me et dictum Archambaldum super dicta confederatione vel alia conventione oriretur discordia, ego et ipse nos posuimus super regem Navarre ut de hiis faciat ad voluntatem suam; in hoc tamen salvam esse volo comfederationem regis Navarre, nec aliquam comfederationem possum facere cum alio de cetero, sine consensu ejusdem regis Navarre. — Et, ut predicte conventiones firmius observentur, juravi quod fatiam securitatem, ad dictum venerabilis patris Roberti episcopi Lingonensis et domini Petri de Janicuria, quod eas firmiter observabo. Et quotiens a dictis Roberto episcopo et Petro fuero requisitus, teneor infortiare, meliorare et renovare securitatem de predictis conventionibus observandis ad dictum eorumdem Roberti episcopi et Petri de Janicuria. — Supposui eciam me et terram meam jurisdictioni venerabilium patrum Eduensis, Lingonensis et Trecensis episcoporum, quod, si venirem contra dictas conventiones vel aliquam illarum, quilibet dictorum episcoporum posset in personam meam excommunicationis et in terram meam interdicti sentencias promulgare, salvo tamen in aliis privilegio meo quod habeo quod non possit aliquis personam meam excommunicare nisi dominus papa. — Si vero contingeret dictum regem Navarre exire Campaniam et Briam, et proficisci Navarram vel alibi, ego remanerem eodem modo obligatus illi qui remaneret loco regis Navarre, sicut sum obligatus ipsi regi Navarre, et terram ejus tenerer servare et juvare; et ille similiter, qui remaneret loco ejus, esset michi obligatus et terram meam teneretur servare et juvare, sicut ipse rex Navarre. — Et eodem modo, si exirem de terra mea, remaneret rex Navarre obligatus illi qui esset loco mei, si rex esset presens; et, si esset absens idem rex Navarre, ille qui esset loco ejus remaneret obligatus illi qui esset loco mei. Et eodem modo, si essem absens, ille qui esset loco mei remaneret obligatus dicto regi Navarre vel illi qui esset loco ejus, si rex Navarre esset absens; et teneretur terram ejus servare et juvare sicut ego. — Et, si super dictis conventionibus vel aliqua illarum oriretur discordia, ego starem super hoc dicto domini Roberti episcopi Lingonensis et Petri domini Janicurie. Et per dictas conventiones tenendas venit idem rex Navarre ad homagium meum. — Et ut predicta omnia inconcussa permaneant, presentes litteras sigillo meo munivi et omnia predicta juravi super sacrosancta me firmiter servaturum. — Actum anno Domini M° CC° XXX° quarto, mense januario, dominica ante Candelas.

Traces de sceau pendant sur double queue. — Le sceau de Hugues IV, duc de Bourgogne, second sceau, est décrit dans l'*Inventaire* sous le n° 469.

2331 Asnières. 1234-35. Janvier.

Litteræ Ludovici regis quibus attestatur Johannem et Balduinum de Avesnis, filios Buchardi et Johannæ comitissæ, ad ætatem sui juris, secundum consuetudines Flandriæ, pervenisse.

(J. 535. — Flandre, I, sac 4, n° 1. — Original scellé.)

Ludovicus, Dei gratia Francie rex, universis ad quos littere presentes pervenerint, salutem. — Notum facimus quod, in presentia dilecte consanguinee ac fidelis nostre J. (Johanne) comitisse Flandrensis et hominum ipsius, probatum fuit legitime coram nobis quod Johannes, Buchardi de Avesnis militis filius, mense aprili preterito sexdecim annorum fuerat, et quod Balduinus, frater ejus, ejusdem Buchardi postnatus, quindecim annorum fuerat mense septembri nuper preterito. — Et ibidem judicatum fuit ab hominibus comitisse predicte quod etas illa sufficiens erat, secundum consuetudines que in Flandria observantur. — In cujus rei testimonium, sigillum nostrum litteris presentibus duximus apponendum. — Actum apud Asnerias, anno Domini M° CC° tricesimo quarto, mense januario.

Sceau en cire blanche sur double queue. — Voyez l'*Inventaire*, n° 41.

2332 Asnières. 1234-35. Janvier.

(J. 238. — Boulogne, I, n° 14. — Déficit.)

Litteræ Ludovici Franciæ regis Bernardo Frigidimontis abbati, ordinis Cisterciensis, cui mandat ut loco Guillelmi de Alneto militis et magistri Richarii, quos Philippus quondam Boloniæ comes testamenti sui curatores instituerat, sed nunc defunctorum, ejusdem testamenti curam suscipiat. — « Apud Asnerias, anno M° CC° XXX° IIII°, mense januario. »

Nous donnons, d'après l'inventaire de Dupuy, la notice de cette pièce et de la pièce suivante, qui ne sont plus dans les cartons et que nous n'avons pas pu retrouver ailleurs.

2333 1234-35. Janvier.

(J. 238. — Boulogne, I, n° 15. — Déficit.)

Litteræ M. (Mathildis) comitissæ Boloniæ, uxoris quondam Philippi comitis, Bernardo Frigidimontis abbati quibus eum deprecatur ut curam testamenti præfati comitis suscipiat. — « Anno M. CC. XXX. IV, mense januario. »

2334 1234-35. Samedi 3 février.

(J. 320. — Toulouse, XI, n° 46. — Original.)

Instrumentum, per litteras alphabeti in margine inferiori et superiori divisum, quo Alamannus de Roaxio, spontanea sua voluntate, Ramundum comitem Tolosæ absolvit et penitus liberum declarat de IIII. millibus et c. L.. solidis Tolosanis quos habebat de pignore super condaminam præfati comitis. — « Actum fuit hoc ita et concessum III. die introitus mensis febroarii, die sabbati, regnante Lodoico Francorum rege, et eodem domino Ramundo Tolosano comite, et R. (Ramundo) episcopo, anno M° CC° XXX° quarto ab incarnatione Domini. — Testes sunt hujus rei : Arnaldus de Escalquencis, et Ramundus Maurandus, et Arnaldus Johannes Cavallus, et Sicardus Alamannus, et Petrus Martinus de Castronovo, et Johannes Aurioli, *tres alii*, et Bernardus Aimericus qui cartam istam scripsit. »

2335 Paris. 1234-35. Février.

Litteræ Mathildis comitissæ Boloniæ de filia sua, absque consensu domini regis, non maritanda.

(J. 238. — Boulogne, I, n° 52. — Original scellé.)

Ego M. (Mathildis) comitissa Bolonie notum facio universis presentes litteras inspecturis, quod ego karissimo domino meo Ludovico, regi Francie illustrissimo, super sancta juravi quod filiam meam non maritabo nec concedam alicui seu promittam aliquo sponsalium aut matrimonii federe vel contractu, nisi de assensu et voluntate ipsius domini regis et domine regine genitricis ipsius. — Promisi etiam eidem domino regi firmiter et juravi quod eandem filiam meam, ab ipso domino rege michi ad custodiendum traditam, tenebo in comitatibus Clarimontis vel Dompni Martini, vel in domibus meis de Vivario vel de Molleya, ita quod non egredietur de eisdem comitatibus vel locis predictis nisi de assensu et voluntate ipsius domini regis. — Juravi etiam quod eidem domino regi vel ejus certo mandato reddam eandem filiam meam in loco in quo nunc est, videlicet apud Fontanas, quandocumque sibi placuerit, ab omni matrimonii vel sponsalium vel contractus cujuslibet vinculo, sicut modo est, liberam penitus et immunem, infra quindenam postquam super hoc ab ipso domino rege vel ejus certo mandato fuero requisita. — Has autem conveniones eidem domino regi et heredibus ejus per juramentum meum teneor observare, et super hiis observandis ipsi domino regi obligavi totam terram meam quam teneo de ipso; ita quod, si contra has conventiones vel aliquam earum ullo modo venirem, dominus rex totam eandem terram meam licite, sine mesfacere, posset capere in manu sua. — Super hiis etiam convencionibus, a me firmiter observandis, dilecti mei comes Sancti Pauli, comes Pontivi, vicedominus Pinconii, Matheus de Tria, Philippus de Nantolio, Galterus de Alneto, Guillelmus de Braieseure, Guillelmus Dignez, Simon de Levies, Maneserus de Contif, Rogerus Pesche-veron, Robertus de Tornella, Ansellus de Insula, Guillelmus Buticularius, Guillelmus de Milli, Theobaldus de Ambianis, Robertus de Pissiaco, Guillelmus Crispini, Guillelmus de Belsart et Johannes de Crievecuer, milites, pro me se plegios obligarunt erga eundem dominum regem de decem milibus marchis argenti, unusquisque videlicet super certa summa, sicut in litteris singulorum, quas super eadem plegiacione confectas penes se dominus rex habet, plenius continetur. — Quod si forte me decedere aut contra aliquam predictarum convencionum venire contingeret, unusquisque dictorum plegiorum teneretur domino regi solvere summam in litteris suis expressam, vel ipsi plegii eidem domino regi predictam filiam meam redderent in loco et statu in quo modo est, ab omni matrimonio vel contractus cujuslibet vinculo liberam penitus et solutam. — In cujus rei testimonium, presentes litteras feci sigilli mei munimine roborari. — Actum Parisius, anno Domini M° CC° tricesimo quarto, mense februario.

Sceau de Mathilde de Dammartin, comtesse de Boulogne; cire blanche, double queue; premier sceau, décrit dans l'*Inventaire* sous le n° 1060.

2336 Paris. 1234-35. Février.

Litteræ Simonis comitis Pontivi quibus, de præfatis pactionibus, usque ad duo millia marcharum se plegium constituit.

(J. 238. — Boulogne, I, n° 18. — Original scellé.)

Ego Symon comes Pontivi notum facio universis presentes litteras inspecturis, quod ego erga karissimum dominum meum Ludovicum, regem Francie illustrem, constitui me plegium de duobus milibus marcharum argenti pro karissima domina et nepte mea M. (Mathilde) comitissa Bolonie, tali modo quod, si ipsa a conventionibus inter eumdem dominum regem et ipsam initis de filia sua, prout in litteris ejusdem comitisse exinde confectis plenius continentur, resiliret, ego eidem domino regi vel ejus heredibus de predictis duobus milibus marchis argenti tenerer facere gratum suum, infra mensem postquam essem ab eodem domino rege vel ab ejus heredibus super hoc requisitus. Et nisi hoc facerem, idem dominus rex vel heredes sui ad totam terram meam, quam de ipso teneo, sine se mesfacere posset assignare. — In cujus rei testimonium, presentes litteras exinde confectas eidem domino regi tradidi sigilli mei munimine roboratas. — Actum Parisius, anno Domini M° CC° tricesimo quarto, mense februario.

Sceau de Simon de Dammartin, comte de Ponthieu; cire brune, double queue; décrit dans l'*Inventaire* sous le n° 1068. — Nous avons classé ces lettres de caution, n°s 2336 à 2348, en suivant l'ordre des noms, tels qu'ils sont énoncés dans les lettres de la comtesse de Boulogne; de cette manière, il est facile de reconnaître les lacunes et de constater que les obligations qui avaient été remises entre les mains du roi par le comte de Saint-Paul, Guillaume Diguez, et Robert de la Tournelle, lesquelles s'élevaient ensemble à la somme de deux mille deux cents marcs, n'étaient déjà plus dans les layettes du Trésor des chartes lorsque Dupuy rédigea son inventaire.

2337 Paris. 1234-35. Février.

(J. 238. — Boulogne, I, n° 26. — Original scellé.)

Litteræ G. (Gerardi) vicedomini de Piquiniaco, ejusdem argumenti et formæ, quibus pro karissima domina sua Mathilde comitissa, usque ad mille marchas argenti se plegium constituit. — « In cujus rei testimonium, presentes litteras sigilli mei feci munimine roborari. Actum Parisius, anno Domini M° CC° tricesimo quarto, mense februario. »

Sceau de Gérard, vidame de Picquigny, en Picardie (Somme, arr. d'Amiens); cire blanche, double queue; décrit dans l'*Inventaire* sous le n° 1075.

2338 Paris. 1234. Février.

(J. 393. — Securitates, n° 128. — Original scellé.)

Litteræ Mathei de Tria, militis, ejusdem argumenti et formæ, quibus pro karissima domina et consanguinea sua Mathilde comitissa, usque ad mille marchas argenti se plegium constituit. — « In cujus rei testimonium, presentes litteras exinde confectas eidem domino regi tradidi sigilli mei munimine roboratas. Actum Parisius, anno Domini M° CC° tricesimo quarto, mense februario. »

Sceau de Mathieu de Trye, dans le Vexin (Trye-Château et Trye-la-Ville, Oise, arr. de Beauvais, cant. de Chaumont-en-Vexin); cire blanche, double queue; décrit dans l'*Inventaire* sous le n° 3773.

2339 Paris. 1234-35. Février.

(J. 238. — Boulogne, I, n° 19. — Original scellé.)

Litteræ Philippi de Nantolio, militis, ejusdem argumenti et formæ, quibus pro karissima domina et consanguinea sua Mathilde comitissa, usque ad mille marchas argenti se plegium constituit. — « In cujus rei testimonium, presentes litteras exinde confectas eidem domino regi tradidi sigilli mei munimine roboratas. Actum Parisius, anno Domini M° CC° tricesimo quarto, mense februario. »

Sceau de Philippe de Nanteuil, en Valois (Nanteuil-le-Haudouin, Oise, arr. de Senlis); cire blanche, double queue; décrit dans l'*Inventaire* sous le n° 3037.

2340 Paris. 1234-35. Février.

(J. 238. — Boulogne, I, n° 22. — Original scellé.)

Litteræ Galteri de Alneto, militis, ejusdem argumenti et formæ, quibus pro karissima domina sua Mathilde comitissa, usque ad ducentas et quinquaginta marchas argenti se plegium constituit. — « In cujus rei testimonium, presentes litteras feci sigilli mei munimine roborari. Actum Parisius, anno Domini M° CC° tricesimo quarto, mense februario. »

Sceau de Gautier d'Aulnay, chevalier; cire blanche, double queue; fragment décrit dans l'*Inventaire* sous le n° 1235.

2341 Paris. 1234-35. Février.

(J. 238. — Boulogne, I, n° 30. — Original scellé.)

Litteræ Guillermi de Braeseyvra, militis, ejusdem argumenti et formæ, quibus pro karissima domina sua Mathilde comitissa, usque ad ducentas et quinquaginta marchas argenti se plegium constituit. — « In cujus rei testimonium, presentes litteras exinde confectas feci sigilli mei munimine roborari. Actum Parisius, anno Domini M° CC° tricesimo quarto, mense februario. »

Sceau de Guillaume de Braeseyvre?; cire blanche, double queue. — Sceau armorial non décrit : Un écu portant trois gerbes, brisé d'un lambel de cinq pendants. Légende : SIGILLUM GUILLERMI PISERNE. Au contre-sceau, un écu portant quatre gerbes, brisé d'un lambel de six pendants; sans légende. — Guillaume de Braeseyvre (localité dont le nom a disparu), qualifié sur son sceau du titre d'échanson (*piserna* pour *pincerna*), était vraisemblablement l'échanson de la comtesse de Boulogne.

2342   Paris. 1234-35. Février.

(J. 238. — Boulogne, I, n° 25. — Original scellé.)

Litteræ Symonis de Leveis, militis, ejusdem argumenti et formæ, quibus pro karissima domina sua Mathilde comitissa, usque ad ducentas marchas argenti se plegium constituit. — « In cujus rei testimonium, presentes litteras sigilli mei feci munimine roborari. Actum Parisius, anno Domini m° cc° tricesimo quarto, mense februario. »

Sceau de Simon de Levis, chevalier; cire blanche, double queue; décrit dans l'*Inventaire* sous le n° 2584.

2343   Paris. 1234-35. Février.

(J. 238. — Boulogne, I, n° 28. — Original scellé.)

Litteræ Manasseri de Conthi, militis, ejusdem argumenti et formæ, quibus pro karissima domina sua Mathilde comitissa, usque ad ducentas marchas argenti se plegium constituit. — « In cujus rei testimonium, presentes litteras exinde confectas eidem domino regi tradidi sigilli mei munimine roboratas. Actum Parisius, anno Domini m° cc° tricesimo quarto, mense februario. »

Sceau de Manassès de Conty, en Picardie (Somme, arr. d'Amiens); cire blanche, double queue. — Fragment non décrit. Sceau équestre: le cavalier courant de gauche à droite. Légende : ....eserii de... Au contre-sceau, un écu sans armoiries. Légende : .....serii de...

2344   Paris. 1234-35. Février.

(J. 238. — Boulogne, I, n° 31. — Original scellé.)

Litteræ Rogeri Pecheveron, militis, ejusdem argumenti et formæ, quibus pro karissima domina sua Mathilde comitissa, usque ad centum marchas argenti se plegium constituit. — « In cujus rei testimonium, presentes litteras sigilli mei munimine feci roborari. Actum Parisius, anno Domini m° cc° xxx° quarto, mense februario. »

Sceau de Roger Pêche-Véron, chevalier; cire blanche, double queue; décrit dans l'*Inventaire* sous le n° 3178.

2345   Paris. 1234-35. Février.

(J. 238. — Boulogne, I, n° 23. — Original scellé.)

Litteræ Anselli de Insula, militis, ejusdem argumenti et formæ, quibus, pro karissima domina sua Mathilde comitissa, usque ad ducentas marchas argenti se plegium constituit. — « In cujus rei testimonium, presentes litteras sigilli mei feci munimine roborari. Actum Parisius, anno Domini m° cc° xxx° quarto, mense februario. »

Sceau d'Ansel de l'Isle; cire blanche, double queue. Sceau armorial non décrit : Un écu brisé d'un lambel et portant d'autres armoiries qui sont complétement effacées. Légende : Sigillum.... de Insula. Pas de contre-sceau.

2346   Paris. 1234-35. Février.

(J. 238. — Boulogne, I, n° 17. — Déficit.)

Litteræ Guillelmi Buticularii, militis, ejusdem argumenti et formæ, quibus, pro karissima domina sua Mathilde comitissa, usque ad ducentas marchas argenti, se plegium constituit. — « Parisius, anno m. cc. xxx. quarto, mense februario. »

Cette pièce n'est plus dans les layettes; mais elle existait du temps de Dupuy, et nous en donnons l'analyse d'après son inventaire.

2347   Paris. 1234-35. Février.

(J. 238. — Boulogne, I, n° 21. — Original.)

Litteræ Guillelmi de Milliaco, militis, ejusdem argumenti et formæ, quibus pro karissima domina sua Mathilde comitissa, usque ad ducentas marchas argenti se plegium constituit. — « In cujus rei testimonium, presentes litteras sigilli mei feci munimine roborari. Actum Parisius, anno Domini m° cc° tricesimo quarto, mense februario. »

Traces de sceau pendant sur double queue. — On trouve dans l'*Inventaire*, sous le n° 2844, la description du sceau d'un Guillaume de Milly, en Gâtinais, chevalier, mais d'après un type appendu à un acte daté de 1235.

2348   Paris. 1234-35. Février.

(J. 238. — Boulogne, I, n° 27. — Original.)

Litteræ Theobaldi de Ambianis, militis, ejusdem argumenti et formæ, quibus pro karissima domina sua Mathilde comitissa, usque ad ducentas marchas argenti se plegium constituit. — « In cujus rei testimonium, presentes litteras exinde confectas feci sigilli mei munimine roborari. Actum Parisius, anno Domini m° cc° tricesimo quarto, mense februario. »

Traces de sceau pendant sur double queue. — Le sceau de Thibaud d'Amiens, chevalier, n'a pas été retrouvé.

2349   Paris. 1234-35. Février.

(J. 238. — Boulogne, I, n° 24. — Original.)

Litteræ Roberti de Pissiaco, militis, ejusdem argumenti et formæ, quibus pro karissima domina sua Mathilde comitissa, usque ad ducentas marchas argenti se plegium constituit. — « In cujus rei testimonium, presentes litteras sigilli mei feci munimine roborari. Actum Parisius, anno Domini m° cc° tricesimo quarto, mense februario. »

Traces de sceau pendant sur double queue. — Le sceau de Robert de Poissy est décrit dans l'*Inventaire* sous le n° 3255, d'après un type appendu à un acte daté de 1226.

2550   Paris. 1234-35. Février.

(J. 238. — Boulogne, I, n° 20. — Original scellé.)

Litteræ Guillelmi Crespin, militis, ejusdem argumenti et formæ, quibus pro karissima domina sua Mathilde comitissa, usque ad ducentas marchas argenti se plegium constituit. — « In cujus rei testimonium, presentes litteras exinde confectas eidem domino regi tradidi sigilli mei munimine roboratas. Actum Parisius, anno Domini m° cc° tricesimo quarto, mense februario. »

Sceau de Guillaume Crespin, seigneur de Dangu, en Normandie; cire blanche, double queue; décrit dans l'*Inventaire* sous le n° 1961.

2551   Paris. 1234-35. Février.

(J. 238. — Boulogne, I, n° 29. — Original scellé.)

Litteræ Guillelmi de Bellosarta, militis, ejusdem argumenti et formæ, quibus pro karissima domina sua Mathilde, usque ad ducentas marchas argenti se plegium constituit. — « In cujus rei testimonium, presentes litteras sigilli mei feci munimine roborari. Actum Parisius, anno Domini m° cc° tricesimo quarto, mense februario. »

Sceau de Guillaume de Beausart, en Picardie (Somme, arr. de Doullens, cant. d'Acheux); cire blanche, double queue; décrit dans l'*Inventaire* sous le n° 1374.

2552   Paris. 1234-35. Février.

(J. 238. — Boulogne, I, n° 16. — Déficit.)

Litteræ Johannis de Crepicordio, militis, ejusdem argumenti et formæ, quibus pro karissima domina sua Mathilde comitissa, usque ad ducentas marchas argenti se plegium constituit. — « Actum Parisius, anno m. cc. xxx. quarto, mense februario. »

Nous donnons d'après l'inventaire de Dupuy la notice de cette pièce, qui n'est plus dans les cartons.

2553   Paris. 1234. Février.

Litteræ Mathildis comitissæ Boloniæ de fidelitate a se domino regi jurata et de matrimonio a se, non nisi cum ejus licentia, contrahendo.

(J. 238. — Boulogne, I, n° 51. — Original scellé.)

Ego M. (Mathildis) comitissa Bolonie notum facio universis presentes litteras inspecturis, quod ego karissimo domino meo Ludovico, regi Francie illustrissimo, promisi firmiter, et super hoc fidem dedi in manu venerabilis patris G. (Galteri) archiepiscopi Senonensis, quod fidelis ero eidem domino regi et regno, et eidem domino regi, tamquam domino meo ligio, semper serviam et fideliter adherebo, et quod me, que nullo adhuc pacto, concessione vel promissione matrimonii sum astricta, non maritabo vel concedam alicui seu promittam aliquo sponsalium aut matrimonii fecedere (*sic*) vel contractu, nisi de assensu et voluntate ipsius domini regis et domine regine genitricis ipsius. — Has autem convenciones eidem domino regi et heredibus ejus per fidem meam tenεor observare. — In cujus rei testimonium, presentes litteras feci sigilli mei munimine roborari. — Actum Parisius, anno Domini m° cc° tricesimo quarto, mense februario.

Sceau de Mathilde de Dammartin, comtesse de Boulogne; cire blanche, double queue; décrit dans l'*Inventaire* sous le n° 1060.

2554   1234-35. Février.

(J. 203. — Champagne, XI, n° 30. — Original scellé.)

Prior et conventus B. Juliani de Sezannia notum faciunt illustrissimum virum dominum regem Navarræ, Campaniæ et Briæ comitem palatinum, sibi, in recompensationem damnorum quæ dicebant se sustinere ex nova hala a dicto rege in foro Sezanniæ constructa, sex libras Pruvinensium, singulis annis in præfata hala percipiendas, concessisse. — « In cujus rei testimonium et memoriam perpetuam, presentes litteras fieri fecimus sigilli nostri munimine roboratas. Actum anno gratie m° cc° tricesimo quarto, mense februario. »

Sceau du prieur de Saint-Julien de Sézanne, au diocèse de Troyes; cire blanche, double queue; décrit dans l'*Inventaire* sous le n° 9610.

2555   1234-35. Samedi 10 mars.

(J. 201. — Champagne, IX, n° 14. — Original.)

Robertus Lingonensis episcopus notum facit se concessisse ut apud Calvummontem domus Dei ad pauperum et advenientium receptionem construeretur, in qua Theobaldus Navarræ rex, Campaniæ et Briæ comes palatinus, et ejus heredes institutionem magistri habebunt; sibi autem et successoribus suis jure visitationis et correctionis reservato. — « In cujus rei testimonium, presentes litteras sigilli nostri munimine fecimus roborari. Actum anno Domini m° cc° xxx° quarto, mense martio, sabbato post *Reminiscere*. »

Traces de sceau pendant sur double queue. — Le sceau de Robert III de Thorote, évêque de Langres, est décrit dans l'*Inventaire* sous le n° 6619, d'après un type appendu à un acte daté de 1239.

2356 Beaumont. 1234-35. 21 mars.

(J. 624. — Hommages, III, n° 5. — Original scellé.)

Hugo de Antoygneio, miles, sese obligat ad homagium domino suo Ludovico Franciæ regi et Blanchæ reginæ, ejus matri, infra annum præstandum pro terra bonæ memoriæ Michaelis de Harnis, soceri sui, ad manus suas, ratione Philippæ uxoris suæ, devoluta. Quod quidem homagium ad præsens facere debuisset, nisi benivolam a domino rege obtinuisset prorogationem. — « In cujus rei testimonium, presentes litteras sigilli mei munimine roboravi. Actum apud Bellummontem, anno Domini M° CC° tricesimo quarto, mense marcio, die mercurii post mediam quadragesimam. »

Sceau de Hugues d'Antoing, en Hainault (Belgique, arr. de Tournai); cire blanche, double queue; décrit dans l'*Inventaire* sous le n° 10331.

2357 1234-35. Mardi 27 mars.

(J. 318. — Toulouse, IX, n° 32. = J. 323. — Toulouse, XIV, n° 74. — Originaux.)

Instrumentum, per litteras alphabeti divisum, quo notum fit, anno ab incarnatione Domini M. CC. XXX. IIII, Poncium Arnaldum castri Verduni et nepotes ejus, R. de Batala et Guarsiam Arnaldum, sese erga dominam Militem obligare ad omnia ei et ejus familiæ necessaria, quamdiu vixerit et secundum ejus dignitatem ministranda, et insuper ad centum et quinquaginta solidos Tolosanos annui redditus ei constituendos, assignatis ad hoc redditibus ex foro Fanijovis provenientibus, mediante scilicet donatione omnium bonorum suorum quam prædicto Poncio et ejus nepotibus se præfata Miles facere declarat. De qua pactione observanda fidejussores hinc inde constituuntur. — « Facta carta ista VI. kalendas aprilis, feria III^a, regnante Lodoyco rege Francorum. »

2358 1234-35. Mardi 27 mars.

(J. 323. — Toulouse, XIV, n° 76. — Original.)

Instrumentum quo notum fit, anno ab incarnatione Domini M. CC. XXX. IIII, Cavaers, filiam dominæ Militis et quondam Petri de la Redorta, quidquid habebat vel habere debebat in castro Fanijovis, in castro de Calavo, in villa de Calavello, apud Babum et in villa de Mont Guardal et pertinentiis, Poncio Arnaldo de castro Verduno consanguineo suo, nepoti suo R. Batala et filiis Atonis Arnaldi nepotibus suis, spontanea sua voluntate, donatione inter vivos facta dedisse. — « Testes hujus rei sunt : Petrus de Sancto Michaele, Petrus Raimundus de Tonencis, Guillelmus Assalitus ejus filius, Ugo de Duroforti, Sicardus de Duroforti, Petrus de Insula frater ejus, Guillelmus de Castro, Radulfus Sancius de Rauato, Arnaldus de Milglos, et *quindecim alii*. Facta carta ista VI. kalendas aprilis, feria III^a, regnante Lodoyco rege Francorum. Petrus Martinus de Fanojovis scripsit. »

2359 Beaumont. 1234-35. Mars.

Litteræ Raimundi Tolosæ comitis de villa Laurani sibi ad vitam a rege concessa.

'(J. 309. — Toulouse, V, n° 12. — Original.)

Nos Raimundus, Dei gratia comes Tholose, notum facimus omnibus presentibus et futuris, quod karissimus dominus noster Ludovicus, Dei gratia rex Francie illustrissimus, dedit et concessit nobis illud quod habebat in villa Laurani, tenendum et possidendum ad vitam nostram, sicut Martinus de Olito de dono ejusdem domini regis eam habebat; ita tamen quod idem dominus rex sibi et heredibus suis feuda et hominagia retinuit ibidem; ita etiam quod nos nec dictam villam inforciare poterimus nec ibidem facere aliquam fortericiam. Post decessum autem nostrum dicta villa ad dominum regem et heredes suos libere revertetur. — Actum apud Bellummontem, anno Domini M° CC° tricesimo quarto, mense marcio.

Traces de sceau pendant sur double queue. — Le sceau de Raymond VII, comte de Toulouse, premier sceau, est décrit dans l'*Inventaire* sous le n° 744.

2360 1234-35. Mars.

(J. 237. — Boulogne, I, n° 12. 9. — Copie authentique.)

Symon miles, filius domini Symonis de Poissiaco militis, notum facit se, assensu et voluntate Ysabellis uxoris suæ, in perpetuam eleemosynam ecclesiæ Beatæ Mariæ de Victoria dedisse medietatem octavæ partis griariæ quam habebant in centum arpennis bosci sitis inter Coyam et Cumelias, eidem ecclesiæ a Philippo, bonæ memoriæ rege Franciæ, olim donatis. — « Quod ut ratum sit et firmum, presentes litteras sigillorum nostrorum munimine confirmavimus. Actum anno Domini millesimo ducentesimo tricesimo quarto, mense martio. »

Vidimus délivré par Philippe le Bel au mois d'août 1293.

2361 Saint-Germain-des-Prés. 1234-35. Avril, avant Pâques, du 1er au 7.

De porprisia in qua manent fratres Minores, Parisius.

(J. 152. — Paris, III, n° 7. — Original scellé.)

Omnibus presentes litteras inspecturis, Odo, miseracione divina Sancti Germani de Pratis Parisiensis humilis abbas, et totus ejusdem loci conventus, eternam in Domino salutem. — Universitati vestre notum facimus quod, cum nos illustrissimo et serenissimo domino nostro Ludovico, Dei gratia Francorum regi, teneremur singulis annis in perpetuum, infra octabas Pasche, centum solidos Parisienses reddere pro piscatura quam habebat tribus diebus annuatim in aqua nostra de S. Germano, a die Pasche usque ad Nativitatem Sancti Johannis Baptiste, quando melius vellet accipiendum, ipse nobis illos centum solidos concessit et in perpetuum quittavit in recompensacionem census et redditus quos habebamus in proprisia illa quam in censiva nostra emerat ad opus fratrum Minorum, pro eorum edificiis in eadem porprisia faciendis; ita quod ipsi et heredibus suis remanent corveie ille quas ei debebant piscatores illi qui, in illis tribus diebus, ad opus suum piscari tenebantur, ponende ab ipso ubi voluerit preterquam in aqua nostra supradicta. — Preterea sciendum est quod, si dicti fratres Minores de eadem porprisia forte vellent recedere et eam omnino dimittere, eadem porprisia ad nos libere et sine contradictione aliqua reverteretur, et dicti centum solidi, quos pro dicta piscatura domino solebamus solvere regi, ad ipsum et heredes suos reverterentur. — In cujus rei testimonium, presentes litteras sigillorum nostrorum munimine fecimus roborari. — Datum apud Sanctum Germanum de Pratis Parisiensem, anno ab incarnacione Domini millesimo ducentesimo tricesimo quarto, mense aprili, anno regni ejusdem domini nostri Ludovici octavo.

Scellé de deux sceaux en cire verte sur lacs de soie : 1° sceau de l'abbé Eudes ou Odon (lacs de soie rouge et blanche), décrit dans l'*Inventaire* sous le n° 8906; 2° sceau de l'abbaye de Saint-Germain des Prés à Paris (lacs de soie verte), décrit dans l'*Inventaire* sous le n° 8320, d'après un type appendu à un acte daté de 1216.

2562 1234-35. Avril, avant Pâques, du 1ᵉʳ au 7.

(J. 197. — Champagne, V, n° 38. — Original.)

J. Cathalanensis archidiaconus illustri dominæ A. (Aelidi) reginæ Cypri attestatur abbatissam et conventum de Avenaio unicum habere sigillum sub quo sigillaverunt litteras de quittatione usuagii nemoris de Wissiaco, præfatæ reginæ a domino rege Navarræ, Campaniæ et Briæ comite palatino, concessi. — « Datum anno Domini M° CC° XXX° IIII°, mense aprili. »

Traces de sceau pendant sur simple queue. — Le sceau de J. archidiacre de Chalon-sur-Saône n'a pas été retrouvé. — Le monastère de S. Pierre d'Avenay était situé dans le diocèse de Reims (Avenay, Marne, arr. de Reims, cant. d'Ay).

2563 1234-35. Avril avant Pâques, du 1ᵉʳ au 7.

Juramentum fidelitatis ab Aanore Drocarum comitissa domino regi præstitum.

(J. 218. — Dreux, n° 14. — Original scellé.)

Ego Aanor comitissa Drocarum notum facio omnibus presentes litteras inspecturis, quod ego karissimo domino meo Ludovico, regi Francorum illustri, super sacrosancta juravi quod ei et heredibus ejus fidelis ero, et quod castrum Drocarum ipsi et heredibus ejus reddam, ad magnam vim et ad parvam, quando de hoc ab ipsis fuero requisita. — Juravi etiam ipsi quod de dicto castro, nec de castro Gamachiis, nec de alia terra mea malum proveniet ipsi vel ejus heredibus neque regno, pro posse meo, bona fide; et feci eidem domino regi haberi juramenta hominum Drocarum quod ei erunt fideles et heredibus ejus; et si ego vel heredes mei essemus contra eundem dominum regem vel heredes ipsius, ipsi eidem domino regi et heredibus ejus adhererent contra me et heredes meos; et quod apud Drocas non receptabunt aliquem qui sit inimicus ejusdem domini regis vel heredum ipsius sive regni. — Quod ut ratum sit, presentem paginam sigilli mei munimine confirmavi. — Actum anno Domini millesimo ducentesimo XXX° quarto, mense aprili.

Sceau d'Éléonore, comtesse de Dreux, veuve de Robert III; cire blanche, double queue; décrit dans l'*Inventaire* sous le n° 729.

2564 1234-35. Avril avant Pâques, du 1ᵉʳ au 7.

(J. 218. — Dreux, n° 16. — Original scellé.)

Aanor comitissa Drocarum recognoscit se et heredes suos pro molendino suo de Aubertval teneri ad quadraginta sex modios bladi, singulis annis in perpetuum, karissimo domino suo Ludovico Francorum regi et ejus heredibus reddendos. — « In cujus rei testimonium, presentem paginam sigilli nostri munimine confirmavi. Actum anno Domini M° CC° tricesimo quarto, mense aprili. »

Sceau d'Éléonore, comtesse de Dreux; cire blanche, double queue. (*Inventaire*, n° 729.)

2365 1234-35. Avril avant Pâques, du 1er au 7.

Litteræ Hugonis ducis Burgundiæ de v. millibus marchis argenti domino regi a se solvendis pro eo quod, ad ejus mandatum, comitem Campaniæ assecurare noluerit.

(J. 247. — Bourgogne, I, n° 7. — Original scellé.)

Ego Hugo dux Burgundie notum facio omnibus presentes litteras inspecturis, quod ego karissimo domino meo Ludovico, regi Francorum illustri, emendavi ad voluntatem suam faciendam usque ad quinque milia marcharum argenti hoc quod ego nobilem virum Theobaldum comitem Campanie ad mandatum ipsius nolui assecurare. — Et de predictis quinque milibus marchis teneor eidem domino regi, infra mensem Pasche, dare plegios competentes, tales scilicet : karissimam matrem meam ducissam Burgundie, pro duobus milibus marchis; comitem Matisconensem, dominum Puisati, dominum Montis regalis, Guillelmum de Monte Sancti Johannis, dominum Montis accuti, quemlibet horum pro sexcentis marchis. — Et si aliquem vel aliquos illorum forsitan habere non possem, loco illorum quos ego habere non possem, teneor infra dictum terminum dare alios plegios competentes. — Et sciendum quod, si ego vel plegii mei deficeremus a solutione dicte peccunie, ad voluntatem ejusdem domini regis facienda, ipse, post duos menses ex quo ex parte ejus essemus super hoc requisiti, posset ad totum feodum meum, quod de ipso teneo, sine se mesfacere assignare et in manu sua tenere donec ipsi esset ad voluntatem suam plenarie emendatum, nisi ego, in propria persona, pro eo quod deficeret, ostagium tenerem Parisius eidem domino meo regi. — Hec omnia juravi super sacrosancta eidem domino regi a me bene et firmiter tenenda. Juravi etiam quod eidem et heredibus ejus fidelis ero, et bene et fideliter ipsis serviam contra omnes gentes, et obediam ei sicut domino meo ligio. — In cujus rei testimonium, sigillum meum duxi presentibus litteris apponendum. — Actum anno Domini millesimo ducentesimo tricesimo quarto, mense aprili.

Sceau de Hugues IV, duc de Bourgogne; cire blanche, double queue; second sceau, décrit dans l'*Inventaire* sous le n° 469.

2366 Saint-Léger? 1234-35. Avril avant Pâques, du 1er au 7.

Amalricus comes Montisfortis Simoni fratri suo se ei redditurum promittit, pro M. D. libris sibi infra annum solvendis, quidquid dictus S. sibi tradidit.

(J. 628. — Angleterre, II, n° 14. 3. — Copie.)

Nos Amauricus comes Montisfortis, Francie constabularius, notum facimus universis presentes litteras inspecturis, quod, si karissimus frater noster Simon de Monteforti, comes Leycestrie, ab instanti Pascha infra aliud Pascha, de mille et quingentis libris Parisiensium fecerit gratum nostrum, omnia que nobis tradidit, sicut ea tenebat, nos vel heredes nostri eidem tenebimur resarcire, sicut continetur in litteris suis quas habemus. — Nos vero conventiones istas juravimus super sacrosancta Evangelia inviolabiliter observare, salvis tamen quibusdam convencionibus quas prius habebat nobiscum. — In cujus rei testimonium, presentes litteras sigilli nostri munimine fecimus roborari. — Datum apud Sanctum Leodum (*sic*), anno Domini M° CC° XXXIIII°, mense aprili.

Extrait d'un petit rouleau qui contient la copie de diverses pièces relatives aux Montfort, et qui nous parait avoir été écrit vers le milieu du treizième siècle.

2367 Rouen. 1235. Avril, après Pâques, avant le 20.

(J. 211. — Normandie, II, n° 7. — Original scellé.)

Matheus de Tria et Symon de Leviis notum faciunt se tres lotias de comitatu Moritolii et Domnifrontis fecisse; quarum primam et tertiam, id est Tenechebraium, sine forteritia, cum tota foresta Landæ putridæ, terram Mariæ de Bocelaio, terram Guillelmi de Nigra Aqua etc., Damfrontem cum omnibus redditibus et pertinentiis, sine forteritia, etc., domino regi; secundam autem, id est Moritolium, sine forteritia, cum theloneis et molendinis, Tiliolum, Charenceium, Breccium, Sellant, Manseliam, Montem Bundesii, Chievrevillam, Mesnillum Theobaldi, Logias, Piscariam Duxeii, Capellam ustam, Auxilium vicecomitis in valle Moritolii, Perrigniacum, Buscum, etc., dominæ comitissæ (Boloniæ) attribuerunt. — « Actum apud Rothomagum, in scacario Pasche, anno gratie M° CC° XXX° quinto, mense aprili. »

Deux sceaux en cire brune pendants sur double queue. — Le sceau de Mathieu de Trye, dans le Vexin, est décrit dans l'*Inventaire* sous le n° 3773; celui de Simon de Levis sous le n° 2384. — Nous plaçons cette pièce avant le 20 avril, à cause de la pièce suivante.

2568 Rouen. 1235. Vendredi 20 avril.

Litteræ Mathildis comitissæ Boloniæ quibus Moretolium pro dotalitio suo acceptat.

(J. 238. — Boulogne, I, n° 32. — Original scellé.)

Ego Matildis comitissa Bolonie notum facio universis presentes litteras inspecturis, quod ego ratas et gratas habeo tres lotias quas pro me fecerunt dilecti et fideles mei Matheus de Tria et Symon de Leviis, milites, de comitatu Moretolii et terra Danfrontis; et gratum habeo et accepto quod ipsi pro me receperunt ratione tercie lotie, nomine dotalicii mei, Moretolium cum pertinenciis ejus, sine fortericia que remanet in manu karissimi domini mei Ludovici, regis Francie illustris, sicut continetur in litteris sigillatis sigillis venerabilis patris G. (Galteri) Senonensis archiepiscopi, Alberici decani Beati Martini Turonensis, Johannis de Bellomonte cambellani domini regis et magistri Johannis de Curia. — In cujus rei testimonium, presentes litteras sigilli mei munimine dignum duxi sigillandas. — Actum apud Rothomagum, in scacario Pasche, anno Domini m° cc° xxx° quinto, die veneris post octabas Resurrectionis Dominice.

Sceau de Mathilde de Dammartin, comtesse de Boulogne, veuve de Philippe de France; cire blanche, double queue, premier sceau, *Inventaire*, n° 1060.

2569 1235. Dimanche 22 avril.

(J. 320. — Toulouse, XI, n° 48. — Original.)

Instrumentum quo Durandus de Sancto Barcio et Durandus ejus filius spontanea sua voluntate Raimundum comitem Tolosæ penitus quitant et absolvunt de omni hoc quod dictus comes vel defunctus Raimundus comes Tolosæ, ejus pater, sibi debere poterant ratione vicariæ Tolosæ vel pro alia quacumque causa usque ad diem præsentis chartæ. — « Hoc fuit ita factum et concessum VIIII. die exitus mensis aprilis, feria I, regnante Lodoico Francorum rege, et eodem Raimundo Tolose comite, et Raimundo episcopo, anno m° cc° xxx° quinto ab incarnatione Domini. — Hujus absolucionis ita facte sunt testes: Guillelmus de Barreria, et Poncius de Villanova, seneschalli Tolosani, et Poncius Grimoardi de Castrosarraceno, et Arnaldus Barravus, et Bertrandus de Roaxio, et Arnaldus Guillelmus de Sancto Barcio, et Arnaldus de Escalquencis, et R. Maurandus, et Johannes Aurioli, ipsius domini comitis notarius, et Bernardus Aimericus qui mandato ipsorum cartam istam scripsit. »

2570 1235. Avril, après Pâques, du 8 au 30.

(J. 152. — Paris, III, n° 9. — Original scellé.)

R. (Radulphus) abbas S. Victoris Parisiensis totusque ejusdem loci conventus recognoscunt se nullam habere justitiam in domo quam a Rogero laico, in censiva domini regis apud Semesium sitam, emerunt; quamquidem justitiam ad dominum regem absolute pertinere protestantur. — « Actum anno Domini m° cc° xxx° quinto, mense aprili. »

Deux sceaux en cire blanche pendants sur double queue. — Le sceau de Raoul, abbé de Saint-Victor de Paris, est décrit dans l'*Inventaire* sous le n° 8921; le sceau de l'abbaye, premier sceau, sous le n° 8326.

2571 1235. Avril, après Pâques, du 8 au 30.

(J. 197. — Champagne, V, n° 39. — Original.)

Aelis regina Cypri notum facit se a karissimo consanguineo suo Theobaldo rege Navarræ, Campaniæ et Briæ comite palatino, litteras ecclesiarum et aliarum personarum in charta scriptarum (*i. e.* Decani et capituli Meldensium; conventus S. Salvatoris de Virtuto; conventus de Spernaco; conventus Vallis secretæ; conventus Orbacensis; conventus de Advenaio; conventus de Igniaco; conventus de Charmeia; conventus Vallis Christianæ; leprosorum de Spernaco; hominum de Igniaco, de Soiseio et de Corcellis), recepisse de quitatione ab eis facta usuagii quod habebant in nemoribus de Woissiaco et de Medunto, sibi a præfato rege assignatis pro duobus millibus libratis terræ, quas sibi jam dictus rex debebat ex compositione inita de lite quam habebant super comitatibus Campaniæ et Briæ et pertinentiis eorumdem. — Recognoscit insuper se litteras testimoniales Ludovici regis recepisse de venatione præfatorum nemorum quam sibi Gilo de Accio miles pariter quitavit; et hæc omnia facta declarat salvo eo quod præfatus rex Navarræ sibi procurabit quitationem juris quod Anselmus Montismauri habet in nemoribus supradictis vel equipollentem indemnitatem. — « In cujus rei memoriam, presentes litteras sigilli mei munimine roboravi. Actum anno Domini m° cc° xxx° v°, mense aprili. »

Traces de sceau pendant sur lacs de soie verte. — Les sceaux dont Alix, reine de Chypre, se servait en 1234, sont décrits dans l'*Inventaire* sous les n°s 11802 et 11803.

2572 1235. Avril, après Pâques, du 8 au 30.

Theobaldus rex Navarræ Campaniæ comes, et Aelidis regina Cypri, compositionem inter se initam, Raimundo comiti Tolosano et Hugoni duci Burgundiæ significant.

(J. 209. — Champagne, XIV, n° 14. — Original.)

Theobaldus, Dei gratia rex Navarre, Campanie et Brie comes palatinus, et Aelidis, eadem gratia, regina Cipri, nobilibus viris et amicis suis karissimis R. (Raimundo) comiti Tholosano et Hugoni duci Burgundie, salutem et dilectionem sinceram. — Nobilitati vestre notum facimus quod, per Dei gratiam discordia, que inter nos jam dudum exorta erat super comitatibus Campanie et Brie et pertinentiis eorumdem, per transactionem et amicabilem compositionem sopita est in hunc modum, que talis est : Ego Aelidis, Dei gratia regina Cipri, notum facio universis, tam presentibus quam futuris, quod ego dedi et do, quitavi et quito, cessi et cedo, concessi et concedo Theobaldo comiti Campanie et Brie palatino et heredibus suis, etc. (*Vide supra*, n° 2312, *has litteras datas anno* 1234, *mense septembri*.) Quare nobilitatem vestram rogamus attentius quatinus compositionem eandem per vestras patentes litteras testificari velitis, tenorem etiam compositionis ejusdem vestris litteris inserendo. — Datum anno Domini M° CC° XXX° quinto, mense aprili.

Traces de deux sceaux pendants : le premier, sur lacs de soie verte, était le sceau de Thibaud, roi de Navarre, comte de Champagne et de Brie, décrit dans l'*Inventaire* sous le n° 11372, d'après un type appendu à un acte daté de 1247 ; le second, sur lacs de soie rouge et verte, était le grand sceau d'Alix, reine de Chypre, décrit sous le n° 11802.

2373 1235. Avril, après Pâques, du 8 au 30.

(J. 209. — Champagne, XIV, n° 20. — Original.)

Litteræ, ejusdem argumenti et formæ, a Theobaldo comite Campaniæ et ab Aelide regina Cypri ad Joannam Flandriæ comitissam, directæ. — « Quare nobilitatem vestram rogamus attentius quatinus compositionem eamdem per vestras patentes litteras testificari velitis, tenorem etiam compositionis ejusdem vestris litteris inserendo. Datum anno Domini M° CC° XXX° quinto, mense aprili. »

Traces de deux sceaux pendants sur lacs de soie. — Voyez l'observation précédente.

2374 1235. Avril, après Pâques, du 8 au 30.

(J. 209. — Champagne, XIV, n° 33. — Original.)

Litteræ, ejusdem argumenti et formæ, a Theobaldo comite et ab Aelide regina, G. (Gualtero) archiepiscopo Senonensi, Lingonensi episcopo pari Franciæ et Autissiodorensi episcopo directæ. — « Quare paternitatem vestram rogamus attentius quatinus compositionem eandem per vestras patentes litteras testificari velitis, tenorem etiam compositionis ejusdem vestris litteris inserendo. Datum anno gratie M° CC° XXX° quinto, mense aprili. »

Traces de deux sceaux pendants. — Voyez l'observation à la suite du n° 2372.

2375 1235. Avril, après Pâques, du 8 au 30.

(J. 209. — Champagne, XIV, n° 34. — Original.)

Aelidis regina Cypri, karissimo filio suo [Henrico I] regi Cypri et karissimis filiabus suis litteras amicabilis compositionis inter se et Theobaldum regem Navarræ, Campaniæ et Briæ comitem palatinum, anno 1234, mense septembri initæ notificat. — « Propter que modis omnibus quibus possumus vos rogamus quatinus omnia supradicta, sicut superius sunt expressa, laudetis et approbetis comiti supradicto et heredibus ejus jam dictis; et juri vestro, si quod habetis in dictis comitatibus et pertinentiis eorumdem et jam dicta terra, renuntietis et quitetis ac cedatis coram aliquibus auctenticis personis que ipsi litteras suas patentes dent, omnia que premissa sunt continentes. Datum anno gratie M° CC° XXX° quinto, mense aprili. »

Traces de sceau pendant sur lacs de soie verte. — Voyez dans l'*Inventaire*, n°ˢ 11802 et 11803, la description des deux sceaux dont se servait la reine de Chypre.

2376 1235. Avril, après Pâques, du 8 au 30.

(J. 201. — Champagne, IX, n°ˢ 15 et 16. — Originaux.)

Decanus et capitulum S. Machuti de Barro-super-Albam notum faciunt, cum discordia inter se, ex una parte, et virum illustrem Theobaldum regem Navarræ, Campaniæ et Briæ comitem palatinum, ex altera, verteretur super decima totius thelonei, pedagii et fori Barri-super-Albam, quam integram reclamabant, se et præfatum comitem in viros venerabiles et discretos magistrum Gaufridum et magistrum Johannem de Montemirabili, archidiaconum Parisiensem, compromisisse; quorum sententiam ratam et firmam se habituros promittunt. — « Actum anno Domini M° ducentesimo tricesimo, mense quinto. »

Traces de sceau pendant sur double queue. — Le sceau du chapitre de Saint-Maclou de Bar-sur-Aube n'a pas été retrouvé.

2377 1235. Avril, après Pâques, du 8 au 30.

Constitutio comitis et baronum comitatus Nivernensis pro excessibus in dicto comitatu, nec non in comitatibus Autissiodorensi et Tornodorensi reprimendis.

(J. 256. — Nevers, n° 24. — Copie authentique.)

Ego Guido comes Nivernensis et Forensis, et ego Maltildis comitissa uxor ejus, notum facimus universis quod nos et dilecti et fideles nostri, antecessorum nostrorum vestigiis inherentes, unanimiter instituimus et instituendo precipimus ne quis aliqua occasione vel malignitate de cetero in Nivernensi, Autissiodorensi, Tornodorensi comitatibus, nec infra terminos dictorum comitatuum, audeat vel presumat de cetero domum diruere vel incendium perpetrare. — Omnes tamen forterescie ab hac institutione excipiuntur. — Si quis vero, quod absit, de cetero incendium perpetraverit vel domum diruerit, et de restituendo dampno injuriam passo a principe terre monitus fuerit, et illud dampnum, infra quadraginta dies post monitionem ipsi factam, non restituerit, ex tunc debet a predictis comitatibus et eorumdem terminis foribanniri, et domini sui ad omnia feoda, que ab ipsis tenebat, sine se mesfacere assennabunt, et ipsa feoda tantum tenebunt in manibus donec de dampnis illatis satisfecerit competenter. — Sciendum etiam quod foribannitus a foribanno revocari non poterit nisi per voluntatem illius qui dampnum receperit et assensum.

Ce fragment de l'ordonnance rendue au mois d'avril 1235 (voy. l'*Art de vérifier les dates*, t. II, p. 567) par Guigues V, comte de Nevers et de Forez, et par la comtesse Mahaud, sa femme, de concert avec les principaux seigneurs de leur mouvance, est inséré dans un vidimus délivré par Jean, abbé de Notre-Dame-de-Bellevaux, au diocèse de Nevers, en date du 6 août 1240.

2578 Corbeil. 1235. Mercredi 23 mai.

Armoda domina Insulæ sese obligat ad castrum Rupisfortis domino regi tradendum, et ad quasdam alias conventiones observandas.

(J. 399. — Promesses, n° 35. — Original.)

Omnibus ad quos littere presentes pervenerint Armoda domina Insule Buch. (Buchardi) et Rupisfortis, salutem et dilectionem sinceram. — Noverit universitas vestra quod ego juravi me redditura castrum Rupisfortis domino Ludovico Francie regi aut heredibus suis, vel ejus certo nuncio litteras suas patentes deferenti, com (sic) magna vi vel parva, ex quo dictum castrum michi reddiderit, quocienscunque super hoc ex parte ipsius fuero requisita. — Juravi siquidem spontanea et sine coactione aliqua quod, sine assensu et voluntate ipsius, nec me nec aliquem puerorum meorum alicui nomine matrimonii obligabo. — Promisi etiam sibi, pro habendo ballo puerorum meorum et terre ipsorum, octingentas libras Turonensium solvendas, scilicet, in tribus terminis inferius annotatis. Debeo siquidem solvere terciam partem dictarum octingentarum librarum in proxima Ascensione Domini, et aliam terciam partem in alia Ascensione Domini proximo subsequenti, terciam vero partem, videlicet ultimam, in tercia Ascensione instanti, ita siquidem per terminos quousque in solidum soluta fuerit pecunia pretaxata. — Et cum ipse in manu sua tenere debeat dictum castrum Rupisfortis usque ad duos annos, si sibi placuerit, promisi sibi, pro municione sua in dicto castro tenenda, annuatim solvere centum libras Turonensium. — Et quia, duobus annis elapsis, debeat michi restitui dictum castrum, ipsum tunc securum facere debeo quod, secundum posse meum et secundum ea que superius dicta sunt, illud fideliter observabo. — Terram autem de Vermicum, cujus dominium pertinet ad heredem de Ingrandia et movet de feodo Rupisfortis, quamdiu domino regi placuerit, possidebo. — Actum apud Corbolium, anno Domini M° CC° tricesimo quinto, die mercurii proxima post Ascensionem Domini, mense maio.

Traces de sceau pendant sur simple queue. — Le sceau d'Armode, dame de l'Isle-Bouchard (en Touraine, Indre-et-Loire) et de Rochefort (en Anjou, Maine-et-Loire), n'a pas été retrouvé.

2579 1235. 28 mai.

(J. 203. — Champagne, XI, n° 34. — Original.)

P. (Petrus) Meldensis episcopus notum facit se et illustrem virum Theobaldum Navarræ regem, Campaniæ et Briæ comitem palatinum, in discretos viros Gaufridum archidiaconum Parisiensem et Willelmum canonicum Meldensem compromisisse, ad componendam discordiam quæ inter ipsos vertebatur de nominatione magistri leprosariæ Meldensis. — « Actum anno Domini M° CC° tricesimo quinto, in crastino Penthecostes. »

Traces de sceau pendant sur double queue. — Le sceau de Pierre de Cuisy, évêque de Meaux, est décrit dans l'*Inventaire* sous le n° 6702.

2580 1235. 28 mai.

(J. 330. — Toulouse, XXI, n° 25. — Copie ancienne.)

Instrumentum quo declaratur ulterius testamentum seu ultima dispositio quam fecit Ugo Johannes in illa infirmitate de qua obiit. — In quo testamento operi ecclesiarum fratrum Minorum, fratrum Prædicatorum, S. Saturnini, S. Petri Coquinarum, S. Stephani, B. Mariæ Deauratæ, S. Bartholomei, S. Antonii, et unicuique aliarum ecclesiarum civitatis Tolosæ, tam urbis quam suburbii, quasdam pecuniæ summas legat, filios suos, Arnaldum Johannis et R. Johannis, principales suos heredes instituit, eisdem injungens ut per decem annos, postquam decesserit, in indiviso remaneant de omnibus bonis quæ eis legat, cæterisque liberis suis varia legata scribit. — « Hoc testamentum et hec dispositio fuit ita facta IIII. die exitus mensis maii, regnante Lodoico rege Francorum, et Raimundo Tolosano comite, et Raimundo episcopo, anno ab incarnatione Domini M° CC° XXX° V°. — Hujus predicti testamenti et dispositionis sunt testes : magister Geraldus de Briva, prior ecclesie de Tauro, et Bertrandus de Montibus, et Curvus de Turribus, *quatuor alii*, et Ugo Pictor qui hanc cartam scripsit. »

Copie délivrée en 1247 par Guillaume le Peintre, notaire à Toulouse.

2381   1235. Mercredi 30 mai.

(J. 346. — Régale, I, n° 21. — Original.)

H. (Hugo) Sagiensis episcopus illustrissimo domino suo Ludovico, Francorum regi, notificat Mabiliam de S. Lothario, præsentium latricem, a monialibus B. Mariæ de Aumenesch, Sagiensis diœcesis, in abbatissam unanimiter electam, a se consecratam fuisse. Unde regiam majestatem humiliter deprecatur ut per Johannem de Vineis, ballivum suum, regalia præfatæ Mabiliæ absque dilatione reddi jubeat. — « Valeat in Domino bene et diu sublimitas vestra. Datum anno gratie M° CC° XXX° quinto, die mercurii in feriatis Penthecostes. »

Traces de deux sceaux pendants sur simple queue. — Le sceau de Hugues II, évêque de Séez, n'a pas été retrouvé; le sceau du monastère de Sainte-Marie d'Almenesches est décrit dans l'*Inventaire* sous le n° 8440, d'après un type appendu à un acte daté de 1250.

2382   Saint-Germain en Laye. 1235. Mai.

Ordinatio de relevamento feodorum in Vulcassino Gallico.

(J. 157. — Vexin français, n° 1. — Déficit.)

Nos Guido de Ruppe, Ansellus de Insula, Matheus de Tria, Johannes de Calvomonte, Gilo de Montechevrel, et Johannes de Barris, notum facimus universis presentes litteras inspecturis quod nos et alii milites Vulcasini Gallici, die mercurii proxima post Nativitatem Domini proximo preteritam, coram Radulpho, tunc temporis ballivo Vulcasini, convenimus et tractavimus de releveiis feodorum Vulcasini Gallici, et consideravimus aliquas malas consuetudines que erant in releveiis feodorum. Tandem omnes milites Vulcasini promiserunt, fide prestita corporali, quod quicquid ordinaremus super dictis releveiis firmiter observarent. Et Matheus de Calvomonte creantavit coram domino rege quod ordinationem nostram super hoc firmiter observaret. — Nos igitur, de consilio curie domini regis, et de assensu et voluntate ipsius domini regis, super dictis releveiis Vulcasini Gallici ordinandum duximus in hunc modum, videlicet : quod de feodis relevandis in Vulcasino Gallico et de aliis ad eandem consuetudinem relevandis de patre ad filium, vel alio modo, quando releveium evenerit, nisi finator possit finare cum domino suo, dominus tenebit domanium in manu sua propria per unum annum. — Si ibi sit terra arabilis que culta sit et seminata, dominus capiet medietatem fructuum, et de vineis similiter medietatem, si sint culte. Et si terre vel vinee culte non essent, sicut supra dictum est, dominus rationabiliter eas coleret et fructus perciperet illius anni. — Si sint ibi vivaria, appreciabuntur per duos milites juratos, homines domini, si habuerit, et, si non habuerit, requiret eos a domino capitali. Illi duo milites jurati inquirent, bona fide, quantum vivaria quinto anno valerent, si essent per quinque annos custodita; et quintam partem illius precii quod valerent habebit dominus pro illo anno. Et eodem modo fiet de warennis per milites eodem modo captos et juratos. — Si sint ibi nemora, per milites eodem modo captos et juratos considerabitur et appreciabitur quantum nemus illud, si scissum esset et per septem annos postea custoditum, tunc valeret; et septimam partem illius precii, quod nemus valeret per septem annos custoditum, haberet dominus pro illo anno. — Si vero in feodo illo, de quo fiet relevatio, sint homines qui talliam vel auxilium debeant, dominus non poterit levare talliam vel auxilium pro releveio. Si sit retrofeodum et releveium evenerit infra annum, dominus habebit releveium. — Et in fine anni dominus habebit pro quolibet retrofeodo servicium, videlicet pro quolibet feodo quatuor libras Parisiensium, quas relevator tenetur reddere domino. — Et si dos fuerit in aliquo feodo, relevator satisfaciet domino secundum valorem dotis. — Postquam dominus terram tenuerit per annum, recipiet homagium ab herede tali modo quod heres de preciis vivariorum, guarennarum, nemorum, serviciorum et valorum dotium, de quibus supradictum est, debet domino prius facere gratum suum, vel competentem securitatem ei dare quod, infra octoginta dies, ei faciet de supradictis omnibus gratum suum. Et dominus, quamdiu terram tenebit in manu sua, vivaria, guarennas, nemora debet facere custodire bona fide. — Nos autem ordinationem istam, sicut superius est expressa, concessimus pro nobis et aliis militibus Vulcassini apud Pontisaram, coram domino rege, die sabbati proxima post Inventionem Sancte Crucis proximo preteritum. — Actum apud Sanctum Germanum in Laya, anno Domini M° CC° tricesimo quinto, mense mayo.

L'original de ce document n'est plus dans les layettes du Trésor. Nous en donnons le texte d'après le Registre coté aux Archives JJ. 2. A et intitulé au dos *Registrum Philippi Augusti*, dans lequel il est transcrit folio XIIII. xx. XI. (291) r°. Les éditeurs des Ordonnances, qui n'ont pas connu en entier ce règlement fait par les seigneurs du Vexin français pour le relief des fiefs, ont reproduit dans leur premier volume le fragment déjà publié par Brodeau, *Commentaire sur la coutume de Paris*, p. 61, et ils l'ont désigné par erreur comme étant une ordonnance royale.

2583   1235. Mai.

(J. 172. — Chartres, II, n° 7. — Original scellé.)

Petrus abbas B. Caraunii Carnotensis totusque ejusdem loci conventus recognoscunt se teneri ad unum sextarium avenæ et unum denarium Parisiensem domino regi reddendos pro domo quadam apud Granchias sita, quam ex Arnulpho Lecomte et Aales La Picaude ejus uxore emerant; nec non ad unum obolum Parisiensem eidem regi reddendum pro alia domo, præcedenti contigua, ex Guillelmo Mignon et ejusdem uxore a se empta. Quas quidem domos ab eis in manu mortua tenendas præfatus rex concessit, retenta sibi justitia. — « Datum anno Domini millesimo ducentesimo tricesimo quinto, mense maio. »

Deux sceaux en cire verte pendants sur double queue. — Le sceau de Pierre, abbé du monastère de Saint-Chéron de Chartres, est décrit dans l'*Inventaire* sous le n° 8616; le sceau du couvent sous le n° 8185.

2584   1235. Mai.

(J. 203. — Champagne, XI, n° 32. — Original.)

Theobaldus rex Navarræ, Campaniæ et Briæ comes palatinus, notum facit se abbatissæ et conventui Paracliti restituisse dimidium modium frumenti annui redditus quem habere debebant, sicut pro certo didicit, in molendinis novis apud Pruvinum a bonæ memoriæ domina [Blancha] matre sua constructis. — « In hujus rei memoriam, presentes litteras sigilli nostri munimine fecimus roborari. Actum anno Domini M° CC° tricesimo quinto, mense maio. »

Traces de sceau pendant sur cordelettes. — Le sceau de Thibaud, roi de Navarre, comte de Champagne et de Brie, est décrit dans l'*Inventaire* sous le n° 11372.

2585   1235. Mai.

(J. 208. — Vallery, n° 1. — Original scellé.)

Hugo de Valeriaco miles notum facit quomodo inter se et karissimum fratrem et dominum suum Johannem dominum Valeriaci divisum fuerit quicquid apud Matreolas habebant, exceptis magna brueria et molendinis in quibus Manasses de Pugeio miles et Guido de Pugeio clericus, ejusdem frater, quosdam redditus habent. (In parte quæ præfato Hugoni adjudicatur hæc mentio notanda est : gurgites et montores et omnes minellos et census de gurgitibus et montoribus.) — « Et ut hoc ratum et inconcussum permaneat, presentes [litteras feci] sigilli] mei munimine roborari. Actum anno Domini M° CC° tricesimo quinto, mense maio. »

Sceau de Hugues de Vallery, en Champagne, chevalier; cire blanche, double queue; décrit dans l'*Inventaire* sous le n° 3812.

2586   Montpellier. 1235. 1er juin.

Statutum consulum Montispessulani in calumniatores et falsos denuntiatores.

(J. 339. — Montpellier et Maguelone, I, n° 23. — Copie ancienne.)

Cum per falsos et calumpniosos criminum delatores seu denuntiatores sepe contingat impunitum relinqui facinus et innoscentem indebite condempnari, ideo nos consules Montispessulani, scilicet : Nicholaus de Sancto Nicholao, B. (Bernardus) Guillelmi, S. (Stephanus) de Canderianicis, Ugo Rotberti, Petrus Bonifacius, G. (Guillelmus) Princer, Symon Ricardus, B. de Lechos, et Johannes d'Ortols, pro nobis et pro consociis nostris consulibus Montispessulani, utilitati publice cupientes fideliter consulere et utiliter providere, statuimus potestate qua fungimur statuendi, habito cum nostris consiliariis diligenti consilio et tractatu, quod quicumque de cetero in Montepessulano contra aliquem denuntiator criminis extiterit vel delator, tanquam accusator sollempnis se obligare ad talionem et subscribere teneatur, ut, si probare poterit quod intendit, puniatur reus debita ultione; alioquin denuntiator temerarius penam sue temeritatis expectet, cum calumpniantes ad vindictam poscat similitudo supplicii secundum legitimas sanctiones. — Acta et promulgata sunt hec sollempniter in domo consulatus Montispessulani, anno dominice Incarnacionis millesimo ducentesimo tricesimo quinto, kalendas junii, in presentia et testimonio B. Capitis de Bove, B. Doissa, Guiraudi de Barta, Bertrandi Metge, etc. *(sequuntur triginta nomina)*, et plurium aliorum, tam consulum misteriorum quam aliorum, et Guiraldi de Porta notarii qui, mandato dominorum consulum Montispessulani, hec scripsit.

Extrait du fragment de cartulaire intitulé *Liber consuetudinum Montispessulani*, fol. 14 r°, col. 2. — On lit en marge du ms. l'annotation suivante : *Istud est contra usum patrie et contra jus domini et contra bonum publicum, et dat occasionem delinquendi. Per hoc omnia maleficia, pro majori parte, remanent impunita.*

2387   Compiègne. 1235. Juin.

Litteræ Johannæ Flandriæ comitissæ de matrimonio inter Mariam filiam suam et Robertum, regis Franciæ fratrem, ineundo.

(J. 535. — Flandre, I, sac 4, n° 1 *bis*. — Original.)

J. (Johanna) comitissa Flandrie et Haonie (*sic*), universis ad quos littere presentes pervenerint, salutem. — Notum facimus quod, inter karissimum dominum nostrum Ludovicum regem Francie illustrissimum, ex una parte, et nos, ex altera, tales inite sunt conventiones : quod Robertus, frater ipsius domini regis, Mariam filiam nostram ducet in uxorem, si sancta Ecclesia consenserit. — Et, ad impetrandam super hoc a Sede Apostolica dispensationem, debent mitti nuntii ad curiam Romanam ab eodem domino rege et a nobis. Et debet impetrari eadem dispensacio, si possit obtineri, infra octabas instantis Penthecostes. — Si autem non potuerit obtineri dicta dispensatio infra terminum predictum, cessabunt omnes conventiones iste ac si nonquam habite fuissent, nisi, de consensu domini regis et nostro et prefati Roberti, terminus fuerit prorogatus. — Si vero obtenta fuerit dispensatio, ipsa obtenta, nos, ab instanti Nativitate Domini in quatuor annos, debemus tradere eandem filiam nostram domino regi, tanquam domino nostro, custodiendam ad opus ipsius Roberti fratris sui, qui eandem Mariam filiam nostram, cum ad nubilem etatem pervenerit, videlicet cum duodecimum compleverit annum, vel cicius, si Ecclesia consenserit, accipiet in uxorem. — Et quando nos predictam filiam nostram domino regi trademus, ipse dominus rex debet nos facere securam, tanquam ligiam feminam suam, per litteras suas patentes et per creantum suum, quod, si inter ipsam filiam nostram et dictum Robertum matrimonium non provenerit, ipse dominus rex nobis, vel illis quibus ordinaverimus eam reddi, reddet eandem filiam nostram liberam et solutam. — Quando autem inter ipsos Robertum et Mariam matrimonium contrahetur, nos tenemur dare et tradere eidem filie nostre in maritagium Duacum et castellaniam Duaci, cum pertinentiis ejus, et Exclusam cum pertinentiis ejus. — Si vero contigerit nos accipere maritum et ex eo masculum heredem suscipere, nos dedimus et concessimus post decessum nostrum prefate filie nostre in maritagium, cum predictis, Insulam et totam castellaniam Insule cum pertinentiis ejus. — Predictus autem Robertus in contractu predicti matrimonii dicte Marie dabit in dotem Hesdinum et castellaniam Hesdini, cum pertinentiis ejus, Bapalmas et castellaniam Bapalmarum, cum pertinentiis. — Sciendum preterea quod nos tenemur procurare et facere quod si, obtenta dispensatione predicta, nos mori contigerit antequam domino regi tradiderimus predictam filiam nostram, eadem filia nostra, statim post mortem nostram, tradatur domino regi sub pactionibus antedictis, ita quod, si inter ipsos Robertum et Mariam matrimonium non provenerit, dominus rex, sicut predictum est, illis, quibus ordinaverimus eam reddi, reddet eandem filiam nostram liberam et solutam. — Et super hoc et super predictis fecimus eidem domino regi securitatem per juramentum nostrum et per presentes litteras patentes, et super hiis etiam debemus ei facere securitatem per litteras patentes et per juramenta baronum et bonarum villarum terre nostre; quorum videlicet baronum et quarum bonarum villarum litteras et juramenta super hoc voluerit habere. — Sicut autem se obligat dominus rex ad reddendum nobis filiam nostram liberam et solutam, si inter ipsam et dictum Robertum matrimonium non provenerit, prout superius est expressum, ita heredem suum regem Francie post ipsum ad hoc idem esse vult obligatum. — Nos autem in testimonium predictorum, sigillum nostrum litteris presentibus duximus apponendum. — Actum apud Compendium, anno Domini m° cc° tricesimo quinto, mense junio.

Traces de sceau pendant sur double queue. — Le sceau de Jeanne, comtesse de Flandre et de Hainaut, est décrit dans l'*Inventaire* sous le n° 620.

2588 — Compiègne. 1235. Juin.

Franco Brugensis præpositus et quidam alii Flandriæ magnates se ratum habere declarant matrimonium inter Mariam de Flandria et Robertum de Francia contrahendum.

(J. 535. — Flandre, I, sac 4, n° 2. — Original scellé.)

Omnibus presentes litteras inspecturis, F. (Franco) Brugensis prepositus, Flandrie cancellarius, Balduinus comes Guinarum, Arnulphus de Audenarde, R. (Robertus) de Waurinc Flandrie senescallus, Guillelmus castellanus Sancti Audomari, Rac. de Gavres, Guillelmus de Bethunia, et Ph. de Derniaus, salutem. — Notum facimus quod nos, de voluntate et mandato karissime domine nostre J. (Johanne), comitisse Flandrie, juravimus excellentissimo domino nostro Ludovico, regi Francie illustrissimo, quod nos matrimonium bona fide et pro posse nostro volemus et procurabimus fieri inter dominum Robertum, fratrem ipsius domini regis, et Mariam filiam predicte comitisse, secundum conventiones que habite sunt inter eos, sicut in litteris eorum hinc inde confectis continentur. — In cujus rei testimonium, presentes litteras sigillorum nostrorum impressionibus fecimus consignari. — Actum apud Compendium, anno Domini m° cc° tricesimo quinto, mense junio.

Cette charte était scellée de huit sceaux pendants sur double queue ; les sceaux d'Arnould d'Audenarde et de Philippe de Dergneau s'étant détachés, il n'en reste plus que six, tous en cire blanche, et rangés dans l'ordre suivant :

1. Franc de Mallenguien, prévôt de Bruges et chancelier de Flandre. (*Inventaire*, n° 314.)
2. Baudouin III, comte de Guines. (*Invent.*, n° 1072.)
3. Arnould d'Audenarde. — Ce sceau manque ; mais il est décrit dans l'*Inventaire* sous le n° 10337, d'après un type appendu à un acte daté de 1226.
4. Robert de Waurin, sénéchal de Flandre. (*Invent.*, n° 310.)
5. Guillaume, châtelain de Saint-Omer. (*Invent.*, n° 5321.)
6. Rasson de Gavres, chevalier. (*Invent.*, n° 10395.)
7. Guillaume de Béthune. (*Invent.*, n° 1420.)
8. Philippe de Dergneau. — Ce sceau, qui s'est détaché de l'acte, est décrit dans l'*Inventaire* sous le n° 2020.

2589 — Crépy. 1235. Juin.

Litteræ Petri ducis Britanniæ de compositione inita inter Guidonem Malumvicinum et Radulphum de Fougeriis.

(J. 241. — Bretagne. Coffre, n° 13. — Original scellé.)

Universis presentes litteras audituris, P. (Petrus) dux Britannie, comes Richerimontis, salutem in Domino. — Noverint universi quod, [cum] controversia verteretur inter Guidonem Malumvicinum, ex una parte, et Radulphum de Fougeriis, ex altera, in curia nostra super totis terra et jure que habuerunt et tenuerunt comes Eudo et Eudo filius ejusdem comitis in tota Britannia, que uterque dicebat ad se pertinere jure hereditario, pax in presencia domini regis Francie, nobis presentibus, facta est in hac forma, videlicet : quod dictus Guido quitavit in perpetuum dicto Radulpho et ejus heredibus omne illud jus quod in predictis clamabat, habebat et habere poterat, et debet facere quitari a genere suo, portando finem secundum usus et consuetudines Britannie. — Et, propter hanc quittationem, dictus Radulphus debet dicto Guidoni dare duo milia et quingentas libras Turonensium sub hiis terminis persolvendas : ad presens, scilicet, quingentas libras ; ad Nativitatem Beate Marie sequentem, sexcentas sexaginta sex libras, tredecim solidos et quatuor denarios ; et totidem ad octabas Candelose subsequentis, et totidem ad octabas Pentecostes sequentis. — Et debet fieri solutio ista Johanni de Vineis, ballivo domini regis, qui dictas summas peccunie reddet dicto Guidoni postquam receperit eas, et ducentas libratas redditus ad Turonenses competenter assignandas per tres milites, quorum nominabit unum dictus Guido, alium dictus Radulphus, et dominus rex tertium, in redditibus quos habet idem Radulphus in Normannia, scilicet in feodo comitisse Bolonie et in feodo abbatis de Monte Sancti Michaelis. — Et, si forte non sufficeret terra quam habet dictus Radulphus in dictis feodis, residuum perficeretur in feodo domini regis Francie. — Et has supradictas conventiones juraverunt, tactis sacrosanctis, dicti Guido et Radulphus, coram domino rege et nobis, tenendas firmiter et observandas. — Et constituerunt fidejussores, scilicet, dictus Guido : Symonem de Pissiaco patrem, Johannem de Muisi, Galterum de Vilers; et debet ponere cum istis Ansellum de Insula, Matheum de Mailli, et Guillelmum Malumvicinum. Et dictus Radulphus de Fougeriis : Guillelmum Paenel constabularium Normannie, Robertum Malet, Fulconem de Mattio, et Robertum de Mallevrier. — Et dicti Guido et Radulphus et fidejussores eorum exposuerunt domino regi terras suas, ut possit assignare ad terras illius et fidejussorum suorum qui a predictis conventionibus resilirent. — Et sciendum quod predictus Johannes de Vineis debet recipere proventus dicte terre et servare in manu sua, donec quitancie facte sint et terra assignata; que debent fieri infra festum Sancti Remigii proximo instantis. — Et quando predicta summa pecunie soluta erit et quitancie erunt facte et terra assignata, nos dabimus utrique parti litteras nostras super predictis conventionibus in perpetuum valituras. — In hujus testimonium compositionis, presentes litteras, ad peticionem partium, sigilli nostri munimine duximus roborandas. — Actum apud Crispiacum, anno gratie M° CC° XXX° quinto, mense junii.

Sceau de Pierre, duc de Bretagne; cire blanche, double queue; décrit dans l'*Inventaire* sous le n° 534.

2390   Crépy. 1235. Juin.

Securitas facta domino regi a Radulpho de Fougeriis de pace, quam cum Guidone Malivicini inivit, observanda.

(J. 395. — Securitates, n° 134. — Original scellé.)

Ego Radulphus de Fougeriis, notum facio omnibus presentes litteras inspecturis quod ego karissimo domino meo Ludovico, regi Francie illustri, super totam terram meam, de quocunque eam teneam, promisi quod conventiones compositionis quam fecimus, ego et dominus Guido Malivicini, coram eodem domino meo rege, in presentia domine regine matris ejus, apud Crispiacum, tenebo firmiter et integre adimplebo, prout in ipsius domini regis litteris confectis super hoc plenius continetur. — Et de hoc faciendo ad majorem securitatem dedi plegios tales, scilicet : Guillelmum Paganelli militem, dominum G. (Guillelmum) constabularium Normannie, dominum Robertum Malet, dominum Fulconem de Mathacio et dominum Robertum de Mallebrario. — In cujus rei testimonium, presentes litteras sigilli mei munimine roboravi. — Actum apud Crispiacum, anno Domini M° CC XXX° quinto, mense junio.

Sceau de Raoul de Fougères; cire brune, double queue; décrit dans l'*Inventaire* sous le n° 2229.

2391   Crépy. 1235. Juin.

Guillelmus Paganelli se plegium pro Radulpho de Fougeriis constituit de pace cum G. Malivicini observanda.

(J. 395. — Securitates, n° 129. — Original scellé.)

Ego Guillelmus Paganelli, miles, notum facio tam presentibus quam futuris quod de pace coram domino rege, in presentia domine regine B. (Blanche) matris ejus, apud Crispiacum inita inter dominum G. Malivicini et Radulphum de Fougeriis plegius sum pro jam dicto Radulpho super pactionibus adimplendis ab eodem Radulpho, sicut in litteris domini regis confectis super hoc continetur. — Et expono eidem domino regi totam terram meam, de quocunque eam teneam, et omnes res meas tam mobiles quam inmobiles, ita quod dominus rex ea omnia in manu sua possit capere et tenere usque ad perfectionem dictarum conventionum, si jam dictus Radulphus in aliquo ab eis deficeret adimplendis. — In cujus rei memoriam, presentes litteras eidem domino regi sigillo meo tradidi sigillatas. — Actum apud Crispiacum, anno Domini M° CC° tricesimo quinto, mense junii.

Sceau de Guillaume Painel; cire blanche, double queue. Petit sceau armorial, inédit, et qui ne présente aucune analogie avec les sceaux de Foulque et de Fouquier Painel, décrits dans l'*Inventaire* sous les n°s 3146 à 3148. Quoique l'empreinte de celui-ci soit en grande partie effacée, on y distingue encore un écu armorié de deux loups passants, brisé d'un lambel, accosté dans le champ, à sénestre d'une étoile, à dextre d'un croissant renversé. Légende : S. GUILL. PAGANELLI MIL.

2592   Crépy. 1235. Juin.

(J. 395. — Securitates, n° 92. — Original scellé.)

Litteræ Guillelmi de Homet, constabularii Normanniæ, ejusdem argumenti et formæ. — « In cujus rei memoriam, presentes litteras eidem domino regi sigillo meo tradidi sigillatas. Actum apud Crispiacum, anno Domini M° CC° XXX° quinto, mense junio. »

Sceau de Guillaume du Hommet, connétable de Normandie; cire blanche, double queue; décrit dans l'*Inventaire* sous le n° 324.

2593   Crépy. 1235. Juin.

(J. 395. — Securitates, n° 132. — Original scellé.)

Litteræ Johannis de Musiaco, ejusdem argumenti et formæ. — « In cujus rei memoriam, presentes litteras eidem domino regi sigillo meo tradidi sigillatas. Actum apud Crispiacum, anno Domini M° CC° XXX° quinto, mense junio. »

Sceau de Jean de Muzillac (en Bretagne, Morbihan, arr. de Vannes); cire blanche, double queue; décrit dans l'*Inventaire*, n° 3022, sous le nom de J. de Mussy.

2594   Crépy. 1235. Juin.

(J. 395. — Securitates, n° 130. — Original scellé.)

Litteræ Roberti de Malebrario, ejusdem argumenti et formæ. — « In cujus rei memoriam, presentes litteras eidem domino regi sigillo meo tradidi sigillatas. Actum apud Crispiacum, anno Domini M° CC° XXX° quinto, mense junio. »

Sceau de Robert de Maulevrier; cire blanche, double queue; décrit dans l'*Inventaire* sous le n° 2757.

2595   1235. Juin.

(J. 203. — Champagne, XI, n° 33. — Original.)

Coram Petro episcopo et M. (Milone) Sancti Pharonis Meldensis abbate, Arnulphus de Montangleaut miles et domina Maria uxor ejus recognoscunt se grueriam, quam in foresta de Maant petebant, et omnia usuaria et essarta, quæ eis Theobaldus rex Navarræ, Campaniæ et Briæ comes, concesserat, eidem regi, pro ducentis et quadraginta libris Pruvinensium vendidisse; præter quas præfatæ Mariæ decem libræ Pruvinensium datæ fuerunt ut hanc donationem vellet et laudaret. — « In cujus rei testimonium, presentes litteras sigillorum nostrorum munimine fecimus roborari. Actum anno Domini M° CC° XXX° quinto, mense junio. »

Traces de deux sceaux pendants sur double queue. — Le sceau de Pierre de Cuisy, évêque de Meaux, est décrit dans l'*Inventaire* sous le n° 6702; le sceau de Milon II Botet, abbé de Saint-Faron de Meaux, n'existe plus aux Archives.

2596   1235. Juin.

(J. 259. — Mâcon, n° 3. — Original scellé.)

Johannes comes Matisconensis et Aaleis comitissa Matisconensis, uxor ejus, notum faciunt se dilecto et fideli suo Stephano domino de Vilars, in augmentum feodi quod de se tenet, gardam de Cheveriaco cum appenditiis, et quidquid ipsi et antecessores sui ibidem habebant, dedisse et concessisse ea lege ut dictus Stephanus ibidem construeret forteritiam quæ in ipsorum consilium et auxilium foret. — « In cujus rei testimonium, presentibus litteris sigilla nostra duximus apponenda. Actum anno Domini M° CC° tricesimo quinto, mense junio. »

Deux sceaux en cire blanche pendants sur double queue. — Le sceau de Jean de Braine, comte de Mâcon, est décrit dans l'*Inventaire* sous le n° 504; celui de la comtesse Alix sa femme sous le n° 503.

2597   1235. Juin.

(J. 383. — G. et H. de Châtillon, sires de Crécy, n° 14. — Original scellé.)

H. (Herbertus) abbas et conventus S. Genovefæ Parisiensis specialem et karissimum amicum suum Hugonem comitem S. Pauli, habito diligenti tractatu, iterum rogant ut omnia ad dictam ecclesiam, tam in terris quam in censivis, pertinentia, et a dicto comite propter vivarium apud Ebliacum de novo constructum occupata, in donum accipere velit. — « Nos autem omnia supradicta vobis benigne et pacifice concedimus possidenda. Quod si feceritis, nostram omnino implebitis voluntatem. Valeat et vigeat dominatio vestra. Actum anno Domini M° CC° tricesimo quinto, mense junio. »

Cette pièce était scellée dans le principe de deux sceaux pendants sur simple queue. Le sceau de Herbert, abbé de Sainte-Geneviève de Paris, n'existe plus; le sceau du couvent est décrit dans l'*Inventaire* sous le n° 8330.

2598   1235. Dimanche 8 juillet.

Instrumentum admonitionis datæ canonicis S. Stephani Tolosæ.

(J. 322. — Toulouse, XIII, n° 56. — Original.)

Notum sit cunctis quod Guilhalmonus, tunc vicarius Tolose pro domino R. (Raimundo) Tolosano comite et in ejus loco, venit cum proceribus apud domum Sancti Stephani infra claustrum et invenit ibi quosdam canonicos ipsius ecclesie, videlicet, Poncium Arnaldum de Noerio, et Bertrandum de Tolosa, et Poncium de Tolosa, et Ramundum Resplandium, et Atonem de Crosa; et ibi petiit eis dominum prepositum et alios dominos et canonicos ipsius ecclesie. — Qui respondentes sibi dixerunt : quod modo amplius de dominis et canonicis ipsius ecclesie ibi non intererant; sed, si aliquid volebat eis dicere, ipsi illud audirent et domino preposito et aliis illud dicerent. — Ad hoc ipse Guilhalmonus dixit eis : quod ipsi adquisierant quosdam honores de Roycio de Turribus apud Castanetum qui tenebantur a domino comite; et ex parte domini comitis et mandato ipsius monebat illos ut illos honores deinde non tenerent, immo illos, sicut mos Tolosana est, venderent. Sin autem, scirent pro certo quod dominus comes, et ipse pro eo, illos honores in sua manu et posse caperet et reciperet, et postea, si aliquid ibi amparabant, dominus comes, et ipse pro eo, faceret inde eis jus sicuti deberet. — Tunc jam dicti canonici responderunt : quod dominus prepositus nec alii domini vel canonici ibi modo non intererant, sicut ipsi ei predixerant, et, cum ipsi alii domini ibi forent, ostenderent ea que ipse eis superius dixerat. Interim autem, quousque ipsi interessent, aliquam sibi certam non poterant pro seipsis facere responsionem. — Hec inquisitio fuit ita facta VIII. die introitus mensis julii, feria I, regnante Lodoico Francorum rege, et eodem domino R. (Ramundo) Tolosano comite, et R. (Ramundo) episcopo, anno M° CC° XXX° V° ab incarnatione Domini.—Hujus rei sunt testes: Durandus de Sancto Barcio, et Durandus filius ejus, et Arnaldus Willelmus de Sancto Barcio, et Petrus de Tolosa, et W. Betoda, et Bernardus Aimericus qui cartam istam scripsit.

2399   1235. Juillet.

(J. 395. — Securitates, n° 131. — Original scellé.)

Ansellus de Insula, miles, pro Guidone Malivicini, se, coram domino rege, plegium constituit, de pace inter dictum Guidonem et Radulphum de Fougeriis inita. — « In cujus rei memoriam, presentes litteras eidem domino regi sigillo meo tradidi sigillatas. Actum anno Domini M° CC° tricesimo quinto, mense julio. »

Sceau d'Ansel de l'Isle, chevalier; cire brune, double queue. Sceau armorial non décrit : Un écu dont les armoiries sont complétement effacées. Légende : SIGILLUM ANSELLI DE INSULA. Pas de contre-sceau. — Ces lettres reproduisent textuellement celles de Guillaume Painel et des autres cautions fournies par Raoul de Fougères. Voyez le n° 2391.

2400   1235. Juillet.

(J. 395. — Securitates, n° 133. — Original scellé.)

Litteræ Guillelmi de Malovicino, ejusdem argumenti et formæ. — « In cujus rei memoriam, presentes litteras eidem domino regi sigillo meo tradidi sigillatas. Actum anno Domini M° CC° XXX° quinto, mense julio. »

Sceau de Guillaume de Mauvoisin; cire blanche, double queue; décrit dans l'*Inventaire* sous le n° 2768.

2401   1235. 15 août.

(J. 346. — Régale, I, n° 20. — Original scellé.)

R. prior et conventus B. Sulpicii Bituricensis illustrem virum Ludovicum, excellentissimum Francorum regem, certiorem faciunt, Amelio, quondam abbate suo, viam universæ carnis ingresso, a se fratrem Stephanum dicti conventus monachum, præsentium latorem, in abbatem fuisse electum; quapropter majestatem regiam humiliter exorant ut dicto abbati dignetur suum favorem et gratiam impertiri. — « Valeat nobilitas vestra in Domino. Actum anno Domini M° CC° XXX° quinto, in Assumptione Sancte Marie. »

Fragment de sceau en cire blanche pendant sur simple queue. — Le sceau du couvent de Saint-Sulpice de Bourges est décrit dans l'*Inventaire* sous le n° 8165.

2402   1235. 20 août.

(J. 304. — Toulouse, II, n° 53. — Original.)

Instrumentum, undulatum et per litteras alphabeti divisum, quo notum fit Arnaldum Berella et Ramundum Berella ejus nepotem, pro se et fratribus suis, unam peciam terræ, quæ sita est inter terram Bernardi Donati et caminum Francigenum, Petro Boerio de Sancto Romano ejusque ordinio in feodum, mediantibus XII. denariis Tolosanis et certis annuis pensionibus, dedisse. — « Hoc fuit ita positum XII° die ad exitum mensis augusti, regnante Lodovico rege Francorum, et Ramundo Tolose comite, et Ramundo episcopo, anno ab incarnatione Domini M° CC° XXX° V°. — Hujus rei sunt testes : Bernardus Guilabertus, et Willelmus de Fois, et Willelmus Rodella, et Willelmus Ramundus qui cartam hanc scripsit. »

2403 1235. Lundi 17 septembre.

(J. 320. — Toulouse, XI, n° 47. — Original.)

Instrumentum quo Petrus de Escag recognoscit totum illud vinum, quod ab Arnaldo Sancio pro R. (Raimundo) Tolosano comite commendaverat, sibi a Petro de Tolosa vicario Tolosæ, nomine præfati comitis, redditum fuisse. — « Hoc fuit factum xiiii. die exitus mensis septembris, feria ii, regnante Lodoico Francorum rege, et eodem domino R. (Raimundo) Tolosano comite, et R. (Raimundo) episcopo, anno m° cc° xxx° v° ab incarnatione Domini. Hujus rei sunt testes : R. de Altesaco, capellanus B. Marie de Albate, et Poncius frater ejus et Bernardus Aimericus qui cartam istam scripsit. »

2404 Saint-Denis. 1235. Septembre.

Querimoniæ a magnatibus Franciæ Gregorio papæ IX delatæ super usurpationibus prælatorum.

(J. 350. — Gravamina, n° 3. — Original scellé.)

Serenissimo patri in Domino G. (Gregorio), Dei gratia summo pontifici, H. (Hugo) dux Burgundie, P. (Petrus) comes Britannie, H. (Hugo) comes Marchie, A. (Amalricus) comes Montisfortis Francie constabularius, [Johannes] comes Vindocinensis, S. (Simon) comes Pontivi, J. (Johannes) comes Carnotensis, L. (Ludovicus) comes Sacricesaris, [Guillelmus] comes Jovigniaci, H. (Hugo) comes Sancti Pauli, [Johannes] comes Rouciaci, B. (Balduinus) comes Guinarum, J. (Johannes) comes Matisconensis, Robertus de Curtineto Francie buticularius, Galterus de Avesnes, Johannes de Nigella, Stephanus de Sacrocesare, [Godefridus] vicecomes Castriduni, [Radulphus] vicecomes Bellimontis, [Hemericus] vicecomes Castri-Eraudi, Archembaudus de Borbonio, [Raimundus] vicecomes Turenne, [Guillelmus de Humeto] constabularius Normannie, Buchardus de Montemorenciaco, Henricus de Soliaco, Guillelmus de Melloto, Droco de Melloto, Gaucherus de Jovigniaco, Richardus de Harecourt, Johannes de Touciaco, Adam de Bellomonte, Johannes de Bellomonte, Johannes marescallus Francie, Hugo de Atheis magister panetarie Francie, Gaufridus de Capella, Hugo de Bauceio, Gaufridus de Poenciaco, Robertus de Pissiaco, Gaco de Pissiaco, Guido Malivicini, Guido de Caprosia et alii barones et milites, qui domini regis Francie interfuerunt colloquio apud Sanctum Dionisium habito, salutem et reverentiam tam debitam quam devotam. — Sanctitatem vestram volumus non latere quod, cum dominus rex ac antecessores ipsius et nostri jura ecclesiarum in regno Francie servaverint fideliter et devote, in quo idem dominus rex et nos eorum studemus vestigiis inherere, nunc prelati et persone alie ecclesiastice novis gravaminibus contra eundem dominum regem, patronum ipsorum, insurgunt, ea que antecessoribus ejus et ipsi a longe retroactis temporibus debuerunt voluntate propria denegantes, et nova quedam ab ipso et ejus hominibus extorquere volentes. — Cum enim Remensis archiepiscopus et Belvacensis episcopus homines ejus sint ligii et fideles, et ab ipso per homagium teneant sua temporalia in paritate et baronia, in hanc contra ipsum insurrexerunt audatiam quod in sua curia jam nolunt de temporalibus respondere, nec in sua curia jus facere vel etiam expectare. — Archiepiscopus etiam Turonensis abbates et priores sue provincie in ejusdem domini regis et aliorum dominorum curiis respondere de temporalibus non permittit, eo modo quo regum aliorum Henrici, Ricardi, Philippi, Ludovici temporibus eos liquidum est respondisse. — In predictis et aliis pluribus, prout vestra paternitas per latores presentium poterit edoceri, supradicti prelati atque alii et persone alie ecclesiastice regni Francie eundem dominum regem, nos, homines nostros et alios nituntur multipliciter aggravare et novas consuetudines imponere; que nos, qui jura Ecclesie cum eodem domino rege servare volumus ut devoti filii et fovere, non possemus equanimiter sustinere. — Iccirco vestre supplicamus paternitati quatinus domini regis, regni dignitates et nostras illibatas servari velitis eo modo quo nostrorum antecessorum fuerunt temporibus observate; scientes quod talia gravamina dominus rex et nos non possemus ulterius tolerare. — Actum apud Sanctum Dionisium, anno Domini millesimo ducentesimo tricesimo quinto, mense septembri.

Ces lettres, repliées sur trois côtés, étaient scellées, dans le principe, des sceaux de tous les seigneurs nommés dans le texte, au nombre de quarante et un; vingt-trois de ces sceaux se sont détachés, dix ne sont plus que des fragments, huit seulement sont à peu près intacts, mais ils sont tous, à l'exception de trois, décrits dans l'*Inventaire* sous les numéros suivants :

1. Hugues IV, duc de Bourgogne. (*Inventaire*, n° 469.)
2. Pierre Mauclerc, comte de Bretagne. (*Invent.*, n° 534.)
3. Hugues X de Lusignan, comte de la Marche. (*Invent.*, n° 834.)
4. Amauri VI, comte de Montfort, connétable de France; troisième sceau. (*Invent.*, n° 712.)
5. Jean IV de Montoire, comte de Vendôme. (*Invent.*, n° 988.)
6. Simon de Dammartin, comte de Ponthieu. (*Invent.*, n° 1068.)
7. Jean d'Oisy, comte de Chartres. (*Invent.*, n° 975.)
8. Louis, comte de Sancerre. (*Invent.*, n° 436.)
9. Guillaume II, comte de Joigny. — Sceau perdu.
10. Hugues V de Châtillon, comte de Saint-Paul. (*Inv.*, n° 362.)
11. Jean II, comte de Roucy. (*Invent.*, n° 1022.)
12. Baudouin III, comte de Guines. (*Invent.*, n° 1072.)
13. Jean de Braine, comte de Mâcon. (*Invent.*, n° 504.)
14. Robert de Courtenay, bouteiller de France (*Invent.*, n° 274.)
15. Gautier d'Avesnes. (*Invent.*, n° 1263.)
16. Jean de Nesle. (*Invent.*, n° 3052.)
17. Étienne de Sancerre. (*Invent.*, n° 3573.)
18. Geoffroi IV, vicomte de Châteaudun. (*Invent.*, n° 982.)
19. Raoul III, vicomte de Beaumont. (*Invent.*, n° 828.)
20. Aimeri II, vicomte de Châtellerault. (*Inventaire*, n° 1100.)
21. Archambaud IX, sire de Bourbon. (*Invent.*, n° 445.)
22. Raymond IV, vicomte de Turenne. (*Invent.*, n° 771.)
23. Guillaume du Hommet, connétable de Normandie. (*Invent.*, n° 324.)
24. Bouchard VI, sire de Montmorency. (*Invent.*, n° 2931.)
25. Henri de Sully. — Sceau perdu.
26. Guillaume de Mello. (*Invent.*, n° 2781.)
27. Dreux de Mello. (*Invent.*, n° 2777.)
28. Gaucher de Joigny. (*Invent.*, n° 2490.)
29. Richard d'Harcourt. — Sceau équestre non décrit. Le bouclier et la couverture du cheval portent les deux fasces d'Harcourt qui sont reproduites au contre-sceau. Comparez les sceaux décrits sous les n°s 2367 et 2368.
30. Jean de Toucy. (*Invent.*, n° 3721.)
31. Adam de Beaumont. (*Invent.*, n° 1354.)
32. Jean de Beaumont. (*Invent.*, n° 1360.)
33. Jean de Clément, maréchal de France. — Sceau non décrit dans l'*Inventaire*. Voyez l'observation à la suite du n° 1811, p. 97.
34. Hugues d'Athis, panetier de France. — Sceau perdu.
35. Geoffroy de la Chapelle. (*Invent.*, n° 1729.)
36. Hugues de Bauché. (*Invent.*, n° 1319.)
37. Geoffroy de Poincy. (*Invent.*, n° 3247.)
38. Robert de Poissy. (*Invent.*, n° 3255.)
39. Gaçon de Poissy. (*Invent.*, n° 3250.)
40. Gui de Mauvoisin. (*Invent.*, n° 2767.)
41. Gui de Chevreuse. (*Invent.*, n° 1829.)

2405   1235. Dimanche 11 novembre.

(J. 304. — Toulouse, II, n° 58. — Original.)

Guillelmus Geraldus bajulus S. Romani notum facit se, pro domino suo R. (Raimundo) Tolosæ comite ejusque homine, totam illam terram, sitam inter Pasum Panis-perdutz et terram quæ fuit Poncii Martini, Petro Boerio ejusque ordinio, mediantibus certis annualibus pensionibus, in feudum concessisse et dedisse. — « Hoc fuit factum XI. die in introitu mensis novembris, feria I, regnante Lodovico Francorum rege, R. (Raimundo) Tolosano comite, et R. (Raimundo) episcopo, anno M° CC° XXX° V° ab incarnatione Domini. — Hujus rei sunt testes : Guillelmus de Vallibus, Tolsanus Fortinus, et Willelmus Vasco qui istam cartam scripsit. »

2406   Bessières. 1235. Novembre.

Mercredi 7, 14, 21 ou 28 novembre.

(J. 325. — Toulouse, XVI, n° 6. — Original roman.)

Acte, divisé par A. B. C., de l'enfieffement ou bail à cens d'un pré situé à Font Domargal; ledit bail consenti par W. de Gamevila à B. Faure. — « Vezent de tot aiso sobredig : R. Vifranc, e R. W. Lombart, *tres alii*, et V. Repoll, come o escrius. Facta carta in mense novembre, feria IIII, anno Domini M. CC. XXXV, reinan Lodoic lo rei, etc.; e aiso fo faig a Veseiras e la careira comunal, denant l'obrador d'en R. Clergue. »

2407   Bessières. 1235. Novembre.

Mercredi 7, 14, 21 ou 28 novembre.

(J. 325. — Toulouse, XVI, n° 7. — Original roman.)

Acte, divisé par A. B. C., de l'enfieffement ou bail à cens d'une vigne (*vina*) située à Bessières (*Veseiras*); ledit bail consenti par W. de Gamevila à W. de Columbiac et à ses héritiers. — « Vezent de tot aiso sobredig : R. Vifranc, e J. de Belmont, e R. Faure, *tres alii*, e W. Repoll, come o escrius. Facta carta in mense novembri, feria IIII, anno Domini M. CC. XXXV, reian Lodoic lo rei, etc.; et aiso fo faig a Veseiras e la careira comunal. »

2408   Bessières. 1235. Novembre.

Mercredi 7, 14, 21 ou 28 novembre.

(J. 325. — Toulouse, XVI, n° 8. — Original roman.)

Acte, divisé par A. B. C., du bail à cens ou enfieffement d'une pièce de pré; ledit bail consenti par W. de Gamevila à R. Faure et à ses héritiers. — « Vezent de tot aiso sobredig : R. Vifranc, e R. Lombart, *duo alii*, e W. Repoll, come o escrius. Facta carta in mense novembre, feria IIII, anno Domini M. CC. XXXV, reinan Lodoic lo rei, etc., e aiso fo faig a Veseiras e la careira comunal, denant l'obrador d'en R. Clergue. »

2409   1235. Novembre.

(J. 197. — Champagne, V, n° 40. — Original.)

Major, jurati et tota communia Spernaci notum faciunt se illustri domino suo Th. (Theobaldo) regi Navarræ,

Campaniæ et Briæ comiti palatino, quitavisse usuarium et quiquid juris habebant in nemore quod vocatur Baticius, juxta Spernacum, et se teneri ad faciendum gratum dicti regis in alia parte ejusdem nemoris sibi remanente. — « In cujus rei testimonium, presentes litteras sigilli nostri munimine fecimus roborari. Actum anno Domini M° CC° XXX° quinto, mense novembri. »

Traces de sceau pendant sur double queue. — Le sceau de la ville d'Épernay en Champagne (Marne) n'existe plus aux Archives.

2410 Bessières. 1235. Décembre.

Samedi 1er, 8, 15, 22 ou 29 décembre.

(J. 325. — Toulouse, XVI, n° 9. — Original roman.)

Acte, divisé par A. B. C., du bail à cens ou enfieffement du pré de Fontazalra; ledit bail consenti par W. de Gamevila à Rebisbe et à ses héritiers. — « Vezent de tot aiso sobredig : Azemar lo capela de Veseiras, e R. Vifranc, e R. Brasada, *duo alii*, e W. Repoll, come o escrius. Facta carta in mense desimbri, feria VII, anno Domini M. CC. XXXV, reinan Lodoico rege, e R. lo comte de Tolosa, e R. l'avesque; e aiso fo faig à la porta de Veseiras, e la barbacana. »

2411 1235. Décembre.

Samedi 1er, 8, 15, 22 ou 29 décembre.

(J. 325. — Toulouse, XVI, n° 10. — Original roman.)

Acte, divisé par A. B. C., du bail à cens ou enfieffement d'un jardin; ledit bail consenti par Druaz à Ar. Martel. — « Vezent de tot aiso sobredig : P. Mernat, e B. del Mas, *duo alii*, e W. Repoll, come o escrius. Facta carta el mes de dezembre, feria VII, anno Domini M. CC. XXXV, reinan Lodoic lo rei, etc..... e aiso fo faig e la careira, denant la maio que fo d'en R. Masip. »

2412 1235. 31 décembre.

(J. 322. — Toulouse, XIII, n° 57. — Original.)

Instrumentum, per litteras alphabeti divisum, quo constat Sicardum Galanibruns tertiam partem totius terræ et honoris Podii Airaudi, Raimundo Laurentio et ejus ordinio vendidisse. — « Hoc fuit factum in ultimo die mensis decembris, regnante Lodoico Francorum rege, et Raimundo Tolosano comite, et Raimundo episcopo, anno M° CC° XXX° quinto ab incarnatione Domini. De mandamento dicti venditoris sunt testes : Bernardus W. Gaitapodium, et A. J. de Ponte, et W. Johannes Gaitapodium *et decem alii*. Et Bernardus de Podio Siurano est de toto testis et cartam istam scripsit. »

2413 Haguenau. 1235. Décembre.

Diploma Frederici II imperatoris quo terram Venessini et dignitatem marchionatus Provinciæ Raimundo comiti Tolosano in donum confert.

(J. 419. — Bulles d'or, n° 3. — Original scellé.)

C. In nomine sancte et individue Trinitatis, Fridericus secundus, divina favente clementia Romanorum imperator semper Augustus, Jerusalem et Sicilie rex. — Imperialis excellentie solium tunc augetur cum, retinendo que donat et donando que retinet, vel subjectorum devota obsequia remunerat aut aliquorum devotionem munificentia liberalitatis acquirit; nec ob id solum Romana septra regentibus et nomen et omen impositum esse dignoscitur Augustorum, quod rebus et regnis augere rempublicam intendissent, verum etiam quod aucta veteri fide fidelium vel novis extraneorum obsequiis Imperium ampliarunt. — Hac igitur consideratione commoniti, illustris nichilominus viri, dilecti, affinis et fidelis nostri Ramundi comitis Tholosani fide et devotione pensatis, recepto ab eo pro parte Imperii fidelitatis et homagii juramento, de munificentia gratie nostre, qua benemeritos et devotos nostros benigne consuevimus prevenire, donamus, concedimus et in perpetuum confirmamus sibi et heredibus suis terram Venesini et totam aliam terram quam in Imperio, sive in regno Arelatensi et Viennensi, ipse vel antecessores sui ab Imperio habere et tenere consueverunt, videlicet, civitates, castra, villas cum plena jurisdictione, cum omnibus feodis et solitis pedagiis, usaticis et saunariis in ydiomate ipso, que latine saline dicuntur, et cum omnibus aliis justiciis, juribus et pertinentiis ejusdem terre; restituentes eumdem comitem in pristinam dignitatem marchionatus Provincie quam antecessores sui similiter habuerunt; statuentes et imperiali edicto firmiter injungentes ut nulla omnino persona, alta vel humilis, ecclesiastica vel secularis, dictum comitem vel heredes suos de predictis omnibus, sub pena mille librarum auri puri, impedire seu molestare presumat, medietatem cujus camere nostre et aliam medietatem passis injuriam persolvendam decrevimus ab eo vel ab hiis qui contra hujus majestatis nostre edictum fuerint ausu temerario presumptores. — Ut autem hec nostra donatio, concessio et confirmatio robur obtineat perpetue firmitatis, ad futuram memoriam, presens privilegium fieri et bulla aurea, tipario nostre majestatis impressa, jussimus communiri. — Hujus autem rei testes sunt : [Theodericus] Treverensis archiepiscopus; [Bernoinus] episcopus Vivariensis; [Otto] dux Bawarie comes palatinus Reni; [Matheus] dux Lothoringie; [Henricus] dux Brabantie; [Henricus] dux de Limburg; [Hermannus] marchio de Baden; [Conradus] burgravius de Nuorimberg; A. (Aimarus) de Pictavia, comes Valentinus; D. de Borchaguis; B. de Aioara; V. de Banasta; W. de Navis, et alii quamplures.

Signum domini Friderici secundi, Dei gratia invictissimi Romanorum imperatoris semper Augusti [*locus monogrammatis*], Jerusalem et Sicilie regis.

Acta sunt hec anno Dominice incarnationis millesimo ducentesimo tricesimo quinto, mense decembri, none indictionis, imperante domino nostro Friderico secundo, Dei gratia serenissimo Romanorum imperatore semper Augusto, Jerusalem et Sicilie rege, anno imperii ejus septimo decimo, regni Jerusalem undecimo, regni vero Sicilie tricesimo septimo. Feliciter. Amen.

Datum aput Hagenowe, anno, mense et indictione prescriptis.

Bulle d'or sur lacs de soie jaune. — La bulle d'or de Frédéric II (seconde bulle) est décrite dans l'*Inventaire* sous le n° 10887. — Le C. initial, que l'on rencontre dans un grand nombre de diplômes impériaux, dès le temps de l'empereur Conrad Ier (voyez les facsimile qui se trouvent dans le *Chronicon Gotwicense*, liv. II, p. 89, 94, 106, 139, 140, 141, 159 et suiv.), est, suivant toute apparence, le sigle de CHRISTUS écrit en caractères latins.

2414   Haguenau. 1235. Décembre.

Diploma Frederici II imperatoris quo Raimundum, comitem Tolosanum, superiorem dominum Insulæ, Carpentoratis et quorumdam castrorum constituit.

(J. 309. — Toulouse, V, n° 13. — Original scellé. = J. 277. — Dauphiné, I, n° 1. — Copie ancienne.)

Fredericus secundus, divina favente clemencia Romanorum imperator semper Augustus, Jerusalem et Sicilie rex. — Si dilectorum fidelium nostrorum supplicationes, et eorum precipue quos et grate devotionis affectus et servicia gratiora in conspectu nostre celsitudinis recomendant, admittimus liberaliter et clementer, eo nostris et Imperii utilitatibus consultius providemus quo, quod uni de innata inpendimus gratia, ad plures transfunditur per exemplum, et sic multos ad nostram et Imperii devotionem per liberalitatis desteram evocamus. — Inde est quod nos attendentes sinceram et puram devotionem quam R. (Raimundus), illustris comes Tholosanus, dilectus, affinis et fidelis noster, erga excellenciam nostram habet, nec non grata satis et accepta servicia que nobis et Imperio devote prestitit hactenus et prestare poterit in antea gratiora, de munificentie nostre gratia, qua benemeritos fideles nostros benigne semper et favorabiliter consuevimus prevenire, donamus et concedimus sibi et heredibus suis perpetuo in vassallos dominos ville Ynsule, civitatis Carpentoratis, castri de Interaquis, ville Quadarosse, castri de Nometamiis, castri Petrelapte, et castri de Intercalliis, et ut in eis plenam jurisdictionem debeat exercere, quam ipsi et heredibus suis de nostra duximus gratia concedendam; mandantes ut tam ipsi domini dictorum locorum quam heredes sui nominato comiti et heredibus suis, tanquam dominis eorum, in omnibus de cetero respondeant et intendant, salvo dominio et jure nostro et Imperii principali. — Statuimus igitur et presentis privilegii autoritate mandamus quatenus nulla persona, alta vel humilis, ecclesiastica vel mundana, dictum comitem vel heredes suos contra hujus privilegii nostri tenorem, ausu temerario super predictis impetere vel gravare presumat. Quod qui presu[m]pserit, centum libras auri puri pena plectatur, medietate camere nostre et reliqua medietate passis injuriam persolvenda. — Ad hujus autem donationis et concessionis nostre memoriam et robur perpetuo valiturum, presens privilegium inde fieri et majestatis nostre sigillo jussimus communiri. — Hujus rei testes sunt : [Theodericus] Treverensis archiepiscopus; [Bernoinus] episcopus Vivariensis; [Otto] dux Bawarie, palatinus comes Reni; [Matheus] dux Lothoringie; [Henricus] dux Brabantie; [Henricus] dux de Limburg; [Hermannus] marchio de Baden; [Conradus] burgravius de Nucremberc; A. (Aimarus) de Pictavia, comes Valentinus; D. de Berchaguis; B. de Aicara; V. de Banasta; W. de Navis et alii quamplures.

Acta sunt hec anno ab incarnatione Domini millesimo ducentesimo tricesimo quinto, mense decembri, none indictionis, imperante domino Friderico secundo Dei gratia Romanorum imperatore semper Augusto, Jerusalem et Sicilie rege, Imperii ejus anno septimo decimo, regni Jerusalem undecimo, regni vero Sicilie tricesimo septimo. Feliciter. Amen.

Datum apud Hagenowe, anno, mense et indictione prescriptis.

<small>Sceau de Frédéric II; cire brune, lacs de soie rouge; décrit dans l'*Inventaire* sous le n° 10885.</small>

2415   Pontoise. 1235. Décembre.

Litteræ Petri de Collemedio super inhibitione sibi facta a rege quoad Belvacense negotium.

<small>(J. 167. — Beauvais, n° 3. — Original.)</small>

Omnibus ad quos presentes littere pervenerint Petrus de Collemedio, capellanus domini pape et prepositus Sancti Audomari, salutem in Domino. — Cum nobis auctoritate apostolica fuisset injunctum ut de interdicto Remensis provincie posito pro ecclesia Belvacensi, et relaxatione ipsius, et ejusdem ecclesie ac episcoporum et capitulorum cathedralium ecclesiarum dicte provincie appellationibus, nec non et de aliis ipsum negotium contingentibus et causis ipsius interdicti inquireremus plenius veritatem, et nos ad inquirendum vellemus procedere, ex parte excellentissimi domini nostri Ludovici, regis Francorum illustris, inhibitum fuit nobis ne de communia Belvacensi seu rebus pertinentibus ad eandem, nec de regalibus suis seu rebus aliquibus ad jurisdictionem suam secularem pertinentibus, cognoscere directe seu indirecte, seu inquisitionem facere aliquatenus presumeremus; paratus enim erat omni conquerenti de predictis maturam justitiam exhibere. — Actum apud Pontisaram, anno Domini m° cc° tricesimo quinto, mense decembri.

<small>Traces de sceau pendant sur simple queue. — Ce sceau n'existe plus aux Archives. Celui qui est décrit dans l'*Inventaire* sous le n° 6369 est le sceau dont Pierre de Colmieu se servait après sa promotion à l'archevêché de Rouen.</small>

2416   1235. Décembre.

<small>(J. 196. — Champagne, IV, n° 29. — Original.)</small>

Philippus dominus Planceii notum facit nemus situm inter Estorvi et Melisiacum, sibi ab Huguenino de Estorvi domicello venditum, a se positum fuisse in augmentationem feodi quod tenet de karissimo domino suo Theobaldo rege Navarræ, Campaniæ et Briæ comite palatino. — « In cujus rei testimonium, presentes litteras sigilli mei munimine feci roborari. Actum anno Domini m° cc° tricesimo quinto, mense decembri. »

<small>Traces de sceau pendant sur double queue. — On trouve dans l'*Inventaire*, sous le n° 3226, la description du sceau d'un Philippe de Plancy en Champagne, lequel vivait au commencement du quatorzième siècle, et qui probablement était le fils ou le petit-fils du Philippe de Plancy vivant au commencement du treizième siècle.</small>

2417   Saint-Brieuc. 1235.

Communes petitiones Britonum, inquisitio facta super eisdem apud Sanctum Briocum et alibi anno gratie m° cc° xxx° *quinto, et testes ad hoc producti.*

<small>(J. 240. — Bretagne. Layette, n° 37. — Minute.)</small>

Petunt communiter quod balla Britannie et prave consuetudines, que comes Britannie levavit in suo tempore, removeantur a terris et feodis suis. Dicunt enim quod, ante tempus istius comitis, nonquam habuerat comes Britannie ballum vel rachatum de terris hominum suorum. — Dicunt etiam quod possunt firmare et facere fortericias sine licentia comitis. — Dicunt quod semper solent habere fracturam navium [*i. e.* laganum] in terris suis. — Dicunt quod, ante tempus istius comitis, solent libere facere testamenta, et de debitis et de elemosinis suis licite ordinare. — Dicunt etiam quod comes non potest levare viragium ab hominibus baronum.

<small>TESTES SUPER PREMISSIS ARTICULIS PRODUCTI.</small>

Frater Bartholomeus monachus de Bello portu, Premonstratensis ordinis, juratus dixit quod barones habent laganum, unusquisque in terris suis; et nonquam audivit quod aliquis comes Britannie haberet ballum in terra Britannie ante istum, et quod barones Britannie, ante tempus istius comitis, solent facere testamenta pro voluntate sua et assignare custodem heredum suorum. (*Sequuntur testimonia plurimorum tam clericorum quam laicorum.*)

2418 — Saint-Brieuc. 1235.

Charta inquisitionis factæ pro domino de Avaugor.

(J. 241. — Bretagne. Coffre n° 29. — Minute.)

Inquisitio pro domino Henrico de Avaugor, facta apud Sanctum Briocum, anno gratie M° CC° XXX° V° super istis articulis : super terris de Pentevria et de Trecoria; super regalibus Briocensis et Trecorensis dyoces[i]um; super navium fractione; super damnis factis in Goloia et in Quintinia. Et testes ad hoc producti.

TESTES PRO DOMINO HENRICO DE WAUGOR.

Frater Simon, qui fuit abbas de Bello-portu, Premonstratensis ordinis, juratus dixit quod comes Alanus, pater istius Henrici, tenebat tanquam hereditatem suam propriam terram Trecorensis et Briocensis dyocesium, et habebat Lannuion, et Benisse, et Guengampum in Trecorensi, et Lambaliam, et Jugon, et Moncontor in Briocensi; et erat in sesina istorum castrorum quando mortuus fuit. Et quod fuit presens quando idem Alanus fecit fieri homagia isti Henrico filio suo a baronibus suis istius terre, videlicet, domino Prigencio de Tonguedec, domino Guehenoco de Kemper, et Vigerio de Number et multis aliis. — Dixit etiam quod iste Henricus sesinam habuit istius terre post mortem patris sui et quod comes iste Britannie desesivit eum infra etatem. — Dixit etiam quod comes Gaufridus, qui tenebat Lambaliam, et Jugon, et Moncontor et terram illam, constituit patrem istius Henrici heredem suum de terra illa; et quod nonquam audivit quod comes Guido, qui erat comes Britannie tunc, aliquid reclamaret in predictis terris vel contradiceret. — Dixit etiam quod credit quod dictus comes Alanus bono titulo et jure hereditatis possideret terras illas, et quod regalia Trecorensis et Briocensis dyocesium, si vacarent, venirent ad ipsum.

De lagano, dixit quod barones Britannie Leonenses et alii illud solebant habere in terris suis, et comes Alanus similiter in terra sua; et quod nonquam audivit quod aliquis comes Britannie super hoc reclamaret vel contradiceret.

(*Sequuntur plurima tam clericorum quam laicorum testimonia.*)

2419 — [1235.]

Inquisitio de damnis illatis a comite Britanniæ episcopo Dolensi et abbati Veteris Vallis.

(J. 240. — Bretagne. Layette, n° 36. — Minute.)

Testes episcopi de Dolo contra comitem super dampnis factis predecessori suo et hominibus suis tempore treuge. — Magister Henricus juratus dixit quod Normannus de Quimbriac, marescallus comitis, et sui ceperunt de bonis episcopi Dolensis [Johannis de Lizaneto] predecessoris istius [Theobaldi de Poenceio], tam in denariis quam in bladis et rebus aliis, in uno anno, infra majorem treugam, bene usque ad valorem M. librarum Turonensium. Item dixit idem Henricus quod Matheus de Belvaco, serviens comitis, cepit IIII^{or} quadrigas vini burgensium episcopi infra eandem treugam, et illas creantavit reddere, sed postea non reddidit.

Item dixit idem Henricus quod comes debet episcopo Dolensi, qui modo est, XV. libras Turonensium de tribus annis pro quadam compositione que facta fuit inter ipsum et comitem super villa de Lamurmerel. — Dixit etiam quod Matheus de Bellovaco, serviens comitis, cepit bladum de molendinis capituli Dolensis et denarios de hominibus ejusdem capituli valentes VII. libras. — Dixit etiam quod Normannus de Quimbriac et sui dampnificaverunt episcopum Dolensem in domibus dirutis et talliis factis super homines suos et multis aliis modis, tam in majori treuga quam minori, usque ad valorem M. librarum et amplius, sicut credit. — Dictus testis fuit clericus episcopi predecessoris.

Sequuntur testimonia Roberti clerici, receptoris reddituum Johannis episcopi; Stephani Haarel, servientis sororis domini Andreæ de Vitriaco; Renaldi abbatis Veteris Vallis; Arculfi presbyteri B. Mariæ Dolensis; Guillelmi Loche militis; G. cantoris Dolensis; Johannis de Hirel, canonici Dolensis; N. Boustelier de Dolo; N. burgensis Dolensis; Rivaloni Salnarii, burgensis Dolensis; Johannis Laguilliër; Guillelmi Torelli clerici. — Guillelmus de Kartou capellanus, ultimus testis ab episcopo productus, sic loquitur :

Dixit quod bene scit, prout vidit, quod episcopus Dolensis fuit desaisitus, postquam ipse fuit in obedientia domini regis, per ballivos comitis, de regali suo, et vidit quod ipsi ceperunt bladum episcopi in capella Beate Margarite, in ecclesia Beati Sansonis; et vidit quod ipsi collegerunt et receperunt redditus et proventus totius episcopatus, frumentum, videlicet, denarios, gallinas, capones et omnia que ad episcopum de jure pertinebant; et vidit quod Normandus de Kobriac, de mandato comitis, dilaniavit et destruxit portas civitatis Dolensis et implevit fossatos quos episcopus fieri fecerat per burgenses suos. — Postea vidit quod idem Normandus adduxit secum multitudinem galeierum in civitate Dolensi qui multa dampna, multos pudores et maximas injurias tam episcopo quam hominibus suis intulerunt, sicut illi qui combuxerunt omnia hostia fenestrarum domus episcopi, et cathedram ejusdem episcopi, et mensas aliquas, et porticum domus veteris in parte, et ceperunt plunbum de stilicidiis episcopi, et vendiderunt, et ita eandem domum turpiter paraverunt quod non videbatur esse domus legitimi hominis sed furis vel proditoris. Et bene dicit ut credit quod ipsi dampnificaverunt episcopum et episcopatum ad valorem mille librarum, ita estimans quod ipse est satis certus de redditibus episcopi. Et ipse vidit quod ipsi in pace colligebant in pace redditus et omnes proventus et multas exactiones indebitas. Hec dixit et adjunxit quod multa mala vidit eos facientes de quibus non potest esse memor. Tamen vidit quod ipsi capiebant vinum apud Dolum et portaverunt apud Bellumfortem et plura alia. Item bene scit quod ballivi comitis ceperunt quadrigas cujusdam burgensis Dolensis et apud Aubigneium retinuerunt.

TESTES ABBATIS VETERIS VILLE CONTRA COMITEM BRITANNIE SUPER DAMPNIS SUIS.

Magister Henricus de Migrit juratus dixit quod monachi Veteris Ville multa et magna dampna sustinuerunt per gentem comitis, et quod Normannus senescallus comitis bis ad minus cucurrit per terras eorum et dampnificavit eas, et quod servientes, bene usque ad xxx, cum armis venerunt usque ad abbatiam cominantes eis ut extorserent ab eis pecuniam, et extorserunt. Hec omnia dampna nescit estimare, sed credit quod bene valebant M. libras et amplius.

Sequuntur testimonia Gaufredi presbyteri; Johannis Chaorcin militis; decani de Comburnio presbyteri; Guillelmi Giguel presbyteri; Rolandi de Sancto Paterno; abbatis de Truncheia; Guillelmi de Pleudel, capellani de Spiniac; Roberti de Comburnio presbyteri; Guillelmi Giguel, capellani domini Johannis de Dolo; Symonis prioris de Comburnio; abbatis Veteris vallis; decani de Comburnio. — Abbas de Truncheia testis juratus sic loquitur :

Dixit quod bene audivit dici quod N. de Quimbriaco, ut recolit, fecit dampna apud Comburnium et apud Paluellum, sed nescit quantum et utrum hoc fuit in tempore treuge vel non. Dixit etiam quod Robertus de Sorci, sicut audivit, incendit de nocte villam de Comburnio et ibi fecit dampna; sed nescit quanta, et utrum in tempore treuge vel non. Dixit etiam quod gentes comitis fecerunt dampna G. de Capella militi, Huberto Botier, Willelmo de Champaigne; sed nescit quanta nec utrum tempore treuge vel non. — De lagano dixit quod bene credit quod barones Britannie habent laganum in terris suis; et etiam in quodam prioratu suo habuerunt illud monachi sui aliquando.

Johannes Chaorcin miles juratus dixit idem quod primus, preterquam de lagano de quo dicit quod dictus Johannes de Dolo et sui antecessores semper habuerunt illud antequam desessizet illud de dicto lagano.

Quoique cette enquête ne porte pas de date, nous la plaçons sans hésiter à l'année 1235, parce que, pour le fond comme pour la forme, elle se rattache évidemment aux deux enquêtes précédentes, également dirigées contre Pierre Mauclerc, comte de Bretagne, et qui sont, l'une et l'autre, datées de 1235.

2420   Villeneuve. 1235.
(J. 238. — Boulogne I, n° 33. — Original scellé.)

M. (Mathildis) comitissa Boloniæ notum facit se Guiardo de Palesel, cambellano suo, domum defuncti Hugonis de Oysiaco, sitam apud Credulium juxta ecclesiam B. Euvremondi, dedisse et concessisse pro quinque solidis censualibus, sibi et heredibus suis a dicto Guiardo et ejus heredibus annuatim solvendis, et ea lege ut, si præfatum Guiardum sine herede de uxore sua desponsata decedere contingeret, mater ejus dictam domum quamdiu vixerit teneret, et, illa defuncta, dicta domus ad se comitissam Boloniæ vel heredes suos reverteretur. — « Quod ut ratum sit et stabile, præsentes litteras sigilli nostri munimine fecimus roborari. Actum apud Villam-novam, anno Domini M° CC° tricesimo quinto. »

Sceau de Mathilde de Dammartin, comtesse de Boulogne, veuve de Philippe de France; cire blanche, double queue; premier sceau, décrit dans l'*Inventaire* sous le n° 1060.

2421   1235.

(J. 209. — Champagne, XIV, n° 35. — Original.)

[Henricus] Remensis archiepiscopus, rogantibus Theobaldo rege Navarræ, Campaniæ et Briæ comite palatino, et Aelide regina Cypri, notam facit et testificatur amicabilem compositionem inter eos de comitatibus Campaniæ et Briæ, anno 1234, mense septembri (*Vid.* n° 2312), initam. — « Nos autem eorum precibus inclinati, predicta omnia per presentes litteras nostras patentes testificamur, et, in perpetuam firmitatem et memoriam, sigilli nostri munimine roboratas easdem tradidimus regi et comiti supradicto. Datum anno gratie M° CC° tricesimo quinto, mense (*sic*). »

Traces de sceau pendant sur lacs de soie rouge. — Le sceau de Henri II de Dreux ou de Braine, archevêque de Reims, est décrit dans l'*Inventaire* sous le n° 6346.

2422   1235.

(J. 209. — Champagne, XIV, n° 31. — Original.)

Litteræ G. (Galterii) Senonensis archiepiscopi, ejusdem argumenti et formæ. — « Nos autem eorum precibus inclinati, predicta omnia per presentes litteras patentes testificamur et in perpetuam firmitatem et memoriam sigilli nostri munimine roboratas easdem tradidimus regi ac comiti supradicto. Datum anno gratie M° CC° tricesimo quinto, mense (*sic*). »

Sceau de Gautier III Cornut, archevêque de Sens; cire blanche, sur lacets de soie brune et jaune; décrit dans l'*Inventaire* sous le n° 6390.

2423   1235.

(J. 209. — Champagne, XIV, n° 10. — Original.)

Litteræ Roberti Lingonensis episcopi, ejusdem argumenti et formæ. — « Nos autem eorum precibus inclinati, predicta omnia per presentes litteras nostras patentes testificamur, et, in perpetuam firmitatem et memoriam, sigilli nostri munimine roboratas easdem tradidimus regi ac comiti supradicto. Datum anno gratie M° CC° tricesimo quinto, mense (*sic*). »

Traces de sceau pendant sur lacs de soie rouge. — Le sceau de Robert III, de Thorote, évêque de Langres, est décrit dans l'*Inventaire* sous le n° 6619.

2424   1235.

(J. 209. — Champagne, XIV, n° 11. — Original.)

Litteræ Johannæ comitissæ Flandriæ et Hannoniæ, ejusdem argumenti et formæ. — « Nos autem eorum precibus inclinati (*sic*), predicta omnia per presentes litteras nostras patentes testificamur, et, in perpetuam firmitatem et memoriam, sigilli nostri munimine roboratas easdem tradidimus regi ac comiti supradicto. Datum anno gratie M° CC° tricesimo quinto, mense (*sic*). »

Traces de sceau pendant sur double queue. — Voyez dans l'*Inventaire*, n° 620, la description du sceau de Jeanne, comtesse de Flandre.

2425   1235.

(J. 209. — Champagne, XIV, n° 30. — Original scellé.)

Litteræ Hugonis ducis Burgundiæ, ejusdem argumenti et formæ. — « Nos autem eorum precibus inclinati, predicta omnia per presentes litteras nostras patentes testificamur, et, in perpetuam firmitatem et memoriam, sigilli nostri munimine roboratas easdem tradidimus regi ac comiti supradicto. Datum anno gratie M° CC° tricesimo quinto, mense (*sic*). »

Sceau de Hugues IV, duc de Bourgogne; cire blanche, lacs de soie rouge; second sceau, décrit dans l'*Inventaire* sous le n° 469.

2426   1235.

(J. 328. — Toulouse, XIX, n° 9. — Original roman.)

Acte, divisé par A. B. C., par lequel Guillaume, abbé de Gaillac, déclare avoir concédé, du consentement du chapitre de ladite église, à Vidal Borgarel, à Aimeric, à G., à W. P., à Pons Aimeric, et Jean, ses frères, et à leurs héritiers, la viguerie (*la veguaria*) de toute la seigneurie appartenant à l'église de S. Michel de Gaillac, en la ville de Buzet, à condition que les produits de ladite viguerie seront partagés, savoir, un tiers aux concessionnaires et les deux tiers à l'église. — « Testimoni : W. de S. Jolia, en Frotart, en W. Capella, en P. Salamo, en B. Rudell, en P. de Bellvezer, en W. Albeies, *et octo alii*. Anno Domini M° CC° XXXV°, Guillelmus Bonestatgua scripsit et vidit. »

2427   1235.

(J. 383. — G. et H. de Châtillon, sires de Crécy, n° 15. — Original.)

Lettres de Thibaud, roi de Navarre, comte palatin de Champagne et de Brie, par lesquelles il donne en fief à Hugues (*Huon*) de Châtillon, comte de S. Paul, les bois de Buci et d'Ermières, pour être tenus par ledit Hugues et ses héritiers, à foi et hommage et comme accroissement de fief. — « Et por ce que ce soit ferme chose et estable, nos avons confermées ces présentes lètres an notre seel.

Et ce fu fait an l'an de l'Incarnacion Nostre Seignor mil et cc. et trante cinc. »

Traces de sceau pendant sur double queue. — Voyez dans l'*Inventaire*, sous le n° 11372, la description du sceau de Thibaud IV, roi de Navarre, comte de Champagne et de Brie.

2428   Vers 1235.

« *Articuli super exactionibus capellanorum Tolosæ.* »

(J. 318. — Toulouse, XI, n° 78. — Original.)

Hec sunt gravamina que capellani Tolose inferunt civibus Tolosanis. — Primum est quod, quando aliquis vel aliqua descedit sine testamento, nolunt ipsum sepelire vel illam nisi prius promittatur eis ab amicis deffuncti vel deffuncte et fidejubeatur quod faciant pro illo deffun[c]to testamentum et cognitionem capellani et duorum amicorum aut plurium deffuncti. — Sciendum est quod, si aliqua persona exit extra parrochiam ratione matrimonii, quod capellanus parrochie in qua moratur maritus non vult eis dare benedictionem nuptialem nisi habeat litteras capellani illius parrochie cujus fuerit uxor; nec litteras potest habere donec eas reddimerit a suo capellano. — Tercium est : quando plures una die in eadem parrochia celebrantur nuptie sub uno capellano, quia capellanus comestioni uniuscujusque contrahenti[s] nuptias non potest interesse, exigit et extorquet pecuniam ab illis nuptis quorum convivio non potest personaliter interesse; et alias non volunt venire benedicere eos in lecto. — Quartum est : quando aliquis causa sepeliendi extraitur extra parrochiam in loco ubi vivus sepulturam elegit, nolunt dicti capellani dictum mortuum assosiare in parrochia alterius nec permittunt quod cum candelis, cum quibus fuerit delatus per parrochiam, defferatur in alterius parrochiam. Immo illas candelas seu torticia recipiunt violenter, et, quod gravius est, non permittunt dictum mortuum extrai de sua parrochia donec ad matricem ecclesiam fuerit deportatus et illu[c] officium fuerit celebratum, et satisfiat eis, et habeant omnia que haberent si in eorum simiterio sepeliretur. Quod vertitur in maximum gravamen tocius univercitatis et etiam singulorum, cum eadem mortuum ad aliam ecclesiam oporteat reportare, et ibidem secundo fuerit ministerium celebratum. — Quintum est quod dicti capellani exigunt et extorquent pro exequiis defunctorum ultra quam debeant et sibi faciunt fieri super ipsis exequiis illicitas pactiones; cum sacramenta ecclesiastica libere debeant prestari et sine aliqua pactione. — Sextum est quod capellani constituti executores super relictis ad pias causas, cum inveniunt helemosinas seu legata ad pias causas tam de novis quam de antiquis testamentis, sine omni delectu cogunt heredes ipsorum testamentorum solvere supradicta, nisi per testes vel instrumenta solutionem probaverint de predictis; quod vertitur, et, si traeretur ad consequentiam, posset maxime verti in gravamen et prejudicium tocius universitatis Tholose, cum ex antiquo non fuisset consuetum de talibus solutionibus facere instrumenta nec in talibus antiquis solutionibus testes consuetum fuerit adhiberi; et, si adhibiti fuissent, cum fuerit pro [parte] mortui, non probari possent hujusmodi solutiones in presenti, nec etiam testamenta post solutiones eorumdem cancellantur sicut alia instrumenta, immo nessessario remanent integra propter hereditatem et heredis institutionem; nec hujusmodi solempnitates consueverint adhiberi in hujusmodi solutionibus ante jurisdictionem capellanorum predictorum.

Spetialia sunt hec contra R. de Ferrariis, capellanum ecclesie Beate Marie Deaurate. Videlicet, quod idem magister R. habuit et extorsit indebite et injuste de R. W. Barba v. solidos Morlanenses pro eo quod uxor sua Geralda decesserat intestata; et quia dictus R. W. noluit pro ea, ad instanciam dicti capellani, facere testamentum, licet ipse ostenderet quod ipsa nichil haberet unde posset facere testamentum, et dictus R. W. iterum vellet contrahere cum alia, noluit dictus capellanus illam dare ei quousque predictos v. solidos ei tradidit et persolvit ratione instantie dicti testamenti. — Item, cum Geraldus Capellerius infirmaretur ad mortem, et R. de Vaqueriis ivisset predicto capellano quod veniret ordinare dictum Geraldum festinanter, dictus capellanus tantam moram fecit veniendo quod, antequam veniret illuc, dictus Geraldus mortuus fuit. Item post mortem dixit quod non sepeliret eum dictus capellanus, nec voluit ipsum sepelire donec habuit fidejussores quod amici dicti Geraldi facerent testamentum ad cognitionem ipsius capellani pro dicto Geraldo. Fidejussores fuerunt R. de Vaqueriis et A. Paguais quos fecit citari a curia domini episcopi Tholose, quia nolebant facere testamentum, et fuerunt citati propter hoc bis et amplius. — Idem fecit idem capellanus in similibus cazibus. — Item, quando Petrus Geraldus accepit in uxorem filiam quondam Petri Jacobi, predictus capellanus noluit ire de nocte ad benedicendum eos in lecto, quousque II. solidos Morlanenses pro dicta benedicione fuerint sibi soluti. Et cum XXX. v. solidi remanerent ad solvendum de helemozina quam B. P. de Losvico in suo testamento relinquerat, quam helemozinam voluit persolvi per B. filium suum et per uxorem suam, consilio tamen dicti capellani, cum dictus B. vellet facere filiolum et ipsum ad ecclesiam Beate Marie detulisset, dictus capellanus dixit quod non baptizaret ei dictum puerum nisi dictos denarios primitus ei solveret. Quosquidem denarios promisit ei solvere, taliter coactus, certa die. Pro qua promissione ipsum citat et eum inde excommunicatione minatur. — Item, cum quedam domina nomine Bona usuras resepiscet (sic) de Arnaldo W. Botano et de Bernardo de Castellano et de W. Geraldo de Crivinerio usque ad summam XX. solidorum et amplius, et Bernardus Vitalis pro ipsa domina Bona promisisset et fidejussisset dictam usuram persolvere, et illud gratis postmodum vellet facere, dictus capellanus dictos denarios accepit et postea illos nec aliquid ex eis reddidit nec reddere voluit. — Item, cum Petrus de Namarauda decessisset intestatus et nichil haberet unde sepeliretur, Petrus ejus nepos, ob honorem ejus, ad ejus verecondiam evitandam, dixit quod faceret de suo proprio expensas funeris. Et cum amici mortui venirent ad capellanum supradictum Sancte Marie ut eum sepeliret, audito quod nullum condiderat testamentum, dixit quod non sepeliret eum priusquam amici ejus pro eo facerent testamentum; et audito quod nichil abebat in bonis, et hac de causa remansit ad sepeliendum per unam diem et noctem et per majorem partem secunde diei. Tunc coactus dictus nepos, ad evitandum vituperium suum, voluit dare x. solidos Morlanenses, amore Dei, ratione talis testamenti. Et capellanus dixit quod traderet ei, et quod ex tunc sepeliretur. Quos etiam denarios tradidit ei et solvit; de quibus sibi retinuit capellanus v. solidos et alios redidit ei, de quibus dictus nepos fecit necessaria in funere supradicto. — Hec et plura alia his similia fecit dictus capellanus Sancte Marie Deaurate in prejudicium totius universitatis Tholosane et etiam singulorum, de quibus omnibus, licet sint manifesta et certoria, paratum est dare fidem.

Contra Amelium capellanum Sancti Stephani sunt hec gravamina specialia, videlicet : cum W. Tolozinus vellet dare filiam suam in uxorem cuidam permanenti in parrochia de Albate, dictus capellanus noluit litteras sibi seu sigillum dare nisi prius ei solveret XII. denarios, quos coactus opportuit eum solvere. — Item, cum B. Stephanus vellet dare cunhatam suam cuidam in parrochia de Albate permanenti, habuit et extorsit ab eo dictus capellanus pro simili causa XII. denarios Tolosanos. Hoc idem fecit de multis aliis. — Item, cum Bertholomeus Gualinus graviter infirmaretur, amici ejus, accedentes ad capellanum supradictum, supplicaverunt ei ut iret ad dictum Bertholomeum cum corpore Xpisti. Et, cum fuisset coram eo infirmante ad mortem, dixit quod non solveret eum de excomunicatione, qua erat excomunicatus pro duabus saumatis [in] decima vindemie, nec daret ei corpus Xpisti donec persolveret ei VIII. libras Tolosanorum et I. denarium, et solveret totum jus quod habebat in decima et traderet ei instrumenta adquisitionis dicte decime, quam adquisitionem fecerat pater suus. Unde taliter coactus oportuit eum perpetuo absolvere totum jus et rationem quam habebat in dicta decima et tradere omnia instrumenta adquisitionis dicte decime. — Item, dictus capellanus excomunicavit Petrum Stephanum Jordanum quia non solvebat sibi trissesimum pro primiscia, et tenuit eum excomunicatum per VIII. menses et amplius. Et taliter coactus solvit primiciam dicto capellano ad voluntatem suam, quia alias nolebat ipsum absolvere. — Item, cum mater Petri Marquesii esset mortua, dictus capellanus petiit XVIII. denarios pro ea sepelienda, et noluit recipere VIIII. denarios, et dixit quod malo velle ipsius Petri haberet XVIII. denarios, et si aliquis moreretur in carraria dicti Petri quod non sepeliretur nec faceret ibi aliquod misterium nisi predicti XVIII. denarii ei soluti essent.

Item, cum omnes civitates sint immunes infra muros a prestatione decimarum et primiciarum, canonici Sancti Stephani extorquent per violentiam de quodam orto qui est R. Bonini et R. fratris ejus decimam indebite et injuste.

Contra Fortem capellanum Sancti Saturnini hec sunt gravamina specialia, scilicet, quod cum, in die Pasche Domini, Vitalis de Aycio post missam, cum aliis parrochianis vellet comunicare in ecclesia et pararet se ad recipiendum corpus Xpisti cum aliis, et capellanus predictus parasset tradere, retraxit corpus Xpisti in maximam ejus verecondiam et vituperium, dicens quod quia die illa non obstulit denarium in aliqua missarum, non daret ei corpus Xpisti donec obtulisset; qui verecondatus et confuzus fuit compulsus offerre. — Item, cum R. de Casthaus amisisset quemdam infantem, iverunt ad capellanum ad sepeliendum eum. Qui capellanus dixit quod non iret donec primo solveretur ad voluntatem suam pro sepeliendo puero. Et illi dixerunt quod non erat consuetum, et ideo non facerent donec primo esset sepultus. Et capellanus predictus noluit ire. Quare oportuit eos invitos et coactos dictum infantem, sine capellano et cruce, et turribulo et aqua benedicta et alio misterio, ad ecclesiam defferre; nec etiam ibi, donec parrochiani, qui ibi aderant, inceperant murmurare et clamare contra eum, voluit sepelire. — Item, cum Martinus Bigordanus steterit per VIII. annos excomunicatus per capellanum supradictum indebite et injuste, quia non tradebat dicto capellano L. solidos Tolosanos pro testamento fratris sui Stephani Bigordani, de quo testamento ipse non erat spondarius nec executor, nec habebat aliquid de bonis fratris ratione hereditatis vel sucessionis ipsius, et semper fuerit et sit paratus stare juri cognicione curie domini episcopi Tholosani, et satisdare de parendo juri super predictis L. solidis Tholosanis; et etiam, andita tali injuria, episcopus Tholosanus mandavit, facie ad faciem. dicto Forti capellano quod ipsum statim reconsiliaret. Qui promisit ei quod eum incontinenti reconsiliaret; qui eum dilatando de die in diem noluit reconciliare et tenet eum et tenuit eum excomunicatum per octo annos [in] maximam ejus injuriam et gravamen.
— Item, cum R. de Aycio fuisset excomunicatus per eundem capellanum quia nolebat sibi dare primiciam de lino, et ipse fuisset conquestus domino comiti apud Moysiacum de dicta excomunicatione, dominus comes posuit cum domino episcopo Tholosano quod dicta primicia non daretur de lino nec de aliis nisi sicut data erat usque ad mortem domini R. (Raimundi) quondam comitis Tholosani. Et episcopus Tholose promisit ei tunc quod faceret eum absolvi a dicta excomunicatione. Postmodum vero neque episcopus, neque dictus capellanus voluerunt ipsum absolvere nisi juraret quod daret primiciam sine omni obstaculo de predictis. Qui compulsus totaliter fecit juramentum et dictam promissionem,
— Idem fuit factum et positum super primicia lini que petebatur Guillelmo Navario et Willelmo Auterio, et, quod deterius est, dictus capellanus, in vituperium dicti Willemi Auterii, fecit remanere et stare patrem ipsius Willelmi mortuum in medio platee, de mane usque ad nonam, quia noluit eum sepelire usque dicta promissio et juramentum dicto capellano per talem violenciam fuit factum. — Item, cum dictus capellanus peteret primiciam de pastelleria, de qua nunquam fuit consuetum dare, et super dicta primicia pastellerie procuraverit sententiam sibi dari in maximum gravamen tocius universitatis, nititur cotidie, maliciose et contra consuetudinem, et convencionem factam aput Moysiacum inter dictum comitem et episcopum Tholose pro se et clero, per violenciam extorquere. Unde oportet, ad evitandum scandalum et ad evitandam dictam novitatem, dictam sententiam retractari. — Item cum W. Geraldus Ortolanus esset mortuus intestatus, et amici ejus venirent ad capellanum predictum ut sepeliret eum, dixit quod non sepeliret eum quousque frater ejus faceret testamentum pro eo. Et tunc frater et amici ostenderunt ei paupertatem, et quod habebat quatuor filios seu infantes et familiam suam, et quod de eo non remanebat de quo posset sue familie provideri. Quibus spretis a dicto capellano, frater dicti mortui totaliter compulsus dixit quod daret de suo proprio pro anima fratris sui xx. solidos Morlanenses, et postea capellanus sepelivit eum; et postmodum dictus capellanus misit pro dicto fratre et dixit ei quod, si daret ei v. solidos de predictis, de residuis esset absolutus. Qui dedit et de aliis solvit eum. — Item,

cum Poncius Pellicia maritasset duas filias suas, capellanus predictus prime filie virum suum accipienti benedictionem nupcialem impertivit. Alie vero, cum dictus Poncius esset in ecclesia cum eodem ad audiendum missam et benedictionem nupcialem recipiendum, cum viro suo, predictus capellanus noluit dare ei quousque dictus Poncius coactus in eadem ecclesia persolvit ei XII. denarios Tolosanos pro primicia pastelerie; que primitia nunquam ei fuerat petita a dicto capellano usque in die illa.

— Item cum Durandus Ferrarius portaret ad ecclesiam, causa baptizandi, quendam infantem infirmum et fuisset coram capellano ut baptizaret eum, dixit ei capellanus quod non baptizaret eum nec alios infantes qui ibi erant dum ipse ibi esset donec solvisset ei primitiam de pastelleria. Qui Durandus dixit quod nunquam habuerat pastelleriam nisi in hoc anno, et quod, postquam ita erat, quod filius suus esset paternus. Et capellanus respondit quod nunquam ipse nec filius suus nec aliquis de domo sua baptizaret eum. Et in crastino decessit dictus puer; et dictus capellanus habuit et extorsit a dicto Durando pro dicta primicia IIII. denarios. — Item cum Geraldus Aldeberti esset excommunicatus a dicto capellano pro primicia pastellerie, et ipse teneret in domo, amore Dei, quandam romeuam, ipsa romeua infirmante ad mortem, et capellanus Sancti Stephani penitenciasset ipsam, et decessisset (*corr.* detulisset) ei corpus Xpisti, ipsa romeua mortua, antequam traheretur de domo dicti Geraldi, capellanus Sancti Saturnini mandavit capellano Sancti Stephani quod non traheret dictam romeuam de domo dicti Geraldi, nec traheret (*corr.* traderet) ad sepulturam donec ipse satisfecisset ei super primicia supradicta. Quo capellano nolente trahere ipsam de domo dicti Geraldi, nec eam sepelire, ob hoc dictus Geraldus compulsus totaliter oportuit eum super dicta primicia satisfacere dicto Forti capellano.

Contra capellanum de Thauro hec sunt gravamina spessialia. — Item, cum Ramunda de Ulmo intestata decesserit, dictus capellanus W. de Tauro noluit ipsam sepelire donec amici dicte Ramunde mandaverunt dicto capellano quod darent L. solidos Tolosanos pro anima ejus piis locis. Quos L. solidos dictus capellanus noluit quod darentur ab amicis; immo obstat; sed, quod pejus est, dictos amicos compellit ut ei illos dent et tradant tanquam suos.

— Item dictus capellanus fecit citari aput Martellum Estultum Rotberti pro quibusdam operatoriis que LX. annos et amplius tam idem Estultus quam sui predecessores pascifficce possederunt. Et hoc facit in maximum ipsius Estulti prejudicium et gravamen, et maxime cum quod (*corr.* cum idem) Estultus paratus sit stare juri, cognicione curie domini episcopi Tholosani.

Hec sunt gravamina contra capellanum de Albate.
— Cum Bartholomeus de Fraxino donatus esset domus de Templo et ibi sepulturam suam, ipso sano existente, elegisset, cum fuit mortuus, capellanus de Albate predictus non permisit eum trahere de domo; quousque fuit ei promissum quod portaretur ad ecclesiam de Albate, et ibi fuisset officium celebratum, et quousque pro ejus funere fuisset ei satisfactum in tantum quantum si ibi debuisset sepeliri. — Idem facit capellanus de Coquinis.

Cette pièce ne renferme aucun élément dont on puisse se servir pour en fixer la date d'une manière précise. Mais, par l'écriture, elle appartient évidemment à la première moitié du treizième siècle, et nous avons cru pouvoir la placer approximativement à l'année 1235, parce qu'elle nous a paru se rapporter à la violente querelle qui s'éleva en cette année entre les habitants et le clergé de Toulouse.

2429 (Vers 1235.)
Charta fidelitatis juratæ domino regi ab universitate Carcassonæ.

(J. 627. — Serments de villes, n° 17. — Original scellé.)

Universis presentem paginam inspecturis, consules et tota universitas Carcassone, in Domino salutem. — Universitati vestre tenore presentium innotescat, in presentia magistri Ph. de Lupicenis clerici regis Francie et Odonis Cocci senescalli Carcassone, nos consules et omnes alii probi homines Carcassone, quorum nomina in hac pagina sunt subscripta, fidelitatem domini regis Francie apud Carcassonam jurasse, videlicet :

Guillelmus Faber cambiator.
Raimundus Arnaldus.
Petrus de Bravo, etc., etc., etc.
Sequuntur nongenta et amplius nomina civium Carcassonæ, quinque columnis seriatim distributa.

Ce document, en forme de rouleau, est scellé, en cire blanche sur double queue, du sceau de la ville de Carcassonne, décrit dans l'*Inventaire* sous le n° 5622. Comme nous manquons d'éléments pour le dater d'une manière précise, nous l'avons placé approximativement à l'année 1235, parce que nous avons la certitude qu'en 1235 Eudes le Queux était sénéchal de Carcassonne. (Voy. les Preuves de l'*Histoire de Languedoc de D. Vaissete*, tome III, col. 366 et 368.)

2430   Montpellier. 1235-36. 6 janvier.

Statuta consulum Montispessulani de bonis puellarum dividendis, de matrimonio minorum, de civibus Montispessulani ad alias curias non trahendis.

(J. 339. — Montpellier et Maguelone, I, n° 23. — Copie ancienne.)

[Nos, consules Montispessulani,] utilitate reipublice suadente, statuimus, potestate qua fungimur statuendi, quod puelle minores viginti quinque annis non maritate, habentes bona communia cum masculis vel feminis majoribus vel minoribus, ob causam sui matrimonii, possint ad divisionem alios provocare, et cum eis, interposito curie decreto, et curatoris auctoritate bona dividere, jure scripto aliquatenus non obstante.

Nos, consules Montispessulani, attendentes utile fore statutum, quod incipit : *Set puella que nunquam habuit virum*, extendi ad minores masculos qui conjugium non noverunt, presenti statuto decernimus, in perpetuum valituro, quod mulier, que duxerit in maritum juvenem minorem viginti quinque annis qui uxorem non habuit, sine scientia parentum seu cognatorum vel gadiatorum sive curatorum suorum, infra mensem postquam ab ipsis minoribus masculis fuerint requisiti, incidat in miseracione Domini, simul cum tota substantia sua; ita tamen, si ipsius mulieris dolus vel machinatio intervenisse noscatur in matrimonio contrahendo; et eadem pena aficiantur illi quorum consilio et opera tale matrimonium fuerit procuratum.

Cum curie Montispessulani, tam ecclesiastice quam civiles, semper sint parate omnibus justiciam exhibere, statuimus quod quicumque habitatorem Montispessulani per litteras comissionis ad alium judicem extra Montempessulanum traxerit, vel cessionem fecerit ex qua trahatur, in curia Montispessulani ejus querimonia exinde nullatenus admittatur; et, si Montispessulani fuerit, expensas litis nichilominus adversario per curiam Montispessulani restituere compellatur; et hac pena percellantur ex quo certiorati fuerint de presenti statuto. Et hec volumus obtinere in negociis pendentibus et futuris.

— Predicta statuta publicata fuerunt per consules Montispessulani, scilicet, per Guillelmum Pincer, Symonem Ricardi, Ugonem Rotberti, Stephanum de Canderianicis, Bernardum de Lechos, Stephanum de Congeniis, Bernardum de Ribalta, Bernardum Guillelmi et Johannem Dortols, in publico parlamento, in ecclesia Beate Marie de Tabulis, anno Dominice incarnationis millesimo ducentesimo tricesimo quinto, in die Epiphanie Domini, in presentia et testimonio B. Capudbovis Montispessulani bajuli, Johannis de Latis, B. de Regordana, jurisperitorum, magistri Bartholomei de Amalone, Johannis Jordani, B. de Sancto Paulo, etc. (*sequuntur sexdecim nomina*), et plurium aliorum, et mei Raimundi Dosca, publici Montispessulani notarii, ac etiam dominorum consulum, qui predicta tria statuta mandato dictorum dominorum consulum scripsi.

Extrait du fragment de cartulaire intitulé *Liber consuetudinum Montispessulani*, fol. 14 r°, col. 1.

2431   1235-36. Samedi 12 janvier.

(J. 165. — Valois, III, n° 30. — Copie authentique.)

Ancelmus de Gallanda, dominus de Possessa, notum facit se, laude et assensu Alidis uxoris suæ et liberorum suorum, ecclesiæ Sancti Pauli de Virduno dedisse unum rasum et dimidium frumenti, in redditibus suis apud Briolam singulis annis percipiendum, in recompensationem triginta librarum quas bonæ memoriæ mater sua in eleemosynam præfatæ ecclesiæ contulerat super domum suam de Briola, et pro constangiis factis in eadem domo a fratribus ecclesiæ memoratæ. — Recognoscit etiam se jamdictæ ecclesiæ xii. denarios fortes Campaniæ annui census super eamdem domum debere, a se et successoribus suis, qui præfatam domum tenebunt, singulis annis in Natale Domini perpetuo solvendos. — « Quod ut firmum et ratum permaneat, presentes litteras sigilli mei munimine feci roborari. Actum anno Domini m° cc° xxxv°, mense januarii, sabbato proximo post Epiphaniam. »

Vidimus délivré par G., official de la cour de Verdun, et scellé en cire verte sur simple queue.

2452 Château-Thierry. 1235-36. Mercredi 16 janvier.

Litteræ Petri ducis Britanniæ de pactionibus conjugalibus initis inter Johannem filium suum et Blancham filiam Theobaldi regis Navarræ.

(J. 198 B. — Champagne, VI, n° 71. — Original.)

Nos P. (Petrus) dux Britannie, comes Richerimontis, notum facimus universis presentes litteras inspecturis quod dominus Theobaldus, Dei gratia rex Navarre, Campanie et Brie comes palatinus, dedit dilectam filiam suam domiscellam Blancham in uxorem Johanni de Britannia, filio nostro, tali modo quod ipse dat et concedit ei regnum Navarre, post decessum suum habendum et tenendum. — Et si contigerit quod idem rex habeat heredem masculum, heres ille nichil poterit petere nec reclamare in ipso regno Navarre, si filia sua Blancha viveret vel si Johannes, maritus suus, de ipsa heredem haberet. — Et de hoc tenendo et complendo constituit dictus rex plegios, erga dictos Johannem et Blancham, videlicet, archiepiscopum Remensem, archiepiscopum Senonensem, episcopum Cathalanensem, episcopum Lingonensem, ducem Burgundie, comitem Barri-ducis, comitem Sancti Pauli, comitem Matisconensem, Erardum de Chacenaio, Symonem de Castro Villani, comitem Grandis Prati, comitem Rociaci, Ingerrannum de Cociaco, Thomam de Cociaco, Johannem comitem Suessionensem, Rogerum de Roseto, Gerardum de Durnaio, Renardum de Chosolio; ita quod, si dictus heres masculus peteret aliquid vel reclamaret in jam dicto regno Navarre, isti plegii se tenerent cum dictis Johanne et Blancha et eorum heredibus, donec eisdem Johanni et Blanche ejusdem regni peticio quitaretur. — Et, si aliqui de dictis plegiis ad requestam suam nollent intrare in dicta plegeria, ipse rex bona fide alios poneret, magis ydoneos quam posset, sub eadem forma pro eis. Et si dicti plegii decederent, heredes eorum simili modo tenerentur eisdem Johanne et Blanche vel heredibus suis, et nichilominus valerent littere ejusdem regis super hoc confecte. — Et si contingeret quod ipse rex non haberet nisi filias, retinet comitatus Campanie et Brie cum pertinenciis ad faciendum voluntatem suam. — Et si contingeret, quod avertat Altissimus, quod heredes dicte Blanche morerentur sine herede de corpore suo, vel si dictus Johannes haberet heredes de dicta Blancha, et dicta Blancha moreretur et heredes sui similiter de corpore suo procreati, quod nolit Deus, dictus Johannes vel heredes ejus tenerentur reddere regnum Navarre heredibus dicti regis. — Et si dictus Johannes moreretur sine herede, quod absit, nos vel heredes dicti Johannis filii nostri, qui tenerent comitatum Britannie, redderent eidem regi vel mandato suo Blancham filiam suam apud Castrum Thedorici, infra quadraginta dies, sine aliquo ligamento. — Et est sciendum quod, si dictus rex habeat heredem masculum, dicti Johannes et Blancha quitant comitatus Campanie et Brie cum pertinenciis. — Si vero heres vel heredes masculi dicti regis decederent sine herede, quitacio aliqua facta ab ipso Johanne et Blancha super illis comitatibus eis non noceret quin de illis comitatibus fieret per manum dicti regis sicut superius est expressum. Et, si forte idem rex tunc temporis decessisset, comitatus illi, ad quem devolvi debeant, revertantur. — Et omnia ista juravimus super sacrosancta Euvangelia corporaliter, prefatus rex et nos et Johannes filius noster et Blancha uxor sua, filia dicti regis. Et de omnibus hiis tenendis debemus eidem regi dare plegios, nos et Johannes filius noster, sicut prius dictum est. — Et dictus Johannes, quam cito tenebit terram, debet eidem regi facere litteras patentes de dictis convencionibus; et Blancha uxor sua, quando venerit ad etatem, quitabit similiter et faciet litteras suas patentes, et tunc ambo de novo jurabunt. — Actum apud Castrum Theodorici, anno Domini M° CC° tricesimo quinto, die mercurii post festum Beati Hylarii, mense januario.

Traces de sceau pendant sur double queue. — Voyez dans l'*Inventaire*, n° 534, la description du sceau de Pierre Mauclerc, duc de Bretagne.

2453 1235-36. Janvier.

(J. 235. — Ponthieu, n° 20. — Copie ancienne.)

Walterus de Nihella notas facit conventiones inter se et dominum Simonem, Pontivi et Monstreoli comitem, Mariamque ejus uxorem, annuente Eustachio Pontis Remigii vicecomite, ipsius domino, initas de duobus molendinis quæ prædicti comes et comitissa ad custus suos ædificarunt super aquam Nibellæ, in illo feodo quod de præfato vicecomite tenet. — « Et ut hec rata et incoucussa permaneant, presentem cartam sigillo meo roboratam dictis comiti et comitissae tradidi. Actum anno Domini millesimo ducentesimo tricesimo quinto, mense januarii. »

Sur le fragment de cartulaire d'où cette pièce a été extraite, voyez t. I, p. 120, note 1.

2454 1235-36. Janvier.

(J. 235. — Ponthieu, n° 26. — Original scellé.)

Eustachius vicecomes Pontis Remigii, miles, notum facit dominum suum Simonem comitem Pontivi et Monsterolii et Mariam comitissam, ejus uxorem, de voluntate sua et assensu uxoris suæ et heredum suorum, duo molendina propriis custibus exstruxisse in feodo Walteri de Nibella, hominis sui, quod dictus Walterus de se tenet apud Nibellam, præfato Waltero annuente; in quibus molendinis et eorum pertinentiis dicti Simon et Maria duas partes et prædictus Walterus unam habebunt, salvis omnibus ipsius Eustachii juribus. — « Has autem conventiones volui et concessi, et, tanquam dominus fundi, ad petitionem dicti Walteri, hominis mei, sigillo meo confirmavi. Actum anno Domini M° CC° tricesimo quinto, mense januario. »

Sceau d'Eustache, vicomte de Pont-Remy; cire blanche sur lacs de fil blanc et vert; décrit dans l'*Inventaire* sous le n° 1070.

2455 1235-36. Jeudi 20 février.

(J. 346. — Régale, I, n° 23. — Original scellé.)

Conventus monasterii Fossatensis excellentissimo domino suo Ludovico, Francorum regi, notificat religiosum virum Guillermum, quondam priorem de Coudris, a se unanimiter per compromissionem in abbatem monasterii Fossatensis fuisse electum. Unde majestati regiæ supplicant ut eidem G. regalia dicti monasterii reddere dignetur. — « Datum anno Domini M° CC° tricesimo quinto, die jovis proxima ante Cathedram Beati Petri apostoli. »

Débris de sceau en cire blanche, pendant sur simple queue. — Voyez dans l'*Inventaire*, n° 8324, la description du sceau du monastère de Saint-Maur-des-Fossés, d'après un type appendu à un acte daté de 1215.

2456 1235-36. 1er mars.

(J. 346. — Régale, I, n° 24. — Original.)

G. prior et conventus Sancti Martini Sagiensis illustrissimo domino suo Ludovico Francorum regi notificant Petrum de Mauritania, præsentium latorem, a se, communi assensu, in abbatem fuisse electum; quem ad dictum regem mittunt ut excellentia regia faciat quod tenetur. — « Valeat in Domino bene et diu dominacio vestra. Datum anno gracie M° CC° XXX° quinto, die Sancti Albini. »

Traces de sceau pendant sur simple queue. — Le sceau du monastère de Saint-Martin de Séez est décrit dans l'*Inventaire* sous le n° 8409, d'après un type appendu à un acte daté de 1268. — Cette pièce et la suivante peuvent servir à rectifier la liste des abbés du monastère de Saint-Martin donnée par les auteurs du *Gallia christiana*, t. XI, p. 723. Pierre Ier de Mortagne, indiqué dans cette liste comme le quatorzième abbé de Saint-Martin, doit compter comme le dixième à la place de Robert II.

2457 1235-36. Jeudi 6 mars.

(J. 346. — Régale, I, n° 22. — Original.)

Litteræ H. (Hugonis) Sagiensis episcopi quibus dominum regem certiorem facit de electione Petri de Mauritania in abbatem B. Martini Sagiensis; cui, communi assensu totius conventus electo, munus benedictionis duxit impendendum. — « Valeat in Domino bene et diu dominacio vestra. Datum anno gracie M° CC° XXX° quinto, die jovis proxima post festum Sancti Albini. »

Traces de sceau sur simple queue. — Le sceau de Hugues II, évêque de Séez, n'existe plus aux Archives.

2458 1235-36. Samedi 8 mars.

(J. 256. — Nevers, n° 14. — Original scellé.)

Johannes abbas totusque conventus Quinciaci recognoscunt se teneri ad centum solidos cursualis monetæ dominis suis Guidoni comiti et Mathildi Nivernensi et Forensi comitissæ, singulis annis, quamdiu dicta comitissa vixerit, reddendos. — « Datum anno gratie M° CC° XXX° quinto, sabbato ante *Letare, Jherusalem*. »

Scellé en cire verte du sceau anonyme dont se servait Jean, abbé du monastère de Quincy. Voyez l'*Inventaire*, n° 8984.

2459 1235-36. Samedi 15 mars.

(J. 322. — Toulouse, XIII, n° 52. 3. — Copie ancienne.)

Instrumentum quo constat Constanciam, relictam Willelmi Petri de Caramannho, II. millia solidorum Tolosanorum sibi in dotem a præfato marito suo collata, nec non D. solidos Tolosanos ab eodem sibi dono datos, et quidquid juris seu actionis occasione præfatorum II. M. D. solidorum habere poterat, Vitali Galterio, filio suo, vendidisse et vendendo absolvisse. — « Hoc fuit ita positum XV. die introitus mensis marcii, feria VII, regnante Lodoico rege Francorum, Ramundo Tolosano comite et Ramundo episcopo, anno ab incarnatione Domini M° CC° XXX° V°. Hujus rei sunt testes : dominus Helyas de Relhaco prior ecclesie Sancti Petri Coquinarum, et magister Petrus capellanus de Caramannho, et Ferrerius monacus de Moysiaco, et Petrus de Prinhaco, et Raimundus de Prinhaco ejus frater, et Willelmus Ruleus qui cartam istam scripsit. »

Copie délivrée, en décembre 1246, par Bernard de Samatan, et certifiée par deux notaires, Guillaume de l'Orme et Étienne Médici.

2440   1235-36. 21 mars.

(J. 328. — Toulouse, XIX, n° 10. 1 et 2. — Original.)

Instrumentum quo notum fit Aymericum de Rocaforte, filium Jordani de Rocaforte, nec non Marquesiam uxorem ejus, filiam quondam W. Unaldi, tertiam partem quam habebant in villa et loco de S. Romano et in pertinentiis, consilio et voluntate prædicti Jordani de Rocaforte, domino Raimundo comiti Tholosæ et ejus successoribus vendidisse et sub titulo puræ et perfectæ ac irrevocabilis venditionis cum hoc presenti publico instrumento tradidisse. — « Actum fuit hoc ita et concessum XI. die exitus mensis marcii, regnante Lodoico Francorum rege, et eodem domino Raimundo Tholosano comite, et Raimundo episcopo, anno ab incarnatione Domini M° CC° XXX° quinto. Testes sunt: Raimundus Maurandus et Petrus de Tholosa, et Aymericus Barravus, ejusque fratres, scilicet Bernardus et Stephanus, et Raimundus de Perela, et Isarnus de Villanova, et Poncius de Villanova frater ejus, et Castalarius de Gualdino, *quatuor alii*, et Bernardus Aimericus qui cartam istam scripsit. » — (Sequitur in eadem membrana instrumentum, ab eodem notario, et sub eisdem notis chronologicis scriptum, de pretio præfatæ venditionis soluto et accepto.)

2441   1235-36. Mars.

(J. 189. — Issoudun, n° 3. — Original scellé.)

Radulfus abbas totusque B. Mariæ Exoldunensis conventus notum faciunt Blancham Franciæ reginam sibi quindecim libras Turonensium annui et perpetui redditus in novis halis, ab ea apud Exoldunum constructis, percipiendas assignavisse, in recompensationem damni quod ex construxione prædictarum halarum passi fuerunt in stallis ubi carnem vendi faciebant; consentientes et promittentes ut deinceps in predicta villa Exoldunensi carnes a se non venundentur. — « Quod ut perpetue stabilitatis robur obtineat, presentes litteras sigillorum nostrorum munimine fecimus roborari. Actum anno Domini M° CC° XXXV°, mense martio. »

Deux sceaux en cire blanche, sur rubans de soie rouge. — Le sceau de Raoul, abbé du monastère de Notre-Dame d'Issoudun, est décrit dans l'*Inventaire* sous le n° 8762; le sceau de l'abbaye sous le n° 8244.

2442   1235-36. Mars.

(J. 256. — Nevers, n° 13. — Original scellé.)

G. (Guichardus) abbas Verziliacensis ejusdemque loci conventus notum faciunt se nobili viro G. (Guigoni) comiti Nivernensi et Forensi, et nobili dominæ M. (Mathildi) comitissæ, ejus uxori, decem libras Nivernensium debere, eis aut eorum mandato, quamdiu dicta comitissa vixerit, annuatim in festo S. Remigii persolvendas. — « In cujus rei testimonium, nos abbas, de consensu et voluntate capituli, presentes litteras fecimus sigilli nostri munimine roborari. Datum anno Domini M° CC° tricesimo quinto, mense marcio. »

Sceau de Guichard, abbé du monastère de Vézelay, au diocèse d'Autun; cire jaune, double queue; décrit dans l'*Inventaire* sous le n° 9173.

2443   1236. Dimanche 13 avril.

Litteræ Hugonis comitis Marchiæ et Isabellis uxoris ejus de rege Navarræ adjuvando.

(J. 198 B. — Champagne, VI, n° 72. — Original.)

Hugo de Lesignaco, comes Marchie et Engolismi, et I. (Isabellis), Dei gracia regina Anglie, uxor ejus, universis has [litteras videntibus], salutem. — Noveritis quod, si quis homo vivens moveret guerram domino regi Navarre, [comiti Campanie], vel suis heredibus, eos juvabimus ad consilium karissimi amici nostri P. (Petri) ducis Britannie, comitis Richemontis. — Hoc autem juravi corporaliter, ego comes Marchie, et ego regina, uxor ejus, hoc bona fide et fideliter creantavi. — In cujus rei testimonium, dicto regi dedimus has litteras sigilli nostri munimine consignatas. — Datum die dominica in quindenam Pasche, anno gracie millesimo ducentesimo trigesimo sexto, mense aprilis.

Traces de deux sceaux pendants sur double queue. — Le sceau de Hugues X de Lusignan, comte de la Marche, est décrit dans l'*Inventaire* sous le n° 834; celui de la comtesse Isabelle sa femme, comtesse de la Marche et d'Angoulême, reine douairière d'Angleterre, sous le n° 10010.

2444   1236. 27 avril.

(J. 324. — Toulouse, XV, n° 9. 2. — Copie. Roman.)

Acte de la vente du quart de la seigneurie du château et de la terre de Bessières (*la quarta part de la senhoria del castel de Vescieras e de la honor*), consentie, moyennant M. sous Melgoriens, par Armeng de Saint-Andrieu à Bertran de Bessières et à ses héritiers. — « Hoc fuit actum IIII° die exitus mensis aprilis, anno Domini M° CC° XXXVI° regnante, etc. (*sic*). »

2445 Viterbe. (1236.) 28 avril.

Litteræ Gregorii papæ IX Johanni Viennensi archiepiscopo ut comitem Tolosæ iterum moneat et reluctantem excommunicatum declaret.

(J. 329. — Toulouse, XX, n° 13. — Copie ancienne.)

Gregorius episcopus, servus servorum Dei, venerabili fratri archiepiscopo Viennensi, Apostolice Sedis legato, salutem et apostolicam benedictionem. — Olim ad Apostolice Sedis perlato noticiam quod in partibus Albigensibus vineam Domini tribulus et urtica repleverant, et, in terram Judæ (sic) rex Babilonie veniens, templum Domini vasis aureis catholice fidei spoliarat, illuc felicis recordationis Innocentius et Honorius, predecessores nostri, cultores, qui ex ipsa erbas pestilentes vomere predicationis excerperent, clare memorie Lodovicum regem Francie et alios de regno suo crucis signaculo insignitos, qui mucrone justicie a templi sanctuario sordes contaminationis eraderent, destinarunt, sperantes quod ibi botrus catholice fidei in calicem Domini comprimendus erumperet, et Jerusalem expurgata, regem pauperem, sedentem super pullum asine subjugalis, cum palmis recipiens et floribus, exultaret. — Cumque ad id dicti predecessores nostri plurimum laborantes non potuissent proficere, et laborem eorum nostrorum peccatorum crederentur merita vacuasse, nos attendentes quod omne quod est ab improbo labore devincitur, et Pharao, ut liberet Israelem, non nisi plagis contritus pluribus emollitur, humeros nostros hujus laboris fasci subjecimus, et venerabilem fratrem nostrum Portuensem episcopum, tunc Sancti Angeli diaconum cardinalem, commisso sibi legationis officio, ad partes illas duximus destinandum; qui, eo faciente qui bonum opus aspirando prevenit et prosequitur adjuvando, maxillas eorum, qui inconsutilem Xpisti tunicam lacerabant, in freno cohibuit, vulpeculas parvulas, que Dominicam demoliebantur vineam, intercepit, et, ut fides catholica statui antiquo plene posset restitui, in pace inter Ecclesiam et karissimum in Xpisto filium nostrum Francie regem illustrem, ex parte una, et nobilem virum comitem Tholosanum, ex altera, ipsius studio reformata et concilio propter hoc Tholose habito, non nulla statuta edidit, ac, ad heresim fortius confutandam, Tholose sacre pagine et aliarum artium studium ordinavit. — Verum quia immundus spiritus domum, a qua ejectus fuerat, scopis mundatam rursus ingredi nititur, et Pharao liberatos Ebreos iterum sibi subjugare conatur, post ipsius recessum, venerabili fratri nostro, primo videlicet, episcopo Tornacensi, et tibi postmodum, ut, super catholicorum grege noctis vigilias vigilantes, lupos a Dominico cohercetis ovili, legationis officium duximus committendum. — Set ecce quod verebamur accidit, et timor quem timebamus evenit. Nam, sicut ex insinuatione tua et aliorum prelatorum tue legationis accepimus, fratrem Willelmum Arnaldi, ordinis fratrum Predicatorum, qui auctoritate nostra et tua contra hereticos inquisitionis exercebat officium, et summo studio laborabat ut, educto obstetricante ipsius manu colubro tortuoso, prodirent in lucem opera tenebrarum, a civitate Tholose vicarius ejusdem comitis et consules civitatis ipsius, qui ne contra hereticos procedatur diversa difficultatum obstacula interponunt, post illatas sibi multas injurias et non sine turpi violentia ejecerunt, facientes in eadem civitate et ipsius suburbio voce preconia interdici ne quis venerabili fratri nostro episcopo et clericis Tholosanis aliquid dare vel vendere, seu ipsis in aliquo communicare commercio, aut in eorum auderet servicio remanere, et, ne quis fratribus Predicatoribus benefacere aut eis presumeret elemosinas erogare. — Iidem quoque consules domum ipsius episcopi, eo ibidem infirmante, eodemque presente comite in civitate predicta, per apparitores suos violenter invadere, equos et alia ex ea extrahere, quosdam canonicos et clericos Tholosanos in cathedrali ecclesia et ipsius claustro ac dicta domo graviter vulnerare, verberibus et aliis diversis afficere injuriis non verentes, et facientes ecclesiarum domos cum magna diligentia custodiri ne per aliquos ad eos possent vite necessaria introduci, de civitate ipsa dictos episcopum et clericos suos compulerunt exire, et, prohibentes ibidem verbum Dei predicari publice vel audiri, de mandato prefati comitis, ut asserebatur ab ipsis, priorem et conventum fratrum Predicatorum ex ea per violentiam expulerunt. — Idem vero comes, qui, juxta formam predictorum concilii et pacis, ecclesias et viros ecclesiasticos deffendere, jura et libertates ipsorum integre conservare, ad confutandos hereticos efficax prebere consilium, et eos capientibus certam solvere pecunie quantitatem, nec non magistris Tholose regentibus, usque ad certum tempus, annis singulis exhibere salarium, ac cum pluribus burgensibus et militibus terre sue in Terre sancte transfretare subsidium, juramento prestito tenebatur, salarium ipsum predictis magistris, propter quod prefatum studium dicitur dissolutum, subtrahens, et formas iniquas statutis nostris et juri contrarias circa hereticorum inquisitionem ad eorum favorem postulans observari, inquisitionem hereticorum multipliciter impedit, et plures in terra sua hereticos condempnatos publice habitare permittit, et eis aliunde ad terram ipsam confugientibus securum refugium exhibens, suspectos et diffamatos de heresi consiliarios et familiares secum habens, ipsos ad publica promovere officia in premissis [non veritur, et] contra dicta statuta et pacem ac prestitum juramentum venire, et, sicut ex consideratione factorum suorum conicitur, hereticorum fautorem, receptatorem, deffensorem, et eorum fautoribus non veritus se favorabilem exhibere, super hiis sepe monitus se corrigere non curavit; ex quo plures iniquitatis filii sumentes audaciam, nonnullos sacerdotes et alios viros catholicos, qui zelo fidei persequebantur hereticos, in injuriam divini nominis occiderunt. Multi etiam perditionis filii, abnegata fide catholica, se constituerunt hereticos; nonnulli contumelias et dampna gravia ecclesiis, ecclesiasticis, ceterisque catholicis viris negocium fidei prosequentibus multipliciter intulerunt; dictusque comes pluries requisitus vindictam justicie noluit in malefactores hujusmodi exercere. — Cumque, propter quosdam de predictis et aliis excessibus, in personam ejusdem comitis et dictos consules, tanquam hereticorum fautores, venerabiles fratres nostri archiepiscopus Narbonensis, Carcassonensis et Tholosanus episcopi, et dictus frater W. (Willelmus) auctoritate sua et nostra diversas excommunicationis sententias protulissent, et idem frater sententiam excommunicationis in ipsos a se latam per capellanos ecclesiarum et fratres Minores Tholosanos mandasset diebus dominicis ac festivis publice nunciari, iidem consules capellanis ipsis, quia firmiter proposuerant hujusmodi mandato parere, ex prefata civitate de nocte violenter expulsis, fratres ipsos, quia juxta formam ejusdem mandati predictas sententias nunciaverant, exinde atrocibus minis expellere et quosdam ex ipsis verberare usque ad effusionem sanguinis presumpserunt. — Quid plura! jam dicti comes et consules, ut divini nominis adversarios et fidei se exhiberent catholice inimicos, diversa banna et statuta, vel destitutiones potius, edidisse, et ne quis coram inquisitore hereticorum compareret, de fide sua vel alterius responsurus, sub pena rerum et corporum publice inhibuisse et alia plura fecisse dicuntur, quibus fidei et pacis status evertitur et libertas ecclesiastica enervatur. — Cum igitur quo predicta in majorem attemptata sunt perniciem fidei, eo minus a nobis debeant sub silentio preteriri, sepefato comiti nostris damus litteris in mandatis ut premissa omnia ad mandatum tuum per se corrigat et ab eisdem consulibus et aliis hominibus suis potestate sibi tradita faciat emendari, ac in dicte Terre sancte subsidium, cum eisdem burgensibus et militibus, in proximo futuro martio non differat se transferre, ibi, juxta formam pacis, per quinquennium moraturus. — Ideoque fraternitati tue per apostolica scripta mandamus quatinus, si dictus comes mandatum nostrum non curaverit adimplere, tu eum et alios predictos ad premissa per censuram ecclesiasticam, appellatione remota, compellas, et prefatas sententias in singulis tue legationis ecclesiis, omnibus dominicis et festivis diebus, pulsatis campanis et candelis accensis, auctoritate nostra usque ad satisfactionem condignam facias sollempniter innovari. — Ad hec nichilominus volumus et tibi districte precipiendo mandamus ut dictum studium in ipsa civitate reformans, confratrias et colligationes alias ubique in eadem legatione omnino dissolvens, statuta et banna, fidem et ecclesiasticam enervantia libertatem, in irritum revocans, ac ea ab aliis irritari, et suspectos et diffamatos de heresi a consiliis et officiis publicis faciens penitus removeri, contra hereticos, credentes, fautores, receptatores et deffensores eorum, exceptis illis qui culpam suam specialiter confessi, heretica labe penitus abjurata, beneficium absolutionis fuerunt canonice assequti juxta statuta a nobis edita, per te ipsum vel quoscumque alios, non obstantibus quibuscumque indulgentiis vel litteris per quemcumque a Sede Apostolica impetratis, seu appellatione aut cujuscumque prohibitione ad impediendum interpositis, nec non formis super hoc a comite predicto petitis vel a quocumque oblatis eidem, cum non licuerit Sedis Apostolice potestatem aliorum formis artari, omnino repulsis, per te vel alios, prout videris expedire, procedas, contradictores et rebelles per censuram ecclesiasticam, appellatione postposita, compescendo. — Datum Viterbii, IIII. kalendas maii, pontificatus nostri anno decimo.

Cette copie nous paraît, d'après l'écriture, avoir été faite vers 1250 au plus tard.

2446   1236. Avril.

(J. 189. — Berri, III, n° 4. — Original scellé.)

Decanus et capitulum B. Austregisili Bituricensis notum faciunt se ratam et gratam habere compositionem initam inter dominam Blanchiam (sic), illustrem Francorum reginam, et domum Dei de Duno; qua quidem compositione dicta regina praefatae domui decem libras Turonensium annuales, in redditibus halarum apud Exoldunum constructarum percipiendas, contulit, in recompensationem damni quod praefata domus ex constructione praedictarum halarum incurrisse noscitur. — « In cujus rei memoriam, presentes litteras sigilli nostri munimine fecimus roborari. Actum anno Domini millesimo ducentesimo tricesimo sexto, mense aprilis. »

Le sceau du chapitre de Saint-Outrille de Bourges, cire verte sur lacs de soie rouge, est décrit dans l'*Inventaire* sous le n° 7128. — Cette pièce pourrait être du mois d'avril 1236-37 avant Pâques, du 1ᵉʳ au 18.

2447   1236. Avril.

Litteræ Andreæ domini Vitriaci de indemnitate sibi a domino rege assignata.

(J. 473. — Quittances, I, n° 7. — Original scellé.)

Andreas dominus Vitriaci, universis ad quos presentes littere pervenerint, salutem. — Notum facimus quod pro restauratione dampnorum et deperditorum que nos sustinuimus occasione guerre regis Anglie et comitis Britannie, tam in amissione quam eciam in diminutione reddituum vel proventuum terre nostre, facta cum excellentissimo domino nostro Ludovico, Dei gratia Francie rege illustri, finali finacione de refecione castrorum nostrorum et molendinorum, de dampnis eciam et deperditis et assignamentis, et de omnibus que ad amissionem vel diminucionem reddituum vel proventuum terre nostre pertinent, idem dominus rex tenetur nobis reddere apud castrum Vir. (Vitriaci?) sex milia librarum Turonensium in terminis inferius annotatis, videlicet : in hoc instanti scacario, mille libras; in festo Omnium Sanctorum proximo subsequenti, mille libras; in festo Candelosse postea proximo subsequenti, duo millia librarum; et in festo Ascensionis Domini postea proximo subsequenti, duo milia librarum. — Et, si infra pagas predictas nos decedere contingeret, idem dominus rex exequtoribus testamenti nostri illud quod de dicta summa sex milium librarum Turonensium deficeret, reddere teneretur. — Et per hanc summam pecunie quam idem rex nobis donat, nos de omnibus supradictis, de quibus cum domino rege finalem, sicut superius dictum est, finacionem fecimus, ipsum dominum regem et heredes suos abso[l]vimus imperpetuum et quitavimus. — Persolutis autem dictis sex milibus libris nobis vel executoribus nostris, nos vel executores nostri reddere tenemur domino regi litteras suas quas habemus de sex milibus libris supradictis. — Et sciendum quod nos tenemur receptare in castellis nostris ipsum dominum regem et gentes suas, ad magnam vim et parvam, et servare bona fide quousque heredes Britannie, videlicet, Johannes filius dicti comitis et Yolendis filia ejusdem, devenerint ad etatem viginti et unius anni, et fecerint domino regi quod facere debebunt. Et nos in homagio domini regis remanemus nec veniemus ad homagium prefati comitis nec dictorum heredum Britannie quousque dicti heredes venerint ad etatem viginti et unius anni et fecerint domino regi quod facere debebunt; nec nos coget ad hoc dominus rex sine voluntate et grato nostro. — Actum apud Alnorum, anno Domini m° cc° tricesimo sexto, mense aprili.

Sceau d'André, seigneur de Vitré ; cire blanche, double queue ; décrit dans l'*Inventaire* sous le n° 3925.

2448 Terni. (1236.) 27 mai.

Gregorius papa IX dispensationem confirmat pro matrimonio inter Alfunsum regis Franciæ fratrem et filiam comitis Tolosani contrahendo.

(J. 435. — Bulles. Dispenses, n° 1. — Original scellé.)

GREGORIUS episcopus, servus servorum Dei, dilecto filio nobili viro Alfunso fratri carissimo in Xpisto filii nostri L. (Ludovici) Francie regis illustris, salutem et apostolicam benedictionem. — Ex parte tua nostris extitit auribus intimatum quod, cum olim tecum ut, non obstante quod nobilem mulierem natam nobilis viri comitis Tholosani tertia linea consanguinitatis attingis, cum ea matrimonium posses contrahere Sedes Apostolica dispensarit, tandem ad notitiam tuam quod ex alia parte in quarto gradu consanguinitatis eidem attingas mulieri pervenit. Super quo humiliter postulasti tibi per Sedem Apostolicam provideri. — Tuis igitur precibus benivolum impertientes assensum, nobilitati tue quod cum ea, gradu non obstante predicto, matrimonium contrahere valeas auctoritate presentium indulgemus. — Nulli ergo omnino hominum liceat hanc paginam nostre concessionis infringere vel ei ausu temerario contraire. Si quis autem hoc attemptare presumpserit, indignationem omnipotentis Dei et beati Petri et Pauli apostolorum ejus se noverit incursurum. — Datum Interamne, vi. kalendas junii, pontificatus nostri anno decimo.

Bulle de plomb sur lacs de soie rouge et jaune. — Voyez l'*Inventaire*, n° 6047.

2449 Paris. 1236. Mai.

Litteræ Mathildis comitissæ Boloniæ de compositione a se cum Ludovico rege inita.

(J. 238. — Boulogne, I, n° 34. — Original scellé.)

Universis presentes litteras inspecturis, M. (Mathildis) comitissa Bolonie, salutem. — Notum facimus quod, cum contentio verteretur inter karissimum dominum nostrum Ludovicum regem Francie illustrem, pro se et Johanna filia nostra, ex una parte, et nos, ex altera, super hoc quod nos petebamus ab ipso domino rege totam terram quam habebat pater noster Ren. (Renaldus de Domno Martino) comes in Caleto et apud Alisiacum, et comitatum Albemarle, quas terras dominus rex habebat in ballio suo nomine predicte Johanne que erat infra etatem, exceptis terra de Alisiaco et alia terra quam invenit in manu comitis Roberti, quas habebat de dono Philippi comitis Bolonie, ut dicitur. Et nos dicebamus easdem terras ad nos pertinere eo quod pater noster dederat nobis in maritagio quando desponsata fuimus Philippo filio clare memorie regis Philippi, sicut dicebamus, et sicut dicebamus contineri in carta regis Philippi cujus forma hec est :

Philippus, Dei gratia Francie rex. Noverint, etc...
(*Vid. supra ad annum* 1210, *mense maio*, n° 926.)

Et, secundum verba predicte carte, petebamus jus a domino rege nobis exiberi, et judicium nos recipere in curia sua super hoc concessimus, renunciantes omnibus aliis cartis pertinentibus ad querelam supradictam, que domino regi possent nocere et nobis prodesse. Et dominus rex super hiis debebat habere consilium respondendi et jus nobis faciendi. — Super predictis autem, ante responsionem et judicium ipsius domini regis, de consilio proborum virorum, de voluntate sua et nostra, fuit ordinatum et concessum usque ad duodecim annos completos vel usque ad mortem ejusdem Johanne, si contingeret eam infra etatem mori, quod Dominus avertat, tali modo scilicet quod nos recipiemus annuatim ad scacarios suos, per manum ballivi sui nobis super hoc jurati, medietatem omnium proventuum dictarum terrarum, exceptis terra de Alisiaco et aliis terris quas Philippus quondam comes Bolonie dicitur dedisse Roberto comiti Drocensi, et Pilata villa et alia terra que fuit vicedomini de Pinquigniaco, que site sunt in Normannia et non sunt in ordinatione ista. — Preterea sciendum est quod de communibus proventibus dictarum terrarum, salvis penitus proventibus terrarum que sunt excepte, reddentur elemosine et feoda et fient expense ad conservationem dictarum terrarum et nemorum et castrorum, et ad reparationem domorum, molendinorum, furnorum, grangiarum et calceiarum vivariorum, et ballivorum et servientium et aliorum similium que pertinent ad communem terre sustentationem, sine constructione novorum edificiorum. — Completis autem duodecim annis, vel decedente dicta Johanna infra duodecim annos, quod Deus avertat, omnia jura, tam ipsius domini regis, quam dicte Johanne, quam eciam nostra, erunt in eo statu et puncto in quo erant antequam ordinatio ista facta esset; ita scilicet quod propter ordinationem istam ex tunc nulli erit jus acquisitum vel diminutum. — Hec omnia supradicta ordinata fuerunt salvo in omnibus jure domini regis et heredum suorum, et jure dicte Johanne filie nostre, et jure nostro et heredum nostrorum qui in predictis deberent jus habere, et omni jure alieno. — In cujus rei testimonium, de assensu ejusdem domini regis et nostro, sigillum nostrum presentibus duximus litteris apponendum. — Actum Parisius, anno Domini M° CC° tricesimo sexto, mense mayo.

Sceau de Mathilde, comtesse de Boulogne, veuve de Philippe de France; cire blanche, double queue; premier sceau, décrit dans l'*Inventaire* sous le n° 1060.

2450   1236. Mai.

(J. 195. — Champagne, III, n° 20. — Original.)

Theobaldus rex Navarræ, Campaniæ et Briæ comes palatinus, notum facit se dilecto suo Michaeli Raso, civi Trecensi, et heredibus ejus in perpetuum piscariam fossatorum Trecensium dedisse ea conditione ut, quotiens præfatus Michael seu ejus heredes in dictis fossatis piscari voluerint, se vel heredes sui medietatem piscium habebunt. — « In cujus rei perpetuam memoriam, presentes litteras fieri fecimus sigilli nostri munimine roboratas. Actum anno gratie M° CC° tricesimo sexto, mense maio. »

Traces de sceau pendant sur cordelettes. — Le sceau de Thibaud, roi de Navarre, comte de Champagne et de Brie, est décrit dans l'*Inventaire* sous le n° 11372.

2451   1236. Mai.

(J. 197. — Champagne, V, n° 41. — Original.)

Theobaldus rex Navarræ, Campaniæ et Briæ comes palatinus, notum facit se, ob remedium animæ suæ et antecessorum suorum, abbatissæ et conventui S. Jacobi de Vitriaco, Cisterciensis ordinis, totum nemus de Maignis, situm inter Argneium et Chantecoq, donavisse ea lege ut usuaria et jura, quæ alii habent in dicto nemore, salva remanerent. — « In cujus rei memoriam, presentes litteras fieri fecimus et sigilli nostri munimine roborari. Actum anno Domini M° CC° XXX° sexto, mense maii. »

Traces de sceau pendant sur double queue. — Voyez l'*Inventaire*, n° 11372.

2452   Terni. (1236.) 13 juin.

Litteræ Gregorii papæ IX quibus consules et universitatem Montispessulani sub sua speciali protectione suscipit.

(J. 339. — Montpellier et Maguelone, I, n° 23. — Copie ancienne.)

Gregorius episcopus, servus servorum Dei, dilectis filiis consulibus et populo Montispessulani, salutem et apostolicam benedictionem. — Promte fidei ac prone devocionis affectus, quem erga Romanam ecclesiam a progenie in progenies geritis indefessum, sicut vobis prestat fiduciam nos rogandi, sic et nobis vestris precibus, quantum cum Deo possumus, favorabiliter annuendi racionem probabilem persuadet; quia, si cupimus invenire qui placeant, decet ut honoremus inventos, quia, nonnunquam merita suplicum excedentes et vota, pocius volumus merita premiis quam premia meritis superari. — Cum igitur ecclesiam Romanam filiali reverencia venerantes, ejus vos beneplacitis tanquam filii benedictionis et gracie laudabiliter exponatis, nos vestris supplicacionibus annuentes, ad exemplar felicis memorie Innocencii et Honorii predecessorum nostrorum, personas vestras et villam Montispessulani, cum consulatu et aliis omnibus que impresenciarum racionabiliter possidetis, sub beati Petri et nostra proteccione suscipimus et presentis scripti patrocinio communimus. — Ad perpetuum autem devocionis indicium, duas marcas auri, centum Massemutinis computandis pro marca, quas Sedi Apostolice liberaliter obtulistis, nobis et successoribus nostris, singulis annis, in festo Resurrectionis Dominice persolvetis. — Nulli ergo omnino hominum liceat hanc paginam nostre proteccionis infringere vel ei ausu temerario contraire. Si quis autem hoc attemptare presumpserit, indignacionem omnipotentis Dei et beatorum Petri et Pauli apostolorum ejus se noverit incursurum. Datum Interamne, idus junii, pontificatus nostri anno decimo.

Extrait du fragment de cartulaire intitulé *Liber consuetudinum Montispessulani*, fol. 16 r°, col. 2. — On lit en marge dans le Ms. l'annotation suivante : *Com lo Papa pres la vila en sa protection*.

2453 . Montpellier. 1236. Juin.

Litteræ magistri militiæ Templi in Provincia de pariagio inito a Templariis cum domino rege pro villis de Paluel et Lalaic.

(J. 273. — Auvergne, II, n° 1. = J. 295. — Languedoc, n° 7. — Originaux scellés.)

In nomine Domini, amen. Nos frater Hugo de Montelauro, domus milicie Templi in Provincia et partibus Hyspanie magister humilis, notum facimus universis presentibus et futuris quod nos, de consilio et assensu fratrum nostrorum in Arvernia constitutorum, concedimus et confirmamus domino Lodovico, Dei gratia illustri regi Francorum, donationem illam quam frater Girbertus Eraclei, quondam magister domus militie Templi in partibus cismarinis, fecit domino Philippo illustri regi Francorum, felicis recordationis, avo ipsius, in villis de Paluel et de Lalaic, videlicet medietatem in utraque villa tam census quam sensive (*sic*) et justicie et clamorum et furni. — Dicta vero domus Templi retinet sibi proprietates et dominicaturas suas, quas hucusque consuevit habere in terris, pratis et ortis et molendinis, infra villam et extra, et bannum vini quod habet per unum mensem, singulis annis, in villa de Paluel, et furnum quod habet infra ambitum domus sue et alia que in dictis villis et earum pertinentiis oblatione fidelium vel aliis justis modis in futurum poterit adipisci. — Proventus autem utriusque ville, quos communes habent inter se dominus rex et dicta domus Templi, de quibus superius expressum est, debent colligere et recipere communiter unus de fratribus Templi et bajulus domini regis, et dividere inter se. — Bajulus autem jam dictus, cum de novo fuerit institutus, jurabit tactis sacrosanctis Evangeliis se fideliter observaturum omnia supradicta, tam ad utilitatem domini regis quam domus Templi. — Si vero predictus bailivus in administratione predictorum forte negligens vel minus fidelis inventus fuerit, fratres Templi partem domini regis recipient et colligent et ei vel mandato suo fideliter restituent. — Hanc autem donationem hac de causa domino regi facimus ut ipse fratres Templi in predictis villis manentes et bona ipsorum, nec non et villas et homines predictarum villarum, et res ipsorum sub regali protectione et custodia recipiat. — Homines autem jam dicti inmunes debent esse ab omni exercitu, et dominus rex debet eos regere et custodire secundum bonas consuetudines ville franche Sancti Petri de Moster vel Albiniec. — Debent autem homines predictarum villarum molere bladum suum in molendinis jam dictis, et panem suum coquere in furnis predictis. — Hec autem omnia predicta, sicut dictum est, domino regi concessa, debet ipse dominus rex semper sibi retinere et nulli alii donare vel permutare nisi predictis fratribus restituere vellet. — Actum est hoc mense junii, anno Domini M° CC° XXX° sexto. Datum apud Montempessulanum.

Nous publions ce pariage d'après la pièce cotée J. 273, *Auvergne*, II, n° 1. L'autre pièce, cotée J. 295, *Languedoc*, n° 7, qui est la même pour le fond, présente dans la rédaction quelques différences sans importance; toutes deux sont scellées, sur ruban de soie rouge et jaune, du sceau de Hugues de Montlaur, maître de l'ordre du Temple en Provence et en Espagne. Petit sceau rond en cire verte, qui paraît inédit, mais dont l'empreinte est tellement fruste qu'il n'est plus possible d'y rien distinguer.

2454 1236. Juin.

(J. 174. — Blois, n° 5. — Original scellé.)

Hugo de Castellione, comes S. Pauli et Blesensis, fideli suo Gaufrido de Sergines, militi, qui erat homo suus ligius ante omnes, benigne concedit ut fiat homo ligius domini regis Franciæ ante se et ante omnes. — « In cujus rei testimonium, presentes litteras sigilli mei munimine roboravi, anno Domini M° CC° XXXVI°, mense junio. »

Sceau de Hugues de Châtillon, comte de Saint-Paul et de Blois; cire blanche, double queue; second sceau, décrit dans l'*Inventaire* sous le n° 363.

2455 Orange. 1236. 3 juillet.

Instrumentum conventionum initarum inter Raimundum Tolosæ comitem, marchionem Provinciæ, et dominos Cadarossæ.

(J. 311. — Toulouse, V, n° 53. — Original scellé.)

Notum sit omnibus quod, anno Dominice incarnationis M.CC.XXXVI, scilicet v. nonas julii, Frederico Romanorum imperatore regnante, nos R. (Raimundus), Dei gratia comes Tholose, marchio Provincie, in quem dominus Fredericus, Dei gratia Romanorum imperator semper Augustus, Jherusalem et Sicilie rex, dominos Cadarosse contulit in vassallos, confitemur et in veritate recognoscimus vobis Ermitano, nomine vestro et nomine uxoris vestre Aude, et vobis Willelmo Raimundo de Avinione, et Bertrando de Jocone, et vobis Raymbaudo de Anceuna, et Willelmo de Anceuna, et Raimundo fratribus, et Petro de Cadarossa, et Willelmo de Cadarossa, et vobis Bertrando de Cadarossa et Pontio Jarente fratribus, et Bertrando de Sancto Pastore, et Guarino de Lers, et Beatrici de Bello-Monte, et Raymbaudo de Mamolena, dominis Cadarosse, presentibus, recepto a vobis juramento fidelitatis, et per vos etiam aliis dominis Cadarosse absentibus, per vos et per successores vestros, vos et predecessores vestros habuisse et tenuisse dominium, et seinoriam, et jurisdictionem plenam, et merum imperium et mixtum, et districtum et cohercionem in civilibus causis et criminalibus, in villa et hominibus Cadarosse et ejus tenemento, intus et extra, exercuisse, firmantias accipiendo, justicias faciendo, absolvendo et condempnando, tutores dando, notarium et bullam habendo, et constituendo decretum, et auctoritatem interponendo, et generaliter omnia exeercendo que sub mero imperio et mixto et jurisdictione concludi et intelligi possunt, tanto tempore cujus non extat memoria; et omnia supradicta et singula ex imperiali munificentia exercendo. — Et nos, inquam, comes predictus, per nos et successores nostros, omnia predicta universa et singula, vobis predictis dominis Cadarosse presentibus, et per vos etiam aliis dominis Cadarosse absentibus, confirmamus perpetuo, laudamus et approbamus, donantes et concedentes et confirmantes vobis predictis et successoribus vestris plenariam potestatem ut, tam vos quam successores vestri, possitis uti in predicta villa et hominibus Cadarosse, intus et extra, et ejus tenemento, et etiam in extraneis hominibus ibidem contrahentibus vel delinquentibus, jurisdictione plenaria, et plenam jurisdictionem et merum imperium exercere, et quod milites et homines Cadarosse vobis, ut dominis ipsorum, respondeant; et vobis omnia vestra privilegia confirmamus, bannum et pedagium similiter confirmantes; furna, molendina, aquas aquarumve decursus predictis dominis Cadarosse et emplechas in corum hominibus etiam confirmamus. — Concedentes etiam et donantes vobis quod dominium et seinnoriam, quod et quam dominus Fredericus Romanorum imperator predictus nobis et successoribus nostris in vos dominos Cadarosse et super vos contulit, in aliquam personam, altam vel humilem, mundanam vel ecclesiasticam, non transferamus vel transferre possimus, et immediate dominium predictum nobis et successoribus nostris reservemus et retineamus. — Concedentes etiam et donantes vobis predictis dominis quod, si aliquis vel aliqui vestrûm vel predecessorum vestrorum aliquam recognitionem vel compositionem super dominio vel parte dominii Cadarosse cum priore Sancti Saturnini vel cum alio vel aliis fecistis, illa recognitio vel compositio vobis vel successoribus vestris, quantum pertinet ad dominum imperatorem vel ad nos vel dominium nostrum, nullum possit prejudicium generare, tali conventione et lege inter nos comitem predictum et vos dominos Cadarosse apposita et concessa, quod cum predicta villa, dominis, militibus et hominibus Cadarosse possimus placitare et guerreiare; et quod domini Cadarosse, et milites nomine dominorum, in cavalguada, expensis nostris et emenda, et non aliter, nos sequantur quocienscumque in cavalguada exirent. — Homines vero Cadarosse, semel in anno tantum, nobis et successoribus nostris cavalguadam, expensis ipsorum hominum Cadarosse, facere teneantur et nos sequi tantum in cavalguada longe per duas dietas excercitus in Imperio et in regno longe per unam dietam exercitus, et non longius; et per mensem tantum, semel in anno, nobiscum vel cum bajulis nostris esse debeant in cavalguada, et non spacio vel tempore longiori. — Si vero ultra duas dietas in Imperio vel ultra unam dietam in regno, predictam cavalguadam hominum Cadarosse duceremus, vel etiam ultra unum mensem in anno cavalguada hominum Cadarosse nobiscum esset, ex tunc ab inde expensis nostris et emenda, et non aliter, nobiscum esset et remaneret. — Predictum autem dominium et seinnoriam in vos dominos Cadarosse et successores vestros, nobis ad vitam nostram et ad successores nostros ex nobis legitime procreatos, retinemus. — Si vero, quod Deus avertat, sine legitimo herede ex nobis procreato decederemus, ex tunc de predicto dominio et seinnoria et fidelitate quam nobis fecistis, et omnibus etiam aliis supradictis, vos dominos Cadarosse, et successores vestros in infinitum, milites et homines Cadarosse, absolvimus et perpetuo relaxamus, ut, propter predictam munificentiam domini imperatoris, dominium vel seinnoriam, quam in vobis habemus, vel fidelitatem quam nobis fecistis, alicui heredi vel successori nostro extraneo, universali vel singulari, non sitis in aliquo vel in aliquibus obliguati, et ad omnia predicta heredem vel heredes nostros, ex nobis legitime procreatos, et heredes heredum ab ipsis legitime procreatos, et sub eadem forma et eisdem conventionibus astringimus et esse volumus obliguatos quod successoribus extraneis non sitis in aliquo obliguati; dantes predictis dominis Cadarosse et eorum heredibus et successoribus, presentibus et futuris, per nos et successores nostros, licentiam et plenariam potestatem quod ipsi inter se, nobis irrequisitis et inconsultis, sine tretzeno, accapto et laudimio possint vendere, permutare vel quolibet alienationis titulo alienare jurisdictionem suam totam vel partem jurisdictionis, et omnia alia bona sua et jura que habent in villa Cadarosse et ejus tenemento, simul vel separatim; et propter hoc res vendite vel permutate vel aliquo alio titulo alienate, nobis vel successoribus nostris non incidant in commissum. — Et nos domini Cadarosse predicti, sub forma predicta et conventionibus predictis, nos et successores nostros vobis domino comiti predicto et successoribus vestris, ex vobis legitime procreatis, astringimus et esse volumus obliguatos. — Factum fuit hoc apud Aurasicam, in stari domini episcopi, in virgulto juxta corum eclesie S. Petri, presentibus : domino A. (Amico) episcopo Aurasicensi, Barralo domino Baucii senescalco domini comitis, Willelmo de Barreria, Willelmo Augerio judice et cancellario domini comitis, Isnardo Andegrario, Pontio Astoaudo, Guaufrido Guaucelino, Johanne Auriolo, Willelmo de Lauduno, Raymbaudo Justo, Bertrando de Mornacio, Petro Dalmacio, Lautaudo de Cadarossa, Bernardo Conte, Petro de S. Laurentio, Rostagno de Balneolis. — Anno et mense quo supra, videlicet, IIII° nonas julii, Beatrix de Bellomonte et Raimundus Lauterius, domini Cadarosse, juraverunt fidelitatem domino comiti memorato sub eadem forma et eisdem conventionibus; et sub eadem forma et sub eisdem conventionibus concessit eis dominus comes omnia et singula supradicta que concesserat, donaverat et confirmaverat aliis dominis Cadarosse. — Factum fuit hoc apud Aurasicam, in stari Willelmi Florentii, in sala, presentibus : domino A. (Amico) Aurasicensi episcopo, Barralo domino Baucii senescalco domini comitis predicto, Willelmo Augerio judice et cancellario ejusdem domini comitis prefato, Pontio Astoaudo, Willelmo de Lauduno, Gaufrido Gaucelini, Helya de Apta. — Et ego Bertrandus de Sancta Maria, notarius publicus domini comitis, omnibus supradictis presens interfui, et mandato, voluntate et auctoritate domini comitis, et mandato dominorum Cadarosse predictorum, hoc instrumentum scripsi et signavi. (*Hic signaculum notarii.*)

Et ego Guillelmus Augerius, judex et cancellarius domini comitis Tholose, presentem cartam subscripsi et eam jussi bulla domini comitis roborari.

Scellé en plomb, sur lacs de soie rouge, de la bulle de Raymond VII, comte de Toulouse, pour le comtat Venaissin, décrite dans l'*Inventaire* sous le n° 4607.

2456 Narbonne. (1236). 31 juillet.

Epistola Petri archiepiscopi Narbonensis, Aymerici vicecomitis, Guillelmi abbatis S. Pauli et consulum Narbonensium Ludovico regi de excessibus in burgo Narbonæ denuo perpetratis.

(J. 307. — Toulouse, IV, n° 50. — Original.)

Excellentissimo domino Lodoico, Dei gratia regi Francorum illustri, P. (Petrus) divina miseratione Narbonensis archiepiscopus, et A. (Aymericus) per eandem vicecomes Narbone, et G. (Guillelmus) abbas Sancti Pauli de burgo Narbone, et consules civitatis ejusdem, salutem cum omni reverentia et honore. — Tacti dolore cordis refferimus vestre regie majestati quod, cum homines burgi Narbone deffenderent et receptarent hereticos, demum, ut hoc fieret manifestum, frater Ferrarius, prior fratrum Predicatorum Narbonensium, auctoritate summi pontificis, dedit operam efficacem ad inquisitionem in eodem burgo contra hereticos faciendam, viris discretis secum adjunctis. — Quam inquisitionem, habito aliquanto processu, dicti homines burgi toto conamine impedientes, intelligentes suam nequiciam denudari, in nos P. archiepiscopum, et dominum A. vicecomitem Narbonensem, et eundem fratrem Ferrarium manus violentas crudeliter injecerunt, quia quendam convictum de heresi capere volebamus, hoc nullatenus fieri permittentes; imo tota ipsorum universitas, paucis exceptis, se in hoc opposuit manifeste, fratres Predicatores ab inde et viros catholicos ejusdem burgi sic injuriis afficientes et contumeliis quod, Dei timore postposito, fidem catholicam penitus abjecerunt. Et quia, diligenter moniti, hoc emendare minime curaverunt, a domino P. Narbonensi archiepiscopo et ab eodem fratre Ferrario, auctoritate domini Pape, fuerunt excommunicationis vinculo innodati. — Quam excommunicationem viliter contempnentes, injurias injuriis cumularunt, confrarias et conspirationes in nostrum prejudicium facientes, leudas, decimas (*hic duo vocabula desiderantur*)... rias ipsius domini archiepiscopi occuparunt, jurisdictionem ejus penitus enervantes, jura ipsius et aliarum ecclesiarum illicite invadentes, et, clamantes ad arma, in archiepiscopum et suos attrociter surrexerunt, condempnatos de heresi in ecclesias inducebant et impedientes (*hic quinque vocabula erasa*) cotidie impropria Jeshu Xpisto, que narrare per singula cordis anxietatem cum tedio generaret. — Tandem in presentia venerabilis patris J. (Johannis) Viennensis archiepiscopi, Apostolice Sedis legati, et suffraganeorum provincie Narbonensis necnon et O. quondam (*hic quinque circiter vocabula erasa*) quam laicis et viris religiosis, juraverunt se parere humiliter mandatis domini archiepiscopi Narbonensis et certos dederunt obsides de mandatis fideliter adimplendis. — Propter quod, datis mandatis eisdem hominibus, ab ipso archiepiscopo de consilio (*hic quatuor vocabula erasa*) fuit dicta excommunicationis sententia relaxata, quia credebatur quod essent ad unitatem ecclesie [cum] humili devotione reversi. — Ipsi autem, tanto beneficio ingrati, predicta penitus contempnentes et contra sacramentum proprium temere venientes, jurisdictionem dominorum a se penitus ab[jecerunt, et]

pejores quam prius effecti in viciorum incidere profundum, confrarias et conjurationes prohibitas innovantes, quosdam de obsidibus detinentes volentes quod juraverant observare. Propter que fuerunt in eandem excommunicationis reducti sententiam per eundem, et, accensis candelis, denuntiati per provinciam [publice]..... — Post hec autem, ut de suis iniquitatibus fidem facerent toti mundo, impietatem nefandissimam predictis sceleribus adjungentes, in domum fratrum Predicatorum, tam mares quam femine, cum gladiis et fustibus unanimiter concurrerunt, et attrociter per fracta ostia irruentes (*hic quatuor vocabula erasa*) minutatim et turpiter laniarunt, archas et cathedras confringentes et destruentes armarium, laniarunt libros theologie, quosdam disperserunt, multos etiam asportarunt, mensas refectorii et pulpitum subvertentes, utensilia confregerunt (*hic quinque vocabula erasa*) ausu nefando perpetrantes, cellarium fundentes, vinum et coquinam cum sua suppellectili orribiliter dissiparunt, et, ut se crucis Xpisti evidentius ostenderent inimicos, crucem quandam irreverenter et campanam capituli confregerunt, levatorium (*hic sex vel septem vocabula erasa*), vites et arbores orti crudelitate nimia succidentes, scolas theologie et (*hic quatuor nomina erasa*) dissiparunt. — Postremo, ut in suis maliciis possent liberius debaccari, manu insurgentes armata, quosdam viros (*hic decem circiter vocabula erasa*) suis litteris senescallo vestro et per civitatem (*hic duo nomina erasa*) attestantur causam reddentes, quia dominum archiepiscopum et fratres Predicatores cum Dei reverentia diligebant, quendam etiam de ipsis catholicis morte turpissima (*hic octo et amplius vocabula erasa*) juridictione contempta imo nec etiam requisita. — Q.... (*hic duo vocabula erasa*) timentes et fidelitati vestre devote et constantissime adherentes, compulsi de burgo fugere in civitatem Narbonensem tamquam ad refugium recurrerunt. Quos cives (*hic quatuor vocabula erasa*) receperunt. — Illi vero de burgo, ut haberent auctorem sui sceleris et fautorem, Tolosanum comitem advocarunt in burgum, in contemptum Ecclesie et vestre regie majestatis, jurisdictionem suorum dominorum spernentes, qui eos in sua (*hic octo vocabula erasa*) et vestro confessus est senescallo, spretis monitionibus legati et domini archiepiscopi Narbonensis. — Et quia de tot et tantis iniquitatibus debita non poterat sumi vindicta, ad vos tamquam ad speciale refugium recurrentes, et de (*hic sex vocabula erasa*) ad honorem vestrum, pro statu sancte Ecclesie et fide catholica confovenda, in manu vestra et domini J. senescalli vestri pro vobis istud negocium posuimus, ut per ipsum, imo per vos, dictis sceleribus finis debitus imponatur, securitates et patentes litteras (*hic quatuor vocabula erasa*) a civibus juramenta et dabuntur obsides quando requisierit senescallus quod ipsius, imo vestris, super hiis pareamus mandatis. Ab illis de burgo similiter juramenta et litteras patentes habuit de parendo juri seu voluntati ipsius, dicentes ad obsides dandos (*hic tres vocabula erasa*). — Comes vero burgum intrans sub pacis reformande pretextu, ibidem discordiam seminavit, sicut patuit ex postfactis; quia Olivarium de Terminis et Guiraudum de Aniorto, famosos raptores, impugnatores fidei et regni vestri improbos turbatores, cum multis (*hic tres vocabula erasa*) transmisit ad burgum in auxilium eorumdem, intendens auferre jurisdictionem nostram, et in prejudicium vestrum tranquillitatem regni impietate solita perturbare. Et adeo dicti homines se propter hoc in superbiam erexerunt quod civitatem expugnant et ad redimendum (*hic quatuor vocabula erasa*) juramenta habitantium et fidejussores dare senescallo, sicut promiserant, noluerunt, ab ipso sicut decuit requisiti. — Comes autem, quasi parificare se volens vestre regie dignitati, obsides ab illis per suum senescallum recepit, quos senescallo vestro nullo modo dederant, et habuit quos mandavit; bajulum in eodem burgo constituit idem comes et facit preconizationes ibidem suo nomine proclamari. — Verum quia nos et tota civitas Narbonensis a celsitudine vestra consilium et auxilium expectamus, cujus post Deum protectio nos gubernat, ad vos remittimus ut celeriter hiis novitatibus et tantis maliciis occurratis, debitum et festinatum remedium apponentes, sicut vestra noverit celsitudo. Licet autem ad hec intimanda vestre regie dignitati zelus et fervor fidei nos inducat, movet nos etiam fidelitas et devocio qua personam vestram et honorem regni vestri diligimus,

timentes ne statum terre cito perturbari contingat, nisi dicti malefici dextera vestre potentie comprimantur. — Ne autem scripture prolixitas aggravet vestras aures, supplicamus quod latoribus presencium, quos destinamus vestre regie majestati, fidem plenam sicut nobis in omnibus habeatis. — Datum Narbone, II. kalendas augusti.

<small>Les troubles suscités dans le bourg de Narbonne par la sévérité des inquisiteurs commencèrent au mois de mars 1234. Les jacobins furent expulsés en novembre 1235 par les habitants, qui se mirent vers le même temps sous la protection du comte de Toulouse. La lettre écrite au Roi par l'archevêque de Narbonne, le vicomte, l'abbé de Saint-Paul et les consuls de la cité, dans laquelle tous ces faits sont relatés, et qui est datée du 31 juillet (II. des kalendes d'août), sans date d'année, est donc nécessairement du 31 juillet 1236. (Voyez Tillemont, *Vie de saint Louis*, t. II, p. 187, 244 et 287). — Cette pièce intéressante, qui paraît n'avoir jamais été ni transcrite ni publiée, a été malheureusement atteinte par l'humidité, et elle est en partie détruite; nous publions tout ce qu'il nous a été possible d'en déchiffrer. Elle était scellée dans l'origine de quatre sceaux, dont il ne reste plus que les attaches. Trois de ces sceaux sont décrits dans l'*Inventaire*, savoir : le sceau de Pierre III Amiel, archevêque de Narbonne, sous le n° 6325; celui du vicomte Amauri Ier, sous le n° 749; celui des consuls de la cité, sous le n° 5651. Le sceau de Guillaume, abbé du monastère de Saint-Paul du bourg de Narbonne, n'existe plus aux Archives.</small>

2457   Toulouse. 1236. 12 août.

Homagium Raimundo comiti Tolosano a Raimundo vicecomite Turennæ præstitum.

<small>(J. 316. — Toulouse, VII, n° 102. — Original scellé. = J. 314. — Toulouse, VII, n° 73. — Copie ancienne.)</small>

ABC.   DEF.   GHJ.

Noverint universi, présentes pariter et futuri, quod ego R. (Raimundus) vicecomes Turene confiteor et in veritate cum hac scriptura publica recognosco vobis domino R. (Raimundo), Dei gratia comiti Tolosano, marchioni Provincie, quod antecessores mei tenuerunt in feudum ab antecessoribus vestris, et egomet tenui a patre vestro et a vobis in feudum, castrum novum quod dicitur Matfredi, situm prope flumen Dordonhe, cum pertinentiis suis, et vicecomitatum de Brassaco cum pertinentiis suis, et castrum de Salinhaco cum pertinentiis suis. — Et confiteor in veritate quod predicta feuda vel aliquem (*sic*) de predictis feudis non recepi a rege Phylippo vel aliis regibus Francie, vel a comitibus Montisfortis, nec ab aliquo alio homine; nec antecessores mei a rege vel regibus, comite vel comitibus, predicta feuda vel aliqua de predictis in feudum receperunt, nisi ab antecessoribus vestris tantum, sicut superius est notatum. — Pro predictis omnibus feudis et pro aliis de quibus aliquo tempore probare poteritis, vos vel successores vestri, vel ego vel successores mei poterimus reperire, per instrumenta vel per dicta bonorum virorum, antecessores meos vel meipsum in feudum tenuisse a vobis vel antecessoribus vestris, facio vobis domino comiti homagium ligium, et promitto vobis omnem fidelitatem quam fidelis vasallus debet suo domino prestare, et generaliter omnia que vasallus suo tenetur domino exhibere; et juramentum fidelitatis et homagii vobis facio per Deum et per sancta Euvangelia que manibus meis tango, et ad idem faciendum omnes successores meos vobis et successoribus vestris obligo in eternum. — Et nos Raimundus, Dei gratia comes Tolose, marchio Provincie, recipientes homagium et fidelitatem et juramentum a vobis R. (Raimundo) vicecomite Turene, sicut superius est expressum, promittimus vobis, per nos et successores nostros, quod erimus vobis et successoribus vestris boni domini et fideles, et de hoc in bona fide nostra vos recipimus, dato super hoc osculo et a vobis recepto, super predictis omnibus observandis. — Et ut hec universa et singula perpetuam obtineant firmitatem, nos R., Dei gratia comes Tolose, marchio Provincie, et R. vicecomes Turene antedicti presentem cartam sigillorum nostrorum munimine fecimus roborari. — Actum est hoc Tolose, in condamina comitali, in tentorio domini comitis predicti, n° idus augusti, anno Dominice incarnationis M° CC° XXX° sexto, in presentia nobilium virorum Rogerii Bernardi comitis Fuxi, et Bernardi comitis Covenarum, et Rogerii Convenarum comitis de Palhars, et Bernardi Otonis domini Lauriaci, et Rogerii de Fuxo, et Bertrandi fratris dicti domini comitis, et Sicardi de Montealto, et Poncii de Villanova seneschalli Tolosani, et Arnaldi Barasc, et Petri Martini de Castronovo, et Guillelmi de Barreria, et Poncii Grimoardi, et Bernardi Aimerici, publici Tolose notarii, qui, mandato domini comitis et vicecomitis, cartam istam scripsit et sigillavit.

Deux sceaux en cire blanche, sur cordelettes de soie rouge et jaune. — Le sceau de Raymond IV, vicomte de Turenne, est décrit dans l'*Inventaire* sous le n° 771; celui de Raymond VII, comte de Toulouse et marquis de Provence, sous le n° 745.

2458 Toulouse. 1236. 13 août.

(J. 311. — Toulouse, V, n° 54. — Original.)

Austorgus de Aureliciaco, confessus et in veritate recognoscens se villam Tinerca, Sevoiracum in Bedona, Cantoen pro medietate, Graissacum, et Bonavent pro medietate [in diœcesi Ruthenensi] a domino suo R. (Raimundo) comite Tolosano, Provinciæ marchione, in feodum tenere, eidem comiti de his omnibus homagium ligium præstat. — Eodem autem instrumento prædictus comes Tolosanus promittit se et successores suos sæpe dicto Austorgo et successoribus ejus bonos et fideles dominos futuros esse. — « Nos R., Dei gratia comes Tolose et marchio Provincie, et A. de Aureliciaco antedicti presentem cartam sigillorum nostrorum munimine fecimus roborari. Acta sunt hec Tolose, in aula domini comitis, idus augusti, anno Dominice incarnationis M° CC° XXX° sexto, in presentia nobilium virorum R. (Raimundi) vicecomitis Turene, et Rogerii Convenarum comitis de Palhars, et Matfredi de Castronovo, et Duranti de Monte-alto, fratris dicti Austorgui, et Girberti de Castronovo, et Ramundi fratris ejus, et Pilisfortis de Rabastens, et Bertrandi fratris dicti domini comitis, et Pontii de Villanova seneschalli Tolosani, *quatuor aliorum*, et Bernardi Aimerici, publici Tolose notarii, qui, mandato domini comitis antedicti et Austorgii, cartam ipsam scripsit et sigillavit. »

Traces de deux sceaux pendants sur cordelettes. — Le sceau d'Austorgue d'Aurillac est décrit dans l'*Inventaire* sous le n° 1249; celui du comte Raymond VII sous le n° 745.

2459 Narbonne. 1236. 26 août.

Securitas facta a consulibus et universitate burgi Narbonæ Raimundo Tolosano comiti de fidejussione quam pro se erga regem Franciæ præstitit.

(J. 311. — Toulouse, V, n° 55. — Original scellé.)

Pateat universis presentem paginam inspecturis, quod nos consules burgi Narbone, videlicet, B. Gausbertus et Gr. Longus, consilio et voluntate consiliariorum nostrorum, videlicet, J. Amelii, Bernardi de Olarguo, Guillelmi Alfarici, Guillelmi Arnaudi Sellerii, Guillelmi de Teuleira, Petri de Quilano juvenis, Imberti de Stabulo, rogamus vos, dominum R. (Raimundum), Dei gratia comitem Tolosanum, marchionem Provincie, ut pro nobis et universitate dicti burgi fidejubeatis, penes J. de Frichaus, seneschallum regis Francie in partibus Albigensibus, pro causis universis et singulis et controversiis quas dicta universitas habet vel habere potest sub eo contra Aimericum vicecomitem et venerabilem patrem archiepiscopum Narbonensem et capitulum Sancti Pauli, et contra universitatem civitatis Narbone, et contra illos qui de dicto burgo exierunt, vel omnes supradicti vel singuli, contra dictam universitatem burgi; promittentes vobis, nomine et mandato dicte universitatis, sub obligatione omnium bonorum nostrorum et universitatis prefate, quod de fidejussione predicta et de omnibus que pro dicta fidejussione facietis, sustinebitis vel solvetis, conservabimus, nos et dicta burgi universitas, vos indempnem. Et item promittimus vobis, sub eadem obligatione et eodem modo, de omnibus et pro omnibus fidejussoribus qui pro nobis penes dictum seneschallum mandato vestro in causis prefatis fidejusserunt vel fidejubebunt, se et res suas pro eadem fidejussione obligantes eidem. — Et vos dictus comes, post preces nostras superius vobis porrectas, sub obligatione omnium bonorum vestrorum, mandato nostro et nomine universitatis dicti burgi, fidejussistis pro nobis et dicta universitate penes dictum seneschallum pro causis prenominatis, et eidem pro eisdem causis et universitate nostra plures fidejussores sub obligatione bonorum suorum dedistis, videlicet, Poncium de Villanova, Isarnum Bernardi de Fanojovis, et R. de Duroforti, et B. Ugonem de Festo, et G. Garsia de Fano Jovis, et Arnaudum de Laurano, et R. Ferrandum de Laurano et quosdam alios quibus promisistis indempnitatem pro fidejussione prefata. — Actum fuit hoc apud Carcasonam, xi. kalendas septembris, anno Domini m° cc° xxx° vi°. — Et nos consules burgi prefati, videlicet, Guillelmus Bernardus de Stabulo, et Bernardus de Monteolivo, et Guillelmus Dieus-ajuda, et Aimericus Textor, consilio et voluntate consiliariorum nostrorum ad speciale colloquium convocatorum, et tota universitas burgi Narbone per preconem citata et in generali colloquio congregata, nos consules prefati et consiliarii eorumdem, nomine et mandato dicte universitatis, et ipsa universitas cum hac presenti scriptura veraciter confitemur dictos consules nostros, Geraldum Longum et B. Gausberti, nomine et mandato nostro rogasse dominum comitem Tolosanum ut pro nobis omnibus fidejuberet et fidejussores pro nobis obligaret, et pro universitate nostra, sub obligatione omnium bonorum suorum, penes J. de Frichaus seneschallum prefatum, pro causis predictis quas contra omnes predictos habemus, vel ipsi contra nos, et quod dicto domino comiti indempnitatem promitterent sub obligatione omnium bonorum nostrorum et dicte universitatis de omnibus que pro dictis fidejussionibus faceret, sustineret vel solveret, et omnia que superius continentur sic de mandato nostro et tocius universitatis burgi processisse. — Et nos idem consules prefati et predictus Ger. Longus et B. Gausberti, et nos consiliarii dictorum consulum, videlicet, B. de Mossano, B. de Gaiano, Petrus R. Laurentius, Bonetus Alfarici, Petrus Joculator, Petrus Dieus-ajuda, G. Ortolanus, et Perronetus Bladerius, R. Olivarius, B. Guilabertus Sutor, etc. (*sequuntur quinquaginta circiter nomina*), nos omnes supradicti, nomine et mandato universitatis burgi predicti et nostro, et eadem universitate presente et citata per preconem et in generali colloquio congregata, et expressim consentiente, et idem vobis nobiscum promittente, promisimus vobis domino P. de Villanova, seneschallo et procuratori domini comitis Tolosani, ab ipso specialiter destinato ad recipiendas a nobis obligationes rerum et personarum nostrarum et mandata pro indempnitate sibi et cofidejussoribus paranda, sicut superius est expressum, promittimus, inquam, vobis, nomine dicti comitis, omnes predicti, nomine nostro et dicte universitatis, et ipsa universitas, quod dictum dominum comitem de predicta fidejussione et de predictis fidejussionibus quam et quas pro nobis fecit vel fieri fecit, et omnibus aliis obligationibus et mandatis conservabimus ipsum indempnem, sub obligatione omnium bonorum nostrorum et dicte universitatis et singulorum de dicta universitate, indempnem ipsum conservabimus et omnes illos qui mandato illius, pro nobis et universitate nostra, dicto senescalco se et res suas obligaverunt vel in futurum etiam obligabunt; et hoc promittimus vobis omnes predicti nos facturos et completuros universa et singula, sicut superius sunt expressa, sub pena tocius interesse vobis paranda a nobis et dicta universitate quantum interesset domini comitis, si nos ipsum, in toto vel in parte, pro omnibus fidejussionibus et obligationibus supradictis, non conservaremus indempnem vel omnes illos, aliquem vel aliquos, qui mandato suo pro nobis se obligaverunt et sua, sicut superius continetur. Et hanc penam promittimus vobis domino Poncio, nomine vestro sollempniter stipulanti, sub obligatione omnium bonorum nostrorum et dicte universitatis. — Hec omnia supradicta universa et singula promiserunt omnes predicti et singuli, nomine dicte universitatis et suo, et eadem universitas citata et congregata in generali colloquio, sicut superius est expressum, complere, tenere, observare et facere et solvere, sicut superius est expressum. Et, nisi facerent et complerent universa et singula que superius continentur, promiserunt omnes predicti et singuli et tota universitas et specialiter et nominatim singuli de universitate, quilibet in solidum, sub virtute prestiti corporaliter juramenti, quod, nisi conservarent dictum comitem et cofidejussores ab ipso datos et dandos pro causis predictis indempnes, quod tenerent sibi ostagia in terra sua, ubi ipse vellet, donec de indempnitate sua et cofidejussorum dictorum esset sibi plenarie et eis in omnibus satisfactum. — Actum fuit hoc in burgo Narbone, anno Domini M° CC° XXX° VI°, mense augusti, die secunda post festum Beati Bartolomei. — Et nos omnes predicti, nomine et mandato dicte universitatis et nostro, ad eternam rei memoriam et probationem evidentem, indubitabilem et facilem, presentem paginam sigillo consulum et universitatis burgi Narbone fecimus sigillari.

Sceau du bourg de Narbonne; cire blanche, sur lacets de fil de couleur mélangée; décrit dans l'*Inventaire* sous le n° 5653.

2460   1236. Mercredi 27 août.

(J. 317. — Toulouse, VIII, n° 21. — Original.)

Instrumentum, per litteras alphabeti divisum, quo constat Petrum Bernardum de Brancalone, cum omnibus rebus suis, bonisque mobilibus et immobilibus, in captenio et amparantia domini Raimundi Tolosani comitis a Petro de Tolosa, Tolosæ vicario, nomine dicti comitis agente, receptum fuisse, et promisisse pro hoc captenio sive protectione se quot annis, in festo S. Thomæ, præfato comiti seu ejus bajulo Montisbruni, in aula Montisbruni, unam libram pulchræ et bonæ ceræ soluturum. — « Hoc fuit factum et ita concessum v. die exitus mensis augusti, feria IIII, regnante Lodoico Francorum rege, et eodem domino R. Tolosano comite, et R. (Raimundo) episcopo, anno M° CC° XXX° sexto, ab incarnatione Domini. — Hujus rei sunt testes : Aimericus Pogerius, et Bernardus Faumantius, et Bernardus Aimericus qui cartam istam scripsit. »

2461   1236. Vendredi 19 septembre.

(J. 462. — Fondations, II, n° 37. — Original.)

G. (Guichardus) abbas et conventus Viziliacenses notum faciunt se, attenta devotione quam inclitæ recordationis Ludovicus rex Francorum habuit erga universam Ecclesiam, ut pote qui, pro fide catholica, assumpto crucis caractere, contra inimicos fidei Xpristianæ rebus est humanis exemptus, eidem regi concessisse ut pro ejus salute perpetuum anniversarium in dicta ecclesia sollempniter sit celebrandum, sicut illud quod pro bonæ memoriæ Girardo comite, monasterii Viziliacensis fundatore, celebrare solent, utque idem ibidem fiet pro Blancha regina, præfati Ludovici quondam regis uxore, Ludovici regis nunc regnantis matre, quando eam ab hac luce migrare contigerit. — « Actum in capitulo nostro et sigillatum die veneris post quindenam Beati Johannis Baptiste, anno Domini M° CC° XXX° et sexto. »

Traces de sceau pendant sur simple queue. — Le sceau de Guichard, abbé du couvent de Vézelay, est décrit dans l'*Inventaire* sous le n° 9173, d'après un type appendu à un acte daté de 1244.

2462   1236. 5 octobre.

(J. 310. — Toulouse, VII, n° 103. — Original.)

Instrumentum quo Bernardus de Pulcra Costa se hominem domini Ramundi comitis Tolosani recognoscit et ei ejusque ordinio, pro se et progenie sua, omnimodum servitium pollicetur. — « Hoc fuit factum v. die introitus mensis octobris, regnante Lodoico Francorum rege, et R. (Ramundo) Tolosano comite, et R. (Ramundo) episcopo, anno M° CC° XXX° sexto ab incarnatione Domini. — Hujus rei sunt testes : Bertrandus de Tholosa, et Odo de Noerio, et Petrus Bernardus Boaterius, et Petrus Abbas, et Bernardus Aimericus, qui cartam istam scripsit. »

2463   1236. Dimanche 9 novembre.

(J. 304. — Toulouse, II, n° 59. — Original.)

Guillelmus de Lantario, bajulus Sancti Romani, notum facit se, pro se et domino suo Raimundo comite Tolosæ, quamdam domum sitam inter honorem R. Boerii et honorem Bernárdi Boerii, et vias publicas, Petro Boerio, et ejus ordinio, mediantibus certis annualibus pensionibus, in feudum dedisse. — « Hoc fuit factum vIIII. die introitus mensis novembris, feria I, regnante Lodovico Francorum rege, R. Tolosano comite et R. (Raimundo) episcopo, anno M° CC° XXX° VI° ab incarnatione Domini. — Hujus rei sunt testes : R. Boerius, Bernardus Boerius, Petrus de Azeraulo et Willelmus Vasco, qui istam cartam scripsit. »

2464   1236. Dimanche 9 novembre.

(J. 304. — Toulouse, II, n° 60. — Original.)

Charta qua notum fit Guillelmum de Lantario, bajulum Sancti Romani, pro se et domino suo R. Tolosæ comite, ejusque nomine, Petro Boerio et ejus ordinio totam terram sitam inter honorem Ramundi Boerii et honorem Ramundi Boerii juvenis et vias publicas, salva justitia, et mediantibus certis annualibus pensionibus, in feudum dedisse. — « Hoc fuit factum vIIII. die introitus mensis novembris, feria I, regnante Lodovico Francorum rege, Ramundo Tolosano comite, et Ramundo episcopo, anno M° CC° XXX° sexto ab incarnacione Domini. — Hujus rei sunt testes : **Arnaldus de Azeraulo**, Ramundus Boerius senex et Willelmus Wasco, qui istam cartam scripsit. »

2465   Terni. 1236. 13 novembre.

(J. 686. — Bulles de priviléges, n° 69. 2. — Original scellé.)

Gregorius papa IX carissimo in Xpristo filio L. (Ludovico) regi Francorum indulget ut nulli liceat capellas regias ecclesiastico supponere interdicto nisi de licentia Sedis Apostolice speciali. — « Datum apud Interamnem, idus novembris, pontificatus nostri anno decimo. — *Illa filialis devotio*, etc. »

Bulle de plomb sur lacs de soie rouge et jaune. — Voyez l'*Inventaire* sous le n° 6047.

2466   Tournus. 1236. 18 novembre.

Litteræ Trenorchiensis abbatis, domini Bellijoci et domini Branciduni domino regi de recognitione facta a comite Matisconensi.

(J. 259. — Mâcon, n° 4. — Original scellé.)

Illustrissimo domino suo, Dei gratia Lodovico regi Francorum, Berardus humilis abbas Trenorchiensis, Hubertus dominus Bellijoci, Joc. dominus Branciduni, ballivus in Burgundia, fideles sui, salutem et paratam ad obsequia voluntatem. — Excellencie vestre significamus quod comes Masticonensis, in octabis Beati Martini, apud Trenorchium, in presencia nostra et Rodulfi Senonensis, servientis vestri, et multorum aliorum, super recognicione feudi vestri in comitatu Masticonensi, dictus comes de antiquioribus militibus suis produxit decem et octo testes, et, de militibus terre domini Bellijoci, octo testes, et, de militibus domini Branciduni, sexdecim. — Hii omnes jurati deposuerunt quod castrum parvum et magnum situm in civitate Masticonensi, et omnia strata civitatis Masticonensis, et maxime vie et strata a Masticone usque ad dominium comitis Cabilonensis, et usque ad dominium domini Bellijoci, et usque ad portas ville Cluniacensis, tam per aquam quam per terram, sicuti predecessores sui, longis retroactis temporibus tenuerunt, et portum de Masticone, castrum Vuazellarum, castrum de Aula et castrum Montis Belloti sunt de feodo vestro. — Nos vero episcopus Cabilonensis, audita recognitione comitis et quorumdam aliorum super premissis, sigillum nostrum, cum aliis, litteris presentibus duximus apponendum. — Datum die predicta, loco predicto, anno Domini M° CC° tricesimo sexto, mense novembris.

Sceau de Guillaume de la Tour, évêque de Chalon-sur-Saône ; cire brune, simple queue ; décrit dans l'*Inventaire* sous le n° 6554.

2467   Paulhæc. 1236. Novembre.

Lundi 3, 10, 17 ou 24 novembre.

(J. 328. — Toulouse, XIX, n° 1. 2. — Copie. Roman.)

Acte de l'accord arrêté par Tonduz de Paolhag et Bernard Pons, avec leur frère B. Armengau, pour le partage entre eux de la terre de leur père Bernard Pons de Paolhag. — « Vezens de tot aisso Bertrand de Paolhag, en B. so frère, en B. Ug de Malhag, en Ug Gausbert, en Vidal Arabi lo Jove, *septem alii*, e W. P. Polers escrivas communals del castel de Paolhag, como vi e o, escrios. Facta carta el mes de novembre, feria II, anno Domini M° CC° XXX° VI°, reinan Lodoic lo rei dels Francs, e R. (Ramon) lo comte de Tholosa, e R. (Ramon) l'avesque. Et aiso fo fag el pla de Paolhag. »

Extrait du rouleau intitulé : *Transcripta instrumentorum magistri Johannis Dominici super facto Gimilli.*

2468   1236. Novembre.

(J. 172. — Chartres, II, n° 16. — Original scellé.)

Th. (Thomas) decanus et universitas capituli Carnotensis notum faciunt se in venerabiles viros magistrum

Petrum de Collemedio, electum Rothomagensem, et fratrem Sanctium abbatem Focardimontis compromisisse de questione inter se et illustrem Ludovicum Franciæ regem mota super collatione duarum præbendarum Carnotensium et archidiaconatus Vindocinensis, sede Carnotensi vacante, vacantium. — Datum anno Domini Mº CCº XXXº sexto, mense novembri.

Sceau du chapitre de Notre-Dame de Chartres; cire brune, double queue; décrit dans l'*Inventaire* sous le n° 7150.

2469 Castanet. 1236. 4 décembre.

(J. 326. — Toulouse, XVII, n° 26. — Original.)

Instrumentum quo constat Aicelinam, filiam quondam Ramundi Maliberinæ de Castaneto, quidquid habebat vel habere debebat in omni terra et honore quæ fuerunt dicti Ramundi Maliberinæ, patris sui, domino Raimundo comiti Tholosæ, marchioni Provinciæ, absolvisse et dereliquisse. — « Hoc fuit factum apud Castanetum, ita et concessum IIII. die introitus mensis decembris, regnante Lodoico Francorum rege, et eodem domino R. (Raimundo) Tolosano comite, et R. (Raimundo) episcopo, anno Mº CCº XXXº sexto ab incarnatione Domini. — Hujus absolutionis ita facte sunt testes : Petrus de Tholosa, et Stephanus Medicus notarius, et Petrus Bateire de Rougano, et Bernardus Aimericus, qui cartam istam scripsit. »

2470 Montpellier. 1236. 16 décembre.

Instrumentum homagii quod Jacobus rex Aragonum Johanni de Montelauro Magalonensi episcopo præstitit.

(J. 340. — Montpellier et Maguelone, II, n° 18. — Copie. = N° 19. — Copie authentique.)

Certum et indubitatum est quod Jacobus, Dei gratia illustris rex Aragonum et Majoricarum, comes Barchinone et Urgelli, et dominus ville Montispessulani, filius quondam illustris Marie regine Aragonum et domine Montispessulani, fecit domino Johanni de Montelauro, eadem gratia episcopo Magalonensi, omagium pro villa Montispessulani et castro de Palude, quod vulgo dicitur Latas, que ab episcopo Magalonensi tenet in feudum, in modum infrascriptum. — Nos Jacobus, Dei gratia rex Aragonum et Majoricarum, comes Barchinone et Urgelli, et dominus Montispessulani, scientes et verissime cognoscentes nos tenere in feudum villam Montispessulani et castrum de Palude, quod vulgo dicitur Latas, a venerabili patre domino Magalonensi episcopo, et pro eisdem sacramentum fidelitatis eidem prestare debere, sicut vassallus domino prestare tenetur; et predecessores nostros, a quibus causam habuimus et in quorum feudum successimus, habuisse et tenuisse, et propter hec eidem episcopo omagium fecisse, et sacramentum fidelitatis prestitisse, vobis venerabili in Xpisto patri Johanni de Montelauro, Dei gratia Magalonensi episcopo, sponte et debite, manibus junctis et in vestris manibus positis, dato osculo pacis et firmitatis, pro predictis villa Montispessulani et castro de Palude supradicto, quod vulgo dicitur Latas, certi de facto et certiorati de jure, vobis omagium facimus sine dolo, secundum quod melius, fidelius et firmius intelligi potest. — Actum in Montepessulano, in domo Atbrandi filii quondam Ramundi Atbrandi, in presencia et testimonio venerabilis patris Berengarii episcopi; Petri Alberti, Vitalis de Canellis, canonicorum Barchinonensium; Sychardi prepositi; Michaelis de Moreszio, magistri Ugonis de Miramars archidiaconi; Guillelmi de Sancto Egidio archipresbiteri; Guillelmi Ebrardi prioris de Piniano; Guillelmi Regossa, Petri Moreti, Berengarii de Boiano et Pontii de Galazanicis, canonicorum Magalonensium; Bernardi de Sancto Buccio succentoris Narbonensis; et virorum clarissimorum : Ramundi-Berengarii comitis Provincie, et Pontii Ugonis comitis Empuriarum, Assaliti de Goza, Ancelineti Fer, Berengarii de Cervaria, Guillelmi Grossa, Arnaldi Surdi, militum; Guillelmi de Sala jurisperiti; et Guiraldi de Barta, Bernardi Longi, Raimundi Amancii, consulum Montispessulani; et Bernardi de Regordana, jurisperiti; Atbrandi filii quondam Raimundi Atbrandi, Bernardi Capitisbovis, Hugonis Pulverelli, Guillelmi Pincii, Johannis de Sancto Anthonino et multorum aliorum; et mei Bernardi de Costa, Montispessulani publici notarii, qui, mandatus et rogatus a predictis dominis, episcopo et rege, hec scripsi et omnibus supradictis interfui et signo meo signavi. — Actum loco quo supra, anno Dominice incarnationis millesimo ducentesimo tricesimo sexto, septimo decimo kalendas januarii.

Cet acte et l'acte suivant, dont il existe deux copies, sont transcrits à la suite l'un de l'autre sur une même feuille de parchemin,

Nous en donnons le texte d'après l'expédition authentique cotée *Montpellier*, II, n° 19, certifiée et paraphée par deux notaires apostoliques, Mathieu Gueric de Saint-Malo, et Hugues de la Roche, du diocèse de Châlons. Le n° 18 de la même layette est une copie ancienne, mais qui n'est pas certifiée.

2471 Montpellier. 1236. 17 décembre.

Forma homagii a Jacobo rege Magalonensi episcopo prœstiti.

J. 340. — Montpellier et Maguelone, II, n° 18. — Copie. = N° 19. — Copie authentique.)

Presentis scripti serie apertissime declaratur quod Jacobus, Dei gratia illustris rex Aragonum et Majoricarum, comes Barchinione et Urgelli, et dominus ville Montispessulani, filius quondam illustris Marie regine Aragonum et domine ville Montispessulani, ad interrogationem domini Johannis de Montelauro, eadem gratia episcopi Magalonensis, recognovit se eidem precedenti die omagium sibi fecisse pro villa Montispessulani et castro de Palude, quod vulgo dicitur Latas, que ab episcopo Magalonensi tenet in feudum. Et statim, facta recognitione omagii, dictus dominus rex, dicto Johanni de Montelauro episcopo supradicto et ecclesie Magalonensi, propositis super altare Sancti Firmini in Montepessulano corpore Jesu Xpisti, cruce, reliquiis, et textu Evangeliorum aperto, sacrosanctis Evangeliis manu tactis, sacramentum fidelitatis in modum prestitit subsecutum. — Audi tu, Johannes Magalonensis episcope, ego Jacobus, Dei gratia rex Aragonum et Majoricarum, comes Barchinone et Urgelli, et dominus ville Montispessulani, filius quondam Marie illustris regine Aragonum et domine ville Montispessulani, ab ista ora in antea personam tuam non capiam, vitam et membra tua tibi non tollam, nec homo, nec femina, meo consilio vel meo ingenio. Et si in illo honore, quem tu hodie habes et possides, et canonici Magalonenses habent et possident in communia, vel in antea tu adquisieris, et canonici Magalonenses adquisierint, ego Jacobus tollerem vel forisfactum ibi facerem, cum tu me acomonras per sacramentum, vel, si presens non fueris, aut ecclesia Magalonensis tunc forte episcopum non habuerit, prepositus vel prior Magalonensis, consilio capituli Magalonensis, me commonra per sacramentum, infra quadraginta dies, cabalmen o rendrai or emendarai, vel ad tuam voluntatem men contenrai, et ad mercedem canonicorum similiter. — Et, si homo vel femina in illo honore quem tu habes et possides et canonici habent et possident, vel in antea tu adquisieris vel canonici adquisierint, tibi vel canonicis aliquid tolleret vel forisfactum faceret, si per me illud reddere nollet, vel directum tibi et canonicis facere nollet, cum tu me comonras per sacramentum, aut, si presens non fueris vel ecclesia Magalonensis tum forte episcopum non habuerit, prepositus vel prior Magalonensis, cum consilio capituli Magalonensis, me comonra per sacramentum, tibi et canonicis Magalonensibus adjutor ero sine engunno, sicut in hac carta continetur, et clericus legere et intelligere potest, et ita teneho et adimplebo sine omni enganno me sciente, tibi prefato Johanni de Montlauro, Magalonensi episcopo, et catholicis successoribus tuis, et canonicis Magalonensibus presentibus et futuris.—Sic Deus me adjuvet, et iste sancte reliquie ac sancta Dei quatuor Evangelia que corporaliter manu mea tango! — Actum in ecclesia Sancti Firmini, in Montepessulano, in presencia et testimonio Ramundi Berengarii viri clarissimi comitis Provincie, Arnaldi de Rocafalio, Berengarii de Cervaria, Assaliti de Goza, Jordani de Penna, Issemeni de Fouzers, Palaizinii, Ancelmeti Fer, Berengarii de Monte-Desiderio, Bertrandi de Giniaco, Petri de Fabricis filii Bertrandi de Monte-lauro, Philippi de Villa-nova, Dalmascii de Monte Arnaldo, militum; Guillelmi de Salis jurisperiti; Berengarii de Sobenascio, Berengarii de Fabricis, Raimundi Riusec, Guillelmi Alamani, Atbrandi filii quondam Raimundi Atbrandi, Bertrandi Medici, Petri Tahon, Guillelmi Gauzi, Firmini Ali, Raimundi Audoini, Petri de Cardaliacco, Michaelis Calveti Cementarii, et Willelmi de Rochafolio abbatis Sancti Willelmi; magistri Bernardi de Sancto Briccio succentoris Narbonensis; et Sycardi de Olargiis prepositi; Michaelis de Moreszio, magistri Hugonis de Miramars, archidiaconorum; Bernardi de Muroveteri prioris de Fabricis, et Willelmi Regossa, Petri de Cornone prioris de Boia, Petri de Melgorio conrezarii Magalonensis, Guillermi de Castriis prioris de Melgorio, Deodati

Borelli sacriste Sancti Firmini, Guillelmi Gauzimii, Jacobi Vacca, Petri Moreti, Berengarii de Boiano, Bernardi de Clareto, Jacobi de Orlliaco, Pontii de Soregio, Guillemi de Margiis, Guillelmi de Montelauro, Pontii de Galazanicis, canonicorum Magalonensium; et Bernardi Porcelli, Laurentii Boccardi, Laurentii Paralobs Perpiniani, presbyterorum; et Johannis de Soregio, Juliani, Bernardi Razoris, Bernardi Ben-aiam, Guillelmi Rocha, Bernardi Brunenchi, diaconorum; et Raimundi de Sancto Guillelmo, Petri Genesii, subdiaconorum; Guillelmi Silvestri, Mathei Gili, clericorum; et mei Bernardi de Costa, Montispessulani publici notarii, qui, mandatus et rogatus a predictis dominis episcopo et rege, hec scripsi et omnibus supradictis interfui, et signo meo signavi, anno Dominice incarnationis millesimo ducentesimo tricesimo sexto, sexto decimo kalendas januarii. (*Hic signacula notariorum*).

Nous publions cette pièce, ainsi que la précédente, d'après l'expédition authentique cotée *Montpellier*, II, n° 19.

2472   1236. 24 décembre.

(J. 328. — Toulouse, XIX, n° 12. — Original.)

Instrumentum quo Aymericus de Castronovo, filius quondam Guillelmi de Castronovo, et domina Mabilia uxor ejus, quidquid habebant vel habere debebant apud S. Romanum, in alodio vel in territorio, vel in pertinentiis vel in decimario S. Romani, se domino Raimundo comiti Tholosano et ejus heredibus vendere declarant et sub titulo puræ et perfectæ ac irrevocabilis venditionis tradere (cujus venditionis pretium non exprimitur).
« Actum fuit hoc ita et concessum VIII. die exitus mensis decembris, in vigilia Nativitatis Domini, regnante Lodoico Francorum rege, et eodem domino Ramundo Tholosano comite, et Ramundo episcopo, anno M° CC° XXX° sexto ab incarnatione Domini. Testes sunt : Mancipius de Tholosa, et Bernardus Ramundus de Tholosa, et Bernardus Aimericus qui cartam istam scripsit. »

2473   1236. Décembre.

Traité fait par le comte de Saint-Paul avec la comtesse de Boulogne pour le mariage de Gaucher, son neveu, avec Jeanne, fille de ladite comtesse.

(J. 238. — Boulogne, I, n° 53. — Original scellé.)

Je Hues de Chastelon, cuens de Saint Pol et de Blois, faz à savoir à touz chaus qui sunt et qui avenir sunt, que je ai tels convenances envers madame la contesse de Bouloingne Mahaut por le mariage de sa fylle Jehenne et de Gauchier mon neveu, qu'èle toute sa vie tenra la contée de Clermont, o toutes les apartenances, et la contée d'Auhemarle, et Lyslebone, o toutes les apartenances, dont èle est en droit en la cort le roi de France, car èle dit que ce est ses héritages; et, se c'est ses héritages, èle le tenra comme son héritage; et, se ce n'estoit mie ses héritages, si le tendroit èle toute sa vie. — Et Alysi et tout le fié que li oirs le conte Robert tient, que li cuens Felippes li dona, s'èle le puet ratraire comme son héritage, si le tenra comme son héritage; et s'èle le ratrahait comme l'iretage sa fylle, si le tendroit èle toute sa vie. — Et Damfront et tout li remanant, quanque li rois en tient, sera la damoisèle et Gauchier, sauf le douaire madame la contesse. — Et ces convenances devantdites ai-je jurées et créanté à faire tenir à bone foi. — Et quant Gauchier sera en droit aage et la damoisèle, je sui tenuz à faire jurer Gauchier et sa femme ces convenances à tenir et à garder, si comme èles sont devant dites et devisées. — Et me sui obligiez à madame la contesse por ces convenances tenir que, se Gauchier ne sa femme aloient encontre, èle porroit asener à la contée de Saint Pol que je tieng de li en fié et en demeine, et tenir sanz li mesfaire dusques à tant que ce fust amendé. — Et, estre ce, je sui tenuz et ai covent à denner les leitres le roi de France de ces convenances tenir et garder à bone foi, se je les puis aveir. — Et, se je ne pooie avoir les leitres le roi, je sui tenuz et ai couvent à porchacier les leitres l'Apostoile, à mon pooir, à bone foi, de ces convenances tenir. — Et ai encore covent que je bailerai les leitres l'évesque de Miauz et les leitres l'évesque de Térouenne que, se ces choses n'estoient tenues, je leur doinz pooir de moi escommenier et ma terre dusqu'à tant que ces choses fussent amendées et tenues, si comme èles sont dites devant. — Et sui tenuz de bailier madame la contesse bone seurté de mes amis de ces convenances tenir dusqu'à mil livrées de terre, dont èle se tenroit à paiée auvec le fié de Saint Pol. — Et por ce que ceste chose soit ferme et estable, j'ai séelé ces leitres présentes et conferrné de mon séel. — Et ce fu fait en l'an de l'incarnation Nostre Seigneur mil et cc. et xxxvi, ou mois de décembre.

<small>Sceau de Hugues de Châtillon, comte de Saint-Paul et de Blois; cire blanche, cordelettes de soie blanche et rouge; décrit dans l'*Inventaire* sous le n° 361.</small>

2474   1236. Décembre.

Lettres de Pierre, évêque de Meaux, sur les conventions précédentes.

(J. 383. — H. et G. de Châtillon, n° 17. — Original scellé.)

Je Pierres, évesques de Meauz par la grâce de Deu, faz savoir à toz çaus qui ces letres verront que misires Hues de Chastellon, cuens de Saint Pol et de Blois, a reconeu par devant nos que il a teus covenances envers madame la contesse de Bolongue por le mariage de Gauchier son neveu et de la fille de ladite contesse; que ladite contesse tendra tote sa vie la conté de Clermont, o totes les apartenances, et la conté d'Aubemarle et Lysleboene o totes les apartenances, etc. (*Sauf les variantes d'orthographe, ce qui suit reproduit textuellement la pièce précédente.*) — Et se ces covenances qui sunt devant dites n'estoient tenues selonc ladite forme, noz ferion la jostise de sainte Eglise. — Et ces lètres furent donées l'an de l'incarnacion Nostre Segneur mileisme ducenteisme trente siseisme, ou mois de deleir.

<small>Débris de sceau pendant sur double queue. — Le sceau de Pierre de Cuissy, évêque de Meaux, est décrit dans l'*Inventaire* sous le n° 6702.</small>

2475   1236.

Litteræ Roberti de Praeriis pro quittatione vicecomitatus Abrincensis.

(J. 224. — Avranches, n° 2. — Déficit.)

Ego Robertus de Praeriis, miles, notum facio omnibus presentes litteras inspecturis quod, cum pater meus vicecomitatum Abrincensem tenuisset et de eo in possessione fuisset, reddens inde domino regi viginti libras Turonensium firme annue, tandem eodem patre meo de medio sublato, cum dominus rex Francie dictum vicecomitatum diu tenuisset in manu sua, ego, ad etatem veniens, dictum vicecomitatum petii, tanquam hereditatem meam, a domino meo Ludovico rege Francie illustri, dicens quod pater meus jure hereditario vicecomitatum tenuerat supradictum. — Quod tamen ab eodem domino rege vel ejus Consilio michi non fuit recognitum vel concessum. — Unde tandem, mediantibus bonis viris, de voluntate mea libera et spontanea, cum eodem domino rege conveni taliter quod pro centum sexaginta libris Turonensium, de quibus me teneo integre pro pagato in pecunia numerata, eidem domino regi et heredibus ejus, pro me et heredibus meis, cessi, concessi et quittavi quidquid in dicto vicecomitatu vel ejus pertinentiis, ego vel heredes mei reclamare poteramus; ita quod ego vel heredes mei, in dicto vicecomitatu vel ejus pertinentiis nichil de cetero poterimus reclamare, sed domino regi et ejus heredibus, sine reclamatione aliqua, in perpetuum remanet absolute. — Quod ut firmum et stabile permaneat in futurum, presentes litteras eidem domino regi tradidi sigilli mei munimine sigillatas. — Actum anno Domini M° cc° tricesimo sexto.

<small>L'original de cette pièce a disparu de la layette *Avranches*. Nous en donnons le texte d'après le Registre XXXI du Trésor des Chartes, où elle est transcrite fol. iiii^{xx} xiiii, *Litteræ militum*, n° liii.</small>

2476   Douai. 1236-37. Dimanche 4 janvier.

Securitas facta domino regi a communitate villæ Duacensis pro Johanna Flandriæ comitissa.

(J. 535. — Flandre, I, sac 4, n° 5, 18. — Original scellé.)

Nos scabini totaque communitas ville Duacensis, omnibus notum facimus quod nos, tactis sacrosanctis, juravimus et promisimus, coram nunciis illustris regis Francie Ludovici et domine regine Blanche matris ejus ad hoc missis, videlicet domino Ferrico Pastille, marescallo Francie, et magistro Radulpho de Mellonto, domini regis clerico, quod, si karissimam dominam nostram Johannam, Flandrie et Haionie comitissam, quod Deus avertat, contingeret resilire a conventionibus initis pro liberacione bone memorie domini F. [Ferrandi] quondam comitis Flandrie et Hainonie, mariti dicte comitisse, inter ipsos comitem et comitissam, ex una parte, et dominum regem Francie, dominam reginam matrem ejus, ac liberos ipsius, ex altera, quas conventiones audivimus fideliter recitari et plene intelleximus, predicte domine comitisse non adhereremus nec consilium vel auxilium eidem prestaremus, immo contra ipsam comitissam domino regi et domine regine matri ejus ac liberis ipsius pro posse nostro adhereremus et fideliter faveremus donec illud esset emendatum in curia domini regis ad judicium parium Francie. — In cujus rei testimonium, presentes litteras scribi fecimus et sigillo nostro sigillari. — Actum apud Duacum, dominica post Circumcisionem Domini, anno Domini M° CC° tricesimo sexto.

Sceau de la ville de Douai; cire blanche, double queue; décrit dans l'*Inventaire* sous le n° 5523.

2477 Mont-Guiscard. 1236-37. 5 janvier.

(J. 322. — Toulouse, XIII, n° 59. — Original.)

Instrumentum quo notum fit Bertrandum, Ramundum, et Hugonem de Rocovilla quidquid habebant vel habere debebant in forcia de Faia et in villis de Tricinilio et de Lantare, Estolto de Rocovilla, Geraldæ ejus uxori et Willelmo Poncio eorum filio vendidisse, concedentes et recognoscentes se, ratione dictæ venditionis, homines præfatorum emptorum et eorum ordinii factos fuisse. — « Hoc fuit factum et recognitum et mandatum apud Montem Guiscardum, v° die introitus januarii, regnante Lodoico Francorum rege, et Ramundo Tolosano comite, et Ramundo episcopo, anno M° CC° XXX° sexto ab incarnatione Domini. — Hujus tocius rei prescripte sunt testes : Ramundus de Cantesio, et Arnaldus Oldricus, et Jordanus de Vadigia, *tres alii*, et Bernardus de Podio Siurano, notarius publicus Tolose, qui hanc cartam scripsit. »

2478 Lille. 1236-37. Samedi 10 janvier.

(J. 536. — Flandre, I, sac 4, n° 6. 48. — Original scellé.)

Litteræ Roberti senescalli Flandriæ quibus, coram nuntio domini regis Franciæ et dominæ reginæ matris ejus, videlicet Symone de Villari, ballivo Attrebatensi, solemniter promittit se prædictis regi et reginæ adhæsurum casu quo Johanna comitissa Flandriæ a conventionibus initis pro liberatione mariti sui Ferrandi comitis Flandriæ resiliret. — « In cujus rei testimonium, presentes litteras scribi feci et sigillo meo sigillari. Actum Insule, die sabbati proxima post Epiphaniam Domini, anno Domini millesimo ducentesimo tricesimo sexto, mense januario. »

Sceau de Robert de Waurin, sénéchal de Flandre; cire blanche, double queue; décrit dans l'*Inventaire* sous le n° 310. — Cet acte est rédigé dans les mêmes termes, *mutatis mutandis*, que l'acte de la promesse faite par les habitants de Lille. Voy. le n° 2475.

2479 Langon. 1236-37. 13 janvier.

Inquisitio de juribus domino regi Angliæ apud Regulam pertinentibus.

(J. 628. — Angleterre, II, n° 15. — Copie authentique.)

Excellentissimo domino suo Henrico, Dei gratia illustri regi Anglie, domino Hybernie, duci Normannie, Aquitanie, et comiti Andegavie, A. (Amanevus), eadem gratia Auxitanus archiepiscopus, et A. (Arnaldus II de Pinibus) Vasatensis episcopus, et H. de Troblavilla, fidelis suus miles, senescallus Vasconie, salutem et regnum sibi commissum feliciter gubernare. — Cum, juxta mandatum vestrum, quod a vobis receperamus sub hac forma :
Henricus, Dei gratia rex Anglie, etc., venerabilibus patribus eadem gratia Auxitano archiepiscopo et A. Vasatensi episcopo, et H. de Troblavilla, dilecto et fideli suo, senescallo Vasconie, salutem. — Mandamus vobis rogantes quatenus, modis quibus poteritis, diligenter inquiratis de questionibus illis quas nobis moverunt prior et monachi de Regula super pluribus articulis, quos predicti prior et monachi dicunt ad se pertinere in eadem villa de Regula, et super eisdem questionibus inter nos componere in aliqua forma debita studeatis, et de his que inde inquisieritis, et de forma componendi, per litteras vestras patentes, sigillis vestris munitas, distincte et aperte nos postea certificetis. — Teste me ipso, apud Westmonasterium, XIX. die octobris, anno regni nostri XIX. (19 *oct*. 1235).

Ad inquirendum super illis questionibus, quas adversus vos habent prior et monachi de Regula, apud Regulam venissemus, presentibus nunciis vestris, videlicet, viro religioso abbate quondam Gratie Dei et Hymberthose (*sic*) milite, convocato populo Regulensi, fecimus mandatum vestrum perlegi. Quo perlecto et exposito, dicti nuncii vestri populo Regulensi preceperunt, eos adjurantes, in virtute debite fidelitatis et vobis prestiti juramenti, quatenus totam rei veritatem de juribus que scirent vos in villa de Regula contingentibus, et de justicia sanguinis, et de seculari juridictione quas prior et monachi in villa de Regula se dicunt habere, exponerent diligenter. — Qui, prehabita deliberatione, dixerunt, coram nobis et prefatis nunciis vestris, quod, quando comes Pictavie venit apud Regulam, prior et monachi debent ei, cum privata familia, sine exercitu, procurationem unam facere semel in anno; et si forte per villam vel juxta villam sine mora transitum fecerit, dabant ei equum precio decem librarum, monete que tunc erat ad quatuor denarios. Et solvent prior et monachi medietatem, si procurationem fecerint, et burgenses Regule aliam medietatem. Et si precium equi dederint, solvent dicti prior et monachi quantum burgenses Regule, sicut et de procuratione dictum est. — Similiter dixerunt quod in villa de Regula habetis exercitum, ad quem faciendum soli burgenses tenentur; et adjesserunt quod nichil amplius in villa de Regula habebatis. Sed, cum olim duodecim juvenes burgenses de Regula pecuniam Stephano de Lavexio burgensi Regule violenter abstulissent, idem Stephanus tunc adiit priorem Regule, ad quem justicia sanguinis et tota juridictio secularis in villa de Regula pleno jure pertinebant, et quia dictus prior non potuit eidem Stephano de illis duodecim burgensibus justiciam exhibere, eo quod domum quandam in villa fortem munierant, in quam se receperant, predictus Stephanus accessit ad dominum R. (Richardum). tunc comitem Pictavie; et ipse comes erat compater et hospes Stephani predicti et valde ipsum diligebat, quia crebro et libenter peccuniam dicto comiti mutuabat, et deposuit apud eum querimoniam; et tunc comes R. apud Regulam accedens ac de causa, dictos burgenses non invenit, quia propter timorem adventus sui aufugerant. Et tunc ipse comes posuit in villa de Regula prepositum et spoliavit ecclesiam justicia sanguinis. Item, procedente tempore, dictus comes Richardus in proprietate ecclesie fecit turrim hedificari. — Et requisiti quomodo sciebant ista omnia predicta? dixerunt quod bene sciebant, sicut qui audierant dici et a suis majoribus receperant; et etiam publica fama ita se habet. — Preterea nos fecimus convocari coram nobis senes et valitudinarios, videlicet, Stephanum Carria, Bernisia Palter, Meneira Bidon, Seguin Doad Corda, Hel. de Gaufre, Ar. W. Biganh, W. Aldis, Ar. Dura Armanos, burgenses de Regula, et fratrem B. de Serris quondam priorem Regule. Hii, prestito juramento, dixerunt quod prior de Regula, ut verus dominus,

habebat totam juridictionem secularem et justiciam sanguinis in villa de Regula quam exercebat per servientes suos suspendendo, detruncando malefactores et detradendo in carcerem proprium, qui vulgo dicebatur Inferciulus, in quo quidam de testibus predictis, de melioribus ville, nomine Stephanus Carria, fuit captus et detentus per duos menses; et adjesserunt quod, tempore illo quo fuit ablata peccunia Stephano de Lavexio, nullus fuerat visus apud Regulam barravus, sed quia prior, a dicto Stephano requisitus, non potuit de dictis burgensibus duodecim justiciam exhibere, comes predictus tunc abstulit justiciam sanguinis ecclesie Regule violenter. — Requisiti predicti testes, quomodo prefata sciebant? dixerunt se omnia predicta propriis oculis vidisse. — Nos vero, tractantes de pace cum priore et conventu de Regula, ab eis responsum recepimus quod, petito super his consilio abbatis sui Sancti Benedicti super Ligerim, nos postmodum redderent de pace certos. — Datum apud Langonium, in octavis Epiphanie, anno Domini M° CC° XXX° VI°.

Vidimus délivré et scellé par Simon de Courceaux, garde de la prévôté d'Orléans, le vendredi après la Madeleine (le 24 juillet) 1299.

2480   Bessières. 1236-37. Janvier.
Jeudi 1er, 8, 15, 22 ou 29 janvier.
(J. 324. — Toulouse, XV, n° 8. — Original roman.)

Acte divisé par A, B, C, par lequel Gaugers déclare avoir vendu et délaissé à don Hugues le Clerc (*N Uc Clergue*) de Mongobert, à sa femme et à ses héritiers, certaines maisons et les emplacements qu'elles occupent en la ville de Bessières (*los maios, els logals en qe son en la vila de Veseiras*), avec une quartonnée (*una cataïrada*) de terre située au territoire de ladite ville. — « Vezent de tot aiso sobredig R. Amaneu, e Berbisbe, e R. de la Serra, e G. de la Serra, e B. Clergue de Mongobert, e Ar. Gausselms, e W. Repoll. escriva comunal de Veseiras, come o auzic, qui aqesta carta escrius, el mes de jervier, feria v, anno Domini M. CC. XXX. VI., reinan Lodoic lo rei, R. lo comte de Tolosa, e R. l'avesque. E aiso fo faig a Veseiras, el pla, denant l'obrador. W. de Lobaresas. — El sobre digs N Uc Clerges, ni sa moille, ni om per lor no podo inde re de tot aiso sobredig donar à sobrefeu. »

2481   1236-37. Janvier.

Johanna Flandriæ comitissa Wagonem ballivum Duacensem in sui locum constituit ad castrum Duacense recipiendum.

(J. 533. — Flandre, I, sac 3, n° 13. — Original.)

J. (Johanna), Flandrie et Hanonie comitissa, omnibus presentes litteras inspecturis, salutem. — Noverit universitas vestra quod nos Wagonem, baillivum nostrum Duacensem, posuimus loco nostri ad recipiendum castrum nostrum Duacense a nunciis illustris regis Francie, videlicet domino Ferrico Paste, marescallo Francie, et magistro Radulpho de Melloto, clerico domini regis. — Et ipsi castrum predictum prefato Wagoni ex parte vestra libere reddiderunt. — Datum anno Domini M° CC° XXX° sexto, mense januario.

Traces de sceau pendant sur simple queue. — Le sceau de Jeanne, comtesse de Flandre et de Hainaut, est décrit dans l'*Inventaire* sous le n° 620.

2482   Buzet. 1236-37. 8 février.

(J. 314. — Toulouse, VII, n° 14. — Original.)

Instrumentum quo Gausbertus de Boissa, spontanea sua voluntate, suum corpus et omnem progeniem suam de se ortam et orituram, Raimundo comiti Tholosæ, marchioni Provinciæ et ejus heredibus et successoribus, dat et concedit in perpetuum, promittens præfato comiti tanquam domino suo proprio servire ubique et in cunctis locis, eique vel ejus bajulo de Montecuquo unam libram ceræ reddere annuatim in aula de Montecuquo. — « Actum fuit ita et concessum apud Buzetum, VIII. die introitus mensis februarii, regnante Lodoico Francorum rege, et eodem domino R. (Raimundo) Tholosano comite, et R. (Raimundo) episcopo, anno M° CC° XXX° sexto ab incarnatione Domini. Hujus rei sunt testes : Sycardus Alamanni, Petrus Laurentius, Raimundus Blancardus, Aymericus Porterius, Arnaldus de Lacu, et Bernardus Aimericus, publicus Tholose notarius, qui cartam istam scripsit. »

2483   Falgarde? 1236-37. 10 février.

(J. 328. — Toulouse, XIX, n° 13. — Original.)

Instrumentum, per litteras alphabeti divisum, quo notum fit Pilisfortem de Rabastencis medietatem quam habebat in villa de Buzeto et in pertinentiis Ramundo comiti Tholosæ, marchioni Provinciæ et ejus successoribus, pro quinque millibus solidis Caturcensium bonorum, vendidisse et titulo puræ et perfectæ vendicionis in perpetuum tradidisse. — « Actum fuit hoc ita et concessum apud Felgarium, quarto idus febroarii, regnante Lodoico Francorum rege, et eodem domino R. (Ramundo) Tolosano comite, et R. (Ramundo) episcopo, anno Domini M° CC° XXX° sexto. Testes sunt hujus rei : Jordanus de Lantare, et Arnaldus Feda, et Bernardus Geraldi de Amiliano, et Mancipius de Tholosa, et Bernardus Ademarus de Escura, et Guillemus de Borivila, *sex alii*, et Bernardus Aimericus, publicus Tholose notarius, qui cartam istam scripsit et suprascripsit. »

2484   1236-37. Dimanche. 22 février.

(J. 322. — Toulouse, XIII, n° 58. = J. 323. — Toulouse, XIV, n° 77. — Originaux.)

Instrumentum quo constat Bertrandum Jordanum de Ynsula, Jordanum de Lantar et alios Raimundi Unaldi sponderios, virtute potestatis eis a dicto Raimundo datæ in illa infirmitate de qua obiit, pro ejusdem debitis persolvendis duas partes forciæ de Lugannho et quidquid habebat in territorio de Lugannho, venerabili domino Raimundo, filio dominæ reginæ Johannæ, comiti Tolosano, pro mille solidis Tolosanis bonis vendidisse. — « Hoc actum fuit VII° die exitus mensis febroarii, feria I°, regnante Hodoico (*sic*) rege Francorum, et Raimondo Tolosano comite prenominato, et Raimondo episcopo, anno M° CC° XXX° VI° ab incarnatione Domini. Hujus tocius rei prescripte, excepto mandamento et laudatione predicti venditoris Bertrandi Jordani de Ynsula, sunt testes : Bertrandus de Montibus probus homo, et Raimundus de Decima, et Raimundus Stephanus de Lantar, et Willelmus de Murno, et Bonus Puer judeus. Et de mandamento, et laudacione, et venditione facta et concessa a supradicto Bertrando Jordano de Ynsula sunt testes : Willelmus de la Bareria, et predictus vicarius de Tolosa, et Petrus d'Espar, et *tres alii*. Et Bruno Borrellus interfuit toti presens et est de toto testis, qui cartam istam scripsit. »

2485   1236-37. Février.

Litteræ Beraldi marescalli Borbonii de homagio quod, inter manus suas, Petrus de Lotsac domino regi præstitit.

(J. 622. — Hommages, II, n° 53. — Original.)

Ego B. (Beraldus), marescallus Borbonii et conestabulus Avernie, notum facio universis quod, constitutus in mea presentia, Petrus de Lotsac, miles, recognovit se tenere in feudum de domino rege cas trum suum de Lotsac cum pertinenciis; et ego ipsum de dicto castro recepi in hominem ad opus domini regis, salvo jure alieno. — In cujus rei testimonium presentes litteras sigillo meo confirmavi. — Actum anno Domini M° CC° XXX° sexto, mense februarii.

Traces de sceau pendant sur simple queue. — Le sceau de Béraud de Mercœur, maréchal de Bourbonnais et connétable d'Auvergne, n'existe plus aux Archives.

2486   1236-37. 12 mars.

(J. 309. — Toulouse, V, n° 17. 1. — Copie authentique.)

Instrumentum quo constat, « anno incarnationis M° CC° XXX° VI°, IIII. idus martii, regnante Frederico Romanorum imperatore, domino R. de Baucio Aurasice principe, domino Petro de Cairana preceptore tenente domum Hospitalis in Aurasica, » Dulciam de Murmirione, uxorem quondam Ruffi de Murmirione, omnia bona sua, et specialiter quidquid habebat apud Murmuriense castrum, apud Flassanum et in dictorum castrorum territoriis, præfato Petro de Cairana præceptori domus Hospitalis Iherosolymitani Aurasicensis et dictæ domui, pro salute animæ suæ et parentum suorum, donatione inter vivos facta et irrevocabili donasse. — « Factum fuit hoc apud Murmirionem, in albergo domine Dulcie supradicte, in cripta que construitur pro oratorio faciendo. Testes rogati interfuerunt : Frater W. de Bosseria sacerdos, W. Berengarius miles, Rostagnus Benedictus, *quinque alii*, et ego Guillermus Richerius, Aurasice notarius publicus, qui ad hec presens interfui, et, mandato utriusque partis, hanc cartam scribi feci et bulla dominorum Aurasice sigillavi et signo meo signavi. — Sciendum est quod in autentico pendet bulla plumbea bulle dominorum Aurasice.»

Copie délivrée par Jean des Arcis, sénéchal du Venaissin, et Guy Fulcodi, scellée de leurs sceaux et du sceau de Guillaume IV Beroard, évêque de Carpentras, qui a occupé le siége épiscopal de 1233 à 1258.

2487   Toulouse. 1236-37. Dimanche 15 mars.

(J. 307. — Toulouse, IV, n° 6. — Original.)

Instrumentum quo notum fit Bernardum Amelii de Paleriis principale dominium, quod in castro de Sancta Gnavella et in fortia de Grazaco habebat, domino comiti Tolosano cessisse ita ut Sicardus de Miromonte et ejus liberi, qui dicta castrum et fortiam in feudum de se tenebant, sint deinceps directe et sine medio homines præfati comitis, eos siquidem ab omni hominio et juramento fidelitatis absolvens. — « Actum fuit hoc ita Tholose et concessum in aula dicti domini comitis, xv. die introitus mensis marcii, dominica die, regnante Lodoico Francorum rege, et eodem domino R. Tholosano comite, et R. (Raimundo) episcopo, anno M° CC° XXX° sexto ab incarnatione Domini. — Testes sunt : dominus Bernardus comes Convenarum, et Guillelmus de Barreria, et Bernardus Geraldi de Amiliavo, et Guillelmus Arnaldus de Tantalone senescalcus Agennensis, et Sicardus Alamanni, et Johannes Aurioli, ejusdem domini comitis notarius. Et Bernardus Aimericus, publicus Tholose notarius, qui mandato ipsius domini comitis cartam istam scripsit. »

2488   1236-37. 26 mars.

(J. 328. — Toulouse, XIX, n° 11. — Original.)

Testimonium quorumdam proborum hominum de Buzeto et de Veceriis super limitibus feodorum Buzeti. — « Actum fuit hoc ita a predictis probis hominibus et ostenditum et pelzitum, VI. die exitus mensis marcii, regnante Lodoico Francorum rege, et R. (Raimundo) Tholosano comite, et R. (Raimundo) episcopo, anno M° CC° XXX° sexto ab incarnatione Domini. Testes sunt : David bajulus domini Sycardi Alamanni, et Petrus Topina, et Arnaldus Bernardus Medicus, et Bernardus Aimericus, publicus Tholose notarius, qui cartam istam scripsit. »

2489   Viterbe. (1237.) 31 mars.

Litteræ Gregorii papæ IX quibus prolem Buchardi de Avesnis illegitimam declarat.

(J. 538. — Flandre, I, sac 5, n° 12. 4. — Copie authentique.)

Gregorius episcopus, servus servorum Dei, venerabilibus fratribus Tornacensi et Cameracensi episcopis, et dilecto filio magistro Girardo canonico Tornacensi, salutem et apostolicam benedictionem. — Matrimonii copula, immo verius contubernii, quod olim inter Buchardum de Avesnis et sororem dilecte in Xpisto filie nobilis mulieris comitisse Flandrensis fuit de facto contractum, quondam per bone memorie Innocentium papam predecessorem nostrum, exigente justitia, reprobata, nos quod super hoc ab eodem predecessore nostro factum esse dinoscitur approbamus, et prolem ex copula tali susceptam illegitimam esse censemus. — Datum Viterbii, II° kalendas aprilis, pontificatus nostri anno XI°.

Ces lettres pontificales sont insérées dans un vidimus délivré à Lyon au mois d'août 1245 par Otton, cardinal-évêque de Porto et de Sainte-Rufine, et par Gilles, cardinal-diacre du titre de Saint-Côme et Saint-Damien. Le vidimus est scellé du sceau des deux cardinaux.

2490   1236-37. Mars.

(J. 205. — Champagne, XIII, n° 24. — Original.)

Hugo de Castellione, comes S. Pauli et Blesensis, notum facit dominum Theobaldum regem Navarræ, Campaniæ et Briæ comitem palatinum, novis halis, quas in foro de Castellione in prejudicium burgensium de Castellione construere volebat, renuntiasse ea lege ut prædicti burgenses, quot annis, in festo Nativitatis S. Johannis Baptiste, ei viginti libras Pruvinensium persolvant. — « Et ego, pro hominibus meis, presentes litteras sigilli mei [tradi]di munimine roboratas. Actum anno Domini millesimo ducentesimo tricesimo sexto, mense martio. »

Traces de sceau pendant sur double queue. — Voyez, dans l'*Inventaire*, n° 363, la description du second sceau de Hugues V de Châtillon, comte de Saint-Paul.

2491   Péronne. 1236-37. 12 avril.

Serment de fidélité fait au roi par Jeanne, comtesse de Flandre et de Hainaut.

(J. 535. — Flandre, I, sac 4, n° 3. — Original scellé.)

Je Johane, contesse de Flandres et de Hainau, fas à savoir à tous cels ki sunt et ki seront ke je à mon signor lo roi de France Loois, ki est mi sires liges devant toz, ai promis, si com sa feme lige devant toz, ke aliance ne ferai en nule manière à anemi apert del roi ne del règne, ne à nului, à mon escient, por mal del roi nel del règne, ne à nul home dont je croie ke mals viègne al roi ne al règne. Et, se je venoie contre la covenance ki est avant dite, j'ai otroiié et commandei à toz mes homes de Flandres ke il, o toz les fiés ke il tienent de moi, et o toutes les féeltés et les services ki me doivent, s'en viègnent al roi et à sen service contre moi et contre toz cels ki se mèteroient contre ceste covenance, sans foi mentir et sans mesfaire, juske cèle hore ke ceste covenance devant dite soit amendée et acomplie al jugement de sa cort de cels ki jugier me poent et doient. — Et ai otroiié ke je l'en ferai avoir les sairemens et les lettres de toz cels dont il les voldra avoir, de cels ki sunt de son fief de ma terre de Flandres. Et cest meisme sairement ferai-je faire à vèves femes des fievés ki devant sunt dit, et à lor oirs ki aroient quinse ans ou plus, dont il le voldra avoir. — Et li ai otroiié et li sui tenue ke je autel covenance et autel sairement et autels lètres li ferai avoir de toz mes hors et de toz mes castials de Flandres, et de tot mon commun, dont il le voldra avoir. — Et ai créanté et otroiié à toz cels ki ceste covenence tendront al roi ke jà mal gré ne lor en saurai, ne mal nul ne lor en ferai, ne ne porchaicerai ne els ne lor oirs, ne en nule coupe nès en mèterai; et, se je les i metroie, j'otroi ke nule amende ne m'en soit faite ne ne m'en soient tenu à respondre. — Et en grègnor seureté de ceste covenance à tenir et à tendre, je li ai baillié le castelet de Douai, à tenir en sa main, de ceste Pasche florie en un an, et à mon coust par quinse sols de Parisis le jor, insi ke au chief de l'an le me doit rendre et délivrer, u à mon certain message, par mes lètres pendans, sans délai. — Et après toutes ces coses, je li ai promis et jurei ke je loialement et féelement le servirai, et ke léials et féals serai envers lui et envers le règne. — Ce fut fait à Piérone, l'an del Incarnation mil cc° trente sis, el mois d'avril, la seconde ide.

Sceau de Jeanne, comtesse de Flandre et de Hainaut; cire blanche, double queue; décrit dans l'*Inventaire* sous le n° 620. — Le terme fixé par la comtesse pour la durée du gage remis entre les mains du roi, *de ceste Pasche florie en un an*, prouve que ce traité et toutes les lettres de caution qui viennent à la suite sont du mois d'avril 1236-37, avant Pâques.

2492   Péronne. 1236-37. 12 avril.

Jeanne, comtesse de Flandre, renonce à tout projet de mariage avec Simon de Montfort.

(J. 535. — Flandre, I, sac 4, n° 4. — Original scellé.)

Je Jehane, contesse de Flandre et de Hainau, fait à savoir à tous ceus ki ces letres veront ke j'ai convent à mon seigneur le roi de France, devant son Consel et devant le mien, et devant ses homes et les miens, ke je à mon segnor Simon de Montfort n'ai fait mariage; et si ai proumis ke je ne le ferai, et ai proumis ke, s'aukunes convenances en sont faites, ke je, à bonne foi à mon pooir, les dépècherai, et m'en pèneray au dépèchier par moi et par tous ceux ke je ouit ki m'i puissent aidier à mon pooir, en totes manières. — Et toutes ces choses et ces proumesses ki ci desus sunt dites, ai-je jurées à tenir et à acomplir à bonne foi à mon pooir. — Ce fut fait à Piérone, l'an del incarnation Notre

Segnor mil deus cens et trente sis, le jour de Paskes Flories, el mois d'avril.

Sceau de Jeanne, comtesse de Flandre et de Hainaut; cire blanche, double queue; décrit dans l'*Inventaire* sous le n° 620.

2493 Péronne. 1236-37. Avril avant Pâques.
Du 1er au 18.

Balduinus de Aria domino regi securitatem facit de conventionibus Peronensibus a Flandriæ comitissa fideliter observandis.

(J. 536. — Flandre, I, sac 4, n° 6. 3. — Original scellé.)

Ego Baldoinus de Aria notum facio omnibus quod ego, de mandato et voluntate domine mee J. (Johanne), comitisse Flandrie et Hanonie, super sacrosancta juravi excellentissimo domino Ludovico regi Francie illustri quod, si predicta comitissa a conventionibus resiliret, quas ipsa cum eodem domino rege habuit apud Peronam, sicut in ipsius comitisse litteris continetur, ego contra dictam comitissam domino regi adhererem, et cum toto feodo, quod de ipsa comitissa teneo, cum fidelitate et servicio que eidem comitisse debeo, dicto domino regi me tenerem, donec emendatum esset ad judicium curie domini regis per eos qui dictam comitissam possunt et debent judicare. — In cujus rei testimonium, presentes litteras eidem domino regi tradidi, sigilli mei munimine sigillatas. — Actum apud Peronam, anno Domini M° CC° tricesimo sexto, mense aprili.

Sceau de Baudouin d'Aire; cire blanche, double queue; décrit dans l'*Inventaire* sous le n° 1140.

2494 Péronne. 1236-37. Avril avant Pâques.

(J. 536. — Flandre, I, sac 4, n° 6. 13. — Original.)

Litteræ Hugonis de Antoing, ejusdem argumenti et formæ. — « In cujus rei testimonium, presentes litteras eidem domino regi tradidi, sigilli mei munimine sigillatas. Actum apud Peronam, anno Domini M° CC° tricesimo sexto, mense aprili. »

Traces de sceau pendant sur double queue. — Le sceau de Hugues d'Antoing est décrit dans l'*Inventaire* sous le n° 10331.

2495 Péronne. 1236-37. Avril avant Pâques.

(J. 536. — Flandre, I, sac 4, n° 6. 85. — Original scellé.)

Litteræ Walteri de Asnapia, militis, ejusdem argumenti et formæ. — « In cujus rei testimonium, presentes lit-teras eidem domino regi tradidi, sigilli mei munimine roboratas. Actum apud Peronam, anno Domini M° CC° tricesimo sexto, mense aprili. »

Sceau de Gautier *de Asnapia* (Genape?); cire blanche, double queue. Sceau équestre non décrit : Le cavalier courant de droite à gauche, l'épée haute; le bouclier aux armes (un lion rampant). Légende : SIGILLUM WALTERI DE ASNAPIA. Au contre-sceau un écu portant un lion rampant. Légende illisible.

2496 Péronne. 1236-37. Avril avant Pâques.

(J. 536. — Flandre, I, sac 4, n° 6. 58. — Original.)

Litteræ Roberti, advocati Attrebatensis, domini Bethuniæ, ejusdem argumenti et formæ. — « In cujus rei testimonium, presentes litteras eidem domino regi tradidi, sigilli mei munimine sigillatas. Actum apud Peronam, anno Domini M° CC° tricesimo sexto, mense aprili. »

Traces de sceau pendant sur double queue. — Le sceau de Robert, avoué d'Arras, seigneur de Béthune et de Tenremonde, est décrit dans l'*Inventaire* sous le n° 378.

2497 Péronne. 1236-37. Avril avant Pâques.

(J. 536. — Flandre, I, sac 4, n° 6. 44. — Original scellé.)

Litteræ Arnulphi de Audenarde, ejusdem argumenti et formæ. — « In cujus rei testimonium, presentes litteras eidem domino regi tradidi, sigilli mei munimine sigillatas. Actum apud Peronam, anno Domini M° CC° tricesimo sexto, mense aprili. »

Sceau d'Arnould d'Audenarde; cire blanche, double queue; second sceau, décrit dans l'*Inventaire* sous le n° 10337.

2498 Péronne. 1236-37. Avril avant Pâques.

(J. 536. — Flandre, I, sac 4, n° 6. 42. — Original.)

Litteræ Guillelmi de Bethunia, ejusdem argumenti et formæ. — « In cujus rei testimonium, presentes litteras eidem domino regi tradidi, sigilli mei munimine sigillatas. Actum apud Peronam, anno Domini M° CC° tricesimo sexto, mense aprili. »

Traces de sceau pendant sur double queue. — Le sceau de Guillaume de Béthune est décrit dans l'*Inventaire* sous le n° 1420.

2499 Péronne. 1236-37. Avril avant Pâques.

(J. 536. — Flandre, I, sac 4, n° 6. 67. — Original.)

Litteræ Margaretæ dominæ de Dampetra, sororis Johannæ comitissæ Flandrensis, ejusdem argumenti et formæ. — « In cujus rei testimonium, presentes litteras eidem domino regi tradidi, sigilli mei munimine sigillatas. Actum apud Peronam, anno Domini M° CC° tricesimo sexto, mense aprili. »

<small>Traces de sceau pendant sur double queue. — Le sceau de Marguerite de Dampierre, fille de Baudouin IX, est décrit dans l'*Inventaire* sous le n° 623.</small>

2500 Péronne. 1236-37. Avril avant Pâques.
Du 1er au 18.

(J. 536. — Flandre, I, sac 4, n° 6. 87. — Original.)

Litteræ Johannis de Derven, ejusdem argumenti et formæ. — « In cujus rei testimonium, presentes litteras eidem domino regi tradidi sigilli mei munimine roboratas. Actum apud Peronam, anno Domini M° CC° tricesimo sexto, mense aprili. »

<small>Traces de sceau pendant sur double queue. — Le sceau de Jean de Derven n'a pas été retrouvé.</small>

2501 Péronne. 1236-37. Avril avant Pâques.

(J. 536. — Flandre, I, sac 4, n° 6. 21. — Original scellé.)

Litteræ Girardi Flandriæ cambellani, ejusdem argumenti et formæ. — « In cujus rei testimonium, presentes litteras eidem domino regi tradidi, sigilli mei munimine roboratas. Actum apud Peronam, anno Domini M° CC° XXX° sexto, mense aprili. »

<small>Sceau de Girard d'Oudenborg, chambellan de Flandre; cire blanche, double queue; décrit dans l'*Inventaire* sous le n° 315.</small>

2502 Péronne. 1236-37. Avril avant Pâques.

(J. 536. — Flandre, I, sac 4, n° 6. 59. — Original scellé.)

Litteræ Roberti senescalli Flandriæ, ejusdem argumenti et formæ. — « In cujus rei testimonium, presentes litteras eidem domino regi tradidi, sigilli mei munimine sigillatas. Actum apud Peronam, anno Domini M° CC° tricesimo sexto, mense aprili. »

<small>Sceau de Robert de Waurin, sénéchal de Flandre; cire blanche, double queue; décrit dans l'*Inventaire* sous le n° 310.</small>

2503 Péronne. 1236-37. Avril avant Pâques.

(J. 536. — Flandre, I, sac 4, n° 6. 78. — Original.)

Litteræ Galteri de Formoiseles, ejusdem argumenti et formæ. — « In cujus rei testimonium, presentes litteras eidem domino regi tradidi, sigilli mei munime sigillatas. Actum apud Peronam, anno Domini M° CC° tricesimo sexto, mense aprili. »

<small>Traces de sceau pendant sur double queue. — Le sceau de Gautier de Vormiseel n'existe plus aux Archives.</small>

2504 Péronne. 1236-37. Avril avant Pâques.

(J. 536. — Flandre, I, sac 4, n° 6. 32. — Original.)

Litteræ Johannis de Formisellis, eju n argumenti et formæ. — « In cujus rei testimonium, presentes litteras eidem domino regi tradidi, sigilli mei munimine roboratas. Actum apud Peronam, anno Domini M° CC° tricesimo sexto, mense aprili. »

<small>Traces de sceau pendant sur double queue. — Le sceau de Jean de Vormiseel est décrit dans l'*Inventaire* sous le n° 2223.</small>

2505 Péronne. 1236-37. Avril avant Pâques.

(J. 536. — Flandre, I, sac 4, n° 6. 111. — Original scellé.)

Litteræ Rassonis de Gavera, militis, ejusdem argumenti et formæ. — « In cujus rei testimonium, presentem paginam eidem domino regi tradidi, sigilli mei munimine sigillatam. Actum apud Peronam, anno Domini M° CC° tricesimo sexto, mense aprili. »

<small>Sceau de Rasson de Gavre; cire blanche, double queue; décrit dans l'*Inventaire* sous le n° 10395.</small>

2506 Péronne. 1236-37. Avril avant Pâques.

(J. 536. — Flandre, I, sac 4, n° 6. 55. — Original.)

Litteræ Galteri de Guistell, ejusdem argumenti et formæ. — « In cujus rei testimonium, presentes litteras eidem domino regi tradidi, sigilli mei munimine sigillatas. Actum apud Peronam, anno Domini M° CC° tricesimo sexto, mense aprili. »

<small>Traces de sceau pendant sur double queue. — Le sceau de Gautier de Ghistelles est décrit dans l'*Inventaire* sous le n° 10402.</small>

2507 Péronne. 1236-37. Avril avant Pâques.

(J. 536. — Flandre, I, sac 4, n° 6. 56. — Original scellé.)

Litteræ Mahelini de Methe, ejusdem argumenti et formæ. — « In cujus rei testimonium, presentes litteras eidem domino regi tradidi, sigilli mei munimine sigillatas. Actum apud Peronam, anno Domini M° CC° tricesimo sexto, mense aprili. »

<small>Sceau de Maelin de Méteren (Nord, arr. d'Hazebrouck, cant. de Bailleul); cire blanche, double queue. Fragment non décrit : Un écu chargé en cœur d'un écusson, brisé d'un lambel de six pendants. La légende est détruite et il n'y a pas de contre-sceau. Comparez les sceaux décrits dans l'*Inventaire* sous les n°s 2821 à 2823.</small>

2508 Péronne. 1236-37. Avril avant Pâques.

(J. 536. — Flandre, I, sac 4, n° 6. 24. — Original scellé.)

Litteræ W. (Willelmi) castellani Sancti Audomari, ejusdem argumenti et formæ. — « In cujus rei testimonium, presentes litteras tradidi, sigilli mei munimine sigillatas. Actum apud Peronam, anno Domini M° CC° tricesimo sexto, mense aprili. »

Sceau de Guillaume de Fauquemberg, châtelain de Saint-Omer; cire blanche, double queue; second sceau, décrit dans l'*Inventaire* sous le n° 5321.

2509   1237. Avril après Pâques.
Du 19 au 30.

(J. 536. — Flandre, I, sac 4, n° 6. 41. — Original.)

Litteræ Gerardi militis, domini de Marbais, ejusdem argumenti et formæ. — « In cujus rei testimonium presentes litteras sigilli nostri munimine fecimus roborari. Actum anno Domini M° CC° XXX° septimo, mense aprili. »

Traces de sceau pendant sur double queue. — Le sceau de Gérard de Marbaix est décrit dans l'*Inventaire* sous le n° 2689, d'après un type appendu à un acte daté de 1244.

2510   1237. Avril, après Pâques.
Mercredi 22 ou 29 avril.

(J. 325. — Toulouse, XVI, n° 3. 4. — Copie. Roman.)

Déclaration des prudhommes et anciens de Bessières (*Vessieras*) que Bertrans Forasis et R. Lombartz ont reconnu pardevant eux que tout ce qu'ils avaient et tenaient dans le fief de Vermatz, ils le tenaient de W. Capel de Vessieras et de W. de Gamevila. — « Tug aquest prohome sobredig de Vessieras dichero sobre sacrament que tot en aissi come sobredig es era vers; per la qual cauza W. Repolier, escrivas comunals de Vessieras, fe aquesta carta per auctoritat dels sobredigs prohomes de Vessieras, el mes d'abril, feria IIII, anno Domini M° CC° XXXVII°, regnante etc. (*sic*). »

Cet acte, daté d'un mercredi du mois d'avril 1237, est nécessairement du mois d'avril 1237 après Pâques, c'est-à-dire du mercredi 22 ou 29 avril; il ne peut pas être daté du mois d'avril avant Pâques 1237-38, parce que cette année-là le mois d'avril commença par un jeudi et que Pâques 1238 tomba le dimanche suivant 4 avril.— Extrait d'un petit rouleau intitulé : *Hec sunt instrumenta capellani de Vesseriis*. La plus récente des pièces que renferme ce rouleau est datée de 1258.

2511   1237. Mardi 5 mai.

(J. 326. — Toulouse, XVII, n° 27. — Original.)

Instrumentum quo notum fit R. de Benca et dominam Gentilem de Genciaco ejus uxorem quidquid habebant vel habere debebant de flumine illo quod vocatur Lesa usque ad flumen quod vocatur Erz, prope Montem Guiscardum, Cicardo de Miramon et ejus ordinio vendidisse. — « Hoc fuit factum V° die introitus mensis madii, feria III, anno ab incarnatione Domini M° CC° XXX° VII, regnante Lodoyco Francorum rege, R. (Raimundo) Tolosano comite, R. (Raimundo) Tolose episcopo. Testes hujus rei sunt : Aicardus de Miramon, et R. Matfre, et W. Tron, et Gauterus des Parver, milites, et Bernardus Ramundi capellanus de Caviaco, *tres alii*, et Petrus de Bullano, publicus Rivorum notarius, qui hanc cartam scripsit. »

2512   1237. Lundi 11 mai.

(J. 328. — Toulouse, XIX, n° 1. 4. — Copie. Roman.)

Acte par lequel Hugues (*Ug*) Agumald de Paolhac déclare avoir de sa bonne volonté donné et remis à Tonduz de Paolhac et à ses ayant cause XXV. sous de Toulousains que ledit Tonduz restait lui devoir sur l'acquisition de la terre et seigneurie de Gemil. — « Hoc fuit factum XI. dias al intrad de maius, feria prima (*corr.* secunda), regnante Lodoico rege Francorum, R° (Raimundo) Tolosano comite, R° (Raimundo) episcopo, anno ab incarnacione Domini M° CC° XXX° VII°. Hujus rei sunt testes : Bertrandus Poncius de Paolhaco, et Arnaldus Rusticus, et Arnaldus Cavaer, et Guillelmus de Noerio, qui cartam istam scripsit. »

Extrait d'un rouleau intitulé: *Transcripta instrumentorum magistri Johannis Dominici super facto Gimilli*. — La date de cet acte n'est pas exacte. En 1237, le 11 mai tombe un lundi, *feria secunda*, et non pas un dimanche, *feria prima*.

2513   1237. Samedi 16 mai.

(J. 304. — Toulouse, II, n° 63. — Original.)

Charta qua Arnaldus Marc de Escorcinco profitetur et in veritate recognoscit se, anno M° CC° XXX° VII° incarnationis Domini, cum domino Raimundo de Dorniano venisse ad plenam compositionem et satisfactionem de omnibus debitis vel baratis et de omnibus petitionibus et querimoniis quæ a dicto domino petebat vel peterat usque ad hunc diem. — « Horum omnium testes sunt : Arnaldus God, P. Aupullus, *tres alii*, atque Ramundus Augerius capellanus de Constrast qui hoc scripsit VII° feria, XVII. Kalendas junii, rege Lodoyco Francorum regnante, Ramundo comite Tolose, Raimundo episcopo existente. »

2514   Viterbe. (1237.) 18 mai.

Gregorius papa IX Tolosæ comitem monet ut Massilienses in comitem Provinciæ rebellantes juvare desistat et malefacta sua emendet, iter transmarinum sibi impositum quam primum peracturus.

(J. 696. — Bulles. Mélanges, n° 6. — Original scellé.)

Gregorius episcopus, servus servorum Dei, nobili viro comiti Tholosano, spiritum consilii sanioris.—

Ex parte carissimi in Xpisto filii nostri J. (Jacobi) Aragonum regis illustris et nobilis viri comitis Provincie nostris est auribus intimatum quod, cum civitas Marsilie, que noscitur ad ipsius comitis dominium pertinere, eidem comiti rebellis existens, se tibi, non sine magna perfidia et temeritate, subjecerit et ab ipsius comitis jurisdictione se substrahere minime dubitarit, tu cives Marsilie in homines tuos minus juste recipiens, non solum eos in hac iniquitate defendere, sed, contra prefatum comitem ac ipsius terram insurgens, eum presumis multipliciter molestare, contra ipsum, ut creditur, ob illud rancore concepto quod idem comes te olim, ad mandatum Ecclesie, in obsidione Avinionis, cum clare memorie L. (Ludovico), patre carissimi in Xpisto filii nostri illustris regis Francie, pro defensione fidei et ecclesiastice libertatis zelo fidei ac devotionis accensus, studuit impugnare. — Quare, cum dictus rex Aragonum ad expugnandos Sarracenos et obsidendam civitatem Valentie, signo crucis assumpto, proposuerit potenter accedere, ac eundem comitem, cui nulla potest ratione deesse, multis ex causis defendere teneatur idem rex Aragonum, ne a tam sancto proposito retardetur, et prefatus comes nobis humiliter supplicarunt ut super hoc providere curaremus eidem. — Ceterum, venerabili fratre nostro archiepiscopo Viennensi, Apostolice Sedis legato, insinuante, pervenit quod, te salarium debitum magistris Tolose regentibus contra juramentum super hoc prestitum non solvente, Tolosanum studium, in detrimentum ac subversionem Xpistiane fidei, cum ex hoc heretica pravitas ibi fortius invalescat, irreparabiliter dissipatur. — Tuus quoque bajulus venerabilem fratrem nostrum episcopum Vasionensem, confectum senio, genere nobilem, de domo sua turpiter eiciens castrumque ac civitatem ecclesie sue sibi auferens, alia dampna gravia multiplicesque injurias irrogavit eidem. — Tu etiam detestanda salinarum pedagia, que pater tuus olim abjuraverat, in terram Venexini de novo instituens ac in multis Dei Ecclesiam et ejus prelatos vexare presumens, ausu sacrilego ecclesiarum bona et redditus occupas, nec sepe monitus a prefato archiepiscopo aliquid de hiis emendare procuras, propter que, licet excommunicationis sententia sis ligatus, absolutionem tamen vel potius claves Ecclesie vilipendens, multa hiis contra Deum et Ecclesiam presumis pejora committere que grave esset presentibus explicare. — Nos igitur attendentes quod, si predictus rex contra eosdem Sarracenos hac retardatus occasione procedere non valeret, utilitas, quam ex hoc Xpistiane fidei credimus proventuram, ex mora hostibus Xpisti vires sumentibus fortiores, forsitan deperiret, et ex hoc tanta possent guerrarum pericula in Albigensium ac Provincie partibus suboriri quod, nisi antequam amplius invalescant, occurratur eisdem, vix aut numquam ex postfacto ipsis salutari remedio poterit obviari. Negotium quoque pacis et fidei, ad quorum observationem in manu venerabilis fratris nostri R. (Romani) Portuensis episcopi, tunc Apostolice Sedis legati, te juramento prestito astrinxisti, grandi discrimini subderetur, eo quod, durante inibi guerrarum turbine, fidem nostram possent heretici securius expugnare. — Terre insuper sancte subsidium, ad quod te transferre teneris, grande, quod absit, exinde incurreret detrimentum, ob id quod in prefatis guerris et discordiis te expendere oporteret ea que nunc deberes tue transfretationis usibus reservare, et semper invenireris ad transfretandum inabilis, si tempus tibi concessum a nobis non conservationi licite sed consumptioni prohibite potius deputares. — Nobilitatem tuam rogandam duximus et hortandam, per apostolica tibi scripta mandantes quatinus prudenter attendens quod non modicam tui honoris lesionem incurreres si prenotatis periculis aliquam occasionem prestares, vel si a subsidio Terre sancte, ad quod ex voto teneris accedere, te ob id contingeret retardari, et provide considerans quod nos qui tibi, ad instantiam regis ejusdem et carissime in Xpisto filie nostre B. (Blanche) regine Francie, tibi prorogavimus terminum transfretandi, ut interim, prout tanto esset oportunum negotio, te parares et per hoc preteritorum culpas delictorum redimeres, non ut injuste occupando bona fidelium et eosdem contra justitiam impugnando, novos excessus veteribus cumulares, si deinceps in hac presumptione persisteres, factam ipsis et tibi pro eis gratiam revocare teque ad desistendum a predictis quibus juste possimus cohercere remediis merito cogeremur, teque nullatenus deceat ut contra Deum et justiciam catholicorum bona diripias aut invadas, dictam civitatem contra dictum comitem in ipsius juris prejudicium in aliquo non defendens et alias prorsus ab ejusdem molestatione desistens, alia predicta studeas emendare. — Nos enim predicto archiepiscopo nostris damus litteris in mandatis quod, nisi predicta duxeris emendanda, id venerabilibus fratribus nostris archiepiscopis et episcopis per regnum Francie constitutis denuntiare procuret, ut quilibet ipsorum, sicut eisdem litteris nostris injungimus, in sua diocesi ne quis in auxilium tuum vel predictorum civium contra ipsum comitem Provincie aut ejus terram mittere aut venire presumat publice inhibere procurent; et, cum excommunicato communicare non liceat, si contra monitionem ipsorum, quod non credimus, ab aliquo presumptum fuerit, presumptores hujusmodi, quamdiu tu pertinaciter in excommunicatione perstiteris, cum ipsis ab eodem archiepiscopo id denuntiatum fuerit, monitione premissa, per censuram ecclesiasticam, appellatione remota, compescant. — Datum Viterbii, xv. kalendas junii, pontificatus nostri anno undecimo.

Bulle de plomb sur cordelettes de chanvre. — Voyez l'*Inventaire*, n° 6047.

2515   1237. 20 mai.

Raimundus Tolosæ comes villas Camareti, Trevellani et de Germinano, Raimundo de Baucio principi Aurasicensi dat in feudum.

(J. 322. — Toulouse, XII, n° 60. — Copie ancienne.)

Notum sit omnibus quod, anno Dominice incarnationis M° CC° XXX° VII°, scilicet XIII° kalendas junii, nos Ramundus, Dei gratia comes Tholose, marchio Provincie, de mera et spontanea voluntate nostra, donatione inter vivos donamus et concedimus in feudum tibi Ramundo de Baucio principi Aurasicensi et tuis legitimis liberis, ex legitimo matrimonio procreatis, castrum et villam Camareti, cum territorio et tenemento ejusdem ville, et castrum et villam Trevellani, cum territorio et tenemento ejusdem castri, et castrum et villam de Germinano, cum territorio et tenemento ejusdem castri, videlicet omnia jura seu dominationes et plenam jurisdictionem quamcumque habemus vel habere debemus vel visi sumus habere in supradictis castris seu villis vel territoriis eorumdem, videlicet in terris, pratis, vineis, nemoribus, saltibus, aquis, aquarumve decursibus, patuis, pascuis et tandem in omnibus cultis et incultis, et in hominibus etiam ibidem habitantibus vel habitare debentibus, retento nobis et successoribus nostris in eisdem locis principali dominio et cavalcatis, et omni alio jure et servicio quod feudatarius pro feudo tenetur facere domino suo; illa sex specialiter retinentes que in forma fidelitatis continentur, scilicet : incolume, tutum, honestum, utile, facile, possibile. Incolume videlicet, ne sis in dampnum nobis de corpore nostro; tutum, ne sis nobis in dampnum de secreto nostro et de munitionibus per quas tuti esse possumus; honestum, ne sis nobis in dampnum de nostra justicia vel de aliis causis que ad honestatem nostram pertinere videntur; utile, ne sis nobis in dampnum de possessionibus nostris; facile vel possibile, ne id bonum, quod leviter facere poterimus, facias nobis difficile, ne ve id quod possibile erat reddas nobis impossibile.

Cette copie nous parait, d'après l'écriture, avoir été faite dans la seconde moitié du treizième siècle.

2516   Avignon. 1237. 20 mai.

(J. 317. — Toulouse, VIII, n° 22. — Original.)

Instrumentum quo notum fit, anno Dominice incarnationis M° CC° XXX° VII°, scilicet XIII. kal. junii, R. (Raimundum) comitem Tolosæ, Provinciæ marchionem, Willelmo de Sabrano et ejus legitimis liberis bastidam de Monte Alavernegue veteri et pedagium ipsius bastidæ, cum omnibus pertinentiis, donatione inter vivos donasse et in feudum contulisse, principali dominio, cavalcatis et omni alio jure et servitio, quod feudatarius domino suo facere debet, sibi retentis. De quibus omnibus præfatus Willelmus prædicto comiti solemne præstat homagium et omnimodam promittit fidelitatem. — « Factum fuit hoc apud Avinionem, in stari Poncii Astoaudi, in camera superiori. Testes interfuerunt : dominus Hugo de Baucio, et dominus Barralus filius ejus, dominus Raimundus de Baucio princeps Aurasicensis, dominus Willelmus comes Forcalquerii, Willelmus de Barreria, Willelmus Augerius judex et cancellarius domini comitis in partibus Venaissini, Isnardus Andegarius, *quindecim alii*, et ego Bertrandus de Sancta Maria, notarius publicus domini comitis, presens interfui et, auctoritate domini comitis et voluntate et mandato Willelmi de Sabrano, hoc instrumentum scribi feci et signavi. (*Sequitur signaculum notarii*) ».

Traces de sceau pendant sur cordelettes. — Ce sceau, qui n'est pas annoncé dans l'acte, était, suivant toute apparence, la bulle de plomb employée, au nom du comte Raymond, pour le comtat Venaissin. Voyez l'*Inventaire*, où cette bulle est décrite sous le n° 4607, d'après un type appendu à un acte daté de 1246.

2517   1237. Mai.

(J. 197. — Champagne, V, n° 42. — Original scellé.)

Hugo castellanus Vitriaci excellentissimo domino suo Theobaldo regi Navarræ, Campaniæ et Briæ comiti palatino, significat se abbatissæ et monialibus abbatiæ S. Jacobi de Vitriaco, pretio ducentarum et sexaginta et tresdecim librarum et decem solidorum Pruvinensium fortium Campaniæ, aquam suam de Merlau, cum duobus brachiis ad eamdem aquam pertinentibus, et totam piscationem ejusdem aquæ, a molendinis de Chamiseio usque a molendina Episcopi, prope Vitriacum sita, vendidisse; præfatum regem rogans ut hanc venditionem prædictæ aquæ, quæ de ejus feodo movet, gratam et ratam habere velit. — « Et ut hoc ratum et firmum habeatur, presentem paginam sigilli mei munimine roboravi. Actum anno Domini M° CC° XXX° VII°, mense maio. »

Sceau de Hugues, châtelain de Vitry; cire verte, double queue; décrit dans l'*Inventaire* sous le n° 5325.

2518   1237. Mai.

(J. 229. — Picardie, n° 9. — Original scellé.)

Albericus Rivaldi de Vendolio, miles, notum facit se totum redditum sibi apud Calniacum de Agnete sorore sua devolutum, et, quem de karissimo domino suo Ludovico Franciæ rege tenebat, videlicet, in qualibet septimana, XII. denarios Paris. in theloneo Calniaci; XXV. solidos in præpositura Calniaci ad tres terminos persolvendos, id est ad pagas domini regis; II. sol. Parisienses de recto censu super maneria Colardi et Ewrardi de Maresco; II. sol. Parisienses de recto censu super manerium puerorum Laurencii de Cailleu; unum caponem et unum denarium de recto censu super cortillum et grangias Johannis de Acheri; XVIII. denarios de supercensu super domum Ewrardi Maledorree; XVIII. denarios de supercensu super domum quam tenent Petrus Wastegrins et Bernardus de Barisiaco, et denique unum denarium super quemlibet currum per villam Calniaci transeuntem, eidem domino regi pro triginta libris Parisiensium vendidisse. — « Actum anno Domini M° CC° XXX° septimo, mense maii. »

Sceau d'Albéric Rivaud de Vendeuil, chevalier; cire brune, double queue; décrit dans l'*Inventaire* sous le n° 3398.

2519   1237. Mai.

Securitas facta domino regi a Guidone de Bergis pro Johanna comitissa Flandriæ.

(J. 536. — Flandre, I, sac 4, n° 6. 31. — Original scellé.)

Ego Guido de Bergis, miles, notum facio omnibus quod ego, de mandato et voluntate domine mee J. (Johanne), comitisse Flandrie et Hainonie, super sacrosancta juravi karissimo domino meo Ludovico, Francie regi illustri, coram S. de Villari ballivo Attrebatensi et magistro J. Pulli clerico ejusdem domini regis, nunciis ad hoc missis, quod, si predicta comitissa a conventionibus resiliret quas ipsa cum domino rege habuit apud Peronam, sicut in ipsius comitisse litteris continetur, ego contra dictam comitissam domino regi adhererem, et cum toto feodo quod ab ipsa comitissa teneo, et fidelitate et servitio que eidem comitisse debeo, dicto domino regi me tenerem, donec emendatum esset ad judicium curie domini regis per eos qui dictam comitissam possunt et debent judicare. — Actum anno Domini M° CC° tricesimo septimo, mense mayo.

Sceau de Gui de Bergues, chevalier; cire blanche, double queue; décrit dans l'*Inventaire* sous le n° 1401.

2520   1237. Mai.

(J. 536. — Flandre, I, sac 4, n° 6. 53. — Original scellé.)

Litteræ [Willelmi] Platelli de Bergis, militis, ejusdem argumenti et formæ. — « Actum anno Domini M° CC° tricesimo septimo, mense mayo. »

Sceau de Guillaume Platel de Bergues, chevalier; cire blanche, double queue. Fragment non décrit. Sceau équestre : Le cavalier courant de gauche à droite, couvert de son écu armorié d'un échiqueté. Légende : † S. WLL. DE...... Au contre-sceau : Un écu échiqueté avec cette légende : † SECRETUM MEUM.

2521   Lille. 1237. Mai.

(J. 538. — Flandre, I, sac 5, n° 6. 8. — Original scellé.)

Litteræ Gyleberti castellani Bergensis, ejusdem argumenti et formæ. — « Actum apud Insulam, anno Domini M° CC° XXX° septimo, mense mayo. »

Sceau de Gilbert, châtelain de Bergues; cire brune, double queue; décrit dans l'*Inventaire* sous le n° 5279.

2522   1237. Mai.

(J. 536. — Flandre, I, sac 4, n° 6. 51. — Original scellé.)

Litteræ Franconis Brugensis præpositi et Flandrie canchellarii (sic), ejusdem argumenti et formæ. — « Actum anno Domini M° ducentesimo tricesimo septimo, mense mayo. »

Sceau de Franc de Mallenguien, prévôt de Bruges et chancelier de Flandre; cire blanche, double queue; décrit dans l'*Inventaire* sous le n° 314.

2523   1237. Mai.

(J. 536. — Flandre, I, sac 4, n° 6. 105. — Original scellé.)

Litteræ Balduini de Commines, militis, ejusdem argumenti et formæ. — « Actum anno Domini M° CC° tricesimo septimo, mense maio. »

Sceau de Baudouin de Commines, chevalier; cire blanche, double queue; décrit dans l'*Inventaire* sous le n° 1869.

2524   1237. Mai.

(J. 536. — Flandre, I, sac 4, n° 6. 95. — Original scellé.)

Litteræ Hugonis de Cornehuns, militis, ejusdem argumenti et formæ. — « Datum anno Domini M° CC° tricesimo septimo, mense maio. »

Sceau de Hugues de Cornehuns; cire blanche, double queue; décrit dans l'*Inventaire* sous le n° 1896.

2525   1237. Mai.

(J. 536. — Flandre, I, sac 4, n° 6. 30. — Original scellé.)

Litteræ Philippi de Diergnau, militis, ejusdem argumenti et formæ. — « Actum anno Domini millesimo ducentesimo tricesimo septimo, mense mayo. »

Sceau de Philippe de Dergneau, chevalier; cire blanche, double queue; décrit dans l'*Inventaire* sous le n° 2020.

2526   Douai. 1237. Mai.

(J. 536. — Flandre, I, sac 4, n° 6. 96. — Original scellé.)

Litteræ Guillelmi de Duaco, militis, ejusdem argumenti et formæ. — « In cujus rei testimonium, presentes litteras eidem domino regi tradidi, sigilli mei munimine sigillatas. Actum apud Duacum, anno Domini M° CC° XXX° septimo, mense maio. »

Sceau de Guillaume de Douai, chevalier; cire brune, double queue; décrit dans l'*Inventaire* sous le n° 2038.

2527   1237. Mai.

(J. 536. — Flandre, I, sac 4, n° 6. 79. — Original.)

Litteræ Henrici præpositi Duacensis, ejusdem argumenti et formæ. — « Actum anno Domini M° CC° tricesimo septimo, mense mayo. »

Traces de sceau pendant sur double queue. — Le sceau de Henri de Hondschoote, prévôt de Douai, est décrit dans l'*Inventaire* sous le n° 5185.

2528   1237. Mai.

(J. 536. — Flandre, I, sac 4, n° 6. 57. — Original.)

Litteræ Willelmi domini de Heula, militis, argumenti et formæ. — « Actum anno Domini M° CC° XXX° septimo, mense maio. »

Traces de sceau pendant sur double queue. — Le sceau de Guillaume de Heule, chevalier, est décrit dans l'*Inventaire* sous le n° 2409.

2529   1237. Mai.

(J. 536. — Flandre, I, sac 4, n° 6. 65. — Original scellé.)

Litteræ Willelmi de Hondeschota, ejusdem argumenti et formæ. — « Actum anno Domini millesimo ducentesimo tricesimo septimo, mense mayo. »

Sceau de Guillaume de Hondschoote; cire brune, double queue; décrit dans l'*Inventaire* sous le n° 2423.

2530   1237. Mai.

(J. 536. — Flandre, I, sac 4, n° 6. 101. — Original scellé.)

Litteræ J. (Johannis) de Hondeschota, ejusdem argumenti et formæ. — « Actum anno Domini millesimo ducentesimo tricesimo septimo, mense mayo. »

Sceau de Jean de Hondschoote, chevalier; cire brune, double queue; décrit dans l'*Inventaire* sous le n° 2424.

2531   Douai. 1237. Mai.

(J. 536. — Flandre, I, sac 4, n° 6. 102. — Original scellé.)

Litteræ Johannis castellani Insulensis, ejusdem argumenti et formæ. — « In cujus rei testimonium, presentes litteras eidem domino regi tradidi sigilli mei munimine sigillatas. Actum apud Deacum (sic), anno Domini M° CC° tricesimo septimo, mense maio. »

Sceau de Jean, châtelain de Lille et de Péronne; cire blanche, double queue; décrit dans l'*Inventaire* sous le n° 5307.

2552   Douai. 1237. Mai.

(J. 536. — Flandre, I, sac 4, n° 6. 45. — Original scellé.)

Litteræ Petri de Lanbres, militis, ejusdem argumenti et formæ. — « In cujus rei testimonium, presentes litteras eidem domino regi tradidi, sigilli mei munimine sigillatas. Actum Duaci, anno Domini m° cc° tricesimo septimo, mense maio. »

Sceau de Pierre de Lambres, chevalier; cire blanche, double queue. (*Inventaire*, n° 2524.)

2553   1237. Mai.

(J. 536. — Flandre, I, sac 4, n° 6. 81. — Original scellé.)

Litteræ Guillelmi castellani de Manlingam, ejusdem argumenti et formæ. — « In cujus rei testimonium, presentes litteras eidem domino regi tradidi, sigilli mei munimine sigillatas. Actum anno Domini m° cc° tricesimo septimo, mense maio. »

Sceau de Guillaume, châtelain de Maldeghem (dans la Flandre orientale, arrondissement de Gand); cire blanche, double queue, décrit dans l'*Inventaire* sous le n° 10432.

2554   1237. Mai.

(J. 536. — Flandre, I, sac 4, n° 6. 100. — Original scellé.)

Litteræ Balduini de Planches, militis, ejusdem argumenti et formæ. — « Actum anno Domini m° cc° tricesimo septimo, mense mayo. »

Sceau de Baudouin de Planches, chevalier; cire blanche, double queue; décrit dans l'*Inventaire* sous le n° 3224. — On lit sur la légende du sceau : SIGILLUM BALDUINI DE PLANCO.

2555   1237. Mai.

(J. 536. — Flandre, I, sac 4, n° 6. 18. — Original scellé.)

Litteræ Hellini de Menillio, ejusdem argumenti et formæ. — « In cujus rei testimonium, presentes litteras eidem domino regi tradidi, sigilli mei munimine sigillatas. Actum anno Domini m° cc° tricesimo septimo, mense maio. »

Traces de sceau pendant sur double queue. — Le sceau de Hellin du Mesnil, chevalier, est décrit dans l'*Inventaire* sous le n° 2808, d'après un type appendu à un acte daté de 1244.

2556   1237. Mai.

(J. 536. — Flandre, I, sac 4, n° 6. 110. — Original scellé.)

Litteræ Seiri de Cotraco, militis, ejusdem argumenti et formæ. — « In cujus rei testimonium, presentes litteras eidem domino regi tradidi sigilli mei munimine sigillatas. Actum anno Domini m° cc° tricesimo septimo, mense mayo. »

Sceau de Soyer de Courtray; cire brune, double queue. — Sceau équestre non décrit : le cavalier courant de gauche à droite, l'épée haute, et couvert de son écu armorié d'un bandé de six pièces. Légende détruite. Au contre-sceau : Un écu chargé d'un lion lampassé, à la queue fourchée, tenant un fanion de la patte droite. Légende : CUSTOS SIGILLI SIGERI.

2557   1237. Mai.

(J. 535. — Flandre, I, sac 4, n° 5. 40. — Original scellé.)

Litteræ scabinorum totiusque communitatis villæ Audenardensis, ejusdem argumenti et formæ. — « Actum anno Domini m° cc° tricesimo septimo, mense mayo. »

Sceau de la ville d'Audenarde; cire blanche, double queue; premier sceau, décrit dans l'*Inventaire* sous le n° 10664. — Les lettres de caution données par les villes sont conçues absolument dans les mêmes termes que celles des chevaliers.

2558   1237. Mai.

(J. 535. — Flandre, I, sac 4, n° 5. 5. — Original.)

Litteræ scabinorum et totius communitatis villæ Bergensis, ejusdem argumenti et formæ. — « Actum anno Domini m° cc° xxx° septimo, mense mayo. »

Traces de sceau pendant sur double queue. — Le sceau de la ville de Bergues (Bergues-Saint-Winoc dans la Flandre française, Nord, arrondissement de Dunkerque), est décrit dans l'*Inventaire* sous le n° 5511.

2559   1237. Mai.

(J. 535. — Flandre, I, sac 4, n° 5. 7. — Original scellé.)

Litteræ scabinorum totiusque communitatis Broburgensis villæ, ejusdem argumenti et formæ. — « Actum anno Domini m° cc° xxx° septimo, mense maio. »

Sceau de la ville de Bourbourg (Nord, arrondissement de Dunkerque); cire blanche, double queue; *Inventaire*, n° 5516.

2540   1237. Mai.

(J. 535. — Flandre, I, sac 4, n° 5. 9. — Original scellé.)

Litteræ scabinorum et totius communitatis villæ Brugensis, ejusdem argumenti et formæ. — « Datum anno Domini millesimo ducentesimo tricesimo septimo, mense maio. »

Sceau de la ville de Bruges; cire blanche, double queue; premier sceau, décrit dans l'*Inventaire* sous le n° 10675.

2541   1237. Mai.

(J. 535. — Flandre, I, sac 4, n° 5. 13. — Original.)

Litteræ scabinorum totiusque communitatis Curtracensis villæ, ejusdem argumenti et formæ. — « Actum anno Domini millesimo ducentesimo tricesimo septimo, mense maio. »

Traces de sceau pendant sur double queue. — Le sceau dont la ville de Courtray se servait en 1237 est décrit dans l'Inventaire sous le n° 10686.

2542 1237. Mai.

(J. 535. — Flandre, I, sac 4, n° 5. 15. — Original scellé.)

Litteræ scabinorum totiusque communitatis de Dam, ejusdem argumenti et formæ. — « Datum anno Domini millesimo ducentesimo tricesimo septimo, mense maio. »

Sceau de la ville de Damme (Flandre occidentale, arrondissement de Bruges); cire blanche, double queue; décrit dans l'Inventaire sous le n° 10690.

2543 1237. Mai.

(J. 535. — Flandre, I, sac 4, n° 5. 19. — Original scellé.)

Litteræ scabinorum totiusque communitatis villæ Duacensis, ejusdem argumenti et formæ. — « Datum anno Domini M° CC° XXX° septimo, mense maio. »

Sceau de la ville de Douai; cire blanche, double queue; premier sceau. (Inventaire, n° 5323.)

2544 1237. Mai.

(J. 535. — Flandre, I, sac 4, n° 5. 22. — Original scellé.)

Litteræ scabinorum totiusque communitatis villæ de Dunkerque, ejusdem argumenti et formæ. — « Actum anno Domini M° CC° tricesimo septimo, mense mayo. »

Sceau de la ville de Dunkerque; cire blanche, double queue; premier sceau. (Inventaire, n° 5525.)

2545 1237. Mai.

(J. 535. — Flandre, I, sac 4, n° 5. 17. — Original.)

Litteræ scabinorum et totius communitatis villæ Dykemutensis, ejusdem argumenti et formæ. — « Actum anno Domini M° CC° tricesimo septimo, mense mayo. »

Sceau de la ville de Dixmude (Flandre occidentale, arrondissement de Furnes); cire blanche, double queue; premier sceau. (Inventaire, n° 10694.)

2546 1237. Mai.

(J. 535. — Flandre, I, sac 4, n° 5. 24. — Original scellé.)

Litteræ scabinorum totiusque communitatis villæ Furnensis, ejusdem argumenti et formæ. — « Actum anno Domini M° CC° tricesimo septimo, mense mayo. »

Sceau de la ville de Furnes; cire blanche, double queue; premier sceau. (Inventaire, n° 10700.)

2547 1237. Mai.

(J. 535. — Flandre, I, sac 4, n° 5. 26. — Original scellé.)

Litteræ scabinorum totiusque communitatis villæ Gandensis, ejusdem argumenti et formæ. — « Actum anno Domini M° CC° XXX° septimo, mense maio. »

Sceau de la ville de Gand; cire blanche, double queue; premier sceau, décrit dans l'Inventaire sous le n° 10704.

2548 1237. Mai.

(J. 535. — Flandre, I, sac 4, n° 5. 29. — Original scellé.)

Litteræ scabinorum totiusque communitatis villæ Gravelinguensis, ejusdem argumenti et formæ. — « Actum anno Domini M° CC° tricesimo septimo, mense mayo. »

Sceau de la ville de Gravelines, cire blanche, double queue; premier sceau, décrit dans l'Inventaire sous le n° 5527.

2549 1237. Mai.

(J. 535. — Flandre, I, sac 4, n° 5. 32. — Original scellé.)

Litteræ scabinorum totiusque communitatis villæ Insulensis, ejusdem argumenti et formæ. — « Actum anno Domini M° CC° XXX° septimo, mense maio. »

Sceau de la ville de Lille; cire blanche, double queue; premier sceau, décrit dans l'Inventaire sous le n° 5533.

2550 1237. Mai.

(J. 535. — Flandre, I, sac 4, n° 5. 10. — Original scellé.)

Litteræ scabinorum totiusque communitatis villæ Kasletensis, ejusdem argumenti et formæ. — « Actum anno Domini M° CC° tricesimo septimo, mense maio. »

Sceau de la ville de Cassel; cire blanche, double queue; premier sceau (Inventaire, n° 5521.)

2551 1237. Mai.

(J. 535. — Flandre, I, sac 4, n° 5. 34. — Original scellé.)

Litteræ scabinorum totiusque communitatis villæ Mardikensis, ejusdem argumenti et formæ. — « Actum anno Domini M° CC° tricesimo septimo, mense mayo. »

Sceau de la ville de Mardick (Flandre française, Nord, arrondissement de Dunkerque); cire blanche, double queue. (Inventaire, n° 5539.)

2552 1237. Mai.

(J. 535. — Flandre, I, sac 4, n° 5. 36. — Original scellé.)

Litteræ scabinorum totiusque communitatis villæ de Novo-portu, ejusdem argumenti et formæ. — « Actum anno Domini millesimo ducentesimo tricesimo septimo, mense mayo. »

Sceau de la ville de Nieuport (Flandre occidentale); cire blanche, double queue; premier sceau. (*Inventaire*, n° 10727.)

2553   1237. Mai.

(J. 535. — Flandre, I, sac 4, n° 5. 38. — Original scellé.)

Litteræ scabinorum et totius communitatis villæ de Osteburg, ejusdem argumenti et formæ. — « Actum anno Domini M° CC° tricesimo septimo, mense mayo. »

Sceau de la ville d'Oostbourg; cire blanche, double queue; décrit dans l'*Inventaire* sous le n° 10729.

2554   1237. Mai.

(J. 535. — Flandre, I, sac 4, n° 5. 43. — Original scellé.)

Litteræ scabinorum totiusque communitatis villæ de Rodemburg, ejusdem argumenti et formæ. — « Actum anno Domini M° CC° XXX° VII° mense mayo. »

Sceau de la ville de Rodenbourg (province de Luxembourg); cire blanche, double queue. Fragment non décrit : Une tour maçonnée et donjonnée. Légende : † SIGILLUM BURGENSIUM... ...URH.

2555   1237. Mai.

(J. 535. — Flandre, I, sac 4, n° 5. 46. — Original scellé.)

Litteræ scabinorum et totius communitatis villæ de Trohost, ejusdem argumenti et formæ. — « Actum anno Domini M° CC° tricesimo septimo, mense mayo. »

Sceau de la ville de Thourout (Flandre orientale); cire blanche, double queue; premier sceau. (*Inventaire*, n° 10743.)

2556   1237. Mai.

(J. 535. — Flandre, I, sac 4, n° 5. 48. — Original scellé.)

Litteræ scabinorum et totius communitatis villæ Yprensis, ejusdem argumenti et formæ. — « Datum anno Domini M° CC° XXX° septimo, mense maio. »

Sceau de la ville d'Ypres; cire blanche, double queue; second sceau, décrit dans l'*Inventaire* sous le n° 10753.

2557   1237. Mardi 9 juin.

De auxilio pro exercitu a capitulis Senonensi, Aurelianensi et Autissiodorensi suppeditando.

(J. 206. — Meaux, n° 2. — Original scellé.)

Universis presentes litteras inspecturis G. (Guillelmus) Parisiensis, P. (Petrus) Meldensis, Dei gratia episcopi, salutem in Domino. — Notum facimus quod, cum karissimus dominus noster Ludovicus, Francorum rex illustris, teneret pignora capitulorum, scilicet, Senonensis, Aurelianensis et Autissiodorensis pro auxilio exercitus quod petebat ab eis, nos, nuntii missi ad eum a concilio provincie Senonensis, supplicavimus eidem domino regi ex parte concilii et ex parte nostra quod dicta pignora redderet et auxilium, quod petebat, in sua sufferentia poneret, quamdiu vellet et secundum quod ei placeret. — Ipse vero benigne ac liberaliter nostris precibus acquiescens, pro amore nostrum duorum, pignora supradicta reddidit et dictum auxilium in sua sufferentia, sicut dictum est, posuit, salvo jure suo in omnibus et per omnia. — In cujus rei memoriam perpetuam, presentibus litteris sigilla nostra duximus apponenda. — Actum anno Domini M° CC° XXX° septimo, die martis proxima ante festum Sancti Barnabe apostoli.

Ces lettres étaient scellées, dans le principe, de deux sceaux pendants sur double queue; il n'en reste plus qu'un seul qui est celui de Guillaume III d'Aurillac ou d'Auvergne, évêque de Paris, décrit dans l'*Inventaire* sous le n° 6788. Le sceau de Pierre de Cuisy, évêque de Meaux, manque; mais il est décrit sous le n° 6702.

2558   1237. 13 juin.

(J. 231. — Amiens, n° 7. — Original scellé.)

Arnulphus Ambianensis episcopus notum facit Bernardum de Morolio militem et dominam Paviam ejus uxorem, in ipsius præsentia constitutos, illustri viro Ludovico Francorum regi pro quinquaginta libris Parisiensium vendidisse jus quod præfata Pavia in vivario du Bies et pertinentiis, apud Dullendum sito, habebat nomine dotalitii ex parte domini Roberti de Altaribus quondam mariti sui, promitentes, juramento præstito, quod contra hujusmodi quittationem de cetero non venient. De quo dotalitio prædictus episcopus, a præfatis Bernardo et Pavia in manibus suis resignato, Gaufridum de Milliaco, ballivum domini regis Ambianensem, a se investitum declarat. — « In cujus rei testimonium, presentes litteras, ad petitionem dictorum Bernardi et Pavie, confici fecimus et sigillo nostro roborari. Actum anno Domini M° CC° XXX° septimo, in vigilia Trinitatis. »

Sceau d'Arnould, évêque d'Amiens; cire jaune, double queue; décrit dans l'*Inventaire* sous le n° 6440.

2559 Lône. 1237. 15 juin.

De comitatu Cabilonensi a Johanne comite Burgundiæ cum Hugone Burgundiæ duce pro Bracone, Villaufans et aliis villis excambiato.

(J. 252. — Bourgogne, V, n° 1. — Original scellé. = J. 257. — Bourgogne, VII, n° 23. — Copie authentique.)

Ego Johannes, comes Burgundie et Cabilonis, notum facio universis presentes litteras inspecturis quod ego per escambium quittavi, concessi et tradidi karissimo domino et consanguineo meo Hugoni duci Burgundie et heredibus suis in perpetuum totum comitatum Cabilonensem, cum omnibus appendiciis et pertinenciis, tam in feodis quam in dominio, et in omnibus aliis commodis, et quicquid mihi ibidem vel heredibus meis evenire poterat aliqua ratione, et quicquid habebam vel habere poteram citra Saonnam a parte regni Francie. — Dedi etiam, quittavi, concessi et tradidi per dictum escambium eidem duci et heredibus suis in perpetuum Aussoniam, cum omnibus appendiciis et pertinenciis, et omnia feoda ville de Aussonia, et feodum domini Petri de Sancto Sequano, et totam terram que movet de capite Mathildis uxoris mee, ubicunque sit terra illa citra Saonnam a parte regni Francie, absque Auzon et appendiciis. Et de omnibus hiis me devestivi voluntate spontanea et dictum ducem corporaliter investivi, promittens, juramento corporaliter prestito, contra escambium, quittationem, concessionem et tradicionem istam per me vel per alium nullo unquam tempore me venturum, nec unquam de cetero in hiis omnibus supradictis per me vel per alium aliquid potero reclamare; immo, si quis contra hec predicta vellet venire racione seu occasione aliqua, ego modis omnibus me opponerem bona fide. — Nos vero Mathildis uxor dicti comitis, et comes Stephanus pater dicti comitis Cabilonis, et Agnes uxor ejusdem comitis Stephani, et Hugo filius predicti comitis Cabilonensis, istud escambium, quittationem, concessionem et traditionem predictam laudavimus et concessimus, et de omnibus predictis nos devestivimus, et dictum ducem corporaliter investivimus, promittentes, corporali prestito juramento, voluntate propria et spontanea contra conventiones predictas nullo unquam tempore, per nos vel per alios, occasione seu ratione aliqua nos venturos; set et, si quis vellet contravenire, nos opponeremus nos modis omnibus bona fide. — Predictus autem dux per dictum escambium mihi Johanni comiti supradicto et heredibus meis quittavit, concessit et tradidit omnem terram quam habuerat in escambium a Joceranno domino Branciduni et uxore sua et heredibus suis, videlicet Bracon et omnia alia castra, villas et redditus in omnibus commodis que fuerant de dicto escambio, cum omnibus appendiciis et pertinenciis, tam in feodis quam in dominio, et Villaufans et Honnans cum appendiciis eorumdem, et totum expletum quod fecerat erga dominum Galcherum de Commarceyo et heredes suos, et feodum des Cloes, et talem rationem qualem habebat in feodo de Chaucins. Et, si quis contraire vellet quittationibus, concessionibus, traditionibus et escambio supradictis, idem dux teneretur me juvare ad deffensionem predictorum, tanquam hominem suum ligium, bona fide. Et sciendum quod de omnibus supradictis idem dux aut heredes sui nichil omnino possunt adquirere nisi de voluntate mea vel heredum meorum. — Hec autem omnia idem dux promisit, juramento corporaliter prestito, se tenere et firmiter adimplere. — Ut autem omnia supradicta firma et inconcussa permaneant, nos Johannes comes et Mathildis uxor ejus et comes Stephanus et Agnes uxor ipsius presentes litteras sigillorum nostrorum fecimus munimine roborari. — Actum apud Laudonam, in crastino octabarum Penthecostes, anno Domini M° CC° XXX° septimo.

L'original de ce traité, *Bourgogne*, V, n° 1, était scellé, dans le principe, de quatre sceaux pendants sur double queue; le sceau de Jean de Châlon, comte de Bourgogne, s'est détaché, mais il est décrit dans l'*Inventaire* sous le n° 491; celui de la comtesse Mathilde, sa femme, est décrit sous le n° 492. Le sceau d'Étienne III, comte d'Auxonne et de Chalon, qui s'est également détaché, n'existe plus aux Archives. Le sceau de la comtesse Agnès de Dreux, seconde femme d'Étienne III, est décrit sous le n° 501. — La pièce cotée *Bourgogne*, VII, n° 23, est un vidimus sur papier, délivré, le 9 septembre 1478, par Robert d'Estouteville, garde de la prévôté de Paris.

2560 1237. Mardi 16 juin.

(J. 325. — Toulouse, XVI, n° 11. — Original.)

Instrumentum quo notum fit Ramundum Lombardum et Ramundum Willelmum, ejus nepotem, omnes illas terras, honores et totum hoc quod ipsi seu ipsorum antecessores apud Veceiras, inter Rocam-mauram et podium de la Peirosa, tenebant vel tenuerunt, consilio et voluntate fratris Bertrandi de Perrusio, tunc ostalarii domus Grandissilvæ in Tolosa, Willelmo de Gamevilla et ejus heredibus vendidisse. — « Hoc actum fuit xv° die exitus mensis junii, feria IIII° (corr. feria III°), regnante Lodoyco rege Francorum, et Raimundo Tolosano comite, et Raimundo episcopo, anno M° CC° XXX° VII° ab incarnatione Domini. Hujus rei sunt testes : frater Ramundus de Coronciaco, et Willelmus Piper macellarius, et W. B. de Freneriis, et Bernardus Raynaldus nepos predicti Willelmi de Gamevilla, et Bernardus Ramundus qui cartam istam scripsit. »

Les divers éléments de la date de cette charte ne s'accordent pas d'une manière exacte. Le 15 du mois sortant en juin 1237, c'est-à-dire le 16 juin, tombe un mardi, *feria tertia*, et non pas le mercredi, *feria quarta*.

2561 Au camp devant Milhau. 1237. 28 juin.

Instrumentum quo constat quomodo Matfridus de Castro-novo in fidelitatem R. comitis Tholosani intraverit.

(J. 309. — Toulouse, V, n° 14. — Original scellé.)

ABC. DEF. GHJ. KLM.

Pateat universis presentem paginam inspecturis quod Matfridus de Castro-novo, filius quondam Bernardi de Castro-novo, volens transferre principale dominium omnium rerum et possessionum infrascriptarum in dominum R. (Raimundum), Dei gratia comitem Tholosanum et marchionem Provincie, et postea illa omnia ab ipso domino comite tenere in feudum, dedit et concessit donatione inter vivos dicto domino comiti Tholosano, et successoribus suis, quicquid habebat in castro de Gannaco, et mandamento et honore ejusdem castri, et quicquid habebat apud Bellum-locum, et in mandamento et honore ejusdem ville, et totum quicquid habet usque ad Petram S. Martini, et usque ad Argentacum, et omnia quecumque habebat vel habere debebat in cunctis aliis locis, excepto Castro-novo et honore ejusdem castri. — Omnium predictorum et singulorum donatione facta a Matfrido predicto dicto domino comiti Tholosano et successoribus suis, de illis omnibus et singulis se nomine dicti comitis constituit possessorem. — Et dominus comes supradictus omnia illa et singula supradicta per se et successores suos Matfrido sepedicto et successoribus suis dedit et concessit in feudum tenendum a se et successoribus suis. — Et idem Matfredus, receptis omnibus et singulis in feudum a domino comite predicto, et pro dicto feudo fecit sibi homagium et sacramentum fidelitatis. — Et fuit actum inter eos ut recognitionem, homagium et sacramentum fidelitatis faceret pro dictis feudis Matfridus supradictus et successores sui domino comiti supradicto et successoribus suis quandocumque et quotienscumque mutatio persone intervenerit ex parte domini vel vassali. — Item fuit actum inter eos quod omnia castra, fortias et municiones, burgos et villas, ea que nunc ibi sunt vel in futurum erunt, reddet dictus Matfridus et successores sui dicto domino comiti et successoribus suis quandocumque et quotienscumque ab ipsis vel eorum certis nunciis requisiti fuerint, moniti vel somossi. — Et dominus comes sepedictus per se et successores suos promisit dicto Matfrido et successoribus suis quod pro dicto feudo erit sibi bonus et legalis dominus et eos in jure suo, ipsis in fidelitate manentibus, juvabit perpetuo et deffendet. — Et ad perennem horum omnium memoriam et majorem firmitatem, dominus comes et Matfridus supradicti, presentem paginam fecerunt sigillorum suorum munimine roborari. — Actum fuit hoc ante Amilianum in castris, III. kalendas julii, anno Domini M. CC. XXX. septimo. — Testes fuerunt: Hugo comes Ruthenensis, Bertrandus frater domini comitis supradicti, Bertrandus de Cardalhaco, Guillelmus Barasc, Sicardus de Miromonte, Petrus Garini de Cajarc, Hugo Arnaldus de Creissaco, Amalvinus Bonafos, Guillelmus Amalvinus de Lusueg, Fulco de Popia, Bernardus Ademarii de Scura, Guillelmus de Barreria, Bego de Barreria, Berengarius Centulli, Bernardus Geraldi de Amiliano, et Johannes Aurioli, domini comitis Tholose notarius, qui, mandato ipsius et supradicti Matfridi, hec scripsit et sigillo domini comitis sigillavit.

Deux sceaux en cire blanche sur attaches de peau. — Le sceau de Raymond VII, comte de Toulouse, premier sceau, est décrit dans l'*Inventaire* sous le n° 744; celui de Maifre de Castelnau, en Quercy, sous le n° 1645.

2562   Compiègne. 1237. Juin.

Litteræ Roberti comitis Atrebatensis de apanagio quod sibi Ludovicus rex frater suus constituit.

(J. 530. — Artois, n° 2. — Original scellé.)

Omnibus ad quos littere presentes pervenerint, Robertus comes Attrebatensis, salutem. — Notum facimus quod, cum clare memorie genitor noster Ludovicus rex Francie illustris in testamento suo ordinaverit et pro parte hereditatis nobis assignaverit terram Attrebatesii, quam idem genitor noster ex parte matris sue habebat, Attrebatum, Sanctum Audomarum et Aryam, cum pertinenciis eorumdem, et post decessum karissime domine et matris nostre B. (Blanche), regine Francie illustris, Hisdinum, Bapalmas et Lens, cum eorum pertinentiis, que eadem domina mater nostra tenebat, nomine dotalitii, ex parte Isabellis regine moventia, karissimus dominus et frater noster Ludovicus rex Francie illustris, sinceritatem dilectionis quam ad nos habet volens per exhibitionem operis ostendere, voluit et nobis per cartam suam concessit totam terram predictam, salvis feodis et elemosinis que tenebuntur et reddentur sicut tempore genitoris nostri, nobis et heredibus nostris jure hereditario possidendam, ita quod tam illam terram Attrebati, Sancti Audomari et Arye, quam idem dominus et frater noster rex tenebat, quam illam quam dicta domina mater nostra nomine dotalicii possidebat, cum eo jure quod eadem domina mater nostra in emptione habebat quam apud Villanas fecerat, sita in feodo Lensii, tanquam hereditatem nostram habeamus et possideamus. — Et nos predicto domino et fratri nostro regi hominagium ligium inde fecimus, et heredes nostri eidem domino et fratri nostro regi et ejus heredibus similiter facere tenebuntur. — Et idem dominus et frater noster rex predictum dotalicium ejusdem domine matris nostre ad terre equivalentiam commutavit eidem domine matri nostre in loco sibi grato et placenti. — Nos autem de predictis pro parte terre quam habere debebamus, habemus nos pro pagatis, nec nos nec heredes nostri a dicto domino et fratre nostro rege vel ejus heredibus amplius pro parte terre possumus petere nec petemus. — Quod ut perpetue stabilitatis robur obtineat, presentes litteras sigilli nostri munimine fecimus roborari. Actum apud Compendium, anno Domini millesimo ducentesimo tricesimo septimo, mense junio. »

Scellé en cire verte, sur lacs de soie rouge et verte, du sceau de Robert Ier, comte d'Artois, fils puiné de Louis VIII, décrit dans l'*Inventaire* sous le n° 355.

2563   1237. 9 juillet.

(J. 316. — Toulouse, VII, n° 104. — Original.)

Instrumentum, per litteras alphabeti divisum, quo Bernardus de Carrovol et Petrus de Carrovol, fratres, sponte sua recognoscunt se, ex parte Ermengardis des Maill aviæ suæ, et patris et matris suorum, homines dominicatos esse domini R. de Dornanio, de ejus honore et manso de Arzila, sicut et totum ipsorum genus antea semper fuerat, quapropter ei solemniter præstant homagium. — Quo recepto, præfatus R. de Dornanio, ex parte sua, eos eorumque bona manutenere et deffendere pollicetur. — « Hoc totum fuit factum in presentia P. de Alano bajuli tunc temporis castri Podii Laurentii. Testes hujus rei sunt : idem Petrus de Alano, et Poncius Esquirols, et Matfredus Adam, et B. Garcius, et P. A., et P. Piols, et Sicardus Bonum Donum qui hanc cartam scripsit vii. nonas (*corr.* idus) julii, anno m° cc° xxx° vii°, Lodoycho rege regnante, R. (Raimundo) Tholosano comite, R. (Raimundo) episcopo. »

Comme le sept des nones est une date impossible, nous supposons que le rédacteur de l'acte s'est trompé en écrivant, et qu'il a mis vii° *nonas*, au lieu de vii° *idus*.

2564   Le Puy. 1237. 23 juillet.

(J. 338. — Le Puy, n° 3. — Original scellé.)

G. (Guillelmus) decanus totumque Aniciensis ecclesiæ capitulum recognoscunt, cum a venerabili patre suo B. (Bernardo) episcopo Aniciensi licentiam obtinuerint cujusdam clausuræ murorum construendæ in terra et dominio Aniciensis ecclesiæ, juxta ipsorum claustrum, a turre domus domini episcopi super planum S. Petri de Turre usque ad abbatiam S. Evodii, nil damni ex hac clausura præfato episcopo nec domino regi, quoad regalia, esse generandum, volentes et concedentes quod illa clausura et locus infra eamdem inclusus usque ad ipsorum claustrum, claustri libertatem non habeat. — « In cujus rei firmitatem et testimonium, presentes litteras sigillo nostro comuni fecimus sigillari. Datum apud Anicium, in crastinum Beate Marie Magdalene, anno Domini m° cc° tricesimo septimo. »

Sceau du chapitre de Notre-Dame du Puy; cire blanche, double queue. (*Inventaire*, n° 7285).

2565   Viterbe. 1237. 28 juillet.

Litteræ Gregorii papæ IX archiepiscopo Viennensi pro comite Tolosano.

(J. 696. — Bulles. Mélanges, n° 8. — Original scellé.)

Gregorius episcopus, servus servorum Dei, venerabili fratri [Johanni] archiepiscopo Viennensi, Apostolice Sedis legato, salutem et apostolicam benedicnem. — Inter alia pietatis opera, que unigenitum Dei fecisse legimus, illud fuisse potissimum exultamus quod quadriduanum Lazarum suscitavit ab inferis devictus Magdalene lacrimis supplicantis; unde non indigne hiis de numero delinquentium, qui signa probabilia proferunt cordium contritorum, prompti esse debemus ad gratiam quam eorum saluti fore credimus oportunam. — Cum igitur nobilis vir comes Tholosanus, sicut ex parte sua fuit propositum, coram nobis ductus penitudine se libertatem ecclesiasticam offendisse super hiis que respiciunt negotium pacis et fidei nec non super aliis que sibi objecta fuisse noscuntur, nostris stare cupiat beneplacitis et mandatis, speciales propter hoc nuntios ad Sedem Apostolicam transmissurus, nos Illius clementiam attendentes qui non mortem sed conversionem peccantium diligit et salutem, fraternitati tue per apostolica scripta mandamus quatinus dicto comiti nullum opponas obstaculum quin prelatos et alias religiosas personas super premissis ad presentiam nostram possit libere destinare, presertim cum debitum sit Ecclesie, precluso desperationis invio, quibusque penitentibus salutis januam aperire. — Datum Viterbii, v. kalendas augusti, pontificatus nostri anno undecimo.

Bulle de plomb sur cordelettes de chanvre. — Voyez l'*Inventaire*, n° 6047.

2566   Mouzon. 1237. Juillet.

(J. 207. — Mouzon, n° 3. — Original.)

Henricus comes Barri-Ducis notum facit contentionem, quæ inter reverendum patrem H. (Henricum) Remensem archiepiscopum, ex una parte, et virum nobilem Arnulphum comitem de Los et de Chigni, ex altera, super domo forti Guoberti de Hailli, militis, apud Sachi sita vertebatur, a se, ut arbitro, ita compositam fuisse, ut dictus Guobertus de præfata domo utrique eorum homagium faceret, et de ea utrisque contra quascumque personas adjuvaret, sed nec dictus archiepiscopus contra comitem, nec idem comes contra archiepiscopum de eadem domo posset adjuvari. — « In cujus rei testimonium, presentes litteras sigilli nostri munimine fecimus roborari. Actum apud Mosomum, anno Domini m° cc° xxx° septimo, mense julio. »

Traces de sceau pendant sur double queue. — Le sceau de Henri II, comte de Bar-le-Duc, est décrit dans l'*Inventaire* sous le n° 796.

2567   Mouzon. 1237. Juillet.

(J. 207. — Mouzon, n° 5. — Original.)

Arnulphus comes de Los et de Chigni notam facit compositionem inter se et reverendum patrem H. (Henricum) Remensem archiepiscopum initam super domo Guoberti de Walli militis sita apud Sachi. — « In cujus rei testimonium, presentes litteras feci sigilli mei munimine roborari. Actum apud Mosomum, anno Domini m° cc° xxx° septimo, mense julio. »

Traces de sceau pendant sur double queue. — Le sceau d'Arnould, comte de Loos et de Chiny (Belgique), n'a pas été retrouvé.

2568   1237. 12 août.

(J. 328. — Toulouse, XIX, n° 24. — Copie authentique.)

Instrumentum quo declarantur testamentum seu ultimæ dispositiones quas Bernardus de Miramonte de Portaria ordinandas curavit in illa infirmitate de qua obiit, et quarum executionem in Dei miseratione et domini R. (Raimundi) comitis Tolosani posuit, præfatum comitem deprecatus ut' omnibus a se decretis cura sponderiorum suorum perficiendis studeat. — « Ita et in hunc modum, sicut superius continetur, jam dictus Bernardus de Miramonte fecit testamentum suum et dispositionem ultimam, scilicet, xii. die introitus mensis augusti, regnante Lodoico rege Francorum, Raimundo Tolosano comite, Raimundo episcopo, anno m° cc° xxx° vii° ab incarnatione Domini. Hujus testamenti et dispositionis sunt testes : præfati sponderii, scilicet, Petrus Niger et Poncius de Galhaco; sunt etiam inde testes Bernardus R. Baranonus, et Poncius Maynata, *tres alii*, et Petrus de Beceto, qui cartam istam scripsit. »

Copie délivrée, en 1247, par Hugues le Peintre (*Hugo Pictor*), et certifiée par deux notaires, Pons Étienne et Pierre Robert.

2569   1237. Dimanche 23 août.

Charta infeodamenti.

(J. 304. — Toulouse, II, n° 61. — Original.)

Notum sit quod Guillelmus Estivus et filius ejus Estivus Willelmus dederunt ad feodum Petro Boerio

(1237)

Sancti Romani et ejus ordinio totam illam terram cultam et incultam que est inter terram Tolsani Fabri et terram Arnaldi Uge, et tenet terre de Donatis usque ad caminum. — Tali pacto dederunt ei hoc feodum ut feodotarius quoque anno de omnibus explectis inde exientibus tribuat dominibus (corr. dominis) dictis sextam partem in garba vel in grano, ad electionem dominorum, et retroacapte, quando evenerit, II. denarios Tolosanos, et de clamore feodi fide (corr. fidem) habeant domini et justiciam II. denarios, si inculpabitur feodarius. — Et si voluerit vendere vel inpignorare feodum, fiat hoc consilio dominorum, et reddat quoque solido vende I. denarium et quoque solido pignoris I. obolum. Insuper domini dicti debent garire feodum de omnibus amparatoribus dicto feodotario et ejus ordinio. — Hoc fuit factum VIII. die exitus augusti, feria I, regnante Lodovico Francorum rege, Raimundo Tolosano comite, et Raimundo episcopo. Anno M° CC° XXX° VII° ab incarnatione Domini. — Hujus rei sunt testes : Petrus Garinus, Bernardus Amelius, Guillemus Molirinus et Willelmus Vasco qui istam cartam scripsit.

2570   1237. Dimanche 23 août.

(J. 304. — Toulouse, II, n° 62. — Original.)

Charta, per litteras alphabeti divisa, qua notæ fiunt conditiones sub quibus Gardubius, pro se et fratre suo Rogerio, dedit in feodum Petro Boerio Sancti Romani et ejus ordinio VIII. sextaratas terræ et plus, si ibi magis voluerit rumpere, cultam et incultam; et sunt apud Romengos inter malolium Petri Hamerii et honorem dictorum dominorum. — « Hoc fuit factum VIII. die exitus augusti, feria I, regnante Lodovico Francorum rege, Raimundo Tolosano comite, et Raimundo episcopo, anno M° CC° XXX° VII° ab incarnatione Domini. »

2571   1237. Août.
Samedi 1er, 8, 15, 22 ou 29 août.

(J. 325. — Toulouse, XVI, n° 12. — Original roman.)

Acte divisé par A. B. C., par lequel B. Delmas déclare avoir vendu et cédé à B. Bisbe, à dame Pagana femme dudit Bisbe et à leurs enfants et héritiers diverses maisons, avec l'emplacement sur lequel elles sont bâties, et un jardin, le tout situé à Bessières (Veseiras). — « Testimoni : R. Amaneu, e W. Vidal, e Gaillart de Gasques,

tres alii, e W. Repolleir escriva comunal de Veseiras, come o auzic que aqesta carta escrius el mes d'aost, feria VII, anno Domini M. CC. XXX. VII, reinan Lodoic lo rei, e R. lo comte de Tolosa, e R. l'avesque; e aiso fo faig e la careira comunal, denant la sobredicha maio. »

2572   1237. Septembre.

(J. 198 A. — Champagne, VI, n° 73. — Original.)

Johannes abbas de Nigella et Petrus abbas B. Mariæ de Virtuto notum faciunt, in ipsorum presentia, Jacobum priorem ecclesiæ de Cantumerula, Johanne quondam præfatæ ecclesiæ abbate mortuo, a domino Johanne Noviomensi et Thorotæ castellano, Theobaldi regis Navarræ, Campaniæ et Briæ comitis vices gerente, abbatis eligendi licentiam petiisse et obtinuisse. — « In cujus rei testimonium, ad peticionem dicti Jacobi prioris, presentes litteras sigillorum nostrorum munimine fecimus roborari. Actum anno Domini millesimo ducentesimo tricesimo septimo, mense septembri. »

Les sceaux de Jean, abbé du monastère de Nesle-la-Reposte, diocèse de Troyes, et de Pierre, abbé de Notre-Dame-de-Vertus, diocèse de Châlons-sur-Marne, qui dans l'origine étaient appendus à cette charte, se sont détachés et n'existent plus aux Archives.

2573   1237. Septembre.
Hommage lige d'Arnaud Guillaume d'Agramont à Thibaud, roi de Navarre, comte de Champagne.

(J. 209. — Champagne, XIV, n° 18. — Copie authentique.)

In Dei nomine. Sepan todos aquellos qui son et qui son por venir que yo, don Arnalt Guillem de Agramont, so hombre lige ante todos omes mon seynnor don Thibalt, por la gracia de Dius rey de Navarra, comde palazino de Champainna et de Bria, et tiego deil ligement el castiello d'Agramont con todas sus pertinencias ; et viengo de conoscido et de manifest que yo et todos aquellos qui seran seynnores del castiello d'Agramont devemos fer guerra et paz, contra todos los omes del mundo, del castiello d'Agramont por vos nuestro seynnor don Thibalt, por la gracia de Dius rey de Navarra, et por todos aquellos qui regnaran empues vos en el regno de Navarra, et por todo vuestro mandamiento. — Et es a saber que, si por ventura vos, el devandito don Thibalt, ho aquellos qui regnaran empues vos, ovieretes guerra con vuestra veçindat, io, el devandito don Arnalt Guillem d'Agramont, ho qui que sera seynnor del castiello d'Agramont, devemos a vos don Thibalt, et a todos aquellos qui empues vos regnaran, ho a todo vuestro mandamiento render el castiello d'Agramont por fazer del castiello guerra et paz a vuestra voluntat, en esta convenença que, dentro quaranta dias, finida la guerra, el castiello d'Agramont deve seer rendido a qui sea seynor d'Agramont, con quanto de conduito, de garnimiento, et bastido de todas cosas como sera recebido por fazer dent guerra et paz. — Et yo el devantdito don Arnalt Guillem d'Agramont he feyto homenage de manos et de boca, a buena fe, senes engainno, a vos mon seynnor don Thibalt rey de Navarra que tienga todas las coviniençias como escriptas son en esta carta, et, si non las tenia, que sea tal traydor que non me pueda salvar por mis armas ni por aillenas. Et todo seynnor d'Agramont deve tener et catar estas conveniençias a todo rey qui regnara en Navarra, a buena fe, senez engainno. Et es a saber que qualque hora el rey de Navarra oviere mester el castiello d'Agramont por fer guerra, io, ho qui que sera seynnor d'Agramont, devemos render al rey de Navarra ho a su mandamiento el castiello d'Agramont, eil dando un cavaillero jurador sobre su anima a qui que sea seynor d'Agramont quel rienda el castiello d'Agramont, como escripto es en esta carta. — Et yo don Arnalt Guillem d'Agramont, coviengo a buena fe senes engainno a vos mon seynnor don Thibalt rey de Navarra que yo, ni otro por mi, ni que sea seynnor d'Agramont, non devemos fer ni consentir mal, furto ni roberia nenguna en camino nenguno ni en logar nenguno que sea de la seynnoria del rey de Navarra si non fuesse a nuestro enemigo sabido; et si la fiziessemos, devemos fer en la merce de vos, et de aquel qui regnara en Navarra, del castiello d'Agramont et todas las nuestras otras cosas. Pero si la roberia ho el malfeyto non fuesse manifesto, devemos fer et conplir dreyto como mandare la cort del rey de Navarra. — Testimonias son qui esto vidieron et odieron : don Garcia Semenez Doarriz, Aznar Lopeiz de Caparroso, Gui de Sotor, Lambert de Castellon, Johan de Molins, caveros; Helies Davit, Girart de Melarons, Leoynes, francos; maestre Robert Delfin abbat d'Aynar, Herbert prior de Caparosso, clerigos. — A mayor firmeza de todas estas cosas, el rey de Navarra devandito, et yo el devandito don Arnalt Guillem d'Agramont, pusiemos nuestros saieillos en esta present carta. — Esta carta fue feyta en anno de la Incarnacion de Nuestro Seynnor mil et dozientos et treinta siet, en el mes de setembre; en la era de mil cc. lxxv.

Copie délivrée sur la demande de Guillaume, doyen de l'église de Tudela, et de messire Clément d'Aulnay, sénéchal du royaume de Navarre, certifiée par Sanche de Uncastillo, notaire à Tudela, Foulque, abbé du monastère de Bérole au diocèse de Tarazona, Martin de Saint-Laurent, gardien des Frères Mineurs de Tudela, au même diocèse, frère Garcia, prieur de la maison de Tudela, de l'ordre des Frères de la Pénitence de Jésus-Christ, Osmond, prieur de l'église de Sainte-Croix hors des murs de Tudela, Loup, prieur des pauvres de l'hôpital de Roncevaux, et scellée de cinq sceaux en cire blanche pendants sur cordelettes de fil.

2574 Viterbe. (1237.) 6 octobre.

Litteræ Gregorii papæ IX quod nec rex Franciæ nec ejus familia excommunicationis vinculo astringantur etiam cum excommunicatis participando.

(J. 684. — Bulles de priviléges, n° 28. — Original scellé.)

Gregorius episcopus, servus servorum Dei, carissimo in Xpisto filio [Ludovico] illustri regi Francie, salutem et apostolicam benedictionem. — Cum, sicut ex parte tua nostris est auribus intimatum, non nulli prelati regni tui et judices a Sede Apostolica delegati, cum aliquos sibi obedire nolentes vinculo excommunicationis astringunt, in participantes excommunicatis hujusmodi, non solum in crimine sed etiam alio modo, excommunicationis presumant sententias fulminare, tuis precibus inclinati, auctoritate tibi presentium indulgemus ut, si quando te vel familiam tuam hujusmodi excommunicatis communicare contingat, propter hoc majori excommunicationis laqueo nequaquam ligari possitis, dummodo non communicetis in crimine criminosis. — Nulli ergo omnino hominum liceat hanc paginam nostre concessionis infringere vel ei ausu temerario contraire. Si quis autem hoc attemptare presumpserit, indignationem omnipotentis Dei et beatorum Petri et Pauli apostolorum ejus se noverit incursurum. Datum Viterbii, ii. nonas octobris, pontificatus nostri anno undecimo.

Bulle de plomb sur lacs de soie rouge et jaune. — Voyez l'*Inventaire*, n° 6047.

2575 Viterbe. (1237.) 6 octobre.

(J. 688. — Bulles de priviléges, n° 108. — Original scellé.)

Gregorius papa IX, ad preces charissimæ in Christo filiæ suæ Blanchæ reginæ Franciæ inclinatus, ei concedit ut nullus in terras ejus interdicti sententiam promulgare audeat absque speciali Sedis Apostolicæ licentia. — « Datum Viterbii, II. nonas octobris, pontificatus nostri anno undecimo. — *Gaudentes pro multiplici et laudabili testimonio, etc.* »

Bulle de plomb sur lacs de soie rouge et jaune. — (*Inventaire*, n° 6047.)

2576 Viterbe. (1237.) 6 octobre.

Gregorius papa IX archiepiscopis et episcopis Franciæ inhibet ne interdicti sententias inconsiderate et præpropere in terras regis Franciæ proferant.

(J. 686. — Bulles. Priviléges, n° 68. — Original scellé.)

Gregorius episcopus, servus servorum Dei, venerabilibus fratribus archiepiscopis et episcopis regni Francie, salutem et apostolicam benedictionem. — In divini celebratione officii non solum laus Creatoris excelsi noscitur exaltari, sed ad fidem catholicam diligentius excolendam animus singulorum instruitur, et mens devota bonorum ad dilectionem Dei fortius animatur. Propter quod ecclesiarum prelatis est subtilius precavendum ne in ecclesias nisi tunc demum sententias proferant interdicti, cum non aliter posse conspiciunt lese justitie provideri. — Hinc est quod, cum sicut ex parte carissimi in Xpisto filii nostri Francie regis illustris nostris est auribus intimatum, aliqui vestrum terram suam ecclesiastico nimis prep[r]opere supponant interdicto, non attendentes quod exinde animarum pericula diversa contingunt, et heretici audacius ad vineam Domini demoliendum insurgunt, nec non quod vestram jurisditionem sic nos convenit moderari ne exinde graviora consurgunt dispendia, unde magna sperantur compendia proventura. — Universitati vestre per apostolica scripta mandamus quatinus in prolatione sententiarum hujusmodi procedere cum ea maturitate et gravitate curetis quod sententia vestra medicinalis ad profectum animarum appareat et effectus justitie in aliquo non ledatur, nosque ipsi regi providere aliter non cogamur.

— Datum Viterbii, II. nonas octobris, pontificatus nostri anno undecimo.

Bulle de plomb sur cordelettes de chanvre. — Voyez l'*Inventaire*, n° 6047.

2577 Latran. 1237. 30 octobre.

Gregorius papa IX Blancham reginam Franciæ hortatur ut Imperio Constantinopolitano contra Græcos quam citius adjuvet.

(J. 696. — Bulles. Mélanges, n° 5. — Original scellé.)

Gregorius episcopus, servus servorum Dei, carissime in Xpisto filie B. (Blanche) illustri regine Francie, salutem et apostolicam benedictionem. — Olim intellecto quod Vatacius, Dei et Ecclesie inimicus, graviter imperium Constantinopolitanum oppresserat, et plures ipsius civitates et loca capiens ea funditus devastarat, attendentes quod in ipsius conservatione Imperii specialiter Terre sancte subsidium noscitur promoveri, et si, quod absit, dominio Grecorum, qui magis Latinos odiunt quam paganis, subicitur, de facili ejusdem terre discidium sequeretur, serenitatem regiam apostolicis exoravimus litteris quod in succursum ejusdem Imperii ydoneos bellatores aut aliud congruum subsidium destinares; verum quia, nisi in brevi eidem succuratur Imperio, Terra sancta ac ipsum Imperium irreparabilis dampni incurrere poterunt detrimentum, celsitudinem tuam sicut iterum sic attentius duximus exorandam quatinus eidem Imperio, ob reverentiam Apostolice Sedis et nostram, succurrere non moreris. — Nos enim, qui in ipsius Imperii subsidio succurri Terre sancte specialiter reputamus, de omnipotentis Dei misericordia et beatorum Petri et Pauli apostolorum ejus ac ea quam idem nobis concessit auctoritate confisi, tibi in succursum prefati Imperii bellatores ydoneos vel aliud congruum subsidium, juxta consilium venerabilis fratris nostri [Willelmi] Parisiensis episcopi et dilecti filii fratris Willelmi penitentiarii nostri, vel ipsorum alterius, transmittenti illam concedimus indulgentiam peccatorum quam habitura esses si in Terra sancta personaliter te transferres. — Datum Laterani, III. kalendas novembris, pontificatus nostri anno undecimo.

Bulle de plomb sur cordelettes de chanvre. — (*Inventaire*, n° 6047.)

2578 Villedieu. 1237. 9 novembre.

(J. 316. — Toulouse, VII, n° 105. — Original.)

Instrumentum quo Ugno Arnaldus miles recognoscit se esse militem domini Ramundi comitis Tholosæ, marchionis Provinciæ, et ab eo in feudum tenere totum factum de Lizoig et de S. Medardo, et quicquid habet apud Montemcuqum, Montem-Lanardum, et Salvamterram; de quibus ei et ejus successoribus, pro se et successoribus suis, solemne præstat homagium. — Quo recepto, præfatus comes prædicto Uguoni Arnaldo ex parte sua pollicetur quod ei de prædictis feudis bonus dominus erit et fidelis. — « Acta fuerunt ita et concessa hec supradicta apud Villam-Dei, vIIII. die introitus mensis novembris, regnante Lodoico Francorum rege, et eodem domino Raimundo Tholosano comite, et Raimundo episcopo, anno M° CC° XXX° septimo ab incarnatione Domini. Testes sunt: Guillelmus de Barreria, Berengarius Centulh, Bertrandus de Cardeilhaco, Petrus Martinus de Castronovo, Johannes Aurioli, Petrus Laurentii, et Bernardus Aimericus, publicus Tholose notarius, qui mandato ipsius domini comitis cartam istam scripsit. »

2579 1237. 15 novembre.

(J. 317. — Toulouse, VIII, n° 24. — Original.)

Instrumentum quo constat Ramundum de Ponte, Johannem de Turre et Vasconem de Turre, patrem ejus, Willelmum Berengarium, Guillelmum Bosquetum et quosdam alios, spontanea sua voluntate, cum domino R. (Raimundo) comite Tolosæ, marchione Provinciæ, hoc pactum et hanc conventionem inire scilicet ut de omni hoc quod, ab hac præsenti die in antea, exigere vel recuperare poterint de Guillelmo R. de Monte-cathano vel de ejus terra, ratione illorum debitorum quæ dictus Guillelmus debet Petro de Ponte, patri supradicti Raimundi de Ponte, et aliis sociis supranominatis, duas partes habeant, tertiam vero partem prædicto Ramundo comiti reddant, donent et tradant bene et fideliter. — « Hoc fuit factum ita et concessum xv. die introitus mensis novembris, regnante Lodoico Francorum rege, et eodem domino Raimundo Tholosano comite, et Raimundo episcopo, anno M° CC° XXX° septimo ab incarnatione Domini. De mandato et concessione Raimundi de Ponte, et Johannis de Turre, et W. Bosqueti, et Poncii Martini, sunt testes: Bertrandus Lambertus, et Petrus de Justarrente sartor. Et de mandamento et concessione Willelmi Berengarii sunt testes: Arnaldus Lambertus et dictus Petrus de Justarrente. Ad hec omnia fuit Bernardus Aimericus presens et est de toto testis, et cartam istam scripsit. »

2580 Toulouse. 1237. 18 novembre.

(J. 317. — Toulouse, VIII, n° 23. — Original.)

Instrumentum, per litteras alphabeti divisum, quo constat Ramundum comitem Tholosanum et Bernardum de Avignone Tholosanum civem illud inter se pactum iniisse, videlicet, ut quidquid haberi vel exigi vel recuperari a die ista in antea poterit, sive per dominum comitem vel suos, vel per præfatum Bernardum vel suos, occasione vel ratione societatum vel debitorum vel etiam depositi vel cabali quæ idem Bernardus de Avinione et Bonetus avunculus ejus cum aliquo vel aliquibus insimul contraxerunt, vel ipse Bernardus per se, illud totum præfati dominus comes et Bernardus habeant in communi, ita tamen quod dominus comes habeat inde tertiam partem et dictus Bernardus II. partes. — « Actum fuit hoc Tholose, in aula domini comitis, XIIII. kalendas decembris, regnante Lodoico Francorum rege, et eodem domino Ramundo Tholosano comite, et Ramundo episcopo, anno M° CC° XXX° septimo ab incarnatione Domini. Testes sunt: Sycardus Alamanni, et Bernardus Geraldi de Amiliano, et Arnaldus de Escalquencis, et Arnaldus Ruffus legista, et Petrus Ramundus de Burgo, et Bernardus Aimericus publicus Tholose notarius, qui mandato ipsius domini comitis cartam istam scripsit. »

2581 Saint-Romain. 1237. 27 novembre.

(J. 314. — Toulouse, VII, n° 74. — Original.)

Instrumentum quo Isarnus de Dornha et Jordanus de Sayco frater ejus, filii quondam Sycardi de Podio-Laurentio, statim post mortem præfati patris sui coram Raimundo comite Tholosæ, marchione Provinciæ, comparentes, spontanea voluntate sua declarant se quidquid ex hereditate paterna apud Podium-Laurentium, in toto dominio Podii-Laurentii, et etiam in toto episcopatu Tolosano possident, in feodum a præfato comite tenere; de quibus ei homagium ligium faciunt et, junctis manibus, osculo dato, omnem reverentiam, honorem et fidelitatem solemniter promittunt. — « Actum fuit hoc apud Sanctum Romanum, v. kalendas decembris, regnante Lodoico Francorum rege, et eodem domino Raimundo Tholosano comite, et Raimundo episcopo, anno M° CC° XXX° septimo ab incarnatione Domini. Testes sunt: Poncius de Villanova senescalcus Tholosani, Jordanus de Lantari, Bartascius, R. Herveus, Petrus de Tholosa vicarius Tholose, R. de Alfaro, Bernardus de Turre, et Bernardus de Miromonte, filius Sycardi de Miromonte, et Bernardus Aimericus, publicus Tholose notarius, qui cartam istam scripsit. »

2582 1237. 13 décembre.

(J. 328. — Toulouse, XIX, n° 14. — Original.)

Instrumentum quo constat Arnaldim (sic) Bostiacium et Bertrandum ejus fratrem tertium quod habebant in villa de Buzeto et ejusdem pertinentiis Ramundo comiti Tholosano et ejus successoribus vendidisse. — « Actum fuit xiii. die introitus mensis decembris, regnante Lodoico Francorum rege, et eodem domino Raimundo Tholosano comite, et Raimundo episcopo, anno m° cc° xxx° septimo ab incarnatione Domini. De mandamento et concessione dicti Arnaldis sunt testes : Poncius de Villa-nova senescalcus Tholosani, et Bertrandus frater dicti domini comitis, et Sicardus de Monte-alto, et Sicardus Alamanni, et Johannes Aurioli, et Aimericus Porterii, et Arnaldus Johannes filius quondam Ugonis Johannis. Et de mandamento et concessione dicti Bertrandi sunt testes : Curvus de Turre, et Folquoissius frater ejus, et Arnaldus de Felgari frater domini episcopi predicti. Ad hec omnia fuit presens Bernardus Aimericus et est de toto testis, et cartam istam scripsit. »

2583 Compiègne. 1237. Décembre.

Sententia Laudunensis, Lingonensis, et Noviomensis episcoporum, parium Franciæ, de forma homagii domino regi a Thoma comite et Johanna comitissa Flandriæ præstandi.

(J. 536. — Flandre, I, sac 4, n° 8. — Original scellé.)

Nos Anselmus Laudunensis, Robertus Lingonensis et Nicholaus Noviomensis, Dei gratia episcopi, notum facimus universis presentibus et futuris quod, cum nobilis mulier Johanna comitissa Flandrie contraxisset matrimonium cum viro nobili Thoma de Sabaudia, coram domino rege comparuerunt apud Compendium iidem Thomas et Johanna comitissa. — Petiit autem comitissa a domino rege ut maritum suum, videlicet dictum Thomam, reciperet in hominem ligium de comitatu Flandrie, de quo ipsa domino regi fecerat homagium. Id etiam petebat dictus Thomas, offerens domino regi manus suas. — Dictum autem fuit ex parte domini regis quod conventiones quedam inite fuerunt et firmate per juramentum et litteras, tam comitis Ferrandi bone memorie quam predicte Johanne comitisse, inter dominum regem, ex una parte, et eosdem comitem et comitissam, ex altera, que videlicet littere presentes erant. In quibus convencionibus et litteris obligati erant ipsi et heredes eorum et successores in comitatu Flandrie domino regi, heredibus et fratribus ejus, et domine regine matri ejus.— Volebat igitur dominus rex, si de rachato suo faceret ei gratum suum, eumdem Thomam in hominem ligium recipere in illa forma et in eisdem conventionibus quas ei fecerunt prenominati Ferrandus comes et Johanna comitissa, sicut in eorum litteris continetur, et in illa forma et in illis conventionibus in quibus obligata erat eidem domino regi dicta Johanna Flandrie comitissa, tempore matrimonii inter ipsam et predictum Thomam contracti. — Ex parte vero comitisse et mariti ejus petitum fuit ut dominus rex eumdem Thomam reciperet in hominem ligium, prius illi satisfacto de raschato suo, et postmodum paratus erat idem Thomas super convencionibus predictarum litterarum venire in curiam domini regis et stare ibidem judicio parium suorum. — Cum autem aliquamdiu super hoc fuisset coram domino rege litigatum, optulit dominus rex Thome et Johanne comitisse predictis quod faceret eis dici jus per illos qui eos judicare possent et deberent utrum venire deberet idem Thomas ad homagium domini regis in forma quam ab ipso dominus rex petebat, an in illa quam ipse et dicta comitissa dicebant. — Idem vero Thomas et predicta Johanna comitissa super verbis et ab ipsis et a domino rege propositis appodiaverunt se ad judicium. Et tunc precepit dominus rex nobis tribus, qui presentes eramus et pares Francie sumus, ut super controversia predicta judicium diceremus. — Nos vero, deliberatione habita et tractatu diligenti, attendentes quod dicta comitissa erat heres dicte terre et ad conventiones per juramentum suum obligaverat se, heredes et successores suos in comitatu Flandrie, que continebantur in litteris sigillo suo et sigillo comitis Ferrandi, bone memorie quondam mariti sui, sigillatis, que coram ipsa et coram prefato Thoma marito suo publice et in jure coram domino rege et coram nobis lecte fuerunt, quas etiam approbavit dicta Johanna comitissa in jure coram nobis, juditium pronuntiavimus in hunc modum, videlicet : quod supradictus Thomas ad homagium domini regis venire debebat in forma illa in qua dicta Johanna comitissa Flandrie femina erat domini regis, quando matrimonium contraxit cum dicto Thoma, et in eisdem conventionibus teneri, et eas adimplere quas dicta Johanna comitissa cum domino rege habuerat et in quibus ei tenebatur, et quod securitates omnes, quas ad presens facere poterat, debebat facere domino regi ante factum homagium, residuum vero et securitatum et conventionum post factum homagium integraliter adimplere, cum a domino rege vel a mandato ejus esset super hoc requisitus. — Dicti autem Thomas et comitissa ratum habuerunt juditium supradictum, et eidem sine contradictione qualibet acquieverunt. — In quorum omnium testimonium et munimen, presentem paginam super hoc confectam sigillorum nostrorum testimonio duximus roborandam. — Actum apud Compendium, anno Domini millesimo ducentesimo tricesimo septimo, mense decembri.

Trois sceaux en cire verte sur lacs de soie verte et jaune, décrits dans l'*Inventaire* sous les numéros suivants : 1° sceau d'Anselme de Mauni, évêque de Laon, n° 6636 ; 2° Robert III de Thorote, évêque de Langres, n° 6619 ; 3° Nicolas de Roye, évêque de Noyon, n° 6747.

2584   Compiègne. 1237. Décembre.

Thomas Flandriæ comes et Johanna comitissa ejus uxor notum faciunt quibus conditionibus homagium suum a domino rege receptum fuerit.

(J. 536. — Flandre, I, sac 4, n° 7. — Original scellé.)

Ego Thomas Flandrie et Hanonie comes et ego Johanna comitissa, uxor ipsius, universis presentibus pariter et futuris notum facimus quod, post matrimonium inter nos contractum, personaliter accessimus ad karissimum dominum nostrum Ludovicum regem Francie illustrem, et requisivimus eum ut me Thomam reciperet ad homagium de terra Flandrie, eidem regi suum offerentes rachatum. — Idem dominus rex nobis respondit quod paratus erat me Thomam, facta ei satisfactione de rachato predicto, recipere ad homagium antedictum in ea forma et in illis conventionibus in quibus ego comitissa eidem domino regi tenebar et eram proprio juramento astricta, et etiam heredes et successores mei in comitatu Flandrie ad illas per omnia tenebantur, quia ego comitissa et Fernandus, olim maritus meus, obligaveramus eosdem. Que conventiones coram paribus et etiam coram nobis recitate fuerunt et inferius suscribuntur. Quas etiam conventiones ego comitissa me fecisse recognosco, et in jure coram paribus recognovi. Et, cum nos peteremus quod prius me Thomam ad suum reciperet homagium et postea parati eramus, nos comes et comitissa, facere et adimplere formam et conventiones predictas si jus nostrorum parium hoc dictaret, tandem dominus rex obtulit nobis jus facere dici super premissis per pares, et nos concessimus et in hoc consensimus quod ab eisdem paribus judicium super hiis diceretur. — Pares autem, videlicet, venerabiles patres Anselmus Laudunensis, Robertus Lyngonensis et Nicholaus Noivomensis episcopi secedentes in partem, tractato et deliberatione habita diligenti, reddiderunt nobis jus in hunc modum : Quod ego Thomas ad homagium domini regis venire debebam in illa forma in qua ego comitissa femina eram domini regis, quando inter nos Thomam comitem et Johannam comitissam matrimonium fuit contractum, et in eisdem conventionibus teneri et eas adimplere quas ego comitissa cum dicto domino rege habueram, et in quibus tenebar eidem, et heredes et successores mei, et quod securitates omnes, quas ad presens facere poteram, ego Thomas comes debebam domino regi facere ante homagium antedictum, residuum vero et securitatum et conventionum post factum homagium integraliter adimplere, cum a domino rege vel a mandato ipsius essem super hoc requisitus. — Nos vero, Thomas comes et Johanna comitissa predicti, ratum habentes et gratum dictum judicium, et sine contradictione acquiescentes eidem, ego Thomas comes et ego Johanna comitissa juravimus, tactis sacrosanctis, nos inviolabiliter perpetuo servaturos conventiones de quibus superius facta est mentio, prout inferius continentur. — Et tales sunt conventiones : Ego Thomas comes et ego Johanna comitissa tenemur tradere domino regi litteras domini Pape continentes quod, si ego comes vel ego comitissa vel successores nostri in comitatu Flandrie resiliremus, quod absit, de conventionibus firmatis inter dominum regem ex una parte et nos ex altera, Laudunensis et Silvanectensis episcopi et eorum successores, infra quadraginta dies postquam ex parte domini regis fuerint super hoc requisiti per litteras aut nuncium domini regis, promulgarent auctoritate domini Pape sententiam excommunicationis in nos et successores nostros in comitatu Flandrie, et in nostros coadjutores et omnes fautores nostros, et sententiam interdicti in terras nostras et terras coadjutorum et fautorum nostrorum, et illas sententias tenerent et facerent teneri sine relaxare quousque id esset emendatum in curia domini regis ad judicium parium Francie. — Nos faciemus haberi domino regi securitates et fidelitates militum, communiarum et villarum Flandrie, de quibus eas volet habere, quod videlicet, si nos resiliremus a conventionibus in hac carta contentis, milites et homines communiarum et villarum Flandrie domino regi, et heredibus et fratribus ejus, et domine regine matri ipsius, adhererent et fideliter se tenerent contra nos, nec nobis auxilium prestarent vel consilium, quousque id esset emendatum in curia domini regis ad judicium parium Francie. — Si qui autem de militibus, communiis vel villis Flandrie nollent facere domino regi fidelitates et securitates predictas, nos expelleremus eos de terra nostra et saisiremus quicquid ipsi haberent in feodo domini regis, sine revocare eos et sine reddere eis res suas nisi per dominum regem vel successores ejus, donec fecerint securitates et fidelitates promissas. — Nos et successores nostri non poterimus dominum regem vel heredes vel fratres suos, vel etiam dominam reginam matrem ejusdem, nec homines eorum in causam trahere occasione alicujus rei facte ante pacem factam olim, anno incarnationis Dominice M° CC° vicesimo sexto, mense januario (*Vide supra* n° 1895), inter dominum regem et me comitissam et Fernandum, quondam maritum meum, comitem Flandrie, quin dictus rex, heredes vel fratres sui, vel etiam domina regina mater ejus, vel homines eorumdem, remaneant semper in pace tenentes de omnibus hiis de quibus dominus rex Ludovicus clare memorie, pater dicti regis, et homines sui erant tenentes die conventionis cum dicto Ludovico rege, patre ipsius regis,

facte de liberatione dicti Fernandi comitis facienda, que facta fuit apud Meledunum, anno incarnationis Dominice M° CC° vicesimo quinto, mense aprili (*Vide supra*, n° 1761), et nichil juris de cetero vendicabimus vel reclamabimus in premissis. — Nos et successores nostri non inquietabimus nec guerreabimus dominum regem nec heredes nec fratres suos, nec dominam reginam matrem ejus, nec homines eorumdem, nec ei deficiemus de servicio et jure faciendo, quamdiu dominus rex velit facere nobis jus in curia sua per judicium parium nostrorum. — Nos non possumus facere fortericias novas nec veteres infortiare in Flandria citra fluvium qui dicitur Eschaut, nisi per dominum regem vel successores ipsius. — Has siquidem conventiones, ego Thomas comes et ego Johanna comitissa predicti, tactis sacrosanctis juravimus et promisimus nos bona fide firmiter et fideliter servaturos, et volumus quod ad illas firmiter et fideliter observandas teneantur per omnia heredes et successores nostri in comitatu Flandrie. — Ut autem premissa perpetue firmitatis robur obtineant, presentem paginam sigillis nostris duximus roborandam. — Actum apud Compendium, anno incarnationis Dominice millesimo ducentesimo tricesimo septimo, mense decembri.

Deux sceaux en cire verte sur lacs de soie rouge et verte : 1° sceau de Thomas de Savoie, second mari de Jeanne, comtesse de Flandre (*Inventaire*, n° 622); 2° sceau de la comtesse Jeanne (*Inventaire*, n° 620).

2585   Compiègne. 1237. Décembre.

Securitas facta domino regi ab Arnulpho de Audenarda pro Thoma comite et Johanna Flandriæ comitissa.

(J. 536. — Flandre, I, sac 4, n° 6. 8. — Original scellé.)

Ego Arnulphus dictus dominus de Audenarda omnibus notum facio presentes litteras inspecturis quod ego, tactis sacrosanctis, juravi coram karissimo domino meo Ludovico rege Francie illustri et coram karissima domina mea Blancha Francie regina matre ejus quod si, quod Deus avertat, karissimum dominum meum Thomam comitem Flandrie et karissimam dominam meam Johannam,

Flandrie et Haonie comitissam, uxorem ipsius, contingeret resilire a conventionibus initis inter dictum dominum meum comitem et comitissam, ex una parte, et dominum meum Ludovicum Francie regem illustrem et ejus matrem Blancham reginam ac liberos ejus, ex altera, quas conventiones audivi fideliter recitari et plene intellexi, predictis comiti et comitisse non adhererem nec auxilium vel consilium eisdem vel alteri ipsorum prestarem, immo domino Ludovico regi et domine regine et liberis ipsius pro posse meo adhererem et fideliter faverem, donec illud emendatum esset in curia predicti domini regis, ad juditium parium Francie. — In cujus rei testimonium, presentes litteras scribi feci et sigillo meo sigillari. — Actum apud Compendium, anno Domini M° CC° tricesimo septimo, mense decembri.

Sceau d'Arnoul, seigneur d'Audenarde; cire blanche, double queue; second sceau. (*Inventaire*, n° 10337.)

2586   Compiègne. 1237. Décembre.

(J. 536. — Flandre, I, sac 4, n° 6. 90. — Original scellé.)

Litteræ Guillelmi de Betunia, ejusdem argumenti et formæ. — « In cujus rei testimonium, presentes litteras scribi feci et sigillo meo sigillari. Actum apud Compendium, anno Domini M° CC° tricesimo septimo, mense decembri. »

Sceau de Guillaume de Béthune; cire blanche, double queue. (*Inventaire*, n° 1420.)

2587   Compiègne. 1237. Décembre.

(J. 536. — Flandre, I, sac 4, n° 6. 109. — Original scellé.)

Litteræ Roberti senescalli Flandriæ, ejusdem argumenti et formæ. — « In cujus rei testimonium, presentes litteras scribi feci et sigillo meo sigillari. Actum apud Compendium, anno Domini M° CC° tricesimo septimo, mense decembri. »

Sceau de Robert de Waurin, sénéchal de Flandre; cire brune, double queue. (*Inventaire*, n° 310.)

2588   Compiègne. 1237. Décembre.

(J. 536. — Flandre, I, sac 4, n° 6. 2. — Original scellé.)

Litteræ Ba.duini comitis Guinarum, ejusdem argumenti et formæ. — « In cujus rei testimonium, presentes litteras scribi feci et sigillo meo sigillari. Actum apud Compendium, anno Domini M° CC° tricesimo septimo, mense decembri. »

Sceau de Baudouin III, comte de Guines; cire blanche, double queue. (*Inventaire*, n° 1072.)

2589   Compiègne. 1237. Décembre.

(J. 536. — Flandre, I, sac 4, n° 6. 29. — Original scellé.)

Litteræ Galteri de Guitellis, militis, ejusdem argumenti et formæ. — « In cujus rei testimonium presentes litteras scribi feci et sigillo meo sigillari. Actum apud Compendium, anno Domini M° CC° tricesimo septimo, mense decembri. »

Sceau de Gautier de Ghistelles, chevalier; cire blanche, double queue. (*Inventaire*, n° 10402.)

2590   Compiègne. 1237. Décembre.

(J. 536. — Flandre, I, sac 4, n° 6. 63. — Original scellé.)

Litteræ Maelini de Meteren, militis, ejusdem argumenti et formæ. — « In cujus rei testimonium, presentes litteras scribi feci et sigillo meo sigillari. Actum apud Compendium, anno Domini M° CC° tricesimo septimo, mense decembri. »

Sceau de Maelin de Métheren; cire blanche, double queue. — Voyez l'observation à la suite du n° 2507.

2591   Douai. 1237. Décembre.

Securitas facta domino regi, inter manus nuntiorum ejus, ab Hugone de Antoing pro comite et comitissa Flandriæ.

(J. 536. — Flandre, I, sac 4, n° 6. 107. — Original scellé.)

Ego Hugo de Antoig, miles, notum facio omnibus presentes litteras inspecturis quod ego, tactis sacrosanctis, juravi coram nuntiis excellentissimi domini Ludovici regis Francie illustris, et domine regine Blanche matris ejus ad hoc missis, videlicet coram domino Ferrico Paste Francie marescallo, domino Adam de Miliaco et magistro Guillelmo de Senonibus, clerico ipsius domini regis, quod si, quod Deus avertat, karissimum dominum meum Thomam comitem Flandrie et karissimam dominam meam Johannam Flandrie et Hayonie comitissam, uxorem ipsius, contingeret resilire a conventionibus, etc. (*Quæ sequuntur ipsissimis verbis constant ac litteræ Arnulphi de Audenarda, n° 2585, et aliorum qu Compendii domino regi directe securitatem fecerunt.*)

— In cujus rei testimonium, presentes litteras scribi feci et sigillo meo sigillari. Actum apud Duacum, anno Domini M° CC° tricesimo septimo, mense decembri.

<small>Sceau de Hugues d'Antoing, chevalier; cire blanche, double queue. (*Inventaire*, n° 10331.)</small>

2592   Douai. 1237. Décembre.

(J. 536. — Flandre, I, sac 4, n° 6. 98. — Original.)

Litteræ Alermi de Auby, ejusdem argumenti et formæ. — « In cujus rei testimonium, presentes litteras scribi feci et sigillo meo sigillari. Actum apud Duacum, anno Domini M° CC° tricesimo septimo, mense decembri. »

<small>Traces de sceau pendant sur double queue.—Le sceau d'Aleaume d'Auby est décrit dans l'*Inventaire* sous le n° 1226.</small>

2593   Douai. 1237. Décembre.

(J. 536. — Flandre, I, sac 4, n° 6. 82. — Original scellé.)

Litteræ Philippi de Dergnau, militis, ejusdem argumenti et formæ. — « In cujus rei testimonium, presentes litteras scribi feci et sigillo meo sigillari. Actum apud Duacum, anno Domini M° CC° tricesimo septimo, mense decembri. »

<small>Sceau de Philippe de Dergneau, chevalier; cire blanche, double queue. (*Inventaire*, n° 2020.)</small>

2594   Douai. 1237. Décembre.

(J. 536. — Flandre, I, sac 4, n° 6. 77. — Original scellé.)

Litteræ Guillelmi de Douniel, militis, ejusdem argumenti et formæ. — « In cujus rei testimonium, presentes litteras scribi feci et sigillo meo sigillari. Actum apud Duacum, anno Domini M° CC° tricesimo septimo, mense decembri. »

<small>Sceau de Guillaume de Douai (GUILLELMI DE DUACO sur la légende du sceau); cire brune, double queue; décrit dans l'*Inventaire* sous le n° 2038.</small>

2595   Douai. 1237. Décembre.

(J. 536. — Flandre, I, sac 4, n° 6. 52. — Original scellé.)

Litteræ Henrici præpositi de Duaco, militis, ejusdem argumenti et formæ. — « In cujus rei testimonium, presentes litteras scribi feci et sigillo meo sigillari. Actum apud Duacum, anno Domini M° CC° tricesimo septimo, mense decembri. »

<small>Sceau de Henri de Hondschoote, prévôt de Douai, chevalier; cire blanche, double queue. (*Inventaire*, n° 5185.)</small>

2596   Douai. 1237. Décembre.

(J. 536. — Flandre, I, sac 4, n° 6. 97. — Original scellé.)

Litteræ Petri de Duaco, militis, ejusdem argumenti et formæ. — « In cujus rei testimonium, presentes litteras scribi feci et sigillo meo sigillari. Actum apud Duacum, anno Domini M° CC° tricesimo septimo, mense decembri. »

<small>Sceau de Pierre de Douai, chevalier; cire blanche, double queue. (*Inventaire*, n° 2039.)</small>

2597   Douai. 1237. Décembre.

(J. 536. — Flandre, I, sac 4, n° 6. 20. — Original scellé.)

Litteræ Walteri castellani Duaci, ejusdem argumenti et formæ. — « In cujus rei testimonium, presentes litteras scribi feci et sigillo meo sigillari. Actum apud Duacum, anno Domini M° CC° tricesimo septimo, mense decembri. »

<small>Sceau de Gautier, châtelain de Douai; cire blanche, double queue. (*Inventaire*, n° 5295.)</small>

2598   Douai. 1237. Décembre.

(J. 536. — Flandre, I, sac 4, n° 6. 13. — Original scellé.)

Litteræ Arnulphi de Landast, militis, ejusdem argumenti et formæ. — « In cujus rei testimonium, presentes litteras scribi feci et sigillo meo sigillari. Actum apud Duacum, anno Domini M° CC° tricesimo septimo, mense decembri. »

<small>Sceau d'Arnoul de Landas, chevalier; cire blanche, double queue. (*Inventaire*, n° 2527.)</small>

2599   Douai. 1237. Décembre.

(J. 536. — Flandre, I, sac 4, n° 6. 71. — Original scellé.)

Litteræ Hellini dou Maisnil, militis, ejusdem argumenti et formæ. — « In cujus rei testimonium, presentes litteras scribi feci et sigillo meo sigillari. Actum apud Duacum, anno Domini M° CC° tricesimo septimo, mense decembri. »

<small>Sceau de Hellin du Mesnil, chevalier; cire blanche, double queue; décrit dans l'*Inventaire* sous le n° 2808.</small>

2600   Douai. 1237. Décembre.

(J. 536. — Flandre, I, sac 4, n° 6. 75. — Original scellé.)

Litteræ Arnulphi de Moretengne, militis, ejusdem argumenti et formæ. — « In cujus rei testimonium, presentes litteras scribi feci et sigillo meo sigillari. Actum apud

Duacum, anno Domini m° cc° tricesimo septimo, mense decembri. »

Sceau d'Arnoul de Mortagne, châtelain de Tournay; cire blanche, double queue. (*Inventaire*, n° 10491.)

2601   Douai. 1237. Décembre.

(J. 536. — Flandre, I, sac 4, n° 6. 62. — Original.)

Litteræ Gossuini de Sancto Aubino et Galteri de Hanaples, militum, ejusdem argumenti et formæ. — « In hujus rei testimonium, presentes litteras scribi fecimus et sigillis nostris sigillari. Actum apud Duacum, anno Domini m° cc° tricesimo septimo, mense decembri. »

Deux sceaux en cire blanche pendants sur double queue. — Le sceau de Gossin de Saint-Aubin, chevalier, est décrit dans l'*Inventaire* sous le n° 3504; celui de Gautier de Hanaples, dont il ne reste plus qu'un fragment, est inédit. Un cavalier courant de droite à gauche, couvert de son écu armorié d'un lion rampant. Légende : ..... DE ASNAPL...... Le lion est reproduit au contre-sceau.

2602   Douai. 1237. Décembre.

(J. 535. — Flandre, I, sac 4, n° 5. 20. — Original scellé.)

Litteræ scabinorum totiusque communitatis villæ Duacensis, ejusdem argumenti et formæ. — « In cujus rei testimonium, presentes litteras scribi fecimus et sigillo nostro sigillari. Actum apud Duacum, anno Domini m° cc° tricesimo septimo, mense decembri. »

Sceau de la ville de Douai; cire blanche, double queue; premier sceau, décrit dans l'*Inventaire* sous le n° 5523.

2603   Lille. 1237. Décembre.

(J. 536. — Flandre, I, sac 4, n° 6. 26. — Original scellé.)

Litteræ Rogeri de Covinguen, militis, ejusdem argumenti et formæ. — « In cujus rei testimonium, presentes litteras scribi feci et sigillo meo sigillari. Actum apud Insulam, anno Domini m° cc° tricesimo septimo, mense decembri. »

Sceau de Roger de Covinguen; cire blanche, double queue. Sceau armorial non décrit : Un écu portant quatre étaies. Légende : ✠ SIGILLUM DOMINI ROCERI DE.....

2604   Lille. 1237. Décembre.

(J. 536. — Flandre, I, sac 4, n° 6. 76. — Original scellé.)

Litteræ Sygeri de Courtrai, militis, ejusdem argumenti et formæ. — « In cujus rei testimonium, presentes litteras scribi feci et sigillo meo sigillari. Actum apud Insulam, anno Domini m° cc° tricesimo septimo, mense decembri. »

Sceau de Siger de Courtrai, chevalier; cire blanche, double queue. (*Inventaire*, n° 1940.)

2605   1237. Décembre.

(J. 536. — Flandre, I, sac 4, n° 6. 28. — Original scellé.)

Litteræ Petri de Lanbres et Johannis de Lanbres, ejusdem argumenti et formæ. — « In hujus rei testimonium, presentes litteras fecimus scribi et sigillis nostris sigillari. Actum anno Domini m° cc° tricesimo septimo, mense decembri. »

Sceau de Pierre de Lambres, chevalier; cire blanche, double queue. (*Inventaire*, n° 2524.) — A la place où aurait dû être appendu le sceau de Jean de Lambres, il y a une attache de parchemin avec cette inscription : JOHANNES NON HABET SIGILLUM.

2606   1237. Décembre.

(J. 201. — Champagne, IX, n° 17. — Original.)

Petrus, domicellus dou Meinil et dominus, notum facit se domino suo Theobaldo Navarræ regi, Campaniæ et Briæ comiti palatino, villam de Givri, quam ab eo in feodum tenebat, salva dote Helisabeth matris suæ, post cujus mortem dicta villa integra ad dictum regem deveniet, mediantibus trecentis et sexaginta libris Parisiensium, sibi per manum Johannis de Alneto solutis, vendidisse. Quam venditionem ratam habuit Girardus prædicti Petri frater. — « Quod autem istud ratum et firmum permaneat, presentes litteras sigilli mei munimine tradidi roboratas. — Actum anno Domini millesimo ducentesimo tricesimo septimo, mense decembri. »

Traces de sceau pendant sur double queue. — On trouve dans l'*Inventaire*, sous le n° 2809, la description du sceau d'un seigneur flamand nommé Pierre du Mesnil; mais il est douteux qu'il y ait identité de personne entre ce seigneur et le Pierre du Meinil, damoiseau, qui vend au comte de Champagne son fief de Givry, lequel suivant toute probabilité était situé en Champagne (Givry en Argonne, Marne, arr. de Sainte-Menehould, ou Givry-lez-Lorzy, Marne, arr. de Châlons-sur-Marne).

2607   1237. Décembre.

Homagium a comitissa Drocensi pro castro Gamachiarum domino regi præstitum.

(J. 218. — Dreux, n° 15. — Original scellé.)

Ego A. (Alienor) comitissa Drocensis, notum facio universis, tam presentibus quam futuris, presentes litteras inspecturis quod ego cepi et teneo a karissimo domino meo Ludovico, rege Francie illustrissimo, in feodum et homagium ligium, contra omnes qui possunt vivere et mori, Gamachias quod est de hereditagio meo, quod tenebam in alodio, in augmentum videlicet alterius feodi quod tenebam a domino rege supradicto. Et sciendum est quod Gamachias, cum alio feodo quod tenebam de domino rege predicto, cepi et teneo ad unum feodum, unum homagium, et unum servitium. — Quod ut firmum sit et stabile, presentes litteras sigilli mei munimine feci roborari. — Actum anno Domini M° CC° XXX° septimo, mense decembri.

<small>Sceau d'Éléonor, comtesse de Dreux, veuve de Robert III; cire blanche, double queue. (*Inventaire*, n° 729.)</small>

2608   1237.

(J. 494. — Venise, n° 1. — Déficit.)

Jacobus Teupulus dux Venetiæ, Dalmatiæ et Croatiæ, dominus quartæ partis et dimidiæ totius Imperii Romaniæ, Ludovicum Franciæ regem deprecatur ut Simonem episcopum benigne accipere velit, quem legatum ad regiam majestatem deputat cum ea de rebus Constantinopolitanis acturum. Anno M. CC. XXX. VII.

<small>Nous donnons d'après l'inventaire de Dupuy la notice de ces lettres de créance, qui ne sont plus dans les cartons du Trésor, et qu'il nous a été impossible de retrouver ailleurs.</small>

2609   Latran. (1238.) 8 janvier.

Litteræ Gregorii papæ IX ad Ludovicum regem pro ecclesia Parisiensi.

(J. 696. — Bulles. Mélanges, n° 9. — Original scellé.)

Gregorius episcopus, servus servorum Dei, carissimo in Xpisto filio [Ludovico] illustri regi Francie, salutem et apostolicam benedictionem. — Patet signorum diversitate gratissima quod clare memorie progenitores tui pre aliis terre principibus fuerunt et fide conspicui et intendendo caritatis operibus in tuitione libertatis ecclesiastice studiosi, consequentes ex hoc, superni regis disponente clementia, quod obtinuerunt et benedictionem gentium et prosperitatis optate continuum incrementum. — Hac igitur ratione, fili carissime, nec non ex eo quod, dum cultui virtutum intenditur, a conditore omnium temporalis et eterne munus gratie impetratur, dictorum progenitorum digna laude imitando vestigia, debes haberi sollicitus ut in conspectu Dei et hominum semper appareas gratiosus; sed quia nil magis potest filium acceptum reddere quam quod genitrici devotum se studeat exhibere, decet quod semper ad hoc sis proraptus et facilis ut, matrem tuam Romanam ecclesiam filiali reverentia prosequendo, ipsam in membris ejusdem per tuos aut aliquos alios offendi minime patiaris, sicut in eo pati diceres quod ecclesiarum inclita Parisiensis ecclesia, contra libertates et immunitates sibi a progenitoribus memoratis pia liberalitate concessas, per quosdam favorem tue magnitudinis pretendentes multis angustiis et diversis atteritur nocumentis. Servientes enim dilectorum filiorum decani et capituli ecclesie supradicte, contra consuetudinem a longis retro temporibus pacifice observatam et indulgentias concessas a progenitoribus supradictis, talliis et exactionibus indebitis adeo pregravantur quod, eorum uno a servitiis ipsius ecclesie recedente, pretendunt reliqui quod nolint sub hujusmodi servitutis compede coartari. — Preterea, cum pie memorie Lodoicus, proavus tuus, sub annuo censu decem et octo denariorum terram que Galandia dicitur et omnem jurisdictionem ipsius dictis decano et capitulo contulerit intuitu pietatis, balivi tui homines ejus indifferenter capiunt et ejusdem hospites indebitis molestare talliis ac gravaminibus diversis afficere non desistunt, terra ecclesie Sancti Mederici Parisiensis, que ipsi capitulo subesse pleno jure dinoscitur, consimilia discrimina patiente. — Quid ad ista, fili benedictionis et gratie, nonne tu ipse perspicis quod indignum sit prorsus et indecens ut olim ampliata per tuos libertas ecclesiastica pretextu permissionis tue aliqua perferat detrimenta? Rogamus itaque serenitatem tuam et obsecramus in domino Jhesu Xpisto, in remissionem tibi peccaminum injungentes quatinus piis actibus regum hujusmodi, quorum memoria in benedictione consistit, te conformem constituens et diligenter advertens quam famosum regni tui solium per impensum quondam honorem ecclesiis reddatur multitudini populorum, balivos tuos seu quoslibet alios predictorum excessuum presumptores ab illis omnino desistere tradita tibi desuper coherceas potestate, pro firmo tenens quod, cum ipsam ecclesiam, per quam Sedi Apostolice grandis honor producitur et incrementum catholice fidei procuratur, merito carissimam reputemus, obligati tibi reddimur ad continue benedictionis gratiam, si sentiamus eandem quod de suorum virium conservatione desiderat, circa te, annuente Domino, consuetum. — Hanc igitur obligationem acceptans vel aspirans potius ad retributionem glorie vacantibus pie vite studio preparate, ad protectionem et exaltationem ejusdem Parisiensis ecclesie affectum ita dirigas et effectum quod, ipsa solitis sibi per aulam regni Francie provenire gaudiis habundante, tu et presentibus bonis affluere et celestis regni gratuleris delicias meruisse. Nosque, percepto quod preces nostras filiali devocione compleveris, cum oportunum fuerit, tue demus operam celsitudinis incrementis. — Datum Laterani, VI. idus januarii, pontificatus nostri anno undecimo.

Lettres closes scellées sur le côté du plomb de Grégoire IX (*Inventaire*, n° 6047), et portant pour suscription : *Illustri regi Francie*. — Voyez ci-dessus, à la suite du n° 2269, l'observation relative aux lettres closes pontificales.

2610 Latran. (1238.) 28 janvier.

Bulla Gregorii papæ IX de Mornatio, et quibusdam aliis castris a comite Tolosano detentis et ab Arelatensi archiepiscopo vindicatis.

(J. 696. — Bulles. Mélanges, n° 7. — Original scellé.)

Gregorius episcopus, servus servorum Dei, dilectis filiis Sancti Victoris Massiliensis et Sancti Egidii abbatibus, Nemausensi et preposito Sancti Salvi Albiensis, salutem et apostolicam benedictionem. — Querelam venerabilis fratris nostri [Johannis] Arelatensis archiepiscopi recepimus continentem quod nobilis vir comes Tholosanus [castrum] de Mornatio et quedam alia castra, ad mensam suam de jure spectantia, contra justitiam detinet occupata et frequenter monitus ea restituere contradicit. — Ideoque discretioni vestre per apostolica scripta mandamus quatinus, si est ita, dictum comitem ut castra ipsa eidem archiepiscopo restituat, ut tenetur, monitione premissa, per censuram ecclesiasticam, appellatione remota, previa ratione cogatis, non obstante constitutione de duabus dietis edita in concilio generali, dummodo ultra tertiam vel quartam extra suam diocesim pars altera ad judicium non trahatur. Proviso ne in terram ipsius comitis excommunicationis vel interdicti sententiam proferatis, nisi super hoc mandatum a nobis receperitis speciale. Testes autem qui fuerint nominati, si se gratia, odio vel timore subtraxerint, per censuram eandem, appellatione cessante, cogatis veritati testimonium perhibere. — Quod si non omnes hiis exequendis potueritis interesse, duo vestrum ea nichilominus exequantur. — Datum Laterani, v. kalendas februarii, pontificatus nostri anno undecimo.

Bulle de plomb sur cordelettes de chanvre. (*Inventaire*, n° 6047.)

2611 1237-38. Janvier.

Securitas facta domino regi a scabinis et tota communitate villæ de Alost pro comite et comitissa Flandriæ.

(J. 535. — Flandre, I, sac 4, n° 5. — Original scellé.)

Nos scabini totaque communitas ville de Alost, notum facimus omnibus presentes litteras inspecturis quod nos, tactis sacrosanctis, juravimus coram nuncio excellentissimi domini Ludovici regis Francie illustris et domine regine Blanche matris ejus ad hoc misso, videlicet, coram domino Ferrico Paste Francie marescallo, quod si, quod Deus avertat, karissimum dominum nostrum Thomam comitem Flandrie et karissimam dominam nostram Johannam Flandrie et Hainonie comitissam, uxorem ejus, contingeret resilire a conventionibus inter ipsos comitem et comitissam, ex una parte, et predictum dominum Ludovicum regem Francie illustrem et ejus matrem Blancham reginam ac liberos ejus, ex altera, quas conventiones audivimus fideliter recitari et plene intelleximus, predictis comiti et comitisse non adhereremus nec auxilium vel consilium eisdem vel alteri ipsorum prestaremus. Immo predictis domino Ludovico et domine regine et liberis ipsius, pro posse nostro, adhereremus et fideliter faveremus donec id emendatum esset in curia predicti domini regis ad judicium parium Francie. — In cujus rei testimonium, presentes litteras scribi fecimus et sigillo nostro sigillari. — Actum anno Domini m° cc° tricesimo septimo, mense januario.

Sceau de la ville d'Alost; cire blanche, double queue; premier sceau, décrit dans l'*Inventaire* sous le n° 10657. — Voyez ci-dessus, au mois de décembre 1237, les actes numérotés 2585 à 2605.

2612 Audenarde. 1237-38. Janvier.

(J. 535. — Flandre, I, sac 4, n° 5. 39. — Original scellé.)

Litteræ scabinorum totiusque communitatis villæ de Audenarde, ejusdem argumenti et formæ. — « In cujus

(1238)

rei testimonium, presentes litteras scribi fecimus et sigillo nostro sigillari. Actum apud Audenarde, anno Domini M° CC° tricesimo septimo, mense januario. »

Sceau de la ville d'Audenarde (Flandre orientale); cire blanche, double queue; premier sceau, décrit dans l'*Inventaire* sous le n° 10664.

2613   Axel. 1237-38. Janvier.

(J. 535. — Flandre, I, sac 4, n° 5. 2. — Original scellé.)

Litteræ scabinorum totiusque communitatis villæ de Axele, ejusdem argumenti et formæ. — « In cujus rei testimonium, presentes litteras scribi fecimus et sigillo nostro sigillari. Actum apud Axele, anno Domini M° CC° tricesimo septimo, mense januario. »

Sceau de la ville d'Axel (en Zélande, royaume des Pays-Bas); cire blanche, double queue; premier sceau, décrit dans l'*Inventaire* sous le n° 10667.

2614   Bailleul. 1237-38. Janvier.

(J. 535. — Flandre, I, sac 4, n° 5. 3. — Original scellé.)

Litteræ scabinorum totiusque communitatis villæ de Baillolio, ejusdem argumenti et formæ. — « In cujus rei testimonium, presentes litteras scribi fecimus et sigillo nostro sigillari. Actum apud Baillolium, anno Domini M° CC° tricesimo septimo, mense januario. »

Sceau de la ville de Bailleul (Flandre française, Nord, arrond. de Hazebrouck); cire blanche, double queue; premier sceau, décrit dans l'*Inventaire* sous le n° 5509.

2615   Bergues. 1237-38. Janvier.

(J. 535. — Flandre, I, sac 4, n° 5. 4. — Original scellé.)

Litteræ scabinorum totiusque communitatis villæ de Bergis, ejusdem argumenti et formæ. — « In cujus rei testimonium, presentes litteras scribi fecimus et sigillo nostro sigillari. Actum apud Bergas, anno Domini M° CC° tricesimo septimo, mense januario. »

Sceau de la ville de Bergues; cire blanche, double queue; premier sceau, décrit dans l'*Inventaire* sous le n° 5511.

2616   Bourbourg. 1237-38. Janvier.

(J. 535. — Flandre, I, sac 4, n° 5. 6. — Original scellé.)

Litteræ scabinorum totiusque communitatis villæ de Broborg, ejusdem argumenti et formæ. — « In cujus rei testimonium, presentes litteras scribi fecimus et sigillo nostro sigillari. Actum apud Broborg, anno Domini M° CC° tricesimo septimo, mense januario. »

Sceau de la ville de Bourbourg; cire blanche, double queue; premier sceau, décrit dans l'*Inventaire* sous le n° 5516.

2617   (Bruges). 1237-38. Janvier.

(J. 535. — Flandre, I, sac 4, n° 5. 8. — Original scellé.)

Litteræ scabinorum totiusque communitatis villæ de Brugis, ejusdem argumenti et formæ. — « In cujus rei testimonium, presentes litteras scribi fecimus et sigillo nostro sigillari. Actum anno Domini M° CC° XXX° septimo, mense januario. »

Sceau de la ville de Bruges; cire blanche, double queue; premier sceau, décrit dans l'*Inventaire* sous le n° 10675.

2618   Cassel. 1237-38. Janvier.

(J. 535. — Flandre, I, sac 4, n° 5. 11. — Original scellé.)

Litteræ scabinorum totiusque communitatis villæ Caseletensis, ejusdem argumenti et formæ. — « In cujus rei testimonium, presentes litteras scribi fecimus et sigillo nostro sigillari. Actum apud Caseletum anno Domini M° CC° tricesimo septimo, mense januario. »

Sceau de la ville de Cassel (Flandre française, Nord, arr. de Hazebrouck); cire blanche, double queue; premier sceau, décrit dans l'*Inventaire* sous le n° 5521.

2619   Courtray. 1237-38. Janvier.

(J. 535. — Flandre, I, sac 4, n° 5. 12. — Original scellé.)

Litteræ scabinorum totiusque communitatis villæ de Courtray, ejusdem argumenti et formæ. — « In cujus rei testimonium, presentes litteras scribi fecimus et sigillo nostro sigillari. Actum apud Courtray, anno Domini millesimo ducentesimo tricesimo septimo, mense januario. »

Sceau de la ville de Courtray; cire blanche, double queue; second sceau, décrit dans l'*Inventaire* sous le n° 10686.

2620   Damme. 1237-38. Janvier.

(J. 535. — Flandre, I, sac 4, n° 5. 14. — Original scellé.)

Litteræ scabinorum totiusque communitatis villæ dou Dam, ejusdem argumenti et formæ. — « In cujus rei testimonium, presentes litteras scribi fecimus et sigillo nostro sigillari. Actum apud le Dam, anno Domini M° CC° tricesimo septimo, mense januario. »

Sceau de la ville de Damme; cire blanche, double queue; premier sceau, décrit dans l'*Inventaire* sous le n° 10690.

2621   Dixmude. 1237-38. Janvier.

(J. 535. — Flandre, I, sac 4, n° 5. 16. — Original scellé.)

Litteræ scabinorum totiusque communitatis de Dykemue, ejusdem argumenti et formæ. — « In cujus rei testimonium, presentes litteras scribi fecimus et sigillo nostro sigillari. Actum apud Dykemue, anno Domini M° CC° tricesimo septimo, mense januario. »

<small>Sceau de la ville de Dixmude (Flandre orientale, arrond. de Furnes); cire blanche, double queue; premier sceau, décrit dans l'*Inventaire* sous le n° 10694.</small>

2622 (Dunkerque). 1237-38. Janvier.

(J. 535. — Flandre, I, sac 4, n° 5. 21. — Original scellé.)

Litteræ scabinorum totiusque communitatis villæ de Dunkerque, ejusdem argumenti et formæ. — « In cujus rei testimonium, presentes litteras scribi fecimus et sigillo nostro sigillari. Actum anno Domini M° CC° tricesimo septimo, mense januario. »

<small>Sceau de la ville de Dunkerque; cire blanche, double queue; premier sceau, décrit dans l'*Inventaire* sous le n° 5525.</small>

2623 Furnes. 1237-38. Janvier.

(J. 535. — Flandre, I, sac 4, n° 5. 23. — Original scellé.)

Litteræ scabinorum totiusque communitatis villæ Furnensis, ejusdem argumenti et formæ. — « In cujus rei testimonium, presentes litteras scribi fecimus et sigillo nostro sigillari. Actum apud Furnensem [villam], anno Domini M° CC° tricesimo septimo, mense januario. »

<small>Sceau de la ville de Furnes; cire blanche, double queue; premier sceau, décrit dans l'*Inventaire* sous le n° 10700.</small>

2624 (Gand). 1237-38. Janvier.

(J. 535. — Flandre, I, sac 4, n° 5. 25. — Original scellé.)

Litteræ scabinorum totiusque communitatis villæ de Gandavo, ejusdem argumenti et formæ. — « In cujus rei testimonium, presentes litteras scribi fecimus et sigillo nostro sigillari. Actum anno Domini millesimo ducentesimo tricesimo septimo, mense januario. »

<small>Sceau de la ville de Gand; cire blanche, double queue; premier sceau, décrit dans l'*Inventaire* sous le n° 10704.</small>

2625 (Grammont). 1237-38. Janvier.

(J. 532. — Flandre, I, sac 4, n° 5. 27. — Original scellé.)

Litteræ scabinorum totiusque communitatis villæ de Granmont, ejusdem argumenti et formæ. — « In cujus rei testimonium, presentes litteras scribi fecimus et sigillo nostro sigillari. Actum anno Domini M° CC° tricesimo septimo, mense januario. »

<small>Sceau de la ville de Grammont, en flamand *Geeraerdsbergen* (Flandre orientale, arrond. d'Audenarde); cire blanche, double queue; premier sceau, décrit dans l'*Inventaire* sous le n° 10711.</small>

2626 Gravelines. 1237-38. Janvier.

(J. 535. — Flandre, I, sac 4, n° 5. 28. — Original scellé.)

Litteræ scabinorum totiusque communitatis villæ de Gravelingis, ejusdem argumenti et formæ. — « In cujus rei testimonium, presentes litteras scribi fecimus et sigillo nostro sigillari. Actum apud Gravelingas, anno Domini M° CC° tricesimo septimo, mense januario. »

<small>Sceau de la ville de Gravelines; cire blanche, double queue; premier sceau, décrit dans l'*Inventaire* sous le n° 5527.</small>

2627 Hulst. 1237-38. Janvier.

(J. 535. — Flandre, I, sac 4, n° 5. 30. — Original scellé.)

Litteræ scabinorum totiusque communitatis de Hulst, ejusdem argumenti et formæ. — « In cujus rei testimonium, presentes litteras scribi fecimus et sigillo nostro sigillari. Actum apud Hulst, anno Domini M° CC° tricesimo septimo, mense januario. »

<small>Sceau de la ville de Hulst (en Zélande, royaume des Pays-Bas); cire blanche, double queue. (*Inventaire*, n° 10714.)</small>

2628 Lille. 1237-38. Janvier.

(J. 535. — Flandre, I, sac 4, n° 5. 31. — Original scellé.)

Litteræ scabinorum totiusque communitatis ville Insulensis, ejusdem argumenti et formæ. — « In cujus rei testimonium, presentes litteras sigillo nostro fecimus roborari. Actum apud Insulam, anno Domini M° CC° tricesimo septimo, mense januario. »

<small>Sceau de la ville de Lille; cire blanche, double queue; premier sceau, décrit dans l'*Inventaire* sous le n° 5533.</small>

2629 Mardick. 1237-38. Janvier.

(J. 535. — Flandre, I, sac 4, n° 5. 33. — Original scellé.)

Litteræ scabinorum totiusque communitatis villæ de Mardique, ejusdem argumenti et formæ. — « In cujus rei testimonium, presentes litteras fecimus scribi et sigillo nostro sigillari. Actum anno Domini M° CC° tricesimo septimo, mense januario. »

<small>Sceau de la ville de Mardick; cire blanche, double queue. (*Inventaire*, n° 5539.)</small>

2630 Nieuport. 1237-38. Janvier.

(J. 535. — Flandre, I, sac 4, n° 5. 35. — Original scellé.)

Litteræ scabinorum totiusque communitatis villæ de Novo-Portu, ejusdem argumenti et formæ. — « In cujus rei testimonium, presentes litteras scribi fecimus et sigillo nostro sigillari. Actum apud Novum-Portum, anno Domini M° CC° tricesimo septimo, mense januario. »

<small>Sceau de la ville de Nieuport; cire blanche, double queue; premier sceau décrit dans l'*Inventaire* sous le n° 10727.</small>

2631 (Oostbourg). 1237-38. Janvier.

(J. 535. — Flandre, I, sac 4, n° 5. 37. — Original scellé.)

Litteræ scabinorum totiusque communitatis villæ de Ostborg, ejusdem argumenti et formæ. — « In cujus rei testimonium, presentes litteras scribi fecimus et sigillo nostro sigillari. Actum anno Domini M° CC° tricesimo septimo, mense januario. »

<small>Sceau de la ville d'Oostbourg; cire blanche, double queue. (*Inventaire*, n° 10729.)</small>

2632 Oudenbourg. 1237-38. Janvier.

(J. 535. — Flandre, I, sac 4, n° 5. 47. — Original scellé.)

Litteræ scabinorum totiusque communitatis villæ de Wadenbourc, ejusdem argumenti et formæ. — « In cujus rei testimonium, presentes litteras scribi fecimus et sigillo nostro sigillari. Actum apud Wadenbourc, anno Domini M° CC° tricesimo septimo, mense januario. »

<small>Sceau de la ville d'Oudenbourg; cire blanche, double queue. — Ce sceau, qui est très-remarquable, représente en perspective le mur d'enceinte d'une ville fortifiée, avec double porte accompagnée de deux tourelles. Au centre, la partie supérieure d'un édifice circulaire, composé de deux étages d'arcades et terminé par un dôme qui est surmonté d'une croix. Légende : ✠ Sigillum opidi de Audenborg. (Oudenbourg, l'une des plus anciennes villes de la Flandre, est situé à trois lieues S. E. de Bruges, Belgique, Flandre orientale, arrondissement de Bruges.)</small>

2633 Pont-Brabant. 1237-38. Janvier.

(J. 535. — Flandre, I, sac 4, n° 5. 41. — Original scellé.)

Litteræ scabinorum totiusque communitatis de Ponte Brabancii in Gandavo, ejusdem argumenti et formæ. — « In cujus rei testimonium, presentes litteras scribi fecimus et sigillo nostro sigillari. Actum apud Pontem Brabancii, anno Domini M° CC° tricesimo septimo, mense januario. »

<small>Sceau de la commune de Pont-Brabant; cire blanche, double queue. (*Inventaire*, n° 10734.) — Cette commune, dont le nom ne s'est pas conservé, était située aux abords de Gand, de l'autre côté de l'Escaut.</small>

2634 Rodenbourg. 1237-38. Janvier.

(J. 535. — Flandre, I, sac 4, n° 5. 42. — Original scellé.)

Litteræ scabinorum totiusque communitatis villæ de Rodemborc, ejusdem argumenti et formæ. — « In cujus rei testimonium, presentes litteras fecimus scribi et sigillo nostro sigillari. Actum apud Rodemborg, anno Domini M° CC° tricesimo septimo, mense januario. »

<small>Sceau de la ville de Rodenbourg; cire blanche, double queue; décrit ci-dessus, à la suite du n° 2554.</small>

2635 (Rupelmonde). 1237-38. Janvier.

(J. 535. — Flandre, I, sac 4, n° 5. 44. — Original scellé.)

Litteræ scabinorum totiusque communitatis villæ de Rupplemonde, ejusdem argumenti et formæ. — « In cujus rei testimonium, presentes litteras scribi fecimus et sigillo nostro sigillari. Actum anno Domini M° CC° tricesimo septimo, mense januario. »

<small>Sceau de la ville de Rupelmonde (Flandre orientale, arrond. de Termonde); cire blanche, double queue. (*Inventaire*, n° 10737.)</small>

2636 Thorout. 1237-38. (Janvier.)

(J. 535. — Flandre, I, sac 4, n° 5. 45. — Original scellé.)

Litteræ scabinorum totiusque communitatis villæ de Torhout, ejusdem argumenti et formæ. — « In cujus rei testimonium, presentes litteras scribi fecimus et sigillo nostro sigillari. Actum apud Torhout, anno Domini M° CC° tricesimo septimo. »

<small>Sceau de la ville de Thorout; cire blanche, double queue. (*Inventaire*, n° 10737.)</small>

2637 (Yzendyke). 1237-38. Janvier.

(J. 535. — Flandre, I, sac 4, n° 5. 49. — Original scellé.)

Litteræ scabinorum totiusque communitatis villæ de Isendique, ejusdem argumenti et formæ. — « In cujus rei testimonium, presentes litteras fecimus scribi et sigillo nostro sigillari. Actum anno Domini M° CC° tricesimo septimo, mense januari. »

<small>Sceau de la ville d'Yzendyke (en Zélande, royaume des Pays-Bas); cire blanche, double queue; décrit dans l'*Inventaire* sous le n° 10869.</small>

2638 Audenarde. 1237-38. Janvier.

(J. 536. — Flandre, I, sac 4, n° 6. 9. — Original scellé.)

Litteræ Philippi de le Wastine, militis, ejusdem argumenti et formæ. — « In cujus rei testimonium, presentes litteras scribi feci et sigillo meo sigillari. Actum apud Audenarde, anno Domini M° CC° tricesimo septimo, mense januario. »

<small>Sceau de Philippe de la Wastine; cire blanche, double queue. (*Inventaire*, n° 3953.) — Il n'y a aucune différence de rédaction entre les lettres des chevaliers et les lettres précédentes.</small>

2639 Bruges. 1237-38. Janvier.

(J. 536. — Flandre, I, sac 4, n° 6. — Original scellé.)

Litteræ Balduini de Prat, militis, ejusdem argumenti et formæ. — « In cujus rei testimonium, presentes litteras scribi feci et sigillo meo sigillari. Actum apud Brugas, anno Domini M° CC° tricesimo septimo, mense januario. »

Sceau de Baudouin de Praet, chevalier; cire blanche, double queue. (*Inventaire*, n° 3299.)

2640 Bruges. 1237-38. Janvier.

(J. 536. — Flandre, I, sac 4, n° 6. 22. — Original scellé.)

Litteræ Guisleberti castellani Berguensis, ejusdem argumenti et formæ. — « In cujus rei testimonium, presentes litteras feci scribi et sigillo meo sigillari. Actum apud Brugas, anno Domini M° CC° tricesimo septimo, mense januario. »

Sceau de Gilbert, châtelain de Bergues; cire blanche, double queue. (*Inventaire*, n° 5279.)

2641 Bruges. 1237-38. Janvier.

(J. 536. — Flandre, I, sac 4, n° 6. 94. — Original scellé.)

Litteræ Riquardi Blavot, militis, ejusdem argumenti et formæ. — « In cujus rei testimonium, presentes litteras feci sigillo meo sigillari. Actum apud Brugas, anno Domini M° CC° tricesimo septimo, mense januario. »

Sceau de Richard Blavoet; cire blanche, double queue. (*Inventaire*, n° 1440.)

2642 Bruges. 1237-38. Janvier.

(J. 536. — Flandre, I, sac 4, n° 6. 92. — Original scellé.)

Litteræ Balduini d'Ersebruec et Galteri de Ziercele, militum, ejusdem argumenti et formæ. — « In cujus rei testimonium, presentes litteras sigillis nostris fecimus sigillari. Actum apud Brugas, anno Domini M° CC° tricesimo septimo, mense januario. »

Sceaux de Baudouin d'Ersebruec et de Gautier de Ziercele; cire blanche, double queue. (*Inventaire*, n°s 2094 et 10517.)

2643 Bruges. 1237-38. Janvier.

(J. 536. — Flandre, I, sac 4, n° 6. 12. — Original scellé.)

Litteræ Guillelmi de Grenbergis, militis, ejusdem argumenti et formæ. — « In cujus rei testimonium, presentes litteras scribi feci et sigillo meo sigillari. Actum apud Brugas, anno Domini M° CC° tricesimo septimo, mense januario. »

Sceau de Guillaume de Gremberghe; cire blanche, double queue. (*Inventaire*, n° 2321.)

2644 Bruges. 1237-38. Janvier.

(J. 536. — Flandre, I, sac 4, n° 6. 19. — Original scellé.)

Litteræ Boidini de Havekerque, militis, ejusdem argumenti et formæ. — « In cujus rei testimonium, presentes litteras scribi feci et sigillo meo sigillari. Actum apud Brugas, anno Domini M° CC° tricesimo septimo, mense januario. »

Sceau de Baudouin de Haveskerque, chevalier; cire blanche; double queue; premier sceau, décrit dans l'*Inventaire* sous le n° 2384.

2645 Bruges. 1237-38. Janvier.

(J. 536. — Flandre, I, sac 4, n° 6. 68. — Original scellé.)

Litteræ Guillelmi et Alardi de Heule, fratrum, militum, ejusdem argumenti et formæ. — « In cujus rei testimonium, presentes litteras scribi fecimus et sigillo nostro sigillari. Actum apud Brugas, anno Domini M° CC° tricesimo septimo, mense januario. »

Sceau des frères Guillaume et Alard de Heule; cire blanche, double queue. (*Inventaire*, n°s 2408 et 2409.)

2646 Bruges. 1237-38. Janvier.

(J. 536. — Flandre, I, sac 4, n° 6. 89. — Original scellé.)

Litteræ Dierquini de Lake, militis, ejusdem argumenti et formæ. — « In cujus rei testimonium, presentes litteras scribi feci et sigillo meo sigillari. Actum apud Brugas, anno Domini M° CC° tricesimo septimo, mense januario. »

Sceau de Derkin de Laken, chevalier; cire brune, double queue. (*Inventaire*, n° 10418.)

2647 Bruges. 1237-38. Janvier.

(J. 536. — Flandre, I, sac 4, n° 6. 93. — Original scellé.)

Litteræ Johannis de Ledde, militis, ejusdem argumenti et formæ. — « In cujus rei testimonium, presentes litteras scribi feci et sigillo meo sigillari. Actum apud Brugas, anno Domini M° CC° tricesimo septimo, mense januario. »

Sceau de Jean de Lede; cire blanche, double queue. (*Inventaire*, n° 2566.)

2648 Bruges. 1237-38. Janvier.

(J. 536. — Flandre, I, sac 4, n° 6. 37. — Original scellé.)

Litteræ Girardi de Lens, militis, ejusdem argumenti et formæ. — « In cujus rei testimonium, presentes litteras scribi feci et sigillo meo sigillari. Actum apud Brugas, anno Domini M° CC° tricesimo septimo, mense januario. »

Sceau de Girard de Lens; cire blanche, double queue. (*Inventaire*, n° 2570.)

2649 Bruges. 1237-38. Janvier.

(J. 536. — Flandre, I, sac 4, n° 6. 60. — Original scellé.)

Litteræ Guillelmi de Mallenguien, militis, ejusdem argumenti et formæ. — « In cujus rei testimonium, presentes litteras scribi feci et sigillo meo sigillari. Actum apud Brugas, anno Domini M° CC° tricesimo septimo, mense januario. »

Sceau de Guillaume de Maldeghem; cire blanche, double queue. (*Inventaire*, n° 10432.)

2650 Bruges. 1237-38. Janvier.

(J. 536. — Flandre, I, sac 4, n° 6. 25. — Original scellé.)

Litteræ Danielis de Masquelines, militis, ejusdem argumenti et formæ. — « In cujus rei testimonium, presentes litteras scribi feci et sigillo meo sigillari. Actum appud Brugas, anno Domini M° CC° tricesimo septimo, mense januario. »

Sceau de Daniel de Malines; cire blanche, double queue. (*Inventaire*, n° 10434.)

2651 Bruges. 1237-38. Janvier.

(J. 536. — Flandre, I, sac 4, n° 6. 49. — Original.)

Litteræ Eustachii de Ristune, ejusdem argumenti et formæ. — « In cujus rei testimonium, presentes litteras feci sigillo meo sigillari. Actum apud Brugas, anno Domini M° CC° tricesimo septimo, mense januario. »

Traces de sceau pendant sur double queue. — Le sceau d'Eustache de Ristune et de Lederne est décrit dans l'*Inventaire* sous le n° 3396, d'après un type appendu à un acte daté de 1226 qui porte pour légende S. EUSTACHII DE LEDERNA.

2652 Bruges. 1237-38. Janvier.

(J. 536. — Flandre, I, sac 4, n° 6. 80. — Original scellé.)

Litteræ Guillelmi de Sancto Audomaro, militis, ejusdem argumenti et formæ. — « In cujus rei testimonium, presentes litteras scribi feci et sigillo meo sigillari. Actum apud Brugas, anno Domini M° ducentesimo tricesimo septimo. »

Sceau de Guillaume de Saint-Omer; cire blanche, double queue; décrit dans l'*Inventaire* sous le n° 3536.

2653 Bruges. 1237-38. Janvier.

(J. 536. — Flandre, I, sac 4, n° 6. 64. — Original scellé.)

Litteræ Rogeri de Winguines, militis, ejusdem argumenti et formæ. — « In cujus rei testimonium, presentes litteras scribi feci et sigillo meo sigillari. Actum apud Brugas, anno Domini M° CC° tricesimo septimo, mense januario. »

Sceau de Roger de Winguines; cire blanche, double queue. (*Inventaire*, n° 3960.)

2654 Courtray. 1237-38. Janvier.

(J. 536. — Flandre, I, sac 4, n° 6. 46. — Original scellé.)

Litteræ Balduini de Aria, militis, ejusdem argumenti et formæ. — « In cujus rei testimonium, presentes litteras scribi feci et sigillo meo sigillari. Actum apud Courtray, anno Domini M° CC° tricesimo septimo, mense januario. »

Sceau de Baudouin d'Aire; cire blanche, double queue. (*Inventaire*, n° 1140.)

2655 Courtray. 1237-38. Janvier.

(J. 536. — Flandre, I, sac 4, n° 6. 23. — Original scellé.)

Litteræ Rogeri de Aulenguien, militis, ejusdem argumenti et formæ. — « In cujus rei testimonium, presentes litteras scribi feci et sigillo meo sigillari. Actum apud Courtray, anno Domini M° CC° tricesimo septimo, mense januario. »

Sceau de Roger de Aulenguien; cire blanche, double queue. (*Inventaire*, n° 1233.)

2656 Courtray. 1237-38. Janvier.

(J. 395. — Securitates, n° 135. — Original scellé.)

Litteræ Girardi de Marbais, militis, ejusdem argumenti et formæ. — « In cujus rei testimonium, presentes litteras scribi feci et sigillo meo sigillari. Actum apud Courtray, anno Domini M° CC° tricesimo septimo, mense januario. »

Sceau de Girard de Marbaix, chevalier; cire blanche, double queue; décrit dans l'*Inventaire* sous le n° 2689.

2657 Courtray. 1237-38. Janvier.

(J. 536. — Flandre, I, sac 4, n° 6. 69. — Original scellé.)

Litteræ Johannis castellani Insulensis, ejusdem argumenti et formæ. — « In cujus rei testimonium, presentes litteras scribi feci et sigillo meo sigillari. Actum apud Courtray, anno Domini M° CC° tricesimo septimo, mense januario. »

Sceau de Jean, châtelain de Lille et de Péronne; cire blanche, double queue. (*Inventaire*, n° 5307.) — On lit sur la légende du sceau : † SIGILLUM JOHANNIS INSULE ET PERONE CASTELLANI.

2658 Courtray. 1237-38. Janvier.

(J. 536. — Flandre, I, sac 4, n° 6. 11. — Original scellé.)

Litteræ Gossuini de Manin, militis, ejusdem argumenti et formæ. — « In cujus rei testimonium, presentes litteras scribi feci et sigillo meo sigillari. Actum apud Courtray, anno Domini M° CC° tricesimo septimo, mense januario. »

Sceau de Gossuin de Manin; cire blanche, double queue. — Sceau armorial non décrit dans l'*Inventaire*. Un écu chevronné de trois pièces. Légende : † SIGILLUM GOSUINI [DE MA]NIN. Il n'y a pas de contre-sceau.

2659 Courtray. 1237-38. Janvier.

(J. 536. — Flandre, I, sac 4, n° 6. 16. — Original scellé.)

Litteræ Francisci de Mallenguien, præpositi Brugensis, Flandriæ cancellarii, ejusdem argumenti et formæ. — « In cujus rei testimonium, presentes litteras feci scribi et sigillo meo sigillari. Actum apud Cortrayum, anno Domini M° CC° tricesimo septimo, mense januario. »

Sceau de François de Mallenguien, prévôt de Bruges, chancelier de Flandre; cire blanche, double queue. (*Inventaire*, n° 314.)

2660 Courtray. 1237-38. Janvier.

(J. 536. — Flandre, I, sac 4, n° 6. 39. — Original scellé.)

Litteræ Seeri de Moscre, militis, ejusdem argumenti et formæ. — « In cujus rei testimonium, presentes litteras scribi feci et sigillo meo sigillari. Actum apud Cortrayum, anno Domini M° CC° tricesimo septimo, mense januario. »

Sceau de Siger de Moscre; cire blanche, double queue. (*Inventaire*, n° 2988.)

2661 Courtray. 1237-38. Janvier.

(J. 536. — Flandre, I, sac 4, n° 6. 91. — Original scellé.)

Litteræ Phylipi de Nantholio, militis, ejusdem argumenti et formæ. — « In cujus rei testimonium, presentes litteras scribi feci et sigillo meo sigillari. Actum apud Courtray, anno Domini M° CC° tricesimo septimo, mense januario. »

Sceau de Philippe de Nanteuil; cire blanche, double queue. (*Inventaire*, n° 3037.)

2662 Courtray. 1237-38. Janvier.

(J. 536. — Flandre, I, sac 4, n° 6. 73. — Original scellé.)

Litteræ Gossuini de le Victe, militis, ejusdem argumenti et formæ. — « In cujus rei testimonium, presentes litteras scribi feci et sigillo meo sigillari. Actum apud Courtrai, anno Domini M° CC° tricesimo septimo, mense januario. »

Traces de sceau pendant sur double queue. — Le sceau de Gossuin de le Victe n'a pas été retrouvé.

2663 Courtray. 1237-38. Janvier.

(J. 536. — Flandre, I, sac 4, n° 6. 99. — Original scellé.)

Litteræ Johannis de Formeselles, militis, ejusdem argumenti et formæ. — « In cujus rei testimonium, presentes litteras scribi feci et sigillo meo sigillari. Actum apud Courtray, anno Domini M° CC° tricesimo septimo, mense januario. »

Sceau de Jean de Vormizeel; cire blanche, double queue, décrit dans l'*Inventaire*, n° 2223, sous le nom de Jean de Formenselle.

2664 Gand. 1237-38. Janvier.

(J. 536. — Flandre, I, sac 4, n° 6. 34. — Original scellé.)

Litteræ Hugonis castellani de Gandavo, ejusdem argumenti et formæ. — « In cujus rei testimonium, presentes litteras scribi feci et sigillo meo sigillari. Actum apud Gandavum, anno Domini M° CC° tricesimo septimo, mense januario. »

Sceau de Hugues, châtelain de Gand; cire blanche, double queue. (*Inventaire*, n° 10389.)

2665 Gand. 1237-38. Janvier.

(J. 536. — Flandre, I, sac 4, n° 6. 5. — Original scellé.)

Litteræ Wetini de le Haverie, militis, ejusdem argumenti et formæ. — « In cujus rei testimonium, presentes litteras scribi feci et sigillo meo sigillavi. Actum apud Gandavum, anno Domini M° CC° tricesimo septimo, mense januario. »

Sceau de Guetin de la Haverie, chevalier; cire blanche, double queue. (*Inventaire*, n° 2383.)

2666 Gand. 1237-38. Janvier.

(J. 536. — Flandre, I, sac 4, n° 6. 83. — Original scellé.)

Litteræ de Balduini de Nivello, militis, ejusdem argumenti et formæ. — « In cujus rei testimonium, presentes litteras scribi feci et sigillo meo sigillari. Actum apud Gandavum, anno Domini M° CC° tricesimo septimo, mense januario. »

Sceau de Baudouin de Nivelle; cire blanche, double queue. —Sceau armorial non décrit : un burrelé, brisé d'un lambel. Légende : † SIGILLUM BALDUINI DE NEVELO. Pas de contre-sceau.

2667 Gand. 1237-38. Janvier.

(J. 536. — Flandre, I, sac 4, n° 6. 38. — Original scellé.)

Litteræ Galteri de Pouke, militis, ejusdem argumenti et formæ. — « In cujus rei testimonium, presentes litteras scribi feci et sigillo meo sigillari. Actum apud Gandavum, anno Domini M° CC° tricesimo septimo, mense januario. »

Sceau de Gautier de Pouke; cire blanche, double queue. (*Inventaire*, n° 3291.)

2668 Lille. 1237-38. Janvier.

(J. 536. — Flandre, I, sac 4, n° 6. 72. — Original scellé.)

Litteræ Anselli de Alesnes, militis, ejusdem argumenti et formæ. — « In cujus rei testimonium, presentes litteras scribi feci et sigillo meo sigillari. Actum apud Insulam, anno Domini millesimo ducentesimo tricesimo septimo, mense januario. »

Sceau d'Ansel d'Alesnes; cire blanche, double queue. (*Inventaire*, n° 1147.)

2669 Lille. 1237-38. Janvier.

(J. 536. — Flandre, I, sac 4, n° 6. 74. — Original scellé.)

Litteræ Alardi de Borguele et Henrici de Borguele, militum, ejusdem argumenti et formæ. — « In cujus rei testimonium, presentes litteras scribi fecimus et sigillis nostris sigillari. Actum apud Insulam, anno Domini M° CC° tricesimo septimo, mense januario. »

Ces lettres étaient scellées, dans le principe, de deux sceaux pendants sur double queue. — Le sceau d'Alard de Bourghelles n'existe plus; celui de Henri de Bourghelles, son frère, est décrit dans l'*Inventaire* sous le n° 1505.

2670 Lille. 1237-38. Janvier.

(J. 536. — Flandre, I, sac 4, n° 6. 7. — Original scellé.)

Litteræ Roberti advocati Atrebatensis, domini Bethuniæ et Thenremondæ, ejusdem argumenti et formæ. — « In cujus rei testimonium, presentes litteras scribi feci et sigillo meo sigillari. Actum apud Insulam, anno Domini M° CC° tricesimo septimo, mense januario. »

Sceau de Robert, avoué d'Arras, sire de Béthune et de Tenremonde; cire blanche, double queue. (*Inventaire*, n° 378.)

2671 Lille. 1237-38. Janvier.

(J. 536. — Flandre, I, sac 4, n° 6. 40. — Original scellé.)

Litteræ Balduini de Commines, militis, ejusdem argumenti et formæ. — « In cujus rei testimonium, presentes litteras scribi feci et sigillo meo sigillari. Actum apud Insulam, anno Domini M° CC° tricesimo septimo, mense januario. »

Sceau de Baudouin de Commines; cire blanche, double queue; décrit dans l'*Inventaire* sous le n° 1869.

2672 Lille. 1237-38. Janvier.

(J. 536. — Flandre, I, sac 4, n° 6. 70. — Original scellé.)

Litteræ Amorrici de Landast, militis, ejusdem argumenti et formæ. — « In cujus rei testimonium, presentes litteras scribi feci et sigillo meo sigillari. Actum apud Insulam, anno Domini M° CC° tricesimo septimo, mense januario. »

Sceau d'Amauri de Landas; cire blanche, double queue. (*Inventaire*, n° 2526.)

2673 Lille. 1237-38. Janvier.

(J. 535. — Flandre, I, sac 4, n° 6. 35. — Original scellé.)

Litteræ Galteri de Lingne, militis, ejusdem argumenti et formæ. — « In cujus rei testimonium, presentes litteras scribi feci et sigillo meo sigillari. Actum apud Insulam, anno Domini M° CC° tricesimo septimo, mense januario. »

Traces de sceau pendant sur double queue. — Le sceau de Gautier de Ligne (en Hainaut) est perdu. Comparez le sceau de Fastred de Ligne décrit dans l'*Inventaire* sous le n° 10422, d'après un type appendu à un acte daté de 1245. — Fastred de Ligne portait sur son écu une bande, brisée d'un lambel à trois pendants. La maison de Ligne porte aujourd'hui d'or à la bande de gueules.

2674 Lille. 1237-38. Janvier.

(J. 536. — Flandre, I, sac 4, n° 6. 6. — Original scellé.)

Litteræ Hellini de Moretengne, militis, ejusdem argumenti et formæ. — « In cujus rei testimonium, presentes litteras scribi feci et sigillo meo sigillari. Actum apud Insulam, anno Domini M° CC° tricesimo septimo, mense januario. »

Sceau de Hellin de Mortagne; cire blanche, double queue; second sceau, décrit dans l'*Inventaire*, n° 2980.

2675 Lille. 1237-38. Janvier.

(J. 536. — Flandre, I, sac 4, n° 6. 88. — Original scellé.)

Litteræ Karoni de Rume, militis, ejusdem argumenti et formæ. — « In cujus rei testimonium, presentes litteras scribi feci et sigillo meo sigillari. Actum apud Insulam, anno Domini M° CC° tricesimo septimo, mense januario. »

Sceau de Caron de Rume; cire brune, double queue; second sceau, décrit dans l'*Inventaire*, n° 3485.

2676   Lille. 1237-38. Janvier.

(J. 536. — Flandre, I, sac 4, n° 6. 50. — Original scellé.)

Litteræ Johannis de Wellengueham, militis, ejusdem argumenti et formæ. — « In cujus rei testimonium, presentes litteras scribi feci et sigillo meo sigillari. Actum apud Insulam, anno Domini M° CC° tricesimo septimo, mense januario. »

Sceau de Jean de Vellengueham; cire blanche, double queue; décrit dans l'*Inventaire* sous le n° 3835.

2677   Ypres. 1237-38. Janvier.

(J. 536. — Flandre, I, sac 3, n° 6. 43. — Original scellé.)

Litteræ Hugonis de Cornhuz, militis, ejusdem argumenti et formæ. — « In cujus rei testimonium, presentes litteras scribi feci et sigillo meo sigillari. Actum apud Ippram, anno Domini M° CC° tricesimo septimo, mense januario. »

Sceau de Hugues de Cornehuns; cire blanche, double queue. (*Inventaire*, n° 1896.)

2678   Ypres. 1237-38. Janvier.

(J. 536. — Flandre, I, sac 4, n° 6. 54. — Original scellé.)

Litteræ Rasconis de Gavres, militis, ejusdem argumenti et formæ. — « In cujus rei testimonium, presentes litteras scribi feci et sigillo meo sigillari. Actum apud Ippram, anno Domini M° CC° tricesimo septimo, mense januario. »

Sceau de Rasson de Gavre; cire blanche, double queue; décrit dans l'*Inventaire* sous le n° 10395.

2679   Ypres. 1237-38. Janvier.

(J. 536. — Flandre, I, sac 4, n° 6. 61. — Original scellé.)

Litteræ Johannis de Hondescote, militis, ejusdem argumenti et formæ. — « In cujus rei testimonium, presentes litteras scribi feci et sigillo meo sigillari. Actum apud Ypram, anno Domini M° CC° tricesimo septimo, mense januario. »

Sceau de Jean de Hondschoote; cire brune, double queue; premier sceau, décrit dans l'*Inventaire*, n° 2424.

2680   Ypres. 1237-38. Janvier.

(J. 536. — Flandre, I, sac 4, n° 6. 14. — Original scellé.)

Litteræ Ph. de Hondescote, militis, ejusdem argumenti et formæ. — « In cujus rei testimonium, presentes litteras scribi feci et sigillo meo sigillari. Actum apud Yppram, anno Domini M° CC° tricesimo septimo, mense januario. »

Sceau de Philippe de Hondschoote; cire blanche, double queue. (*Inventaire*, n° 2426.)

2681   Ypres. 1237-38. Janvier.

(J. 536. — Flandre, I, sac 4, n° 6. 27. — Original scellé.)

Litteræ Baldoini de Hissenguien, militis, ejusdem argumenti et formæ. — « In cujus rei testimonium, presentes litteras scribi feci et sigillo meo sigillari. Actum apud Yppram, anno Domini M° CC° tricesimo septimo, mense januario. »

Sceau de Baudouin d'Iseghem (ou Isenghien, dans la Flandre occidentale); cire blanche, double queue; décrit dans l'*Inventaire* sous le n° 10415.

2682   Ypres. 1237-38. Janvier.

(J. 536. — Flandre, I, sac 4, n° 6. 104. — Original scellé.)

Litteræ Philippi de Yppra, militis, ejusdem argumenti et formæ. — « In cujus rei testimonium, presentes litteras scribi feci et sigillo meo sigillari. Actum apud Yppram, anno Domini M° CC° tricesimo septimo, mense januario. »

Sceau de Philippe d'Ypres; cire blanche, double queue. (*Inventaire*, n° 10514.)

2683   Ypres. 1237-38. Janvier.

(J. 536. — Flandre, I, sac 4, n° 6. 17. — Original scellé.)

Litteræ Guillelmi de la Warde, militis, ejusdem argumenti et formæ. — « In cujus rei testimonium, presentes litteras scribi feci et sigillo meo sigillari. Actum apud Ypram, anno Domini M° CC° tricesimo septimo, mense januario. »

Sceau de Guillaume de la Warde, chevalier; cire blanche, double queue. (*Inventaire*, n° 3949.)

2684   Ypres. 1237-38. Janvier.

(J. 536. — Flandre, I, sac 4, n° 6. 10. — Original.)

Litteræ Galteri de Fourmeselles, ejusdem argumenti et formæ. — « In cujus rei testimonium, presentes litteras scribi feci et sigillo meo sigillari. Actum apud Yppram, anno Domini M° CC° tricesimo septimo, mense januario. »

Traces de sceau pendant sur double queue. — Le sceau de Gautier de Vormizeele n'a pas été retrouvé.

2685   Ypres. 1237-38. Janvier.

(J. 536. — Flandre, I, sac 4, n° 6. 4. — Original scellé.)

Litteræ Johannis de Yppra, militis, ejusdem argumenti et formæ. — « In cujus rei testimonium, presentes litteras scribi feci et sigillo meo sigillavi. Actum apud Yppram, anno Domini M° CC° tricesimo septimo, mense januario. »

Sceau de Jean d'Ypres, chevalier; cire blanche, double queue; décrit dans l'*Inventaire* sous le n° 10515.

2686   1237-38. Janvier.

(J. 536. — Flandre, I, sac 4, n° 6. 33. — Original scellé.)

Litteræ Aelidis dominæ de Boulers, ejusdem argumenti et formæ. — « In cujus rei testimonium, presentes litteras scribi feci et sigillo meo sigillari. Actum anno Domini M° CC° tricesimo septimo, mense januario. »

Sceau d'Alix, dame de Boulers; cire blanche, double queue. (*Inventaire*, n° 1496.)

2687   1237-38. Janvier.

(J. 536. — Flandre, I, sac 4, n° 6. 84. — Original scellé.)

Litteræ Girardi dicti Diaboli de Gandavo, militis, ejusdem argumenti et formæ. — « In cujus rei testimonium, presentes litteras scribi feci et sigillo meo sigillari. Actum anno Domini M° CC° tricesimo septimo, mense januario. »

Sceau de Girard dit le Diable de Gand; cire blanche, double queue. (*Inventaire*, n° 10388.)

2688   1237-38. Janvier.

(J. 536. — Flandre, I, sac 4, n° 6. 36. — Original scellé.)

Litteræ Hugonis de Estrelan, militis, ejusdem argumenti et formæ. — « In cujus rei testimonium, presentes litteras scribi feci et sigillo meo roborari. Actum anno Domini M° CC° tricesimo septimo, mense januario. »

Sceau de Hugues d'Estrelan; cire blanche, double queue. (*Inventaire*, n° 2123.)

2689   1237-38. Janvier.

(J. 536. — Flandre, I, sac 4, n° 6. 86. — Original scellé.)

Litteræ Egidii de Hallud, militis, ejusdem argumenti et formæ. — « In cujus rei testimonium, presentes litteras scribi feci et sigillo meo sigillari. Actum anno Domini M° CC° tricesimo septimo, mense januario. »

Sceau de Gilles de Hallu; cire blanche, double queue. (*Inventaire*, n° 2350.)

2690   1237-38. Janvier.

(J. 536. — Flandre, I, sac 4, n° 6. 106. — Original scellé.)

Litteræ Guillelmi de Hostekerque, militis, ejusdem argumenti et formæ. — « In cujus rei testimonium, presentes litteras scribi feci et sigillo meo sigillari. Actum anno Domini M. CC. tricesimo septimo, mense januario. »

Sceau de Guillaume de Hostekerque; cire brune, double queue. (*Inventaire*, n° 2430.)

2691   1237-38. Janvier.

(J. 536. — Flandre, I, sac 4, n° 6. 47. — Original.)

Litteræ Henrici de Nueveiglyse, ejusdem argumenti et formæ. — « In cujus rei testimonium, presentes litteras scribi feci et sigillo meo sigillari. Actum anno Domini M° CC° tricesimo septimo, mense januario. »

Traces de sceau pendant sur double queue. — Le sceau de Henri de Neuve-Église est perdu; mais comparez celui de Boussard de Neuve-Église, décrit dans l'*Inventaire* sous le n° 10450, d'après un type appendu à un acte daté de 1275.

2692   1237-38. Janvier.

(J. 189. — Berri, III, n° 5. — Original scellé.)

Philippus, Bituricensis archiepiscopus, Aquitaniæ primas, notum facit, in ipsius præsentia constitutum, Guillelmum de Uriaco domicellum, annuente Ysabella uxore sua, pro sexaginta libris Parisiensium, quasdam domos, quæ fuerunt defuncti Petri militis, apud Exoldunum prope plateam sitas, excellentissimæ dominæ Blanchiæ (*sic*) reginæ Francorum vendidisse. — « In cujus rei memoriam et testimonium, presentes litteras ad peticionem parcium sigilli nostri munimine fecimus roborari. Actum anno Domini M° CC° XXX° septimo, mense januario. »

Sceau de Philippe, archevêque de Bourges; cire blanche, double queue. (*Inventaire*, n° 6305.)

2693   1237-38. 9 février.

(J. 309. — Toulouse, V, n° 17. 3. — Copie authentique.)

Instrumentum, anno Dominice incarnationis M° CC° XXX° VII°, scilicet v. idus februarii, a Petro Garino domini A. (Amici) Aurasicensis episcopi notario scriptum quo declaratur quomodo inter dominum Portalesium præceptorem hospitalis Jerosolymitani Aurasicensis, ex una parte, et nobilem virum Ricavum de Carumbo, tam nomine suo quam liberorum suorum agentem, ex altera, coram B. de Aurasica præposito Vivariensi, arbitro communiter electo, de bonis a Ruffo de Murmirione, præfati Ricavi cognato, hospitali Aurasicensi, in articulo mortis donatis, compositum fuerit.

Vidimus scellé par J. des Arcis, sénéchal du Venaissin, Gui Fulcodi et Guillaume IV, évêque de Carpentras. Voyez le n° 2485.

2694   1237-38. Février.

(J. 172. — Chartres, II, n°s 8 et 10. — Originaux scellés.)

Albericus Carnotensis episcopus notum facit, cum quæstio inter se et dominum regem de collatione præbendarum et aliorum beneficiorum, sede Carnotensi vacante vacantium, verteretur, se et præfatum regem in venerabiles viros Guar. magistrum scolarum Aurelianensium et Rad. granicarium B. Martini Turonensis, ex parte sua, ex parte vero jam dicti regis, in abbatem S. Martini de Rericuria, qui modo est, et magistrum Guillelmum Lemovicensem, ad terminandam dictam quæstionem compromisisse. — « Datum anno Domini m° cc° tricesimo septimo, mense februario. »

Sceau d'Albéric Cornut, évêque de Chartres; cire blanche, double queue. (*Inventaire*, n° 6569.) — Ces deux pièces présentent quelques différences de rédaction sans importance. L'analyse a été faite sur le n° 8, qui a conservé son sceau. La pièce cotée n° 10, dont le sceau s'est détaché, était scellée sur simple queue.

2695   1237-38. Février.

(J. 536. — Flandre, I, sac 4, n° 6. 66. — Original scellé.)

Securitas facta Ludovico Franciæ regi et Blanchæ reginæ matri ejus, inter manus Galteri Dallos serviente ejusdem regis, ad hoc misso, a Sigero de Gant milite, pro Thoma Flandriæ comite et ejus uxore Johanna comitissa. — « In cujus rei testimonium, presentes litteras scribi feci et sigillo meo sigillari. Actum anno Domini m° cc° xxx° septimo, mense februario. »

Sceau de Siger de Gand, chevalier; cire blanche, double queue. (*Inventaire*, n° 10391.) — Sauf le nom du commissaire délégué pour recevoir le serment, ces lettres et les suivantes reproduisent textuellement les lettres de caution datées de décembre 1237 et janvier 1238. (Voy. les n°s 2591 et 2611.)

2696   1237-38. Février.

(J. 536. — Flandre, I, sac 4, n° 6. 103. — Original scellé.)

Litteræ Sigeri d'Aienguien militis, ejusdem argumenti et formæ. — « In cujus rei testimonium, presentes litteras scribi feci et sigillo meo sigillari. Actum anno Domini m° cc° xxx° septimo, mense februario. »

Traces de sceau pendant sur double queue. — Le sceau de Siger d'Enghien n'a pas été retrouvé.

2697   1237-38. Février.

(J. 536. — Flandre, I, sac 6, n° 6. 108. — Original scellé.)

Securitas facta, coram Ludovico rege et Blancha regina ejus matre, a Margareta domina de Dampetra pro charissimo domino suo Thoma Flandriæ comite et ejus uxore Johanna comitissa. — « In cujus rei testimonium, presentes litteras scribi feci et sigilli mei munimine roborari. Actum anno Domini m° cc° tricesimo septimo, mense februario. »

Sceau de Marguerite, dame de Dampierre, fille de Baudouin IX, comte de Flandre; cire brune, double queue. (*Inventaire*, n° 623.)

2698   1237-38. Mercredi 10 mars.

(J. 172. — Chartres, II, n° 9. — Original scellé.)

Th. (Thomas) decanus et universitas capituli Carnotensis ratum habent compromissum initum inter Ludovicum Franciæ regem, ex una, et A. (Albericum) Carnotensem episcopum, ex altera parte, de arbitris electis ad questionem beneficiorum, sede vacante vacantium, dirimendam. — « In cujus rei testimonium et munimen, presentes litteras sigillo capituli nostri duximus roborandas. Datum anno Domini m° cc° xxx° septimo, die mercurii post *Oculi mei*. »

Scellé en cire blanche, sur simple queue, du sceau du chapitre de Notre-Dame de Chartres; décrit dans l'*Inventaire* sous le n° 7150.

2699   Valladolid. 1237-38. 23 mars.

Ferrandus rex Castellæ et Legionis Ludovicum regem deprecatur ut conventiones inter se et socerum suum, Simonem Pontivi comitem, initas confirmare dignetur.

(J. 599. — Castille, n° 2. — Original scellé.)

Karissimo consanguineo suo et amico Ludovico, Dei gratia illustri regi Francie, Ferrandus eadem rex Castelle et Toleti, Legionis, Gallecie et Cordube, salutem et sincere dilectionis affectum. — Dilectionem vestram affectuose rogamus quatinus amoris nostri gratia conventiones factas inter nos et dilectissimum socerum nostrum Symonem comitem Pontivensem, super comitatu Pontivi, vestris patentibus litteris confirmetis, videlicet in hec verba. — Noverint universi quod nos Ferrandus, Dei gratia rex Castelle et Toleti, Legionis, Gallecie, nec non et Cordube, concedimus et litteris nostris firmamus quod, si mulierem nobilem Mariam, comitissam Pontivensem, ante dilectissimum socerum nostrum Symonem comitem Pontivensem mori contigerit, dictus comes socer noster, absque omni inquietatione nostra et heredum nostrorum, comitatum teneat Pontivensem toto tempore vite sue. — Promitimus etiam quod nec nos nec heredes nostri de comitatu predicto aliquid faciemus per venditionem vel aliam alienationem per quod heredes comitatus memorati successione debita in posterum defraudentur. Et concedimus quod proximior heres dictorum comitis et comitisse dictum teneat comitatum, si post decessum dicti soceri nostri ad karissimam nostram J. (Johannam), Dei gratia reginam, uxorem nostram, fuerit devolutus, donec ipsa vel heres suus redeat in Franciam, recepturus comitatum predictum secundum usus et consuetudines regni Francie in similibus observatis. — Facta apud Vallisoletum, XXIII. die martii, anno ab incarnatione Domini M° CC° XXX° VII°.

Scellé en cire verte, sur rubans de soie jaune, du sceau de Ferdinand III, roi de Castille et de Léon, décrit dans l'*Inventaire* sous le n° 11245.

2700   Valladolid. 1237-38. 23 mars.

Litteræ Johannæ reginæ Castellæ et Legionis Ludovico regi pro dicta confirmatione obtinenda.

(J. 599. — Castille, n° 3. — Original scellé.)

Excellentissimo domino, consanguineo karissimo et amico speciali Ludovico, Dei gratia illustrissimo regi Francorum, J. (Johanna) regina Castelle et Toleti, Legionis, Gallecie necnon et Cordube, salutem et tam paratam quam debitam ad ejus beneplacita voluntatem. — Dominationem vestram regiam et amiciciam vestram approbatam, de qua indubitatam obtinemus fiduciam, tanto cordis affectu quanto magis possumus humiliter exoramus et devote quatinus, amoris nostri gratia precumque nostrarum interventu, conventiones factas inter nos et dilectissimum patrem nostrum Symonem comitem Pontivensem, super comitatu Pontivi, vestris patentibus litteris confirmetis, videlicet in hec verba. — J. (Johanna), Dei gratia regina Castelle et Toleti, Legionis, Gallecie et Cordube, salutem in vero salutari. Universitati vestre notum facimus quod nos, de consensu et voluntate karissimi mariti nostri Ferrandi, Dei gratia regis Castelle et Toleti, Legionis, Gallecie nec non et Cordube, concedimus et litteris nostris firmamus quod, si karissimam matrem nostram Mariam comitissam Pontivensem ante dilectissimum patrem nostrum Symonem comitem Pontivensem mori contigerit, dictus comes pater noster, absque omni inquietatione nostra et heredum nostrorum, comitatum teneat Pontivensem omni tempore vite sue. — Promittimus etiam quod nec nos nec heredes nostri de comitatu predicto aliquid faciemus per venditionem vel aliam alienationem per quod heredes comitatus memorati successione debita in posterum defraudentur, et concedimus quod proximior heres dictorum comitis et comitisse dictum teneat comitatum si, post decessum patris nostri, ad nos fuerit devolutus, donec nos vel heres noster redeat in Franciam recepturus comitatum predictum secundum usum et consuetudines regni Francorum in similibus observatas. — Ut hec autem firma et rata habeantur in posterum, de voluntate et assensu karissimi domini et mariti nostri Ferrandi, Dei gratia regis Castelle et Toleti, Legionis, Gallecie necnon et Cordube, presens scriptum sigilli nostri munimine fecimus roborari. — Facta apud Vallisoletum, XXIII. die marcii, anno ab incarnatione Domini M° CC° XXX° VII°.

Sceau de Jeanne de Ponthieu, fille de Simon de Dammartin et de Marie comtesse de Ponthieu, femme de Ferdinand III, roi de Castille et de Léon; cire verte sur rubans de soie ponceau. (*Inventaire*, n° 11246.)

2701   1237-38. Mars.

(J. 360. — Patronages en Normandie, n° 1. — Original scellé.)

Clementia domina Sanquevillæ vult et concedit ut, quamdiu ipsa vixerit, excellentissimus dominus suus Ludovicus Franciæ rex medietatem præbendarum Sanquevillæ conferat, sibi collatione alterius medietatis dictarum præbendarum reservata; post decessum autem suum, tota earumdem collatio ad dictum regem plenarie revertetur. — «Actum anno Domini M° CC° XXX° septimo, mense martio.»

Sceau de Clémence dame de Sacquenville, en Normandie (Eure); cire blanche, simple queue. Petit sceau de forme ovale, non décrit dans l'*Inventaire*. — Une tête de femme vue de profil et tournée de gauche à droite. Légende: ✠ S. CLEMENTIE DE SANQUEVILE. Pas de contre-sceau.

2702   1238. Mars.

Charta venditionis factæ Henrico Remensi archiepiscopo a capitulo B. Mariæ Magdalenæ Virdunensis.

(J. 207. — Mouzon, n° 5. — Original scellé.)

Omnibus presentes litteras inspecturis, Cl. prepositus, J. decanus, totumque capitulum Beate Marie Magdalene Virdunensis, salutem in Domino. — Noverint universi quod nos per Henricum et Nicholaum, concanonicos nostros, habentes speciale mandatum a nobis alienandi sive permutandi terras, aquas, nemora, justicias et omnia alia quecunque ecclesia nostra habet seu ad ipsam pertinet quocumque modo apud Villare juxta Mosomum, dici et asseri fecimus in presentia venerabilis patris Henrici, Dei gratia Remensis archiepiscopi, ad ecclesiam nostram pertinere ea que sunt inferius annotata, videlicet, fundum et justiciam per omnia totius villam ad predictam villam, que vocatur Villare, pertinentis, ita quod ecclesia nostra, sicut verus dominus, vel ipsius prepositus aut nuntius sive villicus, cum ministerialibus suis, omnia placita tenere debent, nec interesse debet advocatus aut aliquis alius nisi fuerit vocatus. — Institutionem etiam villici decani ministerialium dixerunt ad ecclesiam nostram pertinere. Item fundum nemoris dixerunt ad ecclesiam nostram pertinere. — Ecclesia tamen nostra nec Simon miles de Lombiis quicquam de materia nemoris dare potest aut vendere absque alterius partis assensu, et, si sartetur, sartagium erit integraliter ecclesie nostre. — Item terras pertinentes ad quartarios, quas emit dictus Simon miles, dixerunt ipsum Simonem debere reponere in manus humilium personarum commorantium in banno dicte ville de Villari ut ecclesia nostra magis pacifice posset possidere et percipere redditus quos habet in terris supradictis.—Item medietatem mortarii dicte ville de Villari dixerunt ad ecclesiam nostram pertinere etc., etc..... (Quæ omnia dicto archiepiscopo et ejus successoribus venduntur pro quindecim libris Parisiensium annuatim apud Bellummontem in Argona solvendis.) — In cujus rei testimonium et munimen; sigillo nostro presentes litteras fecimus sigillari. Actum anno Domini M° CC° XXX° octavo mense, martio.

Sceau du chapitre de l'église de Sainte-Marie-Madeleine de Verdun ; cire verte sur cordelettes de fil blanc ; premier sceau, décrit dans l'Inventaire sous le n° 7351. — La date de la pièce suivante prouve que celle-ci a été datée en commençant l'année au 25 décembre, comput habituel de la chancellerie impériale (D. de Vaines, Dictionnaire de diplomatique, tome Ier, p. 71), qui, suivant toute apparence, était également suivi en Lorraine.

2703 1238. 23 avril.

(J. 207. — Mouzon, n° 6. — Original scellé.)

R. (Radulfus) Virdunensis episcopus se prædictam venditionem ratam habere et confirmare declarat.—« Actum anno Domini M° CC° XXX° octavo, nono kalendas maii. »

Sceau de Raoul de Thorote, évêque de Verdun ; cire verte sur cordelettes de soie blanche ; décrit dans l'Inventaire sous le n° 6927.

2704 Asnières. 1238. Avril, après Pâques, du 4 au 30.

Litteræ Ludovici regis pro executoribus testamenti Philippi comitis Boloniæ.

(J. 238. — Boulogne, I, n° 35. — Original scellé.)

Ludovicus, Dei gratia Francie rex, universis amicis et fidelibus suis, ballivis etiam et prepositis suis, et aliis ad quos presentes littere pervenerint, salutem et dilectionem. — Mandamus vobis quatinus dilectis nostris [Bernardo] abbati Frigidimontis et Simoni de Levies, executoribus testamenti bone memorie Ph. (Philippi) patrui nostri, quondam comitis Bolonie, universa mobilia sua, que habebat die qua decessit in terris, balliviis et posse vestro et suo, deliberetis et deliberari faciatis, super hiis et debitis suis habendis consilium et auxilium vestrum, quod potueritis, ipsis per jus impendentes quando ab ipsis fueritis super hiis requisiti. — Actum apud Asnerias, post Pascha anno Domini M° CC° tricesimo octavo, mense aprili.

Fragment de sceau en cire blanche pendant sur simple queue. Voyez l'Inventaire, n° 47.

2705 Pontoise. 1238. Avril, après Pâques, du 4 au 30.

Johannes dux Britanniæ castrum de Beverone et quædam alia domino regi in perpetuum concedit.

(J. 241. — Bretagne. Coffre n° 15. 1. — Original scellé. = J. 240. — Bretagne. Layette, n°s 5 et 10. — Copies.)

Ego Johannes, dux Britannie et comes Richemontis, notum facio omnibus, tam presentibus quam futuris, quod ego karissimo domino meo Ludovico regi Francie illustri et heredibus ejus quitavi in perpetuum et quito castrum Sancti Jacobi de Beverone quod ipse karissimo patri et domino meo P. (Petro), tunc comiti Britannie, dederat et heredibus ejus, et idem dominus et pater meus illud eidem domino regi reddidit et quitavit. — Belysmum etiam et Perreriam, cum omnibus que idem dominus rex eidem patri meo in partibus illis sibi et heredibus suis dederat, eidem domino regi et heredibus ejus in perpetuum quitavi atque quito. — In illis etiam que idem dominus rex in comitatibus Andegavensi et Cenomanensi eidem domino et patri meo ad tempus contulit, nichil penitus reclamo nec reclamabo, promittens et per presentes litteras confirmans quod in omnibus supradictis vel in eorum pertinentiis, que jam dicto patri meo sive ad tempus sive hereditario fuerunt collata, nichil omnino, ego vel heredes mei, de cetero ullo umquam tempore reclamabimus vel poterimus reclamare. — Preterea, cum sepedictus pater meus litteras illas, quas de dictis donationibus habebat, sepedicto domino regi, infra certum terminum, qui jam elapsus est, reddere debuerit et eas non reddiderit quia invenire non potuit, promisi domino regi, tanquam domino meo ligio, quod pro posse meo et bona fide ad predictas litteras inveniendas laborabo diligenter, et, si inveniri potuerint, eidem domino regi vel domine mee regine matri ejus, vel ejusdem domini regis heredi, sine difficultate et dilatione restituam easdem. — Volo etiam et concedo ut, si forte tempore aliquo predicte littere invente fuerint vel alicubi aliquando exhibite, nullius omnino virtutis sint vel vigoris; set penitus irrite sint et inanes, et mihi vel heredibus vel successoribus meis nichil possint afferre commodi nec eidem domino regi vel heredibus vel successoribus ipsius aliquid affere valeant nocumenti. — Ego autem, in presentia supradicti domini mei regis, super sacrosancta juravi me omnia supradicta integre et firmiter servaturum, nec contra vel per me vel per alium ullo umquam tempore me venturum. — Quod ut firmum sit et stabile in perpetuum, presentem paginam sigilli mei munimine roboravi. — Actum apud Pontysaram, anno Domini M° CC° tricesimo octavo, mense aprili.

<small>Sceau de Jean, dit le Roux, duc de Bretagne, comte de Richemond, fils de Pierre Mauclerc; cire verte sur lacs de soie rouge; premier sceau, décrit dans l'*Inventaire* sous le n° 536.</small>

2706 Pontoise. 1238. Avril, après Pâques, du 4 au 30.

Litteræ Petri de Brena super quittatione castri de Beverone et aliis.

(J. 241. — Bretagne. Coffre, n° 15. 2. — Original scellé. = J. 240. — Bretagne. Layette, n° 3. — Copie.)

Ego Petrus de Brena, miles, notum facio omnibus, tam presentibus quam futuris, presentes litteras inspecturis quod, cum per pacem quam, cum karissimo domino meo Ludovico rege Francie illustri et cum karissima domina mea Blancha regina Francie illustri, matre ejus, feci Parisius anno Domini M° CC° tricesimo quarto, mense novembri, eidem domino regi reddiderim castrum Sancti Jacobi de Beverone, quod mihi dominus rex et heredibus meis dederat, et ipsi et heredibus suis in perpetuum quitaverim, et preterea quicquid idem dominus rex michi dederat ad tempus in comitatibus Andegavensi et Cenomanensi; et insuper Belysmum et Petrariam, cum pertinenciis eorumdem, cum omnibus que de dono ipsius in partibus illis habebam, que mihi et heredibus meis dederat, eidem sepedicto domino regi et ejus heredibus quitaverim in perpetuum, et ipsi promiserim me litteras illas, quas super donationibus predictorum habebam ab ipso, infra certum tempus et determinatum, quod jam elapsum est, redditurum eidem, nec dictas litteras adhuc invenire potuerim licet ad hoc laboraverim diligenter, ad securitatem majorem per presentes recognosco litteras me predictarum rerum omnium quitacionem fecisse, et adhuc, pro me et heredibus meis, predicta quito omnia, ita quod, ego vel heredes mei, in predictis nichil omnino de cetero reclamabimus nec possumus reclamare; promittens insuper eidem domino regi, tanquam domino meo ligio, quod pro posse meo et bona fide ad predictas litteras inveniendas laborabo diligenter, et, si inveniri potuerint, eidem domino regi vel domine mee regine matri ejus, vel domini regis heredi, sine omni difficultate et dilatione restituam easdem. — Volo etiam et concedo ut, si forte tempore aliquo predicte littere invente fuerint vel alicubi aliquando exhibite, nullius omnino virtutis sint vel vigoris, set penitus irrite sint et inanes, et michi vel heredibus vel successoribus meis nichil possint afferre commodi nec eidem domino regi vel heredibus vel successoribus ipsius aliquid afferre valeant nocumenti. — Ego autem, in presentia supradicti domini mei regis, super sacrosancta juravi me omnia supradicta integre et firmiter servaturum, nec contra, vel per me vel per alium, ullo umquam tempore me venturum. — Quod ut firmum sit et stabile in perpetuum, presentem paginam sigilli mei mu-

2707 1238. Avril après Pâques, du 4 au 30.

(J. 212. — Rouen, I, n° 4. — Original scellé.)

P. (Petrus) Rothomagensis archiepiscopus recognoscit se lignamina ad duas domos ædificandas de speciali domini regis gratia recepisse, ea lege ut ex hoc nec sibi nec ecclesiæ suæ aliquid juris adquiratur. — « In cujus rei testimonium, presentes litteras nostro sigillo fecimus roborari. Datum anno Domini m° cc° xxx° octavo, mense aprili. »

Sceau de Pierre II de Colmieu, archevêque de Rouen; cire brune, simple queue. (*Inventaire*, n° 6369.)

2708 1238. Avril après Pâques, du 4 au 30.

(J. 309. — Toulouse, V, n° 17. 2. — Copie authentique.)

Instrumentum quo notum fit, anno Dominice incarnationis m° cc° xxx° viii°, mense aprili, Portalesium præceptorem domus hospitalis Sancti Johannis Aurasicensis ad curiam domini Raimundi comitis Tolosani, Provinciæ marchionis, accedentem, per testes ad hoc vocatos et juratos, contra Isnardum de Murmirione et ejus fratres comprobasse Ruffum de Murmirione, in infirmitate de qua decessit constitutum, se et omnia bona sua præfatæ domui Aurasicensi donavisse, salva donatione quam Dulciæ uxori sue fecerat. — Quæ quidem testimonia a domino Hugone Riperto, judice domini comitis in partibus Vennaissini, et a Raimundo de Paternis, bajulo Murmirionis, recepta fuerunt. — « Et ego B. de Sancta Maria, notarius publicus domini comitis, presens interfui, et mandato dicti preceptoris et auctoritate judicis et bajuli predictorum hoc instrumentum scripsi et signavi. »

Vidimus scellé par J. des Arcis, sénéchal du Venaissin, Gui Fulcodi, et Guillaume IV, évêque de Carpentras. Voyez le n° 2485.

2709 1238. Jeudi 6 mai.

(J. 328. — Toulouse, XIX, n° 1. 9. — Copie. Roman.)

Déclaration des limites qui séparent la seigneurie de Gémil de la seigneurie de la Serre, faite par Bernard Capela de Paolhac et autres. — « Hoc fuit factum vi. dias introitus de maius (*sic*), feria v, regnante Lodoyco rege Francorum, Raimundo Tholosano comite, Raimundo episcopo, anno ab incarnatione Domini m° cc° xxx° viii. Hujus rei sunt testes : Arnaldus de Paolhaco, et B. Forafinus, et Petrus Ysarnus, et Guillelmus Raigambertus, *quinque alii*, et W. de Noerio qui cartam istam scripsit. »

Cette pièce est insérée dans le rouleau intitulé : *Transcripta instrumentorum magistri Johannis Dominici super facto Gimilli.*

2710 1238. Mardi 11 mai.

Instrumentum de feodis Raimundo Tolosano comiti a domina Gentili de Jenciaco propter defectum homagii derelictis.

(J. 326. — Toulouse, XVII, n° 28 et 29. — Originaux.)

Noverint universi, tam presentes quam futuri, quod domina Gentilis de Jenciaco, filia quondam Ademarii de Jenciaco et domine Sibilie de Altarippa, sua spontanea voluntate recognovit et concessit sponte et libere quod totum dominium et jurisdictiones et omnes proprietates, quecumque sint et ubicumque, que ipsa, ratione materne successionis et paterne et Saurimunde sororis sue, vel aliis modis, habebat vel habere debebat in castro et dominio de Altarippa et pertinentiis suis, et in castro sive villa et dominio de Rivis, quod dicitur de Bolbestre, et in omnibus pertinentiis ejus, et de Guonaco et de Bezenhaco et de Bartaldis et de Montesquivo, et in omnibus pertinentiis predictorum locorum, ipsa tenebat et tenere debebat in feudum a domino Ramundo Dei gratia comite Tholosano. — Et ideo, quia ipsa post mortem patris sui et matris sue non petiit nec recepit investituram infra annum et diem, nec etiam postea per plures annos de dictis feudis a domino comite supradicto, et propter alias legitimas causas, gratis et sponte recognovit quod dicta feuda et omnia jura sua supradicta ceciderant in incursum seu comissum domini Raimundi, Dei gratia comitis Tholosani, filii quondam inclite recordationis domine regine Johanne. — Propter quod dicta feuda et jura alia supradicta solvit, libere deseruit et quitavit in perpetuum, pro se et omnibus successoribus suis, eidem domino comiti supradicto et omnibus successoribus suis. — Supradictas autem recognitiones, solutiones et quitationes fecit de consilio et asensu et in presentia Ramundi de Benca viri sui, qui omnia supradicta et singula laudavit, concessit et sic fieri voluit, expresse renuncians omni juri obligationis competentis sibi ratione dotis uxoris sue, vel doni sibi ab ea facti vel quocumque alio modo. — Actum fuit hoc ita et concessum xi. die introitus mensis madii, feria iii, regnante Lodoico Francorum rege et eodem domino Ramundo Tholosano comite, et Ramundo episcopo, anno м° cc° xxx° octavo ab incarnatione Domini. — Testes : dominus Ramundus Dei gratia episcopus Tholosanus, et Ramundus scriptor officialis Tholosani, et Guillelmus Bernardi, canonicus Sancti Stephani, et Willelmus Isarni clericus archipresbiter de Rivis, et Sycardus Alamanni, et Mancipius de Tholosa, et Petrus de Tholosa frater ejus, et Aymericus Porterius, et Bernardus Aimericus publicus Tholose notarius, qui, mandato et concessione ejusdem domine Gentilis et Ramundi de Benca viri sui, cartam istam scripsit.

2711 Latran. (**1238.**) 13 mai.

Gregorius papa IX episcopo Tolosano et aliis inquisitoribus mandat ut sententiam excommunicationis, in homines comitis Tolosani latam, per tres menses suspendant.

(J. 430. — Bulles contre les hérétiques, n° 19. — Original scellé.)

Gregorius episcopus, servus servorum Dei, venerabili fratri episcopo Tholosano et dilectis filiis inquisitoribus heretice pravitatis in terra nobilis viri comitis Tholosani et partibus Albigensibus, salutem et apostolicam benedictionem. — Actore Deo fidem ampliari catholicam et confundi pravitatem hereticam cupientes, de consilio fratrum nostrorum providimus ut venerabilem fratrem nostrum [Jacobum] episcopum Prenestrinum, magnum et honorabile membrum Ecclesie, scientia moribus et honestate preclarum, ad terram nobilis viri comitis Tholosani et Albigenses partes, commisso sibi plene legationis officio, destinemus. — Volumus igitur et districte precipiendo mandamus quatinus inquisitionem predicte pravitatis et effectum condempnationum latarum in homines ejusdem comitis ac penitentie ipsis injuncte occasione pravitatis ipsius, postquam nuntii ejusdem comitis arripuerunt iter ad Sedem Apostolicam veniendi, usque ad tres menses post receptionem presentium suspendatis, condempnatis hujusmodi quod ad propria redeant concedentes, recepta tamen prius ab eis sufficienti et idonea cau-

tione quod ad statum in quo nunc esse noscuntur, juxta mandatum Apostolicum vel ejusdem episcopi, revertentur. — Preterea contra illos, qui de predicta pravitate suspecti ad mandatum venerabilis fratris nostri episcopi Portuensis, tunc in partibus illis Apostolice Sedis legati, ad eundum in Terram sanctam crucis signaculum assumpserunt, non obstantibus litteris Apostolicis quas de ipsorum transitu venerabili fratri nostro archiepiscopo Viennensi, Apostolice Sedis legato, sub certa forma transmisimus, usque ad predictum terminum in aliquo minime procedatis. Nam per eundem Prenestrinum episcopum, cum ad nos, duce Xpisto, pervenerit, de suspectis hujusmodi ac aliis que precipue agenda sunt circa inquisitionem pravitatis heretice disponetur quod secundum Deum videbitur expedire. — Datum Laterani, iii. idus maii, pontificatus nostri anno duodecimo.

Bulle de plomb sur cordelettes de chanvre. — Voyez l'*Inventaire*, n° 6047.

2712 Latran. (**1238.**) 13 mai.

(J. 430. — Bulles contre les hérétiques, n° 20. — Original scellé.)

Alteræ Gregorii papæ IX litteræ, ipsissimis verbis constantes, [Arnaldo] Agennensi episcopo inscriptæ. — « Datum Laterani, iii. idus maii, pontificatus nostri anno duodecimo. — *Actore Domino fidem ampliari catholicam*, etc. »

Bulle de plomb sur cordelettes de chanvre. (*Inventaire*, n° 6047.)

2713 1238. 14 mai.

(J. 330. — Toulouse, XXI, n° 13. — Original.)

Instrumentum, per litteras alphabeti in margine inferiori divisum, quo constat Aimericum de Castro-novo, filium defuncti Petri Willelmi Pilistorti, et Castellumnovum prædicti Aimerici filium, quidquid Tolosanus comes et defunctus Ramundus Tolosæ comes pater ejus, sibi Aimerico apud Castrum-novum de Iustrictis fontibus, et in alodio, territorio et decimario ejusdem castri dono dederant, præfato comiti Tolosano reddidisse, dereliquisse et absolvisse, et etiam jam dictum comitem absolvisse a quinque millibus solidorum Tolosanorum ad quos, res donatas recuperando, donatariis solvendos tenebatur. — « Hoc totum fuit ita laudatum et concessum xiiii. die introitus mensis maii, regnante Lodoico rege Francorum, et supradicto Raimundo Tolosano comite, et Raimundo episcopo, anno ab incarnatione Domini м° cc° xxx° viii°. Hujus rei sunt testes : R. de Castro-novo et Bertrandus de Montibus, Petrus de Montibus, et Petrus de Tolosa vicarius, et Ugo de Roaxio, *sex alii*, et Ugo Pictor, qui hanc cartam scripsit. » — In hoc instrumento integra inseritur charta Raimundi VI Tolosani comitis data septimo die februarii anni 1213. *Vide* tom. I, n° 1035.

2714 1238. Dimanche 23 mai.

(J. 328. — Toulouse, XIX, n° 4. 2. — Copie. Roman.)

Acte par lequel Isarns, vicomte de S. Antonin, fils de Frotart et de dame Bertrande, déclare que tous les droits qui lui appartiennent à quelque titre que ce soit en la ville de S. Antonin, au dedans comme au dehors (*dins ni de fora*), ont été par lui donnés et concédés de son bon cœur et de sa bonne volonté à son neveu R. de Caussade.
— « Aiso fo fait viiii. dias a l'ishid del mes de mai, en dimenge, regnant Lodoic rei dels Franz, Ramon en Tolosa comte, e Guiraudz de Caors avesque, anno Domini m° cc° xxx° octavo. Daiso son testimoni : Guillems Bernatz de Nagac, Aimerics de la Vela, *octo alii*, e Guiraudz priors de Causada, qui istam cartam scripsit. »

2715 1238. Dimanche 23 mai.

(J. 328. — Toulouse, XIX, n° 3. 2. — Copie.)

Instrumentum quo constat Izardum vicecomitem Sancti Antonini, filium Frotardi et Bertrandæ, quidquid habebat vel habere debebat in villa S. Antonini R. de Causada nepoti suo, spontanea sua voluntate, dono dedisse. — « Actum viiii. dias a l'ishid mesis mai, die dominica, regnante Lodovico rege Francorum, Raimundo Tolosano comite, et G. Caturcensi episcopo, anno Domini m° cc° xxx. octavo. Testes sunt : W. B. de Naiaco, Aimericz de la Vela, *octo alii*, et G. priors de Causada, qui istam cartam scripsit. »

Cet acte est une traduction en latin de l'acte précédent.

2716 1238. 26 mai.

(J. 330. — Toulouse, XXI, n° 5. 2. — Copie.)

Instrumentum quo constat Bernardum Guillelmum Gayta-Podium sextam partem quam habebat in quodam molendino terreno sito in capicio comitali, Bernardæ uxori quondam Tolosani de Murello et ejus ordinio vendidisse. — « Hec venditio fuit facta vi. die exitus mensis madii, regnante Lodeo (*sic*) Francorum rege, et Ramundo Tholosano comite, et Ramundo episcopo, anno ab incarnatione Domini m° cc° xxx° octavo. Hujus rei.... sunt testes : Guillelmus Junquerius, et Poncius de Siollio, et Ramundus Laurencius, etc.... et Philippus Gaita-Podium est de toto testis qui ad hec omnia fuit presens et cartam istam scripsit. »

Copie délivrée en 1277 par Raimond Bonnet, notaire à Toulouse.

2717 1238. 3 juin.

(J. 329. — Toulouse, XX, n° 7. — Copie ancienne.)

Instrumentum quo constat Petrum Majorem et Bartolomeum ejus fratrem dominium et homagium de seipsis, scilicet de corporibus suis et de omni progenie a se oritura, et de omni illa terra et honore et de toto hoc quod habent et tenent inter Garonam et Arigiam, sponte sua domino suo Ramundo Tolosano comiti et ejus ordinio concessisse et super sancta Dei Evangelia jurasse. — « Hoc fuit ita positum iii. die introitus mensis junii, regnante Lodovico rege Francorum, et supradicto Raimundo Tolosano comite, et Raimundo episcopo, anno ab incarnatione Domini m° cc° xxx° viii°. Hujus rei sunt testes : Bertrandus de Garrigiis, et Gausbertus de Pictavinus, et Petrus Stephanus de Fenolbeto, *tres alii*, et Ugo Pictor, qui hanc cartam scripsit. »

Copie délivrée, en 1261, par Bernard Aimeri.

2718 1238. Mardi 15 juin.

(J. 207. — Mouzon, n° 7. — Original scellé.)

J. (Jacobus) Suessionensis episcopus, D. Sancti Remigii, et L. (Leo) Sancti Dyonisii Remensis abbates notum faciunt Nicholaum castellanum de Mosomo, in ipsorum præsentia, Remis, in palatio domini Remensis archiepiscopi, recognovisse se eidem archiepiscopo relevamen debere pro castellania de Mosomo quam ab eo tenet per manuburniam, et relevamen illud in manu ejusdem gagiavisse. — « Hec autem acta fuerunt in presentia nostra et plurium aliorum, anno Domini m° cc° tricesimo octavo, feria tertia post festum Beati Barnabe apostoli. »

Cette charte était scellée, dans le principe, de trois sceaux pendants sur double queue. Les deux premiers se sont détachés, et il ne reste plus que le sceau en cire verte de Léon, abbé de Saint-Denis de Reims, décrit dans l'*Inventaire* sous le n° 8990; le sceau de Jacques de Basoches, évêque de Soissons, est décrit sous le n° 6874; celui de D., abbé de Saint-Remy, n'a pas été retrouvé.

2719 Sisteron. 1238. 20 Juin.

Nuncupativum testamentum Raimundi Berengarii Provinciæ comitis.

(J. 407. — Testaments des Lusignan, n° 1. — Copie ancienne.)

In nomine Domini nostri Jhesu Xpisti, anno ejusdem secundum carnem millesimo ducentesimo tricesimo viii°, duodecimo kalendas julii, nos R. Berengarius, Dei gracia comes et marchio Provincie et comes Folcalquerii, volentes de rebus et bonis nostris disponere, in sanitate mentis et prosperitate corporis constituti, testamentum nostrum nuncupativum condendo sicut sequitur ordinamus. — In primis Margaritam filiam nostram, illustrem reginam Francie, heredem instituimus in x. milibus marcharum argenti, quas ei in dotem constitueramus, et instituimus eam heredem in c. marchis ultra. De qua dote solvimus ei duo milia marcharum argenti, et ista eidem jure institucionis assignamus, mandantes et volentes istis ipsam esse contentam et nichil amplius posse petere vel exigere de bonis nostris. — Item Elionors filiam nostram, illustrem reginam Anglie, heredem instituimus in x. milibus marcharum argenti, quas sibi in dotem constitueramus, et instituimus eam heredem in c. marchis argenti ultra, et istam sibi jure institucionis assignamus, mandantes et volentes istis ipsam esse contentam et nichil amplius posse petere vel exigere de bonis nostris: — Item Sanciam filiam nostram heredem instituimus in quinque milibus marchis argenti, scilicet in duobus milibus marchis argenti, quas ei in dotem assignaveramus, et tribus milibus marchis argenti ultra. Et ista sibi jure institucionis assignamus, mandantes et volentes istis ipsam esse contentam et nichil amplius posse petere vel exigere in bonis nostris. — Item Beatricem filiam nostram heredem generalem instituimus in totis comitatibus nostris Provincie et Folcalcherii et eorum juribus et pertinenciis et in omnibus bonis nostris aliis. Si vero dicta filia nostra B. filium masculum unum vel plures habuerit, primogenitum ei substituimus. Si vero primogenitus premoriatur, sequens masculus frater ei succedat, et sic deinceps de filiis masculis dicte filie nostre B. secundum ordinem supradictum, aliis omnibus filiis et filiabus, tam ipsius B. quam predictarum filiarum nostrarum, exclusis. — Si vero contingeret supradictam filiam nostram B. quandocumque decedere sine filiis masculis, substituimus ei filium masculum primogenitum sepe dicte filie nostre Sancie si ipsum habuerit. — Qui dictus filius dicte Sancie det filie dicte Beatricis v. milia marcharum argenti, et eis eam volumus fore contentam de omnibus bonis nostris. — Si tamen prenominatas filias nostras B. et S. quandocumque mori contingeret absque filiis masculis, et dicta B. filiam habuerit, illam ei substituimus sub hac tamen conditione: si dicta Sancia filium masculum non habuerit. Illum enim filium masculum dicte nepti nostre, scilicet [filie] filie nostre Beatricis, preferimus. — Si autem dicta filia nostra Beatrix non habuerit filium vel filiam, vel dicta filia nostra Sancia decesserit sine filio masculo, tunc dominum Jacbobum illustrem regem Aragonum substituimus. Ipso vero dicto domino rege, tempore dicte substitutionis non superstite, filium ejus, si unicum habuit, substituimus; sed si plures haberet, sequentem, post illum qui esset rex, substituimus. — Si autem postumum masculum contingeret nos habere, illum generalem heredem in totis comitatibus et juribus et rebus nostris instituimus, cassata institutione generali Beatricis in dicta postumi agnatione; et tunc instituimus dictam Beatricem heredem in v. milibus marchis argenti, et eam in tali casu volumus esse contentam et nichil amplius posse petere vel exigere de bonis nostris. — Si vero postumam habuerimus, predictam institucionem generalem Beatricis valere volumus et mandamus et eam firmam remanere, et postumam instituimus in duobus milibus marchis argenti, et illis volumus eam jure institucionis fore contentam. — Si vero contingeret filium nostrum masculum absque liberis legitimis decedere, quandocumque volumus et mandamus predictas institutiones et substitutiones que supra sunt facte, firmas esse et ratas manere, sicut et superius ordinatum. — Item a B. (Beatrice) comitissa Provincie uxore nostra confitemur nos habuisse ex causa dotis duo milia marcharum argenti, et relinquimus ei tria milia marcharum argenti; pro quibus quinque milibus marcharum argenti, tam ex dote quam ex legato, in pignore obligamus ei omnia que habemus vel habere debemus in toto comitatu Folcalquerii et in castris infra scriptis que sunt ultra Durenciam in comitatu Provincie, scilicet, in castro de Scalo, in Castronovo, in Subripis, in Salignaco, in Baudimento, in Sancto Syphoriano, in castro de Amrepeiras et de Villosc, in Dromone, in Dromoneto, in Briansone, in Harles, in Ramerio, in castro de Sparron, in castro de Baions, in Valaorra, in Austesuno, in tota terra Villelmi de Turris, in Brizierz, in Belfort, in Rocabruna, in Podio acuto, in Valansono, in Cadro, in Mota, in Clemensana, in castello de Noais, in Castelfort, in

Nibla, in Valerna, in Vaumel, in Cigoier, in Teza, in Clareto, in Melua, in Curban, in Ventairol. — Item volumus et mandamus quod, si aliquid injuste tenemus, illud ad cognitionem infrascriptorum prelatorum et baronum, vel eorum qui loco ipsorum fuerint subrogati, emendetur; et predicti prelati et barones nullas exigant expensas a conquerentibus, sed gratis ex officio procedant et inquirant, prout eis visum fuerit, veritatem. — Item relinquimus omnes albergas vel earum redemptiones tocius comitatus Provincie pro debitis nostris omnibus et que declarari possent et pro malefactis nostris et male aquisitis et extortis emendandis, salva pignoris causa supradictorum castrorum assignatorum comitisse. — Et volumus et mandamus quod predicta omnia emendentur et solvantur ad cognicionem venerabilium patrum nostrorum R. (Raimundi) Dei gratia Aquensis archiepiscopi, et R. (Rostagni) Regensis et R. (Raimundi) Forojuliensis episcoporum, et baronum duorum, Romei et Guillelmi de Cotinnaco. — Et volumus ut predicte albergue seu redemptiones veniant in posse trium prelatorum et duorum baronum predictorum; de quibus predicti satisfaciant creditoribus nostris et illis quibus sumus in aliquo obligati; et cause super predictis, sine juris subtilitate et expensis et dilationibus, quanto brevioribus poterunt dicti quinque, ducantur; et jurent dicti Romeus et G. de Cotinnaco dictis prelatis, et curent et dent operam eficacem ut predicte albergue seu redemptiones veniant in posse predictorum prelatorum et ipsorum duorum vel illorum qui pro tempore fuerint subrogati. — Item constituimus Romeum et Guillelmum de Cotinnaco tutores, bajulos et deffensores et ordinatores tocius terre nostre filiabus nostris presentibus et futuris et filiis si quos habuerimus. — Et volumus quod predicti non teneantur facere inventarium vel reddere rationem ut tutores. — Et volumus et mandamus quod predicti Romeus et G. de Cotinnaco teneant et statuant totam terram nostram et heredum nostrorum, et milites et homines teneantur eis jurare, et eam teneant quousque aliqua de filiabus nostris, que remanserit heres in comitatibus nostris, prout superius est ordinatum, collocetur in matrimonio alicui per quem terra possit gubernari, et quod dicti Romeus et G. de Cotinnaco fecerint in dicta terra, faciant cum salubri et sano consilio B. comitisse Provincie, uxoris nostre, et trium prelatorum supradictorum. — Item volumus et mandamus quod B. comitissa Provincie uxor nostra sit usufructuaria de gausidis et proventibus super omnibus predictis tocius terre nostre quamdiu sibi placuerit et steterit sine marito, salvis expensis que fierent pro custodia castrorum et utilitate terre, secundum quod eis videbitur expedire, ita tamen quod ipsa abstineat ab omni alienatione terre et jurium et comandatione, et teneatur facere quod egerit in dicta terra consilio dictorum trium prelatorum et duorum baronum. — Et si contingeret quod aliquis de predictis prelatis vel de baronibus supradictis decederet, alius de terra ista natione, qui ejus vicibus fungeretur, eligatur per dictam comitissam et per quatuor superstites; ita scilicet quod loco prelati prelatus eligatur, et loco militis miles; et si contingeret de predictis aliquem de terra absentari, alius de terra ista natione eligatur per comitissam predictam et per quatuor qui erunt presentes, qui ejus vicibus fungeretur quamdiu esset absens; et, eo reverso, redeat in locum suum pristinum; et subrogatus cessaret. — Item eligimus nobis sepulturam in domo Hospitalis Jherusalem de Aquis, ubi jacet pater noster bone memorie sepultus Ildefonsus comes Provincie condam. — Et legamus et relinquimus eidem ecclesie Sancti Johannis de Aquis, pro redemptione anime nostre et predecessorum nostrorum, castrum de Vinno cum omnibus pertinenciis suis et juribus et quiquid habemus in dicto castro et in ejus territorio, retentis tantum modo nobis et nostris justiciis sanguinis faciendis pro dominatione, quod ita intelligimus scilicet quod, si aliquis dicti castri comiserit aliquod crimen unde corporaliter pena sit infligenda, per curiam nostram et nostrorum infligatur. Non autem peccuniaria pena ab aliquo homine dicti castri per nostram curiam vel nostrorum pro aliquo crimine vel delicto vel aliqua alia causa exigatur. — Et volumus quod Hospitale teneat pro dicto castro tres sacerdotes continue in predicta ecclesia de Aquis qui serviant ecclesie supradicte. — Item relinquimus dicto Hospitali de Aquis Sancti Johannis, pro redemptione anime nostre et predecessorum nostrorum, quicquid habemus in castro de Tribullana et quicquid habent in dicto castro et in territorio ejus heredes Raimundi Gaucelmi quondam et alii domini dicti castri, et omnia predicta predictorum dominorum dicti castri supradicti prelati et duo barones, vel illi qui essent subrogati loco ipsorum, teneantur emere dicto Hospitali a dominis dicti castri de albergis nostris, solutis tamen primo debitis nostris et tortis nostris et forisfactis emendatis de dictis albergis. — Si vero contingeret quod dictum Hospitale emeret dictum castrum de Tribullana a dominis dicti castri, quod concessimus A. priori Sancti Egidii, volumus et mandamus quod supradicti prelati et barones teneantur restituere precium totum quod in dicto castro emendo expendetur dicto Hospitali de albergis nostris supradictis, solutis tamen prius debitis nostris, et tortis et forisfactis emendatis; et dictum Hospitale teneatur duos sacerdotes tenere pro anima nostra et nostrorum pro predicto castro qui ecclesie Hospitalis Sancti Johannis de Aquis serviant; et hoc ex quo habuerit dictum castrum et de precio dicti castri eidem Hospitali fuerit satisfactum, si dictum castrum emerit. Et sic tenebit dictum Hospitale quinque sacerdotes in ecclesia supradicta tam pro castro de Vinno quam pro castro de Tribullana. — Et omnibus supradictis de predictis albergis solutis et factis, volumus et mandamus quod de dictis albergis seu redemptionibus earum dentur duo milia marcharum argenti que accipiant supradicti quinque prelati et barones, vel illi qui loco ipsorum pro tempore fuerint subrogati, et ea distribuant per loca religiosa et pauperes arbitrio suo; tamen volumus quod de dictis duobus milibus marchis argenti dentur ad constructionem ecclesiarum et domorum fratrum Minorum terre nostre centum marche argenti, et, ad constructionem ecclesiarum et domorum fratrum Predicatorum terre nostre, alie centum marche. — Item assignamus civitatem Nicie cum pertinenciis suis et territorio, et castrum de Albaron cum pertinenciis suis, et Camargas, et castrum Rainardum cum pertinenciis suis, et castrum de Sancto Albano cum pertinenciis suis, et castrum de Sarannone cum pertinenciis suis, et castrum de Balma cum pertinenciis suis, salvis pignoribus, ut

de proventibus dictorum locorum, deductis expensis pro ipsorum custodia, satisfaciat eodem modo sicut dictum est de albergis pro tortis et forisfactis nostris emendandis et debitis exsolvendis, inter que debita non intelligimus dotes. — Item statuimus ut predicti barones teneant predicta loca nomine suo et nomine dictorum prelatorum, ita quod non teneantur pro supradictis locis obedire vel respondere uxori nostre vel alicui heredi nostro, quousque voluntas nostra super predictis debitis, malefactis et male extortis ad cognitionem dictorum prelatorum et baronum fuerit adimpleta, exclusis dotibus omnibus, ad quas solvendas heredem nostrum volumus obligari. — Item statuimus quod, si dicta uxor nostra vel heres noster, per se vel per alium, vel alius vicem gerens heredis vexarent vel impedirent quominus dicti prelati et barones de dictis albergis et proventibus dictorum locorum secundum arbitrium suum possent libere voluntatem nostram adimplere, dicti duo barones possent vendere vel pignori obligare, ad mandatum dictorum prelatorum et ipsorum baronum voluntatem, dicta loca cum pertinenciis suis cuicumque vellent, sive persone singulari sive universitati, uni vel pluribus. — Item volumus ut privilegia ecclesiis vel piis locis vel quibuslibet personis indulta in perpetuum per successores nostros firmiter observentur. — Item volumus et precepimus ut B. comitissa, uxor nostra, teneatur jurare et juret in manibus predictorum quinque prelatorum et baronum ut, quamdiu dicte terre nostre preerit in usufructu, sicut dictum est supra, det operam efficacem ut omnes supradicte albergue seu redemptiones, et proventus et redditus dictorum locorum et castrorum veniant in posse predictorum prelatorum et dictorum baronum, vel eorum qui loco ipsorum pro tempore fuerint subrogati, et ea percipiant tam diu donec omnia supradicta in solidum sint completa. — Item volumus et precipimus ut quecumque de filiabus nostris fuerit heres nobis in comitatibus nostris, ut supradictum est, teneatur jurare in manibus prelatorum predictorum et baronum, vel eorum qui [pro] tempore loco ipsorum fuerint subrogati, tam ipsa quam maritus ejus, ut ipsi dent operam efficacem quod predicte albergue et proventus dictorum locorum veniant in posse predictorum prelatorum et baronum, et eas percipiant dicti quinque prelati et barones quousque omnia supradicta ad cognitionem ipsorum sint completa. — Et hoc idem teneatur facere et jurare filius, si contingeret nos habere, vel rex Aragonum, si contingeret ipsum terram nostram habere. — Quod si predicti heredes nostri, instituti vel substituti in dictis comitatibus, hoc facere recusaverint vel contra hoc quod de albergis nostris et [pro salute] anime nostre ordinavimus venerint, volumus et mandamus, et predictis prelatis in periculo animarum suarum injungimus ut predictum heredem nostrum, qui terram nostram haberet et maritum filie nostre et ipsam ad quam terra nostra pertineret, excomunicent omnes et singul[os] eorum si contra ordinacionem de predictis albergis nostris et proventibus dictorum locorum factam [pro salute] anime nostre venirent; et hoc juret antequam filiam nostram heredem desponsaverit. — Item volumus et mandamus quod predicti prelati teneantur impetrare litteras a summo pontifice ut ipsi et unusquisque eorum auctoritate domini pape possint et teneantur excommunicare heredem nostrum universalem de comitatibus nostris, et maritum filie nostre, et ipsam filiam nostram heredem terre nostre, et totam terram interdicto supponere, si necesse foret, si veniret contra ordinationem factam de predictis albergis et proventibus dictorum locorum; et si fideliter non adimpleret illud quod ei est injunctum circa predictas albergas et proventus predictorum locorum et illud quod statuimus pro redemptione anime nostre et nostrorum. — Item precipimus et statuimus ut quicumque heres noster in predictis comitatibus ordinationem predictarum albergarum et proventuum predictorum locorum et anime nostre non compleverit infra sex menses, premissa admonicione a dictis tribus prelatis et a dictis duobus baronibus vel ab altero eorumdem, ut supradictum est, illum ut inmeritum a successione dictorum comitatuum et terre nostre excludimus, et dictos comitatus et terram nostram successive, ut supra ordinatum est, ad alios prenominatos pertinere volumus. Ita scilicet quod predictus heres noster, qui terram nostram habuerit, ea que de predictis albergis et proventibus dictorum locorum et anime nostre sunt ordinata, teneatur omni modo adimplere. — Item volumus et mandamus quod dicti tres prelati et duo barones jurent supradicta omnia fideliter agere et complere, et illi qui loco ipsorum pro tempore fuerint subrogati. — Item volumus et precipimus quod dicti tres prelati et duo barones bis in quolibet anno conveniant insimul et ordinent et faciant que eis superius sunt commissa. — Item statuimus quod, si aliqua ambiguitas, dubietas vel obscuritas super predictis vel aliquo predictorum oriretur seu emergeret, sepedictorum prelatorum et baronum sit declaratio et interpretacio. — Testamentum seu testamenta quod vel que antea feceramus, seu quamlibet aliam ultimam disposicionem omnino cassamus, et illa irrita et nullius valoris esse de cetero volumus. — Hoc est autem testamentum nostrum nuncupativum, et sine sollempnitate scripture confectum. Quod si non valet jure testamenti, valeat saltim jure codicillorum seu cujusvis alterius ultime voluntatis, vel saltim jure divisionis facte inter liberos. — Et volumus et mandamus quod de predicto testamento seu disposicione nostra conficiantur tria instrumenta per manum Bernardi Brimundi notarii nostri; unum quorum sit penes nos, aliud penes jam dictos prelatos, et reliquum teneant supradicti barones. — Acta sunt hec apud Sistaricum, in domo fratrum Minorum. Testes vocati et rogati fuerunt : frater Bonaventura minister tunc fratrum Minorum in Provincia, Romeus de Vilanova, Guillelmus de Cotinnaco, Ancelmus Feri, Guido prepositus Banalensis, Rodericus bajulus Folcalquerii, Guillelmus Raimundus de Areis judex Provincie, Matheus de Forre jurisperitus, magister Petrus d'Alps medicus. Et ego B. Brimundus supradictus, publicus notarius domini R. Berengarii comitis Provincie supradicti, qui mandato ipsius hoc instrumentum confeci et sigillo suo sigillavi et signum meum apposui.

<small>Cette copie, contemporaine de l'acte original, porte des traces qui prouvent qu'elle avait été fermée; on peut la regarder comme l'une des trois copies ordonnées par le testateur. Une annotation erronée placée au dos de l'acte, qui probablement remonte au temps de Gérard de Montaigu, attribue ce testament au comte de la Marche (*copia testamenti R. Berengarii comitis Marchie*); c'est ce qui explique comment ce document se trouve égaré dans la layette intitulée *Testaments des Lusignan*.</small>

2720 1238. Dimanche 20 juin.

(J. 271. — Auvergne, I, n° 4. — Original.)

Litteræ Amarrici de Corcellis, ballivi Arverniæ, domino suo Ludovico Francorum regi quibus eum deprecatur ut homagium Astorgii de Mayencac domicelli, latoris præsentium, de medietate castri de Mayencac, de castro Montis-acuti, et de forteritia quæ nuncupatur Lentic, recipere velit. Quæ omnia dictus Astorgius de domino rege tenere debet ut ex inquisitione facta compertum fuit. — « Datum die dominica ante nativitatem S. Johannis Baptiste, anno Domini M° CC° XXX° VIII°. »

Traces de sceau pendant sur simple queue. — Le sceau d'Amauri de Courcelles, bailli d'Auvergne, est décrit dans l'*Inventaire* sous le n° 5089, d'après un type appendu à un acte daté de 1241.

2721 1238. 25 juin.

(J. 330. — Toulouse, XXI, n° 14. — Copie ancienne.)

Instrumentum quo Ramunda, uxor defuncti Bernardi de Miramonte de Portaria, Ugonis Johannis filia, notum facit se, quidquid habebat vel habere poterat ratione dotis quam a præfato patre suo accepit, in omni villa et honore de Cepeto, in omni villa et honore de Galgadz et in omni honore de Salneriis, Arnaldo Johanni et R. Johanni fratribus suis absolvisse, reddidisse ac dereliquisse. — « Hoc totum, ut superius scriptum est, fuit ita positum et concessum VI. die exitus mensis junii, regnante Lodoico rege Francorum, et Raimundo Tolosano comite, et Raimundo episcopo, anno ab incarnatione Domini M° CC° XXX° VIII°. Hujus rei sunt testes : R. scriptor officialis Tolosanus, et Bertrandus de Montibus, et Curvus de Turre, et Stephanus Curta-solea, et Stephanus Signarius, et Arnaldus d'Escalquencis, *octo alii*, et Ugo Pictor, qui hanc cartam scripsit. »

Copie délivrée en 1247 par le même écrivain Hugues Le Peintre.

2722 Bessières. 1238. Juin.
Lundi 7, 14, 21 ou 28 juin.

(J. 325. — Toulouse, XVI, n° 18. — Original roman.)

Acte divisé, en haut et en bas, par A. B. C., du bail à cens ou enfieffement de diverses maisons situées à Bessières (*Veseiras*) entre le mur (*la paret*) de la ville et la rue (*careira*) communale; ledit bail consenti par W. de Guamevila et Guill. Capels de Bessières à dame Peironela, mère d'Azémar, chapelain de Bessières (*lo capela de Veseiras*), et à ses héritiers. — « Vezent de tot aiso : Bertran de Vesciras, e R. Amaneu, e Wuidal, e W. Repolleir escriva comunal de Veseiras come o auzic que aqesta carta escrius el mes de juin, feria II, anno Domini M. CC. XXX. VIII, reinan Lodoic lo rei, e R. lo comte de Tolosa, e R. l'avesque; e aiso fo faig a Veseiras, el pla, denant l'obrador W. de Lobaresas. »

2723 Bessières. 1238. Juin
Lundi 7, 14, 21 ou 28 juin.

(J. 325. — Toulouse, XVI, n° 20. — Original roman.)

Acte divisé par A. B. C. du bail à cens ou enfieffement d'une pièce de pré située à Astrex; ledit bail consenti par W. de Guamevila à Ar. de G. B. à ses héritiers. — « Vezent de tot aiso : W. Vidal, e Gaillart de Gasqes, e Berengeir de Monbozant, e'n W. Repolleir escrivas comunals de Veseiras, come o auzit que aqesta carta escrius el mes de juin, feria II, anno Domini M° CC° XXX° VIII°, reinan Lodoic lo rei, e R. lo comte, etc.... e aiso fo faig a l'obrador W. de Lobaresas, el pla. »

2724 1238. 29 juin.

(J. 271. — Auvergne, I, n° 5. — Original.)

Litteræ Amarici de Corcellis, ballivi Arverniæ, domino suo Ludovico Franciæ regi quibus eum deprecatur ut homagium nobilis viri A. domini de Orleirgue, latoris præsentium, de castro de Orleirgue et pertinentiis recipere velit. Quod quidem castrum dictus A. de domino rege tenere debet. — « Datum in festo beatorum Apostolorum Petri et Pauli, anno Domini M° CC° XXX° VIII°. »

Traces de sceau pendant sur simple queue. — Voyez l'*Inventaire* n° 5089.

2725 Bessières. 1238. Juin.
Mardi 1ᵉʳ, 8, 15, 22 ou 29 juin.

(J. 325. — Toulouse, XVI, n° 22. — Original roman.)

Acte divisé par A. B. C. du bail à cens ou enfieffement d'une pièce de terre située à Bessières (*Veseiras*) entre le chemin (*via*) communal et la terre de la Brugeira; ledit bail consenti par Guill. de Gamevila a Bernat Grimaut et à ses héritiers. — « Vezent de tot aiso : Guillelm Vidal, e Gaillart de Gasges, *tres alii*, e W. Repolleir, come o escrius escrivas comunals de Veseiras, facta carta el mes de juin, feria III, anno Domini M. CC. XXX. VIII, reinan Lodoic lo rei, etc.... e aiso fo faig a Veseiras el pla, denant l'obrador d'en W. de Lobaresas. »

2726 1238. Juin.

(J. 360. — Patronages en Normandie, n° 3. — Original scellé.)

Frater Petrus de Sancto Romano, magister militiæ Templi in Francia, notum facit quomodo, nomine dicti ordinis, cum domino rege amicabiliter compositum fuerit de vicaria cujusdam capellaniæ, cujus unam medietatem Parisienses Templarii, alteram vero præfatus rex in ecclesia Pissiacensi possidebant. Ex qua compositione conventum est ut clericus qui dictam dimidiam præbendam tenebit, præfatæ vicariæ collationem una vice habeat, altera autem vice Templariis dicta collatio pertinebit. Quam compositionem ratam habuit nobilis vir R. (Robertus) comes Attrebatensis, frater præfati regis, cui, ex dono ejusdem, villa Pissiacensis ad vitam fuit concessa. — « In cujus rei testimonium et perpetuam firmitatem, presentes litteras eidem domino regi dedimus sigilli nostri munimine roboratas. Actum anno Domini millesimo tricesimo octavo, mense junio. »

Petit sceau en cire verte pendant sur double queue; décrit dans l'*Inventaire* sous le n° 9859.

2727   1238. Juin.

(J. 461. — Fondations, II, n° 10. — Original scellé.)

[Simon] Columbensis abbas et ejusdem loci conventus notum faciunt quod, cum excellentissimus dominus suus Ludovicus rex Francorum, loco capellæ quam Philippus rex ejus avus in domo regia S. Germani, sub invocatione B. Mariæ, anno 1223, mense aprili, fundaverat, aliam exstruxerit capellam materia et artificio venustiorem, et cultum divinum ibidem pariter ampliare volens, loco monachi Columbensis qui in dicta capella missam et vesperas celebrabat, proprium instituerit capellanum ibi missam quotidie celebraturum, suum ad hoc assensum præbuisse ea conditione ut præfatus Columbensis conventus quatuordecim libratas annui redditus sibi a Philippo rege pro dicta capella assignatas conservet et præfatus monachus Columbensis officium, quod in eadem capella celebrabat, ad capellam S. Egidii in ecclesia S. Germani singulis diebus sit celebraturus. — « Quod ut perpetuæ firmitatis robur obtineat, presentes litteras sigillorum nostrorum munimine fecimus communiri. Actum anno Domini millesimo cc° tricesimo octavo, mense junio. »

Deux sceaux en cire brune pendants sur simple queue. — Le sceau de Simon, abbé du monastère de Colombs, au diocèse de Chartres, n'a pas été décrit. L'abbé debout, le bras gauche levé et appuyé sur la crosse abbatiale, tenant un livre de la main droite, la tête tournée de trois quarts vers la gauche. Légende : [S.] SI-M[ONIS] DEI GRA[CIA] ABBATIS COLVMBENSIS. Au contre-sceau, l'abbé vu de face, assis et les mains croisées. Légende : † SECRETUM ANNVTIS COLVMBENSIS. — Le sceau de l'abbaye est décrit sous le n° 8205.

2728   1238. 6 juillet.

(J. 271. — Auvergne, I, n° 3. — Original scellé.)

Litteræ Amarici de Corcellis, ballivi Arverniæ, domino suo Ludovico Franciæ regi quibus eum deprecatur ut homagium Stephani de Pratloba domicelli, latoris præsentium, pro domo de Pratloba et terris de Lenti et de Chalona recipere velit. — « Datum in octabis beatorum Petri et Pauli apostolorum, anno Domini m° cc° xxx° viii°. »

Sceau d'Amauri de Courcelles; cire blanche, simple queue. (*Inventaire*, n° 5089.)

2729   Anagni. 1238. 20 juillet.

Gregorius papa IX Blancham reginam Franciæ hortatur ut ad relevationem Imperii Romaniæ adjuvet.

(J. 696. — Bulles. Mélanges, n° 5 *bis*. — Original scellé.)

Gregorius episcopus, servus servorum Dei, carissime in Xpisto filie [Blanche] illustri regine Francie, salutem et apostolicam benedictionem. —Procuramus tibi augmentum divine gratie quando celsitudini tue facienda suggerimus per que superno regi valeas complacere. — Cum igitur Romanie imperium, in multo discrimine, sicut dolentes accepimus, constitutum, necesse habeat tuo et aliorum principum terre subsidiis consequi status gratiam salutaris (*sic*), serenitatem tuam rogamus et hortamur in Domino Jeshu Xpisto, in remissionem tibi peccaminum injungentes, quatinus ad relevationem ejusdem imperii, secundum commissam tibi ab omnium Conditore potentiam, efficax consilium et auxilium studeas impertiri, firmam habitura de pietate divina fiduciam quod impresentiarum ab ipsa et augmentum in prosperis et tandem perhennis coronam glorie consequeris. — Datum Anagnie, xiii. kalendas augusti, pontificatus nostri anno duodecimo.

Bulle de plomb sur cordelettes de chanvre. (*Inventaire*, n° 6047.)

2730   Péas? 1238. Juillet.

(J. 197. — Champagne, V, n° 44. — Original scellé.)

Erardus de Sancto Remigio notum facit, cum dominus suus Theobaldus rex Navarræ, Campaniæ et Briæ comes palatinus, sibi plenum dominium et plenam justitiam hominum suorum de Sancto Remigio et de Lachape in perpetuum feodum et homagium ligium concessisset, se propter hoc et heredes suos teneri ad tres menses de guarda, singulis annis, apud Sanctam Menehildim faciendos, quotiescumque super hoc fuerint requisiti. — « In cujus rei testimonium, presentes litteras fieri volui sigilli mei munimine roboratas, et, cum miles ero et sigillum meum renovavero, tradam dicto domino meo vel heredi ejus litteras meas ejusdem forme et tenoris consimilis sigillo meo renovato roboratas. — Actum apud Peantium, anno Domini M° CC° tricesimo octavo, mense julio. »

Sceau d'Érard de Saint-Remi; cire blanche, double queue. (*Inventaire*, n° 3545.)

2731 Pontoise. 1238. Juillet.

(J. 360. — Patronages en Normandie, n° 2. — Original scellé.)

Albertus præpositus de castro Seprio, Mediolanensis diœcesis, executor a domino Papa datus Petro Angeli, venerabilis patris domini Sabinensis episcopi camerario, ad præbendam Pontisarensem obtinendam, religiosis viris abbati et priori Sancti Martini Pontisarensis notificat se, ad voluntatem domini regis et dominæ reginæ, et de convenientia domini Papæ, processu, quem pro predicta præbenda obtinenda fecerat, penitus revocato, omnes interdicti, excommunicationis vel suspensionis sententias, a se hac occasione latas, nullas et irritas declarare, dictis abbati et priori injungens ut hoc capitulo ecclesiæ S. Mellonis significet. — « In cujus rei testimonium, presentes litteras sigillo nostro proprio fecimus roborari. Actum apud Pontisaram, anno Domini M° CC° XXX° octavo, mense julio. »

Sceau d'Albert, prévôt de l'église de Seprio, au diocèse de Milan; cire blanche, simple queue; décrit dans l'*Inventaire* sous le n° 11719.

2732 Vassy. 1238. Juillet.

De villa Mortuæ-aquæ Gilleberto de Calvomonte ab Hugone de Fisca pro medietate pignori obligata et ab eodem recuperata.

(J. 193. — Champagne, I, n° 26. — Original.)

Ego Hugo dominus de Fisca notum facio universis presentes litteras inspecturis quod, cum ego pignori obligassem domino Gilleberto de Calvomonte medietatem ville de Mortua-aqua, quam teneo in feodum de karissimo domino meo Theobaldo, Dei gracia rege Navarre, Campanie et Brie comite palatino, ad eundem dominum meum regem Navarre postmodum accessi significans ei quod ego predictam medietatem ville de Mortua-aqua liberaveram a gageria predicta; et quia idem Gillebertus tunc temporis non erat in partibus Campanie, rogavi eundem dominum regem ut de predicta medietate me faceret investiri; quod et ipse fecit. — Quare posui plegium et debitorem in manu dicti domini regis dilectum meum dominum Odonem de Brecis quod ego dictam liberationem laudari faciam a predicto Gilleberto, vel ab heredibus suis, si forte contigerit eundem non redire. — Et quia sigillum proprium non habebam, presentes litteras, salvo jure alterius, sigillo [Anselmi] abbatis Dervensis feci sigillari in testimonium predictorum. — Actum apud Waisseium, anno Domini M° CC° tricesimo octavo, mense julio.

Traces de sceau pendant sur double queue. — Le sceau d'Anselme, XXXIV° abbé de Monstier-en-Der, au diocèse de Chalons-sur-Marne, n'existe plus aux Archives.

2733 1238. Juillet.

(J. 197. — Champagne, V, n° 45. — Original.)

Theobaldus rex Navarræ, Campaniæ et Briæ comes palatinus, notum facit Gilonem de Capella de Lacon, fidelem suum, in ipsius presentia laudavisse donationem triginta sextariorum siliginis, annuatim in grangia de Lacon percipiendorum, et viginti solidorum annui redditus apud Lacon pariter percipiendorum, a defuncto Symone de Capella de Lacon, prædicti Gilonis homine ligio, ecclesiæ de Argenceolis quondam factam. Quam donationem et confirmationem ut superior dominus ipse confirmare declarat. — « In cujus rei testimonium, presentem cartam fieri voluimus sigilli nostri munimine roboratam. Actum anno Domini M° ducentesimo tricesimo octavo, mense julio. »

Traces de sceau pendant sur lacs de soie. — Le sceau de Thibaud, roi de Navarre, comte de Champagne et de Brie, est décrit dans l'*Inventaire* sous le n° 11372, d'après un type appendu à un acte daté de 1247.

2734 1238. Juillet.

(J. 203. — Champagne, XI, n° 36. — Original.)

Isabellis de Brana, quondam comitissa Rociaci, notum facit se, consensu fratrum suorum, pondus quod tenebat apud Pruvinum de hereditate sua, et quidquid juris in eadem villa habebat, domino suo Theobaldo regi Navarræ, Campaniæ et Briæ comiti palatino et ejus heredibus in perpetuum dedisse et quitavisse. — « Quod ut notum permaneat et firmum teneatur litteris annotatum, sigilli mei munimine roboravi. Actum anno Domini M° ducentesimo tricesimo octavo, mense julio. »

Traces de sceau pendant sur double queue. — Le sceau d'Isabelle de Braine, femme de Jean II, comte de Roucy, dont elle avait été séparée en 1235 pour cause de parenté, n'a pas été retrouvé.

2735   1238. Juillet.

(J. 202. — Champagne, X, n° 17. — Original scellé.)

Johannes comes Matisconensis notum facit sororem suam Isabellim, quondam comitissam Rociaci, pondus suum, quod jure hereditario apud Pruvinum tenebat, et quidquid habebat in eadem villa, illustri viro Theobaldo regi Navarræ, Campaniæ et Briæ comiti palatino, in perpetuum quitavisse. Quam quitationem ipse Johannes se ratam habere declarat. — « Ac in testimonium presentes litteras sigilli mei munimine confirmo. Actum anno Domini M° CC° tricesimo octavo, mense julio. »

Sceau de Jean de Braine, comte de Mâcon; cire blanche, double queue. (*Inventaire*, n° 504.)

2736   Anagni. (1238.) 10 août.

Litteræ Gregorii papæ IX domino regi Franciæ quem certiorem facit se, juxta ejus preces, absolutionem comiti Tolosano concedere.

(J. 446. — Croisades, 1er sac, n° 39. — Original scellé.)

Gregorius episcopus, servus servorum Dei, carissimo in Xpisto filio illustri regi Francie, salutem et apostolicam benedictionem. — Pro nobili viro [Raimundo] comite Tholosano a nobis, per venerabilem fratrem nostrum [Hugonem] Claromontensem episcopum, postulasti ut haberemus eundem in suis justis petitionibus commendatum. Verum quia idem comes, suis culpis exigentibus, multiplici excommunicationum vinculo est astrictus, sic tuis precibus nos oportet annuere ne videatur omitti ecclesiastice debitum discipline. — Tue igitur serenitatis optentu, venerabili fratri nostro [Guidoni] episcopo Soranensi, Apostolice Sedis legato, sub certa forma commisimus absolutionem comitis memorati, regie providentie provenire studio cupientes ut, sicut idem comes per te ab Ecclesia gratiam desideratam consequitur, sic eidem per ipsum sinceritas devotionis et fidei compensetur. — Tuam itaque celsitudinem rogamus et hortamur in Domino Jeshu Xpisto quatinus, postquam tibi per insinuationem episcopi memorati constiterit quod per ipsum prefatus comes sit a predictis excommunicationum vinculis absolutus, et quod ad plenum se beneplacitis coaptet Ecclesie, sicut fuit nobis ex parte ipsius per nuntios speciales oblatum, ac in eo adeo manifesta signa devotionis appareant quod dignus favore Sedis Apostolice possit non immerito reputari, tu, de consilio prelatorum quos ad hoc videris expedire, ab eodem comite, preter juratoriam, sufficientem et idoneam cautionem, recipias quod in proximo generali passagio, juxta sue nobilitatis potentiam, cum ultramontanis aliis transfretabit, in obsequio Terre sancte per triennum moraturus, non obstante quod se ad manendum ibidem per quinquennium noscitur obligasse, de quo sibi biennium de speciali gratia duximus relaxandum. — Ceterum quia gaudenter advertimus quod, quasi hereditario jure, piis operibus intendere delectaris, intuitu Regis eterni, cujus in hiis causa geritur, circa receptionem predicte cautionis ita provideas quod Deo et Ecclesie nullatenus illudatur. — Datum Anagnie, IIII. idus augusti, pontificatus nostri anno duodecimo.

Bulle de plomb sur cordelettes de chanvre. — Voyez l'*Inventaire*, n° 6047.

2737   1238. 13 août.

(J. 324. — Toulouse, XV, n° 9. 1. — Copie ancienne.)

Instrumentum quo constat Ramundum Guillelmum de Villamuro et Guillelmum Atonem fratrem ejus, filios Guillelmi Athonis de Marcafabba, quidquid habebant apud Columbiacum, in alodio et in honore, Bertrando de Veceriis et ejus ordinio vendidisse. — « Hoc fuit ita factum XIII° die introitu mensis augusti, regnante etc... Anno Domini M° CC° XXX° VIII°. Testes, etc. (*sic*). »

2738   Anagni. (1238.) 20 août.

Gregorius papa IX episcopo Soranensi dat in mandatis ut, condigna satisfactione accepta, comitem Tolosanum excommunicatione absolvat.

(J. 696. — Bulles. Mélanges, n° 10. — Original scellé.)

Gregorius episcopus, servus servorum Dei, venerabili fratri [Guidoni] episcopo Soranensi, Apostolice Sedis legato, salutem et apostolicam benedictionem. — Ex parte nobilis viri [Raimundi] comitis Tholosani fuit propositum coram nobis quod nonnulli, tam a Sede Apostolica judices delegati et subdelegati ab eis quam ordinarii, tum pro contumacia, tum pro dampnis et injuriis ecclesiis et personis ecclesiasticis irrogatis et aliis causis, in ipsum excommunicationum sententias protulerunt. Quare pro eo fuit nobis humiliter supplicatum ut, cum super omnibus, pro quibus hujusmodi sententie sunt prolate, ad mandatum Ecclesie satisfacere sit paratus, easdem laxari sententias faceremus. — Eidem igitur comiti sic in hoc gratiam facere intendentes quod alicujus justitia non ledatur, fraternitati tue per apostolica scripta mandamus quatinus, vocatis qui fuerint evocandi, et eodem comite prestante sufficientem pro offensis manifestis emendam, et pro dubiis seu contumacia de parendo mandatis Ecclesie, preter juratoriam, sufficientem et ydoneam cautionem, sententias juxta formam Ecclesie relaxans easdem, injungas ei quod de jure fuerit injungendum. — Datum Anagnie, XIII. kalendas septembris, pontificatus nostri anno duodecimo.

Bulle de plomb sur cordelettes de chanvre. (*Inventaire*, n° 6047.)

2759   Toulouse. 1238. Vendredi 20 août.

(J. 314. — Toulouse, VII, n° 75. — Original.)

Instrumentum quo Orguolhosius de Orguolhio, Trauca et Guordonus recognoscunt et profitentur se villam de Orguoilhio (*sic*), cum omnibus ejusdem pertinentiis, de domino Raimundo comite Tholosæ, marchione Provinciæ, in feodum tenere; de qua ei homagium præstant et fidelitatem promittunt sicut fideles vassali domino suo. Quod homagium præfatus comes recipiens, ex parte sua promittit quod eis eorumque successoribus bonus et fidelis dominus erit de prædicto feodo. — « Acta fuerunt hec ita Tholose et concessa in aula ipsius domini comitis, XI (*corr.* XII) die exitus mensis augusti, feria VI, regnante Lodoico Francorum rege, et eodem domino Raimundo Tholosano comite, et Raimundo episcopo, anno M° CC° XXX° octavo ab incarnatione Domini. Testes sunt : Barrallus de Baucio, Guillelmus Arnaldus de Tantalone senescalcus Agennensis, Guillelmus Amalvinus, Guillelmus de Barreria, Sycardus Alamanni, Petrus Martinus de Castronovo, Johannes Aurioli, Bernardus de Villanova, Arnaldus Barravus, Berengarius Centulli, Guilhalmonus Dalart, Poncius Grimoardi, Petrus de Tholosa, Beraudus de Monteacuto, Bertrandus Dalart, Amalvinus Bonafols, Sycardus de Miromonte. Et Bernardus Aimericus, publicus Tholose notarius, qui mandato ipsius domini comitis cartam istam scripsit et mandato alterius partis. »

Les éléments de cette date ne concordent pas d'une manière précise. En août 1238, le 11 du mois sortant, 21 août, tombe un samedi, *feria* VII, et non pas un vendredi, *feria* VI, il faut donc, comme nous l'avons fait, mettre le 12 du mois sortant, ou bien, si l'on conserve la date du 11, corriger l'indication de la férie et mettre *feria* VII, ce qui reporterait la date de l'acte au samedi 21 août.

2740   Milhau. 1238. 28 août.

Instrumentum de villa Montispessulani et castro de Latis, comiti Tolosano ab episcopo Magalonensi in feudum datis.

(J. 323. — Toulouse, XIV, n° 78. — Copie ancienne.)

In nomine Domini, anno incarnacionis ejusdem M° CC° XXX° VIII°, quinto kalendas septembris. — Noverint universi presentem paginam inspecturi quod nos Johannes, Dei gratia Magalonensis episcopus, scientes et cognoscentes evidenter villam Montispessulani et castra de Latis, et castra et omnes alias possessiones, que rex Aragonie habere dicebatur in feudum a nobis et ecclesia Magalonensi, incidisse in commissum propter multa gravia et enormia que commisit contra nos et ecclesiam Magalonensem, unde ab omni jure, si quod habebat in predictis, privandus est, quin ymmo ipso jure privatur, volentes providere nobis et ecclesie Magalonensi de utili feudatario et ydoneo defensore Magalonensis ecclesie, cum sollempni insinuacione presentis instrumenti donamus, damus, cedimus et concedimus in feudum vobis domino R. (Raimundo), Dei gratia comiti Tholose, marchioni Provincie, et successoribus vestris in perpetuum villam Montispesulani, cum tenemento et pertinenciis suis, pro ea videlicet parte que quondam fuit Guillelmi de Montepesulano, et castra de Latis, et omnia alia castra, possessiones et jura que quondam fuerunt supradicti Guillelmi de Montepesulano, que dicebantur a dicto rege Aragonie possideri; cedentes vobis et successoribus vestris omnia jura, actiones et peticiones reales, personales et mixtas, nobis et ecclesie Magalonensi competentes pro predictis et in predictis rebus contra quamcumque personam, constituentes vos procuratorem in rem nostram propriam, renunciantes in hac parte legi et omni juri sentienti (*corr.* dicenti) donacionem sive (*corr.* sine) insinuacionem (*corr.* insinuacione) ultra quingentos solidos vel aureos non valere. — Promittimus preterea vobis quod nos, vos et vestros juvabimus cum omnibus castris, villis et municionibus nostris et cum toto posse nostro ad apprehendendum possessionem omnium rerum supradictarum. Et post adeptam possessionem, cum toto posse nostro, vos in possessionem pacificam defendemus. — Preterea laudamus et concedimus vobis et successoribus vestris alienaciones cujuscunque tituli vel speciei omnium predictorum licite fieri posse in vos et successores vestros a quocumque qui jus habeat vel habuerit vel habere videatur in villa Montispesuli et castro de Latis et in toto predicto feudo, et specialiter a Guillelmo de Montepesulo, filio quondam Guillelmi de Montepesulo, consensu nostro vel ecclesie Magalonensis amplius non requirendo. Prestantes ex nunc consensum nostrum et auctoritatem nostram alienacionibus et acquisicionibus cujuscumque tituli seu speciei in vos vel per vos faciendis, et ipsas alienaciones seu acquisiciones ex nunc expresse et specialiter confirmamus.

Et nos Raymundus, Dei gratia comes Tholose, marchio Provincie, recipientes predictam donacionem, dacionem, cessionem et concessionem a vobis domino Johanne, Dei gratia Magalonensi episcopo, et res predictas in feudum, prout predictus Guillelmus de Montepesulano ea habuit et tenuit a vobis et antecessoribus vestris, promittimus vobis quod Montempesulanum et totam aliam terram, quam ad manum vestram habetis et habere debetis in Montepesulo et extra Montempesulum, ubicumque habeatis, vobis salvabimus, defendemus et custodiemus pro posse nostro, et ab omni exactione, vexacione et gravamine vobis illesam servabimus bona fide; ita etiam quod nullum jus jurisdicionis alicujus criminalium vel civilium questionum in dicta parte, per nos vel per aliquem, nullatenus exigemus nec exigi faciemus vel patiemur; immo volumus et concedimus quod in toto Montepesulo et in tota alia terra vestra plene et libere, per vos et quoscumque volueritis, jurisdicionem, tam in criminalibus quam in civilibus, exercere possitis, non obstante quod aliquibus fuerit quandoque in contrarium attemptatum. — Et, si quid juris Guillelmus de Montepessulo vel ejus successores habebant vel petebant in toto Montepessulo vel in burgis qui appellantur Villafranca et Campus Atbrandi, vobis et successoribus vestris solvimus et omnino desemparamus. — Promittimus preterea vobis quod, postquam adepti fuerimus et habuerimus possessionem Montispesuli et aliarum rerum predictarum, faciemus vobis homagium et fidelitatem jurabimus, prout Guillelmus de Montepesulo vel rex Aragonie possit (*corr.* pro istis) jurare tenebatur, et libertates ecclesie Magalonensis et hominum et ville Montispesuli custodiemus et perpetuo custodiri faciemus illesas, et homines Montispesuli et omnes res eorum, intus et extra, ubicumque pro viribus defendemus. — Preterea, post adeptam possessionem Montispesuli et aliarum rerum supradictarum, dabimus et assignabimus vobis pleno jure castra de Miravalle et de Frontiniano et de Balazuco. Verum quandocumque, post dies vestros, nos vel successores nostri recuperare vel habere voluerimus castra de Balazuco, successores vestri illud nobis reddere teneantur, assignatis ipsis primo a nobis vel successoribus nostris centum libris Melgurensium in redditibus in Montepesulo, ad cognicionem et voluntatem episcopi Magalonensis. — Item concedimus vobis portale Montispesulaneti, et anteportale, et claves ipsorum, ut libere vos et vestri introeatis et exeatis, de nocte et de die, et intromittatis illos quos videritis intromittendos, et utamini ipsis portali et anteportali et clavibus ad voluntatem vestram, sine aliqua contradictione nostra et nostrorum; et quod justicias hominum condempnatorum in curia vestra libere possitis facere, et transitum a loco qui dicitur Petra usque portale Abilionis et extra. — Item concedimus vobis perpetuo molendina que fuerunt quondam Boneti de Avinione, que sunt in flumine Lesi, sub ponte qui dicitur de Castronovo.

Quod autem omnia et singula supradicta compleamus, observemus et contra non veniemus, nos prefatus episcopus et dictus comes, ad invicem promittimus bona fide et super sancta Dei Euvangelia juramus, jurante, pro nobis dicto episcopo, in anima nostra Bernardo de Fisco notario nostro; et pro utraque parte, ut predicta compleantur et observentur, juravit et se obligavit Ramundus Gaucelmi dominus Lunelli. Et pro domino comite specialiter juraverunt R. de Baucio principes (*corr.* princeps) Aurasice et Rostagnus de Montepessulo.

— Ad majorem autem firmitatem, et ut prescriptis fides plenissima habeatur, nos episcopus et comes supradicti dictam donacionem insinuari fecimus et sigillorum nostrorum munimine presens instrumentum fecimus roborari. — Actum apud Amillianum, in presentia et testimonio supradictorum juratorum et Petri Bermondi domini de Salve, Guillelmi Augerii, Poncii Astoaudi, Guillelmi de Barreria, R. Becede, Ermengavi de Podio, Berengarii Arnaldi canonici Magalonensis, et B. Longi de Montepesulo, et Johannis Aurioli notarii domini comitis supradicti, et mei B. de Fisco, dicti domini episcopi notarii publici, qui hec scripsi et sigillum meum apposui.

A en juger par l'écriture, cette copie a été faite dans la première moitié du treizième siècle.

2741   1238. Août.

Securitas facta domino regi ab Hugone de Valeriaco pro Johanne de Tociaco.

(J. 395. — Securitates, n° 136. — Original scellé.)

Ego Huo dominus de Valeriaco notum facio omnibus, tam presentibus quam futuris, quod, cum karissimus dominus meus Ludovicus rex Francie illustris castrum Vallis Guidonis in manu sua teneret et in eo garnisionem suam haberet, ipse in manu domini Johannis de Tociaco, ad peticionem et preces ipsius Johannis, posuit dictum castrum; et dictus Johannes juravit et promisit domino regi quod illud fideliter custodiet tali modo quod per castrum illud domino regi vel heredibus suis vel regno suo non veniet ullum dampnum. Et quod dictum castrum reddet domino regi et ejus heredibus, aut ipsorum certo mandato cum litteris eorumdem patentibus, ad magnam vim et ad parvam, et etiam quandocumque a domino rege vel ab ejus heredibus aut ab eorum certo mandato fuerit requisitus, illud eis tradet, et hoc sacramentum faciet fieri domino regi et ejus heredibus ab eo quicumque pro tempore erit castellanus dicti castri et ab omnibus illis qui in garnisionem dicti castri intrabunt, quando eam intrabunt; et quod, si de eo humanitas contigerit, nulli reddent dictum castrum nisi domino regi vel ejus heredibus aut eorum certo mandato. — Et ad hoc, sicut premissum est faciendum et adimplendum, dictus Johannes posuit in contraplegium erga dominum regem Sanctum Fereolum, cum pertinentiis, in feodis et domaniis et omnibus aliis que tenet de ipso. — Preterea idem Johannes dedit domino regi bonos plegios de duobus milibus marchis argenti, tali modo quod, si aliquem de plegiis illis, dum predictum castrum tenebit, mori contigerit, alium plegium loco defuncti equivalentem, infra quadraginta dies, tenetur domino regi vel heredibus ejus dare qui cum aliis erit plegius omnium istarum conventionum. — Et ego omnium istarum conventionum, sicut sunt expresse, me plegium constitui erga dominum regem et ejus heredibus super ducentis marchis argenti, quas eidem vel heredibus suis reddere tenerer, si prefatus Johannes predictas conventiones non observaret. — In cujus rei testimonium, ad peticionem dicti Johannis, presentes litteras sigilli mei munimine feci roborari. — Actum anno Domini m° cc° xxx° viii°, mense augusti.

Sceau de Hugues, sire de Vallery; cire blanche, double queue. (*Inventaire*, n° 3812.)

2742   1238. 3 septembre.

Instrumentum de homagio et dominio castri et villæ de Bainac Raimundo Tolosæ comiti a Guiraldo abbate Sarlatensi translatis.

(J. 309. — Toulouse, V, n° 16. — Original scellé.)

In nomine sancte et individue Trinitatis, anno Domini m° cc° xxx° viii°, tercia die introitus mensis septembris, notum sit quod Guiraldus abbas et conventus monasterii Sarlatensis, de sua bona et libera voluntate, non decepti vel coacti, non errantes, sed in hoc spectantes et elucentius cognoscentes utilitatem suam et monasterii supradicti, deliberatione habita diligenti, pro se et omnibus suis successoribus dederunt et concesserunt in feodum nomine dicti monasterii, vera donatione inter vivos facta, non simulata, nullaque ingratitudine revocanda vel alia causa, domino R. (Raimundo), Dei gracia comiti Tholose, marchioni Provincie, et omnibus suis heredibus et successoribus, totum illud homagium et dominium et jus que dicti abbas et conventus, nomine monasterii supradicti vel modo alio, habebant et habere debebant in castro et villa de Bainac, Petragoricensis diocesis, et homagium et jus quod dominus de Bainac, pro predictis castro et villa retroactis temporibus eis facere tenebatur; de quibus omnibus absolventes Galhardum de Bainac perpetuo et omnes heredes et successores suos, et quitantes, et se inde de toto devestientes et investientes inde dominum comitem supradictum, voluerunt et preceperunt quod dictus Galhardus et omnes heredes et successores sui perpetuo facerent dicto domino comiti et omnibus suis successoribus homagium, et jus et omnia alia que dictus Galhardus eis pro predictis castro et villa, ratione dominii facere tenebatur. — Dictus etiam dominus comes et successores sui debent facere pro omnibus supradictis dicto abbati et omnibus suis successoribus homagium in ecclesia Sarlatensi, coram sanctuario, vel ubicumque dictus abbas vel successores sui personaliter requisierint dictum dominum comitem vel successores suos. — Insuper dictus dominus comes promisit, pro se et suis successoribus, dictis abbati et conventui quod deffendet eos et successores suos et monasterium predictum et omnia membra et bona ad ipsum monasterium spectantia. — Dicti vero abbas et conventus et successores sui debent et tenentur dare dicto domino comiti et successoribus suis, tempore quo idem abbas recipiet homagium supradictum, centum solidos Petragoricensis monete. — Et promisit dictus dominus comes, pro se suisque successoribus, per legitimam et sollempnem stipulationem, quod ipse vel successores sui supradicta vel aliqua de predictis non dabunt vel aliquo modo transferent in aliquam personam vel aliquas personas vel universitatem, nec aliquo modo a se separabunt. — Predicti vero abbas et conventus, nomine monasterii supradicti, promiserunt per sollempnem et legitimam stipulationem se predicta omnia et singula firma et incominata perpetuo servaturos, et se nunquam contra venturos aliquo loco vel tempore, aliquo jure vel aliqua ratione; renunciantes inde, ex sua certa sciencia, omni juri scripto et non scripto, canonico et civili, divino et humano, generali et speciali, tacito et expresso, condito et condendo, et omni rationi et privilegio, et omni exceptioni generali et speciali, persone vel rei vel suo ordini coherenti, et omni foro et consuetudini et usui et omnibus atque singulis auxiliis et deffensionibus per que contra predicta venire possent vel obviare alicui predictorum. — Et dominus comes predictus promisit, pro se et suis successoribus, sub omnibus predictis renuntiationibus, se predicta omnia et singula rata et inviolabilia perpetuo servaturum. — Predictique dominus comes et Galhardus de Bainac promiserunt presens publicum instrumentum sigillorum suorum impressionibus sigillare, et dictus abbas promisit ponere sigillum suum et sigillum predicti conventus huic instrumento. — Testes sunt vocati et a partibus specialiter rogati : Andephulsus abbas Montisalbani, W. (Willelmus) abbas Sancti Maurini, O. archidiaconus Agennensis, Montaldus, magister Stephanus Buterrensis, canonici Agennenses ; Nomparius de Cavomonte, Bego de Cavomonte, Ar. Ot vicecomes Lomanie, W. Ramundi de Pinibus dominus Talhaburgi, Ar. de Marmanda, Gasto de Gontaldo, Hugo de Rovingha senior, R. de Poiolio, Hugo de Rovingha junior, W. de Gordonio, R. de la Marqua, Bertrandus Topina, Stephanus Vezati, Pontius Grimoardi, magister W. communis notarius Agenni qui, de consensu utriusque partis, inde scripsit presens instrumentum et duo alia ejusdem tenoris, quorum dictus dominus comes concessit unum predictis abbati et conventui, et idem abbas concessit aliud dicto Galhardo, et idem Galhardus et dictus abbas concesserunt aliud domino comiti supradicto.

Quatre sceaux en cire brune, pendants sur cordelettes de chanvre, savoir :
Sceau de Raymond, comte de Toulouse et marquis de Provence, second sceau. (*Inventaire*, n° 745.)
Sceau de Galhard de Beynac. (*Inventaire*, n° 1424.)
Sceau de Géraud III, abbé de Sarlat. (*Inventaire*, n° 9083.)
Sceau de l'abbaye de Sarlat (*Inventaire*, n° 8405).

2743   1238. 3 septembre.

(J. 309. — Toulouse, V, n° 15. — Original scellé.)

Instrumentum quo constat, anno Domini M° CC° XXX° VIII°, tertia die introitus mensis septembris, R. (Raimundum) comitem Tholosæ, marchionem Provinciæ, castrum et villam de Bainac, Petragoricensis diocesis, Galhardo de Bainac et ejus heredibus in feodum perpetuum contulisse, et ab eo juramentum fidelitatis, contra omnes homines solemniter præstitum, recepisse. — « Dicti dominus comes et Galhardus de Bainac promiserunt sigillis suis hoc instrumentum publicum sigillare. Testes sunt vocati et a predictis partibus specialiter rogati : Andephulsus abbas Montisalbani, W. abbas Sancti Maurini, O. archidiaconus Agennensis, Montaldus, magister Stephanus Buterrensis, canonici Agennenses; Nomparius de Cavomonte, Bego de Cavomonte, Ar. Ot vicecomes Lomanie, W. Ramundi de Pinibus dominus Talhaburgi, Ar. de Marmanda, Gasto de Gontaldo, Hug. de Rovignha senior, R. de Poiolio, Hugo de Rovignha junior, W. de Gordonio, R. de la Marqua, Bertrandus Topina, Stephanus Vezati, Pontius Grimoardi, magister W. communis notarius Agenni, qui, de consensu utriusque partis, inde scripsit hoc instrumentum et aliud ejusdem tenoris, quorum dictus comes concessit unum dicto Galhardo, et idem Galhardus concessit aliud domino comiti supradicto.

Scellé, sur cordelettes de chanvre, du sceau de Raymond, comte de Toulouse (*Inventaire*, n° 745), et du sceau de Galhard de Beynac (*Inventaire*, n° 1424).

2744 Constantinople. 1238. 4 septembre.

De sacrosancta corona spinea Nicolao Quirino a bajulo, constabulo et marescallo imperii Constantinopolitani pignori data.

(J. 155. — Sainte-Chapelle du Palais à Paris, n° 1. — Original scellé. = N° 2. — Copie.)

Nos Anselmus de Kaeu, bajulus imperii Romanie, Nariotus de Tuci, Jofredus de Meri conestabulus, Willanus de Anneto marescallus ejusdem imperii, Gerardus de Struens et Milo Tirellus, unanimiter et communi ac pari voluntate atque consilio omnium nostrum, notum facimus universis, presentibus et futuris, presentium seriem inspecturis, quod, cum sacrosancta spinea corona Domini nostri Jhesu Xpisti esset apud illustrem virum dominum Albertinum Maurocenum, dilectum nostrum, de mandato incliti ducis Venetie, potestatem Constantinopolis et despotam dicti imperii Romanie, ejusdemque imperii quarte partis et dimidie, vice sui, dominatorem, racione debitorum obligata pro yperperis tredecim milibus centum et triginta quatuor in summa, videlicet : eidem domino potestati, nomine communis Venetie, pro yperperis quatuor milibus centum septuaginta quinque; domine abbatisse monasterii de Perceul Constantinopolis, pro yperperis quatuor milibus et trecentis; et nobilibus viris dilectis nostris Nicolao Cornario et Petro Zanne, pro yperperis duobus milibus et ducentis; atque nobilibus viris Januensibus, pro yperperis duobus milibus quadringentis quinquaginta novem. Que yperpera omnia jamdudum in utilitate et substentacione hujus imperii sunt expensa, et terminus liberacionis alienandi eandem sacrosanctam coronam pro hiis debitis persolvendis jam transierit. — Quia, pro ipsa corona redimenda, recepimus a te viro nobili domino Nicolao Quirino dilecto nostro, de confinio Sancte Marie Formose, yperpera [boni et] recti ponderis tredecim milia centum triginta quatuor, que nobis amicabiliter et benigne mutuasti, que tredecim milia centum triginta quatuor yperpera tenemur per nos vel per nuncium reddere et persolvere hic in Constantinopoli tibi vel tuo nuncio, si succursus nobis advenerit citra viginti dies mensis octobris, qui primus occurrerit, infra viginti dies postquam succursus ille Constantinopolim applicuerit. Et si, transactis eisdem viginti diebus, usque per totum dictum mensem octobris idem succursus advenerit, infra decem dies sequentis mensis novembris primo occurrentis. Si vero per totum eumdem mensem octobrem succursus non advenerit, eandem solucionem tibi facere tenemur per totum eumdem mensem octobrem cum integritate. — Unde ad majorem tui securitatem, pro hac tua solucione recipienda et habenda, pro te et ad tuum nomen, vir nobilis dilectus noster Panchracius Gaversonus, camerarius communis Venetie in Constantinopoli, eamdem sacrosanctam coronam habere debet in deposito hic in Pantocratora, hac condicione quod, facta tibi hac solucione, ut statutum est, ipsa sacrosancta corona in nos vel nostrum mandatum deveniat. — Si vero, ut dictum est, solutus non fueris, tunc ipsa sacrosancta corona in te vel ad tuum mandatum deveniat Venetiam deferenda, nuncio nostro tecum veniendo; ubi, scilicet in Venetia, habebis potestatem, ipso nostro nuncio presente et presentibus venerabilibus fratribus Minoribus et Predicatoribus Venetie commorantibus, eandem sacrosanctam coronam disbullandi et ostendendi domino duci et aliis bonis hominibus Venetie, et iterum ipsam bullandi, presentibus eodem nostro nuncio et dictis fratribus, sigillis ejusdem nostri nuncii et eorumdem fratrum ac aliorum sive alius in adoptione ipsius nostri nuncii, hoc pacto quod, infra quatuor menses ex quo tu, post ostensionem ejusdem corone, dictum nostrum nuncium de Venetia exire permiseris, ibidem in Venetia tu vel tuus nuncius solvi debeas de tua statuta pecunia per dominum Balduynum aut per alium dominum hujus imperii, seu bajulum vel suum nuncium, de tot libris denariorum Venetialium quot in summa advenerit tantum plumbum quod valent tua dicta yperpera hic in Constantinopoli ad racionem de yperperis octo et quarta de yperpero, unum quodque miliarium ad pondus Constantinopolis ponderatum. — Quod plumbum capit in summa miliaria mille quingenta et nonaginta duo, secundum quod ipsum plumbum valuerit ipsa die qua ingressus fueris Venetiam, si tali hora ingressus fueris quod commode sciri possit de precio ipsius plumbi, vel in die sequenti tui ingressus, absque condicione, secundum quod in tota summa advenerit ad hanc racionem. Qua solucione tibi vel tuo nuncio ibidem in Venetia facta, dicta sacrosancta corona in dictum dominum Balduynum aut alium dominum hujus imperii sive bajulum, vel nuncium, vel suum mandatum debeat devenire. Alioquin, prolapsis ipsis quatuor mensibus, habeas potestatem plenissimam eandem sacrosanctam coronam habendi, tenendi, vendendi, alienandi et quicquid tibi placuerit faciendi absque alicujus contradictione. — Et ita hec omnia juravimus, tactis sacrosanctis Dei Evangeliis, attendere et observare bona fide, et non contravenire aliquo modo. — In cujus rei testimonium, has litteras nostrorum sigillorum munimine roboratas, ad tui tuorumque heredum plenissimam securitatem, tibi benigne concessimus. — Anno Domini millesimo ducentesimo trigesimo octavo, mense septembri, die quarto intrante, indictione duodecima. Constantinopoli.

Cet acte était scellé, dans le principe, de six sceaux en cire blanche, pendants sur double queue et placés dans l'ordre suivant :
1. Sceau d'Anselme de Kacu, bayle de l'empire de Romanie. — Sceau perdu.
2. Sceau de Nariot de Toucy; décrit dans l'*Inventaire* sous le n° 11837.
3. Sceau de Geoffroi de Méry, connétable de l'Empire. (*Inventaire*, n° 11832.)
4. Sceau de Willan d'Annet, maréchal de l'Empire. — Sceau perdu.
5. Sceau de Gérard de Struens, décrit dans l'*Inventaire*, n° 11835.
6. Sceau de Milon Tirel. (*Inventaire*, n° 11836.)

2745 Chartres. 1238. Mercredi 20 octobre.

(J. 172. — Chartres, II, n° 6. — Original scellé.)

Alb. (Albericus) Carnotensis episcopus quamdam capellam infra muros castri Meduntæ sitam, ad ecclesiam S. Stephani villæ Meduntæ pertinentem, sed ab hac matrice ecclesia longe remotam, ab eadem separat et in matricem et parochialem ecclesiam instituit, decernens ut commorantes in garenna præfati castri de Medunta sint deinceps parochiani dictæ capellæ, salvo tamen jure illustrissimi Ludovici regis Francorum. — « In cujus rei memoriam et testimonium, presentes litteras sigilli nostri munimine duximus confirmandas. Actum Carnoti, anno Domini M° CC° XXX° octavo, die mercurii post festum Sancti Luce aposto et evangeliste. »

Sceau d'Albéric Cornut, évêque de Chartres; cire blanche, double queue; décrit dans l'*Inventaire* sous le n° 6569.

2746 1238. Mercredi 20 octobre.

(J. 317. — Toulouse, VIII, n° 26. — Original roman.)

Sentence rendue contre W. de Dcime et ses hommes par les consuls de Montguiscard, constitués en tribunal par Bernard Pelicer, bailli (*badle*) de Montguiscard, au nom du comte de Toulouse. — « Aiso fo fait XII. dias a la issida de otoire, en dimecres, el an de Nostre Senor M. CC. XXX. VIII. de la encarnacio de Xpisti. »

2747 Paris. 1238. 12 novembre.

Concordia inita inter comitem Pontivensem et Drocarum comitissam pro electione arbitrorum.

(J. 225. — Ponthieu, n° 25. — Original = N°s 6 et 16. — Copies anciennes.)

Hec est forma pacis habite et tractate, coram domino rege Francorum et consiliariis suis, inter virum nobilem comitem Pontivensem et mulierem nobilem comitissam Drocarum, super eo quod dicit idem comes quod dicta comitissa, homo dicti comitis, debet venire ad placita sua apud Abbatisvillam et alibi, ubicumque teneat illa, infra comitatum suum Pontivensem, et ad citationes suas, et stare juri in curia sua, et facere erga eum tamquam alii homines sui quantum ad feodum quod de ipso tenet. — Dicta vero comitissa dicit quod ad placita sua, infra comitatum suum, nec ipsa nec antecessores sui venire consueverunt nec ad citationes suas nec juri stare infra dictum comitatum suum; set, si contentio oriatur inter eos, debet convenire cum eo ad marchias consuetas. — Et super hiis dicti comes et comitissa pro bono pacis compromiserunt in dominum Bernardum de Ambianis, militem, ex parte comitis, et in dominum Symonem de Hous, militem, ex parte comitisse; et si isti duo vel eorum alter interesse non possent, ex parte comitis electus est alius, videlicet dominus Willelmus de Wailli, miles, et, ex parte comitisse, dominus Hugo de Fresseignevile. — Illi vero duo diligenter inquirent qualiter ipsi et antecessores eorum usi sunt supradictis, alter adversus alterum, a quadraginta annis et infra, excepto tempore viri nobilis Roberti quondam comitis Drocarum. — Quelibet autem partium usque ad quindecim testes producet et non ultra; et si per testes productos veritas liquere non possit, data est inquisitoribus potestas inquirendi ab aliis fide dignis, a quibus credent veritatem se posse melius elicere. — Quicquid autem dicti arbitri super predictis, secundum legittimam inquisitionem eorum, duxerint ordinandum, dicte partes, coram domino rege, se ratum habituras, fide hinc inde prestita, creantarunt. Et si dicti duo arbitri in unum non possent concordare, datus est eis a domino rege tercius, videlicet dominus Reginaldus de Triecoc, miles, cujus dictum cum eorum altero dicte partes firmiter observabunt. — Debet autem dictum arbitrium proferri infra quindenam post instantem Purificationem, et, si infra dictum terminum non fuerit prolatum, poterit dictus comes dictam comitissam citare et redire ad causam suam in eo statu in quo nunc est. — Debet autem quelibet partium adducere arbitrum suum apud Hoysemont ad missam, in octabis Beati Andree apostoli, et testes suos ad procedendum secundum formam arbitrii superius expressam; et debet dictus comes facere nobilem mulierem comitissam Pontivensem uxorem suam hec omnia, fide prestita, creantare, et super hoc litteras suas sigillo suo signatas dicte comitisse tradere. — Dictus similiter comes dicte comitisse Drocarum, in predictorum testimonium et munimen, litteras suas sigillo suo tradidit roboratas. Dicta vero comitissa Drocarum dicto comiti litteras suas predicta continentes, sigillo suo signatas, tradidit in testimonium et munimen. — Datum Parisius, in crastino Beati Martini hyemalis, anno Domini M° CC° XXX° octavo, mense octobri (*corr.* novembri).

Traces de sceau pendant sur double queue. — Le sceau d'Éléonore, comtesse de Dreux, veuve de Robert III, est décrit dans l'*Inventaire* sous le n° 729, d'après un type appendu à un acte daté de 1234.

2748 1238. Novembre.

Odo abbas S. Dionysii et Mathildis comitissa Bolonix boscum suum de Aioto hominibus de Vernulio et de Kiu ad censum annuum tradunt.

(J. 156. — Saint-Denis en France, n° 2. — Original scellé.)

Odo ecclesie Beati Dyonisii minister indignus et ejusdem loci conventus, universis tam presentibus quam futuris, eternam in Domino salutem. — Notum facimus quod nos et nobilis domina M. (Mathildis) comitissa Bolonie, de communi assensu et voluntate, hominibus de Vernulio et de Kiu citra rivulum et de Moncellis sub via, qui antea usagium reclamabant in bosco nostro de Aioto, sito inter rivum molendini de Vernulio, ex una parte, et Grosmares, ex altera, in quo bosco nos et predicta comitissa simul partimur, dictum boscum et quicquid habebamus intra fines predictos, salvis pratis monachorum de Gienval, salvis etiam nobis et domine comitisse supradicte decem solidis censualibus quos habemus de eisdem pratis, salvo etiam dictis hominibus tali jure quale habent in dictis pratis, tradidimus ad annuum censum quaterviginti librarum Parisiensis monete, tribus solidis minus, nobis et predicte comitisse aut nostris nuntiis reddendum singulis annis in die Beati Andree apostoli, in domo que fiet communiter a nobis et comitissa in duobus arpentis que nos retinuimus in eodem bosco de assensu dictorum hominum, contigue juxta domum et prata monachorum de Gienval, in qua domo nec nos, nec comitissa, nec successores nostri, nec aliqui qui per nos mansionarii erunt in domo predicta, extra duo arpenta predicta aliquid in dicto bosco poterimus acquirere, nec esse usuagiarii poterimus illius loci, nec habere animalia in ea, exceptis equis qui uti non poterunt usuagio predicto. — Si vero predicti homines de paga dictorum denariorum facienda deficerent, emendam nobis et predicte comitisse redderent ad usum patrie; et nos et eadem comitissa pro defectu eorum caperemus in censivis jam dictis et nichilominus pradam communitatis dictarum villarum, et teneremus donec nobis ad plenum dicti denarii redderentur. — Dicti vero homines dictum boscum poterunt essartare et commodum suum inde facere. — Nos vero et prefata comitissa in dicto bosco retinemus vendas, saisinas, investituras, abonagia, roagium et foragium, secundum usum patrie levanda, et omnem justiciam, ita tamen quod nec nos nec eadem comitissa poterimus garennam facere ibidem. — Dicti vero homines in eodem bosco, et aliis que ibidem habebamus, habebunt omnia omnibus modis et commodis preter dictam justiciam, ventas, saisinas, investituras, abonagia, roagium et foragium que tantummodo nobis retinemus in eisdem, cum duobus arpentis predictis et dictis denariis censualibus. — Idem etiam homines de dicto bosco nichil poterunt elemosinare aut ad censum tradere aut vendere homini religionis aut alicui extraneo qui non fuerit particeps censive istius. — Poterunt autem dicti homines ibi messarium suum ponere, et ponent illum ad res suas custodiendas, qui nobis et dicte comitisse vel nostro mandato faciet fidelitatem de jure nostro servando. — Hoc autem nos et eadem comitissa fecimus, voluimus et concessimus salvo jure filie sue, quando ad legitimam pervenerit etatem. — Quod ut ratum et stabile perseveret, presentem cartam, ad peticionem dictorum hominum, fecimus sigillorum nostrorum munimine roborari. — Actum anno Domini M° CC° tricesimo octavo, mense novembri.

Deux sceaux en cire verte sur lacs de soie rouge. — Le sceau d'Eudes ou Odon IV, abbé de Saint-Denis, premier sceau, est décrit dans l'*Inventaire* sous le n° 9019; celui de l'abbaye, premier sceau, sous le n° 8370.

2749 Bessières. 1238. Décembre.
Mardi 7, 14, 21 ou 28 décembre.

(J. 325. — Toulouse, XVI, n° 14. — Original roman.)

Acte divisé par a. b. c. du bail à cens ou enfieffement d'une partie de terre située à Bessières (*Veseiras*); ledit bail consenti par W. de Guamevila à R. Ros de Bessières et à ses héritiers. — « Vezent de tot aiso, Gaillart de Gasqes, et B. R. de Lauzu, *duo alii*, e W. Repolleir escriva comunal de Veseiras, come o auzic que aqesta carta escrius, el mes de dezembre, feria III, anno Domini M. CC. XXX. VIII. reinan Lodoic lo rei, e R. lo comte de Tolosa, e R. l'avesqe. E aiso fo faig a Veseiras el pla, denant l'obrador W. de Lobaressas. »

2750 Bessières. 1238. Décembre.
Mardi 7, 14, 21 ou 28 Décembre.

(J. 325. — Toulouse, XVI, n° 16. — Original roman.)

Acte divisé par a. b. c. du bail à cens ou enfieffement d'un jardin situé à Bessières (*Veseiras*), près de la rue communale; ledit bail consenti par W. de Guamevila à P. Sabateir et à ses héritiers. — « Vezent B. Grimaut, e B. Mauri, *duo alii*, et W. Repolleir escrivans comunals de Veseiras, come o auzic que aquesta carta escrius, el mes de dezembre, feria III, anno Domini M. CC. XXX. VIII. reinan Lodoic lo rei, etc...... E aiso fo faig a Veseiras el pla, denant l'obrador W. de Lobaresas. »

2751 Bessières. 1238. Décembre.
Mardi 7, 14, 21 ou 28 Décembre.

(J. 325. — Toulouse, XVI, n° 21. — Original roman.)

Acte divisé par a. b. c. du bail à cens ou enfieffement de diverses maisons et des terrains sur lesquels elles sont bâties, le tout situé à Bessières (*Veseiras*); ledit bail consenti par W. de Guamevila à W. Gelis et à ses héritiers. — « Vezent de tot aiso 'n Azemar lo capella de Veseiras, et R. Amaneu, e B. Grimaut, e Berengeir de Monbozaut, e W. Repolleir escrivas comunals de Veseiras, come o auzic que aqesta carta escrius, el mes de dezembre, feria III, anno Domini M. CC. XXX. VIII. reinan Lodoic lo rei, etc..... E aiso fo faig a Veseiras el pla, denant l'obrador W. de Lobaresas. »

2752 1238. Décembre.

(J. 202. — Champagne, X, n° 18. — Original scellé.)

Litteræ Adæ, dominæ de Hans, quondam comitissæ Suessionensis, Theobaldo regi Navarræ, Campaniæ et Briæ comiti palatino, quem certiorem facit se jam diu apud Sanctam Manehuldem dominæ suæ, prædicti regis matri, et ipsi homagium fecisse; quapropter se ejus feminam esse recognoscit et se libentissime paratam ei servire declarat. — « Et in hujus rei testimonium, vobis presentes litteras transmitto sigillo meo munitas. Actum anno Domini M° ducentesimo tricesimo octavo, mense decembri. »

Sceau d'Ade, dame de Hans, fille de Henri IV, comte de Grandpré, veuve de Raoul III de Nesle, comte de Soissons; cire verte, sur double queue; fragment non décrit. Une figure de femme debout. Pas de contre-sceau.

2753   Constantinople. 1238. Décembre.

Litteræ magnatum imperii Romaniæ Nicolao Quirino ut, accepto pignoris pretio, sacrosanctam spineam coronam restituat.

(J. 155. — Sainte-Chapelle de Paris, n° 2. — Déficit.)

Nos Nariotus de Thociaco, bajulus imperii Romanie, G. de Merreio conestabulus, Vuillanus de Alneto marescallus, G. de Struen, Milo Tirellus, consiliarii, ceterique barones predicti imperii, dilecto suo nobili viro Nicolao Corino, salutem et sinceram dilectionem. — Dilectioni vestre notificamus quod nos dilectos nostros fratrem Andream, fratrem Jacobum, de ordine fratrum Predicatorum, et dominum Nicolaum de Sorello, militem, latores presencium, pro sacrosancta spinea corona Domini redimenda, que vobis vel heredibus vestris, vel aliquibusvis pro [certa] quantitate peccunie, prout in instrumento publico super hoc confecto continetur, est obligata, nostros proprios nuncios ad vos, vel ad illos qui pro vobis dictam sanctam coronam detinuerunt, destinamus, vos rogantes attencius ut ipsam sanctam coronam eisdem nunciis nostris, prefato debito persoluto, dari et deliberari sine condicione aliqua faciatis. — Et si vero ipsorum trium nunciorum unus quoquo modo defecerit, duobus ipsorum jam dictam coronam nichilominus vos reddatis. Et si ipsorum duorum nunciorum alter quoquo modo interesse non potuerit, uni soli, remoto dubitacionis ostaculo, prebeatis. Et si ipsi tres quoquo modo defuerint, eorum nuncio vel nunciis, presentes litteras offerenti vel offerentibus, sepedictam coronam, omni occasione remota, concedatis. — Datum Constantinopoli, anno Domini millesimo cc° xxx° viii°, mense decembris.

L'original de cette pièce est perdu depuis longtemps, mais nous en avons retrouvé le texte dans le registre des *Transcripta*, coté autrefois JJ. J. et maintenant JJ. F., où elle est transcrite fol. 37 r°.

2754   1238. Décembre.

(J. 205. — Champagne, XIII, n° 19. — Original.)

Johannes de Barris, miles, notum facit se in augmentum feodi, quod a Theobaldo Navarræ rege, Campaniæ et Briæ comite palatino, tenet, omne quod habebat in allodio apud Congiacum posuisse. — « In cujus rei testimonium, presentes litteras sigilli mei munimine roboravi. Actum anno Domini m° ducentesimo tricesimo octavo, mense decembri. »

Traces de sceau pendant sur double queue. — Le sceau de Jean des Barres, chevalier, est décrit dans l'*Inventaire* sous le n° 1303, d'après un type appendu à un acte daté de 1243.

2755   1238. Décembre.

(J. 346. — Régale, I, n° 25. — Original scellé.)

Philippus Bituricensis archiepiscopus, Aquitaniæ primus, recognoscit se a Radulfo de Gandelux, ballivo Bituricensi, centum et tres libras et duos solidos Parisiensis monetæ recepisse pro vino de regalio Bituricensi et Exoldunensi. — « In cujus rei testimonium, presentes litteras sigilli nostri munimine fecimus roborari. Datum anno Domini m° cc° xxx° octavo, mense decembri. »

Fragment de sceau en cire jaune, pendant sur simple queue. — Voyez dans l'*Inventaire*, n° 6305, la description du sceau de Philippe, archevêque de Bourges, primat d'Aquitaine.

2756   1238. Décembre.

Johannes de Tociaco sese obligat ad castrum Vallis-Guidonis domino regi, ad ejus voluntatem, tradendum.

(J. 399. — Promesses, n° 36. — Original scellé.)

Ego Johannes de Tociaco, miles, notum facio tam presentibus quam futuris quod, cum karissimus dominus meus Ludovicus, rex Francie illustris, castrum Vallis-Guidonis in manu sua teneret, et in eo garnisionem suam haberet, ipse in manu mea, ad peticionem et preces meas, posuit dictum castrum; et ego juravi et promisi domino regi quod illud custodiam tali modo quod per castrum illud eidem domino regi vel heredibus suis vel regno suo non veniet ullum dampnum, et quod dictum castrum reddam domino regi et ejus heredibus aut ipsorum certo mandato, cum litteris eorumdem patentibus, ad magnam vim et ad parvam; et etiam, quandocumque a domino rege, vel ab ejus heredibus, aut ab eorum certo mandato, fuero requisitus, illud eis tradam. Et hoc sacramentum faciam fieri domino regi et ejus heredibus ab eo quicumque pro tempore erit castellanus dicti castri et ab omnibus illis qui in garnisionem dicti castri intrabunt, quando eam intrabunt; et quod, si de me humanitus contigerit, nulli reddent dictum castrum nisi domino regi vel ejus heredibus, aut eorum certo mandato. — Et ad hoc, sicut premissum est, faciendum et adimplendum ego posui in contraplegium erga dominum regem Sanctum Ferreolum, cum pertinenciis, in feodo et domaniis et omnibus aliis que teneo de ipso. — Preterea ego dedi domino regi bonos plegios de duobus milibus marchis argenti tali modo quod, si aliquem de plegiis, dum predictum castrum tenebo, mori contigerit, alium plegium loco defuncti equivalentem infra quadraginta dies teneor domino regi vel ejus heredibus dare, qui cum aliis erit plegius omnium istarum convencionum. — In cujus rei testimonium, presentes litteras eidem domino regi tradidi sigilli mei munimine sigillatas. — Actum anno Domini M° CC° tricesimo octavo, mense decembri.

Sceau de Jean de Toucy, chevalier; cire blanche, double queue. (*Inventaire*, n° 3721.)

2757   **1238.**

(J. 399. — Promesses, n° 37. — Déficit.)

Securitas facta domino regi ab Henrico domino Soliaci pro Johanne de Tociaco milite quoad castellum Vallis Guidonis. — Anno M° CC° XXX° VIII°.

Nous donnons, d'après l'inventaire de Dupuy, l'analyse de cette pièce, qui n'est plus dans les cartons et que nous n'avons pas pu retrouver ailleurs.

2758   1238-39. 26 janvier.

(J. 323. — Toulouse, XIV, n° 79. — Original.)

Instrumentum quo Bertrandus de Rocovilla ejusque fratres Ramundus et Beguo notum faciunt se quidquid habebant ex parte Guillelmi de Busqueto vel alio modo apud Faiam, Tricinilhium vel Lantare, domino Raimundo comiti Tholosæ, marchioni Provinciæ, ejusque heredibus et successoribus, in perpetuum vendidisse. — « Actum fuit hoc ita et concessum VI. die exitus mensis januarii, regnante Lodovico Francorum rege, et eodem domino Raimundo Tholosano comite, et Raimundo episcopo, anno M° CC° XXX° octavo ab incarnatione Domini. Testes sunt : Petrus de Alariis, Aribertus de Deopaula, David bajulus Sycardi Alamanni, R. Cambrerius, G. Ato de Galbaco, W. de Pena, et Bernardus Aimericus qui cartam istam scripsit. » — In eadem membrana continetur instrumentum quo Estultus de Rocovilla, tam pro se ipso quam pro Geralda uxore sua et Guillelmo Poncio filio suo, quidquid juris in rebus venditis habere poterat, præfato comiti derelinquit, sub iisdem anno et die.

2759   Toulouse. 1238-39. 29 janvier.

(J. 317. — Toulouse, VIII, n° 25. — Original.)

Instrumentum quo constat Centullum de Condomio cum Raimundo comite Tholosæ, marchione Provinciæ, sponte sua hoc pactum iniisse scilicet ut de omni hoc quod habere et recuperare poterit ex illis D. C. libris Turonensium et illis mercimoniis et pecunia quæ sibi, prout asserebat, in partibus Britanniæ ablata et depredata fuerunt, tertiam partem præfato comiti reddat et tradat fideliter. — « Actum fuit hoc ita Tholose et concessum in aula domini comitis, III. die exitus mensis januarii, regnante Lodoico Francorum rege, et eodem domino Raimundo Tholosano comite, et Raimundo episcopo, anno M° CC° XXX° octavo ab incarnatione Domini. Testes sunt : Sycardus Alamanni, et R. de Sauzeto, et Ramundus Ferrioli, et Bernardus Aimericus, qui cartam istam scripsit. »

2760   Bessières. 1238-39. Janvier.
Lundi 3, 10, 17, 24 ou 31 janvier.

(J. 325. — Toulouse, XVI, n° 13. — Original roman.)

Acte divisé par A. B. C. par lequel W. de Guamevila déclare donner et confirmer en fief à W. Vidal de Bessières (*Veseiras*) et à ses héritiers toute la terre et tous les domaines que ledit Vidal et son père tenaient à Bessières de R. Lombart et de ses frères. — « Testimoni : W. Capel de Veseiras, e R. Amaneu, e Bernart Grimaut, e Gaillart de Casque, *tres alii*, e W. Repolleir escrivas comunals de Veseiras, come o auzic que aqesta carta escrius, el mes de jerveir, feria II, anno Domini M. CC. XXX. VIII. ans (*sic*), reinan Lodoic lo-rei, etc.... E aiso fo faig a Vesciras el pla, denant l'obrador W. de Lobaresas. »

2761   Villers-Cotterets. 1238-39. Janvier.

Litteræ Henrici domini Soliaci de rachato comitatus Drocensis.

(J. 218. — Dreux, n° 17. — Original.)

Ego Henricus, dominus Soyliaci, notum facio omnibus presentes litteras inspecturis quod ego debeo karissimo domino meo Ludovico, illustri regi Francie, quatuor millia librarum Parisiensium pro rachato comitatus Drocensis et terre karissime uxoris mee [Eleonore] comitisse Drocensis reddendarum eidem domino regi, videlicet, ad proximo instans festum

Omnium Sanctorum, duo millia librarum, et alia duo millia librarum ad aliud subsequens festum Omnium Sanctorum. — Et teneor dare predicto domino regi plegios ad gratum suum, ad instantes Brandones vel infra dictos Brandones, de dicta summa pecunie ad predictos terminos integre persolvenda. — In cujus rei testimonium, presentes litteras predicto domino regi tradidi sigilli mei munimine roboratas. — Actum apud Villare juxta Rest, anno Domini M° CC° XXX° octavo, mense januarii.

Traces de sceau pendant sur simple queue. — Le sceau de Henri de Sully, second mari d'Éléonore de Saint-Valery, comtesse de Dreux, n'existe plus aux Archives. Celui qui est décrit dans l'*Inventaire* sous le n° 3659 est le sceau d'un Henri de Sully qui vivait en 1313.

2762   1238-39. Janvier.

(J. 196. — Champagne, IV, n° 30. — Original.)

Odo Ragoz, dominus S. Sepulcri, notum facit, cum Huetum de Chauviniaco hominem suum de corpore, Mathildim uxorem ejus et pueros eorum ea conditione manumisisset ut homo suus de manibus suis remaneret de quocumque tenebat in terra S. Sepulcri, se a karissimo domino suo Theobaldo Navarræ rege, Campaniæ et Briæ et comite palatino, de cujus feodo dicti Huetus et Mathildis movent, rogavisse ut hanc manumissionem laudare et sigilli sui munimine roborare vellet. — « In cujus rei testimonium, presentes litteras sigilli mei munimine roboravi. Actum anno gracie M° CC° tricesimo octavo, mense januario. »

Traces de sceau pendant sur double queue. — Le sceau d'Eudes Ragoz, seigneur de la Chapelle-Saint-Sépulcre (Loiret), n'a pas été conservé.

2763   1238-39. Janvier.

(J. 295. — Languedoc, n° 8. — Original scellé.)

Hugo, Claromontensis episcopus, notam facit permutationem quam cum Eustachio domino Montis Buxerii inivit, videlicet de Locoyhn, cum pertinentiis, quem tenebat de domino rege, pro Hyssandolanges et pertinentiis, quas dictus Eustachius de domino rege tenebat. Quem quidem locum de Locoyhn præfatus Eustachius de domino rege tenebit, sicut et jam dictus episcopus de eodem Hyssandolanges tenebat. — « In cujus rei testimonium, nos predictus episcopus presentem cartam sigillo nostro duximus consignandam. Actum anno Domini M° CC° XXX° octavo, mense januario. »

Sceau de Hugues de la Tour, évêque de Clermont; cire blanche, double queue; décrit dans l'*Inventaire* sous le n° 6578.

2764   Toulouse. 1238-39. 4 février.

Litteræ magistrorum universitatis Tolosæ Guidoni Soranensi episcopo, A. S. legato, de quingentis libris quas pro salario suo a Raimundo comite Tolosano acceperunt.

(J. 307. — Toulouse, IV, n° 7. — Déficit.)

Venerabili et semper reverendo patri in Xpisto domino Guidoni, Dei gratia Soranensi episcopo, Apostolice Sedis legato, magister Luppus, magister P. de Montelaudario, magister M. Xanctonensis, actores, procuratores seu syndici ab universitate magistrorum Tolose [delegati], et magister Sicardus canonicus Narbonensis, et magister G. Arnaldi archidiaconus Lantarensis, de eadem universitate magistri, salutem et reverentiam debitam et devotam. — Paternitati vestre presentibus duximus intimandum nos recepisse, nomine universitatis et nostro, in pecunia numerata, D. libras Morlanensium ab illustri viro R. (Raimundo) comite Tolosano, pro toto salario quod nobis et universitati debebatur usque ad instans proximum festum Pasche, sicut a sanctitate vestra fuit apud Vaurum, de consensu expresso partium, ordinatum. — Unde sanctitati vestre humiliter supplicamus quatinus prefato comiti vestras detis patentes litteras quod auctoritate et mandato vestro talis compositio fuit facta, et nobis predicta pecunia pro toto salario, quod nobis et universitati eidem debebatur, persoluta. — Datum Tolose, pridie nonas februarii, anno Domini M. CC. XXXVIII.

Cette pièce n'est plus dans la layette *Toulouse*, IV; nous en donnons le texte d'après dom Vaissette, qui a eu l'original sous les yeux et qui l'a publié dans les preuves du tome III de l'*Histoire de Languedoc*, col. 388.

2765   1238-39. 5 février.

(J. 314. — Toulouse, VII, n° 15. — Original.)

Instrumentum quo Poncius Beguo de Raimundivilla ejusque fratres, Willelmus Beguo, Bernardus Beguo et Beguo, filii quondam Begonis de Ramundivilla, spontanea sua voluntate, sua corpora et omnem progeniem a seipsis ortam et orituram Raimundo comiti Tholosano, Provinciæ marchioni, ejusque heredibus et successoribus dant et concedunt in perpetuum, promittentes se præfato comiti, tanquam domino suo proprio, servituros in Tholosa et extra, in ecclesia, in claustro, et in salvitate et extra, et in omnibus aliis locis. — « Actum fuit hoc ita et concessum v. die introitus mensis februarii, regnante Lodoico Francorum rege, et eodem domino Raimundo Tholosano comite, et Raimundo episcopo, anno M° CC° XXX° octavo ab incarnatione Domini. Testes sunt : Sycardus Alamanni, et Petrus Martinus de Castronovo, et Johannes Aurioli, et Bernardus Aimericus qui cartam istam scripsit. »

2766   Saint-Gilles. 1238-39. 24 février.

(J. 318. — Toulouse, IX, n° 33. — Original.)

Instrumentum, per litteras alphabeti divisum, quo, anno ab incarnatione Domini millesimo cc° xxx° octavo, vi° kal. marcii, regnante Lodoyco Francorum rege, Raimundus comes Tholosæ, marchio Provinciæ, dominus Massiliæ, confitetur et in veritate recognoscit se, generali habita ratione cum Johanne de Orlaco de Montepessulano seniori, eidem D. CCC. XXX. libras Melgoriensium debere; pro quarum solutione omnes redditus sibi in civitate Massiliensi pertinentes assignat. — « Acta fuerunt hec apud Sanctum Egidium, in domo Templi, et interfuerunt testes rogati : Barralus de Baucio, Poncius de Villanova senescalcus Tholosanus, Sycardus Alamannus, Deodatus Sarracenus miles Romanus, G. Raimundus, quatuor alii, et ego Bernardus Faber, publicus ville Sancti Egidii notarius, qui utrimque rogatus hoc scripsi et signavi. » (Hic notarii signaculum).

2767   Saint-Gilles. 1238-39. 24 février.

(J. 318. — Toulouse, IX, n° 34. — Original.)

Instrumentum quo, anno ab incarnatione Domini millesimo cc° xxx° octavo, scilicet vi. kal. marcii, regnante Lodoyco Francorum rege, Raimundus comes Tholosæ, marchio Provinciæ et dominus Marsiliæ confitetur et in veritate recognoscit se, pro omnium rationum solutione, Johanni de Orlaco de Montepessulano D. CCC. XXX. libras Melgoriensium debere, de quibus solvendis terminos statuit. — « Acta fuerunt apud Sanctum Egidium, in domo Templi. Interfuerunt testes rogati : Barralus de Baucio, etc. (ut in instrumento præcedenti), et ego Bernardus Faber publicus ville Sancti Egidii notarius, qui utrimque rogatus hoc scripsi et signavi. » (Hic notarii signaculum.)

2768   Auxerre. 1238-39. 25 février.

Ordinatio Guidonis, comitis Nivernensis, in Terram sanctam profecturi, pro solutione debitorum a se et uxore sua communiter contractorum.

(J. 256. — Nevers, n° 15. — Original scellé.)

Ego Guido, comes Nivernensis et Forensis, omnibus notum facimus presentes litteras inspecturis quod, de voluntate et assensu karissime uxoris nostre Matildis, comitisse Nivernensis et Forensis, et amicorum nostrorum, coram karissimo domino nostro Ludovico, illustri rege Francie, de debitis nostris fuit taliter ordinatum, videlicet, quod civitates, castra et totam terram de capite Matildis dicte comitisse, quam tenebamus et sicut eam tenebamus, eidem comitisse tradidimus tenenda et habenda, cum omnibus exitibus, redditibus, proventibus et expletis omnium predictorum, per III^{or} annos a proximo festo Beati Johannis Baptiste incipiendos, tali modo quod ipsa tenetur reddere et solvere creditoribus nostris et suis sexdecim milia librarum Turonensium pro debitis que nos et eadem comitissa communiter debemus, de quibus confecte sunt littere sigillo nostro et suo sigillate, et litteras nostras atque plegios, quos nos et ipsa dedimus et posuimus pro dictis debitis, ipsa comitissa tenetur usque ad summam sexdecim milium librarum infra Pentecosten penitus liberare. — Et sciendum quod, si in debitis supradictis minus esset de XVI^m libris, residuum esset nostrum. — Si vero dicta debita dictam summam excederent, uterque nostrûm pro parte sua quod superesset in debitis litterarum, in quibus nostra duo sigilla essent simul apposita, persolvere teneretur. — Ipsa vero comitissa de predictis sexdecim milibus libris Turonensium tenetur acquitare debita, quolibet anno dictorum III^{or} annorum, de III^{or} milibus libris Turonensium. — Si autem contingeret nos infra III^{or} annos predictos redire de partibus transmarinis, et nos vellemus persolvere debita que pro futuris terminis deberet eadem comitissa, nobis predictam terram et castra reddet ipsa. — Si vero non vellemus persolvere debita pro terminis futuris, nos teneremus assignamenta, que per nos et ipsam comitissam facta essent, et haberemus castra et expleta terre tamtummodo. — Si vero contingeret quod dicta comitissa solvisset predictam summam pecunie antequam completi essent dicti III^{or} anni, vel quod non assignasset redditus et proventus predictorum III^{or} annorum, eadem comitissa nichilominus teneret et haberet redditus et proventus tocius comitatus per III^{or} annos predictos, salvis expletis comitatus Nivernensis, sicut superius est expressum. — Si vero post dictos iiii^{or} annos veniremus, ipsa comitissa predictam terram et castra omnino quita et absoluta de dictis sexdecim milibus libris nobis reddet. — Preterea sciendum est quod, pro ista traditione terre quam fecimus eidem comitisse, quicquid de nobis contingat ultra mare vel citra, si supervixerit vel si decesserit eadem comitissa, quod absit, nec ipsa nec heredes ejus comitatus Nivernensis, nec creditores nec plegii dicte pecunie aliquid poterunt petere a nobis aut ab heredibus nostris sive a terra nostra occasione dictarum sexdecim milium librarum. — Et ad hoc tenendum fideliter et firmiter observandum obligavit se et heredes suos eadem comitissa. — Sciendum insuper est quod, quamdiu dicta comitissa terram tenuerit supradictam, ad voluntatem suam ponet et deponet in ea castellanos, prepositos et ballivos. — Voluit autem et concessit eadem comitissa quod, pro litteris quas trademus pro assignamentis faciendis vel pro aliquibus mutuis contrahendis, nec nos nec heredes nostri nec terra nostra teneamur in aliquo obligati. Immo tenebitur eadem comitissa litteras, que sigillo nostro et suo fuerint sigillate super premissis, usque ad summam supradictam penitus liberare. — Voluimus autem et precepimus omnibus baronibus et fidelibus nostris comitatus Nivernensis quod, quousque redierimus, pro eadem comitissa faciant et ei obediant et teneantur eidem in omnibus sicut nobis tenebantur. — Preterea volumus et concedimus quod, pro costamentis et muttuis contrahendis pecunie supradicte, dicta comitissa habeat mille libras Turonensium et percipiat illas in redditibus et proventibus quinti anni. — Hec autem omnia supradicta in presencia karissimi domini nostri Ludovici, illustris regis Francie, fide prestita corporali in manu venerabilis patris nostri Galteri archiepiscopi Senonensis, de mandato ipsius domini regis promisimus et concessimus fideliter et firmiter observare, rogantes ipsum dominum regem ut super omnibus supradictis suas litteras testimoniales nobis et dicte comitisse conferat et concedat, renonciantes in hoc facto omni juris auxilio canonici et civilis. — In cujus rei testimonium, presentes litteras sigilli nostri munimine fecimus roborari. — Datum die veneris post Cathedram Sancti Petri, apud Autissiodorum, anno Domini M° CC° XXX° octavo, mense februario.

Sceau de Guigues V, comte de Nevers et de Forez, mari de Mathilde ou Mahaut I, comtesse de Nevers; cire blanche, double queue. (*Inventaire*, n° 869.)

2769 Bessières. 1238-39. Février.
Vendredi 4, 11, 18 ou 25 février.

(J. 324. — Toulouse, XV, n° 10. — Original roman.)

Acte divisé par A. B. C., par lequel W. Delmas déclare avoir vendu, moyennant XII. sous Toulousains, à P. d'Albi, à sa femme et à leurs héritiers, une maison sise à Bessières (*Veseiras*), entre la maison de P. Bisbe et la maison qui a appartenu à R. de Combers. — « Vezent de tot aiso : R. Brasada, e Ugno Deira, e R. Sabateir, e Ar. den G. Bernat, e W. Repolleir scrivas comunals de Veseiras, come o auzie que aqesta carta escrius, el mes de febreir, feria VI, anno Domini M. CC. e XXXVIII, reian Lodoic lo rei, e Ramon lo comte de Tolosa, e Ramon l'avesque. E aiso fo faig a Veseiras el pla, denant la maio Bernat R. de Lauzu. »

2770 Bessières. 1238-39. Février.
Lundi 7, 14, 21 ou 28 février.

(J. 325. — Toulouse, XVI, n° 17. — Original roman.)

Acte divisé par A. B. C., du bail à cens ou enfieffement de la *Roca d'Avertmatz* et d'une portion de terrain sur la rive du Tarn; ledit bail consenti par W. de Guamevila à G. Bernat. — « Vezent : Bernat Rainaut de Toloza, e R. Caudeir da Veseiras, e W. Repolleir escrivas comunals de Veseiras, come o auzic que aqesta carta escrius, el mes de februari, feria II, anno Domini M. CC. XXXVIII, reinan Lodoic lo rei, e R. lo coms dé Tolosa, et R. l'evesque. E aiso fo faig a Veseiras, ins ela maio d'en Micolau lo razedor. »

2771 Melun. 1238-39. Février.

Mandatum Erardi de Brena Stephano de Salligniaco ut Theobaldo comiti Campaniæ homagium præstet.

(J. 193. — Champagne, I, n° 24. — Original scellé.)

Ego Erardus de Brena, dominus Ramerruci, dilecto et fideli suo Stephano de Salligniaco, salutem et dilectionem sinceram. — Mando vobis et volo quatinus karissimo domino meo Theobaldo, Dei gratia regi Navarre illustri, Campanie et Brie comiti palatino, de feodo de Bellomonte et de omni-

bus aliis feodis que de me tenetis, sicut ad me tenebatis, eidem homagium faciatis; et hoc, sub fidelitate qua michi tenemini, vos requiro et etiam volo, quoniam karissimus dominus meus, Theobaldus, gratia Dei illustris rex Navarre, michi de dicto feodo ad voluntatem meam excambium dedit.
— Datum apud Meledunum, anno Domini millesimo ducentesimo tricesimo octavo, mense februarii.

<small>Sceau d'Érard de Brienne, seigneur de Rameru; cire brune, double queue; second sceau, décrit dans l'*Inventaire* sous le n° 1568.</small>

2772   1238-39. Février.

<small>(J. 197. — Champagne, V, n° 43. — Original.)</small>

Henricus, Remensis archiepiscopus, notum facit karissimam sororem suam Elisabet de Brena, in ipsius præsentia constitutam, recognovisse se nihil habere in grueria nemorum suorum de Maruel quæ tota Theobaldo Navarræ regi, Campaniæ et Briæ comiti palatino, pertinet.
— « In cujus rei testimonium, presentes litteras sigilli nostri munimine fecimus roborari. Actum anno Domini m° cc° tricesimo octavo, mense februarii. »

<small>Traces de sceau pendant sur double queue. — Le sceau de Henri II de Dreux ou de Braine, archevêque de Reims, est décrit dans l'*Inventaire* sous le n° 6346.</small>

2773   1238-39. Février.

<small>(J. 202. — Champagne, X, n° 16. — Original.)</small>

Johannes de Brena, comes Matisconensis, notum facit Elisabelem de Brena, sororem suam, quondam comitissam Rociaci, in ipsius præsentia constitutam, recognovisse se ipsam nihil habere in grueria nemorum suorum de Maruel quæ tota Theobaldo Navarræ regi, Campaniæ et Briæ comiti palatino, pertinet. — « In cujus rei testimonium, presentes litteras sigilli mei munimine roboravi. Actum anno Domini m° cc° tricesimo octavo, mense februario. »

<small>Traces de sceau pendant sur double queue. — Le sceau de Jean de Braine, comte de Mâcon par sa femme Alix, est décrit dans l'*Inventaire* sous le n° 504, d'après un type appendu à un acte daté de 1233.</small>

2774   1238-39. Février.

<small>(J. 203. — Champagne, XI, n° 35. — Original.)</small>

Coram Guidone B. Jacobi Pruvinensis abbate et Symone B. Quiriaci decano, nobilis mulier Margareta domina de Berella recognoscit se omne jus et dominium quod habebat in nemore quod dicitur nemus Heredum, situm inter Quinciacum et abbatiam Joiaci, cum feodo de Quinciaco et omnibus ejusdem pertinentiis, pro centum et viginti libris Pruvinensium, Theobaldo regi Navarræ, Campaniæ et Briæ comiti palatino, ejusque successoribus in perpetuum vendidisse. — « In cujus rei testimonium, ad instantiam dicte Margarete, presentes litteras sigillorum nostrorum munimine fecimus roborari. Actum anno Domini millesimo ducentesimo tricesimo octavo, mense februario. »

<small>Traces de deux sceaux pendants sur double queue. — Le sceau de Gui, abbé de Saint-Jacques de Provins, n'existe plus aux Archives; le sceau de Simon, doyen de Saint-Quiriace, est également perdu.</small>

2775   1238-39. Février.

<small>(J. 212. — Rouen, I, n° 3. — Original scellé.)</small>

Petrus Rothomagensis archiepiscopus notum facit se usuagium, quod in foresta de Romara et in ejusdem pertinentiis habebat, illustri domino Ludovico Francorum regi in perpetuum cessisse pro centum acris in una parte et sex acris prope Daevillam sitis, quas dictus rex præfato archiepiscopo et ejus successoribus perpetuo possidendas assignavit. — « Datum anno Domini millesimo ducentesimo tricesimo octavo, mense februarii. »

<small>Sceau de Pierre II de Colmieu, archevêque de Rouen; cire blanche, double queue. (*Inventaire*, n° 6369.)</small>

2776   1238-39. Février.

Litteræ Johannis comitis Matisconensis et Aalidis comitissæ de cessione comitatus Matisconensis.

<small>(J. 252. — Bourgogne, V, n° 2. — Original scellé.)</small>

Ego Johannes, comes Matisconensis, et ego Aales comitissa, ejus uxor, notum facimus tam presentibus quam futuris quod nos escambivimus, vendidimus et quitavimus in perpetuum karissimo domino nostro Ludovico regi Francie illustri et heredibus suis comitatum Matisconensem, cum ejusdem comitatus pertinentiis in regno Francie, et quicquid habebamus in partibus illis, et in Burgundia in regno Francie, sit de feodo, sit de domanio, per quemcumque modum haberemus, sive per hereditagium sive per conquestum, sive per alium modum, nichil in predictis penitus, nec jus nec aliud, retinentes.
— Et dominus rex, propter istud escambium, propter istam venditionem et propter istam quitacionem nobis donat decem milia librarum Turonensium in denariis, et mille libras Turonensium de redditu in Normannia assisitas, videlicet, quingentas libras ad scaquarium Pasche, et quingentas libras

assisitas in terra, extra fortericiam et extra castrum. — Et si in terra, quam dominus rex nobis assideret, esset aliquod herbergagium sive fortericia, illud herbergagium nostrum esset. Et omnia predicta nos tenemur deliberare et garantire eidem domino regi ubique contra omnes gentes. — Et si forte in predictis aliquid contingeret quod non possemus garantire, illud teneor escambire domino regi ad valorem in terra mea Francie, in feodo ejusdem domini regis. — Et de predictis decem milibus libris dominus rex tradet nobis ad presens quinque milia librarum Turonensium. — Et sciendum est quod, si istud escambium, ista venditio et ista quitacio non placeret eidem domino regi, potest se penitere, sine se meffacere erga nos, a Nativitate Sancti Johannis Baptiste infra tres annos. Et si peniteat, nos tenemur reddere domino regi predicta quinque milia librarum, tali modo quod illud quod receperit de dicta terra ultra custus computatum erit in paga nostra. — Et si dictas quinque mille libras non habuisset de exitibus illius terre, nos eidem defectum reddere teneremur. Et si de exitibus dicte terre plus recepisset, illud nobis redderet. — Si autem idem dominus rex vult tenere escambium, venditionem et quitacionem, ad terminum predictum vel ante, tenetur nobis reddere alias quinque mille libras ad eumdem terminum supradictum. Et hoc quod exierit de illa terra suum erit, et faciet nobis assidere ad eumdem terminum dictas mille libras redditus, sicut superius continetur, et reddet nobis pro quolibet anno de dictis tribus annis transactis mille libras Turonensium, si illi anni sint transacti. — Hec omnia, prout superius continentur, ego Johannes comes et ego Aales comitissa, uxor ejus, super sacrosancta juravimus nos firmiter et inviolabiliter tenere et servare. — Quod ut perpetue stabilitatis robur obtineat, presentes litteras sigillorum nostrorum munimine fecimus confirmari. — Actum anno Domini millesimo ducentesimo tricesimo octavo, mense februario.

<small>Cet acte était scellé, dans le principe, de deux sceaux pendants sur lacs de soie. Le sceau de Jean de Braine, comte de Mâcon (cire verte sur lacs de soie bleue), est décrit dans l'*Inventaire* sous le n° 504; le sceau de la comtesse Alix, sa femme, s'est détaché de l'acte; mais il est décrit sous le n° 503, d'après un type appendu à un acte daté de 1233.</small>

2777   1238-39. Février.

Litteræ Aimerici vicecomitis Castri-Eraudi de pecunia a se domino regi solvenda pro rachato sui vicecomitatus.

(J. 395. — Securitates, n° 137. — Original scellé.)

Universis ad quos presens scriptum pervenerit, nobilis vir Haimericus vicecomes Castri Eraudi, salutem. — Noveritis quod ego teneor reddere Johanni de Vineis, domini regis baillivo, pro rachato et releveio vicecomitatus de Castro Eraudi mille et quingentas libras Turonensium, eidem, loco domini regis, persolvendas, videlicet, ad instantem Ascensionem quingentas libras, et ad festum Omnium Sanctorum proximo sequens quingentas libras, et ad Purificationem proximo subsequentem quingentas libras. — Et nisi de predictis denariis ad dictos terminos plenarie satisfecerim, concedo quod ipse capiat totam terram meam et redditus meos, et etiam omnia mobilia mea, ubicumque sint, donec de supradicto debito eidem plenarie fuerit satisfactum. — Ad cujus rei testimonium et securitatem pleniorem, presens scriptum sigillo meo confirmavi. — Actum anno Domini m° cc° xxx° octavo, mense februario.

<small>Sceau d'Aimeri IJ, vicomte de Châtellerault; cire blanche, simple queue. (*Inventaire*, n° 1100.)</small>

2778   Marles. 1238-39. 22 mars.

(J. 165. — Valois, III, n° 32. — Original scellé.)

R. (Robertus) Hermeriarum abbas et J. prior de Turnomio notum faciunt in ipsorum presentia constitutum Robertum, tunc primogenitum filium nobilis viri Anselli de Garlanda, domini de Turnomio, ratum habuisse pactum ex quo dictus Ansellus viginti quatuor libras annui redditus Matheo Bonifacii in pedagio et præpositura Turnomii percipiendas assignavit. — «In cujus rei testimonium, presens scriptum sigillorum nostrorum munimine fecimus communiri. Actum apud Marlam, anno gracie m° cc° tricesimo octavo, undecimo kalendas aprilis.»

<small>Le sceau anonyme dont se servait Robert, abbé du couvent d'Hermières, au diocèse de Paris, n'a pas été décrit; mais ce sceau est absolument le même que celui qui fut employé plus tard par l'abbé Thomas, lequel est décrit dans l'*Inventaire* sous le n° 8757, d'après un type appendu à un acte daté de 1244. — Le sceau du prieur de Tournan est perdu; il n'en reste plus que les attaches.</small>

2779 Bessières. 1238-39. Mars, avant Pâques.
Lundi 7, 14 ou 21 mars.

(J. 325. — Toulouse, XVI, n° 15. — Original roman.)

Acte divisé par A. B. C. du bail à cens ou enfieffement d'une métairie (*cazal*) située à Bessières (*Veseiras*); ledit bail consenti par W. de Gamevila à B. Clerge, à son frère et à leurs héritiers. — « Vezent 'n Azemar lo capela de Veseiras, e Bertran de Veseiras, e B. Grimaut, e W. Repolleir escrivas comunals de Veseiras, come o auzic que aqesta carta escrius, el mes de mars, feria II, anno Domini M. CC. XXXVIII, reinan Lodoic lo rei, e Ramon lo comte de Tolosa, e Ramon l'avesque. E aiso fo faig a Veseiras el pla, denant l'obrador W. de Lobaresas. »

2780 Bessières. 1238-39. Mars, avant Pâques.
Lundi 7, 14 ou 21 mars.

(J. 325. — Toulouse, XVI, n° 19. — Original roman.)

Acte divisé par A. B. C. d'un échange de cens conclu entre W. de Gamevila et W. Capel de Bessières. — « Vezent de tot aiso Wuidal, e Noaldric de Guamevila, *duo alii*, e W. Repolleir escrivas comunals de Veseiras, come o auzic que aqesta carta escrius, el mes de mars, feria II, anno Domini M. CC. XXXVIII, reinan Lodoic lo rei, etc... E aiso fo faig a Veseiras el pla. »

2781 Bessières. 1238-39. Mars avant Pâques,
Lundi 7, 14 ou 21 mars.

(J. 325. — Toulouse, XVI, n° 24. — Original roman.)

Acte divisé par A. B. C. du bail à cens ou enfieffement d'un local (*logal*) sis à Bessières, contigu avec le portail (*portal*), le mur (*paret*) de la ville et la rue communale (*careira comunal*); ledit bail consenti par Bertrans de Bessières, W. de Guamevila et W. Capel de Bessières à R. Faure et à ses héritiers. — « Vezent de tot aiso Bar de Montberteir, e B. Grimaut, e B. de Montbozaut, et W. Repolleir escrivas comunals de Veseiras, come o auzic que aqesta carta escrius, el mes de mars, feria II, anno Domini M. CC. XXXVIII, reinan Lodoic lo rei, etc..... E aiso fo faig a Veseiras, el pla, denant l'obrador W. de Lobaresas. »

2782 Bessières. 1238-39. Mars, avant Pâques.
Mardi 8, 15 ou 22 mars.

(J. 325. — Toulouse, XVI, n° 23. — Original roman.)

Acte divisé par A. B. C. du bail à cens ou enfieffement de l'eau et du passage (*l'aigua e'l paissairil*) d'Avertimatz, d'une rive du Tarn à l'autre; ledit bail consenti par Bertrand de Bessières et W. de Guamevila à R. Vifranc, R. Bonel, B. Grimaut et autres. — « Vezent 'n Azemar lo capela do Veseiras, e Bar de Monberteir, e Noalric de Gamevila, *duo alii*, e W. Repolleir escrivas comunals de Veseiras, come o auzic que aqesta carta escrius, el mes de mars, feria III, anno Domini M° CC° XXX° VIII°, reinan Lodoic lo rei, etc.... E aiso fo faig a Veseiras el pla. »

2783 1238-39. Mars, avant Pâques,
du 1er au 26.

(J. 165. — Valois, III, n° 31. — Original scellé.)

Guillelmus Parisiensis episcopus notum facit karissimum et fidelem suum Anselmum de Garlanda, dominum Turnomii, anno M° CC° XXX° octavo, in ipsius præsentia constitutum, redemisse decimam de Faveriis quam pro ducentis et quadraginta libris Parisiensium ecclesiæ S. Nicholai de Cardineto et ecclesiæ S. Pauli Parisiensis impignoraverat. De qua impignoratione Petrus et Johannes de Faveriis, dicti Anselmi fratres, sese plegios constituerant. — « In cujus rei testimonium, presentes litteras sigillo nostro fecimus roborari. Datum anno Domini M° CC° XXX° octavo, mense marcio. »

Sceau de Guillaume III d'Aurillac ou d'Auvergne, évêque de Paris; cire verte, double queue; *Inventaire*, n° 6788.

2784 1238-39. Mars, avant Pâques,
du 1er au 26.

(J. 165. — Valois, III, n° 32 *bis*. — Original scellé.)

Guillelmus Parisiensis episcopus notum facit karissimum et fidelem suum Anselmum de Garlanda Matheo Bonifacii, ipsius episcopi consanguineo, B. Mariæ Parisiensis matriculario, et ejus heredibus in perpetuum viginti et quatuor libras Parisiensium, in pedagio et præpositura Turnomii per præpositum dicti loci tribus terminis in anno percipiendas, pro trecentis libris Parisiensium vendidisse. — « Quintum autem nostrum quod ratione dominii feodalis nobis in ista venditione competebat, moderati fuimus, propter appropinquationem feodi que nobis in hoc fiebat, ad summam triginta libras Parisiensium, et illud donavimus prenominato Matheo qui de antedicto redditu ligium homagium nobis fecit. » — Quam venditionem Robertus, primogenitus ejusdem Anselmi, coram præfato episcopo constitutus, voluit, laudavit, permisit et concessit, fide media promittens quod contra eandem per se vel per alium non veniet in futurum. — « Ego vero Anselmus de Garlanda, dominus Turnomii, sigillum meum, in testimonium et confirmacionem perpetuam vendicionis predicte, presentibus litteris feci apponi. — Quod ut ratum et inconcussum permaneat, presentes litteras sigilli nostri impressione, cum sigillo predicti Anselmi, fecimus roborari.

Actum anno Domini millesimo ducentesimo tricesimo octavo, mense martio. »

Ces lettres étaient scellées, dans le principe, de deux sceaux pendants sur double queue. Le sceau de Guillaume III, évêque de Paris, est décrit dans l'*Inventaire* sous le n° 6788; le sceau d'Ansel de Garlande, seigneur de Tournan, qui s'est détaché, est décrit sous le n° 2261, mais d'après un type appendu à un acte daté de 1269.

2785 1238-39. Mars, avant Pâques, du 1er au 26.

(J. 622. — Hommages, II, n° 20. — Original scellé.)

Amalricus de Corcellis, constabulus Arverniæ et bailivus Matisconensis ex parte domini regis, notum facit se concessisse Radulpho de Sabazac et ejus heredibus in perpetuum, in excambium terræ quæ fuit Stephani de Neirac, apud Sabazac, quam dictus Radulphus tenebat, pratum regis de Anazac; de quo dominus Hugo de Panhans vel ejus heredes tale ei servitium facturi sunt quale domino regi vel ejus mandato facere tenebantur. — « In cujus rei memoriam, presentes litteras sigillo nostro fecimus communiri. Actum anno Domini millesimo cc° xxx° octavo, mense martio. »

Fragment de sceau en cire brune sur cordelettes de fil de diverses couleurs. — Le sceau d'Amauri de Courcelles, comme bailli d'Auvergne, est décrit dans l'*Inventaire*, n° 5089, d'après un type appendu à un acte daté de 1241. Ce sceau paraît avoir été le même que celui dont il se servait comme sénéchal d'Auvergne et bailli de Mâcon.

2786 1238-39. Mars, avant Pâques, du 1er au 26.

(J. 461. — Fondations, II, n° 11. — Original scellé.)

Litteræ N. (Nivelonis II *seu* Nicolai) præpositi, J. (Johannis de Wailly) decani totiusque Suessionensis ecclesiæ capituli, illustrissimo domino suo Ludovico Francorum regi et illustrissimæ matri ejus B. (Blanchæ) reginæ quos certiores faciunt se, attenta eorum pro ecclesiis regni Franciæ ferventi et assidua sollicitudine, unam missam sollempnem annuatim de Spiritu Sancto, quamdiu vixerint, et anniversale perpetuum cum novem lectionibus, post eorum obitum, eis duxisse concedendum, distributionibus competentibus, tam in die missæ de Spiritu Sancto quam anniversarii, assignatis eis qui supradictis servitiis intererunt. — « In memoriam hujus facti perpetuo conservandi, presens scriptum regie majestati vestre duximus presentandum, de communi assensu fratrum nostrorum et unanimi voluntate, sigillo nostri capituli sigillatum. Actum anno Domini millesimo ducentesimo tricesimo octavo, mense martio. »

Sceau du chapitre de Notre-Dame de Soissons; cire verte sur lacs de soie rouge; décrit dans l'*Inventaire* sous le n° 7326.

2787 Lisle. 1239. 9 avril.

Homagium Raimundo comiti Tolosano ab Ademario comite Valentinensi præstitum.

(J. 318. — Toulouse, IX, n° 35. — Original scellé.)

Manifestum sit omnibus presentibus et futuris quod, anno Domini millesimo ducentesimo tricesimo nono, quinto idus aprilis, regnante domino Friderico secundo, Romanorum imperatore, nos Ademarius comes Valantinus, coram domino Raimundo, Dei gratia comite Tholose, marchione Provincie, in verbo veritatis asserimus, confitemur et recognoscimus nostrum alodium esse castrum de Bais, cum tenemento et territorio et pertinenciis suis, et omnia castra infrascripta, que pleno proprietatis ad nos pertinent jure, et ad manum nostram tenemus, et ea que a nobis tenentur in feudum, et jure majoris dominii ad nos spectant, similiter esse nostra alodia et nullum de illis tenere in feudum, vel alio jure, ab aliquo domino temporali, videlicet castrum Sancti Albani, cum tenemento et territorio et pertinenciis suis; item castrum Tornon, et Privas, et Boloimna, et Elyer, et Durtfort, et Lacum, et Serinet, et Sanctum Fortunatum; item dominationes de Pouzino, videlicet dominaciones quas habemus in castro dicti Pouzini, tenemento et territorio et pertinenciis suis, et Caslucii, et la Gorza, et Sancti Andeoli, et castri Vessaudi, et Ajahon, et Don, et Mezelac, et Montagut, et Raphael, et Corbeira, et Brion, et Chaslar, et castrum Sancti Agripe. — Ad hec nos prefatus comes Valantinus, de nostra mera et spontanea voluntate, nec dolo, nec fraude, nec aliqua machinatione inducti, recipimus in feudum francum a vobis prefato Raimundo domino comite Tholosano, consanguineo nostro, sine requisitione vestra, predictum castrum de Bais et omnia castra prescripta, et villas, cum tenemento et territorio et pertinenciis suis, que ad manum nostram tenemus, et ad nos pertinent pleno jure proprietatis, excepta medietate tenementi castri de Elyer, quam ab alio domino tenemus, et dominaciones aliorum castrorum et villarum suprascriptorum, que a nobis in feudum tenentur, et jure majoris dominii ad nos spectant, et omnia alia castra et villas, et jura ad nos pertinentia ultra Rodanum constituta, que ab alio domino non tenemus. Donantes vobis et successoribus vestris in perpetuum, donatione simplici inter vivos, et sollemniter insinuata, firma et irrevocabili, et in perpetuum duratura, majus et directum dominium in omnibus castris predictis, et villis, et dominacionibus predictis. Tradentes vobis, ex causa prefate donationis, civilem possessionem predictorum castrorum, et villarum, et predictarum dominacionum, retento nobis, ut vassalo et feudatorio vestro, utili dominio et naturali possessione. — Pro predictis igitur feudis, videlicet castrorum, et villarum, et dominacionum predictarum, cum omnibus pertinenciis suis, ut supradictum est, constituimus nos et successores nostros vassallos et feudatarios vestros esse et successorum vestrorum, facientes vobis homagium, manibus nostris inter vestras inclusis. — Promittentes vobis bona fide, de predictis feudis facere pro vobis placitum et guerram, et, pro omnibus feudis supradictis, vobis fidelitatem juramus, sacrosanctis Evangeliis corporaliter tactis et osculo dato. — Promittentes, sub virtute ejusdem juramenti, nos fideliter atendere et servare omnia que in forma fidelitatis continentur; renunciantes specialiter illi juri seu legi que dicit donationem excedentem summam quingentorum aureorum sine insinuatione non valere, et omni alii juri scripto et non scripto, canonico et civili, nobis competenti et competituro, quod nobis prodesse vobis obesse posset ad veniendum contra predicta vel aliquid de predictis.

Nos autem prefatus comes Tholose, jura predictorum feudorum et predictam donationem recipientes, per nos et successores nostros, vobis et successoribus vestris promittimus bona fide dominia predictorum feudorum conservare nobis et universali successori nostro, et ea non alienare in aliquam extraneam personam que nobis non succederet, nec aliquem nobis pro dictis feudis majorem dominum constituere, sine vestro consilio et assensu. — Promittimus etiam, per nos et successores nostros, quod vos et jura vestra et successores vestros, ut fideles vassalos nostros, in perpetuum deffendemus. — Acta sunt hec apud Insulam, in stari Ramundeti Laugerii. Testes interfuerunt rogati et ad hoc specialiter vocati: dominus D. (Durandus) Albiensis episcopus, et W. (Willelmus) Carpentoratensis episcopus, et R. (Rostagnus) Cavellicensis episcopus; et dominus Hugo de Baucio, et dominus Barralus de Baucio, dominus Poncius de Villa-nova, dominus Petrus Bermundi de Salvis, dominus Poncius Astoaudi, P. de Lambisco, et Dalmacius de Castronovo, G. de Bezanduno, Ugo de Banasta, Mateus de Chabrelain, Poncius Cornilan, W. de Rocha, W. de Camareto, Odo Albertus prior de Mirmanda, Genso Dauriple, Poncius Grimoardus, dominus Cicardus Alamandus, Ermengaudus de Podio, magister Johannes de Auriolo, magister Bertrandus de Severiaco, W. Bartholomei, et Petrus de Corbiera clerici. — Ad majorem hujus autem rei testimonium et ad perpetuam firmitatem, nos prefati R. comes Tholose et A. comes Valantinus, sigillorum nostrorum, et venerabilium patrum episcoporum predictorum jussimus munimine roborari.

Cinq sceaux en cire blanche, pendants sur cordelettes de soie:
1. Raymond VII, comte de Toulouse, second sceau, décrit dans l'*Inventaire* sous le n° 745.
2. Aimar III de Poitiers, comte de Valentinois; sceau équestre. (*Inventaire*, n° 611.)
3. Durand, évêque d'Albi. (*Inventaire*, n° 6434.)
4. Guillaume IV Béroard, évêque de Carpentras. (*Invent.*, n° 6548.)
5. Rostaing Bélinger, évêque de Cavaillon. (*Invent.*, n° 6553.)

2788   1239. Lundi 11 avril.

(J. 198 A. — Champagne, VI, n° 74. — Original.)

Litteræ Resbacensis conventus ad Theobaldum, regem Navarræ, Campaniæ et Briæ comitem palatinum, quem certiorem faciunt de spontanea et voluntaria resignatione Galcheri abbatis sui; a præfato rege per Nicolaum priorem Resbacensem, Raerium priorem de Capella, et quosdam alios præsentium latores, licentiam novi abbatis eligendi rogantes. — « Datum anno Domini Mº ccº xxxº nono, die lune post dominicam qua cantatur *Misericordia Domini.* »

Traces de sceau sur simple queue. — Le sceau du couvent de Saint-Pierre de Rebais, au diocèse de Meaux, est décrit dans l'*Inventaire* sous le n° 8351.

2789   Westminster. 1239. Lundi 11 avril.

Amauricus, comes Montisfortis, Simoni fratri suo honorem Leycestriæ totum concedit.

(J. 628. — Angleterre, II, n° 14. 2. — Copie ancienne.)

Sciant presentes et futuri quod ego Amauricus comes Montisfortis, Francie constabelarius, in presencia [Henrici] illustris regis Anglie, filii regis Johannis, apud Westmonasterium, die lune proxima post quindenam Pasche, anno regni ipsius Henrici XXIII, recognovi, concessi et quietum clamavi de me et heredibus meis dilecto fratri meo Simoni de Montefforti, comiti Leycestrie, totam partem honoris Leycestrie, cum omnibus pertinenciis in regno Anglie, adeo plene et integre sicut comes Simon, pater noster, vel comes Robertus Leycestrie, illam unquam melius, plenius et liberius tenuerunt, habendam et tenendam eidem Simoni fratri meo et heredibus suis, de corpore suo procreatis, de predicto domino Henrico rege et heredibus suis, libere et quiete in perpetuum, cum omnibus escaetiis et aliis que mihi accidere possent de eodem honore, faciendo inde eis debitum servicium ad illam partem pertinens, tam in senescancia domini regis Henrici predicti quam in aliis serviciis, salvo tamen jure meo et heredum meorum, si forte contigerit quod idem Simon frater meus sine heredibus de corpore suo procreatis obierit, vel heredes de corpore suo procreati forte obierint sine heredibus de corpore ipsorum procreatis. — Et ut hec mea recognitio, concessio et quieta clamatio stabiles et firme, secundum quod predictum est, permaneant in perpetuum, huic scripto sigillum meum apposui, hiis testibus : Ricardo comite Cornubie, fratre domini regis; Johanne de Laci, comite Linconiensi et constabulario Cestrie; Henrico de Boon, comite Herefordie et Essex; Wilhelmo de Ralegh, thesaurario Exonensi; Johanne de Monemue; Henrico Aldizel; Petro de Malolacu; Henrico de Trubevilla; Roberto de Quency; Johanne filio Gaufridi; Ricardo de Grey; Stephano de Segrafe; Hereberto filio Mathei; G. vicedomino Pinconiensi; Guidone et Herveio de Caprosia fratribus; Amaurico de Metenone; Amaurico de Sancto Amando; Gaufrido Dispensatore. — Actum apud Westmonasterium, in presencia dicti domini regis, et presente venerabili patre domino Octone, Dei gratia Sancti Nicholai in carcere Tulliano dyacono cardinali, Apostolice Sedis legato, anno et die prenotatis.

Ce document, que nous avons extrait d'un rouleau contenant diverses pièces relatives aux Montfort (Voyez les n°s 2088, 2151 et 2190), a été publié dans la dernière édition des *Fœdera*, tome I, part. I, p. 203, et placé à l'année 1232, comme étant daté de la seizième année du règne de Henri III. Mais il y a dans la date ainsi exprimée une faute de copiste évidente, puisqu'Othon, cardinal diacre du titre de Saint-Nicolas *in carcere Tulliano*, en présence duquel l'acte est passé, n'a été envoyé comme légat en Angleterre qu'en 1237, où il resta jusqu'au mois de mai 1241 (Rinaldi, *Annales ecclesiastici*, t. II, p. 170, ad annum 1237, n° XXXVIII, et *ibid*., p. 269, ad annum 1241, n° LV), période dans laquelle se trouve comprise la date exprimée par notre texte *die lune proxima post quindenam Pasche, anno regni ipsius Henrici* XXIII, qui correspond au 11 avril 1239, et qui par conséquent doit être préférée à la date admise par les nouveaux éditeurs des *Fœdera*.

2790 Courtray, 1239. 26 avril.

Litteræ Thomæ comitis Flandriæ et Johannæ comitissæ, uxoris ejus, de prorogatione quam a domino rege obtinuerunt pro septem millibus libris Parisiensium ei solvendis.

(J. 536. — Flandre, I, sac 4, n° 9. — Original.)

Thomas Flandrie et Hainonie comes et Johanna, uxor ejus, Flandrie et Hainonie comitissa, omnibus ad quos presentes litteras pervenerint, salutem. — Cum nos karissimo domino nostro Ludovico, Dei gratia regi Francie illustrissimo, tenemur in septem milibus libris Parisiensium solvendis in Ascensione Domini nunc instante, ipse dominus rex de dicta pecunie summa, in festo Omnium Sanctorum proximo venturo solvenda, respectum sui gratia nobis dedit, sub eadem conditione et forma qua tenebamur eidem de eadem pecunia eidem paganda termino prenotato. Unde universitati vestre significamus quod nos dicta septem milia librarum, sub jamdictis conditione et forma, prescripto domino regi pagare tenemur in termino Sanctorum Omnium ante dicto. — Et ad hoc firmiter observandum, prout dictum est, pro nobis et plegiis nostris nos duximus obligandos sub presentium testimonio litterarum. — Datum Curtraci, in crastino Beati Marci Evangeliste, anno Domini M° CC° tricesimo nono.

Traces de deux sceaux pendants sur double queue. — Le sceau de Jeanne, comtesse de Flandre, et celui de Thomas de Savoie, son second mari, sont décrits dans l'*Inventaire* sous les n°s 620 et 622.

2791 Saumur. 1239. Avril.

(J. 256. — Nevers, n° 17. — Original.)

Ludovicus Franciæ rex testatur se vidisse et ratas habuisse litteras dilecti et fidelis sui Guidonis comitis

Nivernensis quarum forma sequitur (id est ordinatio prædicti comitis, Hierosolymam profecturi, pro solutione debitorum a se et uxore sua communiter contractorum. *Vid. supra* n° 2763). — « Nos autem in hujus rei testimonium, ad peticionem dictorum comitis et comitisse, sigillum nostrum, salvo jure et servitio nostro, presentibus litteris duximus apponendum. Actum apud Salmurum, anno Domini millesimo ducentesimo tricesimo nono, mense aprili. »

Traces de sceau sur double queue. — Voyez l'*Inventaire*, n° 41.

2792 Marseille. 1239. 3 mai.

Litteræ Raimundi Tolosæ comitis Cisterciensi abbati a quo prorogationem debiti solvendi petit.

(J. 309. — Toulouse, V, n° 10. 6. — Copie authentique.)

Venerabili patri in Xpristo W. (Willelmo), Dei gratia abbati Cistercii, et religioso conventui ejusdem domus, R. (Raimundus), eadem gratia comes Tholose, marchio Provincie, salutem et sinceram dilectionem. — Quoniam, propter multitudinem expensarum quas fecimus et in presenti facere nos oportet, super hiis que a nobis exigitis ad presens vobis satisfacere non possumus, dilectionem vestram rogamus et requirimus ex affectu quatinus solutionem usque ad instans festum Omnium Sanctorum differatis. Elapso autem festo, quando vobis placuerit, ad nos vestros nuncios transmittatis, et tunc super eodem facto taliter nos habebimus quod vobis debebit merito esse gratum. — Datum in Inventione sancte Crucis, anno Domini m° cc° tricesimo nono, apud Massiliam.

Ces lettres sont insérées, avec d'autres pièces relatives à la même affaire, dans les lettres adressées au comte Alphonse par l'abbé de Citeaux. Voyez l'observation à la suite du n° 2164.

2793 1239. 14 mai.

(J. 309. — Toulouse, V, n° 17. 4. — Copie authentique.)

Instrumentum quo constat, anno Incarnationis m° cc° xxx° viiii°, pridie idus maii, regnante Frederico Romanorum imperatore, domino R. (Raimundo) de Bautio Aurasicæ principe, domino Portalesio præceptore tenente dominium Hospitalis in Aurasica, Petrum Berengarium de Murmirione, gravi corporis infirmitate laborantem, pro remedio animæ suæ, quidquid possidebat apud Murmirionem et Flassanum, sancte domui Hospitalis Jerosolymitani Aurasicensis, in manibus fratris Portalesii dictæ domus præceptoris, donasse. — « Testes rogati interfuerunt: frater W. Boisseria, sacerdos, frater Cadanetus, frater Indulfus, milites, Ricavus sacerdos Murimionis, Rostagnus Ripertus, W. Berengarius, milites, W. Astanova, et ego W. Richerius, Aurasice notarius publicus, qui ad hec presens interfui et mandato utriusque partis hanc cartam scribi feci et bulla dominorum Aurasice sigillavi et signo meo signavi. »

Vidimus délivré et scellé par Jean des Arcis, sénéchal du Venaissin, Guy Fulcaudi, et Guillaume IV, évêque de Carpentras. Voyez l'observation à la suite du n° 2486.

2794 Orange. 1239. 15 mai.

Instrumentum homagii quod Guillelmus Carpentoratensis episcopus Raimundo Tolosæ comiti, marchioni Provinciæ, præstitit.

(J. 311. — Toulouse, V, n° 56. — Original scellé.)

Notum sit omnibus quod, anno Dominice incarnationis m° cc° xxx° viiii°, scilicet idus maii, nos Guillelmus, Dei gratia Carpentoratensis episcopus, bona fide et sine dolo confitemur et in veritate recognoscimus, nomine ecclesie Carpentoratensis, per nos et successores nostros, vobis domino R. (Raimundo), Dei gratia comiti Tholose, marchioni Provincie, presenti et stipulanti nomine vestro et successorum vestrorum, et per vos successoribus vestris, quod nos, nomine ecclesie supradicte, habemus, tenemus et possidemus, pro vobis et successoribus vestris, civitatem Carpentoratensem, cum tenemento et districtu suo, et castrum de Vennasca, cum tenemento suo, et castrum de Bauceto, cum tenemento suo, et villam Sancti Desiderii, cum tenemento suo, et castrum de Malamorte, cum suo tenemento et cum tenemento Sancti Felicis, et domum seu munitionem Alfantorum de Nometamiis, et quicquid predicti Alfanti habent in castro de Nometamiis et in ejus tenemento, eo excepto quod dicti Alfanti habent apud Blauzacum et in ejus tenemento. Confitentes etiam quod nos et successores nostri, nomine ecclesie Carpentoratensis, debemus facere vobis domino comiti supradicto et successoribus vestris, pro civitate Carpentoratensi et pro castro de Vennasca, et pro eo quod dicti Alfanti tenent a nobis et ecclesia Carpentoratensi in castro de Nometamiis et in ejus tenemento, cavalcatas tantum. Pro castro vero de Bauceto et pro villa Sancti Desiderii et pro castro de Malamorte, cum tenemento Sancti Felicis, debemus vobis et successoribus vestris facere cavalcatas et dare illam summam pecunie que pro albergo dari consuevit; scilicet, pro castro de Bauceto L. solidos Melgorienses in festo Sancti Michaelis, pro villa Sancti Desiderii L. solidos Melgorienses in festo Sancti Michaelis, et pro castro de Malamorte, cum tenemento S. Felicis, LX. sol. Melgorienses in festo Sancti Michaelis. — Et pro omnibus supradictis confitemur nos, per nos et successores nostros, nomine ecclesie supradicte, fecisse sacramentum fidelitatis vobis domino comiti supradicto, recipienti nomine vestro et successorum vestrorum, et osculum fidei prestitisse, promittentes vobis et per vos successoribus vestris, in fide prestiti juramenti, quod vobis et successoribus vestris in omnibus semper fideles erimus et vobis et successoribus vestris valentiam faciemus in placitis et in guerris contra omnes homines, cum a vobis vel vestris fuerimus requisiti; et ad illa facienda fideliter et complenda, que in forma fidelitatis continentur, vobis domino comiti supradicto et successoribus vestris, nos et successores nostros specialiter obligamus.

Et nos Raimundus, Dei gratia comes Tholose, marchio Provincie, per nos et successores nostros, promittimus bona fide vobis episcopo Carpentoratensi predicto, nomine ecclesie supradicte, et per vos successoribus vestris, quod vos et successores vestros et ecclesiam Carpentoratensem, cum possessionibus et juribus suis, salvabimus et deffendemus, sicut bonus dominus vassallum suum debet deffendere et salvare. — Preterea nos Raimundus, Dei gratia comes Tholose, marchio Provincie supradictus, bona fide et sine dolo confitemur, nomine nostro et successorum nostrorum, et in veritate recognoscimus vobis episcopo Carpentoratensi predicto, presenti et stipulanti nomine vestro et nomine ecclesie sepedicte et successorum vestrorum, et per vos ipsi ecclesie prelibate et successoribus vestris quod in civitate Carpentoratensi, et in castro de Vennasca, et in eo quod predicti Alfanti pro ecclesia Carpentoratensi possident in castro de Nometamiis, nos et successores nostri habemus et habere debemus tantummodo cavalcatas. Ita quod in civitate Carpentoratensi et locis proxime dictis non habemus nec habere debemus albergum nec aliquid pro albergo. — In castro vero de Bauceto et in villa S. Desiderii et in castro de Malamorte, cum tenemento S. Felicis, nos et successores nostri habemus et habere debemus tantummodo cavalcatas et illam summam pecunie supradictam que pro albergo dari consuevit. — Confitemur etiam et in veritate recognoscimus, per nos et successores nostros vobis episcopo supradicto, nomine ecclesie supradicte et per vos successoribus vestris, nos et successores nostros in civitate Carpentoratensi predicta et in aliis locis predictis non habere nec debere habere justiciam sanguinis, nec proditionis, nec adulterii, nec aliquid aliud preter illa que specificata sunt superius et expressa, videlicet, in civitate Carpentoratensi, et in castro de Vennasca, et in eo quod predicti Alfanti possident pro ecclesia Carpentoratensi in castro de Nometamiis et ejus tenemento, cavalcatas tantummodo et valentiam de placitis et de guerris contra omnes homines, cum a nobis vel a nostris fueritis requisiti, vos et successores vestri. — In castro vero de Malamorte, cum tenemento Sancti Felicis, et in castro de Bauceto et in villa S. Desiderii, cavalcatas et illam summam pecunie supradictam que pro albergo dari consuevit. — Preterea nos comes predictus, per nos et successores nostros, sollempniter et ex certa scientia confirmamus vobis episcopo supradicto, nomine ecclesie supradicte, nomine vestro et successorum vestrorum et nomine dicte ecclesie stipulanti, tria instrumenta a predecessoribus nostris et a nobis predecessoribus vestris et Carpentoratensi ecclesie supradicte concessa et a vobis nobis exhibita, quorum tenor continetur inferius in hunc modum.

In nomine, etc. (*sequitur forma trium chartarum datarum annis* 1155, 1159 *et* 1224, *quas supra videsis* N°s 139, 162 *et* 1662).

Nos igitur Raimundus, Dei gratia comes Tholose, marchio Provincie supradictus, universa et singula supradicta sollempniter et ex certa scientia confirmantes, volumus, concedimus et precipimus omnia supradicta per nos et successores nostros rata et inconcussa perpetuo inviolabiliter observari, universis et singulis bajulis nostris districte precipientes ut omnia supradicta firma et illibata teneant et observent, et venientes ad forum Carpentoratense vel redeuntes ab eodem foro aliqua occasione non impediant nec impediri faciant nec permittant ab aliquo impediri. — Factum fuit hoc apud Aurasicam, in stari domini episcopi, in virgulto juxta eorum ecclesie Sancti Petri. Testes presentes interfuerunt : dominus A. (Amicus) episcopus Aurasicensis, R. (Raimundus) de Baucio princeps Aurasicensis, Barralus dominus Baucii, Willelmus de Sabrano, Willelmus Augerius judex et cancellarius domini comitis in partibus Venaissini, Guillelmus de Barreria, Sicardus Alamandus, Massipus de Tholosa senescalcus Venaissini, Johannes Aurioli scriptor domini comitis, Guido de Severaco, Bernardus de Turre, magister Bertrandus de Severaco, Ramundus Bermundus de Clausonera, Ramundus Alfantus de Auriolo, Ramundus Ramerius de Malaucena, Pontius Cavallerius, precentor Carpentoratensis ecclesie, Guido canonicus ejusdem ecclesie. — Et ego Bertrandus de Sancta Maria, notarius publicus domini comitis, presens interfui et, mandato et auctoritate domini comitis et voluntate domini Guillelmi Carpentoratensis episcopi supradicti, hoc instrumentum scripsi, signavi et ejusdem domini comitis bulle munimine roboravi. (*Hic signaculum notarii.*)

<small>Scellé, sur lacs de soie rouge, de la bulle de plomb dont se servait le comte Raymond pour le Venaissin, décrite dans l'*Inventaire* sous le n° 4607.</small>

2795   1239. Lundi 30 mai.

Conventiones initæ, inter ducem Burgundiæ, et comitem atque comitissam Nivernensem, de feodo Johannis quondam comitis Cabilonensis.

(J. 256. — Nevers, n° 18. — Original scellé.)

Ego Hugo dux Burgundie omnibus notum facimus presentibus et futuris quod tales habemus conventiones erga dilectum et fidelem nostrum G. (Guidonem), comitem Nivernensem et Forensem, et M. (Mathildem) comitissam, uxorem ejus, quod de feodo, quod Johannes quondam comes Cabilonensis tenebat de eisdem, tenemur per fidem nostram reddere justiciam et servicium dictis comiti et comitisse et eorum heredibus Nivernensibus de omnibus rebus illis quas tenebimus in dominio nostro vel quas alius tenebit a nobis, que quidem spectant ad feodum supradictum. — Preterea concordatum fuit inter nos et dictos comitem et comitissam quod totum feodum illud quod Symon de Luziaco tenebat, vel quicquid alius de dicto Symone tenebat in feodum, que quidem movebant de feodo dicti Johannis quondam comitis Cabilonensis, videlicet, Borbonium et Borbenois, et omnia alia de eodem feodo moventia in feodis et dominiis, cum pertinenciis eorumdem, dictus Symon de Luzeiaco tenebit a dictis comite et comitissa Nivernensi vel ab heredibus eorumdem Nivernensibus quousque aliquis de filiis nostris, qui terram illam tenebit, faciat homagium de omnibus supradictis dictis comiti et comitisse Nivernensi vel heredibus eorumdem Nivernensibus; quod quidem homagium tenebitur facere dictus filius noster infra quindecim annos a tempore confectionis litterarum presencium. — Si vero, quod absit, contingeret quod non haberemus nisi unum heredem, omnia supradicta venirent et essent in statu in quo erant ante diem confectionis presentium litterarum. — Et sciendum est quod antequam dictus filius noster, qui terram illam tenebit, faciat homagium dictis comiti vel comitisse vel eorum heredibus Nivernensibus, dictus comes vel comitissa vel eorum heredes Nivernenses debent quitare feodum dicti Symonis dicto filio nostro integraliter. Qui Symon vel heres ejus statim intrabit in homagium filii nostri, sicut erat ante diem confectionis presentium litterarum in homagio nostro de feodo supradicto, et nos liberati erimus a justicia et servitio supradictis vel heres noster qui dux erit Burgundie. — Has autem conventiones juravimus nos firmiter et fideliter servaturos bona fide. — Actum anno Domini M° CC° XXX. nono, die lune post quindenam Pentecostes.

<small>Sceau de Hugues IV, duc de Bourgogne; cire blanche, double queue; second sceau, décrit dans l'*Inventaire* sous le n° 469.</small>

2796   1239. Mai.

(J. 198 A. — Champagne, VI, n° 75. — Original.)

Pierre Tristanz, chevalier, reconnaît que le bois de Cerfroi, les quarante sous de cens qu'il en paye à son seigneur Raçon de Gavres, et le pré sis sous Saint-Martin, sont du fief du roi de Navarre, comte palatin de Champagne et de Brie, et que ni lui ni ses hoirs ne peuvent les en faire sortir. — « An tesmoing de ceste chose, je ai fait cez lettres sëeler an mon séel, an l'an de l'incarnation Nostre Segnor mil et deus cenz et trente nuef, en mois de mai. »

<small>Traces de sceau pendant sur double queue. — On trouve dans l'*Inventaire*, sous le n° 3143, la description du sceau d'un Pierre Tristan, chevalier, sire de Pacy, d'après un type apposé à un acte daté de 1248.</small>

2797   1239. Mai.

(J. 207. — Mouzon, n° 8. — Original scellé.)

Symon de Lumbuis, miles, notam facit compositionem inter se et reverendum patrem dominum H. (Henricum) Remensem archiepiscopum initam de justitia, fundo et rebus aliis apud Villare ante Mosomum, de quibus litigabant. — « In cujus rei testimonium et munimen, presentes litteras feci sigilli mei munimine roborari. Actum anno Domini millesimo ducentesimo tricesimo nono, mense maio. »

<small>Sceau de Simon de Lombut, chevalier; cire blanche, double queue; décrit dans l'*Inventaire* sous le n° 2605.</small>

2798   1239. (Mai.)

(J. 207. — Mouzon, n° 9. — Original scellé.)

Hugo, decanus christianitatis de Bellomonte, notum facit se, ad mandatum domini Hugonis de Sarquex, archidiaconi Remensis, suum ab uxore et liberis domini Simonis de Lonbu, militis, accepisse consensum de compositione inter dictum Simonem et archiepiscopum Remensem inita super justitia et fundo Villaris ante Mosomum. — In his litteris inseruntur litteræ Henrici archiepiscopi Remensis de hac compositione, datæ anno 1239 mense augusto, et eisdem verbis constantes ac præcedentes litteræ Simonis de Lonbu.

<small>Sceau de Hugues, doyen de la chrétienté de Beaumont en Argonne; cire jaune, cordelettes de fil rouge et bleu; *Inventaire*, n° 7878.</small>

2799   1239. Mai.

Securitas Anserici domini Montisregalis super conventionibus quas dux Burgundiæ habet cum domino rege.

(J. 254. — Bourgogne, VI, n° 1. — Original scellé.)

Ego Ansericus, dominus Montisregalis, notum facio omnibus presentes litteras inspecturis quod, cum dominus meus Hugo dux Burgundie per excambium, quod fecit cum viro nobili Johanne comite Cabilonensi, domino regi Francie fecerit hominagium ligium, contra omnes homines et feminas qui possunt vivere et mori, de Charroliis et de Monte-Sancti-Vincentii, et castellaniis et pertinenciis eorumdem, per conventiones quas habet cum eo, sicut in litteris ejusdem ducis continetur, ego, ad peticionem et voluntatem dicti ducis, erga dominum regem constitui me plegium sub hac forma quod, si idem dominus meus Hugo dux Burgundie, vel heres vel successor ipsius, a conventionibus illis observandis defecerint, ego, cum omnibus feodis que de ipso teneo, ad dominum regem vel ejus heredem veniremus et me cum ipsis tenerem donec ad voluntatem domini regis vel ipsius heredis emendatum fuisset. — Has autem conventiones predictas juravi me firmiter servaturum. — Actum anno Domini M° CC° tricesimo nono, mense maio.

<small>Sceau d'Ansèric de Montréal; cire jaune, double queue; *Inventaire*, n° 2955. — Le traité entre le roi et le duc de Bourgogne est du mois de juin. Les lettres de caution ont, suivant l'usage, précédé le traité. Voyez ci-après le n° 2819.</small>

2800   1239. Mai.

(J. 254. — Bourgogne, VI, n° 2. — Original scellé.)

Litteræ Guillelmi domini de Tilio, ejusdem argumenti et formæ. — « Has autem conventiones predictas juravi me firmiter servaturum. Actum anno Domini M° CC° xxx° nono, mense maio. »

<small>Sceau de Guillaume, seigneur du Thil; cire blanche, double queue; *Inventaire*, n° 3690.</small>

2801   1239. Mai.

(J. 254. — Bourgogne, VI, n° 3. — Original scellé.)

Litteræ Villelmi de Vergeio, senescalli Burgundiæ, ejusdem argumenti et formæ. — « Actum anno Domini M° CC° xxx° nono, mense maio. »

<small>Sceau de Guillaume de Vergy, sénéchal de Bourgogne, cire blanche, double queue; fragment non décrit. Sceau armorial qui portait des rinceaux dans le champ.</small>

2802   1239. Mai.

(J. 254. — Bourgogne, VI, n° 4. — Original scellé.)

Litteræ Milonis domini Noeriorum, ejusdem argumenti et formæ. — « Actum anno Domini M° CC° xxx° nono, mense maio. »

<small>Sceau de Milon, seigneur de Noyers; cire blanche, double queue; décrit dans l'*Inventaire* sous le n° 3085.</small>

2803 1239. Mai.

(J. 254. — Bourgogne, VI, n° 5. — Original scellé.)

Litteræ Guillelmi domini Montis-Sancti-Johannis, ejusdem argumenti et formæ. — « Actum anno Domini M° CC° XXX° nono, mense maio. »

Sceau de Guillaume, seigneur de Mont-Saint-Jean; cire blanche, double queue; fragment non décrit. — Sceau équestre, le cavalier courant de gauche à droite; armoiries sur la couverture du cheval (trois écus superposés); légende détruite. Au contre-sceau, trois écus posés deux et un. Légende : SECRETUM VILLERMI.

2804 1239. Dimanche 19 juin.

(J. 256. — Nevers, n° 19. — Original.)

Archembaldus dominus Borbonii recognoscit se de quatuor millibus librarum Turonensium, quas nobilis vir G. (Guido) comes Nivernensis et Forensis et M. (Mathildis) comitissa sibi debebant, mille libras Turonensium recepisse; de quibus prædictos comitem et comitissam et eorum plegios a se quitatos declarat. — « In cujus rei testimonium, presentes litteras feci sigillo meo communiri. Actum die dominica ante festum Nativitatis Beati Johannis Baptiste, anno Domini M° CC° XXX° nono. »

Traces de sceau pendant sur simple queue. — Le sceau d'Archambaud IX, sire de Bourbon, est décrit dans l'*Inventaire* sous le n° 445.

2805 1239. Lundi 27 juin.

(J. 214. — Pont-de-l'Arche, n° 2. 2. — Original scellé.)

Radulphus Ebroicensis episcopus notum facit, coram capellano suo, a se ad hoc specialiter destinato, Petrum de Malliaco et Johannam ejus uxorem recognovisse et ratam habuisse venditionem domino regi a præfato Petro factam totius terræ quam apud Vallem-Rodoloii habebat. — « In cujus rei testimonium, nos, ad petitionem dicti Petri militis et Johanne uxoris sue, sigillum nostrum presentibus litteris duximus apponendum. Actum anno Domini M° CC° XXX° nono, die lune post festum Nativitatis Sancti Johannis Baptiste. »

Sceau de Raoul II de Cierrey, évêque d'Évreux; cire blanche, double queue; *Inventaire*, n° 6606.

2806 Castelsarrasin. 1239. Juin.

(J. 314. — Toulouse, VII, n° 17. — Déficit.)

Lettres par lesquelles Raimond Bernard de Durfort reconnaît tenir en fief de Raimond, comte de Toulouse et marquis de Provence, Puycornet, la moitié de la ville d'Espanel et tout ce qu'il possède à Puy de Grue, devers la rivière de Tarn. Ledit hommage rendu en présence de Ponce de Villeneufve, sénéchal de Toulouse et autres. — « Castelsarrasin, l'an 1239, juin. »

Nous donnons, d'après l'Inventaire de Dupuy, la notice de cette pièce, qui n'est plus dans les cartons. L'original était vraisemblablement écrit en latin, ou en langue vulgaire du Midi.

2807 1239. Juin.

(J. 165. — Valois, III, n° 16. — Original scellé.)

Coram G. (Guillelmo) episcopo Parisiensi, Erardus de Gallanda sese obligat ad domum fortem de Husseia Ansello de Gallanda, domino Turnomii, tradendam, quotienscumque inde requisitus fuerit. Quod si dictus Erardus vel ejus heredes facere recusaverint, præfatus Ansellus vel ejus heredes se convertere poterunt ad quadraginta libratas terræ quam idem Erardus habet in parrochia de Chastris, et jam dictus episcopus ejusque successores in ipsum Erardum et in omnes ejus coadjutores excommunicationis sententiam promulgare poterunt. — « Datum anno Domini M° CC° XXX° nono, mense junio. »

Sceau de Guillaume III d'Aurillac, évêque de Paris; cire verte, double queue; décrit dans l'*Inventaire* sous le n° 6788.

2808 1239. Juin.

(J. 180. — Poitou, n° 6. — Original scellé.)

P. (Petrus) de Brana notum facit Margaretam, dominam Montisacuti et Gasnapiæ, uxorem suam, ex ipsius voluntate et assensu, consensisse ut ducentæ libræ Turonensium annui redditus, quas in præpositura Rupellæ percipiendas sibi Margaretæ ad vitam illustris Franciæ rex Ludovicus donavit, post mortem suam præfato regi quietæ et liberæ revertantur. — « In cujus rei testimonium, presentes litteras sigilli nostri munimine fecimus sigillari. Actum anno Domini M° CC° XXX° nono, mense junio. »

Sceau de Pierre de Braine, chevalier; cire jaune, simple queue; *Inventaire*, n° 1547.

2809 1239. Juin.

De villa Columbeio-ad-duas-ecclesias quam G. dominus Wangionis-rivi tenet a comite Campaniæ.

(J. 193. — Champagne, I, n° 28. — Original.)

Serenissimo domino Ludovico, Dei gratia regi Francie illustri, G. (Galterus) dominus Wangionis-rivi, salutem et paratam ad beneplacita voluntatem. — Audivi quod nobilis vir J. (Johannes) comes, quondam comes Cabilonensis, accepit de vobis feodum cujusdam ville mee que Columbeium-ad-duas-ecclesias dicitur; de qua dicit quod ipsam teneo ab eodem. Super hoc autem nobilitati vestre scire facio quod ego dictam villam cum pertinentiis teneo in feodum de karissimo domino meo Theobaldo, illustri rege Navarre, nec quicquam teneo de predicto comite, nisi villam illam que Hainbeuvilla appellatur. — Datum anno Domini millesimo cc° tricesimo nono, mense junio.

Traces de sceau sur simple queue. — Le sceau de Gautier, seigneur de Vignory, en Champagne (Haute-Marne, arr. de Chaumont-en-Bassigny), n'existe plus aux Archives.

2810 — 1239. Juin.

Homagium Hugonis de Antigneio.

(J. 193. — Champagne, I, n° 29. — Original.)

Ego Hugo de Antigneio, dominus Paigneii, notum facio universis presentes litteras inspecturis quod, cum karissimus dominus meus Theobaldus, Dei gratia rex Navarre, Campanie et Brie comes palatinus, receperit me in hominem, salvo jure alterius, de centum et quadraginta libratis terre, quas defunctus dominus Girardus de Vienna tenebat de ipso in nundinis Barri, ego propter hoc feci eidem homagium ligium, salva ligeitate ducis Burgundie, comitis Stephani et Guillermi de Vienna. — In hujus rei testimonium, presentes litteras sigillo meo munivi. Actum anno Domini millesimo ducentesimo tricesimo nono, mense junio.

Traces de sceau sur double queue. — Le sceau de Hugues d'Antigny, en Bourgogne (Antigny-la-Ville ou Antigny-le-Château, Côte-d'Or), ne s'est pas conservé.

2811 — 1239. Juin.

(J. 196. — Champagne, IV, n° 32. — Original scellé.)

Johannes castellanus Noviomensis et Thoretæ notum facit karissimum dominum suum Theobaldum regem Navarræ, Campaniæ et Briæ comitem palatinum, sibi et heredibus suis concessisse ut forteritia apud Ellebauderias construeretur quæ sit de castellania et feodo Sezanniæ, ejusdem domini regis, et ei jurabilis et reddibilis ad magnam vim et ad parvam contra omnem creaturam quæ possit vivere et mori, præterquam contra dominum Dampetræ; « ita videlicet quod, si dictus dominus rex et dominus Dampetre inter se guerram forsitan haberent, illa forteritia non noceret domino regi nec domino Dampetre. Et si dominus Dampetre guerram haberet contra alium quam contra dictum regem, de illa forteritia se posset adjuvare... — In hujus rei testimonium, presentes litteras sigilli mei munimine roboravi. Actum anno Domini millesimo ducentesimo tricesimo nono, mense junio.»

Sceau de Jean, châtelain de Noyon et de Thorote; cire blanche, sur lacs de soie verte; *Inventaire*, n° 3701.

2812 — 1239. Juin.

(J. 197. — Champagne, V, n° 46. — Original.)

Werricus abbas de Recluso totusque ejusdem loci conventus notum faciunt se spontanea voluntate karissimo domino suo Theobaldo regi Navarræ, Campaniæ et Briæ comiti palatino, et ejus heredibus, usuarium quod habebant in foresta de Waudo et octo modios quatuorque sextarios bladi, quos præfatus rex sibi annuatim debebat, quittavisse, et in recompensationem ab eodem rege centum octoginta arpenta nemoris, in nemore de Chapetons, in plena et perpetua proprietate, recepisse. — « In cujus rei testimonium, presentes litteras sigilli nostri munimine fecimus roborari. Actum anno gratie millesimo ducentesimo tricesimo nono, mense junio. »

Traces de sceau pendant sur double queue. — Le sceau de Werri, abbé du monastère du Reclus, au diocèse de Troyes, n'existe plus aux Archives.

2813 — 1239. Juin.

(J. 197. — Champagne, V, n° 47. — Original.)

Aubertus abbas de Castriciis totusque ejusdem loci conventus notum faciunt se usuarium quod habebant in nemore de Veireriis carissimo domino suo Theobaldo regi Navarræ, Campaniæ et Briæ comiti palatino, quitavisse, et in recompensationem ab eo centum et viginti arpenta ejusdem nemoris, nemori suo quod Allodium appellatur contigua, recepisse cum omni libertate possidenda. Habebunt insuper plana pascua in dictis nemoribus domini regis Navarræ, excepto panagio et venta nemoris quæ, quando sciuditur, durat per quinque annos. — « In hujus rei memoriam et munimen, presentes litteras sigillorum nostrorum munimine fecimus roborari. Actum anno Domini millesimo ducentesimo tricesimo nono, mense junio. »

Traces de deux sceaux pendants sur lacs de soie rouge. — Le sceau d'Aubert, abbé du monastère de Chatrices, au diocèse de Chalons-sur-Marne, et le sceau du couvent sont perdus.

2814 — 1239. Juin.

(J. 197. — Champagne, V, n° 48. — Original.)

Aubertus abbas de Castriciis totusque ejusdem ecclesiæ conventus recognoscunt ecclesiam suam, cum omnibus domibus, bonis et possessionibus suis, esse de custodia carissimi domini sui Theobaldi regis Navarræ, Campaniæ et Briæ comitis palatini. — « In hujus rei memoriam et munimen, presentes litteras sigillorum nostrorum munimine fecimus roborari. Actum anno Domini millesimo ducentesimo tricesimo nono, mense junio. »

Traces de deux sceaux pendants sur lacs de soie rouge. — Voyez l'observation précédente.

2815   1239. Juin.

Charta pariagii quod abbas de Castriciis cum rege Navarræ inivit pro nova villa apud Montem-rotundum instituenda.

(J. 197. — Champagne, V, n° 49. — Original.)

In nomine Domini, nos Aubertus abbas de Castriciis totusque ejusdem ecclesie conventus notum facimus universis, tam presentibus quam futuris, quod nos cum carissimo domino nostro Theobaldo, Dei gratia illustri rege Navarre, Campanie et Brie comite palatino, habemus conventiones sicut inferius sunt annotate. — Nos predicti abbas et conventus, de assensu et voluntate dicti domini regis, fundavimus villam novam in loco illo qui dicitur Mons-rotundus, sito in nemore ecclesie nostre quod Allodium appellatur. Ad cujus ville meliorationem, exitus et proventus associamus dictum dominum regem Navarre et heredes suos in hunc modum. — Mille et septingenta arpenta nemoris et terra sita in eodem loco, exceptis centum et viginti arpentis que nobis retinemus ad voluntatem nostram in perpetuum faciendam, damus et concedimus ad essartandum et ad redigendum in agriculturam, ad proprios usus ville et hominum ibi manentium convertendum, de quibus decimam, cum parrochiali ecclesia, nobis et ecclesie nostre in perpetuum retinemus. — Concedimus etiam quod dictus dominus rex forteritiam faciat in eodem loco, qualemcumque voluerit, que ipsi et heredibus suis, absque ulla reclamatione nostra, in perpetuum remanebit, volentes ut ibi capellam suam faciat ab omni tamen jure parrochiali exceptam. — Furni bannales erunt, quos, ubicunque et quandocunque in eadem villa constructi fuerint, quitamus dicto regi et heredibus ejus in perpetuum jure hereditario possidendos. — Molendina erunt bannalia. In quorum construc-

tione ponemus medietatem et dominus rex aliam, si placuerit ei. Et si medietatem posuerit, omnes proventus ipsorum inter nos et ipsum, vel heredes suos, per medium dividentur. — De omnibus aliis exitibus, proventibus, redditibus, qui in dicta villa poterunt evenire quoquo modo, ita statutum est inter nos et dictum dominum regem, quod omnia illa inter nos et ipsum vel heredes suos eque per medium dividentur. — Homines in eadem villa manentes ibunt ad chevalcheias et exercitus dicti domini regis heredumque suorum, ad usus et consuetudines hominum Sancte Menehuldis. — In cujus rei noticiam et munimen, presentes litteras sigillorum nostrorum munimine fecimus roborari. — Actum anno Domini millesimo ducentesimo tricesimo nono, mense junio.

Traces de deux sceaux pendants sur lacs de soie rouge. — Voyez l'observation à la suite du n° 2813. Le village de Montrond, qui devait être situé près de Châtrices (Marne, arrondissement de Sainte-Menehould), a complètement disparu, ou du moins son nom ne s'est pas conservé.

2816   1239. Juin.

(J. 203. — Champagne, XI, n° 38. — Original.)

Johannes abbas et conventus de Joiaco, Cisterciensis ordinis, notum faciunt se illustri regi Navarræ, Campaniæ et Briæ comiti palatino, partes et usuarium quas et quod habebant in toto nemore Heredum in perpetuum quittavisse, et in recompensationem accepisse duodecim arpenta ejusdem nemoris libera et quita ab omni usuario, salva grueria quam predictus comes sibi retinet. — « In cujus rei testimonium, presentibus litteris sigillum nostrum apposuimus. Actum anno Domini millesimo cc° tricesimo nono, mense junio. »

Traces de sceaux pendants sur lacs de soie rouge. — Le sceau de Jean, abbé du monastère de Jouy, au diocèse de Sens, n'existe plus aux Archives. Le sceau de l'abbaye de Notre-Dame de Jouy est décrit dans l'*Inventaire* sous le n° 8249, mais d'après un type appendu à un acte daté de 1397.

2817   1239. Juin.

(J. 203. — Champagne, XI, n° 39. — Original.)

Petrus Meldensis episcopus notum facit magistrum et fratres domus Dei Meldensis, in ipsius præsentia constitutos, illustri viro Theobaldo regi Navarræ, Campaniæ et Bryæ comiti palatino, usuarium quod in nemore de Maant se habere dicebant, in perpetuum quitavisse. — « In cujus rei testimonium, presentes litteras sigilli nostri munimine fecimus roborari. Datum anno Domini M° CC° tricesimo nono, mense junio. »

Sceau de Pierre de Cuisy, évêque de Meaux ; cire verte, double queue; *Inventaire*, n° 6702.

2818   1239. Juin.

(J. 203. — Champagne, XI, n° 40. — Original scellé.)

R. (Robertus) B. Mariæ in Cagia Meldensis abbas notum facit magistrum et fratres domus Dei Meldensis, in ipsius præsentia constitutos, promisisse se bona fide excellentissimo viro Theobaldo regi Navarræ, Campaniæ et Briæ comiti palatino, litteras suas patentes super quittatione usuarii quod habebant in nemore de Maant esse tradituros quam citius sigillum dictæ domus habuerint. — « In cujus rei testimonium, presentes litteras ad petitionem ipsorum sigilli nostri munimine fecimus roborari. Datum anno Domini M° CC° tricesimo nono, mense junio. »

Sceau de Robert, abbé du monastère de Chaage, au diocèse de Meaux; cire verte, double queue; *Inventaire*, n° 8598.

2819   1239. Juin.

Litteræ Hugonis ducis Burgundiæ de feodis Charrolii et Montis S. Johannis, et de conventionibus a se cum rege habitis.

(J. 247. — Bourgogne, I, n° 9. — Original scellé.)

Ego Hugo dux Burgundie notum facio omnibus quod, cum excellentissimus dominus meus Ludovicus, Dei gratia rex Francie illustris, michi concesserit excambium de quo cum dilecto et fideli meo Johanne comite Cabilonensi sermonem habueram, videlicet de Charroliis et Monte-Sancti-Vincentii et castellaniis et pertinentiis eorum, ego eidem domino regi de predictis castris et castellaniis, et pertinenciis eorum, feci homagium ligium contra omnes homines et feminas qui possunt vivere et mori, et promisi ipsi, tanquam domino meo ligio, et hoc ipsum juravi quod castra predicta ei et heredibus ejus vel mandato ipsorum, cum litteris eorum patentibus, reddam ad magnam vim et ad parvam, quociens ex parte domini regis vel heredis ipsius super hoc fuero requisitus; et ad idem tenebuntur heredes et successores mei qui castra tenebunt supradicta. — Preterea promisi eidem domino regi et ei juravi quod bonum et fidele servicium ipsi et heredibus ejus faciam, tanquam domino meo ligio, contra omnes homines et feminas qui possunt vivere et mori, et quod ab ipso vel heredibus ejus vel a fideli servicio eorum non recedam. — Sciendum est insuper quod post decessum meum in voluntate domini regis vel heredis ipsius erit et beneplacito quod heres meus sive successor, qui ducatum tenebit Burgundie, predicta castra, cum castellaniis et pertinentiis eorum, teneat, vel alius liberorum meorum vel successorum meorum, si eidem domino regi melius placuerit vel heredi ipsius. — De conventionibus istis bene et firmiter a me et heredibus vel successoribus meis observandis, ego dedi plegios domino regi homines meos, videlicet, Guillelmum de Vergeio senescallum Burgundie, Ansericum de Monte-regali, Milonem dominum Noeriorum, Guillelmum dominum Tillii, et Guillelmum dominum Montis-Sancti-Johannis, qui eidem in tali forma tenentur quod, si ego vel heres vel successor meus a predictis conventionibus observandis deficeremus, ipsi, cum omnibus feodis que de me tenent, ad dominum regem vel ejus heredem venirent, et se cum ipsis tenerent donec ad voluntatem ejusdem domini regis vel ejus heredis emendatum fuisset. — Istas conventiones juravi bene a me et firmiter observandas, et ad hec omnia heredes et successores mei in omnibus et per omnia tenebuntur. — Promisi eciam predicto domino meo regi quod, cum in peregrinationem crucis mee iter arripiam, dicta castra custodienda committam ad beneplacitum et voluntatem ipsius. — In cujus rei testimonium, presentes litteras sigilli mei munimine feci roborari. Actum anno Domini M° CC° XXX° nono, mense junio.

Sceau de Hugues IV, duc de Bourgogne ; cire brune, double queue; second sceau, décrit dans l'*Inventaire* sous le n° 469. — Voyez à la date du mois de mai, n°s 2799 à 2803, les lettres de caution, qui, suivant l'usage, avaient précédé le traité.

2820   1239. Juin.

Homagium Johannis comitis Burgundiæ pro villa de Columniers.

(J. 247. — Bourgogne, I, n° 10. — Original scellé.)

Ego Johannes, comes Burgundie et dominus Salini, notum facio omnibus presentes litteras inspecturis quod ego de villa de Columniers-de-duabus-ecclesiis, quam tenet a me in feodum Galterus de

Guennorri miles, quam hactenus tenui in alodio, feci homagium karissimo domino meo Ludovico, illustri Francorum regi; quod feodum estimo valere per annum trecentas libras Pruvinensium in redditibus. — In cujus rei testimonium, presentes litteras feci sigilli mei munimine roborari. Actum anno Domini M° CC° XXX° nono, mense junii.

Sceau de Jean de Châlon, comte de Bourgogne et sire de Salins; cire blanche, double queue; Inventaire, n° 491.

2821 1239. Juin.

(J. 295. — Languedoc, n° 9. — Original scellé.)

Margareta uxor P. (Petri) de Brana, domina Montisacuti et Gasnapiæ, notum facit, cum karissimus dominus suus Ludovicus rex Franciæ sibi ad vitam suam ducentas libras Turonensium, in præpositura Rupellæ annuatim percipiendas, in donum contulerit, se velle et concedere ut post decessum suum dictæ ducentæ libræ ad præfatum regem vel ejus heredes libere revertantur. — « In cujus rei testimonium, sigillum nostrum presentibus litteris duximus apponendum. Actum anno Domini M° CC° XXX° nono, mense junio. »

Sceau en cire brune sur simple queue; non décrit. Marguerite debout, vue de face, le bras gauche ployé sur la poitrine, un oiseau sur le poing droit, coiffure carrée à mentonnière, manteau fourré d'hermine. Légende: S. MARGARETE DNE. MONTISACUTI ET GASNAPIE. Contre-sceau: écu d'un échiqueté au franc canton d'hermine, qui sont les armoiries de Pierre de Braine. Légende: ✝ S. M. UXE. DE MONTAGU.

2822 1239. Juin.

Litteræ Hugonis ducis Burgundiæ de feodo de Colummiers.

(J. 247. — Bourgogne, I, n° 11. — Original scellé.)

Ego Hugo dux Burgundie notum facio omnibus presentes litteras inspecturis quod ego teneor et promisi karissimo domino meo Ludovico, illustri Francorum regi, perficere ad valorem trecentarum librarum Pruvinensium annui redditus feodum de villa de Colummiers-de-duabus-ecclesiis, que Galterus de Guenorri miles tenet a nobili viro J. (Johanne) comite Burgundie et domino Salini; de qua villa idem comes fecit homagium predicto domino regi. — In cujus rei testimonium, presentes litteras feci sigilli mei munimine roborari. Actum anno Domini M° CC° XXX° nono, mense junio.

Sceau de Hugues IV, duc de Bourgogne; cire blanche, double queue; second sceau, décrit dans l'Inventaire sous le n° 469.

2823 1239. Juin.

(J. 383. — G. et H. de Châtillon, n° 18. — Original scellé.)

Guido de Autrechia, miles, et Elizabet uxor ejus notum faciunt se ecclesiæ S. Petri Suessionensis quatuor modios bladi hiemalis et tres modios avenæ ad mensuram de Autrechia, quos a Galchero de Autrechia milite, fratre dicti Guidonis, tenebant, et ipse Galcherus a Galchero de Castellione nepote H. (Hugonis) comitis S. Pauli tenebat, vendidisse. Quam venditionem præfatus comes, ut qui dictum Galcherum nepotem suum de sua manuburnia habebat, laudavit et approbavit, sub pena ducentarum librarum Parisiensium promittens ut infra quadraginta dies, postquam dictus Galcherus nepos suus ad legitimam ætatem pervenerit, jam dicta venditio ab eo sit ratificanda. — « Ad omnia premissa firmiter observanda (sic) ipse comes nominatus se et heredes suos obligavit, et, ad peticionem Galcheri de Autrechia militis fratris nostri, qui dictum feodum in presencia dicti comitis quitavit ecclesie supradicte, et sigilli sui munimine fecit roborari litteras suas patentes et traddi ecclesie memorate. De omnibus etiam supradictis nos Guido et Elizabet uxor sua dictum comitem tenemur liberare et indempnem conservare, et concessimus ut ipse libere et absque aliquo forifacto tantum de bonis nostris possit arestare ubique ea invenerit, capere et detinere donec de omnibus custis et damgnis (sic) sibi fuerit plenarie satisfactum, et nos eidem et heredes nostros super hoc obligavimus, et presentes litteras sigillorum nostrorum munimine fecimus roborari. — Actum anno Domini M° CC° XXX° nono, mense junio. »

Fragments de deux sceaux en cire blanche, pendants sur double queue. — Le sceau de Guy d'Autreches, en Picardie (Oise), est décrit dans l'Inventaire sous le n° 1254. Il ne reste plus qu'une parcelle du sceau d'Élisabeth, sa femme, qui était représentée debout.

2824 1239. Dimanche 24 juillet.

(J. 201. — Champagne, IX, n° 19. — Original scellé.)

Robertus Lingonensis episcopus et ejusdem ecclesiæ capitulum notum faciunt, cum pro villa de Choons et pertinentiis ejusdem Theobaldo Navarræ regi, Campaniæ et Briæ comiti, Montignæium in Bassigneio, Bonam-curiam et alias villas contulerint quæ erant de feodo regis Francorum, se recognoscere et confiteri præfatam villam de Choons cum pertinentiis, quam in excambium acceperunt, esse ac movere de feodo dicti regis Francorum. — « In hujus rei testimonium, presentes litteras sigillorum nostrorum munimine fecimus roborari. Actum vacante decanatu, anno Domini M° ducentesimo tricesimo nono, mense julio, dominica post festum Magdalene. »

Deux sceaux pendants sur double queue. — Le sceau de Robert III de Thorote, évêque de Langres, est décrit dans l'Inventaire sous le n° 6619; celui du chapitre, sous le n° 7187.

2825   1239. Juillet.

(J. 193. — Champagne, I, n° 30. — Original.)

Matheus Toquins notum facit se totam terram illam in parrochiago de Sainz sitam, quam a domino Johanne de Quinciaco milite emerat, in « admentationem » feodi quod ab illustri domino Th. (Theobaldo) rege Navarræ, Campaniæ et Briæ comite palatino, tenet, posuisse. — « Quod ut ratum permaneat, istud laudavi et approbavi, et sigillum meum presentibus litteris apposui. Actum anno Domini millesimo ducentesimo tricesimo nono, mense julio. »

Traces de sceau pendant sur double queue. — Le sceau de Mathieu de Touquin en Brie (Seine-et-Marne, arr. de Coulommiers), est décrit dans l'*Inventaire* sous le n° 3724.

2826   1239. Juillet.

(J. 201. — Champagne, IX, n° 18. — Original.)

Robertus Lingonensis episcopus notum facit se a carissimo et fideli suo Theobaldo rege Navarræ, Campaniæ et Briæ comite palatino, quidquid præfatus rex a Galtero de Nogento et ab aliis apud Cons et in pertinentiis acquisierat accepisse, et eidem regi in recompensationem contulisse quidquid ipse episcopus vel Lingonense capitulum apud Montigniacum in Bassigneio, Bonecort, Mandres, Choigne et in pertinentiis possidebant. Quod excambium G. (Guido) decanus totumque Lingonense capitulum se ratum et gratum habere declarant et sigilli sui appositione confirmant. — « Actum anno Domini millesimo ducentesimo tricesimo nono, mense julio. »

Traces de deux sceaux pendants sur double queue. — Le sceau de Robert III de Thorote, évêque de Langres, est décrit dans l'*Inventaire* sous le n° 6619; le sceau de Guy, doyen du chapitre de Langres, n'existe plus aux Archives.

2827   1239. Juillet.

(J. 203. — Champagne, XI, n° 43. — Original scellé.)

Willelmus de Braisilva, miles, notum facit, cum Isabellis de Braisilva uxor sua, filia defuncti Milonis le Braibant, in foresta de Sordolio, in nemore quod dicitur a Braibant, ducenta et octoginta duo arpenta possideret, in quo suam dominus rex Navarræ gruariam habebat, se talem cum dicto rege, ex ipsius Isabellis assensu, iniisse conventionem ut præfatus rex pro gruaria sua centum et viginti sex arpenta in perpetuum possidenda haberet, et reliqua centum et quinquaginta sex arpenta sibi Willelmo, dictæ Isabelli et ipsorum heredibus, libera et quitta remanerent, salvo tamen præfati regis homagio. — « Quod ut ratum sit, presentes litteras sigillo meo communivi. Datum anno Domini M° CC° XXX° nono, mense julio. »

Sceau de Guillaume de Braiselve, chevalier; cire verte, double queue. — Ce sceau, que nous avons indiqué, par erreur, n° 2341, comme ayant été omis dans l'*Inventaire*, y est décrit n° 1556, sous le nom de Guillaume de Brasseuse (Bressuires, dans la table.)

2828   1239. Juillet.

(J. 203. — Champagne, XI, n° 2. — Original.)

Isabellis de Braisilva se gratam habere declarat et ratam conventionem initam inter Willelmum de Braisilva, maritum suum, et Theobaldum Navarræ regem de ducentis et octoginta duobus arpentis, quæ ipsa habebat in foresta de Sordolio in nemore quod dicitur a Braibant. — « Quod ut ratum sit, presentes litteras sigillo meo feci communiri. Datum anno Domini M° CC° XXX° nono, mense julio. »

Traces de sceau pendant sur double queue. — Le sceau d'Isabelle de Braiselve n'a pas été conservé.

2829   1239. Juillet.

(J. 203. — Champagne, XI, n° 41. — Original.)

Adam Silvanectensis episcopus notas facit conditiones præcedentis conventionis cum rege Navarræ a præfata Isabelle de Braisilva initæ. — « In cujus rei testimonium, presentes litteras, ad petitionem dicte Isabellis, sigilli nostri impressione fecimus roborari. Actum anno Domini M° CC° XXX° nono, mense julio. »

Traces de sceau pendant sur double queue. — Les deux sceaux dont s'est servi Adam de Chambly, évêque de Senlis, sont décrits dans l'*Inventaire* sous les n°s 6857 et 6858.

2830   Paris. 1239. Juillet.

(J. 203. — Champagne, XI, n° 44. — Original.)

Ludovicus Franciæ rex notum facit se, ad petitionem Roberti episcopi Lingonensis et Theobaldi regis Navarræ, Campaniæ et Briæ comitis palatini, confirmasse excambium quod, anno 1239, mense julio, inter se fecerunt, videlicet de terra, quam apud Cons et in pertinentiis præfatus Theobaldus a Galtero de Nogento et ab aliis emerat, pro Montigneio in Bassigneio et pertinentiis quæ ei a prædicto episcopo, annuente capitulo Lingonensi, translata fuerunt. — « In hujus rei testimonium, presentem paginam nostri appensione sigilli confirmamus. Actum Parisius, anno Domini millesimo ducentesimo tricesimo nono, mense julio. » — (In his litteris litteræ Lingonensis episcopi inseruntur.)

Traces de sceau pendant sur double queue. — Voyez l'*Inventaire*, n° 41.

2851   1239. Juillet.

(J. 203. — Champagne, XI, n° 45. — Original scellé.)

Laurentius Resbacensis abbas totusque ejusdem loci conventus notum faciunt se usuarium quod habebant in silva de Medanto illustrissimo domino regi Navarræ, Campaniæ et Briæ comiti palatino, quittavisse pro decem libris Pruvinensium annui et perpetui redditus, quas sibi præfatus rex in pedagio de Columbariis percipiendas assignavit. — « In cujus rei testimonium, eidem domino regi litteras istas dedimus sigillorum nostrorum munimine roboratas. Datum anno Domini M° CC° tricesimo nono, mense julio. »

Deux sceaux en cire blanche pendants sur simple queue. — Le sceau de Laurent, abbé du monastère de Rebais, au diocèse de Meaux, est décrit dans l'*Inventaire* sous le n° 8985; celui du couvent sous le n° 8351.

2852   1239. Juillet.

(J. 214. — Pont-de-l'Arche, n° 2. — Original.)

P. (Petrus) de Malliaco, miles, notum facit se, annuente Johanna uxore sua, quinquaginta libratas terræ, sibi apud Vallem-Rodolli, in excambium terræ suæ de Pictavis, a Ludovico rege assignatas, eidem pro sexcentis et quadraginta libris Turonensium vendidisse. — « In cujus rei testimonium, presentes litteras tradidi domino regi sigilli mei impressione signatas. Actum anno Domini millesimo ducentesimo tricesimo nono, mense julio. »

Sceau de Pierre de Marly, chevalier ; cire blanche, double queue ; décrit dans l'*Inventaire* sous le n° 2717.

2853   1239. Août.

Litteræ comitis et comitissæ Boloniæ de gratia sibi facta a domino rege, pro focagio terræ suæ in Normannia.

(J. 238. — Boulogne, 1, n° 36. — Original scellé.)

Ego A. (Alphonsus) comes Bolonie et ego M. (Mathildis) comitissa, uxor ejus, notum facimus universis presentes litteras inspecturis quod karissimus dominus noster Ludovicus, Dei gratia rex Francie illustris, de sua gratia nobis dedit et concessit focagium terre nostre de Normannia, de qua modo sumus tenentes, tali modo quod, quandocunque ei vel heredi suo placuerit, donationem et concessionem istam poterit revocare ; nec nos nec heredes nostri nec alius, propter hanc gratiam vel ob aliam causam, in dicto focagio aliquid juris poterimus reclamare. — In cujus rei testimonium, presentes litteras sigillorum nostrorum munimine fecimus roborari. — Actum anno Domini M° CC° tricesimo nono, mense augusto.

Deux sceaux en cire blanche, pendants sur double queue. — Le sceau de Mathilde de Dammartin, comtesse de Boulogne, second sceau, est décrit dans l'*Inventaire* sous le n° 1061; celui d'Alphonse de Portugal, son second mari, sous le n° 1063.

2854   1239. Septembre.

(J. 464. — Fondations, III, n° 2. — Copie ancienne.)

Thomas Flandriæ et Haynoniæ comes et Johanna comitissa, ejus uxor, nota faciunt statuta a se ordinata pro regenda administratione hospitalis quod apud Insulam, juxta domum suam, in usus pauperum infirmorum lecto decumbentium, ad honorem S. Mariæ fundaverunt. — « In robur igitur et memoriam predictorum, presentes litteras scribi fecimus et sigillorum nostrorum munimine roborari. Prefati quoque prepositus, decanus et capitulum [S. Petri de Insula], de quorum assensu predicta omnia ordinata fuerunt, eisdem litteris in signum sui assensus sigilla sua apponi fecerunt. Datum anno Domini M° CC° XXX° nono, mense septembri. »

2855   Anagni. (1239.) 21 octobre.

Litteræ Gregorii papæ IX Ludovico regi quibus Penestrinum episcopum ad eum mittit et ejus auxilium in Fredericum imperatorem postulat.

(J. 352. — Bulles honorables, n° 1. — Original scellé.)

Gregorius episcopus, servus servorum Dei, carissimo in Xpisto filio illustri regi Francie, salutem et apostolicam benedictionem. — Dei Filius, cujus imperiis totus orbis obsequitur, cujus beneplacito celestis exercitus agmina famulantur, secundum divisiones linguarum et gentium, in signum divine potentie diversa regna constituit, diversa populorum regimina in ministerium mandatorum celestium ordinavit; inter que, sicut tribus Juda inter ceteros filios patriarche ad specialis benedictionis dona suscipitur, sic regnum Francie pre ceteris terrarum populis a Domino prerogativa honoris et gratie insignitur. Nam velud prefata tribus, regni prefigurativa predicti, undique fugabat hostium cuneos, terrebat et conterebat undique ac suis subjugabat pedibus per circuitum inimicos, non aliter idem regnum, pro exaltatione catholice fidei, dominica prelia dimicans, et in orientis et occidentis partibus pro defensione ecclesiastice libertatis Ecclesie hostes expugnans, sub vexillo clare memorie predecessorum tuorum, quandoque Terram sanctam superna dispositione de manibus paganorum eripuit, quandoque Constantinopolitanum imperium ad obedientiam ecclesie Romane reducens, dictorum predecessorum studio Ecclesiam ipsam a multis periculis liberavit, pravitatem hereticam, que in partibus Albigensibus fere fidem extirpaverat Xpistianam, totis viribus expugnare non destitit, donec, ea quasi penitus confutata, fidem ipsam ad pristini status solium revocavit. Sicut prefata tribus velud relique numquam a cultu Dominico declinasse legitur, sed ydolatras et ceteros infideles multis expugnasse preliis perhibetur, sic et in eodem regno, quod a devotione Dei et Ecclesie nullo casu avelli potuit, numquam libertas ecclesiastica periit, nullo umquam tempore vigorem proprium Xpistiana fides ammisit; quin immo proearum conservatione reges et homines dicti regni sanguinem proprium fundere et se periculis multis exponere minime dubitarunt, ad quorum probationem inclite recordationis Caroli et multorum regum progenitorum tuorum gesta colligere possumus. — Sed tamen, ne, habito ad infinita descensu, a longe exempla veterum colligamus, recolende memorie L. (Ludovicus) pater tuus, non pro ampliatione regni sui sed fidei, Domino in dictis partibus Albigensibus, cum multitudine nobilium, militum et aliorum fidelium, eligens preliari, sub sudore militie Dominice exutus corpore celo spiritum reddidit, et, posteris suis similia faciendi, sub quodam tacito testamento, preceptum indicens, ad regnum quod Deus preparavit se diligentibus, cum eisdem fidelibus, quos Dominus in triumphali victoria ad coronam vocavit martirii, cursu laudabili properavit. — Ex quibus evidenti ratione perpendimus quod regnum predictum benedictum a Domino Redemptor noster, quasi specialem divinarum voluntatum executorem eligens, et ipsum sibi sicut faretram circa femur accingens, ex ipsa sepius sagittas electas extrait et eas in tuitionem ecclesiastice libertatis et fidei, in contritionem ipsorum, et defensionem justitie in arcu brachii potentis emittit, propter quod predecessores nostri Romani pontifices, a progenie in progenies tam laudabilia dictorum progenitorum opera recensentes, ad ipsos continuum in necessitatibus suis habuere recursum; illique credentes quod non petentium sed causa Dei potius agebatur, petitum nunquam negavere subsidium, quin potius non nunquam non postulatum Ecclesie oportunitatibus in manu forti indulsere succursum. — Ex quo et nos, scientes quod proprie servat propago vitis originem, quod idem sucus ramos vivificat et radicem, et non credentes omnino ut eisdem progenitoribus, quibus parificaris honore dominii, patiaris te contrarium moribus et inferiorem virtutum actibus inveniri, quin immo sperantes quod gratia bonitatis, que ipsis erat innata, in tuam sit derivata personam, ad te multa confidentia ducti recurrimus ut, sicut tenemur, serenitati tue plagas longe duriores et diriores quam in crucis patibulo inflicte fuerint Regi omnium seculorum, quas in corpore Xpisti multis blasphemiis et aliis modis quasi obducta cicatrice F. (Fredericus) dictus imperator jam renovat et cruentat, aperire possumus, qui ministerio proditoris velamen apostolatus, ut Dominum crucifissoribus tradere posset, habentis uti minime erubescens, se divinis misteriis, que ante sententiam in se latam quasi paganus penitus aborrebat, ut sub pallio pietatis facilius Xpistum in Ecclesia sua de novo crucifigere valeat, in sue proditionis augmentum immiscere presumit, sicque secum omnes quos potest in viam perditionis attrahens, ad excusandas excusationes in peccatis litteras quasdam de promptuario fallaciarum suarum emittit, ex quibus, cum earum principium a veritatis via penitus deviet, finis cum medio falsitati omnino concordet, nichil in mentis discrete credulitatem assumitur, siquidem mendaciorum compositor artium suarum ingenio fortius confutatur. — Propter quod consultius attendentes quod hec vulnera non debebamus tam pernitioso occultare silentio, ipsum super predictis et multis aliis sceleribus, sepe sepius coram venerabilibus prelatis ecclesiarum apostolicis scriptis et sollempnibus nuntiis monitum et ad emendationem longis retroactis temporibus expectatum, spe nobis de ipsius correctione subtracta, de consilio fratrum nostrorum, post frivolas responsiones suas excommunicationis vinculo duximus innodandum; quia et si in occupatione bonorum Ecclesie tolerari aliquatenus non deberet, multo fortius super excidio fidei nostra vel cujuscumque circa eum deberet patientia penitus reprobari. — Hinc est quod nos Xpisti, qui pro salute hominis descendens e celis ad predicandum Evangelium in universum mundum transmisit apostolos, exemplo compulsi, ad te precipuum, te carissimum Ecclesie filium, te speciale subsidium, te refugium singulare, venerabilem fratrem nostrum [Jacobum] episcopum Penestrinum, virum approbate bonitatis et sanctitatis experte, magnum Ecclesie Dei membrum, officio sibi legationis commisso, pro defensione fidei, pro qua laborare tenetur quilibet qui Xpistiana professione censetur, dirigimus et per eum in tante necessitatis articulo tui brachii auxilium invocamus. — Cum enim pugnare pro eripienda Terra sancta de manibus paganorum sit perpetue vite meritorium, multo majoris meriti esse creditur si eorum qui exterminium fidei, in qua salus totius mundi consistit, et Ecclesie machinantur generale excidium, impietas expugnetur. — Speramus autem et pro firmo tenemus quod Jhesu Xpisto, qui, pro redemptione tua servi formam accipiens, proprium sanguinem crudeli perforatus lancea fundere et in cruce mortis voluit subire tormentum, qui diebus istis a dicto F. (Friderico), eum asserente in uterum Virginis minime descendisse, crudeliter in se et membris suis ac multipliciter impugnatur, curabis, tanquam atleta Dominicus, potenter assistere, et honorem Xpisti, cui nulla debes vel potes ratione deesse, et Ecclesie sponse sue, bonum statum fidei et omnium fidelium totis viribus conservare studebis. — Igitur prudenter attendens quod id tempus ad hoc est ab eterno conditore dispositum ut nunc publice notitie suorum revelet animos amicorum, dicti F. (Friderici), qui eumdem episcopum, immo Xpistum et Ecclesiam, suos capitales asserit inimicos, detractationibus et mendatiis tua in nullo moveatur constantia puritatis; quin immo eumdem legatum, vel potius Xpistum in ipso cujus legatione fungitur et pro cujus tantum fide laborat, prumpta benignitate suscipiens, et ei honore, sicut regiam magnitudinem decet, impenso, frequenter infra tui pectoris archana revolvens quantus dictis progenitoribus tuis ex obsequio Ecclesie prestito laudis titulus et honoris accrevit, dictorum progenitorum excitatus exemplo, Apostolice Sedi, immo Deo et toti populo Xpistiano, illud in hoc articulo consilium et auxilium studeas impertiri per quod in celesti palatio perpetuo merearis diademate glorie coronari. — Datum Anagnie, XII. kalendas novembris, pontificatus nostri anno tertio decimo.

Bulle de plomb sur cordelettes de chanvre. — Voyez l'*Inventaire*, n° 6047.

2856   Anagni. 1239. 21 octobre.
Gregorius papa IX. Blanchæ reginæ episcopum Penestrinum, in Francia legatum, commendat.
(J. 696. — Bulles. Mélanges, n° 11. — Original scellé.)

Gregorius episcopus, servus servorum Dei, carissime in Xpisto filie B. (Blanche), illustri regine Francie, salutem et apostolicam benedictionem. — Considerantes devotionis et puritatis constantiam quam inclite recordationis progenitores carissimi in Xpisto filii nostri Francie regis illustris, nati tui, circa Deum, fidem catholicam et Ecclesiam omni tempore habuisse noscuntur, ad ipsum venerabilem fratrem nostrum [Jacobum] Penestrinum episcopum, virum approbate bonitatis et sanctitatis experte, magnum Ecclesie Dei menbrum, officio sibi legationis commisso, pro defensione catholice fidei destinamus. — Plena igitur ex sinceritate devotionis et fidei, quam tu circa Deum et Ecclesiam omni tempore habuisti, assumpta fiducia, celsitudinem tuam rogamus et hortamur in domino Jhesu Xpisto quatinus, prudenter attendens quod tempus advenit in quo filio gloriose Virginis vicem retribuas pro hiis que tribuit ipse tibi, eundem natum tuum quod, detractionibus et mendaciis F. (Friderici) dicti imperatoris, qui Xpistum, vicarium suum, Ecclesiam et ministros ipsius suos capitales reputat inimicos, confutatis omnino, prefatum legatum, vel potius Xpistum in ipso cujus legatione fungitur et pro cujus tantum fide laborat, prompta benignitate suscipiat, et ei honorem, sicut regiam magnitudinem decet, impendens, dictorum progenitorum excitatus exemplo, Apostolice Sedi, immo Deo et toti populo Xpistiano, efficax in hoc articulo studeat consilium et auxilium impertiri, juxta prudentiam tibi datam a Domino, diligenter inducere ac monere procures; ita quod Jhesus Xpistus, qui pro redemptione tua proprium sanguinem fundere et in crucis patibulo mortis tormentum subire dignatus, tui sinceritatem animi hoc tempore circa se disposuit experiri, tibi, post temporalis palatii gloriam, eterne vite dignetur ob hoc indulgere coronam. — Datum Anagnie, XII. kalendas novembris, pontificatus nostri anno tertio decimo.

<small>Bulle de plomb sur cordelettes de chanvre. — Voyez l'*Inventaire*, n° 6047.</small>

2837   1239. Octobre.

<small>(J. 726. — Pierre de la Brosse, n° 4. — Original scellé.)</small>

Juhellus Turonensis archiepiscopus notum facit coram seipso constitutum Petrum de Brocia Johanni fratri suo, personæ ecclesiæ de Breis, pro parte ejus hereditaria, centum solidos Turonenses annui redditus, post mortem matris ipsorum, quamdiu dictus Johannes vixerit, percipiendos, nec non quamdam domum in castro de Breis sitam, a dicto Johanne, per vitam ejus, pariter possidendam, in donum contulisse. — « Actum ad petitionem ipsorum P. (Petri) et J. (Johannis) anno Domini m° cc° xxx° nono, mense octobris. »

<small>Sceau de Juhel de Mayenne, archevêque de Tours; cire blanche, double queue; premier sceau, décrit dans l'*Inventaire* sous le n° 6414.</small>

2838   1239. 14 novembre.

<small>(J. 314. — Toulouse, VII, n° 16. — Original roman.)</small>

Acte par lequel don Bertran de la Roca reconnaît, par-devant P. Laures, sénéchal de Cahors pour le comte de Toulouse, tenir en fief dudit comte Saint-Remy (*S. Remezy*) avec toute la seigneurie et la bastide de don Bertran Dalard, située près de Saint-Remy. — « Aissi fo autreiad dins la maio d'en Caerci de Servad, que fo xiiii. dias a l'intrant de novembre. Hujus rei sunt testes : Bertrand de Cardalhac, 'n Androi, Paia de la Toca, Bertran de Peira. Anno ab incarnatione Domini m° cc° xxx° viii°, regnante Ludovico rege Francie, Raimundo Tolosano comite, G. (Geraldo) Caturcensi episcopo. Raimondus Johannis, comitis notarius, scripsit hoc utriusque consensu. » (*Hic signaculum notarii*.)

2839   Montauban. 1239. Dimanche 27 novembre.

<small>(J. 323. — Toulouse, XIV, n° 80. — Original.)</small>

Acte divisé par A. B. C., par lequel R. Bernatz de Durfort déclare que toute la seigneurie, qu'il avait et possédait à quelque titre que ce fût à Castelnau et au territoire de Castelnau, entre Cahors et Montauban, a été par lui vendue et cédée à toujours à son seigneur R. comte de Toulouse, marquis de Provence, et à ses héritiers. — « E de tot aisso, en aici co sobrescriut es, so vezent e testimoni : Bertrans fraire de mosenhor lo comte, en W. de Labareira, en Sicart Alaman, en P. Marti, en Joan Auriol, en Armengau del Puig, *octo alii*, en Joan Marti, comunal escriva de Montalba, que aquesta carta escrius. Hoc fuit actum apud Montemalbanum, iiii° die exitus mensis novembris, feria i, anno ab incarnatione Domini m° cc° xxx° viiii°, regnante Lodoico Francorum rege, etc. »

2840   Bessières. 1239. Novembre.
       Lundi 7, 14, 21 ou 28 novembre.

<small>(J. 325. — Toulouse, XVI, n° 28. — Original roman.)</small>

Acte divisé par A. B. C. du bail à cens ou enfieffement d'un jardin sis à Bessières proche la rue communale; ledit bail consenti par Guill. de Guamevila à W. Merceir et à ses héritiers. — « Vezent de tot aiso Gaugeir, e Ar. den G. Bernat, *tres alii*, e W. Repolleir escrivas comunals de Veseiras, come o auzic que aqesta carta escrius, el mes de novembre, feria ii, anno Domini m. cc. xxx. viiii, reinan Lodoic lo rei, etc. E aiso fo faig a Veseiras el pla, denant l'obrador W. de Lobaresas. »

2841   Bessières. 1234. Novembre.
       Lundi 7, 14, 21 ou 28 novembre.

<small>(J. 325. — Toulouse, XVI, n° 29. — Original roman.)</small>

Acte divisé par A. B. C. du bail à cens ou enfieffement d'une vigne (*mailol*) et d'une métairie (*cazal*) situées près de la rue communale à Bessières (*Veseiras*); ledit bail consenti par W. de Guamevila à dame Guilelma Marti, veuve de feu G. Gauffre, et à ses héritiers. — « Vezent B. Rainaut da Toloza, *duo alii*, e W. Repolleir escrivas comunals de Veseiras, come o auzic que aquesta carta escrius, el mes de novembre, feria ii, anno Domini m. cc. xxx. viiii, reinan Lodoic lo rei, etc..... E aiso fo faig a Veseiras, inse la maio d'en W. de Gamevila. »

2842   Crémone. 1239. Décembre.

Fridericus imperator se comitatum Forcalquerii a comite Provinciæ, ob ejus malefacta, auferre et comiti Tolosano transferre declarat.

<small>(J. 610. — Empereurs d'Allemagne, n° 4. — Original scellé. = J. 340. — Montpellier, II, n° 21. — Copie ancienne.)</small>

C. In nomine sancte et individue Trinitatis, Fridericus, Dei gratia secundus Romanorum imperator semper augustus, divina favente clemencia Jerusalem et Sicilie rex. — Tunc imperialis excellentie firmissimo robore firmatur imperium, tunc decus extollitur Cesaree Majestatis cum infidelibus pro perfidia penam digne retribuit et pro fide fidelibus premia liberaliter elargitur, amorque virtutis tunc crescit in bonis et pene fragor in malis acuitur cum injustorum divitiis justi ditantur et induuntur innocentes quodamodo spoliis dampnatorum. — Hac igitur consideratione permoniti, qui Romani frena imperii moderamur, adtendentes puram fidem et devotionis integritatem quam Raymundus comes Tholosanus, dilectus, affinis et fidelis noster, ad personam nostram spetialiter et ad sacrum nostrum Romanum imperium noscitur habuisse, considerantes quoque grata satis et fructuosa servitia que nobis et imperio indefessa virtute semper exhibuit et in futurum poterit exhibere, advertentes insuper manifestam perfidiam quam Raymundus, comes Provincie, benefitiorum nostrorum inmemor et fidei qua nobis et imperio tenebatur oblitus, contra nos proditorie presumpsit conmictere, civitatem Arelatensem, nobis et imperio subditam, a fide nostra pervertens et occupare presumens, unde ipsum criminis lese majestatis reum, puplico et justo judicio condempnatum, perpetuo banno imperii subdendum duximus, et proditorem et hostem puplicum reputamus, et eum omnibus bonis ejus sententialiter privamus que imperii nostri juribus decrevimus applicanda, comitatum Folcalkerii, quem idem comes Provincie hactenus tenuit, et omnia pheuda que ratione comitatus ipsius ad ipsum comitem pervenerunt, et spetialiter civitatem Sistarici et castrum Folcalkerii, ipsi Raymundo comiti Tholosano, dilecto, affini et fideli nostro, et ejus heredibus de nostra gratia concedimus et perpetuo confirmamus, salva in omnibus imperiali justitia. — Ad hujus autem nostre concessionis et confirmationis memoriam et robur perpetuo valiturum, presens privilegium scribi et sigillo majestatis nostre jussimus conmuniri. — Hujus autem rei testes sunt : Berardus Panormitanus archiepiscopus; [Nicolaus] Reginus et [Ugo] Taurinensis episcopi; Gauardus de Arnesteyn; Thomas comes Acerrarum; Henricus de Morra, magister justitiarius; magister Petrus de Vinea et magister Taddeus de Suessa, magne curie judices, et alii plures.

— Signum domini Friderici secundi, Dei gratia invictissimi Romanorum (*Locus monogrammatis*) imperatoris semper Augusti, Jerusalem et Sicilie regis.

— Acta sunt hec anno Dominice incarnationis millesimo ducentesimo tricesimo nono, mense decembris, tertiedecime indictionis, imperante domino nostro Friderico, Dei gratia invictissimo Romanorum imperatore semper Augusto, Jerusalem et Sicilie rege, imperii ejus anno vicesimo, regni Jerusalem quintodecimo, regni vero Sicilie quatragesimo secundo, feliciter amen. — Data Cremone, anno, mense et indictione predictis.

Sceau de Frédéric II; cire blanche, lacs de soie rouge et jaune; décrit dans l'*Inventaire* sous le n° 10887. — Nous publions ce diplôme d'après l'original. La copie cotée *Montpellier*, II, n° 21, porte au dos une fausse indication (*Scripta de negocio Amilliani et Montispessulani*) qui a causé l'erreur de classification commise par Dupuy, car cette pièce n'a aucun rapport avec Montpellier. — Sur le sigle C. qui se trouve en tête du diplôme, voyez l'observation à la suite du n° 2443.

2843   1239. Décembre.

(J. 235. — Ponthieu, n° 27. — Original scellé.)

Maria, Pontivi et Monsteroli comitissa, notum facit se juxta ultimam Symonis comitis, quondam mariti sui, voluntatem, ecclesiæ Sancti Judoci-in-nemore triginta solidos Parisienses annui redditus, pro anniversario præfati comitis singulis annis celebrando, super vicecomitatum suum de Cressi assignavisse. — « In cujus rei testimonium, presentes litteras sigilli mei appositione roboravi. Actum anno Domini M° CC° tricesimo nono, mense decembri. »

Sceau de Marie, comtesse de Ponthieu et de Montreuil; cire verte, lacs de soie blanche; *Inventaire*, n° 1067. — On lit au dos de la pièce l'annotation suivante, qui explique pourquoi cette pièce est cancellée et comment elle est rentrée au Trésor : « Les xxx. s. qui sunt contenu en ceste lettre, sunt mis en le lettre que li abbés et li couvens de Dompmartin ont de l'estang et de la peskerie de Rue, issi qu'il prenderunt touz les ans à le visconte de Cressy LXX. s.; et pour ce fu ceste lettre rendue. »

2844   1239.

Litteræ P. de Brena de conventionibus inter se et dominum regem initis quoad Castrum-celsum.

(J. 399. — Promesses, n° 38. — Original.)

Ego P. (Petrus) de Brena notum facio tam presentibus quam futuris quod ego, in Terram sanctam peregre profecturus, karissimo domino meo Ludovico, regi Francie illustri, tradidi Castrum-celsum in manu sua tenendum usque ad reditum meum et unum annum post meum reditum, si ei placuerit tantum illud tenere. Et tunc tenetur reddere illud michi, nisi interim aliquid facerem per quod non vellem vel non possem jus expectare coram ipso; quia tunc posset dictum castrum tenere donec ad judicium sue curie fuisset emendatum. — Si autem in dicta peregrinatione de me contingeret humanitas, dominus rex, post reversionem communem peregrinorum Francie ad partes suas et anno postea elapso, si tantum vellet tenere dictum castrum, teneretur ipsum reddere filio meo, vel, si de eo contingeret humanitas, heredi meo proximiori, secundum usus et consuetudines terre. — Si autem, permittente Domino, contingeret me in carcere detineri, dominus rex, post dictum terminum anni scilicet elapsi post reversionem communem, de sepedicto castro faceret quod mandarem ei per nuncium fide dignum. — In cujus rei testimonium, presentes litteras sigilli mei munimine roboravi. Actum anno Domini millesimo ducentesimo tricesimo nono.

Traces de sceau pendant sur double queue. — Le sceau de Pierre de Braine est décrit dans l'*Inventaire* sous le n° 1547.

2845   1239.

(J. 340. — Montpellier et Maguelone, II, n° 20. — Deficit.)

Instrumentum quo constat Johannem Magalonensem episcopum, propter feloniam in se et ecclesiam suam a rege Aragoniæ, suo quantum ad feodum Montispessulani vassallo, commissam, Montempessulanum ejusdemque villæ pertinentias et quidquid ab ecclesia Magalonensi Guillelmus dominus Montispessulani quondam tenuerat, Raimundo comiti Tholosano, marchioni Provinciæ, ejusque successoribus transtulisse. Qui comes dictum feodum accipiens, se præfato episcopo homagium ligium præstare et ei fidem facere declarat. Anno 1239.

Nous donnons, d'après l'Inventaire de Dupuy, la notice de cette pièce, qui n'est plus au Trésor et que nous n'avons pas pu retrouver ailleurs. Mais il est probable que la date de 1239, indiquée par Dupuy, est une date fausse, et que la pièce égarée était un duplicata du traité conclu à Melun, le 28 août 1238, par l'évêque de Maguelone avec le comte de Toulouse, traité que nous avons publié sous le n° 2740.

2846   1239-40. Janvier.

(J. 196 — Champagne, IV, n° 31. — Original.)

Coram Johanne Rigauz Cellæ Trecensis et G. (Galterio) S. Lupi Trecensis abbatibus, Renaudus domicellus dominus Pogiaci recognoscit se esse hominem ligium illustris viri Th. (Theobaldi) Navarræ regis, Campaniæ et Briæ comitis palatini, de viginti libris Pruvinensium quas annuatim in portagio vinorum apud Trecas percipit, et de feodo domini Guidonis de Pogiaco, salva tamen legietate domini Johannis de Valeri et comitis Brenensis. — « In cujus rei testimonium, presentes litteras fecimus sigillis nostris sigillari. Datum anno Domini M° CC° XXX° nono, mense januario. »

Traces de deux sceaux pendants sur double queue. — Les sceaux de Jean Rigaud, abbé de Moustier-la-Celle, et de Gautier, abbé de Saint-Loup, monastères situés dans le faubourg et dans la ville de Troyes, n'existent plus aux Archives.

2847   1239-40. 8 février.

(J. 322. — Toulouse, XIII, n° 61. — Original.)

Testamentum Raimundi de Dornanio quo suam sepulturam in hospitali S. Victoris de Cuco eligit, præfatæ domui totum honorem quem in terminio de Orfons possidebat et c. solidos Tolosanos operi dicti hospitalis et ad bustum suum construendum assignat, nec non capellæ B. Mariæ Podii Laurentii, ecclesiæ B. Martini ejusdem castri, Baucæ ancillæ suæ, Bauceto fratri ejus et quibusdam aliis plurima legata scribit. In eodem testamento debita sua recognoscit et declarat, pecuniamque sibi debitam recenset. — « Testes hujus rei sunt : magister W. de Podio Laurentio, et W. de Bellaferra, et A. de Lacu tunc temporis bajulus pro domino comite Tholosano Podii-Laurentii, et A. Gotus, *sex alii*, et Sicardus Bonum Donum qui hanc cartam scripsit, VI. ydus februarii, anno Xpisti M° CC° XXX° VIIII°, Lodoycho rege regnante, R. (Raimundo) Tholosano comite, R. (Raimundo) episcopo. »

2848   1239-40. Vendredi 10 février.

(J. 256. — Nevers, n° 20. — Original scellé.)

Guiotus, filius [Guidonis] comitis Nivernensis et Forensis, notum facit, in ipsius præsentia, Fulcherium Gueris militem, præfati Guidonis comitis Nivernensis in comitatu Forensi vices gerentem, a karissima domina sua [Mathilde] comitissa Nivernensi et Forensi quingentas libras Turonensium, in quibus jamdicta comitissa erga prædictum Guidonem patrem suum tenebatur, recepisse. De quibus eam penitus quittam et liberam declarat. — « In cujus rei testimonium, nos Guiotus et Fulcherius Gueris presentibus litteris sigillum Guichardi abbatis Benedictionis-Dei fecimus apponi. Datum die veneris post octabas Focorum, anno Domini M° CC° XXX° nono. »

Petit sceau en cire jaune sur double queue. — Fragment sur lequel on ne distingue plus que la partie inférieure de l'image de l'abbé, placé debout, mais qui cependant présente une grande analogie avec le sceau anonyme dont se servait en 1317 l'abbé de la Bénisson-Dieu, au diocèse de Lyon ; sceau décrit dans l'*Inventaire* sous le n° 8538.

2849   1239-40. Dimanche 19 février.

(J. 328. — Toulouse, XIX, n° 15. — Original.)

Instrumentum undulatum et per litteras alphabeti divisum quo constat Ramundum Mulum, Petrum Caticium et Petrum de Pena dixisse et per fidem corporis sui super sancta Dei Euvangelia jurasse quod Arnaldus Rotbartus et domina Ramunda ejus uxor, qui fuerunt, olim tenuerunt omnes illas terras quæ sunt ad Gimillium versus Rocam Cireriam et vocantur a Marencs et ad Toratum. — « Hoc fuit a predictis testibus ita testificatum x. (*corr.* xi.) die in exitu mensis februarii, feria i, regnante Lodoyco rege Francorum, et Ramundo Tolosano comite, et Ramundo episcopo, anno ab incarnatione Domini M° CC° XXX° VIII°. De quorum testimonio ac sacramento hujusmodi facto sunt testes : Willelmus Ramundus filius Willelmi Ramundi qui fuit, et Petrus Bertrandus filius Willelmi Bertrandi qui fuit, et Petrus de Creissaco, et Bernardus Faber ejus frater, et Sancius Centullus qui cartam istam scripsit. »

Les divers éléments de la date de cette pièce ne sont pas d'accord. Le 10 du mois sortant en février 1240, c'est-à-dire le 19 février, tombait un lundi, *feria* ii, et non pas le dimanche, *feria* i. Il y a donc une erreur d'un jour, soit dans la date du mois, soit dans celle de la férie. En fixant cette date, nous avons supposé que l'erreur portait sur le quantième du mois.

2850   1239-40. Février.

Litteræ Galteri de Lignea de emenda domino regi a se facta propter quemdam hominem absque forma judicii justiciatum.

(J. 421. — Obligations, I, n° 2. — Original.)

Ego Galterus de Lignea junior notum facio universis presentes litteras inspecturis quod ego karissimo domino meo Ludovico, regi Francorum illustri, emendam feci ad voluntatem suam pro eo quod feceram justiciam de quodam homine antequam judicatus esset. — Quam emendam eidem domino regi vel ejus mandato teneor integre persolvere ad voluntatem suam, quando super hoc ab ipso vel ejus mandato fuero requisitus, vel mittere me in prisionem suam, ubi preceperit idem dominus rex vel ejus mandatum. — Et super hiis firmiter adimplendis karissimus genitor meus Galterus de Lignea et dominus Malinus de Meterna, pro me et ad instantiam meam, erga eundem dominum regem se plegios obligarunt. — In cujus rei testimonium, presentes litteras dedi eidem domino regi sigilli mei munimine roboratas. — Actum anno Domini M° CC° tricesimo nono, mense februario.

Traces de sceau pendant sur double queue. — Le sceau de Gautier de Ligne le jeune n'a pas été retrouvé.

2851   1239-40. Février.

Galterus de Lignea miles pro Galtero filio suo se erga dominum regem plegium constituit.

(J. 392. — Dettes dues au roi, n° 3. — Original.)

Ego Galterus de Linea, miles, notum facio universis presentes litteras inspecturis quod karissimus filius meus Galterus de Lignea excellentissimo domino meo Ludovico, regi Francie illustrissimo, pro eo quod de quodam homine fecerat justiciam antequam judicatus esset, fecit emendam ad voluntatem ipsius regis ; quam eidem domino regi vel ejus mandato tenetur integre persolvere, ad voluntatem suam, quando super hoc ab ipso vel ejus mandato fuerit requisitus, vel mittere se in prisionem suam, ubi preceperit idem rex vel ejus mandatum. — Et super hiis firmiter adimplendis, ego, pro eodem filio meo et ad instanciam ejus, erga eundem dominum regem me plegium obligavi. — In cujus rei testimonium, presentes litteras dedi eidem domino regi sigilli mei munimine roboratas. — Actum anno Domini M° CC° tricesimo nono, mense februario.

Traces de sceau sur double queue. — Sceau perdu.

2852   1239-40. Février.

(J. 395. — Securitates, n° 138. — Original.)

Litteræ Maelini de Meterna, constabularii Flandriæ, ejusdem argumenti et formæ. — « In cujus rei testimonium, presentes litteras dedi eidem domino regi sigilli mei munimine roboratas. Actum anno Domini M° CC° tricesimo nono, mense februario. »

Traces de sceau pendant sur double queue. — Sceau perdu. Comparez les sceaux décrits dans l'*Inventaire* n°s 2821 à 2823.

2853   1240. Dimanche 18 mars.

(J. 328. — Toulouse, XIX, n° 1. 5. — Original.)

Acte de la montre ou déclaration faite par Amariud, habitant de Gemil, à Tondu de Paolhac, des limites du fief tenu par Bernard Berenguers en la seigneurie (*honor*) de Gemil. — « Aquesta mostra fo facha xiiii. dias al isit de mars, feria i, regnante Lodoico Francorum rege, R. Tolosano comite, R. episcopo, anno ab incarnacione Domini m° cc° xl°. Hujus rei sunt testes : B. Saus le Prohome, et P. Isarn, et B. Artus, et R. Bastardz, et Guillelmus de Noerio qui cartam istam scripsit. »

Pour faire concorder entre eux les divers éléments de la date de cette pièce (le 14 du mois sortant, c'est-à-dire le 18 mars, avec le dimanche, *feria* i), il faut supposer que la charte a été datée en comptant le commencement de l'année à partir du 1er janvier. Voyez dans les prolégomènes de l'*Art de vérifier les dates* le calendrier G. — Extrait du rouleau intitulé : *Transcripta instrumentorum magistri Johannis Dominici super facto Gimilli*.

2854   Bessières. 1239-40. Mars.
Lundi 5, 12, 19 ou 26 mars.

(J. 325. — Toulouse, XVI, n° 25. — Original.)

Acte divisé par A. B. C. d'un échange de cens conclu entre W. de Gamevila et W. Capel de Bessières (*Veseiras*). — « Vezent de tot aisso : W. Vidal e Noaldric de Gamevila, e B. Grimaut, *duo alii*, e W. Repolleir escrivas comunals de Veseiras, come o auzic que aqesta carta escrius, el mes de mars, feria ii, anno Domini m. cc. xxx. viiii, reinan Lodoic lo rei, etc..... E aiso fo faig a Vesciras el pla. »

2855   Bessières. 1239-40. Mars.
Vendredi 2, 9, 16, 23 ou 30 mars.

(J. 325. — Toulouse, XVI, n° 26. — Original.)

Acte divisé par A. B. C. du bail à cens ou enfieffement d'une éminée (*eiminada*) de pré situé à Font Domargal; ledit bail consenti par W. de Guamevila à Matfre Targuanaira et à ses héritiers. — « Vezent 'n Azemar lo capella de Veseiras, e Arunden, e Bernat, e D. Sans, e W. Repolleir escrivas comunals de Veseiras, come o auzic que aqesta carta escrius, el mes de mars, feria vi, anno Domini m. cc. xxx. viiii, reinan Lodoic lo rei, etc...... E aiso fo faig a Veseiras el pla, denant la maio Rebrassada. »

2856   Bessières. 1239-40. Mars.
Vendredi 2, 9, 16, 23 ou 30 mars.

(J. 325. — Toulouse, XVI, n° 27. — Original.)

Acte divisé par A. B. C. du bail à cens ou enfieffement d'un jardin situé à Bessières (*Veseiras*), contigu à la rue communale, au-dessus de l'église (*sobre la crestiania*). Ledit bail consenti par Guillaume de Gamevila à W. de Monier et à ses héritiers. — « Vezent 'n Azemar lo capella, e Ar., e G. Bernat, e D. Sans, e W. Repolleir escrivas comunals de Veseiras, come o auzic que aqesta carta escrius, el mes de mars, feria vi, anno Domini m. cc. xxx. viiii, reinan Lodoic lo rei, etc... E aiso fo faig a Veseiras el pla, denant la maio Rebrasada. »

2857   Tournai. 1239-40. Mars.

Accord conclu par Raoul, abbé de Saint-Martin de Tournai, et le chapitre de ladite église, avec Arnoul, seigneur de Mortagne, châtelain de Tournai.

(J. 528. — Mortagne et Tournai, n° 1. — Original scellé.)

A tous ciaus ki ces letres véront u oront, Raoul, par la gratie de Dieu, abbés de l'église Saint-Martin de Tornai, et tous li capiteles de cele mesme glise, salut en Dieu nostre Sengnor. — Saciés que voirs est qu'il a eu longement descort et contenchon et plais entre nous, d'une part, et mon sengnor Ernoul, sengnor de Mortaingne et castelain de Tornai, d'autre, de pluseurs choses, si com de chou, entre les autres choses, ke li castelains devant dis, si com nous disiemmes et déplaigniemmes, par lui, par ses siergans et par se maisnie demandoit et voloit avoir et maniier aucunes justices et aucunes choses, outre le haute loi, sus les alues, et sus les ostes, et les tenaules des alues que nous avommes en le castelerie de Tornai. — Et nous disiemmes, d'autre part, que li castelains n'i avoit ne devoit avoir nule autre droiture ne autre chose nule fors seulement les quatre hautes justices, ne mort d'omme, ne aubaine, ne ban d'aoust, ne autre chose. — D'autre part li castelains disoit que povres gens se déplaignoient à lui de chou, si com il disoient, ke nous ne lor faisiemmes mie droit ne loi d'aucunes parchons et d'aucunes choses que nous avons à justicier et à droiturer sour nos alues entre nos ostes et nos tenaules et autres gens. Et voloit li castelains que nous pour ces choses ameniessiemmes u fesissiemmes amener nos eskievins u nos ostes as eskievins de Tornai à enqueste u à consel; et, selonc l'enqueste u le consel des eskievins de Tornai, fesissiemmes à ces gens loi et droit. — Et encontre chou respondiemmes nous que nous n'estiemmes mie à chou tenu et drois n'ert mie, et que nous feriemmes bien, sans les eskievins de Tornai, à nos gens et as tenaules de nos alues loi et droit, ensi com nous deveriemmes et pour ciaus que nous deveriemmes. — Et si voloit encore dire li castelains que li glise en aucuns lius avoit en partie refais ses viviers des reges et ses escluses trop haut levées et resaisies ausi en partie sour les reges en le castelerie. — Tant qu'à la pardefin, par la gracie nostre sengnor et par le consel de preudomes ki s'en sont entremis, pais est faite et réformée de toutes ces choses, entre nous et le castelain devantdit, en tel manière que nous et li castelains sommes à chou concordé et assenti boennement que li castelains aura sour nos alues en le castelerie de Tornai les quatre hautes lois que nous li conissiemmes bien devant, si com rat, mourdre, robe de chemin et arsin à banière levée, et, avec chou, le mort del home, en tel fourme, que pour navre, pour plaie, ne pour péril de mort ki i avengne, li castelains ne s'en pora de nient mesler ne prendre ne lui, ne il ne autres de par lui, devant chou qu'il i ait homme tout mort. Mais se nous veommes que aucuns par aventure ait mis autrui en péril de mort, si que on voie u cuide que cil ne puist mie escaper de mort, quant nous le saurommes et faire le porummes, nous tenrommes u ferommes tenir celui ki chou aura fait en no justice, et saisirommes u ferommes saisir les biens ke on trouvera en le maison no oste ki chou aura fait, et ferommes chou que faire deverommes. Et se li castelains violt vir ces biens, adonques vir les pora par lui u par son serjant, et faire, quant cil iert mors, s'il muert de chou, tel justice qu'il doit faire de mort d'ome. Et s'il n'en muert, il ne s'en porra mesler nus se nous non. — Auvec chou, aura li castelains le bataille campel, s'èle i esket, et si aura li castelains sour les aubainnes ki venront manoir sur nos alues d'outre Lis et d'outre l'Escaut, le dousainne par an et le meillour catel à le mort sans plus. Mais as bastars ki morrunt sans oir, n'aura nient li castelains ne autres se nous non. — Apriès, li castelains pora faire les bans d'aoust, si com de cariier puis soleil escousant et devant soleil levant, et de warder par nuit, ausi com il fera communément ailleurs en le castelerie, tant seulement sus les tierres que nous avommes mises à rente et à cens, dont nous avommes fait ostel et tenaules en le castelerie ; mais sour nos cours ne sour nos tières propres, que nous avommes u aquerrommes en le castelerie, u que nous aurommes mises u métrons à ahan, u à moitueries, u à cens par anées, ne pora il faire nul ban. — Apriès, nous justicerommes et droiturommes nos alues, nos ostes et nos tenaules, et autres gens ki droit demanderont, par nos eskievins u par nos ostes ensi que nous miols porommes et vorrommes, et, tant com nous le porommes ensi faire et vorrommes, ne les menrommes à autrui à consel ne à loi ne à enqueste. Mais s'il i avoit chose à faire qu'il ne seuissent justicier et droiturer par nos consel et par ials, u dont nous ne les scuissiemmes mie par nous conseillier, nous les menriemmes u feriemmes mener à consel et à enqueste et à loi as frans eskievins, et selonc le consel des frans eskievins les justiceriemmes et droituriemmes. Et s'il avenoit par aventure ke nous fussiemmes en défaute que nous ne vosissiemmes mie chou faire, li castelains mousterroit u feroit moustrer que nous le fésissiemmes. Et se nous ne le faisiemmes adonques, li castelains amenroit ciaus à le loi devant dite des frans eskievins ; ne autre droiture ne autre chose nule n'aura ne pora demander li castelains sur nos alues, ne sur nos ostes, ne sur nos tenaules, fors chou que ci est devisé. — Apriès, tous les viviers que nous avommes et tenommes en le castellerie, ainsi com il sont maintenant, et toutes les escluses de nos muelins, ensi com èles sont resaisies et ensegnies, li castelains les nous a otriés et confermées ensi à tenir perpétuelment en ceste pars, et auvec chou toute le tière ki est selonc la rive de Ries, defors le banliue de Tornai, entre le pont de piere à Ries, si com on va à Warnaute et l'escluse de no muelin de Sevrain par deviers Hère, ausi bien chou defors les escluses que chou dedens ; et ausi bien chou qu'il i a de regiet, se point en i a, com chou ki est nos iretages, fors les kemins ki i sont, nous a il ausi confermé à tenir perpétuelment. — Et se li castelains, par lui ne par autrui, avoit demandé, ne pris, ne usé, ne maniiet detrues à ore enviers nous sur nos alues, ne sur nos ostes, ne sur nos tenaules nule autre justice, ne autre choses, ne s'il i avoit nul autre droit outre chou que ci est devisé et esclairiet, il le nous a clamé tout quitte et donné pour Dieu en aumomes, pour chou que, s'il avoit nient mespris enviers nous, ne il ne si ancisseur, que Dieus leur pardoinst, et qu'il soient dore en avant ès biensfais et ès orisons de no glise. Et en ceste fourme et en ceste manière ki devisée est, tenrommes tousjours mais tous nos alues et nos ostes et nos tenaules en le castélerie de Tornai, ausi bien ciaus que nous i aquerrommes dore en avant com ciaus que nous i avommes maintenant. — Toutes ces convenances et ceste pais otriommes nous, et confermons, et warderommes et tenrommes à no pooir, tous jours mais loialment en boinne foit, ne jamais encontre ne venrommes à esciant, sauves nequedent et sauvées par tout et en toutes choses les chartres saiélées des saiaus Milon, vesque de Biavais, et Ponche, vesque d'Arras, et Mikiel de Harnes, cevalier, ki font mention de xx. livres de Parésis que no glise et les églises Saint-Amant-en-Peule et Saint-Nicholai-ès-Prés doivent par an al castelain de Tornai devantdit. — Et pour chou que ce soit ferme chose et estaule, et par aslongement de tans ne soit mise en oublit, et jamais nus encontre ceste pais ne vengne et que mais nus tors n'en soit fais, si avommes nous donné à li castelain, ki devant est nommés souvent, ceste chartre confermée de nos saiaus en ramenbrance et en tiesmoignage et en fermeté de ceste chose. Et li castelains nous a donné ausi le suie chartre autretèle confermée de son saiel. — Ce fu fait à Tornai, en no glise de Saint-Martin, l'an del incarnacion Jeshu Crist mil et cc. et xxx. et ix, el mois de march.

<small>Deux sceaux en cire verte pendants sur lacs de soie rouge. — Le sceau de Raoul, abbé de Saint-Martin de Tournai, est décrit dans l'*Inventaire* sous le n° 7614. Le sceau du chapitre n'a pas été décrit : une figure d'évêque debout, mitré, crossé et bénissant. Légende : ✝ SIGILLUM CAPITULI SANCTI MARTINI TORNACENSIS. Au contre-sceau, une tête d'évêque avec cette légende : MARTINUS MODICUS.</small>

2858   1239-40. Mars.

Litteræ securitatis datæ domino regi a Johanne comite Britanniæ.

(J. 240. — Bretagne. Layette, n°s 15 et 21. — Copies.)

Ego Johannes comes Britannie notum facio universis, tam presentibus quam futuris, quod ego karissimo domino meo Ludovico, regi Francie illustri, tanquam domino meo ligio promisi et juravi quod

nullo umquam tempore guerram ei faciam, nec heredibus ejus, nec per me nec per alium, nec alicui inimicorum ejus adherebo qui guerram cum ipso habeat vel cum heredibus ejus, vel in treuga sit erga ipsum vel heredes ipsius. — De hiis autem omnibus, a me toto tempore vite mee firmiter observandis, feci securum dominum regem per homines méos, videlicet, Andream de Vitriaco, Radulphum de Fougeriis, Henricum de Avaugor, Droconem de Melloto, Gaufridum de Poenciaco et dominum Castri Brianni, qui, de mandato meo, eidem domino regi promiserunt et juraverunt et suas patentes litteras ipsi dederunt quod, si ego ab observacione convencionum predictarum deficerem, ipsi, cum totis feodis et terris que de me tenent, ad ipsum vel heredes ejus venirent et cum ipsis contra me se tenerent donec ad voluntatem ipsorum esset emendatum, et ad hoc per totam vitam meam tenebuntur, et, post decessum meum, ab hac plegiacione erunt liberi et immunes. — Si autem aliquis dictorum plegiorum decederet, ego heredem ejus vel alium competentem in eadem forma tenerer substituere loco ejus. — Juravi insuper et promisi eidem domino regi, tamquam domino meo ligio, quod omni tempore vite mee ipsi tamquam domino meo ligio et heredibus ejus fideliter serviam, et quod ab eorum fideli servicio ullo umquam tempore non recedam. Quod ut firmum sit et stabile in futurum, presentes litteras sigilli mei munimine confirmavi. — Actum anno Domini millesimo ducentesimo tricesimo nono, mense marcio.

<small>L'écriture de ces deux copies est de la fin du quatorzième siècle.</small>

2859   1239-40. Mars.

Litteræ Andreæ domini Vitriaci quibus pro comite Britanniæ se erga dominum regem plegium constituit.

(J. 241. — Bretagne. Coffre, n° 17. 4. — Original scellé. — J. 240. — Bretagne. Layette, n° 11. — Copie.)

Ego Andreas dominus Vitriaci notum facio universis, tam presentibus quam futuris, quod, cum dominus meus J. (Johannes) comes Britannie excellentissimo domino meo Ludovico, regi Francie illustri, tanquam domino suo ligio, promiserit et juraverit quod nullo unquam tempore guerram ei faciet nec heredibus suis, nec per se nec per alium, nec alicui inimicorum ejus adherebit qui guerram cum ipso habeat vel cum heredibus ejus, vel in treuga sit erga ipsum vel heredes ejus, idem dominus meus comes de omnibus hiis ab ipso, toto tempore vite sue, firmiter observandis me erga dictum dominum regem constituit plegium, tali modo quod ego de mandato ipsius comitis eidem domino meo regi promisi et juravi, et meas patentes litteras ipsi dedi quod, si sepedictus comes ab observacione predictarum convencionum deficeret, ego, cum totis feodis et terris que de comite teneo, ad dominum regem vel heredes ejus venirem, et cum ipsis contra comitem me tenerem, donec ad voluntatem ipsorum esset emendatum. Et ad hoc per totam vitam comitis tenebor, et, post decessum suum, ab hac plegiacione ero liber et immunis. — Actum anno Domini M° CC° xxx° nono, mense martis.

Sceau d'André de Vitré, en Bretagne; cire brune, double queue; décrit dans l'*Inventaire* sous le n° 3925.

2860   1239-40. Mars.

(J. 241. — Bretagne. Coffre, n° 16. 2. — Original scellé.)

Litteræ Radulphi domini Fulgeriarum, ejusdem argumenti et formæ. — « Actum anno Domini M° CC° xxx° nono, mense martii. »

Sceau de Raoul, sire de Fougères, chevalier; cire blanche, double queue; *Inventaire*, n° 2229.

2861   1239-40. Mars.

(J. 241. — Bretagne. Coffre, n° 17, 1. — Original scellé.)

Litteræ Droconis de Melloto, ejusdem argumenti et formæ. — « Actum anno Domini M° CC° xxx° nono, mense marcio. »

Sceau de Dreux de Mello; cire blanche, double queue; *Inventaire*, n° 2777.

2862   1239-40. Mars.

(J. 241. — Bretagne. Coffre, n° 17. 2. — Original scellé.)

Litteræ Gaufridi de Poonceio, ejusdem argumenti et formæ. — « Actum anno Domini M° CC° xxx° nono, mense marcii. »

Sceau de Geoffroi de Pouancé, en Anjou; cire blanche, double queue; *Inventaire*, n° 3289.

2863   1239-40. Mars.

(J. 241. — Bretagne. Coffre, n° 17. 3. — Original scellé. — J. 240. Bretagne. Layotte, n° 12. — Copie.)

Litteræ Gaufridi domini Castri Brientii, ejusdem argumenti et formæ. — « Actum anno Domini M° CC° xxx° nono, mense martio. »

Sceau de Geoffroi, sire de Châteaubriant (dans la basse Bretagne, sur les confins de l'Anjou, Loire-Inférieure); cire blanche, double queue; *Inventaire*, n° 1755.

2864   1239-40. Mars.

(J. 241. — Bretagne. Coffre, n° 17. 5. — Original.)

Litteræ Henrici de Avalgor, ejusdem argumenti et formæ. — « Actum anno Domini M° CC° xxx° nono, mense marcio. »

Traces de sceau pendant sur double queue. — Le sceau de Henri d'Avaugor est décrit dans l'*Inventaire* sous le n° 1260, d'après un type appendu à un acte daté de 1231.

2865   1239-40. Mars.

Johannes dux Britanniæ declarat quomodo Radulphus de Fulgeriis, fidelis suus, a se erga dominum regem plegius constitutus fuerit.

(J. 241. — Bretagne. Coffre, n° 16. 1. — Original scellé.)

Ego J. (Johannes) dux Britannie, comes Richemontis, notum facio universis, tam presentibus quam futuris, quod, cum ego promiserim et juraverim excellentissimo domino meo Ludovico, regi Francie illustri, tanquam domino meo ligio, quod nullo unquam tempore guerram ei faciam nec heredibus suis, nec per me nec per alium, nec alicui inimicorum ejus adherebo, qui guerram cum ipso habeat vel cum heredibus ejus, vel in treuga sit erga ipsum vel heredes ejus, ego de omnibus hiis, toto tempore vite mee firmiter a me observandis, Radulphum de Fulgeriis, dilectum et fidelem meum, erga dictum dominum regem constitui plegium, tali modo quod ipse Radulphus, de mandato meo, eidem domino meo regi promisit et juravit et suas patentes litteras ipsi dedit quod, si ego ab observacione predictarum convencionum deficerem, ipse, cum totis feodis et terris que de me tenet, ad dominum regem vel heredes ejus veniret, et cum ipsis contra me se teneret, donec ad voluntatem ipsorum esset emendatum. Et ad hoc per totam vitam meam tenebitur, et, post decessum meum, ab hac plegiacione erit liber et immunis. — Actum anno Domini M° CC° XXX° nono, mense marcii.

<small>Sceau de Jean Ier, dit le Roux, duc de Bretagne, comte de Richemont; cire verte, double queue; premier sceau, décrit dans l'*Inventaire*, n° 536.</small>

2866   1239-40. Mars.

De quingentis libris a Nivernensi comitissa Guigoni comiti, marito suo, solutis.

(J. 256. — Nevers, n° 16. — Original.)

Nos magister Humbertus decanus et capitulum Beate Marie Montis Brisonis notum facimus universis quod, in nostra presentia constitutus, Fulcherius Guerrici ballivus Forensis recognovit se recepisse integre in pecunia numerata a nobili muliere karissima domina nostra M. (Mathilde), comitissa Nivernensi et Forensi, quingentas libras Turonensium quas ipsa debebat domino G. (Guigoni) comiti Nivernensi et Forensi. — In cujus rei testimonium, ad preces dicti Fulcherii, presentibus litteris sigillum nostrum duximus apponendum. — Datum anno Domini M° CC° tricesimo nono, mense martio.

<small>Traces de sceau pendant sur simple queue. — Le sceau d'Humbert, doyen du chapitre de Notre-Dame de Montbrison, n'existe plus aux Archives. Le sceau du chapitre est décrit dans l'*Inventaire* sous le n° 7233, d'après un type appendu à un acte daté de 1308.</small>

2867   1239-40. Mars.

(J. 622. — Hommages, II, n° 21. 2. — Original.)

Jacobus Suessionensis episcopus declarat quod Robertus de Basochiis, miles, coram se ipso constitutus, dominium feodi de Bailluel Balduino de Bailluel, militi, quoad dictum feodum homini suo ligio, remisit et quitavit. Cui concessioni ipse episcopus, ut superior dominus, suum præbet assensum. — « In cujus rei testimonium, presentes litteras sigillo nostro fecimus roborari. Actum anno Domini M° CC° tricesimo nono, mense martio. » (*Vide sequentem cartam.*)

<small>Traces de sceau pendant sur double queue. — Le sceau de Jacques de Basoches, évèque de Soissons, est décrit dans l'*Inventaire* sous le n° 6874, d'après un type appendu à un acte daté de 1226.</small>

2868   1239-40. Mars.

Robertus de Basochiis sub homagio episcopi Suessionensis reponit quædam allodia sua, loco feodi de Baillol quod a dominio dicti episcopi, ex ejus consensu, retraxit.

(J. 622. — Hommages, II, n° 21. 1. — Original.)

Ego Robertus, miles et dominus de Basochiis, notum facio universis, tam presentibus quam futuris, quod, cum ego Balduino de Baillex militi, homini meo, quitassem homagium ligium, dominium et omnia que idem miles tenebat apud Bailliex, tam in redditibus, censibus, servitio, quam omnibus aliis de feodo meo provenientibus, et que ad feodum vel dominium meum ibidem pertinent, et venerabilis pater Jacobus, Dei gratia Suessionensis episcopus, a quo supradicta omnia ligie tenebam in feodum tanquam a domino ligio superiore, ad petitionem et supplicacionem meam, una cum capitulo Suessionensi, auctoritatem suam prebuit et assensum, ego in restaurationem feodi supradicti, homagii et dominii predictorum posui in feodum dicti episcopi hominagium ligium Johannis Fuisnon, militis, hominis ligii mei de quatuor modiis bladi in grangia de Cortiaut, quos dictus J. miles a me tenet in feodum, et nemus meum de Chasnoi situm supra Basochias, que videlicet homagium et nemus predictum antea libere tenebam et in allodium libere possidebam. — Huic autem repositioni et restaurationi Bramonda uxor mea consensit, et fratres mei; promittentes ego et dicta B. uxor mea, fide data, quod contra restaurationem et repositionem predictas per nos vel per alium nullatenus veniemus, inmo super premissis legitimam garandiam portabimus predictis episcopo et capitulo contra omnes. — Predicta autem homagium dicti Johannis militis et nemus de Chasnoi promitto ego Robertus, tanquam homo ligius dicti episcopi, me in dicto feodo episcopi et ecclesie retenturum. — In cujus rei testimonium presentes litteras sigilli mei munimine roboravi. Actum anno Domini millesimo ducentesimo tricesimo nono, mense martio.

<small>Traces de sceau pendant sur double queue. — Le sceau de Robert de Basoches n'existe plus aux Archives. Comparez celui de Nicolas, seigneur de Basoches, décrit dans l'*Inventaire* sous le n° 1338.</small>

2869   1240. Jeudi 19 avril.

(J. 325. — Toulouse, XVI, n° 31. — Original.)

Instrumentum, per litteras alphabeti divisum, quo notum fit Willelmum de Gamevilla laudasse et dedisse ad feodum Arnaldo Coge de Garigduit et ejus ordinio totum illud pratum et bartam quod vocatur pratum de Bazinas. — « Hoc fuit factum xii^e die exitus mensis aprilis, feria v^a, regnante Lodoico Francorum rege, et R. (Raimundo) Tolosano comite, et R. (Raimundo) episcopo, anno m° cc° xl.° ab incarnatione Domini. Hujus rei sunt testes : Sancius de Maurano, et Willelmus de Maurano Peleganterii, et Petrus Ermitanus, et Paulus qui cartam istam scripsit. »

2870   1240. Vendredi 27 avril.

Charta compositionis initæ inter H. de Soliaco et Aanorem ejus uxorem, Drocarum comitissam, ex una parte, atque Johannem, Roberti comitis Drocarum et dictæ Aanoris filium, ex altera.

(J. 218. — Dreux, n° 18. — Original scellé.)

Universis presentes litteras inspecturis, Henricus de Soliaco dominus, et Aanor comitissa Drocarum et domina Sancti-Walerici, uxor mea, salutem in Domino. — *Notum facimus* quod, cum inter nos, ex una parte, et Johannem filium Roberti condam comitis Drocarum, ex altera, coram domino nostro Ludovico, illustrissimo rege Francorum, contentio verteretur super hereditate patris sui comitis predicti quam tenebamus ratione nobilis mulieris Aanor comitisse uxoris nostre, matris sue, pro eo quod ipse Johannes asserebat se ad etatem legitimam pervenisse, et super ballio duorum fratrum suorum juniorum, scilicet Roberti et Petri, quod dicebamus nos debere habere, tandem, mediantibus bonis viris, coram domino rege predicto, inter nos et dictum Johannem fuit compositum in hunc modum. — Videlicet, quod nos habebimus et tenebimus, ratione dotalicii, ex parte Aanor uxoris nostre predicte, medietatem omnium rerum ad hereditatem dicti comitis patris dicti Johannis pertinencium, quarum erat in possessione dictus Robertus pater suus tempore quo decessit, de quibus rebus remansit in possessione dicta comitissa et ejus heredes post decessum patris Johannis antedicti. — Habebimus etiam medietatem omnium conquestium patris sui supradicti. — De herbergagiis vero habebit dictus Johannes herbergagium patris sui de Drocis, cum duabus turribus, et nos habebimus herbergagium et villam de Firmacuria, cum vivario et jardino que ibi sunt, et herbergagium et villam de Sancta-Gemma, cum pertinentiis de Sancta-Gemma, ad estimationem que ponetur in villa de Fremicort et in villa de Sancta-Gemma, cum pertinenciis de Sancta-Gemma, per duos milites fide dignos, scilicet dominum Robertum de Bolesia, ex parte nostra, et dominum Simonem de Maciaco, militem, ex parte dicti Johannis, concorditer ad hoc electos. Hoc tamen salvo quod parchus de Sancta-Gemma non poterit vendi absque voluntate sua et assensu. Et si forte venderetur, nos deberemus habere medietatem vendicionis, et dictus Johannes alteram medietatem. Nos vero de dicto parcho non poterimus capere ad comburandum nisi mortuum nemus. — Insuper sciendum est quod omnia premissa ad hereditatem patris dicti Johannis pertinentia et ejus conquestus debent partiri bona fide, prout melius et fidelius ad utilitatem partium et excludendam omnem contentionem fieri poterit, per dicta predictorum duorum militum ad hoc a nobis concorditer electorum. — Dictus vero Johannes habebit alteram medietatem hereditatis patris sui et conquestium pro portione que se et fratres suos supradictos, quos in ballio suo retinet, jure hereditario contingebat. — Predictos autem fratres suos in ballio suo retinet et accipit de voluntate nostra. Sed quia ballium ad nos pertinebat, ad arbitrium dictorum duorum militum debet nobis restituere dictus Johannes utilitatem quam consequi possemus si dicti fratres sui, videlicet Robertus et Petrus, in ballio nostro remanerent. — Item debet dictus Johannes habere arma et armamenta omnia pertinentia ad castrum de Drocis et ad pertinentias ejusdem castri; sed estimationem predictorum debet nobis dictus Johannes restituere, secundum quod duo predicti milites estimabunt, si ea voluerit retinere. — Omnia autem mobilia, que nos habebamus tempore compositionis predicte, nobis integre remanebunt, et dicto Johanni similiter omnia mobilia que habebat. — Item sciendum est quod foresta de Daule, cum omnibus nemoribus ad ipsam forestam pertinentibus, cum omnibus vendicionibus ibi factis et in posterum faciendis, et omnibus juribus ad vendicionem dictorum nemorum pertinentibus, sicut pater suus predicta tenuit, sibi remanent. Redditus tamen, si qui sunt in dicta foresta, cum dictis nemoribus, nobis et dicto Johanni communes remanent, ita tamen quod contra vendicionem ibi factam a comitissa uxore mea, matre sua, non veniet dictus Johannes, prout in litteris domini regis super hoc confectis plenius continetur. — Omnis etiam foresta de Crotois dicto Johanni remanet, salva venda quam fecit comitissa mater sua in eadem foresta, quam vendam levabimus libere et quiete; et, venda levata, non poterimus ibi aliquid vendere nec exclamare; et ita remanebit dicto Johanni cum predicta foresta, hoc salvo et excepto quod nos habebimus usuarium nostrum in dictis forestis ad ardendum et herbergandum et ad alia nobis necessaria, ita quod non poterimus vendere neque dare. Panagium eciam et herbagium earumdem erunt communia nobis et dicto Johanni, ita quod nos et dictus Johannes poterimus ponere ibidem porcos nostros qui erunt nobis necessarii ad comedendum in hospitiis nostris, et boves et vaccas nostras ad pascendum extra les tailleiz. Et si forte contingeret quod panagium vel herbagium dictorum nemorum venderentur, que nisi per dictum Johannem vendi non possunt vel heredes suos, nos habebimus medietatem pecunie; et, si non venderentur, communia remanent sicut superius est expressum. — Habebimus eciam in dictis forestis et in dictis nemoribus venationem nostram, per nos vel per nostros, dum presentes erimus in partibus ubi site sunt foreste, et pro bonis viris honorandis, et pro curiis nostris, quando nos curiam tenere contigerit. — Et Aanor comitissa uxor nostra poterit similiter venari in dictis forestis et arcuare, vel mandatum ejus, quandocumque voluerit. — Sciendum est eciam quod parcus de Brana remanet dicto Johanni, tali modo quod, si venderet eum, nos habebimus medietatem pecunie, et poterimus ibi venare et arcuare per nos et per nostros, quandocumque voluerimus, si presentes fuerimus. — Similiter domus de Nigella remanet dicto Johanni cum vivario contiguo fossato domus. — Item sciendum est quod venda, quam fecit comitissa uxor nostra, mater dicti Johannis, Odoni Fletart de nemoribus de Sorel, remanet nobis; et venda quam ipsa comitissa fecit des haies de Beu, et venda quam fecit Dionisio de Boscoregis et sociis suis, remanent nobis similiter libere et quiete. Levata tamen venda de Sorel et de Beu et venda facta dicto Dionisio et sociis suis, omnia illa nemora et omnia alia que pertinent ad castellaniam de Drocis nobis et dicto Johanni communia remanebunt, excepta foresta de Crotois que dicto Johanni et heredibus suis libera remanet, sicut superius est expressum. — Poterimus eciam vendere partem dictorum nemorum, nos et dictam comitissam contingentem, loco et tempore quando nobis viderimus expedire, et dictus Johannes debet laudare vendam factam a nobis, nec contra ipsam veniet ullo modo. — Et sciendum est quod omnes redditus et firmas tocius terre Drocarum, quas tenebamus, pertinentes ad Drocas, cum suis pertinentiis de Bonolio et Alta Fontana, debemus percipere secundum rationem temporis usque ad tempus compositionis facte inter nos. Et ab illo tempore in antea debent communiter nobis et dicto Johanni per dicta duorum militum predictorum. — Similiter dictus Johannes debet percipere omnes redditus et firmas tocius terre quam tenebat tunc temporis, secundum rationem temporis, usque ad tempus istius compositionis; et ab hac hora in antea nobis et dicto Johanni communes remanebunt. — Dictus eciam Johannes recognovit coram domino rege quod erat in etate legitima petendi terram suam et tenendi, et quod ballium predictorum fratrum suorum in manu sua accepit. — Si autem contingeret quod predicti duo milites in aliquo discordarent, dominus rex debet eligere tercium; et quicquid per dictos milites, vel per tercium datum a domino rege cum altero illorum, fuerit super premissis ordinatum firmiter observabimus. Et si forte contingeret quod ego et comitissa uxor mea non possemus habere militem quem elegimus, et dictus Johannes similiter non posset habere militem quem elegit, quilibet nostrum poterit eligere unum alium, quem voluerimus, ad premissa ordinanda. — Hec autem omnia et singula in presentia domini regis promisimus, fide corporali prestita, nos firmiter observaturos et quod contra non veniemus per nos vel per alios in futurum. Hec autem premissa, salvis conquestibus et mobilibus, habebimus et tenebimus ratione tantummodo dotalicii. — In cujus rei testimonium et munimen, presentes litteras sigillis nostris inpressione fecimus sigillari. — Actum anno Domini millesimo ducentesimo quadragesimo, proxima die veneris post octabas Resurrectionis Domini.

Cet accord était scellé, dans le principe, de trois sceaux pendants sur double queue. Le sceau de Henri de Sully, second mari d'Éléonore de Saint-Valery, veuve de Robert III, comte de Dreux, et celui de Jean Ier, comte de Dreux, fils de Robert III et d'Éléonore, se sont détachés et n'ont pas été retrouvés ailleurs. Le sceau de la comtesse Éléonore, qui reste seul appendu à l'acte, est décrit dans l'*Inventaire* sous le n° 729. — Le second sceau qui s'est détaché, et que nous attribuons à Jean de Dreux, pourrait avoir été celui du roi, à cause de la place du milieu qu'il occupait et qui était la place honorable. Voyez en tête de l'*Inventaire des sceaux* les *Éléments de sigillographie*, p. xxix, col. 1.

2871   Saint-Germain en Laye. 1240. Juin.

(J. 218. — Dreux, n° 19. — Original scellé.)

Ludovicus Franciæ rex præcedentem compositionem inter Henricum de Soliaco atque Aanorem comitissam Drocarum, dominam S. Walerici, uxorem ejus, ex una parte, et Johannem filium Roberti, quondam comitis Drocarum, ex altera, initam, a se confirmatam declarat. — « Nos autem predictas conventiones, prout superius continentur, salvo jure nostro et alieno, concessimus, et ad peticionem partium, in hujus rei testimonium, presentibus litteris nostrum fecimus apponi sigillum. — Actum apud Sanctum Germanum in Laya, anno Domini millesimo ducentesimo quadragesimo, mense junio. »

Sceau de Louis IX; cire blanche, double queue; *Inventaire*, n° 41.

2872   Compiègne. 1240. Juillet.

Litteræ Petri Petragoricensis episcopi pro Hamerico de Castronovo, super conventionibus inter dictum Hamericum et dominum regem habitis.

(J. 620. — Hommages, I, n° 12. — Original scellé.)

P. (Petrus), Dei gratia Petragoricensis episcopus, universis ad quos littere presentes pervenerint, salutem in Domino. — Notum facimus quod Hamericus de Castronovo, miles, ad karissimum dominum nostrum Ludovicum regem Francie illustrem accedens, ductus penitentia super sua continencia precedenti, supplicavit eidem domino regi humiliter et devote, nobis presentibus, ut ipsi gratiam facere et aperire misericordie viscera dignaretur. — Qui Hamericus, super sacrosancta, in ejusdem domini regis presencia juravit, nobis presentibus, quod ipsi domino regi et heredibus suis de cetero serviet fideliter et benigne, et quod Castronovo super Dordanam, quod idem dominus rex in manu sua tenet, gentibus ipsius domini regis in ipso castro existentibus, vel alibi ubicumque, vel etiam eidem domino regi adherentibus, per se vel per filios suos, aut quoscumque alios, malum aut nocumentum aliquod nullatenus procurabit aut perquiret, aut, ubi posse habet, perquiri permittet; et si dicto castro, terre dicti domini regis gentibus ipsius ibi et ubicumque alibi existentibus, nocumentum aut malum presciret vel videret quoquo modo aliquatenus imminere, gentes ejusdem domini regis super premissis pro posse suo fideliter premuniret, et ipsas a premissis, in quantum posset, defenderet penitus et juvaret, promittens sub prestito juramento quod faciet filius suus facere idem in omnibus et per omnia juramentum. — Dictus vero dominus rex, cum predicto Hamerico misericordiam habens, concessit eidem tenendam terram planam quam habet extra dictum Castrumnovum et extra parrochiam dicti castri, quamdiu eidem domino regi placuerit; concedens eidem Hamerico quinquaginta libras Turonensium per annum de exitibus dicti castri, quamdiu dicto domino regi placuerit recipiendas per manum custodis dicti castri, duobus terminis, videlicet, in festo Omnium Sanctorum viginti quinque libras, et alias in Pascha. — In cujus rei testimonium, presentibus litteris nostrum fecimus apponi sigillum. — Actum apud Compendium, anno Domini M° CC° quadragesimo, mense julio.

Scellé en cire blanche sur double queue du sceau de Pierre de Saint-Astier, évêque de Périgueux, décrit dans l'*Inventaire* sous le n° 6811.

2873   Paris. 1240. Juillet.

Litteræ archiepiscopi Senonensis de compositione inita inter quosdam judeos domini regis et Gibaudum dominum S. Verani.

(J. 204. — Sens, n° 5. — Original scellé.)

Galterus, Dei gratia Senonensis archiepiscopus, omnibus presentes litteras inspecturis, salutem in Domino. — Notum facimus quod de controversia, que vertebatur coram domino rege inter nobilem virum Gibaudum dominum Sancti Verani, ex una parte, et Vinandum, Cressandum et Guersendum judeos domini regis, ex altera, super rebus mobilibus et immobilibus ad ipsos judeos, ut dicebant, jure hereditario pertinentibus ex parte defuncti Symonis de Sancto Verano judei, quondam patris eorum, tandem a partibus predictis compromissum est in fratrem Egidium thesaurarium domus militie Templi Parisius, qui arbitrium suum protulit in hunc modum. — Videlicet quod ipsi tres judei quitant eidem G. et ejus heredibus quicquid juris habebant vel habere poterant jure hereditario vel alio quoquo modo in hereditate que fuit patris et matris eorumdem judeorum, videlicet universis bonis mobilibus et immobilibus, tenementis, feodis, retrofeodis, justiciis, actionibus, debitis et juribus aliis universis, ubicumque pater et mater eorumdem judeorum premissa habuerint jure hereditario vel alio quoquo modo. — Quitant insuper dicto G. et ejus heredibus imperpetuum prefati tres judei omne jus et omnem actionem que in terra dicti G., in teneuris, feodis, retrofeodis, actionibus, debitis et aliis obligacionibus quibuscunque ipsi tres judei hactenus habuerant et acquisierant. — Quitant etiam predicti tres judei ipsum G. et ejus heredes et eorum homines de omnibus actionibus personalibus et realibus, obligationibus, debitis, contencionibus et querelis inter eos hactenus retroactis et de hiis omnibus que ratione preteritorum poterant suboriri. — Prefatus vero G. quitavit quicquid juris in personis dictorum trium judeorum, uxoribus et liberis eorumdem, habebat vel habere poterat, racione dominii vel alio quoquo modo. — Retinet tamen dictus nobilis sibi et heredibus suis imperpetuum Guiotum judeum fratrem dictorum trium judeorum et ejus heredes, de assensu ejusdem Guioti, cum omnibus bonis eorumdem. — Predictam vero quitationem a dictis tribus judeis, scilicet, Vinando, Cressando et Guersendo, eidem Gibaudo factam prefatus Guiotus voluit et laudavit. — Prefati autem tres judei, scilicet, Vinandus, Cressandus, et Guersendus, renunciaverunt omnibus conventionibus, omnibus instrumentis factis vel faciendis, omnibus actionibus et exceptionibus ac omnibus rationibus et aliis omnibus que possent sibi prodesse et dicto militi et ejus heredibus nocere vel conventiones predictas infringere vel in aliquo impedire. — In cujus rei testimonium, presentes litteras ad petitionem partium sigillo nostro fecimus communiri. — Actum Parisius, anno Domini M° CC° quadragesimo, mense julio.

Sceau de Gautier III Cornut, archevêque de Sens ; cire blanche, double queue ; décrit dans l'*Inventaire* sous le n° 6390.

2874 Lisle. 1240. 11 août.

Instrumentum de resignatione potestariæ Avenionensis quam fecit Tolosæ comes inter manus Galterii comitis, imperialis vicarii.

(J. 318. — Toulouse, IX, n° 36. — Original scellé.)

Notum sit omnibus quod, anno Domini M. CC. XL, scilicet III. idus augusti, cum comes Galterius, vicarius generalis domini imperatoris in regno Arelatensi et Viennensi, peteret potestariam Avinionis a domino comite Tholose, dicens quod a domino imperatore receperat in mandatis quod potestariam reciperet supradictam, dominus comes Tholose predictus respondit ipsi comiti Galterio quod ipse receperat potestariam Avinionis, et eam tenebat ad hutilitatem, honorem et proficuum domini imperatoris ; et quia comes Berardus nolebat, vel neciebat regere civitatem Avinionis predictam, et ideo magnum scandalum ortum fuit in civitate predicta, unde inimici domini imperatoris insurgentes contra predictum comitem Berardum armati, proponentes ipsum comitem Berardum expellere a civitate et facere regimen per se ; unde tota civitas, si ipsi obtinuissent, esset contra dominum imperatorem, et cum comite Provincie, et cum clericis, propter defectum regiminis ipsius comitis Berardi ; et ideo, ad preces ipsius comitis Berardi, et ad preces consilii generalis et parlamenti ipsius civitatis Avinionensis, ipse recepit potestariam predictam. Et quia cives Avinionis afectabant habere in potestatem dominum comitem Tholosanum plus quam alium, et plus timebant eum quam alium, et melius poterat eos regere, defendere et salvare, ideo dominus comes Tholose requirebat ab ipso comite Galterio quod ipse dessisteret a peticione potestarie predicte, vel supersederet a peticione predicta, donec dominus imperator super hoc suam mandaret voluntatem, quia dominus comes Tholose paratus erat potestariam tradere et relinquere ipsi comiti Galterio, si dominus imperator mandaret; et ideo consulebat ipsi comiti Galterio quod supersederet a petitione potestarie, donec dominus imperator super hoc suam mandaret voluntatem. — Et quia comes Galterius supersedere noluit donec veniret nuncius domini imperatoris, nec adquiescere super hoc consilio domini comitis, dicens quod a domino imperatore receperat in mandatis quod potestariam predictam reciperet et teneret, et ideo non esset ausus supersedere, dominus comes Tholose, volens obedire in omnibus et per omnia preceptis et mandatis comitis Galterii, vicarii domini imperatoris, concessit ipsi comiti Galterio potestariam Avinionis. — Factum fuit hoc apud Insulam, in claustro. Testes interfuerunt : dominus B. (Bernardus) comes Convenarum, dominus Barralus de Baucio, Willelmus Arnaudus de Tantalo, Willelmus de Barreria, Poncius Astoaudi, Willelmus Augerius. — Post hec, scilicet die sequenti, predictus dominus comes Tholose tradidit predicto comiti Galterio potestariam Avinionis, in consilio Avinionis generali et in parlamento illis presentibus de predicto consilio et multis aliis dicte civitatis qui erant in parlamento predicto. Ego vero Petrus Olricus, notarius publicus domini comitis, omnibus hiis presens interfui qui, mandato et autoritate domini comitis Tholose predicti, hanc cartam scripsi, bullavi, composui et signavi. (*Hic signaculum notarii.*)

Scellé, sur lacs de soie rouge, de la bulle en plomb de la cour du Venaissin, décrite dans l'*Inventaire* sous le n° 4607.

2875   Toulouse. 1240. 5 septembre.

Instrumentum homagii quod Bernardus et Fortanerius de Convenis Raimundo Tolosano comiti præstiterunt.

(J. 314. — Toulouse, VII, n° 19. — Original.)

ABCD.   EFGH.   IKL.

Noverint universi, presentes pariter et futuri, quod nos Bernardus Convenarum et Fortanerius Convenarum, filii quondam domini Bernardi Convenarum de Savezio, pro nobis et Aymerico fratre nostro, confitemur gratis et sponte, et in veritate cum hac scriptura publica regnoscimus vobis domino Raimundo, Dei gratia comiti Tholosano, marchioni Provincie, quod nos tenemus in feudum a vobis totam terram nostram de Savesio et totum quicquid habemus et tenemus, vel habere et tenere debemus, aut nobis pertinet vel pertinere debet ex parte domini patris nostri supradicti vel alicujus nostri generis in tota terra de Savesio vel in tota dyocesi Tholosana, et quod dictus dominus pater noster et alii antecessores nostri tenuerunt in feudum a vobis, et domino patre vestro et aliis antecessoribus vestris, totam eorum terram et hereditatem, et jura et pertinentia sua, que habebant et tenebant, vel habere et tenere debebant in predicta terra de Savesio et in tota dyocesi Tolosana, uti dictum est. — Et pro omnibus supradictis feudis concedimus et confitemur nos scilicet propria corpora nostra et tradimus per homines, milites et vassalos fideles vestros. Promittimus vobis et successoribus vestris per sollempnem stipulationem, per nos et per fratrem nostrum Aymericum, et per heredes et successores nostros quod predicta feuda et singula reddemus et trademus vobis et successoribus vestris, irati et paccati, cum delicto et sine delicto, et omnibus modis quocienscumque a vobis per vos vel per vestrum nuncium super hoc fuerimus requisiti, sine omni diffugio atque mora. — Item promittimus vobis nos et successores nostros omnem reverenciam et fidelitatem pro dictis feudis exhibituros et servituros vobis et successoribus vestris quam fideles vassalli debent et tenentur suo proprio domino servare et exhibere. — Item pro dictis feudis facimus vobis homagium, manibus nostris inter vestras manus positis, et volumus et mandamus quod successores nostri eundem homagium et fidelitatem vobis et successoribus vestris pro dictis feudis in perpetuum facere teneantur. — Et universa predicta et singula promittimus nos fideliter servaturos et contra non venturos. Et ad majorem firmitatem in osculo fidei juramus, tactis corporaliter Evangeliis sacrosanctis.

Et nos Ramundus, Dei gratia comes Tholose, marchio Provincie, predictum homagium et fidelitatem recipientes, promittimus vobis fratribus antedictis, prestito osculo fidei, per nos et successores nostros, quod vobis et successoribus vestris pro dictis feudis erimus boni domini et fideles, et erimus deffensores personarum vestrarum et dictorum feudorum, et aliarum rerum, et bonorum vestrorum in quantum poterimus, diligenter et bona fide. — Actum fuit hoc ita Tholose et concessum in aula domini comitis, v. die introitus mensis septembris, regnante Lodoico Francorum rege, et eodem domino Ramundo Tholosano comite, et R. (Ramundo) episcopo, anno M° CC° quadragesimo ab incarnatione Domini. — Testes sunt ad hoc vocati et rogati : dominus Bernardus comes Convenarum, et dominus Bernardus comes Armaniaci, et Amanevus de Leporeto, et Poncius de Villanova seneschallus Tholosani, et Jordanus de Lantare, et Guillelmus Arnaldi de Tantalone seneschallus Agennensis, et Guillelmus de Barreria, et Ramundus Hunaldi, et Gastonus de Guontaldo, et Vitalis de Casanova, et Mancipius de Tolosa, et Petrus de Tholosa frater ejus, et Petrus de Espaor, et Aymericus Porterius, et Bernardus Aimericus, publicus Tholose notarius, qui, mandato ipsius domini comitis, hoc presens publicum instrumentum scripsit.

2876   1240. Septembre.

Charta pariagii initi a conventu de Crista cum Campaniæ comite, pro nova villa Sancti Juliani super Rognon cujus constitutiones declarantur.

(J. 197. — Champagne, V, n° 50. — Original scellé.)

In nomine Domini, nos abbas et conventus de Crista, Cirterciensis ordinis, notum facimus universis presentem paginam inspecturis, quod nos, pro nobis et successoribus nostris, associamus nobis illustrem dominum nostrum Theobaldum, Dei gratia regem Navarre, Brye et Campanie comitem palatinum, et successores suos ad villam novam in proprio fundo nostro edificatam, Sanctum Julianum super Roignon appellatam, inter Foissi et Cristam sitam, talibus conventionibus et pactis appositis : — Quod omnes emende et omnes exactiones ejusdem ville, et prisia animalium et hominum qui cum fosorio laborabunt, per medium equaliter dividentur; de quibus dictus dominus rex habebit medietatem et nos alteram. — Sciendum est autem quod nos, dicti abbas et conventus, hominibus jam dicte ville finagium de Maisnilo, salvo jure alieno, concessimus, sicut mete inter finagium Maisnili et finagium de Bordons antiquitus posite dividunt et demonstrant. — Concessimus insuper nos dicti fratres hominibus jam dicte ville quamdam partem finagii de Bordons, scilicet ab essarto Radulfi, qui dicitur de Novalibus, usque ad carbonariam juxta cheminellum quod tendit a Cres versus Foissi; et a dicta carbonaria recte versus petrariam super vallem de Bordons; et a dicta petraria, per mediam vallem, usque ad vadum de Bordons; a predicto vero vado, sicut alta et antiqua via, que tendit versus Rimancort, dividit et demonstrat. In illa parte que est versus grangiam de Sivri, homines dicte ville usinabunt, et terras excolent, et essartabunt prout eis a nobis abbate et conventu prefatis assignabitur vel dividetur. — Terras autem cultas sive incultas et omnia nemora que nos jam dicti fratres retinuimus nobis, sicut mete de novo posite et termini dividunt et demonstrant, nullatenus usinabunt nec excolent. — Homines dicte ville contra voluntatem nostram, scilicet jam dicti abbatis et fratrum, nec limites nec terminos sibi constitutos transgredientur; et quociens transgressi et comprobati fuerint, capitale reddent nobis et in decem solidos tenebuntur ad emendam, de quibus nos habebimus medietatem, et prefatus dominus rex aliam; et majori ville tenebuntur in unum denarium. — In quibuscumque vero locis homines dicte ville usinabunt, nos predicti fratres de Crista et peccora nostra, si nobis placuerit, omnimode usinabimus, hoc excepto quod in nemoribus ville deputatis boscum non accipiemus, nisi tantummodo ad usum furni vel furnorum, molendini vel molendinorum ville et finagii, [et] ad ignem faciendum pro quodam converso vel una persona que custodiet res de Crista in eadem villa. — Prata vero omnia, que nosmodo fratres de Crista possidemus a villa que dicitur Foissi usque ad Cristam, nobis fratribus de Crista pacifice remanebunt. Poterimus tamen nos, vel alius abbas qui pro tempore fuerit, de consilio fratrum suorum, si eis placuerit, aliquid concedere vel donare in eisdem pratis hominibus dicte ville. — De terragiis autem, que vulgo tercie dicuntur, ubicumque homines dicte ville terras nostras excoluerint, nos dicti fratres de Crista habebimus medietatem et dominus rex alteram. Quas tercias cum decimis homines ad villam adducent et ibidem persolvent, nec quadrigas exonerabunt donec ministri, tam nostri quam dicti domini regis ad hoc deputati, presentes fuerint. Qui autem contra hoc faceret, in duobus solidis nobis et prefato domino regi tenebitur ad emendam, et majori in sex denariis, et capitale reddet. — De duodecim verbo gerbis in omni loco due persolventur, una pro tercia et alia pro decima. — In furno vero sive in furnis et in molendino sive in molendinis, que in eadem villa vel in finagio ejusdem construentur, et in omnibus proventibus eorumdem habebimus nos sepedicti fratres medietatem, et prefatus dominus rex alteram ; et ad ea et non ad alia omnes homines ville illius molere et coquere, sicare bannaliter tenebuntur. Et quamdiu dicta villa sine molendino erit, vel si molendinum fuerit in eadem quod molere non possit, ad molendina nostra, scilicet fratrum de Crista, molere tenebuntur. Et nos dicti fratres tenemur tradere sedes molendini vel molendinorum in eodem finagio ad usum ville ad requisitionem dicti domini regis. Et in edificatione furni vel furnorum, molendini vel molendinorum debemus ponere medietatem et dominus rex alteram. — Aque vero, contente infra terminos ville concessos, nobis fratribus de Crista et domino regis prefato bannales remanebunt; nec piscari in eisdem aquis poterimus sine dicto domino rege, nec sepedictus dominus rex sine nobis. — De viginti quatuor panibus, unus reddetur furnario, salvo tamen sicagio ; et de viginti mensuris bladi una mensura reddetur molendinario. Et si contigerit quod furnus sive furni, molendinum sive molendina aliquo casu destruantur vel aliquo modo inpejorentur, nos in reparatione ponemus medietatem et dominus rex predictus alteram, hoc excepto quod, si occasione guerre domini regis prefati destruantur, ipse rex tenebitur totaliter reedificare, nisi occasione dicte ville vel alicujus hominum ejusdem guerra moveretur. — Si quis vero acusatus fuerit de terragio male pagato, sive de banno furni vel molendini infracto, si comprobatus fuerit per testes idoneos, nobis et sepedicto domino regi reddet quinque solidos pro emenda, et majori tres denarios, et capitale reddet. — Preterea omnes decimationes tam ville quam terrarum et ea que spernalia sunt, nos videlicet fratres de Crista sine domini regis predicti participatione possidebimus. — Institutio autem et destitutio villici, id est majoris et omnium servientium ville, omni tempore erit in dispositione prefati domini regis et nostra; ita tamen quod, quam cito villicus fuerit constitutus, in facie Ecclesie jurabit sepefato regi et nobis omnimodam fidelitatem servaturum, et jura nostra et regis conservaturum. — Et quoniam nos abbas et conventus prefati ad omnia que in eadem villa prefatus dominus rex habiturus est ipsum gratis et absque ulla pecunia associavimus, promisit dictus dominus rex et successores suos ad hoc obligavit quod ea nec vendere nec dare nec infeodare, nec alio aliquo modo a se alienare, nec etiam in elemosinam dare poterit nisi solummodo ecclesie de Crista. — Hec autem omnia promisit dictus dominus rex pro se et successoribus suis deffendere bona fide contra quoslibet malefactores et pro posse suo garantiam portare. — Constitutiones vero ville tales sunt : quod homines dominiorum domini regis predicti, feudorum suorum vel custodie sue, in dicta villa non remanebunt nisi de voluntate dicti domini regis. — Statuimus eciam, dominus rex et nos, ut burgenses, qui in eadem villa domum vel ortum habuerit infra terminos ejusdem ville, duodecim denarios et unum bichetum frumenti vel duos avene, ad mensuram Calvimontis, nobis et domino regi in crastino Nativitatis Domini annuatim persolvet; et qui in eadem predicta die non persolverit, nobis et domino regi in duobus solidis tenebitur ad emendam, et majori in tribus denariis, et capitale reddet. — Preterea statuimus quod de singulis bestiis trahentibus, nobis et domino regi duodecim denarii annuatim in festo Beati Remigii persolventur. — Homo vero qui pecudem trahentem non habuerit, duodecim denarios eadem die persolvet; et qui eadem die eosdem denarios non persolveret, nobis et domino regi in duobus solidis tenebitur ad emendam, et majori in tribus denariis, et capitale reddent dominis. — Statuimus eciam quod, si aliquis burgensis ortum et masuram tenuerit, et infra annum et diem in eodem orto et masura domum non edificaverit, ex tunc major debet donare ortum vel masuram cuicumque voluerit pro augmentatione dicte ville, nisi remanserit per dominos. — Item statuimus quod nullus burgensis in nemoribus ville concessis marenum faciat nisi pro solius ville edificatione, nec marrenum nec boscum possit dare vel vendere extra villam. — Si vero super hoc comprobatus fuerit, decem solidos solvet dominis pro emenda et majori sex denarios. — Major, qui pro tempore erit in villa, nobis et domino regi de emendis et exactionibus sufficienter respondebit. — Item si alicui burgensi placuerit pro necessitate vendere hereditatem suam, de singulis duodecim denariis ille qui emit et ille qui vendit dabunt unum denarium nobis et domino regi. — Si quis noviter mansurus advenerit in eadem villa, in ingressu suo dabit sex denarios nobis et domino regi, et majori unum denarium; et ita accipiet terram et masuram sicut ei a villico dividetur. — Statuimus si quidem quod, si quis aliquem dixerit mendacem, licet inde clamor factus non fuerit, si ad noticiam majoris pervenerit, si convictus fuerit testimonio duorum burgensium, duodecim denarios reddet domino et majori duos denarios. — Si quis dixerit aliquem exlegem, vel aliquid quod sit equivalens tali convicio, quinque solidos reddet dominis et majori sex denarios. — Si quis sine armis manum miserit in alium, decem solidos reddet dominis et majori sex denarios, et verberato dampna inde habita. — Si quis invaserit aliquem armis molutis sine ictu, quinquaginta solidos solvet dominis et majori duodecim denarios, et illi quem invaserit quinque solidos. — Quod si ei plagam fecerit, sexaginta solidos reddet dominis et majori duos solidos, et verberato expensas factas pro plaga sananda. Et si vulnerator absciderit ei membrum vel eum interfecerit, legitime convictus ipse erit in voluntate domini regis solius. — Et, si mobile aliquod propter hoc levabitur, nos habebimus medietatem et dominus rex alteram; et in hereditate, que propter hoc extiterit, dominus rex habebit medietatem et nos alteram, ita tamen quod nos et dominus rex tenemur dictam hereditatem ponere extra manum nostram infra annum hominibus in dicta villa commorantibus. — Si alter alterum in domo sua violenter invaserit, legitime convictus, sexaginta solidos reddet dominis et majori duodecim denarios. Et si se deffendendo alium percusserit vel sanguinem fecerit, quindecim solidos reddet dominis et majori duodecim denarios; et si ei membrum absciderit, sexaginta solidos reddet dominis et majori duodecim denarios. — De hereditate falso inclamans, quindecim solidos reddet dominis et majori duodecim denarios. — Si quis per annum et diem hereditatem tenuerit sine contradictione hominis qui in villa maneat, eam deinceps liberam tenebit. — Et si quis infra annum predictum mansurus venerit in dicta villa nec hereditatem reclamarit infra annum, sibi de cetero non responderetur. — Si quis hereditatem alterius in vadio habuerit per annum et diem, servabit, et, transacto termino, poterit vendere cuicumque voluerit de villa; et quicquid ultra sortem habuerit, reddet illi cui fuerit hereditas, ita tamen quod heredes eam redimere poterunt infra quadraginta dies. — Nulli burgensi de supradicta villa licebit clamorem facere ad aliam justiciam de alio burgensi quamdiu alter voluerit rectum facere per justiciam ville; et si super hoc ei dampnum fecerit, decem solidos reddet dominis et burgensi dampnum restaurabit. — Et sciendum est quod nullus omnino de potestate nostra vel domini regis burgensem dicte ville poterit extra villam trahere in causam de rebus pertinentibus ad ipsam villam, quamdiu rectum facere voluerit per justiciam ville. — Et ubicumque homines dicte ville emendam vel exactionem pro forefacto infra terminos ville facto in potestate domini regis persolverint, prefatus dominus rex habebit medietatem et nos alteram; nec homines nec vadia eorum licebit alicui accipere infra metas vel terminos dicte ville, si rectum habere potuerit per justiciam ville. — Si aliquis alium accusaverit de incendio, vel furto, vel de homicidio, quocumque modo fiat, vel de raptu, vel de alio aliquo pravo facto, nisi accusatum convincere poterit, prout jus dictaverit, omnia bona sua, mobilia et immobilia, in arbitrio nostro et domini regis erunt. Persona vero ejus erit in voluntate domini regis et non in voluntate nostra. — Quilibet sola manu poterit probare hoc quod vendiderit usque ad tres solidos contra eum qui recognoverit se debere eidem aliquid pro illa venditione. — Si quis burgensis alicui extraneo fecerit injuriam, si convictus fuerit, consideratione majoris illud emendabit secundum consuetudines castellarie. — Si quis alteri dampnum faciendo inventus fuerit, testimonio servientis jurati vel aliorum duorum comprobatus, ad considerationem majoris illud emendabit et dampnum restituet. — Si quis manus violentas, sine ictu armorum, miserit in majorem, quinquaginta solidos reddet dominis et decem solidos percusso ; et si eum vulneraverit, ejus mobilia et hereditagia erunt inter nos et dominum regem. De persona vero erit in voluntate domini regis, non in voluntate nostra. — Si vero major delinquerit contra homines dicte ville, ad considerationem dominorum ville emendabit. — Mulier que viro vel mulieri convicium dixerit, duorum vel duarum testimonio convicta, duodecim denarios solvet dominis et majori duos denarios. Et si vir mulieri convitia dixerit, similiter fiet. — Si quis de forefactis predictis quod taxatum est solvere non poterit, id quod habebit auferetur ab eo et per annum et diem excludetur a villa. Et si post annum et diem redire voluerit, forefactum emendabit ad arbitrium majoris. — Si peccora reperiantur in pratis, segetibus vel vineis, dampnum restaurabitur cui illatum fuerit, et percheia taxabitur et levabitur ad usum castellarie. — Alter alterius vadium accipere non poterit, nisi prius majori monstraverit; et, si absque ejus consensu et concessione acceperit, quinque solidos dabit dominis et majori sex denarios. — Tabernariis vero tantummodo in tabernis suis vadium licebit accipere potatorum; sed extra tabernam non licebit nisi per majorem. — Si aliquis de falsa mensura per testimonium majoris convictus fuerit, sexaginta solidos et unum denarium reddet dominis et majori duodecim denarios. — Preterea sciendum est quod quicumque aliquem de quocumque forefacto accusaverit, si convincere eum non poterit per testes legitimos, sicut supra dictum est, in ea dampnatione et dampno erit in quo accusatus esset, si esset convictus. — In chevaucheiis vero homines dicte ville nunquam ibunt nisi pro patria deffendenda vel pro preda recuperanda. — In castellariis videlicet Calvimontis, Montisclarii, Nogenti et Montigneii, in charreiis nunquam ibunt. — In exercitu vero ubi dominus rex personaliter, vel alius loco ejus fuerit, ibunt, et in eodem exercitu non morabuntur nisi per octo dies, tam in eundo quam in redeundo et in exercitu morando ; nec deinceps in eumdem exercitum per dominum regem, nec per suos redire compellantur. — Sciendum est autem quod, si aliquod factum aliquo casu in dicta villa vel in finagio ejusdem emerserit quod superius non sit nominatum vel declaratum, emendabitur vel deducetur secundum usum et considerationem curie sepedicti domini regis. — Hec autem omnia statuit et ordinavit una nobiscum, scilicet abbate et conventu de Crista, dominus noster Theobaldus rex Navarre illustris, Brye et Campanie comes palatinus, et nos promisimus, pro nobis et successoribus nostris, bona fide hec omnia observare atque deffendere contra omnes, salvo jure alieno. — Datum anno Domini m° cc° quadragesimo, mense septembri.

Ce pariage, conclu entre l'abbaye de la Crète, au diocèse de Langres, de l'ordre de Cîteaux, seconde fille de Morimond, et Thibaud, roi de Navarre, comte de Champagne, était scellé, en cire blanche sur lacet de fil, du sceau anonyme de l'abbé de la Crète. Il n'en reste plus qu'un fragment, mais ce fragment nous paraît suffire pour établir que ce sceau, en usage en 1240, est le même que celui dont Dominique, abbé de la Crète, se servait en 1275, lequel sceau est décrit dans l'*Inventaire* sous le n° 8688. — Le village de Saint-Julien-sur-Ronon, qui fait l'objet de ce pariage, et qui était situé entre la Crète et Forcey, sur les bords du Ronon, ruisseau affluent de la Marne, à 12 kilomètres environ à l'Est de Chaumont-en-Bassigny (Haute-Marne, arrondissement de Chaumont), a complétement disparu.

2877   1240. Lundi 29 octobre.
(J. 330. — Toulouse, XXI, n° 13. — Original.)

Instrumentum quo constat Arnaldum de Serra, Guillelmum de Fares, Guillelmum Marrotum de Castro Maurono et Ramundum Marrotum ejus fratrem testificando affirmasse omnes illas terras et honores, cultos et hermos, sitos inter rivos Montispradelli, d'Argousag, Malemortis, de Branta, Aquesalsæ, de Morteriis et de Ginello, aliosque terminos in instrumento designatos, per triginta annos et amplius, in bona, quieta et pacifica tenezone, sine clamore alicujus vel querela, possessos et habitos fuisse tam a Gauselmo quam ab illis qui pro eo dictos honores habuerunt et tenuerunt. — « Hoc fuit ita a predictis testibus testificatum, iii° die exitus mensis octobris, feria ii, regnante Lodoyco Francorum rege, et Ramundo Tolosano comite, et Ramundo episcopo, anno m° cc° xl° ab incarnatione Domini. De quorum testimonio et sacramento hujus modi facto sunt testes : Guillelmus Daura textor, et

Arnaldus Sabaterius, et Guillelmus Petrus Polerius de Rabastenchis, et Petrus de Montanhols, et Paulus qui cartam istam scripsit. »

2878   1240. 16 novembre.
Securitas facta domino regi a Guillelmo de Petrapertusa.
(J. 395. — Securitates, n° 139. — Original scellé.)

Ego Guillelmus de Petrapertusa notum facio universis presentibus et futuris quod ego, in presentia nobilium virorum domini vicecomitis Castri Duni, domini J. de Bellomonte et domini Ade de Milliaco, recipientibus pro domino rege, promisi me stare voluntati domini regis Francorum, et posui personam meam et castrum meum de Cuguniaco, et totam terram meam, et homines meos et res meas, ad ejusdem domini regis voluntatem; et sub eadem forma posui Gaucelmum de Canesuspenso, et teneor pro ipso similiter ad domini regis voluntatem. Et hec omnia supradicta promisi servare semper fideliter et supra sacrosancta juravi, sub pena corporis mei et omnium bonorum meorum. Et dictus Gaucelmus juravit hoc idem. — In cujus rei testimonium, ego idem Guillelmus de Petrapertusa litteras istas sigilli mei munimine feci roborari. — Actum anno Domini M° CC° quadragesimo, XVI. kal. decembris.

Sceau de Guillaume de Pierre-Pertuse ; cire brune, double queue ; décrit dans l'*Inventaire* n° 3210, et indiqué par erreur dans la table sous le nom de Guillaume de Pierre-Buffière. Voyez en tête de l'*Inventaire* les *Éléments de sigillographie*, p. LVI, col. 2.

2879   Buzet. 1240. Novembre.
Vendredi 2, 9, 16, 23 ou 30 novembre.
(J. 327. — Toulouse, XVIII, n° 31. — Original.)

Acte, divisé par A. B. C., du bail à cens ou enfieffement d'une éminée de terre en nature de vigne (*eminada de terra a mailol*) située le long du ruisseau de la Molina; ledit bail consenti par Vidals Borgarels et Aimeric son frère à R. de Dosans et à R. son frère et à leurs ayants cause. — « Testes : Guiraut Augeir, e W. de Caiarac, e Pons de Sainc Marsale, e W. Repolleir escrivas comunals de Buzet, come o auzic que aqesta carta escrius, el mes de novembre, feria VI, anno Domini M. CC. XL, reinan Lodoic lo rei, e Ramon lo comte de Tolosa, e Ramon l'avesque. E aiso fo faig a Buzet, denant l'obrador W. de Caiarc, el pla. »

2880   Latran. 1240. 2 décembre.
(J. 348. — Régale, II, n° 3. — Original scellé.)

Litteræ Gregorii papæ IX carissimo in Xpisto filio illustri Franciæ regi apud quem commendat Stephanum, nepotem nobilis Johannis Timosi civis Romani, pro quadam præbenda in ecclesia Constantiensi ei, juxta pontificale mandatum, ab episcopo et canonicis Constantiensibus collata, et a magistro Roberto de Campellis, per circumventionis astuciam, occupata, sub hoc prætextu quod dictæ præbendæ collatio domino regi pertinebat. — « Datum Laterani, IIII. nonas decembris, pontificatus nostri anno tertio decimo. — *Dilecto filio Stephano canonico Constantiensi nepote, etc.* »

Bulle de plomb sur lacs de chanvre. (*Inventaire*, n° 6047.)

2881   1240. 8 décembre.
Chirographum quo Raimundus Tolosæ comes sagium monetæ Tholosanorum Arnaldo Trunno cambiatori concedit et commendat.
(J. 459. — Monnaies, n° 2. — Original.)

ABCD.   EFGH.   JKL.

Noverint universi, tam presentes quam futuri, quod dominus Raimundus, Dei gratia comes Tholose, tradidit, concessit et comendavit Arnaldo Trunno cambiatori sagium illius monete Tholosanorum que modo factura est, pro tenere illud sagium suprascriptum quantum eidem domino comiti placuerit. — Et ibi dictus Arnaldus Trunnus recepit predictum sagium ab eodem comite suprascripto, promittens, prestito corporaliter juramento, et firmo pacto conveniens eidem domino comiti se tenere legitime et fideliter predictum sagium, tam pro eodem domino comite et pro illis qui dictam monetam Tolosanorum fieri facient, quam pro universitate et communi hujus ville Tolose, et facere sagium bonum et legitimum, et tenere legitime, et reddere dictam monetam Tolosanorum qui modo facturi sunt, deinceps, dum dictum sagium tenuerit, ita bonam et legitimam et sub eadem lege qua illi qui modo currunt et recipiuntur Tolosani, scilicet et etiam ad pondus de XVII. solidis. — Actum fuit hoc ita et concessum, octavo die introitus mensis decembris, regnante Lodovico Francorum rege, et eodem domino Raimundo Tolosano comite, et Raimundo episcopo, anno

M° cc° xl. ab incarnatione Domini. — Testes sunt : Sycardus Alamanni, Pontius Grimoardi, Johannes Aurioli, Bertholomeus Porterii, Arnaldus de Ranavilla junior, et Bernardus Aimericus qui mandato ipsius domini comitis cartam ipsam scripsit.

2882 1240. 10 décembre.
(J. 314. — Toulouse, VII, n° 77. — Original.)

Instrumentum quo Johannes de Audivilla, filius quondam Arnaldi Begonis, spontanea sua voluntate, se cum omni progenie sua, nata et nascitura, et omnibus bonis suis præsentibus et futuris, proprium hominem domini Ramundi comitis Tholosani, marchionis Provinciæ, et successorum ejus constituit; ei omnimodum pollicetur servitium. — « Actum fuit hoc ita et concessum x. die introitus mensis decembris, regnante Lodoico Francorum rege, et eodem domino R° (Ramundo) Tholosano comite, et R° (Ramundo) episcopo, anno M° cc° quadragesimo ab incarnatione Domini. Testes sunt : Arnaldus de Escalquencis, et Bernardus Gasarma, et Poncius Bego de Ramundivilla, Guillelmus Bernardi bajulus domini comitis supradicti, et Bernardus Aimericus qui cartam istam scripsit. »

2883 Urzy. 1240. Décembre.
(J. 256. — Nevers, n° 21. — Original scellé.)

R. (Robertus) Nivernensis episcopus declarat quod conventiones , coram se et coram nobili domina M. (Mathilde) comitissa Nivernensi, inter amicos Renaudi Rungefer armigeri et relictam Nicholai de Turre Nivernensi initas, observari et teneri faciet. — « Actum apud Urziacum, anno Domini M° cc° quadragesimo, mense decembri. »

Sceau de Robert Cornut, évêque de Nevers; cire blanche, simple queue ; décrit dans l'*Inventaire* sous le n° 6738.

2884 Urzy. 1240. Décembre.
Robertus Nivernensis episcopus sese pro Renaudo Rungefer plegium constituit.
(J. 256. — Nevers, n° 22. — Original scellé.)

R. (Robertus), divina miseratione Nivernensis episcopus, omnibus presentes litteras inspecturis, salutem in Domino. — Noverint universi quod nos, pro emenda, in qua Renaudus Rungefer armiger tenetur nobili domine M. (Mathildi) comitisse Nivernensi, plegios obligamus usque ad viginti quinque marchas argenti. — In cujus rei memoriam, presentes litteras sigilli nostri munimine duximus roborandas.
— Datum apud Urziacum, anno Domini M° cc° quadragesimo, mense decembri.

Même sceau que le précédent.

2885 Paris. 1240.
Pro dotalitio Blanchæ reginæ ampliando.
(J. 189. — Berri, III, n° 6. — Original scellé.)

In nomine sancte et individue Trinitatis, amen. Ludovicus, Dei gratia Francie rex, notum facimus quod, cum nos karissime domine et matri nostre B. (Blanche) regine illustri, in excambium dotalitii sui, quod nos karissimo et fideli fratri nostro R. (Roberto) comiti Attrebatensi contuleramus, Mellentum, Pontysaram, Stampas, Dordanum cum foresta, Corbolium, Meledunum cum castellerio, assignaveramus nomine dotalitii possidenda cum omnibus pertinentiis predictorum, tam in feodis quam in domaniis, volentes eidem terras, possessiones et redditus ampliare, ex voluntate nostra et de nostro Consilio, eidem dedimus Crispyacum in Valesio, cum foresta, et Feritate Milonis, Villaribus et Vivariis, cum omnibus pertinentiis eorundem, tam in feodis quam in domaniis, et Petrefontem cum omnibus pertinentiis, tam in feodis quam in domaniis, ad tenendum et possidendum quoad ipsa vixerit, cum omnibus juribus et ita plene sicut tenebamus predicta. — Dedimus etiam eidem domine matri nostre quatuor milia quingentas libras Parisiensium annui redditus in tribus compotis nostris, tertiam partem in quolibet, annis singulis, capiendas. — Et post decessum ejus, predicta omnia ad nos et heredes nostros libere revertentur, hoc excepto quod ipsa dare poterit usque ad octingentas libras Parisiensium annui redditus vel in elemosinam vel ubi voluerit, computatis tamen centum libris annui redditus, quas centum libras Parisiensium, nos et ipsa contulimus abbatie monialium Cysterciensis ordinis juxta Pontysaram site, capiendas apud Mellentum. — Ipsa autem domina et mater nostra nobis concessit penitus et quitavit Exoldunum, feodum Craceii, feoda Byturesii que tenuit Andreas de

(1241)

Calvigniaco, que habuerat in matrimonio ex donatione Johannis quondam regis Anglie. — Quod ut perpetue stabilitatis robur obtineat, presentem paginam sigilli nostri auctoritate et regii nominis karauctere inferius annotato fecimus communiri. — Actum Parisius, anno Dominice incarnationis millesimo ducentesimo quadragesimo, regni vero nostri anno quinto decimo. Astantibus in palatio nostro quorum nomina supposita sunt et signa : dapifero nullo. Signum Stephani buticularii. Signum Johannis camerarii. Signum Almaurici constabularii. — Data vacante (*locus monogrammatis*) cancellaria.

Scellé, en cire verte sur lacs de soie rouge et verte, du premier sceau de Louis IX, décrit dans l'*Inventaire* sous le n° 41.

2886 1240.

Litteræ Guillélmi abbatis Latiniacensis de mille centum et quinquaginta libris a comitissa Nivernensi Senensibus mercatoribus solutis.

(J. 256. — Nevers, n° 23. — Original.)

Omnibus presentes litteras inspecturis, Guillelmus abbas ecclesie Beati Petri Latiniaci, salutem in Domino. — Noverint universi quod, in nostra presencia constituti, Robertus Ultramontis, pro se et pro Picolomine Ultramontis fratre suo, Palmerius Raynonis, pro se et Nicholao Rothi, Orlandinus Orlandi, pro se et pro Hugone Clarmontensi, Flamangus Hugolini, Palmerius Raynuchii et Galquerinus Bruneti pro se recognoverunt coram nobis se recepisse, pro se et sociis suis, si quos alios habent, a nobili domina M. (Mathilde) comitissa Nivernensi mille centum et quinquaginta libras Pruviniensium in hiis presentibus nundinis Latiniaci, apud Latiniacum, anno Domini M° CC° quadragesimo, videlicet de debito duarum milium et trecentarum librarum ejusdem monete in quo Guido comes Nivernensis et Forensis et dicta M. comitissa Nivernensis, uxor ejus, tenentur civibus et mercatoribus antedictis, prout in litteris dictorum comitis et comitisse exinde confectis dicitur plenius contineri. — Et sciendum est quod omnes isti mercatores supradicti absolverunt et quitaverunt in perpetuum dictos comitem et comitissam et omnes suos de predictis mille centum et quinquaginta libris. — Et quum aliquociens fuit litigatum super totali debito coram venerabili viro decano Sancti Petri Trecensis, auctoritate Apostolica inter dictos comitem et comitissam, ex una parte, et dictos cives et mercatores Senenses, ex alia, et coram eodem decano pacificatum, sicut apparet in instrumentis habitis hinc inde, dicti mercatores promiserunt, per fides suas corporaliter prestitas coram nobis, dare et tradere dicte comitisse vel ejus certo nuncio litteras dicti decani de quitatione pecunie supradicte infra mediam quadragesimam proximo venturam. — Promiserunt siquidem dicti Robertus Ultramontis, Palmerius Raynonis, Orlandinus Orlandi, Flamangus Hugolini, Palmerius Raynuchii et Galquerinus Bruneti, cives et mercatores Senenses, quod ipsi et alii eorum socii contenti in litteris super dicto debito confectis, solutionem prenominatis mercatoribus factam, ratam habent et habebunt et nullo tempore contravenient, et ad hoc obligaverunt se quisque eorum in solidum et omnia bona sua mobilia et immobilia habita et habenta (*sic*) dictis comiti et comitisse, ubicumque fuerint inventa, exceptioni non numerate et non solute pecunie renunciantes. — In cujus rei testimonium, presentibus litteris sigillum nostrum apposuimus. — Actum anno Domini M° CC° quadragesimo.

Traces de sceau pendant sur double queue. — Le sceau de Guillaume, abbé de Saint-Pierre de Lagny, est décrit dans l'*Inventaire* sous le n° 8782.

2887 1240-41. Jeudi 10 janvier.

(J. 330. — Toulouse, XXI, n° 16. — Original.)

Instrumentum quo Bernardus Santius de Paolacho, Arnaldus de Serra et Arnaldus de Sancto Paulo, præstito super sancta Dei Evangelia juramento, per fidem corporum suorum affirmant omnes illas terras et illos honores, cultos et heremos, qui sunt de vallato Traverserio usque ad rivum de Morter, et rivis de Agasser, de Faiola et de Ydern, aliisque terminis in instrumento designatis delimitantur, a quadraginta annis et amplius in bona, quieta et pacifica tenezone, absque alicujus clamore vel querela, tam a Petro Bernardi de Paolacho quam a filia sua Clara et a Guillelmo de Gamevilla ejus marito, quibus dicti honores in matrimonium collati fuerant, possessos et detentos fuisse. — « Hoc totum fuit factum ita in presentia Petri de Montaniol, tenente ibi locum domini Sicardi Alamani, vᵉ feria, vIIII. (*corr.* x) dies introitu mense januarii, regnante Lodoico Francorum rege, et Raimundo Tolosano comite, et Raimundo episcopo, anno mº ccº xlº ab incarnatione Domini. De quorum testimonio et sacramento hujus modi facto sunt testes : R. de Agen magister, et Ar. Destampas, et Guiraldus de Lestrada, et Pontius de Layla, et Durandus de Castro, et Pontius de Calmont, et Ar. Davi, et H. de la Garda, et Ar. de Magaseu, et R. de Podio, et Petrus Xpistianus, *quatuor alii*, et Pontius de Casilacco, notarius publicus de Monte Astrucho juratus noticie capituli Tholose, qui cartam istam scripsit. »

La date de cette charte n'est pas parfaitement exacte; si on adopte le chiffre de la férie, *feria* v, le jeudi, il faut corriger le quantième du mois et mettre, comme nous l'avons fait, 10 au lieu de 9, parce qu'il est plus probable qu'on s'est trompé sur le quantième du mois que sur le jour de la semaine. Si on adopte le quantième du mois, tel qu'il est exprimé dans la charte, il faudrait corriger le chiffre de la férie et mettre vi au lieu de v, le *mercredi* au lieu du *jeudi*.

2888 1240-41. 15 janvier.

(J. 314. — Toulouse, VII, nº 18. — Original.)

Instrumentum, per litteras alphabeti divisum, quo Bernardus Credanus et Petrus Credanus frater ejus, sponderii Johannis Begonis de Audivilla pupilli sui, eumdem faciunt et constituunt hominem domini comitis Tholosani, Guillelmo Bernardi, bajulo domini comitis, hoc recipiente, promittentes, statim ut præfatus Johannes ad legitimam ætatem pervenerit, se facturos ut supradicta rata habeat et confirmet. — « Actum fuit hoc ita et concessum xv. die introitus mensis januarii, regnante Lodoico Francorum rege, et Rº Tholosano comite, et Rº episcopo, anno mº ccº xl. ab incarnatione Domini. Testes sunt : R. Beteda, Arnaldus de Escalquencis, R. Arnaldus de Villanova, *quatuor alii*, et Bernardus Aimericus qui cartam istam scripsit. »

2889 Moustier-en-Der. 1240-41.
Dimanche. 20 janvier.

(J. 201. — Champagne, IX, nº 20. — Original.)

Theobaldus rex Navarræ, Campaniæ et Briæ comes palatinus, et abbas conventusque monasterii Dervensis notum faciunt, cum questio verteretur inter se ipsos de interpretatione quorumdam verborum contentorum in charta societatis de Longavilla, inter prædictum regem et præfatum monasterium initæ, se pro bono pacis in venerabiles viros Stephanum archidiaconum Parisiensem et dominum Anselmum de Cremona compromisisse. — « In quorum vero testimonium, presentem paginam sigillorum nostrorum munimine duximus roborandam. Actum apud monasterium Dervense, anno Domini Mº ccº quadragesimo, die Dominica proxima ante festum Beati Vincentii. »

Traces de trois sceaux pendants sur double queue. — Ces sceaux étaient probablement celui du comte Thibaud, celui d'Anselme, xxxivᵉ abbé du monastère de Moustier-en-Der, et le sceau du couvent. Le sceau du comte Thibaud IV, roi de Navarre, est décrit dans l'*Inventaire* sous le nº 11372. Les deux autres n'existent plus aux Archives.

2890 1240-41. Lundi 28 janvier.

(J. 328. — Toulouse, XIX, nº 16. — Original.)

Instrumentum quo notum sit Ramundum de S. Genesio totam illam terram quæ est juxta Podium Airaldetum, inter vallum Salvetatis et aliud vallum quod est juxta terram hospitalis, domino Sicardo Alamanno et ejus ordinio vendidisse. — « Hoc fuit factum et ita positum IIII. die exitus mensis januarii, feria II, regnante Lodoico Francorum rege, et R. Tolosano comite, et R. episcopo, anno mº ccº xlº ab incarnatione Domini. Hujus rei sunt testes : Petrus Rigaldus, et Bertrandus filius Arnaldi de Roaxio qui fuit, et Guillelmus de Ulmo notarius, et Bernardus de Samatano qui cartam istam scripsit. »

2891 Bessières 1240-41. Janvier.
Lundi 7, 14, 21 ou 28 janvier.

(J. 325. — Toulouse, XVI, nº 30. — Original roman.)

Acte, divisé par A. B. C, du bail à cens ou enfieffement de diverses maisons avec leurs dépendances sises à Bessières (*Veseiras*) le long du mur de la ville, et d'une quarterée (*cartairada*) de terre contiguë à la métairie (*cazal*) de l'hôpital de Bessières; ledit bail consenti par W. de Guamevila à B. W. Conort et à ses héritiers. — « Testimoni : Wuidal, e Berengeir de Monbozaut, e B. R. de Lauzu, e R. Benel, e W. Repolleir escrivas comunals de Veseiras, come o auzic que aqesta carta escrius, el mes de jerveir, feria II, anno Domini M. cc. xl. ans, reinan Lodoic lo rei, etc... E aiso fo faig a Veseiras el pla, denant l'obrador de P. de Lobaresas. »

2892 1240-41. Janvier.

(J. 176. — Tours, II, nº 8. — Original scellé.)

Raherius decanus et capitulum Turonenses notum faciunt super contentione, quæ inter se et illustrissimum Ludovicum Francorum regem diutius vertebatur, de clave portæ juxta castrum Turonense sitæ, sic fuisse compromissum, videlicet, quod in dicta porta duæ claves fient similes, quarum unam habebit castellanus regis et ipsi alteram. Hanc autem clavem regi tradere tenentur, quoties ab eo de hoc requisiti fuerint. — « In cujus rei memoriam et munimen, sigillo venerabilis patris Juelli, Dei gratia Turonensis archiepiscopi, et nostro presentes litteras fecimus sigillari. Actum anno Domini M° cc° quadragesimo, mense januario.»

Deux sceaux en cire jaune pendants sur double queue. — Le sceau de Juhel de Mayenne, archevêque de Tours, second sceau, est décrit dans l'*Inventaire* sous le n° 6415; le sceau du chapitre de Saint-Maurice de Tours, sous le n° 7344.

2893 1240-41. Janvier.

(J. 460. — Fondations, I, n° 11. — Original scellé.)

G. (Guillelmus) Parisiensis episcopus notum facit, cum Adam Cocus, serviens domini regis Franciæ, de bonis propriis, ob remedium animæ suæ nec non progenitorum et benefactorum suorum, regis Philippi scilicet, Ludovici filii ejus et regis Ludovici qui modo regnat, quamdam capellaniam fundare attenderet, in capella domini regis, sub invocatione S. Michaelis archangeli, Parisius, juxta palatium regium, constructa, a se præfatam fundationem approbatam fuisse et se insuper dicto fundatori concedere ut dictæ capellaniæ collationem, quamdiu vixerit, habeat. Quæ autem collatio, post ejus mortem, domino regi Franciæ et ejus heredibus deveniet. — « In cujus restimonium (*corr.* rei testimonium), presentes litteras sigillo nostro fecimus roborari. Datum anno Domini M° cc° quadragesimo, mense januario. »

Sceau de Guillaume III, d'Auvergne, évêque de Paris; cire brune, double queue; décrit dans l'*Inventaire* sous le n° 6788.

2894 1240-41. Dimanche. 10 février.

(J. 304. — Toulouse, II, n° 66. — Original.)

Instrumentum quo constat Bernardum Alacer de Borello quidquid possidebat, videlicet castra et villas, militias et dominationes, feoda et alodia, homines et feminas cum eorum progenie orta et oritura, et eorum tenentiis, quæcumque sint et ubicumque sint, terras cultas et incultas, nemora et bartas, prata et pascua, etc., etc. Ramundo comiti Tolosæ, marchioni Provinciæ, ejusque successoribus et heredibus in perpetuum vendidisse. (*In hoc instrumento nec venditionis pretium nec locum, in quo res venditæ sitæ sunt, reperire est.*) — « Hoc fuit ita factum et concessum x. die ad introitum mensis februarii, feria prima, regnante Logoico (*sic*) rege Francorum, et ipso Ramundo Tolosano comite, et Ramundo episcopo, anno ab incarnatione Domini M° cc° xl. Hujus rei sunt testes : R. de Setenis prior Verdunii, et Petrus Beronus, et Bernardus Wilelmus de Brifa, et Vitalis de Setenis, et Petrus de Montotino, *decem alii*, et Petrus de Artibus qui cartam histam scripsit. »

2895 Toulouse. 1240-41. 14 février.

(J. 314. — Toulouse, VII, n° 76. — Original.)

Instrumentum quo Maynardus de Bainaco, pro se et heredibus suis, recognoscit se medietatem villæ et castri de Bainaco a Raimundo comite Tholosano, Provinciæ marchione, in feodum recipere, eique forma solita de prædictis ligium præstat homagium. Quod quidem præfatus comes recipit, ex parte sua promittens quod dicto Maynardo bonus dominus erit, et eum, cum dictis feudis et aliis rebus ejus, sub sua custodia, guidagio et securitate manutenebit. — « Actum fuit hoc Tholose et concessum, xvi. kal, martii, anno Domini M° cc° xl°. Testes sunt ad hoc vocati et rogati : Poncius de Villa nova senescalcus Tholosani, Sycardus Alamanni, Raimundus Beteda, Ermengavus de Podio, Guillelmus de Bouvillera, Petrus Laurencii, et Bernardus Aimericus publicus Tholose notarius qui, mandato ipsius domini comitis et Maynardi de Bainacco, presens publicum scripsit instrumentum. »

2896 Nailly. 1240-41. février.

(J. 261. — Sens, n° 6. — Original scellé.)

Galterus Senonensis archiepiscopus notum facit dominum regem et dominam reginam decimam, quam habebant apud Stampas, ecclesiæ monialium quæ est juxta Pontisaram integraliter et perpetuo possidendam contulisse. Quam donationem ipse archiepiscopus ratam habet et auctoritate sigilli sui confirmat. — « Datum apud Naaillum, anno Domini M° ducentesimo quadragesimo, mense februario. »

Sceau de Gautier III Cornut, archevêque de Sens; cire blanche, double queue; décrit dans l'*Inventaire* sous le n° 6390.

2897 Paris. 1240-41. Février.

(J. 392. — Dettes dues au Roi, n° 4. — Original scellé.)

Radulfus de Fogeriis miles notum facit se cum domino suo Ludovico, illustri Franciæ rege, de rachato terræ Sablolii, Castri novi super Saltam et pertinentiarum pro quingentis libris Turonensium, a proximo festo Omnium Sanctorum in annum solvendis, finavisse, ea lege ut dominus rex habeat levationes quas levavit de dictis terris a tempore mortis quondam nobilis dominæ Margaretæ de Sablolio usque ad præsentem diem; hac etiam addita conditione ut forteritia Sablolii inter manus domini regis sit remansura, pro cujus custodia ducentæ libræ Turonensium quolibet anno dicto regi a se persolventur. — « In cujus rei testimonium, presentes litteras sigilli mei munimine feci roborari. Actum Parisius, anno Domini M° cc° quadragesimo, mense februario. »

Sceau de Raoul de Fougères, chevalier; cire blanche, sur simple queue. *Inventaire*, n° 2229.

2898   Montargis. 1240-41. 14 mars.

Juramentum fidelitatis domino regi a Raimundo Tholosano comite præstitum et de quibusdam fortalitiis diruendis.

(J. 306. — Toulouse, III, n° 67. — Original scellé.)

Noverint universi, presentes litteras inspecturi, quod nos Raimundus, Dei gratia comes Tholose, marchio Provincie, karissimo domino nostro Ludovico regi Francie illustri juravimus, et tanquam domino nostro liggio promisimus, quod nos eidem bene et fideliter serviemus contra omnes qui possunt vivere sive mori, et inimicos ejus de partibus Albigesii guerreiabimus bona fide, castra etiam illa, que post pacem factam Parisius firmavimus vel inforciavimus, dirui faciemus, quando ab ipso vel mandato ipsius fuerimus requisiti, bona fide et sine omni ingenio, ad visum et cognitionem illius vel illorum quos dominus rex ad hoc mittet. — Castrum Montis-securi dirui faciemus quam cito illud habere poterimus, et procurabimus, vim et operam apponendo bona fide, ut illud quam citius poterimus habeamus; et istam dirutionem similiter faciemus ad visum et cognitionem illorum qui a domino rege ad hoc fuerint deputati. — Item de terra nostra eiciemus bona fide faiditos et inimicos domini regis, nec reverti, nec morari in eam permittemus eosdem sine voluntate domini regis. Promisimus etiam quod fideliter adjuvabimus posse nostro ad eos de terra domini regis similiter expellendos. — Concessimus etiam eidem domino regi quod, cum ab ipso vel de mandato ipsius ex parte ejus requisiti fuerimus, juramenta sibi fieri faciemus in terra nostra secundum quod in forma pacis facte Parisius continetur. — Concessimus etiam eidem domino regi quod castra illa, que per formam pacis jamdicte a nobis sibi tradita fuerunt, teneat a proximo Pascha Domini in duos annos ea conditione que ea tenebat ante. — Omnia predicta, sicut superius continentur, juravimus sepedicto domino regi bene, firmiter et sine malo ingenio nos tenere, salvis in omnibus et per omnia conventionibus quibus per pacem factam Parisius nos tenemur. — In cujus rei testimonium, presentes litteras fecimus sigilli nostri munimine roborari. — Actum apud Montem Argi, pridie idus marcii, anno Domini M° CC° XL°.

Sceau de Raymond VII, comte de Toulouse; cire blanche, double queue; second sceau; décrit dans l'*Inventaire* sous le n° 745.

2899   Montargis, 1240-41. 15 mars.

Juramentum fidelitatis domino regi ab Amalrico vicecomite Narbonensi præstitum.

(J. 337. — Narbonne, n° 6. — Original scellé.)

Noverint universi, presentes litteras inspecturi, quod ego Amalricus vicecomes Narbone karissimo domino meo Ludovico, regi Francie illustri, juravi, et tanquam domino meo liggio promisi quod ego eidem bene et fideliter serviam contra omnes qui possunt vivere sive mori, et inimicos ejus de partibus Albigesii guerreiabo bona fide. — Item de terra mea eiciam bona fide faiditos et inimicos domini regis, nec reverti nec morari in ea permittam eosdem sine voluntate domini regis. Promisi etiam quod fideliter adjuvabo ad eos de terra domini regis similiter expellendos. — Promisi etiam me traditurum supradicto domino regi, vel certo nuntio ipsius, de castris meis ea que idem dominus rex voluerit, quando ab ipso vel ejus certo nuncio fuero requisitus. — Hec autem omnia, sicut in presenti carta continentur, juravi sepedicto domino regi me bene, firmiter et sine malo ingenio servaturum. — Actum apud Montem Argi, idus marcii, anno Domini M° CC° XL°.

Fragment de sceau en cire blanche sur double queue. — Le sceau d'Amauri Ier, vicomte de Narbonne, est décrit dans l'*Inventaire* sous le n° 749.

2900   1240-41. Mars.

(J. 195. — Champagne, III, n° 78. — Original scellé.)

Milo dominus Noueticorum notum facit Petrum de Denemome, militem, hominem suum, annuente Isabelli, ejus uxore, quidquid habebat apud Parreteium, videlicet remanentiam hominum albanorum et omnia alia quæ ibidem in omnibus modis et commodis possidebat, illustri viro Theobaldo regi Navarræ, Campaniæ et Briæ comiti palatino, pro decem libris vendidisse. — « Ut hoc vero ratum permaneat, presentibus litteris, laude et voluntate predictorum Petri et uxoris sue Isabellis, sigillum meum apposui. Actum anno

Domini millesimo ducentesimo quadragesimo, mense marcii. »

Fragment de sceau en cire blanche. — Le sceau de Milon ou Miles, sire de Noyers en Auxerrois (Yonne), est décrit dans l'*Inventaire* sous le n° 3085.

2901   1241. 1ᵉʳ avril.

(J. 328. — Toulouse, XIX, n° 17. — Original.)

Instrumentum quo constat Raimundum Ademarium de Rochamaura, Bernardum Ademarium et Bertrandum Ademarium fratres, et Galardum de Rochamaura, pro se et fratre suo Pontio Ademario, quidquid habebant in honore del Truill et de Marinjol, a rivo de Torrat usque ad honorem domini Arnaldi, Sicardo Alamanni et ejus successoribus vendidisse. — « Actum fuit introitu mense aprili, anno Mº CCº XLIº incarnationis Domini, regnante Lodoico rege, Raimundo comite Tolose, et Raimundo episcopo. Hujus rei sunt testes : Guillelmus Ar. de Frontoin, et Ermengavus de Savaleta, et Petrus de Manso, *tres alii*, et Pontius de Casilacco, notarius publicus de Monteastruch, qui hanc cartam scripsit. »

2902   1241. Vendredi 12 avril.

Testamentum Mariæ comitissæ Blesis et S. Pauli.

(J. 383. — Gaucher et Hugues de Châtillon, n° 19. — Original scellé.)

Ego Maria, comitissa Blesis et Sancti Pauli, notum facio universis presentes litteras inspecturis quod ego, in lecto egritudinis, in bona memoria et in bono statu quantum ad intellectum et memoriam existens, spontanea volui et concessi quod karissimus dominus meus Hugo de Castellione, comes Sancti Pauli et Blesis, et karissima matertera mea Ysabellis comitissa Carnotensis, vel alter eorum, si ambo non potuerint vel voluerint interesse, plenariam et liberam habeant potestatem faciendi permutationes et excambia super hereditate mea de comitatu Blesensi pro fundis terre, pro pratis et pro aliis quibuscumque bonis alienis que occupata sunt vel occupabuntur a stagno quod dictus dominus meus facere incepit in riparia de Coussum super Huissellum. — Dedi etiam eisdem comiti et comitisse, vel eorum alteri, in forma predicta, plenariam et liberam potestatem assignandi domine de Sancto Dieto triginta libratas annui redditus in perpetuum, ubicumque voluerint, super predicta hereditate mea Blesensi,

in excambium sive reconpensationem jurium que dicta domina jure hereditario habebat in foresta nostra que Bolonia nuncupatur. — Item volui et concessi quod dicti comes et comitissa, vel alter eorum, in forma predicta potestatem habeant plenariam transigendi et conponendi super bienno quod adjudicatum fuit nobis in curia nostra Blesensi super burgensibus in villa Blesis et infra banluiam dicte ville manentibus, et quitandi dictos homines de dicto bienyo, et quidquid super dicto bienno facere vel ordinare voluerint facien'di. — Item dedi plenariam potestatem predictis comiti et comitisse in forma predicta donandi decimas territorii de Blimartio, in Turonensi dyocesi existentis, cuicumque ecclesie et ad quoscumque usus voluerint et viderint expedire. — Item dedi et concessi eisdem comiti et comitisse plenariam et liberam potestatem in forma predicta transigendi et conponendi de omnibus contentionibus et querelis quas ego et dominus meus habebamus cum nobili viro Richardo de Bellomonte et karissima consanguinea mea Matildi uxore sua, et restaurandi et quitandi dictis R. et uxori sue quidquid restaurandum duxerint vel quitandum. — Dedi insuper comiti et comitisse predictis, in forma supradicta, plenariam potestatem restaurandi de hereditate nostra omnia foreffacta mea, et defectus meos ad voluntatem ipsorum emendandi, secundum quod expedire viderent, et quitandi. — Quod ut ratum et stabile permaneat, omnia predicta conscribi feci et sigilli mei munimine roborari. — Datum anno Domini millesimo ducentesimo quadragesimo primo, mense aprilis, die veneris post dominicam qua cantatur *Quasi modo*.

Fragment de sceau en cire blanche pendant sur double queue. — Le sceau de Marie, fille de Marguerite, comtesse de Blois, et de Gautier II, seigneur d'Avesnes, femme de Hugues de Châtillon, comte de Saint-Paul, n'a pas été décrit, et le peu qu'il en reste ne suffit pas pour en donner une description satisfaisante. La comtesse était représentée, sur son sceau, debout et vêtue d'une robe flottante. Au contre-sceau, on distingue un écu armorié, mais dont les armoiries sont complétement effacées.

2903   1241. Dimanche 14 avril.

(J. 330. — Toulouse, XXI, n° 17. — Original.)

Instrumentum quo Willelmus de Faresio, Willelmus Tornerius de Castro Maurono, et Ugo Amatus de Garrigodochio, præstito super sancta Dei Evangelia juramento, affirmant totam illam terram et illum honorem vocatum de Canta Cogul, situm inter rivum de Monteastrug et honorem Bertrandi de Garrigiis, a quinquaginta annis et amplius in bona tenezone et absque alicujus reclamatione tam a Jordano de Castro Maurono, qui fuit, quam a Vitali de Castro Maurono, ejus filio, possessum fuisse. — « Hoc fuit ita a predictis testibus testificatum et juratum, xiiii. die introitus mensis aprilis, feria i, regnante Lodoico rege Francorum, et Ramundo Tolosano comite, et Ramundo episcopo, anno ab incarnatione Domini m° cc° xl° i°. De testimonio et sacramento a predicto Willelmo de Faresio et a predicto Willelmo Tornerio hujus predicti modi facto sunt testes: Ramundus de Rivis cambiator, et Bernardus Petrus Sabaterius, et Bernardus Rainauldus, et Ramundus Tornerius de Castro Maurono. Et de testimonio et sacramento a predicto Ugone Amato hujus predicti modi facto sunt testes: Vitalis Faverius, major, et Johannes Deinnerius. Et Petrus Robertus auctoritate predictorum testium cartam istam scripsit. »

2904 — Latran. 1241. 15 avril.

Litteræ Gregorii papæ IX Ludovico Franciæ regi pro Joffrido de Grandi Prato Cathalaunensi electo.

(J. 696. — Bulles. Mélanges, n° 12. — Original scellé.)

Gregorius episcopus, servus servorum Dei, carissimo in Xpisto filio illustri regi Francie, salutem et apostolicam benedictionem. — Ut ei te gratum exhibeas ac devotum qui te sue [misericordie] potentia extulit in sublime, sponsam ejus Ecclesiam et viros ecclesiasticos omnes, juxta consuetudinem clare memorie progenitorum tuorum qui eos ex innata sibi clementia pio semper et prompto venerabantur affectu, debes sinceritatis brachiis amplexari ac in suis justitiis favorabiliter confovere. — Licet igitur dudum ecclesia Cathalaunensi vacante ac electione de dilecto J. (Joffrido) de Grandi Prato in eadem ecclesia celebrata et confirmata per bone memorie archiepiscopum Remensem, loci metropolitanum, dilectus filius thesaurarius Cathalaunensis appellationes, que contra eundem electum dicebantur interposite, prosequi niteretur, quia tamen nos, ne dicta ecclesia in spiritualibus vel in temporalibus gravem sustineret ulterius lesionem, causam ipsam nuper ad examen Apostolicum revocantes, ex Apostolice servitutis officio, quo ad faciendum judicium ita sumus astricti quod declinare non possumus ad dexteram vel sinixtram, de fratrum nostrorum consilio eundem thesaurarium decrevimus non esse ad prosecutionem appellationum hujusmodi admittendum, regalem excellentiam rogamus et hortamur attente quatinus, predictos ecclesiam et electum habens, pro divina reverentia et Apostolice Sedis ac nostra, propensius commendatos, regalia ipsius ecclesie ac perceptos a tempore confirmationis fructus [predicto] electo facias liberaliter assignari. — Datum Laterani, xvii. kalendas maii, pontificatus nostri anno quinto decimo.

Bulle de plomb sur cordelettes de chanvre. (*Inventaire*, n° 6047.)

2905 — Montpellier. 1241. 18 avril.

Tractatus confederationis initæ inter Jacobum Aragoniæ regem et Raimundum comitem Tolosæ.

(J. 589. — Aragon, II, n° 3. — Original scellé.)

ABC.   ABC.   ABC.

In nomine Domini nostri Jhesu Xpisti, nos Jacobus, Dei gratia rex Aragonie, et nos Raimundus, comes Tolose, facimus inter nos pacem et concordiam et firmatam confederacionem ut simus ad invicem coadjutores et convalitores in omnibus et specialiter ad deffensionem fidei catholice et sancte Romane ecclesie, quam semper totis viribus promitimus defendere et juvare contra omnes impugnatores suos et contra omnes hereticos, et de terris et locis nobis subjectis, juxta voluntatem Ecclesie, omnem heresim curabimus extirpare, et, salvo in omnibus honore Ecclesie, erimus ad invicem coadjutores et convalitores contra omnes homines bona fide, set ex hiis nos rex predictus excipimus regem Castelle et comitem Provincie, ita quod contra istos non teneamur vos comitem juvare, immo possimus eos coadjuvare. — Et nos comes predictus excipimus regem Francie et regem Castelle, ita quod contra istos non teneamur vos dictum regem Aragonie adjuvare, salva tamen voluntate et mandato regis Francie quantum ad nos. — Et ista sic tractata et ordinata curabimus jurare et assecurabimus complere et observare. — Datum [in] Montispessulano, xiiii. kal. madii, anno Domini m° cc° xl° primo.

Sceau de Jacques Ier, roi d'Aragon; cire brune sur rubans de soie ponceau; second sceau, décrit dans l'*Inventaire* sous le n° 11223. — Sur la date de cette pièce, voyez l'observation à la fin de la pièce suivante.

2906 Montpellier. 1241. 23 avril.

Instrumentum de treugis inter regem Aragoniæ et comitem Tolosanum initis.

(J. 589. — Aragon, II, n° 4. — Original scellé.)

ABC.   DEF.   CHJ.

Noverint universi quod inter Jacobum, Dei gratia regem Aragonie, et R. (Raimundum), eadem gratia comitem Tholosanum, sunt treugue inhite et pacta conventa in hunc modum infrascriptum, videlicet, quod inter eos et suos, et terram eorumdem et suorum est et debet esse firma et incorruptibilis treugua et concordia bona fide contracta a festo Omnium Sanctorum usque ad duos annos contiguos et completos, et interim et infra predictum tempus uterque ipsorum et sui debent a molestatione, injuria et dampno alterius et suorum abstinere. — Verum, si contingeret quod, infra tempus dictorum duorum annorum, semel vel sepius aliquid ab aliqua parte vel suorum contra ipsas treuguas vel pactiones dictarum treugarum qualitercumque fieret, injurie et dampna illata arbitrio seu arbitratu duorum virorum, quod (*corr.* qui) a partibus eligerentur, debent plenarie resarciri infra quadraginta dies, treugis predictis usque ad duos annos predictos nichilominus in sua manentibus firmitate. — In predictis autem treugis est tota terra regis Aragonie et suorum a Rodano usque Valentiam, et totum regnum Valentie, et totum regimen Majoricarum, per mare et per terram; et tota terra comitis Tholosani et suorum citra Rodanum et ultra, et ubicumque sit, et specialiter Massilia et castrum de Bragansou, per mare et per terram. — In aliis vero locis qui non sunt in treugis, si rex Aragonie faceret seu moveret guerram vel guerras contra quamcumque vel quascumque personas, vel aliquis seu aliqui facerent vel moverent guerram contra ipsum regem vel suos, vel terram suam vel suorum, comes Tholosanus non debet defendere vel juvare illam vel illas personas, nec debet esse per se vel suos contra regem Aragonie vel suos in guerra vel guerris. — Eodem modo, si comes Tholosanus moveret vel faceret guerram vel guerras contra quamcumque personam vel quascumque personas; vel aliquis seu aliqui facerent vel moverent guerram contra ipsum comitem vel suorum (*corr.* suos), vel terram suam vel suorum, rex Aragonie non debet defendere vel juvare illam vel illas personas, nec debet esse per se vel suos contra comitem Tholosanum vel suos in guerra vel guerris. — Treuge vero predicte valide et firme esse debent et erunt usque ad predictos duos annos, nec violabuntur nec violari debent modo aliquo vel infringi, etiam jussu majoris privilegii, indulgentia, mandato vel remissione qualibet indulcta vel indulgenda etiam a domino Papa vel ejus legato. — Si vero infra predictos duos annos rex Aragonie haberet mandatum summi Pontificis quod inpugnaret comitem Tholosanum, vel comes Tholosanus haberet mandatum regis Francie de inpugnando ipso rege Aragonie, alter alteri posset desmandare treuguas, ita tamen quod post desmandationem ipsam treuge predicte firme durent et durare debent per VI. menses continuos et completos. — Pro predictis autem treugis firmiter observandis debent jurare xx^{ti}. barones, ex parte regis Aragonie, et L. probi homines Montispessulani. A parte vero comitis Tholosani, debent jurare xx^{ti}. alii barones et L. probi homines comitatus Massilie. Qui barones et de singulis predictis civitatibus L. probi homines pro se et singuli quinquaginta singularum civitatum ipsarum universitatum mandato jurabunt et jurare tenebuntur omnia predicta et singula observari. — Et est sciendum quod, a Narbona versus Rossilionem et Cataloniam, vicarius Rossilionis et senescalcus Ruticensis debent arbitrari de plano de dampnis et injuriis restituendis et emendandis. — A Narbona vero ultra versus Tholosam et Caturcum et alias partes versus Montempessulanum, debent arbitrari de plano senescalcus Venaissini et tenens locum regis in Montepessulano; a Montepessulano vero versus Venaissinum et Massiliam, et ultra, per mare et per terram, debent arbitrari de plano tenens locum regis in Montepessulano et vicarius Massilie. — In predictis vero treugis est et esse intelligitur R. (Raimundus) Gaucelmi et sui. — Et nos memorati Jacobus rex Aragonie. et R. (Raimundus) comes Tholose predictas treugas et omnia supradicta et singula laudamus et confirmamus et bona fide promittimus ea omnia et singula servare et adimplere per nos et nostros et contra non venire per hec sancta Dei Euvangelia a nobis corporaliter tacta. — Actum in Montepessulano, viiii. kalendas madii, anno Dominice incarnationis M° CC° XL° primo. Testes sunt : P. Ugo comes Ympuriarum, Gr. de Capraria, Ex. de Fossibus, Barrallus de Baucio, Poncius de Villa nova, G. de Barreria. — In quorum testium presentia, anno et die prescriptis, juraverunt omnia prescripta et singula mandato dicti domini regis, scilicet : G. Johanini, bajulus Montispessulani, et Ugo Pulverelli, B. Frogerii, B. de Lechos, R. de Melgorio, G. de Albaterra, P. de Posqueriis, B. Lamberti, G. Garnerii, Dr. de Mesoa, P. Ricardi, G. de Vilari, J. de Gunacho, consules; P. Rigaldi, B. Ricardi, B. de Andusia, P. Gros, Cambafort, R. Lamberti, R. Atbrandi, J. Tabernarius, G. de Murlis, B. de Mairano, R. Comte, Firminus Burgensis, D. Fabri, Dur. Raffina, B. Resserii, S. Boverii, R. Huc, P. Salvator, G. de Sancto Martino, B. de Sancto Paulo, G. Rogerii, P. de Fontanis, Firminus Dieus-lo-fes, B. de Ribalta, T. Vesiani, Jo. Dalaus, Po. Garini, Ugo Faber, B. Guillermi, B. Romeui, G. de Vineis, Gr. Faber, Ar. Forti, Gitbertus Cumballols, Elyas Garnerii, R. Lamberti, frater Berengarius Lamberti. — Signum † Guillermi scribe qui, de voluntate et mandato utriusque, hec scribi fecit, loco, die et anno prefixis.

Cet acte, daté du ix. des calendes de mai (23 avril) 1241, est nécessairement du mois d'avril 1241 après Pâques, puisque l'année 1242 commença le 20 avril. Mais la pièce précédente, datée du xiii. des calendes de mai (18 avril) pourrait être du mois d'avril 1241-42 avant Pâques, et par conséquent postérieure à celle-ci de toute une année. Il semble en effet qu'un traité de paix définitif a dû suivre, et non pas précéder de quelques jours, un traité de simples trêves conclues pour deux ans. Cependant, comme ce traité de paix, où les deux parties contractantes interviennent seules, a pu dans le principe rester secret, nous lui avons conservé la date du 18 avril 1241, qui lui est formellement assignée par D. Vaissette (*Histoire de Languedoc*, tome III, p. 424), et par Tillemont (*Vie de saint Louis*, tome II, p. 419). Ni l'un ni l'autre de ces deux historiens ne parle de la trêve conclue le 23 avril. — Les deux pièces, datées toutes deux de Montpellier, sont scellées de la même manière.

2907   1241. Jeudi 25 avril.

(J. 254. — Bourgogne, VI, n° 44. 5. — Copie authentique.)

Coram N. (Nicolao) Trecensi episcopo, magister Guydo de Chableiis, ecclesiae S. Stephani Trecensis celerarius, recognoscit domum in foro Chableiarum sitam, quam sibi ad vitam, cum platea eidem contigua, in qua li donjons quondam fuit, dominus rex Navarræ in donum contulit, post decessum suum, absque omni contradictione, ad præfatum regem esse revertendam. — « Nos vero, ad requisicionem dicti Guidonis, presentes litteras sigillo nostro fecimus roborari. Actum anno gratie millesimo ducentesimo xl° primo, die Jovis in festo Sancti Marci evangeliste.»

Vidimus délivré et scellé par le doyen et le chapitre de l'église de Saint-Étienne de Troyes, le samedi 13 juin (*die sabbato in vigilia Trinitatis*), 1290.

2908   Saint-Germain en Laye. 1241. Avril.

Litteræ reginæ Margaretæ de non veniendo contra ordinationem testamenti domini regis Ludovici.

(J. 403. — Testaments, I, n° 3. — Original scellé.)

Margareta, Dei gratia Francie regina, omnibus ad quos littere presentes pervenerint, salutem. — Notum facimus per presentes quod nos karissimo domino nostro Ludovico, regi Francie illustri, spontanea voluntate, tactis sacrosanctis Ewangeliis, juravimus quod nos contra ordinationem vel testamentum quod ipse fecerit, sicut ipsius sigillo sigillatum apparebit, nunquam nec per nos nec per alium veniemus. — In cujus rei testimonium, presentibus nostrum fecimus apponi sigillum. — Actum apud Sanctum Germanum in Loya, anno Domini M° ducentesimo quadragesimo primo, mense aprili.

Sceau de Marguerite de Provence, femme de saint Louis; cire blanche, double queue; décrit dans l'*Inventaire* sous le n° 154.

2909   Saint-Germain en Laye. 1241. Avril.

Litteræ testimoniales plurium prælatorum de prædicto juramento a regina Margareta præstito.

(J. 403. — Testaments, I, n° 4. — Original scellé.)

Universis Xpisti fidelibus ad quos littere presentes pervenerint Guillelmus, Dei gratia Parisiensis, Adam, eadem gratia Silvanectensis, episcopi, Odo Beati Dyonisii, Radulphus Sancti Victoris Parisiensis, abbates, salutem in Domino. — Notum facimus per presentes quod karissima domina nostra Margareta, regina Francie illustris, nobis presentibus apud Sanctum Germanum in Loya, anno Domini M° CC° quadragesimo primo, mense aprili, tactis sacro-sanctis Evangeliis, juravit quod contra ordinationem vel testamentum, quod karissimus dominus noster Ludovicus rex Francie illustris faceret, sicut ipsius regis sigillo sigillatum appareret, ipsa nunquam nec per se nec per alium veniret.— In cujus rei memoriam, presentibus litteris nostra fecimus appendi sigilla. — Hoc factum fuit loco predicto, anno et mense suprascriptis.

<small>Cette charte est scellée de quatre sceaux en cire brune pendants sur double queue, qui sont décrits dans l'*Inventaire* sous les n^{os} suivants, savoir :
1. Guillaume III d'Aurillac, évêque de Paris, n° 6788.
2. Adam de Chambli, évêque de Senlis; second sceau, n° 6858.
3. Eudes IV, abbé de Saint-Denis; second sceau, n° 9020.
4. Raoul, abbé de Saint-Victor, n° 8921.</small>

2910   1241. Avril.

Ratification par Thibaud roi de Navarre, comte de Champagne, du marché conclu par la commune de Troyes avec Bernard de Montcuq et ses associés pour le payement des dettes de ladite commune.

<small>(J. 195. — Champagne, III, n° 24. — Copie authentique.)</small>

Nos Tiebauz, par la grâce de Dieu rois de Navarre, de Champeigne et de Brie cuens palatins, à touz celz qui ces présentes lètres verront, salut en Nostre Seignor. — Sachent tuit cil qui verront ces lètres que nostre ami et nostre foial Jehan, châtelains de Noion et de Thorete, et Lyoines de Sézanne, chevalier, par nostre acort et nostre volanté, et par le commun acort dou maior, des eschevins et de la communité de Troies, por la délivrance et la quitance des dètes que la commune de Troies doit, ont fait tel marchié à Bernart de Moncuc, à Jéhan le Méleron, à [Berna]rt de Nivèle, à Garnier Torpin, à Jehan de Hampguion, à Garnier de Dijon lo cordoanier, à Henri de Rosnai, à Guillaume de Moncuc, à Domenche des Fossez et à Ramon de Moncuc, c'est à savoir : que tuit nostre home et totes nos fames de la commune de Troies paieront de quant que il vendront et achèteront, jusque à v. anz, IIII. deniers de la livre en que......... achatent, forz que de héritages et de noz marchiés que nos vendons. Et nos devons prei.... toz noz autres homes et noz fames que nos avons à Troies, par char... et par autre chose, que il paient ces IIII. deniers ensi com cil de la commune. — Et tuit li home à sainz et à saintes et à genz de religion, qui ces IIII. deniers voldront [payer, avons exemp]té de nos ostz et de nos chevalchiées jusque aus v. anz devant diz, par si que, s'il avenoit que nos eussiens grant besoig de semonse et nos les menissiens en ost ou en chevalchiée, il ne paieroient mie les IIII. deniers en l'an que il i auroient alé. — Et avoc ce li devant dit compaignon ont le pauement (sic) de Troies, tant que a.... chascun an, por v. c. livres, et ont avoc nostre prévosté et noz forz et noz molins jusque à v. anz. — Et nostre Giif (*c. à d.* nos Juifs) de Troies paieront ensiment les IIII. deniers de quant que il achèteront et vendront, fors que de lor viendes. — Et avoc ce li devant dit compaignon ont entérinement la jostise de Troies, si com li maires la tient. Et sera maires li uns des compaignons, chascun an, tant que aus v. anz devant diz. — Et dou loier du maior, il sera en l'esgart des devant diz Jehan de Thorete et Lyoine de Sézanne, ou de l'un d'ax, ou de nostre commandement, et ausimant des changeors, et ausimant des despens de la vile, se il avient que li maires et li eschevins facent despens por la besoigne de la vile. — Cist marchiez vaut v. M. III. C. livres chascun an [à prendre par] tex termines, c'est à savoir : M. livres en la foire Saint Jehan, et II. M. livres en la foire Saint Remi, et II. M. III. C. livres en la foire de Bar dedenz droit paiemant, et ausimant chascun an par ces termines, juzque à v. anz. — Et est à savoir que cil qui vendront et achateront qui ces IIII. deniers doivent paier, les paieront le jor meismes que il achèteront ou vendront, ou lendemain du jour. Et... feront mètre en escrit de ce que il devront à celz qui seront establi à ce recevoir. Et, se aucuns en défailloit ou recéloit son achat ou sa vendue, il paieroit, sur chascuns IIII. deniers que il auroit recélez, xx. sols d'amende. — Et nus de ces de la commune ne se puet acompaigner ne loier à autrui por es[chiv]er ce qu'il ne paie les IIII. deniers. — Et est à savoir que, s'il avoit aucun descort en ces convenances, en aucune chose que i fust à amender, il seroit racordé et ramandé par les devant diz Jehan de Thorete et Lyoine de Sézanne, ou par l'un d'ax, ou par nostre Consoil. — Et li eschevin, qui seront esleu chascun an de par nous, jureront sor sainz que il à boene foi garderont par toz leus nostre droiture, et la droiture de la commune de Troies, et la droiture des compaignons devant diz. — Cist marchiez, et ces convenances, et cist IIII. deniers à lever et à paier de la livre, si cum est devant dit, doivent faillir aus octauves de la Pasque close en l'an mil II. C. et XLVI.

— Et cest marchiez et totes ces convenances devant dites nos loons et volons, et otroions et les promettons à garantir aus devant diz compaignons, et tenir et garder en boene foy. — Et por ce que ce soit ferme chose et estable, nos avons fait séeller ces présentes lètres de nostre seel. — Ce fu fait en l'an de grâce M. II. C. et XLI, ou mois d'avril.

Vidimus délivré au mois d'août 1243 par Jobert de Haquetins, de Bar-sur-Seine, bailli de Troyes. Cette pièce a souffert de l'humidité, et les mots indiqués par des points sont complétement effacés. Nous la plaçons au mois d'avril 1241 après Pâques, du 1er au 30, mais elle pourrait être du mois d'avril 1241-42 avant Pâques, du 1er au 19.

2911   1241. Avril.

(J. 165. — Valois, III, n° 18. — Original scellé.)

Erardus de Gallanda sese obligat ad domum fortem de Husseia domino Ansello de Tornan vel ejus mandato, ad magnam vim et ad parvam, quotienscumque inde requisitus fuerit, tradendam. — « Quod ut ratum permaneat, presentes litteras sigillo meo feci roborari. Actum anno Domini M° CC° quadragesimo primo, mense aprili. »

Sceau d'Érard de Garlande; cire blanche; double queue; *Inventaire*, n° 2263. — Pour la date de cette charte, voyez l'observation à la suite de la pièce précédente.

2912   1241. Lundi, 13 mai.

(J. 324. — Toulouse, XV, n° 11. — Original roman.)

Acte, divisé par A. B. C, du bail à cens ou enfieffement d'un emplacement de maison (*tot aquel logitar de maiso*), consenti par W. de Guamevila à II. Gérucalt et à ses héritiers. — « Hoc fuit factum XIII. dias a l'intrat de mai, feria II, regnante Lodoico rege Francorum, Raimundo Tolosano comite, Raimundo episcopo, anno ab incarnatione Domini M. CC. XLI. Hujus rei sunt testes : R. Amaueu, *quatuor alii*, et Willelmus de Noerio qui cartam istam scripsit. »

2913   Cavaillon. 1241. 30 mai.

Instrumentum homagii quod Johanni archiepiscopo Arelatensi Raimundus Tolosanus comes pro castro Bellicadri et pro Argencia præstitit.

(J. 318. — Toulouse, IX, n° 37. — Original scellé.)

In nomine Domini nostri Jeshu Xpisti, anno incarnationis ejusdem millesimo CC° XLI°, III° kalendas junii, manifestum sit omnibus, tam presentibus quam futuris, quod nos R. (Raimundus), Dei gratia comes Tholose, marchio Provincie, confitemur et in veritate recognoscimus vobis venerabili patri domino Johanni, Dei gratia sancte Arelatensis ecclesie archiepiscopo, presenti et interroganti, nos debere tenere in feudum castrum Bellicadri et Argenciam, cum omnibus pertinenciis suis, a vobis et ecclesia Arelatensi, et predecessores nostros tenuisse dictum castrum et Argenciam in feudum a predecessoribus vestris, nomine Arelatensis eclesie. — Quod autem pro feudo predicto vobis et ecclesie Arelatensi fideles existamus, et personam vestram et canonicorum vestrorum, possessiones et jura ecclesie Arelatensis salvemus et deffendamus, et omni dampno et gravamini obviemus, quod vobis vel ecclesie vestre inferri contingeret, vobis promitimus bona fide, et pro feudo predicto vobis et ecclesie Arelatensi fidelitatem juramus et homagium facimus, manibus nostris inter vestras positis, dato osculo fidei et recepto.—Promittimus insuper vobis nos observaturos universas conventiones et singulas habitas inter predecessores vestros et ecclesiam Arelatensem et nos, seu predecessores nostros, et specialiter convenciones factas per venerabilem patrem A. (Amicum) Aurasicensem episcopum, Bertrandum de Avinione et Rostagnum de Podio-alto, sicut in instrumentis inde confectis plenius continetur. — Ad hoc nos prefatus archiepiscopus, fidelitate et homagio a vobis dicto comite receptis, dictum feudum cum pertenciis suis, per nos et per ecclesiam Arelatensem, vobis et successoribus vestris concedimus et confirmamus, et vos presentem et recipientem de nostra voluntate bona et gratuita investimus, promittentes vobis bona fide quod nos ad recuperationem et conservationem feudi predicti seu predictorum feudorum, ad requisitionem vestram, cum toto posse nostro, vivam guerram faciendo et omnibus aliis modis quibus poterimus, juvabimus vos spiritualiter et temporaliter, viriliter et potenter. —Actum est hoc apud Cavellionem, in camera domini Cavellicensis episcopi, in presencia et testimonio dominorum Duranti Albiensis, Guillelmi Carpentoratensis, A. (Amici) Aurasicensem episcoporum, Barralli domini de Baucio, Poncii Astoaudi, Guillelmi de Barreria, Bauciani de Massilia, Johannis Aurioli notarii domini comitis supradicti, et mei

Hugonis Staque, publici notarii domini Arelatensis archiepiscopi, qui, mandato dicti domini archiepiscopi et domini comitis supradicti, hanc cartam scripsi et signo meo signavi. — In cujus rei testimonium et ad majorem firmitatem, presentem cartam preceperunt prefati dominus archiepiscopus et dominus comes sigillorum suorum munimine roborari. (*Hic notarii signaculum.*)

Scellé en cire brune, sur lacet de fil blanc et rouge liséré de vert, du sceau de Raymond, comte de Toulouse, second sceau (*Inventaire*, n° 745); et du sceau de Jean III de Baux, archevêque d'Arles (*Inventaire*, n° 6287).

2914   Pontoise. 1241. Mai.

Juramentum fidelitatis domino regi ab Oliverio de Terminis præstitum.

(J. 620. — Hommages, I, n° 15. — Original scellé.)

Ego Oliverus de Terminis notum facio universis presentes litteras inspecturis quod ego excellentissimo domino meo Ludovico, Dei gratia regi Francie illustri, tactis sacrosanctis Euvangeliis juravi quod ego ei bene et fideliter serviam contra omnes gentes que possunt vivere et mori, et ab ejus fideli servicio non recedam, nec deportationem vel confederacionem cum inimicis ejus habebo, set eis pro posse meo faciam vivam guerram, gentes etiam ejusdem domini regis et terram suam pro posse meo juvabo et a dampno et periculo defendam; et, si scivero dampnum vel periculum genti vel terre ipsius aliquatenus imminere, ipsos, quam citius potero, super hoc premuniam bona fide. — Et in hujus rei testimonium, presentibus litteris meum apposui sigillum. Actum Pontisare, anno Domini M° CC° quadragesimo primo, mense maio.

Sceau d'Olivier de Termes; cire jaune, double queue; décrit dans l'*Inventaire* sous le n° 3675.

2915   Pontoise. 1241. Mai.

(J. 620. — Hommages, I, n° 13. — Original scellé.)

Juramentum fidelitatis a Petro de Cugegnon et a Berengario, fratribus, domino regi præstitum. — « Et in hujus rei testimonium ego Petrus (*corr.* Berengarius), pro me et fratre meo, quia sigillum non habebat, presentibus litteris meum apposui sigillum. Actum Pontisare, anno

Domini millesimo ducentesimo quadragesimo primo, mense maio. »

Sceau de Bérenger de Cucugnan en Languedoc (Aude); cire blanche, double queue, décrit dans l'*Inventaire* sous le n° 1974, au nom de P. de Cugegnan. — Le texte de ce serment est le même que celui d'Olivier de Termes.

2916   1241. Mai.

Homagium ab Henrico de Vergeio, senescallo Burgundiæ, comitissæ Nivernensi præstitum.

(J. 256. — Nevers, n° 27. — Original.)

Ego Henricus de Vergeio, senescallus Burgundie, notum facio omnibus presentes litteras inspecturis quod ego sum homo legius nobilis domine comitisse Nivernensis, salva tamen fidelitate domini mei ducis Burgundie, et comitis Campanie, et comitis Burgundie. Et dicta domina comitissa Nivernensis michi tenetur solvere annuatim sexaginta libras de Acceoroix vel certo mandato meo apud Acoeurre, ad festum Beati Andree apostoli, propter feodum meum. — Et sciendum est quod ego quitavi eidem nobili domine comitisse Nivernensi omne jus quod habebam vel habere debebam in castro Censorii. — In cujus rei testimonium, quia sigillum non habeo, sigillum karissime domine mee A. (Alidis) ducisse Burgundie presentibus litteris feci apponi, promittens quod, quam cito sigillum habebo, totum tenorem presencium litterarum sigillo meo sigillabo. — Datum anno Domini M° CC° XL° primo, mense maii.

Traces de sceau pendant sur double queue. — Le sceau d'Alix de Vergy, duchesse de Bourgogne, veuve d'Eudes III, est décrit dans l'*Inventaire* sous le n° 467.

2917   1241. Mai.

Litteræ quittationis ab Archembaudo domino Borbonii comiti et comitissæ Nivernensi datæ.

(J. 256. — Nevers, n° 28. — Original scellé.)

Ego Archenbaudus dominus Borbonii notum facio universis presentes litteras inspecturis quod ego quitto karissimum dominum et fratrem meum G. (Guigonem), comitem Nivernensem et Forensem, et karissimam dominam meam M. (Mathildim) nobilem comitissam, ejus uxorem, de plegeria in qua dictus comes posuit me erga karissimum dominum meum Ludovicum, inclite recordacionis, quondam regem Francie. — Quitto etiam ipsos comitem et comitissam de eo debito de quo ipsi obligaverunt se erga me occasione dicte plegerie; et omnes plegios, quos pro dicto debito erga me constituerunt, quitto penitus et quittavi. — Volo etiam et concedo quod, si aliqua littera vel littere de debito supradicto confecte a me vel a meis traherentur amodo in publicum, nullius essent valoris aut momenti. — In cujus rei testimonium, presentes litteras feci sigilli mei munimine roborari. Actum anno Domini M° CC° quadragesimo primo, mense maio.

Sceau d'Archambaud IX, sire de Bourbon; cire brune, double queue; *Inventaire*, n° 445.

2918   1241. Mai.

Oliverius de Terminis se, castrum suum de Aguillare et totam terram suam ad omnimodam voluntatem domini regis supponit.

(J. 399. — Promesses, n° 39. — Original scellé.)

Ego Oliverus de Terminis notum facio universis presentes litteras inspecturis quod ego corpus meum, terram meam et castrum meum de Aguillare omnino supposui, *haut et bas*, voluntati excellentissimi domini Ludovici, Dei gracia regis Francie, sine conventione aliqua sive pacto, et plena voluntate mea spontanea, sine vi vel coactione aliqua, istud feci. — In cujus rei testimonium, presentes litteras sigilli mei munimine roboravi. — Actum anno Domini millesimo ducentesimo quadragesimo primo, mense maio.

Sceau d'Olivier de Termes; cire jaune, double queue; décrit dans l'*Inventaire* sous le n° 3675.

2919   1241. Mai.

Petrus de Cuguegnano et Berengarius fratres castrum de Kabs et totam terram suam ad omnimodam voluntatem domini regis supponunt.

(J. 400. — Promesses, n° 40. — Original scellé.)

Nos Petrus de Cuguegnano et Berengarius, fratres, notum facimus universis presentes litteras inspecturis quod nos corpora nostra, terram nostram et castrum nostrum de Kabs omnino supposuimus, *haut et bas*, voluntati excellentissimi domini Ludovici, Dei gratia regis Francie, sine conventione aliqua sive pacto; et hoc fecimus plena voluntate nostra spontanea, sine vi aliqua vel coactione. — In cujus rei testimonium, ego Petrus (*corr.* Berengarius) pro me et fratre meo predicto, quia sigillum non habebat, presentes litteras sigilli mei munimine roboravi. — Actum anno Domini M° CC° quadragesimo primo, mense maio.

Sceau de Bérenger de Cucugnan; cire blanche, double queue; *Inventaire*, n° 1974.

2920   Montpellier. 1241. 6 juin.

Jacobus I rex Aragonie sese erga comitem Tolosanum obligat ad ejus petitiones coram curia Romana toto posse suo adjuvandas.

(J. 587. — Aragon, I, n° 4. — Original.)

Noverint universi quod nos Jacobus, Dei gratia rex Aragonie, Majoricarum et Valentie, comes Barchinone et Urgelli, et dominus Montispessulani, profitemur vobis viro nobili R. (Raimundo), eadem comiti Tolosano et marchioni Provincie, nos suscepisse peticiones vestras infrascriptas in Romana curia promovendas, videlicet: quod dominus Papa ab omnibus sentenciis excommunicationis et interdicti vos et terram vestram absolvat, et omnes illos qui pro vestra valentia sunt excommunicati. — Item quod dominus Papa dispenset super matrimonio contrahendo inter vos et Sanciam filiam nobilis viri comitis Provincie. — Item quod patri vestro concedatur ecclesiastica sepultura, si per inquisicionem constiterit signa in eo penitencie precessisse. — Item quod remitatur vobis crux, vobis per dominum Romanum imposita, et necessitas transfretandi et ibidem morandi propter obsequium quod in deffentione Romane ecclesie exibere debetis. — Item quod remitantur vobis a domino Papa illa decem milia marcharum et alie summe pecunie que et quas, secundum formam pacis Parisiensis, ecclesie Romane et aliis ecclesiis seu personis ecclesiasticis solvere debuistis. — Item quod remitatur vobis destruccio domorum Tholose, que de mandato domini Romani destrui debuerunt. — Item quod super querimoniis et controversiis, quas habetis cum ecclesiis et ecclesiasticis personis terre vestre, fiat inquisicio de plano de mandato domini Pape, super possessione et proprietate, per viros suspicione carentes, per quos dicte controversie terminentur. — Item quod inquisiciones, que contra hereticos, credentes, fautores vel receptatores eorum fiunt vel fient, ad formam redigantur terre tolerabilem, et quod super condempnationibus factis contra jurisdictionem et penitenciis injunctis salubre remedium apponatur. — Nos igitur rex predictus promittimus bona fide vobis prefato Raimundo comiti Tholosano nos curaturos et effecturos, pro viribus nostris, cum domino Papa, quod in modum prescriptum omnes peticiones supradicte et singule compleantur. Quod si forte obtinere a Sede Apostolica ea non possemus, absolvimus vos et liberamus a promissione, juramento et homagio que nobis pridie fecistis super deffentione Romane ecclesie contra Imperatorem et valitores ipsius assumenda nobiscum. — Datum [in] Montispessulano, vii° idus junii, anno Domini m° cc° xl° primo. — Testes sunt hujus rei: R. Berengarius comes Provincie, P. Hugo comes Empuriarum, Eximinus de Focibus, R. Gaucelmi, Albeta. — Signum † Guillelmoni scribe qui mandato domini regis hoc scripsit loco, die et anno prefixis.

Traces de sceau pendant sur lacets de fil d'or. — Le sceau de Jacques Ier, roi d'Aragon, second sceau, est décrit dans l'*Inventaire* sous le n° 11223.

2921   Lunel. 1241. 28 juin.

Litteræ Rogerii comitis Fuxensis quibus promittit a se castrum Savarduni comiti Tolosano, ad omnimodam ejus voluntatem, esse tradendum.

(J. 332. — Foix et Comminges, n° 20. 1. — Original. = N° 20. 2. — Copie authentique.)

Noverint universi presentem paginam inspecturi quod nos Rogerius, Dei gratia comes Fuxi et vicecomes Castriboni, confitemur et in veritate recognoscimus dominum Rogerium Bernardi, comitem Fuxensem quondam, bone memorie, patrem nostrum, habere et tenere in comandam a vobis domino R. (Raimundo), Dei gratia comite Tholosano, marchione Provincie, castrum Savarduni, cum honore et pertinentiis suis universis, et generaliter totam aliam terram quam idem pater noster et antecessores sui et nos visi fueramus et debebamus habere a passu Barre inferius in episcopatu Tholosano. — Quod castrum Savarduni supradictum, cum honore et pertinentiis suis, et totam aliam terram, prout superius est expressum, nos dictus Rogerius comes Fuxi promittimus bona fide vobis, domino comiti Tholosano supradicto, et presentis pagine testimonio concedimus nos reddituros vobis in pace et sine molestatione aliqua et sine omni subterfugio, ad vestram omnimodam voluntatem, quandocumque super hiis per vos, vel vestrum certum nuncium, fuerimus requisiti. — Et quod ita attendamus et compleamus omnia supradicta, tactis corporaliter sacrosanctis Evangeliis, gratis et bona fide juramus. — Et ad majorem horum omnium firmitatem et in testimonium predictorum, presentem paginam fecimus sigilli nostri munimine roborari. Datum apud Lunellum, anno Domini m° cc° xl° primo, iiii° kalendas julii.

Traces de sceau pendant sur simple queue. — Le sceau de Roger IV, comte de Foix et vicomte de Castelbon, est décrit dans l'*Inventaire* sous le n° 664. — A cette charte originale est annexé un vidimus délivré par Durand, évêque d'Albi, et Guillaume, abbé de Moissac, à Toulouse, le iiii. des kalendes de novembre (29 octobre) 1249, et scellé. (Voyez l'*Inventaire*, n°s 6434 et 8842.)

2922   Poitiers. 1241. Juin.

(J. 192. — Poitou, II, n° 3. — Copie ancienne.)

Alfonsus, filius regis Franciæ, comes Pictavensis, communiam burgensibus Pictavensibus a Philippo rege, anno 1222 concessam (*Vide* n° 1553), et a Ludovico rege patre suo anno 1224 (*Vide* n° 1655) confirmatam, denuo confirmat. — « Nos autem predecessorum nostrorum vestigiis inherentes, libertates et immunitates premissas, a predecessoribus nostris memoratis civibus Pictavensibus concessas et indultas, eisdem benigne concedimus habendas et tenendas imperpetuum, quamdiu nobis et heredibus nostris fideliter adherebunt, et quamdiu nostram et heredum nostrorum observabunt fidelitatem, salva nobis justicia latronis, homicidii, sanguinis, raptus et multri, et salvo conductu curie nostre. — Quod ut propriam obtineat firmitatem, presentem paginam sigilli nostri auctoritate fecimus communiri. Actum Pictavis, anno Domini m° cc° quadragesimo primo, mense junio. »

2923   Poitiers. 1241. Juin.

Litteræ Alfonsi comitis pro communia Niorti confirmanda.

(J. 192. — Poitou, III, n° 1. — Minute.)

Alfonsus filius regis Francie, comes Pictavensis, universis ad quos littere presentes pervenerint, salutem. — Notum facimus quod nos concessimus dilectis et fidelibus burgensibus nostris Niorti ut habeant communiam, cum libertatibus ad communiam pertinentibus, apud Niortum, et usus suos et liberas consuetudines suas, et libertates ac donaciones quas habuerunt et tenuerunt temporibus Henrici et Richardi quondam regum Anglie. — Concessimus etiam eis quod eos extra manum nostram, vel heredum nostrorum vel fratrum nostrorum, non ponemus nisi de voluntate ipsorum. — Quod ut ratum maneat in perpetuum, presentem cartam sigilli nostri auctoritate fecimus consignari. Actum apud Pictavim, anno Domini M° CC° quadragesimo primo, mense junio.

2924 1241. Juin.
(J. 197. — Champagne, V, n° 54. — Original.)

Erardus de Brena, dominus Rameruci, et Philipa ejus uxor notum faciunt se karissimo domino suo Theobaldo Navarræ regi, Campaniæ et Briæ comiti palatino, quidquid apud Poantium, in omnibus modis et commodis, ab eo acceperant, remisisse et quittavisse, et ab eo in recompensationem mille libras Pruvinensium per manus Lamberti Botecuisse recepisse. — « In cujus rei testimonium litteris annotatum, sigillorum nostrorum munimine duximus roborandum. Actum anno Domini millesimo ducentesimo quadragesimo primo, mense junio. »

Traces de deux sceaux pendants sur lacs de soie verte. — Les sceaux d'Érard de Brienne, sire de Ramerupt, et de Philippe, sa femme, sont décrits dans l'*Inventaire* sous les n°s 1568 et 1569.

2925 1241. 30 juillet.
(J. 330. — Toulouse, XXI, n° 20. — Original.)

Instrumentum, per litteras alphabeti divisum, quo notum fit Bernardum de Saisses quidquid habebat et habere debebat in castris de Fossereto et de Sanars, et in eorumdem pertinentiis, Rogerio de Noerio et ejus ordinio pro CCC. LXXV. solidis Morlanensibus impignorasse. — « Hoc fuit factum II° die exitus mensis julii, regnante Lodoico Francorum rege, et R. (Raimundo) Tolosano comite, et R. (Raimundo) episcopo, anno ab incarnatione Domini M° CC° XL° primo. Hujus rei..... sunt testes : Bernardus de Saisses filius quondam Arnaldi de Heremo, et Hugo de Roaxio, filius quondam Arnaldi de Roaxio, et Alamandus de Roaxio juvenis, et Petrus Garsias de Burgueto novo, etc.... Et Phylippus Gaita Podium est de toto testis qui ad hoc totum fuit presens et cartam istam scripsit.... mandamento partium predictarum. »

2926 Poitiers. 1241. Juillet.
De sex millibus librarum Parisiensium annui redditus comiti Pictavensi a domino rege in donum collatis.
(J. 329. — Toulouse, XX, n° 4. — Original scellé.)

Ludovicus, Dei gratia Francie rex, notum facimus quod nos karissimo fratri et fideli nostro Alphonso comiti Pictavensi dedimus et concessimus sex milia librarum Parisiensium annui redditus in tribus compotis nostris quoad vixerit, tercia parte videlicet in quolibet compoto, a nobis vel herede nostro percipiendas. — De quibus idem frater noster hominagium ligium nobis fecit. Et post decessum ejus, dicta sex milia librarum nobis vel heredi nostro libere et sine conditione remanebunt. Tali etiam tenore quod, si extra comitatum Pictavensem eidem fratri nostro in terra vel redditibus accresceret aliquid quod valeret dictam summam pecunie annui redditus per matrimonium uxoris sue quam modo habet vel etiam per aliud matrimonium, ista uxore quam modo habet sublata de medio, dicta sex milia librarum ad nos vel heredem nostrum libere reverterentur. — Et si etiam eidem accresceret aliquid dicto modo quod non valeret dicta sex milia librarum annui redditus, secundum quantitatem augmenti de dicta summa pecunie sustraheretur et ad nos vel heredem nostrum sine contradictione aliqua reverteretur. — Actum apud Pictavim, anno Domini millesimo ducentesimo quadragesimo primo, mense julio.

Sceau en cire blanche sur double queue. — Voyez l'*Inventaire* n° 41.

2927 Poitiers. 1241. Juillet.
(J. 190 B. — Poitou, I, n°s 83 et 84. — Original et copie ancienne.)

Alfonsus, filius regis Franciæ, comes Pictavensis, privilegia et exemptiones, anno 1224, a Ludovico rege patre suo (*Vide n° 1666*) Girardo de Camera, burgensi Rupellensi, et ejus heredibus concessa, a se confirmata declarat. — « Ut igitur donationes et concessiones predicte perpetue stabilitatis robur obtineant eo modo quo facte fuerunt, presentem paginam sigilli nostri auctoritate confirmamus. Actum Pictavis, anno Domini millesimo ducentesimo quadragesimo primo, mense julio. »

Traces de sceau pendant sur cordelettes. — Le sceau d'Alfonse, frère de saint Louis, comte de Poitiers, premier sceau, est décrit dans l'*Inventaire* sous le n° 1077, d'après un type appendu à un acte daté de 1249.

2928   Poitiers. 1241. Juillet.

Conventiones initæ inter comitem Marchiæ et comitem Pictavensem.

(J. 190 B. — Poitou, I, n° 82. — Original scellé. — J. 190 A. — Poitou, I, n° 12. — Déficit.)

Hugo de Lezigniaco, comes Marchie et Engolismi, universis ad quos presentes littere pervenerint, salutem. — Notum facimus quod nos fecimus homagia ligia domino Alfonso comiti Pictavensi contra omnes homines et feminas qui possunt vivere et mori; et similiter tenentur heredes nostri facere homagia ligia heredibus dicti comitis Pictavensis de civitate Xanctonensi et de terris et fortericiis omnibus quas tenebamus in comitatu Pictavensi, in comitatu Marchie et in episcopatu Xanctonensi, que pertinent ad comitatum Pictavensem, de quibus fecimus homagium inclite recordacionis regi Ludovico, genitori comitis supradicti, apud Biturim, anno incarnacionis Dominice M° CC° XX° quarto, mense maio. — Et de hiis supradictis fecimus predicto comiti de Lezigniaco et pertinenciis unum homagium, aliud de comitatu Marchie, aliud de civitate Xanctonensi, terris et fortericiis omnibus, quas tenebamus in Pictavensi et Xanctonensi episcopatibus, que pertinent ad comitatum Pictavensem, tali modo quod, si nos, post predictum homagium factum genitori predicti comitis, aliqua de feodis vel domaniis ipsius comitis seu gardis ecclesiarum suarum saisiverimus vel ceperimus, nos tenemur ea restituere domino comiti supradicto. — Et si nos per empcionem vel alio modo aliqua de suis retrofeodis saisivissemus vel cepissemus, de hiis nos ducet per jus sue curie secundum usus et consuetudines patrie dictus comes. — Nobis vero et nostris heredibus tenetur idem comes predicta guarantizare bona fide, sicut aliis hominibus suis debet guarantizare feoda que tenent de ipso. — Nos autem et regina uxor nostra eidem domino comiti restituimus et quiptavimus Sanctum Johannem de Angeliaco, scilicet castrum et villam, cum omnibus pertinenciis, et terram de Alnizio que fuit Hugonis de Thoarcio que nos tenebamus ex donacione domini regis Ludovici, fratris dicti comitis, quam ipse rex nobis fecerat de tali jure quale habebat in predictis post particionem quam dominus rex Ludovicus, dicti comitis genitor, eidem comiti et aliis filiis suis fecerat, et post obitum ejusdem genitoris sui et tempore quo erat dictus comes sub ballo et minoris etatis. — Preterea eidem domino comiti fecimus aliud homagium ligium de Mosterolio in Gastina, cum pertinenciis, contra omnes homines et feminas qui possunt vivere et mori. Quod siquidem Mosterolium, cum pertinenciis, nos et regina uxor nostra et heredes nostri habebamus ex donacione illustris domini regis Ludovici fratris dicti domini comitis Pictavensis. Quod siquidem Mosterolium vel ejus pertinencia nos, vel regina uxor nostra, vel heredes nostri vel successores nostri, inforciare non poterimus sine assensu comitis supradicti vel heredum vel successorum suorum comitum Pictavie. — Nos vero super sacrosancta Dei Evangelia juravimus quod nos predicto domino comiti et suis heredibus fideliter serviemus. — In cujus rei testimonium, dicto domino A. comiti Pictavensi dedimus has litteras sigilli nostri munimine roboratas. Actum apud Pictavim, anno incarnacionis Dominice millesimo ducentesimo quadragesimo primo, mense julio.

Sceau de Hugues X de Lusignan, comte de la Marche et d'Angoulême; cire verte, double queue; *Inventaire*, n° 834.

2929   Orléans. 1241. Juillet.

Obligatio Rogeri comitis Fuxensis de conventionibus, quas ipsius pater cum domino rege Franciæ inierat, a se fideliter observandis.

(J. 332. — Foix et Comminges, n°ˢ 5.1 et 5.2. — Originaux scellés.)

Ego Rogerus comes Fuxensis notum volo fieri tam presentibus quam futuris, quod ego karissimo domino meo Ludovico regi Francie illustri hominagium feci ligium, sicut pater meus fuit homo suus ligius, et promisi ei, tanquam domino meo ligio, et super sacrosancta juravi quod ei et heredibus ejus semper fidelis ero et fideliter serviam tanquam domino meo ligio, et quod conventiones quibus ei tenebatur pater meus, prout in ipsius litteris continetur, tenebo firmiter et servabo. — In terra siquidem quam ego comes teneo, vel in illa quam dicto patri meo dedit dictus dominus rex, non potero facere de cetero novam fortericiam, nec veteres fortericias sine mandato ejusdem domini regis inforciare, nec in hiis terris receptare scienter inimicos Ecclesie, sive domini regis; et si forte, me ignorante, aliqui de talibus ibi receptarentur, admonitus per dominum regem, vel per nuncium ejus, vel ballivum suum aut nuncium ejus, eos expellere tenerer, et ex tunc capere, tanquam meos proprios inimicos; et heredes mei ad eadem omnia tenebuntur. — In cujus rei memoriam, presentes litteras eidem domino regi tradidi sigilli mei munimine roboratas. Actum Aurelianis, anno Domini M° CC° quadragesimo primo, mense julio.

La pièce cotée n° 5. 1 est scellée, en cire brune sur cordelettes de soie verte, du sceau de Roger IV, comte de Foix, décrit dans l'*Inventaire* sous le n° 663; la pièce cotée n° 5. 2 est scellée, en cire blanche sur double queue, d'un sceau qui diffère du précédent, et qui est décrit sous le n° 664.

2930 Lusignan. 1241. Juillet.

(J. 190 A. — Poitou, I, n° 11. — Déficit.)

Alfonsus filius regis Franciæ, comes Pictavensis, privilegia et libertates burgensibus Rupellæ ab Henrico, Richardo et Johanne, Angliæ regibus, et regina Alienora concessa, a se denuo confirmata declarat. — « Datum apud Lezigniacum, anno M° CC° XL° primo, mense julio. »

Nous donnons cette notice d'après l'Inventaire de Dupuy. La pièce n'est plus dans les cartons, et nous n'avons pu la retrouver ailleurs.

2931 La Rochelle. 1241. Juillet.

(J. 190 A. — Poitou, I, n° 5. — Minute.)

Alfonsus filius regis Franciæ, comes Pictavensis, rata habet et confirmat jura et libertates communiæ S. Johannis Angeliacensis a Ludovico rege patre suo, anno 1224, concessa, et a Ludovico rege fratre suo, anno 1228 mense octobri (*Vid.* n°s 1663 et 1975), jam confirmata.—« Nos ergo predicti genitoris nostri regis Ludovici et karissimi domini et fratris nostri Ludovici regis Francie illustris vestigiis inherentes, ea que premissa sunt volumus et approbamus et, ut perpetue stabilitatis robur obtineant, presentem paginam sigilli nostri auctoritate confirmamus. Actum apud Rupellam, anno Domini M° CC° quadragesimo primo, mense julio. »

2932 La Rochelle. 1241. Juillet.

(J. 192. — Poitou II, n° 4. — Copie ancienne.)

Alfonsus filius regis Franciæ, comes Pictavensis, quasdam litteras Richardi regis Angliæ, Alienoris ducissæ Aquitaniæ et Ludovici regis Franciæ (*Vide* n°s 352 et 1665) patris sui, quoad pondus Rupellæ Petitæ uxori Guillelmi Legerii et ejus heredibus perpetuo concessum, a se confirmatas declarat. — « Nos ergo prefati genitoris nostri vestigiis inherentes, donationem predictam et concessionem, sicut a predictis Ricardo rege Anglie et A. (Alienora), matre sua, facta fuit et concessa, et a predicto genitore nostro confirmata, concedimus in perpetuum et sigilli nostri auctoritate confirmamus. Actum apud Rupellam, anno Domini M° CC° quadragesimo primo, mense julii. »

Cette copie a toute l'apparence d'un original auquel il ne manque que l'apposition du sceau.

2933 1241. Juillet.

(J. 176. — Tours, II, n° 9. — Original scellé.)

R. (Raherius) decanus et capitulum Turonenses notum faciunt Ludovicum illustrem Franciæ regem et venerabilem patrem Turonensem archiepiscopum sibi licentiam dedisse pro lapidibus, ad opus fabricæ ecclesiæ suæ, in perreria sita juxta forestam Kaynonis, in parrochia de Chailleio, extrahendis; ea tamen lege ut ex hac licentia nihil proprietatis seu possessionis in dictam perreriam adquirere poterunt. — « Datum mense julio, anno Domini M° CC° quadragesimo primo. »

Sceau du chapitre de Saint-Maurice de Tours; cire blanche, simple queue; décrit dans l'*Inventaire* sous le n° 7844.

2934 1241. Juillet.

(J. 206. — Meaux, n° 4. — Copie authentique.)

Sententia arbitralis ab Andrea de Landuno et Guillelmo dicto Ruffo, canonicis Meldensibus, arbitris electis, pronuntiata super causa quæ inter venerabiles viros decanum et capitulum Meldenses, ex una parte, et nobilem virum H. (Hugonem) de Castellione, comitem S. Pauli et Blesensem, dominum Creciaci, ex altera, vertebatur de juribus in homines et hospites præfati capituli apud Vigneux, Molignon, Mont-Pichet, Champigni, Rus, Martigni, Moncellos et Gaaigni infra terminos viariæ de Creci manentes, a præfato comite domino Creciaci vindicatis. — Hac sententia dicto comiti bannum et justitia sanguinis, furti, multri, raptus et falsæ mensuræ, nec non justitia melleyarum sine sanguine, quando sunt manifestæ, jus ducendi præfatos homines et hospites ad exercitum, calvacatam et torneamentum, per unam diem ad eorum sumptus tempore pacis, jus eos convocandi ad castrum suum custodiendum tempore guerræ et quædam alia adjudicantur. — « Hoc insuper duximus adjungendum predictis quod utraque pars ad approbacionem et confirmacionem composicionis istius, presentibus litteris suum apponat sigillum. Datum anno Domini millesimo ducentesimo quadragesimo primo, mense julio. »

<small>Vidimus délivré en 1320, le lundi après la Saint-Denis (13 octobre), par l'officialité de Meaux.</small>

2935   1241. 27 août.

(J. 329. — Toulouse, XX, n° 3. — Original scellé.)

Charta qua notum fit quo modo, anno Domini M° CC° XL° primo, VI. kalendas septembris, dominus R. (Raimundus) comes Tholosæ, marchio Provinciæ, ex una, et dominus B. (Bertrandus) præpositus Arelatensis, tam nomine suo quam præpositurae Arelatensis, nec non nomine ecclesiæ S. Michaelis, ex altera parte, super damnis a præfato comite vel ejus hominibus et valitoribus in Camarguis, tam contra dictum præpositum quam contra dictam ecclesiam illatis, amicabiliter composuerunt. Qua compositione, acceptis cc. libris Turonensium, prædictus præpositus sese plenissime satisfactum declarat et præfatum comitem ejusque gentes ab omni petitione penitus absolvit. — « In cujus rei testimonium et majorem firmitatem, idem prepositus fecit presentem paginam sigilli sui munimine roborari. »

<small>Scellé, en cire blanche sur lacet de fil brun et blanc, du sceau de Bertrand, prévôt du chapitre d'Arles, décrit dans l'*Inventaire* sous le n° 7678.</small>

2936   Pontoise. 1241. Août.

(J. 198 B. — Champagne, VI, n° 82. — Original.)

Louis, roi de France, fait connaître l'accord intervenu entre Thibaud, roi de Navarre, et les Templiers, sur la question de savoir si ces religieux avaient ou non besoin du consentement du roi de Navarre pour acquérir en la comté de Champagne et de Brie et ès fiefs dépendant d'icelle comté. — Par suite de cet accord, les biens acquis antérieurement et leurs revenus restent la propriété des Templiers, mais ceux-ci ne pourront rien acquérir à l'avenir en Champagne et en Brie sans le consentement du roi de Navarre. — Cet accord est soumis à la ratification de la cour du grand maître du Temple, et en attendant cette ratification, les biens acquis sont placés par le roi de France entre les mains de Jean de Thorote, où ils resteront pendant un an, à partir du jour des Brandons; ce terme écoulé, les biens seront remis aux Templiers si l'accord est ratifié, et dans le cas contraire, ils seront remis en la saisine du roi de Navarre, sauf aux parties à faire valoir leurs droits. — « Ce fu feit à Pontoise, l'an de l'incarnation Nostre Seignor mil deus cent et quarante et un, ou mois d'aoust. »

<small>Traces de sceau pendant sur double queue. — Voyez l'*Inventaire*, n° 41.</small>

2937   1241. Août.

(J. 322. — Toulouse, XIII, n° 62. — Déficit.)

Coutumes et franchises octroyées aux habitans du château de Buzet par Raymond comte de Toulouse, marquis de Provence. — L'an 1241, au mois d'août.

<small>Nous donnons d'après l'Inventaire de Dupuy la notice de cette pièce, qui n'est plus dans les cartons et que nous avons vainement cherchée ailleurs. Il est probable que l'original était écrit en langue vulgaire du Midi.</small>

2938   Toulouse. 1241. 29 septembre.

(J. 314. — Toulouse, VII, n° 20. — Original.)

Instrumentum quo Fortanerius de Guordone se militem domini Ramundi comitis Tholosæ, marchionis Provinciæ, profitetur, et recognoscit se ab eo tenere in feudum villam de S. Cirguo, Biardum, Lauri, Limonha, Treliguot, Luganhac, Cornutum, Petram-levatam, Lentilhacum, Bartam, Cambolanum, Rinhodam, Genolhacum et Sivozacum cum pertinentiis; de quibus omnibus præfato comiti homagium ligium et juramentum fidelitatis præstat. — « Acta fuerunt hec ita Tholose et concessa in aula domini comitis, secundo die exitus mensis septembris, regnante Lodoico Francorum rege, et eodem domino Ramundo Tholosano comite et R. (Ramundo) episcopo, anno ab incarnatione Domini M° CC° XL° primo. Testes sunt ad hec vocati et rogati : dominus Bernardus comes Convenarum, Jordanus de Lantare, Sycardus Alamanni, Vitalis de Casanova, Arnaldus de Monte-acuto, Petrus Martini de Castronovo, Guillelmus de Boinvilla, Arcmannus de Montelanardo, Ugo de Andusa, et Bernardus Aimericus publicus Tholose notarius qui, mandato ipsius domini comitis, hoc presens instrumentum scripsit. »

2939   Toulouse. 1241. 29 septembre.

(J. 314. — Toulouse, VII, n° 21. — Original.)

Instrumentum quo Ramundus Jordani, filius quondam Odonis de Tarrinda, recognoscit se, totam terram et hereditatem suam de Gimoesio, et quidquid habet ex parte patris sui in tota diœcesi Tolosana, in feodum a Ramundo comite Tholosæ, marchione Provinciæ, tenere et ei pro dictis feudis fidelitatis præstare juramentum. — « Actum fuit hoc ita Tholose et concessum secundo die exitus mensis septembris, regnante Lodoico Francorum rege, et eodem domino R. Tholosano comite, et R. (Ramundo) episcopo, anno M° CC° XL° primo ab incarnatione Domini. Testes sunt ad hec vocati et rogati : dominus Bernardus comes Convenarum, et Pilifortis de Rabastencis, et Jordanus ejus filius, et Jordanus de Insula, et Guilabertus de Monte-alto, et Sycardus Alamanni, et

Poncius de Turre, et Petrus de Tholosa, vicarius Tholose, et Arnaldus de Galdino, et Bernardus Aimericus publicus Tholose notarius qui, mandato ipsius domini comitis, hoc presens publicum instrumentum scripsit. »

2940   1241. Septembre.

Litteræ capituli Cathalaunensis Ludovico regi ut ecclesiæ Cathalaunensis tribulationibus finem imponat, G. de Grandi-Prato, episcopum suum, in possessionem bonorum episcopalium mittendo.

(J. 346. — Régale, I, n° 26. — Original scellé.)

Excellentissimo domino suo Ludovico, Dei gracia illustrissimo regi Francie, P. decanus totumque Cathalaunensis ecclesie capitulum, devote subjectionis obsequium cum salute in eo qui dat salutem regibus. — Vestram regiam majestatem de facili latere non potest quod ad communem noticiam jamdudum credimus devenisse, videlicet, quot et quantis tribulationibus et angustiis, calamitatibus et pressuris, Cathalaunensis ecclesia diutissime sit oppressa. Cum enim jampridem Cathalaunica sede vaccante, obtenta a vobis licencia eligendi, prout moris est et consuetudinis approbate, vocatis omnibus qui voluerunt et debuerunt interesse electioni, venerabilem patrem Gaufridum de Grandi-Prato elegimus in pastorem ecclesie nostre, in contradictione tamen quorumdam fratrum et concanonicorum nostrorum. Ex eadem contradictione orta fuit controversia per quam ecclesia nostra importunis sumptibus est exhausta, pro quibus desolatam se sentit et merore confectam, et etiam per eandem discordiam, quod absque dolore cordis et sine fletu singultuoso non referimus, ecclesia nostra tantum in spiritualibus et temporalibus patitur detrimentum quod in universalis Ecclesie dispendium deducitur et redundat.—Sicut enim unica est fides, sic Ecclesia Xpisti una est et indivisa, et licet loca in quibus ediffica ecclesiastica constituuntur sint diversa, in unius tamen compagem corporis uniuntur; et sicut in unius menbri lesione menbra corporis omnia quodam compassionis participio molestantur, sic unius ecclesie desolatio in communem gemitum deducitur et redundat; in vinculo enim caritatis singularitas locum non habet, sed tribulatio singulorum deducitur in commune. — Universalis ergo Ecclesia, que navicula beati Petri nuncupatur, in quodam suo membro nobili, videlicet in Cathalaunica ecclesia, quasi nauffragium passa, ad vestram regiam majestatem, in cujus auxilio et consilio potissimam sue salutis anchoram constituit, incessanter clamat ut perillustrem regem Francie, qui solus refugium est Ecclesie, sub cujus solius protectione libertas universalis Ecclesie consistit, cujus nitor est et patronus, pro quo incessanter et specialiter universalis Ecclesia tanquam pro rege suo unico Dominum interpellat, ad portum salutis et statum debitum reducatur. — Hoc autem de facili fieri potest si vestre placuerit regie majestati. Cum enim in ecclesia nostra jam cesset procella cysmatice tempestatis per sentenciam sanctissimi patris nostri Gregorii pape, qui jus electi plenius declaravit, ita quod in spiritualibus de concessione domini Pape potest ecclesie et dyocesi nostre plenarie providere, quod etiam antea potuerat per electionem celebratam de ipso et confirmationem subsecutam nisi tempestas cysmatica prepedisset, non restat nisi quod possessionem bonorum episcopalium adhipiscatur, quod sine gratia et favore vestro consequi non potest, ut sic in spiritualibus et temporalibus ecclesie nostre possit per ipsum plenius provideri, ut sic imminentis ruine in ecclesia nostra dispendium per ipsum, gracia vestra et auxilio vestro suffultum, valeat relevari. — Inde est quod nos, flexis genibus provoluti, vestre supplicamus regie majestati, affectione qua possumus ampliori, ut ecclesie nostre Cathalaunensi, que vestra est, caritate non ficta et amicabili compascientes affectu, predicto electo nostro, moribus et sciencia et nobilitate generis prefulgenti, graciam vestram impertiri velitis, ei bonorum episcopalium possessionem concedendo, et eum alias ope vestra et auxilio vestro tanquam fidelem vestrum fulciendo, prout vestre congruit majestati. — Speramus etenim pro certo quod, si ope vestra et consilio fultus fuerit, et possessionem bonorum episcopalium per graciam vestram obtinuerit, quod per ejus industriam et potenciam ecclesia nostra tanta transquillitate sub eodem presule gaudebit quantam a lunge retroactis temporibus non potuit obtinere.—Valeat vestra regia majestas, Ecclesie Dei et cunctis fidelibus per lunga tempora profutura. — Datum anno Domini M° CC° quadragesimo primo, mense septembri.

<small>Sceau du chapitre de Saint-Étienne de Châlons-sur-Marne; cire blanche, double queue; décrit dans l'*Inventaire* sous le n° 7143, premier sceau.</small>

2941   1241. Lundi 15 octobre.

Hugo Marchiæ comes sese, pro se ipso et Aragoniæ rege, obligat ad comitem Tolosæ adjuvandum.

(J. 192. — Poitou, II, n° 5. — Original.)

Hugo de Leziniaco, comes Marchie et Engolismi, universis presentes litteras inspecturis, salutem. — Noveritis nos juravisse domino R. (Raimundo), comiti Tholose, marchioni Provincie, quod ipsum ad requestam suam juvabimus bona fide contra omnes homines qui ei facerent injuriam vel gravamen. — Hoc idem predicto comiti pro domino J. (Jacobo) rege Aragonie sub eodem promisimus juramento fideliter observare. Et si contra hoc veniemus, quod absit, nos essemus inlegitimi et perjuri. — In cujus rei testimonium, dedimus eidem comiti has nostras litteras sigilli nostri munimine confirmatas. — Datum die lune ante festum Beati Luce evangeliste, anno gratie M° CC° quadragesimo primo.

<small>Traces de sceau pendant sur double queue. — Le sceau de Hugues X de Lusignan, comte de la Marche, est décrit dans l'*Inventaire* sous le n° 834, d'après un type appendu à un acte daté de 1224.</small>

2942   Barcelone. 1241. 17 octobre.

Trencavellus vicecomes Biterrensis se omnimodæ voluntati regis Aragoniæ et comitis Tolosani permittit dictoque regi homagium præstat.

(J. 316. — Toulouse, VII, n° 106. — Original.)

ABC.   ABC.   ABC.

In Xpisti nomine, sit omnibus manifestum quod nos Trencavellus, gratia Dei vicecomes de Besers, per nos et nostros, non dolo non vi non metu compulsi, nec in aliquo circumventi, ymmo scienter et consulte, et ex certa sciencia atque sponte et nostra liberalitate, mittimus nos, cum tota terra nostra, et homines nostros ad cognicionem et voluntatem vestri, domini Ja. (Jacobi), Dei gracia regis Aragonie, Mayoricarum et Valencie, comitis Barchinone et Urgelli, et domini Montispessuli, et R. (Raimundi), eadem gratia comiti[s] Tolosan[i]. In hunc modum quod nos, mitimus per nos P. de Villanova, G. Fortem et R. A. de Podio, ita quod faciamus cognicionem vestram et ipsorum, et quicquid procedere velitis, vos omnes supradicti, in toto facto nostro et terre (*sic*) et hominibus nostris, ratum habebimus atque firmum et inviolabiliter observabimus, absque omni contradictu nostri et nostrorum. — Et insuper ad mayorem cautelam, ut firmius habeatur, juramus per Deum et hec sancta IIII^{or} Euvangelia, manibus nostris corporaliter tacta, quod ita observabimus bona fide ut melius dici potest et intelligi, et in aliquo non contraveniemus nec contravenire aliquando faciemus; et insuper facimus vobis, domino regi prenotato, homagium manuale ad forum Aragonie. — Actum est hoc, in presencia subscriptorum, xvi. kalendas novembris, scilicet in Barchinona, anno Domini M° CC° quadragesimo primo. — Signum † Trencavelli vicecomitis predicti, qui per nos et nostros predicta laudamus, concedimus et firmamus presentibus videlicet : P. H. comes (*sic*) Ympuriarum, Ex. de Focibus, G. Fortis et R. A. de Podio. Signum (*locus signaculi*) Petri Carbonelli notarii Barchinonensis qui hoc scripsit, mandato prefati Trencavelli vicecomitis, die et anno prefixis.

2943   1241. Octobre.

(J. 202. — Champagne, X, n° 20. — Original.)

Jacobus Suessionensis episcopus notum facit Matheum de Busençiaco, militem, in ipsius præsentia constitutum, recognovisse se in feodum et homagium ligium de rege Navarræ, Campaniæ et Briæ comite palatino, tenere feodum quod domina Agnes de Poeliaco de seipso tenet apud Trellou et feodum quod Johannes de Marginal de hereditagio uxoris suæ tenet apud Trecloue. Voluit etiam præfatus miles ut de his duobus feodis filii sui, si duos habeat, præfato regi vel ejus heredibus duo facturi sint homagia. — « In cujus rei testimonium, presentes litteras sigilli nostri munimine fecimus roborari. Datum anno Domini M° CC° quadragesimo primo, mense octobri. »

<small>Traces de sceau sur double queue. — Le sceau de Jacques de Basoches, évêque de Soissons, est décrit dans l'*Inventaire* sous le n° 6874, d'après un type appendu à un acte daté de 1226.</small>

2944 Toulouse. 1241. Lundi 25 novembre.

(J. 327. — Toulouse, XVIII, n° 2. 2. — Copie.)

Instrumentum quo notum fit, cum Galterius, filius quondam Galterii de Noerio a suo fratre Rogerio, de Noerio fratrischam suam peteret in toto hoc quod dictus dominus Galterius eorum pater die sui obitus possidebat, prædictos fratres sese ambo primum in arbitrio Arnaldi de Marchafaba posuisse; et deinde, post multos compositiones et tractatus, præfatum Galterium, consilio ipsius prædicti arbitri et amicorum suorum, seso ad voluntatem et misericordiam jam dicti Rogerii fratris sui remisisse, qui ei congruentem portionem in hereditate paterna *assignavit sicut hac charta declaratur*. — « Hec fuerunt acta et recitata Tholose, in domo ipsius Rogerii de Noerio, in presencia magistri Guillelmi de Punctis, et Petri de Montibus, et Bertrandi de Turribus, et Ramundi Willelmi de Andorta, et Willelmi de Sancto Paulo publici notarii Tholose, testium rogatorum; et W. de Sancto Paulo predictus istam cartam scripsit. Actum fuit hoc vi° die exsitus mensis novembris, feria ii, regnante Lodoyco rege Francorum, et Raimundo Tolosano comite, et Raimundo episcopo, anno m° cc° xl° i° ab incarnacione Domini. »

Copie délivrée par Pierre André au mois de janvier 1259-60.

2945 Paris. 1241. Novembre.

Litteræ Ludovici regis de compositione inita inter Garnerum Laudunensem episcopum et majorem juratosque Laudunenses.

(J. 233. — Laon, n° 11. — Original scellé.)

In nomine sancte et individue Trinitatis amen. Ludovicus Dei gratia Francie rex. — Notum facimus quod, cum discordia verteretur in presentia nostra inter dilectum et fidelem nostrum Garnerum episcopum Laudunensem, ex una parte, et majorem et juratos Laudunenses, ex altera, super hoc quod idem episcopus asserebat quod cambium, theloneum, rothagium, jalagium, lardarium et locus in quo berfredus fuit in foro Laudunensi ad jus et proprietatem episcopatus et episcopi Laudunensis pertinebant; et dicti major et jurati dicerent ex adverso quod predicta omnia tenebant a predecessoribus predicti episcopi Laudunensis sub certa et annua censa quadraginta et septem librarum Laudunensis monete eidem episcopo reddendarum, et quod tamdiu ea tenuerant quod prescriptione defendi poterant et debebant, sicut apparebat per litteras bone memorie Rogerii quondam episcopi Laudunensis et clare memorie Ludovici quondam regis Francie illustris, de cujus feodo movebant predicta, quas litteras habebant penes se, ut dicebant, tandem, post multas et longas altercationes, mediantibus bonis viris, inter dictum Garnerum episcopum et majorem et juratos predictos in nostra presentia intervenit pax amicabilis in hunc modum, videlicet: Quod predicta omnia dictis majori et juratis et communitati Laudunensi in perpetuum remanebunt; et iidem major et jurati dicto episcopo Laudunensi et sucessoribus ejus episcopis Laudunensibus quadraginta septem libras Laudunensis monete, infrascriptis terminis, annuatim imperpetuum reddere tenebuntur, videlicet, in festo Sancti Johannis Baptiste, octo libras Laudunensis monete; in festo Omnium Sanctorum, octo libras ejusdem monete; similiter in festo Sancti Andree, viginti tres libras ejusdem monete; et in media quadragesima, octo libras ejusdem monete. Et nisi singulis terminis predictis, vel post, infra octo dies, solutionem, prout dictum est, fecerint, major vel aliquis de juratis Laudunensibus emendabit episcopo Laudunensi, nomine ville Laudunensis, lege qua vivunt. Qua emenda mediante, omnes erunt inde liberi et immunes illa vice quantum spectat ad emendam, et nichilominus tenebuntur ad dictam solutionem faciendam. — Et remanet dicto episcopo Laudunensi et successoribus ejus episcopis Laudunensibus imperpetuum justicia de theloneo, rothagio, jalagio, lardario. — De cambio vero et de loco in quo fuit berfredus in foro Laudunensi, remanet dicto episcopo Laudunensi justicia, sicut usus est, hoc addito quod, pro dictis justiciis faciendis, exercendis et manutenendis, dictus episcopus et successores ejus episcopi Laudunenses servientem aliquem, quemcumque voluerit, constituet bona fide, dummodo sit laicus; nec poterit dictus episcopus compellere aliquem civem Laudunensem ad dictum servitium recipiendum. Qui serviens fidelitatem faciet dicto episcopo Laudunensi et successoribus ejus episcopis Laudunensibus, et majori et juratis Laudunensibus, quod dictas justicias exercebit per jus scabinorum Laudunensium, ita quod de omnibus emendis, quas ipse recipiet et levabit in omnibus commodis, occasione omnium predictorum, dicto episcopo et successoribus ejus episcopis Laudunensibus medietatem reddet et aliam medietatem majori et juratis predictis. Et de parte eorumdem majoris et juratorum nichil remittere poterit episcopus Laudunensis absque ipsorum consilio et assensu. — Et prefatum servientem mutare poterit dictus episcopus Laudunensis, et successores ejus episcopi Laudunenses, quando voluerit et viderit expedire, et alium ponere loco ejus modo predicto et pro predictis emendis levandis, ut dictum est, et dividendis. — Et si contingat quod predictum cambium de loco in quo est ad locum alterum transferatur, nova cambia fieri non poterunt preter dicti episcopi et successorum ejus episcoporum Laudunensium consilium et assensum, nisi in loco in quo idem episcopus et successores ejus episcopi Laudunenses justiciam haberent. — Et ad quemcumque locum eadem cambia transferantur vel mutentur, justicia eorumdem semper remanebit episcopo et successoribus ejus episcopis Laudunensibus, sicut superius est expressum. — Et si contingat quod dicta cambia de loco in quo sunt moveantur et alibi transferantur, locus in quo modo sunt, qui allodium est, in eo statu remanebit in quo erat antequam cambia ibi essent, salva justicia dicti episcopi et successorum ejus episcoporum Laudunensium, ut dictum est, in chemino, si cheminus fuerit in eodem loco. — Et si predictus serviens aliquem in omnibus supradictis vel in aliquo ex eisdem ad forisfactum invenerit, ipse, si justicia loci presens affuerit, ipsum per ipsam loci justiciam poterit arrestare. — Si vero presens non fuerit justicia, mittet pro ea et arrestabit eum in loco quousque dicta justicia veniat, et post deducet eum per justiciam loci in quo eum arrestaverit et per jus scabinorum ejusdem loci, sicut usitatum est; hoc adjecto quod, si aliquis pro falsa moneta in predictis cambiis fuerit deprehensus, medietas proventuum hac occasione provenientium erit nostra et alia medietas episcopi Laudunensis. — Et sciendum quod universi et singuli canonici Laudunenses et familia eorumdem, que manet in hospiciis suis cum expensis ipsorum, nec non et fratres hospitalis Beate Marie Laudunensis, et homines dicti episcopi et successorum ejus episcoporum Laudunensium, et similiter homines capituli Laudunensis, de predictis theloneo, rothagio, jalagio, lardario sunt imperpetuum liberi et immunes, et etiam omnes alii qui solent et debent esse liberi ab eisdem. — Et si aliquid accidat in cambio, vel in loco in quo fuit berfredus, unde debeatur costuma que pertineat ad redditum, mercaturam vel corveiam, dicti homines, tam episcopi quam capituli Laudunensis, erunt ab eadem imperpetuum liberi et immunes, nec in predictis cambio et loco in quo fuit berfredus poterit imponi ab aliquo nova costuma que pertineat ad redditum, mercaturam vel corveiam quin ipsi homines antedicti ab eadem costuma liberi sint et immunes. — Hospites autem, tam dicti episcopi quam successorum ejus episcoporum Laudunensium, quam etiam hospites capituli Laudunensis, a medietate rothagii et omnibus aliis antedictis, scilicet, jalagio, theloneo, lardario et costuma superius memorata, sunt imperpetuum liberi et immunes, et aliam medietatem tantum rothagii solvent hospites antedicti. — Et si contingat quod aliquis de predictis hominibus et hospitibus et aliis, qui debent esse liberi per compositionem et cartam istam, ab aliquo pro predictis arrestaretur, serviens sepedictus poterit eum bona fide, sine scabinis, penitus liberare. — Nos autem predictam pacem, prout superius continetur, de assensu dictorum episcopi, majoris et juratorum Laudunensium coram nobis factam, salvo jure nostro concedimus, et, in hujus rei testimonium, ad peticionem partium, presentibus litteris nostrum fecimus apponi sigillum. — Actum Parisius, anno Domini millesimo ducentesimo quadragesimo primo, mense novembri.

Sceau en cire verte sur lacs de soie rouge et verte; *Inventaire*, n° 41.

2946 1241. Novembre.

(J. 233. — Laon, n° 12. — Copie authentique.)

Litteræ Garneri Laudunensis episcopi de præfata compositione. — « In cujus rei memoriam et testimonium, presentes litteras sigilli nostri munimine fecimus roborari. Actum anno Domini millesimo cc° quadragesimo primo, mense novembri. »

Ces lettres de l'évêque sont insérées dans les lettres confirmatives données par le chapitre de Notre-Dame de Laon en janvier 1243-44 et scellées du sceau du chapitre; cire blanche, double queue. *Invent.*, n° 7191.

2947   Paris. 1241. Novembre.

Alfonsus de Portugalia, comes Boloniæ, notam facit compositionem, coram domino rege, inter se, ex una, et comitem comitissamque Flandriæ, ex altera parte, initam.

(J. 597. — Portugal, n° 2. — Original scellé.)

Alfonsus, filius illustris regis Portugalie, comes Bolonie, omnibus ad quos littere presentes pervenerint, salutem.— Notum facimus quod, cum contentio esset inter nos, ex una parte, et nobiles Thomam comitem et Johannam, ejus uxorem, comitissam Flandrensem, ex altera, coram excellentissimo et karissimo domino nostro Ludovico, Dei gratia rege Francie illustri, super eo quod petebamus a dictis comite et comitissa Flandrie in eo quod debebamus habere de omnibus conquestibus et mobilibus que quondam comes Ferrandus, patruus noster, et Johanna, quondam ejus uxor, simul acquisierant, et de proventibus dictorum conquestuum ratione eschaete dicti Ferrandi et Marie filie ipsius, tandem terminata fuit contentio in hunc modum, videlicet, quod nos et dicti comes et comitissa Flaudrie in ipsum dominum regem compromisimus et concessimus nos tenere quod idem dominus rex ad suam vellet super hoc dicere voluntatem, qui dictum suum, nobis et predictis comite et comitissa Flandrie volentibus et consentientibus, protulit in hunc modum : quod iidem comes et comitissa Flandrenses nobis quatuor milia librarum Parisiensium darent quita ad tales terminos persolvenda, videlicet, ad instantem Purificationem Beate Marie mille libras ; ad instantem Ascensionem Domini, mille libras ; ad sequens festum Omnium Sanctorum, mille libras, et ad subsequentem Ascensionem Domini, mille libras ; de qua pecunia persolvenda, prout superius est expressum, Hugo comes Registestensis, dominus Robertus advocatus Bethunie, dominus Arnulfus de Audenarda, dominus Guillelmus castellanus Sancti Audomari, dominus Guillelmus de Bethunia, et dominus Egidius de Barbençon, ad mandatum dictorum comitis et comitisse Flandrie, se plegios constituerunt coram domino rege predicto.— Et nos quittavimus dictis comiti et comitisse Flandrie omnia supradicta que petebamus ab eis. Et si patruus noster P. (Petrus), dominus regni Majoricarum, vel Sancyus frater noster, rex Portugalie illustris, ad partes istas venirent, et dictos comitem vel comitissam Flandrie super predictis in causam traherent coram domino rege, nos teneremur eos a placito liberare. Quod si non faceremus, teneremur ad reddendum dictis comiti et comitisse Flandrensi tria milia librarum ; quibus persolutis eisdem, ab omnibus conventionibus et quitacionibus super predictis erga eos absoluti remaneremus penitus et immunes. — Et de dictis tribus milibus libris, eo modo quo dictum est persolvendis, dominus Symon dominus Nigelle, dominus Droco de Moyaco, dominus Theobaldus de Cressonessart, dominus Johannes de Roncrole, dominus Nevelo de Roncrole et dominus Guillelmus Cluygnet, ad requisitionem nostram se plegios constituerunt pro nobis erga comitem et comitissam Flandrie predictos, ita quod quando M. (Mathildis) comitissa Bolonie, uxor nostra, se obligaverit per litteras suas patentes ad id ad quod tenentur fidejussores predicti, ipsi fidejussores erunt a plegiatione predicta liberi et immunes. — In cujus rei testimonium et munimen, presentes litteras sigilli nostri munimine fecimus consignari. Actum Parisius, anno Domini millesimo ducentesimo primo, mense novembri.

Sceau d'Alfonse de Portugal, comte de Boulogne ; cire jaune, double queue ; décrit dans l'*Inventaire* sous le n° 1063.

2948   Paris. 1241. Novembre.

(J. 597. — Portugal, n° 1. — Original scellé.)

Litteræ Thomæ comitis et Johannæ, uxoris ejus, comitissæ Flandrensis, ejusdem argumenti et formæ. — « Thomas comes et Johanna, uxor ejus, comitissa Flandrensis, omnibus ad quos littere presentes pervenerint, salutem. — Notum facimus quod, cum contentio esset inter nos, ex una parte, et nobilem virum Alfonsum, filium illustris regis Portugalie, comitem Boloniensem, ex altera, coram excellentissimo et karissimo domino nostro Ludovico, Dei gratia rege Francie, illustri, etc... — In cujus rei testimonium et munimen, presentes litteras sigillorum nostrorum munimine fecimus consignari. Actum Parisius, anno Domini millesimo ducentesimo quadragesimo primo, mense novembri.»

Deux sceaux en cire jaune pendants sur double queue. Voyez l'*Inventaire*, n°s 620 et 622.

2949 1241. Novembre.

Litteræ capituli Suessionensis domino regi ut regalia tradantur Joffrido de Grand-Prato in episcopum Cathalaunensem, non obstante oppositione thesaurarii Cathalaunensis, canonice electo.

(J. 346. — Régale, I, n° 27. — Original scellé.)

Excellentissimo domino suo Ludovico, Dei gratia Francorum regi illustri, N. (Nivelo II *seu* Nicolaus) prepositus, B. decanus totumque capitulum Suessionense, cum salute perpetua et prosperis semper eventibus, paratam ad ejus beneplacita voluntatem. — Cum, jamdudum ecclesia Cathalanensi vacante, vir venerabilis J. (Joffridus de Grandi-Prato) electus fuerit in eadem canonice in pastorem, ejusque electio per bone memorie H. (Henricum) tunc Remensem archiepiscopum, loci metropolitanum, legitime confirmata, scriptumque fuerit vobis per eumdem archiepiscopum ut eidem electo confirmato regalia dicte ecclesie conferretis, quia vir venerabilis thesaurarius Cathalanensis se opponebat eidem, asserens contra ipsum ad Sedem Apostolicam fuisse appellatum, vos usque nunc distulistis eidem conferre regalia antedicta. — Quia tamen, post diversos processus inter dictos electum et thesaurarium coram diversis judicibus super premissis habitos, revocato tandem ad Apostolicum examen negotio, per Apostolice Sedis oraculum est decretum eumdem thesaurarium non esse ad prosequtionem appellationum hujusmodi admittendum; estque decretum per eumdem summum Pontificem eumdem thesaurarium non esse contra ipsum electum admittendum ad aliquid in modum exceptionis proponendum ad impediendum ejus electionis et confirmationis effectum, sicut hec omnia et singula in litteris Apostolicis plenius contineri dicuntur, regalem excellentiam suppliciter exoramus quatinus, Dei omnipotentis et beatissime Marie Virginis matris ejus intuitu, et precum nostrarum interventu, ne dicta ecclesia Cathalanensis ulterius gravem in spiritualibus et temporalibus sentiat lesionem, sepedicto electo ut dictum est confirmato regalia ipsius ecclesie ac perceptos a tempore confirmationis fructus faciatis liberaliter assignari; tantum inde facientes ut vestra excellentia apud Deum et homines exinde debeat non immerito commendari. — Datum anno Domini M° ducentesimo quadragesimo primo, mense novembris.

<small>Sceau du chapitre de Notre-Dame de Soissons; cire blanche, double queue; premier sceau; *Inventaire*, n° 7326.</small>

2950 Champvert. 1241. Mardi 17 décembre.

(J. 256. — Nevers, n° 29. — Original scellé.)

Guillelmus de Dygonia, miles, notam facit compositionem inter se et karissimam dominam suam M. (Mathildem) Nivernensem comitissam apud Chanver, coram domino Basiernæ et aliis probis viris, initam de feodo quod patri suo Herveus, quondam Nivernensis comes, in bursa dederat. Ex qua quidem compositione concordatum est ut dictus Guillelmus per vitam suam viginti libras Nivernensium annui redditus, in quindena Focorum percipiendas, a præfata comitissa acciperet et eam de omnibus arreragiis dicti feodi quittaret. — « In cujus rei testimonium, eidem domine comitisse presentes meas contuli litteras sigilli mei munimine roboratas. Datum apud Chanver, anno Domini M° cc° quadragesimo primo, die martis ante festum Beati Thome apostoli. »

<small>Traces de sceau pendant sur double queue. — Le sceau de Guillaume de Digoin n'existe plus aux Archives.</small>

2951 Toulouse. 1241-42. Lundi, 20 janvier.

Charta consuetudinum incolis loci qui dicitur Mons-Astrux a Sycardo Alamanni concessarum.

(J. 323. — Toulouse, XIV, n° 31. — Original.)

ABCD.   EFGH.   JKLM.

Noverint universi, presentes pariter et futuri, quod Sycardus Alamanni, per se et per omnes heredes et successores suos, dedit et concessit omnibus hominibus et mulieribus, presentibus et futuris, qui et que causa habitandi et morandi ad locum quod dicitur Mons-Astrux jam venerant et deinceps venerint, ut quilibet habeat ad trahendum duas cartonadas terre liberas cum II. solidis Tolosanis oblialibus, qui inde ei reddantur singulis annis in festo Sancti Thome, et II. denariis de reacapte quando evenerit. — De aliis vero terris, habeat quicumque de illis voluerit trahere cum tasca, quam inde eidem domino vel suo bajulo reddat in garba vel in grano ad electionem domini vel sui bajuli in eadem terra. — Et dedit et concessit eis in eodem loco localia ad faciendum et hedificandum ibi domos, et quod sint liberi ab eodem domino

de fogagio, de alberga et de quista cum vi. denariis Tolosanis oblialibus qui ei vel suo bajulo inde reddantur singulis annis in eodem festo Beati Thome, et reacapte ii. denariis quando evenerit, et unam eminadam terre ad plantandam et tenendam ibi vineam, cum iii. denariis Tolosanis oblialibus qui ei reddantur vel suo bajulo singulis annis in festo Sancti Thome, et reacapte ii. d. quando evenerit. — Retinuit insuper ibi, sibi et successoribus suis, in omnibus supradictis honoribus quod non possint dari ad superfeodum nec vendi, impignorari vel alienari militi vel ejus filio, vel clerico aut domui religionis, nec alio modo ut dominus possit inde amictere suas dominationes, immo debet illas habere pre omnibus aliis pro venda vel impignoratione, si retinere voluerit, sin autem ut vendant illos cuicumque voluerint, exceptis tamen predictis, consilio tamen dicti domini vel sui bajuli, et reddantur inde ei de quolibet solido vende i. denarius, et de quolibet solido pignoris 1. obolum; et, si dominus vel ejus bajulus clamorem habuerit pro dictis feodis, fidem inde habeat et iiii. denarios justiciam (*sic*), si ipse, a quo clamorem habuerit vel qui clamorem fecerit, fuerit juste inculpatus.— Item dedit et concessit eisdem hominibus et mulieribus suprascriptis quod, si aliquis de officio ibi venerit habitatum vel morari, ut de suo officio possit libere uti et operari cum supradictis usibus et censibus quos pro suis feodis faciat eidem domino vel suo bajulo, sicut superius est expressum.
— Omnia vero furna et molendina debent esse propria jam dicti domini et successorum et heredum ejus.
— Dedit etiam ac concessit eisdem hominibus et mulieribus suprascriptis ut quicumque ad predictum locum causa habitandi et morandi venerit, undecumque sit, eat, redeat et permaneat libere in terminis ejusdem loci, cum supradictis censibus et usibus quos ei facere et reddere vel ejus bajulo teneatur, ut suprascriptum est, nisi tamen exierit vel recederit a bastida a domino comite aut ab eodem Sycardo noviter facta vel constructa. — Item dedit et concessit eisdem hominibus et mulieribus, in honore predicti loci et per totum honorem, pascua libere sine tala et in bosquis suis ejusdem honoris tailhium ad ligna tailhanda ad domos eorum construendas et hedificandas et ad eorum ignes, et hoc libere sine forastagio, et etiam omnes aquas liberas.

— Dedit autem et concessit eis libertatem et consuetudinem quod, si aliquis vel aliqua moriebatur ibi sine herede, non comparente dono, ordinatione, testamento ab eodem deffuncto vel ab eadem deffuncta facto, quod medietas omnium bonorum et rerum mobilium et immobilium illius talis deffuncti vel deffuncte sit et remaneat eidem domino, et alia medietas detur amore Dei, cognitione consulum ejusdem loci, si tamen infra annum post decessum illius, heres vel alius loco et jure sui non apparuerit; et quod res et bona illius illo anno teneant in eorum posse bajulus et consules ejusdem loci. — Et si aliquis de nocte furaverit uva vel aliquam frucham, quod teneatur dare domino v. solidos Tolosanos justiciam (*sic*); tamen si furaverit uva vel aliquam frucham de nocte et detulerit in panerio, semals vel sacco, teneatur dare domino lx. solidos Tolosanos de justicia; et quod consules teneantur facere fieri emendam tale illi qui passus fuerit, eorumdem cognitione. — Retinuit insuper ibi dictus Sycardus quod, si aliquis fecerit alicui vulnus, sicut est consuetum in Tholosano, et per confessionem ipsius de quo querimonia facta fuerit vel per testes probatum fuerit, quod ille talis teneatur dare ei lx. solidos de justicia, et qui vulneratus fuerit recipiat inde emendam de bonis illius qui vulnus fecerit, cognitione dicti domini vel sui bajuli et consulum ejusdem ville.
— Si vero aliquis vocaverit alterum falsum, inlegitimum vel proditorem, habeat inde dominus talem justiciam qualem bajulus suus, secundum formam delicti, et ipsi consules ejusdem loci noverint esse habituram. — Item concessit eis quod omnes injurie et querele, et jus ipsius domini de judiciis que in predicta villa et loco contingerint, adjudicentur et cognoscantur per bajulum suum et per consules ejusdem loci. — Retinuit insuper sibi et successoribus suis quod in quolibet macellerio habeat et percipiat ipse vel ejus bajulus, qualibet dominica, unam cambam porci, et de qualibet vacca et bove, quam et quem ibi scinderint et tailhaverint, lingam, et quod preparetur ei ab ipsis macellariis suum carnalagium quando ipse dominus erit in villa. — Dedit etiam et concessit eis quod quilibet homo et mulier, qui et que in predicta villa et loco morabitur et habitaverit, possit mittere unam saumatam salis quoque anno

in festo Natalis Domini ad suam dispendiam libere, sine censu et usu. — Concessit etiam et dedit eis quod quicumque fuerit manifeste captus in adulterio, homo et mulier, det domino vel ejus bajulo quilibet ipsorum lx. solidos Tolosanos, vel, ad electionem ipsorum, currant ambo nudi per totam villam. — Qui autem cultello tracto, vel petra vel ligno, baculo vel osso abajaverit aliquem vel aliquam, teneatur dare domino de justicia xxx. solidos Tolosanos, si ipsum non percusserit; et, si aliquem percusserit, teneatur de tali justicia quale debuerit secundum quod erit delictum. — Has vero libertates et consuetudines, sicut superius scripte sunt, et alias, secundum consuetudines et libertates que in opido et villa Castri-Sarraceni tenentur et observantur, dedit et concessit dictus Sycardus Alamannus omnibus hominibus et mulieribus, presentibus et futuris, qui et que causa morandi et habitandi in predicto loco qui dicitur Mons-Astrux jam venerant et deinceps venerint, promittens se et heredes et successores suos eas servare in perpetuum et tenere et custodire ipsis hominibus et mulieribus suprascriptis, presentibus et futuris, et heredibus et successoribus eorum et ullo jure non contravenire. — Acta fuerunt hec omnia ita et concessa Tholose, in aula domini comitis, xii. die exitus mensis januarii, feria ii, regnante Lodoico Francorum rege, et R. Tholosano comite, et R. episcopo, anno m° cc° xl° primo ab incarnatione Domini.—Testes sunt : Petrus Laurentius, et David bajulus dicti Sycardi Alamanni, et Arybertus de Deopantala, et Gaylhardus de la Calm, et Arnaldus Sartor juvenis, et Bernardus Aimericus, publicus Tholose notarius, qui mandato ipsius Sycardi Alamanni, cartam istam scripsit.

Il y a encore aujourd'hui en Languedoc sept bourgs ou villages du nom de Montastruc. Nous pensons, à cause du lieu d'où la charte est datée, qu'il s'agit ici du bourg de Montastruc près Toulouse (Haute-Garonne, l'un des chefs-lieux de canton de l'arrondissement de Toulouse).

2952 Lagny. 1241-42. Mercredi 5 février.

Acceptilatio generalis data comitissæ Nivernensi a mercatoribus Senensibus.

(J. 256. — Nevers, n° 26. — Original scellé.)

Omnibus presentes litteras inspecturis, frater Guillelmus Sancti Petri Latiniacensis humilis abbas et indignus, salutem in Domino.— Noverint universi quod in nostra presencia constituti Palmerius Renoni, pro se et pro socio suo Nicholao Roci, Flamenchius Hugolini pro se, Palmerius Renuchii pro se, Robertus Ultramontis, Ellandus Rollandi pro se et pro Pyccolomino Ultramontis et Hugone Clarmontrensi, cives et mercatores Senenses, recognoverunt et confessi fuerunt coram nobis se recepisse et habuisse, pro se et pro omnibus sociis suis supradictis, in nondinis Latiniaci, apud Latiniacum, a nobili domina Matilde comitissa Nivernensi, per manum Johannis de Castronovo militis et Gaufridi clerici ejusdem comitisse, mille et centum et quinquaginta libras bonorum Pruvinensium forcium de residuo duorum millium et trecentarum librarum Pruvinensium, in quibus duobus millibus et trecentis libris dicta comitissa et bone memorie Guido, comes Nivernensis et Forensis, maritus ejus, dictis mercatoribus tenebantur. — Quittaverunt etiam coram nobis dicti mercatores, pro se et pro omnibus sociis suis predictis, prefatos comitem et comitissam et heredes ipsorum de omnibus debitis, plegeriis, querelis et de omnibus rebus super dicto debito contractis et inter se habitis usque ad diem confectionis presentium litterarum, promittentes etiam bona fide quod contra quitationem istam, per se vel per alios, de cetero non venient.—Et concesserunt dicti mercatores coram nobis quod, si alique littere super dicto debito producerentur in medium, nullius essent efficacie vel valoris. — In cujus rei testimonium et munimen, ad petitionem dictorum mercatorum, presentes litteras sigilli nostri munimine duximus roborandas. — Actum anno Domini m° cc° quadragesimo primo, mense februario, apud Latiniacum, die mercurii post Purificationem Beate Marie.

Sceau de Guillaume, abbé de Saint-Pierre de Lagny; cire jaune, double queue; décrit dans l'*Inventaire* sous le n° 8782.

2953 Castel-Sarrasin. 1241-42. 12 février.

(J. 304. — Toulouse, II, n° 73. — Copie authentique.)

Instrumentum quo, anno incarnationis m° cc° xl° primo, pridie idus februarii, Guillelmus de Gordone de Salviaco, per se et per omnes successores suos, habita deliberatione cum militibus et cum aliis hominibus suis, recognoscit se quicquid habet vel habere debet in castris Gordonis et

Salviaci, et generaliter in Caturcensi et Petragoricensi diœcesibus, a Ramundo comite Tholosæ in feodum et homagium ligium tenere; quæ omnia, retento sibi ad vitam suam, quamdiu vixerit in habitu seculari, usufructu, præfato comiti se in donum conferre declarat. — « Actum apud Castrum Sarracenum. Testes interfuerunt vocati et rogati : Guillelmus de Barracria, Poncius Grimoardi, Petrus Martini de Castronovo, magister Guillelmus de Punctis, Petrus de Tholosa vicarius Tholose, *quinque alii*, et Johannes Aureoli, domini comitis supradicti notarius, qui mandato predictorum hec scripsit. »

Vidimus délivré le vendredi 3 novembre (*die veneris post festum Omnium Sanctorum*) 1273 par Gaudin Martel, vicaire royal de Toulouse, et maitre Bertrand de Ferrières, official de Toulouse.

2954 Constantinople. 1241-42. 12 février.

Procuratio Balduini imperatoris pro domino rege ad agendum in comitissam Nivernensem.

(J. 509. — Empereurs de Constantinople, n° 1. — Original.)

Nos Balduinus, Dei gratia fidelissimus in Xpisto imperator a Deo coronatus, Romanie moderator et semper augustus, universis presentes litteras inspecturis notum facimus quod, cum nos in imperio Romanie in servicio Jeshu Xpisti et sancte fidei ac Romane ecclesie commorari necessario habeamus, ita quod in regno Francie, pro gerendis ac prosequendis negociis que in eodem regno habemus, nullatenus possimus personaliter interesse neque negocia prosequi que ibidem habebamus incepta, maxime causam quam habebamus et habemus contra nobilem mulierem M. (Mathildem) comitissam Nivernensem super castris ac pertinentiis de Betriaco, de Collungiis super Yonam, de Mallicastro et Mallivilla, excellenti domino et consanguineo nostro Ludovico, Dei gratia regi Francorum, damus et concedimus auctoritatem et plenariam potestatem constituendi pro nobis procuratorem vel procuratores ad prosequendam et terminandam causam predictam et ad agendum quolibet genere actionis super castris et pertinentiis supradictis, tam contra predictam comitissam sororem nostram, quam contra quoslibet alios detentores, et ad prosequendum litem usque ad finem. — Dedimus etiam eidem domino regi potestatem componendi super predictis, transigendi, donandi, quitandi et faciendi omnino quicquid viderit faciendum; quicquid super hiis de ejus mandato aut dispositione ordinatum fuerit sive factum, ratum et firmum habituri et inviolabiliter servaturi. Insuper ipsum dominum regem super predictis procuratorem constituimus in rem suam. — In cujus rei testimonium, presentes litteras fecimus annotari et bulle nostre plumbee munimine roborari, imperialis subscriptionis caracteribus insignitas. — Datum Constantinopoli, anno Domini millesimo ducentesimo quadragesimo primo, II. idus februarii, imperii nostri anno secundo.

Souscription de l'empereur en cinabre. — Traces de sceau pendant sur lacs de soie rouge. — Le sceau de Baudouin II est décrit dans l'*Inventaire* sous le n° 11826, d'après un type appendu à un acte daté de 1247.

2955 1241-42. Dimanche 16 février.

(J. 330. — Toulouse, XXI, n° 18. — Original.)

Instrumentum quo Willelmus de Farezio, et Willelmus Brunus, præstito super sancta Dei Evangelia juramento, affirmant totum illum honorem situm in feodo de Reulaco, inter fontem et rivum de Serra, rivum de Costa Raynale, rivum de Bosqueto et alios terminos in instrumento designatos, a quadraginta annis et amplius, in bona et quieta possessione, absque omni alicujus clamore et querela, tam ab Aymone Aguraldo, et domina Bernarda ejus uxore, Arnaldo Rotbardo, et domina Ramunda ejus uxore eorumque infantibus, quam ab illis qui præfatorum nomine dictum honorem tenuerunt, habitum et possessum fuisse. — « Hoc fuit ita positum XIII° die exitus mensis februarii, feria I°, regnante Lodoico rege Francorum, Ramundo Tolosano comite, Ramundo episcopo, anno M° CC° XLI°, ab incarnatione Domini. De quorum testimonio et sacramento hujusmodi facto sunt testes : Ramundus Borrellus, et Pictavinus, et Petrus Willelmus Ganertius, et Willelmus Johannes frater ejus, et Ramundus Niellus, et Poncius Basterius, qui cartam istam scripsit. »

2956 Monteux. 1241-42. 16 février.

(J. 330. — Toulouse, XXI, n° 19. — Original.)

Instrumentum quo notum fit, anno Domini M° CC° XLI°, scilicet XIIII° kalendas martii, Bertrandum Aiquardum de Sainono et Isnardum Villos, tam pro se quam pro Bertrando de Insula, quidquid juris habebant, tam in hominibus quam in feudis, in toto castro Sainnonis nobili viro Raimundo Gaucelmi, domino Lunelli, pro egregio viro domino R. (Raimundo) Tholosæ comite stipulanti et ementi, pretio xxv. milium solidorum Vilelmensium vendidisse. — « Actum fuit hoc infra fortalicium castri Montiliorum, in camera juxta salam, presentibus Bernardo de Sancto Saturnino, Pontio Astoaudi, Paulo de Claromonte, Imberto de Aurono, et W. Rostagni, publico notario Montiliorum, qui inde, de voluntate partium et mandato, utrique parti debuit facere instrumentum et hanc cartam scripsit et signavit. » (*Hic signaculum notarii.*)

2957   1241-42. Dimanche 23 février.

(J. 198 B. — Champagne, VI, n° 77. — Original.)

Litteræ Johannis prioris monasterii S. Petri de Cella Trecensis totiusque ejusdem loci conventus ad Theobaldum Navarræ regem, Campaniæ et Briæ comitem palatinum, quem certiorem faciunt de morte domini Johannis abbatis sui; a præfato comite, per priores de Rumiliaco et de Javernando et per fratrem Gaufridum, ad eum destinatos, licentiam novi abbatis eligendi deprecantes. — « Datum anno Domini millesimo CC° XL° primo, dominica qua cantatur *Exurge.*»

Traces de sceau pendant sur simple queue. — Le sceau du monastère de Montier-la-Celle-lez-Troyes n'a pas été retrouvé.

2958   Gand. 1241-42. Février.

Thomas Flandriæ comes et Johanna comitissa, ejus uxor, dominum regem absolvere declarant conventionibus inter se initis quoad castrum Duacense.

(J. 537. — Flandre, I, sac 5, n° 1. — Original scellé.)

Thomas, Flandrie et Haynonie comes, et Johanna, uxor nostra, comitissa, omnibus presentes litteras inspecturis, salutem. — Noverit universitas vestra quod karissimum dominum nostrum Ludovicum, Dei gratia illustrem regem Francie, quitamus penitus et absolvimus, pro nobis et successoribus nostris, de conventionibus factis inter ipsum dominum nostrum regem, ex una parte, et nos, ex altera, super castro Duacensi nobis reddendo, racato nostro domino regi persoluto. — Et volumus quod littere sive instrumenta, si que a domino rege fuerunt nobis tradita super conventionibus memoratis, nullius sint valoris. — In cujus rei testimonium, presentes litteras sigillorum nostrorum munimine fecimus roborari. — Datum apud Gandavum, anno Domini M° ducentesimo quadragesimo primo, mense februario.

Cette charte était scellée, dans l'origine, de deux sceaux pendants sur double queue. Le sceau du comte Thomas de Savoie, second mari de la comtesse Jeanne, s'est détaché, mais il est décrit dans l'*Inventaire* sous le n° 622. Le sceau de Jeanne, comtesse de Flandre, est décrit sous le n° 620.

II.

2959   Pontoise. 1241-42. Février.

Homagium Raçonis de Gavra.

(J. 620. — Hommages, I, n° 14. Original scellé.)

Ego Raço de Gavra, miles, notum facio universis ad quos littere presentes pervenerint quod ego excellentissimo domino meo Ludovico, Dei gratia regi Francie illustri, de octoginta libris Parisiensium, quas michi sui gratia ad vitam meam contulit, feci homagium ligium, salva fidelitate domini mei comitis Flandrensis, et domini Arnulphi de Audenarda, et domini mei ducis Brebantie. — De homagio autem domini mei advocati Betuniensis ita erit sicut fuit in tempore patris mei. — Et juravi eidem domino regi quod ei et ejus heredibus bene et fideliter serviam, salvis, ut dictum est, fidelitatibus dominorum meorum predictorum. — Actum Pontisare, anno Domini M° CC° quadragesimo primo, mense februario.

Sceau de Rasson de Gavre, chevalier; cire blanche, double queue; second sceau, décrit dans l'*Inventaire* sous le n° 10396.

2960   1241-42. Février.

(J. 256. — Nevers, n° 25. — Original.)

Guillelmus de Chanlite, vicecomes Divionensis, se erga karissimam dominam suam M. (Mathildem) comitissam Nivernensem, pro Johanne de Tar (*vel* Tor) scutifero, de triginta libris Parisiensium plegium constituit. — « In cujus rei testimonium, presentibus litteris sigillum nostrum duximus apponendum. Datum anno Domini M° CC° XL° primo, mense februario. »

Traces de sceau pendant sur simple queue. — Le sceau de Guillaume de Champlitte, vicomte de Dijon, n'existe plus aux Archives.

2961   1241-42. Dimanche 2 mars.

(J. 328. — Toulouse, XIX, n° 1. 16. — Original roman.)

Acte du bail à cens d'une pièce de vigne située à Gemil; ledit bail consenti par B. Aguialt à Ar. Martin et à ses ayants cause. — « Hoc fuit factum II. dias al intrat de mars, feria II. (corr. I.), regnante Lodoico rege Francorum, Raimundo Tolosano comite, Raimundo episcopo, anno ab incarnatione Domini M° CC° XLI°. Hujus rei sunt testes : Ar. Vazega, e W. Frozi, e Domenge de Sent Estefe, et Guillelmo de Noerio qui cartam istam scripsit. »

Cette pièce est insérée dans le rouleau intitulé : *Transcripta instrumentorum magistri Johannis Dominici super facto Gimilli.*

2962 Penne-d'Agen. 1241-42. 14 mars.

Instrumentum absolutionis Raimundi, comitis Tolosani.

(J. 305. — Toulouse, III, n° 8. — Original scellé.)

Noverint universi quod dominus R. (Raimundus), Dei gratia comes Tolosanus, dum in lecto infirmitatis jaceret apud castrum de Penna, Agennensis diocesis, in periculo mortis existens, cum magna devocione, cordis compunctione et lacrimarum efusione, a magistro R. officiali Agennensi, et a W. B. habente curam animarum in dicto castro, et a magistro P. sacerdote ecclesie dicti castri, super omnibus sentenciis excommunicationum, per judices ordinarios seu delegatos promulgatis, quibus ipse dominus comes excommunicatus fuerat, vel esse dicebatur, absolutionis beneficium humiliter postulavit. — Sane excommunicationum cause, ad sollicitam requisicionem dicti officialis, de quibus dominus comes et consiliarii sui tunc recordabantur, iste fuerunt expresse: videlicet, pro facto Camargarum et guerra quam fecit in Camargis, et pro dampnis datis ibidem domino archiepiscopo Aralatensi et ecclesiis, comiti Provincie et civibus Arelatensibus per dominum comitem vel per suos. — Item pro damnis datis et injuriis illatis domino episcopo Cavallicensi et ecclesie sue et aliis ecclesiis provincie Aralatensis. — Item pro querimonia quam facit ecclesia Vasionensis et electus ejusdem ecclesie contra dictum dominum comitem Tolosanum de civitate Vasionis et de castro ejusdem civitatis. — Item pro facto ecclesie de Manso et pro querimonia quam faciebat prior quondam de Manso super justicia qua dicebat idem prior dominum comitem se et dictum ecclesiam spoliasse, et pro aliis querimoniis quas idem prior faciebat. — Ad hec magister R., prefatus officialis, et W. B., et magister P., ejus sacerdos, attendentes et considerantes devotionem ipsius domini comitis, que apparebat per indicia manifesta, diligenter requisiverunt medicos qui super infirmitate domini comitis adherebant, videlicet, magistrum Lupum Ispanium regentem apud Tolosam in medicina, magistrum W. Alverniensem socium domini episcopi Caturcensis, magistrum G. Petragoricensem, magistrum P. Martinum, medicos, et alios viros peritos in eadem infirmitate domino comiti assistentes. Dicti autem medici unanimiter asserendo responderunt quod de dicta infirmitate pluribus ex causis, quas rationabiliter proponebant, domino comiti mortis periculum iminebat. — Facta igitur diligenti inquisicione super infirmitatis periculis, habitoque consilio plurium peritorum, facta prius restitutione possessionis, vel quasi possessionis, tocius justicie ville de Manso ecclesie predicte de Manso in manu et persona Stephani Geraldi, canonici prefate ecclesie, nomine ejusdem ecclesie de Manso recipientis, salvo jure proprietatis domino comiti competenti; recepto etiam juramento, ab ipso domino comite corporaliter prestito, de parendo mandatis Ecclesie super omnibus predictis causis et aliis pro quibus idem dominus comes excommunicatus erat vel esse dicebatur; cum idem comes et consiliarii sui requisiti non crederent, neque eidem officiali aliter constaret, ipsum comitem ex aliis causis, pro manifesta offensa, excommunicationis sentencia innodatum; et, si forsitan erat, paratum se obtulit et juramento firmavit se ad mandatum et cognitionem Ecclesie emendare; prestito insuper juramento, quod dictus dominus comes, ad honorem Dei, et sancte matris Ecclesie et ad exaltationem fidei orthodoxe, hereticam pravitatem de tota terra sua, pro viribus suis, fideliter extirpabit, predictus magister R., officialis Agennensis, et W. B., et magister P. ipsius sacerdos, juxta formam juris et Ecclesie, dictum dominum comitem ab omnibus expressis et non expressis excommunicationum sentenciis, quibuscumque excommunicatus erat vel esse dicebatur, absolverunt. — Facta est ista absolutio apud Pennam Agennensii, in domo P. Pellipparii. — Testes presentes interfuerunt: dominus Bertrandus senescallus Agennensis, Ramundus Gausselmi dominus Lunelli, Guillelmus de Bareria, Poncius Astoaudi, Dorde Barasc, Petrus Alberti canonicus Barchilonensis, B. Pinellis, Petrus Aizs de Ribairiaco, Raimundus de Marca, Stephanus Geraldi canonicus Agennensis, Petrus Martini medicus, magister Willelmus de Punctis, B. de Turre, Petrus d'Espaor, Rudellus, Bertrandus Delfar, Ramundus Guillelmus de Monte-bruno, et plures alii, de quibus, pro majori parte, majores et periciores, et specialiter medici suprascripti, et plures alii super infirmitate dicti comitis ab ipso officiali diligentius requisiti, consona voce dixerunt memorato domino comiti, ex diversis infirmitatis causis, mortis periculum iminere, sicut ex assercione predicta medicorum presenserant, et eis per aspectum corporis apparebat. — Et ego B. de Pairinhac, comunis notarius de Penna, predicte requisitioni presens interfui et hoc instrumentum de mandato dicti officialis scripsi, anno Domini M. CC. XLI, II. ydus martii. — In cujus rei testimonium, nos officialis antedictus sigillo curie domini episcopi Agennensis, et nos Willelmus B., sigillo nostro presentem cartam fecimus sigillari. (*Hic signaculum notarii.*)

Cet acte était scellé, dans le principe, de deux sceaux pendants sur lacet de fil jaune liséré de blanc et de brun. Le sceau de l'official de l'évêque d'Agen, qui s'est détaché, n'a pas été retrouvé ailleurs; celui de Guillaume B., curé d'Agen, petit sceau en cire brune, de forme ogive, qui n'a pas été décrit dans l'*Inventaire*, représente un pied de fleur de lis dont la tige est accompagnée de deux branches, sur lesquelles sont perchés deux oiseaux, la tête tournée en sens inverse.

2963   Pleurs. 1241-42. Mars.

(J. 202. — Champagne, X, n° 19. — Original.)

Odo de Brecis, dominus de Soysiaco, notum facit dominum suum Theobaldum regem Navarræ, Campaniæ et Bryæ comitem palatinum, sibi concessisse ut infra maresium de Broceio, in loco qui dicitur Mota de Chastellon, domum cum fossatis, palicio ligneo et porta lapidea vel lignea sed quadrata, construeret, et nichil ultra, nisi fuerit de assensu præfati regis. Quæ domus dicto domino regi, ad magnam vim et ad parvam, jurabilis et reddibilis erit. — « Datum apud Peure, anno Domini millesimo ducentesimo quadragesimo primo, mense martio. »

Traces de sceau pendant sur double queue. — Le sceau d'Eudes de Broyes, seigneur de Soizy-aux-Bois en Champagne (Marne, arrond. d'Épernay), n'a pas été retrouvé. Broyes est situé dans le même arrondissement que Soizy.

2964   1241-42. Mars.

(J. 194. — Champagne, II, n° 6. — Original.)

Pierre, abbé de Monstier-en-Der (*Moutier Anderf*), et tout le couvent dudit lieu déclarent abandonner le pariage (*la compaignie*) qui avait été conclu entre eux et Thibaud, roi de Navarre, comte palatin de Champagne et de Brie; ils reconnaissent que ce prince, ou celui de ses héritiers qui sera comte de Champagne après lui, a la garde de leur abbaye et de leur terre, son ost, sa chevauchée et trois cents livres Provinoises de rente annuelle sur la taille de leurdite terre, avec tous les droits qui appartenaient audit comte de Champagne avant le pariage. — « An tesmoignage de la quel chose, nos avons doné au devantdit roi ces présentes lestres séellées de nos séaus. Ces lestres furent donées an l'an de l'incarnacion mil deus cenz quarante et un, ou mois de marz. »

Traces de deux sceaux pendants sur lacs de soie verte. — Ces deux sceaux n'existent plus aux Archives. Monstier-en-Der, *Monasterium Derveuse*, faisait partie du diocèse de Châlons-sur-Marne.

2965   1241-42. Mars.

(J. 197. — Champagne, V, n° 51. — Original.)

Aubert, abbé de Chatrices, et tout le couvent dudit lieu, déclarent mettre en la garde de leur seigneur Thibaud, roi de Navarre, comte palatin (*palais*) de Champagne et de Brie, les six vingts arpents de bois et de terre qu'ils ont retenus en toute propriété au finage de Passavant (*Passavant*), et tout ce qu'ils pourront acquérir à l'avenir audit finage. — « Et an tesmoignance de ces choses, nos avons séellées ces présentes lestres de nos séiaus; et ce fu fait en l'an de grâce mil et II° et quarante un, ou mois de marz. »

Traces de deux sceaux pendants sur lacs de soie jaune et violette. Ces sceaux n'ont pas été retrouvés. — Le monastère de Chatrices, *Castriciæ*, près de Sainte-Menehould, était compris dans le diocèse de Châlons-sur-Marne.

2966   1241-42. Mars.

(J. 197. — Champagne, V, n° 52. — Original.)

Aubertus abbas de Castriciis, totusque ejusdem loci conventus, notum faciunt se, juxta chartam inter se et illustrem regem Navarræ, Campaniæ et Briæ comitem palatinum, initam, nihil infra forteritiam de Passavant, dicto regi pertinentem, præterquam in decimis et rebus spiritualibus, reclamare posse; præfatum autem regem, pietatis intuitu, sibi concessisse capellaniam in præfato castro jam constructam, cujus capellanus ad nominationem prædicti regis erit et annuatim in ejus bursa quindecim libratas fortium Pruvinensium recepturus est. — « In cujus rei testimonium, presentes litteras sigillorum nostrorum fecimus munimine roborari. Actum anno Domini millesimo ducentesimo quadragesimo primo, mense martio. »

Traces de deux sceaux pendants sur lacs de soie violette et jaune. — Voyez l'observation précédente.

2967   1241-42. Mars.

Coutumes du châtel de Rotoumont près Passavant.

(J. 197. — Champagne, V, n° 53. — Original.)

Nous, Aubers abbés, et tous li covens de Chastrices, faisons savoir à tous ciaus ki ces lettres verront que nous avomes doné à Thiebaut, par la grâce de Dieu roi de Navarre, de Champegne et de Brie cuen palais, le mont de Passavant, qui soloit estre apelés de Rotoumont, et tous ciaus ki manront dedens le mont; et de ciaus ki manront dedens le dit mont, nous n'en porrons penre ne issues ne autres choses, fors nos droitures de toutes les choses k'il tenront fors dou devant dit mont en finage de Passavant et le espiritualité, en tel manière ke cil devant dis rois et cuens, ou si oir, ne porront traire le marché de Passavant ne foire dedens le dit mont. — Et si l'avons acompaignié à dis et set cens arpens de bois et de terre, ou pou plus ou pou mains; li queix bois est apelés li Aloes, et cil bois est entre le bois de Biauliou et la vile d'Escleires, fors ke tant ke nous avomes retenu de cest bois sis vins arpens en nostre main por faire nostre volenté perpétueument. Et si avomes retenu en nostre main toutes les dismes de cest finage, et les grans dismes et les menues, et les espiritueus choses et les église parrochial. — Et il a tous les fours de cest finage, ès queus nous ne penrons noient, et l'ost, et la chevauchie, as us et as coustumes de Sainte-Manehout.— Et en toutes les autres issues et toutes autres choses nos aurons le moitié, et li rois l'autre. Et se il convient metre cous en choses partables, nos i métrons la moitié et li rois l'autre. — Li homme de la vile paieront de quatorse jarbes deus, des quèles nous penromes une por la dismes, et l'autre, ki sera por terrage, entre nous et le roi par moitié. Et les amenront à la vile à lor chars et à lor charètes. Et se il avenoit par aventure ke li serjanz terregieres et li dismierres ne soient au deschargier les jarbes, om croira le deschargeor par son sairement de ce ke il dira ke il aura deschargié, et por ce ne demorra pas ke il ne rende as signors disme et terrage sanz amende. — Om paiera de chascun arpent de vigne vi. deniers por cens le jor de la Saint-Remi; et ki en faudroit, il paieroit ii. sols por l'amende; et le vintisme dou vin por la disme, ki sera à nos. — Et cil ki trespassera le ban de four ou de molin, et il en est atains, il paiera v. sols pour l'amende et restorra le damage.— Li prevos sera mis par nostre assent, et li bourgois de la vile mettront iiij. eschevins, li quel juerront sor sainz, au commandemant le roi et au nostre ensamble, k'il garderont les droiz le roi et les noz et à ciaus de la vile; et par ciaus seront les amendes jugiées et levées au droit de la vile. — Et chascun an remueront li borjois ces iiij. eschevins, le jor de la Saint-Jehan-Baptistre. — Et li home del fié lou roi et de ses viles et de ses gardes ne porront estre en la vile retenu se par lou roi non. — Chascuns borjois de la vile paiera ii. sols de bourgissie et vi. deniers de cens por sa maison, à paier le jor de la Saint-Remi et borgissie et cens. — Por chascun arpent de vigne ou de pré, s'il i est, vi. deniers à paier le jor de la Saint-Remi. Et ki en défaudroit, il paieroit ii. sols por l'amende.— Et ki tenra terre gaegnable, ou prei ou vigne, il paiera i. sestier d'avaine, à rendre lendemain de la Toussains, à rendre en la vile là où il seront asené. Et ki en défaudroit, il paieroit ii. sols por l'amende. — Et se aucuns tient masure en la vile ki ne soit herbergié dedans un an, li prevoz la puet ballier qui il vorra por herberger, ne cil ki devant l'auroit tenue ne la porroit rapiéler. — Et ki vendera yretage en la vile, li venderres paiera vi. deniers et li acheterres vi. deniers. — Nus ne puet tenir yretage en la vile se il n'est estagiers dedans la vile; mais s'il i a hiretage, il le puet vendre à ciaus dou chastel ou dou finage, après ce k'il l'aura tenu et herbergié un an. — S'aucuns dist lait à l'autre en la vile, et il soit veu d'eschevin ou tesmognié par deus autres persones, il paiera por l'amende iii. sols.— Et s'aucuns met main en autre et il n'i ait sanc, il paiera x. sols, et au batu v. sols; et, s'il i a sanc, xv. sols, s'il est coneu par un eschevin ou par deus autres prodomes. — S'aucuns envaïst autre d'arme esmolue, il paiera xx. sols; et s'il le navre d'arme esmolue, il paiera lx. sols, et au navré xx. sols, et les coustemens por la plaie garir. — Et s'il le fiert k'il soit afolés, li afolés aura le tiers del avoir à celui ki l'afolera et nos l'autre tierz, et li rois lou tierz. — Et s'il l'ocist, la persone sera en la volenté dou roi et li avoirs à nous et au roi. — Se li uns assaut l'autre en sa maison, et il est prové, il paiera LX. sols. — Cil ki fera fausse clamor de chateus, il paiera III. sols, et de fausse clamor d'éritage v. sols. — Se aucuns accusoit home de feu ou de rat ou de larrecin ou de murtre, et il ne le pooit prover, il demorroit en autre tel point com li autres seroit se cil l'en avoit provei. Et ce sera demené par le prevost ou par le commandement le roi. — Se aucuns met main en eschevin, et il est provei, il paiera L. sols, et à l'eschevin x. sols. Et se il le navre d'arme esmolue, sans mort et sans afoler, il paiera c. sols, dont li eschevins féruz aura xx. sols. — Et se li eschevins met main en autre, il paiera autretel amende com cil feroit ki auroit mise main en lui. — Et s'aucuns borjois met main en estrange home, et il est prouvés, il paiera xx. sols, dont li batus aura v. sols. Et autretel paiera li estranges se il met main en home de la vile. — Se aucuns brise le marchié de la vile, soit borjois, soit estranges, il paiera LX. sols, s'il est prové. — La femme ki dira vilenie à autre, si comme de putage, paiera v. sols, ou èle portera la pierre, toute nue en sa chemise, à la procession, et cèle le poindera après en la nage d'un aguillon. Et se èle disoit autre vilenie ki atourt à honte de cors, èle en paieroit III. sols et li hom ausinc. — Se aucuns est pris en autrui damage faisant, ou en pré, ou en blé, ou en vigne ou en vergiés, et il est veus par la garde ou par eschevin ou par II. autres prodomes, il paiera v. sols d'amende et rendera le damage. — Se bestes sont prises à garde faite en autrui damage, il paiera v. sols et rendera le damage. Et se èles i sont prises sans garde, li bues et la vache et li chevaus, III. deniers, et li berbis et li pors, I. denier. — Se aucuns est atains de fausse mesure, il paiera LX. sols et I. denier por l'amende. — Nus ne puet penre gage d'autrui sans justice, se n'est de son plège ; et se il le prent, il paiera v. sols d'amende. — Li taverniers puet penre gage en sa taverne por l'escot d'un jor, et de fors non. — Se aucuns ne puet paier ces amendes ki sont devant dites, on penroit ce k'il aueroit et seroit bannis de la vile un an et un jor. Et après l'an et le jor, se il voloit revenir en la vile, il renderoit le remanant de l'amende et l'amenderoit à l'esgard des eschevins. — Se aucuns tient par an et jor en pais, sans réclam d'ome ki en la vile soit manans, d'en ki en avant il le tenroit en pais sans réclam d'omé et de fame. — Se aucunz prent hiretage en gage en la vile, il le tenra an et jor, et d'en ki en avant il le vendra, se il welt, en bone foi devant bones gens. Et s'il en a plus k'il n'avoit sus, il le rendera à celui qui li yretages avoit esté. Et, se li oirs le welt rachater dedens I. an et I. jor, il le puet avoir par le pris k'il seroit vendus. — Nus bourjois ne se doit clamer à autre justice, tant com om li voudra faire droit en la vile. Et se il le fait, il paiera x. sols de l'amende et rendra le damage. — Autre tel mesure de vin et de blé com il a à Sainte-Manehout corra en cest chastel et el finage de Passavant. — Se aucuns borjois de la vile s'en welt aler, il porra vendre son hiretage à home de la vile ; et si aura xv. jors de conduit par la terre le roi, à bone foi, dou roi et des suens. — En autres choses, ke nos avomes fors des bounes de la vile ki sont ci-desus nomées, n'i penront rien cil de la vile, fors ke plaines pastures. — Et se aucune chose avenoit ki ci-desus ne soit nomée, où il eust descort, èle seroit adrécie par l'esgard de la court de Champaigne. — Se on aloit à la court por aucun jugement ou par aucun esgard, cil por qui on iroit paieroit la moitié des despens et li communs de la vile l'autre. — Ne li rois ne puet mètre cest chastiel ne les apendances fors de ses mains ne si oir. — Toutes ces choses devant dites, nos prometons et craantons à tenir et à garder en bone foi, à nostre pooir, sauf le droit d'autrui. — Se yretages de la vile nos eschaoit ou au roi por forfait ou par autre chose, nos somes tenu à vendre dedans an et jor à home de la vile ou dou chastel. — Et en tesmognage de ceste chose, nos en donomes ces présens letres saélées de nos seaux. Et ce fu fait en l'an de grâce mil et deus cens et quarante et un, el mois de marz.

<small>Traces de deux sceaux pendants sur lacs de soie violette et jaune. — Ces deux sceaux, qui étaient ceux de l'abbé Aubert et du monastère de Chatrices, près Sainte-Menehould, au diocèse de Châlons-sur-Marne, n'existent plus aux Archives. — Passavant en Champagne est situé dans le département de la Marne, arrondissement et canton de Sainte-Menehould. Le nom de Rotoumont, près Passavant, semble avoir disparu depuis longtemps ; il ne figure pas sur la carte de Cassini.</small>

2968   1241-42. Mars.

Guillermus de Bafes et Guiodus de Foresio super contentionibus suis in dominum regem compromittunt.

(J. 270. — Forez, n° 1. — Original.)

Ego Guillermus de Bafes, miles, notum facio universis presentibus pariter et futuris quod, cum contentio verteretur inter me, ex una parte, et Guiodum de Foreis, ex altera, videlicet quod ego dicebam me habere jus in comitatu de Foreis tamquam heres ea ratione quod comes Guido de Foreis, defunctus, avus meus fuit ex parte prime uxoris sue legittime, que fuit mater matris mee. — Similiter dicimus quod dictus Guido comes fuit avus dicti Guiodi, et comes Guido, pater dicti Guiodi qui defunctus est, frater fuit matris mee superius nominate. — Similiter sic, quod comes Guido, avus meus et avus dicti Guiodi, contra Deum et Ecclesiam, vivente prima uxore sua, matre matris mee, aliam duxit in uxorem; de qua ultima uxore comes Guido de Nevers, pater dicti Guiodi, natus fuit. — Preterea dico quod dictus Guiodus tenet terram de qua avita mea, prima uxor dicti comitis Guidonis avi nostri, cum eo fuit maritata; et quia, contra Deum et Ecclesiam, vivente prima uxore, aliam duxit in uxorem, dico quod hac ratione debeo et sum heres rectus dicti comitatus; et semper dictum comitatum, sicut debui, requisivi. — Preterea dico quod, cum coram domino rege essem adjornatus, dictus Guiodus sine diffidatione me cepit et in prisoniam posuit; quam injuriam et dedecus pro mille marcis nollem sustinuisse. — Dico etiam quod gentes dicti Guiodi tenent de catallis et rebus gentium mearum usque ad valorem v. c. librarum. — Super hiis autem omnibus supradictis ego dictus Guillelmus et predictus Guiodus in dominum regem Francorum compromisimus, obligantes nos tenere et servare quicquid super predictis, jure vel arbitrio vel quocumque alio modo, eidem domino regi inter [nos] placuerit statuendum. — Actum anno Domini m° cc° xl° primo, mense martio.

Traces de sceau pendant sur double queue.— Le sceau de Guillaume de Baffie n'existe plus aux Archives. — Voyez dans Baluze, *Histoire de la maison d'Auvergne*, t. II, pr., p. 116, le traité conclu en 1244, à la suite de ce compromis, entre Guillaume de Baffie et Guigue VI, comte de Forez.

2969   Toulouse. 1242. 5 avril.

Rogerius comes Fuxi Raimundum Tolosanum comitem ad bellum contra regem Franciæ hortatur et ei suum auxilium promittit.

(J. 332. — Foix et Comminges, n° 6. — Original.)

Noverint universi presentes litteras inspecturi, quod nos Rogerius, Dei gratia comes Fuxi et vicecomes Castri-boni, requisiti a vobis domino nostro R. (Raimundo), Dei gratia comite Tholosano, ut demus vobis consilium utrum facietis guerram, cum adjutoribus quos habere potestis, in hoc instanti, illustri regi Francie, pro recuperanda terra vestra, consideratis diligenter exheredatione maxima quam facit vobis dictus rex, et aliis que consideranda sunt in negotio supradicto, videntes oportunitatem temporis iminere, consulimus bona fide vobis domino comiti supradicto quod vos, occasione predicta, guerram dicto domino regi faciatis et terram vestram recuperetis que ab eodem rege vobis indebite est ablata. Nosque promittimus vobis bona fide et super sancta Dei Evangelia juramus quod in tota dicta guerra vobis, tanquam domino nostro ligio, adherebimus, et contra dictum regem erimus vobis auxiliatores, valitores et pro viribus deffensores. — In cujus rei testimonium, presentes litteras vobis tradimus sigilli nostri munimine roboratas. — Actum Tholose, anno Domini m° cc° xl° secundo, non. aprilis.

Traces de sceau pendant sur simple queue. — Le sceau de Roger IV, comte de Foix et vicomte de Castelbon, est décrit dans l'*Inventaire* sous le n° 664. — Comme l'année 1242, suivant le comput le plus usité, ne commença que le 15 avril, jour de Pâques, il faut admettre que cette charte a été datée en prenant le commencement de l'année 1242 à partir du 1er janvier ou du 25 mars. Elle ne peut pas être datée du 5 avril avant Pâques 1242-43, puisque, dès le mois d'octobre 1242, le comte de Foix avait abandonné le parti du comte de Toulouse. (Voy. Tillemont, t. II, p. 469.)

2970   1242. 17 avril.

(J. 320. — Toulouse, XI, n° 50. — Original.)

Instrumentum concordiæ initæ inter Ramundum Saissetum, filium quondam Guillelmi Saisseti, et Mateldim uxorem præfati Guillelmi, ipsius matrem, qua suam præfatæ Mateldi dotem super villam de Bellocastello assignat, quæ quidem prius super villam de S. Aniano assignata fuerat. — « Actum fuit hoc ita et concessum

xiii. die exitus mensis aprilis, regnante Lodoico Francorum rege, et Raimundo Tholosano comite, et Raimundo episcopo, anno m° cc° xl.° secundo ab incarnatione Domini. Testes sunt : Arnaldus de Escalquencis, et Petrus de Montibus, et Bertrandus frater ejus, *quatuor alii*, et Bernardus Aimericus qui cartam istam scripsit. »

On ne peut expliquer la date de cette charte qu'en admettant, comme pour la pièce précédente, que le commencement de l'année 1242 a été compté à partir soit du 1er janvier, soit du 25 mars.

2971   1242. 30 avril.
(J. 203. — Champagne, XI, n° 47. — Original.)

Isabiaus de Braine, jadis comtesse de Rouci, vicomtesse de Marueil, reconnaît que le roi de Navarre lui a, de grâce spéciale, accordé l'autorisation d'avoir garenne, durant sa vie seulement, en sa terre de Pasci. — « Et pour ce que je ne autres, de la grâce que il m'a feite ne puissons riens réclamer, je en ei bailliées mes lettres pendans, faites en l'an del incarnation Nostre Seigneur mil et iie et xlii., la vigile de feste Saint-Phelipe et Saint-Jaques. »

Traces de sceau pendant sur double queue. — Isabelle de Braine, fille de Robert II, comte de Dreux, avait été séparée de son mari Jean II, comte de Roucy, en **1235**, pour cause de parenté. (*Art de vérifier les dates*, II, 740.) Son sceau n'existe plus aux Archives.

2972   Chinon. 1242. Avril, après Pâques,
du 20 au 30.

Litteræ Haimerici, vicecomitis Thoarcensis, de conventionibus inter se Gaufridumque thesaurarium Pictavensem, fratrem suum, ex una, et Alfonsum, comitem Pictavensem, ex altera parte, initis.

J. 373. — Seigneurs de Thouars, n° 10. — Original scellé. =
J. 190 A. — Poitou, I, n° 9. — Original.)

Universis presentes litteras inspecturis, Haimericus de Thoarcio, vicecomes Thoarcensis, salutem in Domino. — Notum facimus quod, cum dilectus dominus noster ligius Alfonsus, filius regis Francie, comes Pictavensis, nos et dilectum fratrem nostrum Gaufridum de Thoarcio, thesaurarium Pictavensem, recepisset in homines ligios successive de vicecomitatu Thoarcensi et pertinenciis ejusdem vicecomitatus, tanquam de jure nostro, ad viagium nostrum, eo modo quo Guido frater noster, quondam vicecomes Thoarcii, receptus fuerat ab eodem in hominem ligium de vicecomitatu predicto, insuper vero, ad peticionem nostram et dicti Gaufridi karissimi fratris nostri, recepisset Haimericum nepotem nostrum, filium dicti Guidonis quondam vicecomitis Thoarcii, fratris nostri, tanquam legitimum et hereditarium heredem, in hominem ligium de dicto vicecomitatu cum pertinenciis ejusdem vicecomitatus eo modo quo receperat patrem suum de dicto vicecomitatu, salvo tamen viagio nostro et dicti Gaufridi thesaurarii fratris nostri, nos et dictus Gaufridus thesaurarius Pictavensis, frater noster, et dictus Haimericus nepos noster, filius Guidonis sepedicti, ex mera liberalitate voluimus et concessimus excellentissimo domino Ludovico, Dei gratia regi Francie illustri, et karissimo domino nostro Alfonso comiti Pictavensi quod idem rex et comes garnisiones suas mittant in castris et villis nostris firmatis quamdiu guerra durabit inter eos et suos, ex una parte, et regem Anglie et comitem Marchie et suos, ex altera ; ita quod, dicta guerra finita, vel longua trehuga inita, vel pace super ipsa guerra habita, dicti rex et comes nobis et dicto Gaufrido thesaurario fratri nostro et dicto Haimerico nepoti nostro castra nostra et villas firmatas reddent et prorsus deliberabunt sine deterioracione que ex parte sua proveniat, in eo statu in quo fuerint eo tempore quo garnisiones suas in dictis castris et villis immittent. —Nos vero et dictus Gaufridus thesaurarius, et dictus Haimericus nepos noster, quocienscumque dicto regi vel comiti emerserit dicta guerra, tenemur eisdem vel eorum certo mandato, dicti regis vel dicti comitis patentes litteras deferenti, dicta castra nostra et villas nostras firmatas tradere in predicta forma ; et ipsi in predicto statu et predicta forma dicta castra et villas nobis reddere et deliberare tenentur.—Et de hiis faciendis, observandis et tenendis dedimus dictis regi et comiti nostras patentes litteras et ipsis super sacrosancta Evangelia de voluntate nostra juravimus quod in perpetuum premissa faciemus, observabimus et tenebimus, sicut superius continentur. — Insuper juravimus quod bene et fideliter eisdem regi et comiti supradictis in perpetuum serviemus contra omnes homines et feminas qui vivere possint et mori.—Actum Chynone, anno Domini m° cc° quadragesimo secundo, mense aprili.

Fragment de sceau en cire jaune pendant sur double queue. — Le sceau d'Aimeri VIII, vicomte de Thouars, premier sceau, est décrit dans l'*Inventaire* sous le n° 1088. Nous publions cette pièce d'après l'original scellé, coté J. 373, n° 10.

2973 Chinon. 1242. Avril, après Pâques,
du 20 au 30.

(J. 190 A. — Poitou, I, n° 10. — Original.)

Litteræ Gaufridi de Thoarcio, thesaurarii Pictavensis, ejusdem argumenti et formæ. — « Actum Chynone, anno Domini M° CC° quadragesimo [secundo], mense aprilis. »

<small>Traces de sceau pendant sur double queue. — Le sceau de Geoffroi de Thouars, trésorier de Saint-Hilaire de Poitiers, est décrit dans l'*Inventaire* sous le n° 7709, d'après un type appendu à un acte de 1262. — Ces lettres, conçues dans les mêmes termes que les lettres précédentes, sont sans aucun doute de la même date. Il faut donc admettre une omission du scribe, qui a écrit dans la date M° CC° *quadragesimo*, au lieu de M° CC° *quadragesimo secundo*. Mais, d'ailleurs, nous n'aurions pas les lettres d'Aiméri, vicomte de Thouars, datées en toutes lettres de 1242, que la date de 1240, donnée aux lettres de son frère Geoffroi de Thouars, n'en serait pas moins inadmissible, car dans ces lettres, comme dans les précédentes, Alfonse de France est qualifié comte de Poitiers; or l'on sait que ce fut dans l'assemblée tenue à Saumur le lundi 24 juin 1241, jour de la Nativité de saint Jean-Baptiste, que saint Louis conféra à son frère Alfonse les comtés de Poitou et d'Auvergne. (Voyez Tillemont, *Vie de saint Louis*, t. II, p. 424.)</small>

2974 Au camp devant Fontenay. 1242. Mai.

Gaufridus dominus Castri-Brienncii recognoscit castrum de Pouzauges sibi a domino rege ad custodiendum traditum fuisse.

(J. 400. — Promesses, n° 41. — Original scellé.)

Ego Gaufridus dominus Castri Brian notum facio universis ad quos littere presentes pervenerint quod excellentissimus et karissimus dominus meus Ludovicus, rex Francie illustris, castrum de Pouzauges, quamdiu sibi placuerit, michi tradidit custodiendum; et ego dictum castrum ex parte ipsius debeo custodire, et, quando ei placuerit, dictum castrum deliberabo et tradam eidem domino meo regi vel ipsius certo mandato patentes ipsius litteras deferenti. — In cujus rei testimonium, presentibus litteris meum apposui sigillum. Actum in castris ante Fontanetum, anno Domini M° CC° quadragesimo secundo, mense maio.

<small>Sceau de Geoffroi, sire de Châteaubriant en Bretagne; cire blanche, double queue; décrit dans l'*Inventaire* sous le n° 1755. — Pouzauges est situé en Poitou (Vendée, arr. de Fontenay-le-Comte). — Saint Louis prit d'abord Fontenay-le-Comte (Vendée, chef-lieu d'arrondissement); il s'empara ensuite du château de Vouvant (Vendée, arr. de Fontenay). Cette pièce est datée antérieure à la pièce suivante, datée également du mois de mai, sans date de jour. (Voyez Tillemont, *Vie de saint Louis*, t. II, p. 446.)</small>

2975 Au camp devant Vouvant. 1242. Mai.

Litteræ Radulfi de Bellomonte, domini Berceriarum, de conventionibus a se cum domino rege et comite Pictavensi habitis.

(J. 190 A. — Poitou, n° 13. — Original scellé.)

Ego Radulfus de Bellomonte, dominus Berceriarum, notum facio universis ad quos littere presentes pervenerint quod ego karissimo domino meo Ludovico, regi Francie illustri, super sacrosancta juravi quod de me et de forticiis meis, et villis, et hominibus meis, ei et domino comiti Pictavensi, fratri ejus, bene et fideliter serviam contra omnes homines et feminas qui possunt vivere et mori, salva fidelitate domini mei vicecomitis Thoarcii; et quod ego gentes suas, quandocumque voluerint, receptabo et faciam receptari in villis meis de Berceriis et de Chechiaco, et etiam in castris meis de Berceriis et de Chechiaco, quociens eis necesse fuerit, ita tamen quod gentes sue jurabunt michi et ego eis quod nos ad invicem adjuvabimus bona fide ad dicta castra custodienda ad servicium predictorum domini regis et comitis Pictavensis; ita quod, finita necessitate, ipsi recedent a castris et remanebunt in villis, si voluerint. — Rogavi eciam karissimum dominum meum vicecomitem Thoarcii ut, si de predictis in aliquo deficerem vel resilirem, ipse de hoc se teneret cum domino rege contra me, donec id esset emendatum, et promisi eidem per juramentum meum quod faciam ei et domino comiti Pictavensi fratri ejus haberi juramenta hominum ligiorum et burgensium meorum, quos ad hoc bona fide potero inducere, quod, si de predictis observandis in aliquo deficerem vel resilirem, ipsi contra me adhererent domino regi et essent ei auxiliantes contra me quousque satisfacerem super hoc domino regi et servarem conventiones predictas. — Propter hec autem idem dominus rex recepit me in masnagio suo per centum marcas et viginti libras Turonensium, michi ab ipso in festo Ascensionis Domini annuatim reddendas. — Actum in castris ante Voventum, anno Domini M° CC° quadragesimo secundo, mense maio.

<small>Sceau de Raoul de Beaumont en Poitou (Vienne, arr. de Châtellerault); cire brune, double queue; décrit dans l'*Inventaire* sous le n° 1370.</small>

2976 Vouvant. 1242. Vendredi 6 juin.

Litteræ Gaufridi de Lesigniaco super castris Voventi et Merventi.

(J. 270. — La Marche, n° 15. — Original scellé.)

Ego Gaufridus de Lyzengniaco, miles, notum facio universis ad quos littere presentes pervenerint quod ego karissimo domino meo Ludovico, regi Francie illustri, reddidi castrum meum quod dicitur Vovent, sine redditibus et proventibus, tali modo quod dictum castrum debet tenere in manu sua per unum annum ad custus suos. — Et in fine illius anni teneor ego, si tunc vixero, vel heres meus si interim decessero, domino comiti Pictavie, fratri predicti domini regis, vel heredi ejus, si idem comes interim decederet, quod absit, teneor homagium ligium facere de castro predicto et de villa de Soubise, cum pertinentiis ejus, si comes Marchie non posset perquirere erga predictos dominum regem et comitem Pictavie per gratum ipsorum quod ego non facerem homagium predictum. Et nisi illud homagium dicto comiti Pictavie facerem, sicut dictum est, in fine illius anni vel ante, dictum castrum domino regi vel fratri suo comiti Pictavie quiete et in perpetuum remaneret ad suam voluntatem faciendam. — Et quando fecero predictum homagium eidem comiti Pictavie, sicut dictum est, dominus rex vel heredes sui debent mihi vel heredibus meis reddere dictum castrum de Vovent in eo statu in quo ei reddidi ipsum castrum, tali modo quod prius debeo eidem domino regi tradere castrum meum de Mervent, sine redditibus et proventibus, tenendum in manu sua per tres annos ad custus suos, in securitatem boni servicii eidem et dicto comiti Pictavie a me faciendi. — Et finitis dictis tribus annis, idem dominus rex vel heredes sui debent mihi vel heredibus meis reddere ipsum castrum de Mervent, in eo statu in quo tradidero sibi illud. — Reddidit etiam mihi idem dominus rex Moncotor et Marlam et aliam terram meam, excepto Fontenelo, et terram hominum meorum, ubicumque sit, que saisita erat et capta occasione hujus guerre. — In fine vero anni presentis vel ante, quando faciam homagium predicto comiti Pictavie, sicut premissum est, de castro de Vovent, faciam ei similiter homagium ligium de castro de Mervent, sicut feceram prius, et tunc similiter faciam domino regi homagium ligium de Moncotor et de alia terra mea, de qua eram homo suus antequam guerra esset incepta. — Ego vero in hoc anno presenti possum adjuvare comitem Marchie, si voluero, de corpore meo et hominum meorum feodatorum qui homagium mihi fecerunt, qui sunt de feodo de Vovent, ad terram suam deffendendam, faciendo predictis domino regi et comiti Pictavie tale servicium et talem redibitionem qualia eis debeo facere de feodis que tenebam ab ipsis. — Preterea per me vel per terram meam, vel per gentes meas, nullum malum eisdem domino regi vel comiti Pictavie vel terre sue vel eorum gentibus proveniet, dummodo hoc possim destornare, et pro posse meo destornabo quod nullum malum proveniet eisdem domino regi vel comiti Pictavie, vel terre aut gentibus suis per me vel per terram meam vel per gentes meas. — Et, si aliquod malum eis proveniret, ego adjuvarem eos pro posse meo ad hoc emendandum super illos qui hoc facerent, et vellem quod dominus rex et dominus comes Pictavie hoc emendarent ad suam voluntatem. — Insuper, si contingeret quod ego villam de Soubise, que est neptis mee, postquam fecero homagium predicto comiti Pictavie de castro de Vovent et de eadem villa de Soubise, pro servicio ipsius domini regis vel comitis Pictavie amitterem de ista guerra presente, que est modo inter prefatos dominum regem et dominum comitem Pictavie, ex una parte, et comitem Marchie, ex altera, idem dominus rex redderet annuatim michi, vel nepti mee vel ejus heredibus, trecentas marchas argenti quousque ego vel neptis mea vel ejus heredes terram de Soubise recuperavissemus. — Sciendum est quoque quod illi quos dominus rex ponet in garnisione castrorum de Vovent et de Mervent non poterunt nec debebunt aliquid capere in tota terra mea, nec venari in forestis meis, nec piscari in aquis nisi per voluntatem meam vel per rectum achatum vel per alios justos modos; et homines de terra mea tenebuntur eis vendere ad rationabile pretium quod opus eis fuerit de rebus ipsorum. — In cujus rei testimonium, presentes litteras sigilli mei munimine feci roborari. — Actum apud Voventum, anno Domini M° cc° quadragesimo secundo, mense junio, die veneris ante Pentecosten.

Sceau de Geoffroi de Lusignan; cire blanche, double queue; décrit dans l'*Inventaire* sous le n° 2636.

2977   1242. Mardi 10 juin.

Charta consuetudinum et libertatum habitatoribus Boniloci a Sicardo Alamanni concessarum.

(J. 320. — Toulouse, XI, n° 49. — Original.)

ABC. DEF. GHJ.

Noverint universi, presentes pariter et futuri, quod dominus Sicardus Alamanni, per se et per omnes heredes et successores suos, dedit et concessit omnibus hominibus et mulieribus qui et que causa habitandi et morandi ad locum qui dicitur Bonuslocus jam venerant et deinceps venerint, presentibus et futuris, ut quilibet habeat ad trahendum unam cartonadam terre liberam cum XII. denariis Tolosanis oblialibus qui inde ei reddantur singulis annis in festo Sancti Thome, et II. denariis de reacapte quando evenerit. De aliis vero terris habeat quicumque de illis quas voluerit trahere cum tascha, quam inde eidem domino vel suo bajulo reddat in garba vel in grano, ad electionem domini vel sui bajuli in eadem terra. — Et dedit et concessit eis in eodem loco localia ad faciendum et hedificandum ibi domos; et quod sint liberi de fogagio, de albergo et de questa cum VI. denariis Tolosanis oblialibus qui ei vel suo bajulo inde reddantur singulis annis, in eodem festo Sancti Thome, et reacapte II. denariis, quando evenerit; [et I. eminatam terre ad plantandam et tenendam ibi vineam, cum III. denariis Tolosanis qui ei reddantur vel suo bajulo singulis annis, in eodem festo Sancti Thome, et reacapte II. denariis quando evenerit.] (*Hæc clausula, quæ a scriptore fuerat omissa, ad calcem archetypi legere est.*) — Et dedit et concessit eis in eodem loco unam punharatam terre ad ortum, cum II. denariis Tolosanis oblialibus, qui ei vel suo bajulo singulis annis reddantur in eodem festo Sancti Thome, et reacapte I. denario quando evenerit. — Retinuit insuper sibi et successoribus suis in omnibus supradictis honoribus quod non possint dari ad superfeodum nec vendi, inpignorari vel alienari militi vel ejus filio, vel clerico, aut domui religionis, nec alio modo ut dominus possit amittere suas dominationes; immo debet illos habere pre omnibus aliis, pro venda vel inpignoratione, si retinere voluerit. Sinant (*sic*) ut vendant illos cuicumque voluerint, exceptis tamen predictis, consilio tamen dicti domini vel sui bajuli; et reddantur inde ei de uno quoque solido vende I. denarium, et de quolibet solido pignoris I. obolum. — Et si dominus vel ejus bajulus clamorem habuerit pro dictis feodis, fidem inde habeat et IIII. denarios justiciam (*sic*), si ipse a quo clamorem habuerit, vel qui clamorem fecerit, fuerit juste inculpatus. — Item dedit et concessit eisdem hominibus et mulieribus suprascriptis quod, si aliquis de officio ibi venerit habitari vel morari, ut de suo officio possit libere uti et operari cum supradictis usibus et censibus quos pro suis feodis faciat eidem domino vel suo bajulo, sicut superius est expressum. — Omnia vero furna et molendina debent esse propria jam dicti domini et successorum et heredum ejus. — Dedit etiam ac concessit eisdem hominibus et mulieribus in honore ut quicumque ad predictum locum causa habitandi et morandi venerit, undecumque sit, eat, redeat et permaneat libere in terminis ejusdem loci cum supradictis censibus et usibus quos ei facere et reddere vel ejus bajulo teneatur, ut suprascriptum est, nisi tamen exierit vel recesserit a bastida a domino comite aut ab eodem domino Sicardo noviter facta vel constructa. — Item dedit et concessit eisdem hominibus et mulieribus in honore predicti loci et per totum suum honorem pascua libere sine tala, et in omnibus bosquis suis ejusdem honoris tailhium ad ligna talhanda ad domos eorum construendos et hedificandos (*sic*), et ad eorum ignes, et hoc libere sine forastagio, et etiam omnes aquas liberas. — Dedit autem et concessit eis libertatem et consuetudinem quod, si forte aliquis vel aliqua moriebatur ibi sine herede, non comparente dono, ordinatione, testamento ab eodem deffuncto vel ab eadem deffuncta facto, quod medietas omnium bonorum et rerum mobilium et inmobilium illius talis deffuncti vel deffuncte detur amore Dei, et alia medietas sit ipsius domini, si tamen infra annum, post decessum illius, heres vel alius loco et jure sui non apparuerit; et quod res et bona illius, illo anno, teneant in eorum posse bajulus et consules ejusdem loci. — Et si aliquis de nocte furaverit uva vel aliquam frucham, quod teneatur dare domino v. solidos Tolosanos justiciam (*sic*). —Tamen, si forte furaverit uva vel aliquam frucham de nocte et detulerit in panerio, semal, vel sacco, teneatur dare domino LX. solidos Tolosanos de justicia, et quod consules teneantur facere fieri emendam tale illi qui passus fuerit, eorumdem cognitione. — Retinuit insuper dictus dominus Sicardus Alamanni quod, si aliquis fecerit alicui vulnus, sicut est consuetum in Tholosano, et per confessionem ipsius de quo querimonia facta fuerit vel per testes probatum fuerit, quod ille talis teneatur ei dare LX. solidos Tolosanos de justicia, et qui vulneratus fuerit recipiat inde emendam, cognitione ipsius domini vel sui bajuli et consulum ejusdem ville. — Si vero aliquis vocaverit alterum falsum, inlegitimum vel proditorem, habeat inde dominus talem justiciam qualem bajulus secundum formam delicti et ipsi consules ejusdem loci noverint esse habituram. — Item concessit eis quod omnes injurie et querele et jus ipsius domini, que in predicta villa et loco contingerint, adjudicentur et cognoscantur per bajulum suum et per consules ejusdem loci. — Retinuit insuper sibi et successoribus suis quod in quolibet macellario habeat et percipiat ipse vel ejus bajulus, qualibet dominica, unam cambam porci, et, de qualibet vacca et bove, quam et quem ibi scinderint et talhaverint, linguam, et quod preparetur ei ab ipsis macellariis suum carnalagium quando ipse dominus fuerit in villa. — Dedit etiam et concessit eis quod quilibet homo et mulier, qui et que in predicta villa et loco morabitur et habitaverit, possit mittere unam saumatam salis, quoque anno, in festo Natalis Domini, ad suam dispendiam libere, sine censu et usu. — Concessit etiam et dedit eis quod quicumque fuerit manifeste captus in adulterio, homo et mulier, det domino vel ejus bajulo, quilibet ipsorum, LX. solidos Tolosanos, vel, ad electionem ipsorum, currant ambo nudi per totam villam. — Qui autem cultello tracto vel petra vel ligno, baculo vel osso abajaverit aliquem vel aliquam, teneatur dare domino de justicia v. solidos Tolosanos, si ipsum non percusserit, et si aliquem percusserit, teneatur de tali justicia quale debuerit secundum quod erit delictum. — Item, dedit et concessit eisdem hominibus et mulieribus habitantibus et comorantibus in predicto loco quod quisque ipsorum possit facere libere in sua domo propria furnum ubi cocat panem de se et de sua familia; set tamen non debet ibi coquere panem ab aliquo alio homine vel femina nisi tantum de se et de sua familia, uti predictum est. Quod si facere temptaverit, teneatur dare domino LX. solidos Tolosanos de justicia. — Item dedit et concessit eisdem hominibus et mulieribus libere illas tres plassas pro pascuis que sint comunia; de quibus est una inter fontem Gairalde et villam et caminum Castelli-novi, et caminum rivi Canelle; et alia est inter fontem de Candelh et villam et carrariam publicam; et alia est juxta viam que ducit apud Frontonh. — Has vero libertates et consuetudines, sicut superius scripte sunt, et alias secundum consuetudines et libertates que in opido et villa Castri-Saraceni teneretur et observaretur, dedit et concessit dictus dominus Sicardus Alamanni omnibus hominibus et mulieribus, presentibus et futuris, qui et que, causa morandi et habitandi, in predicto loco qui dicitur Bonus-locus jam venerant et deinceps venerint, promitens se et heredes et successores suos eas servare in perpetuum et tenere et custodire ipsis hominibus et mulieribus suprascriptis, presentibus et futuris, et heredibus et successoribus eorum et ullo jure non contravenire. — Acta fuerunt hec et ita concessa x^a die introitus mensis junii, feria III^a, regnante Lodovico Francorum rege, et Ramundo Tolosano comite, et Ramundo episcopo, anno M^o CC^o XL° secundo ab incarnatione Domini. — Hujus rei prescripte sunt testes : Willelmus de Roaxio, et Arnaldus Johannes filius quondam Ugonis Johannis, et Arnaldus de Lacu, et Willelmus Bernardus tunc existens bajulus de Monte Guiscardo, et Paulus publicus Tolose notarius, qui, mandato prefati domini Sicardi Alamani, hanc cartam scripsit.

2978   1242. Lundi. 21 juillet.

(J. 327. — Toulouse, XVIII, n° 16. — Original roman.)

Acte par lequel R. del Pug et Durand del Pla déclarent, sous la foi du serment prêté par eux sur les saints Évangiles, qu'il est à leur connaissance que, depuis quarante ans et plus, Pons de Marinhol, Bernard Gautier, Barot, P. Teiseire et W. Teiseire ont eu et tenu d'Azemar de Rochemaure (*Roca-maura*), de Galhart Espanhol et de E. Espanhol, la terre nommée le domaine (*la onor*) de Forest et celui de la Rodesca, situés entre le ruisseau de Belmont et le ruisseau de Marinhol.— « Tot aiso fon enaisi tastimoniat e autregad per les avandigs tastimonis XI. dias a l'isit de julius, feria II, regnante Lodoico rege Francorum, R. (Raimundo) Tolosano comite, R. (Raimundo) episcopo, anno ab incarnatione Domini M° CC° XLII°. Hujus rei sunt testes : Petrus Vasahl de Roca-cirera, en Wilem Bernad, e Isarn de Belmont, en Guiralt d'Arcolfac, et Willelmus de Noerio qui cartam istam scripsit. »

2979   **1242. Juillet.**

(J. 256. — Nevers, n° 37. — Original scellé.)

Coram Haymerico decano christianitatis Pruvinensis, Huguelinus Johannis, civis et mercator Senensis, recognoscit se, pro se et sociis suis, a magistro Gaufrido nuntio comitissæ Nivernensis, pro dicta comitissa solvente et tradente, centum libras Pruvinensium fortium Franciæ recepisse, de centum et septuaginta libris ejusdem monetæ ad quas prædicta comitissa in istis nundinis maii Pruvinensibus solvendas tenebatur, promittens litteras dicti debiti a se jam dictæ comitissæ esse restituendas cum ab ea de reliquis septuaginta libris in nundinis Trecensibus S. Johannis proximo venturis satisfactum fuerit. — « In cujus rei testimonium, presentibus litteris sigillum nostrum apposuimus. Actum anno Domini M° CC° quadragesimo secundo, mense julii. »

Traces de sceau sur double queue. — Le sceau d'Aimery, doyen de la chrétienté de Provins, est décrit dans l'*Inventaire* sous le n° 7922, d'après un type appendu à un acte daté de 1233.

2980 Au camp devant Pons. 1242. Août (le Ier).

Littere Hugonis comitis Marchiæ et Isabellæ reginæ Angliæ, uxoris ejus, de pace habita inter se et dominum Franciæ regem.

(J. 192. — Poitou, II, n° 8. — J. 270. — La Marche, n° 12. — Originaux. = J. 192. — Poitou, II, n° 15. — Copie.)

Hugo de Lezigniaco, comes Marchie et Engolismi, et Y. (Ysabella), Dei gratia regina Anglie, dictorum comitissa locorum, universis presentes litteras inspecturis, salutem.— Noveritis quod, cum guerra esset inter nos, ex una parte, et karissimos dominos nostros Ludovicum, regem Francie illustrem, et comitem Pictavie, fratrem ipsius domini regis, ex altera, tandem, post plures conquestas quas idem dominus rex fecit super nos, nos et filii nostri, videlicet, Hugo Brunus, Guido et Gaufridus de Lezigniaco, milites, ad ipsum dominum regem venientes, nos et terram nostram, alte et basse, ipsius domini regis supposuimus voluntati. — Et antequam dominus rex in sua voluntate nos reciperet, dixit nobis quod conquestas, quas jam conquisiverat per se et gentes suas super nos, videlicet, Xanctonas cum castellania et pertinenciis, Forestam, domum de La Vergna et totum jus quod habebamus in Pontelabai, Mosterolum cum appendiciis suis, Fronteneium cum appendiciis, Langestum, Sanctum Gelasium cum appendiciis, Praec cum appendiciis, Tauneium super Votonem cum appendiciis, Clausam, Bauceium, feoda que tenebat a nobis comite Marchie comes Augi, feodum Renaudi de Pontibus, feodum Gaufridi de Rancone, et feoda que tenebat Gaufridus de Lezigniaco a nobis comite Marchie, et grande feodum de Alniaco, et omnes alias conquestas quas idem dominus rex fecit super nos usque ad hodiernum diem, per ipsum et gentes suas, ipsi domino regi, fratri suo predicto, domino comiti Pictavie, et eorum heredibus in perpetuum retinebat. — Quod nos coram pluribus de episcopis et baronibus et hominibus domini regis concessimus. — Voluimus insuper et concessimus quod idem dominus rex esset quitus et inmunis de quinque milibus libris Turonensium quas dabat nobis quolibet anno, et quod similiter esset quitus de convencionibus quas nobiscum habebat quod, sine nobis, cum rege Anglie pacem et treugam facere non posset.— Concessimus insuper quod omnes alie convenciones, que usque ad hodiernum diem fuerunt inter clare memorie regem Ludovicum, genitorem predicti domini regis, ipsum dominum regem et dominum comitem Pictavie fratrem suum et nos, et littere super dictis convencionibus facte, irrite sint et nulle, et quod ad eas observandas predicti dominus rex et dominus comes Pictavie, frater suus, nullo modo de cetero teneantur. — Et cum, ut supradictum est, nos et filii nostri predicti, nos et terram nostram supposuerimus voluntati domini regis, voluntas ipsius domini regis talis fuit quod ipse nos Hugonem comitem Marchie recepit in hominem ligium de comitatu Engolismensi et castris et castellaniis de Coigniaco, de Jarniaco, de Merpino, de Albaterra, de Vilaboen, et pertinenciis predictorum, que nobis et heredibus nostris remanebunt, salvis predictis, que idem dominus rex et gentes sue conquisiverunt super nos, que eidem domino regi et dicto fratri suo domino comiti Pictavie, ut supradictum est, in perpetuum remanebunt. — Et nos comes Marchie, de predictis, scilicet, de comitatu Engolismi, castris et castellaniis de Coigniaco, de Jarniaco, de Merpino, de Albaterra, de Vilaboen et pertinenciis predictorum, salvis predictis conquestis que domino regi et dicto domino Pictavie, fratri suo, ut supradictum est, remanebunt, fecimus eidem domino regi homagium ligium contra omnes homines et feminas qui possunt vivere et mori, salva fide predicti domini comitis Pictavie fratris sui. — Similiter fecimus homagium ligium, contra omnes homines et feminas qui possunt vivere et mori, predicto domino comiti Pictavie, fratri domini regis, de Lezigniaco et comitatu Marchie et pertinenciis eorumdem, salvis predictis conquestis que domino regi et dicto domino comiti Pictavie, fratri suo, ut supradictum est, remanebunt. — Concessit etiam idem dominus rex nobis et heredibus nostris quod nos in dominio regis Anglie seu comitis Richardi fratris sui, vel heredum suorum, non ponet sine nostra libera voluntate. — Predicta autem, prout superius sunt expressa, volumus et concessimus, et, prestito juramento corporali, promisimus nos tenere et observare et nullo modo per nos vel per alium contravenire nec aliquid attemptare. — Quod ut firmum sit et stabile, presentibus litteris sigilla nostra fecimus apponi. Actum in castris in praeria prope villam Poncium, anno Domini millesimo ducentesimo quadragesimo secundo, mense augusto.

Traces de deux sceaux pendants sur cordelettes. — Le sceau de Hugues X de Lusignan, comte de la Marche et d'Angoulême, premier sceau, est décrit dans l'*Inventaire* sous le n° 834; celui de la comtesse-reine Isabelle, sa femme, est décrit dans l'*Inventaire* sous le n° 10010, d'après un type appendu à un acte daté de 1226. Nous verrons, par un acte daté de 1244, qu'Isabelle, comtesse de la Marche, avait conservé le sceau dont elle se servait comme reine d'Angleterre du vivant du roi Jean, son premier mari. — Ces pièces, datées du mois d'août, mais de lieux différents, n°s 2980 à 2990, ont été classées en prenant pour guides Tillemont, *Vie de saint Louis*, t. II, p. 457 et suivantes, et les itinéraires de saint Louis, dans le tome XXI des *Historiens de France*, p. 412. — Nous publions les lettres du comte de la Marche d'après l'original, coté *la Marche*, n° 12;

le duplicata, coté *Poitou*, II, n° 8, qui porte également des traces de sceau, est identique. La pièce du même layette, cotée n° 15, est une copie insérée dans la confirmation donnée en 1246 par les fils du comte de la Marche (Hugues le Brun, comte d'Angoulême, Gui et Geoffroi de Lusignan), et scellée de leurs sceaux.

2981 Au camp devant Pons. 1242. Août (le 1er).

(J. 270. — La Marche, n° 13. — Original. = J. 190 A. — Poitou, I, n° 18. 1. — Copie ancienne.)

Litteræ Alfonsi de Francia, comitis Pictavensis, de tractatu inter Hugonem comitem Marchiæ, reginam Angliæ uxorem ejus, ejusque filios, ex una, et dominum regem Franciæ, ex altera parte, inito. — « Quod ut firmum sit et stabile, presentibus litteris sigillum nostrum fecimus apponi. Datum in castris in praeria prope villam Poncium, anno Domini millesimo ducentesimo quadragesimo secundo, mense augusto. »

Traces de sceau pendant sur lacs de soie. — Le sceau d'Alfonse, fils du roi de France, comte de Poitiers, premier sceau, est décrit dans l'*Inventaire* sous le n° 1077. — Sauf la différence des formules et quelques variantes d'orthographe, ces lettres du comte de Poitiers reproduisent textuellement les lettres précédentes du comte de la Marche.

2982 Au camp devant Pons. 1242. Août.

De conventionibus initis inter Hemericum de Rupe Choardi et Alfonsum comitem Pictavensem.

(J. 190 A. — Poitou, I, n° 14. — Original scellé.)

Universis presentes litteras inspecturis, Hemericus de Ruppe Choardi junior, salutem. — Notum facimus quod nos nobili viro karissimo domino nostro Alfonso comiti Pictavensi fecimus homagium ligium, contra omnes homines et feminas qui possint vivere et mori, de castro Perucye et pertinenciis; et juravimus quod castrum nostrum Perucye trademus eidem domino comiti et heredibus suis, vel ipsorum certo mandato, ad forciam magnam et parvam, quocienscunque ab ipso vel heredibus suis, vel ipsorum certo mandato, super hoc fuerimus requisiti. — Ipse vero dominus comes tenetur nobis reddere centum libras Turonensium quas habebamus ex annuo redditu apud Ryon, ex parte uxoris nostre. — Preterea tenetur idem comes nobis dare, quolibet anno, in octabis Omnium Sanctorum, centum libras Turonensium quousque nobis assignaverit centum libratas terre in suam conquestam. Quibus nobis assignatis, a predictis centum libris Turonensium ipse dominus comes et heredes sui quiti remanebunt penitus et inmunes. — Quod ut firmum sit et stabile, presentibus litteris sigillum nostrum fecimus apponi. — Actum in castris prope Pontes, anno Domini millesimo quadragesimo secundo, mense augusti.

Sceau d'Aimery de Rochechouart en .Poitou (Haute-Vienne); cire blanche, double queue; décrit dans l'*Inventaire* sous le n° 3412.

2983 Au camp devant Pons. 1242. Août.

(J. 191. — Poitou, I, n° 111. — Copie authentique.)

Litteræ Alfonsi comitis Pictavensis, de prædictis conventionibus. (*Hæ litteræ, mutatis mutandis, eisdem verbis ac præcedentes litteræ constant.*) — « Quod ut firmum sit et stabile, presentibus litteris sigillum nostrum fecimus apponi. — Actum in castris prope Pontes, anno Domini millesimo ducentesimo quadragesimo secundo, mense augusti. »

Vidimus délivré par l'official de la cour de Limoges le 30 octobre (*tertio kalendas novembris*) 1245.

2984   1242. 3 août.

Litteræ Hugonis comitis Marchiæ et Ysabellis, uxoris ejus, de castris Merpini, Castri Achardi et Crosani, pro securitate domino regi traditis.

(J. 270. — La Marche, n° 11. — Original.)

Hugo de Lizengniaco, comes Marchie et Engolismi, et Ysabellis, Dei gratia regina Anglie, dictorum comitissa locorum, universis presentes litteras inspecturis, salutem. — Notum facimus nos tradidisse karissimo domino nostro Ludovico, Dei gratia regi Francie illustri, pro securitate boni et fidelis servitii a nobis eidem domino regi et karissimo domino nostro Alfonso comiti Pictavensi, fratri suo, faciendi, tria castra, scilicet, Merpinum, Castrum Achardi et Crosanum; ita quod duo castra predicta, Merpinum et Castrum Achardi, tenebit idem dominus rex per quatuor annos qui incipient in festo Assumptionis Beate Marie proximo venturo, anno Domini millesimo ducentesimo quadragesimo secundo; et Crosanum similiter tenebit idem dominus rex per octo annos qui dicto termino incipient. — Et nos, quolibet anno, tenemur dare quadrigentas libras Turonensium pro gardia castrorum predictorum, videlicet pro gardia dictorum duorum castrorum Merpini et Castri Achardi ducentas libras, et alias ducentas libras pro gardia Crosani supradicti. — Quatuor vero annis a dicto termino transactis, idem dominus rex tenebitur nobis vel heredibus nostris reddere predicta duo castra, Merpinum et Castrum Achardi, in eo statu in quo tradidimus eidem, et de dictis ducentis libris quiti remanebimus; et nichilominus, pro gardia Crosani, alias ducentas libras Turonensium persolvemus. — Transactis vero a dicto termino octo annis, idem dominus rex tenebitur nobis reddere vel heredibus nostris dictum castrum in eo statu in quo tradidimus eidem; et de dictis ducentis libris Turonensium quiti remanebimus et immunes. — In cujus rei testimonium et memoriam, presentes litteras sigillorum nostrorum munimine fecimus roborari. — Actum anno Domini millesimo ducentesimo quadragesimo secundo, in festo Inventionis Beati Stephani.

Traces de deux sceaux pendants sur cordelettes. — Voyez l'observation à la suite du n° 2980.

2985 Au camp devant Pleneselve. 1242. Août.

Quomodo liberi comitis Marchiæ in homagio comitis Pictavensis recipientur.

(J. 190 A. — Poitou, I, n° 18. 2. — Copie ancienne.)

Alfonsus filius regis Francie, comes Pictavie et Tholose, universis presentes litteras inspecturis, salutem. — Notum facimus quod de porcionibus et divisionibus, quas dilectus et fidelis noster comes Marchie et uxor ejus regina facient pueris suis, ipsos in homagium nostrum recipiemus de hoc quod de feodo nostro movebit in ea forma in qua predictum comitem recepimus in homagium nostrum; ita tamen quod, si aliquis ipsorum, quando predicte porciones et divisiones fient, nondum venerit ad perfectam et legitimam etatem, veniens ad perfectam et legitimam etatem, predictas porciones et divisiones ratas non habuerit, integre ad jus suum possit redire. — Et si predictus comes vel ejus uxor predicta, dum erunt in saisina predicte terre, aliquid forefacient contra nos propter quod debeant terram amittere, predicta homagia erunt nulla nec remanebit propter ea quin terra predicta sit forefacta, et quin ad ipsam, sicut forefactam, possimus

2986 Au camp près de Marcillac. 1242. Août.

De conventionibus initis inter Gaufridum de Ponte et Alfonsum comitem Pictavensem.

(J. 190 A. — Poitou, I, n° 16. — Original.)

Universis presentes litteras inspecturis, dominus Gaufridus de Ponte, salutem. — Notum facimus quod nos karissimo domino nostro Alfonso comiti Pictavensi fecimus homagium ligium, contra omnes homines et feminas qui possint vivere et mori, de castro Montegniaci et pertinenciis; et, si potuerimus recuperare castrum Limolii, illud tenebimus ab ipso et heredibus suis cum eodem feodo de Montegniaco quod ab eo tenemus. — Dictus vero comes et heredes sui tenentur dare nobis et heredibus nostris, quolibet anno, ducentas libras Turonensium quousque predictum castrum Limolii habuerimus, quocumque modo illud possimus habere. Quod postquam habuerimus, jam dictus comes et heredes sui de centum quinquaginta libris illarum ducentarum librarum Turonensium quiti remanebunt et inmunes erga nos et heredes nostros, et nos residuas quinquaginta libras Turonensium ad vitam nostram, ratione mesnagii, habebimus annuatim a comite memorato. — Insuper concessit nobis et heredibus nostris quod dictum castrum Montegniaci et terram nostram quam ab ipso tenemus, in ea libertate teneamus in qua eam tenuimus usque modo. — Nos autem juravimus eidem comiti quod nos castrum nostrum de Montegniaco et castrum Lymolii, cum ipsum habuerimus, ipsi et heredibus suis vel eorum certo mandato trademus, ad forciam magnam et parvam, quocienscumque ab ipsis vel eorum certo mandato fuerimus requisiti. Et similiter heredes nostri eidem comiti et heredibus suis hoc jurare et facere tenebuntur. — Quod ut firmum sit et stabile, presentibus litteris sigillum nostrum fecimus apponi. — Actum in castris juxta Macillac, anno Domini millesimo ducentesimo quadragesimo secundo, mense augusti.

Cette copie, à en juger par l'écriture, a été faite vers le milieu du treizième siècle, dans le même temps que l'acte original.

2987 Au camp près de Marcillac. 1242. Août.

Homagium domino regi a Renaldo de Ponte, annuentibus comite et comitissa Marchiæ, præstitum.

(J. 622. — Hommages, II, n° 22. — Original.)

Universis presentes licteras inspecturis Renaldus de Ponte dominus, salutem. — Notum facimus quod nos, de voluntate et assensu nobilis viri comitis Marchie et Engolismi et uxoris sue regine Anglie, comitisse Engolismi, de feodis que tenebamus ab ipso comite fecimus homagium karissimo domino nostro Ludovico regi Francie illustri. — Insuper karissimus dominus noster Alfonsus comes Pictavensis, de assensu et voluntate predicti domini regis, nobis et heredibus nostris dedit feodum quod Constantinus Crassus tenere debebat a dicto comite Pictavensi. — Datum in castris prope Macillac, qui locus distat a Blavia per quatuor leucas, anno Domini millesimo ducentesimo quadragesimo secundo, mense augusto.

Traces de sceau pendant sur double queue. — Le sceau de Renaud, sire de Pont, n'existe plus aux Archives.

2988 Au camp près de Blaye. 1242. Août.

Homagium domino regi a Girberto de Tamines pro castro de Palaret et quibusdam aliis præstitum.

(J. 622. — Hommages, II, n° 23. — Original scellé.)

Universis presentes litteras inspecturis, Girbertus de Tamines, salutem. — Notum facimus quod nos fecimus homagium ligium karissimo domino nostro Ludovico regi Francie illustri, contra omnes homines et feminas qui possunt vivere et mori, de castro nostro de Palaret et fortericiis nostris de Bia, de Ynfanduluz et de Albiac et pertinentiis eorumdem, et juravimus quod dictum castrum et fortericias predictas ipsi domino regi et heredibus suis, vel eorum certo mandato, ad magnam fortiam et parvam trademus, quotienscumque super hoc ab ipsis fuerimus requisiti. — Idem vero dominus rex non poterit nos ponere extra manum suam vel heredum suorum vel fratrum suorum. — In cujus rei memoriam et testimonium, presentês litteras sigillo nostro fecimus sigillari. — Actum in castris prope Blaviam ad unam leucam, anno Domini millesimo ducentesimo quadragesimo secundo, mense augusto.

<small>Sceau en cire blanche sur double queue. — Le sceau de Gilbert de Thémines (en Quercy, Lot, arr. de Figeac) est décrit dans l'*Inventaire* sous le n° 3682.</small>

2989   Tours. 1242. Août.

Homagium comiti Pictavensi a W. Archiepiscopi præstitum.

<small>(J. 190 A. — Poitou, I, n° 17. — Original.)</small>

Willelmus Archiepiscopi, dominus Partiniaci, universis ad quos presentes littere pervenerint, salutem in Domino. — Notum vobis facimus quod Alfons filius regis Francie, comes Pictavensis, dominus noster, concessit nobis quod, si nos mori contigerit antequam filius noster ad etatem pervenerit, possimus tradere ballum et custodiam liberorum nostrorum et terre nostre dilecto ac speciali domino nostro et amico domino Gaufrido de Ranconio; et, si dictus Gaufridus de Ranconio tunc non vixerit, quod nos dictum ballum et custodiam liberorum nostrorum et terre nostre alii tradere possimus qui sit homo ligius comitis supradicti. — Et juravimus predicto comiti domino nostro, super sacrosancta Evangelia, quod nos sibi servicium fidele exibebimus et quod castrum Partiniaci, et alias forterescias que de ipso habemus, sibi reddemus ad magnam vim et parvam, quociens ab ipso, vel mandato suo suas patentes litteras deferenti, super hoc fuerimus requisiti. — Actum Turronis, anno Domini M° CC° XL° secundo, mense augusti.

<small>Traces de sceau pendant sur simple queue. — Le sceau de Guillaume l'Archevêque, seigneur de Parthenay en Poitou (Deux-Sèvres), est décrit dans l'*Inventaire* sous le n° 3165, d'après un type appendu à un acte daté de 1225.</small>

2990   Tours. 1242. Août.

<small>(J. 190 A. — Poitou, I, n° 15. — Original.)</small>

Willelmus Archiepiscopi, dominus Partiniaci, notum facit Ludovicum Francorum regem sibi concessisse ut ballum et custodiam liberorum suorum et terræ suæ speciali domino et amico suo Gaufrido de Ranconio aut alii, dum sit in fidelitate Alfonsi comitis Pictavensis, tradere valeret; et se dicto comiti super sacrosancta Evangelia promisisse a se ei castrum suum Partiniaci et alias fortericias suas ad magnam vim aut parvam fore tradenda quotiens ab ipso comite de hoc requisitus fuerit. — « Actum Turonis, anno Domini M° CC° XL° secundo, mense augusti. »

<small>Traces de sceau pendant sur simple queue. — Voyez l'observation précédente.</small>

2991   1242. Août.

<small>(J. 256. — Nevers, n° 38. — Original.)</small>

Coram R. (Radulfo de Rumiliaco) decano Trecensi, Hugolinus Johannis, civis et mercator Senensis, recognoscit sibi esse integre satisfactum, pro se et sociis suis, a felicis recordationis comite Nivernensi et nobili muliere M. (Mathilde) comitissa ejus uxore, per manus magistri Gaufridi dictæ comitissæ clerici, de omnibus debitis, causis, querelis et rebus aliis in quibus dictus quondam comes et dicta uxor ejus sibi Hugolino et ipsius sociis tenebantur et teneri poterant usque in diem confectionis præsentium litterarum. — « In cujus rei testimonium, presentibus litteris sigillum nostrum apposuimus. Datum anno Domini M° CC° XL° secundo, mense augusto. »

<small>Traces de sceau pendant sur double queue. — Le sceau de Raoul de Rumilly, doyen de l'église de Troyes, n'a pas été retrouvé.</small>

2992   1242. Dimanche 7 septembre.

<small>(J. 328. — Toulouse, XIX, n° 1. 14. — Copie ancienne. Roman.)</small>

Acte du bail à cens d'une demi-quarterée de terre consenti par B. Aginat à Arnaud Martin. — «Factum fuit VII. dia in intrat de setembre, feria prima, regnante Lodovico rege Francorum, R. (Raimundo) Tolosano comite R. (Raimundo) episcopo, anno ab incarnatione Domini M°. CC°. XLII. Hujus rei sunt testes : Guilabert d'Escalquencis, en Ar. Vasega, e Arnal Frosi, et Guillelmus de Noerio qui cartam istam scripsit. »

<small>Cette pièce est extraite du rouleau intitulé : *Transcripta instrumentorum magistri Johannis Dominici de facto Ginilli*, écrit vers le milieu du treizième siècle.</small>

2993   1242. Jeudi 2 octobre.

Securitas facta Mathildi comitissæ Nivernensi ab Arcambaldo de Borbonio.

<small>(J. 256. — Nevers, n° 39. — Original.)</small>

Karissime domine sue M. (Mathildi I) comitisse Nivernensi, Archembaldus dominus Borbonii, salutem et paratam ad quecunque bene placita voluntatem. — Noveritis quod ego manucapio quod domina Paredi, vel fracritus vel eorum coadjutores, non forisfacient nec malum facient domino Guillelmo de Cres nec ejus fratribus, nec coadjutoribus eorumdem infra instans festum Beati Andree apostoli, nec etiam die ipsius festi. — Et quoniam sigillum non habeo, sigillum dilecti et fidelis mei domini Rogerii de Palicia presenti carte feci apponi. — Datum die jovis post festum Beati Michaelis, anno M. CC. quadragesimo secundo, mense octobri.

Traces de sceau pendant sur simple queue. — Le sceau de Roger de la Palice, qui avait scellé cette charte pour Archambaud de Bourbon, n'existe plus aux Archives.

2994 Penne. 1242. 9 octobre.

(J. 314. — Toulouse, VII, n° 25. — Original.)

Instrumentum quo Arnaldus de Marcafava, filius quondam Willelmi Bernardi de Marcafava, spontanea sua voluntate, recognoscit se totum illum honorem quem habet et antecessores sui habuerunt a Fuxo inferius usque Tholosam, et castrum seu villam de Marcafava, cum pertinentiis, de domino suo Ramundo, Dei gratia comite Tholosæ, marchione Provinciæ, tenere, cui homagium ligium præstat et solemni forma fidelitatem promittit. — « Acta fuerunt hec ita et concessa apud Pennam Ageunesii, VII. itus (sic) octobris, regnante Lodovico Francorum rege, et eodem R. Tholosano comite, et Ramundo episcopo, anno M°. CC°. XL°. secundo ab incarnatione Domini. Testes presentes fuerunt ad hoc vocati et rogati: Willelmus Arnaldus de Tantalone, Arnaldus de Marcafava avunculus dicti Willelmi Bernardi, Ademarus de Terciaco, Ramundus Garsias de Marcafava, Willelmus de Tayssoneriis et Bernardus Aimericus publicus Tholose notarius, qui, mandato ipsius domini comitis et dicti Arnaldi de Marcafava, cartam istam scripsit. »

2995 Penne. 1242. 20 octobre.

Litteræ Raimundi comitis Tolosæ Ludovico regi quibus pacis conditiones a se oblatas ad ejus voluntatem deflectere proponit.

(J. 306. — Toulouse, III, n° 74. — Original. — J. 305. — Toulouse, III, n° 10. — Copie authentique.)

Serenissimo domino suo Ludovico, Dei gratia regi Francie illustri, R. (Raimundus), eadem gratia comes Tholose, ejus devotus consanguineus et fidelis, salutem et paratam ad ipsius obsequia voluntatem. — Retulit nobis venerabilis pater [Raimundus] episcopus Tholosanus quod forma illa, quam idem vobis super pace inter nos et vos reformanda ex parte nostra obtulit, magestati vestre et vestro consilio, propter quasdam inconvenientias, quas nos non previderamus a principio, non placebat. — Quod quando nos intelleximus, vos moveri justissime, sicut decet regiam magnificentiam, judicantes, et ad pacem vestram redire et gratiam cupientes, excellentiam cujus offendisse de guerra ista displicet nobis plurimum, quam consiliis malis decepti movimus, ecce, ut de nobis honorem omnimodum habeatis qui, ubi vos honorem non haberetis, non reputaremus nos aliquatenus honoratos, et ut nos pacem vestram habere possimus, vestre bone misericordie, si vobis placuerit, sine omni condicione et pacto, nos et terram nostram supponimus et nostros pariter valitores, quos illos tantum intelligimus qui de guerra ista nos amparaverunt et guerram vobiscum antea non habebant; hereticos autem et condempnatos de heresi numquam nostros reputamus vel reputabimus valitores. — Et propter hoc ad vos incontinenti accedemus personaliter, si nobis apud Caturcum, cum litteris vestris patentibus et pendentibus, miseritis guidagium honorabile et securum; promittentes vobis firmiter, non quidem territi vel turbati, set de multis que scietis loco suo verecundi pariter et compuncti, quod amodo diebus omnibus vite nostre vobiscum nos tenebimus, et viriliter et fideliter contra omnes homines de mundo vobiscum erimus, et honoribus vestris et regni utilitatibus intendemus, et nemo nos vivos a vobis poterit separare. — Ad cognitionem etiam vestram Ecclesiam deffendemus et honorabimus, fidem catholicam promovebimus, et terram nostram purgabimus heretica pravitate, et de illis, qui in nostram infamiam fratres inquisitores hereticorum, Predicatores et Minores, et eorum socios occiderunt, celerem faciemus et debitam ultionem, et taliter, ut concludamus breviter, nos agemus quod videbitis et dicetis quod a diebus multis nemo fuit regno utilior adquisitus, et transire faciemus in oblivionem omnem suspicionem et infamiam precedentem. — Alioquin si vos, quod absit, pacem nostram hoc modo non receperitis et vestram nobis non reddideritis, judicet Dominus inter nos et vos si, in deffensione nostra, vobis nos oppugnantibus, hominum strages et effusionem humani sanguinis et mala alia, que circa bellorum varios eventus solent accidere, nobis dolentibus et coactis, contigerit evenire. — Datum Penne, xiii. kalendas novembris, anno Domini m. cc. xl. secundo.

<small>Traces de sceau pendant sur simple queue. — Le sceau de Raymond VII, second sceau, est décrit dans l'*Inventaire* sous le n° 745. — Nous publions cette pièce d'après l'original, coté Toulouse, III, n° 74. La pièce de la même layette, cotée n° 10, est une copie insérée dans des lettres du comte de Toulouse datées de Lorris, du mois de janvier 1242-43, et scellées de son sceau. Voyez ci-après n° 3013.</small>

2996   Penne. 1242. 20 octobre.

Epistola Raimundi comitis Blanchæ reginæ qua eam deprecatur ut reconciliationem suam cum domino rege procurare velit.

<small>(J. 309. — Toulouse, V, n° 20. — Original scellé.)</small>

Serenissime domine sue Blanche, Dei gratia regine Francie illustri, R. (Raimundus), eadem gratia comes Tholose, ejus devotus consanguineus et fidelis, salutem et paratam ad ipsius obsequia voluntatem. — Cum, post Deum, de clementia serenitatis vestre majorem fiduciam habeamus, que plane de summa vestri ingenuitate animi nos dilexistis diu et diligitis, nec potestis nos non diligere, in mente vestra amorem insignis memorie matris nostre gerentes, per quam vobis consanguinitatis linea attinemus, nos dolentes et verecundi plurimum quod unquam per aliquod quod nos fecerimus contra karissimum dominum nostrum regem, filium vestrum, data sit materia quibusque vestris detractatoribus contra bonitatis ac puritatis et discretionis vestre famam celebrem obloquendi. — Et propter hoc precipue affectantes redire ad gratiam et pacem ipsius karissimi domini nostri regis, ut, cum bono portamento nostro, adversariorum nostrorum lingas (*sic*) reprimamus et ora adversum vos occasione nostri iniqua loquentium obstruamus, et quamvis constaret nobis quod idem dominus rex in misericordia, quam speramus de ipso, fortius nos gravaret quam meruimus, ad hoc ut pacem ejus habeamus et sue curie, ubi multa dilectionis tam ex consanguinitate quam filie nostre, quam habemus ibi, intuitu, cordi nostro occurrunt insignia, vestro prorsus nos duximus regimini et consilio committendos, clementiam vestram mediatricem inter nos et ipsum vestrum filium, nostrum karissimum regem et dominum, invocantes. — Qui, si vos nobis hoc consulueritis et litteras vestras patentes et pendentes dederitis, non enim aliter faceremus, nec alicui quam vobis daremus de hoc gloriam, parati sumus ut, ad habendam pacem ejus et gratiam, nos et terram nostram et valitores nostros qui de guerra presenti nos amparaverunt, non habentes cum eo guerram antea, in quibus nullum intellegimus hereticum vel de heresi condempnatum, quos nullo modo valitores reputamus nostros, sine omni condicione et pacto, ejus bone misericordie supponamus, viam illam penitus deserentes quam nuper ex parte nostra obtulit ei venerabilis pater episcopus Tholosanus, quem dudum experti sumus esse sollicitum de ipsius domini regis et regni commodo et honore, cognoscentes quod non esset honor nobis ubi ipse honorem principaliter et totaliter non haberet. — Et si sic nos receperit, nos ei, cum toto posse nostro, perpetuo viriliter adherebimus et fideliter contra omnes homines, et cum eo nos tenebimus, et ejus servicio, quod multum volumus, intendemus, nec quisquam nos unquam ab eo poterit separare, et circa honorem et deffensionem Ecclesie et fidei catholice et purgationem terre ab heretica pravitate ad omnimodam ejus cognicionem nos habebimus, et vindictam faciemus de illis qui, tam proditionaliter contra nos, inquisitores hereticorum, Predicatores et Minores, et eorum socios occiderunt. — Nam hoc bene vobis promittimus quod in cunctis taliter nos habebimus quod in oblivionem infamia precedens et suspitio pertransibunt, et tam detractatores vestri quam omnes qui audierint circumspectionem vestram, quia nostra supportastis negocia, benedicent. — Et propter omnia ista, cum litteras vestras dederitis quod hoc nobis consulitis, promti sumus incontinenti ad ipsius venire presentiam, si tamen ipse nobis usque Caturcum miserit, cum suis litteris patentibus et pendentibus, guidagium honorabile et securum. — Nec dubitet ibi vestra discretio prorsus in aliquo, quoniam et videbitis et dicetis quod a multis diebus non fuit regno quisquam utilior adquisitus, nec si deberemus ibi corpus exponere, pateremur amodo quod de nobis verecundiam haberetis. — Datum Penne, XIII. kalendas novembris, anno Domini M° CC° XL° secundo.

Sceau de Raymond VII, comte de Toulouse; cire blonde, simple queue; second sceau, décrit dans l'*Inventaire*, n° 745. — On lit au dos de cette pièce l'annotation suivante : *Humiliatio R. quondam comitis Tholosani post ultimam guerram.*

2997   Saverdun. 1242. 1er novembre.

Domini, milites et consules castri Savarduni Raimundo Tolosano comiti fidelitatem promittunt.

(J. 314. — Toulouse, VII, n° 22. — Original.)

Manifestum sit omnibus presentibus et futuris quod quidam domini, milites et consules castri Savarduni, videlicet, Willelmus Ato de Villamuro, Bernardus de Bellomonte, et Arnaldus de Marchafava, frater ejus, Petrus de Villamuro, et Arnaldus de Villamuro, frater ejus; et milites, scilicet, R. de Cantesio, Jordanus de Lissaco, et Arnaldus de Gualdino; et consules, scilicet, Castlanus de Gualdino, Petrus Sancius, Bernardus Parator, et Willelmus de Brassaco ; et quidam alii milites et barriani ejusdem castri, scilicet, Augerius de Calmonte, Guilabertus de Podio Auriola, Bertrandus de Pinu, Bernardus de Aura, Bernardus de Campranhano, Arnaldus de Mazeras, Poncius de Paderno, R. Durandi, Arnaldus Cavallus, Ramundus Teulerius, Willelmus de Noguerio, et Petrus de Podio Auriola, eorum mera et spontanea voluntate, mandaverunt, convenerunt et, tactis corporaliter sanctis Dei Evangiliis, juraverunt et firmiter ac sollempniter promiserunt illustri domino Ramundo, Dei gratia comiti Tholose, marchioni Provincie, presenti et interroganti, quod ipsi ei castrum Savarduni, cum omni tenemento et pertinenciis suis omnibus, et pro eo et nomine ipsius tenebunt et ab omnibus viventibus illud castrum Savarduni, pro viribus, ad commodum et honorem ipsius domini comitis, custodient, deffendent et pariter servabunt, et ei vel ejus certo nuncio pro posse suo reddent et tradent dictum castrum, cum ab ipso super hec fuerint requisiti. — Promiserunt preterea eidem domino comiti et super sancta Dei Euvangelia juraverunt, contra omnes homines qui vivere et mori possent, valentiam, auxilium et juvamen. — Acta sunt hec apud Savardunum, in ecclesia Sancte Marie, primo die novembris, regnante Lodoico Francorum rege, et eodem domino R. Tholosano comite, et Ramundo episcopo, anno M° CC° XL° secundo ab incarnatione Domini. — Testes presentes fuerunt ad hoc vocati et rogati : Pilifortis de Rabastenes, Sicardus de Montealto, Guilabertus frater ejus, Arnaldus de Marcafava major, R. Hunaldus, Castellus-novus, Mancipius de Tholosa, ejusque frater Petrus de Tholosa vicarius Tholose, Bernardus Raimundus de Tholosa, Ademarus de Miromonte, Petrus de Montibus, Maurandus de Bellopodio, Arnaldus Sancius et quamplures alii. Et ego Bernardus Aimericus, publicus Tholose notarius, qui, mandato predictorum dominorum et militum et omnium prescriptorum, hanc cartam scripsi.

2998   Clamecy. 1242. Mercredi 19 novembre.

(J. 256. — Nevers, n° 40. — Original scellé.)

Renaudus de Selleniaco, Autissiodorensis decanus, recognoscit se, casu quo ad episcopatum vel ad archiepiscopatum promoveretur, renuntiare illis quadraginta libris Pruvinensium annui reditus quas sibi, quamdiu vixerit, M. (Mathildis) comitissa Nivernensis in censa Autissiodorensi percipiendas dono contulit. — « In cujus rei testimonium, sigillum nostrum presentibus litteris duximus apponendum. Datum apud Clamiciacum, anno Domini M° CC° XL. secundo, mense novembri, die mercurii post octabas Sancti Martini yemalis. »

Sceau de Renaud de Saligny, doyen d'Auxerre; cire blanche, double queue; décrit dans l'*Inventaire* sous le n° 7518.

2999   Niort. 1242. 24 novembre.

De pecunia a Giraudo Noriac mercatore mutuata pro stipendio militum apud Rupellam dimissorum.

(J. 473. — Quittances, n° 8. — Original.)

Excellentissimo domino suo Ludovico, Dei gratia Francorum regi, magister Land. (Landricus), suus humilis clericus, Renaudus de Bulliaco, suus serviens, salutem et paratum in omnibus servicium. — Dominationi vestre significamus quod, cum nobis dedissetis in mandatis per vestras patentes litteras ut nos garnisionem militum, servientium, peditum in villa Rochelle commorantium licentiaremus, et ad pagam eorum faciendam denarios non haberemus, nos pro dicta paga facienda a Giraudo Noriac mercatore, lattore presentium, mille centum libras Turonensium mutuo recepimus, quas Parisius dicto mercatori reddere promissimus, et in testimonium recepte pecunie presentibus litteris sigilla nostra apposuimus. — Datum apud Niortum, in vigilia Beate Kateryne, anno Domini M° CC° quadragesimo secundo.

Traces de deux sceaux pendants sur simple queue. — Les sceaux de Landri, clerc, et de Renaud de Bully, sergent du roi, n'existent plus aux Archives.

3000 Saint-Rome. 1242. 30 novembre.

Obligatio Raimundi Tolosani comitis de promissis suis diligentissime perficiendis et de pace Parisiensi fideliter observanda.

(J. 305. — Toulouse, III, n° 30. — Original. — J. 305. — Toulouse, III, n° 10. — Copie authentique.)

Noverint universi presentem paginam inspecturi quod nos R. (Raimundus), Dei gratia comes Tholose, promittimus, concedimus et firmiter convenimus nobilibus viris Ferrico, marescalco Francie, Johanni Lo Gai, militi, et magistro Guillelmo de Lemovicis, clerico, nunciis illustris domini nostri Ludovici, Dei gratia regis Francie, nomine ejusdem domini regis, quod omnia que promisimus eidem domino regi Francie in litteris nostris patentibus et pendentibus, quas ei misimus per venerabilem R. (Raimundum Escrivanum) prepositum Tholosanum, sine omni fraude, bona fide tenebimus et complebimus, et, pro complendis, tenendis et faciendis universis et singulis que in predictis litteris continentur, securitates secundum bonum posse nostrum, ad cognitionem et voluntatem ipsius domini regis, sibi prestabimus cum fuerimus in ejus presentia constituti. — Preterea ipsum dominum regem et suos et adjutores ipsius quoad civitates, villas et castra, fidelitates et homagia, redditus, terras et omnes possessiones, que tam per nos quam per alios occupata sunt a tempore hujus guerre, incontinenti, antequam ad ipsum dominum regem accedamus, restituemus per nos et nostros integre, ita quod omnes res predicte erunt in eodem statu in quo erant quando incepimus istam guerram. — Item volumus et concedimus quod pax Parisiensis stabilis omnino remaneat atque firma quantum ad Ecclesiam et dominum regem et ad omnia que continentur in ea. — In cujus rei testimonium, presentes litteras vobis concedimus sigilli nostri munimine roboratas. — Datum apud Sanctum Romanum, II. kalendas decembris, anno Domini M° CC° XL° secundo.

Traces de sceau pendant sur simple queue. — Le sceau de Raymond VII, comte de Toulouse, second sceau, est décrit dans l'*Inventaire* sous le n° 745. — Nous publions ce document d'après l'original coté *Toulouse*, III, n° 30; on en retrouve le texte dans les lettres écrites au Roi par le comte de Toulouse en janvier 1243, n° 10 de la même layette. Voyez ci-après le n° 3013.

3001 Melun. 1242. Dimanche 28 décembre.

Lettres de Jeanne, comtesse de Flandre, sur l'accord arrêté, en présence du Roi, entre le comte de Flandre et le comte de Boulogne pour le règlement de leurs contestations.

(J. 537. — Flandre, I, sac 5, n° 2. 2. — Original.)

Je Johanne, comtesse de Flandre et de Haynaut, faz savoir à toz cels qui cest escrit verront qu'il est devisé et atorné par devant monseigneur lo roi de France que les choses le conte de Boloingne et sa gent, que li coens de Flandre mesires et sa gent avoient prises, seront délivrées quitement et sanz délai au conte de Bolongne et à sa gent; et les choses le conte de Flandre mon seigneur, que li coens de Bolongne et sa gent avoient arrestées, seront délivrées sanz délai, cèles que les genz le conte de Flandre mon seigneur auront provées à leur, si com il devront. — Et li leus où la gent le conte de Flandre mon seigneur avoient pris les choses le conte de Boulongne sera veuz; et se cil qui li demaines est l'avoe à tenir du conte de Bolongne, li coens de Flandre mesires ou sa gent l'amenderont au conte de Bolongne. Et après, se li coens de Flandre mesires cuide qu'il ait droit ou leu, il porra demander et suivre sa droiture si com il devra. Et se cil qui li leus est nel connoissoit du conte de Bolongne, li coens de Bolongne porroit demander sa droiture, si com il devroit, et suivre. — Li leus où la gent le conte de Bolongne pristrent Lencre sera resésiz de Lencre; et quant li leus sera resésiz, li rois penra Lencre en sa main, et fera enquérire savoir s'èle fut prise en la droiture le conte de Flandre mon seigneur ou en la droiture le conte de Bolongne. — Et se l'en trueve par l'enqueste qu'èle fust prise en la droiture le conte de Flandre mon seigneur, li coens de Bolongne ou sa gent l'amenderont au conte de Flandre mon seigneur, et li sera Lencre rendue délivre. — Et se l'en trueve qu'èle fust prise en la droiture le conte de Bolongne, Lencre li sera rendue tote délivre. — Et enquériront cil mesmes savoir se li trossel des laines, que la gent le conte de Flandre mon seigneur pristrent, furent pris en la droiture le conte de Flandre mon seigneur ou en la droiture le conte de Bolongne. Et s'en trueve qu'ils fussent pris en la droiture le conte de Bolongne, li coens de Flandre me sires ou sa gent l'amenderont au conte de Bolongne. Et s'en trueve qu'il fussent pris en la droiture le conte de Flandre mon seigneur, il li seront délivre. — Et de ce que li coens de Bolongne dist que les genz le conte de Flandre mon seigneur batirent ses serjanz, enquériront cil mesmes coment il fu. Et selon ce qu'il en trouveront en l'enqueste, il sera amendé si com il diront, s'il i truevent à amender. — Et ces choses doivent être terminées dedenz la feste de la Nativité Saint Jahan-Baptiste. Et se la Saint-Jahan passoit qu'èles ne fussent terminées, et li jors n'estoit aloingniez par l'asentement des parties, ces mises seroient nules.

— Et ces enquestes doivent estre fètes par monseigneur Perron Tristan et par monseigneur Adan de Milgli. Et, se li uns d'eus avoit essoine ou de mort ou de maladie dedens le terme, li rois metroit en son leu l'un de ces cinc : Mahyu de Marli, Felipe de Nantuelg, Ansel de Lisle, Jahan de Croisilles, et Guillaume de Toyri, chevalier. Et s'il avenoit que li uns des deux eust essoine de maladie, en soferroit de mètre autre en son leu de qu'après Pâques. — Ce fut fèt à Meleun, l'an de l'incarnation Nostre-Seigneur M. CC. quarante deus, ou mois de délair, le diemenche après Noël.

Traces de sceau pendant sur double queue. — Le sceau de Jeanne, comtesse de Flandre et de Hainaut, est décrit dans l'*Inventaire* sous le n° 620.

5002 Meleun. 1242. Dimanche 28 décembre.

(J. 537. — Flandre, I, sac 5, n° 2. 1. — Original scellé.)

Lettres semblables d'Alfonse, comte de Boulogne. — « Ce fut fèt à Meleun, l'an de l'incarnation nostre Seignor M° CC. quarante deus, ou mais de deleir, le diemenche après Noël. »

Sceau d'Alfonse de Portugal, second mari de Mathilde, comtesse de Boulogne; cire blanche, double queue; *Inventaire*, n° 1063.

5003 1242. Décembre.
Dimanche 7, 14, 21 ou 28 décembre.

(J. 304. — Toulouse, II, n° 67. — Original roman.)

Charte par laquelle W. Bernard de la Mote (*Bernat de la Mota*) reconnaît avoir donné en fief à Caersi Sabatier et à ses héritiers trois pièces de terre situées entre le mont (*pug*) Derdas et la rivière de Tarn. — « E de tot aiso so vezens e testimoni : Ar. Faleauts, en P. R. so fraire, en Felip Faleaut, en Ar. de Lerida, en P. Tere que esta carta escriuts e fe pauzat el mes de dezembre, feria 1ª, anno ab incarnacione Domini M° CC° XLII. regnante Lodovico Francie rege, R. (Raimundo) Tolosano comite, G. (Geraldo) Caturscensi (*sic*) episcopo. »

5004 Clamecy. 1242. Décembre.

Litteræ Guidonis comitis Foresii de compositione qua cum Mathilde comitissa Nivernensi inivit.

(J. 256. — Nevers, n° 41. — Original scellé.)

Ego Guido comes Forensis notum facio universis quod, cum esset contentio inter me, ex una parte, et karissimam dominam meam M. (Mathildem) comitissam Nivernensem, ex altera, super eo quod ipsa petebat a me omnes redditus, exitus et proventus tocius dotis sue de Foresio, a die scilicet obitus Guidonis quondam comitis Nivernensis et Forensis, patris mei, usque ad illam diem in qua de dicta dote sua saisita fuerat et vestita; et super eo quod petebat a me medietatem rerum acquisitarum in terra Forensi, in terra Alvernie et in terra Vienensi, tam in hereditate quam in denariis; et super eo eciam quod ipsa dicebat me teneri persolvere totum debitum Bernardi de Moncuc, pro eo quod sigillum suum in litteris dicti debiti non pendebat. — Ego vero ex adverso petebam ab ipsa domina comitissa quod ipsa debitum illorum de Chaponay, civium Lugdunensium, persolvere tenebatur racione sexdecim milium librarum Turonensium quas ipsa solvere tenebatur per convenciones olim habitas inter ipsam et patrem meum. — Preterea petebam ab ipsa quod quingentas libras Pruveniensium, quas burgenses sui de Autissiodoro patri meo promiserant, ut dicebam, faceret michi reddi. — Petebam iterum ab ipsa comitissa quod medietatem rerum acquisitarum a patre meo in tota terra sua, in denariis vel in terris, faceret michi deliberari. — Tandem, de bonorum virorum consilio, pacificatum fuit inter me et ipsam in hunc modum, videlicet : quod ego teneor reddere et solvere totum debitum illorum de Chaponay, et de illo debito facere quittari dictam comitissam, et omnes litteras, quas illi de Chaponay habent de ipsa et de patre meo insimul sigillatas, teneor reddi facere dicte domine comitisse. — Preterea totum debitum Bernardi de Moncuc, scilicet, centum libras Nivernensium veterum et quadraginta libras Pruveniensium teneor reddere, si sigillum ipsius comitisse in litteris dicti debiti non sit appositum. — Quittavi eciam dictam comitissam et burgenses suos de Autissiodoro de illis quingentis libris Pruveniensium quas ab ipsis burgensibus petebam, racione patri[s] mei. — Quittavi si quidem dictam comitissam et suos de omnibus rebus quas pater meus acquisierat in tota terra dicte comitisse tempore vite sue. — Pro hiis autem faciendis quittavit dicta comitissa michi et meis omnes redditus, exitus et proventus totius dotis sue de Foresio quas [*corr.* quos] petebat a me, a die obitus patris mei usque ad diem qua recepit dictam dotem. — Quittavit insuper et quittat dicta comitissa michi et meis omnes res acquisitas in terra Forensi, in terra Alvernie et in terra Vienensi, hoc tamen salvo quod dicta comitissa tenebit dictam dotem suam libere et pacifice, cum omnibus rebus in eadem dote acquisitis et cum omnibus eschaetis, sicut pater meus tenebat cum iter arripuit ad partes transmarinas. — In cujus rei testimonium, presentes litteras sigilli mei munimine roboravi. Datum apud Clamiciacum, anno Domini millesimo ducentesimo quadragesimo secundo, mense decembri.

Sceau de Guigues VI, comte de Forez; cire brune, double queue; décrit dans l'*Inventaire* sous le n° 676.

3005   Villepinte. 1242. Décembre.

Litteræ Amalrici Narbonæ vicecomitis de juramento fidelitatis domino regi a Narbonensi populo, tam civitatis quam burgi, præstando.

(J. 337. — Narbonne, n° 7. — Original scellé.)

Noverint universi presentes litteras inspecturi quod nos Amalricus vicecomes Narbone promittimus et, tactis sacrosanctis Evangeliis, juramus quod nos incontinenti, quando erimus in presentia domini regis Francie, procurabimus et faciemus, omni occasione remota, quod omnes homines civitatis et burgi Narbone, a quartodecimo anno supra, jurabunt, tactis sacrosanctis Evangeliis, omnia illa quecumque ipsi, seu predecessores eorum, juraverunt domino Ludovico, clare memorie, quondam genitori regis predicti; et quod in eadem forma dictum juramentum prestabunt, ad voluntatem ipsius domini regis, in qua juraverunt predicto patri suo. — Nos etiam, antequam accedamus ad dominum regem, veniemus Narbonam, ibique recognoscemus publice, in conspectu populi Narbonensis, quod nos absolvit comes Tholosanus ab omni juramento, homagio, fidelitate et quacumque obligatione factis a nobis comiti memorato, et recognoscemus ibidem nos et totam civitatem et burgum Narbone esse sub dominio et fidelitate supradicti domini regis, et ibidem resaiziemus ipsum dominum regem, et nomine ejus illos qui pro ipso ibi erunt presentes, de nobis et tota villa predicta, ad omnia illa que habebat antequam guerra ista mota esset, tam in juramentis, fidelitatibus, homagio, et aliis quibuscumque. — Similem etiam recognitionem et resaizinam faciemus fieri a toto populo Narbonensi, civitatis et burgi, de se ipsis ibidem domino regi predicto, et etiam illis, nomine ipsius, qui pro eo ibi erunt presentes; et de recognitionibus et resaizinis predictis dabimus, postquam facte fuerint, tribus nunciis domini regis litteras nostras patentes, in quibus continebitur nos et predictum populum fecisse omnia supradicta. — In cujus rei testimonium, presentes litteras sigillo nostro fecimus communiri. Actum prope Villampictam, mense decembri, anno Domini M. CC. XLII.

Sceau d'Amauri Ier, vicomte de Narbonne; cire brune, double queue; décrit dans l'*Inventaire* sous le n° 749.

5006 Villepinte. 1242. Décembre.

Raimundus comes Tolosæ se castrum de Savarduno in voluntate domini regis ponere declarat.

(J. 310. — Toulouse, V, n° 21. — Original.)

Noverint universi presentes litteras inspecturi quod nos R. (Raimundus), Dei gratia comes Tholose, ponimus in voluntate karissimi domini nostri Ludovici, Dei gratia regis Francie, castrum de Savarduno, cum omnibus pertinenciis suis, et nunc in presenti sub eodem modo tradimus dictum castrum et pertinencias ejus vobis domino Hugoni episcopo Claromontensi, et vobis domino Imberto de Bellojoco, nomine et vice ejusdem domini regis. — Volumus et concedimus quod dominus rex disponat et faciat de dicto castro et ejus pertinenciis pro sue libito voluntatis, et promittimus domino regi et vobis, nomine ejus, quod contra id quod de dicto castro et ejus pertinenciis disponet seu faciet rex predictus nullatenus veniemus. — In cujus rei testimonium et munimen, presentes litteras sigilli nostri munimine fecimus communiri. Actum prope Villam-pictam, anno D. M° CC° XLII°, mense decembri.

Traces de sceau pendant sur double queue. — Le sceau de Raymond VII, comte de Toulouse, second sceau, est décrit dans l'*Inventaire* sous le n° 745.

5007 Villepinte. 1242. Décembre.

(J. 311. — Toulouse, V, n° 58. — Original.)

Litteræ ejusdem argumenti et formæ quibus dictus comes castrum de Broin, cum omnibus ejus pertinentiis, ad omnimodam domini regis voluntatem supponit. — « In cujus rei testimonium et munimen, presentes litteras sigilli nostri muninime fecimus communiri. Actum prope Villam-pictam, anno Domini M° CC° XL° secundo, mense decembri. »

Traces de sceau sur double queue. — Voyez l'*Inventaire*, n° 745.

5008 1242. Décembre.

Litteræ quibus R. Tolosanus comes ab omni juramento et obligatione civitatem Albiensem solvit.

(J. 317. — Toulouse, VIII, n° 27. — Original.)

R. (Raimundus), Dei gratia comes Tholose, universis presentes litteras inspecturis, salutem. — Noveritis quod nos quitavimus et liberavimus omnino consules, communitatem et totam civitatem Albiensem de omni juramento et de omni obligatione quibuscumque nobis aliquatenus tenebantur. — In cujus rei testimonium, presentes litteras fecimus sigilli nostri impressione signari. Actum anno Domini M° CC° quadragesimo secundo, mense decembri.

Traces de sceau sur simple queue. — Voyez l'*Inventaire*, n° 745.

5009 1242. Décembre.

(J. 196. — Champagne, IV, n° 33. — Original.)

Magister Th. de Pomoriis, officialis Trecensis, notum facit se nemus suum de Ferieres in feodo domini regis Navarræ, Campaniæ et Briæ comitis Palatini, posuisse, in recompensationem decem arpentorum nemoris quæ, sibi et fratribus suis a præfato rege data, fratri Symoni Hospitalis Jerosolimitani, nomine dicti Hospitalis ementi, vendiderunt. — « In cujus rei testimonium, presentibus litteris sigillum curie Trecensis apposui. Actum anno Domini M° CC° XL° secundo, mense decembri. »

Traces de sceau pendant sur double queue. — Le sceau de Th. de Pommiers, official de Troyes, n'existe plus aux Archives.

5010 1242.

(J. 320. — Toulouse, XI, n° 51. — Déficit.)

Lettres de l'abbé et des consuls de Condom pour la punition de divers homicides commis en ladite ville. — A Condom, l'an 1242.

Nous donnons d'après l'Inventaire de Dupuy l'analyse de cette pièce, qui n'est plus dans les cartons et que nous avons vainement cherchée ailleurs. Il est probable qu'elle était écrite en langue vulgaire du Midi.

5011 Vers 1242.

(J. 307. — Toulouse, IV, n° 52. — Minute.)

Forma juramenti de pace Parisiensi servanda præstandi : « Universis presentes litteras inspecturis ego talis salutem in Domino. Noveritis quod ego de voluntate et mandato speciali et expresso domini mei Raimundi, Dei gratia comitis Tholose, marchionis Provincie, et in ejusdem presentia, promisi domino Ludovico, Dei gracia Francorum regi, et etiam, tactis sacrosanctis Evangeliis, juravi quod, si comes Tholosanus vel alius, etc., etc. — In cujus rei testimonium, etc., etc. »

Voyez ci-après n°s 3029 et suiv., 3033 et suiv., 3041 et suiv., 3048, 3056 et suiv., 3074, 3085 et suiv., 3111 et suiv., etc., les serments prêtés conformément à cette formule.

5012   Lorris. 1242-43. 19 janvier.

Raimundus comes Tolosæ erga dominam Blancham sese obligat ad hereticos et eorum fautores a terra sua expellendos.

(J. 428. — Albigeois, n° 9. — Original.)

Noverint universi presentes litteras inspecturi quod nos R. (Raimundus), Dei gratia comes Tholose, vobis illustrissime domine Blanche, Dei gratia regine Francie, ex speciali gratia et amore, unde majori affectu vestram magnificentiam reveremur, sponte nostra, promittimus et volenti animo convenimus quod terram nostram bona fide et sine omni fraude et fictione purgabimus hereticis et heretica pravitate; et, ad expellendum eos de terra nostra, totis viribus fideliter et efficaciter intendemus, et tam de ipsis, quam eorum credentibus, fautoribus, defensoribus, receptatoribus, condemnatis et condemnandis, per totum districtum nostrum debitam justiciam faciemus. — Et ad omnium illorum persequutionem ac destructionem, propter honorem Dei et Ecclesie et salutem nostram, et hujus promissionis, quam specialiter facimus vobis, intuitum et respectum, taliter procedemus quod non poterimus inde a Deo vel hominibus reprehendi. — Et hanc promissionem, quam vobis modo facimus, fore ad hoc specialiter efficacem et validam cognoscetis. Unde celsitudini vestre presentes litteras concedimus, sigilli nostri communitas. — Actum Loriaci, XIIII. kal. februarii, anno Domini M. CC. XL. secundo.

Traces de sceau pendant sur simple queue. — Voyez l'*Inventaire*, n° 745.

5013   Lorris. 1242-43. Janvier.

Litteræ Raimundi comitis Tolosani de exsecutione pacis Parisiensis.

. (J. 305. — Toulouse, III, n° 10. — Original scellé.)

R. (Raimundus), Dei gratia comes Tholose, universis presentes litteras inspecturis, salutem. — Cum nos ad pacem et concordiam karissimi domini nostri L. (Ludovici), Dei gratia regis Francie illustris, desideraremus reverti, misimus ei per venerabilem virum R. prepositum Tholose nostras litteras in hec verba :

Serenissimo domino suo Ludovico, Dei gratia regi Francie illustri, R. (Raimundus), eadem gratia comes Tholose, ejus devotus consanguineus et fidelis, salutem et paratam ad ipsius obsequia voluntatem. — Retulit nobis venerabilis pater episcopus Tholose quod, etc. — Datum Penne, XIII. kal. novembris, anno Domini M° CC° XL° secundo. (*Vide supra*, n° 2995).

Postmodum vero, cum dominus rex, receptis litteris antedictis, Ferricum marescallum, Johannem Jaucum, milites, et magistrum Guillelmum de Lemovicis, clericum, nuntios suos, ad nos misisset, tradidimus eis nos litteras in hec verba :

Noverint universi presentem paginam inspecturi quod nos Raimundus, Dei gratia comes Tholose, promittimus, concedimus et firmiter convenimus nobilibus viris Ferrico marescallo Francie, Johanni Le Gai militi, et magistro Guillelmo de Lemovicis, clerico, nunciis illustris domini nostri Ludovici, etc. — Datum apud Sanctum Romanum, II. kalendas decembris, anno Domini M° CC° XL° secundo. (*Vide supra*, n° 3000).

Cumque ad dominum regem personaliter, cum predictis nunciis, venissemus, supposuimus nos et terram nostram et illos, quos in predictis nostris litteris nostros esse diximus valitores, bone misericordie domini regis predicti, prout in predictis nostris litteris continetur. — Promisimus autem domino regi quod juramenta omnium baronum, castellanorum et militum terre nostre, et fidelium nostrorum, et omnium bonarum villarum terre nostre et fidelium nostrorum, ab hominibus quindecim annorum supra, prestari faciemus domino regi, coram illis quos propter hoc destinabit, in ea forma que in pace Parisiensi plenarie continetur. — Faciemus etiam habere domino regi, et illis qui ex parte ejus propter predicta fuerint destinati, patentes litteras omnium predictorum continentes formam omnimodam hujusmodi juramenti, et ea que promittentur per illud promittimus etiam nos tradituros precise domino regi, per voluntatem et dictum ipsius, et pro ipso illis quos ad partes nostras, ut dictum est, destinabit, Podium-celsum, Naiac et Laurac, que muniet et tenebit dominus rex, et, cum ipsis, Pennam Agennesii quam jam tradidimus. Et tenebit predicta usque ad quinque annos, a prima die proximi martii computandos. — Predicta faciemus et fieri faciemus pro securitate de adimplendis et observandis omnibus que in primis predictis nostris litteris continentur, quas, ut dictum est, misimus per prepositum Tholose, et etiam pro securitate de non veniendo contra in aliquo de hiis que in jam dictis nostris litteris continentur. — Laborabimus etiam et posse nostrum fideliter faciemus de Penna Albigesii tradenda domino regi. — Pro securitatibus antedictis promittimus etiam nos observare et adimplere ea que promisimus nos servaturos et adimpleturos in pace Parisiensi. Et nos tenemur diruere et complanare omnes fortericias et fossata et munitiones facta a tempore mote guerre, seu ante, occasione guerre predicte, quando dominus rex mandaverit istud nobis. — Omnia que in suprascriptis nostris litteris continentur et omnia alia supradicta promisimus et, tactis sacrosanctis Evangeliis, juravimus domino regi nos ei fideliter servaturos et contra in aliquo non venturos. — In cujus rei testimonium et munimen, presentes litteras fecimus sigilli nostri munimine roborari. — Actum Lorriaci, anno Domini M° CC° quadragesimo secundo, mense januarii.

Sceau de Raymond VII, comte de Toulouse; cire blonde, double queue; second sceau, décrit dans l'*Inventaire* sous le n° 745.

3014   Lorris. 1242-43. Janvier.

Amalricus vicecomes Narbonensis sese obligat ad diruendas fortalitias occasione belli in feodis suis constructas.

(J. 337. — Narbonne, n° 9. — Original scellé.)

✠ Noverint universi quod nos Amalricus vicecomes Narbone promisimus et juravimus, tactis Euvangeliis sacrosanctis, karissimo domino nostro Ludovico, Dei gratia illustri regi Francie, quod nos diruemus et complanabimus, et complanari et dirui faciemus omnes fortalicias et fossata et munitiones facta in terra nostra et in feodis nostris, a tempore guerre seu ante, occasione guerre mote ultimo inter dominum regem nostrum, ex una parte, et nos et comitem Tholose, ex altera; et hoc faciemus quando dominus rex istud nobis mandabit. — Quod si non faceremus, quod absit, volumus et concedimus quod dominus rex possit se ad feodum, quod de ipso tenemus, sine se mesfacere, assignare. — In cujus rei testimonium, sigillum nostrum presentibus litteris duximus apponendum. — Actum apud Loriacum, anno Domini M. CC. XLII, mense januario.

Sceau d'Amauri Ier, vicomte de Narbonne; cire brune, double queue; *Inventaire*, n° 749.

3015   Lorris. 1242-43. Janvier.

(J. 309. — Toulouse, V, n° 19. — Original scellé.)

Litteræ Raymundi Gaucelmi, domini Lunelli, ejusdem argumenti et iisdem verbis constantes. — « In cujus rei testimonium et munimen, sigillum nostrum presentibus litteris duximus apponendum. Actum apud Lorriacum, anno Domini M° CC° quadragesimo secundo, mense januario. »

Sceau de Raymond Gaucelin, seigneur de Lunel; cire brune sur double queue; décrit dans l'*Inventaire* sous le n° 2631.

3016   Lorris. 1242-43. Janvier.

(J. 309. — Toulouse, V, n° 18. — Original scellé.)

Litteræ Berengarii de Podio Surigerii, ejusdem argumenti et formæ. — « In cujus rei testimonium, sigillum nostrum presentibus litteris duximus apponendum. Actum apud Lorriacum, anno Domini M° CC° quadragesimo secundo, mense januario. — Et quia sigillum proprium non habebamus, sigillum domini Gaucelmi de Lunello procuravimus litteris istis apponi. »

Ces lettres sont scellées du même sceau que les précédentes.

3017   Lorris. 1242-43. Janvier.

Obligatio Tolosani comitis de Podio-celso, Naiaco et Lauraco domino regi restituendis.

(J. 305. — Toulouse, III, n° 9. — Original.)

R. (Raimundus), Dei gratia comes Tholose, universis ad quos presentes littere pervenerint, salutem. — Notum facimus quod, cum nos ad pacem et hominagium karissimi domini nostri Ludovici, Dei gratia illustris regis Francie, redierimus, licet non intellexerimus nos, propter aliquid quod fecerimus, ab ipsius hominagio recessisse, et nos teneamur tradere eidem domino regi, vel illis quos propter hoc ad partes nostras destinabit, Podium-celsum, Naiac et Laurac, volumus et concedimus quod, si dicta castra domino regi, ut dictum est, non tradiderimus infra medium martium proximo venientem, quod non remaneat pro hominagio quod ei fecimus quin ex tunc eidem domino regi liceat, et possit sine se mesfacere, ad feudum, quod de ipso tenemus, assignare.— In cujus rei testimonium, presentes litteras sigilli nostri impressione fecimus communiri. Actum Lorriaci, anno Domini M° CC° quadragesimo secundo, mense januario.

Traces de sceau pendant sur double queue. — Voyez dans l'*Inventaire*, n° 745, la description du second sceau de Raymond VII, comte de Toulouse, marquis de Provence.

3018   Montargis. 1242-43. Janvier.
Charta homagii quod Rogerius Fuxensis comes domino regi Franciæ præstitit.

(J. 332. — Foix et Comminges, n° 5. 3. — Original.)

Rogerius comes Fuxensis universis ad quos littere presentes pervenerint, salutem. — Notum facimus quod nos karissimo domino nostro Ludovico, Dei gratia illustrissimo regi Francie, homagium ligium fecimus contra omnes homines et feminas, qui possent vivere et mori, de omnibus de quibus homo eramus nobilis viri Raymundi comitis Tholosani, tempore istius ultime mote guerre inter dictum dominum regem et comitem memoratum.— Et concessit nobis dominus rex predictus quod nos non ponet nec heredes nostros in homagio istius Raymundi nunc comitis Tholosani, nisi de voluntate et assensu nostro et heredum nostrorum; nec nos, nec heredes nostri poterimus nos ponere in homagio dicti Raymundi, nisi de voluntate domini regis, et heredum suorum. — Concessit etiam nobis dominus rex predictus quod nos et heredes nostri teneamus in perpetuum in eadem libertate predicta in qua nos ea tenebamus a comite Tholosano. — Juravimus etiam domino regi et heredibus ejus, tactis sacrosanctis Evangeliis, quod ei et heredibus suis, contra omnes homines et feminas qui possunt vivere et mori, fideliter serviemus. — Actum apud Montem-Argii, anno Domini millesimo CC° quadragesimo secundo, mense januarii.

Scellé en cire blonde, sur double queue, du sceau de Roger IV, comte de Foix, décrit dans l'*Inventaire* sous le n° 664.

3019   1242-43. Janvier.
Litteræ Amalrici vicecomitis Narbonensis quibus se et civitatem Narbonensem in dominio regis Franciæ reponit.

(J. 337. — Narbonne, n° 8. — Original scellé.)

Noverint universi quod nos Amalricus vicecomes Narbonensis recognovimus in conspectu populi Narbonensis quod comes Tholose nos absolvit ab omni juramento, homagio, fidelitate et quacumque obligatione factis a nobis comiti memorato. — Recognovimus etiam ibidem, nos et totus populus civitatis et burgi Narbone, nos et totam civitatem et burgum Narbonenses esse sub dominio et fidelitate karissimi domini nostri illustris regis Francie. — Ibidem etiam resaisivimus ipsum dominum regem, nos et totus populus antedictus, et, nomine ejusdem domini regis, H. (Hugonem) episcopum Claromontensem de nobis et de tota villa predicta, ad omnia illa que dominus rex habebat in nobis et ipsis, tam in juramentis, fidelitatibus et homagio, quam in aliis quibuscumque, antequam guerra ista ultima mota esset inter dominum regem, ex una parte, et nos ex alia, cum comite Tholose. — In cujus rei testimonium, presentes litteras sigilli nostri impressione fecimus communiri. — Datum anno Domini M. CC. quadragesimo secundo, mense januario.

Sceau d'Amauri Ier, vicomte de Narbonne; cire brune, double queue; décrit dans l'*Inventaire* sous le n° 749.

3020   1242-43. Janvier.
(J. 193. — Champagne, I, n° 31. — Original scellé.)

Guillaume de Mellot, sire de Saint-Briz, déclare avoir fait foi et hommage lige (sauf l'hommage du comte de Nevers) à noble homme Thibaud, roi de Navarre, comte palatin de Champagne et de Brie, pour soixante livrées de rente que ledit prince lui a assignées, pour lui et ses héritiers, à prendre sur les revenus de la foire de Bar-sur-Aube à Bar. Ledit Guillaume reconnaît en outre que celui de ses fils qui héritera de ladite rente après lui sera tenu de faire hommage lige audit roi de Navarre ou à ses hoirs, envers et contre tous. — « An quel tesmoignance, j'ai fait séeller ces présentes lestres de mon séel. Et ce fu fait en l'an de l'incarnacion Nostre-Seigneur mil et deus cenz et quarante et deus, ou mois de janvier. »

Sceau de Guillaume de Mello, sire de Saint-Brice dans l'Ile-de-France (Seine-et-Oise); cire blanche, cordelettes de fil. Sceau armorial non décrit : deux fasces, à l'orle de neuf merlettes, légende illisible. Ces armes sont reproduites au contre-sceau avec cette légende : SIGILLUM WILLELMI DE MERLOTO. Voyez dans l'*Inventaire*, n°s 2776 à 2787, la description des sceaux des Mello, et notamment le n° 2778.

5021   1242-43. janvier.
(J. 197. — Champagne, V, n° 55. — Original.)

Thomas de Conciaco, dominus de Vervin, notum facit se karissimo domino suo Theobaldo Navarræ regi, Campaniæ et Briæ comiti palatino, quitavisse et remisisse omnes avenas quas a præfato rege acceperat apud Cergiacum, Cierges, Courremont, Fraines, Vile-an-Tardenois et terram de Monteçon percipiendas; et ab eodem rege in recompensationem recepisse quidquid præfatus rex apud Leschieles juxta Radolium et in ejusdem villæ pertinentiis possidebat, a se et heredibus suis de jam dicto rege in augmentationem feodi perpetuo tenendum. — « In cujus rei testimonium, presentes litteras sigilli mei munimine feci roborari. Actum anno Domini millesimo ducentesimo quadragesimo secundo, mense januario. »

Traces de sceau pendant sur double queue. — Le sceau de Thomas de Coucy, sire de Vervins, est décrit dans l'*Inventaire* sous le n° 1914, d'après un type appendu à un acte daté de 1248.

5022   1242-43. Janvier.

Henri, comte de Grandpré, s'engage envers Thibaud, roi de Navarre, comte de Champagne, à construire et fortifier un château entre Buzancy et Stenay.

(J. 202. — Champagne, X, n° 21. — Original.)

Je Henris cuens de Grantpré fais asavoir à touz ces qui verront ces lestres que ge doi faire un chastel nouvel à Mont-otran? u terte qui miens est que ge taing de mon seigneur le roi Thiebaut de Navarre, de Champaigne et de Brie conte palatin, qui est antre Busanci et Sathenai, à la loi et as coutumes de Beaumont, et le doi fermer de paliz et de breteschez dedanz les cinc mois que mes sires li rois de Navarre, de Champaigne et Brie cuens palatins, m'an semonroit, et dès lors an sis anz et cinc mois ge le dois avoir fermé de pierre souffisanmant; et se nus ne m'efforçoit à fermer, ge an doi [oster] la force par moi et par mes genz à mon pooir, an bone foi. Et se ge n'en pooie la force oster, messires li rois devantdiz me doit aydier à oster la force au suen. Et se il avenoit que guerre meust à mon seigneur le roi pour cèle ayde, ge le doi servir au mien de moi et de mes genz, an bone foi, tant come la guerre durroit por l'achoison dou chastel. — Ne ge ne puis conmancier le chastel devant deux anz sanz la requeste mon seigneur le roi devantdit; et, après les deux anz, se ge le conmançoie à fermer par ma volonté, sanz la requeste de mon seigneur le roi, et an le m'efforçoit à fermer, messires li rois m'an doit aydier comme de son fié; et toutes les foiz que li rois m'an requerroit dou fermer, il me doit aydier ausinc com il est devant devisé. — Et cil chastiaus devantdiz sera jurables et randables à mon seigneur le roi devantdit et à ses oirs à toute force, grant et petite; et quant il sera fors de son besoing, il le me doit randre dedanz quarante jors ausinc bien garni comme il le troveroit. — Et cil chastiaus sera an sauvemant mon seigneur le roi et ses oirs an tel manière que chacuns bourjois dou chastel et dou bourc li randra chascun an un setier d'avaisne à la mesure de Busanci, à païer à la feste Saint-Remi, an la vile; et qui ne l'auroit païé jusque à la feste Saint-Denyse après, il an devroit deux setiers le landemain de la Saint-Denyse; et ge li doi faire avoir, et, se ge non faisoie, messires li rois an porroit assener au mien, sans meffaire, de tant com la défaute monteroit par le sairement dou maieur et des eschevins. — Et est à savoir que messires li rois ne si oir ne doivent sauver ne garantir nus des bourjois dou chastel ne dou bourc contre moi ne contre mes oirs, se de tant non comme à fié apartient. — Après messires li rois devantdiz m'a otroié que il ne si oir ne puent retenir ne doivent nus des homes ne des fames, ne des bourjois ne des bourjoises, que ge ne ma mère tenons an noz demaines qui sont de son fié, au lor terres n'an leur parçonneries. — Et se ge ne tenoie les convenances devantdites dou chastel fermer et de l'ayde, ansinc com il est devantdit, messires li rois porroit assener à ce que je taign à Saint-Jehan seur Tourbe, et panre les preuz et les chatieux, et porroit lever des fiez que je tieng de lui jusque à cinc cenz livres de forz par mon gré, sanz meffaire. — Et les convenances, que messires li rois m'a qu'il ne puet retenir nule des genz que ge et ma mère tenons de lui an nos chiés, seroient nules. — Et si tost com ge auroie asouvies les convenances devantdites dou chastel fermer, ansinc com il est devisé, messires li rois me doit randre ma terre de Saint-Jehan et me doit tenir les convenances qu'il m'a qu'il ne retanroit nules des genz de la terre que ge et ma mère tenons an noz demaines qui sont de son fié. Et des cinc cenz livres que messires li rois auroit levez des fiez que ge tieng de lui et des preuz de Saint-Jehan, il an feroit sa volanté. — Et est à savoir que il ne si oir ne puent oster le devantdit sauvemant de leurs mains. — Et por ce que ceste chose soit ferme et estable à touz jourz, j'ai scellées ces lestres de mon seel. — Et ceste chose fu faite l'an de l'incarnacion Nostre Seigneur Jeshu-Crist mil deux cenz et quarante-deux, ou mois de janvier.

<small>Traces de sceau pendant sur cordelettes. — Le sceau de Henri VI, comte de Grandpré, n'existe plus aux Archives. Les auteurs de l'Art de vérifier les dates, t. II, p. 635, en donnent la description suivante : « Dans le sceau attaché à cette pièce (donation faite en 1287, le mercredi avant la Tiphaine, 4 janvier, par Henri VI, comte de Grandpré, à l'abbaye d'Orcamp), on le voit armé de toutes pièces, monté sur un cheval bardé, et autour de l'écu est écrit : S. HENRICI DE GRANDIPRATO, MILITIS, DOMINI DE LIVRIACO. »</small>

3023   1242-43. Janvier.

(J. 256. — Nevers, n° 30. — Original scellé.)

Renaudus cantor et capitulum S. Martini de Clamiciaco recognoscunt se debere et solutoros esse nobili dominæ M. (Mathildi), comitissæ Nivernensi, quamdiu vixerit, annis singulis, in octabis Assumptionis B. Mariæ, centum solidos monetæ cursualis. — « In cujus rei testimonium, presentibus litteris sigillum nostrum duximus apponendum. Datum anno Domini millesimo ducentesimo quadragesimo secundo, januario mense. »

<small>Sceau du chapitre de Saint-Martin de Clamecy; cire blanche, double queue; décrit dans l'Inventaire sous le n° 7154.</small>

3024   1242-43. Janvier.

(J. 256. — Nevers, n° 31. — Original scellé.)

Egidia priorissa de Feritate totusque ejusdem loci conventus recognoscunt se teneri ad decem libras Nivernensis monetæ, quotannis, in festo Omnium Sanctorum, karissimæ dominæ suæ M. (Mathildi), comitissæ Nivernensi, quamdiu vixerit, solvendas. — « In cujus rei testimonium, presentes litteras fecimus sigilli nostri munimine roborari. Datum anno Domini M° CC° quadragesimo secundo, mense januario. »

<small>Sceau du prieuré de la Fermeté, au diocèse de Nevers; cire brune, double queue; Inventaire, n° 9450.</small>

3025   1242-43. Janvier.

(J. 256. — Nevers, n° 32. — Original scellé.)

Hugo Melugdensis abbas notum facit se dominæ suæ M. (Mathildi), Nivernensi comitissæ, sex viginti libras Turonensium debere, et, ad majorem hujus debiti certitudinem, familiarissimum amicum suum M. (Milonem) S. Michaelis Tornodorensis abbatem rogavisse ut de hoc se responsorem et principalem debitorem constitueret, et inde traderet ei litteras suas sigillo suo sigillatas. — « Actum anno Domini millesimo ducentesimo quadragesimo secundo, mense januario. »

<small>Sceau de Hugues III, abbé de Molome en Tonnerrois, diocèse de Langres (monasterium Melundense, Molosmum. Voy. le Gallia christiana, IV, 721); cire blanche, sur simple queue. Ce sceau est décrit dans l'Inventaire sous le n° 8839, mais il est attribué à Hugues, abbé de Saint-Pierre de Melun.</small>

3026   Clamecy. 1242-43. Lundi 16 février.

(J. 256. — Nevers, n° 34. — Original scellé.)

Petrus corrector domus Fontenoii juxta Corvallum, Grandimontensis ordinis, recognoscit dictam domum teneri ad quadraginta solidos cursualis monetæ Nivernensis dominæ comitissæ Nivernensi vel ejus mandato, annuatim, in festo Beati Remigii, quamdiu dicta comitissa vixerit, persolvendos. — « Datum apud Clamiciacum, anno Domini M° CC° secundo, mense februario, die lune in quindena Candelose. »

<small>Le sceau de Pierre, correcteur de la maison de Fontenay, près Corvol (Corvol d'Embernard ou Corvol l'Orgueilleux, arr. de Clamecy, Nièvre), cire blanche, sur double queue, est décrit dans l'Inventaire sous le n° 9822.</small>

3027   Tonnerre. 1242-43. Dimanche 22 février.

(J. 256. — Nevers, n° 43. — Original.)

Litteræ quibus Milo abbas S. Michaelis Tornodorensis se pro venerabili viro et amico suo Hugone abbate Melugdensi erga karissimam dominam suam M. (Mathildim) comitissam Nivernensem de centum et viginti libris Turonensium, ad nundinas S. Johannis Trecenses solvendis, responsorem et principalem debitorem constituit. — « In cujus rei testimonium, dicte domine comitisse meas presentes litteras dedi sigilli mei munimine roboratas. Datum apud Tornodorum, die dominica ante Bordas, anno Domini M° CC° XL° secundo. »

<small>Traces de sceau sur simple queue. — Le sceau de Milon, abbé du monastère de Saint-Michel de Tonnerre, diocèse de Langres, n'a pas été retrouvé.</small>

5028   Toulouse. 1242-43. 22 février.

(J. 314. — Toulouse, VII, n° 78. — Original.)

Instrumentum, per litteras alphabeti divisum, quo Bernardus Amelii, dominus de Palheriis, recognoscit se castra de Rocafissada, de Alsen, de Artigad et de Bordis, villas et forcias de Castelanis, de Monteils, de Cadarcet, de Lanos, de Savarant, de Selas, nec non forciam Ramundi de Montemauro de Monteganha, cum pertinentiis, a domino suo R. (Raimundo) comite Tholosæ, Provinciæ marchione, in feudum tenere; de quibus omnibus ei ejusque successoribus præstat homagium et contra omnes, forma solemni, promittit fidelitatem. — Quod quidem homagium se recipere declarat Raymundus comes, ex parte sua promittens quod illud nunquam alienabit aut in aliam personam transferet. — « Acta fuerunt hec Tholose, in domo domini comitis, VII. die exitus mensis februarii, regnante Lodoico Francorum rege, et eodem domino Ramundo Tholosano comite, et Ramundo episcopo, anno M° CC° XL° secundo ab incarnatione Domini. — Testes sunt : dominus Ramundus Tholosanus episcopus, et dominus R. prepositus Tholose, et Amalricus vicecomes Narbone, et R. Gaucelmi dominus Lunelli, et Guilabertus de Montealto, et Sicardus de Miromonte, et Bernardus de Bellomonte, et Petrus de Villamuro, et magister Gald. de Montlauzi, et Poncius Grimoardi de Castro Sarracenorum, et Johannes Aurioli notarius domini comitis Tholose, *quinque alii,* et Bernardus Aimericus, publicus Tholose notarius, qui, mandato ejusdem domini comitis, cartam istam scripsit. »

5029   1242-43. 23 février.

Juramentum consulum et civium Tolosæ de pace Parisiensi fideliter servanda.

(J. 305. — Toulouse, III, n° 29. — Original scellé.)

Noverint universi presentes litteras inspecturi quod nos consules urbis et suburbii Tolose, videlicet, Bernardus de Villa-nova, Petrus Ramundus major, W. de Septenis, Vitalis Bonus-Homo, Petrus Bernardus de Salvitate, W. de Marcillo, R. de Castro-novo, R. de Ponte, Berengarius de Portallo, Arnaldus Jordani, Bruno Busqueti, de voluntate et mandato speciali expresso domini nostri R. (Raimundi), Dei gratia comitis Tolosani, marchionis Provincie, filii domine regine Johanne, et in presentia ejusdem, promisimus et, tactis sacrosanctis Dei Evangeliis, juravimus illustri domino Ludovico, Dei gratia regi Francorum, quod, si dominus comes Tolose, vel alius, nobiscum habuerit consilium de pace facta Parisius, consulemus eis quod eam servent, et servabimus eam, quantum ad nos pertinet, posse nostro, et dabimus operam efficacem quod dominus comes Tolose servet eam ; et, si dominus comes Tolose veniret contra, adherebimus Ecclesie et domino regi Francie, contra ipsum, nisi, infra XL. dies postquam monitus fuerit, hec emandaverit, vel juri steterit coram Ecclesia, de his que ad Ecclesiam pertinent, et juri, coram domino rege Francie, de his que ad dominum regem Francie pertinent. — Juravimus etiam quod nos juvabimus Ecclesiam contra hereticos, credentes et receptatores hereticorum, et omnes alios qui Ecclesie contrarii existerent, occasione heresis vel contemptus excommunicationis in terra ista, et dominum regem Francie juvabimus contra omnes, et quod eis faciemus vivam guerram, donec ad mandatum Ecclesie et domini regis Francie revertantur. — Et, si dominus comes Tolose moveret guerram domino regi Francie, vel heredibus ejusdem, quod absit, adhereremus domino regi Francie et heredibus ejus contra eundem comitem Tolosanum. — Juramento autem predicto sic a nobis corporaliter prestito, in palacio communi, nos dicti consules, de voluntate et mandato speciali ejusdem domini nostri comitis supradicti, in presencia nostra, promittere fecimus et jurare domino regi Francie, supradictis verbis et forma predicta, concives nostros quorum nomina sunt inferius adnotata, videlicet, Castrum-novum, Petrum de Montibus, Curvum de Turribus, Bertrandum de S. Lupo, etc., etc... (*Sequuntur quamplurima nomina civium Tolosanorum longo ordine deducta.*) — Per istos autem, de voluntate et mandato speciali domini nostri Raimundi comitis Tolosani, in presentia nostri, promittere fecimus et jurare domino regi Francie universitatem et singulos de universitate civitatis et suburbii Tolose, a XV. annis et supra, sub predictis verbis et forma predicta. — Hec autem omnia supradicta facta fuerunt, posita et concessa in presentia Johannis Clerici et Odardi de Vileriis, qui a domino rege Francie fuerunt, ad recipienda predicta juramenta a predictis consulibus et aliis universis et singulis, specialiter deputati. — In quorum omnium testimonio.

presentem paginam nos consules urbis Tolose et suburbii sigilli nostri munimine fecimus roborari. — Actum est in vigilia B. Mathie, regnante eodem Ludovico Francie rege, eodem domino R. (Raimundo) comite Tolosano, R. (Raimundo) episcopo, anno Domini m° cc° xl° secundo.

Sceau de la ville de Toulouse; cire blonde sur cordelettes de couleur variée; troisième sceau, décrit dans l'*Inventaire* sous le n° 5682.

3030   Toulouse. 1242-43. Lundi 23 février.
Juramentum Bernardi comitis Convenarum de pace Parisiensi fideliter servanda.

(J. 306. — Toulouse, III, n° 69. — Original.)

Universis presentes litteras inspecturis B. (Bernardus), Dei gratia comes Convenarum, salutem in Domino. — Noveritis quod nos, de voluntate et mandato speciali expresso domini nostri R. (Raimundi), Dei gratia comitis Tholosani et marchionis Provincie, et in ejusdem presentia, promisimus domino Ludovico, Dei gratia Francie regi, et, tactis sacrosanctis Euvangeliis, juravimus quod, si comes Tholose vel alius habuerit consilium nobiscum de pace facta Parisius, consulemus eis quod eam servent, et nos servabimus eam quantum ad nos pertinet, posse nostro, et dabimus operam efficacem quod dictus comes Tholose servet eam. — Et, si comes Tholose veniret contra, adherebimus Ecclesie et domino regi Francie contra ipsum, nisi, infra xl⁴ dies postquam monitus fuerit, hoc emendaverit vel juri steterit coram Ecclesia de hiis que ad Ecclesiam pertinent, et juri, coram domino rege Francie, de hiis que ad dominum regem Francie pertinent. — Juravimus etiam quod nos juvabimus Ecclesiam contra hereticos, credentes, et receptatores hereticorum, et omnes illos qui Ecclesie contrarii existent occasione heresis vel contemptus excommunicationis in terra ista, et dominum regem Francie juvabimus contra omnes, et quod eis faciemus vivam guerram donec ad mandatum Ecclesie et domini regis Francie revertentur. — Et, si dominus comes Tholose guerram moveret domino regi Francie vel heredibus ejus, quod absit, nos adherebimus domino regi Francie et heredibus ejus contra eundem comitem Tholosanum. — In cujus rei fidem et testimonium, presentibus litteris sigillum nostrum fecimus apponi. — Actum et datum Tholose, die lune ante festum Beati Mathie apostoli, anno Domini m° cc° xl°, secundo, mense februario.

Traces de sceau pendant sur double queue. — Le sceau de Bernard VI, comte de Comminges, est décrit dans l'*Inventaire* sous le n° 595, d'après un type appendu à un acte daté de 1249.

3031   Toulouse. 1242-43. Jeudi 26 février.

(J. 314. — Toulouse, VII, n° 24. — Original.)

Instrumentum quo Bernardus et Fortanerius Convenarum, filii quondam Bernardi Convenarum de Savesio, pro se et Aymerico fratre suo, sponte sua recognoscunt se, sicut et ipsorum antecessores, terram de Savesio, villam de Cryo, Villamnovam cum pertinentiis, et quidquid habent in Bolbona et in tota diœcesi Tholosana, in feodum et homagium ligium a domino suo Raimundo Tholose comite, marchione Provinciæ, tenere, cujus se homines, milites et vassallos profitentur. — « Acta fuerunt hec ita Tholose et concessa in domo dicti domini comitis, iii. die exitus mensis februarii, feria quinta, regnante Lodovico Francorum rege, et eodem domino Raimundo Tolosano comite, et Raimundo episcopo, anno m° cc° xl° secundo ab incarnatione Domini. — Testes sunt ad hoc vocati et rogati : venerabilis pater dominus Raimundus, Dei gratia episcopus Tholosanus, et Guillelmus Bernardi canonicus S. Stephani, et magister Guillelmus Arnaldus archidiaconus Lantarensis, et Johannes Aurioli, et Jordanus de Insula, et Petrus de Tholosa vicarius Tholose, et R. de Sauzeto, et Curvus de Turre, *quinque alii*, et Bernardus Aimericus qui, mandato ipsorum predictorum fratrum, cartam istam scripsit. »

3032   Saint-Germain en Laye. 1242-43. Février.

(J. 180. — Poitou, n° 36. — Original scellé.)

Alfonsus, filius regis Franciæ, comes Pictavensis, notum facit Philippum Coraudi, castellanum Turonensem, quindecim libras Turonensium annui et perpetui redditus, quas in præpositura Pictavensi percipiebat, in maritagium Sancyæ, filiæ suæ, quam Gaufridus dictus Morin ducturus est in uxorem, contulisse. Quam donationem ipse Alfonsus, ut dominus feodi, ratam habet ea conditione ut qui prædictum redditum tenebit, sibi et suis heredibus pro toto servitio unum bysantium quotannis sit persoluturus. — « In cujus rei testimonium, presentes litteras sigilli nostri munimine fecimus roborari. Actum apud Sanctum Germanum in Laya, anno Domini

3033 Toulouse, 1242-43. Février.

(J. 305. — Toulouse, III, n° 11. — Original.)

Juramentum Sicardi domini Montisalti, de pace Parisiensi fideliter servanda. — « In cujus rei testimonium, presentes litteras sigilli mei munimine roboravi. Actum Tholose, anno Domini M° CC° XL° secundo, mense februario. »

Traces de sceau pendant sur double queue. — Le sceau de Sicard, seigneur de Montaut en Languedoc (Haute-Garonne), arrond. de Muret), n'existe plus aux Archives. — Ces lettres et les trois suivantes, n°s 3034 à 3036, reproduisent presque textuellement la forme du serment prêté par le comte de Comminges, n° 3030.

3034 Toulouse. 1242-43. Février.

(J. 305. — Toulouse, III, n° 12. — Original.)

Simile juramentum Jordani domini de Insula. — « In cujus rei testimonium, presentes litteras sigilli mei munimine roboravi. Actum apud Tholosam, anno Domini M° CC° XL° secundo, mense februario. »

Traces de sceau pendant sur double queue. — Le sceau de Jourdain, seigneur de l'Isle-en-Jourdain (Languedoc, Gers, arrond. de Lombez), est décrit dans l'*Inventaire* sous le n° 2464, d'après un type appendu à un acte daté de 1249.

3035 Toulouse. 1242-43. Février.

(J. 306. — Toulouse, III, n° 68. — Original scellé.)

Simile juramentum nobilis viri Sicardi de Miramonte. — « In cujus rei testimonium, presentes litteras sigilli mei munimine roboravi. Datum apud Tholosam, anno Domini M° CC° XL° secundo, mense februario. »

Sceau de Sicard de Miramont, en Languedoc (Haute-Garonne, arrond. et canton de Saint-Gaudens); cire blanche, double queue; décrit dans l'*Inventaire* sous le n° 2850.

3036 Toulouse. 1242-43. Février.

(J. 306. — Toulouse, III, n° 70. — Original.)

Simile juramentum B. Amelii de Paleriis. — « Et quia sigillum non habeo, presentes litteras, ad peticionem meam, dictus comes (Tholosanus) sigilli sui munimine roboravit. Actum apud Tholosam, anno Domini M° CC° XL° secundo, mense febroario. »

Traces de sceau pendant sur double queue. — Voyez dans l'*Inventaire*, n° 745, la description du sceau de Raymond VII, comte de Toulouse.

3037 1242-43. Février.

(J. 197. — Champagne, V, n° 56. — Copie authentique.)

Theobaldus rex Navarræ, Campaniæ et Briæ comes palatinus, notum facit se abbatissæ et conventui de Avenaio, quadraginta libratas terræ apud villam de Soppia et alibi assedisse, de quibus erga dictam ecclesiam pro excambio Pratellæ tenebatur. — « Quod ut ratum et firmum permaneat, presentes litteras sigilli nostri munimine dedimus roboratas. Actum anno Domini millesimo CC° XL° secundo, mense februario. »

Vidimus délivré par Renaud, curé d'Avenay en Champagne (Marne, arr. de Reims, cant. d'Ay).

3038 1242-43. Février.

J. 256. — Nevers, n° 33. — Original.)

Henricus de Vergeio, senescallus Burgundiæ, recognoscit sibi, inter manus Milonis de Chuges, servientis sui, sexaginta libras de Aceoroix, pro feodo suo, ab illustrissima domina sua comitissa Nivernensi fuisse solutas. — « In cujus rei testimonium, quia sigillum non habeo, sigillo matris mee usus fui. Datum anno Domini M° CC° XL° secundo, mense februario. »

Traces de sceau sur simple queue. — Le sceau de Clémence, dame de Fouvent, femme de Guillaume Ier de Vergy et mère de Henri de Vergy, sénéchal de Bourgogne (Anselme, *Histoire généalogique*, VII, 33), n'a pas été retrouvé.

3039 1242-43. 16 et 18 mars.

Inquisitio super dominio castri de Montelauro et aliis facta a domino P. de Hernencuria ad requisitionem episcopi Magalonensis.

(J. 339. — Montpellier et Maguelone, I, n° 21. — Original.)

Anno Domini M° CC° XLII°, videlicet xv. kalendas aprilis, cum dominus J. (Johannes), Magalonensis episcopus, significasset domino regi per Bernardum de Fisco quod dominus rex et illi qui erant in partibus istis pro domino rege injuriabantur dicto episcopo sub quibusdam pertinentibus ad comitatum Melgorii, ut dictus B. de Fisco coram dicto domino rege proposuit, et dictus dominus rex dedisset in mandatis domino P. de Ernencuria, senescallo Bellicadri et Nemausi, in partibus istis existenti, quod super predictis inquireret veritatem, et super hiis super quibus dictus episcopus injuriabatur dicto domino regi, dictus senescallus, ad procedendum super predictis, assignavit diem dicto episcopo et locum apud Sumidrium, scilicet anno et die quo supra. — Ad quam diem venerabilis vir Magalonensis archidiaconus presentavit se coram dicto senescallo, proponens se habere mandatum a dicto episcopo super predictis, et dictum episcopum non posse interesse quia detinebatur propter infirmitatem, et litteras, cum sigillo pendenti dicti episcopi, ostendit, quarum tenor talis erat :

Noverint universi presentes litteras inspecturi quod nos J. (Johannes), divina permissione Magalonensis episcopus, et dominus Melgorii et Montis Ferrandi, ponimus et constituimus certum et specialem procuratorem nostrum venerabilem fratrem Magalonensem archidiaconum ad presentandum seu producendum testes quos nobilis P. de Ernencuria, senescalcus Bellicadri et Nemausi pro domino Lodovico, Dei gratia rege Francie, recepturus est auctoritate regie majestatis, super dominatione, regimine et districtu et jure castri Montislauri et ville Sancte Crucis et de Fontanesio nobis pertinentibus; volentes et concedentes eidem ut pervidere valeat ut si nobiscum persimiliter esset actum, presentes litteras sigillo nostro munitas eidem in hujus rei testimonium concedentes. — Datum apud Villamnovam, XVII° kalendas aprilis, anno Domini M° CC° XLII°.

P. de Fisco de Bello-loco testis juratus dixit se vidisse et audivisse quod Arnaudus de Pamiis et P. de Montiliis sub eo erant bajuli Montislauri pro comite Melgorii; et accipiebat dictus Arnaudus firmancias et justicias in dicto castro et mandamento ejus. — Item dixit se vidisse et audiisse quod P. de Genesteto de Bello-loco interfecit quendam aprum in tenemento castri Montislauri, et portavit dictus P. de Genesteto caput dicti apri apud dictum Montemlaurum ad dictum P. de Montiliis, etc....

(*Sequuntur testimonia viginti testium quibus asseritur dominium præfatorum castrorum ad Melgoriensem episcopum pertinere.*)

3040   Toulouse. 1242-43. 19 mars.

(J. 314. — Toulouse, VII, n° 23. — Original.)

Instrumentum, per litteras alphabeti divisum, quo Rogerius Convenarum, filius Rogerii comitis Palhariacensis, gratis et sponte confitetur et recognoscit se a domino suo R. comite Tholosæ, marchione Provinciæ, castrum de Quer, cum pertinentiis, in feodum perpetuum tenere; de quo ei fidelitatem juravit quam fidelis vassallus debet et tenetur suo proprio domino servare. Quod homagium dictus comes recipiens, dicto Rogerio, præstito osculo fidei, pro se et successoribus suis solemniter promittit se ei et ejus successoribus bonos dominos et fideles defensores futuros esse. — « Actum fuit hoc ita et concessum Tholose, in domo domini comitis, in camera sua, XIII. die exitus mensis marcii, regnante Lodovico Francorum rege, et eodem domino R. Tholosano comite, et R. (Raimundo) episcopo, anno M° CC° XL° secundo ab incarnatione Domini. — Testes sunt ad hoc vocati et rogati : venerabilis pater dominus R. Dei gratia episcopus Tholosanus, et dominus Rogerius comes predictus, et R. prepositus Tholosanus, et magister Guillelmus Arnaldi archidiaconus Lantarensis, et Poncius Astoandi, et Petrus Martini de Castronovo, et magister Sicardus, et Poncius de Villamuro, et Petrus de Tholosa vicarius Tholose, et Johannes Aurioli, et W. Isarni archipresbyter de Rivis, et Bernardus de Bellomonte, et R. Garsia de Montepensato, et W. Caparasse, et Sicardus de Maurnaco, *duodecim alii*, et Bernardus Aimericus, publicus Tholose notarius, qui mandato utriusque cartam istam scripsit. »

3041   1242-43. 21 mars.

(J. 305. — Toulouse, III, n° 18. — Original scellé.)

Juramentum militum de S. Paulo de Cadajous, videlicet, Sicardi de Podio-Laurentio, Guillelmi de Bruls, Petri Guillelmi Bartas, Rainardi fratris ejus, Mancipii de Pradis, Ramundi Donati, Petri G. Donati, Petri de Bruels, Petri de Graollet, Guillelmi de Jonqueiras, nec non consulum et hominum dicti castri, a quindecim annis et supra, de pace Parisiensi fideliter servanda. — « In cujus rei testimonium, nos milites supradicti, consules et alii homines de Sancto Paulo, universi et singuli, presentem paginam sigillo domini Sicardi de Podio-Laurentio predicti fecimus communiri. Actum est anno Domini M° CC° XL° secundo, XII. kalendas aprilis. »

Sceau de Sicard de Puylaurens; cire blanche sur ruban de soie rouge et jaune; décrit dans l'*Inventaire* sous le n° 3333. — Cet acte et les suivants, n°s 3042 à 3045, reproduisent presque textuellement la teneur du serment prêté par les habitants de Toulouse, n° 3029.

3042 Puylaurens. 1242-43. 21 mars.

(J. 305. — Toulouse, III, n° 23. — Original scellé.)

Juramentum militum de Podio-Laurentio, videlicet, Gauzberti de Podio-Laurentio, Saxii, Petri de Movento, M. Geraldi, Guilaberti Audebaudi, B. Audebaudi, Galhardi de Corneliano, Gaucelmi, Bernardi de Montelongo, Pictavini Alsipi, Atonis Audebaudi, Petri Maluspili, Fulconis, B. Clerici, B. Paperii, Amanevi de Lobenx, et M. de Blanno, nec non consulum, proborum hominum et aliorum habitantium dicti castri, a quindecim annis et supra, de pace Parisiensi fideliter servanda. — « In cujus rei testimonium nos supradicti milites et consules, et alii probi homines de Podio-Laurentio, sigillo nostro communitatis seu universitatis nostre presentes litteras sigillamus. Actum est apud Podium-Laurentium, XII. kalendas aprilis, anno Domini millesimo CC° XL° secundo. »

Sceau de la ville de Puylaurens en Languedoc (Tarn); cire blonde sur ruban de soie jaune et rouge; *Inventaire*, n° 5665.

3043 Villemur. 1242-43. 22 mars.

(J. 305. — Toulouse, III, n° 21. — Original scellé.)

Juramentum militum castri de Villamuro, videlicet, Petri de Villamuro, Ugonis de Mallacco, Poncii Bernardi, Willelmi Helyæ et Ugonis de Mallacco, nec non consulum, proborum hominum et aliorum habitantium ejusdem castri, a quindecim annis et supra, de pace Parisiensi fideliter servanda. — « In cujus rei testimonium, nos supradicti milites ac consules de Villamuro, et alii probi homines ejusdem castri, sigillo nostre communitatis seu universitatis nostre presentes litteras sigillamus. Actum est apud Villamurum, XI. kalendas aprilis, anno Domini millesimo CC. XL. secundo. »

Sceau de la ville de Villemur en Languedoc (Haute-Garonne); cire blonde sur ruban de soie jaune et rouge; *Inventaire*, n° 5691.

3044 1242-43. 24 mars.

(J. 305. — Toulouse, III, n° 31. — Original scellé.)

Juramentum consulum de Verduno, videlicet, Vitalis de Seres, Terreni Pontoni, Willelmi Lebon, et Guiraudi Unaudi, et proborum hominum nec non aliorum habitantium dictæ villæ, a quindecim annis et supra, de pace Parisiensi fideliter servanda. — « In cujus rei testimonium nos predicti consules et homines de Verduno, universi et singuli, presentem paginam sigillo nostro universitatis seu communitatis nostre fecimus communiri. Actum est anno Domini M° CC° XL° II°, VIIII. kalendas aprilis. »

Sceau de la ville de Verdun en Gascogne (Tarn-et-Garonne); cire blonde, sur lacs de soie jaune et rouge; *Inventaire*, n° 5563.

3045 Agen. 1243. Vendredi 27 mars.

(J. 305. — Toulouse, III, n° 33. — Original scellé.)

Juramentum consulum Agennensium, civitatis et burgi, videlicet, Ademari de Cassanea, Johannis de Noirit, R. Mazeler, W. Costelli, W. de Carcassona, Petri Cassanha, Petri Cornelha, Anissancii de Gasc, Stephani de Calviac, nec non proborum hominum et aliorum habitantium dictæ civitatis et dicti burgi, a quindecim annis et supra, de pace Parisiensi fideliter servanda. — « In cujus rei testimonium, nos predicti consules et homines Agennenses, universi et singuli, tam civitatis quam burgi, presentem paginam sigillo nostro universitatis seu communitatis nostre sigillamus. Actum est apud Agennum, die veneris proxima post festum Annunciationis Beate Marie, mense martii, anno ab incarnatione Domini M° CC° XLIII°. »

Sceau de la ville d'Agen (Lot-et-Garonne); cire blonde, sur double queue; décrit dans l'*Inventaire* sous le n° 5565. — Pour faire coïncider entre eux les divers éléments de cette date, il faut admettre que le commencement de l'année a été compté à partir du 1er janvier ou du 25 mars.

3046 1242-43. 29 mars.

(J. 322. — Toulouse, XIII, n° 64. — Original.)

Testamentum Vitalis Galterii quo testamenta Ramundi Galterii patris sui, Constanciæ matris et Bertrandæ quondam uxoris suæ perficienda jubet, ecclesiæ Grandis Silvæ et quibusdam aliis locis religiosis nec non quibusdam personis privatis plurima legata scribit, et præsertim quinque domos, quas Tolosæ habebat, cum earum pertinentiis, deputat ad necessaria suppeditanda xxti scolaribus pauperibus ad minus, in Tolosa studentibus, de quibus duo vel plures sint sacerdotes, qui sint ex duodecim diœcesibus sequentibus, videlicet, Tolosana, Carcassonensi, Elenensi, Narbonensi, Biterrensi, Rutenensi, Albiensi, Caturcensi, Agennensi, Lectorensi, Convenarum, vel Conseranensi. — « Actum fuit hoc testamentum et dispositio III. die exitus mensis marcii, regnante Lodovico rege Francorum, R. Tolosano comite, R. episcopo, anno M° CC° XL° secundo ab incarnatione Domini. — Horum omnium predictorum sunt testes : frater Ramundus de Fuxo prior, et frater Ramundus Escafredus domus ordinis Predicatorum Tolose, et frater Poncius, et frater Damianus ordinis Minorum Tolose, et Willelmus de Moravilla, capellanus dicte ecclesie S. Petri Coquinarum, et magister Petrus capellanus de Caramanno, et Guillelmus de Rayna, qui cartam istam scripsit. »

Copie délivrée sur l'original par Bernard de Samatan en 1246.

3047 Paris. 1242-43. Lundi 30 mars.

Hugo Claromontensis episcopus recognoscit castrum de Gresa in Gavaldano sibi a domino rege ad custodiendum traditum fuisse.

(J. 400. — Promesses, n° 42. 2. — Original scellé.)

Nos Hugo, Dei gratia Claromontensis episcopus, notum facimus universis presentes litteras inspecturis quod, cum karissimus dominus noster Ludovicus, Dei gratia rex Francorum illustris, castrum suum de Gresa, situm in Javouden, cum pertinenciis dicti castri, et cum terra alia quam idem dominus rex habet in Javouden, nobis tradiderit custodienda ad expensas nostras, nos dictum castrum cum pertinenciis et terram aliam supradictam eidem domino regi vel ipsius certo mandato, aut ipsius domini regis heredibus, vel eorum certo mandato, tenemur reddere quicta et libera ab omnibus misiis, cum omnibus melioracionibus, quas ibidem faceremus sive in inforciacione, sive in redditibus, vel in omnibus modis quibuscumque, quociens ab eodem domino rege vel ipsius certo mandato, cum ipsius litteris patentibus, aut ab ipsius domini regis heredibus vel eorum certo mandato, cum litteris eorum patentibus, essemus super hoc requisiti. — Et si forte decedere nos contingeret dum essemus in tenencia dicti castri et terre predicte, volumus et precipimus ut illi qui castrum illud et terram predictam tenerent, ea predicto domino regi vel ipsius certo mandato, aut ejusdem domini regis heredibus vel eorum certo mandato, redderent quicta et libera ab omnibus misiis, cum omnibus melioracionibus ibi factis, sine reclamacione aliqua nostri aut heredum nostrorum seu capituli nostri sive aliorum, quam cito essent super hoc requisiti ab eodem domino rege vel ipsius certo mandato, cum ipsius litteris patentibus, aut ab ipsius domini regis heredibus vel ipsorum certo mandato, cum litteris patentibus eorumdem. — Has autem convenciones juravimus nos predicto domino nostro regi et ipsius heredibus firmiter servaturos, et tenemur eidem domino regi facere haberi litteras capituli nostri Claromontis super predictis convencionibus in forma superius annotata. — In cujus rei testimonium, presentibus litteris sigillum nostrum duximus apponendum. — Datum et actum Parisius, die lune post Annunciacionem Dominicam, anno Domini M° CC° quadragesimo secundo.

Sceau de Hugues de la Tour, évêque de Clermont; cire blonde, double queue; décrit dans l'*Inventaire* sous le n° 6578.

3048 Condom. 1243. Mardi 31 mars.

(J. 305. — Toulouse, III, n° 34. — Original.)

Juramentum consulum Condomii, videlicet, Odonis de Bordas, Johannis de Marcadier, Fortanerii de Sancto Sigismundo, Raimundi, Willemi de Maestre, Barraldi de Calsada, et Geraldi de Fonsarias, nec non proborum hominum et universitatis dicti burgi, a quindecim annis et supra, de pace Parisiensi fideliter servanda. — « In cujus rei testimonium, nos predicti consules et nos homines dicti burgi Condomensis, universi et singuli, presentem paginam sigillo nostro communitatis seu universitatis nostre facimus sigillari. Actum est apud Condomum, anno Domini M° CC° XL° III°, die martis, pridie kalendas aprilis. »

Traces de sceau pendant sur lacet de soie rouge et jaune liséré. — Le sceau de la ville de Condom (Gers) n'a pas été retrouvé. — Pour faire coïncider les dates de jour et de mois exprimées dans cette charte, il faut nécessairement compter le commencement de l'année à partir du 1er janvier ou à partir du 25 mars.

3049 Angoulême. 1242-43. Mars.

Charta Hugonis de Lesigniaco et Isabellis uxoris ejus de partitione bonorum, post ipsorum decessum, inter liberos suos facienda.

(J. 374. — Comtes de la Marche et d'Angoulême, n° 2. 1. et 2. 2. — Originaux scellés.)

Hugo de Lezigniaco, comes Marchie et Engolisme, et Hysabellis, Dei [gratia] regina Anglie, dictorum comitissa locorum, ejus uxor, universis presentes litteras inspecturis, salutem et pacem. — Noveritis quod inter nostros liberos de terra nostra divisionem et disposicionem fecimus in hac forma, volentes et precipientes quod ista nostra divisio et disposicio, post mortem nostram, ab eisdem inviolabiliter observetur, salva tamen dote nostri Y. (Ysabellis), si supervixerimus domino comiti viro nostro. — Statuimus siquidem et volumus quod Guido de Lezigniaco post mortem nostram habeat Cognac, Merpinum, Archiacum et Leborleriam, cum pertinenciis eorumdem; Gaufridus, Jarniacum, Castrum novum, Castrum Achardi, Boscum Poverelli, cum suis pertinenciis, et omne dominium et omnia homagia a Riveto versus Boscum Poverelli, exceptis homagiis Willelmi de Cursaio militis que pertinent domino Lezigniaci; item et Sancaium, si illud recuperare poterimus nos vel nostri, alioquin Hugo Bruni assignabit eidem Gaufrido quingentos solidos redditus pro Sancaio supradicto in porcione sua que eum continget. — Si forte contigerit quod idem Gaufridus vel sui heredes amittant Jarniacum per judicium vel per guerram, seu quocumque alio modo, pro P. Baudrandi vel suis heredibus, dictus Hugo tenetur assignare dicto Gaufrido vel suis heredibus quinque milia solidorum redditus in porcione sua, videlicet, apud Agedunum et Pontarionem. Que loca, si dictum redditum non valerent, alibi perficeret quod deesset. Et dictus Guido similiter tenetur ei assignare centum libras redditus in portu saunerii de Cognac pro recompensatione dicti Jarniaci. — Preterea, si contingeret quod P. Baudrandi vel sui placitarent dictum Gaufridum vel suos, aut propter hoc guerrearent, Hugo predictus et Guido ponerent duas partes ad missiones propter hoc faciendas. — Item volumus quod Willelmus de Valencia habeat Montingnac, Belac, Ranconem et Champaignat cum pertinenciis; et Ademarus, Choec cum suis pertinenciis. — Ordinamus insuper et volumus quod Hugo Bruni habeat comitatum Marchie, comitatum Engolismi, et monetas utriusque comitatus, et Lezigniacum et residuum terre nostre, exceptis porcionibus fratribus suis superius assignatis, et hoc adjecto quod dictus Hugo assignabit Ysabelli sorori sue ducentas libras Turonensium redditus in porcione sua, Margarite ducentas libras Turonensium redditus, Aleaidi centum libras Turonensium redditus. — Insuper volumus et jubemus quod, si Guidonem, Gaufridum, Willelmum de Valencia et Ademarum, filios nostros, et filias nostras superius nominatas, nec non et Agatam uxorem Willelmi de Chalvigniaco, filiam nostram, sine herede mori contingeret, vel heredes eorum sine heredibus descendentibus ab eisdem, porciones eorum dicto Hugoni filio nostro primogenito et suis heredibus devolvantur.—Hanc vero divisionem et constitucionem a nobis factam, ut predictum est, inviolabiliter observandam, predicti filii nostri Hugo Bruni, Guido,

Gaufridus et Willelmus de Valencia, coram nobis ad sacrosancta Dei Evangelia juraverunt, et quod istud factum per se vel per alios ullo tempore non impedient nec rescindent. — In cujus rei testimonium, ad petitionem ipsorum conscribi fecimus presentes litteras et sigillorum nostrorum munimine roborari. — Actum apud Engolismam, in domo fratrum Minorum, anno gracie millesimo ducentesimo quadragesimo secundo, mense marcio.

<small>Sceaux de Hugues X de Lusignan, comte de la Marche, et de la comtesse Isabelle sa femme, reine douairière d'Angleterre; cire verte sur cordelettes de chanvre; décrits dans l'*Inventaire* sous les n°s 834 et 10010. — Isabelle, comtesse de la Marche, avait conservé le sceau dont elle s'était servie comme reine d'Angleterre.— Nous publions cet acte de partage d'après la pièce cotée n° 2. 1.; le texte de la pièce cotée n° 2. 2., qui est également scellée, ne présente que des variantes d'orthographe sans importance.</small>

3050   Clermont. 1242-43. Mars.

Litteræ capituli Claromontensis de terra et castro Gavaldani domino regi ab episcopo Claromontensi reddendis quocienscumque de hoc requisitus fuerit.

(J. 399. — Promesses, n° 42. 1. — Original scellé.)

Nos G. (Guillelmus) prepositus totumque capitulum Claromontis notum facimus universis presentes litteras inspecturis quod karissimus dominus noster Ludovicus, rex Francorum, tradidit terram de Javaudan venerabili in Xpisto patri Hugoni, Dei gratia Claromontis episcopo, tenendam et custodiendam ad custum suum tali modo quod nos, nec heredes ipsius episcopi sive successores ejusdem, in dicta terra nec in castro ejusdem terre, nec in pertinenciis possumus aliquid reclamare. — Et ipse episcopus tenetur facere jurari a castellanis omnibus quos ibidem posuerit quod ipsi reddent castrum domino regi et heredibus ejus, quandocumque ab ipso vel ejus mandato, vel ab ipsius heredibus vel ab ipsorum mandato, fuerint requisiti. Et quod, post mortem ipsius episcopi, castrum illud nulli homini vel femine reddent vel deliberabunt nisi domino regi Francie vel mandato ejus, vel ejus heredibus vel mandato ipsorum. — Post decessum autem ipsius episcopi, castrum et terra tota, cum meliorationibus omnibus quas ibi fecerit, sive in inforciacione sive in redditibus, vel modis aliis quibuscumque, sine omni obstaculo et sine contradixione aliqua, ad dominum regem et heredes ejus plene et integre revertentur. — Si etiam dominus rex vel ejus heredes ante mortem ipsius episcopi vellent rehabere dictum castrum et terram, ipse tenetur deliberare eisdem, ad ipsius domini regis beneplacitum et heredum suorum, sine aliqua peticione missionum. — Et hec omnia predicta, universa et singula, sunt acta a venerabili in Xpisto patre episcopo Claromontis predicto de voluntate nostra et consensu. — Actum apud Claromontem, anno Domini millesimo ducentesimo quadragesimo secundo, mense marcii.

Sceau du chapitre de Notre-Dame de Clermont-Ferrand; cire blonde sur cordelettes de fil vert; décrit dans l'*Inventaire* sous le n° 7155.

3051 Pontoise. 1242-43. Mars.

Homagium a Johanna, domina Rupis-super-Yon, comiti Pictavensi præstitum.

(J. 192. — Poitou, II, n° 7. — Original scellé.)

Ego Johanna, domina Ruppis-super-Oyon et Lucionii, notum facio universis presentes litteras inspecturis quod ego karissimo domino meo Alfonso comiti Pictavie, fratri domini regis, feci homagium ligium de castro Ruppis-super-Oyon et pertinenciis ejus que movent de feodo dicti comitis, de quibus ipse recepit homagium meum, salvo rachato suo, si illud debeat habere, tali modo quod, si postmodum scire vel addiscere potuerit idem comes se jus habere in dicto castro et ejus pertinenciis, ipse, non obstante homagio isto, sine se meffacere ad illud poterit assignare. — Ego etiam eisdem domino regi et comiti Pictavie super sacrosancta juravi quod non maritabo me alicui de inimicis ipsorum, videlicet qui sit inimicus eorum manifestus, vel qui guerram moveat contra ipsos, aut treugam habeat cum eisdem. — Juravi etiam eidem domino meo comiti Pictavie quod castrum predictum reddam ei vel ejus certo mandato, litteras ipsius patentes super hoc deferenti, ad magnam vim et parvam, quocienscumque super hoc ab ipso vel ejus certo mandato, litteras ejusdem patentes super hoc deferenti, fuero requisita. — Super hiis autem conventionibus, ex parte mea firmiter observandis, karissimus genitor meus Haymericus vicecomes Thoarcii et Gaufridus thesaurarius Sancti Hylarii Pictavensis,

frater ejus, patruus meus, erga prefatos dominum regem et comitem Pictavie pro me et ad peticionem meam se plegios obligarunt. — Quia vero sigillum proprium non habebam, sigillo dicti Gaufridi thesaurarii Sancti Hylarii Pictavensis, patrui mei, feci presentes litteras sigillari in testimonium predictorum. — Datum anno Domini M° CC° XL° secundo, apud Pontisaram, mense martii.

Sceau de Geoffroi, trésorier de Saint-Hilaire de Poitiers; cire blonde, double queue; décrit dans l'*Inventaire* sous le n° 7709.

3052 Pontoise. 1242-43. Mars.

Litteræ Aimerici de Thoarcio et Gaufridi, thesaurarii Pictavensis fratris ejus de præcedenti homagio.

(J. 192. — Poitou, II, n° 6. — Original.)

Ego Haymericus vicecomes Thoarcii et ego Gaufridus thesaurarius Sancti Hylarii Pictavensis, frater dicti vicecomitis Thoarcii, notum facimus universis presentes litteras inspecturis quod Johanna, domina Ruppis super Oyon et Lucionii, fecit karissimo domino suo Alfonso comiti Pictavie, fratri domini regis, homagium ligium de castro Ruppis super Oyon et pertinentiis ejus que movent de feodo dicti comitis; de quibus ipse recepit homagium suum, salvo rachato suo, si illud debeat habere, tali modo quod, si postmodum scire vel addiscere potuerit idem comes se jus habere in dicto castro et ejus pertinentiis, ipse, non obstante homagio isto, sine se meffacere ad illud poterit assignare. — Juravit etiam super sacrosancta dicta Johanna eisdem domino regi et comiti Pictavie quod non maritabit se alicui de inimicis ipsorum, videlicet qui sit inimicus eorum manifestus, vel qui guerram moveat contra ipsos, aut treugam habeat cum eisdem. — Juravit etiam eidem domino suo comiti Pictavie quod castrum predictum reddet ei vel ejus certo mandato, litteras ipsius patentes super hoc deferenti, ad magnam vim et parvam, quocienscumque super hoc ab ipso vel ejus certo mandato, litteras ejusdem patentes super hoc deferenti, fuerit requisita. — Super hiis autem conventionibus ex parte sua firmiter observandis, ego dictus Haymericus vicecomes Thoarcii, genitor suus, et ego Gaufridus thesaurarius Sancti Hylarii Pictavensis, patruus predicte Johanne, erga prefatos dominum regem et comitem Pictavie litteras presentes dedimus sigillis nostris sigillatas. — Datum anno Domini M° CC° XL° secundo, apud Pontisaram, mense marcii.

Traces de deux sceaux pendants sur double queue. — Le sceau de Geoffroi, trésorier de Saint-Hilaire, est décrit dans l'*Inventaire* sous le n° 7709. Quant à celui d'Aimeri, fils puiné d'Aimeri VII, qui prend ici le titre de vicomte de Thouars, quoique ce titre appartint réellement à Gui, son frère ainé, on en trouve la description dans l'*Histoire généalogique* du P. Anselme, t. IV, p. 193, C.

3053 Pontoise. 1242-43. Mars.

Litteræ Guidonis comitis Forensis pro noverca sua Mathilde comitissa Nivernensi.

(J. 256. — Nevers, n° 35. — Original scellé.)

Ego Guido, comes Forensis, notum facio universis quod ego quittavi karissime domine mee M. (Mathildi) comitisse Nivernensi quicquid Guido, quondam comes Nivernensis et Forensis, pater meus, dominus et maritus ejusdem domine comitisse, acquisierat in toto comitatu Nivernensi et in omni hereditate ejusdem comitisse, tam mobilibus quam immobilibus, salvis mobilibus et debitis que pater meus habebat in dicto comitatu quando iter arripuit ad partes transmarinas, ita tamen quod dictam dominam compellere non possum de litteris debitorum Virzeliacensium et Columgiarum. — Quod quidem debitum de Virzelai debetur abbati et conventui Virzeliacensi, et debitum Columgiarum episcopo et capitulo Autissiodorensi. — Et dicta domina et heredes sui me debent conservare indempnem super dictis litteris, bona fide, et heredes meos, salvis quingentis libris Pruviniensium quas burgenses de Autissiodoro debebant patri meo, quas eidem comitisse quittavi. — In cujus rei testimonium, presentes litteras meas sigilli mei munimine roboravi. — Datum apud Pontisaram, anno Domini M° CC° XL° secundo, mense marcio.

Sceau de Guigues VI, comte de Forez ; cire blonde, double queue ; *Inventaire*, n° 676.

3054 1242-43. Mars.

(J. 195. — Champagne, III, n° 21. — Original.)

Coram Herberto curato Barri-super-Secanam, Laticensis archidiaconi vices gerente, et Galtero communiæ ejusdem villæ majore, Cauterinus de Buxeio armiger recognoscit se quidquid habebat in toto pedagio de Metteio et de Villa-nova sub Barro-super-Secanam, pro sex libris Pruvinensium fortium, illustri viro Theobaldo Navarræ regi, Campaniæ et Briæ comiti palatino, vendidisse. — « Ut hoc autem ratum permaneat et stabile perseveret, petitione et assensu dicti Cauterini, presentes litteras sigillorum nostrorum inpressione confirmavimus. Datum anno incarnati Verbi millesimo ducentesimo quadragesimo secundo, mense martio. »

Traces de deux sceaux pendants sur double queue. — Ces deux sceaux, qui étaient ceux de Herbert, curé de Bar-sur-Seine, et de Gautier, maire de la même ville, n'existent plus aux Archives.

3055 1242-43. Mars.

(J. 256. — Nevers, n° 36. — Original scellé.)

Johannes dominus Valeriaci recognoscit se recepisse, per manum Guillelmi de Murat armigeri sui, triginta libras Autissiodorensis monetæ quas sibi domina sua comitissa Nivernensis debebat de redditu suo Autissiodori, videlicet de anno M° CC° XL° primo. — « In cujus rei testimonium, presentes litteras sigilli mei munimine roboravi. Actum anno Domini M° CC° XL° secundo, mense martio. »

Sceau de Jean de Valery, seigneur de Marolles-sur-Seine ; cire blonde, double queue ; décrit dans l'*Inventaire* sous le n° 3813.

3056 1242-43. Mars.

(J. 305. — Toulouse, III, n° 13. — Original scellé.)

Juramentum a Raimundo Jordano de Cos, Gaillardo de Enteiac, Hugone de Enteiac, Raymundo de Lartige, Hugone de Enteiac juvene, Ermando de Lartige, Raimundo et Poncio de Lartige, Ademaro Bernardi, Guillelmo de Enteiac, Hugone de Roc, Poncio de Roc, Guillermo de Ponte Coronet, Hermando de Roc, Ermando de Lartige, Guillelmo Hermaudi, Guillermo Raimundi, Guillermo et Gauberto de Sancto Vincencio, Poncio de Cos, militibus, et nobilibus Altimontis, Montis-acuti et Cos, in ballivia Montis-albani, domino regi, tactis sacrosanctis Evangeliis solemniter præstitum, de pace Parisiensi fideliter servanda. — « In cujus rei testimonium, ad peticionem predictorum qui sigillum non habebant, nos consules Montisalbani presentes litteras sigilli nostri munimine duximus roborandas. — Actum, in presencia Johannis clerici qui, ad recipiendum predictum juramentum a predictis, a domino rege fuerat specialiter destinatus, anno Domini M° CC° quadragesimo secundo, mense martii. »

Sceau des consuls de Montauban (Haut Languedoc, Tarn-et-Garonne) ; cire blonde sur cordelettes de soie verte ; décrit dans l'*Inventaire* sous le n° 5835. — Ces lettres et les suivantes sont rédigées dans les mêmes termes que celles du comte de Comminges. Voyez le n° 3028.

3057   1242-43. Mars.

(J. 305. — Toulouse, III, n° 14. — Original scellé.)

Juramentum Pilifortis de Rabastino, Poncii Amelii, Guillelmi Petri de Berins, Manfredi de Rabastino, Doeti Alemandi, Bertrandi fratris comitis Tholosani, baronum, de pace Parisiensi fideliter servanda. — « In cujus rei testimonium, presentes litteras sigillorum nostrorum munimine fecimus roborari. Actum in presencia Johannis clerici, qui a domino rege Francie, ad recipiendum predictum juramentum a predictis, fuerat specialiter destinatus. Anno Domini M° CC° quadragesimo secundo, mense martio. »

Cette charte était scellée, dans le principe, de six sceaux en cire blonde pendants sur cordelettes de soie, savoir :
1. Pelfort de Rabastens; sceau décrit dans l'*Inventaire* sous le n° 3347.
2. Pons Amiel de Capdenac; *Inventaire*, n° 1168.
3. Guillaume-Pierre de Berenx, petit sceau armorial de forme ronde, non décrit : un lion passant dans un orle de besants. Légende : S. G. P. DE BERENCS.
4. Maître de Rabastens; *Inventaire*, n° 3346.
5. Doët Allemand. Ce sceau, qui s'est détaché, n'a pas été retrouvé ailleurs.
6. Bertrand, frère du comte de Toulouse; *Inventaire*, n° 746.

3058   1242-43. Mars.

(J. 305. — Toulouse, III, n° 15. — Original scellé.)

Juramentum Poncii Amelii et Raimundi de Comminiaco, de pace Parisiensi fideliter servanda. — « In cujus rei testimonium, presentes litteras sigillorum nostrorum munimine fecimus roborari. Actum in presencia Johannis clerici, qui a domino rege Francie, ad recipiendum predictum juramentum a predictis, fuerat specialiter destinatus. Anno Domini M° CC° quadragesimo secundo, mense martii. »

Cette charte était scellée, dans l'origine, de deux sceaux pendants sur cordelettes. — Celui de Pons Amiel de Capdenac s'est détaché, mais il est décrit dans l'*Inventaire* sous le n° 1168. Celui de Raymond de Comigne, cire blonde, cordelettes de soie verte, est décrit sous le n° 1868.

3059   1242-43. Mars.

(J. 306. — Toulouse, III, n° 73. — Original scellé.)

Juramentum Jordani de Corbariva, Erluandi de Corbariva, Heimerici Amenie, Bernardi Dunel, Bertrandi de Corbariva, Tarduini Senebruni Lunelli, Petri fratris ejus, Petri Amenie, Johannis Tuerii, Bertrandi de Ruppeforti et Odrici fratrum, et Sensii Amenie, militum et nobilium ballivie Montis-albani, de pace Parisiensi fideliter servanda. — « In cujus rei testimonium, ad peticionem predictorum, nos consules Montis-albani presentes litteras sigilli nostri munimine duximus roborandas. Actum in presencia Johannis clerici, qui, ad recipiendum predictum juramentum a predictis, a domino rege fuerat specialiter destinatus. Anno Domini M° CC° quadragesimo secundo, mense martii. »

Traces de sceau pendant sur tresse de soie rouge. — Le sceau de la ville de Montauban (Tarn-et-Garonne) est décrit dans l'*Inventaire* sous le n° 5835.

3060   1242-43. Mars.

(J. 305. — Toulouse, III, n° 19. — Original scellé.)

Juramentum militum de Fanojovis, videlicet, Isarni Bernardi, Petri de Sancto Michaele, Ugonis de Duroforti, Ugonis de Festa, Galardi de Vilario, Amelii de Morterio, Raimundi Rogerii de Orsancio, Petri Rogerii Picarela, Bernardi de Bellomonte, Bernardi de Toirelis, Bernardi de Riuterio, Guillelmi Assaliti, Radulfi Garsiæ, Poncii de Montelauro, Guillelmi Ramundi d'Esculencs, Petri Guillelmi d'Esculencs et Galardi de Festa, de pace Parisiensi fideliter servanda. — « In cujus rei testimonium nos predicti milites, videlicet, ego Isarnus Bernardi, P. de Sancto Michaele, et Bernardus Ugonis de Festa, et Ugo de Duroforti, presentes litteras sigillorum nostrorum munimine duximus roborandas. Actum est anno Domini M° CC° XLII°, mense martii. »

Des quatre sceaux pendants sur double queue dont cette pièce était scellée, il ne reste plus que le sceau de Hugues de Durfort, décrit dans l'*Inventaire* sous le n° 2061. Les trois autres ont disparu.

3061   1242-43. Mars.

(J. 305. — Toulouse, III, n° 22. — Original scellé.)

Juramentum consulum, militum et nobilium castri de Causaco (videlicet, Ysarni de Turre, Secardi Frotardi, Duranti Morelli, Guillelmi Ysarni consulum; Bertrandi de Ruppe, Hugonis de Comminiano, Raimundi Haimerici, Frotardi, Petri Frotardi, R. de Turre, Petri Hugonis, Bernardi Richardi, Petri de Ruppe, R. de Sancto Marcello, Gyraldi de Turre, Azimari Bernardi, Bernardi Azimari fratrum, Poncii Bernardi, Azimari Amelii, Petri Bernardi, Poncii Bernardi de Monteacuto fratrum, Raimundi Guillelmi, Azimari de Marenx fratrum, Ernaudi Haimerici, militum et nobilium) nec non totius universitatis ejusdem castri, de pace Parisiensi fideliter servanda. — « In cujus rei testimonium, presentes litteras, ad peticionem predictorum qui sigillum non habebant, nos Durantus, Dei gratia Albiensis episcopus, Poncius Amelii, Raimundus de Comminiaco, milites, et Raimundus Arcuarius, ballivus de Cordua, sigillorum nostrorum munimine duximus roborandas. Actum in presencia predicti episcopi et Johannis clerici, qui a domino rege

Francie, ad recipiendum predictum juramentum a predictis, fuerat specialiter destinatus, anno Domini millesimo ducentesimo quadragesimo secundo, mense martio. »

Quatre sceaux pendants sur cordelettes de soie verte, savoir :
1. Durand, évêque d'Albi; sceau en cire brune, décrit dans l'*Inventaire* sous le n° 6434.
2. Pons Amiel (de Capdenac); *Inventaire*, n° 1168.
3. Raymond de Comigne; *Inventaire*, n° 1868.
4. Raymond l'Archer, bailli de Cordes; *Inventaire*, n° 5115.

3062   1242-43. Mars.

(J. 306. — Toulouse, III, n° 72. — Original scellé.)

Juramentum consulum Corduæ, videlicet, Guillelmi de Viraco, Petri de Biterri, Ysarni de Capella, Raimundi Gode, Raimundi de Berenx, Bernardi de Campanis et universitatis ejusdem villæ, de pace Parisiensi fideliter servanda. — « In cujus rei testimonium, ad petitionem predictorum, qui omnes a quindecim annis et supra juraverunt, quia sigillum non habebant, nos Secardus Alemanni miles, Bertrandus de Caillano ballivus Vauri, et Raimundus Arcuarius ballivus Cordue, presentes litteras sigillorum nostrorum munimine duximus roborandas. Actum, in presencia Johannis clerici, qui a domino regi Francie, ad recipiendum predictum juramentum, etc., anno Domini millesimo ducentesimo quadragesimo secundo, mense martio. »

Trois sceaux en cire blonde sur cordelettes de soie rouge :
1. Sceau de Sicard Allemand, décrit dans l'*Inventaire* sous le n° 1154.
2. Bertrand de Gaillac, bailli de Lavaur; *Inventaire*, n° 4160.
3. Raymond l'Archer, bailli de Cordes; *Inventaire*, n° 5115.

3063   1242-43. Mars.

(J. 305. — Toulouse, III, n° 20. — Original scellé.)

Juramentum consulum Galliaci, videlicet, Bernardi Blesini, Petri Raimundi Bardies, Guillermi Farsati, Petri Raimundi de Pontous, Petri Sycardi, Petri Auri, plurimorum burgensium nominatim designatorum et totius universitatis ejusdem villæ, a quindecim annis et supra, de pace Parisiensi fideliter servanda. — « In cujus rei testimonium, nos consules Galliaci presentem paginam sigilli nostri munimine fecimus roborari. Hec autem omnia prout superius sunt expressa, acta sunt in presencia Johannis clerici, qui a domino rege Francie, etc., anno Domini M° CC° quadragesimo secundo, mense martio. »

Sceau de la ville de Gaillac en Languedoc (Tarn); cire blonde, cordelettes de soie rouge; décrit dans l'*Inventaire* sous le n° 5635.

3064   1242-43. Mars.

(J. 305. — Toulouse, III, n° 25. — Original scellé.)

Juramentum consulum de Monteacuto, scilicet, Bernardi Athonis de Castro-novo, Bernardi Athonis de Montilio, Raimundi Escac, Petri Malier, et totius universitatis dictæ villæ, a quindecim annis et supra, de pace Parisiensi fideliter servanda. — « In cujus rei testimonium, presentes litteras nos consules sigilli nostri munimine fecimus roborari. Actum in presencia Johannis clerici, qui, ad recipiendum predictum juramentum, etc. Anno Domini M° CC° quadragesimo secundo, mense martio. »

Sceau de la ville de Montaignt en Quercy (Tarn-et-Garonne); cire blonde, cordelettes de soie rouge; décrit dans l'*Inventaire* sous le n° 5645.

3065   1242-43. Mars.

(J. 305. — Toulouse, III, n° 26. — Original scellé.)

Juramentum consulum Montis-albani, videlicet, Petri Raimundi Fourcaldi, Raimundi Bernardi de Caulerina, Bernardi Lauterii, Johannis Austorgi, Raimundi de Biole, Gyrardi de Porta, et totius universitatis dictæ villæ, a quindecim annis et supra, de pace Parisiensi fideliter servanda. — « In cujus rei testimonium, nos consules Montis-albani presentem paginam sigilli nostri munimine fecimus roborari. Hec autem omnia, prout superius sunt expressa, acta sunt in presencia Johannis clerici, qui a domino rege Francie, ad recipiendum predictum juramentum, etc., anno Domini M° CC° quadragesimo secundo, mense martio. »

Sceau de la ville de Montauban en Quercy (Tarn-et-Garonne); cire blonde, cordelettes de soie rouge; décrit dans l'*Inventaire* sous le n° 5835.

3066   1242-43. Mars.

(J. 305. — Toulouse, III, n° 16. — Original scellé.)

Juramentum consulum de Rabastino, videlicet, Petri Raimundi de Molinario, Raimundi Cornil, Bernardi Ferraterii, Durandi de Taosca, Bartholomei de Ruppe, Ernaudi de S. Barcio, burgensium et totius universitatis dictæ villæ, a quindecim annis et supra, de pace Parisiensi fideliter servanda. — « In cujus rei testimonium, nos dicti consules presentes litteras sigilli nostri munimine fecimus roborari. Actum in presencia Johannis clerici, qui ad recipiendum idem juramentum, etc., anno Domini M° CC° quadragesimo secundo, mense martio. »

Sceau de la ville de Rabastens en Languedoc (Tarn); cire verte, cordelettes de soie rouge; décrit dans l'*Inventaire* sous le n° 5667.

3067   1242-43. Mars.

(J. 306. — Toulouse, III, n° 71. — Original scellé.)

Juramentum consulum Castri-novi-de-Arrio, videlicet, Bernardi Petri, Bernardi Ricardi, Guillelmi Auterii, Bernardi Bequini, Bernardi Marquesii, Petri Sicardi, Petri Martini de Baffa, et proborum hominum nec non aliorum habitantium dicti castri, a quindecim annis et supra, de pace Parisiensi fideliter servanda.— « In cujus rei testimonium, nos supradicti consules, de mandato speciali hominum predictorum omnium et singulorum de Castro-novo, presentem paginam sigilli nostri munimine duximus roborandam. Actum est anno Domini M° CC° XL° secundo, mense martii. »

Sceau de la ville de Castelnaudary en Languedoc (Aude); cire blonde, lacs de soie rouge et jaune; *Inventaire*, n° 5624.

3068   1242-43. Mars.

(J. 305. — Toulouse, III, n° 27. — Original.)

Juramentum consulum Fanijovis, videlicet, Terreni Fromiga, Guillelmi Calveti Fabri, Poncii Garini, Bernardi Teulerii, Petri de Babo, Raimundi Stephani Amada, et proborum hominum nec non aliorum habitantium ejusdem castri, a quindecim annis et supra, de pace Parisiensi fideliter servanda. — « In cujus rei testimonium, nos consules supradicti, pro tota universitate castri jam dicti de Phanojovis, presentes litteras sigilli nostri munimine duximus roborandas. Actum est anno Domini M° CC° XLII°, mense martii. »

Sceau de la ville de Fanjeaux en Languedoc (Aude); cire jaune sur ruban rouge et jaune liséré de noir; décrit dans l'*Inventaire* sous le n° 5634.

3069   1242-43. Mars.

(J. 305. — Toulouse, III, n° 24. — Original scellé.)

Juramentum militum, consulum et aliorum hominum de Lauraco, videlicet, Bernardi, B. de S. Juliano majoris, Amelii de Campo-longo, Poncii de Turre, Geraldi de S. Salvatore, Geraldi Ualdi, Guillelmi de Malaspina, etc., etc., et omnium hominum dicti castri, a quindecim annis et supra, de pace Parisiensi fideliter servanda. — « In cujus rei testimonium, quoniam alii sigilla propria non habebant, de mandato speciali omnium predictorum, nos G. Ualdi, G. de Sancto Salvatore, Amelius de Campo-longo, presentes litteras sigillorum nostrorum munimine duximus roborandas. Actum est anno Domini M° CC° quadragesimo secundo, mense martii. »

Cette charte était scellée de trois sceaux pendants sur rubans de soie. Il ne reste plus que celui de Géraud de Saint-Sauveur; cire blonde, ruban rouge et vert; décrit dans l'*Inventaire* sous le n° 3548. Le sceau d'Amiel de Canlon, qui s'est détaché, est décrit sous le n° 1618; celui de G. Unaud n'existe plus aux Archives.

3070   1242-43. Mars.

(J. 305. — Toulouse, III, n° 17. — Original scellé.)

Juramentum militum de Lavaur, videlicet, R. del Castlar, Petri del Castlar fratrum, Ar. de S. Dionisio, R. de Monte Cabrario; consulum dicti castri, videlicet, Bernardi Guitonis, Pontii de Zaulat, Petri Frezel, Pontii de Belaval, Petri Amelii, Bernardi de Conquas, nec non proborum hominum ejusdem, a quindecim annis et supra, de pace Parisiensi fideliter servanda. — « In cujus rei testimonium, nos predicti milites, consules et alii homines castri supradicti de Lavaur, universi et singuli, presentem paginam sigillo Bertrandi de Galiaco, bajuli domini comitis Tholose in castro supradicto, quia proprium non habebamus sigillum, fecimus communiri anno Domini M° CC° XLII°, mense martio. »

Sceau de Bertrand de Gaillac, bailli du comte de Toulouse à Lavaur; cire, brune sur ruban de soie rouge et jaune; décrit dans l'*Inventaire* sous le n° 5161.

3071   1242-43. Mars.

(J. 305. — Toulouse, III, n° 28. — Original scellé.)

Juramentum militum de Manso, videlicet, W. de Manso, Auberti de Manso, Galardi de Manso, Jordani de Manso, fratrum, Palaisini de Manso; consulum dictœ villæ, videlicet, R. Amelii, G. de Goduel, B. Barravi, A. Donati, B. de Quidesta et P. Gauta, nec non proborum hominum et aliorum ejusdem villæ, a quindecim annis et supra, de pace Parisiensi fideliter servanda. — « In cujus rei testimonium, nos supradicti consules, de mandato speciali predictorum militum et aliorum hominum universorum de Manso, presentem paginam sigilli nostri munimine duximus roborandam. Actum est anno Domini M° CC° XLII°, mense martii. »

Sceau de la ville du Mas-Saintes-Puelles (Aude, arr. de Castelnaudary); cire blonde sur ruban de soie rouge et jaune; décrit dans l'*Inventaire* sous le n° 5642.

3072   Toulouse. 1242-43. 3 avril.

(J. 311. — Toulouse, V, n° 57. — Original.)

Instrumentum, per litteras alphabeti divisum, quo notum fit nobilem virum Gailhardum de Balaguario et Domesticam uxorem ejus cum domino Ramundo, Tholosæ comite, Provinciæ marchione, super castro de Guipia, post longas altercationes amicabiliter composuisse ea lege ut quidquid juris in prædicto castro habebant præfato comiti penitus dimitterent, et in recompensationem ab eodem comite villam nominatam Bes, sitam in Ruthenensi diœcesi, cum omnibus ejusdem pertinentiis, acciperent. — « Actum fuit hoc Tholose et concessum in domo domini comitis, III. nonas aprilis, anno Domini M° CC° XL° secundo. Testes sunt ad hec vocati et rogati : Deude Barasc, Bertrandus de Cardeilhaco, Jordanus de Lantare, Guillelmus de Barreria, Petrus Martinus de Castronovo, Poncius Grimoardi de Castro-Sarraceno, Johannes Aurioli domini comitis notarius, *tres alii*, et Bernardus Aimericus, publicus Tholose notarius, qui hoc publicum instrumentum scripsit. »

3073   1242-43. Dimanche 5 avril.

(J. 256. — Nevers, n° 42. — Original.)

Johannes dominus Tociaci notum facit, cum dominæ suæ Matildi comitissæ Nivernensi conquestus fuisset de eo quod gentes dictæ comitissæ, gentes domini S. Verani, gentes marescalli Nivernensis et gentes Henrici et Odonis de Soliaco extirpaverant et hebergiaverant in nemoribus de Montemedio de Danziaco, in nemoribus de Montemedio comitatus, et in nemoribus Nigri spineti, in quibus suum habet usuagium, ita a se, ad petitionem dictæ comitissæ, concordatum fuisse ut domus, quæ factæ fuerunt in nemoribus supradictis, et terræ, quæ redactæ fuerunt ad agriculturam, in eo statu remaneant quo sunt die confectionis præsentium litterarum, sed nullus deinceps, absque ipsius consensu et licentia, in eisdem nemoribus hebergiare nec extirpare possit, nec nova usuagia concedere. Quod quidem sibi et suis heredibus dicta comitissa et ejus heredes garantizare tenentur. — « Actum anno Domini M° CC° XL° secundo, mense aprili, die Pasche floridi. »

Traces de sceau pendant sur double queue. — Le sceau de Jean de Toucy est décrit dans l'*Inventaire* sous le n° 3721.

3074   Castel-Sarrasin. 1243. 7 avril.

(J. 306. — Toulouse, III, n° 80. — Original.)

Juramentum baronum, castellanorum et militum Agennensis diœcesis, videlicet, Arnaldi Otonis vicecomitis de Lomania et de Altovilar, Amanevi de Lebret, Bernardi de Roviniano, Arnaldi de Monteacuto, Begonis de Calvomonte, Ugonis de Roviniano, Noparsde Caumont, Esquiu de Fumel, Aimerici de Roviniano, Bernardi de Duroforte, Gausberti de Thesaco, Raimundi de Planels, Arnaldi de Duroforte, Arnaldi Aramun de Asperomonte, Raimundi de Poiols, Arnaldi de Duroforte, Pontii Amanevi de Madeliano, Gastonis de Gontaut, Arnaldi de Montepesat, Arnaldi de Yspania, Aimerici de Roviniano, Vitalis de Gontaut, Galteri de Fossato, Raimundi Bernardi de Balencs, Guillelmi Aramun de Pis, Arnaldi Garsiæ de Fossato et Guillelmi Aramun Lorc, de pace Parisiensi fideliter servanda. — « In cujus rei testimonium, nos omnes supradicti et singuli, quia propria sigilla nobiscum non habebamus, presentem paginam sigillo domini nostri Ramundi, Dei gratia comitis Tholosani, marchionis Provincie supradicti, facimus communiri. Actum est in ecclesia Beate Marie extra Castrum-Sarraceni, anno Domini M° CC° XL° III°, VII° ydus aprilis. »

Traces de sceau pendant sur lacets de soie rouge, jaune et blanche. Voyez dans l'*Inventaire*, n° 745, la description du second sceau de Raymond VII, comte de Toulouse. — D'après le calcul que l'on suivait le plus ordinairement, l'année 1243, commencée à Pâques le 12 avril, s'est terminée le 2 avril suivant, veille de Pâques, et par conséquent la date du 7 avril serait impossible; il faut donc admettre que le rédacteur de l'acte a compté en commençant l'année à partir du 1er janvier ou bien du 25 mars. — Cette pièce est rédigée dans les mêmes termes que les n°s 3056 et suivants.

3075   Bordeaux. [1243]. 7 avril.

Henricus III rex Angliæ notas facit conditiones treugarum inter se et dominum Ludovicum regem Franciæ initarum.

(J. 655. — Angleterre, lettres sans date, n° 7. — Original scellé.)

Henricus, Dei gratia rex Anglie, dominus Hybernie, dux Normannie, Aquitanie, et comes Andegavie, omnibus ad quos presentes littere pervenerint, salutem. — Notum facimus quod nos, pro nobis et comite Ricardo fratre nostro, et heredibus nostris, et hominibus et adjutoribus nostris manifestis, et terris et feodis eorumdem, tam per terram quam per mare, cum Ludewico rege Francie illustri, pro ipso et fratribus et heredibus suis, et hominibus et adjutoribus suis manifestis, et terris et feodis eorumdem, treugas inivimus a festo Beati Benedicti abbatis in marcio usque ad festum Sancti Michaelis, quod erit ab instanti festo Beati Michaelis in quinque annis per totam diem duraturas. — Nos autem inter nostros nominamus Petrum Ogerium, Oliverum de Chaleys et Berardum de Muntlidyer. — Rex autem Francie nominat inter suos comitem Tholosanum, comitem Marchie, comitem Guillelmum Alvernie, Guillelmum Archiepiscopi, Gaufridum de Lezigniaco, Reginardum de Pontibus, Galfridum de Talneo, Galfridum et Benedictum de Mauritannia, Poncium de Mirebel, Fulconem de

Mastat dominum Mornaci, Heliam de Talemonte, Heliam Gumbaudi de Cosnac, Guillelmum de Rupe dominum Roencii, Iterum de Berbezy, Petrum Reimundi, Petrum Bechet, Wawain de Talniaco, Gaufridum de Rupe-forti, Reimundum de Montaut, Heliam Ridelli juvenem, Boudinum de Grignol[iis], Petrum Ais, Fulconem de Archiac, Haemericum de Rupe Chiwardi et Haemericum filium ejus, Haemericum de Rupe dominum Blanzaci, Radulfum de Bellomonte dominum Betteriarum, Drogonem de Monte-Augyer, Guillelmum de Sancto Quintino, Ebulonem de Rupe-forti, Karolum de Rupe-forti, Helyam de Lavernia. — Et sciendum quod nos dimittimus insulam de Re in treuga ex parte ejusdem regis Francie, eo modo quo erat in alia treuga proximo precedenti. — Talis est autem forma treugarum. Quod, si in treuga fuerit interceptum, de interceptione emendanda sic erit : interceptio facta nunciabitur dictatoribus treugarum, hinc inde constitutis, qui sunt, ex parte nostra, Baoz de Mastac, comes Bygorre, Gaufridus Ridelli de Blavya et Petrus de Burdegala. Ex parte regis Francie : senescallus Pictavensis, Gaufridus de Raunconia et Raginardus de Pontibus. Tali modo quod, si, ex alterutra parte, omnes illi tres non possent vel non vellent interesse, duo illorum nichilominus possent procedere sicut si tres interessent. — Si vero aliquis istorum moreretur, alius a parte ejus cujus esset dictator poneretur. Ita quod si, infra duos menses postquam forisfactum eis constiterit, non fuerit emendatum, ex tunc ille, cui forisfactum fuerit, poterit currere super forisfactorem suum donec plenarie fuerit emendatum; et nos, sine nos mesfacere, poterimus juvare hominem nostrum contra malefactorem qui forisfactum emendare noluerit; et rex Francie poterit similiter facere in casu consimili. Dominus autem malefactoris non poterit juvare malefactorem qui forisfactum emendare noluerit nec aliquis qui sit de posse vel dominio ipsius domini donec forisfactum fuerit plenius emendatum. Et nos idem poterimus facere in casu consimili; nec dominus malefactoris nec sui poterunt juvare malefactorem, sicut predictum est. — Illud eciam condictum est quod, si aliqua fortericia vel castrum aliquod vel persona alicujus nobilis, durantibus treugis, caperetur vel furtive subtraheretur a rege Francie sive a suis, et duceretur et teneretur in posse vel territorio regis Francie, et requisitus super hoc integre non emendaret sine mora, statim nos per nos vel nostros, sine nos mesfacere, poterimus nos juvare. Nichilominus tamen dominus castri, fortericie, vel nobilis capti, modis omnibus, sine se mesfacere, contra captorem et contra detentorem poterunt guerreare donec plenarie esset emendatum. — Quod autem dictum est pro parte nostra, si ex parte regis Francie vel suorum, in castro vel fortericia vel nobili capto et detento fuerit interceptum, omnino idem concorditer est concessum pro parte regis Francie, videlicet si ex parte nostra vel nostrorum in castro vel fortericia sive nobili capto et detento fuerit interceptum. — Insuper nos et predictus rex Francie, pro nobis et fratribus nostris et hominibus nostris et adjutoribus manifestis, toto tempore treugarum istarum erimus in seisina eadem in qua eramus a parte illa die qua treuge iste capte fuerunt a nobis, salvo eo quod de insula de Re, et de nostris hominibus et adjutoribus superius nominatis, superius est expressum. — Nos autem treugas sepedicto regi Francie et heredibus suis a nobis bona fide observandas firmiter jurari fecimus, nobis presentibus, per dilectos et fideles nostros Radulfum filium Nicholai, Petrum Chaceporc clericum nostrum et Emericum de Sacy. — Preterea volumus et precipimus quod heredes nostri treugas jam dicto regi Francie et heredibus suis observent et ad easdem firmiter observandas ipsos heredes nostros, per presentes litteras, quantum possumus, obligamus. — Teste me ipso apud Burdegalam, septimo die aprilis, anno regni nostri vicesimo septimo.

Scellé en cire blanche sur double queue, du second sceau de Henri III, roi d'Angleterre, décrit dans l'*Inventaire* sous le n° 10012.

3076 1242-43. Avril, avant Pâques, du 1er au 11.

(J. 151 A. — Paris, II, n° 5. — Original scellé.)

Adam dictus Harens miles, annuente Johanna uxore sua, domino regi Ludovico et ejusdem heredibus, pro quinquaginta libris Parisiensium vendit tredecim solidos et decem denarios minuti census percipiendos Parisius super quatuor domibus, sitis quondam in loco ubi modo muri Castelleti Magni pontis sunt edificati. — « Actum anno Domini M° CC° quadragesimo secundo, mense aprili. »

Sceau d'Adam, dit Hareng; cire jaune, double queue; *Inventaire*, n° 2371.

3077 . 1242-43. Avril, avant Pâques, du 1er au 11.

(J. 151 A. — Paris, II, n° 6. — Original scellé.)

Litteræ officialis curiæ Parisiensis quibus præcedentem venditionem ab Adam Harens milite, annuente Johanna ejus uxore, Ludovico regi factam testificatur. — « Datum anno Domini millesimo ducentesimo quadragesimo secundo, mense aprili. »

Sceau de l'official de la cour de Paris; cire brune, double queue; décrit dans l'*Inventaire* sous le n° 7001.

3078 1242-43. Avril, avant Pâques, du 1er au 11.

(J. 170. — Orléans, n° 14. — Original scellé.)

Guillelmus Aurelianensis episcopus ratam habet et approbat venditionem sex viginti arpentorum nemoris, in feodo suo apud Sandimesons sitorum, a nobili domina Margareta domina Acheriarum, fideli sua, domino regi factam. — « In cujus rei testimonium, sigillum nostrum presentibus litteris duximus apponendum. Datum anno Domini M° CC° quadragesimo secundo, mense aprili. »

Sceau de Guillaume de Bussi, évêque d'Orléans; cire verte, double queue; premier sceau, décrit dans l'*Inventaire* sous le n° 6764.

3079 Toulouse. 1243. 15 avril.

(J. 303. — Toulouse, I, n° 4. — Original.)

Instrumentum, per litteras alphabeti divisum, quo notum fit Bertrandum de S. Luppo, Isarnum de Villanova, Jordanum de Villanova, fratrem ejus, Bonum-mancipium Maurandum, Oldricum Maurandum et Petrum de Escalquencis, testamenti Bernardi Willelmi de Brugariis spondarios seu testamentarios curatores, villam de Pontepertusato, et quicquid præfatus Willelmus in dicta villa et ejusdem pertinentiis possidebat, annuentibus dictæ villæ hominibus, illustri domino Ramundo comiti Tholosæ, marchioni Provinciæ, vendidisse. (*Pretium venditionis non exprimitur*). — « Hec supradicta vendicio fuit ita facta et concessa Tholose, in camera dicti domini comitis, XV. die introitus mensis aprilis, regnante Lodovico Francorum rege, et eodem domino Ramundo Tholosano comite, et Ramundo episcopo, anno M° CC° XL° tercio ab incarnatione Domini. De laudatione et concessione Bertrandi de Sancto Luppo, Jordani de Villanova, etc., sunt testes : dominus R. sedis Tholosane prepositus, Rogerius Convenarum juvenis, Sicardus Alamannus, *et septem alii*. Et de laudatione et concessione Isarni de Villanova et Bonimancipii Maurandi sunt testes : W. de Roaxio, Petrus Raimundus major *et quinque alii*. Et de laudatione et concessione predictorum hominum sunt testes : R. Hunaldus, filius quondam Geraldi Hunaldi, Petrus de Montibus *et quatuor alii*. Ad omnia supradicta interfuit presens Bernardus Aimericus publicus Tholose notarius et, mandato spondariorum et hominum supradictorum, cartam istam scripsit. »

3080 1243. Mercredi 22 avril.

(J. 317. — Toulouse, VIII, n° 28. — Original.)

P. Baudrandi miles, dominus Chauresii, notum facit, cum domum suam de Chauresio, annuente domino suo Alfonso comite Pictavensi, Gaufrido de Rancone ad quatuor annos continuos obligaverit, se a præfato comite rogare ut suas de hoc prædicto Gaufrido litteras concedere velit. — « Et super hoc dedimus eidem comiti has nostras literas sigillo nostro sigillatas in testimonium veritatis. Datum die mercurii proxima post octabas Pasche, anno Domini M° CC° XL° tercio. »

Traces de sceau pendant sur simple queue. — Le sceau de P. Baudrand, sire de Chaurny, n'existe plus aux Archives.

3081 Saint-Antonin. 1243. 28 avril.

(J. 328. — Toulouse, XIX, n° 18. — Original.)

Charta, per litteras alphabeti divisa, inquisitionis factæ ab Odardo de Villaribus, senescallo Belliquadri, et Roberto Forre, domini regis serviente, de juribus et dominiis ecclesiæ S. Antonini, domino regi Franciæ, ex parte vicecomitum S. Antonini, et villæ S. Antonini in diœcesibus Ruthenensi, Caturcensi et Albigensi pertinentibus.

« Hec sunt jura que pertinent ad ecclesiam Sancti Antonini, et dominum regem, et villam, que sunt in Ruthenensi dyocesi. — Villa de Cas cujus jurisdictio, cum pertinenciis suis, pertinet ad ecclesiam S. Antonini et dominum regem. — Villa de Mordaina, cum pertinenciis suis, pertinet ad jurisdictionem domini regis et ville Sancti Antonini, excepto quod villam comes Tholose habet ibi XII. denarios censuales quos R. Folcs dedit ei in parte sua et filie sue, etc., etc.....

» Hii sunt termini herbarum et pasturalium dyocesis Caturcensis qui pertinent ad ecclesiam S. Antonini, et dominum regem, et villam. — De Avarione, de la iga de Neiregorc usque ad crinem montis qui vocatur de Justis, et abhinc usque ad montem de la Laussa, etc., etc....

» Hii sunt termini herbarum et pasturalium Albigensis

dyocesis qui pertinent ad ecclesiam S. Antonini, et dominum regem, et villam. — Mansus de Bordas, cum pertinenciis suis, et mansus de V. Peira cum pertinenciis suis, etc., etc..... — Acta sunt hec in villa Sancti Antonini, anno Domini M° CC° XL° III°, mense aprilis, IIII° kalendas maii.

» Hec sunt jura que debet habere et possidere dominus rex pro P. quondam vicecomite ville Sancti Antonini et pro aliis vicecomitibus ejusdem ville. — Al Cusol e a Saing Aina XVI. sestercia de avena. A val Aorillas XVI. sestercia de avena, etc.....

» Petimus etiam nobis restitucionem fieri de debitis, depositis, et animalibus, et aliis rebus quas habebamus in terra domini comitis Tholose tempore quo incepit guerra inter ipsum et dominum regem Francorum, et modo habemus. — Preterea petimus nobis restitucionem fieri de dampnis et injuriis nobis et ville Sancti Antonini illatis postquam pax fuit inter dominum regem et dominum comitem Tholosanum Parisius confirmata, que dampna estimamus v. milia marcharum argenti et amplius. Et dampna ista intulit nobis Sicartz Frotiers miles, Raols de Maorillo, R. Arquiers bajulus Cordube tunc temporis pro domino comite Tholose, Gaillartz de la Roca, N Amblartz, Senellas, N Olrics d'Albi, R. de Caussada et alii milites et servientes multi qui in terra domini comitis Tholose morabantur. — Petimus insuper nobis emendam fieri de tala quam nobis fecerunt homines domini comitis Tholosani in hoc anno, quam estimamus v. milia marcharum argenti et amplius. Verumptamen in dampnis et maleficiis istis non computavimus quamplurimos homines qui interfecti fuerunt de villa Sancti Antonini. »

5082 Bessières. 1243. Avril, après Pâques.
Mardi 14, 21 ou 28 avril.

(J. 326. — Toulouse, XVII, n° 30. — Original roman.)

Acte, divisé par A. B. C., de la vente d'un pré situé à Fontdomargal; ladite vente consentie par G. Bonels et Bertrans Bonels, son frère, à Ar. d'en G. B. et à ses héritiers. — « Testes sunt : R. Amaneu, e B. Grimaut, e Gaillart de Gasques, e W. Repolleir escrivas comunals de Veseiras, como o auzic que aqesta carta escrius, el mes d'abril, feria III, anno Domini M° CC° XLIII. ans, reinan Lodoic lo rei, R. lo comte de Tolose, e R. l'avesqe. E aiso fo faig a Veseiras el pla, denant l'obrador R. de Lobaresas. »

5083 Corbeil. 1243. Avril, après Pâques,
du 12 au 30.

(J. 190 A. — Poitou, I, n° 20. — Déficit.)

Litteræ Eblonis de Rupeforti, militis, quibus se gratam habere declarat et acceptare assignationem villæ de Fors sibi ab Alfonso comite Pictaviæ factam in recompensationem jurium quæ habebat super villam Exolduni.
— « Datum Corbolii, anno incarnationis M° CC° XLIII°, mense aprili. »

Nous donnons d'après l'*Inventaire* de Dupuy la notice de cette pièce, qui depuis longtemps est portée en déficit.

5084 Vincennes. 1243. Avril, après Pâques,
du 12 au 30.

Charta homagii quod Gaufridus de Lezigniaco Alfonso, comiti Pictaviæ, præstitit.

(J. 190 A. — Poitou, I, n° 19. — Original.)

Ego Gaufridus de Lezigniaco, miles, notum facio universis quod ego karissimo domino meo Alfonso, comiti Pictavie, feci hominagium ligium, contra omnes homines et feminas qui possunt vivere et mori, de castro meo de Vovento, de feodis de Fontanis et de Soubysio, et de omni alia terra, quàm tenebam de nobili viro H. (Hugone), comite Marchie, per licentiam et voluntatem ejusdem comitis Marchie et uxoris sue regine. — Feci etiam domino meo comiti Pictavie hominagium ligium de castro meo de Mervento, et promisi quod dicta castra mea de Vovento et de Mervento, et alia castra que teneo de ipso domino comite Pictavensi, ad magnam et parvam forciam tradam eidem domino comiti Pictavie, quotiens ab ipso vel ejus certo nuncio fuero requisitus. — Promisi etiam quod per castra mea eidem domino comiti Pictavie vel ipsius hominibus, vel aliquibus qui in servicio suo fuerint, per guerram nullum proveniet dampnum; et hec omnia supradicta me firmiter observaturum super sacrosancta Evangelia juravi. — In cujus rei testimonium, presentes litteras eidem domino comiti tradidi sigilli mei munimine roboratas. — Actum apud Vicenas, anno Domini millesimo ducentesimo quadragesimo tercio, mense aprili.

Traces de sceau pendant sur double queue. — Le sceau de Geoffroi de Lusignan, chevalier, est décrit dans l'*Inventaire* sous le n° 2636, d'après un type appendu à un acte daté de 1225.

5085 1243. Avril, après Pâques, du 12 au 30.

(J. 305. — Toulouse, III, n° 39. — Original scellé.)

Juramentum Guillelmi de Rabastino, et Bertrandi fratris ejus, Mainfredi de Rabastino, Poncii Adamari, Guillelmi de Capella, Guillelmi Froteri, Guillelmi et Raimundi Bernardi, filiorum ejus, de pace Parisiensi fideliter servanda. — « In cujus rei testimonium, nos Bertrandus de Gaillaco et Petrus Laurencii, bajuli comitis Tholozani, presentes litteras, ad peticionem predictorum qui sigilla non habebant, sigillorum nostrorum munimine duximus roborandas. Actum in presencia Johannis clerici, qui, ad recipiendum predictum juramentum a predictis, a domino rege Francie fuerat specialiter destinatus, anno Domini M° CC° XL° tercio, mense aprilis. »

*Deux sceaux en cire blonde sur lacs de soie rouge. — Le sceau de Bertrand de Gaillac, bailli du comte de Toulouse, et celui de son collègue Pierre Laurenci sont décrits dans l'*Inventaire *sous les n°s 5160 et 5161.*

5086 1243. Avril, après Pâques, du 12 au 30.

(J. 305. — Toulouse, III, n° 41. — Original scellé.)

Juramentum Fulconis de Popio, Gaillardi de Popio, Gocelmi de Fage et Gocelmi nepotis ejus, Bertrandi de Vories, Bernardi de Fage, Gocelmi de Vories, Bertrandi de Vories, militum et nobilium, nec non aliorum hominum Sancti Ciricii, a quindecim annis et supra, de pace Parisiensi fideliter servanda. — « In cujus rei testimonium, quia predicti sigillum non habebant, nos Bertrandus de Gaillaco, bajulus domini comitis Tholosani, et Petrus Laurencii, bajulus ejusdem comitis, ad peticionem eorumdem, presentes litteras sigillorum nostrorum munimine duximus roborandas. — Actum anno Domini M° CC° quadragesimo tercio, mense aprili, in presencia Johannis qui, ad recipiendum predictum juramentum a predictis, fuerat specialiter destinatus. »

Sceaux de Bertrand de Gaillac et Pierre Laurenci, baillis du comte de Toulouse; cire blonde, cordelettes de soie rouge; Inventaire, *n° 5160 et 5161.*

5087 1243. Avril, après Pâques, du 12 au 30.

(J. 306. — Toulouse, III, n° 78. — Original scellé.)

Juramentum Hermandi Raimundi, Poncii Tonduz et Raimundi fratrum, Bernardi domini de Montdenart, Raterii de Miremont, Willelmi de Gordon, Ernaudi de Lespinace, Ademari de Narties, Raimundi de Casteneio, Bernardi de Narties, et Bernardi de Noeliau, de pace Parisiensi fideliter servanda. — « In cujus rei testimonium, quia predicti sigilla non habebant, ego Poncius Gyraldi, bajulus Lauserte, ad peticionem eorumdem, presentes litteras sigilli mei munimine roboravi. Actum in presencia Johannis clerici, qui, ad recipiendum predictum juramentum a predictis, a domino rege Francie fuerat specialiter destinatus, anno M° CC° XL° tertio, mense aprili. »

Petit sceau armorial rond pendant sur cordelettes de soie jaune. — Le sceau de Pons Gyraldi, bailli de Lauzerte, n'a pas été décrit. Un lion passant, avec cette légende : ✠ S. PONS GUIRAULT.

5088 1243. Avril, après Pâques, du 12 au 30.

(J. 306. — Toulouse, III, n° 79. — Original scellé.)

Juramentum Willelmi Barasc, Willelmi de Gordon de Salviac, et Bertrandi de Cardeliac, baronum, de pace Parisiensi fideliter servanda. — « In cujus rei testimonium, ego Bertrandus de Gaillaco, bajulus domini comitis Tholozani, quia predicti sigilla non habebant, ad peticionem eorumdem, presentes litteras sigilli mei munimine roboravi. Actum in presencia Johannis clerici, qui, ad recipiendum predictum juramentum a predictis, a predicto rege Francie fuerat specialiter destinatus, anno Domini M° CC° quadragesimo tercio, mense aprili. »

Sceau de Bertrand de Gaillac, bailli du comte de Toulouse; cire blonde sur cordelettes de soie rouge; Inventaire, *n° 5161.*

5089 1243. Avril, après Pâques, du 12 au 30.

(J. 306. — Toulouse, III, n° 82. — Original scellé.)

Juramentum Deodati Barasci, Gileberti de Castro novo, et Hugonis de Cardeliaco, de pace Parisiensi fideliter servanda. — « In cujus rei testimonium, presentes litteras sigillorum nostrorum munimine fecimus roborari. Actum in presencia Johannis clerici qui, etc., anno Domini M° CC° quadragesimo tertio, mense aprili. »

Trois sceaux en cire blonde sur cordelettes de soie rouge :
1. *Déodat de Barasc. Petit sceau armorial de forme rhomboïdale, non décrit. Dans le champ, un écu portant un loup passant surmonté d'un lion de même, avec cette légende :* ✠ S. DEODATI BARASCI.
2. *Gilbert de Castelnau. Fragment non décrit. Sur la face, un cavalier galopant de droite à gauche. Au contre-sceau : un château crénelé et maçonné. Légende détruite.*
3. *Hugues de Cardaillac. Sceau décrit dans l'*Inventaire *sous le n° 1623.*

5090 1243. Avril, après Pâques, du 12 au 30.

(J. 305. — Toulouse, III, n° 44. — Original scellé.)

Juramentum Bertrandi de Ponte, Berengarii de Cabdenaco, Raimundi Renaudi, Hugonis de Casaus consulum Cabdenaci et totius dictæ villæ universitatis, a quindecim annis et supra, de pace Parisiensi fideliter servanda. — « In cujus rei testimonium, nos consules Cabdenaci, presentes litteras sigilli nostri munimine fecimus roborari. Actum in presencia Johannis clerici, qui ad recipiendum, etc. Anno Domini M° cc° quadragesimo tertio, mense aprili. »

Sceau de la ville de Capdenac en Quercy (Lot, arrondissement de Figeac); cire blonde, cordelettes de soie rouge; décrit sous le n° 5818.

3091 1243. Avril, après Pâques, du 12 au 30.

(J. 305. — Toulouse, III, n° 45. — Original scellé.)

Juramentum Raimundi de Solario, Gyraldi d'Espiemont, Ernaudi de Valentres, Guillelmi de Villariis consulum, Poncii Athonis militis, et totius universatis Callucii, a quindecim annis et supra, de pace Parisiensi fideliter servanda. — « In cujus rei testimonium, nos consules Callucii presentes litteras sigilli nostri munimine fecimus roborari. Actum in presencia Johannis clerici, qui ad recipiendum, etc. Anno Domini M° cc° quadragesimo tercio, mense aprili. »

Sceau de la ville de Caylus en Quercy (Tarn-et-Garonne); cire blonde, cordelettes de soie rouge; *Inventaire*, n° 5822.

3092 1243. Avril, après Pâques, du 12 au 30.

(J. 305. — Toulouse, III, n° 42. — Original scellé.)

Juramentum Siquerii d'Estoufales, Bernardi de Casteneto, Raimundi Doriac, Raimundi de Mota, Ernaudi Querau, Bernardi Sutoris, Bernardi de la Farge, Ernaudi Segnouret consulum, et totius universitatis Losertæ, a quindecim annis et supra, de pace Parisiensi fideliter servanda. — « In cujus rei testimonium, nos consules presentes litteras sigilli nostri munimine fecimus roborari. Actum in presencia Johannis clerici, qui, etc. Anno Domini M° cc° quadragesimo tercio, mense aprili. »

Sceau de la ville de Lauzerte en Quercy (Tarn-et-Garonne, arr. de Moissac); cire blonde, cordelettes de soie verte; *Inventaire*, n° 5829.

3093 1243. Avril, après Pâques, du 12 au 30.

(J. 305. — Toulouse, III, n° 38. — Original scellé.)

Juramentum Bertrandi de Monteacuto, Guillelmi Bertrandi, Bernardi et Bernardi de Sancto Gynesio, Ernaudi Bernardi de Rosert, Gasberti de Roliac, Guillelmi Audoini, Gyraldi Fabri S. Martini, Gasberti Prim, Raimundi de Villaborgoin, Ernaudi de Caveroque consulum, et totius universitatis Montiscuqui, a quindecim annis et supra, de pace Parisiensi fideliter servanda. — « In cujus rei testimonium, nos consules presentes litteras sigilli nostri munimine fecimus roborari. Actum in presencia Johannis clerici, qui, etc. Anno Domini M° cc° xL° tercio, mense aprili. »

Sceau de la ville de Montcuc en Quercy (Lot, arr. de Cahors); cire blonde, cordelettes de soie jaune et rouge; décrit dans l'*Inventaire* sous le n° 5836.

3094 1243. Avril, après Pâques, du 12 au 30.

(J. 305. — Toulouse, III, n° 40. — Original scellé.)

Juramentum Petri d'Espao, Hugonis de S. Paulo, Guillelmi de Mauregh, Simonis Guillelmi, Raimundi Scriptoris, Raimundi de Siquier, Arnaudi d'Olric consulum et totius universitatis burgensium Moysiaci, a quindecim annis et supra, de pace Parisiensi fideliter servanda. — « In cujus rei testimonium, presentes litteras nos consules sigilli nostri munimine fecimus roborari. Actum in presencia Johannis clerici, qui ad recipiendum, etc. Anno Domini M° cc° xL° tercio, mense aprili. »

Sceau de la ville de Moissac en Quercy (Tarn-et-Garonne); cire blonde, double queue; décrit dans l'*Inventaire* sous le n° 5831.

3095 1243. Avril, après Pâques, du 12 au 30.

(J. 305. — Toulouse, III, n° 43. — Original scellé.)

Juramentum Guillermi Gyraldi, Hugonis de Garcelieres, Petri Majoris, Guillermi de Camatau consulum, et totius universitatis hominum Podii-celsi, de pace Parisiensi fideliter servanda. — « In cujus rei testimonium, ego Raimundus presbyter de Podio-celso et ego Guarinus castellanus de Podio-celso, ad peticionem predictorum qui sigillum non habebant, presentes litteras sigillis nostris duximus roborandas. Actum in presencia Johannis clerici qui, ad recipiendum, etc. Anno Domini M° cc° xL° tercio, mense aprili. »

Deux sceaux en cire blonde sur cordelettes de soie rouge. — Le sceau de Raymond Pelet, curé de Puycelcy, est décrit dans l'*Inventaire* sous le n° 8116; celui de Garin de Placencourt, châtelain de la même ville, sous le n° 5318.

3096 1243. Avril après Pâques, du 12 au 30.

(J. 306. — Toulouse, III, n° 81. — Déficit.)

Juramentum consulum et totius communitatis de Castro novo de Leval, de pace Parisiensi fideliter servanda. — « Anno 1243, mense aprili. »

Nous donnons d'après l'*Inventaire* de Dupuy la notice de cette pièce, qui manque depuis longtemps.

3097 1243. Vendredi 22 mai.

Obligatio Beliti judæi de cccc. LXXX. *sol. Tol.*

(J. 324. — Toulouse, XV, n° 15. — Original.)

Notum sit quod Belitus judeus debet et convenit reddere et persolvere Bertrando de Turribus et Guidoni de Turribus et eorum ordinio CCCC. LXXX. solidos Tolosanos vel Melgorienses dupplos, bonos et largos, ad electionem ipsorum creditorum, vel argenti fini de toto, si Tolosani et Melgorienses deteriorabantur penso vel lege, scilicet ad rationem de XXVI. solidis Tolosanis marcha, tunc incontinenti quando illos voluerint recuperare, solute et sine omni dilatione; et, si deinde illos tenebit, convenit inde eis dare et reficere omne gravamen et missionem quam inde fecerint, bona fide, preter usuram; et inde debent credi ipsi creditores et eorum ordinium eorum verbo, absque testibus et sacramento. — Et hoc totum predictus Belitus judeus laudavit pro pignore predictis creditoribus et eorum ordinio super omnia ejus bona et jura, mobilia et immobilia, que tunc habebat et habiturus erat, pre omnibus aliis hominibus et feminis, donec inde bene persolvantur de toto ad voluntatem ipsorum creditorum et eorum ordinii. — Tamen si predicta persolutio non fiet uti predictum est, tunc in eodem die in quo predicti creditores vel eorum ordinium voluerint persolvi de predicta peccunnia, prefatus Belitus judeus dabit et convenit venire et esse in hac villa Tolose in posse predictorum creditorum et eorum ordinii; et ibi, vel in urbe sive in suburbio, ad electionem creditorum, dictus Belitus debet tenere bene et fideliter obsidium, ad suam propriam missionem et expensam, donec predicti creditores et eorum ordinium sint bene persoluti de suis predictis CCCC. LXXX. solidis et de gravamine et missione quod inde factum habuerint. — De quo obsidio predictus debitor Belitus nullathenus debet exire nec recedere cum suis pedibus nec cum aliis, nec ullo alio modo, donec predicti creditores et eorum ordinium ab eo sint persoluti ad omnimodam eorum voluntatem. — Insuper prefatus Belitus judeus juravit super illam legem quod (sic) Deus dedit Moysi in monte Synaï quod hec omnia que predicta sunt faciat et compleat et excequatur totum ad voluntatem et ad mandamentum et ad commonitionem ipsorum creditorum et eorum ordinii. — Hoc actum fuit x° die exitus mensis madii, feria VI*, regnante Lodoico rege Francorum, et R. (Raimundo) Tolosano comite, et R. (Raimundo) episcopo, anno M° CC° XL.° III° ab incarnatione Domini. — Hujus rei sunt testes : Curvus de Turribus, et Montarinus, et Bertrandus de Altarippa nepos Jordani de Villanova qui fuit, et Azalbertus de Sancto Dionisio, et Bernardus Montarinus, et R. Ademarus de Ponte, et W. de Agassollo faber, et Bruno Borrellus qui hanc cartam scripsit.

3098   1243. Vendredi 22 mai.

(J. 325. — Toulouse, XVI, n° 16. — Original.)

Instrumentum quo notum sit Belitum judæum totam illam curiam, quæ fuit quondam Bertrandi de Gavarrerio et quam ab Arnaldo de Pinu feualiter tenebat; item pratum, albaretam et unum aripentum malolii, quæ tenebat feualiter a domino Poncio de Pinu, consentientibus præfatis dominis, et annuente domina Montaneria ipsius uxore, Bertrando de Turribus et Guidoni de Turribus eorumque ordinio in perpetuum vendidisse. — « Hoc actum fuit x° die exitus mensis madii, feria VI, regnante Lodoico rege Francorum, et R. (Raimundo) Tolosano comite, et R. (Raimundo) episcopo, anno M° CC° XL° III°, ab incarnatione Domini. Hujus rei sunt testes : Curvus de Turribus, et Montarius, etc. (*ut in præcedenti instrumento*) et Bruno Borrellus, qui hanc cartam scripsit. »

3099   Bayonne. [1243.] 24 mai.

Henricus III rex Angliæ centum probos viros ad regendam et defendendam civitatem suam Baionensem instituit.

(J. 655. — Angleterre, lettres sans date, n° 3. — Original.)

H. (Henricus), Dei gracia rex Anglie, dominus Hybernie, dux Normannie, Aquitanie, et comes Andegavie, universis has presentes litteras inspecturis et audituris, salutem. — Sciatis quod nos statuimus in civitate nostra Baione centum probos homines ejusdem ville qui regant populum nostrum Baione, quamdiu nobis placuerit, et eandem civitatem nobis et heredibus nostris custodiant in perpetuum et defendant fideliter et viriliter ab universis nostris inimicis. — Sed tamen volumus et firmiter precipimus quod ille qui per unum annum prefate civitatis nostre Baione major extiterit, infra triennium non sit major. — Et hec sunt nomina eorumdem : Michael de Mans, B. de Faurgis, Gi. Alaman, etc., etc. (*Sequuntur nomina centum civium Baionæ.*) — In cujus rei testimonium, eis dedimus has patentes litteras sigilli nostri munimine roboratas. — Datum Baione, xxiiii. die maii, teste me ipso, anno regni nostri xx° vii°.

<small>Traces de sceau pendant sur simple queue. — Voyez dans l'*Inventaire*, n°s 10011 à 10013, la description des sceaux de Henri III, roi d'Angleterre. Il est probable que cette pièce était scellée du second sceau, décrit sous le n° 10012.</small>

3100 1243. Dimanche 24 mai.

(J. 324. — Toulouse, XV, n° 14. — Original.)

Instrumentum quo constat Bertrandum et Guidonem de Turribus, qui curiam quæ quondam fuerat Bertrandi de Guanarerio cum pertinentiis a Belito judæo emerant, in corporalem possessionem rerum emptarum ab eodem missos fuisse. — « Hoc actum fuit viii° die exitus madii, feria i^a, regnante Lodovico rege Francorum, et R. Tolosano, et R. episcopo, anno m° cc° xl° iii°, ab incarnatione Domini. Hujus rei sunt testes : Curvus de Turribus, Bernardus Montarinus et Bruno Borrellus, qui hanc cartam scripsit. »

3101 Bessières. 1243. Mai.
Lundi 4, 11, 18 ou 25 mai.

(J. 325. — Toulouse, XVI, n° 32. — Original roman.)

Acte, divisé par A. B. C., du bail à cens ou enfieffement d'une maison et dépendances située à Bessières (*Veseiras*); ledit bail consenti par W. de Guamevila à R. Godail et à ses héritiers. — « Testes sunt : N Azemar lo capela de Veseiras, e R. Amaneu, e B. Grimaut, e W. Repolleir escrivas comunals de Veseiras, come o auzic que aqesta carta escrius, el mes de maig, feria ii, anno Domini m. cc. lx. iii ans, reinan Lodoic lo rei, e R. lo comte de Tolosa, e R. l'avesqe. E aiso fo faig a Veseiras el pla, denant l'obrador d'en R. de Lobaresas. »

3102 Bessières. 1243. Mai.
Lundi 4, 11, 18 ou 25 mai.

(J. 325. — Toulouse, XVI, n° 33. — Original roman.)

Acte, divisé par A. B. C., du bail à cens ou enfieffement de l'emplacement d'une maison (1. *logal de maio*) en la ville de Bessières (*Veseiras*); ledit bail consenti par W. de Guamevila à W. Rcrusa et à R. son frère. — « Testes sunt : N Azemar lo capela de Veseiras, e R. Amaneu, e B. Grimaut, e Ar. Martel, e W. Repolleir escrivas comunals de Veseiras, come o auzic que aquesta carta escrius, el mes de maig, feria ii, anno Domini m. cc. lx. iii ans, reinan Lodoic, etc...... E aiso fo faig a Veseiras, e la careira comunal, denant la porta de la vila. »

3103 1243. Mai.
Lundi 4, 11, 18 ou 25 mai.

(J. 325. — Toulouse, XVI, n° 38. — Original roman.)

Acte divisé, par A. B. C., du bail à cens d'une éminée (*eiminada*) de terre consenti par W. de Gamevila à G. Bernat et W. R. son frère. — « Testes sunt : N Azemar lo capela de Veseiras, etc..... (*ut in præcedenti instrumento*), e W. Repolleir escrivas comunals de Veseiras, come o auzic que aqesta carta escrius, el mes de maig, feria ii, anno Domini m. cc. xl. iii ans, reinan Lodoic lo rei, etc..... E aiso fo faig a Veseiras, a la porta de la vila dis. »

3104 Bessières. 1243. Mai.
Lundi 4, 11, 18, ou 25 mai.

(J. 325. — Toulouse, XVI, n° 42. — Original roman.)

Acte, divisé par A. B. C., du bail à cens ou enfieffement d'une quarterée de vigne (1^a *cartairada de mailol*), sise au territoire de Bessières; ledit bail consenti par W. de Guamevila à D. Saus et à ses héritiers. — « Testes sunt : N Azemar lo capela de Veseiras, etc.... (*ut supra*), el mes de maig, feria ii, anno Domini m. cc. xl. iii ans, reinan Lodoic lo rei, etc... E aiso fo faig a Veseiras, a la porta de la vila dis. »

3105 1243. Mardi 26 mai.

(J. 324. — Toulouse, XV, n° 13. — Original.)

Instrumentum quo Belitus judæus recognoscit, cum de consilio et voluntate Montanariæ uxoris suæ, curiam quæ fuit Bertrandi de Guanarerio et omnes terras illi curiæ pertinentes cum quodam prato, albareta et uno aripento malolii, Bertrando et Guidoni de Turribus vendiderit, sibi de pretio hujusce venditionis integraliter a prædictis fuisse satisfactum. — « Hoc actum fuit vi° die exitus mensis madii, feria iii, regnante Lodoico rege Francorum, et R. (Raimundo) Tolosano comite, et R. (Raimundo) episcopo, anno m° cc° xliii° ab incarnatione Domini. Hujus rei sunt testes : Sicardus, Ademarus de Ponte, Poncius Godus, et Bruno Borrellus, qui hanc cartam scripsit, »

3106 Vertmats? 1243. Mai.
Samedi 2, 9, 16, 23 ou 30 mai.

(J. 325. — Toulouse, XVI, n° 34. — Original roman.)

Acte, divisé par A. B. C., de l'accord conclu entre W. de Guamevila et W. Capels au sujet du fief qu'ils avaient à Vertmats, entre le ruisseau de la Vileta, celui de Vertmats et le Tarn. — « Testes sunt : N Azemar lo capela de Veseiras, et senior Bertan de Veseiras, e R. Amaneu, e R. Vifran, *tres alii*, e W. Repolleir escrivas comunals de Buzet e de Veseiras, come o auzic que aqesta carta escrius, el mes de maig, feria VII, anno Domini M. CC. XLIII ans, reinan Lodoic lo rei, etc..... E aiso fo faig a Vertmats, ins el sobredig feu. »

5107   Vertmats? 1243. Mai.
Samedi 2, 9, 16, 23 ou 30 mai.
(J. 325. — Toulouse, XVI, n° 36. — Original roman.)

Acte par lequel W. Capels de Bessières déclare avoir donné à W. de Camevila et à ses héritiers une métairie (*cazal*), tenue à Bessières (*Veseiras*) par R. de Pena, et tous les droits provenant de ladite métairie. — « Testes sunt : N Azemar lo capela de Veseiras, etc..... (*ut in præcedenti instrumento*) e W. Repolleir, escrivas comunals de Veseiras, come o auzic que aqesta carta escrius, el mes de maig, feria VII, anno Domini M. CC. XLIII. ans, reinan Lodoic, etc..... E aiso fo faig a Vertmats, e la vina qe fo d'en Vuidal. »

5108   1243. Mai.
(J. 197. — Champagne, V, n° 59. — Original.)

Aelidis abbatissa de Avenaio totusque ejusdem loci conventus recognoscunt quadraginta libratas terræ ad Pruvinenses, quas præfatæ ecclesiæ debebat Theobaldus rex Navarræ, Campaniæ et Briæ comes palatinus, in excambium Pratella, sibi assignatas fuisse annuatim percipiendas, videlicet, in gistio de Suppa viginti libras, in eadem villa sex libras, apud Avenaium et Mirtigniacum quadraginta solidos, etc. — « In quorum testimonium, presentibus litteris sigillum nostrum duximus apponendum. Actum anno Domini millesimo ducentesimo quadragesimo tertio, mense maio. »

Traces de sceau pendant sur double queue. — Le sceau d'Alix, abbesse du monastère d'Aveney, au diocèse de Reims, n'existe plus aux Archives.

5109   1243. Mai.
(J. 203. — Champagne, XI, n° 49. — Original.)

Coram G. (Galterio) abbate S. Lupi et magistro Nicolao officiali Trecensi, Henricus de Ripparia, miles, recognoscit se sexaginta arpenta nemoris sita desuper Cantummerulam, et de capite Ysabellis uxoris suæ moventia, ipsius assensu, Theobaldo Navarræ regi, Campaniæ et Briæ comiti palatino, pro septies viginti libris vendidisse, plus centum solidis quos pro laude dicta domina habuit. — « In cujus rei testimonium, presentibus litteris sigilla nostra duximus apponenda. Actum anno Domini M° CC° XL° tertio, mense maio. »

Traces de deux sceaux pendants sur double queue. — Cet acte était scellé des sceaux de Gautier, abbé du monastère de Saint-Loup de Troyes, et de Nicolas, official de l'église de Troyes; ces sceaux n'existent plus aux Archives.

5110   1243. Mai.
(J. 270. — La Marche, n° 14. — Original scellé.)

Radulphus Engolismensis episcopus, P. decanus ejusdem ecclesiæ et Willelmus abbas de Corona notum faciunt se vidisse et diligenter inspexisse litteras sigillatas sigillis Ludovici illustris regis Franciæ et domini Alfonsi comitis Pictaviæ, fratris ejusdem regis, de pace ab eis Hugoni comiti Marchiæ, reginæ Angliæ ejus uxori, eorumque liberis concessa : quasquidem litteras datas, in castris in praeria, prope villam Pontium, anno 1242 mense augusto (*vide supra*, n°s 2980 et 2981), integras referunt. — « Istum autem transcriptum factum fuit et a nobis sigillatum, anno Domini M° CC° XL° tertio, mense maii. »

Ce vidimus était scellé dans le principe de trois sceaux pendants sur double queue. — Les sceaux de Raoul, évêque d'Angoulême, et de P., doyen de la même église, se sont détachés et n'ont pas été retrouvés ailleurs; celui de Guillaume, abbé du monastère de la Couronne, à Angoulême, est décrit dans l'*Inventaire* sous le n° 8687.

5111   1243. Dimanche 7 juin.
(J. 305. — Toulouse, III, n° 46. — Original scellé.)

Juramentum S. de Corbata, P. de Belvezer, P. Sarrailher, et Rodes Macellarii consulum castri de Petrucia, Ruthenensis diocesis, proborum hominum et totius universitatis dicti castri, a quindecim annis et supra, de pace Parisiensi fideliter servanda. — « In quorum testimonio (*sic*), presentem paginam sigillo universitatis sepedicti castri Petrucie fecimus sigillari. Actum anno gratie M° CC° XL° III°, die dominica ante festum Sancti Barnabe apostoli, mense junii. »

Sceau de la ville de Peyrusse en Rouergue (Aveyron, arrondissement de Villefranche); cire blonde, sur cordelettes de soie rouge et verte; premier sceau, décrit dans l'*Inventaire* sous le n° 5849.

5112   1243. Dimanche 7 juin.
(J. 305. — Toulouse, III, n° 47. — Original scellé.)

Juramentum A. de la Bastida, S. Saumada, Amatz Aguarniez, Petri de Cardallaco consulum Villænovæ, Ruthenensis diœcesis, et universitatis hominum dictæ villæ, a quindecim annis et supra, de pace Parisiensi fideliter servanda. — « In quorum testimonio, presentem paginam sigillo universitatis sepedicte Villenove fecimus sigillari. Actum anno gratie M° CC° XL° tercio, mense junii, die dominica in octabis Pentecostes. »

Sceau de la ville de Villeneuve en Rouergue (Aveyron, arr. de Villefranche-de-Rouergue); petit sceau en cire blonde sur simple queue, décrit dans l'*Inventaire* sous le n° 5853.

5113 1243. Mardi 9 juin.

(J. 306. — Toulouse, III, n° 88. — Original scellé.)

Juramentum Andegarii, V. Paraire, Doantz, B. Reis, P. Reis, Ricartz, G. de Trebassao consulum castri de Naiaco, Ruthenensis diœcesis, proborum hominum, et universitatis dicti castri, a quindecim annis et supra, de pace Parisiensi fideliter servanda. — « In quorum testimonio, presentem paginam sigillo universitatis sepedicti castri Naiaci fecimus sigillari. Actum anno gratie Dei M° CC° XL° III°, die martis proxima ante festum Sancti Barnabe apostoli, mense junii. »

Sceau de la ville de Najac en Rouergue (Aveyron, arrondissement de Villefranche); cire blonde, cordelettes de soie rouge; *Inventaire*, n° 5847.

5114 1243. Dimanche 14 juin.

(J. 305. — Toulouse, III, n° 48. — Original scellé.)

Juramentum B. Martri, V. Delmon, S. Ribéira en Belvezer consulum Amiliani, proborum hominum et universitatis habitantium dicti castri, a quindecim annis et supra, de pace Parisiensi fideliter servanda. — « In quorum testimonio, presentes litteras sigillo universitatis sepedicti Amiliani fecimus sigillari, anno Domini M° CC° XL° III°, die dominica post festum Sancti Barnabe apostoli. »

Sceau de la ville de Millau en Rouergue (Aveyron); cire brune sur cordelettes de soie rouge; premier sceau, décrit dans l'*Inventaire* sous le n° 5843.

5115 1243. 19 juin.

(J. 318. — Toulouse, IX, n° 38. — Original.)

Instrumentum quo constat Guillelmum de Anolhio juvenem, pro se et pro R. Vitali mercatore, a Sycardo de Miramonte recepisse XXVIII. sol. et VI. denarios Tolosanos quos Aycardus de Sancta Gauela sibi et prædicto Vitali debebat, et chartam hujusce debiti præfato Sycardo tradidisse ad illud petendum et recuperandum. — « Actum fuit hoc XII. die exitus mensis junii, regnante Lodoico rege Francorum, R. (Raimundo) Tolosano comite, R. (Raimundo) episcopo, anno M° CC° XL° tercio, ab incarnacione Domini. Hujus rei sunt testes: Hugo de Palacio, et Bertrandus de Palacio frater ejus, et Petrus de Gauzia et Bernardus Vaquerius, quondam filius Arsini, et Raimundus Petrus de Planis qui cartam istam scripsit. »

5116 1243. 29 juin.

(J. 195. — Champagne, III, n° 23. — Original scellé.)

Coram magistro Nicholao officiali Trecensi, nobilis mulier Helia domina de Vataria, relicta Fromondi militis, recognoscit se decem et septem libras Pruvinensium, quas annuatim in portagio Trecarum habebat, pro centum et sexaginta libris Pruvinensium illustri viro Theobaldo regi Navarræ, Campaniæ et Briæ comiti palatino, vendidisse. — « In cujus rei testimonium, presentibus litteris sigillum curie Trecensis, ad petitionem dicte Helye, duximus apponendum. Actum anno Domini M° CC° quadragesimo tercio, mense junio, in festo Beatorum Apostolorum Petri et Pauli. »

Fragment de sceau en cire verte pendant sur double queue. — Voyez dans l'*Inventaire*, n°s 7044 et 7045, la description du sceau de l'officialité de Troyes.

5117 Beaucaire. 1243. 29 juin.

Instrumentum treugarum initarum inter J. Arelatensem archiepiscopum, R. comitem Tolosæ et R. Berengarium Provinciæ comitem.

(J. 311. — Toulouse, V, n° 59. — Original scellé.)

In nomine Domini, anno incarnationis ejusdem M° CC° XL° III°, videlicet III. kalendas julii, nos J. (Johannes), Dei gratia sancte Arelatensis ecclesie archiepiscopus, damus et concedimus treugas vobis illustribus viris, R. (Raimundo), Dei gratia comiti Tholose, marchioni Provincie, et R. (Raimundo) Berengarii, eadem gratia comiti et marchioni Provincie et comiti Forcalquerii, et hominibus, et terris et valitoribus vestris et omnibus illis qui, de facto vel de jure, sunt de regimine vestro et hominum et valitorum vestrorum, de guerra et super guerra que est vel fuit inter vos dictos comites et homines et valitores vestros, et omnes illos qui, de facto vel de jure, sunt de regimine vestro et predictorum, usque ad festum Omnium Sanctorum proximum venturum; mandantes et firmiter precipientes vobis predictis comitibus, pro vobis et pro omnibus supradictis, sub obligatione castrorum et hostagiorum nobis a vobis dictis comitibus traditorum et concessorum, dictas treugas datas et concessas de vestro consensu speciali, secundum consuetudinem et formam treugarum, usque ad dictum terminum teneri et inviolabiliter observari. — Ad hec nos R. Berengarius, Dei gratia comes et marchio Provincie et comes Forchalquerii, consentientes et supponentes nos specialiter super hoc vobis, domine J. Dei gratia sancte Arelatensis ecclesie archiepiscope, dictas treugas recipimus, per nos, et terras et homines et valitores nostros et omnes illos qui, de facto vel de jure, sunt de regimine nostrorum et predictorum, et per terras et homines eorundem, et specialiter pro venerabili in Xpisto patre Z. (Zoën) electo Avinionensi et terra sua et hominibus suis, et consulibus, communi et universitate Avinionensi, et pro priore Sancti Saturnini, et terris et hominibus eorundem, et pro omnibus illis qui, de facto vel de jure, sunt de regimine predictorum; concedentes et promittentes vobis, prefato domino archiepiscopo, et per solemnem stipulationem et sub obligatione castrorum et hostagiorum vobis a nobis traditorum et concessorum, dictas treugas usque ad dictum terminum, pro nobis et pro supradictis omnibus, teneri et firmiter observari; vel si contingeret, quod Deus avertat, dictas treugas per ignorantiam vel aliter, per nos, vel per aliquem vel aliquos de nostris valitoribus, vel hominibus, vel aliis supradictis frangi, vel in aliquo interrumpi, damus et concedimus vobis, prefato domino archiepiscopo, plenariam potestatem cognoscendi, terminandi, et diffiniendi, et emendam vel emendas faciendi, ad cognitionem vestram, vel illius seu illorum quem vel quos ad hoc specialiter mitteretis, juxta consuetudinem et formam treugarum. — Et dictam treugam vobis nobili viro Barralo domino de Baucio, presenti et recipienti nomine dicti comitis Tholose, damus secundum formam superius nominatam; videlicet quod ita compleamus et attendamus et compleri et attendi faciamus ab hominibus, et terris et valitoribus nostris, et omnibus illis qui, de facto vel de jure, sunt de regimine nostro et predictorum, sicut superius dictum est, super sancta Dei Evangelia a nobis corporaliter manu tacta juravimus. — Factum fuit hoc in domo pedagii de Gernegua. Testes affuerunt : [Fulco] episcopus Regiensis, [Zoën] electus Avinionensis, prepositus de Barjolis, prior S. Saturnini, Rossolinus monachus S. Victoris Massiliensis, nobilis vir P. Grossi, Romanus de Villa-nova, Albeta de Tharascone, Hugo Fornerii de Sallono, et Dalmatius de Roccamaura de Belliquadro, milites; Po. Salavesius canonicus Arelatensis, Hugo de Nours, Hugo Stacca et G. Berengarius notarius de Sallono. — Post hec autem incontinenti, in eodem loco, et cum eisdem testibus, idem dominus archiepiscopus injunxit eidem comiti Provincie, in virtute prestiti juramenti, ut ipse tam milites quam alios armatos suos quos habet penes se, vel pro quibus miserat, exceptis dumtaxat sociis et obsidibus suis, a se non diferat separare, eosque faciat ad propria remeare. — Post hec autem, eodem die quo supra, et in presentia et testimonio testium inferius scriptorum, nos R. (Raimundus), Dei gratia comes Tolose, marchio Provincie, predictis consentientes, et supponentes nos specialiter super hoc vobis, domine J. Dei gratia sancte Arelatensis ecclesie archiepiscope, dictas treugas recipimus per nos, et terras, et homines et valitores nostros et omnes illos qui, de facto vel de jure, sunt de regimine nostro et predictorum, et per terras et homines eorumdem, concedentes et promittentes vobis, prefato domino archiepiscopo, et per sollempnem stipulationem, et sub obligatione castrorum et hostagiorum vobis a nobis traditorum et concessorum, dictas treugas usque ad dictum terminum pro nobis et pro supradictis omnibus teneri et firmiter observari. Verum si contingeret, quod Deus avertat, dictas treugas per ignorantiam vel aliter per nos vel per aliquem vel aliquos de nostris valitoribus vel hominibus vel aliis supradictis frangi vel in aliquo interrumpi, damus et concedimus vobis prefato domino archiepiscopo plenariam potestatem cognoscendi, terminandi et diffiniendi et emendam seu emendas faciendi ad cognitionem vestram vel illius vel illorum quem vel quos ad hoc specialiter mitteretis, juxta consuetudinem et formam treugarum, et dictam treugam, discretis viris preposito de Barjolis et Albete militi de Tharascone, presentibus et recipientibus nomine dicti comitis Provincie, damus, secundum formam superius annotatam, videlicet quod ita compleamus et attendamus, et compleri et attendi faciamus ab hominibus, terris et valitoribus nostris et omnibus illis qui, de facto vel de jure, sunt de regimine nostro et predictorum, sicut superius dictum est, super sancta Dei Evangelia, a nobis corporaliter manu tacta, juravimus. — Factum fuit hoc apud Belliquadrum in domo quondam Ferrandi. Testes affuerunt : [Raimundus] episcopus Tolosanus, Barralus dominus de Baucio, Rossolinus monachus S. Victoris Massiliensis, Po. Salavesius canonicus Arelatensis, Hugo de Novis, Raymundus de Maasano canonicus Carpentoratensis, Sycardus Alamanni, Poncius Astoaudi jurisperitus de Avinione; Hugo Fornerius de Sallono, Dalmatius de Roccamaura de Belliquadro, G. Raimbaudus, et P. Sentol, ejusdem loci milites; Hugo Stacca et G. Berengarius notarii de Sallono, et Eimericus porterius ejusdem comitis Tholose. — Et ego Guillelmus Loberii, publicus notarius, presens omnibus supradictis interfui qui, de voluntate ac speciali mandato tam domini archiepiscopi quam dominorum comitum predictorum, presentem cartam scripsi, signumque meum apposui. *(Hic signaculum notarii.)*

Ad majorem autem rei firmitatem habendam, nos archiepiscopus et comites predicti fecimus hanc cartam sigillorum nostrorum majorum pendentium munimine roborari. — Sciendum est autem quod, prestito juramento a dicto domino comite Tholose, incontinenti eodem loco, scilicet in domo quondam Ferrandi, et presentibus omnibus testibus proximo positis superius, dictus dominus archiepiscopus injunxit eidem comiti Tholose, in virtute prestiti juramenti, ut ipse tam milites quam alios armatos suos quos habet penes se vel pro quibus miserat, exceptis duntaxat sociis et obsidibus suis, a se non differat separare eosque faciat ad propria remeare.

Sequuntur attestationes et signacula Guillelmi Loberii, Guillelmi Berengarii, et Hugonis Staqua publicorum notariorum.

Ce traité est scellé de trois sceaux en cire blonde pendants sur cordelettes et placés dans l'ordre suivant :
1. Jean, archevêque d'Arles; cordelettes de soie rouge et jaune. (*Inventaire*, n° 6287.)
2. Raymond VII, comte de Toulouse; second sceau, sur cordelettes de soie rouge. (*Inventaire*, n° 745.)
3. Raymond Bérenger IV, comte de Provence; cordelettes de coton vert. (*Inventaire*, n° 1106.)

3118   1243. 30 juin.

Prior et fratres Prædicatores Rothomagenses domino regi, pro loco in dicta civitate concesso, gratias agunt et orationes promittunt.

(J. 461. — Fondations, II, n° 12. 1. — Original scellé.)

Excellentissimo domino Ludovico, Dei gratia regi Francorum illustri, devoti ejus prior et totus conventus fratrum Predicatorum Rothomagensium salutem, et tam salubriter regnum gubernare terrenum ut tandem felici commercio perveniat ad regnum celorum. — Ex multis circonstanciis, vestre nobis donationis effectum commendantibus, vestre clementie pensantes affectum utpote qui in Rothomago, regia civitate, locum castri regii, tantum quondam regum et principum frequencia honoratum, et adhuc utilitati regie pluribus modis aptum, nobis ad erigendum turrem David, ad figendum tabernaculum Deo Jacob, videlicet, ad claustrum nostri ordinis contra exercicium viciorum, contra phalanges demonum construendum, tam libere, tam liberaliter, pietatis intuitu donavistis, ad condignas vestre celsitudini gratiarum actiones agendas, parvitatem nostram non sufficere confitemur. — Sed Dominus noster Jhesus Xpistus, pro cujus honore pariter et amore vestra devocio istud et alia bona fecit, ex quo et sufficiencia nostra procedit et insufficiencia recipit suplementum sufficienter immo affluenter in presenti gratiam pro gratia, et superfluenter in futuro gloriam interminabilem vobis reddat. — Et ne a retributione tanta piissimus retributor nequissimi hostis fallacia vos defraudari permittat, nos qualescumque servulos Xpisti, qui primum locum ingrediemur predictum et fratres alios quos nobis in multo numero et non in parvo merito speramus in loco prefato Dei providencia perpetuo successuros, intercessores et advocatos de cetero speciales habebitis in curia summi regis. — Cum enim in tam caro loco nos, quasi filios in propria camera, excellentia vestra curaverit collocare, vos non inmerito in cordium nostrorum intimis vere ut patronus, et verius sicut pater, specialem et precipuum de cetero locum optinebitis, Deo dante. — Et ut in aliquo vos certiorem reddamus, preter communem participationem omnium bonorum, que tam nos quam omnes fratres nobis in loco successuri prefato, adjuvante divina gratia, de cetero faciemus, hoc vobis speciale promittimus quod, post decessum vestrum, cum pro vobis idem quod pro magistro ordinis nostri defuncto factum fuerit in nostro conventu, hoc addemus, quod nec pro magistro ordinis faciemus nec pro alia quacumque persona, excepta excellentissima domina matre vestra, proponimus nos facturos, videlicet, quod conventus noster, in loco predicto militans Domino, singulis annis vestrum anniversarium sollempniter celebrabit, et ultra hoc sacerdos quilibet, circa tempus anniversarii, vobis unius misse suffragium superaddet. Hujus igitur promissionis tam nos quam successores nostros sub presentium literarum testimonio constituimus debitores. — Valeat semper in Xpisto regia majestas vestra. — Datum anno Domini M° CC° XL° tercio, in crastino festivitatis apostolorum Petri et Pauli.

<small>Sceau du couvent des frères Prêcheurs de Rouen; cire verte, double queue; décrit dans l'*Inventaire* sous le n° 9736.</small>

5119   1243. 30 juin.

<small>(J. 461. — Fondations, II, n° 12. 2. — Original scellé.)</small>

Litteræ prioris et conventus fratrum Prædicatorum Rothomagensium Blanchæ reginæ, cui similes gratias agunt et in remunerationem accepti beneficii eadem tria privilegia, scilicet, participationem bonorum, anniversarium et missam offerunt. — « Datum anno Domini M° CC° XL° tercio, in crastino festivitatis apostolorum Petri et Pauli. »

<small>Ces lettres sont scellées du même sceau que les précédentes.</small>

5120   Poitiers. 1243. Juin.

<small>(J. 190 A. — Poitou, I, n° 8. 2. — Copie ancienne.)</small>

Alfunsus filius regis Franciæ, comes Pictavensis, notum facit a se communiam, usus et liberas consuetudines burgensium de Niorto confirmata fuisse eadem quæ temporibus Henrici et Richardi regum Angliæ tenuerunt, concedens etiam ut extra manum suam, vel heredum vel fratrum suorum, nisi de ipsorum burgensium voluntate, non ponentur. — « Quod ut ratum maneat in perpetuum, presentem cartam sigilli nostri auctoritate fecimus consignari. Actum apud Pictavim, anno Domini M° CC° XLIII°, mense junii. »

<small>Cette charte est conçue dans les mêmes termes que celle accordée précédemment par le Roi aux habitants de Niort au mois de juillet 1230. Voyez le n° 2070.</small>

5121   1243. Juin.

<small>(J. 165. — Valois, III, n° 33. — Original.)</small>

Guillermus Parisiensis episcopus notum facit quod, cum materia questionis orta esset inter magistrum et fratres hospitalis S. Thomæ de Lupara Parisiensis, ex una parte, et nobilem virum Ansellum de Garlanda militem, ex altera, super redditibus decimæ de Marla quæ domui S. Thomæ a præfato milite vendita fuerat, ambæ partes, coram seipso constitutæ, in M. Bricium presbyterum de Rungiaco et Adam Boulie militem de Gressibus compromiserunt, ea lege ut, si dicti arbitri inter se discordarent, Matheus, matricularius ecclesiæ Parisiensis, tertius arbiter ex utraque parte electus, jus diceret. — Quod quidem et ita factum est, et, prioribus arbitris inter se dissentientibus, cura litis dirimendæ tertio arbitro, scilicet Matheo Parisiensi matriculario, fuit devoluta. Qui præfatam decimam de Marla integraliter, cum omni stramine, palea, grano, jure, juridictione, dominio et omnibus aliis ad dictam decimam pertinentibus, fratribus S. Thomæ de Lupara adjudicavit, dictum vero Ansellum de Gallanda a defectu reddituum dictæ decimæ, quorum complementum dicti fratres reclamabant, quittum declaravit et immunem. — Quod arbitrium utraque pars acceptavit, coram dicto episcopo qui omnia præmissa approbat et auctoritate ordinaria confirmat, præsentes litteras sigilli sui munimine roborando. — « Datum anno Domini M° CC° XL° tercio, mense junio. »

<small>Traces de sceau pendant sur double queue. — Le sceau de Guillaume III d'Aurillac, évêque de Paris, est décrit dans l'*Inventaire* sous le n° 6788.</small>

5122   Anagni. 1243. 28 juillet.

Litteræ Innocentii papæ IV domino regi ut regalia episcopo Cathalaunensi tradantur.

<small>(J. 348. — Régale, II, n° 4. — Original scellé.)</small>

Innocentius episcopus, servus servorum Dei, carissimo in Xpisto filio [Ludovico] regi Francorum illustri, salutem et apostolicam benedictionem. — Ex multe dilectionis affectu quo personam tuam olim amplexabamur in minori constituti officio, ad summi pontificatus apicem licet insufficientes assumpti, eam in Xpisti visceribus amplexantes, totis desideriis affectamus ut ea regnans in terris regia faciat celsitudo per que placere valeat ei qui in celis est regi (*corr.* rex) regum. — Debet enim regalis sublimitas diligenti meditatione pensare quia, si mundi principes circumspiciat universos, inveniet se a Deo inter ceteros exaltatum qui ex suarum affluentia gratiarum et ex meritis, que tam tu quam clare memorie reges Francorum progenitores tui in conspectu ejus fecistis, fecit tibi nomen grande juxta nomen magnorum qui sunt in terra, augens tibi gratiam in presenti et preparans gloriam in futuro, pro eo maxime quod, timori divini nominis inherendo, amplectens virtutes ac detestans vitia, sacrosanctam Romanam et alias omnes ecclesias ac viros ecclesiasticos pio semper affectu ex innata consuetudine veneraris. — Ex litteris siquidem, quas felicis recordationis G. (Gregorius IX) papa, predecessor noster, serenitati regie destinavit, et transmissa tibi semel et iterum fratrum nostrorum una nobiscum, dum in minori essemus officio, cum multa affectione litterarum ac precum instantia, de justitia Cathalaunensis ecclesie et electi super restitutione regalium, cum, perceptis ex eis fructibus, ipsis electo et ecclesie facienda potuit tua sublimitas adeo esse certa quod in restitutione ipsorum nichil erat ambigui, nulla difficultatis occasio pretendenda, cum ex sententia ejusdem predecessoris nostri et litteris subsecutis de ipsorum electi et ecclesie justitia liqueat evidenter. — Licet igitur easdem sententiam et litteras satis sufficere arbitremur, scientes, immo probabili argumento tenentes, quod nil velis in proprie salutis dispendium detinere, cum veritas ipsa dicat : Non prodest homini si mundum universum lucretur, anime vero sue detrimentum patiatur; quia tamen anime tue salutem cupimus omnibus anteferri, ex multa fiducia pro ipsis ecclesia et electo precum nostrarum primitias regali excellentie duximus destinandas, affectuose rogantes quatinus, ob reverentiam beati Petri et nostram, cum justitia predictorum ecclesie ac electi per jam dictam sententiam sit tam aperte et tam explicite declarata quod nullus sane intelligentie de ipsius electi confirmationis effectu dubitationis locus relinquitur, ita quod, antequam idem electus pacificam fuerit episcopatus possessionem adeptus, nullus audiri debeat contra eum, supradicta regalia, cum perceptis ex eis fructibus a tempore confirmationis electionis ipsius, juxta jam dicti predecessoris nostri litterarum tenorem, facias eidem electo sine difficultate qualibet assignari, ita quod ex hoc statuas Deum tibi propitium non offensum ac nos ad profectus tuos secundum. . . . . debeamus merito aspirare. — Datum Anagnie, v. kalendas augusti, pontificatus nostri anno primo.

Scellé, en plomb sur cordelettes de chanvre, de la bulle d'Innocent IV, décrite dans l'*Inventaire* sous le n° 6048. — Au dos de cette pièce, on remarque l'annotation suivante, écrite de la main de Gérard de Montaigu : « Bulla Innocentii pape quarti faciens pro jure regalie. Rogat etenim regem, qui pro controversia que vertebatur inter episcopum et capitulum Cathalaunenses, ut hic innuitur, recipiebat fructus episcopatus, quatinus dictos fructus a tempore confirmationis electi sibi restituat, innuens ex hoc quod ante confirmationem ad regem jure regalie pertinebant. »

3123 Constantinople [1243]. 5 août.

Epistola. Balduini Constantinopolitani imperatoris B. reginæ Francorum.

(J. 391. — Bulles, n° 9. — Original.)

Excellentissime atque dilectissime domine sue B. (Blanche), Dei gratia illustrissime regine Francorum, Balduinus eadem gratia fidelissimus in Xpisto imperator a Deo coronatus, Romanie moderator et semper augustus, salutem et prosperos cum longeva prosperitate successus. — Noverit excellentia vestra nos, per Dei gratiam, ac dilectissimam consortem nostram M. (Mariam), Dei gratia imperatricem, devotissimam neptem vestram, una cum herede nostro, plena frui corporum sospitate; idem de sublimitatis vestre persona scire omni tempore peroptantes. — Litteras celsitudinis vestre recepimus per manum nobilis viri Villani de Alneto, marescalci imperii nostri, cum reverentia qua decuit et honore; intellectaque persone vestre ac serenissimi domini nostri regis preclarissimi, filii vestri, aliorumque filiorum vestrorum sanitate optata, cor nostrum in gaudio exultavit et super prospero negotiorum suorum ac vestrorum processu, et super hoc quod comes Tolose se et terram suam supposuit misericordie domini nostri regis, et comes Marchie ad pacem ejus venit, valde letamur et reddimus Deo grates. — Super hoc autem quod dignata fuistis nobis scribere ut dilecto servienti nostro Johanni de Valencenis, cujus servicium curiosum ac fructuosum pre ceteris cunctis servientibus merito commendamus, litteras nostras faceremus patentes de receptione et quitatione pecunie quam hactenus nobis misit vel aliquibus personis nomine nostro solvit, serenitati vestre significamus quod ipse Johannes nobis misit notulam super hoc factam ad libitum suum et voluntatem suam, prout scivit vel potuit conficere meliorem; nosque diligenter ac libentes eam de verbo ad verbum in scriptis redactam bullavimus bulla nostra, et litteras ipsas patentes ei misimus per presentium portitorem, aliasque consimiles tradidimus fratri Symoni priori fratrum Predicatorum, ac tercias mat... sue. — Hoc etiam non intendimus esse contenti, immo, concedente Domino, remunerationem ei reddemus loco et tempore debitam et condignam. — Super hoc autem quod dignata fuistis nobis scribere ac significare quod intimatum vobis fuerat quod utamur et nos regamus consilio minus bono, videlicet exhortacionibus duorum Grecorum, serenitati vestre gratiarum uberrimas referimus actiones; nunc enim scimus et cognoscimus quod nos vere diligitis monendo nos atque docendo ut divertamus a malo et bono adherere nitamur, sed, teste Altissimo, vobis asserimus et juramus quod consilio aliquorum Grecorum nullatenus usi sumus, nec utimur, nec utemur; immo quicquid facimus, fit de consilio nobilium ac bonorum virorum Francie qui apud nos sunt, et ita invenietis procul dubio verum; et si ita inveneritis, supplicamus ut credatis et veritatem super hoc inquiratis tam a latore presentium quam ab aliis omnibus qui ad partes vestras accedunt; nosque semper vobis scribemus prout veritas rei erit, et, falsa suggestione abjecta, velitis credere veritati. — Si quid autem inveneritis emendandum, supplicamus quatinus nobis significare velitis et corrigere, nosque invenietis paratos ad standum vestro consilio et mandato, serenitati vestre devotissime supplicantes quatinus nostri dignemini misereri; omnes enim fiducia et spes nostra consistit in gratia solius domini nostri regis, filii vestri serenissimi, et in vestra. — Datum Constantinopoli, nonas augusti, imperii nostri anno quarto.

Cette lettre close porte pour suscription : *B. (Blanche) Dei gratia illustrissime regine Francie;* elle est datée de la quatrième année du règne de l'empereur Baudoin II, laquelle correspond à l'année 1243, à compter du couronnement de l'empereur à Constantinople qui avait eu lieu en décembre 1239. (Voyez Ducange, *Histoire de l'empire de Constantinople*, p. 120.)

3124 Bessières. 1243. Août.
Mardi 4, 11, 18 ou 25 août.
(J. 325. — Toulouse, XVI, n° 35. — Original.)

Acte, divisé par A. B. C., du bail à cens ou enfieffement, consenti par W. de Gamevila à W. Chatgeir et à ses héritiers, de la terre et de tout le domaine que dame Pagana Chatgeira, mère dud. Chatgeir, et R. Maier, son père, tenaient à Bessières. — « Testes sunt : R. Amaneu, e R. Ros, e R. Gauteir, et Ar. Martel, e W. Repolleir, escrivas comunals de Veseiras, que aqesta carta escrius, el mes d'aost, feria III, anno Domini M. CC. XLIII. ans, reinan Lodoic lo rey, R. lo comte de Tolosa, et R. l'avesque. E aiso fo faig al portal de la vila de Veseiras. »

3125 1243. Août.
Erardus de Valeri se pro Guillelmo de Cornant, erga dominum regem, plegium constituit.
(J. 395. — Securitates, n° 143. — Original scellé.)

Ego Erardus de Valeri, miles, notum facio universis ad quos presentes littere pervenerint quod ego me constituo plegium et debitorem erga karissimum dominum meum regem Francorum illustrem super centum libris Parisiensium, pro domino Guillelmo de Cornant milite, per juramentum meum quod super hoc prestiti, ad volumptatem domini regis persolvendis et reddendis, si dictum Guillelmum contra dominum regem, terram vel homines suos de cetero in aliquo venire contigerit. Et, si contingeret dictum Guillelmum contra dominum regem, terram, [vel] homines suos venire in aliquo, idem Guillelmus aliquod receptaculum, auxilium sive consilium de me non haberet, set ipsum, secundum posse meum, per juramentum meum super hoc prestitum, caperem et in omnibus agravarem. — In cujus rei testimonium, presentes litteras sigillo meo tradidi sigillatas. — Actum anno Domini M° CC° XL° tertio, mense augusto.

Traces de sceau pendant sur double queue. — Le sceau d'Érard de Vallery en Champagne est décrit dans l'*Inventaire* sous le n° 8811, d'après un type appendu à un acte daté de 1276.

3126 1243. Août.
(J. 395. — Securitates, n° 146. — Original scellé.)

Similes litteræ Guidonis de Egrevilla, militis, quibus pro dicto Guillelmo se plegium usque ad centum libras Parisiensium constituit. — « In cujus rei testimonium, presentes litteras sigillo meo tradidi sigillatas. Actum anno Domini M° CC° quadragesimo tercio, mense augusto. »

Sceau de Gui d'Égreville, dans l'Ile-de-France; cire blanche, double queue; décrit dans l'*Inventaire* sous le n° 2008.

3127   Août. 1243.

(J. 395. — Securitates, n° 145. — Original scellé.)

Similes litteræ Stephani de Forgis, militis, quibus pro dicto Guillelmo se usque ad quinquaginta libras plegium constituit. — « Anno Domini M° CC° XL° tercio, mense augusto. »

Sceau d'Étienne de Forges, chevalier; cire blonde, double queue; décrit dans l'*Inventaire* sous le n° 2220.

3128   1243. Août.

(J. 395. — Securitates, n° 142. — Original scellé.)

Similes litteræ Roberti de Cella, militis, quibus se pro dicto Guillelmo usque ad viginti quinque libras plegium constituit. — « In cujus rei testimonium, presentes litteras sigillo meo tradidi sigillatas. Actum anno Domini M° CC° quadragesimo tertio, mense augusto. »

Sceau de Robert de la Celle, chevalier; cire blonde, double queue, décrit dans l'*Inventaire* sous le n° 1663.

3129   1243. Août.

(J. 395. — Securitates, n° 144. — Original scellé.)

Similes litteræ Theobaudi de Campo Johannis, militis, quibus se plegium pro dicto Guillelmo usque ad viginti quinque libras constituit. — « In cujus rei testimonium, presentes litteras sigillo meo tradidi sigillatas. Actum anno Domini M° CC° XL° tertio, mense augusto. »

Sceau de Thibaud de Champjean, dans le Sénonais; cire blonde, double queue; décrit dans l'*Inventaire* sous le n° 1713.

3130   1243. Août.

(J. 395. — Securitates, n° 141. — Original scellé.)

Similes litteræ Guillelmi de Valle-profunda, militis, quibus pro dicto Guillelmo usque ad viginti libras Parisiensium se plegium constituit. — « In cujus rei testimonium, presentes litteras sigillo meo tradidi sigillatas. Actum anno Domini M° CC° quadragesimo tercio, mense augusto. »

Sceau de Guillaume de Valprofonde en Champagne (Yonne); cire blonde, double queue; décrit dans l'*Inventaire* sous le n° 3819.

3131   Estella. 1243. Jeudi 3 septembre.

(J. 613. — Navarre, n° 1. — Original.)

Theobaldus rex Navarræ, Campaniæ et Briæ comes palatinus, notum facit, cum discordia verteretur inter dominum suum Ludovicum regem, Blanchamque reginam, ex una parte, atque seipsum, ex altera, de marchiis terræ versus Rampilliacum, Gastins, Meledunum, Pruvinum, Joiacum, et alicubi in castellania Braii, tandem in nobiles viros Gaufridum de Capella, pro dictis rege et regina, et Johannem castellanum Noviomi et Thoretæ, pro se ipso, omnimode fuisse compromissum. — « In cujus rei testimonium, presentes litteras sigilli nostri munimine fecimus roborari. Actum apud Stellam in Navarra, anno Domini millesimo ducentesimo quadragesimo tercio, die jovis post festum Beati Johannis Baptiste. »

Traces de sceau pendant sur double queue. — Le sceau de Thibaud IV, roi de Navarre, comte de Champagne, est décrit dans l'*Inventaire* sous le n° 11372.

3132   Toulouse. 1243. 12 septembre.

(J. 314. — Toulouse, VII, n° 79. — Original.)

Instrumentum, per litteras alphabeti divisum, quo Berengarius de Promilhaco, vicarius Tholosæ, pro domino R. (Raimundo) comite Tholosano, marchione Provinciæ, et ejus loco, laudat et concedit Ademario de Miramonte et heredibus ejus quartam partem illius militiæ, terræ et honoris quam dictus Ademarius a Bertrando de Calcideriis emerat in decimariis S. Stephani de Calcideriis, Sanctæ Mariæ de Valle et de Socalla. De quibus præfatus Ademarius domino comiti Tholosano, inter manus prædicti vicarii, forma solita præstat homagium et se dicti comitis hominem et militem profitetur. — « Acta fuerunt hec Tholose, XII. die introitus mensis septembris, regnante Lodoico Francorum rege, et eodem domino R. (Raimundo) Tholosano comite, et R. (Raimundo) episcopo, anno M° CC° XL° tercio, ab incarnatione Domini. Testes sunt ad hoc vocati et rogati : Petrus de Villamuro, Sicardus de Montealto junior, Arnaldus de Escalquens, Durandus de Sancto Barcio, R. Ruffus legista, Poncius Astro, Vitalis Bonushomo, Bertrandus de Escalquencis, R. de Ponte, Arnaldus Jordanus, magister Willelmus Alacer de Vauro, et Bernardus Aimericus, publicus Tholose notarius, qui mandato utriusque cartam istam scripsit. »

3133   1243. Septembre.

(J. 206. — Meaux, n° 3. — Original scellé.)

M. (Milo) Sancti Faronis Meldensis abbas et totus ejusdem loci conventus notum faciunt dominam Franciæ reginam sibi concessisse ut nemus et porprisium domus ipsorum de Sancto Audoeno muris claudere possint, sed salvo dictæ reginæ jure ut in antea; cujus voluntati in hoc consenserunt. — « In cujus rei testimonium, presentes litteras sigillorum nostrorum munimine fecimus robo-

·rari. Actum anno Domini M° cc° quadragesimo tertio, mense septembri. »

Cette charte était scellée, sur double queue, des sceaux de l'abbé Milon et du couvent de Saint-Faron de Meaux. Le sceau de l'abbé s'est détaché et n'existe plus aux Archives. Le sceau du couvent (fragment en cire blanche) est décrit dans l'*Inventaire* sous le n° 8283.

3134   Buzet. 1243. Octobre.
Lundi 5, 12, 19 ou 26 octobre.

(J. 325. — Toulouse, XVI, n° 41. — Original.)

Acte, divisé par A. B. C., du bail à cens ou enfieffement d'une pièce de terre (1. *pesa de terra*) située à Vertmats; ledit bail consenti par W. Capels de Bessières, tant en son nom qu'au nom de W. de Guamevila, à G. Tenleir, à dame Jordana, sa femme, et à leurs héritiers. — « Testes sunt : G. Augeir, e R. de Dozans, e R. Porqueir, e Ar. Sabateir, e W. Repolleir, escrivas comunal de Buzet, que aqesta carta escrius, es mes d'octembre, feria II, anno Domini M. CC. XLIII. ans, reinan Lodoic lo rei, etc. E aiso fo faig a Buzet el pla, denant la gleia de Sainc Marti. »

3135   [Bessières]. 1243. Octobre.
Vendredi 2, 9, 16, 23 ou 30 octobre.

(J. 325. — Toulouse, XVI, n° 39. — Original.)

Acte, divisé par A. B. C., par lequel Bertrans de Bessières (*Veseiras*), pour lui et dame Martine, sa sœur, W. de Guamevila et W. Capels de Bessières, déclarent avoir donné à moitié (*donat a meias*) à R. Vageir, sa vie durant, le four de Bessières, qu'il pourra transmettre aux mêmes conditions au fils qu'il laisserait après lui. — « Testes sunt : N Azemar lo capela de Veseiras, e R. Vifranc, *tres alii*, e W. Repolleir, escrivas comunals de Veseiras, que aqesta carta escrius el mes d'octembre, feria VI, anno Domini M. CC. XLIII. ans, reinan Lodoic lo rei, etc.... Aiso fo faig denant la gleia de S. Prim e de S. Clar. »

3136   Bessières. 1243. Octobre.
Vendredi 2, 9, 16, 23 ou 30 octobre.

(J. 325. — Toulouse, XVI, n° 40. — Original.)

Acte, divisé par A. B. C., du bail à cens d'une maison avec jardin et dépendances, le tout sis à Bessières (*Veseiras*); led. bail consenti par W. de Guamevila à W. Oveilleir et à ses héritiers. — « Testes sunt : N Azemar lo capela de Veseiras, e R. Vifranc, e B. Delmas, e R. Bisbe, e W. Repolleir, escrivas comunals de Veseiras, que aqesta carta escrius el mes d'octembre, feria VI, anno Domini M. CC. XLIII. ans, reinan Lodoic lo rei, e R. lo comte de Tolosa etc. E aiso fo faig a Veseiras, denant la maio del sobredig W. de Guamevila. »

3137   1243. Octobre.

Promesse faite par Marguerite, dame de Rochefort, de tenir son château de Rochefort à la disposition du comte de Poitiers.

(J. 192. — Poitou, II, n° 9. — Original scellé.)

Ge Marguarite, dame de Rochefort, femme jadis fahu Joffrei, sire de Rochefort, fois assavoir à toz ceaus qui cestes présentes lettres verront et orront que ge ai graé et otreié à mon seignor le comte de Peiters que ge à lui, ou à son comandement qui ses lettres pendanz m'aportera, rendrai et livrerai le chastel de Rochefort, sanz contredit et sanz délaiement, à toz termes que ge en serai requise de mon seignor le comte, ou de son espéciau comandement qui ses lettres pendanz m'aportera, à grant force et à petite. — E ai pramis et otreié à mon seignor le comte que ge le davant dit chastel n'enforcerai ne enforcer ne ferai par negune manère sanz la volunté de mon seignor le comte ou de son espéciau comandement. — E toz icez davant diz convenanz ge ai juré sus le saint Évangile Nostre Seignor à sègre et à tenir ben et léaument. Par en souriteu de cez davant diz convenanz sègre et tenir, ge ai doné à mon seignor le comte à tenuz et à graeors : Arnaut Aynart et Bernart Chabot, chevalers, Johan Karadou, Joffrei Polain, Alart Trenquart et Aymeri Chabot provost de Voutron, et Arnaut Willerme provost de Balon, et Johan de Taunay, et Johan Martorger, li quau li en sunt por mei tenu. — E ge Arnaut Aynart, et ge Bernart Chabot, et ge Johan Karadou, et ge Joffrei Polain, et ge Alart Trenquart, et ge Aymeri Chaboz, et ge Arnaut Willerme, et ge J. de Taunay, et ge J. Martorger dessus nomé faisum assaveir que nos et les noz choses somes tenu à mon seignor le comte de faire li sègre et tenir à nostre poeir la davant dite Marguarite toz les davant diz convenanz, si cum dessus sunt dit et devisé. — E si tant esteit chose que èle ne li tenist, nos somes tenu de mettre nos et les noz choses en la bone marci de mon seignor le comte de Peiters dessus nomé. E toz icez convenanz, si cum dessus sunt dit et devisé, nos avom juré sus le saint Évangile Nostre Seignor à sègre et à tenir ben et léaument. — E ge Marguarite dessus nomée fois assaveir que, si tant esteit chose que mis sires li séneschaus de Peitou, quant il sera venuz, ne se tenist à paiez de cestes davant dites fiances et de cez davant diz tenuz, ge li dei enforcer à mon poeir de mes homes de ma terre. E si tant esteit chose que il ne se tenist à paiez de ceaus que ge li voudreie doner, ge li dei rendre et livrer le davant dit chastel en celui estement en quei il le m'a livré. — E en garantie de ceste chose, nos en avom doné à mon seignor le comte cestes présentes lettres saelées dau saeau à mei Marguarite dessus nomée et dau saeau à mei Bernart Chabot, que nos autres dessus nomé n'aviom point de saeaus. — Ceu fut fait l'an de l'incarnacion Jeshu Crist M. CC. et XLIII, ou meis d'octobre.

Cette charte était scellée, dans le principe, de deux sceaux pendants sur double queue. Le sceau de Marguerite, dame de Rochefort, s'est détaché, et n'existe plus aux Archives. Celui de Bernard Chabot, chevalier, est décrit dans l'*Inventaire* sous le n° 1670.

3138   1243. Mercredi 4 novembre.

De donatione facta fratribus Minoribus Altissiodorensibus a Matilde comitissa Nivernensi.

(J. 256. — Nevers, n° 44. — Original scellé.)

Universis presentes literas inspecturis frater Petrus gardianus fratrum Minorum apud Altissiodorum commorantium totusque ejusdem loci conventus, salutem et pacem. — Noveritis nobilem ac venerabilem dominam Matildim comitissam Nivernensem nobis elemosinam concessisse et gratiam infra scriptam :

Matildis comitissa Nivernensis universis presentes literas inspecturis, salutem. — Notum vobis facimus quod nos concessimus fratribus Minoribus de Altissiodoro locum illum qui dicitur La Fertez et de Brahanay, situm in justicia nostra apud Altissiodorum, ad habitandum et morandum quamdiu voluerimus et nobis placuerit, ita quod dicti fratres poterunt in eodem loco construere oratorium et in eodem oratorio cum altaribus portatilibus celebrare. Dictum vero oratorium facere dedicari, sive ibidem cimiterium benedici, vel dictum locum ampliare ultra quod eis a nobis concessum est, nullatenus poterunt sine nostra vel heredum nostrorum licencia speciali. — Et sciendum quod omnem justiciam quam in eodem loco habebamus, antequam eundem locum dictis fratribus ad habitandum concessissemus, si forte eos contingat de dicto loco recedere, post recessum eorum nobis et heredibus nostris in eodem loco integraliter retinemus.

Ne igitur processu temporis, aliqua mutacione vel oblivione, pro dicta gratia nobis facta, posset dicte nobili domine vel ejus heredibus prejudicium generari, nos dicti fratres, gardianus et conventus, eidem dedimus presentem cartulam sigilli nostri munimine roboratam. — Datum Autissiodori, anno Domini M° CC° XLIII°, die mercurii proxima post festum Omnium Sanctorum.

Sceau du couvent des frères Mineurs d'Auxerre ; cire blanche, double queue ; décrit dans l'*Inventaire* sous le n° 9763.

3139   1243. 22 novembre.

(J. 325. — Toulouse, XVI, n° 37. — Original.)

Acte par lequel Bertrand de Bessières (*Veceiras*) déclare que les deux tiers lui appartenant dans une terre et seigneurie sise à Bessières, partagée entre lui et dame Martine, sa sœur, ont été par lui vendus à R. de Lobaresas et au frère dud. R. pour eux et leurs héritiers. — « E fo fag VIIII. dias el issid mense novembri. De tot aisso so testimoni : Capels de Veceiras, e B. Gairaudz de Roihols, *quatuor alii*, e B. de Soilols que esta carta escrius, feria V, regnante Lodoyco, etc.... Anno M° CC° XLIII°, ab incarnatione Domini. »

Le jour de la férie (*feria* V, c'est-à-dire le jeudi) ne concorde pas avec le quantième du mois. D'après la rédaction de l'acte, on peut supposer que la vente fut faite le dimanche 22 novembre, et l'acte dressé le jeudi suivant 26.

3140   Lyon. 1243. 29 novembre.

(J. 256. — Nevers, n° 48. — Original.)

Litteræ fratris Desiderii, fratrum Minorum administracionis Burgundiæ minister, quibus notam facit chartam donationis factæ fratribus Minoribus Altissiodorensibus a Matilde comitissa Nivernensi (*Vid.* n° 3138). — « Ego dictus frater Desiderius, fratrum Minorum administracionis Burgundie minister et servus, presentem cartulam sigilli mei munimine roboravi. Datum Lugduni, in vigilia Beati Andree apostoli, anno Domini M° CC° quadragesimo tercio. »

Traces de sceau pendant sur double queue. — Le sceau de Didier, administrateur des frères Mineurs de la province de Bourgogne, n'existe plus aux Archives.

3141   Paris. 1243. Novembre.

Homagium a Sibilla, domina de Surgeriis, comiti Pictaviæ præstitum.

(J. 190 A. — Poitou, I, n° 21. — Original scellé.)

Universis presentes litteras inspecturis Sibilla, domina Surgeriarum, salutem. — Notum facio quod ego excellenti domino meo Alfonso, filio regis Francie, comiti Pictavensi, feci hominagium ligium tanquam de ballo, contra omnes homines et feminas qui possint vivere et mori, de feodo quod movet de Tauneyo supra Wultinium; et ego, ratione balli, salvo jure heredis, finavi domino comiti de racheto suo ad ducentas libras Turonensium, et ex istis ducentis libris feci gratum suum de centum libris. Residuum vero teneor eidem domino comiti reddere sub hiis terminis, videlicet : in instanti Purificatione Beate Virginis, quinquaginta libras, et, in sequenti Ascensione Domini, alias quinquaginta libras. — Actum Parisius, anno Domini M° CC° quadragesimo tertio, mense novembri.

Sceau de Sibille, dame de Surgères en Aunis (Charente-Inférieure); cire brune, double queue; décrit dans l'*Inventaire* sous le n° 3662.

3142   1243. Novembre.

(J. 192. — Poitou, II, n° 2. 3. — Copie ancienne.)

Testament de Beneeite, veuve de Gervais Savari et femme en secondes noces de Giraut de Gordon, bourgeois de la Rochelle. — « Cum je vogui aler à Saint Thébaut en pèlerinage, ordenai et devisai mon testament en tau manière : ge voil etc..... Et à maire fermeté de ceste chouse, sire Pheilppes de Faye, adonques maires de la Rochèle, saiela et conferma icest présent escrit, à la requeste de la davantdite Beneeite et daudit Giraut de Gordon, son seignor, et de Johan Savari son fil, dau saiau de la commune de la Rochèle. Ceu fut fait l'an de l'incarnacion Jeshu Crist M. CC. quarante et treis, ou meis de novembre. »

Copie délivrée et scellée par Constantin de Clareau, archidiacre d'Aunis, le 4 décembre (*le lundi prochain après la feste Saint André l'apostre*) 1256.

3143   1243. Novembre.

(J. 203. — Champagne, XI, n° 50. — Original scellé.)

Coram Hemardo, decano Meledensi, Theobaldus de Corpaleyo, miles, et domina Johanna, ejus uxor, recognoscunt se illustri regi Navarræ quidquid habebant aut habere poterant in carnificeria Pruvinensi, et etiam apud Pruvinum ratione præfatæ carnificeriæ, pro novies viginti et decem libris Pruvinensium vendidisse. — « In cujus rei testimonium, presentes litteras sigillo nostro fecimus sigillari. Datum anno Domini M° CC° quadragesimo tercio, mense novembris. »

Sceau d'Hémard, doyen de l'église de Meaux; petit sceau en cire brune sur double queue; décrit dans l'*Inventaire* n° 7550, sous le nom d'Hémard, doyen de l'église de Melun.

3144   Latran. 1243. 2 décembre.

Innocentius papa IV Barrensi archiepiscopo mandat ut Tolosanum comitem ab omni excommunicatione absolutum ad cautelam declaret.

(J. 447. — Croisades, I, n° 41. — Original scellé.)

Innocentius episcopus, servus servorum Dei, venerabili fratri [Marino] archiepiscopo Barrensi, salutem et apostolicam benedictionem. — Sperantes quod nobilis vir (Raimundus) comes Tholosanus, qui grandem locum inter alios principes orbis obtinere dinoscitur, debeat Ecclesie sua strenuitate, potentia et industria esse utilis et non modicum fructuosus, libenter ipsum modis quibus possumus ad devotionem Apostolice Sedis inducimus, sibique in hiis que digne deposcit nos favorabiles exhibemus. — Cum igitur idem comes, sicut nobis per suos solempnes nuntios intimavit, ad mandata Sedis Apostolice non sine multa instantia promptum se offerat et paratum, nos, cupientes ut ejus propositum, quod plurimum in Domino commendamus, ad effectum sine dilationis dispendio perducatur, ac volentes cujuslibet occasionis seu impedimenti materiam quominus id celeriter faciat removere, fraternitati tue presentium auctoritate mandamus quatinus ipsum ab omnibus excommunicationum sententiis in eum cujuscumque auctoritate prolatis, recepta prius ab eo juratoria cautione quod tam super hiis pro quibus eedem fuerunt sententie promulgate, quam etiam super promissionibus et obligationibus ab eodem comite Apostolice Sedis factis, Ecclesie mandato parebit, receptis etiam nichilominus super hiis ipsius comitis patentibus litteris, per quas pro predictis omnibus observandis obliget se et sua, ac testimonialibus aliquorum, absolvas juxta formam

Ecclesie, vice nostra. — Super eo vero quod fratres Ferrarius et G. Raymundi, ordinis Predicatorum, inquisitores contra hereticos auctoritate Sedis Apostolice deputati, excommunicationis in eum dicuntur sententiam protulisse, idemque comes asserat eandem sententiam, ex quibusdam causis quas dicit legitimas, esse nullam, quia nolumus ut propter hoc ipsius propositum retardetur, relaxes predictam sententiam ad cautelam. — Datum Laterani, IIII. nonas decembris, pontificatus nostri anno primo.

Bulle de plomb sur cordelettes de chanvre. — Voyez l'*Inventaire*, n° 6048.

3145   Latran. 1244. 5 décembre.

(J. 685. — Bulles de priviléges, n° 50. — Original scellé.)

Litteræ Innocentii papæ IV quibus carissimo in Christo filio suo Ludovico Franciæ regi indulget ut ei liceat unum ex capellanis suis pro confessore eligere, qui eum ab omni excommunicationis sententia solvere valeat, nisi dicta sententia de mandato speciali Sedis Apostolicæ pronuntiata fuerit et adeo graves et enormes essent excessus quod Sedes Apostolica merito foret consulenda. — « Datum Laterani, nonas decembris, pontificatus nostri anno primo. — *Et si desideremus in omnibus excellentie tue adesse etc.* »

Bulle de plomb sur cordelettes de chanvre. — Voyez l'*Inventaire*, n° 6048.

3146   1243. Mercredi 9 décembre.

Instrumentum electionis Henrici Carnotensis episcopi.

(J. 261. — Sens, n° 9. 2. — Copie authentique.)

In nomine Patris et Filii et Spiritus Sancti, amen. — Ad omnium noticiam volumus pervenire quod, bone memorie Alberico quondam episcopo Carnotensi rebus humanis exempto, die mercurii post festum Beati Nicolai assignata ad eligendum episcopum in ecclesia Carnotensi, anno Domini millesimo ducentesimo XL° tertio, vocatis qui fuerant evocandi, presentibus omnibus, per se vel per procuratores ydoneos, qui debuerunt interesse, invocata Spiritus Sancti gratia, dicta die mercurii ad diem jovis sequentem continuata, canonicis ejusdem ecclesie secundum formam concilii generalis per viam scrutini procedere volentibus, assumpti fuerunt tres de collegio fide digni qui vota singulorum inquirerent diligenter. — Qui, votis singulorum secreto et sigillatim diligenter inquisitis et in scriptis redactis, uno canonico dumtaxat excepto qui deponere noluit votum suum, licet fuisset super hoc pluries requisitus, mox publicaverunt eadem in communi; et collatione habita diligenti, cum appareret quod major et sanior pars capituli in Henricum archidiaconum Blesensem consensisset, idem archidiaconus electus fuit in episcopum ejusdem ecclesie et pastorem. — Ego Bobo cantor consensi et subscripsi. Ego Matheus subdecanus consensi et subscripsi pro me; et pro Milone capicerio, fratre meo, cujus procurator eram, consensi et subscripsi. Ego Constantinus cancellarius consensi et subscripsi, etc. (*Sequuntur nomina et subscriptiones aliorum canonicorum numero quinquaginta quatuor.*)

Expédition authentique délivrée par Geoffroy le Lieur (*Gaufridus dictus Ligator*), notaire à Chartres, en 1281.

3147   Latran. 1243. 10 décembre.

(J. 696. — Bulles. Mélanges, n° 13. — Original scellé.)

Innocentius papa IV, exposito quod quidam Thomas de Pinasca, civis Januensis, sibi carus et plurimum acceptus, per mare Provinciæ navigans, ejus nave ad littus applicante, a nobili viro Petro de Acis, tunc regis Franciæ apud Belcarium senescallo, tam dicto nave quam bonis, septuaginta libras Turonensium valentibus, sine causa rationabili fuerit spoliatus, præfatum Franciæ regem attente rogat et hortatur quatinus dictum Petrum de Acis ad satisfaciendum dicto Petro de Pinasca tam de damnis quam de injuriis illatis compellere velit. — « Datum Laterani IIII. idus decembris, pontificatus nostri anno primo. — *Quia justiciam dilexisti*, etc. »

Bulle de plomb sur cordelettes de chanvre. — Voyez l'*Inventaire*, n° 6048.

3148   Latran. 1243. 12 décembre.

Litteræ Innocentii papæ IV de comite Tolosano ad gratiam Sedis Apostolicæ, rogante rege Franciæ, admisso.

(J. 352. — Bulles honorables, n° 2. — Original scellé.)

Innocentius episcopus, servus servorum Dei, carissimo in Xpisto filio regi Francie illustri, salutem et apostolicam benedictionem. — Potentatus tui soli, cui profecto Dominus benedixit in tua persona magnifica, non sine speciali dono divine gratie quasi mirifice sublimatus, strenuitate pollet pre ceteris, tuque ceteros virtutibus antecellis, cum in te mansuetudo, pietas et clementia, que solent potissime inter alia virtutum genera principes insignire, tuam quibusdam specialibus titulis excellentiam efferentes noscantur, non quale quale sed re et nomine regale hospitium invenisse qui pius in operibus, in aspectu clemens et in sermonibus dicens maxime mansuetus. — Hac siquidem consideratione inducti, etsi proponamus illustrium ac aliorum principum et nobilium atque devotorum Ecclesie personas, quantum cum Deo possumus, honorare, ad tui tamen, quem specialissimum inter alios orbis reges et principes reputamus, et regni tui jugem exaltationem eo propensius affectu intendere volumus ac effectu quo Sedes Apostolica te in suis oportunitatibus promptiorem repperit et in defensione orthodoxe fidei ac libertatis ecclesiastice precipuum defensorem. — Cum igitur dilectos filios magistros G. archidiaconum Constantiensem et Guillelmum de Lemovicis, clericos et familiares tuos, viros utique providos, sollicitos et fideles, pro negotio dilecti filii nobilis viri comitis Tholosani et quibusdam aliis nuper ad Sedem Apostolicam tua magnificentia destinarit, ipsos tanquam carissimi nostri nuntios leto vultu recepimus, et, licet eorum petitio quoad negotium ejusdem comitis gravis admodum et difficilis videretur, volentes tamen in hiis et aliis tue satisfacere voluntati, eundem comitem, devicti, prout ei viva voce diximus, precum tuarum instantia, ad gratiam Apostolice Sedis admisimus, et predictos nuntios, quos tibi de fidelitate ac circumspectione sollicita in negotiis eisdem a celsitudine tua commissis plurimum commendamus, in aliis que pro te ac tuis petere voluerunt expedivimus, prout tibi referre poterunt, facie letiori. — Quocirca serenitatem regiam duximus affectuose rogandam quatinus, de virtute proficiens in virtutem, in Apostolice Sedis devotione, tanquam murus eneus, stabilitate ac firmitate solita perseveres ut de terrene solio dignitatis ad celestis regni fastigium valeas invictissimus pervenire. Ad hec volumus et rogamus ut, de nobis plene confidens, intrepide ac secure nos in tuis oportunitatibus interpelles, quos procul dubio efficaces juxta votum senties et repperies etiam multipliciter gratiosos. — Datum Laterani, II. idus decembris, pontificatus nostri anno primo.

Bulle de plomb pendant sur cordelettes de chanvre. — Voyez l'*Inventaire*, n° 6048.

3149 Latran. 1243. 14 décembre.

Innocentius papa IV, regi Franciæ concedit ut propter participationem cum excommunicatis excommunicationem non incurrat.

(J. 684. — Bulles de priviléges, n° 29. — Original scellé.)

INNOCENTIUS episcopus, servus servorum Dei, carissimo in Xpisto filio illustri regi Francie, salutem et apostolicam benedictionem. — Progenitorum tuorum memoriam recolentes, qui fide preclari, devotione sinceri fuerunt orthodoxe fidei ac libertatis ecclesiastice precipui defensores, ac experimento tenentes quod in hiis eorum vestigia imitaris, libenter tuis votis annuimus et te in desideriis, quantum cum Deo possumus, prevenimus. — Cum igitur, sicut ex parte tua nostris est auribus intimatum, nonnulli prelati regni Francie et eorum officiales et judices a Sede Apostolica et a legatis Sedis Apostolice delegati, et executores hujusmodi personarum, cum aliquos sibi obedire nolentes vinculo excommunicationis astringunt, in participantes excommunicatis hujusmodi, non solum in crimine sed etiam alio modo, excommunicationis et interdicti presumunt sententias promulgare, tuis precibus inclinati, auctoritate tibi presentium indulgemus ut, si quando te, capellanos ac clericos tuos juratos, et familiam tuam hujusmodi excommunicatis communicare contingat, propter hoc majoris excommunicationis laqueo vel etiam interdicto nequaquam ligari possitis, dummodo non communices in crimine criminosis. — Nulli ergo omnino hominum liceat hanc paginam nostre concessionis infringere vel ei ausu temerario contraire. Si quis autem hoc attemptare presumpserit, indignationem Omnipotentis Dei et beatorum Petri et Pauli apostolorum ejus se noverit incursurum. — Datum Laterani, XVIII. kalendas januarii, pontificatus nostri anno primo.

Bulle de plomb sur lacs de soie rouge et jaune; *Inventaire*, n° 6048. — Voyez à la suite du n° 619, t. 1, p. 227, l'observation relative aux lettres pontificales scellées sur soie.

3150   Latran. 1243. 15 décembre.

Litteræ Innocentii papæ IV quibus Ludovicum regem hortatur ad regalia Joffrido Cathalaunensi electo et canonice confirmato tradenda.

(J. 696. — Bulles. Mélanges, n° 14. — Original scellé.)

Innocentius episcopus, servus servorum Dei, carissimo in Xpisto filio regi Francorum illustri, salutem et apostolicam benedictionem. — Coram illo fatemur qui testis est in celo fidelis quod personam tuam de corde puro, conscientia bona et fide non ficta diligimus, et ad profectus tuos secundum utrumque hominem, quantum cum Deo possumus, efficaciter aspiramus, sperantes nobis et ecclesie Romane accrescere quod secundum Deum votis regiis applicatur, et, si quando regie sublimitati pro aliquo dirigimus scripta nostra, non tam illius utilitatem attendimus quam salutem regiam querimus et honorem, totis desideriis affectantes ut de gratia in gratiam et de virtute proficias in virtutem, ut, placentibus Domino viis tuis, omnia tibi cooperentur in bonum, nosque in tuis laudibus merito gloriemur. — Paterne siquidem circa te sollicitudinis gerentes affectum, precum nostrarum primitias affectione plenas pro ecclesia et dilecto filio J. (Joffrido) electo Cathalaunensi, de uorum justitia nullatenus dubitamus, circa nostre promotionis initia ex multa fiducia tue magnificencie duximus destinandas. Sed, sicut eodem electo exponente didicimus, precum ipsarum effectus hactenus est dilatus, occasione sumpta, ut fertur, ex eo quod in litteris nostris regie serenitati transmissis inter cetera habebatur ut, antequam dictus electus pacificam fuerit episcopatus possessionem adeptus, nullus audiri debeat contra eum, quasi post hec contra ipsum admitti debeat contradictor. Cum enim, ecclesia ipsa vacante, et electione de ipso electo celebrata in eadem ecclesia per bone memorie H. (Henricum) Remensem archiepiscopum, prout pertinebat ad ipsum, vocatis omnibus qui vocandi fuerant, confirmata, quamquam ab eodem archiepiscopo dicerentur quidam de capitulo appellasse ac nullus de appellantibus appellationem interpositam fuerit prosecutus. Thesaurarius tamen Cathalaunensis, qui nec de appellantibus nec de contradicentibus fuerat principalis, nisus est prosequi appellationes ab aliis, ut dicitur, interjectas. — De quo cum felicis recordationis Gregorio pape predecessori nostro facta fuerit plena fides, idem predecessor, habito fratrum consilio, decrevit prefatum thesaurarium ad prosecutionem appellationum hujusmodi non esse aliquatenus admittendum. Et licet idem thesaurarius contra eundem electum coram jam dicto predecessore nostro super principali libellum duxerit porrigendum in quo dicebat electionem de ipso factam et confirmationem secutam penitus nullas esse, idem tamen predecessor, auditis hinc inde propositis coram ipso, decrevit predictum thesaurarium non esse super libello hujusmodi audiendum. — Cum igitur nuper tam ipso thesaurario quam procuratore partis alterius in nostra propter hoc presentia constitutis, et eis sufficienter et diligenter auditis, nichil rationabile contra eundem electum thesaurarius proposuit memoratus, nos, cum fratribus nostris deliberatione habita diligenti, de ipsorum omnium communi consilio premissas electionem et confirmationem ratas et gratas habentes, decrevimus eundem thesaurarium et quemlibet alium audiendos non esse de cetero contra ipsas; quin potius omnino volentes eosdem electum et ecclesiam optata pace gaudere, celsitudinem regiam sicut iterum sic attentius rogamus, monemus et exhortamur in Domino ac in puritate animi suademus quatinus, habens ad Deum puro corde respectum et anime tue salutem satagens omnibus anteferri, regalia ipsius ecclesie, cum perceptis ex eis a tempore confirmationis fructibus, facias eidem electo liberaliter assignari, cum ab illo tempore tanquam sponsus legitimus ejusdem ecclesie, utpote confirmatus ab illo quem jus confirmandi eum non est dubium habuisse, percipere potuerit et debuerit ac facere fructus suos. Nam, si bene adverteris, videbis apertius per te ipsum quod, te ad hec salubribus monitis inducendo, non tam ipsorum ecclesie et electi utilitatem quam tuum proprium prosequimur interesse, cum in detentione regalium et fructuum premissorum graviter delinquere te credamus, ac per hoc te, quem inter universos reges catholicos speciali dilectionis et gratie prerogativa prosequimur, ab hiis libenter retrahimus que saluti tue possent aliquatenus obviare. Preces autem nostras, que

3151 1243. Décembre.

(J. 195. — Champagne, III, n° 25. — Original.)

Coram R. (Radulfo de Rumilliaco) decano et magistro Nicholao officiali Trecensi, Odo de Claromonte, miles, recognoscit se triginta tres libras, sex solidos et octo denarios, quas et quos annuatim, pro feodo suo, medietatem in nundinis Barri apud Barrum et aliam medietatem in nundinis S. Remigii Trecensis apud Trecas, a rege Navarræ percipiebat, viro venerabili Johanni decano B. Quiriaci Pruvinensis et Roberto de Alneto, domini regis Navarræ cambellano, nomine ejusdem regis ementibus, pro trecentis libris Pruvinensium vendidisse, de quibus dictus Petrus de Corpalaio se tenuit coram predictis plenarie pro pagato. — « In quorum testimonium, presentibus litteris sigilla nostra duximus apponenda. Actum anno Domini millesimo ducentesimo quadragesimo tercio, mense decembri. »

Traces de deux sceaux pendants sur double queue. — Les sceaux de Raoul de Rumilly, doyen de l'église de Troyes, et de maître Nicolas, official de la même église, n'existent plus aux Archives.

3152 1243. Décembre.

(J. 203. — Champagne, XI, n° 51. — Original.)

Coram Richardo Maurimontis abbate et Ponchardo decano christianitatis de Ponte, Petrus de Corpalaio, miles, castellanus Sanctæ Manehildis, et Ysabellis uxor ejus recognoscunt se quidquid juris habebant in macello Pruvinensi et in obolis carnificum Pruvinensium illustri viro Th. regi Navarræ, Campaniæ et Briæ comiti palatino, vendidisse et pretium dictæ venditionis (non aliter expressum) recepisse. — « Quod ut ratum et firmum permaneat, ad petitionem dicti militis et ejus uxoris, presentes litteras sigillorum nostrorum munimine fecimus roborari. Actum anno Domini M° CC° XL° tercio, mense decembri. »

Traces de deux sceaux pendants sur double queue. — Les sceaux de Richard, abbé du monastère de Moiremont, diocèse de Châlons-sur-Marne, et celui de Ponchard, doyen de Pont-sur-Seine, n'ont pas été retrouvés.

3153 1243. Décembre.

(J. 259. — Cluny, n° 1. — Copie authentique.)

Juramentum Hugonis ducis Burgundiæ, Cabilonensis comitis, quo, super sancta Dei Evangelia, a se servanda promittit privilegia ab antecessoribus suis comitibus Cabilonensibus monasterio Cluniacensi pro ecclesiis de Paredo et de Tholon concessa. — « In cujus rei testimonium, presenti scripto sigillum meum apposui. Actum et datum anno incarnationis M° CC° XL° tertio, mense decembri. »

Vidimus délivré en 1253, le vendredi avant la Pentecôte (6 *juin*), par Guillaume, abbé de Cluny.

3154 1243. Décembre.

Eblo de Rupeforti fortericiam suam de Torz regi Franciæ et comiti Pictavensi, ad eorum beneplacitum, tradendam promittit.

(J. 400. — Promesses, n° 43. — Original.)

Universis presentes litteras inspecturis vel audituris, Eblo de Rupeforti, miles, salutem et dilectionem. — Noverint universi quod ego, in presencia Ade Panetarii, ballivi domini comitis Pictavie in Pictavia, juravi domum meam de Torz et fortericiam domino regi Francie et suis heredibus pro necessitate sua tradere quocienscumque ab ipso domino rege vel suis heredibus vel suo mandato fuerim requisitus, salvo jure domini episcopi Engolismensis et meo et heredum dicte domus. — Similiter juravi dictam domum de Torz domino Alfonso, filio regis Francie, comiti Pictavie, et suis heredibus pro necessitate sua tradere quocienscumque ab ipso domino comite Pictavie sive suis heredibus vel eorum certo mandato fuerim requisitus, salvo jure domini regis, domini episcopi Engolismensis et salvo jure meo et heredum domus superius nominate. — In cujus rei testimonium, presentes litteras sigilli mei munimine roboravi. — Actum anno Domini M° CC° quadragesimo tertio, mense decembri.

Traces de sceau pendant sur simple queue. — Le sceau d'Eble de Rochefort n'a pas été retrouvé.

3155 Buzet. 1243.

(J. 328. — Toulouse, XIX, n° 19. — Original roman.)

Acte, divisé par A. B. C., du bail à cens d'une terre située à Buzet, sur la rive du Tarn, jouxte le ruisseau de Merdairol; ledit bail consenti par Arnaud, abbé de Gaillac (*Guallac*), du consentement de son chapitre, à Espanghol, à Jorda son fils, et à leurs héritiers. — « Testimoni : W. de S. Jolia, Lo Morgue, B. Coc, en Esteve Biguora, B. de Boiguas, en Uc de Pradas. Data a Buzet, anno Domini M° CC° XL° III°. R. Sarrazi, scripsit et vidit. »

3156   Latran. 1244. 7 janvier.

Litteræ Innocentii papæ IV Avinionensi electo ut absolutioni Raimundi comitis Tolosani per diœcesim suam publicandæ studeat.

(J. 447. — Croisades, 1er sac, n° 40. — Original scellé.)

Innocentius episcopus, servus servorum Dei, dilecto filio [Zoën] electo Avinionensi, Apostolice Sedis legato, salutem et apostolicam benedictionem. — Pacem habere cum omnibus, si fieri potest, juxta verbum apostoli cupientes, libenter ad ejus federa flectimur reconciliando nobis quoslibet discordantes, maxime pro quibus celsitudo regia intercedit, et ad reducendam more boni pastoris humeris nostris ad caulam inventam ovem, quam perdidisse videbamur, hactenus inclinamur. — Cum igitur dilectus filius nobilis vir [Raimundus], comes Tholosanus, visus fuerit ab olim Apostolice Sedis gratiam non habere, et nunc ad eam captandam totis viribus satagens, ac se offerens, non sine multa intercessione, promptum ad nostra beneplacita et paratum, apud nos et fratres nostros fultus suffragio precum carissimi in Xpisto filii nostri [Ludovici], regis Francie illustris, humiliter institerit et devote, licet crederetur quod ad quamcumque frequentem ejus instantiam non deberemus ex ipsius natura negotii de facili inclinari, illius tamen exemplo cujus sumus, licet immeriti, vicarii constituti, qui, cum iratus fuerit, non obliviscitur misereri neque claudit redeunti gremium set expandit ei serenus clementia solita brachia in amplexum, predictum comitem, ad preces ejusdem regis, ab omnibus excommunicationum sententiis in eum cujuscumque auctoritate prolatis per venerabilem fratrem nostrum [Marinum] archiepiscopum Barensem, de consilio fratrum nostrorum, absolvi juxta formam Ecclesie fecimus, et excommunicationis sententiam, m ipsum per fratres Ferrarium et G. Raimundi, ordinis Predicatorum, inquisitores contra hereticos auctoritate Sedis Apostolice deputatos, promulgatam, ut dicitur, quam idem comes asserit nulla esse, relaxari ad cautelam antequam ad presentiam nostram accederet, secundum consuetudinem dudum in Romana ecclesia observatam, receptis prius ab eo obligatione terre sue de parendo super hiis mandatis Ecclesie ac juratoria cautione pro quibus plenarie observandis ac satisfactione prestanda illis pro quibus late fuerunt predicte sententie, si eas apparuerit juste latas, quibusdam certis personis, de quorum providentia indubitatam fiduciam gerimus, litteras apostolicas destinamus. — Cumque idem comes absolutus ad nostram presentiam in humilitatis ac devotionis spiritu postmodum accessisset, ipsum facie serena recepimus, et, tractantes eundem benignitate mansuetudinis consueta, cum, interventionis prefati regis obtentu, considerato etiam quod idem, cum non parvum locum inter alios principes orbis optineat, Ecclesie potest sua strenuitate, potentia et industria esse utilis et non mondicum (*sic*) fructuosus, ad gratiam Apostolice Sedis, de Predictorum fratrum consilio, duximus admittendum. — Quocirca discretioni tue per apostolica scripta mandamus quatinus eundem comitem denuncties et denuntiari per tuam civitatem et diocesim facias publice absolutum, et, ipsum prosequens affectione paterna, eum hac occasione molestari ab aliquo non permittas. — Datum Laterani, VII. idus januarii, pontificatus nostri anno primo.

Bulle de plomb sur cordelettes de chanvre. — Voyez l'*Inventaire*, n° 6048.

3157   1243-44. Janvier.

(J. 195. — Champagne, III, n° 22. — Original.)

Vincentius abbas Miratorii et totus ejusdem loci conventus notum faciunt se, pro utilitate ecclesie sue, et annuente Bonefacio Cisterciensi abbate, nobili viro J. castellano Noviomensi et Torotæ et viro venerabili Johanni Pruvinensi decano, nomine Theobaldi regis Navarræ, Campaniæ et Briæ comitis palatini, ementibus vendidisse viginti libras Pruviniensium annui redditus, quas in nundinis Trecensibus S. Johannis, ex dono Scolasticæ, quondam comitissæ Viennensis et Matisconensis, filiæ Henrici quondam comitis Campaniæ, possidebant. — « Nos vero predictus conventus, quia sigillum auctenticum non habemus nisi sigillum abbatis nostri, juxta consuetudinem ordinis nostri, venditionem predictam, sigillo predicti patris et abbatis nostri roboratam, firmam et gratam et acceptam habemus. In horum autem omnium testimonium, presentes litteras nos predicti abbas et conventus sigilli nostri appensione roboravimus. Datum anno Domini M° CC° quadragesimo tertio, mense januario. »

Traces de sceau pendant sur simple queue. — Le sceau de Vincent, abbé de Notre-Dame du Miroir, au diocèse de Lyon, n'a pas été retrouvé.

3158   1243-44. Janvier.

(J. 195. — Champagne, III, n° 74. — Original.)

Litteræ Vincentii abbatis Miratorii, ejusdem argumenti et formæ. — « In cujus rei testimonium, presentes litteras sigilli nostri appensione roboravimus. Actum anno Domini M° CC° quadragesimo tertio, mense januario. »

Voyez l'observation précédente.

3159   1243-44. Janvier.

(J. 203. — Champagne, XI, n° 48. — Original scellé.)

R. abbas totusque conventus Bonevallis recognoscunt se furnum dictum de Bordis, quem apud Pruvinum habebant, Johanni decano S. Quiriaci, nomine regis Navarræ ementi, pro quinquaginta libris Pruvinensium vendidisse. — « In cujus rei testimonium et munimen, litteras nostras dedimus sigillorum nostrorum munimine roboratas. Datum anno Domini M° CC° XL° tercio, mense januario. »

Deux sceaux en cire verte sur double queue. — Le sceau de R., abbé de Bonneval, au diocèse de Chartres, est décrit dans l'*Inventaire* sous le n° 8561; celui du monastère, dont il ne reste plus ici qu'un fragment, sous le n° 8161, d'après un type appendu à un acte daté de 1265.

3160   Paris. 1243-44. Février.

(J. 191. — Poitou, I, n° 109. — Original.)

Gaufredus de Rancone miles, dominus Taleburgi, notum facit se karissimo domino et amico suo Alfonso, filio regis Franciæ, comiti Pictavensi, homagium ligium contra omnes homines et feminas qui possunt vivere et mori præstitisse de Parteneyo et pertinenciis, tanquam de ballo, et insuper promisisse castrum Partenei et alias forteritias, quod et quas ratione balli de præfato comite tenet, a se ei ad magnam vim et parvam, quotienscumque de hoc requisitus fuerit, esse reddenda. — « Actum Parisius, anno Domini M° CC° quadragesimo tercio, mense februarii. »

Traces de sceau pendant sur double queue. — Le sceau de Geoffroy de Rançon, seigneur de Taillebourg, n'existe plus aux Archives.

3161   1243-44. Février.

(J. 202. — Champagne, X, n° 22. — Original.)

Galterus dominus de Ardilleriis recognoscit se quidquid habet apud Blesiam villam sitam juxta Ardillerias, de comite Campaniæ, Navarræ rege, plane et principaliter tenere. — « Actum anno Domini M° CC° XL° tercio, mense februi (*sic*). »

Traces de sceau pendant sur double queue. — Le sceau de Gautier, sire d'Arzillières, en Champagne, est décrit dans l'*Inventaire* sous le n° 1214.

3162   1243-44. 12 mars.

Juramentum fidelitatis a Narbonensibus domino regi præstitum.

(J. 310. — Toulouse, V, n° 22. — Original scellé.)

Noverint universi presentes literas inspecturi quod nos consules civitatis et burgi Narbone, videlicet, Bernardus de Bogis, Petrus Jordana, Petrus Raimundi de Montebruno pelliparius, Guillelmus de Montepessulano sartor, Guillelmus de Teuleria, Petrus de Fraxino, Raimundus de Dente, Guillelmus de Mata sutor, Guillelmus de Ecclesia faber, Petrus Davini; et nos concives Narbonenses, videlicet, Bernardus de Sancto Stephano, Johannes Amelius, etc. etc. (*Sequuntur centum et quindecim circiter nomina civium Narbonensium*), et tota universitas et singuli de universitate, de voluntate et mandato speciali et expresso domini nostri Amalrici, Dei gratia vicecomitis Narbone, et in presentia ejusdem, promisimus per nos et per totam universitatem et singulos de universitate civitatis et burgi Narbone, et tactis sacrosanctis Evangeliis juravimus illustri domino Ludovico, Dei gratia Francorum regi, quod ipsum et heredes suos salvabimus et custodiemus contra omnes homines qui possunt vivere et mori, et salvabimus et custodiemus gentes ipsius et honorem ipsius et jura ipsius et heredum suorum; et, si dictus dominus Amalricus de Narbona vel heredes ejus venerint contra ipsum vel heredes ejus, nos tenebimus nos cum ipso et heredibus suis contra eundem dominum Amalricum et heredes ipsius. — In cujus rei testimonio, presentem paginam et omnia, sicut superius dicta sunt, nos consules civitatis et burgi Narbone sigillorum nostrorum munimine fecimus roborari. — Actum est in festo Beati Gregorii, anno Domini M. CC. XL. tertio, regnante Ludovico rege, mense marcii, in presentia Petri Ernancuria, Odardi de Villaribus et Johannis clerici, qui, ad recipienda juramenta predicta, a domino rege Francorum fuerant specialiter destinati.

Deux sceaux en cire blonde sur cordelettes de soie rouge. Le sceau de la cité de Narbonne (second sceau) est décrit dans l'*Inventaire* sous le n° 5651; celui du bourg (second sceau), sous le n° 5653.

3163 Narbonne. 1243-44. 14 mars.

Litteræ Petri archiepiscopi Narbonensis pro absolutione R. comitis Tolosani.

(J. 306. — Toulouse, III, n° 75. — Original.)

Noverint universi presentes litteras inspecturi quod nos P. (Petrus), Dei gratia Narbonensis archiepiscopus, absolvimus secundum formam Ecclesie nobilem virum R. (Raimundum) comitem Tholose ab omnibus excommunicationum sentenciis a nobis vel a suffraganeis nostris, vel aliis de mandato nostro vel nomine nostro, contra eundem comitem promulgatis, et nominatim a sententiis a nobis, vel aliis nomine nostro vel mandato nostro, contra eundem comitem latis occasione dampnorum datorum nobis et hominibus nostris et injuriarum illatarum nobis et hominibus nostris, et occasione fracte pacis vel quacumque alia ratione; volentes et mandantes ut a predictis sentenciis denuncietur publice absolutus. — In cujus rei testimonium, presentes literas sigilli nostri munimine roboratas eidem comiti duximus concedendas. — Datum Narbone, anno Domini M° CC° XL. III, II. idus marcii.

Traces de sceau pendant sur double queue. — Le sceau de Pierre III Amiel, archevêque de Narbonne, est décrit dans l'*Inventaire* sous le n° 6325.

3164 Montpellier. 1243-44. 18 mars.

Statutum consulum Montispessulani de officio consulis majoris in electione consulum.

(J. 339. — Montpellier et Maguelone, I, n° 23. — Copie ancienne.)

Cum juxta verbum jurisconsulti edictum suum comendantis, cum dicit : « *Hoc edictum non indiget comendatione, ipsum et enim se ostendit,* » merito similiter dici possit consuetudinum et libertatum Montispessulani utilitatem comendatione minime indigere, cum ipsa utilitas ipsarum libertatum clarius se ostendat, que omnes Montispessulani habitatores quasi naturali restituunt libertati, et ipsarum libertatum et consuetudinum cura et sollicitudo, licet omnes tangat, Montispessulani tamen consulibus specialiter pertineat. Quibus consulibus plena potestas data est et concessa statuendi, distringendi et corrigendi ea omnia que eis visa fuerint ad utilitatem comunitatis Montispessulani pertinere, et ipsi hiidem consules ex debito sui oficii teneantur dictam comunitatem fideliter consulere et eidem utiliter providere. — Ideo in nomine Domini nostri Jhesu Xpisti, nos consules Montispessulani, Petrus de Murlis, P. Luciani, Berengarius Atbrandi, Bernardus Carbonelli, Firminus Dieus-lo-fes, B. de Montanhaco, B. Ugo, Firminus Cabal, Johannes de Morezio, Durantus Guiraudi, G. de Calvinhaco et B. Crispini, utilitati rei publice providentes, Altissimi subsidio invocato, primitus habito consiliariorum nostrorum et officiorum consulum concessu, et cum eisdem diligenti consilio et tractatu, statutum infrascriptum facimus atque promulgamus perpetuo valiturum, videlicet, quod quicumque deinde aliquo tempore in futurum electus fuerit in consulem majorem Montispessulani, juret, et jurejurando promittat in principio sui regiminis, quando faciet publice aliut sacramentum quod consules facere consueverunt, quod ipse, omni fraude exclusa, intererit proxime subsequenti electioni que fiet consulum futurorum, et in ea se habebit secundum quod in consuetudine faciente mentionem de electione consulum, quomodo scilicet debeat fieri, continetur; et nullo modo nulla que occasione vel causa, cum ipse et alii secum consules et electores pro facienda dicta electione fuerint congregati, recedet a loco quo fuerint congregati donec ipsa electio penitus fuerit adimpleta, nisi forte tempore dicte electionis a Montepessulano absens esset, vel infirmitas sui corporis aut justa causa alia impediret. — Et hoc iddem statuimus et observari precipimus in personis illorum VII. virorum qui erunt electi ad faciendam cum consulibus electionem consulum, ut dictum est. — Et si forte ausu temerario aliquis sive aliqui de consulibus vel de VII. electoribus contra fecerint vel contra facere temptaverint, aut se fraudulenter subtraxerint ab officio et aministratione consulatus, si consul vel consules fuerint, et officio electionis, si elector vel electores fuerint, postquam juraverint, tamquam perjuri et infames illico removeantur, et remoti ipso facto intelligantur, nec deinceps tempore aliquo in consulem vel electorem, sed neque in consiliarium aut operarium aut officii sui consulem eligatur neque aliquatenus assumatur, nichilominus tamen per omnia valente et in sua firmitate, omni sublato ostaculo, permanente electione, videlicet que per alios consules et electores fiet et fieri statuimus. — Acta et promulgata sunt hec sollempniter, in domo consulatus Montispessulani, anno Dominice incarnationis millesimo ducentesimo quadragesimo tercio, quinto decimo kalendas aprilis, in presentia et testimonio Thome de Conchis, Petri Salvaire, G. Lanberti, G. Ymberti, R. Atbrandi, Ugonis Polverelli, B. Petri, G. Johannini, Johannis Tabernarii, S. Gassa, B. Frotgerii, R. de Mirabello, Stephani de Porta, G. de Vineis, Rainaldi Fabri, Petri de Rippa, Johannis de Cocone, notarii, et plurium aliorum consulum officiorum et aliorum, et Bertrandi Arnaldi notarii qui, mandato dictorum dominorum consulum, hoc scripsit.

<small>Extrait du fragment de cartulaire intitulé *Liber de consuetudinibus et libertatibus ville Montispessulani*, fol. 14 v°, col. 1. — Voy. sur ce document la note placée en bas de page, t. I, p. 255.</small>

3165 Penne. 1243-44. Dimanche 20 mars.

(J. 305. — Toulouse, III, n° 37. — Original scellé.)

Juramentum consulum Pennæ Agennensis, videlicet, Hugonis Pelliparii, Virgilii Ramundi, Bernardi de Vila de Molans, B. Barrau, P. Willelmi, B. Martini, proborum hominum et aliorum ejusdem villæ, a quindecim annis et supra, de pace Parisiensi fideliter servanda.— « In cujus rei testimonium, nos, predicti consules et homines de Penna, universi et singuli, presentem paginam sigillo nostro communitatis seu universitatis nostre facimus sigillari. Actum est apud Pennam, anno Domini M° CC° XL° tercio, dominica in Passione Domini, mense marcii. »

<small>Sceau de la ville de Penne en Agenois (Lot-et-Garonne), arr. de Villeneuve-sur-Lot); cire blonde sur ruban de soie rouge et jaune; décrit dans l'*Inventaire* sous le n° 5571. — Voy. l'observation à la suite du n° 3011.</small>

3166 Port-Sainte-Marie. 1243-44. Dimanche 20 mars.

(J. 306. — Toulouse, III, n° 76. — Original scellé.)

Juramentum consulum de Portu S. Mariæ, videlicet, Bernardi de Prissac, Petri Mealha, Bernardi de Riparia, W. de Molendino, Seguini de Boveria, Vitalis de Munaus, proborum hominum, nec non aliorum ejusdem villæ a quindecim annis et supra, de pace Parisiensi fideliter servanda. — « In cujus rei testimonium, nos predicti consules et homines de Portu Beate Marie, universi et singuli, presentem paginam sigillo nostro communitatis seu universitatis nostre sigillamus. Actum est apud Portum Beate Marie, anno Domini M° CC° tercio, dominica in Passione Domini, mense marcii. »

<small>Sceau de la ville de Port-Sainte-Marie, en Agenois (Lot-et-Garonne, arrondissement d'Agen); cire blonde sur lacet de soie rouge, blanche et jaune; décrit dans l'*Inventaire* sous le n° 5572.</small>

3167 1243-44. Mercredi 23 mars.

(J. 197. — Champagne, V, n° 57. — Original scellé.)

Alanus de Roceyo, miles, notum facit se domino suo Theobaldo Navarræ regi, Campaniæ et Briæ comiti, pro centum et decem libris Pruvinensium, vendidisse medietatem cujusdam nemoris, cum ejusdem tresfundo, quod quidem nemus, Grossa silva nominatum et desuper Jonquery situm, de eodem rege in feodum tenebat; item recognoscit a se quemdam hominem suum de corpore nomine Perrotum, dictum Botesac, de Castellione super Marnam, præfato rege donatum fuisse. — « In cujus rei testimonium, presentes litteras sigilli mei munimine feci roborari. Actum anno Domini M° CC° XL° tercio, mense marcio, die mercurii ante Annunciationem Dominicam. »

<small>Sceau d'Alain de Roucy, chevalier; cire blanche, double queue; décrit dans l'*Inventaire* sous le n° 3465.</small>

3168 1243-44. 25 mars.

(J. 305. — Toulouse, III, n° 36. — Original scellé.)

Juramentum consulum Castri Sarraceni, videlicet, Guillelmi de Baretges et Raimundi Paga, proborum hominum, nec non totius universitatis dicti castri, de pace Parisiensi fideliter servanda. — « In cujus rei testimonium, nos predicti consules et homines de Castro Sarraceno, universi et singuli, presentem paginam sigillo nostro comunitatis seu universitatis nostre fecimus communiri. Actum est anno Domini M° CC° XL° III°, mense martii, in festo Annunciationis Beate Marie. »

<small>Sceau de la ville de Castel-Sarrasin (Tarn-et-Garonne); cire blonde sur ruban de soie rouge et jaune; *Inventaire*, n° 5627.</small>

3169   1243-44. Samedi 26 mars.

(J. 306. — Toulouse, III, n° 77. — Original scellé.)

Juramentum consulum de Marmanda, videlicet, Guillelmi de la Rived, Petri de Baissag, Guillelmi Petri, Guillelmi de Lenderuad, Petri de Sancto Nicolao, Petri Vidalis, Raimundi Mercer et Johannis de Fara, proborumque hominum de Marmanda, nec non universitatis ejusdem villæ a quindecim annis et supra, de pace Parisiensi fideliter servanda. — « In cujus rei testimonium, nos predicti consules et homines de Marmanda, universi et singuli, presentem paginam sigillo nostro comunitatis seu universitatis nostre sigillamus. Actum est anno Domini M° CC° XL° tercio, sabbato post Annuntiacionem Beate Marie, mensis marcii. »

Sceau de la ville de Marmande en Agenois (Lot-et-Garonne); cire blonde sur lacets; décrit dans l'*Inventaire* sous le n° 5570.

3170   Nîmes. 1243-44. Dimanche 27 mars.

(J. 305. — Toulouse, III, n° 49. — Original.)

Juramentum Ugonis comitis Rutenensis, de pace Parisiensi fideliter servanda. — « In cujus rei testimonium, presentes litteras sigilli nostri munimine fecimus roborari. Datum Nemausi, anno Domini M° CC° quadragesimo tercio, dominica in Ramis palmarum. »

Traces de sceau pendant sur simple queue. — Le sceau de Hugues IV, comte de Rodez, est décrit dans l'*Inventaire* sous le n° 1111, d'après un type apposé à un acte daté de 1265.

3171   Mezin. 1243-44. 30 mars.

(J. 305. — Toulouse, III, n° 35. — Original scellé.)

Juramentum consulum burgi de Medicino, videlicet, Bernardi de Colemario, Petri Serra, A. de Monteacuto, Petri Furted, proborum hominum et universitatis dicti castri, a quindecim annis et supra, de pace Parisiensi servanda. — « In cujus rei testimonium, nos predicti consules et nos homines de Medicino, universi et singuli, presentem paginam sigillo nostro comunitatis seu universitatis nostre sigillamus. Actum est apud Medicinum, anno Domini M° CC° XL° tercio, mense marcii, III° kalendas aprilis. »

Sceau de la ville de Mezin, dans le Condomois (Lot-et-Garonne); cire blonde sur lacs de soie rouge; décrit dans l'*Inventaire* sous le n° 5561.

3172   1243-44. Mars.

(J. 197. — Champagne, V, n° 58. — Original.)

Coram magistro Michaele de S. Dionysio, canonico et officiali Remensi, Alanus de Rocy, miles, et coram clerico curiæ Remensis ad hoc specialiter destinato, Eustacia dicti militis uxor, recognoscunt se, pro centum et decem libris Pruvinensium, domino Theobaldo, Navarræ regi, Campaniæ et Briæ comiti palatino, vendidisse medietatem cujusdam nemoris cum tresfundo et quidquid in eodem habebant. Quod quidem nemus nuncupatum Grossa silva et situm desuper Jonquery a præfato Alano de dicto rege in feodum tenebatur. — « In cujus rei testimonium, presentes litteras sygillo metropolitane sedis Remensis vacantis fecimus roborari. Actum anno Domini M° CC° quadragesimo tercio, mense marcio. »

Traces de sceau pendant sur double queue. — Le sceau dont on s'est servi pendant la vacance du siége archiépiscopal de Reims, depuis la mort de Henri II (6 juillet 1240) jusqu'à la nomination de l'archevêque Juhel, qui, en 1244, quitta le siége archiépiscopal de Tours pour occuper celui de Reims, n'a pas été conservé.

3173   1243-44. Mars.

(J. 160. — Senlis, I, n° 3. — Original scellé.)

Coram magistro Th. de Monte, officiali Suessionensi, Adam Cayn et domicella Gila, ejus uxor, recognoscunt se redditum quem habebant in traverso præpositurae Petræfontis, usque ad septuaginta solidos Parisienses annui redditus valentem, et quatuor solidatas Parisienses minuti census ibidem siti, illustrissimæ B. (Blanchæ) Franciæ reginæ pro sexaginta libris Parisiensium vendidisse, de quibus sibi fuit satisfactum in pecunia numerata. — « In cujus rei testimonium, presentes litteras, ad peticionem dictarum partium, sigilli curie Suessionensis munimine roboravimus. Actum anno Domini M° CC° XL° tercio, mense marcio. »

Sceau de l'officialité de Soissons; cire verte, sur tresses de soie rouge; décrit dans l'*Inventaire* sous le n° 7026.

3174   1243-44. Mars

(J. 163 A. — Valois, I, n° 4. — Original scellé.)

Coram magistro Th. de Monte, officiali Suessionensi, Johannes de Eschamend, armiger, et domicella Ruessa, ejus uxor, qui redditum, quem Adam Cayn et Gila de Mongobert in traverso Petræfontis habebant, eisdem in donum propter nuptias contulerant, præcedentem venditionem a præfatis Adam et Gila illustrissimæ dominæ Blanchæ Franciæ reginæ factam, se ratam et gratam habere declarant. — « In cujus rei testimonium, presentes litteras, ad instanciam dictarum parcium, sigilli curie Suessionensis munimine roboravimus. Actum anno Domini M° CC° XL° tercio, mense marcio. »

Sceau de l'officialité de Soissons, en cire verte sur lacs de soie rouge; *Inventaire*, n° 7026.

3175   Saint-Sulpice. 1243-44. 1er avril.

(J. 314. — Toulouse, VII, n° 26. — Original.)

Instrumentum quo Petrus de Durbanno de Monteacuto spontanea sua voluntate recognoscit se quartam partem castri de Monteacuto et totius tenementi de domino suo Ramundo comite Tolosæ, marchione Provinciæ, ratione partis quam dictus comes habet in dominio Altæripæ, in feodum tenere sicut antecessores sui ab antecessoribus prædicti comitis ex antiquo tenuerunt; nec non de eodem comite se castellum castri Verduni et castrum de Larbont tenere, pro quibus feodis ei homagium ligium et juramentum fidelitatis forma solemni præstat. Quo recepto, dictus comes præfato Petro de Durbanno solemniter promittit quod prædicta feuda e manu sua nunquam alienabit, et tam feodatarii personam quam ejus bona et jura deffendet et sub sua protectione manutenebit. — « Acta sunt hec apud Sanctum Sulpicium, primo die aprilis, regnante Lodoico Francorum rege, et eodem domino Raimundo Tholose comite, et Raimundo episcopo, anno M° CC° XL° tertio, ab incarnatione Domini. Testes presentes interfuerunt : Dominus R. (Raimundus) episcopus Tholosanus, R. (Raimundus Escrivanus) prepositus S. Stephani Tholose, B. (Bernardus) abbas Bolbone, magister W. Arnaldi archidiaconus Lantarensis, Wilelmus Isarnus clericus archipresbyter de Rivis, dominus Rogerius Convenarum comes Palharensis, Petrus vicecomes Lautricensis, Petrus de Tholosa, Geraldus de Rosergue, Petrus Martini de Castro-novo, Poncius Astoaudi, Poncius Grimoardi, Sicardus Alamanni, R. Herveus, Petrus Rogerius de Cabaretz, Johannes Aurioli, W. de Paulino, Bernardus Capellus, Berengarius Alamanni, Raynes Sacerdos, R. Saissetus, Bertrandus de Montibus, etc., *decem alii*, et ego Bernardus Aimericus publicus Tholose notarius qui, mandato ipsius domini comitis et dicti Petri de Durbanno, hanc cartam scripsit. »

3176   Buzet. 1244. 11 avril.

(J. 330. — Toulouse, XXI, n° 22. — Original roman.)

Acte par lequel Bertran Bofilhs et Gnautier Guitart déclarent vendre au seigneur Raimond, comte de Toulouse et marquis de Provence, moyennant cccc. sous Toulousains, tout ce qui leur appartient en la seigneurie de Gemil (*Jemeilh*). — « Ad aiso foro testimonhi apelag o pregag d'ambas partz : Durantz lo capelas de Buzet, en P. de Fas, en Rauli lo Belsador, en Amblart, en P. Vifranc *et octo alii*. Aiso fo fag el castel de Buzet, xi° die intrante aprili, anno Domini M. CC. XL. IIII. Johans de Malaura, publicus notarius de Rabastenxz, hoc vidit et audivit et scripsit et signavit. » (*Hic signaculum notarii.*)

3177   1244. Vendredi 22 avril.

(J. 324. — Toulouse, XV, n° 18. — Original.)

Instrumentum quo notum fit quod Belidus judæus debet et convenit reddere et persolvere Guidoni de Turribus LXXXX. solidos Tolosanos in venienti festo Sanctæ Mariæ augusti. In qua solutione si deficeret, ad II. denarios Tolosanos de pena pro unaquaque die solvendos teneretur. Pro hujusce debiti securitate, præfatus Belidus omnes illos maloles et terras, quos et quas apud curiam quæ fuit Bertrandi de Gavarerio, et apud Celatam quam a domino Poncio de Pinu feualiter tenebat, in posse et in pignus et in corporalem possessionem præfati sui creditoris mittere declarat. — « Hoc actum fuit VIIII° die exitus aprilis, feria VI°, regnante Lodoico rege Francorum, et Raimundo Tolosano comite, et Raimundo episcopo, anno M° CC° XL. IIII, ab incarnatione Domini. Hujus rei sunt testes : Arnaldis et ejus frater Bertrandus de Turribus, et Raimundus Laurentius de Ponte, et Petrus Willelmus de Sancto Romano, et R. de Fraga, et Bruno Borellus, qui cartam istam scripsit. »

3178   1244. 25 avril.

(J. 327. — Toulouse, XVIII, n° 22. — Original.)

Instrumentum quo constat Gualhardum Azemarium et ejus consanguineos, Ramundum et Bertrandum Azemarium, nec non Ramundum de Solario, totum honorem de Forest et de Rodesia, id est omnes terras quas possidebant inter rivum de Pulcromonte et rivum de Marinhol, domino Sicardo Alamanni et ejus ordinio vendidisse et perfectæ venditionis titulo tradidisse. — « Hoc fuit factum VI. die exitus mensis aprilis, regnante Lodovico Francorum rege, R. Tholosano comite, R. episcopo, anno ab incarnatione Domini M° CC° XL° quarto. Hujus rei sunt testes : Rogerius de Palaiscio, et Poncius Johannes Cervunius, et Ramundus Escaldatus, *tres alii*, et Guillelmus Vitalis Parator qui cartam istam scripsit. »

3179   Bessières. 1244. Avril.
Lundi 4, 11, 18 ou 25 avril.

(J. 325. — Toulouse, XVI, n° 43. — Original roman.)

Acte, divisé par A. B. C., de la vente d'une pièce de vigne (*mailol*) située à Vertmats; lad. vente consentie par Wuidals de Bessières (*Veseiras*) à R. Augier de Buzet, à sa femme et à leurs héritiers. — « Testes : N Azemar lo capela de Veseiras, e R. Amaneu, e B. Grimaut, e R. Faure, e W. Repolleir, escriva communal de Veseiras, que aqesta carta escrius, el mes d'abril, feria II, anno Domini M. CC. XL. IIII. ans, reinan Lodoic lo rei, etc.... E aiso fo faig a Veseiras el pla, denant l'obrador Peire de Lobaresas. »

3180 Bessières. 1244. Avril.
Lundi 4, 11, 18 ou 25 avril.

(J. 325. — Toulouse, XVI, n° 53. — Original roman.)

Acte divisé, en haut et en bas, par A. B. C., du bail à cens ou enfieffement de la terre de l'Abreuvoir (*del Abeurador*) sise au territoire de Bessières (*Veseiras*); led. bail consenti par W. de Gamevila et W. Capels de Bessières à Ar. d'en G. B. et à ses héritiers. — « Testes sunt : Bar de Monberteir, e W. Delmas, e Miqel Maiestre, e W. Repolleir, escrivas comunals de Veseiras, que aqesta carta escrius, el mes d'abril, feria II, anno Domini M. CC. XL. IIII, reinan Lodoic, etc... E aiso fo faig a Veseiras, denant la sala del seinor Bertran de Veseiras. »

3181 1244. Avril.
Lundi 4, 11, 18 ou 25 avril.

(J. 325. — Toulouse, XVI, n° 48. — Original roman. = n° 3. 1. — Copie.)

Acte, divisé par A. B. C., de l'accord intervenu entre W. de Gamevila et W. Capels de Bessières (*Veseiras*) pour le partage de la terre qu'ils possédaient entre *la nauza de la gariga e Tarn*. — « Testes sunt : N Azemar lo capela de Vesciras, e R. Amaneu, e Bernat Grimaut, *quatuor alii*, e W. Repolleir, escrivas comunals de Veseiras, que aquesta carta escrius, el mes d'abril, feria II, anno Domini M. CC. XL. IIII. ans, reinan Lodoic lo rei, etc... E aiso fo faig sus elas sobredichas terras. »

3182 Buzet. 1244. 16 mai.

(J. 327. — Toulouse, XVIII, n° 18. — Original roman.)

Acte, divisé par A. B. C., du bail d'une pièce de vigne et d'une terre situées à la Fereira ; led. bail consenti par Vidal Borgarel, Aimeric Borgarel, son frère, et Martin de Raust, leur cousin, à P. Izarnh, dame Ramonde, femme d'icelui, et à leurs enfants et successeurs. — « Testimonhi : P. Vifranc, en de Cashare, en W. Sabatier, en B. de S. Marsal. Aiso fo fag el castel de Buzet, XVI° die intrante madii, anno Domini M. CC. XL. IIII. Johans de Malaura, publicus notarius de Rabastenxz, hoc vidit et audivit et scripsit et signavit. » (*Locus signaculi.*)

3183 Buzet. 1244. 16 mai.

(J. 327. — Toulouse, XVIII, n° 19. — Original roman.)

Acte, divisé par A. B. C., du bail à cens d'un pré situé à *la nauza de roca* ; ledit bail consenti par Vidal Borgarel et Aimeric Borgarel, son frère, à P. Izarnh, à dame Ramonde, femme d'icelui, et à leurs enfants et successeurs. — « Testimonhi : P. Gasc, en B. de Sainh Marsal, en P. W. Gasto, en Esteve de la Costa. Aiso fo fag el castel de Buzet, XVI° die intrante madii, anno Domini M. CC. XL. IIII. Johans de Malaura, publicus notarius de Rabastenxs, hoc vidit et audivit et scripsit et signavit. » (*Hic signaculum notarii.*)

3184 Latran. 1244. 17 mai.

Litteræ Innocentii papæ IV Raimundo Tolosano quem certiorem facit de ejus cum Ecclesia reconciliatione.

(J. 447. — Croisades, I, n° 42. — Original scellé.)

INNOCENTIUS episcopus, servus servorum Dei, dilecto filio nobili viro Raymundo comiti Tholosano, salutem et apostolicam benedictionem. — Cum nuper te reconciliatum Ecclesie in plenitudinem gratie Apostolice Sedis et nostre duxerimus admittendum, nobilitatis ac devotionis tue votis libenter annuimus, et tibi, quem honorare ac prosequi prerogativa favoris proponimus in hiis que digne deposcis, nos favorabiles, quantum cum Deo possumus, exhibemus. — In nostra siquidem proposuisti presentia constitutus quod, cum fratres Ferrarius et G. Raimundi, ordinis Predicatorum, inquisitores contra hereticos auctoritate apostolica deputati, aliquorum forsitan suggestione malivola circumventi, dum te circa quosdam hereticos puniendos negligentem arguerent, fautorem, defensorem ac receptatorem hereticorum te injusta interpretatione notarint, ac propter hec in te, post appellationem ad Sedem Apostolicam legitime interjectam, excommunicationis sententiam de facto duxerint promulgandam, nos eandem sententiam, licet eam ex causis legitimis nullam assereres, relaxari per venerabilem fratrem nostrum [Marinum] archiepiscopum Barensem fecimus ad cautelam. — Ne vero ex hiis aliquid tibi detractationis ab emulis impingi valeat in futurum, nobis humiliter supplicasti ut predictas interpretationem et sententiam, quatenus processere de facto, eatenus revocare paterna sollicitudine curaremus. — Nos igitur, honori tuo, saluti atque fame consulere cupientes, quem filium reputamus catholicum et fidelem, tam predictam interpretationem quam sententiam et quidquid secutum est ex eis, de fratrum nostrorum consilio, auctoritate presentium revocamus, decernentes quod sententia et interpretatio predicte pro nullis in posterum habeantur, eadem auctoritate omnem infamiam, si qua ex premissis orta est, penitus abolentes, ita quod nullum tibi aut heredibus tuis possit in posterum hac occasione prejudicium generari, ac nichilominus statuentes ut, si quid contra hoc a quoquam attemptatum fuerit, nullius penitus sit momenti. — Tenor autem predicte interpretationis ac sententie talis est : In nomine Domini nostri Jeshu Xpisti, amen. Sit cunctis presentibus manifestum, etc. (*Vide ad calcem hujusce voluminis, inter acta omissa, formam dictæ sententiæ anno* 1242, *die sexta junii pronuntiatæ.*) — Nulli ergo omnino hominum liceat hanc paginam nostre revocationis, abolitionis et constitutionis infringere vel ei ausu temerario contraire. Si quis autem hoc attemptare presumpserit, indignationem Omnipotentis Dei et beatorum Petri et Pauli, apostolorum ejus, se noverit incursurum. — Datum Laterani, XVII. kalendas junii, pontificatus nostri anno primo.

Bulle de plomb sur lacs de soie rouge et jaune. Voyez l'*Inventaire*, n° 6048.

3185 Saintes. 1244. Mardi 31 mai.

(J. 190 B. — Poitou, I, n° 86. — Original.)

Egidius cantor ecclesiæ Beati Martini Turonensis et Geraudus Eberti burgensis de Rupella; Hamericus archidiaconus Alnisiensis et Johannes Borruti civis Xanctonensis, arbitri electi, priores a Pictavensi comite, alteri a P. (Petro) Xanctonensi episcopo, ad dirimendas querelas quæ inter eos vertebantur, scilicet de domibus, plateis et viridariis capitulo Xanctonensi pertinentibus a præfato comite ad amplificandum Xanctonense castrum usurpatis, de feodo Compnyaci, de ponte Xanctonensi et de turre *Mausifrote* super prædictum pontem constructa, notam faciunt sententiam qua omnia prædicta præfato comiti assignant, redditibus, quos idem comes apud Xanctones percipiebat, ecclesiæ Xanctonensi in recompensationem adjudicatis. — « In hujus ergo ordinacionis nostre et pacis per nos facte inter predictos testimonium, presentibus hiis litteris sigilla nostra duximus adponenda. Datum et actum Xanctonis, die martis post octabas Penthecostes, anno Domini M° CC° quadragesimo quarto. »

Traces de quatre sceaux pendants sur double queue. — Aucun de ces quatre sceaux n'a été conservé.

3186 Toulouse. 1244. Lundi 13 juin.

Instrumentum quo Raimundus comes Tholosæ Guillelmo de Cadoilha et quibusdam aliis Ugonem de Mureto et ejus filios manulevandos tradit.

(J. 317. — Toulouse, VIII, n° 29. — Original.)

ABC.   DEF.   GHI.

Noverint universi presentem paginam inspecturi quod dominus Sicardus Alamanni, pro domino R. (Raimundo) comite Tholosano, dedit ad manulevandum Ugonem de Mureto de Naiaco et filios suos, Petrum, scilicet, Guillelmum et Ramundum, et omnes eorum res et bona, quecumque sint et ubicumque, Guillelmo de Cadoilha, Galtero de Cadoilha, Ramundo Bernardi de Naiaco et Garyno de Sancta Cruce, tali scilicet modo et conditione quod ipsi debent, promiserunt, convenerunt et tenentur reddere domino comiti supradicto, vel eidem domino Sicardo Alamanni pro ipso, ad ipsorum vel eorum bajuli aut certi nuncii ammonicionem, dictum Ugonem et filios suos supradictos et omnes ipsorum res et bona, vel centum marchas argenti, si ipsos reddere non poterint. Et, persolutis dictis centum marchis, ut dictum est superius, omnia bona et res Ugonis de Mureto et filiorum ejus debent esse et remanere militibus et probis hominibus antedictis ad predictas centum marchas, ut dictum est superius, persolvendas. — Ita enim hoc totum, ut superius dictum est, quilibet ipsorum promisit et convenit eidem domino Sicardo Alamanni, recipienti pro dicto domino comite, sub obligacio (*sic*) omnium bonorum suorum se facere ita et complere. Et quisque ipsorum tenetur eis de toto.—Actum fuit hoc ita et concessum Tholose, in castro Narbonense, XIII. die introitus mensis junii, feria II, regnante Lodoico Francorum rege, et eodem domino Raimundo Tholosano comite, et Raimundo episcopo, anno M° CC° XL° quarto ab incarnatione Domini. — Testes sunt : Berengarius de Promilhaco vicarius Tholose, Petrus de Tholosa, Arnaldus de Escalquencis, Berengarius de Gailhaco, R. Arquerius, W. de Vallatis de Sancto Antonino, W. Vitalis Parator notarius, W. Adam, et Bernardus Aimericus publicus Tholose notarius qui, mandato omnium predictorum, cartam ipsam scripsit.

3187   Toulouse. 1244. Lundi 13 juin.

(J. 320. — Toulouse, XI, n° 52. — Original.)

Instrumentum ejusdem formæ quo Sicardus Alamanni, pro domino R. comite Tholosano, dat ad manulevandum Ugonem Mezailha de Naiaco et omnes ipsius res et bona, quæcumque sint et ubicumque, Guillelmo de Cadoilha, Geraldo de Cadoilha, Guillelmo Bernardi, R. Bernardi de Naiaco, Guiscardo Donato de Naiaco et Bernardo Gando, tali scilicet conditione quod ipsi debent, promiserunt, convenerunt et tenentur reddere dicto domino comiti, vel eidem domino Sicardo Alamanni pro ipso, ad ipsorum vel eorum bajuli aut certi nuncii ammonitionem, dictum Ugonem Mezailha et omnes ipsius res et bona vel VIIII. milia solidorum Caturcensium bonorum. — « Actum fuit hoc ita et concessum Tholose, in castro Narbonensi, XIII. die introitus mensis junii, feria II", regnante Lodoico Francorum rege et eodem domino R° Tholosano comite, et R° episcopo, anno M° CC° XL° IV°, ab incarnatione Domini. Testes sunt : Berengarius de Promilhaco vicarius Tholose, Arnaldus de Escalquencis, Berengarius de Gailhaco, R. Arquerius, W. de Vallatis de Sancto Antonino, W. Vitalis Parator notarius, W. Adam, et Bernardus Aimericus publicus Tholose notarius, qui, mandato omnium predictorum, cartam istam scripsit. »

3188   Buzet. 1244. 29 juin.

(J. 304. — Toulouse, II, n° 68. — Original roman.)

A.   B.   C.   D.

Par-devant Johans de Malaura, notaire public de Rabastens, Vidal Borgarel et don Aimeric, son frère, déclarent avoir donné en fief à R. de Bathalic et à don Ar., son frère, une éminade de pré, située entre le pré de don Ar. de Gavia et le pré de don B. Clavel, pour en disposer par don, vente et engagement en faveur de toute personne, excepté les clercs et les chevaliers. Ladite inféodation faite moyennant III. d. Toulousains d'acapte et les autres droits seigneuriaux. — « Aiso fo fag a Buzet, e la maiho d'en P. Gasc, II° die exitus junii, anno Domini M. CC. XL. IIII. Johans de Malaura, publicus notarius de Rabastenxz, hoc vidit et audivit et scripsit et signavit.» (*Hic signaculum notarii.*)

3189   Buzet. 1244. 29 juin.

J. 327. — Toulouse, XVIII, n° 17. — Original roman.)

Acte, divisé par A. B. C., du bail à cens d'un pré situé *al cap de la nauza de Palafre*; ledit bail consenti par Vidal Borgarel et don Aimeric, son frère, à P. de La Molina et à ses successeurs. — « Testimoni : Guill. Izarnh, en R. Fabre, en Ar. de Gaina. Aiso fo fag a Buzet, e la maiho d'en P. Gasc, II° die exitus junii, anno Domini M. CC. XL. IIII. Johans de Malaura, publicus notarius de Rabastenxz, hoc vidit et audivit et scripsit et signavit. » (*Hic signaculum notarii.*)

3190   Buzet. 1244. 29 juin.

(J. 327. — Toulouse, XVIII, n° 20. — Original roman.)

Acte du bail à cens d'une sesterée de terre située près du ruisseau de Merdairol, consenti par Vidal Borgarel et don Aimeric, son frère, à Martin de Nagauzia et à ses successeurs.—« Testimoni : P. Vifranc, en R. de Sainchamaus, en Guiraut Blat, en Ar. d'Estairac. Aiso fo fag a Buzet, e la maiho d'en P. Gasc, II° die exitus junii, anno Domini M. CC. XL. IIII. Johans de Malaura, publicus notarius de Rabastenx, hoc vidit et audivit et scripsit et signavit.» (*Hic signaculum notarii.*)

3191   Buzet. 1244. 29 juin.

(J. 327. — Toulouse, XVIII, n° 21. — Original roman.)

Bail à cens d'une sesterée de pré *que es a la nauza de Palafre;* ledit bail consenti par Vidal Borgarel et don Aimeric, son frère, à B. Clavel et à ses successeurs. — « Testimoni : P. Vifranc, en R. de Batalhic, en Ar. de Gauja. Aiso fo fag a Buzet, e la maiho d'en P. Gasc, II° exitus junii, anno Domini M. CC. XL. IIII. Johans de Malaura, publicus notarius de Rabastenx, hoc vidit et audivit et scripsit et signavit. » (*Hic signaculum notarii.*)

3192   1244. 7 juillet.

(J. 324. — Toulouse, XV, n° 19. — Original.)

Instrumentum quo notum sit quod Bernardus Aimericus notarius, pro domino Belenguario de Promilhaco vicario Tolosæ, in illius loco, et de speciali ejusdem vicarii mandato, Astrugum judæum, filium quondam Habrahe judæi filii quondam Alacer judæi, misit in corporalem possessionem medietatis illius curtis quæ vocatur d'en Gavarer et terrarum circa dictam curtem sitarum, ratione illorum M. D. L. solidorum Tolosanorum quos Gauzios, uxor quondam Habrahe judæi patris præfati Astrugui, habebat super honores et super bona quæ fuerunt dicti Habrahe. — « Hoc fuit factum VII. die mensis introitus julii, regnante Lodoico rege Francorum, et R. Tolosano comite, et R. episcopo, anno ab incarnatione Domini M° CC° XL° quarto. Hujus rei sunt testes : Bartolomeus Aribertus, et Arnaldus de Cornelhano, et Arnaldus de Vilauto, et Stephanus Medicus qui cartam istam scripsit. »

3193   1244. Juillet.

(J. 216. — Vernon, n° 2. — Original scellé.)

W. (Willelmus) abbas et conventus S. Katherinæ de Monte Rothomagensis notum faciunt, cum excellentissimo domino suo regi Franciæ unam costam racemorum de vineis clausi sui de Autyz, siti apud Vernonem in valle de Longavilla, et decem modios vini, pro admodiatione vinearum suarum in eadem valle in clauso de Bisi sitarum, annuatim deberent, hæc sibi præfatum regem, mediantibus decem libris Parisiensium annui redditus quotannis per manum præpositi Vernonensis percipiendis, quittavisse in perpetuum et remisisse, retentis vero in eisdem vineis dicto regi et ejus heredibus dominio et justitia. — « In cujus rei testimonium, presentibus litteris sigilla nostra dignum duximus apponenda. Actum anno Domini M° CC° XL° IIII°, mense julii. Teste universitate capituli. »

Deux sceaux en cire brune sur double queue. — Le sceau de Guillaume, abbé de Sainte-Catherine du Mont, à Rouen, est décrit dans l'*Inventaire* sous le n° 8999; celui de l'abbaye, premier sceau, sous le n° 8360.

3194   Pise. 1244. Août.

Litteræ Friderici II imperatoris in Avinionenses.

(J. 303. — Toulouse, I, n° 6. — Original scellé.)

Fr. (Fridericus), Dei gratia Romanorum imperator, semper augustus, Jerusalem et Sicilie rex. — Per presens scriptum notum facimus universis imperii fidelibus, tam presentibus quam futuris, quod R. (Raimundus) comes Tholosanus, dilectus affinis et fidelis noster, proposuit coram nobis quod, cum Geraldus Amici et Petrus Amici, patruus ejus, essent vassalli et barones sui et tenerent ab eo terras suas in pheudum, et idem comes dominium, quod habebat in ipsis baronibus et in pheudis que ab eo tenebant, donaverit et concesserit in pheudum comuni Avinionensi, pro eo quod idem comune constituerunt se vassallos ipsi comiti et fidelitatem pro dictis pheudis juraverunt eidem. Lapsu temporis prefatum comune oblitum penitus perceptorum beneficiorum a comite memorato, et fidem, qua nobis et imperio nec non et ipsi comiti pro predicto negocio astricti tenebantur, in perfidiam convertentes, rebellibus et bannitis imperii et capitalibus inimicis ejusdem comitis adheserunt, cum aliquibus de predictis pheudis, que tenebant a comite et pro quibus fidelitatis ei juramenta prestiterant, detestabilem guerram sibi nequiter faciendo. Quare idem comes majestati nostre attentius supplicavit ut ejus indempnitati providere de nostra gratia dignaremur. — Nos igitur, ipsius supplicationibus in hac parte benignius inclinati, ob ingratitudinem Avinionensium, qui a fide nostra et imperii nec non et prefati comitis, ut predictum est, se nequiter et temere subtraxerunt, nostris rebellibus et inimicis comitis adherendo, prefatos barones a juramento fidelitatis prestito ipsi comuni Avinionensi pro predictis pheudis decernentes penitus absolutos, comune ipsum jure pheudorum, quod eis a dicto comite collatum fuerat, omnino privamus, et barones predictos pristino dominio restituimus comitis memorati, ut consuetam et debitam fidelitatem sibi exhibeant, et tamquam eorum vero domino, prout ei de cetero immediate tenentur, in omnibus obediant et intendant, honoribus omnibus et juribus que in ipsis habemus nobis et imperio integre reservatis. — Ad hujus autem absolutionis, privationis et restitutionis nostre memoriam et robur perpetuo valiturum, presens scriptum fieri et sigillo majestatis nostre jussimus communiri.

Datum apud Pisas, anno Dominice incarnationis millesimo ducentesimo quadragesimo quarto, mense augusti, secunde indictionis.

Sceau de l'empereur Frédéric II; cire blanche sur lacs de soie bleue et jaune; décrit dans l'*Inventaire* sous le n° 10887.

3195   Pise. 1244. Août.

Litteræ Friderici II imperatoris de revocatione pedagiorum Bernoino, quondam episcopo Vivariensi, concessorum.

(J. 610. — Empereurs d'Allemagne, n° 5. — Original scellé.)

Fr. (Fridericus), Dei gratia Romanorum imperator semper augustus, Jerusalem et Sicilie rex. — Per presens scriptum notum facimus universis imperii fidelibus, tam presentibus quam futuris, quod nos concessionem pedagiorum quondam B. (Bernoino) Vivariensi episcopo ad tempus de munificentia nostre majestatis exhibitam, pro eo quod temporaliter et non perpetuo facta est ipsa concessio, et quia episcopus Vivariensis [Sebastianus], successor prefati B., transgressor extitit mandatorum nostrorum non assistendo fidelibus nostris, et nostris ac imperii rebellibus nequiter adherendo, perpetuo duximus revocandam; ita quod auctoritate privilegii nostri exinde sibi concessi, absque reiterato celsitudinis nostre mandato, pedagiis supradictis prefatus episcopus non utatur. — Ad hujus autem revocationis nostre memoriam et robur perpetuo valiturum, presens scriptum fieri et sigillo majestatis nostre jussimus communiri.

Datum apud Pisas, anno Dominice incarnationis millesimo ducentesimo quadragesimo quarto, mense augusti, secunde indictionis.

Sceau de l'empereur Frédéric II; cire blanche sur lacs de soie bleue; *Inventaire*, n° 10887.

5196 Vézelay. 1244. Septembre.

(J. 461. — Fondations, II, n° 13. 1. — Original scellé.)

Guichardus abbas Virzilliacensis totusque ejusdem loci conventus notum faciunt se excellentissimo domino suo Ludovico Francorum regi et dominæ Margaretæ ejus uxori in eorum vita plenariam societatem et beneficium ecclesiæ suæ, tam in capite quam in membris, concessisse. Cum autem ipsum vel ipsam decedere contigerit, tantum pro eis facient quantum pro uno ex professis dicti monasterii solent facere; obitus utriusque in regula conscribetur, anniversarium annuatim fiet et in die anniversarii centum pauperes reficientur, sicut facere consuescunt pro anniversario comitis Girardi ecclesiæ Virzilliacensis fundatoris. — « Hoc autem domino regi concessimus quoniam ad nos cum maxima devocione accessit, et hoc ipsum a nobis humillime in nostro capitulo postulavit. Indignum autem judicavimus pio ejus desiderio et devote humilitati in aliquo contraire. Preterea cartulam nostram ei super eodem tradidimus, sigillorum nostrorum caractere consignatam. Datum Virzilliaci, anno Domini M° CC° XL° quarto, mense septembri. »

Deux sceaux en cire brune sur rubans de soie rouge. — Le sceau de Guichard, abbé de Sainte-Marie-Madeleine de Vézelay, diocèse d'Autun, est décrit dans l'*Inventaire* sous le n° 9173; celui de l'abbaye sous le n° 8436.

5197 Vézelay. 1244. Septembre.

(J. 461. — Fondations, II, n° 13. 2. — Original scellé.)

Charta ejudem formæ a Guichardo abbate et conventu Viziliacensi excellentissimæ dominæ suæ Blanchæ reginæ, Ludovici quondam regis Francorum uxori, concessa. — « Quæ concessio facta fuit quia prædicta regina ad præfatum conventum cum maxima devotione accessit et hoc humillime a dictis monachis in capitulo postulavit. Cartulam nostram ei super eodem tradidimus sigillorum nostrorum caractere consignatam. Datum Viziliaci, anno Domini M° CC° XL° quarto, mense septembri. »

Scellé, sur rubans de soie rouge, des mêmes sceaux que la pièce précédente.

5198 1244. Septembre.

(J. 328. — Toulouse, XIX, n° 20. — Original.)

Radulphus de Cornon, miles, notum facit se hanc partem viæ quæ tendit de Cornon ad Clarummontem, usque ad medium aquæ lacus de Sarlie, quem lacum a domino suo Alfonso comite Pictavensi in feodum tenebat, eidem comiti pro ducentis et quinquaginta libris Claromontensium vendidisse; quas quidem a discreto viro Henrico de Poncellis, conestabulo Arverniæ, in pecunia numerata recepit. — « In hujus rei testimoninm, dicto A. (Alfonso) litteras meas concessi sigillo meo sigillatas. Actum mense septembri, anno Domini M° CC° quadragesimo quarto. »

Traces de sceau pendant sur double queue. — Le sceau de Raoul de Cornon, en Auvergne (Puy-de-Dôme, arr. de Clermont-Ferrand), chevalier, est décrit dans l'*Inventaire* sous le n° 1900, d'après un type appendu à un acte daté de 1274.

5199 Bessières. 1244. Octobre.

Jeudi 6, 13, 20 ou 27 octobre.

(J. 325. — Toulouse, XVI, n° 45. — Original roman.)

Acte, divisé par A. B. C., du bail à cens ou enfieffement d'une quarterée (*cartairada*) de terre sise sur le territoire de Bessières (*Veseiras*); ledit bail consenti par W. de Gamevila à B. W. Conort et à ses héritiers. — « Testes sunt: R. Rainaut de Tolosa, Ar. d'en G. Bernat, e B. Selerarois, e R. Boieir, e R. Bufel, e W. Repolleir, escrivas comunals de Veseiras, que aqesta carta escrius, el mes d'octembre, feria V, anno Domini M. CC. XLIII. ans, reinan Lodoic lo rei, etc..... E aiso fo faig a Veseiras, denant la maio del sobredig seinor W. de Gamevila. »

5200 Bessières. 1244. Octobre.

Samedi 1er, 8, 15, 22 ou 29 octobre.

(J. 324. — Toulouse, XV, n° 20. — Original roman.)

Acte, divisé par A. B. C., de la vente d'une maison sise à Bessières, joignant le mur du château de Bessières (*la paret del castel de Veseiras*), et de l'emplacement où elle est située; ladite vente consentie, moyennant XX. sous Toulousains, par B. Grimauts à R. Bisbes et à ses héritiers. — « Testes sunt : N Azemar lo capela de Veseiras, e R. Amaneu, e D. Saus, e Ar. d'en Guiraut, e W. Repolleir, escrivas comunals de Veseiras, que aqesta carta escrius, el mes d'octembre, feria vii, anno Domini M. CC. XLIIII, reinan Lodoic lo rei, e R. lo comte de Tolose, e R. l'avesque. E aiso fo faig a Veseiras el pla, denant l'obrador R. de Lobaresas. »

3201 Bessières. 1244. Octobre.
Samedi 1er, 8, 15, 22 ou 29 octobre.

(J. 325. — Toulouse, XVI, n° 49. — Original roman.)

Acte, divisé par A. B. C., du bail à cens d'une maison et dépendances situées à Bessières (*Veseiras*); ledit bail consenti par W. de Gamevila à W. Gelis, à sa femme et à leurs enfants. — « Testes sunt : N Azemar lo capela de Veseiras, e B. Grimaut, e B. Rainaut de Tolosa, e W. Repolleir, escrivas comunals de Veseiras, que aqesta carta escrius, el mes d'octembre, feria viiª, anno Domini M. CC. XLIIII. ans, reinan Lodoic lo rei,..... E aiso fo faig a Veseiras el pla, denant l'obrador R. de Lobaresas. »

3202 Bessières. 1244. Octobre.
Lundi 3, 10, 17, 24 ou 31 octobre.

(J. 325. — Toulouse, XVI, n° 44. — Original roman.)

Acte, divisé par A. B. C., du bail à cens ou enfieffement d'un emplacement de maison (I. *logal de maio*) sis à Bessières (*Veseiras*); ledit bail consenti par W. de Gamevila à W. R. Rufa, à R. son frère, et à leurs héritiers. — « Testes sunt : B. Rainaut de Tolosa, e Ar. d'en G. Bernat, e W. Chatgeir, e W. Repolleir, escrivas comunals de Veseiras, que aquesta carta escrius, el mes d'octembre, feria II, anno Domini M. CC. XLIIII. ans, reinan Lodoic lo rei, etc..... E aiso fo faig a Veseiras, denant la maio W. de Gamevila sobredig. »

3203 Toulouse. 1244. Dimanche 13 novembre.

Instrumentum homagii quod Centullus, comes Astaracensis, sub ballio matris suæ constitutus, Raimundo comiti Tolosæ præstitit.

(J. 314. — Toulouse, VII, n° 28. — Original.)

ABC. DEF. GHI.

Noverint universi, presentes pariter et futuri, quod domina Segui, uxor quondam Centulli comitis de Astaraco, constituta coram presentia domini Ramundi, Dei gratia comitis Tolose, marchionis Provincie, cum suo filio Centullo, qui fuit filius dicti Centulli, misit ipsum Centellum suum filium et totum comitatum de Astaraco, cum omnibus pertinentibus ad dictum comitatum, et totam terram que fuit predicti Centulli, cum omnibus suis pertinentiis, in manu et posse et sub tutela et protectione dicti domini comitis Tolosani. Et ipsa domina, flexis genibus, et manibus dicti Centulli sui filii missis inter manus predicti domini comitis, tradidit ei ipsum Centullum per suum militem, et, jurata super sancta Dei Euvangelia pro predicto suo filio, mandavit dicto domino comiti fidelitatem et vitam, et membra, et consilium, et auxilium, et celare, et quod dominus comes supradictus et omnes possint se et omnia sua credere et confidere in dicto Centullo, uti in suo fideli milite et legali. — Et eadem domina Segui mandavit, et firmo pacto convenit predicto domino comiti, quod faciat dictum Centullum suum filium concedere homagium ipsi domino comiti et ejus successoribus et concedere ipsum ei per suum militem, et faciat ipsum recipere comitatum de Astaraco et totam suam terram a dicto domino comite, et faciat ipsum Centullum mandare et jurare ipsi domino comiti fidelitatem et alia omnia que ipsa domina pro predicto ejus filio ei mandaverat, uti melius superius continetur. — Et ibidem dictus dominus comes, predicto Centullo existente coram ipso, flexis genibus et manibus ejusdem Centulli inter manus dicti domini comitis receptis, recepit dictum Centullum per suum militem, et recepit illum et totum comitatum de Astaraco et omnem suam terram, cum omnibus suis pertinentiis, et Bernardum fratrem ejusdem Centulli in suo posse, et suo ducatu et protectione, promittens ei firma stipulatione, et dicte domine Segui pro eo, ut ipse sit ei fidelis dominus et legalis. — Hec omnia fuerunt ita posita et concessa XIII° die introitus novembris, feria Iª, regnante Lodoyco rege Francorum, et dicto domino R. Tolosano comite, et R. episcopo, anno ab incarnatione Domini M° CC° XL° IIII°. — Quorum omnium sunt testes : Dominus Ramundus, Dei gratia Tolosanus episcopus, et dominus Ramundus prepositus ejusdem sedis, et Martinus abbas Lumberensis, et Willelmus Ato archidiaconus Ville-longe, et magister Bernardus archidiaconus Veteris-Moresii, et Willelmus Bernardus, et Petrus d'Espaor, canonici predicte sedis, et dominus Amalricus vicecomes et dominus Narbone, et Rogerius Convenarum comes

Palharensis, et Deide Baraschus, et Bernardus de Maloleone et fratres ejus, Ademarius scilicet et Arnaldus de Maloleone, et Ramundus de Bencha, et Bernardus de Monte-acuto, et Bertrandus de Insula, et Bernardus de Marestanno, et Willelmus Arnaldus de Tantalono senescalchus Agennensis, et Sicardus Alamannus, et Willermus Ferriolus, et Sicardus de Miramonte, et Rogerius de Noërio, et Michaël de Urrocio, et Petrus de Villamuro, et Belengerius de Promilhaco vicarius Tolose, et Joannes Auriolus, et Bernardus Guilabertus, et Arnaldus de Escalquenchis, et Ramundus Bertrandus, publicus Tolose notarius, qui cartam ipsam scripsit.

3204   1244. Dimanche 13 novembre.
(J. 315. — Toulouse, VII, n° 81. — Original.)

Instrumentum, per litteras alphabeti divisum, quo Bernardus de Marestanno, in presentia domini Ramundi comitis Tolosæ, marchionis Provinciæ, constitutus, flexis genibus et manibus suis inter manus dicti comitis positis, recognoscit se a præfato comite castella de Marestanno et de Claromonte, et totum honorem ad dicta castella pertinentem, in feudum tenere eique homagium et fidelitatem de his omnibus præstare sicut fidelis et legalis miles domino suo facere debet. Quam recognitionem præfatus comes recipere declarat, ex parte sua promittens quod dicto Bernardo bonus et legalis dominus erit. — « Hec omnia fuerunt sic posita et concessa XIII° die introitus novembris, feria 1ª, regnante Lodoyco rege Francorum, et dicto domino R. Tolosano comite, et R. episcopo, anno ab incarnacione Domini M° CC° XL° IIII°. Horum omnium sunt testes : dominus Ramundus, Dei gratia Tolosanus episcopus, et dominus Ramundus prepositus ejusdem sedis, et Martinus abbas Lumberensis, et Willelmus archidiaconus Ville-longe, et magister Bernardus archidiaconus Veteris Moresii, et Wilelmus Bernardus, et Petrus d'Espaor, canonici dicte sedis ; dominus Amaldricus vicecomes et dominus Narbone, et Rogerius Convenarum comes Palharensis, et Deido Baraschus, et Bernardus de Maloleone, et Ramundus de Bencha, et Bernardus de Monte acuto, et Bertrandus de Insula, et Wilelmus Arnaldus de Tantalono senescalcus Agennensis, et Sicardus Alamannus, et Willelmus Ferriolus, et Sicardus de Miramonte, et Rogerius de Noerio, et Michael de Urrotio, et Petrus de Villamuro, et Belengerius de Promilhaco vicarius Tolose, et Johannes Auriolus, et Bernardus Guilabertus, et Arnaldus de Escalquenchis, et Ramundus Bertrandus, publicus notarius Tolose, qui cartam istam scripsit. »

3205   Château Narbonnais, à Toulouse. 1244.
18 novembre.

Instrumentum homagii quod Bernardus comes Convenarum comiti Tolosano præstitit.

(J. 314. — Toulouse, VII, n° 27. — Original.)

In nomine Domini nostri Jhesu Xpisti. — Noverint presentem paginam inspecturi vel audituri quod dominus Bernardus, Dei gratia comes Convenarum, habita deliberatione et tractatu diligenti cum consiliariis suis, et specialiter de consilio venerabilis patris A. (Arnaldi) Rogerii, Dei gratia episcopi Convenarum, patrui sui, et Bonifacii de Felgario, et Arnaldi Wilelmi de Barbazano, et Gualhardi de Seadors, et Bernardi de Seadors, et Bernardi de Benca et multorum aliorum, recepit in feodum a domino R. (Raimundo), Dei gratia comite Tolosano, marchione Provincie, universa et singula que habebat vel habere debebat, sive in futurum habebit vel aliquis tenet ab eo vel tenebit, vel antecessores ejus habuerunt et tenuerunt in dyocesibus Convenarum et Conseranensi, videlicet, castra et villas, nemora et omnia culta et inculta, barones, milites et generaliter omnes homines quos in predictis dyocesibus habebat vel habere debebat, et universaliter omnia ad usum et hutilitatem hominum pertinentia. — Et pro predictis feodis idem dominus comes Convenarum fecit eidem comiti Tolosano homagium ligium, junctis manibus, genibus flexis, et promisit eidem domino comiti Tolose et successoribus suis, pro se et heredibus suis, prestito nichilominus super sancta Dei Evangelia corporaliter juramento, omnimodam fidelitatem et omnia que fidelis vassallus facere debet domino suo ligio contra omnem viventem, et recognovit in presentia subscriptorum virorum et infrascriptorum quod feoda predicta, que modo recepit a sepedicto domino comite Tolosano, ipse vel antecessores ejus non tenuerant in feodum ab aliqua seculari vel ecclesiastica persona, immo erat alodium proprium, et ita ipse et antecessores ejus tenuerant pro alodio a tempore cujus memoria non extabat. — Item dominus comes Tolose predictus, recepto homagio supradicto, promisit ibidem ipsi domino comiti Convenarum, pro se et heredibus suis, quod erit sibi et suis heredibus bonus dominus et fidelis. — Acta fuerunt hec et concessa in castro Narbonensi, XIII. die exitus mensis novembris, regnante Lodoico Francorum rege, et eodem Raimundo comite Tolosano, et Raimundo episcopo, anno ab incarnatione Domini M° CC° XL° quarto. — Hujus homagii et receptionis feodi sunt testes : venerabiles patres R. (Raimundus), Dei gratia episcopus Tolosanus, et A. (Arnaldus) Rogerii, Dei gratia episcopus Convenarum, et dompnus Rogerius de Malo-leone abbas Scale Dei, et dominus Rogerius comes Palharensis, et Amaldricus dominus Narbone, et Arnaldus Willelmus de Barbazano, et Olivarius de Terme, et Sicardus Alamanni, et Petrus de Durbanno, et Sicardus de Miramonte, et Bonifacius de Felgari, et Petrus de Villamuro, et Gualhardus de Seador, et Bernardus de Seador, et Bernardus de Benca, et Rubeus de Saysses, et Poncius de Sancto Martino, et Gualhardus de Balaguerio, et Ugo de Balaguerio, et Bernardus Danissa, et Gualhardus Dopiano, et Sancius de Sarrauta, et Berengarius de Promilhaco tunc existens vicarius Tolose, et Petrus Martinus de Castronovo, et R. de Alfaro, et Willelmus de Benvilla, et Gualhardus de Bovilla, et Johannes Auriolus, et Willelmus Bernardus canonicus Sancti Stephani, et W. Ato archidiaconus Ville-longe, et Willelmus Ysarni, et magister Poncius de Sancto Egidio, et Bernardus de Villa-nova, et R. de Capite-denario, et R. de Ponte, et R. de Sancto Barcio, et Arnaldus Johannes. et R. Johannes, fratres, filii quondam Ugonis Johannis, et Sancius notarius domini comitis Convenarum, et Aimericus porterius, et Bernardus Willelmus, publicus tabellio Tolose, qui, de utriusque concensu, cartam istam scripsit.

3206 Toulouse. 1244. 22 novembre.

Pactiones conjugales matrimonii contrahendi inter Amedeum, comitem Sabaudiæ, et Ceciliam de Bauz, neptem comitis Tolosani.

(J. 310. — Toulouse, V, n° 23. — Original scellé.)

ABC. DEF. GJK.

In nomine Patris et Filii et Spiritus Sancti, amen. — Notum sit omnibus quod nobiles viri, videlicet, dominus Ademarus dominus Breixiaci, dominus Umbertus de Saisello, et dominus Aymo de Compeis, nuncii destinati ab illustri viro domino Amedeo, comite Sabaudie et in Italia marchione, ad tractandum de matrimonio contrahendo inter eundem dominum Amedeum, comitem Sabaudie, supradictum, et dominam Ceciliam, neptem illustris viri domini R. (Raimundi) comitis Tolosani, filiam nobilis viri domini Barralli del Bauz, litteras ejusdem domini comitis Sabaudie patentes deferentes, [eas] in presencia prefati domini comitis Tolosani et venerabilis patris domini R. (Raimundi) episcopi Tolosani ostenderunt, quarum tenor talis erat :

Notum sit omnibus quod nos Amedeus, comes Sabaudie et in Italia marchio, juramento prestito, promittimus ratum et firmum habere in perpetuum quicquid factum fuerit seu ordinatum aliquo modo per dilectos nostros et fideles, videlicet, Ademarum dominum Breixiaci, et dominum Ubertum de Saisello, viros venerabiles et discretos, super matrimonio celebrando inter nos, ex una parte, et neptem nobilis viri et discreti domini comitis Tolosani, filiam domini Barraudi del Bauz, ex altera ; et quicquid fecerint seu promiserint super ipso matrimonio facere, totum sub eodem juramento promittimus nos habere, tenere firmiter et observare, et nunquam contra venire. Actum est hoc apud Chamberiacum, M° CC° XLIIII°, indictione secunda, die martis ante festum Omnium Sanctorum (*i. e.* die XXV. octobris). Et sciendum quod nos damus eis plenariam potestatem faciendi et non faciendi, et quicquid fecerint vel non fecerint, totum firmum promittimus nos habere.

Illustrissimo viro et amico karissimo R. (Raimundo), Dei gratia comiti Tolosano et marchioni Provincie, Amedeus, comes Sabaudie eadem gratia et marchio in Italia, salutem et paratam ad sua beneplacita voluntatem. — Dominationi vestre tenore presencium declaramus quod ea que dilectus et fidelis noster dominus Aymo de Compeisio super matrimonio filie domini Burraudi del Bauz ex parte nostra vobis dixerit, ac si vobis ore tenus diceremus firmiter credatis, promittentes bona fide quicquid vobis dixerit, super dicto matrimonio locuturus, inviolabiliter observari et omnia firmitate (*sic*) attendentes. Datum apud Eccon., dominica post festum Beati Bartholomei (*i. e.* die xxviii. augusti).

Quibus litteris inspectis et diligenter intellectis, et habito maturo et diligenti tractatu super predicto matrimonio faciendo, predicti nuncii domini comitis Sabaudie ex parte ipsius comitis Sabaudie sollempniter promiserunt se effecturos quod dominus comes Sabaudie dictam nobilem Ceciliam accipiet in uxorem, cum a dicto domino Tolosano, per se vel certum nuncium seu litteras, fuerit requisitus. — Et prefatus comes Tolosanus sollempniter promisit se effecturum quod dicta nobilis Cecilia accipiet in maritum prefatum dominum comitem Sabaudie, cum ab eodem domino comite Sabaudie, per se vel litteras vel certum nuncium, fuerit requisitus. — Promisit etiam quod dotis nomine dabit dicto comiti Sabaudie pro eadem nobili Cecilia sex mille libras Vianensis monete; quarum librarum solvet mille libras Vianensium cum matrimonium contrahetur, et residuam dotis quantitatem solvet in hunc modum, videlicet, post contractum matrimonium annis singulis mille libras, quousque predicta dotis quantitas fuerit plenarie persoluta. — Et pro predictis quinque milibus libris, suis predictis temporibus exolvendis, dabit idem dominus comes Tolosanus fidejussores, venerabiles patres R. (Raimundum) Tolosanum, G. (Geraldum) Caturcensem, D. (Durandum) Albiensem et B. (Bernardum) Ruthenensem episcopos, et nobiles viros comitem Convenarum, comitem Ruthenensem, Amalricum vicecomitem Narbone, R. Gaucelmi dominum Lunelli, R. del Bauz principem Aurasice, Draconetum de Montealbano, Ademaretum de Pictavia, G. Amicum dominum Castri-novi, qui se predicto domino comiti Sabaudie presencialiter vel per suas patentes litteras nomine fidejussorio obligabunt; vel, si forte aliquos de predictis dare non poterit, dabit alios fidejussores idoneos donec dicto domino comiti Sabaudie sit cautum idonee de predictis. — Insuper predicti nuncii pro domino comite Sabaudie sollempniter promiserunt se effecturos quod idem dominus comes Sabaudie, quando matrimonium predictum contrahetur, constituet et promittet in dotis augmentum mille marchas argenti dicte domine Cecilie, assignabitque ei dictas mille marchas et totam dotem superius nominatam in Chanberiaco et Montemeliano, eademque loca et castra pro marchis et dote predictis eidem domine Cecilie specialiter obligabit. — Conventum fuit etiam inter dominum comitem Tolosanum et prefatos nuncios predicti comitis Sabaudie pro eodem quod in reddenda et lucranda dote et dotis augmento predictis consuetudo terre comitis Sabaudie in omnibus observetur. — Hec autem omnia universa et singula dicti nuncii, scilicet Ademarus dominus Brixie, dominus Umbertus de Saisello, dominus Aymo de Compeis, pro dicto domino comite Sabaudie a se promissa se completuros et facturos quod per dominum comitem Sabaudie compleantur, tactis sacrosanctis Evangeliis corporaliter, juraverunt. Et dictus dominus comes Tolosanus hec omnia et singula a se promissa se facturum et completurum juravit, tactis corporaliter Euvangeliis sacrosanctis, ita tamen si predictum matrimonium legitime et canonice poterit consummari. — Ad majorem autem firmitatem omnium predictorum, predicti nuncii comitis Sabaudie sigillo ejusdem domini comitis Sabaudie, quod secum deferebant ad hoc specialiter ut omnia que de predicto matrimonio sunt acta per eos eodem sigillo communirent, presentes litteras sigillarunt et propriis sigillis appositis munierunt. Et dominus comes Tolosanus et dominus Barraudus del Bauz, qui predictum matrimonium juravit se completurum, presentem paginam sigillorum suorum munimine roborarunt. — Acta fuerunt hec apud Tolosam, in castro Narbonensi, ubi fuerunt testes vocati et rogati : venerabilis pater R. (Raimundus episcopus Tolosanus, A. (Amalricus) vicecomes Narbone, R. prepositus Tolose, Ciquardus Alamandi, G. archidiaconus Villelonge, Poncius de Villanova, dominus Hugo de Maxiaco, Hugo Maleti, dominus W. de Bollo, dominus Petrus de Claromonte et plures alii ad hec specialiter vocati.

Et ego Jacobus, scriptor domini comitis Sabaudie, hiis omnibus presens interfui, et has presentes litteras per alphabetum divisas, anno Domini millesimo cc° xliii°, x. kalendas decembris, indictione secunda, de mandato partium scripsi et tradidi feliciter.

Ce contrat était scellé, dans le principe, de six sceaux pendants sur cordelettes de soie rouge, qui se sont tous détachés, à l'exception du sceau du comte de Toulouse, second sceau, décrit dans l'*Inventaire* sous le n° 745; le sceau de Barral des Baux est décrit sous le n° 1332, d'après un type appendu à un acte daté de 1249; mais les quatre autres, qui étaient ceux d'Amédée III, comte de Savoie, d'Adémar, sire de Bressieux, d'Humbert de Seyssel, et d'Aimon de Compeis, fondés de pouvoirs dudit comte, n'existent plus aux Archives.

3207   1244. 23 novembre.

(J. 172. — Chartres, II, n° 11. — Original.)

Litteræ decani et capituli Carnotensis Ludovico Francorum regi quibus apud eum suos constituunt procuratores venerabiles fratres Gilonem præpositum ecclesiæ suæ in Normannia, Bartholomæum camerarium, et Gaufridum de Orrevilla, canonicos Carnotenses, cum plenaria potestate tractandi super negotio trium præbendarum sede vacante, post mortem Alberici, bonæ memoriæ quondam episcopi Carnotensis, in ecclesia Carnotensi vacantium, et etiam aliarum quæ ibidem vacabunt quandocumque sedem vacare contigerit, quicquid ipsi procuratores fecerint super prædicto negotio ratum habituri. — « Datum anno Domini millesimo ducentesimo quadragesimo quarto, die Beati Clementis. »

Traces de deux sceaux sur simple queue. — Le sceau d'Étienne de Grès, doyen du chapitre de Notre-Dame de Chartres, n'existe plus aux Archives; le sceau du chapitre est décrit sous le n° 7150, d'après un type appendu à un acte daté de 1207.

3208   Bessières. 1244. Novembre.
Jeudi 3, 10, 17 ou 24 novembre.

(J. 325. — Toulouse, XVI, n° 46. — Original roman.)

Acte, divisé par A. B. C., de la vente d'une maison sise à Bessières (*Veseiras*) entre la maison de dame Pagana Andreua et l'emplacement qui appartient à B. Clerges et à son frère Arnaut, le long de la muraille de la ville (*au lonc la paret de la vila de Veseiras*); ladite vente consentie par W. Conorts à dame Ramunda, fille de feu D. Bufel, et à ses héritiers. — « Testes sunt : R. Rainaut de Tolosa, e Ar. d'en G. Bernat, e B. Selareir, e R. Boieir, e R. Bufel, e W. Repolleir, escrivas comunals de Veseiras, que aqesta carta escrius, el mes de novembre, feria v, anno Domini M. CC. XLIIII. ans, reinan Lodoic lo rey, e R. lo comte de Tolosa, e Ramundo episcopo. E aiso fo faig a Veseiras, denant la maio del sobredig seinor W. de Gamevila. »

3209   1244. Lundi 28 novembre.

Instrumentum de rebus apud castrum novum de Barbarenx et alibi gestis pro infeodatione comitatus Astaracensis.

(J. 314. — Toulouse, VII, n° 30. — Original.)

Manifestum sit omnibus, presentibus et futuris, quod, postquam domina Syguis, uxor quondam nobilis viri Centulli comitis Astaracensis, pro filiis suis, et Centullus ejus filius fecerint homagium et fidelitatis juramentum domino R. (Raimundo) comiti Tholosano pro toto comitatu et terra Astaraci, et dictam terram et comitatum ab eodem domino comite in feudum receperint, post hec Petrus de Tholosa, nomine et loco ipsius domini comitis Tholosani, et de mandato ipsius speciali, accessit personaliter ad castrum novum de Barbarencs, et ad quasdam villas et castra alia terre Astaraci, scilicet ad Selvam, ad Durbannum, ad Montem Cassinum et ad Simorram, et ibi super turrim castri novi, et super turres et portalia aliorum suprascriptorum locorum, ratione et jure majoris dominii fecit ascendere vexillum seu baneriam dicti domini comitis Tholosani, et ex parte ipsius ter preconizari et clamari alta voce signum dicti domini comitis, scilicet, *Tholosam! Tholosam! Tholosam!* et dicta castra et villas pro eodem domino comite et nomine et loco ipsius recepit; et ab eadem domina Sygui et Centullo ejus filio, ratione et jure feudi et majoris dominii, eidem Petro de Tholosa tradite fuerunt. — Acta fuerunt hec III. die exitus mensis novembris, feria II, regnante Lodoico Francorum rege, et eodem domino R. Tholosano comite, et R. episcopo, anno M° CC° XL° quarto, ab incarnatione Domini. — De preconizatione autem et clamatione et aliis que ad castrum novum de Barbarencs facta fuerunt sunt testes : dominus Hugo episcopus Bigorritanus, B. abbas Fajeti, Vizianus archidiaconus de Bigorra, Bernardus de Maloleone, ejusque fratres Ademarus et Arnaldus, Bernardus de Monte-acuto, Vitalis de Saisses, Odo de Turri, Poncius quondam notarius dicti domini Centulli comitis Astaracensis. — Et de preconizatione et aliis que ad Selvam facta fuerunt sunt testes : dictus Vitalis de Saysses, et Poncius notarius, et Lantarius, et Paucebo. — Et de preconizatione et aliis que ad Durbannum acta fuerunt sunt testes : dictus Vitalis de Saysses, et Poncius notarius, et Lantarius, et *quinque alii*. — Et de preconizatione et aliis que ad Simorram acta fuerunt sunt testes : dictus Vitalis de Saysses, et Poncius notarius, et Paucebo, et *quatuor alii*. Ad hec omnia supradicta fuit presens Bernardus Aimericus, publicus Tholose notarius, et hoc presens publicum scripsit instrumentum.

3210 Bessières. 1244. Novembre.
Lundi 7, 14, 21 ou 28 novembre.

(J. 325. — Toulouse, XVI, n° 47. — Original roman.)

Acte, divisé par A. B. C., du bail à cens ou enfieffement d'une vigne dépendant du fief de Vertmats; ledit bail consenti par W. de Gamevila et W. Capels de Bessières (*Veseiras*) à R. Andreu de Bessières et à dame Bérengère Boza sa femme. — « Testes sunt : Ramon Rainaut de Tolosa, e Ar. d'en G. Bernat, e R. Folqeir, e W. Repolleir, escrivas comunals de Veseiras, que aqesta carta escrius, el mes de novembre, feria II, anno Domini M. CC. XLIIII. ans, reinan Lodoic, etc..... E aiso fo faig a Veseiras, denant la maio d'en Ar. d'en G. Bernat. »

3211 Asnières. 1244. 29 novembre.
(J. 172. — Chartres, II, n° 14. — Original scellé. = J. 261. — Sens, n° 9. 1. — Copie authentique.)

Henricus Carnotensis episcopus notum facit se, una cum procuratoribus capituli Carnotensis, ex una parte, et Ludovicum illustrem Franciæ regem, ex altera, in venerabiles viros S. Dyonisii in Francia et de Hermeriis abbates compromisisse ad questionem dijudicandam de collatione præbendarum sede vacante in ecclesia Carnotensi vacantium. — « Actum apud Asnerias, anno Domini M° CC° XL° quarto, in vigilia Beati Andree apostoli. »

Scellé, en cire verte sur double queue, du sceau de Henri de Grès, évêque de Chartres; décrit dans l'*Inventaire* sous le n° 6570. — La pièce cotée *Sens*, n° 9. 1. est un vidimus délivré en 1281 par Geoffroy le Lieur, notaire à Chartres.

3212 Asnières. 1244. 29 novembre.
(J. 172. — Chartres, II, n° 12. — Original scellé.)

Gilo præpositus ecclesiæ Carnotensis in Normannia, Bartholomeus camerarius et Gaufridus de Orrevilla, Carnotenses canonici a præfato capitulo delegati, notum faciunt, cum contentio verteretur inter excellentissimum dominum suum Ludovicum Francorum regem, ex una parte, et Henricum episcopum capitulumque Carnotenses, ex altera, super collatione præbendarum, sede vacante, scilicet post mortem Alberici nuper Carnotensis episcopi, vacantium, se unanimiter in venerabiles viros S. Dyonisii in Francia et de Hermeriis abbates compromisisse, ita ut per eos prædicta contentio sopiretur. — « Actum apud Asnerias, in vigilia B. Andree apostoli, anno Domini M° CC° XL° IIII°. »

Cette pièce est scellée de trois sceaux en cire verte pendants sur double queue, décrits dans l'*Inventaire* sous les numéros suivants : sceau de Gilon, prévôt de l'église de Chartres, en Normandie, n° 7682; Barthélemy, chambrier du chapitre de Notre-Dame, n° 7617; Geoffroy d'Orville, chanoine de Chartres, n° 7744.

3213 Asnières. 1244. 30 novembre.
(J. 172. — Chartres, II, n° 13. — Original scellé. — J. 261. — Sens, n° 9. 3. — Copie authentique.)

Odo B. Dionysii et Thomas de Ermeriis, abbates, notam faciunt sententiam arbitralem a se prolatam de quæstione versata inter episcopum capitulumque Carnotenses, ex una parte, et Ludovicum Francorum regem, ex altera, super præbendis sede Carnotensi vacante collatis vel conferendis. Qua quidem sententia, de tribus præbendis post mortem Alberici episcopi collatis, dictum est ut duæ eis quibus a domino rege collatæ fuerunt, id est magistro Petro de Castra et domino Ursioni, remaneant; tertia vero in dispositione venerabilis patris Henrici Carnotensis episcopi remaneat. De præbendis autem quæ in futurum, sede Carnotensi vacante, vacare contigerit, statutum est ut alternatim a domino rege et ab episcopis Carnotensibus, qui pro tempore fuerint, sint conferendæ. — « Actum apud Asnerias, anno Domini millesimo ducentesimo quadragesimo quarto, in festo Sancti Andree apostoli. »

Scellé de deux sceaux en cire verte pendants sur double queue. — Le sceau d'Eudes IV, abbé de Saint-Denis, second sceau, est décrit dans l'*Inventaire* sous le n° 9020; celui de Thomas, abbé d'Hermières, sous le n° 8757. — La pièce cotée *Sens*, n° 9. 3., est une copie insérée dans le vidimus délivré en 1281.

3214 1244. Novembre.
(J. 191. — Poitou, I, n° 110. — Original.)

Guido Sen. (Senescallus?), miles, notum facit se homagium ligium de Dienne, et de hiis quæ in honore Mortui maris, hereditario jure, nec non de hiis quæ apud Chaurraium, Trevins et Chabanz, ratione Agathæ uxoris suæ, possidet, Alfonso comiti Pictavensi, contra omnes homines qui possunt vivere aut mori, præstitisse. — « Actum anno Domini M° CC° quadragesimo quarto, mense novembri. »

Traces de sceau pendant sur double queue. — Le sceau de Gui le Sénéchal n'existe plus aux Archives. — Dupuy, dans son Inventaire, traduit l'abréviation *Sen.* par *de Senonches*.

5215 1244. Dimanche 4 décembre.
Testamentum Johannæ Flandrensis comitissæ.
(J. 406. — Testaments divers, n° 1. — Copie ancienne.)

Ego Johanna, Flandrie et Haynonie comitissa, ob remedium anime mee et antecessorum et successorum meorum condo testamentum meum sub forma subscripta, et volo quod valeat ut testamentum; quod si non potest, valeat ut codicillus vel sicut extrema dispositio decedentis. — In primis volo quod debita mea, de quibus constiterit, plenarie persolvantur. — Si alicujus hereditatem injuste acquisivi, vel a meis antecessoribus injuste detinui, illud reddo et restituo, ubicumque situm sit, et do potestatem executoribus meis subscriptis assignandi et inducendi in possessionem illos quibus competit de jure restitutio facienda. Et volo quod ad plenum eis satisfiat de dampnis et interesse, sicut de jure fuerit faciendum. — Ad restitutiones autem meas faciendas assigno tria milia librarum et quingentas libras Flandrensis monete percipiendas annuatim in paratioribus redditibus vel proventibus tocius Flandrie et Haynonie, ubicumque subscripti testamentarii mei maluerint vel elegerint, sive in nemoribus, sive acensis, sive proventibus quibuscumque. Et volo et firmiter statuo quod successor meus tale assignamentum subscriptis testamentariis meis faciat et exhibeat, sicut superius est expressum, ad dictum eorum, statim cum ab ipsis fuerit requisitus. — Et volo modis omnibus et ordino quod ad predictos redditus vel proventus, a subscriptis testamentariis meis electos, non apponat manum successor meus per se vel per suos, nec apponi permittat, sed omnes feodatos vel alios ministros, per quos forte illi redditus vel proventus procurantur vel solvuntur, jurare faciat quod nulli omnino solvent predictos redditus vel proventus nisi testamentariis ipsis vel mandato eorum, et ipsis testamentariis prefatos redditus vel proventus conservare teneatur, et ab omni invasore vel molestatore tam ipsos testamentarios quam redditus et proventus predictos suis sumptibus defensare. — Predictos autem proventus trium milium et quingentarum librarum sument subscripti testamentarii mei donec restitutiones mee omnino complete fuerint, et donec etiam elemosine seu legata alia mea, videlicet, decem milia librarum Flandrensium fuerint totaliter et integraliter persoluta. — Lego si quidem et in elemosinam confero, in remedium anime mee et antecessorum et successorum meorum, nec non et intuitu restitutionis faciende generaliter pro illis quibus restitutio certa fieri non valebit, decem milia librarum Flandrensium eroganda per executores testamenti mei ubi et sicut a me expresse fuerit ordinatum et in litteris meis videbitur contineri. — Quod si forte nichil me super hoc scribere contingeret, volo quod executores mei subscripti credant super hoc karissime sorori mee Margarete domine de Dampetra, priori Insulensi, et priori Valencenensi, ordinis Predicatorum, fratri Petro de Scelinis, fratri Michaeli, et fratri Henrico de Querceto, vel duobus istorum, ut faciant et distribuant sicut predicta karissima soror mea et dicti fratres, vel duo predictorum, me dixerint ordinasse. De hiis autem de quibus expresse verbo vel scripto non ordinavero, executores mei subscripti faciant pro utilitate anime mee secundum quod eis melius videbitur, distribuentes ea in terra nostra de consilio predicte sororis mee et fratrum predictorum. — Ad familiam autem meam remunerandam lego, de supradictis decem millibus librarum, mille quingentas libras cuilibet, sicut verbo vel scripto ordinabo, conferendas; vel, si non de eis totaliter ordinavero, testamentarii mei residuum predicte pecunie, de qua expresse non ordinavero, distribuant, de consilio dicte sororis mee et fratrum predictorum, singulis de familia mea secundum meritum et statum suum. — Et de predicta pecunia, mille quingentis libris, lego Johanne de Mousteroel ducentas libras Flandrensium et domine Marie de Castello centum libras. — Item predicte Johanne lego XL^a libras annui redditus hereditarie et dicte Marie decem, de consensu et voluntate sepedicte sororis mee. — Volo insuper et ordino quod quinque milia librarum Flandrensium de parata pecunia, quam michi benigne concessit ad solvendum testamentum meum, si de hac infirmitate decessero, karissimus dominus et maritus meus Th. (Thomas), Flandrie et Haynonie comes, sicut in suis litteris continetur, in manu sint et dispositione testamentariorum meorum subscriptorum ad faciendas restitutiones meas celeriter per manum ipsorum, ne ex mora et tardatione anima mea dispendium patiatur. — Volo autem et ordino quod ad judicium testamentariorum meorum subscriptorum pertineat, et non ad judicium successoris mei, cui et quibus et qualiter restituciones maxime de mobilibus fuerint faciende. — Volo insuper et statuo quod omnes juelli mei, reliquie, et libri, vasa aurea et argentea, et omnia superlectilia mea, et indumenta de capella, mensa, camera seu etiam coquina, et si qua sunt alia mea, et omnia mobilia michi specialiter deputata, quecumque in die obitus mei poterunt inveniri, in manu sint et dispositione testamentariorum meorum inferius expressorum ut ipsi disponant super eisdem pro utilitate anime mee secundum conscientias suas, de consilio sororis mee et fratrum ordinis Predicatorum superius nominatorum, nisi super hiis expresse a me verbo vel scripto fuerit ordinatum. — Ego autem compos existens mentis mee et in bono rationis usu predicta omnia ordinavi, et expresse constitui, et constituo executores testamenti mei reverendos in Xpisto patres ac dominos meos Cameracensem et Tornacensem episcopos, quicumque pro tempore fuerint, virosque venerabiles et discretos dominum Walterum abbatem Sancti Johannis in Valencenis, magistrum Gerardum scolasticum Cameracensem, magistrum A. decanum de Aula, et magistrum Egidium de Brugis prepositum Beati Petri Duacensis. — Quod si forte aliquem vel aliquos predictorum testamentariorum decedere contingat, volo et statuo quod illi qui residui fuerint ad voluntatem suam alium vel alios eligant secundum conscientias suas qui loco illorum testamentarii mei sint et vices suppleant defunctorum. Et si omnes simul executioni testamenti mei nequiverint vel noluerint interesse, volo nichilominus quod tres vel duo ipsorum possint procedere in executione testamenti mei secundum quod eis videbitur expedire. — Volo etiam quod si qua ambiguitas oriatur super verbis in testamento meo positis, ad judicium et interpretationem ipsorum testamentariorum meorum spectet omnino, ita quod interpretatio eorum firmiter teneatur. — Volo etiam quod illi testamentarii mei illo ordine procedant in restitucionibus faciendis et in legatis aliis persolvendis quo de jure fuerit procedendum, pensantes quod anime mee utilius fuerit ; pauperibus autem et egenis citius satisfaciant et quibus amplius sum astricta. — Omnibus autem predictis suum prebuerunt assensum illustris et karissimus dominus et maritus meus Th. (Thomas), comes Flandrie et Haynonie, et karissima soror mea Margareta domina de Dampetra, et promiserunt bona fide se predicta omnia, quilibet pro parte sua, firmiter et inviolabiliter servaturos, et ad hoc confirmandum apposuerunt sigilla sua presenti scripto. — Volo igitur et statuo, modis omnibus quibus possum, quatinus predicta omnia firmiter et inviolabiliter observentur. Tandem supplicans ex affectu tam karissime sorori mee quam predictis testamentariis meis, et omnibus fidelibus et amicis meis, quod ita diligenter et celeriter predicta omnia procurentur quod anima mea nullum ex retardatione dispendium paciatur in futuro. — Hec autem omnia ordinavi presentibus domino et marito meo Thoma comite, et Margareta sorore mea, priore Valencenensi, ordinis Predicatorum, G. preposito de Marchianis, fratre Petro de Scelinis, fratre Michaele, fratre Henrico de Querceto, ordinis Predicatorum, A. decano de Aula, domino Fastredo de Linea, domino Gerardo de Haynonia, domino Waltero de Lens et pluribus aliis. — In cujus rei noticiam, presens scriptum feci sigilli mei munimine roborari, sigillorumque predicti comitis et dicte sororis mee, prioris Valencenensis, decani de Insula, domini Fastredi, domini Gerardi de Haynonia, domini Walteri de Lens, — Actum anno Domini millesimo ducentesimo quadragesimo quarto, dominica secunda in adventu Domini.

Copie insérée dans la minute des lettres confirmatives données par saint Louis au mois de mars 1244-45. Voy. le n° 3339.

3216   1244. Dimanche 18 décembre.

(J. 317. — Toulouse, VIII, n° 30. — Original.)

Instrumentum, per litteras alphabeti divisum, quo notum fit Bernardum de Comatorta se, omnibus diebus suæ vitæ, corpus suum, omnes res suas, bonaque sua mobilia et immobilia in captenio et amparancia domini Raimundi comitis Tholosæ ejusque ordinii posuisse. Pro qua amparancia promittit se præfato comiti vel ejus vicario, Tholosæ, in castro Narbonensi, singulis annis, die festo B. Thomæ apostoli, unam libram bonæ et pulchræ ceræ fore soluturum.— « Hoc fuit factum xiiii. die exitus mensis decembris, feria i, regnante Lodoico Francorum rege, et dicto domino R. Tholosano comite, et R. episcopo, anno m° cc° xl° quarto, ab incarnatione Domini. Hujus rei sunt testes : W. Bernardus de Gaudia, et Deude de Leffiaco furnerius, et Bartolomeus Pelliparius, et Bernardus Aimericus qui cartam istam scripsit. »

3217   1244. Dimanche 18 décembre.

(J. 317. — Toulouse, VIII, n° 31. — Original.)

Instrumentum, ejusdem argumenti et formæ, quo Raimundus de Comatorta se, proprium corpus suum, et omnes res suas sub captenio, protectione et amparantia domini Raimundi Tholosani comitis ponere declarat. — « Hoc fuit factum xiiii. die exitus mensis decembris, feria i, regnante, etc. (ut supra), anno m° cc° xl° quarto incarnationis Domini. Hujus rei sunt testes : W. Bernardus de Gaudia. etc. » (Ut in præcedenti instrumento.)

3218   Bessières. 1244. Décembre.
Mercredi 7, 14, 21 ou 28 décembre.

(J. 324. — Toulouse, XV, n° 17. — Original roman.)

Acte, divisé par A. B. C., de la vente d'un jardin situé en la seigneurie de Bessières ; ladite vente faite par B. Bisbes de Buzet et dame Ramunda Gasca, sa femme, à dame Guirauda Lauteira, sœur de don Azémar, chapelain de Bessières (lo capela de Veseiras). — « Testes sunt : R. Amaneu, e B. Grimaut, e W. Vidal, e R. Bisbe, e W. Repolleir, escrivas comunals de Veseiras, que aqesta carta escrius el mes de dezembre, feria iiii, anno Domini m. cc. xliiii. ans, reinan Lodoic lo rei, e R. lo comte de Tolosa, e R. l'avesque. E aiso fo faig a Veseiras, el pla. »

3219   Bessières. 1244. Décembre.
Mercredi 7, 14, 21 ou 28 décembre.

(J. 324. — Toulouse, XV, n° 21. — Original roman.)

Acte, divisé par A. B. C., de la vente d'une maison située à Bessières (Veseiras) ; ladite vente consentie par B. Bisbes de Buzet et dame Ramunda Gasca, sa femme, à dame Guirauda Lauteira, sœur de don Azémar, chapelain de Bessières. — « Testes sunt : R. Amaneu, e B. Grimaut, e W. Vidal, e R. Bisbe, e W. Repolleir, escrivas comunals de Veseiras, que aqesta carta escrius el mes de dezembre, feria iiii, anno Domini m. cc. xliiii. ans. Reinan Lodoic lo rei, etc..... E aiso fo faig a Veseiras, el pla. »

3220   Bessières. 1244. Décembre.
Jeudi 1er, 8, 15, 22 ou 29 décembre.

(J. 325. — Toulouse, XVI, n° 50. — Original roman.)

Acte, divisé par A. B. C., du bail à cens d'une maison et dépendances situées à Bessières (Veseiras), attenant au château ; ledit bail consenti par W. de Gamevila à G. Mauri et à ses héritiers.— « Testes sunt : Ar. B., e R. Bisbes, e Ar. Gasc, e Bertrand Bonel, e W. Repolleir, escrivas comunals de Veseiras, que aqesta carta escrius, el mes de dezembre, feria v, anno Domini m. cc. xliiii. ans, reinan Lodoic lo rei, etc... E aiso fo faig a Veseiras, denant la maio W. de Gamevila. »

3221   Bessières. 1244. Décembre.
Jeudi 1er, 8, 15, 22 ou 29 décembre.

(J. 325. — Toulouse, XVI, n° 51. — Original roman.)

Acte, divisé par A. B. C., du bail à cens d'une métairie (cazal) située en la seigneurie de Bessières (Veseiras) ; ledit bail consenti par W. de Gamevila à B. Mauri et à ses héritiers.— « Testes sunt : Ar. B., e R. Bisbes, e Ar. Gasc, e Bertran Bonel, e W. Repolleir, escrivas comunals de Veseiras, que aqesta carta escrius, el mes de dezembre, feria v, anno Domini m. cc. xliiii. ans, reinan Lodoic, etc..... E aiso fo faig a Veseiras, denant la maio W. de Gamevila. »

3222   Toulouse. 1244. 31 décembre.

(J. 314. — Toulouse, VII, n° 29. — Original.)

Instrumentum, per litteras alphabeti divisum, quo, anno Domini millesimo ducentesimo quadragesimo quarto, ultimo die mensis decembris, presente et interrogante R. comite Tholosæ, marchione Provinciæ, Arnaldus Convenarum recognoscit et in veritate confitetur se a dicto comite villam Dalmazani et Dalmazanesium, cum tenemento et omnibus pertinentiis, et quicquid juris habet in diœcesi Tholosana, in feodum tenere, sicut predecessores sui a predecessoribus dicti comitis tenuerunt ex antiquo et tanto tempore cujus non extat memoria ; de quibus feodis homagium præstat et fidele servitium solleniter promittit. Quo recepto, dictus comes personam, feuda et omnia jura feudatarii contra quoslibet molestatores deffendere pollicetur. — « Acta sunt hec Tholose. Testes presentes interfuerunt : Rogerius Convenarum comes Palhariacensis, frater dicti Arnaldi Convenarum, et Rogerius Convenarum filius ejus, et Poncius de Villanova de Monteregali, et Arnaldus de Marcafava, et Poncius de Villamuro filius ejus, et Petrus de Durbanno, et Petrus de Villamuro, et Arnaldus de Villamuro frater ejus, et Arnaldus de Lobando, et Sicardus Alamanni, et Poncius Astoaudi, et Arnaldus de Escalquencis, et Guillelmus Ymberti notarius Massilie, et Guillelmus Arnaldi de Curno, et Aimericus porterius, et Arnaldus Peregrinus scriptor, et ego Bernardus Aimericus, publicus Tholose notarius, qui mandato ipsius domini comitis Tholosani et dicti Arnaldi Convenarum hanc cartam scripsit. »

3223 Pontoise. 1244-45. Mardi 10 janvier.

Quod nihil damni domino regi proveniat ex eo quod Margareta comitissa homagia Flandriæ receperit antequam ipsa regi præstiterit homagium.

(J. 537. — Flandre, I, sac 5, n° 4. 2. — Original scellé.)

Margareta, comitissa Flandrie et Haynonie, universis presentes litteras inspecturis, salutem. — Noverint universi quod, karissima sorore nostra J. (Johanna) comitissa Flandrie sublata de medio, ad dominum regem accessimus pro faciendo eidem quod debebamus de homagio, raschato, conventionibus et securitatibus. — Quia vero idem dominus rex, infirmitate gravatus, in tali statu erat quod non erat expediens eidem super hoc verbum deferri, ne forte de morte predicte sororis nostre ipsius animus turbaretur, de voluntate domine regine matris ejus et ipsius domini regis fratrum et ejus Consilii, et de assensu nostro, super sacrosancta juravimus quod eidem domino regi et ejus heredibus fideles erimus, et fideliter serviemus, et jura eorum servabimus bona fide contra omnem creaturam (sic) que possit vivere et mori. — Et per hoc et per raschatum nostrum quod feceramus, et quia dominus rex erat infirmus, concessum fuit nobis a curia quod nos homagia Flandrie reciperemus tali modo quod ex ista concessione de recipiendis homagiis Flandrie a nobis, antequam predicto domino regi homagium fecissemus, eidem domino regi aut ipsius heredibus nullum posset prejudicium generari, nec ratione hujus facti nobis aut heredibus successoribus nostris accrescere posset jus aliquod in futurum. — Actum apud Pontisaram, anno Domini M° CC° XL° quarto, die martis post Epiphaniam.

Scellé, en cire verte, sur double queue, du premier sceau de Marguerite de Dampierre, décrit dans l'*Inventaire* sous le n° 623. Ce sceau est celui dont elle se servait avant d'être comtesse de Flandre; voyez la pièce suivante.

3224 Pontoise. 1244-45. Mardi 10 janvier.

Margareta, comitissa Flandriæ, sese obligat ad præcedentes litteras novo sigillo infra instantem Purificationem sigillandas.

(J. 538. — Flandre, I, sac 5, n° 6. — Original.)

Ego Margareta, Flandrie et Haonie comitissa, notum facio universis ad quos presentes littere pervenerint quod, quando ego fidelitatem feci karissimo domino meo Ludovico, regi Francie illustri, pro comitatu Flandrie, conventiones quas habui cum eo, cum adhuc sigillum novum non haberem, sigillo meo, quod ante factam fidelitatem habebam, sigillavi. — Illas autem litteras omnes, quas sigillo predicto sigillavi, teneor infra instantem Purificationem Beate Marie sigillo meo novo comitisse Flandrie sigillare. — In cujus rei testimonium, presentes litteras dicti sigilli mei munimine roboravi. Datum Pontisare, anno Domini M° CC° quadragesimo quarto, die martis post Epiphaniam Domini.

Traces de sceau sur double queue. — Voyez l'observation à la suite de la pièce précédente.

3225 Rabastens. 1244-45. 15 janvier.

(J. 330. — Toulouse, XXI, n° 23. — Original.)

Instrumentum quo constat, anno Domini M° CC° XL° quarto, medio mense januarii, Sicardum de Miromonte quidquid juris habebat in castro et villa Sanctæ Gauellæ et in pertinentiis domino R. (Raimundo), comiti Tholosæ, marchioni Provinciæ, et ejus heredibus vel successoribus, pretio VII. millium et CC. solidorum Morlanensium, vendidisse. — « Acta sunt hec apud Rabastencs. Testes presentes interfuerunt : venerabilis pater dominus R. (Raimundus), Dei gratia episcopus Tholosanus, dominus Bernardus comes Convenarum, Jordanus de Insula, Sicardus Alamanni, Poncius Astoaudi cancellarius domini comitis Tholosani, Guillelmus Isarni clericus domini episcopi Tholosani, Bernardus de Turre, Johannes Aurioli, R. de Castronovo, Petrus de Tholosa, Ademarus de Miromonte, *quinque alii*, et ego Bernardus Aimericus publicus Tholose notarius qui, mandato dicti Sicardi de Miromonte et Bernardi filii ejus, hanc cartam scripsi. » — In eadem membrana continetur instrumentum quo domina Englesia, uxor, et Sicardus, filius præfati Sicardi de Miromonte, hanc venditionem a se confirmatam declarant. — « Apud Mirummontem, X. die exitus mensis januarii (*i. e.* die XXII. januarii), anno Domini M° CC° XL° quarto. »

3226   Rabastens. 1244-45. 18 janvier.

Homagium a Fortanerio de Gordono comiti Tholosano præstitum.

(J. 303. — Toulouse, I, n° 5. — Original.)

Manifestum sit omnibus presentem paginam inspecturis quod ego Fortanerius de Gordono, de mera et spontanea voluntate mea, non vi nec dolo nec aliqua machinatione inductus, confiteor et in rei veritate recognosco vobis domino R. (Raimundo), Dei gratia comiti Tholose et marchioni Provincie, me tenere a vobis in feudum quicquid habeo vel habere debeo in castro seu villa Sancti Circi de Popia et in ejus tenemento et pertinentiis, et specialiter villas de Laure et de Limonha, cum earum pertinentiis seu tenementis, et villam de Lentilhaco cum suis pertinentiis que est ultra flumen de Out, ex parte Caturci, et quicquid habeo vel habere debeo in episcopatu seu diocesi Caturcensi citra flumen de Out, preter illud quod habeo in castro de Balaguerio. — Confiteor preterea et recognosco vobis prefato domino comiti predecessores meos tenuisse a vestris predecessoribus ex antiquo in feudum omnia supradicta. — Quod autem de predictis feudis vobis fidelis existam et omnia servicia faciam que in forma fidelitatis continentur et que fidelis vassallus tenetur facere bono domino suo, et dicta feuda vobis vel cuilibet certo nuncio vestro restituam quandocumque vel quotienscumque, paccatus vel iratus, ratione dominii ea duxeritis requirenda, vobis, domino comiti per sollempnem stipulationem bona fide promitto, et specialiter vitam et membrum, et super sancta Dei Evangelia corporaliter juro, prestito juramento, et inde vobis homagium facio, flexis genibus, manibus meis positis inter vestras, dato osculo fidei et recepto. Quod autem omnia predicta et singula compleam et observem, et contra non veniam aliquo jure vel aliqua ratione, vobis, dicto domino comiti, per sollempnem stipulationem, sub obligatione omnium bonorum meorum, bona fide promitto, renuncians omni juri scripto et non scripto, canonico et civili, promulgato vel in posterum promulgando. — In cujus rei testimonium, presentem cartam feci sigilli mei munimine roborari. Acta sunt hec apud Rabastenx, anno Domini M^o CC^o XL° quarto, XV° kalendas februarii. Testes interfuerunt vocati et rogati : dominus D. (Durandus) episcopus Albiensis, dominus B. (Bernardus) comes Convenarum, dominus Amalricus vicecomes Narbonensis, Bertrandus de Cardalhaco, Deodatus Barasc, Sicardus Alamanni, Pontius Astoaudi, Guillelmus de Cadolha, Bernardus de Turri, Ysarnus de Sancto Paulo, Petrus Raimundi de Rabastenx, Bertrandus de Paris, Bernardus de Aniciano, Jordanus de Rabastenx, Guillelmus Fenassa de Albia, Ermengaudus Hugo bajulus Castlucii, et Johannes Aurioli, domini comitis Tholose notarius, qui de mandato utriusque partis hec scripsit.

Traces de sceau pendant sur cordelettes de soie blanche et noire. — Le sceau de Fortanier de Gourdon n'existe plus aux Archives.

3227   Toulouse. 1244-45. Lundi 23 janvier.

(J. 315. — Toulouse, VII, n° 82. — Original.)

Instrumentum quo Bos de Orgolhio recognoscit et profitetur se totum jus vel partem quod et quam habet vel habere debet in dominio et castro de Orgolhio et pertinentiis, a domino suo R. comite Tholosano, marchione Provinciæ, in feudum tenere; de quibus prædicto comiti forma solita homagium et fidelitatem præstat.— « Actum fuit hoc et concessum Tholose, in castro Narbonensi, VIIII. die exitus mensis januarii, feria II, regnante Lodoico Francorum rege, et eodem domino R. Tholosano comite, et R. (Raimundo) episcopo, anno M^o CC^o XL° quarto ab incarnatione Domini. Testes fuerunt ad hoc vocati et rogati : dominus R. episcopus Tholosanus, dominus Bernardus comes Convenarum, R. prepositus Sancti Stephani Tholose, Sicardus Alamanni, Poncius Astoaudi cancellarius domini comitis supradicti, Jordanus de Lantare, Berengarius de Promilhaco vicarius Tholose, Mancipius et Petrus de Tholosa, frater ejus, *octo alii*, et Bernardus Aymericus, publicus Tholose notarius, qui, mandato ipsorum domini comitis et Bos de Orgoilh, hoc presens publicum scripsit instrumentum. »

3228   Toulouse. 1244-45. 23 janvier.

(J. 314. — Toulouse, VII, n° 80. — Original.)

Instrumentum, per litteras alphabeti divisum, quo anno Domini M^o CC^o XL° quarto, decimo kalendas februarii, Ramundus Geraldus de Moysiaco, pro se et fratribus suis, præsente et interrogante Ramundo comite Tholosano, Provinciæ marchione, recognoscit et profitetur se paxeriam illam et marguillum quam et quod habent et tenent in flumine Tarni, cum ripis, albardillis, piscariis et aliis pertinentiis, et quidquid habent in honore de Monte amato, a præfato comite in feudum tenere, mediantibus v. solidis Caturcensibus bajulo ejus Moysiacensi annuatim in festo Omnium Sanctorum solvendis. Quam recognitionem præfatus comes se recipere declarat et prædicta feuda dicto Ramundo Geraldo ejusque fratribus in perpetuum concedere; quæ quidem dictis fratribus a Ramundo de Alfaro, consilio et voluntate prædicti comitis, confirmantur. — « Acta sunt hec Tholose, in castro Narbonensi. Testes presentes interfuerunt : dominus Bernardus comes Convenarum, Jordanus de Insula, Jordanus de Lantare, B. de Monte Guiscardo, Sicardus Alamanni, *sex alii,* et ego Bernardus Aimericus, publicus Tholose notarius, qui, mandato dicti domini comitis et R. de Alfaro et R. Geraldi predicti, hanc cartam scripsi. »

3229   Toulouse. 1244-45. 26 janvier.

(J. 325. — Toulouse, XVI, n° 52. — Original.)

Instrumentum quo notum fit Guillelmum de Guamevilla et dominam Claram, uxorem ejus, tertiam partem quam habebant in villa de Veceriis et pertinentiis ejusdem villæ domino Raimundo comiti Tholosæ, Provinciæ marchioni, ejusque heredibus in perpetuum vendidisse. — « Actum fuit hoc ita et concessum Tholose, in domo domini Sicardi Alamanni, vi. die exitus mensis januarii, regnante Lodoico Francorum rege, et eodem domino R. Tolosano comite, et R. (Raimundo) episcopo, anno m° cc° xl° quarto ab incarnatione Domini. Testes sunt hujus rei : Ramundus Berengarius, R. Ruffus, Curvus de Turre, Jordanus de Villanova, *quinque alii*, et Bernardus Aimericus qui cartam istam scripsit. »

3230   Montreuil. 1244-45. Mardi 31 janvier.

Transaction par-devant arbitres entre l'abbé et le couvent de Saint-Josse, le comte et la comtesse de Ponthieu, et le maire et les habitants de Saint-Josse

(J. 426. — Obligations, IV, n° 19. 2. — Copie authentique.)

A tous cheus ki cest escrit verrunt, Wautiers abbes de Saint-Joosse sour le mer et li covens d'icel meisme liu, et Mahius cuens de Pontiu et de Monsterueil, et Maroie sa fame contesse, maires et eskevin de Saint-Joosse, salut en Nostre Ségneur. — Sache vostre universités que, cum il fust ensi que nous eussons plusors querèles et controversies entre nous ensemble, à le parte fin, de consel de bonnes gens, nous nos meismes en mise, s'il est assavoir, en maistre Vincent, dien de Saint-Fremin de Monsterueil, et en monseigneur Guilliaume de Mannères, chevalier, ségneur de Menthenay, en tel manière que, se il estoient en aucun capitel descordable ou en plusors, li tiers miseres estoit esleus, s'il est assavoir, noblès hom Robers avoués de Bétune, par qui consel li doi devantdit lor descort devoient acorder. — Et comme il fussent en aucun point descordable, il le consel du devantdit avoué requirent et usèrent du consel celui en leur descors; et, après mout d'enquestes et de assignemens de jours en l'église Nostre-Dame de Monsterueil, el mois de jenvier, le mardi prochain devant le Purificacion, en l'an de l'incarnacion m. et cc. et xliiii, il prononchièrent leur dit et rendirent lor mise par les paroles qui aval sivent :

Comme controversie fust entre l'abé de Saint-Joosse et le covent, d'une part, et le conte de Pontiu et le contesse, de l'autre part, de plusors choses; de rekief comme controversie fust de l'abé et del covent d'une part, et du maieur et des eskevins de Saint-Joosse, d'autre part, après plusors plais et tenchons il se concordèrent en tel manière que il tenront tout chou que li sires de Menthenay et li diens de Saint-Fremin de Monstereuil en diroient par droit ou ordeneroient por pais; et, se il se descordoient, li avoués de Bétune devoit estre appelés tiers. Et comme li doy nommé fussent descordable, li avoués fut apelé tiers. — Et comme les parties et li troy arbitre fussent ensemble à Hédin, li descors des deus fu apaisiés par le tierch, che est à savoir par l'avoé de Bétune, fors de une seule chose : che est d'ome qui est ochis en caude meslée, se chou est murdres, kar en feroit justiche de son cors et de ses cateus aussi comme de murdreeur, se il estoit pris, as us et as costumes del liu là ù li fais avint. Et de cheli chou que li avoués en dira sera tenu. — Li concors est tius primes de l'abé et del covent et del conte et de le contesse : tout plait de conteis froissiées et de dunes garder, et de chou que li abbés avoit pris un cherf en le warenne, et molt autres menues choses et laidures qui sont en lor clains, sunt mises jus. Et li dune soit bonnée et wardée si comme elle doit et chartre le devise. — Che que li abbes arresta li chevaus au balliu le comte, ke il amenda au comte et livra plèges de l'amende, nous arbitres prenons sor nous l'amende. — Che que li abbes demande au conte, là ù li cuens conoist, fache gré; là ù il le noie, prinst li abbes, et li cuens fache gré. — Ensement là ù li cuens demande l'abé, là ù li abbes conoist, fache gré; là ù il le noie, prinst li cuens, et li abbes fache grés. — L'iglise a ses possessions, ses terres, ses cens, ses rentes, ses aumosnes, ses contes, ses vicontes et chou qui apartient à l'iglise, tout en pais, si comme chartre le devise qu'il ont du conte de Pontiu, sauf chou que li cuens a, hors de le ville Saint-Joosse, le rat, le estac, le murdre, le arson de maison à forche ou en larrechin et le assaut, si comme chartre le devise. — De un point de le chartre que il vuelent ki soit esclariés qui ensi se commenche : *Concessimus autem ego Florentius, etc.*, et si fine : *et comes Monsterolii et Pontivi aliam partem accipiet*, nous le esclarons en tel manière : ke se commune meffait dont amendé soit, ou soit taillé ou doné ou presté ou plégié ou kerkié à autrui, en tel manière ke il reviengne au preu conte ou au preu l'abé, toutes ces choses doivent estre parties. Et chascune partie fera gré et seurté à le commune de tant que il devera de se partie. — Tout plait de despens, ke li abbes demande sour le conte et li cuens sor l'abbé, sont mis jus. — Li descors de l'abé et del covent de le ville sunt apaisié. — Cous des despens d'Abeville, nous ne nous en mellons, kar li querèle fu terminée à Abeville et s'en tinrent à paié les parties. — Che que li maires fait talle pour paier le ville, ou pour le pré de le ville, bien le fache si com il doit. — Se li abbes a mestier en se court, pour warder le droiture de s'église, de tesmonage de jurés de le ville, se il les mande, il les doit avoir. — Che que li cuens et le ville vuellent que li vaasseur soient de commune, nous disons ke il en y ara x., et nient plus sens le volenté l'abé et le conte et le commune, en elsies de le commune. — De hore an avant li abbes ne puet effrankir homme ne faire vaasseur ke il ne soit de commune sans le volenté au conte et au maieur; et ens dis vaasseur qui en commugne remaingnent l'iglise ne pert nient de se droiture ne de sen servige. — Che que li abbes demande amande au maieur et as eskevins pour cho qu'il prisent le wage Wion lor vaslet, et por un jugement qui fu rendus en se court dont il furent jugié en merchi, et por qu'il alèrent fors de se court sour se deffense, et por autres choses menues el clain l'abbé, nous arbitre volons que maires et eskevin amendent à leur ségneur. — Et nous arbitre prenons l'amende sour nous, et disons que maires et eskevins tiennent commune as us et as costumes de Abbeville, sauve le droiture de l'église et sauve le droiture le conte. — Et pour avoir bone amor et bone pais et ferme à l'abé et au covent de toutes choses qui sunt avenues dusques à chi entre eus, li maires et li eskevin donront c. livres de Parisis à l'abé et au covent, et chou disons nos sans les iretages as parties et les chartres. — Et disons en no dit ke d'un point de le chartre ke maires et eskevin requirent ki soit esclairies, ki ensi se commenche : *Sciendum insuper quod ego Florencius*, et si se fine, *consuetudinibus communie prejudicabunt*, nos l'esclairons en tel manière : Ke se plait ou contens eskiet dedens le commune de Saint-Joosse, qui ne puist estre déterminée par l'abé et par le conte de Pontiu ou par maieur ou par eskevins de Saint-Josse, chil plais ou chil contens doit estre reportés au consel de le commune d'Abbeville, et chou que maires et eskevin d'Abeville en diront sera tenu, se il ne dient contre le droiture et le frankise de l'iglise Saint-Joosse. Et se li abbes disoit que maires et eskevins eussent dit contre le droiture et le frankise de s'église, il doit dire en quoi, et à chou rewarder li abbes doit avoir v. de ses frans hommes, chevaliers ou vaasseurs, par sèrement et par conjurement, et li cuens ensement v. de ses frans hommes, chevaliers ou vaasseurs, par sairement et par conjurement ; et chil dis doivent oir le mostranche l'abé, et, se il pueent trover ke che soit droiture et frankise de l'église, il demeure à l'église, et se chil dis ne truèvent ke che soit droiture de l'église ou frankise, il demeure à le commune de Saint-Joosse, toussi que maires et eskevin d'Abeville ont jugié. Et de ches dis hommes qui chou doivent eswarder nuls ne doit estre de commune. — Et se il covient por chesti chose l'abé et le conte tenir court ou faire assemblée, à Saint-Aubin dehors Saint-Joosse doit li abbes et li cuens assembler et si leur court tenir, et nient ailleurs, se les parties ne assentent. — Et comme li arbitre devant dit eussent le mise rendue en le forme ki est deseure escrite, nous devant dit, s'il est à savoir, Wautiers abbés de Saint-Joosse sour le mer et li covens d'icel lieu, Mahius cuens de Pontiu et de Monsterueil, Maroie contesse se fame, maires et eskevin de Saint-Joosse, à perpétuel mémoire et confirmacion, à l'escriture faite dudit amiseeurs et treblée pour chou que chascune partie de nous trois parties en eust une, nous i pendismes nos seals quant li escrit furent fait de chou et raporté à nous, en l'an de l'Incarnacion mil et cc. et XLIIII, el mois de février.

Cette sentence arbitrale, rendue le 31 janvier et scellée le mois suivant, est insérée dans un vidimus délivré, le 31 mai 1345, par le maire et les échevins de Saint-Josse-sur-Mer en Picardie (Pas-de-Calais, arr. de Montreuil), et scellé du sceau de ladite commune, décrit dans l'*Inventaire* n° 5794.

3231   1244-45. Janvier.

Securitas facta domino regi a scabinis et universitate villæ Duacensis pro Margareta comitissa Flandriæ.

(J. 537. — Flandre, I, sac 5, n° 5. 2. — Original scellé.)

Nos scabini, totaque communitas ville Duacensis, notum facimus omnibus presentes litteras inspecturis quod nos, tactis sacrosanctis, juravimus coram nunciis excellentissimi domini Ludovici regis Francie illustris ad hoc specialiter missis, videlicet, coram domino Ferrico Paste Francie marescallo, magistro Guillelmo de Senonis ejusdem domini regis clerico, et domino Amarrico de Meudon, ejusdem domini regis milite, quod si, quod Deus avertat, karissimam dominam nostram Margaretam, Flandrie et Haynoie comitissam, contingeret resilire a convencionibus initis inter ipsam, ex una parte, et predictum dominum Ludovicum regem Francie illustrem et ejus matrem Blancham Francie reginam ac liberos ejus, ex altera, quas conveniciones audivimus fideliter recitari et plene intelleximus, predicte comitisse non adhereremus, nec auxilium vel consilium eidem prestaremus; immo predictis domino regi et heredibus ejus, et domine regine et liberis ipsius, pro posse nostro adhereremus et fideliter faveremus, donec id emendatum esset in curia domini regis ad judicium parium Francie. — In cujus rei testimonium, presentes litteras fecimus sigillo nostro sigillari. Actum anno Domini M° CC° quadragesimo quarto, mense januario.

Scellé, en cire blonde sur double queue, du sceau de la ville de Douai (premier sceau), décrit dans l'*Inventaire* sous le n° 5523.

3232   1244-45. Janvier.

(J. 538. — Flandre, I, sac 5, n° 6. 38. — Original scellé.)

Alermus de Aubi, miles, notum fecit se, coram Ferrico marescallo et aliis regiis legatis, securitatem domino regi pro Margareta Flandriæ comitissa solemniter jurasse. — « In cujus rei testimonium, presentes litteras sigillo meo sigillavi. Actum anno Domini M° CC° quadragesimo quarto, mense januario. »

Sceau d'Alerme d'Auby; cire blonde, double queue; *Inventaire*, n° 1226. — Ces lettres et les lettres suivantes des chevaliers sont conçues dans les mêmes termes que celles de l'échevinage de Douai.

3233   1244-45. Janvier.

(J. 538. — Flandre, I, sac 5, n° 6. 39. — Original scellé.)

Similes litteræ Arnulphi de Chisonio, militis. — « In cujus rei testimonium, presentes litteras feci sigillo meo sigillari. Actum anno Domini M° CC° quadragesimo quarto, mense januario. »

Sceau d'Arnoul de Cysoing, cire blonde, double queue; *Inventaire*, n° 1984.

3234   1244-45. Janvier.

(J. 538. — Flandre, I, sac 5, n° 6. 56. — Original.)

Similes litteræ Guillelmi de Duaculo, militis. — « In cujus rei testimonium, presentes litteras feci sigillo meo sigillari. Actum anno Domini M° CC° quadragesimo quarto, mense januario. »

Traces de sceau sur double queue. — Le sceau de Guillaume de Duaculo (du petit Douai?) est décrit dans l'*Inventaire* sous le n° 2038, d'après un type appendu à un acte daté de 1237.

3235   1244-45. Janvier.

(J. 538. — Flandre, I, sac 5, n° 6. 66. — Original scellé.)

Similes litteræ Baldonis de Duaculo, burgensis Duacensis. — « In cujus rei testimonium, presentes litteras feci sigillo meo sigillari. Actum anno Domini M° CC° quadragesimo quarto, mense januario. »

Sceau de Baude *de Duaculo*, bourgeois de Douai; cire blonde, double queue; décrit dans l'*Inventaire* sous le n° 4091.

3236   1244-45. Janvier.

(J. 538. — Flandre, I, sac 5, n° 6. 51. — Original scellé.)

Similes litteræ Galteri de Guelezin, militis. — « In cujus rei testimonium, presentes litteras sigillo meo sigillavi. Actum anno Domini M° CC° quadragesimo quarto, mense januario. »

Sceau de Gautier de Guelezin, chevalier; cire blonde, double queue; *Inventaire*, n° 2326.

3237   1244-45. Janvier.

(J. 538. — Flandre, I, sac 5, n° 6. 58. — Original scellé.)

Similes litteræ Boidini de Havequerque, militis. — « In cujus rei testimonium, presentes litteras sigillo meo sigillavi. Actum anno Domini M° CC° quadragesimo quarto, mense januario. »

Sceau de Boidin de Haverskerque, chevalier; cire blonde, double queue; décrit dans l'*Inventaire* sous le n° 2385.

3238   1244-45. Janvier.

(J. 538. — Flandre, I, sac 5, n° 6. 52. — Original scellé.)

Similes litteræ Galteri de Napis, militis. — « In cujus rei testimonium, presentes litteras feci sigillo meo sigillari. Actum anno Domini M° CC° quadragesimo quarto, mense januario. »

Sceau de Gautier de Napes ou d'Asnape (*Walterus de Asnapia* sur la légende du sceau), chevalier; cire blonde, double queue; décrit dans l'*Inventaire* sous le n° 1193.

3239   1244-45. Janvier.

(J. 538. — Flandre, I, sac 5, n° 6. 55. — Original scellé.)

Similes litteræ Petri de Rulay, militis. — « In cujus rei testimonium, presentes litteras sigillo meo sigillavi. Actum anno Domini M° CC° quadragesimo quarto, mense januario. »

Ces lettres sont scellées d'un sceau en cire brune sur double queue, portant pour légende SIGILLUM PETRI DE DUACO, et qui est décrit dans l'*Inventaire* sous le n° 2039.

3240   1244-45. Janvier.

(J. 538. — Flandre, I, sac 5, n° 6. 18. — Original scellé.)

Similes litteræ Gossini de Sancto Albino, militis. — « In cujus rei testimonium, presentes litteras sigillo meo sigillavi. Actum anno Domini M° CC° quadragesimo quarto, mense januario. »

Sceau de Gossin de Saint-Aubin, chevalier; cire blonde, double queue; *Inventaire*, n° 3504.

3241   Toulouse, château Narbonnais. 1244-45. 2 février.

(J. 316. — Toulouse, VII, n° 107. — Original.)

Instrumentum quo Rogerius de Aspello spontanea voluntate sua recognoscit et profitetur se a domino suo Raimundo comite Tholosano, Provinciæ marchione, castrum seu villam de Berato recepisse, et quidquid juris habet in Fita, Sancto Felicio, Casellis, Sancto Mychaele et Mauranno; de quibus omnibus ei et ejus successoribus, pro se et successoribus suis, solemne præstat homagium. Quo recepto, præfatus comes prædicto Rogerio de Aspello ex parte sua pollicetur quod ei erit de prædictis feudis bonus dominus et fidelis. — « Acta sunt hec ita et concessa Tholose, in castro Narbonensi, II. die introitus mensis februarii, regnante Lodoico Francorum rege, et eodem domino R. Tholosano comite, et R. (Ramundo) episcopo, anno M° CC° XL° quarto, ab incarnatione Domini. Hujus rei sunt testes : Dominus Ramundus episcopus Tholosanus, et dominus P. (Petrus de Petralata) abbas Soricinensis, Guillelmus Ato archidiaconus Ville-longe, Guillelmus Isarni archipresbyter de Rivis, magister Sicardus, Johannes Aurioli, magister Willelmus de Podio Laurentio, Sicardus de Miromonte, R. de Cante, Jordanus de Lantare, Bernardus Convenarum, Berengarius de Promilhaco vicarius Tholose, Maurandus de Bello podio, Poncius Astoaudi cancellarius antedicti comitis, *quinque alii*, et Bernardus Aimericus publicus Tholose notarius qui, mandato ipsius domini comitis et ipsius Rogerii de Aspello, cartam istam scripsit. »

3242   Toulouse. 1244-45. 4 février.

(J. 330. — Toulouse, XXI, n° 21. — Original.)

Instrumentum, per litteras alphabeti divisum, quo constat Rogerium de Aspello partem suam villæ Casellarum et villas seu loca infrascripta, scilicet Coleredam, Naonam, Palamenic et Sanctum Mychalem de Manssaboum cum pertinentiis, pro quinque millibus solidorum Morlanensium bonorum, domino suo Raimundo, comiti Tholosæ, marchioni Provinciæ, et ejus ordinio pignori obligasse. — « Acta fuerunt hec Tholose, IIII. die introitus mensis februarii, regnante Lodoico Francorum rege, et eodem domino R. Tholosano comite, et R. (Raimundo) episcopo, anno M° CC° XL° IIII° ab incarnatione Domini. Testes presentes fuerunt vocati et rogati : Dominus R. episcopus Tholosanus, et dominus R. Gaucelmi dominus Lunelli, Sicardus Alamanni, Poncius Astoaudi cancellarius domini comitis antedicti, Poncius Grimoardi, *tres alii*, et ego Bernardus Aimericus, publicus Tholose notarius, qui, mandato domini comitis et dicti Rogerii de Aspello, hanc cartam scripsi. »

5243   1244-45. Février.

(J. 538. — Flandre, I, sac 5, n° 6. 23. — Original.)

Litteræ securitatis factæ domino regi a Daniele de Aissehone, milite, pro Margareta Flandriæ comitissa. — « In cujus rei testimonium, presentes litteras sigillo meo sigillavi. Actum anno Domini M° CC° XL° quarto, mense februario. »

Traces de sceau sur double queue. — Le sceau de Daniel d'Aissehone n'existe plus aux Archives.

5244   1244-45. Février

(J. 538. — Flandre, I, sac 5, n° 6. 7. — Original.)

Similes litteræ Johannis de Aldenarda, armigeri. — « In cujus rei testimonium, presentes litteras feci sigillo meo sigillari. Actum anno Domini M° CC° quadragesimo quarto, mense februario. »

Traces de sceau sur double queue. — Le sceau de Jean d'Audenarde, écuyer, est décrit dans l'*Inventaire* sous le n° 10339.

5245   1244-45. Février.

(J. 538. — Flandre, I, sac 5, n° 6. 40. — Original scellé.)

Similes litteræ Alipdis relictæ Arnulphi de Aldenarda. — « In cujus rei testimonium, presentes litteras feci sigillo meo sigillari. Actum anno Domini M° CC° quadragesimo quarto, mense februario. »

Sceau d'Alix, veuve d'Arnoul d'Audenarde; cire blonde, double queue; décrit dans l'*Inventaire* sous le n° 10338.

5246   1244-45. Février.

(J. 538. — Flandre, I, sac 5, n° 6. 5. — Original.)

Similes litteræ Balduini de Aria, militis. — « In cujus rei testimonium, presentes litteras feci sigillo meo sigillari. Actum anno Domini M° CC° quadragesimo quarto, mense februario. »

Traces de sceau sur double queue. — Le sceau de Baudouin d'Aire, chevalier, n'existe plus aux Archives.

5247   1244-45. Février.

(J. 538. — Flandre, I, sac 5, n° 6. 42. — Original scellé.)

Similes litteræ Guillelmi de Bergues, militis. — « In cujus rei testimonium, presentes litteras feci sigillo meo sigillari. Actum anno Domini M° CC° quadragesimo quarto, mense februario. »

Sceau de Guillaume de Bergues, chevalier; cire blonde, double queue; *Inventaire*, n° 1402.

5248   1244-45. Février.

(J. 538. — Flandre, I, sac 5, n° 6. 15. — Original scellé.)

Similes litteræ Guidonis de Bergues, militis. — « In cujus rei testimonium, presentes litteras sigillo meo sigillavi. Actum anno Domini M° CC° quadragesimo quarto, mense februario. »

Sceau de Gui de Bergues, chevalier; cire brune, double queue; *Inventaire*, n° 1401.

5249   1244-45. Février.

(J. 538. — Flandre, I, sac 5, n° 6. 71. — Original scellé.)

Similes litteræ Gilleberti castellani de Bergues, militis. — « In cujus rei testimonium, presentes litteras sigillo meo sigillavi. Actum anno Domini M° CC° XL° quarto, mense februario. »

Traces de sceau sur double queue. — Voyez dans l'*Inventaire*, sous les n°s 5279 et 5280, deux sceaux de Gilbert, châtelain de Bergues, décrits d'après des types appendus à des actes datés de 1237.

5250   1244-45. Février.

(J. 538. — Flandre, I, sac 5, n° 6. 12. — Original scellé.)

Similes litteræ Egidii de Bethunia, militis. — « In cujus rei testimonium, presentes litteras feci sigillo meo sigillari. Actum anno Domini M° CC° quadragesimo quarto, mense februario. »

Sceau de Gilles de Béthune; cire blonde, double queue; *Inventaire*, n° 1421.

5251   1244-45. Février.

(J. 538. — Flandre, I, sac 5, n° 6. 17. — Original scellé.)

Similes litteræ Jacobi de Bondues, militis. — « In cujus rei testimonium, presentes litteras feci sigillo meo sigillari. Actum anno Domini M° CC° quadragesimo quarto, mense februario. »

Sceau de Jacques de Bondues, chevalier; cire brune, double queue; décrit dans l'*Inventaire* sous le n° 1474.

5252   1244-45. Février.

(J. 538. — Flandre, I, sac 5, n° 6. 49. — Original scellé.)

Similes litteræ Bertrammi de Bordeburc, militis. — « In cujus rei testimonium, presentes litteras sigillo meo sigillavi. Actum anno Domini M° CC° XL° quarto, mense februario. »

Sceau de Bertrand de Bourbourg, chevalier; cire blonde, double queue; décrit dans l'*Inventaire* n° 1503.

3253 — 1244-45. Février.

(J. 538. — Flandre, I, sac 5, n° 6. 64. — Original scellé.)

Similes litteræ Tierrici de Bevera, castellani de Ykemude. — « In cujus rei testimonium, presentes litteras sigillo meo sigillavi. Actum anno Domini M° CC° quadragesimo quarto, mense februario. »

Sceau de Thierri de Beveren, châtelain de Dixmude; cire blonde, double queue; *Inventaire*, n° 10352.

3254 — 1244-45. Février.

(J. 538. — Flandre, I, sac 5, n° 6. 24. — Original scellé.)

Similes litteræ Phylippi domini de Boulers, militis. — « In cujus rei testimonium, presentes litteras feci sigillo meo roborari. Actum anno Domini millesimo ducentesimo quadragesimo quarto, mense februario. »

Sceau de Philippe, sire de Boulers; cire blonde sur double queue; sceau armorial non décrit : un écusson en abîme. Légende : S. Philippi domini [de Bou]leto. Les mêmes armoiries au contre-sceau, avec cette légende : Sigillum meum michi.

3255 — 1244-45. Février.

(J. 538. — Flandre, I, sac 5, n° 6. 33. — Original scellé.)

Similes litteræ Henrici de Bourguele, militis. — « In cujus rei testimonium, presentes litteras feci sigillo meo sigillari. Actum anno Domini M° CC° quadragesimo quarto, mense februario. »

Sceau de Henri de Bourgheles, chevalier; cire brune, double queue; *Inventaire*, n° 1506.

3256 — 1244-45. Février.

(J. 538. — Flandre, I, sac 5, n° 6. 59. — Original.)

Similes litteræ Guidulfi de Brugiis, militis. — « In cujus rei testimonium, presentes litteras sigillo meo sigillavi. Actum anno Domini M° CC° quadragesimo quarto, mense februario. »

Traces de sceau pendant sur double queue. — Le sceau de Guédolf de Bruges, chevalier, est décrit dans l'*Inventaire* sous le n° 10362, d'après un type appendu à un acte daté de 1275.

3257 — 1244-45. Février.

(J. 538. — Flandre, I, sac 5, n° 6. 45. — Original.)

Similes litteræ Roberti de Caisneto, militis. — « In cujus rei testimonium, presentes litteras sigillo meo sigillavi. Actum anno Domini M° CC° quadragesimo quarto, mense februario. »

Traces de sceau sur double queue. — Le sceau de Robert du Quesnoy, chevalier, n'existe plus aux Archives.

3258 — 1244-45. Février.

(J. 538. — Flandre, I, sac 5, n° 6. 31. — Original.)

Similes litteræ Balduini dicti Canis, militis. — « In cujus rei testimonium, presentes litteras feci sigillo meo sigillari. Actum anno Domini M° CC° XL° quarto, mense februario. »

Traces de sceau sur double queue. — Le sceau de Baudouin le Chien, chevalier, n'existe plus aux Archives.

3259 — 1244-45. Février.

(J. 538. — Flandre, I, sac 5, n° 6. 36. — Original scellé.)

Similes litteræ Tierrici li Champenois, militis. — « In cujus rei testimonium, presentes litteras sigillo meo sigillavi. Actum anno Domini M° CC° quadragesimo quarto, mense februario. »

Sceau de Thierri le Champenois, chevalier; cire blonde, double queue; *Inventaire*, n° 1712.

3260 — 1244-45. Février.

(J. 538. — Flandre, I, sac 5, n° 6. 19. — Original scellé.)

Similes litteræ Balduini de Commines, militis. — « In cujus rei testimonium, presentes litteras feci sigillo meo sigillari. Actum anno Domini M° CC° quadragesimo quarto, mense februario. »

Sceau de Baudouin de Comines, chevalier; cire blonde, double queue; *Inventaire*, n° 1869.

3261 — 1244-45. Février.

(J. 538. — Flandre, I, sac 5, n° 6. 54. — Original scellé.)

Similes litteræ Egidii de Cruce, militis. — « In cujus rei testimonium, presentes litteras sigillo meo sigillavi. Actum anno Domini M° CC° quadragesimo quarto, mense februario. »

Sceau de Gilles de la Croix, chevalier; cire verte, double queue; *Inventaire*, n° 1971.

3262 — 1244-45. Février.

(J. 538. — Flandre, I, sac 5, n° 6. 21. — Original scellé.)

Similes litteræ Girardi dicti Diaboli, militis. — « In cujus rei testimonium, presentes litteras sigillo meo sigillavi. Actum anno Domini M° CC° quadragesimo quarto, mense februario. »

Sceau de Gérard dit le Diable, chevalier; cire blonde, double queue. Ce sceau est le même que celui de Gérard de Gand, dit le Diable, décrit dans l'*Inventaire* sous le n° 10388, d'après un type appendu à un acte daté de 1275.

3263   1244-45. Février.

(J. 538. — Flandre, I, sac 5, n° 6. 73. — Original scellé.)

Similes litteræ Gerardi de Erenbaldinghen, militis. — « In cujus rei testimonium, presentes litteras feci sigillo meo sigillari. Actum anno Domini M° CC° quadragesimo quarto, mense februario. »

Sceau de Gérard d'Erenbaldinghen (peut-être Erembodegem, dans la Flandre-Orientale, arr. d'Audenarde); cire blonde, double queue; décrit dans l'*Inventaire*, n° 2088.

3264   1244-45. Février.

(J. 538. — Flandre, I, sac 5, n° 6. 70. — Original.)

Similes litteræ Johannis de Formesellis, militis.— « In cujus rei testimonium, presentes litteras sigillo meo sigillavi. Actum anno Domini M° CC° quadragesimo quarto, mense februario. »

Traces de sceau sur double queue. — Le sceau de Jean de Vormizeele, chevalier, est décrit dans l'*Inventaire*, n° 2223, sous le nom de Jean de Formenselle, d'après un type appendu à un acte daté de 1237.

3265   1244-45. Février.

(J. 538. — Flandre, I, sac 5, n° 6. 48. — Original scellé.)

Similes litteræ Walteri de Frotlcastoel, militis. — « In cujus rei testimonium, presentes litteras sigillo meo sigillavi. Actum anno Domini M° CC° quadragesimo quarto, mense februario. »

Sceau de Gautier de Frotcastel, chevalier; cire blonde, double queue; *Inventaire*, n° 2248.

3266   1244-45. Février.

(J. 538. — Flandre, I, sac 5, n° 6. 37. — Original.)

Similes litteræ Johannis de Gandavo, militis. — « In cujus rei testimonium, presentes litteras sigillo meo sigillavi. Actum anno Domini M° CC° quadragesimo quarto, mense februario. »

Traces de sceau sur double queue. — Sceau perdu.

3267   1244-45. Février.

(J. 538. — Flandre, I, sac 5, n° 6. 43. — Original scellé.)

Similes litteræ Hugonis castellani Gandavensis, militis. — « In cujus rei testimonium, presentes litteras feci sigillo meo sigillari. Actum anno Domini M° CC° quadragesimo quarto, mense februario. »

Sceau de Hugues, châtelain de Gand, chevalier, cire blonde, double queue; *Inventaire*, n° 10390.

3268   1244-45. Février.

(J. 538. — Flandre, I, sac 5, n° 6. 22. — Original scellé.)

Similes litteræ Johannis de Guistella, militis. — « In cujus rei testimonium, presentes litteras feci sigillo meo sigillari. Actum anno Domini M° CC° quadragesimo quarto, mense februario. »

Traces de sceau pendant sur double queue. — On trouve dans l'*Inventaire*, n°s 10404 et 10405, la description de deux sceaux de Jean de Ghistelle, d'après des types appendus à des actes datés de 1275 et 1297.

3269   1244-45. Février.

(J. 538. — Flandre, I, sac 5, n° 6. 75. — Original.)

Similes litteræ Johannis de Haya, militis. — « In cujus rei testimonium, presentes litteras sigillo meo sigillavi. Actum anno Domini M° CC° quadragesimo quarto, mense februario. »

Traces de sceau sur double queue. — Le sceau de Jean de la Haye, chevalier, est décrit dans l'*Inventaire* sous le n° 2345.

3270   1244-45. Février.

(J. 538. — Flandre, I, sac 5, n° 6. 3. — Original.)

Similes litteræ Alardi de Hola, militis. — « In cujus rei testimonium, presentes litteras sigillo meo sigillavi. Actum anno Domini M° CC° quadragesimo quarto, mense februario. »

Traces de sceau sur double queue. — Le sceau d'Alard de Heule, chevalier, est décrit dans l'*Inventaire* sous le n° 2408, d'après un type appendu à un acte daté de 1237.

3271   1244-45. Février.

(J. 538. — Flandre, I, sac 5, n° 6. 26. — Original.)

Similes litteræ Philippi de Hondescote, militis. — « In cujus rei testimonium, presentes litteras feci sigillo meo sigillari. Actum anno Domini M° CC° quadragesimo quarto, mense februario. »

Traces de sceau sur double queue. — Le sceau de Philippe de Hondschoote, chevalier, est décrit dans l'*Inventaire* sous le n° 2426, d'après un type appendu à un acte daté de 1237.

3272   1244-45. Février.

(J. 538. — Flandre, I, sac 5, n° 6. 25. — Original scellé.)

Similes litteræ Henrici de Hundescote, militis, præpositi Duacensis. — « In cujus rei testimonium, presentes litteras feci sigillo meo sigillari. Actum anno Domini M° CC° quadragesimo quarto, mense februario. »

Sceau de Henri de Hondschoote, chevalier, prévôt de Douai; cire blonde, double queue; décrit dans l'*Inventaire* sous le n° 5186.

3273   1244-45. Février.

(J. 538. — Flandre, I, sac 5, n° 6. 32. — Original scellé.)

Similes litteræ Galteri, filii Gossuini de Hulst, militis, — « In cujus rei testimonium, presentes litteras feci sigillo meo sigillari. Actum anno Domini M° CC° quadragesimo quarto, mense februario. »

Sceau de Gautier, fils de Gossuin de Hulst, chevalier; cire brune, double queue; *Inventaire*, n° 10414.

3274   1244-45. Février.

(J. 538. — Flandre, I, sac 5, n° 6. 57. — Original.)

Similes litteræ Balduini de Isanghem, militis. — « In cujus rei testimonium, presentes litteras feci sigillo meo sigillari. Actum anno Domini M° CC° quadragesimo quarto, mense februario. »

Traces de sceau sur double queue. — Le sceau de Baudouin d'Iseghem, chevalier, est décrit dans l'*Inventaire* sous le n° 10415, d'après un type appendu à un acte daté de 1237.

3275   1244-45. Février.

(J. 538. — Flandre, I, sac 5, n° 6. 11. — Original scellé.)

Similes litteræ Tierrequini de Lake, militis. — « In cujus rei testimonium, presentes litteras sigillo meo sigillavi. Actum anno Domini M° CC° quadragesimo quarto, mense februario. »

Sceau de Derkin de Laken; cire blonde, double queue; *Inventaire*, n° 10418.

3276   1244-45. Février.

(J. 538. — Flandre, I, sac 5, n° 6. 50. — Original scellé.)

Similes litteræ Arnulphi de Landast, militis. — « In cujus rei testimonium, presentes litteras feci sigillo meo sigillari. Actum anno Domini M° CC° quadragesimo quarto, mense februario. »

Sceau d'Arnoul de Landas, chevalier; cire blonde, double queue; *Inventaire*, n° 2527.

3277   1244-45. Février.

(J. 538. — Flandre, I, sac 5, n° 6. 53. — Original scellé.)

Similes litteræ Eustachii de Lembeca, Brugensis ballivi. — « In cujus rei testimonium, presentes litteras sigillo meo sigillavi. Actum Brugis, anno Domini M° CC° quadragesimo quarto, mense februario. »

Sceau d'Eustache de Lembekè, bailli de Bruges; cire brune, double queue; *Inventaire*, n° 10652.

3278   1244-45. Février.

(J. 538. — Flandre, I, sac 5, n° 6. 10. — Original scellé.)

Similes litteræ Galteri Lestombe, militis. — « In cujus rei testimonium, presentes litteras feci sigillo meo sigillari. Actum anno Domini M° CC° quadragesimo quarto, mense februario. »

Sceau de Gautier Lestombe, chevalier; cire blonde, double queue; *Inventaire*, n° 2574.

3279   1244-45. Février.

(J. 538. — Flandre, I, sac 5, n° 6. 9. — Original.)

Similes litteræ Johannis de Lide, militis. — « In cujus rei testimonium, presentes litteras sigillo meo sigillavi. Actum anno Domini M° CC° XL° quarto, mense februario. »

Traces de sceau sur double queue. — Le sceau de Jean de Lede, chevalier, est décrit dans l'*Inventaire* sous le n° 2566, d'après un type appendu à un acte daté de 1237.

3280   1244-45. Février.

(J. 538. — Flandre, I, sac 5, n° 6. 79. — Original scellé.)

Similes litteræ Galteri de Luchau, militis. — « In cujus rei testimonium, presentes litteras feci sigillo meo sigillari. Actum anno Domini M° CC° quadragesimo quarto, mense februario. »

Sceau de Gautier de Luchau, cire blonde, double queue; *Inventaire*, n° 2628.

3281   1244-45. Février.

(J. 538. — Flandre, I, sac 5, n° 6. 67. — Original scellé.)

Similes litteræ Guillelmi de Mandenguien, militis. — « In cujus rei testimonium, presentes litteras feci sigillo meo sigillari. Actum anno Domini M° CC° quadragesimo quarto, mense februario. »

Sceau de Guillaume de Maldeghem, chevalier; cire blonde, double queue; *Inventaire*, n° 2674.

3282   1244-45. Février.

(J. 538. — Flandre, I, sac 5, n° 6. 41. — Original scellé.)

Similes litteræ Girardi de Marbais, militis. — « In cujus rei testimonium, presentes litteras feci sigillo meo sigillari. Actum anno Domini M° CC° quadragesimo quarto, mense februario. »

Sceau de Girard de Marbaix, chevalier; cire blonde, double queue; *Inventaire*, n° 2689.

5283   1244-45. Février.

(J. 538. — Flandre, I, sac 5, n° 6. 6. — Original scellé.)

Similes litteræ Johannis de Menin, armigeri. — « In cujus rei testimonium, presentes litteras feci sigillo meo sigillari. Actum anno Domini M° CC° quadragesimo quarto, mense februario. »

Sceau de Jean de Menin, écuyer; cire blonde, double queue; *Inventaire*, n° 10442.

5284   1244-45. Février.

(J. 538. — Flandre, I, sac 5, n° 6. 74. — Original scellé.)

Similes litteræ Hellini de Mesnillio, militis. — « In cujus rei testimonium, presentes litteras feci sigillo meo sigillari. Actum anno Domini M° CC° quadragesimo quarto, mense februario. »

Sceau de Hellin du Mesnil; cire blonde, double queue; *Inventaire*, n° 2808.

5285   1244-45. Février.

(J. 538. — Flandre, I, sac 5, n° 6. 62. — Original scellé.)

Similes litteræ Johannis de Michaam, militis. — « In cujus rei testimonium, presentes litteras sigillo meo sigillavi. Actum anno Domini M° CC° quadragesimo quarto, mense februario. »

Sceau de Jean de Michem; cire blonde, double queue; *Inventaire*, n° 2835.

5286   1244-45. Février.

(J. 538. — Flandre, I, sac 5, n° 6. 77. — Original scellé.)

Similes litteræ Galteri de Morseledde, militis. — « In cujus rei testimonium, presentes litteras feci sigillo meo sigillari. Actum anno Domini M° CC° quadragesimo quarto, mense februario. »

Sceau de Gautier de Moorslède, chevalier; cire blonde, double queue; *Inventaire*, n° 10445.

5287   1244-45. Février.

(J. 538. — Flandre, I, sac 5, n° 6. 65. — Original scellé.)

Similes litteræ Sigeri de Muschra, militis. — « In cujus rei testimonium, presentes litteras sigillo meo sigillavi. Actum anno Domini M° CC° quadragesimo quarto, mense februario. »

Sceau de Siger de Moscre, chevalier; cire blonde, double queue; *Inventaire*, n° 2988.

5288   1244-45. Février.

(J. 538. — Flandre, I, sac 5, n° 6. 46. — Original scellé.)

Similes litteræ Johannis d'Obiez, militis. — « In cujus rei testimonium, presentes litteras feci sigillo meo sigillari. Actum anno Domini M° CC° quadragesimo quarto, mense februario. »

Sceau de Jean d'Obies, chevalier; cire blonde, double queue; décrit dans l'*Inventaire* sous le n° 3091.

5289   1244-45. Février.

(J. 538. — Flandre, I, sac 5, n° 6. 47. — Original scellé.)

Similes litteræ Johannis de Ocqueselare, militis. — « In cujus rei testimonium, presentes litteras sigillo meo sigillavi. Actum anno Domini M° CC° quadragesimo quarto, mense februario. »

Sceau de Jean d'Ocqueselare, chevalier; cire brune, double queue; *Inventaire*, n° 3092.

5290   1244-45. Février.

(J. 538. — Flandre, I, sac 5, n° 6. 72. — Original.)

Similes litteræ Andreæ de Ostekerke, militis. — « In cujus rei testimonium, presentes litteras sigillo meo sigillavi. Actum anno Domini M° CC° quadragesimo quarto, mense februario. »

Traces de sceau sur double queue. — Le sceau d'André d'Ooskerke n'existe plus aux Archives.

5291   1244-45. Février.

(J. 538. — Flandre, I, sac 5, n° 6. 4. — Original scellé.)

Similes litteræ Willelmi de Ostkerca, militis. — « In cujus rei testimonium, presentes litteras sigillo meo sigillavi. Actum anno Domini M° CC° XL° quarto, mense februario. »

Sceau de Guillaume d'Ooskerke, chevalier; cire blonde, double queue; décrit dans l'*Inventaire* sous le n° 10454.

5292   1244-45. Février.

(J. 538. — Flandre, I, sac 5, n° 6. 14. — Original.)

Similes litteræ Isabellis dominæ de Ponte Roardo. — « In cujus rei testimonium, presentes litteras feci sigillo meo sigillari. Actum anno Domini M° CC° quadragesimo quarto, mense februario. »

Traces de sceau sur double queue. — Le sceau d'Isabelle, dame de Pont-Rouard, n'a pas été retrouvé.

3293   1244-45. Février.

(J. 538. — Flandre, I, sac 5, n° 6. 61. — Original scellé.)

Similes litteræ Guillelmi de Pratis, militis. — « In cujus rei testimonium, presentes litteras meo sigillo sigillavi. Actum anno Domini m° cc° quadragesimo quarto, mense februario. »

Sceau de Guillaume des Prés, chevalier; cire blonde, double queue; *Inventaire*, n° 3302.

3294   1244-45. Février.

(J. 538. — Flandre, I, sac 5, n° 6. 76. — Original scellé.)

Similes litteræ Gerardi de Rassemghiem, armigeri. — « In cujus rei testimonium, presentes litteras sigillo meo sigillavi. Actum anno Domini m° cc° quadragesimo quarto, mense februario. »

Sceau de Gérard de Rasseghem, écuyer; cire blonde, double queue; *Inventaire*, n° 10460.

3295   1244-45. Février.

(J. 538. — Flandre, I, sac 5, n° 6. 69. — Original scellé.)

Similes litteræ Girardi de Rode, militis. — « In cujus rei testimonium, presentes litteras feci sigillo meo sigillari. Actum anno Domini m° cc° quadragesimo quarto, mense februario. »

Sceau de Gérard de Rhode, chevalier; cire blonde, double queue; *Inventaire*, n° 10470.

3296   1244-45. Février.

(J. 538. — Flandre, I, sac 5, n° 6. 29. — Original.)

Similes litteræ Karonis de Rume, militis. — « In cujus rei testimonium, presentes litteras feci sigillo meo sigillari. Actum anno Domini m° cc° quadragesimo quarto, mense februario. »

Traces de sceau sur double queue. — Le sceau de Caron de Rume, chevalier, est décrit dans l'*Inventaire* sous le n° 3485, d'après un type appendu à un acte daté de 1237.

3297   1244-45. Février.

(J. 538. — Flandre, I, sac 3, n° 6. 44. — Original scellé.)

Similes litteræ Balduini de Sancto Audomaro. — « In cujus rei testimonium, presentes litteras feci sigillo meo sigillari. Actum anno Domini m° cc° quadragesimo quarto, mense februario. »

Sceau de Baudouin de Saint-Omer; cire blonde, double queue; *Inventaire*, n° 3535.

3298   1244-45. Février.

(J. 538. — Flandre, I, sac 5, n° 6. 60. — Original scellé.)

Similes litteræ Alenardi de Selinguehen, militis. — « In cujus rei testimonium, presentes litteras sigillo meo sigillavi. Actum anno Domini m° cc° quadragesimo quarto, mense februario. »

Sceau d'Élenard de Seninghem; cire blonde, double queue; *Inventaire*, n° 10483.

3299   1244-45. Février.

(J. 538. — Flandre, I, sac 5, n° 6. 63. — Original scellé.)

Similes litteræ Hugonis de Stenlande, militis. — « In cujus rei testimonium, presentes litteras feci sigillo meo sigillari. Actum anno Domini m° cc° quadragesimo quarto, mense februario. »

Sceau de Hugues de Stenlande, chevalier; cire blonde, double queue; *Inventaire*, n° 3651.

3300   1244-45. Février.

(J. 538. — Flandre, I, sac 5, n° 6. 20. — Original.)

Similes litteræ Sigeri de Thienes, militis, ballivi Casletensis. — « In cujus rei testimonium, presentes litteras feci sigillo meo sigillari. Actum anno Domini m° cc° quadragesimo quarto, mense februario. »

Traces de sceau sur double queue. — Le sceau de Siger de Thiennes, chevalier, bailli de Calais, est décrit dans l'*Inventaire* sous le n° 3687.

3301   1244-45. Février.

(J. 538. — Flandre, I, sac 5, n° 6. 35. — Original.)

Similes litteræ Johannis de Verlanguehen, militis. — « In cujus rei testimonium, presentes litteras feci sigillo meo sigillari. Actum anno Domini m° cc° quadragesimo quarto, mense februario. »

Traces de sceau sur double queue. — Le sceau de Jean de Verlinghem, chevalier, est décrit dans l'*Inventaire* sous le n° 3853.

3302   1244-45. Février.

(J. 538. — Flandre, I, sac 5, n° 6. 2. — Original scellé.)

Similes litteræ Balduini de le Victe, militis. — « In cujus rei testimonium, presentes litteras sigillo meo sigillavi. Actum anno Domini m° cc° quadragesimo quarto, mense februario. »

Sceau de Baudouin de le Victe (de le Veste, sur la légende du sceau), chevalier; cire blonde, double queue; *Inventaire*, n° 2578.

3503 1244-45. Février.

(J. 538. — Flandre, I, sac 5, n° 6. 34. — Original scellé.)

Similes litteræ Petri de Wate, militis. — « In cujus rei testimonium, presentes litteras feci sigillo meo sigillari. Actum anno Domini M° CC° quadragesimo quarto, mense februario. »

Sceau de Pierre de Wate, chevalier; cire blonde, double queue; fragment non décrit, mais très-fruste, et sur lequel on ne peut plus distinguer qu'un écu fretté.

3504 1244-45. Février.

(J. 538. — Flandre, I, sac 5, n° 6. 16. — Original scellé.)

Similes litteræ Philippi de Wastina, militis.— « In cujus rei testimonium, presentes litteras sigillo meo sigillavi. Actum anno Domini M° CC° quadragesimo quarto, mense februario. »

Sceau de Philippe de Wastine, chevalier; cire blonde, double queue; *Inventaire*, n° 3954.

3505 1244-45. Février.

(J. 538. — Flandre, I, sac 5, n° 6. 39. — Original.)

Similes litteræ Roberti de Waurhin, Flandriæ senescalli. — « In cujus rei testimonium, presentes litteras sigillo meo sigillavi. Actum anno Domini M° CC° quadragesimo quarto, mense februario. »

Sceau de Robert de Waurin, sénéchal de Flandre; cire blonde, double queue; *Inventaire*, n° 310.

3506 1244-45. Février.

(J. 538. — Flandre, I, sac 5, n° 6. 28. — Original scellé.)

Similes litteræ Johannis de Ypra, militis. — « In cujus rei testimonium, presentes litteras sigillo meo sigillavi. Actum anno Domini M° CC° quadragesimo quarto, mense februario. »

Sceau de Jean d'Ypres, chevalier; cire blonde, double queue; *Inventaire*, n° 10515.

3507 1244-45. Février.

(J. 538. — Flandre, I, sac 5, n° 6. 27. — Original scellé.)

Similes litteræ Philippi de Ypra, militis. — « In cujus rei testimonium, presentes litteras sigillo meo sigillavi. Actum anno Domini M° CC° quadragesimo quarto, mense februario. »

Sceau de Philippe d'Ypres, chevalier: cire brune, double queue; *Inventaire*, n° 10514.

3508 1244-45. Février.

(J. 537. — Flandre, I, sac 5, n° 5. 4. — Original scellé.)

Similes litteræ scabinorum et totius universitatis villæ Aldenardensis.— « In cujus rei testimonium, presentes litteras fecimus sigillo nostro sigillari. Actum anno Domini M° CC° quadragesimo quarto, mense februario. »

Sceau de la ville d'Audenarde; cire blonde, double queue; *Inventaire*, n° 10664.—Les lettres de caution données par les villes sont conçues dans les mêmes termes que celles des chevaliers.

3509 1244-45. Février.

(J. 537. — Flandre, I, sac 5, n° 5. 10. — Original scellé.)

Similes litteræ scabinorum totiusque communitatis villæ de Alost. — « In cujus rei testimonium, presentes litteras fecimus sigillo nostro sigillari. Actum anno Domini M° CC° quadragesimo quarto, mense februario. »

Sceau de la ville d'Alost; cire blonde, double queue; *Inventaire*, n° 10657.

3510 1244-45. Février.

(J. 537. — Flandre, I, sac 5, n° 5. 23. — Original scellé.)

Similes litteræ scabinorum totiusque communitatis villæ de Audeborc. — « In cujus rei testimonium, presentes litteras sigillo nostro fecimus sigillari. Actum anno Domini M° CC° quadragesimo quarto, mense februario. »

Sceau de la ville d'Ardenbourg; cire brune, double queue; *Inventaire*, n° 10662.

3511 1244-45. Février.

(J. 537. — Flandre, I, sac 5, n° 5. 20. — Original scellé.)

Similes litteræ scabinorum totiusque communitatis villæ de Axele. — « In cujus rei testimonium, presentes litteras fecimus sigillo nostro sigillari. Actum anno Domini M° CC° quadragesimo quarto, mense februario. »

Sceau de la ville d'Axel; cire blonde, double queue; *Inventaire*, n° 10668.

3512 1244-45. Février.

(J. 537. — Flandre, I, sac 5, n° 5. 15. — Original scellé.)

Similes litteræ scabinorum totiusque communitatis villæ de Bergues. — « In cujus rei testimonium, presentes litteras fecimus sigillo nostro sigillari. Actum anno Domini M° CC° quadragesimo quarto, mense februario. »

Sceau de la ville de Bergues; cire brune, double queue; *Inventaire*, n° 5511.

3313   1244-45. Février.

(J. 537. — Flandre, I, sac 5, n° 5. 5. — Original scellé.)

Similes litteræ scabinorum totiusque communitatis villæ de Borborc. — « In cujus rei testimonium, presentes litteras sigillo nostro fecimus sigillari. Actum anno Domini M° CC° quadragesimo quarto, mense februario. »

Sceau de la ville de Bourbourg; cire brune, double queue; premier sceau, *Inventaire*, n° 5516.

3314   1244-45. Février.

(J. 537. — Flandre, I, sac 5, n° 5. 3. — Original scellé.)

Similes litteræ scabinorum et totius communitatis villæ Brugensis. — « In cujus rei testimonium, presentes litteras sigillo nostro sigillavimus. Actum anno Domini M° CC° quadragesimo quarto, mense februario. »

Sceau de la ville de Bruges; cire blonde, double queue; premier sceau, *Inventaire*, n° 10675.

3315   1244-45. Février.

(J. 537. — Flandre, I, sac 5, n° 5. 22. — Original scellé.)

Similes litteræ scabinorum et totius communitatis villæ de Cassel. — « In cujus rei testimonium, presentes litteras sigillo nostro fecimus sigillari. Actum anno Domini M° CC° quadragesimo quarto, mense februario. »

Traces de sceau sur double queue. — Le sceau de la ville de Cassel est décrit dans l'*Inventaire* sous le n° 5522.

3316   1244-45. Février.

(J. 537. — Flandre, I, sac 5, n° 5. 21. — Original scellé.)

Similes litteræ scabinorum et totius communitatis villæ de Curtcreio. — « In cujus rei testimonium, presentes litteras fecimus sigillo nostro sigillari. Actum anno Domini M° CC° quadragesimo quarto, mense februario. »

Sceau de la ville de Courtray; cire blonde, double queue; second sceau, *Inventaire*, n° 10686.

3317   1244-45. Février.

(J. 537. — Flandre, I, sac 5, n° 5. 24. — Original scellé.)

Similes litteræ scabinorum et totius communitatis villæ de Dam. — « In cujus rei testimonium, presentes litteras sigillo nostro fecimus sigillari. Actum anno Domini M° CC° quadragesimo quarto, mense februario. »

Sceau de la ville de Damme; cire brune, double queue; premier sceau, *Inventaire*, n° 10690.

3318   1244-45. Février.

(J. 537. — Flandre, I, sac 5, n° 5. 25. — Original scellé.)

Similes litteræ scabinorum et totius communitatis villæ de Diskemue. — « In cujus rei testimonium, presentes litteras fecimus sigillo nostro sigillari. Actum anno Domini M° CC° quadragesimo quarto, mense februario. »

Sceau de la ville de Dixmude; cire blonde, double queue; premier sceau, *Inventaire*, n° 10694.

3319   1244-45. Février.

(J. 537. — Flandre, I, sac 5, n° 5. 14. — Original scellé.)

Similes litteræ scabinorum et totius communitatis villæ de Dunquerque. — « In cujus rei testimonium, presentes litteras fecimus sigillo nostro sigillari. Actum anno Domini M° CC° quadragesimo quarto, mense februario. »

Sceau de la ville de Dunkerque; cire blonde, double queue; premier sceau, *Inventaire*, n° 5525.

3320   1244-45. Février.

(J. 537. — Flandre, I, sac 5, n° 5. 12. — Original scellé.)

Similes litteræ scabinorum et totius communitatis villæ de Furnes. — « In cujus rei testimonium, presentes litteras fecimus sigillo nostro sigillari. Actum anno Domini M° CC° quadragesimo quarto, mense februario. »

Sceau de la ville de Furnes; cire blonde, double queue; premier sceau, *Inventaire*, n° 10700.

3321   1244-45. Février.

(J. 537. — Flandre, I, sac 5, n° 5. 27. — Original scellé.)

Similes litteræ scabinorum et totius communitatis villæ Gandavi. — « In cujus rei testimonium, presentes litteras fecimus sigillo nostro sigillari. Actum anno Domini M° CC° quadragesimo quarto, mense februario. »

Sceau de la ville de Gand; cire blonde, double queue; premier sceau, *Inventaire*, n° 10704.

3322   1244-45. Février.

(J. 537. — Flandre, I, sac 5, n° 5. 6. — Original scellé.)

Similes litteræ scabinorum et totius communitatis villæ de Gravelingues. — « In cujus rei testimonium, presentes litteras sigillo nostro fecimus sigillari. Actum anno Domini M° CC° quadragesimo quarto, mense februario. »

Sceau de la ville de Gravelines; cire blonde, double queue; premier sceau, *Inventaire*, n° 5527.

3323   1244-45. Février.

(J. 537. — Flandre, I, sac 5, n° 5. 26. — Original scellé.)

Similes litteræ scabinorum et totius communitatis villæ de Gueraumont. — « In cujus rei testimonium, presentes litteras fecimus sigillo nostro sigillari. Actum anno Domini M° CC° quadragesimo quarto, mense februario. »

Sceau de la ville de Grammont; cire blonde, double queue; premier sceau, *Inventaire*, n° 10711.

3324   1244-45. Février.

(J. 537. — Flandre, I, sac 5, n° 5. 9. — Original scellé.)

Similes litteræ scabinorum et totius communitatis villæ de Hust. — « In cujus rei testimonium, presentes litteras fecimus sigillo nostro sigillari. Actum anno Domini M° CC° quadragesimo quarto, mense februario. »

Sceau de la ville de Hulst; cire brune, double queue; *Inventaire*, n° 10714.

3325   1244-45. Février.

(J. 537. — Flandre, I, sac 5, n° 5. 13. — Original scellé.)

Similes litteræ scabinorum et totius communitatis villæ Insulensis. — « In cujus rei testimonium, presentes litteras fecimus sigillo nostro sigillari. Actum anno Domini M° CC° quadragesimo quarto, mense februario. »

Sceau de la ville de Lille; cire blonde, double queue; premier sceau, *Inventaire*, n° 5533.

3326   1244-45. Février.

(J. 537. — Flandre, I, sac 5, n° 5. 8. — Original scellé.)

Similes litteræ scabinorum totiusque communitatis villæ de Mardike. — « In cujus rei testimonium, presentes litteras fecimus sigillo nostro sigillari. Actum anno Domini M° CC° quadragesimo quarto, mense februario. »

Sceau de la ville de Mardick; cire brune, double queue; *Inventaire*, n° 5539.

3327   1244-45. Février.

(J. 537. — Flandre, I, sac 5, n° 5. 19. — Original.)

Similes litteræ scabinorum et totius communitatis villæ de Muda. — « In cujus rei testimonium, presentes litteras sigillo nostro sigillavimus. Actum anno Domini M° CC° quadragesimo quarto, mense februario. »

Traces de sceau sur double queue. — Le sceau de la ville de Muyden est décrit dans l'*Inventaire* sous le n° 10866, d'après un type appendu à un acte daté de 1309.

3328   1244-45. Février.

(J. 537. — Flandre, I, sac 5, n° 5. 11. — Original scellé.)

Similes litteræ scabinorum et totius communitatis villæ de Nuport. — « In cujus rei testimonium, presentes litteras fecimus sigillo nostro sigillari. Actum anno Domini M° CC° quadragesimo quarto, mense februario. »

Sceau de la ville de Nieuport; cire blonde, double queue; premier sceau, *Inventaire*, n° 10727.

3329   1244-45. Février.

(J. 537. — Flandre, I, sac 5, n° 5. 1. — Original scellé.)

Similes litteræ scabinorum et totius communitatis villæ de Orchiis. — « In cujus rei testimonium, presentes litteras fecimus sigillo nostro sigillari. Actum anno Domini M° CC° quadragesimo quarto, mense februario. »

Sceau de la ville d'Orchies; cire blonde, double queue; premier sceau, *Inventaire*, n° 5542.

3330   1244-45. Février.

(J. 537. — Flandre, I, sac 5, n° 5. 18. — Original scellé.)

Similes litteræ scabinorum et totius communitatis villæ de Osteborc. — « In cujus rei testimonium, presentes litteras sigillo nostro sigillavimus. Actum anno Domini M° CC° XL° quarto, mense februario. »

Sceau de la ville d'Oostbourg; cire brune, double queue; premier sceau, *Inventaire*, n° 10729.

3331   1244-45. Février.

(J. 537. — Flandre, I, n° 5. 7. — Original scellé.)

Similes litteræ scabinorum et totius communitatis Pontis Brabancii in Gandavo. — « In cujus rei testimonium, presentes litteras fecimus sigillo nostro sigillari. Actum anno Domini M° CC° quadragesimo quarto, mense februario. »

Sceau de la commune de Pont-Brabant; cire brune, double queue; *Inventaire*, n° 10734. — Voyez, sur cette localité, l'observation à la suite du n° 2633.

3332   1244-45. Février.

(J. 537. — Flandre, I, sac 5, n° 5. 29. — Original.)

Similes litteræ scabinorum et totius communitatis villæ de Rodeborc. — « In cujus rei testimonium, presentes litteras sigillo nostro sigillavimus. Actum anno Domini M° CC° quadragesimo quarto, mense februario. »

Traces de sceau sur double queue. — Le sceau de la ville de Rodenbourg n'existe plus aux Archives.

5333   1244-45. Février.

(J. 537. — Flandre, I, sac 5, n° 5. 16. — Original scellé.)

Similes litteræ scabinorum et totius communitatis de Ruplemunde. — « In cujus rei testimonium, presentes litteras fecimus sigillo nostro sigillari. Actum anno Domini M° CC° quadragesimo quarto, mense februario. »

Sceau de la ville de Rupelmonde; cire blonde, double queue; premier sceau, *Inventaire*, n° 10737.

5334   1244-45. Février.

(J. 537. — Flandre, I, sac 5, n° 5. 17. — Original scellé.)

Similes litteræ scabinorum et totius communitatis villæ Yprensis. — « In cujus rei testimonium, presentes litteras fecimus sigillo nostro sigillari. Actum anno Domini M° CC° quadragesimo quarto, mense februario. »

Sceau de la ville d'Ypres; cire blonde, double queue; second sceau, *Inventaire*, n° 10753.

5335   1244-45. Février.

(J. 537. — Flandre, I, sac 5, n° 5. 28. — Original scellé.)

Similes litteræ scabinorum et totius communitatis villæ de Ysendike. — « In cujus rei testimonium, presentes litteras sigillo nostro sigillavimus. Actum anno Domini M° CC° quadragesimo quarto, mense februario. »

Sceau de la ville d'Ysendick; cire blonde, double queue; fragment qui suffit pour faire reconnaitre que ce sceau est le même que celui dont les échevins d'Ysendick se servaient encore en 1275, et qui est décrit dans l'*Inventaire* sous le n° 10869.

5336   1244-45. Mars.

(J. 538. — Flandre, I, sac 5, n° 6. 13. — Original scellé.)

Similes litteræ Rassonis, domini de Gavera, buticularii Flandriæ. — « In cujus rei testimonium, presentes litteras feci sigillo meo sigillari. Actum anno Domini M° CC° quadragesimo quarto, mense martio. »

Traces de sceau sur double queue. — Le sceau de Rasson de Gavre, chevalier, second sceau, est décrit dans l'*Inventaire* sous le n° 10396, d'après un type appendu à un acte daté de 1245.

5337   1244-45. Mars.

(J. 538. — Flandre, I, sac 5, n° 6. 68. — Original scellé.)

Similes litteræ Willelmi de Thoroud, militis. — « In cujus rei testimonium, presentes litteras feci sigillo meo sigillari. Actum anno Domini M° CC° XL° quarto, mense martio. »

Sceau de Guillaume de Thouroutte, chevalier; cire blonde, double queue; décrit dans l'*Inventaire* sous le n° 3703.

5338   1244-45. Mars.

De contentionibus inter dominum regem et episcopum Aurelianensem versatis.

(J. 170. — Orléans, n° 15. — Original.)

Hee sunt contenciones que sunt inter dominum regem et episcopum Aurelianensem. — In primis de castellania Piveris quam in multis locis fregit ballivus. — Apud Barberonvillam, de quodem (*sic*) homicidio ibi perpetrato (*sic*); de quo homicidio, quia justiciatum fuit per ballivos episcopi, cepit et detinet res episcopi. — Apud Bousonvillam, de pastore qui interfecit alium pastorem; de quo fecit justiciam ballivus. — Apud Chilgluero, fecit ballivus justiciam de quodem raptu, tenendo duellum et pacificando. — Apud Joiacum, quia vult destruere quasdam furcas; et tamen dominus rex nullam habet ibi justiciam. — Apud Ysiacum, fregit nundinas in festo Sancti Xpistofori, quarum custodia et justicia ad episcopum pertinet; et adhuc detinent prepositi de Hyenvilla explectamenta nundinarum. — Apud Vreingniacum, detinet terram Gerardi de Limer pro quodem omicidio facto apud Piverem. — Ibidem detinet terram Petri Mintoire, quam illi, qui, vacante sede, custodiebant regalia, saisiverunt pro regalibus. — Item cogit illos qui sunt cubantes et levantes in dicta castellania Piveris, quia feodi movent de domino rege, ut vavasores teneant curias suas in castellania de Hyenvilla de rebus sitis in castellania Piveris. — Item de leprosariis destructis de mandato episcopi; occasione quarum destructarum precepit ballivus quod caperetur de bonis episcopi etiam in ipso castro Piveris, cum dicte leprosarie sint site in castellania Piveris, et eciam spectant ad eum tamquam ad episcopum. — Item apud Ysiacum, inpediverunt prepositi de Hyenvilla ne pedagiarius de Pivere caperet illum qui absportaverat pedagium suum. — Item ballivus minatur omnibus illis qui sunt de dictis locis, sub capcione rerum et corporum, ne confiteantur se esse de castellania Piveris. — Item de contencione de qua est compromissum in dominum Gaufridum de Capella et archidiaconem (*sic*) Soliacensem, ballivus intercipit, videlicet explectando illos de quibus contencio est, archidiacono irrequisito, scilicet de Mignardo de

Arreblai quem diu tenuit, fere per duos menses, nec requisitus voluit reddere vel recredere, et etiam in domo sua custodes posuit. — De Guillelmo Bellican de Trineio, de Stephano de Mesamion, armigeris, quos cepit et diu tenuit, et in domibus illorum custodes posuit. — Item usurpat juridicionem de Darneio, ubi episcopus habet omnimodam justiciam, trahendo et citando eos Aurelianis coram prepositis Aurelianensibus. — Item ballivus usurpat sibi justiciam quorumdem feodatorum episcopi Aurelianensis, quia vult tenere duellum quoddem super quadem melleia que accidit in feodo ipsorum, et vocantur mancelli (*i. e.* manselli) cum ipsi consueverint tenere duellum in tallibus casibus.

Hee sunt questiones ballivi contra dominum episcopum. — Conqueritur ballivus Aurelianensis de episcopo Aurelianensi super hoc quod episcopus petit duellum prodicionis in civitate Aurelianensi, quod nullus habet nisi dominus rex. — Item, idem episcopus petit multrum in claustro Sancti Petri puellarum, quod habere non debet. — Item, idem episcopus non vult quod dominus rex talliet in rua Boyau, illa racione quod dicta rua est de feodo suo, sicut dicit. — Item conqueritur super hoc quod de parcheminariis vult habere justiciam. — Item conqueritur super hoc quod, si aliquis homo alicujus ecclesie citari fecerit aliquem hominum domini regis vel burgensem coram episcopo vel officiali, episcopus vel officialis cogit hominem domini regis vel burgensem coram ipso respondere, licet non sit fides interposita; et si aliquis burgensis domini regis citari fecerit aliquem hominem ecclesie coram ballivo vel preposito, episcopus non vult quod homo ecclesie respondeat. — Item, idem episcopus non vult quod dominus rex habeat justiciam hominum de Darnai et de Sandeilglon, sicut rex Philippus habebat. — Item, idem episcopus vult quod, si aliquis citaverit aliquem judeum coram ipso, ipse vult cogere dictum judeum coram ipso respondere. — Item, si aliquis decesserit intestatus vel faciens testamentum, presbyter parrochialis ipsius defuncti vult habere sexaginta solidos pro suo annali ex quo defunctus tantum habeat in bonis, licet defunctus hoc non legaverit nec constituerit. — Item, si aliquis decesserit inconfessus vel intestatus, episcopus vult habere omnia mobilia defuncti. Et licet eciam defuncti faciant testamentum, et non faciat ad voluntatem episcopi, nichilominus episcopus vult habere mobilia defuncti. — Item, si aliquis faciens testamentum suum legaverit aliquid ecclesie vel alii, et presbytero suo similiter aliquid legaverit, presbyter suus vult comparare et adequare donum suum ad majus donum quod defunctus legaverit. — Item, si aliquis citatus fuerit coram episcopo vel officiali, et ad diem non venerit et defecerit, propter quod excommunicatus sit vel debeat excommunicari pro defectu, episcopus vel officialis vult habere novem libras et unum denarium pro emenda defectus. — Item, relicta defuncti Huet Mansiau de Rebrachien tenet terram apud Villerai quam advoat de episcopo, que terra est in alodiis domini regis. — Item, Ogerus de Samai, miles, tenet de eadem terra quam advoat similiter de episcopo. — Item, familia defuncti Vincentii de Acheriis tenet terram inter Acherias et Villerai quam advoat de episcopo ad censum, que terra similiter est in alodiis domini regis. — Item, episcopus dirruit per gentes suas de Pivere quemdem bordellum leprosorum qui erat super cheminum chausatum apud Equeboulgles. — Item, de feodatis de quibus est contentio inter dominum regem et ipsum episcopum, dictus episcopus tenet placitum et tenuit pluries de facto corporum suorum et de catallis suis per Xpistianitatem. — Item, idem episcopus vult garantire telonearios suos de tallia; quod facere non potest nec debet, sicut michi datum est intelligi, nisi de quadraginta solidis tantum. — Item, episcopus vult burgenses suos mercatores, cubantes et levantes in terra sua, garantire de demanda quam dominus rex pridie fecit apud Aurelianum, qui sunt talliati alias quocienscumque tallia fit in villa. — Item, prepositus episcopi cepit quemdem judeum in civitate Aurelianensi in domum suam, et ipsum duxit verberans usque ad domum episcopi. — Item, prepositus episcopi cepit Pomariam, que habet maritum apud Aurelianum, et duxit in prisonem et tenuit per unam noctem. — Item, idem prepositus cepit quemdem valletum ante cambium, in chemino domini regis, et ipsum duxit in prisonem, et diu tenuit licet fuisset pluries requisitus. — Item, cepit idem prepositus Latigie que habet maritum suum, et duxit in prisonem et tenuit. — Item episcopus dirruit quamdam domum et abstulit catalla cujusdem qui vocatur Laqualgle de locis de quibus est contencio infra diem quam coram domino rege super predictis habebat. — Datum anno Domini M° CC° XL° quarto, mense marcio.

<small>Traces de sceau pendant sur double queue. — On lit au dos de l'acte la note suivante : « *Capitula questionum et contentionum que erant inter dominum regem et episcopum Aurelianensem sigillata sigillo ipsius episcopi.* » — Les trois sceaux dont s'est successivement servi Guillaume de Bussi, évêque d'Orléans, sont décrits dans l'*Inventaire* sous les n°s 6764 à 6766.</small>

3339   1244-45. Mars.

<small>(J. 406. — Testaments divers, n° 1. — Copie ancienne.)</small>

Litteræ Ludovici Francorum regis quibus, ad petitionem fidelis suæ Margaretæ comitissæ Flandriæ, testamentum Johannæ, Flandriæ et Hannoniæ comitissæ, anno 1243, dominica secunda in adventu Domini (*i. e.* die 4 decembris) ordinatum, se auctoritate regia confirmare declarat. — « In cujus rei noticiam et munimen, presens scriptum fecimus sigilli nostri appensione muniri. Datum anno Domini millesimo ducentesimo quadragesimo quarto, mense martio. »

<small>Cette pièce est une copie contemporaine de l'original, mais qui ne porte aucune trace de sceau.</small>

3340   Paris. 1244-45. Mars.

Margareta Flandriæ comitissa sese obligat ad observandas et complendas promissiones domino regi a Thoma comite Flandriæ et Johanna comitissa ejus uxore quondam factas.

<small>(J. 537. — Flandre, I, sac 5, n° 4. — Original scellé.)</small>

Omnibus Xpisti fidelibus, tam presentibus quam futuris, Margareta Flandrie et Hainonie comitissa, salutem. — Notum facimus per presentes quod nos litteras nobilis viri Thome, Flandrie et Hainonie quondam comitis, et karissime sororis nostre Johanne quondam comitisse, uxoris ejusdem, audivimus in hac forma.

Ego Thomas, Flandrie et Hainonie comes, et ego Johanna comitissa, uxor ipsius, universis presentibus pariter et futuris notum facimus quod, post matrimonium inter nos contractum, personaliter accessimus ad karissimum dominum nostrum Ludovicum regem Francie et requisivimus eum ut me Thomam, etc. — Actum apud Compendium, anno incarnationis Dominice millesimo ducentesimo tricesimo septimo, mense decembri. (*Vide supra*, n° 2584.)

Conventiones autem prescriptas, prout superius continentur, ego Margareta comitissa, presente domino rege Ludovico, tactis sacrosanctis, juravi et promisi me bona fide firmiter et fideliter servaturam. Volens quod ad illas firmiter et fideliter observandas teneantur per omnia heredes et successores mei in comitatu Flandrie. — Ut autem premissa perpetue fidelitatis robur obtineant, presentem paginam feci sigilli mei munimine roborari. — Actum Parisius, anno incarnationis Dominice millesimo ducentesimo quadragesimo quarto, mense martio.

<small>Scellé, en cire verte sur lacs de soie verte et rouge, du sceau de Marguerite de Dampierre, comtesse de Flandre et de Hainaut, décrit dans l'*Inventaire* sous le n° 624.</small>

3341   1244-45. 1er avril.

<small>(J. 203. — Champagne, XI, n° 52. — Original.)</small>

Coram magistro Nicholao officiali Trecensi, Philippus de Claellis, miles, recognoscit se domino regi Navarræ in perpetuum quittavisse quidquid juris habebat in feodo de Paienz quod Joffridus de Castello in Cambresil et domina Maria de Paienz, uxor ejus, venerabili viro decano S. Kiriaci Pruvinensis, pro dicto domino rege ementi, vendiderunt. — « In cujus rei testimonium, presentibus litteris sigillum curie Trecensis duximus apponendum. Actum anno Domini M° CC° XL° quarto, prima die aprilis. »

<small>Traces de sceau sur double queue. — Voyez dans l'*Inventaire*, n°s 7044 et 7045, la description de deux sceaux de l'officialité de Troyes, d'après des types appendus à des actes datés de 1225 et 1249.</small>

3342   Toulouse. 1245. 13 avril.

<small>(J. 328. — Toulouse, XIX, n° 21. — Original.)</small>

Instrumentum quo constat Rogerium de Noerio, annuente et approbante Arnaldo Poncio filio suo, quidquid juris habebat vel habere debebat in castris et in villis Fossereti et de Senars et in eorumdem pertinentiis, Berengario de Promilhaco, vicario Tholosæ, pro domino Raimundo comite Tholosæ, Provinciæ marchione, ementi, vendidisse. — « Acta fuerunt hec ita Tholose et concessa XIII. die introitus mensis aprilis, regnante Lodoico Francorum rege, et dicto domino R. Tholosano comite, et R. (Raimundo) episcopo, anno M° CC° XL° quinto ab incar natione Domini. Testes presentes fuerunt ad hec vocati et rogati : Bertrandus Jordanus de Insula, Ugo de Roaxio filius quondam Arnaldi de Roaxio, Mancipius de Tholosa, Petrus de Tholosa frater ejus, Arnaldus de Esqualquencis, *tres alii*, et ego Bernardus Aimericus, publicus Tholose notarius, qui, mandato dicti Rogerii de Noerio et Arnaldi Poncii filii sui, hanc cartam scripsi. »

Dans le comput ordinaire, l'année 1245, commencée à Pâques le 16 avril, s'est terminée le 7 avril suivant. La date du 13 avril 1245 ne peut donc s'expliquer qu'en admettant que le rédacteur de l'acte a compté le commencement de l'année à partir du 1er janvier ou du 25 mars.

5343 1245. 15 avril.

(J. 327. — Toulouse, XVIII, n° 24. — Original.)

Instrumentum quo constat dominam Nempses, uxorem Rogerii de Noerio, et Indiam, uxorem Arnaldi Poncii, filii præfati Rogerii, spontanea sua voluntate laudavisse, approbasse et confirmasse illam venditionem quam prædictus Rogerius de Noerio, illustri domino Ramundo comiti Tholosæ fecerat de omni illo jure et ratione quod idem Rogerius habebat vel habere debebat in castris et villis Fossereti et de Senars et in territorio eorumdem. — « Acta fuerunt hec ita et concessa xv. die introitus mensis aprilis, regnante Lodoico Francorum rege, etc.... Anno M° cc° xl° quinto ab incarnatione Domini. Testes presentes fuerunt ad hec vocati et rogati : Berengarius de Promilhaco vicarius Tholose, Arnaldus de Escalquencis, Michael de Roscio, Bernardus Ademarus, *quatuor alii*, et ego Bernardus Aimericus, publicus Tholose notarius, qui, mandato ipsarum dominarum, hanc cartam scripsi. »

Sur la date de cet acte, voyez l'observation à la suite de la pièce précédente.

5344 Lyon. 1245. 21 avril.

Litteræ Innocentii papæ IV Fratribus inquisitoribus de forma procedendi in hereticos.

(J. 431. — Bulles contre les hérétiques, n° 21. — Original scellé.)

Innocentius episcopus, servus servorum Dei, dilectis filiis inquisitoribus heretice pravitatis in Narbonensi, Carcassonensi, Biterrensi, Albiensi, Ruthenensi, Elnensi, et Mimatensi civitatibus et diocesibus a Sede Apostolica deputatis, salutem et Apostolicam benedictionem. — Ad extirpandam pravitatem hereticam de locis fidelium tanto ardentius aspiramus quanto manifestius ex ipsorum consortio deducuntur multorum anime in gehennam. Set quia casus diversi sunt talium, et ideo contra eos est aliter et aliter procedendum, illam volumus vos super hujusmodi cautelam et discretionem habere quod contra manifestos hereticos debeatis procedere prout hactenus processistis; contra illos vero qui manifesti non sunt, quibusque sunt pene hujusmodi, videlicet, immuratio, gestio crucis, bonorum omnium vel partis eorum confiscatio, itineris longi peregrinatio vel hiis similibus infligende, usque ad concilium ubi, deliberatione habita diligenti, providebimus quid et qualiter in hujusmodi negotio sit agendum, nullatenus procedas; contra illos autem qui minores penas meruerint procedentes prout, secundum Deum, ad vestrum noscitur officium pertinere. — Datum Lugduni, xi. kalendas maii, pontificatus nostri anno secundo.

Bulle de plomb sur cordelettes de chanvre. — Voyez l'*Inventaire*, n° 6048.

5345 1245. Mardi 25 avril.

(J. 317. — Toulouse, VIII, n° 33. — Original.)

Instrumentum, per litteras alphabeti divisum, quo Vitalis, filius Guillelmi Atonis de Miromonte, spontanea voluntate sua, se, proprium suum corpus, ad omnes dies vitæ suæ, et omnes res suas, ubicumque sint, sub captenio, amparantia et protectione domini R. (Raimundi) Tholosæ comitis mittere declarat, promittens se dicto comiti vel ejus vicario Tholosæ, quotannis, die festo S. Juliani, in castro Narbonensi, dimidium cartonem boni et pulchri frumenti soluturum. — « Actum fuit hoc ita et concessum vi. die exitus mensis aprilis, feria iii, regnante Lodoico rege, et eodem domino R. Tholosano comite, et R. episcopo, anno M° cc° xl° v° ab incarnatione Domini. Hujus rei sunt testes : Guausbertus Pictavinus, et Vitalis Corderius, et Bonus Mancipius judeus, et Bernardus Aimericus, qui cartam istam scripsit. »

5346 Lyon. 1245. 27 avril.

Litteræ Innocentii papæ IV Raimundo comiti Tolosano quibus eum sub Sedis Apostolicæ protectione suscipit.

(J. 447. — Croisades, I, n° 43 et 43 *bis*. — Originaux scellés.)

Innocentius episcopus, servus servorum Dei, dilecto filio nobili viro (Raimundo) comiti Tholosano, salutem et apostolicam benedictionem. — Sacrosancta Romana ecclesia devotos et humiles filios ex assuete pietatis officio propensius diligere consuevit, et, ne pravorum hominum molestiis agitentur, eos tamquam pia mater sue protectionis munimine confovere. — Cum igitur, zelo fidei et devotionis accensus, in obsequiis Apostolice Sedis constanter proponas, ut asseris, permanere, nos, devotionis tue precibus inclinati, personam, familiam, terram et omnia bona tua, que in presentiarum rationabiliter possides, sub beati Petri et nostra protectione suscipimus et presentis scripti patrocinio communimus. — Nulli ergo omnino hominum liceat hanc paginam nostre protectionis infringere vel ei ausu temerario contraire. Si quis autem hoc attemptare presumpserit, indignationem omnipotentis Dei et beatorum Petri et Pauli apostolorum ejus se noverit incursurum. — Datum Lugduni, v. kalendas maii, pontificatus nostri anno secundo.

Bulle de plomb sur lacs de soie rouge et jaune. Voyez l'*Inventaire*, n° 6048. — La pièce cotée **43** *bis* est un duplicata du n° **43**. Les deux textes sont identiques. On lit au dos des deux pièces l'annotation suivante, écrite par Gérard de Montagu : *Nullius valoris, quoad presens.*

5547 1245. Dimanche 30 avril.

(J. 317. — Toulouse, VIII, n° 32. — Original.)

Instrumentum, per litteras alphabeti divisum, quo Petrus Scolaris de Claromonte, spontanea voluntate sua, se, proprium corpus suum, infantes suos quamdiu vixerint et omnia bona sua mittit sub captenio, amparancia et protectione domini R. (Raimundi) comitis Tholosani, mediante una libra bonæ et pulchræ ceræ, quam annuatim, die festo S. Juliani, Tholosæ, in castro Narbonensi, præfato comiti vel ejus vicario Tholosæ se soluturum promittit. — « Hoc fuit factum ultima die mensis aprilis, feria I, regnante Lodoico Francorum rege, et dicto domino R. (Raimundo) Tholose comite, et R. (Raimundo) episcopo, anno M° CC° XL° quinto ab incarnatione Domini. Hujus rei sunt testes : magister Bernardus de Naviaco, et W. Vitalis Parator notarius, et Petrus Garcias de Revignano, et Bonus Mancipius judeus, et Bernardus Aimericus qui cartam istam scripsit. »

5548 Lyon. 1245. 15 mai.

(J. 690. — Bulles de priviléges, n° 131. 2. — Original scellé.)

INNOCENTIUS papa IV nobili viro comiti Tholosano concedit ut in locis interdicto suppositis ecclesiastico ei liceat, cum familiaribus suis, audire divina officia, januis clausis, non pulsatis campanis, submissa voce, excommunicatis et interdictis exclusis, et dummodo ipse causam interdicto non dederit vel id non contingat ei specialiter interdici. — « Datum Lugduni, idus maii, pontificatus nostri anno secundo. *Solet annuere Sedes Apostolica,* etc. »

Bulle de plomb sur lacs de soie rouge et jaune. *Inventaire*, n° 6048.

5549 La Tournoelle. 1245. 26 mai.

(J. 192. — Poitou, II, n° 12. — Original scellé.)

Bertrandus Contor, miles et dominus de Alberia, notum facit se quicquid juris in lacu de Sarlina habebat ab illustri viro domino Alfonso comite Pictavensi in feodum accepisse, et fidelitatem super dicto feodo in manu Henrici de Poncellis, Alverniæ connestabuli, ad opus dicti comitis juravisse, promittens se eidem comiti homagium facturum cum locus affuerit oportunus. — « In cujus rei testimonium, presentes litteras sigillo nostro duximus roborandas. Actum et datum apud Tornolium, die crastina Ascensionis Domini, anno Domini M° CC° quadragesimo quinto. »

Sceau de Bertrand Contor, chevalier, sire d'Aubière; cire blonde, double queue; décrit dans l'*Inventaire* sous le n° 1885.

5550 Castel-Sarrazin. 1245. 30 mai.

Charta qua universitas Castri Sarraceni institutionem consulum, justitiam et alia jura Raimundo Tolosano comiti concedit.

(J. 320. — Toulouse, XI, n° 54. — Original.)

A B C.   D E F.   G H J.

Noverint universi, tam presentes quam futuri, quod consules Castri Sarraceni, scilicet, Guillelmus Grimoardi, A. de Baredies, Guillelmus de Feraud, Stephanus de Ugone et maxima pars tocius universitatis opidi et ville Castri Sarraceni, scilicet, Poncius Grimoardi, Odo de Baredies, W. de Baredies, etc. (*Sequuntur ducenta circiter nomina*), omnes isti pro seipsis et pro universitate Castri Sarraceni, spontanea voluntate donaverunt et concesserunt domino R. (Raimundo), Dei gratia comiti Tholose, marchioni Provincie, et heredibus et successoribus suis in perpetuum, quod ipse et heredes et successores sui, vel vicarius vel bajulus suus qui ibi pro tempore aderit, possint facere et instituere consules in castro et villa Castri Sarraceni, quot numero aut quoscumque voluerint annuales, vel prolixioris aut brevioris temporis, et destituere et mutare eosdem, pro suo et suorum beneplacito voluntatis. — Item donaverunt et concesserunt simili modo ut vicarius et bajulus suus, qui tempore aderit, possit et debeat recipere querelas seu clamores super quibuscumque criminibus, et confessiones reorum super eisdem, et recipere, inquirere et audire testes datos super hiis seu compulsos per eumdem vicarium vel bailivum suum, et examinare et terminare seu diffinire causam cum eisdem consulibus vel saniori seu majori parte consulum eorumdem, prout secundum justiciam eidem vicario vel bailivo et consulibus eisdem videbitur expedire. Possitque idem vicarius seu bajulus suus habere secum, quandocumque ei videbitur, aliquem jurisperitum ad hec omnia dirimenda et examinanda seu diffinienda. — Item, omnes predicti donaverunt simili modo et concesserunt ipsi domino comiti et heredibus et successoribus suis quod bailivus vel vicarius suus pro tempore omnes alias causas que non sunt criminales, quascumque, sive sint pecuniarie sive de rebus aliis seu juribus quibuscumque, possit audire, examinare, terminare et diffinire cum sapiente vel jurisperito ad hoc per eum vel per ipsum vicarium vel bajulum suum adhibito vel specialiter vel generaliter deputato, salvis litigantibus in omnibus supradictis legitimis appellationibus. Retinuerunt insuper quod consules pro tempore constituti non sint immunes a collatione quin conferant in questis et azempriis factis communitati ville per dominum comitem. — Item, quod bailivus vel vicarius suus pro tempore possit compellere testes in omnibus causis seu negociis tam criminalibus quam civilibus, prout ut juris est ad eruendam pro utraque parte omnimodam veritatem, salvo quod testes non inquirantur contra instrumenta publica, sicut hactenus de consuetudine est optentum. — Acta fuerunt hec ita et concessa apud Castrum Sarracenum, in communi colloquio congregato in ecclesia Sancti Salvatoris, II. die exitus mensis madii, regnante Lodoico Francorum rege, et eodem domino R. Tholosano comite, et R. (Raimundo) episcopo, anno M° CC° XL° quinto ab incarnatione Domini. — Testes sunt hujus rei : Arnaldus de Escalquencis, Maurandus de Bellopodio, Bertrandus de la Taosca, bajulus Castri Sarraceni, Stephanus de Audrigina, notarius Castri Sarraceni, et Bernardus Aimericus, publicus Tholose notarius, qui, mandato omnium predictorum, cartam istam scripsit.

3351   Moissac. 1245. 31 mai.

Charta ejusdem formæ qua universitas Moyssiaci institutionem consulum et alia jura Tholosano comiti transfert.

(J. 312. — Toulouse, VI, n° 1. — Original.)

ABCD.   EFGH.   IKLM.

Noverint universi, tam presentes quam futuri, quod maxima pars tocius universitatis ville Moysiaci, scilicet, Petrus Escuderius, Willelmus de Jngau etc. (*Sequuntur trecenta et amplius nomina*), omnes isti, pro seipsis et pro universitate Moysiaci, spontanea voluntate donaverunt et concesserunt domino R. (Raimundo), Dei gratia comiti Tholose, marchioni Provincie, et heredibus et successoribus suis in perpetuum, quod ipse et heredes et successores sui, vel vicarius vel bajulus suus qui ibi pro tempore aderit, possint facere et instituere consules in villa Moysiaci, quot numero aut quoscumque voluerint, annales vel prolixioris aut brevioris temporis, et destituere et mutare eosdem pro suo et suorum beneplacito voluntatis. — Item, donaverunt et concesserunt simili modo ut vicarius et bajulus suus, etc. (*ut in præcedenti charta*). — Acta fuerunt hec ita et concessa apud Moysiacum, in communi colloquio Moysiaci congregato in ecclesia Sancti Jacobi, ultimo die mensis madii, regnante Lodovico Francorum rege, et eodem domino R. Tolosano comite, et R. episcopo, anno M° CC° XL° quinto ab incarnatione Domini. Testes sunt hujus rei : Poncius Grimoardi de Castro Sarraceno, Arnaldus de Escalquencis, Maurandus de Bellopodio, Maurandus consanguineus ejus, Arnaldus de Castilhone de Castro Sarraceno, magister Oliverius Lombardus, et Bernardus Aimericus, publicus Tholose notarius, qui mandato omnium predictorum cartam istam scripsit.

3352   Pontoise. 1245. Mai.

(J. 424. — Obligations, III, n° 4. — Original scellé.)

Ludovicus, Dei gratia Francorum rex, abbati et conventui abbatiæ suæ Regalis montis dat et concedit ut mittant in passonam forestarum suarum de Cuise et de Hallate, quotiens fuerit passona in eisdem, quingentos porcos ab omni pasnagio liberos et immunes. — « Quod ut ratum et inconcussum permaneat, presentem paginam sigilli nostri munimine fecimus roborari. Actum apud Pontisaram, anno Domini M° CC° quadragesimo quinto, mense maio. »

Traces de sceau pendant sur lacs de soie jaune. — Voyez dans l'*Inventaire*, n° 41, la description du premier sceau de saint Louis.

3353   Villeneuve-Saint-Georges. 1245. Mai.

Litteræ Alexandri electi Cabilonensis de inquisitione facienda an jus eligendi ecclesiæ Cabilonensi pertineat.

(J. 344. — Élections, n° 9. — Original.)

Alexander, tunc decanus Bisuntinensis et electus Cabilonensis, universis tam presentibus quam futuris notum fieri volumus quod nos promisimus et promittimus domino nostro Ludovico, Dei gratia regi Francie illustri, quod nos inquiremus et inquiri diligenter faciemus utrum, vacante sede Cabilonensi, canonici Cabilonenses teneantur a dicto domino rege petere licentiam eligendi. Et, si inventum fuerit quod debeant petere licentiam ab ipso domino rege, nos pro defectu isto, videlicet quia electi fuimus a dictis canonicis in pastorem dicte ecclesie a domino rege licencia non petita, stabimus per omnia voluntati et beneplacito dicti domini regis. Et ad inducendum capitulum Cabilonense quod litteras suas patentes super hoc concedant dicto domino regi, pro posse nostro laborabimus et etiam intendemus. — Et, quoniam tunc aliud sigillum non habebamus quam sigillum decanatus Bisuntinensis, eodem sigillo presentes litteras duximus sigillandas. — Actum apud Villam-novam-Sancti-Georgii, anno Domini M° CC° XL° V°, mense maio.

Traces de sceau pendant sur double queue.—Le sceau d'Alexandre, doyen de l'église de Besançon, n'existe plus aux Archives.

3354   1245. Mai.

Hommage rendu au comte de Champagne par Simon, sire de Clefmont.

(J. 198 B. — Champagne, VI, n° 81. — Minute.)

Ge Symons sires de Clermont (*sic*) faz savoir à toz cels qui verront ces présentes que je sui devenu home touz liges à mon très chier segnor Thiebaut, par la grâce de Deu roi de Navarre, de Champagne et de Brie conte palazin, contre toz homes et contre toute créature qui puisse vivre et morir fors que ancontre le conte de Borgoingne, et ai repris de ce Thiebaut roi de Navarre, conte de Champaigne, deus cens livrées de ma terre, ce est à savoir : Parrices, et le finage de ceste vile, et Buissières et le finage, et Alcemont et le finage, et le pont que l'on apèle Ménart, et l'estanc, et le molin et le finage de Consignes, et le finage de Valemont, et le banc de Foissi, et la vile qui a non Tors et le finage de cèle vile, et toute cèle chose où je m'acroistrei an ces lius et an ces finages qui sont devant dit. — Et ai promis à cel Thiebaut roi de Navarre, conte de Champagne, et à son hoir descendent de son cors qui sera cuens de Champagne, que je et mes hoirs descendens de mon cors, qui tanront Clermont, aiderons ce mesme roi de Navarre, conte de Champagne, et son hoir descendant de son cors qui sera cuens de Champagne, contre toz homes et contre toute créature qui puisse vivre et morir fors que ancontre le conte de Borgoingne. — Et s'il avenoit que li devandiz Thiebauz, rois de Navarre, ou ses hoirs descendens de son cors qui tanroit la contée de Champagne, volsist guerroier aucun, cil mesmes Thiebauz ou ses hoirs, sires de Champagne, ou ses genz, ce roi de Navarre, conte de Champagne, ou son hoir descendant de son cors qui sera cuens de Champagne, présant ou défaillant, porroient antrer à leur pleisir Clermont, ce est à savoir la forteresces et les bors, et iluec demorer tant longuement comme il verroient et croiroient que il leur fust besoins et mestiers, et issir de ces meesmes lius por forfeire, et, ou repaire de leur forfait et de leurs guerre, repeirier à Clermont et iluec antrer et recepter aus et totes les choses qu'il auroient avec aus, et iluec si longuement demorer com il croiroient et verroient que mestiers leur seroit. — Et ai promis à cel meesmes Thiebaut roi de Navarre et à son hoir conte de Champagne que je ne recepterei an ces lius devandiz auqun qui soit leur anemis.—Et s'il avenoit que li cuens de Borgoingne ou ses hoirs descendens de son cors angajast sa terre ce est à savoir la contée de Borgoingne ou meist an garde d'autrui, je Symons ne seroie mie tenuz ne mes hoirs qui tanroit Clermont et les liuz devandiz que je ai repris dou dit roi conte de Champagne contre ce meesmes roi de Navarre, conte de Champagne, ne contre son hoir descendent de son cors, conte et segnor de Champagne, aidier celui an cui mein li diz cuens de Borgoingne metroit sa terre, ce est à savoir la contée de Borgoingne, se il n'avenoit que cil Thibauz rois de Navarre ou ses hoirs cuens de Champaigne descendens de son corps volsist forfeire ou demeine del conte de Borgoingne. — Et cil meesmes rois de Navarre, cuens de Champagne, m'a promis et à mon hoir tenant Clermont que ne il ne ses hoirs cuens de Champagne porra aquerre aqune chose ne soi antremètre de mes gardes ne de mes granges qui sont an ma garde; ce est à savoir de Morlees, de Dardruz, de Orssois, de les Nouans et de la prioré de Clermont, asamble les apartenances de cèle meesme prioré, se ce n'estoit de ma volenté ou de la volanté de mes hoirs. Et m'a promis cil diz rois de Navarre, cuens de Champagne, et à mes hoirs qui tanront Clermont que ne il ne ses hoirs qui seroit cuens de Champagne ne porra retenir désorenavant auqun de mes homes ou de mes fames de mes domaines an sa terre. — Et por ce que ce permagne ferm et estable, ge ai mis mon seel en ces présentes lètres. Et ce fu feit an l'an de Nostre-Segnor mil et deus cens et quarante cinc, el mois de mai.

La pièce conservée aux Archives est une minute qui présente des ratures, des renvois et quelques mots entièrement effacés. Nous avons collationné et rétabli le texte à l'aide de la copie insérée dans le *Liber principum*; Bibl. imp., 500 de Colbert, n° 58, fol. 42.

3355   Toulouse. 1245. 6 juin.

Raimundus Tolosanus comes Rogerio comiti Fuxensi præcipit ut totam terram, quam tenet in comitatu Tolosano, sibi reddat.

(J. 332.—Foix et Comminges, n° 7. 1.— Original. = J. 303.— Toulouse I, n° 7, — et J. 307.— Toulouse, IV, n° 9.— Copies authentiques.)

ABC.   DEF.   GHJ.   KLM.

R. (Raimundus), Dei gratia comes Tholose, marchio Provincie, nobili viro Rogerio comiti Fuxi, salutem. — Requirimus vos, et per juramentum quod nobis fecistis, et per pacta omnia et modos quibus nobis tenemini vos attentius commonemus quatenus totam terram quam tenetis a passu Barre inferius in episcopatu Tholosano, quam nos, postquam eam de manu gentium domini regis Francie illustris recepimus, patri vestro apud Savardunum comendavimus, quod vos etiam non credimus ignorare, visis litteris, reddatis nobis, et ipsam tradatis, ex parte nostra, dilecto ac fideli nostro nobili viro Sicardo de Monte-alto, presencium portitori, et eidem credatis super hiis que ex parte nostra vobis duxerit proponenda. — Datum Tholose, vIII. idus junii, anno Domini M° CC° XL° quinto.

Traces de sceau pendant sur simple queue. — Voyez dans l'*Inventaire*; sous le n° 745, la description du second sceau de Raymond VII, comte de Toulouse. — Nous publions cette pièce d'après l'original, coté *Foix et Comminges*, n° 7.1. Les pièces cotées Toulouse, I, n° 7, et Toulouse, IV, n° 9, sont deux vidimus délivrés, le 21 mars 1247, par Raymond, évêque de Toulouse, et Durand, évêque d'Albi, et scellés de leurs sceaux.

3356   Paris. 1245. Mercredi 7 juin.

Declaratio Hugonis de Bauceio, coram episcopo Parisiensi facta, de castro Syvraio.

(J. 190 B. — Poitou, I, n° 85. — Original scellé.)

Universis presentes litteras inspecturis, G. (Guillelmus), permissione divina Parisiensis ecclesie minister licet indignus, eternam in Domino salutem. — Universitati vestre notum facimus quod vir nobilis Hugo de Bauceyo, miles, in nostra presencia constitutus, juravit, tactis sacrosanctis Euvangeliis, quod ea que in subsequenti scripto continentur per visum scit et auditum. — Dicit Hugo miles de Bauceyo quod vidit Haymericum, filium Ivonis, militem, tenere et custodire castrum de Syvraio, ex parte Henrici regis Anglie, fere per septem annos, sine aliquo servitio vel aliqua redevancia habita vel facta de dicto castro episcopo Pictavensi. — Post mortem vero ipsius regis Henrici, Ricardus rex filius ejus tenuit et possedit dictum castrum fere per decem annos vel amplius, quousque comitatum Pictavie et castrum illud contulit Othoni comiti, nepoti suo. — Et de comitatu et castro erat idem Otho homo ligius regis Ricardi, et tenuit dictum castrum quandiu tenuit comitatum, sine aliquo servicio vel aliqua redevancia habita vel facta de dicto castro episcopo Pictavensi. — Quando vero predictus Otho electus fuit in imperatorem, jam dictus Ricardus rex dictum comitatum cum castro predicto tenuit et possedit tamquam domanium suum quamdiu vixit, sine aliquo servicio vel aliqua redevancia habita vel facta de dicto castro episcopo Pictavensi. — Defuncto vero rege Ricardo, castrum illud devenit ad manum Johannis regis, et tenuit castrum quousque contulit illud Radulpho comiti Augy qui de eodem castro fecit homagium ligium Johanni regi. — Postea vero, de mandato regis Johannis, idem Radulphus comes Augy fecit homagium ligium de eodem castro H. (Hugoni) comiti Marchie fratri suo, quoniam castrum illud movebat de comitatu Marchie; et de comitatu et castro erat idem H. (Hugo) homo ligius Johannis regis. — Et postea idem H. (Hugo) comes Marchie fecit homagium ligium Philippo regi de comitatu illo et castro predicto, nullo servicio vel redevancia habita vel facta de eodem castro episcopo Pictavensi. — Dicit etiam idem Hugo miles quod vidit dominum Guillelmum de Angle facere fidelitatem Philippo regi de hoc quod habebat apud Angle; et hoc quod ibi habebat advocavit de ipso Philippo rege. Facta vero fidelitate, perrexit idem Guillelmus in servicio domini regis cum domino Ludovico filio suo ad Ruppemmonachi, ratione fidelitatis facte de hoc quod habebat apud Angle. — In cujus rei testimonium, sigillum nostrum, ad petitionem nobilis viri Alfonsi comitis Pictavensis et dicti Hugonis de Bauceyo, presenti scripto duximus apponendum. — Datum Parisius, anno Domini m° cc° quadragesimo quinto, mense junio, feria quarta post Penthecosten.

Scellé, en cire verte sur simple queue, du sceau de Guillaume III d'Aurillac, évêque de Paris, décrit dans l'*Inventaire* sous le n° 6788.

3357   1245. 10 juin.

(J. 324. — Toulouse, XV, n° 22. — Original.)

Instrumentum quo notum fit Guidonem de Turribus, spontanea sua voluntate, totum illud debitum de lxxxx. solidis Tolosanis quos Belidus judæus sibi debebat, et aliud debitum de cccc. lxxx. solidis Tolosanis sibi et Bertrando de Turribus ab eodem Belido debitum, R. (Raimundo) comiti Tholosano, marchioni Provinciæ, a se datum, solutum et dimissum fuisse, chartasque præfatorum debitorum dicto comiti tradidisse, ut omnimodam suam exinde faceret voluntatem. — « Hoc fuit ita factum et concessum x. die introitus mensis junii, regnante Lodoico Francorum rege, etc., anno m° cc° xl° v° ab incarnatione Domini. Testes sunt hujus rei : Montarsinus, et Bartolomeus Agulherius, Bartolomeus porterius de Castro Narbonensi, et Bernardus Aimericus qui cartam istam scripsit. »

3358   1245. 10 juin.

(J. 324. — Toulouse, XV, n° 23. — Original.)

Instrumentum quo notum fit Bertrandum de Turribus et Guidonem de Turribus totam illam curiam quæ fuit quondam Bertrandi Guanarrerii, nec non quædam prata, terras, mailliolos et honores, quæ et quos juxta et circa dictam curiam habebant, domino R. comiti Tholosæ, Provinciæ marchioni, et Berengario de Promilhaco, vicario Tholosæ, pro dicto comite stipulanti et recipienti, vendidisse. — « Actum est x. die introitus mensis junii, regnante Lodoico Francorum rege, et eodem domino R. Tholosano comite, et R. (Raimundo) episcopo, anno m° cc° xl° quinto ab incarnatione Domini. Hujus rei sunt testes : Montarsinus, et Bartolomeus Agulherius, et Bartolomeus porterius de Castro Narbonensi, et Bonus Mancipius judeus, et Bernardus Aimericus qui cartam istam scripsit. »

3359   1245. 12 juin.

(J. 320. — Toulouse, XI, n° 55. — Original.)

Instrumentum quo declaratur Mateldim, uxorem quondam Willelmi Saisseti, spontanea sua voluntate, quidquid in villa de Bellocastello, in bovaria quæ fuit olim Willelmi Malamosca, et in molendino de la Torreta, ratione dotis suæ habebat, R. (Raimundo) Tholosano comiti, ejusque heredibus et successoribus vendidisse. — « Actum est hoc xii. die introitus mensis junii, regnante Lodoico Francorum rege, etc..., anno m° cc° xl° quinto ab incarnatione Domini. Testes presentes fuerunt : Berengarius de Promilhaco vicarius Tholose, et Arnaldus de Escalquencis, et Isarnus de Villanova, et Jordanus frater ejus, et Bertrandus de Montibus filius quondam Petri de Montibus, et Bonus Mancipius, judeus, et Bernardus Aimericus qui cartam istam scripsit. »

3360   Lusignan. 1245. Mardi 13 juin.

(J. 303. — Toulouse, I, n° 10. — Copie authentique.)

Litteræ Margaretæ, filiæ nobilis viri Hugonis comitis Marchiæ et Engolismæ, sanctissimo patri et domino I. (Innocentio) summo pontifici quibus apud eum Petrum Gualdini clericum, latorem præsentium, suum constituit procuratorem in causa matrimoniali inter se et nobilem virum Raimundum Tholosæ comitem versata. — « Hoc sanctitati vestre et parti adverse significo per presentes litteras sigilli mei munimine roboratas. Datum apud Lezigniacum, die martis post festum Beati Barnabe apostoli, anno Domini M° CC° XLV°. »

Ces lettres et les lettres suivantes, n° 3361, sont insérées dans l'acte de l'enquête daté du 13 juillet 1245. Voyez le n° 3367.

3361   1245. Samedi 17 juin.

(J. 303. — Toulouse, I, n° 10. — Copie authentique.)

Litteræ Hugonis comitis Marchiæ et Engolismi sanctissimo patri et domino I. (Innocentio), summo pontifici, quibus Petrum Gualdini, clericum, suum procuratorem apud eum constituit in causa matrimoniali inter Margaretam filiam suam et nobilem virum R. (Raimundum) comitem Tholosæ versata. — « Et hoc vobis et dicto nobili significamus. Datum die sabbati post festum Beati Barnabe, anno Domini M° CC° XLV°. »

3362   1245. 22 juin.

(J. 327. — Toulouse, XVIII, n° 28. — Original.)

Instrumentum quo Bernardus de Saysses recognoscit et profitetur sibi a Berengario de Promilhaco, vicario Tholosæ, nomine Tholosani comitis, integraliter satisfactum fuisse de omni pretio quod sibi debebatur pro quarta parte castri et villæ Fossereti et decimarii de Senars præfato comiti a se vendita. — « Actum est hoc VIIII. die exitus mensis junii, regnante Lodoico Francorum rege, etc..... anno M° CC° XL° quinto ab incarnatione Domini. Hujus rei sunt testes : Mancipius de Tholosa, Arnaldus de Escalquencis, Guido de Turre, Bernardus de Turre, Bernardus R. de Tolosa, R. de Sauzeto, R. Ruffus, Hugo de Andusia, Raynaldus Barravus, et Bernardus Aimericus qui hanc cartam scripsit. »

3363   1245. Juin.

(J. 151 A. — Paris, II, n° 4. — Original scellé.)

G. (Guillelmus), Parisiensis episcopus, notum facit Guidonem de Gentilliaco, militem, et Isabellim uxorem ejus, Ludovico Francorum regi, pro centum libris Parisiensibus vendidisse, centum solidos Parisienses quos annuatim præfatus Guido in præpositura de Moncello S. Gervasii percipiebat. — « Datum anno Domini M° CC° XL° quinto, mense junio. »

Scellé, en cire brune sur double queue, du sceau de Guillaume III d'Aurillac, évêque de Paris, décrit dans l'*Inventaire* sous le n° 6778.

3364   1245. Juin.

(J. 212. — Rouen, I, n° 5. — Original scellé.)

Robertus de Cantulupi, miles, notum facit se usagium et omne jus quod habebat et reclamare poterat in foresta Romare karissimo domino suo Ludovico Franciæ regi quittavisse, et in excambium recepisse decem acras bosci in eadem foresta sitas, a se et heredibus suis perpetuo possidendas. — « Quod ut ratum et stabile permaneat, presentem paginam sigilli mei munimine roboravi. Actum anno Domini M° CC° quadragesimo quinto, mense junio. »

Scellé, en cire blonde sur double queue, du sceau de Robert de Chanteloup, décrit dans l'*Inventaire* sous le n° 1721.

3365   Toulouse. 1245. 3 juillet.

Instrumentum emancipationis Arnaldi Poncii de Noerio.

(J. 314. — Toulouse, VII, n° 32. — Original.)

ABC.   DEF.   GHJ.

Noverint universi presentem paginam inspecturi quod Rogerius de Noerio, de sua mera, propria et spontanea voluntate, absolvit et liberavit et omnino ejecit de potestate sua paternali filium suum Arnaldum Poncium de Noerio, et ipsum emancipavit de facto et de ipso eodem jure. — Et, ut de cetero ipse Arnaldus Poncius sit pater familias et testamentum faciat et facere possit, et omnia alia negotia, ut filius legitime emancipatus et ut pater familias, facere valeat, cum hoc presenti publico instrumento in perpetuum valituro, eidem Arnaldo Poncio filio suo liberam et plenariam concessit potestatem. — Et in hoc emancipamento ipse Rogerius de Noerio dedit et concessit eidem Arnaldo Poncio, filio suo, et ejusdem ordinio omnes acquisitiones quas idem Arnaldus Poncius usque modo fecerat vel de cetero faciet. — Et dedit et concessit similiter eidem Arnaldo Poncio filio suo et ejus ordinio pro emancipamento et apparciamento castrum de Noerio, cum tenemento et juribus et pertinentiis suis universis, et totam aliam terram et hereditatem suam et omnia alia bona et jura sua, mobilia et immobilia, ad ipsius Arnaldi Poncii et ejus ordinii inde de toto faciendam semper omnimodam voluntatem. — Hoc emancipamentum, donum et absolutio et hoc totum fuit ita factum et concessum in presentia illustris domini R. (Raimundi), Dei gratia comitis Tholose, marchionis Provincie; qui dominus comes hoc totum laudavit, concessit, approbavit et confirmavit, et huic emancipamento et hiis omnibus suam prestavit (sic) et concessit auctoritatem. — Et ibidem dictus Arnaldus Poncius, pro predicto castro de Noerio et pro omni predicto dono et aliis supradictis, eidem domino comiti fidelitatem et ligium fecit homagium, et, prestito ei fidelitatis osculo et ab eo recepto, et facto super sancta Dei Euvangelia juramento, fidelitatem et valentiam de omnibus mundi viventibus eidem domino comiti et heredibus et successoribus suis mandavit et pariter promisit. — Acta fuerunt hec ita Tholose et concessa, in domo domini Sicardi Alamanni, III. die introitus mensis julii, regnante Lodoico Francorum rege, et eodem domino R. Tholosano comite, et R. episcopo, anno M° CC° XL° quinto ab incarnatione Domini. — Testes presentes fuerunt ad hoc vocati et rogati : Bertrandus Jordanus de Insula, Berengarius de Promilhaco vicarius Tholose, G. de Roaxio, Arnaldus de Escalquencis, Michael de Roscio, Bartholomeus porterius, et ego Bernardus Aimericus, publicus Tholose notarius, qui, mandato ipsius domini comitis et ipsorum Rogerii et Arnaldi Poncii, hoc presens publicum scripsi instrumentum.

3566   1245. Jeudi. 13 juillet.

Litteræ ballivi Arverniæ quod burgenses de Termes oblatas consuetudines respuerunt.

(J. 192. — Poitou, II, n° 14. — Original scellé.)

Illustrissimo viro et nobili domino suo karissimo Alfunso filio regis Francie, comiti Pictavensi, Herricus de Poncellis, ballivus Arvernie, salutem et paratam ad ejus obsequia voluntatem. — Cum vos mihi per vestras litteras mandaveritis quod ego burgenses vestros de villa de Termes ad usus et consuetudines retroactas custodirem et tenerem, vel vobis intimarem rationem quare facere non debeam, excellencie vestre innoteat quod ego accessi ad villam predictam de Termes, et mecum duxi Guillelmum de Rupedagulfi, et Guillelmum de Roire, et J. de Amanziaco, et Guillelmum de Castronovo, milites, homines vestros ligios, excepto domino Guillelmo de Rupedagulfi; et duxi similiter Guillelmum de Sancto Ferreolo, domicellum, et Girrardum castellanum de Rupedagulfi, et capellanum de Sancto Gervasio, et Guillelmum de Raneiras, burgensem ejusdem ville, et Hugonem de la Terrada clericum, natum in supradicta villa de Termes, et plures alios de quibus in presentibus litteris non facio mencionem. — Et coram ipsis feci dictos burgenses de Termes venire et comparere, dicens eis quod ego paratus eram tenere eos ad usus et consuetudines quibus alii conestabuli Arvernie tempore preterito tenere consueverunt, requirens a dictis burgensibus quod mihi usus et consuetudines dicte ville de Termes scire facerent. Quod facere noluerunt, dicentes usus et consuetudines se nescire. — Ego enim dictis burgensibus amplius presentavi quod, si ego vel aliquis meorum in usagiis vel consuetudinibus aliquid fregerit, paratus eram coram dictis militibus et aliis presentibus incontinenti emendare. — Postea petii ab ipsis burgensibus quod mihi ex parte vestra talliam dicte ville redderent, sicuti aliis vestris ballivis, elapsis viginti annis et amplius, reddere consueverunt. Quam vobis se debere negaverunt. — Presentavi eciam dictis burgensibus diem assignare in qua comparherent propositi causam rationabilem pro qua dictam talliam persolvere non tenerentur, petens ab ipsis plegios quod starent juri coram me ad usus et consuetudines dicte ville de Termes vel villarum Riomi et Montisferrandi. Quod facere noluerunt. — Item, pecii ab ipsis quod tres ipsorum burgensium vel quatuor tenerent mihi ostagia apud Turnolium quousque dicta causa de jure coram me determinaretur. Et hoc facere noluerunt. — Denunciavi eisdem, si quidem pro quibusdam militibus, silicet pro Guillelmo de Roire, et Guillelmo de Castronovo, et J. de Amanzac, et Guillelmo de Sancto Ferreolo domicello, quod, si vellent ponere super res suas quod starent juri ad usus et consuetudines dicte ville coram me, ego assignarem eis diem in qua comparerent coram me jus accepturi et facturi ad usus et consuetudines dicte ville, promittentes ex parte vestra dictis burgensibus quod, si hoc vellent facere, sua vadia non caperentur. Quod facere noluerunt. — Qua de causa dictos burgenses feci pignorare. — Postea, antequam ego ducerem dicta vadia, veni ad ipsos cum dictis militibus et aliis supra nominatis, dicens eis quod si adhuc vellent vadia sua fidejubere, libenter sustinerem et assignarem eisdem diem competentem in qua comparerent coram me justiciam accepturi et facturi ad usus et consuetudines dicte ville. Et dicti burgenses in hiis omnibus supradictis penitus defecerunt. — In cujus rei testimonio, nos Guillelmus de Rupedagulfi, et Guillelmus de Roire, et Guillelmus de Castronovo, et Guillelmus capellanus de Sancto Gervasio, pro nobis et aliis supra nominatis, a quibus requisiti fuimus, qui sigilla propria non habebant, sigillorum nostrorum munimine presentes litteras roboravimus. — Datum die jovis post translacionem Beati Benedicti, anno Domini M. CC. XLV.

Traces de quatre sceaux pendants sur double queue. — Aucun de ces sceaux n'a été conservé.

3367   1245. 13 juillet.

Instrumentum inquisitionis factæ de consanguinitate inter Raimundum comitem Tolosanum et Margaretam de Marchia ejus sponsam existente.

(J. 303. — Toulouse, I, n° 10. — Original scellé.)

† In nomine Domini amen. Anno ejusdem m° cc° xlv°, indictione tertia, tertio idus julii, tempore domini Innocentii pape quarti, anno ejus tertio.— Dominus Raymundus comes Tholosanus, juratus et interrogatus tam de veritate dicenda quam de credulitate in causa matrimoniali inter ipsum dominum comitem, ex parte una, et Margaritam filiam domini comitis Marchie, dicit quod domina regina Constancia, avia sua, et dominus Petrus de Cortaniaco, avus domine Ysabellis uxoris comitis Marchie, fuerunt fratres carnales. Et dicit quod regina Constancia genuit dominum Raymundum comitem Tholosanum, patrem suum; et dominus Raymundus, pater suus, qui mortuus fuit apud Tholosam, genuit ipsum qui nunc est comes Tholosanus. — Ex alia parte dicit quod supradictus dominus Petrus de Cortaniaco genuit dominam Adalmues comitissam Engolismensem; domina Adalmues genuit dominam Ysabellem, uxorem dicti comitis Marchie; domina Ysabel genuit dominam Margaritam, filiam comitis Marchie, de qua agitur. — Item dicit quod vidit patrem suum et dominam Ysabellem se tenentes pro talibus, scilicet in dicto gradu consanguinitatis. — Item dicit quod dicta domina Ysabel et ipse se habebant et habent pro consanguineis in dicto gradu.— Interrogatus dicit quod quicquid actum fuit de sponsalibus sive matrimonio inter ipsum et dominam Margaretam, fuit actum sub spe dispensationis Sedis Apostolice obtinende. — Item dicit quod pro dicta dispensatione misit ad Sedem Apostolicam Pontium Astualdi, nec fuit obtenta. Item dicit quod actum fuit inter eos quod infra annum deberet procurari dispensatio. Qui annus jam elapsus est.

Eodem die, Petrus Gualdini clericus, procurator domine Margarete filie domini comitis Marchie, de veritate et de credulitate dicenda juratus et interrogatus, dicit quod rex Lodovicus, scilicet rex Francie pater regis Philippi, habuit unum fratrem qui vocabatur dominus Petrus de Cortaniaco, et habuit unam sororem que vocabatur regina Constancia, non quod esset regina, set erat filia regis Francie; et dictus Petrus de Cortaniaco genuit matrem domine Ysabellis uxoris comitis Marchie, et illa mater vocabatur Adalmues. — Illa domina Adalmues genuit dominam Ysabellem, et domina Ysabellis genuit Margaretam de qua agitur. — Ex alio latere, dicta domina Constantia genuit dominum Raymundum comitem Tholosanum, qui mortuus est; et ipse dominus R. genuit istum dominum comitem qui nunc est. — Interrogatus si viderit aliquas de predictis personis? Dicit quod vidit et cognovit et cognoscit adhuc dominam Ysabellem, uxorem dicti comitis Marchie, et Margaretam de qua agitur, et comitem Tholose qui nunc est; et credit quod dicta domina Ysabellis et dictus comes habent se pro consanguineis; et dicit quod fama est quod Margareta et dictus comes sunt consanguinei in predicto gradu. — Interrogatus si sciebant se esse consanguineos quando contraxerunt sponsalia seu matrimonium inter se? Respondet quod, sub spe dispensationis Sedis Apostolice obtinende. — Interrogatus si fuit sollempnizatum dictum matrimonium? Dicit quod non aliud nescit.

Isti sunt tenores procurationum Petri Gualdini clerici, procuratoris Margarete predicte, factarum ex parte ipsius Margarete et predicti comitis Marchie. — Sanctissimo patri et domino Innocentio, etc. (*Sequitur forma prædictarum procurationum datarum die* 13 *et* 17 *junii, quas supra videsis n°* 3360 *et* 3361.)

Isti sunt testes recepti ad probandum gradus consanguinitatis predictos.

Dominus [Robertus] episcopus Leodiensis, juratus et interrogatus, dicit quod rex Lodovicus, Petrus de Cortaniaco et avia istius comitis Tholose qui nunc est, mater scilicet patris sui, fuerunt carnales. De Petro de Cortaniaco fuit mater istius comitisse Engolismensis; de ista comitissa est Margareta de qua agitur. Ex alia parte, dicit quod de avia istius fuit dominus Raymundus, pater istius comitis, et de ipso domino Raymundo est iste dominus Raymundus de quo agitur; et hoc dicit secundum quod credit.

Septimo decimo kalendas augusti, dominus [Johannes] episcopus Pictaviensis, juramento a partibus remisso, interrogatus dixit quod rex Lodovicus, pater regis Phylippi regis Francie, habuit fratrem germanum ex utroque parente, sicut audivit dici, qui vocatus fuit Petrus de Cortaniaco. De illo P. de Cortaniaco fuit quondam domina que fuit comitissa Engolisma, set de nomine non recordatur, et ipsam vidit, set non vidit patrem ipsius. — De illa comitissa Engolisma nata fuit comitissa Engolisma, que nunc est, et de ista que nunc est nata fuit Margareta de qua agitur. — Interrogatus ex alio latere? Dicit quod vidit comitem Raymundum, comitem Tholose, qui mortuus fuit apud Tholosam, et dicebatur et credit firmiter quod ipse et Phylippus, quondam rex Francie, erant consobrini. Et de isto Raymundo fuit iste comes Raymundus qui nunc est. — Interrogatus si pater istius comitis fuit filius sororis carnalis domini Petri de Cortaniaco? Dicit quod sic, set de nomine non recordatur quia non vidit eam. — Interrogatus si vidit aliquas de istis personis se habere pro consanguineis? Dicit quod sic, quia vidit istam comitissam Engolismam que dicebat quod consanguinea erat, nec voluit sibi tradere filiam suam Margaretam nisi prius haberet dispensationem a domino Papa, prout audivit ipsam dicentem et fama publica est. De nominibus istius comitisse Engolisme, que nunc est, vel de matre ipsius non recordatur.

XVI. kalendas augusti, dominus [Balduinus] imperator Constantinopolitanus illustris, remisso a partibus juramento, dicit quod audivit et firmiter credit ita esse quod regina Constantia, et dominus Lodovicus rex Francie, et dominus Petrus de Cortaniaco fuerunt fratres carnales. — Dominus P. (Petrus) de Cortaniaco genuit dominam Adalmues comitissam Engolisme; domina Adalmues genuit dominam Ysabellem uxorem comitis Marchie; domina Ysabellis genuit Margaretam de qua agitur. — Ex alio latere, dicit quod regina Constantia genuit dominum Raymundum comitem Tholosanum patrem istius comitis, et ille dominus Raymundus genuit istum dominum Raymundum comitem Tholose de quo agitur. — Interrogatus si vidit aliquas de istis personis se habere pro consanguineis? Dicit quod personas supradictas non vidit, tamen ipse habet eos pro consanguineis, tam comitem Tholose quam Margaretam predictam, et credit quod sic sit, et fama sic se habet.

Eodem die, magister Aymericus doctor decretorum, rector ecclesie Sancti Johannis Andegavis, remisso a partibus juramento, expresse dicit quod comes Marchie pater puelle de qua agitur, dixit eidem magistro : « Multum desidero quod comes Tholose haberet filiam meam Margaritam in uxorem, set non potest eam habere sine dispensatione, quia dictus comes et filia mea attingunt se in quarto gradu consanguinitatis » in hunc modum : dominus Petrus de Cortaniaco, frater regis Lodovici, patris regis Phylippi, habuit unam sororem. Ille P. de Cortaniaco genuit matrem domine Ysabelle regine, uxoris dicti comitis Marchie. Illa uxor comitis est mater istius Margarete de qua agitur. — Ex alio latere, illa soror domini P. de Cortaniaco fuit mater patris domini Raymundi nunc comitis Tholose, de quo comite modo agitur. Omnia ista dicit secundum quod intellexit ab ipso comite, et istos gradus fecit redigi in scriptis et dari sibi testi in signum memorie. — Et dicit idem testis se vidisse uxorem dicti comitis et dictam puellam Margaritam, et se locutum fuisse cum eis, et similiter vidit et cognovit ipsum comitem Tholose, et dictus comes bene habet dictam comitissam et filiam suam pro consanguineis; et dixit quod libentissime procurasset et adhuc procuraret, quantum posset, quod dispensatio posset obtineri a Sede Apostolica, dum tamen comes Tholose vellet laborare ex alia parte. Et firmiter credit quod dictus comes et dicta puella se attingant in dicto gradu consanguinitatis. — Interrogatus de nomine sororis dicti P. de Cortaniaco avie istius comitis Tholose qui nunc est? Dicit quod credit quod vocata fuit Constantia, sicut credit et audivit, et aliter nescit. — Interrogatus de nomine matris comitisse Engolisme, matris istius puelle de qua agitur? Dicit quod credit et audivit quod vocata fuit domina Adalmues.

Eodem die, magister Guillelmus, a partibus juramento remisso, interrogatus dicit quod audivit dici et firmiter credit quod rex Lodovicus, pater regis Phylippi, et regina Constantia, dicta regina quia erat filia regis, et dominus Petrus de Cortaniaco fuerunt fratres germani sicut audivit. — De domino Petro de Cortaniaco exiverunt dominus Robertus de Cortaniaco et comitissa Engolisma que vocabatur, ut audivit, Adalmues. De comitissa predicta et comite Engolismo nata fuit Ysabellis regina Anglie, uxor quondam regis Johannis, nunc uxor comitis Marchie, ex qua nata est Margareta de qua agitur. — Ex alio latere, ex domina Constantia et comite Tholosano Raymundo, qui jacet apud Nemausum, natus fuit comes Raymundus, qui jacet Tholose, ex quo natus est iste comes Raymundus qui nunc vivit. — Preterea dicit quod fuit apud Engolismam quando sponsalia seu matrimonium fuerunt contracta; et fuit actum inter partes quod utraque pars procuraret dispensationem bona fide, quia dicebant personas contrahentes se attingere in gradu prohibito, unde credit firmiter se a regina predicta audivisse narrationem graduum. — Preterea scit et credit quod regina predicta dicebat comitem supradictum Tholose sibi attingere in gradu predicto ; cujus causa volebat dispensationem obtineri antequam filiam suam traduceret comes Tholose predictus. Postea dicta regina Ysabel rogavit ipsum testem per se primo apud Engolismam, incontinenti post contractum matrimonium seu sponsalia, et secundo per magistrum Ytherum apud Albam-terram, ut ipse adiret Romam pro dispensatione obtinenda. Ad quam dictus testis finaliter respondit quod faceret voluntatem comitis Tholose predicti, loco et tempore oportunis. — Preterea cum alia vice requisita esset jam dicta Ysabellis a dicto teste ut filiam suam traderet comiti Tholosano, respondit quod non faceret aliqua ratione nisi demum dispensatione obtenta, sicut erat deductum in pactum in ipso matrimonio contrahendo, scilicet quod utraque pars bona fide procurarent dispensationem.

Quarto kalendas augusti, dominus [Juhellus] archiepiscopus Remensis, remisso de consensu partium juramento, interrogatus dicit quod avia istius comitis, mater patris, fuit soror regis Lodovici antiqui, patris regis Phylippi, et domini Petri de Cortaniaco fratris ejusdem regis Lodovici, ex eodem patre et matre. De avia processit Raymundus pater istius comitis Tholosani qui nunc est, et de illo Raymundo processit iste dominus comes Tholose qui nunc est. — Ex alio latere, dicit quod de Petro de Cortaniaco exivit comitissa Engolisme, mater Ysabellis regine Anglie quondam ; de illa comitissa Ysabelle regina Anglie quondam, nunc comitissa Engolisme, exivit Margarita de qua agitur. — Interrogatus quomodo scit? Respondit quod vidit comitissam matrem Ysabellis regine Anglie quondam et ipsam Ysabellem et Margaritam de qua agitur. Ex alia parte dicit quod vidit patrem istius comitis Raymundi et istum etiam comitem qui nunc est se habere pro consanguineis et tenere ; et ita credit quod sic, et publica fama est.

Ego Leonardus, imperiali auctoritate scriniarius, predictorum juramenta recepi, ut dictum est, et eorum dicta, cum tenore predictarum procurationum ut dictum est sigillatarum, fideliter in scriptis redacta de mandato domini Octaviani, Sancte Marie in Via lata diaconi cardinalis, partibus in dicta causa a summo pontifice deputati, cum mei signi subscriptione in publicam formam redegi et scripsi. — In cujus rei testimonium et ad majorem fidem in posterum perhabendam, nos Octavianus, miseratione divina Sancte Marie in via lata diaconus cardinalis, presentibus actis nostrum sigillum appendi fecimus.

<small>Scellé, en cire brune sur cordelettes de fil rouge et blanc, du sceau d'Octavien, cardinal diacre de Sainte-Marie *in Via lata*, décrit dans l'*Inventaire* sous le n° 6136.</small>

3368   1245. Samedi 22 juillet.

B. de Promilhaco, vicarius Tolosæ, nomine Tolosani comitis, a sua vicecomitem Leomaniæ pro comite Armanhaci fidejussione solutum declarat.

(J. 322. — Toulouse, XIII, n° 63. — Original.)

ABC.   DEF.   GHI.

Noverint universi, presentes et futuri, quod dominus Berengarius de Promilhaco, vicarius Tolose, recognovit et concessit et dixit quod dominus Arnaldus Odo, vicecomes Leomanie, persolverat ei XIII. milia solidorum Morlanensium pro illa fidejussione quam idem dominus Arnaldus Odo fecerat pro domino Bernardo comite de Armanhaco dicto domino Raimundo comiti Tolosano, videlicet, pro dampnis illis et injuriis que dictus dominus Bernardus comes de Armanhaco et sui fecerant, dederant et intulerant dicto domino comiti Tolosano et suis et manutenencie sue. — Et prefatus dominus Berengarius de Promilhaco, vicarius, pro dicto domino Raimundo comite Tolosano et pro se ipso, sponte sua solvit de predictis XIII. milibus solidorum Morlanensium eundem dominum Arnaldum Odonem vicecomitem Leomannie et ejus ordinium, et omnes res et bona sua, et omnes illos et eorum ordinium, et omnes res et bona eorum qui pro predictis XIII. milibus solidorum Morlanensium prefato domino comiti Tolosano, vel alicui pro eo, pro eodem domino vicecomite Leomanie fidejusserant. — Et solvit inde similiter prefatus dominus vicarius, pro dicto domino comite et pro se ipso, dictum dominum vicecomitem, et omnes illos qui pro eo eidem domino comiti fidejusserant, de omni pacto, sacramento et alio mandamento quod pro dictis XIII. milibus solidorum Morlanensium eidem domino comiti Tolosano vel alicui pro eo fecissent vel modo aliquo tenerentur, et hoc sine aliquo retentu quem ibi in hiis, que predicta sunt, dictus dominus vicarius ullo modo non fecit. — Imo debet et convenit prefatus dominus vicarius inde facere bonam et firmam guirentiam, pro domino comite Tolosano et pro se, eidem domino vicecomiti et ejus ordinio, et omnibus illis qui pro eodem domino vicecomite fidejusserant, de omnibus hominibus et feminis quicumque pro dictis XIII. milibus solidorum Morlanensium eis vel eorum ordinio aliquid peterent vel requirerent aliquo tempore ullo modo. — Item, ibidem prefatus dominus Berengarius de Promilhaco vicarius, pro supradicto domino Raimundo comite Tolosano et pro se ipso, solvit prefatum dominum Arnaldum Odonem vicecomitem Leomannie, et ejus ordinium, et omnes res et bona sua, de omni illa fidejussione et mandamento quod idem dominus vicecomes fecerat supradicto domino comiti Tolosano pro predicto domino Bernardo comite de Armanhaco pro omnibus illis injuriis et dampnis que dictus comes de Armanhaco vel sui dicto domino comiti Tolosano vel suis, vel manutenencie sue fecerant, dederant vel intulerant. — Et solvit inde similiter ipse vicarius eundem vicecomitem de omni pacto, sacramento et alio mandamento quod eidem domino comiti Tolosano vel alicui pro eo pro dicta fidejussione fecisset vel modo aliquo teneretur. Et generaliter solvit dictus vicarius, pro domino comite Tolosano et pro se, eundem dominum vicecomitem et ejus ordinium de toto hoc quod ei vel ejus ordinio, pro predicta fidejussione vel ratione vel occasione illius fidejussionis, petere poterat vel putabat, salvo tamen et retento tantummodo dicto et voluntate predicti domini Raimundi comitis Tolosani, super eodem domino Arnaldo Odone vicecomite et ejus ordinio, in persolvendis v. milibus solidorum Morlanensium eidem domino comiti Tolosano et suis pro interesse et pro expensis, graviis et missionibus que evenerant et facte fuerant pro dampnis et injuriis supradictis, si illos v. milia solidorum Morlanensium dictus dominus comes Tolosanus ab eodem vicecomite voluerit recuperare. Et hoc sine aliquo alio retentu quem ibi dictus vicarius ullo modo non fecit. — Immo debet et convenit idem vicarius pro domino Raimundo comite Tolosano et pro se facere bonam et firmam guirentiam dicto domino Arnaldo Odoni, vicecomiti Leomannie, et ejus ordinio, de omnibus hominibus et feminis quicumque pro predicta fidejussione, vel ratione vel occasione illius fidejussionis, ei vel ejus ordinio aliquid peterent vel requirerent aliquo tempore, ullo modo, salvis tamen et retentis dictis v. milibus solidorum Morlanensium eo modo quo superius est expressum. — Hoc totum fuit ita positum et concessum x. die exitus mensis julii, sabbato, regnante Lodoico rege Francorum, R. (Raimundo) Tolosano comite, Raimundo episcopo, anno ab incarnatione Domini M° CC° XLV°. — Hujus tocius rei sunt testes : Willelmus Isarnus, bajulus domini episcopi Tolosani, et Raynes capellanus, et Arnaldus de Escalquenquis, et Bernardus Guilabertus, et Willelmus de Castronovo, et Bernardus de Baredgio, et Odo de Baredgio frater ejus, et Arnaldus Berengarius, et Bertrandus de Bolbestre, et Ramundus de Lissano, et Ramundus Willelmus de Montogio, et R. de Barravo de Alto-vilari, et Ispanus de Maurenquis, et Galhardus de Arcamonte, et R. Bernardus de Quinsvalle, et Odo Maurenquis, et Poncius Basterius qui cartam istam scripsit.

3369   1245. Lundi 24 juillet.

Homagium comiti Pictavensi a Falcone domino Montis Gasconis præstitum.

(J. 192. — Poitou, II, n° 13. — Original.)

Ego Falco dominus Montis Gasconis notum facio universis quod, cum karissimus dominus meus Alfonsus, filius regis Francie, comes Pictavensis, mihi donaverit in feodum feodum Astorgii de Monte Gasconis militis, de hiis de quibus idem Astorgius sibi fecerat homagium, sitis in castellania et dominio de Monte Gasconis, ego, pro donatione dicti feodi, preter feoda que ante dictam donationem tenebam ab ipso, accepi ab eodem de novo in feodum villas meas de Chapes, de Saint Laure, de Roiac et de Marengues, cum pertinenciis earumdem, et feoda que Petrus de Bullen, et Stephanus Blans, et Radulphus de Ponte Gibaldi, milites, et Petrus de Paignans, domicellus, tenent de me, scilicet fortericiam de la Terraca, quam tenet dictus Petrus de Buillen, cum pertinentiis, exceptis quibusdam rebus quas idem Petrus habet in castro de Buillen quod tenet in feodum a domino comite Pictavensi, et fortericiam de Luzillac cum pertinenciis, que est dicti Radulphi de Ponte Gibaldi, militis, et domum dicti Stephani Blanc sitam apud Villam cum pertinentiis, et domum dicti Petri de Paignans domicelli, que Molendinum novum vulgariter apellatur. — In cujus rei memoriam, sigillum meum duxi presentibus litteris apponendum. Datum die lune post festum Beate Marie Magdalene, anno Domini M° CC° XL° quinto.

Traces de sceau pendant sur simple queue. — Le sceau de Faucon, sire de Mont-Gacon en Auvergne, n'existe plus aux Archives.

3370   Paris. 1245. Juillet.

Homagium domino regi a Guidone marescallo Mirepicis præstitum de castro Montis securi.

(J. 622. — Hommages, II, n° 24. — Original.)

Nos Guido marescallus Mire picis notum facimus universis, tam presentibus quam futuris, quod nobis accedentibus ad presentiam excellentissimi et karissimi domini nostri Ludovici, Dei gratia Francie regis illustris, ac petentibus ut castrum Montis securi, quod ad nos jure hereditario pertinere dicebamus, nobis redderet, idem dominus rex, nobis si reddi debebat, reddidit. Si autem reddendum non erat, idem dominus rex nobis et heredibus nostris in augmentum feodi nostri, quod de ipso tenemus in partibus Albigesii, castrum dedit predictum, tenendum a nobis et heredibus nostris de ipso domino rege et heredibus suis in feodum et homagium ligium. — Nos vero super sacrosancta juravimus quod nos et heredes nostri domino regi et heredibus suis dictum castrum, ad magnam vim et parvam, deliberabimus et reddemus quotiens et quandocunque, ex parte ipsius domini regis et heredum suorum, super hoc fuerimus requisiti; heredes insuper nostri eidem vel heredibus suis facere tenentur simile juramentum. — Quod ut perpetue stabilitatis robur obtineat, presentem paginam sigilli nostri fecimus munimine roborari. — Actum Parisius, anno Domini M° CC° quadragesimo quinto, mense julio.

Traces de sceau sur lacs de soie rouge et verte. — Le sceau de Gui de Lévis, maréchal de Mirepoix, n'existe plus aux Archives.

3371   1245. 3 août.

Sententia Octaviani cardinalis qua matrimonium Raimundi comitis Tholosæ cum Margareta de Marchia nullum declarat.

(J. 303. — Toulouse, I, n°s 8 et 9. — Originaux. = J. 318. — Toulouse, IX, n° 75. 2. — Copie authentique.)

† In nomine Domini, amen. Anno ejusdem millesimo CC° quadragesimo quinto, indictione tertia, tertio nonas augusti, tempore domini Innocentii pape quarti, anno ejus tertio. — Ad Apostolice Sedis examen, fama deferente, pervenit matrimonium

quod dicitur esse contractum inter nobilem virum dominum Raymundum comitem Tholosanum, ex parte una, et nobilem mulierem dominam Margaretam, filiam nobilis viri comitis Marchie, ex altera, de jure non posse subsistere pro eo quod se in quarto et tertio gradu consanguinitatis linea contingebant.
— Ut ergo de premissis liquere posset, justitia mediante, nos Octavianum, Sancte Marie in Via lata diaconum cardinalem, curavit summus Pontifex dare partibus auditorem, mandans ut, inquirentes diligentissime de premissis, faceremus quod expostulat ordo juris. — Quare, receptis confessionibus dicti comitis, nec non et Petri Gualdini, dicte Margarete procuratoris ad hoc specialiter constituti, prout de procuratione ipsius constitit evidenter per litteras patentes prefati comitis Marchie et dicte Margarete sigillorum munimine roboratas, testes examinavimus in dicto negotio diligenter. — Unde, cum tam per confessiones predictorum quam per dicta testium, omni exceptione majorum, qui, consanguinitatis gradus distinguendo et nominando, personas ex utroque latere apertissime declararunt, nobis constiterit evidenter predictas personas, consanguinitatis obice obsistente, matrimonialiter simul esse non posse, recepto nichilominus ad hoc mandato summi Pontificis speciali, in nomine Domini matrimonium, quod de facto et non de jure contractum exstitit inter eos, nullum fuisse auctoritate nobis commissa pronuntiamus et sententialiter diffinimus, utrique licentiam contrahendi matrimonium, dum tamen in Domino, si voluerit, concedentes. — Lata fuit et lecta hec sententia per dominum Octavianum predictum, Lugduni, in domo ubi idem dominus cardinalis habitabat, justa (sic) ecclesiam Lugdunensem majorem, ubi testes interfuerunt, videlicet, et vocati hii : dominus Raynerus archidiaconus Ravennensis, testis; magister Manducator canonicus Lucanensis, testis; dominus Albertus prior Sancte Margarite, diocesis Fesulanensis, canonicus Bononiensis, testis; presbyter Albertus capellanus domini cardinalis predicti, testis; presbyter Amatus, testis; et dominus Albigo canonicus Bononiensis, et plures alii ibidem presentes.

Ego Leonardus, imperiali auctoritate scriniarius, predictis omnibus interfui, et, ut supra legitur, predicti domini Octaviani cardinalis mandato scripsi et publicavi.

Ad majorem autem evidentiam nos Octavianus, miseratione divina Sancte Marie in Via lata diaconus cardinalis, huic sententie nostrum sigillum appendi fecimus.

Nous publions cette sentence d'après l'original, coté J. 303. Toulouse, I, n° 8, et scellé, en cire brune sur cordelettes de fil rouge et blanc, du sceau du cardinal Octavien, décrit dans l'*Inventaire* sous le n° 6136; la pièce cotée 9 est un duplicata scellé du même sceau; la pièce cotée J. 318. Toulouse, IX, n° 75. 2., est un vidimus inséré dans une lettre pontificale d'Innocent IV, en date du 25 septembre 1245 (*data Lugduni*, vii. *kalendas octobris, pontificatus anno tertio*). Voy. le n° 3382.

3372 Toulouse. 1245. Samedi 19 août.

(J. 317. — Toulouse, VIII, n° 35. — Original.)

Instrumentum quo notum fit Bernardum de Manso et Jordanum de Quideriis super sancta Dei Evangelia jurasse et sub obligatione omnium bonorum suorum promisisse se reversuros esse in posse et captionem domini comitis Tholosani, ad castrum Narbonense vel alibi, ubi mandatum sibi fuerit, ad commonitionem domini comitis vel ejus vicarii. De qua obligatione Bernardus de Manso, pater dicti Bernardi, Bertrandus de Quideriis, Bernardus R. de Varnhola, Jordanus de Manso, W. de Manso et Palaisinus se fidejussores constituerunt. — « Hoc fuit ita factum et concessum Tholose, in castro Narbonensi, xiii. die exitus mensis augusti, sabbato, regnante Lodoico Francorum rege, et R. Tholosano comite, et R. (Raimundo) episcopo, anno m° cc° xl° quinto ab incarnatione Domini. Hujus rei sunt testes : Jordanus de Lantare, et Ademarus de Miromonte, et Arnaldus de Escalquencis, et Maurandus de Bello-podio; sed Jordanus de Lantare non interfuit ad mandamentum Palaisini. Et Bernardus Aimericus est de toto testis et scripsit cartam istam. »

3373 Saint-Affrique. 1245. 22 août.

(J. 323. — Toulouse, XIV, n° 82. — Original roman.)

Acte par lequel Gui del Castlar, fils de feu Folc de Balaguier, déclare, du consentement de dame Mabilia, sa mère, avoir transféré et donné par voie de donation entre-vifs, pur et irrévocable, à son seigneur le comte de Toulouse, représenté par don P. Roget, bailli de la Roquecezière (*Rocacizeira*), le quart de la seigneurie lui appartenant, à lui Gui del Castlar, a ucastel de Balaguier et dépendances, et notamment le quart de la tour dudit castel. — « Anno Dominice incarnationis m° cc° xlv°, xi° kalendas septembris...... Actum in villa Sancti Africani, in domo R. et P. de Belvaiz. Testes vocati et rogati sunt : G. Jordani, Arnaldus de Castris, R. Joris, Gui de Pena et *duodecim alii*. Et ego Benastrucs, publicus notarius ville Sancti Africani, hiis omnibus interfui et mandato predictorum hanc cartam scripsi, signum meum apposui. » (*Hic signaculum notarii*.)

3374   1245. Lundi 28 août.

(J. 317. — Toulouse, VIII, n° 34. — Original roman.)

A B C.   D E F.   G H J K.

Guillaume Agassa, bailli de Buzet, reconnaît avoir reçu pour le comte de Toulouse et en son nom, de Pierre Aimerix et Pons Aimerix, son frère, trois deniers Toulousains de réacapt, à raison du fief de Faiole (*Faiola*). — « Actum fuit II° feria, IIII° die exitus mensis augusti, regnante Lodoico Francorum rege, R. Tholosano comite, et R. (Raimundo) episcopo, anno M° CC° XL° V° incarnationis Domini. — Hujus rei sunt testes : Bernardus Ugonis de Malacho, et Willelmus de Noerio, et Bernardus Santius, et Matheus de Bihec, notarius de Monte-Astrucho publicus juratus noticia capituli Tolose, qui hanc cartam scripsit. »

3375   1245. Lundi 28 août.

(J. 320. — Toulouse, XI, n° 53. — Original roman.)

A B C.   D E F.   G H J K.

Le même reconnaît avoir reçu, pour le comte de Toulouse, de don Vidal Arrabs, de son frère Pierre Od et de dame Azalais, femme de feu Ug Gaultier, XII. deniers Toulousains de réacapt, pour le fief de Sainhac. — « Actum fuit II° feria, IIII° die exitus mensis augusti, regnante Lodoico Francorum rege, R. Tolosano comite, et R. episcopo, anno M° CC° XL° V° incarnationis Domini. — Hujus rei sunt testes : Roggerius de Palacio, et W. de Noerio, et Bernardus Sancii, et Matheus de Bihec, notarius de Monte-Astrucho publicus juratus noticia capituli Tolose, qui hanc cartam scripsit. »

3376   1245. 11 septembre.

(J. 318. — Toulouse, IX, n° 39. — Original.)

Instrumentum quo Uguo de Anteiaco, R. de S. Vincentio et Hugo de Ro promittunt reddere Berengario de Promilhaco, vicario Tholosæ, vel cuicumque nomine comitis Tholosæ requirenti, Willelmum de Barreria de Almonte, aut mille solidos Caturcenses, si dictum Willelmum reddere non poterant. Ad quod faciendum sub obligatione omnium bonorum suorum sese obligant. — « Hoc fuit factum XI. die introitus mensis septembris, regnante Lodoico Francorum rege, R. Tholosano comite et R. (Raimundo) episcopo, anno M° CC° XL° quinto ab incarnatione Domini. Hujus rei sunt testes : Arnaldus de Escalquencis, et Petrus de Montebruno, et Bernardus Faber, et Petrus Aurioli, nepotes Johannis Aurioli, et Bernardus Aimericus, publicus Tholose notarius, qui cartam istam scripsit. »

3377   Saint-Victor-lez-Paris. 1245. 15 septembre.

Charta compositionis quam inter ecclesiam et consules Figiaci Guillelmus episcopus Parisiensis, arbiter ex utraque parte electus, ordinavit.

(J. 342. — Figeac, n° 8. 4. — Copie ancienne.)

In nomine Patris et Filii et Spiritus sancti, amen. —Universis Xpisti fidelibus presentem cartam visuris nos Guillelmus, divina permissione Parisiensis ecclesie minister licet indignus, notum facimus quod, cum venerabilis Guillelmus abbas et conventus ecclesie Figiacensis, ex una parte, et consules universitatis ville Figiaci, ex altera, super querelis et controversiis quas habebant ad invicem, in nos sponte et libere compromiserunt, juramento hinc inde prestito et sub pena centum marcharum quod super premissis controversiis et querelis omnibus et singulis nostro starent et parerent alte et basse judicio, dicto, ordinationi seu etiam voluntati, ita quod soluta dicta pena parti servanti nostram ordinationem, dictum seu voluntatem, a parte non servante, dictum seu ordinacio et voluntas in suo robore nichilominus permaneret. — Que querele et controversie videlicet erant super dominio et jurisdictione ejusdem ville, super electione consulum ejusdem loci, super inquisitionibus quas idem consules faciebant de forefactis et penis quas exinde levabant, ut dicebatur, super venditionibus et acaptamentis seu laudamentis, super lectis decedentium in villa, super leudis quarumdam rerum venalium que in feriis annotabantur, super usaticis tam coiratoriorum quam macellariorum, super falsis mensuris, ponderibus et aliis, super substitutis a consulibus ad dirimendas controversias edificiorum, super preconizationibus faciendis, super juvamine prestando abbati et monasterio contra injuriantes forinecos, super affidationibus causarum, super furnis et molendinis, super decimis et electione sepulturarum.— Super quibus omnibus et singulis, lite coram nobis legittimè contestata, inter partes jurato hinc inde de calumpnia, receptis testibus, et eorum depositionibus publicatis et diligenter inspectis, auditis confessionibus et responsionibus partium, et rationibus hinc inde propositis, consideratis etiam omnibus illis que nos movere poterant et debebant in hac parte, die assignata partibus ad dicendum super premissis dictum nostrum, ordinacionem seu voluntatem, omnibus rite peractis, comunicato prudentum virorum consilio, partibus coram nobis in jure presentibus, et dictum nostrum, ordinacionem seu voluntatem reddenda poscentibus, in primis pronunciamus abbatem Figiaci et conventum habere dominium et jurisdictionem ejusdem ville. — Item, de consensu partium, pro bono pacis, dicimus, volumus et ordinamus quod, quando electio consulum inminebit facienda in villa Figiaci, quod consules, qui pro tempore fuerint, denuncient abbati vel ejus bajulo, si presentes fuerint, alioquin fratribus monasterii qui presentes fuerint, se velle eligere consules ad annum sequentem. Qua denunciatione facta, idem consules eligant more solito successores, et electos nominent, et presentent coram populo abbati vel ejus mandato, qui etiam jurent in presentia abbatis vel ejus mandati sub hac forma : « Ego talis bona fide et sine dolo promitto et ad sancta Dei Euvangelia juro quod per totum annum istum cum sociis meis, qui ad hoc officium sunt electi, negocia ville et habitancium in ea regam, gubernabo et faciam fideliter, intus et extra, secundum posse et sensum meum, inimicicia et amicicia remotis, salvo jure et dominio monasterii, et salvo jure et libertate ville, et contra rebelles et resistentes in jure suo, infra villam et ejus terminos, abbati et monasterio fidelis ero quoadjutor. » — Idem vero abbas promictat coram eodem populo quod eosdem consules juvabit et consulet bona fide in negociis ville cum ab eis fuerit requisitus, et quod confratrias, conventiones, colligationes, congregationes pro posse suo fideliter evitabit et faciat evitari. — Item dicimus, volumus et ordinamus de voluntate partium et assensu quod, cum aliquod forefactum in villa seu infra terminos ville perpetratum fuerit, quod abbas levet et habeat ex eo jus suum tanquam dominus; et, si forte ex illo forefacto vel aliquo alio, quod perpetratum fuerit in villa vel infra terminos, turbatio aut diffamatio aut grave dampnum immineret seu imminere posset ville aut monasterio, ita quod merito videretur abbati et consulibus inquirendum de illo, dicimus, volumus et ordinamus, de consensu partium, quod abbas et consules inquirant super eo concorditer et puniant, secundum quod eis videbitur faciendum ad pacem et tranquillitatem ville tenenda et servanda, ita tamen quod medietas illius pene, que ex illo forefacto levabitur, sit abbatis et alia medietas sit consulum, et quod hoc de hujusmodi inquisitionibus taliter faciendis duret usque ad xx. annos sine prejudicio alicujus partium in posterum, nisi forte de voluntate partium in antea pro[ro]getur. — Dicimus etiam, volumus et ordinamus de consensu partium quod quelibet partium ad requisitionem alterius ad inquirendum veniat et ad puniendum concordet fideliter ad pacem, honorem et tranquillitatem ville tenenda et servanda. Et si forte aliqua partium ad faciendum hujus negligens fuerit vel remissa, quod altera nichilominus inquirat et puniat per se ipsam, sicut est superius prenotatum. — Item dicimus, volumus et ordinamus de consensu partium quod super venditionibus, acaptamentis seu laudamentis feudorum et possessionum que tenentur in feudum vel in emphiteosim ab abbate vel monasterio, utantur abbas et monasterium sicut hactenus usi sunt; et, si forte aliquis eisdem injuriam fecerit super premissis, idem abbas vel monasterium poterit jus suum prosequi secundum quod eis videbitur expedire. — Similiter et burgenses utantur super venditionibus et acaptamentis seu laudamentis feudorum et possessionum que tenentur ab eisdem in feudum vel in emphiteosim sicut actenus usi sunt; et, si forte aliquis eisdem injuriam fecerit super premissis, poterunt jus suum prosequi sicut eis videbitur expedire. — Item de lectis decedentium in villa, quia invenimus quod ecclesia Figiacensis in longa et pacifica possessione fuerat percipiendi lectos decedentium in villa, in quibus corpora ferebantur ad sepulcrum, dicimus, volumus et ordinamus quod ipsa ecclesia percipiat et habeat dictos lectos sicut consuevit. Verumtamen de consensu partium dicimus, volumus et ordinamus quod, si consules et villa Figiaci voluerint dare eidem ecclesie xxiiii^{or}. solidos Caturcensis monete pro ipsis lectis infra x. annos, quod idem abbas et conventus quitent perpetuo ipsos lectos et quicquam juris habere poterant in eisdem, et quod ex tunc nichil petant nomine lectorum ab aliquo decedentium in villa, cum eisdem de dicta peccunia fuerit satisfactum, ita tamen quod, nisi infra x. annos dictam summam reddiderint integraliter, ex tunc ecclesia non teneatur ad hujus peccuniam recipiendam totum vel partem, sed, predicta conventione penitus irrita, eosdem lectos percipiant sicut superius est expressum; ita tamen quod a pauperibus, qui non habent unde solvant gadium et trenssennarium, nichil lectorum nomine exhigatur. Et pro occasione lectorum non impediatur sepultura; verumtamen, sepulto corpore, libere et absque omni contradictione homines ville permittant abbatem et monachos percipere dictos lectos. — De leydis quas idem abbas et conventus petebant, videlicet, de taylacis, de cordis, de ferro, de ollis, de scutellis, de rasoriis, de forficibus, de acubus, de pectinibus, de ciphis vitreis et ligneis, a quolibet mercatore qui aportaret hujusmodi in foro, de quibus dicebant leudam sibi deberi semel in anno, dicimus, volumus et ordinamus de consensu partium quod consules et villa assignent c. solidos renduales abbati et conventui in recompensacionem dictarum leudarum. Quibus assignatis, idem abbas et conventus quitent in perpetuum ipsas leudas et quicquid petere poterant pro eisdem, nec aliquid exhigant vel levent nomine leude in villa Figiaci vel infra terminos, exceptis leuda lignorum que afferuntur per stagnum, et leuda lignorum, que afferuntur de honore de Felzinh et parrochia de Viasac, et leuda salis, que percipiant sicut percipere consueverunt, remaneant sibi salva. — Interim vero, donec predicta assignatio facta fuerit, percipiant leudas rerum superius expressarum; verumtamen predictis c. solidis assignatis eidem abbati et conventui, ut dictum est, nichil ex tunc de dictis rebus, nomine leude vel alio modo, abbas et conventus seu consules, vel aliquis pro eis, in villa levabit vel infra terminos ville. — Item de usaticis que idem abbas et conventus petebant a coyratariis ejusdem ville, quia invenimus quod eadem usatica perceperant diucius, dicimus, volumus et ordinamus de consensu partium quod eadem percipiant et habeant sicut hactenus consueverunt. Dicimus tamen volumus et ordinamus de consensu partium, si forte coyratarii voluerint dare xi. milia solidorum Caturcensis monete abbati et conventui, pro hujus[modi] usaticis infra x. annos solvenda, quod, cum eis de dicta summa integraliter satisfactum fuerit, ex tunc nichil abbas et conventus petant ac levent a coyratariis, qui sunt in villa aut erunt in futurum, nomine usaticorum predictorum, ymo sint ab hujusmodi liberi perpetim et inmunes. — Item de usaticis macellariorum, quia invenimus quod abbas et conventus eadem diucius perceperant, dicimus, volumus et ordinamus de consensu partium quod abbas et conventus eadem percipiant et habeant sicut actenus consueverunt; dicimus tamen, volumus et ordinamus, de consensu partium, quod, si forte macellarii voluerint dare novem milia solidorum Caturcensis monete ipsi abbati et conventui pro hujusmodi usaticis infra x. annos solvenda, quod, cum eis de dicta peccunia satisfactum fuerit integraliter, nichil ex tunc abbas et conventus petant aut levent a predictis macellariis, qui sunt aut erunt in villa in posterum, nomine usaticorum predictorum, ymo sint ab hujusmodi liberi penitus et inmunes. — Item, de scusis, mensis, mensuris, ponderibus aliis, dicimus, volumus et ordinamus quod abbas cognoscat et puniat sicut postulat ordo juris. — Item, dicimus, volumus et ordinamus de consensu partium quod nullus substitutus a consulibus compellat aliquos coram se litigare. — Item, de preconizationibus dicimus, volumus et ordinamus de consensu partium quod semper apponantur abbas et decanus, preterquam in preconizationibus faciendis pro tallia vel pro armis vel pro reffectione murorum vel alio ediffficio communitatis vel alio parlamento convocando. — Item dicimus, volumus et ordinamus de consensu partium quod, si aliquis forincecus injurietur abbati vel monasterio, nisi, requisitus a consulibus, ad instantiam abbatis vel monasterii voluerit emendare, quod quilibet de villa qui voluerit possit eos juvare in suo jure. Verumtamen, si consules requisiti illos injuriatores monere voluerint, quilibet de villa, si voluerit, possit eos impune juvare. — Item dicimus, volumus et ordinamus de consensu partium quod, si abbas vel monasterium conqueratur de aliquo de villa, quod causam exprimat antequam eum affidare compellat. — Item dicimus, volumus et ordinamus de consensu partium quod non fiat aliquod molendinum vel furnus in villa Figiaci, vel infra terminos, sine voluntate abbatis, nec aliqua statuta nova super illis que tamen per abbatem et consules facta sunt observentur. — Item dicimus, volumus et ordinamus de consensu partium quod abbas et ejus bajulus in causis criminalibus, de honestate et ut sine suspitione procedatur, convocet aliquos de consulibus vel burgensibus, quos magis utiles viderit, qui eidem assistant. Qui si interesse noluerint, abbas vel ejus bajulus ad cognoscendum de causa nichilominus procedat. — Item dicimus, volumus et ordinamus de consensu partium quod abbas et conventus percipiant et habeant decimas per territorium ville; et utantur tam decimis quam electione sepulturarum, idem abbas et conventus et homines ville, sicut cautum est in jure. — Hec autem omnia et singula, sicut predicta sunt, ambabus partibus in virtute prestiti juramenti, et sic (*corr.* sub) commonitione dicte pene injungimus et precipimus observare et facere inviolabiliter observari. Que quidem omnia et singula ambe partes rata et accepta habentes, sponte et libere approbarunt, et, pro bene paccatis se tenéntes, eadem observare et facere inviolabiliter observari promiserunt. Precipimus insuper tam abbati dicto quam Guillelmo decano, syndico constituto ad totam causam istam a conventu Figiaci, quod presenti carte sigilla sua apponant pro se et suo conventu; et consulibus Figiaci precipimus quod sigillum suum eidem apponerent pro se et universitate ville Figiaci. Nosque, in testimonium premissorum, presentem cartam sigillo nostro duximus consignandam. — Actum apud Sanctum Victorem Parisius, in die octabarum Nativitatis Beate Marie continuata de die in diem, de voluntate partium, a crastina die Nativitatis ejusdem, anno Domini M° CC° XLV°.

<small>Extrait d'un fragment de cartulaire intitulé *Transcripta litterarum de fundatione ecclesie Figiaci*, et qui nous parait avoir été écrit vers la fin du treizième siècle. Voyez t. I, p. 1, note 1.</small>

3378 1245. Lundi 18 septembre.

(J. 307. — Toulouse, IV, n° 8. — Original.)

Charta per litteras alphabeti divisa. — Galhardus de Eudz et Bernardus de Nuivihol, leprosi misellariæ portæ Narbonensis, notum faciunt se, pro se ipsis et pro fratribus et sororibus dictæ domus, Ramundo comiti Tholosano ejusque ordinio totum illum honorem situm inter honorem Guillelmi Bladerii arquerii et honorem Bernardi fabri, in donum contulisse, et ab eo in recompensationem recepisse curtem quamdam quæ fuit domini Gavarreri, cum omnibus dictæ curtis appenditiis. — « Actum fuit hoc XIII. die exitus mensis septembris, feria II°, regnante Lodovico rege Francorum, R. Tolosano comite, R. (Raimundo) episcopo, anno M° CC° XL° V° ab incarnatione Domini. Hujus rei sunt testes : Guillelmus Isarnus, bajulus domini episcopi supradicti, et magister Guillelmus de Punctis, et Petrus R. major, et Ramundus de Castronovo, filius Stephani Curte solee, qui tunc erant de capitulo, et Jordanus de Lantari, et Poncius de Villa nova, et Asfalritus de Lantari, et Poncius de Pujoli de Miramonte, et Guilielmus de Felgari, et Arnaldus de Felgari, frater ejus, Ramundus Bertrandus notarius, et Arnaldus Willelmus Trunnus, qui hanc cartam scripsit. »

3379 1245. Lundi 18 septembre.

(J. 304. — Toulouse, II, n° 70. — Original.)

Charta, per litteras alphabeti divisa, qua constat Belenguerium de Promilhaco, vicarium Tolosæ, pro domino Ramundo Tholosano comite et ejus nomine, Galhardo de Eudz et Bernardo de Nuivihol leprosis, et omnibus fratribus et sororibus domus misellariæ portæ Narbonensis, præsentibus atque futuris, dedisse et in donum contulisse curtem quæ vocatur curtis Gavarrerii, cum omnibus ejusdem appenditiis, et terram prædictæ curti adjacentem, quæ omnia sita sunt inter honorem infantum Petri Algay et mailoles domini comitis. — « Hoc fuit factum et ita concessum XIII. die exitus mensis septembris, feria II°, regnante Lodovico rege Francorum, R. Tolosano comite, R. episcopo, anno M° CC° XL° V° ab incarnatione Domini. Hujus rei sunt testes : Guillelmus Isarnus bajulus domini episcopi Tolosani, et magister Guillelmus de Punctis, et Amelius de Sanariis, capellanus ecclesie Sancti Stephani, et Petrus Ramundus major, et Ramundus de Castronovo, filius Stephani Curte solee et Petrus Bernardus Beraterius, qui tunc erant de capitulo, et Jordanus de Lantari, etc. (*ut in præcedenti charta*), et Arnaldus Willelmus Trunnus qui hanc cartam scripsit. »

3380 Crémone. 1245. 22 septembre.

Litteræ Friderici II imperatoris de querelis inter se et summum pontificem versatis, quas arbitrio domini regis Franciæ committere proponit.

(J. 419. — Bulles d'or, n° 1. — Original scellé.)

Fr. (Fridericus), Dei gratia Romanorum imperator semper augustus, Jerusalem et Sicilie rex, universis presentes litteras inspecturis per regnum Francie constitutis, dilectis sibi, salutem et omne bonum. — Cum per aliquos retroactos Romane sedis antistites et presentem nos et alios reges, principes orbis et nobiles, regna, principatus, honores quoslibet et jurisdictiones habentes, gravatos merito censeamus ex eo quod ipsi, contra Deum et justitiam, posse sibi, jurisdictionem et auctoritatem usurpant instituendi et destituendi seu removendi ab imperio, regnis, principatibus et honoribus suis imperatores, reges et principes seu quoscumque magnates, temporalem auctoritatem in eos temporaliter exercendo, absolvendo etiam a sacramentis quibus dominis suis vassalli tenentur, contra dominos excommunicationis tantummodo sentencia promulgata; quodque, questione sive discensione inter dominos et vassallos seu inter duos nobiles et vicinos invicem contendentes, prout assolet, emergente, predicti summi pontifices, ad petitionem unius partis tantummodo, partes suas temporaliter interponunt, volendo ipsos invitos in se compromittere, vel aliter ad concordiam cohercere, et alligando se fidelibus contra dominos, aut uni de partibus supradictis quod non prius pacem cum aliis faciant quam alligatos sibi ponant in pace, recipiendo similiter promissionem de non faciendo pacem cum dominis a vassallis. — Item ex eo quod predicti summi pontifices, in prejudicium jurisdictionis et honoris regum et principum predictorum, ad petitionem clericorum seu laycorum, cognitiones causarum de rebus temporalibus, possessionibus, pheodalibus seu burgesaticis in ecclesiastico foro tractandas recipiunt et committunt. — Ecce quod nos, ad predictam injuriam documentis evidentibus ostendendam, et ipsam a nobis et eis rationabiliter removendam, magistrum Petrum de Vinea, magne curie judicem, et G. de Ocra clericum, dilectos fideles nostros, ad L. (Ludovicum) illustrem regem Francorum, karissimum amicum nostrum, providimus destinandos, affectuose rogantes ac, ob tuitionem et conservationem juriumnostrorum et imperii, regum aliorum et principum seu quorumcumque nobilium, efficaciter requirentes eumdem ut, congregatis coram se laycis paribus regni sui aliisque nobilibus tanto negotio oportunis, per se cum eis, super omnibus predictis et singulis, audiat jura nostra. — Ceterum si ipse predicta non duxerit assummenda, cum nos qui, auctore domino, Romani imperii, regnorum Jerusalem et Sicilie moderamur habenas, tam enormem injuriam et tam informem usurpationem diebus nostris tolerare nolimus, regem eumdem justa precum intercessione rogamus quatenus nobis, causam nostram, suam et aliorum principum viriliter prosequentibus, se contrarium non opponat, nec de regno suo aliquos laycos seu clericos temporaliter nobis opponi permittat, nullumque presenti summo pontifici seu successoribus suis contra nos, discremine presenti durante, in regno vel de regno suo presidium seu receptaculum tribuat aut tribui paciatur. — Porro, si forsitan rex predictus, una cum paribus et nobilibus regni sui, prout tantum regem et regnum condecet, partes suas interponendas viderit in predictis, summumque pontificem sive per justicie debitum vel modo quolibet ad istud induxerit, ut velit predicta gravamina, nobis et aliis Xpistianis primatibus inrogata, et id specialiter quod contra nos nuper in Lugdunensi concilio statuit, quatenus de facto processit, cum prorsus de jure non valeat, revocare; nos, ob honorem et reverentiam Dei et Redemptoris nostri, nec non ob amorem quem ad regem et regnum Francie pre ceteris singularem habemus, causam, que inter nos et summum pontificem vertitur supradictum, quatenus contingit eumdem, in manibus ponimus regis ejusdem, parati omnia quecumque per nos idem rex, de consilio parium nobiliumque suorum, visis et diligenter auditis nostris et imperii juribus, Ecclesie viderit emendanda, corrigere et in statum debitum integre reformare, ac deinde, pace per hoc inter nos et Ecclesiam procedente, et reliquiis Lombardorum, prout tenentur et debent, vel ad mandatum nostrum et imperii redeuntibus vel prorsus ab Ecclesie defensione seclusis, promptos nos offerimus et paratos, vel predicto rege ad defensionem Xpistianitatis et statum pacificum conservandum in cismarinis partibus remanente, vel una cum eo, si hoc melius viderit eligendum, ad transmarinas partes per nos aut Conradum karissimum filium nostrum, Romanorum in regem electum, et regni Jerosolimitani heredem, omine prospero transfetare (*sic*), ad hoc nos obligantes specialiter et expressim quod, vel cum rege Francie sive sine eo, terram totam Jerosolimitanam et quicquid umquam a diebus antiquis regno Jerosolimitano pertinuit ad proprietatem et dicionem regni ipsius et Xpistianitatis cultum, nostris imperii et regnorum nostrorum viribus, laboribus et sumptibus curabimus revocare. — Nichilominus tamen, si forte, quod absit, discrimen presentis discordie inter nos, Ecclesiam et Lombardos durare contigerit, predicto regi ac omnibus crucesignatis cum eo, quatenus presentium negotiorum et temporum qualitas patitur et tempestas, presidia nostra, terra marique, tam in navibus quam victualibus, promptis affectibus offerimus per presentes, superque omnibus et singulis supradictis, que presentium series continet litterarum, auctoritatem et mandatum plenum predictis magistro Petro de Vinea et G. de Ocra duximus conferendum, ratum habentes et firmum quicquid per eosdem in hiis pro parte nostri culminis extiterit ordinatum.

Datum Cremone, vicesimo secundo septembris, quarte indictionis.

Scellé, sur lacs de soie violette, de la bulle d'or de l'empereur Frédéric II, décrite dans l'*Inventaire* sous le n° 10886.

3581   1245. Samedi 23 septembre.

(J. 317. — Toulouse, VIII, n° 36. — Original.)

Instrumentum, per litteras alphabeti divisum, quo Enricus de Castanhaco, pro se et aliis dominis de Castanhaco parieriis suis, consilio, voluntate et assensu aliorum dominorum de Castanhaco, nec non Bernardus Garaldus, R. de Laval et quidam alii, pro se ipsis et pro omnibus aliis hominibus et universitate de Castanhaco, se, propria ipsorum corpora et totam villam et universitatem de Castanhaco, et omnes homines et mulieres qui ibi habitant et de cetero habitabunt, cum omnibus rebus eorum et bonis mobilibus et immobilibus, mittere declararant sub captenio, amparantia, protectione et salva custodia domini R. (Raimundi) Tholosæ comitis, dicto comiti vel ejus vicario Tholosæ, singulis annis, in festo Paschæ, apud castrum Narbonense, quinquaginta solidos monetæ Tholosanæ solvere promittentes. Quod quidem præfatus comes acceptavit, et dictos habitantes protegere et custodire adversus omnes ex parte sua promisit. — « Actum fuit ita et concessum, octavo die exitus mensis septembris, sabbato, regnante Lodoico Francorum rege, et eodem domino R. Tholosano comite, et R. (Raimundo) episcopo, anno m° cc° xl° quinto ab incarnatione Domini. Testes sunt : Mancipius de Tholosa, et Mancipius de Montelauro nepos ejus, et Arnaldus de Escalquencis, et Petrus R. major, et Wilelmus Adam, et Gailhardus de la Calm, et Wilelmus de Beceto, et Bernardus Aimericus qui cartam istam scripsit. »

3582   Lyon. 1245. 25 septembre.

Litteræ Innocentii papæ IV Tholosano comiti quibus sententiam de matrimonio dicti comitis, ab Octaviano cardinali pronuntiatam, confirmat.

(J. 318. — Toulouse, IX, n° 75. — Original scellé.)

Innocentius episcopus, servus servorum Dei, dilecto filio, nobili viro [Raimundo] comiti Tholosano, salutem et apostolicam benedictionem. — Cum, sicut nobis exponere curavisti, inter te et [Margaretam], filiam nobilis viri comitis Marchie, Pictavensis diocesis, coram dilecto filio O. (Octaviano), S. Marie in via lata diacono cardinali, quem concessimus partibus auditorem, matrimonii questio verteretur, idem cardinalis, cognitis cause meritis, diffinitivam pro te sententiam, exigente justitia, promulgavit, prout in ejusdem cardinalis litteris plenius continetur. Quare nobis humiliter supplicasti ut sententiam ipsam faceremus robur firmitatis debitum obtinere. — Tuis itaque precibus benignius annuentes, sententiam ipsam provide latam ratam habentes, eam auctoritate apostolica confirmamus et presentis scripti patrocinio communimus. — Tenorem autem litterarum ipsarum de verbo ad verbum presentibus inseri fecimus qui est talis :

In nomine Domini, amen, anno ejusdem m° cc° xlv°, indict. iii. iii. nonas augusti, etc. (*Vide supra*, n° 3371.)

Nulli ergo omnino hominum liceat hanc paginam nostre confirmationis infringere vel ei ausu temerario contraire. Si quis autem hoc attemptare presumpserit, indignationem omnipotentis Dei et beatorum Petri et Pauli apostolorum ejus se noverit incursurum. — Datum Lugduni, vii. kalendas octobris, pontificatus nostri anno tertio.

Bulle de plomb d'Innocent IV, sur lacs de soie rouge et jaune. — *Inventaire*, n° 6048.

3583   Saint-Cloud. 1245. Septembre.

Homagium a Margarita vicecomitissa Rupis Cauardi Alfonso comiti præstitum.

(J. 192. — Poitou, II, n° 11. — Original.)

Universis presentes litteras inspecturis Margarita vicecomitissa Rupis Cauardi, salutem. — Noveritis quod nos illustri viro karissimo domino nostro Alfonso, comiti Pictavie, fecimus homagium ligium, contra omnes homines et feminas qui possunt vivere et mori, de castro Ruppis Cauardi et pertinenciis, et de castro Perusii et pertinenciis, tanquam de ballo. — Et juravimus super sacrosancta Evangelia quod nos predicta castra eidem domino comiti, vel ipsius certo mandato, litteras suas patentes deferenti, ad parvam et magnam forciam trademus, quociens ab ipso domino comite vel ipsius certo mandato, suas patentes litteras deferenti, super hoc fuerimus requisite. — Preterea juravimus predicto domino nostro comiti quod de racheto suo de supradictis castris et pertinenciis faciemus ei gratum suum, si per inquisitionem suam invenerit, secundum usus et consuetudines patrie, super predictis rachetum facere nos debere, volentes et concedentes sub predicti religione sacramenti quod, si forte super premissis deficere nos contingeret, ut ad predicta castra cum pertinenciis sine meffacere posset assignare. — Actum apud Sanctum Clodoaldum, anno m° cc° quadragesimo quinto, mense septembri.

Traces de sceau pendant sur double queue. — Le sceau de Marguerite, vicomtesse de Rochechouart, n'existe plus aux Archives.

3584   1245. Septembre.

(J. 195. — Champagne, III, n° 75. — Original.)

E. (Ermengarde), abbesse du Paraclet, et tout le couvent dud. lieu, font savoir qu'en échange de cent soixante-treize arpents de bois qu'ils ont cédés à leur seigneur Thibaud, roi de Navarre, comte palatin de Champagne et de Brie, pour être enclos dans le parc que led. roi fait construire à Pont-sur-Seine (*Ponz an mont Morvois*), le susd. roi leur a donné et rendu cent seize arpents de bois d'une qualité supérieure, sis ès bois qui ont appartenu à messires Guillaume de la Court et Pierre (*Perron*) de Jaucourt. — « An tesmoignance des choses devantdites, nos avons fait sceller ces présantes lestres de notre seel, an l'an de l'incarnation Nostre Seignor mil et cc et quarante et cinc, ou mois de septembre. »

Traces de deux sceaux pendants sur lacs de soie verte. — Le sceau d'Ermengarde, abbesse du Paraclet, n'a pas été conservé, et le sceau du couvent est également perdu.

3585   1245. Septembre.

Aveu rendu par Jean, comte de Rethel, pour les fiefs qu'il tient en hommage lige du roi de Navarre.

(J. 202. — Champagne, X, n° 23. — Original.)

Gie Jehans, cuens de Restet, faz savoir à touz ces qui ces lètres verront que gie teign an fié et an homage de mon chier seignor Thiebauz, par la grâce de Dieu roi de Navarre, de Champagne et de Brie conte palazin, Restet et les fiez, et ce que je ay à Saut devant Restet, et à Tuegni et ès fiez. — De rrechief, je an teign Setoune, le chatel an moin domoine et les fiez à cez de Sueil qui sont en la châtelerie de Setoune. — De rrechef, je an teign Maisères, le châtel et les fiez, et Vilers, et Warnecort, et Nouvian, et Ellars, et Porz, et les fiez, et mecment les fiez de Joncheri, et si an teign Bourc, le chastel et les fiez ; et si an teign Machou et Coiroi devant Machou, et Dreicourt, et Mont Seint Remi, et Leffincourt, et ce que je ay an la rivière de Retoune, jusqu'à Vignicourt, fors le fié l'abbé Seint Remi. — Et si an teign Seint Elier, le chatel et la châtelerie, et les fiez que mes frères tient de moi à sa vie, et après sa vie revainra à moi ou à mes oirs. — De rrechief, je an teign Biauffort, le chatel et les fiez et la châtelerie, et les apartenances. Et à ce fié apartient Pertes et Tamons ; et ce est uns fiez et uns homages par soi. — Et se je pouroie savoir que il eust an ces fiez aucunes choses outre ce que est desus nomé, je les noumeroie an bone foi, sauf ce que, se je ne les noumoie, li sires de Champagne n'i auroit nul damage, ainz les porroit demander quant il li plairet. — Et an tesmoing de ceste chose, je ay faites seeler ces présentes lestres an mon seel, an l'an Nostre Seigneur mil et deux centz quarante et cinc, ou mois de setambre.

<small>Traces de sceau pendant sur cordelettes. — Le sceau de Jean, fils de Hugues II, comte de Rethel, n'existe plus aux Archives.</small>

5386   1245. Septembre.

Privilegia a comite Campaniæ Tuscanis et Lombardis, in domo de valle Pruvinensi commorantibus, concedenda.

(J. 203. — Champagne, XI, n° 55. — Minute.)

Nos Theobaldus, Dei gratia rex Navarre, Campanie et Brie comes palatinus, notum facimus universis presentes litteras inspecturis quod nos omnibus mercatoribus, tam Romanis quam Thuscanis, Lombardis et aliis Proventialibus, qui, in nundinis Sancti Aygulphi Pruvinensis, in domo nostra de Valle Pruvinensi morari voluerunt, has concedimus libertates, videlicet, quod predicti omnes mercatores, qui in ipsa domo hospitari voluerint et manere cum omnibus rebus suis, sint liberi et manumissi in personis et rebus eorum; ita videlicet quod nemo in personas seu res ipsorum apponere possit vel debeat manum, nisi in quantum jus et consuetudo dictarum nundinarum patitur. — Et hoc erit infra ambitum domus predicte, tam pro eis qui in ipsa domo erunt quam pro eis qui erunt extra, sicut inferius est expressum. — Hoc etiam salvo quod consuetudines solvantur que de ipsis mercimoniis emptis vel venditis in dicta domo debebuntur, secundum consuetudinem ipsarum nundinarum Sancti Aygulphi; et etiam quod omnes mercatores de partibus eorum, ipsi vel aliquis seu aliqui eorum qui res suas et mercimonias habebunt in domo predicta, sive morentur in ipsa domo, sive non, teneantur respondere vel jus facere coram nobis vel coram gerente vices nostras, si contingeret nos a partibus Campanie absentari. Nec tenebuntur respondere coram magistris nundinarum vel ballivo nostro nisi infra ambitum domus predicte. — Concedimus etiam eis quod, si aliqua chargia vel commanda in dicta domo remaneat quod sit ibidem hospitata, nec solvant de illis nisi prout in villa Pruvinensi est consuetum, et etiam quod pondus omnium mercimoniarum eorumdem mercatorum in eadem domo vel extra existentium que ponderari debent, non possint nec debeant ponderari nisi in domo predicta, salvo tamen jure nostro, theloneo, ponderationis intrate, ad usus et consuetudines nundinarum Sancti Aygulphi predictarum. — Preterea concedimus eis quod, si aliquis mercator seu mercatores voluerit seu voluerint hospitari extra nundinas, quod possit seu possint hospitari et debeant sine aliquo datico vel ficto, et etiam quod non cogantur habitare vel morari in domo predicta, nisi in quantum eisdem habitantibus vel morantibus ibidem vel aliquo sive aliquibus placuerit. — Concedimus etiam stabula sufficientia omnibus habitantibus in domo predicta. — Datum anno Domini M° CC° quadragesimo quinto, mense septembri.

<small>On lit, au dos de la pièce, l'annotation suivante : *De condicione quam petit magister societatis de domo regis [de] Navara in Sancto Aygulfo;* cette pièce est donc, suivant toute apparence, un projet d'acte soumis à l'approbation du Roi de Navarre.</small>

5387   1245. Septembre.

L'abbé et le couvent de Molesme reconnaissent que la garde de leurs villes de Lannes et du Maisnil appartient à la comtesse de Nevers.

(J. 256. — Nevers, n° 45. — Original scellé.)

Nos frères Cristofles, abbés de Molesmes, e li couvent de celui maismes leu, fasions assavoir à tot cez qui ces lètres verront que en not viles de Lannes e do Maisnil, qui sunt o val de Reci, que nos avons aquisies de monsenjor Érart de Breinne, qui sunt do fié la contesse de Nevert, porce que ele le nos a loé, nos li reconoissons la franche garde, lui e à ses oirs, en tel manière que èle ne sui oir ne puissient prandre ne giste ne procuraciom ne exactiom nule, ne ost ne chevauchie, en nul de cest dues leus. Ne nostre homme de ces leus n'i seront semons tenu d'aler i, ne les gent la contesse ne à ses oirs ne vandront en nul de cez II. leus an manière qu'il nos facent ne à not hommes de cez leus. — Ce fu fait en l'am de l'incarnacion M. CC. XLV, o mois de septembre.

<small>Cette pièce est scellée, en cire verte sur double queue, des sceaux de Christophe, abbé de Molesme (au diocèse de Langres), et du sceau du convent, décrits dans l'*Inventaire* sous les n°s 8848 et</small>

8295. Un troisième sceau, qui paraît avoir été apposé après coup au coin de l'acte, est le sceau secret de Mathilde, comtesse de Nevers, non décrit dans l'*Inventaire*; petit sceau rond armorié d'un écu au lion rampant, avec cette légende : SECRETUM COMITISSE.

3588   1245. 1er octobre.

(J. 165. — Valois, III, n° 35. — Original scellé.)

Stephanus ecclesiæ Beatæ Mariæ de Chagia Meldensis abbas totusque ejusdem loci conventus notum faciunt se Ansello de Garlanda militi, domino de Tornant, et ejus heredibus, pratum, quod in parrochia sua apud Fontenai, in loco qui dicitur Moutein Fontainne, habebant, in perpetuum libere, quiete et pacifice possidendum donasse. — « Quod ut ratum et firmum in posterum teneatur, presentes litteras dicto domino Ansello sigillorum nostrorum munimine dedimus roboratas. Actum anno Domini M° CC° quadragesimo quinto, prima die octobris. »

Scellé, en cire blanche sur double queue, des sceaux d'Étienne, abbé, et du couvent de Notre-Dame de Chage, à Meaux; fragments. — Le sceau de l'abbaye est décrit dans l'*Inventaire* sous le n° 8176, d'après un type appendu à un acte daté de 1269. Le sceau de l'abbé Étienne, qui n'a pas été décrit, représente l'abbé debout, portant de la main droite un livre appuyé sur sa poitrine.

3589   1245. 16 octobre.

(J. 197. — Champagne, V, n° 60. — Minute.)

Thibaud, roi de Navarre, comte palatin de Champagne et de Brie, fait connaître et ratifie la sentence arbitrale rendue par Thomas de Coucy, seigneur de Vervins, et Jean, châtelain de Noyon et de Torote, entre Henri, comte de Grandpré et Guillaume de Germagne, chevalier, sur le différend qui existait entre ces deux seigneurs au sujet des droits par eux prétendus sur le village d'Authe et dépendances; par laquelle sentence les arbitres établissent un pariage entre les deux parties. — « Et en tesmognance de ceste chose et de ceste pès, à la requeste de cel devantdit conte et de ce Guillaume, nos avons feit seeler cest escrit de nostre seel. Ce fu feit l'an de l'incarnation Nostre Ségnor millesimo ducentesimo quadragesimo quinto, el mois d'octobre, as octaves de la Seint Denyse. »

Cette pièce porte des traces de sceau, et elle peut avoir été scellée du sceau de Thibaud IV, roi de Navarre, comte de Champagne et de Brie, décrit dans l'*Inventaire* sous le n° 11372, cependant, comme la date est raturée, nous pensons que la pièce a servi de minute et qu'on l'a recommencée pour insérer dans le corps de l'acte la clause suivante, qui se trouve après la date : « Ne li ciens ne cil Guillaumes ne puent faire forteresce à Authe; et s'il y avoit maison an cèle devantdite vile qui tornast à forteresce, on l'abatroit. » — Authe est aujourd'hui un village de quatre cents habitants, qui fait partie du département des Ardennes (arr. de Vouziers, cant. du Chesne).

3590   1245. 9 novembre.

(J. 327. — Toulouse, XVIII, n° 15. — Original roman.)

Acte du bail à cens de trois quarterées (III. *cartairadas*) de pré situées la moitié près du ruisseau de Merdairol et l'autre moitié près de l'enclos (*palenca*) du comte de Toulouse; led. bail consenti par Vidal Borgarel et par Aimeric, son frère, tant en leur nom qu'au nom de Martin de Raust, son cousin, à P. Faure et à ses ayants cause. — « Vezent : R. de Dosantz, en P. so fraire, en W. Izarnh. Aiso fo fag davan la maiho d'en B. Faure, VIII° die intrante novembri, regnante Lodoyco rege Francorum, R. comite Tolosano, Ramondo episcopo, anno Domini M. CC. XL. V. Johan de Malaura, escrivas comunals de Buzet, vidit et audivit et scripsit et signavit. » (*Hic signaculum scriptoris.*)

3591   Buzet. 1245. 9 novembre.

(J. 327. — Toulouse, XVIII, n° 23. — Original roman.)

Acte du bail à cens d'un jardin situé à Buzet; ledit bail consenti par Vidal et Aimeric Borgarel à P. Faure et à ses héritiers. — « Vezent : Pons Ivernat, en W. Delmas, en W. de Calhau. Aiso fo fag a Buzet, davan la gleiha, VIIII° die intrante novembri, regnante Lodoyco rege, etc. Anno Domini M. CC. XLV. Johan de Malaura, escrivas comunals, vidit et audivit et scripsit et signavit. » (*Hic signaculum scriptoris.*)

3592   1245. 9 novembre.

(J. 327. — Toulouse, XVIII, n° 29. — Original roman.)

Acte du bail à cens ou enfieffement d'une éminée de pré (*una eminada de prat*); led. bail consenti par Vidal et Aimeric Borgarel, tant en leur nom qu'au nom de Martin de Raust, à P. de Dosantz et à ses ayants cause. — « Testimoni : W. Delmas, P. Faure, en R. de Dosantz. Aiso fo fag davan la maiho d'en B. Faure, VIII° die intrante novembri, anno Domini M. CC. XL. V. Johan de Malaura, escrivas comunals, hoc vidit et audivit et scripsit et signavit. » (*Hic signaculum scriptoris.*)

3593   1245. 9 novembre.

(J. 323. — Toulouse, XIV, n° 83. — Original roman.)

Bail à cens d'une éminée de pré, consenti par Vidal Borgarel et Aimeric Borgarel à R. de Dosantz et à ses héritiers. — « Testimoni : P. Faure, en P. de Dosantz, en W. Delmas. Aiso fo fag davan la maiho d'en Bernat Faure, VIII° die intrante novembri, anno Domini M. CC. XLV. Johan de Malaura, escrivas comunals, hoc vidit et audivit et scripsit et signavit. » (*Hic signaculum scriptoris.*)

3594 Buzet. 1245. Novembre.

Mercredi 1er, 8, 15, 22 ou 29 novembre.

(J. 327. — Toulouse, XVIII, n° 25. — Original roman.)

Acte, divisé par A. B. C., du bail à cens ou enfieffement d'une sesterée de terre, en nature de pré, située à la noue de Palafre (*a la nauza de Palafre*); led. bail consenti par Vidal Borgarel, Aimeric, son frère, et Martin de Raust, leur cousin, à R. Izarn de S. Amans, à R. Faure de S. Amans, à leurs femmes et à leurs héritiers.— « Testes sunt : R. Vifranc, R. Esteve de la Gariga, e W. Pousonenc, et W. Repolleir, escrivas comunals de Buzet, que aqesta carta escrius el mes de novembre, feria IIII, anno Domini M. CC. XLV. ans, reinan Lodoic lo rei, etc... Et aiso fo faig a Buzet, e la careira comunal, denant la maio d'en B. Faure e d'en Vidal Berzeu. »

3595 Buzet. 1245. Novembre.

Mercredi 1er, 8, 15, 22 ou 29 novembre.

(J. 327. — Toulouse, XVIII, n° 26. — Original roman.)

Acte, divisé par A. B. C., du bail à cens ou enfieffement d'une pièce de terre située jouxte le ruisseau (*al rivi*) de Merdairol; led. bail consenti par Vidal Borgarel, Aimeric, son frère, et Martin de Raust, leur cousin, à Joan Baudet, à sa femme et à leurs enfants et héritiers. — « Testes sunt : R. Esteve de la Gariga, e B. Uc lo faure, e W. Izarn de S. Amans, e W. Pousonenc, e W. Repolleir, escrivas comunal de Buzet, que aqesta carta escrius el mes de novembre, feria IIII, anno Domini M. CC. XLV. ans, reinan Lodoic lo rei, etc..... E aiso fo faig a Buzet, e la careira comunal, denant la maio B. Faure e d'en Vidal Berzeu. »

3596 1245. Novembre.

Philippus Savarici sese obligat ad castrum Montis Basonis domino regi tradendum.

(J. 400. — Promesses, n° 44. — Original scellé.)

Omnibus presentes litteras inspecturis Philippus Savarici, dominus Montis Basonis, salutem. — Noverint universi quod ego juravi tradere excellentissimo domino meo Ludovico, Dei gracia Francorum regi, castrum meum de Monte Basonis, ad magnam vim et modicam, quocienscumque ab eodem vel ab ejus mandato, patentes ipsius deferenti, fuero super hoc requisitus. — In cujus rei testimonium, presentes litteras sigilli mei munimine roboravi. Datum anno Domini M° CC° quadragesimo quinto, mense novembri.

Scellé, en cire brune sur double queue, du sceau de Philippe Savari, sire de Montbazon, en Touraine, décrit dans l'*Inventaire* sous le n° 3585.

3597 Buzet. 1245. 3 décembre.

(J. 327. — Toulouse, XVIII, n° 27. — Original roman.)

Acte du bail à cens d'une sesterée de pré, située *al lacador de Scraboc;* led. bail consenti par Vidal Borgarel, Martin de Raust et Aimeric Borgarel à P. Pajes et à ses héritiers. — « Testimoni : R. de Batalhit, en Johan del Perier, en R. Boisso. Aiso fo fag a Buzet, davan la maio d'en P. Vifranc, III° die intrante decembri, regnante Lodoyco rege Francorhom (*sic*), R. comite Tolosano, etc.... Anno Domini M. CC. XLV. Johan de Malaura, escrivas comunals, hoc vidit et audivit et scripsit et signavit. » (*Hic signaculum scriptoris.*)

3598 1245.

(J. 203. — Champagne, XI, n° 54. — Original.)

Coram Th. (Thoma) abbate de Orbaco, Johannes miles, dominus d'Aublois, recognoscit se quindecim sextaria vini, annui redditus, quæ, ad mensuram de Suzennia (*sic*), in vinagiis de Barbonne percipiebat, Theobaldo regi Navarræ, Campaniæ et Briæ comiti palatino, pro viginti libris Pruvinensium vendidisse. Quam venditionem Matillis uxor dicti Johannis laudavit et approbavit. — « In cujus rei memoriam, ad eorum petitionem, presentem paginam sigilli nostri munimine duximus roborandam. Actum anno Domini M° CC° quadragesimo quinto. »

Traces de sceau pendant sur double queue. — Le sceau de Thomas, abbé de Saint-Pierre d'Orbais, au diocèse de Soissons, n'existe plus aux Archives.

3599 1245.

(J. 196. — Champagne, IV, n° 34. — Original.)

Johannes prior Vallis Caulium et Galterus prior Clari loci, ejusdem ordinis, conventusque de Claro loco recognoscunt omnia quæ prædicta domus Clari loci possidet infra comitatum Campaniæ, vel ibidem donatione seu emptione acquisivit, esse in perenni custodia supradicti comitis. (Sequitur indiculus reddituum et possessionum præfati conventus.) — « Quod ut ratum habeatur in posterum, nos de Valle Caulium et de Claro loco predicti priores presentibus litteris sigilla nostra apposuimus. Anno Domini M° CC° quadragesimo quinto. »

Traces de deux sceaux pendants sur double queue.—Les sceaux de Jean, prieur du Val-des-Choux, au diocèse de Langres, et de Gautier, prieur de Clairlieu, au diocèse de Nancy, ne se sont pas conservés.

3400   1245.

(J. 328. — Toulouse, XIX, n° 22. — Déficit.)

Vente par Bernard de Saysses à Raymond, comte de Toulouse, de la quatrième partie des châteaux et villes de Fosseret et de Senars. L'an 1245. — Sont témoins entre autres Guy de la Tour et Bernard de la Tour.

Nous donnons d'après l'Inventaire de Dupuy la notice de cette pièce, qui manque dans les cartons. Il est probable que l'original était écrit en langue vulgaire du Midi.

3401   1245-46. 27 janvier.

(J. 304. — Toulouse, II, n° 71. — Original scellé.)

Pons Ivernat déclare donner en fief perpétuel à W. Mat Rossinier, à ses héritiers et ayants cause, pour en disposer par vente, don ou engagement, excepté en faveur de clercs ou de chevaliers, une éminade de terre avec toutes ses dépendances située au Pontet. Ladite concession faite moyennant II. deniers Toulousains de redevance annuelle, II. deniers d'acapte et les autres droits seigneuriaux. — « Testimoni : Bertran Vifrac, en Aimeric Borgarel, en R. Faure de Saint-Maur. Aiso fo fag davan la maiho d'en Bernat Faure, v. die exitus jenerii, regnante Lodoyco rege Franchorum, R. comite Tolozano, Ramundo episcopo, anno Domini M. CC. XL. V. Johan de Malaura, escrivas comunals, hoc vidit et audivit et scripsit et signavit. » (Hic signaculum scriptoris.)

3402   Buzet. 1245-46. 27 janvier.

(J. 327. — Toulouse, XVIII, n° 30. — Original roman.)

Acte semblable relatif à une pièce de pré située sur le territoire de Buzet; ladite pièce de pré concédée par Vidal Borgarel, tant en son nom qu'au nom d'Aimeric, son frère, et de Martin de Raust, son cousin, à W. de Frac et à ses ayants cause. — « Testimoni : P. Vifranc, en R. Bec. Aiso fo fag a Buzet, el pla davan la gleiha, v. die exitus jenerii, anno Domini M. CC. XL. V. Johan de Malaura, escrivas comunals, hoc vidit et audivit et scripsit et signavit. » (Hic signaculum scriptoris.)

3403   Paris. 1245-46. Janvier.

Litteræ M., comitissæ Flandriæ, de compromisso in dominum regem et Tusculanum episcopum inita pro hereditate sua inter liberos suos dividenda.

(J. 538. — Flandre, I, sac 5, n° 9. — Original scellé.)

Margareta, comitissa Flandrie et Hainonie, omnibus presentes litteras inspecturis, salutem in Domino. — Notum facimus universis, tam presentibus quam futuris, quod, cum inter liberos nostros quos de nobili viro Bochardo de Avesnis suscepimus, ex una parte, et illos quos de viro nobili Willelmo domino de Dampetra suscepimus, ex altera, mota esset contentio super eo quod utraque partium predictarum comitatus Flandrie et Hainonie, et totam terram quam tenemus, dicebat ad se, post obitum nostrum, jure hereditario pertinere, tandem, de voluntate et assensu nostro et utriusque partis amicorum consilio, supradicti liberi nostri in karissimum dominum nostrum Ludovicum, regem Francie illustrissimum, et venerabilem patrem O. (Odonem) Tusculanum episcopum, Apostolice Sedis legatum, unanimiter compromiserunt, tali modo quod, secundum formam juris vel judicii non sit in hoc arbitrio procedendum, cum tota predicta terra per viam juris parti alteri debere cedere dinoscatur, sed de terra predicta debent taliter ordinare quod utrique partium de dicta hereditate partem assignent secundum quod eis videbitur bonum esse, ita videlicet quod ambo capita dictorum comitatuum uni eorum dare, vel alterum uni, et reliquum alii, vel partem alteri in comitatu altero vel utroque, prout eis bonum videbitur, poterunt assignare. — Condictum est etiam et concessum quod, si, comitatu Flandrie alteri per dictum eorum assignato, alii voluerint in eodem comitatu partem terre assignare, ille qui partem illam habuerit, comitatum habenti de ea homagium faciet, et partem illam tenebit de eodem. — Similiter si, comitatu Hainonie per dictum eorum alicui predictorum assignato, in comitatu illo alii partem terre assignaverint, ille qui partem illam in comitatu habebit, comitatum habenti homagium faciet, et partem suam de illo tenebit, nisi terre consuetudo in contrarium se haberet; quod si esset, homagium faceret et partem suam teneret secundum quod terre requireret consuetudo. — Insuper est sciendum quod partes in hoc unanimiter convenerunt quod, si sine liberis de uxore sua desponsata procreandis contingeret aliquem predictorum decedere, frater ejus germanus, vel soror ejus germana, si decedens fratrem non haberet germanum, eidem decedenti succederet in tota terra quam haberet. — Concorditer insuper est concessum quod, si predictum legatum hiis exequendis contingeret non adesse, nobilis vir dominus R. (Robertus) comes Attrebatensis, predicti domini regis frater, ad hec exequenda reciperetur sine contradictione aliqua loco ejus.—Voluerunt autem dicte partes et concesserunt quod illud quod ordinabitur fiat salvo honore utriusque partis, ita tamen quod propter hoc non remaneat quin partes ac divisiones terrarum et tocius hereditatis predicte maneant stabiles et firme prout a predictis dominis fuerit ordinatum. — Concesserunt enim partes quod contente erunt divisionibus illis et partibus quas eis assignabunt, nec contra ordinationem eorum venient aliquo modo, nec unus in parte alii assignanda, sive in proprietate, sive in possessione, aliquid per se vel per alium reclamabit, nec movebit quisquam eorum contra alterum super hiis in ecclesiastica vel seculari curia questionem aliquo modo vel aliqua ratione juris aut facti. — Concessit autem dominus rex quod recipiet in hominem de comitatu Flandrie, nobis viventibus, si hoc petierimus, illum qui per ordinationem eorum dictum comitatum habebit, salva vita nostra, et salvo in omnibus jure domini regis. — Propter absentiam autem utriusque partis vel alterius non dimittent quin, si voluerint, in eodem arbitrio procedant, et quicquid fiet vel ordinabitur per eas tantum valebit et ita tenebuntur partes firmiter observare ac si ipsis partibus presentibus factum esset. — Hec autem omnia facta sunt et concessa eo salvo quod, non obstantibus compromissione predicta vel arbitrio aut ordinatione quam super hiis facient, plenam habeamus quamdiu vixerimus potestatem et amministrationem predictorum comitatuum et totius terre nostre, et de ipsis possimus pro voluntate nostra facere sicut poteramus ante compromissionem predictam, salvo eo quod nulli predictorum liberorum nostrorum possimus terram aliquam seu redditum dare, preter partes que eis ut predictum est fuerint assignate, nec alicui eorum aliquid dare super partem alteri assignatam. — Supradicta autem omnia et singula promiserunt dicte partes se firmiter servaturas et contra nullo unquam tempore quocunque modo venturas, prestito super hiis coram predictis domino rege et domino legato, nobis presentibus, corporaliter juramento. — In cujus rei testimonium et munimen, presentes litteras sigilli nostri impressione fecimus communiri. — Actum Parisius, anno Domini millesimo ducentesimo quadragesimo quinto, mense januario.

Sceau de Marguerite, comtesse de Flandre et de Hainaut; cire blonde, double queue; *Inventaire*, n° 624.

3404 Paris. 1245-46. Janvier.

(J. 538. — Flandre, I, sac 5, n° 7. — Original scellé.)

Johannes de Avesnis et Balduinus, fratres, filii Margaretæ, comitissæ Flandriæ, et Buchardi de Avesnis, se in dominum regem et Tusculanum episcopum compromittere declarant de hereditate materna inter se et liberos, quos dicta Margareta ex Guillelmo de Dampetra suscepit, dividenda. — « Universis presentes litteras inspecturis, Johannes de Avesnis et Balduinus, fratres, salutem in Domino. Notum facimus universis, tam presentibus quam futuris, quod, cum inter nos, quos nobilis domina Margareta, comitissa Flandrie et Haynonie, de nobili viro Buchardo de Avesnis susceperat, ex una parte, et Guillelmum de Donnapetra, Guidonem et Johannem, fratres, et Johannam sororem ipsorum, quos predicta domina et mater nostra comitissa de nobili viro domino Guillelmo de Domnapetra susceperat, ex altera, mota esset contentio, etc. (*Quæ sequuntur iisdem verbis, mutatis scilicet mutandis, ac præcedentes litteræ constant.*) — In cujus rei testimonium et munimen, presentes litteras sigillorum nostrorum impressionibus fecimus roborari. Actum Parisius, anno Domini M° CC° XL° quinto, mense januario. »

Scellé, en cire blonde sur double queue, des sceaux de Jean et de Baudouin d'Avesnes, décrits dans l'*Inventaire* sous les n°ˢ 625 et 627.

3405 Paris. 1245-46. Janvier.

(J. 538. — Flandre, I, sac 5, n° 8. — Original scellé.)

Litteræ, ejusdem argumenti et formæ, quibus Guillelmus de Dampetra, Guido et Johannes, fratres, liberi Margaretæ comitissæ Flandriæ, quos a Guillelmo de Dampetra suscepit, in dominum regem et Odonem Tusculanum episcopum se compromisisse declarant de hereditate materna inter se et filios, quos predicta Margareta a Bochardo de Avesnis susceperat, dividenda. — « In cujus rei testimonium et munimen, presentes litteras sigillorum nostrorum impressionibus fecimus communiri. Actum Parisius, anno Domini millesimo ducentesimo quadragesimo quinto, mense januario. »

Scellé de trois sceaux en cire blonde pendants sur double queue. — Le sceau de Guillaume de Dampierre, apposé à cette pièce, n'est pas celui qui est décrit dans l'*Inventaire* sous le n° 628. L'un et l'autre portent un écu armorié d'un lion, mais la légende diffère. On lit sur celui-ci : SIGILLUM GUILLERMI DE DAMPETRA ; sur l'autre, qui est évidemment postérieur, et qui de plus porte un contre-sceau : S. GUILLERMI DE DAMPETRA HEREDIS FLANDRIE. — Le sceau de Gui de Dampierre est décrit dans l'*Inventaire* sous le n° 1990, mais il est attribué par erreur à Guillaume de Dampierre; celui de Jean de Dampierre est décrit sous le n° 1995.

3406 Paris. 1245-46. Janvier.

Ludovicus rex se, una cum Tusculano episcopo, amicabilem compositorem constituit inter liberos Margaretæ comitissæ Flandriæ.

(J. 538. — Flandre, I, sac 5, n°s 11 et 11 *bis*. — Originaux scellés.)

Ludovicus, Dei gratia Francie rex, notum facimus universis, tam presentibus quam futuris, quod, cum inter liberos dilecte et fidelis consanguinee nostre M. (Margarete), comitisse Flandrie et Haynonie, quos de nobili viro Buchardo de Avesnis susceperat, ex una parte, et eos quos de nobili viro Guillelmo de Donnapetra eadem comitissa susceperat, ex altera, mota esset contentio super eo quod utraque partium predictarum comitatus Flandrie et Haynonie et totam terram quam tenet dicta comitissa, dicebat ad se post obitum ipsius matris eorum jure hereditario pertinere, tandem, de voluntate et assensu prefate comitisse et utriusque partis amicorum consilio, supradicti liberi in nos et venerabilem O. (Odonem) Tusculanum episcopum, Apostolice Sedis legatum, unanimiter compromiserunt tali modo quod secundum formam juris vel judicii non sit in hoc arbitrio procedendum, cum tota predicta terra per viam juris parti alteri debere cedere dinoscatur. Sed de terra predicta debemus taliter ordinare quod utrique partium de dicta hereditate partem assignemus secundum quod nobis videbitur bonum, etc. (*Quæ sequuntur iisdem fere verbis constant, mutatis scilicet mutandis, ac litteræ Margaretæ comitissæ. Vid.* n° 3403). — « In cujus rei testimonium et munimen, ad petitionem partium et predicte comitisse, sigillum nostrum presentibus litteris duximus apponendum. Actum Parisius, anno Domini M° CC° quadragesimo quinto, mense januario. »

Scellé, en cire blanche sur double queue, du premier sceau de saint Louis, décrit dans l'*Inventaire* sous le n° 41. — Le n° 11 *bis* est un duplicata du n° 11 également scellé; les deux textes sont identiques.

3407 Paris. 1245-46. Janvier.

(J. 538. — Flandre, I, sac 5, n° 10. — Original scellé.)

Litteræ Odonis cardinalis Tusculani episcopi, Apostolice Sedis legati, ejusdem argumenti et formæ. — « In cujus rei testimonium et munimen, presentes litteras, ad petitionem partium et predicte comitisse, sigilli nostri impressione fecimus muniri. Actum Parisius, anno Domini M° CC° quadragesimo quinto, mense januario. »

Scellé, en cire blonde sur double queue, du sceau de Eudes, cardinal-légat, évêque de Tusculum, décrit dans l'*Inventaire* sous le n° 6134.

3408 Paris. 1245-46. Janvier.

Nicholaus de Rumigniaco et plures alii Flandriæ magnates pro Johanne et Balduino de Avesnis fidejussores sese constituunt.

(J. 539. — Flandre, I, sac 5, n° 14. 36. — Original scellé.)

Nos Nicholaus dominus de Rumigniaco, et Nicholaus filius ejus, Rogerus dominus de Roseto, Sigerus dominus de Angien, et Galterus filius ejus, Arnulphus dominus de Mauritania, Hugo de Rumigniaco, et Hugo filius ejus, Hugo dominus de Antoig, Arnulphus comes de Los, Godefridus de Lovanio, Arnulphus dominus de Chison, Anselmus de Aigremont, Egidius dominus de Rupeforti, et Terricus frater ejus, Henricus dominus de Hunfalise, Terricus dominus de Hamadia, Balduinus dictus Carons dominus de Ruma, Egidius de Fretin, milites, et Joannes de Audenarde, notum facimus universis presentes litteras inspecturis quod nos, coram excellentissimo domino Ludovico rege Francie, pro Johanne et Balduino de Avesnis, fratribus, liberis karissime domine Margarete comitisse Flandrie et Haynonie, quos ipsa de nobili viro Buchardo de Avesnis suscepit, ad petitionem ipsorum obligavimus nos et obligamus fidejussores, ex toto et in solidum, super eo quod ipsi omnes conventiones compromissionis inter ipsos, ex una parte, et liberos ejusdem comitisse, quos de nobili viro Guillelmo de Donnapetra suscepit, ex altera, facte in predictum dominum regem et venerabilem patrem Odonem, Tusculanum episcopum, Apostolice Sedis legatum, vel dominum Robertum comitem Attrebatensem, fratrem ipsius domini regis, si eundem legatum hiis exequendis contingeret non adesse, prout in litteris ipsorum domini regis, domini legati et ipsarum partium super hoc confectis plenius continetur. Et quicquid per ipsos dominum regem et dominum legatum, vel dominum Robertum comitem Attrebatensem, si dominum legatum non adesse contingeret, dictum fuerit vel ordinatum in omnibus et per omnia firmiter observabunt. — Quas conventiones et quicquid a dictis dominis dictum fuerit vel ordinatum, nisi ipsi Joannes et Balduinus in omnibus plene et integre servaverint vel si in aliquo contravenerint ullo modo, nos, omnes et singuli nostrûm, infra quindenam postquam super hoc ex parte domini regis in domibus nostris fuerimus submoniti, personalem tenebimus prisionem Parisius, inde non exituri quin ibi jaceamus omni nocte, donec id ad cognitionem domini regis fuerit emendatum. Et super hoc coram ipsis domino rege et domino legato, corporale prestitimus juramentum. — In cujus rei testimonium et munimen, presentes litteras sigillorum nostrorum impressionibus fecimus roborari. Actum Parisius, anno Domini millesimo ducentesimo quadragesimo quinto, mense januario.

Ces lettres étaient scellées, dans le principe, de vingt sceaux pendants sur double queue. La plupart se sont détachés et perdus; quelques-uns cependant ont été décrits dans l'*Inventaire*, d'après d'autres types, sous les n^{os} désignés ci-après :
1. Nicolas, sire de Rumigny, n° 3487.
2. Nicolas, son fils. — Sceau perdu.
3. Roger, sire de Roset. — Sceau perdu.
4. Roger, sire d'Enghien. — Sceau perdu.
5. Gautier, son fils, n° 10379.
6. Arnould, sire de Mortagne, n° 10494.
7. Hugues de Rumigny, n° 3486.
8. Hugues, son fils. — Sceau perdu.
9. Hugues, sire d'Antoing, n° 10331.
10. Arnould, comte de Loos. — Sceau perdu.
11. Godefroi de Louvain, n° 10427.
12. Arnould, sire de Chisoing. — Sceau perdu.
13. Anselme d'Aigremont. — Sceau perdu.
14. Gilles, sire de Bassefort. — Sceau perdu.
15. Thierry, son frère. — Sceau perdu.
16. Henri, sire de Hunfalise. — Sceau perdu.
17. Thierry, sire de la Hamaide. — Voy. ci-après p. 598, col. 1.
18. Baudouin, dit Caron, sire de Rume, n° 3485.
19. Gilles de Fretin. — Sceau perdu.
20. Jean d'Audenarde, n° 10339.

5409   Paris. 1245-46. Janvier.

(J. 539. — Flandre, I, sac 5, n° 14. 37. — Original scellé.)

Litteræ ejusdem formæ quibus Guillelmus de Melloto, Guido de Donnapetra, Robertus senescallus Flandriæ, Johannes de Torota, Droco de Melloto juvenis, Guillelmus de Melloto juvenis, et Helluinus de Waurin, frater senescalli Flandrie, coram excellentissimo domino Ludovico rege Francorum, pro Guillelmo, Guidone, Johanne, fratribus, et Johanna comitissa Barriducis, eorum sorore, quos et quam Margareta Flandriæ comitissa de nobili viro Guillelmo de Donnapetra suscepit, sese fidejussores constituunt. — « In cujus rei testimonium, presentes litteras sigillorum nostrorum impressionibus fecimus roborari. Actum Parisius, anno Domini M° CC° XL° quinto, mense januario. »

Cette pièce est scellée de sept sceaux en cire blonde, pendants sur double queue et décrits dans l'*Inventaire* sous les numéros suivants :
1. Guillaume de Mello, n° 2784.
2. Gui de Dampierre, n° 1990.
3. Robert de Waurin, sénéchal de Flandre, n° 310.
4. Jean de Thorote, châtelain de Noyon, n° 3701.
5. Dreu de Mello le Jeune, seigneur de Saint-Prix, n° 2778.
6. Guillaume de Mello le Jeune, n° 2783.
7. Helluin de Waurin, n° 309.

5410   Paris. 1245-46. Janvier.

(J. 165. — Valois, III, n° 34. — Original scellé.)

Nicholaus abbas et totus conventus monasterii Fossatensis notum faciunt se Ansello de Gallanda et ejus heredibus sexdecim sextarios mouturengiæ, viginti solidos annuales et quosdam alios redditus dimisisse in excambium decem arpentorum nemoris, juxta nemus Johannis armigeri de Retella, priori et prioratui de Turnomio a dicto Ansello concessorum. Quod excambium Aalibdis, uxor dicti Anselli, Ansellus filius ejus ac Haduidis hujusce Anselli uxor, ratum habuerunt. — « Quod ut ratum et firmum permaneat, presentes litteras sigillorum nostrorum munimine fecimus roborari. Actum anno Domini millesimo ducentesimo quadragesimo quinto, mense januario. »

Scellé, en cire blanche sur double queue, des sceaux de l'abbé Nicolas et du couvent de Saint-Maur-des-Fossés, décrits dans l'*Inventaire* sous les n°s 9052 et 8324.

5411   1245-46. Mercredi 7 février.

(J. 203. — Champagne, XI, n° 53. — Original.)

Litteræ prioris et conventus Latiniacensis ad Theobaldum Navarræ regem, Campaniæ et Briæ comitem palatinum, a quo per fratres Aubericum et Petrum, latores presentium, novi abbatis eligendi licentiam petunt. — « Datum anno Domini M° CC° XL° quinto, die mercurii post Purificationem Beate Marie Virginis. »

Traces de sceau pendant sur simple queue. — Le sceau du monastère de Saint-Pierre de Lagny, au diocèse de Paris, est décrit dans l'*Inventaire* sous le n° 8255, d'après un type appendu à un acte du douzième siècle.

5412 1245-46. Dimanche 18 février.

Major et universitas civitatis Petragoricensis confirmationem privilegiorum suorum a domino rege flagitant, debita servitia se ei reddituros pollicentes.

(J. 421. — Obligations, I, n° 3. — Original scellé.)

Excellentissimo domino suo Ludovico, Dei gratia illustrissimo Francorum regi, major et universitas ville Podii Sancti Frontonis Petragoricensis, burgenses sui, salutem in eo qui dat salutem regibus. — Majestati regie per presentes litteras intimamus quod nos omnibus dominis nostris, Francorum regibus, in novitate sua fidelitatis juramentum facere tenemur contra omnes homines qui possint vivere atque mori, et tradere totam villam predictam, ad magnam vim et parvam, cum super hoc ab ipsis vel eorum certo mandato fuerimus requisiti. Tenemur etiam ipsos dominos, vel eorum certum mandatum, ad pacem tenendam et repetenda jura sua sequi in exercitu per totam Petragoricensem diocesim, prout exire consuevit exercitus dicte ville. — Vos enim et predecessores vestri nobis promisistis quod ipsam villam defendetis et custodietis, nec eam, vos aut alii reges Francorum, heredes vestri, a vestris manibus removebitis in futurum. — Existentes igitur excellentissime dominationis vestre, ut expedit, amatores, et attendentes quam diligenti cura ad defensionem nostram intendere proponitis, vobis et heredibus vestris, dominis regibus Francie, ipsam villam tenentibus, damus et concedimus in perpetuum, nomine communis, in quolibet hospitio communitatis nostre, in quo pater familias tenens focum permanserit, duodecim denarios currentis monete annuatim in dicta villa, in Nativitate Sancti Johannis Baptiste, vestro certo mandato persolvendos; volentes et concedentes ut, cum de aliis terris Petragoricensis civitatis et diocesis per mandatum vestrum commune levabitur, de terris nostris, extra dictam villam et burgos sibi contiguos existentibus, ipsum commune levetur, sicut est consuetum. — Et hec omnia facimus ut majestas regia personas et res nostras tanquam proprias semper custodiat et defendat, nostris nichilominus consuetudinibus, communitate et consulatu, et sigillo et statutis, edictis, juridictione, cohercione et libertatibus nobis salvis et semper remanentibus, sicut sunt in presenti et esse consueverunt a tempore felicis memorie illustris regis Philippi, avi vestri, usque modo. — Insuper supplicamus eidem majestati ut, si ei placuerit et nobis concesserit omnia que presentibus litteris continentur, sigillum suum eisdem apponat in robur et testimonium veritatis. — Datum die dominica ante Cathedram Sancti Petri apostoli, anno Domini millesimo ducentesimo XLV°.

Cette pièce était scellée, dans le principe, de deux sceaux pendants sur cordelettes de fil. Le premier, qui manque, était probablement le sceau du roi, apposé, à la prière des habitants de Périgueux, en signe d'approbation; le second, en cire blanche, est celui de la cité de Périgueux ou Puy-Saint-Front, décrit dans l'*Inventaire* sous le n° 5732.

5413 1245-46. 23 février.

Scabini et communitas villæ de Querceto W. et R. suos constituunt procuratores ad fidejubendum de compromisso a liberis Flandriæ comitissæ in dominum regem et legatum inito.

(J. 539. — Flandre, I, sac 5, n° 13. 35. — Original scellé.)

Nos scabini et communitas ville Haymonis de Querceto notum facimus universis presentes litteras inspecturis quod nos dilectos conscabinos nostros W. et R., latores presentium, procuratores nostros constituimus ad tradendum nostras patentes litteras nuntio excellentissimi domini Ludovici, regis Francie illustrissimi, super negocio de compromissione que in ipsum dominum regem et dominum legatum facta est a filiis karissime domine nostre Margarete, Flandrie et Hayonie comitisse; et eis dedimus liberam potestatem et speciale mandatum jurandi in animas nostras super hiis que in ipsis litteris continentur. — Datum anno Domini millesimo ducentesimo quadragesimo quinto, in vigilia Beati Mathie apostoli.

Sceau de la ville du Quesnoy en Hainant (Nord); cire blonde, simple queue; décrit dans l'*Inventaire* sous le n° 5544.

5414 Mons. 1245-46. Samedi 24 février.

(J. 539. — Flandre, I, sac 5, n° 13. 29. — Original scellé.)

Similes litteræ juratorum et communitatis villæ Montensis, quibus dilectos conscabinos suos Philippum et

Fastredum, latores præsentium, suos constituunt procuratores. — « Datum apud Montes, anno Domini M° CC° XL° quinto, sabbato ante *Invocavit me*. »

Sceau de la ville de Mons; cire blonde, simple queue; *Inventaire*, n° 10725.

5415 1245-46. Dimanche 25 février.

(J. 539. — Flandre, I, sac 5, n° 13. 8. — Original scellé.)

Similes litteræ juratorum et communitatis villæ de Bincio, quibus conjuratos suos Webertum le Crespe et Jacobum Cesaire, latores præsentium, procuratores suos constituunt. — « Datum anno Domini M° CC° XL° quinto, dominica qua cantatur *Invocavit me*. »

Sceau de la ville de Binch en Hainaut; cire blonde, simple queue; premier sceau, *Inventaire*, n° 10671.

5416 1245-46. Lundi 26 févrrer.

(J. 539. — Flandre, I, sac 5, n° 13. 13. — Original.)

Similes litteræ scabinorum et communitatis Casletensis, quibus conscabinos suos Hugonem dictum Cerarium et Boidonem, latores præsentium, procuratores suos constituunt. — « Datum anno Domini M° CC° XL° quinto, feria secunda post dominicam qua cantatur *Invocavit me*. »

Traces de sceau pendant sur simple queue. — Le sceau de la ville de Cassel, second sceau, est décrit dans l'*Inventaire* sous le n° 5522, d'après un type appendu à un acte daté de 1245.

5417 1245-46. Mardi 27 février.

(J. 539. — Flandre, I, sac 5, n° 13. 2. — Original scellé.)

Similes litteræ scabinorum et communitatis de Alost, quibus conscabinos suos Walterum et Willelmum, latores præsentium, procuratores suos constituunt. — « Datum anno Domini M° CC° XL° quinto, feria tercia post *Invocavit me*. »

Scellé, en cire blonde sur simple queue, du sceau de la ville d'Alost, premier sceau, décrit dans l'*Inventaire* sous le n° 10657.

5418 1245-46. Mardi 27 février.

(J. 539. — Flandre, I, sac 5, n° 13. 33. — Original scellé.)

Similes litteræ scabinorum et communitatis villæ Aldenardensis, quibus conscabinos suos Jurdanum et Walterum, latores præsentium, procuratores suos constituunt. — « Datum anno Domini M° CC° quadragesimo quinto, feria tertia post *Invocavit me*. »

Sceau de la ville d'Audenarde; cire blonde, simple queue; premier sceau, décrit dans l'*Inventaire* sous le n° 10664.

5419 1245-46. Mardi 27 février.

(J. 539. — Flandre, I, sac 5, n° 13. 31. — Original.)

Similes litteræ scabinorum et communitatis villæ Noviportus, quibus conscabinos suos Egidium et Thomam, latores præsentium, procuratores suos constituunt. — « Datum anno Domini M° CC° XL° quinto, feria tertia post festum Beati Mathie. »

Traces de sceau pendant sur simple queue. — Le sceau de la ville de Nieuport, premier sceau, est décrit dans l'*Inventaire* sous le n° 10727, d'après un type appendu à un acte daté de 1237.

5420 1245-46. Mardi 27 février.

(J. 539. — Flandre, I, sac 5, n° 13. 39. — Original.)

Similes litteræ scabinorum et communitatis de Thorout, quibus conscabinos suos Johannem de Belka et Nicholaum filium Margarete, latores præsentium, procuratores suos constituunt. — « Datum anno Domini M° CC° quadragesimo quinto, feria tertia post Cineres. »

Traces de sceau sur simple queue. — Le sceau de la ville de Thorout, premier sceau, est décrit dans l'*Inventaire* sous le n° 10743, d'après un type appendu à un acte daté de 1237.

5421 1245-46. Mercredi 28 février.

(J. 539. — Flandre, I, sac 5, n° 13. 6. — Original.)

Similes litteræ scabinorum et communitatis villæ de Bregis, quibus conscabinos suos Johannem Goedhere et Johannem Blonde, latores præsentium, procuratores suos constituunt. — « Datum anno Domini M° CC° XL° quinto, feria quarta post *Invocavit me*. »

Traces de sceau pendant sur simple queue. — Voyez dans l'*Inventaire*, n°ˢ 5511 et 5512, deux sceaux de la ville de Bergues, décrits d'après des types appendus à des actes datés de 1199 et 1328.

5422 1245-46. Mercredi 28 février.

(J. 539. — Flandre, I, sac 5, n° 13. 25. — Original.)

Similes litteræ scabinorum et communitatis villæ de Geraldimonte, quibus conscabinos suos Gerardum de Rivo, Johannem del Carnir, Gerardum dictum Borgois, et Michaelem de Ponte, latores præsentium, procuratores suos constituunt. — « Datum, feria quarta post dominicam qua cantatur *Invocavit me*, anno Domini M° CC° XL° quinto. »

Traces de sceau pendant sur simple queue. — Le sceau de la ville de Grammont, premier sceau, est décrit dans l'*Inventaire* sous le n° 10711, d'après un type appendu à un acte daté de 1244.

5423 1245-46. Février.

(J. 539. — Flandre, I, sac 5, n° 13. 4. — Original scellé.)

Similes litteræ juratorum et communitatis villæ de Bellomonte, quibus dilectos juratos suos Johannem dictum Fullonem, Robertum dictum Sorial et Radulphum de Merbiis, latores præsentium, procuratores suos constituunt. — « Datum anno Domini M° CC° XL° quinto, mense februario. »

Scellé, en cire blonde sur simple queue, du sceau de la ville de Beaumont en Hainaut, décrit dans l'*Inventaire* sous le n° 10670.

5424 1245-46. Février.

(J. 539. — Flandre, I, sac 5, n° 13. 11. — Original scellé.)

Similes litteræ scabinorum et communitatis villæ Brugensis, quibus Petrum filium Lamberti, Nicholaum Bonin et Egidium de Mota, conscabinos suos, latores præsentium, procuratores suos constituunt. — « Datum anno Domini millesimo ducentesimo quadragesimo quinto, mense februario. »

Sceau de la ville de Bruges; cire blonde, double queue; premier sceau, décrit dans l'*Inventaire* sous le n° 10675.

5425 1245-46. Février.

(J. 539. — Flandre, I, sac 5, n° 13. 17. — Original.)

Litteræ scabinorum et communitatis villæ de Dam, quibus conscabinos suos Johannem dictum Marcolf et Amilium de Dic, latores præsentium, procuratores suos constituunt. — « Datum anno Domini M° CC° XL° quinto, mense februario. »

Traces de sceau pendant sur simple queue. — Le sceau de la ville de Damme, premier sceau, est décrit dans l'*Inventaire* sous le n° 10690, d'après un type appendu à un acte daté de 1226.

5426 1245-46. Février.

(J. 539. — Flandre, I, sac 5, n° 13. 20. — Original scellé.)-

Similes litteræ scabinorum et communitatis villæ Duacensis, quibus Jacobum Cawete et Ingerramum Brunamont, conscabinos suos, præsentium latores, procuratores suos constituunt. — « Datum anno Domini M° CC° quadragesimo quinto, mense februario. »

Sceau de la ville de Douai; cire blonde, simple queue; premier sceau; *Inventaire*, n° 5523.

5427 1245-46. Février.

(J. 539. — Flandre, I, sac 5, n° 13. 23. — Original scellé.)

Similes litteræ scabinorum et communitatis villæ Gandensis, quibus conscabinos suos Everdeium de Curia et Willelmum Masch, latores præsentium, procuratores suos constituunt. — « Datum anno Domini M° CC° XL° quinto, mense februario. »

Fragment de sceau en cire brune pendant sur double queue. — Ce fragment suffit pour reconnaître que ce sceau est celui dont se servait la ville de Gand dès 1179, décrit dans l'*Inventaire* sous le n° 10704.

5428 1245-46. Février.

(J. 539. — Flandre, I, sac 5, n° 13. 37. — Original scellé.)

Similes litteræ scabinorum et communitatis villæ de Rodenburg, quibus conscabinos suos Jacobum Cleput et Balduinum dictum Conc, latores præsentium, procuratores suos constituunt.—« Datum anno Domini M° CC° XL° quinto, mense februario. »

Sceau de la ville de Rodemburg; cire blonde, simple queue. — Voyez à la suite du n° 2554 la description de ce sceau, qui a été omis dans l'*Inventaire*.

5429 1245-46. Février.

(J. 539. — Flandre, I, sac 5, n° 13. 42. — Original scellé.)

Similes litteræ scabinorum et communitatis villæ Valenchenensis, quibus conscabinos suos, Johannem Louviel et Walcherum Quentin, procuratores suos constituunt. — « Datum anno Domini M° CC° quadragesimo quinto, mense februario. »

Sceau de la ville de Valenciennes; cire blonde, simple queue; premier sceau, décrit dans l'*Inventaire* sous le n° 5550.

5430 1245-46. Février.

Jurati et communitas villæ de Bellomonte sese obligant ad accipiendum pro domino illum de liberis Margaretæ comitissæ quem Ludovicus rex et Odo cardinalis ordinatione sua designabunt.

(J. 539. — Flandre, I, sac 5, n° 13. 3. — Original scellé.)

Nos jurati et communitas ville de Bellomonte notum facimus universis presentes litteras inspecturis quod nos promisimus et super sacrosancta juravimus quod illum de liberis karissime domine nostre Margarete, Flandrie et Hayonie comitisse, post decessum ejusdem domine comitisse vel etiam in vita sua, si dominus rex Francie et dicta domina comitissa requisierint, recipiemus in dominum et tamquam domino nostro obediemus, et firmiter adherebimus ei qui, per dictum sive per ordinationem ejusdem domini regis et reverendi patris do-

(1246)

mini O. (Odonis) episcopi Thusculani, Apostolice sedis legati, vel nobilis viri R. (Roberti) comitis Attrebatensis, si eumdem legatum dicto seu ordinationi predicte faciende contigerit non adesse, nobis fuerit in dominum assignatus. — Si qua vero partium, secundum cognitionem domini regis vel heredis sui, Francie regis, ordinationem predictam non teneret, vel in aliquo contrairet, nos, ad mandatum domini regis vel heredis sui Francie regis, teneremus nos cum illo qui dictam ordinationem servaret contra illum qui a dicta ordinatione resiliret, donec id ad cognitionem domini regis vel heredis sui regis Francie esset plenarie emendatum. — In cujus rei testimonium et munimen, presentes litteras tradidimus sigilli nostri appensione munitas. Datum anno Domini millesimo ducentesimo quadragesimo quinto, mense februario.

Sceau de la ville de Beaumont en Hainaut; cire blonde, double queue; *Inventaire*, n° 10670.

3431   1245-46. Février.

(J. 539. — Flandre, I, sac 5, n° 13. 7. — Original.)

Similes litteræ juratorum et communitatis villæ de Bincio. — « In cujus rei testimonium et munimen, presentes litteras sigilli nostri tradidimus appensione munitas. Datum anno Domini M° CC° XL° quinto, mense februario. »

Traces de sceau pendant sur simple queue. — Le sceau dont la ville de Binch se servait en 1246 est décrit dans l'*Inventaire* sous le n° 10671.

3432   1245-46. Février.

(J. 539. — Flandre, I, sac 5, n° 13. 28. — Original scellé.)

Similes litteræ scabinorum et communitatis villæ Montensis in Hayonia. — « In cujus rei testimonium, presentes litteras tradidimus sigilli nostri appensione munitas. Datum anno Domini M° CC° XL° quinto, mense februario. »

Sceau de la ville de Mons en Hainaut; cire blonde, double queue; *Inventaire*, n° 10725.

3433   1245-46. Février.

(J. 539. — Flandre, I, sac 5, n° 13. 34. — Original scellé.)

Similes litteræ scabinorum et communitatis villæ de Querceto. — « In cujus rei testimonium et munimen, presentes litteras tradidimus sigilli nostri appensione munitas. Datum anno Domini millesimo ducentesimo quadragesimo quinto, mense februario. »

Sceau de la ville du Quesnoy; cire blonde, double queue; *Inventaire*, n° 5544.

3434   1245-46. Février.

(J. 539. — Flandre, I, sac 5, n° 13. 38. — Original scellé.)

Similes litteræ scabinorum et communitatis villæ de Thorouth. — « In cujus rei testimonium et munimen, presentes litteras tradidimus sigilli nostri appensione munitas. Datum anno Domini M° CC° XL° quinto, mense februario. »

Sceau de la ville de Thorout; cire blonde, double queue; premier sceau, décrit dans l'*Inventaire* sous le n° 10743.

3435   Valenciennes. 1245-46. Février.

Terricus dominus de Hamaida et novem decem alii Flandriæ milites vel armigeri eadem promissione sese insimul obligant.

(J. 539. — Flandre, I, sac 5, n° 14. 35. — Original scellé.)

Nos Terricus dominus de Hamaida, Willelmus de Bena, Hugo de Ruminiaco, Terricus de Walecourt, Willelmus dominus de Haussi, Alardus de Louvegnies, Anselmus de Saucto Remigio, Hugo de Wareigni, Robertus de Barbenchon, Adam de Caudri, Gerardus de Hallut, Nicholaus de Mainwat, Egidius de Alneto, Egidius de Roisin, Englebertus de Stainkerke, Terricus de Thians, Johannes de Alneto milites; Egidius de Traseignies, Gerardus de Villa et Renerus de Sancto Amando, armigeri, notum facimus universis presentes litteras inspecturis quod nos promisimus et super sacrosancta juravimus quod illum de liberis karissime domine nostre Margarete, comitisse Flandrie et Hayonie, post decessum ejusdem domine comitisse, vel in vita sua, si dominus rex Francie et dicta domina comitissa requisierint, in dominum recipiemus etc. (*Quæ sequuntur eisdem verbis, mutatis scilicet mutandis, constant ac litteræ villarum. Vid. n° 3430.*) — In cujus rei testimonium et munimen, presentes litteras tradidimus sigillorum nostrorum appensione munitas. Datum Valencenis, anno Domini M° CC° XL° quinto, mense februario.

Quoique cette pièce énonce vingt noms, elle n'est scellée que de huit sceaux en cire blonde pendants sur double queue et rangés dans l'ordre suivant :

1. Thierry de la Hamaide. — Sceau équestre non décrit : un cavalier courant de gauche à droite, l'épée haute, couvert d'un écu armorié de trois hamades. Légende complétement détruite. Au contre-sceau, un écu chargé de deux bandes avec cette légende : CLAVIS SIGILLI.
2. Hugues de Rumigny, chevalier; sceau décrit dans l'*Inventaire* sous le n° 3486.
3. Renier de Saint-Amand, écuyer; *Inventaire*, n° 3502.
4. Gilles de Roizin, chevalier. Sceau armorial non décrit : écu à trois bandes, brisé d'un lambel de cinq pendants. Légende : † S. EGIDII DE ROIZIN. Sans contre-sceau.
5. Jean d'Aunoi, chevalier. Sceau armorial non décrit; écu à trois tangles sous un chef. Légende : † S. JHIS. DE ALNETO JUXTA VAL. Sans contre-sceau.
6. Guillaume, sire d'Haussy, chevalier; *Inventaire*, n° 2379.
7. Gilles d'Aunai, chevalier; *Inventaire*, n° 1238.
8. Thierry de Thiant, chevalier; *Inventaire*, n° 3685.

3436 — 1245-46. Février.

(J. 539. — Flandre, I, sac 5, n° 14. 26. — Original.)

Similes litteræ Sigeri domini de Aienghien. — « In cujus rei testimonium et munimen, presentes litteras tradidi sigilli mei appensione munitas. Datum anno Domini M° CC° XL° quinto, mense februario. »

Traces de sceau pendant sur simple queue. — Le sceau de Siger, sire d'Enghien, n'existe plus aux Archives.

3437 — 1245-46. Février.

(J. 539. — Flandre, I, sac 5, n° 14. 27. — Original.)

Similes litteræ Hugonis domini de Anthonio. — « In cujus rei testimonium et munimen, presentes litteras tradidi sigilli mei appensione munitas. Datum anno Domini M° CC° XL° quinto, mense februario. »

Sceau de Hugues d'Antoing; cire blonde, double queue; premier sceau, décrit dans l'*Inventaire* sous le n° 10331.

3438 — 1245-46. Février.

(J. 539. — Flandre, I, sac 5, n° 14. 28. — Original scellé.)

Similes litteræ Nicholai domini de Barbenchon. — « In cujus rei testimonium et munimen, presentes litteras tradidi sigilli mei appensione munitas. Datum anno Domini millesimo ducentesimo quadragesimo quinto, mense februario. »

Sceau de Nicolas, seigneur de Barbançon en Hainaut; cire blonde, double queue. Sceau équestre non décrit : le cavalier, l'épée haute, courant de droite à gauche, couvert de son écu armorié de trois lions rampants sur un burelé. Les mêmes armoiries au contre-sceau. Légende du sceau entièrement détruite. Légende du contre-sceau : CLAVIS SIGILLI. — Comparez dans l'*Inventaire*, n° 1283, la description du sceau armorial de Nicolas de Barbançon, seigneur de Villers, d'après un type appendu à un acte daté de 1304.

3439 — 1245-46. Février.

(J. 539. — Flandre, I, sac 5, n° 14. 21. — Original.)

Similes litteræ Egidii domini de Bellainmont. — « In cujus rei testimonium et munimen, presentes litteras tradidi sigilli mei appensione munitas. Datum anno Domini millesimo ducentesimo quadragesimo quinto, mense februario. »

Traces de sceau pendant sur double queue. — Le sceau de Gilles de Beaumont en Hainaut n'existe plus aux Archives.

3440 — 1245-46. Février.

(J. 539. — Flandre, I, sac 5, n° 14. 7. — Original scellé.)

Similes litteræ B. (Balduini) castellani Bellimontis. — « In cujus rei testimonium et munimen, presentes litteras tradidi sigilli mei appensione munitas. Datum anno Domini millesimo ducentesimo quadragesimo quinto, mense februario. »

Sceau de Baudouin, châtelain de Beaumont en Hainaut; cire blonde, double queue, décrit dans l'*Inventaire* sous le n° 5277.

3441 — 1245-46. Février.

(J. 538. — Flandre, I, sac 5, n° 14. 15. — Original scellé.)

Similes litteræ Egidii de Bethunia, domini de Muelenbeque. — « In cujus rei testimonium et munimen, presentes tradidi sigilli mei appensione munitas. Datum anno Domini M° CC° XL° quinto, mense februario. »

Sceau de Gilles de Béthune, sire de Meulebecke; cire brune, double queue; décrit dans l'*Inventaire* sous le n° 1421.

3442 — 1245-46. Février.

(J. 539. — Flandre, I, sac 5, n° 14. 2. — Original scellé.)

Similes litteræ Richardi domini de Kieuraig. — « In cujus rei testimonium et munimen, presentes litteras tradidi sigilli mei appensione munitas. Datum anno Domini M° CC° XL° quinto, mense februario. »

Fragment de sceau armorial en cire blonde pendant sur double queue, sur lequel on ne peut plus distinguer que les restes d'un écu chevronné de trois pièces.

3443 — 1245-46. Février.

(J. 539. — Flandre, I, sac 5, n° 14. 29. — Original scellé.)

Similes litteræ Jacobi de Condato, domini de Balliolo. — « In cujus rei testimonium et munimen, presentes litteras tradidi sigilli mei appensione munitas. Datum anno Domini M° CC° XL° quinto, mense februario. »

Sceau de Jean de Condé, seigneur de Bailleul; cire blonde, double queue. Sceau équestre non décrit : le cavalier, l'épée haute, courant de droite à gauche, couvert de son écu armorié d'une fasce. Légende détruite. Les mêmes armoiries au contre-sceau, avec cette légende : CLAVIS SIGILLI.

3444   1245-46. Février.

(J. 539. — Flandre, I, sac 5, n° 14. 31. — Original scellé.)

Similes litteræ Egidii dicti li Bruns, militis. — « In cujus rei testimonium et munimen, presentes litteras tradidi sigilli mei appensione munitas. Datum anno Domini millesimo ducentesimo quadragesimo quinto, mense februario. »

Sceau de Gilles le Brun de Traségnies, chevalier († SIGILLUM EGIDII DE TRASEGNIES, sur le sceau); cire blonde, double queue; *Inventaire*, n° 10496.

3445   1245-46. Février.

(J. 539. — Flandre, I, sac 5, n° 14. 9. — Original scellé.)

Similes litteræ Nicholai domini de Fontaines. — « In cujus rei testimonium et munimen, presentes litteras tradidi sigilli mei appensione munitas. Datum anno Domini M° CC° XL° quinto, mense februario. »

Sceau de Nicolas, seigneur de Fontaines ; cire blonde, double queue ; décrit dans l'*Inventaire* sous le n° 2202.

3446   1245-46. Février.

(J. 539. — Flandre, I, sac 5, n° 14. 22. — Original scellé.)

Similes litteræ Johannis de Formensellis, militis. — « In cujus rei testimonium et munimen, presentes litteras tradidi sigilli mei appensione munitas. Datum anno Domini M° CC° XL° quinto, mense februario. »

Sceau de Jean de Wormiseele, chevalier; cire blonde, double queue; décrit dans l'*Inventaire*, n° 2223, sous le nom de Jean de Formenselle.

3447   1245-46. Février.

(J. 539. — Flandre, I, sac 5, n° 14. 16. — Original scellé.)

Similes litteræ Girardi dicti de Hayonia, domini de Longa-villa. — « In cujus rei testimonium et munimen, presentes litteras tradidi sigilli mei appensione munitas. Datum anno Domini M° CC° quadragesimo quinto, mense februario. »

Sceau de Gérard de Hainaut, seigneur de Longueville, cire blanche, double queue; décrit dans l'*Inventaire* sous le n° 316.

3448   1245-46. Février.

(J. 539. — Flandre, I, sac 5, n° 14. 20. — Original scellé.)

Similes litteræ Girardi domini de Jacea. — « In cujus rei testimonium, presentes litteras tradidi sigilli mei appensione munitas. Datum anno Domini M° CC° XL° quinto, mense februario. »

Sceau de Gérard de Jauche; cire brune, double queue; décrit dans l'*Inventaire* sous le n° 2481.

3449   1245-46. Février.

(J. 539. — Flandre, I, sac 5, n° 14. 23. — Original scellé.)

Similes litteræ Walteri domini de Jenllain. — « In cujus rei testimonium et munimen, presentes litteras tradidi sigilli mei appensione munitas. Datum anno Domini M° ducentesimo quadragesimo quinto, mense februario.»

Sceau de Gautier, sire de Jenlain ; cire blonde, double queue ; décrit dans l'*Inventaire* sous le n° 2485.

3450   1245-46. Février.

(J. 539. — Flandre, I, sac 5, n° 14. 24. — Original scellé.)

Similes litteræ Walteri de Lens, militis. — « In cujus rei testimonium et munimen, presentes litteras tradidi sigilli mei appensione munitas. Datum anno Domini M° CC° XL° quinto, mense februario. »

Scellé, en cire blanche sur double queue, du sceau de Gautier de Lens, chevalier, décrit dans l'*Inventaire* sous le n° 2569.

3451   1245-46. Février.

(J. 539. — Flandre, I, sac 5, n° 14. 14. — Original scellé.)

Similes litteræ Fastredi de Linea, militis. — « In cujus rei testimonium et munimen, presentes litteras tradidi sigilli mei appensione munitas. Datum anno Domini M° CC° XL° quinto, mense februario. »

Sceau de Fastred de Ligne, chevalier ; cire brune, double queue; *Inventaire*, n° 10422.

3452   1245-46. Février.

(J. 539. — Flandre, I, sac 5, n° 14. 19. — Original scellé.)

Similes litteræ Henrici domini de Luceneburg. — « In cujus rei testimonium et munimen, presentes litteras tradidi sigilli mei appensione munitas. Datum anno Domini M° CC° XL° quinto, mense februario. »

Sceau de Henri de Luxembourg ; cire blonde, double queue; *Inventaire*, n° 10428.

3453   1245-46. Février.

(J. 539. — Flandre, I, sac 5, n° 14. 30. — Original scellé.)

Similes litteræ Balduini domini de Roissin. — « In cujus rei testimonium et munimen, presentes litteras tradidi sigilli mei appensione munitas. Datum anno Domini M° CC° XL° quinto, mense februario. »

Sceau de Baudouin, sire de Roissin; cire blonde, double queue; *Inventaire*, n° 3434.

3454   1245-46. Février.

(J. 539. — Flandre, I, sac 5, n° 14. 18. — Original scellé.)

Similes litteræ Eustachii domini de Rodio. — « In cujus rei testimonium et munimen, presentes litteras tradidi sigilli mei appensione munitas. Datum anno Domini M° CC° XL° quinto, mense februario. »

Sceau d'Eustache, seigneur de Rhode; cire blonde, double queue. Sceau équestre non décrit : le cavalier armé de toutes pièces, courant de droite à gauche, l'épée haute et couvert de son écu, qui est armorié de trois lions posés 2 et 1. Légende : SIGILLUM EUSTACHII DOMINI DE RODES. Les mêmes armoiries au contre-sceau, avec cette légende : CLAVIS SIGILLI.

3455   1245-46. Février.

(J. 539. — Flandre, I, sac 5, n° 14. 13. — Original.)

Similes litteræ Willelmi domini de Wieges. — « In cujus rei testimonium, presentes litteras sigilli mei appensione tradidi munitas. Datum anno Domini millesimo CC° quadragesimo quinto, mense februario. »

Traces de sceau sur double queue. — Le sceau de Guillaume, seigneur de Wiége, n'existe plus aux Archives.

3456   1245-46. Février.

Securitas facta domino regi a Sigero de Anguein milite pro Margareta Flandriæ comitissa.

(J. 539. — Flandre, I, sac 5, n° 14. 3. — Original.)

Ego Sygerus de Anguein, miles, notum facio universis presentes licteras inspecturis quod ego tactis sacrosanctis juravi, coram nunciis excellentissimi domini Ludovici regis Francie illustris, videlicet, coram magistro Guillelmo custode ecclesie Baiocensis, ejusdem domini regis clerico, et domino Gervasio de Escreniis, ipsius domini regis milite, quod si, quod Deus avertat, karissimam dominam meam Margaretam, Flandrie et Hayonie comitissam, contingeret resilire a conventionibus initis inter ipsam, ex una parte, et predictum dominum Ludovicum regem Francie illustrem et ejus matrem Blancham Francie reginam ac liberos ejus, ex altera, prout in ejusdem comitisse litteris continentur, predicte comitisse non adhererem nec auxilium vel consilium prestarem; immo predictis domino regi et heredibus ejus et domine regine et liberis ipsius pro posse meo adhererem et fideliter me tenerem contra comitissam predictam, donec id emendatum esset in curia domini regis ad judicium parium Francie. — In cujus rei testimonium, presentes litteras feci sigillo meo sigillari. Actum anno Domini M° CC° quadragesimo quinto, mense februario.

Traces de sceau pendant sur double queue. — Le sceau de Siger d'Enghien n'existe plus aux Archives.

3457   1245-46. Février.

(J. 539. — Flandre, 1, sac 5, n° 14. 11. — Original scellé.)

Similes litteræ Roberti advocati Bethuniensis. — « In cujus rei testimonium et munimen, presentes litteras feci sigillo meo sigillari. Actum anno Domini M° CC° quadragesimo quinto, mense februario. »

Sceau de Robert, avoué de Béthune; cire blonde, double queue; *Inventaire*, n° 379.

3458   1245-46. Février.

(J. 539. — Flandre, I, sac 5, n° 14. 1. — Original.)

Similes litteræ Raçonis de Gavera, militis. — « In cujus rei testimonium, presentes litteras feci sigillo meo sigillari. Actum anno Domini M° CC° quadragesimo quinto, mense februario. »

Sceau de Rasson de Gavre, chevalier; cire blonde, double queue ; second sceau, décrit dans l'*Inventaire* sous le n° 10396.

3459   1245-46. Février.

Radulphus de Maloleone omnia jura sibi in castro Fontaneti pertinentia Alphonso comiti Pictavensi se concedere declarat.

(J. 190 A. — Poitou, I, n° 22. — Original scellé.)

Ego Radulphus de Maloleone notum facio universis, tam presentibus quam futuris, quod ego quitavi et concessi liberaliter et benigne karissimo domino meo A. (Alphonso) comiti Pictavensi et heredibus suis totum jus quod habebam, si quod habebam vel habere poteram, in Fontaneto et in omnibus ejus appendiciis et pertinenciis, ab ipso comite et ejus heredibus perpetuo possidendum, ita quod in illis nichil amodo ego vel heredes mei reclamabimus nec poterimus reclamare. — Et juravi super sacrosancta quod contra dictam concessionem sive quitacionem per me vel per alium venire nullatenus attemptabo. — Quod ut ratum et firmum permaneat, presentes litteras sigilli mei munimine roboravi. Actum anno gracie millesimo ducentesimo quadragesimo quinto, mense februarii.

Sceau de Raoul de Mauléon, cire verte, double queue; *Inventaire*, n° 2751.

3460 Paris. 1245-46. Février.

(J. 190 A. — Poitou, I, n° 27. — Original scellé.)

Accord entre Pierre de Volvire, chevalier, et Agnès, sa femme, d'une part, et Renauz de Perceigni et Létice, sa femme, d'autre part, au sujet de la baronnie de Maranc et Mausi, vavassories et appartenances d'icelles, provenant de la succession de feu Guillaume de Mausi, frère desdites Agnès et Létice. — « Et por ce que ce soit ferme et estable, je Joces de Bones, bailliz de Anjou, et je Adans li Panetiers, bailliz de Poitou, avons cest escrit scelé de nos seaus à la requeste et à l'acort des II. parties dessusdites. Ce fu fet en l'en de l'incarnacion M. CC. XL. V, ou mois de février, à Paris. »

Cet accord était scellé, dans le principe, de deux sceaux pendants sur double queue. Le sceau de Josse de Bonnes, bailli d'Anjou, s'est détaché et n'a pas été retrouvé ailleurs; celui du bailli de Poitou, en cire brune, est décrit dans l'*Inventaire* sous le n° 5141.

3461 Paris. 1245-46. Février.

Litteræ Petri Petragoricensis episcopi quibus domino regi concedit medietatem omnium proventuum villæ Podii S. Frontonis.

(J. 295. — Languedoc, n° 10. — Original scellé.)

Serenissimo domino suo Ludovico, Dei gratia Francorum regi illustri, P. (Petrus), ejusdem miseratione Petragoricensis episcopus, tenens locum abbatis in ecclesia Beati Frontonis Petragoricensis, et devoti sui capitulum ejusdem ecclesie, salutem in eo qui regibus dat salutem. — Cum ecclesia nostra Sancti Frontonis vobis et progenitoribus vestris graciosa semper extiterit et devota, nos in eadem devotione persistere cupientes ut melius et liberius personas et res nostras deffensare possitis et pacem in nostra diocesi conservare, medietatem justicie temporalis quam habemus in villa Podii Sancti Frontonis Petragoricensis, medietam vendarum et gatgeriarum, medietatem omnium proventuum provenientium ratione mercati, medietatem illius partis quam percipimus in pedagio, medietatem ponderum bladi et farine, medietatem platearum vacuarum ad halas construendas [et] domos de borzes, salva tamen pensione quinquaginta solidorum currentis monete in dictis domibus a nostro capitulo constituta ad anniversarium inclite recordationis Philippi regis celebrandum, vobis et successoribus vestris duximus perpetuo concedenda. — In cujus rei testimonium, magestati regie presentes litteras concedimus sigillorum nostrorum munimine consignatas. Actum Parisius, mense februario, anno Domini M° CC° XL° V.

Ces lettres sont scellées, en cire verte, sur cordonnet de soie rouge, du sceau de Pierre III de Saint-Astier, évêque de Périgueux, et du sceau du chapitre de Saint-Front de Périgueux, décrits dans l'*Inventaire* sous les n°s 6812 et 7272. — Elles sont accompagnées d'un duplicata scellé des mêmes sceaux.

3462 Paris. 1245-46. Février.

(J. 422. — Obligations, II, n° 12. — Original scellé.)

Ludovicus Franciæ rex notum facit se, in recompensationem jurium quæ Symon et Philippus de Gilliaco, fratres, milites, habere solebant et percipere in passagio Ligeris apud Giemum, ante pontis Giemi constructionem, eisdem et eorum heredibus concessisse quindecim libras Parisiensium annuatim in pedagio Giemi, videlicet in festo Resurrectionis Domini, perpetuo percipiendas. — « Presentes litteras, ut perpetuæ firmitatis robur obtineant, sigilli nostri fecimus impressione muniri. Actum Parisius, anno Dominice incarnationis M° CC° quadragesimo quinto, mense februario. »

Scellé, en cire verte sur lacs de soie rouge et verte, du sceau de Louis IX, premier sceau, décrit dans l'*Inventaire* sous le n° 41.

3463 1245-46. Février.

(J. 211. — Normandie, II, n° 8. — Original scellé.)

Johannes de Plesseicio, miles, filius quondam Brictii cambellani, notum facit se, assensu et voluntate fratrum suorum, videlicet, Nicholai, Gaufridi et Alani, quidquid habebat apud Vernolium, id est, medietatem molendini cum pertinentiis, et quinquaginta solidos annui redditus in præpositura Vernolii percipiendos, domino Ludovico, Francorum regi, pro octoginta libris Turonensium, in perpetuum vendidisse. — « In cujus rei testimonium, cum appositione sigillorum fratrum meorum predictorum, presentes litteras sigilli mei munimine confirmavi. Auctum [anno] Domini M° CC° quadragesimo quinto, mense februarii. »

Scellé, en cire brune sur double queue, de quatre sceaux, décrits dans l'*Inventaire* sous les numéros suivants :
1. Jean du Plessis, chevalier; *Inventaire*, n° 3233.
2. Nicolas du Plessis; *Inventaire*, n° 3235.
3. Geoffroi du Plessis; *Inventaire*, n° 3232.
4. Alain du Plessis; *Inventaire*, n° 3230.

3464   1245-46. Jeudi 1er mars.

(J. 539. — Flandre, I, sac 5, n° 13. 15. — Original.)

Litteræ scabinorum et communitatis ville Curtracensis quibus Willelmum et Rogerum dictum Longum, conscabinos suos, latores præsentium, procuratores suos constituunt ad fidejubendum de compromissione a liberis Margaretæ comitissæ inita. (*Vid.* n° 3411.) — « Datum anno Domini M° CC° quadragesimo quinto, feria quinta post *Invocavit me*. »

Traces de sceau pendant sur double queue. — Les divers sceaux dont s'est servie la ville de Courtray de 1199 à 1326, sont décrits dans l'*Inventaire* sous les n°s 10685 à 10689.

3465   1245-46. 1er mars.

Instrumentum conventionum inter Jacobum regem Aragoniæ et consules Montispessulani initarum quoad consulatum.

(J. 340. — Montpellier et Maguelone, I, n° 22. 1 et 2. — Copies.)

Cum dominus Jacobus, Dei gratia rex Aragonum, Majoricarum et Valentie, comes Barchinone et Urgelli, et dominus Montispessulani, apud Montempessulanum constitutus, diceret se habere jura que olim data et concessa fuerunt per tunc consules Montispessulani Guillelmo, tunc Magalonensi episcopo, super electione consulum Montispessulani facienda, et resceptione juramenti ab electoribus et electis prestandi, secundum [quod] in instrumento inde facto plenius continetur, et vellet se admitti ad electionem consulum Montispessulani faciendam pro illo jure quod sibi et suis concessum erat a Magalonensi episcopo, consules Montispessulani, scilicet, Guillelmus Lamberti, Guillelmus de Cruzol, Raimundus Atbrandi, Bernardus de Ribauca, Guillelmus Johanini, Stephanus de Candelhanicis, Raynaudus de Vuolio, Petrus Jogos, Pontius Guiraldi, Bernardus de Terrada, Johannes Egidii et Durandus Godofredi, communicato concilio cum conciliariis et consulibus officiorum, voluerunt quod dominus rex et sui in perpetuum, pro jure quod a dicto episcopo habebat, sit nunc et in posterum in electione consulum Montispessulani facienda secundum formam prenominato episcopo concessam, et ex concessione sibi facta a Magalonensi episcopo habeat illa que prenominato episcopo fuerunt tunc a consulibus concessa et promissa, hoc tamen addito quod, cum dominus rex erit in Montepessulano, electionem consulum, in kalendis marcii perpetuo faciendam, idem dominus rex et duodecim tunc existentes consules Montispessulani, et assumpti septem viri Montispessulani, scilicet de unaquaque scala unus, faciant eandem electionem secundum formam cum dicto episcopo conventam. — Et dictus dominus rex promisit salvare et deffendere et consulere bona fide consulatum et consules Montispessulani et universitatem et singulos de universitate Montispessulani, et universitatis et singulorum jura, et omnia alia facere et complere que per dictum episcopum fuerunt tunc conventa et promissa. — Si vero dominus rex a Montepessulano absens esset, possit unum mittere quemlibet de terris suis ultra Salsas, dummodo non sit de Montepessulano vel ejus districtu, neque locum suum tenens in Montepessulano, qui pro domino rege intersit et interesse possit electioni consulum faciende dicta die et rescipere juramenta. — Qui ab eo destinandus, si dicta die, hora electionis celebrande, in Montepessulano non erit, ipsi consules qui tunc erunt, cum aliis septem viris de scalis sumptis, ad electionem libere procedant, nemine expectato nec alio ad ipsam electionem pro ipso domino rege admittendo. — Die vero qua consules electi jurare debent, scilicet, in festo Anunciationis Dominice, ipsi jurent in manu ipsius domini regis vel ab eo missi, et ipse dominus rex vel eo missus pro eo faciat promissiones predictas quas episcopus facere tenebatur et ea forma qua episcopus facere tenebatur. — Si vero ipse dominus rex, vel ab eo missus, tempore quo electi consules jurare consueverunt, presentes non essent, locum suum tenens in Montepessulano, si presens fuerit, et, si absens fuerit vel monitus interesse distulerit, veteres consules pro ipso domino rege novorum rescipiant juramentum. — Insuper dominus rex promisit quod, si episcopus Magalonensis vel ecclesia Magalonensis in posterum contra consules vel universitatem Montispessulani vel aliquos de universitate pro jure electionis vel conventionibus a consulibus prenominato episcopo olim factis questionem moveret, vel aliquam inquietationem inferret, quod inde liberabit et liberare curabit consulatum et consules et universitatem et singulos de universitate Montispessulani, et actionem et deffentionem suscipiet contra episcopum Magalonensem suis sumptibus, et actorem et deffensorem constituet; et de presenti constituit illum qui locum suum pro tempore tenebit in Montepessulano. — Et voluit et mandavit quod sumptus faciendi super premissis, in agendo vel deffendendo, fiant de redditibus suis Montispessulani, non obstante concessione, donatione, obligatione vel venditione de ipsis redditibus olim facta vel in posterum facienda. — Acta fuerunt hec sollempniter anno Dominice incarnationis millesimo ducentesimo quadragesimo quinto, in kalendis martii, in presentia et testimonio Raymondi Lamberti, Raymondi de Conchis, Petri Bonifatii, Guillelmi Printer, Richardi Marchi jurisperiti, Marchi de Tornamira, jurisperiti, Petri de Combis, jurisperiti, Petri Salvatoris, Nicholay de Sancto Nicholao, Stephani Gossa, Guillelmi de Perolis, Petri Vitalis, Petri Cabalis, Petri de Posqueriis, et Petri de Ponte notarii Montispessulani, qui, mandato domini regis et prenominatorum consulum, hoc scripsit.

Les pièces cotées n° 22. 1. et 2. sont deux copies anciennes, qui, à en juger par l'écriture, ont été faites dans les premières années du quatorzième siècle. Sauf quelques variantes d'orthographe, elles sont identiques pour le texte. Nous publions celui de la pièce n° 22. 2.

3466   Bourges. 1245-46. Samedi 3 mars.

Litteræ Philippi Bituricensis archiepiscopi ut regalia Hemerico de Malamorte Lemovicensi electo assignentur.

(J. 346. — Régale, I, n° 28. — Original.)

Serenissimo domino Ludovico, Dei gratia regi Francorum illustri, Philippus, miseratione divina Bituricensis archiepiscopus, Aquitanie primas, salutem in eo per quem reges regnant. — Cum electionem de viro venerabili et discreto Hemerico de Malamorte, capellano domini Pape, in Lemovicensi ecclesia, metropolitana nobis auctoritate subjecta, concorditer et canonice celebratam, juris observato tramite, duxerimus confirmandam, majestati vestre supplicamus quatinus electo predicto, parato vobis fidelitatem facere ut tenetur, regalia faciatis liberaliter assignari. — Datum Biturris, die sabbati post *Invocavit me,* anno Domini M° CC° XL° quinto.

Traces de sceau pendant sur simple queue. — Le sceau de Philippe Berruyer, archevêque de Bourges, primat d'Aquitaine, est décrit dans l'*Inventaire* sous le n° 6305, d'après un type appendu à un acte daté de 1237.

3467   Toulouse. 1245-46. 25 mars.

Domina Siguis, uxor quondam Centulli comitis Astaraci, quidquid habebat in comitatu Fezenciaci comiti Tholosæ in donum perpetuum confert.

(J. 321. — Toulouse, XII, n° 64. — Original.)

Noverint universi, presentem paginam inspecturi sive audituri, quod domina Syguis, uxor quondam nobilis viri domini Centulli comitis quondam Astaraci, de sua mera et spontanea voluntate, nulla tamen deceptione vel violentia ad hoc inducta vel coacta, dedit, cessit, solvit et concessit, et, sub perfecte ac irrevocabilis donationis titulo, cum hac publica scriptura semper valitura tradidit, illustri domino Ramundo, Dei gratia comiti Tholose, marchioni Provincie, et heredibus et successoribus et ordinio ejus in perpetuum, totum illud jus, rationem et partem quod et quam ipsa domina Syguis habebat aut habere debebat vel ei pertinebat aut spectabat, vel pertinere aut spectare videbatur et debebat, et totum quicquid petere, requirere aut amparare poterat vel putabat aliquo jure vel aliqua ratione seu quolibet modo in toto comitatu et terra Fezenciaci et in juribus et pertinentiis suis universis, et totum quicquid ipsa domina Syguis in eodem comitatu et terra et in pertinentiis et juribus suis, vel aliquis aut aliqua pro ea vel de ea aut ejus nomine tenebat et possidebat. — Et de omnibus supradictis et singulis dicta domina Syguis misit, posuit ac statuit, cum hoc publico instrumento, ipsum dominum comitem et heredes et successores suos in suo loco et jure ac ratione et per suum ordinium et heredem, pro omni voluntate ipsius domini comitis et heredum et successorum et ordinii ejus inde de toto semper facienda, nulla tamen alia conditione, retentione seu repetitione ab ipsa domina Syguis penitus seu aliquatenus ibi facta, preter hoc quod ipsa, vel aliquis aut aliqua pro ea vel ejus nomine, in diem hodiernum in predicto comitatu et terra Fezenciaci tenebat et possidebat, quod ipsa domina Syguis, de dicti domini comitis voluntate et expresso concensu, sibi et heredibus et successoribus suis retinuit et reservavit. — Preterea dicta domina Syguis mandavit, promisit et convenit, et, tactis corporaliter sanctis Dei Evangeliis, juravit dicto domino comiti et heredibus et successoribus et ordinio ejus quod contra predictum donum vel contra predicta vel aliquid de predictis non veniat, aut aliqua arte vel ingenio aliquatenus venire presumat, renuncians super hiis omni juri scripto et non scripto, canonico et civili, misso vel missuro, et omnibus aliis consuetudinibus et statutis, missis vel mittendis, que sibi prodesse vel domino comiti obesse valerent. — Actum fuit hoc ita Tholose, vii. die exitus mensis marcii, regnante Lodovico Francorum rege, et eodem domino R. Tholosano comite, et R. (Raimundo) episcopo, anno m° cc° xl° quinto ab incarnatione Domini. — Testes presentes fuerunt : dominus Bernardus comes Convenarum, Vitalis de Casanova, Sicardus Alamanni, magister Guillelmus de Podio Laurentio capellanus domini comitis antedicti, Bernardus de Maloleone, Bonifacius de Felgari, Berengarius de Promilhaco vicarius Tholose, Vitalis de Seysses, Arssinus de Monte Esquivo, Arnaldus de Escalquencis, Johannes Aurioli, Aymericus porterius. Et ego Bernardus Aimericus, publicus Tholose notarius, qui, mandato ipsius domini comitis et domine Syguis, hanc cartam scripsi.

Voyez la pièce suivante par laquelle Eudes de Lomagne complète cette donation en abandonnant au comte de Toulouse la partie qui lui appartenait dans le comté de Fézensac.

3468 Toulouse. 1245-46. 25 mars.

Odo de Lomannia quidquid habebat in comitatu et terra Fezenciaci comiti Tholosæ in donum confert.

(J. 304. — Toulouse, II, n° 69. — Original.)

ABC. DEF. GHJ.

Noverint universi, presentem paginam inspecturi sive audituri, quod Odo de Lomannia, de sua mera et spontanea voluntate, nulla tamen deceptione ad hoc inductus vel coactus, dedit, cessit, solvit et concessit, et sub perfecto ac irrevocabili donationis titulo, cum hac publica scriptura semper valitura, tradidit illustri domino Ramundo, Dei gratia comiti Tholose, marchioni Provincie, et heredibus, et successoribus et ordinio ejus in perpetuum, totum illud jus, rationem et partem, quod et quam ipse Odo de Lomannia habebat aut habere debebat, vel ei pertinebat aut spectabat, vel pertinere aut spectare videbatur et debebat, et totum quicquid petere, requirere aut amparare poterat vel putabat aliquo jure vel aliqua ratione seu quolibet modo in toto comitatu et terra Fezenciaci et in juribus et pertinentiis suis universis; et totum quicquid idem Odo de Lomannia in eodem comitatu et terra, et in pertinentiis et juribus suis, vel aliquis aut aliqua pro eo vel de eo, aut ejus nomine, tenebat et possidebat. — Et de omnibus supradictis et singulis dictus Odo misit, posuit ac statuit cum hoc publico instrumento ipsum dominum comitem, et heredes et successores suos, in suo loco et jure ac ratione, et per suum ordinium et heredem, pro omni voluntate ipsius domini comitis, et heredum, et successorum et ordinii ejus, inde de toto semper facienda, nulla tamen alia conditione, retentione, seu repetitione ab ipso Odone penitus ibi seu aliquatenus facta preter Corrnussianum, Mansum, Sos, medietatemque de Big, quos, cum omnibus juribus et pertinentiis suis, idem Odo, de dicti domini comitis voluntate et expresso concensu, sibi et heredibus et successoribus suis retinuit et reservavit. — Preterea, dictus Odo mandavit, promisit et convenit, et, tactis corporaliter sanctis Dei Evangeliis, juravit dicto domino comiti, et heredibus, et successoribus et ordinio ejus, quod contra predictum donum, vel contra predicta, vel aliquid de predictis non veniat, aut aliqua arte vel ingenio aliquatenus venire presumat, renuncians super hiis omni juri scripto et non scripto, canonico et civili, misso vel missuro, et omnibus aliis consuetudinibus et statutis, missis vel mittendis, que sibi prodesse vel domino comiti obesse valerent. — Actum fuit hoc ita Tholose, VII. die exitus mensis marcii, regnante Lodoico Francorum rege, et eodem domino Raimundo Tholosano comite, et Raimundo episcopo, anno M° CC° XL° quinto ab incarnatione Domini. — Testes presentes fuerunt : Sicardus Alamanni, magister Guillelmus de Podio Laurentio capellanus dicti domini comitis, Berengarius de Promilhaco vicarius Tholose, Guillelmus de Roaxio, Arnaldus de Escalquencis, Johannes Aurioli, Vitalis de Casa nova, magister Guillelmus de Vauro, Guillelmus Calssas, Gailhardus de Canssas, R. Bernardus de Sancto Barcio, Aymericus porterius. Et ego Bernardus Americus, publicus Tholose notarius, qui, mandato ipsius domini comitis et Odonis de Lomannia, hanc cartam scripsi.

3469   Toulouse. 1245-46. 25 mars.

(J. 314. — Toulouse, VII, n° 31. — Original.)

Instrumentum, per litteras alphabeti divisum, quo Bonifacius de Felgari, præsente et interrogante Raimundo comite Tholosæ, marchione Provinciæ, spontanea sua voluntate recognoscit se villam et locum S. Cassiani, cum omni tenemento, juribus et pertinentiis ejusdem, et totum illud quod habet in villari de Baiolvila et pertinentiis, a præfato comite in feudum recipere, et ci de prædictis forma solemni, id est manibus inter manus positis, et dato receptoque fidei osculo, homagium præstitisse. — Quam fidelitatem recipiens dictus comes, pro se et successoribus suis præfato Bonifacio solemniter promittit se ejus personam et feuda, cum eorum pertinentiis, salvare, deffendere et bona fide custodire. — « Acta sunt hec Tholose, in castro Narbonensi, VII. die exitus mensis marcii, regnante Lodoico Francorum rege, et eodem R° Tholosano comite, et R° (Raimundo) episcopo, anno M° CC° XL° quinto ab incarnacione Domini. — Testes sunt : Sicardus Alamanni, et Berengarius de Promilhaco vicarius Tholose, et Arnaldus de Escalquencis, et Bernardus Aimericus, publicus Tholose notarius, qui, mandato ipsius domini comitis et Bonifacii, cartam istam scripsit. »

3470   Vincennes. 1245-46. Mars.

(J. 539. — Flandre, I, sac 5, n° 14. 32. — Original scellé.)

Guillelmus de Verson, Garnerus de Triangulo, Droco de Triangulo, Anselmus de Triangulo, Petrus de Barris, Odo de Barris, Galterus de Arzileriis, Gaufridus de Alneto, Gaufridus de Castello, Johannes de Fimont, Nargo de Feins, [N.] vicedominus de Piquegni, Erardus de Gallanda, coram excellentissimo domino Ludovico rege Francorum, pro Guillermo, Guidone, Johanne, fratribus, et Johanna comitissa Barri, sorore eorum, liberis dominæ Marguaretæ comitissæ Flandriæ et Haynoniæ, quos ipsa de nobili viro Guillermo de Donnapetra suscepit, ad petitionem ipsorum, sese obligant fidejussores ex toto et in solidum de conventionibus compromissionis initiæ inter eos, ex una parte, et liberos ejusdem comitissæ, quos de nobili viro Bochardo de Avennis suscepit, ex altera, in dominum regem et dominum Odonem Tusculanum episcopum, vel Robertum Attrebatensem comitem, casu quo dictum episcopum non adesse contingeret. (Vide n° 3406 litteras fidejussionis a Nicholao de Rumigniaco et aliis Flandriæ magnatibus pro Johanne et Balduino de Avesnis, mense januario datas.) — « In cujus rei testimonium et munimen, presentes litteras sigillorum nostrorum impressionibus fecimus roborari. Actum apud Vicenas, anno Domini millesimo ducentesimo quadragesimo quinto, mense martio. »

Ces lettres étaient scellées, dans le principe, de treize sceaux en cire blonde ou brune pendants sur double queue, et rangés dans l'ordre suivant :

1. Guillaume de Vierzon; *Inventaire*, n° 3877.
2. Garnier de Trainel; *Inventaire*, n° 3756.
3. Dreu de Trainel. — Sceau équestre non décrit : le cavalier courant de droite à gauche, l'épée haute, couvert de son écu, qui est armorié d'un lion reproduit sur le caparaçon du cheval, au cou et à la croupe. Légende : Sceau de Dreu, seigneur de Trainel. Les armoiries sont les mêmes au contre-sceau, avec cette légende : ...... Droconis de Triangulo.
4. Anselme de Trainel; *Inventaire*, n° 3751 (où le sceau est indiqué, par erreur, comme appendu à une pièce datée de 1445.)
5. Pierre des Barres; *Inventaire*, n° 1314.
6. Eudes des Barres; *Inventaire*, n° 1292.
7. Gautier d'Arzillières; *Inventaire*, n° 1214.
8. Geoffroi d'Aunay. — Petit sceau armorial non décrit, mais très-fruste, et sur lequel on ne distingue qu'un franc canton.
9. Geoffroi du Châtel. — Sceau perdu.
10. Jean d'Offémont. — Sceau armorial non décrit : une fasce sous un chef. Légende : † S. Johis militis dni de Aufimont.
11. Nargot de Fains; *Inventaire*, n° 2134.
12. N., vidame de Picquigny; sceau perdu.
13. Érard de Garlande. — Sceau équestre non décrit; fragment. Le cavalier courant de gauche à droite, l'épée haute; le lion des Garlande sur son écu. On ne distingue plus sur la légende que ✠ S. Erard. — Le lion est reproduit sur l'écu au contre-sceau, avec cette légende : Contrasigillum Erardi de Gallanda.

3471   Niort. 1245-46. Mars.

Litteræ H. de Bernezayo militis de LXXX. *libratis annui redditus quas in feudum recepit ab Alfonso comite Pictavensi.*

(J. 192. — Poitou, II, n° 10. — Original.)

Universis presentes litteras inspecturis Hemericus de Bernezayo, miles, salutem. — Noveritis quod karissimus dominus noster Alfonsus, comes Pictavensis, dedit nobis et heredibus nostris quater viginti libratas annui redditus sitas super terram Helye Geberti, in feodis de allodio, ab ipso Helya Geberti ratione guerre forisfactam, pro terra quam amisimus tempore dicte guerre, tenendas a nobis et heredibus nostris quousque nos vel heredes nostri terram nostram recuperaverimus. Quam si forte nos vel heredes nostri recuperaverimus, dicte quater viginti librate annui redditus ad ipsum dominum nostrum comitem vel ad heredes suos libere revertentur. — Actum apud Niortium, anno Domini M° CC° quadragesimo quinto, mense martii.

Traces de sceau pendant sur double queue. — Le sceau de Henri de Bernaize (en Poitou, Vienne, commune des Trois-Moutiers) n'existe plus aux Archives.

3472   Pacy. 1245-46. Mars.

Litteræ Aymerici Lemovicensis electi de regalibus quæ a domino rege speciali gratia obtinuit.

(J. 346. — Régale, I, n° 29. — Original scellé.)

Universis presentes litteras inspecturis, Aymericus, permissione divina Lemovicensis electus, salutem in vero salutari. — Notum facimus quod, post electionem de nobis in Lemovicensi ecclesia unanimiter factam, a domino Byturicensi confirmatione obtenta, ad dominum regem, sicut moris est, accessimus, episcopatus regalia petituri et parati eidem facere quod predecessores nostri, in predicta ecclesia electi, suis antecessoribus facere consueverant et eidem. — In quo se dominus rex hac ratione opponebat quia capitulum eligendi licentiam ab ipso non petierat in illa forma in qua alie regni ecclesie cathedrales, que propter electionem suam domini regis presentiam adeunt, consuete sunt eligendi gratiam obtinere. — Tandem vero idem dominus rex, factum nostrum impedire non volens, set potius liberaliter expedire, benigniori ductus consilio, regalia sepedicte ecclesie nobis restituit liberaliter et benigne, et voluit, et nos id ipsum concessimus eidem, quod ex hoc facto nullum fieret prejudicium juri suo, si quod habet in petenda ab eodem eligendi licentia a capitulo ecclesie supradicte. — Et quia sigillum electi nondum habebamus, presentes litteras sigillo, quo prius utebamur, duximus sigillandas. — Actum apud Paciacum, anno Domini M° CC° quadragesimo quinto, mense martio.

Scellé, en cire verte sur double queue, du sceau dont se servait Aimeric de Malemort, archidiacre de la Marche dans l'église de Limoges, avant sa promotion au siége épiscopal de Limoges. Ce sceau est décrit dans l'*Inventaire* sous le n° 6635, au nom d'Aimeri de Sevrac, évêque de Limoges. (Voy. le *Gallia christiana*, t. II, col. 529, où il est nommé Aimeric de Seure ou de Serta.)

3473   Poitiers. 1245-46. Mars.

Homagium a Radulpho de Maloleone Alfonso comiti Pictaviæ præstitum.

(J. 190 A. — Poitou, I, n° 23. — Original.)

Ego Radulphus de Maloleone notum facio universis, tam presentibus quam futuris, quod ego karissimo domino meo A. (Alfonso) comiti Pictavensi feci homagium ligium, contra omnes homines et feminas qui possunt vivere et mori, de Thalamundo, de Cursonio, de Castro Olone, de Castro Galteri, de Sancto Michaele in Heremo, de Castro Allon, de insula de Re et de hoc quod habeo apud Nyorcium, et de omni jure quod habeo in omnibus predictis rebus et in omnibus pertinenciis earumdem; et idem dominus meus me recepit in hominem ligium, salvo jure suo et alieno, de omnibus supradictis. — Ego vero et heredes mei tenemur dicta castra et fortericias reddere et tradere predicto domino nostro et suis heredibus, ad vim magnam et parvam, quociens ab ipso vel suis heredibus vel eorum certo nuncio, patentes eorum litteras deferente, fuerimus requisiti. — Preterea ego vel heredes mei in terris et locis predictis fortericiam novam construere vel antiquas fortericias inforciare non poterimus sine ipsius domini nostri vel heredum suorum licencia speciali; et similiter heredes mei tenentur dicto comiti et suis heredibus homagium facere et omnia supradicta fideliter observare. — Et, si contra dictas convenciones vel aliquam earundem me vel heredes meos, quod absit, venire contingeret, dictus comes et heredes sui possent, sine se mesfacere, ad omnia supradicta, tanquam ad suum domanium, assignare. — Et omnia supradicta promisi et juravi super sacrosancta me fideliter servaturum. — Quod ut ratum et firmum permaneat, presentes litteras sigilli mei munimine roboravi. Actum apud Pictavim, anno gracie millesimo ducentesimo quadragesimo quinto, mense marcio.

Traces de sceau pendant sur double queue. — Le sceau de Raoul de Mauléon est décrit dans l'*Inventaire* sous le n° 2751.

3474 — 1245-46. Mars.

(J. 190 B. — Poitou, I, n° 87. — Original scellé.)

Petrus Xanctonensis episcopus et decanus capitulumque ejusdem loci notum faciunt quomodo de querelis inter se et Alphonsum comitem Pictavensem motis, per Egidium B. Martini Turonensis cantorem, et Geraudum Eberti burgensem de Rupella, ex parte dicti comitis, ex parte autem sua, per Hemericum archidiaconum Alnisiensem et Johannem Borruti civem Xanctonensem, compositum fuerit; sese ratam habere declarantes sententiam ab arbitris ex utraque parte electis pronuntiatam. — « In quorum omnium testimonium, munimen et perpetuam firmitatem, presentes litteras dedimus eidem comiti et omnibus ejus heredibus sigillorum nostrorum munimine roboratas. Datum anno Domini M° CC° quadragesimo quinto, mense martio. »

Scellé, en cire verte, de deux sceaux pendants sur cordelettes de chanvre. — Le sceau de Pierre V, évêque de Saintes, est décrit dans l'*Inventaire* sous le n° 6847; celui du chapitre, sous le n° 7317.

3475 — 1245-46. Mars.

(J. 539. — Flandre, I, sac 5, n° 13. 41. — Original signé.)

Litteræ scabinorum et totius communitatis villæ Yprensis quibus conscabinos suos Walterum Ghima, Lambertum Stalim, Walterum Goselin, Nicholaum Hammam et Salomonem Morin, præsentium latores, procuratores suos constituunt ad fidejubendum de compromissione in dominum regem et dominum legatum a liberis Margaretæ comitissæ Flandriæ inita. (*Vide* n° 3411.) — « Datum anno Domini millesimo ducentesimo quadragesimo quinto, mense martio. »

Scellé, en cire blonde sur double queue, du sceau de la ville d'Ypres, premier sceau, décrit dans l'*Inventaire* sous le n° 10752.

3476 — 1245-46. Mars.

(J. 539. — Flandre, I, sac 5, n° 14. 38. — Original scellé.)

Arnulfus de Gavera, Johannes de Verlenguem, Balduinus de Commignes, Philippus de Hundescot, Gilo de Havequerque, Balduinus de Ysanguein, Johannes de Masqueliñes, milites, coram nuntiis domini regis, videlicet coram magistro Guillelmo custode ecclesiæ Bajocensis, ejusdem regis clerico, et domino Gervasio de Escreniis, ipsius domini regis milite, sese pro domina sua Margareta, comitissa Flandriæ, fidejussores constituunt de conventionibus fideliter observandis quas cum domino rege, Blancha regina ejus matre, ejusque fratribus inivit. (*Vide* n° 3454.) — « In cujus rei testimonium, presentes litteras fecimus sigillis nostris sigillari. Actum anno Domini M° CC° quadragesimo quinto, mense martio. »

Ces lettres étaient scellées, dans le principe, de sept sceaux pendants sur double queue, et rangés dans l'ordre suivant :
1. Arnoul de Gavre; sceau décrit dans l'*Inventaire* sous le n° 10394.
2. Jean de Verlinghem; *Inventaire*, n° 3853.
3. Baudouin de Commines; *Inventaire*, n° 1869.
4. Philippe de Hondschoote; *Inventaire*, n° 2426.
5. Gilon ou Gilles de Haveskerque; *Inventaire*, n° 2386.
6. Baudouin de Iseghem; *Inventaire*, n° 10415.
7. Jean de Malines. — Ce sceau, qui s'est détaché, est décrit dans l'*Inventaire* sous le n° 10433, d'après un type appendu à un acte daté de 1226.

3477 — 1245-46. Mars.

(J. 539. — Flandre, I, sac 5, n° 14. 5. — Original scellé.)

Similes litteræ Arnulfi de Moreteigne, militis. — « In cujus rei testimonium, presentes litteras feci sigillo meo sigillari. Actum anno Domini M° CC° quadragesimo quinto, mense martio. »

Sceau d'Arnoul de Mortagne, chevalier, châtelain de Tournay (*Tornaci castellanus*, sur le sceau); cire blonde, double queue; décrit dans l'*Inventaire* sous le n° 10491.

3478 — 1245-46. Mars.

(J. 539. — Flandre, I, sac 5, n° 14. 39. — Original scellé.)

Similes litteræ Sigeri de Tienes et Sigeri de Curtraco, militum. — « In cujus rei testimonium et munimen, presentes litteras fecimus sigillis nostris sigillari. Actum anno Domini M° CC° quadragesimo quinto, mense martio. »

Scellé, en cire brune sur double queue, du sceau de Siger de Thiennes, chevalier, décrit dans l'*Inventaire* sous le n° 3687, et du sceau de Siger de Courtray, chevalier, *Inventaire*, n° 1940.

3479   1245-46. Mars.

(J. 539. — Flandre, I, sac 5, n° 14. 33. — Original scellé.)

Johannes de Verlenghem, Balduinus de Yzenghem, Ghildulphus de Brugis, Robertus de Rassenghem, Walterus de Hestrut, Willelmus de Aulenghem, Egidius de Maskelines, Walterus de Morselede, Sigerus de Boscho, Gerardus de Scambiis, Terricus de Beverna, Walterus Cannis, Rogerus de Curtraco, Balduinus de Sancto Audomaro, Walterus li Estoinne, Johannes de Waskchal, Sygerus de Thienes, Sygerus de Curtraco, Balduinus d'Ersebrouch, Walterus de Pouke, Johannes de Bellenghem, Balduinus de Planca, Johannes de Pratis, Huardus de Thannai, Walterus de Asnapia, Egidius de Cruce, Balduinus de Balliolo et Johannes de Haia, milites, sese insimul obligant ad recipiendum pro domino illum e liberis Margaretæ comitissæ quem Ludovicus rex et Odo cardinalis, vel comes Atrebatensis, ordinatione sua designabunt. — « In cujus rei testimonium et munimen, presentes litteras sigillis nostris dedimus communitas. Datum anno Domini M° CC° quadragesimo quinto, mense martio. »
(Vide n° 3433 litteras Terrici domini de Hamaida et aliorum, datas apud Vincenas, mense februario.)

Ces lettres portent les traces des attaches de vingt-huit sceaux pendants sur double queue; il n'en reste plus que neuf, qui sont ceux de :

Jean de Verlinghem, décrit dans l'*Inventaire* sous le n° 3853.
Baudouin d'Iseghem; *Inventaire*, n° 10415.
Gautier de Moorslède; *Inventaire*, n° 10445.
Thierri de Beveren, châtelain de Dixmude; second sceau; *Inventaire*, n° 10352.
Baudouin de Saint-Omer; *Inventaire*, n° 3535.
Gautier d'Annapes; *Inventaire*, n° 1193.
Baudouin de Bailleul; *Inventaire*, n° 1268.
Jean de la Haie; *Inventaire*, n° 2345.

D'après la place qu'occupent ces neuf sceaux, il est facile de reconnaître que les vingt-huit sceaux qui étaient apposés à cette pièce, dans le principe, se trouvaient rangés dans le même ordre que les noms énoncés dans le texte; ces sceaux étaient donc ceux de :

Gueldolf de Bruges. — Sceau décrit dans l'*Inventaire*, n° 10362, d'après un type appendu à un acte daté de 1275.
Robert de Ressegem. — Sceau perdu.
Gautier de Hestrud. — Sceau perdu.
Guillaume de Aulenghem. — Sceau perdu.
Gilles de Malines. — Sceau perdu.
Siger du Bois. — Sceau perdu.
Gérard de Scamps. — Sceau perdu.
Gautier le Chien. — Sceau perdu.
Roger de Courtray. — Sceau perdu.
Gautier l'Estoinne. — Sceau perdu.
Jean de Wasquehal. — Sceau perdu.
Siger de Thiennes; *Inventaire*, n° 3687.
Siger de Courtray; *Inventaire*, n°s 1940, d'après un type appendu à un acte daté de 1237.
Baudouin d'Ersebrouck (Hazebrouck?); *Inventaire*, n° 2094, d'après un type appendu à un acte daté de 1237.
Gautier de Poulques; *Inventaire*, n° 3291, d'après un type appendu à un acte daté de 1237.
Jean de Belleghem. — Sceau perdu.
Baudouin de la Planche; *Inventaire*, n° 3224, d'après un type appendu à un acte daté de 1237.
Jean des Prés. — Sceau perdu.
Huard de Thannay. — Sceau perdu.
Gilles de la Croix; *Inventaire*, n° 1971, d'après un type appendu à un acte daté de 1244.

3480   1245-46. Mars.

(J. 539. — Flandre, I, sac 5, n° 14. 34. — Original scellé.)

Arnulfus de Landast, dominus de Aines, Hugo castellanus Gandensis, Arnulfus dominus de Mortaigne, W. castellanus Sancti Odomari, Willelmus frater ejus, Willelmus de Maldenghem, Gerardus de Gandavo et Gerardus de Rodes, milites, sese insimul obligant ad recipiendum pro domino illum e liberis Margaretæ comitissæ quem Ludovicus rex et Odo cardinalis, vel comes Atrebatensis, ordinatione sua designabunt. — « In cujus rei testimonium et munimen, presentes litteras tradidimus sigillorum nostrorum appensionibus communitas. Datum anno Domini millesimo ducentesimo quadragesimo quinto, mense marcio. »

Cette pièce était scellée, dans le principe, de huit sceaux pendants sur double queue, mais qui, pour la plupart, se sont détachés; ils étaient rangés dans l'ordre suivant :

1. Arnoul de Landas, sire de Aines. — Ce sceau, qui s'est détaché, est décrit dans l'*Inventaire* sous le n° 2527, d'après un type appendu à un acte daté de 1237.
2. Hugues, châtelain de Gand. — Ce sceau s'est également détaché, mais il est décrit dans l'*Inventaire* sous le n° 10390, d'après un type appendu à un acte daté de 1244.
3. Arnoul de Mortagne, châtelain de Tournay (*castellanus Tornaci* sur le sceau); *Inventaire*, n° 10491.
4. W., châtelain de Saint-Omer. — Voyez dans l'*Inventaire*, sous le n° 5321, la description du sceau de Guillaume de Fauquembergh, châtelain de Saint-Omer, d'après un type appendu à un acte daté de 1233.
5. Guillaume, frère du châtelain de Saint-Omer. — Sceau perdu.
6. Gérard de Gand. — Sceau perdu.
7. Guillaume de Maldeghem; *Inventaire*, n° 10432.
8. Gérard de Rode. — Voyez l'*Inventaire*, où ce sceau est décrit sous le n° 10470, d'après un type appendu à un acte daté de 1241.

3481   1245-46. Mars.

(J. 539. — Flandre, I, sac 5, n° 14. 12. — Original scellé.)

Similes litteræ Johannis de Audenarda. — « In cujus rei testimonium et munimen, presentes litteras tradidi sigilli mei appensione munitas. Datum anno Domini M° CC° XL° quinto, mense martio. »

Sceau de Jean d'Audenarde; cire blonde, double queue; *Inventaire*, n° 10339.

3482   1245-46. Mars.

(J. 539. — Flandre, I, sac 5, n° 14. 25. — Original scellé.)

Similes litteræ Philippi domini de Bouler. — « In cujus rei testimonium et munimen, presentes litteras tradidi sigilli mei appensione munitas. Datum anno Domini m° cc° quadragesimo quinto, mense marcio. »

Sceau de Philippe, sire de Boulers; cire blonde, double queue. Sceau armorial non décrit : un écusson en abime. Légende :
† S. Philippi domini de Boucaio. Les mêmes armoiries au contre-sceau, avec cette légende : Secretum meum michi.

3483   1245-46. Mars.

(J. 539. — Flandre, I, sac 5, n° 14. 4. — Original scellé.)

Similes litteræ Henrici de Bourgella, militis. — « In cujus rei testimonium et munimen, presentes litteras tradidi sigilli mei appensione munitas. Datum anno Domini m° cc° quadragesimo quinto, mense marcio. »

Sceau de Henri de Bourghelles, chevalier; cire blonde, double queue; second sceau, décrit dans l'*Inventaire* sous le n° 1506. — Le premier sceau, décrit sous le n° 1505, d'après un type appendu à un acte daté de 1237, est un sceau armorial qui représente un plein sous un chef.

3484   1245-46. Mars.

(J. 539. — Flandre, I, sac 5, n° 14. 17. — Original.)

Similes litteræ Walteri castellani Duacensis. — « In cujus rei testimonium et munimen, presentes litteras tradidi sigilli mei appensione munitas. Datum anno Domini m° cc° quadragesimo quinto, mense martio. »

Traces de sceau sur double queue. — Le sceau de Gautier, châtelain de Douai, est décrit dans l'*Inventaire* sous le n° 5295, d'après un type appendu à un acte daté de 1237.

3485   1245-46. Mars.

(J. 539. — Flandre, I, sac 5, n° 14. 8. — Original scellé.)

Similes litteræ Maielini, Flandriæ constabularii. — « In cujus rei testimonium et munimen, presentes litteras tradidi sigilli mei appensione munitas. Datum anno Domini m° cc° quadragesimo quinto, mense marcio. »

Sceau de Maelin, connétable de Flandre; cire blonde, double queue. — Sceau armorial non décrit : un écu brisé d'un lambel de cinq pendants. Légende détruite; pas de contre-sceau.

3486   1245-46. Mars.

(J. 539. — Flandre, I, sac 5, n° 14. 6. — Original scellé.)

Similes litteræ Arnulfi de Landast, domini de Eynes. — « In cujus rei testimonium et munimen, presentes litteras tradidi sigilli mei appensione munitas. Datum anno Domini m° cc° quadragesimo quinto, mense martio. »

Sceau d'Arnoul de Landas, sire de Eyne; cire blonde, double queue; décrit dans l'*Inventaire* sous le n° 2527.

3487   1245-46. Mars.

(J. 539. — Flandre, I, sac 5, n° 14. 10. — Original scellé.)

Similes litteræ Sygeri de Mouscra, militis. — « In cujus rei testimonium et munimen, presentes litteras tradidi sigilli mei appensione munitas. Datum anno Domini m° cc° xl° quinto, mense martio. »

Sceau de Siger de Mouscroen, chevalier; cire blonde, double queue; décrit dans l'*Inventaire* sous le n° 2988.

3488   1245-46. Mars.

(J. 539. — Flandre, I, sac 5, n° 14. 40. — Original scellé.)

Similes litteræ Hugonis castellani Gandensis, et Gerardi de Gandavo, militum. — « In cujus rei testimonium et munimen, presentes litteras tradidimus sigillorum nostrorum appensione munitas. Datum anno Domini m° cc° quadragesimo quinto, mense martio. »

Scellé, en cire blonde sur double queue, du sceau de Hugues, châtelain de Gand, second sceau, décrit dans l'*Inventaire* sous le n° 10390, et du sceau de Gérard de Gand, dit le Diable; *Inventaire*, n° 10388.

3489   1245-46. Mars.

(J. 539. — Flandre, I, sac 5, n° 13. 1. — Original scellé.)

Similes litteræ scabinorum et communitatis villæ de Allost. — « In cujus rei testimonium et munimen, presentes litteras dedimus sigilli nostri appensione munitas. Datum anno Domini m° cc° quadragesimo quinto, mense martio. »

Sceau de la ville d'Alost; cire blonde sur double queue; premier sceau, décrit dans l'*Inventaire* sous le n° 10657. — Les lettres des villes sont conçues absolument dans les mêmes termes que celles des chevaliers.

3490   1245-46. Mars.

(J. 539. — Flandre, I, sac 5, n° 13. 32. — Original scellé.)

Similes litteræ scabinorum et communitatis villæ de Audenarde. — « In cujus rei testimonium et munimen, presentes litteras sigilli nostri appensione tradidimus munitas. Datum anno Domini m° cc° quadragesimo quinto, mense martio. »

Sceau de la ville d'Audenarde; cire blonde, double queue; premier sceau, décrit dans l'*Inventaire* sous le n° 10664.

3491   1245-46. Mars.

(J. 539. — Flandre, I, sac 5, n° 13. 5. — Original scellé.)

Similes litteræ scabinorum et communitatis villæ de Bergis. — « In cujus rei testimonium et munimen, presentes litteras tradidimus sigilli nostri appensione munitas. Datum anno Domini M° CC° quadragesimo quinto, mense marcio. »

Scellé, en cire brune sur double queue, du sceau de la ville de Bergues; premier sceau, décrit dans l'*Inventaire* sous le n° 5511.

3492   1245-46. Mars.

(J. 539. — Flandre, I, sac 5, n° 13. 9. — Original scellé.)

Similes litteræ scabinorum et communitatis villæ de Brobburg. — « In cujus rei testimonium et munimen, presentes litteras tradidimus sigilli nostri appensione munitas. Datum anno Domini M° CC° XL° quinto, mense martio. »

Sceau de la ville de Bourbourg; cire blonde, double queue; premier sceau, décrit dans l'*Inventaire* sous le n° 5516.

3493   1245-46. Mars.

(J. 539. — Flandre, I, sac 5, n° 13. 10. — Original scellé.)

Similes litteræ scabinorum et communitatis ville Brugensis. — « In cujus rei testimonium et munimen, presentes litteras dedimus sigilli nostri appensione munitas. Datum anno Domini M° CC° XL° quinto, mense martio. »

Sceau de la ville de Bruges; cire blonde, double queue; premier sceau, décrit dans l'*Inventaire* sous le n° 10675.

3494   1245-46. Mars.

(J. 539. — Flandre, I, sac 5, n° 13. 12. — Original scellé.)

Similes litteræ scabinorum et communitatis villæ Casletensis. — « In cujus rei testimonium et munimen, presentes litteras dedimus sigilli nostri appensione munitas. Datum anno Domini M° CC° XL° quinto, mense marcio. »

Sceau de la ville de Cassel; cire blonde, double queue; second sceau, décrit dans l'*Inventaire* sous le n° 5522.

3495   1245-46. Mars.

(J. 539. — Flandre, I, sac 5, n° 13. 14. — Original scellé.)

Similes litteræ scabinorum et communitatis villæ Curtracensis. — « In cujus rei testimonium et munimen, presentes litteras tradidimus sigilli nostri appensione munitas. Actum anno Domini millesimo CC° quadragesimo quinto, mense martio. »

Sceau de la ville de Courtray; cire blonde, double queue; second sceau; *Inventaire*, n° 10686.

3496   1245-46. Mars.

(J. 539. — Flandre, I, sac 5, n° 13. 16. — Original scellé.)

Similes litteræ scabinorum et communitatis villæ de Dam. — « In cujus rei testimonium et munimen, presentes litteras tradidimus sigilli nostri appensione munitas. Datum anno Domini M° CC° XL° quinto, mense martio. »

Fragments de sceau en cire brune, pendant sur double queue. — Le sceau de la ville de Damme, premier sceau, est décrit dans l'*Inventaire* sous le n° 10690.

3497   1245-46. Mars.

(J. 539. — Flandre, I, sac 5, n° 13. 18. — Original scellé.)

Similes litteræ scabinorum et totius communitatis villæ de Dixmuda. — « In cujus rei testimonium et munimen, presentes litteras tradidimus sigilli nostri appensione munitas. Datum anno Domini M° CC° XL° quinto, mense martio. »

Sceau de la ville de Dixmude; cire brune, double queue; premier sceau, décrit dans l'*Inventaire* sous le n° 10694.

3498   1245-46. Mars.

(J. 539. — Flandre, I, sac 5, n° 13. 19. — Original scellé.)

Similes litteræ scabinorum et communitatis villæ Duacensis. — « In cujus rei testimonium et munimen, presentes litteras tradidimus sigilli nostri appensione munitas. Datum anno Domini M° CC° quadragesimo quinto, mense martio. »

Sceau de la ville de Douai; cire blonde, double queue; premier sceau, décrit dans l'*Inventaire* sous le n° 5523.

3499   1245-46. Mars.

(J. 539. — Flandre, I, sac 5, n° 13. 21. — Original scellé.)

Similes litteræ scabinorum et communitatis ville de Furnis. — « In cujus rei testimonium et munimen, presentes litteras tradidimus sigilli nostri appensione munitas. Datum anno Domini M° CC° XL° quinto, mense martio. »

Sceau de la ville de Furnes; cire blonde, double queue; premier sceau, décrit dans l'*Inventaire* sous le n° 10700.

3500   1245-46. Mars.

(J. 539. — Flandre, I, sac 5, n° 13. 22. — Original scellé.)

Similes litteræ scabinorum et communitatis villæ Gandensis. — « In cujus rei testimonium et munimen,

(1246) LUDOVICUS IX SANCTUS.

presentes litteras dedimus sigilli nostri appensione munitas. Datum anno Domini m° cc° xl° quinto, mense martio. »

Traces de sceau en cire brune, pendant sur double queue. — Le sceau de la ville de Gand, premier sceau, est décrit dans l'*Inventaire* sous le n° 10704.

3501 1245-46. Mars.

(J. 539. — Flandre, I, sac 5, n° 13. 24. — Original scellé.)

Similes litteræ scabinorum et communitatis villæ de [Monte] Geraldi. — « In cujus rei testimonium et munimen, presentes litteras dedimus sigilli nostri appensione munitas. Datum anno Domini m° cc° quadragesimo quinto, mense martio. »

Sceau de la ville de Grammont ; cire brune, double queue ; premier sceau, décrit dans l'*Inventaire* sous le n° 10711.

3502 1245-46. Mars.

(J. 539. — Flandre, I, sac 5, n° 13. 26. — Original scellé.)

Similes litteræ scabinorum et communitatis villæ de Gravelinghes. — « In cujus rei testimonium, presentes litteras tradidimus sigilli nostri appensione munitas. Actum anno Domini m° cc° quadragesimo quinto, mense martio. »

Scellé, en cire verte sur double queue, du sceau de la ville de Gravelines, premier sceau, décrit dans l'*Inventaire* sous le n° 5527.

3503 1245-46. Mars.

(J. 539. — Flandre, I, sac 5, n° 13. 27. — Original scellé.)

Similes litteræ scabinorum totiusque communitatis villæ Insulensis. — « In cujus rei testimonium et munimen, presentes litteras sigilli nostri appensione munitas tradidimus. Datum anno Domini m° cc° quadragesimo quinto, mense martio. »

Scellé, en cire blonde sur double queue, du sceau de la ville de Lille, premier sceau, décrit dans l'*Inventaire* sous le n° 5533.

3504 1246-45. Mars.

(J. 539. — Flandre, I, sac 5, n° 13. 30. — Original scellé.)

Similes litteræ scabinorum et communitatis villæ Noviportus. — « In cujus rei testimonium et munimen, presentes litteras dedimus sigilli nostri appensione munitas. Datum anno Domini m° cc° quadragesimo quinto, mense martio. »

Sceau de la ville de Nieuport ; cire brune, double queue ; premier sceau, décrit dans l'*Inventaire* sous le n° 10727.

3505 1245-46. Mars.

(J. 539. — Flandre, I, sac 5, n° 13. 36. — Original scellé.)

Similes litteræ scabinorum et communitatis villæ de Rodenburgh. — « In cujus rei testimonium et munimen, presentes litteras tradidimus sigilli nostri appensione munitas. Datum anno Domini m° cc° xl° quinto, mense martio. »

Sceau de la ville de Rodenbourg ; cire blonde, double queue ; omis dans l'*Inventaire*, décrit dans ce volume à la suite du n° 2554.

3506 1245-46. Mars.

(J. 539. — Flandre, I, sac 5, n° 13. 40. — Original scellé.)

Similes litteræ scabinorum et communitatis villæ Yprensis. — « Datum anno Domini millesimo ducentesimo quadragesimo quinto, mense martio. »

Scellé, en cire blonde sur double queue, du sceau de la ville d'Ypres, premier sceau, décrit dans l'*Inventaire* sous le n° 10752.

3507 1246. Vendredi 20 avril.

(J. 326. — Toulouse, XVII, n° 32. — Original roman.)

Acte par lequel Pons de Monlanart, R. de Monlanart, Bernat de Monlanart et autres seigneurs dudit lieu choisissent et établissent pour leurs fondés de pouvoirs et procureurs spéciaux Vidal de Montagut et Tondut de Monlanart, à l'effet de donner et transférer à leur seigneur, Raymond, comte de Toulouse, marquis de Provence, la seigneurie et juridiction du château de Monlanart et de ses dépendances. — « So vezent e testimoni : Bernatz de Narcel, en Bernatz de Noalhac, en W. Ramun del Escudaria, en Bernatz de Bosc Bozo, que so de Monlanart, en Johan Torn, comunal escriva de Muntalba, que aquesta carta escrius. Quod fuit actum x. (*corr.* xi.) die exitus mencis (*sic*) aprilis, feria vi^a, anno ab incarnatione Domini m° cc° xl° vi°, regnante Lodoico Francorum rege, R. Tolosano comite, G. (Geraldo) Caturcensi episcopo. »

Pour faire concorder les divers éléments de la date, il faut mettre xi. *die exitus mensis*, ou bien reporter la pièce au samedi 21 avril, et mettre *feria* vii^a.

3508 Rodez. 1246. 24 avril.

(J. 315. — Toulouse, VII, n° 83. — Original.)

Instrumentum quo Guido de Severaco, præsente et interrogante Ramundo comite Tholosæ, marchione Provinciæ, recognoscit et profitetur se ab eo castrum Severaci et Panosam cum tenemento, nec non quidquid habet in Laissagesio, in Panato, in Auzido et tota diœcesi Ruthenensi, in feudum tenere sicut antecessores sui ea loca tennerunt, et ei de his omnibus fidelitatem et servitium promittit. Quod homagium præfatus comes recipiens, ex parte sua pollicetur se prædicto Guidoni contra omnes molestatores adjuturum fore. — « Acta sunt hec apud Ruthenam, vii. die exitus mensis aprilis, regnante Lodoico Francorum rege, et eodem domino R° Tholosano comite, et R. (Raimundo) episcopo, anno m° cc° xl° sexto, ab incarnatione Domini. Testes presentes interfuerunt ad hoc vocati et rogati : dominus Hugo comes Ruthenensis, Geraldus de Malamorte, Deude Barasc, Bertrandus de Cardelhaco, Gailhardus de Balaguerio, W. de Cardalhaco, W. de Cadoilha, Poncius de Villanova, Sicardus Alamanni, Bernardus de Arpaione, Poncius Astoaudi ipsius domini comitis cancellarius, magister W. de Podio Laurentio capellanus ejusdem domini comitis, *sex alii,* et ego Bernardus Aimericus, publicus Tholose notarius, qui, mandato ipsius domini comitis et Guidonis de Severaco, hanc cartam scripsi. »

5509 Rodez. 1246. 27 avril.

Instrumentum compromissi initi inter R. Tholosanum comitem et Guiraudum Caturcensem episcopum.

(J. 341. — Cahors, n° 1. — Original. = J. 312. — Toulouse, VI, n° 2. — Copie ancienne.)

Manifestum sit omnibus presentibus et futuris quod, anno Domini m° cc° xl° sexto, videlicet quinto kalendas maii, dominus R. (Raimundus), Dei gratia comes Tholose, marchio Provincie, filius quondam domine regine Johanne, et dominus Guiraudus, Dei gracia Caturcensis episcopus, desiderantes amore conjungi mutuo et uniri, ut cesset omnis occasio que posset discordium suscitare, et ut status ecclesie Caturcensis in melius reformetur, de sua mera et spontanea voluntate, non vi nec dolo nec aliqua machinatione inducti, compromiserunt pro se et successoribus suis in Bernardum de Anteiaco, archidiaconum ecclesie Caturcensis, et Sicardum Alamanni, arbitros seu arbitratores de communi concensu electos, super omnibus controversiis et querelis quas habent ad invicem vel habere possunt nomine suo vel ecclesie Caturcensis, et super universis et singulis questionibus et petitionibus quas contra se ad invicem, nomine suo vel ecclesie Caturcensis, faciunt vel facere possunt, movent vel movere possunt vel movebunt, durante compromisso usque ad determinationem controversiarum et diffinitionem omnium questionum, et specialiter super omnibus questionibus et petitionibus quas predecessores dicti domini episcopi aliquando fecerunt vel moverunt contra dominum comitem.

Quæ compromissio facta est sub pena mille marcharum argenti, promittentes præfati comes et episcopus per sollemnem stipulationem quod sententiæ arbitrorum a se electorum firmiter super omnibus præmissis stabunt et parebunt.

In cujus rei testimonium, predicti dominus comes Tholosanus et dominus episcopus Caturcensis presentem cartam fecerunt sigillorum suorum munimine roborari. Actum est hoc Ruthenis. Testes presentes interfuerunt : R. Stephanus canonicus ecclesie Caturcensis, magister Guillelmus de Clusello, Girbertus rector ecclesie Sancti Juliani, G. Barasc, Poncius Astoaudi, magister Guillelmus de Podio Laurentio, Bertrandus de Castro Persso, Ademarus de Miromonte, *quinque alii,* et ego Arnaldus Peregrinus, publicus Tholose notarius, qui, de mandato domini comitis et domini episcopi supradicti, hanc cartam scripsi.

Nous publions cet accord d'après l'original, lequel porte les traces de deux sceaux pendants sur cordelettes, qui étaient ceux de Géraud V de Barasc, évêque de Cahors, et de Raymond VII, comte de Toulouse. Le sceau de l'évêque Géraud n'existe plus aux Archives; celui du comte Raymond, second sceau, est décrit dans l'*Inventaire* sous le n° 745. — La pièce cotée Toulouse, VI, n° 2, est une copie contemporaine de l'original.

5510 Lyon. 1246. 30 avril.

(J. 339. — Montpellier et Maguelone, I, n° 23. — Copie ancienne.)

Litteræ Innocentii papæ IV quibus, supplicationibus consulum et universitatis Montispessulani nec non Aragonum regis inclinatus, eis concedit ut extra districtum ejusdem regis per litteras apostolicas Montispessulanenses ad judicium trahi non possint, nisi præfatæ litteræ de hac indulgentia specialem fecerint mentionem. — « Datum Lugduni ii. kalendas maii, pontificatus nostri anno quarto. » — « *Cum hii qui se Apostolice Sedi grato devocionis studio amabiles exhibent, etc.* »

Extrait du fragment de cartulaire intitulé : *Liber consuetudinum Montispessulani,* fol. 16 v°, col. 2.

5511 Buzet. 1246. 30 avril.

(J. 327. — Toulouse, XVIII, n° 39. — Original roman.)

Acte du bail à cens d'une pièce de terre située sur le territoire de Buzet; ledit bail consenti par Vidal Borgarel,

Aimeric Borgarel et Martin de Raust, leur cousin, à P. Izarn, à ses enfants et ayants cause. — « Testimoni : Bertran Vifranc, en B. Delmas, en W. Poissonec, en Bernat el Aves. Aiso fo fag a Buzet, davan la maiho d'en P. Vifranc, 1° die exitus aprilis, anno Domini M. CC. XL. VI. Johan de Malaura, escrivas comunals, vidit et audivit et scripsit et signavit. » (*Hic signaculum scriptoris*.)

5512   1246. Avril.

(J. 197. — Champagne, V, n° 61. — Original scellé.)

Dreu (*Dreues*), abbé, et le couvent de Chézi déclarent avoir cédé et transféré à toujours à leur cher seigneur Thibaud, roi de Navarre, comte palatin de Champagne et de Brie, tout ce qu'ils avaient au bois de Barbeillon. En échange de quoi ledit prince leur a concédé quinze livres de rente annuelle à diminuer de la rente de cinquante livres qu'ils devaient lui payer annuellement pour la cense de leurs hommes. — « An quel tesmoignance des choses devantdites, nos avons faites seeler ces présantes lestres de noz seiaus, an l'an de l'incarnacion Nostre Seigneur mil et deus cens et quarante et sis, ou mois de avril. »

Traces de deux sceaux pendants, le premier sur lacs de soie rouge et verte, le second sur lacs de soie rouge et jaune. — Ces deux sceaux, qui étaient celui de Dreu, abbé de Saint-Pierre de Chési (*Casiacum*, au diocèse de Soissons), et celui du couvent, ne se sont pas conservés.

5513   1246. Avril.

Franchises accordées par Thibaud, roi de Navarre, aux habitants de Châtillon et de Dormans.

(J. 197. — Champagne, V, n° 62. — Copie ancienne.)

Nos Thiebaus, par la grâce de Deu rois de Navarre, de Champaigne et de Brie cuens palazins, faisons asavoir à toz cels qui sunt et qui seront, qui ces lètres verront, que nos franchisons et quitons toz nos homes et totes nos fames de Chastillon et de Dormans et de la chastelerie, qui sunt mis ou métront en nostre jostise, de totes toltes et de totes tailles par tel manière que nous aurons en toz cels an cui nos aviens taille anciènement, et en toz ces homes et fames qui defors venront ester à Chastillon ou en la chastelerie, sis deniers de la livre dou mueble fors qu'en armeures et en robes faistes à hues lors cors et fors qu'en aisemanz d'ostel.—Et est à savoir que vaissel où on met vin, et tuit aaisemant d'or et d'argent seront prisié chascun an auvec les austres muebles, et aurons de la livre de l'éritage deux deniers chascun an. — Et est à savoir que, se aucuens des devanz dis homes viaut paier vint livres an l'an, il sera quistes dou sairemant et de la prise de cele annéie vers nos. — Et est à savoir que nos ou nos gens eslirons chascun an sis homes de Chastillon ou de la chastellerie, qui sunt ou seront de cèle franchise de Chastillon, si com ces lètres le devisent, an bone foi. Et nostre sergent lèveront les deniers de chascun, c'est à savoir sis deniers de la livre dou mueuble et dex deniers de la livre de l'éritaige, si com il est devant dit, par le sairemant de ciaux qui devront. — Et se cil sis ou une partie d'aux, jusque à trois ou plus, avoient soupeçoneus aucun de ciaux qui auroient juré à randre sis deniers de la livre del mueuble et dex deniers de la livre de l'éritaige, il le porroient croistre selonc lor bone conscience, sauf ce que cil n'an fera point d'amande qui aura juré. — Et cil denier seront paié chascun an à la feste Saint Andrieu. — Et est à savoir que tuit cil devant dit puent et porront vendre et achaster héritages et autres choses, si com il ont devant, sauf toz lor bons us et totes lor bonnes costumes. — Et se aucuns voloit plaidier aucun des devans diz homes ou fames par plait ou par autre menière, nos ne les porriens travillier hors de la chastelerie se por nostre prope querelle n'estoit; et celle querelle seroit terminée as us et as costumes de la chastelerie. — Nos aurons nostre ost et nostre chevalchie si com nos aviens devant, fors tant que hom de soissante anz ou de plus n'i ira pas, mais, se il a le pooir, il i anvoiera un home soufisant por lui, selonc son pooir. — Et se nos semonons nostre ost et nostre chevalchie au tans que foire sera, li changeor et li marchant, qui seront en la foire enbesoignié, i porront envoier home soffisant por aux, sans amande. — Et se aucuns défaloit de nostré ost et de nostre chevalchie, cil qui en défauroit le nos amanderoit. — Et prometons en bone foi que nos ne les semondrons an ost ne an chevalchie por aux acoisonner fors que por nostre besoigne. — Et volons que chevaus à chevalchier ne armures as homes devant diz ne soient prins por destes, ne por plèges, et por austres amissions.—Et est à savoir que li home et les fames devant dit cuiront et molront à nos fors et as nos molins par autel marchié com as autres. — Et se nos n'avons assez fors et assez molins, il feront molre et cuire au regart de ses sis devantdis, selonc se qu'il convenra, as nos fors et as nos molins souffisantmant. Et quant nos aurons assés fors et assez molins, tant com il i convenra, il i cuiront et molront. — Et est à savoir que nos ne porrons mètre hors de nostre main nule de ces choses. — Et se aucuns des devant diz estoit arestés ou prins an aucun leu por nostre deste, nos somes tenu à delivrer lui et ces choses del nostre. — Et se il estoit prins ou arestés por autre, nos li somes tenu à aidier an bone foi. — Et est à savoir que se aucuns de cels qui venront ester à Chastillon ou en la chastelerie s'en veulent raler, il s'en iront sauvemant et franchemant quant il volront, et auront conduit de nos quinze jours plainemant. — Et est à savoir que se nous avons mestier de chivaus por chevauchier ne por charreste, ne pour somiers, nos panrons des chevaus au bourjois de la vile et de la chastelerie pour rendre chacun jour VIII. deniers et la ponture. Et se il avenoit que chevaus fut mors ou afolés en nostre servise, nos randerons le damaige par le sairemant del prevost de Chastillon et de trois des jurés qui jureroient en celle année. — Et est à savoir que nostre prevos ne nus de nos serjans ne porront lever forfais ne amande de nus de nos homes ne des fames devant diz se plainte en est se par nos non, ou par nostre conceil, ou par nostre bailli. Et ces amandes seront levées as us et as costumes de la chastellerie. — Et est à savoir que nos quitons à nos hommes et à nos fames de la prevosté de Chastillon et de Dormans la main morte, si com nos la solions avoir en la prevosté de Chastillon et de Dormans en totes ces choses. — Et ces convenances, si com elles sunt contenues an ces lettres, nos avons promis à tenir an bone foi por noz et por noz oirs, à aux et à lor oirs pardurablement. — Et por ce que ce soit ferme chose et estable, nos avons fait seeler ces lètres de nostre seel. Et ce fu fait l'an de l'Incarnation Nostre Seignor mil et deux cenz et quarante sis, en mois d'avril.

Comparez la charte de commune accordée aux habitants de Châtillon-sur-Morin et de Dormans, par Thibaud, comte de Champagne, au mois d'août 1231 (n° 2153), laquelle est beaucoup plus explicite que celle-ci.

5514 La Sauvetat. 1246. Jeudi 3 mai.

(J. 326. — Toulouse, XVII, n° 31. — Original.)

Instrumentum quo, anno Domini millesimo ducentesimo quadragesimo sexto, feria quinta, tercio die introitus mensis madii, Vitalis de Montcacuto et Tondutus de Montelanardo, ab aliis dominis Montislanardi procuratores constituti, et de speciali mandato ipsorum, solemniter declarant se omnem dominationem et jurisdictionem, quas habent vel habere debent in castro Montislanardi et ejusdem tenemento, honore et pertinentiis, domino Ramundo comiti Tholosæ, Provinciæ marchioni, filio quondam reginæ Johannæ, et ejusdem successoribus, spontanea sua voluntate, donatione simplici et inter vivos facta donare et tradere in perpetuum. — « Actum est hoc apud Salvetatem. Testes presentes interfuerunt : Poncius Astoaudi cancellarius dicti domini comitis, magister Guillelmus de Podio Laurentio capellanus ipsius domini comitis, Johannes Aurioli, Bernardus de Turre, Ademarus de Miromonte, Mancipius de Tholosa, Aymericus de Malamorte, Poncius Geraldus de Moysiaco, Aymericus porterius, Johannes Tornerius, publicus Montisalbani notarius, et Bernardus Aimericus, publicus Tholose notarius, qui, mandato ipsius domini comitis et procuratorum predictorum, hoc scripsit. »

Sur le château de Montlanard, voyez l'observation à la fin de la pièce suivante.

5515 La Sauvetat. 1246. Jeudi 3 mai.

Charte de coutume donnée par Raymond, comte de Toulouse, aux habitants de Montlanard.

(J. 326. — Toulouse, XVII, n° 2. — Copie ancienne.)

In nomine Domini nostri Jeshu Xpisti, nos R. (Raimons), per la gracia de Dieu coms de Tolosa, marques de Proenssa, per nostra propria agradabbla volontat donam e autreiam a totz los cavaiers de Monlanart e a totz los autres abitanz que sso aqui, ni per senant serau, per aras e per totz tems, aitals uzadges e aitals costumas en nissi co apres apareisso. — Li cal uzadge e las cals costumas aitals so : que mossenher lo coms aia aqui clams e justezias, so es assaber, de clam privat v. sols de Caorcis, e v. sols per messios, si plaig s'en menava asses plus. — De ssanc foio, XXX. sols ; e, ssi es facha ab ferrament emout, LX. sols ; e que fassa dressa az aquel qu'es sancfoionatz, seria a conoguda del baile e dels proshomes del castel. — Que ausserra autre, la justezia sia seguon la volontat dels senhor, pagatz los deudes que devria. — De falss pes e de falsa mezura aia lo ssenher LX. sols justezia.—De laironessi faig de noigz, aia lo ssenher encorrement a ssa conoguda e a ssa volontat d'aquel que proatz ne ssera. — E que pana de dias, la justezia del ssenhor sera de XX. sols del primier laironessi. E sse la cauza, que panada auria, valra de XII. d. Caorcis en amunt, LX. solz. E del primier laironessi enant sia encorregutz, e la justezia del cors a volontat del ssenhor. — Sil bailes de mossenhor lo comte pren home ni femna en azulteri, fassa o ab dos pros homes o ab plus del castel qu'en pusco portar testimoni; e sia l'avers d'aquel e d'aquela encorregutz a volontat del ssenhor. — Lo mercatz sia de mossenhor lo comte; e sia a dimercres; e totz hom e tota femna que i vengua, sia segurs lo dia e l'endema ab que fassa dreig per si meteis, si home mort o pres non i avia o facha enjuria corporal. — E mossenher lo coms aia de cada saumada de blat, que hom aportara el castel per vendre, I. denier; e que l'an traira que l'aia comprat, I. denier; si meingz n'aporta o meingz ne tra entro una carteira, done una juntada, e d'aqui en aval no rre. — D'una saumada de vi comprada o venduda que l'an traira, aia lo ssenher per leida I. d. — De mercier e de ssabatier e de tot tendier estranh que tenda al mercat, aia lo ssenher I. d. per leida. — De porc e de truia que hom estranhs i venda o i compre, I. d.; de mouto, e d'ovelha e de cabra, I. d.; de buo e de vaca, II. d.; d'aze e de ssauma, II. d.; de caval e de rossi, e d'egua, e de mul e de mula, VIII. d. — De cuor de buo e de vaca e de cervi e de tota bestia grossa, I. d.; de pels de bestia menuda, no re. — Totz hom et tota femna que sia de Monlanart, estadgis dins lo castel, sia franxs de totas aquestas leidas e d'aquestz peadges, salf aitant que mossenher lo coms aia de cada sabatier que obra nova i fassa, cad'an XII. d. la vespra de Nadal; e de cada faure, una ferradura de caval cad'an; de cada pestoressa que fassa pa a vendre, aia lo ssenher II. d. cad'an la vespra de Nadal; de tot home que auciza buo ni vaca per vendre, aia lo senher IIII. d. per leida; de porc e de truia, de mouto e d'ovelha, de boc e de cabra, de cadau I. d.; que ss'en anava ab la leida o ab lo peadge del senhor, que no 'l pagues, lo ssenher n'aia XX. sols justezia, e que combre la leida. — De saumada de fer que hom i aporte per vendre el castel, aia lo ssenher II. d. — De trossel que hom i aporte per vendre, aia XII. d. — De cada pessa de drap de lana que hom i aporte per vendre, I. d. — Quant lo ssenher e li prohome de la vila aurau estabbitz los dexs e faigz cridar, aia hom de tota bestia grossa que sia trobada en malafacha IIII. d.; e que la malafacha sia emendada az aquel que preza la aura. — De porc e de truia e d'ovelha e de cabra e d'autras bestias menudas, cada una I. d. — E d'ome que sia trobatz en malafacha, de dias, III. solz. — E aisso sia partit en aital maneira que 'l bailes de mossenher o destrengua e qu'en aia lo ters, e la guarda l'autre ters, e 'l castels l'autre ters. — Tug li plaig e li contrast que en devendrau e li clam el castel de Monlanart ni en la honor sio menat dins lo castel e que sio judgat e delhivrat per conoguda del baile de mossenhor lo comte e dels pros homes de la vila. — E cant lo bailes aura clam d'ome ni de femna del castel, done lhi fianssas lo dia que las lhi demandara, o, ssi far no no podia, que jure sobre sans que estie a conoguda de lui e de sa cort e que no defugia salf cavaiers, so es assaber aqueilh que ssenhoria i avio, que non devo dar fianssas per clam d'ome per negu clam en que agues V. sols de justezia ni de aqui en aval si aquel ques clamaria no era cavaiers o tals que tengues loc de cavaier mor que fes dreig az aquel que clamatz se sseria a conoguda del baile e dels proshomes del castel, e que per aquel clam no donesso justezia al ssenhor si la justezia era de V. solz ni d'aqui en aval. — Totz hom que sia proatz de far fals testimoni, sia encoregutz a volontat del ssenhor. — Totz hom e tota femna que vengara estar a la franqueza del castel de Monlanart, ni aras i estie, sia franxs, salf lo dreig de lor senhor, de tot aco que lor devrio entro en aquel dia que sseria vengutz el castel; e sse tenia terra de ssenhor, ab volontat de so senhor que lailh servis aissi coma davant aura acostumat a volontat del ssenhor. — Empero se hom que fos de negu dels ssenhors o dels cavaiers del castel tenia terra de sso senhor que lailh servis a ssa volontat del senhor, e se servir no lailh volia que lailh laisses souta e quitia a sso senhor, salf e retengut que i rete mossenher lo coms que lunhs om estadgas de Lauzerta ni del sagrament no i venga per abitar a Monlanart, salva la costuma de Lauzerta, si no o fazia ab volontat de mossenhor lo comte. — El ban el defess que mossenher lo coms a mes el e li sseu el bosc de Puial Tinha a assout e quitat als ssenhors de cui esser deu qu'en fasso lor volontat, e que d'aissi enant el, ni hom per lui, ban ni defes no i meta. — E que lunhs hom del castel ni de la honor no sia pres ni arestatz que dreig volha far ni pusca, si home mort non i avia, o raubat cami, o d'autres grans crims non era apelatz. — E que mossenher lo coms e li sseu prenguo bladada e vinada enaissi co au faig sa en reire en la honor de Monlanart. — E que li testament e li ordein que farau li home et las femnas del castel e de la honor razonablament sio tengut aissi co dreig o requer. — E que tug aqueilh que aurau terras ni honors el castel ni en la honor que fasso tug a las comunals messios del castel. — En Vidals de Montagut, en Tondutz de Monlanart, li cal so establit procurador p'en senhor de Monlanart, e p'en Pons de Monlanart, e per lor fraire R. de Monlanart, e p'en R. de Monlanart, e per sos fraires, p'en Bernat de Monlanart, e p'en Pons de Monlanart, e p'en Tondut que fo filhs d'en Ar. de Monlanart, ab cossentiment e ab volontat de totz los homes del castel, autreio a mossenhor lo comte que el aia la ssenhoria e la judeccio el castel de Monlanart, la qual li ssenhor del castel per lor e per lors successors an donada e autreiada per lor franca volontat a mossenhor lo comte de Tolosa et a ssos successors per totz tems. — Empero si negus hom, cavaiers ni autre, de Monlanart ni de la honor, retrazia sobre novas ni en autre loc ni n'escarnia negu del ssenhors de Monlanart per aisso que eilh an donat ni autreiat a mossenhor lo comte el castel, que aquel que o faria sia tengutz de L. sol. de Caorcis a mossenhor lo comte, e que mossenher lo coms los ne leve ses tota laissa que non fassa, e que aquel a cui seria dig ne fos crezutz ab dos testimonis, o ab I. ab sagrament qu'en fes. — E tug li cavaier e las donas del castel, so es assaber aqueilh que ssenhoria i avio, sio franc del albergua e de tota quista e de tota comunal messio del castel, estiers ost e cavalguada. — E l'alberga so CCL. s. de Caorcis que mossenher lo coms ne fa levar cad'an. — E tug li autre cavaier del castel sio franc en aquela meteissa franqueza que avio sa en reire.

— E nos lo coms sobredigz autreiam que la parroquia de la gleia de Burgueiras e la parroquia de la gleia de San Quenti, el capmas de Pug d'Aco, el capmas d'en P. Delmas, sio del faig e de la honor de Monlanart. — E en testimoni de totas aquestas cauzas e a maior fermetat totz tems durabbla, nos coms sobredigz fem sagelar aquesta carta ab nostre sagel. Aisso fo faig a la Salvetat, III. dias a l'intrat del mes de maii, feria V, anno ab incarnatione Domini M° CC° XL° VI°.

Le château de Montlanard, que dom Vaissette, t. III, p. 257, appelle le château de Montlevard, était situé dans le Quercy, tout près de Castelnau de Montratier. Cette localité porte aujourd'hui le nom de Mondenard, et fait partie de la commune de Cazes-Mondenard (Tarn-et-Garonne, arrond. de Moissac, canton de Lauserte). — La charte des coutumes de Montlanard conservée aux Archives est une copie très-ancienne, et qui, à on juger par l'écriture, doit être regardée comme contemporaine de l'original; peut-être même est-ce la minute sur laquelle l'original a été transcrit.

3516   Cordes. 1246. 8 mai.

(J. 322. — Toulouse, XIII, n° 67. — Original roman.)

Acte par lequel Guillelms de Cadolla déclare vendre, moyennant x. mille sous de bons Caoursins, le castel de Najac, et la seigneurie et terres en dépendant, à son seigneur Raimond, comte de Toulouse, marquis de Provence, représenté par Bertrand Rocca. — « De tot aizo doni credi en testimoni totz aquetz pros homes sotz escriutz : Bernat de Vermeils, Bernat de Saing Amans, Peire Ramon de Labestor, Bernat de Campas, N Azemar, *et quatuor alii*. Actum Cordoe, anno Domini M° CC° XL° sexto, VIII. idus madii. Ramondus Aiguis, publicus notarius Cordoe, hoc scripsit et signavit. » (*Hic signaculum notarii.*)

3517   Cordes. 1246. 20 mai.

(J. 322. — Toulouse, XIII, n° 66. — Original roman.)

Acte par lequel Guirals de Cadolla et Ameils, son frère, déclarent ratifier la vente du castel de Najac et dépendances, faite au comte de Toulouse moyennant x. mille sous de bons Caoursins. — « Sunt testes : W. de Cadolla, N Azemar de Sales, Pons de Penna, Bertrans de la Capella, Bernat de Campas, N Azemar, Ramon de Berencx, Ramon so fils, *et quatuor alii*. Actum Cordoe, anno Domini M° CC° XL° sexto, XIII. kal. junii. Ramondus Aiguis, publicus notarius Cordoe, hoc scripsit et signavit. » (*Hic signaculum notarii.*)

5518 Buzet. 1246. Mai.
Jeudi 3, 10, 17, 24 ou 31 mai.

(J. 304. — Toulouse, II, n° 110. — Original roman.)

Charte, divisée par les lettres de l'alphabet, par laquelle Vidal Borgarel et Aimeric, son frère, donnent en fief aux frères don Hugues (*N Uc*) et W. de Pradas une quarterée de pré située à la noue de la Roche (1. *cartairada de prat e la terra en que es la nauza de Roca*), moyennant III. mailles Toulousaines d'acapte, trois mailles de rente annuelle, III. mailles de réacapte, le cas échéant, etc., avec faculté de disposer de ladite pièce de pré par vente, donation ou engagement, excepté en faveur de clerc ou de chevalier. — « Testes sunt : B. de S. Marsal, e R. W. de Lautrec, e Joan Gedeira, e W. Repolleir, escrivas comunals de Buzet, que aquesta carta escrius el mes de maig, feria v, anno Domini M. CC. XL. VI. ans, reinan Lodoic lo rei, e R. lo comte de Tolosa, e R. (Ramon) l'avesque. E aiso fo faig a Buzet, el obrador que fo d'en B. de Grazac.»

5519 Buzet. 1246. Mai.
Jeudi 3, 10, 17, 24 ou 31 mai.

(J. 327. — Toulouse, XVIII, n° 35. — Original roman.)

Acte, divisé par A. B. C., du bail à cens de trois quarterées de pré en la terre où est situé le pré d'Albari (*en la terra en que es el prat d'Albari*); ledit bail consenti par Vidal Borgarel, Aimeric son frère, et Martin de Raust, leur cousin, à don Hugues (*N Uc*) de Pradas, à W. de Pradas, son frère, et à leurs ayants cause. — « Testes sunt : Bertran Vifranc, e R. W. de Lautrec, e R. de S. Marsal, e Joan del Castelnou, e W. Repolleir, escrivas comunals de Buzet, que aqesta carta escrius, el mes de maig, feria v, anno Domini M. CC. XL. VI. ans, reinan Lodoic lo rei, e R. lo comte de Tolosa, e R. l'avesque. E aiso fo faig el obrador que fo d'en B. de Grazac, a Buzet.»

5520 Buzet. 1246. Mai.
Jeudi 3, 10, 17, 24 ou 31 mai.

(J. 327. — Toulouse, XVIII, n° 38. — Original roman.)

Acte, divisé par A. B. C., du bail à cens d'une sesterée de pré située sur le territoire de Buzet; led. bail consenti par Vidal Borgarel, Aimeric, son frère, et P. Martin, leur cousin, à R. de Pradas, à sa femme, leurs enfants et ayants cause. — « Testes sunt : B. Vifranc, e R. de S. Marsal, e B. so fil, e R. W. de Lautrec, e W. Repolleir, escrivas comunals de Buzet, que aqesta carta escrius, el mes de maig, feria v, anno Domini M. CC. XL. VI. ans, reinan Lodoic lo rei, etc.... Et aiso fo faig a Buzet, ins el obrador que fo den B. de Grazac.»

5521 Orléans. 1246. Mai.

Declaratio super consuetudinibus balli et rachati in Andegavia et Cenomannia.

(J. 178. — Anjou, n° 20. — Original scellé.)

Universis presentes litteras inspecturis, P. (Petrus) comes Vindocinensis, Gaufridus vicecomes Castriduni, Hugo de Bauceio, Petrus de Chamilli, A. (Adam) vicecomes Meleduni, Gaufridus de Lezeigniaco, Gaufridus de Castro Briencii, Hamelinus de Altinesia, Guillemus de Salliaco, Radulphus de Torigni, Hamelinus Francus, Renaudus, Robertus de Maloleporario, fratres, Paganus de Chaorse, Joudoinus Doe, Jocelinus de Bellopratello, Haimericus de Blue, Jacobus de Castro Gunterii, Herbertus de Campis, Oliverus de Novavilla, Johannes de Gonnor et Theobaldus de Blazon, salutem. — Notum facimus quod, cum dubitaretur ab aliquibus de consuetudine ballorum et rachatorum Andegavie et Cenomanie, excellentissimus et karissimus dominus noster Ludovicus, Dei gratia Francie rex illustris, volens cognoscere super hoc veritatem, et quod erat dubium declarare, nobis apud Aurelianum coram ipso vocatis, habito nobiscum tractatu et consilio diligenti, communi assertione nostra didicit de consuetudine terrarum illarum quod talis est, videlicet : quod relicta alicujus nobilis vel alterius feodati habet in Andegavia ballum liberorum suorum et terre, et non facit rachatum nisi se maritet. — Et si ipsa moriatur, ille habet ballum qui magis propinquus est ex parte patris vel ex parte matris, ex parte cujus hereditas movet. — Quicumque etiam, sive mater, sive aliquis amicorum, habeat custodiam femine que sit heres, debet prestare securitatem domino a quo tenebit in capite quod maritata non erit nisi de licentia ipsius domini et sine assensu amicorum. — Et si relicta nobilis vel alterius feodati se maritet, maritus suus facit homagium domino et solvit rachatum; et rachatum est valor terre unius anni. — Dominus autem non habet rachatum de patre ad filium, nec de fratre ad fratrem; et omnes alii qui tenent ballum, debent homagium domino et debent solvere rachatum. — Ille autem qui tenet ballum, si terra debet ad ipsum devenire, non habet custodiam puerorum, immo propinquior post ipsum; et habent pueri benefactum de terra patris et matris sue secundum valorem terre et secundum statum suum. — Et quicumque tenet ballum, debet facere rachatum, solvere debita et tenere ballum in bono statu. — Est autem etas heredis masculi faciendi homagium domino et habendi terram suam, quam cito idem heres ingressus fuerit vicesimum primum annum. — De ballis et rachatis Cenomannie, nos barones Cenomannenses idem dicimus, hoc excepto quod vidua perdit ballum terre moventis ex parte patris puerorum in Cenomannia quam cito se maritat, et ille qui ballum habet facit homagium domino et solvit rachatum nisi sit frater defuncti. — Sciendum est tamen quod Feritas Bernardi et castellania Feritatis aliam habent consuetudinem quantum ad rachata. — Quia vero super etate feminarum certa consuetudo non inveniebatur, idem dominus rex de assensu nostro statuit et ordinavit quod femina non maritata, postquam quintum decimum annum compleverit, habeatur legitime etatis ad faciendum homagium domino et ad habendum terram suam. — Hec autem omnia supradicta, prout superius continetur, de communi consilio et assensu nostro idem dominus rex voluit et precepit de cetero imperpetuum observari. — In cujus rei testimonium, sigilla nostra presentibus litteris duximus apponenda. Actum Aurelianis, anno Domini millesimo ducentesimo quadragesimo sexto, mense maio.

Cette charte est scellée de vingt-deux sceaux en cire verte, pendants sur double queue, et décrits, sauf deux, dans l'*Inventaire* sous les numéros suivants :
1. Pierre de Montoire, comte de Vendôme, n° 989.
2. Geoffroi IV, vicomte de Châteaudun, n° 982.
3. Hugues de Bauché, n° 1320.
4. Pierre de Chamilly, n° 1696.
5. Adam III, vicomte de Melun, n° 696.
6. Geoffroi de Châteaubriant, n° 1755.
7. Geoffroi de Lusignan, n° 2636.
8. Hamelin d'Autenaise, n° 1250.
9. Guillaume de Saillé, n° 3500.
10. Raoul de Torigni, n° 3716.
11. Hamelin le Franc. — Sceau perdu.
12. Renaud de Maulevrier, n° 2756.
13. Robert de Maulevrier, n° 2758.
14. Payen de Chaource, n° 1724.
15. Joudouin Doe, n° 2025.
16. Jocelin de Beaupréau, n° 1372.
17. Aimeri de Blèves, n° 1446.
18. Jacques de Château-Gontier, n° 1765.
19. Herbert des Champs, n° 1715.
20. Olivier de Neuville. — Sceau perdu.
21. Jean de Gonnord, n° 2286.
22. Thibaud de Bazon, n° 1443.

5522   Paris, 1246. Mai.

Charta privilegiorum habitatoribus villæ Aquarum Mortuarum a Ludovico rege concessorum.

(J. 734. — Titres mêlés, n° 7. — Déficit.)

In nomine sancte et individue Trinitatis, amen. — Ludovicus, Dei gratia Francorum rex, notum facimus universis, tam presentibus quam futuris, quod nos habitatoribus ville nostre Aquarum mortuarum, libertates et consuetudines concessimus, inferius annotatas, videlicet : quod omnes habitatores loci illius sint liberi et immunes ab omnibus questis, talliis, et toltis, et mutuo coacto, et omni ademptu coacto. — Item, quod per viginti annos sint liberi et immunes ab omni cavalcata, per aquam et per terram; et post viginti annos, sint liberi et immunes in perpetuum ab omni cavalcata, ultra Magalonensem, Uticensem et Nemausensem dioceses; sed infra istas faciant cavalcatam, et etiam in Arelatensi et Avinionensi diocesibus citra Rhodanum. Et hec intelligimus cum alia terra de senescallia Belliquadri communiter exibit ad cavalcatam, et tunc exeant secundum quod de villis bonis senescallie exibunt; nec possit aliquis habitator loci illius compelli personaliter ire in aliquam cavalcatam, si tamen aliquem peditem cum armis competentibus mittere voluerit loco sui. Et de qualibet domo sufficiat unam ire personam, exceptis pauperibus, illis scilicet qui non habent valens ultra viginti quinque libras Turonensium, qui nec ire, nec mittere compellentur, et exceptis viduis et pupillis, et exceptis notariis utentibus officio, et jurisperitis et physicis. — Ad dandam autem redemptionem pecuniariam pro cavalcata, nullo tempore compellentur, et non teneantur in toto anno uno stare in cavalcata, nisi tantum quadraginta diebus. — Item, si quis emerit vel permutaverit domum, vel possessiones in villa vel territorio loci predicti, que possessiones de nobis teneantur, vicarius, vel bajulus loci, teneatur laudare emptori precise, ita quod bajulus, vel curia nostra dicti loci, non possit sibi retinere vel alium preferre. Nec recipiatur pro laudimio ultra vicesimam partem pretii, scilicet de viginti solidis duodecim denarios; et semper emptor solvere laudimia teneatur. — De donationibus autem, vel pignoribus, vel divisionibus rerum communium, vel dotibus inestimatis, vel legatis in ultima voluntate, vel causa vel titulo lucrativo acquisitis, non accipiatur laudimium vel muta, nec etiam de successione hereditaria. — Si vero cessatum fuerit in solutione census per triennium, vel plus, non incidet res in commissum, sed, annis singulis quibus cessatum fuerit, census duplicetur. — Minor autem viginti quinque annis, solvendo censum in quo ipse cessavit, sine duplicatione liberetur. — Sed et quilibet vicinus vicino suo poterit in domo sua servitutem stillicidii, vel oneris ferendi, vel quamcunque aliam concedere vel imponere, sine laudimio domini et consensu. Et idem dicimus in prediis rusticis, nisi pretium interveniret vel aliud loco pretii. Si tamen servitus pro servitute concederetur, nihil dare pro laudimio teneatur. — Item, ab omnibus pedagiis dicti loci, in [terra] et mari, et sextaralagio, et leudis, perpetuo sint immunes habitatores dicti loci, sive domos proprias habeant ibi, sive non. — Item, liceat communitati ville predicte habere consules quatuor vel pauciores; et illi habeant consilium juratum, quod elegerint. Et habeant libertatem homines loci predicti eligendi consules, etiam sine consensu curie nostre; et sint semper annuales. — Jurent autem publice dicti consules fidelitatem nobis servare, et etiam jura nostra, et libertates, et bonos usus, et consuetudines loci predicti, bona fide, requirere, et defendere, et salvare. Et sit de eorum officio mandare, vel facere mandari gathas et escurgathas, et alias custodias, quando videbitur expedire curie nostre predicte vel ipsis; et inobedientes sua auctoritate pignorare, et habere inde redemptionem usque ad duplum mercedis que daretur gathe, vel escurgathe, vel custodi conductitio. Et hec pena sit consulum ad opus communis, et possint dicta pignora vendere, vel obligare, prout maluerint, pro pena predicta, residuo pretii reddendo domino pignoris. — Item, consules eligant bannerios, scilicet custodes bladorum, vinearum et fructuum, et possessionum; et curia nostra predicta illos constituat, quos ipsi nominabunt, et eos habeat pro idoneis, quicumque sint. — Cohertio autem banni, et ipsum bannum sint curie nostre.

Et si bannerii delinquerent in officio, puniantur, et per curiam nostram predictam amoveantur ab officio supradicto. — Bannerii autem mercedem habeant a curia nostra predicta, et in banno nullam partem accipiant. — De banno vero fracto credatur bannerio usque ad quantitatem pro banno determinatam, et non ultra. — Bannerius autem habitatorem loci vel alium hominem notum et idoneum pro banno non pignoret, sed curie nostre predicte denuntiet, et curia eum compellat. — Bannum autem tale sit, scilicet : de ovibus et capris, una pogesia; de porco, obolus; de bestiis grossis, duo denarii; de homine, duodecim denarii. Et hec omnia de die. De nocte autem, duplicetur bannum, et nihilominus restituatur damnum datum domino, arbitrio duorum proborum virorum, de plano. — Item, consules, quando eis et consilio suo videbitur expedire, possunt in villa collectas vel cisas facere super se et habitatores ville, vel habentes possessiones, pro modo possessionum quas ibi habebunt; et inobedientes super hiis, possunt pignorare sua auctoritate, et pignora vendere, et ad solutionem compellere, ut supra dictum est de gathis. — Estimationem autem singulorum, quam consules per se vel per alios, secundum ordinationem consilii sui, facient, curia nostra predicta per se vel ad alicujus querimoniam non retractet. — A collecta autem et expensis communibus immunes erunt consules suo anno, et unicus bajulus curie nostre predicte, et judex, et notarius ipsius curie nostre, et duo cursores. — Item, in dicta villa, vel in territorio ipsius, consules aliam jurisdictionem sibi non usurpent. Inter volentes autem possint cognoscere ex compromisso, et quilibet alius de villa dicta, in causis civilibus tantum. — Ad requisitionem consulum teneatur curia predicta, in singulis viagiis maritimis, dare plenam jurisdictionem uni ex habitatoribus loci, a consulibus presentato, qui fuerit in dicto viagio super omnes de regno mercatores, nautas et marinarios et eorum familiam, qui tamen de portu Aquarum Mortuarum iter arripient; et quidquid emolumenti inde habuerit ille consul maris, cui data fuerit jurisdictio supradicta, reddat curie nostre predicte. Curia vero ipsa, secundum laborem suum et quantitatem emolumenti, donet eidem in reditu, cum consilio consulum, quod visum fuerit expedire. — Item, liceat consulibus domum habere communem, et arcam, et clavarios, et nuntios, et ibi se congregare et habere colloquium, quotiescumque voluerint. — Item, consules et clavarii, post finem officii, reddant suis successoribus tantummodo rationem. — Item, consules, ex quo fuerint ibi uno anno, non possint esse ibi in sequenti anno. Et hoc infra decem primos annos; post decennium vero, non possint esse consules illi qui fuerunt, nisi interposito duorum annorum intervallo. — Item, in loco predicto, pro nobis bajulus dicte ville, et judex sint annuales tantum; et judex, non de loco, sed aliunde sumatur; et jurent publice servare fidelitatem nobis, et jura nostra nobis servare, et tenere justitiam, et libertates et usus loci servare predicti. — Jurisdictionis autem exercitium tale sit : in causis criminalibus et civilibus actor sive accusator et reus satisdent. Et si in civili causa satisdare non potuerint, teneantur prestare juratoriam cautionem, sub obligatione bonorum suorum. — Et similiter in criminali, nisi enormitas criminis aliud exegerit, secundum judicis cognitionem. Quo casu, fidejussoribus committatur; nec retineatur persona, nisi manifeste sint probationes vel violente presumptiones contra reum; et nisi crimen sit tale quod vel mortem vel membri abscissionem requirat. — Cum autem aliquis personaliter captus, innocens inventus fuerit, libere dimittatur, solis expensis victualium solius sue persone refusis : pro custodia vel custodibus nichil penitus rediturus. — Et sit carcer talis qui non sit ad exterminium persone, sed ad custodiam; et capto victus competens tribuatur. — Mulieres autem cum maribus in carcere non mittantur : et teneatur curia nostra loci predicti providere ne ipsarum pudicitie aliquatenus attemptetur, tradendo ipsas honestis mulieribus custodiendas. — Et ne passim inquirat curia nostra predicti loci, dicimus quod de verbis injuriosis nulla fiat inquisitio, nisi in presentia curie nostre predicte, pro tribunali sedentis, dicta fuerint; sed conquerentibus faciant rationem. Et si tales sint persone, que verba injuriosa habuerunt, ut merito timeri possit de majori rixa, possit curia nostra predicta eis, sub pena moderata, precipere ne ad rixam vel ad arma procedant. Et si contra facerent, exigatur de pena predicta quantum judex curie nostre predicte pro qualitate excessus decreverit exigendum; et gravatus possit appellare ad senescallum nostrum, vel ad nos. — Item, de adulteriis nulla fiat inquisitio, sed qui in ipsa turpitudine fuerint deprehensi, vel concordent cum curia nostra predicta, vel sine fustigatione publice currant nudi. — Idem dicimus de illis, qui, post prohibitionem a marito factam vel ab ipsa curia predicta ad requisitionem mariti, inventi fuerint soli in loco et hora justa ratione suspectis. Si vero plus quam semel deprehensi fuerint in aliquo predictorum, fustigentur, vel per relegationem temporalem vel modo alio puniantur. — De stupro autem facto cum vidua, curia nostra se non intromittat, nisi esset factum per vim, vel nisi esset factum cum vidua que honeste vivere consuevit; quo casu non possit inquiri, nisi ad denuntiationem ipsius, vel consanguineorum, vel affinium; nec, per inquestam que fiet, aliquis amittet vitam aut membrum, sed alio modo punietur. — De stupro autem facto cum virgine, volente vel nolente, possit fieri inquisitio; et per eam nullus amittet vitam neque membrum, sed alio modo puniatur. — Item, de injuriis facto commissis predicta curia nostra rationem faciat conquerenti : sed nullo modo inquirat nisi vel ossis fractio, vel membri debilitatio, vel livor magnus, vel sanguinis enormis effusio sit secuta. Si vero levis effusio fuerit, videlicet, cum unguibus facta, vel simili modo, curia predicta non inquirat, nec puniat per inquisitionem. — De cultello autem vel gladio injuriose extracto contra aliquem, curia nostra predicta similiter possit inquirere et punire, vel si aliquis cum aliquibus armis aliquem invaderet, prout judici equum videbitur, licet ictus nullus fuerit inde factus. — Item, si quis re sibi commodata vel deposita, seu ad alium usum tradita, aliter utatur quam conveniat, de hoc predicta nostra curia non inquirat. — Item, de possessione turbata non inquirat, nec puniat per inquisitionem; sed de vi ablativa, vel expulsiva, vel compulsiva inquirat et puniat. — Item, si quis in publico aliquid injuste fecerit, edificando, vel vallatum faciendo, vel alio modo sibi occupando, rem ad statum pristinum, suis expensis, restituere per officium dicte curie nostre compelli possit; sed pena alia non imponatur. — Item, quibus casibus inquiritur de crimine, si ex eo pendeat rei restitutio, non fiat rei restitutio ex officio, nisi rem haberet curia nostra predicta penes se; tunc enim debet eam reddere ex officio, nisi esset res mobilis, vel se movens furata, vel vi ablata, in qua, ille contra quem facta est inquisitio, nullam referret justam vel probabilem questionem ante inquisitionis terminationem. Et tunc teneatur ad restitutionem, nisi esset legitime appellatum. — In omni autem inquisitione, dicimus quod ille, contra quem crimen commissum dicitur, vocem testis non habeat; et debeat audiri inquisitio expensis curie nostre predicte et non ejus contra quem, vel pro quo inquiretur; et dentur acta eidem, si petat, et legitima defensio non negetur. — Item, propter dictum unius testis non procedatur ad questionem persone, nisi testis ille omni suspicione careat, et sit paris vel majoris honestatis quam ille contra quem deponit, et judex ad hoc faciendum ex qualitate personarum et negotii moveretur. Nec in aliquo casu procedat bajulus ad questionem, nisi judex, presente reo, pronuntiaverit questionem esse faciendam; et sic reis validum habere consilium suum tempore pronuntiationis hujusmodi non negetur, sed eis sine difficultate concedatur. — Item, curia nostra predicta in inquisitionibus et aliis causis tam civilibus quam criminalibus teneatur dare advocatum non habenti, expensis ipsius non habentis, si petat. — Item, nec post decennium inquiri poterit de crimine publico vel privato contra illum qui per dictum decennium, vel majorem partem, presens fuerit. Nec de injuria post annum; nec de furto post biennium; nec de banno fracto post mensem, nisi hoc aliquis denuntiet damnum passus. — Item, quotiens ad denuntiationem alicujus fiet inquisitio, ex tunc denuntiator ad aliquam penam agens non audiatur. — Item, omnis inquisitio, ex quo incepta fuerit, infra annum terminatur, nisi fuerit appellatum; et tunc infra sex menses appellatio terminetur. Post annum vero, appellatione cessante, non possit in ea procedi, nec etiam de novo iterum suscitari. — In causis autem omnibus dicimus quod curia nostra predicta a partibus non requirat pignora vel expensas ante finem cause. Causa vero finita, victor, in eo quod vicit, nichil solvat. Victus autem, de eo quod victus fuerit, solvat duos solidos de libra, si questio fuerit de pecunia vel mobilibus; si vero de immobilibus, detur de estimatione vicesima in pecunia numerata. — Si tamen reus auctori et curie nostre non posset satisfacere, actor curie preferatur. Si autem debitor aliquis debitum confitetur, solvere precipiatur sine pena tertii vel alia. Et si ad diem prefixum a curia nostra non solverit, nec tunc pena aliqua exigatur, sed, captis pignoribus et distractis, vel per hostagia solvere compellatur. — Pro tutelis autem vel curis dandis, emancipationibus vel adoptationibus faciendis, quibuslibet ultimis voluntatibus, vel decretis interponendis, curia nostra predicta nichil accipiat, sed gratis et sine difficultate hec faciat. — Item, nullus habitator loci venire compellatur ad alium locum causa litigandi pro rebus quas ibi possidet, vel occasione obligationis ibi contracte, vel criminis ibi commissi. Testes autem alibi ex justa causa possint produci. — Item, curia nostra predicta non poterit in dicto loco guidare aliquem extraneum, qui personaliter offenderit habitatorem loci predicti, tempore offense, sine licentia ipsius offensi, vel, eo mortuo, ejus heredis, nisi idem extraneus ibidem juri pareret infra annum, vel post annum fieret habitator. Si tamen nos ibi essemus, possemus inde facere velle nostrum. — Item, quicunque extranei ad dictum locum venerint, salvi ibidem cum suis rebus consistant, nec possint occasione guerre supervenientis, vel occasione contragagii, vel aliqua causa simili detineri vel impediri, nisi propter delictum proprie persone. Et possint res suas inde extrahere salvas et in ducatu curie nostre predicte. — Item, quilibet habitator loci illius possit bladum, quod habebit de terris suis et fachariis, per aquam et terram portare quocunque voluerit omni tempore; nec possit ei per nostram curiam interdici. Et idem de vino similiter, et de aliis victualibus ex labore proprio acquisitis. — Item, molendina, quintale et corda, et furni erunt omnes nostri, cum leudis et omnibus usaticis; et accipientur ad quintale et cordam tantum. — Item, curia nostra habebit mensuras et pondera publica, ad que alia recognoscantur. Et qui inventus fuerit reus scienter utendo, prima vice, possit puniri in quadraginta solidos Turonenses; secunda, in sexaginta solidos Turonenses; tertia, sit in misericordia curie nostre predicte. Et qui solvere non potest penas predictas, relegetur ad tempus. — Ubi vero ignoranter quis deliquerit, prima vice, in quinque solidos; secunda, in decem solidos Turonenses; tertia tanquam sciens puniatur. Qui autem mensuram majorem tenuerit ad vendendum, et non emendum, non puniatur, si ea utatur vendendo. — Item, bocherie sive macellum et piscionaria erunt nostra. — Item, dabit curia nostra [pascua compe]tentia extra villam et, in villa, plateam et mercatum, et diem mercati singulis hebdomadis, diem martis, et nundinas semel in anno; ad quas venient omnes salvi, nec ibi convenientur, nisi in mercato deliquerint vel in mercato contraxerint. — Item...... noster, et quidquid super laudimiis, vel multis, vel penis corporalibus vel pecuniariis remittendo fecerit, ratum habeatur a domino in perpetuum et non possit aliquatenus revocari. — Item, concedimus quod curia nostra predicta, vel aliquis alius loco nostri, non possit facere interdictionem vel bannum aliquod quin habitatores possint omni tempore vendere res suas libere et absolute sine impedimento nostri et curie nostre predicte; sed neque gabelle salis, seu alterius mercimonii, possint ibi fieri contra homines ville. — Item, aliquis habitator loci non teneatur dare pedagium in tota terra nostra de aliquo quod ibi deferet vel deferri faciet ad usum proprium vel familie sue, vel de his que ad supradictum locum deferet ad opus edificiorum suorum, vel alicujus de villa predicta. — Item, si quis peregrinus, vel mercator, vel quicumque alius extraneus ibi decesserit, si testatus fuerit, curia nostra testamentum faciat observari. Si vero decesserit intestatus, curia nostra predicta in presentia consulum faciat deponi bona illius defuncti in monasterio Psalmodii consignata, vel in alio loco tuto. Et si infra annum et diem aliquis heres vel legitimus successor ejus appareat, eidem restituatur. Si vero infra annum et diem nullus apparuerit successor vel heres, bona illius in pias causas distribuantur per bajulum et consules dicti loci. — Item, si quandoque vel quotiesqunque contigerit quod universitas, vel aliquis de universitate, gratis vel forte compulsi, aliquid contra libertates et immunitates sibi concessas vel concedendas fecerint vel fieri permiserint, non possit eis in aliquo prejudicium generari; et nihilominus eis salve remaneant libertates et consuetudines dicti loci. — Hec autem omnia supradicta volumus et precepimus in posterum inviolabiliter observari, salvis in omnibus juribus et libertatibus ecclesiarum, et personarum ecclesiasticarum, baronum, militum et aliorum fidelium nostrorum et salvo jure quolibet alieno. — Quod ut perpetue stabilitatis robur obtineat, presentem paginam sigilli nostri auctoritate et regii nominis charactere, inferius annotato, fecimus communiri. — Actum Parisius, anno Dominice incarnationis millesimo ducentesimo quadragesimo sexto, mense maio, regni vero nostri vicesimo, astantibus in palatio nostro, quorum nomina supposita sunt et signa: Dapifero nullo. Signum Stephani buticularii. Signum Johannis camerarii. Constabulario nullo.

<small>Cette pièce importante manque depuis longtemps au Trésor des Chartes, et le duplicata qui était conservé dans les Archives de la ville d'Aigues-Mortes en a également disparu. Nous en donnons le texte d'après Galland, qui l'a publié dans son *Traité du franc aleu*, p. 364 et suiv. (édit. de 1637 in-4°). Le texte des chartes de confirmation de ces coutumes, données en 1279, 1323, 1350, 1364, etc., qui se trouvent dans le *Recueil des ordonnances*, tome IV et suivants, offre de notables différences.</small>

3523   Fontevrault. 1246. Samedi 2 juin.

Supplicatio facta regi Franciæ ab Ysabelli regina Angliæ, Marchiæ comitissa, pro filiis suis ad homagium comitatus Marchiæ recipiendis.

(J. 270. — La Marche, n° 16. — Original scellé.)

Illustrissimo et excellentissimo domino suo, sibi reverentissimo, Ludovico, divina providencia Francorum regi, Hysabellis, ejusdem permissione regina Anglie, Engolisme et Marchie comitissa, salutem, et cum omni reverencia et honore paratam ad ejus obsequium et beneplacitum voluntatem. — Si recolit dominacionis vestre magnificencia, domine reverende, ego, anno Domini M° CC. XL. quarto, circa octabas Purificacionis, in capella vestra Parisiensi, coram vestre magestatis presencia constituta, sublimitati vestre attente et humiliter supplicavi quatenus filios comitis Marchie, domini mei, et meos de terra mea reciperetis in vestros homines, salvis vita et fide mea, unumquemque pro sua que eum contingeret porcione. — Cum super hoc vos requirerem et rogarem per meas patentes litteras, sigillo meo et sigillo religiose abbatisse Fontis Ebraudi sigillatas, quas duo de quinque viris portarent qui in vestre sublimitatis fuerunt audiencia nominati, scilicet, frater Willelmus de Sounaio, magister milicie Templi in Aquitania, frater Luchas de Chaynone ejusdem ordinis, religiosus vir abbas de Corona, Gaufridus de Botevilla miles, Petrus Brunatiers serviens domini mei comitis Marchie; quod vos, domine reverende, humilitati mee de solita pietatis vestre munificencia liberaliter vestri gracia concessistis. — Hinc est quod dominacioni vestre, per dilectos latores presencium qui de illis quinque sunt qui in vestra fuerunt audiencia nominati, presentes litteras, sigillatas sigillo meo et religiose abbatisse Fontis Ebraudi que modo presidet, transmittere dignum duxi. — Interim enim contigit religiosam et nobilem dominam Aaliz Blesensem, que tunc temporis dicte abbatie preerat, resignare; rogans et supplicans attente et humiliter, quantum possum, quatenus predictos filios dicti comitis Marchie et meos de dicta terra mea ad homines vestros recipere dignemini. — Credo siquidem, domine reverende, quod istud inter cetera munificencie et liberalitatis vestre opera merito debebit et poterit numerari, et majestati vestre inpendetur fidele servicium ab eisdem. — Datum apud Fontem Ebraudi, anno Domini millesimo ducentesimo quadragesimo sexto, sabato infra octabas Pentecostes. Valeat magnificencia vestra bene et diu. Amen.

Deux sceaux en cire blanche, pendants sur double queue. — Le sceau d'Isabelle d'Angoulême, veuve de Jean Sans-terre, roi d'Angleterre, comtesse de la Marche, est décrit dans l'*Inventaire* sous le n° 10010; celui de Mabile de la Ferté, abbesse de Fontevrault, sous le n° 9206.

3524 Buzet. 1246. Juin.
Lundi 4, 11, 18 ou 25 juin.

(J. 327. — Toulouse, XVIII, n° 40. — Original roman.)

Acte, divisé par A. B. C., du bail à cens d'une pièce de terre située à la Férière (*Fereira*); ledit bail consenti par Martin de Raust, tant en son nom qu'au nom de Vidal et Aimeric Borgarel, à B. Albapar et à ses ayants cause. — « Testes sunt : Joan Baudet, e W. Gasc lo sabateir, e Ar. Oveiller, e N Uc Faure de Rocasizeira, e N Uc Oveiller, e W. Repolleir, escrivas comunals de Buzet, que aqesta carta escrius el mes de juin, feria II, anno Domini M. CC. XL. VI. ans, reinan Lodoic lo rei, etc..... E aiso fo faig a Buzet, e la careira Tolzana, denant la maio Joan Baudet. »

3525 Lyon. 1246. 26 juin.

(J. 203. — Champagne, XI, n° 60. — Copie authentique.)

Litteræ Innocentii papæ IV ad episcopum Parisiensem, et magistros Gilonem de Caduno, Remensem canonicum, et Johannem Haudrici, canonicum ecclesiæ de Campellis, Parisius commorantes, quibus mandat ut super petitione hominum de Pruvino in G. (Gilonem) Senonensem archiepiscopum, inquisitione facta et auditis partibus, jus dicant et causam terminent. — Præfati siquidem homines, asserentes sibi bonæ memoriæ Hugonem, archiepiscopum Senonensem, concessisse ut nullus in Pruvinensi castro habitantium nec a se nec a successoribus suis extra dictum castrum, quoad justitiam ecclesiasticam, traheretur, querebantur de eo quod G. Senonensis archiepiscopus hujusmodi statutum, ab Alexandro papa III confirmatum, pro suæ voluntatis arbitrio observare recusaret. — « Datum Lugduni, sexto kalendas julii, pontificatus nostri anno tercio. — *Sua nobis homines de Pruvino petitione monstrarunt, etc.* »

(Insertæ in litteris Guillermi Parisiensis episcopi, Gilonis et Johannis canonicorum, ad decanum christianitatis Pruvinensis, cui mandant ut G. Senonensem archiepiscopum citet ad compareandum coram seipsis Parisius, die veneris ante festum B. Magdalenæ. — « Datum anno Domini M° CC° quadragesimo septimo, die martis post quindenam Trinitatis. »)

Traces de sceau pendant sur simple queue. — Ce sceau était probablement celui de Guillaume III d'Aurillac, évêque de Paris, décrit dans l'*Inventaire* sous le n° 6788, d'après un type appendu à un acte daté de 1236.

3526 Royaumont. 1246. Juin.

Litteræ filiorum Hugonis de Lezigniaco pro confirmatione tractatus initi a præfato Hugone cum domino rege.

(J. 192. — Poitou, II, n° 15. — Original scellé.)

Omnibus presentes litteras inspecturis, nos Hugo Bruni comes Engolismensis, Guido de Leizeigniaco et Gaufridus de Leizigniaco, filii Hugonis de Leizeigniaco comitis Marchie, salutem. — Noveritis nos litteras karissimi patris nostri Hugonis de Leizeigniaco, comitis Marchie, et karissime matris nostre Ysabellis, bone memorie, quondam regine Anglie, vidisse sub hac forma :

Hugo de Leigzeigniaco, comes Marchie, etc... — Actum in castris in praeria prope villam Pontium, anno Domini M° CC° quadragesimo secundo, mense augusto. (*Vide supra*, n° 2980.)

Nos vero omnia predicta voluimus et concessimus. Juravimus etiam omnia supradicta tenere et firmiter observare, et quod contra per nos vel per alios non veniemus in futurum. — Promisimus insuper quod, cum dilecti fratres nostri Guillermus de Valencia et Audemarus ad etatem legitimam pervenerint, omnia predicta concedent sicut et nos, et jurabunt se eadem tenere et firmiter observare, et super hoc litteras suas sicut et nos domino regi tradent. — In hujus autem rei testimonium et munimen, presentes litteras fieri fecimus et sigillis nostris muniri. — Actum apud abbatiam Beate Marie Regalis, juxta Pontysaram, anno Domini millesimo quadragesimo sexto, mense junio.

<small>Ces lettres sont scellées de trois sceaux en cire verte pendants sur lacs de soie rouge, savoir :
1. Sceau de Hugues XI le Brun, comte d'Angoulême, décrit dans l'*Inventaire* sous le n° 835.
2. Gui de Lusignan. — Voyez dans l'*Inventaire* le sceau de Gui de Lusignan, décrit sous le n° 2638. Les empreintes du sceau et du contre-sceau sont absolument les mêmes. Mais les légendes offrent quelques différences. On lit sur celui-ci :
✠ S. GUIDONIS DE MARCHIA MILITIS, et au contre-sceau : SECRETUM GUIDONIS.
3. Geoffroi de Lusignan. — Voyez les sceaux décrits dans l'*Inventaire* sous les n°s 2636 et 2637, d'après des types appendus à des actes datés de 1225 et de 1269. Celui-ci diffère en ce que les armoiries du contre-sceau sont : un écu burelé, au lion rampant contourné brochant sur le tout, brisé d'un lambel de cinq pendants.</small>

5527   1246 (avant le mois de juillet).

Mémoire adressé au Roi et au légat, au nom de Jehan et de Baudouin d'Avesnes, fils de Bouchard d'Avesnes et de Marguerite de Dampierre, pour établir la légitimité de leur naissance.

(J. 540. — Flandre, I, sac 5, n° 15 *bis*. — Original.)

Sire, nous voulons que vous sachiés, et vous et mesires li légas, que mesire Bouchars d'Avesnes, en I. chastel qui est en Hainaut, c'on apèle Haimon Caisnoi, espousa et prist à femme madame Margarite, qui orendroit est contesse de Flandres et de Hainout, et lors estoit suer madame Jehanne qui lors estoit contesse de ces meismes terres ; et si l'espousa et prist à femme en plaine église, et sollempnelment, sans contredit et sans chalange. Et bien le vost et bien s'i consenti madame Margarite la contesse qui est devantdite, ne nule force ne l'en fu faite, et bien avoit l'eage de marier. Et fu fais cist mariages devant moult de bonnes gens, prevoires et clers, chevaliers et serjans, bourjois et autres, et en tel leu où chascuns pooit entrer et aler. Et encor plus qu'il fut crié que chascuns venist et fust au mariage qui voudroit. — Et après, quant il l'ot ensi prise et espousée, il l'enmena et giut à li comme à sa femme, et furent ensamble bien par VIII. ans et plus, tout en païs et sans nul chalenge. Et furent ensamble dedens cel terme si comme maris et femme en toutes choses, et dedens cel meismes terme orent enfans, monsignor Jehan d'Avesnes et monsignor Bauduin, son frère, et I. autre qui mors est. Et si les tindrent comme leur loiaus enfans et norrirent, et les apelèrent communement lor fiz. — Et dedens cel meismes terme, ala plusors fois madame Margarite, qui or est contesse, à sa sereur madame Jehanne devantdite, et revenoit moult volentiers à monsignor Bouchart, son baron, comme à son signor. — Et dedens cel terme meismes avint-il que mesire Bouchars demanda et requist la partie de l'éritage sa femme de conte Ferrant et de sa femme, madame Jehanne devantdite. Et à derriens fu faite mise de ceste chose en gentilshommes do païs, en tel mannière qu'il enquerroient la droiture que messire Bouchars d'Avesnes devoit avoir en Flandres et en Hainou, et d'éritage et d'eschéance, par la raison de sa femme. Et de ce furent faites lètres en quèles li cuens Ferrans devantdiz et sa femme madame Jehanne apeloient madame Margarite, qui or est contesse de Flandres, femme monsignor Bouchart. Et si fiancèrent à tenir qanque cil diseur en diroient et ordeneroient. — Et ançois que ceste chose fust terminée, avint que guerre mut entre monsignor Bouchart et le conte Ferran et sa femme. Et endementières que la guerre dura, avint que messire Bouchars fu pris par les gens la contesse Jehanne et mis en prison. Et quant madame Margarite, qui or est contesse, sa femme, le seut, èle le requist angouisseusement et souvent de sa sereur la contesse, comme son baron et son signor; et pour ce que sa suer oist sa prière plus volentiers de la délivrance son baron, èle demora grant pièce avec li; et à déerrains le délivra sa suer par sa prière. — Et après ces choses, avint par le mauvais consel d'aucunes gens, et maiement de la contesse sa sereur, qui moult haoit monsignor Bouchart pour ce qu'il l'avoit guerroiée, s'en alla avec monsignor Guillaume de Dampierre qui fu, et si li bailla ses enfans, monsigneur Jehan et monsigneur Bauduin; les quex il tint bien en prison par x. ans. Et dedens cel terme furent moult de malz pourchacié à cels monsignor Jehan et monsignor Bauduin, car il n'avoient qui les gardast ne qui les deffendist. — Et de celui monsignor Guillaume de Dampierre madame Margarite eut enfans monsignor Guillaume de Dampierre, et Guion, et Jehan, et la contesse Jehanne de Bar qui fu. — Et pour ce que messire Jehans d'Avesnes est nez do devantdit mariage, et qu'il est ainsnez fix et fix loiaus de madame Margarite qui est contesse de Flandres et de Hainou, et pour les autres choses devantdites, il vous requiert, mesire li rois et vous mesires li légas, ou do conte d'Artois le requiert-il, se vous mesires li légas n'i estes, que vous par votre arbitre li ajugiez l'aisnèce et les contez de Flandres et de Hainou, et que vous no laissiés mie pour le contredit monsignor Guillaume de Dampierre ne de ses frères, maiement comme la coustume de Flandres et de Hainou soit tèle que li ainsnez fix au conte de Flandres et de Hainou ait les contez, et la coustume meesme de France est tèle que li aisné ont les contez et les baronies. Et ces choses requiert-il sauf ce que sa mère tiegne les contez tant come èle vivera, et que vous en puissiés ordener selonc ce que il est dit en la mise.

Et que messire Jehans doive estre oiz de sa requeste, il est certaine chose pour ce que il est nez de loial mariage, et telz doit héreter, si comme dist la lois et tuit autre droit; et selonc tous drois, puisque le mariages fu fais en plaine église et sollempnelment et sans chalenge, si comme il est dit devant, chacuns doit tenir fermement que li mariages soit loialz et que li enfant soit loial et hérétable. — Et que li mariaiges fu fais si comme il est dit devant, nous ne créons mie que nus en dout. Et se vous en doutez, nous l'avons autrefois offert à prouver, et encor l'offrons-nous, et requérons maiement, comme vous aiés jà receu prouvances de l'autre partie, lètres, et de l'apostoile Innocent et d'autres, et des vostres, mesire li rois, qui touchent de la naissance monsignor Jehan; et vous savez bien qu'il est tous droiz que, puisque vous recevez prouvances de l'une partie, vous devez recevoir de l'autre. Et pour ce vous requérons-nous, si espressément comme nous poons, que vous aiés pour ferme chose que li mariages fu faiz ensi comme il est dit devant, ou que vous recevez nos prouvances de ce. — Et par ce meismes devez-vous tenir le mariage à bon et à loial, et monsignor Jehan et monsignor Bauduin à éritables que, tant comme mesires Bouchars et madame Margarite la contesse, sa femme, furent ensamble, mesire Bouchars l'apeloit sa femme et èle lui son baron, et les norirent et tindrent pour leur enfans loialz, et en ceste saisine ont-il esté et sunt, si come il apert par la terre la mère où il doivent partir comme oir qu'èle tenoitançois qu'èle fust contesse, selonc la devise qui fu faite par devant vous, mesire li rois, et par la terre le père dont il sunt encor tenant et prenant par le signor et par jugement de sa court. Ne contre ces choses ne messires Guillaumes de Dampierre, qui or est, ne si frère, n'alèrent encontre, ne nus pour eus, quant la devise fut faite par devant vous de la terre la mère, mesire li rois, jà fust-ce chose que li ami monsigneur Guillaume les tenissent adonques en prison; et èle estoit si haute feme et si gentilz femme que nus ne doit cuidier qu'èle fust avec monsignor Bouchart se par mariage non. Et ensi le dit li drois. — Et se il estoit or voirs, que onques ne fu ne ne puet estre monstré ne prouvé, que messires Bouchars eust l'enpeechement qu'il dient pour coi li mariages ne deust estre loiaus de lui et de la contesse, se disons-nous que jà pour ce mesire Jehans ne messire Bauduins ses frère ne doivent mie estre mains loal ne mains hériter puisque li mariages fu fais ensamble do père et de la mère sollempnèlement en plaine église et sans contredit. Car drois dit en tel manière que i. home prist une femme par mariage en plaine église; et après avint que par le jugement de sainte Église, por aucun empêchement qui estoit entre eus, feurent descuré, et toutes voies l'Apostoiles dist en ce droit meismes que li enfant à cels sunt léial et héritable et doivent estre nouri des biens do père et de la mère, jà soit ce que li empeschemens fust el commencement do mariage; et autres drois dist que la souffrance et l'auctorité de sainte Église souffist à ce que li enfant doivent estre loial et héréter, tout fust li empeechemenz el mariage do père et de la mère, ensi come nous avons devant dit.

Et ce meismes disons-nous par autre raison; car, quant li mariages fu fais entre monsignor Bouchart et madame la contesse sa femme, li uns et li autres cuidoient en bonne foi loialment qu'il n'eust point d'empeechement en leur mariage. Et drois dist que, se li barons et li femme ont bonne foi, ou li uns d'els seulement, ne ne saichent empeechement en leur mariage, li enfant ne doivent estre mains loial ne mains hériter. Dont il avint que li Apostoiles juja les enfans à loiaus et à héritables d'un homme et d'une femme, li quex home avoit une autre femme espousée ançois qu'il presist la derrienne, et vivoit encore tant comme il tenoit la derrienne, mais la derrainne n'en savoit mot. — Et que madame la contesse ne savoit nul empeechement quant mesire Bouchars l'espousa, ce recognut-èle à Valenciennes devant moult de bonnes gens, barons et clers et chevaliers, et autres gens assez, et en la cort meismes la contesse sa sereur qui leurs vivoit. Et se il avenoit chose, ce que il n'avenra jà se Deu plaist, qu'èle vosist dire le contraire par mauvais consel, qu'èle ne fera jà si comme nous créons, comme èle soit bonne dame et sage, ne l'en devroit-on pas croire, sauve sa païs; car drois dist que ce que aucuns dist communément et en tel mannière, il ne le doit pas desdire ne venir encontre.

Et ce meismes disons-nous par une samblant raison; car madame la contesse la mère monsignor Jehan et monsignor Bauduin et mesire Bouchars leur pères les tindrent et apelèrent et norirent comme leur filz loials. Donques se èle voloit or dire et jurer que il ne soient mie si fil loial, ne l'en devroit l'en pas croire, sauve sa païs. Et ce dist l'Apostoiles en un suen droit qu'il dist que uns vallès, cui uns hom et une femme avoient tenu à fil et apelé communément fil, ne pot mie ne ne dut avoir à femme la nièce celui qui le tenoit à fil, encor deist la mère et vosist jurer seur sains que cil vallès n'estoit mie fix à celui cui nièce il voloit penre et qui l'avoit tenu à fil, ains dist qu'èle l'avoit eut d'un autre, ne de chose qu'èle dist contre le mariage, on ne l'en devroit mie croire; car, si on créoit l'omme ou la femme ou andeus d'empeechment de mariage, moult de mariage seroient dépécié; et ce deffendent li droit. Et maiement l'en ne doit mie croire au tesmoignage d'un homme ou d'une femme. Car, se messires Bouchars vivoit, et il et èle témoignassent contre le mariage, ne les créroit l'en pas, si commè il est devant dit.

(*Le paragraphe qui vient ensuite ne fait que reproduire le même raisonnement.*)

Des lètres l'apostoile Innocent (Innocent III) et des autres, dès quèles mesire Guillaumes de Dampierre se vielt aidier contre monsigneur Jehan, disons-nous qu'il est certaine chose qu'èles ne puent ne doivent rien grever monsigneur Jehan, comme cèles qui rien ne valent en nule manière. Et premiers par tel raison, car mesire Bouchars ne sa femme, la contesse qui or est, ne furent onques ne semons ne ajourné devant le pape Innocent, ne devant autrui par son commandement. Et pour ce qu'il ne furent onques défaillant, comme cil qui ne furent onques semons ne ajourné, ne par eus ne fu c'on ne les peust bien semonre se l'en vosist, ne en nulle autre manière il ne furent en contumace n'en défaute, bien apert c'on ne pout ne ne dut sentence d'escommeniement ne sentence deffinitive ne autre sentence donner contre eus, ne de rien aler avant contre leur mariage. Et certes ce seroit merveille à dire que sans semonre et ajourner que l'en peust deffaire les mariages et tolir les éritages, car, s'ensi avenoit, moult de mariage seroient deffait et moult de gens désérité. Ne ce n'avint onques mais, ne dut avenir n'en cort de crestienté n'en court laïc.

(*Dans les huit paragraphes suivants, l'auteur du mémoire s'efforce de prouver, en se fondant sur l'absence de toutes procédures, sur le défaut de citations, sur le manque d'enquêtes, d'audition de témoins, etc., etc., que les lettres du pape Innocent III et celles des papes Honorius III et Grégoire IX, qui ont prononcé la nullité du mariage d'entre Bouchard d'Avesnes et Marguerite de Dampierre, doivent être considérées comme non avenues, et que surtout elles ne peuvent nuire aux droits héréditaires des enfants nés de ce mariage.*)

A ce que messire Guillaumes de Dampierre et si frère dient contre monsignor Jehan el commencement de leur raisons que leur mère, la contesse de Flandres qui or est, estoit en la mainburnie monsignor Bouchart quant il la prist à femme, respondons-nous et disons que ce n'est pas voirs. Et si disons qu'encor fust-ce voirs, ne vosist pas mains le mariage; que selonc les drois de sainte Eglise puet bien cil qui a en garde aucune femme faire mariage à li, que que soit, selonc les lois des Empereurs, car li otrois des persones qui vuelent faire mariage fait le mariage; ne cil empeschemens, que la partie averse allègue, ne destruit ne ne dépièce pas mariage ne n'empesche se d'oneste non. Et si disons que mesire Bouchars d'Avesnes ne fu onques cousin à sa femme la contesse qui or est. Et, se èle avoit esté sa cousine, ne greveroit-il noiant à monsignor Jehan pour ce que li mariages fu fais en pleine église de son père et de li sans contredit, etc.

Et quant à ce que mesire Guillaume dist que mesire Bouchars jura qui renderoit sa mère toutes les fois qu'il en seroit requis. Disons-nous que ce n'est pas voirs; et se ce avoit esté voirs, n'enpeechast-il pas le mariage. Et à ce qu'il dist que mesire Bouchars ravi sa mère. Disons-nous que ce n'est pas voirs; et, se ce fust encor voirs, ne devroit-ce pas grever, car, puis ce tens que mesire Guillaumes dist, furent-ils ensamble par VIII. ans; et, quant il plaisoit à la contesse qui ore est, èle s'en aloit de monsignor Bouchart à sa sereur et à ses amis et revenoit à lui, comme à son signeur, quant il li plaisoit.

Et à ce que mesire Guillaumes dist que messire Bouchars ne vost rendre sa mère à sa sereur la contesse Jehanne qui leurs estoit, disons-nous qu'il n'estoit pas tenus de rendre sa femme ne à li ne à autre.

(*Dans les quatre paragraphes suivants, l'auteur du mémoire s'attache à établir que le défaut de publications de ban et de certaines autres formalités ne sauraient faire considérer le mariage comme nul.*)

Quant à ce que la partie averse dist que mesire Bouchars fu sousdiakènes, disons-nous que ce n'est pas voirs. Et se ce fust voirs, ne devroit-il mie grever monsignor Jehan par les raisons que nous avons alléguées pour lui.

Quant à ce qu'il dit qu'il se maintint comme soudiakènes et qu'il fu revestus et liut l'épistèle en l'église de Loon com soudiakènes; disons-nous que ce n'est pas voirs. Et se ce estoit or voirs, disons-nous qu'il n'ensivroit mie por ce qu'il fust soudiakènes, car maint ont liu l'épistle en vestemens de soudiakène qui onques ne furent sousdiakène, et maint ont chanté messe en vêtemens de prevoire qui onques ne furent prestre, si com dient droit.

Quant à ce que notre adversaires dit que messire Bouchars avoit vouis ès chapitres de églises dont il estoit channoines; respondons-nous que ce n'est pas voirs; et se ce estoit voirs, n'estoit-il pas pour ce subdiakènes, car maint ont vouiz en chapitre qui ne sont pas subdiakène, si comme il avient sovent de mainz Romains et de mainz gentilz hommes as quex les églises de France otroient souvent vouiz en chapitre, tout ne soient il mie subdiakène.

Quant à ce que l'en dist contre monsignor Jehan, quant messire Bouchars prist à femme sa mère, que paroles ne furent mie dites entr'els qui feussent mariage; respondons-nous que ce n'est pas voirs; ains furent dites ces paroles de par monsignor Bouchart à madame Margarite : « Madame Margarite, je vous preing à meue. » Et madame Margarite dist à monsignor Bouchart : « Mesire Bouchar, je vous preing à meu », ou paroles qui autant valurent.

Et quant à ce que on dit que grans esclandles en fu quant il la prist; nous disons que ce n'est pas voirs, car il estoit asés haus hom et bons chevaliers. Et se ce fust or voirs, n'enpêche ce pas mariaige. Et si disons que moult plus grans escandles fu de ce qu'èle le laissa par sa propre auctorité, car èle nel pot faire, neis s'il eust empêchement en leur mariage.

Les six paragraphes suivants sont consacrés à

prouver que les dires des évêques, la sentence prononcée par le pape Innocent III, les lettres de l'archevêque de Reims, les lettres royaux elles-mêmes, doivent être regardées comme non avenues, même à l'égard de messire Bouchard, parce qu'elles sont complétement irrégulières, et qu'elles ne sauraient, à plus forte raison, être invoquées contre les enfants issus de son mariage. Enfin ce long factum conclut en ces termes :
Et pour ce qu'il apert par les raisons monsignor Jehan devantdites et par les responses de l'averse partie que mesire Jehans est aisnez, et qu'il est nez de loial mariage qui fu faiz solempnelment et en plaine église, sans nul contredit, entre la contesse qui or est et monsignor Bouchart, et qu'il furent ensemble par mariage sans réclaim VIII. ans ou plus, ne pour ce dedens cel terme ne furent trait en cause devant l'Apostoile ne devant autre juge, et pour ce qu'il apert que dedens cel terme eurent enfans monsignor Jehan et monsignor Bauduin, les quex il tindrent à loiaus et norrirent comme leur fix ; et come il apère bien que les lettres Innocent ne vallent riens, ne ses procès ne valut riens, et comme il apère quil fu moult malement engigniés, maiement que cil Bouchars ne fu ne apelez ne semons, ne ammonestés, ne convaincus, ne connuissans, n'en nule défaute ne par malice ne pourchaça pour coi il ne fust semonz, et comme maintes fausetez aient esté dites en lètres, que, se on ne les eust dites, lètres ne fussent pas données, et mainte vérité teue que, se ont l'eust dite, lètres ne fussent pas aussi données, et comme il apère que nule sentence ne fu onques donnée de déseurer le mariage monsignor Bouchart, et comme il apère que mesire Jehans ne mesire Bauduins ses frères ne furent onques apelé ne de Honnoiré ne de Grégoire quant les lètres furent données dont l'averse partie se vielt aidier, et comme il apère que messires Jehans et mesire Bauduins n'avoient mie eage raisonable quant ces lètres furent données de ces apostoiles, se èles furent données, et comme il apère que, quant les lètres Honoiré furent données, qu'il estoient en prison, et comme il apère que ceste chose ne fu onques prouvée ne notoire, et comme il apère que, se èle fu encor notoire as apostoiles, que mesire Bouchars deust estre semons, car en choses notoires et con-

nûtes doit on faire semonce et donner sentence, si commes ces choses sunt prouvées devant en nos raisons et li droit amène en nos raisons que nos baillames en latin, nous vous prions, mesire li rois et vous mesire li légas, que vous oez monsignor Jehan en ce qu'il vous requiert, car vous le devez oïr, et certes vous ne devez mie laisser ce que nous vous requérons pour les lètres l'apostoile Innocent ne pour nules autres lètrès des autres apostoiles, car èles n'ont point la manière d'escrire de la court de Rome ne n'issirent onques de la conscience des apostoiles ne de cels qui ont à garder la burle et les lètres qui doivent estre burlées. Et, pour Deu, nous vous prions que, se ces lettres vous muévent de riens qui doive estre contre nous, que vous en aiés consel à l'Apostoile et as chardenaus ; car là donc èles vindrent, en doit-on avoir consel et doit estre jugié se èles sunt ou bonnes ou mauvaises. — Et certes nous nous mervillons moult que vous meismes disiés que vous ne vous voliez meiler de nos naissances ne de l'averse partie au point que vous receustes la mise seur vous, et vous les lètres et les instrumens de l'averse partie qui touchent notre naissance avez receues, et nos tesmoignages et nos provances, que nous estions né de loial mariage, ne vosistes, ne ne volez recevoir maiement comme mesire Jehans fust conceus et engendrésançois que les lètres des apostoiles, de coi li adverse partie se vielt aidier, fussent données. Et ce offre bien mesire Jehans à prouver.

Ce mémoire n'est pas daté, mais il est facile de lui assigner une date approximative, car évidemment il est postérieur à la constitution des arbitres auxquels il est adressé, c'est-à-dire au mois de janvier 1246 (*voy. les nos 3403 et suiv.*), et antérieur à la sentence arbitrale prononcée en juillet de la même année. (*Voy. le no 3534.*)

3528 1246. 2 juillet.
(J. 318. — Toulouse, IX, no 41. — Original roman.)

Jean Martin, commandeur de l'ordre de Saint-Jacques en Gascogne (*Jhoahan Martinz comanador de la orde de la cavalaria de Sanc Jago en Gasconha*), et don Arnaut de Coarasa, s'engagent, au nom de leur ordre, à rembourser, dans l'espace d'un an, à don Bernard de Correnfan deux mille IX. c. s. de Morlans qu'il leur a prêtés, s'obligeant, en cas de non-payement, à remettre leurs personnes entre ses mains à Morlans, pour en faire sa volonté. — « Hoc factum fuit anno Domini millesimo ducentesimo quadragesimo sexto, secundo die julii. — Hujus rei testium (sic) : Girald de Bordeu, A. de Fransa, Johan d'en Aimes, en Fetisz de Bordeu. E per que aso sia mas frem, pausam asi nostre sagiel. »

Traces de sceau pendant sur simple queue. — Voyez l'observation à la suite du n° 3529.

3529. Orthès. 1246. 3 juillet.

(J. 317. — Toulouse, VIII, n° 38. — Original roman scellé.)

Jean Martin, commandeur de l'ordre de Saint-Jacques en Gascogne, déclare que lui et don A. de Caudarasa doivent payer à don Forz de Bordeu mille sous de Morlans, à la prochaine fête de Saint André; pour l'accomplissement de laquelle obligation ils fournissent l'un et l'autre plusieurs garants. — « E per qe aso sia plus ferm, nos i pausam nostre sagiel. Aso fo feit tertia die julii, en Ortes, anno Domini millesimo ducentesimo quadragesimo sexto. »

Scellé, en cire blonde sur simple queue, du sceau non décrit de Jean Martin, commandeur de l'ordre de Saint-Jacques en Gascogne. — Sceau armorial en forme d'écu arrondi par le bas. Une épée à la pointe en bas, chargée d'une coquille, accompagnée à dextre d'un soleil, à senestre d'un château fort. Légende : ✝ S. JOHANNIS MARTINI COMENDADORIS ORDINIS.....

3530. 1246. 3 juillet.

(J. 190 A. — Poitou, I, n° 26. — Déficit.)

Thiebaut Chabot, seigneur de la Roche-Cervières, chevalier, et Geoffroy Roais, bourgeois de Tours, mandent à Alfonse, comte de Poitiers, qu'ils ont arrangé les différends qui existaient entre Pierre de Volvire, chevalier, et Agnès, sa femme, d'une part, et Regnaud de Précigné et Létice, sa femme, d'autre part, au sujet des seigneuries de Mausi et de Marans, provenant de la succession de feu Guillaume de Mausi, frère desdites Agnès et Létice. — « L'an 1246, la vigile de la Saint-Martin d'été. »

Nous donnons d'après l'*Inventaire* de Dupuy la notice de cette pièce qui manque depuis longtemps dans les cartons, et que nous n'avons pas retrouvée ailleurs.

3531. Fanjeaux. 1246. 12 juillet.

(J. 323. — Toulouse, XIV, n° 84. — Original.)

Instrumentum quo constat, anno Domini m° cc° xl° sexto, quarto idus julii, Cavaers, filiam quondam Petri de Redorta et dominæ Cavaers uxoris ejus, medietatem totius dominii et dominationis castri Fani Jovis et quidquid juris habebat in dicto castro et pertinentiis, spontanea sua voluntate, domino suo Raimundo comiti Tholosano, marchioni Provinciæ, donatione pura, perfecta et irrevocabili, donasse, retento sibi, quamdiu vixerit, usufructu. — « Actum est hoc apud Fanum Jovis, in aula ipsius dominæ Cavaers, regnante Lodoico Francorum rege, et eodem domino Ramundo Tholosano comite, et R. episcopo, anno et die quibus supra. Testes presentes fuerunt : R. Gaucelmi dominus Lunelli, Bernardus de Villanova, Poncius de Villanova, fratres, Hugo de Romenguos, filius predicti Poncii de Villanova, frater R. prior domus Prulhani, W. Sancius presbyter, R. de Vilano capellanus Fani Jovis, Sicardus Alamanni, Poncius Astoaudi cancellarius domini comitis supradicti, magister Guillelmus de Podio Laurentio, ejusdem domini comitis capellanus, Ramundus Arquerius, Bernardus Pitrellus, *quindecim alii*, et ego Bernardus Aimericus, publicus Tholose notarius, qui mandato ipsius domini comitis et dicte domine Cavaers hanc cartam scripsi. »

3532. Lyon. 1246. 21 juillet.

(J. 254. — Bourgogne, VI, n° 44. 1. — Copie authentique.)

Litteræ Innocentii papæ IV charissimo in Xpisto filio suo regi Navarræ, Campaniæ comiti, quem rogat ut præposituram de Chableiis, quam tenet Simbaldus capellanus suus, prædicti loci in ecclesia S. Martini Turonensis præpositus, necnon præfati Simbaldi procuratorem sub sua regia protectione suscipiat. — « Datum Lugduni, xii. kalendas augusti, pontificatus nostri anno quarto. — *Illam gerimus de tua serenitate fiduciam*, etc. »

Expédition délivrée à Troyes, le samedi veille de la Trinité (le 13 juin) 1299, par les doyen et chapitre de Saint-Étienne de Troyes, d'après le Registre des chartes de Champagne, et scellée du sceau du chapitre.

3533. 1246. 26 juillet.

(J. 310. — Toulouse, V, n° 24. — Copie ancienne.)

Instrumentum quo notum fit anno Domini millesimo ducentesimo quadragesimo sexto, septimo kalendas augusti, dominum R. comitem Tolosæ et marchionem Provinciæ, filium quondam dominæ Johannæ reginæ, ex una parte, et dominum Guillelmum de Bessencs, monasterii Sancti Petri Moysiacensis abbatem, ex altera, de omnibus discordiis inter se diu versatis in Sicardum Alamanni et Arnaldum de Araguone priorem B. Mariæ Deauratæ de Tholosa compromisisse, et eos arbitros seu arbitratores de omni controversia elegisse. — « In cujus rei testimonium, predicti dominus comes Tholosanus et dominus abbas Moysiacensis presentem cartam fecerunt sigillorum suorum munimine roborari. Actum est hoc apud Bigardum. Testes presentes interfuerunt : Arnaldus de Escalquencis, Petrus Grimoardi, filius Poncii Grimoardi, magister Guillelmus Alacer de Vauro, *septem alii*, et ego Bernardus Aimericus, publicus Tholose notarius, qui, mandato domini comitis et domini abbatis supradicti hanc cartam scripsi. »

5534   Paris. 1246. Juillet.

Ludovicus rex et Odo cardinalis, arbitri ex utraque parte electi, sententiam suam proferunt in causa liberorum Margaretæ Flandriæ comitissæ.

(J. 540. — Flandre, I, sac 5, n° 15. 2. — Original scellé.)

Ludovicus, Dei gratia Francie rex, et Odo, eadem gratia Tusculanus episcopus, Apostolice Sedis legatus, universis presentes litteras inspecturis salutem in Domino. — Notum facimus quod, cum inter liberos nobilis Margarete, comitisse Flandrie et Haynonie, quos de nobili viro Buchardo de Avesnis susceperat, ex una parte, et eos quos de nobili viro Guillelmo de Domnapetra eadem comitissa susceperat, ex altera, mota esset contentio super eo quod utraque partium predictarum comitatus Flandrie et Haynonie, et totam terram quam tenet dicta comitissa, dicebat ad se, post obitum ipsius matris eorum, jure hereditario pertinere. — Tandem, de voluntate et assensu prefate comitisse et utriusque partis amicorum consilio, supradicti liberi in nos duos unanimiter compromiserunt, tali modo quod secundum formam juris vel judicii non esset in hoc arbitrio procedendum, cum tota predicta terra per viam juris parti alteri debere cedere dinosceretur, set de terra predicta debebamus taliter ordinare quod utrique partium de dicta hereditate partem assignaremus, secundum quod nobis videretur bonum esse, ita videlicet quod ambo capita dictorum comitatuum uni eorum dare vel alterum uni et reliquum alii, vel partem alteri in comitatu altero vel utroque, prout nobis bonum videretur, possemus assignare. — Condictum fuit etiam et concessum quod, si comitatu Flandrie alteri parti per dictum nostrum assignato, alii vellemus in eodem comitatu partem terre assignare, ille qui partem illam haberet comitatum habenti de ea hominagium faceret et partem illam teneret de eodem. — Similiter si, comitatu Haynonie per dictum nostrum alicui eorum assignato, in comitatu illo alii partem assignaremus, ille qui partem illam in comitatu haberet comitatum habenti hominagium faceret et partem suam de illo teneret, nisi terre consuetudo in contrarium se haberet; quod si esset, hominagium faceret et partem suam teneret secundum quod terre requireret consuetudo. — Insuper est sciendum quod partes in hoc unanimiter convenerunt quod, si sine liberis de uxore sua desponsata procreandis contingeret aliquem predictorum decedere, frater ejus germanus vel soror ejus germana, si decedens fratrem non haberet germanum, eidem decedenti succederet in tota terra quam haberet. — Fuit etiam concorditer concessum quod, si nos O. (Odonem) legatum hiis exequendis contingeret non adesse, vir nobilis Robertus comes Attrebatensis, frater domini regis, ad hec exequenda reciperetur, sine contradictione aliqua, loco nostri. — Voluerunt autem partes et concesserunt quod illud quod ordinaretur fieret salvo honore utriusque partis, ita tamen quod propter hoc non remaneret quin partes et divisiones terrarum et totius hereditatis predicte manerent stabiles et firme prout a nobis esset ordinatum. — Concesserunt etiam partes quod contente essent divisionibus illis et partibus quas eis assignaremus, nec contra ordinationem nostram venirent aliquo modo, nec unus in parte alteri assignanda, sive in proprietate sive in possessione, aliquid per se vel per alium reclamaret, nec moveret quisquam eorum contra alterum super hiis in ecclesiastica vel seculari curia questionem aliquo modo vel aliqua ratione juris aut facti. — Concessimus autem nos rex quod nos reciperemus in hominem de comitatu Flandrie, vivente dicta comitissa, si ipsa hoc petierit, illum qui per ordinationem nostram dictum comitatum haberet, salva vita comitisse et salvo in omnibus jure nostro. — Propter absenciam autem utriusque partis vel alterius non dimitteremus quin, si vellemus, in eodem arbitrio procederemus, et quicquid fieret vel ordinaretur per nos duos tantum valeret et ita tenerentur partes firmiter observare ac si ipsis partibus presentibus factum esset. — Hec autem omnia facta fuerunt et concessa eo salvo quod comitissa predicta, non obstantibus dicta compromissione vel arbitrio nostro aut ordinatione quam super hiis faceremus, plenam, quamdiu vixerit, habeat potestatem et administrationem predictorum comitatuum et totius terre sue et de ipsis possit pro voluntate sua facere, sicut poterat ante compromissionem predictam, salvo eo quod predicta comitissa nulli predictorum liberorum suorum possit terram aliquam seu redditum dare preter partes que per nos eis essent assignate nec alicui eorum aliquid dare super partem alteri assignatam. — Supradicta autem omnia et singula promiserunt nobis et sibi ad invicem dicte partes se firmiter servaturas et contra nullo umquam tempore quocunque modo venturas, prestito coram nobis super hiis corporaliter juramento. — Nos autem, in nomine Patris et Filii et Spiritus sancti, amen, in negocio prefato taliter ordinamus et per dictum nostrum assignamus Johanni de Avesnis militi totum comitatum Haynonie, cum omnibus pertinentiis, ita quod Baldoino fratri suo militi tenetur de eodem comitatu in portione hereditaria providere. — Guillelmo vero de Domnapetra militi assignamus totum comitatum Flandrie, cum omnibus pertinentiis, ita quod fratribus suis germanis, Guidoni scilicet et Johanni, tenetur de eodem comitatu in portione hereditaria providere. — Hce autem provisiones fient secundum consuetudines comitatuum predictorum. — Hec siquidem pronuntiamus retenta nobis potestate declarandi et exponendi ea que in dicto nostro continentur, si forte inter partes super eo aliqua dubietas oriretur. — Prenominate autem partes dictum nostrum, sicut prolatum est, approbaverunt et ratum et gratum habuerunt, promittentes se dictum istud fideliter servaturas et nullo unquam tempore contra venturas, et ad majorem securitatem litteras suas super hiis nobis de derunt sigilli suis sigillatas. — In cujus rei testimonium, presentibus litteris sigilla nostra duximus apponenda. Actum Parisius, anno Domini M° CC° quadragesimo sexto, mense julio.

Scellé du sceau de Louis IX, cire verte, lacs de soie rouge, premier sceau, décrit dans l'*Inventaire* sous le n° 41, et du sceau de Eudes, cardinal-évêque de Tusculum, légat en France; cire brune, lacs de soie rouge; *Inventaire*, n° 6134.

3535 Paris. 1246. Juillet.

Guillelmus de Donna Petra et ejus fratres præcedentem sententiam notam faciunt et ratam habent.

(J. 540. — Flandre, I, sac 5, n° 19. — Original scellé.)

Universis presentes litteras inspecturis, Guillelmus de Donna Petra, miles, Guido et Johannes fratres, salutem in Domino. — Notum facimus quod, cum inter nos, quos nobilis domina Margareta, comitissa Flandrie et Haynonie, de nobili viro Guillelmo de Donna Petra susceperat, ex una parte, et Johannem de Avesnis et Balduinum milites, fratres, quos predicta domina mater nostra de nobili viro Bouchardo de Avesnis susceperat, ex altera, mota esset contentio super eo quod, etc. (*Quæ sequuntur iisdem fere verbis constant, mutatis scilicet mutandis, ac præcedentes litteræ quas videsis.*) — Predicti autem dominus rex et dominus legatus, nobis presentibus, in negocio prefato taliter ordinaverunt et per dictum suum assignaverunt predicto Johanni de Avesnis totum comitatum Haynonie, cum omnibus pertinentiis, ita quod Balduino fratri suo et nostro tenetur de eodem comitatu in portione hereditaria providere. Michi vero Guillelmo de Donna Petra assignaverunt totum comitatum Flandrie, cum omnibus pertinentiis, ita quod fratribus meis germanis, Guidoni scilicet et Johanni, teneor de eodem comitatu in portione hereditaria providere. Hee autem provisiones fient secundum consuetudinem comitatuum predictorum. — Hec autem pronuntiaverunt retenta sibi potestate declarandi, exponendi ea que in dicto eorum continentur, si forte inter nos super eo aliqua dubietas oriretur. — Nos autem dictum eorum, sicut prolatum est, approbamus et ratum et gratum habemus, promittentes nos dictum illud fideliter servaturos et nullo umquam tempore contra venturos; et ad majorem firmitatem presentes litteras dedimus eidem domino regi sigillis nostris sigillatas. — Actum Parisius, anno Domini M° CC° quadragesimo sexto, mense julio.

Trois sceaux en cire verte pendants sur double queue, décrits dans l'*Inventaire* sous les numéros suivants :
Guillaume de Dampierre, n° 1993.
Gui de Dampierre, n° 1991.
Jean de Dampierre, n° 1995.

3536 Isles. 1246. Mardi 14 août.

(J. 195. — Champagne, III, n° 76. — Original.)

Theobaldus rex Navarræ, Campaniæ et Briæ comes palatinus, notum facit se abbati et conventui S. Dyonisii in Francia, gruariam nemoris ipsorum dicti *au Boutez*, centum sexaginta et octo arpenta, ad perticam viginti pedum, circiter continentis, et quicquid in præfato nemore ratione feodi habebat, concessisse, mediantibus viginti et una libris Pruvinensium sibi et heredibus suis, apud Columberias, in festo Purificationis B. Mariæ, annuatim solvendis. — « In cujus rei testimonium, presentes fecimus litteras sigilli nostri munimine roborari. Datum apud Insulas, die martii proxima post festum Beati Laurentii, anno Domini m° cc° quadragesimo sexto. »

<small>Traces de sceau pendant sur cordelettes. — Voyez dans l'*Inventaire*, n° 11372, la description du sceau de Thibaud, roi de Navarre, d'après un type appendu à un acte daté de 1247.</small>

3537   1246. 19 août.

Conventiones initæ inter nuntios domini regis et sindicos Massiliæ de viginti navibus conducendis pro passagio ultra marino.

<small>(J. 456. — Croisades, n° 24. 26. — Copie ancienne.)</small>

In nomine Domini, amen. Incarnacionis ejusdem millesimo ducentesimo kadragesimo sexto, indictione quarta, quartodecimo kalendas septembris, convenciones inhite inter fratrem Andream Pollinum, priorem sancte domus Hospitalis Jerosolimitani in Francia, et fratrem Rainaldum de Vicherio, preceptorem milicie Templi in Francia, et dominum Rainaldum Gallardi, militem domini regis Francie, et dominum Guillelmum de Reis militem, et Johannem de Parisius, ejusdem domini regis clericum, nuncios a dicto domino rege destinatos, nomine dicti domini regis et pro eo, ex una parte, et Guilelmum de Mari et Petrum de Templo, sindicos universitatis Massilie, nomine dicte universitatis, ex altera, super navibus a comunitate Massilie conducendis ad transfretandum sunt tales, videlicet : quod dicti sindici, nomine dicte universitatis, convenerunt dictis nunciis se habituros ad passagium dicti domini regis, quod erit a festo Beati Johannis Baptiste proximo venturo in unum annum, viginti naves paratas et bene sarciatas omnibus necessariis suis, ad cognicionem quatuor proborum virorum; quorum dictus dominus rex duos eliget, et dicti sindici, nomine dicte universitatis, alios duos. — Que naves debent esse sex annorum vel infra, et debent esse predicte naves ad portum Aquarum Mortuarum, ad plus tarde in octabis predicti festi Sancti Johannis, scilicet ab octabis festi Sancti Johannis proximo venturis ad unum annum, nisi justo impedimento remaneret. — Qui predicti quatuor probi viri habeant potestatem discernendi super omnibus questionibus que contingerent emergi, tam super plateis navium quam super aliis, inter dominos navium et dictum dominum regem, vel alium gerentem in predictis negociis vices ejus. — Et si plus esset receptum a dictis dominis navium pro plateis quam deberet recipi, domini navium tenerentur illud restituere domino regi ad cognicionem predictorum; et si minus esset datum quam deberet, illud teneretur solvere dominus rex ad cognitionem predictorum vel gerentis vices ejus. — Item convenerunt predicti sindici dictis nunciis quod, receptis a dicto domino rege et approbatis convencionibus dictarum navium supradictis, quod in dicto passagio habebunt decem galeas propriis expensis communis Massilie, in qualibet quarum erunt ad minus xxv. homines bene muniti balistis et aliis necessariis. Que galee ibunt in dicto viagio usque ultra mare, vel ubicumque exercitus domini regis portum fecerit, et ex tunc dictus dominus rex possit eas retinere, si voluerit, ad expensas suas dando eis competens loquerium seu mercedem. — Et dicti nuncii, nomine dicti domini regis convenerunt dictis sindicis, nomine dicte universitatis recipientibus, pro naulo seu conduccione dictarum navium prestare pecuniam sub hac forma, scilicet : pro quolibet equo seu qualibet equitatura, et pro aqua et pro portatura dicto equo seu equitature necessaria, et pro garnamentis et necessariis dicti equi, et pro scutifero, quinque marchas argenti sterlingorum, et quinquaginta tres solidos, et quatuor denarios Turonenses pro qualibet marcha, quod sit in electione conductoris. — Item et de plateis conventum est sub hac forma, scilicet, quod debent prestare pro qualibet platea castelli, et subtuscastelli, et paradisi, et pontis et subtuspontis, singulis quatuor libris Turonensium, et pro qualibet platea cohoperte superioris et medie, singulis LX. solidis Turonensibus, et pro qualibet platea inferioris cooperture navis, singulis XL. solidis Turonensibus. — Cujus tocius pecunie dicte loquacionis seu nauli convenerunt dare medietatem in festo Sancti Andree proximo venturo, apud Parisius, secundum quantitatem navium quam dicent vel promittent se habituros ad passagium predictum dicti sindici, nomine dicte universitatis; quam quantitatem navium debent exprimere dicti Massilienses tempore solucionis supradicte; et aliam medietatem dicte conductionis seu nauli convenerunt solvere ab instanti Ascencione Domini usque ad annum, apud Parisius, vel pro naulo tocius navis dare pecuniam sub hac forma, scilicet, pro nave qualibet tante magnitudinis et capacitatis quemadmodum est navis que dicitur *Comitissa del Hospital,* cujus mensuracio sub cirografi scriptura remanet penes dictos nuncios et penes dictos sindicos, convenerunt dare M. CCC. marchas sterlincorum bonorum et legalium. Et si contingeret dictas naves minores vel majores esse dicta nave que vocatur *Comitissa,* dicta summa M. CCC. marcharum argenti augeretur vel diminueretur secundum mensuracionem dicte navis, et pro qualibet marcha, si placet, dabuntur LIII. solidi et quatuor denarii Turonenses; et solucio predictarum marcharum seu Turonensium debet fieri terminis et modis supradictis. — Item fuit actum inter dictos sindicos et dictos nuncios quod, receptis peregrinis et equis, et omnibus eis necessariis in dictis navibus locatis per plateas, domini navium teneantur recipere et portare in dictis navibus res peregrinorum sub ista forma, scilicet : quintale farine pro tribus solidis Turonensibus, et quintale carnium pro II. solidis Turonensibus, et millarolam vini pro tribus solidis Turonensibus. — Item fuit actum et expressim dictum inter eosdem nuncios et sindicos quod ex quo dicte naves arripuerint viagium suum versus partes transmarinas, et placuerint (*corr.* applicuerint) eo quo dictus dominus rex destinaverit, vel alias ubi po[r]tum fecerit voluntate sua, predicte naves discaricare libere sint et prorsus absolute, et domini dictarum navium possint cum eis ubi voluerint ire et navigare, prout eis videbitur expedire. — Premissa autem omnia convenerunt predicti nuncii cum predictis sindicissi dicto domino regi, infra quindenam Beati Michaelis proximo venturam, placuerit, et ea confirmaverit, et rata habere et tenere promiserit. — Quod si factum non fuerit a dicto domino rege, et si predicti sindici infra quindenam non erunt certificati, ex tunc dicte convenciones pro nullis haberentur; verum si dominus rex predicta approbaverit et rectificaverit, ut supradictum est, quod tunc ipse debeat declarare et designare quam condicionem dictarum navium ipse elegerit, vel illarum que ab eo conducuntur per plateas, vel earum que totaliter ab eo conducentur.

Extrait d'un cahier, composé de 26 feuillets de parchemin, qui contient la transcription de divers marchés passés en 1268 avec les Génois, pour des constructions de navires. Cette pièce, qui termine le cahier, porte la rubrique XXVI.

3538 Lorris. 1246. 30 août.
(J. 316. — Toulouse, VII, n° 108. — Original scellé.)

G. (Guillelmus) Narbonensis archiepiscopus confitetur et recognoscit se domum, quam nunc in civitate Carcassonensi possidet, ex liberalitate domini Ludovici regis Franciæ, et quamdiu tantum ei placuerit, habere et tenere. — « Datum apud Lorriacum, III. kalendas septembris, anno Domini millesimo ducentesimo quadragesimo sexto. »

Scellé, sur simple queue, du sceau de Guillaume de Broüe, archevêque de Narbonne, décrit dans l'*Inventaire* sous le n° 6326.

3539 1246. 31 août.
(J. 322. — Toulouse, XIII, n° 68. 1. — Copie ancienne.)

Instrumentum quo constat Ramundam, uxorem quondam Johannis Cascavelli, quartam partem quam habebat in quodam molendino et pertinentiis, sitis Tolosæ in capicio ante castrum Narbonense, Deo, Beatæ Mariæ et monasterio Grandissilvæ donasse et dedicasse. — « Actum fuit hoc ultimo die mensis augusti, regnante Lodoico rege Francorum, R. Tolosano comite, R° (Raimundo) episcopo, anno ab incarnatione Domini millesimo ducentesimo quadragesimo sexto. Hujus rei sunt testes : frater Bertrandus de Perrusio hostalarius hospicii Tolose Grandissilve, et Arnaldus Cavallus mayor, et Ramundus Saralherius, et Guillelmus Durandi qui cartam istam scripsit. »

Expédition délivrée par Bernard de Toulouse, notaire, en janvier 1274.

3540 1246. Août.
Vendredi 3, 10, 17, 24 ou 31 août.
(J. 322. — Toulouse, XIII, n° 69. — Original roman.)

Acte par lequel P. de Lavarzac reconnaît avoir vendu à son seigneur R., comte de Toulouse, moyennant VII. mille sous de bons Morlas, la moitié du château de Lavarzac. — « Tota aquesta souta, e la redon, e la venda, aissi coma (*sic*) es sobrescriota a reccobuda per Martis bailles de Condom e nom del senhor R. comte de Toloza e per lui eu testimoni d'en R. capela de Vilaterra, e d'en P. de Mauret capela de Lhoza, d'en Autguier d'Audira cavazier, e d'en Wadal del Martoret borgues de Meezi, *et sex aliorum*, in mense aost, feria VI, anno Domini M° CC° quadragesimo sexto. »

3541 1246. Août.

(J. 195. — Champagne, III, n° 27. — Original.)

Coram Johanne officiali Trecensi, Johannes de Creceio, miles, recognoscit se quidquid habebat apud Creneium juxta Trecas, tam in hominibus et justitia quam in rebus omnibus aliis immobilibus, pro centum et viginti libris Pruvinensium, domino Leoni de Sezannia, militi, nomine et vice Theobaldi regis Navarræ, Campaniæ et Briæ comitis palatini, ementi, vendidisse. — « In cujus rei testimonium, presentibus litteris sigillum curie Trecensis duximus apponendum. Actum anno Domini M° CC° quadragesimo sexto, mense augusto. »

Traces de sceau pendant sur double queue. — Voyez dans l'*Inventaire*, n°s 7044 à 7047, la description de divers sceaux dont s'est servie l'officialité de Troyes, d'après des types appendus à des actes datés de 1225, 1249, 1252, 1341.

3542 1246. Samedi 15 septembre.

Guillermus Maengoti, dominus de Surgeriis, sese obligat ad dictum castrum comiti Pictavensi tradendum.

(J. 190 A. — Poitou, I, n° 24. — Original scellé.)

Universis presentes litteras inspecturis Guillermus Maengoti valetus, dominus de Surgeriis, salutem in Domino. — Noveritis quod ego juravi, tactis sanctis Evangeliis, in manu Ade Paneterii ballivi comitis Pictavensis in Pictavia, traditurus castrum meum de Surgeriis quocienscumque requisitus fuero a dicto comite vel ejus certo mandato suas pendentes litteras defferente, nec predictum castrum inforciabo, nec novam fortericiam faciam sine mandato predicti comitis Pictavensis. — In cujus rei testimonium ac munimen, dedi ego supradictus Guillermus Maengoti valetus prenominato comiti Pictavensi has presentes litteras sigillo meo sigillatas. — Datum die sabbati, in crastino Exaltacionis Sancte Crucis, anno Domini M° CC° quadragesimo sexto, mense septembris.

Scellé, en cire verte sur cordelettes de fil blanc et vert, du sceau de Guillaume Maingot, seigneur de Surgères en Aunis, décrit dans l'*Inventaire* sous le n° 2664.

3543 Cahors. 1246. Mercredi 19 septembre.

G. Caturcensis episcopus negat se ullum unquam damnum burgensibus Caturcensibus intulisse.

(J. 341. — Cahors, n° 2. — Original scellé.)

Cum nobilis vir G. de Malamorte, senescallus domini regis Francie, nobis G. (Geraldo), Dei gratia Caturcensi episcopo, viva voce dixisset quod ipse dominus rex supradictus quasdam litteras sibi transmiserat sub hac forma :

« Ludovicus, Dei gratia Francie rex, dilecto et fideli suo G. de Malamorte, salutem et dilectionem. — Mandamus vobis quatinus ad episcopum Caturcensem personaliter accedatis, et eidem, ex parte nostra, dicatis quod non compellat burgenses nostros de Caturco placitare seu respondere coram ipso de rebus ad communitatem ville pertinentibus, que ad nos pertinent, nec ipsis burgensibus nostris indebite, prout alias eidem mandavimus, injuriam inferat vel gravamen. Ea vero que super hoc vobis dixerit et responderit, nobis per vestras patentes litteras intimetis. »

Et auctoritate predictarum litterarum nos diligentius monuisset super hiis que in predictis litteris inveniebantur expressa, comunicato prudentum consilio, eidem respondimus quod, tam nos quam predecessores nostri, tam ab ipso domino rege Francie predicto quam a predecessoribus suis, receperamus, sicut a vero domino, civitatem Caturcensem, necnon et omnia alia quecumque in temporalibus tenemus, nos et ecclesia Caturcensis, et de omnibus nos et predecessores nostri domino regi predicto et predecessoribus suis feceramus homagium, sicut tam per litteras dicti domini regis quam per litteras predecessorum suorum quas nos habemus, potest manifestius apparere. Et ita, tam de jure communi quam de consuetudine tocius regni Francie generali, burgenses Caturcenses omnes et singuli, pro quibus nos recognoscimus esse dicti domini regis hominem et vassallum immediate, sicut domino subsunt nobis, et tam de rebus propriis quam de communibus debent coram nobis, sicut coram domino suo, de se conquerentibus tam omnes quam singuli respondere et etiam placitare. — Et si forte conqueramur de uno ipsorum vel de omnibus simul, vel, e converso, ipsi omnes vel singuli eorum conquerantur de nobis, debemus curiam nostram facere et statuere, et coram ipsa a nobis facta et statuta legitime, ut est moris, debent nobis super querelis nostris satisfacere, et nos eis. — Unde, cum consules Caturcenses, tam presentes quam illi qui in duobus annis proximo preteritis precesserunt, graves et enormes injurias nobis et ecclesie nostre irreverenter nimis intulerint, nec non et quamplures violentias fecerint et offensas, et preterea quedam statuta fecerint que procul dubio infidelitatem sapiunt, et que contra Deum et ecclesiasticam libertatem existunt, et eos sepe et sepius tam coram venerabili patre Philippo, Dei gratia archiepiscopo Bituricensi, metropolitano nostro, quam coram aliis bonis viris quampluribus monuerimus diligenter ut super injuriis, violenciis et offensis nobis ab ipsis et ecclesie nostre illatis, quas quidem notorias merito dicebamus, nobis plenam emendam et satisfactionem prestarent condignam; et ut statuta predicta utpote iniquissima revocarent, aut, si forte vellent dicere quod predicte injurie, violentie et offense non erant notorie, quod non poterant dicere bono modo, facerent nobis coram curia nostra a nobis legitime statuenda quod ordo requireret rationis, et nos idem parati eramus eis facere coram eadem curia, si forte de aliquo vel de aliquibus conquererentur de nobis; nec aliquid predictorum facere velint nec voluerint usquaque in ipsos, sicut in homines nobis et domino nostro inobedientes penitus et rebelles, excommunicationis sentenciam duximus promulgandam. — Et si bene attendissemus graves et enormes excessus nec non et magnam maliciam eorumdem, penam aliam temporalem inflexissemus eisdem; sed credebamus quod, redeuntes ad cor, nobis sicut domino suo et ecclesie nostre facerent quod ordo juris et rationis dictaret. — Quare audacter respondimus dicto senescallo et etiam respondemus quod burgenses nostros Caturcenses, omnes vel singulos, in nullo gravavimus nec gravamus, nec indebite vexavimus nec vexamus, immo ipsi nobis et ecclesie nostre multum injuriosi existunt, ut superius est premissum; nec de gravaminibus que falso dicunt ipsis a nobis fuisse illata, coram domino rege eis teneremur de jure vel de consuetudine aliquatenus respondere, salva tamen in omnibus reverentia regie majestatis, immo pocius coram curia nostra a nobis, ut prediximus, legitime statuenda, nisi forte, per appellationem a curia nostra interpositam, ab eisdem, ad ipsum dominum regem causa fuisset delata. — Et post hec et post multa alia, senescallo diximus supradicto et adhuc dicimus quod non credebamus nec adhuc credimus litteras predictas de consciencia domini regis Francie emanasse, cum ab ipso vel a curia sua non exeat nisi illud quod est justum et equum, nec non et licitum et honestum. — Datum apud Caturcum, die mercurii infra octabas Nativitatis Beate Marie, anno Domini m° cc° xl° sexto.

Scellé, en cire brune sur double queue, du sceau de Géraud V de Barasc, évêque de Cahors, décrit dans l'*Inventaire*, n° 6530, sous le nom de Guillaume.

3544   Agen. 1246. Jeudi 20 septembre.
(J. 322. — Toulouse, XIII, n° 65. — Original.)

Instrumentum quo constat Petrum de Lavarzaco, filium quondam Petri de Lavarzaco, spontanea sua voluntate recognovisse se tertiam partem totius castri de Lavarzaco in feudum a domino suo R. comite Tholosæ, marchione Provinciæ, tenere, et se ei de hoc præstitisse homagium. — « Actum est hoc apud Agennum, in domo R. de Marca, xi. die exitus mensis septembris, feria v, regnante Lodoico Francorum rege, et eodem domino R. Tholosano comite, et R. (Raimundo) episcopo, anno m° cc° xl° sexto, ab incarnatione Domini. Testes presentes interfuerunt ad hoc vocati et rogati : Guillelmus Arnaldi de Tantalone senescalcus Agenensis, Berengarius de Promilhaco, Arnaldus de Escalquencis, Vitalis de Martoreto, Petrus Deizmerius, Arnaldus de Privato, Petrus Martini de Montecларo, Ramundus scriptor notarius Marmande, et ego Bernardus Aimericus, publicus Tholose notarius, qui mandato ipsius domini comitis et Petri de Lavarzaco hanc cartam scripsi. »

3545   Lachy. 1246. Mercredi 26 septembre.
(J. 203. — Champagne, XI, n° 97. — Minute.)

Theobaldus, rex Navarræ, Campaniæ et Briæ comes palatinus, notam facit compositionem per dilectos et fideles suos Guillelmum de Brion militem et Robertum de Alneto, camerarium suum, arbitros ex utraque parte electos, inter Everardum Bisuntinum, camerarium suum, et fratrem Johannem dictum Novicium, S. Aygulphi de Pruvino priorem, initam, de exitibus et proventibus minagii S. Aygulphi, et quorumdam bonorum ad dictum prioratum pertinentium; quos præfatus Everardus reclamabat et pro quibus ei quinquaginta libræ Pruvinensium assignantur. — « In cujus rei testimonium, presentes litteras sigillo nostro jussimus sigillari. Datum apud Lacheium, die mercurii proxima ante festum Beati Michaelis, anno Domini millesimo ducentesimo quadragesimo sexto. »

Minute raturée, sans traces de sceau.

3546   Agen. 1246. 23 septembre.

(J. 304. — Toulouse, II, n° 73. 3. — Copie authentique.)

R. comes Tholosæ, marchio Provinciæ, notum facit se quidquid sibi Guillelmus de Gordone in castris Gordonis et Salviaci donaverat, spontanea sua voluntate dilecto domicello suo Aymerico de Malamorte, filio nobilis viri Geraldi de Malamorte, in donum transtulisse ea lege ut de his omnibus dictus Aymericus sibi præstaret homagium. — « Et ut hujus doni concessio robur plenioris obtineat firmitatis, presentes litteras sigillo nostro fecimus communiri. Actum Agenni, VIII° kal. octobris, anno Domini M° CC° XL° VI°. »

Expédition délivrée par Gaudin Marcel, vicaire de Toulouse, et maître Bertrand de Ferrières, official de Toulouse, le vendredi après la Toussaint (3 novembre) 1273.

3547   1246. Mercredi 26 septembre.

B. de Faezia, abbas ordinis Cisterciensis, attestatur vicecomitem Castellionis nec dictum castrum nec alias terras a domino rege Angliæ tenere.

(J. 628. — Angleterre, II, n° 16. — Original.)

Excellentissimo domino Ludovico, Dei gratia illustri regi Francie, B. (Bonifacius) de Faezia humilis abbas de ordine Cisterciensi, salutem in eo per quem reges regnant. — Vestre regie magestati per presentes litteras significamus quod nos, qui de castellania castri Castellionis sumus et adhuc in eadem moramur, scimus quod viscecomes Castellionis, ejusdem castri dominus, castrum ipsum vel aliud aut terras aliquas non tenet a rege Anglie, nec est etiam homo suus. — Datum quarta feria ante festum Beati Michaelis, anno Domini M° CC° XL° sexto.

Traces de sceau pendant sur simple queue. — Le sceau de Boniface de la Faye, abbé de Citeaux, n'existe plus aux Archives.

3548   1246. Septembre.

(J. 195. — Champagne, III, n° 28. — Original scellé.)

Guillermus B. Dionysii in Francia abbas totusque ejusdem loci conventus notum faciunt Theobaldum Navarræ regem, Briæ et Campaniæ comitem palatinum, gruariam nemoris ipsorum quod dicitur *aus Boutez*, et quidquid habebat in præfato nemore ratione gruariæ et feodi, sibi quittavisse; et se, pro præfata quittatione, teneri ad viginti et unam libras Pruvinensium annuatim prædicto comiti, vel heredibus ejus, vel ballivo seu præposito de Columbariis, solvendas. — « In cujus rei testimonium, presentes litteras sigillorum nostrorum munimine fecimus roborari. Actum anno Domini M° CC° quadragesimo sexto, mense septembri. »

Scellé, en cire verte sur lacs de soie rouge, des sceaux de l'abbé Guillaume III et du couvent de Saint-Denis, décrits dans l'*Inventaire* sous les n°s 9021 et 8370.

3549   1246. 15 octobre.

(J. 323. — Toulouse, XIV, n° 85. — Original scellé.)

Instrumentum quo constat, anno Domini M° CC° XL° VI°, scilicet idus octobris, Rabaudum Corvum, Guillelmum Bernardum, Rost. Bernardum et Faraudum, fratres, filios quondam Guillelmi Bernardi Corvi, et Guillelmum Bernardum Gramenetum, et Ricavum, fratres, filios quondam Petri de Insula, et Guillelmum de Sparrone, pro se et fratre suo Rostagno, tres partes decimæ octavæ partis dominii Insulæ et rerum ad dictum dominium pertinentium, pretio quatuor milium solidorum et octo librarum et VII. solidorum Ramundensium, domino A. de Claromonte, senescallo domini comitis Tholosæ in partibus Venaissini, pro dicto domino comite stipulanti et ementi, vendidisse et titulo perfecte et irrevocabilis venditionis transtulisse. — « Testes interfuerunt: dominus Ymbertus de Auronis judex, P. Ermengavus, Paulus de Claromonte, Ramundus Gaufridus, *et octo alii*. Et ego Hugo Frenerius, notarius publicus, huic facto interfui et hanc cartam scripsi, signavi mandato partis utriusque et assensu. » (*Hic signaculum notarii.*)

Scellé, sur lacs de fil bleu, de la bulle de plomb en usage pour le comtat Venaissin, décrite dans l'*Inventaire* sous le n° 4607.

3550   1246. 15 octobre.

(J. 303. — Toulouse, I, n° 13. — Original scellé.)

Instrumentum publicum quo notum fit, anno Domini M° CC° XL° VI°, scilicet idus octobris, dominam Alazais filiam quondam Petri de Gorda, uxorem quondam Berengarii de Bolbone, liberorum ex se et dicto Berengario procreatorum tutricem, cum auctoritate et decreto domini Ymberti de Auronis judicis domini comitis Tholosæ, decimam octavam partem dominii Insulæ et jurium ad dictum dominium pertinentium, domino A. de Claromonte, senescallo domini comitis supradicti in partibus Venaissini, pro dicto comite stipulanti et ementi, mediantibus quinque milibus et D. LV. sol. Raimundensibus vendidisse. — « Acta sunt hec in stari quondam Raimundeti Laug. Testes interfuerunt : dominus Ymbertus de Auronis judex, P. Ermengavus, *et novem alii*. Et ego Hugo Frenerius, notarius publicus, huic facto interfui et hanc cartam scripsi, signavi mandato partis utriusque et assensu. » (*Hic notarii signaculum.*)

Scellé comme la pièce précédente.

5551   1246. Jeudi 18 octobre.

(J. 322. — Toulouse, XIII, n° 52. 4. — Copie ancienne.)

Instrumentum quo notum fit Bertrandum de Villa nova quidquid habet et habere debebat apud Caramannum; S. Germerium, et in toto Caramanhesio et Lauraguesio, pro illis M. M. D. solidis Tolosanis dominæ Constantiæ, ipsius aviæ, ratione dotis super bona W. Petri de Caramanno, præfatæ Constantiæ mariti, constitutis, Raimundo comiti Tolosæ et ejus ordinio vendidisse. — « Hoc fuit factum XIIII. die exitus mensis octobris, feria v, regnante Lodoico Francorum rege, etc.... anno M° CC° XL° sexto ab incarnatione Domini. Hujus rei sunt testes : Poncius de Villa nova de Monte Regali, et Sicardus Alamannus, et Raimundus de Alfaro, *sex alii*, et Bernardus de Samatano qui cartam istam scripsit. »

5552   Pontoise. 1246. Octobre.

Litteræ Guillelmi de Dampetra, heredis Flandriæ, de homagio quod domino regi præstitit.

(J. 540. — Flandre, I, sac 5, n° 16. — Original scellé.)

Ego Guillelmus de Dampetra, heres comitatus Flandrie, notum facio universis quod, cum karissimus dominus meus Ludovicus, rex Francie illustris, ad petitionem karissime domine et matris mee Margarite, Flandrie et Haynonie comitisse, post prolatum arbitrium ab ipso domino rege et venerabili patre Odone episcopo Tusculano, Apostolice Sedis legato, super contentione que erat inter me et fratres meos germanos, ex una parte, et Johannem et Balduinum fratres meos uterinos, ex altera, de comitatibus Flandrie et Haynonie et pertinenciis eorumdem, de comitatu Flandrie me recepit in hominem, ego per conventiones, quas dicta domina mater mea et predecessores ejus in comitatu Flandrie, videlicet, Johanna, quondam Flandrie et Haynonie comitissa, et viri ejus Fernandus et Thomas post Fernandum, quondam comites Flandrie, habuerant cum eodem domino rege in eadem forma in qua domina mater mea prenominata et predicti alii ad ejus venerunt hominagium, et in eisdem conventionibus, hominagium ligium, contra omnes homines et feminas qui vivere possunt et mori, ipsi domino regi feci, et easdem conventiones pro me et heredibus et successoribus meis in comitatu Flandrie feci et renovavi, et super sacrosancta Evangelia juravi me eas firmiter et fideliter perpetuo servaturum et contra illas in aliquo non venturum. — Conventiones autem sunt tales. — Ego Guillermus de Dampetra, heres comitatus Flandrie, teneor tradere domino regi litteras domini Pape continentes quod, si ego vel successores mei in comitatu Flandrie resiliremus, quod absit, de conventionibus firmatis inter dominum regem, ex una parte, et me ex altera, Laudunensis et Silvanectensis episcopi et eorum successores, infra quadraginta dies postquam ex parte domini regis fuerint super hoc requisiti per nuncium aut litteras domini regis, promulgarent auctoritate domini Pape sententiam excommunicationis in me et successores meos in comitatu Flandrie et in meos coadjutores et omnes fautores meos, et sententiam interdicti in terras meas et terras coadjutorum et fautorum meorum, et illas sentencias tenerent et facerent teneri sine relaxare quousque id esset emendatum in curia domini regis ad judicium parium Francie. — Ego faciam haberi domino regi securitates et fidelitates militum, communiarum et villarum Flandrie, de quibus eas volet habere, quod si ego resilirem a conventionibus in hac carta contentis, milites et homines communiarum et villarum Flandrie domino regi et heredibus ejus et fratribus ejus et domine regine matri ipsius adhererent et fideliter se tenerent contra me, nec michi auxilium vel consilium prestarent quousque id esset emendatum in curia domini regis ad judicium parium Francie. — Si qui autem de militibus, communiis vel villis Flandrie

nollent facere domino regi fidelitates et securitates predictas, ego expellerem eos de terra mea et seisirem quicquid ipsi haberent in feodo domini regis, sine revocare eos et sine reddere eis res suas nisi per dominum regem vel successores ejus donec fecerint securitates et fidelitates promissas. — Ego et successores mei non poterimus dominum regem vel heredes, vel fratres suos, vel etiam dominam reginam matrem eorum, nec homines eorum, in causam trahere occasione alicujus rei facte ante pacem factam olim anno incarnationis Dominice millesimo ducentesimo vicesimo sexto, mense januario, inter dominum regem et bone memorie Johannam comitissam, quondam materteram meam, et Fernandum quondam maritum ejus comitem Flandrie, quin dictus rex, heredes vel fratres sui; vel etiam domina regina mater eorum, vel homines eorum, remaneant semper in pace tenentes de omnibus hiis de quibus dominus rex Ludovicus, clare memorie, pater dicti regis, et homines sui erant tenentes die conventionis cum dicto domino Ludovico rege, patre ipsius regis, facte de liberatione dicti Fernandi comitis facienda, que facta fuit apud Meledunum anno incarnationis Dominice m° cc° vicesimo quinto, mense aprili, et nichil juris de cetero vindicabo vel reclamabo in premissis. — Ego et successores mei non inquietabimus nec guerreabimus dominum regem, nec heredes, nec fratres suos, nec dominam reginam matrem ejus, nec homines eorumdem, nec ei deficiemus de servicio et jure faciendo, quamdiu dominus rex velit facere nobis jus in curia sua per judicium parium Francie. — Ego non possum facere fortericias novas vel veteres inforciare in Flandria citra fluvium qui dicitur Escaůz, nisi per dominum regem vel successores ipsius. — Has siquidem conventiones, ego Guillelmus promisi predicto domino regi et eidem super sacrosancta juravi me fideliter et firmiter per omnia servaturum. Et volo quod ad easdem conventiones firmiter et fideliter observandas per omnia teneantur imperpetuum heredes et successores mei in comitatu Flandrie. — Illud etiam addidi juramento et conventionibus antedictis quod, cum vel ex obitu predicte karissime domine et matris mee M. comitisse, cujus vitam et incolumitatem exopto, sive ex cessione ipsius viventis, aut aliquo quocumque modo predictum adeptus fuero, concedente Domino, comitatum, omnes conventiones predictas eidem domino regi vel heredi ipsius, quando super hoc ab ipso vel ejus certo mandato fuero requisitus, innovare tenebor, et iterum facere ei dari fidelitates et securitates militum, communiarum et villarum Flandrie, et omnes conventiones predictas juramento proprio renovare et per litteras sigillandas sigillo, quo tunc utar ut comes Flandrie, confirmare.
— Ut autem premissa omnia perpetue firmitatis robur obtineant, presentem paginam sigilli mei feci munimine roborari. Actum apud Pontisaram, anno incarnationis Dominice millesimo ducentesimo quadragesimo sexto, mense octobri.

<small>Scellé, en cire verte sur lacs de soie rouge et verte, du nouveau sceau adopté par Guillaume de Dampierre comme héritier du comté de Flandre, décrit dans l'*Inventaire* sous le n° 628.</small>

3555   Pontoise. 1246. Octobre.

Margareta comitissa Flandriæ recognoscit quod, non obstante præcedente homagio, terra Flandriæ pro forisfacta teneretur, si ipsa, vel filius suus, in dominum regem forisfaceret.

(J. 540. — Flandre, I, sac 5, n° 18. — Original scellé.)

Ego Margareta, comitissa Flandrie et Haonie, omnibus presentes litteras inspecturis notum facio quod, cum de contentione, que vertebatur inter filios meos Johannem et Balduinum, ex una parte, Guillelmum, Guidonem et Johannem, ex altera, super jure quod utrique eorum petebant in comitatibus Flandrie et Haonie compromissum fuisset ab eis in karissimum dominum meum L. (Ludovicum), illustrissimum regem Francie, et venerabilem patrem O. (Odonem) Tusculanum episcopum, Apostolice Sedis legatum, de consensu et voluntate mea, interpositis conventionibus que in litteris super eadem compromissione confectis plenius continetur, inter quas hec specialiter sunt expressa, videlicet, quod dominus rex in predicta compromissione concessit quod ipse reciperet in hominem de comitatu Flandrie, me vivente, si ego hoc peterem, illum qui per ordinationem ipsorum domini regis et domini legati eundem comitatum haberet, salva vita mea et salvo in omnibus jure ipsius domini regis;

nec non et quod hec omnia, que super predicta compromissione sunt facta et concessa, facta et concessa sunt eo salvo quod ego, non obstantibus dicta compromissione vel arbitrio super hoc proferendo aut ordinatione super hiis facienda per predictos dominum regem et dominum legatum, plenam quamdiu vixero potestatem haberem et amministrationem predictorum comitatuum et tocius terre mee, et de ipsis possem pro voluntate mea facere sicut poteram ante compromissionem predictam, hoc excepto quod nulli de dictis meis filiis terram aliquam seu redditum dare possem preter partes que per eosdem dominum regem et dominum legatum erant unicuique eorum assignande, nec alicui eorum aliquid dare super partem alteri assignandam. — Predicti dominus rex et dominus legatus, in negotio prefato secundum formam compromissionis in ipsos facte deliberatione previa procedentes, sic ordinaverunt et per dictum suum assignaverunt prefato Johanni de Avesnis totum comitatum Haionie, cum omnibus pertinentiis. Dicto vero Guillelmo assignaverunt totum comitatum Flandrie, cum omnibus pertinentiis, secundum formam que continetur in ipsorum litteris super ejusdem arbitrii prolatione confectis. — Cumque post prolationem predicti arbitrii, prefatus karissimus dominus meus Ludovicus, rex Francie illustris, ad petitionem meam de comitatu Flandrie receperit jamdictum Guillelmum in hominem, hoc salvo quod ego eumdem comitatum Flandrie cum pertinentiis ejus tenebo quamdiu vixero et plenam habebo potestatem et amministrationem ipsius, sicut superius est expressum. Quia ex hujusmodi gratia, a domino rege liberaliter ipsi Guillelmo facta, non decet diminui in aliquo jus ipsius domini regis, volo et concedo quod, si forte contingeret, quod Dominus avertat, me, quamdiu dictum comitatum tenebo, aliquid facere propter quod terra de jure debeat esse forisfacta, non remaneat, propter homagium quod fecit dictus Guillelmus eidem domino regi, quin terra predicta quantum ad me et ipsum forisfacta sit, sicut esset antequam homagium faceret supradictum. — Si ipsum eciam, quod Deus avertat, aliquid contingeret facere propter quod de jure terra debeat esse forisfacta, terra predicta similiter quantum ad eum sit forisfacta. — Propter istud etiam homagium non remaneat nec aliquo modo impediatur quin dictum illud sive ordinationem aut arbitrium, quod ipsi dominus rex et dominus legatus super predicta contentione que erat inter prefatos meos filios protulerunt, in omnibus et per omnia plene et perfecte tenear observare. — In cujus rei testimonium, presentes litteras feci fieri et sigilli mei appensione muniri. Actum apud Pontysaram, anno Domini M° CC° quadragesimo sexto, mense octobri.

Scellé, en cire verte sur lacs de soie rouge et verte, du sceau de Marguerite de Dampierre, comtesse de Flandre et de Hainaut, décrit dans l'*Inventaire* sous le n° 624.

3554   1246. Octobre.

(J. 197. — Champagne, V, n° 63. — Original scellé.)

Henricus comes Grandis Prati notum facit se et abbatem conventumque S. Vitoni Virdunensis villam, quam communiter apud Novam Villetam construere debent, in custodia et salvamento carissimi domini sui Th. regis Navarræ, Campaniæ et Briæ comitis palatini, ea lege posuisse ut præfatus rex et ejus heredes a quolibet burgensi dictæ villæ unum sestarium avenæ et duas gallinas annuatim habeant. — « In cujus rei testimonium, presentes litteras sigilli mei munimine roboravi. Actum anno Domini M° CC° XL° sexto, mense octobri. »

Traces de sceau pendant sur double queue. — Le sceau de Henri VI, comte de Grandpré, n'existe plus aux Archives.

3555   1246. Octobre.

(J. 197. — Champagne, V, n° 64. — Original scellé.)

Litteræ G. (Guillelmi) abbatis et totius conventus S. Vitoni Virdunensis, ejusdem argumenti et formæ. — « Quod ut ratum et firmum permaneat, sigilla nostra presentibus litteris apposuimus. Actum anno Domini millesimo ducentesimo quadragesimo sexto, mense octobri. »

Cette charte était scellée, dans le principe, de deux sceaux pendants sur cordelettes; le sceau du Guillaume, abbé de Saint-Vanne de Verdun, s'est détaché et n'a pas été retrouvé ailleurs; le sceau de l'abbaye est décrit dans l'*Inventaire* sous le n° 8402.

3556   1246. Octobre.

(J. 197. — Champagne, V, n° 66. — Original.)

Henri (*Hainris*), comte de Grandpré, déclare avoir vendu, moyennant huit cents livres de Provins, à son cher seigneur Thibaud, roi de Navarre, comte palatin de

Champagne et de Brie, tout ce qu'il possédait à Saint-Jehan-sur-Torbe et au finage, rivière et châtellenie de ladite ville, en hommes, femmes, banc, justice, fours, moulins, eaux, terres, vignes, bois, etc., sauf les fiefs qu'il se réserve. — « An quel tesmoignance des choses devan dites, et por ce que soient fermes et estables, je ai faites sceller ces présantes lestres de mon seel an l'an de l'incarnation Nostre Seigneur mil et deux centz et quarante et sis, ou mois de octobre. »

Traces de sceau pendant sur lacet blanc et brun. — Sceau perdu.

3557   1246. Octobre.

(J. 207. — Mouzon, n° 10. — Original. = J. 197. — Champagne, V, n° 65. — Déficit.)

Ratification par Isabelle (*Isabiaus*), comtesse de Grantpré, de la vente faite à Thibaud, roi de Navarre, par Henri, comte de Grantpré, de ce qu'il possédait au finage et en la châtellerie de Saint-Jehan-sur-Tourbe. — « An quel tesmoignance des choses devantdites et por ce qu'èles soient fermes et estables, j'ai faites saeller ces présentes lestres de mon seel, en l'an de l'incarnacion Nostre Seigneur mil et deux cenz et quarante et sis, ou mois de octobre. »

Traces de sceau pendant sur lacet de chanvre. — Le sceau d'Isabelle, comtesse de Grandpré, n'existe plus aux Archives.

3558   1246. Octobre.

Conventions entre Guillaume de Dampierre et le roi de Navarre.

(J. 196. — Champagne, IV, n° 35. — Original scellé.)

Ge Wuilliaumes, sires de Dampierre et oirs de Flandres, fais savoir à touz çaus qui ces lètres verront que ge ai prommis et prommet et oblige et me sui obligié envers mon seigneur le roi de Navarre, conte de Champaigne, à ce que ge rendrai toute ma terre que j'ai en Champaigne, la quèle ge tieng de lui en fié, à un de mes frères qui hommage lige l'en fera devant touz hommes, toutes les foiz que cil devant dit rois ou ses certains messages m'en requerra. — Et, se ge, requis de ce par lui ou par son certain message, ne le vouloie faire, il en porroit assener à tout le fié que ge tieng de lui, sanz soi meffaire envers moi, et tenir tout le fié entièrement dusqu'à tant que la rendue et li hommages li seroient fait, si com dit est. — Et s'il avenoit par aventure que mi frère moreussent, la quiex chose n'avenra pas se Deu plest, cil devant diz rois mes sires porroit assener à tout le fié que ge tieng de lui et tenir en sa main, sanz soi meffaire, dusqu'à tant que cil qui oirs en devreit estre l'en eust fait hommage lige devant touz hommes. — Et est assavoir que tant comme ge tenrai la terre devantdite, ge sui tenuz à servir cedit roi mon seigneur de la terre et de mon cors envers toutes genz et encontre toutes genz qui porroient vivre et mourir, fors que contre mon seigneur le roi de France, contre lequel ge ne serviroie mie le devantdit rois de Navarre de mon cors, mès ge le serviroie dou fié qui de lui muet. — Et se il avenoit par aventure que cil devantdiz rois de Navarre mes sires moureust, dont Dex le gart, avant ce que la rendue et li hommage devantdit fussent fait, ge seroie en toutes ces choses devantdites ausins tenuz à ses oirs comme à lui ou à madame la roine sa fame qui la terre tenroit en bail, comme de bail. — Et en tesmoing de toutes ces choses, ge ai fait sceler ces présentes lètres de mon seel. — Ce fu fait en l'an Nostre Seigneur Jéshu Crist mil et deus cenz et quarante sis, au mois de octovre.

Fragment de sceau en cire blanche pendant sur double queue. Voyez l'*Inventaire*, n° 628.

3559   Lyon. 1246. 6 novembre.

(J. 155. — Sainte-Chapelle de Paris, n°s 5 et 6. — Copies.)

Innocentius papa IV carissimo filio suo in Xpisto regi Franciæ illustri, cupiens ut ejus capella Parisiensis, in qua Corona Domini, et de ligno sancte Crucis, et aliæ maximæ reliquiæ sub veneranda custodia conservantur, congruis honoribus frequentetur, omnibus vere pœnitentibus et confessis, qui capellam ipsam in die qua ipsam dedicari contigerit et postmodum in ejus anniversario visitaverint annuatim, annum unum, et illis qui ad eam per octabas dedicationis ejusdem accesserint, singulis diebus centum dies de injuncta eis pœnitentia relaxat. — « Datum Lugduni, VIII. idus novembris, pontificatus nostri anno quarto. — *Licet is de cujus munere venit*, etc. »

Ces deux pièces, cotées 5 et 6, sont conçues à peu près dans les mêmes termes. Elles diffèrent en ce que la pièce n° 6, qui ne renferme pas la clause finale par laquelle le pape accorde une indulgence de cent jours à ceux qui visiteront la Sainte-Chapelle pendant l'octave de la dédicace, donne l'indication précise du jour de cette dédicace, laquelle eut lieu le 14 septembre, *in die exaltationis Sancte Crucis*. — Ces deux copies paraissent avoir été écrites au quatorzième siècle.

3560
Lyon. 1246. 6 novembre.

Litteræ Innocentii papæ IV prælatis Franciæ ne crucesignatos criminum reos contra justitiam secularem defendant.

(J. 447. — Croisades. Bulles, n° 44. — Original scellé.)

Innocentius episcopus, servus servorum Dei, venerabilibus fratribus archiepiscopis et episcopis, ac dilectis filiis decanis, archidiaconis, officialibus et universis ecclesiarum prelatis per regnum Francie constitutis, salutem et apostolicam benedictionem. — Ex parte carissimi in Xpisto filii nostri [Ludovici], regis Francie illustris, fuit propositum coram nobis quod nonnulli crucesignati regni sui, cum deberent ab excessibus abstinere propter libertatem eis indultam, furta, homicidia, raptus mulierum et alia perpetrant detestanda. Nolentes igitur ut aliqui crucesignati, occasione libertatis eis indulte, presumant ad talia extendere manus suas, universitati vestre per apostolica scripta mandamus quatinus crucesignatos eosdem in hujusmodi criminibus minime defendatis. — Datum Lugduni, VIII. idus novembris, pontificatus nostri anno quarto.

Bulle de plomb sur cordelettes de chanvre. — Voyez l'*Inventaire*, n° 6048.

3561
1246. 21 novembre.

(J. 303. — Toulouse, 1, n° 12. — Original scellé.)

Instrumentum, per litteras alphabeti divisum, compositionis initæ inter Ramundum comitem Tholosæ, marchionem Provinciæ, ex una parte, et dompnum Laurentium abbatem conventumque Belleperticæ, ex altera, super terris, possessionibus et nemoribus inter Borrellum et domum Belleperticæ et inter Guaronnam et rivum Canum sitis. — « In cujus rei testimonium et majorem firmitatem, prefati dominus comes et abbas Bellepertice presentem paginam sigillorum suorum munimine fecerunt communiri. Acta fuerunt hec apud Bigardum, XI. kalendas decembris, anno Domini millesimo ducentesimo quadragesimo sexto. — De laudatione vero domini comitis et concessione dompni abbatis et fratris Apparicii cellerarii majoris sunt testes : R. Gaucelmi dominus Lunelli, Berengarius de Promilhaco, Arnaldus de Escalquencis *et quinque alii.* — Et de laudatione et concessione aliorum predictorum fratrum sunt testes : Bernardus de Sancto Antonino de Manso subtus Verdunum, Guillelmus Grava de Albia et Johannes Severdanus de Castro Sarraceno. — Et Bernardus Aimericus, publicus Tholose notarius, fuit ad totum presens et est de toto testis qui, mandato predictorum domini comitis, abbatis et conventus, cartam istam scripsit. »

Deux sceaux en cire brune pendants sur cordelettes de soie rouge et jaune. — Le sceau du comte de Toulouse est décrit dans l'*Inventaire* sous le n° 745. Le sceau de Laurent, abbé du monastère de Belleperche, au diocèse de Montauban, n'a pas été décrit. C'est un petit sceau ogival, sur lequel l'abbé est représenté debout et mitré, la main droite appuyée sur la crosse abbatiale, et tenant de la main gauche un livre sur sa poitrine. La légende est illisible.

3562
Lucera. 1246. Novembre.

Mandatum Friderici imperatoris officialibus suis Siciliæ ut Ludovico regi, ad partes ultramarinas cum exercitu transfretanti, victualia, arma et equos justo pretio suppeditent.

(J. 419. — Bulles d'or, n° 4. — Original scellé.)

Fridericus, Dei gratia Romanorum imperator semper augustus, Jerusalem et Sicilie rex, justiciariis, magistris camerariis, magistris procuratoribus, magistris fundicariis et universis per regnum Sicilie constitutis, fidelibus suis, gratiam suam et bonam voluntatem. — Cum L. (Ludovicus), illustris rex Francorum, dilectus amicus noster, quem sinceri amoris integritate complectimur, ad Illius honorem qui regibus dat salutem, pro Terre sancte subsidio, signo mirifice crucis assumpto, disponat ad partes ultramarinas, in festo Beati Johannis primo future sexte inditionis, laudabiliter transfretare, volentes ejusdem felicem utinam transitum et suorum regni nostri fertilitate fulciri, fidelitati vestre precipiendo mandamus quatinus, cum in eo rem nostram et Conradi, Romanorum in regem electi et regni Jerosolimitani heredis, karissimi filii nostri, quasi agere videamur, equos, arma, victualia et necessaria quelibet, tam pro rege predicto quam pro hiis qui de suo sunt hospitio vel familia, per regnum nostrum emi sine molestia, ad commune pretium quo ipsius emptionis tempore generaliter distrahetur in regno, et a kalendis proximo futuri mensis martii predicte sexte indictionis in antea, usque per totum tempus quo predictus rex in ultramarinis partibus pro Xpisti servitio moram trahet, emi et extrahi de regno libere ac illuc deferri, tam per terram quam aquam, pro eodem negotio sine derictu (sic) et impedimento quolibet permittatis. — Datum Lucerie, anno Dominice incarnationis millesimo ducentesimo quadragesimo sexto, mense novembri, quinte indictionis.

<small>Scellé, sur lacs de soie amarante, de la bulle d'or de Frédéric II, décrite dans l'*Inventaire* sous le n° 10886. — Voyez, sur cette bulle, la dissertation placée par M. Huillard-Bréholles en tête du tome VI de l'*Histoire diplomatique de Frédéric II*.</small>

3563   Lucera. 1246. Novembre.

Litteræ Friderici II pro mercatoribus Imperii ut crucesignatis bladum et alia victualia suppeditare valeant.

(J. 443 A. — Croisades, II, n° 1. — Original.)

Fridericus, Dei gratia Romanorum imperator semper augustus, Jerusalem et Sicilie rex. — Tenore presentium notum fieri volumus universis quod nos mercatoribus omnibus, tam de Imperio et regno nostro quam de regno Francie et quibuscumque aliis partibus, ad Terram sanctam una cum Ludovico, illustri rege Francorum, dilecto amico nostro, transfretare volentibus, licentiam et securitatem dedimus ut per Imperium et regnum nostrum bladam (sic) et necessaria quelibet, tam pro rege predicto quam baronibus, militibus, nobilibus, et crucesignatis aliis, cum eodem rege in Terre sancte subsidium profecturis, a kalendis martii primo future sexte indictionis in antea, usque per totum tempus quo prefatus rex in ultramarinis partibus pro Xpisti servitio moram trahet, emere, et postquam per litteras predicti regis nobis, si presentes in regno fuerimus, vel, nobis absentibus, ei qui ibidem gesserit vices nostras, plene constiterit quod idem rex in portu sit ad partes predictas pro Xpisti servitio transiturus, extrahere, et ad crucesignatos, pro ipsorum exercitu, valeant sine quolibet impedimento deferre, idonea per eosdem mercatores prestita cautione seu nobis vel predicto vices nostras gerenti per speciales litteras regias fide facta quod res de Imperio et regno nostro emptas ab eis non alios quam ad crucesignatos et pro ipsorum exercitu deferre presumant; et specialiter quod eas in necessitates et utilitates Acconensium seu quorumlibet bannitorum, infidelium seu inimicorum nostrorum et Imperii non convertant. — Quocirca presentium auctoritate mandamus quatinus nullus sit qui mercatores ipsos, cum victualibus et rebus aliis quas secum deferent ad predictos, impedire, temerare, seu molestare presumat. — Datum Lucerie, anno Dominice incarnationis millesimo ducentesimo quadragesimo sexto, mense novembri, quinte indictionis.

<small>Traces de sceau pendant sur cordelettes. — Voyez dans l'*Inventaire*, n° 10887, la description du sceau de Frédéric II.</small>

3564   Paris. 1246. Novembre.

Homagium a vicecomite Thoarcii comiti Pictavensi præstitum.

(J. 190 A. — Poitou, I, n° 25. — Original scellé.)

Universis presentes litteras inspecturis, Hemericus vicecomes Thoarcii, salutem. — Noveritis quod nos karissimo domino nostro Alfonso comiti Pictavensi fecimus homagium ligium contra omnes homines et feminas, qui possint vivere et mori, de vicecomitatu Thoarcii et ejus pertinenciis, et idem comes recepit nos de ipso vicecomitatu et pertinenciis in hominem ligium, salvo racheto suo, si illud de jure debeat habere, et salvo jure suo et alieno. — Dictus vero comes, recepto homagio suo, deliberavit nobis terram nostram. Postmodum nos, ad requisitionem predicti comitis, tradidimus ei castrum nostrum de Thefauges, tenendum ab ipso et custodiendum ab instanti festo Penthecostes in quinque annos. — Pro cujus castri custodia, tenemur ei reddere quolibet predictorum annorum centum viginti libras Turonensium per terminos inferius annotatos, videlicet, in Purificatione Beate Virginis quadraginta libras, et in subsequenti Ascensione Domini quadraginta libras, et in festo Omnium Sanctorum proximo venturo quadraginta libras. — Predictus autem comes, dictis quinque annis elapsis, tenetur nobis reddere dictum castrum in eo statu quo illud tradidimus ei, sine deterioratione aliqua ex parte sua proveniente. — Preterea super sacrosancta Evvengelia juravimus nos domino comiti fideliter servituros contra omnes homines et feminas qui possint vivere et mori. — Juravimus etiam quod predictum castrum de Thefauges et castrum Thoarcii, et omnes alias fortericias nostras de feodo supradicto, nos et heredes nostri eidem comiti et heredibus suis, vel certo mandato ipsorum, suas patentes litteras deferenti, trademus ad forciam parvam et magnam quocienscumque ab ipso comite vel heredibus suis vel predicto mandato eorumdem super hoc fuerimus requisiti; et idem comes vel heredes sui nobis et heredibus nostris eas reddere tenebuntur, finito negocio eorumdem, in eo statu quo eas trademus illis sine aliqua deterioratione que proveniat ex parte sua. Hec autem omnia, prout superius sunt expressa, juravimus sepedicto domino nostro comiti Pictavensi nos bona fide servaturos. — Actum Parisius, anno Domini millesimo ducentesimo quadragesimo sexto, mense novembri.

Scellé, sur double queue, du sceau armorial, en cire jaune, d'Aimeri VIII, vicomte de Thouars, décrit dans l'*Inventaire* sous le n° 1089.

5565   Paris. 1246. Novembre.

Conventiones initæ inter Mauricium de Bellavilla militem, et A. comitem Pictaviæ.

(J. 190 B. — Poitou, I, n° 89. — Original scellé.)

Mauricius de Bellavilla miles et Johanna uxor ejus omnibus presentes litteras inspecturis, salutem. — Notum facimus quod ego Mauricius karissimo domino nostro A. comiti Pictavensi feci homagium ligium, contra omnes homines et feminas qui possunt vivere et mori, de castro de Lucone; et ipse me recepit in hominem ligium de ipso castro et de hoc quod defunctus Haimericus, quondam vicecomes Thoarcii, et ego Johanna, ejusdem vicecomitis filia, tenebamus ibidem eo die quo decessit. — Ego vero Mauricius finavi cum ipso domino comite ad duo milia librarum Turonensium de racheto ipsius castri, et de quibusdam emendis et quibusdam arreragiis que a nobis petebat. — Nos vero dimisimus in manu domini comitis castrum Ruppis super Yon cum pertinenciis, que sunt de feodo ipsius domini comitis et que ab ipso tenebamus, si nobis debeat remanere per inquestam. Et, de assensu nostro, debet dominus comes inquirere utrum jus habeat in dicto castro et pertinenciis; et si per inquestam invenerit quod castrum illud ipsi domino comiti debeat remanere, sine impedimento aliquo ei liberum remanebit et quietum, ita quod in illo castro et pertinenciis nichil poterimus reclamare. — Si autem per inquestam invenerit quod nobis reddi debeat illud castrum, nobis, facto rascheto suo, illud reddet, tali modo quod per sex annos dictum castrum tenebit in manu sua, et pro custodia illius castri tenemur eidem domino comiti reddere quolibet dictorum sex annorum viginti libras monete currentis per terram, ad tres terminos per annum, scilicet, ad Purificationem B. Marie, ad sequentem Ascensionem Domini, et ad sequens festum Omnium Sanctorum; quorum terminorum primus erit ille qui erit proximus post inquestam expeditam. — Nos vero juravimus, tactis sacrosanctis Evangeliis, quod dictum castrum de Lucone et etiam castrum Ruppis sur Yon, si per inquestam a domino comite factam nobis reddatur, eidem domino comiti et heredibus suis vel eorum certo mandato, ipsorum patentes litteras deferenti, trademus ad fortiam magnam et parvam quotiens ab ipso domino comite vel heredibus suis, vel eorum certo mandato ipsorum patentes litteras deferenti, fuerimus requisiti. — Et hec omnia, sicut superius sunt expressa, juravimus, tactis sacrosanctis Evangeliis, nos firmiter servaturos et ei domino comiti nos fideliter servaturos. Actum Parisius, anno Domini M° CC° quadragesimo sexto, mense novembri.

Ce traité était scellé, dans le principe, de deux sceaux pendants sur double queue. Le sceau de Maurice de Belleville, qui s'est détaché, est décrit dans l'*Inventaire* sous le n° 1390, d'après un type appendu à un acte daté de 1249. Celui de Jeanne de Belleville, dame de Luçon, sa femme, est décrit sous le n° 1392, d'après le type même appendu à la présente charte.

5566   Paris. 1246. Novembre.

(J. 190 B. — Poitou, I, n° 90. — Original scellé.)

Petrus Mauricii, miles, notum facit karissimum dominum suum Alfonsum, Pictavensem comitem, sibi quatuor libratas terræ ad Turonenses apud Jonceransyam, Fraxinum, Vacheriam senem et Maleboulon, si de jure fieri possit, assignandas, vel aliter de coffris ejus reddendas, in homagium ligium dedisse; et se præterea in feodum dicti comitis posuisse viginti libratas terræ sitas in parrochiis de S. Germano, de S. Boneto burgo et de Dorangiis, quas antea a nullo tenebat et de quibus, præstito homagio, devenit homo ligius præfati comitis. — « Quod ut ratum et firmum permaneat in futurum, presentes litteras sigilli nostri munimine duximus roborandas. Actum Parisius, anno Domini m° cc° quadragesimo sexto, mense novembri. »

Scellé, en cire brune sur double queue, du sceau de Pierre Maurice, chevalier, seigneur de Saint-Bonet. (Légende du sceau : † S. Petri Mauricii militis domini S. Boneti.) Voyez l'*Inventaire*, n° 3509.

3567   Paris. 1246. Novembre.

Conventiones initæ inter comitissam Augi et comitem Pictavensem.

(J. 192. — Poitou, II, n° 16. — Original scellé.)

Ph. (Philippa), comitissa Augi, universis presentes litteras inspecturis, salutem in Domino. — Noverint universi quod nos fecimus homagium ligium, tanquam de ballo, karissimo nostro A. (Alfonso) comiti Pictavensi de terra quam ab ipso tenebat karissimus dominus et maritus noster R. (Radulfus), quondam comes Augi, in comitatu Pictavensi; et dictus comes Pictavensis nos, tanquam de ballo, in feminam ligiam recepit, salvo jure suo et alieno. — Nos vero castrum de Syvreio tradidimus dicto comiti tenendum et custodiendum ab instanti festo Penthecostes in quinque annos. Pro cujus custodia tenemur reddere dicto domino comiti Pictavensi, quolibet dictorum quinque annorum, centum viginti libras monete currentis per terram ad terminos inferius annotatos, videlicet, in Purificatione Beate Virginis quadraginta libras, et in Ascensione Domini subsequenti quadraginta libras, et in festo Omnium Sanctorum proximo venturo quadraginta libras. — Ipse vero dominus comes Pictavensis dictum castrum, elapsis predictis quinque annis, nobis reddet nisi interim ballum dimiserimus vel perdiderimus, nos alicui maritali copula conjungendo. — Si enim infra predictos quinque annos transferremus nos ad nupcias, dictus comes predictum castrum in manu sua teneret donec heres noster ad etatem legitimam perveniret; et tunc eidem heredi predictum castrum, factis sibi redivenciis (*sic*) debitis, sine deterioracione aliqua que ex parte dicti comitis proveniat, reddere tenebitur idem comes. — Nos vero vel heres noster, quando dictus comes dictum castrum nobis reddiderit, tenemur eidem comiti securitatem facere quod dictum castrum Syvreii dicto comiti vel heredibus suis, vel mandato suo suas vel heredum suorum patentes litteras deferenti, trademus, ad magnam forciam et parvam, quociens ab ipso vel heredibus suis vel predicto suo mandato super hoc fuerimus requisiti. — Preterea juravimus super sacrosancta Evangelia predicto domino comiti Pictavensi quod castra de Metulo, de Chesiaco, et omnes alias fortericias quas ab ipso tenemus, trademus ei vel heredibus suis, ad forciam magnam et parvam, quociensconque (*sic*) ab ipso vel heredibus suis, vel eorum mandato litteras ipsorum patentes deferenti, fuerimus requisiti. — Et similiter predictus heres noster, cum ad etatem legitimam venerit, dicto comiti et ejus heredibus facere tenebitur, et dictus comes eas nobis reddere tenebitur in eo statu in quo erant quando ipsis eas trademus sine deterioracione aliqua, ex parte prefati comitis proveniente. — Et de hiis superius nominatis adimplendis et firmiter tenendis, quamdiu ballum tenuerimus, totam terram et hereditatem nostram et omnia bona nostra, tam mobilia quam immobilia, dicto comiti obligamus. — Actum Parisius, anno Domini millesimo cc° quadragesimo sexto, mense novembri.

Scellé, en cire blanche sur double queue, du sceau de Philippette, comtesse d'Eu, décrit dans l'*Inventaire* sous le n° 921.

3568   Paris. 1246. Novembre.

Helyas comes Petragoricensis sese obligat ad pacem, quam cum hominibus castri S. Frontonis inivit, fideliter servandam.

(J. 292. — Périgord, n° 3. — Original scellé.)

Nos Helyas, comes Petragoricensis, notum facimus universis presentes litteras inspecturis quod, cum karissimus dominus noster Ludovicus, rex Francie illustris, vellet quod ei emendaremus illud quod dicebat quod ad submonitionem suam non veneramus, et quod homines de castro Sancti Frontonis ad mandatum suum non liberaveramus, nos super predictis eidem emendam fecimus ad voluntatem suam. — Promisimus etiam et juravimus super sacrosancta Evangelia, in presentia ejusdem domini regis, quod fideliter ei serviemus, et ballivo, qui loco ejus erit in terra nostra, obediemus et auxilium ei prestabimus quando ex parte sua fuerimus requisiti. — Promisimus etiam et juravimus quod bonam pacem tenebimus et firmam hominibus de castro Sancti Frontonis, et quod per nos nec per nostros eis aliquod malum faciemus; et, si aliquis dictis hominibus faceret vel vellet facere malum, nos istud pro posse nostro impediremus. — Et similiter in presentia ejusdem domini regis major et quidam homines dicte ville Sancti Frontonis promiserunt et juraverunt quod bonam pacem et firmam nobis et nostris tenebunt et quod aliquod malum per se vel per suos nobis et nostris non facient vel fieri permittent; et, si aliquis nobis vel nostris vellet facere vel faceret malum, quod pro posse suo impedirent. — Promisimus etiam et juravimus quod homines dicti castri quos captos tenemus et res ipsorum quas cepimus et redemptiones eorum quas habuimus, bona fide et pro posse nostro trademus ballivo domini regis; et similiter homines dicti castri tenentur reddere eidem ballivo homines nostros et homines civitatis Petragoricensis et res ipsorum quas ceperunt et redemptiones quas habuerunt. Et hec facere dictus major et quidam homines dicte ville in presentia domini regis promiserunt et juraverunt. — Promisimus etiam et juravimus quod inquestam et dictum inqueste, quam precipit fieri idem dominus rex super injuriis quas dicunt homines dicti castri nos eis intulisse, et quas dicimus ipsos nobis intulisse, tenebimus et observabimus et contra non veniemus. Et hoc idem promiserunt et juraverunt dictus major et quidam homines castri supradicti. — Super predictis autem omnibus tenendis et firmiter observandis trademus predicto domino regi vel mandato ejus, sub prestito juramento, securitatem usque ad mille et sexcentas libras Turonensium et filium nostrum in ostagium et castra nostra, si ea idem dominus rex velit habere, ita quod, si contra predicta veniremus, tota terra nostra sit in deperdito et forisfacta. — In cujus rei testimonium, presentes litteras sigillo nostro fecimus sigillari. Actum Parisius, anno Domini M° CC° quadragesimo sexto, mense novembri.

Scellé, en cire blonde sur double queue, du sceau d'Hélie VI, comte de Périgord, décrit dans l'*Inventaire* sous le n° 1003.

3369 1246. Novembre.

Commission donnée par les barons de France à quatre d'entre eux pour l'exécution de leur traité d'alliance contre les empiétements du clergé.

(J. 198 B. — Champagne, VI, n° 84. — Original scellé.)

A touz cels qui ces lettres verront, nos tuit de qui li seel pendent en cest présent escript faisons asavoir qe nous, par la foi de noz cors qe nos avons fiancées, somes tenu, nos et nostre hoir à touzjours, aidier li uns à l'autre et à touz cels de noz terres et d'autres terres, qui voudront estre de ceste compaignie, à porchacier, à requérir et à deffendre noz droiz et les leur, en bone foi, anvers le clergié. — Et por ce qe griès chose seroit nos touz assembler por ces besoigne, nos avons esleu par le commun assent et otroi de noz touz le duc de Borgoigne, le conte Perron de Bretaigne, le conte d'Angolesme, et le conte de Saint Pol, à ce qe, se aucun de ceste communité avoit afeire anvers le clergié, tel a[ide comme] cil quatre devantdit esgardcroient [que on le] dust fère, nos li feriens. — Et est assavoir que à deffendre et porchacier et requerre chascuns de ceste compagnie métra par son seirement le centiesme de la vaillance d'un an de la terre qe il tendra; et chascuns riches hom de la compaignie fera lever ces deniers à son pooir chascun an à la Purification Nostre Dame, et les délivrera là où il sera mestiers por ceste besoigne par les lètres pendanz de ces quatre devant només [ou] deus d'aus. — Et se aucuns avoit tort, et il ne le vouloit leissier por ces quatre devant nomez, il ne seroit pas aidiez de la communauté. — Et se aucuns de ceste compagnie estoit escommenié por tort coneu par ces quatre qe li clergiez li feist, il ne l[aissera pas] aller son droit ne sa querèle por escommeniement ne por autre chose [que on li face,] se ce n'est par l'acort de ces quatre ou de deus d'aus, einçois porsuivront sa droiture. — Et se li dui des quatre moroient ou alloient [hors de la] terre, li autre dui qui demorroient [mettroient autres deus] en leu de ces deus qui auroient ce pooir qui est cideseur devisez. — Et s'il avenoit qe li troi ou li quatre alent hors de la terre ou morussent, li douze ou li dis des riches homes de ceste communité esliroient autres quatre [qui auroient ce mesme] pooir qe li quatre devantdit. — Et se cil quatre ou aucun de la communité par le commendement de ces quatre faisoient aucune besoigne qui apartenist à la communité, la communité l'an déliverroit. Et ceste chose, si come èle est ci deseur escrite et d[evisée], durra à touzjors. — Ce fu fait an l'an de l'Incarnacion Nostre Seigneur [mille et] deus cenz et quarante et sis, ou mois de novembre.

Cette pièce importante a été, comme un grand nombre d'autres pièces provenant des archives de Champagne, fortement endommagée par l'humidité; nous avons restitué les mots, devenus complétement illisibles, à l'aide du texte publié dans les *Preuves des libertés de l'Église gallicane*, 1re partie, p. 99, 3e édit. — Repliée sur les quatre côtés, la charte était préparée pour recevoir un grand nombre de sceaux ; mais elle n'en a jamais reçu que dans sa partie inférieure, où l'on remarque les traces de dix-neuf sceaux pendants sur cordelettes de fil, et, comme les noms de ceux qui ont scellé ne sont pas exprimés dans le texte, il est impossible de savoir maintenant quels étaient les sceaux apposés à l'acte en signe d'adhésion.

3570   Buzet. 1246. 9 décembre.

(J. 327. — Toulouse, XVIII, n° 33. — Original roman.)

Acte du bail à cens d'une éminée de pré située sur le territoire de Buzet ; ledit bail consenti par Vidal Borgarel, Aimeric Borgarel, son frère, et Martin de Raust, leur cousin, à P. Andrieu et à ses ayants cause. — « Testimoni : P. Vifrane, en Pons Ivernat, en W. de Someire. Aiso fo fag e la cuberta, davan la gleiha de Buzet, viiii. die intrante decembri, regnante Lodoyco rege Francorum, etc...... Anno Domini M. CC. XL. VI. Johans de Malaura, escrivas comunals, hoc vidit et audivit et scripsit et signavit. » — (*Hic signaculum scriptoris.*)

3571   Buzet. 1246. 9 décembre.

(J. 327. — Toulouse, XVIII, n° 34. — Original roman.)

Acte du bail à cens d'une éminée de terre située à la noue de la Roche (*a nauza de Roca*); ledit bail consenti par Vidal et Aimeric Borgarel et Martin de Raust, leur cousin, à P. Andrieu et à ses ayants cause. — « Testimoni : P. Vifranc, en Pons Ivernat, en W. de Someire, en W. de Dieu. Aiso fo fag e la cuberta, davan la gleiha de Buzet, viiii° die intrante decembris. Regnante Lodoyco rege Francorum, etc.... Anno Domini M. CC. XL. VI. Johans de Malaura, escrivas comunals, hoc vidit et audivit et scripsit et signavit. » (*Hic signaculum scripturis.*)

3572   1246. 18 décembre.

(J. 305. — Toulouse, III, n° 50. — Original scellé.)

Instrumentum, per litteras alphabeti divisum, quo notum fit Guillelmum Bernardi de Olargio Ramundo Tholosano comiti, marchioni Provinciæ, homagium præstitisse de omnibus quæ Helydi uxori suæ in dotem collata fuerant, id est de omnibus que nobilis vir Deurde de Castlucio et domina Saura uxor ejus, prædictæ Helydis pater et mater, in castro de Castlucio, villa S. Affricani, castro de Bornac, castro de Verzols, castro de Monteacuto et castro de Petra possederant. — « In cujus rei testimonium et majorem firmitatem, nos R. comes predictus et ego Guillelmus Bernardi presentem paginam sigillorum nostrorum munimine fecimus communiri. Acta hec fuerunt ita et concessa apud Sestarollum, quinto decimo kalendas januarii, anno Domini millesimo ducentesimo quadragesimo sexto. Testes fuerunt vocati et rogati : Sicardus Alamanni, Poncius Astoaudi cancellarius dicti domini comitis Tholozani, Guillelmus de Bouvila, *duodecim alii*, et ego Bernardus Aimericus publicus Tholose notarius qui, mandato dictorum domini comitis et Guillelmi Bernardi, hec scripsi. »

Deux sceaux pendants sur lacets de soie rouge et jaune. — Le sceau de Raymond, comte de Toulouse (second sceau), est décrit dans l'*Inventaire* sous le n° 745; celui de Guillaume Bernard d'Olargues (petit sceau rond armorial) n'a pas été décrit, mais il est tellement frusté qu'on ne peut plus rien y distinguer. Comparez les sceaux de Frotard et de Pons d'Olargues, décrits dans l'*Inventaire* sous les n°s 3108 et 3109.

3573   1246. Décembre.

(J. 193. — Champagne, I, n° 32. — Original.)

Johannes, prior Vallis Scollarium, et Huo, prior de Condis, notum faciunt Stephanum de Calvomonte, quondam ballivum Lingonensem, nunc Calvimontis præpositum, in ipsorum præsentia constitutum recognovisse se a nobili viro Theobaldo, Dei gratia Navarræ rege, Campaniæ et Briæ comite palatino, in feodum et homagium ligium molendina sita super Maternam inter Calvummontem, Reclaincort et Choigne, quæ fuerunt prioris et monachorum Vallis Callium, salvo homagio episcopi Lingonensis, recepisse. — « In cujus rei testimonium, ad requisitionem predicti Stephani, presentibus litteris sigilla nostra apposuimus. Actum anno Domini millesimo ducentesimo quadragesimo sexto, mense decembri. »

Traces de deux sceaux pendants sur double queue. — Les sceaux de Jean, prieur du Val-des-Écoliers, et de Huo, prieur de Condes, n'existent plus aux Archives.

ACTA OMISSA.

1643[2]   Latran. 1224. 8 avril.

(J. 339. — Montpellier et Maguelone, I, n° 23. — Copie ancienne.)

Litteræ Honorii papæ III quibus, ad exemplar felicis memoriæ Innocentii prædecessoris sui, personas et villam Montispessulani, cum omnibus quæ inpræsentiarum juste possident aut in futurum sunt acquisituri, sub Beati Petri et sua protectione suscipit, mediantibus duabus marchis auri (centum massamutinis pro marcha computandis), ad perpetuum devotionis indicium, Sedi Apostolicæ, quolibet anno, in festo resurrectionis Dominicæ persolvendis. — « Datum Laterani, VI. idus aprilis, pontificatus nostri anno octavo. — *Sacrosancta Romana ecclesia devotos et humiles filios, etc.* »

Extrait du fragment de cartulaire intitulé : *Liber consuetudinum Montispessulani*, fol. 17 r°, col. 1.

1776[1]   Saint-Antonin. [1226.] 8 mai.

Epistola S. prioris ecclesiæ S. Antonini et communis consilii dictæ villæ Ludovico regi qua de sua erga eum fidelitate protestantur.

(J. 627. — Serments, n° 15. — Original.)

Ludovico, Dei gratia regi Francorum invictissimo ac gloriosissimo et semper augusto, domino suo karissimo, dilecto et semper diligendo, S. prior ecclesie Sancti Antonini et commune tocius ville consilium, salutem in Domino, et ad omnia prosperum eventum et de inimicis suis triumphum. — Quantam gratiam, quam non meruimus, tocius bonitatis auctor contulit nobis invenire in conspectu majestatis vestre ut ecclesiam nostram, et nos, et villam et omnia nostra in jus et proprietatem vestram et vestrorum in perpetuum transferretis, gratias referrimus ipsi auctori tocius boni et vobis in quantum possumus et in quantum sufficimus, notificantes benignitati vestre quod ad dictum fratris Ebrardi Templarii et latoris presentium fecimus fidelitatem vobis et vestris in manu prioris ecclesie nostre, tactis sacrosanctis Evangeliis, nos XII. consules predicte ville, scilicet, S. de Caillac, Johannes filius ejus, Deodatus de Caillac, G. Ramunda, Bertrandus de Fontanis, et R. frater ejus, et Bertrandus filius Johannis de Fontanis, J. de Moillac, P. del Vallat, P. del Trufe, G. Bernardi, Donatus; et alii XVIII. quorum nomina hic scripta sunt, quos elegimus de melioribus ipsius ville : S. Grimal de Valantros, B. fratrem ejus, Grimaldum de Paillairols, etc.; et voluimus quod omnes idem facerent a XV° anno et supra qui essent in ipsa villa, nisi fratris Ebrardi consilium nobis adesset ne res ista sic procederet ad presens, quia factum illud non posset latere R. (Raimundum) comitem, unde maximum detrimentum posset evenire nobis in segetibus et in vineis nostris et in animalibus. Et ideo distulimus fidelitatem istam publice facere quoadusque ad partes nostras accedatis; et occurramus vobis apud Caturcum vel longius v. vel VI. de nostris burgensibus; et tunc illi, quem ad villam nostram de vestris militibus delegaveritis, publice omnes et insimul fidelitatem vobis et vestris publico sacramento faciemus. — Sed quia, domine rex, benivolentia vestra maximum gaudium nobis contulit, supplicamus pietati vestre ut gaudium predictum nobis aucmentare dignemini ut ecclesia nostra de cetero, impetrata licencia a domino cardinali et per nos accepta, audeat divina officia celebrare et ea nobis facere in vita et in fine que catholicis et Xpistianis facienda sunt; nam licet castra, que circa nos sunt, heretica pravitate imbuta sint, nunquam, gratia Dei, villa nostra hujusmodi morbo tabefacta est. — Datum apud Sanctum Antoninum, viii. idus maii.

Cette lettre, adressée à Louis VIII, a été écrite le 8 mai 1226, au moment où ce prince, qui arriva à Lyon le 28 mai, s'avançait avec une puissante armée contre le comte de Toulouse.

1776[1]   Latran. [1226.] 10 mai.

(J. 339. — Montpellier et Maguelone, I, n° 23. — Copie ancienne.)

Litteræ Honorii papæ III pro villa Montispessulani, ipsissimis verbis ac præcedentes litteræ, n° 1641[2], constantes. — « Datum Laterani, vi. idus maii, pontificatus nostri anno decimo. — *Sacrosancta Romana ecclesia devotos et humiles filios*, etc. »

Extrait du fragment de cartulaire intitulé *Liber consuetudinum Montispessulani*, folio 17 r°, col. 2.

1787[2]   Castres. [1226.] 12 juin.

Litteræ consulum et universitatis villæ Castrensis Ludovico regi quibus ejus misericordiam per nuntios suos implorant eique omnimodam submissionem offerunt.

(J. 627. — Serments, n° 14. — Original scellé.)

L. (Ludovico), pietate et providentia divini Numinis illustrissimo ac Xpistianissimo Francorum regi, domino suo venerabiliter recolendo, omni intrinseca et extrinseca commendatione dignissimo, consules Castrensis ville, et tam milites quam burgenses universi et populus universus, fideles ejus et devoti, in omnibus et per omnia salutem et pedum suorum oscula, cum subjectione preobtata et reverencia et devotissimo famulatu, ac parcere subjectis et debellare superbos. — Quamvis fidei negocium, quod in his partibus nostris diutius gestum est et nunc geritur, a quibusdam infidelibus sibi blandientibus videretur graviter corruisse, nos tamen, tanquam orthodoxe fidei zelatores, ex perseverancia vere devocionis et fervore fidei et Ecclesie, relevacionem ipsius inclinati negocii speravimus per manum Domini, que nunquam abreviari potuit ut illud relevare non posset et facere in ipsa temptatione proventum quod in manu vestra et per eam dirigi potuit et per sucursum vestrum et studium indefessum. — Ad hoc vexilla regis prodeunt, fulget crucis misterium ut celicus dispensator nos expertes non fecerit tante sue pietatis et providentie, sed impotenciam nostram et opressionem fortitudinis vestre brachio premuniret et vos velut portum nobis statueret presidii singularis. — Vestre igitur regie dignitatis sublimitati presenti pagina fieri volumus manifestum quod, ad saluberrimam amonitionem reverendi patris nostri domini P. (Petri) Narbonensis archiepiscopi, et G. (Guillelmi) episcopi Albiensis, et patris nostri G. (Guillelmi), Dei gratia abbatis Castrensis, statim animo gratulanti, cum erga vos in nobis devocio reflorescat, juravimus, super his super quibus excommunicati fuimus per legatos Romane curie vel ipso jure, stare universis et singulis mandatis domini R. (Romani) cardinalis, Apostolice Sedis legati, vel delegatorum suorum, secundum exactam a nobis super eo formam a predicto domino abbate nostro prudenter et sollempniter ordinatam, vestreque excellentie fidelitatem juravimus reverenter, nos et nostra in vestra ponentes benigna voluntate, et exponentes nos vobis et vestre pie clementie et misericordie quibus novistis judicium et justiciam temperare. — Villam autem nostram de Castris, immo vestram, predicto abbati nostro et castrum constructum in eadem villa, et claves portalium dicte ville pro vobis tradidimus gratulanter, et eundem dominum abbatem, pro vobis recipientem, predicta omnia habere voluimus et concessimus et preobtavimus operibus comprobantes; et omnia jura ad vicecomitem quondam Biterrensem in villa pertinentia recipiuntur a quodam vicario ibi pro vobis et sub vestro nomine constituto. — Hinc est quod dictam villam vobis offerendo cum dicto domino abbate nostro per dilectos nostros et fideles burgenses, videlicet, G. de Pradellis, et B. Calveti, et B. de Verineills, jurisperitum, ad vestre magnificentie clementiam dignum duximus destinandos, ex iminenti viarum periculo et ob custodiam ville ab inimicis Ecclesie itineris proposito eorumdem diucius et diucius retardato. — Pietatis vestre consuete erga subjectos et misericordie plenitudinem flexis genibus implorantes, ut voces deprecationum eorum recipiatis misericorditer, super facto dicte ville benigne eosdem audientes, in quibus eos vestra exaudiat magnitudo, recipiendo villam dictam et nos et bona nostra sub fide et protectione vestra et custodia et securitate, ut ex vestris piis actibus ab Illo, qui dimittit debita sua dimitentibus debitoribus suis, mereamini exaudiri. — Quicquid autem predicti viri a nobis legati cum vestre sublimitatis misericordia egerint, tractaverint, fecerint, ordinaverint, terminaverint, nos omnes sicut universi ac singuli hoc juravimus (et nomina omnium per dominum abbatem nostrum in scriptis redacta sunt) firmum et ratum habebimus et tenebimus et contra in aliquo nullatenus veniemus, sed vestre voluntatis et precepti misericordiam in omnibus et per omnia pro posse nostro gratis et voluntate spontanea exequamur, in devocione vestra et fidelitate de bono in melius semper, auxiliante Domino, procedentes. — Si qua tamen contra nos sinistra voce delatrata (*corr.* delata) sunt in vestris piis auribus ab aliquibus virus sue nequicie super nos intendentibus fundere, assensum speramus firmiter et credimus mentis vestre constanciam non prebere. — Nec latere volumus excellentiam vestram quod villa dicta in victualibus, et machinis, et armorum genere, multum utilitatis afferet exercitui Jhesu Xpisti. Villa vero dicta nostra et nos, offendentes et impugnantes inimicos Ecclesie et vestros, ab eisdem insultus sustinemus assiduos et frequentes, et villas et castra que possumus, auxilio domini abbatis nostri, in honorem vestrum ad devotionem et unitatem fidei revocamus. Predicta vero omnia et ratiabitionem a nobis universi ac singuli atestamur. — In cujus rei plenius testimonium, concorditer omnes munimine sigilli comunis nostri hanc paginam jussimus roborari. — Datum apud Castras, II. ydus junii.

<small>Scellé, en cire blanche sur cordelettes, du sceau de la ville de Castres, décrit dans l'*Inventaire* sous le n° 5628. — Ces lettres sont de l'année 1226. Voyez l'observation à la suite de la pièce précédente.</small>

1788[2] Carcassonne. [1226.] 16 juin.

Litteræ consulum et universitatis Carcassonæ de juramento fidelitatis quod inter manus abbatis Crassæ præstiterunt.

(J. 627. — Serments, n° 13. — Original scellé.)

ABCDEF. CHJK. LMNOPQR.

Illustrissimo et reverentissimo domino suo Ludovico, procurante divina gratia Francorum regi, consules et universitas Carcassone seipsos ad omnimodum, tam devotum quam debitum, famulatum. — Noverit vestre magnificentie celsitudo quod, cum nuper ex parte vestra nos monuit venerabilis in Xpisto pater abbas Crasse ut ad fidelitatem vestram et devocionem matris Ecclesie rediremus, cum summa devocione monitionem vestram recepimus et monentem, et ad ipsum statim accessimus pro suo ex parte vestra beneplacito adimplendo. — Et licet ante tam ipse quam dominus archiepiscopus Narbonensis vestras et suas nobis litteras destinassent, machinante inimicorum versucia, vel nunciorum negligentia pigritante, nulla ad nos consules vel universitatem ville monitio vestra pervenerat unquam ante. Et licet comes Fuxensis teneret castrum in manu sua, armatorum multitudine stabilitum, et ad defendendum tam nos quam alios terre milites et homines instantissime provocaret, nos tamen, postposito personarum et rerum periculo, ex parte vestra omnino nos exposuimus mandato et beneplacito prelibati abbatis, et universi et singuli in manu ejus juravimus sub hac forma : — « Noverint universi quod ego B. Feirollus de Carcassona promitto, et tactis sacrosanctis Dei Evangeliis corporaliter juro vobis B. (Benedicto d'Allignan), abbati Crasse, ex parte domini R. (Romani), Sancti Angeli diachoni cardinalis, Apostolice Sedis legati, et domini L. regis Francorum recipienti, quod ego stabo et omnino hobediam universis et singulis mandatis dicti domini cardinalis super universis et singulis excommunicacionibus quibus excommunicatus fui, quibuscumque ex causis. — Et item promitto et absolute juro quod stabo omnimode voluntati et mandato et bone miserationi prescripti domini regis Francorum super universis que ad secularem pertinent dignitatem, et specialiter super consilio, auxilio vel favore, si quid aliquando prestiti, pacis, fidei et Ecclesie inimicis. — Et item promitto et juro quod de cetero fidelis ero domino regi Francorum, nec de cetero recipiam Ecclesie inimicos, nec eis dabo consilium, auxilium vel favorem in prejudicium Ecclesie vel negocii Jhesu Xpisti; et, ut hec fideliter observem, trado meipsum et omnia bona mea in manu B. abbatis Crasse. » — Eodem modo juramus nos duodecim consules, videlicet, Guillelmus Faber, R. Ar.

Barbabruna, P. de Brano, R. Lucius, G. Isarnus, G. Vitalis, Ar. de Roffiaco, Pontius Francus, Ar. Andreas, Symon Tornerius, B. Martinus, Pontius Restollus; et nos probi homines, videlicet, Hugo Feirollus, Bertrandus Feirollus, G. Feirollus, Jordanus Feirollus, Aimericus Feirollus, Santius Morlan, G. A. Morlan, Ar. Morlan, G. Stephanus et R. fratres ejus, B. Faber de Porta, G. de Roca, G. Lumbardus, R. Martinus Marfollus, Augerius Constantinus, Brunetus de Sancto Felici, etc. (*Sequuntur sexaginta quinque circiter nomina*), et insuper nos tota universitas Carcassone, et promittimus sub eodem vinculo juramenti quod vobis trademus castrum et civitatem et totam villam Carcassone ad vestrum beneplacitum et mandatum quandocumque jusseritis, et in possessionem vos mittemus, pro predictis domino cardinali et domino rege Francorum, ad omnem ipsorum beneplacitum faciendum. — Ego igitur frater B. (Benedictus), Dei permissione dictus abbas Crasse, promitto vobis toti universitati Carcassone quod vos et omnia bona vestra faciam recipi, et predicta rata haberi, a dicto domino cardinali et domino rege Francie sub sua bona miseracione. Et, ut omnis scrupulositas et ambiguitas de vestris cordibus abradatur et in devocione Ecclesie et fidelitate domini regis firmius solidemini, in bona miseracione intelligimus ut sint vobis secure persone vestre et possessiones et omnia jura vestra, que hodie legitime tenetis vel tenere debetis, et omnes vestre legitime libertates. — Super omnia vero nos tota universitas Carcassone, flexis cordium poplitibus, universi et singuli, humiliter deprecamur ut nos sub vestro speciali dominio, absque medio aliene persone, nunc et in perpetuum vos, dominus rex, teneatis. — Ad cujus rei majorem certitudinem et testimonium, sigillo universitatis Carcassone presentem fecimus paginam sigillari, et rogavimus venerabilem dominum B. R. et capitulum Carcassone ut cum sigillorum suorum munimine presentem paginam corroborarent. Datum Carcassone, xvi. kalendas julii.

<small>Cet acte, dans lequel la date de l'année n'est pas exprimée, est très-certainement de 1226. (Voyez le *Gallia christiana*, tome VI, col. 947.) Il avait été rédigé sous forme de cyrographe, en double ou en triple exemplaire. Celui-ci est scellé, en cire blonde sur double queue, du sceau du chapitre de Saint-Nazaire et Saint-Celse de Carcassonne, décrit dans l'*Inventaire* sous le n° 7139.</small>

1959[2]   1227-28. 1ᵉʳ février.

Juramentum hominum S. Juniani de Ouygen.

(J. 627. — Serments, n° 8. 9. — Original.)

Notum sit universis presentes litteras inspecturis quod nos homines Sancti Juniani de Ouygen fecimus et juravimus in manu G. de Chaudemanche, ballivi senescalli Pictavensis, et G. Grimaudi sui clerici, litteras domini regis Francie patentes et litteras senescalli Pictavie secum deferentium, fidelitatem domino Ludovico, illustrissimo Francie regi, et Blanche illustrissime Francie regine, matri sue, et suis fratribus, nec non suis heredibus servare in perpetuum illesam. — Actum anno Domini m° cc° xx° septimo, in vigilia Purificationis Beate Marie.

<small>Traces de sceau pendant sur simple queue. — Le sceau de la commune de Saint-Junien du Vigen, en Limousin (Haute-Vienne, arr. de Limoges), est décrit dans l'*Inventaire* sous le n° 5694, d'après un type appendu à un acte daté de 1303.</small>

1959[3]   1227-28. Vendredi 10 février.

(J. 627. — Serments, n° 8 a. — Original.)

Consules et probi homines civitatis Lemovicensis notum faciunt se domino regi, illustrissimæ reginæ, matri ejus, ejusque heredibus fidelitatis præstitisse juramentum inter manus Gaufridi de Chaudemanche, militis, ballivi domini senescalli Pictavie, et Gaufridi Grimaudi, ejusdem senescalli clerici. — « Actum anno Domini m° cc° xx° septimo, die veneris post Purificationem Beate Marie. »

<small>Traces de sceau pendant sur simple queue. — Voyez dans l'*Inventaire*, n° 5493, la description du sceau de la commune de Limoges, d'après un type appendu à un acte daté de 1303.</small>

1965[2]   1227-28. Février.

Litteræ Ludovici regis de homagio quod sibi Bertrandus de Gordono præstitit.

(J. 622. — Hommages, II, n° 16. 2. — Original.)

Ludovicus, Dei gracia Francie rex, universis ad quos littere presentes pervenerint, salutem. — Noveritis quod amicus et fidelis noster Bertrandus de Gordono fecit nobis hominagium ligium contra omnes homines. Nos autem eidem creantavimus quod neque ipsum neque ea de quibus nobis fecit hominagium in aliam manum mittemus, preterquam in manum nostram vel in manum heredum nostrorum.

Et nos volumus quod idem Bertrandus habeat et teneat omnia jura sua, de quibus ipse est tenens et nobis fecit hominagium, quamdiu ipse sustinere poterit rectum curie nostre. — Actum anno Domini M° ducentesimo vicesimo septimo, mense februario.

Traces de sceau pendant sur double queue. — Voyez dans l'*Inventaire*, n° 41, la description du premier sceau de Louis IX.

1976[2]   Rouen. 1228. 22 octobre.

(J. 627. — Serments, n° 8. 15. — Original scellé.)

Laurentius de Longa major, pares et concives Rothomagenses, Ludovicum regem et Blancham reginam, matrem ejus, certiores faciunt se eis apud Rothomagum, coram Johanne de Porta, tunc ballivo Rothomagensi, et coram Johanne de Vineis, tunc ballivo Gisorcii, contra omnem creaturam quæ possit vivere et mori jurasse fidelitatem. — « Et hoc vobis sub sigillo communie nostre duximus declarandum. Valeat majestas vestra in Domino diu et bene. Actum apud Rothomagum, anno Domini M° CC° XX° octavo, in vigilia Sancti Romani. »

Scellé, en cire brune sur simple queue, du sceau de la ville de Rouen, premier sceau, décrit dans l'*Inventaire* sous le n° 5717.

1979[2]   1228. Octobre.

(J. 627. — Serments, n° 8. 6. — Original scellé.)

Major et pares communiæ Bellimontis Ludovicum regem et Blancham reginam, ejus matrem, certiores faciunt se eis, juxta eorum mandatum, coram Johanne de Vineis, ballivo Gisorcii, contra omnes homines et feminas quæ possunt vivere et mori fidelitatis præstitisse sacramentum. — « Actum anno Domini M° CC° XXVIII°, mense octobri. »

Scellé, en cire brune sur simple queue, du sceau de la commune de Beaumont-sur-Oise, décrit dans l'*Inventaire* sous le n° 5743.

1979[3]   1228. Octobre.

(J. 627. — Serments, n° 8. 17. — Original scellé.)

Major et pares communiæ Belvacensis Ludovicum regem et Blancham reginam certiores faciunt se eis coram Johanne de Vineis, ballivo Gisorcii, fidelitatis præstitisse juramentum. — « In cujus rei testimonium, vobis nostras patentes litteras mittimus. Actum anno Domini M° CC° XXVIII°, mense octobri. »

Scellé, en cire blonde sur simple queue, du sceau de la commune de Beauvais, premier sceau, décrit dans l'*Inventaire* sous le n° 5745.

1979[4]   1228. Octobre.

(J. 627. — Serments, n° 8. 5. — Original.)

Major et pares communiæ Calvimontis Ludovicum regem et Blancham reginam certiores faciunt se eis, coram Johanne de Vineis ballivo Gisorcii, fidelitatis præstitisse sacramentum. — « In cujus rei testimonium, vobis nostras patentes litteras misimus. Actum anno Domini M° CC° XXVIII°, mense octobri. »

Traces de sceau sur simple queue. — Le sceau de la ville de Chaumont-en-Vexin (Oise) est décrit dans l'*Inventaire* sous le n° 5575, d'après un type appendu à un acte daté de 1211.

1979[5]   1228. Octobre.

(J. 627. — Serments, n° 8 c. — Original.)

Major et pares communiæ Medontensis Ludovicum regem et Blancham reginam certiores faciunt se eis, coram Johanne de Vineis, ballivo Gisorcii, omnimodam jurasse fidelitatem. — « In cujus rei testimonium, vobis nostras patentes litteras mittimus. Actum anno Domini M° CC° XX° octavo, mense octobri. »

Traces de sceau pendant sur simple queue. — Le sceau de la ville de Mautes, second sceau, est décrit dans l'*Inventaire* sous le n° 5579.

1979[6]   1228. Octobre.

(J. 627. — Serments, n° 8. 16. — Original scellé.)

Major et burgenses Pontissaræ Ludovicum regem et Blancham reginam certiores faciunt se eis, coram Johanne de Vineis, ballivo Gisortii, fidelitatis præstitisse juramentum. — « In cujus rei testimonium, vobis nostras litteras patentes mittimus. Actum anno Domini M° CC° XXVIII°, mense octobri. »

Scellé, en cire blonde sur simple queue, du sceau de la ville de Pontoise, premier sceau, décrit dans l'*Inventaire* sous le n° 5602.

1979[7]   1228. Octobre.

Juramentum communiæ Ambianensis.

(J. 627. — Serments, n° 8. 13. — Original scellé.)

Universis ad quos presentes littere pervenerint, major et scabini Ambianenses, salutem. — Noverit universitas vestra nos jurasse quod pro toto posse nostro fideliter servabimus corpus, membra, vitam et honorem terrenum karissimi domini nostri Ludovici regis Francie illustris, et domine regine matris ejus, et filiorum suorum ; et adherebimus et nos tenebimus eidem domino regi, et dómine regine matri ejus, et filiis suis contra omnes homines et feminas qui possunt vivere et mori. — Et in hujus rei testimonium, sigillum nostrum presentibus litteris duximus apponendum. Actum anno Domini M° CC° XX° octavo, mense octobri.

Sceau de la commune d'Amiens; cire blonde, double queue; premier sceau, *Inventaire*, n° 5738.

1979⁸   1228. Octobre.

(J. 627. — Serments, n° 8. 18. — Original scellé.)

Similes litteræ majoris et juratorum communiæ Brucriarum. — « In cujus rei testimonium, sigillum nostrum presentibus litteris duximus apponendum. Actum anno Domini M° CC° XX° octavo, mense octobri. »

Scellé, en cire blonde sur double queue, du sceau de la commune de Bruyères en Picardie (Bruyères-sous-Laon, Aisne, arr. de Laon), premier sceau, décrit dans l'*Inventaire* sous le n° 5750.

1979⁹   1228. Octobre.

(J. 627. — Serments, n° 8. *f*. — Original.)

Similes litteræ majoris et juratorum communiæ Cerniaci. — « In hujus rei testimonium, sigillum nostrum presentibus litteris duximus apponendum. Actum anno Domini M° CC° XX° octavo, mense octobri. »

Traces de sceau pendant sur double queue. — Le sceau de la commune de Cerny en Laonnois (Aisne) est décrit dans l'*Inventaire* sous le n° 5755, d'après un type appendu à un acte daté de 1303.

1979¹⁰   1228. Octobre.

(J. 627. — Serments, n° 8. *k*. — Original scellé.)

Similes litteræ majoris et juratorum Chauniaci. — « In cujus rei testimonium, sigillum nostrum presentibus litteris duximus apponendum. Actum anno Domini M° CC° XX° octavo, mense octobri. »

Scellé, en cire blonde sur double queue, du sceau de la commune de Chauny (Aisne), décrit dans l'*Inventaire* sous le n° 5758.

1979¹¹   1228. Octobre.

(J. 627. — Serments, n° 8. 21. — Original scellé.)

Similes litteræ majoris et juratorum Compendii. — « In cujus rei testimonium, sigillum nostrum presentibus litteris duximus apponendum. Actum anno Domini M° CC° XX° octavo, mense octobri. »

Traces de sceau pendant sur double queue. — Voyez dans l'*Inventaire*, sous les n°ˢ 5759 et 5760, la description de deux sceaux de la ville de Compiègne, l'un d'après un type appendu à un acte du douzième siècle, l'autre d'après un type appendu à un acte daté de 1303.

1979¹²   1228. Octobre.

(J. 627. — Serments, n° 8. *h*. — Original scellé.)

Similes litteræ majoris et juratorum Corbyensium. — « In hujus rei testimonium, sigillum nostrum presentibus litteris duximus apponendum. Actum anno Domini M° CC° vicesimo octavo, mense octobri. »

Scellé, en cire blonde sur double queue, du sceau de la commune de Corbie en Picardie (Somme), décrit dans l'*Inventaire* sous le n° 5761.

1979¹³   1228. Octobre.

(J. 627. — Serments, n° 8. 8. — Original scellé.)

Similes litteræ majoris et juratorum Crispiaci. — « In hujus juramenti testimonium, presentibus litteris sigillum nostrum duximus apponendum. Actum anno Domini M° CC° vicesimo octavo, mense octobri. »

Scellé, en cire blonde sur double queue, du sceau de la commune de Crépy en Valois, décrit dans l'*Inventaire* sous le n° 5765.

1979¹⁴   1228. Octobre.

(J. 627. — Serments, n° 8. 7. — Original.)

Similes litteræ majoris et juratorum Dollencii. — « In cujus rei testimonium, sigillum nostrum presentibus litteris duximus apponendum. Actum anno Domini M° CC° XX° octavo, mense octobri. »

Traces de sceau pendant sur double queue. — Le sceau de la ville de Doullens est décrit dans l'*Inventaire* sous le n° 5767, d'après un type appendu à un acte du douzième siècle.

1979¹⁵   1228. Octobre.

(J. 627. — Serments, n° 8. *p*. — Original.)

Similes litteræ majoris, scabinorum et juratorum Hesdini. — « In cujus rei testimonium, sigillum nostrum presentibus litteris duximus apponendum. Actum anno Domini M° CC° XX° octavo, mense octobri. »

Traces de sceau pendant sur double queue. — Le sceau de la commune de Hesdin est décrit dans l'*Inventaire* sous le n° 5529, d'après un type appendu à un acte daté de 1211.

1979¹⁶   1228. Octobre.

(J. 627. — Serments, n° 8. *e*. — Original scellé.)

Similes litteræ majoris et juratorum Laudunensium. — « In hujus rei testimonium, sigillum nostrum presentibus litteris duximus apponendum. Actum anno Domini M° CC° xx° octavo, mense octobri. »

Sceau de la commune de Laon; cire blonde, double queue; premier sceau, *Inventaire*, n° 5771.

1979[17] 1228. Octobre.

(J. 627. — Serments, n° 8. *q*. — Original.)

Similes litteræ majoris et juratorum Montis Desiderii. — « In cujus rei testimonium, sigillum nostrum presentibus litteris duximus apponendum. Actum anno Domini M° CC° vicesimo octavo, mense octobri. »

Traces de sceau pendant sur double queue. — Voyez dans l'*Inventaire*, n°ˢ 5777 et 5778, la description de deux sceaux de la commune de Montdidier en Picardie (Somme), d'après des types appendus à des actes datés de 1303 et 1308. On a encore un troisième sceau de cette ville décrit sous le n° 5779, d'après un type appendu à un acte daté de 1424.

1979[18] 1228. Octobre.

(J. 627. — Serments, n° 8. 3. — Original.)

Similes litteræ majoris et juratorum Noviomensium. — « In hujus rei testimonium, sigillum nostrum presentibus litteris duximus apponendum. Actum anno Domini M° CC° xx° octavo, mense octobri. »

Traces de sceau pendant sur double queue. — Le sceau de la ville de Noyon en Picardie (Oise) est décrit dans l'*Inventaire* sous le n° 5786, d'après un type appendu à un acte postérieur à 1259.

1979[19] 1228. Octobre.

(J. 627. — Serments, n° 8. *d*. — Original scellé.)

Similes litteræ majoris et juratorum communiæ de Roya. — « In cujus rei testimonium, sigillum nostrum presentibus litteris duximus apponendum. Actum anno Domini M° CC° xx° octavo, mense octobri. »

Sceau de la ville de Roye en Picardie (Somme), cire blonde, double queue, *Inventaire*, n° 5791.

1979[20] 1228. Octobre.

(J. 627. — Serments, n° 8. *g*. — Original scellé.)

Similes litteræ majoris et juratorum Sancti Quintini. — « In cujus rei testimonium, sigillum nostrum presentibus litteris duximus apponendum. Actum anno Domini M° CC° xx° octavo, mense octobri. »

Scellé, en cire blonde sur double queue, du sceau de la ville de Saint-Quentin; fragment décrit dans l'*Inventaire* sous le n° 5796.

1979[21] 1228. Octobre.

(J. 627. — Serments, n° 8. 12. — Original scellé.)

Similes litteræ majoris, parium et juratorum Silvanectensium. — « In hujus rei testimonium, sigillum nostrum presentibus litteris duximus apponendum. Actum anno Domini M° CC° xx° octavo, mense octobri. »

Sceau de la commune de Senlis; cire blonde, double queue; décrit dans l'*Inventaire* sous le n° 5801.

1979[22] 1228. Octobre.

(J. 627. — Serments, n° 8. 19. — Original scellé.)

Similes litteræ majoris et juratorum Suessionensium. — « In hujus rei testimonium, sigillum nostrum presentibus litteris duximus apponendum. Actum anno Domini M° CC° vicesimo octavo, mense octobri. »

Scellé, en cire blonde sur double queue, du sceau de la commune de Soissons, décrit dans l'*Inventaire* sous le n° 5802.

1979[23] 1228. Octobre.

(J. 627. — Serments, n° 8. *o*. — Original scellé.)

Similes litteræ majoris et juratorum Velliaci. — « In cujus rei testimonium, sigillum nostrum presentibus litteris duximus apponendum. Actum anno Domini M° CC° xx° octavo, mense octobri. »

Scellé, en cire blonde sur double queue, du sceau de la commune de Wailly en Picardie (Pas-de-Calais, arr. de Montreuil), premier sceau, décrit dans l'*Inventaire* sous le n° 5803, d'après un type appendu à un acte daté de 1303, qui est le même que le sceau employé en 1228, si ce n'est que sur celui-ci il n'y a pas de contre-sceau.

1979[24] 1228. Octobre.

(J. 627. — Serments, n° 8. *j*. — Original scellé.)

Similes litteræ majoris et juratorum communiæ Vernolii. — « In cujus rei testimonium, sigillum nostrum presentibus litteris duximus apponendum. Actum anno Domini M° CC° xx° octavo, mense octobri. »

Scellé, en cire blonde sur double queue, du sceau de la commune de Verneuil en Normandie (Eure), décrit dans l'*Inventaire* sous le n° 5725.

1979[25] 1228. Novembre.

(J. 627. — Serments, n° 8. 2. — Original scellé.)

Similes litteræ majoris et scabinorum Atrebatensium. — « Et in hujus rei testimonium, sigillum nostrum presentibus litteris duximus apponendum. Actum anno Domini M° CC° vicesimo octavo, mense novembri. »

Scellé, en cire blonde sur double queue, du sceau de la ville d'Arras, décrit dans l'*Inventaire* sous le n° 5506.

1979 26   1228. Novembre.

(J. 627. — Serments, n° 8. *i*. — Original scellé.)

Similes litteræ majoris, juratorum et scabinorum de Atheis. — « In hujus rei testimonium, sigillum nostrum presentibus litteris duximus apponendum. Actum anno Domini M° CC° XX° octavo, mense novembri. »

Scellé, en cire blonde sur double queue, du sceau de la commune d'Athies en Picardie (Somme, arr. de Péronne), décrit dans l'*Inventaire* sous le n° 5742.

1979 27   1228. Novembre.

(J. 627. — Serments, n° 8. *h*. — Original scellé.)

Similes litteræ majoris, juratorum et scabinorum Braii. — « In hujus rei testimonium, sigillum nostrum presentibus litteris duximus apponendum. Actum anno Domini M° CC° XX° octavo, mense novembri. »

Scellé, en cire blonde sur double queue, du sceau de la commune de Bray-sur-Somme, décrit dans l'*Inventaire* sous le n° 5749.

1979 28   1228. Novembre.

(J. 627. — Serments, n° 8. 20. — Original scellé.)

Similes litteræ majoris, juratorum et scabinorum Capiaci. — « In hujus rei testimonium, sigillum nostrum presentibus litteris duximus apponendum. Actum anno Domini M° CC° XX° octavo, mense novembri. »

Scellé, en cire blonde sur double queue, du sceau de la commune de Cappy, en Picardie (Somme, arr. de Péronne), décrit dans l'*Inventaire* sous le n° 5754.

1979 29   1228. Novembre.

(J. 627. — Serments, n° 8. *m*. — Original scellé.)

Similes litteræ majoris et juratorum de Hamis. — « In hujus rei testimonium, sigillum nostrum presentibus litteris duximus apponendum. Actum anno Domini M° CC° XX° octavo, mense novembri. »

Scellé, en cire verte sur double queue, du sceau de la ville de Ham en Picardie (Somme), décrit dans l'*Inventaire* sous le n° 5770.

1979 30   1228. Novembre.

(J. 627. — Serments, n° 8. — Original scellé.)

Similes litteræ majoris et scabinorum de Lens. — « In hujus rei testimonium, sigillum nostrum presentibus litteris duximus apponendum. Actum anno Domini M° CC° vicesimo octavo, mense novembri. »

Scellé, en cire blonde sur double queue, du sceau de la ville de Lens en Artois (Pas-de-Calais), premier sceau, décrit dans l'*Inventaire* sous le n° 5530.

1979 31   1228. Novembre.

(J. 627. — Serments, n° 8. *n*. — Original.)

Similes litteræ majoris et scabinorum communiæ Mosterolii. — « In hujus rei testimonium, sigillum nostrum presentibus litteris duximus apponendum. Actum anno Domini M° CC° vicesimo octavo, mense novembri. »

Traces de sceau pendant sur double queue. — Voyez dans l'*Inventaire*, n° 5780, la description du premier sceau de la commune de Montreuil-sur-Mer, d'après un type appendu à un acte daté de 1210.

1979 32   1228. Novembre.

(J. 627. — Serments, n° 8. *l*. — Original scellé).

Similes litteræ majoris, juratorum et scabinorum Peronæ. — « In hujus rei testimonium, sigillum nostrum presentibus litteris duximus apponendum. Actum anno Domini M° CC° XX° octavo, mense novembri. »

Scellé, en cire blonde sur double queue, du sceau de la ville de Péronne, premier sceau, fragment décrit dans l'*Inventaire* sous le n° 5787.

1979 33   1228. Novembre.

(J. 627. — Serments, n° 8. 14. — Original scellé.)

Similes litteræ majoris, parium et juratorum de Ponpoig. — « In hujus rei testimonium, sigillum nostrum presentibus litteris duximus apponendum. Actum anno Domini M° CC° XX° octavo, mense novembri. »

Sceau de la commune de Pontpoint dans l'Ile-de-France (Oise); cire blonde sur lacets de soie rouge; décrit dans l'*Inventaire* sous le n° 5601, au nom de Pomponne.

1979 34   1228. Novembre.

(J. 627. — Serments, n° 8. 10. — Original scellé.)

Similes litteræ majoris, juratorum et scabinorum Sancti Richarii. — « Actum anno Domini M° CC° XX° octavo, mense novembri. »

Scellé, sur double queue, en cire blonde, du sceau de la commune de Saint-Ricquier en Ponthieu (Somme); premier sceau, décrit dans l'*Inventaire* sous le n° 5798.

1979 35   1228. Novembre.

(J. 627. — Serments, n° 8. 11. — Original scellé.)

Similes litteræ præpositorum juratorum communiæ Tornacensis. — « In cujus rei testimonium, sigillum nostrum presentibus litteris duximus apponendum. »

Scellé, en cire verte sur double queue, du sceau de la commune de Tournay; premier sceau, décrit dans l'*Inventaire* sous le n° 10747.

1987 ²   Brioude. 1228-29. Mercredi 21 mars.

(J. 627. — Serments, n° 8. *r*. — Original.)

Guido abbas Beati Petri de Huserchia notum facit se domino regi, matri ejus, ejusque fratribus et eorum heredibus inter manus nobilis viri T. (Theobaldi) de Blazono, tunc temporis senescalli Pictavensis, fidelitatis contra omnes qui possunt vivere et mori præstitisse juramentum. — « In cujus rei testimonium, presentes litteras sigillo fecimus roborari. Apud Brivatum, anno Domini M° CC° XX° octavo, die mercurii proxima ante *Letare Jerushalem*, mense martii. »

Traces de sceau pendant sur simple queue. — Le sceau de Gui, abbé de Saint-Pierre d'Uzerches, au diocèse de Limoges, n'existe plus aux Archives.

2042 ²   1229-30. 26 mars.

Homagium a P. de Malamorte domino regi præstitum.

(J. 622. — Hommages, II, n° 17. 1. — Original scellé.)

Excellentissimo domino suo Ludovico, Dei gratia illustrissimo regi Francie, et universis presentes litteras inspecturis P. de Malamorte, salutem et debitum famulatum. — Noveritis universi quod nos fecimus et juravimus fidelitatem Ludovico, Dei gratia regi Francie illustri, matri sue, fratribus suis et eorum heredibus, salvo jure domini episcopi Lemovicensis et aliorum dominorum nostrorum et nostro, eisdem contra omnes homines in perpetuum et inviolabiliter observandam. — Et nos tenemur, in virtute prestiti juramenti, ipsum dominum regem, fratres suos, matrem suam et suos, et eorum heredes, de castris, villis, fortericiis nostris, pro posse nostro, contra omnes homines qui possunt vivere seu mori, fideliter adjuvare. — In cujus rei testimonium, presenti pagine nostrum fecimus apponi sigillum. Datum in crastino Annunciationis Dominice, anno Domini M° CC° XX°, mense martio.

Sceau de P. de Malemort; cire jaune, simple queue; décrit dans l'*Inventaire* sous le n° 2677.

2042 ¹   1229-30. 26 mars.

(J. 622. — Hommages, II, n° 17. 2. — Original scellé.)

Litteræ G. de Malamorte, ejusdem argumenti et formæ. — « In cujus rei testimonium, presenti pagine nostrum apponi fecimus sigillum. Datum in crastino Annunciationis Dominice, anno Domini M° CC° XX° nono, mense marcio. »

Sceau de G. de Malemort; cire jaune sur simple queue; décrit dans l'*Inventaire* sous le n° 2676.

2042 ³   1229-30. 26 Mars.

(J. 627. — Serments, n° 8. *b*. — Original.)

Raimundus Sancti Martialis Lemovicensis abbas Ludovicum regem certiorem facit se ei, matri ejus, ejusque heredibus omnimodam, ratione ducatus Aquitaniæ, jurasse fidelitatem. — « In cujus rei testimonium, presenti pagine nostrum fecimus apponi sigillum. Datum in crastino Annunciationis Dominice, anno Domini M° CC° XX° nono, mense martio. »

Traces de sceau pendant sur simple queue. — Le sceau de Raymond, abbé de Saint-Martial de Limoges, n'existe plus aux Archives.

2262 ²   Vers 1233.

Litteræ conventus S. Nicolai Andegavensis pro licentia abbatis eligendi.

(J. 344. — Élections, n° 24. — Original.)

Dilectissimo domino suo Lodovico, Dei gratia illustri regi Francorum, et karissime in Xpisto domine nobili regine, humilis conventus Sancti Nicolai Andegavis, salutem in Domino et orationum suffragia devotarum. — Novit Ille qui nichil ignorat, qui scrutator est cordium et cognitor secretorum, quod sublimitatis et majestatis regie vestre prosperitatem et exaltacionem modis omnibus affectamus et volumus, Xpistum regem altissimum, per quem alii imo cuncti reges regnant, devotissime exorantes ut vos salvet et conservet in perpetuum et regnum et imperium vestrum promoveat in futurum. — Quia vero venerabilis in Xpisto pater dominus Constantinus, heri et nudiustercius abbas noster, pro debilitate proprii corporis administrationi sue cessit, nostrum monasterium nostrum (*sic*) ad presens pastore vacare vobis duximus intimandum, et ne, secundum quod dicit apostolus, pro defectu pastoris, gregem dominicum lupus rapax invadat, et monasterium nostrum facultatibus suis, ultra quam debeat, minoretur, ad electionem canonicam, cum licentia vestra, et divina gratia inspirante, nos ut expedit procedere supplicamus. Valeat in eternum regalis majestas vestra.

<small>Traces de sceau pendant sur simple queue. — Le sceau du monastère de Saint-Nicolas d'Angers est décrit dans l'*Inventaire* sous le n° 8131. — Nous avons placé cette pièce vers l'année 1233, parce qu'en 1232 Constant était encore abbé du monastère de Saint-Nicolas d'Angers (voyez ci-dessus le n° 2220), et que le nom de Renaud II, son successeur, parait dans un acte daté de 1233. (Voyez le *Gallia christiana*, t. XIV, col. 678.)</small>

2269². 1233-34. Février.

<small>(J. 195. — Champagne, III, n° 72. — Original.)</small>

Ysembardus Molismensis abbas totusque ejusdem loci conventus notum faciunt sub quibus conditionibus karissimum dominum suum Theobaldum, Campaniæ et Briæ comitem palatinum, sibi associaverint in tota justitia, hominibus, feminis, bosco, plano, pascuis et aquis, quos et quæ apud Essoyam, Warpillerias et Poligniacum possidebant. — « Ut autem hec omnia rata permaneant et inconcussa inviolabiliter observentur, presentem cartam scribi fecimus et sigillorum nostrorum munimine roborari. Actum anno incarnationis Dominice millesimo ducentesimo tricesimo [tertio, mense februario]. »

<small>Traces de deux sceaux pendants sur cordelettes. — Le sceau du monastère de Molesmes, au diocèse de Langres, est décrit dans l'*Inventaire* sous le n° 8295, d'après un type appendu à un acte daté de 1245; le sceau de l'abbé Ysembart ne s'est pas conservé. — La date de cette charte est en partie déchirée dans l'original conservé aux Archives. Nous suppléons à ce qui manque à l'aide du *Liber Pontificum*, ms. de la Bibliothèque impériale, fonds latin, n° 5993 A, où elle est transcrite fol. 322 r°.</small>

2280². Sisteron. 1234. 30 avril.

Comes et comitissa Provinciæ sese obligant ad confirmationem Friderici imperatoris obtinendam de impignoratione castri Tarasconensis.

<small>(J. 610. — Empereurs d'Allemagne, n° 2. — Original scellé.)</small>

Raimundus Berengarii, comes et marchio Provincie et comes Fulcauquerii, et B. (Beatrix) comitissa uxor ejus, universis presentes litteras inspecturis, salutem in Domino. — Notum facimus quod nos promisimus bona fide et juravimus super sacrosancta Dei Evangelia quod litteras patentes illustris domini nostri Frederici, Dei gratia Romanorum imperatoris semper augusti, trademus domino regi Francie vel ejus certo mandato super confirmatione impignorationis castri de Tarascone quam ei fecimus pro maritagio filie nostre; et hoc juramus nos facturos infra festum Omnium Sanctorum proximo venturum. — In cujus rei testimonium, presentes litteras sigillis nostris fecimus roborari. — Actum apud Sistaricum, in octabis Pasche, anno Domini m° cc° tricesimo quarto, mense aprili.

<small>Cette pièce était scellée, dans le principe, de deux sceaux pendants sur double queue. Il ne reste plus que le sceau de Raymond Bérenger IV, comte de Provence, décrit dans l'*Inventaire* sous le n° 1106. Celui de Béatrice de Savoie, sa femme, est décrit sous le n° 1108, d'après un type appendu à un acte daté de 1256.</small>

2318¹. Pérouse. 1234. 22 novembre.

Litteræ Gregorii papæ IX ad comitem Tolosanum ut ab hæretica peste profliganda non desinat.

<small>(J. 430. — Bulles contre les hérétiques, n° 18. — Original scellé.)</small>

Gregorius episcopus, servus servorum Dei, dilecto filio nobili viro [Raimundo] comiti Tolosano, salutem et apostolicam benedictionem. — Exultamus in Domino et gaudio reficimur salutari quod, sicut ex parte tua fuit propositum coram nobis, pleno et sincero ferves affectu ad pestem hereticam de terra tua penitus profligandam, desiderans nichilominus te in omnibus devotum Ecclesie filium exhibere. Ut igitur premium perseverantibus debitum merearis, nec in gloria tua maculam, quod absit, poni contingat, monemus nobilitatem tuam propensius et hortamur, per apostolica tibi scripta mandantes, quatinus hujusmodi propositum, tibi divinitus inspiratum, laudabiliter prosequens, tue pietatis fervorem de bono semper in melius exhibeas per effectum; ita quod, preter spirituale comodum quod es exinde percepturus, nos de honore tuo cum bonorum temporalium incremento debeamus merito cogitare. — Datum Perusii, x. kalendas decembris, pontificatus nostri anno octavo.

<small>Bulle de plomb sur cordelettes de chanvre. — Voyez l'*Inventaire*, n° 6047.</small>

2748². 1238. Novembre.

Juramentum abbatis Sarlatensis.

<small>(J. 627. — Serments, n° 9. — Original scellé.)</small>

Ego G. (Geraldus III de Vallibus), abbas Sarlatensis, notum facio universis presentes litteras inspecturis quod ego karissimo domino meo Ludovico regi Francie super sacrosancta juravi quod ego ipsi, et heredibus ejus, et regno fidelis ero, et ei vitam, membra et corpus bona fide servabo, et quod gentes ipsius custodiam, nec permittam, pro posse meo, bona fide, quod ipsis seu terre domini regis de terra, vel castris, seu gentibus meis malum proveniat vel gravamen. — In cujus rei testimonium, presentes litteras sigilli mei munimine roboravi. Actum anno Domini M° CC° tricesimo octavo, mense novembri.

Scellé, en cire blonde sur double queue, du sceau de Géraud III, abbé de Sarlat, décrit dans l'*Inventaire* sous le n° 9083.

2845¹   Vers 1239.

Quod nil damni Simoni de Monteforti, comiti Leycestriæ, a W. de Champayne propter parcum suum de Chinlistone inferatur.

(J. 628. — Angleterre, II, n° 14. 6. — Copie ancienne.)

Sciant presentes et futuri quod ego Willelmus de Champayne, filius Roberti de Champayne, concessi et hac presenti carta mea confirmavi domino meo Simoni de Monteforti, comiti Leycestrie, quod ei vel heredibus suis de venatione foreste sue dampnum vel gravamen non accidet, per me vel per heredes meos, vel per domum meam vel per parcum meum clausum in territorio de Chinlistone, et quod circa dictum parcum ita alteram clausturam faciam quod fere sue de foresta sua in dictum parcum meum intrare non poterunt. — Et si forte ei vel heredibus suis dampnum vel gravamen aliquod acciderit per me vel heredes meos, vel per domum meam vel per dictum parcum meum, obligo me et heredes meos ei vel heredibus suis, secundum judicium parium meorum, in curia sua excessum emendare. — Et ut hec concessio et hujus carte confirmacio rata et stabilis permaneat, presens scriptum sigillo meo roboravi, hiis testibus : Thoma de Furnivalle, Girardo de Furnivalle, Rad. Baset, Thoma de Meyville, Alano Costeyno, Nicholao de Marnhan, Mic. clerico, et aliis.

Cette pièce ne renferme aucun élément dont on puisse se servir pour en fixer la date d'une manière précise. Nous la plaçons vers l'année 1239 parce qu'elle est très-probablement postérieure à l'acte du 11 avril 1239 (n° 2789), par lequel Amauri, comte de Montfort, cède à son frère Simon, établi en Angleterre, tous ses droits sur le comté de Leycester. Il en est de même de la pièce suivante. L'une et l'autre sont extraites d'un petit rouleau, écrit vers le milieu du treizième siècle, qui contient diverses pièces relatives aux Montfort.

2846¹   Vers 1239.

Simon de Aneto wardam, quam habebat in villa Leycestriæ, Simoni comiti Leycestriæ cedit.

(J. 628. — Angleterre, II, n° 14. 7. — Copie ancienne.)

Sciant presentes et futuri quod ego Simon de Aneto, filius Willelmi de Aneto, concessi et quietam clamavi domino Simoni de Monteforti, domino Leycestrie, vel cui assignare voluerit, illam wardam que mihi cecidit a domino Roberto de Warda cum omnibus pertinenciis, tam infra villam Leycestrie quam extra, salvo forinseco, donec heres dicti Roberti de Warda plenam habeat etatem. — Pro hac autem concessione et quieta clamatione dedit mihi dictus Simon de Monteforti duodecim marcas argenti pre manibus. — In cujus rei testimonium, sigillum meum apposui, hiis testibus : Willelmo Falcone, Willelmo Ruffo, Waltero hostiario, Willardo preposito, Waltero de Emntone et aliis.

Voyez l'observation précédente.

2879²   1240. Novembre.

(J. 627. — Serments, n° 10. — Original scellé.)

Universitas villæ Electi notum faciunt se super sacrosancta Evangelia jurasse et promisisse quod semper domino Ludovico regi Francorum ejusque regno et heredibus erunt fideles, et eum, contra omnes qui possunt vivere et mori, adjuvabunt. Promittunt præterea, super omnia quæ habent vel habebunt, quod Amalricus, Petrus Raimundi de Colum[beriis], Raimundus Petri, Guillelmus Gairaudi, Bernardus Boneti, Roncinus, Gnillelmus de Nemore, Poncius de Rupe, Petrus Arces, Arnaldus Cultellarius et Guillermus Noval semper erunt fideles et legales domino regi et suis. — « Quod ut hec omnia antedicta durent semper et robur firmitatis obtineant, presentem paginam sigilli nostri munimine fecimus roborari. Actum anno Domini millesimo ducentesimo quadragesimo, mense novembri. »

Scellé, en cire blonde sur double queue, du sceau de la ville d'Alet en Languedoc (Aude, arr. de Limoux), décrit dans l'*Inventaire* sous le n° 5609.

2886¹   1240.

(J. 395. — Securitates, n° 140. — Déficit.)

Geraldus de Aniorto, in præsentia Godefredi vicecomitis Castriduni, Henrici de Solliaco, J. de Bellomonte, et Guidonis de Levis, Mirapiscensis marescalli, domino regi solemniter promittit quod, si Bernardus et Guillelmus ipsius fratres e carcere dicti regis evaderent, eos a se in dictum carcerem infra quindecim dies esse restituendos; de hoc faciendo totam terram suam obligans. — Anno M° CC° XL°.

Nous donnons, d'après l'Inventaire de Dupuy, la notice de cette pièce, qui n'a pas été transcrite sur les registres, et dont l'original est depuis longtemps porté en déficit.

2886²   1240.

(J. 198. B. — Champagne, VI, n° 83. — Déficit.)

Dénombrement de divers fiefs relevant du comte de Champagne en 1240, savoir : — Isabelle, comtesse de Chartres; — Béatrix de Remilly; — Philippe, comtesse de Bar; — Ansel de Dampierre; — La comtesse de Soissons, dame de Hans; — Henri de Vergy, et autres.

Même observation que pour la pièce précédente.

2976¹   Carcassonne. 1242. 6 juin.

Sententia excommunicationis a fratribus Ferrario et G. Raimundi, inquisitoribus hereticæ pravitatis, in Raimundum Tolosæ comitem pronuntiata.

(J. 447. — Croisades. Bulles, n° 42. — Copie authentique.)

In nomine Domini nostri Jeshu Xpisti, amen. — Sit cunctis presentibus manifestum indubitatumque quod nos, fratres Ferrarius et G. Raymundi, ordinis Predicatorum, inquisitores heretice pravitatis in Narbonensi, Biterrensi, Carcassonensi, Ruthenensi, Albigensi, Elnensi diocesibus auctoritate apostolica constituti, habito diligenti consilio et tractatu, et specialiter requisito et habito consilio reverendorum patrum P. (Petri), Dei gratia archiepiscopi Narbonensis, et D. (Durandi), eadem gratia episcopi Albiensis, et aliorum prelatorum, nec non et aliorum prudentum virorum, per sententiam diffinitivam, meritis suis exigentibus, condempnavimus multos milites et alios homines in terra viri nobilis R. (Raimundi) comitis Tholosani tanquam hereticos, et in terra regis Francie et aliorum quosdam alios qui, ad terram dicti comitis fugientes, ibidem publice receptantur, et condempnati, in terra ejusdem ibidem publice commorantur, bonis eorum per supradictum comitem minime occupatis. — Propter quod amonuimus diligenter ac legitime comitem supradictum ut, bonis eorum occupatis, de supradictis hereticis condempnatis purgaret legitime terram suam, et de ipsis faceret quod deberet. Quod supradictus comes facere non curavit, sed fuit et est, in periculum anime sue et contemptum Ecclesie et magnum catholicorum scandalum, in hoc valde negligens et remissus; quod etiam facere tenebatur proprio juramento. — Cum igitur negligere, cum possit perturbare perversos, nichil aliud sit quam fovere, nec caret scrupulo societatis occulte qui manifesto facinori desinit obviare, nos fratres F. et G. supradicti inquisitores, requisito et habito consilio quamplurium archiepiscoporum, episcoporum, aliorum prelatorum, nec non et aliorum prudentum virorum, supradictum R. (Raimundum) comitem Tholosanum excommunicamus et anathematizamus tanquam fautorem, defensorem et receptatorem hereticorum, tradentes corpus ejus Sathane in interitum carnis ut spiritus ejus salvus sit in die Domini nostri Jeshu Xpisti. — Lata fuit hec sententia VIII. idus junii, apud Carcassonam, presentibus venerabilibus patribus P. (Petro), Dei gratia archiepiscopo Narbonensi, et Guidone archidiacono Carcassone, et J. de Gradano, procuratoribus domini G. (Clarini) episcopi Carcassonensis, et capitulo Carcassonensi, et abbate Sancti Ylarii, diocesis Carcassonensis, et Pontio priore provinciali fratrum Predicatorum et pluribus aliis, anno Domini millesimo CC° XLII°.

Cette sentence est insérée dans la bulle de révocation accordée au comte de Toulouse par le pape Innocent IV, le 17 mai 1244. (*Voy.* le n° 3184.)

3011²   Vers 1242.

« *Milites de bello domini comitis Pictavie.* »

(J. 317. — Toulouse, VIII, n° 62. — Minute.)

MILITES CITATI PER DOMINUM COMITEM.

Robertus de Sancto Claro miles, se septimo.
Johannes de Cleriaco, pro equo, XL. lib. tur.
Gaufridus de Vi, pro equo, X. lib. tur.
Almauricus de Cauda, pro equo, XXVI. lib. tur.

Johannes de Becheto, pro equo, xx. lib. tur.
Johannes de Sanctolio, pro equo, xxv. lib. tur.
Guillelmus Morohier.

[Castellanus de Bunon, se tertio, pro equo, lx. lib. tur.
Gilo d'Esperi, xv. lib. tur.
Petrus d'Aunoi, xii. lib. tur.] — *Nomina et verba inter uncos inclusa in autographo delineantur.*

Colardus de Pomponio, se iiii°, pro equo, lx. lib. tur.
[Simon Dogier, xl. lib. tur.]
Theobaldus d'Aunoi, pro equo, xii. lib. tur.
Johannes de Poenciaco, xxx. lib. tur.

Ph. de Noien, se quarto, pro equo, lx. lib. tur.
Adam de Seuren, xxv. lib. tur.
Guillelmus Lupus, xxxv. lib. tur.
Colardus de Seurein, xxx. lib. tur.

Petrus de Canonville, se quinto, pro equo, lx. lib. tur.
Petrus de Branville, xx. lib. tur.
Radulphus de Canoville, xx. lib. tur.
Johannes de Gerponville, xxx. lib. tur.
Renaudus dou Fai, xx. lib. tur.

Johannes de Insula, se quinto.
Adam de Insula, xxxv. lib. tur.
Adam de Gailleronel, xxx. lib. tur.
Dardellus, xx. lib. tur.
Thomas de Henoville, x. lib. tur.

Simon de Cocegniaco, se iiii°, pro equo, xxv. lib. tur.
Guillelmus de Graciaco, pro equo, x. lib. tur.
Simon de Linardies, pro equo, xx. lib. tur.

Adam de Meso, solus, pro equo, xx. lib. tur.

Guillelmus de Binainville, se altero, [pro primo equo, xv. lib. tur.]; pro secundo equo, xl. lib. tur.
Balduinus de Villette, xii. lib. tur.

[Gasco Chocherel, solus,] pro equo, x. lib. tur.
Johannes de Monciaco, solus, pro equo, xx. lib.
Jacobus de Monciaco, frater suus, solus.
Johannes Gratepaille, solus, pro equo, xxx. lib.

Poquetus, solus, pro equo.
Robertus de Cloia, solus, pro equo.
Guillelmus de Monte-Leardi, solus.
Simon de Corbolio, se altero, pro equo, xx. lib. tur.
Robertus de Meissi, pro equo, xx. lib. tur.

Petrus de Plailliaco, solus, pro equo, xxv. lib. tur.
Petrus d'Ourmoi, solus, pro equo, xxx. lib. tur.
Guido d'Ourmoi, solus, pro equo, xx. lib. tur.
[Johannes de Chetainville, xv. lib. tur.
Renaudus Machuel, xxv. lib. tur.
Ph. dou Coudroi, xx. lib. tur.
Aubertus de Ville-Moison, solus, pro equo, c. sol. tur.]

Ferricus de Rubeomonte, se altero, pro equo, xl. lib. tur.
Guillelmus de Tinie, xx. lib. tur.

Guillelmus de Guilleville, solus, pro equo, l. lib.
Philippus de Sancto Yonio, se altero, pro equo, xv. lib. tur.
Philippus de Boissiaco, xii. lib. tur.
Odo de Montefalconis, solus, pro equo, xx. lib.
Gaufridus de Larrainville, se altero, pro equo, xx. lib. tur.
Petrus de Larrainville, similiter, pro equo, xxx. lib. tur.
Guillelmus de Edera, se tertio, pro equo, xxv. lib. tur.
Johannes Sauvage, xv. lib. tur.
Petrus Poingnart, xx. lib. tur.

Robertus de Ribecourt, se tercio, pro equo
Gilo de Novoloco, pro equo, x. lib. tur.
Radulphus dou Marchel, x. lib. tur.

Gasco de Pissiaco, se quarto, pro equo, lx. lib.
Johannes de Villette, pro equo, xl. lib. tur.
Gervasius de Pissiaco, pro equo, xx. lib. tur.

Dominus de Alneolo, se v°.
Girardus de Carnoto, se v°.
[Mathias vicedominus de Carnoto, se v°.]
Guillelmus de Gisorcio, se quinto.
Herveus de Caprosia, se v°.
Petrus Malivicini, se v°.
Stephanus de Doumencheville, solus.

Guillelmus de Doumencheville, solus.
Johannes de Ponville, solus.
Baillet de Berneville, solus.
Philippus de Brandelon, solus.
Johannes de Saumeriaco, solus.
Guillelmus de Cornoi, solus.
Stephanus Monachus, solus.
Everardus de Cornoi, solus.
Courtois de Cornoi, solus.
Gilo de Luyeres, solus.
Hugo de Brissi, solus.
Odo de Rochis, solus.
Hugo Raspe, solus.
Johannes Morin, solus.
Ph. Paisant, solus.
Gaufridus de Bonainville, juxta Alneolum, solus.
Guillelmus de Chesnoi, se quarto.
Guillelmus de Verou.
Petrus de Richevilla, se quarto.
Guido de Laese, se altero.

<small>Cette pièce ne renferme aucun élément dont on puisse se servir pour en fixer la date d'une manière précise. Nous la plaçons vers l'année 1242, dans la pensée qu'elle renferme une liste de chevaliers</small>

<small>engagés au service du comte de Poitiers lors de la guerre de 1242 contre le comte de la Marche et le roi d'Angleterre. — Il nous a semblé intéressant de reproduire en *fac-simile* l'étendard du comte de Poitiers, aux armes mi-partie de France et de Castille, dessiné au dos de l'acte par l'écrivain qui a dressé le rôle. Ce rôle n'est d'ailleurs qu'une minute avec des ratures et des surcharges; les noms dont il se compose appartiennent en grande partie à l'Ile-de-France et au Vexin normand.</small>

3572[2]   1246. Jeudi 27 décembre.

(J. 328. — Toulouse, XIX, n° 1. 15. — Copie ancienne.)

Acte du bail à cens de l'exploitation (*esplecha*) du pré de Fontbeta, consenti par Tondut de Paolhac à Ar. Martin et à ses ayant cause. — « Hoc fuit factum v. dias à l'ichit de decembre, feria prima (*corr.* quinta), regnante Lodoico rege Francorum, R. Tholosano comite, R. (Raimundo) episcopo. Anno ab incarnacione Domini millesimo ducentesimo quadragesimo sexto. Hujus rei sunt testes B. Pons de Paolhac, B. Uc de Malhac, en B. Aginaut, en Gilabert d'Escalquencis, et Guillelmus de Noerio qui cartam istam scripsit. »

<small>Extrait du rouleau intitulé : *Transcripta instrumentorum magistri Johannis Dominici super facto Gimilli.*</small>

3573[2]   1246.

(J. 326. — Toulouse, XVII, n° 33. — Déficit.)

Acte par lequel Mancipe et Pierre de Toulouse, frères, déclarent que tout ce qu'ils avaient acquis d'Aimery de Rocafort en la moitié de la ville de Folcalval et dépendances, a été par eux cédé et transféré à Raymond, comte de Toulouse. L'an 1246.

<small>Nous donnons, d'après l'Inventaire de Dupuy, l'analyse de cette pièce, qui est depuis longtemps portée en déficit.</small>

EXPLICIT TOMUS SECUNDUS.

INDEX ALPHABETICUS
NOMINUM ET LOCORUM

(Littera *a* priorem, littera *b* alteram columnam indicat.)

A., comes Valentinus. Vide ADEMARUS.
A., decanus de Aula, 546 *a*, *b*.
A., prior Sancti Egidii, 381 *a*.
AALEIS, AALES, comitissa Matisconensis, uxor Johannis comitis, 147 *a*, 296 *b*, 400 *b*, 401 *a*. — *Alix, petite-fille de Guillaume V, comte de Mâcon, et femme de Jean de Braine.*
AALIDIS, ADALEYDIS, AELIS *vel* ALIX, regina Cypri, 17 *a*, 130 *b*, 134 *a*, 247 *b*, 250 *b*, 268 *a*, 272 *a*, *b*, 275 *a*, *b*, 277 *b*, 278 *a*, 286 *a*, 288 *b*, 289 *a*, *b*, 305 *a*. — *Alix, fille aînée de Henri de Champagne, roi de Jérusalem, femme de Henri Ier de Lusignan, roi de Chypre.*
AALIS, AALIZ *vel* AALIDIS, uxor Anselli de Garlanda, domini Turnomii, 22 *a*, 240 *b*, 593 *b*.
AALIZ BLESENSIS, abbatissa Fontis Ebraldi, 623 *a*. — *Alix de Blois, abbesse de Fontevrault.*
AANON, comitissa Drocarum et domina Sancti Walerici, 286 *b*, 428 *a*, *b*, 429 *a*, *b*, 430 *a*. — *Éléonor de Saint-Valery, femme de Robert III, comte de Dreux.*
ABBAS (Petrus), 326 *b*.
Abbatisvilla, 18 *b*, 56 *b*, 190 *a*, 196 *b*, 197 *b*, 198 *a*, *b*, 392 *b*, 551 *a*. — Abbatisvillæ ballivus, 195 *b*, 199 *b*; major et scabini, 551 *a*, *b*. — *Abbeville, Somme.*
Abilionis portale, 388 *b*.
ABRAHA judeus, 135 *b*.
ABRAM, ABRANIS, judeus, frater Belidi, 209 *b*, 220 *b*.
Abrenvoir (terre de l'), sise à Bessières, 534 *a*. — *Terra del Abeurador.*
Abrincæ, 256 *a*. — Abrincensis officialis, 256 *a*. — Vicecomitatus, 331 *a*, *b*. — Castellanus, Rad. de Tilleit, 256 *a*. — *Avranches en Normandie, Manche.*
ABUSSO (G. d'), burgensis Sarlati, 13 *a*.
ACARIN (Willelmus), decanus S. Sepulchri de Cadomo, 114 *b*.
ACCONENSES, 642 *a*.
ACEIO (Gilo de), miles, 288 *b*.
Aceoroix, Acceoroix (libræ de), 449 *b*, 495 *b*. — *Livres d'Auxerre.*
ACERRARUM comes, Thomas, 420 *a*. — *Le comte d'Acerra, dans le royaume de Naples.*
ACUERI (Johannes de), 342

Acheriæ, 564 *b*. — *Achères-le-Marché, dans le Gâtinais, cant. de Neuville, Loiret.*
ACHERIARUM domina, Margareta, 507 *a*.
ACHERIIS (Vincentius de), 564 *b*.
ACIS (Petrus de), senescallus regis Franciæ apud Belcarium, 524 *b*.
Acoeurre (i. e. Altissiodorum), 449 *b*.
ACRIMONTE (E. de), 103 *a*. — *E. d'Aigremont, dans la province de Liége, Belgique.*
ADA, abbas S. Audoeni Rothomagensis, 254 *a*.
ADA, domina de Hans, comitissa Suessionensis, 394 *b*. — *Ade, dame de Hans, fille de Henri IV, comte de Grandpré, veuve de Raoul III de Nesle, comte de Soissons.*
ADA, prior Turnomii, 194 *a*.
ADALEYDIS, regina Cypri. Vide AALIDIS.
ADALMUES, comitissa Engolismensis, filia Petri de Cortenaio, mater Ysabellis comitissæ Marchiæ, avia Margaretæ de Marchia, 574 *a*, *b*, 575 *b*, 576 *a*.
ADAM, episcopus Morinensis, 47 *b*, 70 *a*. (*Adam, évêque de Thérouane.*) — Præpositus, Adam, 45 *a*.
ADAM, episcopus Silvanectensis, 415 *b*, 446 *b*, 447 *a*. — *Adam de Chambly, évêque de Senlis.*
ADAM, marguillier de l'église de Paris, 80 *a*.
ADAM, vicecomes Meleduni, 617 *b*, 618 *a*. — *Adam III, vicomte de Melun.*
ADAM, dictus Harens *vel* Hareng, miles, 506 *b*, 507 *a*.
ADAM (Matfredus), 349 *b*.
ADAM (W.), 535 *b*, 536 *b*.
ADAM (Wilelmus), 585 *b*.
ADEMARII DE SCURA (Bernardus), 348 *b*.
ADEMARIUS, AIMARUS, comes Valentinus, 301 *a*, *b*, 403 *b*, 404 *b*. — *Aimar III de Poitiers, comte de Valentinois.*
ADEMARIUS, notarius Montispessulani, 9 *b*.
ADEMARIUS (Bernardus), frater Raimundi Ademarii de Rocha-Maura, 443 *a*.
ADEMARIUS (Bertrandus), frater Raimundi Ademarii de Rocha-Maura, 443 *a*.
ADEMARIUS (Pontius), 443 *a*.
ADEMARIUS DE ROCHAMAURA (Raimundus), 443 *a*.
ADEMARS (B.), 192 *b*.

ADEMARUS (Bernardus), 566 *a*.
ADEMARUS (Poncius), 508 *b*.
ADRIANUS (divus), 8 *b*, 118 *b*.
Advenaio (conventus de). Vid. Avenaio.
AELIDIS, abbatissa de Advenaio *vel* Avenaio, 513 *a*.
AELIZ, serva, 204 *b*.
AFFIDATUS (Guillelmus), 278 *b*.
AFFIDATUS, filius Guillelmi Affidati, 278 *b*.
AGASSA (Guillaume), bailli de Buzet, 580 *a*.
Agasser (rivus de), 439 *b*. — *Dans le Toulousain, Haute-Garonne.*
AGASSOLLO (Ademarus de), faber, 511 *b*.
AGATHA, neptis Hugonis de Lizegnano, 38 *b*, 68 *b*.
AGATHA, uxor Guidonis Senescalli, militis, 544 *b*.
AGATHA DE MARCHIA, filia Hugonis de Lezigniaco, uxor Willelmi de Chalvigniaco, 499 *a*.
Agatha, 268 *a*. — *Agde en Languedoc, Hérault.*
Agathense capitulum, 265 *a*.
AGATHENSES canonici : Guillelmus Lumbardi, Ramundus de Sala, Bernardus Andreæ, Albertus, 268 *a*.
AGATHENSIS archidiaconus, Poncius de Cotone, 268 *a*. — Camerarius, Stephanus Johannini, 268 *b*. — Episcopus, Bertrandus, 265 *b*, 266 *a*, 268 *a*; Tedisius, 71 *b*, 265 *a*. — Præcentor, Bernardus de Morcsio, 268 *a*. — Sacrista, Philippus, 268 *a*.
Agathensis ecclesia, 265 *b*, 266 *a*. — *Le chœur de l'église Saint-Étienne, à Agde, 266 a.*
Agedunum, 499 *a*. — *Ahun, sur la Creuse, Haute-Marche, Creuse, arr. de Guéret.*
AGEN (R. de), magister, 440 *b*.
AGEN (curé d'), Guillaume B., 467 *a*.
Agenesium, Agenesii terra, 154 *b*, 155 *a*. — *L'Agénois.*
AGENNENSES consules, 497 *b*.
Agennensis civitas, burgus, castrum de Agenno, Agennum, 82 *a*, *b*, 150 *b*, 497 *b*, 635 *b*, 636 *a*. — *Agen en Guienne, Lot-et-Garonne.*
Agennensis diœcesis *vel* episcopatus, 149 *b*, 497 *b*, 505 *a*.
AGENNENSIS archidiaconus, O., 390 *b*, 391 *a*. — Episcopus, Arnaldus, 377 *b*, 467 *a*;

Geraudus, 227 *a*, *b*; — Officialis, R., 466 *a*, *b*. — Senescallus, 228 *a*; Bertrandus, 466 *b*; Guillelmus Arnaldus de Tantalone, 335 *b*, 387 *a*, 433 *a*, 540 *a*, 635 *b*.

AGINAT *vel* AGINAUT (B.), 480 *b*, 660 *b*.

AGNES, vicecomitissa Biterrensis, 93 *b*. — *Agnès de Montpellier, femme de Raymond Roger, vicomte de Béziers.*

AGNES, soror Alberici Rivaldi de Vendolio, militis, 342 *a*.

AGNES, uxor Galeranni de Ivriaco, vicecomitis Meledunensis, 41 *a*.

AGNES, uxor Stephani comitis, 167 *a*, 168 *a*, 347 *a*, *b*. — *Agnès de Dreux, seconde femme d'Étienne ou Estevenon, comte d'Auxonne, compétiteur d'Othon III au comté de Bourgogne.*

AGNÈS, femme de Pierre de Volvire, chevalier, 601 *a*, 629 *a*.

AGNES DE ALNETO, vicedomina Carnotensis, 22 *a*, 23 *a*, *b*.

AGOUTO (Rostagnus de), 190 *a*.

Agramont (castiello d'), 351 *b*, 352 *a*. — *Agramont en Catalogne, sur la Sés.*

AGRAMONT (Arnalt Guillem de), 351 *b*, 352 *a*, *b*.

Agrifolio (castrum et villa de), 34 *a*. — *Aigrefeuille, dans le Bas-Languedoc, Gard.*

Aguel, in comitatu Albemallæ, 24 *a*.

AGUILAT (B.), 465 *b*.

Aguillare (castrum de), 450 *a*. — *Château sur les frontières du Roussillon.*

AGULERIUS (Bartholomeus), 571 *b*.

AGUMARD (Peire W. Ug), 257 *b*.

AGURALDI (Aymo), 464 *b*.

AICARA (B. de), 302 *a*.

AICARDUS (Bertrandus), consiliarius consulum Tarasconis, 217 *a*; Hugo, consul Tarasconis, 247 *a*.

AIGELINA, filia Ramundi Maliberinæ de Castaneto, 328 *a*.

AIENGUIEN, AIENGHIEN (Sigerus de), miles, 372 *a*, 598 *a*. — *Siger, sire d'Enghien, en Hainaut, Belgique.*

AIGREMONT (Anselmus de), 592 *b*.

AIGUS (Ramondus), notarius publicus Cordoæ, 616 *b*.

AIMAR, prior de Madona Senta Maria de Toloza, 89 *b*.

AIMERI (Bernard), 378 *b*.

AIMERIC, 305 *b*.

AIMERIU (Pons), 305 *b*.

AIMERICS (Durans), 192 *a*.

AIMERICS, frère de Vidal Borgarels, 437 *a*, 617 *a*.

AIMERICUS *vel* AIMERICI (Bernardus), publicus Tolosæ notarius, 275 *b*, 324 *a*, *b*, 335 *b*, 354 *a*, *b*, 377 *a*, 387 *a*, 433 *a*, 441 *a*, 455 *b*, 456 *a*, 463 *a*, 481 *b*, 483 *b*, 493 *a*, 494 *b*, 496 *b*, 505 *b*, 507 *b*, 520 *b*, 533 *a*, 535 *b*, 536 *a*, *b*, 544 *a*, 548 *a*, *b*, 549 *b*, 550 *a*, 553 *b*, 566 *a*, 568 *b*, 573 *a*, 580 *b*, 604 *a*, 605 *a*, 612 *a*, 614 *b*, 629 *b*, 635 *b*, 644 *b*, 646 *b*.

AIMERICUS (Bernardus), scriptor, 36 *a*, 245 *b*, 275 *b*, 281 *a*, 288 *a*, 297 *a*, 298 *a*, 313 *a*, 326 *b*, 328 *a*, 330 *a*, 354 *a*, 355 *a*, 396 *a*, *b*, 398 *a*, 438 *a*, 440 *a*, 471 *a*, 547 *a*, 550 *a*, 566 *b*, 567 *a*, 571 *b*, 572 *a*, 579 *b*, 585 *b*.

AIMERICUS *vel* AYMERICUS, porterius [castri Narbonensis, Tholosæ], 334 *a*, 377 *a*, 541 *a*, 548 *a*, 604 *a*, 605 *a*, 614 *b*.

AIMERICUS *vel* HAIMERICUS, vicecomes Castri-Eraudi, 299 *a*, 401 *b*. — *Aimeri II, vicomte de Châtellerault.*

AIMERICUS *vel* AYMERICUS III, vicecomes Narbonæ, 321 *b*, 322 *a*, 325 *a*.

AIMERICUS *vel* AYMERICUS VII, vicecomes Thoarcii, 13 *b*, 57 *b*, 62 *a*, *b*; Aimericus VIII, 471 *b*, 472 *a*, 643 *a*.

AIMERICUS, frater Rogerii Bernardi comitis Fuxensis, 156 *b*.

AIMERIX (Pierre), 580 *a*; Pons, *ibid.*

AIMERY, doyen de la chrétienté de Provins, 476 *a*.

AIMIS (Johan d'en), 629 *b*.

AIORA (B. de), 301 *a*.

Aioto (boscus de), situs inter rivum molendini de Vernulio et Grosmare, 393 *b*.

AIQUARDUS DE SAINONO (Bertraudus), 464 *b*.

AIS (Petrus), 506 *a*.

AISSEHONE (Daniel de), miles, 554 *a*.

AIZS DE RIBAIRIACO (Petrus), 466 *b*.

Ajahon, 403 *b*. — *Peut-être Ajahou; Ajou en Vivarais, arr. de Privas, Ardèche.*

ALACER, judæus, pater Bellidi, 220 *b*, 536 *b*.

ALACER DE BORRELLO (Bernardus), 187 *b*, 188 *a*.

ALACER DE VAURO (Willelmus), 520 *b*.

ALAMAN (Gi.), burgensis Baionæ, 511 *b*.

ALAMANNI *vel* ALAMANNUS (Berengarius), 533 *a*; Guillelmus, 329 *a*; Sicardus *vel* Sycardus, 226 *a*, 240 *b*, 281 *a*, 334 *a*, 335 *b*, 354 *b*, 355 *a*, 377 *a*, 387 *a*, 396 *b*, 398 *a*, 404 *b*, 408 *a*, 419 *b*, 438 *a*, 439 *b*, 440 *b*, 441 *b*, 443 *a*, 455 *b*, 461 *b*, 462 *b*, 463 *a*, 474 *a*, *b*, 475 *a*, *b*, 503 *a*, 507 *b*, 516 *a*, 533 *a*, *b*, 535 *b*, 536 *a*, 540 *a*, 541 *a*, 542 *b*, 548 *a*, *b*, 549 *b*, 550 *a*, 553 *b*, 573 *a*, 604 *a*, 605 *a*, 612 *a*, 629 *b*, 637 *a*, 646 *b*.

ALANO (P. de), bajulus Podii Laurentii, 349 *b*.

ALANUS comes, pater Henrici de Avaugor, 303 *a*.

ALANUS, frater Johannis de Plesseicio, 604 *b*.

ALARIUS (Petrus de), 396 *a*.

ALAZAIS, filia quondam Petri de Gorda, uxor Petri de Bolbone, 636 *b*.

ALBANENSIS episcopus cardinalis, Pelagius, 29 *a*. — *Albano, dans les Ét. de l'Église.*

ALBAPAR (B.), 623 *b*.

Albari (el prat d'), 617 *a*.

Albaron (castrum de), 381 *a*. — *Ce château, qui n'existe plus, était situé dans la Camargue.*

Albate (ecclesia de), 309 *b*. — *Parrochia, 307 b. — Notre-Dame de la Dalbade, à Toulouse.*

ALBATE (capellanus de), 309 *b*.

Albaterra, 576 *a*. — *Castellania de Albaterra, 477 a. — Aubeterre en Angoumois, sur la Drôme, arr. de Barbesieux, Charente.*

ALBATERRA (abbas de), Petragoricensis diocesis, 63 *b*. — *L'abbaye de Saint-Sauveur d'Aubeterre.*

ALBATERRA (G. de), consul Montispessulani, 446 *a*.

ALBEIES (W.), 305 *b*.

Albemallæ *vel* Albemarlæ comitatus, 23 *b*, 24 *a*, 317 *b*. — *Le comté d'Aumale, en Normandie.*

ALBERIA (dominus de), Bertrandus Contor, 567 *b*.

ALBERICUS, decanus B. Martini Turonensis, 254 *b*, 288 *a*.

ALBERICUS, episcopus Carnotensis, 371 *b*, 372 *a*, *b*, 392 *b*, 524 *a*, 543 *a*, 544 *b*. — *Albéric Cornut, évêque de Chartres.*

ALBERT II AUREILHE, abbé du monastère de Saint-Théodard de Montauban, 223 *b*.

ALBERTI (Petrus), canonicus Barchinonensis, 466 *b*.

ALBERTI (W.), burgensis Petragoricensis, 12 *b*.

ALBERTUS (magister), canonicus Agathensis, 268 *a*.

ALBERTUS (Petrus), canonicus Barchinonensis, 328 *b*.

ALBERTUS, capellanus Octaviani cardinalis, 579 *a*.

ALBERTUS, comes Orlemundæ et dominus Alsiæ, 157 *b*. — *En Danemark.*

ALBERTUS, monachus Cisterciensis, 226 *b*.

ALBERTUS, præpositus de castro Seprio, Mediolanensis diœcesis, 385 *a*. — *Seprio, ville du Milanais, à trente-deux kilomètres N. O. de Milan.*

ALBERTUS (Odo), prior de Miranda, 404 *b*.

ALBETA, testis, 451 *a*.

ALBI (P. d'), 399 *b*.

ALBIA (Guillelmus Grava de), 641 *a*.

Albia, Albiensis civitas, 93 *b*, 149 *b*, 487 *a*, *b*; — Albigenses, Albigesii partes, 263 *a*, 314 *a*, 325 *a*, *b*, 340 *b*, 377 *a*, 417 *a*, 442 *a*, *b*, 578 *b*; — Albigesis conquesta, 154 *b*, 155 *a*; — Albigesii terra, Albigesium, 24 *b*, 68 *b*, 69 *a*, *b*, 76 *b*, 77 *b*, 133 *a*, *b*, 265 *b*; — Albigensis *vel* Albigensis episcopatus, diœcesis, 43 *a*, 149 *b*, 497 *b*, 507 *b*, 566 *a*, 658 *a*; — Albigesii negotium, 73 *a*, 133 *a*. — *Albi, Haut-Languedoc, Tarn.*

Albiac (fortericia de), 479 *b*. — *Albiac en Quercy, canton de Gramat, Lot.*

ALBIGENSES, 69 *b*, 73 *a*, 98 *a*.

ALBIGENSIS, ALBIENSIS episcopus, Durandus *vel* Durantus, 152 *a*, *b*, 192 *b*, 222 *a*, 223 *a*, *b*, 224 *a*, 225 *b*, 226 *a*, 227 *b*, 404 *a*, 448 *b*, 451 *b*, 502 *b*, 542 *a*, 549 *b*, 658 *a*; — Præpositus S. Salvi, 362 *a*. — Senescallus, Guillelmus, 225 *b*.

ALBIGESII clerus, 262 *a*.

Albigniacum in Constantino, 56 *a*. — *Aubigny le Cotentin, canton de Périers, Manche.*

ALBIGO, canonicus Bononiensis, 579 *a*.

ALBINEIO (Johannes de), capellanus B. Laudi Andegavensis, 242 *b*.

ALBINIACO *vel* ALBYNIACO (Philippus de), 140 *a*, 141 *a*.

Albiniec (Villa Francha Sancti Petri de Mostor *vel*), 319 *b*. — *En Auvergne.*

ALBOUIN, abbé de Saint-Crépin-le-Grand de Soissons, 253 *b*.

ALBUSSO (P. d'), consiliarius villæ Sarlati, 13 *a*.

Alcemont, en Champagne, 569 *b*.

INDEX ALPHABETICUS.

Alchiacense monasterium, Alchiacensis conventus, 220 *b*, 221 *a*. — *Auchy-les-Moines, au diocèse de Thérouane.*

ALCHIACENSES, 221 *a*.

ALCHIACENSIS abbas, Johannes, 220 *b*.

ALDEBERTI (Geraldus), 309 *a*.

ALDEFONSUS *vel* ALPHONSUS, rex Castellæ et Toleti. *Vide* ALPHONSUS.

Aldenarda, Aldenardensis villa. — *Vid.* Audenarda.

ALDENARDA (Arnulphus de), 103 *b*, 178 *b*, 358 *a*, 554 *a*; Johannes, 554 *a*, 593 *a*.

ALDIIS (W.), burgensis de Regula, 333 *a*.

ALDIZEL (Henricus), 405 *a*.

ALDUINUS, comes, 271 *b*.

ALEAIDIS DE MARCHIA, filia Hugonis de Lesigniaco, 499 *a*.

ALEIDIS, ducissa Burgundiæ, 10 *b*.—*V.* ALIX.

ALEMANDUS (Doetus), baro, 502 *a*.

ALEMANIA (Hugo de), 123 *a*; — Walter, 123 *a*.

Alenconis comitatus, 31 *b*; comitatus de Alenchon, 56 *b*. —*Comté d'Alençon, dans la Basse-Normandie, Orne.*

ALEPS (magister Petrus d'), medicus, 382 *b*.

ALESNES (Ansellus de), miles, 369 *a*.

ALEXANDER, decanus Bisuntinensis, Cabilonensis electus, 569 *a*.

ALEXANDER, papa III, 623 *b*.

ALFANTI, 407 *a*, *b*; Alfantorum de Nometamiis domus, 406 *b*.

ALFARICI (Bonetus), consiliarius Narbonæ, 325 *b*; Guillelmus, 324 *b*.

ALFARIO *vel* ALFAR (Hugo *vel* Ugo de), senescallus Tolosæ, 153 *a*, 216 *a*.

ALFARO (Hugo *vel* Ugo de), 135 *b*, 136 *a*, 245 *b*, 277 *b*; R., 254 *b*, 354 *b*, 541 *a*; Ramundus, 550 *a*, 637 *a*.

ALGAYA, uxor R. de Dornhano, 215 *b*, 216 *a*.

Algueria, in Occitania, 209 *b*.

ALI (Firminus), 329 *b*.

ALICIA, monialis Fontis Ebraudi, 173 *a*.

ALIENOR, comitissa Drocensis, 360 *b*. — *Éléonor, veuve de Robert III.*

ALIENOR, regina Angliæ, ducissa Normanniæ, Aquitanniæ, etc., 38 *a*, 231 *a*, 232 *a*, 454 *a*. — *Éléonor d'Aquitaine, femme de Henri II.*

ALIENORA, regina Castellæ. 241 *b*. — *Éléonor d'Angleterre, femme d'Alphonse IX roi de Castille, mère de la reine Blanche.*

ALIENORA DE PORTUGALIA, 157 *b*.

ALIGNANO *vel* ALLIGNANO (Benedictus de), abbas de Crassa, 82 *a*, 649 *b*.

ALION (B. de), 75 *b*.

ALIPDIS, relicta Arn. de Aldenarda, 554 *a*.

Alisiacu (terra de), Alisiacum, 24 *a*, 317 *a*, *b*. — *Dans le comté d'Aumale.*

ALIX, comitissa Augi, 261 *a*, *b*. — *Alix, comtesse d'Eu, veuve de Raoul d'Issoudun.*

Alix, comitissa Montisfortis, 265 *a*. — *Alix de Montmorency, femme de Simon de Montfort.*

Alix, comtesse de Mâcon, femme de Jean de Braine, 147 *a*, 400 *a*, 401 *a*.

ALIX, ALEIDIS, ducissa Burgundiæ, 10 *b*, 15 *a*, 449 *b*. — *Alix de Vergy, veuve d'Eudes III, duc de Bourgogne.*

Alhairaco (villa de), 162 *b*. — *Alairac en Languedoc, canton de Carcassonne, Aude.*

ALLEMAND (Jean Ier dit l'), *quem vulgo Teutonicum vocant*, abbé de Saint-Victor de Paris, 49 *b*.

Allodium (nemus quod vocatur), 411 *b*, 412 *a*.

Allon, castrum, 606 *b*. — *En Poitou; peut-être Allone, canton de Parthenay, Deux-Sèvres.*

ALMÆ urbis præfectus, 271 *a*. — *Le préfet de Rome.*

ALMAURICUS, constabularius Franciæ, *Vide* Amalricus.

ALMONTE (Willelmus de Barreria de), 580 *a*.

ALNKOLO (Dominus de), miles, 659 *b*.

ALNETO (Agnes de), Carnotensis vicedomina, 23 *a*, *b*; Egidius, miles, 597 *b*; Galterus, miles, 281 *b*, 282 *b*; Gaufridus, 605 *b*; Guillelmus *vel* Guillermus, miles, 174 *b*, 190 *b*, 196 *b*; 280 *b*; Johannes, miles, 360 *b*, 597 *b*; Odardus, 128 *b*; Robertus, cambellanus, regis Navarræ, 527 *a*, 635 *a*; Villanus *vel* Vuillanus, marescallus imperii Romaniæ, 395 *a*, 518 *b*; Willelmus, 200 *b*.

Alnetum, 130 *a*. — *En Normandie; peut-être Aulnay, canton d'Évreux, Eure.*

Alnetum, 196 *b*, 200 *b*. — *Aulnay-lez-Bondy, arr. de Pontoise, Seine-et-Oise; ou Aulnoy, arr. de Valenciennes, Nord,* 196 *b*.

Alnetum (nemus dictum) juxta Pontes super Sequanam, 255 *a*.

Alniaco (grande feodum de), 476 *b*. — *Le grand fief d'Aunis.*

ALNISIENSIS archidiaconus, Hamericus, 535 *a*, 607 *a*.

Alnisium, 123 *a*, 139 *a*, 176 *a*, 453 *a*. — *Le pays d'Aunis, partie de la Charente-Inférieure.*

Alnorum, 316 *b*.

Alodio (grangia de), 44 *b*.

Aloes (bois appelé li), 468 *a*.

ALOETI relicta, 204 *b*.

Alonis terra, 100 *a*.

Alost (communitas villæ de), 108 *b*, 362 *b*, 560 *b*, 595 *a*, 609 *b*. — Scabini, 560 *b*, 595 *a*, 609 *b*. — *Alost, dans la Flandre orientale, Belgique.*

ALPHONSUS *vel* ALFONSUS de Francia, frater Ludovici IX, comes Pictavensis et Tolosæ, 33 *b*, 37 *b*, 38 *a*, 140 *b*, 143 *a*, 158 *b*, 159 *a*, 184 *b*, 227 *a*, *b*, 317 *a*, 451 *b*, 452 *b*, 454 *a*, 471 *a*, *b*, 472 *a*, 478 *a*, *b*, 479 *a*, *b*, 480 *a*, *b*, 494 *b*, 495 *a*, 500 *a*, *b*, 501 *a*, 507 *b*, 508 *b*, 513 *b*, 517 *a*, 523 *a*, 527 *b*, 529 *a*, 538 *b*, 544 *b*, 567 *b*, 571 *a*, 573 *a*, 578 *a*, 586 *a*, 600 *b*, 606 *a*, *b*, 607 *a*, 629 *a*, 634 *a*, 642 *b*, 643 *a*, *b*, 644 *a*, *b*.— Son étendard aux armes de France et de Castille, *fac-simile*, 660 *a*.

ALPHONSUS DE PORTUGALIA, comes Boloniæ, 416 *a*, 460 *a*, *b*, 485 *b*. — *Alphonse de Portugal, second mari de Mathilde de Dammartin, comtesse de Boulogne, roi de Portugal en 1248, sous le nom d'Alphonse III.*

ALPHONSUS IX, rex Castellæ et Toleti, 97 *b*, 98 *b*, 99 *a*, 241 *b*.

Alsen (castrum de), 493 *a*. — *Alzen, dans le pays de Foix, canton de Foix, Ariège.*

ALSEUS (R.), scriptor, 90 *b*, 136 *b*, 155 *b*, 183 *a*, *b*, 267 *b*, 277 *b*.

ALSIE dominus, Albertus, comes Orlemundæ, 157 *b*. — *Alsen, en Danemark.*

ALSIPI (Pictavinus), miles de Podio-Laurentio, 497 *a*.

Alta Fontana, Altæ Fontanæ terra, in comitatu Drocensi, 54 *a*, 429 *b*.

ALTARIBUS (Robertus de), 346 *b*.

Alta ripa, Altarippa, villa aut castrum de Alta ripa, 56 *a*, 150 *b*, 202 *b*, 203 *a*, 376 *b*.—*Hauterive, château sur l'Ariège, à vingt kilomètres S. S. E. de Toulouse.*

Altæripæ dominium, 533 *a*.

ALTARIPPA (Bertrandus de), nepos Jordani de Villanova, 511 *b*; Sibilia, 376 *b*.

ALTESACO (R. de), capellanus B. Mariæ de Albate, 298 *a*.

ALTIMONTIS milites et nobiles, in ballivia Montisalbani, 501 *b*. — *Montalzat en Quercy, canton de Caussade, Tarn-et-Garonne.*

ALTINESIA (Hamelinus de), 617 *b*.

ALTISSIODORENSIS comes, Odo de Burgundia comes Nivernensis, 4 *b*. — Comitissa, Mathildis I, 4 *b*. — Episcopus, Henricus de Villanova, 47 *b*, 69 *b*, 70 *a*, 73 *a*.

Altissiodorensis moneta. *Vid.* Aceoroix (libræ de).

ALTISSIODORENSIUM MINORUM conventus, 522 *a*. — Administrationis Burgundiæ minister, frater Desiderius, 522 *b*.

ALTOVILAR (vicecomes de), Arnaldus Ato, vicecomes de Leomania, 505 *a*.

Alto-Vilari (villa *vel* castrum de), 150 *b*. — *Auvillars, château, avec titre de vicomté, sur la Garonne; aujourd'hui chef-lieu de canton, arr. de Valence d'Agen, Tarn-et-Garonne.*

ALTO-VILARI (R. de Barravo de), 578 *a*.

Alvernia, Alverniæ comitatus, terra, 54 *b*, 55 *a*, 485 *b*, 486 *a*. — *L'Auvergne, dont on a formé les départements du Cantal et du Puy-de-Dôme.*

ALVERNIÆ *vel* ARVERNIÆ ballivus, Amarricus de Corcellis, 383 *a*, *b*, 384 *a*. — Comes, Guido, 237 *a*; Guillelmus, 505 *b*. — Comitissa, Cambonia, 237 *a*. — Connestabuli, 573 *b*. — Connestabulus, Amalricus de Corcellis, ballivus Matisconensis, 403 *a*; H. de Poncellis, 538 *b*, 567 *b*.

Alverniæ consuetudines, 171 *b*, 172 *a*.

ALVERNIENSIS (magister W.), medicus, socius domini episcopi Caturcensis, 456 *a*.

Alysi, 330 *b*. — *Peut-être Alizay en Normandie, canton de Pont-de-l'Arche, Eure.*

Amacio (castrum de), 265 *b*. — *Dans le diocèse d'Agde.*

AMADA (Raimundus Stephanus), consul Fanijovis, 504 *a*.

AMALONE (Bartholomeus de), 310 *b*.

AMALRICUS, civis Electi, 657 *b*.

AMALRICUS dux Narbonæ, comes Tholosæ, dominus vel comes Montisfortis et Leycestriæ, Franciæ constabularius, 40 *a*, 72 *b*, 76 *a*, 89 *a*, 101 *a*, *b*, 112 *b*, 113 *a*, 155 *a*, *b*, 178 *b*, 193 *a*, *b*, 194 *b*, 217 *b*, 236 *a*, 265 *a*, 287 *b*, 298 *a*, 299 *a*, 404 *b*, 439 *a*. — *Amauri VI de Montfort, fils de Simon IV, comte de Montfort, et d'Alix de Montmorency.*

AMALRICUS, vicecomes Narbonæ, 323 *b*, 442 *b*, 486 *b*, 489 *a*, *b*, 490 *b*, 493 *a*, 529 *b*, 539 *b*, 540 *a*, 541 *a*, 542 *a*, *b*, 549 *b*. — *Amauri I*^{er}*, vicomte de Narbonne*.
AMALVINUS (Guillelmus), 387 *a*.
Amance (chastellerie d'), *ou* Émance, 491 *a*. — La porte d'Amance, *ibid*. — *Bourg de Lorraine, sur une hauteur baignée par le ruisseau d'Amance, canton de Nancy, Meurthe.*
AMANCIUS (Raimundus), consul Montispessulani, 328 *b*.
AMANEUS *vel* AMANEU (R.), 221 *a*, 333 *b*, 351 *a*, 383 *a*, 394 *b*, 396 *b*, 448 *a*, 508 *a*, 512 *a*, *b*, 519 *b*, 533 *b*, 534 *a*, 538 *b*, 547 *a*.
AMANEVUS, archiepiscopus Auxitanus, 332 *b*. — *Amanieu I*^{er} *de Grisinhac, archevêque d'Auch.*
AMANEVUS DE MADELIANO (Pontius), 505 *a*.
AMARIUD, habitant de Gemil, 422 *b*.
AMATUS, presbyter, 579 *a*.
AMATUS (Hugo), 444 *a*.
AMAURICUS, senescallus Andegavensis, 14 *a*.
AMAUZIACO *vel* AMAUZAC (J. de), homo comitis Pictaviensis, 573 *a*, *b*.
AMBASIÆ domina, Isabella Carnotensis comitissa, 113 *b*, 143 *a*, 240 *b*. — *Isabelle ou Élisabeth d'Amboise, femme de Jean d'Oisy, comte de Chartres.*
AMBIANENSES major et scabini, 651 *a*.
AMBIANENSIS ballivus, Gauffridus de Milliaco, 184 *b*, 213 *a*, 264 *b*, 346 *b*. — Episcopus, Arnulphus, 346 *b*; Godefridus, 264 *b*, 265 *a*. — Precentor M., 264 *b*, 265 *a*. — Præpositus, 157 *a*, *b*.
AMBIANIS (Alermus de), miles, dominus de Stella, 49 *b*; Bernardus, miles, 393 *a*; Renaldus, 69 *a*, *b*; Theobaldus, miles, 281 *b*, 283 *b*.
Ambianum, Ambianensis communia, 651 *a*. — Præpositura, 49 *a*, *b*. — *Amiens, Picardie, Somme.*
AMBLARDUS, testis, 225 *b*.
AMBLARDUS (Petrus), 35 *a*.
AMBLART (homo), 533 *a*.
AMBLARTZ (N.), 508 *a*.
AMBLEVILLA (Arnaldus de), 122 *b*.
AMEDEUS, comes Sabaudiæ, 541 *a*, *b*, 542 *a*, *b*. — *Amédée IV, comte de Savoie*.
AMEILL (Jerma), 136 *a*.
AMEILL (P.), 136 *a*.
AMEILS (Matfres), 192 *b*; Pons, 192 *b*.
AMELII (Azimarus), miles castri de Causaco, 502 *b*.
AMELII (Petrus), 226 *a*.
AMELII (Petrus), consul de Lavaur, 504 *b*.
AMELII (Petrus), electus Narbonensis, 73 *a*. *Vid.* PETRUS.
AMELII (Poncius), miles, 502 *b*.
AMELII (R.), consul villæ de Manso, 504 *b*.
AMELII DE PALERIIS (Bernardus), 335 *a*, 493 *a*.
AMELIUS, abbas B. Sulpicii Bituricensis, 207 *b*.
AMELIUS, capellanus S. Stephani Tolosæ, 307 *b*.
AMELIUS (Bernardus), 251 *a*.

AMELIUS (Johannes), civis Narbonensis, 324 *b*, 529 *b*.
AMELIUS (Poncius), baro, 502 *a*.
AMENIÆ (Heimericus), miles balliviæ Montisalbani, 502 *a*; Petrus, *ibid*.; Sensius, *ibid*.
AMERICUS (Bernardus), publicus Tholose notarius, *Vid.* AIMERICUS.
AMERIUS (Petrus), 59 *a*.
AMERIUS DE VALDERALD (Stephanus), 59 *a*.
AMICI (Geraldus), 537 *a*; Petrus, *ibid*.
AMICIA, abbatissa S. Anthonii Parisiensis, 236 *b*.
AMICIA, soror primogenita Roberti comitis Leycestriæ, 236 *a*.
AMICIA, uxor Galcheri de Jovigniaco, 204 *a*.
AMICUS, episcopus Aurasicensis, 321 *a*, *b*, 371 *b*, 408 *a*, 448 *b*. — *Amicus, évêque d'Orange, en Provence.*
AMICUS (G.), dominus Castri-novi, 542 *a*.
AMILIANO *vel* AMILIAVO (Bernardus Geraldus de), 331 *b*, 335 *b*, 348 *b*, 354 *b*.
Amilianum, 117 *b*, 159 *a*, 348 *b*, 389 *a*. — Amiliani universitas, 514 *a*; consules, *ibid*. — *Milhaud, sur le Tarn, en Rouergue, chef-lieu d'arr., Aveyron*.
AMORAVIS, testis, 226 *a*.
Amrepeiras (castrum de), in comitatu Provinciæ, 379 *b*.
Anagnia, 130 *b*, 131 *a*, 133 *b*, 185 *a*, 384 *b*, 386 *b*, 387 *a*, 418 *b*, 449 *a*, 518 *a*. — *Anagni, dans les États de l'Église.*
Anazac (pratum regis de), 403 *a*.
Ancenisium, 178 *a*, *b*, 179 *b*, 180 *a*. — In castris juxta Ancenisium, 179 *b*. — *Ancenis, sur la Loire, en Bretagne, Loire-Inférieure, chef-lieu de sous-préfecture.*
ANCEUNA (Raimundus de), 320 *a*; Raymbaudus, 320 *a*; Willelmus, 320 *a*.
ANDEGARIUS, consul castri de Naiaco, 514 *a*.
ANDEGARIUS *vel* ANDEGRARIUS (Isnardus), 321 *a*, 341 *b*.
Andegavensis comitatus, 22 *a*, 54 *b*, 55 *a*, 57 *b*, 119 *b*, 121 *b*, 180 *b*, 277 *a*, 274 *b*, 275 *b*. — Episcopatus, 119 *a*. — Senescalcia, 117 *a*. — Andegavenses forestæ, 119 *b*; — Andegavi regalia, 119 *b*.
ANDEGAVENSIS comes, 22 *a*; Johannes rex Angliæ, 173 *a*; Henricus III, rex Angliæ, 140 *a*, 332 *b*, 505 *b*, 511 *b*. — Comitissa, Alienor regina Angliæ, 38 *a*. — Episcopus, Guillelmus, 22 *a*, 238 *a*, 239 *a*. — Senescalla, Johanna, 117 *b*; Margareta, 102 *a*. — Senescallus, Ingeranus de Cociaco, 69 *a*; Amalricus de Credonio, 10 *a*, *b*, 14 *a*, 15 *a*, 57 *a*, 62 *b*, 69 *a*; Guillelmus de Rupibus, 10 *a*.
Andegavi, Andegavum, Andegavensis civitas, 10 *a*, 117 *a*, 119 *b*, 120 *b*, 171 *b*, 238 *a*, *b*, 242 *b*, 243 *a*, 253 *b*, 269 *a*, *b*, 270 *a*, *b*. — Andegavense castrum, 242 *a*; — Andegavensis clausura, 242 *a*; Fortalicia, 238 *a*, 239 *a*, *b*, 242 *a*, *b*, 243 *a*. — Andegavenses conventus : Omnium Sanctorum, 242 *a*; S. Albini, 170 *a*, 242 *a*, 272 *a*; S. Egidii de Viridario, 239 *a*; S. Johannis Evangelistæ, 239 *a*; S. Mariæ de Karitate, 242 *b*; S. Martini, 238 *a*; S. Germani, 272 *a*; S. Laudi, 272 *a*; S. Mauri, 238 *a*; S. Nicholai, 243 *a*,

655 *b*; S. Sergii, 239 *a*, *b*. — *Angers, Maine-et-Loire.*
Andegavia, Andegaviæ terra, 120 *a*, 179 *a*; — Andegaviæ feodum, 180 *b*; consuetudines, 57 *b*, 121 *b*, 617 *b*.
ANDEPHULSUS, abbas Montisalbani, 390 *b*, 391 *a*. — *Andolphe, abbé de Saint-Théodard de Montauban.*
ANDORTA (Ramundus Willelmus de), 458 *a*.
ANDRÉ, chanoine de Laon, 145 *a*.
ANDRÉ (Pierre), notaire, 458 *a*.
ANDREÆ (Bernardus), canonicus Agathensis, 268 *a*.
ANDREAS, abbas S. Maglorii Parisiensis, 268 *a*, *b*.
ANDREAS (B.), burgensis Sarlati, 13 *a*.
ANDREAS (magister), canonicus Laudunensis, 145 *a*.
ANDREAS (Ar.), consul Carcassonæ, 650 *a*.
ANDREAS (frater), ordinis fratrum Prædicatorum, 395 *a*.
ANDREU DE BESSIÈRES (R.), 544 *a*.
ANDREUA (Pagana), 543 *a*.
ANDRIEU (P.), 646 *a*.
ANDROI (N.), testis, 419 *a*.
ANDULFUS, 245 *a*.
ANDUSA (Ugo de), 455 *b*.
Andusia (castrum et villa de), 34 *a*, 35 *a*. — *Anduze, Bas-Languedoc, Gers.*
ANDUSIA (B. de), 446 *a*; Hugo, 572 *a*; Raimundus, 34 *a*, *b*, 35 *a*.
ANDUSIENSIS archipresbyter, Poncius, 72 *a*.
ANETO (Simon de), filius Willelmi de Aneto, 657 *b*.
ANGELI (Petrus), camerarius Sabinensis episcopi, 385 *a*.
ANGIEN *vel* ANGUEIN (Sigerus, dominus de), miles, 592 *b*, 600 *a*, *b*. — *Siger, sire d'Enghien, en Hainaut, Belgique.*
ANGLE (Guillelmus de), 571 *a*.
Anglia, Angliæ regnum, terra, 175 *b*, 217 *b*, 218 *a*, 236 *a*, 405 *a*, 477 *a*. — Terra in Anglia, 179 *a*, 194 *b*, 195 *a*. — Angliæ navigium, 122 *b*. — Angliæ senescalcia, 236 *a*.
ANGLIÆ regina, Alienor *vel* Elionors, 38 *a*, 231 *a*, 232 *a*, 379 *a*, 454 *a*; Berengaria, 181 *b*; Isabella *vel* Isabellis, comitissa Marchiæ, 121 *a*, *b*, 182 *b*, 183 *a*, *b*, 313 *b*, 476 *a*, 477 *b*, 478 *a*, 479 *b*, 498 *b*, 513 *b*, 622 *a*, 624 *a*. — Rex, Henricus II, 35 *a*, 570 *b*; Henricus III, 120 *b*, 122 *b*, 140 *a*, *b*, 141 *a*, 175 *b*, 176 *b*, 179 *a*, 180 *a*, 194 *b*, 201 *b*, 202 *a*, 210 *a*, *b*, 217 *b*, 236 *a*, *b*, 259 *b*, 260 *a*, 270 *a*, *b*, 316 *a*, 332 *b*, 405 *a*, *b*, 552 *a*, 454 *a*, 471 *b*, 476 *b*, 636 *a*; Johannes, 173 *a*, 439 *a*, 454 *a*, 571 *a*; Richardus I, 33 *b*, 35 *a*, 38 *a*, 452 *a*, 454 *a*, *b*, 570 *b*, 571 *a*. — Senescallus, Radulphus, 140 *a*, 141 *a*.
ANGLICUS (Symon), 204 *b*.
Aniciense episcopium, 75 *b*. — *L'évêché du Puy.*
Aniciensis ecclesia, 349 *b*.
ANICIENSIS decanus, Guillelmus, 349 *a*. — Episcopus, Bernardus, 349 *b*.
Anicium, 349 *b*. — *Le Puy-en-Velay, Haute-Loire.*
ANIORTO (Geraldus de), 658 *a*; Guiraudus, 323 *a*.

INDEX ALPHABETICUS.

Anjou (bailli d'), Joces de Bones, 601 a.
— Sénéchal, Raoul, 142 a.
Anjou (Hugo de), monachus Casæ-Dei, 223 b.
Anneto (Villanus de), marescallus imperii Romaniæ, 391 a, 392 a. — Villan d'Annet, maréchal de l'empire de Constantinople.
Anoluio (Guillelmus de), juvenis, 514 a.
Ansellus, abbas Dervensis, 385 b, 440 b. — Ansel, abbé de Monstier-en-Der.
Anselmus vel Axsellus, episcopus Laudunensis, 47 b, 60 b, 61 a, 70 a, 86 b, 88 b, 239 b, 240 a, 244 a, b, 278 a, 355 a, 356 a, b. — Anselme de Mauny, évêque de Laon.
Anteiago (Bernardus de), archidiaconus Caturcensis, 612 a; Uguo, 580 a.
Anthonicis (Salvator de), notarius Montispessulani, 53 b.
Antioneio (Hugo de), dominus Paigneii, 411 a. — Hugues d'Antigny en Bourgogne; Antigny-la-Ville, canton d'Arnay-le-Duc, Côte-d'Or.
Antoing, Antoig, Antoycneio, Anthonio (Hugo de), miles, 285 a, 337 b, 358 b, 359 a, 592 b, 593 a, 598 a. — Hugues d'Antoing en Hainaut, Belgique, arr. de Tournai.
Aorillas, locus, 508 a. — Dans la vicomté de Saint-Antonin, en Rouergue.
Apostolica Sedes, 314 a, 316 a, 317 a, 318 b, 327 a, 352 b, 353 a, 377 a, 418 b, 444 b, 461 a, 523 b, 524 a, b, 525 a, b, 528 a, b, 534 b, 566 b, 567 a, b.
Apostolicæ Sedis legatus, Guido episcopus Suranensis, 386 a, b, 397 b; Guillelmus, archiepiscopus Remensis, 49 a; Johannes, archiepiscopus Viennensis, 322 a, 340 a, 350 a; Octo, S. Nicholai in Carcere diaconus cardinalis, 405 a, b; Odo cardinalis, Tusculanus episcopus, 590 a, b, 592 a, b, 596 b, 597 a, b, 630 a, b, 637 a, 638 b; Petrus de Collemedio, 185 a; Romanus, S. Angeli diaconus cardinalis, 62 b, 69 b, 73 a, 75 a, 77 b, 78 b, 84 b, 85 b, 88 a, 89 b, 90 b, 93 a, 124 a, 133 b, 140 b, 154 a, 156 a, 158 b, 162 b, 163 b, 164 a, 165 a, 166 b, 183 a, 340 b, 648 b, 649 b; Zoen, Aviniouensis electus, 528 a.
Appamiarum villa, Appamiæ, 95 b, 96 a, 156 a; Appamiarum castrum, 95 a, 96 a. — Pamiers en Languedoc, Ariège.
Appamiis (sacrista et canonici Sancti Antonini de), 95 a.
Apparicius (frater), cellerarius conventus Bellæperticæ, 641 a.
Apta (Helyas de), 321 b.
Aquæ (i. e. fluvii, amnes, fontes, rivi et rivuli, lacus, stagna, vivaria, piscaria, et fossata). Vide: Agasser, Aquesalsæ, Aquila, Argousag, Arigia, Aroasa, Auberval, Avario, Avertimatz. — Barrum, Belmont, Beu, Bies, Bordons, Bosqueto, Brauta. — Canelle, Canus, Cardelh, Chainhac, Consignes, Costa Raynale. — Dieppa, Dordonia, Durencia, Duxeii. — Ebhiacum, Erbice, Erz, Escaut. — Gairaldæ, Garona, Gimello. — Lesa, Ligeris, Lisiæ. — Malæmortis, Materna, Merdairol, Merlan, Moessa, Molina, Monteastrug, Montispradelli, Morter, Morteriis, Mucra. — Neiregore, Nervii,

Nihella. — Oisia, Out. — Petrosum, Pulchromonte. — Retourne, Ro, Rodanus, Ronon, Rue. — Sala Pinso, Saonna, Sarlina, Serra. — Tarn vel Thar, Torrat, Toul, Truissatan. — Ussentia. — Vileta. — Ydern, Ysara.
Aquarum-Mortuarum portus, 619 b, 632 a. — Aquarum-Mortuarum privilegia, 618 b. — Aigues-Mortes en Languedoc, Gard.
Aquensis provincia, 47 a, 48 b. — La province ecclésiastique d'Aix.
Aquensis archiepiscopus, Ramundus, 47 b, 380 a.
Aquesalsæ rivus, 436 b.
Aquila (filius aquæ quæ dicitur), 61 a.
Aquis (domus hospitalis Jherusalem de), 380 b, 381 a. — Ecclesia S. Johannis, 380 a.
Aquitania (magister militiæ Templi in), Willelmus de Sounaio, 623 a.
Aquitaniæ, Aquitanorum duces, 231 a, 232 a.
Aquitaniæ dux, Henricus III, rex Angliæ, 140 a, 332 b, 505 b, 511 b. — Ducissa, Alienor regina Angliæ, 38 a, 454 b. — Primas, Philippus archiepiscopus Bituricensis, 371 b, 395 b; Simon de Solliaco, 97 a, b.
Ar. d'en G. B., 534 a.
Arabi (Vidal), lo jove, 327 b.
Arago (Ar. d'), prior de Sent Geni, 89 b.
Aragone (J. de), archidiaconus Carcassonensis, 85 b.
Aragoniæ, Arragoniæ vel Arragonum rex, Jacobus I, comes Barchinonæ, dominus Montispessulani, etc., 75 a, 94 a, 98 a, 117 b, 153 b, 328 a, 329 a, 340 a, 379 b, 382 a, 388 b, 421 a, 444 b, 445 a, b, 450 b, 602 a, 612 b; Pierre, 154 a. — Regina, Maria, domina Montispessulani, 328 a, 329 a.
Aragoniæ forum, 457 b. — Maison d'Aragon, 79 b. — Sceau royal d'Aragon, 154 a.
Aramun de Aspromonte (Arnaldus), 505 a.
Aramun de Lorc (Guillelmus), 505 b.
Aramun de Pis (Guillelmus), 505 b.
Arbertus, abbas Montisalbani, 223 b, 225 b, 226 a. — Arbert ou Albert II Aureilhe, abbé du monastère de Saint-Théodard de Montauban.
Arcamonte (Galhardus de), 578 a.
Arceiarum dominus, Guido, 174 a. — Gui, seigneur d'Arcis; Arcis-sur-Aube (?).
Archambaldus, decanus capituli Bituricensis, 238 a.
Archambaldus, Archembaudus, Archenbaldus, Archenbaudus, Archambaudus vel Archanbaldus de Borbonio aut dominus Borbonii, 1 a, 4 a, 14 a, 15 a, 101 b, 172 b, 193 b, 213 b, 246 a, b, 247 a, 264 b, 274 a, 299 a, 410 a, 449 b, 450 a, 480 b. — Archambaud IX, sire de Bourbon.
Archembaudus, frater domini de Dampetra, 17 a.
Archiacum, locus, 498 b. — Archiac en Saintonge, arr. de Pons, Charente-Inférieure.

Archiac (Fulco de), 506 a.
Archiepiscopus vel Archiepiscopi (Willelmus), dominus Partiniaci, 62 b, 140 b, 480 a, 505 b. — Guillaume l'Archevêque, sire de Parthenay en Poitou, Deux-Sèvres.
Arcis (Jean des), sénéchal du Venaissin, 335 a, 371 b, 376 a, 400 a.
Arcolfac (Guiralt d'), 476 a.
Arcuarius (Raimundus), ballivus Corduæ, 502 b, 503 a.
Arculfus, presbyter B. Mariæ Dolensis, 303 b.
Ardileriis, Ardilleriis vel Arzileriis (Galterus de), 226 a, 529, b, 605 b. — Gautier d'Arzilliers en Champagne, Marne, arr. de Vitry-le-Français.
Ardurelli abbas, Guillelmus, 75 b, 76 b. — Guillaume II, abbé du monastère d'Adorel, au diocèse d'Albi.
Areis (Guillelmus Raimundus de), judex Provinciæ, 382 b.
Arelatense regnum, 271 a, 300 b, 431 b, 432 a. — Galterius vicarius generalis in regno Arelatensi, 431 b.
Arelatenses, 217 a, 466 a.
Arelatensis diœcesis, 618 b. — Ecclesia, 448 b; ecclesia S. Michaelis, 455 a. — Præpositura, 455 a. — Provincia, 47 a, 48 b, 466 a.
Arelatensis civitas, 420 a. — Arles, en Provence, Bouches-du-Rhône.
Arelatensis archiepiscopus [Hugo II], 47 b; Johannes, 362 a, 448 a, b, 449 a, 466 a, 514 b, 515 b. — Canonicus, Po. Salavesius, 515 a, b. — Præpositus, Bertrandus, 455 a.
Arenæ, 185 a. — Airaines en Picardie, arr. d'Amiens, Somme.
Arenarum vel Harenarum castri consules, 84 b. — Les consuls des Arènes de Nimes.
Areners, 192 a. — En Languedoc.
Arenis (dominus de), Radulphus, miles, 200 b.
Arenteriæ, 132 b. — En Champagne.
Arfredi Rabasteii terra, 100 a.
Argencia, 448 b. — L'Argence, pays qui comprenait la partie du diocèse d'Arles située en deçà du Rhône.
Argentacum, 348 a. — Argentac en Limousin, Corrèze, arr. de Tulle?
Argentan (seigneur d'), Jean de Clément, maréchal de France, 97 a.
Argenteolis vel Argenceolis (ecclesia de), 256 b, 385 b. — L'Eglise de Notre-Dame d'Argensolles, en Champagne, canton d'Epernay, Marne, diocèse de Soissons.
Argentonii dominus, Godefridus, 176 b, 177 a. — Geoffroi, sire d'Argenton en Poitou. Argenton-l'Eglise ou Argenton-le-Château, Deux-Sèvres, arr. de Bressuire.
Argies (Johanna de), 102 b.
Argneium, 318 a. — Arrigny en Champagne, canton de Vitry-le-Français, Marne.
Argousag (rivus d'), 436 b.
Arguel (communia de), 198 b. — Arguel en Picardie, arr. d'Amiens, Somme.
Aria vel Arya, 349 a. — Aire en Artois, sur le Lys, Pas-de-Calais.

ARIA (Baldoinus de), 337 a, 367 b, 554 a. — Gilebertus, senescallus Philippi comitis, 45 a.

ARIA (castellanus de), Balduinus de Cominis, 104 a.

ARIBERTUS (Bartolomeus), 536 b.

Arigia vel Aregia, flumen, 95 b, 202 b, 378 b. — L'Ariége.

ARMANHAC (Ademarus d'), burgensis Petragoricensis, 12 b.

ARMANIACI vel ARMANHACI comes, Bernardus, 433 a, 577 a, b. — Vid. BERNARDUS.

ARMENGAU (B.), 327 b.

ARMERIIS (abbas de), Thomas, 125 a. — L'abb. d'Hermières, au diocèse de Paris.

ARMODA, domina Insulæ Buchardi et Rupisfortis, 290 a, b. — Armode, dame de l'Isle-Bouchard, en Touraine, et de Rochefort, en Anjou.

ARNALDI (magister Guillelmus), archidiaconus Lantarensis, magister universitatis Tolosæ, 397 b, 494 b, 496 b, 533 a.

ARNALDI (Petrus), bajulus comitis Tolosæ, 142 b.

ARNALDI (Willelmus), ordinis fratrum Prædicatorum, 314 b, 315 a.

ARNALDI DE CURNO (Guillelmus), 548 a.

ARNALDI vel ARNALDUS DE TANTALONE (Guillelmus), senescallus Agennensis, 335 b, 433 a, 635 b.

ARNALDUS, bajulus S. Romani, 278 b.

ARNALDUS, episcopus Agennensis, 377 b.— Arnaud IV de Calard, évêque d'Agen.

ARNALDUS, episcopus Nemausensis, 71 b, 84 b, 152 b. — Arnaud Ier, évêque de Nîmes.

ARNALDUS, episcopus Vasatensis, 332 b. — Arnauld II de Pins, évêque de Bazas.

ARNALDUS (Ato), 285 a.

ARNALDUS (Berengarius), canonicus Magalonensis, 389 a.

ARNALDUS (Bertrandus), notarius, scriptor, 531 a.

ARNALDUS (Guarsia), 285 a.

ARNALDUS (Petrus), 264 a.

ARNALDUS (Raimundus), Carcassonæ burgensis, 309 b.

ARNALDUS (Uguo), miles, 354 a.

ARNALDUS, filius Willelmi Arnaldi de Caramanno, 262 b.

ARNALDUS, nepos Ysarni de Cambon, 225 b.

ARNALDUS CASTRI VERDUNI (Poncius), 285 a.

ARNALDUS ODO, vicecomes Leomanniæ, 577 a, b. — Arnaud Othon, vicomte de Lomagne et d'Auvillar.

ARNALDUS DE NOERIO (Poncius), 297 a.

ARNALDUS ROGERIUS, episcopus Convenarum, patruus Bernardi comitis Convenarum, 540 b, 541 a. — Arnaud III Roger, évêque de Comminges.

ARNARDVILA (Petrus Isarn de), 257 b.

ARNAUD, abbé de Gaillac, 528 a.

ARNAUDI DE PODIO (Raimundus), 89 b.

ARNAUT, frère de B. Clerges, 543 a.

ARNAUTZ (P.), 183 a.

ARNESTEN (Albertus de), 271 b.

ARNESTEN (Gebhardus de), Imperii legatus in Ytalia, 271 a.

ARNESTEYN (Gauardus de), 420 a.

ARNULPHUS, comes de Los et de Chigny, 350 a, b, 592 b, 593 a. — Arnould, comte de Los et de Chiny, en Belgique.

ARNULPHUS, episcopus Ambianensis, 346 b. — Arnould, évêque d'Amiens.

Aroasa, 31 a. — L'Aronde, rivière du Beauvaisis qui se jette dans l'Oise près de Compiègne.

ARPAIONE (Bernardus de), 612 a.

ARQUERIUS (Ramundus), 535 b, 536 a, 629 b.

ARQUIERS (R.), bajulus Cordubæ pro comite Tolosano, 508 a.

ARREBLAI (Mignardus de), 564 a.

Arremarensis ecclesia, 132 a. — L'abbaye de Moustier-Ramey, au diocèse de Troyes.

ARREMARENSIS abbas, 17 b.

ARTALDUS, ostalarius Casæ Dei, 223 b.

ARTAUDUS, decanus Cabilonensis, 209 a. — Artaud, doyen de Saint-Vincent de Chalon-sur-Saône.

ARTIBUS (Petrus de), 441 a.

Artigad (castrum de), 493 a. — Artigat, dans le pays de Foix, canton de Mas-d'Azil, Ariége.

ARTUS (B.), 423 a.

ARUNDEN, testis, 423 a.

ARUSIENSIS episcopus, Petrus, 158 a. — Pierre, évêque d'Aarhuus en Jutland, Danemark.

ARVERNIA (Templarii constituti in), 319 a.

ARVERNIÆ ballivus, etc. Vid. ALVERNIÆ.

Arzila (honor et mansus de), 349 b.

ARZILERIIS (Petrus de), syndicus communis Massiliæ, 188 b, 189 b.

ARZILLIÈRES (Eudes d'), 605 b. — Arzilliers en Champagne, canton de Vitry-le-Français, Marne.

Arzincho (villa de), 162 b.— Dans le pays de Foix.

As-Champenois (nemus), 255 a.

ASNAPIA (Walterus de), miles, 337 a, 553 a, 608 a. — Gautier de Napes ou d'Annapes. Annapes, dans la Flandre française, canton de Lille, Nord.

Asneriæ, 280 b, 374 b, 544 a, b.—Asnières, vill. de l'Ile-de-France, Seine, arr. de Saint-Denis.

ASPEL vel ASPELLO (Rogerius de), 91 a, 553 b.

ASPEROMONTE (Arnaldus Aramun de), 505 c; Gobertus, 17 a; Guillelmus, 38 b.

Aspiranum, 73 b, 74 a, b. — Aspiran en Languedoc, arr. de Lodève, Hérault.

ASSALITU (Guillelmus), miles Fanijovis, 502 b.

ASSALITUS (Guillelmus), 285 a.

ASSNARDUS, filius Astruguæ, 224 a, 225 a.

Assoal (forcia de), 215 a.

ASTANOVA (W.), miles, frater hospitalis Jerosolymitani in Arausica, 406 b.

Astaracensis comitatus, comitatus de Astaraco, 539 a, b, 543 b. — Dominus de Astaraco, 67 a. — Le comté d'Astarac en Gascogne, Gers.

ASTARACENSIS, ASTARACI comes, Centullus, 155 a, 188 a, 539 a, b, 543 b, 603 b, vid. CENTULLUS.

Astaraco (Arnaldus Poncius de), 142 b, 240 b.

ASTOAUDUS, ASTUALDI vel ASTOAUDI (Poncius), jurisperitus, 35 a, 190 a, b, 216 a, 321 a, b, 341 b, 389 a, 404 b, 432 a, 448 b, 465 a, 466 b, 496 b, 516 a, 583 a; cancellarius comitis Tolosani, 548 a, b, 549 b, 553 b, 574 b, 612 a, b, 629 b, 646 b.

Astrex, locus, 383 b.

ASTRO (Poncius), 520 b.

ASTRUGUA, femina, 224 a.

ASTRUGUS judæus, 536 b.

ATAYNA (Hugo), miles, 172 a.

ATBRANDI (Berengarius), consul Montispessulani, 530 b;— Raimundus, consul Montispessulani, 4 b, 53 b, 602 a.

ATBRANDUS vel ATBRANDI (Ramundus), 328 b, 329 b, 446 a, 531 a.

ATHEIIS (Hugo de), 26 b, 57 a, panetarius Franciæ, 102 b, 103 a, 298 a, 299 a.— Huguesd'Athis, maître panetier de France, l'un des grands officiers de la couronne.

Atheis (major, jurati et scabini de), 654 a. — Athies en Picardie, Somme, arr. de Péronne.

Athiæ, Athies, 202 a, b, 234 a. — Athies en Picardie.

ATHIIS (Johannes Rossellus de), 234 a.

ATHO (Poncius), miles Callucii, 510 a.

ATHO DE MARGAFABBA (Guillelmus), 386 b.

ATHONIS DE CASTRO-NOVO (Bernardus), consul de Monte-acuto, 503 b.

ATHONIS DE MONTILIO (Bernardus), consul de Monteacuto, 503 b.

ATIAGO (Gilo de), miles, 123 b.

ATO (W. vel Guillelmus), archidiaconus Villælongæ, 539 b, 541 a, 553 b.

ATO (Guillelmus), frater Ramundi Guillelmi de Villamuro, 386 b.

ATO DE MIROMONTE (Guillelmus), 566 b.

ATO DE VILLAMURO (Willelmus), dominus castri Savarduni, 483 a.

ATREBATENSES vel ATTREBATENSES cives, 237 b. — Major et scabini, 653 b.

Atrebatensis civitas, Attrebatum, 349 a.— Arras, Pas-de-Calais.

ATREBATENSIS vel ATTREBATENSIS advocatus Daniel, 26 a; Robertus, dominus Bethuniæ, 337 b, 369 a. — Ballivus, Adam de Millinco, 26 b; Symo de Villari, 332 a, 342 b. — Comes, Robertus de Francia, frater Ludovici IX, 349 a, 384 a, 438 b, 591 a, 592 b, 593 a, 597 b, 605 b, 608 a, b, 625 a, 630 b. — Episcopus, Pontius, 86 b, 88 a, 89 a, 425 a.

Atrebatensis terra, Attrebatesium, 54 b, 349 a. — L'Artois, Pas-de-Calais.

AUBEMARLÆ comes, Guillelmus, dominus de Forz, 261 b. — G., comte d'Aumale.

Aubemarle (conté d'), 330 b, 331 a.

AUBERICUS, monachus S. Petri Latiniacensis, 593 b.

AUBERTUS, abbas de Castriciis, 411 b, 412 a, 468 a, 469 b. — Aubert, abbé du monastère de Chatrices, dioc. de Châlons-sur-Marne.

AUBERTUS, abbas Latiniacensis, 16 b. — Aubert, abbé de Saint-Pierre de Lagny, dioc. de Paris.

AUBERTUS, abbas B. Mariæ de Cagia, 123 b, 220 a, b.— Aubert, abbé de Notre-Dame de Chage, au diocèse de Meaux.

INDEX ALPHABETICUS.

Auberval, Aubertval (vivarium de), 233 b.
— Molendinum, 286 b.
Aubi vel Auby (Alermus de), miles, 359 b, 552 b.
Aubière (Bertrand Contor, sire d'), 567 b.
Aubigncium, 304 a. — Aubigné en Bretagne, Ille-et-Vilaine, arr. de Rennes.
Aubigny (Philippe d'), 142 a.
Aubois (dominus d'), Johannes, 589 b.
Auda uxor Ermitani, 320 a.
Audebaudi (Ato), miles de Podio-Laurentio, 497 a; B., ibid.; Guilabertus, ibid.
Audeborc (scabini et communitas villæ de), 560 b; sceau de la ville, ibid. — Ardenbourg en Flandre, Belgique.
Audegneis (feodum de), 15 b.
Audenarda, Audenardensis villa, Aldenarda, 108 a, 344 b, 362 b, 363 a, 365 b, 560 b, 595 a. — Audenarde ou Oudenarde, Flandre orientale, Belgique.
Audenarde (scabini et communitas de), 609 b.
Audenarde vel Audenarda (Arnulphus de), 53 b, 103 b, 113 b, 294 a, b, 337 b, 357 b, 358 b, 460 a, 465 b; Johannes, 592 b, 608 b.
Aura (Arnaldus de), 56 a; Bernardus, barrianus castri Savarduni, 483 a.
Aurasica (G. de), scriptor episcopi Biterrensis, 73 b, 74 a, b, 78 b.
Aurasica (B. de), præpositus Vivariensis, 371 b. — G. scriptor episcopi Biterrensis, 73 b.
Aurasica, 321 a, b, 406 b, 408 a. — Ecclesia S. Petri Aurasicæ, 321 a. — Domus hospitalis Jerosolymitana in Aurasica, 335 a, 371 b, 376 a, 406 a. — Orange, Vaucluse.
Aurasicæ domini, 335 a.
Aurasicensis episcopus, Amicus, 321 a, b, 371 b, 408 a, 448 b. — Præceptor hospitalis Jerosolymitani, Portalerius, 371 b. — Princeps, Raimundus de Baucio, 335 a, 341 b, 388 b, 406 a, 408 a, 542 a.
Aureliaco (Anstorgus de), 324 b.
Aurelianense capitulum, 39 b, 46 b, 346 a, b.
Aurelianenses præpositi, 564 a.
Aurelianenses ballivus, 564 a, b. — Decanus, Lebertus, 39 b, 46 b. — Episcopus, Guillelmus, 507 b, 563 b, 564 a, b; Philippus, 47 b, 88 a. — Officialis, 564 b.
Aurelianensium scolarum magister, Guarinus, 372 a.
Aureliani, Aurelianum, Aurelianensis civitas, 68 b, 454 a, 564 a, b, 617 b, 618 a. — Orléans, Loiret.
Aurellia (Albertus), abbas Sancti Theodardi Montisalbani, 221 a, 223 a. — Vid. Albertus.
Aureria (turris et castrum de), 171 b. — Aurière en Auvergne, canton de Vernines-Aurière, Puy-de-Dôme.
Auri (Petrus), consul Galliaci, 503 a.
Auriaco (Petrus de), 58 b, 59 a.
Aurioli (Johannes), scriptor vel notarius comitis Tolosani, 35 a, 43 b, 44 a, 188 a, 226 a, b, 281 a, 288 a, 321 a, 335 b, 348 b, 354 a, 355 b, 387 a, 389 a, 398 a,

404 b, 408 a, 419 b, 438 a, 448 b, 464 a, 493 a, 494 b, 496 b, 503 a, 533 a, 540 a, 541 a, 548 b, 549 b.
Aurioli (Johannes), 553 b, 580 b, 604 a, 605 a, 614 b; Petrus, 580 b; Ramundus Alfantus, 408 a.
Auronis (Ymbertus de), judex comitis Tholosæ, 636 b, 637 a.
Aurono (Imbertus de), 465 a.
Autrechia (Guido de), miles, 414 b. — Guy d'Autrèches en Picardie, Oise.
Ava, uxor Thomæ Borcelli, 278 b.
Avario fluvius, 507 b. — L'Aveyron.
Avariis (Berengarius), 226 a.
Avaugon vel Avalcorto (Henricus de), miles, 208 a, b, 209 b, 210 a, 255 a, b, 256 a, 266 b, 267 a, 270 a, b, 303 a, 425 b, 426 b.
Avaugour (seigneurie d'), 208 b. — Près d'une forêt, à six kilomètres S. O. de Guingamp; aujourd'hui hameau qui fait partie de la commune de Saint-Sever, canton de Plouagat, arr. de Guingamp, Côtes-du-Nord.
Avelina, uxor Odonis de Mongruisim, 137 a.
Avelina, uxor Reginaldi de Fontaneto, 194 a.
Avenaio (abbatissa de), 286 a, 495 b; Aelidis, 543 a.
Avenaium vel Advenaium, Avenaii abbatia, 288 b, 513 a. — L'abbaye de Saint-Pierre d'Aveney, au diocèse de Reims.
Averniæ conestabularius, Beraldus marescallus Borbonii, 334 b. Vid. Alverniæ.
Avertimatz (eau et passage d'), 402 a.
Avertmatz (roca d'), 399 b.
Aves (Bernat el), 613 a.
Avesnæ, 56 b.—Avesnes en Hainaut, Nord, chef-lieu d'arrondissement.
Avesnis (Balduinus de), filius Buchardi et Margaretæ de Flandria, 280 b, 591 b, 592 b, 593 a, 605 b, 624 a, 625 a, b, 626 a, 628 a, 631 a, b, 637 a, 638 b; Buchardus, primus maritus Margaretæ, 335 b, 590 b, 592 a, b, 605 b, 624 a, 625 a, b, 626 a, b, 627 a, b, 628 a, 630 a; Galterus, comes Blesensis, 15 b, 70 b, 101 a, 298 a, 299 a; Johannes, filius Buchardi et Margaretæ, 591 b, 592 b, 593 a, 605 b, 624 a, b, 626 a, 627 a, b, 628 a, 631 a, b, 637 a, b, 638 b, 639 a.
Avinio vel Avenio, Avinionensis civitas, Avinionis castrum, 41 a, 83 a, b, 85 b, 86 b, 88 a, b, 92 b, 93 a, 144 a, 165 a, 341 b, 431 b. — Avinionis obsidio, 88 b, 89 a, b, 90 b, 146 b, 147 a, 262 a, 340 a.—Avignon en Provence, Vaucluse.
Avinione vel Avignone (Bernardus de), Tholosanus civis, 354 b; Bertrandus, bajulus comitis Tolosani, 83 a, 448 b; Bonetus, burgensis Montispessulani, 53 b; Guillelmus, 35 a; Willelmus Ramundus, 320 a; Willelmus Ramundus de Avinione, Avinionis potestas, 83 a.
Avinionenses, Avinionensis communis, 83 a, 85 b, 86 a, 87 b, 88 a, b, 515 a, 537 a, b.
Avinionensis diœcesis, 618 b. — Potestaria, 431 b, 432 a.

Avinionensis episcopus [Nicolaus], 217 a. —Electus, Zoën, 515 a, 538 a.
Avons (Bernard), 188 a.
Avynioneto (villa aut castrum de), 150 b. — Avignonet en Lauragais, Haute-Garonne, arr. de Villefranche de Lauragais.
Axele (scabini et communitas villæ de), 363 a, 560 b.—Axel en Zélande, royaume des Pays-Bas.
Axele (Johannes de), 109 a.
Aycio (R. de), 308 a; Vitalis, ibid.
Ayllebaudières, 262 a. — En Champagne.
Aymericus, electus Lemovicensis, 606 a, b. —Aimeri de Sévrac, évêque de Limoges.
Aymericus (magister), doctor decretorum, rector ecclesiæ S. Johannis Andegavis, 575 b.
Aynar (abbat d'), Robert Delfin, 352 a.— En Catalogne.
Aynart (Arnaut), chevaliers, 521 b.
Ays (Petrus), miles, 122 b.
Azalais, femme de feu Ug Gautier, 580 a.
Azemar, lo capela de Veseiras, 300 a, 394 b, 402 a, b, 423 a, 512 a, b, 513 a, 531 a, 533 b, 534 a, 538 b, 539 a, 547 a.
Azemar (N.), 616 b.
Azemarius (Bertrandus), 533 b; Gualhardus, ibid.; Ramundus, ibid.
Azeraulo (Arnaldus de), 327 a; Petrus, ibid.
Azimari (Bernardus), miles castri de Causaco, 502 b.

B., abbas Fajeti, 543 b.
B., decanus B. Mauri Andegavensis, 238 a.
B., decanus Suessionensis, 461 a.
B. (Ar.), 547 b.
B. (Guillaume), curé d'Agen, 467 a.
B., filius B. P. de Losvico, 307 a.
B., fils de R. de S. Marsal, 617 a.
B., frère de Bertrand de Paolhag, 327 b.
B., frater S. Grimal de Valantros, burgensis S. Antonini, 647 b.
B. R., decanus Carcassonensis, 650 a.
B. (W.), habens curam animarum in castro de Penna, 466 a, b.
B. (Willelmus), 467 a.
Babilonia rex, 314 a.
Babo (Petrus de), consul Fanijovis, 504 b.
Babum, 285 a. — En Languedoc, dans les environs de Fanjeaux.
Badex (marchio de), Hermannus, 301 a, b.
Bafa (Petrus), 227 b.
Bafes (Guillermus de), miles, 470 a. — Guillaume de Baffie, en Auvergne, Puy-de-Dôme.
Baffa (Petrus Martinus de), 504 a.
Baigniaux (forteritia apud), 184 a. — En Champagne.
Baillies, feodum, 427 b.
Baillet (Balduinus de), miles, 427 b.
Baillolio (communitas villæ de), 363 a. — Bailleul, Flandre française, Nord, arr. d'Hazebrouck.
Bailluel (feodum de), 427 a.
Bailluel (Balduinus de), miles, 427 a
Bailoes (Henricus de), 131 b.

INDEX ALPHABETICUS.

Bainac *vel* Bainaco (castrum et villa de), Petragoricensis diocesis, 389 *b*, 390 *a*, *b*, 441 *b*. — *Bainac, château en Périgord qui n'existe plus aujourd'hui.*
BAINAC (Galhardus de), 390 *a*, *b*, 391 *a*; Maynardus, 441 *b*.
Baine (nova villa sita in bosco de), 25 *a*.
Baiolvilla (villare de), 605 *a*.
Baiona, Baionæ civitas, 511 *b*, 512 *a*. — Baionæ major, 511 *b*, probi homines, *ibid*. — *Bayonne en Gascogne, Basses-Pyrénées.*
Baions (castrum de), 379 *b*.—*En Provence.*
BAIRARIA (W. de), 216 *a*.
Baix (castrum de), 403 *b*. — *Le château de Baix, en Vivarais, Ardèche, canton de Privas.*
BAISSAC (Petrus de), consul de Marmanda, 532 *a*.
BAJOCENSIS archidiaconus, Petrus de Boissiaco, 251 *b*. — Decanus, 233 *a*. — Electus, Thomas Rothomagensis decanus, 233 *a*. — *Bayeux en Normandie, Calvados.*
BALAGUARIO *vel* BALAGUERIO (Gailhardus *vel* Gualhardus de), 504 *b*, 541 *a*, 612 *a*; Folc, 579 *b*; Ugo, 541 *a*.
Balaguerio (castrum de), 549 *a*, 579 *b*. — *Castel de Baluguier, dans le diocèse de Toulouse.*
Balazuco (castrum de), 388 *b*. — *Peut-être Balaruc-les-Bains, Hérault, canton de Frontignan?*
BALDERIA (Guillelmus de), 50 *b*, 142 *b*; Petrus Bernardus, 50 *b*; Stephanus, 50 *b*, 142 *b*.
BALDUINUS, falsus comes Flandriæ, 53 *b*.
BALDUINUS, abbas Humolariensis, 25 *a*, *b*. — *Baudouin, abbé d'Homblières, au diocèse de Noyon.*
BALDUINUS, castellanus Bellimontis, 598 *b*. — *Beaumont en Hainaut.*
BALDUINUS, comes Guinarum, 294 *a*, *b*, 298 *a*, 299 *a*, 358 *a*, *b*.—*Baudouin III, comte de Guines, fils et successeur d'Arnould II.*
BALDUINUS, imperator Constantinopolitanus, Romaniæ moderator, 392 *a*, 464 *a*, *b*, 518 *b*, 519 *a*, 575 *b*.— *Baudouin II, empereur de Constantinople, fils de Pierre de Courtenai, gendre de Jean de Brienne.*
BALDUINUS, præpositus Remensis ecclesiæ, 46 *a*.
BALDUINUS, filius Buchardi de Avenis, 280 *b*.
BALENCS (Raimundus Bernardus de), 505 *b*.
BALLIOLO (Balduinus de), miles, 608 *a*, *b*.
Balma (castrum de), 381 *a*. — *Baume, château en Provence, Bouches-du-Rhône.*
BALMIS (R. de), consiliarius consulum Tarascone, 217 *a*.
BALNEOLIS (Rostagnus de), 321 *a*.
BALON (provost de), Arnaut Willerme, 521 *b*.
Balpalmæ. *Vide* Bapalma.
BANALENSIS præpositus, Guido, 382 *b*.
Banaon, 141 *b*. — *Benon en Aunis, Charente-Inférieure, arr. de la Rochelle.*
BANASTA (Ugo de), 404 *b*; V., 301 *a*, 304 *a*.

BANCELINUS, 132 *a*.
BANIA (Yvanus de), canonicus Laudunensis, 61 *a*.
Banna (villa de), 78 *a*.
BAOLLANIS (Ramundus de), 56 *a*.
Bapalma, Bapalmæ *vel* Balpalmæ, Balpalmarum castellania, 54 *a*, 293 *b*, 349 *a*. — *Bapaume en Artois, Pas-de-Calais.*
Bar (le comté de), 191 *a*.
BAR (le comte, li cuens de), 191 *a*, *b*, 192 *a*. — Comtesse, Philippe, 658 *a*.
BAR (Geoffroy de), 32 *b*.
Bar (boscus de), prope Autissiodorum, 3 *a*.
BAR DE MONBERTEIR, 534 *a*.
Bar-sur-Aube (foire de), 490 *b*.
BAR-SUR-AUBE (bailli de), Étienne de Malmaison, 267 *a*. — Doyen, Guiard, 266 *a*. —Maître de l'Hôtel-Dieu, Robert, 266 *a*.
BAR-SUR-SEINE (Jobert de Haquetins de), bailli de Troyes, 448 *a*.
BARACS, BARASCHI, BARASC *vel* BARASCUS (Arnaldus), 190 *a*, 275 *b*, 324 *a*; Deude, Deide, Deodatus, 190 *a*, 505 *a*, 509 *b*, 540 *a*, 549 *b*, 612 *a*; Dorde, 466 *b*; Guillelmus, 348 *b*, 612 *b*; Willelmus, baro, 509 *b*.
BARANONUS (Bernardus R.), 350 *b*.
BARAT (J. dictus), Cathalaunensis archidiaconus, 251 *a*.
BARBA (R. W.), 306 *b*; Willelmus, 194 *b*.
BARBABRUNA (R. Ar.), consul Carcassonæ, 650 *a*.
BARBANÇON (Nicolas de), seigneur de Villers, 598 *a*.
Barbarencs *vel* Barbarens (castrum novum de), 543 *b*. — *Castelnau-Barbarens, dans l'Armagnac, Gers, canton de Saramon.*
BARBAZANO (Arnaldus Willelmus de), 540 *b*, 541 *a*.
Barbellon *vel* Barbeillon (nemus de), 143 *a*, 613 *a*.
BARBENGHON (dominus de), Egidius, 460 *a*; Nicholaus, 598 *a*; Robertus, miles, 597 *b*.
Barberonvilla locus, 563 *b*. — *Dans l'Orléanais.*
Barbonne (vinagia de), 589 *b*. — *Barbonne en Champagne, Marne, arrondissement d'Épernay.*
Barchinona, 75 *a*, 79 *b*, 457 *b*. — *Barcelone, capitale de la Catalogne.*
BARCHINONÆ comes, Jacobus, rex Aragoniæ, etc., 75 *a*, 328 *a*, 329 *a*, 450 *b*, 457 *a*, 602 *a*. *Vid.* JACOBUS.
BARCHINONENSES canonici, 328 *b*.
BARCHINONENSIS canonici, Petrus Alberti, 466 *b*.
Barde (la), 122 *b*. — *La Barde en Saintonge, Charente-Inférieure, arrond. de Jonzac.*
BAREDIES (Petrus Raimundus), consul Galliaci, 503 *a*.
BAREDGIO (Bernardus de), 578 *a*.
BAREDIES *vel* BAREDGIO (A. de), consul Castri Sarraceni, 567 *b*; Odo, 567 *b*, 578 *a*; W., 567 *b*.
BARENSIS *vel* BARRENSIS archiepiscopus, Marinus, 523 *b*, 528 *a*, 535 *a*. — *Marin, archevêque de Bari, dans le royaume de Naples.*

BARETGES (W. de), 264 *a*.
BARETGES (Guillelmus de), consul Castri-Sarraceni, 531 *b*.
BARGAINNA (W. Hugo), consul Tarasconis, 217 *a*.
BARISIACO (Bernardus de), 342 *a*.
BARJOLIS (præpositus de), 515 *a*, *b*.
BARNAGE (Flos), 240 *a*.
BARONHONUS (R.), 278 *b*.
BAROT, feudatarius, 476 *a*.
Barræ passus, in episcopatu Tholosano, 451 *a*, 570 *b*.
Barræ pons, in Vitriaco, 135 *b*.
BARRALTUS (R.), consiliarius consulum Tarasconis, 217 *a*.
BARRAU (B.), consul Pennæ Agennensis, 531 *a*.
BARRAVI (B.), consul de Manso, 504 *b*.
BARRAVO DE ALTOVILLARI (R. de), 578 *a*.
BARRAVUS (Arnaldus), 135 *b*, 203 *b*, 278 *b*, 288 *a*, 387 *a*; Aymericus, 313 *a*; Bernardus, 313 *a*; Ernaudus, 153 *a*; Petrus, 203 *b*; Raynaldus, 572 *a*; Stephanus, 313 *a*.
BARRERIA (Bego de), 348 *b*; Guillelmus *vel* Willelmus, 288 *a*, 321 *a*, 324 *a*, 334 *b*, 335 *b*, 341 *b*, 348 *b*, 354 *a*, 387 *a*, 389 *a*, 408 *a*, 432 *a*, 433 *a*, 446 *a*, 448 *b*, 464 *a*, 466 *b*, 503 *a*.
BARRERIA DE ALMONTE (Willelmus de), 580 *a*.
BARRES (Jean des), 395 *b*.
Barri nundinæ, 27 *b*, 32 *b*, 125 *a*, 411 *a*, 527 *a*.
BARRI-DUCIS comes, 32 *b*, 65 *b*, 125 *b*, 132 *b*, 169 *a*, *b*, 174 *a*; Henricus II, 193 *a*, *b*, 250 *a*, 311 *a*, 350 *a*, *b*. — Comitissa, Johanna de Donnapetra, 593 *b*, 605 *b*.
Barri-super-Sequanam comitatus, 25 *b*, 27 *b*. — Mercatus, 160 *a*. — Minagium, 187 *a*.
BARRI-SUPER-SEQUANAM comes, Milo, 25 *b*, 27 *a*. — Curatus, Herbertus, 501 *a*. — Major, 501 *a*.
BARRIS (Guillelmus de), 96 *b*, 97 *b*, 214 *a*; Johannes, miles, 291 *a*, 395 *a*; Odo, frater Johannis de Gallanda, 14 *a*, 605 *b*; Petrus, 4 *a*, 14 *a*, 96 *b*, 97 *a*, 214 *a*, 605 *b*.
BARRO (Gaufridus de), 32 *b*; Haycus, miles, 240 *a*.
Barro-super-Albam (capitulum S. Machuti de), 289 *b*.
Barrum-super-Albam (fossata apud), 240 *a*.
Barta, locus, 455 *b*.
BARTA (Guiraudus *vel* Guiraldus de), 293 *a*; consul Montispessulani, 328 *b*.
Bartaldis (dominium de), 376 *b*.
BARTAS (Petrus Guillelmus de), miles S. Pauli de Cadajous, 496 *b*; Rainardus, *ibid*.
BARTASCIUS, testis, 354 *b*.
BARTHOLOMEI (W.), 404 *b*.
BARTHOLOMEUS, camerarius Franciæ, 21 *b*, 33 *b*, 37 *a*, *b*, 44 *a*, 63 *a*, *b*, 143 *a*, 152 *b*. — *Barthélemy de Roye, chambrier de France, l'un des grands officiers de la couronne.*
BARTHOLOMEUS, camerarius ecclesiæ Carnotensis, 543 *a*, 544 *a*.

BARTHOLOMEUS, episcopus Parisiensis, 47 *b*, 70 *a*. — *Barthélemy de Marly, évêque de Paris.*

BARTHOLOMEUS, monachus de Belloportu, Præmonstratensis ordinis, 302 *b*.

BARTOLOMEUS, porterius castri Narbonensis, 571 *b*, 573 *a*. — *Barthélemy, concierge du château Narbonais, à Toulouse.*

BARTOLOMEUS, frater Petri Majoris, 378 *b*.

BASALHAS (Willelmus), consiliarius Podii S. Frontonis Petragoricensis, 12 *b*.

BASERNA (Ensericus de), 214 *a*.

BASET (Rad.), 657 *a*.

BASIERNÆ dominus, 461 *b*.

BASILICÆ XII APOSTOLORUM presbyter cardinalis, Stephanus, 29 *a*.

BASOCHES ou BAZOCHES (Gérard de), évêque de Noyon, 47 *b*, 70 *a*, 97 *a*, 101 *b*; Jacques, évêque de Soissons, 84 *a*, 378 *b*; Nicolas, 427 *b*.

Basochiæ, 427 *b*. — *Bazoches, ville du Hurepoix, dans l'Ile-de-France, Seine-et-Oise, arr. de Rambouillet.*

BASOCHIIS (Robertus de), miles, 427 *a*, *b*.

BASSEFORT (Gilles, sire de), 593 *a*. — *Faute; mettez* ROCHEFORT.

BASTARDZ (R.), 423 *a*.

BASTERIUS (Poncius), scriptor, 464 *b*, 578 *a*.

BASTIDA (A. de la), consul Villænovæ, diœcesis Ruthenensis, 513 *b*.

BATALA (R. de), 285 *a*.

BATEIRE DE ROUGANO (Petrus), 328 *a*.

BATHALIC *vel* BATALMIC (R. de), 536 *a*, *b*.

Baticius (nemus quod vocatur), juxta Spernacum, 300 *a*. — *En Champagne.*

BATINALA (Bonushomo de), 68 *a*.

BAU (Morellus le), 204 *b*.

BAUCA, ancilla, 421 *b*.

BAUCEIO, BAUCIO *vel* BAUCEVO (Hugo de), miles, 117 *b*, 190 *a*, 298 *a*, 299 *a*, 341 *b*, 404 *b*, 570 *b*, 574 *a*, 617 *b*, 618 *a*.

Bauceium, 476 *b*. — *Bauché en Berri, Indre, canton de Busançois.*

Baucetо (castrum de), in diocesi Carpentoratensi, 406 *b*, 407 *a*, *b*.

BAUCETUS, frater Baucæ ancillæ, 421 *b*.

BAUCII dominus, Barralus, 408 *a*, 515 *a*, *b*. — Son sceau, 543 *a*. — Senescalcus comitis Tholosæ, 321 *a*, *b*.

Baucio (castrum de), 36 *b*. — *Les Baux en Provence, Bouches-du-Rhône, arrond. d'Arles.*

BAUCIO (Barallus de), Barrallus del Bauz, 387 *a*, 398 *a*, 404 *b*, 408 *a*, 432 *a*, 446 *a*, 448 *b*, 513 *a*, *b*, 541 *b*, 542 *b*; Raimundus princeps Aurasicæ, 190 *a*, 335 *a*, 341 *a*, *b*, 388 *b*, 406 *a*, 408 *a*, 542 *a*.

BAUDET (Jean), 589 *a*, 623 *b*.

Baudimentum, in comitatu Provinciæ, 379 *b*.

BAUDOUIN IX, comte de Flandre, père de Marguerite, 372 *a*.

BAUDOYNI (Stephanus), 190 *a*.

BAUDRANDI (P.), 499 *a*.

BAUDRANDI (P.), miles, dominus Chauresii, 507 *b*.

Baugeium, Baugiacum, 10 *a*, 117 *a*, 119 *b*, 120 *b*. — *Baugé en Anjou, Maine-et-Loire, ch. lieu d'arr.*

BAUSZAS (P.), 16 *a*.

BAUZ (Cecilia de), neptis comitis Tolosani, 541 *a*, *b*, 542 *a*, *b*. — *Cécile de Baux, fille de Barral de Baux, vicomte de Marseille, et petite-nièce de Raymond VII, comte de Toulouse.*

BAUZAIO (Hugo de), miles, 123 *a*.

BAWARIÆ dux, Otto, comes palatinus Reni, 301 *b*. Vid. OTTO.

Bazinas (pratum de), 428 *a*.

Bazu (gistium apud), 210 *a*. — *En Champagne.*

BEATRIX, comitissa Provinciæ, 379 *b*, 656 *b*. — *Béatrix ou Béatrice de Savoie, comtesse de Provence, femme du comte Raymond Bérenger.*

BÉATRIX, comtesse de Châlons, 12 *a*.

BÉATRIX II de Bourgogne, fille d'Othon Ier, comte de Bourgogne, et de Marguerite de Blois, 66 *a*.

BÉATRIX de Chalon, femme d'Étienne III, comte d'Auxonne, 168 *a*.

BEATRIX, filia Odonis de Monchi, 234 *a*.

BEATRIX, filia Raimundi Berengarii comitis Provinciæ, 379 *a*, *b*. — *Béatrix, quatrième fille du comte Raymond Bérenger, auquel elle succéda dans le comté de Provence.*

BEATRIX, monialis Fontis Ebrandi, 173 *a*.

BEAUMONT (Adam de), 97 *a*, 178 *b*, 299 *a*; Jean, 97 *a*, 299 *a*. — *Beaumont-sur-Oise, Seine-et-Oise.*

BEAUMONT (Thibaud de), en Picardie, 197 *b*. — *Beaumont-Hamel, arr. de Péronne, Somme.*

BEC (R.), 590 *a*.

Becada (villa *aut* castrum de la), in partibus Occitaniæ, 150 *b*.

BECEDE (R.), 389 *a*.

BECETO *vel* BECCETO (P. de), 278 *b*.

BECETO (Petrus de), notarius, 262 *b*, 350 *b*; Willelmus, 585 *b*.

BECHET (Petrus), 506 *a*.

BECHETO (Johannes de), miles, 659 *a*.

Beciano (castrum de), in diocesi Agathensi, 265 *a*.

BEGO (Arnaldus), 438 *a*; Bernardus, 226 *a*.

BEGO DE AUDIVILLA (Johannes), 440 *b*.

BEGO *vel* BEGO DE RAIMUNDIVILLA (Poncius), 397 *b*, 438 *a*.

BELAVAL (Pontius de), consul de Lavaur, 504 *b*.

Belcarinm (Petrus de Acis, senescallus regis Franciæ apud), 524 *b*.

Belfort, in comitatu Provinciæ, 379 *b*.

BELIANI (P.), 10 *a*.

BELIDUS, BELLIDUS *vel* BELITUS judeus, 135 *b*, 209 *b*, 220 *b*, 510 *b*, 511 *a*, *b*, 512 *a*, *b*, 533 *b*, 571 *a*.

Belisnum *vel* Belysmum, Belismi castrum, 120 *a*, 277 *a*, 374 *b*, 375 *b*. — *Bellesme, dans le Perche, Orne.*

BELKA (Johannes de), scabinus de Thorout, 595 *b*.

BELLA, relicta Ganfridi Quarrelli, 204 *b*.

BELLAFERRA (W. de), 421 *b*.

BELLAINMONT (dominus de), Egidius, 598 *b*. — *Beaumont en Hainaut.*

BELLA-SERRA (Willelmus de), 118 *b*.

BELLAVAL (Peire de), 251 *b*.

BELLAVILLA (Mauricius de), miles, 643 *a*.

Bellæ-Perticæ (abbatia, conventus), 149 *a*, 641 *a*. — *Notre-Dame de Belleperche, au diocèse de Montauban.*

BELLÆPERTICÆ abbas, Laurentius, 641 *a*.

Bellæperticæ (nemora inter domum) et Borrellum, 641 *a*.

Bellencurtis, 84 *a*. — *Bellencourt en Picardie, Somme, arr. d'Abbeville.*

BELLENGHEM (Johannes de), miles, 608 *a*.

BELLEVAUX (abbé de Notre-Dame de), au diocèse de Nevers, Jean, 290 *a*.

BELLICAN DE TRINEIO (Guillelmus), armiger, 564 *a*.

Bellicastelli villa, 470 *b*, 571 *b*. — *Belcastel, dans le Razès, canton de Limoux, Aude.*

BELLIJOCI domina, Aynordis, 158 *a*. — Dominus, Humbertus *vel* Imbertus, 59 *b*, 144 *b*, 327 *a*, *b*, 487 *a*. — *Humbert V, sire de Beaujeu.*

BELLIJOCI milites, 327 *b*.

BELLILOCI abbas, 85 *a*. — *Abbaye de Belloc en Rouergue.*

Bellimontis castellania, 20 *a*. — Census, 21 *a*. — Comitatus, 19 *a*, *b*, 49 *a*. — Communia, 18 *b*. — Feodum, 173 *b*. — Grangia, 44 *b*, 235 *a*. — Mercatus, 19 *b*. — Molendina, 21 *b*. — Parrochia, 18 *b*, 19 *a*. — Piscaria, 21 *a*. — Tensamentum, 21 *b*. — *Beaumont-sur-Oise, en Beauvoisis, Seine-et-Oise.*

BELLIMONTIS comes, Johannes, 49 *a*; Matheus, 20 *a*, 21 *a*.

BELLIMONTIS major, 651 *a*; pares, *ibid.*

BELLIMONTIS homines, 19 *a*, 20 *a*.

BELLIMONTIS castellanus, Balduinus, 598 *b*. — Jurati, 596 *a*, *b*. — *Beaumont en Hainaut.*

BELLIMONTIS decanus, Hugo, 409 *a*. — *Beaumont en Argonne.*

BELLIMONTIS et S. SUSANNÆ vicecomes, Radulphus, 14 *b*, 15 *a*, 102 *a*, 117 *b*, 178 *a*, *b*, 203 *b*, 204 *b*, 266 *b*, 267 *a*, *b*, 298 *a*. — *Beaumont-le-Vicomte, Sarthe, arr. de Mamers.*

Belliquadri villa, Belliquadrum, Bellicadrum, 93 *a*, 164 *b*, 515 *b*. — Belliquadri castrum, 83 *a*; portus, 92 *b*; senescallia, 618 *b*. — *Beaucaire, dans le Bas-Languedoc, Gard.*

BELLIQUADRI senescallus, Odardus de Villaribus, 507 *b*; P. de Ermencuria, 496 *a*; Peregrinus, 165 *a*.

BELLO-LOCO (P. de Fisco de), 496 *a*; P. de Genesto, *ibid.*

BELLOMONTE (Adam de), 96 *b*, 298 *a*; Beatrix domina Cadarossæ, 320 *a*, 321 *a*; Bernardus, 493 *a*, 496 *b*; Bernardus dominus castri Savarduni, 483 *a*; Bernardus miles Fanijovis, 502 *b*; Johannes, 26 *b*, 57 *a*, 96 *b*, 117 *b*, 288 *a*, 298 *a*, 437 *a*, 458 *a*; Radulphus dominus Berceriarum *vel* Betteriarum, 472 *b*, 506 *a*; Ricardus, 266 *b*, 267 *a*, *b*, 443 *b*; Theobaldus, 29 *b*, 197 *b*.

Bellomonte-Rogerii (molendinum de), 130 *a*. — *Beaumont-le-Roger, en Normandie, sur la Rille, Eure.*

BELLO-PODIO (Maurandus de), consul Tolosæ, 278 b, 483 b, 553 b, 568 a, b, 579 b.
BELLO-PORTU, Præmonstratensis ordinis (abbas de), Simon, 303 a. — Monachus; Bartholomeus, 302 b. — *Notre-Dame de Beauport, au diocèse de Saint-Brieuc.*
BELLOPRATELLO (Jocelinus de), 617 b.
BELLO-RAMO (Alermus de), miles, 196 b. — *Boran, arr. de Senlis, Oise.*
BELLO-RAMO (Guillermus de), 125 a, b. — *Belrain en Barrois, Meuse, arr. de Commercy, cant. de Pierrefitte.*
BELLOSALTU (Simon de), 102 b.
BELLOSANNÆ ecclesiæ, Præmonstratensis ordinis, abbas, Durandus, 60 b. — *Bellozanne, au diocèse de Rouen.*
BELLO-SARTU (Willelmus *vel* Guillelmus de), miles, 197 a, 234 a, 284 a. — *Guillaume de Beausart en Picardie, canton d'Acheux, arr. de Doullens, Somme.*
Bellovidere (furnum de), apud Narbonam, 95 a.
BELLOVIDERE (Balduinus de), 72 b.
Bellum-Campum (furni et mercatus apud), 33 b.
Bellum-Podium, 94 a. — *Belpech, sur la Vixiége, Aude, arr. de Castelnaudary.*
Bellusfortis, 41 a, 119 b, 120 b, 304 a. — *Beaufort en Anjou, Maine-et-Loire, arr. de Baugé.*
Bellus-locus, villa, 348 a. — *Belloc, dans le Haut-Languedoc, Ariége, canton de Mirepoix.*
Bellusmons, 20 b, 50 a, 173 b. — *Beaumont-sur-Oise. Vid.* Bellimontis.
Bellusmons in Argona, 374 a.
Bellus-Mons in Nivernesio, 204 b, 256 a, 285 b.
BELLVEZER (P. de), 305 b.
Belmont (le ruisseau de), en Languedoc, 476 a.
BELMONT (Isarn de), 476 a; J., 299 b.
BELS (Bernard), 46 b.
BELSART (Guillelmus de), miles, 281 b.
Belvacensis civitas, Belvacum, 1 a. — Belvacenses, 44 a. — Belvacensis communia, 302 a. — Belvacensis major, 651 a. — Bulvacenses pares, *ibid.* — Belvacensis provincia, 263 b. — *Beauvais, ancienne capitule du Beauvoisis, Oise.*
Belvacensis ecclesia, 262 b, 263 b, 264 a, 302 a. — Belvacensis ecclesiæ custos regius, 607 b.
BELVACENSIS episcopus, Milo, 11 a, 47 b, 57 a, 69 b, 70 a, 72 b, 96 b, 97 a, 101 a, b, 102 a, b, 114 a. — [Godefridus], 298 b.
BELVAIS (domus R. et P. de), apud S. Africanum, 579 b.
BELVEZER, consul Amiliani, 514 a.
BELVEZER (P. de), consul castri de Petrucia, Ruthenensis diocesis, 513 b.
Belvoier in Caturcesio, 94 a.
Belysmum, *Vid.* Belismum.
BENA (Willelmus de), miles, 597 b.
BEN-AIAM (Bernardus), diaconus, 330 a.
BENASTRUCS, notarius S. Africani, 580 a.
BENÇA (Bernardus de), 540 b, 541 a; Ramundus, 339 a, 376 b, 377 a, 540 a.

BENEDICTIONIS - DEI abbas, Guichardus, 421 b, 422 a. — *La Bénisson-Dieu, au diocèse de Lyon.*
BENEDICTUS DE ALLIGNANO, abbas Crassæ, 71 b, 79 a, b, 156 b, 649 a, 650 a. — *Benoît d'Alignan, abbé du monastère de Notre-Dame de la Grasse, au diocèse de Carcassonne.*
BENEDICTUS (Rostagnus), 335 a.
BFNEERTE, femme de Giraut de Gordon, bourgeois de la Rochelle, 523 a.
BENEL (R.), 440 b.
BENEVEN (Petrus de), 190 a.
Benisse, in Trecorensi diocesi, 303 a.
BENVILLA (Willelmus de), 541 a.
BEQUINIS (Bernardus), consul Castrinovi de Arrio, 504 a.
BERALDUS, marescallus Borbonii, conestabulus Averniæ, 334 b.
BERARDUS, abbas Trenorchiensis, 327 a.— *Bérard, abbé de Tournus, au diocèse de Chalon-sur-Saône.*
BERARDUS, archiepiscopus Panormitanus, 420 a.
BERARDUS comes, in Avenionensi civitate delegatus, 431 b.
BERARDUS (Petrus), presbyter, 56 a.
BERATERIUS (Petrus Bernardus), 583 b.
Berato (villa de), 553 b. — *Bérat en Languedoc, Haute-Garonne, canton de Carbonne.*
BERAUDUS (Petrus), 59 a; R., 58 b, 59 a.
BERDEZY (Iterus de), 506 a.
BERBISBE, testis, 333 b.
Berbona, 246 a. — *Barbonne en Champagne, Marne, canton de Sézanne.*
BERCERIARUM dominus, Radulphus de Bellomonte, 472 b.
Berceriis (castrum et villa de), 472 b. — *En Poitou.*
BERELLA (Arnaldus), 297 b; Ramundus, *ibid.*
BERELLA (domina de), Margareta, 400 a, b.
BERENGARIA, regina Angliæ, 119 b, 181 b. — *Bérengère, fille de Sanche VI, roi de Navarre, veuve de Richard I*er*, roi d'Angleterre.*
BERENGARIUS, episcopus, 328 b.
BERENGARIUS (Arnaldus), 578 a.
BERENGARIUS (G.), notarius de Sallono, 516 a.
BERENGARIUS (Lambertus), jurisperitus Montispessulani, 9 b.
BERENGARIUS (Ramundus), 550 a.
BERENGARIUS (Willelmus), 354 a.
BERENGARIUS (W.), decretista, 9 b.
BERENGARIUS (W.), frater hospitalis Hierosolymitani in Aurasica, 406 a.
BERENGARIUS (W.), miles, 335 a.
BERENGUERS (Bernard), 423 a.
BERENX (Raimundus de), consul Corduæ, 503 a; Ramon, 616 b.
Bergensis *vel* de Bergis (villa et communitas), 104 b, 344 b, 363 a, 560 b; scabini et communitas de Bergis, 595 b, 609 b. — *Bergues Saint-Winoc, arr. de Dunkerque, Nord.*
BERGIS (Guido de), miles, 342 b, 554 b; Guillelmus, 554 b; Willelmus Platellus, 342 b.

BERINS (Guillelmus Petrus de), baro, 502 a.
BERKES (castellanus de) *vel* BERGENSIS, Gilebertus, 45 a; Gylebertus *vel* Guislebertus, 342 b, 366 a, 554 b.
BERMUNDI (Petrus), miles, 123 a.
BERMUNDUS scriptor, 225 b.
BERMUNDUS (Hugo), 118 b.
BERMUNDUS (Petrus), dominus de Salvis, 389 a, 404 b.
BERNAD (Guillems) de Naiac, 123 b. — *Guillaume Bernard, seigneur de Najac.*
BERNAD (Wilem), 476 a.
Bernaii (prata domus), 130 a.
BERNARDA, uxor Aymonis Aguraldi, 464 b.
BERNARDA, uxor Tolosani de Murello, 378 a.
BERNARDI (Ademarus), miles, 501 b.
BERNARDI (Azimarus), miles castri de Causaco, 502 b.
BERNARDI (G. *vel* Guillelmus), 252 b, 509 a, 536 a; bajulus comitis Tolosani, 438 a, 440 a; canonicus S. Stephani Tholosæ, 377 a, 494 b; consul S. Antonini, 647 b.
BERNARDI (Guillemus) de Olargio, 646 b.
BERNARDI (Isarnus), miles de Fanojòvis, 325 a, 502 b; Petrus, miles castri de Causaco, *ibid.*; Poncius, *ibid.*; Poncius, miles castri de Villamuro, 497 a; Raimundus, 509 a; Raimundus de Naiaco, 535 b, 536 a.
BERNARDUS, abbas de Bolas, Auxitanensis diocesis, 164 b. — *Bernard II, abbé de Bouillas (Portaglonium), au diocèse d'Auch.*
BERNARDUS, abbas Bolbonæ, 533 a. — *Bernard, abbé de Boulbonne, au diocèse de Mirepoix.*
BERNARDUS, abbas Fontis-Frigidi, ordinis Cisterciensis, 72 a, 144 b, 280 b.—*Bernard IV de Bonnières, abbé de Fontfroide, au diocèse de Narbonne.*
[Bernardus], abbas Fontis-Frigidi, 374 b. —*Bernard V, abbé de Fontfroide. (La liste des abbés de Fontfroide manque de précision. Au nom de Bernard, que nous avons suppléé dans le texte, il faut probablement substituer celui de Pierre I*er *Raymond, son successeur immédiat.)*
BERNARDUS, abbas de Pratellis, 40 b, 41 a. —*Bernard de Cambon, abbé de Préaux, au diocèse de Lisieux.*
BERNARDUS, archidiaconus Veteris Moresii, 539 b, 540 a.
BERNARDUS, capellanus in ecclesia Creciaci, 145 a.
BERNARDUS, capellanus de Paolhaco, 257 b.
BERNARDUS, comes Armaniaci *vel* Armanhaci, 433 a, 577 a. — *Bernard V, fils de Géraud IV, comte d'Armagnac.*
Bernardus V, comes Convenarum, 90 a, 91 a, b, 92 a, 93 a, 135 a, 324 a, 335 b, 432 a, 433 a, 455 b; Bernardus VI, 404 a, b, 540 b, 548 b, 549 b, 550 a, 604 a. — *Bernard V et son fils Bernard VI, comtes de Comminges.*
BERNARDUS CONVENARUM, dominus de Saves, 91 b.
BERNARDUS, consul Montiscuqui, 510 a.
BERNARDUS, episcopus Aniciensis, 349 b.— *Bernard I*er *de Rochefort, évêque du Puy.*

INDEX ALPHABETICUS.

BERNARDUS, episcopus Biterrensis, 71 *b*, 73 *a*, 78 *b*. — *Bernard V de Cussy, évêque de Béziers*.
BERNARDUS, episcopus Lemovicensis, 57 *a*, *b*. — *Bernard Ier de Savennes, évêque de Limoges*.
BERNARDUS, episcopus Magalonensis, 71 *b*, 152 *b*. — *Bernard de Mèze, évêque de Maguelone*.
BERNARDUS, episcopus Ruthenensis, 542 *a*. — *Bernard ou Bertrand Ier, évêque de Rodez*.
BERNARDUS, faber, 583 *b*.
BERNARDUS, notarius Tolosæ, 188 *a*.
BERNARDUS, filius Sicardi de Miromonte, 548 *b*.
BERNARDUS, frater Centulli comitis Astaracensis, 539 *b*.
BERNARDUS, frater Geraldi de Aniorto, 658 *a*.
BERNARDUS (Willelmus), 93 *a*.
BERNARDUS (Willelmus), bajulus Montis-Guiscardi, 475 *b*.
BERNARDUS (Willelmus), canonicus Sancti Stephani Tolosæ, 539 *b*, 540 *a*, 541 *a*.
BERNARDUS (Willelmus), tabellio Tolosæ, 541 *a*.
BERNARDUS (Willelmus), textor, 59 *a*.
BERNARDUS DE MARCAFAVA (Willelmus), 93 *a*.
BERNARDUS DE MONTE-ACUTO (Poncius), miles castri de Causaco, 502 *b*.
BERNARDUS DE ROSERT (Ernaudus), consul Montiscuqui, 510 *a*.
BERNAT, testis, 423 *a*.
BERNAT (Ar. den G.), 399 *b*, 419 *b*, 538 *b*, 539 *a*, 543 *a*, 544 *a*.
BERNAT (G.), 399 *b*, 512 *b*.
BERNERIUS, feudatarius, 60 *a*, *b*.
BERNEVILLE (Paillet de), miles, 660 *a*.
BERNEZAYO (Hemericus de), miles, 606 *a*. — *Bernaizé en Poitou, Vienne, arr. de Loudun, cant. des Trois-Moutiers*.
BERNOINUS, episcopus Vivariensis, 301 *a*, *b*, 537 *b*. — *Bernoin II, évêque de Viviers*.
Beroart foresta, 187 *a*. — *En Champagne*.
BÉROLE (abbé du monastère de), diocèse de Tarazona, Foulque, 352 *b*.
BERONA (Renaudus vel Renerius de), ballivus regis, 61 *a*, 68 *b*, 244 *b*.
BERRE VILLE (W. de Ponte, publicus notarius), 118 *b*.
BERTRANDA, uxor Vitalis Galterii, 497 *b*.
BERTRANDA, mère d'Isarns, vicomte de S. Antonin, 378 *c*.
BERTRANDI (Giraudus), 279 *a*; Guillelmus, *ibid*.
BERTRANDUS (Guillelmus), consul Montiscuqui, 510 *a*.
BERTRANDUS, episcopus Agathensis, 265 *a*, 206 *a*, 268 *a*. — *Bertrand de Saint-Just, évêque d'Agde*.
BERTRANDUS, præpositus Arelatensis, 455 *a*.
BERTRANDUS, senescallus Agenneusis, 466 *b*.
BERTRANDUS (Petrus), filius Willelmi Bertrandi, 422 *a*.
BERTRANDUS (Ramundus), 61 *b*, 62 *a*; scriptor, 227 *b*, 230 *b*, 231 *a*.

BERTRANDUS (Ramundus), publicus notarius Tolosæ, 540 *a*.
BERTRANDUS (Willelmus), 422 *a*.
BERTRANDUS, filius B. Ottonis, 252 *b*.
BERTRANDUS, filius Johannis de Fontanis, S. Antonini consul, 647 *a*.
BERTRANDUS, filius Arnaldi de Roaxio, 440 *b*.
BERTRANDUS, filius Arnaldi de Vadegia, 41 *a*.
BERTRANDUS, frater comitis Tolosæ, 44 *a*, 216 *a*, 275 *b*, 324 *a*, *b*, 348 *b*, 355 *a*, 419 *b*, 502 *a*. — *Ejus filia*, 216 *a*.
BERTRANDUS, frater Guillelmi Bertrandi, 279 *a*.
BERTRANNI (Robertus), 102 *a*.
BERTRANS (maestre), 169 *a*.
BERVENE (Thirricus de), 108 *a*.
Bes (villa nominata), in Ruthenensi diœcesi, 505 *a*. — *Besse ou la Besse, en Rouergue, Aveyron*.
BESA (Rotbertus de), clavarius Avinionensis, 83 *a*.
BESANÇON (archevêque de), 168 *a*. — *Vid*. BISUNTINENSIS archiepiscopus.
BESERS (vicecomes de), Trencavellus, 457 *a*, *b*. — *Vid*. TRENCAVELLUS.
Bessières, *Veseiras* (Terres, vignes, maisons, jardins, fours situés à Bessières et sur le territoire de cette ville), 299 *b*, 313 *b*, 333 *b*, 351 *a*, 383 *a*, 394 *a*, *b*, 396 *b*, 399 *b*, 402 *a*, 419 *b*, 440 *b*, 512 *a*, *b*, 513 *a*, 519 *b*, 521 *a*, 522 *b*, 534 *a*, 538 *b*, 539 *a*, 543 *a*, 547 *a*. — Château de Bessières, 538 *b*, 547 *b*; Hôpital, 440 *b*. — *Bessières en Languedoc, Haute-Garonne, arr. de Toulouse (en langue vulgaire du Midi Veseiras)*.
BESSIÈRES (chapelain de), Azémar, 383 *a*.
BESSIÈRES (prudhommes et anciens de), 339 *a*.
BESSIÈRES (Bertrand de), 313 *b*, 402 *a*, 521 *a*, 522 *b*.
BESSIÈRES (W. Capels de), 513 *a*.
BETEDA (Raimundus), 440 *a*, 441 *b*.
BETHUNIA (Ægidius de), miles, 554 *b*; dominus de Muelenbeque (*Meulebecke*), 598 *b*. — *Béthune en Artois, Pas-de-Calais*.
BETHUNIA (Guillelmus vel Willelmus de), 107 *b*, 178 *b*, 294 *a*, *b*, 337 *b*, 358 *a*, 460 *a*; Johannes, 251 *b*; Johannes monacus ecclesiæ S. Quintini in Iusula, 279 *b*.
BETHUNIÆ advocatus, Robertus, 460 *a*, 465 *b*, 550 *b*, 600 *b*.
BETHUNIÆ dominus, Daniel, 26 *a*; Robertus advocatus Attrebatensis, 337 *b*, 369 *a*.
BETODA (W.), 297 *a*.
Betriaco (castrum de), 464 *a*. — *En Bourgogne*.
Beu (haies de), 429 *b*. — Vivarium, 50 *a*. — *Beu, dans la Beauce, Eure-et-Loir, canton d'Houdan?*
Beune (terra de), 171 *b*. — *En Auvergne*.
BEVERNA (Terricus vel Theodericus de), castellanus de Dixmuda vel Ykemuda, 108 *a*, 109 *a*, 555 *a*, 608 *a*. — *Thierri de Beveren, châtelain de Dixmude*.

BEVERNE (Riquardus de), 109 *a*. — *Richard de Beveren*.
Beverone *vel* Bevron (castrum Sancti Jacobi de), 120 *a*, 374 *b*, 375 *a*, *b*. — *Saint-James de Beuvron, en Normandie, Manche*.
BEVNAC (Galhard de), 390 *b*.
BEZAUDUNO (G. de), 404 *b*.
Bezenhacum, 376 *b*. — *Bézenac en Périgord, Dordogne, arr. de Sarlat*.
Bia (fortericia de), 479 *b*.
Biardum, locus, 455 *b*.
Biauffort, en Champagne, 586 *b*. — *Beaufort-Montmorency, Aube, canton de Brienne?*
Biaulieu (le bois de), 468 *a*.
BIDON (Meneira), burgensis de Regula, 333 *a*.
Bie (foresta de), 143 *a*.
Bieme fundus, 144 *b*. — *En Champagne*.
Bies (vivarium de), apud Dullendum, 346 *b*.
Big, in comitatu Fezenciaci, 604 *b*.
BIGANE (Ar. W.), burgensis de Regula, 333 *a*.
Bigardum, locus, in Occitania, 641 *a*.
BIGORDANUS (Martinus), 308 *a*; Stephanus, *ibid*.
BIGORRA (archidiaconus de), Vizianus, 543 *b*.
BIGORRITANA comitissa, Petronilla, 135 *a*. *Vid*. PETRONILLA.
BIGORRITANUS episcopus, Huguo, 543 *b*. — *Hugues, évêque de Tarbes. Voy*. HUGO.
BIGUORA (Esteve), 528 *c*.
BIHEC (Matheus de), notarius publicus de Monte-Astrucho, 580 *a*.
BILIKE (Eustachius de), miles, 45 *a*, *ibid*., *b*.
BINAINVILLE (Guillelmus de), miles, 659 *a*.
BINCIO (jurati et communitas villæ de), 595 *a*, 597 *b*. — *Binch en Hainaut, Belgique*.
BIOLE (Raimundus de), consul Montisalbani, 503 *b*.
BISBE (B.), 351 *a*; P., 399 *b*; R., 521 *a*, 538 *b*.
BISBES (R.) de Buzet, 547 *a*, *b*.
Bisi (clausum de), in valle de Longavilla, 537 *a*.
Bisuntinensis provincia, 47 *a*, 48 *b*. — *La province ecclésiastique de Besançon*.
BISUNTINENSIS archiepiscopus, 47 *b*, 168 *a*. —Decanus, Alexander, electus Cabilonensis, 569 *a*. — Thesaurarius, Willelmus, electus Cabilonensis, 209 *b*.
BISUNTINUS (Everardus), camerarius Theobaldi regis Navarræ, 635 *b*, 636 *a*.
Biterræ, 79 *a*, 93 *b*, 164 *a*. — Biterrensis diœcesis, 497 *b*, 566 *a*, 658 *a*. — Ecclesia, 165 *b*. — Vicecomitatus, 155 *a*. — *Béziers en Languedoc, Hérault*.
BITERRENSES cives, 87 *b*.
BITERRENSIS archidiaconus, Engelbertus, 73 *b*, 74 *b*, 78 *b*. — Ballivus, 93 *b*. — Episcopus, Bernardus, 71 *b*, 73 *b*, 74 *a*, *b*, 78 *b*, 165 *b*. — Senescallus, Odo Cocus, 268 *a*. — Vicecomes (quem vocant)

Trencavellus, 71 *b*, 73 *b*; Raimundus Rogeri, 93 *b*. — Vicecomitissa, Agnes, 93 *b*.

BITERRI (Bernardus de), consul Montispessulani, 4 *b*.

BITERRI (Petrus de), consul Corduæ, 503 *a*.

Biturœ, 124 *a*, 453 *a*, 603 *b*. — *Bourges, capitale du Berri, Cher.*

Bituria, 214 *b*. — *Le Berri.*

Bituricense capitulum, 238 *a*. — Regalium, 395 *b*.

Bituricense concilium, 124 *a*.

BITURICENSIS archiepiscopus, 24 *b*, 47 *b*; Simo, 69 *b*, 70 *a*, 97 *a*, *b*, 101 *a*, *b*, 213 *b*; electus, Petrus archidiaconus Castri Radulphi, 238 *a*; Philippus primas Aquitaniæ, 371 *b*, 395 *b*, 603 *a*, *b*, 635 *a*. — Ballivus, Petrus de Roceyo, 71 *a*; Radulphus de Gandelux, 395 *b*. — Canonicus, Gregorius, 238 *a*. — Cantor, G., 238 *a*. — Decanus, Archambaldus, 238 *a*.

Bituricensis (Capitulum B. Austregisili), 316 *a*. — Conventus B. Sulpicii, 297 *b*.

Blaciacum villa, 131 *b*. — *Blacy en Champagne, Marne, canton de Vitry-le-Français.*

BLADERII (Guillelmus), arquerius, 583 *b*.

BLADERIUS (Perronetus), consiliarius Narbonæ, 325 *b*.

BLANC (Stephanus), miles, 578 *a*.

BLANCAFORT (Amalunius de), 67 *a*; Ato, 68 *a*.

BLANCARDUS (Raimundus), 334 *a*.

BLANCHA *vel* BLANCHIA de Castillia, regina Franciæ, uxor Ludovici VIII, mater Ludovici IX, 54 *b*, 97 *b*, 98 *a*, *b*, 102 *a*, *b*, 103 *a*, 110 *a*, 111 *b*, 112 *a*, *b*, 115 *a*, 119 *b*, 120 *b*, 122 *a*, *b*, 129 *a*, 130 *a*, 133 *a*, 136 *b*, 138 *a*, *b*, 139 *a*, *b*, 140 *b*, 143 *b*, 146 *b*, 147 *a*, 166 *a*, 174 *a*, 175 *b*, 177 *b*, 183 *b*, 199 *b*, 238 *b*, 241 *b*, 242 *a*, 243 *b*, 258 *b*, 260 *b*, 262 *a*, 264 *a*, 270 *a*, *b*, 276 *b*, 277 *a*, 285 *a*, 292 *b*, 295 *b*, 313 *a*, 316 *a*, 331 *b*, 332 *a*, 340 *b*, 349 *a*, 353 *a*, *b*, 357 *b*, 358 *a*, *b*, 362 *b*, 371 *b*, 372 *a*, 375 *b*, 384 *b*, 403 *a*, 418 *b*, 438 *b*, 482 *a*, 488 *a*, 517 *a*, 518 *b*, 520 *a*, *b*, 532 *b*, 538 *a*, 552 *a*, 600 *b*, 607 *b*, 650 *b*, 654 *a*, *b*, 655 *b*.

BLANCHA, comitissa Campaniæ *vel* Trecensis, 30 *a*, 33 *b*, 46 *a*, 62 *a*, 80 *b*, 124 *b*, 125 *a*, 126 *a*, *b*, 127 *a*, *b*, 130 *b*, 131 *a*, *b*, 133 *b*, 256 *b*, 268 *a*. — *Blanche de Navarre, fille de Sanche le Sage, femme de Thibaud III et mère de Thibaud IV, comtes de Champagne.*

BLANCHA, filia Theobaldi comitis Campaniæ, 64 *b*, 65 *a*, 311 *a*, *b*. — *Blanche, fille de Thibaud IV et d'Agnès de Beaujeu.*

Blanchaforti (castrum de), in diocesi Mimatensi, 71 *b*.

BLANCHARDI (R.), 254 *b*.

Blanhacum (paxeria ante), in viciniis Tolosæ, 202 *b*, 203 *a*.

BIANNO (M. de), miles de Podio-Laurentio, 497 *a*.

BLANQUERII (Firminus), consul Montispessulani, 54 *b*.

BLANQUEZ (Petrus), burgensis Petragoricensis, 12 *b*.

BLANZACI dominus, Haemericus de Rupe, 506 *a*.

BLAT (Guiraut), 536 *b*.

Blavia, 479 *b*, 480 *a*. — *Blaye en Guienne, Gironde.*

BLAVIA (Galfridus Ridellus de), 122 *b*; dictator treugarum, ex parte regis Angliæ, 506 *a*; Gir., 123 *a*.

BLAVOT *vel* BLAVOET (Riquardus), 104 *b*, 366 *a*.

BLAZONE, BLAZONIO, BLAZUN (Theobaldus de), senescalcus Pictaviæ, 62 *b*, 102 *a*, 123 *a*, 144 *b*, 165 *b*, 166 *a*, 617 *b*, 618 *a*, 655 *a*.

Blesis villa, 443 *b*. — *Blois, capitale du Blésois, Loir-et-Cher.*

Blesense feodum, 278 *a*.

Blesensis comitatus, 271 *b*, 277 *b*, 443 *a*; curia, 443 *b*.

BLESENSIS archidiaconus, Henricus Carnotensis electus, 524 *b*. — Comes, Galterus II de Avesnis, 14 *a*, 15 *a*, *b*, 70 *b*, 96 *b*, 97 *a*, 101 *b*, 178 *a*, *b*, 269 *a*; Hugo de Castellione comes S. Pauli, 319 *b*, 330 *a*, 331 *a*, 336 *a*, 443 *a*, 454 *b*. — Comitissa, Maria comitissa S. Pauli, 443 *a*; Margareta, 66 *a*, 443 *b*.

Blesia villa, juxta Ardillerias, 529 *b*. — *Blaize-sous-Arzilliers en Champagne, Marne, canton de Vitry-le-Français.*

BLESINI (Bernardus), consul Galliaci, 508 *a*.

BLEU *vel* BLUE (Haimericus de), 170 *a*, 617 *b*. — *Blèves en Anjou, Sarthe, arr. de Mamers.*

Blimartio (territorium de), in Turonensi diocesi, 443 *b*.

BLONDE (Johannes), scabinus villæ de Bregis, 595 *b*.

BOATERIUS (Petrus Bernardus), 326 *b*.

BOBO, cantor Carnotensis, 524 *b*.

Boc (R. de), frater Helizabes et Symianæ, 118 *a*.

BOCCARDI (Laurentius), presbyter, 330 *a*.

BOCHADOS (J.), burgensis Montispessulani, 53 *b*.

BOCHUTUS (Lambertus), 132 *a*, *b*.

BOCLES (Wil. de), 123 *a*.

BODRIGODIA DE LOS CANBEROS *vel* BODRIGO DE LOS CANBEROS, 98 *b*.

BOERIUS (Bernardus), 264 *a*, 278 *b*, 327 *a*; Petrus, 264 *a*, 278 *b*, 299 *a*, 327 *a*; Ramundus, 278 *b*, 327 *a*.

BOERIUS DE SANCTO ROMANO (Petrus), 297 *b*, 350 *b*, 351 *a*.

Boez (Petrus), consiliarius Podii S. Frontonis Petragoricensis, 12 *b*.

BOFATUS (Aimericus), Biterrensis civis, 78 *b*, 79 *a*.

BOFILUS (Bertrand), 533 *a*.

BOGIS (Bernardus), consul Narbonæ, 529 *b*.

Bohydon (villa de), 256 *b*. — *En Champagne.*

BOIA (prior de), Petrus de Cornone, 329 *b*.

BOIANO (Berengarius de), canonicus Magalonensis, 328 *b*, 330 *a*. — Johannes, Biterrensis civis, 79 *a*.

BOIGUETUS (Lambertus), 30 *a*.

BOIDO, scabinus villæ Casletensis, 595 *a*.

BOIEIR (R.), 538 *b*, 543 *a*.

BOIGUAS (B. de), 528 *a*.

BOINVILLA (Guillelmus de), 455 *b*.

BOISSA (Gausbertus de), 334 *a*.

BOISSERIA (frater W.), sacerdos, 406 *b*.

BOISSIACO (Petrus de), Bajocensis archidiaconus, 251 *b*; Philippus, miles, 659 *b*.

BOLAS (abbas de), Auxitanensis diœcesis, 164 *b*. — *Le monastère de Bouillas (Portaglonium) au diocèse d'Auch.*

Bolbestre (dominium de Rivis quod dicitur de), 376 *b*. — *En Languedoc.*

BOLBESTRE (Bertrandus de), 578 *a*.

Bolbona, locus, 494 *b*. — *Boulbone, dans l'ancien diocèse de Toulouse, Haute-Garonne, canton d'Auterive.*

BOLBONA (Berengarius de), 637 *a*.

BOLBONÆ, BOLBONENSIS abbas, Bernardus, 533 *a*; Petrus, 156 *b*. — *L'abbaye de N. D. de Boulbone, anc. dioc. de Toulouse.*

BOLESIA (Robertus de), 428 *b*.

Boliacum *vel* Boiliacum villa, 131 *b*, 132 *a*. — *En Champagne.*

BOLIE (Adam), miles, 166 *a*.

BOLLIERS (domina de), Lucia, 109 *a*.

BOLLO (W. de), 542 *b*.

Bolonesium, 114 *b*. — *Le Boulonais.*

Bolonia (foresta quæ nuncupatur), 443 *b*. — *Dans le Blaisois?*

BOLONIA (Simon de), comes Pontivi, 200 *a*. Vid. SIMON.

Boloniæ comitatus, 259 *a*. — Forteritia, 259 *a*, *b*. — *Boulogne en Picardie, Pas-de-Calais.*

BOLONIÆ comes, Alphonsus de Portugalia, secundus maritus Mathildis comitissæ Boloniæ, 446 *a*, 460 *a*, *b*, 484 *b*, 485 *a*, *b*; Philippus de Francia comes Clarimontis et Domni-Martini, 15 *a*, 22 *b*, 23 *b*, 24 *a*, *b*, 54 *a*, 57 *a*, 68 *b*, 69 *a*, 88 *a*, 89 *a*, 96 *b*, 97 *a*, 101 *a*, *b*, 114 *a*, *b*, 118 *b*, 119 *a*, 120 *b*, 191 *a*, 193 *a*, *b*, 244 *a*, 280 *b*, 317 *b*, 330 *b*, 374 *b*; Raynaldus de Domno-Martino, 24 *a*, 259 *a*. — Comitissa, Mathildis, 259 *a*, *b*, 280 *b*, 281 *a*, *b*, 282 *a*, *b*, 283 *b*, 284 *a*, 287 *b*, 288 *a*, 295 *a*, 304 *b*, 305 *a*, 317 *a*, 318 *a*, 330 *a*, 331 *a*, 393 *b*, 416 *a*, 460 *b*, 485 *b*.

BOMEZ (Robertus de), miles, 157 *a*, *b*.

BONA (domina nomine), 307 *a*.

Bona-curia, Bonecort, villa, 444 *b*, 445 *a*. — *Bonnecourt en Champagne, Haute-Marne, canton de Montigny-le-Roi.*

BONAFOS *vel* BONAFOLS (Amalvinus), 348 *b*, 387 *a*.

BONAINVILLE (Gaufridus de), juxta Alnoolum, miles, 660 *a*.

Bonavent, in diocesi Ruthenensi, 324 *b*.

BONAVENTURA (frater), minister fratrum Minorum in Provincia, 382 *b*.

BONDUES (Jacobus de), miles, 554 *b*.

BONEL, infirmier de Moissac, 90 *a*.

BONELLUS (Geraldus), 221 *a*.

BONELS *vel* BONEL (Bertrans), 508 *a*, 547 *b*; G., 508 *a*; R., 402 *b*.

BONES (Joces de), bailli d'Anjou, 601 *a*.

BONESTATGUA (Guillelmus), scriptor, 305 *b*.

Boneti de Avinione molendina, 388 b.
Boneti (Bernardus), civis Electi, 657 b; Raimundus, 226 a.
Bonetus Johannis, burgensis Petragoricensis, 12 b.
Bonævallis conventus, 529 a. — Le monastère de Bonneval, au diocèse de Chartres.
Bonævallis abbas, R., 529 a.
Bonez (Helias), burgensis Petragoricensis, 12 b.
Bonifacii (Matheus), Guillelmi episcopi Parisiensis consanguineus, B. Mariæ Parisiensis matricularius, 401 b, 402 b.
Bonifacii (Petrus), 603 a.
Bonifacius (Petrus), consul Montispessulani, 292 b.
Bonifacius vel Bonefacius de Faezia, Cisterciensis abbas, 538 a, 636 a. — Boniface de la Faye, abbé de Cîteaux.
Bonin (Nicholaus), scabinus Brugensis, 596 a.
Boninus (R.), 308 a.
Bonnegarde (Pierre de), 267 b.
Bonnet (Raimond), notaire à Toulouse, 378 a.
Bonolium, Bonolii terra, 54 a, 68 b. — Homines de Bonolio, 233 b. — Boneuil, en Valois, Oise, arr. de Senlis?
Bononiensis canonicus, Albertus, prior S. Margaretæ, diœcesis Fesulanensis, 579 a; Albigo, 579 a.
Bontos (Raimundus), notarius Massiliæ, 190 b.
Bonum-Donum (Sicardus), scriptor, 349 b, 421 b.
Bonus-Homo (Vitalis), consul Tolosæ, 493 a, 520 b.
Bonus-locus (villa qui dicitur), 474 a, b, 475 a, b. — Peut-être Bonlieu en Vivarais, Ardèche.
Bonus-Mancipius, judeus, 566 b, 567 a, 571 b.
Bonus-Puer, judeus, 35 b, 136 a, 266 b, 334 b.
Boon (Henricus de), comes Herefordiæ et Essex, 405 a.
Borbenois, 408 b. — Le pays environnant Bourbon-Lancy.
Borbona, 65 a, 274 a. — Barbonne en Champagne, Marne, arr. d'Épernay, canton de Sézanne.
Borbonensis archidiaconus, Willelmus, 238 a.
Borbonii, de Borbonio dominus, Archembaudus vel Archembaldus, 1 a, 4 a, 14 a, 13 b, 57 a, 96 b, 97 a, 101 a, 171 a, 172 b, 193 a, b, 214 a, 245 b, 246 a, b, 247 a, 264 b, 274 a, 275 a, 279 b, 298 a, 410 a, 449 b, 430 a, 480 b, 481 a. — Archambaud IX, sire de Bourbon.
Borbonii marescallus, Beraldus, constabulus Avernia, 334 b.
Borbonium, 408 b. — Probablement Bourbon-Lancy en Bourgogne, chef-lieu de canton, Saône-et-Loire.
Borborg (villa de), Broburgensis villa, 106 b, 344 b, 363 a, 610 a. — Scabini et communitas villæ de Borborc, 561 a. — Bourbourg, dans la Flandre française, arr. de Dunkerque, Nord.
Borc (Hubertus de), justiciarius Angliæ, 210 b.
Borcellus (Thomas), 278 b.
Borchagus (D. de), 301 a.
Bordas (mansus de), 508 a.
Bordas (Odo de), consul Condomii, 498 b.
Bordeburg (Bertrammus de), miles, 554 b.
Bordes (villa de les), 150 a. — Les Bordes, dans le Haut-Languedoc, canton de Castelnaudary, Aude; ou les Bordes, dans le pays de Foix.
Bordeu (Fetisz de), 629 a; Forz, ibid.; Girald, ibid.
Bordis (castrum de), 493 a. — Les Bordes, dans le pays de Foix, Ariége, canton du Mas-d'Azil.
Bordis (furnum de), apud Pruvinum, 529 a.
Bondis (Henricus de), 118 a, 132 a, 204 a.
Bordons (finagium de), 433 b; vadum, ibid.; vallis, ibid. — Bourdons en Champagne, Haute-Marne, arr. de Chaumont, canton d'Andelot.
Borelli (Deodatus), sacrista Sancti Firmini in Montepessulano, 330 a.
Borello (Bernardus Alacer de), 441 a.
Borellus (Bruno), scriptor, 533 b.
Borellus (Petrus), notarius, 50 b.
Borgarel (Aimeric), 534 a, 536 a, b, 588 b, 589 a, b, 590 a, 613 a, 623 b, 646 a; Vidal, 305 b, 437 a, 534 a, 536 a, b, 588 b, 589 a, b, 590 a, 612 b, 617 a, 623 b, 646 a.
Borcois (Gerardus dictus), scabinus Geraldimontis, 595 b.
Borguele, Bourgella, Borgella (Alardus de), miles, 369 a; Henricus, 103 a, b, 369 a, 555 a, 609 a. — Alard et Henri de Bourghelles, dans la Flandre française, Nord, arr. de Lille.
Borivila (Guillelmus de), 334 b.
Bornac (castrum de), 646 b. — Dans le Rouergue.
Borrelli (Bernardus), 226 a; Guillelmus, ibid.
Borrello (villa de), juxta Verdunum, 187 b, 188 a. — En Languedoc.
Borrello (Bernardus Alacer de), 187 b, 188 a.
Borrellum (nemora inter) et domum Bellepertice, 641 a. — En Languedoc.
Borrellus (Bruno), scriptor, 334 b, 511 b, 512 a, b; Petrus, 278 b; R., consul Tolosæ, 278 b; Ramundus, 464 b.
Borruti (Johannes), civis Xanctonensis, 535 a, 607 a.
Bosc (Deodatus cognomine del), sacerdos ecclesiæ de Najac, 209 a; W., 90 b; Willelmus, 277 b.
Bosc-Bozo (Bernatz de), de Montlanart, 611 b.
Boschavio (abbas de), in Petragoricensi diocesi, 63 b, 64 b. — L'abbé de Notre-Dame de Bouchaud (Boscum-cavum), au diocèse de Périgueux.
Boscheti domus, 253 a, b. — Probablement le Bouchet en Poitou, Vienne, arr. de Loudun.

Boscho (Sigerus de), miles, 608 a.
Boscoregis (Dionisius de), 429 b.
Boscus-communis, 39 b. — Boiscommun, Orléanais, Loiret, arr. de Pithiviers.
Boscus-Poverelli, locus, 498 b, 499 a.
Bosquet (Peiro del), 251 b.
Bosqueto (rivus de), 464 b. — En Languedoc.
Bosqueto (Willelmus de), 227 b.
Bosquetus (W. vel Guillelmus), 354 a.
Bosseria (W. de), sacerdos, 335 a.
Bostiacus (Arnaldis), 355 a.
Botanus (Arnaldus W.), 307 a.
Botecharete vel Botekarete (Bodinus), 44 b, 45 a.
Botecuisse (Lambertus), 452 a.
Boteni, villa capituli Meldensis, 138 b.
Boterus (Guillelmus), 45 a.
Botesac (homo de corpore dictus), 531 b.
Botevilla (Gaufridus de), miles, 623 a.
Botier (Hubertus), 304 b.
Bouceio (Girardus de), 182 a.
Bouchutus de Barro (Lambertus), miles, 204 a.
Boulare (Michel de), connétable de Flandre, 103 b.
Bouleio vel Boulers (dominus de), Philippus, miles, 555 a, 608 b.
Boulie (Adam), miles de Gressibus, 517 b.
Boumon, testis, 35 a.
Bourbourg (Bertrand de), chevalier, 554 b. Voy. Borborg.
Bourc en Champagne, 586 b.
Bourghelles. Voy. Borguele.
Bousonvilla, 563 b. — Bouzonville-aux-Bois; ou Bouzonville en Beauce, dans l'Orléanais, arr. de Pithiviers, Loiret.
Boutez (nemus dictum aux), 631 b, 636 a.
Bouvila (Guillelmus de), 636 b.
Bouvillera (Guillelmus de), 441 a.
Bova (Robertus de), 57 a.
Boveria (Seguinus de), consul Portus S. Mariæ, 531 b.
Boverii (S.), 446 a.
Bovilla (Gualhardus de), 541 a.
Bovinarum prælium, 22 b.
Boyau (tallia regis in rua), 564 a. — A Orléans.
Boza (Bérengère), femme de R. Andreu de Bessières, 544 a.
Bracon castrum, 347 b. — Le château de Bracon, en Franche-Comté, Jura, arr. de Salins.
Braganson (castrum de), 445 a. — En Provence.
Brageriaci dominus, Helias Rudelli, 40 a, b.
Brageriacum vel Brejeriacum castrum, 40 — Bergerac en Périgord, Dordogne.
Brahanay, juxta Altissiodorum (locus qui dicitur de), 522 a.
Braia, 120 a. — Braye-sur-Maulne en Anjou, Indre-et-Loire, arr. de Tours.
Braibant (nemus quod dicitur a), in foresta de Surdolio, 415 a, b.
Braibant (Milo le), 415 a.
Braieseure vel Braesevra (Guillelmus de), miles, 281 b, 282 b.

Braii (major, jurati et scabini), 654 a. — *Bray-sur-Somme, en Picardie, Somme, arr. de Péronne.*

Braii castellania, 520 b. — *Bray-sur-Seine, Seine-et-Marne, arr. de Provins.*

BRAINE (Isabinus de), *jadis comtesse de Rouci (femme de Jean II, comte de Rouci), vicomtesse de Mareuil,* 471 a. — *Voy.* BRANA.

BRAINE (Jean de), comte de Màcon par sa femme Alix, petite-fille de Guillaume V, comte de Màcon, 206 b, 400 a.

BRAISILVA (Wilhelmus de), miles, 445 a, b; Isabellis ejus uxor, *ibid.* — *Guillaume et Isabelle de Braiselve.*

BRAMONDA, uxor Roberti domini de Basochiis, 427 b.

Brana (parcus de), 429 a.

BRANA *vel* BRENA (Isabellis de), comitissa Rociaci, 385 b, 400 a, 471 a. — Johannes, comes Viennensis et Matisconensis, 147 a, 193 b. — Petrus, 410 b, 414 a, 420 b, 424 a; Margareta ejus uxor, 414 a. — *Braine-sur-Vesle, dans le Soissonnais, Aisne.*

Branæ comes, Robertus, comes Drocarum, 59 b, 68 b, 69 a. — *Vid.* ROBERTUS.

BRANCALEON (Léon), cardinal prêtre de Sainte-Croix de Jérusalem, 29 b.

BRANCALONE (Petrus Bernardus de), 326 a.

BRANCEDUNI dominus, Jocceranus Grossus, 147 a; ballivus in Burgundia, 327 a, 347 b. — *Brancion en Bourgogne, arr. de Tournus, Saône-et-Loire.*

BRANCIDUNI milites, 327 b.

BRANDELON (Philippus de), miles, 660 a.

BRANO (P. de), consul Carcassonæ, 650 a.

Branta (rivus de), 436 b. — *Dans le Toulousain.*

BRANTOSMENSIS abbas, in Petragoricensi diœcesi, 63 b, 64 b. — *L'abbaye de Saint-Pierre de Brantôme, au diocèse de Périgueux.*

BRANVILLE (Petrus de), miles, 659 a.

BRASADA (R.), 300 a, 399 b.

Brassaco (vicecomitatus de), 323 b. — *Brassac en Auvergne, Haute-Loire.*

BRASSACO (Willelmus de), consul castri Savarduni, 483 a.

BRASSECSE (Guillaume de), 415 b. *Voy.* Braiselve.

BRAVO (Petrus de), Carcassonæ burgensis, 309 b.

Brecarum castellania, 62 a.

BRECARUM dominus, Hugo, 62 a, 78 a, 252 b. — *Hugues, sire de Broyes en Champagne, Marne, arr. d'Épernay.*

Breccium, 287 b. — *Brecey, dans le comté de Mortain, arr. d'Avranches, Manche.*

BRECIS (Odo de), 385 b; dominus de Soysiaco, 467 a.

Breis (villa de), 44 a. — Ecclesia, 419 a.

BREIS (Radulphus de), 44 a. — *Brée, dans le Maine, Mayenne, arr. de Laval.*

BREIXIACI dominus, Ademarus, 541 b. — *Adhémar, comte de Brescia, en Lombardie.*

Brejeriacum, 40 b. — *Vid.* Brogeriacum.

BREMONDUS *vel* BREMUNDUS, abbas S. Andreæ, 92 a, b, 93 a. — *Bermond, abbé de Saint-André de Villeneuve-lez-Avignon.*

BRENA (Elisabet *vel* Elisabelis de), quondam comitissa Rociaci, 400 a. — *Vide* BRANA.

BRENA (Erardus de), 11 b, 27 a, 118 a, 125 b, 128 b, 131 a, 132 b, 133 a, 134 a, 173 b; Dominus Rampnerući, 184 a, 193 b, 247 b, 399 b, 452 a, 587 b. — Robertus, comes Drocencis, 68 a. — *Brienne en Champagne, Aube, arr. de Bar-sur-Aube.*

BRENA (Petrus de), miles, 375 a, 376 a. — *Pierre de Braine.*

BRENÆ, BRENENSIS comes, 127 a, 421 b. — *Le comte de Brienne.*

BREON (Maurinus de), 172 a.

Breschesac (castrum de), 260 b, 261 a. — *Brissac en Anjou, Maine-et-Loire, arrondissement d'Angers, canton de Thouarcé.*

BRETEL, Jacobus, 535 b; Johannes, senior filius Jacobi Bretel Attrebatenses civis, 235 b, 236 a.

Bretolii foresta, 40 a. — *La forêt de Breteuil, en Normandie, Eure.*

Briæ comitatus, Bria, 125 b, 126 b, 247 b, 272 b, 273 b, 275 a, 277 b, 280 a, 288 b, 289 a, 305 a, 311 a, b, 455 a. — Briæ dominium, 125 b. — *La Brie, le comté de Brie, qui forme aujourd'hui les départements de l'Aisne et de Seine-et-Marne.*

BRIÆ comes palatinus, Henricus, 247 b; — Johannes, 128 b. — Theobaldus III, 247 b. — Theobaldus IV, 13 b, 15 a, b, 16 b, 18 a, 25 b, 26 b, 27 b, 29 b, 30 a, 33 b, 41 b, 44 b, 59 b, 64 b, 78 a, 88 a, 115 a, 118 a, 119 a, 123 a, 124 a, 125 a, b, 131 a, 134 a, 137 b, 139 b, 148 b, 152 b, 153 b, 155 b, 159 b, 160 a, b, 169 a, 173 a, 185 b, 187 a, 191 a, 204 a, 205 b, 206 a, b, 207 a, b, 208 a, 210 a, 214 a, 217 b, 218 a, 220 a, 226 a, b, 228 a, 233 a, 235 a, b, 237 b, 239 b, 240 a, b, 241 b, 245 b, 246 a, b, 247 a, 251 b, 254 b, 255 a, 256 a, b, 261 b, 262 a, 267 b, 271 b, 272 a, b, 274 b, 275 a, 279 b, 284 b, 286 a, 288 b, 289 a, b, 290 b, 292 a, 295 a, 300 a, 302 b, 305 a, b, 308 a, 311 a, 318 a, 336 a, 342 a, 351 b, 360 b, 384 b, 385 a, b, 386 a, 394 b, 395 a, 397 a, 399 b, 400 a, 404 a, 411 a, b, 412 a, b, 413 a, 414 b, 415 a, b, 416 a, 421 b, 433 a, b, 434 a, b, 435 a, b, 436 a, b, 440 a, 442 b, 447 a, 452 a, 457 b, 465 a, 467 a, 468 a, 487 b, 491 a, 495 b, 501 b, 513 a, 514 b, 520 a, 527 a, 528 b, 534 b, 532 b, 569 b, 570 a, 586 b, 587 a, 588 a, 589 b, 593 b, 613 a, 634 a, 635 b, 638 b, 640 a, b, 646 b, 656 a.

Briandiam (balliata ultra), in comitatu Laudunensi, 100 b.

Brianson, 379 b. — *Briançon, dans le Haut-Dauphiné, Hautes-Alpes, chef-lieu d'arrondissement.*

BRICIUS (M.), presbyter de Ronginco, 517 b.

BRIDOLE (Bertrannus), 135 b.

BRIENSE (archidiacre de), Guichard, 241 b.

Brienonis terra, 218 a. — *Brinon en Champagne, Yonne, canton de Joigny; ou, peut-être, Brinon-l'Archevêque, chef-lieu de canton dans le même département.*

BRIENSIS archidiaconus, Gaufridus, 145 a.

BRIMUNDUS (Bernardus), notarius comitis Provinciæ, 382 b.

Brinches, villa capituli Meldensis, 138 b. — *Brinches en Brie, Seine-et-Marne, arr. de Meaux, canton de Crécy.*

BRINO (Aimericus de), 135 b.

Briocensis diœcesis, 303 a. — *Le diocèse de Saint-Brieuc, en Bretagne.*

Briola, 310 b. — *Briel en Champagne, Aube, arr. de Bar-sur-Seine?*

Brion, locus, 403 b. — *Brion en Dauphiné, Isère?*

BRION (Guillelmus de), miles, 635 b.

BRISE-CHASTEL (Gaufridus), miles, 44 a.

BRISSI (Hugo de), miles, 660 a.

Britannia, 120 b. — Britanniæ terra, 302 b; partes, 396 b. — Feodum, 208 b, 209 a; ballium, 178 a, b, 179 b, 180 a, 201 b; consuetudines, 294 b. — Britanniæ comitatus, 311 b. — *La Bretagne, le comté ou le duché de Bretagne, qui forme aujourd'hui les départements de la Loire-Inférieure, du Morbihan, du Finistère, des Côtes-du-Nord et d'Ille-et-Vilaine.*

BRITANNIA (Johannes de), 311 a, b.

BRITANNIÆ barones, 178 a, b, 180 a, 269 b, 304 b.

BRITANNIÆ comes, Eudo, 294 b; Guido, 303 a, b. — Comes *vel* dux, Johannes comes Richerimontis, 374 a, b, 425 a, b, 426 b, 427 a; Petrus, 14 a, 59 b, 62 a, b, 68 b, 69 a, 78 a, 119 a, 121 a, 160 a, 178 a, b, 179 a, b, 180 a, 201 b, 202 a, 208 b, 209 a, 210 a, b, 214 b, 265 a, 269 a, b, 270 a, 276 b, 277 b, 294 b, 295 a, 298 a, 299 a, 302 b, 304 a, b, 311 a, 313 b, 316 a, 374 b. — Heres Britanniæ, 202 a, 208 b, 209 a; Heredes, 316 b.

Britholii *vel* Britolii terra, 102 b; Feodum, 119 a. — *Breteuil en Normandie, chef-lieu de canton, Eure.*

BRITEOLII domina, Amicia, 102 b.

BRITONES, 302 b.

BRIVA (magister Giraldus de), prior ecclesiæ de Tuuro, 291 a.

BRIXIÆ dominus, Ademarus, 542 b. — *Brescia en Lombardie.*

Brizierz, 379 b. — *En Provence.*

Broburgensis villa. *Vid.* Borborg.

Broceio (maresium de), 467 a. — *En Champagne.*

BROCHO, BROK (Petrus de), 103 a, b.

BROCIA *vel* de la BROCE (Petrus de), 44 a, 419 a.

BROCO (Bertrandus de), 172 a, 173 a. — *Le Broc, en Auvergne, Puy-de-Dôme, canton d'Issoire.*

BROLIIS (G. de), miles, 87 a.

BROLIO (Guillelmus de), 43 b.

Brouin (castrum de), 487 a. — *En Languedoc.*

BRUELS (Petrus de), miles S. Pauli de Cadajous, 496 b.

INDEX ALPHABETICUS.

Brueriarum communiæ major et jurati, 652 a. — *Bruyères-sous-Laon en Picardie, Aisne, arr. de Laon.*

Brugaria, 230 b, 231 a. — *La Bruyère en Languedoc, Haute-Garonne, canton d'Auterive.*

Brugaris (Bernardus Willelmus de), 507 a.

Brugeira (terre de la), 383 b.

Brugensis (Willelmus de), 245 b.

Brugiæ, Brugensis villa, 104 b, 105 a, b, 106 a, b, 107 a, b, 344 b, 363 b, 366 a, b, 367 a, 557 a. — Brugensis villæ scabini et communitas, 561 a, 596 a, 610 a. — Brugensis ballivus, Andreas, 106 a; Eustachius de Lembeca, 537 a. — Præpositus, Franciscus vel Franco de Mallenquien, Flandriæ cancellarius, 294 a, b, 343 a, 368 a; Willelmus, 107 b. — *Bruges en Flandre, Belgique.*

Brugis (Egidius de), præpositus B. Petri Duacensis, 540 a; Guidulphus vel Ghildulphus, 535 a, 608 a.

Brugueria (Raimundus de), miles, 72 a.

Bruls (Guillelmus de), miles S. Pauli de Cadajous, 496 b.

Brun (Gilles le), de Trasegnies, 599 a.

Brunamont (Ingerranus), scabinus Duacensis, 596 a.

Brunatiers (Petrus), serviens comitis Marchiæ, 623 a.

Brunencui (Bernardus), diaconus, 330 a.

Bruneti (Galquerinus), mercator Senensis, 439 a, b.

Bruni (Hugo), comes Engolismensis, filius Hugonis de Lezeigniaco, 476 b, 499 a, 623 b.

Bruniquellum, 43 b. — *Bruniquel en Languedoc, Tarn-et-Garonne, arr. de Montauban.*

Bruns (Egidius dictus li), miles, 599 a.

Brunus (P.), consiliarius consulum Tarasconis, 217 a; Willelmus, 464 b.

Bruz (Jouans), 183 a, b.

Buat (Guillelmus de), 181 b.

Buburus vel Boerius (Bernardus), 264 b; Petrus, ibid.

Buci (le bois de), 305 b. — *En Champagne; peut-être Bussy-en-Othe, Yonne, arr. de Joigny.*

Buciaco (Perrotus de), 31 a.

Buffel (D.), 543 a; R., 538 b, 543 a.

Builien (castrum de), 578 a. — *En Auvergne.*

Buissières, en Champagne, 569 a. — *Buissières-lez-Clefmont, Haute-Marne, cant. de Clefmont.*

Bullano (Petrus de), publicus Rivorum notarius, 339 b.

Bullen vel Builien (Petrus de), miles, 578 a.

Bulli (Gaufridus de), senescallus Pictavensis, 57 a.

Bulliaco (Renaudus de), serviens regis Franciæ, 483 b.

Bunon (castellanus de), miles, 659 a. — *Peut-être Buno en Gâtinais, Seine-et-Oise, arr. d'Étampes.*

Burdegala, 176 a, 506 b. — *Burdegalensis conventio, 175 b. — Bordeaux, capitale de la Guienne, Gironde.*

Burdegala (Petrus de), dictator treugarum ex parte regis Franciæ, 506 a.

Burelli pueri, servi, 204 b.

Bures (Matheus de), miles, 234 a.

Burgensis (Firminus), 446 a.

Burgeto vel Burgueto-novo (Bernardus de), 194 b; Petrus Garsias, 452 a.

Burglanensis episcopus, Sueno, 158 a. — *Suénon, évêque d'Aalburg, dans le Jutland, Danemark.*

Burgo (Petrus Ramundus de), 354 b.

Burgolium, 10 a. — *Bourgueil en Anjou, chef-lieu de canton, Indre-et-Loire.*

Burguerras (la parroquia de la gleia de), près de Montanart, 616 a.

Burgundia, Burgundiæ ducatus, 236 b, 400 b. — *Le duché de Bourgogne, dont on a formé les départements de l'Yonne, de la Côte-d'Or, de Saône-et-Loire et de l'Ain.*

Burgundia (Beatrix II de), filia Othonis I, 66 a.

Burgundia (ballivus in), Joc. dominus Brancidoni, 327 a.

Burgundiæ dux, 11 b, 12 a; Hugo, 173 b, 193 a, b, 269 b, 270 a, 279 b, 280 a, 287 a, 288 b, 289 a, 298 a, 299 a, 305 b, 311 a, 347 a, 408 a, b, 409 a, b, 413 a, 414 a, 449 b, 527 b. — Ducissa, Alix vel Alcidis, 10 b, 14 a, 15 a, 27 a, 287 a, 449 b. — Senescallus, Guillelmus vel Willelmus de Vergeio, 409 b, 413 b; Henricus de Vergeio, 449 b, 495 b.

Burgundiæ comitatus, 64 b, 65 a, b. — *Le comté de Bourgogne ou Franche-Comté, dont on a formé les départements du Jura, du Doubs et de la Haute-Saône.*

Burgundiæ comites, Johannes, comes Cabilonis, 347 a, b; Johannes, dominus Salini, 413 b, 414 a, 449 b. — Otho I, dux Meraniæ, 64 b. — Otho II, 66 a. — Otho III, 142 a, 168 a. — Stephanus, 168 a, 411 a.

Burgus-novus, vicus in villa Tylia, 182 a.

Burgus-novus-Templi (villa quæ vocatur), prope Rupellam, 36 a. — *Bourgneuf en Aunis, Charente-Inférieure, arr. de la Rochelle.*

Busancy, 491 a, b. — *Buzancy en Champagne, Ardennes, chef-lieu de canton.*

Busancy (Herveus de), 123 a.

Buscum, 287 b. — *En Normandie, dans le comté de Mortain, Manche.*

Busenciaco (Matheus de), miles, 457 b.

Busqueti (Bruno), consul Tolosæ, 493 a.

Busqueto (Guillelmus de), 396 a.

Buterrensis (magister Stephanus), canonicus Agennensis, 390 b, 391 a.

Buticularius (Guillelmus), miles, 281 b, 283 b.

Buxeio (Cauterinus de), armiger Barri-super-Secanam, 501 a, b.

Buxerus (Rad. de), 39 b.

Buxus (Bartholomeus), 142 b.

Bzzet (Durantz, lo capelas de), 533 a.

Buzet (escrivas comunals de), W. Repolleir, 513 a.

Buzetum, villa de Buzeto, 305 b, 334 a, 355 a, 437 a, 521 a, 528 a, 536 a, b, 588 b, 589 a, 590 a, 612 b, 613 a, 617 a, 623 b. — Castel de Buzet, 455 b, 533 a, 534 a, b. — Église de Saint-Martin, à Buzet, 521 a, 646 a. — Terre située sur le territoire de Buzet, 527 b, 612 b, 617 a, 646 a. — Buzeti feoda, 335 b. — *Buzet en Languedoc, Haute-Garonne, arr. de Toulouse, canton de Montastruc.*

Buzeto (homines de), 335 b.

Cabal (Firminus), consul Montispessulani, 530 b.

Cabalis (Petrus), 603 a.

Cabareti villa, 162 b. — *Cabaret, chef-lieu du pays de Cabardes, dans le comté de Carcassonne. Cette localité a disparu.*

Cabareti dominus, P. de Laura, 81 a.

Cabareti (Jordanus), 81 a.

Cabaretz (Petrus Rogerius de), 533 a.

Cabdenaci consules, 509 b. — *Capdenac en Quercy, Lot, arr. et canton de Figeac.*

Cabdenaco (Berengarius de), consul Cabdenaci, 509 b.

Cabilo, 12 a, 209 b. — Cabilonensis comitatus, 347 a. — Sedes, 569 a. — *Chalon-sur-Saône, Saône-et-Loire.*

Cabilonense capitulum, 209 a; Cabilonenses canonici, 569 a.

Cabilonenses comites, 527 b.

Cabilonensis archidiaconus, J., 286 b. — Comes, 327 b; Hugo dux Burgundiæ, 527 b; Johannes, 65 a, 168 a, 193 a, b, 347 a, b, 408 a, b, 409 a, 410 b, 413 a; Stephanus, 347 b. — Comitissa, Beatrix, 10 b, 11 b, 12 a, 168 a. — Decanus, Artaudus, 209 a, b. — Electus, Alexander, decanus Bisuntinensis, 569 a. — Episcopus, Durandus II, 10 b, 101 b, 209 b; Willelmus, 209 a, 327 b.

Cabrieira (Rotguerius), consul Montispessulani, 4 b.

Cadanetus (frater), miles, hospitalis Jerosolymitani in Aurasica, 406 b.

Cadarcet (villa et forcia de), 493 a. — *Cadarcet, dans le pays de Foix, Ariège, arr. de Foix.*

Cadarossa, Cadarossæ villa, 320 a, b, 321 a. — *Caderousse en Provence, Vaucluse, arr. et canton d'Orange.*

Cadarossa (Bertrandus de), 320 a; Lautaudus, 321 a; Petrus, 320 a; Willelmus, 320 a.

Cadarossæ domini, 319 b, 320 b, 321 a, b; milites, 320 a, b, 321 a.

Cadasta (P.), consiliarius consulum Tarasconis, 217 a.

Cadolha vel Cadolla (Ameils de), 616 b; Galterus, 535 b; Geraldus, 536 a; Guirals, 616 b; Guillelmus, Guillens, 535 b, 536 a, 549 b, 616 b; W., 612 a, 616 b.

Cadomo (decanus et capitulum S. Sepulchri de), 114 b. — *L'église du Saint-Sépulcre, à Caen, Calvados?*

Cadrum, 379 b. — *En Provence.*

Caduci (Lambertus), 129 a, b, 130 a. — *Lambert Cadoc, châtelain de Gaillon.*

CADUNIO vel CADUNIO (abbas de), 63 b, 64 a, b. — L'abbé de Cadouin, au diocèse de Sarlat, Dordogne.
CADUNO (Gilo de), Remensis canonicus, 623 b.
Cadurcensis episcopatus, 275 b. — Vid. Caturcensis.
CAERCI DE SERVAD, 419 a.
CAEU (Willelmus de), miles, 196 b. — Cayeux en Picardie, arr. d'Abbeville, Somme.
CAGIA (abbas B. Mariæ in), Robertus, 413 a. — Abbaye de Chaage, au diocèse de Meaux.
CAIABAC, CAIARC (W. de) 437 a. — L'obrador W. de Caiarc, ibid.
CAILLAC (Deodatus de), S. Antonini consul, 647 b; S. consul S. Antonini, ibid.
CAILLANO (Bertrandus de), ballivus Vauri, 503 a.
CAILLEU (Laurencius de), 342 a.
CAIRANA (Petrus de), præceptor domus Hospitalis in Aurasica, 335 a.
CAISNETO (Robertus de), miles, 555 a.
COJARC (Petrus Garini de), 348 b.
CALADIA (abbas de), E., 144 b, 145 a. — La Chalade, au diocèse de Verdun.
Calavello (villa de), 285 a. — En Languedoc.
Calavo (castrum de), 285 a. — En Languedoc.
CALCADELLUS (Stephanus), jurisperitus Montispessulani, 9 b.
Calcadiz (castrum et villa de), 34 a. — En Languedoc.
CALCEIA (Guillelmus Rufus de), 45 a.
CALCIDERIUS (Bertrandus de), 520 b.
CALDERONIS (Arnulphus de Feritate), 214 a.
Caleto (terra in), 24 a; Caletum, 317 a. — Le pays de Caux, en Normandie.
CALHAN (W. de), 588 b.
CALHAU (Johannes del), burgensis Petragoricensis, 12 b; Petrus, ibid.
CALLUCII consules. Vid. CASLUCII.
CALM (Guilhardus de la), 463 a, 585 b.
CALMANTER (Guillelmus de), 190 a.
CALMONT (Pontius de), 440 a.
CALMONTE (Augerius de), barrianus castri Savardinii, 483 a; Bequus, 190 a.
Calniacum, Calniaci villa, 342 a. — Mensura, 70 a. — Pedagium, 84 a. — Præpositura, 342 a. — Theloneum, 342 b. — Chauny, dans l'Ile-de-France, Aisne, arr. de Laon.
CALQIENS (Ernaudus de), 153 a.
CALSADA (Barraldus de), consul Condomii, 498 b.
CALSBAS (Guillelmus), 605 a.
CALVETI (B.), burgensis Castrensis, 648 b.
CALVIAC (Stephanus de), consul Agennensis, 497 b.
CALVIGNIACO (Andreas de), 439 a; Guillelmus, 14 b, 15 a. — Chauvigny en Poitou, Vienne, arr. de Montmorillon.
Calvimontis castellania, 240 a, 436 a. — Mensura, 434 b. — Parrochia, 240 a. — Domus Dei apud Calvummontem, 284 b. — Chaumont-en-Bassigny, Haute-Marne, chef-lieu d'arrondissement.

CALVIMONTIS præpositus, Stephanus de Calvomonte, 646 b. — Major et pares, 651 b.
CALVIMONTIS, Bego, 505 a; Gillebertus, 385 a, b; Guillelmus, 94 a; Matheus, 291 b; Johannes, miles, 291 a; Stephanus, quondam ballivus Lingonensis, nunc præpositus Calvimontis, 646 b; Symon, filius defuncti Haycii de Barro, 240 a.
CALVINHACO (G. de), consul Montispessulani, 530 b.
CALVINIACO (W. de), 102 a.
Calvusmons, in Caturcesio, 94 a. — Caumont, Lot-et-Garonne, arr. de Marmande.
Calvusmons-super-Maternam, 646 b. — Chaumont-en-Bassigny, Haute-Marne.
Camareti villa, 341 a. — Camaret, dans le Comtat, arr. et cant. d'Orange, Vaucluse.
CAMARETO (W. de), 404 b.
Camargue, 381 a, 455 a, 466 a. — La Camargue en Provence, île formée par deux branches du Rhône à son embouchure.
CAMATAN (Guillermus de), consul Podii-celsi, 510 b. — Vid. SAMATAN.
CAMBAFORT, testis, 446 a.
CAMBELLANUS (Adam), 26 a; Galterus, 190 b.
CAMBERIS (R. Didacus vel Didaci de), 97 b, 98 b.
Cambliacensis communia, 143 b. — Chambly en Beauvoisis, Oise.
Cambolanum, locus, 455 b.
CAMBON (Ysarnus de), 225 b.
CAMBONIA, comitissa Alverniæ, 237 a. — Perronelle de Chambon.
CAMBONIO (Amelinus de), 237 a. — Ameil de Chambon, père de Perronelle de Chambon.
CAMBRERIUS (Arnaldus), 240 b; R., 396 a.
CAMERA (Girardus de), burgensis Rupellæ, 38 a, 452 b.
CAMERACENSES cives, 57 b, 58 a. — Les habitants de Cambrai, Nord.
CAMERACENSIS episcopus [Godefridus], 57 b; [Guillelmus], 335 b; [Guido de Laudano], 546 a. — Scolasticus, Gerardus, 546 a.
CAMILIACO (Petrus de), 261 a.
CAMIS (Ar. de), 55 b.
Campania, 280 a. — Campaniæ partes, 385 a, 587 a. — Comitatus, 125 b, 126 b, 130 b, 247 b, 267 b, 272 b, 273 b, 275 a, 277 b, 288 b, 289 a, 305 a, 311 a, b, 455 a, 589 b. — Curia Campaniæ, 469 b. — Dominium, 125 b. — Feoda, 640 a. — Successio, 130 b, 134 a. — La Champagne, province de France avec titre de comté, dont on a formé quatre départements: la Haute-Marne, l'Aube, la Marne et les Ardennes.
CAMPANIA (Philippa de), uxor Erardi de Brena, 118 a, 128 b, 133 a. — Vid. Philippa.
Campaniæ marescallia, 128 b, 129 a. — Panetaria, 267 b. — Moneta, denarii fortes, 310 b. — Nundinæ, 217 b.
CAMPANIÆ comes palatinus, Henricus, 155 b, 159 b, 247 b, 528 b. — Theobaldus III, comes Briæ, 247 b. — Theobaldus IV, comes Briæ, 13 b, 15 a, b, 16 b, 17 a,

18 a, 25 b, 27 a, b, 29 b, 30 a, b, 32 b, 33 b, 44 b, 51 a, 59 b, 64 b, 65 a, b, 66 a, 78 a, 84 a, 88 a, 89 a, 115 a, 118 a, 119 a, 123 a, 124 a, 125 a, b, 126 a, b, 127 a, b, 128 b, 130 b, 131 a, b, 133 a, b, 134 a, 137 b, 138 b, 139 b, 142 b, 143 a, b, 145 a, 152 b, 153 a, b, 154 a, 155 b, 158 a, b, 159 b, 160 a, b, 166 a, 169 a, b, 173 a, b, 174 a, 175 a, 178 a, b, 181 b, 184 a, 185 b, 187 a, 191 a, 193 a, b, 201 a, 204 a, 205 b, 206 a, 207 a, b, 208 a, 210 a, 214 a, 217 b, 218 a, 220 a, 226 a, b, 228 a, b, 232 b, 233 a, 235 a, b, 237 b, 240 a, 241 b, 245 b, 246 a, b, 247 a, b, 250 b, 251 a, b, 252 a, b, 254 a, b, 255 a, 256 a, b, 257 a, 261 b, 262 a, 267 b, 271 b, 272 a, b, 273 b, 274 b, 275 a, 277 b, 278 a, 279 a, b, 284 b, 286 a, 287 a, 288 b, 289 a, b; rex Navarræ, 290 b, 292 a, 296 a, 300 a, 302 b, 305 a, 306 a, 311 a, 313 b, 318 a, 336 a, 342 a, 351 b, 360 b, 384 b, 385 a, b, 394 a, 395 a, 397 a, 399 b, 400 a, b, 404 b, 408 b, 411 a, b, 412 a, b, 413 a, 414 b, 415 a, b, 416 a, 421 b, 433 a, b, 434 a, b, 435 a, b, 436 a, b, 442 b, 447 a, 449 b, 452 a, 457 b, 465 a, 467 a, b, 468 a, 487 b, 495 b, 501 b, 513 a, 514 b, 520 a, 527 a, 528 b, 529 b, 531 b, 532 b, 569 b, 570 a, 586 b, 587 a, 588 a, 589 b, 593 b, 613 a, 634 a, 635 b, 636 b, 640 a, b, 646 b, 656 a. — Comitissa, Blancha, 30 a, 46 a, 80 b, 124 b, 130 b, 131 b, 133 a, b, 256 b; Margareta, 274 a. — Marescallus, Odardus, 17 a, 27 b, 30 a. — Senescallus, Simon de Joinvilla, 25 b, 26 a, 27 b.
CAMPANIÆ principes, 44 b.
Campaniæ, 21 a. — Champagnes, aujourd'hui Champagne, dans l'Ile-de-France, Seine-et-Oise, arr. de Pontoise, canton de l'Ile-Adam.
CAMPANIS (Bernardus de), consul Corduæ, 503 a.
CAMPAS (Bernat de), 616 b.
Campellis (casimentum de), 100 a. — Dans le comté de Laon; peut-être Champs, Aisne, arr. de Laon, canton de Coucy-le-Château.
CAMPELLIS (canonicus ecclesiæ de), Johannes Haudrici, 623 b.
CAMPELLIS (magister Robertus de), 437 b.
CAMPIS (Herbertus de), 617 b, 618 a.
CAMPO-JOHANNIS (Theobaudus de), 520 a. — Dans le Sénonais, Yonne?
CAMPO-LOSCO (Amelius de), consul Lauraco, 504 a.
CAMPRANHANO (Arnaldus de), 56 a. — Bernardus, barrianus castri Savarduni, 483 a.
Campus-Atbrandi (burgus qui appellatur), 388 a.
CANBEROS (Rodrigo Diaz de los), 98 a, b.
CANCELLATA (abbas de), in Petragoricensi diocesi, 63 b. — L'abbaye de Notre-Dame de la Chancelade.
Candeli (fons de), 475 b. — En Languedoc.
Candelii abbatia, 149 a. — L'abbaye de Candeil, au diocèse d'Alby.
CANDELII (P.), scriptor, 269 a.

CANDERIANICIS (Stephanus de), consul Montispessulani, 292 *b*, 310 *b*.
Canellæ rivus, 475 *b*. — *En Languedoc.*
CANELLIS (Vitalis de), canonicus Barchinonensis, 328 *b*.
CANESUSPENSO (Gaucelmus de), 437 *a*; Raimundus, 268 *a*. — *Capendu en Languedoc, Aude, arr. de Carcassonne.*
CANIS (Balduinus dictus), miles, 555 *b*; Thomas, 107 *b*; Walterus, 608 *a*.
CANONVILLE (Petrus de), miles, 659 *a*; Radulphus, *ibid.*
Canta-Cogul (honor vocatus), 444 *a*. — *En Languedoc.*
CANTAMERLE (G. de), 264 *a*; R., *ibid.* — *Vid.* Cantumerula.
CANTE (R. de), 553 *b*.
CANTESIO (Raimundus de), 332 *a*; R., miles castri Savarduni, 483 *a*.
Cantoen, in diocesi Ruthenensi, 324 *b*. — *Cantoin en Rouergue, Aveyron, arrond. d'Espalion, canton de Sainte-Geneviève.*
Cantoilo (domus de), 49 *b*. — *Peut-être Notre-Dame de Chanteau, Loiret, arr. et canton d'Orléans.*
Cantuariensis ecclesia, 37 *b*, 243 *a*. — *L'église du Christ à Cantorbéry.*
CANTUARIENSIS archiepiscopus, 243 *a*; Stephanus, 37 *b*.
CANTULUPI (Robertus de), miles, 572 *b*. — *Chanteloup, en Normandie.*
Cantumerula, 246 *a*, 274 *a*. — *Chantemerle en Champagne, Marne, arr. et canton d'Épernay.*
CANTUMERULA (ecclesiæ de), Jacobus abbas, 351 *b*. — Jacobus prior, *ibid.* — *L'abbaye de Chantemerle, au diocèse de Troyes.*
Cantummerulam (nemus situm desuper), 513 *a*.
Canus rivus, juxta Guaronnam, 641 *a*.
CAPARASSE (W.), 496 *b*.
CAPARROSO *vel* CAPAROSSA (Aznar Lopeiz de), 352 *a*. — Herbert prior, *ibid.*
CAPDENAC (Pons Amiel de), 502 *a*, 510 *a*. — *Capdenac en Quercy, Lot, arr. de Figeac.*
CAPEL DE VESEIRAS *vel* BESSIÈRES (W. *vel* Guill.), 339 *a*, 383 *a*, 396 *b*, 402 *a*, 423 *a*, 512 *b*, 513 *a*, 521 *a*, 534 *a*, 658 *a*.
CAPELLA (prior de), Raerius, 404 *b*.
CAPELLA (Bertrans de la), 616 *b*; G., miles, 129 *a*, 304 *b*; Gaufridus, 244 *b*, 255 *b*, 298 *a*, 520 *b*, 563 *b*; Guillelmus, 225 *b*, 509 *a*; Petrus, 35 *a*; W., 305 *b*; Ysarnus, consul Cordubæ, 503 *a*.
CAPELLA DE LACUN (Gilo de), 385 *b*.
Capella usta, 287 *b*. — *La Chapelle-Brûlée, en Normandie.*
CAPELLE (Bernardus), notarius Montisalbani, 223 *b*.
CAPELLUS (Bernardus), 533 *a*.
CAPIS *vel* CAPPIS (Clarambaudus de), 27 *a*, 288 *a*; Galterus, 218 *a*, 235 *a*. — *Chappes en Champagne, arr. de Bar-sur-Seine, Aube.*
CAPITE-DENARIO (R. de), 541 *a*.
CAPMAS (Ramon del), 192 *b*.

CAPPIACI major, jurati et scabini, 654 *a*. — *Cappy en Picardie, Somme, arr. de Péronne.*
CAPRARIA (Gr. de), 446 *a*.
CAPREOLI (feodum Garini), 182 *a*.
CAPROSIA (Guido de), 298 *a*, 405 *a*; Herveus, 405 *a*, 659 *b*.
CAPUDBOVIS, CAPUTBOVES *vel* CAPUT DE BOVE (Bernardus), 293 *a*, 328 *b*; bajulus Montispessulani, 310 *b*.
CARABORDAS DE PORTARIA (Bernardus), 61 *b*.
Caramanhesium, 637 *a*. — *Le Caramanais ou pays de Caraman, en Languedoc, Haute-Garonne.*
CARAMANNHO (capellanus de), Petrus, 313 *a*, 497 *a*.
CARAMANNO (Willelmus Arnaldus de), 262 *b*; W. Petrus, 312 *b*, 637 *a*; Wilmota, 262 *b*.
Caramanno (Mons de), 262 *b*.
Caramannum, 262 *b*, 637 *a*. — *Caraman en Languedoc, Haute-Garonne, arr. de Villefranche.*
CARANTA (Poncius de), consul Montispessulani, 51 *b*.
CARBONELLI (Bernardus), consul Montispessulani, 530 *b*.
CARBONELLUS (Guilabertus), bajulus episcopi Tolosani, 85 *b*; Petrus, notarius Barchinonensis, 457 *b*.
Carcassesium, 162 *b*. — *Le Carcassonais.*
Carcassona, Carcassonæ villa, civitas, universitas, 149 *b*, 154 *b*, 162 *b*, 309 *b*, 325 *a*, 633 *b*, 650 *a*, 658 *b*. — Carcassonæ castrum, 89 *b*. — Carcassonæ consules, 309 *b*, 649 *a*, *b*. — Carcassonæ præpositura, 163 *a*; capitulum [S. Nazarii et Celsi], 650 *a*, 658 *b*. — *Carcassonne en Languedoc, Aude.*
CARCASSONA (B. Feirollus de), 649 *b*; W., consul Agennensis, 163 *a*.
CARCASSONÆ archidiaconus, Guido, 658 *b*; J. de Aragone, 85 *b*. — Ballivus, 163 *a*. — Episcopus, Clarinus, 144 *a*, 156 *b*, 157 *a*, *b*, 315 *a*, 658 *b*. — Senescallus, Odo Cocus (*Eudes Lequeux*), 144 *b*, 154 *b*, 268 *a*, 309 *b*, 310 *a*.
Carcassonensis diœcesis, episcopatus, 162 *b*, 497 *b*, 566 *a*, 658 *a*.
CARDALIACO *vel* CARDEILHACO (Bernardus de), 549 *b*; Bertrandus, 275 *b*, 348 *b*, 354 *a*, 419 *a*, 505 *a*, 509 *b*, 612 *a*; Hugo, 509 *b*; W., 612 *a*; Petrus, 329 *b*; consul Villæ novæ Ruthinensis, 513 *b*.
CARDINALIS (Andreas), 35 *a*.
CARNIR (Johannes del), scabinus Geraldimontis, 595 *b*.
Carnotum, 80 *b*, 240 *b*, 392 *b*. — Carnotense Cambium, 240 *b*. — Carnotensis moneta, *ibid.*; Perreta, *ibid.* — *Chartres, capitale de la Beauce, Eure-et-Loire.*
Carnotense capitulum, 327 *b*, 372 *b*, 543 *a*, 544 *a*, *b*. — Carnotenses præbendæ, 328 *a*.
Carnotensis comitatus, 271 *b*, 277 *b*. — Ecclesia, 524 *a*, *b*, 543 *a*, 544 *a*. — Sedes, 328 *a*, 372 *a*, 544 *b*. — Conventus B. Carauni, 292 *a*.

CARNOTENSIS archidiaconus, Stephanus, 125 *a*. — Cancellarius, Constantinus, 524 *b*. — Cantor, Bobo, 524 *b*. — Capicerius, Milo, 524 *b*. — Comes, Johannes, 14 *a*, 15 *a*, 17 *a*, 69 *a*, 80 *b*, 113 *b*, 143 *a*, 166 *a*, 178 *a*, *b*, 182 *a*, 240 *b*, 271 *b*, 298 *a*, 299 *a*. — Comitissa, Isabellis, domina Ambasiæ, 143 *a*, 182 *a*, 240 *b*, 443 *a*. — Decanus, Thomas, 372 *b*. — Episcopus, Albericus, 371 *b*, 372 *b*, 524 *a*, 543 *a*, 544 *b*; Galterius, 24 *b*, 47 *b*, 55 *b*, 57 *a*, 69 *b*, 70 *a*, 86 *b*, 88 *a*, 89 *a*, 96 *b*, 97 *a*, 101 *a*, *b*, 102 *a*, *b*, 133 *a*, 178 *a*, 244 *b*, 255 *b*; Henricus, 524 *a*, *b*, 544 *a*, *b*. — Subdecanus, Matheus, 524 *b*. — Vicedomina, Agnes de Alneto, 22 *a*, 23 *a*, *b*. — Vicedominus, Hugo, 22 *a*, 23 *b*; Mathias, 659 *b*.
Carnoti feodum, 278 *a*.
CARNOTO (Girardus de), miles, 659 *b*.
CAROLUS CALVUS, imperator, 142 *a*.
CAROLUS MAGNUS, imperator, 417 *a*.
CARON, fils de Rabaut de Rume, 104 *b*.
Carpentoratensis civitas, Carpentorates, 304 *b*, 406 *b*, 407 *a*, *b*. — Carpentoratensis ecclesia, 406 *b*, 407 *a*, *b*. — Carpentorateuse forum, 408 *a*. — *Carpentras, dans le Comtat, Vaucluse, chef-lieu de sous-préfecture.*
CARPENTORATENSIS canonicus, Raymundus de Maasuno, 316 *b*. — Dominus, 304 *a*.
CARPENTORATENSIS episcopus, Isnardus, 36 *b*; Willelmus, 335 *a*, 376 *a*, 404 *b*, 406 *b*, 407 *a*, *b*, 408 *a*, 448 *b*. — Præcentor, Pontius Cavallerius, 408 *a*.
CARRIA (Stephanus), burgensis de Regula, 333 *a*, *b*.
CARROVOI. (Bernardus de), 349 *b*; Petrus, *ibid.*
CARTEGNIACO (Johannes de), miles, 234 *a*.
Cartusiensis ordinis domus (Portus S. Mariæ), 237 *a*.
CARUMBO (Ricavus de), nobilis vir, 371 *b*.
Cas (villa de), in Ruthenensi diœcesi, 507 *b*.
CASÆ DEI conventus, 223 *b*. — *La Chaise-Dieu, au diocèse de Clermont.*
CASÆ DEI abbas, Geraldus, 223 *a*, *b*, 224 *a*, 225 *b*. — Hostalarius, Artaldus Paganus, 223 *b*, 225 *b*.
CASANOVA, judeus, 36 *a*.
CASANOVA (Vitalis de), 433 *a*, 455 *b*, 604 *a*, 605 *a*.
CASAUS (Hugo de), consul Cabdenaci, 509 *b*.
CASCAVELLUS (Johannes), 633 *b*.
Casellæ, Casellarum villa, 553 *b*. — *En Languedoc.*
CASILACCO (Pontius de), notarius de Monte-Astrucho, 440 *a*, 443 *a*.
Casletensis villa, 107 *a*, 345 *b*, 363 *b*. — *Cassel, dans la Flandre française, Nord, arr. de Hazebrouck.*
CASLETENSIS ballivus, Sigerus de Thienes, miles, 559 *b*. — Scabini et communitas villæ de Cassel, 561 *a*, 595 *a*, 610 *a*.
Caslucii, Callucii territorium, 403 *b*. — Caslucii consules, 510 *a*. — *Caylux en Quercy, Tarn-et-Garonne, arr. de Montauban.*

Casluz (castrum de), in diœcesi Ruthenensi, 71 b. — *Cayluz en Rouergue, cant. de Rivière*, arr. *de Milhaut, Aveyron.*

Casque (Gaillart de), 396 b.

Cassanea (Ademarus de), consul Agennensis, 497 b.

Cassania (Petrus), consul Agennensis, 497 b.

Cassenolo (villa aut castrum de), 150 b. — *Cassenœuil en Agenois, Lot-et-Garonne*, arr. *de Villeneuve-sur-Lot, canton de Cancon.*

Castaneto (Raimundus Maliberina de), 328 a.

Castanetum, 328 a. — *Castanet, dans le Toulousain, Haute-Garonne*, arr. *de Toulouse.*

Castanhaco (Enricus de), 585 a; Petrus, 93 a.

Castelanis (villa et forcia de), 493 a. — *En Languedoc.*

Castelfort, 379 b. — *En Provence.*

Castella, 98 a. — *Le royaume de Castille.*

Castellæ, Castilliæ regina, Alienora, 241 b; Johanna, 373 a. — Rex, Alphonsus IX, 97 b, 98 a, 99 a, 241 b; Ferrandus III, rex Toleti, Legionis, etc., 372 b, 373 a, b, 444 b. — Castilliæ magnates, 98 a. — Insignia, 99 a.

Castellano (Bernardus de), 307 a.

Castellariis (Guillelmus de), ballivus regis, 68 b.

Castelleti Magni (muri pontis), Parisius, 507 a. — *Le pont du grand Châtelet, à Paris.*

Castelli (G.), senescallus Xanctonensis, 140 a.

Castelli-novi (villa et caminus), 475 b. — *En Languedoc.*

Castellio, versus Dordoniam, 40 b. — *Castillon-sur-Dordogne, en Guyenne, Gironde*, arr. *de Libourne.*

Castellione (burgenses de), 336 a. — *Forum de Castellione, ibid.* — *Châtillon-sur-Marne, Marne*, arrond. *de Reims, chef-lieu de canton.*

Castellione (Galcherus de), 69 a, 118 b, 144 b; Hugo, comes S. Pauli, etc., 14 a, 15 a, 60 a, 70 b, 79 b, 113 a, b, 174 b, 193 b, 197 a, 235 a, b, 251 b, 269 a, 319 b, 336 a, 443 a, 454 b; Odo, 214 a.

Castellionis castrum, 636 a. — Portus, 122 b. — *Peut-être Castillon-sur-Dordogne. Voy. Castellio.*

Castellionis vicecomes, 636 a.

Castello (Alienor de), 193 b; Gaufridus, 605 b; Gillebertus, frater conventus B. Katherinæ Rothomagensis, 220 b; Hugo, 193 b; Maria, 545 b.

Castello in Cambresil (Joffredus de), 565 b.

Castellon (Lambert de), 352 a.

Castellono (Willelmus de), 230 b.

Castellonovo (Aimericus de), filius Willelmi de Castellonovo, 230 b.

Castellumnovum, testis, 483 b; filius Aimerici de Castronovo, 377 b.

Castelnau (territoire de), entre Cahors et Montauban, 419 a, b. — *Peut-être Castelnau de Montratier, en Quercy, Lot*, arr. *de Cahors.*

Castelnau (Maffre de), 348 b.

Castelnou (Girbertus de), 275 b; Joán, 617 a.

Casteneio (Raimundus de), 509 a.

Casteneto (Bernardus de), consul Losertæ, 510 a.

Cesthanaco (domini de), 585 a.

Casthanacum, 585 a. — *Castagnac en Languedoc, Haute-Garonne*, arr. *de Muret, cant. de Montesquieu.*

Casthaus (R. de), 308 a.

Castilhone (Arnaldus de), 568 b.

Castillono (Geraldus de), 223 b.

Castlar (Gui de), fils de feu Folc de Balaguier, 579 b; Petrus, miles de Lavaur, 504 b; R., miles de Lavaur, 504 b.

Castlucii bajulus, Ermengaudus Hugo, 549 b.

Castlucio (castrum de), 646 b. — *Caylus en Quercy ou Caylus en Rouergue. Voy. Caslucii territorium.*

Castlucio (Deodatus vel Deurde de), 35 a.

Castra (magister Petrus de), 544 b.

Castræ, Castrensis villa, 648 a, b, 649 a. — Castrenses consules, 648 a. — *Castres-sur-l'Agout, en Languedoc, Tarn, chef-lieu de sous-préfecture.*

Castrensis abbas, Guillelmus, 87 a, 648 b; Hugues, 64 b. — *L'abbaye de Castres, diocèse d'Alby.*

Castriboni vicecomes, Rogerius Bernardi, comes Fuxensis, 156 a, 157 a; Rogerius IV, 451 a, b, 470 b. — *Castelbon en Béarn, Basses-Pyrénées, canton d'Orthez.*

Castri-Brianni vel Brientii dominus, Gaufridus, 425 b, 426 b, 472 a, 617 b. — *Châteaubriant, dans la basse Bretagne, Loire-Inférieure.*

Castriciis (conventus de), 411 b, 412 a, 467 b, 468 a, 469 b. — *Chabrices, au diocèse de Châlons-sur-Marne.*

Castriciis (abbas de), Aubertus, 411 b, 412 a, 467 b, 468 a.

Castriduni feodum, 277 b, 278 a; hereditagium, 209 a; vicecomitatus, 271 b. — *Châteaudun, dans le Dunois, Eure-et-Loire.*

Castriduni vicecomes, Gaufridus vel Godefridus, 69 a, b, 80 b, 81 a, 102 a, 298 a, 437 a, 617 b, 658 a. — Ejus uxor, 269 a. — Johannes de Bellomonte, 117 b.

Castri-Eraudi vicecomitatus, 31 a, b, 401 b. — Castri-Eraudi villa, 31 b. — *Châtellerault en Poitou, Vienne.*

Castri-Eraudi vel Ernaudi vicecomes, Hemericus vel Aimericus, 81 a, 178 b, 298 a, 401 a; Hugo, 31 b. — *Château-Renault en Touraine, Indre-et-Loire*, arr. *de Tours.*

Castri-Gosterii, Jacobus, 124 b, 181 b, 617 b. — *Château-Gontier, dans le Maine, Mayenne.*

Castris (Guillermus de), prior de Melgorio, 329 b.

Castrinovi caput, 151 a, b.

Castrinovi dominus, G. Amicus, 542 a.

Castri-novi-de-Arrio villa, 504 a. — *Castelnaudary, Aude.*

Castri-novi-de-Arraio consules, 504 a.

Castri-novi-super-Saltam, terra, 441 b.

Castri-Portuensis castellania, 437 b. — *Château-Portien en Champagne, Ardennes.*

Castri-Radulfi archidiaconus, Petrus, 238 a. — Dominus, Willelmus de Chavigniaco, 157 a, b. — *Châteauroux en Berry, Indre.*

Castris (abbas de), in Petragoricensi diœcesi, 63 b. — *Abbaye de Notre-Dame de Castres, au diocèse de Périgueux.*

Castris (Arnaldus de), 580 a; Guillelmus, civis Biterrensis, 79 a.

Castri-Sarraceni villa, oppidum, castrum de Castro-Sarraceno, 150 b, 410 b, 463 a, 464 a, 475 b, 531 b, 567 b, 568 a. — Ecclesia B. Mariæ extra Castrum-Sarracenum, 505 b; ecclesia S. Salvatoris apud Castrum-Sarracenum, 568 a. — *Castel-Sarrasin, Tarn-et-Garonne, chef-lieu d'arrondissement.*

Castri-Sarraceni bajulus, Bertrandus de la Taosca, 568 a. — Consules, 534 b, 567 b. — Petrus Grimoardi de Castro-Sarraceno, 505 a; Poncius Grimoardi, 288 a.

Castri-Theodorici villa, 17 a, 18 a, 30 b, 311 b. — Granarium, 239 b. — Minagium, 226 b. — *Château-Thierry, dans la Brie, Aisne.*

Castri Vauri caput, 151 a, b. — *Faute. Mettez et. Voy. Vauri castrum.*

Castro (Durandus de), 440 a; Guillelmus, 285 a.

Castro-Mauro (Vitalis de), 444 a.

Castro-Maurono (Guillelmus Marrotus de), 436 b; Jordanus, 444 a; Ramundus Tornerius, 444 a; Willelmus Tornerius, 443 b.

Castronovo (pons qui dicitur de), in flumine Lesi, 388 b.

Castronovo (Aimericus de), filius Willelmi de Castronovo, 227 b, 330 a; filius Petri Willelmi Pilistorti, 377 b; Bernardus, 348 a; Dalmacius, 404 b; Girbertus, 324 b, 509 b; Guillelmus, 35 a, 330 a, 573 a, b, 574 b, 578 a; Hamericus, 430 a, b; Johannes, 463 b; Matfredus, 324 b, 348 a, b; Petrus Martinus, 216 a, 222 a, 223 a, 226 b, 275 b, 281 a, 324 a, 354 a, 387 a, 398 a, 455 b, 464 a, 496 b, 505 a, 533 a, 544 a; Ramundus vel Raimundus, 153 a, 377 b, 493 a, 548 b; filius Stephani Curtæ-soleæ, 583 b; Willelmus, 227 b.

Castro-novo de Leval (consules de), 510 b.

Castro-Perisso (Bertrandus de), 612 b.

Castro-Veteri (Ramundus Faber de), 266 a.

Castro-Villani (Symo de), 311 a.

Castrum-Achardi, 478 a, b, 498 b.

Castrum-Allon, 606 b.

Castrum-celsum, 120 a, 276 b, 420 b. — *Champtoceaux en Anjou, sur la Loire, Maine-et-Loire*, arr. *de Beaupréau.*

Castrum-Galteri, 606 b. — *Château-Gontier, dans le Maine, Mayenne?*

Castrum-novum, homo, 493 b.

Castrumnovum, filius Aimerici de Castronovo, 188 a.

Castrumnovum, 379 b. — Castelnau en Provence, Hérault, arr. de Montpellier?
Castrum-novum, 150 b, 348 a. — Castelnau en Languedoc.
Castrumnovum, 498 b. — Châteauneuf-sur-Charente, en Angoumois, Charente, arr. de Cognac.
Castrum-novum, in Caturcesio, 94 a.
Castrum-novum super Dordonam, 430 b.
Castrum-novum de Instrictis fontibus, 377 b. — Castelnau d'Estretefons, Haute-Garonne, arr. de Toulouse, canton de Fronton.
Castrum-Olonæ. 606 b. — Château d'Olonne, en Poitou, Vendée, arr. et canton des Sables.
Castrum-Radulfi, 64 a. — Châteauroux en Berry, Indre.
Castrum-Renardi, 234 b, 235 a. — Château-Renard en Gâtinais, arr. de Montargis, Loiret.
Catalanus (R.), vicarius comitis Tholosæ, 41 a.
Catalonia, 445 b. — La Catalogne, province d'Espagne.
Cater (G.), aumônier de la maison de Moyssac, 90 a.
Cathalano (Milo de), 84 a.
Cathalaunense capitulum, 456 a, 457 a, 518 b. — Le chapitre de Châlons-sur-Marne.
Cathalaunensis ecclesia, 456 a, b, 461 a, 518 a.
Cathalaunensis archidiaconus, Johannes, 133 b, 135 b, 251 a, 251 a, 286 a. — Cantor, Hugo, 133 b, 251 b, 252 a. — Decanus, P., 456 a. — Comes, Guillelmus, comes Pertici, 14 a, 15 a, 124 b. — Electus, Joffridus de Grandi-Prato, 444 a, 461 a, 518 b, 526 a. — Episcopus, Philippus, 278 a, 311 a. — Thesaurarius, 444 a, 451 a, 526 a.
Caticius (Petrus), 422 a.
Caturcesium, 158 b. — Le Quercy, aujourd'hui département du Lot.
Caturcenses consules, 635 a.
Caturcensis civitas, Caturcum, 150 a, 158 b, 419 b, 435 b, 482 b, 549 a, 634 b, 635 b, 647 b. — Caturcenses solidi, 42 a, 43 b, 536 a, 550 a, 580 a, 582 a, b, 614 b, 615 a, 616 b. — Episcopatus vel diocesis, 150 a, 164 a, 166 b, 464 a, 497 b, 507 b, 549 a. — Ecclesia, 612 a, 634 b. — Burgenses de Caturco, 634 b, 635 a. — Cahors, capitale du Quercy, Lot.
Caturcensis archidiaconus, Bernardus de Anteiaco, 612 a. — Episcopus, Geraldus, 378 a, 419 a, 465 a, 485 b, 542 a, 611 b, 612 a, b, 634 b; Willelmus, 90 a, 177 a, 223 b. — Miles, Guausbertus de Doma, 275 b. — Senescallus, P. Laures, 419 a.
Cauda (Almauricus de), miles, 658 b.
Caudarasa (A. de), de l'ordre de Saint-Jacques en Gascogne, 629 a.
Caudein da Veskiras (R.), 399 b.
Caudri (Adam de), miles, 597 b.
Caulerina (Raimundus Bernardus de), consul Montisalbani, 503 b.

Caulier (Willelmus), legatus regis Angliæ, 141 b.
Caumont (Nopars de), 505 a. — Vid. Cavomonte.
Cauquenvillare (præpositura de), 256 b. — Cocquainvilliers en Normandie, Calvados, arr. de Pont-l'Évêque, cant. de Blangy.
Causac (Ar. de), 16 a.
Causaco (milites, nobiles et consules castri de), 502 b. — Cahuzac en Languedoc, Tarn, arr. de Castres.
Causada vel Caussade (Guiraudz, prior de la), scriptor, 378 a; Raimundus, 190 a, 378 a, 508 a.
Cavaer (Arnaldus), 339 b.
Cavaers (domina), 629 a; uxor Petri de Redorta, 629 a; filia Petri de Redorta, ibid.
Cavaers, filia dominæ Militis, 285 a.
Cavallerius (Pontius), præcentor Carpentoratensis, 408 a.
Cavallus (Arnaldus), 633 b; Arnaldus Johannes, 281 a.
Cavallus (Arnaldus), barrianus Castri-Savarduni, 483 a.
Cavelleone (Guido de), miles, 153 a.
Cavellicensis episcopus, R. [Rostagnus], 404 b; Gaufridus, 448 b, 466 a. — Vid. Rostagnus et Gaufridus, episcopi Cavellicenses.
Cavellio, 448 b. — Cavaillon, dans le Comtat, sur la Durance, chef-lieu de canton, Vaucluse.
Caveroque (Ernaudus de), consul Montiscuqui, 510 a.
Caviaco (capellanus de), Bernardus Raimundus, 339 b.
Cavomonte (Bego de), 390 b, 391 a; Nomparius, 390 b, 391 a, 505 a. — Caumont en Languedoc, Aude, arr. et cant. de Lézignan.
Cawete (Jacobus), scabinus Duacensis, 596 a.
Cayn (Adam), 532 b.
Caziaco (abbas de), Suessionensis diocesis, 268 a, 613 a. — Saint-Pierre de Chési.
Cé (ponts de), 171 b. — Voy. Saii pontes.
Celata, locus, 533 b. — En Languedoc.
Cella (Berterius de), servus, 205 a. — Robertus, miles, 520 a.
Cellæ Trecensis abbas, Johannes Rigauz, 421 a. — Moustier-la-Celle-les-Troyes.
Cementarius (Michael Calvetus), 329 b.
Cenomannia, 618 a. — Consuetudines balli et rachati in Cenomannia, 617 b, 618 a. — Le Maine, auj. dép. de la Mayenne et de la Sarthe.
Cenomanniæ barones, 618 a. — Senescalcia, 117 a.
Cenomanense capitulum, 275 b.
Cenomanensis civitas, 119 b. — Le Mans, capitale du Maine, chef-lieu de la Sarthe.
Cenomanensis comitatus, 16 b, 54 b, 55 a, 119 b, 277 a, 374 b, 375 b. — Ecclesia, 216 b.
Cenomanensis decanus, 157 a; Robertus, 275 b. — Episcopus, Mauricius, 16 a,

b, 160 a; Gaufridus, 216 b, 241 a; Gaufridus II, 275 b.
Censorii castrum, vel potius, Castrum-Censorium, 449 b. — Château-Sensoy, sur l'Yonne, entre Avallon et Clamecy, à 28 kil. au-dessus d'Auxerre.
Centulli vel Centulu (Berengarius), 348 b, 354 a, 387 a.
Centulus (Sancius), scriptor, 422 a.
Centulus I comes de Asteraco vel Astaracensis, 154 b, 155 a, 188 a. — Centulus II, 539 a, b, 543 b, 603 b.
Cepeto (villa et honor de), 383 a. — Cepet, en Languedoc, Haute-Garonne, arr. de Toulouse, cant. d. Fronton.
Ceranius (Hugo, dictus), scabinus villæ Casletensis, 595 a.
Cerganceau (abbé de), près Nemours, diocèse de Sens, 32 a. — Voy. Sacra-cella.
Cerebrunus, episcopus Conseranensis, 156 b, 157 a. — Cerebrun de Gothez, évêque de Conserans.
Cereis (dominus de), Ansellus de Dampetra, 143 a. — Cierges en Champagne, Meuse, arr. de Montmédy.
Cerfroi (le bois de), 408 b. — Cerfroy en Champagne, Aisne.
Cergiacum, locus, 491 a. — Cergy, sur l'Oise, dans le Vexin, Seine-et-Oise, arr. de Pontoise.
Cerniaci communia, major vel jurati, 652 a. — Cerny en Laonnais, Aisne.
Cerritaniæ comes, Nuno Sancii, comes Rossilionis, 79 a, b, 93 b. — La Cerdagne, comprise auj. partie dans la Catalogne, partie dans le dép. des Pyrénées-Orientales.
Cerveira (castrum et villa de), 34 a. — Cerviers, dans le Bas-Languedoc, Gard, arr. et cant. d'Uzès.
Cervaria (Berengarius de), miles, 328 b, 329 b; Guillelmus, 81 b, 82 a. — Cervera en Catalogne.
Cervunius (Poncius Johannes), 533 b.
Cesaire (Jacobus), juratus villæ de Bincio, 595 a.
Cesannia, 246 a. — Sézanne en Champagne, Marne. — Voy. Sezannia.
Cesse (Pons de), 123 a. — Les Ponts-de-Cé ou Le Pont-de-Cé, ville de l'Anjou, sur la Loire, Maine-et-Loire, arr. d'Angers.
Cestarol (castrum de), 41 b, 42 a.
Cestriæ comes, Ranulphus, 210 a. — Constabulus, Johannes de Laci, comes Lincolniensis, 405 a. — Chester en Angleterre.
Chaalons, 205 b, 206 a, b, 207 a, b, 208 a. — Châlons-sur-Marne en Champagne, Marne.
Chaalons. Voy. Saint-Menge.
Chaaluz (Hugo de), 172 b.
Chabanz (Hugo de), 161 a. — En Poitou.
Chableiarum villa, 160 a. — Forum, 446 a. — Chablis en Bourgogne, Yonne, arr. d'Auxerre, ch.-l. de canton.
Chableiis (magister Guido de), celerarius ecclesiæ S. Stephani Trecensis, 446 a.
Chablis (Petrus de), falsus miles, 254 b, 255 a.

Chabot (Aymeri), prevost de Voutron, 521 *b*; Bernart, chevalier, *ibid.*, 522 *a*; Thiébaut, seigneur de la Roche-Cervières, chevalier, 629 *b*.

Chabrelain (Matheus de), 404 *b*.

Chacenaio (Erardus de), 311 *a*. — *Chassenay en Champagne, Aube, arr. de Bar-sur-Seine, cant. d'Essoyes.*

Chaceporc (Petrus), clericus regis Angliæ, 506 *b*.

Chailleio (parrochia de), 454 *b*. — *En Touraine, près de la forêt de Chinon.*

Chainhac *vel* Chauihac (el riou de), 192 *a*, *b*. — *En Quercy, près de Haute-Serre.*

Chaise-Dieu (abbé de la), Géraud de Montclare, 226 *a*. — *La Chaise-Dieu, Casa-Dei, au diocèse de Clermont.*

Chalesio (balliata de), 100 *b*. — *Dans le comté de Laon.*

Chalevs (Oliverus de), homo regis Angliæ, 505 *b*.

Chalon (comte de), Jean, 167 *a*.

Chalona (terra de), 384 *b*. — *En Auvergne.*

Châlons-sur-Marne (Jean, archidiacre de), 135 *b*.

Chalvigniaco (Willelmus de), 499 *a*. — *Chauvigny, en Poitou, Vienne, ch.-l. de canton, arr. de Montmorillon.*

Chambliaci banleuga, 21 *a*. — *Chambly, dans le Beauvoisis, Oise, arr. de Senlis, cant. de Neuilly-en-Thelle.*

Chambliaci homines, 20 *b*.

Chamdavranche (Gaufridus de), miles, 138 *a*.

Chamilli (Petrus de), 617 *b*.

Chamiseio (molendina de), prope Vitriacum, 342 *a*. — *Près de Vitry-le-Français, en Champagne.*

Champagne. *Voy. Campania.*

Champagne (Philippe de), femme d'Érard de Brienne, 128 *b*, 133 *a*.

Champaignat, locus, 499 *a*. — *Champagnat, dans la Marche, Creuse, arr. d'Aubusson, cant. de Bellegarde.*

Champaigne (Willelmus de), 304 *b*; filius Roberti, 657 *a*.

Champenois (Tierricus li), miles, 555 *b*.

Champigni, infra terminos viariæ Creciaci, 454 *b*. — *Champigny, dans l'Ile-de-France, Seine-et-Marne, arr. de Meaux, cant. de Crécy.*

Chanberiacum, 542 *b*. — *Chambéry, cap. de la Savoie.*

Chancellade (l'abbé de la), 64 *b*. — *Notre-Dame de la Chancelade (Cancellata), au diocèse de Périgueux.*

Chanchevrier *vel* Champ-Chevrier (Jocelinus de), 169 *b*.

Chanetonrir (nemus, situm inter) et viam quæ ducit apud Chatricel, 243 *b*. — *En Champagne.*

Chanihac *vel* Chainac (el rious de). — *Vid. Chainac.*

Chanlite (domini de), 65 *b*. — *Champlitte-le-Château, dans le comté de Bourgogne, Franche-Comté, ch.-l. de cant., arr. de Gray.*

Chanlitte (Guillelmus de), vicecomes Divionensis, 465 *b*.

Chanloti domina, Petronilla domina Juliaci, 218 *a*. — *Champlost en Champagne, Yonne, arr. de Joigny, cant. de Brienon.*

Chanonac (terra de), 171 *b*. — *Chanonat en Auvergne, Puy-de-Dôme, arr. de Clermont-Ferrand, cant. de Saint-Amand-Tallende.*

Chantecoq, 318 *a*. — *Chantecoq en Champagne, Marne, arr. de Vitry-le-Français, cant. de Saint-Remy-en-Bouzemont.*

Chanterello (La Baube de), 204 *b*.

Chanver, locus, 461 *b*. — *Champvert en Nivernais, Nièvre, arr. de Nevers, cant. de Decise.*

Chaorcin (Johannes), miles, 304 *b*.

Chaorse (Paganus de), 617 *b*, 618 *a*. — *Chaource en Champagne, Aube, arr. de Bar-sur-Seine, chef-lieu de canton.*

Chapelle (Geoffroy de la), 299 *a*.

Chapes (villa de), 578 *a*. — *Chappes en Auvergne, Puy-de-Dôme, arr. de Riom, cant. d'Ennezat.*

Chaponay (homines de), 485 *b*, 486 *a*.

Charenceium, 287 *b*. — *En Normandie, dans le comté de Mortain.*

Charmaes, 192 *a*. — *Peut-être Charmes-la-Côte, en Lorraine, Meurthe, arr. et canton de Toul.*

Charmeia (conventus de), 288 *b*. — *La Charmoie, au dioc. de Châlons-sur-Marne.*

Charmentreio (terra de), 13 *b*.

Charmes, 191 *b*.

Charnateau (Raudricus), 140 *a*.

Charroliæ, 413 *a*. — *Charolles en Bourgogne, Saône-et-Loire, chef-lieu d'arr.*

Charrolis (homines et feminæ de), 409 *b*.

Chaslar, 403 *b*. — *Le Chaylard en Vivarais, Ardèche, chef-lieu de canton, arr. de Privas.*

Chasluz (Hugo de), 172 *a*.

Chasnoi (nemus de), situm supra Basochias, 427 *b*. — *Le bois de Chanois, situé au-dessus de Bazoches en Champagne, Aisne, arr. de Soissons.*

Chasteillon-sur-Marne (commune de), 218 *a*, *b*, 219 *a*, *b*. — Prévôté, 218 *b*, 220 *a*, 614 *a*. — Habitants, 613 *a*, *b*, 614 *a*. — *Châtillon-sur-Marne, en Champagne, Marne, arr. de Reims.*

Chastelon (Hues de), cuens de Saint-Pol et de Blois, 330 *a*.

Chastris (parrochia de), 410 *b*. — *La Châtres en Brie, Ile-de-France, Seine-et-Marne, arr. de Melun, canton de Tournan.*

Chasuil, in Nivernesio, 204 *b*. — *Chazeuil en Nivernais, Nièvre, arr. de Clamecy, canton de Brinon-les-Allemands.*

Chateauvilain (sire de), Gaucher de Commercy, 78 *a*. — *Château-Villain, en Champagne, Haute-Marne, arr. de Chaumont-en-Bassigny.*

Chatel (Geoffroi du), 605 *b*.

Chateler, 143 *a*. — *Fief en Champagne, près de Vitry-le-Français.*

Chatenay (dominus de), 160 *a*.

Chatoeir (W.), 519 *a*, 539 *a*.

Chatoeira (dame Pagana), 519 *b*.

Chatgerius (Ramundus), 194 *b*.

Chatillon (Hugues de), comte de Saint-Paul, 80 *a*, 305 *b*.

Chatres (parrochia de), 23 *b*, 25 *a*. — *Châtres en Brie, dans l'Ile-de-France, arr. de Melun, canton de Tournan.*

Chatricel, 243 *b*. — *En Champagne.*

Chatuelli (Helias), burgensis Petragoricensis, 12 *b*; Robertus, *ibid.*

Chau, locus, in Campania, 142 *b*.

Chaudemanche (G. de), ballivus senescalli Pictavensis, 650 *b*.

Chaucins (feodum de), 347 *b*. — *Chaussin, dans le comté de Bourgogne, Jura, arr. de Dôle, chef-lieu de canton.*

Chauniaci (major et jurati), 652 *a*. — *Chauny, dans l'Ile-de-France, Aisne, chef-lieu de canton, arr. de Laon.*

Chauresi dominus, P. Baudrandi, miles, 507 *b*. — *Chauray en Poitou.* — *Vid. Chaurraium.*

Chauresio (domus de), 507 *b*.

Chaurraium (domus de), 544 *b*. — *Chauray en Poitou, Deux-Sèvres, arr. et canton de Niort.*

Chauviniaco (Huetus de), homo de corpore, 397 *a*.

Chavenis (balliata de), 100 *a*. — *Dans le comté de Laon.*

Chavigniaco (Andreas de), miles, 157 *a*, *b*; Willelmus, dominus Castri-Radulphi, 157 *a*, *b*. — *Chauvigny, dans le Vendômois, Loir-et-Cher, arr. de Vendôme; ou, plutôt, Chauvigny en Poitou, Vienne, arr. de Montmorillon.*

Chauvurcho (Emericus de), burgensis Rupellæ, 37 *b*.

Chaynone (Lucas de), frater militiæ Templi in Aquitania, 623 *a*.

Chechiaco (villa de), 472 *b*. — *En Poitou.*

Chedigneio (parrochia de), 171 *a*. — *Chedigny-en-Touraine, Indre-et-Loire, arr. et canton de Loches.*

Cheenvilla, 181 *b*. — *Dans le Perche.*

Chemilliaco (Petrus de), 260 *b*, 261 *b*. — *Chemillé en Anjou, Maine-et-Loire, arr. de Beaupreau.*

Chenevieres (miles de), Petrus Choisel, 136 *a*.

Cheriaco (abbas de), diocesis Suessionensis, 247 *b*, 251 *a*. — *Abb. de Chéry, au diocèse de Soissons.*

Chesiaco (castrum de), 644 *b*. — *En Poitou.*

Chesnoi (Guillelmus de), miles, 660 *a*.

Chetainville (Johannes de), 659 *b*.

Chetiaco (abbas de), diocesis Suessionensis, 251 *a*. — *Corr. et mettez Cheriaco.*

Chevauchée via, 144 *b*. — *En Champagne.*

Cheveriaco (garda de), 296 *b*.

Chevreuse (Gui de), 299 *a*. — *Voy. Caprosia.*

Chevriaco (Galterus de), 204 *b*.

Chézi (couvent de), *Casiacum*, 613 *a*. — *Saint-Pierre de Chézi, au diocèse de Soissons.*

Chézi (Dreu de), 613 *a*.

Chierrevi, 160 *a*. — *En Champagne.*

Chierrevi (Evrardus de), 160 *a*.

INDEX ALPHABETICUS.

Chievrevilla, 287 b. — *Chevreville en Normandie, Manche, arr. de Mortain.*
Chigni vel Chini (comes de), Arnulphus, comes de Los, 350 a, b. — *Chini, dans le comté de Luxembourg, Belgique.*
Chilguero, locus, 563 b. — *Orléanais.*
Chimay (Marie, dame de) et du Tour, femme de Jean de Soissons, 138 a.
Chinlistone (territorium de), in Anglia, 657 a.
Chino vel Chyno, 10 a, 57 a, b, 471 b, 472 a. — *Chinon en Touraine, Indre-et-Loire, chef-lieu de sous-préfecture.*
Chirus (Martinus), consul Tolosæ, 278 b.
Chiraco (Mirandus de), 35 a; Oliverius, ibid.
Chisonio (Arnulphus de), miles, 552 b, 592 b, 593 a. — *Arnould, sire de Cysoing, dans la Flandre française, Nord, arr. de Lille.*
Chivus (Martinus), scriptor, 216 a.
Chocherel (Gasco), miles, 659 a.
Choec, locus, 499 a.
Choigne, super Maternam, 415 a, 646 b. — *Choignes en Champagne, dans le Bassigny, Haute-Marne, arr. et canton de Chaumont.*
Choisel (Petrus), miles de Chenneviere, 136 a.
Choleti (Andreas), senescallus Tolosanus, 144 b.
Choons (villa de), 414 b. — *En Champagne; peut-être Chooz, Ardennes, canton de Givet.*
Chosolio (Renardus de), 311 a.
Choyselli (Poncius) vel de Cuysello, 27 a. — *Choiseul en Champagne, Haute-Marne.*
Christiani; quod nullam usuram, id est nihil ultra sortem, recipere debent, 192 b.
Cruces (Milo de), serviens senescalli Burgundiæ, 495 b.
Ciguier, locus, 380 a. — *En Provence.*
Cimaio (dominus de), Johannes, dominus de Torno, 174 b. — *Jean, sire de Chimay et du Tour.*
Ciquardus vel Cicardus (Willelmus), 202 b, 203 a, b.
Cisterciensis abbas, Bonefacius de Faezia, 528 b, 636 a; Gualterus de Ochies, 226 b, 227 a, b, 228 a; Willelmus, 406 a.
Cisterciensis ordinis monachi, moniales, abbatiæ, 55 a, 250 a. — Claravallis, 252 a; de Crista, 433 a, b, 434 a, b, 435 a, b, 436 a, b; Frigidimontis, 280 b; Fulliensis, 93 a; de Joiaco, 412 b; Monasterii in Argona, 44 b; Pontis B. Mariæ, 79 b; Pontisarensis, 438 b; S. Jacobi de Vitriaco, 318 a.
Cistercii abbatia, domus, Cistercieuse monasterium, 149 a, 226 b, 227 a, 228 a, 406 a. — *L'abbaye de Cîteaux, au diocèse de Chalon-sur-Saône.*
Cistercii abbas, 226 b, 227 a.
Claellis (Philippus de), miles, 565 b. — *Clesles en Champagne, Aube, arr. d'Épernay, canton d'Anglure.*
Clamiciaco (capitulum S. Martini de), 492 a.

Clamiciacum, 483 b, 486 a, 492 b. — *Clamecy en Nivernais, Nièvre, chef-lieu d'arrondissement.*
Clara, filia Petri Bernardi de Paolacho, 439 b.
Clara, uxor Guillelmi de Guamevilla, 550 a.
Claravallis monasterium, Cisterciensis ordinis, Lingonensis diœcesis, 149 a, 252 a. — *Clairvaux.*
Claravallis abbas, 29 b; Radulfus, 237 a, 252 a.
Clareau (Constantin de), archidiacre d'Aunis, 523 a.
Clareto (Bernardus de), canonicus Magalonensis, 330 a.
Claretum, 380 a. — *Claret en Provence, Basses-Alpes, arr. de Sisteron.*
Clarez (Ar. de), 16 a.
Clari-loci domus, 589 b. — *Clairlieu, au diocèse de Nancy.*
Clari-loci prior, Galterus, 589 b.
Clarimontis villa, Clarusmons, Claromons, Clermont, 172 a, b, 500 a, 538 b. — Clarimontis comitatus, 330 b, 331 a. — Castellum de Claromonte, 540 a. — Cour de Clermont, 63 b. — *Clermont-Ferrand en Auvergne, Puy-de-Dôme.*
Clarimontis comes, Robertus dictus Delphinus, 171 b, 172 a; Guillelmus vel Willelmus, 171 b, 172 a, b.
Clarimontis comes, Philippus de Francia, comes Boloniæ et Domni-Martini, 22 b, 65 b, 68 b, 69 a. — *Philippe de France, comte de Clermont en Beauvoisis.*
Clarimontis comitatus, 23 b, 259 a, 281 a.
Clarinus episcopus Carcassonensis, 144 a, b, 156 b, 157 a, b, 658 b. — *Clarin, évêque de Carcassonne.*
Claromontensis (Hugo), mercator Senensis, 439 a, 463 b.
Claromonte (A. de), senescallus comitis Tholosæ in partibus Venaissini, 636 b, 637 a; Paulus, 636 a; Petrus, 542 b; Petrus scolaris, 567 a.
Claromontense capitulum, 498 a, 499 b.
Claromontenses libræ, 538 b.
Claromontensis episcopus, 57 a; Hugo, 386 a, 397 a, 487 a, 498 a, 499 b. — Præpositus, Guillelmus, 499 b.
Clausa, 476 b. — *En Saintonge.*
Clausonera (Ramundus Bermundus de), 408 a.
Claustro (Willelmus Ramundus de), 68 a.
Clausum (vinea quæ vocatur), in territorio de Fimes, 116 b.
Clavel (don B.), 536 a, b.
Clefmont. — *Voy.* Clermont.
Clemencia, uxor Radulphi de Conduvo, militis, 137 a.
Clemensana, 379 b. — *Clemensan en Languedoc, Hérault, canton de Bédarrieux?*
Clément (Jean de), seigneur du Mez et d'Argentan, maréchal de France, 97 a, 299 a.
Clementia, uxor Simonis de Bellosaltu, 102 b.
Clementia, uxor Gaufridi de Lizegnan, 31 b.

Clementia, uxor Guillelmi de Maineriis, 32 a.
Cleput (Jacobus), scabinus de Rodenburg, 596 b.
Clerge (R.), 402 a.
Clercks (B.), 543 a; N. Uc, 333 b.
Clercue de Moncobert ou Le Clerc, B., 333 b; N. Uc, ibid.
Clergue (R.), 299 b.
Cleriaco (Johannes de), miles, 658 b.
Clerici (B.), miles de Podio-Laurentio, 497 a.
Clericus (Johannes), 493 b.
Clermont (official de), 63 b; maître P., 72 b.
Clermont, 569 b, 579 a. — *Clefmont ou Clémont en Champagne, Haute-Marne, arr. de Chaumont-en-Bassigny.*
Clermont (le prieuré de), Clefmont, 570 a.
Clermont (sire de), 569 a, 570 a. — *Clefmont, en Champagne.*
Clicio vel Clitio, 176 b, 177 a. — *Clisson en Poitou, Deux-Sèvres, canton de Bressuire.*
Cloes (feodum des), 347 b. — *Dans le comté de Bourgogne.*
Cloia (Robertus de), miles, 659 b.
Clooniacum, 100 b. — *Dans le comté de Laon.*
Cluniacense monasterium, 527 b. — *Le monastère de Cluny, au diocèse de Mâcon.*
Cluniacensis villa, 327 b. — *Cluny en Bourgogne, Saône-et-Loire, arr. de Mâcon.*
Cluysello (Guillelmus de), 612 b.
Cluyonet (dominus Guillelmus), 460 b.
Cocegniaco (Simon de), miles, 659 a.
Cochinus judeus, de Sancto Desiderio, 30 a, b.
Cociaco vel Couciaco (Ingerannus vel Injorrandus de), 14 a, 15 a, 38 b, 69 a, 70 a, b, 88 a, 89 a, 96 b, 97 b, 101 a, b, 120 b, 137 b, 138 a, 193 a, b, 311 a; Robertus, 69 a, b, 96 b, 97 a; Thomas, 13 b, 69 a, b, 311 a, 588 a. — *Coucy en Laonnois; Coucy-le-Château, Aisne, arr. de Laon.*
Cociano (Petrus de), 153 a.
Cocone (Johannes de), notarius, 531 a.
Cocus (Adam), serviens regis, 441 a; Odo, senescallus Carcassonæ et Biterrensis, 144 b, 268 a, 309 b; Petrus, de Silvanectis, 268 a.
Coge de Gabigodit (Arnaldus), 428 a.
Cognac, 498 b. — *Portus de Cognac, 499 a.* — *Castellania de Coigniaco, 477 a.* — *Cognac en Angoumois, Charente, chef-lieu d'arrondissement.*
Cogot vel Coguot (Bernardus), 55 b, 118 b; Raimundus, 118 b.
Coiroi, devant Machou, en Champagne, 586 b.
Colemario (Bernardus de), consul burgi de Medicino, 532 a.
Colereda villa, 553 b. — *En Languedoc.*
Coletus, filius Hugonis Poilevilain, 134 a, 135 a.
Collemedio (Petrus de), domini Papæ capellanus, præpositus S. Audomari, 154 a, 156 a, b, 157 a, 162 a, b, 163 a, b,

INDEX ALPHABETICUS.

166 b, 168 b, 185 a, 221 b, 223 a, 263 b, 302 a; electus Rothomagensis, 328 a. — *Pierre de Colmieu.*

Colliaco (villa de), 80 a; atrium, 175 a. — *Couilly en Brie, Seine-et-Marne, arr. de Meaux, canton de Crécy.*

Collungiis - super - Yonam (castrum de), 464 a. — *Coulange-sur-Yonne en Bourgogne, Yonne, arr. d'Auxerre.*

Colombs (monastère de), au diocèse de Chartres, 237 b.

Columbanum-Siccum, 132 b. — *Colombé-le-Sec en Champagne, Aube, arr. et canton de Bar-sur-Aube.*

COLUMBARIIS (ballivus de), 636 b.

Columbario *vel* Columbariis (pedagium de), 139 b, 159 b, 416 a. — *Coulommiers en Champagne, Seine-et-Marne, chef-lieu d'arrondissement.*

Columbeio-ad-duas-ecclesias *vel* de-duabus-ecclesiis (villa de), 410 b, 413 b, 414 a. — *Colombey-les-Deux-Églises en Champagne, Haute-Marne, arr. de Chaumont-en-Bassigny, canton de Juzennecourt.*

Columbensis conventus, 384 a. — *Le monastère de Colombs, au diocèse de Chartres.*

COLUMBENSIS abbas, Robertus, 237 a; Simon, 384 a.

Columberiæ, 631 b. — *Coulommiers.* — Voy. Columbario.

COLUMBERIIS (Petrus Raimundi de), civis Electi, 657 b.

COLUMBIAC (W. de), 299 b.

Columbiacum, 386 b. — *En Languedoc.*

Columgiæ, 501 a. — *Coulanges-la-Vineuse ou Coulanges-sur-Yonne, arr. d'Auxerre.*

COMATORTA (Bernardus de), 546 b; Ramundus, 547 a.

COMBELONGÆ abbas, Johannes, 156 b. — *L'abbaye de Combelongue, diocèse de Conserans, Gascogne.*

COMBERS (R. de), 399 b.

COMBIS (Petrus de), jurisperitus, 603 a.

Comburnio (villa de), Comburnium, 304 b. — *En Bretagne; peut-être Combourg, Ille-et-Vilaine, arr. de Saint-Malo.*

COMBURNIO (decanus de), 304 b. — Presbyter, Robertus, *ibid.* — Prior, Symon, *ibid.*

Comduino (villa aut castrum de), 150 b. — *Condom, en Gascogne, Gers.*

COMINES, COMMIGNES *vel* COMMINES (Balduinus de), miles, Ariæ castellanus, 104 a, 343 a, 369 a, b, 555 b, 607 b. — *Comines, dans la Flandre française, Nord, arr. de Lille.*

Comitis nemus, in præpositura Joyaci, 256 b.

Comitissa del hospital, navis, 633 a.

COMMARGEII dominus, Gaucherus *vel* Galcherus, 78 a, 347 b. — *Commercy, en Lorraine, Meuse.*

COMMINGES (le comte de), 501 b. — Bernard, 92 a, 93 a. — *Vid.* CONVENARUM comes.

COMMINIACO (Raimundus de), miles, 502 a, b.

COMMINIANO (Hugo de), miles de Caucaso, 502 b.

Communia (nemus quod appellatur de), 257 a. — *Eu Champagne.*

COMPEIS (Aymo de), 541 b, 542 b.

COMPENDII (major et jurati), 652 a.

Compendium, 15 a, 16 b, 54 a, 62 a, 114 b, 244 a, 294 a, 349 b, 356 a, 357 b, 358 a, b, 430 b, 565 b. — *Compiègne, Oise.*

Compniacum, 176 b. — Compnyaci feodum, 535 a. — *Cognac en Angoumois, Charente.*

COMTE (R.), 446 a.

COMTORESSA, filia Matfredi de Rabastenx, 43 b.

COMTONS (dame), 257 a.

CONDERONE (Simo de), 45 a.

CONBEROS (Bodrigodia *vel melius* Rodrigo Diaz de los), 98 b. — *Vid.* CANDEROS.

Conc (Balduinus dictus), scabinus de Rodenburg, 596 b.

CONCHIS (R. de), consul Montispessulani, 4 b, 53 b, 89 a; Raymundus, 603 a; Thomas, 531 a.

Condel (decima apud), 240 a. — *En Champagne; peut-être Condes, Haute-Marne, arr. et canton de Chaumont-en-Bassigny.*

Condeto (insula de), 80 a. — *Près de l'abbaye de Pont-aux-Dames, dans la Brie, Seine-et-Marne.*

CONDIS (prior de), Huo, 646 b.

CONDOM (abbé de), 487 b.

CONDOM (bailli de), Martis, 633 a. — Consuls, 487 b, 498 b.

Condomensis burgus, Condomum, 498 b. — *Condom, Gers.*

CONDOMIO (Centullus de), 396 b.

Condren (forteritia de), 70 a.

CONDREN (dominus), Johannes, 70 a.

CONDUVO (Radulphus de), miles, 137 a.

CONFLANS (Eustachius de), 214 a, b. — *Conflans-sur-Seine, en Champagne, arr. d'Épernay, Marne.*

Conflent (portus de), apud Nivernos, 243 a.

CONFLUENTIS comes, Nuno Sancii, comes Rossilionis, 79 a, 93 b. — *Le comté de Conflans en Roussillon, Pyrénées-Orientales.*

CONGENIIS (Stephanus de), consul Montispessulani, 310 b.

Congiacum, 395 a. — Congiaci homines, 124 a. — *Congy en Champagne, Marne, arr. d'Épernay, canton de Montmort.*

CONORT (B. W.), 440 b, 538 b, 543 a.

CONQUAS (Bernardus de), consul de Lavaur, 504 b.

CONRADUS, abbas Præmonstratensis, 60 b, 241 b.

CONRADUS, burgravius de Nuorimberg, 301 a, b.

CONRADUS, filius Frederici II, Romanorum rex electus, regni Jerosolimitani heres, 301 a, 585 a, 641 b.

CONRAZ, CONRAT (messire), 191 b.

Cons (terra apud), 415 a, b. — *Condes en Champagne, Haute-Marne, arr. et cant. de Chaumont-en-Bassigny.*

Conseranensis diœcesis, 497 b, 540 b. — *Le diocèse de Conserans en Gascogne.*

CONSERANENSIS episcopus, Cerebrunus, 156 b, 157 a.

Consignes (l'étang et le finage de), en Champagne, 569 b. — *Consigny, Haute-Marne, arr. de Chaumont-en-Bassigny, canton de Montmort.*

CONSTANCIA regina, sic dicta non quod esset regina, sed filia regis Franciæ, soror Petri de Cortaniaco, avia Raimundi Tolosani comitis, 574 a, b, 575 a, b, 576 a, b. — *Constance, fille de Louis VI, roi de France, mariée en premières noces à Eustache de Blois, et en secondes noces, à Raymond V, comte de Toulouse.*

CONSTANCIA, mater Vitalis Galterii, 497 b.

CONSTANCIA, uxor W. Petri de Caramanno, 312 b, 637 a.

CONSTANS, abbas S. Nicholai Andegavensis, 243 a.

CONSTANTIENSES canonici, 437 b.

Constantiensis ecclesia, 437 b. — *L'église de Coutances, en Normandie.*

CONSTANTIENSIS archidiaconus, G., 525 a. — Canonicus, Stephanus, 437 b. — Episcopus, 437 b.

Constantini terra, 23 b, 24 a. — *Le Cotentin, Manche.*

Constantinopolis, 391 b, 392 a, 395 a, 464 b, 519 a. — Constantinopolis potestas, Albertinus Maurocenus, 391 a. — Panchracius Gaversonus, camerarius communis Venetiæ in Constantinopoli, 391 b.

Constantinopolitanum imperium, 353 b, 361 a, 417 a.

CONSTANTINOPOLITANUS imperator, Balduinus, 392 a, 518 b, 575 b. — Marescallus, Villanus de Alneto, 518 b.

CONSTANTINUS, abbas S. Nicolai Andegavensis, 655 b.

CONSTANTINUS, cancellarius Carnotensis, 524 b.

CONSTANTINUS (Augerius), civis Carcassonæ, 650 a.

CONSTRAT (capellanus de), Ramundus Augerius, 339 b.

CONTE (Bernardus), 321 a.

CONTESSE (Radulfus), 251 b.

CONTIF *vel* CONTHI (Maneserus de), miles, 281 b, 283 a. — *Conty, en Picardie, Somme, arr. d'Amiens.*

CONTRON (Bertrandus), miles de Alberia, 567 b.

Convenarum diœcesis, 497 b, 540 b. — *Le diocèse de Comminges, Haute-Garonne.*

CONVENARUM comes, Bernardus V, 67 a, 90 a, 91 a, b, 92 a, 93 a, 135 a, 154 a, 324 a, 335 b, 432 a, 433 a, 455 b; Bernardus VI, 494 a, 540 b, 542 a, 548 b, 549 b, 550 a, 604 a. — Episcopus, 135 a; Arnaldus Rogerius, patruus Bernardi comitis, 540 b, 541 a.

CONVENARUM (Arnaldus), frater Rogerii Convenarum, comitis Palhariacensis, 547 b, 548 a. — Aymericus, 432 a, b, 494 b. — Bernardus, 432 a, 553 b. — Bernardus de Savesio, 432 a, 494 b. — Fortanerius, filius R. de Savesio, 432 a, 494 b. — Rogerius, comes de Palhars, 324 a, b, 533 a, 539 b, 540 a, 547 b. — Rogerius filius Rogerii comitis Palhariacensis, 496 b, 507 b, 547 b.

INDEX ALPHABETICUS. 683

Coquinis (capellanus de), Tolosæ, 309 b. — Saint-Pierre de Cuisines, prieuré de l'ordre de Saint-Benoît, situé hors des murs de Toulouse.

Coraudi (Philippus), castellanus Turonensis, 494 b.

Corbariva (Bertrandus de), miles balliviæ Montisalbani, 502 a; Erluandus, ibid.; Jordanus, ibid.

Corbata (S. de), consul castri de Petrucia, Ruthenensis diocesis, 513 b.

Corbeia (abbas de), Hugo, 72 b. — Le monastère de Corbie, au diocèse d'Amiens.

Corbeiensis communia, 63 a. — Corbie en Picardie, Somme, arr. d'Amiens.

Corbeira, locus, 403 b.

Corberek (Gilo de), miles, 166 a.

Corbiera (Petrus de), 404 b.

Corbolio (Balduinus de), 26 b; Simon, miles, 659 b.

Corbolium, 438 b, 508 b. — Corbeil, dans l'Ile-de-France, Seine-et-Oise, chef-lieu d'arrondissement et de canton.

Corbyenses major et jurati, 652 b. — Vid. Corbeiensis communia.

Corcellarum decima vel de Corcellis, in parrochia Turnomii, 162 a, 166 a. — Courcelles en Brie, Seine-et-Marne, comm. de Tournan.

Corcellis (molendinum de), 21 a.

Corcellis (homines de), 288 b.

Corcellis (Amarricus de), ballivus Arverniæ, 383 a, 5 384 a; constabulus Arverniæ, ballivus Matisconensis, 403 a.

Corderius (Vitalis), 566 b.

Corduæ castrum, Cordua, Cordoa, 151 a, b, 616 b. — Cordes en Languedoc, Tarn, chef-lieu de canton, arr. de Gaillac.

Corduæ, Corduæ balivus, Raimundus Arcuarius, 502 b, 503 a, 508 a. — Consules, 503 a.

Corduæ regina, Johanna, regina Castellæ, etc., 373 a. — Rex, Ferrandus rex Castellæ, etc., 372 b, 373 a, b. — Le royaume de Cordoue, en Andalousie.

Corinus (Nicolaus), 395 a.

Cormelliis in Normannia (conventus de), 279 a. — L'abbaye de Cormeilles, au diocèse de Lisieux.

Cormellus in Normannia (abbas de), Willelmus, 279 a.

Cormeriacensis abbatia, 13 a, 61 a, b. — L'abbaye de Cormery, au diocèse de Tours.

Cornant (Guillelmus de), miles, 519 b, 520 a.

Cornarius (Nicolaus), 391 a.

Cornehuns (Hugo de), miles, 343 a, 370 a.

Cornelli (Guillems de), 55 b; Peire, 55 b.

Cornelha (Petrus), consul Agennensis, 497 b.

Corneliano (Arnaldus de), 536 b.

Corneliano (Galhardus de), miles de Podio-Laurentio, 497 a.

Corneliano (Petrus Ramundus de), 73 b, 74 a, b, 78 b. — Corneillan, en Languedoc, Hérault, canton et arr. de Béziers.

Cornauz (Hugo de), miles, 370 a. — H. de Cornehuns.

Corniboc (Guillelmus Duranti de), 226 a.

Cornilan (Poncius), 404 b.

Cornillon (Petrus de), 174 b, 175 a.

Cornoi (Everardus de), miles, 660 a; Johannes, ibid.

Cornon, locus, 538 b. — Cornon, en Auvergne, Puy-de-Dôme, arr. de Clermont-Ferrand.

Cornon (Radulphus de), miles, 538 b.

Cornone (Petrus de), prior de Boia, 329 b.

Cornubiæ comes, Ricardus, 405 a. — Le comté de Cornouailles, en Angleterre.

Cornut (Albéric), doyen de Saint-Martin de Tours, 255 a.

Cornutum, locus, 455 b. — Cornus en Quercy, Lot, arr. de Cahors, cant. de Limogne.

Cornutus (Albericus), 102 b, 103 a.

Corocello (homines de), 276 b.

Corona (abbas de), 623 a; Willelmus, 513 b. — L'abbaye de la Couronne, au diocèse d'Angoulême.

Corona (sacra) spinea, 640 b.

Coronciaco (frater Ramundus de), 348 a.

Corpalaio (Petrus de), miles, castellanus S. Manehildis, 527 a. — Courpalay, Seine-et-Marne, arr. de Coulommiers.

Corpaleyo (Theobaldus de), miles, 523 a.

Correcar (Ramon), 188 b.

Correnfan (Bernard de), 628 b.

Corrussianum, in comitatu Fezenciaci, 604 b. — Peut-être Courrensan, Gers, arr. de Condom, canton d'Eauze.

Corrunciaco (Bernardus Salvitas de), 254 a.

Cortenaio, Cortaniaco, Curtraco, etc. (Petrus de), avus Ysabellis, uxoris comitis Marchiæ, frater reginæ Constantiæ et Ludovici regis, 25 b, 574 a, b, 575 a, b, 576 a, b; Philippus, comes Namurcensis, 89 a; Robertus, baticularius Franciæ, 14 a, 15 a, 26 b, 38 b, 57 a, 69 a, 88 a, 89 a, 193 a, b, 234 b, 235 a, 298 a. — Courtenay en Gâtinais, Loiret, arr. de Montargis.

Cortesii (homo nomine), 33 b.

Cortiate (Robertus de), 102 a.

Cortiaut (grangia de), 427 b. — Dans le Soissonnais.

Corvus (Guillelmus Bernardus), 636 a; Rabaudus, filius ejus, ibid.

Cos (Poncius), miles, 501 b; Raimundus Jordanus, ibid.

Cos (milites et nobiles de), in ballivia Montisalbani, 501 b. — Cos, Tarn-et-Garonne, arr. et canton de Montauban.

Cosancits (castellanus de), Johannes, 144 b.

Cosinas (prior de), Hel. de Reillag, 90 a.

Cosinus, servus, 367 b.

Cosnac (Helias Gumbaudi de), 506 a.

Cosonaz (Jauselmus), consiliarius Podii S. Frontonis Petragoricensis, 12 b.

Costa (Bernardus de), publicus notarius Montispessulani, 9 b, 328 b, 330 a.

Costa (Estève de la), 534 b.

Costa Raynale (rivus de), 464 b. — En Languedoc.

Costelli (W.), consul Agennensis, 497 b.

Cotaronus (Bertrandus), consiliarius consulum Tarasconis, 217 a.

Cotinnaco (Guillelmus de), 380 a, b, 382 b; Romeus, baro, 380 a, b.

Cotone (Poncius de), archidiaconus Agathensis, 268 a.

Cotraco (Seirus de), miles. Vid. Curtraco.

Couciacum (nemora ultra Oisiam, versus), 70 a. — Vid. Cociacum.

Coudris (prior de), Guillermus, 312 a.

Coudroi (Ph. dou), 659 b.

Coulommier (nemus de), 70 a.

Courceaux (Simon de), garde de la prévôté d'Orléans, 333 b.

Courcelles (Amauri de), 384 b.

Courremont, 491 a. — Courmont en Champagne, Aisne, arr. de Château-Thierry, canton de la Fère-en-Tardenois.

Court (Pierre de la), 586 b.

Courtrai (Sygerus de), miles, 360 a.

Courtray (communitas villæ de). Vid. Curtracum.

Coussum (riparia de), 443 a. — Le Cosson, petite rivière du Blaisois, Loir-et-Cher.

Covingeen (Rogerus de), miles, 360 a.

Coya, 174 b, 285 b. — Coye en Picardie, Oise, arr. de Senlis, canton de Creil.

Coyam (boscus apud), 22 b, 51 a, 54 a, 137 a, 195 a.

Craaudon, locus, 279 a. — En Champagne.

Craceii feodum, 438 b. — Graçay en Berry, Indre, chef-lieu de canton, arr. de Bourges.

Crassa (monasterium de), 142 a. — Notre-Dame de la Grasse, au diocèse de Carcassonne.

Crassæ abbas, Benedictus de Allignano, 71 b, 79 a, b, 81 b, 82 a, 156 b, 649 b, 650 a.

Crassus (Constantinus), 479 b.

Creceio (Johannes de), miles, 634 a.

Creciaci (capellania Bernardi in ecclesia), 145 a.

Creciaco (censiva), 235 b. — Communia, 199 a. — Viaria, 454 b. — Crécy en Ponthieu, arr. d'Abbeville, Somme.

Creciaco (dominus de), 80 a; Hugo de Castellione, comes S. Pauli, 454 b.

Credanus (Bernardus), 440 a; Petrus, ibid.

Credona (Johanna de), senescalla Andegaviæ, 117 a, b. — Jeanne de Craon.

Credonio (Amalricus de), senescallus Andegavensis, 10 a, 15 a, 57 a, 62 b, 69 a. — Amaury de Craon.

Credulium, 244 a, 304 b. — Creil en Picardie, Oise, arr. de Senlis.

Creissaco (Hugo Arnaldus de), 348 b; Petrus, 422 a. — Creissac ou Creyssac.

Cremona, 420 b, 585 a. — Crémone en Lombardie.

Cremona (Anselmus de), 440 a.

Creneium apud Trecas, 634 a. — Creney en Champagne, Aube, arr. et canton de Troyes.

Creon (Milo de), 57 a.

Crepicordio (Johannes de), miles, 284 a. — Crèvecœur.

Cres, locus, 433 *b*. — *En Champagne, près de Forcey, Haute-Marne, arr. de Chaumont-en-Bassigny.*

CRES (Guillelmus de), 481 *a*.

CRESPE (Webertus le), juratus villæ de Bincio, 595 *a*.

CRESPIN *vel* CRESPINS (Guillelmus *vel* Willelmus), miles, 197 *a*, 284 *a*. — *Crespin (Guillaume), seigneur de Dangu en Normandie.*

CRESSANDUS, judeus domini regis, 431 *a*.

Cressi (vicecomitatus de), 420 *b*. — *Le vicomté de Crécy, en Picardie.*

CRESSONESSART (Theobaldus de), 460 *b*.

CRESSY (le vicomte de), 420 *b*.

CRIEVECUER (Johannes de), miles, 281 *b*. — *Crèvecœur en Cambresis, Nord, arr. de Cambrai.*

Crispiacum in Valesio, 295 *a*, *b*, 296 *a*, 438 *b*. — Crispiaci foresta, 438 *b*. — *Crépy en Valois, Oise, arr. de Senlis.*

CRISPINI (B.), consul Montispessulani, 530 *b*; Guillelmus, miles, 281 *b*.

Crista, locus, 433 *a*, *b*. — *La Crête en Champagne, Haute-Marne, arr. de Chaumont-en-Bassigny, canton d'Andelot.*

Crista (conventus de), Cisterciensis ordinis, 433 *a*, *b*, 434 *a*, *b*, 435 *a*, *b*, 436 *a*, *b*. — *L'abbaye de la Crête, au diocèse de Langres, de l'ordre de Cîteaux, seconde fille de Morimond.*

CRISTA (fratres de), 434 *b*.

CRISTOFLES, abbé de Molesmes, 587 *b*.

CRIVISERIO (W. Geraldus de), 307 *a*.

CROATIÆ dux, etc., Jacobus Teupulus, 361 *a*.

Croc, 72 *b*.— *Crocq en Auvergne, Creuse, arr. d'Aubusson.*

Croejox, in Caturcesio, 94 *a*.

CROISILLES (Jehan de), 485 *a*.

CROSA (Ato de), 297 *a*.

Crosanum castrum, 478 *a*, *b*. — *Crosant, dans la Marche, Creuse, arr. de Guéret, canton de Dun-le-Palleteau?*

CROTA (Berengarius de), consiliarius consulum Tarasconis, 217 *a*.

Crotois (foresta de), 429 *a*, *b*. — *Dans le comté de Dreux.*

CRUCE (Egidius de), miles, 555 *b*, 608 *a*, *b*.

Cruce S. Leufridi (conventus de), 232 *b*, 233 *a*. — *Abbaye de la Croix-Saint-Leufroy, au diocèse d'Évreux.*

CRUCE S. LEUFRIDI (abbas de), Radulphus, 232 *b*, 233 *a*.

CRUCESIGNATI, 88 *b*, 641 *a*.

Crux (S.) Domini, 640 *b*.

Cruyæ foresta, 83 *b*. — *Le bois de Cruie, dont le nom a disparu, était une dépendance de la forêt de Saint-Germain en Laye.*

CRUZOL (Guillelmus de), consul Montispessulani, 602 *a*.

Cruzy (Hugues de), garde de la prévôté de Paris, 80 *a*.

Cryo (villa de), 494 *b*. —, *En Languedoc.*

Cuc (castel de), 155 *b*. — *En Languedoc.*

CUGEGNEN *vel* CUGUGNANO (Berengarius de), 449 *a*, *b*, 450 *a*, *b*; Petrus, 449 *a*, *b*, 450 *a*, *b*.

Cugugniaco (castrum de), 437 *a*. — *Cucugnan, en Languedoc, Aude.*

CUIS (homines de), 257 *a*. — *En Champagne.*

Cuisæ foresta, 569 *a*. — *Près de l'abbaye de Royaumont.*

CUISELLO (Pontius de), 27 *b*. — Pons de CUISLE, ou *plutôt* DE CHOISEUL.

CULTELLARIUS (Arnaldus), burgensis Electi, 657 *b*.

CUMBALLOLS (Gilbertus), 446 *a*.

Cumeliæ *vel* Cumeriæ, 174 *b*, 285 *b*. — *Commelles, près de Coye, dans l'Ile-de-France, Oise, arr. de Senlis.*

CUNG (Arnaut de), 188 *a*, 251 *a*.

Curban, 380 *a*. — *Curbans en Provence, Basses-Alpes, arr. de Sisteron, canton de La Motte.*

Curcellis (molendinum de), 20 *b*. — *Près Beaumont-sur-Oise.*

CURIA (Everdeius de), scabinus Gandensis, 596 *a*; Johannes, canonicus Parisiensis, 264 *b*, 288 *a*.

CURIA BEATE MARIE TRECENSIS (Guillermus de), 132 *b*.

Curiæ-Dei conventus, 25 *b*, 39 *b*. — *Le monastère de la Cour-Dieu, au diocèse d'Orléans.*

CURIÆ-DEI abbas, Giroldus *vel* Geroldus, 25 *b*, 39 *b*.

CURNO (Guillelmus Arnaldi de), 548 *a*.

CURSAIO (Willelmus de), miles, 499 *a*.

Cursonium, 606 *b*. — *Courson en Aunis, Charente-Inférieure, arr. de la Rochelle?*

CURTA-SOLEA *vel* CURTÆ-SOLEÆ (Stephanus), 383 *a*, 583 *b*.

CURTENAIO, CURTINIAGO *vel* CURTINETO (Robertus de), Franciæ buticularius.—*Vid.* Cortenaio.

CURTERETO (scabini et communitas villæ de), 561 *a*.

CURTRACO, CORTRACO (Rogerus de), miles, 608 *a*; Sigerus, Seirus, 344 *a*, *b*, 607 *b*.

Curtracum, Curtracensis villa, 108 *b*, 344 *b*, 345 *a*, 363 *b*, 367 *b*, 368 *a*, *b*, 405 *b*. — Curtracensis villæ scabini et communitas, 602 *a*, 610 *a*. — *Courtray, sur la Lys, en Belgique.*

Cusol, locus, 508 *a*. — *Dans les environs de Saint-Antonin, en Rouergue.*

CUYSELLO (Poncius de) *vel* CHOYSELLI, 25 *b*, 27 *a*.

CYPRI regina, Adaleydis, Aelidis, Aalidis, Aelis, Alix, 17 *a*, 126 *a*, 127 *a*, 128 *a*, 130 *b*, 134 *a*, 160 *a*, 247 *b*, 250 *b*, 268 *a*, 272 *a*, *b*, 274 *b*, 275 *a*, *b*, 277 *b*, 278 *a*, 286 *a*, 288 *b*, 289 *a*, *b*. — Rex, Henricus, 289 *b*.

D., abbas Sancti Remigii Remensis, 378 *b*.

Daevilla, 400 *b*. — *Déville-lez-Rouen, en Normandie, Seine-Inférieure, arr. de Rouen, canton de Maromme.*

DALART *vel* DALARD (Bertrandus), 387 *a*, 449 *a*. — Guilhalmonus, 387 *b*.

DALAUS (Jo.), 446 *a*.

DALLOS (Galterus), serviens Ludovici IX regis Franciæ, 372 *a*.

DALMACIUS (Petrus), 321 *a*.

DALMATIA, uxor Amelini de Combonio, 237 *a*.

DALMATIÆ dux, etc., Jacobus Teupulus, 361 *a*.

Dalmazanesium, 547 *b*. — *Le pays situé autour de Damazan.*

Dalmazani villa, 547 *b*. — *Damazan, dans le Bazadois, Lot-et-Garonne, arr. de Nérac.*

DALVERJE (G.), camérier de la maison de Moissac, 90 *q*.

Dam (villa et communitas de), 105 *a*, 345 *a*, 363 *b*. — *Damme, dans la Flandre occidentale, Belgique.*

DAM (scabini villæ de), 561 *a*, 596 *a*, 610 *a*.

Damfront *vel* Danfront, 24 *a*, 330 *b*. — Danfrontis terra, 288 *a*. — Comitatus Domnifrontis, 287 *b*; in Passesio, 23 *b*. — *Domfront en Normandie, Orne, chef-lieu d'arrondissement.*

DAMIANUS (frater), ordinis Minorum Tolosæ, 497 *b*.

Dammahart, 191 *b*. — *En Lorraine?*

DAMMARTIN *ou* DOMPMARTIN (li abbés et li couvens de), 420 *b*. — *Le monastère de Dommartin, dit Saint-Josse-aux-Bois, diocèse d'Amiens.*

DAMMARTIN (Mathilde de), comtesse de Boulogne, 305 *a*.

DAMMARTIN (Simon de), comte de Ponthieu, 57 *a*, 185 *b*, 200 *a*.

Dampetra, Domnapetra (burgus de), 17 *a*. — Castellaria, *ibid.* — Turris, 18 *a*. — *Dampierre en Champagne, Aube, arr. d'Arcis-sur-Aube, canton de Ramerupt.*

DAMPETRÆ dominus, 262 *b*, 411 *a*.

DAMPETRA (Ansellus de), 244 *a*; dominus de Cereis, 142 *a*, 243 *b*, 658 *a*. — Guido, pater G. domini S. Justi, 159 *b*. — Guido, dominus S. Justi, 159 *b*, 193 *b*. — Richardus, 65 *b*.

DAMPETRA (Guillelmus *vel* Guillermus de), secundus maritus Margaretæ, 14 *a*, 15 *a*, 17 *a*, 18 *a*, 30 *a*, *b*, 113 *a*, 114 *a*, 193 *b*, 590 *b*, 591 *b*, 592 *b*, 593 *b*, 605 *b*, 625 *a*, 630 *a*.

DAMPETRA, DANPETRA *vel* DONNAPETRA (Margareta de), soror Johannæ comitissæ Flandriæ, 115 *a*, 337 *b*, 372 *a*, 545 *b*, 543 *b*, 624 *a*, *b*, 627 *a*, *b*. — *Vid.* MARGARETA comitissa Flandriæ.

DAMPETRA (liberi Guillelmi de) et Margaretæ : Guillelmus Flandriæ heres, 591 *b*, 592 *a*, 593 *a*, 605 *b*, 625 *a*, *b*, 627 *a*, 631 *a*, 637 *a*, *b*, 638 *a*, *b*, 639 *a*, 640 *a*. — Guido, Guion, 591 *b*, 593 *a*, 605 *b*, 625 *a*, 631 *a*, *b*, 638 *b*. — Johannes, 591 *b*, 593 *a*, *b*, 605 *b*, 625 *a*, *b*, 631 *a*, *b*, 638 *b*. — Johanna, comitissa Barriducis, 591 *b*, 593 *b*, 605 *b*.

DAMPETRA (Jacob de), judeus, 30 *b*.

DAMPETRA (Saleminus de), judeus, 30 *b*.

DANGU, en Normandie (Guillaume Crespin, seigneur de), 197 *a*, 284 *a*. — *Dangu, Eure, arr. des Andelys, canton de Gisors.*

DANIEL, advocatus Atrebatensis et Bethuniæ dominus, 26 *a*.

DANISSA (Bernardus), 541 *a*.

INDEX ALPHABETICUS.

DANORUM regina, Alienora de Portugalia, 157 b. — Rex, Waldemarus II, 157 b, 158 a.
DANTONHAN (Andreas), consul Montispessulani, 4 b.
Dauziaco (nemus de), de Montemedio, 505 a. — *En Bourgogne?*
Dardellus, miles, 659 a.
Dardruz (la grange de), 570 a. —*En Champajne.*
DARCIES (Simon de), miles, 197 a. — *Darquies en Picardie, canton de Gamaches, arr. d'Abbeville, Somme.*
DARN (Philippus de), 103 b.
Darnai *vel* Darneio (justicia de), 564 a. — *Orléanais. Peut-être Artenay, Loiret, arr. d'Orléans?*
DARSY (le signor de), 191 b.
Daule (foresta de), 428 b, 429 a. — *Dans le comté de Dreux.*
DACHA (Guillelmus), textor, 436 b.
DACRIPLE (Genso), 404 a.
DAVI (Ar.), 440 a.
DAVID, bajulus domini Sycardi Alamanni, 335 b, 396 a, 463 a.
DAVID, rex Judæorum, 516 b.
DAVINI (Petrus), consul Narbonæ, 529 b.
DAVIT (Helies), 352 a.
DAVYLEIO (Gaufridus de), 66 a.
Deacum, 343 b. *Vid.* Duacum.
DEALBATA (Petrus Aimericus de), 36 a.
DECIMA (Raimundus de), 334 b.
DEIME (W. de), 392 b.
DELMERIUS (Johannes), 444 a.
DEIRA (Uguo), 399 b.
DEIZMERIUS (Petrus), 635 b.
DELFAR (Bertrandus), 466 b.
DELFIN (Robert), abbat d'Aynar, 352 a.
DELMAS (B.), 351 a, 521 a, 613 a; W., 399 b, 534 a, 588 b.
DELMON (V.), consul Amiliani, 514 a.
DELPHINUS, comes Claromontis, pater Guillelmi comitis, 171 b, 172 b, 173 a. — *Robert Ier, surnommé Dauphin, comte de Clermont, en Auvergne.*
DENEMOME (Petrus de), miles, 442 b.
DENTE (Raimundus de), consul Narbonæ, 529 b.
DEODATUS DEL BOSC, sacerdos, 268 b.
DEOPANTALA (Arybertus de), 463 a.
DEOPAULA (Aribertus de), 396 a.
Derce (balliata de), 100 a. — *Dans le comté de Laon. Dercy en Laonnois, Aisne, arr. de Laon, canton de Crécy-sur-Seurre?*
Derdas (le mout), 485 b. — *En Quercy? près du Tarn.*
DERNI (Auber de), 191 b.
DERNIAUS *vel* DERGNEAU (Philippus de), miles, 294 a, b, 359 a.
DERVEN (Johannes de), 338 a.
Dervense monasterium, 440 a, b. — *Monstier-en-Der, diocèse de Châlons-sur-Marne.*
DERVENSIS abbas, Anselius, 385 b.
DESIDERIUS, episcopus Morinensis, 45 a. — *Didier, évêque de Thérouanne.*
DESIDERIUS (frater), minister fratrum Minorum administrationis Burgundiæ, 522 b.

DESTAMPAS (Ar.), 440 a.
DIABOLUS DE GANDAVO (Girardus dictus), miles, 371 a, 555 b.
DIAZ DE LOS CANEROS (Rodrigo), 98 a.
DIG (Amilius de), scabinus Brugensis, 596 a.
DIDACI DE CAMBERIS (R.), 97 b, 98 b; P. Didaci, 99 b.
DIDONIA (dominus de), Hugo de Talniaco, 140 a. — *Hugues de Tonnay, seigneur de Didonne en Saintonge, Charente-Inférieure, arr. de Saintes, canton de Saujon.*
Dienne, 544 b. — *Dienné en Poitou, Vienne, arr. de Poitiers, canton de la Ville-Dieu.*
Dieppa, 40 b. — *Molendina super aquam Dieppæ, ibid.* — *En Normandie.*
DIERGNAU (Philippus de), miles, 343 a. — *Philippe de Dergneau.*
DIEUS-AJUDA (Guillelmus), consul Narbonæ, 325 a. — Petrus, consiliarius Narbonæ, 325 b.
DIEUS-LO-FES (Firminus), consul Montispessulani, 446 a, 530 b.
DIGNEZ (Guillelmus), miles, 281 b, 282 a.
DIJON (Garnier de), le Cordoanier, 447 a.
Diskemue (scabini et communitas villæ). — *Vid.* Dykemutensis villa.
DISPENSATOR (Gaufridus), 405 a.
Diva, 31 a. — *Dives en Picardie, arr. de Compiègne, canton de Lassigny.*
Divio, 26 a, 27 a, b. — *Dijon en Bourgogne, Côte-d'Or.*
DIVIONENSIS archidiaconus, 251 a. — Vicecomes, Guillelmus de Chanlitte, 465 b.
Dixmuda (villa de), Diskemue, 106 b, 345 a, 364 a, 561 b, 610 b. — *Dixmude, dans la Flandre orientale, arr. de Furnes, Belgique.*
DIXMUDA (castellanus de), Theodericus de Beverna, 108 a, 555 a.
DOAD CORDA (Seguin), burgensis de Regula, 333 a.
DOANTZ, consul castri de Naiaco, diocesis Ruthenensis, 514 a.
DOARRIZ (Garcia Semenez), 352 a.
DOE (Joudoinus), 617 b.
DOCIER (Simon), miles, 659 a.
DOISSA (B.), 293 a.
DOISSA (Bernardus), bajulus Montispessulani, 53 b.
Dolense capitulum, 303 b.
Dolensis civitas, 304 a. — Ecclesia B. Mariæ, 303 b; B. Sausonis, 304 a. — *Dôle, dans le comté de Bourgogne, Jura.*
DOLENSIS canonicus, Johannes de Hirel, 303 b. — Cantor, G., 303 b. — Episcopus, Johannes de Lizaneto, 303 b; Theobaldus de Poenceio, 303 b.
DOLLENCII (major et jurati), 652 b. — *Doullens en Picardie, Somme, chef-lieu d'arrondissement.*
DOLO (N. Boustelier de), 303 b; Johannes, 304 b.
DOMESTICA, uxor Gailhardi de Balaguario, 504 b.
DOMFRONT (Robert de), doyen de l'église du Mans, 275 b.

DOMINICI (Johannes), 278 b, 423 a, 660 b.
DOMINICUS (Johannes), 257 b.
DOMINIQUE, abbé de la Crète, 436 b.
Domna-Petra. *Vid.* Dampetra.
Domna-Petra in Nivernesio, 204 b. — *Dampierre-sur-Bouhy, Nièvre, arrond. de Cosne, cant. de Saint-Amand en Puisaye.*
Domni *vel* Dompni-Martini comitatus, 281 a. — Villa, 259 a. — Quarterium, 23 b. — *Dammartin en Brie, Seine-et-Marne, arr. de Coulommiers.*
DOMNI-MARTINI comes, Philippus de Francia, comes Boloniæ, 22 b.
DOMNO-PETRO (Guido de), 193 a. — Guillelmus, *ibid.*
DOMNO *vel* DONNO-MARTINO (Renaldus de), comes Boloniæ, 114 b, 259 a; comes in Caleto et apud Alisiacum, 317 a.
Domus-Ermandi (villa quæ dicitur), in castellania Calvimontis, 240 a. — *En Champagne.*
Don, locus, 403 b. — *En Vivarais.*
DONATI (A.), consul de Manso, 504 b; Petrus G. miles S. Pauli de Cadajous, 496 b; Ramundus, *ibid.*
Donatis (terra de), 351 a. —*En Languedoc.*
DONATUS, S. Antonini consul, 647 b.
DONATUS (Bernardus), 297 b; Ramundus, 142 b.
DONATUS DE NAIACO (Guisardus), 536 a.
DONNA (Guausbertus de), miles Catureensis, 275 b.
DOPIANO (Gualhardus), 541 a.
DORANGIIS (parrochia de), 643 b. — *Doranges en Auvergne, Puy-de-Dôme, arr. d'Ambert, canton d'Arlanc.*
Dordanum, 438 b. — Dordani foresta, *ibid.* — *Dourdan, capitale du Hurepoix, Seine-et-Oise, arr. de Rambouillet.*
Dordonia, 40 b. — *La Dordogne.*
Dordonhæ (castrum Matfredi situm prope flumen), 323 b.
DORIAC (Raimundus), consul Losertæ, 510 a.
DORMANZ (commune de), 218 a, b, 219 a, b, 220 a. — Prévôté, 218 b, 220 a, 614 a. — Habitants, 613 a, 614 a. — *Dormans, en Champagne, arr. d'Épernay, Marne.*
DORNANO, DORNIANO, DORNIA *vel* DORNHA (Isarnus de), 354 b; Raimundus, Ramon, 16 a, 46 b, 55 b, 90 b, 118 b, 136 a, 155 b, 183 a, b, 267 b, 277 b, 339 b, 349 b, 421 b.
Dornhano (castrum de), 215 a. — *En Languedoc.*
DORTOLS (Johannes), consul Montispessulani, 310 b.
DOSANS, DOSANTZ *vel* DOZANS (P. de), 588 b; R., 437 a, 521 a, 588 b.
Dosca (Raimundus), notarius Montispessulani, 310 b.
DOUAI (Guillaume de), 359 a.
DOUBLE (Bernardus), 184 b.
DOULLENS (castrum de), Doullens, 56 a. — *Doullens en Picardie, Somme, chef-lieu d'arrondissement.*
DOUMENCHEVILLE (Guillelmus de), miles, 660 a; Stephanus, 659 b.
DOUNIEL (Guillelmus de), miles, 359 a.

INDEX ALPHABETICUS.

Dreicourt en Champagne, 586 b. — *Dricourt, Ardennes, arr. de Vouziers, cant. de Machault.*

DREU, DREUES, abbé de Chézi, 613 a.

DRINCKEREM (Walterus de), 104 a. — *Drincham ou Dringham, dans la Flandre française, Nord, arr. de Dunkerque, canton de Bourbourg.*

Drocæ, Drocarum castrum, 286 b, 428 b. — Castellania Drocarum, 429 b. — Terra, 429 b. — Herbergagium, 428 b. — *Dreux, Eure-et-Loir, chef-lieu d'arrondissement.*

DROCARUM *vel* DROCENSIS comes, Robertus II, 471 a. — Robertus III, 14 a, 15 a, 54 a, 59 b, 68 b, 69 a, 193 b, 194 a, 233 b, 317 b, 393 a. — Robertus Drocensis, filius Roberti III, 428 a, b, 429 a, b, 430 a. — Comitissa, Aanor, Alienor *vel* Eleonora, domina S. Walerici, 286 b, 360 b, 361 a, 392 b, 393 a, 396 b, 428 a, b, 429 a, b, 430 a.

Drocensis comitatus, 393 a, 396 b.

DROCIS (Agnes de), uxor Stephani III, comitis Aussoniæ et Cabilonensis, 168 a, 347 b. — Henricus, archiepiscopus Remensis. *Vid.* Henricus. — Johannes, filius Roberti, comitis Drocarum, 428 a, b, 429 a, 430 a.

Dromon, Dromonetum, 379 b. — *Dromont-Saint-Genies en Provence, Basses-Alpes, arr. et canton de Sisteron.*

DRUAZ, homo, 300 a.

Duacensis villa, Duacum, Douacum, *Douai*, 76 a, b, 77 a, 110 b, 115 a, 293 b, 331 b, 332 a, 343 a, 344 a, 345 a, 359 a, b, 360 a, 552 a, b. — Castellania Duaci, 293 b. — Forteritia, 76 b, 77 a, 110 b, 111 a. — Castrum Duacense, 334 a, 336 b, 465 a. — *Douai, dans la Flandre française, Nord, chef-lieu d'arrondissement.*

Duacensis villæ scabini et communitas, 552 a, 596 a, 610 b.

DUACENSIS baillivus, Wago, 334 a. — Castellanus, Walterus, 359 b, 609 a. — Præpositus, Henricus de Hondschoote, miles, 343 a, 359 a. — Præpositus B. Petri Duacensis, Egidius de Brugis, 546 a.

DUACO (Guillelmus de), 343 a, 359 a; Petrus, 359 b, 553 a.

DUACULO (Baldo de), burgensis Duacensis, 552 b; Guillelmus, miles, *ibid.*

DULCIA, uxor Ruffi de Murmirione, 376 a.

DULCII (R.), consul Tarasconis, 217 a.

Dullendum, 346 b. — *Doulleus en Picardie, Somme.*

DUNEL (Bernardus), miles, ballivia Montisalbani, 502 a.

Dunkercæ (villa de), Dunkerque, 107 a, 345 a, 364 a, 561 b. — Scabini et communitas villæ de Dunkerque, 561 b. — *Dunkerque, dans la Flandre française, Nord, chef-lieu d'arrondissement.*

Duno (domus Dei de), 316 a. — *L'hôtel-Dieu de Dun-le-Roi en Berry, Cher, arr. de Bourges.*

DURA ARMANOS (Ar.), burgensis de Regula, 333 a.

DURAND, abbé de Bellozane, au diocèse de Rouen, 60 b.

DURANDI (Guillelmus), scriptor, 633 b.

DURANDI (R.), barrianus castri Savarduni, 483 a.

DURANDUS, episcopus Cabilonensis, 209 b. — *Durand II, évêque de Chalon-sur-Saône.*

DURANDUS (Raimundus), 61 b.

DURANDUS, filius Durandi de Sancto Barcio, 288 a.

DURANTI (Bernardus), 226 a.

DURANTI DE CORNILOC (Guillelmus), 226 a.

DURANTUS, capellanus S. Michaelis de Galliaco, 226 a.

DURANTUS *vel* DURANDUS, episcopus Albiensis, 152 b, 192 b, 222 a, 223 a, b, 224 a, 225 b, 226 a, 227 b, 404 a, 448 b, 451 b, 502 b, 503 a, 542 a, 549 b, 658 a. — *Durand, évêque d'Alby.*

DURANTZ, lo capelas de Buzet, 533 a.

DURBAINNO (Petrus de), 541 a, 547 b.

Durbannum, in comitatu Astariacensi, 344 a, 543 b, 544 a. — *Durban, Gers, arr. et canton d'Auch.*

DURBANNUS DE MONTEACUTO (Petrus de), 533 a.

DURCAT (Willelmus de), miles, 196 a.

Durencia, 379 b. — *La Durance.*

DURNAIO (Jacobus de), 132 b.

DURNAIO (Gerardus de), 341 a; Jacobus, 66 a.

DUROFORTE (Arnaldus de), 505 a; Bernardus, *ibid.*; Hugo *vel* Ugo, 502 b; Raimundus, 190 a, 325 a; Raimond Bernard, 410 a, 419 a.

DUROFORTI (Sicardus de), 285 a; Ugo, *ibid.*

Durtfort, locus, 403 b. — *Durfort en Vivarais, Ardèche, arr. et cant. de Privas.*

Duxeii piscaria, 287 b.

Duyleio (castellum de), 217 b. — *En Lorraine? Le nom de cette localité semble avoir disparu.*

DUYLEII dominus, Gaufridus, 217 b.

DYGONIA (Guillelmus de), miles, 461 b. — *Guillaume de Digoin, en Bourgogne, Saône-et-Loire, arr. de Charolles.*

Dykemutensis villa, communitas, 345 a, 363 b, 364 a, 561 b. — *Dixmude, dans la Flandre occidentale, Belgique.*

Dymon, 153 a. — *Dixmont en Champagne, Yonne, arr. de Joigny, canton de Villeneuve-le-Roi.*

EBERTI (Geraudus *vel* Gerardus), burgensis de Rupella, 535 a.

Ebliacum (vivarium apud), 296 b. — *Ebly en Brie, Seine-et-Marne, arr. de Meaux.*

EBRARDUS (frater), Templarius, 647 b.

EBRARDUS (Guillelmus), prior de Piniana, 328 b.

Ebredunensis provincia, 47 a. — *La province ecclésiastique d'Embrun.*

EBREDUNENSIS archiepiscopus, 47 b.

Ebroicense capitulum, 235 b. — *Le chapitre d'Évreux.*

EBROICENSIS episcopus, Radulphus, 410 a; Richardus, 129 a, b, 130 a, 232 b, 235 b. — Decanus, Robertus, 235 b.

ECCLESIA (Guillelmus de), faber, consul Narbonæ, 529 b.

Eccon (*in partibus Italiæ*), 542 a.

EDERA (Guillelmus de), miles, 659 b.

EDUENSIS episcopus, [Guido I de Vergiaco], 101 b, 213 b, 280 a. — *Guy Iᵉʳ de Vergy, évêque d'Autun.*

EGIDIA, priorissa de Feritate, 492 a.

EGIDII (Johannes), consul Montispessulani, 602 b.

EGIDIUS, cantor ecclesiæ B. Martini Turonensis, 535 a, 607 a.

EGIDIUS, scabinus Noviportus, 595 b.

EGIDIUS (frater), thesaurarius domus militiæ Templi Parisius, 431 a.

EGREVILLA (Guido de), miles, 519 b. — *Égreville, dans l'Ile-de-France, Seine-et-Marne, arr. de Fontainebleau, canton de Lorrez-le-Bocage.*

EIMERICUS, porterius comitis Tolosæ, *i. e.* castri Narbonensis, 516 a.

Electi villa, 657 b. — *Alet en Languedoc, Aude, arr. de Limoux.*

Elenensis *vel* Elnensis diœcesis, 497 b, 566 a, 658 a. — *Le diocèse d'Eaune ou d'Elne, en Roussillon, suffragant de Narbonne.*

ELENENSIS episcopus, Raimundus, 71 b.

ELEONOR, comitissa Drocensis, 286 b, 361 a, 393 b, 396 b, 397 a, 430 a. — *Éléonor de Saint-Valery, comtesse de Dreux, veuve de Robert III, femme, en secondes noces, de Henri de Sully.*

ÉLÉONORE, propriétaire du château de Sorel-Moussel, dans le Drouais, 194 a.

ELIONORS, regina Angliæ, filia Raimundi-Berengarii, comitis Provinciæ, 379 a.

ÉLISABETH, comtesse de Chartres, femme de Jean d'Oisy, comte de Montmirail, 69 a.

ELISABETH *vel* ELYSABET, mater Ludovici VIII, 54 b.

ÉLISABETH, filia Ludovici VIII, soror Ludovici IX, 54 b, 182 b.

ELISABETH, uxor Galterii de Castellione, 69 a.

ELISABETH, uxor Guidonis de Autrochia, militis, 414 b.

ELISABETH, uxor Odonis de Monchi, 234 a, b.

Ellars, en Champagne, 586 b.

Ellebauderias (forteritia apud), 411 a. — *En Champagne, près de Sézanne.*

Elyer castrum, 403 b. — *En Vivarais.*

Emance, 191 a. *Voy.* Amance.

EMMELINA, relicta Johannis de Monte-Gumberti, 83 b.

EMMELINA, uxor Philippi de Stampis, 259 b.

EMPURIARUM comes, Pontius Ugo *vel* Hugo, 328 b, 451 a. — *Le comte d'Ampurias, en Catalogne.*

ENGELBALDUS, 223 b.

ENGELBERT (B.), 46 b.

ESGELBERTUS, archidiaconus Biterrensis, 73 b, 74 b, 78 b.

ENGELBERTZ (B.), 55 b.

ENGHIEN (Roger, sire d'), 593 a; Siger, 372 a. — *Enghien en Hainaut.*

ENGLESIA, uxor Sicardi de Miromonte, 548 b.

INDEX ALPHABETICUS.

Engolisma, 499 b, 576 a. — Domus fratrum Minorum Engolismæ, 499 b. — Angoulême, Charente.

Engolismæ vel Engolismi comes, Hugo de Lezignano vel Lesigniaco, comes Marchiæ, 62 a, 68 a, 121 a, b, 140 a, b, 175 b, 180 a, 241 a, 270 a, b, 313 b, 453 a, 457 a, 476 a, 478 a, 479 b, 498 a, 572 a; Hugo Bruni, filius Hugonis, 623 b. — Comitissa, Adalmues mater Isabellis comitissæ, avia Marguaretæ de Marchia, 574 a, 575 a, b, 576 a; Isabella vel Isabellis, regina Angliæ, 121 a, 182 b, 183 b, 479 a, 498 b, 622 b. — Decanus, P., 515 b. — Episcopus, Radulphus, 513 b, 527 b.

Engolismensis comitatus, 140 a, 176 b, 477 a, 499 a. — Engolismæ partes, 122 b.

ENGUERRAND II, sire de Coucy, 15 a.

ENGUERRAND III, dit le Grand, sire de Coucy, 69 a, 70 b, 97 a, 101 b, 193 b.

ENGUIRANNUS (Bertrandus), 118 a; Ugo, 118 b.

ENRICHUS, filius Aldefonsi regis Castellæ et Toleti, 97 b, 98 a, 99 a.

ENTELAC (Gaillardus de), miles, 501 b; Guillelmus, ibid.; Hugo, ibid.

Épernay en Champagne, Marne, 300 a. — Abbaye de Saint-Martin d'Épernay, 201 a. — Vid. Spernacum.

Episcopi molendina prope Vitriacum, 342 a. — En Champagne.

Equeboulgles (bordellum leprosorum apud), 564 b. — Orléanais.

ERACLEI (Gerbertus), magister domus militiæ Templi in partibus Cismarinis, 319 a.

Eramboldi boscus, 60 b. — En Normandie.

Erbice villa, 134 b. — Possessiones, stagnum apud Erbice, 134 a, b. — Herbice en Champagne, Aube, arr. et canton d'Arcis.

ERENBALDENGHEN (Gerardus de), miles, 556 a. — Erembodeghem, Flandre orientale, arr. d'Audenarde, Belgique.

Ergnies (communia de), 198 b. — Ergnies en Ponthieu, arr. d'Abbeville, canton d'Ailly, Somme.

ERMENGARDE, abbesse du Paraclet, 586 a.

ERMENGAU (R.), 46 b.

ERMENGAUDI (Guillelmus), 43 b.

ERMENGAVUS (P.), 636 b, 637 a.

ERMENGO (Willelmus), miles, 123 a.

ERMERIIS (abbas de), Thomas, 544 b. — Th., abbé de Hermières, au diocèse de Paris. — Voy. HERMERIIS (abbas de).

ERMESSEN, femme d'Arnaut del Cung, 188 a, 251 a.

Ermières (le bois d'), 305 b. — En Brie. Peut-être Hermières, Seine-et-Marne, arr. de Melun, canton de Tournan.

ERMITANUS, 320 a; Petrus, 438 a.

ERNANCURIA (Petrus), 530 a.

ERNAUDI (Atho), de castro Verduno, 163 b.

ERNENCURIA (P. de), senescallus Bellicadri et Nemausi, 496 a.

ERSEBRUEC, ERSEBROUCH (Balduinus d'), miles, 366 a, 608 a. — Hazebrouck, dans la Flandre française, Nord, chef-lieu d'arrondissement.

Ertiaco (nemora in), 31 a. — Arsy en Picardie, Oise, arr. de Compiègne?

Erz (flumen quod vocatur), 339 a. — En Languedoc.

ESCAC (Raimundus), consul de Monteacuto, 503 b.

ESCAFREDUS (frater Ramundus), domus ordinis Prædicatorum Tolosæ, 497 b.

ESCAC (Petrus de), 298 a.

ESCALDATUS (Ramundus), 533 b.

ESCALQUENCIS, ESCALQUENX, ESCALQUENCIDUS (Arnaldus de), 188 a, 216 a, 226 b, 281 a, 288 a, 354 b, 383 a, 438 a, 440 a, 471 a, 520 b, 535 b, 536 a, 540 a, 548 a, 566 a, 568 a, b, 571 b, 572 a, 573 a, 578 a, 579 b, 580 b, 585 b, 605 a, 635 b, 641 a; Bertrandus, 520 b; Guilabert vel Gilabert, 480 b, 660 b; Petrus, 507 a. — Escalquens en Languedoc, Haute-Garonne, arr. de Villefranche, canton de Montgiscard.

Escauz, Escaut, Eschaut (fluvius qui dicitur), 77 a, 111 a, 357 b, 424 a, 638 a. — L'Escaut.

ESCHAMCUD (Johannes de), armiger, 532 b.

Escheriarum parrochia, 46 a. — Dans le Sénonais.

Escleires (la ville d'), 468 a. — Esclaires en Champagne, Marne, arr. de Sainte-Menehould, canton de Dommartin.

Escocencs (forcia de), 215 a. — Escoussens en Languedoc, Tarn, arr. de Castres, canton de Labruguière.

Escolium, Escuil, 160 b, 162 a. — Castellum, castellaria, 160 b, 161 b. — Nemus prope Escuil, 162 a. — Écueil en Champagne, Marne, arr. de Reims, canton de Ville-en-Tardenois.

Escolt (forcia del), 215 a. — En Languedoc.

ESCORCINCO (Arnaldus Marc de), 339 b.

ESCRENIIS (Gervasius), miles domini regis, 600 a, 607 b.

ESCRIVANUS (Raimundus), præpositus S. Stephani Tolosæ, 484 a, 533 a.

ESCUDARIA (W. Ramun del), de Monlanart, 611 b.

ESCUDERIUS (Petrus), 568 b.

Escuil (villa de). — Vid. Escolium.

ESCULENCS (Guillelmus Ramundus d'), miles de Fanojovis, 502 b; Petrus Guillelmus, ibid.

ESCURA (Bernardus Ademarus de), 334 b.

Eske, 45 a. — Parrochia de Eske, 44 b; justitia, 44 b, 45 a. — Dans la Flandre française.

ESKE (homines de), 44 b.

ESKE vel ESKA (Johannes li Holiers de), 45 a; Guillelmus Rufus, 45 a; Simon, ibid.

Espanel (ville d'), 410 a. — Espanel en Quercy, Tarn-et-Garonne, arr. de Montauban, canton de Molières.

ESPANCHOL, 528 a.

ESPANHOL (E.), 476 a; Galhart, ibid.

Espao (Petrus d'), consul Moysiaci, 510 b.

Espaor (Petrus de), canonicus Tolosanus, 433 a, 466 b, 539 b, 540 a.

ESPAR (Petrus d'), 334 b.

Espelierx, 94 a. — Espeillac en Rouergue, Aveyron?

ESPERI (Gilo d'), miles, 659 a.

ESPES (Helias), burgensis Petragoricensis, 12 b.

ESPIEMONT (Gyraldus), consul Callucii, 510 a.

Espitex (li tenement), à Auxonne, 168 a.

Esquieres, 234 a. — En Picardie.

Esquimeres (terra apud), 234 b.

ESQUIROL, ESQUIROLS (Guillaume), 90 b; Poncius, 349 b.

ESQUIVATUS (Arnaldus), publicus notarius in Altarippa, 56 a.

Essex comes, Henricus de Boon, comes Herefordiæ, 405 a. — Le comté d'Essex, en Angleterre.

ESTAIRAC (Ar. d'), 536 b.

Estivus (Guillelmus), 350 b. — Willelmus, filius ejus, ibid.

ESTOINNE (Walterus li), miles, 608 a.

ESTONIÆ dux, Kanutus, 157 b. — L'Esthonie, dans la Russie d'Europe; capitale, Revel.

Estorvi, 302 b. — Estorvy en Champagne, Aube, arr. de Bar-sur-Seine, canton de Chaource.

ESTORVI (domicellus de), Hugueninus, 302 b.

ESTOUFALES (Siquerius d'), consul Losertæ, 510 a.

ESTOUTEVILLE (Robert d'), garde de la prévôté de Paris, 347 b.

Estranliaus (communia d'), 198 a. — En Picardie?

ESTREES (Egidius de), 70 b.

ESTRELAN (Hugo de), miles, 371 a.

ÉTIENNE, ESTEVENON, comte de Bourgogne, 167 a.

ÉTIENNE III, comte d'Auxonne, 168 a, 347 b. — Compétiteur d'Othon III au comté de Bourgogne.

ÉTIENNE (Pons), notaire, 350 b.

Eu (comtesse d'), Raoul, 193 a. — Comtesse Alix, 261 b. — Vid. AUCI comes, comitissa.

EUDES, cardinal-évêque de Tusculum, légat en France, 631 a. — Vid. ODO.

EUDES, abbé de Saint-Denis. — Vid. ODO.

EUDES III, duc de Bourgogne. — Vid. ODO.

EUDES ou ODET de Bourgogne, comte d'Auxerre et de Nevers, 4 b.

EUDO, comes in Britannia, 294 b.

EUDO, filius Eudonis, comitis in Britannia, 294 b.

EUDZ (Galhardus de), leprosus misellariæ portæ Narbonensis, 583 b.

Euroliæ, villa, 132 a. — En Champagne?

EUSTACHIUS, vicecomes Pontis-Remigii, 196 b, 311 b, 312 a.

EUSTACIA, uxor Alani de Rocy, 532 b.

EVELINA, abbatissa Paraclitensis, 255 a.

EVERARDUS BISUNTINUS, camerarius Theobaldi regis Navarræ, 635 a, 636 b.

ÉVREUX (chapitre de Notre-Dame d'), 235 b.

Exclusa, 76 a, b, 293 b. — L'Écluse, dans la Flandre française, Nord, arr. de Douai, canton d'Arleux.

Exoldunum, Exolduni, Exoldunensis villa, 175 *b*, 313 *a*, 316 *a*, 371 *b*, 438 *b*, 508 *b*. — Exoldunense regalium, 395 *b*. — *Issoudun en Berry, Indre.*
Exoldunensis (conventus B. Mariæ), 313 *a*. — *L'abbaye de Notre-Dame d'Issoudun.*
Exoniensis episcopus, 200 *a*. — Thesaurarius, Wilhelmus de Ralegh, 405 *a*. — *Exeter en Angleterre.*
Exsucio (Guillelmus de), 264 *b*.
Eymau (Symon de), 141 *b*.
Eynes (dominus de), Arnulfus de Landast, 609 *a*.

F., abbé de la Chalade, diocèse de Verdun, 145 *a*.
Faber (Arnaldus), cambiator, 262 *b*; Bernardus, 580 *b*; Bernardus, notarius villæ S. Egidii, 398 *a*; Bernardus frater Petri de Croissaco, 422 *a*; Gr., 446 *a*; Guillelmus, 59 *a*; Guillelmus cambiator, Carcassonæ burgensis, 309 *b*, 649 *b*; Hugo, 446 *a*; Petrus, præpositus Peronensis, 234 *a*; Rainaldus, 531 *a*; Ramundus de Veceriis, 194 *b*; Tolosanus, 351 *a*.
Faber de Castro Veteri (Ramundus), 266 *a*.
Faber S. Martini (Giraldus), consul Montiscuqui, 510 *a*.
Fabre (R.), 536 *b*.
Fabri (D.), 446 *a*.
Fabri (Guillelmus Calvetus), consul Fanijovis, 504 *a*.
Fabricis (Berengarius de), 329 *b*; Petrus filius Bertrandi de Montelauro, miles, *ibid.*
Fabricis (prior de), Bernardus de Muroveteri, 329 *b*.
Faezia (Bonifacius de), abbas Cisterciensis, 638 *a*.
Fage (Gocelmus de), miles Sancti Ciricii, 509 *a*.
Fai (Renaudus dou), miles, 659 *a*.
Faia (forcia de), 332 *a*, 396 *a*. — *En Languedoc.*
Faia (G. Vigerii de), miles, 140 *a*.
Fains (Nargot de), 605 *b*.
Faiola (fief de), 580 *a*. — Rivus, 493 *b*. — *En Languedoc.*
Fairidel (boscus de), 121 *a*.
Fajeti abbas, B., 543 *b*. — *Le monastère de Fayet ou de la Charmoie, au diocèse de Châlons-sur-Marne.*
Falco (Willelmus), 657 *b*.
Faleaut (Felip), 485 *b*.
Faleauts (Ar.), 485 *b*; P. R., *ibid.*
Fanijovis (villa aut castrum), 150 *b*, 504 *a*, 629 *a*, notæ, 285 *a*. — *Fanjeaux, en Languedoc, arr. de Castelnaudary, Aude.*
Fanijovis capellanus, R. de Vilano, 629 *b*. — Consules, 504 *a*. — Milites, 502 *b*.
Fanijovis (G. Garsin), 325 *a*; Isarnus Bernardi, *ibid.*; Petrus Martini, 285 *b*.
Fara (Johannes de), consul de Marmanda, 532 *a*.
Fares (Guillelmus de), 436 *b*.
Faresio *vel* Farezio (Willelmus de), 443 *b*, 444 *a*, 464 *b*.
Fargas (R.), 183 *b*.

Farge (Bernardus de la), consul Losertæ, 510 *a*.
Faro (Hugo del), 43 *b*.
Farsati (Guillermus), consul Galliaci, 503 *a*.
Fas (P. de), 533 *a*.
Fastredus, scabinus villæ Montensis, 595 *a*.
Faumantius (Bernardus), 326 *b*.
Fauquemberg (Guillaume de), châtelain de Saint-Omer, 339 *a*.
Faure (Bernat), 299 *b*, 588 *b*, 589 *a*, 590 *a*; P., 588 *b*; R., 402 *a*, 533 *b*; R. de Saint-Maur, 590 *a*.
Faurgis (B. de), burgensis Baionæ, 511 *b*.
Faveresse (Osanna la), 204 *b*; ejus filia, *ibid.*
Faveriarum nemora, nemora de Faveris *vel* Faveriis, prope Turnomium, 22 *a*, 137 *a*, 240 *b*. — Decima de Faveriis, 402 *b*. — *Favières en Brie, Seine-et-Marne, arr. de Melun, canton de Tournan.*
Faveriis (Johannes de), 402 *b*; Petrus, *ibid.*
Faverius (Vitalis), major, 444 *a*.
Faye (Phelippes de), maire de La Rochelle, 523 *a*.
Fayel, 130 *a*. — *Le Fayel en Normandie, Eure, arr. des Andelys, canton d'Écouis.*
Fayngen (Conradus de), 271 *b*.
Febleines, villa capituli Meldensis, 138 *b*.
Feda (Arnaldus), 35 *a*, 334 *b*.
Feins (Nargo de), 605 *b*.
Feira (P. de), 55 *b*.
Feirollus (Aimericus), civis Carcassonæ, 649 *b*, 650 *a*; Bertrandus, 650 *a*; G., *ibid.*; Hugo, *ibid.*; Jordanus, *ibid.*
Felgari, Felgare *vel* Felgario (Arnaldus de), 355 *a*, 583 *b*; Bonifacius, 93 *a*, 540 *b*, 541 *a*, 604 *a*, 605 *a*; Guillelmus, 583 *b*.
Felgarium, 334 *b*. — *En Languedoc. Peut-être Falgarde, Haute-Garonne, arr. de Toulouse, canton de Castanet.*
Felippes (Li cuens) de Boulogne, 330 *b*. *Voy.* Philippus.
Feltrerius (Ramundus), 59 *a*.
Felzinh (honor de), juxta Figiacum, 582 *a*. — *Felsinhs en Quercy, Lot, arr. et canton de Figeac.*
Fenassa de Albia (Guillelmus), 549 *b*.
Fenoleti vicecomitatus, 93 *b*, 94 *a*. — *Le vicomté de Fenouillèdes, dans les Bas-Languedoc, Pyrénées-Orientales.*
Fenolheto (Petrus Stephanus de), bajulus de Verduno, 188 *a*, 262 *b*, 266 *b*, 378 *b*.
Fer (Ancelinetus), miles, 328 *b*, 329 *b*.
Feræ fortericia, 59 *b*. — *En Champagne. La Fère-Champenoise, Marne, arrond. d'Épernay.*
Feraud (Guillelmus de), consul Castri Sarraceni, 567 *b*.
Fereira (pièce de vigne à la), 534 *a*. — *En Languedoc.*
Fergant, miles, 122 *b*.
Feri (Ancelmus), 382 *b*.
Férière (Fereira), pièce de terre située à la Férière, 623 *a*. — *En Languedoc.*
Ferieres (nemus de), 487 *b*. — *En Champagne. Ferrières, Seine-et-Marne, arr. de Meaux, canton de Lagny.*

Feritas-Milonis, 438 *b*. — *La Ferté-Milon en Valois, Aisne, arr. de Château-Thierry, canton de Neuilly-Saint-Front.*
Feritato (conventus de), 492 *a*. — *Le prieuré de la Fermeté, au diocèse de Nevers.*
Feritate (priorissa de), Egidia, 492 *a*.
Feritate (Hugo de), 102 *a*.
Feritatis castellania, Feritas-Bernardi, 618 *a*. — *La Ferté-Bernard en Anjou, Sarthe, arr. de Mamers.*
Ferrandus, burgensis Belliquadri, 515 *b*, 516 *a*.
Ferrandus, Fernandus, Ferrans, comes Flandriæ et Hannoniæ, 28 *b*, 76 *a*, *b*, 77 *a*, *b*, 78 *a*, 102 *b*, 103 *a*, 110 *a*, 111 *a*, *b*, 112 *a*, 115 *a*, *b*, 178 *a*, *b*, 244 *a*, 331 *b*, 332 *a*, 355 *a*, *b*, 358 *a*, 357 *a*, *b*, 460 *a*, 624 *b*, 637 *b*, 638 *a*. — *Fernand de Portugal, premier mari de la comtesse Jeanne.*
Ferrandus, rex Castellæ et Toleti, Legionis, Galleciæ et Cordubæ, 372 *b*, 373 *a*, *b*. — *Ferdinand III, roi de Castille et de Léon, etc.*
Ferrariæ, comes, G., 99 *b*. — *En Castille.*
Ferrariis (R. de), capellanus ecclesiæ Beatæ Mariæ Deauratæ Tolosæ, 306 *b*.
Ferrarius, prior fratrum Prædicatorum Narbonensium, 321 *b*, 322 *b*.
Ferrarius (frater), ordinis Prædicatorum, inquisitor hereticæ pravitatis, 524 *a*, 528 *a*, 534 *b*, 658 *a*, *b*.
Ferrarius (Durandus), 309 *a*.
Ferraterii (Bernardus), consul de Rabastino, 503 *b*.
Ferreoli (Bernardus), judex Avinionensis, 83 *a*; Guillelmus, 190 *a*.
Ferrerius, monachus de Moysiaco, 313 *a*.
Ferricus, marescallus Franciæ, nuncius regis, 484 *a*, 488 *b*.
Ferrières (Bertrand de), official de Toulouse, 464 *a*, 636 *a*.
Ferrioli (Ramundus), 396 *b*.
Ferriolus (Willermus), 540 *a*.
Fertez (la) apud Altissiodorum, 522 *a*.
Fessardum, feodum, 190 *b*. — *En Gâtinais.*
Festa (Bernardus Ugo de), miles Fanijovis, 325 *a*, 502 *b*; Galardus, *ibid.*; Ugo, *ibid.*
Fesulanensis diœcesis, 579 *a*. — *Le diocèse de Fiesole, en Toscane.*
Feutanesio (villa de), 496 *a*. — *Dans le diocèse de Maguelonne.*
Fezenciaci terra et comitatus, 603 *b*, 604 *a*, *b*. — *Le comté de Fezensac, dans l'Armagnac, Gers.*
Figiacensis conventus, ecclesia, 580 *b*, 581 *b*. — *Abbaye de Notre-Dame de Figeac, au diocèse de Cahors.*
Figiacensis, Figiaci monachus, Gualhardus, 96 *a*, *b*; Guillelmus, 96 *b*, 580 *b*, 581 *b*. — Decanus, Guillelmus, 583 *b*.
Figiaci consules, 580 *b*, 581 *b*.
Figiacum, Figiaci villa, 580 *b*, 581 *a*, *b*, 583 *a*. — *Figeac en Quercy, Lot, chef-lieu d'arrondissement.*
Filippus, Francorum rex, 16 *a*. *Vid.* Philippus.

Fimes (villa vel communia de), 115 *a*, *b*, 117 *a*. — Castellum, 115 *b*. — Castellaria, 116 *b*. — Molendinum, 116 *a*. — Territorium, *ibid*. — *Fismes, en Champagne, Marne, arr. de Reims, chef-lieu de canton.*

Fimont (Johannes de), 605 *b*. — *Jean d'Offémont en Picardie, Oise, arr. de Compiègne, canton d'Attichy.*

Firmacuria (herbergagium et villa de), 428 *b*. — *Dans le comté de Dreux; Fermaincourt, Eure-et-Loir, commune de Chérisy?*

Firmitatis-super-Albam castellaria, 132 *b*. — *La Ferté-sur-Aube, en Champagne, Haute-Marne, arr. de Chaumont-en-Bassigny, canton de Châteauvillain.*

Fisca (Hugo de), 385 *a*.

Fisco (Bernardus de), notarius episcopi Magalonensis, 388 *b*, 389 *a*, 495 *b*.

Fisco (Petrus de), jurisperitus, judex curiæ Montispessulani, 9 *b*, 53 *b*.

Fisco de Bello-loco (P. de), 498 *a*.

Fita, locus, 553 *b*. — *En Languedoc.*

Flandrenses libræ, 545 *a*, *b*.

Flandria, Flandriæ terra, 28 *a*, 77 *a*, 280 *b*, 336 *a*, 356 *a*, 357 *b*, 638 *a*. — Flandria citra fluvium qui dicitur Escaut, 638 *a*. — *La Flandre comprenait la Flandre orientale et la Flandre occidentale, Belgique, et aussi la Flandre française, départ. du Nord.*

Flandriæ castella, 336 *b*. — Communiæ, villæ, 53 *b*, 77 *a*, 102 *b*, 110 *b*, 357 *b*, 637 *b*, 638 *b*.

Flandriæ comitatus, 110 *a*, 111 *a*, 112 *a*, 355 *b*, 356 *b*, 357 *a*, *b*, 548 *b*, 565 *b*, 590 *b*, 591 *a*, 625 *a*, 630 *a*, *b*, 631 *a*, 637 *a*, *b*, 638 *a*, *b*, 639 *a*. — Consuetudines, 625 *a*. — Homagia, 548 *a*. — Proventus, 345 *a*.

Flandriæ comes, Ferrandus *vel* Fernandus, 28 *a*, *b*, 29 *a*, 76 *a*, *b*, 77 *a*, *b*, 78 *a*, 102 *b*, 103 *a*, 111 *a*, *b*, 112 *a*, *b*, 113 *a*, 115 *a*, 178 *a*, *b*, 231 *b*, 244 *a*, 332 *a*, 355 *a*, *b*, 356 *b*, 357 *a*, 460 *a*, 624 *b*, 637 *b*, 638 *a*. — Thomas de Sabaudia, 355 *a*, *b*, 356 *a*, *b*, 357 *b*, 358 *b*, 362 *b*, 372 *a*, 405 *b*, 416 *b*, 460 *a*, *b*, 465 *a*, *b*, 484 *b*, 485 *a*, 545 *b*, 546 *b*, 565 *a*, 637 *b*. — Comitissa Johanna, 17 *b*, 28 *b*, 53 *b*, 76 *a*, *b*, 77 *a*, *b*, 78 *a*, 102 *b*, 103 *a*, 110 *a*, 111 *a*, *b*, 112 *a*, *b*, 113 *a*, 115 *a*, 280 *b*, 289 *a*, 293 *a*, 294 *a*, 305 *b*, 331 *b*, 332 *a*, 334 *a*, 335 *b*, 336 *a*, *b*, 337 *a*, *b*, 342 *b*, 355 *a*, *b*, 356 *a*, *b*, 357 *a*, *b*, 358 *b*, 362 *b*, 372 *a*, 405 *b*, 460 *a*, *b*, 465 *a*, 484 *b*, 545 *a*, 548 *a*, 565 *a*, 624 *b*, 627 *a*, 637 *b*, 638 *a*. — Margareta, 548 *a*, *b*, 552 *a*, *b*, 554 *a*, 565 *a*, *b*, 590 *b*, 591 *b*, 592 *a*, *b*, 593 *b*, 594 *b*, 596 *b*, 597 *b*, 600 *a*, 602 *a*, 607 *a*, *b*, 608 *a*, *b*, 624 *b*, 626 *b*, 627 *a*, 628 *b*, 630 *a*, 631 *a*, *b*, 627 *a*, 638 *a*, *b*. — Heres, Guillelmus de Dampetra, 592 *a*, 637 *a*, *b*. — Falsus comes, Balduinus, 53 *b*.

Flandriæ magnates, 605 *b*. — Milites, 102 *b*, 637 *b*.

Flandriæ buticularius, Rasso dominus de Gavera, 563 *a*. — Cambellanus, Girardus, 338 *a*. — Cancellarius, Franco de Mallenguien, præpositus Brugensis, 294 *a*, *b*, 343 *a*, 368 *a*; Willelmus, 107 *b*. — Constabularius, Maelinus de Meterna, 422 *b*, 609 *a*; Michael, 103 *b*. — Senescallus, Robertus de Waurinc, 294 *a*, *b*, 332 *a*, 338 *a*, 358 *a*, 560 *a*, 593 *a*.

Flassanum, 335 *a*, 406 *a*. — *Flassan en Provence, Vaucluse, arr. de Carpentras, canton de Mormoiron.*

Fletart (Odo), 429 *b*.

Floherii (Guillelmus), 240 *b*; Stephanus, civis Carcassonæ, *ibid*.

Florenciaco (castrum de), 265 *a*. — *Florensac en Languedoc, Hérault, arr. de Béziers, chef-lieu de canton.*

Florentia, vidua Petri de la Broce, 44 *a*.

Florentius (Willelmus), 321 *b*.

Floriacum, 218 *a*. — *Peut-être Fleury, Aude, arr. de Narbonne, cant. de Coursan.*

Florigniaco (homines de), 276 *b*. — *En Anjou.*

Foberg castrum, in Pheonia, 157 *b*. — *Foberg en Finlande.*

Focardimontis abbas, Sanctius, 328 *a*. — *Sanche, abbé de Foulcarmont, au diocèse de Rouen.*

Focibus vel Fossibus (Eximinus de), 446 *b*, 451 *a*, 457 *b*.

Fogeriis (Radulfus de), miles, 441 *b*.

Fots (Willelmus de), 297 *b*.

Foissi, locus, 433 *a*, *b*. — *Forcey en Champagne, Haute-Marne, arr. de Chaumont-en-Bassigny, canton d'Andelot.*

Foissi (le banc de), en Champagne, 569.

Foix (François de), notaire de Pierre, roi d'Aragon, 154 *a*.

Folaquerius (Miquael), 118 *b*.

Folcaval (ville de), 660 *b*. — *En Languedoc.*

Folcaval (Arnaldus Augerins), 58 *b*.

Folcalkerii castrum, comitatus. *Vid*. Forcalquerii.

Folcalvalle (villa aut parrochia de), 58 *b*. — *En Languedoc.*

Folgrandi (W.), 10 *a*.

Folcs (R.), 507 *b*.

Folera (B. de), consiliarius Podii S. Frontonis Petragoricensis, 12 *b*.

Folieto (Guillelmus de), 182 *a*.

Folqeir (R.), 544 *a*.

Folquoissius, frater Curvi de Turre, 355 *a*.

Fonsarias (Geraldus de), consul Condomii, 498 *b*.

Fonsbleaudi, 256 *a*. — *Fontainebleau en Gâtinais, Seine-et-Marne.*

Fons-Ebraldi, 623 *a*. — *Vid.* Fontis-Ebraldi conventus.

Font-Domargal (pré situé à), 299 *b*, 423 *a*, 508 *a*. — *En Languedoc.*

Fontaines (Alcaume de), 196 *a*; Hugues, 49 *b*, 196 *a*; Nicholas, 599 *a*.

Fontanæ, 130 *a*, 281 *a*.

Fontaneto (Reginaldus de), 194 *a*.

Fontanetum, Fontaneti castrum, 472 *a*, 600 *b*, 601 *a*. — *Fontenay-le-Comte en Poitou, Vendée, chef-lieu d'arrond.*

Fontanetum (molendinum apud), 194 *a*. — *Fontenay-Trésigny, dans la Brie, Seine-et-Marne, arr. de Coulommiers?*

Fontanis (feodum de), 508 *b*. — *Fontaines en Poitou, Vendée, arr. et canton de Fontenay-le-Comte.*

Fontanis (Alelmus de), miles, 196 *a*, 257 *a*; Bertrandus, 647 *b*; Hugo, dominus de Longo, pater Alelmi, 257 *a*; Johannes, 647 *b*; P., 446 *a*.

Fontazalra (pré de), 300 *a*. — *En Languedoc.*

Fontbeta (pré de), 660 *b*. — *En Languedoc.*

Fonte (Radulphus de), miles, 51 *a*, 136 *a*, 137 *a*.

Fontenai (parrochia de), 588 *a*. — *La paroisse de Fontenay-Trésigny, en Brie, Seine-et-Marne?*

Fonteneii juxta Corvallum (Petrus corrector domus), ordinis Grandimonensis, 492 *b*. — *Le prieuré de Fontenay, en Nivernais, diocèse d'Autun.*

Fonteneto (prior de), 125 *a*.

Fonticus (Hugo de), 49 *a*.

Fontiniano (villa de), 162 *b*. — *En Languedoc.*

Fontis-Ebraldi, Fontis-Ebraudi, conventus, ecclesia, 170 *a*, 171 *a*, 173 *a*. — *L'abbaye de Fontevrault, au diocèse de Poitiers.*

Fontis-Ebraldi, abbatissa, 170 *a*, 171 *a*; Aaliz Blesensis, 623 *a*. — Moniales, Beatrix et Alicia, 173 *a*.

Fontis-Frigidi abbas, Bernardus, 72 *a*, 144 *b*. — Prior, 144 *b*. — *Le monastère de Fontfroide, au diocèse de Narbonne.*

Fontis-Johannis abbas, Severinus, 46 *a*, *b*. — *Severin, abbé de Fontaine-Jean, au diocèse de Sens.*

Forafixus (B.), 376 *a*.

Forasis (Bertrand), 184 *b*, 339 *a*.

Forcalquerii, Forcalcherii *vel* Folkalkerii comitatus, 379 *a*, *b*, 419 *b*, 420 *a*. — Castrum, 420 *a*. — *Forcalquier en Provence, Basses-Alpes.*

Forcalquerii bajulus, Rodericus, 382 *b*. — Comes R. Berengarius, comes Provinciæ, 378 *b*, 514 *b*; Willelmus, 341 *b*.

Foreis (Guiodus de), 470 *a*.

Forensis terra, comitatus, Foresium, Foresii terra, 421 *b*, 470 *a*, 485 *b*, 486 *a*. — *Le Forez, qui fait aujourd'hui partie du département de la Loire.*

Forensis ballivus, Fulcherius Guerrici, 427 *a*. — Comes, Guido *vel* Guigo, comes Nivernensis, 178 *b*, 204 *a*, *b*, 211 *a*, *b*, 212 *a*, *b*, 213 *a*, *b*, 214 *a*, 289 *b*, 312 *b*, 313 *b*, 398 *a*, *b*, 399 *b*, 410 *a*, 421 *b*, 427 *a*, 439 *a*, 449 *b*, 463 *b*, 485 *b*, 501 *a*; Guillelmus, 408 *a*, *b*. — Guido de Foreis avus Guidonis de Foreis, 470 *a*. — Comitissa, Mathildis comitissa Nivernensis, 313 *b*, 398 *b*, 408 *a*, *b*, 410 *a*, 421 *b*, 427 *a*, 449 *b*.

Forest (le domaine de), 476 *a*. — Honor, 533 *a*. — *En Languedoc.*

Foresta, 476 *b*. — *En Saintonge.*

Forestæ, *i. e.* Silvæ, nemora, etc. — *Vid.* Silvæ.

Forestella (boscus qui dicitur), 15 *a*. — *Dans le Soissonnais.*

Forgis (Stephanus de), miles, 520 *a*.

INDEX ALPHABETICUS.

FORMESELLIS, FORMISELLIS, FORMOISELES (Johannes de), *Formenselle*, miles, 103 *b*, 105 *b*, 338 *b*, 368 *b*, 556 *a*, 599 *a*; Galterus *vel* Walterus, 103 *b*, 338 *a*, 370 *b*. — *Jean et Gauthier de Vormeseele en Belgique.*

Fornelli (domus), apud Galliacum, 226 *a*.

FORNERII *vel* FORNERIUS DE SALLONO (Hugo), miles, 515 *a*, 516 *a*.

FOROJULIENSIS episcopus, Raimundus, 380 *a*. — *R., évêque de Frioul, en Istrie.*

Foro PISCIUM (Romain), légat, cardinal de Saint-Ange in), 86 *b*.

FORRE (Matheus de), jurisperitus, 382 *b*; Robertus, serviens regis, 507 *b*.

Fors (villa de), 508 *b*. — *Fors en Poitou, Deux-Sèvres, arr. de Niort, canton de Prahecq.*

FORTANERII (molendinum defuncti), 142 *b*.

FORTI (Ar.), 446 *a*.

FORTIUS (Tolsanus), 299 *b*.

FORTIS (G.), 457 *a*.

FORTIS, Sancti Saturnini Tolosæ capellanus, 308 *a*.

FORTS (Geoffroy des), 261 *b*; Guillaume, comte d'Aumale, fils du précédent, *ibid*.

Forz (terra de), 261 *a*, *b*. — *Terre des Forts, en Normandie.*

Fossatense monasterium, 240 *b*, 312 *a*, 593 *b*. — *Le monastère de Saint-Maur des Fossés, au diocèse de Paris.*

Fossatensis abbas Nicholaus, 593 *b*; Petrus, 240 *b*.

FOSSATO (Arnaldus Garsias de), 505 *b*; Galterus, *ibid*.

Fossereto (castrum *seu* villa de), 66 *a*, 452 *a*, 565 *b*, 566 *a*, 572 *a*, 590 *a*. — *La ville et le château de Fousseret, en Languedoc, Haute-Garonne, arr. de Muret.*

FOSSEZ (Domenche des), 447 *a*.

Foucherolles, 192 *a*.

Fougeriæ, Fougeriarum castrum, 201 *b*, 202 *a*. — *Fougères en Bretagne, Ille-et-Vilaine, chef-lieu d'arrondissement.*

FOUGERIARUM *vel* DE FOUGERIIS dominus, Radulphus, 201 *a*, 202 *a*, 294 *b*, 295 *a*, *b*, 297 *a*, *b*, 425 *b*.

FOULQCE, abbé du monastère de Bévole, au diocèse de Tarazona, 352 *b*.

FOULQUE de Marseille, évêque de Toulouse, 157 *a*, *b*. — *Voy.* FULCO.

FOURCALDI (Petrus Raimundus), consul Montisalbani, 503 *b*.

FOUVENT (dame de), Clémence, 495 *b*. — *Fouvent en Franche-Comté, Haute-Saône, arr. de Gray, canton de Champlitte.*

FOUVENT (Henricus de), 65 *a*.

FOUZENS (Issemenus de), miles, 329 *b*.

FRAG (W. de), 590 *a*.

FRACTA-VALLE (Aalidis de), 80 *b*. — *Freteval, en Beauce, Loir-et-Cher, arr. de Vendôme.*

FRAGA (R. de), 533 *b*.

Fraisnes, locus, 401 *a*. — *En Champagne.*

Franciæ regnum, Francia, 55 *a*, 80 *b*, 86 *a*, 176 *b*, 584 *a*, 641 *a*. — Terra in Francia, 24 *a*. — *La coutume de France*, 625 *a*.

FRANCIÆ barones, 14 *a*, 47 *a*, *b*, 77 *b*, 101 *a*, 150 *a*, 179 *b*, 180 *a*, 192 *b*, 193 *a*, 274 *b*, 645 *a*. — Magnates, 68 *b*, 96 *b*, 178 *a*, 298 *a*. — Pares, 76 *b*, 77 *a*, 110 *b*, 355 *b*, 357 *a*, 600 *b*, 637 *b*, 638 *a*. — Prælati, 47 *b*, 96 *b*, 101 *a*, 179 *b*, 180 *a*, 298 *a*, 353 *a*, 641 *a*. — Reges, *Vid*. Carolus Calvus, Carolus Magnus, Ludovicus VI, Ludovicus VII, Ludovicus VIII, Ludovicus IX, Philippus II. — Reginæ, *Vid*. Blancha, Margarita.

FRANCIÆ buticularius, Robertus de Cortenaio, 14 *a*, 21 *b*, 26 *b*, 33 *a*, *b*, 37 *a*, *b*, 38 *b*, 44 *a*, 57 *a*, 63 *a*, *b*, 69 *a*, 88 *a*, 143 *a*, 152 *b*, 193 *a*, 234 *b*, 298 *a*; Stephanus, 439 *a*, 622 *b*. — Camerarius, Bartholomæus de Roya, 21 *b*, 26 *b*, 33 *a*, *b*, 37 *a*, *b*, 38 *a*, 44 *a*, 63 *a*, *b*, 72 *b*, 117 *b*, 129 *a*, 143 *a*, 173 *b*; Johannes, 439 *a*, 622 *b*; Ursus, 173 *b*. — Cancellarius, Garinus Silvanectensis episcopus, 21 *b*, 26 *b*, 33 *a*, *b*, 37 *a*, 38 *a*, 44 *a*, 54 *a*, 57 *a*, 63 *a*, *b*, 70 *a*, 72 *b*, 112 *b*, 120 *b*. — Constabularius, Amalricus comes Montisfortis, 193 *a*, 236 *a*, *b*, 287 *b*, 298 *a*, 299 *a*, 404 *b*, 439 *a*; Matheus de Montemorenciaco, 14 *a*, 21 *b*, 33 *a*, *b*, 37 *b*, 38 *a*, *b*, 44 *a*, 50 *a*, 57 *a*, 63 *a*, *b*, 69 *a*, 113 *a*, 117 *b*, 121 *a*, 124 *b*, 143 *a*, 152 *b*, 176 *b*, 178 *a*, 179 *b*, 181 *b*, 183 *a*; Robertus, 37 *a*. — Marescallus, Ferricus Paste, 331 *b*, 334 *a*, 483 *a*, 488 *b*, 552 *a*, *b*; Johannes, 57 *a*, 123 *a*, 298 *a*. — Panetarius, Hugo de Atheiis, 102 *b*, 293 *a*.

Francigenus caminus, 297 *b*. — *En Languedoc.*

FRANCO, Brugensis præpositus, Flandriæ cancellarius, 294 *a*, 343 *a*.

FRANCUS (Hamelinus), 617 *b*, 618 *a*.

FRANCUS (Pontius), consul Carcassonæ, 650 *a*.

FRANIACI dominus, Iterius, 214 *a*.

FRANSA (A. de), 629 *a*.

FRAXINO (Bartholomæus de), donatus domus de Templo, 309 *b*. — Petrus, consul Narbonæ, 529 *b*.

Fraxinum, 643 *b*.

Fredelaci villa, 95 *b*. — *La ville et l'abbaye de Saint-Antonin de Fredelas, au diocèse de Pamiers.*

FREDERICUS II *vel* FRIDERICUS, imperator Romanorum, rex Jerusalem et Siciliæ, 50 *a*, 57 *b*, 58 *a*, 87 *b*, 88 *b*, 142 *b*, 270 *b*, 271 *b*, 300 *b*, 301 *a*, 302 *a*, 319 *b*, 320 *b*, 335 *a*, 403 *b*, 406 *a*, 446 *b*, 417 *b*, 418 *a*, *b*, 449 *b*, 420 *b*, 537 *a*, *b*, 538 *a*, 584 *a*, 641 *a*, 642 *a*. 656 *a*.

Fremicourt (villa de), 428 *b*. — *Fermaincourt, dans le comté de Dreux, Eure-et-Loir, arr. et canton de Dreux.*

FRENERIIS (W. B. de), 348 *a*.

FRENERIUS (Hugo), notarius, 636 *b*, 637 *a*.

Fresneia, 130 *a*. — *En Normandie. Peut-être le Fresnay, Eure, arr. des Andelys, canton de Lyons-la-Forêt.*

Fresneyum prope Royam, 31 *a*. — *Fresnoy-en-Chaussée, Picardie, Somme, arr. de Montdidier, canton de Moreuil.*

FRESSEIGNEVILE (Hugo de), miles, 393 *a*.

FRETIN (Egidius de), 592 *b*, 593 *a*.

FREZEL (Petrus), consul de Lavaur, 504 *b*.

FRICHUSA (J. de), senescallus regis Franciæ in partibus Albigensibus, 324 *b*, 325 *b*.

FRIGIDIMONTIS abbas, ordinis Cisterciensis, Bernardus, 280 *b*, 374 *b*. — *B., abbé de Froidmont, au diocèse de Beauvais.*

FRISCAUS (Johannes de), ballivus Ambianonsis, 49 *a*.

FROBURG (comes de), Hermannus, 271 *b*; Ludovicus, *ibid.*

FROGERII (B.), consul Montispessulani, 446 *a*.

FRONIGA (Terrenus), consul Fanijovis, 504 *a*.

FROMONDUS, miles, 514 *a*, *b*.

Fronteneium, 476 *b*. — *Frontenay en Poitou, Deux-Sèvres, arr. de Niort.*

Frontiniano (castrum de), 388 *b*. — *Frontignan, dans le Bas-Languedoc, arr. de Montpellier.*

FRONTOIN (Guillelmus Ar. de), 443 *a*.

Frontonh (via quæ ducit apud), 475 *b*. — *Fronton en Languedoc, Haute-Garonne, arr. de Toulouse.*

FRONTORGUE (R. de), aïeul, père et fils, 136 *b*.

FROSI (Arnal), 480 *b*.

FROTARDUS, 225 *b*.

FROTARDUS (Petrus), miles castri de Causaco, 502 *b*; Sicardus, consul de Causaco, *ibid*.

FROTART, 305 *b*.

FROTART, père d'Isarns, vicomte de Saint-Antonin, 378 *a*.

FROTERUS (Guillelmus), 509 *a*.

FROTGERIIS (B.), 534 *a*.

FROTIERS (Sicartz), miles, 508 *a*.

FROTLCASTOEL (Walterus de), miles, 556 *a*. — *En Belgique.*

FROZI (W.), 465 *b*.

FUIELLA, testis, 68 *a*.

FUISNON (Johannes), miles, 427 *b*.

FULCO, episcopus Regiensis, 515 *a*. — *Foulques II de Cailla, évêque de Riez.*

FULCO *vel* FULCHO, episcopus Tolosanus, 16 *a*, 36 *a*, 41 *a*, 47 *a*, 50 *b*, 55 *b*, 56 *a*, 59 *a*, 68 *a*, 90 *b*, 118 *b*, 135 *b*, 136 *a*, *b*, 142 *b*, 152 *b*, 155 *b*, 156 *b*, 183 *b*, 188 *a*, *b*, 194 *b*, 203 *b*, 209 *b*, 216 *a*, 220 *b*, 221 *a*, 227 *b*. — *Foulque de Marseille, évêque de Toulouse.*

FULCODI *vel* FULCAUDI (Guy *vel* Guido), 335 *a*, 371 *b*, 376 *a*, 406 *b*.

FULCRANDUS (G.), burgensis Montispessulani, 53 *b*.

FULGERIUS (Radulfus *vel* Radulphus de), 201 *a*, 202 *a*, *b*, 426 *a*, *b*.

FULKERIUS, abbas conventus B. Salvii de Monsterolio, 29 *a*. — *Fouquier, abbé de Saint-Sauve de Montreuil-sur-Mer, au diocèse d'Amiens.*

FULLIENSIS abbas, Cisterciensis ordinis, Hogerius II, 91 *a*, *b*, 92 *a*, 93 *a*. — Cellerarius G., 91 *b*. — Monachus, A., 92 *a*; *ibid*. — *L'abbaye de Notre-Dame de Feuillans, appelée aussi de Sainte-Charité, fondée en 1145, était alors comprise dans la circonscription du diocèse de*

INDEX ALPHABETICUS.

Toulouse; en 1317, *Jean XXII la fit entrer dans la circonscription du diocèse de Rieux nouvellement créé.*
Fulco (Johannes dictus), scabinus de Bellomonte, 596 *a*.
Fumel (Esquiu de), 505 *a*.
Furnis (villa de), Furnensis villa, communitas, 107 *a*, 345 *a*, 364 *a*, 561 *b*, 610 *b*.
— *Furnes dans la Flandre occidentale, Belgique.*
Furnis (scabini villæ de), 561 *b*, 610 *b*.
Furnivalle (Girardo de), 657 *a*; Thomas, *ibid.*
Furno (B. de), consul Montispessulani, 51 *b*; Petrus, notarius consulum Montispessulani, 10 *a*.
Fursini (Guillelmus), 234 *a*.
Furted (Petrus), consul burgi de Monteacuto, 532 *a*.
Fuxi castrum, burgus, villa, Fuxum, 163 *a*, 481 *a*. — *Foix sur l'Ariége, ancienne capitale du comté, chef-lieu du département de l'Ariége.*
Fuxi, Fuxensis abbas Guillelmus, 156 *b*.
— Comes, vicecomes Castriboni, Rogerius Bernardus II, 71 *b*, 73 *b*, 150 *b*, 152 *b*, 154 *a*, *b*, 156 *a*, 157 *a*, 162 *a*, 188 *a*, 324 *a*, 451 *a*. — Rogerius IV, 451 *a*, *b*, 453 *b*, 479 *b*, 490 *a*, 570 *a*, 649 *b*.
Fuxo (frater Ramundus de), prior Tolosæ, 497 *b*.
Fuxo (Rogerius de), 324 *a*.

G., 305 *b*.
G., archidiaconus Constantiensis, 525 *a*.
G., archidiaconus Villelongæ, 542 *b*.
G., archipresbyter Nemausensis, 72 *a*.
G., cantor Bituricensis, 238 *a*.
G., cantor Dolensis, 303 *b*.
G., cantor Lingonensis, 133 *b*.
G., comes Blesensis. *Vid.* Galterus.
G., comes Ferrariæ, 99 *b*. — *En Castille.*
G., episcopus Caturcensis. *Vid.* Guillelmus.
G. (magister), medicus Petragoricensis, 466 *a*.
G., officialis Silvanectensis, 137 *a*.
G., official de la cour de Verdun, 310 *b*.
G., præpositus de Marchianis, ordinis Prædicatorum, 546 *b*.
G., prior Sancti Martini Sagiensis, 312 *a*.
G., vicedominus Pinconiensis. *Vid.* Gerardus.
G. B. (Ar. d'en), 383 *b*, 508 *a*.
G. Berengarius, notarius de Sallono, 515 *a*.
G. Johannis, consul Montispessulani, 4 *b*.
Gaaigni, locus infra terminos viariæ Creciaci, 454 *b*. — *Gagny, dans l'Ile-de-France, Seine-et-Marne, arrondissement de Tournan.*
Gabolum apud Attrebatum, 158 *a*.
Gafa (Willelmus), 59 *a*.
Gaiano (B. de), consiliarius Narbonæ, 325 *b*.
Gailhaco (Berengarius de), 535 *b*, 536 *a*.
Gaillac, Galliac, 123 *b*, 149 *b*. — Chapitre, 528 *a*. — Église Saint-Michel, 305 *b*. — *Au diocèse d'Albi.*
Gaillac (abbé de), Arnaud, 528 *a*; Guillaume, 305 *b*.

Gaillaco (Bertrandus de), bajulus comitis Tholozani apud Vaurum, 503 *a*, 509 *a*, *b*.
Çailleronel (Adam de), miles, 659 *a*.
Gaillio, 130 *a*. — *Gaillon-l'Archevêque, Eure, chef-lieu de canton, arrondissement de Louviers.*
Gaillon (châtelain de), Lambert Cadoc, 130 *a*.
Gaina (Ar. de), 536 *b*.
Gairaldæ fons, 475 *b*. — *En Languedoc.*
Gairandus (Bernardus), jurisperitus Massiliæ, 190 *b*.
Gairaudi (Guillelmus), civis Electi, 657 *b*.
Gairaudz de Roquols (B.), 522 *b*.
Gaisclim, Gaisclini (castrum de), 267 *a*, 270 *b*. — *Le château du Guesclin, en Bretagne.*
Gaitapodium *vel* Gayta-Podium (Bernardus W. *vel* Bernardus Guillelmus), scriptor, 300 *a*, 378 *a*; Philippus, 378 *a*, 452 *a*; W. Johannes, 300 *a*.
Galaniebuxs (Sicardus), 300 *a*.
Galabdon (domina de), 182 *a*.
Galazanicus (Pontius), canonicus Magalonensis, 328 *b*, 330 *a*.
Galcadz (villa et honor de), 383 *a*. — *En Languedoc.*
Galchebus, abbas conventus Resbacensis, 404 *b*. — *G., abbé de Rebaix, au diocèse de Meaux.*
Galdino (Arnaldus de), 456 *a*.
Galeranus de Ivriaco, vicecomes Meledunensis, dominus Mosterolii, 41 *a*.
Galiaco (G. Ato de), 396 *a*; Poncius, 350 *b*.
Galiaco (Bertrandus de), bajulus comitis Tolosæ, in castro de Lavaur, 504 *b*.
Gallanda, Garlanda, Gallandia (Ansellus *vel* Anselmus de), miles, 14 *a*, 125 *a*, 137 *a*, 163 *b*, 517 *a*, *b*, 593 *b*. — *Garlande, dans la Brie. Cette terre faisait partie de la terre de la Houssaye, Seine-et-Marne, arrondissement de Coulommiers, canton de Rozoy-en-Brie.*
Gallanda (Ancelmus de), dominus de Possessa, 310 *b*.
Gallanda (Ansellus de), dominus Turnomii, 13 *b*, 22 *a*, 162 *a*, 236 *b*, 240 *b*, 401 *b*, 402 *b*, 403 *a*, 410 *b*, 588 *a*.
Gallanda (Erardus de), 410 *b*, 448 *a*, 605 *b*. — Guido, 25 *a*. — Johannes, 13 *b*, 14 *a*, 22 *a*, 23 *a*, 24 *b*, 25 *a*, 236 *b*. — Robertus, 402 *b*.
Gallandi (Rainaldus), miles regis Franciæ, 632 *a*.
Galleciæ rex, Ferrandus, rex Castellæ, Toleti, etc., 372 *b*, 373 *a*, *b*. — Regina, Johanna, 373 *a*. — *Le royaume de Galice, dans le sud de l'Espagne.*
Galliacum, Gailliaci villa, villa de Galliaco, Gailyac, 150 *b*, 223 *b*, 224 *a*, *b*, 225 *a*, *b*, 226 *a*. — *Gaillac en Languedoc, Tarn, chef-lieu d'arrondissement.*
Galliaci consules, 503 *a*.
Galliaci, Galliacensis conventus, ecclesia, 124 *a*, *b*, 223 *b*, 224 *a*, 225 *a*, *b*. — *Le monastère de Saint-Michel de Gaillac, au diocèse d'Albi.*
Galliaci abbas, Raimundus, 223 *b*, 224 *a*, *b*, 225 *b*. — Prior, Guillelmus, 225 *b*.

Galliaco (Berengarius de), 226 *a*; Bernardus, 226 *a*; Bertrandus, 226 *a*; Guillelmus, 229 *a*; Petrus, 43 *b*; Raimundus, 226 *a*.
Gallicanæ partes, 251 *a*.
Gallione (castellum de), 245 *b*. — *Gaillon en Normandie, Eure, arrondissement de Louviers.*
Gallionis ecclesia, 235 *b*.
Galterius, abbas S. Lupi Trecensis, 421 *a*, *b*, 513 *a*.
Galterius, Galterus, archiepiscopus Senonensis, 13 *b*, 46 *a*, 47 *b*, 70 *a*, 88 *a*, *b*, 96 *b*, 97 *a*, 101 *b*, 102 *a*, *b*, 133 *a*, *b*, 139 *b*, 152 *b*, 178 *a*, 284 *a*, 305 *a*, 399 *a*, 430 *b*, 431 *b*, 441 *b*. — *Gauthier III Cornut, archevêque de Sens.*
Galterius, cardinalis presbyter tituli Sancti Martini in Monte, 29 *a*.
Galterius comes, potestas Avinionensis, 432 *a*.
Galterius, episcopus Carnotensis, 24 *b*, 47 *b*, 55 *b*, 57 *a*, 69 *b*, 70 *a*, 86 *b*, 88 *a*, 89 *a*, 96 *b*, 97 *a*, 101 *a*, *b*, 102 *a*, *b*, 133 *a*, *b*, 178 *a*, 244 *b*, 255 *b*. — *Gautier, évêque de Chartres.*
Galterius, vicarius generalis domini imperatoris in regno Arelatensi et Viennensi, 431 *b*, 432 *a*.
Galterius (Hugo), consul Tarasconis, 217 *a*.
Galterius (Raimundus), pater Vitalis Galterii, 497 *b*.
Galterius (Vitalis), 312 *b*, 497 *b*.
Galterius, filius Galterii de Noerio, 458 *a*.
Galterius *vel* Galterius de Avesnis, comes Blesensis, 14 *a*, 15 *a*, *b*, 101 *a*, *b*, 178 *b*, 269 *a*, 443 *b*. — *Gauthier II d'Avesnes, comte de Blois.*
Galterus, decanus Christianitatis de Triangulo, 137 *b*.
Galterus, episcopus Tornacensis, 156 *b*, 157 *a*. — *Gautier II de Marvis, évêque de Tournay.*
Galterus, major communiæ Barri-super-Secanam, 501 *a*.
Galterus, præpositus Sancti Audomari, 45 *a*.
Galterus, prior Clariloci, 589 *b*. — *Clairlieu, au diocèse de Nancy.*
Galterus, filius Sigeri de Angien, 592 *b*, 593 *a*. — *Gaultier, fils de Siger, sire d'Enghien, et non pas fils de Roger; faute à corriger, 598 a.*
Galterus, filius Gossuini de Hulst, militis, 557 *a*.
Gamachiæ, Gamachiis (castrum de), 286 *b*, 360 *b*, 361 *a*. — *Gamaches, dans le comté de Dreux, Eure, arrondissement des Andelys, canton d'Écouis.*
Gamevila (Noalric de), 402 *a*, *b*, 423 *a*; Willelmus *vel* Guillelmus, 194 *b*, 221 *a*, 299 *b*, 300 *a*, 339 *a*, 348 *a*, 383 *a*, *b*, 384 *b*, 394 *a*, *b*, 396 *b*, 399 *b*, 402 *a*, 419 *b*, 423 *a*, 428 *a*, 439 *b*, 440 *b*, 448 *a*, 512 *a*, *b*, 513 *a*, 519 *a*, 521 *a*, *b*, 534 *a*, 538 *b*, 539 *a*, 543 *a*, 544 *a*, 547 *b*, 550 *a*.
Gandalor (mote de), 264 *a*. — *En Languedoc, près du Tarn.*
Gandavum, Gandensis, Gandavensis villa, 108 *a*, *b*, 109 *a*, *b*, 110 *a*, 368 *b*, 369 *a*,

465 a. — Gandavensis villæ communitas, 345 b, 364 a, 561 b, 596 a, 610 b.
— Gand, capitale de la Flandre orientale, Belgique.
GANDAVI scabini, 561 b, 596 a, 610 b.
GANDAVENSIS, DE GANDAVO, castellanus, Hugo, miles, 368 b, 556 a, 608 b, 609 b.
GANDAVO (Girardus, dictus Diabolus de), miles, 371 a, 555 b, 608 b, 609 b. — Gérard de Gand, dit le Diable.
GANDAVO (Johannes de), miles, 556 a. — Sigerus, 372 a.
GANDELHANICIS (Stephanus de), consul Montispessulani, 602 b.
GANDELUX (Radulfus de), ballivus Bituricensis, 395 b.
GANDUS (Bernardus), 536 a.
GANENTIUS (Petrus Willelmus), 464 b.
Gannaco (castrum de), 348 a. — Ganac, dans le pays de Foix, arrondissement de Foix, canton des Cabanes, Ariége.
GANTELMIUS (R.), senior, consiliarius consulum Tarasconis, 247 a.
GARALDUS (Bernardus), 585 a.
GARCELIERES (Hugo de), consul Podii-Celsi, 510 b.
GARCIA (le frère), prieur de la maison de Tudela, de l'ordre des frères de la Pénitence de Jésus-Christ, 352 b.
GARCIAS DE REVIGNANO (Petrus), 567 a.
GARCIUS (B.), 349 b.
GARDA (homines de), 43 a. — La Garde, en Agénois, Tarn-et-Garonne?
GARDA (H. de la), 440 a.
GARDÆ - DEI abbas, Cisterciensis ordinis, 226 b.
Gardoginm, castellum de Gardogio, 230 b, 231 a. — Gardouch, en Languedoc, Haute-Garonne, arrondissement et canton de Villefranche de Lauragais.
GARDUBIUS, 351 a.
GARICA (R. Esteve de la), 589 a.
GARIGDUIT (Arnaldus Coge de), 428 a.
GARINI (O.), 75 b; Po., 446 a; Poncius, consul Fanijovis, 504 a.
GARINI DE CAJARC (Petrus), 348 b.
GARINUS vel GUARINUS, episcopus Silvanectensis, Franciæ cancellarius, 21 b, 26 b, 33 a, 37 a, 38 a, 44 a, 47 b, 51 a, 57 a, 63 a, b, 70 a, 72 b, 112 b. — Garin, évêque de Senlis.
GARINUS (Ozilus), 35 a; Petrus, 351 a; Petrus, notarius Aurasicensis episcopi, 371 b.
GARNERII (Elyas), 446 a; G., consul Montispessulani, ibid.
GARNERIUS (R.), 278 b.
GARNERUS, episcopus Laudunensis, 458 a, b, 459 b. — Garnier, évêque de Laon.
GARNERUS, monachus S. Crispini Majoris Suessionensis, 253 b.
GARNIER, abbé de Figeac, 96 b.
Garona, 202 b, 378 b, 641 a. — La Garonne.
Garrenna (terra in), 179 a.
Garriga (casale de), 254 b. — Dans le Toulousain.
GARRIGA, GUARRIGUA (Raimundus de), 223 b, 226 a.

GARRIGIIS, GARRIGUES (Bertrandus de), 153 a, 378 b, 444 a.
GARRIGODOCHIO (Ugo Amatus de), 443 b.
GARSANO (Arnaldus de), 264 a; Petrus, ibid.; Poncius, ibid.; Willelma, ibid.
GARSIA DE FANO JOVIS (G.), 325 a.
GARSIA DE MONTEPENSATO (R.), 496 b.
GARSIAS (Radulfus), miles de Fanojovis, 502 b.
GARSIAS DE FOSSATO (Arnaldus), 505 b.
GARSYA, clericus comitissæ et comitis Campaniæ, 132 b.
GASARMA (Bernardus), 438 a.
Gasc (Anissancius), consul Agennensis, 497 b; Ar., 547 b; P., 534 b, 536 a, b; W. lo sabateir, 623 b.
GASCA (Ramunda), femme de B. Bisbes de Buzet, 547 a.
GASCOGNE (Jean Martin, commandeur de l'ordre de Saint-Jacques en), 628 b, 629 a.
GASGES (Gaillart de), 383 b.
GASNAPIÆ domina, Margareta, domina Montisacuti, uxor Petri de Brana, 410 b, 414 a. — Description du sceau de Marguerite, dame de Montaigu et de Gamaches, 414 a.
GASQES vel GASQUES (Gaillart de), 351 a, 383 b, 394 a, 508 a.
GASSA (S.), 531 a.
Gastins (terræ versus), 520 b. — Gastins, dans la Brie, Seine-et-Marne, arrondissement de Provins, canton de Nangis.
GASTO (P. W.), 534 b.
GASTOILL (Bernardus), 224 a, b.
GAUCELINI (Gaufridus), 321 b.
GAUCELMI (Ramundus), dominus Lunelli, 381 a, 388 b, 445 b, 451 a, 489 b, 493 a, 542 a, 629 b, 644 a.
GAUCELMUS (Willelmus), judex Avinionensis, 83 a.
GAUCHER, neveu de Hues de Chastelon, cuens de Saint-Pol et de Blois, 330 a, b, 331 a.
GAUDEFRIDUS, abbas B. Albini Andegavensis, 242 a.
GAUDIA (W. Bernardus de), 547 a.
GAUDIO, nobilis mulier, 144 b.
GAUFFRE (G.), 419 b.
GAUFRE (Hel. de), burgensis de Regula, 333 a.
GAUFREDUS presbyter, 304 b.
GAUFRIDUS, 405 a.
GAUFRIDUS, abbas Sacræ-Cellæ, 32 a. — Geoffroi, abbé de Cercanceau, près Nemours, au diocèse de Sens.
GAUFRIDUS, archidiaconus Briensis, 145 a.
GAUFRIDUS, cantor ecclesiæ Cenomanensis, in episcopum electus, 275 b.
GAUFRIDUS clericus, nuntius comitissæ Nivernensis, 463 b, 476 a, 480 b.
GAUFRIDUS, comes Britanniæ, 303 a. — Geoffroy II. Voy. GODEFRIDUS.
GAUFRIDUS, decanus B. Quiriaci de Pruvino, 256 a, 261 b.
GAUFRIDUS, episcopus Cenomanensis, 216 b.
GAUFRIDUS, monachus in monasterio S. Petri de Cella Trecensis, 465 a.

GAUFRIDUS, prior domus eleemosynariæ B. Johannis Evangelistæ Andegavensis, 239 a.
GAUFRIDUS, thesaurarius S. Hylarii Pictavensis, 500 a, b.
GAUFRIDUS, vicecomes Castridunensis vel Castriduni, 80 b, 617 b. — Geoffroy IV, vicomte de Châteaudun.
GAUFRIDUS, frater Johannis de Plesseicio, 601 b; Ramundus, 636 b.
GAUFRIDUS DE GRANDI PRATO, electus Catalaunensis, 456 a.
GAUGEIR, testis, 419 b.
GAUGERS, 333 b.
GAUJA (Ar. de), 536 b.
GAULTIER (Ug), 580 a.
GAUSBERT (Ug), 327 b.
GAUSBERTUS vel GAUSBERTI (B.), consul Narbonæ, 324 b, 325 b.
GAUSELMUS, 436 b.
GAUSSELMS (Ar.), 333 b.
GAUTA (P.), consul de Manso, 504 b.
GAUTIER (R.), 519 b.
GAUTIER, doyen de la chrétienté de Trainel, 137 b.
GAUTIER, maire de Bar-sur-Seine, 501 b.
GAUTIER (Bernard), 476 a.
GAUZI (Guillelmus), 329 b.
GAUZII (Petrus de), 514 a.
GAUZIMII (Guillelmus), canonicus Magalonensis, 330 a.
Gauzios, uxor quondam Habrahæ judei, 536 b.
Gavaldani (terra et castrum), 499 b. — Le Gévaudan, dans le nord du Languedoc.
GAVARA (S. Petrus de), 99 a.
Gavarer, Gavarrerii (curtis quæ vocatur), 536 b, 583 b.
GAVARRERIO (Bertrandus de), 511 b, 533 b.
GAVARRERUS (dominus), 583 b.
GAVERA, GAVRA, GAVRES (Arnulfus de), miles, 607 b; Raso, Rasco vel Rasso, miles, 103 b, 294 a, b, 338 b, 370 a, 408 b, 465 b; buticularius Flandriæ, 583 a, 600 b. — Gavre, dans la Flandre orientale, Belgique.
GAVERSONUS (Panchracius), camerarius communis Venetiæ in Constantinopoli, 391 b.
GAVIA (Ar. de), 536 b.
GEBERTI (Helyas), 606 a.
GEDEIRA (Joan), 617 a.
GEIS (les) (les juifs), 229 b. Voy. Judei.
Gelis (W.), 39 b, 539 a.
Gemil (terre et seigneurie de), Gemillum, Gimillum, Gimillium, Jemeil, 257 a, b, 278 b, 339 b, 376 b, 422 b, 423 a, 465 b, 660 b. — Gemil en Languedoc, Haute-Garonne, arr. de Toulouse, canton de Montastruc.
GEMIL (habitant de), Amariud, 422 b.
GENAPE (Gautier de), 337 b. — Au lieu de Genape, faute, mettez Annappes, Flandre française, Nord, arr. de Lille, canton de Lannoy.
GENCIACO (Gentilis de), uxor R. de Benca, 339 a.
Genciacum, 40 b. — Peut-être Gensac, dans la Gironde, arr. de Libourne.
GENESII (Petrus), subdiaconus, 330 a.
GENESTETO DE BELLOLOCO (P. de), 496 a.

INDEX ALPHABETICUS.

Genolhacum, locus, 455 b. — Ginouillac, en Quercy, Lot, arr. de Gourdon, canton de la Bastide.
GENOS (Aimericus), burgensis Petragoricensis, 12 b.
GENSER, uxor Ramundi Saisseri, 227 b.
GENTILLIACO (Guido de), miles, 572 a.
GENVRIACI dominus, Johannes de Oigniaco, 84 a.
GEOFFROY, archidiacre de Brie, 145 a.
GEOFFROY, doyen de l'église du Mans, 157 b.
GERALDA, uxor Estolti de Rocovilla, 332 a, 396 a.
GERALDA, uxor R. W. Barbæ, 306 b.
GERALDI (M.), miles de Podio-Laurentio, 497 a.
GERALDI (Stephanus), canonicus Agennensis, 466 b.
GERALDI DE AMILIANO vel AMILIAVO (Bernardus), 334 b, 335 b, 348 b.
Geraldimonte (villa de), 108 a, b. — Scabini et communitas Geraldimontis, 364 a, 595 b. — Grammont, en flamand Geeraerdsbergen, dans la Flandre orientale, Belgique.
GERALDUS, abbas Casæ-Dei, 223 a, b, 294 a, 225 b. — Géraud de Montclare, abbé de la Chaise-Dieu, au diocèse de Clermont.
GERALDUS, abbas Sarlatensis, 389 b, 390 b, 636 b, 657 a. — Gérauld III (de Vallibus), abbé de Sarlat.
GERALDUS (Guillelmus), bajulus S. Romani, 299 a.
GERALDUS, capellanus S. Saturnini Tolosæ, 309 a.
GERALDUS, episcopus Caturcensis, 419 a, 485 b, 542 a, 611 b, 612 b, 634 b, 635 b. — Géraud V de Barasc, évêque de Cahors.
GERALDUS (Petrus), 307 a; Ramundus, 550 a; Stephanus, canonicus ecclesiæ de Manso, 466 b.
GERALDUS DE MOYSIACO (Ramundus), 549 b.
GERARDUS vel GIRARDUS, episcopus Noviomensis, 25 b, 31 a, 47 b, 70 a, 101 a, b. — Gérard de Bazoches, évêque de Noyon.
GERARDUS, scolasticus Cameracensis, 546 a.
GERARDUS, vicedominus de Piquiniaco, 197 b, 405 a.
GERINUS (frater), prior domus Hospitalis Jerosolymitani in Francia, 136 a.
GERMAGNE (Guillaume de), 588 a.
Germaniacum, 100 a. — Dans le comté de Laon.
Germinano (castrum et villa de), 341 a. — Dans le contat Venaissin.
Gernegua (domus pedagii de), 515 a. — A Beaucaire.
GÉRUCALT (H.), 448 a.
GEURI (Stephanus), 204 b.
GHIMA (Walterus), scabinus Yprensis, 607 a.
GHISTELLA (Walterus de), miles, 106 a, 338 b, 358 b. — Gautier de Ghistelle, dans la Flandre occidentale, Belgique.
Giemum, 601 b; pedagium, pons Giemi, ibid. — Gien-sur-Loire, dans l'Orléanais, Loiret, chef-lieu d'arr. et de canton.
GIENVAL (monachi de), 393 b. — En Boulonais?

GIOUEL (Guillelmus), capellanus domini Johannis de Dolo, 304 b; presbyter, ibid.
GIF (juifs) de Troyes, 447 b. — Voy. JUDEI.
GILA, uxor Adami de Cayn, 532 b.
GILI (Matheus), clericus, 330 a.
GILLEBERTUS, castellanus de Bergues, miles, 554 b.
GILLES, cardinal-diacre du titre de S. Côme et S. Damien, 335 b.
GILLIACO (Philippus de), miles, 601 b; Symon, ibid.
GILO, archiepiscopus Senonensis, 623 b. — Gilles Ier Cornut, archevêque de Sens.
GILO, præpositus ecclesiæ Carnotensis in Normannia, 543 a, 544 a.
Gimello (rivus de), 436 b. — Dans le Toulousain.
Gimoesio (terra de), in diocesi Tolosana, 455 b.
GIMUNDUS, decanus Meldensis, 138 b, 145 a, 159 a.
GINIACO (Bertrandus), miles, 329 b.
GIRARDUS, camberlanus Flandriæ, 338 a.
GIRARDUS, canonicus Tornacensis, 335 b.
GIRARDUS comes, fundator monasterii Viziliacensis, 326 b.
GIRARDUS, præpositus S. Audomari, 45 a.
GIRARDUS, frater Petri domicelli dou Meinil, 360 a.
GIRBAUT (terra Gaufridi), 100 b.
GIRBERTUS, rector ecclesiæ S. Juniani, 612 b.
GIRBERTUS (Petrus), vicarius Tolosæ, 35 b.
GIROLDUS, abbas Curiæ-Dei, 39 b, 40 a. — Girold, abbé du monastère de la Cour-Dieu, au diocèse d'Orléans.
GISORCII ballivus, Johannes de Vineis, 651 a, b.
GISORCIO (Guillelmus de), miles, 659 b.
Gisorcium vel Gysorcium, 235 b, 245 a, 256 b. — Gisors en Normandie, Eure, arr. des Andelys.
GITBERTUS (Petrus), subvicarius Willelmi de Roaxio, 203 b.
Givri (villa de), 360 b. — Givry en Argonne, Marne, arr. de Sainte-Menehould; ou Givry-lez-Lorzy, arr. de Châlons-sur-Marne.
Glannafoliensis (conventus S. Mauri), 257 b. — L'abbaye de Glanfeuil ou Saint-Maur-sur-Loire, diocèse d'Angers.
GLANNAFOLIENSIS abbas, Guillelmus, 257 b.
GLEISA (Guailart de la), 47 a.
Gloz (feodum de), 256 b. — Glos-sur-Rille, en Normandie, Eure, arr. de Pont-Audemer, canton de Montfort-sur-Rille.
GOD (Arnaldus), 339 b.
GODAIL (R.), 512 b.
GODE (Raimundus), consul Corduæ, 503 a.
GODEFRIDUS, abbas B. Albini Andegavensis, 242 b, 272 a. — Geoffroi, abbé de Saint-Aubin d'Angers.
GODEFRIDUS, episcopus Ambianensis, 264 b. — Geoffroy Ier d'Eu, évêque d'Amiens.
GODEFRIDUS vel GODEFREDUS, vicecomes Castriduni, 69 b, 81 a, 298 a, 299 a, 618 a. — Geoffroi III ou IV, vicomte de Châteaudun, Eure-et-Loir.

GODEMERUS, serviens comitis Campaniæ, 239 b.
GODESSE (la), serva, 204 b.
GODINIVILLÆ (Petrus), testis, 264 a.
GODOFREDI (Durandus), consul Montispessulani, 602 b.
GODUEL (G. de), consul de Manso, 504 b.
GODUS (Poncius), 512 b.
GOEDHERE (Johannes), scabinus villæ de Bregis, 595 b. — Bergues.
Goelis (casimentum de), 100 a.
GOINS (P.), miles, 252 a. — Dans le comté de Laon.
GOLINARUS (Aimericus), 202 b, 203 a, b.
Goloia, 303 a. — En Bretagne. Peut-être Goulven, Finistère, arr. de Brest, canton de Lesneven.
GONDISSALVUS DE MARANON (P.), 99 b.
GONDISSALVUS DE ORVANEZA (A.), 99 b.
GONDISSALVUS PETRUS, 99 a.
GONNOR (Johannes de), 617 b, 618 a.
GONTALDO, GONTAUT (Gasto de), 390 b, 391 a, 505 a; Vitalis, 505 b. — Gontaud en Agénois, Lot-et-Garonne, arr. et canton de Marmande.
GONDA (Petrus de), 636 b.
GORDON (Girant de), bourgeois de La Rochelle, 523 a.
Gordonium, Gordonis castrum, 72 a, 463 b, 626 a. — Gourdon en Querci, Lot, chef-lieu d'arrondissement.
GORDONO, GORDONIO, GORDONE (Bertrandus de), 72 a, 650 b, 651 a; Fortanerius, 549 a, b; Willelmus vel Guillelmus, 390 b, 391 a, 509 a, 636 a.
GORDONE DE SALVIACO (Guillelmus vel Willelmus de), baro, 463 b, 509 b.
GOROULLUS (Poncius), 225 b.
GORIARZ (Willelmus), 99 a.
GORNAIO (Hugo de), 60 b.
Gorza (territorium de la), 403 b. — Peut-être la Gorce en Vivarais, Ardèche, arr. de l'Argentière, canton de Vallon.
GOSELIN (Walterus), scabinus Yprensis, 607 a.
GOSSA (Stephanus), 603 a.
GOTUS (A.), 421 b.
GOTZ (Ar.), 267 b; Ermengaus, 136 b.
GOZA (Assalitus de), miles, 328 b, 329 b.
GRADANO (J. de), procurator domini Clarini episcopi Carcassonensis, 658 b.
GRACIACO (Guillelmus de), miles, 659 b.
GRÆCI, 353 b, 519 a.
Graissacum, in diocesi Ruthinensi, 324 b. — Graissac en Rouergue, Aveyron, arr. d'Espalion, canton de Sainte-Geneviève.
GRAMENETUS (Guillelmus Bernardus), filius Petri de Insula, 636 b.
Granchiæ, 292 a. — Les Granges?
GRANDIMONTENSIS ordinis (corrector domus Fontenei juxta Corvallum), Petrus, 492 b.
GRANDIPRATO (Joffridus vel Gaufridus de), Cathalaunensis electus, 444 a, 456 a, 461 a.
GRANDIPRATO (Henricus de), dominus de Livriaco, 492 a.
GRANDIS-PRATI comes, Henricus, 14 a, 15 a, 169 a, b, 311 a, 394 b, 491 a, b,

588 *a*, 639 *b*, 640 *a*. — *Henri V, comte de Grandpré*. — Comitissa, Isabellis, 640 *a*.

Grandis-Silvæ abbatia, domus, 149 *a*, 348 *a*, 497 *b*, 633 *b*. — *L'abbaye de Grand-Selve, à Toulouse*.

GRANDIS-SILVÆ, Tolosanensis diocesis, abbas, 164 *a*, *b*. — Hostalarius, Bertrandus de Perrusio, 633 *b*. — Monachus, Johannes Vitalis, 226 *b*. — Prior, 226 *b*.

Grangiæ juxta Thorigniacum, 276 *a*. — *Peut-être les Granges, près de Thorigny, sur le Mignon, Deux-Sèvres, arr. de Niort, canton de Beauvoir?*

GRANGIIS (homines de), juxta Thorigniacum, 276 *b*.

Granmont (communitas villæ de), 364 *a*. — *Grammont (en flamand Geeraerdsbergen), dans la Flandre orientale, arr. d'Audenarde, Belgique*.

GRANT-PRÉ (Ade de), troisième femme de Raoul de Nesle, 138 *a*.

GRAOLLET (Petrus de), miles S. Pauli de Cadajous, 496 *b*.

GRASSENSIS abbas, 164 *a*. — *L'abb. de N. D. de la Grasse, au diocèse de Carcassonne*.

GRASSIN (Hugo), 123 *a*.

GRATEPAILLE (Johannes), miles, 659 *a*.

GRATIÆ-DEI abbas, 332 *b*. — *L'abbaye de la Grâce-Dieu, au diocèse de la Rochelle*.

GRAVA (Guillelmus), de Albia, 641 *a*.

GAVARERIUS (Bertrandus), 209 *b*.

Gravelinguensis villæ scabini, communitas de Gravelingis, 106 *b*, 345 *b*, 364 *b*, 561 *b*, 611 *a*. — *Gravelines, dans la Flandre française, Nord, arr. de Dunkerque*.

GRAVES (homines de), 257 *a*. — *Grauves en Champagne, Marne, arr. d'Épernay, canton d'Avize*.

GRAVESPAGU (comes de), Bertholdus, 271 *b*.

GAUFRIDUS, archidiaconus Parisiensis, 290 *b*.

GRAZAC (el obrador d'en B. de), 617 *a*.

Grazaco (fortia de), 335 *a*. — *Grazac en Languedoc, Haute-Garonne, arrond. de Muret, canton de Cintegabelle*.

Gredonense castrum, 117 *b*. — *Grèze-le-Château, en Gévaudan, Lozère, arr. de Marvejols*.

Gredonensis vicecomitatus, 117 *b*.

GREGORIUS, canonicus Bituricensis, 238 *a*.

GREGORIUS, cardinalis diaconus tituli Sancti Theodori, 29 *a*.

GREGORIUS papa IX, 130 *b*, 133 *b*, 134 *a*, 136 *b*, 140 *a*, *b*, 142 *a*, 144 *b*, 145 *b*, 146 *a*, *b*, 153 *b*, 158 *a*, *b*, 160 *a*, 165 *a*, 192 *b*, 247 *b*, 250 *b*, 252 *a*, *b*, 257 *b*, 258 *b*, 259 *b*, 262 *b*, 264 *a*, 268 *a*, 298 *a*, 314 *a*, 317 *a*, 318 *b*, 327 *a*, 335 *b*, 339 *b*, 350 *a*, 352 *b*, 353 *a*, *b*, 361 *b*, 362 *a*, 377 *a*, *b*, 384 *b*, 386 *a*, *b*, 416 *b*, 418 *b*, 437 *b*, 444 *a*, 450 *b*, 451 *a*, 456 *b*, 518 *a*, 526 *b*, 626 *a*, 628 *a*, 656 *b*. — *Ugolin, des comtes de Siglia, cardinal-évêque d'Ostie avant son avénement au pontificat*.

GREGORIUS papa X, 158 *a*. — *Théalde, de la famille des Visconti de Plaisance, avant son avénement, chanoine de Lyon et archidiacre de Liége*.

GRENBERGIS (Guillelmus de), miles, 366 *a*. — *Grimberghen, dans le Brabant méridional, Belgique*.

GRÈS (Étienne de), doyen de Notre-Dame de Chartres, 543 *a*.

Gresa in Javouden (castrum de), 117 *b*, 498 *a*. — *Grèzes-le-Château, dans le Gévaudan*. — *Vid*. Gredonense castrum.

GRESSIUS (miles de), Adam Boulie, 547 *b*.

Grevelinghes (villa de), 106 *b*. — *Gravelines, dans la Flandre française, Nord, arr. de Dunkerque*.

GREY (Ricardus de), 405 *a*.

GRIGNOLIIS (Boudinus de), 506 *a*.

GRIMAL (Geraldus), 224 *a*, *b*.

GRIMAUDI (Gaufridus), clericus senescalli Pictavensis, 650 *b*.

GRIMAUT *vel* GRIMAUTS (Bernat), 383 *b*, 394 *b*, 396 *b*, 402 *a*, *b*, 423 *a*, 508 *a*, 512 *a*, 533 *b*, 534 *a*, 538 *b*, 539 *a*, 547 *a*.

GRIMOARDI (Guillelmus), consul Castri-Sarraceni, 567 *b*; Poncius, 188 *a*, 324 *a*, 387 *a*, 390 *b*, 391 *a*, 404 *b*, 438 *a*, 464 *a*, 533 *a*, 553 *b*, 567 *b*.

GRIMOARDI (Poncius), de Castro-Sarracenorum, 493 *a*, 505 *a*, 568 *b*.

GRIMOARTZ (P.), 264 *a*.

GRINIAU (Gaufridus), clericus, 138 *b*.

Groolaium, 130 *a*. — *Grosley en Normandie, Eure, arr. d'Évreux, canton de Beaumont-le-Roger*.

Gnos (P.), 269 *a*, 446 *a*.

Gnos (Pierre), seigneur de Najac, 123 *b*.

GROSSA (Guillelmus), miles, 328 *b*.

Grossa-Silva (nemus nominatum), desuper Jonqueri, 531 *b*, 532 *b*. — *En Champagne*.

GROSSI (P.), miles, 515 *a*.

Grosmares, 393 *b*. — *Près de Verneuil-sur-Oise, Oise*.

Grosso-Nemore (terræ et prata de), 125 *a*, 163 *b*. — *Terre de Gros-Bois, partie de la comm. de Boissy-Saint-Léger, Seine-et-Oise, arr. de Corbeil*.

GROSSUS (Joceranus), dominus Brancedunii, 147 *a*.

GUAILARDA, filia Stephani Aimerii de Valle Beraldo, 59 *a*.

GUAILART DE LA GLEISA, 47 *a*.

GUALDINI (Petrus), clericus, 572 *a*, 574 *b*.

GUALDINO (Arnaldus de), 483 *a*; Castalarius, 313 *a*; Castalanus, consul castri Savarduni, 481 *b*.

GUALHARDUS, abbas Figiacensis, 96 *a*, *b*. — *Gualhard, abbé de Figeac, successeur de Guillaume III. Il faut ajouter le nom de Gualhard à la liste des abbés de Figeac, donnée par le Gallia Christiana*.

GUALINUS (Bartholomeus), 307 *b*.

GUALTERUS DE OCHIES, abbas Cisterciensis, 227 *b*, 228 *a*.

GUALTERUS, archiepiscopus Senonensis, 289 *a*. — *Vid* GALTERUS.

GUAMEVILA. *Vid*. GAMEVILA.

GUANARERIO (Bertrandus de), GUANARRERII, 512 *a*, *b*, 571 *b*.

GUARINUS, episcopus Silvanectensis. *Vid*. GARINUS.

GUARINUS, castellanus de Podio-Celso, 510 *b*.

GUARINUS, magister scolarum Aurelianensium, 372 *a*.

GUARINUS (Yspanus), 153 *a*.

Guaronna, flumen, 641 *a*. — *Vid*. Garona.

GUAUCELINUS (Guaufridus), 321 *a*.

Guengampum, in Trecorensi diocesi, 303 *a*. — *Guingamp en Bretagne, Côtes-du-Nord, chef-lieu d'arrondissement*.

GUENNORI (Galterus de), miles, 414 *a*. — *Vignory en Champagne?*

Gueuz (fortericia apud), 232 *b*. — *Gueux en Champagne, Marne, arr. de Reims, canton de Ville-en-Tardenois*.

Gueraumont (scabini et communitas villæ de), 562 *a*. — *Grammont, dans la Flandre occidentale, Belgique. Gerardimons; en flamand Geersberghe*.

Guerclini castrum, 209 *b*. — *Le château du Guesclin, en Bretagne*.

GUÉRIC DE SAINT-MALO (Mathieu), notaire apostolique au diocèse de Châlons, 329 *a*.

GUERIS (Fulcherius), miles, Guidonis comitis Nivernensis in comitatu Forensi vices gerens, 421 *b*.

GUERIUS (B. S.), consul Tolosæ, 278 *a*.

GUERRICI (Fulcherius), ballivus Forensis, 427 *a*.

GUERSENDUS, judeus domini regis, 431 *a*.

GUEZELIN (Galterus de), miles, 553 *a*.

GUI, abbé de Saint-Jacques de Provins, 187 *a*, 400 *b*.

GUI II, mari de Perronelle du Chambon, comtesse d'Auvergne, 237 *a*.

Guiancourt, 132 *b*. — *Guyencourt en Champagne, Aisne, arr. de Laon*.

GUIARDUS, monachus S. Crispini Majoris Suessionensis, 253 *b*.

GUIART, doyen de la chrétienté de Bar-sur-Aube, 266 *a*.

GUIBIENFOY (Robertus de), miles, 257 *a*.

GUICHARD, archidiacre de Brienne, 241 *b*.

GUICHARDUS, abbas Benedictionis-Dei, 421 *b*. — *Guichard, abbé de la Bénédiction-Dieu, au diocèse de Lyon*.

GUICHARDUS, abbas Verziliacensis, 313 *b*, 326 *b*, 538 *a*. — *Guichard, abbé de Sainte-Marie-Madeleine de Vézelay, au diocèse d'Autun*.

GUIDO, abbas Morimontis, 145 *a*. — *Gui II, abbé de Morimond, au diocèse de Langres*.

GUIDO, abbas B. Jacobi Pruvinensis, 400 *a*. — *Gui, abbé de Saint-Jacques de Provins, au diocèse de Sens*.

GUIDO, abbas B. Petri de Huserchia, 655 *a*. — *Gui, abbé de Saint-Pierre d'Userche*.

GUIDO, archidiaconus Carcassonæ, 658 *b*.

GUIDO, quondam buticularius Silvanectensis, 174 *b*, 195 *a*.

GUIDO, canonicus ecclesiæ Carpentoratensis, 408 *a*.

GUIDO, comes Alverniæ, 237 *a*. — *Gui II, comte d'Auvergne, mari de Perronelle de Chambon*.

GUIDO, comes Britanniæ, 303 *b*.

Guido, quondam comes Nivernensis et Forensis, pater Guidonis comitis Forensis, 178 *b*, 290 *a*, 399 *b*, 485 *b*, 501 *a*. — *Gui ou Guigues V, comte de Forez et de Nevers.*

Guido comes Forensis et Nivernensis, 204 *a*, *b*, 211 *a*, *b*, 212 *a*, *b*, 213 *a*, *b*, 214 *a*, 289 *b*, 312 *b*, 313 *b*, 398 *a*, *b*, 405 *b*, 408 *a*, *b*, 410 *a*, 421 *b*, 427 *a*, 439 *a*, 449 *b*, 463 *b*, 470 *a*, 485 *b*, 501 *a*. — *Gui ou Guigue VI, comte de Forez et de Nevers.*

Guido, comes Sagiensis? 88 *a*.

Guido, comes Sancti Pauli, 14 *a*, 15 *a*, 56 *a*, 69 *a*, 72 *b*, 88 *a*, 89 *a*. — *Gui II, comte de Saint-Paul, fils de Gaucher de Châtillon et d'Élisabeth.*

Guido, decanus Lingonensis, 415 *a*.

Guido, episcopus Prænestinensis cardinalis, 29 *a*. — *Gui, évêque de Palestrina.*

Guido, episcopus Soranensis, Apostolice Sedis legatus, 386 *a*, *b*, 397 *b*. — *Gui, évêque de Sora.*

Guido, marescallus Mirepicis, 578 *b*.

Guido, præpositus Banalensis, 382 *b*.

Guido de Thoarcio, vicecomes Thoarcii, 471 *a*, *b*.

Guidonis-Vallis grangia, 44 *b*.

Guiers (G. de), barrianus castri S. Pauli, 87 *a*.

Guilabertus (Arnaldus), 245 *b*; Bernardus, 297 *b*, 540 *a*, 578 *a*.

Guilaberti (B.), sutor, 325 *b*.

Guilhalmonus, 297 *a*.

Guilhalmonus, vicarius Tolosæ, 296 *b*.

Guillaume, abbé de Cluny, 527 *b*. — *Guillaume III de Pontoise.*

Guillaume, abbé du monastère de la Couronne à Angoulême, 513 *b*.

Guillaume, abbé de Caillac, 305 *b*.

Guillaume, abbé de Moissac, 451 *b*.

Guillaume, abbé du monastère de Saint-Jean de Sens, 45 *b*.

Guillaume du Hommet, connétable de Normandie, 299 *a*.

Guillaume, uxor Petri Boerii, 264 *a*.

Guillelma vel Willelma, filia R. Beraudi, 58 *b*.

Guillelmi (Bernardus), consul Montispessulani, 292 *b*, 310 *b*.

Guillelmi (Raimundus), miles castri de Causaco, 502 *b*.

Guillelmonus scriba, 451 *a*.

Guillelmus. — *Vid.* Willelmus.

Guillelmus, abbas Ardurelli, 75 *b*, 76 *a*. — *Guillaume II, abbé du monastère d'Adorel, ancien diocèse de l'Albi.*

Guillelmus, abbas Castrensis, 87 *a*, 648 *b*. — *Guillaume Ier, abbé de Saint-Benoît de Castres, monastère érigé en évêché en 1317.*

Guillelmus abbas Figiacensis, 96 *b*, 580 *b*. — *Guillaume III, abbé de Figeac.*

Guillelmus, abbas Fuxensis, 156 *b*.

Guillelmus, abbas Glannafoliensis, 257 *b*. — *Guillaume II de Normandie, abbé du monastère de Glanfeuil.*

Guillelmus, abbas S. Dionysii in Francia, 636 *b*. — *Guillaume III.*

Guillelmus, abbas Sancti Pauli de burgo Narbonæ, 321 *b*. — *Guillaume II Peyronet ou Guillaume III.*

Guillelmus, abbas S. Petri Latiniaci, 439 *a*, *b*, 463 *a*. — *Guillaume Ier, abbé du monastère de Saint-Pierre de Lagny.*

Guillelmus, abbas S. Taurini, 23 *a*. — *Guillaume III de Courlieu, abbé de Saint-Taurin d'Évreux.*

Guillelmus, abbas S. Vitoni Virdunensis, 639 *b*. — *Guillaume, abbé du monastère de Saint-Vannes de Verdun.*

Guillelmus, archidiaconus Narbonensis (?), 72 *a*.

Guillelmus, archiepiscopus Narbonensis, 633 *b*. — *Guillaume Ier de Broue, archevêque de Narbonne.*

Guillelmus archiepiscopus Remensis, A. S. legatus, 15 *b*, 28 *a*, 47 *a*, *b*, 49 *a*, 69 *b*, 70 *a*, 86 *b*, 87 *b*, 88 *a*, *b*, 112 *b*. — *Guillaume II de Joinville, archevêque de Reims.*

Guillelmus, capellanus de S. Gervasio, 574 *a*.

Guillelmus, castellanus de Manlinguam, 344 *a*.

Guillelmus, castellanus Sancti Audomari, 294 *a*, *b*, 460 *a*.

Guillelmus, comes Alverniæ, 237 *a*, 505 *b*. — *Guillaume X, fils de Gui II et de Perronelle de Chambon.*

Guillelmus, comes Jovigniaci, 298 *a*, 299 *a*. — *Guillaume II, comte de Joigny.*

Guillelmus, comes Montisferrandi et Claromontis, filius Delphini, 63 *b*, 71 *a*, 72 *a*, *b*, 172 *a*, *b*.

Guillelmus, comes Perticensis, 204 *a*. — *Vid.* Guillelmus, episcopus Cathalaunensis.

Guillelmus, comes Pontivi, 24 *a*. — *Guillaume III, comte de Ponthieu.*

Guillelmus, constabularius Normanniæ, 295 *b*, 299 *a*. — *Guillaume du Hommet, connétable de Normandie.*

Guillelmus, custos ecclesiæ Baiocensis, regis clericus, 600 *a*, 607 *b*.

Guillelmus, decanus Aniciensis, 349 *b*.

Guillelmus, decanus Figiacensis, 583 *a*.

Guillelmus, dominus de Forz et comes Albemarlæ, 261 *b*. — *Guillaume des Forts, en Normandie, comte d'Aumale, fils de Geoffroi des Forts et d'Agnès, comtesse d'Aumale.*

Guillelmus, dominus Montispessulani, 75 *a*, 154 *a*, 481 *a*. — *Guillaume VIII.*

Guillelmus, dux Aquitanorum, 232 *a*. — *Guillaume III, dit le Grand, duc d'Aquitaine, père et prédécesseur de Guillaume IV, dit le Gros.*

Guillelmus, episcopus Albiensis, 648 *b*. — *Guillaume VI Pierre, évêque d'Albi.*

Guillelmus, episcopus Andegavensis, 22 *a*, 238 *a*, 239 *a*. — *Guillaume II, de Beaumont, évêque d'Angers.*

Guillelmus, episcopus Aurelianensis, 507 *a*. — *Guillaume de Bussi, évêque d'Orléans.*

Guillelmus, episcopus Cabilonensis, 327 *b*. — *Guillaume de la Tour, évêque de Châlon-sur-Saône.*

Guillelmus, episcopus Carpentoratensis, 36 *b*, 335 *a*, 371 *b*, 376 *a*, 404 *b*, 408 *b*, 408 *a*, 448 *b*. — *Guillaume IV Béroard, évêque de Carpentras.*

Guillelmus, episcopus Cathalaunensis, comes Pertici, 14 *a*, 15 *a*, 124 *b*, 204 *a*. — *Guillaume II de Bellême, évêque de Châlons-sur-Marne, comte du Perche.*

Guillelmus, episcopus Magalonensis, 602 *a*. — *Guillaume III d'Autignac, évêque de Maguelone.*

Guillelmus vel Guillermus, episcopus Parisiensis, 152 *b*, 162 *a*, 166 *a*, *b*, 178 *a*, 236 *b*, 268 *b*, 346 *a*, *b*, 402 *b*, 403 *a*, 410 *b*, 441 *a*, 446 *b*, 447 *a*, 517 *a*, *b*, 570 *b*, 571 *a*, 572 *a*, 580 *b*, 623 *b*. — *Guillaume III d'Aurillac ou d'Auvergne, évêque de Paris; indiqué, par erreur, 162 a, sous le nom de Guillaume II de Seignelay.*

Guillelmus, præpositus capituli Claromontensis, 499 *b*.

Guillelmus, prior Galliaci, 225 *b*.

Guillelmus, senescallus Albigensis, 225 *b*.

Guillelmus, vicecomes Lemovicensis, 193 *a*.

Guillelmus (Simo), consul Moysiaci, 510 *b*.

Guillelmus, avunculus Guillelmi de Dampetra, 17 *a*.

Guillelmus, filius Guillelmi Aquitanorum ducis, 232 *a*.

Guillelmus, filius Hugonis de Mureto de Naiaco, 535 *b*.

Guillelmus, frater G. de Aniorto, 658 *a*.

Guillelmus Bernardus, filius Guillelmi Bernardi Corvi, 636 *b*.

Guillem, clergue de Valcornosa, jove, 188 *b*.

Guillermi (B.), 446 *b*.

Guillermus, buticularius Silvanectensis, miles, 174 *b*.

Guillermus, prior de Coudris, 312 *a*.

Guillermus, scriba, 446 *a*.

Guilleville (Guillelmus de), miles, 659 *b*.

Guinarum, comes Balduinus, 294 *a*, 298 *a*, 358 *a*, *b*. — *Baudouin III, comte de Guines.*

Guinesearto (nemora de), 242 *a*. — *Dans les environs d'Angers.*

Guinus (Petrus), 132 *b*.

Guioti feodum, 256 *b*.

Guiotus judeus, 431 *a*.

Guiotus, filius Guidonis comitis Nivernensis et Forensis, 421 *b*.

Guipia (castrum de), 504 *b*. — *Saint-Martin de la Guépie, en Languedoc, Tarn, arr. de Gaillac, canton de Cordes.*

Guiraldi (B.), 257 *b*.

Guiraldi (Pontius), consul Montispessulani, 602 *b*.

Guiraldus, abbas Sarlatensis, 389 *b*, 390 *a*, *b*. — *Géraud III, abbé de Sarlat.*

Guiraudi (Durandus), consul Montispessulani, 530 *b*.

Guiraudus, Guiraudz, episcopus Caturcensis, 378 *a*, 612 *a*, *b*. — *Géraud V de Barasc, évêque de Cahors.*

Guiraudz, prior de Causada, 378 *a*.

Guiract (Ar. d'en), 538 *b*.

Guirautz (R.), 155 *b*, 183 *a*, *b*.

Guirchia (Robertus de), 99 *b*.

GUISLEBERTUS, castellanus Berguensis, 366 a.
GUISTELL *vel* GUITELLIS (Galterus de), 338 b, 358 b. — *Ghistelle, dans la Flandre occidentale, Belgique.*
GUISTELLA (Johannes de), miles, 556 b.
GUITARDI (Galterius), 43 b.
GUITART (Guautier), 533 a.
GUITONIS (Bernardus), consul de Lavaur, 504 b.
GULLAMAR (Poncius), 226 a.
GUMBAUDI (Helias), miles, 140 a.
GUMBAUDI DE COSNAC (Helias), 506 a.
GUNACHO (J. de), consul Montispessulani, 446 a.
GUNTIERUS, episcopus Wibergensis, 157 b. — *Gontier, évêque de Viberg en Danemark.*
Guonacum, 376 b. — *Guoagnanac en Languedoc, Haute-Garonne, arr. de Saint-Gaudens, canton de Boulogne.*
GUONTALDO (Gastonus de), 433 a. — *Gontaud en Agenois, Lot-et-Garonne, arr. de Tonneins.*
GUORDONE (Fortanerius de), 455 b. — *Gourdon en Quercy, Lot.*
GYLEBERTUS, castellanus Bergensis, 342 b.
GYRALDI (Poncius), bajulus Lausertæ, 509 a, b.
GYRALDUS (Guillermus), consul Podii-celsi, 510 b.

H., cantor Cathalaunensis, 251 a.
H., cantor Trecensis, 33 b.
H., decanus B. Martini Andegavensis, 238 a.
HAABEL (Stephanus), serviens sororis domini de Vitriaco, 303 b.
HABRAHA, judeus, 48 b, 536 b.
HAEMERICUS, filius Haemerici de Rupe-Chiwardi, 506 a.
Hagenowe, 301 a, 302 a. — *Haguenau en Alsace, Bas-Rhin, arr. de Strasbourg.*
HAIA (Johannes de), miles, 608 a.
Haios de Bou, 429 b.
HAILLI (Guobertus de), miles, 350 a.
HAIMERICI (Ernandus), miles et nobilis castri de Causaco, 502 b.
HAIMERICUS, decanus christianitatis Pruviniensis, 476 a.
HAIMERICUS (Raimundus), miles castri de Causaco, 502 b.
HAIMERICUS, vicecomes Thoarcii, 13 a, 33 a, 121 b, 180 b. — *Aimeri VII, vicomte de Thouars.*
HAIMERICUS, vicecomes Thoarcii, 471 a, 500 a, b, 642 a, 643 a. — *Aimeri VIII, vicomte de Thouars.*
HAIMERICUS, filius Guidonis quondam vicecomitis Thoarcii, 471 a, b.
HAIMO, episcopus Matisconensis, 146 b. — *Haymon, évêque de Mâcon.*
Hainbeuvilla (villa quæ appellatur), 411 a. — *En Champagne.*
HAINONIA (Gerardus de), 546 b.
HAINONIA (Girardus, dictus de), dominus de Longavilla, 599 a.
Hainoniæ, Haynoniæ, Haioniæ comitatus, le Hainaut, 590 b, 624 b, 625 a, 630 a, 631 a, b, 637 a, 638 b, 639 a. — *Hainoniæ proventus,* 545 a.

HAINONIÆ, HAYNONIÆ, HANNONIÆ comes, Ferrandus, comes Flandriæ, 77 b, 110 a, 111 a, b, 331 b; Thomas, 356 a, 405 b, 416 b, 465 a, 545 b, 546 b, 565 a. — *Comitissa, Johanna, comitissa Flandriæ,* 53 b, 77 b, 78 a, 103 a, 110 a, 111 a, b, 112 a, 293 a, 294 a, 305 b, 331 b, 334 a, 336 a, b, 337 a, 342 a, 358 a, b, 362 b, 405 b, 465 a, 484 b, 545 a, 565 a, 637 b, 638 a; *Margareta,* 548 a, b, 552 a, b, 565 a, b, 590 a, 591 b, 592 b, 594 b, 596 b, 597 b, 600 a, 624 b, 625 a, 630 a, 637 a, 638 a, b.
Hallata foresta, 569 a. — *La forêt de Hallate, dans le pays de Caux, en Normandie, entre le Havre et Montivilliers.*
HALLUD *vel* HALLUT (Egidius de), miles, 103 a, b, 371 a, 597 b. — *Gilles de Halluin, dans la Flandre française, Nord, arr. de Turcoing.*
HALUIDIS, uxor Anselli filii Anselli de Gallanda, 593 b.
HAMADIA (dominus de), Terricus, miles, 592 b, 593 a, 597 b, 598 a, 608 a. — *Thierry, sire de la Hamaide, commune de Haquegnies, canton de Frasnes, arr. de Tournay (Belgique).*
Hameillon (pratum de), 130 a. — *En Normandie.*
HAMERICUS, archidiaconus Alnisiensis, 535 a. — *Aimeri, archidiacre d'Aunis.*
HAMERICUS (Petrus), 351 a.
HAMIS (major et jurati de), 654 a. — *Ham en Picardie, Somme.*
HAMMAM (Nicholaus), scabinus Yprensis, 607 a.
HAMPCUION (Jehan de), 447 a.
HANAPLES (Galterus de), miles, 360 a. — *Annappes, dans la Flandre française, Nord, arr. de Lille, canton de Lannoy.*
HANELOU (priorissa et moniales eleemosynariæ), apud Andegavum, 239 a.
HANGESTA (Florencius de), 69 a, b. — *Florent de Hangest-en-Santerre, Picardie, Somme, arr. de Montdidier, canton de Moreuil.*
HANS (domina de), Ada, comitissa Suessionensis, 394 b, 658 a. — *Hans, Marne, arr. de Sainte-Menehould. Voy.* ADA.
HAQUETINS (Jobert de), de Bar-sur-Seine, bailli de Troyes, 448 a.
HAQUEVILLE (dominus de), Robertus de Poissiaco, 200 a, b. — *Hacqueville, canton de Poissy, arr. de Versailles, Seine-et-Oise.*
HARECOURT, HARECURIA (Ricardus de), 102 a, 298 a, 299 a. — *En Normandie, Calvados, arr. de Falaise, canton d'Harcourt.*
Harenæ, 257 a. — *Airaines en Picardie, Somme, arr. d'Amiens, canton de Molliens-le-Vidame.*
HARENS *vel* HARENG (Adam, dictus), miles, 96 b, 97 a, 506 b, 507 a.
Harles, 379 b. — *En Provence.*
HARNIS (Michael de), miles, 114 a, 158 a, 285 a, 425 a. — *Harnes en Picardie, Pas-de-Calais, arr. de Béthune, canton de Lens.*
HARNIS (Michael de), miles, filius præcedentis, 158 a.
HASEBROC (Radulfus de), 104 a. — *Haze-*

brouck, dans la Flandre française, Nord, chef-lieu d'arrondissement.
HAUDRICI (Johannes), canonicus ecclesiæ de Campellis, 623 b.
HAUSSI (dominus de), Willelmus, miles, 597 b, 598 a.
HAVEKERQUE (Boidinus de), miles, 366 b, 553 a; *Gilo,* 607 b. — *Haveskerque, dans la Flandre française, Nord, arr. d'Hazebrouck, canton de Merville.*
HAVERIE (Wetinus de le), miles, 268 b.
HAVOISE, comtesse d'Aumale, 261 b. — *Havoise ou Hadwide, fille de Guillaume F^r, comte d'Aumale, femme de Geoffroi des Forts.*
Haxele (villa de), 108 b. — *Axel en Zélande, Pays-Bas.*
HAYA (Johannes de), miles, 556 b.
Haya in Turonia, 33 a, b. — *La Haye en Touraine; auj. la Haye-Descartes, arr. de Loches, Indre-et-Loire.*
Haye-Pesnel (la), 202 b. — *En Normandie, arr. d'Avranches, Manche.*
HAYMERICUS filius Ivonis, miles, 570 b.
Hectoris (nemus domini), 255 a. — *En Champagne.*
Hédin, 550 b. — *Hesdin en Picardie, Pas-de-Calais, arr. de Montreuil-sur-Mer.*
HEDINI major, 45 a.
HELIA, domina de Vataria, relicta Fromondi militis, 514 a, b.
HELIE (P.), burgensis Petragoricensis, 12 b; *W., ibid.*
HELIZABES *vel* ELIZABETH, mater Bertrandi Enguiranni, 118 a.
HELISABETH, mater Petri domicelli dou Meinil, 360 b.
HELISSENDIS, comitissa Perticensis, uxor Garnerii de Triangulo, 118 a. — *Hélissende de Rothel, veuve de Thomas, comte du Perche.*
HELOIS, relicta Johannes de Gallanda, 236 b.
HELUIS, HELUYSIS, uxor Johannis de Jauna, 137 a, b.
HELYAS, comes Petragoricensis, 644 b, 645 a. — *Hélie VI, comte de Périgord.*
HELYAS (Willelmus), miles castri de Villamuro, 497 a.
HELYDIS, uxor Guillelmi Bernardi de Olargio, 646 b.
HEMARDUS, decanus Meledensis, 523 a, b. — *Hemard, doyen de l'église de Meaux.*
HEMERICUS, archidiaconus Alnisiensis, 607 a.
HEMERICUS, vicecomes Castri-Eraudi, 298 a. — *Aimeri II, vicomte de Châtellerault.*
HEMERICUS DE MALAMORTE, electus Lemovicensis, domini papæ cambellanus, 603 a.
HENOVILLE (Thomas de), miles, 659 a.
HENRI, abbé de Saint-Mange de Châlons, 205 b, 206 a, b, 207 a, b, 208 a.
HENRI, fils d'Alphonse IX, roi de Castille, 98 a.
HENRICUS, archidiaconus Blesensis, Carnotensis electus, 524 b.
HENRICUS, archiepiscopus Remensis, 232 b, 298 b, 305 a, 311 a, 350 a, b, 373 b, 374 a, 378 b, 400 a, 409 a, 444 a, 461 a, 526 a, 532 b. — *Henri II de Dreux ou de Braine, archevêque de Reims.*

INDEX ALPHABETICUS.

HENRICUS, canonicus B. Mariæ Magdalenæ Virdunensis, 373 b.
HENRICUS, cantor Trecensis, 241 b, 254 b.
H ᴇɴʀɪᴄᴜs, comes Barriducis, 193 a, b, 250 b, 350 a, b. — *Henri II, comte de Bar-le-Duc.*
HENRICUS, comes Campaniæ et Briæ vel Trecensis, 159 b, 247 b, 272 b, 528 b.— Ejus filiæ, 155 b. — *Henri II, dit le Jeune, comte de Champagne.*
HENRICUS IV, comes Grandisprati, pater Adæ dominæ de Hans, comitissæ Suessionensis, 394 b. — Henricus V, 15 a, 169 a, b. — Henricus VI, 491 a, 492 a, 588 a, 639 a, b, 640 a. — *Henri, Hainris, comte de Grandpré.*
HENRICUS, dux Brabantiæ, 301 a, b. — *Henri II ou III le Magnanime, duc de Brabant.*
HENRICUS, dux de Limburg, 301 a, b. — *Henri IV, duc de Limbourg.*
HENRICUS, episcopus Antissiodorensis, 47 b, 70 a, 72 b, 73 a. — *Henri de Villeneuve, évêque d'Auxerre.*
HENRICUS, episcopus Carnotensis, 544 a, b. — *Henri de Crès, évêque de Chartres.*
HENRICUS, juratus, 303 b.
HENRICUS, præpositus Duacensis, miles, 343 b, 359 a.
HENRICUS II, rex Angliæ, dominus Hyberniæ, dux Normanniæ, Aquitaniæ et comes Andegaviæ, pater Ricardi, 517 a, 570 b.
HENRICUS III, rex Angliæ, dominus Hyberniæ, etc., 16 b, 35 a, 123 a, 140 a, b, 141 a, b, 184 a, 194 b, 195 a, 210 a, b, 217 b, 236 a, b, 270 a, b, 298 b, 332 b, 405 a, b, 452 a, 454 a, 505 b, 511 b.
HENRICUS, rex Cypri, 289 b. — *Henri Iᵉʳ, fils d'Alix.*
HENRICUS, rex Romanorum, 142 a, b. — *Henri, roi des Romains, fils aîné de Frédéric II.*
HENRICUS DE BOON, Herefordiæ et Essex comes, 405 a.
HENRICUS DE GRANDIPRATO, dominus de Liviraco, 492 a.
HERBERT, prior de Caparosso, 352 a.
HERBERTUS, abbas Sanctæ Genovefæ Parisiensis, 44 a, 206 b.
HERBERTUS, curatus Barri-super-Secanam, 501 a, b.
Herhicia, Herbitia, 118 a, 131 a. — *Herbisse en Champagne, Aube, arr. et cant. d'Arcis.*
Hère, 424 b. — *En Belgique, près de Tournay.*
HEREBERTUS, filius Mathei, 405 a.
Heredum (nemus quod dicitur nemus), 400 a, 412 b. — *En Champagne.*
Herefaut (domus apud), 45 a. — *En Picardie.*
HEREFACT (Guillelmus de), miles, 44 b, 45 a, b.
HEREFORDIE comes, Henricus de Boon, comes de Essex, 405 a. — *Henri de Boon, comte d'Herford en Angleterre.*
Heremita versus Villam-novam (granchia de), 80 a. — *Dans la Brie.*

HEREMO (Arnaldus de), 452 a.
HERETICI, 249 a, b, 534 b, 566 a, b.
HERIVALIS abbas, Petrus, 174 b. — *L'abb. d'Hérivaux, au diocèse de Paris.*
HERMANDI (Guillelmus), miles, 501 b.
HERMANNUS, magister hospitalis Sanctæ Mariæ Theotonicorum in Jerusalem, 271 a.
HERMANNUS, marchio de Baden, 301 a, b. — *Hermann V, dit le Picux, margrave de Bade.*
HERMANNUS, præpositus de Strand, 158 a.
HERMERIARUM, de HERMERIIS abbas, Robertus, 125 a, 401 b, 544 a, b. — *Robert, abbé d'Hermières, au dioc. de Paris.*
HERMO (Arnaldus de), 68 a; Arnaldus Poncius, 67 a.
HERSENCURIA (P. de), senescallus Bellicadri et Nemausi, 495 b, 496 a.
HERVEUS, comes Nivernensis, 461 b.
HERVEUS (R.), 354 b, 533 a.
Hesdinensis comitatus, 221 a. — *Le comté de Hesdin, en Artois.*
Hesdini castellania, 293 b. — Parcus, 220 b. — Præpositura, ibid.
HESDINI, major, scabini et jurati, 652 b.— Hesdinum vel Hisdinum, 349 a. — *Hesdin, sur la Canche, en Artois, Pas-de-Calais, arr. de Montreuil-sur-Mer, chef-lieu de canton.*
HESTRUT (Walterus de), miles, 608 a.
HEULE, HEULA (Alardus de), miles, 107 a, b, 366 b; Guillelmus vel Willelmus, 343 b, 366 b. — *Heule, dans la Flandre occidentale, cant. de Moorseele, Belgique.*
HIBERNIÆ dominus (Henricus III, rex Angliæ), 140 a, 332 b, 505 b, 511 b.
Hierosolyma, 406 a.
HIBEL (Johannes de), canonicus Dolensis, 303 b.
Hisdinum. — Vid. Hesdinum.
Hispaniæ (domus militiæ Templi in partibus), 319 a.
HISSENGUIEN (Balduinus de), miles, 370 b. — *Iseghem ou Isenghien, dans la Flandre occidentale, Belgique.*
HOGERIUS, abbas Fulliensis, Cisterciensis ordinis, 91 b, 92 a, 93 a. — *Hoger II, abbé de Feuillans, au diocèse de Rieux.*
HOHENLOCH (comes de), Conradus, 271 a. — *Hohenlohe, principauté d'Allemagne divisée entre différentes branches de la même famille.*
HOLE vel HOLA (Alardus de), 107 b, 556 b.
HOLIERS DE ESKA (Johannes li), 45 a.
Homblariis (villa de), conventus, 25 a, b. — *Homblières en Picardie, Aisne, arr. et canton de Saint-Quentin. Le couvent d'Homblières faisait partie du diocèse de Noyon.*
HOMET (Guillelmus de), constabularius Normanniæ, 296 a.
HONDSCHOOTE, HONDESCOTE (Henricus de), Duacensis præpositus, 343 b, 359 a; Johannes miles, 343 b, 370 a; Philippus miles, 370 a, 596 b; Walterus, 104 a; Willelmus, 104 a, 343 b. — *Hondschoote, dans la Flandre française, Nord, arr. de Dunkerque, chef-lieu de canton.*
Honnans, 347 b. — *Ounans en Franche-*

Comté, Jura, arr. de Polijny, cant. de Vilers-Farlay.
HONORIUS, papa III, 17 b, 24 a, 26 a, 28 a, 29 b, 47 a, b, 76 b, 113 a, 130 b, 134 a, 141 a, 146 a, 250 b, 314 a, 318 b, 627 a, 628 a, 647 a, 648 a. — *Cencio Savelli, avant son avénement au pontificat.*
Horinkohan, Horingehan, 44 b, 45 a. — *En Picardie.*
HOSPITALARII, 151 b, 152 a.
Hospitale Jerosolimitanum, 273 b, 487 b.
Hospitalis domus in Arausica, 335 a. — *L'hôpital de Saint-Jean de Jérusalem, à Orange.*
HOSPITALIS JEROSOLYMITANI, Symon frater, 487 b.
HOSTEKERQUE (Guillelmus de), miles, 371 a.
HOSTIENSIS episcopus cardinalis, Hugo, 28 b, 29 b. — *Hugues, cardinal-évêque d'Ostie.*
Hous (Symon de), miles, 393 a.
Housoie (domus de la). Vid. Hussoia.
Hoysemont, 393 a. — *Oisemont en Picardie, Somme, arr. d'Amiens, chef-lieu de canton.*
Huc (R.), 446 a.
HUCKIUS (Clarenbaudus), burgensis Morinensis, 45 b.
HUELLA (Alardus de), 107 b. — *Heule, dans la Flandre occidentale, cant. de Moorseele, Belgique.*
HUGO, abbas de Corbeia, 72 b. — *Hugues II, abbé du monastère de Corbie, au diocèse d'Amiens.*
HUGO, abbas Longipontis, 15 a. — *Hugues V de l'Oratoire, abbé du monastère de Longpont, au diocèse de Soissons.*
HUGO, abbas Melugdensis, 492 b. — *Hugues III, abbé de Molome, en Tonnerrois, diocèse de Langres.*
HUGO, archidiaconus Vindocinensis, 236 b.
HUGO, archiepiscopus Senonensis, 623 b.— *Hugues de Toucy, archevêque de Sens.*
Hugo (Hermengaudus), bajulus Castlucii, 549 b.
HUGO, cantor Cathalaunensis, 133 b.
Hugo, cardinalis episcopus Hostiensis, 28 b, 29 b. — *Hugues, cardinal évêque d'Ostie.*
HUGO, castellanus de Gandavo vel Gandensis, 368 b, 609 b.
HUGO, castellanus Vitriaci, 342 a.
HUGO (magister), clericus Meldensis, 145 a.
HUGO, comes Registestensis, 460 a. — *Hugo III, comte de Rethel.*
HUGO, comes Ruthenensis, 348 b, 532 a, 612 a. — *Hugues IV, comte de Rodez.*
HUGO (B.), consul Montispessulani, 530 b.
HUGO, decanus christianitatis de Bellomonte, 409 a.
HUGO, dux Burgundiæ, 193 a, b, 269 a, 270 a, 279 b, 280 a, 287 a, 288 b, 289 a, 298 a, 299 a, 305 b, 347 a, 408 a, b, 413 a, 414 a. — Comes Cabilonensis, 527 b. — *Hugues IV, duc de Bourgogne.*
HUGO episcopus Bigorritanus, 543 b. — *Hugues II de Pardaillan, évêque de Bigorre (évêque de Tarbes).*
HUGO, episcopus Claromontensis, 386 a, 397 a, 487 a, 490 b, 498 a, b, 499 b. —

88

INDEX ALPHABETICUS.

Hugues de La Tour, évêque de Clermont.
Hugo, episcopus Lactorensis, 164 *b*. — *Hugues I*er*, évêque de Lectoure.*
Hugo, episcopus Lingonensis, 47 *b*, 70 *a*, 86 *b*, 88 *b*, 278 *a*. — *Hugues II de Montréal, évêque de Langres.*
Hugo, episcopus Sagiensis, 291 *a*, 312 *b*. — *Hugues I*er*, évêque de Séez.*
Hugo, filius Hugonis de Rumigniaco, 592 *b*, 593 *a*.
Hugo, filius Johannis comitis Cabilonensis, 347 *a*.
Hugo (Petrus), miles castri de Causaco, 502 *b*.
Hugo, primogenitus comitis Marchiæ, 182 *b*.
Hugo, vicedominus Carnotensis, 22 *a*, 23 *b*.
Hugo, vicecomes Castri-Eraudi, 31 *b*.
Hugo, vicecomes Thoarcii, 121 *b*, 122 *a*, 138 *b*, 139 *a*. — *Hugues II, vicomte de Thouars.*
Hugo Bruni, comes Engolismensis, filius Hugonis de Lezeigniaco, 623 *b*, 624 *a*.
Hugo de Castellione, comes Sancti Pauli et Blesensis, 145 *a*, 174 *b*, 193 *a*, *b*, 197 *a*, 209 *a*, 235 *a*,*b*, 251 *b*, 269 *a*, *b*, 270 *a*, 278 *a*, 299 *a*, 330 *a*, 331 *a*, 336 *a*, 414 *b*, 454 *b*. — *Hugues V de Châtillon, comte de Saint-Pol.*
Hugo de Castellione, frater comitis S. Pauli, 14 *a*.
Hugo de Castillione, filius comitis S. Pauli, 79 *b*.
Hugo de Lyzignan *vel* Lezigniaco, comes Marchiæ et Engolismi, 39 *a*, 62 *b*, 68 *b*, 121 *a*, *b*, 140 *a*, *b*, 141 *b*, 175 *b*, 176 *b*, 181 *a*, 182 *b*, 193 *a*, *b*, 241 *a*, 270 *a*, 276 *b*, 298 *a*, 299 *a*, 313 *b*, 453 *a*, *b*, 457 *a*, 476 *a*, 477 *a*, *b*, 478 *a*, 499 *b*, 508 *b*, 513 *b*, 571 *a*, 572 *a*, 579 *a*, 624 *a*. — *Hugues X de Lusignan, comte de la Marche et d'Angoulême.*
Hugolini (Flamenchius *vel* Flamangus), mercator Senensis, 439 *a*, *b*, 463 *b*.
Hugues, abbé de Castres, 64 *b*.
Hugues, abbé de Saint-Pierre de Melun, 492 *b*.
Hugues IV, duc de Bourgogne, 193 *b*, 270 *a*, 280 *a*, 299 *a*.
Hugues V, père de Guy II, comte de Saint-Pol, 69 *a*.
Huissellum (riparia de Coussum super), 443 *a*. — *Huisseau-sur-Cosson, Loir-et-Cher, arr. de Blois, canton de Bracieux.*
Hulst (villa de), 108 *a*, 364 *b*. — Scabini et communitas de Hulst, 562 *a*. — *Hulst en Zélande, Belgique.*
Hulst (Gossuinus de), miles, 557 *b*.
Humbert, archiprêtre de Périgueux, 64 *b*.
Humbertus, decanus Beatæ Mariæ Montis Brisonis, 427 *a*.
Humeto (Guillelmus de), constabularius Normanniæ, 298 *a*.
Humolariensis ecclesiæ conventus, 25 *b*. — *Le monastère d'Hombliéres, au diocèse de Noyon.*
Humolariensis abbas, Balduinus, 25 *a*, *b*.
Hunaldi (Ramundus), 433 *a*.
Hunaldus (Geraldus), 507 *b*; R., 483 *b*, filius Geraldi Hunaldi, 507 *b*.

Hundescote (Henricus de), miles, præpositus Duacensis, 556 *b*. — Philippus, 607 *b*. — *Hondschoote, Nord, arr. de Dunkerque.*
Hunfalise (dominus de), Henricus, 592 *b*, 593 *a*.
Huo, prior de Condis, 646 *b*.
Hurepel (Philippe de France, dit), comte de Boulogne, 24 *a*, 89 *a*, 97 *a*, 114 *b*, 119 *a*, 244 *a*.
Huserchia (abbas B. Petri de), Guido, 655 *a*. — *Saint Pierre d'Uzerches, au diocèse de Limoges.*
Husseia *vel* Husseya (domus fortis de), 13 *b*, 14 *a*, 22 *a*, 23 *a*, 24 *b*, 25 *a*, 410 *b*, 448 *a*. — *La Houssaye en Brie, Seine-et-Marne, arr. de Coulommiers, canton de Rozoy.*
Hyenvilla (castellania de), 563 *b*. — *Janville, Eure-et-Loir, ar. de Chartres.*
Hymberthon, miles, nuncius regis Angliæ, 332 *b*.
Hysabellis, regina Angliæ, uxor Hugonis de Lesigniaco comitis Marchiæ et Engolismæ, 498 *b*, 622 *b*. Vid. Ysabella.

Igni, 218 *b*; homines de Igniaco, 288 *b*. —*Igny-le-Jard, en Champagne, Marne, arr. d'Épernay, canton de Dormans.*
Igniaco (conventus de), 288 *b* ; Igniacensis ecclesia, 116 *b*. — *Le monastère d'Igny, au diocèse de Reims.*
Ildefonsus, comes Provinciæ, 380 *b*. Vid. Alphonsus.
Illa (R. B. Bertrans de la), 269 *a*.
Imberti (Joslenus), 99 *b*.
India, uxor Arnaldi Poncii, 566 *a*.
Indulfus (frater), miles, hospitalis Hierosolymitani in Arausica, 406 *b*.
Inferciulus (carcer qui dicebatur), apud Regulam, 333 *b*.
Ingaud (Willelmus de), 568 *b*.
Ingrandia (heres de), 290 *b*. — *Ingrande en Anjou, Maine-et-Loire, arr. d'Angers, canton de Saint-Georges-sur-Loire.*
Innocentius papa III, 130 *b*, 146 *a*, 314 *a*, 318 *b*, 335 *b*, 625 *a*, 626 *b*, 627 *a*, 628 *a*,*b*. — *Lothaire, des comtes de Signia.*
Innocentius papa IV, 517 *b*, 548 *b*, 523 *b*, 524 *a*, *b*, 525 *b*, 526 *a*, 528 *a*, 534 *b*, 566 *a*, *b*, 567 *a*, 571 *b*, 574 *a*, 575 *a*, 578 *b*, 585 *b*, 612 *b*, 623 *b*, 640 *b*, 641 *a*, 647 *a*. — *Annibalde de Fieschi, professeur de droit à Bologne et cardinal de Saint-Laurent, avant son avènement au pontificat.*
Insula, Insulensis villa, Insulæ, 76 *a*, *b*, 102 *b*, 103 *a*, *b*, 104 *b*, 111 *a*, 115 *a*, 283 *a*, 293 *b*, 297 *b*, 332 *a*, 342 *b*, 345 *b*, 360 *a*, 364 *b*, 369 *a*, *b*, 370 *a*. — Scabini et communitas villæ Insulensis, 562 *a*, 611 *a*. — Hospitale apud Insulam, sub invocatione S. Mariæ, 416 *b*. — *Lille en Flandre, chef-lieu du département du Nord.*
Insula, 404 *a*, 432 *a*. — *Lisle en Languedoc.*
Insula (capitulum S. Petri de), 416 *b*.
Insula (castellanus de), Johannes, castellanus Peronensis, 343 *a*, 367 *b*; Rogerius, 103 *a*.

Insula (decanus de), 546 *b*. — Præpositus, 104 *b*.
Insula (ecclesia Beati Martini de), 92 *a*.
Insula (nemora de), 242 *a*. — *En Anjou.*
Insula (prior de), ordinis Prædicatorum, 545 *b*.
Insula (Adam de), miles, 659 *a*. — Ansellus, miles, 281 *b*, 283 *a*, 291 *a*, 293 *a*, 297 *a*; Bertrandus, 464 *b*, 540 *a*; Bertrandus Jordanus, 92 *a*, 506 *a*, 573 *a* ; Johannes, miles, 659 *a*; Jordanus, 455 *b*, 494 *b*, 495 *a*, 548 *b*, 550 *a*; Petrus, 285 *a*, 636 *b*.
Insula amata, 221 *b*, 222 *b*, 223 *a*. — *Probablement l'Isle d'Alby, en Languedoc, Tarn, arr. de Gaillac, chef-lieu de canton.*
Insulæ, 632 *a*. — *Isles de Champagne.*
Insulæ *vel* Ynsulæ dominus, 304 *a*.
Insulæ-bonæ forteritia, 24 *a*, 114 *a*, *b*. — *Lillebonne en Normandie, Seine-Inférieure, arr. du Havre, cant. de Lillebonne.*
Insulæ dominium, in partibus Venaissini, 636 *b*, 637 *a*. — *L'Isle en Provence, Vaucluse, arr. d'Avignon, cant. de l'Isle.*
Insulæ Buchardi (domina), Armoda domina Rupisfortis, 290 *a*, *b*. — *L'Isle-Bouchard, en Touraine.*
Interamne, 317 *a*, 318 *b*, 327 *a*. — *Terni, dans les États de l'Église.*
Intercallis (castrum de), 301 *b*. — *Entrechaux, Vaucluse, arr. d'Orange, canton de Malaucène.*
Ipræ, Ipra, Ippra, 104 *a*, 105 *a*, 110 *a*, 370 *a*. — *Ypres, dans la Flandre occidentale. Vid. Ypra.*
Isabella, comitissa Carnotensis, domina Ambasiæ, 240 *b*, 658 *a*.
Isabella, comitissa S. Pauli, 251 *b*.
Isabella regina Angliæ, comitissa Marchiæ et Engolismi, 121 *a*, *b*, 123 *a*, 182 *b*, 183 *a*, 313 *b*, 349 *a*, 477 *a*, 499 *b*, 623 *a*. — *Isabelle d'Angoulême, reine douairière d'Angleterre, veuve de Jean Sans-terre, femme de Hugues X de Lusignan, comte de la Marche.*
Isabelle (Isabiaus), comtesse de Grantpré, 640 *a*.
Isabellis, comitissa Rociaci, 385 *b*, 386 *a*. — *Isabelle de Braine, femme séparée de Jean II, comte de Roucy.*
Isabellis, filia Matildis domina Kaylliaci, 245 *b*.
Isabellis, soror Ludovici IX, 175 *b*.
Isabellis, uxor Guidonis de Gentilliaco, militis, 572 *a*.
Isabellis, uxor Petri de Denemome, 442 *b*.
Isanohem (Balduinus de), miles, 370 *b*, 557 *a*. — *Iseghem ou Isenghien, Flandre occidentale, Belgique. Vid. Hissenguien.*
Isarn (P), 423 *a*.
Isarni (Guillelmus *vel* Willelmus), archipresbyter de Rivis, 377 *a*, 496 *b*, 533 *a*, 553 *b*.
Isarni (Guillelmus), clericus episcopi Tolosani, 548 *b*.
Isarns, vicomte de Saint-Antonin, fils de Frotart et de dame Bertrande, 378 *a*.
Isannus (Guillelmus), bajulus episcopi Tolosani, 578 *a*, 583 *b*.
Isarnus (G.), consul Carcassonæ, 650 *a*.

INDEX ALPHABETICUS.

Isendique (communitas villæ de), 365 b. — Vid. Ysendique.
Isnardus, episcopus Carpentorensis, 36 b. — Isnard, évêque de Carpentras.
Ispanius (magister Lupus), regens apud Tolosam in medicina, 466 a.
Israel, 314 a.
Issoudun (Raoul d'), fils du comte d'Eu, 193 b. — Alix, comtesse d'Eu, sa veuve, 261 b.
Italia (marchio in), Amedeus comes Sabaudiæ, 541 b.
Iterus, archidiaconus Laudunensis, 239 b, 240 a.
Ivernat (Pons), 588 b, 590 a, 646 a.
Ivriaco (Galeranus de), vicecomes Meledunensis, dominus Mosterolii, 41 a, b.
Iwarus, episcopus Otheniensis, 157 b. — Iwar, évêque d'Odensée, en Danemark.
Izardus, vicecomes Sancti Antonini, filius Frotardi et Bertrandæ, 378 a.
Izarnh (Guill.), 536 a; P., 534 a, 613 a; W., 588 b.

J. dictus Barat, Cathalaunensis archidiaconus, 133 b, 135 b, 251 a, 252 a, 286 a, b. — J. Barat, archidiacre de Châlons-sur-Marne.
J. decanus B. Mariæ Magdalenæ Virdunensis, 373 b.
J., prieur de Saint-Étienne de Montmirail, 166 a.
J., prior de Turnomio, 401 b.
J., senescallus regis apud Narbonam, 323 a.
Jacea (dominus de), Gerardus, 599 b. — Gérard de Jauche, en Belgique?
Jacior (nemus apud), 80 a. — Dans la Brie, près de l'abb. de Pont-aux-Dames.
Jacoba, soror Guillelmi Poncii, 142 b.
Jacobi (Petrus), 307 a.
Jacobus, episcopus Prenestinus vel Penestrinus, 377 a. — Jacques, évêque de Palestrina.
Jacobus, episcopus Suessionensis, 84 a, 378 b, 427 a, 457 b. — Jacques de Bazoches, évêque de Soissons.
Jacobus, filius Simonis, 158 a.
Jacobus (frater), de ordine fratrum Prædicatorum, 395 a.
Jacobus, prior ecclesiæ de Cantumerula, 351 b.
Jacobus I, rex Aragoniæ vel Aragonum et Majoricarum, comes Barchinonæ et Urgelli, dominus Montispessulani, 75 a, 98 a, 153 b, 328 a, 329 a, 340 a, 379 b, 444 a, 445 a, b, 450 b, 457 a, 602 a, 612 b. — Jacques Ier le Conquérant, roi d'Aragon, etc., fils de la reine Marie.
Jacobus, scriptor comitis Sabaudiæ, 542 b.
Jaligniaci dominus, Hugo, 214 a. — Juligny en Bourbonnais, Allier, arr. de la Palisse.
Janicuria (Petrus de), 132 b, 240 a, 241 b, 267 b, 586 b. — Pierre de Jaucourt, en Champagne, arr. et canton de Bar-sur-Aube.
Januenses, 391 b. — Les Génois.
Jaquincus, filius Terrici piperarii de Trecis, 132 a.

Jardin (Raimond du), notaire à Toulouse, 50 b.
Jarente (Pontius), 320 a.
Jargolium, 190 b. — Jargeau, sur la Loire, dans l'Orléanais, Loiret, arr. d'Orléans.
Jarniacum, 498 b, 499 a. — Castellania de Jarniaco, 477 a. — Jarnac en Angoumois, Charente, arr. de Cognac.
Jassaine (nemus quod dicitur la), 159 b. — Dans la forêt d'Othe, arr. de Joigny, Yonne.
Jaucus (Johannes), miles, 488 b.
Jauges, locus, in Campania, 142 b. — Jaulges, Yonne, arr. d'Auxerre, canton de Saint-Florentin.
Jauna (Johannes de), armiger, 137 a, b.
Javernando (prior de), 465 a. — Le prieuré de Javernant, en Champagne, Aube, arr. de Troyes, canton de Bouilly.
Javouden, terra de Javaudan, 498 a, 499 b. — Gavaldanum, le Gévaudan.
Jean, abbé de Notre-Dame de Bellevaux, au diocèse de Nevers, 290 a.
Jean, abbé du monastère de Nesle-la-Reposte, au diocèse de Troyes, 351 b.
Jean Ier de Marigny, abbé de Saint-Taurin, 23 a.
Jean, comte de Châlon, 167 a, 168 a, 193 b. — Jean le Sage, comte de Chalon-sur-Saône.
Jean Ier, comte de Dreux, 430 a.
Jean, comte de Restel, 586 b. — Jean, comte de Rethel, fils de Hugues II.
Jean XXII, pape, 91 a. — Jacques d'Euse, cardinal-évêque de Porto.
Jean (le roi), 168 a.
Jean Martin, commandeur de l'ordre de Saint-Jacques en Campagne, 628 b, 620 a.
Jean, frère de Pons Aimeric, 305 b.
Jeanne, comtesse de Bar, fille de Guillaume de Dampierre et de Marguerite de Flandre, 625 a.
Jeanne, fille de Mahaut, comtesse de Boulogne, 330 a, b.
Jenciaco (Ademarius d.), 376 b. — Gentilis de Jenciaco, ejus filia, ibid., 377 a. — Gensac-Saint-Julien, dans le haut Languedoc, Haute-Garonne, arr. de Muret, canton de Rieux.
Jerosolimitana regina, uxor Henrici comitis Campaniæ, 247 b. — Isabelle, seconde fille d'Amauri Ier, roi de Jérusalem, successivement femme de Humphroi de Thoron, à qui elle fut enlevée par Conrad, marquis de Tyr, et, après la mort de celui-ci, de Henri II, comte de Champagne, qu'elle épousa lorsque son premier mari vivait encore.
Jerosolimitani vel Juerosolimitani patriarchæ, 273 b.
Jerosolimitani hospitalis, prior in Francia, Gerinus, 136 a; Andreas Pollinus, 632 a.
Jerosolymitani Hospitalis Aurasicensis domus, 406 a.
Jerosolimitani regni heres, Conradus rex Romanorum electus, filius Frederici imperatoris, 585 a, 641 b.
Jerosolimitanum regnum, 585 a.
Jerusalem, 314 a.

Jerusalem rex, Fredericus II imperator, etc., 270 b, 271 b, 300 b, 301 a, 302 a, 319 b, 419 b, 420 b, 537 a, b, 584 a, 641 b, 642 a.
Jerusalem (magister hospitalis Sunctæ Mariæ in), 271 a.
Jerusalem de Aquis (domus hospitalis), 380 b, 381 a.
Jeullain (dominus de), Walterus, 599 b. — Gautier, sire de Jeulain. Jeulain en Hainaut, Nord, arr. d'Avesnes, cant. du Quesnoy.
Joarns vel Joarriis (Berengarius de), 190 a, 223 b. — Peut-être Jouarre, Aude, arr. de Carcassonne, canton de Peyriac-Minervois.
Jocone (Bertrandus de), 320 a.
Joculator (Petrus), consiliarius Narbonæ, 325 b.
Joffridus electus Cathalaunensis, 526 a.
Jogos (Petrus), consul Montispessulani, 602 b.
Johan, filh d'en Aimes, 629 a.
Johanini (G.), bajulus Montispessulani, 446 a.
Johanini (Guillelmus), consul Montispessulani, 602 a.
Johanna, comitissa Flandriæ et Hanoniæ, 17 b, 53 b, 76 a, b, 77 b, 78 a, 102 b, 103 a, 110 a, 111 a, b, 112 a, b, 113 a, 115 a, 280 b, 289 a, 293 a, 294 a, 305 b, 331 b, 332 a, 334 a, 336 a, b, 337 a, b, 342 b, 355 a, b, 356 a, b, 357 b, 358 a, b, 362 b, 372 a, 405 b, 460 a, b, 465 a, 484 b, 485 a, 545 a, 548 a, 565 a, 624 b, 625 a, 627 a, 637 a, 638 a. — Jeanne, comtesse de Flandre et de Hainaut, fille de Baudouin de Constantinople, comte de Flandre, et de Marie de Champagne.
Johanna, filia comitis Tolosani, 140 b, 158 b, 159 a. — Jeanne, fille unique de Raymond VII, comte de Toulouse, et de Sancie d'Aragon; femme d'Alphonse, comte de Poitiers, frère de saint Louis.
Johanna regina, mater Raimundi comitis Tolosani, 34 a, 90 a, 230 b, 376 b, 493 a. — Jeanne d'Angleterre, veuve de Guillaume, roi de Sicile, et fille de Henri II, roi d'Angleterre, quatrième femme de Raymond VI et mère de Raymond VII.
Johanna, uxor Adami dicti Harens militis, 506 b, 507 a.
Johanna, uxor Mauricii de Bellavilla, 643 a.
Johanna, uxor Petri de Malliaco, 410 a, 416 a.
Johanna, uxor Radulphi Lusarchiarum domini, 195 a.
Johanna, uxor Theobaldi de Corpaleyo, militis, 523 a.
Johanna de Pontivo, regina Castellæ, 317 a, b, 318 a, 373 a, b. — Jeanne de Ponthieu, reine de Castille, de Tolède, de Léon, de Gallice et de Cordoue, femme de Ferdinand III, roi de Castille, etc., fille de Simon de Dammartin et de Marie, comtesse de Ponthieu.
Johannes, abbas Alchiacensis, 220 b. — Jean, abbé d'Aulchy-les-Moines, au diocèse de Boulogne.

700 INDEX ALPHABETICUS.

JOHANNES, abbas ecclesiæ de Cantumerula, 351 b. — *Jean, abbé de Chantemerle, au diocèse de Troyes.*
JOHANNES, abbas Combelonge, 156 b. — *Jean, abbé de Combelonge, au diocèse de Conserans.*
JOHANNES, abbas de Joìaco, Cisterciensis ordinis, 412 b. — *Jean, abbé de Jouy, au diocèse de Sens.*
JOHANNES, abbas de Nigella, 351 b. — *Jean, abbé de Nesle-la-Reposte, au diocèse de Troyes.*
JOHANNES, abbas Quinciaci, 312 b. — *Jean, abbé de Quincy, au diocèse de Langres.*
JOHANNES, abbas S. Petri de Cella Trecensis, 421 b, 465 a. — *Jean, abbé de la Celle-Saint-Pierre-lez-Troyes.*
JOHANNES, abbas Sancti Victoris Parisiensis, 49 b. — *Jean Ier, dit l'Allemand, quem vulgo Teutonicum vocant, abbé de Saint-Victor de Paris.*
JOHANNES, archidiaconus Cathalaunensis, 135 b.
JOHANNES, archiepiscopus Arelatensis, 362 a, 448 a, 449 a, 514 b, 516 b. — *Jean III de Baux, archevêque d'Arles.*
JOHANNES, archiepiscopus Turonensis, 47 b, 70 a, 124 a. — *Jean Ier de Faye, archevêque de Tours.*
JOHANNES, archiepiscopus Viennensis, Apostolicæ Sedis legatus, 314 a, 322 a, 350 a. — *Jean Ier de Burnino, archevêque de Vienne.*
JOHANNES, camerarius Franciæ, 439 a, 622 b.
JOHANNES, cardinalis presbyter tituli Sanctæ Praxedis, 29 a.
JOHANNES, castellanus Insulensis et Peronæ, 343 b, 367 b.
JOHANNES, castellanus Noviomensis et Torotæ, 411 a, b, 447 a, 528 b, 588 a; vices gerens comitis Campaniæ, 351 b. — *Jean, châtelain de Noyon et de Thorote.*
JOHANNES, clericus domini regis, 501 b, 502 a, b, 503 a, b, 509 a, b, 510 b, 530 a.
JOHANNES, clericus, filius Hugonis Poilevilains, 134 b.
JOHANNES, quondam comes Bellimontis, 49 a. — *Jean, comte de Beaumont-sur-Oise.*
JOHANNES, comes Cabilonensis, 65 a, 167 a, 168 a, 193 a, b, 408 a, b, 409 a, 410 b, 413 a; comes Burgundiæ et Cabilonis, 347 a, b; dominus Salini, 413 b, 414 a. — *Jean le Sage, comte de Châlon et de Bourgogne, sire de Salins.*
JOHANNES, comes Carnotensis, 14 a, 15 a, 17 a, 113 b, 182 a, 240 b, 298 a, 299 a; dominus Montismirabilis, 166 a; dominus Oysiaci, 143 a. — *Jean d'Oisy, comte de Chartres.*
JOHANNES, comes Matisconensis, 147 a, 209 b, 296 b, 298 a, 299 a, 386 a, 400 a,b, 401 a. — *Jean de Braine, comte de Mâcon par sa femme Alix.*
JOHANNES, comes Rociaci, 69 a, 113 a, 138 a, 178 a, 298 a, 299 a, 385 b, 471 a. — *Jean II, comte de Roucy.*
JOHANNES, comes Suessionensis, 311 a. — *Jean II de Nesle, dit le Bon, comte de Soissons, conjointement avec son père, Raoul III de Nesle, qui ne mourut qu'en 1237.*
JOHANNES, comes Vindocinensis, 15 a, 298 a, 299 a. — *Jean IV de Montoire, comte de Vendôme.*
JOHANNES, decanus B. Quiriaci Pruvinensis, 527 a, 528 b, 529 a.
JOHANNES, dux vel comes Britanniæ et Richerimontis, 374 b, 375 a, 425 a, b, 427 a. — *Jean, dit le Roux, fils de Pierre Mauclerc, duc de Bretagne, comte de Richemont.*
JOHANNES, episcopus de Dolo, 304 b. — *Jean VI de Lizannet, évêque de Dol en Bretagne.*
JOHANNES, episcopus Magalonensis, 328 a, b, 329 a, b, 387 b, 388 a, 421 a, 495 b; dominus Melgorii et Montisferrandi, 496 a. — *Jean III de Montlaur, évêque de Maguelonne.*
JOHANNES [Clementis], marescallus Franciæ, 57 a, 97 a, 123 a, 298 a.
JOHANNES, marescalcus Waldemari regis Danorum, 158 a.
JOHANNES, officialis Trecensis, 634 a.
JOHANNES, prior monasterii S. Petri de Cella Trecensis, 465 a.
JOHANNES, prior Vallis-Caulium, 589 b. — *Le Val des Choux, au diocèse de Langres.*
JOHANNES, prior Vallis-Scolarium, 646 b.
JOHANNES, rex Angliæ, 121 b, 143 a, 173 a, 405 a, 439 a, 454 a, 571 a. — *Jean Sans-terre.*
JOHANNES, scutifer regis Ludovici VIII, 12 b.
JOHANNES (Arnaldus), 355 a, 383 a, 475 b, 541 a.
JOHANNES (Hugo vel Ugo), vicarius Tolosæ, 35 b, 203 b, 355 a, 475 b, 541 a.
JOHANNES (R.), 383 a, 541 a.
JOHANNES, filius comitis Suessionensis, dominus de Cimaìo et de Torno, 137 b, 174 b, 270 a. — *Jean de Soissons, seigneur de Chimay et du Tour, du chef de sa femme; fils aîné de Raoul de Nesle, comte de Soissons.*
JOHANNES, filius Buchardi de Avenis, 280 b.
JOHANNES, filius Petri ducis Britanniæ, 120 b, 179 a, 180 a, 316 b. — *Vid. Johannes, dux Britanniæ.*
JOHANNES, filius Roberti comitis Drocarum et Aanoris, 428 a, b, 429 a, b, 430 a.
JOHANNES, filius S. de Caillac S. Antonini, consul, 647 b.
JOHANNES, frater Ludovici IX regis Francorum, 119 a, b, 120 a, b; nuper defunctus, 241 b.
JOHANNES, frater Petri de Brocia, 419 a.
JOHANNINI (G.), 531 a.
JOHANNINI (Stephanus), camerarius Agathensis, 268 a.
Johannis boscus, in foresta Lagii, 49 b.
JOHANNIS (G.), consul Montispessulani, 4 b.
JOHANNIS (Arnaldus), filius Hugonis Johannis, 153 a, 291 a.
JOHANNIS (Hugo), 383 a.
JOHANNIS (Huguelinus), civis et mercator Senensis, 476 a, 480 b.
JOHANNIS (R.), filius Hugonis Johannis, 291 a.
JOHANNIS (Raimundus), notarius scriptor, 419 a.
Joiaco (conventus de) vel Joyaci, Cisterciensis ordinis, 255 a, 400 a, 412 b. — *Notre-Dame de Jouy, au diocèse de Sens.*
JOIACO (abbas de), Johannes, 412 b; Letericus, 255 a.
Joiacum (terræ versus), 520 b, 563 b. — *Jouy-le-Châtel, dans la Brie, Seine-et-Marne, arr. de Provins, cant. de Nangis.*
JOIGNACO (Galcherus de), 4 a, 15 a, 69 b, 205 b, 299 a. — *Gaucher de Joigny.*
JOINVILLA (Guillelmus II de), archiepiscopus Remensis, 47 b, 49 a, 70 a, 86 b, 88 b.
JOINVILLA (Symon de), senescallus Campaniæ, 25 b, 26 a. — *Joinville en Champagne, Haute-Marne, arr. de Vassy.*
JOIRE (Jorius), notaire à Toulouse, 203 b.
Jonceransya, locus, 643 b. — *En Poitou.*
Joncheri en Champagne, 586 b. — Decima apud Joncheri, 240 a. — *Jonchéry, Haute-Marne, arr. et canton de Chaumont-en-Bassigny.*
JONQUEIRAS (Guillelmus de), miles de S. Paulo de Cadajous, 496 b.
Jonquery, locus, 532 b. — *En Champagne.*
JORDA, fils d'Espanghol, 528 a.
JORDANA, femme de Bertrand Forasis, 184 b.
JORDANA, femme de G. Teuleir, 521 a.
JORDANI (Petrus), consul Narbonæ, 255 b.
JORDANI (Arnaldus), consul Tolosæ, 493 a.
JORDANI (G.), 580 a.
JORDANI (Ramundus), filius Odonis de Tarrinda, 455 b.
JORDANUS (Arnaldus), 520 b; Bertrandus, 91 b; Johannes, 310 b; Petrus Stephanus, 307 b; Po., notarius Montispessulani, 9 b.
JORDANUS, dominus insulæ Jordanis, 495 a. — *L'Isle-Jourdain, Languedoc, Gers, arr. de Lombez.*
JORDANUS, filius B. Jordani domini de Insula, 92 a, 334 b, 566 a.
JORDANUS, filius Pilifortis de Rabastencis, 455 b.
JORDAS (don Guillems), 251 a; Jordas, son frère, ibid.
JORIS (R.), 580 a.
JOSCERANDI feodum, 100 a. — *Dans le comté de Laon.*
JOUBERTI (P.), 140 a.
JOVINCORT (Alanus de), 137 b, 138 a. — *Alain de Juvincourt, en Picardie, Aisne.*
JOVIGNIACI comes, Guillelmus, 205 b, 298 a. — *Guillaume II, comte de Joigny.*
JOVIGNIACO vel JOVINIACO (Galcherus de), 14 b, 15 a, 27 a, 69 a, 204 a, 214 a, 234 b, 235 a, 298 a. — *Gaucher de Joigny, frère puîné du précédent.*
Judæ terra, 314 a.
JUDÆI, 14 a, b, 15 a, b, 16 a, 17 a, 18 a, b, 24 a, 30 a, b, 36 a, 153 b, 174 b, 186 a, 192 b, 193 a, 217 b, 219 a, 264 b, 431 a, 511 a. — Judæi domini regis, 431 a. — Comitis Campaniæ, 186 a. — Judæi Castellionis-super-Matronam, 219 a.
Judæorum lex, 511 a.

INDEX ALPHABETICUS.

Jugon, in diocesi Briocensi, 303 a. — *Jugon en Bretagne, Côtes-du-Nord, ch.-l. de canton, arr. de Dinan.*

Juhellus, archiepiscopus Remensis, 532 b, 576 b. — *Juhel de Mayenne, archevêque de Reims, auparavant (août 1244) archevêque de Tours.*

Juhellus, archipiscopus Turonensis, 216 b, 419 a, 441 a. — *Juhel de Mayenne, archevêque de Tours.*

Juliaci, domina Petronilla, domina Chanloti, 218 a.

Julianus, diaconus, 330 a.

Junquericus (Guillelmus), 378 a.

Jurdanus, scabinus Aldenardensis, 595 a.

Justarrente (Petrus de), sartor, 354 a.

Justis (mons qui vocatur de), 507 b. — *Dans les environs de Saint-Antonin, en Rouergue, près de l'Aveyron.*

Justus (Raymbaudus), 321 a.

Kabs (castrum de), 450 a. — *En Languedoc.*

Kaerclip (castrum de), 208 b. — *Château de Guarplic près Cancale, en Bretagne.*

Kaer (Anselmus de), ballivus imperii Romaniae, 391 a, 392 a.

Kainonis foresta, 454 b. — *La forêt de Chinon, en Touraine.*

Karitatis conventus, 276 a. — *La Charité-sur-Loire, Caritas-ad-Ligerim, diocèse d'Auxerre.*

Karitatensis prior, Landricus, 275 b, 276 a, b.

Karoliloci vivarium, inter Coyam et Cumerias, 174 b. — *En Picardie, Oise.*

Kavlliaci domina, Mathildis, 245 a. — *En Picardie; probablement Cayeux-sur-Mer, Somme, arr. d'Abbeville, cant. de Saint-Valery.*

Labareira (W. de), 419 b.

Labestor (Peire Ramon de), 616 b.

Labodine terra, 175 a.

Lachape (homines de), 384 b. — *En Champagne.*

Lacheium, Lachiacum, 246 a, 636 a. — Nemus versus Lachiacum, 78 a. — *En Champagne, Marne, arr. d'Épernay, canton de Sézanne.*

Laci (Johannes de), comes Linconiensis et constabularius Cestriæ, 405 a.

Lacon (capella de), 385 b. — *En Champagne.*

Lactorensis episcopus, Hugo, 164 b. — *Hugues Ier, évêque de Lectoure.*

Lacu (Arnaldus de), 334 a, 475 b.

Lacu (A. de), bajulus Podii Laurentii pro comite Tolosano, 421 b.

Lacu (Petrus de), monachus Case-Dei, 223 b.

Lacus, locus, 403 b. — *Dans le Vivarais.*

Laese (Guido de), miles, 660 a.

Lagii foresta, 49 b. — *La forêt de Laye ou de Saint-Germain.*

Laguillier (Johannes), 303 b.

Laissagesium, 611 b. — *Le pays des environs de Laissac en Rouergue.*

Lake (Dierquinus *vel* Tierrequinus de), miles, 366 b, 557 a. — *Dierquin de Laken, en Belgique, près de Bruxelles.*

Lalaic (villa de), 319 a. — *En Provence.*

Laltre (vicecomes de), 190 a.

Lambalia, in diocesi Briocensi, 303 a. — *Lamballe en Bretagne, Côtes-du-Nord, ch.-l. de canton, arr. de Saint-Brieuc.*

Lamberti (Berengarius), consul Montispessulani, 446 a; Guillelmus, consul Montispessulani, 602 a; R., consul Montispessulani, 89 a; R., 446 a; Raymundus, 603 a.

Lambertus (Arnaldus), 354 a; Bertrandus, *ibid.*

Lambisco (P. de), 404 b.

Lamiæ villa, 132 a. — *En Champagne.*

Lampernesse, Lampernisse (Thomas de), 103 b.

Lammermerel (villa de), 303 b. — *En Bretagne.*

Landres (Johannes de), 360 b; Petrus, 344 a, 360 b.

Landæ putridæ foresta, 287 b. — *Dans le comté de Mortain, en Normandie.*

Landast (Amorricus de), miles, 369 b; Arnulfus, 110 a, 359 b, 557 a; dominus de Aines *vel* Eynes, 608 a, 609 a. — *Landas, dans la Flandre française, Nord, arr. de Douai, canton d'Orchies.*

Landerici (Bernardus), consiliarius Podii S. Frontonis Petragoricensis, 12 b.

Landricus (magister), clericus regis Franciæ, 483 b, 484 a.

Landricus, prior Karitatensis, 275 b, 276 a, b. — *Landri, prieur de la Charité-sur-Loire.*

Langestum, 175 b, 176 a, 182 b, 476 b. — *Langeais en Touraine, Indre-et-Loire, chef-lieu de canton, arr. de Chinon.*

Langonium, 333 b. — *Langon, dans la Guyenne, Gironde, chef-lieu de canton, arr. de Bazas.*

Lannes (villa de), 587 b. — *Lannes, au val de Reci, en Champagne, Haute-Marne, arr. de Langres, canton de Neuilly-l'Évêque.*

Lannuion, in Trecorensi diocesi, 303 a. — *Lannion en Bretagne, Côtes-du-Nord, chef-lieu d'arrondissement.*

Lanos (villa et forcia de), 493 a. — *Lanoux, dans le pays de Foix, Ariège, arr. de Pamiers, canton de Fossat.*

Lantar (Jordanus de), 334 b.

Lantare (villa de), 332 a, 398 a. — *Lanta en Languedoc, Haute-Garonne, arr. de Villefranche de Lauragais.*

Lantarensis archidiaconus (magister G. Arnaldi *vel* Guillelmus Arnaldus), universitatis Tolosæ, 397 b, 494 b, 496 b, 533 a.

Lantari, Lantar *vel* Lantario (Arnaldus Stephanus de), 61 b; Assalfritus, 583 b; Jordanus, 190 a, 216 a, 334 b, 354 b, 433 a, 505 a, 549 b, 550 a, 553 b, 576 b, 583 b; Jordanus Hunaldus, 275 b; Raimundus Stephanus, 334 b.

Lantario (Guillelmus de), bajulus Sancti Romani, 326 b, 327 a.

Lantarius, 543 b, 544 a.

Lanza (marchio de), Manfridus, 271 b.

Laqualole, homo, 565 a.

Larbont (castrum de), 533 a. — *Larbont, dans le pays de Foix, Ariège, arr. de Foix, canton de la Bastide-de-Serou.*

Larrainville (Gaufridus de), miles, 659 b; Petrus, *ibid.*

Lartige (Ermandus de), miles, 501 b; Poncius, *ibid*; Raimundus, *ibid.*

Latas (castrum de Palude, quod vulgo dicitur), 328 a, b, 329 a, 387 b. — *Lattes en Languedoc, Hérault, arr. et cant. de Montpellier.*

Lateranense concilium, 233 a.

Lateranum, 26 a, 28 b, 29 b, 47 a, 137 a, 248 a, 251 a, 252 a, 253 a, 258 a, b, 260 a, 263 b, 264 a, 353 b, 362 a, b, 377 b, 437 b, 444 b, 524 a, b, 525 b, 527 a, 528 b, 535 a, 647 a, 648 a. — *Saint-Jean de Latran, à Rome.*

Laticensis archidiaconus, 501 a.

Laticia, femina, 565 a.

Latini, 353 b.

Latiniacensis ecclesia, conventus, Beati Petri, 16 b, 439 a, b, 593 b. — *Saint-Pierre de Lagny, au diocèse de Paris.*

Latiniacensis abbas, Aubertus, 16 b; Guillelmus, 439 a, b, 463 a, b; Prior, 593 b.

Latiniacum, 16 b, 439 a, 463 b. — *Latiniaci nundinæ, 16 b, 439 a, 463 b. — Lagny en Brie, Seine-et-Marne, arr. de Meaux, chef-lieu de canton.*

Latis (Jo. Johannes de), jurisperitus Montispessulani, 9 b, 310 b. *Vid.* Latas.

Latis (R. de), burgensis Montispessulani, 9 b, 53 b.

Lauancella (domus hospitalis de), 60 b. — *En Poitou.*

Laudona, 347 b. — *Lone en Bourgogne, Côte-d'Or, arr. de Beaune, canton de Saint-Jean de Losne.*

Laudunense capitulum, 459 b. — *Forum, 458 a, b.*

Laudunenses canonici, 459 a.

Laudunenses episcopi, 458 b, 459 a, b.

Laudunenses (major et jurati), 244 a, 458 a, b, 459 a, b, 652 b.

Laudunensis civitas villa, Laudunum, 181 a, 244 b, 245 a, 458 a. — Laudunensis communitas, *ibid.* — Consuetudines de Lauduno, 99 b. — Moneta Laudunensis, 458 a, b. — *Laon, capitale du Laonnais, Aisne.*

Laudunensis comitatus, 99 b.

Laudunensis ecclesia, 239 b. — Hospitale B. Mariæ, 459 a.

Laudunensis archidiaconus, Iterus, 249 a. — Canonicus, Andreas, 145 a; Yvanus de Bania, 61 a. — Comes, 100 b. — Decanus, 244 b.

Laudunensis episcopatus, 458 a.

Laudunensis episcopus, Anselmus, 47 b, 60 b, 61 a, 69 b, 70 a, 86 b, 88 a, b, 100 b, 110 a, 111 b, 112 a, b, 239 b, 240 a, 244 a, b, 278 a, 355 a, 356 a, b, 357 a; Garnerus, 458 a, b, 459 b, 637 b; Rogerus, 458 b. — Officialis, 244 b.

Lauduno (Andreas de), canonicus Meldensis, 454 b.

LAUDUNO (Lucas de), decanus Parisiensis, 228 *b*.
LAUG (Ramundetus), 637 *a*.
LAUGERIUS (Ramundetus), 404 *a*.
LAURA (P. de), dominus Cabureti, 81 *a*.
Laurac, 488 *b*, 489 *b*. — *Laurac en Languedoc, Aude, arr. de Castelnaudary, canton de Fanjeaux.*
LAURACO (milites et consules de), 504 *a*.
LAURACO *vel* Lauriaco (dominus castri de), Bernardus Otonis, 81 *a*, *b*, 324 *a*.
Lauraguesium, 637 *a*. — *Le Lauragais, petite contrée du Haut-Languedoc, enclavée dans la partie N. O. du département de l'Aude et dans la partie E. de celui de la Haute-Garonne.*
Lauraui villa, 285 *b*. — *En Languedoc.*
LAURANO (Arnaudus de), 325 *a*; Ferrandus, *ibid.*
Laure (villa de), 549 *a*. — *Laure en Languedoc, arr. de Carcassonne, canton de Peyriac-Minervois.*
Laurencii (Petrus), bajulus comitis Tholosani, 509 *a*.
LAURENCIUS, LAURENTIUS *vel* LAURENTII (Petrus), 240 *b*, 334 *a*, 354 *a*, 441 *b*, 463 *a*; Petrus R., consiliarius Narbonæ, 325 *b*; Raimundus, 300 *a*, 378 *a*.
LAURENTIA, domini Poncii de Cuysello uxor, 25 *b*, 27 *a*, *b*.
LAURENTIUS, abbas Belleperticæ, 641 *a*. — *Laurent, abbé de Belleperche, au diocèse de Montauban.*
LAURENTIUS, abbas Resbacensis, 416 *a*. — *Laurent I*er*, abbé de Rebais, au diocèse de Meaux.*
LAURENTIUS, serviens episcopi Laudunensis, 244 *b*.
LAURES (P.), sénéchal de Cahors, 419 *a*.
Lauri, locus, 453 *b*. — *En Languedoc.*
LAURIACO (domini de), 224 *a*, *b*. — *Vid.* Lauraco.
Lauserta *vel* Lauzerta, 510 *a*, 615 *b*. — *Lauzerte en Quercy, Tarn-et-Garonne, arr. de Moissac.*
LAUSERTÆ bajulus, Poncius Gyraldus, 509 *a*.
Laussa (mons de la), 507 *b*. — *Dans le vicomté de Saint-Antonin, près de l'Aveyron.*
LAUTEIRA (Guirauda), sœur de don Azémar, chapelain de Bessières, 547 *a*.
LAUTERII (Bernardus), consul Montisalbani, 503 *b*.
LAUTERIUS (Petrus), publicus notarius Agathensis, 268 *a*.
LAUTERIUS (Raimundus), dominus Cadarossæ, 321 *a*.
LAUTREC (R. W. de), 617 *a*.
LAUTRICENSIS vicecomes, Petrus, 533 *a*; Sicardus, 43 *b*, 44 *a*.
LAUZU (Bernat R. de), 394 *b*, 399 *b*, 440 *b*.
LAVAL (Matheus de Montemorenciaco et de), constabularius Franciæ, 181 *b*; R., 585 *a*.
LAVALLE (Gaufridus de), 216 *b*; Michael, canonicus ecclesiæ Cenomanensis, *ibid.*
Lavarzaco (castrum de), 635 *b*. — *Peut-être Lavardac, dans le Condomois, Lot-et-Garonne, arr. de Nérac.*

LAVARZACO (Petrus de), filius Petri de Lavarzaco, 633 *b*, 635 *b*.
Lavaur (castrum de), 504 *b*. — *Lavaur en Languedoc, Tarn, chef-lieu d'arr. Vid.* Vocarum.
LAVAUR (bajulus comitis Tolosæ in castro de), 504 *b*; Pierre de Saint-Praiss, 188 *a*. — Consules, 504 *b*. — Milites, *ibid.*
LAVERNIA (Helyas de), 506 *a*.
LAVEXIO (Stephanus de), burgensis Regulæ, 333 *a*, *b*.
LAYLA (Pontius de), 440 *a*.
LEBERTUS, decanus Aurelianensis, 39 *b*, 46 *b*.
LEBON (Willelmus), consul de Pontono, 497 *a*.
Leborleria, locus, 498 *b*. — *En Saintonge?*
LEBRET (Amanevus de), 505 *a*. — *Amanieu d'Albret.*
LECHOS (Bernardus de), consul Montispessulani, 292 *b*, 310 *b*, 446 *a*.
LECOMTE (Arnulphus), 292 *a*.
Lectorensis diœcesis, 497 *b*. — *Le diocèse de Lectoure, suffragant d'Auch. Voy.* Luctorensis.
LEDEN *vel* LEDDE (Johannes de), miles, 109 *b*, 366 *b*. — *Lede, dans la Flandre orientale, Belgique.*
LEDERNA (Eustachius de), 107 *a*; et de Ristune, 367 *a*.
LEFFIACO (Deude de), furnerius, 547 *a*.
Leffincourt, 586 *b*. — *Leffincourt en Champagne, Ardennes, arr. de Vouziers, cant. de Machault.*
LEG (Durandus de), 203 *b*.
LE GAY (Johannes), miles, 488 *b*. — *Voy.* Jaucus.
LEGERII *vel* LEGERIIS (Guillelmus), 38 *a*, 454 *b*.
LEGIONIS rex, Ferrandus, rex Castellæ, Toleti, etc., 372 *b*, 373 *a*, *b*. — Regina, Johanna, *ibid.* — *Fernand, roi de Léon.*
LEMBECA (Eustachius de), Brugensis ballivus, 557 *a*.
Lemovicæ, Lemovicensis civitas, 138 *b*. — Lemovicensis civitatis, castri consules, 138 *a*, 650 *b*. — *Limoges, capitale du Limousin, ch.-l. du dep. de la Haute-Vienne.*
Lemovicensis ecclesia, 603 *b*. — Episcopatus, 38 *b*, 57 *a*.
LEMOVICENSIS (abbas S. Martialis), Raimundus, 655 *b*.
LEMOVICENSIS, electus, Aymericus, 606 *a*; Henricus de Malamorte, domini papæ cambellanus, 603 *a*, *b*. — Episcopus, Bernardus, 57 *b*.
LEMOVICENSIS vicecomes, Guillelmus, 138 *b*, 193 *a*, 372 *a*.
LEMOVICIS (Guillelmus de), clericus, nuncius regis, 484 *a*, 488 *b*, 525 *a*.
Lencre, 484 *b*, 485 *a*. — *Probablement Langres en Champagne, Haute-Marne, chef-lieu d'arrondissement.*
LENDERUAD (Guillelmus de), consul de Marmanda, 532 *a*.
Lens, 158 *a*, 349 *a*. — Lensii feodum, 349 *a*. — *Lens en Artois, Pas-de-Calais, arr. de Bethune.*

LENS (Girardus de), miles, 363 *b*, 546 *b*, 599 *b*.
Lenti (terra de), forteritia quæ nuncupatur, 384 *b*; Lentic, 383 *a*. — *En Auvergne.*
Lentilhacum, villa de Lentilhaco, 455 *b*, 549 *a*. — *Lentillac, près Saint-Céré, Quercy, Lot, arr. et canton de Figeac.*
LEO, abbas S. Dyonisii Remensis, 378 *b*.
LEO, cardinalis presbyter, tituli Crucis in Jerusalem, 29 *a*, *b*. — *Léon Brancalion, cardinal-prêtre du titre de Sainte-Croix de Jérusalem.*
LEODIENSIS episcopus, Robertus, 575 *a*. — *Robert I*er* de Langres, évêque de Liége.*
LEOMANIE vicecomes, Odo Arnaldus, 577 *a*, *b*. — *Eude Arnauld, vicomte de Lomagne.*
LEONARDUS, scriniarius imperialis, 576 *b*, 579 *a*.
LEONE (Guidomarcus de), 209 *a*.
LEOYNES, testis, 352 *a*.
LEPAGE (Guillaume), notaire apostolique, 180 *a*, 202 *a*.
LEPORETO (Amanevus de), 433 *a*. — *Amanieu d'Albret.*
LERIDA (Ar. de), 485 *b*.
LERS (Guarinus de), dominus Cadarossæ, 320 *a*.
Lesa, Lesi (flumen quod vocatur), 339 *a*, 388 *b*. — *En Languedoc.*
Leschacier fagus, 181 *b*. — *Dans le Perche.*
Leschieles juxta Radolium (villa), 491 *a*. — *En Champagne.*
LESIGNIACO, LEZIGNIACO, LYZENGNIACO (Ademarus de), miles, 499 *a*, *b*; Gaufridus, 31 *a*, 62 *b*, 102 *a*, 473 *a*, 474 *a*, 476 *b*, 477 *b*, 498 *b*, 499 *a*, *b*, 505 *b*, 508 *b*, 617 *b*, 623 *b*; Guido, 476 *b*, 477 *b*, 498 *b*, 499 *a*, 623 *b*; Hugo, comes Marchiæ et Engolismi, 38 *b*, 39 *a*, 57 *a*, 62 *a*, *b*, 68 *a*, *b*, 121 *b*, 140 *a*, *b*, 175 *b*, 176 *b*, 181 *a*, 193 *b*, 241 *a*, 270 *a*, *b*, 313 *b*, 453 *b*, 457 *a*, 476 *a*, 478 *a*, 498 *b*, 499 *a*. — Testaments des Lusignan, 382 *b*.
LESPINACE (Ernaudus de), 509 *a*.
LESTONBE (Galterus), miles, 557 *b*.
LESTRADA (Guiraldus de), 440 *a*.
LETARDI (Petrus), 99 *b*.
LETERICUS, abbas Joyaci, 255 *a*. — *Leteric, abbé du monastère de Jouy, au diocèse de Sens.*
LETICE, femme de Renauz de Perceigni ou Precigni, 601 *a*, 602 *a*.
LEVIS, LEVIES *vel* LEVIIS (Guido de), marescalcus Franciæ in Albigesio, 144 *a*, *b*, 157 *b*, 177 *b*, 658 *a*; Simon, 281 *a*, 283 *a*, 287 *b*, 288 *a*, 374 *b*.
Leycestriæ villa, in Anglia, 657 *b*. — *La ville et le comté de Leicester, en Angleterre.*
LEYCESTRIÆ comes, Amalricus, comes Montisfortis, 155 *a*, 195 *a*; Robertus, 236 *a*, 405 *a*; Simon, 236 *a*, 287 *b*, 405 *a*, 657 *a*, *b*.
Lezajo (Wilh. de), miles, 140 *a*.
LEZEGNIACO (Gaufridus de), 30 *a*, 31 *b*. — *Geoffroy de Lusignan, vicomte de Châtellerault et sire de Vouvent en Poitou, Vendée, arr. de Fontenay-le-Comte.*

INDEX ALPHABETICUS.

Lezignaico (Gaufridus de), 618 a, 623 b, 624 a. — Geoffroy de Lusignan, sire de Cognac, fils de Hugues de Lusignan, comte de la Marche.
Lezignaico (Guido de), 624 a. — Gui de Lusignan, frère du précédent.
Lezigniacum, 454 a, 477 a, 499 a, 572 a. — Lusignan en Poitou, Vendée, ch.-l. de canton, arr. de Poitiers.
Lezignaico (dominus de), 499 a.
Lhicos (l'afar de), 243 b.
Lhoza (capela de), 633 b.
Lide (Johannes de), miles, 557 b.
Liescort (Girardus de), 31 a.
Lieur (Geoffroi le), notaire à Chartres, 524 b, 544 a.
Ligeris, 171 a, b, 212 a. — Passagium Ligeris, apud Giemum, 601 b. — La Loire, fleuve.
Lignanum, 78 b. — Lignan en Languedoc, Hérault, arr. et canton de Béziers.
Ligniacum castrum, 1 b, 4 b. — Ligny-le-Châtel, en Champagne, Yonne, arrond. d'Auxerre, chef-lieu de canton.
Lignières (Guillaume de), 193 b.
Lihons (ecclesia de), 184 b. — Lihons-en-Santerre, Picardie, Somme, arr. de Péronne, canton de Chaulnes.
Lilers (O. de), 177 b.
Lille, 103 a, 111 a, 112 a. — Lille en Flandre, Nord. — Voy. Insula.
Lille (châtelain de), Roger, 103 b. — Prévôt de l'église de Lille, Guillaume, 104 a.
Limburc (dux de), Henricus, 301 a, b. — Le duché de Limbourg, en Belgique.
Limer (Geradus de), 563 b.
Limoges. — Vid. Lemovicæ.
Limoges (official de la cour de), 478 a.
Limolii vel Lymolii castrum, 479 a. — Limeuil en Périgord, Dordogne, arr. de Bergerac, canton de Saint-Alvère.
Limonha (villa de), 455 b, 540 a. — Fief en Quercy.
Limosii villa, 162 b. — Limoux en Languedoc, Aude, ch.-l. d'arrondissement.
Limoso (Lambertus de), miles, 157 a, b. — Lambert de Limours.
Linardies (Simon de), miles, 639 a.
Linconiensis comes, Johannes de Laci, constabularius Cestriæ, 405 a; Ranulphus, comes Cestriæ, 210 b. — Jean de Laci, Ranulphe, comte de Lincoln, connétable et comte de Chester.
Linea (Fastredus de), miles, 369 b, 546 b, 599 b; Galterus, 369 b, 422 a, b. — Fastred et Gautier de Ligne, en Belgique.
Linières (Guillaume de), 193 b.
Lingonense capitulum, 414 b, 415 a, b.
Lingonensis, quondam ballivus, Stephanus de Calvomonte, nunc præpositus Calvimontis, 646 b. — Cantor, 17 b; G., 133 b. Decanus, Guido, 415 a. — Episcopus, Hugo, 24 b, 47 b, 69 b, 70 a, 86 b, 88 a, b, 127 b, 213 b, 288 a; Robertus, 246 a, 247 a, 279 b, 280 a, 284 b, 285 a, 305 a, 311 a, 315 a, 356 a, b, 414 b, 415 b, 646 b. — Langres en Champagne, Haute-Marne, chef-lieu d'arrondissement.
Lingonensis diocesis, 251 a, 252 a.

Liræ conventus, 40 a, 50 a, b. — Notre-Dame de Lire, au diocèse d'Evreux.
Liræ abbas, Richardus, 40 a, 50 a.
Liræ haya, 50 b. — Le bois de Lire, dans l'Evrechin, Normandie, Eure.
Lisiæ aqua, 26 b. — En Picardie.
Lis (la), 424 a. — La Lys, rivière de la Flandre occidentale, Belgique.
Lisle (Ansel de), 485 a. — Lille en Flandre.
Lissaco (Jordanus de), miles castri Savarduni, 483 a.
Lissano (Ramundus de), 578 a.
Livens, Livies (Guido de), marescallus Franciæ, 156 b, 157 a. — Voy. Levies.
Livriaco (dominus de), Henricus de Grandiprato, 492 a.
Lizaneto (Johannes de), episcopus Dolensis, 303 b.
Lizoig (feodum de), 354 a.
Lobando (Arnaldus de), 548 a.
Lobaresas, Lobanessas (l'obrador Peire de), 440 b, 553 b; R., 508 a, 512 a, 522 b, 539 a; W., 333 a, 383 b, 394 b, 396 b, 402 a, 419 b.
Lobenx (Amanevus de), miles de Podio Laurentio, 497 a; Pons, 155 b.
Lobeeni (Guillelmus), publicus notarius, 516 a.
Lobeti (P.), consul Montispessulani, 51 b.
Lobez (Petrus), consiliarius Podii Frontonis Petragoricensis, 12 b.
Lochæ (Guillelmus), miles, 303 b.
Locharum dominus, Droco de Mello, 15 a, 174 a. — Vid. Lochiæ.
Lochiæ, 214 b. — Loches en Touraine, Indre-et-Loire, ch.-l. d'arrondissement.
Locoyhn, 397 a.
Lodoic IX, lo rey, 538 b. — Vid. Ludovicus.
Lo Gay (Johannes), miles, nuncius regis, 484 a.
Logiæ, 287 b.
Loherregne (le duc de), 191 a. — Vid. Lotharingia.
Loisiacum, 131 b. — Loisy en Champagne. Loisy-sur-Marne, Marne, arr. et canton de Vitry-le-François.
Lomaniæ vicecomes, Arnaldus Oto, 390 b, 391 a; dominus de Altovilar, 505 a. — Vicomté de Lomagne, partie du Bas-Armagnac, Gers. — Castrum de Alto-Villare. Vid. Alto-Villare.
Lomannia (Odo de), 604 a, b, 605 a.
Lombardi mercatores, 585 a, 587 a.
Lombardus (Oliverius), 568 b; Ramundus, 457 b.
Lombart vel Lombartz (R.), 339 a; R.W., 299 b.
Lombart [de Bessières] (R.), 396 b.
Lombiis, Lombu vel Lombut (Simon de), miles, 374 a, 409 a.
Longa (Laurentius de), major Rothomagensis, 651 a.
Longavilla, 130 a. — Longueville en Normandie, près de Vernon, Eure.
Longavilla (societas de), 440 a. — La commune de Longueville, en Champagne, Aube, arr. d'Arcis-sur-Aube, canton de Méry-sur-Seine.

Longavilla (vallis de), apud Vernonem, 537 a.
Longavilla (dominus de), Girardus de Hayonia, 599 a.
Longipontis conventus, 15 a. — Monastère de Longpont, au diocèse de Soissons.
Longipontis (abbas), Hugo, 15 a, 133 b.
Longi Vilaris dominium, 182 a.
Lonco (dominus de), Hugo de Fontanis, 257 a.
Longus (Bernardus), consul Montispessulani, 328 b; Geraldus, consul Narbonæ, 324 b, 325 b.
Longus (Rogerus, dictus), 602 a.
Loracco (villa aut castrum de), 150 b. — Laurac en Languedoc. Aude, arr. de Castelnaudary, canton de Fanjeaux.
Lorc (Guillelmus Aramun de), 505 b.
Lordatum castrum, 156 b, 162 b, 163 a.— Parrochia Lordati, 156 b, 163 b. — Lordat, dans le comté de Foix, Ariége, arr. de Foix, canton des Cabanes.
Loriarius (Ramundus), 142 b.
Lorraine (le duc de), Loherregne, 191 a. — Mathieu II.
Lorriacum, 71 a, 158 b, 262 a, 482 a, 488 a, 489 a, b, 490 a, 633 b. — Lorris, en Gâtinais, Loiret, arr. de Montargis, chef-lieu de canton.
Los (comes de), Arnulphus, comes de Chigni, 350 a, b. — Los, dans le duché de Limbourg, en Belgique.
Losdunum, 10 a, 119 a, b, 214 b. — Losdunii præpositura, 41 a. — Loudun en Poitou, Vienne, arr. et cant. de Loudun.
Losertæ consules, 510 a. — Lauzerte en Quercy, Tarn-et-Garonne, arrond. de Moissac.
Losvico (B. P. de), 307 a.
Lotharingia (Hugo de), 103 b.
Lotharingiæ dux, Matheus, 301 a, b; Theobaldus, 155 b.
Lotsac (castrum de), 335 a. — En Auvergne.
Lotsac (Petrus de), miles, 334 b.
Loup, prieur des pauvres de l'hôpital de Roncevaux, 352 b.
Louvain (Godefroy de), 593 a.
Louvegnies (Alardus de), miles, 597 b.
Louviel (Johannes), scabinus Valenchenensis, 596 b.
Lubetum (nemus apud), 80 a. — En Brie, dans les environs de Meaux.
Lucanensis canonicus, magister Manducator, 579 a.
Lucas de Laon, doyen de Notre-Dame de Paris, 228 b.
Lucemontis comes, 32 b.
Luceneburg (dominus de), Henricus, 599 b. — Henri de Luxembourg.
Luceria, villa, 642 a, b. — Lucera, dans le royaume de Naples.
Luchan (Galterus de), 557 b.
Luciani (G.), burgensis Montispessulani, 53 b.
Luciani (Johannes), consul Montispessulani, 4 b; P.; consul Montispessulani, 530 b; S., burgensis Montispessulani, 9 b; W. burgensis Montispessulani, 9 b.
Lucionii domina, Johanna. Vid. Lucone.

INDEX ALPHABETICUS.

Lucius (R.), consul Carcassonæ, 650 a.

Lucone (castrum de), 643 a. — *Luçon en Poitou, Vendée, arr. de Fontenay, ch.-l. de canton.*

Lucone (domina de) *vel* Lucionii, Johanna, uxor Mauricii de Bellavilla, filia Haimerici vicecomitis Thoarcii, 500 a, b, 643 a.

Ludovicus, *nomen sic plerumque scriptum, non nunquam :* Lodoicus, Lodoicus, Lodovycus, Lodoycus, Lodowicus, Loudowicus, Lodoeus, Lodoic, Loois, Leudovicus *vel* Leudowicus.

Ludovicus VI, antiquus, avus Philippi regis, pater Petri de Cortiniaco et Constanciæ reginæ, rex Franciæ *vel* Francorum, 576 b. — *Louis le Gros.*

Ludovicus VII, pater Philippi regis, frater Petri de Cortiniaco, proavus Ludovici IX, rex Franciæ *vel* Francorum, 361 b, 574 b, 575 a, b. — *Louis le Jeune.*

Ludovicus VIII, pater Ludovici IX, rex Franciæ *vel* Francorum. — *Instrumenta a Ludovico VIII vel ejus nomine scripta :* stabilimentum de Judeis, 14 a; concessio communitatis Bellimontis, 18 b; pro Willelmo filio Bernardi Coci, 33 b; pro communia Niorti, 35 a; pro comm. S. Johannis Angeliacensis, 36 b; pro Stephano archiepiscopo Cantuariensi, 37 b; pro II. de Lizegniaco, 38 a; pro Helia Rudelli, 40 b; pro Belvacensibus, 44 a; Ludovici VIII testamentum, 54 a; sceau de Louis VIII, 55 b; de abbatia Cormeriacensi, 61 a; pro Corbeicensi communia, 63 a; pro burgensibus Montisferrandi, 68 a, 72 b; pro Ferrando comite Flandriæ, 76 a; pro villa Montispessulani, 89 a; de forteritia in villa S. Andreæ construenda, 92 a. — *Loca in quibus de Ludovico rege agitur :* 10 a, b, 11 a, b, 12 a, 13 a, b, 15 a, b, 16 a, 22 b, 23 b, 24 a, b, 25 b, 26 a, b, 28 a, b, 31 a, b, 32 a, 33 a, 36 a, 38 b, 39 a, b, 40 a, 41 a, 44 b, 46 a, b, 48 b, 49 a, b, 50 a, 51 a, 53 b, 56 a, 57 a, b, 58 a, 60 a, 62 a, 63 a, b, 68 a, b, 69 a, b, 70 b, 71 a, 72 a, 73 a, 75 a, b, 77 b, 78 b, 79 a, 80 b, 81 a, b, 83 b, 84 a, b, 85 b, 86 a, 87 a, 88 a, 89 b, 91 a, b, 93 a, b, 94 a, b, 95 a, 96 a, b, 97 a, b, 98 a, b, 101 a, 102 a, 110 b, 111 b, 112 b, 113 a, 119 b, 122 b, 124 a, 129 a, 130 b, 143 a, 150 a, 192 b, 220 b, 221 a, 237 a, 241 b, 243 a, 265 b, 298 b, 314 a, 340 a, 349 a, 417 a, 444 a, 451 b, 452 b, 453 a, b, 454 a, b, 470 b, 638 a, 647 a, 648 a, 649 a, b, 650 a.

Ludovicus, princeps, Ludovici VIII filius primogenitus, 96 b, 97 a, b.

Ludovicus IX, sanctus. — *Instrumenta a Ludovico IX vel ejus nomine scripta :* tractatus cum comite et comitissa Flandriæ initus, 111 a; pro communia S. Johannis Angeliacensis, 143 a; de pace cum comite Tolosano Parisius inita, 152 b; pro villa de Chableiis, 160 a; mandatum comiti Tolosano, 166 b; de Ponte Saiaci, 170 a; pro Beatrice et Alicia monialibus Fontis-Ebraldi, 173 a; mandatum episcopo Caturcensi, 177 a; pactiones habitæ cum Andrea de Vitriaco, 178 b; pro Raimundo vicecomite Thoarcii, 181 b; pro burgensibus Niorti, 184 a; statutum de Judeis, 192 b; pro Isabelli filia Mathildis Kaylliaci, 245 a; mandatum clero Albigesii, 262 a; de nova compositione cum Bertrando episcopo Agathensi inita, 265 a; pro G. Bertrandi et Bertrando fratribus, 279 a; de ætate legitima Johannis et Balduini de Avesnis filiorum Margaretæ, 280 b; mandatum Bernardo Frigidimontis abbati, *ibid.*; pro executoribus testamenti Philippi comitis Boloniæ, 374 b; de testamento Guidonis comitis Forensis, 405 b; confirmatio excambii initi inter R. Lingonensem episcopum et Th. regem Navarræ, 415 b; pro dotalitio Blanchæ reginæ ampliando, 438 b; de sex millibus libris annui redditus comiti Pictaviensi in donum collatis, 452 b; sur l'accord intervenu entre Thibaud, roi de Navarre, et les Templiers, 455 a; de compositione inita inter G. Laudunensem episcopum et Laudunenses, 458 a; confirmatio testamenti Johannæ comitissæ Flandriæ, 565 a; pro pace inter liberos Margaretæ comitissæ Flandriæ amicabiliter componenda, 592 a *et seq.*; pro S. et P. Gilliaci de pedagio Giemi super Ligerim, 601 b; privilegia habitatoribus villæ Aquarum-mortuarum concessa, 618 b; sententia arbitralis unacum Odone cardinali in causa liberorum Margaretæ comitissæ pronuntiata, 630 a; mandatum G. de Malamorte senescallo, 634 b; de homagio quod Bernardus de Gordone præstitit, 656 b. — *Loca in quibus de Ludovico IX agitur :* 101 a, 102 b, 103 a, 110 a, 111 b, 112 a, 114 b, 115 a, 117 a, b, 119 a, b, 120 a, 121 a, b, 122 a, b, 123 b, 124 a, 129 a, 130 a, b, 133 a, 135 a, 138 a, b, 139 a, b, 140 a, b, 141 a, b, 143 b, 144 a, 145 a, b, 146 b, 147 a, b, 148 a, 153 a, b, 154 b, 155 a, 156 a, 158 a, b, 162 a, 163 b, 165 b, 174 a, 175 b, 177 b, 178 a, 179 b, 180 a, b, 181 a, 182 b, 183 b, 185 a, 192 b, 199 a, b, 200 a, 201 b, 202 a, 208 a, b, 209 a, b, 210 a, b, 213 b, 214 b, 216 b, 232 b, 233 a, b, 234 b, 235 b, 237 a, b, 238 a, b, 239 a, b, 241 a, b, 242 a, b, 243 a, 244 a, 251 b, 253 a, b, 255 b, 256 a, b, 257 a, b, 258 b, 259 a, b, 260 b, 261 a, b, 262 a, 264 a, b, 267 a, 268 a, b, 269 a, b, 270 a, b, 271 b, 272 a, b, 274 a, b, 275 a, b, 276 a, b, 277 a, b, 278 a, 279 a, b, 280 a, b, 284 a, 285 a, b, 286 a, b, 287 a, 288 a, b, 290 a, 291 a, 293 a, 294 a, 295 a, b, 297 b, 302 a, 312 a, 316 b, 317 a, 319 a, 321 b, 327 a, 331 b, 336 a, 337 a, 342 a, b, 346 b, 349 a, 352 b, 353 a, 356 a, 357 a, b, 358 a, b, 360 b, 361 a, 362 b, 372 a, b, 373 a, b, 375 b, 383 a, b, 384 a, 386 a, 389 a, b, 392 b, 395 b, 396 b, 398 b, 399 a, 400 b, 403 a, 405 b, 409 a, b, 410 b, 413 a, 414 a, 416 a, b, 418 b, 420 b, 422 b, 425 a, b, 426 b, 428 a, 430 a, 437 a, 440 b, 441 a, b, 442 a, b, 444 a, 448 b, 449 a, b, 450 a, 453 a, b, 454 a, b, 456 a, 460 a, b, 461 a, 464 a, b, 465 a, b, 470 a, b, 471 b, 472 a, b, 473 a, 477 b, 478 a, 479 b, 480 a, 481 a, b, 482 a, 483 b, 484 a, b, 486 b, 487 a, 488 a, b, 489 a, b, 490 a, 493 a, b, 494 a, 495 b, 496 a, 498 a, 499 b, 505 b, 506 a, b, 507 a, 508 a, 513 b, 516 a, b, 517 b, 519 b, 520 a, 524 a, b, 525 b, 526 a, 527 b, 528 a, 529 b, 537 a, 538 a, b, 543 a, 544 a, b, 548 a, b, 552 a, 554 a, 563 b, 569 a, 572 b, 584 b, 580 a, 590 b, 591 b, 596 b, 597 b, 600 a, b, 601 b, 602 a, 605 b, 606 a, 608 a, b, 617 b, 622 b, 633 b, 634 b, 636 a, 637 a, 638 b, 639 a, 640 b, 641 a, b, 642 a, 644 b, 650 b, 651 a, b, 655 a, b, 656 a, b.

Ludovicus, filius primogenitus Ludovici sancti, 101 a. — *Mort en 1259.*

Ludovicus, comes Sacricesaris, 298 a, 299 a. — *Louis Ier, comte de Sancerre, fils du comte Guillaume.*

Lueigrgue (W.), 118 a.

Lugahnac, locus, 455 b. — *Lugagnac en Quercy, Lot, arr. de Cahors, canton de Limogne.*

Lugannho (forcia de), 334 b. — Territorium, *ibid.* — *Peut-être Lugan, haut Languedoc, Tarn, arr. et canton de Lavaur.*

Lugdunense concilium, 584 b.

Lugdunenses cives, 486 a.

Lugdunensis civitas, Lugdunum, 522 b, 566 b, 567 a, b, 579 a, 584 a, 612 b, 613 b, 640 b, 641 a. — *Lyon, chef-lieu du département du Rhône.*

Lugdunensis ecclesia, 12 a, 579 a.

Lugdunensis archiepiscopus, Rainaldus *vel* Raynaldus, 10 b, 11 b, 12 a; Robertus, 213 b.

Luigneio (Gaufridus de), 44 a.

Lumbardi (Guillelmus), canonicus Agathensis, 268 a.

Lumbardus (G.), civis Carcassonæ, 650 a.

Lumbarz (P.), consiliarius villæ Sarlati, 13 a.

Lumberensis abbas, Martinus, 539 b, 540 a.

Lumbuis (Symon de), miles, 409 a.

Lumdier (Folcs de), 16 a.

Lunelli dominus, Ramundus Gaucelmi, 388 b, 464 b, 466 b, 480 b, 493 a, 542 a, 553 b, 629 b, 641 a. — *Raymond Gaucelin, seigneur de Lunel, mari de Sybille de Montpellier.*

Lunellum, 451 b. — *Lunel en Languedoc, Hérault, arr. de Montpellier, chef-lieu de canton.*

Lupertis (G. Bertrandus de), consiliarius consulum Tarascone, 217 a.

Lupi (R.), consul Montispessulani, 89 a.

Lupicenis (Philippus de), clericus regis Franciæ, 71 a, 309 b.

Luppus, magister universitatis Tolosæ, 397 b.

Luppus (Guido), miles, 174 b.

Lupus, frater Rogerii Bernardi comitis Fuxensis, 156 b.

Lupus (Guillelmus), miles, 659 a.

Lusarchiarum dominus, Radulphus, 195 a. — *Luzarches, dans l'Ile-de-France, Seine-et-Oise, arr. de Pontoise.*

Lusignan (Hugues X de), comte de la Marche et d'Angoulême, 62 b. *Voy.* Ugoo.

Lussac (B. de), burgensis Sarlati, 13 a.

Lussinum, *id est* Luxovium, 142 a.

Lussnag, 42 a. — *Probablement Lussac, Lot-et-Garonne, commune de Leyrits.*

Lusueg (Guillelmus Amalvinus de), 348 b.

INDEX ALPHABETICUS.

Luxovium, 142 a. — Luxeuil, Luxeuil ou Luxeu, dans la Franche-Comté, Haute-Saône, arr. de Lure, chef-lieu de canton. Vid. Lussinum.

Luvères (Gilo de), miles, 660 a. — En Champagne, Aube, arr. de Troyes, cant. de Lusigny.

Luziaco vel Luzeiaco (Symon de), dominus Luziaci, 214 a, 408 b. — En Nivernais, Nièvre, arr. de Château-Chinon, canton de Luzy.

Luzillac (fortericia de), 578 a. — Luzillat en Auvergne, Puy-de-Dôme, arrond. de Thiers, canton de Maringues.

Lyliers (O. de), 150 a.

Lymare, 130 a. — Limares en Normandie, Eure, arr. de Louviers, cant. de Neuboury.

Lyslebone, Lysleboene, 330 b, 331 a. — En Normandie, Seine-Inférieure, arr. du Havre, chef-lieu de canton. — Voyez Insula Bona.

Maant (nemus vel foresta de), 123 a, 296 a, 412 b, 413 a. — En Champagne.

Maasano (Raymundus de), canonicus Carpentoratensis, 516 a.

Mabile de la Ferté, abbesse de Fontevrault, 623 a.

Mabilia, femme de Gui del Castlar, 579 b.

Mabilia, uxor Aymerici de Castronovo, 330 a.

Mabilia de S. Lothario, abbatissa B. Mariæ de Alamenesch, diocesis Sagiensis, 291 a.

Macellarius (Rodes), consul castri de Petrucia, 513 b.

Macer (Theobaldus), 26 b.

Machalinis (Johannes de), 103 a. — Jean de Malines, en Belgique, province de Brabant.

Machou, en Champagne, 586 b. — Machault en Champagne, Ardennes, arr. de Vouziers, chef-lieu de canton.

Machuel (Renaudus), miles, 659 b.

Maciaco (Simon de), miles, 428 b.

Macilhac (in castris prope), qui distat a Blavia per quatuor leucas, 479 a, b. — Marcillac en Guyenne, Gironde, arr. de Blaye, canton de Saint-Ciers-la-Lande.

Macon (comte de), Jean de Braine. — Vid. Matisconensis comes.

Madeliano (Pontius Amanevus de), 505 a. — Maduillan, Agenais, Lot-et-Garonne, arr. d'Agen, canton de Preyssas.

Maelinus (Guillelmus), Flandriæ constabularius, 609 a.

Maengoti (Guillelmus), valetus, dominus de Surgeriis, 634 a.

Maensac (Robertus de), miles, 171 b.

Maestre (Raimundus de), consul Condomi, 498 b; Willelmus, ibid.

Mafantape (Guigo), miles, 223 b.

Magalona, Magalonense capitulum, Magalonenses canonici, 329 a, b. — Maguelonne, en Languedoc, arr. de Montpellier.

Magalonensis ecclesia, 329 a, b, 387 b, 388 a, b, 421 b, 603 a.

Magalonensis episcopatus, 7 a. — Diœcesis, 618 b.

Magalonensis archidiaconus, 493 a; Sicardus, 72 a. — Canonicus, Berengarius

II.

Arnaldus, 389 a. — Conrezarius, Petrus de Melgorio, 326 b. — Episcopus, 603 a; Bernardus, 71 b, 152 a, b, 153 b; Guillelmus, 602 a; Johannes de Montelauro, 328 a, b, 329 a, b, 387 b, 388 a, b, 421 a, 495 b. — Præpositus, Sycardus, 328 b, 329 a. — Prior, 329 a, b.

Magasku (Arr. de), 440 a.

Magdalena (B.), 350 a.

Magrennio (Petrus de), 35 b, 36 a.

Mahaut, comtesse de Bouloingne, 330 b. — Vid. Mathildis.

Mahius, cuens de Pontiu et de Monstereuil, 550 a, 552 a. — Vid. Matheus comes Pontivi. — Mathieu de Montmorency, second mari de Marie, comtesse de Ponthieu et de Moutreuil, Pas-de-Calais.

Mahoc (communia de), 198 b. — Mayo en Picardie, aujourd'hui le Crotoy, Somme, arr. d'Abbeville.

Maier (R.), 519 b.

Maiestre (Miquel), 534 a.

Maignis (nemus de), situm inter Argneium et Chantecoq, 318 a. — En Champagne.

Maili (Ermengardis des). 349 b.

Mailli (Matheus de), 295 a. — Vid. Malliaco (Matheus de).

Mailliaco (Harduinus de), miles. Vid. Malliaco (H. de).

Mainardus, abbas B. Juliani Turonensis, 174 a.

Maineriis (Guillelmus), 26 b.

Maineriis (Guillelmus de), dominus Mentenii, 32 a, b. — Guillaume de Maisnières, seigneur de Monthenois, Picardie, Somme, arr. d'Abbeville.

Mainwat (Nicholaus de), miles, 597 b.

Mairano (B. de), 446 a.

Maisères, en Champagne, 586 b.

Maiseres, in Nivernesio, 204 b. — Probablement Mézières, commune de Chaumot-sur-Yonne, Nièvre.

Maisnil (Hellinus dou), miles, 359 b.

Maisnilo (finagium de), 433 b. — En Champagne.

Major (Petrus), 378 b; consul Podii-Celsi, 510 b.

Majoricarum regimen, 445 a. — Le royaume de Majorque, la plus grande des îles Baléares.

Majoricarum rex, Jacobus I, rex Aragoniæ, etc., 328 a, 329 a, 450 b, 602 a; Petrus, 460 b.

Malacho (Bernardus Ugonis de), 580 a.

Mala-Dumo (Stephanus de), 267 b.

Mala-Falgueira (B. de), 192 b.

Malafalguerra (Calvetus de), 43 b.

Malamorte (castrum de), 36 b, 406 b, 407 a, b. — Malemort, dans le Comtat, Vaucluse, arr. de Carpentras, canton de Mormoiron.

Malamorte (Aymericus de), domicellus, filius Gerald. de Malamorte, 614 b, 636 a; Geraldus, 612 a, 634 b, 636 b, 655 a;

Henricus vel Aimericus, archidiaconus Marchiæ, in ecclesia Lemovicensi, Lemovicensis electus, 603 a, 606 b; P., 655 a.

Malamosca (Guillem de), 251 b; Willelmus, 571 b.

Malaspina (Guillelmus de), consul de Lauraco, 504 a.

Malaucena, Malaucenæ castrum, 83 a, 165 b. — Malaucène, dans le Comtat, Vaucluse, arr. d'Orange.

Malaucena (Ramundus Ramerius de), 408 a.

Malaura (Johan de), escrivas communal de Buzet, 588 b, 589 b, 590 a, 613 a, 646 a.

Malauba (Johans de), publicus notarius de Rabastenxz, 533 a, 534 a, b, 536 a, b.

Malaval (Ug de), scriptor, 16 a, 47 a, 55 b.

Maldenghem vel Maldeghem (Dierekin de), 103 b; Guillaume, 344 a; Willelmus, miles, 367 a, 557 b, 608 b. — Maldeghem, dans la Flandre orientale.

Maleboulon, locus, 643 b. — En Poitou.

Malebrarii dominus, Raginaldus, 261 a.

Maledoree (Ewrardus), 342 a.

Malemortis rivus, 436 b.

Malestatoa (Guillelmus), sacerdos, 226 a.

Malet (Robertus), 102 a, 295 a, b.

Maleti (Hugo), 542 b.

Malhac (B. Ug de), 327 b, 660 b.

Maliberina de Castaneto (Ramundus), 328 a.

Mali-Campi pons, apud Nivernos, 213 a. — Probablement Mauchamps, commune de Varennes-lez-Nevers, Nièvre.

Malier (Petrus), consul de Monteacuto, 503 b.

Malines (Daniel de), 367 a; Jean, 103 a.

Malivicini (Guido) vel Malus-vicinus, 294 b, 295 a, b, 297 a, b, 298 a, 299 a; Guillelmus, 295 a, 297 b; Petrus, 659 b.

Malla (homines de), 125 a, 163 b. — Marles en Brie, Seine-et-Marne, arr. de Coulommiers, canton de Rosoy.

Malla (presbyter de), Nicholaus, 125 a.

Mallacco (Hugo de), in les castri de Villamuro, 497 a.

Malle (Petrus de), 231 a, b, 241 b.

Mallebrario, Mallevrier (Reginaldus, Robertus de). Vid. Maloleporario.

Mallenguien (Franciscus de), præpositus Brugensis, Flandriæ cancellarius, 294 b, 343 a, 368 a; Guillelmus, miles, 285 a. — Maldeghem, dans la Flandre orientale, Belgique. Vid. Maldengheim.

Mailliaco (Harduinus), 157 a, b. — Harduin, seigneur de Maillé en Poitou. — Matheus, 156 b, 157 a, 162 a, b, 163 b; Petrus de Malliaco, Johannæ conjux, 410 a, 416 a.

Malliaco, Mailliaco vel Malliacho (Bochardus de), 69 a. — Bouchard de Marly, dans le Parisis.

Mallicastro (castrum de), 464 a. — En Bourgogne.

Mallivilla (castrum de), 464 a. — En Bourgogne.

Malmaison (Étienne de), bailli de Bar-sur-Aube, 267 b.

Malobosco (Gauscelmus de), 35 a.

MALOLACU (Petrus de), 405 a.
MALOLEONE, MALLONE (Ademarius de), 540 a, 543 b; Arnaldus, 540 a, 543 b; Bernardus, 540 a, 543 b, 604 a; Radulphus, 600 b, 606 b; Rogerius, abbas Scalæ Dei, 541 a; Savaricus, 62 b, 69 a, b, 122 b, 123 a, 170 a. — *Mauléon en Gascogne.*
MALOLEPORARIO, MALLEBRARIO, MALLEVRIER, (Renaudus *vel* Reginaldus de), 261 a, 617 b, 618 a; Robertus, 177 b, 181 b, 295 a, b, 296 a, 617 b, 618 a. — *Maulevrier, en Anjou, Maine-et-Loire, arr. de Beaupréau.*
MALONIDO (Ansellus de), 240 b; Anselmus, episcopus Laudunensis. *Vid.* ANSELMUS.
MALOVICINO (Guillermus de). *Vid.* MALIVIGINI.
MALP (Arr.), 136 b.
MALPELS (P.), 155 b, 267 b.
MALSAMONT (G. Unaldus de), 91 b.
MALUSPILI (Petrus), miles Podii Laurentii, 497 a.
MAMOLENA (Raymbaudus de), dominus Cadarossæ, 320 a.
MANASSERUS, filius Mathei de Tusquin, 132 a.
MANASSERUS, miles, frater comitis Registestensis, 267 b. — *Manassès, frère de Hugues III, comte de Rethel.*
MANDENGUIEN (Guillelmus de), miles, 557 b.
MANDENHEM (Dierekinus de), 103 a.
Mandres, 415 a. — *En Champagne, Haute-Marne, arr. de Chaumont-en-Bassigny, canton de Nogent-le-Roi.*
MANIN (Gossuinus de), miles, 368 a.
MANLINGAM (castellanus de), Guillelmus, 344 a.
MANNERES (Guillaume de), chevalier, seigneur de Menthenay, 550 b. — *En Picardie.*
MANS (doyen de l'église du), Geoffroy, 157 b. — Robert de Domfront, 275 b.
MANS (Michael de), burgensis Baionæ, 511 b.
Manselia, 287 b. — *En Normandie.*
MANSELLUS (Hugo), 204 b.
MANSIAU DE REBRACHIEN (relicta defuncti Huet), 564 b. — *Vid.* REBRACHIEN.
Mansio in Campania, 131 b. — *En Champagne, Côte-d'Or.*
Manso (villa de), 466 b, 504 b. — Ecclesia, 466 a, b. — *Mas-Saintes-Puelles, Aude, arr. de Castelnaudary.*
MANSO (consules villæ de), 504 b. — Milites, *ibid.* — Prior, 466 a.
MANSO (Aubertus de), miles, 504 b; Bernardus, 221 a, 679 b; Galardus, 504 b; Jordanus, 504 b, 579 b; Palaisinus, *ibid.*; Petrus, 443 a; W., 504 b, 579 b.
Manso subtus Verdunum (Berardus de S. Antonio de), 641 a.
Mansum, in comitatu Fezenciaci, 604 b.
MANTAPE (Guigo), 226 a.
Mantest (crux de), prope Nivernensem villam, 213 a.
MAORILLO (Raols de), 508 a.

Maraia (villa de), 11 b, 132 a. — Peut-être *Maraye-en-Othe, Champagne, Aube, arr. d'Estissac.*
MARAMON (P. Gondissalvus de), 99 b.
Maranc (baronnie de), 601 a.
Marans (seigneurie de), 629 a. — *En Poitou?*
MARBAIS (Gerardus *vel* Girardus de), miles, 339 a, 367 b, 557 b.
MARCA (Raimundus de), 466 b, 635 b.
MARCADIER (Johannes de), consul Condomii, 498 b.
MARCAFABBA (Guillelmus Atho de), 386 b.
Marcafava (villa de), 481 a. — *Marquefave, Languedoc, Haute-Garonne, arr. de Muret, canton de Carbonne.*
MARCAFAVA *vel* MARCHAFABA (Arnaldus de), filius Willelmi Bernardi de Marcafava, 188 a, 458 a, 481 a, 483 b, 547 b; Bernardus, dominus castri Savarduni, 483 a; Ramundus Garsias, 481 a; Willelmus Bernardus, 93 a, 481 a.
MARCEL (Gaudin), viguier de Toulouse, 636 a.
MARCELS *vel* MARCELZ (R.), 90 b, 183 a.
MARCHEL (Radulphus dou), miles, 659 b.
MARCHI (Ricardus), jurisperitus, 603 a.
MARCHIA (Audemarus de), filius comitis Marchiæ, 624 a.
MARCHIA (Margareta de), filia comitis Hugonis, 571 b, 572 a, 578 b, 579 b, 585 b.
Marchiæ comitatus, 176 b, 453 a, 477 a, 499 a, 571 a, 622 b. — *Comté de la Marche, auj. partie du département de la Creuse et de la Haute-Vienne.*
MARCHIÆ comes, Hugo de Lezigniaco *vel* Lezignano, comes Engolismi, 31 b, 38 b, 39 a, 57 a, 62 a, b, 68 a, 123 a, 140 a, b, 141 b, 175 b, 181 a, 182 b, 193 a, b, 210 a, b, 214 b, 232 a, 241 a, 245 b, 270 a, b, 276 b, 298 a, 299 a, 313 b, 382 b, 453 a, 457 a, 471 b, 473 a, b, 476 a, b, 477 a, b, 478 a, b, 479 b, 498 b, 505 b, 508 b, 513 b, 518 b, 572 a, 575 a, 579 a, 623 a, 624 a. — Comitissa Isabella *vel* Isabellis regina Angliæ, etc., 121 a, 182 b, 183 b, 478 a, 498 b, 623 b, 624 b.
MARCHIÆ comitis filii, 623 a.
MARCHIANIS (G. præpositus de), ordinis Prædicatorum, 546 b.
MARCHUS, testis, 226 a.
MARCHUS, canonicus ecclesic Cenomanensis, 216 b.
Marcigiæ in Nivernesio, 204 b. — *Marciges, anc. fief de la châtellenie de Montenoison, Nièvre.*
Marcilliacum, 178 b, 179 a, 180 a. — *En Poitou.*
MARCILLO (W. de), consul Tolosæ, 493 a.
MARCOLF (Johannes dictus), scabinus Brugensis, 596 a.
Mardic *vel* Mardique (villa et communitas de), Mardikensis villa, 104 b, 345 b, 364 b, 562 a. — *Mardick, Flandre française, Nord, arr. de Dunkerque.*
Marec villa, 241 b.
Marein (pratum situm apud fontem), 44 a. — *Dans le Maine.*
MARENCIO (R. de), 56 a.
Marencs (terra quæ vocatur a), 422 a. — *En Languedoc.*

Marengues (villa de), 578 a. — *En Auvergne.*
MARENX (Azimarus de), miles castri de Causaco, 502 b.
MARESCALLUS (Ricardus), 102 a, 185 a.
Mareschaut (ténement li), à Auxonne, 168 a.
MARESCO (Colardus de), 342 a; Ewrardus, *ibid.*
MARESKINA (major et scabini de), 199 a. — *Maresquel, en Artois, arr. de Montreuil-sur-Mer, Pas-de-Calais.*
Maresquine (terra apud), 56 b.
MARESTAN (B. de), 90 b; R., 91 a.
Marestanno (castellum de), 540 a. — *En Languedoc?*
MARESTANNO (Bernardus de), 540 a.
MARFOLLUS (R. Martinus), civis Carcassonæ, 650 a.
MARGARETA, filia Archambaldi domini de Borbonio, 245 b, 246 a, b, 247 a; comitissa Campaniæ, 274 a.
MARGARETA *vel* MARGARITA DE MARCHIA, filia Hugonis de Lesigniaco, sponsa Raimundi Tholosani comitis, 499 a, 571 b, 572 a, 574 a, b, 575 a, b, 576 a, b, 578 b, 579 a, 585 b.
MARGARETA *vel* MARGARITA, filia Raimundi Berengarii comitis Provinciæ, uxor Ludovici IX, regina Franciæ, 258 a, 379 a, 446 b, 538 a.
MARGARETA DE DAMPETRA, soror Johannæ comitissæ Flandrensis, Balduini IX filia, 337 b, 338 a, 372 a, 545 b, 546 b, 548 a; comitissa Flandriæ et Hannoniæ, 548 a, b, 552 a, b, 554 a, 565 a, b, 590 a, 591 b, 592 a, b, 593 b, 594 b, 596 b, 597 b, 600 a, 602 a, 607 a, b, 608 a, b, 624 a, b, 625 a, b, 630 a, 631 a, b, 637 a, 638 a, b.
MARGARETA, uxor Galteri, Blesensis comitis, 66 a, 269 a.
MARGARETA, uxor Henrici de Avaugor, 255 b, 256 a.
MARGARETA, uxor Petri de Brana, domina Montisacuti et Gasnapiæ, 164 a.
MARGARETA, uxor Hatonis Revel, civis Atrebatensis, 236 a.
MARGARETA, uxor Hugonis S. Mauritii militis, 266 a.
MARGARETA, vicecomitissa Rupis Cauardi, 586 a.
MARGARETA, vicecomitissa Thoarcii, 139 a, b. — *Marguerite, vicomtesse de Thouars, femme de Hugues II.*
MARGIIS (Guillelmus de), canonicus Magalonensis, 330 a.
MARGINAL (Johannes de), 457 b.
Margon (feodum de), 182 a. — *Dans le comté de Dreux?*
MARI (Guillelmus de), 190 a.
MARI (Guillelmus de), syndicus Massiliæ, 632 a.
MARIA, abbatissa B. Mariæ de Karitate Andegavensis, 242 b.
MARIA, comitissa Blesis et S. Pauli, 443 a. — *Marie, fille de Gautier d'Avesnes, femme de Hugues de Châtillon.*
MARIA, comitissa Pontivi et Monsteroli, 56 a, 57 a, 62 a, 185 a, b, 195 a, b,

INDEX ALPHABETICUS.

199 a, b, 200 a, 257 a, 311 b, 312 a, 372 b, 373 a, b, 420 b, 552 a. — *Marie, comtesse de Ponthieu et de Montreuil, femme de Simon de Dammartin, comte de Ponthieu.*

MARIA, filia Ferrandi et Johannæ comitis et comitissæ Flandriæ, sponsa Roberti I comitis Attrebatensis, 293 a, b, 294 a, 460 a.

MARIA, filia Guillelmi VIII, regina Aragonum et domina Montispessulani, mater Jacobi II regis, 154 a, 328 a, 329 a.

MARIA, imperatrix Constantinopolitana, uxor Balduini II imperatoris, 518 b.

MARIA, uxor Arnulphi de Montangleaut militis, 296 a.

MARIA, uxor Guillermi de Valle Grinosa, 59 a.

MARIA, uxor Hugonis de Castellione, comitis S. Pauli, 443 b.

MARIGNIACI dominus, Garnerius de Triangulo, 118 a, 127 a.

MARINHOL (Pons de), testis, 476 a.

Marinhol (rivus de), 476 a, 533 b. — *En Languedoc.*

Marinjol (honor del), 443 a.

MARINUS, archiepiscopus Barensis, 523 b, 528 a, 534 b.

Marla, 491 b, 473 a, b. — Decima de Marla, 517 b. — *Marle, en Brie, Seine-et-Marne, arr. de Coulommiers, canton de Rozoy-en-Brie.*

MARLI (Mahvu de), 485 a; Petrus dominus castri de Mosteriolo-Bonini, 241 a.

MARLIACI dominus, Buchardus, Mosterolii dominus, 60 a, 69 b, 83 b. — *Bouchard, sire de Marly-le-Roi, dans l'Ile-de-France, Seine-et-Oise, arr. de Versailles et de Montreuil.*

MARLIACO (Petrus de), 182 b, 416 a.

Marmanda (villa de), 227 a, b, 228 a, b. 332 a. — *Marmande, en Agenois, Lot-et-Garonne.*

MARMANDA (ballivus de), 228 a.

MARMANDA (consules de), 532 a. — Homines, ibid.

MARMANDA (Ar. de), 390 b, 391 a.

MARMANDE notarius, Ramundus, 635 b.

MARNHAM (Nicholaus de), 657 a.

MAROIE, comtesse de Pontiu et de Monstereuil. — *Voy.* MARIA.

Marolii castrum, Marolium, 180 b, 181 a, 276 b. — *Mareuil-sur-le-Luy, en Poitou, Vendée, chef-lieu de canton, arrond. de Fontenay.*

MAROLIO (Hericus de), miles, 174 b.

Marolium, 214 a. — *Mareuil-sur-Ay, en Champagne, Marne, arr. d'Epernay.*

MARQUA (R. de la), 390 b, 391 a.

MARQUESIA, uxor Aymerici de Rocaforte, 313 a.

MARQUESII (Bernardus), consul Castri-novi-de-Arrio, 504 a.

MARQUESIUS (Petrus), 307 b.

MARROTES (Ramundus), 436 b.

MARROTUS DE CASTRO MACRONO (Guillelmus), 436 b.

Marsiliæ civitas, 340 a. — *Vid.* Massilia.

MARSSANO (Petrus de), 275 b.

MARTEL (Ar.), 300 a, 512 a, 519 b; vignier royal de Toulouse, 464 a.

Martellus, locus (?), 309 b. — *En Languedoc.*

MARTI (Guillelma), veuve de G. Gaufre, 419 b.

MARTI (Joan), comunal escriva de Montalba, 419 b; P., ibid.

Martigni, locus infra terminos viariæ Creciaci, 454 b. — *Martiguy en Brie, Seine-et-Marne, canton de Crécy, arrond. de Meaux.*

MARTIN (Arnaud), 465 b, 480 b, 660 b.

MARTIN (P.), cousin de Vidal Borgarel, 617 a.

MARTINE, sœur de Bertrans de Bessières, 521 a, 522 b.

MARTINI (Helias), consiliarius Podii Sancti Frontonis Petragoricensis, 12 b; Petrus, 190 a, 224 a; Petrus medicus, 466 b; Petrus notarius castri Avinionis, 41 a.

MARTINI DE CASTRONOVO (Petrus), 455 b, 464 a, 496 b, 533 a.

MARTINUS, abbas Lumberensis, 539 b, 540 a.

MARTINUS (Arnaldus), 220 b; B. consul Peunæ Agennensis, 531 a; B. consul Carcassonæ, 650 a; Bernardus canonicus Turonensis, 158 a; Bernardus civis Biterrensis, 79 a; Poncius, 354 a.

MARTIS, bailly de Condom pour le comte de Toulouse, 633 b.

MARTORET (en Vidal del), borgues de Meezi, 637 a.

MARTORETO (Vitalis de), 635 b.

MARTORGER (Johan), 521 b.

MARTRES (B.), consul Amiliani, 514 a.

MARUEIL (vicomtesse de), Isabians de Braine, jadis comtesse de Rouci, 471 a.

Maruel (nemora de), 400 a. — *En Champagne.*

MAS (B. del), 300 a.

MASCU (Willelmus), scabinus Gandensis, 596 b.

MASIP (R.), 300 a.

MASKELINES *vel* MASQUELINES (Egidius de), miles, 608 a; Daniel, 139 a, 140 a, b, 367 a; Johannes, 607 b. — *Maquelines, dans le Valois, arr. de Senlis, Oise.*

MASNILIO (Petrus de), 104 b.

Massamutini, moneta, in Orientalibus partibus usitata, 146 a, 318 b.

Massilia, Massiliensis, Massiliæ civitas, 189 b, 190 a, 398 a, 406 a, 445 a; Massiliensis civitas inferior, 188 b. — Massiliæ commune, 188 b, 189 a, b, 190 a, b, 632 a, b. — Parlamentum, 188 b. — *Marseille, Bouches-du-Rhône.*

MASSILIA (Baucianus de), 448 b.

Massiliæ comitatus, 445 b.

MASSILIÆ dominus, Raimundus comes Tolosæ, marchio Provinciæ, 398 a.

MASSILIÆ vicarius, 445 b. — Sindici, 189 b, 632 a.

MASSILIENSES, 188 b, 339 b. — Sindici, Petrus de Azileriis, Hugo de Verinhone, 189 b; Guillelmus de Mari, 632 a; Petrus de Templo, ibid.

MASSILIENSIS (abbas Sancti Victoris), 362 a. — Monachus, Rossolinus, 515 a, b.

MASTAC (Baoz de), dictator treugarum ex parte regis Angliæ, 506 a.

MASTAT (Fulco de), dominus Mornaci, 506 a.

Masticone (portus de), 327 b.

Masticonensis civitas, 327 b. *Vid.* Matisco, *Mâcon.*

MASTOLIO (Petrus de), 132 b, 240 a.

MATA (Guillelmus de), sutor, consul Narbonæ, 529 b.

MATARONUS (Bertrandus), clavarius Avinionensis, 83 a.

MATEFELON (Theobaldus de), 266 b, 267 a. — *Mathefelon, en Anjou, Maine-et-Loire, arr. de Baugé, canton de Seiches.*

MATILDIS, uxor Guillelmi Saisseti, 470 b, 578 b.

Maternam (molendina super), 646 b. — *La Marne.*

MATEUDZ, uxor Willelmi Saisseti, 227 b.

MATFRE (R.), miles, 339 b.

Matfredi (castrum quod dicitur), situm prope flumen Dordonhe, 323 b.

MATFREDUS, 226 a.

MATFREDUS DE RABASTENS, 41 b, 42 a, b, 43 a.

MATHACIO (Fulco de), 295 b.

MATHEUS, abbas B. Georgii super Ligerim, 243 a.

MATHEUS, abbas Monasterii in Argona, 29 b.

MATHEUS, comes Bellimontis, 20 a, 21 a.

MATHEUS, dux Lotharingiæ, 155 b, 301 a, b. — *Mathieu II, duc de Lorraine.*

MATHEUS, frater Johannis comitis de Carnoto, 17 a.

MATHEUS, matricularius ecclesiæ Parisiensis, 517 b.

MATHEUS, subdecanus Carnotensis, 524 b.

MATHEUS DE MONTE MORENCIACO, constabularius Franciæ, 14 a, 15 a, 21 b, 33 a, b, 37 a, b, 38 a, 44 a, 50 a, 63 b, 143 a, 152 b. — *Mathieu II, dit le Grand, sire de Montmorency, connétable de France.*

MATHILDE II, femme d'Eudes ou Odet de Bourgogne, comte d'Auxerre et de Nevers, 4 b.

MATHILDIS, comitissa Boloniæ, 22 b, 259 a, b, 280 b, 281 a, b, 282 a, b, 283 a, b, 284 a, b, 288 a, 304 b, 305 a, 317 a, 318 a, 393 b, 416 a, b, 460 b. — *Mathilde de Dammartin, comtesse de Boulogne, veuve de Philippe de France.*

MATHILDIS I, comitissa Nivernensis, 1 b, 4 b, 15 a, 16 a, 399 b. — *Mahaut ou Mathilde Ire, comtesse d'Auxerre et de Nevers.*

MATHILDIS II *vel* MATILDIS, comitissa Nivernensis et Forensis, 204 a, b, 211 a, b, 212 a, b, 213 a, b, 214 a, 290 a, 312 b, 313 b, 398 b, 408 a, b, 410 a, 421 b, 427 a, 438 a, 439 a, 449 b, 461 b, 463 b, 464 a, 465 b, 480 b, 483 b, 485 b, 492 a, b, 501 a, 505 a, 506 a, b, 588 a. — *Mathilde II, femme de Guigues V, comte de Nevers et de Forez.*

MATHILDIS, uxor Hueti de Chauviniaco, 397 a.

MATHILDIS, uxor Johannis comitis Burgundiæ et Cabilonis, 347 a, b.

MATHILDIS, uxor Richardi de Bellomonte, 443 a.

MATHILDIS, uxor Thomæ de Cociaco, 13 b.

INDEX ALPHABETICUS.

MATILLIS, uxor Johannis domini d'Aubois, 589 b.
Matisco. — *Mâcon, ancienne capitale du Mâconnais, auj. chef-lieu du départ. de Saône-et-Loire.*
Matisconense capitulum, 146 b. — *Pedagium*, 147 a.
MATISCONENSES, 146 b.
Matisconenses libratæ, 147 a.
Matisconensis comitatus, 327 b, 400 b.
MATISCONENSIS ballivus, Amalricus de Corcellis, constabularius Arverniæ, 403 a. — Comes, Johannes de Brana, 146 b, 147 a, 193 b, 269 b, 287 a, 296 b, 298 a, 311 a, 327 a, 386 a, 400 a, b, 401 a. — Comitissa, Alix, Aaleis, 147 a, 296 b, 400 a, b, 401 a; comitissa Matisconensis et Viennensis, Scolastica, 528 b. — Decanus, Seguinus, 146 b. — Episcopus, Haimo, 101 b, 146 b.
Matreolæ, 292 b. — *En Champagne.*
MATTIO (Fulco de), 295 a.
MAUDUGNENSIS decanus, frater Mathei Tusquin, 131 b.
Maudugnum (terræ apud), in parrochia Escheriarum, 46 a. — *Meun en Gâtinais, Seine-et-Marne, commune d'Achères, arr. de Fontainebleau.*
MAURANDUS Bonus Mancipius, 507 a, b; Oldricus, consul Tolosæ, 278 b, 507 a; Ramundus, 216 a, 281 b, 288 a, 313 a.
Maurannus locus, 553 b. — *Mauran, en Comminges, Haute-Garonne, arr. de Muret, canton de Cazères.*
MAURANO (Sancius de), 428 a.
MAURANO Peleganterii (Willelmus de), 428 a.
Maure (terra), juxta Montem Consularem, 100 b. — *Dans le comté de Laon.*
MAUREGII (Guillelmus de), consul Moysiaci, 510 b.
MAURENQUIS (Ispanus de), 578 a; Odo, ibid.
MAURENS (Fezac de), 91 b.
MAURET (P. de), capela de Lhoza, 633 b.
MAURI (B.), 394 b; G. Mauri, 547 b.
MAURICII (Petrus), 643 b.
MAURICIUS, archiepiscopus Rothomagensis, 233 a, 237 b, 254 a.
MAURICIUS, episcopus Cenomanensis, 16 a, b, 22 b, 100 a. — *Maurice, évêque du Mans.*
MAURIMONTE (abbas de), Guido, 144 b, 145 a; Richardus, 527 a. — *Le monastère de Moiraumont, diocèse de Châlons-sur-Marne.*
Maurimontem (ecclesia apud), 46 a.
Maurimontis nemora, 46 a. — *En Champagne.*
Maurisilva, 182 a. — *Dans le Perche.*
MAURITANIA (Benedictus de), castellanus Tornaci, 423 b, 505 b; Galfridus, ibid.; Hellinus, 103 b; Petrus, 312 a, 369 b; Arnulphus, 592 b, 593 a. — *Mortagne, en Flandre Nord, arr. de Valenciennes, canton de Saint-Amand-les-Eaux.*
MAURITIUS, sacrista S. Antonini Appamiensis, 95 a.
MAURNACO (Sicardus de), 496 b.

MAUROCENUS (Albertinus), potestas Constantinopolis et imperii Romaniæ despota, 391 a.
Mausi (baronnie de), 601 a. — *Seigneurie*, 629 a. — *Dans l'Aunis?*
MAUSI (Guillaume de), 601 a, 629 a.
Mausiacum, Mausiaci fortericia, 38 b, 39 a, 68 a, b, 166 a. — *Maussac, dans la Corrèze, arr. d'Ussel, canton de Meymac?*
Mausifrote, turris apud Xantonas, 535 a.
Mauvas vel Mauves, 182 a. — *Mauves, dans le duché d'Alençon, Orne, arr. et canton de Mortagne-sur-Huynes.*
MAXIACO (Hugo de), 542 b.
MAXUNE (Gauterius de), 100 a.
Mayencac (castrum de), 383 a. — *En Auvergne.*
MAYENCAC (Astorgius de), domicellus, 383 a.
MAYNATA (Poncius), 350 b.
Mayo (commune de), 198 b. — *Aujourd'hui le Crotoy, arr. d'Abbeville, Somme.*
MAYORICARUM rex Jacobus, etc., 457 a. — Vid. Majoricarum.
MAZELER (R.), consul Agennensis, 497 b.
MAZERAS (Arnaldus de), barrianus castri Savarduni, 483 a.
MEALHA (Petrus), consul de Portu S. Mariæ, 531 b.
Meaux (diocèse de), 404 b. — *Officialité*, 455 a. — Voy. Meldæ.
Medato (silva de), 446 a.
MEDICI (Étienne), notaire, 313 a.
Medicino (villa de), 532 a. — *Mézin, dans le Condomois, Lot-et-Garonne.*
MEDICUS (Arnaldus Bernardus), 335 b; Bertrandus, 329 b; Stephanus, notarius, 328 b, 536 b.
MEDIO (Robertus de), Meldensis miles, 175 a.
Mediolanensis diocesis, 385 a. — *Diocèse de Milan, en Lombardie.*
MEDONTENSIS communiæ major et pares, 651 b. — *Les jurés et la commune de Mantes.*
Medunta (castrum de), 392 b. — *Mantes, dans l'Ile-de-France, Seine-et-Oise.*
Meduntam (ecclesia S. Stephani apud), 392 b. — *Capella sita infra muros dicti castri*, ibid.
Medunto (foresta de), Medunti nemus, 124 a, 138 b, 143 b, 220 a, 288 b. — *La forêt de Maan, dans les environs de Meaux, en Brie, Seine-et-Marne.*
Meezi (borgnes de), en Vidal del Martoret, 634 a.
MEILERONS (Girardus li), 11 b.
MEINIL (Petrus, domicellus de), 360 b.
MEISSI (Robertus de), miles, 659 b.
MELABONS (Girart de), 352 a.
MELCHINI (G.), 75 b.
Meldæ, Meldensis civitas, communia, 50 b, 59 b, 60 a, 116 a, 117 a, 138 b, 145 a, 161 b. — *Meldensis moneta*, 50 b, 51 a. — *Meaux en Brie, Seine-et-Marne, chef-lieu d'arrondissement.*
Meldense capitulum, 138 b, 159 b, 288 b, 454 b.

MELDENSES canonici, Andreas de Lauduno et Guillelmus, dictus Ruffus, 454 b. — *Major et jurati*, 13 b.
Meldensis (conventus S. Faronis) vel S. Pharonis. — Vid. S. Pharonis conventus. — *Domus-Dei*, 124 a, 175 a, 412 b, 443 a; magister, Radulfus, 175 a. — *Leprosaria*, 290 b.
MELDENSIS canonicus, Willelmus, 290 b. — Clericus, Hugo, 145 a. — Decanus, 288 b; Gimundus, 138 b, 145 a, 159 b; Hemardus, 523 a, b. — Episcopus, Petrus, 47 b, 50 b, 51 a, 60 a, 69 b, 70 a, 79 b, 88 a, 89 a, 123 b, 124 a, 138 b, 163 b, 164 a, 175 a, 194 a, b, 290 b, 296 a, b, 330 b, 331 a, 346 a, 412 b. — Miles, Robertus de Medio, 175 a.
MELEDUNENSIS vicecomes, Galeranus de Ivriaco, 41 a, b.
Meledunum, 24 a, 49 a, 61 b, 63 a, 77 a, b, 111 a, 154 b, 163 b, 193 a, 245 b, 251 b, 357 b, 400 a, 438 b, 485 a, b, 520 b, 638 a. — *Melun, dans l'Ile-de-France, chef-lieu du départ. de Seine-et-Marne.*
MÉLERON (Jehan le), 447 a.
Meleun, 485 a, b. — Voy. Meledunum.
Melgolensis, Melgoriensis, moneta, i. e. solidi vel libræ, 16 a, 43 b, 93 b, 135 b, 136 a, 313 b, 388 b, 398 a, 407 a; Melgorienses solidi, duppli, boni et largi, 511 a. — *Monnaie des comtes de Melgueil, puis des évêques de Maguelonne et des seigneurs de Montpellier.*
Melgorii comitatus, 495 b.
MELGORII dominus, Johannes, Magalonensis episcopus, 496 a.
MELGORIO (prior de), Guillermus de Castriis, 329 b.
MELGORIO (Petrus de), conrezarius Magalonensis, 329 b; R., consul Montispessulani, 446 a.
Melisiacum, 302 b. — *Melizey, en Champagne, Yonne, arr. de Tonnerre.*
MELLENTO (magister Radulphus de), domini regis clericus, 115 a.
Mellentum, 438 b. — *Meulan, Seine-et-Oise, arr. de Versailles.*
MELLOTO vel MERLOTO (Droco de), dominus Locharum, 1 a, 13 a, 14 b, 15 a, 17 a, 61 a, b, 102 a, 174 a, 208 b, 270 b, 298 a, 299 a, 425 b, 426 a, 593 a; dominus S. Præjecti, 595 b; Guillelmus vel Willelmus, dominus S. Bricii, 4 a, 214 a, 298 a, 299 a, 490 b, 491 a, 593 a, b; Radulphus, clericus domini regis, 331 b, 334 a. — *Mello, Oise, arr. de Senlis, canton de Creil.*
Melua, 380 a. — *Melve, Basses-Alpes, arr. de Sisteron, cant. de la Motte-du-Caire.*
MELUGDENSIS abbas, Hugo, 492 b.
Melundense, Melugdense Molismum monasterium, 492 b. — *Molonne-en-Tonnerais, abbaye du diocèse de Langres.*
Ménart (le pont de), en Champagne, 569 b.
MENERI (Guillelmus), 57 a.
MENGOTI (Willelmus), 62 b, 123 a.
MENILLIO (Hellinus de), miles, 344 a.
MENIN (Johannes de), armiger, 558 a.
MENTENDI (Willermus de), miles, 257 a.

MENTENEH, dominus (Guillelmus de Maineriis), 32 a, b, 550 b. — *Guillaume de Mannères, chevalier, seigneur de Menthenay.*

MERANIE dux, Otho, comes Burgundiæ, 64 b, 66 a, 142 a. — *Othon II, dit le Grand, duc de Méranie, comte palatin de Bourgogne.*

MERBIIS (Radulphus de), scabinus Bellimontis, 596 a.

MERCER (W.), 419 b.

MERCER (Raimundus), consul Marmandæ, 532 a.

MERCERIUS (Guillelmus), 50 b.

MERCORIO (Berardus de), 117 b, 335 a. — *Béraud de Mercœur, maréchal de Bourbonnais et connétable d'Auvergne.*

Merdairol (le ruisseau de), 527 b, 536 b, 588 b. — *En Languedoc.*

MEREVILLA (Guido de), 26 b, 57 a, 59 b, 97 a, 178 b. — *Gui de Nemours, seigneur de Méréville.*

MERI (Jofredus de), conestabulus, 391 a, 392 a. — *Geoffroy de Méry, connétable de l'empire de Constantinople.*

Meriacum, 15 b, 246 a, 247 a, 274 a. — *Méry-sur-Seine, en Champagne, Aube, arr. d'Arcis-sur-Aube, ch.-l. de canton.*

Méricort, 191 a, b. — *Mirecourt, Vosges, chef-lieu d'arrondissement.*

Merlau (aqua de), 342 a. — *En Champagne.*

MERNAT (P.), 300 a.

Merpinum, castellum de Merpino, 176 b, 477 a, 478 a, b, 498 b. — *Merpins, Charente, arr. et canton de Cognac.*

MERREIO (G. de), conestabulus imperii Romaniæ, 395 a. — *Connétable de l'empire de Romanie.*

Mervent, Merveuto (castrum de), 473 a, b, 508 b. — *Mervent, Vendée, arr. de Fontenay-le-Comte, canton de Saint-Hilaire des Loges.*

MESAMION (Stephanus de), armiger, 564 a.

MÈSE (Bernard de), évêque de Maguelonne, 152 b, 153 b. — *Vid.* BERNARDUS.

MESNIL (Pierre du), 104 b, 360 b.

Mesnilii decima in parrochia de Turnomio, 162 a, 166 a.

MESNILLIO (Hellinus de), miles, 558 a.

Mesnillum Theobaldi, 287 b. — *Le Mesnil-Thébault, en Normandie, Manche, arr. de Mortain, canton d'Isigny.*

MESO (Adam de), miles, 659 a.

MESOA (Dr. de), consul Montispessulani, 446 a.

MESONS (Symo de), 174 a.

MESQUIN (Guigo), 35 a.

MESSAL (Ponz de), scriptor, 188 b, 251 b.

METENONE (Amauricus de), 405 a.

METERNA, METERNE (Malinus de), 103 b, 338 b; constabularius Flandriæ, 422 a, b. — *Maelin de Meteren, Nord, arr. de Hazebrouck, canton de Bailleul.*

METGE (Bertrandus), 293 a.

METHE (Mahelinus de), 338 b.

METHENES (Mathieu de), 103 b.

Metteio (pedagium de), 501 b.

Metulo (castrum de), 644 b. — *En Poitou, peut-être Melle, Deux-Sèvres, chef-lieu d'arrondissement.*

MEUDON (Amarricus de), miles regis, 552 a.

MEYVILLE (Thomas de), 657 a.

MEZ (seigneur du), Jean Clément, 97 a. — *Vid.* JOHANNES.

MEZALIHA du Naiaco (Ugo), 536 a.

Mezelac, locus, 403 b. — *En Languedoc.*

MIC, clericus, 657 a.

MICHAAM (Johannes de), miles, 558 a.

MICHAEL, constabularius Flandriæ, 103 b.

MICHAEL (frater), ordinis Prædicatorum, 545 b, 546 b.

Michaugues, in Nivernesio, 204 b. — *Michaugues, en Nivernais, Nièvre, arr. de Clamecy, cant. de Brinon-les-Allemands.*

MICHEM (Jean de), chevalier, 558 a.

MICOLAU, lo razedor, 399 b.

Mielet in Caturcesio, 94 a.

MIGNON (Guillelmus), 292 a.

MIGRIT (Henricus de), 304 a.

MILES (domina), 285 a.

MILOLI (Adam de), 485 a.

MILGLOS (Arnaldus de), 285 a.

MILHAC (Helias de), burgensis Petragoricensis, 12 b.

MILIACO *vel* MILLIACO (Adam de), ballivus Attrebatensis, 26 b, 164 a, 165 a, 358 b, 437 a. — Gauffridus, ballivus Ambianensis, 184 b, 234 a, 346 b. — Guillelmus, miles, 57 a, 281 b, 283 b. — *Milly en Gâtinais.*

Millau en Rouergue, 514 a. — *Vid.* Amilianum.

Millenceii feodum, 119 a. — *Millançay, dans le Blaisois, Loir-et-Cher, arr. et canton de Romorantin.*

MILO, abbas S. Michaelis Tornodorensis, 492 b. — *Milon, abbé du monastère de Saint-Michel de Tonnerre, au diocèse de Langres.*

MILO, abbas Sancti Pharonis Meldensis, 296 a, 520 b.

MILO, capicerius Carnotensis, 524 b.

MILO, comes Barri-super-Sequanam, 25 b, 27 a.

MILO, decanus Trecensis, 33 b, 34 a, 253 a, b. — *Milon II de Saint-Aubin, doyen du chapitre de Troyes.*

MILO, episcopus Belvacensis, 11 a, b, 47 b, 57 a, 69 b, 70 a, 72 b, 96 b, 97 a, 101 a, b, 102 a, b, 114 a, 528 a. — *Milon Iᵉʳ de Châtillon-Nanteuil, évêque de Beauvais.*

Mimatensis diocesis, 71 b, 566 a. — Ecclesia, 75 b. — *Mende, anc. cap. du Gévaudan, auj. chef-lieu du départ. de la Lozère.*

Mimathense episcopium, 75 b.

MINERUS (dominus Willelmus), 129 a.

MINORES fratres, 481 b, 482 b. — Altissiodorenses, 522 a, b. — Engolismenses, 499 b. — Parisienses, 285 a, 286 a. — Provinciales, 381 a, 382 b. — Rothomagenses, 233 b. — Sistaricenses, 382 b. — Tholosani, 315 b, 497 b. — Venetiæ, 391 b.

MINTOIRE (Petrus), 563 b.

MIR (Bernardus), 190 a.

MIRABELLO (R. de), 531 a. — *Mirebeau, Vienne, arr. de Poitiers.*

MIRÆPIHIS, MIRAPICENSIS marescallus, Guido de Levis, 578 b, 658 a. — *Mirepoix, en Languedoc, Ariège, arr. de Pamiers.*

Miramars (magister Hugo *vel* Ugo de), archidiaconus, 328 b, 329 b.

MIRAMON (Aicardus de), miles, 339 b; Ademarus, *ibid.*; Cicardus, *ibid.*; Sicardus, 495 a.

MIRAMONTE DE PORTARIA (Bernardus de), 350 b, 383 a.

MIRAMUNDO (Bernardus de), 56 a; consul Tolosæ, 278 b.

MIRANDA (prior de), Odo Albertus, 404 b.

Miratorii conventus, 528 b. — *Le monastère de Miroir, au diocèse de Lyon.*

MIRATORII abbas, Vincentius, 528 b, 529 b.

Miravalle (castrum de), 388 b. — *Mireval, Languedoc, Hérault, arr. de Montpellier, canton de Frontignan.*

MIREBEL (Poncius de), 505 b.

MIREBELLI heres, 169 b.

MIREMONT (Bernardus de), 153 a; Raterius, 509 a.

MIRO (Guillelmus), monachus, 226 a.

MIROMONTE (Ademarus *vel* Ademarius de), 483 b, 520 b, 548 a, 579 b, 614 b; Arnaldus, 612 b; Guillelmus Ato, 566 b; Poncius de Pujols, 583 b; Sicardus, 36 a, 335 a, 348 b, 354 b, 387 a, 483 b, 493 a, 495 a, 514 a, 540 a, 541 a, 548 b, 553 b. — *Miramont, en Languedoc, Haute-Garonne, arr. et canton de Saint-Gaudens.*

Mirtigniacum, 513 a. — *Martigny, en Champagne.*

Mirusmons, 548 b. — *Miremont, en Languedoc, Haute-Garonne, arr. de Muret, canton d'Auterive.*

Moesse aquæ, 212 a. — *En Nivernais. Probablement Mouasse, commune de Saint-Hilaire en Morvand, Nièvre.*

Moffllieres (foresta de), 24 a. — *En Normandie.*

Moichaguel (lo fio de), 243 b. — *En Languedoc.*

MOICHAGUEL (la dona de), 243 b.

MOILLAC (J. de), S. Antonini consul, 647 b.

MOLENDINO (W. de), consul de Portu S. Mariæ, 531 b.

Molendinum novum (domus quæ vulgariter appellatur), 578 a. — *En Poitou.*

Molignon, locus infra terminos viariæ Crecinci, 454 b.

MOLINA (Godissalvus Petrus de), 98 b, 99 a.

MOLINA (P. de la), 536 a.

Molina (ruisseau de la), 437 a. — *Près de Buzet, dans le Toulousain.*

MOLINARIO (Petrus Raimundus de), consul de Rabastino, 503 b.

MOLINS (Johan de), 352 a.

MOLIRINUS (Guillelmus), 351 b.

MOLIS (Colinus de), 123 a.

Molismensis conventus, 587 b, 656 a. — *Monastère de Molesme, au diocèse de Langres.*

MOLISMENSIS abbas, Christophorus, 587 b, Ysembardus, 656 a.

Molleya (domus de), 281 a.— *En Picardie?*
Molnar (P. de), 91 b; R., miles, 91 a.
Monacuus (Stephanus), miles, 660 a.
Monaster, 95 a. — *Cennes-Monestier, en Languedoc, Aude, arr. et canton de Castelnaudary.*
Monasterii Dervensis abbas, Anselmus, 385 b; Matheus, 467 a; Petrus, ibid.
Monasterio (Bertrandus de), 43 b.
Monasterium Dervense, 440 b, 467 a, b.— *Monstier-en-Der, diocèse de Châlons-sur-Marne.*
Monasterium in Argona, 29 b, 44 b. — *Moutier en Argonne, diocèse de Châlons-sur-Marne.*
Monberteir (Bar de), 402 b.
Monbozaut ou Montbozaut (Berengeir de), 383 b, 394 b, 440 b.
Moncelli, locus infra terminos viariæ Creciaci, 454 b.
Moncellis (gaignagia de), in Nivernesio, 205 a. — *Monceaux-le-Comte, en Nivernais, Nièvre, arr. de Clamecy, canton de Tannay.*
Moncellis-sub-via (homines de), 393 b. — *Monceaux, Seine, arr. de Saint-Denis, canton de Neuilly-sur-Seine.*
Moncellis S. Gervasii, Parisius, 572 a. — *Monceaux-Saint-Gervais, monticule qui existait autrefois derrière l'hôtel de ville de Paris.*
Monchampins (nemus de), 159 b. — *En Champagne.*
Monchi (villa et forteritia de), 233 b, 234 a, b. — *Monchy-la-Gache, Somme, arr. de Péronne, canton de Ham.*
Monchi (vicecomes de), Martellus, 234 a.
Monchi (Odo de), miles, 233 b, 234 a. — Elysabeth, ejus uxor, 234 b.
Monciaco (Jacobus de), miles, 659 a.
Moncontor, in diocesi Briocensi, 303 a, 473 a, b. — *Moncontour, Bretagne, Côtes-du-Nord, arr. de Saint-Brieuc, canton de Moncontour.*
Moncuc (Bernardus de), 447 a, 485 b, 486 a; Guillaume, 447 a; Ramon, ibid.
Mondailles (in Caturcesio), 94 a.
Monemue (Johannes de), 405 a.
Monetae. *Vide* Accoroix, Campaniac, Carnotum, Caturcensis, Claromontensis libræ, Flandrenses libræ, Laudunensis, Massamutini, Matisconenses libratæ, Melgolensis, Morlanensis, Nivernensis, Parisiensis, Petragoricensis, Pruvinensis, Ramundenses solidi, Sterlingorum marcae, Tholosana, Turonensis, Venetialis, Vianensis, Vilelmenses solidi.
Mongobert (Gila de), 532 b; Hugues le Clerc, 333 b.
Monier (W. de), 423 a.
Mons-Argi, Mons-Argii, 442 b, 490 a.
Mons-Astrux (locus qui dicitur), 461 b, 463 a. — *Montastruc, près Toulouse, l'un des chefs-lieux de canton de l'arrondissement de Toulouse.*
Mons Bundesii, 287 b.
Mons-Cassinus in comitatu Astaracensi, 543 b. — *Mont-Cassin, Lot-et-Garonne, arr. de Nérac, canton de Castelijaloux.*

Mons Galardus *vel* Gualardus, 264 a, b.
Mons Pancerii, 97 a, b, 101 a, 102 a. — *Montpensier, Puy-de-Dôme, arrond. de Riom, canton d'Aigueperse.*
Mons-petrosus (in Caturcesio), 94.
Mons-rotundus (villa nova in loco qui dicitur), 412 a, b. — *Le village de Montrond, près de Chatrices, arr. de Sainte-Menehould, Marne.*
Mons Sancti Vincentii, 11 b, 12 a, 413 a. — Montis S. Vincentii homines et feminæ, 409 b. — *Mont-Saint-Vincent, Saône-et-Loire, arr. de Chalon-sur-Saône.*
Monstellant (homines de), 276 b.
Monsteroel (Johannes de), 545 b.
Monsterolii, Monstereoli castellanus, 60 a; comes, cuens, Mahiu, cuens de Ponthieu, 550 a, 552 a; Simon comes Pontivi, 185 a, 257 a, 311 b, 312 a, 420 b. — Comitissa Maria Maroie, 257 a, 420 b, 552 a.
Monsterolio (conventus B. Sulvii de), 39 a.
Monsterueil (église Notre-Dame de), 550 b.
Monsterueil (doyen de Saint-Fremin de), Vincent, 550 b.
Mont-Saint-Remi, en Champagne, 586 b.
Montagu, Montaigu (Gérard de), garde du Trésor, 382 b, 518 a, 567 a; Vidals, 616 a.
Montalba (escriva comunal de), Joan Marti, 419 b.
Montaldus, canonicus Agenensis, 390 b, 391 a.
Montaneria domina, uxor Beliti judei, 511 b, 512 b.
Montangleaut (Arnulphus de), miles, 296 a.
Montaniaco (Bernardus de), consul Montispessulani, 4 b, 530 b.
Montanuols *vel* Montaniol (Petrus de), 437 a, 439 b.
Montaniaci castrum, 265 a.
Montarinus (Bernardus), 511 b, 512 a.
Montarsinus, 571 b.
Montaud (Raimundus de), 506 a.
Montberteir (Bar de), 402 a.
Montbozaut (B. de), 402 b.
Montclare (Giraud de), abbé de la Chaise-Dieu, 223 b, 226 a.
Montoenart (dominus de), Bernardus, 509 a.
Monte (Th. de), officialis Suessionensis, 532 b.
Monte-Abbedone (W. de), subbajulus Montispessulani, 53 b.
Monte-Augver (Drogo de), 506 a.
Monte-Astrucho (notarius de), Pontius de Casilacco, 440 a, 443 a.
Monteastrug (rivus de), 444 a.
Monte-Cabrario (R. de), miles de Lavaur, 504 b.
Monte-Cathano (Guillelmus R. de), 354 a.
Montecuevrel (Gilo de), miles, 291 a.
Monteçon (terra de), 491 a.
Monteesquivenn, 376 b.
Monteganha (foreia de), 493 a.
Montegniaci castrum, 479 a.
Monteils (villa et forcia de), 493 a.

Montein Fontaine (locus qui dicitur), in parrochia de Fontenai, 588 a.
Montelaudario (P. de), magister universitatis Tolosæ, 397 b.
Monte-Leardi (Guillelmus de), miles, 659 b.
Montellum Aymardi, 88 a. — *Montélimart, Drôme, chef-lieu d'arrondissement.*
Montelongo (Bernardus de), miles Podii Laurentii, 497 a.
Montem Consularem (terra Maure juxta), 100 b.
Montemelianum, 542 b. — *Moutmélian, Savoie.*
Montenaio (Simon de), miles, 201 a. — *Montenoy en Picardie, canton de Poix, Somme.*
Montendre (seigneur de), Hugues de Tonnay, 140 a.
Monteuiacum in Bassiniaco, 27 b.
Montensis (jurati *vel* scabini et communitas villæ), 594 b, 597 a.— *Mons en Hainaut.*
Monteolivo (Bernardus de), consul Narbonæ, 325 a.
Montepensato (R. Garsia de), 496 b.
Montepesat (Arnaldus de), 505 a.
Montepessulano (Guillelmus de), 387 b, 388 a, b; Rostagnus, 388 b.
Montepessulano (Guillelmus de), sartor, consul Narbonæ, 529 b.
Montepesulo (B. Longus de), 389 a.
Montereoali (Poncius de Villanova de), 637 a.
Montes, 595 a. — *Mons, en Hainaut.*
Montesoiu (saiss de), 16 a.
Monte-Totino (Arnaldus Willelmus de), 68 a.
Montfaucon (Renaud de), 49 a, 69 b.
Mont-Guardal (villa de), 285 a.
Monticus (Bernardus de), 61 b; Bertrandus, 135 b, 136 a, 153 a, 291 a, 334 b, 378 a, 383 a, 471 a, 533 a, 571 b; Petrus, 61 b, 153 a, 378 a, 458 a, 471 a, 483 b, 493 b, 507 b, 571 b.
Montigneium in Bassigneio villa, 414 b, 415 a, b; Montignei castellaria, 436 a.
Montigniacum, 139 b, 182 a. — *Montigny, Aube, arr. de Troyes, canton d'Ervy.*
Montiliis (P. de), bajulus Montislauri, 496 a.
Montilio (villa de), 224 a, 225 a.
Montilio (Bernardus Athonis de), 403 b.
Montiliorum castrum, 464 b.
Montigniac, locus, 499 a.
Montis Acuti (villa aut castrum de), 150 b, 383 a, 403 b, 533 a, 646 b. — *Montaigu, Aveyron, commune de Roquefort.*
Montisacuti (consules de), in ballivia Montisalbani, 503 b. — Milites et nobiles, 501 b. — *Montaigut en Quercy, Tarn-et-Garonne; sceau de la ville, 503 b.*
Montisacuti domina, Margareta, domina Gasnapiæ, uxor Petri de Brana, 410 b, 414 a.
Montisacuti dominus, 287 a.
Montisacuti (A.), consul burgi de Medicino, 532 a; Arnaldus, 43 b, 223 b, 225 b, 455 b, 505 a; Beraudus, 387 a; Bertrandus, consul Montiscuqui, 510 a;

INDEX ALPHABETICUS.

Bernardus, 540 *a*, 543 *b*; P., 172 *a*; Petrus de Durbanno, 533 *a*; Poncius Bernardus, miles castri de Causaco, 502 *b*; Vitalis, 611 *b*, 614 *b*, 616 *a*.
Montis Agreiz (casinentum), 100 *a*.
Montis Agreiz (Bartholomeus de), 100 *a*.
Montis Alavernegue (bastida), 341 *b*.
Montis-Albani (villa aut castrum), villa de Monte Albano, Mons-Albanus, 150 *b*, 221 *b*, 222 *b*, 223 *a*, 419 *b*, 502 *b*. — Montisalbani ballivia, 501 *b*, 502 *a*. — Ecclesia. 223 *a*. — Monasterium S. Theodardi, 221 *a*, *b*, 222 *a*, 225 *b*, 390 *b*, 391 *a*. — Montauban en Quercy, Tarn-et-Garonne; sceau de la ville, 508 *b*.
Montis-Albani consules, 501 *b*, 502 *a*, 503 *b*.
Montisalbani (Draconetus), 542 *a*.
Montis Alti (domini), 67 *a*.—*Montaut, en Languedoc, arrond. de Muret, Haute-Garonne.*
Montis-Alti (Durantus de), 324 *b*; Guilabertus, 455 *b*, 483 *b*, 493 *a*; Sicardus vel Svcardus, 190 *a*, 230 *b*, 231 *a*, 324 *a*, 355 *a*, 483 *b*, 495 *a*, 520 *b*, 570 *b*.
Montisamati (honor), 530 *a*.
Montis Andronis castrum, 140 *a*.
Montis Andronis dominus, Hugo de Talniaco, 140 *a*.
Montis-Arnaldi (Dalmascius), miles, 329 *b*.
Montis Basonis castrum, 589 *a*. — *Montbazon, Indre-et-Loire, arr. de Tours.*
Montis Basonis dominus, Philippus Savarici, 589 *a*.
Montis Belloti castrum, 327 *b*.
Montisbruni aula, 326 *b*. — Bajulus, 326 *a*.
Montisbruni Petrus, 580 *b*; Petrus Raimundi, pelliparius, consul Narbonæ, 529 *b*; Raimundus Guillelmus, 467 *a*.
Montisburgi conventus, 22 *b*. — *Monastère de Montebourg, au diocèse de Coutances.*
Montisburgi abbas, Rogerius, 22 *b*.
Montis-Buxerni dominus, Eustachius, 397 *a*. — *Montboissier, Puy-de-Dôme, comm. de Brousse.*
Montisclari Petrus Martini, 635 *b*.
Montisclarii castellania, 436 *a*.
Montiscuci vel Montiscuqui (villa aut castrum), Monscuqus, 150 *b*, 151 *a*, 354 *a*. — *Monicuq en Quercy, Lot, arr. de Cahors; sceau de la ville,* 510 *a*.
Montiscuqui (bajulus), 334 *a*. — Consules, 310 *a*.
Montis Desiderii (major et jurati), 653 *a*. — *Montdidier en Picardie, Somme.*
Montis-Desiderii (Berengarius), miles, 329 *b*.
Montis-Esquivi (Arssinus), 604 *a*; Bernardus, 41 *a*.
Montisfalconis (Odo), miles, 659 *b*; Renaldus, 49 *a*, 69 *a*.
Montisferrandi comes, Guillelmus vel Willelmus, comes Clarimontis, 72 *a*, *b*, 172 *a*, *b*.
Montisferrandi communia, Monsferrandus, 71 *a*, 72 *a*, 573 *b*. — *Montferrand en Auvergne.*

Montisferrandi dominus, Johannes, Magalonensis episcopus, 496 *a*. — *Montferrand, près Castelnaudary.*
Montisferrandi in Alvernia, consules et burgenses, 63 *a*, 70 *b*, 71 *a*, 72 *b*.
Montisflasconis villa, 271 *b*. — *Montefiascone, en Toscane.*
Montisfortis molendina, 130 *a*.
Montisfortis villa, in Occitania, 75 *b*.
Montisfortis comites, 149 *b*, 150 *a*, *b*, 152 *a*, 177 *a*, *b*, 218 *a*, 323 *b*, 405 *a*. — *Montfort-l'Amaury, Seine-et-Oise, chef-lieu de canton.*
Montisfortis dominus vel comes, Amalricus, 24 *b*, 40 *a*, 71 *b*, 72 *b*, 76 *a*, 89 *a*, 97 *a*, 101 *a*, *b*, 112 *b*, 150 *a*, 155 *a*, *b*, 178 *a*, 193 *a*, *b*, 194 *b*, 195 *a*, 217 *b*, 236 *a*, 265 *a*, *b*, 266 *a*, 287 *b*, 298 *a*, 299 *a*, 404 *b*. — Comitissa, A., 265 *a*.
Montisfortis (Guido), 80 *a*, *b*; Philippus, 144 *b*; Rotroldus, 80 *b*; Simon comes Montisfortis, Leycestriæ, etc., 24 *b*, 76 *a*, 80 *b*, 84 *b*, 88 *a*, 93 *b*, 96 *b*, 164 *a*, 186 *a*, 195 *a*, 218 *a*, 236 *a*, *b*, 287 *b*, 336 *b*, 405 *a*, 657 *a*, *b*.
Montis Gasconis castellania et dominium, 578 *a*. — *Montgacon, en Auvergne.*
Montis Gasconis dominus, Falco, 578 *a*.
Montis Geraldi (scabini et communitas villæ), 611 *a*. — *Grammont, en Belgique.*
Montis Granerii castrum, 156 *b*, 162 *b*, 163 *a*.
Montisgroisini (Odo), miles, 51 *a*, *b*, 54 *a*, 59 *b*, 137 *a*, *b*; Radulphus, 59 *b*. — *Montgresin, Oise, comm. d'Orry, cant. de Senlis.*
Montis Guiscardi villa, 332 *a*, 339 *a*.
Montis Guiscardi (bajulus), Willelmus Bernardus, 475 *b*; Bernard Pelicer, 392 *b*. — Consules, *ibid.*
Montis Guiscardi (B.), 550 *a*.
Montis Gumberti (Johannes), 83 *b*. — *Mont-Gumbert en Picardie, Aisne, arr. de Soissons.*
Montislanardi castrum, Mons-Lanardus, 354 *a*, 611 *b*, 614 *b*, 615 *a*, *b*, 616 *a*, *b*. — *Château de Montlanard, aujourd'hui Mondenard, partie de la commune de Cazes-Mondenard, Tarn-et-Garonne, arr. de Moissac, cant. de Lauserte, désigné par D. Vaissete sous le nom de Montlevard.*
Montislanardi (Arcmannus de), 455 *b*; Bernat, 611 *b*, 616 *a*; Pons, 611 *b*, 616 *a*; R., 611 *b*, 616 *b*; Tondutz, 611 *b*, 614 *b*, 616 *a*.
Montislauri castrum, 495 *b*, 496 *a*.
Montislauri bajuli, Arnaudus de Pamiis et P. de Montiliis, 496 *a*.
Montis-Lauri Bertrandus, 329 *b*; Guillelmus, canonicus Magalonensis, 330 *a*; Johannes, episcopus Magalonensis, 328 *a*, 329 *a*, *b*; Mancipius, 585 *b*; Petrus Ramundus, 230 *b*; Poncius, miles Fanijovis, 502 *b*.
Montismauri (Anselmus), 288 *b*.
Montismauro de Montagania (forcia Ramundi de), 493 *a*.
Montismedii de Danziaco (nemus), 505 *a*. — *Montmien, Nièvre, comm. de Saint-Martin d'Heuille.*

Montismirabilis dominus, 27 *a*. — *Montmirail, Marne, arr. d'Epernay.*
Montismirabilis dominus, Johannes, comes Carnotensis, 69 *a*, 166 *a*. — *Jean d'Oisy, seigneur de Montmirail.*
Montismirabilis Gaufridus, archidiaconus Parisiensis, 289 *b*; Johannes, archidiaconus Parisiensis, *ibid.*
Montismorenciaci Buchardus, 298 *a*, 299 *a*; Matheus II, Franciæ constabularius, 14 *a*, 38 *b*, 50 *a*, 57 *a*, 69 *a*, 113 *a*, 117 *b*, 121 *a*, 124 *b*, 125 *a*, 176 *b*, 178 *a*, *b*, 179 *b*, 181 *b*, 183 *a*; Matheus IV, 15 *a*. — *Montmorency, Seine-et-Oise, arr. de Pontoise.*
Montis Morveii (nemus), 255 *a*.
Montispessulani villa, Monspessulus, Monspessulanus, 5 *a*, 6 *a*, *b*, 7 *a*, 8 *a*, *b*, 9 *a*, 36 *b*, 51 *b*, 52 *b*, 89 *a*, 145 *b*, 146 *a*, 153 *b*, 154 *a*, 292 *b*, 310 *a*, 318 *b*, 328 *a*, *b*, 329 *a*, 387 *b*, 388 *a*, *b*, 421 *a*, 444 *b*, 445 *b*, 446 *a*, 451 *a*, 530 *b*, 602 *a*, *b*, 603 *a*, 647 *a*, 648 *a*. — Communitas, 4 *b*, 5 *a*. — Curia, 4 *b*, 5 *a*, *b*, 6 *a*, *b*, 7 *a*, *b*, 8 *a*, 9 *b*, 52 *a*, *b*, 53 *a*, 310 *a*. — Districtus, 153 *b*, 154 *a*. — Consuetudines, 530 *a* et seq. — Ecclesia B. Mariæ de Tabulis, 310 *b*. — Domus consulatus, 293 *a*, 531 *a*. — *Montpellier, Hérault.*
Montispessulani advocati, 6 *a*, *b*, 7 *a*. — Advocatus, 52 *b*, 53 *a*. — Assessores et delegati, 52 *b*. — Bajulus, subbajuli, vicarii, tabelliones, etc., 4 *b*, 5 *a*, *b*, 6 *a*. Bajulus, 52 *a*, 53 *a*; R. Capud bovis, 310 *b*; G. Johannini, 446 *a*. — Consulatus, 89 *a*, 146 *a*, *b*, 293 *a*. — Consules, 4 *b*, 10 *a*, 51 *b*, 52 *a*, 53 *a*, 293 *a*, 310 *a*, *b*, 318 *b*, 530 *a*, *b*, 602 *a*, *b*, 603 *a*, 612 *b*. — Montispessulanenses, Montispessulani homines, 445 *b*, 612 *b*. — Masculi minores, 410 *a*; Puellæ minores, *ibid.* — Mercatores, 9 *a*, *b*. — Judex, 52 *b*. — Tenens locum regis in Montispessulano, 445 *b*.
Montispessulani dominus, Guillelmus, 154 *a*, 421 *a*; Jacobus rex Aragoniæ, etc., 52 *a*, 75 *a*, 328 *a*, 329 *a*, 450 *b*, 457 *b*, 602 *a*. — Domina, Maria Aragoniæ regina, 75 *a*, 328 *a*, 329 *a*.
Montispessulaneti portale, 388 *b*.
Montispradelli rivus, 436 *b*.
Montisregalis villa, 162 *b*. — *Montrejeau, Haute-Garonne, arr. de Saint-Gaudens.*
Montisregalis dominus, 287 *a*; Ansericus, 27 *a*, 409 *a*, 413 *b*.
Montis-Rotundi forteritia, 49 *b*.
Montis S. Johannis castellania, 413 *a*. — *Erreur; mettez : Montis S. Vincentii castellania.*
Montis Sancti Johannis dominus (Guillelmus), 287 *a*, 410 *a*, 413 *b*; Poncius vel Pontius, 25 *b*, 27 *a*, *b*.
Montis Sancti Michaelis (feodum abbatis) 295 *a*. — *Mont-Saint-Michel, Manche, arr. d'Avranches.*
Montissecuri castrum, 442 *a*, 578 *b*.
Montlaur (Hugues de), maître de l'ordre du Temple en Provence et en Espagne, 319 *b*.

MONTLAUZI (magister Gald. de), 493 *a*.
MONTMIRAIL (J., prieur de Saint-Étienne de), 166 *a*.
MONTOCIO (Ramundus Willelmus de), 578 *a*.
Montoire (Jean IV de), comte de Vendôme, 69 *a*.
MONTOTINO (Petrus de), 441 *a*.
Mont-Otran (chastel à), *lecture douteuse*, 491 *a*, *b*.
Montpellier (Marie de), fille de Guillaume VIII et femme de Pierre d'Aragon, 75 *a*.
Mont-Pichet, locus infra terminos viariæ Creciaci, 454 *b*.
MONTRÉAL (Ansoric de), 409 *b*; Hugues. — Voy. *Hugues II, évêque de Langres.*
Montreuil-Bellay, 171 *b*.
MONTREUIL (sire de), Bouchard, 60 *b*.
Moranz, 153 *a*.
MORAVILLA (Willelmus de), capellanus ecclesiæ S. Petri Coquinarum, 497 *b*.
Mordaina (villa de), in Ruthinense diœcesi, 507 *b*.
MORELLUS (Durantus), consul castri de Causaco, 502 *b*.
MORES (abbé du monastère de), au diocèse de Langres, Nicolas, 187 *b*.
MORESIO (Bernardus de), præcentor Agathensis, 268 *a*.
MORESZIO (Michael de), archidiaconus, 328 *b*, 329 *b*.
Moret, 159 *b*.
MORETENONE (Arnulphus de), miles, 359 *b*. — Castellanus Tornaci, 607 *b*; Hellinus, 369 *b*. — *Mortagne, Nord, arr. de Valenciennes, canton de Saint-Amand.*
Moretolii comitatus, 214 *b*, 288 *a*.
Moretolium, 288 *a*.
Moretonii forteritia, 114 *a*, *b*.
Moretum, 159 *a*. — *Moret, Seine-et-Marne, arr. de Fontainebleau.*
MORETUS *vel* MORETI (Petrus), canonicus Magalonensis, 328 *b*, 330 *a*.
MOREZIO (Johannes de), consul Montispessulani, 530 *b*.
MOROUR (Lo), 528 *a*.
MORIN (Gaufridus dictus), 494 *b*; Johannes, 660 *b*; Salomon, scabinus Yprensis, 607 *a*.
MORINENSES homines, 44 *b*.
MORINENSIS episcopus, Desiderius, 45 *a*, 47 *b*, 69 *b*. — Præpositus, Adam, 45 *a*.
Morini Garini terra, 100 *b*.
Moris (conventus de), 187 *a*.
MORIS (abbas conventus de), Nicolaus, 187 *a*.
Moritolii comitatus, 23 *b*, 287 *b*. — Moritolium, 287 *b*. — Moritolii forteritia, 23 *b*. — *Mortain, Manche.*
MORLA (W. Poncius de), 220 *b*.
MORLAN (G. A.), civis Carcassonæ, 650 *a*.
MORLAN (Santius), civis Carcassonæ, 650 *a*.
Morlanensis moneta, *i. e.* solidi, libræ, 306 *b*, 307 *a*, 308 *b*, 397 *b*, 452 *a*, 548 *b*, 553 *b*, 577 *a*, *b*, 628 *b*, 629 *a*; Bon Morlas, 633 *b*.

Morlees (la grange de), en Champagne, 570 *a*.
MORNACI dominus, Fulco de Mastat, 506 *a*.
MORNACIO (Bertrandus de), 321 *a*.
Mornacum, 165 *a*.
Mornatio (castrum de), 362 *a*.
MOROHIER (Guillelmus), miles, 659 *a*.
MOROLIO (Bernardus de), miles, 346 *b*.
Morovillis (forcia de), 230 *b*, 231 *a*.
MORRA (Henricus de), magister justitiarius regni Siciliæ, 420 *a*.
MORSLEDA, MORSELEDE *vel* MORSELEODE (Henricus de), 110 *a*; Galterus *vel* Walterus, miles, 558 *a*, 608 *a*. — *Moorstede, dans la Flandre occidentale.*
MORTAGNE (Pierre Ier de), abbé de Saint-Martin de Séez, Robert II, 312 *b*.
MORTAIGNE (dominus de), Arnulfus castellanus Tornacensis, 423 *b*, 608 *a*.
Morter (rivus de), 439 *b*.
Morteriis (rivus de), 436 *b*.
MOUTERIO (Amelius de), miles de Fanojovis, 502 *b*.
Mortuæ-Aquæ villa, 385 *a*.
Mortuimaris castellum, honor, 24 *a*, 544 *b*.
MORTUOMARI (W. de), 102 *a*.
MOSURE (Seerus de), miles, 368 *a*; Sigerus, 558 *a*.
Mosomo (castellania de), 378 *b*.
MOSOMO (castellanus de), Nicholaus, 378 *b*.
Mosomum, Mosomi villa, 350 *b*.
Mossano (B. de), consiliarius Narbonæ, 325 *b*.
Mosteriolium in Gastinia, 176 *a*, 182 *b*, 453 *b*.
MOSTERIOLO BONINI (dominus de), Petrus de Marle, 241 *a*. — *Montreuil-Bonnin, Vienne, arr. de Poitiers, cant. de Vouillé.*
Mosterolium, Monsterolii villa, 32 *a*, 60 *b*, 232 *a*, 476 *b*; forteritia, 32 *a*.
MOSTEROLII major et scabini, 654 *b*. — *Montreuil-sur-Mer, Pas-de-Calais.*
MOSTEROLII dominus, Galeranus de Ivriaco, 41 *a*.
Mota, 45 *a*, 379 *b*.
MOTA (Egidius de), scabinus Brugensis, 596 *a*.
MOTA (Raimundus de), consul Losertæ, 510 *a*.
MOTA (W. Bernardi de), 223 *b*, 485 *b*.
Mota de Chastellon (locus qui dicitur), 467 *a*.
Motam (justitia apud), 44 *b*.
Motellus de Virtuto, 11 *b*.
Mour (villa de), 20 *b*, 21 *a*. *Près Beaumont.*
MOUSCRA (Sygerus de), miles, 609 *b*. — *Mouscroen, en Flandre. Voy. MOSCRE.*
Moustier-la-Celle-lez-Troyes (monastère de), 465 *a*.
MOUSTIER-LA-CELLE DE TROYES (abbé de), Jean Rigaud, 421 *b*.
Moutier Anderf. Voy. *Monasterium Dervense, Monstier-en-Der.*
MOVENTO (Petrus de), miles Podii Laurentii, 497 *a*.
MOY (Droco de), miles, 123 *a*.

MOYACO (dominus Droco de), 460 *b*.
Moyon, 255 *b*.
Moysiacensis ecclesia, 166 *b*.
Moysiacensis, Moysiaci, abbatia, 89 *b*, 90 *a*. — Aumônier, G. Cater, 90 *a*; Camérier, G. Dalverne, *ibid.*; Infirmier, Bonel, *ibid.* — *Abbaye de Moissac, Tarn-et-Garonne.*
MOYSIACENSIS abbas, Raymundus de Rophiac, 89 *b*, 90 *a*; W. capellanus domini Papæ, 90 *a*, 164 *a*, *b*, 165 *a*, 166 *b*, 168 *b*; Guillaume, 451 *b*. — Bajulus, 550 *a*. — Monachus, Ferrerius, 313 *a*. — Sacrista, Ar. d'Arago, prior de S. Geni, 90 *a*.
MOYSIACI habitatores, 90 *a*, 164 *b*, 168 *b*. — Consules, 510 *b*.
Moysiaco (villa *vel* castrum de), villa Moysiacensis, 89 *b*, 90 *a*, 150 *b*, 165 *a*, 166 *b*, 169 *a*, 202 *b*, 203 *a*, 508 *b*, 568 *b*. — *Moissac, en Quercy, Tarn-et-Garonne.* Sceau de la ville, 510 *b*.
MOYSIACO (dominus de), 166 *b*.
MOYSIACO (Poncius Geraldus de), 614 *b*; Ramundus Geraldus, 549 *b*.
Mucra (aqua de), 175 *a*.
Muda (scabini et communitas villæ de), 562 *a*. — *Muyden, en Belgique.*
MUEQUEM (Sino de), 44 *b*.
MUELENBEQUE (dominus de), Egidius, dominus de Bothunia, 598 *b*. — *Meulebeke, en Belgique.*
Muisi (Johannes de), 295 *a*.
MULUS (Ramundus), 422 *a*.
MUNACS (Vitalis de), consul de Portu S. Mariæ, 531 *b*.
MUNTLIDYER (Berardus de), homo regis Angliæ, 505 *b*.
MURAT (Guillelmus de), armiger, 501 *b*.
MURELLO (Tolosanus de), 378 *a*.
MURENCOURT (Petrus de), 31 *a*.
MURETO DE NAIACO (Ugo de), 535 *b*.
MURIMIONIS sacerdos, Ricavus, 406 *b*.
MURLIS (G. de), 446 *a*; Petrus, consul Montispessulani, 530 *b*.
Murmirio, 335 *a*, 406 *a*. — *Mormoiron, Vaucluse, arr. de Carpentras.*
MURMIRIONE (Dulcia de), uxor Ruffi de Murmirione, 335 *a*; Isnardus, 376 *a*; Petrus Berengarius, 406 *a*; Ruffus, 335 *a*, 371 *b*, 376 *a*.
MURMIRIONIS bajulus, Raimundus de Paternis, 376 *a*.
Murmuriense castrum, 335 *a*.
MURNO (Willelmus de), 334 *b*.
MUROVETERI (Bernardus de), prior de Fabricis, 329 *b*.
MURRELLO (Vitalis de), 220 *b*.
MUSCBRA (Sigerus de), miles, 558 *a*. Vid. *MOSCRE.*
MUSIACO (Johannes de), 296 *a*. — *Vid. MUZILLAC.*
Musterolum *vel* Musterolium, 139 *b*, 228 *b*. — *Montreuil, Aube, arr. de Troyes, canton de Lusigny.*
MUTUAUZ (Robertus de), 235 *a*, *b*.
MUZILLAC (Jean de), 296 *a*. — *Muzillac, en Bretagne, Morbihan, arr. de Vannes.*

N., burgensis Dolensis, 303 *b.*
Naaillum, 441 *b.* — *Nailly, Yonne, arr. et canton de Sens.*
Nagac (Guillems Bernatz de), 378 *a.*
Nagauzia (Martin de), 536 *b.*
Naiac, Naiaci castrum, diœcesis Ruthenensis, 488 *b*, 489 *b*, 514 *a*, 616 *b*; Ecclesiæ de Naiac, 269 *a.* — *Najac en Rouergue, Aveyron, arr. de Villefranche.*
Naiaco (consules castri de), 514 *a.*
Naiaco (Bernardus *vel* Bernard de), 123 *b*; Guillems Bernad, 123 *b*; Guiscardus Donatus, 536 *a*; Hugo de Mureto, 535 *b*, P., 268 *b*; Raimundus Bernardi, 535 *b*, 536 *a*; W. B., 378 *a.*
Namarauda (Petrus de), 307 *a.*
Namurcii comes [Philippus de Cortenaio], 14 *a*, *b*, 15 *a*, 88 *a*, 89 *a.* — *Philippe II de Courtenay, comte de Namur.*
Nanniacum, in Nivernesio, 204 *b.* — *Probablement Nannay, Nièvre, arr. de la Charité.*
Nantolio (Galterus de), miles, 26 *b*, 61 *a*; Philippus, 60 *a*, 69 *a*, *b*, 139 *b*, 140 *a*, 281 *b*, 282 *b*, 368 *a.* — *Nanteuil en Valois, Nanteuil-le-Haudouin, Oise, arr. de Senlis.*
Nantuelg (Felipe de), 485 *a.*
Naona villa, 553 *b.*
Napis (Galterus de), miles, 553 *a.*
Narbertus (Guillelmus), jurisperitus Massilie, 190 *b.*
Narbona, Narbonensis civitas, 71 *b*, 79 *a*, 95 *a*, 322 *b*, 323 *a*, *b*, 325 *a*, 445 *a*, 486 *b*, 490 *b*, 530 *a.* — *Sceau de la cité de Narbonne,* 530 *a.* — Narbonæ burgus, 95 *a*, 321 *b*, 326 *a*, 486 *b*, 490 *b*. *Narbonne, Aude.*
Narbona (Aymericus de), 94 *b*, 95 *a*; Guillelmus Petrus, Biterrensis civis, 79 *a.*
Narbonæ consules, 324 *b*, 529 *b.*
Narbonæ Prædicatores fratres, 321 *b*, 322 *a*, *b.* — Guillelmus, abbas S. Pauli de burgo Narbonæ, 321 *b.*
Narbonense castrum, Tolosæ, 149 *a*, 152 *a*, 535 *b*, 536 *a*, 541 *a*, 542 *b*, 547 *a*, 549 *b*, 550 *a*, 553 *b*, 566 *b*, 567 *a*, 579 *b*, 585 *b*, 605 *a*, 633 *b*; Narbonensis castri porterius, Bartholomeus, 571 *b.*
Narbonenses partes, 47 *a*, *b.*
Narbonensis diœcesis, provincia, 48 *a*, 322 *a*, 497 *b*, 566 *a*, 658 *a*; Ecclesia, 94 *b*, 95 *a.*
Narbonensis populus, Narbonenses, 486 *b*, 490 *b*, 529 *b.*
Narbonensis portæ miselaria, 583 *b.* — *Maladrerie, à Toulouse.*
Narbonensis archidiaconus Guillelmus, 72 *a*; Stephanus, *ibid.* — Archiepiscopus Guillelmus, 633 *b*; Petrus Amelii, 71 *b*, 73 *a*, *b*, 74 *b*, 78 *b*, 85 *b*, 93 *b*, 94 *b*, 95 *a*, 144 *a*, 152 *a*, 156 *b*, 157 *a*, 184 *b*, 252 *b*, 315 *a*, 321 *b*, 322 *a*, 323 *a*, *b*, 325 *a*, 530 *a*, 648 *b*, 649 *b*, 658 *a*, *b.* — Archipresbyter, P., 72 *a.* — Canonicus Sicardus magister universitatis Tolosæ, 397 *b.* — Dux Amalricus, 40 *a*; Raimundus comes Tolosæ, etc., 34 *a*, *b*, 36 *b*, 42 *a*, *b*, 43 *b*, 50 *a*, 82 *a*, 123 *b*. — Præcentor Ysarnus, 72 *a.* — Succentor Bernardus de S. Bricio, 328 *b*, 329 *b.*

— Vicecomes Aymericus, 321 *b*, 322 *a*, 323 *b*, 325 *a*, 442 *b*, 486 *b*, 489 *a*, 490 *b*, 493 *a*, 529 *b*, 539 *b*, 540 *a*, 541 *a*, 542 *a*, *b*.
Narcel (Bernatz de), de Moulanart, 611 *b.*
Narties (Ademarus de), 509 *a*; Bernardus, *ibid.*
Nastuzia (Cerninus, Cernitius de), 202 *b*, 203 *a*, *b.*
Navarius (Guillelmus), 308 *b.*
Navarra, Navarræ regnum, 280 *a*, 311 *a*, *b*, 351 *b*, 352 *a.*
Navarræ rex, Theobaldus, Campaniæ et Briæ comes palatinus, 267 *b*, 268 *a*, 274 *b*, 279 *a*, *b*, 280 *a*, 286 *a*, 288 *b*, 289 *b*, 292 *a*, 296 *a*, 299 *b*, 302 *b*, 305 *a*, *b*, 336 *a*, 311 *a*, 313 *b*, 318 *a*, 336 *a*, 342 *a*, 351 *b*, 352 *a*, *b*, 360 *b*, 384 *b*, 385 *a*, *b*, 386 *a*, 394 *b*, 395 *a*, 397 *a*, 399 *b*, 400 *a*, *b*, 404 *b*, 408 *b*, 411 *a*, *b*, 412 *a*, *b*, 413 *a*, 414 *b*, 415 *a*, *b*, 416 *a*, 424 *b*, 433 *a*, *b*, 434 *a*, *b*, 435 *a*, *b*, 436 *a*, *b*, 449 *a*, 442 *b*, 446 *b*, 447 *a*, 452 *a*, 455 *a*, 457 *b*, 465 *a*, 467 *a*, *b*, 468 *a*, 471 *a*, 487 *b*, 490 *b*, 491 *a*, 495 *b*, 501 *b*, 513 *a*, 514 *b*, 520 *a*, 523 *b*, 527 *a*, 528 *b*, 529 *a*, *b*, 531 *b*, 532 *b*, 565 *b*, 586 *b*, 587 *a*, *b*, 588 *a*, 589 *b*, 593 *b*, 613 *a*, 631 *b*, 634 *a*, 635 *b*, 636 *b*, 639 *b*, 640 *a*, *b.*
Navarre (sénéchal du royaume de), Clément d'Aulnay, 352 *b.*
Naviaco (magister Bernardus de), 567 *a.*
Navis (W. de), 301 *a*, 302 *a.*
Neintriaci villa, 26 *b.*
Neirac (Stephanus de), 403 *a.*
Neiregore (la iga de), 507 *b.*
Nemausensis diœcesis, 71 *b*, 618 *b.*
Nemausensis archipresbyter, G., 72 *a.* — Episcopus Arnaldus, 71 *b*, 84 *b*, 152 *a*, *b*, 184 *b.* — Præpositus, 362 *a.* — Senescallus, P. de Ermencuria, 496 *a.*
Nemausus, Nemausi castrum et civitas, 84 *b*, 532 *a.* — *Nîmes, Gard.*
Nemore (Guillelmus de), civis Electi, 657 *b*; Willelmus, 68 *a.*
Nemosio (Philippus de), 26 *b*, 96 *b*, 97 *a.* — *Nemours, Seine-et-Marne, arr. de Fontainebleau.*
Nemours (Gui de), seigneur de Méréville, 178 *b.*
Nempses, uxor Rogerii de Nuerio, 566 *a.*
Nericers (Raymond de), bailli de Puylaurens, 277 *b.*
Nervii aquæ, 212 *a.*
Neschers (terra et castrum de), 171 *b.*
Nesle (Jean de), 299 *a*; Raoul, comte de Soissons, 138 *a*, 270 *a.*
Neuve-Église (Boussard de), 371 *b*; Henri, *ibid.*
Nibla, 380 *a.*
Nicholaa, mater Hugonis domini Brecarum, 62 *a.*
Nicholaus, abbas Fossatensis, 593 *b.*
Nicholaus *vel* Nicolaus, abbas conventus de Moris, 187 *a*, *b.*
Nicholaus, archidiaconus Sezanniæ, 253 *a*, *b.*
Nicholaus, canonicus B. Mariæ Magdalenæ Virdunensis, 373 *b.*

Nicholaus, castellanus de Mosomo, 378 *b.*
Nicholaus, electus Trecensis, 226 *b*, 254 *a*, 266 *a*, 446 *a.*
Nicholaus, episcopus Noviomensis, 145 *a*, 234 *b*, 238 *a*, 355 *a*, 356 *b.* — *Nicolas de Roye, évêque de Noyon.*
Nicholaus, episcopus Sleswiensis, cancellarius Waldemari Danorum regis, 157 *b.*
Nicholaus, episcopus cardinalis Tusculanensis, 29 *a.*
Nicholaus, filius Nicholai Margaretæ, scabinus de Thorout, 595 *b.*
Nicholaus, filius Nicholai domini de Rumigniaco, 592 *b*, 593 *a.*
Nicholaus, frater Johannis de Plesseicio, 604 *b.*
Nicholaus, officialis Trecensis, 513 *a*, 514 *a*, 527 *a*, 565 *b.*
Nicholaus *seu* Nivelo II, præpositus ecclesiæ Suessionensis, 403 *a*, 461 *a.*
Nicholaus, prior Resbacensis, 404 *b.*
Niciæ civitas, 384 *a.* — *Nice, Alpes-Maritimes.*
Niellus (Ramundus), 464 *b.*
Nigella (communitas de), 198 *a*, *b.* — *Nesle en Ponthieu, arr. de Péronne, Somme.*
Nigella (domus de), 429 *a.*
Nigella (abbas de), Johannes, 351 *b.*
Nigella (Johannes de), filius Radulphi comitis Suessionensis, 30 *b*, 31 *a*, 69 *a*, 72 *b*, 88 *a*, 89 *a*, 96 *b*, 97 *a*, 101 *a*, 193 *a*, *b*, 298 *a*; Radulphus, comes Suessionensis, 60 *b*, 394 *b*; Symon, 460 *b.*
Niger (Petrus), 350 *b.*
Nigri Spineti nemus, 505 *a.*
Nihella (Walterus de), 311 *b*, 312 *a.*
Nihellæ aqua, 312 *a.*
Nihellam (feodum apud), 312 *a.*
Ninivitæ, 48 *b.*
Niorti burgenses, 35 *a*, 184 *a*, *b.* — Consuetudines burgensium Niorti, 517 *a.*
Niorto (G. de), 252 *b*; Willelmus, *ibid.*
Niortum, Niortium, Nyortum, 35 *a*, 452 *a*, 484 *a*, 606 *a*, *b.* — Communia Niorti, 451 *b*, 452 *a.* — Furni apud Nyortum, 33 *b.* — Pratum de Subsala de Nyorto, 33 *b.* — *Niort, Deux-Sèvres.*
Nisiacum feodum, 137 *b.*
Nivella, Nivelli *vel* Nivèle (domina de), Maria, 109 *b.*
Nivelle (Balduinus de), miles, 368 *b.* — Bernart, 447 *a.*
Nivelo II, seu Nicolaus, præpositus ecclesiæ Suessionensis, 403 *a*, 461 *a.*
Nivernenses burgenses, 211 *a*, *b*, 212 *a*, *b*, 213 *a*, *b*, 214 *b.* — Comites, 205 *a*, *b.* — Milites, 211 *b*, 408 *a*, *b.*
Nivernensis comitatus, 204 *b*, 205 *a*, 289 *b*, 290 *a*, 398 *b*, 399 *b*, 501 *a.*
Nivernensis ballivus, 211 *b.* — Comes Guido quondam comes, 485 *b*, 501 *a.* — Guido *vel* Guigo, comes Forensis, 178 *a*, *b*, 184 *a*, 211 *a*, *b*, 212 *a*, *b*, 213 *a*, *b*, 214 *b*, 279 *b*, 289 *b*, 312 *b*, 313 *b*, 398 *a*, *b*, 399 *b*, 404 *b*, 410 *a*, 421 *b*, 427 *a*, 439 *a*, 449 *b*, 463 *b*, 470 *a*, 480 *b*, 490 *b*; Guillelmus, 408 *a*, *b*; Hervæus, 461 *b*; Odo de Burgundia, 4 *b.* — Comitissa Mathildis I, 1 *b*, 14 *a*, 15 *a*,

16 a, 27 a; Mathildis? 204 a, b, 312 b, 313 b, 398 b, 399 b, 408 a, b, 410 a, 421 b, 427 a, 438 a, 439 a, 449 b, 461 b, 463 a, b, 464 a, 465 b, 476 a, 480 a, 483 b, 485 b, 492 a, b, 495 b, 501 a, b, 505 a, 522 a, b, 587 b, 588 a. — Episcopus [Renaldus], 4 a, 101 b; [Radulphus], 213 b; Robertus, 438 a. — Marescallus, 505 a. — Præpositus, 212 b.

Niverni, Nivernensis villa, 211 a, b, 212 a, b, 213 a, b, 214 a. — Nivernenses nundinæ, 213 a. — Nivernensis curia, 212 a; senescallia, 204 a. — Moneta i. e. solidi, libræ, 212 a, 313 b, 461 b, 486 a, 492 a, b. — Nevers, Nièvre.

Noa, 130 a.

Noais (castellum de), 379 b.

NOALBAC (Bernatz de), de Montlanart, 611 b.

NOELIAU (Bernardus de), 509 a.

NOEREIO (Galterus de), 204 b.

Noerii castrum, Noerium, 27 a, 458 a, 572 b, 573 a.

NOERIO (Arnaldus Poncius de), 297 a, 572 b, 573 a; Galterius, 68 a, 458 a; Guillelmus vel Willelmus, scriptor, 339 b, 376 b, 423 a, 448 a, 465 b, 476 a, 480 b, 580 a, 660 b; Odo, 326 b; Rogerius, 66 a, b, 67 a, b, 188 a, 452 a, 458 a, 540 a, 565 b, 566 a, 572 b, 573 a.

NOERIO (dominus de), Milo, 4 a, 20 b, 27 a, 214 a, 409 b, 443 b, 443 a. — Milon ou Miles, sire de Noyers en Auxerrois, Yonne, arr. de Tonnerre.

NOGAREDA (Ramundus de), 56 a.

NOGENTO (Galterus de), 415 a, b; Renerius, 66 a.

Nogentum, Nogenti castrum, villa, 142 a, 181 b, 182 a, 237 b, 274 a. — Nogenti castellaria, 436 a.

Nogentum super Sequanam, 84 a, 246 a, 251 b. — Nogent-sur-Seine, Aube.

NOGUERIO (Willelmus de), barrianus castri Savarduni, 483 a.

NOIEN (Ph. de), miles, 659 a.

Noione (boscus de), 279 a.

NOIRIT (Johannes de), consul Agennensis, 497 b.

Noisiacum, 20 b, 21 a. — Noisy, près de Beaumont-sur-Oise, Seine-et-Oise.

Nometamiis (castrum de), 301 b, 406 b, 407 a, b.

NOMETAMIIS (domus Alfantorum de), 406 b, 497 a, b.

NOMPAR, frater Bequi de Calmonte, 190 a.

NONETA (fortericia de), 1 a.

Nonhum (forteritia de), 45 b, 46 a. — Nolon, commune de Cuy, près Sens, Yonne.

NORIAC (Giraudus), mercator, 483 b, 484 a.

Normannia, Normanniæ terra, 24 a, b, 55 a, 204 b, 202 a, 214 b, 255 b, 400 b, — Terra in Normannia, 179 a, 317 b, 416 a. — Normanniæ consuetudines, 23 b, 24 a, 120 a, 201 b, 202 b, 245 b.

NORMANNIÆ constabularius, 102 a; Guillelmus Paenel, 295 a, b; Guillelmus de Homet, 296 a. — Ducissa, Alienor regina Angliæ, 38 a. — Dux, Henricus III, rex Angliæ, 140 a, 332 b, 505 b, 511 b.

NORMANNUS, senescallus comitis Britanniæ, 304 a.

Notre-Dame de Chage, au diocèse de Meaux. Vid. S. Mariæ de Chaagia ecclesia.

Notre-Dame de la Charité d'Angers (couvent de). Vid. S. Mariæ de Charitate conventus.

Notre-Dame de Clermont-Ferrand (chapitre de). Voy. S. Mariæ Claromontensis capitulum.

Notre-Dame de Jouy (abbaye de), au diocèse de Sens. Vid. S. Mariæ de Joyaco conventus.

Notre-Dame de Laon (chapitre de). Vid. S. Mariæ Laudunensis capitulum.

Notre-Dame de Lire, au diocèse d'Évreux (couvent de). Vid. S. Mariæ Lirensis conventus.

Notre-Dame du Miroir (abbaye), au diocèse de Lyon. Vid. S. Mariæ Miratorii conventus.

Notre-Dame de Monsterueil. Vid. S. Mariæ Monsteriolensis ecclesia.

Notre-Dame de Montebourg (abbaye de). Vid. S. Mariæ Montisburgensis conventus.

Notre-Dame de Paris (doyen de). Vid. S. Mariæ Parisiensis, Lucas decanus.

Notre-Dame du Puy (chapitre de). Vid. S. Mariæ Aniciensis capitulum.

Notre-Dame de Reims (chapitre de). Vid. S. Mariæ Remensis capitulum.

Notre-Dame de Rouen (chapitre de). Vid. S. Mariæ Rothomagensis capitulum.

Notre-Dame de Soissons (chapitre de). Vid. S. Mariæ Suessionensis capitulum.

Notre-Dame de la Victoire (abbaye de), près Seulis. Vid. S. Mariæ de Victoria conventus.

Nouans (la Grange des), 570 a. — En Champagne.

NOUETICORUM dominus, Milo, 442 b. Vid. NOERIO (dominus de).

NOURS vel NOVIS (Hugo de), 515 a, b.

Nouvian, en Champagne, 586 b.

NOVAL (Guillelmus), burgensis Electi, 657 b.

Novalibus (essartus de), 433 b.

Novam-Villam (prata versus), 41 a.

Novavilla (casimentum de), 100 a.

NOVAVILLA (Oliverus de), 617 b, 618 a.

Nova-Villeta (villa), 639 b.

Novem fontes in Nivernesio, 201 b. — Neuffontaines, Nièvre, canton de Tannay.

NOVICIUS (frater Johannes dictus), prior S. Ayguilphi de Pruvino, 635 b.

Novigentum Heremberti, 140 b. — Nogent-le-Roi, Eure-et-Loir, arr. de Dreux.

Novilla, juxta Bellummontem, 21 b.

NOVILLA (Amelius de), 56 a; Eustachius, 26 b; Sicardus, 56 a.

NOVIOMENSES (major et jurati), 653 a. — Noyon, en Picardie, Oise.

NOVIOMENSIS castellanus, Johannes castellanus Thoretæ, 262 b, 351 b, 411 b, 447 a, 520 b, 528 b, 588. — Episcopus Gerardus de Basochiis, 25 b, 30 b, 31 a, 47 b, 69 b, 70 a, 96 b, 97 a, 101 a, b; Nicholaus de Roya, 145 a, 234 b, 238 a, 355 a, 356 a, b.

Noviomum, Noviomensis civitas, 31 a. — Ecclesia, 145 a. — Diocesis, 237 b. — Conventus S. Præjecti, Noviomensis diœcesis; 237 b.

Noviportus (scabini et communitas), 562 b, 595 b, 611.

NOVIS vel NOURS (Hugo de), 515 b.

Novo-Castro (burgenses de), 41 b.

Novoloco (Gilo de), miles, 659 b.

NOVOMERCATO (Michael de), abbas electus B. Ebrulfi, 257 a.

Novo Portu (villa de); 106 b, 107 a. — Communitas villæ de Novo-Portu, 345 b, 346 a, 364 b, 365 a. — Nieuport, dans la Flandre occidentale.

Novum Castellum, 40 b.

NUGREMBERG, NUOREMBERG (burgravius de), 301 a, b.

Nuellio (casimentum de), 100 a.

NUEVEIOLVSE (Henricus de), 374 b.

Nuilliacum in Nivernesio, 204 b. — Neuilly, Nièvre, canton de Brinon.

NUIVIHOL (Bernardus de), leprosus misellariæ portæ Narbonensis, 583 b.

NUMBER (Vigerius de), 303 a.

NUNO SANCII, Rossilionis comes, Vallisperii, Ceritaniæ et Confluentis, 79 a, b. — Nuñez Sanche, comte de Roussillon, Valespir, Cerdagne et Conflent.

NURINBERG, 142 b.

NUZILIACO (Drogo de), 99 b.

O., quondam...., 322 b.
O., archidiaconus Agennensis, 390 b, 391 a.
OBERTUS, 245 a.
OBEZINA (abbas de), 226 b.
OBIEZ (Johannes d'), miles, 558 b.
OCHIES (Gualterus de), abbas Cistercii, 226 b, 227 a, b, 228 a.
Ociacum in Nivernesio, 204 b. — Oisy, Nièvre, canton de Clamecy.
OCQUESLARE (Johannes de), miles, 558 b.
OCRA (Gualterus de), clericus Frederici imperatoris, 584 a, 585 a.
OCTAVIANUS, diaconus cardinalis S. Mariæ in via Lata, 576 b, 578 b, 579 a, b, 585 b.
OCTAVIANUS, diaconus cardinalis Sanctorum Sergii et Bachi, 29 a, b.
OCTO, sancti Nicholai in carcere Tulliano diaconus cardinalis, Apostolicæ Sedis legatus, 405 a, b.
OD (Pierre), frère de Vidal Arrabs, 580 a.
ODARDUS, ODOARDUS, marescallus Campaniæ, 17 a, 27 b, 30 a.
Odo, abbas S. Dionysii, 145 b, 251 b, 393 b, 394 a, 448 b, 544 b. — Odon IV, abbé de Saint-Denis.
ODO, abbas Sancti Germani de Pratis Parisiensis, 285 b.
ODO, cardinalis episcopus Tusculanus Apostolicæ Sedis legatus, 590 a, b, 591 b, 592 a, b, 596 b, 597 a, 605 b, 607 a, 608 a, b, 625 a, 630 a, b, 637 a, 638 b.
ODO, leprosus de Turnomio, 194 a.

INDEX ALPHABETICUS.

Odo, dictus Cocus, senescallus Carcassonæ, 144 b.
Odo (Arnaldus), vicecomes Leomaniæ, 577 a, b.
Offémont (Jean d'), 605 b.
Ogerii vel Ogerius (Petrus), miles, 122 b. — Homo regis Angliæ, 505 b.
Oigniaco (Johannes de), dominus Genvriaci, miles, 84 a.
Oiriacum, 175 a.
Oisiam (nemora ultra), versus Conciacum, 70 a.
Oisni (Johannes de), 26 b.
Olargiis (Sycardus de), præpositus, 329 b.
Olargio (castrum de), 74 a, b. — Olargues, chef-lieu de canton, arr. de S. Pons, Hérault.
Olargio (Frotarius vel Frotardus de), 74 a, b, 646 b; Guillelmus Bernardi, 646 b; Poncius, 43 b, 44 a, b, 73 b, 74 a, b, 646 b.
Olargio (Bernardus de), consiliarius Narbonæ, 324 b.
Olavus, quondam pincerna Waldemari regis Danorum, 158 a.
Oldricus (Arnaldus), 332 a.
Oleronis insula, 210 b. — Ile d'Oléron, Charente-Inférieure.
Olito (Martinus de), 285 b.
Olivarius (B.), consiliarius Narbonæ, 325 b.
Olone castrum, 606 b. — Les Sables d'Olonne, Vendée.
Olrics (N.), d'Albi, 508 a.
Olricus (Petrus), notarius comitis Tholosani, 432 a.
Omnium Sanctorum (conventus), Andegavi, 242 b.
Oostburg (ville de), 346 a, 365 a.
Orbacensis conventus, 288 b.
Orbaco (abbas de), Thomas, 589 b. — Saint-Pierre d'Orbais, au diocèse de Soissons, 589 b.
Orbessano (Bernardus de), 66 a, b, 67 a, b, 68 a; Petrus, 68 a.
Orbeza (Bernad d'), 68 a.
Orcamp (abbaye d'), 492 a. — Probablement Ourscamp, près Noyon, Oise.
Orchiis (scabini et communitas villæ de), 562 b.
Ordonex de Roda (Garcias), 99 b.
Orions (terminium de), 421 b.
Orgolhio vel Orguolhio (dominium et castrum de), 549 b; villa, 387 a. — Orgueil, Tarn-et-Garonne, canton de Grisolles.
Orguolho vel Orguolhio (Bos de), 549 b; Guordonus, 387 a; Orguolhosius, 387 a; Trauca, 387 a.
Orlaco de Montepessulano, senior (Johannes de), 398 a.
Orlandi (Orlandinus), mercator Senensis, 439 a, b.
Orléans. Voy. Aurelianum.
Orleingue (castrum de), 383 b.
Orleingue (A. dominus de), 383 b.
Orlemundæ comes, Albertus, 157 b.
Olliaco (Jacobus de), canonicus Magalonensis, 330 b.
Orme (Guillaume de l'), notaire, 313 a.

Orrevilla (Gaufridus de), canonicus Carnotensis, 543 a, 544 a. — Probablement Orville, Loiret, canton de Puiseaux.
Orsancio (Raimundus Rogerius de), miles de Fanojovis, 502 b.
Orssois (la grange de), en Champagne, 570 a.
Ortes, 629 a. — Orthez, Basses-Pyrénées.
Ortolancs (G.), consiliarius Narbonæ, 325 b; Pontius, 153 a; W. Geraldus, 308 b.
Ortols (Johannes d'), consul Montispessulani, 292 b.
Ortu (Raimundus de), notarius Tolosæ, 50 b.
Orvaneza (A. Gondissalvus de), 99 b; R. Gondissalvus, ibid.
Osmond, prieur de l'église de Sainte-Croix hors des murs de Tudela, 352 b.
Osteburg, Ostebore (communitas villæ de), 346 a, 365 a, 562 b.
Ostekerke (Andreas de), miles, 558 b; Willelmus, ibid.
Ot (Ar.), vicecomes Lomaniæ, 390 b, 391 a; et de Altovilar, 505 a.
Otb (Bernardus d'), 190 a.
Otha (foresta de), 11 b, 159 b. — Forêt d'Othe, qui s'étend dans l'est de l'arrondissement de Joigny (Yonne) et se prolonge dans le département de l'Aube.
Otheniensis civitas, 157 b.
Otheniensis episcopus, Ivarus, 157 b.
Otho, comes Pictaviæ, nepos Ricardi regis, electus imperator, 570 b, 571 a.
Otho, filius Othonis ducis Meraniæ, comitis Burgundiæ, 64 b, 65 a.
Otho vel Otto, dux Meraniæ, comes Burgundiæ, 64 b, 66 a, 142 a. — Othon II, dit le Grand, duc de Mérame, comte palatin de Bourgogne.
Othon Ier, comte de Bourgogne, 66 a.
Othon III, comte de Bourgogne, 168 a.
Otonis (Bernardus), dominus castri de Lauraco, 81 a, b.
Otto, dux Bawariæ, comes palatinus Reni, 301 a, b.
Otton, cardinal-évêque de Porto et de Sainte-Rufine, 335 b.
Ottonis (Bertrandus filius B.), 252 b.
Oudenborg, 105 b, 365 a. — Oudenbourg, dans la Flandre occidentale.
Oudesborg (Girard d'), chambellan de Flandre, 338 a.
Oudunum, 270 b.
Ourmoi (Guido d'), miles, 639 b; Petrus, ibid.
Ours, chambrier du roi, 89 a, 97 a, 178 b. — Voy. Ursus.
Out (flumen de), 549 a.
Ouygen (homines S. Juniani de), 650 b. — Saint-Junien du Vigen, en Limousin, Haute-Vienne, arr. de Limoges.
Oveiller (Ar.), 623 b; Uc, ibid.
Oya (Henricus de), falconarius, comitis Campaniæ, 226 b.
Oysiaci dominus (Johannes, Carnotensis comes), 69 a, 113 b, 143 a, 178 b, 240 b.

— Jean d'Oisy, seigneur de Montmirail, comte de Chartres par sa femme Elisabeth.
Oysiaco (Hugo de), 304 b.

P. (W.), 305 b.
P., archipresbyter Narbonensis, 72 a.
P., decanus Cathalaunensis, 456 a.
P., decanus Engolismensis, 513 b.
P., frère de R. de Dosantz, 588 b.
P. (maître), official de Clermont, 63 b.
P., prior domus Portus Sancte Marie, Cartusiensis ordinis, 237 a.
P., sacerdos ecclesiæ castri de Penna, 466 a, b.
P., vicecomes villæ S. Antonini, 508 a.
P. Baudrand, sire de Chauray (le sceau de), 507 b.
P. Delmas (el capuias d'en), 616 b. — Dans la seigneurie de Monlanart..
P. Uco vel Hugo, comes Ympuriarum vel Empuriarum, 446 a, 451 a, 457 b.
Pabia (Raimundus de), notarius Massiliæ, 190 b.
Paciacum, 606 b.
Pacy (sire de), Pierre Tristan, chevalier, 409 a.
Paderno (Poncius de), barrianus castri Savarduni, 483 a.
Paenel vel Painel (Foulque vel Fouquier), 296 a; Guillelmus, constabularius Normanniæ, 295 a, b, 297 b.
Paga (Raimundus), consul Castri-Sarraceni, 531 b.
Pagana, femme de B. Bishe, 351 a.
Paganelli (Fulco), 102 a, 202 a; Guillelmus, miles, 295 b.
Pagants (Artaldus), hostalarius Casæ-Dei, 295 b.
Pages (P.), 589 b.
Paguais (A.), 307 a.
Paienz (feodum de), 565 b.
Paienz (domina de), Maria, 565 b.
Paignans (Petrus de), domicellus, 578 a.
Paigneii dominus, Hugo de Antigneio, 411 a. — Probablement Pagny, Côte-d'Or, arr. de Beaune, canton de Corbigny.
Paillairos (Grimaldus de), burgensis S. Antonini, 647 b.
Pairinhac (B. de), communis notarius de Penna, 467 a.
Pairolers (P.), 90 b.
Paisant (Ph.), miles, 660 b.
Paisiaco (prepositus de), Robertus, 204 b.
Paisiacum in Nivernesio, 204 b. — Pazy, Nièvre, arr. de Clamecy, canton de Corbigny.
Palacio vel Palatio (Bertrandus de), 514 a; Hugo, 514 b; Rogerius, 278 b, 580 a.
Palafre (la nauza de), 536 a, b, 589 a. — La noue de Palafre.
Palaiscio (Rogerius de), 533 b.
Palaizinius, Palaisinus miles, 329 b, 579 b.
Palamenic villa, 553 b.
Palaret (castrum de), 479 b.
Palars vel Palhars (comes de), Palhariacensis comes, Rogerius Convenarum, 324 a, b, 496 b, 533 a, 540 a, 541 a, 547 b.

PALERIIS *vel* PALUERIIS (dominus de), Bernardus Amelii, 335 *a*, 493 *a*, 495 *a*.
PALESEL (Guiardus de), cambellanus Mathildis, comitissæ Boloniæ, 304 *b*.
PALICIA (Rogerius de), 481 *a*.
PALMERS (A. G. de), miles, 91 *a*, *b*.
PALTER (Bernisia), burgensis de Regula, 333 *a*.
Palude (castrum de), quod vulgo dicitur Latas, 328 *a*, 328 *b*, 329 *a*. — *Lattes, Hérault, arr. et canton de Montpellier.*
Paluellum, villa de Paluel, 304 *b*, 319 *a*.
PAMIIS (Arnaldus de), bajulus Montislauri, 496 *a*.
Panatum, in diœcesi Ruthenensi, 611 *b*. — *Il y a deux Panat dans l'Aveyron, l'un commune de Clairvaux, l'autre commune de Villefranche de Panat.*
PANDULFUS (Rainoardus), consul Tarasconis, 217 *a*.
PANETARIUS (Ada), ballivus comitis Pictaviæ in Pictavia, 527 *b*, 601 *a*, 634 *a*.
PANHANS (Hugo de), 403 *a*.
Panormum, 50 *a*. — *Palerme, en Sicile.*
PANORMITANUS archiepiscopus, Berardus, 420 *a*.
Panosa, in diœcesi Ruthenensi, 611 *b*. — *La Panouse, commune de Sainte-Eulalie, Aveyron.*
Pantocratora, 394 *b*. — *A Constantinople.*
PAOLIACO, PAOLIAGO, PAOLAI (Arnaldus de), 376 *a*; Bernardus capellanus, 257 *b*, 376 *a*; Bernardus Pons, 327 *b*; Bernardus Santius, 439 *b*; Bertrandus, 327 *b*; Bertrandus Poncius, 339 *b*; Hugues Agumald, *ibid.*; Petrus Bernardi, 439 *b*; Tonduz, 257 *b*, 327 *b*, 339 *b*, 422 *b*.
Paolhacum, Paolhac, 257 *a*, 278 *b*. — Castel de Paolhag, 327 *b*. — El pla de Paolhag, *ibid.*
PAPELLON (Guido), 174 *a*.
Paperotum, 130 *a*.
PAPES (lettres closes des), 260 *a*.
PARACLITENSIS abbatissa, Ermengarda, 586 *a*; Evelina, 255 *a*.
Paracliti conventus, 255 *a*, 292 *a*, *b*. — *Le Paraclet, abbaye au diocèse d'Amiens.*
Paracoll, 42 *a*.
PARAIRE (W.), consul castri de Naiaco, 514 *a*.
PARALOIS PERPINIANUS Laurentius, presbyter, 330 *a*.
PARATGES (Vidal de), 264 *a*.
PARATOR (Bernardus), consul castri Savarduni, 483 *a*; Ermengaudus, barrianus castri S. Pauli, 87 *a*; Poncius Vitalis, notarius, 533 *b*, 535 *b*, 536 *a*, 567 *a*.
Parcene (molendina de), 21 *a*. — *Près Beaumont-sur-Oise.*
PARDI domina, 481 *a*.
Paredo (ecclesia de), 527 *b*. — *Probablement Paray-le-Monial, Saône-et-Loire, chef-lieu de canton de l'arrondissement de Charolles.*
PARIS (garde de la prévôté de), Hugues de Cruzy, 80 *a*.
PARIS (Bertrandus de), 549 *b*.
Parisiense capitulum, 228 *b*.
Parisienses carnifices, 259 *b*.

Parisienses Templarii, 384 *a*, 431 *a*.
Parisiensis ecclesia, 361 *a*, *b*, 362 *a*. — Parisienses ecclesiæ *vel* conventus. *Vide* Sacra Capella, conventus S. Anthonii, S. Dionysii, ecclesia S. Medericii, S. Nicholai de Cardineto, S. Pauli, S. Thomæ de Lupara, conventus S. Victoris.
PARISIENSIS archidiaconus, Gaufridus, 290 *b*; Johannes de Montemirabili, 289 *b*; Stephanus, 440 *a*. — Canonicus, Johannes de Curia, 264 *b*. — Custos *vel* matricularius, Adam, 80 *a*; Matheus, 517 *b*. — Decanus, Lucas de Laudano, 228 *b*. — Episcopus, Bartholomeus, 25 *a*, 47 *b*, 55 *b*, 70 *a*; Guillelmus *vel* Willelmus III, 152 *a*, 162 *a*, 163 *b*, 166 *a*, 178 *a*, 236 *b*, 260 *a*, 268 *b*, 346 *a*, 353 *b*, 402 *b*, 403 *a*, 410 *b*, 440 *a*, 446 *b*, 447 *a*, 517 *a*, *b*, 570 *b*, 572 *a*, 580 *b*, 623 *b*.
Parisiensis curiæ officialis, 166 *a*, 259 *b*, 507 *a*.
Parisiensis moneta *i. e.* solidi, libræ, libratæ, 15 *b*, 23 *b*, 25 *a*, 46 *b*, 51 *a*, 53 *b*, 54 *a*, 56 *b*, 73 *a*, 76 *a*, *b*, 84 *a*, 102 *b*, 110 *b*, 129 *b*, 133 *b*, 137 *a*, 158 *a*, 162 *a*, 194 *a*, 220 *b*, 234 *a*, 235 *b*, 236 *a*, *b*, 241 *a*, 244 *a*, *b*, 246 *a*, *b*, 247 *a*, 252 *a*, 259 *b*, 264 *b*, 286 *a*, 287 *b*, 291 *b*, 292 *a*, 336 *b*, 342 *a*, 346 *b*, 360 *b*, 371 *b*, 374 *a*, 393 *b*, 396 *b*, 402 *b*, 405 *b*, 414 *b*, 420 *b*, 425 *a*, 438 *b*, 452 *b*, 460 *a*, 465 *b*, 506 *b*, 519 *b*, 532 *b*, 537 *a*, 551 *b*, 572 *a*.
Parisius, 14 *b*, 15 *b*, 21 *b*, 24 *b*, 31 *a*, 32 *b*, 40 *b*, 47 *b*, 51 *a*, 57 *b*, 63 *b*, 68 *b*, 69 *a*, 70 *a*, 83 *b*, 85 *a*, 102 *b*, 111 *a*, *b*, 112 *a*, 113 *a*, *b*, 114 *a*, 117 *b*, 119 *a*, 129 *b*, 130 *a*, 133 *b*, 135 *a*, 138 *a*, 139 *b*, 143 *a*, 146 *b*, 147 *a*, *b*, 152 *a*, *b*, 153 *a*, 154 *b*, 160 *b*, 177 *b*, 195 *a*, 232 *b*, 235 *a*, 236 *b*, 261 *b*, 277 *a*, 278 *a*, 281 *b*, 282 *a*, *b*, 283 *a*, *b*, 284 *a*, *b*, 287 *a*, 318 *a*, 375 *b*, 393 *b*, 415 *b*, 431 *b*, 439 *a*, 441 *b*, 442 *a*, 459 *b*, 460 *b*, 484 *a*, 498 *b*, 506 *b*, 508 *a*, 523 *a*, 529 *a*, 565 *b*, 571 *a*, 591 *b*, 592 *a*, *b*, 593 *a*, *b*, 601 *a*, *b*, 622 *b*, 623 *b*, 631 *a*, *b*, 632 *b*, 633 *a*, 643 *a*, *b*, 644 *a*, *b*, 645 *a*. — Platea piscium, 259 *b*. — Turris juxta S. Thomam, 24 *b*. — Pax facta Parisius, 112 *a*, 248 *a*, *b*, 249 *a*, *b*, 250 *b*, 484 *b*, 487 *b*, 488 *b*, 489 *b*, 493 *a*, *b*, 494 *a*, 495 *a*, 496 *b*, 497 *a*, *b*, 498 *b*, 501 *b*, 502 *a*, *b*, 503 *b*, 504 *a*, *b*, 505 *b*, 509 *a*, *b*, 510 *a*, *b*, 513 *b*, 514 *a*, 531 *a*, *b*, 532 *a*.
PARISIUS (Johannes de), burgensis Petragoricensis, 12 *b*; clericus regis, 632 *b*.
Parlan in Caturcesio, 94 *a*.
Parreceio (terra de), 218 *a*.
Parreteium, 442 *b*.
Parrices en Champagne, 569 *b*.
Parrigniacum, 61 *a*.
Pars, in comitatu Nivernensi, 204 *b*. — *Pert, commune de Gâcogne, Nièvre.*
Parteneyi castrum, 529 *a*.
Partiniaci castrum, 480 *a*, *b*.
PARTINIACI dominus, Willelmus Archiepiscopus, 62 *b*, 140 *b*, 480 *a*. — *Guillaume Larchevêque, seigneur de Parthenay en Poitou.*
PARVER (Gauterus de), miles, 339 *b*.
Pasci (terre de), 471 *a*.

Passavant (finage de), 467 *b*, 469 *b*. — Forteritia, 467 *b*. — Marché, 468 *a*.
Passavant (le mont), appelé de Rotoumont, 468 *a*.
PASSAVANT-(Symon de), 27 *b*, 28 *a*. — *Passavant en Champagne, Marne, arr. de Sainte-Menehould.*
PASTILLUS *vel* PASTE (Ferricus), marescallus Franciæ, 115 *a*, 331 *b*, 334 *a*, 358 *b*, 552 *a*, *b*.
Pasum Panis-perdutz, 299 *a*.
PATERNIS (Raimundus de), bajulus Marmirionis, 376 *a*.
PAUCERO, testis, 544 *a*.
PAULI (R.), 136 *b*.
PAULING (Peire de), 251 *b*.
PAULINO (W. de), 533 *a*.
PAULUS, publicus notarius Tolosæ, scriptor, 428 *a*, 437 *a*, 475 *b*.
Pausis (castrum de), 71 *b*.
PAVIA, uxor Bernardi de Morolio, militis, 346 *a*.
Peantium, 246 *a*, 274 *a*, 385 *a*. — *Pouan, Aube, arr. et canton d'Arcis-sur-Aube.*
PEDAGIO (Robertus de), 234 *a*.
PEIRA (Bertran de), 419 *a*.
PEIRONELA (dame), mère d'Azémar, chapelain de Boissières, 383 *a*.
Peirosa (podium de la), 348 *a*.
PEITAVINUS (S.), burgensis Montispessulani, 53 *b*.
PEITAVIS, frère de Saiss de Montesquiu, 16 *a*.
PEITIERS ou POITIERS (le comte de). — *Voy.* Pictaviensis comes.
PEITOU ou POITOU (sénéchaux de). — *Voy.* Pictaviæ senescalli.
PEL (Arnaldus Ramundus del), 68 *a*.
PELAGIUS, Albanensis episcopus, cardinalis, 28 *b*.
PELEGANTERII (Sancius et Willelmus de Maurano), 428 *a*.
PELEGANTERIUS (Poncius Durandus), 50 *b*.
PELICER (Bernard), bailli de Montguiscard, 392 *b*.
PELISSOS (R.), consiliarius villæ Sarlati, 13 *a*.
PELLICER *ou* PELICERS (Ponz), 251 *b*, 264 *a*.
PELLICIA (Poncius), 309 *a*.
PELLIPARI (P.), burgensis Agennensis, 466 *b*.
PELLIPARIUS (Bartolomeus), 547 *a*; Hugo, consul Pennæ Agennensis, 531 *a*.
PELLIPERIUS, servus, 204 *b*.
PENESTRINUS episcopus, Jacobus, 416 *b*, 418 *a*, *b*.
PENNA (Bernardus de), 43 *b*, 192 *a*, 226 *a*; Jordanus, miles, 329 *b*; Oliverius, 192 *a*; Pons, 616 *b*.
PENNA (Gui de), 580 *a*; Petrus, 422 *a*; R., 513 *b*; W., 396 *a*.
Penna de Agenesio, 42 *a*, 151 *a*, 466 *a*, *b*, 481 *a*, 482 *a*, 483 *a*, 488 *b*, 531 *a*. — *Penne en Agenois, Lot-et-Garonne, arr. de Villeneuve-sur-Lot.*
Penna de Albigesio, 151 *b*, 152 *a*, 489 *a*. — *Penne, Tarn, arr. de Gaillac, canton de Vaour.*
PENNÆ AGENNENSIS consules, 531 *a*.

Pentevria (terra de), 303 a. — *La terre, puis le duché de Penthièvre.*

PERCEIGNI (Renauz de), 601 a.

Perceal, apud Constantinopolim (monasterium de), 391 a.

Percheti boscus, versus Chienvillam, 181 b.

Percheti capellania, 182 a.

PEREGRINUS, senescallus Bellicadri, 165 a.

PEREGRINUS (Arnaldus), Tholosæ notarius, 548 a, 612 b.

PERELA (Raimundus de), 313 a.

Perfite, 125 b. — *Peut-être Pierrefitte, Meuse, chef-lieu de canton de l'arrondissement de Commercy.*

Perget (portus del), 221 b; apud Montem Albanum, 222 a.

PERINOL (Guiardus), ballivus Lingonensis episcopi, 228 a.

PEROLIS (Guillelmus de), 603 a.

Perona, 15 b, 184 b, 234 a, 337 a, b, 338 a, b, 339 a, 342 b. — *Péronne, Somme.*

Perona (ecclesia S. Fursei de), 117 a.

PERONÆ burgenses, 237 b. — Castellanus, Johannes, castellanus Insulæ, 343 b, 367 b. — Major, jurati et scabini, 654 b. — Præpositus, Faber, 234 a.

Peronenses conventiones, 337 a.

Perpont, 191 a, b.

Perreria, 120 a, 374 b.

Perrigniacum, 287 b. — *Probablement Parigny, Manche, arr. de Mortain.*

PERROTUS (homo de corpore nomine), dictus Botesac, de Castellione super Marnam, 531 b.

PERRUSIO (Bertrandus de), ostalarius domus Grandissilvæ in Tolosa, 348 a, 633 b.

Perticensis comitatus, 80 b, 124 b, 204 a, 271 b. — Terra, 181 b. — Moneta currens in Pertico, 182 a. — *Comté du Perche.*

PERTICI comes, Guillelmus, episcopus Cathalaunensis, 14 a, 15 a, 124 b, 204 a. — Comitissa, Helissendis, uxor Garnerii de Triangulo, 118 a.

Perusium, 141 a, 142 a, 146 a, b, 154 a, 158 a, 160 a, 586 a, 656 b.

PESCHE-VERON (Rogerus), miles, 281 b, 283 a.

PESNEL EN NORMANDIE (Foulque de), 232 b.

PETITA, uxor Guillelmi Legerii, 38 a, 454 b.

Petra (castrum de), 646 b.

Petra (locus qui dicitur), juxta Montempessulanum, 388 b.

Petra S. Martini, 348 a.

Petrafonds, 438 b. — Petræfontis præpositura, 532 b. — Traversam, *ibid.* — *Pierrefonds, Oise, arr. de Compiègne.*

PETRÆFONTIS domina, Agatha, 15 a.

Petræ-pertusæ vicecomitatus, 93 b, 94 b.

Petragoricensis civitas, Petragoricum, 122 b, 594 a. — Villa Podii S. Frontonis Petragoricensis, 601 b.

Petragoricensis episcopatus, 63 b. — Diœcesis, 63 b, 390 a, b, 464 b, 594 a.

Petragoricensis civitatis burgenses, 12 a, b, 645 a. — Major et universitas, 594 b. — Major et universitas Podii S. Frontonis Petragoricensis, 594 a. — Petragoricensis moneta, 390 a.

PETRAGORICENSIS archipresbyter, Helias, 64 b. — Comes, Helvas, 644 b. — Episcopus, Petrus, 430 a, 601 a; Raimundus, 64 a; Ramnulphus, 63 b, 64 b.

PETRAGORICENSIS (magister G.), medicus, 466 a.

PETRALATA (Petrus de), abbas Soricinensis, 553 b.

Petra-levata, locus, 455 b.

PETRAPERTUSA (Guillelmus de), 437 a.

Petraria, 375 b.

Petrariæ castrum, 277 a.

PETRARIUS (Bertrandus), 262 b; Willelmus, *ibid.*

Petrelapte castrum, 301 b. — *Probablement Pierrelongue, Drôme, arr. de Nyons, canton du Buis.*

Petri (molendinum dictum), apud Fontanetum, 194 a.

Petri (B.), 531 a; Bernardus, consul Castrinovi de Arrio, 504 a; Deodatus, consul Montispessulani, 51 b; Guillelmus, scriptor, 94 b, 221 a; Guillelmus, consul Marmandæ, 532 a; Raimundus, civis Electi, 657 b.

PETRONILLA, comitissa Bigorritana, 135 b.

PETROSA (abbas de), in Petragoricensi diœcesi, 63 b, 226 b.

Petrosum vadum, 40 b.

PETRUCCIA (consules castri de), Ruthenensis diocesis, 513 b.

Petrucia (castrum de), 96 a, 513 a. — *Sceau de la ville*, 513 a. — *Peyrusse en Rouergue, Aveyron, arr. de Villefranche.*

PETRUS (Bernardus), 224 a, 225 a.

PETRUS, abbas Bolbonensis, 156 b.

PETRUS, abbas B. Carauni Carnotensis, 292 a.

PETRUS, abbas B. Jacobi de Pruvino, 204 a.

PETRUS, abbas Fossatensis, 240 b, 241 a. — *Pierre I*er.

PETRUS, abbas Hervialis, 174 b.

PETRUS, abbas Sancti Dionysii, 11 a, 84 a, 121 a, 123 a, 129 a, 604 a. — *Pierre I*er.

PETRUS, abbas S. Quintini in Insula, 279 b.

PETRUS, archidiaconus Castri Radulfi, 238 a.

PETRUS, capellanus de Caramannho, 313 a, 497 b.

PETRUS, comes *vel* dux Britanniæ, comes Richemondiæ, 59 b, 62 a, b, 68 b, 69 a, 78 a, 119 a, 121 a, 178 a, b, 179 a, b, 180 a, 201 b, 202 a, 209 b, 208 a, 210 b, 214 b, 269 a, b, 270 a, 276 b, 277 a, 294 b, 295 a, 298 a, 314 a, b, 343 b, 374 b, 375 a. — *Pierre Mauclerc, comte ou duc de Bretagne, comte de Richemond.*

PETRUS, comes *vel* duc Montoire, comte de Vendôme.

PETRUS, corrector domus Foutenenii, juxta Corvallum, 492 b.

PETRUS, decanus ecclesiæ Remensis, 46 a.

PETRUS, diaconus cardinalis Sancti Georgii ad Velum Aureum, 29 a.

PETRUS, dominus regni Majoricarum, 460 a.

PETRUS, episcopus Arusiensis, 157 b.

PETRUS, episcopus Meldensis, 47 b, 50 b, 51 a, 60 a, 70 a, 79 b, 89 a, 123 b,
124 a, 138 b, 163 b, 164 a, 175 a, 194 a, b, 290 b, 296 a, b, 331 a, 346 a, b, 412 b, 413 a. — *Pierre III de Cuisy, évêque de Meaux.*

PETRUS, episcopus Petragoricensis, 430 a, 601 a. — *Pierre de Saint-Astier, évêque de Périgueux.*

PETRUS, episcopus Xanctonensis, 535 a, 607 a. — *Pierre V, évêque de Saintes.*

PETRUS, filius Lamberti, scabinus Brugensis, 596 a.

PETRUS, filius Roberti Drocarum comitis, 428 a, b, 429 a, b.

PETRUS, filius Strangonis, 158 a.

PETRUS, filius Ugonis de Mureto de Naiaco, 535 b.

PETRUS, miles, 371 b.

PETRUS, monachus abbatis Cistercii, 226 b.

PETRUS, monachus S. Petri Latiniacensis, 593 b.

PETRUS, nepos Petri de Namarauda, 307 a.

PETRUS (Arnaldus), notarius, 203 b, 240 b, 262 b.

PETRUS, presbyter Vitriaci, 135 b.

PETRUS, rex Aragoniæ, 75 a, 154 a.

PETRUS, vicecomes Lautricensis, 533 a.

PETRUS AMELII, archiepiscopus Narbonensis, 71 b, 73 a, b, 74 b, 78 b, 85 b, 93 b, 94 b, 95 a, 144 a, 152 b, 156 b, 157 a, 252 b, 321 b, 322 a, 323 b, 534 b, 648 b, 658 a, b. — *Pierre III Amiel, archevêque de Narbonne.*

PETRUS DE BARRIS, miles, frater Johannis de Gallanda, 14 a.

PETRUS DE COLLEMEDIO, Rothomagensis archiepiscopus, 328 a, 376 a, 400 b. — *Pierre II de Colmieu, archevêque de Rouen.*

Peure, locus, 467 a. — *Pleurs, Marne, arr. d'Épernay, canton de Sézanne.*

PEYROUSE (l'abbé de la), 64 b.

Phanijovis castrum, 504 a. — *Fanjeaux. Vid.* Fanijovis castrum.

PHARAO, 314 a, b.

Pheonia, 157 b. — *La province de Fionie.*

PHILIPPA, comitissa Augi, 644 a.

PHILIPPA, uxor Erardi de Brena, 118 a, 125 b, 128 a, b, 131 a, b, 132 a, b, 133 a, 134 a, 247 b, 452 a. — *Philippe de Champagne, femme d'Érard de Brienne, sire de Ramerupt.*

PHILIPPA, uxor Hugonis de Antoygneio, militis, 285 a.

PHILIPPE, comtesse de Bar, 658 a.

PHILIPPUS, abbas S. Sergii Andegavensis, 239 a, b.

PHILIPPUS, archiepiscopus Bituricensis, primas Aquitaniæ, 371 b, 395 b, 603 a, b, 635 a. — *Philippe Berruyer, archevêque de Bourges, primat d'Aquitaine.*

PHILIPPUS de Francia, comes Boloniæ, Clarimontis et Domni-Martini, 14 a, 15 a, 22 b, 23 b, 24 a, b, 44 b, 45 a, b, 54 b, 57 a, 68 b, 69 a, 72 b, 88 a, 97 a, 101 a, b, 114 a, b, 118 b, 119 a, 120 b, 191 a, 193 a, b, 244 a, 280 b, 305 a, 317 b, 374 b. — *Philippe de France, dit Hurepel, comte de Boulogne, de Clermont et de Dammartin, fils de Philippe-Auguste.*

PHILIPPUS, comes Namurcensis, 14 b, 15 a, 89 a. — *Philippe II de Courtenay, comte de Namur.*
PHILIPPUS, episcopus Aurelianensis, 47 b, 89 a. — *Philippe Ier de Jouy.*
PHILIPPUS, episcopus Aurelianensis, 70 a. — *Philippe II Berruyer, évêque d'Orléans.*
PHILIPPUS, episcopus Cathalaunensis, 278 a. — *Philippe II de Nemours, évêque de Châlons-sur-Marne.*
PHILIPPUS II AUGUSTUS, quondam rex Francorum, 10 a, 11 a, 13 b, 15 a, 16 b, 21 b, 23 b, 28 a, b, 29 a, 31 b, 33 a, 39 b, 44 a, 49 a, b, 51 b, 53 b, 54 b, 56 a, b, 61 b, 63 a, 72 a, 98 a, 114 b, 117 a, 129 a, b, 130 b, 150 a, 158 b, 195 a, 237 a, 244 b, 256 b, 285 b, 298 b, 317 b, 319 a, 323 b, 384 a, 444 a, 451 b, 564 a, 571 a, 576 b, 594 b, 601 b.
PHILIPPUS III, 98 a.
PHILIPPUS IV, 51 b, 54 a, 59 b, 98 b, 136 a. — *Philippe le Bel.*
PHILIPPUS, sacrista Agathensis, 268 a.
PHILIPPUS, scabinus villæ Montensis, 594 b.
PICAUDE (Aales la), uxor Arnulphi Lecomte, 292 a.
PICTAVENSES cives vel burgenses, 33 a, 451 b.
Pictavensis (capitulum B. Hylarii), 158 a. — *Canonici B. Radegundis,* 231 a, 244 a.
Pictavensis episcopatus, 453 a.
PICTAVENSIS ballivus, 38 a; Ada Paneterii, ballivus in Pictavia, 601 a, 634 a. — Comes Pictavensis, Alfonsus filius regis Franciæ, 38 a, 143 b, 184 b, 333 a, 451 b, 452 b, 453 a, 454 a, 471 a, b, 472 a, b, 473 a, b, 476 a, b, 477 a, b, 478 a, b, 479 a, b, 480 a, b, 494 b, 500 a, b, 507 b, 508 b, 513 b, 517 a, 523 a, 527 b, 529 a, 535 a, 538 b, 544 b, 567 b, 571 a, 573 a, 578 a, 586 a, 600 b, 606 a, b, 607 a, 629 a, 634 a, 642 b, 643 a, b, 644 a, b. — Étendard d'Alphonse, comte de Poitiers, aux armes mi-partie de France et de Castille, 650 a. — *Pictaviæ comitis milites,* 658 b. — Ricardus, rex Angliæ, comes, 38 a, 123 a, 333 a. — Dominus, 139 a, b. — Episcopus, 22 a, 570 b, 571 a. — Seneschallus, 176 a; Gaufridus de Bulli, 57 a; Theobaldus de Blazone, 138 b, 141 b, 650 b, 655 a. — Thesaurarius, Gaufridus de Thoarcio, 471 a, b, 472 a, 500 a, b.
Pictavia, terra de Pictavis, 123 a, 214 b, 416 a.
PICTAVIA (Ademaretus de), 542 a; Aimarus, comes Valentinus, 301 a, b, 404 b. — *Aimar III de Poitiers, comte de Valentinois.*
Pictaviæ comitatus, 54 b, 55 a, 57 b, 121 b, 176 b, 452 b, 453 b, 472 b. — Diocesis, 585 b. — Pictaviæ feodum, 57 b, 180 b. — Partes, 31 b. — Præpositura, 494 b.
PICTAVIÆ comites, 231 a, 453 b.
PICTAVINUS, 464 b.
PICTAVINUS (Gausbertus), 266 b, 378 b, 566 b; Raimundus, 61 b, 62 a.
Pictavis, 214 b, 451 b, 452 a, b, 453 b, 517 a, 607 a. — *Poitiers, chef-lieu du département de la Vienne.*

PICTOR (Hugo vel Ugo), scriptor, 209 b, 220 b, 266 b, 291 a, 350 b, 378 a, b, 383 a.
PIEARELA (Petrus Rogerius), miles de Fanojovis, 502 b.
Piérone, 336 b. — *Péronne, Somme.*
PIERRE, abbé de Monstier-en-Der, 467 a.
PIERRE-BUFFIÈRE (Guillaume de), 437 a.
Pilata villa, in Normannia, 317 b.
PILETUS (Arnaldus Willelmus), 61 b.
PILISFORTIS (Petrus Willelmus), 377 b.
PILUSFORTIS vel PILISFORTIS de Rabastenx, 43 b, 44 a, 334 a.
PINASCA (Petrus de), 524 b; Thomas, civis Januensis, ibid.
PINCER (Guillelmus), consul Montispessulani, 310 b.
Pinciano in Redensi (castrum de), 94 b.
PINCIUS (Guillelmus), 328 b.
PINCONII vel PINCONIENSIS vicedominus, 281 b; G., 405 a. — *Vidame de Picquigny, Somme, chef-lieu de canton, arr. d'Amiens.*
PINEAUS (Garinus), 100 b.
PINELLIS (B.), 466 b.
Pingnon (feodum), 185 a.
PINIANO (prior de), Guillelmus Ebrardus, 328 b.
PINIBUS (Arnaldus II de), Vasatensis episcopus, 332 b. — W. Ramundus, dominus Valhaburgi, 390 b, 391 a.
Pinnacerias (pratum situm apud), 44 a.
PINU (Arnaldus de), 511 b; Bertrandus, barrianus Savarduni, 483 a; Poncius, 511 b, 533 b; W., 216 a.
PINU (domini de), 67 a.
PIPER (Willelmus), macellarius, 348 a.
Piperum, 131 a, b. — *Poivre Sainte-Suzanne, Aube, arr. d'Arcis, canton de Ramerupt.*
Pipionibus in Minerbesio (castrum de), 94 b.
PIQUINIACO vel PIQUIGNIACO (vicedominus de), 317 b; Gerardus, 197 b, 282 a; N., 605 b. Vid. PINCONII.
PIS (Guillelmus Aramun de), 505 b.
Pisæ, 537 b, 538 a. — *Pise, en Toscane.*
Pissiacensis villa, 384 a. — Ecclesia, ibid.
PISSIACO (Gaco vel Gasco de), 298 a, 299 a, 659 b; Gervasius, miles, 659 b; Robertus, 69 a, b, 83 b, 281 b, 283 b, 298 a, 299 a; Robertus, dominus de Haqueville, 200 a, b. (*Robert de Poissy, seigneur de Hacqueville.*) Simon, 69 a, b, 96 a, 97 a, 285 b.
PITRELLUS (Bernardus), 629 b.
PIVERE (gentes de), 564 b. — Pedagiarius, 563 a.
Piveris castrum, 563 a. — *Castellania, ibid. — Pithiviers, dans l'Orléanais, Loiret, chef-lieu d'arrondissement.*
PLA (Durand del), 475 b.
PLAILLIACO (Petrus de), miles, 659 b.
PLAISSETO (Aubertus de), 210 a.
Plana-Silva, 479 a. — *Pleneselve, Gironde, arr. de Blaye, canton de Saint-Ciers-la-Lande.*
PLANCA (Balduinus de), miles, 608 a.

PLANCEII dominus (Philippus), 142 b, 302 b. — *Philippe, sire de Plancy, en Champagne.*
PLANCHES (Balduinus de), miles, 344 a.
PLANIS (Arnaldus de), sartor, 36 a; Raimundus Petrus, scriptor, 514 a.
Planteiz (terra apud), 132 b.
PLATELLIS DE BERGIS (Willelmus), 342 b. — *Guillaume Platel de Bergues.*
Plauzac (terra et castrum de), 171 b.
PLESSEICIO (Nicolaus, Gaufridus et Alanus de), fratres, 601 b, 602 a; Johannes, ibid.
PLESSIS (Aubert du), 210 a.
PLEUDEL (Guillelmus de), capellanus de Spiniac, 304 b.
Poantium, 239 b, 452 a. — *Pouan, Aube, arr. et canton d'Arcis-sur-Aube.*
Podiicelsi castrum, Podium-Celsum, 41 b, 42 a, b, 43 b, 150 b, 488 b, 489 b.
PODII-CELSI (castellanus), 510 b; presbyter, Raimundus, ibid.
PODII-CELSI consules, 510 b. — Homines, 43 a, b.
PODII LAURENTII, bajulus pro comite Tholosano (A. de Lacu), 421 b; P. de Plano, 349 b.
PODII SANCTI FRONTONIS PETRAGORICENSIS major et universitas, 12 a, 594 a.
Podio (carreria publica de), 254 b.
PODIO (Ermengavus de), 389 a, 404 b, 441 b; Hugo miles, 123 a; Martinus, 68 a; R., 440 a; R. A., 457 b; Raimundus Arnaudi, 89 b.
PODIO-ALTO (Rostagnus de), bajulus comitis Tolosani, 83 a, 190 a, 448 b.
PODIO AURIOLA (Guilabertus de), barrianus castri Savarduni, 483 a.
PODIO CIMBOS (Petrus de), 190 a.
Podio-Laurentii (villa aut castrum de), Podium Laurentium, 85 b, 150 a, 215 a, 354 b, 497 a. — Dominium Podii Laurentii, 354 b. — Furni, 118 b. — Capella B. Mariæ, 421 b.
PODIO-LAURENTII (consules de), 497 a. — Milites, ibid. — *Puylaurens en Languedoc,* Tarn.
PODIO-LAURENTIO (Gauzbertus de), miles, 497 a; Magister Guillelmus, capellanus comitis Tolosani, 421 b, 553 b, 604 a, 605 a, 612 a, b, 614 b, 629 b; Sicardus vel Sycardus, miles S. Pauli de Cadajovis, 84 b, 85 a, 87 a, 354 b, 496 b.
PODIO SIURANO (Bernardus de), scriptor, notarius publicus Tolosæ, 300 a, 332 a.
PODIO SORIGUERIO (Berengarius de), 73 b, 74 a, b, 489 b. — *Château de Puyserguier, situé, suivant D. Vaissette, près de Capestang, dans le diocèse de Narbonne, arr. de Béziers.*
Podium acutum, 379 b.
Podium Airaldetum, 440 b.
Podium Airaudi, 300 a.
POELIACO (Agnès de), 457 b.
POENCIACO (Gaufridus de), 267 a, 298 a, 425 b, 426 a; Johannes, miles, 659 a. — *Pouancé en Anjou, Maine-et-Loire, arr. de Segré.*

INDEX ALPHABETICUS.

Poenceio (Theobaldus de), episcopus Dolensis, 303 b.
Poenon (Gaufridus de), 267 a.
Poent (curtis de), 100 b.
Pogerius (Aimericus), 326 b.
Pogiaci dominus, Renaudus domicellus, 421 b.
Pogiaco (Guido de), 421 b.
Poilevilain (Hugo), 134 a, b.
Poincy (Geoffroy de), 299 a.
Poingnart (Petrus), miles, 659 b.
Poiolio (R. de), 390 b, 391 a.
Poiols (Raimundus de), 505 a.
Poissonei (W.), 613 a.
Poissonnier (Richard), notaire du duc de Bourgogne à Auxonne, 168 a.
Polain (Joffrei), 521 b.
Polerius de Rabastenchis (Guillelmus Petrus), 437 a.
Polers (W. P.), escrivas communals de castel de Paolhac, 327 b.
Polleio (nemora de), 242 a.
Pollinus (Andreas), prior hospitalis Jerosolimitani in Francia, 632 a.
Poltz (Ramonz del), 267 b.
Polverelli (Ugo), 531 a.
Polzinus (Raimundus), scriptor domini Nemausensis, 72 a.
Pomaria, femina, 564 b.
Pomeroliis (castrum de), 265 a.
Pomoriis (magister Th. de), officialis Trecensis, 487 b.
Pomponio (Colardus de), miles, 659 a.
Poncellis (Henricus de), conestabulus Arverniæ, 538 b, 567 b.
Ponchardus, decanus Christianitatis de Ponte, 527 a. — Ponchard, doyen de Pont-sur-Seine.
Ponches, évêque d'Arras, 425 a. — Voy. Pontius.
Ponches (Guido de), miles, 195 a, b. — Ponches-Estruval, Somme, arrond. de Crécy, canton d'Abbeville.
Poncii Martini terra, 299 a.
Poncium (castra prope villam), 477 a, b.
Poncius, archipresbyter Andusiensis, 72 a.
Poncius (Arnaldus), filius Rogerii de Noerio, 565 b, 566 a.
Poncius (Guillelmus vel Willelmus), filius Estolti de Rocovilla, 332 a, 396 a.
Poncius (frater), ordinis Minorum Tolosæ, 497 b.
Poncius, notarius Centulli comitis Astaracensis, 543 b, 544 a.
Poncius (Guillelmus), 142 b.
Poncius de Astanaco (Arnaldus), 142 b.
Poncius de Puteo-Clauso (Arnaldus), 142 b.
Pons (Bernard), 327 b.
Pons (villa), 46 a. Vid. Pont-d'Arche.
Pons de Cesse, 123 a. — Vid. Pons de Say.
Pons episcopi, 31 a.
Ponsonenc (W.), 589 a.
Pons Rotondi, 233 b. — Pondron, Oise, commune de Fresnoy-la-Rivière.

Pons de Say vel Sey, de Say (in castris juxta pontem), 180 b, 181 a, b. — Ponts-de-Cé, Maine-et-Loire, chef-lieu de canton de l'arrondissement d'Angers.
Pont-d'Arche, 46 a. — Ardennes, commune de Mezières.
Pont (Geoffroi de), 479 b.
Pont-aux-Dames (abbaye de), 80 a.
Pont de Mouçon, 191 b.
Pontario, locus, 499 a. — Pontarion, Creuse, arr. de Bourganeuf.
Ponte (Ponchardus, decanus Christianitatis de), 527 a. — Prior, 170 b, 171 a.
Ponte (Ademarus de), 512 b; A. J., 300 a; Bertrandus, notarius, 83 a; consul Cabdenaci, 509 b; Gaufridus, 102 a, 479 a; Michael scabinus Geraldimontis, 595 b; Petrus, 334 a; Montispessulani notarius, 603 a; Raymundus, 153 a, 354 a, 520 b, 541 a; R. consul Tolosæ, 493 a; R. Ademarus, 511 b; Raimundus Laurentius, 533 b; Renaldus, 479 b; Ugolinus, 153 a; W. notarius villæ Berre, 118 b.
Ponte Brebanti in Gandavo (communitas et scabini de), 109 a, 365 a, 562 b. — Pont-Brabant, commune aux abords de Gand, Belgique.
Ponte Colliaci (domus Dei de), 79 b.
Ponte Gibaldi (Radulphus de), miles, 578 a.
Pontelabai, 476 b. — Probablement Pont-l'Abbé, Charente-Inférieure, arr. de Saintes, canton de Saint-Porchaire.
Pontepertusato (villa de), 245 b, 507 a.
Ponte Roardo (domina de), Isabellis, 558 b.
Ponte Ursionis (castrum de), Pons Ursionis, 255 a, b, 256 a. — Pontorson, Manche, chef-lieu de canton de l'arrondissement d'Avranches.
Pontem Audomari (terra et domus apud), 130 a. — Pont-Audemer, Eure, chef-lieu d'arrondissement.
Pontes, 274 a, 478 a.
Pontes (villa), 513 b. — In praeria, juxta villam Pontium, 624 a. — Pons, Charente-Inférieure, arr. de Saintes.
Pontes-ad-Villers (terra apud), 56 b.
Pontes super Secanam, 246 a.
Pontet (terre située au), 590 a.
Pontibus (Galfridus de), 123 a; Renaudus vel Reginardus, dictator treugarum ex parte regis Angliæ, 476 b, 505 b, 506 a.
Pontis Remigii (vicecomes), Eustachius, 196 b, 311 b, 312 a.
Pontis B. Mariæ abbatia, de ordine Cisterciensi, 79 b.
Pontisara vel Pontysara, 292 a, 302 a, 375 a, 376 a, 385 a, 438 b, 441 b, 449 a, 455 a, 465 b, 500 b, 501 a, 548 a, b, 569 a, 639 b. — Pontoise, Ile-de-France, Seine-et-Oise.
Pontisaræ major et burgenses, 651 a.
Pontisaram (abbatia monialium, Cisterciensis ordinis, juxta), 438 b, 441 b.
Pontisarchæ (molendinum et domus), 130 a. Pont-de-l'Arche, Eure, arrondissement de Louviers.
Pontisarensis (abbas et prior Sancti Martini), 385 a.

Pontisarensis præbenda, 385 a.
Pontiu (le comte et la comtesse de). — Voy. Pontivi comes et comitissa.
Pontius, abbas Sancti Egidii 75 b. — Pons Ier, abbé de Saint-Gilles, au diocèse de Nîmes.
Pontius, episcopus Atrebatensis, 86 b, 89 a.
Pontius, prior provincialis fratrum Prædicatorum, 658 b.
Pontius Uco, comes Empuriarum, 328 b.
Pontivi comitatus, 62 a, 199 b, 372 b, 373 a, 392 b. — Terra, 56 b. — Communia, 199 b. — Villa, ibid. — Fortericiæ, ibid. — Villæ et barones, 195 b.
Pontivi comes, Guillelmus vel Willelmus, pater Mariæ comitissæ, 23 a, 56 a. — Matheus, Mahius, 550 a, 552 a. — Simon vel Symon, 56 a, b, 57 a, 185 a, b, 195 a, b, 199 a, b, 200 a, b, 257 a, 281 b, 282 a, 298 a, 299 a, 311 b, 312 a, 372 b, 373 a, 392 b, 393 a, 420 b. Simon de Dammartin. — Comitissa Maria, 36 a, 62 a, 185 a, 195 a, b, 199 a, b, 200 a, 257 a, 372 b, 373 a, b, 393 a, 420 b, 550 b, 552 a. — Milites, 129 b.
Pontoiles (communia de), 197 b, 198 a. — Ponthoile en Picardie, canton de Nouvion-en-Ponthieu, arr. d'Abbeville, Somme.
Pontoxus (Terrenus), consul de Verduno, 497 a.
Pontons (Petrus Raimundus de), consul Galliaci, 503 a.
Ponville (Johannes de), miles, 660 a.
Ponz au Mont Morvois, 586 b. — Pont-sur-Seine, Aube, arr. de Nogent-sur-Seine.
Poongrio (Gaufridus de), 426 a.
Poperinche (Daniel de), 105 a.
Popia (Fulco de), 338 b.
Popio (Fulco de), miles Sancti Ciricii, 509 a; Gaillardus, ibid.
Poquetus, miles, 659 b.
Porcelli (Bernardus), presbyter, 330 a.
Porcellus (W.), 118 b.
Porquier (R.), 521 a.
Port (el), 188 a, 251 b.
Porta (B. Faber de), civis Carcassonæ, 650 a; Gr. notarius, 9 b; Guiraldus, notarius, 293 a; Gyrardus, consul Montis Albani, 503 b; Johannes, ballivus Rothomagensis, 651 a; Raimundus, burgensis Petragoricensis, 12 b; Stephanus, 531 a.
Portalesius, præceptor hospitalis Jerosolymitani Aurasicensis, 371 b, 376 a, 406 a.
Portallo (Berengarius de), consul Tolosæ, 493 a.
Portaria (Bernardus Carabordus de), 61 b.
Porterius (Aimericus), 334 a, 355 a, 377 a, 433 a. — Porterius n'est peut-être pas un nom propre, mais un nom commun désignant les fonctions d'Aimeri, qui était portier ou concierge du château Narbonnais à Toulouse.
Porterius vel Porterii (Bartholomeus), 254 b, 438 a.
Porto (Otton, cardinal-évêque de), 335 b.

PORTUENSIS episcopus, primo S. Angeli diaconus cardinalis, Romanus, Apostolicæ Sedis legatus, 314 a, 340 b, 377 b.
PORTUGALIA (Alienora de), Danorum regina, 157 b.
PORTUGALIA (Alfonsus de), comes Boloniæ, 416 b, 460 a, b. — *Alphonse de Portugal, second mari de Mathilde, comtesse de Boulogne.*
PORTUGALIÆ REX, Sancyus, 460 b.
PORTUS S. MARIÆ (consules), 531 b. — *Port-Sainte-Marie, en Agenois, Lot-et-Garonne.*
Portus S. Mariæ domus, Cartusiensis ordinis, 237 a, 531 b. — P. Prior, 237 a.
Porz en Champagne, 586 b.
POSQUERIIS (P. de), consul Montispessulani, 446 a; Petrus, 603 a; R., consul Montispessulani, 51 b.
POSSESSA (dominus de), Ancelmus de Gallanda, 310 b.
POSSESSA (Ansellus de), dominus de Tornant, 23 a, b, 60 a. — *Possesse, en Champagne, Marne, canton de Vitry-le-Français.*
Potini casimentum, 100 a.
POTZ (R. del), 90 b, 136 b, 153 b; Raimond, 183 a, b.
POTZ MACIPS (R. del), 277 b.
POUKE (Galterus de), miles, 369 a; Walterus, 608 a.
Pouzauges (castrum de), 472 a. — *Pouzauges, Vendée, arr. de Fontenay-le-Comte.*
Pouzini castrum, 403 b. — *Le Pouzin, Ardèche, arr. de Privas, canton de Chomerac.*
Pouzino (dominationes de), 403 b.
POZ JOVE (R. del), 46 b.
PRADAS (Uc de), 528 a, 617 a; W., 617 a.
PRADELLIS (G. de), Castrensis burgensis, 648 b.
PRADIS (Mancipius de), miles de S. Paulo de Cadajoux, 496 b.
Praec, 476 b. — *Prahecq, Deux-Sèvres, chef-lieu de canton de l'arrondissement de Niort.*
PRÆDICATORES fratres, 86 b, 481 b, 482 b. — Narbonenses, 321 b, 322 a, b. — Rothomagenses, 516 a, b, 517 a. — Sceau du couvent, ibid. — Tholosani, 314 b, 497 b. — Venetiæ, 391 b.
PRÆDICATORUM FRATRUM prior provincialis, Pontius, 658 b. — Prior Narbonæ, Ferrarius, 321 b, 322 a. — Fratres Ferrarius et G. Raimundi, 524 a, 528 b, 534 b.
PRÆMONSTRATENSES abbates, 60 b, 241 b.
PRÆMONSTRATENSIS abbas, Conradus, 60 b, 241 b.
Præmonstratensis ecclesia, 60 b.
Præmonstratensis ordinis, abbatiæ, 55 a; Ecclesia Bellosannæ, 60 b; abbatia de Bello-portu, 302 b, 303 a.
Præmonstratum, 241 b, 242 a.
PRÆSTINUS episcopus, cardinalis, Guido, 29 a, 377 b. — Jacobus, 377 a, b.
PRÆRIIS (Robertus de), miles, 331 a.
PRAT vel PRAET (Balduinus de), miles, 106 a, 361 a.
Pratella, 495 b, 515 a. — *En Champagne.*

Pratellis (conventus de), 40 b, 41 a. — *L'abbaye de Préaux, au diocèse de Lisieux.*
PRATELLIS (abbas de), Bernardus, 40 b.
PRATIS (Johannes de), miles, 608 a, b; Garnerus, 45 b, 46 a; Guillelmus, miles, 559 a.
Pratloba (domus de), 384 b.
PRATLOBA (Stephanus de), domicellus, 384 b.
PRATO (Balduinus de), 106 a.
PRECIOSÉ (Regnaud de), 629 a.
PREUDOUL ou PRENDOUL (Jacques), notaire apostolique, 180 a, 202 a.
PREUILLY (Geoffroy de), 157 b.
PRIM (Gasbertus), consul Montiscuqui, 510 a.
PRISCER (Guillelmus), consul Montispessulani, 292 b.
PRINIACO (Petrus de), 313 a; Raimundus, ibid.
PRINTER (Guillelmus), 603 a.
PRISSAC (Bernardus de), consul de Portu S. Mariæ, 531 b.
Prissano (villa de), 102 b.
Privas, 403 b. — *Privas, Ardèche.*
PRIVATO (Arnaldus de), 635 b.
PROMILIACO (Berengarius de), vicarius Tolosæ, 520 b, 535 b, 536 a, b, 540 a, 541 a, 549 b, 553 b, 565 b, 566 b, 571 b, 572 a, 573 a, 580 a, 583 b, 604 a, 605 a, 635 b, 641 a.
Provincia, 48 b, 165 a, 379 a, b, 380 a. — Provinciæ marchionatus, 270 b, 271 a, 300 b. — Mare, 524 b. — Partes, 217 a, 340 b. — Domus militiæ Templi in Provincia, 319 a.
PROVINCIÆ, barones et communitates, 47 a. — Comes Ildefonsus, 380 b. — Raymundus Berengarius, 216 b, 247 a, 258 a, 269 b, 261 b, 328 b, 339 b, 340 a, 341 a, 378 b, 382 b, 419 b, 420 a, 431 b, 444 b, 451 a, 514 b, 515 b, 656 a. — Comitissa Beatrix, 260 b, 379 b, 380 b, 656 a. — Filia comitis Provinciæ, 257 b. Vid. Margareta. — Marchio Raimundus comes Tolosæ, etc., 34 a, b, 36 b, 42 a, b, 43 b, 50 a, 82 a, 123 b, 319 b, 323 b, 324 a, b, 328 a, 329 b, 334 a, 341 a, b, 348 a, 354 a, b, 396 a, b, 397 b, 398 a, 403 b, 390 a, b, 396 a, b, 397 b, 398 a, 403 b, 404 a, 406 a, b, 407 a, b, 410 a, 419 b, 421 a, 432 b, 438 a, 441 a, b, 442 a, 450 b, 451 a, 455 a, b, 457 a, b, 466 a, 481 a, b, 483 a, 487 b, 493 a, 494 a, b, 496 b, 504 b, 505 b, 507 a, 514 b, 515 a, b, 520 b, 533 a, 539 a, b, 540 a, b, 544 b, 547 b, 548 b, 549 a, b, 550 a, 553 b, 565 b, 567 b, 568 b, 570 a, 571 a, b, 573 a, 603 b, 604 b, 605 a, 611 b, 614 b, 616 b, 629 a, 635 b, 636 a, 641 a, 646 b. — Judex, Guillelmus Raimundus de Areis, 382 b. — Prælati, 47 b.
PROVINCIALES mercatores, 587 a.
PROVINCIALIS, judæus, 35 b, 136 a.
Provins. Vid. Pruvinum.
Provins (la prevostez de), 185 b.
PRULHANI (R. prior domus), 629 b.
PRULLI (Galfridus de), miles, 157 a.
PRUNELEZ (Guillelmus), 96 b, 97 a.

Pruvinense macellum, 527 a. — Pruvinenses nundinæ, 476 a, b; nundinæ S. Aygulphi, 173 b, 587 a, b.
PRUVINENSES carnifices, 527 a. — Carniceria, 523 b.
Pruvinensis moneta, i. e. libræ, solidi, 16 b, 62 a, 78 a, 116 b, 118 a, 127 b, 137 a, 159 b, 161 b, 174 a, 186 a, 226 a, b, 228 a, b, 229 a, 279 a, 284 b, 296 a, 336 a, 342 a, 400 b, 444 a, 446 a, 421 b, 439 a, 452 a, 463 b, 467 b, 476 a, 483 b, 486 a, 501 a, b, 513 a, 514 b, 515 a, 523 b, 527 a, 528 b, 529 a, 531 b, 532 b, 589 b, 634 b, 334 a, 636 a, b, 639 b. — Pruvinenses fortes libræ, 463 b, 467 b, 476 a; Solidi fortis, 342 a.
Pruvinensis (vallis), 587 a.
PRUVINENSIS (abbas B. Jacobi), Guido, 400 a. — Decanus, Haymericus, 476 a; Johannes, 527 a, 528 b.
PRUVINIO (Fulco de), 100 b.
PRUVINO (Stephanus de), canonicus Remensis, 251 b, 254 b.
PRUVINO (homines de), 623 b.
Pruvino (Domus Dei pauperum de), 132 b, 173 a.
Pruvino (capitulum ecclesiæ B. Quiriaci de), 256 a, b, 261 b.
Pruvinum, Pruvinensis villa, 255 a, 256 b, 385 b, 386 a, 523 b, 587 a. — Pruvinense castrum, 623 b. — Furna apud Pruvinum, 186 b, 187 a, 529 a. — Molendina apud Pruvinum, 186 b, 187 a, 292 b. — Terra, 132 b, 520 b. — Pruvini communia, commune, communauté, 186 a, b, 187 a. — Franchise, 185 b. — Maior et jurés, 186 a, b. — Criagium, 255 a. — *Provins, Seine-et-Marne, chef-lieu d'arrondissement.*
Pruvinum (furnum de Bordis apud), 529 a.
PRUYLLIACO (Gaufridus de), 253 a, b. — *Geoffroy de Preuilly, en Touraine.*
Psalmodii monasterium, 622 a.
PUER (R.), 194 b.
PUG (R. del), 475 b.
PUG D'ACO (el capmas de), 616 b. — *Dans la seigneurie de Monlanart.*
PUGETO (Hugo de), clericus, 292 b; Manasses, miles, ibid.
Pugeolis (villa aut castrum de), 150 b.
Puial Tinha (el bos de), 616 a. — *Près Monlanart.*
PUIG (Armengau del), 419 b.
PUISATI dominus, 287 a.
PUJOLI DE MIRAMONTE (Poncius de), 583 b.
Pulchrum castellum, 227 b.
PULCRA COSTA (Bernardus de), 326 b.
Pulcromonte (rivus de), 533 b.
PULLI (J.), clericus regis, 342 b.
PULVERELLI (Hugo), consul Montispessulani, 51 b, 446 b.
PULVERELLUS (Hugo), 328 b.
PUNCTIS (Guillelmus de), 458 a, 464 a, 583 b.
PUTEMONOIE (Guillelmus), 132 a.
PUTEO-CLAUSO (Arnaldus Poncius de), 142 b.
PUY (Raymond Arnaud du), 89 b.
Puy (chapitre de Notre-Dame du), 349 b.

INDEX ALPHABETICUS.

Puycornet, 410 *a*.
Puy de Grue, devers la rivière de Tarn, 410 *a*.
Puylaurens (castel de), 183 *a*, *b*.
PUYLAURENS (Gaushert de). 136 *a*, *b*; Guillems, 136 *b*; Sicard, 85 *b*, 136 *b*. — *Puylaurens en Languedoc, Aude, arr. de Limoux.*
PUYLAURENS (bailli du château de), Raymond de Nericers, 277 *b*.

Quadarosse villa, 301 *b*. — *Caderousse, Vaucluse, arr. et canton d'Orange.*
QUARRELLI (Gaufridus), 204 *b*.
QUENCY (Robertus de), 405 *a*.
QUENTIN (Walcherus), scabinus Valenchenensis, 596 *b*.
QUERAU (Ernaudus), consul Losertæ, 510 *a*.
Querceto (villa Haymonis de), 594 *b*. — *Le Quesnoy, en Hainaut, Nord.*
QUERCETO (scabini et communitas villæ de), 597 *a*.
QUERCETO (frater Henricus de), ordinis Prædicatorum, 545 *b*, 546 *b*.
Quernellæ foresta, 20 *b*, 21 *a*. — *Forêt de Carnelle, près de Beaumont-sur-Oise.*
QUESNOY (Robert du), 555 *a*.
QUEUX (Eudes le), sénéchal de Carcassonne, 309 *b*.
QUIDERIUS (Bertrandus de), 579 *b*; Jordanus, *ibid.*
QUIDESTA (B. de), consul de Manso, 504 *b*.
QUILANO (Petrus de), juvenis, consiliarius Narbonæ, 324 *b*.
QUIMBRIAC (Normannus de), marescallus comitis Britanniæ, 303 *b*, 304 *b*.
Quinciaci conventus, 312 *b*. — *Abbaye de Quincy, au diocèse de Langres.*
QUINCIACI abbas, Johannes, 312 *b*.
Quinciaco (feodum de), 400 *a*.
QUINCIACO (Johannes de), miles, 415 *a*.
QUINSVALLE (R. Bernardus de), 578 *a*.
Quintesaies (molendinum de), 80 *a*.
Quintinia, 303 *a*. — *En Bretagne.*
QUIRINUS (Nicolaus), 391 *a*, *b*.

R., abbas Bonevallis, 529 *a*. — *R., abbé de Bonneval, au diocèse de Chartres.*
R., archidiacre de Périgueux, 64 *b*.
R. Stephanus, canonicus Caturcensis, 612 *b*.
R., capela de Vilaterra, 633 *b*.
R., civis Carcassonæ, frater Ar. Morlan, 650 *a*.
R., frater Bertrandi de Fontanis, S. Antonini consul, 647 *b*.
R., frater R. Bonini, 308 *a*.
R., frère de W. Rerusa, 512 *a*.
R. (Petrus), major, 583 *b*, 585 *b*.
R. (magister), officialis Agennensis, 466 *a*, *b*.
R., præpositus S. Stephani Tolose, 488 *a*, 493 *a*, 496 *a*, 507 *b*, 542 *b*, 549 *b*.
R., prior domus Prulhani, 629 *b*.
R., scabinus villæ Haymonis de Querceto, 594 *b*.
R., scriptor officialis Tolosanus, 383 *a*.
R., supprior et monachus ecclesiæ S. Quintini in Insula, 279 *b*.

Rabastenx *vel* Rabastenes villa *aut* castrum de Rabasten, 150 *b*, 503 *b*, 548 *b*, 549 *a*.
— *Rabastens en Languedoc, Tarn, arr. de Gaillac. Sceau de la ville*, 503 *b*.
RABASTINO (consules de), 503 *b*.
RABASTINO, RABASTENCHIS, RABASTENX (Azemarius de), 43 *b*; Bertrandus, 508 *b*; Guillelmus, *ibid.*; Guillelmus Petrus Polerius, 437 *a*; Matfredus, 41 *a*, *b*, 42 *b*, 43 *a*, 502 *a*; Petrus Raimundi, 549 *b*; Pilus fortis *vel* Pilisfortis, 43 *b*, 44 *a*, 188 *a*, 324 *a*, *b*, 334 *a*, 455 *b*, 483 *b*, 502 *a*; R., 192 *b*; Willelmus filius Matfredi, 42 *b*.
Rachaz (vicus qui dicitur), in Vitriaco, 135 *b*.
Radolium (Leschieles juxta), 491 *a*. — *Probablement Reuil, commune de Vincy-Reuil, Aisne, canton de Montcornet.*
RADULFI filius, 204 *b*.
Radulfi (essartus), qui dicitur de Novalibus, 433 *b*.
RADULFUS, 204 *b*.
RADULFUS, abbas Clarevallensis, 237 *a*.
RADULFUS *vel* RADULPHUS, abbas conventus de Cruce S. Leafridi, 232 *b*, 233 *a*.
RADULFUS, abbas B. Mariæ Exoldunensis, 313 *a*.
RADULFUS *vel* RADULPHUS, abbas S. Victoris Parisiensis, 288 *b*, 446 *b*, 447 *a*.
RADULFUS, comes Augi, frater comitis Marchiæ, 193 *a*, 571 *a*, 644 *a*. — *Raoul, comte d'Eu.*
RADULFUS *vel* RADULPHUS, episcopus Ebroicensis, 410 *a*. — *Raoul II de Cierrey, évêque d'Évreux.*
RADULFUS, episcopus Engolismensis, 513 *b*.
RADULFUS, episcopus Virdunensis, 374 *a*. — *Raoul de Thorote, évêque de Verdun.*
RADULFUS, filius Nicholai senescalli Henrici regis Angliæ, 140 *a*, 141 *a*, 506 *b*.
RADULFUS, frater Johannis de Nigella, 31 *a*.
RADULFUS, magister domus Dei Meldensis, 175 *a*.
RADULPHUS, ballivus Vulcasini Gallici, 291 *a*.
RADULPHUS, prior de S. Liberata, 225 *b*.
RADULPHUS, vicecomes Bellimontis et S. Susannæ, 203 *b*, 267 *a*, 298 *a*, 299 *a*. — *Raoul III, vicomte de Beaumont et de Sainte-Susanne, dans le Maine.*
RADULPHUS, vicecomes S. Susanniæ, 69 *a*.
RAERIUS, prior de Capella, 404 *b*.
RAFFINA (Dur.), 446 *a*.
RAGOZ (Odo), dominus Sancti Sepulcri, 397 *a*.
RAHERIUS, decanus Turonensis, 440 *b*, 454 *b*.
RAIBERTUS (Poncius), 118 *b*.
RAIGAMBERTUS (Guillelmus), 376 *b*.
RAIMBAUDUS (G.), miles Belliquadri, 516 *a*.
RAIMOND IV, de Valhauques, évêque de Béziers, 142 *a*.
RAIMUNDI *vel* RAYMUNDI (frater G.), ordinis Prædicatorum, inquisitor hereticæ pravitatis, in diœcesibus Narbonensi, Biterrensi, etc., 524 *a*, *b*, 528 *a*, 658 *a*, *b*.
RAIMUNDI (Guillermus), miles, 501 *b*.
RAIMUNDI DE MONTEBRUNO (Petrus), pelliparius, consul Narbonæ, 529 *b*.

RAIMUNDINUS (Atho), 224 *a*, *b*.
RAIMUNDUS, abbas Galliaci, 223 *b*, 224 *a*, *b*, 225 *a*, *b*, 226 *a*. — *Raimond, abbé du monastère de Saint-Michel de Gaillac.*
RAIMUNDUS, abbas de Moyssac, 90 *a*.
RAIMUNDUS, abbas S. Martialis Lemovicensis, 655 *b*.
RAIMUNDUS, archiepiscopus Aquensis, 380 *a*.
RAIMUNDUS *vel* RAMUNDUS - BERENGARIUS, *aut* BERENGARII, comes Provinciæ, 258 *a*, 260 *a*, *b*, 328 *b*, 329 *b*, 378 *b*, 382 *b*, 420 *a*, 451 *a*, 514 *b*, 516 *a*, 656 *a*, *b*. — Comes Forcalquerii, 514 *b*. — *Raymond Bérenger IV, comte de Provence et de Forcalquier.*
RAIMUNDUS V, comes Tolosæ, maritus reginæ Constantiæ, *i. e.* Constantiæ de Francia, filiæ regis Ludovici VI, 576 *a*.
RAIMUNDUS VI, comes Tolosæ, filius reginæ Constantiæ, 71 *b*, 73 *b*, 75 *b*, 84 *b*, 86 *a*, 99 *b*, 98 *a*, 117 *b*, 136 *a*, 308 *b*, 377 *b*, 378 *a*, 574 *a*, *b*, 575 *b*, 576 *b*.
RAIMUNDUS VII, comes Tolosanus, dux Narbonæ, marchio Provinciæ, filius reginæ Johannæ. — *Actu a Raimundo comite vel sub ejus nomine scripta.* Pro Isuardo Carpentoratensi episcopo, 36 *b*. — Pro M. de Rabasteux, 42 *b*. — Traité d'alliance avec la ville d'Agen, 82 *a*. — Impignoratio castrorum Belliquadri et Malaucenæ et totius Venaissini, 83 *a*. — Concordia cum D. de S. Barcio, 136 *a*. — Litteræ de pace cum Ecclesia et rege Franciæ inita, 147 *a*, *b*. — Epistola ad Rogerium Bernardi comitem Fuxensem, 154 *a*. — Ratificatio sententiæ arbitralis cardinalis Romani, 158 *a*. — Obligatio quoad Amilianum, 159 *a*. — De civitate inferiori Massiliensi sibi a Massiliensibus ad vitam concessa, 189 *b*. — Pro Belido judeo, 209 *b*. — Compositio cum abbate Galliaci, 223 *b*. — De quinque millibus librarum abbatiæ Cisterciensi solvendis, 226 *b*. — Agennensi episcopo de præfata pecunia, 227 *a*. — De quingentis libris annuatim Cisterciensi abbatiæ super reddidibus Marmandæ solendis, 228 *a*. — De parte Vadigiæ villæ ab Arnaldo de Vadigia per excambium acquisita, 230 *b*. — Quod c. solidos de reacapto a W. de Brageriis et ejus fratre recepit, 245 *b*. — Statuta in hereticos, 248 *a*. — Pro Bernardo de Corrunciaco, 254 *a*. — De controversiis quas cum comite Provinciæ habebat, arbitrio regis et reginæ Franciæ submissis, 261 *b*. — De villa Laurani sibi ad vitam concessa, 285 *b*. — Conventiones initæ cum dominis Cadarossæ, 319 *b*. — De homagio vicecomitis Turennæ recepto, 324 *a*. — Pro W. de Sabrano, 341 *a*. — Pro R. de Baucio principe Aurasicæ, 341 *a*, *b*. — De villa Montispessulani ab episcopo Magalonensi in feudum accepta, 388 *a*. — De pecunia Johanni de Orlaco debita, 398 *a*. — De homagio Ademarii comitis Valentinensis recepto, 404 *a*. — Abbati Cisterciensi, a quo prorogationem debiti solvendi petit, 406 *a*. — De homagio G. Carpentoratensis episcopi recepto, 407 *a*. — De homagio A. et F. Convenarum recepto, 432 *b*. — De sagio monetæ Tholosanæ

A. Trunno cambiatori concesso, 437 b. — Juramentum fidelitatis regi Franciæ præstitum, 442 a. — Tractatus confœderationis cum rege Aragoniæ, 444 b. — Treugæ initæ cum eodem, 445 a. — Homagium J. archiepiscopo Arelatensi pro castro Belliquadri et Argenciæ præstitum, 448 a. — Compositio inita cum præposito Arelatensi de damnis in Camarguis perpetratis, 455 a. — Instrumentum absolutionis comitis Tolosani, 466 a. — Litteræ Ludovico regi quibus ad omnimodam ejus voluntatem se proponit, 481 a. — Blanchæ reginæ de eodem argumento, 482 a. — Obligatio de pace Parisiensi fideliter observandæ, 484 a. — De castro Snvarduno, 487 a. — De civitate Albiensi, ibid. — Blanchæ reginæ, de hereticis expellendis, 488 a. — De executione pacis Parisiensis, ibid. — Obligatio de castris Podio-Celso, Naiaco et Lauraco, 489 b. — De treugis cum J. Arelatensi archiepiscopo et comite Provinciæ initis, 515 b. — Guillelmo de Cadoilha pro Ugone de Mureto et ejus filius, 535 b. — Rogero comiti Fuxensi de terris derelinquendis, 570 a. — Compromissum initum cum G. Caturcensi episcopo, 612 a. — Coutumes et franchises octroyées aux habitants de Montlanard, 614 b. — Pro Guillelmo de Gordone, 636 a. — Compositio inita cum conventu Bellæperticæ, 641 a. — Loca in quibus de Raimundo comite agitur : 34 b; 35 b, 41 b, 42 a, 43 b, 50 a, 71 b, 73 a, b, 75 b, 84 b, 86 a, 90 b, 117 b, 123 b, 141 a, 147 a, 152 a, b, 153 a, 155 a, 156 a, 158 b, 159 a, b, 165 b, 166 b, 177 a, b, 187 b, 188 b, 202 b, 203 b, 214 b, 215 a, b, 216 a, 217 a, 221 a, 223 a, b, 226 a, b, 250 b, 252 b, 260 b, 262 a, b, 266 a, 270 b, 271 a, 275 b, 277 b, 278 b, 281 a, 288 a, b, 289 a, 296 b, 298 a, 299 a, 300 b, 301 a, b, 308 b, 313 a, 314 a, 317 a, 321 b, 323 b, 324 b, 326 a, b, 327 a, 330 a, 334 a, b, 335 a, 339 b, 341 b, 348 a, 350 a, b, 354 a, b, 355 a, 362 a, 376 a, b, 377 a, b, 378 b, 386 a, b, 387 a, b, 389 b, 390 a, b, 396 a, b, 397 a, b, 403 b, 404 b, 406 b, 410 a, 419 b, 420 a, 421 a, 431 a, 432 a, b, 438 a, 450 b, 451 a, b, 455 a, b, 457 a, b, 470 b, 483 a, 484 b, 487 b, 490 a, 493 a, b, 494 a, b, 495 a, b, 496 b, 504 b, 505 b, 507 a, 514 a, b, 515 a, b, 516 a, 520 b, 522 b, 524 b, 528 a, 530 a, 533 a, 534 b, 537 a, 539 a, b, 540 a, b, 541 a, b, 542 a, b, 543 b, 546 b, 547 b, 548 b, 549 a, 553 b, 565 b, 566 a, b, 567 a, b, 568 b, 571 a, b, 572 a, 573 a, 574 a, b, 575 b, 576 a, b, 577 a, b, 578 b, 579 a, b, 580 a, 583 b, 603 b, 605 a, 611 b, 612 a, b, 616 b, 629 a, b, 633 b, 635 b, 637 a, 646 b, 656 b, 658 a, b, 660 b. — Cujus nomen sub hac forma Ludovico rege regnante, Raimundo vel Ramundo comite Tolosano, ad calcem omnium fere instrumentorum in partibus Tolosanis scriptorum reperire est.

RAIMUNDUS, episcopus Elenensis, 71 b.
RAIMUNDUS, episcopus Forojuliensis, 380 a.
RAIMUNDUS, episcopus Petragoricensis, 64 a.
RAIMUNDUS, RAMUNDUS vel RAMON, episcopus Tolosæ, 383 a, b, 481 b, 493 a, 494 b, 496 b, 515 b, 539 b, 540 a, 541 a, b, 542 a, b, 548 b, 549 b. — Cujus nomen a p. 240 b, usque ad p. 660 a hujusce voluminis, sub hac forma Raimundo Tolosano episcopo reperire est ad calcem omnium fere instrumentorum in diœcesi Tolosana scriptorum.
RAIMUNDUS, presbyter de Podio Celso, 510 b.
RAIMUNDUS, vicecomes Thoarcii, 177 b, 180 b, 181 a, b. — Raimond, vicomte de Thouars, frère de Hugues II.
RAIMUNDUS, vicecomes Turennæ, 298 a, 299 a, 323 b, 324 a, b. — Raimond IV, vicomte de Turenne.
RAIMUNDUS DE AVINIONE (Willelmus), potestas Avinionensis, 83 a, 320 a.
RAIMUNDUS DE BAUCIO, princeps Aurasicensis, 335 a, 341 a, b.
RAIMUNDUS GAUCELMI vel RAIMUNDUS GAUSSELMI, dominus Lunelli, 398 a, 464 b, 466 b, 489 b, 553 b, 641 a.
RAIMUNDUS TRENCAVELLUS, vicecomes Biterrensis, 73 b.
RAIMUNDUS (Hermandus), 509 a.
RAIMUNDUS (Petrus), major, 507 b.
RAINALDUS, archiepiscopus Lugdunensis, 12 a. — Renaud II de Forez, archevêque de Lyon.
Rainardum castrum, 381 a. — Probablement Château-Renard, Bouches-du-Rhône, chef-lieu de canton de l'arr. d'Arles.
RAINARDUS (Pontius), notarius publicus Tarasconis, 217 a.
RAINAUDUS (Bernardus), 444 a.
RAINAUT de Tolosa (Ramon), 538 b, 539 a, 543 a, 544 a.
RAINOLD, abbé de Saint-Crépin le Grand, de Soissons, 253 b.
RALECH (Willelmus de), thesaurarius Exonensis, 405 a.
Ramerium, 379 b. — En Provence.
RAMERRUCI dominus, Erardus de Brena, 184 a, 193 a, 399 b, 400 a, 452 a.
Ramerrucum, 131 b. — Ramerupt, en Champagne, Aube.
RAMNULPHUS, episcopus Petragoricensis, 63 b, 64 b. — Ramnulphe de Lastours, évêque de Périgueux.
RAMON (Guillem), cambiaire, 188 b.
RAMONDA, filla d'en P. de Feira, 55 b.
RAMONDE (dame), femme de P. Izarn, 534 a.
Rampilliacum (terræ versus), 520 b. — Rampillon, Seine-et-Marne, arr. de Provins, canton de Nangis.
RAMUNDA (G.), S. Antonini consul, 647 b.
RAMUNDA, fille de feu D. Bufel, 543 a.
RAMUNDA, uxor quondam Johannis Cascavelli, 633 b.
RAMUNDA, uxor Arnaldi Rotbarti, 422 a, 464 b.
RAMUNDA, uxor defuncti Bernardi de Miramonte de Portaria, 383 a.

Ramundenses solidi, 636 b, 637 a.
RAMUNDI (Bernardus), capellanus de Caviaco, 339 b.
RAMUNDIVILLA (Bego de), 397 b; Poncius Bego, 397 b, 438 a.
RAMUNDUS, filius Hugonis de Muretæ de Naiaco, 535 b.
RAMUNDUS, frater Girberti de Castro novo, 324 b.
RAMUNDUS, notarius Marmandæ, 635 b.
RAMUNDUS, præpositus Tolosanæ sedis, 539 b, 540 a.
RAMUNDUS, socius Willelmi Bernardi textoris, 59 a.
RAMUNDUS, scriptor officialis Tholosani, 377 a.
RAMUNDUS (Bernardus), scriptor, 135 b, 348 a.
RAMUNDUS major (Petrus), consul Tolosæ, 220 b, 493 a.
RAMUNDUS (Virgilius), consul Pennæ Agenensis, 531 a.
RAMUNDUS (Willelmus), scriptor, 297 b.
RAMUNDUS (Willelmus), filius Willelmi Ramundi, 422 a.
RAMUNDUS BERTRANDUS, notarius, 583 b.
RAMUNDUS DE TOLOSA (Bernardus), 330 a.
RANAVILLA junior (Arnaldus de), 438 a.
Ranco, locus, 499 a. — Rancon, Haute-Vienne, arr. de Bellac, canton de Château-Ponsat.
RANCONE vel RANCONIO (Gaufridus de), 476 b, 480 a, b, 507 b; dominus Talaburgi, 529 a. — Geoffroi de Rancogne, Charente, arr. d'Angoulême, canton de la Rochefoucauld.
RANEIRAS (Guillelmus de), burgensis, 573 b.
RANULPHUS, comes Cestriæ, 210 a, b. — Comte de Chester et de Lincoln.
RAOUL, abbé de Saint-Martin de Tournai, 423 b, 425 a.
RAOUL, sénéchal d'Anjou, 142 a.
Raphael, locus, 403 b. — Probablement Lachamp-Raphael, Ardèche, arr. de Privas, canton d'Antraigues.
RASPE (Hugo), miles, 660 a.
Raso (Michael), civis Trecensis, 318 a.
RASSEMGHTEM (Gerardus de), armiger, 559 a; Robertus, 608 a.
RATERIUS (Durandus), 194 b.
RAUATO (Radulphus Saucius de), 285 a.
RAULI LO BELSADOR, 533 a.
RAUNCONIA (Gaufridus de), dictator treugarum ex parte regis Franciæ, 506 a. — Vid. RANCONE.
RAUST (Martin de), 534 a, 588 b, 590 a, 613 a, 617 a, 623 b, 646 a.
RAVENNENSIS archidiaconus, Raynerus, 579 a.
RAYMONIS (Palmerius), mercator Senensis, 439 a, b.
RAYMOND ARNAUD, du Puy, 89 b.
RAYMUNDUS (Hugo), miles, 123 a.
RAYMUNDUS, filius genescalli Ugonis de Alfario, 153 a.
RAYNA (Guillelmus de), scriptor, 497 b.
RAYSALDUS (Bernardus), nepos Willelmi de Gamevilla, 348 a.

INDEX ALPHABETICUS.

RAYNES, capellanus, 578 a.
RAYNERUS, archidiaconus Ravennensis, 579 a.
RAYNUCCHII vel RENUCCHII (Palmerius), mercator Senensis, 439 a, b, 463 b.
RAZORIS (Bernardus), diaconus, 330 a.
Ré (insula de), 506 a, b, 606 b. — Ile de Rhé, Vendée.
Reate, 268 a. — Rieti, États Romains.
REBISBE, 300 a.
REBRACHIEN (Mansiau de), 564 b.
Rebrasada (la maio), à Veseiras, 423 a, b.
Reci (val de), 587 b.
Reclaincort (super Maternam), 646 b. — Réclaincourt, Haute-Marne, commune de Chaumont-en-Bassigny.
Recluso (conventus de), 411 b. — Abb. du Reclus, au diocèse de Troyes.
RECLUSO (abbas de), Werricus, 411 b.
REDORTA (Petrus de la), 285 a, 629 a.
Regalis montis conventus, 568 b. — Abb. de Royaumont, au diocèse de Beauvais.
REGALIS MONTIS, abbas, 568 b.
RECIENSIS episcopus, Fulco, 515 a.
REGINALDUS, abbas S. Pharonis Meldensis vel S. Faronis, 143 b, 220 b. — Renaud Ier, abbé de Saint-Faron de Meaux.
REGINUS episcopus (Nicolaus), 420 a.
REGIS relicta, 204 b.
REGISTESTENSIS comes (Hugo, 267 b, 460 a.
Registestensis comitatus, 267 b. — Comté de Réthel.
RECORDANA (Bernardus de), jurisperitus, 310 b, 328 b.
RECOSSA (Guillelmus vel Willelmus), canonicus Magalonensis, 328 b, 329 b.
Regula (villa de), 332 b, 333 a, b. — Regulæ ecclesia, 333 b. — La Réole, Gironde, chef-lieu d'arrondissement.
RECULÆ burgenses vel populus, 332 b, 333 a. — Prior et monachi, 332 b, 333 a, b.
REILHACO (Helyas de), prior ecclesiæ S. Petri Coquinarum, 313 a.
REILLAC (Hel. de), prior de Cosinas, 90 a.
REIMUNDI (Petrus), 506 a.
REINAUT DE TOLOZA (Bernat), 399 b.
REIS (B.), consul castri de Naiaco, 514 a; Guillelmus, miles, 632 a; P., consul de Naiaco, 514 a.
REMEILLI (Galcherus de), 96 b.
Remensis metropolitana sedes, 532 b. — Provincia, 302 a.
Remensis curia, 532 b.
REMENSIS archidiaconus, Hugo de Sarquex, 409 a. — Archiepiscopus, Guillelmus, 15 b, 28 a, 47 a, b; A. S. legatus, 49 a, 69 b, 70 a, 76 b, 86 b, 88 a, b, 112 b; Henricus, 232 b, 298 b, 305 a, 311 a, 350 a, b, 373 b, 374 a, 378 b, 400 a, 409 a, 444 a, 461 a, 526 a; Juhellus, 576 b, 628 a. — Canonicus, Gilo de Caduno, 623 b; Michael de S. Dionysio, 532 a; Stephanus de Pruvino, 254 b. — Cantor, W., 46 a. — Præpositus, Balduinus, 46 a.
Remensis (B. Mariæ capitulum), 46 a. — Leo, abbas S. Dionysii, 378 b; D., abbas S. Remigii, ibid.

Remi, 40 b, 101 a, 378 b. — Reims, Marne, chef-lieu d'arrondissement.
REMILLY (Beatrix de), 658 a; Gaucher, 97 a.
REMIS (Baldoinus de), 232 b.
Remorentini feodum, 119 a. — Romorantin, Loir-et-Cher, chef-lieu d'arrondissement.
REMUNDI (Rainaldus), 99 b.
RENALDUS, abbas Veteris Vallis, 303 b.
RENALDUS vel RENAUDUS DE DONNO MARTINO, comes Boloniæ, socer Philippi de Francia, 24 a, 259 a.
RENARDUS, cantor S. Martini de Clamiciaco, 492 a.
RENARDUS, persona S. Mauricii de Musterolo, 139 b.
RENAUD, curé d'Avenay en Champagne, 495 a. — Marne, arr. de Reims, canton d'Ay.
RENAUD DE SALIGNY, doyen d'Auxerre, 483 b.
RENAUDUS, abbas S. Præjecti, diocèsis Noviomensis, 238 a.
RENAUDUS (Ramundus), consul Cabdenaci, 509 b.
Renhaco (feodum de), 464 b.
RENI comes palatinus, Otto dux Bawariæ, 301 a, b.
RENONI (Palmerius), mercator Senensis, 463 b.
REPOLL vel REPOLLEIR (W.), escriva communal de Veseiras, 299 b, 300 a, 333 b, 339 a, 351 b, 383 a, b, 394 b, 398 b, 399 b, 402 a, b, 419 b, 423 a, 437 a, 440 a, 508 a, 512 a, b; E. de Buzet, 513 a, 519 b, 521 a, 533 b, 534 a, 538 b, 539 a, 543 a, 544 a, 547 a, b, 589 a, 617 a, 623 b.
REICURIA (abbas S. Martini de), 372 a.
RERUSA (W. de), 512 a.
Resbacensis conventus, 131 a, 134 b, 404 b, 416 a. — Le monastère de Rebais, au diocèse de Meaux.
RESBACENSIS abbas, Galcherus, 404 b; Laurentius, 416 a. — Prior, Nicolaus, 404 b.
RESPLANDIUS (Ramundus), 297 a.
RESSERII (B.), 446 a.
Restet, 586 b. — Rethel, Ardennes.
RESTOLLUS (Pontius), consul Carcassonæ, 650 a.
RETELLA (Johannes armiger de), 593 b.
RETHEL (Jean, comte de), 586 a.
Retoune (rivière de), 586 b.
REVEL (Hato), civis Atrebatensis, 236 a.
RÉVIGNANO (Petrus Garcias de), 567 a.
Ria (foresta de), 106 a. — Forêt de Ris, Aisne, arr. de Château-Thierry.
RIALI (Raimundus de), potestas Avinionensis, 83 a.
RIBAIRIACO (Petrus Aizs de), 466 b.
RIBALTA (Bernardus de), consul Montispessulani, 310 b; P., 446 a.
RIBAUCA (Bernardus de), consul Montispessulani, 602 a.
RIBECOURT (Petrus de), milles, 659 b. — Probablement Ribécourt, Oise, arr. de Compiègne.
RIBEIRA (S.), consul Amiliani, 514 a.

RICARDI (B.), 446 a; Bernardus, consul Castri-novi-de-Arrio, 504 a; P., consul Montispessulani, 446 a; Symon, consul Montispessulani, 292 b, 310 b.
RICARTZ, consul castri de Naiaco, diocèsis Ruthenensis, 514 a.
RICAUDUS (R.), scriptor, 264 a.
RICAVUS, sacerdos Murimionis, 406 b.
RICAVUS, filius Petri de Insula, 636 b.
RICCARDUS, camerarius Friderici imperatoris, 271 b.
RICHARDI (Bernardus), miles castri de Causaco, 502 b.
RICHARDUS, abbas Liræ, 40 a, 50 a. — Richard, abbé de Notre-Dame de Lire, au diocèse d'Évreux.
RICHARDUS, abbas Maurimontis, 527 a. — Richard, abbé du monastère de Moiremont, au diocèse de Châlons-sur-Marne.
RICHARDUS, abbas S. Mauricii, frater Henrici regis Angliæ, 120 b, 122 a, 123 a, 210 b, 277 a, 405 a, 477 a, 505 b.
RICHARDUS, episcopus Ebroicensis, 129 a, 130 a, 232 b, 235 b. — Richard de Bellevue, évêque d'Évreux.
RICHARDUS, filius Willelmi coci Richardi regis Angliæ, 33 b.
RICHARDUS, monachus Cistercii, 226 b.
RICHARDUS, rex Angliæ, 16 b, 33 b, 35 a, 38 a, 184 a, 298 b, 452 a, 454 a, b, 517 a, 570 b, 571 a. — Comes Pictaviæ, 38 a, 333 a.
RICHARIUS magister, 280 b.
Richeborch (ecclesia Sanctæ Margaretæ apud), 131 a.
Richeborg, 118 a. — Richebourg, Aube, village détruit.
RICHEMONTIS vel RICHEMUNDIÆ comes, Johannes, dux Britanniæ, 374 b, 426 b, 427 a; Petrus, comes vel dux Britanniæ, 119 a, 210 a, 214 b, 269 a, 276 b, 277 a, 294 b, 311 a, 313 b.
RICHERIUS (Guillelmus), Aurasicæ notarius publicus, 335 a, 406 b.
RICHERUS clericus, 240 a.
RICHEVILLA (Petrus de), miles, 660 a.
RIDELLI (Helias), juvenis, 506 a.
RIDELLI DE BLAVYA (Gaufridus), dictator treugarum ex parte regis Angliæ, 506 a.
Ries (pont de pierre à), 424 b. — Près de Tournay.
Rieux (diocèse de), 91 a.
RIGALDI (P.), 446 a.
RIGALDUS (Petrus), 440 b.
RIGAUT (Johannes), abbas Cellæ Trecensis, 421 a, b. — Jean Rigaud, abbé de Moustier-la-Celle, à Troyes.
Rimancort, locus, 483 b.
Rinhoda, locus, 455 b.
Riomi villa, 573 b. — Riom, Puy-de-Dôme, chef-lieu d'arrondissement.
Ripæ, in Danemarchia, 158 a.
RIPARIA (Bernardus de), consul de Portu S. Mariæ, 531 b.
Ripatorio (ecclesia de), 235 a. — Abb. de Notre-Dame de Larivour, au diocèse de Troyes.
RIPATORIO (abbas de), 17 b.
RIPENSIS episcopus, Tuvo, 157 b.

RIPERTUS (Hugo), judex comitis Tolosæ in partibus Venaissini, 376 *a*; Rostagnus, miles, 406 *b*.

RIPPA (Petrus de), 531 *a*.

RIPPARIA (Henricus de), miles, 513 *a*.

RISNELLI (Galterus), *vel de* RINELLO, 41 *b*, 66 *a*, 69 *a*, *b*. — *Gautier, sire de Risnel.*

RISTUNE (Eustachius de), 107 *a*, et de Lederne, 367 *a*.

Rite, 194 *b*. — *En Lorraine.*

RITSEC (Raimundus), 329 *b*.

RIUTERIO (Bernardus de), miles de Fanojovis, 502 *b*.

RIVALDI DE VENDOLIO (Albericus), miles, 342 *a*.

RIVED (Guillelmus de la), consul de Marmanda, 532 *a*.

Riveriacum, 182 *a*.

Rivetus, versus Boscum Poverelli, 499 *a*.

Rivis (dominium de), quod dicitur de Bolbestre, 376 *b*.

RIVIS (Willielmus Isarni, archipresbyter de), 377 *a*, 496 *b*, 533 *a*, 553 *b*.

RIVIS (Ramundus de), cambiator, 444 *a*.

RIVO (Gerardus de), scabinus Geraldimontis, 595 *b*.

Ro (el rious de), 192 *b*.

Ro (Hugo de), 580 *a*.

ROAIS (Geoffroy), bourgeois de Tours, 629 *a*.

ROAIS (Hugo de), 153 *a*.

ROAXIO (Alamannus *vel* Alamandus de), 281 *a*, 452 *a*; Arnaldus, 440 *b*, 452 *a*, 566 *a*; Bertrandus, 135 *b*, 288 *a*; Garinus, consul Tolosæ, 278 *b*; G., 573 *a*; Guillelmus, 605 *a*; Hugo *vel* Ugo, 61 *b*, 378 *a*, 452 *a*, 566 *a*; Willelmus, vicarius Tolosæ, 208 *b*, 475 *b*, 507 *b*.

ROBAIS (Bernardus de), 103 *a*, *b*.

ROBECQ (Hugues de), 109 *b*.

ROBERS, avoué de Béthune, 550 *b*.

ROBERT (Pierre), notaire, 350 *b*.

ROBERT (le conte), 330 *b*.

Robert, surnommé Dauphin, comte de Clermont, 172 *a*.

ROBERT II, petit-fils de Robert, surnommé Dauphin, comte de Clermont, 172 *a*.

ROBERT, maître de l'hôtel-Dieu de Saint-Nicolas de Bar-sur-Aube, 266 *a*.

ROBERT (Johannes), bajulus abbatis de Galliaco, 226 *a*.

ROBERTI (Willelmus), 216 *a*.

ROBERTUS, abbas Columbensis, 237 *a*, *b*. — *Robert II, abbé de Colombs.*

ROBERTUS, abbas Hermeriarum, 401 *b*. — *Hermières, au diocèse de Paris.*

ROBERTUS, abbas Sagiensis, 312 *b*. — *Robert II, abbé de Saint-Martin de Séez.*

ROBERTUS, abbas Spernacensis, 201 *a*.

ROBERTUS, advocatus Attrebatensis, dominus Bethuniæ et Thenremondæ, 337 *b*, 369 *a*.

ROBERTUS, advocatus Bethuniæ, 460 *a*, 600 *b*.

ROBERTUS, clericus regis, 184 *b*.

ROBERTUS, clericus, receptor reddituum Johannis episcopi Dolensis, 303 *b*.

ROBERTUS comes, pater Roberti comitis Branæ et Drocarum, 59 *b*, 393 *a*, 471 *a*.

ROBERTUS, comes Branæ et Drocarum, 14 *a*, 15 *a*, 54 *a*, 59 *b*, 68 *b*, 69 *a*, 193 *b*, 194 *a*, 233 *b*, 317 *b*, 428 *a*, *b*, 429 *a*, *b*, 430 *a*. — *Robert III, dit Gatebled, comte de Dreux et de Braine, seigneur de Saint-Valery.*

ROBERTUS, comes Leycestriæ, 405 *a*.

ROBERTUS, decanus Cenomanensis, 275 *b*.

ROBERTUS, decanus Ebroicensis, 235 *b*.

ROBERTUS, episcopus Leodiensis, 575 *a*.

ROBERTUS, episcopus Lingonensis, 247 *a*, 280 *a*, 284 *b*, 305 *a*, 355 *a*, 356 *a*, *b*, 414 *b*, 415 *a*, *b*. — *Robert III de Thorote, évêque de Langres.*

ROBERTUS, episcopus Nivernensis, 438 *a*, — *Robert Cornut, évêque de Nevers.*

ROBERTUS, episcopus Trecensis, 245 *b*, 247 *a*, 253 *a*.

ROBERTUS, filius Ludovici VIII Franciæ regis, 96 *b*, 97 *b*, 120 *b*, 293 *b*, 295 *a*; comes Attrebatensis, 349 *a*, *b*, 384 *a*, 438 *b*, 591 *a*, 592 *b*, 593 *a*, 597 *a*, 603 *a*, *b*, 605 *b*, 630 *b*. — *Robert I*, *comte d'Artois, fils puiné de Louis VIII.*

ROBERTUS, præpositus de Paisiaco, 204 *b*.

ROBERTUS (Petrus), scriptor, 444 *a*.

ROBERTUS DE CORTENAIO, Franciæ buticularius, 14 *a*, 15 *a*, 21 *b*, 33 *a*, *b*, 37 *a*, *b*, 38 *a*, 44 *a*, 63 *a*, 148 *a*, 152 *b*, 299 *a*.

ROBERTUS DE WAURINO, senescallus Flandriæ, 332 *a*, 338 *a*, 358 *a*, 593 *a*.

ROBINI (magister Willelmus), clericus, 140 *a*.

Roc (Hugo de), miles, 501 *b*; Poncius, *ibid.*

Roca, 42 *a*.

ROCA (homines de), 43 *a*.

Roca (la nauza de la), 617 *a*, 646 *a*. — *Terre située à la noue de la Roche.*

ROCA (Bertran de la), 419 *a*; G., 69 *b*; civis Carcassonæ, 650 *a*; Gaillartz, 508 *a*; Raimundus, 43 *b*; Guillelmus, 43 *b*; Rumerius, *ibid.*

Roca in Caturcesio, 94 *a*.

Rocabruna, 379 *b*.

Roca Cireria, 422 *a*.

ROCA-CIRERIA (Petrus Vasahl de), 476 *a*.

Rocafissada (castrum de), 493 *a*.

ROCAFALIO (Arnaldus de), miles, 329 *b*.

ROCAFORT (Aimeri de), 660 *b*; Ramonz, 155 *b*.

ROCAFORTE (Aymericus de), 313 *a*; Jordanus, *ibid.*

Roca Laura in Caturcesio, 94 *a*.

Roca-Maura, 348 *a*. — *Rocmaure, Tarn, arr. de Gaillac, canton de Rabastens.*

ROCAS (Arnautz), 277 *b*.

ROCASIZEIRA (Uc Faure de), 623 *a*.

ROCCA (Bertrand), 616 *b*.

ROCCAMAURA DE BELLIQUADRO (Dalmatius de), miles, 515 *a*, 516 *a*.

ROCETO (Alanus, miles de), 531 *b*; Petrus ballivus Bituricensis, 71 *a*.

Rocha, 100 *a*.

ROCHA (Guillelmus), diaconus, 330 *a*.

ROCHA (W. de), 404 *b*.

Rochafolio (castrum de), 71 *b*. — *Roquefeuil, Aude, arr. de Limoux, canton de Belcaire.*

ROCHAFOLIO (Ramundus de), 71 *a*, 72 *a*.

ROCHAFOLIO (Willelmus de), abbas S. Willelmi, 329 *b*.

ROCHAMAURA (Galardus de), 443 *a*.

Rocha Rabasteii (balliata de), 100 *a*.

ROCHE (Gui de la), 69 *b*; Hugues, notaire apostolique, au diocèse de Châtillon, 329 *a*; O., précepteur des maisons de la milice du Temple, en France, 117 *a*.

ROCHE-CERVIÈRE (seigneur de la), Thiébaut Chabot, 629 *a*.

Rochefort (castrum de), 65 *b*. — *Rochefort, Jura, chef-lieu de canton de l'arrondissement de Dôle.*

Rochefort (châtel de), 521 *b*. — *En Poitou.*

ROCHEFORT (Joffrei, sire de), 521 *b*.

ROCHEFORT (Marguerite, dame de), 521 *b*, 522 *a*.

ROCHEFORT EN ANJOU (dame de), Armode, 290 *a*.

Rochellæ villa, 484 *a*. *Vid.* Rupella.

ROCUEMAURE (Azemar de), 476 *a*.

ROCHETUS (Lambertus), 33 *b*.

ROCHIS (Odo de), miles, 660 *a*.

ROCI (Nicholaus), mercator Senensis, 463 *b*.

ROCIACI comes, Johannes, 69 *a*, 113 *b*, 138 *a*, 178 *a*, 298 *a*, 311 *a*, 471 *a*. — Comitissa, Isabellis de Brana, 385 *b*, 386 *a*; quondam comitissa, 400 *a*, 471 *a*. — *Roucy, Aisne, arr. de Laon, canton de Neufchâtel.*

ROCOVILLA (Bertrandus de), 332 *a*, 396 *a*. — Estoltus, *ibid.*; Hugo, 332 *a*; Ramundus, *ibid.*

ROCY (Alanus de), miles, 532 *a*, *b*. — *Vid.* ROCEYO.

RODA (Garcias Ordonex de), 99 *b*.

Rodanus, flumen, 83 *a*, 150 *a*, 404 *a*, 445 *a*; terra citra Rodanum, 165 *a*.

RODE (Girardus de), miles, 559 *a*.

Rodeborc (scabini et communitas villæ de), 562 *b*. — *Vid.* RODENBURG.

RODELLA (Bernardus Guillelmus de), 35 *a*; Willelmus, 297 *b*.

Rodemburg, Rodenbourg (ville de), 106 *b*, 346 *a*, 365 *a*, *b*. — *Rodenbourg, dans la Flandre orientale.*

RODENBURG (scabini et communitas villæ de), 596 *b*, 611 *b*.

RODERICUS, bajulus Forcalquerii, 382 *b*.

RODES (Gerardus de), miles, 608 *b*; Helias burgensis Petragoricensis, 12 *b*; P., *ibid.*

Rodesca (le domaine de), 476 *a*, 533 *b*.

RODETUS, servus, 204 *b*.

RODIO (Eustachius, dominus de), 600 *a*. — *Eustache, seigneur de Rhode, près de Bruxelles.*

ROENCII dominus, Guillelmus de Rupe, 506 *a*.

ROFFIACO (Ar. de), consul Carcassonæ, 650 *a*.

ROGERI (Raymundus), quondam vicecomes Biterrensis, 93 *b*.

ROGERII (G.), 446 *a*.

ROGERII (molendinum Bernardi), 142 *b*.

ROGERII (P.), frater P. de Laura domini Cabareti, 81 *a*.

ROGERIUS, comes Fuxi et vicecomes de Castriboni, 451 a, b, 453 b, 470 b, 490 a, 570 a. — *Roger IV, comte de Foix et vicomte de Castelbon.*
ROGERIUS BERNARDI, comes Fuxensis et vicecomes Castriboni, 73 b, 156 a, 157 a, 162 a, 163 b, 324 a, 451 a. — *Roger Bernard II, comte de Foix et vicomte de Castelbon, fils de Raymond Roger.*
ROGERIUS CONVENARUM, comes Palharensis, 533 a, 541 a.
ROGERIUS (R.), consul Tolosæ, 278 b.
ROGERIUS, frater Garduhii, 351 a.
ROGERIUS laicus, 288 b.
ROGERIUS, abbas Montisburgi, 22 b. — *Roger II, abbé du monastère de Montebourg.*
ROGERUS laicus, 288 b.
ROGET (P.), bailli de la Roquecezière, 579 b.
Roi (censiva de), 70 a.
Roiac (villa de), 578 a.
ROIANO (dominus de), Hugo de Talniaco, 140 a.
ROIHOLS (B. Gairaudz de), 522 b.
ROIRE (Guillelmus de), homo comitis Pictaviensis, 573 a, b, 574 a.
ROISIN (Baudricus de), 15 b; Egidius, 597 b, 598 a.
ROISSIN (Balduinus, dominus de), 600 a.
ROLIAC (Gasbertus de), consul Montiscuqui, 510 a.
ROLLANDI (Ellandus), mercator Senensis, 463 b.
Roma, 134 a, 169 a, 268 a, 576 a.
Romana curia, 39 a, 87 a, 158 a, 293 a, 450 b, 648 b.
Romana ecclesia, 71 b, 73 a, 75 a, b, 78 b, 84 b, 85 a, b, 93 a, 120 b, 145 b, 147 b, 152 a, b, 156 a, 165 a, 217 a, 318 b, 361 a, 417 a, 444 b, 450 b, 451 a, 526 a; 528 b.
ROMANI mercatores, 587 a.
ROMANI pontifices, 417 b. — Prælati, 627 b.
ROMANIÆ imperium, 263 a, 384 b, 464 a.
ROMANIÆ imperii bajulus, Anselmus de Kaeu, 391 a, 392 a; Nariotus de Thociaco, 395 a; consiliarius, G. de Merreio, 395 a; marescallus, Villanus de Auqeto, 391 a, 395 a; G. de Sken, 395 a; Milo Tirellus, 395 a. — Despota, Albertus Maurocenus, 391 a. — Dominus pro parte, Jacobus Teupulus, dux Venetiæ, 361 a. — Moderator Balduinus, 464 a, 518 a.
Romanorum imperator (Fredericus II), 50 a, 57 b, 87 b, 217 a, 270 b, 271 b, 300 b, 302 a, 320 b, 335 a, 403 b, 406 a, 419 b, 420 b, 537 a, b, 584 a, 641 a, b, 656 a.
Romanorum rex electus Conradus, 585 a, 641 b. — *Conrad, fils puîné de l'empereur Frédéric II.*
ROMANORUM rex, Henricus, 58 a, 142 a, b, 155 b. — *Henri, fils aîné de l'empereur Frédéric II.*
Romanum imperium, 420 a. — Ærarium, 271 a.
ROMANUS miles, Deodatus Sarracenus, 398 a.

ROMANUS diaconus cardinalis Sancti Angeli, Apostolicæ Sedis legatus, postea Portuensis episcopus, 29 a, 47 a, b, 48 b, 62 b, 69 b, 70 a, 71 a, 73 a, 75 a, 77 b, 78 b, 84 b, 85 b, 88 a, 89 b, 90 b, 95 a, 124 a, 133 b, 135 b,140 b, 145 a, 147 a, b, 148 a, 154 a, 156 a, 158 a, b, 162 b, 163 b, 164 a, b, 165 a, b, 166 b, 177 a, 185 a, 223 a, 340 b, 450 b, 648 b, 649 b. — *Romain, cardinal-diacre du titre de Saint-Ange in Foro Piscium, légat en France, puis évêque de Porto.*
Romara vel Romare (foresta de), 400 b.
ROMENGUOS (Hugo de), filius Poncii de Villanova, 629 b.
ROMEUI (B.), 446 a.
RONCINUS, burgensis Electi, 637 b.
RONCROLE (Johannes de), 460 b; Nevelo, ibid.
Ronon (le), ruisseau affluent de la Marne, 436 b.
Roondel, 21 b. — *Près de Beaumont-sur-Oise.*
ROONI (homines de), 44 b.
Rooni (prisonia apud), 44 a.
Roont (Pons de), 68 b. — *Pondron, Oise, commune de Fresnoy-la-Rivière.*
ROPHIAC (Raimundus de), abbas de la maison de Moyssac, 89 b.
ROQUECEZIÈRE, ROCACIZEIRA (P. Roget, bailli de), 579 b.
ROQUEFEUIL (Guillaume de), 72 a.
ROS (R.), 519 b.
ROS DE BESSIÈRES (R.), 394 a.
ROSCIO (Michael de), 566 a, 573 a.
ROSERGUE (Geraldus de), 533 a.
ROSERT (Ernaudus Bernardus de), consul Montiscuqui, 510 a.
ROSETO (Rogerus de), 311 a, 592 b.
ROSNAI (Henri de), 447 a.
ROSSELLI (Geraldus), 226 a; Guillelmus, ibid.
ROSSELLUS DE ATHIIS (Johannes), 234 a.
ROSSINIER (W. Mat), 590 a.
Rossilio, 445 b. — *Le Roussillon.*
ROSSILIONIS comes, Nuno Sancii, comes Confluentis, Vallis Pyrii et Cerritaniæ, 79 a, b, 93 b, 94 a. — Vicarius, 445 b.
ROSSOLINUS, monachus S. Victoris Massiliensis, 515 a, b.
ROSTAGNI (W.), publicus notarius Montiliorum, 465 a.
ROSTACNUS, episcopus Cavellicensis, 404 b. — *Rostaing Belinger, évêque de Cavaillon.*
ROSTAGNUS, episcopus Regensis, 301 a.
ROSTAGNUS, frater Guillelmi de Sparrone, 636 b.
ROSTAGNUS (Rufus), 118 a.
ROTBARTUS vel ROTBARDUS (Arnaldus), 422 a, 464 a.
ROTBERTI (Estultus), 309 b.
ROTBERTI (Ugo), consul Montispessulani, 310 b.
ROTBERTUS, filius Guillelmi comitis Claromontis, 171 b, 172 b, 173 a.
ROTENWELS (Albertus de), 271 b.
ROTHI (Nicholaus), mercator Senensis, 439 a.

Rothomagense capitulum, 173 b, 174 a, 233 b.
ROTHOMAGENSES paces, 651 a.
Rothomagensis archiepiscopatus, 174 a.
ROTHOMAGENSIS archiepiscopus, Mauricius, 233 a, 237 b, 254 a; Petrus de Collemedio, 328 a, 376 a, 400 b; Theobaldus, 47 b, 69 b, 70 a, 101 a, 174 a. — Ballivus, Johannes de Porta, 651 a. — Decanus, Thomas, 173 b, 233 a. — Major, Laurentius de Longa, 681 a.
Rothomagensis ecclesia, 174 a; S. Audoeni, 237 b; 254 a; S. Katerinæ de Monte, 220 b, 237 b.
Rothomagum, 174 a, 233 a, 287 b, 288 a, 516 b, 651 a. — Rothomagensis communia, 37 a. — *Rouen, Seine-inférieure.*
Rothomagum (domus fratrum Minorum apud), 233 b; fratrum Prædicatorum, 516 a, b, 517 a.
ROTLANDUS (Ugo), 118 b.
Rotoumont près Passavant (châtel de), 468 a, 469 b.
ROUGANO (Petrus Bateire de), 328 a.
Rouvra, 168 a. — *Rouvre, en Bourgogne.*
ROUX (Jean, dit le), duc de Bretagne, 375 a.
ROVINCHA, senior (Hugo de), 390 b, 391 a; junior, ibid.
ROVINIANO (Aimericus de), 505 a, b; Bernardus, ibid.; Ugo, 504 a.
ROXANO (P. de), 74 b.
ROYA (major et jurati communiæ de), 653 a. — *Roye en Picardie, Somme, arrond. de Montdidier.*
Roya, 31 a.
ROYA (Bartholomeus de), camerarius Franciæ, 26 b, 57 a, 72 b, 117 b, 129 a, 173 b.
ROYA (Matheus de), 195 b.
ROYAN (seigneur de), Hugues de Tonnay, 140 a.
ROYCIUS de Turribus, 297 a.
ROYNHA (R. Bernardus de), 240 b.
Rozeriis (territorium de), 209 b.
Rua, 56 b. — Communia, 198 a. — *Rue en Ponthieu, Somme, arr. d'Abbeville.*
RUBEOMONTE (Ferricus de), miles, 659 b.
RUDELL (B.), 305 b.
RUDELLI (Bernardus), monachus, 225 b.
RUDELLI (Helias), dominus Brageriaci, 40 a, b. — *Hélie Rudel, seigneur de Bergerac.*
RUDELLUS, 466 b.
Rue prope Villammauri (terragium de), 233 a.
Rue (estang et peskerie de), 420 b.
RUENESANE (Egidius, miles de), 45 b.
RUESSA, domicella, uxor Johannis de Eschamcud, armigeri, 532 b.
RUFA (W. R.), 539 a.
RUFFA, serva, 204 b.
RUFFUS (Arnaldus), legista, 354 b; Guillelmus, canonicus Meldensis, 454 b; J., burgensis Montispessulani, 53 b; R., legista, 520 b, 550 a, 572 a; Willelmus, 657 b.
Rufus (Rostagnus), 118 b; Stephanus, 118 a.
RUFUS DE GALCEIA (Guillelmus), 45 a.

Rufus de Eske (Guillelmus), 45 a.
Rulay (Petrus de), miles, 553 a.
Ruleus (Willelmus), 343 a.
Ruma (Balduinus dictus Carons, dominus de), 592 b, 593 a. — Baudouin, dit Caron, sire de Rume.
Rume (Karonus de), miles, 369 b, 559 a; Rabodus, 104 b.
Rumigniaco (Hugo de), 592 b, 593 a, 597 b, 598 a; Nicholaus, 592 b, 605 b.
Rumiliaco (prior de), 465 a.
Rumiliaco vel Rumilliaco (Radulphus de), decanus Trecensis, 480 b, 527 a.
Runcefer (Renaudus), armiger, 438 a.
Runciaco (presbyter de), M. Bricius, 517 b.
Rupe (Bartholomeus de), consul de Rabastino, 503 b.
Rupe (Guillelmus de), dominus Roencii, 506 a; Haemericus, dominus Blanzaci, ibid.; frater O., præceptor domorum militiæ Templi in Francia, 117 a; Poncius, burgensis Electi, 657 b.
Rupedaculfi (Guillelmus, castellanus de), 573 a, b, 574 a. — Roche-d'Agout, Puyde-Dôme, arr. de Riom, canton de Pionsat.
Rupe-forti (Eblo vel Ebulo de), 506 a, 508 a, 527 b; Egidius, 592 b; Gaufridus, 506 a; Karolus, ibid.; Odricus, miles balliviæ Montis Albani, 502 a.
Rupella, Rupellæ villa, 36 a, b, 37 a, b, 38 a, 39 a, 122 b, 454 a, b, 483 b. — Rupellæ communia, 36 a, 523 a. — Pondus, 454 b. — Præpositura, 139 a, 414 a. — La Rochelle, Charente-Inférieure, chef-lieu d'arrondissement.
Rupellæ burgenses, 454 a. — Maire de la Rochelle, Philippe de Faye, 523 a.
Rupigenis (Ph. de), clericus Ludovici VIII, 12 b.
Rupis Cauardi vicecomitissa, Margarita, 586 a.
Rupis Cauardi castrum, 586 a. — Rochechouart, Haute-Vienne, chef-lieu d'arrondissement.
Rupisfortis domina, Armoda, domina Insulæ Bouchardi, 290 a.
Rupisfortis castrum, 290 a, b. — Feodum, ibid. — Rochefort-sur-Loire, Maine-etLoire, arrondissement d'Angers, canton de Chalonnes.
Rupis de Valle Cerga, 35 a.
Ruppe (Bertrandus de), miles castri de Causaco, 502 b; Guido, 69 a, b, 291 a; Petrus, miles castri de Causaco, 502 b.
Ruppe Choardi vel Rupe Cuiwardi (Hemericus de), 477 b, 506 a.
Ruppeforti (Bertrandus de), miles balliviæ Montis-Albani, 502 a.
Ruppes-monachi, 571 a. — La Roche-auxMoines, Maine-et-Loire, commune de Savennières.
Ruppibus (Guillelmus de), senescallus Andegavensis, 10 a, 117 a.
Ruppis-Berucie, 151 a.
Ruppis super Oyon castrum, 500 a, 643 b.
Ruppis super Oyon domina, Johanna, 500 a, b.

Rupplemonde (communitas villæ de), 408 b, 865 b, 563 a. — Rupelmonde, dans la Flandre orientale, arr. de Tenremonde. Sceau de la ville, 563 a.
Rus, locus, infra terminos viariæ Creciaci, 454 b.
Rusticus (Arnaldus), 339 b.
Ruthenæ, 96 b, 612 a, b. — Rodez, chef-lieu du département de l'Aveyron.
Ruthenensis diœcesis, 71 b, 159 a, b, 497 b, 505 a, 507 b, 513 b, 514 a, 566 a, 611 b, 658 a. — Episcopatus, 149 b, 159 a.
Ruthenensis vel Rutenensis comes, Hugo, 190 a, 348 b, 532 a, 542 a, 612 a. — Episcopus, Bernardus, 542 a.
Ruthenis (Guiraldus de), consul Montispessulani, 51 b.

S. prior ecclesiæ S. Antonini, 647 a.
S. prior ecclesiæ S. Crispini Majoris Suessionensis, 253 b.
S. sacerdos ecclesiæ B. Juliani de Naïac, 269 a.
Sabatrier, Sabaterius, Sabatier, Arnaldus, 437 a; Bernardus Petrus, 444 a; Gaersi, 485 b; Petrus, 118 a, 394 b; R., 399 b; W., 118 a, b, 534 a.
Sabaudia (Thomas de), comes Flandriæ et Hannoniæ, 355 a, b, 356 a; Beatrix, comitissa Provinciæ, 260 b.
Sabaudiæ comes, Amedeus, 541 a, b, 542 a, b.
Sabazac, 403 a.
Sabazac (Radulphus de), 403 a.
Sabinensis episcopi camerarius, Petrus Angeli, 385 a.
Sablolii terra, 441 b. — Forteritia, ibid. — Sablé, Sarthe, chef-lieu de canton de l'arr. de la Flèche.
Sablolii domina, Margareta, 102 a, 441 b.
Sablon (le), apud Nogentum, 182 a.
Sabrano (Willelmus de), 341 b, 342 a, 408 a.
Sacerdos (Raynes), 533 a.
Sachi (domus sita apud), 350 a, b.
Sacra-Cella, 32 a. — Abbaye de Cercanceau, près de Nemours.
Sacræ-Cellæ abbas, Gaufridus, 32 a.
Sacricesaris feodum, 277 b.
Sacricesaris comitatus, 271 b.
Sacricesaris comes, Ludovicus, 298 a.
Sacrocesane (Stephanus de), 26 b, 57 a, 69 a, b, 72 b, 88 a, 89 a, 96 b, 97 a, 101 a, b, 114 a, 178 a, b, 298 a, 299 a. — Étienne de Sancerre.
Sacy (Emericus de), fidelis regis Angliæ, 506 b.
Sagieensis? comes, Guido, 88 a, 89 a. — Gui, comte de Séez.
Sagiensis episcopus, Hugo, 291 a, 312 b.
Sagiensis (conventus Sancti Martini), 312 a.
Sagornac (Ermengaus de), 16 a.
Saiaci vel Sagii pons super Ligerim, 170 a, 171 b. — Le Pont de Cé, Maine-et-Loire.
Sailenaio (Johannes de), 173 b.
Sainchamans (R. de), 536 b.
Sainhac (le fief de), 580 a.
Sainnonis castrum, 464 b.
Sainono (Bertrandus Aiquardus de), 464 b.

Sainx (parrochiagum de), 445 a.
Saisello (Umbertus de), 541 a, 542 b.
Saïssa, filia Amelii de Novilla et sponsa Ramundi de Baollanis, 56 a.
Saïsses vel Sâysses (Bernardus de), 66 a, b, 67 a, b, 68 a, 452 a, 572 a, 590 a; Guimasinus, 68 a; Rubeus, 541 a; Vitalis, 543 b, 544 a.
Saysset vel Saïssetus (Guillelmus vel Willelmus), 43 b, 470 b; Raimundus filius Willelmi, 227 b, 470 b, 533 a, 571 b.
Sala (Guillelmus de), jurisperitus, 328 b; Ramundus canonicus Agathensis, 208 a.
Sala (Ramundus la), burgensis Petragoricensis, 12 b.
Sala Pinso (el rious de), 192 a, b.
Salamo (P.), 305 b.
Salavesius (Po.), canonicus Arelatensis, 515 a, b.
Sales (Azemar de), 616 b.
Salgues in Caturcesio, 94 a. — Salgues, Aveyron, commune de St-Chély d'Aubrac.
Saliaco (Guillelmus de), 14 b.
Salicatis (Johannes de), consul Montispessulani, 4 b.
Salignacum, 379 b.
Salinhaco (castrum de), 323 b. — Salignac, Dordogne, chef-lieu de canton, arr. de Sarlat.
Salini dominus, Johannes, comes Burgundiæ, 413 b, 414 b.
Salis (Ar. de), burgensis Petragoricensis, 12 b; Guillelmus, jurisperitus, 329 b; Iterus, burgensis Petragoricensis, 12 b; Stephanus, burgensis Petragoricensis, ibid.
Salliaco (Guillelmus de), 617 b.
Salligniaco (Stephanus de), 399 b.
Sallono (notarius b.), G. Berengarius, 515 a.
Sallono (Hugo Fornerii de), 515 a, 516 a.
Salmurtium, 10 a.
Salmurum, Salmurium, Salmuriensis villa, 13 a, 61 a, 119 b, 170 a, 171 b, 173 a, 214 b, 406 a. — Salmuri præpositura, 177 a. — Saumur, Maine-et-Loire, chef-lieu d'arrondissement.
Salnarius (Rivalonus), burgensis Dolensis, 303 b.
Salneriis (honor de), 383 a.
Salvaire (G.), burgensis Montispessulani, 53 b; Petrus, 531 a.
Salvaniacum, 43 b.
Salvaterra, 354 a.
Salvator (Petrus), 446 a, 603 a.
Salve (dominus de), Petrus Bermondus, 389 a.
Salvetas, Salvetatis villa, La Salvetat, 440 b, 614 b, 616 b. — La Sauvetat.
Salviaci castrum, 464 a, 636 a. — Salviac, Lot, arr. de Gourdon.
Salvitico (Guillelmus vel Willelmus de), de Gordone, 463 b, 509 b.
Salvis (Petrus Bermundi de), 404 b.
Salvitas de Corrunciaco (Bernardus), 254 a.
Salvitate (Petrus Bernardus de), consul Tolosæ, 493 a.
Salzeto (R. de), 89 a.
Samai (Ogerus de), miles, 564 b.

SAMATANO vel SAMATHAN (Bernardus de), scriptor, 50 b, 135 b, 136 a, 313 a, 440 b, 497 b, 637 a.
SANABIUS (Amelius de), capellanus ecclesiæ S. Stephani Tolosæ, 583 b.
Sanars (castrum de), 66 a, 452 a.
Sancaium, locus, 499 a. — Peut-être Sanxais, Vienne, arr. de Poitiers, canton de Lusignan.
SANCIA, filia Raimundi Berengarii, comitis Provinciæ, 379 a, b, 450 b.
SANCII (Bernardus), 580 a.
SANCII vel SANCTII (Nuño), comes Rossilionis, Confluentis, Vallis Spirii et Cerritaniæ, 79 a, b, 93 b, 94 a. — Nuñez Sanche, premier comte de Roussillon.
SANCIUS, notarius comitis Convenarum, 541 a.
SANCIUS (Arnaldus), 483 b; Petrus, 220 b; consul castri Savarduni, 483 a; W. presbyter, 629 b.
SANCTIUS, abbas Focardimontis, 328 a.
SANCTOLIO (Johannes de), miles, 659 a.
SANCYA, filia Philippi Coraudi, castellani Turonensis, 494 b.
SANCYUS, rex Portugalie, 460 b.
SANDAUNI (Arnaut de), 251 b.
Sandeilglon (justicia de), 564 a. — Sandillon, Loiret, arr. d'Orléans, canton de Jargeau.
Sandimesons, 507 a.
SANQUEVILLÆ domina, Clementia, 373 b. — Clémence, dame de Sacqueville en Normandie.
Sanquevillæ præbendæ, 373 b.
SANS (D.), 423 a.
SANTIUS (Bernardus), 580 a.
SANTIUS DE PAOLACUO (Bernardus), 439 b.
Saonnam (terra citra), 347 a.
SAQUETUS (Poncius), 61 b.
SARALHERIUS (Ramundus), 633 b.
Sarannone (castrum de), 381 a. — Serranon, Var, arr. de Grasse, canton de Saint-Auban.
SARDI (Ugo), 190 a.
SARDUS (J.), 53 b.
Sarlatensis ecclesia, 390 a, b. — Conventus, 389 b, 390 a, b. — Abbaye de Sarlat en Périgord.
SARLATENSIS abbas Giraldus, 389 b, 390 b.
Sarlatum, Sarlati communitas, 13 a.
Sarlie (lacus de), 538 b.
Sarlina (lacus de), 567 b.
SARQUEX (Hugo de), archidiaconus Remensis, 409 a.
SARRACENI, 81 b, 149 a, 340 a, b.
SARRACENORUM terra, 9 b.
SARRACENUS (Deodatus), miles Romanus, 398 a.
SARRAILHER (P.), consul castri de Petrucia Ruthenensis diocesis, 513 b.
SARRAUTA (Sancius de), 541 a.
SARRAZI (R.), scriptor, 528 a.
SARTOR juvenis (Arnaldus), 463 a.
Sathenai locus, 491 a, b. — Stenay, Meuse, chef-lieu de canton, arr. de Montmédy.
SAUBOLENA (Garsia de), 262 b.
SAUCIUS (Arnaldus), 298 a.

SAUMADA (S.), consul Villænovæ diocesis Ruthenensis, 513 b.
SAUMERIACO (Johannes de), miles, 660 a.
Saumur (cour de), 173 a.
SAURA, uxor Deurde de Castlucio, 646 b.
SAURIMUNDA, soror dominæ Gentilis de Genciaco, 376 b.
SAUS (D.), 512 b, 538 b.
SAUS LE PROHOME (B.), 423 a.
Saut devant Restet, 586 b. — Sault-lez-Réthel, Ardennes, arr. de Réthel.
SAUZETO (R. de), 396 b, 494 b, 572 a.
SAVALETA (Ermengavus de), 443 a.
Savarant (villa et forcia de), 493 a.
SAVARDUNI milites et consules, 483 a.
Savarduno (villa aut castrum de), Savardunum, 150 b, 451 a, 483 a, b, 487 a. — Ecclesia S. Mariæ, 483 b. — Saverdun, Ariége, chef-lieu de canton de l'arr. de Pamiers.
SAVARI (Gervais), 523 a; Jehan, ibid.; Philippus, 242 b.
SAVARIA (Philippus), dominus Montis Basonis, 589 a.
SAVARICUS (Gervasius), 122 b.
SAVERDUN (Guillaume de), 277 b.
SAVES (M.), archidiaconus de), 92 a.
Savesio (terra de), 432 b, 494 b.
SAVEZIO vel SAVES (dominus de), Bernardus Convenarum, 91 b, 432 a.
Saxiaci villa, 162 b.
SAYCO (Jordanus de), 354 b.
SCALÆ DEI abbas, Rogerius de Maloleone, 541 a.
Scalo (castrum de), 379 b.
SCAMBIS (Gerardus de), miles, 608 a.
SCELINIS (frater Petrus de), ordinis Prædicatorum, 545 b, 546 b.
SCLAVORUM rex, Waldemarus II, 157 b.
SCOLARIS DE CLAROMONTE (Petrus), 567 a.
SCOLASTICA, comitissa Viennensis et Matisconensis, 528 b.
SCORI, marescalcus regis Danorum, 158 a.
SCRIPTOR (Raimundus), consul Moysiaci, 510 b.
SCURA (Bernardus Ademarii de), 348 b.
SEADORS (Bernardus de), 540 b, 541 a; Gualhardus, 540 b, 541 a.
SEBASTIANUS, episcopus Vivariensis, 537 b.
Seferac, in Caturcesio, 94 a.
Segi, villa capituli Meldensis, 138 b. — Ségy, Seine-et-Marne, commune de Quincy-Ségy.
SEGNOUBET (Ernandus), consul Losertæ, 510 a.
SEGRAFE (Stephanus de), 405 a.
SEGUI (domina), uxor quondam Centulli comitis de Astaraco, 539 a, b.
SEGUINUS, decanus Matisconensis, 146 b.
SEIGNELAY (Jean de), 173 b.
Seinchentin, in Caturcesio, 94 a. — Peut-être Saint-Quentin, Lot-et-Garonne, arr. de Villeneuve-sur-Lot, canton de Castillonès.
Seinchiele, in Caturcesio, 94 a. — Saint-Chély d'Aubrac, Aveyron, arr. d'Espalion.
SEINZ (Renerus de), 15 b.

SELARKIR (B.), 543 a.
Selas (villa et forcia de), 493 a.
SELERAREIS (B.), 538 b.
SELINGUEHEN (Alenardus de), miles, 559 b.
Sellant, 287 b.
SELLECGNIACO (Stephanus de), 4 a.
SELLENIACO (Renaudus de), Autissiodorensis decanus, 483 b.
SELLERII (Guillelmus Arnaudus), consiliarius Narbonæ, 324 b.
Selva, in comitatu Astaracensi, 543 b.
Semaigne, 246 a.
Semesium, 288 b.
Semonia castellania, 274 a.
SENARET (Audebertus de), 35 a.
Senars (villa de), 565 b, 566 a, 590 a. — Decimaria, 572 a.
SENEBRUNUS LUNELLI (Petrus), miles ballivæ Montis-Albani, 502 a; Tarduinus, ibid.
SENELLAS, 508 a.
SENENSES mercatores, 439 a, b, 463 a, b.
SEN. vel SENESCALLUS (Guido), miles, 544 b. — Gui le Sénéchal, ou plutôt Gui de Senonches.
Senilcurtis, 84 a.
SENINCHEM (Elenard de), 359 b.
SENONCHES (Gui de), 544 b. — Voy. SEN.
Senonense capitulum, 218 a, 346 a, b. — Ecclesia B. Mariæ de Porta S. Leonis Senonensis, 276 a.
SENONENSIS archidiaconus, 137 a. — Archiepiscopus, Galterus vel Galterius, 4 a, 25 a, 46 a, 47 b, 69 b, 70 a, 88 a, 96 b, 97 a, 101 a, b, 102 a, b, 133 a, b, 136 b, 139 b, 152 a, b, 178 a, 213 b, 259 b, 260 a, 284 a, 288 a, 289 a, 305 a, 311 a, 399 a, 441 b; Gilo, 603 a.
Senonensis provincia, 133 a, b, 346 b.
SENONENSIS (Rodulphus), serviens regius, 327 b.
Senones, 11 a, 45 b, 46 a, b, 124 b, 153 a, 247 a. — Sens, Yonne.
SENONIBUS vel SENONIS (magister Guillelmus de), clericus domini regis, 358 b, 552 a.
SENTOL (P.), miles Belliquadri, 516 a.
SEPRIO (Albertus præpositus de castro), Mediolanensis diœcesis, 385 a.
SEPTENIS (Arnaldus de), 262 b; W., consul Tolosæ, 493 a.
Ser (la strada del), 192 a.
SERES (Vitalis de), consul de Verduno, 497 a.
SERGINES (Gaufridus de), miles, 319 b.
Serinet, locus, 403 b.
SERRA (Arnaldus de), 436 b, 439 b.
SERRA (Petrus), consul burgi de Medicino, 532 a.
Serra (fons et rivus de), 464 b.
SERRA (G. de la), 333 b; R., ibid.
Serre (seigneurie de la), 376 a.
SERRIS (frater B. de), quondam prior Regulæ, 333 a.
Sestarol (castrum de), 42 b, 43 a.
Sestarollum, 646 b.
SETENIS (R. de), prior Verdunii, 441 a.

Setoune (châtel et châtellerie de), en Champagne, 586 *b*.
Seuren (Adam de), miles, 659 *a*.
Seuroin (Colardus de), miles, 659 *a*.
Severaci castrum, 611 *b*.
Severaco (magister Bertrandus de), 408 *a*; Guido, *ibid.*, 611 *b*, 612 *a*.
Severdanus (Johannes), de Castro Sarraceno, 641 *b*.
Severiaco (magister Bertrandus de), 404 *b*.
Severinus, abbas Fontis-Johannis, 46 *a*.
Sevoiracum in Bedona, in diocesi Ruthenensi, 324 *b*.
Sevrain (Macelin de), 424 *b*.
Seysses (Vitalis de), 604 *a*.
Sézanne (Lyoine de), chevalier, 447 *a*, *b*.
Sezannia, 274 *a*, 279 *a*. — Cellarium de Sezannia, 173 *a*. — Castellania et feodum Sezanniæ, 411 *a*. — Forum, 284 *b*. — *Sézanne, Marne, chef-lieu de canton de l'arr. d'Épernay.*
Sezannia (conventus B. Juliani de), 284 *b*. — B. Nicholai, 279 *a*.
Sezannia (Leo de), miles, 634 *a*.
Sezanniæ archidiaconus, Nicholaus, 253 *a*, *b*.
Sicardi (Petrus), consul Castri-novi-de-Arrio, 504 *a*.
Sicardus (magister), 496 *b*, 512 *b*, 553 *b*.
Sicardus, archidiaconus Magalonensis, 72 *a*.
Sicardus (magister), canonicus Narbonensis, magister universitatis Tolosæ, 397 *b*.
Sicardus, filius Sicardi de Miromonte, 548 *b*.
Sicardus, vicecomes Lautricensis, 43 *b*.
Siciliæ rex, Fredericus II, imperator Romanorum, etc., 50 *a*, 57 *b*, 270 *b*, 271 *b*, 300 *b*, 301 *a*, 302 *a*, 319 *b*, 420 *b*, 537 *a*, *b*, 641 *b*, 642 *a*. — Officiales, 641 *b*.
Sigmundus (Poncius), 202 *b*, 203 *a*, *b*.
Signarius vel Signerius (Bernardus), vicarius Tolosæ, 203 *b*, 209 *b*, 216 *a*, 260 *b*; Stephanus, 383 *a*.
Siliago (W. de), 102 *a*.
Silvæ, i. e. *foresta, haya, nemus, boscus et bois.* Vid. Allodium, Alnetum, Aloes, Andegavenses forestæ, As-Champenois, — Baine, Barbellon, Baticius, Beroart, Biaulieu, Braibant, Boutez, Buci, — Cautummerulam (desuper), Cenomanenses forestæ, Cerfroi, Chasnoi, Comitis nemus, de Communia, Coyam (apud), Crispiaci, Crotois, Cruyæ, Cuisæ, — de Danziaco, Daule, Dordani, — Eramboldi, Ernières, Ertiaco (in), Escolium, Estorvi et Melisiacum (inter), — Faveriarum, Forières, — Grossa-Silva, de Guinesearto, — Hallata, Hectoris, Heredum, — Insula, — Lachiacum (versus), Lagii, Landæ putridæ, Liræ, Lubetum (apud), — Maant, de Maignis, Maruel, de Medanto, de Medunto, Mofflieres, Monchampins, Montis-Morveii, — de Noione, Normanniæ forestæ, — de Ota, — de Polleio, de Puial Tinha, — Quernellæ, — B. Radegundis, de Ria, Romarae, — de Sancto Bœnio, de Sancto Medardo, de Sordolio, de Sorel, — de Tornan, — de Vaudo, de Veireriis, de Vernoto, de Wissiaco.

Silvanectensis buticularius, Guido, 174 *b*, 195 *a*. — Canonicus et officialis, G., 137 *a*. — Episcopus, Adam, 357 *a*, 415 *b*, 446 *b*, 447 *a*, 637 *b*; Garinus cancellarius Franciæ, 21 *b*, 26 *b*, 28 *a*, 33 *a*, *b*, 37 *a*, 38 *a*, 47 *b*, 51 *a*, 55 *b*, 57 *a*, 63 *a*, 69 *b*, 70 *a*, 72 *b*, 76 *b*, 110 *a*, 111 *b*, 112 *a*, *b*, 120 *b*. — Magister seu procurator domus hospitalis Hierosolymitani, 136 *a*, 137 *a*.
Silvester (Guillelmus), clericus, 330 *a*.
Simo, episcopus, 361 *a*.
Simon, abbas de Bello-Portu, 303 *a*.
Simon, abbas Columbensis, 384 *a*.
Simon, abbas B. Salvii de Monsterolio, 39 *a*.
Simon, archiepiscopus Bituricensis, 47 *b*, 70 *a*, 97 *a*, *b*, 101 *a*, *b*. — *Simon I*ᵉʳ *de Sully, archevêque de Bourges, primat d'Aquitaine.*
Simon vel Symon, comes Montisfortis, 24 *b*, 76 *a*, 93 *b*, 164 *a*, 218 *a*.
Simon vel Symon, comes Pontivi et Monsteroli, 56 *a*, *b*, 57 *a*, 185 *a*, 195 *a*, *b*, 199 *a*, *b*, 200 *a*, *b*, 257 *a*, 281 *b*, 282 *a*, 298 *a*, 299 *a*, 311 *b*, 312 *a*, 372 *b*, 373 *a*, *b*, 420 *b*. — *Simon de Dammartin, comte de Ponthieu et de Montreuil.*
Simon, doyen de Saint-Quiriace, 400 *b*.
Simon de Monteforti, comes Leycestriæ, frater Amalrici comitis, 195 *a*, 217 *b*, 404 *b*, 405 *a*, 657 *a*, *b*.
Simorra, in comitatu Astaracensi, 543 *b*, 544 *a*.
Sine-Avere (Rotbertus), castellanus castri de Termino, 144 *b*.
Sioli (Poncius de), consul Tolosæ, 278 *b*.
Siollio (Poncius de), 378 *a*.
Siquier (Ramundus de), consul Moysiaci, 510 *b*.
Sissonia (feodum de), 138 *a*. — *Sissonne, Aisne, chef-lieu de canton de l'arr. de Laon.*
Sistaricum, Sistarici civitas, 382 *b*, 420 *a*, 656 *b*. — *Sisteron, Basses-Alpes, chef-lieu d'arrondissement.*
Sivozacum, locus, 455 *b*.
Sivri (grangia de), 433 *b*.
Sleswiensis episcopus, Nicolaus, 157 *b*.
Sobenascio (Berengarius de), 329 *b*.
Sodenier (ténement Veillaume), à Auxonne, 168 *a*.
Soilols (B. de), scriptor, 522 *b*.
Soiseio (homines de), 288 *b*.
Soiserac in Caturcesio, 94 *a*.
Solario (Raimundus de), consul Callucii, 510 *a*, 533 *b*.
Sole, 255 *b*.
Soleriis vol Solens (Gausbertus vel Gausbertz de), 118 *b*, 183 *b*, 277 *b*.
Soliacensis archidiaconus, 563 *b*.
Soliaci dominus, Archembaudus, 190 *b*. — *Archembaud, seigneur de Sully-sur-Loire, en Gâtinais, Loiret, arr. de Gien.*
Soliaco, Soyliaco vel Solliaco (Henricus de), 14 *b*, 15 *a*, 69 *a*, *b*, 298 *a*, 299 *a*, 396 *a*, *b*, 397 *a*; maritus Aanoris comitissæ Drocensis, 428 *a*, *b*, 429 *a*, *b*, 430 *a*, 505 *a*, 658 *a*; Odo, 505 *a*.

Solinus, avunculus Henrici de Avalgorio, 270 *b*.
Someire (en W.), 646 *a*.
Sompnis (villa de), 30 *a*. — Forteritia, *ibid.*
Sopeza (Petrus Raimundus de la), 224 *a*.
Soppia (villa de), 495 *b*. — *Probablement Suippe, Marne, arr. de Châlons.*
Soranensis episcopus, Guido, Apostolicæ Sedis legatus, 386 *b*, 397 *b*.
Sorgi (Robertus de), 304 *b*.
Sordolio (foresta de), 445 *a*, *b*.
Sorecio (Johannes de), diaconus, 330 *a*. — Pontius, canonicus Magalonensis, *ibid.*
Sorel (nemora de), 429 *b*.
Sorello (domus de), 193 *b*, 194 *a*. — *Château de Sorel-Moussel, dans le Drouais, Eure-et-Loir, arr. de Dreux, canton d'Anet.*
Sorello (Nicholaus de), miles, 395 *a*.
Sorgie pons, 85 *b*, 86 *b*. — *Le pont de Sorgues, Vaucluse.*
Sorial (Robertus dictus), scabinus de Bellomonte, 596 *a*.
Soriginensis abbas, Petrus de Petralata, 553 *b*. — *Pierre, abbé de Notre-Dame de la Sousade de Sorèze, au diocèse de Lavaur.*
Sos, in comitatu Fezenciaci, 604 *b*. — *Sos, Lot-et-Garonne, arr. de Nérac, canton de Mezin.*
Sotor (Gui de), 352 *a*.
Sottenghem (Gillebertus de), 109 *b*. — *Sotteghem, dans la Flandre orientale.*
Soubise (villa de), 473 *a*, *b*.
Soubysio (feodum de), 508 *b*.
Soullé (Guillaume de), 15 *a*.
Sounaio (Willelmus de), magister militiæ Templi in Aquitania, 623 *a*.
Souphin in Nivernesio, 204 *b*. — *Sophin, commune d'Authiou, Nièvre.*
Soyliago (Henricus de), 396 *b*. *Vid.* Soliago.
Soysiaco (dominus de), Odo de Brecis, 467 *a*.
Spancie-Vallis grangia, 44 *b*.
Sparron (castrum de), 379 *b*. — *Probablement Esparon, Hautes-Alpes, arr. de Gap, canton de Barcelonnette.*
Sparrode (Guillelmus de), 636 *b*.
Spernacensis abbas (Robertus), 201 *a*.
Spernacensis conventus, 201 *a*, 288 *b*.
Spernacensis ecclesia, 201 *a*. — Spernacense capitulum, *ibid.*
Spernaco (leprosi de), 288 *b*.
Spernacum, 274 *a*, 300 *a*. — Spernaci communia, 299 *b*. — *Épernay, Marne, chef-lieu d'arrondissement.*
Spiniac (capellanus de), Guillelmus de Pleudel, 304 *b*.
Stabulo (Guillelmus Bernardus de), consul Narbonæ, 325 *a*; Imbertus, consiliarius Narbonæ, 324 *b*.
Stacca (Hugo), notarius de Sallono, 515 *a*, 516 *a*.
Stainkerke (Englebertus de), 597 *b*.
Stalim (Lambertus), scabinus Yprensis, 607 *a*.
Stampæ, 141 *b*, 438 *b*, 441 *b*. — *Étampes, Seine-et-Oise, chef-lieu d'arrondissement.*

INDEX ALPHABETICUS.

Stampense territorium, 46 *b*.
STAMPIS (Philippus de), 259 *b*.
STAQUA (Hugo), publicus notarius archiepiscopi Arelatensis, 449 *a*.
Stella in Navarra, 520 *b*. — *Estella en Navarre.*
STELLA (dominus de), Alermus de Ambianis, miles, 49 *b*.
Stenay, 491 *a*, *b*. — *Voy.* Sathenay.
STENLANDE (Hugo de), miles, 559 *b*.
STEPHANUS, abbas B. Mariæ de Chagia, 588 *a*.
STEPHANUS, archidiaconus Parisiensis, 440 *a*.
STEPHANUS, archiepiscopus Cantuariensis, 37 *b*.
STEPHANUS, ballivus Sancti Audomari, 45 *a*.
STEPHANUS, buticularius Franciæ, 439 *a*, 622 *b*.
STEPHANUS, canonicus Constantiensis, 437 *b*.
STEPHANUS, cardinalis diaconus Sancti Adriani, 29 *a*.
STEPHANUS, cardinalis presbyter basilicæ XII Apostolorum, 29 *a*.
STEPHANUS, clericus Gauffridi de Milliaco, ballivi Ambianensis, 184 *b*.
STEPHANUS comes, 65 *a*.
STEPHANUS, comes Burgundiæ, 411 *a*.
STEPHANUS, frater Johannis de Sailenaio, 173 *b*.
STEPHANUS, monachus B. Sulpicii Bituricensis, 297 *b*.
STEPHANUS, nepos Johannis Timosi civis Romani, 437 *b*.
STEPHANUS, pater Johannis comitis Cabilonensis, 347 *a*, *b*.
STEPHANUS (B.), 307 *b*.
STEPHANUS (G.), civis Carcassonæ, frater Ar. Morlau, 650 *a*.
STEPHANUS (Petrus), de Fenolheto, bajulus de Verduno, 188 *a*.
Sterlingorum marchæ, 633 *a*.
STORNELI (Raimundus), consul Montispessulani, 4 *b*.
STRAND (Hermannus præpositus de), 158 *a*.
Straulïaus (commune de), 198 *a*.
STRATEN (Riquardus de), 107 *b*. — *Straethem, dans la Flandre occidentale, canton de Nevele, arr. de Gand.*
STRUES (G. de), consiliarius imperii Romaniæ, 395 *a*.
STRUENS (Gerardus de), 391 *a*, 392 *a*.
Subripæ, 379 *b*. — *Sourribes, Basses-Alpes, arr. de Sisteron, canton de Volonne.*
SUESSA (magister Taddeus de), magnæ curiæ imperialis judex, 420 *a*.
Suessio, 84 *a*. — *Soissons, Aisne, chef-lieu d'arrondissement.*
SUESSIONE (Johannes de), dominus de Cimaio et de Torno, filius primogenitus comitis Suessionensis, 137 *b*, 174 *b*, 178 *a*, *b*, 270 *a*. *Vid.* CIMAIO.
Suessionense capitulum, 403 *a*, 427 *b*, 461 *a*.
Suessionensis curia, 532 *b*. — Diocesis, 268 *a*. — Ecclesia S. Petri, 414 *b*. — Abbatia de Cheriaco, 247 *b*, 251 *a*; S. Johannis in Vineis, 133 *b*, 247 *b*, 251 *a*; Vallis secretæ, 247 *b*, 251 *a*.

SUESSIONENSIS comes, Johannes, 311 *a*; Radulphus de Nigella, 61 *a*, 101 *b*, 133 *a*, 394 *b*. — Comitissa, Ada, domina de Hans, 394 *b*, 658 *a*. — Decanus, B., 461 *a*; Johannes de Wailly, 403 *a*. — Episcopus, Jacobus, 84 *a*, 378 *b*, 427 *a*, *b*, 457 *b*. — Officialis, Th. de Monte, 532 *b*. — Præpositus, Nivelo *seu* Nicolaus, 403 *a*, 461 *a*.
Suessionensis (major et jurati), 653 *b*.
SULEIO (Odo de), 158 *a*.
SULLY (Henri de). *Vid.* HENRICUS DE SOLIACO.
Sumidrium (locus apud), 496 *a*. — *Probablement Sommières, Gard, arr. de Nîmes.*
Sumputeus, 18 *a*. — *Sompuis en Champagne, Marne, arr. de Vitry-le-François.*
Suppa (gistium de), 513 *a*.
SURDUS (Arnaldus), miles, 328 *b*.
SURGERIARUM domina, Sibilla, 523 *a*.
Surgeriis (castrum de), 634 *a*. — *Surgères en Aunis.*
SURGERIIS (dominus de), Guillermus Maengoti, valetus, 634 *a*.
SUTOR (Bernardus), consul Loserta, 510 *a*; B., Guilabertus, 325 *b*.
Suzennia (*sic*) (mensura de), 589 *b*.
SWENO, episcopus Burglanensis, 158 *a*.
Swineberg, castrum in Pheonia, 137 *b*.
SYCARDI (Petrus), consul Galliaci, 593 *a*.
SYCHARDUS, præpositus Magalonensis, 328 *b*.
SYGUIS *vel* SYGNIS, uxor Centulli comitis Astaracensis, 513 *b*, 603 *b*, 604 *a*.
SYMIANA, frater Bertrandi Enguiranni, 118 *a*.
SYMON, miles, filius Symonis de Poissiaco, militis, 285 *b*.
SYMON, frater hospitalis Jerosolimitani, 487 *b*.
SYMON, frater Evrardi de Chierrevi, 160 *a*.
SYMON, magister domus hospitalis Silvanectensis, 136 *a*, 137 *a*.
SYMON, prior de Comburnio, 304 *b*.
SYMON, prior fratrum Prædicatorum, 519 *a*.
Synai (lex data Judeis in monte), 511 *a*.
Syvraio *vel* Syvreio (castrum de), 570 *b*, 644 *a*. — *Civray, Vienne, chef-lieu d'arrondissement.*

SAING AMANS (Bernat de), 616 *b*.
Saing Aina, locus, 508 *a*.

SAINT-AIGNAN (Milon II de), doyen du chapitre de Troyes, 253 *a*.
Saint-Alleman (Maine-et-Loire, arrondissement d'Angers), 169 *b*.
SAINT-AMANS (R. Faure de), 589 *a*.
SAINT-AMANS (R. Izarn de), 589 *a*.
Saint-Amant en Peule (église de), 425 *a*.
SAINT-ANDRIEU (Armeng de), 313 *b*.
Saint-Aubin, nom de lieu, 551 *b*.
SAINT-CHENON (Ogier de), 208 *a*.
SAINT-COME ET SAINT-DAMIEN (Gilles, cardinal-diacre du titre de), 335 *b*.
Saint-Elier, en Champagne, 586 *b*.
Saint-Étienne à Agde (chœur de l'église), 266 *a*.
Saint-Étienne de Châlons-sur-Marne (chapitre de), 457 *a*.

Saint-Étienne de Meaux (chapitre de), 159 *b*.
SAINT-ÉTIENNE DE MONTMIRAIL (J., prieur de), 166 *a*.
Saint-Étienne de Périgueux (chapitre de), 64 *b*.
SAINT-FREMIN DE MONSTERUEIL (doyen de), Vincent, 530 *b*.
Saint-Front d'Alemps, 12 *b*.
Saint-Germain de Moncuq (paroisse de), 16 *a*.
SAINT-JACQUES (Jean Martin, commandeur de l'ordre de), en Gascogne, 623 *b*, 629 *a*.
Saint-Jean (preus de), 492 *a*. — *Terre, ibid.*
Saint-Jehan-sur-Tourbe, 491 *b*, 640 *a*.
Saint-Jouan de Tornac (alou de), 136 *b*.
SAINT-JOUSSE, (maire et eskevins de). *Voy.* S. JUDOCI major et jurati.
SAINT-LAURENT (Martin de), gardien des frères Mineurs de Tudela, 352 *b*.
SAINT-MARSAL (B. de), 437 *a*, 534 *a*, *b*, 617 *a*; R., 617 *a*.
Saint-Martin d'Épernay (abbaye de), 201 *a*.
Saint-Martin (le pré sis sous), 408 *b*.
SAINT-MAUR (R. Faure de), 590 *a*.
Saint-Maurice de Tours (chapitre de), 441 *a*, 454 *b*.
Saint-Memmie (commune de), arr. et canton de Châlons-sur-Marne, 208 *a*. — Monastère, *ibid.*
SAINT-MENGE DE CHAALONS (Henri, abbé de), 205 *b*, 206 *a*, *b*, 207 *a*, *b*, 208 *a*.
Saint-Menge (coutume des habitants de), 205 *b*, 206 *a*, *b*, 207 *a*, *b*, 208 *a*. — *Saint-Memmie, arr. et canton de Châlons, Marne.*
Saint-Nazaire et Saint-Celse (chapitre de), à Carcassonne, 650 *a*.
Saint-Nicholas-ès-Prés (église de), 425 *a*.
Saint-Outrille de Bourges (chapitre de), 316 *a*.
SAINT-PAUL (Bertolmeu de), 264 *a*.
Saint-Pierre d'Avenay (monastère de), diocèse de Reims, 286 *b*.
Saint-Pierre de Gavara, 99 *a*.
Saint-Pierre de Rebais, au diocèse de Meaux (Prieur de), 404 *b*.
SAINT-POL-DE-LÉON (Guidomarc, seigneur de), en Bretagne, arr. de Morlaix, Finistère, 209 *a*.
Saint-Remy, 419 *a*. — *En Quercy.*
Saint-Sauveur d'Aubeterre (l'abbé de), 64 *b*.
Saint-Sépulcre de Caen (chapitre du), 115 *a*.
Saint-Thébaut (pèlerinage à), 523 *a*.
SAINT-VALERY (seigneur de), Robert III, dit Gatebled, 68 *b*.
Saint-Vincent de Mâcon (chapitre de), 147 *a*.
SAINT-VINCENT DE CHALON-SUR-SAONE (Artaud, doyen de), 209 *b*.
Sainte-Catherine-du-Mont (abbaye de), 220 *b*, 237 *b*.

INDEX ALPHABETICUS.

Sainte-Croix d'Orléans (chapitre de l'église), 46 b.
SAINTE-MORE (Joibertus de), miles, 157 a, b.
SAINTE-MARIE (Bertrand de), notaire public du comte de Toulouse), 36 b.
SAINTE-RUFINE (Otton, cardinal-évêque de), 335 b.

SAN PRAIXS (Pierre de), bailli de Lavaur, 188 a.
San-Prim et San-Clar (la gleia de) à Vesciras], 521 a.
San Quenti (la parroquia de la gleia de), 616 b. — Saint-Quintin dans la seigneurie de Montlanart, Tarn-et-Garonne.
San Saerni (la gleia de), a Vaquiers, 243 b.
SAN SAERNI (l'abas de), 243 b.
SENT GENI (prior de), Ar. d'Arago e segrestan de la maion de Moysay, 89 b, 90 a.

SANCTA vel SANCTÆ.
Sancta Anastasia, 130 a.
S. ANASTASIÆ, presbyter cardinalis, Gregorius, 29 a.
S. Charitatis Fulliensis abbatia, 91 a. — Sainte-Charité de Feuillans.
S. CRUCE (Garynus de), 535 b.
S. Crucis villa, 498 a.
S. CRUCIS IN JERUSALEM, cardinalis presbyter, Leo, 29 a, b.
S. GAUELA (Aycardus de), 514 a.
S. Gauellæ (castrum et villa), 548 b.
S. Gemma (herbergagium et villa de), 428 b. — Parcus, ibid. — Sainte-Gemme, Eure-et-Loir, commune de Saint-Denis de Moronval.
S. Genovefæ Parisiensis conventus, 44 a, b, 296 b.
S. GENOVEFÆ PARISIENSIS abbas, Herbertus, 44 a, b, 296 b.
S. Guavella (castrum de), 335 a.
S. Katerinæ de Monte Rothomagensis conventus, 220 b, 237 b, 537 a.
S. KATHERINÆ DE MONTE ROTHOMAGENSIS abbas, Willelmus, 537 a. — Prior, 120 b, 237 b.
S. LIBERATA (prior de), Radulphus, 225 b.
S. MANEHUILDIS castellanus, Petrus de Corpalaio, miles, 527 a.
S. Manehuldis, 384 b, 394 b, 412 b, 468 a, 469 a. — S. Manehuldis consuetudines, 46 a. — Sainte-Menehould, Marne, chef-lieu d'arrondissement.
S. Margaretæ apud Richeborch ecclesia, 131 a.
S. Margaritæ (capella), in ecclesia Beati Sansouis Dolensis, 304 a.
S. MARGARITÆ prior, diœcesis Fesulanensis, Albertus canonicus Bononiensis, 579 a.
S. MARIA (Bertrandus de), notarius publicus comitis Tolosæ, 321 b, 341 b, 376 a, 408 a.
S. Mariæ Virginis (nova abbatia in honore), ordinis S. Victoris, a Ludovico VIII ordinata, 55 a.
S. Mariæ de Accuis, cymiterium, 188 b, 190 a.

S. MARIÆ DE ALBATE, capellanus, B. de Altesaco, 298 a.
S. MARIÆ DE AUMENESCH, diocesis Sagiensis abbatissa, Mabilia de S. Lothario, 291 a.
S. Mariæ Carnotensis (capitulum), 328 a.
S. Mariæ extra Castrum-Sarraceni ecclesia, 505 b.
S. MARIÆ DE CACIA MELDENSIS, Aubertus abbas, 123 b, 220 a; Robertus, 413 a, 588 a.
S. Mariæ de Chagia conventus, 588 a. — Notre-Dame de Chage, au diocèse de Meaux.
S. MARIÆ DEAURATÆ TOLOSÆ capellanus, R. de Ferrariis, 306 b, 307 b. — Fratres, 291 a.
S. Mariæ Deauratæ Tolosæ ecclesia, 307 a.
S. MARIÆ DOLENSIS presbyter Arculfus, 303 b.
S. Mariæ Exoldunensis conventus, 313 a.
S. Mariæ Formosæ confinium, 391 b.
S. Mariæ Fulliensis abbatia, 91 a.
S. Mariæ Hospitale, apud Insulam, 416 b.
S. MARIÆ DE KARITATE Andegavensis abbatissa, Maria, 242 b.
S. Mariæ de Karitate Andegavensis conventus, 242 b.
S. Mariæ Laudanensis hospitale, 459 a.
S. Mariæ Losduni terra, 100 a.
S. MARIÆ MONTIS BRISONIS decanus, Humbertus, 427 a.
S. MARIÆ PARISIENSIS matricularius, Bonifacius, 402 b.
S. Mariæ Podii Laurentii capella, 421 b.
S. MARIÆ DE PORTA SANCTI LEONIS SENONENSIS, prior, Willelmus, 276 a.
S. MARIÆ DE PRATO JUXTA TRECAS sanctimoniales, 266 a.
S. Mariæ regalis juxta Pontisaram abbatia, 624 a. — Abbaye de Notre-Dame-la-Royale, dite Maubuisson.
S. Mariæ Savarduni ecclesia, 483 b.
S. Mariæ de Socalla decimaria, 520 b.
S. Mariæ de Tabulis Montispessulani ecclesia, 9 b, 53 b, 310 b.
S. MARIÆ THEOTONICORUM in Jerusalem (magister hospitalis), 271 a.
S. MARIA DE TOLOZA (prior de), Aimar, 89 b.
S. Mariæ Urbionis (id est de Crassa) monasterium, 142 a.
S. Mariæ de Valle decimaria, 520 b.
S. MARIÆ IN VIA LATA diaconus cardinalis, Octavianus, 576 b, 579 a, b, 585 b.
S. Mariæ de Victoria, prope Silvanectum, abbatia, 51 a, 54 a, 55 a, 59 b, 136 a, 137 a, 195 a, 285 b.
S. MARIÆ DE VIRTUTO, abbas (Petrus), 351 b.
S. MARIÆ DE VITRIACO decanus et capitulum, 135 b.
S. Mariæ Magdalenæ Virdunensis capitulum, 373 b, 374 a.
S. PRAXEDIS presbyter cardinalis Johannes, 29 a.
S. RADEGUNDIS PICTAVIENSIS canonici, 231 a. — Prior, ibid.
S. Radegundis ecclesia, 241 a. — Terra, 100 a. — Nemus, 231 a.

S. SANINÆ presbyter cardinalis Thomas, 29 a.
S. SUZANNÆ vicedomes, Radulphus Bellimontis, 69 a, 204 a.

SANCTUS, SANCTI vel SANCTO.
S. ADRIANI diaconus cardinalis, 29 a.
S. Africani villa, 579 b, 646 b.
S. Agripæ castrum, 403 b.
S. Albani castrum, 381 a, 403 b.
S. vel B. Albini Andegavensis conventus, 170 a, 242 a, 272 a, 276 b.
S. ALBINI Andegavensis abbas et monachi, 171 a; Gaufridus abbas, 242 a, b. — Saint-Aubin d'Angers.
S. ALBINO (Gossinus de), 553 a.
S. Albinum (castra prope), 210 b.
S. Alemannus, 169 a.
S. AMANDI (Amauricus), 405 a; Renerus, armiger, 597 b, 598 a.
S. AMANDI abbas, in Petragoricensi diocesi, 63 b, 64 b. — Saint-Amand de Coli.
S. ANATOLIO (W. de), 61 b.
S. Andeoli territorium, 403 b. — Probablement Saint-Andeol, Ardèche, arr. de Privas, canton d'Entraigues.
S. Andreæ monasterium, 92 a, b, 93 a. — Saint-André de Villeneuve-lez-Avignon.
S. ANDREÆ abbas, Bremundus, 92 a, b, 93 a.
S. Andreæ (forteritia in villa), 92 a, 93 a.
S. Andreæ Galliaci forum, 224 a, b.
S. Angeli diaconus cardinalis, Romanus, 29 a, 47 a, 48 b, 69 b; Apostolicæ Sedis legatus, 71 a, 73 a, 77 b, 78 b, 84 b, 85 b, 86 b, 88 a, 89 b, 90 b, 98 a, 124 a, 133 b, 140 b, 145 a, 147 a, 148 a, 154 a, 156 a, 158 b, 162 b, 163 b, 164 a, 165 a, b, 177 a, 185 a, 223 a, 314 a, 649 b.
S. Anhano (villa de), 227 b.
S. Aniano (villa de), 470 b.
S. Anthonii Parisiensis conventus, 236 b. — Saint-Antoine-lez-Paris.
S. ANTHONII PARISIENSIS abbatissa, Amicia, 236 b.
S. Antonii Tolosæ conventus, 291 a.
S. Antonini castrum, aut villa, 89 a, 95 b, 158 b, 378 a, 507 b, 508 a, 647 a, 648 a.
S. Antonini conventus, 80 a, 96 a. — Saint-Antonin de Pamiers.
S. ANTONINI consules, 647 b. — Vicecomites, 507 b. Vicecomes, Isarnus, 378 a; P., 508 a.
S. Antonini ecclesia, 507 b, 508 a.
S. ANTONINI ecclesiæ S. prior, 647 a.
S. ANTONINI APPAMIENSIS sacrista et canonici, 95 a.
S. ANTONINO (J. de), consul Montispessulani, 51 b; Johannes, 328 b.
S. ANTONINO DE MANSO subtus Verdunum (Bernardus de), 641 a.
S. ASTERII abbas, in Petragoricensi diocesi, 63 b, 64 b. — L'abbé de Saint-Astier.
S. AUBINO (Gossuinus de), miles, 360 a.

INDEX ALPHABETICUS.

S. Audoeni Rothomagensis ecclesia, domus, 237 b, 520 b. — *Saint-Ouen de Rouen.*
S. Audoeni Rothomacensis abbas, Ada, 254 a.
S. Audomari ballivus Stephanus, 45 a; canonici, 44 b, 45 a, b. — Castellanus, 44 b, 45 b; Guillelmus, 294 a, b, 338 b, 460 a, 608 b. — Præpositus, Calterus, 45 a, b; Girardus, 45 a. — Præpositus ecclesiæ, Petrus de Collemedio, 263 b, 302 a.
S. Audomaro (Balduinus de), miles, 559 a, 608 a; Guillelmus, 367 a.
S. Audomarus, 45 b, 221 a, 349 a. — *Saint-Omer, Pas-de-Calais, chef-lieu d'arrondissement.*
S. Austregisili Bituricensis capitulum, 316 a.
S. Austregisili Bituricensis decanus, 316 a.
S. Aygulphi Pruvinensis minagium, 636 a. — Nundinæ, 173 b, 587 a, b. — *Saint-Ayoul de Provins.*
S. Aygulphi de Pruvino prior Johannes, dictus Novicius, 635 b.
S. Barcto (Arnaldus Willelmus de), 135 b, 209 b, 216 a; 220 b, 240 b, 288 a, 297 a; Durandus, 135 b, 136 a, 288 a, 297 a, 520 b; Ernaudus, consul de Rabastino, 503 b; R., 541 a; R. Bernardus, 605 a.
S. Bartholomei Tolosæ (fratres Minores aut Prædicatores), 291 a.
S. Benedicti regula, 266 a.
S. Benedicti de Castris monasterium, 87 a.
S. Benedicti super Ligerim, abbas, 333 b. *L'abbé de Fleury, au diocèse d'Orléans.*
S. Boemii domus, 118 a. — Nemus, ibid.
S. Boenio (nemus de), 132 a.
S. Boneto burgo (parrochia de), 643 b.
S. Briccio (magister Bernardus de), succentor Narbonensis, 329 b.
S. Bricii dominus (Guillelmus), frater Droconis de Melloto, 1 a, 490 b.
S. Briocus, 302 b, 303 a. — *Saint-Brieuc, chef-lieu du département des Côtes-du-Nord.*
S. Buccio (Bernardus de), Narbonensis succentor, 328 b.
S. Carauni Carnotensis conventus, 292 a. — *Saint-Cheron-lez-Chartres.*
S. Carauni Carnotensis abbas, Petrus, 292 a.
S. Cassiani villa, 605 a.
S. Circi de Popia, castrum seu villa, 549 a.
S. Cirguo (villa de), 455 b. — *Saint-Cirgues, Lot, arr. de Figeac, canton de Latronquière.*
S. Cirici milites et nobiles, 599 a.
S. Claro (Robertus de), miles, 658 b.
S. Clodoaldus, 585 a.
S. Cosma (in Caturcesio), 94 a.
S. Crispini Majoris Suessionensis abbates Rainaldus, Albuinus, monachi, Garnerus et Gaiardus, 353 b. — Prior, S., 253 b. — *Saint-Crepin le Grand, de Soissons.*
S. Desiderii villa, 36 b, 406 b, 407 a, b.
S. Dieto (domina de), 443 a.
S. Dionisii conventus, ecclesia, 84 a, 121 a, 123 a, b, 143 b, 298 b, 393 b, 394 a, 631 a, 636 b. — Curia, 84 a.
S. Dionisii abbas, Guillermus, 631 b, 636 b; Odo (Eudes IV), 143 b, 251 b, 393 b, 448 b, 447 a, 544 a, b; Petrus, 11 a, 50 a, 84 a, 121 a, 123 a, 129 a. — Supprior, 145 b.
S. Dionisii Remensis abbas, Leo, 378 b
S. Dionisii Trecensis, curatus, 254 b.
S. Dionisio (Ar. de), miles de Lavaur, 504 b.
S. Dionisio (Azalbertus de), 511 b.
S. Dionisio (magister Michael de), canonicus et oficialis Remensis, 532 a.
S. Dionisium (colloquium apud), 298 b.
S. Dionisius, 49 a.
S. Ebrulfi conventus, 257 a. — *Saint-Évroul, au diocèse d'Évreux.*
S. Ebrulfi abbas electus, Michael de Novomercato, 257 a.
S. Egidii abbas, 362 a.
S. Egidii monasterium, 75 b. — *Saint-Gilles, au diocèse de Nîmes.*
S. Egidii abbas, Pontius, 75 b.
S. Egidii capella, in ecclesia S. Germani, 384 a.
S. Egidii prior, A., 381 a.
S. Egidii de Viridario Andegavensis prior, 239 a.
S. Egidio (Guillelmus de), archipresbyter, 328 b; Poncius, 541 a.
S. Egidium (domus Templi apud), 398 b.
S. Egidius, 398 a.
S. Estefe (Domenge de), 465 b.
S. Euvremondi ecclesia, apud Credulium, 304 b.
S. Evodii abbatia, 349 b. — *Saint-Vosi du Puy, Haute-Loire.*
S. Faronis vel S. Pharonis Meldensis conventus, 520 b; sceau du couvent, 521 a.
S. Faronis Meldensis abbas, Milo, 520 b; Reginaldus, 220 a.
S. Felici (Bruguetus de), civis Carcassonæ, 650 a.
S. Felicis villa, 36 b.
S. Felicius, locus, 553 b. — Tenementum, 403 b, 407 a, b.
S. Fereolus, 389 b, 396 a.
S. Ferreolo (Guillelmus de), domicellus, 573 b.
S. Firmini in Montepessulano altare, 329 a. — Ecclesia, 329 b.
S. Firmini in Montepessulano sacrista Deodatus Borelli, 330 a.
S. Florentinus, villa, 132 a. — S. Florentini habitantes, communia, 228 b, 229 a, b, 230 a, b. — Major et jurati, 230 a. — Farna, ibid. — Molendina, ibid. — Præpositura et justicia, 229 a. — *Saint-Florentin, en Champagne, Yonne, arr. d'Auxerre.*
S. Fortunatus, locus, 403 b. — *Saint-Fortunat, Ardèche, arr. de Privas, canton de la Voulte.*
S. Frontonis Petragoricensis capitulum, 42 b, 63 b, 64 b. — Ecclesia, 601 a, b. — *Saint-Front, église cathédrale de Périgueux.*
S. Frontonis Petragoricensis (villa vel castrum Podii), 601 a, b, 644 b, 645 a. — Major et universitas, 594 a.
S. Fursei de Perona ecclesia, 117 a.
S. Galericum (terra apud), 56 b.
S. Gauzencio (villa de), 135 a.
S. Gelasius, 476 b. — *Saint-Gelais, Deux-Sèvres, arr. et canton de Niort.*
S. Genesio (Ramundus de), 440 b.
S. Georgii super Ligerim conventus, 243 a.
S. Georgii super Ligerim abbas, Matheus, 243 a.
S. Georgii de Nuellio terra, 100 a.
S. Germani Andegavensis ecclesia, 272 a.
S. Germani de Pratis Parisiensis, conventus, ecclesia, 286 a, 384 a. — Aqua, 286 a. — *Saint-Germain des Prés, à Paris.*
S. Germani de Pratis Parisiensis, abbas Odo, 285 b.
S. Germano (furcia de), 215 a.
S. Germano (parrochia de), 643 b.
S. Germanus in Loia vel Laya, 26 b, 29 b, 122 a, 125 a, 153 a, b, 194 a, 200 a, 245 a, 254 a, 259 a, b, 262 a, 292 a, 384 a, 433 a, 445 b, 494 b. — *Saint-Germain en Laye, Seine-et-Oise, arr. de Versailles.*
S. Germerius (in Lauraguesio?), 637 a.
S. Gervasii burgus prope Autissiodorum, 1 b. — *Saint-Gervais, ancien prieuré et faubourg d'Auxerre.*
S. Gervasii homines, prope Autissiodorum, 3 a.
S. Gervasii fossatus, 61 a.
S. Gervasii Moncellus, Parisius, 572 a.
S. Gervasio (capellanus de), in Alvernia, 573 b, 574 b.
S. Gervasio (Berengarius de), 42 a.
S. Grimaugius in Nivernesio, 204 b. — *Saint-Gremanges, hameau, commune de Pazy, Nièvre.*
S. Guillelmo (Raimundus de), subdiaconus, 330 a.
S. Gynesio (Bernardus de), consul Montiscuqui, 510 a.
S. Hilarii de Luciaco terra, 100 a.
S. Hylarii in Burgundia terra, 158 a.
S. Hylarii Pictavensis, decanus et capitulum, 158 a. — Thesaurarius, Godefridus de Thoarcio, 472 a, 500 a, b.
S. Jacobi apud Moysiacum ecclesia, 568 b.
S. Jacobi de Pruvino conventus, 204 a. — *Saint-Jacques de Provins.*
S. Jacobi Pruvinensis abbas, Guido, 187 a, 490 a, b; Petrus, 204 a.
S. Jacobi de Bevron (abbatissa et conventus), Cisterciensis ordinis, 318 a, 342 a.
S. Jacobus de Bevron, S. Jacobi castrum, 120 a, 277 a, 374 b, 375 b. — *Saint-James de Beuvron, Manche, chef-lieu de canton.*
S. Johanne (Berengarius de), 43 b; Galterius, ibid.
S. Johannes super Mugevam, 128 b. — *Saint-Jean-sur-Moivre, Marne, arr. de Châlons, canton de Marson.*
S. Johannes de Verges juxta Fuxum, 156 b,

157 a. — *Saint-Jean de Verges, Ariège, arr. et canton de Foix.*

S. Johannis Evangelistæ Andegavensis prior, Gaufridus, 239 a. — Rector Aymericus, 575 b.

S. Johannis Angeliacensis communia, 36 b, 37 a, b, 143 a, 453 a, 454 a. — Castellum, 182 b. — Ecclesia, 37 a. — *Saint-Jean d'Angely, Charente-Inférieure, chef-lieu d'arrondissement.*

S. Johannis de Aquis hospitale, 380 b, 381 a.

S. Johannis Aurasicensis domus hospitalis, 376 a. — *Hôpital de Saint-Jean de Jérusalem, à Orange.*

S. Johannis de Nogento thesauraria et cantaria, 182 a.

S. Johannis Senonensis conventus, 45 b. — *Saint-Jean de Sens.*

S. Johannis Senonensis abbas, Willelmus, 45 b, 46 a.

S. Johannis in Valencensis abbas, Walterus, 546 a.

S. Johannis in Vineis Suessionensis abbas, 133 b, 247 b, 251 a, 268 a.

S. Jolia (W. de), 305 b, 528 a.

S. Jovino (Willelmus de), 100 b.

S. Judoci major et jurati, 198 b, 550 a, b, 551 a, b, 552 a. — *Saint-Josse-sur-Mer, arr. de Montreuil-sur-Mer, Somme.*

S. Judoci supra mare conventus, 552 a, b.

S. Judoci supra Mare abbas, Walterus, 550 a, 552 a. — *Wautier, abbé de Saint-Josse-sur-Mer.*

S. Judoci in Nemore ecclesia, 420 b.

S. Juliani (abbas et prior), 158 a.

S. Juliani de Naiac ecclesia, 269 a.

S. Juliani de Sezannia (prior et conventus), 284 b.

S. Juliani Turonensis conventus, 174 a. — Abbas, Mainardus, *ibid.*

S. Juliano (Guillelmus de), 225 b.

S. Juliano (Bernardus B. de), major de Lauraco, 504 a.

S. Julianus super Roignon (villa appellata), sita inter Foissi et Cristam, 433 a, b, 434 a, b, 435 a, b, 436 a, b. — *Ce village, situé entre la Crête et Forcey, sur le Rôno n, Haute-Marne, a complètement disparu.*

S. Juniani ecclesiæ rector, Gerbertus, 612 b.

S. Juniani de Ouygen homines, 650 b. — *Saint-Junien du Vigen, en Limousin, Haute-Vienne, arr. de Limoges.*

S. Justo (dominus de), Guido de Dampetra, 159 b, 193 b. — *Gui de Dampierre, seigneur de Saint-Just, en Champagne.*

S. Laudi Andegavensis decanus et capitulum, 242 b. — Ecclesia, 272 a. — *Saint-Lô d'Angers.*

S. Laure (villa de), 578 a.

S. Laurentio (Petrus de), 321 a.

S. Lazari Meldensis (magister et fratres), 220 a.

S. Leodus, 287 b. — *Peut-être Saint-Léger.*

S. Leonardi abbatia, Cisterciensis ordinis prope Rupellam, 36 a.

S. Lothario (Mabilia de), abbatissa B.

Mariæ de Aumenesch, diocesis Sagensis, 291 a.

S. Lupi Trecensis abbas, Galterius, 421 a, b, 513 a.

S. Lupi Trecensis monasterium, 513 a. — *Saint-Loup de Troyes.*

S. Lupo vel Luppo (Bertrandus de), 245 b, 493 b, 507 a.

S. Lyemerus in Campania, 128 b.

S. Machuti de Barro super Albam (decanus et capitulum), 289 b. — *Saint-Maclou de Bar-sur-Aube.*

S. Macutus in Nivernesio, 204 b. — *Saint-Mâlo, Nièvre, canton de Donzy.*

S. Maglorii Parisiensis capitulum, 268 a, b.

S. Maglorii Parisiensis abbas, Andreas, 268 a.

S. Marcello (R. de), miles castri de Causaco, 502 b.

S. Martialis Lemovicensis abbas, Raimundus, 655 b.

S. Martini Andegavensis decanus, 238 a.

S. Martini de Clamiciaco cantor, Renaudus, 492 a. — Capitulum, *ibid.*

S. Martini in Colle castanearia, 121 a.

S. Martini Edvensis abbas, 27 a.

S. Martini de Insula ecclesia, 91 b, 92 a.

S. Martini in Monte presbyter cardinalis, Galterius, 29 a.

S. Martini Podii-Laurentii ecclesia, 421 b.

S. Martini Pontisarensis abbas et prior, 385 a.

S. Martini de Rericuria abbas, 372 a.

S. Martini Sagiensis abbas, 312 b; Prior, G., 312 a. — *Saint-Martin de Séez.*

S. Martini Tornacensis capitulum vel ecclesia, 423 b, 425 a. — Abbas Radulphus, 423 b.

S. Martini Turonensis decanus, 57 a; Albericus, 254 b, 255 a, 288 a, Alberic Cornut. — Cantor Egidius, 607 a. — Granicarius, Radulphus, 372 a.

S. Martino (G. de), 446 a; Poncius, 541 a; Raginaudus, 44 a.

S. Martino super Orosam (homines de), 276 b. — *Saint-Martin-sur-Oreuse, Yonne, arr. de Sens, canton de Sergines.*

S. Mauri Andegavensis capitulum, 238 a, 239 a.

S. Mauri Fossatensis monasterium, 312 a. — *Saint-Maur des Fossés; abbé, Pierre I*er*, 241 a.*

S. Mauri Glannafoliensis conventus, 257 b. — *Saint-Maur-sur-Loire.*

S. Mauricii de Musterolo persona, Renardus, 139 b.

S. Mauricii de Musterolo ecclesia, 139 b.

S. Mauricio (Hugo de), miles, 266 a.

S. Maurini abbas, Willelmus, 390 b, 391 a.

S. Mauxencio (Galterius de), 196 a. — *Gautier de Saint-Maxent, en Picardie, Somme, arr. d'Abbeville.*

S. Maxencius, 33 b, 184 b. — *Saint-Maixent, Deux-Sèvres, chef-lieu de canton de l'arrondissement de Niort.*

S. Maximino (Januarius de), notarius Massiliæ, 190 b; Petrus, notarius Massiliæ, *ibid.*

S. Medardi nemus vel nemora, 118 a, 132 a.

S. Medardo (factum de), 354 a.

S. Medardo (Rogerius de), 56 a.

S. Medardus, villa, 132 a. — *Saint-Mards-en-Othe, Aube, arr. de Troyes, canton d'Aix en Othe.*

S. Mederici Parisiensis ecclesia, 361 b.

S. Mellonis capitulum, 385 a.

S. Memmii abbas, 252 a. — *Vid.* Saint-Menge de Châlons.

S. Michaele (Bernardus de), 190 a; Petrus, 285 a; miles Fanijovis, 502 b.

S. Michaelis Arelatensis ecclesia, 455 a.

S. Michaelis de Galliaco monasterium, 224 b, 225 a, 305 b.

S. Michaelis de Galliago abbas, Raimundus, 224 b, 226 a. — Capellanus, Durantus, 226 a.

S. Michaelis Parisius regia capella, 441 a.

S. Michaelis Tornodorensis abbas, Milo, 492 b.

S. Mychael, locus, 553 b.

S. Mychael in Heremo, 606 b.

S. Mychael de Manssaboum (villa), 553 b.

S. Nicetii Trecensis curatus, 254 b.

S. Nicholai Andegavensis conventus, 243 a, 655 b. — Abbas, Constans vel Constantinus, 243 a, 655 b. — *Saint-Nicolas d'Angers.*

S. Nicholai de Cardineto ecclesia, 402 b. — *Saint-Nicolas-du-Chardonnet, à Paris.*

S. Nicholai in carcere Tulliano diaconus cardinalis, Octo, 405 a.

S. Nicholai de Sezannia decanus et capitulum, 279 a.

S. Nicholao (Nicholaus de), consul Montispessulani, 292 b.

S. Nicholao (Petrus de), consul de Marmanda, 532 a.

S. Pastore (Bertrandus de), dominus Cadarossæ, 320 a.

S. Paterno (Rolandus de), 304 b.

S. Pauli comes, Guido, 14 a, 15 a, 56 a, 69 a, 72 b, 88 a, 89 a; Hugo de Castellione, 79 b, 145 a, 174 b, 175 a, 193 a, b, 197 a, 235 a, b, 251 b, 269 a, 270 a, 281 b, 282 a, 296 b, 298 a, 299 a, 305 b, 311 a, 319 b, 330 a, 331 a, 336 a, 414 b, 443 b, 454 b, 645 b. — Comitissa Isabella, 251 b; Maria, 443 a.

S. Pauli comitatus, 114 a, b, 330 b. — Feodum, *ibid.* — *Saint-Pol, Pas-de-Calais, chef-lieu d'arrondissement.*

S. Pauli de Cadajous castrum, 87 a, b, 150 b, 496 b. — *Saint-Paul Cap-de-Joux sur l'Agout, dans le Toulousain, Tarn, arr. de Lavaur.*

S. Pauli de Cadajous milites, 496 b.

S. Pauli Narbonensis capitulum, 325 a.

S. Pauli de burgo Narbone abbas, Guillelmus, 321 b, 323 b.

S. Pauli Parisiensis ecclesia, 402 b.

S. Pauli de Virduno ecclesia, 310 b.

S. Pauli domini, Isarnus de S. Paulo et Sicardus de Podio Laurentio, 87 a, b.

S. Paulo (Arnaldus de), 439 b; B., 310 b, 446 a; Guido, 27 a; Hugo consul Moy-

siaci, 510 b; Isarnus, 87 a, b, 549 b; Willelmus, Tholosæ notarius, 458 a.
S. Paulo (Guido de), gener Mathildis comitissæ Nivernensis, 4 a.
S. Petri Aurasicæ ecclesia, 321 a, 408 a.
S. Petri de Cella Trecensis monasterium, 465 a. — *Monstier-la-Celle-lez-Troyes*.
S. Petri de Cella Trecensis abbas, Johannes, 465 a. — Prior, Johannes, *ibid*.
S. Petri Coquinarum Tolosæ ecclesia, 291 a.
S. Petri Coquinarum ecclesiæ capellanus, Willelmus de Moravilla, 497 b. — Prior, Helyas de Relhaco, 313 a.
S. Petri Ducensis præpositus, Egidius de Brugis, 546 a.
S. Petri de Flenchia abbas, Guido, 655 a.
S. Petri de Insula capitulum, 416 b.
S. Petri Latiniaci ecclesia, 17 a, 439 a, b. — *Saint-Pierre de Lagny*.
S. Petri Latiniacensis abbas, Guillelmus, 463 a, b.
S. Petri de Moster vel Albiniæ (villa franca), 319 b.
S. Petri puellarum claustrum, 564 a.
S. Petri Suessionensis ecclesia, 414 b.
S. Petri Trecensis capitulum, 254 b. — Decanus, 439 b.
S. Petri de Turre planum, 349 b.
S. Petri ad velum aureum diaconus cardinalis, Petrus, 29 a.
S. Pharonis Meldensis conventus, 143 b. — *Saint-Pharon ou Faron de Meaux*.
S. Pharonis Meldensis (abbas), Milo, 296 a, b; Reginaldus, 143 b, 220 b.
S. Præjecti (conventus ecclesiæ), diocesis Noviomensis, 237 b, 238 a. — *Abbaye de Saint-Prix en Vermandois*.
S. Præjecti (prior), 237 b.
S. Quintini ecclesia, 117 a.
S. Quintini (major et jurati), 653 a.
S. Quintini in Insula conventus, 279 b. — *Saint-Quentin en l'Ile, au diocèse de Noyon*.
S. Quintini in Insula, prior, Th., 279 b.
S. Quintino (Guillelmus de), 506 a.
S. Quiriaci de Pruvino ecclesia, 256 a, b.
S. Quirinaci Pruvinensis capitulum, 261 b. — Decanus Ganfridus, 256 a, b, 261 b; Johannes, 527 a, 529 a; Symo, 400 a, b.
S. Remigii Remensis (abbas), D., 378 b.
S. Remigii Trecensis (curatus), 254 b.
S. Remigii Trecensis nundinæ, 173 b, 228 a, 527 a.
S. Remigio (homines de), 384 b. — *Probablement Saint-Remy-sur-Bussy, Marne, arr. de Sainte-Menehould*.
S. Remigio (Anselmus de), miles, 597 b; Erardus, 384 b, 385 a.
S. Richarii villa, 56 a; terra, *ibid*.
S. Richarii (major, jurati et scabini), 654 b. — *Saint-Ricquier, Somme, arr. d'Abbeville, canton d'Ailly-le-Haut-Clocher*.
S. Roberti de Corniliano prior, Guillelmus de Vorsazello, 223 b, 225 b.
S. Romani Aspirani ecclesia, 73 b, 74 a, b.
S. Romani bajulus, Arnaldus, 278 b; Guillelmus Geraldus, 299 a; Guillelmus de Lantario, 326 b, 327 a.

INDEX ALPHABETICUS.

S. Romano (villa et locus de), 313 a, 354 b, 484 b, 488 b. — S. Romani territorium, 336 a.
S. Romano (Petrus Boerius de), 297 b, 351 a; Petrus, frater militiæ Templi in Francia, 383 b; Petrus Willelmus, 533 b.
S. Salvator, 16 a.
S. Salvatore (Geraldus de), consul de Lauraco, 504 a.
S. Salvatoris apud castrum Sarracenum ecclesia, 568 a.
S. Salvatoris de Virtuto conventus, 288 b.
S. Salvi (la glieza de), 192 a.
S. Salvi Albiensis præpositus, 362 a.
S. Salvii de Monsterolio conventus, 39 a. — *Saint-Sauve, de Montreuil-sur-Mer*.
S. Salvii de Monsterolio, abbas electus Fulkerius, 39 a; Simon, *ibid*.
S. Sansonis Dolensis ecclesia (capella B. Mariæ in), 304 a.
S. Saturnini Tolosæ ecclesia, 291 a.
S. Saturnini Tolosanensis diocesis abbas, 164 a, b. — Capellanus, Fortis, 308 a; Geraldus, 309 a. — Prior, 320 b, 515 a.
S. Saturnino (Bernardus de), 465 a.
S. Sepulcri dominus, Odo Ragoz, 397 a.
S. Sepulcri terra, 397 a. — *La Chapelle Saint-Sépulchre, Loiret*.
S. Sequano (Petrus de), 347 a.
S. Sergii Andegavensis conventus, 239 a, b.
S. Sergii et S. Bacchi diaconus cardinalis, Octavianus, 29 a, b.
S. Sigismundo (Fortanerius de), consul Condomii, 498 b.
S. Stephani domus, 297 a.
S. Stephani canonicus, Willelmus Bernardus, 541 a.
S. Stephani Agathensis ecclesia, 268 a.
S. Stephani Bisuntinensis (Willelmus quondam thesaurarius), Cabilonensis electus, 209 b.
S. Stephani de Calcideriis (decimaria), 520 b.
S. Stephani Meduntensis ecclesia, 392 b.
S. Stephani de Nogento elemosina et præbendæ, 182 a.
S. Stephani Petragoricensis capitulum, 63 b.
S. Stephani Tolosæ ecclesia, 291 a.
S. Stephani Tolosæ canonici, 296 a, 308 a. — Canonicus, Guillelmus Bernardi, 377 a, 494 b. — Capellanus, Amelius, 307 b, 309 a.
S. Stephani Trecensis ecclesia, 446 a.
S. Stephano (Bernardus de), civis Narbonensis, 529 b.
S. Sulpicius, 168 a.
S. Sulpicii Bituricensis conventus, 297 b.
S. Sulpicii Bituricensis, abbas Amelius, 297 b. — Prior R., *ibid*.
S. Syphorianus, 379 b. — *Saint-Symphorien, Basses-Alpes, arr. et canton de Sisteron*.
S. Taurini Ebroicensis conventus, 22 b.
S. Taurini Ebroicensis abbas, Willelmus, 22 b, 23 a.
S. Theodardi de Montealbano monasterium, 221 b, 222 a, b, 223 a.
S. Theodardi de Montealbano abbas, Albertus Aurellia, 221 a, 223 a, b, 226 a.

S. Theodori diaconus cardinalis, 29 a.
S. Thomæ de Lupara Parisius ecclesia, 162 a, 166 a.
S. Thomæ de Lupara Parisiensis hospitalis magister et fratres, 517 a, b.
S. Ursi pons, apud Nivernos, 213 a. — *Le Pont-Saint-Ours, commune de Coulanges-lez-Nevers*.
S. Verani dominus, Gibaudus, 430 b, 431 a.
S. Verani domini gentes, 505 a.
S. Verano (Hugo de), 4 a, 214 a.
S. Verano (Symon de), judeus, 431 a.
S. Victoris de Cuco (hospitale), 421 b.
S. Victoris Massiliensis abbas, 362 a. — Monachus, Rossolinus, 515 a, b.
S. Victoris abbatia, 49 b, 55 a, 288 b, 583 a.
S. Victoris Parisiensis abbas, 46 a, 49 b, 55 b; Radulphus, 288 a, 446 b, 447 a.
S. Victoris ordinis abbatiæ, 55 a.
S. Victoris (nova abbatia de ordine), constructa a Ludovico VIII in honore S. Mariæ Virginis, 55 a.
S. Vincentio (Gaubertus de), miles, 501 b; Guillermus, *ibid*.; R., 580 a.
S. Vitoni Virdunensis abbas, Guillelmus, 639 b.
S. Walerici domina, Aanor, 428 a, b, 429 a, b, 430 a.
S. Willelmi abbas, Willelmus de Rochafolio, 329 b.
S. Ylarii abbas, diœcesis Carcassonensis, 658 b.
S. Yonio (Philippus de), miles, 659 b.
Tabernarius (Johannes), 446 a, 531 a.
Tahon (Petrus), 329 b.
Talebot (Will.), 123 a.
Taleburgi vel Talmaburgi dominus, Gaufredus de Rancone, miles, 529 a; W. Ramundus de Pinibus, 390 b, 391 a.
Talemonte (Helias de), 506 a.
Talemund (Ranulphus de), 122 b.
Taillades (lieu dit les), 90 b.
Taillandus (Raimundus), 122 b.
Talneo (Galfridus de), 505 b.
Talniaco (Hugo de), dominus Montis Andronis, de Roiano et de Didonia, 140 a. — Wawain, 506 a.
Tamines (Girbertus de), 479 b.
Tamons en Champagne, 586 b.
Tancredus, archiepiscopus Ydrontinus, 271 a. — *Tancrède, archevêque d'Otrante, au royaume de Naples*.
Tandon (la fille monsignor Girart de), 191 b.
Tanquarvilla (cambellanus de), 102 a.
Tantalone vel Tantolono (Guillelmus Arnaldus de), senescalcus Agennensis, 335 b, 387 a, 432 a, 433 a, 481 a, 540 a. — Gaillardus, 190 a.
Taosca (Bertrandus de la), bajulus Castri Sarraceni, 568 a; Durandus, consul de Rabastino, 503 b.
Tar vel Tor (Johannes de), scutifer, 465 b.
Tarnascone (castrum de), 656 a. — Vid. Tharasco.
Tarentasiensis provincia, 47 a, 48 b.
Tarentasiensis vel Tarentasiensis archiepiscopus, 47 a, b.

TARGUANAIRA (Matfre), 423 a.
Tarn, Thar flumen, 149 b, 192 a, 234 a, 399 b, 402 a, 410 a, 485 b, 512 b, 527 b, 534 a, 550 a. — Terrain sur la rive du Tarn, 399 b.
TAURINDA (Odo de), 455 b.
TAUNAY (Johan de), 521 b.
Tauucium super Votonem, 476 b, 523 a. — *Tonnay Boutonne, Charente-Inférieure, chef-lieu d: canton, arr. de Saint-Jean-d'Angely*.
TAURIACO (Ysornus de), 43 b.
TAURINENSIS episcopus, Hugo, 420 a; Nicolaus, *ibid*.
TAYSSONERIIS (Willelmus de), 481 a.
TEDISIUS, episcopus Agathensis, 71 b, 265 a.
TEISEIRE (P.), 476 a; W., *ibid*.
Telæ foresta, 11 b.
TEMPLARII, fratres militiæ Templi, 117 a, 131 b, 151 b, 152 a, 319 a, 384 a, 455 a. — Grand maître de l'ordre du Temple, 455 a. — Magister militiæ Templi in Aquitania, Willelmus de Sounaiq, 623 a. — Magister militiæ Templi in Francia, Petrus de S. Romano, 383 b. — Præceptor, O. de Rupe, 117 a; Rainaldus de Vicherio, 632 a. — Magister militiæ in Provincia et partibus Hispaniæ, 319 a.
TEMPLARIUS (frater Ebrardus), 647 b.
TEMPLI IN FRANCIA (domus militiæ), 117 a. — Domus militiæ Templi in Provincia, et partibus Hispaniæ, 319 a.
TEMPLO (Petrus de), sindicus Massiliæ, 632 a.
Templum Parisius, 119 a, 133 b, 273 b, 309 b, 431 a.
TEMPLUES (miles de), Ymbertus, 184 b.
Tenechebraium, 287 b. — *Tinchebray, Orne, arr. de Domfront*.
TENREMONDE (seigneur de), Robert, avoué d'Arras, seigneur de Bethune, 337 b.
TENCIACO (Ademarus de), 481 a.
TERE (P.), scriptor, 485 b.
TERMES (burgenses de), 573 a, b.
Terminisio (terra de), 144 a.
TERMINIS (Bernardus de), 144 a, b; Oliverius, 144 a, b, 190 a, 323 a, 449 a, b, 450 a, 541 a.
Termino *vel* Terminis (castrum *vel* villa de), 144 a, 573 a, b. — *Termes*.
TERMINO (castellanus castri de), Rothertus Sine-avere, 144 b.
TEROUENNE (l'évêque de), 333 b.
Terra sancta, 247 b, 260 a, 315 a, b, 340 b, 353 b, 377 b, 383 b, 398 a, 417 a, 418 a, 420 b, 641 b, 642 a.
Terraca (forteracia de la), 578 a.
TERRADA (Hugo de la), clericus, 573 b; Bernardus, consul Montispessulani, 602 b.
TERRASONENSIS abbas, in Petragoricensi diocesi, 63 b, 64 b. — *L'abbé de Terrasson, Dordogne, arr. de Sarlat*.
TERRENO (Ramundus de), 68 a.
TERRICUS, piperarius de Trecis, 132 a.
TERSACO (R. de), 93 a.
TESANO (Poncius de) *vel* TEZANO, 73 a, 74 b.
TEULEIR (G.), 521 a.

TEULEIRA (Guillelmus de), consiliarius Narbonæ, 324 b, consul, 529 b.
TEULERII (Bernardus), consul Fanijovis, 504 a.
TEULERIUS (Ramundus), miles castri Savarduni, 483 a.
TEUPULUS (Jacobus), dux Venetiæ, Dalmatiæ et Croatiæ, dominus quartæ partis imperii Romaniæ, 361 a.
Teurayum, 130 a.
TEUTONICUM (Jean I⁰⁰, dit l'Allemand, *quem vulgo vocant*), abbé de Saint-Victor de Paris, 49 b.
TEXTOR (Aimericus), consul Narbonæ, 325 a.
Teza, 380 a.
Tu., prior Sancti Quintini in Insula, 279 b.
Tu., supprior Beati Dionysii, 145 b.
Thalamundum, 606 b. — *Talmont, Vendée, arr. des Sables*.
Thalemer (molendinum de), 80 a.
THANNAI (Huardus de), miles, 608 a.
Tharasco *vel* Tarasco, 217 a, b. — *Castrum de Tarascone*, 656 a.
THARASCONIS consules, 216 b.
THARASCONE (Albeta de), miles, 515 a, b.
THAURO *vel* TAURO (capellanus de), W., 309 a. — *Prior, Geraldus de Briva, 291 a*.
THEATINUS comes, Simon, 271 b. — *Simon, comte de Chieti, au royaume de Naples*.
THENREMONDÆ et BETTUNÆ dominus, Robertus, advocatus Atrebatensis, 309 a.
THEOBALDUS, archiepiscopus Rothomagensis, 47 b, 70 a, 101 a, 174 a. — *Thibaud d'Amiens, archevêque de Rouen*.
THEOBALDUS, pater Theobaldi comitis Campaniæ, 30 a. — *Thibaud III, comte de Champagne*.
THEOBALDUS, comes palatinus Campaniæ et Briæ, 13 b, 15 a, b, 17 a, 18 b, 25 b, 26 b, 27 a, b, 29 b, 80 a, 32 b, 33 b, 41 b, 44 b, 46 a, 51 a, 59 b, 64 b, 65 a, b, 66 a, 78 a, 84 a, 88 a, 89 a, 115 a, 118 a, 119 a, 123 a, 124 a, 125 a, b, 126 a, b, 127 a, b, 128 b, 130 b, 131 a, b, 133 b, 134 a, 137 b, 138 b, 139 b, 142 b, 143 a, b, 152 b, 153 a, b, 155 b, 158 b, 159 b, 160 a, b, 166 a, b, 169 a, 173 a, b, 174 a, 178 a, 181 b, 184 a, 185 b, 187 a, 191 a, 193 a, b, 201 a, 204 a, 205 b, 206 a, b, 207 a, b, 208 a, 210 a, 214 a, 217 b, 218 a, 222 a, 226 a, b, 228 a, b, 233 a, 235 a, b, 236 a, 237 b, 239 b, 240 a, 243 b, 245 b, 246 a, b, 247 a, b, 251 a, b, 252 a, b, 254 a, b, 255 a, 256 a, b, 237 a, 261 b, 262 a *; rex Navarræ*, 267 b, 271 b, 272 a, b, 274 b, 275 a, 277 b, 278 a, 279 a, b, 284 b, 287 a, 288 b, 289 a, b, 290 b, 292 a, 296 a, 299 b, 302 b, 305 a, b, 306 a, 311 a, 336 a, 342 a, 351 b, 352 a, 360 b, 384 b, 385 a, b, 386 a, 394 b, 395 a, 397 a, 399 b, 400 b, 404 b, 411 a, b, 412 a, b, 414 b, 415 a, b, 421 b, 433 a, b, 434 a, b, 435 a, b, 436 a, b, 440 a, 442 b, 447 a, 442 a, 455 a, 465 a, 467 a, b, 468 a, 490 b, 491 a, 495 b, 501 b, 513 a, 514 b, 520 a, 527 a, 528 b, 531 b, 532 b, 587 a, 589 b, 593 b,

613 a, 631 b, 634 a, 635 b, 636 b, 639 b, 640 a, b, 646 b, 656 a. — *Thibaud IV, dit le Posthume, comte de Champagne et de Brie, roi de Navarre en mai 1234*.
THEOBALDUS (Andreas), 204 b.
THEOBALDUS, sponsus, 204 b.
THEODERICUS, archiepiscopus Treverensis, 301 a, b.
THEOFAUGI dominus, Guido de Thoarcio, 181 a. — *Tiffauges, Vendée, arr. de Bourbon-Vendée, canton de Mortagne-sur-Sèvre*.
THESACO (Gausbertus de), 505 a.
THEZAN (Pons de), 73 b, 78 b. — *Pons de Thézan, Hérault, arr. de Béziers, canton de Murviel*.
THIANS (Terricus de), miles, 597 b, 598 a.
Thiccort, 191 b. — *Probablement Thicourt, Moselle, arr. de Metz, canton de Faulquemont*.
THIENES *vel* TIENES (Sigerus de), miles, ballivus Casletensis, 559 b, 607 b, 608 a.
THIERRY, frère de Gilles de Bassefort, 593 a.
THIL (Guillaume, seigneur du), 409 b.
THOARCII dominus, 139 a. — Senescallus, Gaufridus (*Geoffroi, sire d'Argenton, en Poitou*), 177 a. — Vicecomes, Guido, 471 a, b; Haimericus *vel* Aimericus VII, 43 a, b, 33 a, 57 a, 62 a, 121 b, 180 b; Aimericus VIII, 471 a, 472 a, b, 500 a, b; Hugo, 121 a, b, 138 b, 139 a, 453 a; Raimundus, 177 a, b, 180 b, 181 a. — Vicecomitissa, Margareta, 139 b.
THOARCIO (Gaufridus de), thesaurarius Pictavensis, 471 a, b, 472 a; Guido, dominus Theofaugi, 181 a, b; quondam vicecomes, 471 a, b (*Guy de Thouars, seigneur de Tiffauges, en Poitou, fils du vicomte Aimeri VII*); Hugo, 33 a, 62 b (*Hugues de Thouars, seigneur de Vihiers, en Anjou, frère puiné du vicomte Aimeri*); Raimundus, 33 a.
Thoarcium, 62 b, 177 b. — Thoarcii vicecomitatus, 33 a, 181 a, 471 a, b.
THOCIACO (Johannes de). *Vid*. TOCIACO.
THOIMIACO (Bartholomeus de), miles, 200 b. — *Barthélemy de Thoiry, arr. de Rambouillet, Seine-et-Oise*.
Tholon (ecclesia de), 527 b. — *Toulon-sur-Arroux, Saône-et-Loire, arrondissement de Charolles*.
Tholosa *vel* Tolosa, Tolosæ civitas, 87 a, b, 149 b, 150 a, b, 203 a, b, 227 a, b, 260 b, 275 b, 314 a, b, 324 a, b, 337 a, 354 b, 387 a, 396 b, 397 b, 433 a, 437 b, 441 b, 445 b, 455 b, 458 a, 470 b, 481 a, 493 b, 494 a, b, 495 a, b, 496 b, 497 b, 505 a, 507 a, 511 a, 520 b, 542 b, 543 b, 547 b, 553 b, 565 b, 570 b, 573 a, 574 b, 579 b, 604 a, 605 a. — Domus Tolosæ, 495 b. — Molendinum in Capicio, ante castrum Narbonense, 633 b. — Muri, 152 b, 153 a, 588 b. — Tolosana martra, 202 b, 203 a. — Tolosæ suburbium, 493 b. — Sceau de la ville de Toulouse, 494 a.
Tholosæ (castrum Narbonense), 535 b, 535 a, 547 a, 549 b, 550 a, 553 b, 566 b, 567 a.

Tholosæ capitulum, 440 a. — Tholosæ abbatiæ vel ecclesiæ : B. Mariæ Deauratæ, 291 a, 303 a, 307 a, Grandissilvæ, 164 a, 348 a; minores, 291 a, 315 b, 497 b; prædicatores, ibid., 497 b; S. Antonii, 291 a; S. Bartholomei, ibid.; S. Petri Coquinarum, ibid.; S. Saturnini, 164 a, 308 a, 309 a; S. Stephani, 291 a.
Tholosæ curia episcopalis, 307 a.
Tuolosæ capellani, 306 a. — Clerici, 314 b. — Notarius, Bernard Aimericus, 275 b, 635 b. — Officialis, Bertrand de Ferrières, 636 a. — Scriptor officialis, R., 383 a. — Præpositus, Raimundus Escrivanus, 484 a, 488 a, 489 a, 493 a, 496 b, 507 b, 540 a, 542 b. — Senescallus, Andreas Choleti, 144 b; Poncius de Villanova, 288 a, 324 a, b, 354 b, 355 a, 398 a, 410 b, 433 a, 441 b. — Vicarius, Berengarius de Promilhaco, 520 b, 535 b, 536 a, b, 540 a, 541 a, 549 b, 553 b, 555 b, 556 a, b, 567 a, 571 b, 572 a, 573 a, 577 a, b, 580 a, 583 b, 604 a, 605 a; Gaudin Marcel, 636 a; Guilhalmonus, 296 b; Hugo Johannes, 35 b; Petrus Girbertus, 35 b; Petrus de Tolosa, 298 a, 323 a, 334 b, 456 a, 464 a, 483 b, 494 b, 496 b.
Tholosæ, Tholosanus comes. — Vide : Alphonsus de Francia, comes Pictaviæ, Amalricus Montisfortis, Raymundus VI, Raymundus VII, marchio Provinciæ.
Tholosæ vicaria, 288 a.
Tholosana moneta, i. e. Tholosanorum solidi, solidi fortes, denarii vel malliæ, 46 b, 61 b, 67 b, 90 b, 118 b, 135 b, 136 a, 183 a, b, 194 b, 215 b, 221 a, 227 b, 245 b, 248 b, 250 a, 251 b. 277 b, 281 a, 285 a, 297 b, 307 b, 308 a, 309 a, 312 b, 334 b, 339 b, 351 a, 377 b, 399 b, 421 b, 437 b, 462 b, 463 a, 474 a, 475 a, b, 510 b, 511 a, 514 a, 533 a, b, 536 a, b, 538 b, 571 a, 580 a, 585 b, 590 a, 617 a, 637 a. — Solidi boni, 90 b; mailles, 617 a.
Tholosana mos, 297 a.
Tholosana universitas, 307 b. — Magistri regentes universitatis, 315 a, 340 a, 397 b; regentes grammaticali, 149 a. — Scolares, pauperes, 497 b.
Tholosani cives, 151 a, 152 a, 203 a, 306 a, b, 493 a, b; Consules, 278 b, 493 a, 494 a. — Piscatores et nautæ, 202 b.
Tholosani episcopi bajulus, Guilabertus Carbonellus, 85 b.
Tholosanum, 462 b, 475 a. — Tholosana diocesis, 432 b, 455 b, 494 b, 497 b, 547 b. — Tholosanus comitatus, 24 b, 34 b, 35 a, 155 a, 570 a. — Episcopatus, 149 b, 150 a, 166 a, 315 a, 451 a, 570 b.
Tholosanus episcopus. Vid. Fulcho et Raimundus. — Tolosana sede vacante, 230 b, 231 a.
Tholoza (B. Rainaut da), 419 b; Bernardus Raimundus, 483 b, 572 a; Bertrandus, 297 a, 326 b; Mancipius, 188 a, 209 b, 240 b, 330 a, 334 b, 377 a, 433 a, 483 b, 549 b, 566 a, 585 b, 614 b, 660 b; Massipus, senescallus Venaissini, 408 a; Petrus, 153 a, 245 b, 254 b, 297 a; Petrus vicarius, 298 a, 313 a, 326 a, 328 a,

354 b, 377 a, 378 a, 387 a, 433 a, 456 a, 464 a, 483 b, 494 b, 496 b, 533 a, 535 b, 543 b, 548 b, 549 b, 566 a, 680 b; Poncius, 297 a; Raimundus, 68 a; Sicardus, 194 b, 221 a.
Tholzana (la careira), à Buzet, 623 b.
Thomas, abbas de Armeriis seu de Ermeriis, 125 a, 544 b. — Thomas, abbé d'Hermières.
Thomas, abbas de Orbaco, 589 b. — Saint-Pierre d'Orbais, au diocèse de Soissons.
Thomas, cardinalis presbyter tituli Sanctæ Sabinæ, 29 a.
Thomas, comes Acerrarum, 420 a.
Thomas, comes Flandriæ et Hainoniæ, 355 a, b, 356 a, b, 357 b, 358 b, 362 b, 372 a, 405 b, 416 b, 545 b, 546 b, 563 a. — Thomas de Savoie, comte de Flandre et de Hainaut, second mari de la comtesse Jeanne.
Thomas, decanus Carnotensis, 327 b, 372 b.
Thomas, decanus Rothomagensis, 173 b.
Thomas, martyr, 37 b, 243 a. — Saint Thomas Becket, archevêque de Cantorbéry.
Thomas, scabinus Noviportus, 595 b.
Thomas, servus, 204 b.
Thooniacum, 130 a.
Thoriacum in Nivernesio, 204 b. — Thory ou Bussy-le-Brinon, commune de Bussy-la-Pesle, Nièvre.
Thoriniaco (homines de), 276 b.
Thorotæ castellanus, Johannes, castellanus Noviomensis, 262 a, b, 351 b, 411 a, b, 447 a, b, 455 a, 520 b, 528 b, 593 b.
Thoroud (Willelmus de), miles, 563 a.
Thrucillus, dapifer Waldemari regis Danorum, 158 a.
Thuri (Lambertus de), 156 b.
Tutuscani mercatores, 587 a.
Thyronis grancha, 130 a.
Tili vel de Tilio dominus, Guillelmus, 409 b, 413 b.
Tilio (Bernardus de), consul Montispessulani, 4 b.
Tiliolum, 287 b.
Tilleit (Rad. de), castellanus Abrincensis, 256 a. — Raoul de Tilloy, châtelain d'Avranches.
Timosi (Johannes), civis Romanus, 437 b.
Tinerca villa, in diocesi Ruthenensi, 324 b.
Tixie (Guillelmus de), miles, 639 b.
Tiobaldus, senescallus Pictaviæ, 138 b.
Tirellus (Milo), consiliarius imperii Romaniæ, 391 a, 392 a, 395 a.
Toca (Paia de la), 419 a.
Tociaci, Thociaco, Tosciaco vel Touciaco (Johannes de), 4 a, 214 a, 298 a, 299 a, 389 a, b, 395 b, 396 a, 505 a. — Nariotus, 292 a.
Toces (Willelmus de), 67 a.
Toir (Bartholomeus de), 201 a.
Toirelis (Bernardus de), miles de Fanojovis, 502 b.
Toleti rex, Alphonsus IX vel Aldefonsus, 97 b, 98 a, 99 a; Fernandus, rex Castellæ, Legionis, etc., 372 b, 373 a, b. — Regina, Johanna, regina Castellæ, etc., 373 a.

Toletum, 98 a.
Tolozinos (W.), 307 b.
Tolvio (castrum de), 221 b, 222 a.
Tonduz (Poncius), 509 a; Raimundus, ibid.
Tonencis (Petrus Raimundus), 285 a.
Tonguebec (Prigencius de), 303 a.
Tonnay (Hugues de), seigneur de Montendre, Royan et Didonne, en Saintonge, 140 a.
Topina (Bertrandus), 390 b, 391 a.
Toquins (Matheus), 413 a. — Mathieu de Touquin en Brie, Seine-et-Marne, arr. de Coulommiers.
Toratum (terra quæ vocatur ad), 422 a.
Torbout (communitas villæ de), 105 a, 346 a, 365 b, 595 b, 597 b. — Scabini, ibid. — Tourout, dans la Flandre orientale.
Torigni (Radulphus de), 617 b.
Torn (Johan), comunal escriva de Montalba, 611 b.
Tornacensis canonicus, Girardus, 335 b. — Castellanus, 425 a; Arnulphus de Moreteigne, miles, 607 b. — Episcopus, 314 b, 335 b, 546 a; Galterus, 156 b, 157 a.
Tornacensis communiæ præpositi jurati, 654 b.
Tornai (castellerie de), 423 b, 424 a, 425 a. — Banlieue, 424 b. — Eskievins, 423 b.
Tornamira (Marchus de), jurisperitus, 603 a.
Tornan (nemus situm in usuario de), 137 b.
Tornan (Ansellus de), 24 b.
Tornan (Ansellus de), 448 a.
Tornan vel Tornant (dominus de), Ansellus, 25 a; Ansellus de Garlanda, 588 a.
Tornant (dominus de), Ansellus de Possessa, 23 a.
Torneilla (forteritia de), 1 a.
Tornelles (Robertus de), miles, 281 b.
Tornerius (Johannes), publicus Montisalbani notarius, 614 b; Symon, consul Carcassonæ, 650 a; Willelmus, 68 a, 444 a.
Tornerius de Castro Maurono (Willelmus), 443 b.
Torni (terra de), 130 a.
Torno (dominus de), Johannes, dominus de Cimaio, 174 b. — Jean, seigneur du Tour.
Tornodorensis comitatus, 289 b, 290 a.
Tornodorum, 492 b. — Tonnerre, Yonne, chef-lieu d'arrondissement.
Tornolium, 567 b.
Tornon (castrum de), 89 b, 403 b.
Tornon (dominus de), Guigo, 89 b. — Tournon en Vivarais, Ardèche.
Torolla (castrum de), 265 a.
Torota (Johannes de), 593 a.
Torota (castellanus de), Johannes, castellanus Noviomensis, 588 a.
Torpin (Garnier), 447 a.
Torrat (rivus de), 443 a.
Torreta (molendinum de la), 571 b.
Tors (la ville de), en Champagne, 569 b.
Tors en Wieure (domus fortis quæ dicitur la), 32 b.
Torte (la), 204 b.

INDEX ALPHABETICUS.

Torz (fortericia de), 527 b.
Toul (molendinum et vivarium apud), 46 a.
Toul (li cuens de), 191 b, 192 a.
Tour (Bernard de la), 500 a; Gui, ibid.
Tour (Marie, dame du), dame de Chimay, femme de Jean, fils ainé du comte de Soissons, 138 a.
Tournai (église Saint-Martin de), 423 b, 425 a.
Tournai (abbé de Saint-Martin de), Raoul, 423 b.
Tournai (châtelain de), Arnoul de Mortagne, 360 a, 423 b.
Tournan (le prieur de), 401 b.
Tournan (seigneur de), Ansel de Garlande, 403 a; Jean de Garlande, 25 a. — Voy. Tornan.
Tournel (Guillaume de), maréchal de France, 178 b.
Tournelle (Robert de la), 282 a.
Tours (archidiacre de), 157 b.
Toyri (Guillaume de), chevalier, 485 a.
Trasegnies (Egidius de), armiger, 597 b, 599 a. — Gilles le Brun de Trasegnies.
Trave (castrum de), 65 b.
Traverserium vallatum, 439 b.
Trebassao (G. de), consul castri de Naiaco, 514 a.
Trecæ, Trecensis vel Trecarum civitas, 155 b, 162 a, 174 a, 235 b, 236 a, 237 b, 253 a, 254 b, 441 b, 447 a, b. — Trecenses nundinæ, 527 a; nundinæ S. Johannis, 492 b, 528 b; nundinæ S. Remigii, 173 b, 228 a, 527 a. — Trecarum portagium, 514 b. — Trecensis præria, 132 b. — Trecensis fossata, 318 a. — Troyes, chef-lieu du département de l'Aube.
Trecense capitulum, 33 b, 131 a, b, 253 a, 254 b.
Trecensis cantor, Henricus, 33 b, 241 b, 253 a, 254 b. — Comes, Henr'cus, 272 b. — Comes palatinus, Theobaldus, 78 a, 119 a. — Comitissa, Blancha, 33 b, 62 a, 125 b, 126 a, b, 127 a, b, 131 a. — Decanus, Milo, 33 b, 253 a, 254 b. — Radulphus de Rumiliaco, 480 b, 527 a. — Decanus, S. Petri, 439 b. — Episcopus, Nicolaus, 220 b, 247 a, 254 b, 266 a, 280 a, 446 a; Robertus, 101 b, 233 a, 245 b, 247 a. — Officialis, 274 b; Johannes, 634 a; Nicholaus, 513 a, 514 a, 527 a, 565 b; Th. de Pomariis, 487 b. — Sceau de l'officialité, 514 b.
Trecensis (curatus S. Dionysii), 254 b. — S. Lupi, abbas Galterius, 421 a. — S. Nicetii curatus, 254 b. — S. Petri de Cella monasterium, 465 a; abbas Johannes Rigauz, 421 a. — S. Remigii curatus, 254 b. — S. Stephani ecclesia, 446 a.
Trecensis curia, 487 b, 514 b, 634 a. — Ecclesia, 245 a. — Conventus B. Mariæ de Prato juxta Trecas, 266 a.
Trecensis episcopatus, 33 b.
Trecloue, locus, 457 b.
Trecorensis diocesis, 303 a. — Diocèse de Tréguier.
Trecoria (terra de), 303 a.
Tregniaco (Guido de), 204 b.

Tréguier (évêque de), 86 b.
Treigniacum in Nivernesio, 204 b. — Treigny, commune de Chevannes-sous-Montenoison, Nièvre.
Trelignot, locus, 455 b.
Trellou, locus, 457 b. — Tréloup, Aisne, arr. de Château-Thierry, canton de Condé-en-Brie.
Trembleel, près Beaumont, 20 b, 21 a.
Trembleium in Nivernesio, 204 b. — Le Tremblay, commune de Chaulgnes, Nièvre.
Trencavellus (Raimundus), quem vocant vicecomitem Biterrensem, 71 b, 73 b, 457 a, b.
Trenorchiensis abbas, Berardus, 327 a.
Trenorchium, 327 b. — Tournus, Saône-et-Loire, arr. de Mâcon.
Trenquart (Alard), 521 b.
Tres-Fontanæ (villa quæ nominatur), 30 a.
Trevellani villa, 341 a. — Travaillan, Vaucluse, arr. et canton d'Orange.
Treverensis archiepiscopus, Theodericus, 301 a, b.
Trevins, locus, 544 b.
Tria (Matheus de), miles, 281 b, 282 a, 287 b, 288 a, 291 a. — Trye-Château et Trye-la-Ville, dans le Vexin, Oise, arr. de Beauvais.
Triabardoli (terra de), 13 b. — Pedagium, 159 b. — Trilbardou, Seine-et-Marne, arr. de Meaux, canton de Claye.
Triangulo (Anselmus de), 605 b; Droco, ibid.; Garnerius, ibid.; Garnerius, dominus Marigniaci, 118 a. — Trainel, Aube, arr. et canton de Nogent-sur-Seine.
Triangulo (decanus christianitatis de), Galterus, 137 b.
Tribullana (castrum de), 381 a.
Tricinilio (villa de), Tricinilhium, 332 a, 396 a.
Triecoc (Reginaldus de), 393 a.
Traineio (Guillelmus Bellican de), armiger, 564 a.
Tripol (P. de), 136 b.
Trisciato (terra de), 257 a.
Tristanz (Pierre), chevalier, sire de Pacy, 408 a, 409 a, 485 a.
Trium-Fontium abbas, 29 b.
Triviriæ, 255 b.
Troan (gistum de), 131 b.
Troblavilla (H. de), miles, senescallus Vasconiæ, 332 b.
Trohost (communitas villæ de), 346 a.
Troja, dans la Capitanate, 58 a.
Tron (W.), miles, 339 b.
Tronqueia (locus dictus), 60 b.
Troyes (bailli de), Jobert de Haquetins, de Bar-sur-Seine, 448 a.
Troyes (juifs de), 447 b.
Trublevilla (Henricus de), senescallus Vasconiæ, 141 b, 405 a.
Trufe (P. del), S. Antonini consul, 647 b.
Truill (honor del), 443 a.
Truissatan (moulin et pêcherie de), 267 b.
Truncheia (abbas de), 304 b.
Truncus Berengarii, 26 b.

Trunnus (Arnaldus), cambiator Tolosæ, 437 b; Arnaldus Willelmus, scriptor, 583 b.
Tuci (Nariotus de), 391 a.
Tudela, 267 b.
Tudela (doyen de l'église de), Guillaume, 352 b.
Tuegni (en Champagne), 586 b.
Tuerius (Johannes), miles balliviæ Montis-Albani, 502 a.
Tupo, camerarius Waldemari regis Danorum, 158 a.
Tuquin (Matheus), 118 a.
Turennæ vicecomes, Raimundus, 298 a, 323 b, 324 a, b.
Turni dominus, Johannes, filius comitis Suessionensis, 137 b, 138 a. — Jean du Tour, fils ainé de Raoul de Nesle, comte de Soissons.
Turno (terra de), 137 b.
Turnolium in Alvernia, 573 b.
Turnomii dominus, Ansellus de Garlanda vel Gallanda, 13 b, 22 a, 162 a, 236 b, 240 b, 401 b, 402 b, 410 b.
Turnomii prior, Ada, 194 a; J., 401 b.
Turnomio (Ansellus de), miles, 166 a.
Turnomio (Odo, leprosus de), 194 a.
Turnomio (homines de), 22 a.
Turnomio (prioratus de), 194 a, 240 b, 593 b. — Prior, 593 b.
Turnomium, 194 a. — Castellum de Turnomio, 22 a. — Molendinum, 240 b. — Turnomii parrochia, 162 a, 166 a. — Pedagium, 236 b, 401 b. — Præpositura, 402 b. — Tournan, Seine-et-Marne, arr. de Melun.
Turonense capitulum, 440 b, 441 a, 454 b. — S. Mauritii capitulum, 245 a.
Turonensis archiepiscopus, Johannes, 47 b, 57 a, 69 b, 122 a; Juhellus, 216 b, 241 a, 298 b, 419 a, 441 a, 454 b. — Archidiaconus, 157 a. — Canonicus, Martinus, 158 a. — Castellanus, Philippus Eraudi, 494 b. — Decanus, Recherius, 440 b, 454 b. — Cantor B. Martini, 57 a; Egidius, 535 a. — Decanus B. Martini, Albericus, 254 b, 288 a. — Granicarius, Radulphus, 372 a.
Turonensis ecclesia, 254 b. — Conventus S. Juliani, 174 a.
Turonensis moneta i. e, Turonensium libræ, libratæ, solidi, denarii, 38 b, 41 a, 60 a, b, 68 b, 92 b, 94 b, 114 b, 118 b, 119 a, 151 b, 154 b, 156 b, 158 b, 162 b, 163 a, b, 170 a, 175 b, 177 a, 179 a, 181 a, 183 b, 208 b, 209 a, 210 b, 227 a, b, 228 a, b, 239 a, 242 a, b, 243 a, 267 a, 271 a, 273 b, 277 b, 278 a, 290 b, 294 a, b, 303 b, 313 a, 316 a, b, 331 a, b, 398 b, 400 a, 401 a, b, 410 a, b, 414 a, 416 a, 419 a, 421 b, 427 a, 430 b, 441 b, 455 a, 472 b, 476 b, 477 b, 478 a, b, 479 a, 484 a, 486 a, 492 b, 494 b, 499 a, 523 a, 524 b, 602 a, 618 b, 622 a, 632 b, 633 a, 643 a, 645 a.
Turones, 10 a, 176 a, 216 b, 480, a, b. — Turonense castrum, 440 b. — Tours, Indre-et-Loire.

Turonia, 10 a. — Turoniæ, senescalcia, 117 a.

Turre (Bernardus de), 172 a, 354 b, 408 a, 466 b, 548 b, 549 b, 572 a, 614 b; Gyraldus, miles castri de Causaco, 502 b; Johannes, 354 a; Odo, 543 b; Petrus, 135 b, 240 a; Poncius, 43 b, 456 a; consul de Lauraco, 504 a; R., miles castri de Causaco, 502 b; Vasco, 354 a; Ysarnus, consul castri de Causaco, 502 b.

Turre Nivernensi (Nicholaus de), 438 a.

Turribus (Arnaldis de), 533 b.

Turribus vel Turre (Bertrandus de), 458 a, 510 b, 511 a, b, 512 a, b, 533 b; Curvus, 291 a, 355 a, 383 a, 493 b, 511 b, 512 a, 550 a; Guido, 511 a, b, 512 a, b, 533 b, 571 a, b, 572 a.

Turris (Willelmus de), 379 b.

Tusculanus episcopus cardinalis, Hugo, 29 a; Odo, Apostolicæ Sedis legatus, 590 a, b, 592 a, b, 596 b, 597 a, 605 b, 630 a, b, 637 a, 638 b.

Tusquin (Matheus), 131 b, 132 a.

Tuvo, episcopus Ripensis, 157 b.

Tyleium, 130 a.

Tylia Hodcardi, 245 b.

Tylia villa, 182 a. — Tyliæ præpositura, ibid. — Probablement le Theil, Orne, arr. de Mortagne.

Uc (B.), lo faure, 589 a.

Uge (Arnaldus), 264 b, 351 a.

Ugo, comes Rutenensis, 532 a.

Ugo, episcopus Taurinensis, 420 a.

Ugo (Johannes), 290 b.

Ugone (Stephanus de), consul Castri Sarraceni, 567 b.

Ul, præpositus B. Mariæ Magdalenæ Virdunensis, 373 b.

Ulmetum, in castellaria Firmitatis super Albam, 132 b. — Ormoy, Haute-Marne, arr. de Chaumont, canton de Château-Villain.

Ulmi (Hugo dominus), 214 a.

Ulmo (Guillelmus de), notarius, 440 b; Hugo, 4 a; Ramunda, 309 a.

Ulmum ferrarium, 100 b.

Ulmus pediculosus, apud Nivernos, 213 a. — Terroir de la banlieue de Nevers, où il y avait une chapelle appelée Notre-Dame de l'Orme.

Ultramontis (Pyccolominus vel Picolomini), mercator Senensis, 439 a, 463 b; Robertus, 439 a, b, 463 b.

Unaldi (Geraldus), consul de Lauraco, 504 a, b.

Unaldus (Giraldus), 230 b; Jordanus, ibid.; Ramundus filius W. Unaldi, ibid., 334 b; Willelmus, 313 a.

Unaudi (Guiraudus), 190 a; Guiraudus, consul Verduni, 497 a.

Uncastillo (Sanche de), notaire à Tudela, 352 b.

Uniaudi (Ugo), 190 a.

Urbens, 192 a.

Urgelli comes, et Jacobus I, rex Aragoniæ, etc., 328 b, 329 a, 450 b, 457 b, 602 a.

Uriaco (Guillelmus de), domicellus, 371 b. — Guillaume d'Huriel, Allier, arr. de Montluçon.

Urrocio (Michael de), 540 a.

Ursellus, 61 a. — Urcel, Aisne, arr. de Laon, canton d'Anizy-le-Château.

Ursio cambellanus, 57 a, 88 a, 96 b.

Ursio (dominus) canonicus Carnotensis, 544 b.

Ursus, camerarius Franciæ, 72 b, 174 a.

Urziacum, 438 a, b. — Urzy, Nièvre, canton de Pougues.

Ussentia (aqua quæ dicitur), 25 b.

Uticensis diœcesis, 618 b. — Le diocèse d'Uzès.

V. Peira (mansus de), 508 a.

Vacca (Jacobus), canonicus Magalonensis, 330 a.

Vadegia vel Vadigia (villa de), 41 a, 230 b, 231 a. — Baziege, Haute-Garonne, arr. de Villefranche, canton de Mongiscard.

Vadegia vel Vadicia (Arnaldus de), filius Bertrandi de Varanhano, 41 a, 230 b, 231 a; Bertrandus, 230 b, 231 a; Jordanus, 332 a.

Vacheria senex, locus, 643 b.

Vager (R.), 521 a.

Vaissi (forêt de), 218 b.

Valansonum, 379 b. — Peut-être Valensole, Basses-Alpes, chef-lieu de canton de l'arrondissement de Digne.

Valantinus, Valentinus, comes Ademarus, vel Aimarus de Pictavia, 301 a, b, 403 b, 404 b, 408 b. — Aymar de Poitiers, comte de Valentinois.

Valantros (S. Grimal de), S. Antonini burgensis, 647 b.

Valaorra, 379 b. — Valavoire, Basses-Alpes, arr. de Sisteron, canton de la Motte-du-Caire.

Valarauga (castrum de), in diocesi Nemausensi, 71 b.

Valberalo (Stephanus Amerius), 59 a.

Valencenæ, Valenchenensis villa, 597 b, 626 a. — Valenciennes, Nord, chef-lieu d'arrondissement.

Valencenensis (scabini et communitas villæ), 596 b.

Valencenensis prior, ordinis Predicatorum, 545 b, 546 b.

Valencenis (Walterus, abbas S. Johannis in), 546 b.

Valencenis (Johannes de), serviens imperatoris Constantinopolitani, 518 b.

Valencia (Guillermus de), filius comitis Marchiæ, 624 a; Willelmus, 123 a, 499 a, b.

Valentia, relicta Theobaldi de Blazone, 165 b, 166 a.

Valentiæ civitas, Valentia, 340 a, 445 a. — Regnum, 445 a.

Valentiæ rex Jacobus I, rex Aragonum, 450 b, 457 a, 602 a.

Valentres (Ernaudus de), consul Callucii, 510 a.

Valeri (Erardus de), miles, 519 b; Johannes, 96 b, 421 b. — Vallery en Champagne, Yonne, arr. de Sens, canton de Chéroy.

Valeriaci dominus, Johannes, 97 a, 292 b, 501 b.

Valeriaco (Hugo de), miles, 292 b, 389 a.

Valerna, 380 a. — Valernes, Basses-Alpes, arr. de Sisteron, canton de la Motte-du-Caire.

Vallat (P. de), S. Antonini consul, 647 b.

Vallatis de S. Antonino (W. de), 535 b, 536 a.

Vallato (Guillelmus de), 226 a.

Valle Beraldo (Aimerius de), 59 a.

Valle Grinosa (Guillermus de), miles, 59 a.

Valle Pilonis (Eustachius de), 182 a.

Valle-profunda (Guillelmus de), miles, 520 a.

Valletæ terminium, 162 b.

Vallibus (Geraldus III de), abbas Sarlatensis, 656 b.

Vallibus (Guillelmus de), 278 b, 299 b.

Vallis Callium (prior et monachi), 646 b. — Le monastere du Val-des-Choux, diocèse de Langres.

Vallis Christianæ conventus, 288 b. — Vauchrétien, au diocèse de Soissons.

Vallis Guidonis castrum, 389 b, 395 b, 396 a.

Vallisperii vel Vallis Pyrii comes, Nuno Sancii, comes Rossilionis, 79 a, b, 93 b.

Vallis-Rodolii, 446 a. — Valle-Rodolii (terra de), 130 a. — Terra apud Vallem Rodolii, 410 a. — Le Vaudreuil, Eure, arr. de Louviers, canton du Pont-de-l'Arche.

Vallis Scullarium prior, Johannes, 646 b.

Vallis secretæ conventus, 288 b.

Vallis secretæ abbas, diocesis Suessionensis, 133 b, 247 b, 251 a, 268 a.

Vallis-Serenæ ecclesia, 83 b. — Valsery, diocèse de Soissons.

Vallisoletum, 373 a, b. — Valladolid, dans la Vieille-Castille.

Valon (Petrus de), 275 b.

Vangionisrivo (Galterus de), 65 b, 411 a; Gaufridus, 66 a, 441 a. — Vignory en Champagne, arr. de Chaumont-en-Bassigny, Haute-Marne.

Vaqueris (R. de), 307 a.

Vaquerius (Bernardus), quondam filius Arsini, 514 a.

Varanano (Guillelmus de), 41 a; R., ibid.

Varanhano (Bertrandus de), 231 a.

Varnhola (Bernardus R. de), 579 b.

Vasahl de Rocca-cibera (Petrus), 476 a.

Vasatensis episcopus, Arnaldus II de Pinibus, 332 b.

Vasco (Stephanus), 262 b; Willelmus scriptor, 264 a, b, 278 b, 299 b, 327 a, 351 a.

Vasconiæ senescalcus, Henricus de Trublevilla vel Troblavilla, 141 b, 332 b.

Vasega (Ar.), 480 b.

Vasionis civitas, 466 a. — Vaison, Vaucluse, arr. d'Orange.

Vasionensis ecclesia, 466 a.

VASIONENSIS episcopus, 340 a.
VASSALLUS, 225 b.
VATACIUS, 353 b.
VATARIA (Ilelia domina de), relicta Fromondi militis, 514 a, b.
VAUCEMAIN (Guido de), 233 a.
Vaudo (foresta de), 411 b.
Vaumel, 380 a. — *Vaumeilh, Basses-Alpes, arr. de Sisteron, canton de la Motte-du-Caire.*
VAURI ballivus, Bertrandus de Caillano, 503 a.
Vauro (villa aut castrum de), 150 b.
VAURO (Guillelmus de), 605 a; Willelmus Alacer, 520 b.
Vaurum, 397 b.
VAZEGA (Ar.), 465 b.
Vcireriis (nemus de), 411 b. — *Bois de Verrières, Marne, arr. et canton de Sainte-Menehould.*
VELA (Aimerics de la), 378 a.
VELLIACI (major et jurati), 653 b. — *Wailly en Picardie, Pas-de-Calais, arr. de Montreuil.*
Venaissinum, 83 a, 376 a.
VENAISSINI senescalcus, 445 b; Jean des Arcis, 335 a, 371 b, 406 b, 408 a.
VENAISSINI (A. de Claromonte), senescallus comitis Tolosæ in partibus, 636 b, 637 a, 406 b, 408 a.
Venaissin (la cour du), 432 a.
VENDINIS (W. de), 262 b.
Venesini, Venexini terra, 270 b, 271 a, 300 b. — Partes, 340 a, 341 b, 342 a, 408 a.
Venetia, 391 b, 392 a.
VENETIÆ camerarius in Constantinopoli, Panchracius Gaversonus, 391 b. — Dux, Jacobus Teupolus, 361 a, 391 a. — Fratres Minores, 391 b; fratres Prædicatores, ibid.
Venetialis moneta, 392 a.
Vennasca (castrum de), 406 b, 407 a, b.
Ventairol, 380 a. — *Venterol, Basses-Alpes, arr. de Sisteron, canton de Turriers.*
VER (Petrus de), 132 a.
Vera (grangia de), 44 b.
VERDIER (Folc de), 136 b.
Verdun (chapitre de l'église Sainte-Marie-Madeleine de), 374 a.
VERDUNII prior, R. de Setenis, 441 a.
Verduno (villa aut castrum de), Verdunum, 150 b, 151 b, 188 a, 497 a, 553 a. — *Verdun en Gascogne, Tarn-et-Garonne.*
VERDUNO (bajulus de), Petrus Stephanus de Fenolheto, 188 a. — Consules, 497 a. — Official, G., 310 b.
VERDUNO (Atho Ernaudi de Castro), 163 b.
VERGEIO (Guillelmus vel Willelmus de), senescallus Burgundiæ, 409 b, 413 b; Henricus, 449 b, 495 b, 658 a.
VERGEY (le priour de), 167 b.
VERGIACO (Guillelmus de), 193 a, b.
Vergna (domus de la), 476 b.
VERINELLIS (B. de), burgensis Castrensis, jurisperitus, 648 b.

VERINGONE (Ugo de), syndicus communis Massiliæ, 188 b, 189 b.
VERLANGUEHEN vel VERLENGUEM (Johannes de), miles, 559 b, 607 b, 608 a. — *Jean de Verlinghem.*
Vermans, 234 a.
Vermats (ruisseau de), 512 b.
Vermatz, Vermats (fief de), 339 a, 512 b, 513 a, 544 a. — Pièces de terre ou de vigne situées à Vermatz, 521 a, 533 a.
VERMEILS (Bernat de), 616 b.
Vermeliaco (terra de), 100 b.
Vermicum (terra de), 290 b.
Vernolium, 601 b. — Vernolii præpositura, 602 a. — Vernolii major et jurati, 653 b. — *Verneuil en Normandie, Eure.*
Vernone (canagium de), 22 b.
Vernone (domus de), 130 a.
VERNONE (Radulphus de), frater conventus B. Katherinæ Rothomagensis, 220 b; Ricardus, 102 a.
VERNONENSIS præpositus, 537 a.
Vernoto (nemora de), 228 b. — Probablement bois de Vernou, Seine-et-Marne, canton de Moret.
Vernulio (molendinum de), 393 b.
VERNULIO (homines de), 393 b.
VERON (Guillelmus de), miles, 660 a.
VERRANDUS, servus, 204 b.
VERRE (P.), consul Montispessulani, 51 b.
VERRERIIS (homines de), 243 b.
VERSON (Guillelmus de), 605 b.
VERVINI vel DE VERVINS (dominus de), Thomas de Couciaco, 13 b, 491 a, 588 a.
Verzols (castrum de), 646 b.
Veseiras, Veceriæ, Vessieras, 194 b, 224 a, 299 b, 300 a, 333 b, 339 a, 348 a, 351 a, 383 a, b, 394 a, b, 396 b, 399 b, 402 a, b, 419 b, 423 a, b, 440 b, 508 a, 512 a, b, 519 b, 521 b, 533 b, 514 a, 538 b, 539 a, 543 a, 544 a, 547 a, b, 550 a. — Castel de Vescieras, 313 b. — Maison, jardin, situés à Veseiras, 399 b, 423 a. — *Bessières, Haute-Garonne, arr. de Toulouse, canton de Montastruc.*
VESEIRAS, VECERIIS (Bertrandus de), 383 a, 386 b, 402 a, 512 b.
Veseiras (prohome de), 339 a. — Homines de Veceriis, 335 b.
Veseiras (lo capela de), Azemar, 383 a, 402 b, 812 a, b, 513 a, 521 a, 522 b.
VESEIRAS (escrivas communals de), W. Repolleir, 419 b, 513 a.
VESIANI (T.), 446 a.
VESSERIIS (capellanus de), 184 b.
VESSIERAS (capel de), 184 b; W. Capel, 339 a.
Vessaudi castrum, 403 b. — *Vesseaux, Ardèche, arr. Privas, canton d'Aubenas.*
VESTE (Baudouin de le), 559 b.
VETERI monasterio (grangia de), 44 b.
VETERIS MORESII archidiaconus, Bernardus, 539 b, 540 a.
VETERIS VALLIS abbas, Renaldus, 303 b, 304 b.
VETERIS VILLÆ abbas, 304 a. — Monachi, ibid. — *La Vieuville, diocèse de Dol.*
VEZATI (Stephanus), 390 b, 391 a.

VEZIS (P. de), consiliarius villæ Sarlati, 13 a.
VI (Gaufridus de), miles, 658 b.
VIACO (Henricus de), miles, 257 a.
Vianensis moneta, 542 a.
Viasac (parrochia de) juxta Figiacum, 582 a. — *Viazac, près Figeac, Lot.*
Vicenæ, Vicennæ, 72 b, 139 a, 155 a, 166 a, 210 a, 266 a, 279 a, 508 b, 605 b, 608 a. — *Vincennes près Paris, Seine.*
VICHERIO (Rainaldus de), præceptor militiæ Templi in Francia, 632 a.
VICINIS (Petrus de), 144 b, 157 a, b.
VICTE (Balduinus de le), miles, 559 b; Gossuinus, 368 a, b.
VIDAL (Guillelm), 383 b; W.; 351 a, 383 b, 423 a, 547 a.
VIDAL DE BESSIÈRES (W.), 396 b.
VIDALIS (Petrus), consul de Marmanda, 532 a.
VIENNA (Girardus de), 411 a; Guillermus, ibid.; Henricus, 65 a.
Viennense regnum, 271 a, 300 b, 431 b, 432 a.
VIENNENSI (vicarius generalis in regno), Galterius, 431 b.
Viennensis provincia, 47 a, 48 b. — Terra, 485 b, 486 a.
VIENNENSIS archiepiscopus, 47 b; Johannes, Apostolicæ Sedis legatus, 314 a, 322 a, 340 a, 350 a, 377 b. — Comes, Johannes de Brana, 193 b.
VIENNENSIS quondam comitissa Scolastica, comitissa Matisconensis, 528 a.
VIERZON (Guillaume de), 665 b.
VIEZVI (Johannes de), 14 b, 15 a. — *Jean de Viévi.*
Vif, in Nivernesio, 204 b.
VIFRANC vel VIFRAG (Bertrand), 590 a, 613 a; P., 533 a, 534 a, 536 b, 590 a, 613 a, 646 a; R., 299 b, 300 a, 402 a, 512 b, 521 a, 589 a.
VIFRANCUS (Petrus), 194 b.
VIGERII DE FAIA (G.), miles, 140 a.
Vigneux, locus infra terminos viariæ Creciaci, 454 b.
Vignicourt, en Champagne, 586 b. — *Bignicourt, Ardennes, arr. de Rethel, canton de Juniville.*
VIGORRA (Stephanus), 226 a.
VIHIERS EN ANJOU (seigneur de), Hugues de Thouars, 62 b.
Vilaboen (castellania de), 417 a.
VILA DE MOLANS (Bernardus de), consul Pennæ Agennensis, 531 a.
VILAMUR (el senior de), 243 b.
VILANO (R. de), capellanus Pani Jovis, 629 b.
Vilanova, 164 b.
VILANOVA (Poncius de), miles, 222 a.
VILARI (G. de), consul Montispessulani, 446 a.
VILARIO (Galardus de), miles de Fanojovis, 502 b.
VILARS (Stephanus, dominus de), 296 b. — *Étienne, seigneur de Villars, Ain, arr. de Trévoux, canton de Saint-Trivier.*

INDEX ALPHABETICUS.

VILATERRA (R. capela de), 633 b.
VILAUTO (Arnaldus de), 536 b.
Vile-en-Tardenois, 491 a. — *Marne, arr. de Reims.*
Vilelmenses solidi, 464 b.
VILERIIS (Odardus de), 493 b.
Vilers, en Champagne, 586 b.
VILERS (Galterus de), 295 a.
Vileta (ruisseau de la), 512 b.
VILETA (B. de), 118 b; Rotlandus, *ibid.*
VILLA (Florentius de), miles, 273 a; Gerardus, armiger, 507 b; Poncius, 224 a.
VILLABORGOIN (Raimundus de), consul Montiscuqui, 510 a.
Villa-Dei, 354 a.
Villafranca (burgus qui appellatur), 388 a.
Villam (domus apud), 578 a.
Villamauri, 233 a. — *Villemaur, Aube, arr. de Troyes, canton d'Aix-en-Othe.*
Villamuro (castrum de), 151 b, 243 b, 497 a. — *Villemur en Languedoc, Haute-Garonne.*
VILLAMURO (consules de), 497 a. — Milites, *ibid.*
VILLAMURO (Arnaldus de), domus castri Savarduni, 483 a, 547 b; Petrus, miles, 493 a, 497 a, 520 b, 540 b, 541 a; Poncius, 496 b, 547 b; Ramundus Guillelmus, 386 b; Willelmus Ato, dominus castri Savarduni, 483 a.
Villanæ, in feodo Lensii, 349 a.
Villa-nova, 305 a, 494 b, 496 a.
VILLANOVA (Bernardus de), 153 a, 190 a, 387 a, 493 a, 541 a; Bertrandus, 637 a; Isarnus *vel* Ysarnus, 227 a, 245 b, 313 a, 507 a, b, 571 b; Jordanus, 507 a, 511 b, 550 a; P., 457 b; Petrus, 78 a; Philippus, miles, 329 b; Poncius, senescallus Tolosanus, 223 b, 226 b, 262 b, 275 b, 288 a, 313 a, 324 a, b, 325 a, b, 326 a, 354 b, 355 a, 398 a, 404 b, 410 b, 433 a, 441 b, 446 a, 542 b, 583 b, 612 a, 629 b; Poncius de Monteregali, 547 b, 637 a; Romeus, 382 b; Romanus, 515 a; R. Arnaldus, 440 a.
Villanova, diocesis Ruthenensis, 513 b. — Sceau de la ville, *ibid.* — *Villeneuve en Rouergue, Aveyron, arrondissement de Villefranche.*
Villa-nova sub Barro-super-Secanam (pedagium de), 501 b. — *Villeneuve, Aube, commune de Bar-sur-Seine.*
Villa-nova Sancti Georgii, 569 a. — *Villeneuve-Saint-Georges, Seine-et-Oise.*
Villa-nova juxta Senones, 153 a.
Villa-Perucie (villa aut castrum de), 150 b.
Villa-picta, 486 b, 487 b. — *Villepinte, Aude, arrondissement et canton de Castelnaudary.*
Villare juxta Mosomum (villa de), 374 a, 409 a.
Villare juxta Rest, 397 a. — *Villers-Cotterets, Aisne, arr. de Soissons.*
Villares, 438 b.
VILLARI (Arnaldus de), burgensis Montispessulani, 513 b; Symo, ballivus Atrebatensis, 332 a, 342 b.
VILLARBONOSO (homines de), 276 b. — *Villers-Bonneux, Yonne, arr. de Sens, canton de Sergines.*

VILLARIBUS (Odardus de), senescallus Belliquadri, 507 b, 530 a.
VILLARIIS (Ada de), miles, 159 b; Coutinus, 131 a; Guillelmus, consul Callucii, 510 a.
Villaufans, 347 b. — *Vuillafans, Doubs, arr. de Besançon, canton d'Ornans.*
VILLE-LONGE archidiaconus Willelmus Ato *vel* Guillelmus, 539 b, 540 a, 541 a, 542 b, 553 b.
VILLE-MOISON (Aubertus de), miles, 659 b.
VILLENEUVE (Pierre de), 78 b.
Villeneuve-lez-Avignon, 92 b. — *Gard, arr. d'Uzés.*
Villerai, 564 b. — *Villereau, Loiret, arr. d'Orléans, canton de Neuville-aux-Bois.*
Villers (feodum de), 15 b.
VILLERS (seigneur de), Nicolas de Barbançon, 598 a.
VILLETTE (Johannes de), miles, 659 b.
VILLOS (Isnardus), 464 b.
Villosc (castrum de), 379 b.
VINANDUS, judeus domini regis, 431 a.
VINCENT, dien (doyen) de Saint-Fremin de Monsterueil, 550 b. — *Vincent, abbé de Notre-Dame du Miroir, au diocèse de Lyon.*
VINDOCINENSIS archidiaconus Hugo, 236 b. — Comes Johannes, 14 a, 45 a, 69 a, 88 a, 89 a, 102 a, 178 a, b, 298 a, 299 a; Petrus, 617 b.
Vindocinensis tractatus, 183 b.
Vindocinum, 121 a, 175 b, 183 b, 214 b. — Vindocinensis archidiaconatus, 328 a. — *Vendôme, Loir-et-Cher.*
VINEA (magister Petrus de), magne imperialis curiæ judex, 420 a, 584 a, 585 a.
VINEIS (G. de), 446 a, 531 a; Johannes, ballivus regis Franciæ, 143 b, 294 a, 294 b, 295 a, 401 b, 651 a.
Vineolum, 131 b.
Vinno (castrum de), 380 b, 381 a.
Vintron (vallée de), 74 b. — *Château de Vintron, auj. Vintrou, arr. de Castres, canton de Mazamet, Tarn.*
VINTRON (Guillelmus Petrus de), 73 b, 74 a, b.
Vir [Vitriaci] (castrum), 316 b. — *Peut-être Vitré en Bretagne.*
VIRACOO (Guillelmus de), consul Corduæ, 503 a.
VIRBAUDI (Goffredi), 100 b.
VIRDUNENSIS episcopus, 17 a; Radulfus, 374 a.
Virdunensis (capitulum B. Mariæ Magdalenæ), 373 b. — Ecclesia S. Petri, 310 b. — Conventus S. Vitoni, 639 b.
VIRIACO (Petrus de), 57 a.
Viridefolium, 150 a. — *Probablement Verfeil, Haute-Garonne, arr. de Toulouse.*
VIRTUTO (Motellus de), 11 b.
Virtutum, 274 a. — *Vertus, Marne, arr. de Châlons.*
VIRZILIACENSES, 501 a.
Virziliacensis, Viziliacensis, Verzeliacensis conventus, 313 b, 326 b, 501 a, 538 a, b.

— *Le monastère de Vezelay, au diocèse d'Autun.*
VIRZILIACENSIS abbas, Guichardus, 313 b, 326 b, 501 a, 538 a.
VITALIS (Bernardus), 307 a; G., Carcassonæ, 650 a; Johannes, monachus Grandis Silvæ, 226 b; Petrus, 603 a; Ramundus, 59 a; R., 514 a.
VITALIS, filius Guillelmi Atonis de Miromonte, 566 b.
Viterbium, 316 a, 335 b, 341 a, 350 a, 352 b, 353 a, b.
Vitriaci castellum, 226 a, b. — *Vitry-le-François, Marne, chef-lieu d'arrondissement.*
VITRIACI castellanus, Hugo, 342 a.
VITRIACI præpositus, 143 a.
VITRIACI presbyter, Petrus, 135 b.
Vitriaco (conventus S. Jacobi de), 318 a, 342 a.
VITRIACO (decanus et capitulum B. Mariæ de), 135 b.
VITRIACO (Andreas de), 178 b, 179 b, 180 a, 201 b, 303 b, 316 a, b, 425 b, 426 a.
Vitriacum, 178 b, 179 a, 180 a. — *Vitré, Ille-et-Vilaine, chef-lieu d'arrondissement.*
Vivariæ, 438 b. — *Viviers, Aisne, arr. de Soissons, canton de Villers-Cotterets.*
VIVARIENSIS episcopus, Bernoinus, 301 a, b, 537 b; Sebastianus, 537 b. — Præpositus, B. de Aurasica, 371 b.
Vivario (domus de), 281 a.
VIVONE (H. de), 123 a.
VIZIANUS, archidiaconus de Bigorra, 543 b.
Volengeio (villa de), 235 b.
VOLIO (Augerius de), consul Montispessulani, 51 b.
Volliaci villa, villa de Volliaco, 231 a, b, 232 a. — Terra, 241 a. — *Vouillé, Vienne, arr. de Poitiers.*
VOLVIRE (Pierre de), chevalier, 601 a, 629 a.
VORIES (Bertrandus de), miles S. Ciricii, 509 a; Gocelmus, *ibid.*
VORMIZEELE ou VOORMEZEELE (Gautier de), 103 b, 338 a, 370 b; Jean, 105 b, 338 b, 368 b. — *Formisele, en Belgique.*
VORSAZELLO (Guillelmus de), prior S. Roberti de Corniliano, 225 b.
VOUTRON (provost de), Aymeri Chabot, 521 b.
Voventi castrum, 31 a, b, 472 a, b, 473 a, b, 508 b. — *Château de Vouvant, Vendée.*
Vreingniacum, 563 b. — *Vrigny, Loiret, arr. et canton de Pithiviers.*
VUABEN (Gualterus de), 197 b.
Vuazellarum castrum, 327 b.
VUIDAL (la vina d'en), 513 a.
Vuisgermont (communia de), 199 a.
VULCASINI GALLICI ballivus, Radulphus, 291 a.
VULCASINI GALLICI, milites, 291 a, b, 292 a.
Vulcassinus Gallicus, 291 a, b. — *Le Vexin français.*

VUOLIO (Raymundus de), consul Montispessulani, 602 b.

W., abbas Sancti Maurini, 391 a.
W., abbé de Moissac, chapelain du pape, 90 a.
W., archiepiscopus Remensis, 47 b. — Vid. Guillelmus II de Joinvilla.
W., cantor ecclesiæ Remensis, 46 a.
W., capellanus de Thauro Tolosæ, 309 a.
W. (magister), notarius Agenni, 390 b, 391 a.
W., prior Sancti Roberti de Cornilione, 223 b.
W., scabinus villæ Haymonis de Querceto, 594 b.
W. ARNALDUS, decretista, 9 b.
W. RAIMUNDUS, jurisperitus Montispessulani, 9 b.
W. R., frère de G. Bernat, 512 b.
Waben (communia de), 197 b, 198 a. — Waben en Picardie, arr. de Montreuil-sur-Mer, Pas-de-Calais.
Wademont (le comte dè), 191 b.
Wadenbourc (communitas villæ de), 365 a. — Oudenbourg, dans la Flandre orientale, arr. de Bruges.
WAESTINIS (Philippus de), 105 b.
WAGO, ballivus Duacensis, 334 a.
WAILLY (Johannes de), decanus ecclesiæ Suessionensis, 403 a; Willermus, miles, 257 a.
Waisseium, 385 b. — Vassy, Haute-Marne, chef-lieu d'arrondissement.
WALDEMARUS, Danorum Sclavorumque rex, 157 b, 158 a.
WALDEMARUS, filius Waldemari II Danorum regis, 157 b.
WALDENSES, 86 a.
WALECOURT (Terricus de), miles, 597 b.
WALLI (Guobertus de), miles, 350 b.
WALTERUS, abbas Johannis in Valencenis, 546 a.
WALTERUS, castellanus Duaci, 359 b, 609 a.
WALTERUS, hostiarius, 657 b.
WALTERUS, scabinus Aldenardensis, 595 a.
WALTERUS, scabinus villæ de Alost, 595 a.
WANGIONIS-RIVI (G., dominus), 410 b. — Vignory en Champagne, Haute-Marne, arr. de Chaumont.
WARDA (Robertus de), 657 b.
WARDE (Guillelmus de la), miles, 370 b.
WAREIGNI (Hugo de), miles, 597 b.
Warnaute, 424 b. — Près de Tournay.
Warnecourt en Champagne, 586 b. — Ardennes, arrondissement et canton de Mézières.
WASKCHAL (Johannes de), miles, 608 a. — Jean de Wasquehal.
WASTEGRINS (Petrus), 342 a.
WASTING, LE WASTING (Philippus de), miles, 105 b, 365 b, 560 a.
WATE (Petrus de), miles, 560 a.
WAUGON (Henricus de), 303 a.
WAURIN (Helluinus de), frater senescalli Flandriæ, 593 a.

WAURING (Robertus de), Flandriæ senescallus, 294 a, b, 332 a, 338 a, 358 a, 560 a, 593 b. — Robert de Waurin ou Waurhin, sénéchal de Flandre.
WAUTIERS, abbé de Saint-Joosse-sur-Mer, 550 a, 552 a.
WELLENCUEHAM (Johannes de), miles, 370 a.
WELLMOTA (Bernardus), macellarius, 142 b.
Werclino (castrum de), 266 b. — Le château du Guesclin, nommé aussi Guarclip, sur un roc au bord de la mer, près Cancale, Ille-et-Vilaine.
WERRICUS, abbas de Recluso, 411 b.
Westmonasterium, 140 b, 332 b, 405 a.
WIBERGENSIS episcopus, Guntierus, 157 b.
WIEGES (Willelmus, dominus de), 600 a.
WILLARDUS præpositus, 657 b.
WILLELMA vel GUILLELMA, filia R. Beraudi, 58 b, 59 a.
WILLELMA, soror Bernardi Cogot, 118 b.
Willelmi Archengeri terra, 100 a.
WILLELMUS, abbas Cistercii, 406 a.
WILLELMUS, abbas de Cormelliis in Normannia, 279 a.
WILLELMUS, abbas de Corona, 513 b.
WILLELMUS, abbas de Cruce S. Leufridi, 232 b.
WILLELMUS, abbas B. Johannis Senonensis, 45 b, 46 a.
WILLELMUS, abbas S. Katherinæ de Monte Rothomagensis, 537 a.
WILLELMUS, abbas S. Maurini, 390 b.
WILLELMUS, abbas S. Taurini Ebroicensis, 22 b, 23 a.
WILLELMUS, archidiaconus Borbonensis, 238 a.
WILLELMUS, archidiaconus Villælongæ, 540 a.
WILLELMUS, canonicus Meldensis, 290 b.
WILLELMUS, castellanus Sancti Audomari, 338 b.
WILLELMUS, cocus Richardi regis Angliæ, 33 b.
WILLELMUS, comes Claromontis et Montis-Ferrandi, 171 b, 172 b.
WILLELMUS, comes Forcalquerii, 341 b.
WILLELMUS, comes Pontivi, pater Mariæ comitissæ, 56 a.
WILLELMUS, episcopus Cabilonensis, 209 a.
WILLELMUS, episcopus Carpentoratensis, 404 b.
WILLELMUS, episcopus Caturcensis, 90 a, 223 b. — Guillaume IV de Cardaillac, évêque de Cahors.
WILLELMUS, episcopus Parisiensis, 163 b, 353 b. — Guillaume III d'Auvergne.
WILLELMUS, pœnitentiarius domini papæ, 353 b.
WILLELMUS, præpositus Brugensis, ac Flandriæ cancellarius, 107 b.
WILLELMUS, prior B. Mariæ de Porta S. Leonis Senonensis, 275 b, 276 a.
WILLELMUS, scabinus villæ de Alost, 595 a.
WILLELMUS, scabinus Curtracensis, 602 a.
WILLELMUS, quondam thesaurarius Sancti Stephani Bisuntinensis, Cabilonensis episcopus electus, 209 b.

WILLELMUS, frater W. castellani S. Audomari, 608 b.
WILLELMUS (Bernardus), frater Willelmi de Brugeriis, 245 b.
WILLELMUS (Johannes), frater Petri Willelmi Ganertii, 464 b.
WILLELMUS (Petrus), 68 a.
WILLELMUS (P.), consul Pennæ Agennensis, 531 a.
WILLELMUS (Ramundus), 347 b.
WILLERME (Arnaut), provost de Balon, 521 b.
Winendale, 105 a.
WINGHINE vel WINGUINES (Rogerus de), miles, 106 a, 367 a, b.
WINTONIENSIS episcopus, 260 a.
WION, valet des maire et échevins de Saint-Josse, 551 b.
Wissiaco vel Woissiaco (nemus de), 286 a, 288 b.
Wordberg, castrum in Pheonia, 157 b.
WUIDAL, 383 a, 402 a, 440 b.
WUIDALS de Bessières, 533 b.
Wultinium flumen, 523 a. — La Boutonne, Charente-Inférieure.

Xanctonæ, Xanctonensis civitas, 140 a, 453 a, 476 b, 535 a. — Xanctonense castrum, 535 a. — Xanctonensis pons, ibid. — Xanctonensis ecclesia, ibid. — Saintes, Charente-Inférieure, chef lieu d'arrondissement.
Xanctonense capitulum, 535 a, 607 a.
Xanctonensis episcopatus, 176 b, 453 a.
XANCTONENSIS episcopus, Petrus, 535 a, 607 a. — Senescallus, 122 b; G. Castelli, 140 a.
XANCTONENSIS (M.), magister universitatis Tolosæ, 397 b.
Xanctoniæ partes, 122 b.
Xpisti Cantuariensis ecclesia, 243 a. Vid. Christi.
XPISTIANUS vel CHRISTIANUS (Petrus), 440 a.

Ydern (rivus de), 439 b.
YDRONTINUS archiepiscopus, Tancredus, 271 a. — Otrante, royaume de Naples.
YKEMUDE (castellanus de); Tierricus de Bevera, 555 a. — Thierry de Bevern, châtelain de Dixmude.
YMBERTI vel YMBERTUS (Guillelmus), notarius Massiliæ, 190 b, 548 a; Petrus, consul Montispessulani, 4 b.
YMBERTUS (G.), 531 a; Johannes, consiliarius consulum Tarasconis, 217 a.
YMPURIARUM comes, P. Hugo, 446 b, 457 b.
Ynfanduluz (cortericia de), 479 b. — Lise: Ynsanduluz, aujourd'hui Issendolus, Lot, arr. de Figeac, canton de la Chapelle-Marival.
Ynsula (villa de), 301 b. — L'Isle, Vaucluse, arr. d'Avignon.
Ynsula (villa de), 92 a. — Ecclesia B. Martini in villa de Ynsula, 91 b. — Probablement l'Isle-en-Jourdain, Gers, arr. de Lombez.

INDEX ALPHABETICUS.

Ynsula (Bertrandus Jordanus de), 91 b, 334 b.
Ynsula (P. presbyter de), 91 b, 92 a.
Yolendis, filia Petri ducis Britanniæ, 191 a, b, 120 a, b, 179 a, 180 a, 316 b.
Yperperi, moneta, 391 a, b.
Ypra, Ypræ, Yprensis villa, 103 b, 104 b, 105 a, 346 a, 370 a, b, 563 a, 607 a, 611 b. — Ypræ forteritia, 53 b. — Scabini, 607 a, 611 b. — *Ypres en Flandre.*
Ypra *vel* Yppra (Johannes de), miles, 370 b, 560 a; Philippus, 370 b, 560 a; Willelmus, 105 a.
Ysabella *vel* Ysabellis, regina Angliæ, vidua Johannis regis, uxor Hugonis comitis Marchiæ, mater Margaretæ, 476 a, 478 a, 499 a, 574 a, b, 575 b, 576 a, b, 624 a.

Ysabella, uxor Guillelmi de Uriaco, 371 b.
Ysabellis, comitissa Carnotensis, 443 a.
Ysabellis, uxor Henrici de Ripparca, 513 a.
Ysabellis, uxor Petri de Corpalaio, militis, castellani Sanctæ Manehildis, 527 a.
Ysabellis, uxor Symonis, militis, filii domini Symonis de Poissiaco, militis, 285 b.
Ysanguien (Balduinus de), miles, 607 b. — *Baudouin d'Iseghem.*
Ysara, 20 b, 21 a, 31 a. — *L'Oise.*
Ysarni (Guillelmus), consul castri de Causaco, 502 b; Willelmus, 541 a.
Ysarnus, præcentor Narbonensis, 72 a.
Ysarnus (Petr..is), 276 b; Raymundus, 158 a.
Ysembardus, abbas Molismensis, 656 a.
Ysendike (scabini et communitas villæ de), 365 b, 563 a. — *Yzendyke en Zélande.*

Ysiacum, 563 b. — *Izy, Loiret, arr. de Pithiviers, canton d'Outarville.*
Yspania (Arnaldus de), 505 b.
Ytalia (Gebhardus de Arnesten, imperii legatus in), 271 a.
Yterus (magister), 576 a.
Yzenghem (Balduinus de), miles, 608 a. — *Baudouin d'Iseghem.*

Zanna (Petrus), 391 a.
Zaulat (Pontius de), consul de Lavaur, 504 b.
Ziecele (Walterus de), 105 b, 106 a.
Ziercele (Galterus de), miles, 366 a.
Zoen, electus Avinionensis, Apostolicæ Sedis legatus, 515 a, 528 a.
Zomerguem (Walterus de), 109 a.

ERRATA.

P. 196, col. *b*, lig. 10, au lieu de *Alleaume de Boran?* (*Oise, arr. de Senlis*), mettez *Alleaume de Beaurain* (*Pas-de-Calais, arr. d'Arras*). — Même correction à l'index, p. 670, 1re col., art. BELLO-RAMO (Alermus de).

P. 268, col. *a*, lig. 34, au lieu de *Silvanectanis*, mettez *Silvanectis*.

P. 479, col. *b*, lig. 36, au lieu de *Ynfandulus*, mettez *Ynsandulus*.

P. 623, col. *b*, lig. 39, au lieu de *Royaumont*, mettez *Maubuisson*.

P. 697, col. *b*, lig. dern., au lieu de *Ounans en Franche-Comté, Jura, etc.*, mettez *Ornans, Doubs, chef-lieu de canton de l'arrondissement de Besançon.*

Teulet, Alexandre
Layettes du Trésor des chartes
1866   1224-1246

www.ingramcontent.com/pod-product-compliance
Lightning Source LLC
Chambersburg PA
CBHW071425300426
44114CB00013B/1316